COMENTARIO MACARTHUR DEL NUEVO TESTAMENTO

MATEO

Tomos del *Comentario MacArthur del Nuevo Testamento*

Mateo
Marcos
Lucas
Juan
Hechos
Romanos
1 y 2 Corintios
Gálatas, Efesios
Filipenses, Colosenses y Filemón
1 y 2 Tesalonicenses, 1 y 2 Timoteo, Tito
Hebreos y Santiago
1 Pedro a Judas
Apocalipsis

COMENTARIO MACARTHUR DEL NUEVO TESTAMENTO

MATEO

JOHN MACARTHUR

EDITORIAL PORTAVOZ

Título del original: *The MacArthur New Testament Commentary: Matthew 1-7* © 1985 por The Moody Bible Institute y publicado por Moody Publishers, 820 N. LaSalle Boulevard, Chicago, IL 60610. Traducido con permiso.

Título del original: *The MacArthur New Testament Commentary Matthew 8-15* © 1987 por John MacArthur y publicado por Moody Publishers, 820 N. LaSalle Boulevard, Chicago, IL 60610. Traducido con permiso.

Título del original: *The MacArthur New Testament Commentary: Matthew 16-23* © 1988 por John MacArthur y publicado por Moody Publishers, 820 N. LaSalle Boulevard, Chicago, IL 60610. Traducido con permiso.

Título del original: *The MacArthur New Testament Commentary: Matthew 24-28* © 1989 por John MacArthur y publicado por Moody Publishers, 820 N. LaSalle Boulevard, Chicago, IL 60610. Traducido con permiso.

Edición en castellano: *Comentario MacArthur del Nuevo Testamento: Mateo* © 2017 por Editorial Portavoz, filial de Kregel Publications, Grand Rapids, Michigan 49505. Todos los derechos reservados.

Traducción: Ricardo Acosta

EDITORIAL PORTAVOZ
2450 Oak Industrial Drive NE
Grand Rapids, MI 49505 USA
Visítenos en: www.portavoz.com

ISBN 978-0-8254-1565-4

2 3 4 5 edición / año 26 25 24 23

Impreso en los Estados Unidos de América
Printed in the United States of America

DEDICATORIAS

A Fred Barshaw,
colaborador diligente y amigo personal leal.

Al doctor John Stead
mi compañero en el ministerio en la Escuela del Maestro
y mi amigo de toda la vida.

A Félix Martín del Campo, hijo,
quien me expresa su amistad por medio de un servicio fiel.

A Bob Provost
cuya pasión por la evangelización del mundo ha sido para mí
una ilustración viviente de la Gran Comisión de nuestro Señor.

Contenido

Prólogo

Para mí sigue siendo una comunión divina gratificante predicar de manera expositiva a través del Nuevo Testamento. Mi meta es tener siempre un compañerismo profundo con el Señor en el entendimiento de su Palabra, y a partir de esa experiencia explicar a su pueblo lo que un pasaje bíblico significa. En las palabras de Nehemías 8:8, me esfuerzo por poner "el sentido" en las Escrituras para que las personas puedan oír realmente a Dios hablando, y que al hacerlo puedan a su vez responderle.

Es evidente que el pueblo de Dios debe entenderle, lo cual exige conocer su Palabra de verdad (2 Ti. 2:15) y permitir que esa Palabra more en abundancia en nosotros (Col. 3:16). De ahí que la idea central de mi ministerio sea ayudar a hacer viva la Palabra de Dios para su pueblo. Se trata de una aventura reconfortante.

Esta serie de comentarios del Nuevo Testamento refleja el objetivo de explicar y aplicar las Escrituras. Algunos comentarios son sobre todo lingüísticos, otros teológicos, y algunos tienen que ver más con la predicación. Básicamente este comentario es explicativo o expositivo. No es lingüísticamente técnico, pero tiene que ver con la lingüística cuando parece ayudar a la adecuada interpretación. No es teológicamente extenso, pero se enfoca en las principales doctrinas de cada texto y en cómo estas se relacionan con todas las Escrituras. Ante todo, no es homilético, aunque por lo general a cada unidad de pensamiento se la trata como un capítulo, con un claro esquema y flujo lógico de pensamiento. La mayoría de verdades se ilustran y se aplican con otras Escrituras. Después de establecer el contexto de un pasaje he tratado de seguir de cerca el desarrollo y el razonamiento del escritor.

Pido a Dios que cada lector comprenda por completo lo que el Espíritu Santo está diciendo a través de esta parte de su Palabra, de modo que su revelación pueda alojarse en las mentes de los creyentes y así lograr una mayor obediencia y fidelidad para la gloria de nuestro gran Dios.

Introducción

El personaje central de la profecía del Antiguo Testamento es el gran Rey que viene y gobernará en el reino prometido de Dios. Una y otra vez se nos habla de un personaje especial que posee la justicia, la sabiduría, el poder, la autoridad y el derecho de reinar no solo sobre Israel sino sobre el mundo entero.

Este gran Rey que viene tendrá el poder para herir la cabeza de Satanás (Gn. 3:15), recuperar el dominio del hombre que se perdió a través del pecado, y establecer al fin un reino en la tierra que se extenderá hasta la eternidad. De este Rey "no será quitado el cetro de Judá, ni el legislador de entre sus pies" (Gn. 49:10). Tal realidad no se pudo decir de ningún rey del Antiguo Testamento, y solamente se podía aplicar al gran Rey venidero. Es obvio que las muchas otras predicciones que se refieren a un reino descrito en tales términos como imperecedero, eterno y para siempre no se podían aplicar a un rey simplemente humano.

Las palabras que el Señor le declaró a David por medio de Natán debían referirse a otro hombre distinto al mismo David: "Y será afirmada tu casa y tu reino para siempre delante de tu rostro, y tu trono será estable eternamente" (2 S. 7:16). El reino de David se hizo añicos y se dividió tan pronto como murió Salomón, su sucesor, y aún no ha sido restablecido.

No obstante, Dios nos dice en el Salmo 2: "Pero yo he puesto mi rey sobre Sion, mi santo monte. Yo publicaré el decreto; Jehová me ha dicho: Mi hijo eres tú; yo te engendré hoy. Pídeme, y te daré por herencia las naciones, y como posesión tuya los confines de la tierra" (vv. 6-8). David llama "el Rey de gloria" y "Jehová de los ejércitos" al Rey venidero (Sal. 24:10). De este monarca se habla en maneras similares en Salmos 45, 72, 110 y otros más.

Los profetas hablan del gran Rey como alguien humano y divino. Isaías nos asegura que el monarca nacería de una virgen (7:14) y que sería despreciado, desechado, menospreciado, azotado, herido y abatido (53:3-7). Daniel describe así al Rey: "Uno como un hijo de hombre" (7:13). Sin embargo, Isaías también nos dice que el gobierno del monarca reposará "sobre su hombro; y se llamará su nombre Admirable, Consejero, Dios Fuerte, Padre Eterno, Príncipe de Paz. Lo dilatado de su imperio y la paz no tendrán límite" (9:6-7) y que será llamado "Emanuel", que significa "Dios con nosotros" (Is. 7:14; Mt. 1:23). El Señor prometió a Belén a través de Miqueas: "De ti me saldrá el que será Señor en Israel; y sus salidas son desde el principio, desde los días de la eternidad" (5:2). Sofonías le informa a su pueblo que cuando este Rey venga será "Rey de Israel en medio de ti" (3:15). Zacarías nos anuncia que el Soberano será "justo y salvador" (9:9), y que cuando reine, todas "las familias de la tierra" podrán subir "a Jerusalén para adorar al Rey, Jehová de los ejércitos" (14:17). El gran Rey venidero sería el Hombre-Dios.

Ninguno de estos escritores antiguos comprendió la naturaleza plena de Aquel de quien estaban profetizando. Pedro nos comunica: "Los profetas que profetizaron de la gracia destinada a vosotros, inquirieron y diligentemente indagaron acerca de esta salvación, escudriñando qué persona y qué tiempo indicaba el Espíritu de Cristo [es decir, el Mesías] que estaba en ellos, el cual anunciaba de antemano los sufrimientos de Cristo, y las glorias que vendrían tras ellos" (1 P. 1:10-11).

La plena identidad y naturaleza del Rey profetizado se presentan y se explican inicialmente en los evangelios, de los cuales Mateo es el primero. Al igual que reflectores divinos, ellos se enfocan en Jesús y, a través de un suceso tras otro, muestran que Él es el único que cumple todos los requisitos de esas profecías. Del mismo modo, todos los impostores son desenmascarados por no poder encajar en las predicciones.

Todo el Nuevo Testamento reconoce a Jesús como el gran Rey prometido. En sus veintisiete libros, el término *basileia* (reino) se usa ciento cuarenta y cuatro veces en referencia al reino de Jesucristo; *basileus* (rey) se usa en relación con Jesús al menos treinta y cinco veces; y *basileuō* (reinar) se usa para Él en cerca de diez ocasiones.

AUTOR

En la época del nacimiento de Cristo, Israel había estado bajo el dominio romano por más de sesenta años. Uno de los peores aspectos de la opresión romana era el sistema de tributación, el cual era metódico, implacable y despiadado. Se recaudaban dos impuestos básicos: los aranceles, que se pueden comparar con el moderno impuesto a la renta, y los tributos sobre tierras, propiedades y bienes raíces.

Los senadores romanos y varios otros funcionarios de alto rango compraban al gobierno central en subasta pública el derecho de recaudar los impuestos en una nación, provincia o región determinada, a una tasa fija por un período de cinco años. Todo lo que recaudaban por encima de esa cantidad se lo quedaban como utilidad. A los que poseían tales derechos impositivos se les llamaba *publicani*. Los *publicani* solían contratar a otros, por lo general ciudadanos de la nación que gravaban, para que realizaran la verdadera recaudación.

Tales recaudadores tenían de algún modo el mismo arreglo con los *publicani* que estos tenían con Roma. Todo lo que lograban recaudar por sobre la cantidad exigida por los *publicani* lo conservaban como su propia utilidad. Por consiguiente, tanto los *publicani* como los recaudadores tenían fuertes motivaciones para exigir y recaudar tantos impuestos como fuera posible, sabiendo que estaban respaldados por la autoridad plena romana, que incluía la autoridad militar.

Los recaudadores de impuestos (griego *telones*) eran naturalmente muy odiados por su propio pueblo, no solo como extorsionistas sino como traidores. En Israel los catalogaban como los más bajos de la sociedad humana: pecadores, prostitutas y gentiles (Mt. 9:10-11; 18:17; 21:31-32; Mr. 2:15-16; Lc. 5:30).

Mateo, conocido también como Leví, era un recaudador de impuestos cuando Jesús lo llamó para que fuera uno de los doce discípulos (Mt. 9:9; Mr. 2:14). No sabemos muy bien qué tipo de persona era Mateo antes de que Jesús lo llamara. No es probable que fuera un hombre muy religioso, porque a los recaudadores los condenaban al ostracismo, de manera práctica aunque no oficial, en muchas sinagogas y en ocasiones incluso en el templo. En parte, esta fue sin duda la razón por la que Mateo respondiera tan rápidamente a la invitación de Jesús, y de que muchos otros recaudadores de impuestos fueran atraídos al Maestro (Mt. 9:9-10; 11:19; Lc. 15:1). Era raro que estas personas fueran aceptadas e hicieran amistad con un compañero judío, especialmente con un rabino, o maestro, tal como Jesús.

Mateo fue muy modesto al escribir el relato de su evangelio. Siempre se refiere a sí mismo en tercera persona y en ninguna parte habla de él mismo como el autor. Conocemos su autoría porque su nombre está unido a todas las primeras copias de los manuscritos y porque los padres de la iglesia primitiva atestiguan unánimemente que él es el autor del libro.

El mismo texto contiene evidencias de que Mateo escribió su evangelio antes de la destrucción de Jerusalén y del templo en el año 70 d.C. Aparte de esa fecha general, es imposible ser dogmáticos en cuanto a un año específico.

MENSAJE

Los cuatro primeros libros del Nuevo Testamento transmiten el mismo mensaje del evangelio, pero desde cuatro perspectivas distintas. Ofrecen el mismo mensaje con énfasis diferente pero perfectamente armonioso. Mateo presenta a Jesús como el soberano, mientras que Marcos lo presenta en el papel extremo opuesto de siervo. Lucas lo presenta como el Hijo del Hombre, mientras que Juan lo hace como el Hijo de Dios. Al mismo Jesús se le muestra como Dios soberano y como Hombre siervo.

Al presentar la soberanía de Jesús, Mateo empieza su relato con la genealogía del Señor, que se remonta hasta Abraham, el padre del pueblo hebreo, a través del rey David, el monarca modelo de Israel. Al presentar a Jesús como siervo, Marcos no ofrece ninguna genealogía, porque el linaje de un siervo es irrelevante. Al presentar a Jesús como el Hijo del Hombre, Lucas rastrea su genealogía hasta Adán, el primer hombre. Al presentar a Jesús como el divino Hijo de Dios, Juan no da ninguna genealogía humana, ni narraciones de nacimiento o infancia; inicia su evangelio ofreciendo la genealogía divina de Jesús: "En el principio era el Verbo, y el Verbo era con Dios, y el Verbo era Dios" (Jn. 1:1).

El mensaje del libro de Mateo se centra en el tema de la realeza de Jesús. Así como prácticamente cada párrafo del evangelio de Juan señala algo de la deidad de Cristo, casi cada párrafo de Mateo señala algo de la realeza del Señor.

Mateo presenta al Rey Mesías que es *revelado,* el Rey que es *rechazado,* y el Rey que *regresará.* A Jesús se le describe en naturaleza real en este evangelio como en ninguno de los demás. Su ascendencia se sigue desde la línea real de Israel; su nacimiento es temido por un rey terrenal celoso; los magos llevan al Jesús bebé regalos reales del oriente; y Juan el Bautista anuncia al Rey y proclama que su reino está a la mano. Incluso las tentaciones en el desierto alcanzan el nivel más alto con Satanás ofreciéndole a Jesús los reinos de este mundo. El Sermón del Monte es la proclama pública del Rey, los milagros son sus credenciales reales, y muchas de las parábolas describen los misterios de su reino. Jesús se identifica con el hijo de un rey en una parábola, y hace una entrada real a Jerusalén. Mientras enfrenta la cruz predice su reino futuro, y afirma dominio sobre los ángeles en el cielo. Sus últimas palabras son que se le ha conferido toda autoridad tanto en el cielo como en la tierra (28:18).

Pero Mateo también se enfoca del modo más exclusivo en el rechazo que hicieron de Jesús como Rey. En ningún otro evangelio los ataques contra el carácter y las afirmaciones de Jesús son tan violentos y viles como las que encontramos en Mateo. La sombra del rechazo nunca desaparece del relato de este escritor. Antes de que Jesús naciera, su madre María estuvo en peligro de ser rechazada por José. Poco después del nacimiento, Herodes amenazó su vida y los padres del niño tuvieron que huir con Él a Egipto. Su precursor, Juan el Bautista, fue encarcelado en una mazmorra y finalmente decapitado. Durante el ministerio terrenal Jesús no tuvo lugar dónde reposar la cabeza, ni un sitio al que llamara hogar. En el evangelio de Mateo ningún ladrón arrepentido reconoce el señorío de Jesús, y a ningún amigo amado se le ve a los pies de la cruz, solo a los burladores y escarnecedores. Incluso las mujeres aparecen en la escena a la distancia (27:55-56), y en su muerte Jesús clama a gritos: "Dios mío, Dios mío, ¿por qué me has desamparado?" (27:46). Solamente un centurión gentil se expresa de forma favorable sobre Aquel crucificado: "Verdaderamente éste era Hijo de Dios" (27:54). Cuando algunos de los soldados que habían estado de guardia en la tumba informaron que esta se hallaba vacía, las autoridades judías les pagaron para que dijeran que el cuerpo de Jesús fue robado por los discípulos (28:11-15).

Sin embargo, a Jesús también se le muestra como el Rey que finalmente regresará para juzgar y gobernar. Un día todos en la tierra "verán al Hijo del Hombre viniendo sobre las nubes del cielo, con poder y gran gloria" (24:30), su venida ocurrirá en un momento en que nadie piensa que lo hará (v. 44), y entonces volverá en gloria y juicio (25:31-33).

Ningún lector puede sumergirse por completo en este evangelio sin emerger con una sensación convincente de la majestad eterna del Señor Jesucristo y del fuerte poder que el pecado y Satanás tenían sobre la nación apóstata del Israel que rechazó a Cristo.

Ningún evangelio es más instructivo para aquellos que son discípulos del Señor y que están llamados a representarlo ante el mundo. Las lecciones sobre el discipulado son transformadoras para el lector comprometido, así como lo fueron para los once seguidores iniciales de Jesús. Por tanto, con todos sus grandes temas de majestad y gloria, rechazo y apostasía, al libro de Mateo no le falta ningún sentido práctico. Presente en todo eso está el hilo constante de la instrucción revelada para aquellos que son representantes del Señor entre los hombres.

El Rey compasivo

1

Libro de la genealogía de Jesucristo, hijo de David, hijo de Abraham. Abraham engendró a Isaac, Isaac a Jacob, y Jacob a Judá y a sus hermanos. Judá engendró de Tamar a Fares y a Zara, Fares a Esrom, y Esrom a Aram. Aram engendró a Aminadab, Aminadab a Naasón, y Naasón a Salmón. Salmón engendró de Rahab a Booz, Booz engendró de Rut a Obed, y Obed a Isaí. Isaí engendró al rey David, y el rey David engendró a Salomón de la que fue mujer de Urías. Salomón engendró a Roboam, Roboam a Abías, y Abías a Asa. Asa engendró a Josafat, Josafat a Joram, y Joram a Uzías. Uzías engendró a Jotam, Jotam a Acaz, y Acaz a Ezequías. Ezequías engendró a Manasés, Manasés a Amón, y Amón a Josías. Josías engendró a Jeconías y a sus hermanos, en el tiempo de la deportación a Babilonia. Después de la deportación a Babilonia, Jeconías engendró a Salatiel, y Salatiel a Zorobabel. Zorobabel engendró a Abiud, Abiud a Eliaquim, y Eliaquim a Azor. Azor engendró a Sadoc, Sadoc a Aquim, y Aquim a Eliud. Eliud engendró a Eleazar, Eleazar a Matán, Matán a Jacob; y Jacob engendró a José, marido de María, de la cual nació Jesús, llamado el Cristo. De manera que todas las generaciones desde Abraham hasta David son catorce; desde David hasta la deportación a Babilonia, catorce; y desde la deportación a Babilonia hasta Cristo, catorce. (1:1-17)

Como leímos en la Introducción, uno de los principales propósitos de Mateo en su evangelio, y el propósito principal de los capítulos 1 y 2, es establecer el derecho de Jesús a la realeza de Israel. Para cualquier observador sincero, y sin duda para los judíos que conocían y creían en sus propias Escrituras, estos dos capítulos reivindican la afirmación de Jesús delante de Pilato: "Tú dices que yo soy rey. Yo para esto he nacido, y para esto he venido al mundo" (Jn. 18:37).

De acuerdo con ese propósito de revelar que Jesús es el Cristo (Mesías) y el Rey de los judíos, Mateo empieza su evangelio mostrando que Jesús desciende de la línea real de Israel. Para que Él deba ser anunciado y proclamado rey es necesario que haya prueba de que viene de la familia real reconocida.

La línea real del Mesías comenzó con David. Dios prometió a través del profeta Natán que sería a través de los descendientes de David que traería al gran Rey que en última instancia reinaría sobre Israel y establecería su reino eterno (2 S. 7:12-16). Tal promesa no se cumplió en Salomón, el hijo de David que lo sucedió, ni en ningún otro rey que gobernó en Israel o Judá; y el pueblo esperaba que naciera otro de la línea de David a fin de que se cumpliera la profecía. En la época en que Jesús nació, los judíos aún estaban anticipando la llegada del monarca prometido y la gloria restaurada del reino.

No obstante, la preocupación de los judíos por los antecedentes genealógicos existió antes de que tuvieran un rey. Después de entrar a Canaán bajo el mando de

Josué, y de conquistar la región que Dios les había prometido, la tierra fue cuidadosa y exactamente repartida en territorios dados a cada tribu, excepto a la tribu sacerdotal de Leví, a la cual se le asignaron ciudades especiales. A fin de saber dónde vivir, cada familia israelita debía determinar con precisión la tribu a la cual pertenecía (véase Nm. 26 y 34—35). Y con el fin de calificar para la función sacerdotal, un levita debía demostrar ser descendiente de Leví. Después del regreso del exilio en Babilonia, a ciertos "hijos de los sacerdotes" no se les permitió servir en el sacerdocio porque "su registro de genealogías… no fue hallado" (Esd. 2:61-62).

La transferencia de propiedad también requería conocimiento correcto del árbol familiar (véase, p. ej. Rt. 3—4). Incluso bajo el dominio romano, el censo de los judíos en Palestina se basó en tribus, como puede verse por el hecho de que a José y María se les exigió registrarse en "Belén, por cuanto [José] era de la casa y familia de David" (Lc. 2:4). Por el historiador judío Josefo sabemos que en tiempos del Nuevo Testamento muchas familias judías mantenían archivos ancestrales detallados y de gran valor. Antes de su conversión, al apóstol Pablo le preocupaba su linaje "de la tribu de Benjamín" (véase Ro. 11:1; 2 Co. 11:22; Fil. 3:5). La identificación tribal y la línea de descendencia eran de suma importancia para los judíos.

Es a la vez interesante y significativo que desde la destrucción del templo en el año 70 d.C. no existan genealogías que puedan rastrear la ascendencia de cualquier judío vivo hoy día. El significado principal de esa realidad es que es imposible establecer el linaje hasta David en los judíos que aún esperan el Mesías. Jesucristo es el último demandante verificable al trono de David, y por tanto a la descendencia mesiánica.

La genealogía de Mateo presenta una línea descendente, desde **Abraham** a través de **David** y de **José,** hasta **Jesús, llamado el Cristo.** La genealogía de Lucas presenta una línea ascendente, empezando desde Jesús y remontándose a través de David, Abraham e incluso hasta "Adán, hijo de Dios" (Lc. 3:23-38). Al parecer el registro de Lucas se sigue desde el lado de María, en que es probable que el Elí de Lucas 3:23 sea el suegro (al que a menudo se refería como un padre) de José y, por tanto, el padre natural de María. La intención de Mateo es validar la afirmación real de Jesús mostrando su descendencia legal de David a través de José, quien fue el padre legal, aunque no natural, del Señor. La intención de Lucas es rastrear la verdadera ascendencia de la sangre real de Jesús a través de su madre, y por tanto establece su linaje racial desde David. Mateo sigue la línea real a través de David y Salomón, el hijo de David y sucesor al trono. Lucas sigue la línea real a través de Natán, otro hijo de David. Por tanto, Jesús fue descendiente de sangre de David a través de María y descendiente legal de David a través de José. Genealógicamente, Jesús estaba perfectamente calificado para ocupar el trono de David.

Es indispensable tener en cuenta que en su nacimiento virginal Jesús no solo fue divinamente concebido, sino que a través de ese milagro fue protegido de la descalificación real debido a que José era descendiente de **Jeconías** (v. 12). A causa de la maldad de ese rey, Dios había declarado que de Jeconías (también llamado Joaquín o Conías), a pesar de que pertenecía a la línea de David, "ninguno de su descendencia logrará sentarse sobre el trono de David, ni reinar sobre Judá" (Jer. 22:30). Esa maldición habría impedido el derecho de Jesús a la realeza si hubiera sido el hijo natural de José, quien estaba en la línea de Jeconías. El origen legal de Jesús por parte de David, el cual siempre se seguía a través del padre, llegó a José por medio de Jeconías. Pero su ascendencia de sangre, *y su derecho humano de reinar*, llegaron por medio de María, quien no estaba en el linaje de Jeconías. Por tanto, la maldición sobre la descendencia de Jeconías fue eludida, mientras seguía manteniendo el privilegio real.

Libro de la genealogía de Jesucristo, hijo de David, hijo de Abraham. (1:1)

Biblos (**libro**) también puede referirse a un registro o un relato, como ocurre en este caso. Mateo está ofreciendo un breve registro de **la genealogía** (*génesis*, "principio, origen") **de Jesucristo.** Jesús es el equivalente griego de Jeshúa, o Josué, que significa "Jehová (Yahvé) salva". Este fue el nombre que el ángel le dijo a José que le pusiera al Hijo que había sido milagrosamente concebido en su prometida, María, porque Aquel que pronto nacería iría de veras a salvar "a su pueblo de sus pecados" (Mt. 1:21). *Christos* (Cristo) es la forma griega del hebreo *māshíah* (castellano, mesías), que significa "el ungido". Los profetas, sacerdotes y reyes de Israel lo fueron, y Jesús fue ungido igual que todos ellos. Él fue *el* Ungido, *el* Mesías, a quien los judíos habían esperado por mucho tiempo que viniera como su gran libertador y monarca.

Sin embargo, debido a su incredulidad y falta de comprensión de las Escrituras, muchos judíos se negaron a reconocer a Jesús como el Cristo, el Mesías. Algunos lo rechazaron porque *conocían* a sus padres. Cuando Jesús regresó a su pueblo natal de Nazaret "les enseñaba en la sinagoga de ellos, de tal manera que se maravillaban, y decían: ¿De dónde tiene éste esta sabiduría y estos milagros? ¿No es éste el hijo del carpintero? ¿No se llama su madre María, y sus hermanos, Jacobo, José, Simón y Judas? ¿No están todas sus hermanas con nosotros? ¿De dónde, pues, tiene éste todas estas cosas?" (Mt. 13:54-56). En otra ocasión algunos más en Jerusalén dijeron de Jesús: "¿Habrán reconocido en verdad los gobernantes que éste es el Cristo? Pero éste, sabemos de dónde es; mas cuando venga el Cristo, nadie sabrá de dónde sea" (Jn. 7:26-27). Poco después, "algunos de la multitud, oyendo estas palabras, decían: Verdaderamente éste es el profeta. Otros decían: Este es el Cristo. Pero algunos decían: ¿De Galilea ha de venir el Cristo?" (Jn. 7:40-41). Aún otros, mejor instruidos en las Escrituras pero ignorantes del linaje y el lugar de nacimiento de Jesús, manifestaron: "¿No dice la Escritura que del linaje de David, y de la aldea de Belén, de donde era David, ha de venir el Cristo?" (v. 42).

La genealogía establece el linaje real del Mesías. La intención de Mateo no es hacer que el lector divague en un estudio de cada persona mencionada, sino mostrar que todos ellos señalan hacia la realeza de Cristo.

EL REY COMPASIVO

Aún así, de la genealogía de Mateo nos enteramos de algo más que del linaje de Jesús, pues vemos también los hermosos reflejos de la gracia de Dios. Jesús fue enviado por un Dios de compasión para ser un Rey de misericordia. No sería un Rey de la ley y que se impone por la fuerza, sino un Rey de gracia. Sus credenciales reales testifican de la gracia real. Y las personas que eligió como sus antepasados muestran la maravilla de esa gracia, y ofrecen esperanza a todos los pecadores.

La gracia de este Rey y del Dios que lo envió puede verse en la genealogía en cuatro lugares y maneras, que examinaremos en un orden lógico en vez de cronológico.

LA GRACIA DE DIOS SE VE EN LA ELECCIÓN DE UNA MUJER

y Jacob engendró a José, marido de María, de la cual nació Jesús, llamado el Cristo. (1:16)

Dios mostró su gracia a María al elegirla para que fuera la madre de Jesús. Aunque descendía de la línea real de David, María era una joven desconocida y común. Al contrario de las afirmaciones de su propia concepción inmaculada (de que fue concebida de manera milagrosa en el vientre de su propia madre), María fue tan pecadora como todos los seres humanos alguna vez nacidos. Es probable que moral y espiritualmente ella fuera mejor que la mayoría de personas de su época, pero no fue inmaculada. María era muy devota y fiel al Señor, como lo demostró su respuesta humilde y sumisa al anuncio del ángel (Lc. 1:38).

María necesitaba un Salvador, como ella misma reconoció en el inicio mismo de su cántico de alabanza, llamado el Magníficat: "Engrandece mi alma al Señor; y mi espíritu se regocija en Dios mi Salvador. Porque ha mirado la bajeza de su sierva" (Lc. 1:46-48). Los conceptos de que María es corredentora y comediadora con Cristo no son bíblicos y nunca fueron parte de la doctrina de la iglesia primitiva. Tales ideas herejes llegaron a la iglesia varios siglos después al haber dado acogida a mitos paganos que se originaron en las religiones de misterio babilónicas.

Nimrod, nieto de Cam, uno de los tres hijos de Noé, fundó las grandes ciudades de Babel (Babilonia), Erec, Acad, Calne y Nínive (Gn. 10:10-11). Fue en Babel que comenzó el primer sistema organizado de idolatría con la torre construida allí. La esposa de Nimrod, Semiramis, se convirtió en la primera gran sacerdotisa de la idolatría, y Babilonia llegó a ser la fuente de todos los sistemas diabólicos de religión. En los últimos tiempos, "la gran ramera" tendrá escrito en la frente: "BABILONIA LA GRANDE, LA MADRE DE LAS RAMERAS Y DE LAS ABOMINACIONES DE LA TIERRA" (Ap. 17:5). Cuando Babilonia fue destruida, el sumo sacerdote pagano de esa época huyó a Pérgamo (citada en Ap. 2:13 "donde está el trono de Satanás") y después a Roma. En el siglo IV de nuestra era gran parte del paganismo politeísta de Roma se había abierto paso dentro de la iglesia. Fue a partir de esa fuente que se originaron las ideas de la cuaresma, de la inmaculada concepción de María, y de la "reina del cielo". Según leyendas paganas, Semiramis fue milagrosamente concebida por un rayo de sol, y su hijo Tamuz murió y resucitó de los muertos después de cuarenta días de ayuno por parte de su madre (origen de la cuaresma). Las mismas leyendas básicas se hallaron en religiones equivalentes a lo largo del mundo antiguo. Semiramis llegó a ser conocida indistintamente como Astarté, Isis, Afrodita, Venus e Istar. Tamuz fue conocido como Baal, Osiris, Eros y Cupido.

Tales sistemas paganos habían infectado a Israel siglos antes de la venida de

Cristo. Fue a Istar, "la reina del cielo", a la que se volvieron los malvados y rebeldes exiliados israelitas en Egipto (Jer. 44:17-19; cp. 7:18). Mientras se hallaba exiliado en Babilonia con sus compatriotas judíos, Ezequiel tuvo una visión de parte del Señor acerca de las "abominaciones" que algunos israelitas estaban cometiendo incluso en el templo de Jerusalén, prácticas que incluían estar "endechando a Tamuz" (Ez. 8:13-14). Aquí vemos algunos de los orígenes del culto a la madre y el hijo, que llevaron a la veneración de María.

La Biblia no dice nada acerca de la gracia de María excepto la que recibió del Señor. Ella fue la receptora, no la dispensadora de la gracia. La traducción literal de "muy favorecida" (Lc. 1:28) es "ser investida con gracia". Al igual que todo el resto de la humanidad caída, María necesitaba la gracia y la salvación de Dios. Por eso es que su espíritu se regocijó "en Dios [su] Salvador" (Lc. 1:47). María recibió una medida especial de la gracia del Señor al ser elegida como la madre de Jesús; sin embargo, ella nunca fue suplidora de gracia. La gracia de Dios eligió a una mujer pecadora para que tuviera el privilegio inigualable de dar a luz al Mesías.

LA GRACIA DE DIOS SE VE EN LOS DESCENDIENTES DE DOS HOMBRES

Libro de la genealogía de Jesucristo, hijo de David, hijo de Abraham. (1:1)

Tanto **David** como **Abraham** fueron pecadores, pero por la gracia de Dios resultaron ser antepasados del Mesías, el **Cristo.**

David pecó gravemente al cometer adulterio con Betsabé y después agravó su pecado haciendo que asesinaran a Urías, el esposo de ella, a fin de poder casarse con la mujer. Como guerrero, David había matado a muchísimos hombres y por esa razón no se le permitió construir el templo (1 Cr. 22:8). David fue un ejemplo clásico de un mal padre que falló en disciplinar a sus hijos, uno de los cuales (Absalón) trató incluso de usurpar el trono de su propio padre por medio de una rebelión armada.

Abraham, aunque un hombre de gran fe, mintió dos veces acerca de su esposa Sara. Por temor de perder la vida y por falta de confianza en Dios les dijo a dos reyes paganos distintos que ella era su hermana (Gn. 12:11-19; 20:1-18). Al hacer eso Abraham avergonzó a Sara, a sí mismo y al Dios en quien él creía y a quien afirmaba servir.

Sin embargo, Dios hizo de Abraham el padre del pueblo escogido, Israel, del que surgiría el Mesías; e hizo a David padre de la línea real de la que descendería el Mesías. Jesús era hijo de David por descendencia real e hijo de Abraham por descendencia racial.

La gracia de Dios también se extendió a los descendientes intermedios de estos dos hombres. Isaac fue el hijo de la promesa, y un prototipo del Salvador expiatorio, quien se ofreció voluntariamente a Dios (Gn. 22:1-13). Dios proveyó el nombre del hijo de Isaac, Jacob, (llamado después Israel) al pueblo escogido. Los hijos de Jacob (Judá y sus hermanos) se convirtieron en jefes de las tribus de Israel. Todos estos hombres fueron pecadores y en ocasiones débiles e infieles; pero Dios les fue constantemente fiel, y su gracia estuvo siempre con ellos incluso en momentos de reprensión y disciplina.

Salomón, hijo y sucesor al trono de David, fue pacífico y sabio, pero también insensato en muchas formas. Sembró semillas de corrupción familiar y espiritual al casarse con centenares de esposas, la mayoría de naciones paganas de todo el mundo de entonces. Esas mujeres alejaron del Señor el corazón de Salomón y los corazones de muchos otros israelitas (1 R. 11:1-8). La unidad de Israel se resquebrajó y pronto se dividió el reino. Pero la línea real se mantuvo intacta, y la promesa que Dios le hiciera a David se cumplió finalmente. La gracia de Dios prevaleció.

El examen cuidadoso de los descendientes de Abraham y de David (vv. 2-16) muestra a individuos que a menudo se caracterizaron por la infidelidad, inmoralidad, idolatría y apostasía. Pero el trato de Dios con ellos siempre se caracterizó por la gracia. **Jesucristo, hijo de David, hijo de Abraham,** fue enviado para triunfar sobre los fracasos de estos dos hombres y de todos sus descendientes, y para lograr lo que ellos nunca pudieron haber logrado. El Rey de la gracia vino a través de la línea de dos hombres pecadores.

LA GRACIA DE DIOS SE VE EN LA HISTORIA DE TRES ERAS

De manera que todas las generaciones desde Abraham hasta David son catorce; desde David hasta la deportación a Babilonia, catorce; y desde la deportación a Babilonia hasta Cristo, catorce. (1:17)

Por el resumen de Mateo de la genealogía vemos la gracia de Dios en acción en tres períodos, o eras, de la historia de Israel.

El primer período, **desde Abraham hasta David,** fue el de los patriarcas, y de Moisés, Josué y los jueces. Fue un período de alejamiento, de esclavitud en una tierra extranjera, de liberación, de entrega del pacto y de la ley, y de conquista y victoria.

El segundo período, **desde David hasta la deportación a Babilonia,** fue el de la monarquía en que, tras insistir en tener reyes humanos como todas las demás naciones a su alrededor, Israel descubrió que esos reyes a menudo los alejaron de Dios y los metieron en problemas en lugar de llevarlos a la paz y la prosperidad del Señor. Ese fue un período casi ininterrumpido de decadencia, degeneración, apostasía y tragedia. Hubo derrota, conquista, exilio y la destrucción de Jerusalén y su templo. Solamente en David, Josafat, Ezequías y Josías vemos bastante evidencia de devoción a Dios.

El tercer período, **desde la deportación a Babilonia hasta Cristo,** fue de cautiverio, exilio, frustración y estancamiento. La mayoría de hombres que Mateo menciona en este período, de Salatiel a Jacob el padre de José, son desconocidos para nosotros a no ser por esta lista. Se trata de un período en gran medida rodeado de maldad y en su mayor parte caracterizado por poca notoriedad. Fue la era de las tinieblas en Israel.

No obstante, la gracia de Dios estuvo en acción a favor de su pueblo a lo largo de esos tres períodos. La genealogía nacional de Jesús es de una mezcla de gloria y sentimiento, de heroísmo y desgracia, de notoriedad y olvido. Israel se levanta, cae, se estanca, y finalmente rechaza y crucifica al Mesías que Dios le envió *al* pueblo. Pero Dios, en su gracia infinita, aun así envió a su Mesías *a través* de Israel.

LA GRACIA DE DIOS SE VE EN LA INCLUSIÓN DE CUATRO MARGINADAS SOCIALES

Judá engendró de Tamar a Fares y a Zara, Fares a Esrom, y Esrom a Aram. Aram engendró a Aminadab, Aminadab a Naasón, y Naasón a Salmón. Salmón engendró de Rahab a Booz, Booz engendró de Rut a Obed, y Obed a Isaí. Isaí engendró al rey David, y el rey David engendró a Salomón de la que fue mujer de Urías. (1:3-6)

La genealogía de Mateo también nos muestra la obra de la gracia de Dios al elegir a cuatro mujeres que fueron consideradas marginadas (las únicas enumeradas hasta la mención de María), a través de las cuales el Mesías y gran Rey iba a descender. Estas mujeres son ejemplos excepcionales de la gracia de Dios, y por eso se incluyen en la genealogía que aparte de ellas solo participan hombres.

La primera marginada fue **Tamar,** la nuera cananea de **Judá.** Dios le había quitado la vida al esposo Er, y al hermano mayor Onán, debido a la maldad de estos. Judá prometió entonces a la joven viuda sin hijos que el tercer hijo de él, Sela, al crecer debía convertirse en esposo de Tamar y criar hijos en nombre del hermano muerto. Después que Judá incumpliera la promesa, la nuera se disfrazó de prostituta y con engaños lo llevó a tener relaciones sexuales con ella. De esa unión ilícita nacieron dos hijos gemelos, **Fares y Zara.** La sórdida historia se encuentra en Génesis 38. Según indica la genealogía, **Tamar** y **Fares** se unieron a **Judá** en la línea mesiánica. A pesar de la prostitución y el incesto, la gracia de Dios descendió sobre estas tres personas que no la merecían, e incluyó a una desesperada y engañosa ramera gentil.

La segunda marginada también fue mujer y gentil. También era culpable de prostitución, pero a diferencia de Tamar, esta mujer la usaba como profesión. **Rahab,** una habitante de Jericó, protegió a los dos hombres israelitas que Josué envió a espiar la ciudad. Esta mujer mintió a los mensajeros del rey de Jericó a fin de salvar a los espías, pero debido a que ella temió al Señor, y a su acto de bondad para con el pueblo israelita, Dios protegió su vida y las vidas de sus familiares cuando Jericó fue sitiada y destruida (Jos. 2:1-21; 6:22-25). La gracia de Dios no solamente libró la vida de Rahab, sino que la colocó en la línea mesiánica, como esposa de **Salmón** y madre del piadoso **Booz,** quien fue el bisabuelo de David.

Rut, la esposa de **Booz,** fue la tercera marginada. Al igual que Tamar y Rahab, **Rut** era gentil. Después de la muerte de su primer esposo, un israelita, ella fue a vivir a Israel con su suegra Noemí. Rut era una mujer piadosa, amorosa y sensible que había aceptado a Jehová como su propio Dios. El pueblo de Rut, los paganos moabitas, fueron el producto de las relaciones incestuosas de Lot con sus dos hijas solteras. A fin de preservar la línea familiar debido a que ellas no tenían esposos o hermanos, cada una de las hijas logró emborrachar a su padre, quien sin saberlo tuvo relaciones sexuales con las jóvenes. El hijo producido por la unión de Lot con su hija mayor fue Moab, padre de un pueblo que se convirtió en uno de los enemigos más implacables de Israel. Mahlón, el israelita que se casó con **Rut,** hizo esto en violación a la ley mosaica (Dt. 7.3; cp. 23:3; Esd. 9:2; Nch. 13:23), y muchos escritores judíos afirman que las muertes tempranas tanto de Mahlón como de su hermano Quelión fueron juicios divinos por su desobediencia. A pesar de que Rut era moabita y había sido pagana sin derecho a casarse con un israelita, la gracia de Dios no solo implantó a esta mujer en la familia de Israel, sino que más adelante, a través de Booz, la introdujo en la línea real. Ella se convirtió en la abuela de David, el gran rey de Israel.

La cuarta marginada fue Betsabé, a quien no se le identifica por nombre en la genealogía, sino que se la menciona simplemente como la esposa de **David** y como **la que fue mujer de Urías.** Según se mencionó antes, David cometió adulterio con Betsabé, hizo enviar al esposo de ella al frente de batalla con el fin de que lo mataran, y luego tomó a la mujer como su propia esposa. El hijo que resultó del adulterio murió en su infancia, pero el siguiente hijo nacido de ellos fue **Salomón** (2 S. 11:1-27; 12:14, 24), sucesor al trono de David y continuador de la línea mesiánica. Por la gracia de Dios, Betsabé se convirtió en esposa de David, en madre de Salomón, y en antepasada del Mesías.

La genealogía de Jesucristo es infinitamente más que una lista de nombres antiguos; es incluso más que una lista de antepasados humanos de Jesús. Se trata de un hermoso testimonio de la gracia de Dios y del ministerio de su Hijo, Jesucristo, el amigo de pecadores, quien no vino "a llamar a justos, sino a pecadores" (Mt. 9:13). Si Jesucristo en su misericordia llamó a pecadores por gracia para que fueran sus antepasados, ¿debería sorprendernos que Él nos llame por medio de la gracia a ser sus descendientes? ¡El Rey presentado aquí es realmente el Rey de gracia!

Nacimiento virginal

El nacimiento de Jesucristo fue así: Estando desposada María su madre con José, antes que se juntasen, se halló que había concebido del Espíritu Santo. José su marido, como era justo, y no quería infamarla, quiso dejarla secretamente. Y pensando él en esto, he aquí un ángel del Señor le apareció en sueños y le dijo: José, hijo de David, no temas recibir a María tu mujer, porque lo que en ella es engendrado, del Espíritu Santo es. Y dará a luz un hijo, y llamarás su nombre JESÚS, porque él salvará a su pueblo de sus pecados. Todo esto aconteció para que se cumpliese lo dicho por el Señor por medio del profeta, cuando dijo: He aquí, una virgen concebirá y dará a luz un hijo, y llamarás su nombre Emanuel, que traducido es: Dios con nosotros. Y despertando José del sueño, hizo como el ángel del Señor le había mandado, y recibió a su mujer. Pero no la conoció hasta que dio a luz a su hijo primogénito; y le puso por nombre JESÚS. (1:18-25)

La historia bíblica registra algunos nacimientos asombrosos y espectaculares. El nacimiento de Isaac en una mujer estéril de casi cien años de edad, que se rió ante la idea de tener un hijo, fue un acontecimiento milagroso. El vientre estéril de la esposa de Manoa se abrió, y ella dio a luz a Sansón, quien despedazó a un león, mató a mil hombres, y derribó un templo pagano. El nacimiento de Samuel, el profeta que ungió reyes, de la estéril Ana, cuya matriz el Señor había cerrado, dio a conocer el poder divino providencial. Elisabet era estéril, pero a través del poder de Dios dio a luz a Juan el Bautista, de quien Jesús declaró que no había habido uno más grande "entre los que nacen de mujer" (Mt. 11:11). Sin embargo, el nacimiento virginal del Señor Jesús sobrepasa todos aquellos nacimientos.

La fantasía y la mitología han falsificado el nacimiento virginal de Jesucristo con una proliferación de falsos relatos destinados a minimizar su nacimiento totalmente único.

Por ejemplo, los romanos creían que Zeus fecundó a Sémele sin contacto y que ella concibió a Dionisio, señor de la tierra. Los babilonios creían que Tamuz (véase Ez. 8:14) fue concebido en la sacerdotisa Semiramis por un rayo de sol. Una antigua historia sumeria/acadia inscrita sobre una muralla contaba cómo los dioses crearon a Tukulti II (890-884 a.C.) en el vientre de su madre. Incluso llegó a afirmarse que la diosa de la procreación supervisó la concepción del rey Senaquerib (705-681 a.C.). En la concepción de Buda, su madre supuestamente vio cómo un elefante blanco le ingresaba en el vientre. El hinduismo ha afirmado que después de reencarnaciones como pez, tortuga, jabalí y león, el divino Visnú descendió al vientre de Devaki y nació como su hijo Krishna. Existe incluso la leyenda de que Alejandro Magno tuvo nacimiento virginal por el poder de Zeus mediante una serpiente que fecundó a su madre Olimpia. Satanás ha creado otros más de esos mitos para falsificar el nacimiento de Cristo a fin de hacerlo parecer común o legendario.

La ciencia moderna habla incluso de la partenogénesis, que viene de un término griego que significa "nacimiento virginal". En el mundo de las abejas comunes los huevos no fertilizados se convierten en zánganos, o machos. La partenogénesis artificial ha tenido éxito con huevos no fertilizados de gusanos de seda. Huevos de erizos de mar y gusanos de mar han comenzado a desarrollarse al ser colocados en varias soluciones salinas. En 1939 y 1940 se reprodujeron conejas por medio de influencias químicas y de temperatura en óvulos. Nada de eso se ha acercado siquiera a considerarse en seres humanos; toda esa partenogénesis es imposible dentro de la especie humana. Al igual que la mitología, la ciencia no tiene explicación para el nacimiento virginal de Cristo. Él no fue simplemente el hijo de una mujer que antes era estéril, ni un fenómeno de la naturaleza; sino que, por el claro testimonio de la Biblia, Jesús fue concebido por Dios y nació de una virgen.

No obstante, encuestas religiosas hechas en las últimas generaciones muestran la influencia de la teología liberal en una disminución marcada y continua del porcentaje de cristianos profesos que creen en el nacimiento virginal, y por tanto en la deidad de Jesucristo. Cabe preguntarse por qué ellos querrían ser identificados con una persona que, si el juicio que tienen de Él fuera correcto, debió haber sido o engañado o un embaucador, ya que los cuatro evangelios enseñan explícitamente que Jesús se consideró a sí mismo alguien más que un hombre. Por el resto del Nuevo Testamento y por registros históricos sabemos que Jesús, sus discípulos y toda la iglesia primitiva sostuvieron que Él no era otro que el divino Hijo de Dios. Incluso sus enemigos sabían que Jesús afirmó tal identidad (Jn. 5:18-47).

Un personaje religioso popular afirmó hace algunos años en una entrevista que no podía negar en forma impresa ni pública el nacimiento virginal de Cristo, pero que no podía ni predicarlo ni enseñarlo. El hombre explicó: "Cuando enfrento algo que no comprendo, simplemente no lo considero". No obstante, ignorar el nacimiento virginal implica no reconocer la deidad de Cristo, y no reconocer su deidad equivale a rechazarlo. La verdadera encarnación exige un nacimiento virginal.

Tal incredulidad no debería sorprendernos. La incredulidad ha sido el mayor problema del ser humano desde la caída, y siempre ha sido la opinión mayoritaria de los hombres. Pablo pregunta: "¿Pues qué, si algunos de ellos han sido incrédulos? ¿Su incredulidad habrá hecho nula la fidelidad de Dios? De ninguna manera; antes bien sea Dios veraz, y todo hombre mentiroso" (Ro. 3:3-4). Todo fiel profeta, predicador o maestro en algún momento ha preguntado lo mismo que Isaías y Pablo: "Señor, ¿quién ha creído a nuestro anuncio?" (Ro. 10:16; cp. Is. 53:1). Pero la opinión popular, incluso dentro de la Iglesia, no siempre ha sido una fuente confiable de verdad. Cuando los hombres escogen qué partes de la Palabra de Dios creer y seguir, se colocan por sobre la Palabra y, por tanto, por encima de Él (cp. Sal. 138:2).

El propósito de Mateo al escribir el relato de su evangelio fue en parte apologético, no en el sentido de hacer un remedo para el evangelio sino en el sentido más tradicional de explicarlo y defenderlo contra sus muchos ataques y tergiversaciones. A menudo la humanidad de Jesús ha sido difamada y su deidad rechazada. Es posible que durante su ministerio terrenal, y sin duda después de su muerte y resurrección, Jesús fuera calumniado por la acusación de que era el hijo ilegítimo de María con algún hombre desconocido, quizás un soldado romano acuartelado en Galilea. Sin embargo, fue la afirmación de deidad de Jesús la que más indignó a los líderes judíos y los llevó a exigir su muerte. "Por esto los judíos aun más procuraban matarle, porque no sólo quebrantaba el día de reposo, sino que también decía que Dios era su propio Padre, haciéndose igual a Dios" (Jn. 5:18).

Por tanto, no es casualidad que el inicio del Evangelio de Mateo, al principio del Nuevo Testamento, esté dedicado a establecer tanto la humanidad real como la deidad de Jesucristo. Aparte de que Jesús es tanto humano como divino, no hay evangelio. La encarnación de Jesucristo es el hecho central del cristianismo. Toda la súper estructura de teología cristiana se basa en esa realidad. La esencia y el poder del evangelio están en que Dios se volvió hombre y que, siendo totalmente Dios y hombre, pudo reconciliar a la humanidad con Dios. El nacimiento virginal de Jesús, su muerte expiatoria, su resurrección, su ascensión, y su retorno son todos aspectos integrales de su deidad. Se levantan o caen juntos. Si cualquiera de dichas enseñanzas (todas ilustradas claramente en el Nuevo Testamento) es rechazada, todo el evangelio es rechazado. Separada de las demás, ninguna tendría sentido, ni podría tener algún significado o poder. Si tales cosas no fueran ciertas, incluso las enseñanzas morales de Jesús serían sospechosas, porque si Él tergiversó quién era afirmando de manera absurda ser igual a Dios, ¿cómo podría confiarse en cualquier otra cosa que haya dicho? O si los escritores del evangelio falsearon quién fue Jesús, ¿por qué deberíamos confiar en su palabra respecto a cualquier otra cosa que Él dijo o hizo?

En cierta ocasión Jesús hizo a los fariseos una pregunta acerca de Él mismo que los hombres se han estado haciendo en toda generación desde entonces: "¿Qué pensáis del Cristo? ¿De quién es hijo?" (Mt. 22:42). Esa es la pregunta que Mateo contesta en el primer capítulo de este evangelio. Jesús es el humano Hijo del hombre y el Hijo divino de Dios.

Según hemos visto, los diecisiete primeros versículos ofrecen el linaje humano de Jesús: su descendencia real desde Abraham, a través de David y a través de José, su padre humano legal. Los dirigentes judíos del Nuevo Testamento reconocían que el Mesías sería de la línea real de David; sin embargo, en su gran mayoría coincidieron en poco más que eso con relación a Él.

La historia nos informa que hasta los conservadores fariseos por lo general creían que el Mesías sería divino. Si Jesús no hubiera afirmado ser más que el hijo de David, pudo haber comenzado a convencer a algunos de los líderes judíos de su condición mesiánica. No obstante, una vez que declaró ser Dios lo rechazaron de inmediato. Muchas personas hoy día están deseosas de reconocerlo como un gran maestro, un modelo de elevado carácter moral, e incluso un profeta de Dios. Sin embargo, si no hubiera sido más que esas cosas, no podría haber conquistado el pecado, la muerte o Satanás. En resumen, Él no podría haber salvado al mundo. También habría sido culpable de falsificarse burdamente.

Es interesante que algunos intérpretes altivos del Nuevo Testamento reconozcan que Mateo y los demás escritores sinceramente creyeron y enseñaron que Jesús fue concebido por el Espíritu Santo, y que no tuvo padre humano. No obstante, afirman que esos hombres no eran educados y, además, estaban cautivos de las supersticiones y mitos comunes de su tiempo, y que ellos simplemente escogieron entre las muchas leyendas de nacimientos virginales que eran comunes en el mundo antiguo y las adaptaron a la historia del evangelio.

Es verdad que las religiones paganas de esa época, tales como las de Semiramis y Tamuz, tenían mitos de varios tipos que implicaban concepciones milagrosas. Pero el carácter inmoral y repulsivo de tales historias no puede compararse con los relatos de los evangelios. Dichas historias son falsificaciones viles que Satanás hace de la verdad pura de Dios. Puesto que el nacimiento virginal de Jesucristo es fundamental para el evangelio, es una verdad que los sistemas religiosos falsos y satánicos negarán, falsificarán o tergiversarán.

El relato de Mateo sobre la concepción divina de Jesús es directo y sencillo. Se presenta como historia, pero como historia que solo podía conocerse por revelación de Dios, y lograrse por milagro divino. Esto es algo esencial para la encarnación.

Después de establecer el linaje humano de Jesús desde David, Mateo procede a mostrar el "linaje" divino. Ese es el propósito de los versículos 18-25, los cuales revelan cinco verdades distintas sobre el nacimiento virginal de Cristo. Vemos el nacimiento virginal concebido, confrontado, clarificado, relacionado y consumado.

NACIMIENTO VIRGINAL CONCEBIDO

El nacimiento de Jesucristo fue así: Estando desposada María su madre con José, antes que se juntasen, se halló que había concebido del Espíritu Santo. (1:18)

Aunque esto en sí no prueba la autoría divina, el mismo hecho de que el relato de la concepción divina de Jesús se presente en un solo versículo sugiere firmemente que la historia no fue de creación humana. Sencillamente no es característica de la naturaleza humana tratar de describir algo tan trascendental y maravilloso en tan breve espacio. Nuestra inclinación sería expandir, elaborar y tratar de ofrecer todo detalle posible. Mateo sigue dando información adicional relacionada con el nacimiento virginal, pero el *hecho* se nos presenta en una frase, pues la primera frase del versículo 18 es tan solo introductoria. Diecisiete versículos se dedican a enumerar la genealogía humana de Jesús, pero solo parte de un versículo a su genealogía divina. En su divinidad, Él "descendió" por medio de un acto milagroso y exclusivo de parte del Espíritu Santo; no obstante, el Espíritu Santo no hace más que afirmar el hecho con autoridad. Una historia de fabricación humana exigiría material mucho más convincente.

Nacimiento viene de la misma raíz griega que "genealogía" en el versículo 1, lo que indica que Mateo está dando aquí un relato paralelo de la ascendencia de Jesús, esta vez de parte del Padre celestial.

Tenemos poca información acerca de **María**. Es probable que fuera nativa de Nazaret y que viniera de una familia relativamente pobre. Por Mateo 27:56, Marcos 15:40, y Juan 19:25 nos enteramos que ella tenía una hermana llamada Salomé, madre de Jacobo y Juan (quienes por tanto eran primos de Jesús). Lucas 3 nos ofrece el linaje davídico. Si como muchos creen, el Elí de Lucas 3:23 fue el suegro de José (Mateo informa que el padre de José es Jacob, 1:16), entonces Elí era el padre de María. Sabemos que Elisabet, la esposa de Zacarías, era "parienta" de María (Lc. 1:36), probablemente prima de ella. Estos son los únicos parientes, además del esposo y los hijos de la madre de Jesús, de quienes habla el Nuevo Testamento.

María fue una mujer piadosa que era sensible y sumisa a la voluntad del Señor. Después del anuncio del ángel Gabriel de que sería la madre del "Hijo del Altísimo", "María dijo: He aquí la sierva del Señor; hágase conmigo conforme a tu palabra" (Lc. 1:26-38). María también fue creyente. Se preguntó cómo podía concebir: "¿Cómo será esto? pues no conozco varón" (Lc. 1:34). Sin embargo, nunca cuestionó que el ángel fuera enviado por Dios o que lo que dijo fuera verdad. Elisabet, "llena del Espíritu Santo" (v. 41), atestiguó de María: "Y bienaventurada la que creyó, porque se cumplirá lo que le fue dicho de parte del Señor" (v. 45). La reverencia, la gratitud y el amor humilde de María por Dios se ven en su extraordinario Magníficat, como se suele llamar Lucas 1:46-55. Este empieza: "Engrandece mi alma al Señor; y mi espíritu se regocija en Dios mi Salvador.... Porque me ha hecho grandes cosas el Poderoso; Santo es su nombre" (vv. 46-47, 49).

Sabemos incluso menos de **José** que de María. El nombre de su padre era Jacob (Mt. 1:16) y era un artesano, un trabajador de la construcción (*tektōn*), probablemente carpintero (Mt. 13:55). Lo más importante es que se trataba de un hombre "justo" (1:19), un santo del Antiguo Testamento.

Es posible que José y María fueran bastante jóvenes cuando se comprometieron. A menudo las muchachas se comprometían siendo muy jóvenes como de doce o trece años, y los muchachos cuando alcanzaban pocos años más de esa edad.

Por costumbre judía, un compromiso de matrimonio significaba más que un compromiso en el sentido moderno. En un matrimonio hebreo había dos etapas: el *kiddushin* (compromiso) y la *huppah* (ceremonia de bodas). El matrimonio casi siempre era arreglado por las familias de la novia y el novio, a menudo sin consultarles. Se hacía un contrato y se sellaba con el pago de la *mohar*, la dote o precio de la novia, que era pagado por el novio y su familia al padre de la novia. La *mohar* servía para compensar al padre por los gastos de la boda y para proveer un tipo de seguro para la novia en caso de que el novio llegara a estar insatisfecho y se divorciara de ella. El contrato se consideraba vinculante tan pronto como se hacía, y el hombre y la mujer se consideraban legalmente casados, aunque era frecuente que la ceremonia de bodas (*huppah*) y la consumación no se llevaran a cabo sino hasta un año después. El período de compromiso servía como un tiempo de prueba y una demostración de fidelidad. Durante ese período la novia y el novio por lo general tenían poco, o ningún contacto social entre sí.

José y María no habían experimentado contacto sexual entre ellos, según indica la frase **antes que se juntasen.** La pureza sexual está muy bien considerada en las Escrituras, en ambos testamentos. Dios da gran valor a la abstinencia sexual fuera del matrimonio y a la fidelidad sexual dentro del matrimonio. La virginidad de María era una evidencia importante de su piedad. Que ella cuestionara el anuncio que Gabriel le hiciera de su concepción fue porque sabía que era virgen (Lc. 1:34). Este testimonio protege contra la acusación de que Jesús nació de otro hombre.

Sin embargo, la virginidad de María protegió mucho más que su carácter moral, su reputación, y la legitimidad del nacimiento de Jesús. Protegió la naturaleza del divino Hijo de Dios. Al niño nunca lo llaman el hijo de José; a José nunca se lo llama padre de Jesús, y a José no se le menciona en el cántico de alabanza de María (Lc. 1:46-55). Si Jesús hubiera sido concebido por la acción de un hombre, fuera José o alguien más, no podría haber sido divino ni habría podido ser el Salvador. Sus propias afirmaciones acerca de Él mismo habrían sido mentiras, y su resurrección y ascensión habrían sido grandes engaños. Por tanto, la humanidad habría permanecido perdida y condenada para siempre.

Obviamente, la concepción de Jesús por parte del Espíritu Santo es un gran misterio. Incluso si Él hubiera querido hacerlo, ¿cómo podía Dios habernos explicado en términos que pudiéramos comprender el modo en que tal mezcla de lo divino y humano pudo haberse logrado? No podíamos haber imaginado más esa condición de lo que podemos imaginar acerca de que Dios creara el universo de la nada, que Dios sea tres personas en una, o que Él otorgue una naturaleza espiritual totalmente nueva a quienes confían en su Hijo. Comprender tales asuntos tendrá que esperar hasta que lleguemos al cielo, cuando veremos a nuestro Señor "cara a cara" y conoceremos exactamente como hemos sido conocidos por completo (1 Co. 13:12). Aceptamos el hecho por fe.

El nacimiento virginal no debió haber sorprendido a aquellos judíos que conocían el Antiguo Testamento y creían en él. Debido a una mala interpretación de la frase "la mujer rodeará al varón" en Jeremías 31:22, muchos rabinos creían que el Mesías tendría un nacimiento extraordinario. Ellos declaraban: "El Mesías no tiene que tener padre terrenal", y "el nacimiento del Mesías será como el rocío del Señor, como gotas sobre el pasto sin la acción del hombre". Pero hasta esa mala interpretación de un texto poco claro (una interpretación sostenida también por algunos de los padres de la iglesia) suponía un nacimiento inigualable para el Mesías.

No solo que Isaías había indicado tal nacimiento (7:14) sino que incluso en Génesis obtenemos un reflejo de eso. Dios habló a la serpiente acerca de la enemistad que existiría de ahí en adelante "entre tu simiente y la simiente [de Eva]" (Gn. 3:15). En un sentido técnico la simiente pertenece al hombre, y la impregnación de María por parte del Espíritu Santo es el único caso en la historia humana en que una mujer tenía en su interior una simiente que no provenía de un hombre. La promesa a Abraham se relacionó con "tu simiente", una manera común de referirse a descendencia. Esta referencia única a "la simiente" mira más allá de Adán y Eva hacia María y Jesucristo. Las dos simientes de Génesis 3:15 pueden verse en un sentido sencillo como un conjunto; es decir, pueden referirse a todos aquellos que son parte de la progenie de Satanás y a todos los que forman parte de la de Eva. Tal punto de vista ve la guerra entre las dos partes como algo furioso todo el tiempo, con el pueblo de justicia obteniendo finalmente la victoria sobre el pueblo del diablo. Pero "simiente" también puede ser singular en que se refiere a un producto grandioso, final y glorioso de una mujer, quien será el Señor mismo, nacido sin simiente masculina. Podría ser que la profecía mire tanto al significado conjunto como al individual.

Pablo es muy claro en el momento que nos declara que "cuando vino el cumplimiento del tiempo, Dios envió a su Hijo, nacido de mujer y nacido bajo la ley" (Gá. 4:4). No hay padre humano en ese versículo. Jesús debía tener un padre humano para poder ser humano y, por tanto, participante de nuestra carne. Pero también debía tener paternidad divina a fin de poder haber sido un sacrificio inmaculado y perfecto a favor nuestro.

NACIMIENTO VIRGINAL CONFRONTADO

José su marido, como era justo, y no quería infamarla, quiso dejarla secretamente. Y pensando él en esto, he aquí un ángel del Señor le apareció en sueños y le dijo: José, hijo de David, no temas recibir a María tu mujer, porque lo que en ella es engendrado, del Espíritu Santo es. (1:19-20)

Como ya se ha mencionado, aunque José y María solo estaban comprometidos en este momento (v. 18), a **José** se le consideraba **marido** y a **María** la **mujer** de él. Por la misma razón que él **era justo,** tenía un doble problema, al menos en su propia mente. Primero, debido a su rectitud y normas morales sabía que no debía seguir adelante con el matrimonio a causa del embarazo de María. Él sabía que no era el padre de la criatura y supuso, de manera muy natural, que la joven había tenido relaciones sexuales con otro hombre. Segundo, debido a su amor y bondad no podía soportar la idea de avergonzarla en público (una costumbre común de su época con relación a tal afrenta), mucho menos exigir la muerte de ella según lo dispuesto por la ley (Dt. 22:23-24). No hay evidencia de que José sintiera ira, resentimiento o amargura. Había sido avergonzado (si lo que suponía hubiera sido cierto), pero su preocupación no estaba en su propia vergüenza sino en la de María. **No quería infamarla** en público poniendo al descubierto el supuesto pecado de ella. Puesto que la amaba de manera profunda, decidió **dejarla secretamente.**

Literalmente, *Apoluō* significa **dejarla,** tal como se traduce aquí, pero era el término común usado para divorcio. El plan de José era divorciarse **secretamente** de María, aunque al poco tiempo todo el mundo habría imaginado que el matrimonio nunca se materializó. Pero al menos por un tiempo ella estaría protegida y viviría.

Sin embargo, **pensando** José **en esto, he aquí un ángel del Señor le apareció en sueños** y le calmó los temores. Entonces **le dijo: José, hijo de David, no temas** [deja de estar asustado por] **recibir a María tu mujer, porque lo que en ella es engendrado, del Espíritu Santo es.** Este versículo resalta el carácter sobrenatural de todo el suceso. A fin de reforzar las alentadoras palabras, y también verificar el linaje real de Jesús, el ángel se dirigió a **José** como **hijo de David.** A pesar de que no era el verdadero hijo de José, Jesús era su hijo legal; realmente su Padre era Dios, quien lo concibió por el Espíritu Santo. Pero su derecho real en la línea davídica venía de José.

La frase **lo que en ella es engendrado, del Espíritu Santo es** expresa algo profundo. En tales palabras se halla el testimonio final del nacimiento virginal, que es el testimonio del santo ángel del mismo Señor Dios.

Un crítico ha agitado el puño hacia Dios y lo ha llamado mentiroso impío con estas palabras: "No hubo nada peculiar en cuanto al nacimiento de Jesús. Él no fue Dios encarnado y ninguna madre virgen lo dio a luz. La iglesia en su antiguo celo engendró un mito que abrazó como un dogma". Pero el testimonio de la Biblia está vigente.

NACIMIENTO VIRGINAL CLARIFICADO

Y dará a luz un hijo, y llamarás su nombre JESÚS, porque él salvará a su pueblo de sus pecados. (1:21)

Como para reforzar la verdad de la concepción divina de Jesús, el ángel le informa a José que María **dará a luz un hijo.** José debía actuar como el padre terrenal de Jesús, pero solo sería padre de crianza. La genealogía que Lucas hace de Jesús a través de la línea de María señala con precisión que Jesús era "hijo, *según se creía,* de José" (3:23, cursivas añadidas).

Se le dijo a José que llamara al **hijo… JESÚS,** tal como a Zacarías se le dijo que llamara Juan a su propio hijo (Lc. 1:13). No se nos informa el propósito o el significado del nombre de Juan, pero el de **JESÚS** quedó en claro incluso antes de su nacimiento. **JESÚS** es una forma del hebreo Josué, Joshua o Jehoshua, el significado básico del cual es "Jehová (Yahvé) salvará". Todos los demás hombres que tuvieron tales nombres testificaron por medio de estos nombres acerca de la salvación del Señor. Pero Aquel que iba a nacer de María no solo testificaría de la salvación de Dios, sino que Él mismo sería esa salvación. Por su propia obra él salvaría **a su pueblo de sus pecados.**

NACIMIENTO VIRGINAL RELACIONADO

Todo esto aconteció para que se cumpliese lo dicho por el Señor por medio del profeta, cuando dijo: He aquí, una virgen concebirá y dará a luz un hijo, y llamarás su nombre Emanuel, que traducido es: Dios con nosotros. (1:22-23)

En este momento Mateo explica que el nacimiento virginal de Jesús fue profetizado por Dios en el Antiguo Testamento. El Señor identifica claramente el nacimiento de Cristo como cumplimiento de la profecía. **Todo esto** se refiere a los hechos relacionados con el nacimiento divino de Jesucristo. Y el gran milagro de su nacimiento fue el cumplimiento de **lo dicho por el Señor por medio del profeta.** Esa frase ofrece una definición simple y directa de inspiración bíblica como la Palabra del Señor que viene a través de instrumentos humanos. Dios pronuncia el **dicho;** el instrumento humano solo es un medio para llevar el mensaje divino a los hombres. Basado en estas palabras del Señor dadas por medio de Mateo, el texto de Isaías en el Antiguo Testamento debe interpretarse como predicción del nacimiento virginal de Jesucristo.

Mateo usa con frecuencia la frase **para que se cumpliese** (2:15, 17, 23; 8:17; 12:17; 13:35; 21:4; 26:54) con el fin de indicar la manera en que Jesús, y los acontecimientos relacionados con su ministerio terrenal, fueron el cumplimiento de la profecía del Antiguo Testamento. Las verdades y los sucesos básicos del Nuevo Testamento fueron culminaciones, conclusiones o cumplimientos de la revelación que Dios ya había dado, aunque a menudo esa revelación había estado velada y en forma parcial.

La escena en Isaías 7 tiene que ver con el reinado de Acaz en Judá. A pesar de ser hijo del gran Uzías, Acaz fue un rey malvado que llenó Jerusalén de ídolos, restableció el culto a Moloc, y quemó a su propio hijo como sacrificio a ese dios. Rezín, rey de Siria (Aram), y Peka, rey de Israel (también llamado Samaria en ese tiempo), decidieron eliminar a Acaz y reemplazarlo con un rey que cumpliera sus órdenes. Frente a tal amenaza para el pueblo de Israel y la línea real de David, en lugar de volverse a Dios en busca de ayuda Acaz buscó la ayuda de Tiglat-pileser, el malvado rey de los asirios. Incluso saqueó el oro y la plata del templo y los envió a Tiglat-pileser.

Isaías fue a ver a Acaz y le informó que Dios liberaría a Judá de los reyes enemigos. Cuando Acaz se negó a escuchar, Isaías respondió con la notable profecía mesiánica de 7:14.

¿Cómo una predicción del nacimiento virginal del Mesías encajaba en esa antigua escena? Isaías estaba diciéndole al malvado rey que nadie destruiría al pueblo de Dios o la línea real de David. Cuando el profeta declaró: "El Señor mismo os dará señal", utilizó la segunda persona en plural, *os*, indicando que Isaías también estaba hablando a la nación entera, informándoles que Dios no permitiría que Rezín y Peka, o cualquier otro, los destruyera a ellos ni a la línea de David (cp. Gn. 49:10; 2 S. 7:13). A pesar de que el pueblo cayó en las manos de Tiglat-pileser, quien destruyó el reino del norte e invadió a Judá en cuatro ocasiones, Dios los preservó tal como había prometido.

Isaías también se refiere a otro niño que iba a nacer; y antes que ese niño (Maher-salal-hasbaz) tuviera la suficiente edad para comer "mantequilla y miel" o "hasta que sepa desechar lo malo y escoger lo bueno", las tierras de Rezín y Peka serían abandonadas (7:15-16). Efectivamente, antes que el niño nacido a la esposa de Isaías tuviera tres años de edad, esos dos reyes habían muerto. Tal como aconteció esa profecía antigua de un niño, también sucedió con la profecía del nacimiento virginal del Señor Jesucristo. Ambas fueron señales de que en última instancia Dios no abandonaría a su pueblo. La señal más grande fue que **Emanuel, que traducido es: Dios con nosotros,** vendría.

En Isaías 7:14, el versículo citado aquí por Mateo, el profeta usó la palabra hebrea *'almâ*. El uso que el Antiguo Testamento hace de *'almâ* favorece la traducción "doncella". La expresión aparece por primera vez en Génesis 24:43, en relación con Rebeca, la futura esposa de Isaac: "He aquí yo estoy junto a la fuente de agua; sea, pues, que la doncella que saliere por agua". En el versículo 16 del mismo capítulo se describe a Rebeca como "doncella" (*na' râ*) y "virgen" (*betûlâ*). Debería concluirse que *'almâ* nunca se usa para referirse a una mujer casada. La palabra aparece otras cinco veces en las Escrituras (Éx. 2:8; Sal. 68:25; Pr. 30:19; Cnt. 1:3; 6:8), y en cada caso contiene la idea de una virgen. Hasta tiempos recientes, eruditos tanto judíos como cristianos siempre la han traducido como tal.

El más famoso intérprete judío medieval, Rashi (1040-1105), quien se opuso al cristianismo, hizo el siguiente comentario: "'He aquí que la *'almâ* concebirá, y dará a luz un hijo, y llamará su nombre Emanuel' significa que nuestro Creador estará con nosotros. Y esta es la señal: Aquella que concebirá será una joven (*na' râ*) que nunca en su vida ha tenido relaciones sexuales con ningún hombre. Sobre ella el Espíritu Santo tendrá poder". Cabe señalar que en hebreo moderno la palabra *virgen* es *'almâ* o *betûlâ*. *¿Por qué Isaías no usa betûlâ?* Porque en ocasiones esta palabra se usa en el Antiguo Testamento para una mujer casada que no es virgen (Dt. 22:19; Jl. 1:8).

'Almâ puede significar "virgen", y así es como los traductores judíos de la Septuaginta (Antiguo Testamento griego) tradujeron la palabra en Isaías 7:14 (por el

griego *parthenos,* "virgen"), varios cientos de años antes del nacimiento de Cristo. La "señal" de la cual Isaías habla fue dada específicamente al rey Acaz, quien temía que la línea real de Judá pudiera ser destruida por Siria e Israel. El profeta le aseguró al rey que Dios protegería esa línea. El nacimiento de un hijo y la muerte de los reyes serían las señales que garantizarían la protección y preservación del Mesías. Y en el futuro habría un nacimiento mucho más grandioso: el nacimiento virginal de Dios encarnado, a fin de asegurar el pacto con el pueblo de Dios.

Mateo no dio al término *'almâ* un "rasgo" cristiano, sino que lo usó con el mismo significado con que lo usaban todos los judíos de la época. De todos modos, la enseñanza del evangelista acerca del nacimiento virginal no depende de esa palabra. Queda bien claro por las declaraciones precedentes, que la concepción de Jesús fue por obra "del Espíritu Santo" (vv. 18, 20).

El nombre del **hijo** nacido de una virgen sería **Emanuel, que traducido es: Dios con nosotros.** Tal nombre se usaba más como in título o descripción que como un nombre propio. En su encarnación Jesús fue, en el sentido más literal, **Dios con nosotros.**

El hecho de que **una virgen concebirá y dará a luz un hijo** es algo sorprendente. ¡Una virgen embarazada! Igual de sorprendente es que ella llamará **su nombre Emanuel**.

El Antiguo Testamento promete repetidas veces que Dios está presente con su pueblo, a fin de asegurarle el destino en el pacto que le había hecho. El tabernáculo y el templo estaban destinados a ser símbolos de esa presencia divina. El término para tabernáculo es *mishkān,* que proviene de *shākan,* y significa morar, reposar o habitar. De esa raíz también ha venido el término *shekinah,* que se refiere a la presencia de la gloria de Dios. El niño nacido debía ser el Shekinah, el verdadero Tabernáculo de Dios (cp. Jn. 1:14). Isaías fue el instrumento por medio del cual la Palabra del Señor anunció que Dios moraría entre los hombres en carne visible y encarnación de sangre, algo más íntimo y personal que el tabernáculo o el templo en que Israel había adorado.

NACIMIENTO VIRGINAL CONSUMADO

Y despertando José del sueño, hizo como el ángel del Señor le había mandado, y recibió a su mujer. Pero no la conoció hasta que dio a luz a su hijo primogénito; y le puso por nombre JESÚS. (1:24-25)

La frase **y despertando José del sueño** indica que el sueño revelador le había llegado mientras dormía (cp. v. 20). Esa comunicación exclusiva y directa de Dios se usa en otras ocasiones para revelar las Escrituras (véase Gn. 20:3; 31:10-11; Nm. 12:6; 1 R. 3:5; Job 33:14-16). Cabe destacar que todas las seis apariciones de *onar* ("soñar") en el Nuevo Testamento están en Mateo y se relacionan con el Señor Jesucristo (véase 1:20; 2:12-13, 19, 22; 27:19).

No sabemos nada de la reacción de José, excepto que obedeció al instante, haciendo tal **como el ángel del Señor le había mandado.** Podemos imaginar cuán grandes sentimientos de asombro, alivio y gratitud debió haber experimentado.

No solo podía tomar como esposa con honor y justicia a su amada María, sino que le brindaría cuidado al propio Hijo de Dios mientras Él crecía.

Ese solo hecho indicaría la profundidad de la devoción a Dios de José. Es inconcebible que Dios confiara a su Hijo a una familia en que el padre no estuviera totalmente comprometido con Él ni le fuera leal.

No sabemos nada más de la vida de José, excepto que llevó al bebé Jesús al templo para la presentación (Lc. 2:22-33), que escapó con María y Jesús a Egipto a fin de protegerlo del sanguinario edicto de Herodes, y que después regresó (Mt. 2:13-23), y que transcurrido un tiempo llevó a su familia a la Pascua en Jerusalén cuando Jesús tenía doce años de edad (Lc. 2:42-52).

No tenemos idea cuándo murió José, pero muy bien pudo haber sido antes de que Jesús comenzara su ministerio público. Es obvio que fue antes de la crucifixión de Jesús, ya que desde la cruz Jesús entregó a su madre al cuidado de Juan (Jn. 19:26).

Al parecer la ceremonia de bodas, en que José **recibió a su mujer,** se llevó a cabo después del anuncio del ángel. Sin embargo, él **no la conoció hasta que dio a luz a su hijo primogénito.** Mateo deja en claro que María permaneció virgen **hasta que dio a luz,** sugiriendo que las relaciones maritales normales comenzaron después de ese tiempo. El hecho de que en los evangelios se hable varias veces de los hermanos y hermanas de Jesús (Mt. 12:46; 13:55-56; Mr. 6:3) demuestra que María no permaneció siendo virgen perpetuamente, como algunos afirman.

Como acto final de obediencia a la instrucción de Dios por medio del ángel, José **le puso por nombre JESÚS** al niño, indicando que Él iba a ser el Salvador (cp. v. 21).

El nacimiento sobrenatural de Jesús es la única manera de justificar la vida que llevó. Un escéptico que negaba el nacimiento virginal preguntó una vez a un cristiano.

—Si yo le dijera que por ahí nació un niño sin padre humano, ¿me creería?

—Sí, siempre y cuando ese niño viviera como Jesús vivió —respondió el creyente.

La mayor evidencia externa del nacimiento sobrenatural y de la deidad de Jesús está en su vida.

Hombres necios y hombres sabios 3

Cuando Jesús nació en Belén de Judea en días del rey Herodes, vinieron del oriente a Jerusalén unos magos, diciendo: ¿Dónde está el rey de los judíos, que ha nacido? Porque su estrella hemos visto en el oriente, y venimos a adorarle. Oyendo esto, el rey Herodes se turbó, y toda Jerusalén con él. Y convocados todos los principales sacerdotes, y los escribas del pueblo, les preguntó dónde había de nacer el Cristo. Ellos le dijeron: En Belén de Judea; porque así está escrito por el profeta: Y tú, Belén, de la tierra de Judá, no eres la más pequeña entre los príncipes de Judá; porque de ti saldrá un guiador, que apacentará a mi pueblo Israel. Entonces Herodes, llamando en secreto a los magos, indagó de ellos diligentemente el tiempo de la aparición de la estrella; y enviándolos a Belén, dijo: Id allá y averiguad con diligencia acerca del niño; y cuando le halléis, hacédmelo saber, para que yo también vaya y le adore. Ellos, habiendo oído al rey, se fueron; y he aquí la estrella que habían visto en el oriente iba delante de ellos, hasta que llegando, se detuvo sobre donde estaba el niño. Y al ver la estrella, se regocijaron con muy grande gozo. Y al entrar en la casa, vieron al niño con su madre María, y postrándose, lo adoraron; y abriendo sus tesoros, le ofrecieron presentes: oro, incienso y mirra. Pero siendo avisados por revelación en sueños que no volviesen a Herodes, regresaron a su tierra por otro camino. (2:1-12)

Continuando con su esfuerzo para establecer el derecho de Jesús a la verdadera y definitiva realeza de Israel, Mateo nos da en el capítulo 2 tres evidencias adicionales del derecho legítimo, único y absoluto de Jesús de Nazaret al trono de David. En el capítulo 1 vimos la evidencia de la genealogía real de Jesús y de su nacimiento virginal. En este capítulo 2 vemos primero el testimonio de los magos que llegaron para dar homenaje y obsequios al niño Jesús, "el rey de los judíos, que ha nacido" (2:2). Estos poderosos e influentes orientales de Persia recorrieron una gran distancia para reconocer y honrar a un Rey en cuya coronación no participaron, un Rey mucho más grande que cualquiera que habían conocido, o que conocerían, instaurado sobre un trono.

La siguiente prueba de la realeza de Cristo se muestra en una manera negativa o inversa: a través del antagonismo y el odio de Herodes. El pérfido plan del rey para descubrir y destruir a este bebé desconocido muestra su temor de que la declaración de los magos acerca del Niño pudiera ser correcta, y ofrece testimonio involuntario de la verdadera realeza de Jesús. Herodes sabía que él mismo era un usurpador del trono sobre el que estaba sentado simplemente debido a Roma, que gobernaba Judá solo por el "derecho" de la fuerza militar. Herodes era un edomita, no un judío, y no tenía derecho legítimo a afirmar que era el rey judío. Por tanto, temió y odió incluso la sugerencia de un reclamante rival. Pero hasta el odio del falso rey proveyó un testimonio indirecto de la identidad del Rey verdadero.

La tercera prueba de la realeza de Cristo dada en el capítulo 2 se presenta por medio de cuatro profecías mesiánicas cumplidas. Unas trescientas treinta predicciones del Antiguo Testamento se refieren a Jesucristo. En el capítulo 2 Mateo señala cuatro de dichas profecías que se cumplieron durante la infancia de Jesús. No existe posibilidad razonable de que alguna de las cuatro, mucho menos todas las trescientas treinta, pudieran haberse cumplido de manera accidental en la vida de una sola persona. Ese hecho en sí es evidencia abrumadora del control soberano que Dios tiene de la historia, y de la total confiabilidad de su Palabra.

Mateo usa las cuatro profecías como un marco literario alrededor del cual presenta los acontecimientos registrados en este capítulo. Cada una de las predicciones se relaciona directamente con una ubicación geográfica vinculada de forma íntima con el nacimiento y la primera infancia de Jesús. Las cuatro ubicaciones son Belén, Egipto, Ramá y Nazaret.

El pasaje actual, forjado alrededor de la predicción del nacimiento de Jesús en Belén, se centra en la venida de los magos para adorar a Jesús, Aquel que de alguna manera sabían que era **el rey de los judíos, que ha nacido.** Dentro de esta historia también vemos la reacción de Herodes y de los principales sacerdotes y escribas a la misma noticia. En este breve texto vemos ejemplos de las tres respuestas básicas que los hombres dieron a Jesús cuando estuvo en la tierra, las mismas tres respuestas que los hombres a lo largo de la historia han dado al Señor. Algunos, al igual que Herodes, son hostiles a Él; otros, como los principales sacerdotes y escribas, son indiferentes a Él; y otros más, como los magos, lo adoran.

LLEGADA DE LOS MAGOS

Cuando Jesús nació en Belén de Judea en días del rey Herodes, vinieron del oriente a Jerusalén unos magos, diciendo: ¿Dónde está el rey de los judíos, que ha nacido? Porque su estrella hemos visto en el oriente, y venimos a adorarle. (2:1-2)

Los acontecimientos descritos en este pasaje probablemente ocurrieron varios meses después que **Jesús nació.** En 2:11 vemos que la familia de Jesús estaba ahora alojada en una casa en lugar del establo donde Él nació (Lc. 2:7). Por tanto, Jesús ya había sido circuncidado, y María habría completado su período de purificación (Lc. 2:21-27). El hecho de que ella ofreciera "un par de tórtolas, o dos palominos" (Lc. 2:24) en lugar del cordero normal (Lv. 12:6-8) indica que la familia era pobre. Si esta ofrenda se hubiera hecho después que los magos con sus valiosos regalos (Mt. 2:11) ya hubieran visitado a Jesús, fácilmente habrían podido costear el cordero, que es lo que se habría requerido de ellos.

BELÉN DE JUDEA

Como aún es hoy día, **Belén** era entonces un pueblo pequeño a ocho o nueve kilómetros al sur de Jerusalén, en la fértil región montañosa de **Judea** (Judá). Se encuentra encerrado entre dos series de colinas y localizado junto al antiguo camino principal de Jerusalén a Egipto. Una vez fue llamado Efrata, y varias veces se hace referencia a esta pequeña comunidad por ese nombre en el Antiguo Testamento (Gn. 35:16;

Rt. 4:11; Sal. 132:6; Mi. 5:2). Al pueblo se le llamó **Belén** después de la conquista de Canaán bajo el mando de Josué; su nuevo nombre significa "casa del pan".

Fue en Belén donde Jacob enterró a Raquel (Gn. 35:19), sitio tradicional donde está la tumba que aún hoy día se muestra a los turistas. Fue también aquí donde Rut conoció a Booz y se casó con él (Rt. 1:22; 2:4) y donde David, el ilustre nieto de ellos creció y cuidó ovejas (1 S. 17:12, 15). Para la época del nacimiento de Jesús, ya desde mucho tiempo se le llamaba "la ciudad de David" (Lc. 2:4, 11). El profeta Miqueas prometió específicamente que el Mesías vendría de esta pequeña aldea (5:2).

EL REY HERODES

Este **Herodes,** conocido como "el Grande", es el primero de varios Herodes mencionados en el Nuevo Testamento. Julio César había nombrado a su padre Antípatro como procurador, o gobernador, de Judea abajo la ocupación romana. Antípatro se las arregló después para hacer que su hijo Herodes fuera nombrado prefecto de Galilea. En ese cargo tuvo éxito en reprimir a las bandas de guerrilleros judíos que seguían batallando contra sus gobernantes extranjeros. Después de huir a Egipto cuando los partos invadieron Palestina, Herodes fue a Roma y en el año 40 a.C. fue declarado por Octaviano y Antonio (con la conformidad del senado romano) como el rey de los judíos. Invadió Palestina al año siguiente y, después de varios años de lucha, expulsó a los partos y estableció su reino.

Puesto que no era judío sino idumeo (edomita), Herodes se casó con Mariana, heredera de la casa judía de los asmoneos, a fin de hacerse más aceptable ante los judíos a los que ahora gobernaba. Era un guerrero, orador y diplomático inteligente y capaz. En tiempos de grave dificultad económica devolvió al pueblo algo del dinero de impuestos recaudados. Durante la gran hambruna del año 25 a.C. derritió varios objetos de oro en el palacio a fin de comprar alimentos para los pobres. Construyó teatros, pistas de carreras, y otras estructuras a fin de proporcionar entretenimiento para el pueblo, y en el año 19 a.C. comenzó la reconstrucción del templo en Jerusalén. Reavivó a Samaria y construyó la hermosa ciudad portuaria de Cesarea en honor a su benefactor César Augusto (título de Octaviano). Embelleció las ciudades de Beirut, Damasco, Tiro, Sidón y Rodas, e incluso hizo contribuciones para obras de reconstrucción en Atenas. Construyó la extraordinaria y casi inexpugnable fortaleza de Masada, donde en el año 73 d.C. casi mil defensores judíos se suicidaron para no ser capturados por el general romano Flavio Silva.

Pero Herodes también fue cruel y despiadado. Era muy celoso, desconfiado y temeroso de su posición y poder. Ante el temor de su amenaza potencial hizo ahogar al sumo sacerdote Aristóbulo, quien era hermano de su esposa Mariana, después de lo cual proveyó un magnífico funeral donde fingió llorar. Después hizo asesinar a Mariana, y luego a la madre de ella y a dos de los propios hijos de él. Cinco días antes de su muerte (aproximadamente un año después del nacimiento de Jesús) hizo ejecutar a un tercer hijo. Una de las más grandes pruebas de su sed de sangre y crueldad demente fue hacer que arrestaran y encarcelaran a los ciudadanos más distinguidos de Jerusalén poco antes de su muerte. Debido a que sabía que nadie iba a llorar su propia muerte, dio órdenes de que esos prisioneros fueran ejecutados el momento en que él muriera a fin de garantizar que hubiera duelo en Jerusalén. Ese acto de barbarie fue excedido en crueldad solo por la matanza que él ordenó de "todos los niños menores de dos años que había en Belén y en todos sus alrededores" (Mt. 2:16), con la esperanza de eliminar cualquier amenaza a su trono por parte de Aquel de quien los magos dijeron que era **el rey de los judíos, que ha nacido.**

LOS MAGOS DE ORIENTE

Pocas historias bíblicas son tan conocidas, pero tan enturbiadas por el mito y la tradición, como la de los **magos,** o sabios, mencionados por Mateo. Durante la Edad Media se desarrollaron leyendas que afirmaban que ellos eran reyes, que eran tres, y que sus nombres eran Gaspar, Baltazar y Melchor. Debido a que se creía que representaban a los tres hijos de Noé, es frecuente que a uno de ellos se le describa como un etíope. Incluso un obispo del siglo xx de Colonia aseveró haber hallado el cráneo de uno de ellos.

Los únicos hechos legítimos que conocemos acerca de estos **magos** particulares son los pocos dados por Mateo en los primeros doce versículos del capítulo 2. No se nos dice cuántos eran, sus nombres, sus medios de transportación hasta Palestina, o la nación o naciones específicas de las que vinieron. El hecho de que venían de oriente lo habría supuesto la mayoría de personas en tiempos del Nuevo Testamento, debido a que a los magos se les conocía principalmente como la clase sacerdotal y política de los partos, que vivía al oriente de Palestina.

Los magos aparecen primero en la historia en el siglo vii a.C. como una tribu dentro de la nación media en el este de Mesopotamia. Muchos historiadores creen que se trata de semitas, lo cual de ser así los convertiría (junto con los judíos y los árabes) en descendientes de Sem el hijo de Noé. También podría ser que, al igual que Abraham, los magos vinieran de la antigua Ur en Caldea. El nombre magos pronto se asoció únicamente con el sacerdocio hereditario dentro de esa tribu. Los magos se volvieron expertos en astronomía y astrología (que en esa época estaban íntimamente relacionadas) y tenían un sistema de sacrificios que de alguna manera se parecía a la que Dios reveló a Israel por medio de Moisés. Participaban en varias prácticas ocultistas, incluso brujería, y se destacaban especialmente por su habilidad para interpretar sueños. Es de su nombre que se derivan nuestras palabras *magia* y *mágico.*

Un elemento primordial de la adoración de los magos era el fuego, y en su altar principal ardía una llama perpetua, la cual aseguraban que había descendido del cielo. Los magos eran monoteístas, creían en la existencia de un solo dios. Debido a su monoteísmo les fue fácil adaptarse a la enseñanza del líder religioso persa del siglo vi a.C. llamado Zoroastro, o Zaratustra, quien creía en un solo dios, Aura Mazda, y en una batalla cósmica entre el bien y el mal. Darío el grande estableció el zoroastrismo como la religión estatal de Persia.

Debido al conocimiento combinado de ciencia, agricultura, matemáticas, historia y lo oculto, la influencia religiosa y política de los magos siguió creciendo hasta que se convirtieron en el grupo más prominente y poderoso de asesores en el imperio medo-persa y posteriormente en el babilonio. Por eso no es extraño que a menudo se haga referencia a ellos como "sabios". Podría ser que "la ley de Media y de Persia" (véase Dn. 6:8, 12, 15; Est. 1:19) se basara en las enseñanzas de estos magos. Los historiadores nos hablan acerca de que ningún persa pudo alguna vez convertirse en rey sin dominar las disciplinas científicas y religiosas de los magos, y luego haber sido aprobado y coronado por ellos, pues este grupo también controlaba en gran manera los nombramientos judiciales (cp. Est. 1:13). Nergal-sarezer el Rabmag, jefe de los magos babilonios, estaba con Nabucodonosor cuando este atacó y conquistó a Judá (Jer. 39:3).

Por el libro de Daniel nos enteramos que los magos estaban entre los funcionarios de más alto rango en Babilonia. Debido a que el Señor le dio a Daniel la interpretación del sueño de Nabucodonosor (lo cual ninguno de los otros videntes de la corte fue capaz de hacer), fue a él a quien nombraron "gobernador de toda la provincia de Babilonia, y jefe supremo de todos los sabios de Babilonia" (Dn. 2:48). A causa de su gran sabiduría y a que había abogado con éxito por las vidas de los sabios que no habían podido interpretar el sueño del rey (Dn. 2:24), Daniel llegó a tener gran prestigio entre los magos. La conspiración contra Daniel que hizo que lo arrojaran al foso de los leones fue fomentada por los celosos sátrapas y gobernadores, no por los magos (Dn. 6:4-9).

A causa de la alta posición de Daniel y al gran respeto entre los magos, parece cierto que ellos aprendieron mucho de este profeta en cuanto al único Dios verdadero, el Dios de Israel, y acerca de su voluntad y sus planes para su pueblo a través del glorioso Rey venidero. Debido a que después del exilio en Babilonia muchos judíos permanecieron y se relacionaron con pueblos del oriente, es probable que la influencia judía mesiánica siguiera siendo fuerte en esa región incluso en los tiempos del Nuevo Testamento.

Durante los imperios griego y romano, el poder y la influencia de los magos continuó en las provincias orientales, en especial entre los partos. Como mencionamos antes, Herodes, con el apoyo de Roma, fue quien expulsó a los partos de Palestina entre los años 39 y 37 a.C., cuando comenzó su reinado de Judea. Algunos magos (muchos de ellos probablemente marginados o falsos practicantes) vivían en varias partes del imperio romano, incluso Palestina. Entre ellos estaba Simón de Samaria (Hch. 8:9), a quien la tradición y la historia han llegado a referirse como Simón el mago debido a que "ejercía la magia" (griego *mageuō*, derivado de *magus* babilonio, singular de *magos*). El falso profeta judío Barjesús también era un hechicero, o "mago" (griego *magos*). Estos magos eran despreciados tanto por los romanos como por los judíos. Filón, un filósofo judío de Alejandría del siglo i, los llamó víboras y escorpiones.

Los **magos** que **vinieron del oriente** (la palabra literalmente significa "del nacimiento" del sol, y se refiere al este) para ver a Jesús eran de una clase totalmente distinta. No solo eran verdaderos magos, sino que sin duda habían recibido fuerte influencia del judaísmo, muy posiblemente incluso de alguno de los escritos proféticos, en especial de Daniel. Estos parecen estar entre los muchos gentiles que temían a Dios en la época de Cristo, alguno de ellos, como Cornelio y Lidia (Hch. 10:1-2; 16:14) se mencionan en el Nuevo Testamento.

Cuando estos magos, independientemente de cuántos eran, llegaron **a Jerusalén,** comenzaron a preguntar: **¿Dónde está el rey de los judíos, que ha nacido?** La construcción griega (**diciendo** es un participio presente que resalta una acción continua) sugiere que estaban dando vueltas por la ciudad preguntando a quienes encontraban. Debido a que como extranjeros sabían del monumental nacimiento, al parecer supusieron que todos en Judea, y sin duda alguna en Jerusalén, habrían sabido el paradero de este bebé especial. Debieron haberse sorprendido mucho al descubrir que nadie parecía saber de qué estaban hablando estos personajes.

Durante ese tiempo había una expectativa generalizada de la venida de un gran rey, un gran libertador. El historiador romano Suetonio, refiriéndose a la época del nacimiento de Cristo, escribió: "Por todo el oriente se había extendido una creencia antigua y arraigada en cuanto a que estaba destinado que en ese tiempo hombres procedentes de Judea gobernarían el mundo". Otro historiador romano, Tácito, escribió que "había una firme convicción de que en este mismo tiempo el oriente iba a crecer en poder, y que gobernantes de Judea tendrían un imperio universal". El historiador judío Josefo informa en sus *Guerras de los judíos* que más o menos por el tiempo del nacimiento de Cristo los judíos creían que uno de su nación se convertiría pronto en gobernante de la tierra habitable.

Según vemos en los escritos del poeta romano Virgilio (70-19 a.C.), Roma estaba esperando su propia era dorada. Augusto César, el benefactor de Herodes, había sido aclamado por algún tiempo como el salvador del mundo. Muchos magos podían hallarse en las grandes ciudades del occidente, incluso Atenas y Roma, y a menudo gobernantes romanos los consultaban. Los romanos estaban esperando una gran época venidera; con sus ideas y tradiciones los sabios del oriente habían influido desde mucho tiempo antes en occidente, y aunque los detalles variaban de modo considerable, había una creciente sensación de que de alguna parte estaba a punto de surgir un gran líder mundial sin precedentes.

No podemos decir *cómo* la gran revelación de Dios hizo que los magos supieran que **el rey de los judíos** había **nacido;** solo sabemos que se les dio la señal de que habían **visto su** [de Aquel llamado **rey**] **estrella… en el oriente.** Casi tanta especulación se ha hecho acerca de la identidad de esa **estrella** como acerca de la identidad de los hombres que la vieron. Algunos sugieren que se trató de Júpiter, el "rey de los planetas". Otros afirman que fue la conjunción de Júpiter con Saturno, formando la señal del pez… el cual se usó como un símbolo para el cristianismo en la iglesia primitiva durante las persecuciones romanas. Aún otros declaran que lo que ocurrió fue un meteorito de órbita cercana, un cometa errático o simplemente una visión interior de la estrella del destino en los corazones de la humanidad.

Puesto que la Biblia no identifica ni explica la estrella, no podemos ser dogmáticos, pero pudo haberse tratado de la gloria del Señor, la misma gloria que brilló alrededor de los pastores cuando el ángel les anunció el nacimiento de Jesús (Lc. 2:9). A lo largo del Antiguo Testamento se nos dice que la gloria de Dios se manifiesta como luz: Dios irradiando su presencia (Shekinah) en la forma de luz inefable. El Señor guió a los hijos de Israel a través del desierto, "de día en una columna de nube… y de noche en una columna de fuego" (Éx. 13:21). Cuando Moisés subió al monte Sinaí, "la apariencia de la gloria de Jehová era como un fuego abrasador en la cumbre del monte, a los ojos de los hijos de Israel" (Éx. 24:17). En una ocasión posterior, después que Moisés grabara los Diez Mandamientos en tablas de piedra, el rostro aún le brillaba con la luz de la gloria de Dios al volver a estar a la vista del pueblo (Éx. 34:30).

Cuando Jesús fue transfigurado delante de Pedro, Jacobo y Juan, "resplandeció su rostro como el sol, y sus vestidos se hicieron blancos como la luz" (Mt. 17:2). En el camino a Damasco, exactamente antes que Jesús le hablara, Saulo de Tarso fue rodeado por "un resplandor de luz del cielo" (Hch. 9:3), el cual más tarde explicó "que sobrepasaba el resplandor del sol" (26:13). En su primera visión en la isla de Patmos, Juan vio que el rostro de Cristo "era como el sol cuando resplandece en su fuerza" (Ap. 1:16). En su visión de la Nueva Jerusalén, la futura morada celestial de todos los creyentes, Juan informa que "la ciudad no tiene necesidad de sol ni de luna que brillen en ella; porque la gloria de Dios la ilumina, y el Cordero es su lumbrera" (Ap. 21:23).

Las palabras del hebreo (*kôkāb*) y del griego (*astēr*) para estrella se usaban también de forma figurada para representar cualquier gran brillo o resplandor. Desde inicios del Antiguo Testamento se habla del Mesías como "una estrella [que] saldrá de Jacob" (Nm. 24:17, NVI), y al final del Nuevo Testamento Él se refiere a sí mismo como "la estrella resplandeciente de la mañana" (Ap. 22:16). Sin duda alguna fue la gloria de Dios, resplandeciendo como si fuera una estrella muy brillante (visible solo a los ojos de aquellos que estaban destinados a ver) la que apareció a los magos en el oriente y después los guió hasta Belén. Esta fue una manifestación brillante de "la señal del Hijo del Hombre" (véase Mt. 24:29-30; Ap. 1:7). La gloria Shekinah de Dios estuvo sobre Belén exactamente igual que siglos antes había permanecido sobre el tabernáculo en el desierto. Y así como la columna de nube ofreció luz a Israel pero oscuridad a Egipto (Éx. 14:20), solamente los ojos de los magos fueron abiertos para ver la gran luz de Dios sobre Belén.

Que los magos *no estaban siguiendo* la estrella está claro por el hecho de que debieron preguntar en dónde había nacido Jesús. Ellos vieron **su estrella en el oriente,** pero no hay evidencia de que esta continuara brillando o guiándolos hasta Jerusalén. No fue sino hasta que les hablaron del profetizado lugar de nacimiento del Mesías (2:5-6), que la estrella apareció de nuevo y luego los guió no solo a Belén sino al lugar exacto "donde estaba el niño" (v. 9).

Estos viajeros del oriente habían venido a Palestina con un solo objetivo: hallar al **rey de los judíos, que ha nacido** y **adorarle.** La palabra **adorarle** está llena de significado, y expresa la idea de caer, postrarse y besar los pies o el dobladillo de las vestiduras de aquel que se honra. Esa verdad en sí muestra que los magos eran verdaderos buscadores de Dios, porque cuando Él les habló, en cualquier modo que lo hiciera, ellos oyeron y respondieron. A pesar de su paganismo, su cuasi ciencia, y su superstición, reconocieron la voz de Dios cuando les habló. Aunque habían tenido luz espiritual limitada, inmediatamente reconocieron la luz de Dios cuando esta les resplandeció. Tenían verdaderamente corazones buscadores, corazones que el Señor promete que no fallarán en hallarlo (Jer. 29:13).

En un viaje en avión hace varios años yo esperaba que quien se sentara a mi lado tomara una siesta y no quisiera hablar, de modo que yo pudiera terminar un trabajo urgente. El Señor obviamente tenía otros planes, porque tan pronto como el hombre a mi lado vio que me hallaba estudiando preguntó si yo era maestro. Contesté que no era un maestro de salón de clases, sino que enseñaba la Biblia. Su siguiente pregunta fue: "¿Puede decirme cómo tener una relación personal con Jesucristo?". Después de explicarle el camino de salvación, recibió a Cristo.

El hombre estaba esperando la luz de Dios y, al igual que los magos, cuando la vio la conoció.

OFUSCACIÓN DE HERODES

Oyendo esto, el rey Herodes se turbó, y toda Jerusalén con él. Y convocados todos los principales sacerdotes, y los escribas del pueblo, les preguntó dónde había de nacer el Cristo. Ellos le dijeron: En Belén de Judea; porque así está escrito por el profeta: Y tú, Belén, de la tierra de Judá, no eres la más pequeña entre los príncipes de Judá; porque de ti saldrá un guiador, que apacentará a mi pueblo Israel. Entonces Herodes, llamando en secreto a los magos, indagó de ellos diligentemente el tiempo de la aparición de la estrella; y enviándolos a Belén, dijo: Id allá y averiguad con diligencia acerca del niño; y cuando le halléis, hacédmelo saber, para que yo también vaya y le adore. (2:3-8)

La respuesta de **Herodes** fue exactamente opuesta a la de los magos. Mientras que estos se regocijaron al oír del nacimiento de Jesús, **oyendo esto, el rey Herodes se turbó.** La ansiedad del rey no es difícil de entender. Primero, estaba sentado sobre un polvorín político y religioso. Había expulsado de Palestina a los partos, pero tenía que seguir lidiando con las bandas de zelotes judíos que deseaban que la nación fuera libre de la ocupación y el dominio romano. Especialmente a la luz de la intensidad de sus celos y paranoia, cualquier mención de otro rey de los judíos le causaba un frenesí de temor e ira.

El hecho de que es probable que los magos mismos fueran partos, o asociados estrechamente con estos, daba a Herodes una causa especial de preocupación. Debido a que en esta época los magos seguían siendo poderosos en el oriente, es posible que viajaran con un buen número de siervos y escolta, haciendo que su presencia en Jerusalén pareciera aún más peligrosa para Herodes. La riqueza, el prestigio, y el poder de los magos hacían que tuvieran la apariencia y el comportamiento de la realeza, razón por la cual tradicionalmente se les ha descrito y cantado como reyes de oriente. Los magos no eran simples místicos, según se indicó antes, y su cantidad pudo haber sido mucho más de tres. La aparición de esta impresionante compañía presagió para Herodes una amenaza política renovada desde el oriente. Y aunque ahora tenía más o menos setenta años de edad, quería mantener su posición y poder hasta el fin, y no tener que pasar sus últimos años en guerra.

El organismo gobernante del imperio parto-persa de esta época era muy parecido al senado romano. Ese organismo era el que nombraba reyes en una manera casi absoluta, y estaba compuesto totalmente por magos. Habían estado descontentos con el rey débil que actualmente los gobernaba, y buscaban a alguien más capaz que los dirigiera en una campaña contra Roma. César Augusto era viejo y débil, y desde el destierro de Tiberio el ejército romano no había tenido comandante en jefe. Esta época era propicia para que el oriente hiciera su jugada contra Roma.

El hecho de que **toda Jerusalén** también estuviera turbada junto **con él** podría indicar que la preocupación de sus habitantes, al igual que la de Herodes, fuera política y militar. Quizás el pueblo también veía a los magos como precursores de otra conquista por parte de los partos, que habían enviado esta vanguardia para descubrir y tal vez incluso coronar algún nuevo rey que gobernara Palestina en nombre de los partos, en la misma forma que Herodes la gobernaba en nombre de Roma. El hecho de que los magos vinieran a adorar al recién nacido rey no habría sido un indicador para Herodes o los demás en Jerusalén de que la misión de los magos fuera puramente religiosa. A los magos se les había conocido desde hacía mucho tiempo tanto por su política como por su religión, y la práctica de adorar al rey o emperador era entonces común tanto en oriente como en occidente.

Sin embargo, es mucho más probable que la preocupación de la población no estuviera directamente relacionada con los magos sino con la reacción de Herodes hacia ellos. Por amarga experiencia sabían que la ofuscación de Herodes significaba por lo general un frenético derramamiento de sangre. El rey no se molestaba en identificar con cuidado a sus enemigos. Todo aquel de quien se sospechara que pudiera hacerle daño o de amenazar su posición o poder se hallaba en gran peligro. En sus matanzas radicales muchos inocentes fueron a menudo destruidos. El temor del pueblo por su propia seguridad estaba bien fundado. Aunque la maldad de Herodes no estuviera dirigida contra Jerusalén, en poco tiempo lo estaría contra Belén, su pequeña vecina al sur, cuando el furioso rey ordenara el asesinato de todos los niños varones de aquel lugar (Mt. 2:16). Herodes temía por el trono, que en realidad no era suyo, y Jerusalén sabía qué significaba el temor de Herodes. Significaba rebelión, derramamiento de sangre, y sufrimiento terrible.

La primera respuesta de Herodes a la noticia de los magos fue convocar a **todos los principales sacerdotes, y los escribas del pueblo,** y preguntarles **dónde había de nacer el Cristo.** Es obvio que Herodes relacionó al Rey de los judíos con el Mesías, el **Cristo.** Aunque Herodes mismo no era judío conocía bien las creencias y costumbres judías. Las expectativas mesiánicas de la época que la mayoría de judíos tenían en ese tiempo era más por un libertador político y militar que por un salvador espiritual, una expectativa que al parecer compartían los propios discípulos de Jesús (Hch. 1:6).

LOS PRINCIPALES SACERDOTES

Todos los sacerdotes eran de la tribu sacerdotal de Leví, y aún más particularmente descendientes de Aarón, el primer sumo sacerdote. En alguna manera los sacerdotes eran como los magos, pues tenían considerable poder político y religioso.

El primero entre **los principales sacerdotes** era el sumo sacerdote. De acuerdo con la ley del Antiguo Testamento, solo debía haber un sumo sacerdote a la vez, quien servía de por vida y cuyo deber especial y único era entrar al Lugar Santísimo una vez al año en el día de la Expiación, y ofrecer sacrificios por todo el pueblo. Pero en el tiempo de Cristo el cargo se había convertido en objeto de favoritismo político e incluso de compra. Los sumos sacerdotes eran nombrados y removidos al capricho de varios gobernantes. En consecuencia, a menudo había varios sumos sacerdotes vivos al mismo tiempo. Además, aunque los que habían sido removidos del cargo perdían su elevada función sacerdotal, por lo general conservaban el título, así como considerable prestigio y poder (véase Lc. 3:2). El sumo sacerdote gobernante también presidía el sanedrín, un tipo de senado combinado con corte suprema, que estaba constituido por setenta dirigentes religiosos judíos principales.

Otros de **los principales sacerdotes** era el alguacil del templo, nombrado por el sumo sacerdote ante quien respondía. Entre sus poderes, aprobados por los romanos, estaba arrestar y encarcelar. Por tanto, se le permitía tener a su disposición un contingente bastante grande de soldados, todos judíos, que actuaban como la guardia del templo. El alguacil ocupaba el segundo lugar en autoridad después del sumo sacerdote.

Los otros incluidos entre los principales sacerdotes no representaban una categoría particular, sino que se componían de otros varios sacerdotes cabecillas e influyentes, que incluían a los líderes del servicio diario y semanal de sacerdotes, el tesorero, y otros supervisores y funcionarios del templo. Junto con los sumos sacerdotes y el alguacil del templo formaban la aristocracia sacerdotal a la que a menudo se hacía referencia como los **principales sacerdotes.** En su mayor parte, estos principales sacerdotes eran saduceos, mientras que los sacerdotes normales eran fariseos. Para la época del Nuevo Testamento se habían convertido en poco más que un grupo de políticos corruptos con orientación religiosa. Desde el nacimiento de Jesús hasta su crucifixión, los escritores de los evangelios los muestran en oposición a la verdadera revelación y obra del Señor.

LOS ESCRIBAS

Los **escribas** eran sobre todo fariseos, autoridades en la ley judía, bíblica y tradicional, a quienes a menudo se hacía referencia como intérpretes. Tenían considerable prestigio entre los judíos, y eran reconocidos como los eruditos clave del judaísmo religioso. Teológicamente eran conservadores, tenían un punto de vista literal de las Escrituras, y en general eran legalistas y estrictos con relación a la ley ceremonial y moral. Aquellos de los escribas que eran saduceos mostraban gran liberalidad en su interpretación de las Escrituras, y no creían en aspectos tales como la resurrección y los ángeles (Hch. 23:8). No obstante, fueran conservadores o liberales, los escribas de la época de Jesús se parecían a todos los demás que se le opusieron.

Herodes convocó a todos estos dirigentes religiosos judíos, que eran tanto políticos como teólogos. Con ese fin **les preguntó dónde había de nacer el Cristo** (el tiempo imperfecto de **preguntó** sugiere una interrogación constante). Aunque demostraban saber dónde estaba profetizado que sería el nacimiento (conocimiento común entre los judíos, Jn. 7:42), no revelaron ninguna creencia o interés especial en el anuncio de los magos de que habían visto la estrella dada como una señal de ese nacimiento.

En cualquier caso, **los principales sacerdotes, y los escribas del pueblo** le dijeron a Herodes lo que este quería saber, refiriéndole al pasaje específico (Mi. 5:2) donde el nacimiento estaba profetizado. De **Belén de Judea saldrá un guiador.** La última frase, **que apacentará a mi pueblo Israel,** no es de Miqueas, pero expresa el énfasis en Aquel que gobernará. O los judíos dijeron esto, o Mateo agregó las palabras como su comentario personal para indicar el tipo de **guiador** que **Cristo** sería. Aunque la idea popular de un pastor es de cuidado cariñoso y amable

(Sal. 23), la Biblia también hace hincapié en autoridad y liderazgo fuerte, incluso severo. La combinación de un **guiador** (*hēgemōn*) **que apacentará** (*poimainō*) muestra que la función de pastorear es más que cuidado tierno. Se trata de dominio soberano. En ninguna parte esto se clarifica más que en el uso del verbo *poimainō* en Apocalipsis 2:27; 12:5; y 19:15. En cada uno de estos versículos el verbo se traduce correctamente "regirá", y "con vara de hierro". Su aparición en Apocalipsis 7:17, así como su uso en Juan 21:16; Hechos 20:28; y 1 Pedro 5:2, podría garantizar una traducción similar. El punto es que la declaración aquí en Mateo representa un esclarecimiento constante de la idea de que un pastor es un **guiador,** y de que por tanto cumple la intención de la profecía de Miqueas. A diferencia de Herodes, Jesús no solo sería un legítimo Rey de los judíos, sino que también sería el último y perfecto **guiador** de **Israel.**

Incluso los incrédulos, politizados y egoístas dirigentes judíos reconocieron que la Palabra de Dios hablaba claramente de que un Mesías literal y personal, un personaje histórico, nacido en Belén de Judea, gobernaría en Israel. No lo aceptaron cuando nació o cuando predicó y enseñó, o cuando padeció y murió; en realidad fueron sus enemigos supremos. Sin embargo, reconocieron que Aquel que fue profetizado que vendría sería enviado por el Señor para gobernar al pueblo de Dios. Contrario a lo que muchos, quizás la mayoría, judíos incrédulos de hoy creen, aquellos maestros antiguos de Israel sabían que el Mesías venidero, **el Cristo,** sería más que una actitud piadosa o la perfección personificada del reino judío. El Mesías sería un hombre real nacido entre los hombres y enviado para regir a los hombres. Los principales sacerdotes y escribas de los que habla el pasaje estaban muy lejos de la idea perfecta de cómo sería Cristo y de lo que Él haría, pero tenían conocimiento más que suficiente que les hubiera permitido reconocerlo cuando vino, así como saber que ellos, al igual que los magos, debían adorarlo. Tenían la información, pero no creyeron. En consecuencia, algunos años después su indiferencia inicial hacia Jesús se convertiría en rechazo y persecución. Estos que ahora le hicieron caso omiso pronto se convertirían en los odiosos y venenosos asesinos de Cristo.

Los magos tenían mucho menos conocimiento del Dios verdadero que los dirigentes judíos, pero creyeron y siguieron lo poco que sabían de Él. Los líderes judíos tenían la letra de la Palabra de Dios, la cual por sí misma mata, porque juzga y condena a aquellos que la conocen pero no reconocen ni aceptan a Aquel que la ha entregado. Por otra parte, los magos gentiles tenían poco de la letra de la Palabra de Dios, pero fueron muy receptivos al Espíritu de Dios, quien "vivifica" (2 Co. 3:6).

En este relato vemos las tres respuestas típicas que los seres humanos le han dado a Jesucristo a lo largo de la historia. Algunos, como Herodes, al instante se llenan de odio, y no quieren saber nada del camino de Dios excepto cómo atacarlo y, si es posible, destruirlo. Otros, como los principales sacerdotes y escribas, prestan poca atención a Dios y a su camino. Estos representan a aquellos sobre los cuales Jeremías se lamentó con desconsuelo: "¿No os conmueve a cuantos pasáis por el camino?" (Lm. 1:12). No aceptan ni obedecen lo que conocen de Dios. A lo sumo le sirven con los labios. En última instancia, por supuesto, este segundo grupo inevitablemente se une al primero porque la indiferencia hacia Dios es tan solo odio oculto y rechazo demorado.

Sin embargo, otros como los magos de oriente aceptan al Señor cuando Él les llega. Podrán tener inicialmente poco de la luz de Dios, pero puesto que saben que se trata de la luz *de Él*, creen, obedecen y adoran, y viven.

Después que Herodes recibió la información que buscaba de parte de los dirigentes judíos, llamó **en secreto a los magos, e indagó de ellos diligentemente el tiempo de la aparición de la estrella.** La preocupación del rey se enfocó en el **tiempo** de la aparición de la estrella, no en su significado o importancia. Le bastaba solo saber que la señal indicaba el nacimiento de alguien que podría ser una amenaza para su propio poder y posición. El tiempo de la aparición de la estrella indicaría la edad del niño que había nacido.

Herodes instruyó entonces a los magos a que prosiguieran con su misión y que luego le informaran de lo que encontraran cuando regresaran a su tierra. Con hipocresía les dio una razón que parecía buena para querer saber la exacta ubicación e identidad **del niño: para que yo también vaya y le adore.** Su propósito final, desde luego, se hizo evidente por lo que de verdad hizo. Cuando los magos, otra vez obedientes a la guía del Señor (2:12), no le informaron a Herodes, este ordenó a sus soldados matar a todo niño varón en Belén y en sus alrededores que estuviera por debajo de los dos años de edad (v. 16), a fin de garantizar (pensó él) la destrucción de su rival el "Rey" recién nacido.

ADORACIÓN DE LOS MAGOS

Ellos, habiendo oído al rey, se fueron; y he aquí la estrella que habían visto en el oriente iba delante de ellos, hasta que llegando, se detuvo sobre donde estaba el niño. Y al ver la estrella, se regocijaron con muy grande gozo. Y al entrar en la casa, vieron al niño con su madre María, y postrándose, lo adoraron; y abriendo sus tesoros, le ofrecieron presentes: oro, incienso y mirra. Pero siendo avisados por revelación en sueños que no volviesen a Herodes, regresaron a su tierra por otro camino. (2:9-12)

No se nos dice qué le dijeron los magos a Herodes, si es que le dijeron algo. Ellos no tenían manera de saber las malvadas intenciones del rey. Prosiguieron hacia Belén, no debido a las instrucciones de Herodes sino porque al menos ya sabían dónde encontrar a Aquel que habían venido a adorar. El Señor les ofreció incluso más ayuda específica, guiándolos directamente hasta donde se hallaba Jesús. **Y he aquí la estrella que habían visto en el oriente iba delante de ellos, hasta que llegando, se detuvo sobre donde estaba el niño.** Que la estrella no era un cuerpo físico celestial se vuelve otra vez obvio por el hecho de que pudo detenerse directamente sobre la casa donde Jesús y su familia vivían ahora, lo cual por obvias razones no podría ser posible para una verdadera estrella (cp. Éx. 40:34-38; Ez. 10:4).

Los magos quedaron enmudecidos cuando aquella estrella especial volvió a aparecérseles. Parece casi como si a Mateo se le hubieran acabado las palabras para describir su éxtasis: **Y al ver la estrella, se regocijaron con muy grande gozo.**

El texto original acumula superlativos para destacar el grado de emoción que sentían, indicándonos, por tanto, el gran interés de los magos en este singular suceso.

José y su familia ya no estaban en el establo, sino que habían encontrado una **casa** en la cual vivir hasta que el Señor les dijera a dónde ir y qué hacer a continuación. Fue allí donde los magos encontraron a Aquel a quien habían buscado con tanta diligencia, y al fin **postrándose, lo adoraron.** Dios en su gracia maravillosa los había guiado hasta su Hijo y les había permitido verlo frente a frente. Charles Wesley captó la experiencia en su hermoso himno de Navidad: "En la carne a Dios mirad; es velada Deidad, con nosotros mora Él, que es Jesús Emanuel!".

Mateo es cauteloso al afirmar que los magos **lo adoraron,** es decir, al **niño,** no a **su madre.** Ellos sabían mejor que Cornelio, quien trató de adorar al apóstol Pedro (Hch. 10:25), y que la multitud en Listra que intentó ofrecer sacrificios a Pablo y Bernabé (Hch. 14:11-13). Sin duda, los magos estuvieron encantados de conocer a José y María, quienes habían sido tan especialmente favorecidos por Dios como para que se les hubiera confiado el cuidado del propio Hijo de Dios mientras crecía hasta la edad adulta. Sin embargo, adoraron solo a Jesús. Solo Él era Dios, y solo Él era digno de adoración.

Fue también a Él que, **abriendo sus tesoros,** los magos **le ofrecieron presentes: oro, incienso y mirra.** La ofrenda que hicieron no fue tanto una añadidura a la adoración que le brindaron, sino más bien un elemento de ella. Los regalos fueron una expresión de adoración, nacida de la abundancia de corazones que adoran y están agradecidos.

La adoración correcta siempre es, y debe ser, la única base para la ofrenda correcta, el aprendizaje correcto, y el servicio correcto. Dar así es algo generoso, pero hacerlo separado de una relación amorosa con Dios es entrega vacía. Aprender lo ortodoxo y bíblico, pero aparte de conocer y depender de la Fuente de verdad, es conocimiento vacío como el de los principales sacerdotes y escribas. El servicio demandante y sacrificial, que se hace en el poder de la carne o por la alabanza de los hombres, es servicio vacío.

A lo largo de la historia el **oro** se ha considerado el más precioso de los metales y el símbolo universal de valor y riqueza material. Se usó ampliamente en la construcción del templo (véase 1 R. 6—7, 9; 2 Cr. 2—4). Fue también un símbolo de nobleza y realeza (véase Gn. 41:4; 1 R. 10:1-13). Mateo presenta continuamente a Cristo como el Rey, y aquí vemos al Rey de los judíos, el Rey de reyes, honrado de manera apropiada con obsequios reales de oro.

El Salvador del mundo también es el Rey verdadero del mundo, y no será Salvador de aquellos que no lo aceptan como Señor soberano. La condición de Jesús como salvador fue tan maravillosa para los primeros cristianos que su conocido credo fue "Jesús es el Señor", reconociendo así el gobierno de Cristo.

Al gran almirante británico Lord Nelson se le conoció por tratar con cortesía y amabilidad a los enemigos vencidos. Después de una victoria naval un oficial derrotado atravesó confiadamente a grandes pasos la cubierta del barco de Nelson y le ofreció la mano al almirante. Manteniendo su propia mano a su costado, Nelson replicó: "Su espada primero, señor, y luego su mano". Antes de que podamos ser amigos de Cristo debemos ser sus súbditos. Él debe ser nuestro Señor antes de poder ser nuestro Hermano mayor.

El **incienso** era un sahumerio costoso de fabulosa fragancia que se usaba solo en ocasiones muy especiales. Se usaba en las ofrendas de grano en el tabernáculo y el templo (Lv. 2:2, 15-16), en ciertas procesiones reales (Cnt. 3:6-7), y a veces en bodas si es que podían adquirirlo.

Orígenes, el gran padre de la iglesia, sugirió que el incienso era el perfume de la deidad. En el Antiguo Testamento se conservaba en una cámara frente al templo y era rociado sobre ciertas ofrendas como un símbolo del deseo del pueblo de agradar al Señor.

La **mirra** también era un perfume, no tan costoso como el incienso, pero aun así valioso. Algunos intérpretes sugieren que la mirra representa el regalo para un mortal, resaltando la humanidad de Jesús. Este perfume se menciona a menudo en la Biblia, comenzando en Génesis (37:25; 43:11). Mezclado con vino también se usaba como anestésico (Mr. 15:23), y mezclado con otras especies se usaba en preparación de cuerpos para el sepelio; se utilizó incluso en el cuerpo de Jesús (Jn. 19:39).

Aquellos fueron los regalos de los magos para Jesús. **Oro** por su realeza, **incienso** por su deidad, y **mirra** por su humanidad.

No sabemos qué ocurrió con los regalos, pero parece razonable que se usaran para financiar el viaje a Egipto y para ayudar a sustentar a la familia mientras estaban allí (véase Mt. 2:13-15).

Una vez completada su misión de culto y adoración, los magos salieron de Belén. **Pero siendo avisados por revelación en sueños que no volviesen a Herodes, regresaron a su tierra por otro camino.** Sin duda esperaban oír en una fecha posterior los detalles de la vida y la ascensión al trono del Niño nacido en Belén.

La advertencia de parte de Dios sugiere que se comunicaba directamente con los magos, y que el papel de ellos fue en todo designio divino. En realidad, es posible que haya sido mediante el mismo método, **en sueños,** que en un inicio Dios los llevara a Jerusalén en busca del Rey. El uso de sueños como medio de comunicación divina se ve en Génesis 28:12; 31:11; Números 12:6; 1 Reyes 3:5; y Job 33:14-16. Incluso el nacimiento de Cristo estuvo acompañado por otros sueños reveladores especiales (Mt. 1:20-23; 2:13, 19-20, 22).

Los magos evitaron a **Herodes** y se marcharon por una ruta de regreso que les permitió escapar a la atención del monarca, una hazaña que no habría sido sencilla debido a la naturaleza y el tamaño del séquito que los acompañaba.

La Biblia no dice nada más acerca de estos extraordinarios visitantes del oriente; pero bendecidos y agradecidos como estaban, sin duda debieron haber sido testigos del Mesías en la propia **tierra** donde habitaban. Debido a que estaban entre los que nombraban a los reyes partos, es probable que la noticia sobre Jesús también se hubiera conocido en las cortes reales de oriente como un día llegaría a conocerse en el palacio del César (Fil. 1:13; cp. 4:22).

4

El Rey cumple las profecías

Después que partieron ellos, he aquí un ángel del Señor apareció en sueños a José y dijo: Levántate y toma al niño y a su madre, y huye a Egipto, y permanece allá hasta que yo te diga; porque acontecerá que Herodes buscará al niño para matarlo. Y él, despertando, tomó de noche al niño y a su madre, y se fue a Egipto, y estuvo allá hasta la muerte de Herodes; para que se cumpliese lo que dijo el Señor por medio del profeta, cuando dijo: De Egipto llamé a mi Hijo. Herodes entonces, cuando se vio burlado por los magos, se enojó mucho, y mandó matar a todos los niños menores de dos años que había en Belén y en todos sus alrededores, conforme al tiempo que había inquirido de los magos. Entonces se cumplió lo que fue dicho por el profeta Jeremías, cuando dijo: Voz fue oída en Ramá, grande lamentación, lloro y gemido; Raquel que llora a sus hijos, y no quiso ser consolada, porque perecieron. Pero después de muerto Herodes, he aquí un ángel del Señor apareció en sueños a José en Egipto, diciendo: Leván- tate, toma al niño y a su madre, y vete a tierra de Israel, porque han muerto los que procuraban la muerte del niño. Entonces él se levantó, y tomó al niño y a su madre, y vino a tierra de Israel. Pero oyendo que Arquelao reinaba en Judea en lugar de Herodes su padre, tuvo temor de ir allá; pero avisado por revelación en sueños, se fue a la región de Galilea, y vino y habitó en la ciudad que se llama Nazaret, para que se cumpliese lo que fue dicho por los profetas, que habría de ser llamado nazareno. (2:13-23)

El primero de los cuatro pasajes del Antiguo Testamento sobre los que Mateo pre- senta los acontecimientos del capítulo 2 es el del nacimiento del Mesías en Belén (2:6; cp. Mi. 5:2), que hemos estudiado con relación a la venida de los magos. Los otros tres aparecen en el presente texto. Uno se refiere a la huida a Egipto, otro a la masacre en Ramá y el último al regreso a Nazaret.

LA HUIDA A EGIPTO

Después que partieron ellos, he aquí un ángel del Señor apareció en sueños a José y dijo: Levántate y toma al niño y a su madre, y huye a Egipto, y permanece allá hasta que yo te diga; porque acontecerá que Herodes buscará al niño para matarlo. Y él, despertando, tomó de noche al niño y a su madre, y se fue a Egipto, y estuvo allá hasta la muerte de Herodes; para que se cumpliese lo que dijo el Señor por medio del profeta, cuando dijo: De Egipto llamé a mi Hijo. (2:13-15)

La llegada de los magos sin duda fue un momento de gran ánimo y seguridad para José y María, que confirmó las maravillosas palabras que los ángeles les dieron a ellos (Mt. 1:20-23; Lc. 1:26-38), a Zacarías (Lc. 1:11-20), y a los pastores (Lc. 2:8-14).

También confirmó los testimonios de Elisabet (Lc. 1:39-45), de Simeón, y de Ana (Lc. 2:25-38) acerca del Niño a quien María diera a luz. Incluso a estos hombres sabios de la lejana tierra de los partos Dios les había dado la noticia y vinieron a adorar a Jesús y a ofrecerle regalos.

Pero el regocijo duró poco. No mucho tiempo **después que partieron** los magos, **he aquí un ángel del Señor apareció en sueños a José,** dándole una advertencia de parte de Dios. Esta noticia no fue de gozo y esperanza, sino de peligro y urgencia: **Levántate y toma al niño y a su madre, y huye a Egipto, y permanece allá hasta que yo te diga; porque acontecerá que Herodes buscará al niño para matarlo.** Tal como los magos recibieron la advertencia de Dios de desobedecer a Herodes (v. 12), José fue ahora advertido por Dios para que huyera del rey perverso y asesino.

De *pheugō* (**huye**) obtenemos nuestra palabra *fugitivo,* uno que escapa de alguien o de algo. La expresión está aquí en el presente imperativo, e indica el inicio de una acción que debe continuar. José y su familia comenzaron de inmediato a huir, y no se detuvieron hasta estar a salvo dentro de **Egipto** y más allá del alcance de Herodes. La distancia entre Belén y la frontera de Egipto era aproximadamente ciento veinte kilómetros, y habrían tenido que recorrer otros ciento sesenta kilómetros para llegar a un lugar de seguridad en esa nación. Viajar con un bebé hizo sin duda el trayecto mucho más lento y difícil.

Egipto fue un asilo natural para la joven familia judía. Durante el tiempo de dominio griego en el mundo mediterráneo, que ocurrió en el período intertestamentario, Alejandro Magno estableció un santuario para los judíos en Alejandría, la ciudad egipcia a la que le puso su propio nombre. En todo el gobierno romano que siguió, esa ciudad aún se consideraba un lugar especial de seguridad y oportunidad para los judíos. El filósofo e historiador judío Filón, un residente destacado de Alejandría, informó que para el año 40 d.C., pocos años después de la muerte de Jesús, la población de la ciudad incluía al menos un millón de judíos. En el siglo III a.C. un grupo de eruditos judíos en Alejandría tradujeron el Antiguo Testamento del hebreo al griego, que luego fue conocida como la Septuaginta. Esta fue la traducción utilizada por gran parte de la iglesia primitiva, y es de esa versión del Antiguo Testamento que citan muchos escritores del Nuevo Testamento.

Según se mencionó en el capítulo anterior, parece razonable que José usara los valiosos regalos de los magos (oro, incienso y mirra) con el fin de pagar el viaje a Egipto y la estancia allí, donde el Señor le dio estas instrucciones: **permanece allá hasta que yo te diga.**

Es obvio que Dios pudo haber protegido a su Hijo en muchas otras formas y en muchos otros lugares, incluso en Belén o Jerusalén, bajo las mismas narices de Herodes. Pudo haber cegado a los soldados de Herodes, haberlos destruido por medio de un ángel, o simplemente pudo haber escondido milagrosamente a la familia. Pero Dios eligió proteger al niño por el mismo medio común y poco milagroso de huir a un país extranjero. El mandato de ir a Egipto y luego el de salir fueron dados de manera sobrenatural, pero hasta donde se nos ha dicho, el viaje en sí y la estadía allí no estuvieron caracterizados por alguna intervención o provisión especial divina. La familia no fue transportada al instante a Egipto, sino que debió realizar el largo y agotador viaje por cuenta propia, tal como habían hecho otros centenares más de familias judías durante los siglos anteriores. A fin de disminuir la posibilidad de que los vieran, José tomó la precaución común de salir **de noche,** probablemente sin contar a nadie sus planes.

No sabemos nada de la estancia en Egipto, excepto el simple hecho de que Jesús y su familia estuvieron allí. Innumerables especulaciones se han hecho acerca de este hecho. Tal vez con la intención de resaltar y mejorar el relato bíblico, algunos escritores antiguos fabricaron historias del bebé Jesús sanando a un niño endemoniado poniéndole sus pañales en la cabeza del pequeño afligido, haciendo que ladrones huyeran al desierto, y logrando desintegrar ídolos al pasar delante de ellos. Otras fábulas, como hizo el filósofo pagano del siglo II Celso, trataban de desacreditar a Jesús afirmando que pasó su infancia y su primera juventud en Egipto aprendiendo las prácticas ocultistas por las que dicha nación había sido famosa por muchos años. Al igual que muchos enemigos judíos del cristianismo durante su época, Celso afirmaba que Jesús regresó después a Palestina para impresionar a las personas con milagros, y engañarlas haciéndoles creer que se trataba del Mesías.

Es probable que la estadía en Egipto **hasta la muerte de Herodes** no durara más de unos cuantos meses. Es ahora que se nos informa la razón principal de que la familia fuera a Egipto: **para que se cumpliese lo que dijo el Señor por medio del profeta, cuando dijo: De Egipto llamé a mi Hijo.** Los escritores del Antiguo Testamento fueron los portavoces del Señor. Así como a no ser por revelación divina no tenían manera de saber que el Mesías iba a nacer en Belén, tampoco tenían otra manera de saber que Él viviría por un tiempo en Egipto. La huida a Egipto fue una pieza más de evidencia divina de que Jesús era el Hijo de Dios, el Mesías prometido.

Siete siglos antes Dios le había dicho a Oseas: "De Egipto llamé a mi hijo" (Os. 11:1). La amenaza de Herodes no fue sorpresa para el Señor, quien mucho antes que este individuo naciera había hecho planes para frustrar las artimañas del rey malvado en contra del Rey verdadero. La referencia a "mi hijo" en el libro de Oseas es a la nación de Israel. Se trató de una declaración histórica acerca de lo que Dios había hecho en la liberación de los israelitas de la esclavitud a manos del faraón, sacándolos de Egipto bajo el liderazgo de Moisés. ¿Por qué entonces Mateo interpreta como profético un suceso que ocurrió setecientos años antes de Oseas y otros setecientos adicionales antes de que Mateo citara a Oseas?

El ambiente del libro de Oseas es fracaso, decadencia y tragedia espiritual. Por medio de la infidelidad de su propia esposa, Gomer, Oseas describe vívidamente la infidelidad de Israel al Señor. Gomer era una prostituta física, e Israel era una prostituta espiritual. El pueblo escogido de Dios había ido tras falsos dioses de manera tan vergonzosa como Gomer había ido tras sus amantes. Aunque el corazón de Oseas estaba dolido y destrozado, siguió amando a su esposa y tratando de recuperarla. Ella terminó en un burdel, después de haber perdido todo sentido de decencia y vergüenza. Entonces el Señor le ordenó a Oseas que la redimiera: "Ve, ama a una mujer amada de su compañero, aunque adúltera, como el amor de Jehová para con los hijos de Israel, los cuales miran a dioses ajenos" (Os. 3:1). A continuación, el profeta compró la libertad de Gomer "por quince siclos de plata y un homer y medio de cebada" (v. 2); la llevó a casa, le devolvió su lugar de honra como su esposa, y siguió amándola como había hecho antes. Ella era su esposa, y él cumplió su pacto. Oseas 11:3-4 habla de cómo Dios instruyó a los israelitas, los llevó, los curó, los guió, los amó, les aligeró las cargas, y los alimentó. Los llamó de Egipto para serles fiel, a pesar de la infidelidad de ellos para con Él.

Pese a todo, Dios prometió restablecer a Israel hacia sí mismo. Los israelitas sufrirían el reproche y el juicio de Dios, pero un día ese pueblo se volvería a su Dios, porque Él había llamado a Israel a ser su hijo. Por tanto, Dios le recordó a su pueblo acerca del grande y perdurable amor que le tenía. "Cuando Israel era muchacho, yo lo amé, y de Egipto llamé a mi hijo" (Os. 11:1). Él no daría marcha atrás a ese llamado. Cuando Mateo cita la última parte de ese versículo de Oseas se lo aplica a Cristo. Aunque el profeta no estaba prediciendo a sabiendas que un día también el Mesías sería sacado de Egipto, Mateo muestra que el regreso de Jesús desde Egipto fue *ilustrado* por el llamado de Israel desde esa misma nación siglos antes. Por tanto, el éxodo fue un prototipo del regreso que Jesús hiciera desde Egipto con José y María. Así como una vez Dios había sacado de Egipto al pueblo de Israel para que fuera su nación escogida, ahora había sacado a su Hijo más grande para que fuera el Mesías.

Un prototipo es una predicción no verbal, una persona o suceso del Antiguo Testamento que ilustra algún aspecto de la persona y la obra del Señor Jesucristo en el futuro, pero sin describirlo específicamente; el escritor no tiene manera de ver el antitipo futuro. Las predicciones no verbales de Dios son tan ciertas y vívidas como las verbales. Pero no podemos llamar legítimamente un tipo verdadero del Antiguo Testamento a una persona o suceso, a menos que la Biblia misma nos lo diga. Los únicos tipos seguros del Antiguo Testamento son los que se dan como tales en el Nuevo Testamento. Ningún tipo es visiblemente en sí mismo un tipo; tal realidad espera la identificación del Nuevo Testamento. Cuando el Nuevo Testamento usa algo del Antiguo como una prefiguración de alguna cosa que ha ocurrido u ocurrirá más tarde, podemos referirnos en forma segura a algo del Antiguo Testamento como un tipo. Hacer caso omiso a tales límites da como resultado la libertad de alegorizar, espiritualizar y tipificar por capricho al Antiguo Testamento. Debido a que los tipos son revelación velada, el testimonio divino para la identidad de tales tipos debe darse por parte del Espíritu Santo en el texto del Nuevo Testamento. Por tanto, a causa de la asociación específica que Mateo brinda aquí sabemos que la salida de los israelitas de Egipto es un tipo del regreso de Jesús desde Egipto como un niño.

En un sentido aún más profundo, Jesús salió de Egipto con Israel bajo Moisés. Así como Mateo ya lo mostró, Jesús descendió de Abraham y de la línea real de David. Si Israel hubiera perecido en Egipto, o en el desierto, o en alguna otra forma, el Mesías no hubiera podido salir de Egipto, ni siquiera haber nacido.

LA MASACRE EN RAMÁ

Herodes entonces, cuando se vio burlado por los magos, se enojó mucho, y mandó matar a todos los niños menores de dos años que había en Belén y en todos sus alrededores, conforme al tiempo que había inquirido de los magos. Entonces se cumplió lo que fue dicho por el profeta Jeremías, cuando dijo: Voz fue oída en Ramá, grande lamentación, lloro y gemido; Raquel que llora a sus hijos, y no quiso ser consolada, porque perecieron. (2:16-18)

La tercera profecía cumplida que Mateo menciona en el capítulo 2 es la brutal masacre que Herodes causó en Belén. Después que José pusiera secretamente a Jesús y su madre a salvo en Egipto, el malévolo Herodes, furioso porque los magos no le informaron (véase 2:7-8), cometió uno de los hechos más sangrientos de su carrera, y sin duda el más cruel.

La palabra griega *empaizō* está bien traducida en este pasaje por la Reina-Valera 1960 como **burlado,** y por lo general conlleva la idea de broma. La raíz significa "jugar como un niño", especialmente en el sentido de hacer deporte o bromear. Se usa para describir las acusaciones y las mofas de los enemigos de Jesús contra Él (Mt. 20:19; 27:41; Mr. 15:20; Lc. 22:63; 23:11). Aunque algunas versiones la traducen como engaño, se refieren a la percepción que Herodes tuvo de los motivos de **los magos,** no de sus verdaderas intenciones. No fue propósito de ellos engañar o burlarse del rey sino simplemente obedecer la orden divina de "que no volviesen a Herodes" (v. 12). Por supuesto, el rey no tenía idea de la advertencia de Dios, y solo vio que los magos no actuaron según las instrucciones que les había dado.

El odio de Herodes por el recién nacido aspirante a su trono comenzó primero cuando supo la noticia del nacimiento. El propósito de hacer que los magos le informaran al regresar era tener la información exacta necesaria para descubrir y destruir al Niño, no para adorarlo, como de manera engañosa les dijera a los magos (2:8). Que los magos volvieran a casa por otro camino, y por tanto evitaran a Herodes, añadió furia al odio, y en consecuencia el rey **se enojó mucho.**

Thumoō (**se enojó**) es una palabra fuerte, fortalecida aún más por *lian* (**mucho,** en extremo). El griego está en voz pasiva, indicando que Herodes había perdido el control de su pasión y ahora estaba totalmente controlado por ella. Sus sentidos, y el poco juicio que pudo haber tenido, estaban cegados. No se molestó en considerar que debido a que los magos no regresaron a él probablemente habían imaginado la malvada intención que tenía y, de ser así, sin duda habrían advertido a la familia. Esta a su vez habría huido de Belén y tal vez de la nación. No obstante, teniendo en cuenta la mente pervertida de Herodes es probable que hubiera llevado a cabo la misma acción cruel (por la misma rabia y frustración ciegas), incluso si hubiera sabido que el objeto principal de su odio había escapado. Si no podía garantizar la muerte de Jesús matando a los otros bebés, los habría asesinado en el lugar de Jesús.

En cualquier caso, la ira de Herodes se desahogó en la desesperada y despiadada masacre de **todos los niños menores de dos años que había en Belén y en todos sus alrededores.** El rey subió la edad hasta los **dos años,** lo cual estaba de acuerdo con el **tiempo que había inquirido de los magos.** Jesús tal vez no tenía más de seis meses en ese momento, pero aunque hubiera tenido la edad que Herodes determinara por la información de los magos (2:7), es probable que el rey no hubiera querido correr riesgos. Matar a todos los bebés varones de hasta dos años era una pequeña precaución en su pensamiento malévolo, en caso de que los magos hubieran calculado mal o lo hubieran engañado.

El delito de Herodes fue aún más vil y atroz por el hecho de que sabía que el Niño al que trataba de destruir era el Mesías, el Cristo. El rey preguntó a los principales sacerdotes y escribas específicamente en cuanto a "dónde había de nacer el Cristo" (2:4). De manera arrogante y necia se puso contra el mismo Ungido de Dios (cp. 1 Co. 16:22).

Parece como si desde el principio de su mensaje Mateo quisiera describir el rechazo al Mesías por aquellos de entre los cuales venía, y por cuyo beneficio vino en primer lugar (Hch. 3:26; Ro. 1:16). Los principales sacerdotes y escribas, junto con muchos otros judíos en Jerusalén que debieron haber oído o sabido acerca del mensaje de los magos de que "el rey de los judíos, que [había] nacido", no mostraron en absoluto ningún interés por encontrarlo, mucho menos por adorarlo (véase Mt. 2:2-5). Aunque Herodes mismo no era judío y no tenía derecho a un trono judío, aún así declaró ser el rey de los judíos y fingió preocupación por los intereses judíos religiosos y económicos. Por consiguiente, en una forma ilegítima y pervertida el rechazo que Herodes hiciera de Cristo refleja tanto como representa el rechazo que los judíos le hicieran a Jesús.

La masacre en Belén fue el comienzo de la tragedia y del derramamiento de sangre que resultaría del rechazo que Israel hiciera de su Salvador y Rey verdadero. Aquellos bebés inocentes y preciosos de Belén fueron las primeras víctimas en la ahora intensificada guerra entre los reinos de este mundo y el reino del Cristo de Dios, el Ungido de Dios. En dos generaciones a partir de ese tiempo (en el año 70 d.C.) Jerusalén vería su templo destruido y a más de un millón de sus habitantes masacrados por las tropas de Tito. Sin embargo, esa destrucción palidecería en comparación con la del anticristo (un gobernante infinitamente más perverso y poderoso que Herodes) cuando en la gran tribulación derramará más de la sangre de Israel de la que nunca antes se ha derramado (Dn. 12:1; Mt. 24:21-22). Todo ese derramamiento de sangre es por el conflicto con el Mesías.

La menor de las intenciones de Herodes era cumplir alguna profecía, pero eso es lo que su masacre llevó a cabo. **Entonces se cumplió lo que fue dicho por el profeta Jeremías.** El acto bestial de Herodes solo lo narra Mateo, pero fue predicho en un texto proporcionado al profeta Jeremías. El término **cumplió** (de *plēroō*, "completar") caracteriza esto como la culminación de una predicción del Antiguo Testamento. Esta profecía, al igual que la del regreso de Jesús de la tierra de Egipto, fue en la forma de prototipo, el cual según se vio antes es una predicción no verbal revelada en el Nuevo Testamento. En el pasaje (Jer. 31:15) del que Mateo cita aquí, Jeremías está hablando de la gran tristeza que pronto se experimentaría en Israel cuando la mayoría del pueblo sería llevado cautivo a Babilonia. **Ramá,** un pueblo como a ocho kilómetros al norte de Jerusalén, estaba en la frontera de los reinos del norte (Israel) y del sur (Judá). Ese fue también el lugar en que los judíos cautivos fueron reunidos para la deportación a Babilonia (Jer. 40:1). **Raquel,** la esposa de Jacob-Israel, fue la madre de José, cuyos dos hijos, Efraín y Manasés, se convirtieron en progenitores de las dos medias tribus que llevan su nombre. A menudo se usa a Efraín en el Antiguo Testamento como sinónimo para el reino del norte. **Raquel** fue también la madre de Benjamín, cuya tribu se volvió parte del reino del sur. Ella clamó en cierta ocasión: "Dame hijos, o si no, me muero" (Gn. 30:1), y ahora a sus amados "hijos", sus descendientes enormemente multiplicados, los llevaban cautivos a una tierra extranjera y pagana.

Por tanto, la frase **Raquel que llora a sus hijos** representaba el lamento de todas las madres judías que lloraron por la gran tragedia de Israel en la época de Jeremías, y más específicamente tipificó y prefiguró a las madres de Belén llorando con gran amargura por la masacre de sus hijos realizada por Herodes en su intento por matar al Mesías. Así que mientras el Mesías de Israel aún era bebé, Raquel tenía motivos para volver a llorar, incluso como el mismo Mesías lloraría más tarde por Jerusalén debido al rechazo que le hiciera su pueblo y a las aflicciones que padecerían como consecuencia (Lc. 19:41-44).

Aunque Mateo no lo menciona aquí porque está haciendo hincapié en la tragedia de la masacre, el pasaje que cita de Jeremías continúa con un hermoso mensaje de esperanza y promesa: "Así ha dicho Jehová: Reprime del llanto tu voz, y de las lágrimas tus ojos; porque salario hay para tu trabajo, dice Jehová, y volverán de la tierra del enemigo" (Jer. 31:16). Unas generaciones después el Señor volvió a traer a su pueblo desde Babilonia, y un día volverá a traer a su pueblo escogido desde el cautiverio de Satanás. "Todo Israel será salvo, como está escrito: Vendrá de Sion el Libertador, que apartará de Jacob la impiedad. Y este será mi pacto con ellos, cuando yo quite sus pecados" (Ro. 11:26-27; cp. Is. 27:9; 59:20-21). Pero antes de ese día grande y maravilloso, la desobediencia, el rechazo y la tragedia continuarán en Israel. La masacre de los pequeños en Belén señaló el inicio del terrible conflicto.

EL REGRESO A NAZARET

Pero después de muerto Herodes, he aquí un ángel del Señor apareció en sueños a José en Egipto, diciendo: Levántate, toma al niño y a su madre, y vete a tierra de Israel, porque han muerto los que procuraban la muerte del niño. Entonces él se levantó, y tomó al niño y a su madre, y vino a tierra de Israel. Pero oyendo que Arquelao reinaba en Judea en lugar de Herodes su padre, tuvo temor de ir allá; pero avisado por revelación en sueños, se fue a la región de Galilea, y vino y habitó en la ciudad que se llama Nazaret, para que se cumpliese lo que fue dicho por los profetas, que habría de ser llamado nazareno. (2:19-23)

La cuarta y última profecía que Mateo menciona en el capítulo 2 pertenece al viaje de la familia de Jesús desde Egipto hasta Nazaret.

Después de muerto Herodes había terminado el mayor peligro inmediato para Jesús. Josefo nos dice en su libro *Antigüedades judías* que Herodes "murió de esto: entrañas ulceradas, órganos podridos y llenos de gusanos, constantes convulsiones, aliento fétido, y ni médicos ni baños calientes lo pudieron recobrar". Al parecer, un final apropiado para un sujeto así. No tan apropiado resultó el elaborado y costoso funeral que su hijo mayor y sucesor, Arquelao, preparó en honor a su padre, en especial teniendo en cuenta el hecho de que solo cinco días antes de su muerte, Herodes, con el permiso de Roma, había ejecutado a otro hijo, Antípatro, debido a sus intrigas contra su padre.

El ángel del Señor le había dicho a José: "Huye a Egipto, y permanece allá hasta que yo te diga" (2:13). Ahora el ángel volvió a aparecérsele a José como lo prometió, diciéndole: **Levántate, toma al niño y a su madre, y vete a tierra de Israel, porque han muerto los que procuraban la muerte del niño.** El hecho de que el ángel hablara de **los que procuraban la muerte del niño** indica que Herodes no estaba solo en sus planes para destruir al supuesto rival que tenía. Pero al igual que Herodes, los otros conspiradores que trataban de matar al **niño** ya habían **muerto.**

José no recibió instrucciones de regresar a ninguna ciudad o región particular, sino simplemente de tomar **al niño y a su madre** y llevarlos de vuelta a la **tierra de Israel.** Sin embargo, al llegar al sur de Israel y enterarse **que Arquelao reinaba en Judea en lugar de Herodes su padre, tuvo temor de ir allá.** Aquellos que anteriormente habían tratado de matar al bebé Jesús estaban muertos, pero **Arquelao** representaba otra amenaza más general. En uno de sus numerosos actos de brutalidad antes de su muerte, Herodes había ejecutado a dos populares rabinos judíos, Judas y Matías, que habían incitado a sus discípulos y a otros judíos fieles en Jerusalén para que derribaran la ofensiva águila romana que el rey había erigido de manera arrogante sobre la puerta del templo. En la Pascua siguiente estalló una insurrección, y Arquelao, reflejando la insensible crueldad de su padre, ejecutó a tres mil judíos, muchos de los cuales eran peregrinos de la Pascua que no tenían parte en la revuelta.

Por tanto, todos los judíos que vivían en el territorio de Arquelao estaban en peligro. En consecuencia, José fue **avisado** otra vez **por revelación** de Dios **en sueños,** y entonces **se fue a la región de Galilea.** Que llegaran y habitaran **en la ciudad que se llama Nazaret** no solo se debió a que José y María eran originalmente de allá (Lc. 2:4-5) por providencia divina, sino a **lo que fue dicho por los profetas.** Mateo se centra en dos características a través de toda esta narración: (1) la revelación divina según lo indicó la angélica instrucción para cada movimiento, y (2) cumplimiento de un plan divino revelado en el Antiguo Testamento.

No aparece en el Antiguo Testamento la declaración específica de que el Mesías **habría de ser llamado nazareno.** Algunos intérpretes han tratado de relacionar **nazareno** con el hebreo *nēser* (vástago) del que se habla en Isaías 11:1, pero esa idea no tiene sustento etimológico ni de ninguna otra clase, así como sucede con la idea de tratar de vincular la profecía con el "renuevo" de Isaías 53:2. Puesto que Mateo habla de **los profetas,** en plural, parece que varios profetas habían hecho esta predicción, aunque no esté registrada específicamente en el Antiguo Testamento.

Sin embargo, otros dichos y hechos no registrados en el Antiguo Testamento se citan, o se hace referencia a ellos en el Nuevo. Judas nos dice que "de éstos también profetizó Enoc, séptimo desde Adán, diciendo: He aquí, vino el Señor con sus santas decenas de millares, para hacer juicio contra todos, y dejar convictos a todos los impíos de todas sus obras impías que han hecho impíamente, y de todas las cosas duras que los pecadores impíos han hablado contra él" (Jud. 14-15). Pero tal profecía no se menciona en Génesis ni en ninguna otra parte del Antiguo Testamento. En una manera similar sabemos acerca de la enseñanza de Jesús, "más bienaventurado es dar que recibir", solo por la referencia posterior que Pablo hace de ella (Hch. 20:35). Tal dicho no lo menciona ninguno de los escritores del evangelio, incluso Lucas, quien reportó el relato en Hechos. Juan nos dice que ni siquiera intentó registrar todo lo que Jesús dijo e hizo durante su ministerio terrenal (Jn. 21:25).

Mateo no nos dice qué profetas predijeron que el Mesías sería llamado **nazareno,** sino tan solo que más de uno de ellos dijeron eso. De la profecía se dice que fue cumplida cuando Jesús fue llevado a vivir en Nazaret, donde José y María habían vivido antes. Los lectores originales de Mateo eran en su mayor parte judíos, y probablemente era de conocimiento común entre ellos qué profetas específicos fueron los que hicieron esa predicción. Para los lectores posteriores es obvio que el Espíritu Santo simplemente creyó que bastaba que supieran que la predicción se hizo y se cumplió según lo explica Mateo.

Nazaret estaba localizado a casi noventa kilómetros al norte de Jerusalén, en **la región de Galilea,** donde el Señor le ordenó a José que fuera. El pueblo se hallaba en una cuenca elevada de aproximadamente dos kilómetros y medio de ancho, y lo habitaban principalmente individuos que eran famosos por sus toscas y violentas maneras de proceder. El término *nazareno* por mucho tiempo había sido de burla, usado para describir a cualquier persona que fuera ruda y grosera. Por esto es que Natanael, quien era de Caná, algunos kilómetros al sur, preguntó a Felipe: "¿De Nazaret puede salir algo de bueno?" (Jn. 1:46). La pregunta es especialmente significativa procedente de Natanael, quien por las propias palabras de Jesús era "un verdadero israelita, en quien no hay engaño" (v. 47). Natanael no solía difamar a sus vecinos, pero estaba asombrado de que "aquél de quien escribió Moisés en la ley, así como los profetas" (v. 45) viniera realmente de un lugar de tan mala reputación como Nazaret.

Al parecer, los primeros perseguidores judíos de la iglesia consideraban que el hecho de que Jesús fuera de Nazaret era prueba de que *no* podía ser el Mesías y, según nos dice Mateo, no constituía una señal de que lo *fuera*. Tértulo, actuando como abogado del sumo sacerdote Ananías y de otros dirigentes judíos, habló de modo despectivo de Pablo delante del gobernador romano Félix como "una plaga, y promotor de sediciones entre todos los judíos por todo el mundo, y cabecilla de la secta de los nazarenos" (Hch. 24:5). El padre de la iglesia Jerónimo escribió que en las oraciones de las sinagogas a menudo se maldecía a los cristianos como nazarenos, con la petición de que fueran borrados del libro de la vida (véase Sal. 69:28). Que Jesús viviera en Nazaret no solo cumplió la predicción de profetas anónimos, sino que le dio un nombre, Jesús nazareno, que sería usado como título de reproche, cumpliendo así muchas otras profecías que describen al Mesías como "despreciado y desechado entre los hombres" (Is. 53:3; cp. 49:7; Sal. 22:6-8; 69:20-21). Los escritores de los evangelios dejan en claro el hecho de que Jesús fue despreciado y odiado (véase Mt. 12:24; 27:21-23, 63; Lc. 23:4; Jn. 5:18; 6:66; 9:22, 29).

Fue por tanto en el humilde y despreciado Nazaret que el Hijo real de Dios, junto con los justos José y María, tuvieron su hogar durante cerca de treinta años.

El más grande entre los hombres

5

En aquellos días vino Juan el Bautista predicando en el desierto de Judea, y diciendo: Arrepentíos, porque el reino de los cielos se ha acercado. Pues éste es aquel de quien habló el profeta Isaías, cuando dijo: Voz del que clama en el desierto: Preparad el camino del Señor, enderezad sus sendas. Y Juan estaba vestido de pelo de camello, y tenía un cinto de cuero alrededor de sus lomos; y su comida era langostas y miel silvestre. Y salía a él Jerusalén, y toda Judea, y toda la provincia de alrededor del Jordán, y eran bautizados por él en el Jordán, confesando sus pecados. (3:1-6)

Un joven me preguntó en cierta ocasión en una conferencia: "¿Qué hace que una persona sea grande?". No se me ocurrió una buena respuesta en ese momento, pero comencé a pensar en el asunto. A los ojos del mundo, aspectos tales como nacer en una familia famosa, rica o influyente trae cierta medida de grandeza simplemente por herencia. Ganar mucho dinero es otra característica de la grandeza en el mundo, como lo son los títulos académicos, experiencia en algún campo, sobresaliente habilidad atlética, talento artístico, altos cargos políticos o militares, entre otras cosas más.

No obstante, por esos criterios ni siquiera Jesucristo fue grande. Aunque Él manifestó incomparable sabiduría y poder, nació en el seno de una familia común y corriente y su padre era un simple carpintero. Incluso después que creció, Jesús no era dueño de un negocio, una manada de ganado vacuno o bovino, una casa, o ni siquiera una tienda. Él declaró: "Las zorras tienen guaridas, y las aves del cielo nidos; mas el Hijo del Hombre no tiene dónde recostar su cabeza" (Mt. 8:20). Jesús tenía poca o ninguna educación formal, ningún cargo político, ni logros artísticos; en resumen, casi ninguna característica de lo que el mundo considera grandeza.

Juan el Bautista tenía aún menos características de grandeza según el mundo de las que Jesús poseía. Sin embargo, el Señor llamó a Juan el hombre más grande que alguna vez había vivido hasta ese momento: "De cierto os digo: Entre los que nacen de mujer no se ha levantado otro mayor que Juan el Bautista" (Mt. 11:11). Juan fue más grande que Noé, Abraham, Isaac, Jacob o José; más grande que Moisés, Elías, David o cualquiera de los otros hombres de Dios en el Antiguo Testamento. Juan fue más grande que cualquiera de los reyes, emperadores, filósofos o líderes militares de la historia. Sin embargo, al igual que Jesús, nació en una familia sencilla y desconocida. Su padre, Zacarías, era uno de los muchos sacerdotes que se turnaban para ministrar en el templo, cuando de acuerdo a una programación le correspondía a su clase o división el turno de servir. Su madre, Elisabet, también era de la tribu sacerdotal de Leví y descendiente del primer sumo sacerdote, Aarón (Lc. 1:5). Pero había muchos de tales descendientes, la mayoría de los cuales no tenía lugar de dignidad o reconocimiento especial.

Esa era la herencia familiar de Juan. Cuando creció, tal vez a partir de sus años de adolescencia, Juan el Bautista se fue a vivir en el desierto de Judea, subsistiendo de modo muy parecido a un ermitaño y abandonando hasta la poca posición social y económica que tenía. No obstante, Lucas escribió de él que "será grande delante de Dios" (1:15).

Las razones para tan superlativos elogios pueden verse en 3:1-6, donde Mateo ofrece una breve descripción de la vida y la obra de Juan el Bautista, y donde también muestra que el ministerio de este hombre era, sin embargo, otra prueba de la realeza de Jesús.

En el capítulo 1 se muestra la realeza de Jesús por su nacimiento, por ser descendiente de la línea real de David y por su milagrosa concepción. En el capítulo 2 su realeza se muestra por las circunstancias que rodearon su nacimiento: el homenaje de los magos, el odio de Herodes, y la milagrosa protección de Dios para el niño Jesús. Ahora se nos muestra la evidencia a través del precursor que anunció la llegada del Rey. El hombre más grande que había vivido lo era principalmente porque fue el heraldo del Mesías, el Único que era aún más grande. La grandeza de Juan se relacionaba con su llamado.

En tiempos antiguos era común que un precursor precediera la llegada del monarca, a fin de anunciar su venida y preparar su seguridad y su viaje apropiado. Con un séquito de siervos, el precursor se aseguraría de que el camino fuera lo más tranquilo y despejado posible. Debían llenarse los baches, retirarse las rocas y los escombros, y quemarse o esconderse la basura antiestética. Mientras el grupo viajaba junto y trabajaba, el precursor anunciaba la venida del rey a todos los que hallaba a su paso. Su doble deber era proclamar y preparar, y eso es lo que el ministerio de Juan hizo por Jesucristo, el gran Rey de Dios.

Al presentar al precursor de Cristo, Mateo nos muestra el hombre, el mensaje, el motivo, la misión, el estilo de vida y el ministerio.

EL HOMBRE

En aquellos días vino Juan el Bautista predicando en el desierto de Judea, (3:1)

En aquellos días sirve como una transición entre los capítulos 2 y 3. Se trataba de una frase literaria común que indicaba el tiempo general en que ocurrían los acontecimientos que se estaban describiendo. Habían transcurrido casi treinta años entre el momento en que José llevó al niño Jesús y su madre a Nazaret y el inicio del ministerio público de Juan. Solamente Lucas (2:39-52) nos dice algo de la vida de Jesús durante los años intermedios. Aparte de ese breve relato, la Biblia no dice nada.

Juan era un nombre judío común en tiempos del Nuevo Testamento y es la forma griega del hebreo Johanan (véase 2 R. 25:23; Jer. 40:8), que significa "Jehová, o Yahveh, es misericordioso". **Bautista,** o el que bautiza (*baptistēs;* la terminación griega *tēs,* significa aquel que realiza un acto), fue un epíteto que le dieron porque bautizar era una parte muy importante y obvio del ministerio de este hombre.

Tanto el padre como la madre de Juan "eran justos delante de Dios, y andaban irreprensibles en todos los mandamientos y ordenanzas del Señor"; pero no tenían hijos y, al igual que Sara antes que Isaac fuera concebido, Elisabet estaba más allá de los años fértiles normales (Lc. 1:6-7; cp. Gn. 17:17). Un día en que el padre de Juan realizaba su función sacerdotal en el templo "se le apareció un ángel del Señor puesto en pie a la derecha del altar del incienso" (Lc. 1:11). El ángel procedió a decirle a Zacarías: "Elisabet te dará a luz un hijo, y llamarás su nombre Juan. Y tendrás gozo y alegría, y muchos se regocijarán de su nacimiento; porque será grande delante de Dios" (vv. 13-15). ¡Dios mismo le puso el nombre a Juan y lo apartó para la grandeza aun antes de que fuera concebido!

Juan sería "lleno del Espíritu Santo, aun desde el vientre de su madre. Y [haría] que muchos de los hijos de Israel se conviertan al Señor Dios de ellos" (Lc. 1:15-16). Lo más maravilloso de todo es que Juan iría "delante de él con el espíritu y el poder de Elías… para preparar al Señor un pueblo bien dispuesto" (v. 17). El mismo padre de Juan "lleno del Espíritu Santo", declaró que su hijo "profeta del Altísimo [será] llamado; porque [irá] delante de la presencia del Señor, para preparar sus caminos" (vv. 67, 76). "Y el niño crecía, y se fortalecía en espíritu; y estuvo en lugares desiertos hasta el día de su manifestación a Israel" (v. 80).

Ese fue Juan. Su concepción fue milagrosa, fue lleno del Espíritu Santo antes de que naciera, fue grande delante de Dios, y debía ser el precursor del Mesías, anunciando y preparando al pueblo para su venida. Por tanto, no es extraño que Jesús declarara: "Entre los que nacen de mujer no se ha levantado otro mayor que Juan el Bautista" (Mt. 11:11). Ese gran hombre fue para el gran Rey un emisario diseñado y elegido de manera soberana.

Vino es de *paraginomai,* que a menudo se usaba para indicar una llegada oficial, como la de los magos (Mt. 2:1), o la aparición pública de un líder o maestro (Mt. 3:13). Durante treinta años tanto Juan como Jesús habían vivido en relativo anonimato. Ahora la venida del heraldo significaba la llegada del Rey. El inicio del ministerio de Juan señaló el principio del ministerio de Jesús (véase Hch. 10:37-38).

Predicando viene de *kērussō,* cuyo significado principal es "anunciar". La palabra se usaba para el funcionario cuyo deber era proclamar en voz alta y de manera extensa la venida del rey. Mateo también utiliza este término con referencia a Jesús y los apóstoles.

Juan conocía su posición y tarea. Nunca buscó ni aceptó honra para sí mismo, sino solo para Aquel cuya venida anunciaba. Sin duda desde niño le habían contado muchas veces el anuncio que el ángel hiciera de su nacimiento y el propósito que tenía, propósito del que nunca dudó ni trató de sacar reconocimiento o provecho personal, y al que nunca comprometió. Al ser cuestionado por los sacerdotes y levitas que habían sido enviados desde Jerusalén para preguntarle su identidad, Juan replicó: "Yo no soy el Cristo" (Jn. 1:19-20). También negó ser Elías y "el profeta" (v. 21; cp. Dt. 18:15). Cuando persistieron en saber quién era, él simplemente reveló: "Yo soy la voz de uno que clama en el desierto: Enderezad el camino del Señor, como dijo el profeta Isaías" (v. 23).

La pregunta acerca de si él era Elías presenta una verdad importante. Aun hoy día en toda ceremonia ortodoxa de Pascua se reserva una copa en la mesa para Elías. En la circuncisión de los bebés judíos ortodoxos se coloca una silla para Elías. La expectativa es que si Elías viniera y se sentara en la silla o bebiera de la copa, la llegada del Mesías sería inminente. Esa creencia se basa en Malaquías

4:5-6, en que el profeta predice: "He aquí, yo os envío el profeta Elías, antes que venga el día de Jehová, grande y terrible. El hará volver el corazón de los padres hacia los hijos, y el corazón de los hijos hacia los padres".

Sin embargo, según él mismo atestiguara, Juan el Bautista no era el literal resucitado Elías que la mayoría de judíos de su época esperaba, o que muchos de nuestra época esperan. Pero él realmente fue el Elías que el profeta Malaquías predijo que vendría. Lucas 1:17 confirma eso cuando expresa que Juan "irá delante de él con el espíritu y el poder de Elías".

Que el Elías que comúnmente esperaban los judíos no era el Elías del plan de Dios fue revelado claramente por el mismo Jesús después que Juan el Bautista fuera encarcelado y asesinado. "A la verdad, Elías viene primero, y restaurará todas las cosas. Mas os digo que Elías ya vino, y no le conocieron, sino que hicieron con él todo lo que quisieron… Entonces los discípulos comprendieron que les había hablado de Juan el Bautista" (Mt. 17:11-13).

Puesto que los judíos rechazaron a Juan el Bautista como el Elías verdadero que había de venir, impidieron el cumplimiento total de la profecía como Dios la había dado originalmente a través de Malaquías. Jesús explicó: "Si queréis recibirlo, él es aquel Elías que había de venir" (Mt. 11:14). Sin embargo, Juan no solo no fue aceptado, sino que fue despreciado, encarcelado y decapitado. Debido a que no fue recibido por la gran masa del cuerpo escogido de Dios, Juan no pudo ser Elías, y por tanto hay un Elías aún por venir. Algunos intérpretes creen que será uno de los dos testigos de Apocalipsis 11, pero no podemos estar seguros. Sea como sea, Juan el Bautista fue rechazado como el Elías venidero. Y así como el precursor fue rechazado, también lo fue el Rey a quien anunciaba. Juan fue decapitado, y Jesús fue crucificado. Por tanto, Israel fue dejado a un lado, y el reino fue pospuesto.

Todo acerca de Juan el Bautista fue único y asombroso: su repentina aparición pública, su estilo de vida, su mensaje, su bautismo y su humildad. Nació de una madre que era estéril. Era sacerdote por herencia, pero se convirtió en profeta. Abandonó su ministerio terrenal por el bien del de su Padre celestial. Después de pasar la mayor parte de su vida en el desierto, en el momento oportuno Dios le habló al corazón y comenzó a pregonar el mensaje que Dios le había entregado en ese desierto: anunciar la venida del Rey.

El lugar principal del ministerio de Juan, así como su lugar principal de preparación, estaba **en el desierto de Judea.** Según las normas y los procedimientos del mundo, la llegada de un rey, o de un gran personaje de cualquier tipo, es proclamada y preparada con gran derroche, pompa y fanfarria. Incluso el anunciador se viste con su mejor ropa, se aloja en los mejores hoteles, contacta solamente a las mejores personas, y hace preparativos para la visita del monarca solo a los mejores lugares. Pero ese no era el plan de Dios para el anunciante de su Hijo. Juan el Bautista nació de padres desconocidos, se vestía de manera extraña incluso para su época, y llevó a cabo su ministerio principalmente en lugares remotos y poco atractivos.

No obstante, nada de eso fue incidental o circunstancial. Fue simbólico del ministerio de Juan llamar al pueblo a alejarse del sistema religioso corrupto y muerto de su época: lejos del ritualismo, la mundanalidad, la hipocresía y la superficialidad. Juan llamó a los judíos a alejarse de Jerusalén y Jericó, alejándose de las ciudades y yendo al **desierto,** donde la mayoría de individuos no se molestaría en ir si no fueran buscadores serios. Juan los llevó lejos, donde fueran libres para escuchar, pensar y reflexionar, sin las distracciones ni los líderes engañosos a los que estaban acostumbrados a seguir. En un lugar al parecer tan desolado pudieron comenzar a ver la grandeza de este hombre de Dios, e incluso la mayor grandeza de Aquel cuya venida anunciaba.

EL MENSAJE

El mensaje que Juan proclamó era sencillo, tanto que podía fácilmente resumirse en una palabra: **Arrepentíos** (3:2a; cp. Hch. 13:24; 19:4). La palabra griega (*metanoeō*) detrás de **arrepentíos** significa más que sentir remordimiento o tristeza (cp. He. 12:17); significa dar la vuelta, cambiar de dirección, cambiar la manera de pensar y la voluntad. No denota simplemente un cambio cualquiera, sino siempre un cambio de lo malo a lo bueno, de alejarse del pecado y entrar a la justicia. En su excelente comentario sobre Mateo, John A. Broadus observa: "Siempre que esta palabra griega se usa en el Nuevo Testamento, la referencia es a cambiar el modo de pensar, haciendo referencia al propósito de salir del pecado e ir hacia la santidad". El arrepentimiento implica dolor por el pecado, pero dolor que lleva a un cambio de pensamiento, deseo y conducta de vida. Pablo declara: "La tristeza que es según Dios produce arrepentimiento para salvación" (2 Co. 7:10; cp. v. 9). Por tanto, el mandato de Juan, **arrepentíos,** podría traducirse: "Convertíos".

El mensaje de Juan de preparación para la venida del Rey era de arrepentimiento, conversión y exigencia de una vida totalmente distinta. Esa debió haber sido una sorprendente noticia para los judíos, que creían que como pueblo escogido de Dios (los hijos de Abraham, el pueblo del pacto) merecían y estaban incondicionalmente seguros del Rey prometido. Al saber lo que debían haber estado pensando, Juan les dijo más tarde a sus oyentes: "No penséis decir dentro de vosotros mismos: A Abraham tenemos por padre; porque yo os digo que Dios puede levantar hijos a Abraham aun de estas piedras" (3:9). Dios no estaba interesado en la herencia humana de su pueblo sino en su vida espiritual. Juan estaba expresando: "Lo que el Rey quiere de ustedes es que hagan un cambio totalmente radical en su manera de ser, que se conviertan por completo, que cambien por completo". Dios llama a un cambio y a una transformación radical que afecta la mente, la voluntad, y las emociones, todo el ser. El planteamiento de Juan era simple: "Ustedes están en la misma condición que los gentiles. No tienen derecho al reino a menos que se arrepientan y se conviertan del pecado a la justicia". Los llamó a un arrepentimiento verdadero que da como resultado el fruto de una vida convertida (v. 8) y eso incluye el bautismo en agua (v. 11*a*). Negarse a arrepentirse traería como resultado un castigo severo, según lo demuestra Mateo 11:20-24 y 12:38-41.

Arrepentimiento fue exactamente el mismo mensaje con que Jesús comenzó su predicación y los apóstoles empezaron sus propios mensajes. Jesús proclamó: "El tiempo se ha cumplido, y el reino de Dios se ha acercado; arrepentíos, y creed en el evangelio" (Mr. 1:15; cp. Mt. 3:2; 4:17; Lc. 5:32). Marcos 6:12 declara de los doce: "Y saliendo, predicaban que los hombres se arrepintiesen". En su sermón de Pentecostés, las palabras finales de Pedro fueron: "Arrepentíos, y bautícese cada uno de vosotros en el nombre de Jesucristo para perdón de los pecados" (Hch. 2:38; cp. Hch. 3:19; 20:21; 26:18).

La estrecha relación entre arrepentimiento y conversión también se indica en textos que no usan específicamente la palabra arrepentimiento, pero transmiten la misma idea (véase Mt. 18:3; Lc. 14:33). La mejor declaración resumida podría corresponder a Pablo en Hechos 26:20, donde establece que el objetivo de su ministerio era que los hombres "se arrepintiesen y se convirtiesen a Dios, haciendo obras dignas de arrepentimiento".

EL MOTIVO

El motivo que Juan dio para arrepentirse fue: **el reino de los cielos se ha acercado** (3:2*b*). El pueblo debía arrepentirse y convertirse porque el Rey iba a venir, y Él merece y requiere nada menos que esto. Quienes no se arrepienten ni se convierten no pueden darle al Rey celestial la gloria que Él merece, no le pertenecen al Rey celestial, y no son aptos para el reino celestial.

Después de cuatrocientos años el pueblo de Israel volvió a oír el mensaje profético de Dios. La profecía de Malaquías fue seguida por cuatro siglos de silencio, con ningún mensaje nuevo o directo de parte del Señor. Ahora, cuando el mensaje de Dios volvió a venir a Israel, proclamando la venida del Rey, no se oyó el mensaje esperado de gozo, consuelo y celebración sino de advertencia y reproche. **El reino de los cielos se ha acercado,** esperando abrirse paso, pero Israel no estaba listo para ese reino.

A pesar de muchas advertencias similares hechas por los profetas, gran parte del pueblo y la mayoría de los dirigentes no estaban preparados para el mensaje de Juan. Lo que él decía era sorprendente, inesperado e inaceptable. Era inconcebible para ellos que como pueblo de Dios no tuvieran nada que hacer para heredar el reino divino, sino simplemente esperarlo y aceptarlo. El Mesías era el Mesías *de ellos,* el Rey era el Rey *de ellos,* el Salvador era el Salvador *de ellos,* la promesa era la promesa *de ellos.* Todo judío estaba destinado al reino, y todo gentil estaba excluido, a excepción de un puñado simbólico de prosélitos. Ese era el pensamiento judío común de la época, el cual Juan destrozó por completo.

Pero el mensaje de Juan era el mensaje de Dios, y él no lo suavizaría ni lo confundiría con los populares conceptos erróneos ni con engaños de su propia época y de su propio pueblo. Él no tenía más mensaje que la Palabra de Dios, pues no proclamó otro reino que el reino de Dios, y no hizo más preparación que la preparación de Dios. Tal preparación era el arrepentimiento. La norma de Dios no cambiaría, incluso si todos los judíos quedaran excluidos y todos los gentiles se salvaran. Dios sabía que algunos judíos se salvarían, pero ninguno aparte del arrepentimiento y la conversión personal.

Aunque la frase exacta no se encuentra allí, **el reino de los cielos** es básicamente un concepto del Antiguo Testamento. David declara que "Jehová es Rey eternamente y para siempre" (Sal. 10:16; cp. 29:10), que su reino es eterno, y su "señorío [es] en todas las generaciones" (Sal. 145:13). Daniel habla del "Dios del cielo [que] levantará un reino que no será jamás destruido" (Dn. 2:44; cp. Ez. 37:25), un "reino [que es] reino sempiterno" (Dn. 4:3). El Dios del cielo es el Rey del cielo, y el reino celestial es el reino de Dios.

Mateo usa treinta y dos veces la frase **el reino de los cielos,** y es el único escritor del evangelio que lo usa del todo. Los otros tres usan "el reino de Dios". Es probable que Mateo usara **el reino de los cielos** porque era más comprensible para sus lectores principalmente judíos. Los judíos no pronunciaban el nombre de Dios (Yahveh o Jehová), y a menudo sustituían *cielo* cuando se referían a Él, así como nosotros hacemos en expresiones tales como "el cielo me sonría hoy".

No hay ninguna diferencia significativa entre "el reino de Dios" y **el reino de los cielos.** Una frase hace hincapié en el Gobernante soberano del reino, y la otra resalta el reino mismo, pero ambos son el mismo reino. Mateo 19:23-24 confirma la igualdad de las frases al usarlas de modo intercambiable.

El **reino** tiene dos aspectos, el externo y el interno, de los cuales se habla en los evangelios. Tales aspectos son evidentes a medida que avanzamos a través de Mateo. En el sentido más amplio, el reino incluye a todos los que profesan reconocer a Dios. La parábola que Jesús contó sobre el sembrador representa al reino que incluye tanto a creyentes verdaderos como a superficiales (Mt. 13:3-23), y en su siguiente parábola (vv. 24-30) incluye tanto al trigo (verdaderos creyentes) como a la cizaña (falsos creyentes). Ese es el reino externo, el que podemos ver pero que no podemos evaluar exactamente nosotros mismos porque no podemos conocer los corazones de las personas.

El otro reino es el interno, el reino que incluye solo a verdaderos creyentes, solo aquellos que, así como Juan el Bautista predicaba, se arrepienten y se convierten. Dios rige sobre ambos aspectos del reino, y un día separará finalmente lo superficial de lo real. Mientras tanto permite que los charlatanes se identifiquen externamente con el reino de Dios.

Del gobierno real de Dios sobre los corazones de los hombres y sobre el mundo puede pensarse como si se tuviera una serie de fases. La primera es el reino *profetizado,* tal como el predicho por Daniel. La segunda fase es el reino *presente,* que existía en la época de Juan el Bautista y que él menciona. Se trata del reino del que Juan Jesús dijeron que **se ha acercado** (cp. 4:17). La tercera fase podría referirse como al reino *intermedio,* el reino que resultó a causa del rechazo que Israel hizo de su Rey. El Rey volvió al cielo, y su reino en la tierra ahora existe solo en una forma misteriosa. Cristo es Señor de la tierra en el sentido de ser su Creador y su Gobernante final; pero actualmente no ejerce su voluntad divina y plena sobre la tierra. Él está, por así decirlo, en un exilio voluntario en el cielo hasta que sea hora de regresar. Reina solo en los corazones de aquellos que lo conocen como Salvador y Señor. Para ellos "el reino de Dios… es… justicia, paz y gozo en el Espíritu Santo" (Ro. 14:17).

La cuarta fase puede describirse como el reino *manifiesto,* en el que Cristo gobernará de modo físico, directo y total en la tierra durante mil años, el llamado milenio. En ese reino Él regirá tanto externa como internamente: externamente sobre toda la humanidad, e internamente en los corazones de aquellos que le pertenecen por fe. La quinta y última fase es el "reino *eterno* de nuestro Señor y Salvador Jesucristo", del cual "será otorgada amplia y generosa entrada" a todos los que le pertenecen (2 P. 1:11).

Si Israel, el pueblo de Dios, hubiera aceptado a su Rey cuando vino por primera vez, no habría reino intermedio. El reino que **se ha acercado** se habría convertido en el reino de mil años, el cual a su vez habría ingresado en el reino eterno. Pero debido a que mataron al precursor del Rey y después al Rey mismo, el reino milenial, y en consecuencia el reino eterno, fueron soberanamente pospuestos.

LA MISIÓN

Pues éste es aquel de quien habló el profeta Isaías, cuando dijo: Voz del que clama en el desierto: Preparad el camino del Señor, enderezad sus sendas. (3:3)

La misión de Juan el Bautista había sido descrita mucho tiempo antes por **el profeta Isaías** (véase Is. 40:3-4). Aquí Mateo vuelve a resaltar la profecía cumplida en la venida de Jesucristo como Rey divino (cp. 1:22; 2:5, 15, 17). Pero como precursor del gran Rey, Juan no limpió de obstáculos los caminos y las sendas, sino que trató de eliminar de los corazones de los hombres los obstáculos que los alejaban del Rey. **El camino del Señor** es el sendero del arrepentimiento, de volverse del pecado a la justicia, de convertir las **sendas** morales y espirituales que están torcidas en unas que estén derechas que sean aptas para el Rey. Isaías continúa: "Todo valle sea alzado, y bájese todo monte y collado; y lo torcido se enderece, y lo áspero se allane. Y se manifestará la gloria de Jehová, y toda carne juntamente la verá" (Is. 40:4-5). El llamado de la **voz** de Juan **que clama** [*bōntos*] **en el desierto** de Judea era el grito de urgencia que ordenaba al pueblo arrepentirse y confesar el pecado y la necesidad de un Salvador. **Sus sendas** (*tribous*) son conocidas, según indica el término griego, porque están claramente reveladas en la Biblia.

EL ESTILO DE VIDA

Y Juan estaba vestido de pelo de camello, y tenía un cinto de cuero alrededor de sus lomos; y su comida era langostas y miel silvestre. (3:4)

Juan debió haber sido un personaje sorprendente para quienes lo veían. Afirmaba ser el mensajero de Dios, pero no vivía, no se vestía, ni hablaba como los demás líderes religiosos. Tales líderes eran adecuados, bien vestidos, bien alimentados, sofisticados y mundanos. Es obvio que a Juan no le importaba ninguna de esas cosas, e incluso insistió en renunciar a ellas. Su **vestido de pelo de camello** y su **cinto de cuero alrededor de sus lomos** eran tan sencillos y descoloridos como el desierto en que vivía y predicaba. Su ropa era práctica y duradera, pero estaba lejos de ser cómoda o de estar a la moda. Él se parecía mucho al primer Elías en ese sentido (2 R. 1:8). Su dieta de **langostas y miel silvestre** era tan austera como su ropa; era nutritiva, pero nada más.

La ropa, la comida, y el estilo de vida de Juan eran en sí un reproche para los orgullosos e inmoderados dirigentes religiosos de Israel: escribas, fariseos, saduceos y sacerdotes. También eran un reproche para la mayoría de personas que, a pesar de que tal vez no podían disfrutar los privilegios que tenían sus líderes; sin embargo, los admiraban y anhelaban esas mismas ventajas.

El propósito de Juan no era convertir a las personas en ermitañas o ascetas. No llamó a nadie, ni siquiera a sus discípulos a que vivieran y se vistieran como él. Pero su forma de vivir era un dramático recordatorio de los muchos amores y placeres que impiden a las personas intercambiar sus propios caminos por los de Dios.

EL MINISTERIO

Y salía a él Jerusalén, y toda Judea, y toda la provincia de alrededor del Jordán, y eran bautizados por él en el Jordán, confesando sus pecados. (3:5-6)

El efecto inmediato de la predicación de Juan fue dramático. Acudían habitantes de la gran ciudad de **Jerusalén,** que estaba a una considerable distancia. Es más, venían de **toda Judea, y toda la provincia de alrededor del Jordán.** En otras palabras, asistían personas de todo el sur de Palestina, incluso de ambas riberas del río **Jordán.** Tal como más adelante Mateo informara en su evangelio, el pueblo reconoció a Juan como un profeta (21:26).

Que aquellos judíos se sometieran a ser **bautizados** fue más que un poco significativo, porque esa no era una ceremonia tradicional judía. Se trataba de algo totalmente distinto de los lavamientos levíticos, que consistían en lavarse manos, pies y cabeza. Los esenios, un grupo de judíos ascetas que vivían en la orilla noroccidental del Mar Muerto, practicaban un tipo de lavado ceremonial que se parecía más al bautismo. Pero tanto los lavados levíticos como los esenios eran repetitivos; los de los esenios se realizaban varias veces al día o incluso cada hora. Representaban purificación repetida para el pecador arrepentido.

Sin embargo, el lavado de Juan era por una sola vez. El único lavado de una sola vez que los judíos realizaban era para los gentiles, y significaba su llegada como forasteros a la verdadera fe del judaísmo. Un judío que se sometía a tal rito demostraba en realidad que era un forastero que buscaba entrada al pueblo de Dios, una admisión sorprendente para un judío. ¡Miembros de la raza escogida de Dios, descendientes de Abraham, herederos del pacto de Moisés, venían a Juan para ser **bautizados** como gentiles!

Tal acto simbolizaba ante el mundo el hecho de que comprendían que su descendencia nacional y racial, o incluso su llamado como escogidos de Dios y pueblo del pacto, no podían salvarlos. Tenían que arrepentirse, abandonar el pecado y confiar en el Señor para salvación. Es por eso que el bautismo era un testimonio público en el que confesaban **sus pecados.** Ellos tenían que entrar al reino exactamente como los gentiles: por medio del arrepentimiento y la fe, lo cual incluía una admisión pública de pecados (cp. el mismo término griego [*exomologeō*] en Fil. 2:11, donde se refiere a una confesión verbal).

Posteriores relatos en los evangelios nos muestran que muchos de esos actos de arrepentimiento debieron haber sido superficiales e hipócritas, porque pronto Juan perdió a muchos de sus seguidores, tal como Jesús en última instancia perdería la mayor parte de su popularidad. Pero las repercusiones del ministerio de Juan en el pueblo judío fueron profundas e inolvidables. El camino del Rey se les había anunciado, y no tenían excusa por no hallarse listos para la venida del Mesías.

Seis aspectos demuestran la verdadera grandeza de Juan. (1) Estaba lleno y controlado por el Espíritu, "aun desde el vientre de su madre" (Lc. 1:15*b*). (2) Fue obediente a la Palabra de Dios. Desde la infancia siguió la voluntad de Dios, de la que nunca dudó. (3) Mostraba autocontrol, y no bebía "vino ni sidra" (Lc. 1:15*a*). En su comida, vestido y estilo de vida fue moderado y austero. (4) Era humilde. Su propósito era anunciar al Rey, no actuar de modo real ni tomarse para sí ninguna de las prerrogativas de rey. Al hablar de Jesús, Juan declaró: "Viene tras mí el que es más poderoso que yo, a quien no soy digno de desatar encorvado la correa de su calzado" (Mr. 1:7), y en una ocasión posterior: "Es necesario que él crezca, pero que yo mengüe" (Jn. 3:30). (5) Predicó la Palabra de Dios con valentía y fidelidad, haciéndola retumbar a través del desierto mientras estuvo libre para predicar a todo aquel que quería escucharlo. (6) Por último, fue fiel en ganar personas para Cristo, y en hacer "que muchos de los hijos de Israel se conviertan al Señor Dios de ellos" (Lc. 1:16). Juan está ante nosotros como un modelo para todos los que buscan la verdadera grandeza.

Los frutos del verdadero arrepentimiento

6

Al ver él que muchos de los fariseos y de los saduceos venían a su bautismo, les decía: ¡Generación de víboras! ¿Quién os enseñó a huir de la ira venidera? Haced, pues, frutos dignos de arrepentimiento, y no penséis decir dentro de vosotros mismos: A Abraham tenemos por padre; porque yo os digo que Dios puede levantar hijos a Abraham aun de estas piedras. Y ya también el hacha está puesta a la raíz de los árboles; por tanto, todo árbol que no da buen fruto es cortado y echado en el fuego. Yo a la verdad os bautizo en agua para arrepentimiento; pero el que viene tras mí, cuyo calzado yo no soy digno de llevar, es más poderoso que yo; él os bautizará en Espíritu Santo y fuego. Su aventador está en su mano, y limpiará su era; y recogerá su trigo en el granero, y quemará la paja en fuego que nunca se apagará. (3:7-12)

Mateo registra este único ejemplo de la predicación de Juan el Bautista. El relato paralelo en Lucas (3:1-18) ofrece más detalles, pero el mensaje es el mismo: un llamado al arrepentimiento y el bautismo, un cambio interior de mente y corazón, junto con un acto externo que simbolizaba ese cambio, y aún más importante, una forma de vida que *demostrara* ese cambio. Es posible que las "otras muchas exhortaciones" que Juan predicó (Lc. 3:18) consistieran principalmente de más ejemplos de los **frutos dignos de arrepentimiento** (v. 8) que él enumerara, además de los mencionados en los versículos 11-14.

La predicación de Juan era sencilla y su mensaje se limitaba a lo más básico, pero cumplió fielmente su llamado singular como precursor del gran Rey de Dios que venía. Juan llevó a cabo su ministerio con tal audacia, valor, poder y devoción firme que hizo que el Rey manifestara de él: "De cierto os digo: Entre los que nacen de mujer no se ha levantado otro mayor que Juan el Bautista" (Mt. 11:11).

En el relato de 3:7-12 Mateo se enfoca en cuatro elementos: la congregación, la confrontación, la condenación y la consolación.

LA CONGREGACIÓN

Al ver él que muchos de los fariseos y de los saduceos venían a su bautismo, (3:7*a*)

Entre la gran cantidad de personas que acudían a ver a Juan en el desierto (v. 5) estaban **muchos de los fariseos y de los saduceos,** a quienes el Bautista distinguió para hacerles una especial advertencia y reproche.

Para la época del Nuevo Testamento tres grupos, o sectas, habían desarrollado algo que era muy distinto del resto del judaísmo. Además de los dos grupos mencionados aquí (y con frecuencia en los evangelios y en Hechos), estaban los esenios. La mayoría de esenios eran solteros, pero a menudo adoptaban niños de otras familias judías. En su mayor parte estos judíos reservados y ascetas vivían en comunidades aisladas, exclusivas y austeras como el ahora famoso Cumrán, en la orilla noroccidental del Mar Muerto. Los esenios pasaban gran parte de su tiempo copiando las Escrituras, y gracias a ellos tenemos la valiosa y útil ayuda de los Manuscritos del Mar Muerto, descubiertos de manera accidental en 1947 por un muchacho pastor de origen árabe. Pero los esenios tenían poco contacto con la sociedad de su propia época, no influían en ella, y no se los menciona en ninguna parte del Nuevo Testamento.

LOS FARISEOS

Por otra parte, los **fariseos** representaban un gran contraste con los esenios. Eran igualmente, si no más, exclusivos, pero se hallaban por lo general en las grandes ciudades tales como Jerusalén. Conformaban una asociación muy centrada en la corriente principal de la vida judía, y buscaban ser observados y admirados. Jesús los desenmascaró como individuos que "hacen todas sus obras para ser vistos por los hombres… y aman los primeros asientos en las cenas, y las primeras sillas en las sinagogas, y las salutaciones en las plazas, y que los hombres los llamen: Rabí, Rabí" (Mt. 23:5-7; cp. 6:2, 5).

No disponemos de ninguna documentación específica sobre cómo o cuándo comenzó exactamente la secta de los fariseos, pero es probable que haya venido de un grupo antiguo llamado los jasidim, cuyo nombre significa "piadosos" o "santos". Los jasidim se formaron en el siglo ii a.C., durante el período intertestamentario. Por muchos años Palestina había estado bajo el dominio helenístico (griego) de los reyes seléucidas sirios. Judíos patriotas, bajo el liderazgo de Judas Macabeo, se rebelaron cuando Antíoco Epífanes trató de imponer su cultura y su religión pagana sobre los judíos. Ese tirano despreciable incluso profanó el templo sacrificando un cerdo sobre el altar y obligando a que la carne sacrificada bajara por las gargantas de los sacerdotes, una doble abominación para los judíos porque la ley de Moisés les prohibía comer carne de cerdo (Lv. 11:4-8; Dt. 14:7-8). Los jasidim fueron algunos de los más fuertes partidarios de la revuelta, hasta que sus dirigentes comenzaron a volverse mundanos y a politizarse.

Muchos eruditos creen que los **fariseos,** y quizás también los esenios, descendían de los jasidim. La palabra *fariseo* significa "los separados", y los miembros de la secta trataban con esmero de vivir a la altura de ese nombre. La admisión al grupo era estrictamente controlada por períodos de prueba que duraban hasta un año, durante los cuales el solicitante tenía que demostrar su capacidad para seguir la ley ritual. Se separaban no solo de los gentiles sino de los recaudadores de impuestos y de otros a quienes consideraban "pecadores" innegables (Lc. 7:39). Incluso miraban con desprecio a la gente judía común, a la que un grupo de fariseos en Jerusalén una vez se refirió como "maldita" (Jn. 7:49). Después de salir del mercado o de cualquier reunión pública, tan pronto como les era posible realizaban lavados ceremoniales para purificarse de toda contaminación posible al haber tocado a alguna persona inmunda.

Dentro de la sociedad, los fariseos conformaban una comunidad "santa" que se autoproclamaba justa; eran aislacionistas legalistas que no tenían consideración o respeto por aquellos que no pertenecían a su secta. Creían firmemente en la soberanía de Dios y en el destino divino, y que solo ellos eran el verdadero Israel. Los fariseos se consideraban súper espirituales, pero su "espiritualidad" era totalmente externa, y consistía en seguir la observación meticulosa de una variedad de rituales y tabúes religiosos, la mayoría de los cuales ellos y otros varios dirigentes religiosos habían ideado durante varios siglos anteriores como suplementos a la ley de Moisés. Estos rituales eran conocidos colectivamente como "la tradición de los ancianos", a propósito de la cual Jesús hizo a los fariseos una de sus más fuertes reprimendas, acusándolos de que estaban "enseñando como doctrinas, mandamientos de hombres" (Mt. 15:2-9).

Para la época de Cristo, los **fariseos** habían perdido la mayor parte del nacionalismo que antes hubieran tenido. Otra secta, los zelotes, se había convertido en la agrupación para aquellos cuya preocupación principal era la independencia judía. La única lealtad de los fariseos era a ellos mismos, a sus tradiciones y a su propio prestigio e influencia. Por su estricta adherencia a tales tradiciones esperaban cosechar grandes recompensas en el cielo. Sin embargo, eran la personificación de la frivolidad y la hipocresía religiosa, según Jesús indicaba a menudo (Mt. 15:7; 22:18; 23:13, 23, 25). Los fariseos "por fuera, a la verdad [se mostraban] justos a los hombres, pero por dentro [estaban] llenos de hipocresía e iniquidad" (Mt. 23:28).

LOS SADUCEOS

Los **saduceos** estaban al otro extremo del espectro religioso judío, pues eran ultra-liberales. El origen de su nombre es incierto, pero muchos eruditos modernos creen que se deriva de Sadoc, el nombre de un individuo que fue sacerdote bajo David (2 S. 8:17) y sumo sacerdote bajo Salomón (1 R. 1:32). Esta secta surgió también durante el período intertestamentario, pero de entre la aristocracia sacerdotal. Eran complacientes, tanto en lo religioso como en lo político. Les importaba poco la cultura griega, con su énfasis en la filosofía y el intelectualismo, pero les atraía en gran manera el sentido pragmático y práctico de los romanos.

Los saduceos afirmaban aceptar la ley de Moisés como la autoridad religiosa suprema y única, y despreciaban las tradiciones legalistas de sus antagonistas, los fariseos. En tiempos del Nuevo Testamento aún estaban estrechamente asociados con la clase sacerdotal (véase Hch. 5:17), hasta el punto que los términos *sumo sacerdote* y *saduceos* a menudo se usaban casi como sinónimos (tal como se usaban los términos *escriba* y *fariseo*). Sin embargo, les importaba poco la religión, especialmente la doctrina, y negaban la existencia de los ángeles, la resurrección, y la mayoría de asuntos sobrenaturales (Hch. 23:6-8). En consecuencia, vivían solo para el presente, obteniendo todo lo que podían de quienes pudieran, gentiles y compañeros judíos por igual. Creían en la extrema autonomía humana y en la ilimitada libertad de la voluntad. Se consideraban dueños de sus propios destinos.

Los saduceos eran mucho menos numerosos que los fariseos, y muy ricos. Entre otras cosas, bajo el liderazgo de Anás administraban los negocios del templo (el cambio de dinero y la venta de animales para sacrificios) y cobraban de manera abusiva por esos servicios. Por tanto, fue el negocio de los saduceos el que Jesús perjudicó cuando expulsó del templo a los cambistas y vendedores de sacrificios (Mt. 21:12-13).

Debido a su gran riqueza, a la extorsión en el templo y a la afiliación con los romanos, los saduceos eran mucho menos populares entre sus compatriotas judíos que los fariseos, quienes eran muy religiosos y poseían alguna medida de lealtad nacional.

Religiosa, política y socialmente, **los fariseos y los saduceos** no tenían casi nada en común. Los fariseos eran ritualistas; los saduceos eran racionalistas. Los fariseos eran estrictos separatistas; los saduceos se mostraban colaboradores. Los fariseos eran ciudadanos comunes (la mayoría de ellos tenía un oficio), mientras que los saduceos eran aristócratas. Ambos grupos tenían miembros entre los escribas, y estaban representados en el sacerdocio y en el sanedrín (el supremo concilio judío); pero se encontraban casi en constante oposición entre sí. Durante la época del Nuevo Testamento la única base común que mostraron fue la oposición a Cristo y a sus seguidores (Mt. 22:15-16, 23, 34-35; Hch. 4:1; 23:6).

Ambos grupos tenían en común otro fundamento religioso y espiritual. Los fariseos esperaban su recompensa en el cielo, mientras que los saduceos esperaban la suya en esta vida, pero la confianza de ambos grupos estaba en las obras personales y en el esfuerzo propio. Ambos resaltaban lo superficial y no esencial, y no les preocupaba la verdadera vida espiritual interior ni el bienestar de su prójimo. Esa fue "la levadura de los fariseos y de los saduceos", el comportamiento exterior hipócrita, egoísta y muerto acerca del cual Jesús advirtió a sus discípulos (Mt. 16:6).

En casi toda su historia la Iglesia ha tenido sus propios estilos de fariseos y saduceos, de ritualistas y racionalistas. Unos buscan salvación y bendición a través de ceremonias prescritas y prácticas legalistas; los otros encuentran significado y propósito religioso en creencias y normas privadas y existenciales. Unos son conservadores y otros liberales, pero la esperanza y la confianza de ambos grupos están puestas en sí mismos, en lo que pueden llevar a cabo o lograr por sus propias acciones y voluntades.

Es probablemente a causa de esa profunda mediocridad espiritual que Mateo habla de ellos como un grupo, resaltado en la mayoría de traducciones con la frase sin artículos definidos "muchos fariseos y saduceos", a diferencia de la RVR-60 (**muchos de los fariseos y de los saduceos**). Es evidente por la respuesta que Juan les diera, que Mateo consideró exactamente igual el problema básico y la necesidad que tenían.

Los miembros de este grupo **venían a su bautismo;** la preposición griega *epi* (**a**) se usa en una construcción que claramente indica propósito. Al tener en cuenta la vestimenta poco ortodoxa de Juan, además de su estilo y de sus exhortaciones proféticas y llenas de autoridad, es difícil imaginar por qué los orgullosos fariseos y escribas pedirían ser bautizados por Juan, pues creían ser moralmente superiores. Algunos de ellos solo tenían curiosidad. Sin embargo, parece más probable que sospecharan que Juan pudiera ser de verdad un profeta, como muchos otros creían (Mt. 14:5), y que quisieran comprobarlo tanto como pudieran. Si fuera un verdadero profeta, quizás ellos podían conseguir su aprobación, exhibir una actuación fingida de espiritualidad arrepentida, y aprovechar o incluso sacar ventaja del movimiento, tal como los oportunistas religiosos de hoy siguen haciendo. Cualesquiera que fueran las razones que tuvieran, estas eran equivocadas y malvadas. Ellos no andaban buscando la verdad de Dios ni de que Dios obrara en sus propias vidas.

Tal como Juan sabía muy bien, no estaban arrepentidos, no habían confesado sus pecados ni habían cambiado en absoluto. Los fariseos y los saduceos no buscaban genuinamente la verdadera justicia que libra del juicio. Seguían siendo los mismos hipócritas engreídos y petulantes que habían sido cuando salieron en busca de Juan.

LA CONFRONTACIÓN

les decía: ¡Generación de víboras! ¿Quién os enseñó a huir de la ira venidera? (3:7*b*)

La percepción que Juan tenía de la falta de sinceridad y arrepentimiento de los fariseos y saduceos es evidente en estas fuertes palabras. Ellos tenían la intención de llevar su hipocresía incluso hasta el punto de someterse al bautismo de Juan, cualesquiera que fueran las motivaciones que los impulsaran. *Gennēma* (**generación**) también podría traducirse "crías", con el significado de descendientes o hijos. Jesús usó el mismo epíteto (**generación de víboras**) en varias ocasiones para describir a los fariseos (Mt. 12:34; 23:33). Las **víboras** (*echidna*) eran pequeñas serpientes del desierto muy venenosas, que Juan el Bautista habría conocido muy bien. Resultaban aún más peligrosas por el hecho de que cuando estaban quietas parecían una rama seca que a menudo la gente agarraba sin darse cuenta. Eso es exactamente lo que Pablo hizo en la isla de Malta cuando fue a recoger madera para una hoguera después del naufragio. Según indica la respuesta de los nativos que les ofrecían amistad a Pablo y los demás, con frecuencia la mordedura de una **víbora** era fatal, aunque milagrosamente Pablo "ningún daño padeció" (Hch. 28:3-5).

Llamar **generación de víboras** a los fariseos y saduceos señaló el peligro de su hipocresía religiosa, así como el hecho de que su obra malvada se las había transmitido la serpiente original (Gn. 3:1-13) a través de sus antepasados espirituales, de quienes eran **generación** o descendencia. Al igual que las víboras del desierto, ellos a menudo parecían inofensivos, pero su apariencia de piedad (cp. 2 Ti. 3:5) era venenosa y mortal. En la serie de desgracias que Jesús predijo a los escribas y fariseos, les declaró: "Cerráis el reino de los cielos delante de los hombres; pues ni entráis vosotros, ni dejáis entrar a los que están entrando" (Mt. 23:13). Los fariseos y saduceos eran responsables de mantener a muchos judíos fuera del reino y, por tanto, fuera de la salvación y la vida espiritual.

En Mateo 23:33 Jesús llama a los escribas y fariseos tanto "serpientes" como "generación de víboras", sugiriendo aún más directamente que el verdadero padre espiritual de ellos era Satanás, como específicamente los acusa en Juan 8:44 (cp. Ap. 12:9; 20:2). Estos hipócritas religiosos eran hijos de Satanás que hacían la obra engañosa del diablo.

La pregunta **¿Quién os enseñó a huir?** continúa la figura de la víbora. Un incendio forestal o una quema que un agricultor hace a los tallos después de la cosecha hacían **huir** a las víboras y a otras criaturas delante de las llamas, con el fin de escapar. Eso se veía a menudo en muchas de las regiones mediterráneas y árabes, y sin duda alguna Juan el Bautista lo había visto muchas veces. La implicación es que los fariseos y saduceos estaban esperando que el bautismo de Juan fuera una clase de seguro contra el fuego espiritual, que les brindaría protección de las llamas **de la ira**

venidera. El arrepentimiento verdadero y la conversión auténtica *sí* protegen de la **ira** y el juicio de Dios, pero las profesiones superficiales y las acciones poco sinceras de fe solo tienden a endurecer al individuo contra la fe verdadera, dando una falsa sensación de seguridad. Juan no sería parte de tal hipocresía y falsedad. Fue el engaño de su maestro verdadero, Satanás, y no el genuino temor al juicio de Dios, lo que los llevó a oír a Juan y a buscar su bautismo como una formalidad teatral.

La acusación de Juan debió ofender profundamente a esos dirigentes religiosos falsos, que creían estar muy por encima del hombre común en su relación con Dios y con su reino. Juan, y Jesús después de él, los caracterizaron como engañadores en vez de líderes, perpetuadores de tinieblas espirituales en vez de luz espiritual, e hijos del diablo en vez de hijos de Dios.

LA CONDENA

Haced, pues, frutos dignos de arrepentimiento, y no penséis decir dentro de vosotros mismos: A Abraham tenemos por padre; porque yo os digo que Dios puede levantar hijos a Abraham aun de estas piedras. Y ya también el hacha está puesta a la raíz de los árboles; por tanto, todo árbol que no da buen fruto es cortado y echado en el fuego. (3:8-10)

Las señales de un corazón realmente arrepentido son los **frutos dignos de arrepentimiento,** o como Pablo los describió al rey Agripa: "obras dignas de arrepentimiento" (Hch. 26:20). En su relato paralelo, Lucas menciona varios ejemplos de los **frutos** a los que Juan se refería. A la multitud en general Juan declaró: "El que tiene dos túnicas, dé al que no tiene; y el que tiene qué comer, haga lo mismo" (Lc. 3:11). A los recaudadores de impuestos exhortó: "No exijáis más de lo que os está ordenado" (v. 13), y a algunos soldados advirtió: "No hagáis extorsión a nadie, ni calumniéis; y contentaos con vuestro salario" (v. 14).

Según advierte Santiago: "la fe, si no tiene obras, es muerta en sí misma" (Stg. 2:17). Juan declara en su primera epístola: "El que hace justicia es justo, como él es justo" (1 Jn. 3:7); y que "si alguno dice: Yo amo a Dios, y aborrece a su hermano, es mentiroso. Pues el que no ama a su hermano a quien ha visto, ¿cómo puede amar a Dios a quien no ha visto?" (4:20). Nuestras acciones hacia nuestros semejantes son indicadores de nuestra verdadera actitud hacia Dios.

Axios (**dignos**) posee la idea raíz de tener igual peso o valor y, por tanto, de ser apropiado. El verdadero **arrepentimiento** no solo debe tener, sino que *tendrá*, las buenas obras correspondientes, demostradas tanto en actitudes como en acciones. La correcta relación con Dios produce correctas relaciones con nuestros semejantes, al menos en lo que se refiere a nuestra parte (cp. Ro. 12:18). Aquellos que afirman conocer a Cristo, que aseguran haber nacido de nuevo, deben demostrar una nueva manera de vivir que corresponda al nuevo nacimiento.

Los fariseos y saduceos sabían mucho acerca del arrepentimiento. Que Dios remite total y libremente los pecados del penitente es una doctrina básica del judaísmo. Los antiguos rabinos manifestaban: "Grande es el arrepentimiento, porque trae sanidad al mundo. Grande es el arrepentimiento, porque alcanza el trono de Dios", y "Un hombre puede lanzar una flecha por unos cuantos metros, pero el arrepentimiento alcanza el trono de Dios". Algunos rabinos sostenían que la ley fue creada dos mil años antes del mundo, pero que el arrepentimiento fue creado incluso antes que la ley. El significado claro del arrepentimiento en el judaísmo siempre ha sido un cambio en la actitud del hombre hacia Dios que da como resultado una transformación moral y religiosa de la conducta del individuo. El gran erudito judío medieval Maimónides opinó así del concepto judío del arrepentimiento: "¿Qué es el arrepentimiento? Arrepentimiento es que el pecador abandone su pecado, lo saque de sus pensamientos, y resuelva totalmente en su mente que nunca volverá a cometerlo".

Tal comprensión del arrepentimiento es básicamente coherente con la enseñanza del Antiguo Testamento. El arrepentimiento siempre implica una vida cambiada, renunciar al pecado y hacer lo recto. El Señor declaró a través de Ezequiel: "Cuando el justo se apartare de su justicia, e hiciere iniquidad, morirá por ello. Y cuando el impío se apartare de su impiedad, e hiciere según el derecho y la justicia, vivirá por ello" (Ez. 33:18-19). Oseas imploró: "Vuelve, oh Israel, a Jehová tu Dios; porque por tu pecado has caído. Llevad con vosotros palabras de súplica, y volved a Jehová, y decidle: Quita toda iniquidad, y acepta el bien, y te ofreceremos la ofrenda de nuestros labios" (Os. 14:1-2). Después de la renuente pero poderosa advertencia que Jonás hiciera a los ninivitas: "vio Dios lo que hicieron, que se convirtieron de su mal camino; y se arrepintió del mal que había dicho que les haría, y no lo hizo" (Jon. 3:10). Nínive produjo **frutos dignos de arrepentimiento.**

La idea de que el arrepentimiento se evidencia por la renuncia al pecado y por mostrar una vida recta no se originó con Juan el Bautista, sino que durante mucho tiempo había sido parte integral del judaísmo ortodoxo. Rabinos fieles habían enseñado que uno de los pasajes más importantes de las Escrituras era: "Lavaos y limpiaos; quitad la iniquidad de vuestras obras de delante de mis ojos; dejad de hacer lo malo; aprended a hacer el bien; buscad el juicio, restituid al agraviado, haced justicia al huérfano, amparad a la viuda" (Is. 1:16-17).

El teólogo Erich Sauer, en *El triunfo del Crucificado* (Grand Rapids: Portavoz), habla del arrepentimiento como "una acción triple. En el entendimiento significa reconocimiento del pecado; en los sentimientos significa dolor y pena, y en la voluntad significa cambio de manera de pensar". El verdadero arrepentimiento implica en primer lugar comprensión y entendimiento profundo, conciencia intelectual de la necesidad de limpieza, y cambio moral y espiritual. Segundo, tiene que ver con nuestras emociones. Llegamos a *sentir* la necesidad que nuestra mente conoce. Tercero, participan las acciones adecuadas que resultan de lo que nuestra mente conoce y nuestros corazones sienten.

Reconocer el pecado personal es el primer paso importante. Pero en sí es inútil, incluso peligroso, porque tiende a hacer que el individuo crea que lo único que se necesita es reconocer. Un faraón endurecido admitió su pecado (Éx. 9:27), un indeciso Balaam admitió el suyo (Nm. 22:34), un codicioso Acán también reconoció su pecado (Jos. 7:20), y un Saúl poco sincero confesó el suyo (1 S. 15:24). El joven rico que le preguntó a Jesús cómo tener vida eterna se alejó triste pero no arrepentido (Lc. 18:23). Incluso Judas, desesperado por haber traicionado a Jesús, comentó a los principales sacerdotes y ancianos: "Yo he pecado entregando sangre inocente" (Mt. 27:4). Todos esos hombres reconocieron su pecado, pero ninguno de ellos se arrepintió. Experimentaron lo que Pablo llamó "la tristeza del mundo" que "produce muerte" en vez de "la tristeza que es según Dios" que "produce arrepentimiento" (2 Co. 7:10-11).

El arrepentimiento verdadero incluirá un *sentimiento* profundo de maldad y de haber pecado contra Dios. David empieza su gran salmo penitencial clamando: "Ten piedad de mí, oh Dios, conforme a tu misericordia; conforme a la multitud de tus piedades borra mis rebeliones" (Sal. 51:1). No solo vio claramente su pecado, sino que sintió profundamente su necesidad de librarse de él. En otro salmo declaró: "Mientras callé, se envejecieron mis huesos en mi gemir todo el día" (Sal. 32:3).

El dolor del verdadero arrepentimiento es como el de David; se trata de dolor por agraviar a un Dios santo, no solo de remordimiento por las consecuencias personales de nuestro pecado. Tristeza por ser descubiertos, o por sufrir privaciones o disciplina a causa de nuestro pecado no es dolor piadoso, y no tiene que ver con arrepentimiento. Ese tipo de dolor no es más que remordimiento por uno mismo y no por Dios. Simplemente es algo que se suma al pecado original.

Incluso reconocer el pecado y sentir el agravio en contra de Dios no completa el arrepentimiento. Si este es verdadero, dará como resultado una vida transformada que produce **frutos dignos de arrepentimiento.** Tras confesar y expresar gran remordimiento por su pecado contra Dios, David determinó que con la ayuda de Él abandonaría su pecado y se volvería a la justicia. "Crea en mí, oh Dios, un corazón limpio, y renueva un espíritu recto dentro de mí… Entonces enseñaré a los transgresores tus caminos, y los pecadores se convertirán a ti" (Sal. 51:10, 13). Los **frutos** se ven siempre en la Biblia como comportamiento manifestado (cp. Mt. 7:20).

El gran puritano Thomas Goodwin hizo un llamado al arrepentimiento con estas impresionantes palabras:

> Cae de rodillas delante de él y, como Simei, con un corazón quebrantado y ablandado reconoce tu traición y rebeldía contra aquel que nunca te hizo daño; y reconoce, con una soga apropiadamente dispuesta en tu cuello por tu propia mano, así como hicieron los siervos de Ben-hadad; es decir, confiesa que si él te colgara, podrá hacerlo… Dile que él puede mostrar su justicia sobre ti, si lo desea; y presenta tu pecho desnudo, tu alma detestable como un objeto y una marca para Él, si le complace, para que dispare sus flechas y clave allí su espada. Desea solamente que recuerde que él clavó primero su espada en las entrañas de su Hijo, Zac. 13:7, cuando hizo de su alma una ofrenda por el pecado (*The Works of Thomas Goodwin* [Edinburgh: James Nichol, 1863], 7:231).

Otro puritano, William Perkins, escribió: "La tristeza piadosa causa dolor por el pecado, porque es pecado. Hace que cualquier individuo en que este tipo de tristeza se encuentre tenga esta disposición y mente, de modo que si no hubiera ninguna conciencia acusadora, ningún mal aterrador, ningún Juez que procese y condene, ningún infierno atormentador, aun así él se humillaría y se pondría de rodillas por sus pecados, porque ha ofendido a un Dios amoroso, misericordioso y extremadamente sufrido".

Por supuesto, en última instancia un arrepentimiento como este parece un regalo de Dios. Al hablar ante el sanedrín, el concilio supremo judío, Pedro y otro de los apóstoles expresaron: "A éste [Jesús] Dios ha exaltado con su diestra por Príncipe y Salvador, para dar a Israel arrepentimiento y perdón de pecados" (Hch. 5:31). Algún tiempo más adelante, después que él mismo fuera finalmente persuadido por Dios de que los gentiles eran elegibles para el reino (10:1-35), Pedro logró convencer a los escépticos cristianos judíos en Jerusalén, quienes luego "glorificaron a Dios, diciendo: ¡De manera que también a los gentiles ha dado Dios arrepentimiento para vida!" (11:18). Pablo pidió a Timoteo que fuera un siervo amable y comprometido con el Señor en predicar la verdad a los perdidos, con la esperanza de que "Dios les conceda que se arrepientan para conocer la verdad, y escapen del lazo del diablo, en que están cautivos a voluntad de él" (2 Ti. 2:25-26).

Fue evidente que no era arrepentimiento dado por Dios lo que los fariseos y saduceos profesaron delante de Juan. Entre todo el pueblo, ellos debieron haber sabido el significado del verdadero arrepentimiento, pero no lo sabían. Eran hipócritas y farsantes, como Juan lo sabía muy bien. Él no había visto absolutamente ninguna evidencia de arrepentimiento verdadero, y exigió ver tal evidencia antes de bautizarlos. Al igual que sucede en todos los bautismos desde Juan, ellos debían mostrar pruebas externas de transformación interna.

Las palabras de Juan a esos dirigentes religiosos fueron a la vez un reproche y una invitación: **Haced, pues, frutos dignos de arrepentimiento.** Con esto les estaba diciendo: "Ustedes no han demostrado ninguna evidencia de eso, pero ahora tienen la oportunidad de arrepentirse de verdad si quieren hacerlo. Muéstrenme que se han vuelto de su malvada hipocresía a la piedad verdadera, y con mucho gusto los bautizaré". Los rabinos enseñaban que las puertas del arrepentimiento nunca se cierran, que el arrepentimiento es como el mar, porque una persona puede bañarse allí en cualquier momento. El rabino Eleazar expresó: "La costumbre del mundo es que, cuando un hombre ha insultado a su prójimo en público, y pasado el tiempo quiere reconciliarse con él, el otro le dice: 'Tú me insultaste públicamente, ¿y ahora quieres que nos reconciliemos en privado los dos solos? ¡Vete a traer a todos los que estaban presentes cuando me insultaste, y me reconciliaré contigo!'. Pero Dios no es así. Una persona puede plantarse en el mercado, y blasfemar, mientras el Santo dice: 'Arrepiéntete entre nosotros dos, y Yo te recibiré". (Citado en William Barclay, *Comentario al Nuevo Testamento*] [Barcelona: Editorial Clie, 1999], p. 27).

Hace algunos años un hombre conocido en el ministerio público ridiculizó de manera abierta y repetida a un colega ministerial. Después de muchos meses de crítica, el primer hombre decidió que estaba equivocado en lo que había hecho y fue a ver al otro ministro para pedirle perdón. Se notificó que quien había sido criticado contestó: "Me atacaste en público y deberías disculparte en público. Cuando lo hagas, te perdonaré".

No hay razón para creer que Juan el Bautista quisiera humillar a los fariseos y saduceos o exigir algún tipo de demostración pública de la sinceridad que tuvieran. Sin embargo, Juan insistió en ver evidencia válida de arrepentimiento verdadero y no le pareció bien que lo quisieran usar para promover los propios egoísmos y propósitos impíos que motivaban a estos individuos.

Como tal vez sabía lo que estaban pensando, Juan continuó: **y no penséis decir**

dentro de vosotros mismos: A Abraham tenemos por padre. Ellos creían que el simple hecho de ser descendientes de Abraham y miembros del linaje escogido de Dios los hacía espiritualmente seguros. No era así, Juan continuó: **porque yo os digo que Dios puede levantar hijos a Abraham aun de estas piedras.** Descender de Abraham no era un pasaporte al cielo. Era una gran ventaja conocer y entender la voluntad de Dios (Ro. 3:1-2; 9:4-5), pero sin fe en Él esa ventaja se convierte en la condena más severa. Si Abraham mismo fue justificado solo por su fe personal (Gn. 15:6; Ro. 4:1-3), ¿cómo podrían sus descendientes esperar que los justificaran de alguna otra manera (Ro. 3:21-22)?

Muchos judíos del tiempo del Nuevo Testamento creían, y muchos judíos ortodoxos de nuestra época aún creen, que tan solo su condición de judíos les asegura un lugar en el reino de Dios. Los rabinos enseñaban que "todos los israelitas tienen parte en el mundo venidero". Hablaban de los "méritos liberadores de los padres", quienes traspasaron el mérito espiritual a sus descendientes. Algunos incluso enseñaban que Abraham hacía guardia en las puertas de la gehena, o infierno, para hacer volver a cualquier israelita que tomara ese camino. Afirmaban que era el mérito de Abraham el que permitía que barcos judíos navegaran con seguridad en los mares, que se enviaran lluvias sobre sus cosechas, que Moisés recibiera la ley y entrara al cielo, y que hizo que las oraciones de David fueran escuchadas.

Esa fue la clase de arrogancia que Juan el Bautista reprendió. Ningún descendiente de Abraham, por puro que fuera genéticamente, podía creerse recto delante de Dios. Jesús contradijo afirmaciones similares de otro grupo de fariseos, solo que en términos más fuertes que los de Juan. Después que llenos de autosuficiencia declararan: "Nuestro padre es Abraham", Jesús les expresó: "Si fueseis hijos de Abraham, las obras de Abraham haríais. Pero ahora procuráis matarme a mí, hombre que os he hablado la verdad, la cual he oído de Dios; no hizo esto Abraham" (Jn. 8:39-40). Nuestro Señor siguió diciendo que las acciones de los fariseos probaban que en realidad su padre era Satanás. En la historia que Jesús contó del rico y Lázaro se pasa por alto que el hombre rico en el infierno se dirige a Abraham como "Padre", y Abraham, hablando desde el cielo, llama "hijo" al hombre rico. Pero después Abraham le dice al rico: "Una gran sima está puesta entre nosotros y vosotros, de manera que los que quisieren pasar de aquí a vosotros, no pueden, ni de allá pasar acá" (Lc. 16:25-26). Un hijo de Abraham en el infierno era algo que estaba más allá de la manera de pensar judía.

Por lo general los judíos consideraban a los gentiles como habitantes del infierno, espiritualmente sin vida y sin esperanza, piedras muertas en lo que se refiere a una correcta relación con Dios. Podría ser que Juan sacara provecho de esa ilustración al declarar **que Dios puede levantar hijos a Abraham aun de estas piedras,** es decir, verdaderos hijos de Abraham que llegaban al Señor como hizo Abraham: por fe. Cuando el centurión romano pidió a Jesús que sanara al siervo expresando solamente la orden, Jesús contestó: "De cierto os digo, que ni aun en Israel he hallado tanta fe. Y os digo que vendrán muchos del oriente y del occidente, y se sentarán con Abraham e Isaac y Jacob en el reino de los cielos; mas los hijos del reino [es decir, israelitas] serán echados a las tinieblas de afuera; allí será el lloro y el crujir de dientes" (Mt. 8:10-12).

En la predicación de Juan, como en los profetas del Antiguo Testamento, el juicio estaba estrechamente relacionado con la salvación en la venida del Mesías. Esos hombres de Dios no vieron diferencia entre la venida de Cristo para salvar, y su venida para juzgar. Isaías escribió acerca de la "vara del tronco de Isaí, y un vástago retoñará de sus raíces… que juzgará con justicia a los pobres, y argüirá con equidad por los mansos de la tierra" (Is. 11:1, 4). Refiriéndose otra vez al Mesías, el profeta escribió: "El Espíritu de Jehová el Señor está sobre mí, porque me ungió Jehová; me ha enviado a predicar buenas nuevas a los abatidos… a proclamar el año de la buena voluntad de Jehová, y el día de venganza del Dios nuestro" (Is. 61:1-2; cp. Jl. 3). En su bendición al niño Jesús en el templo, Simeón afirmó acerca de él: "He aquí, éste está puesto para caída y para levantamiento de muchos en Israel" (Lc. 2:34).

Israel experimentó un anticipo del juicio de Dios en el saqueo a Jerusalén y la destrucción del templo en el año 70 d.C., solo unos cuarenta años después que Juan el Bautista predicara. Todo incrédulo enfrenta igualmente un juicio seguro cuando muere, e incluso antes de la muerte las personas podrían sufrir juicios anticipados de parte de Dios debido al pecado y la rebelión. Tal como el libro de Proverbios nos recuerda en varias ocasiones (1:32-33; 2:3-22; 3:33-35), Dios asegura que en última instancia, e incluso en gran medida en esta vida, la buena voluntad cosechará bondad y el mal cosechará maldad (cp. Ro. 2:5-11).

Al parecer Juan creía que el juicio definitivo de Dios era inminente. Debido a la llegada del Mesías, **ya también el hacha está puesta a la raíz de los árboles; por tanto, todo árbol que no da buen fruto es cortado y echado en el fuego.**

Al final de cada época de cosecha el agricultor pasaba por su viña o huerto en busca de plantas que no hubieran dado buen fruto. Estas serían cortadas con el fin de hacer espacio para vides y árboles productivos, y evitar que tomaran nutrientes de la tierra que eran necesarios para las plantas buenas. Un árbol sin fruto es inútil y solo sirve para ser **cortado y echado en el fuego.** Jesús usó una ilustración similar para describir a los falsos discípulos: "El que en mí no permanece, será echado fuera como pámpano, y se secará; y los recogen, y los echan en el fuego, y arden" (Jn. 15:6). El arrepentimiento sin fruto es inútil e inservible; significa absolutamente nada para Dios.

Fuego es un símbolo bíblico frecuente del tormento del castigo y el juicio divino. A causa de su maldad excepcional, Sodoma y Gomorra fueron destruidas por "azufre y fuego de parte de Jehová desde los cielos" (Gn. 19:24). Un tiempo después Coré, sus hombres y familias fueron tragados por la tierra y "descendieron vivos al Seol… También salió fuego de delante de Jehová, y consumió a los doscientos cincuenta hombres que ofrecían el incienso" (Nm. 16:32-33, 35). En su papel como Juez justo, a menudo se le llama a Dios "fuego consumidor" (Éx. 24:17; Dt. 4:24; 9:3). En el último capítulo del Antiguo Testamento, Malaquías habla del día futuro que será "ardiente como un horno, y todos los soberbios y todos los que hacen maldad serán estopa; aquel día que vendrá los abrasará" (Mal. 4:1). La predicación de Juan retomó donde Malaquías quedó, y Jesús mismo habló a menudo del fuego del infierno (Mt. 5:22, 29; Mr. 9:43, 47; Lc. 3:17).

Juan estaba hablando específicamente a los fariseos y saduceos no arrepentidos, pero su mensaje de juicio fue para todo ser humano, para **todo árbol que no da buen fruto,** que no quiere volverse a Dios en busca de perdón y salvación, y que por tanto no tiene evidencia, es decir ningún **buen fruto** de verdadero arrepentimiento. La salvación no se verifica por una acción pasada sino por fecundidad actual.

EL CONSUELO

Yo a la verdad os bautizo en agua para arrepentimiento; pero el que viene tras mí, cuyo calzado yo no soy digno de llevar, es más poderoso que yo; él os bautizará en Espíritu Santo y fuego. Su aventador está en su mano, y limpiará su era; y recogerá su trigo en el granero, y quemará la paja en fuego que nunca se apagará. (3:11-12)

Con el mensaje de juicio Juan también ofrece una medida de esperanza y consuelo. Aquí habla específicamente del Mesías, quien había venido con el fin de que nadie tuviera que enfrentar el juicio de Dios.

Juan primero explica cómo su bautismo difiere del bautismo del Mesías: **Yo a la verdad os bautizo en agua para arrepentimiento.** El bautismo de Juan reflejaba un ritual que los judíos usaban a menudo cuando un gentil aceptaba al Dios de Israel. La ceremonia era la señal de que un extranjero se volvía parte del pueblo escogido. En el ministerio de Juan bautizarse señalaba la profesión externa del **arrepentimiento** interno, que preparaba al individuo para la venida del Rey. Como el apóstol Pablo explicara muchos años después, "Juan bautizó con bautismo de arrepentimiento, diciendo al pueblo que creyesen en aquel que vendría después de él, esto es, en Jesús el Cristo" (Hch. 19:4).

El segundo bautismo mencionado aquí es del Mesías, un bautismo por Aquel de quien Juan afirma que es **el que viene tras él y que es más poderoso que él, cuyo calzado** Juan **no** era **digno de llevar.** Una de las tareas más bajas de un esclavo en esa época era quitar las sandalias de su amo y de todos los invitados, y luego lavarles los pies. Este fue el símbolo que Jesús mismo usó para enseñar a los discípulos a ser siervos (Jn. 13:5-15). La humildad de Juan, una característica de su estatura espiritual, es evidente en esta descripción de Aquel que anunciaba, y es coherente con su expresión en Juan 3:30 de que "es necesario que [Jesús] crezca, pero que yo mengüe".

Entre las maneras en que el Mesías sería **más poderoso** que Juan estaba su bautismo en el **Espíritu Santo.** El Espíritu Santo fue prometido por Jesús a sus discípulos como "otro Consolador, para que esté con vosotros para siempre: el Espíritu de verdad, al cual el mundo no puede recibir, porque no le ve, ni le conoce; pero vosotros le conocéis, porque mora con vosotros, y estará en vosotros" (Jn. 14:16-17). En Pentecostés (Hch. 2:1-4) y durante la formación inicial de la Iglesia (Hch. 8:5-17; 10:44-48; 19:1-7), el Espíritu Santo prometido vino realmente sobre los discípulos, bautizándolos y estableciéndolos en el cuerpo de Cristo. Aunque sin tan dramáticas señales presentes, por medio de Cristo todo creyente desde ese tiempo es bautizado en la Iglesia con el Espíritu de Dios. "Porque por un solo Espíritu fuimos todos bautizados en un cuerpo, sean judíos o griegos, sean esclavos o libres" (1 Co. 12:13).

El mensaje de Juan acerca del Espíritu Santo debió haber sido consolador y emocionante para los judíos fieles que estaban entre sus oyentes, aquellos que esperaban el día en que Dios derramaría su "Espíritu sobre toda carne" (Jl. 2:28), en que esparciría "sobre [ellos] agua limpia", y les daría "corazón nuevo, y [pondría] espíritu nuevo dentro de [ellos]" (Ez. 36:25-26). En ese día al fin serían bautizados en el mismo poder y la misma persona de Dios mismo.

El tercer bautismo mencionado aquí es el de **fuego.** Muchos intérpretes toman esto como parte del bautismo del Espíritu Santo, que comenzó en Pentecostés y que en ese caso estuvo acompañado por "lenguas de fuego" (Hch. 2:3). Pero el relato de Hechos dice que tales lenguas "se les aparecieron" (esto es, a los expectantes discípulos) *"como* de fuego". No eran de fuego, pero parecían lengüetazos de fuego. En su última promesa del inminente bautismo con el Espíritu Santo, Jesús no dijo nada acerca de que fuego verdadero sería parte de la experiencia (Hch. 1:5). Y poco tiempo después, cuando Cornelio y su casa fueron bautizados con el Espíritu Santo no hubo fuego presente (Hch. 10:44; 11:16; cp. 8:17; 19:6).

Otros intérpretes toman al **fuego** como representación de una limpieza espiritual, según se describe en la cita acerca de Ezequiel. Pero nada en el texto del profeta, en el contexto del mensaje de Juan aquí, o en la referencia de Pentecostés a las lenguas "como de fuego" se relaciona con tal limpieza.

En consecuencia, parece mejor considerar que el **fuego** representa el juicio venidero de Dios, el cual como hemos visto con frecuencia en la Biblia se simboliza por fuego. Tanto en el versículo anterior como en el siguiente (10, 12) Juan usa claramente fuego para representar juicio y castigo. Es imposible que la referencia de la mitad al fuego tenga que ver con un tema totalmente distinto. Ambos versículos adyacentes contrastan los destinos de los creyentes con los incrédulos: los que llevan buen fruto y los que no lo llevan (v. 10) y el valioso trigo y la inútil paja (v. 12). Por tanto, parece lógico y natural tomar también el versículo 11 como un contraste entre los creyentes (aquellos bautizados **en** el **Espíritu Santo**) y los no creyentes (aquellos bautizados con el fuego del juicio de Dios).

Al igual que en los dos versículos anteriores, Juan vuelve a dar consuelo a los creyentes, pero advertencia a los incrédulos: **Su aventador está en su mano, y limpiará su era; y recogerá su trigo en el granero, y quemará la paja en fuego que nunca se apagará.** La ilustración cambia a la de un agricultor que acaba de recoger su cosecha de cereal.

En Palestina, al igual que en muchas otras partes del mundo antiguo, los agricultores hacían una **era** seleccionando una ligera depresión en el suelo, o de ser necesario, cavando una, por lo general sobre una colina donde hubiera brisa. La tierra entonces se humedecía y apisonaba hasta que quedaba muy dura. Alrededor del perímetro del suelo, que tal vez tenía de diez a quince metros de diámetro, se apilaban piedras para mantener el cereal en su lugar. Después que las espigas de trigo se colocaban en el suelo, un buey, o una yunta de bueyes, arrastraban pesadas piezas de madera en círculos sobre el cereal, separando los granos de **trigo** de la **paja,** u hojarasca. Luego el agricultor tomaba un **aventador** y lanzaba un montón de grano al aire. El viento se llevaba la paja mientras los granos, al ser más pesados, volvían a caer al suelo. Por último, lo único que quedaba era el **trigo** bueno y útil.

De manera similar el Mesías separará a todos los que le pertenecen y, al igual que el agricultor, **recogerá su trigo en el granero,** donde estará para siempre seguro y protegido. También de igual manera que el agricultor, Cristo **quemará**

la paja en fuego que nunca se apagará. El tan esperado Mesías realizará ambas funciones, aunque no en el tiempo y la secuencia que Juan y los profetas antes de él pudieron haber creído. La separación final y el último juicio serán solo en la segunda venida de Cristo, cuando de los no salvos se dirá que "irán éstos al castigo eterno, y los justos a la vida eterna" (Mt. 25:46). Tal escena fue presentada dramáticamente por nuestro Señor en la parábola de la cizaña (Mt. 13:36-43) y en la parábola de la red (Mt. 13:47-50).

La presentación que Juan hizo de la persona y el ministerio del Mesías preparó al pueblo para la llegada de su Rey.

Coronación del Rey

7

Entonces Jesús vino de Galilea a Juan al Jordán, para ser bautizado por él. Mas Juan se le oponía, diciendo: Yo necesito ser bautizado por ti, ¿y tú vienes a mí? Pero Jesús le respondió: Deja ahora, porque así conviene que cumplamos toda justicia. Entonces le dejó. Y Jesús, después que fue bautizado, subió luego del agua; y he aquí los cielos le fueron abiertos, y vio al Espíritu de Dios que descendía como paloma, y venía sobre él. Y hubo una voz de los cielos, que decía: Este es mi Hijo amado, en quien tengo complacencia. (3:13-17)

Aunque Mateo no utiliza los términos, vemos en este pasaje lo que podría llamarse el encargo divino o la coronación del Rey. El escritor del evangelio nos ha dado la ascendencia del Rey (1:1-17), su llegada (1:18-25), su adoración (2:1-12), su certificación (2:13-23), y su anuncio (3:1-12). Ahora vemos su unción, su coronación.

Hay algo muy majestuoso acerca de este gran suceso que destaca los acontecimientos anteriores. Por primera vez, aquí el Señor Jesucristo entra por completo en el escenario de la historia del evangelio. Aquí es donde su ministerio y su obra realmente empiezan. Todo antes de esto, incluso aquellos hechos que implican directamente al niño Jesús, eran introductorios y preparatorios. Belén, Egipto y Nazaret quedaron todos atrás. A partir de este día el Hijo del Hombre no llamaría a ningún lugar su hogar terrenal (8:20), sino que con frecuencia se trasladaría a otros sitios con el fin de cumplir su misión.

Después de una eternidad de gloria en el cielo y unos treinta años de anonimato virtual en la tierra, el Mesías-Rey se manifiesta públicamente para que el mundo vea y conozca. Al ser la "voz del que clama en el desierto", Juan el Bautista había preparado fielmente el camino para el Rey, tal como Isaías había profetizado (3:3; Is. 40:3). El precursor del Rey había anunciado la venida del Rey, y ahora el Rey mismo aparece para su coronación.

No podemos dejar de tener en cuenta que en estos pocos versículos Mateo nos informa de los tres aspectos centrales y absolutamente básicos de la coronación de Jesús como Rey de reyes: el bautismo del Hijo, la unción del Espíritu y la confirmación del Padre. Con más claridad que en ningún otro pasaje de la Biblia vemos aquí la revelación y la operación de la Trinidad: el Hijo, el Espíritu y el Padre. Debido a que Él no es un Rey terrenal, y a que el suyo no es un reino terrenal, ningún hombre lo coronó, solamente lo hizo Dios, mientras los hombres observaban.

EL BAUTISMO DEL HIJO

Entonces Jesús vino de Galilea a Juan al Jordán, para ser bautizado por él. Mas Juan se le oponía, diciendo: Yo necesito ser bautizado por ti, ¿y tú vienes a mí? Pero Jesús le respondió: Deja ahora, porque así conviene que cumplamos toda justicia. Entonces le dejó. (3:13-15)

Veremos primero algunos de los detalles del bautismo y luego su significado.

No se nos dice con exactitud el tiempo al cual se refiere **entonces,** y Mateo no duda en usar el término simplemente para mostrar la secuencia general de los acontecimientos. Tampoco sabemos la duración exacta del ministerio de Juan, pero según Lucas, Juan comenzó a predicar "en el año decimoquinto del imperio de Tiberio César, siendo gobernador de Judea Poncio Pilato, y Herodes tetrarca de Galilea, y su hermano Felipe tetrarca de Iturea y de la provincia de Traconite, y Lisanias tetrarca de Abilinia, y siendo sumos sacerdotes Anás y Caifás" (3:1-2). La mejor suposición es que ocurrió en el año 29 d.C., unos cuantos meses, quizás cerca de un año, antes del bautismo de Jesús. Juan también siguió predicando por un tiempo después, lo que hizo que su ministerio estuviera concluyendo cuando el de Jesús comenzaba.

Sabemos que Juan era como seis meses mayor que Jesús (Lc. 1:26), y que Jesús comenzó su ministerio cuando "era como de treinta años" (Lc. 3:23). Si Juan empezó a predicar a la misma edad, habría estado ministrando por cerca de seis meses cuando Jesús acudió a él para bautizarse. Pero no tenemos razón para creer que los dos comenzaron a ministrar a la misma edad. Y aunque sabemos cuántos años tenía Jesús cuando comenzó, no se nos da razón de por qué empezó a esa edad.

Algunos estudiosos sugieren que treinta años era la edad generalmente aceptada para que los dirigentes religiosos judíos comenzaran su ministerio. Según Números 4:30, los sacerdotes entraban al sacerdocio a esa edad. Pero esa provisión era temporal, porque poco tiempo después la edad fue bajada a veinticinco (Nm. 8:24) y después a veinte (1 Cr. 23:24), edad que continuó a través del reinado de Ezequías (2 Cr. 31:17) e incluso a través del cautiverio (Esd. 3:8). De modo que no tenemos una visión clara, sea bíblica o tradicional, en cuanto a por qué Juan o Jesús comenzaron a ministrar cuando lo hicieron.

Por el pasaje paralelo en Lucas sabemos que cuando **Jesús vino de Galilea a Juan al Jordán** no llegó para una ceremonia privada. "Aconteció que cuando todo el pueblo se bautizaba, también Jesús fue bautizado" (Lc. 3:21). El Señor no tuvo una unción privada y secreta como ocurrió primero con David (1 S. 16:13; cp. 2 S. 2:4).

Vino viene de *paraginomai,* que como vimos en relación con los magos (2:1) y Juan el Bautista (3:1), se usaba a menudo para indicar una llegada oficial o aparición pública. Por Marcos 1:9 nos enteramos que Jesús no solo vino de **Galilea** sino específicamente de Nazaret, cuando fue a ver a **Juan.** Todos los relatos del evangelio clarifican (cp. Mr. 1:9; Lc. 3:21; Jn. 1:29) que Jesús llegó solo. No lo acompañaron familiares ni amigos, y todavía no había llamado a sus discípulos.

No sabemos exactamente en qué parte del río **Jordán** estaba Juan cuando bautizaba, aunque parece probable que fuera hacia el extremo sur y, por tanto, cerca de Jericó y el Mar Muerto. El apóstol Juan nos dice que era cerca de "Betábara, al otro lado del Jordán" (Jn. 1:28), pero la ubicación exacta de esa población se desconoce.

Por el saludo de Juan a Jesús sabemos que lo reconoció al instante, pero no tenemos idea cuán bien se conocían en este momento. Ellos eran primos, y antes de sus nacimientos María permaneció con Elisabet por tres meses en la región montañosa de Judá, donde las dos mujeres compartieron entre sí sus maravillosas bendiciones (Lc. 1:39-56). Antes del nacimiento de Jesús, Elisabet supo que el hijo de María iba a ser el Cristo, porque se dirigió a María como "la madre de mi

Señor" (Lc. 1:43). Sin duda Elisabet habría hablado a menudo de esta maravillosa noticia con su hijo Juan, aquel de quien el ángel le había dicho al esposo de Elisabet que iría "delante de él con el espíritu y el poder de Elías" (Lc. 1:17; cp. v. 66). Ambos niños crecieron física y espiritualmente (Lc. 1:80; 2:40), pero lo hicieron por separado: Jesús en Nazaret y Juan en el desierto. Por tanto, es posible que hubieran tenido poca o ninguna relación continua y directa entre sí.

Jesús vino **a Juan** expresamente **para ser bautizado por él,** según lo indica el infinitivo aoristo pasivo (*baptisthēnai*), que resalta propósito. Pero la idea de que Jesús fuera bautizado por Juan era impensable para este, quien no solo conocía la identidad humana de Jesús sino también su identidad divina. El apóstol Juan nos dice que Juan el Bautista vio "a Jesús que venía a él, y dijo: He aquí el Cordero de Dios" (Jn. 1:29). Juan sabía que este era el propio Mesías ungido de Dios, que venía a cumplir el propósito redentor de Dios. La primera reacción del Bautista a la petición de Jesús de que lo bautizara fue: **Yo necesito ser bautizado por ti.**

No es difícil entender la preocupación de Juan. Su bautismo era para confesión de pecado y arrepentimiento (3:2, 6, 11), de lo cual él mismo había necesitado; pero Jesús no tenía pecados que confesar ni de los cuales ser perdonado. El bautismo de Juan era para aquellos que se volvían de sus pecados y que por tanto eran aptos para la llegada del gran Rey. ¿Por qué entonces el mismo Rey inmaculado quería ser bautizado?

Un antiguo libro apócrifo llamado *El evangelio según los hebreos* sugiere que Jesús pidió ser bautizado porque su madre y sus hermanos querían que lo hiciera: "He aquí, la madre del Señor y sus hermanos le dijeron: Juan el Bautista bautiza para la remisión de pecados, vamos para que seas bautizado por él. Pero Jesús les dijo: ¿Qué pecado he cometido por el que deba ir y ser bautizado, excepto quizás esto mismo que yo haya dicho en ignorancia?". El escritor de ese evangelio espurio vio el problema, pero su solución fue puramente especulativa y es incongruente con el resto del Nuevo Testamento.

Para otros en los primeros siglos la llegada de Jesús con el fin de ser bautizado no parece representar un problema en absoluto. Los que estaban fuertemente influenciados por la filosofía gnóstica creían que hasta su bautismo Jesús era solo un hombre común y corriente, pecador como todo ser humano. En su bautismo se le concedió deidad por parte del divino *logos* (Verbo), el "Cristo Espíritu". Su bautismo era, por tanto, necesario a fin de purificarlo y hacerlo apto para recibir el legado divino. Al igual que el resto de puntos de vista gnósticos, esa idea no cuadra con la Biblia. Jesús *nació* Hijo de Dios (Lc. 1:32, 35) y fue llamado "Emanuel, que traducido es: Dios con nosotros", incluso antes de su nacimiento (Mt. 1:23).

Fue debido a que Juan el Bautista estaba totalmente consciente de la deidad y la condición libre de pecado de Jesús, que **se le oponía.** El verbo griego está en tiempo imperfecto (*diekōluen*) y sugiere un esfuerzo continuo por parte de Juan: "Seguía tratando de oponérsele". El verbo también es un compuesto cuyo prefijo preposicional (*dia*) lo intensifica. Todos los pronombres en la declaración de Juan son enfáticos, lo cual ofrece evidencia del desconcierto que sentía. **Yo necesito ser bautizado por *ti, ¿y tú* vienes a mí?** No contradijo directamente a Jesús, como lo haría Pedro (Mt. 16:22), pero pensó de algún modo que sin duda malinterpretó lo que Jesús pretendía: que posiblemente no quería decir lo que parecía estar diciendo.

Juan se resistió a bautizar a Jesús exactamente por la razón opuesta a la que se resistía a bautizar a los fariseos y saduceos. Estos estaban en gran necesidad de arrepentimiento, pero no estaban dispuestos a solicitarlo, y no daban evidencia de tenerlo. Por eso Juan se negó a bautizarlos, llamándolos "generación de víboras" (3:7). En cambio, Jesús llegó para bautizarse, aunque era el único en toda la humanidad que no tenía necesidad de arrepentirse. Juan se negó a bautizar a los fariseos y saduceos porque estos eran totalmente indignos de bautizarse. Ahora estaba casi igualmente renuente a bautizar a Jesús, porque Él era demasiado digno para esa experiencia.

Juan sabía que el bautismo para arrepentimiento de los pecados era totalmente inapropiado en Jesús. Juan reconoció a Jesús como el Cristo, "el Cordero de Dios, que quita el pecado del mundo" (Jn. 1:29). ¿Por qué debería Aquel que quita el pecado someterse a una ceremonia que representa la confesión y el arrepentimiento del pecado?

El intento de Juan de oponerse a que Jesús fuera bautizado es, por tanto, un testimonio de la condición sin pecado de Jesús. Este profeta, de quien el Señor mismo manifestó que "no se ha levantado otro mayor" (Mt. 11:11), sabía que él mismo era pecador. **Yo necesito ser bautizado por ti, ¿y tú vienes a mí?** Juan estaba diciendo: "Yo solo soy un profeta de Dios, y soy pecador como todos los que bautizo. Pero tú eres el Hijo de Dios y no tienes pecado. No eres pecador. ¿Por qué entonces me pides que te bautice?". Entre las muchas percepciones dadas por Dios que Juan tenía de quién era Jesús, de cómo era, y de lo que había venido a hacer, estaba su conocimiento de que Aquel que ahora tenía al frente no había cometido pecado. En una manera menos directa pero definitiva, Juan declaró con el escritor de Hebreos que Jesús, aunque "fue tentado en todo según nuestra semejanza, [es] sin pecado" (He. 4:15). Por tanto, incluso en su renuencia a bautizar a Cristo, Juan estaba cumpliendo el papel de precursor y el oficio de profeta al proclamar la perfección del Salvador.

¿Por qué Jesús, quien estaba aún más consciente de su impecabilidad de lo que estaba Juan, quiso someterse a un acto que daba testimonio de la confesión y el arrepentimiento del pecado? Algunos intérpretes sugieren que Él quiso que su bautismo fuera un tipo de rito de iniciación para su alto sacerdocio, que reflejaba la ceremonia que preparaba a los sacerdotes del Antiguo Testamento para sus ministerios. Otros sugieren que Jesús quería identificarse con los gentiles, que se iniciaban en el judaísmo como prosélitos mediante el acto del bautismo. Otros más toman el bautismo de Jesús como su reconocimiento y apoyo a la autoridad de Juan, y la acreditación de este como un verdadero profeta de Dios y el genuino precursor del propio ministerio de Cristo. Un cuarto punto de vista es que el Señor quiso ser bautizado indirectamente por los pecados de la humanidad, haciendo de su bautismo, junto con su muerte expiatoria en la cruz, parte de su obra redentora de cargar con el pecado.

Pero ninguno de tales puntos de vista está apoyado por la Biblia, y ninguno encaja en el contexto del pasaje actual. Jesús mismo explica a Juan la razón que tenía para querer ser bautizado. En sus primeras palabras registradas desde los doce años de edad, cuando dijo a sus padres: "¿No sabíais que en los negocios de mi Padre me es necesario estar?" (Lc. 2:49), Jesús expresó: **Deja ahora, porque así conviene que cumplamos toda justicia.** Estas son palabras de dignidad y humildad real.

Jesús no negó que espiritualmente era superior a Juan o que no tenía pecado.

Deja ahora es una expresión idiomática que significaba que el acto de su bautismo, aunque no parecía apropiado, en realidad sí lo era en esta ocasión especial. Jesús comprendía la renuencia de Juan y sabía que venía de un profundo compromiso y una sinceridad espiritual. Le dio permiso a Juan para que hiciera lo que, sin instrucción divina, nunca habría estado dispuesto a hacer. Le aseguró al profeta que **así conviene,** y siguió explicándole que su bautismo era importante para ambos ministerios, con el fin de **que cumplamos toda justicia.** A fin de que el plan de Dios se cumpliera a la perfección, era necesario que Jesús fuera bautizado, y que fuera bautizado específicamente por Juan.

Parece que una de las razones para que Jesús se sometiera al bautismo fue dar un ejemplo de obediencia a sus seguidores. Como el Rey de reyes, Jesús reconoció que no tenía ninguna obligación de pagar impuestos a un gobierno humano. Cuando Pedro en una ocasión inquirió a ese respecto, Jesús contestó: "¿Qué te parece, Simón? Los reyes de la tierra, ¿de quiénes cobran los tributos o los impuestos? ¿De sus hijos, o de los extraños? Pedro le respondió: De los extraños. Jesús le dijo: Luego los hijos están exentos. Sin embargo, para no ofenderles… [dales una moneda] por mí y por ti" (Mt. 17:25-27). Según clarifica la Biblia en muchos lugares, es apropiado y correcto que los creyentes, aunque son hijos de Dios, honren y paguen impuestos a los gobiernos humanos (véase Ro. 13:1-7; Tit. 3:1; 1 P. 2:13-15). En cada caso, Jesús ejemplificó la obediencia. En su bautismo reconoció que la norma de justicia de Juan era válida y con su acción la afirmó como la voluntad de Dios a la que los hombres debían someterse.

Jesús vino al mundo para identificarse con los hombres; e identificarse con los hombres es identificarse con el pecado. Él no podía comprar justicia para la humanidad si no se hubiera identificado con el pecado de la humanidad. Cientos de años antes de la venida de Cristo, Isaías había declarado que el Mesías "fue contado con los pecadores, habiendo él llevado el pecado de muchos, y orado por los transgresores" (Is. 53:12). El bautismo de Jesús también representó la identificación voluntaria del Hijo inmaculado de Dios con las personas pecadoras a las que vino a salvar.

Esa fue la primera acción de su ministerio, el primer paso en el plan redentor que vino a cumplir. Quien no tenía pecado tomó su lugar entre aquellos que no tenían justicia. Aquel que fue sin pecado se sometió a un bautismo por los pecadores. En este acto el Salvador del mundo tomó su lugar entre los pecadores del mundo. El amigo sin pecado de pecadores fue enviado por el Padre "en semejanza de carne de pecado y a causa del pecado, condenó al pecado en la carne" (Ro. 8:3); y "al que no conoció pecado, por nosotros lo hizo pecado, para que nosotros fuésemos hechos justicia de Dios en él" (2 Co. 5:21; cp. Is. 53:11). No había otra manera de **que cumplamos toda justicia.**

El bautismo de Jesús no solo fue un símbolo de su identidad con los pecadores, sino que también fue un símbolo de su muerte y resurrección, y por tanto una anticipación del bautismo cristiano. Jesús solo hizo otras dos referencias al bautismo personal, y cada una relacionada con su muerte. Poco antes de su último viaje a Jerusalén les dijo a sus discípulos: "De un bautismo tengo que ser bautizado; y ¡cómo me angustio hasta que se cumpla!" (Lc. 12:50). En la otra ocasión estaba respondiendo a la petición de Santiago y Juan de que se les diera las posiciones principales en el reino celestial del Señor: "No sabéis lo que pedís. ¿Podéis beber del vaso que yo bebo, o ser bautizados con el bautismo con que yo soy bautizado?" (Mr. 10:38). La suprema identificación de Jesús con los pecadores fue cargar con su pecado, lo cual hizo en el Calvario.

Aunque después de habérsele dado tan breve explicación es posible que Juan no comprendiera el significado total del bautismo de Jesús, pero aceptó la palabra del Señor y obedeció. **Entonces** el Señor **dejó** que Juan lo bautizara.

LA UNCIÓN DEL ESPÍRITU

Y Jesús, después que fue bautizado, subió luego del agua; y he aquí los cielos le fueron abiertos, y vio al Espíritu de Dios que descendía como paloma, y venía sobre él. (3:16)

El bautismo de Juan, y el de los discípulos de Jesús durante su ministerio terrenal (Jn. 4:1-2), representó limpieza, o lavamiento, del pecado. El bautismo cristiano representa la identificación del creyente con la muerte y la resurrección de Cristo (Ro. 6:4; Col. 2:12). En ambos casos el significado del acto se pierde si no es hecho mediante inmersión. Rociar o derramar no cumple el simbolismo de limpieza o de morir y resucitar.

La propia palabra griega (*baptizō*) significa literalmente sumergir un objeto en agua u otro líquido, no derramar el líquido sobre el objeto. Si todas las formas de esta palabra en la Biblia se hubieran traducido (como "sumergido") en lugar de ser tan solo transliteradas (como "bautizado"), primero al latín y luego a los idiomas modernos, nunca habría surgido la confusión que ahora vemos en cuanto a la modalidad del bautismo. En relación a otros aspectos *se* traduce la misma palabra, como vemos en Lucas 16:24 donde el hombre rico en el Hades pide que Lázaro "moje [de *baptizō*] la punta de su dedo en agua, y refresque mi lengua", y en Juan 13:26, donde Jesús, "mojando [también de *baptizō*] el pan, lo dio a Judas Iscariote". Como puede determinarse por cualquier léxico griego, la palabra original nunca tuvo un significado distinto de sumergir o zambullir, y ningún otro término se usa para bautizar.

Hasta la Edad Media, la Iglesia cristiana no conoció ninguna otra forma de bautismo que la inmersión, cuando la costumbre de rociar o derramar la introdujo la Iglesia Católica Romana, que a su vez siempre había bautizado antes por inmersión. El gran teólogo católico Tomás de Aquino (1225-1274) declaró: "En la inmersión se expresa con más claridad la explicación de la sepultura de Cristo, en la cual esta manera de bautizar es más recomendable". La Iglesia Católica no reconoció otros modos hasta el Concilio de Ravena, celebrado en Francia en 1311. Fue de la Iglesia Católica que las iglesias Luterana y Reformada heredaron la forma de rociar o derramar. La iglesia de Inglaterra no comenzó la práctica de rociar hasta 1645. La Iglesia Ortodoxa Oriental nunca ha permitido ningún otro modo distinto a la inmersión.

Que Jesús **subió luego del agua** indica que se había metido por completo en el agua. Juan estaba bautizando *en* el Jordán (3:6), y su costumbre era bautizar donde "había… muchas aguas" (Jn. 3:23), lo que habría sido inútil si solo hubiera acostumbrado rociar (cp. Hch. 8:38-39).

El momento en que Jesús salió del río, **he aquí los cielos le fueron abiertos.** Cuando Ezequiel vio los cielos abiertos y tuvo la visión de Dios, observó cosas tales como los cuatro seres vivientes, el carro, y las ruedas (Ez. 1:1-19). Exactamente antes de morir, Esteban vio "los cielos abiertos, y al Hijo del Hombre que está a la diestra de Dios" (Hch. 7:56), y el apóstol Juan tuvo varias visiones celestiales (Ap. 4:1; 11:19; 19:11). La experiencia de Pablo de ser "arrebatado hasta el tercer cielo" fue tan maravillosa y sorprendente como indescriptible (2 Co. 12:2-4).

Un comentarista sugiere: "Así como el velo del templo se rasgó en dos para simbolizar el acceso perfecto de todos los hombres a Dios, así los cielos aquí se abren en dos para mostrar lo cerca que Dios está de Jesús, y que Jesús está de Dios".

Cuando los cielos se abrieron delante de Juan el Bautista, este **vio al Espíritu de Dios que descendía como paloma, y venía sobre él,** tal como el Señor había prometido (Jn. 1:33). La señal confirmadora fue la de una **paloma,** el único caso en que el Espíritu Santo fue alguna vez representado en esta forma. Para la mente judía de esa época la paloma se asociaba con sacrificio. Los ricos sacrificaban bueyes, y los de clase media sacrificaban corderos, pero la mayoría del pueblo era pobre y solo podía ofrecer una paloma.

¿Por qué el Espíritu Santo vino sobre Jesús? Cuando Él se hizo hombre, Jesús no perdió su divinidad, sino que siguió siendo Dios en todo sentido. En su deidad no necesitaba nada; pero en su humanidad estaba aquí siendo ungido para el servicio, por lo que se le otorgó fortaleza para ministrar. El Espíritu lo ungió para su servicio real, así como Isaías había profetizado: "El Espíritu de Jehová el Señor está sobre mí, porque me ungió Jehová; me ha enviado a predicar buenas nuevas a los abatidos, a vendar a los quebrantados de corazón, a publicar libertad a los cautivos, y a los presos apertura de la cárcel" (Is. 61:1). Entre otras cosas, el Espíritu de Dios vino sobre Jesús en su humanidad en una forma especial (Jn. 3:34) que lo fortaleció para echar fuera demonios (Mt. 12:28), realizar señales y maravillas milagrosas (Hch. 2:22), y predicar (cp. Hch. 10:38). Al igual que todo ser humano, Jesús experimentó cansancio, hambre y sueño. Su condición humana debía fortalecerse, y esa fortaleza necesaria le fue dada por el Espíritu Santo (cp. Mt. 4:1; Lc. 4:14).

La unción de Jesús con el Espíritu Santo fue única. Le fue dada para concederle poder en su humanidad, pero también se le concedió como una señal visible y confirmadora para Juan el Bautista y para todos los demás que observaban. Jesús era realmente el Mesías, el gran Rey cuya venida el Señor había pedido que Juan anunciara y también que preparara a los hombres para ello.

LA CONFIRMACIÓN DEL PADRE

Y hubo una voz de los cielos, que decía: Este es mi Hijo amado, en quien tengo complacencia. (3:17)

Toda la Trinidad participó en el bautismo de Jesús. El Hijo había confirmado su propia realeza al decir: "Conviene que cumplamos toda justicia" (v. 15), y el Espíritu había confirmado su derecho mesiánico al reposar sobre Jesús (v. 16). El último aspecto de la coronación, o entrega de la misión, fue el mensaje confirmador del

Padre. Para que un sacrificio fuera aceptable a Dios debía ser puro, sin mancha y sin defecto (Éx. 12:5; Lv. 1:3; Dt. 17:1). De Aquel que voluntariamente se identificó con los pecadores por medio de su bautismo, y que fue sellado por el Espíritu Santo como la paloma de sacrificio, el Padre ahora dijo: **Este es mi Hijo amado, en quien tengo complacencia.**

Ningún sacrificio del Antiguo Testamento, por mucho cuidado que se hubiera tenido en seleccionarlo, había sido verdaderamente agradable a Dios. No era posible encontrar un animal que no tuviera algún defecto, alguna imperfección. No solo eso, sino que la sangre de esos animales a lo sumo era simbólica, "porque la sangre de los toros y de los machos cabríos no puede quitar los pecados" (He. 10:4; cp. 9:12). Sin embargo, el sacrificio que Jesús haría en la cruz sería "con la sangre preciosa de Cristo, como de un cordero sin mancha y sin contaminación" (1 P. 1:19). Por eso Dios pudo decir que tenía **complacencia** con la perfección de Jesucristo (cp. Mt. 17:5; Jn. 12:28, donde Dios repite este elogio superlativo).

Amado (*agapētos*) connota una relación profunda y rica. Se usa aquí para el amor del Padre por su **Hijo,** pero también se usa en otra parte para su amor hacia los creyentes (Ro. 1:7) y para cómo debería ser el amor entre los creyentes (1 Co. 4:14). Jesús es el **amado** del Padre por sobre todos aquellos que Él ama, el amado aparte de quien ningún otro alguna vez podría ser amado (cp. Ef. 1:6). Solo en su **Hijo** el Padre podría tener plena **complacencia** (*eudokeō*). Dios había examinado, por así decirlo, a su **Hijo amado,** quien padecería como un sacrificio por los pecados de aquellos con quienes estuvo dispuesto a identificarse. Ninguna imperfección pudo hallarse en Él, y Dios quedó satisfecho.

Como creyentes nosotros también somos una satisfacción para el Padre, porque ahora estamos en el Hijo. Debido a que el Padre no encuentra imperfección en su Hijo, ahora por su gracia no encuentra imperfección en aquellos que confían en Él (cp. Ro. 3:26; 5:17, 21; Gá. 2:20; 3:27; Ef. 1:3-6).

La realidad de que Jesucristo es el Hijo de Dios es central para el evangelio. En ningún pasaje ese hecho se clarifica más que en Hebreos 1:1-8:

> *Dios, habiendo hablado muchas veces y de muchas maneras en otro tiempo a los padres por los profetas, en estos postreros días nos ha hablado por el Hijo, a quien constituyó heredero de todo, y por quien asimismo hizo el universo; el cual, siendo el resplandor de su gloria, y la imagen misma de su sustancia, y quien sustenta todas las cosas con la palabra de su poder, habiendo efectuado la purificación de nuestros pecados por medio de sí mismo, se sentó a la diestra de la Majestad en las alturas, hecho tanto superior a los ángeles, cuanto heredó más excelente nombre que ellos. Porque ¿a cuál de los ángeles dijo Dios jamás: Mi Hijo eres tú, yo te he engendrado hoy, y otra vez: Yo seré a él Padre, y él me será a mí hijo? Y otra vez, cuando introduce al Primogénito en el mundo, dice: Adórenle todos los ángeles de Dios. Ciertamente de los ángeles dice: El que hace a sus ángeles espíritus, y a sus ministros llama de fuego. Mas del Hijo dice: tu trono, oh Dios, por el siglo del siglo; cetro de equidad es el cetro de tu reino.*

Jesucristo es la expresión más completa de Dios, superior y exaltado por sobre todo y todos los demás. Él es el principio de todas las cosas, el Creador; el centro de todo, el Sustentador y Purificador; y el fin de todas las cosas, el Heredero (véase también Ro. 11:36; Col. 1:16).

El Hijo es la manifestación de Dios, el resplandor de la gloria personal de Dios, la imagen de Dios (2 Co. 4:4). En Él habita la deidad (Col. 1:15-19; 2:9). A causa de su deidad, Él es superior a los ángeles que lo adoran. (Para una explicación más completa de la condición de Hijo de Jesús, véase del autor, *Hebreos y Santiago* [Grand Rapids: Portavoz, 2014], pp. 46-48).

Incluso el título de Dios como Padre es una referencia a su relación esencial con Jesucristo. Dios se presenta en el Nuevo Testamento más como el Padre del Señor Jesucristo (Mt. 11:27; Jn. 5:17-18; 10:29-33; 14:6-11; 17:1-5; Ro. 15:6; 2 Co. 1:3; Ef. 1:3, 17; Fil. 2:9-11; 1 P. 1:3; 2 Jn. 3) que como el Padre de los creyentes (Mt. 6:9).

Cuando Jesús llamó "Padre" a Dios no estaba resaltando principalmente sumisión o generación sino igualdad de esencia, es decir, deidad. Juan 5:23 lo resume al demandar "que todos honren al Hijo como honran al Padre". Nadie puede adorar a Dios a menos que lo adore como el Dios que es uno con el Rey Jesús, "el Dios y Padre de nuestro Señor Jesucristo".

La crisis de la tentación

8

Entonces Jesús fue llevado por el Espíritu al desierto, para ser tentado por el diablo. Y después de haber ayunado cuarenta días y cuarenta noches, tuvo hambre. Y vino a él el tentador, y le dijo: Si eres Hijo de Dios, di que estas piedras se conviertan en pan. El respondió y dijo: Escrito está: No sólo de pan vivirá el hombre, sino de toda palabra que sale de la boca de Dios. Entonces el diablo le llevó a la santa ciudad, y le puso sobre el pináculo del templo, y le dijo: Si eres Hijo de Dios, échate abajo; porque escrito está: A sus ángeles mandará acerca de ti, y, en sus manos te sostendrán, para que no tropieces con tu pie en piedra. Jesús le dijo: Escrito está también: No tentarás al Señor tu Dios. Otra vez le llevó el diablo a un monte muy alto, y le mostró todos los reinos del mundo y la gloria de ellos, y le dijo: Todo esto te daré, si postrado me adorares. Entonces Jesús le dijo: Vete, Satanás, porque escrito está: Al Señor tu Dios adorarás, y a él sólo servirás. El diablo entonces le dejó; y he aquí vinieron ángeles y le servían. (4:1-11)

Desde la caída en el huerto del Edén la tentación ha sido parte constante e implacable de la vida humana. Los hombres han tratado de evitarla y resistirla mediante flagelaciones para sentir dolor y mortificación y así volverse supuestamente humildes, o aislándose de otras personas y de las comodidades físicas. Pero nadie ha encontrado nunca un lugar o una circunstancia que pueda ponerlo a salvo de la tentación.

A lo largo de la historia de la Iglesia se ha escrito y se ha hablado mucho acerca de cómo vencer la tentación. Un cristiano del siglo v escribió:

> Huya de todas las ocasiones de tentación, y si sigue siendo tentado, huya aún más lejos. Si no hay escapatoria posible, entonces deje de huir para siempre, muestre un rostro valiente y tome la espada de doble filo del Espíritu. Algunas tentaciones hay que agarrarlas por la garganta al igual que David mató al león; otras deben sofocarse, así como David abrazó al oso hasta matarlo. En algunas lo mejor es vigilarse uno mismo y no prestarles atención. Enciérrelas como un escorpión en una botella. Los escorpiones en tal confinamiento mueren pronto, pero si se les permite salir para que se arrastren un poco y luego devolverlos a la botella y ponerle a esta el corcho, vivirán por mucho tiempo y nos causarán problemas. Mantenga el corcho sobre sus tentaciones, y morirán solas.

Benito de Norcia (aprox. 480-543) buscó un aumento de la gracia y la inmunidad ante la tentación usando una camisa de pelo áspero y viviendo por tres años en una cueva deshabitada, donde le bajaban su escasa comida con una cuerda. Una vez se lanzó a una planta de zarzas espinosas hasta que el cuerpo quedó cubierto de heridas sangrantes. Sin embargo, no encontró escapatoria a la tentación. Esta lo siguió adondequiera que iba y en cualquier cosa que hiciera.

Otros han tratado realmente de vencer la tentación negándola. Joviniano, un monje hereje del siglo v, enseñó que después que una persona era bautizada quedaba libre para siempre del poder del diablo y de la tentación. Jerónimo, su adversario más destacado, comentó sabiamente que el bautismo no ahoga al diablo.

En Mateo 4:1-11 se relata una de las batallas más monumentales y misteriosas de todos los tiempos: la confrontación personal entre Jesucristo y Satanás. Las tentaciones que el diablo dirigió hacia Jesús en el desierto de Judea no fueron observadas por ningún otro ser humano. Él estaba completamente solo y, por tanto, es obvio que no podemos saber nada de lo que ocurrió allí a menos que Jesús mismo se lo dijera a sus discípulos. Aquí nos da a conocer la victoria secreta, por así decirlo, de su batalla trascendental contra Satanás.

El encuentro se produjo inmediatamente después del bautismo de Jesús, el cual en términos de su dignidad real representó su coronación, su comisión. Ahora, después de su proclamación como Rey viene la prueba de su distinción real. Su bautismo en el Jordán declaró su realeza, y su prueba en el desierto la demostró. Aquí Jesús probó que era digno de recibir el reino que su Padre le daría y de reinar sobre él. Aquel de quien el Padre acababa de expresar: "Este es mi Hijo amado, en quien tengo complacencia" (3:17), muestra aquí que estaba agradando a su Padre; Él muestra que, incluso en lo extremo de la tentación, vivió de modo coherente en perfecta armonía con el plan divino. Aquí demostró primero su poder sobre el infierno. La absoluta soberanía de Jesús le prohibió inclinarse ante el "dios de este mundo", por lo que hizo frente a la fuerza total del engaño malvado de Satanás, y sin embargo se mantuvo intacto y sin contaminación. El diablo en su mayor bajeza fue vencido por el Señor, y la bondad en su mayor exaltación elogió a Jesús. La combinación de ambos aspectos lo acreditó como Rey.

En esta lucha del Hijo de Dios con el hijo de perdición se nos dan perspectivas claras y aplicables de la estrategia de Satanás contra Dios y su pueblo, y también del camino de victoria de Cristo sobre el tentador. A la par se nos muestra la vía del peligro y la vía de escape, el camino que dirige a la derrota y la muerte y el camino que lleva al triunfo y a la vida, en resumen, la estrategia de Satanás y la estrategia de Dios.

Parece que Mateo tenía dos propósitos principales al presentar las tentaciones de Jesús en el desierto. Primero, como se mencionó antes, la victoria de Jesús demostró su realeza divina, su poder real para resistir al único otro con gran poder dominante en el universo, el mismo Satanás. Cristo ganó aquí su primera batalla directa contra su gran enemigo, y con ello ofreció evidencia de su glorioso derecho y poder como el Rey de reyes y Señor de señores, el supremo Soberano de toda la creación, el único Dios. Al hacerlo selló su victoria final aún por venir. Por supuesto, el propósito de Satanás en las tentaciones fue lo opuesto: subyugar al recién comisionado Rey, vencer al Mesías, y reclamar para sí todos los derechos y las prerrogativas reales de Jesús.

El otro propósito de Mateo era demostrar el patrón hallado en la victoria humana de Jesús sobre el pecado, un patrón que el Señor anhela enseñar a todos los que le pertenecen. Cuando enfrentamos pruebas y tentaciones en la misma forma en que le ocurrió a nuestro Señor, nosotros también podemos salir victoriosos sobre los intentos del adversario por corrompernos y por usurpar el lugar que le corresponde a Cristo en nuestras vidas.

El trascendental encuentro que Mateo describe aquí, y del cual los creyentes pueden obtener mucha ayuda y ánimo, puede dividirse en tres partes para estudiarlas: la preparación, la tentación y el triunfo.

LA PREPARACIÓN

Entonces Jesús fue llevado por el Espíritu al desierto, para ser tentado por el diablo. Y después de haber ayunado cuarenta días y cuarenta noches, tuvo hambre. (4:1-2)

Por Marcos nos enteramos que "luego el Espíritu le impulsó [a Jesús] al desierto" (Mr. 1:12). Por supuesto, el "luego" es secuencial al bautismo. Tan pronto como terminó el bautismo de Jesús comenzó su experiencia de cuarenta días en el desierto. El uso que Marcos hace de *ekballō* ("impulsó") indica la necesidad de la tentación de Jesús. Aunque las tentaciones fueron hechas por Satanás, formaron parte del plan perfecto de Dios para la obra redentora de su Hijo.

Una de las grandes verdades de la vida, de la cual ni siquiera el Hijo de Dios resultó exento, es que después de cada victoria viene la tentación. La Palabra de Dios advierte: "El que piensa estar firme, mire que no caiga" (1 Co. 10:12). Cuando acabamos de lograr algo importante somos invariablemente tentados a creer que lo logramos por nuestro propio poder, y que tal triunfo es nuestro de modo legítimo y permanente. Cuando estamos más eufóricos con el éxito también somos más sensibles al orgullo y el fracaso.

En uno de mis partidos de fútbol americano en la escuela íbamos por adelante en cerca de cincuenta puntos en el último cuarto, y el entrenador estaba dejando jugar a todos. Nos hallábamos en la línea de cinco yardas, y el punto era seguro. El entrenador decidió dejar que un corredor de cuarta línea llevara la pelota para que pudiera tener al menos un punto en su haber antes de graduarse la primavera siguiente. El jugador atravesó fácilmente la grieta que se le abrió, y anotó. Cuando la multitud aplaudió, él se volvió para saludar, pero siguió corriendo, se golpeó contra el poste de la portería y quedó noqueado al instante. Se dejó llevar tanto por su triunfo que perdió completamente la perspectiva y el sentido de la realidad. En consecuencia, su victoria tuvo muy corta duración.

En otras ocasiones el éxito nos hace sentir invencibles y bajamos la guardia; entonces cuando llegan las pruebas no estamos preparados para enfrentarlas. En la confrontación entre Elías y los cuatrocientos cincuenta profetas de Baal en el monte Carmelo, el Señor dio una gran evidencia de ser el verdadero Dios y de que Elías era su profeta verdadero. Primero envió fuego del cielo que consumió los sacrificios y la madera que Elías había empapado con agua. Después, en respuesta a las oraciones del profeta, envió lluvia a la región de Judá afectada por la sequía (1 R. 18:16-46). Pero menos de un día después Elías se sumió en la desesperación y le pidió al Señor que le quitara la vida. Luego de ser valiente y firme delante de los cuatrocientos cincuenta profetas falsos, el profeta se hundió ante las amenazas de Jezabel (19:1-4). Desde lo alto de la estimulante victoria cayó rápidamente en profunda desesperación.

Tan pronto como Israel salió libre de Egipto, el faraón lo persiguió con su ejército. Tan pronto como Ezequías dejó la Pascua solemne, Senaquerib vino contra él. Tan pronto como Pablo recibió abundantes revelaciones, fue asaltado con viles tentaciones.

Y tan pronto como Jesús experimentó el primer gran testimonio de su ministerio enfrentó la primera gran prueba de ese ministerio. Tras ser ungido por el Espíritu Santo y ser confirmado por el Padre, "Jesús, lleno del Espíritu Santo, volvió del Jordán, y fue llevado por el Espíritu al desierto" (Lc. 4:1). Ahora Jesús tenía plena conciencia de su misión divina, y su sagrada humanidad estaba llena con la presencia y el poder permanente de Dios. Como nunca antes, se hallaba profundamente satisfecho mientras contemplaba la obra redentora que fue enviado a cumplir. Después de treinta años de esperar en el anonimato, ahora se encontraba cabalmente comisionado para comenzar su tarea. Entonces el diablo trató de desviarlo.

Uno de los nombres bíblicos más comunes de Satanás es **el diablo,** que proviene de *diabolos,* cuyo significado es acusador o calumniador. Entre los muchos nombres más que se le dan están: el príncipe de este mundo (Jn. 12:31; 14:30; 16:11), el príncipe de la potestad del aire (Ef. 2:2), el dios de este siglo (2 Co. 4:4), la serpiente antigua que engaña al mundo entero (Ap. 12:9), el ángel del abismo cuyo nombre en hebreo es Abadón y en griego Apolión (Ap. 9:11), y el tentador, según vemos en el siguiente versículo de nuestro texto (Mt. 4:3; cp. 1 Ts. 3:5).

Muchas personas, incluso algunos cristianos profesos, no creen en un diablo personal. Pero Satanás nunca se ha manifestado personalmente más que cuando lo hizo ante Jesús en el desierto. El propio relato del Señor muestra de manera inconfundible que el adversario que enfrentó era personal en todo sentido. Satanás fue tan real incluso para Martín Lutero, que se cuenta que en una ocasión Lutero le arrojó un tintero a su adversario.

Después que el Señor lo expulsara del cielo, desde entonces toda la furia de Satanás se ha volcado contra Dios y su obra. Durante la encarnación de Jesús esa ira se enfocó especialmente con toda su intensidad contra el Hijo y su misión divina de salvación. El único propósito del diablo es frustrar el plan de Dios y usurpar el lugar de Dios. Por tanto ataca continuamente a Cristo y a todos los que le pertenecen. También hace todo lo posible por evitar que otros lleguen a Cristo.

El desierto de Judea es una zona calurosa, estéril y desolada que se extiende al oeste del Mar Muerto casi hasta Jerusalén, y es de unos cincuenta y cinco kilómetros de largo por veinticinco kilómetros de ancho. George Adam Smith lo describió como un área de arena amarilla, de caliza quebradiza y de cantos dispersos. Es un área de estratos deformes en los que las arrugas van en todas las direcciones como si estuvieran alabeadas y retorcidas. Las colinas son como montones de polvo, la piedra caliza está erosionada y pelada, las rocas están desnudas y puntiagudas, a menudo hasta el mismo suelo suena hueco (citado en William Barclay, *Comentario al Nuevo Testamento* [Barcelona: Editorial Clie, 1999], pp. 28-29). En ninguna parte de Palestina podría Jesús haber estado más aislado o con menos comodidad.

Satanás encontró a Adán en el paraíso del Edén, donde se proporcionaba todo lo bueno y no existía nada perjudicial. Adán perdió su batalla con Satanás hallándose en la más perfecta de las situaciones. El segundo Adán encontró a Satanás en el desolado e inhóspito **desierto,** donde "estaba con las fieras" (Mr. 1:13) y se halló sin comida durante cuarenta días (Lc. 4:2). Sin embargo, lo que el primer Adán perdió en un ambiente ideal, el segundo Adán lo recuperó en un entorno muy imperfecto. ¿Qué mejor prueba puede haber de que el fracaso espiritual y moral no lo causan las circunstancias sino el carácter y la respuesta de aquel que es tentado?

Las tentaciones no pillaron a Dios por sorpresa. Jesús fue específicamente allí **para ser tentado por el diablo.** El griego *peirazō* es un término moralmente neutro que simplemente significa "poner a prueba". Que la prueba tenga un propósito bueno o malo depende de la intención de quien lleva a cabo la prueba. Cuando el contexto bíblico indica claramente que la prueba es una tentación para el mal, la palabra se traduce más a menudo mediante una forma de la expresión *tentar* en español, que conlleva esa connotación negativa. El hecho de que **el diablo** estuviera aquí haciendo la tentación indica claramente que Jesús estaba siendo **tentado,** es decir seducido a hacer el mal.

No obstante, Dios utiliza a menudo las tentaciones que Satanás busca para el mal como su propio medio de probar para el bien. Lo que Satanás intentó al querer llevar al Hijo al pecado y la desobediencia, el Padre lo usó para demostrar la santidad y la dignidad del Hijo. Ese es el plan de Dios para todos sus hijos. Los cristianos no pueden ser tentados en una manera que Dios no pueda usarlo para el bien de ellos y para la gloria de Él. Santiago incluso nos dice: "Hermanos míos, tened por sumo gozo cuando os halléis en diversas pruebas [*peirasmos*], sabiendo que la prueba de vuestra fe produce paciencia. Mas tenga la paciencia su obra completa, para que seáis perfectos y cabales, sin que os falte cosa alguna" (Stg. 1:2-4). Ese es el plan y el propósito de Dios: usar las tentaciones de Satanás como un medio de probar y fortalecer nuestra fe en Él, y para un crecimiento más fuerte en rectitud. Dios permite pruebas en nuestra vida a fin de que nuestros "músculos" espirituales se ejerciten y fortalezcan. Ya sea que la prueba sea por iniciativa de Dios o enviada por Satanás, Dios siempre la usa para producir bien en nosotros cuando enfrentamos la prueba con el poder de Dios.

Dios no prueba en el sentido de seducir hacia el mal. "Cuando alguno es tentado, no diga que es tentado de parte de Dios; porque Dios no puede ser tentado por el mal, ni él tienta a nadie; sino que cada uno es tentado, cuando de su propia concupiscencia es atraído y seducido" (Stg. 1:13-14). Todas las cinco formas de "tentar" en esos versículos son de *peirazō*, y todas indican el lado negativo de probar: la inducción al mal. Dios no tiene parte en ese tipo de prueba, pero puede cambiar y cambiará en algo bueno hasta la peor clase de prueba, cuando esta se rinde a la voluntad y el poder del Señor. El gran deseo de Dios es convertir en victoria lo que Satanás quiere que fracase, a fin de fortalecernos en el mismo punto en que el adversario quiere encontrarnos débiles.

Que José fuera vendido como esclavo por parte de sus hermanos, junto con las falsas acusaciones y el encarcelamiento que tuvo que soportar como esclavo en Egipto, pudieron fácilmente haberlo llevado a la desesperación y amargura. Frente a tales maltratos y desgracias la mayoría de personas preguntaría: "¿Por qué a mí, Señor? ¿Qué he hecho para merecer esto?". Se rasgarían las vestiduras por sus circunstancias y es posible que soñaran con vengarse. Sin duda ese fue el deseo del diablo para José, pero no fue el de Dios. José dijo a sus hermanos muchos años después: "Vosotros pensasteis mal contra mí, mas Dios lo encaminó a bien, para hacer lo que vemos hoy, para mantener en vida a mucho pueblo" (Gn. 50:20). Lo que Satanás y los hermanos habían planeado para mal, Dios, a través de la obediencia de José, lo convirtió en algo bueno.

Antes que los tres fuertes esfuerzos de tentación se dirigieran a Jesús, Él había **ayunado cuarenta días y cuarenta noches.** No se nos dice qué hizo durante ese período, pero sin duda pasó la mayor parte del tiempo en comunión con su Padre celestial. Entre su bautismo y las tentaciones quizás necesitó una preparación especial de estar totalmente a solas y sin distracciones con su Padre. Incluso en su humanidad perfecta Jesús necesitaba tiempo para pensar y orar, como todos debemos hacer. Moisés pasó cuarenta años en Madián siendo preparado para guiar a Israel desde Egipto a Canaán. Entre su conversión y el principio de su ministerio, Pablo pasó tres años de preparación en Arabia nabatea (Gá. 1:17-18).

Parece un gran eufemismo decir que después del prolongado período de ayuno de Jesús, **tuvo hambre.** Pero las palabras simples y directas de Mateo brindan fuerte evidencia de que la historia no fue fabricada por los discípulos o la iglesia primitiva. Los escritos de prácticamente toda religión y culto falsos se caracterizan por la exageración y dramatización de acontecimientos relacionados con las vidas de sus fundadores y líderes clave. Por el contrario, hasta los hechos más sorprendentes en la Biblia se informan con moderación y sencillez.

El hambre no solo nos debilita físicamente, sino que también tiende a debilitar nuestra resistencia moral y espiritual. Cuando estamos cansados, hambrientos o enfermos por lo general nos preocupamos menos por otras necesidades y peligros, y tendemos a ser sensibles a cualquier cosa que podría proporcionar alivio a nuestra angustia actual. Por tanto, Satanás generalmente ataca con más fierza en tales momentos de debilidad y de estar desprevenidos. Las tentaciones que se han anticipado, de las que nos hemos guardado y por las que hemos orado, tienen muy poco poder para dañarnos. Jesús nos advierte: "Velad y orad, para que no entréis en tentación" (Mr. 14:38). La victoria sobre la tentación viene de estar constantemente preparados contra ella, lo que a su vez viene al confiar constantemente en el Señor.

Se dice que alguien que viaja en territorio de tigres no será atacado si ve primero al tigre antes que el tigre lo vea. Los tigres atacan por detrás para sorprender a sus víctimas y, por tanto, una de las mejores defensas contra ese cruel animal es enfrentarlo.

Aunque había ayunado por más de un mes, Jesús no estaba menos alerta al peligro espiritual. Debido a que había pasado tiempo en comunión con su Padre, ni en sus momentos de mayor debilidad física permitió que Satanás ganara algún punto de apoyo. Los relatos en Marcos (1:13) y Lucas (4:2) parecen indicar que de alguna manera Jesús fue tentado a lo largo de su estadía en el desierto. Es posible que la estrategia del diablo fuera agotar poco a poco al Señor antes de confrontarlo con las tres grandes tentaciones que se narran específicamente. Peo Jesús no cedió ante su adversario ni siquiera en el punto más leve.

LA TENTACIÓN

Y vino a él el tentador, y le dijo: Si eres Hijo de Dios, di que estas piedras se conviertan en pan. El respondió y dijo: Escrito está: No sólo de pan vivirá el hombre, sino de toda palabra que sale de la boca de Dios. Entonces el diablo le llevó a la santa ciudad, y le puso sobre el pináculo del templo, y le dijo: Si eres Hijo de Dios, échate abajo; porque escrito está: A sus ángeles mandará acerca de ti, y, en sus manos te sostendrán, para que no tropieces con tu pie en piedra. Jesús le dijo: Escrito está también: No tentarás al Señor tu Dios. Otra vez le llevó el diablo a un monte muy alto, y le mostró todos los reinos del mundo y la gloria de ellos, y le dijo: Todo esto te daré, si postrado me adorares. Entonces Jesús le dijo: Vete, Satanás, porque escrito está: Al Señor tu Dios adorarás, y a él sólo servirás. (4:3-10)

Aquí se habla de Satanás como **el tentador,** uno de sus nombres y títulos descriptivos en la Biblia. No se nos dice qué forma pudo haber tomado el diablo en esta ocasión, pero su confrontación con Jesús fue directa y personal. Hablaron uno al otro y hasta se movieron juntos, primero hasta el pináculo del templo en Jerusalén y luego hasta una montaña elevada.

El primer gran ataque frontal de Satanás sobre Jesucristo cuando este comenzaba su ministerio terrenal fue en la forma de tres tentaciones, cada una diseñada para debilitar y destruir al Mesías en una parte importante de su misión. Las tentaciones se fueron agravando de manera progresiva. La primera fue para que Jesús desconfiara del cuidado providencial de su Padre y usara sus propios poderes divinos a fin de prestar atención a sí mismo. La segunda fue para presumir sobre el cuidado del Padre al ponerlo a prueba. La tercera fue para que renunciara al camino de su Padre y lo sustituyera por el camino de Satanás.

ATENCIÓN A SÍ MISMO

Y vino a él el tentador, y le dijo: Si eres Hijo de Dios, di que estas piedras se conviertan en pan. El respondió y dijo: Escrito está: No sólo de pan vivirá el hombre, sino de toda palabra que sale de la boca de Dios. (4:3-4)

La primera estrategia del diablo con Jesús también había sido su primera estrategia con Eva: lanzar duda sobre la Palabra de Dios. A Eva le preguntó: "¿Conque Dios os ha dicho: No comáis de todo árbol del huerto?" (Gn. 3:1), haciéndole cuestionar la orden de Dios. Su primer mensaje a Jesús fue: **Si eres Hijo de Dios;** la frase condicional griega asume que Jesús realmente es el divino Hijo a quien el Padre acababa de proclamar en su bautismo (3:17). Antes de lanzar la tentación directa, Satanás soltó esta con el simple propósito de preparar las demás. Satanás esperaba convencer a Jesús de que demostrara su poder con el fin de verificar que este era real. Eso significaría violar el plan de Dios de poner a un lado ese poder en humillación y usarlo solo cuando el Padre quisiera. Satanás quería que Jesús desobedeciera a Dios. Afirmar su deidad y su derecho como el Hijo de Dios habría sido actuar independientemente de Dios.

La primera tentación directa en el desierto fue que Jesús actuara contra el plan de Dios al mandar **que estas piedras se conviertan en pan.** Esta tentación implicaba mucho más que la satisfacción del hambre de Jesús. Después de cuarenta días y cuarenta noches de ayuno sin duda estaba hambriento y sediento, y tenía el derecho de tener algo para comer y beber. La parte más evidente de la tentación era que Jesús supliera sus necesidades físicas legítimas por medios milagrosos. Pero la tentación más profunda fue la apelación de Satanás a los supuestos derechos de Jesús como el Hijo de Dios. Satanás pareció decir: "¿Por qué deberías tener hambre en el desierto si en realidad eres el Hijo de Dios? ¿Cómo podría el Padre permitir que su Hijo tuviera hambre, cuando incluso proveyó maná para los rebeldes hijos de Israel en el desierto de Sinaí? ¿Y no había escrito Isaías del justo que 'se le dará su pan, y sus aguas serán seguras' (Is. 33:16)? Eres un hombre, y necesitas alimento para sobrevivir. Si Dios hubiera dejado morir a su pueblo en el desierto, ¿cómo pudo haberse cumplido su plan de redención? Si te deja morir en el desierto, ¿cómo puedes cumplir tu misión divina en su nombre?".

El propósito de la tentación no fue simplemente que Jesús satisficiera el hambre física, sino sugerir que el hecho de que tuviera hambre era incompatible con que fuera el Hijo de Dios. Jesús estaba siendo tentado a dudar de la Palabra del Padre, del amor del Padre, y de la provisión del Padre. Satanás sugirió que el Hijo tenía todo el derecho de usar sus propios poderes divinos para suplir lo que el Padre no le había suplido. Sin duda el Hijo de Dios era demasiado importante y digno como para soportar tales dificultades y molestias. Había nacido en un establo, había huido a Egipto para salvar la vida, había pasado treinta años en una familia desconocida en un recóndito pueblo en Galilea, y cuarenta días y cuarenta noches sin atención, reconocimiento ni piedad en el desierto. Sin duda todo eso había sido ignominia más que suficiente para permitirle que se identificara con la humanidad. Pero ahora que el Padre mismo había declarado de modo público que Él era su Hijo, era hora de que Jesús usara algo de su autoridad divina para su propio beneficio personal.

Esta primera tentación en el desierto implicaba esencialmente la misma burla que las multitudes hicieron en la crucifixión: "Si eres Hijo de Dios, desciende de la cruz" (Mt. 27:40; cp. vv. 42-43). También incluía el malvado intento de hacer que el segundo Adán fallara donde el primer Adán había fallado: con relación a la comida. Satanás quería que Cristo fallara a causa del pan, así como Adán había fallado a causa de la fruta. Sin embargo, por sobre todo quiso incitar la rebelión del Hijo en contra del Padre.

Pero Jesús había venido en su encarnación para hacer la voluntad del Padre y solamente la voluntad del Padre; en realidad la voluntad del Hijo y la del Padre eran exactamente la misma (Jn. 5:30; cp. 10:30; He. 10:9). Jesús atestiguó: "Mi comida es que haga la voluntad del que me envió, y que acabe su obra" (Jn. 4:34), y en otra ocasión: "He descendido del cielo, no para hacer mi voluntad, sino la voluntad del que me envió" (Jn. 6:38). En el huerto de Getsemaní, justo antes de su traición y arresto, declaró: "Padre mío, si es posible, pase de mí esta copa; pero no sea como yo quiero, sino como tú", y poco tiempo después: "Padre mío, si no puede pasar de mí esta copa sin que yo la beba, hágase tu voluntad" (Mt. 26:39, 42).

Fue esa absoluta confianza y sumisión lo que Satanás trató de destruir. Si hubiera tenido éxito habría producido una brecha irreparable en la Trinidad. Ya no habrían sido tres en uno, ya no habrían sido de una mente y un propósito. En su incalculable orgullo y maldad, Satanás trató de fracturar la misma naturaleza de Dios.

Sin embargo, en su incalculable humildad y justicia Jesús **respondió y dijo: Escrito está: No sólo de pan vivirá el hombre, sino de toda palabra que sale de la boca de Dios.** Todas las tres respuestas de Jesús al diablo comenzaron con una apelación a la Palabra de Dios: **Escrito está.** Incluso más que David, Él pudo decir: "En mi corazón he guardado tus dichos, para no pecar contra ti" (Sal. 119:11). Al citar Deuteronomio 8:3 a Satanás, Jesús declaró que es mejor obedecer y depender de Dios, es decir esperar en su provisión en lugar de buscar satisfacción para nosotros mismos cuando creemos necesitarla y en la manera que nos parece apropiada. Moisés había dicho originalmente esas palabras a los israelitas mientras les recordaba el gran amor y la bendición que Dios les había concedido durante su propia experiencia en el desierto (Dt. 8:1-18).

El pueblo de Dios nunca encuentra justificación quejándose y preocupándose en cuanto a sus necesidades. Si vivimos por fe en Él y en obediencia a su Palabra, nunca nos faltará nada que de verdad necesitemos. Pablo nos asegura: "Mi Dios, pues, suplirá todo lo que os falta conforme a sus riquezas en gloria en Cristo Jesús" (Fil. 4:19). Jesús nos dice que Dios sabe lo que necesitamos aún antes de que le pidamos (Mt. 6:8). Más adelante en ese mismo discurso manifiesta: "Mas buscad primeramente el reino de Dios y su justicia, y todas estas cosas os serán añadidas" (6:33). *Siempre* es mejor que obedezcamos a Dios y confiemos en su misericordioso sustento, antes que de modo impaciente y egoísta proveamos para nosotros mismos en maneras que desobedecen, o que de algún modo comprometen, su Palabra. Por debajo de nuestra disposición para justificar gran parte de lo que hacemos está la idea común pero egocéntrica y carnal de que, como hijos de Dios, merecemos lo mejor de la tierra y que es inapropiado y hasta nada espiritual estar satisfechos con algo menos. Arrebatar o exigir lo que creemos merecer podría ser un acto de rebelión contra el Dios soberano.

Tratar de evadir o modificar la voluntad revelada de Dios no solo es desleal y carnal, sino que se basa en la falsa suposición de que nuestro bienestar físico es nuestra necesidad más importante, sin la cual no podemos existir. Jesús contradice esa suposición, la cual es muy natural para el individuo caído. **No sólo de pan vivirá el hombre, sino de toda palabra que sale de la boca de Dios.** Jesús declara: "No es la comida la parte más necesaria de la vida. El poder creativo, energético y sustentador de Dios es la única fuente verdadera de la existencia del ser humano".

Santiago nos recuerda que no sabemos lo que podremos hacer en el futuro, o incluso si tendremos un futuro en esta vida. Él afirma que toda persona "ciertamente es neblina que se aparece por un poco de tiempo, y luego se desvanece", y que cuando planeamos lo que queremos hacer, debemos "decir: Si el Señor quiere, viviremos y haremos esto o aquello" (Stg. 4:14-15). Al igual que Jesús, los propósitos y las intenciones de nuestras vidas deberían ser solamente los propósitos y las intenciones de nuestro Padre celestial. El principio rector de vida del Hijo debería ser el principio rector de nuestras vidas. El motivo central de nuestras vidas debería ser agradar a Dios y confiar en que Él suple todo lo que necesitamos… es decir seguir sin reservas la orden de Jesús: "Buscad primeramente el reino de Dios y su justicia" y creer sin reservas que Él proveerá todo lo que necesitamos (Mt. 6:33).

Antes de dar esa orden Jesús había preguntado: "Y por el vestido, ¿por qué os afanáis? Considerad los lirios del campo, cómo crecen: no trabajan ni hilan; pero os digo, que ni aun Salomón con toda su gloria se vistió así como uno de ellos. Y si la hierba del campo que hoy es, y mañana se echa en el horno, Dios la viste así, ¿no hará mucho más a vosotros, hombres de poca fe?" (6:28-30).

No podemos agradar a Dios, ni incluso prestar atención a nuestros mejores intereses, quejándonos y exigiendo lo que no tenemos, o violando la voluntad de Dios o haciéndole caso omiso para obtener algo que queremos. Si persistimos en desobedecer a Dios, Él puede disciplinarnos severamente o incluso quitarnos de la escena, tal como Juan advierte en su primera carta (1 Jn. 5:16). Ananías y Safira perdieron sus vidas porque mintieron al Espíritu Santo al decirles a los apóstoles que habían recibido menos de lo que en realidad recibieron por la venta de una propiedad (Hch. 5:1-11). Ciertos miembros de la iglesia en Corinto se debilitaron y enfermaron, y varios incluso murieron, porque profanaron la Cena del Señor (1 Co. 11:27-30).

Aunque nuestra desobediencia no llegue a esos extremos, siempre sufrimos cuando de manera voluntaria nos desviamos de la Palabra de Dios. Sigamos el ejemplo de nuestro Señor en el desierto; por urgente e importante que una necesidad nos parezca, debemos esperar la provisión de nuestro Padre celestial a sabiendas de que la conveniencia y el esfuerzo propio no pueden traernos bienestar, y mucho menos gloria a Dios.

PRUEBA A DIOS

Entonces el diablo le llevó a la santa ciudad, y le puso sobre el pináculo del templo, y le dijo: Si eres Hijo de Dios, échate abajo; porque escrito está: A sus ángeles mandará acerca de ti, y, en sus manos te sostendrán, para que no tropieces con tu pie en piedra. Jesús le dijo: Escrito está también: No tentarás al Señor tu Dios. (4:5-7)

Al no haber podido inducir a Jesús a que usara sus poderes divinos para prestar atención a sus propias necesidades y de ese modo rebelarse contra la voluntad de su Padre, Satanás procedió a tentar al Hijo a que pusiera a prueba el amor y el poder del Padre celestial.

De alguna manera **el diablo le llevó a la santa ciudad, y le puso sobre el pináculo del templo.** La ubicación y la forma del **pináculo del templo** en Jerusalén no se han identificado con certeza. Debió haber sido parte de la reconstrucción ordenada por Herodes el Grande, y muy probablemente se hallaba en el costado oriental del templo, con vista al valle de Cedrón. **El pináculo** podría haber sido el techo que se extendía a lo largo del pórtico de Herodes. Josefo informa que el descenso hasta el suelo del valle era como de ciento cincuenta metros. Según una tradición antigua, Jacobo, el jefe de la iglesia en Jerusalén, fue martirizado al ser arrojado desde ese pórtico. Aún con la esperanza de socavar la relación de Jesús con el Padre en su filiación divina, el diablo volvió a iniciar su tentación con las palabras **Si eres Hijo de Dios.** "Demuestra para ti y para el mundo que eres el Hijo de Dios", tentó Satanás, y **échate abajo.**

En la primera tentación ya existía una necesidad (falta de comida); en la segunda fue creada una necesidad. A fin de hacer la tentación más convincente, el diablo citó la Biblia, tal como Jesús acababa de hacer. Citando Salmos 91:11-12, expresó: **porque escrito está: A sus ángeles mandará acerca de ti, y, en sus manos te sostendrán, para que no tropieces con tu pie en piedra.**

Con ese giro sutil e inteligente el tentador pensó que había arrinconado a Jesús. Si el Señor vivía solo por la Palabra de Dios, sería confrontado por algo de la Palabra de Dios. Satanás estaba diciendo: "Tú afirmas ser el Hijo de Dios y dices confiar en su Palabra. De ser así, ¿por qué no demuestras tu filiación y pruebas la verdad de la Palabra de Dios poniéndole a prueba… una prueba bíblica? Si no usas tu *propio* poder divino para ayudarte, deja que tu Padre utilice *su* poder divino para ayudarte. Si no actúas independientemente del Padre, deja que el Padre actúe. Dale a tu Padre una oportunidad de cumplir las Escrituras que te acabo de citar".

Ante los ojos de muchos judíos, que Jesús hubiera seguido la sugerencia de Satanás habría sido prueba segura de su condición mesiánica. Según William Barclay, ese es exactamente el tipo de prueba que muchos supuestos mesías de esa época estaban tratando de dar. Un hombre llamado Teudas llevó a un grupo de personas del templo al río Jordán, prometiendo separar las aguas. Después que fallara, nadie lo escuchó más. Un egipcio charlatán afirmó que con una sola palabra arrasaría las murallas de Jerusalén, lo cual por supuesto no pudo hacer. La tradición sostiene que Simón Mago (véase Hch. 8:9) intentó la misma hazaña con que Satanás tentó a Jesús: saltar de lo alto del templo… por lo cual perdió tanto la vida como a sus seguidores (*Comentario al Nuevo Testamento* [Barcelona: Editorial Clie, 1999], p. 30).

El sensacionalismo siempre ha apelado a la carne, y mucha gente está dispuesta a creer casi a cualquier persona o cosa mientras las afirmaciones estén acompañadas por sucesos fantásticos. Jesús advirtió que "se levantarán falsos Cristos, y falsos profetas, y harán grandes señales y prodigios, de tal manera que engañarán, si fuere posible, aun a los escogidos" (Mt. 24:24). Pero tales señales dramáticas, aunque sean de parte de Dios, no producen fe; solo fortalecen la fe de los que ya creen. Los varios milagros por los cuales Dios proveyó para Israel en el desierto llevaron a muchos israelitas a la arrogancia y a mayor incredulidad. Los milagros de Jesús solo endurecieron la oposición de sus enemigos. Él declaró que "la generación mala y adúltera demanda señal" (Mt. 12:39; cp. 16:4). Cuando Jesús fue dedicado en el templo siendo bebé, Simeón "dijo a su madre María: He aquí, éste está puesto para caída y para levantamiento de muchos en Israel, y para señal que será contradicha" (Lc. 2:34). Jesús mismo fue la más grande señal dada alguna vez por Dios a la humanidad, y sin embargo, como Isaías había profetizado cientos de años antes, Cristo fue "despreciado y desechado entre los hombres" (Is. 53:3; Lc. 18:31-33).

Los que aclamaron a Jesús solo a causa de sus milagros y palabras impresionantes se volvieron contra Él. Cuando la multitud de Galilea, asombrada por la multiplicación que Jesús hizo de los panes y los peces, trató de hacerlo rey, Él no les dio importancia (Jn. 6:14-15). Los que esparcieron sus ropas delante de Jesús y ondearon ramas de palma en su honor cuando entró en Jerusalén lo hicieron porque Él había resucitado a Lázaro de entre los muertos (Jn. 12:13, 17-18). Poco después Jesús se ocultó de la turba de Jerusalén acerca de la cual Juan dice: "Pero a pesar de que había hecho tantas señales delante de ellos, no creían en él" (Jn. 12:37). Demandar prueba sensacional no es evidencia de fe sino de duda. Añorar señales visibles, grandes milagros y pruebas dramáticas no es más que incredulidad enmascarada. Es lo más alejado de la fe.

Jesús no tomaría parte en ese sensacionalismo barato y carente de fe. Por tanto, le replicó a Satanás: **Escrito está también: No tentarás al Señor tu Dios.** Para los que creen en Dios es más que evidente que Él ya se ha probado a sí mismo. Jesús no necesitaba demostrarse a sí mismo que su Padre lo cuidaba y protegía, y Él sabía que el cuidado y la protección del Padre no podían ser probados a otros por ningún medio diferente a la fe.

Al menos por dos razones Jesús se negó a participar en un espectáculo tal como lanzarse desde el punto más alto del templo. Primera, cualquier sensacionalismo inevitablemente es frustrado por la ley de rendimientos decrecientes. Las personas nunca se satisfacen. Quieren una señal más, un milagro más, un espectáculo más. Para haber mantenido su influencia en el pueblo mediante el uso de milagros, Jesús habría tenido que producir sensaciones cada vez mayores. Puesto que el corazón natural y carnal no puede satisfacerse, el milagro de este año se habría convertido en el fastidio del próximo año. Sus seguidores solo habrían sido amantes de la sensación, no de Dios.

Segunda, y más importante aún, por nobles e significativas que pudiéramos creer que son nuestras razones, probar a Dios es dudar de Dios. Y dudar de Dios es no confiar en Él, y no confiar en Él es pecado. Desde luego, eso es lo que Satanás quería que Jesús hiciera. Inducir a Jesús a pecar, si eso fuera posible, haría pedazos su santidad perfecta y, por tanto, destruiría su divinidad y la esperanza de salvación del ser humano. Si Jesús hubiera puesto a su Padre en tal prueba, se habría separado de su Padre y habría pervertido el plan divino de redención, el propósito mismo por el que había venido a la tierra.

No solo eso, sino que haber probado al Padre poniéndolo bajo presión para proveer por medios extraordinarios, especialmente un medio de la propia elección de Jesús, habría sido para el Hijo poner su juicio y su voluntad por encima de los del Padre, lo cual Él nunca haría (Mt. 26:39, 42; Jn. 5:30; 6:30). También habría cuestionado la misericordiosa providencia y amor del Padre. ¡Cuánto más debemos nosotros, simples criaturas tan imperfectas, nunca colocar nuestra voluntad o nuestro juicio por sobre los de Dios! Vivir de manera imprudente y sin cuidado, y luego esperar que Dios nos rescate cuando nos metemos en problemas, es abusar de su gracia.

A menudo, aquellos que voluntariamente se meten en el camino del peligro y la tentación terminan culpando a Dios cuando la insensatez que han tenido produce algún daño. Cuando Dios confrontó a Adán porque este comió del fruto prohibido, la respuesta de Adán fue culpar a Dios aún más de lo que culpó a su esposa. "La mujer que me diste por compañera me dio del árbol, y yo comí" (Gn. 3:12). Era verdad que Eva le dio del fruto a Adán, pero puesto que Dios le entregó Eva a Adán, la culpa era sobre todo de Dios, de acuerdo con la lógica pervertida de Adán. Nuestra necesidad no es probar la fidelidad de Dios sino demostrar la nuestra, confiando en Él para determinar y suministrar nuestras necesidades según su propia voluntad.

Dios espera que corramos riesgos, los que sean necesarios, con el fin de obedecer su voluntad. Cuando arriesgamos nuestro prestigio, nuestro dinero, nuestra vida, nuestra familia, o cualquier otra cosa para cumplir el llamado del Señor, podemos descansar confiadamente en su provisión divina para todo lo que necesitamos, si aceptamos la verdad de que solo Él sabe cuáles son realmente nuestras necesidades. Pero cuando corremos riesgos simplemente para cumplir nuestras propias ambiciones o para poner a prueba a Dios, Él no ofrece ninguna promesa en la que podamos descansar.

ADORACIÓN A SATANÁS

Otra vez le llevó el diablo a un monte muy alto, y le mostró todos los reinos del mundo y la gloria de ellos, y le dijo: Todo esto te daré, si postrado me adorares. Entonces Jesús le dijo: Vete, Satanás, porque escrito está: Al Señor tu Dios adorarás, y a él sólo servirás. (4:8-10)

Satanás deja ahora su fingimiento y hace un esfuerzo final y desesperado para corromper a Jesús. Finalmente revela su propósito supremo: persuadir a Jesucristo a adorar al diablo. Primero había sugerido lo que Jesús debería hacer por sí mismo. A continuación sugirió lo que el Padre debería hacer por Jesús. Ahora sugiere lo que Satanás podría hacer por Jesús… a cambio de lo que Jesús hiciera por él.

No se nos dice cuál fue el **monte muy alto** al que **le llevó el diablo.** Sin embargo, la importancia yace en el hecho de que esta ubicación proporcionaba una vista amplia de la tierra. Pero la vista se extendía mucho más allá de lo que esa visión física podía percibir desde *cualquier* posición ventajosa, por alta que fuera. Por algún arreglo sobrenatural el diablo **le mostró** a Jesús las glorias de Egipto: sus pirámides, templos, bibliotecas y grandes tesoros. Le mostró el poder y esplendor de Roma, con su poderoso imperio extendido por sobre el mundo conocido. Le mostró la gran Atenas, la magnífica Corinto, y por supuesto la maravillosa Jerusalén, la ciudad real de David, y más, es decir, **todos los reinos del mundo y la gloria de ellos.**

Como el propio Rey de reyes proclamado de Dios, Jesús tenía el derecho divino a todos los reinos, y fue a ese derecho que Satanás apeló en esta última tentación. Le sugirió al Señor: "¿Por qué tienes que esperar por lo que legítimamente es tuyo? Mereces tenerlo ahora mismo. ¿Por qué someterte como siervo cuando podrías reinar como Rey? Simplemente estoy ofreciéndote lo que el Padre ya prometió". Tal vez el diablo le recordó a Jesús lo que Dios le había dicho al Hijo: "Pídeme, y te daré por herencia las naciones, y como posesión tuya los confines de la tierra" (Sal. 2:8).

Pero Satanás estaba ofreciéndole el mundo en sus propios términos corruptos, no en los de Dios. Aquello que el Padre le prometiera al Hijo debido a la justa obediencia de este, Satanás se lo ofreció al Hijo a cambio de injusta desobediencia. El plan de Dios al probar al Hijo era probar la solvencia del Hijo para heredar y gobernar el mundo. El plan de Satanás era alejar al Hijo de esa solvencia seduciéndolo a arrebatar el reino que el Padre prometió darle. En lugar de soportar el largo, amargo, humillante y doloroso camino hasta la cruz (y la espera aún más larga en el cielo hasta que el tiempo de Dios se complete), ¡Jesús podía gobernar el mundo ahora!

Satanás siempre viene a nosotros de esa manera. Sugiere que el mundo de los negocios, de la política, de la fama, de cualquier cosa que deseen nuestros corazones, puede ser nuestro… ¡si tan solo…! Podemos conseguir lo que queramos;

podemos satisfacer nuestras lujurias y nuestras fantasías; podemos *ser* alguien. Lo único que debemos hacer para obtener las cosas del mundo es ir tras ellas en la manera del mundo, que es la manera de Satanás.

En esencia, eso es lo que el tentador siempre promete. Prometió a Eva que si comía el fruto prohibido no moriría como Dios advirtió, sino que en realidad ella misma sería como un dios. "Sino que sabe Dios que el día que comáis de él, serán abiertos vuestros ojos, y seréis como Dios, sabiendo el bien y el mal" (Gn. 3:4-5). El diablo nos tienta a cada uno de nosotros en la misma forma. "¿Por qué establecer normas tan altas? ¿Qué sentido tiene? Puedes lograr lo que quieras buscando atajos aquí y usando medias verdades allí. ¿Por qué esperar la recompensa celestial, cuando puedes tener ahora lo que deseas?". Cuando ponemos nuestros corazones en el dinero, el prestigio, la popularidad, el poder o la felicidad egoísta estamos haciendo exactamente lo que Satanás quiso que Jesús hiciera: poner primero el yo y a Dios el último. La voluntad propia es la voluntad de Satanás, y en consecuencia es por definición lo opuesto a la voluntad de Dios, que para nosotros es buscar "primeramente el reino de Dios y su justicia" (Mt. 6:33). Abraham quiso encontrar con Agar a su propia manera lo que Dios prometió, y eso dio como resultado una gran tragedia. Siempre resulta así.

Satanás es un falsificador. Ofrece lo que parece ser lo mismo que Dios promete, y a un precio mucho más barato. Satanás pregunta: "Tú quieres prosperar, ¿verdad? Pues bien, yo te daré prosperidad mucho antes y por mucho menos. Simplemente usa un poco algunas prácticas cuestionables. Cede cuando es ventajoso; no seas puritano; sigue a la multitud. Ese es el camino del éxito". El argumento básico es siempre una forma de la idea de que el fin justifica los medios.

Pero Satanás también es padre de mentiras. Lo que realmente exigió en el desierto fue la propia alma de Jesús: **Todo esto te daré, si postrado me adorares.** Satanás se había rebelado contra Dios en primer lugar porque no pudo tolerar ser segundo después de la Trinidad. Pensó que aquí estaba su gran oportunidad: sobornaría al Hijo para que adorara a los pies del diablo. El precio de Satanás siempre es infinitamente mayor de lo que nos quiere hacer creer.

Y lo que da es siempre infinitamente menos de lo que promete. Que Jesús hubiera cedido en esta tercera tentación habría traído el mismo resultado final que si hubiera sucumbido a cualquiera de las otras dos. Se habría descalificado no solo como Rey sino como Salvador. La declaración de quienes se burlaron a los pies de la cruz habría tenido que revertirse: "Se salvó a sí mismo, a otros no puede salvar" (véase Mt. 27:42). En vez de redimir al mundo se habría unido al mundo. En lugar de heredar el mundo habría perdido el mundo. El Cristo habría representado al anticristo, y el Cordero se habría convertido en la bestia.

Al igual que antes, la respuesta de Jesús se basó en las Escrituras, y otra vez en Deuteronomio. **Entonces Jesús le dijo: Vete, Satanás, porque escrito está: Al Señor tu Dios adorarás, y a él sólo servirás.** La última propuesta del tentador era tan absurda que el Señor la descartó exclamando: **Vete, Satanás.** El diablo había sobrepasado todos los límites al proponer tan indescriptible maldad. Puesto que el actual poder de Satanás solo es por permiso de Dios, cuando el Hijo le ordenó irse, el diablo no tuvo otra alternativa que obedecer. ¡Allí Cristo demostró el mismo poder soberano que Satanás pretendía que Jesús usara de manera incorrecta!

Si el Hijo de Dios no haría concesiones incluso en la verdad menos importante en el universo, sin duda no haría concesiones en la más grande: que a Dios, y solo a Dios, se le debe adorar y servir. Jesús había oído suficiente de parte del enemigo. Aunque Satanás regresaría tan pronto como pasara "un tiempo" (Lc. 4:13), por ahora fue obligado a marcharse.

Jesús heredará el reino en el tiempo de Dios, y nosotros heredaremos el reino con Él (Mt. 5:5; 25:34; Ro. 8:17; Stg. 2:5). ¡En el estado eterno y celestial todo el universo será nuestro! ¿Quién querría sacrificar eso por las imitaciones engañosas, desilusionadoras y de corta duración que Satanás ofrece?

Hay muchas cosas buenas que Dios nos dará incluso en esta vida. Nadie desea nuestra felicidad más que nuestro Padre celestial. Jesús declara: "Si vosotros, siendo malos, sabéis dar buenas dádivas a vuestros hijos, ¿cuánto más vuestro Padre que está en los cielos dará buenas cosas a los que le pidan?" (Mt. 7:11). Podemos tener la felicidad que Dios da; ¿por qué conformarnos con el sustituto barato que Satanás ofrece? Podemos tener el éxito de vivir rectamente y complacer a nuestro Padre celestial; ¿por qué deberíamos conformarnos con los éxitos breves y desilusionadores que el pecado produce? Por la gracia de Dios podemos tener paz que sobrepasa todo entendimiento; ¿por qué conformarnos con las satisfacciones baratas que todo el mundo concibe pero que pronto pasan?

EL TRIUNFO

El diablo entonces le dejó; y he aquí vinieron ángeles y le servían. (4:11)

Cuando Jesús ordenó: "Vete", **el diablo entonces le dejó,** porque no tuvo alternativa. El Señor da a todos sus hijos el poder para resistir a Satanás. Santiago nos asegura: "Resistid al diablo, y huirá de vosotros" (Stg. 4:7). Así como hizo con Jesús, Satanás no se alejará por mucho tiempo de nosotros; pero con *cada* tentación Dios "dará también juntamente… la salida" (1 Co. 10:13). Para toda tentación a la que Satanás nos lleve existe una salida provista por el Padre.

Las tentaciones de Satanás fallaron, pero las pruebas de Dios triunfaron. Las respuestas de Jesús al tentador fueron en esencia: "Confiaré en el Padre; no voy a debatir sobre su Palabra; y no eludiré su voluntad. Tomaré los buenos obsequios del Padre de las propias manos del Padre, en la propia manera del Padre, y en el propio tiempo del Padre". De ahí que el Rey quedara acreditado mediante la más severa de las pruebas.

Después que Satanás salió, **vinieron ángeles.** Cuánto mejor es la ministración de los ángeles que los engaños de Satanás. En el bautismo de Jesús, el Padre reconoció la valía de Jesús al proclamar: "Este es mi Hijo amado, en quien tengo complacencia". Ahora el Padre reconoce la valía de Jesús enviando ángeles que **le servían.** En cualquier momento durante su experiencia en el desierto Jesús pudo haber pedido y recibido la ayuda de "más de doce legiones de ángeles" (Mt. 26:53). Sin embargo, esperó a que su Padre los enviara en el tiempo que su Padre había determinado.

No se nos dice qué incluyó la ministración de los ángeles, pero sin duda llevaron comida a Jesús para satisfacerle el hambre. Sabemos que no pudieron haber estado en la presencia del Hijo de Dios sin ofrecerle adoración. Y ciertamente no pudieron haber venido desde el cielo sin traer fortificantes palabras de confianza y amor de parte del Padre.

Satanás nos tienta en las mismas formas básicas que tentó a Jesús en el desierto. Primero, tratará de hacernos desconfiar del cuidado providencial de Dios y tratar de resolver nuestros problemas, de ganar nuestras batallas y de suplir nuestras necesidades con nuestros propios planes y mediante nuestro poder. Segundo, tratará de hacer que preveamos el cuidado y el perdón de Dios poniéndonos voluntariamente en el camino del peligro, sea este físico, económico, moral, espiritual o de cualquier otra clase. Tercero, apelará a ambiciones egoístas y tratará de hacernos usar nuestros propios planes a fin de cumplir las promesas que Dios nos ha hecho, lo cual equivale a tratar de cumplir el plan de Dios a la manera de Satanás.

Esas tres maneras están reflejadas en 1 Juan 2:16: "Porque todo lo que hay en el mundo, los deseos de la carne, los deseos de los ojos, y la vanagloria de la vida, no proviene del Padre, sino del mundo". La tentación de que Jesús convirtiera piedras en pan era para cumplir "los deseos de la carne" al usar sus poderes divinos para fines egoístas. La tentación a lanzarse del pináculo del templo fue para cumplir "los deseos de los ojos" al alardear ante el mundo y buscar fama por medio de sensacionalismo. La tentación de agarrar el control inmediato de los reinos del mundo fue para satisfacer "la vanagloria de la vida" cediendo al poder y la voluntad de Satanás.

Se cuenta la historia de un hombre que estaba tratando de enseñar a su perro a obedecer. Tomó un gran pedazo de carne y lo colocó en medio del piso. Cada vez que el perro intentaba agarrar la carne, el hombre golpeaba al animal y decía: "No". Pronto el perro comenzó a asociar el golpe con la palabra *no* y aprendió a detenerse simplemente cuando se decía la palabra. Cuando la carne era colocada en el suelo, el perro no la miraba, sino que miraba a su amo, esperando que le dijera la palabra de aprobación o negación.

Ese es esencialmente el mensaje que Dios enseña en este pasaje: "Cuando llegue la tentación no la mire; en su lugar mire a Jesucristo. Mantenga la mirada en el ejemplo que Él dio y haga lo que Él hizo. Observe las maneras en que Jesús fue tentado y la forma en que resistió, y aprenda de Él". El escritor de Hebreos, quizás pensando particularmente en las tentaciones de Jesús en el desierto, nos asegura: "Porque no tenemos un sumo sacerdote que no pueda compadecerse de nuestras debilidades, sino uno que fue tentado en todo según nuestra semejanza, pero sin pecado" (He. 4:15). Aún más animadora es una declaración anterior: "Pues en cuanto él mismo padeció siendo tentado, es poderoso para socorrer a los que son tentados" (He. 2:18).

Jesús ha estado allí antes que nosotros; se ha enfrentado a lo peor que Satanás puede proveer y ha salido victorioso. Más que eso, Jesús está deseoso de participar esa victoria con los suyos cuando viene la tentación: "No os ha sobrevenido ninguna tentación que no sea humana; pero fiel es Dios, que no os dejará ser tentados más de lo que podéis resistir, sino que dará también juntamente con la tentación la salida, para que podáis soportar" (1 Co. 10:13).

Podemos obtener la victoria sobre la tentación solamente resistiendo en la forma en que Jesús resistió: estando en total obediencia a Dios y a su Palabra. Jesús soportó la tentación hasta el mismo límite del poder de Satanás, y resistió hasta ese mismo límite. No permitió en lo más mínimo que la tentación se le desarrollara en deseo, mucho menos en pecado (cp. Stg. 1:13-15). Jesús no caviló en el asunto ni le dio ninguna consideración. Simplemente permaneció firme en la voluntad de su Padre, ¡y dijo no!

Hallamos ayuda contra la tentación tal como encontramos ayuda para todo lo demás en la vida cristiana, "puestos los ojos en Jesús, el autor y consumador de la fe" (He. 12:2). Un corredor de vallas aprende pronto que si mira a los obstáculos mientras corre, tropezará y caerá. De principio a fin fija su mirada solamente en la meta, y salva los obstáculos con una zancada cada vez que encuentra uno de ellos. Mantener los ojos puestos en nuestro Señor Jesucristo es nuestra única esperanza de vencer la tentación y correr fielmente "con paciencia la carrera que tenemos por delante" (He. 12:1).

Resplandece la Luz

9

Cuando Jesús oyó que Juan estaba preso, volvió a Galilea; y dejando a Nazaret, vino y habitó en Capernaum, ciudad marítima, en la región de Zabulón y de Neftalí, para que se cumpliese lo dicho por el profeta Isaías, cuando dijo: Tierra de Zabulón y tierra de Neftalí, camino del mar, al otro lado del Jordán, Galilea de los gentiles; el pueblo asentado en tinieblas vio gran luz; y a los asentados en región de sombra de muerte, Luz les resplandeció. Desde entonces comenzó Jesús a predicar, y a decir: Arrepentíos, porque el reino de los cielos se ha acercado. (4:12-17)

Una de las metáforas más bellas usadas para describir la naturaleza y el carácter de Jesús es la de luz. Transmite la idea de iluminación, de verdad revelada, y de exposición del pecado por la ministración del Hijo de Dios. Tras la primera presentación de Jesucristo como el Verbo creativo de Dios, Juan nos dice: "En él estaba la vida, y la vida era la luz de los hombres. La luz en las tinieblas resplandece, y las tinieblas no prevalecieron contra ella" (Jn. 1:4-5). Luego nos informa que Juan el Bautista vino "para que diese testimonio de la luz. Aquella luz verdadera, que alumbra a todo hombre" (vv. 8-9). Juan continúa diciendo que "esta es la condenación: que la luz vino al mundo, y los hombres amaron más las tinieblas que la luz, porque sus obras eran malas. Porque todo aquel que hace lo malo, aborrece la luz y no viene a la luz, para que sus obras no sean reprendidas. Mas el que practica la verdad viene a la luz, para que sea manifiesto que sus obras son hechas en Dios" (Jn. 3:19-21).

Refiriéndose a sí mismo, Jesús expresó: "Yo soy la luz del mundo; el que me sigue, no andará en tinieblas, sino que tendrá la luz de la vida" (Jn. 8:12). Jesús pronunció estas palabras "en el lugar de las ofrendas, enseñando en el templo" (v. 20). El lugar de las ofrendas estaba en el atrio exterior del templo, el patio de las mujeres, y Jesús se hallaba allí al finalizar la fiesta de los tabernáculos. En esa fiesta los judíos celebraban lo que llamaban la iluminación del templo. Colocaban un gran número de candelabros en el centro del atrio de las mujeres, y durante una semana un gran aluvión de luz brillaba continuamente para conmemorar la columna de fuego que guió a Israel durante la peregrinación por el desierto bajo el mando de Moisés. Cuando Jesús entró al atrio de las mujeres, la luz acababa de extinguirse. Los candelabros aún estaban en su lugar, pero ahora no irradiaban luz. La declaración de Jesús de que Él era la luz del mundo que nunca se apagaría debió haber impresionado mucho a sus oyentes.

En el Antiguo Testamento se usaba a menudo la expresión "caminar en la luz" como una figura de justicia y obediencia a Dios, y "caminar en la oscuridad" como una figura de maldad y desobediencia (véase Pr. 2:13; 4:18-19). Ahora Jesús se presenta como la encarnación de la justicia y la piedad, la misma "luz del mundo". El Señor declaró: "Entre tanto que estoy en el mundo, luz soy del mundo" (Jn. 9:5), y de nuevo: "Aún por un poco está la luz entre vosotros; andad entre tanto que tenéis luz, para que no os sorprendan las tinieblas" (12:35; cp. v. 46). Pablo proclamó: "Porque Dios, que mandó que de las tinieblas resplandeciese la luz, es el que resplandeció en nuestros corazones, para iluminación del conocimiento de la gloria de Dios en la faz de Jesucristo" (2 Co. 4:6). Pedro habla de los cristianos como "linaje escogido, real sacerdocio, nación santa, pueblo adquirido por Dios, para que [anuncien] las virtudes de aquel que [los] llamó de las tinieblas a su luz admirable" (1 P. 2:9).

Después de la caída, la humanidad tenía dos "velas", por así decirlo, que siguieron dando luz acerca de Dios y de su voluntad: la vela de la creación y la de la conciencia. Pero el ser humano les puso poca atención, prefiriendo caminar en las tinieblas de su propia voluntad corrompida (véase Ro. 1:18-21). El hombre en su pecaminosidad extinguió continuamente las dos únicas luces que tenía para que le revelaran la naturaleza de Dios y su voluntad para sus criaturas.

La moderna investigación ha mostrado que, contrario a lo que siempre se había supuesto, la lepra, ahora llamada a menudo enfermedad de Hansen, no causa en sí la descomposición y la deformidad que con frecuencia se hallan en las extremidades de sus víctimas. La ulceración y putrefacción son causadas por abrasión, infección, calor extremo, y otras causas secundarias. La enfermedad misma hace que ciertas partes del cuerpo se vuelvan insensibles al dolor, y de ahí que la persona no experimente anuncio de peligro o daño. Por tanto, es frecuente que la gente con lepra meta la mano en el fuego para agarrar algo, o se destroce los pies caminando sobre piedras afiladas que no consigue sentir.

La enfermedad del pecado tiene un efecto parecido. Insensibiliza la naturaleza espiritual y moral del individuo, destruyendo incluso la protección natural limitada que tiene contra el mal, apagando la luz residual que permanece después de la caída. Y Satanás se esfuerza para cerrar la luz de las buenas nuevas de salvación (2 Co. 4:3-4).

Jesucristo no solo vino a conseguir que el hombre fuera otra vez sensible al pecado, sino a restaurar la vida y la salud que el pecado ha destruido. No solo vino a revelar la oscuridad que causa el pecado, sino también a traer la luz que vence las tinieblas. Así es como Mateo presenta el ministerio activo de Jesús: Cristo mismo es la gran luz que ha amanecido sobre la humanidad. Mientras sostenía al bebé Jesús en sus brazos en el templo, el anciano Simeón manifestó con relación a Cristo: "Han visto mis ojos tu salvación, la cual has preparado en presencia de todos los pueblos; luz para revelación a los gentiles, y gloria de tu pueblo Israel" (Lc. 2:30-32; cp. Is. 42:6; 49:6; 52:10).

Por el apóstol Juan nos enteramos (1:19—4:42) que pasó cerca de un año entre las tentaciones a Jesús en el desierto y los acontecimientos relatados en Mateo 4:12-17. Es probable que Mateo no mencione ese período porque no se relaciona directamente con la realeza de Jesús.

Sin embargo, lo que Jesús hizo en ese tiempo fue importante. Como por tres días Jesús había permanecido cerca del Jordán donde Juan estaba bautizando. Durante ese tiempo Juan daba progresivamente mayor testimonio de la condición mesiánica de Jesús. El primer día habló de Él como "el que viene después de mí, el que es antes de mí, del cual yo no soy digno de desatar la correa del calzado" (Jn. 1:27). El segundo día proclamó: "He aquí el Cordero de Dios, que quita el pecado del mundo" (v. 29) y "Éste es el Hijo de Dios" (v. 34). El tercer día, cuando

Juan volvió a declarar: "He aquí el Cordero de Dios", los dos discípulos de Juan que estaban con él lo dejaron para seguir a Jesús (v. 35-37). En realidad, Juan expresó: "El Mesías ha venido", luego: "He aquí el Mesías", y finalmente: "Sigan al Mesías". Aquellos dos discípulos de Juan, uno de los cuales era Andrés, se convirtieron ahora en discípulos de Jesús (vv. 37-40).

Juan fue un puente entre el Antiguo Testamento y el Nuevo, y ese puente casi había cumplido su servicio. Él mismo pronto diría de Jesús: "Es necesario que él crezca, pero que yo mengüe" (Jn. 3:30). Durante ese primer año del ministerio de Jesús, Juan continuó predicando, y los ministerios de ambos se sobrepusieron. A medida que la obra de Juan comenzaba a reducirse progresivamente, la obra de Jesús comenzaba a edificarse.

Entre los otros hechos destacados de ese año estuvieron el primer milagro de Jesús en las bodas de Caná (Jn. 2:1-11), la limpieza del templo (2:12-25), el testimonio de Nicodemo (3:1-21), el testimonio público final de Juan el Bautista (3:22-36), y el ministerio de Jesús en Sicar de Samaria (4:1-42).

En 4:12-17 Mateo retoma la historia de ese primer año donde el apóstol Juan la deja, dando tres características del ministerio temprano de Jesús que muestran la obra perfecta de Dios a través de su Hijo. Fue en el tiempo correcto, el lugar correcto, y la correcta proclamación.

EL TIEMPO CORRECTO

Cuando Jesús oyó que Juan estaba preso, (4:12*a*)

En la presentación de Mateo, el ministerio oficial de Jesús comenzó cuando el heraldo del Rey fue encerrado en la cárcel. El Hijo de Dios obró siempre en el calendario divino de su Padre. Tenía, por así decirlo, marcándole en la mente y el corazón, un reloj divino que regulaba todo lo que decía y hacía. Pablo afirma que "cuando vino el cumplimiento del tiempo, Dios envió a su Hijo" (Gá. 4:4). Jesús habló de que su hora aún no había venido (Jn. 7:30; 8:20), y luego de que había llegado (Mt. 26:45; Jn. 12:23; 17:1).

Jesús eligió no usar sus poderes sobrenaturales para lograr cosas que podrían lograrse por medios humanos ordinarios. Se sometió voluntariamente a las limitaciones humanas. Aunque estaba consciente de lo que había en todo corazón humano (Jn. 2:24-25), supo del encarcelamiento de Juan por las noticias que corrían, así como todos los demás. Fue solo **cuando Jesús oyó** del arresto de Juan que **volvió a Galilea**.

Juan fue encarcelado por Herodes Antipas y arrojado al calabozo en el palacio de Maqueronte, en la orilla oriental del Mar Muerto. El reproche que Juan le hiciera a Herodes por su gran maldad, incluida la afrenta de haberle quitado a su medio hermano Felipe la esposa, Herodías, para quedársela él (14:3-4; Lc. 3:19-20), le costó al profeta la libertad y en última instancia la vida. Este idumeo no judío era tetrarca de Galilea y Perea, y al igual que su padre antes que él, ocupaba el cargo por designación de Roma. Era uno de los varios hijos (de varias esposas) de Herodes el Grande, que fueran nombrados sobre partes de la región gobernada por el padre de estos antes de morir. Herodías fue la mujer (vil hasta por normas romanas) que induciría a su hija Salomé a engañar a Herodes para que durante una cena real le sirviera en una bandeja delante de sus invitados la cabeza de Juan el Bautista (14:6-11). El acto fue tan sumamente brutal, que incluso el endurecido Herodes mismo "se entristeció" (v. 9).

Siempre resulta peligroso confrontar el mal, y la valiente condena que Juan hiciera de la maldad moral en las esferas elevadas lo llevó a ser decapitado. Con similar valentía John Knox de Escocia se mantuvo firme contra una soberana corrupta. Parándose delante de la represiva y corrompida reina Mary, quien acababa de reprenderlo por resistirse a su autoridad, Knox declaró: "Si los príncipes se exceden en sus límites, señora, se les puede resistir e incluso deponer".

El encarcelamiento y la muerte de Juan el Bautista, al igual que su anuncio del Rey de reyes, estaban en el plan divino y el calendario de Dios. El final de la obra del precursor señaló el principio de la obra del Rey. Herodes y Herodías creían estar controlando libremente su provincia, y sin duda también el destino del insignificante predicador judío que se atrevió a condenarlos. Es increíble cómo los orgullosos y arrogantes actúan en perfecta libertad para lograr sus fines egoístas, cuando en verdad sus decisiones y acciones solo desencadenan acontecimientos que Dios ya programó antes de la fundación del mundo.

EL LUGAR CORRECTO

volvió a Galilea; y dejando a Nazaret, vino y habitó en Capernaum, ciudad marítima, en la región de Zabulón y de Neftalí, para que se cumpliese lo dicho por el profeta Isaías, cuando dijo: Tierra de Zabulón y tierra de Neftalí, camino del mar, al otro lado del Jordán, Galilea de los gentiles; el pueblo asentado en tinieblas vio gran luz; y a los asentados en región de sombra de muerte, luz les resplandeció. (4:12*b*-16)

Nada es accidental o circunstancial en la obra del Señor. Jesús no salió de Judea, atravesó Samaria y llegó a Galilea porque fuera obligado a hacerlo por Herodes, por los dirigentes judíos, o porque no tuviera ningún lugar adonde ir. Salió de Judea porque su obra allí había terminado para ese período de su ministerio. Atravesó Samaria con el fin de llevar luz a los samaritanos, mitad judíos y mitad gentiles. Entonces **volvió** (*anachōreō*, palabra usada a menudo para transmitir la idea de escapar del peligro) **a Galilea** porque ese era el siguiente lugar donde el plan divino había programado que ministrara. Por determinación divina Jesús fue al lugar correcto en el tiempo correcto.

Cuando Jesús **volvió a Galilea** después de oír la noticia del arresto de Juan, no fue por temor a Herodes. Él no temía a ningún hombre, y sin duda no era menos valiente que Juan. Si el Señor hubiera querido escapar de posibles problemas con Herodes no habría ido a **Galilea,** porque esa región también estaba bajo el control de este rey malvado.

En el Evangelio de Juan volvemos a encontrar información adicional. "Cuando, pues, el Señor entendió que los fariseos habían oído decir: Jesús hace y bautiza más discípulos que Juan… salió de Judea, y se fue otra vez a Galilea" (Jn. 4:1, 3). Jesús dejó la región baja del Jordán para ir a Galilea debido a los líderes judíos, en particular los fariseos, y no a causa de Herodes. Aunque Jesús aún no había comenzado a predicar, su relación cercana con Juan el Bautista lo hizo sospechoso ante los fariseos y saduceos, a quienes Juan había reprendido tan mordazmente (Mt. 3:7). Esos líderes religiosos habían llegado a odiar a Juan, pero no se atrevieron a actuar contra él porque Juan estaba altamente considerado por la mayor parte del pueblo. Incluso varios años después de la muerte del profeta no hablaron mal de él por temor "al pueblo" (Mt. 21:26). Por tanto, quedaron muy complacidos cuando Herodes le hizo a Juan lo que ellos mismos querían hacer pero por temor no lo llevaron a cabo. Cuando supieron que Jesús estaba ganando muchos más seguidores incluso que Juan, pronto su odio también se volcó hacia el Señor. Jesús no temía el odio de los fariseos, pero aún no era el momento de que ese odio se desatara contra Él.

Jesús no tenía más miedo de los fariseos que Juan, pero quería evitar una confrontación prematura. Cuando llegó la hora, Jesús enfrentó a los dirigentes religiosos judíos sin dudarlo, y las denuncias que les hizo fueron más severas y duraderas de lo que habían sido las de Juan el Bautista (véase, p. ej., Mt. 23:1-36). Jesús sabía que estaba eternamente a salvo de cualquier peligro que los hombres pudieran concebir. Su vida se perdería, pero por su propia voluntad divina, no por los deseos o el poder de sus enemigos (Jn. 10:17-18). ¡Y volvería a vivir!

La región romana de **Galilea** estaba principalmente al occidente, pero también se extendía al norte y sur del mar de Galilea, que en realidad era un lago a veces llamado de Tiberias (Jn. 6:1) o Genesaret (Lc. 5:1). La región es como de cien kilómetros de largo, de norte a sur, y de cincuenta kilómetros de ancho. El área alrededor del lago estaba densamente poblada (algunos calculan que había hasta dos millones de habitantes en la época de Jesús), y por mucho tiempo había sido la despensa de Palestina central. La tierra era muy fértil, y el lago abastecía de gran cantidad de pescado comestible. El historiador judío Josefo, quien en un tiempo fue gobernador de Galilea, manifestó en cuanto a la región: "Es toda rica en suelos y pastos, produce toda variedad de árboles, y es acogedora por su productividad incluso para quienes tienen la menor inclinación por la agricultura. En todas partes está labrada y en todas partes es productiva" (*Las guerras de los judíos* 3.3.2).

Los judíos que vivían en **Galilea** eran menos sofisticados y tradicionales que los que vivían en Judea, especialmente aquellos en la gran metrópoli de Jerusalén. Josefo observó que los galileos "eran aficionados a las innovaciones y por naturaleza propensos al cambio, y se deleitaban en sediciones". Incluso tenían un acento distinto en su forma de hablar (Mt. 26:73). Quizás Jesús eligió de esa región a sus discípulos porque estarían menos sujetos a la tradición judía, y más abiertos a la novedad del evangelio.

El texto evidencia que Jesús estuvo en **Nazaret** por un tiempo. Lucas explica que después que el Señor llegó de Judea a través de Samaria, "volvió en el poder del Espíritu a Galilea…. Vino a Nazaret, donde se había criado; y en el día de reposo entró en la sinagoga, conforme a su costumbre, y se levantó a leer" (Lc. 4:14, 16). Al principio "todos daban buen testimonio de él, y estaban maravillados de las palabras de gracia que salían de su boca, y decían: ¿No es éste el hijo de José?" (v. 22). Pero luego de que Jesús les desenmascarara la verdadera condición espiritual que tenían: "Al oír estas cosas, todos en la sinagoga se llenaron de ira". Lo habrían arrojado por un precipicio para matarlo si no hubiera escapado (vv. 23-30).

Después que el pueblo natal de Jesús lo rechazara, tal como Él había profetizado (Lc. 4:23-27), **vino y habitó en Capernaum, ciudad marítima, en la región de Zabulón y de Neftalí.**

Capernaum significa "ciudad de Nahúm" y es probable que le dieran ese nombre por el profeta Nahúm. Pero Nahúm significa "compasión", y pudieron haber llamado así a la población por sus habitantes compasivos. Para la época de Jesús era una ciudad floreciente y próspera. Fue aquí donde Mateo tenía su banco de los tributos (Mt. 9:9), y donde el mismo Mateo se refiere a la urbe como "su ciudad", es decir, la propia ciudad de Jesús (9:1). Sin embargo, poco tiempo después el Señor diría de ella: "Y tú, Capernaum, que eres levantada hasta el cielo, hasta el Hades serás abatida; porque si en Sodoma se hubieran hecho los milagros que han sido hechos en ti, habría permanecido hasta el día de hoy. Por tanto os digo que en el día del juicio, será más tolerable el castigo para la tierra de Sodoma, que para ti" (Mt. 11:23-24). Hoy día **Capernaum,** aunque es una atracción popular para visitantes cristianos, prácticamente está deshabitada.

Según aprendemos de la cita que Mateo hace de Isaías 9:1 en el versículo 15, a la **tierra de Zabulón y tierra de Neftalí, camino del mar, al otro lado del Jordán,** se le había conocido durante mucho tiempo como **Galilea de los gentiles** (*ethnoi*, paganos, o naciones). Toda Galilea era cosmopolita, con los sirios al norte y al este, y los descendientes de los antiguos fenicios al oeste. Era más un cruce de caminos que Jerusalén, la que estaba aislada de mucho del tráfico comercial. A una ruta comercial famosa en realidad se le conocía como **Camino del mar,** que atravesaba **Galilea** a su paso desde Damasco hasta la costa mediterránea para luego bajar a Egipto. Un escritor antiguo declaró que Judea estaba en el camino hacia ninguna parte, mientras que Galilea estaba en el camino a muchos lugares. La constante relación de los judíos de Galilea con los gentiles contribuyó en gran manera a su carácter poco tradicional.

El Señor había entregado originalmente la región de Galilea a las tribus de Aser, **Zabulón y Neftalí** cuando Israel empezó a establecerse en Canaán (véase Jos. 19:10-39). Pero en contra del mandato de Dios, **Zabulón y Neftalí** no expulsaron de su territorio a todos los cananeos. Por tanto, desde el principio estos judíos infieles padecieron el problema de matrimonios mixtos y la inevitable influencia pagana que produjo tal costumbre.

En el siglo VIII a.C. los asirios, bajo el mando de Tiglat-pileser, se llevaron cautivos a muchos de dichas tribus (2 R. 15:29) y los reemplazaron con asirios y otros no judíos. Hasta que fue temporalmente liberada por Judas Macabeo en el 164 a.C., la región de Galilea estuvo en gran medida bajo control extranjero e incluso fue ampliamente poblada por no judíos. Otro líder judío, Aristóbulo, reconquistó Galilea en el 104 a.C. y trató infructuosamente de establecer una nación en su totalidad judía circuncidando por la fuerza a todos los habitantes varones. A lo largo de esos siglos trastornados, los judíos que permanecían en Galilea se habían debilitado en gran manera tanto en el judaísmo bíblico como en el tradicional, lo que dio incluso mayor importancia al nombre **Galilea de los gentiles.**

No es extraño entonces que la reacción de muchos judíos de Jerusalén fuera: "¿De Galilea ha de venir el Cristo?" (Jn. 7:41). La idea de un Mesías galileo parecía ridícula. Cuando Nicodemo trató de convencer a los fariseos de que debían hacerle un juicio justo a Jesús, "respondieron y le dijeron: ¿Eres tú también galileo? Escudriña y ve que de Galilea nunca se ha levantado profeta" (vv. 51-52).

No obstante, como Mateo recuerda aquí a sus lectores, Isaías había profetizado mucho tiempo antes que en **Galilea de los gentiles; el pueblo asentado en tinieblas vio gran luz; y a los asentados en región de sombra de muerte, Luz les resplandeció** (cp. Is. 9:1-2). El solo hecho de que Jesús cumpliera de manera tan exacta y total la profecía del Antiguo Testamento debería ser suficiente para convencer a una mente sincera de la veracidad y autoridad de la Biblia. Tal como Isaías había profetizado ocho siglos antes, los galileos rebeldes, despreciados y ennegrecidos por el pecado fueron los primeros en vislumbrar al Mesías, ¡los primeros en ver el amanecer del nuevo pacto de Dios! No fue la poderosa y hermosa Jerusalén, la ciudad reina de los judíos, sino **Galilea de los gentiles** la que oiría primero el mensaje del Mesías. No fueron los judíos ilustrados, orgullosos y puros de Jerusalén, sino las multitudes no tradicionales, mestizas, marginadas y mezcladas de Samaria y Galilea las que tuvieron ese gran honor. Jesús fue primero a los que estaban más necesitados, y que se encontraban más dispuestos a reconocer la necesidad que tenían.

El hecho de que Jesús comenzara su ministerio en Samaria y Galilea, y no en Jerusalén y Judea, resalta la realidad de que su evangelio de salvación era para todo el mundo. Este fue el cumplimiento de la verdad del Antiguo Testamento, la cual Dios había elegido revelar por medio de los judíos (cp. Ro. 3:1-2); pero esta realidad de ninguna manera fue un favor para el judaísmo tradicional, orgulloso y exclusivo que se había desarrollado durante el período intertestamentario y que dominaba en gran manera en la época de Jesús. El Hijo de Dios fue enviado con el fin de ser "Luz para revelación a los gentiles, y gloria de tu pueblo Israel" (Lc. 2:32; cp. Is. 42:6; 49:6; 52:10). No fue ninguna coincidencia de la historia que "la luz del mundo" (Jn. 8:12) se proclamara primero en **Galilea de los gentiles.**

Fue en Galilea y sus alrededores que Jesús había pasado toda, menos una pequeña parte, su infancia y su primera juventud, y fue allí donde su ministerio se desarrolló primero y comenzó a propagarse. Cuando resplandeció el nuevo día del evangelio, los primeros rayos de luz brillaron en **Galilea.** En esta tierra de opresión, dispersión e influencias morales y espirituales destructivas, y de muerte inminente ante el mensaje de juicio divino, Jesús vino con palabras y obras de misericordia, verdad, amor y esperanza: **Y a los asentados en región de sombra de muerte, Luz les resplandeció.**

LA PROCLAMACIÓN CORRECTA

Desde entonces comenzó Jesús a predicar, y a decir: Arrepentíos, porque el reino de los cielos se ha acercado. (4:17)

La predicación fue parte central del ministerio de Jesús, y sigue siendo un aspecto básico del ministerio de su Iglesia. **Desde entonces,** cuando fue a Galilea **comenzó Jesús a predicar.** *Kērussō* (**predicar**) significa "proclamar" o "publicar", es decir, dar a conocer públicamente un mensaje. R. C. H. Lenski comenta: "Cabe señalar que predicar no es argumentar, razonar, considerar o convencer mediante una prueba intelectual, contra lo cual un intelecto agudo puede argumentar en contra. Nosotros simplemente declaramos o damos testimonio en público a todos los hombres la verdad que Dios nos ordena anunciar. Ningún argumento puede atacar la verdad presentada en ese anuncio o testimonio. O los seres humanos creen la verdad, como debería hacer todo individuo cuerdo, o se niegan a creerla, como todos los necios se aventuran a hacer" (*The Interpretation of St. Matthew's Gospel* [Minneapolis: Augsburg, 1964], p. 168).

Jesús predicó su mensaje con certeza. No vino a comentar o argumentar sino a proclamar, **a predicar.** Predicar es la proclamación de convicciones, no la sugerencia de posibilidades. Jesús también predicó "como quien tiene autoridad, y no como los escribas" (Mt. 7:29). Lo que anunció no solo era cierto, sino que era de máxima autoridad. Los escribas no podían enseñar con autoridad porque habían mezclado de tal manera la verdad bíblica con las interpretaciones y tradiciones de varios rabinos, que toda seguridad y autoridad había desaparecido hacía mucho tiempo. Ya no podían distinguir la Palabra de Dios de los mensajes de los hombres, y lo único que les quedaba eran opiniones y especulaciones. Fue sorprendente para el pueblo de Dios volver a oír a alguien predicar como los profetas lo habían hecho (cp. Mt. 7:28-29).

Jesús no solo predicaba con seguridad y autoridad, sino que anunciaba únicamente lo que su Padre le había encargado predicar. Juan el Bautista dijo de Jesús: "El que Dios envió, las palabras de Dios habla" (Jn. 3:34). Jesús mismo declaró: "Yo hablo lo que he visto cerca del Padre" (Jn. 8:38). Más tarde dio el mismo testimonio de manera aún más enfática: "Yo no he hablado por mi propia cuenta; el Padre que me envió, él me dio mandamiento de lo que he de decir, y de lo que he de hablar" (Jn. 12:49).

En su oración sacerdotal Jesús habló a su Padre acerca de sus discípulos, manifestando: "Ahora han conocido que todas las cosas que me has dado, proceden de ti; porque las palabras que me diste, les he dado; y ellos las recibieron" (Jn. 17:7-8). Y es en su propia autoridad que Jesús envió a sus ministros al mundo: "Toda potestad me es dada en el cielo y en la tierra. Por tanto, id, y haced discípulos a todas las naciones" (Mt. 28:18-19). Esa es la comisión de Dios para todos los que predican en su nombre. El predicador y maestro fiel proclamará la verdad segura de Dios, con la autoridad delegada de Dios, y bajo la comisión divina de Dios.

Cuando resplandeció la luz del Rey, el mensaje que su luz irradió era claro. Él comenzó donde su heraldo, Juan el Bautista, había comenzado: **Arrepentíos, porque el reino de los cielos se ha acercado** (cp. 3:2).

Las tinieblas en que el pueblo vivía eran la oscuridad del pecado y el mal. Jesús quiso decir: "Las grandes tinieblas han estado sobre ustedes debido a la gran oscuridad que hay en su interior. Ustedes deben estar dispuestos a volverse de esas tinieblas antes que la luz pueda brillarles". Volverse del pecado es arrepentirse, cambiar de dirección, dar la vuelta y buscar un nuevo camino. *Metanoeō* literalmente significa cambio de percepción, un cambio en la manera en que vemos algo. Por tanto, arrepentirse es cambiar la forma en que una persona ve el pecado y la manera en que ve la justicia. Esto implica un cambio de opinión, de dirección, de vida misma. Arrepentirse es tener un cambio radical en el corazón y la voluntad y, por consiguiente, de comportamiento (cp. Mt. 3:8).

Esa fue y siempre ha seguido siendo la primera exigencia del evangelio, el primer requisito de la salvación, y el primer elemento de la obra salvadora del Espíritu en el alma. La conclusión del sermón de Pedro en Pentecostés fue un llamado al arrepentimiento: "Arrepentíos, y bautícese cada uno de vosotros en el nombre de Jesucristo para perdón de los pecados" (Hch. 2:38). Muchos años después Pablo le recordó a Timoteo que el arrepentimiento lleva a "conocer la verdad" (2 Ti. 2:25).

Israel no estaría listo para el Rey, ni sería digno de Él, hasta que se arrepintiera. Por supuesto, el arrepentimiento siempre había estado en regla, y siempre se había necesitado, pero ahora que **el reino de los cielos se** [había] **acercado,** era aún más necesario. El Rey había llegado, y el reino estaba cerca. El tiempo del Mesías había llegado para marcar el comienzo de la era de justicia y reposo, para someter a los enemigos de Israel, para devolver la tierra a todo el pueblo de Israel, y para reinar en el trono de David.

Trágicamente, debido a que la mayor parte de Israel no se arrepintió y no reconoció ni aceptó al Rey, el reino terrenal prometido debió posponerse. Según Mateo explica más adelante, el reino literal y físico fue dejado de lado por un tiempo. El reino espiritual existe actualmente solo en los corazones de aquellos que han confiado en Jesucristo, el Rey. Él no está gobernando a la nación de Israel y al mundo como un día lo hará, sino que gobierna en las vidas de aquellos que le pertenecen por fe. El mundo no tiene paz, pero sí los que conocen al Príncipe de Paz. El reino externo todavía no ha llegado, pero el Rey mismo habita en aquellos que le pertenecen. El Mesías, el Cristo, gobierna ahora en quienes han recibido a quien es "la luz de los hombres".

Pescadores de hombres

10

Andando Jesús junto al mar de Galilea, vio a dos hermanos, Simón, llamado Pedro, y Andrés su hermano, que echaban la red en el mar; porque eran pescadores. Y les dijo: Venid en pos de mí, y os haré pescadores de hombres. Ellos entonces, dejando al instante las redes, le siguieron. Pasando de allí, vio a otros dos hermanos, Jacobo hijo de Zebedeo, y Juan su hermano, en la barca con Zebedeo su padre, que remendaban sus redes; y los llamó. Y ellos, dejando al instante la barca y a su padre, le siguieron. (4:18-22)

El siguiente relato contado innumerables veces es una parábola aleccionadora de lo que por lo general ha sido la preocupación de la Iglesia por la evangelización.

En una costa peligrosa donde los naufragios eran frecuentes se construyó una pequeña y rudimentaria estación de salvamento. El edificio era simplemente una cabaña, y solo había un barco, pero los pocos y dedicados tripulantes mantenían una constante vigilancia sobre el mar. Sin pensar en sí mismos, salían de día o de noche, buscando sin tregua a alguien que pudiera necesitar ayuda. Muchas vidas se salvaron por los dedicados esfuerzos de estos hombres. Después de un tiempo la estación se hizo famosa. Algunos de los que fueron salvados, así como otros en los alrededores, quisieron ser parte del trabajo. Dieron tiempo y dinero para sustentar la obra. Se compraron nuevos barcos, se entrenaron tripulaciones adicionales y la estación creció. Algunos de los miembros se sintieron infelices debido a que el edificio era muy rudimentario. Creyeron que un lugar más agradable y grande sería más apropiado como el primer refugio para los que fueran salvados del mar. Así que reemplazaron los catres de emergencia con camas de hospital y pusieron mejores muebles en el agrandado edificio. Pronto la estación se convirtió en un lugar popular de reunión para que sus miembros analizaran el trabajo y se visitaran unos a otros. Siguieron remodelando y decorando la estación hasta que esta tomó más y más la apariencia y el carácter de un club. Cada vez menos miembros se interesaban en salir en misiones de salvamento, por lo que contrataron equipos de profesionales que hicieran el trabajo en nombre de ellos. La motivación de salvamento aún prevalecía en los emblemas y en el papel y sobres del club, y había un bote salvavidas litúrgico en el cuarto donde el club celebraba sus iniciaciones. Un día un gran barco naufragó frente a la costa, y las tripulaciones contratadas trajeron muchos botes cargados de personas resfriadas, empapadas y medio ahogadas. Estaban sucias, llenas de moretones y enfermas; y algunas tenían piel negra o amarilla. El nuevo y hermoso club quedó en un estado terriblemente calamitoso, y por eso el comité de propiedad hizo construir inmediatamente una casa con ducha afuera, donde las víctimas del naufragio pudieran asearse antes de ingresar. En la siguiente reunión hubo una división en la membresía del club. La mayoría de miembros quería detener por completo las actividades de salvamento del club, pues eran algo desagradable y un obstáculo para la vida social normal del club. Algunos miembros insistieron en mantener el salvamento como su propósito principal, y señalaron que después de todo aún seguían llamándose una estación de salvamento. Pero aquellos miembros fueron rechazados y se les dijo que si querían salvar vidas podrían comenzar su propia estación en alguna parte de la costa. Con el paso de los años la nueva estación enfrentó gradualmente los mismos problemas que había experimentado la otra. También se convirtió en un club, y su labor de salvar vidas se volvió cada vez menos una prioridad. Los pocos miembros que siguieron dedicados a salvar vidas comenzaron otra estación. La historia siguió repitiéndose; y si hoy día hacemos una visita a esa costa encontraremos una cantidad de clubes exclusivos a lo largo de la orilla. Los naufragios aún son frecuentes en esas aguas, pero la mayor parte de las personas se ahogan.

¡Qué impactante ilustración de la historia de la Iglesia! Sin embargo, la obra de evangelización, de salvar vidas espirituales, es a pesar de todo la labor más pura, más verdadera, más noble y más fundamental que la Iglesia siempre hará. La tarea de pescar hombres y mujeres del mar de pecado, la obra de rescatar personas de las grandes olas del infierno, es la tarea más grandiosa que Dios ha pedido a su Iglesia que realice.

Rescatar seres humanos del pecado es la gran preocupación de Dios. La evangelización ha sido llamada el sollozo de Dios. La preocupación por los perdidos hizo que Jesús se lamentara así por la incrédula ciudad de Jerusalén: "¡Jerusalén, Jerusalén, que matas a los profetas, y apedreas a los que te son enviados! ¡Cuántas veces quise juntar a tus hijos, como la gallina junta sus polluelos debajo de las alas, y no quisiste!" (Mt. 23:37).

Dios envió a su Hijo a la tierra a predicar, morir y resucitar, con el mismo propósito de salvar a seres humanos del pecado. El Padre amó tanto "al mundo, que ha dado a su Hijo unigénito, para que todo aquel que en él cree, no se pierda, mas tenga vida eterna. Porque no envió Dios a su Hijo al mundo para condenar al mundo, sino para que el mundo sea salvo por él" (Jn. 3:16-17). El mismo Hijo "vino a buscar y a salvar lo que se había perdido" (Lc. 19:10). A quienes creen, El Espíritu Santo ofrece "el lavamiento de la regeneración y... la renovación" (Tit. 3:5). Toda la Trinidad está en acción en el ministerio de salvar del pecado a la humanidad. La evangelización es la gran preocupación del Padre, del Hijo, y del Espíritu Santo.

Desde luego, la preocupación de Dios por redimir a la humanidad no comenzó cuando envió a su Hijo a la tierra. En el huerto del Edén prometió que un día el pecado sería destruido, que la misma cabeza de Satanás sería herida (Gn. 3:15). En su pacto con Abraham le prometió: "Serán benditas en ti todas las familias de la tierra" (Gn. 12:3). En el pacto en Sinaí, Dios le declaró a Israel: "Vosotros me seréis un reino de sacerdotes, y gente santa" (Éx. 19:6), un reino de sus testigos hacia el mundo con el fin de atraer a la humanidad hacia Él mismo.

El pueblo de Dios debía participar en la preocupación de Él por los perdidos. Moisés estaba tan desesperado por la salvación de su propio pueblo rebelde que clamó a Dios que le perdonara "su pecado, y si no, ráeme ahora de tu libro que has escrito" (Éx. 32.32). El escritor de Proverbios recordó a Israel que "el que gana almas es sabio" (Pr. 11:30). El Señor le expresó a Daniel: "Los entendidos resplandecerán como el resplandor del firmamento; y los que enseñan la justicia a la multitud, como las estrellas a perpetua eternidad" (Dn. 12:3).

Evangelizar fue la gran preocupación de la iglesia del Nuevo Testamento. Inmediatamente después de Pentecostés, los nuevos creyentes se dedicaron por completo a Dios y a ganar a otros para Él. Al estudiar al pie de los apóstoles, hablar unos con otros, y alabar a Dios, llegaron a tener "favor con todo el pueblo. Y el Señor añadía cada día a la iglesia los que habían de ser salvos" (Hch. 2:42-47). Cuando comenzó la primera gran persecución de la iglesia en Jerusalén bajo la dirección de Saulo, "los que fueron esparcidos iban por todas partes anunciando el evangelio" (Hch. 8:1-4). Ellos no se desesperaron por sus dificultades, sino que las tomaron como una oportunidad de extender la obra del Señor.

Después que Saulo se convirtiera, su propia gran preocupación fue la evangelización, edificar el movimiento que antes había tratado de destruir. Un día llegó a escribir: "A griegos y a no griegos, a sabios y a no sabios soy deudor. Así que, en cuanto a mí, pronto estoy a anunciaros el evangelio también a vosotros que estáis en Roma. Porque no me avergüenzo del evangelio, porque es poder de Dios para salvación a todo aquel que cree; al judío primeramente, y también al griego" (Ro. 1:14-16). A pesar de que fue llamado a ser apóstol especial de Dios a los gentiles (Hch. 9:15; Ef. 3:8), Pablo tenía un deseo tan abrumador por la salvación de sus compatriotas judíos que manifestó: "Porque deseara yo mismo ser anatema, separado de Cristo, por amor a mis hermanos, los que son mis parientes según la carne" (Ro. 9:3). El "anhelo de [su] corazón, y [su] oración a Dios por Israel, [era] para salvación" (10:1). Pablo quería que *todos* se salvaran, y estaba dispuesto a hacer lo que fuera necesario "para que de todos modos salve a algunos" (1 Co. 9:22).

La evangelización ha sido la palpitación de los cristianos fieles a lo largo de la historia de la Iglesia. John Knox le rogó a Dios: "Dame Escocia o me muero". John Wesley consideraba a todo el mundo su parroquia.

Al igual que la vida cristiana en general, ganar almas implica una paradoja. Jesús advirtió: "Todo el que quiera salvar su vida, la perderá; y todo el que pierda su vida por causa de mí, la hallará" (Mt. 16:25). En otras palabras, al salvar a otros nos perdemos nosotros mismos; al perdernos nosotros mismos en la tarea seremos usados para ganar a otros. Jesús advirtió a sus discípulos que los líderes judíos pronto "[los] expulsarán de las sinagogas; y aun viene la hora cuando cualquiera que [los] mate, pensará que rinde servicio a Dios" (Jn. 16:2) tal como odiaron a Jesús mismo "sin causa" (15:25). Aquellos que alcanzarían el mundo debían estar dispuestos a ser rechazados por el mundo, así como nuestro Señor venció la muerte al rendirse a la muerte.

En un sentido, la vida de la evangelización implica sacrificar lo mayor por lo menor, lo digno por lo indigno. Es lo contrario a la sobrevivencia sin amor y brutal de los más fuertes, el camino del mundo caído y pecador. El camino de Dios, el de la redención, es el de estar dispuesto a morir para que los débiles puedan vivir. La Palabra de Dios es clara en que si estamos comprometidos con la salvación de los que están sin Jesucristo debemos perdernos nosotros mismos a fin de alcanzarlos. Predicar el evangelio salvador es esencial, y también lo es el testimonio personal.

En el Nuevo Testamento se usan más de cincuenta veces diversas formas de *evangelize*. La evangelización es el sentido principal de la Gran Comisión: "Id, y haced discípulos a todas las naciones" (Mt. 28:19). Hacer discípulos es evangelizar, llevar hombres y mujeres a la salvación y al señorío de Jesucristo. Cuando Jesús llamó a sus discípulos hacia Él mismo, también los llamó a llamar a otros.

Al comparar los relatos del evangelio descubrimos que hubo al menos cinco fases diferentes del llamado de Jesús a los doce. Cada escritor del evangelio enfatizó aquellas fases que se ajustaban mejor a su propósito particular. Tal como se esperaría, el primer llamado fue a la salvación, a la fe en el Mesías (véase Jn. 1:35-51; 2:11). El llamado que Mateo menciona aquí fue el segundo llamado, el llamado a ser testigos. Ni el primero ni el segundo llamado hicieron que los discípulos dejaran sus ocupaciones de manera permanente. Al momento del tercer llamado (Lc. 5:1-11), Pedro, Jacobo y Juan se fueron de nuevo a pescar. Jesús repitió el llamado a ser pescadores de hombres, y los discípulos se dieron cuenta entonces que el llamado era permanente y "dejándolo *todo,* le siguieron" (v. 11).

En el relato de Lucas, Simón y los demás aún son pescadores, y el Señor está enseñando a la multitud en la orilla desde la barca de Simón (v. 3). Después de la enseñanza, Jesús dio instrucciones a los discípulos de bogar hacia aguas profundas y echar las redes con el fin de realizar una pesca. Simón protestó, diciendo que habían estado trabajando toda la noche sin pescar nada, pero que sin embargo obedecería. Cuando los peces quedaron atrapados en la red hasta el punto de que casi se rompe, y la pesca llenó ambas barcas hasta que casi se hunden con el peso de los peces, Simón supo quién era Jesús: la presencia del Dios santo. La reacción de Simón, "Apártate de mí, Señor, porque soy hombre pecador" (v. 8), muestra la misma actitud que Isaías tuvo cuando vio a Dios (Is. 6:1-5): una abrumadora sensación de pecaminosidad. En la presencia de Dios, el pecador solo ve su pecado y retrocede por temor al juicio. Pero en lugar de fuego consumidor, Pedro recibió un llamado al discipulado y la evangelización. Cuando vino el llamado, respondió con los otros tres hombres en un compromiso total de seguir al Señor.

Marcos nos habla del cuarto nivel, o fase, del llamado. "Después subió al monte, y llamó a sí a los que él quiso; y vinieron a él. Y estableció a doce, para que estuviesen con él, y para enviarlos a predicar, y que tuviesen autoridad para sanar enfermedades y para echar fuera demonios" (Mr. 3:13-15). La quinta fase, anticipada en la anterior, se relata en Mateo 10:1: "Entonces llamando a sus doce discípulos, les dio autoridad sobre los espíritus inmundos, para que los echasen fuera, y para sanar toda enfermedad y toda dolencia".

Dios llama a todos los creyentes de igual manera. Primero nos llama a la salvación, aparte de la cual ningún otro llamado puede ser eficaz. Luego nos llama de manera progresiva a un servicio más específico y en constante expansión.

LLAMAMIENTO DE PEDRO Y ANDRÉS

Andando Jesús junto al mar de Galilea, vio a dos hermanos, Simón, llamado Pedro, y Andrés su hermano, que echaban la red en el mar; porque eran pescadores. Y les dijo: Venid en pos de mí, y os haré pescadores de hombres. Ellos entonces, dejando al instante las redes, le siguieron. (4:18-20)

El mar de Galilea es una masa de agua en forma ovalada como de trece kilómetros de ancho por veinte de largo, y está a casi setecientos metros por debajo del nivel del mar. Lucas, quien había viajado mucho, siempre lo identificó más adecuadamente como un lago. Además, Josefo informa que en el siglo I d.C. cerca de doscientas cuarenta barcas pescaban regularmente en las aguas de ese lago. Mucha pesca adicional se hacía a lo largo de la orilla, tal como **Simón, llamado Pedro** [véase Mt. 16:16-18], **y Andrés su hermano** estaban haciendo en esta ocasión: **echaban la red en el mar.**

En esa época se usaban tres métodos de pesca. Uno era con caña y anzuelo, el segundo era mediante una red lanzada en el agua poco profunda a lo largo de la costa, y el tercero era por una red de arrastre sujeta entre dos o más barcas en aguas profundas. **Pedro y Andrés** estaban aquí obviamente usando el segundo método. La **red** tal vez tenía tres metros de diámetro, y los dos hermanos eran diestros en su uso, **porque eran pescadores** de oficio. El término griego para esa red particular era *amphiblēstron* (relacionado con *anfibio,* un adjetivo que describe algo afín tanto con tierra como con agua), llamado así porque la persona que usaba la red se hallaba en la orilla o cerca de ella y la lanzaba al agua más profunda donde estaban los peces.

Cuando Jesús llamó a esos primeros discípulos reunió el primer equipo de pesca de su Iglesia. Ellos formaron el primer grupo original de evangelistas que Él llamó para que cumplieran la Gran Comisión. Estos fueron los primeros compañeros de Jesús en el ministerio. Él tenía el poder y el derecho de lograr la obra de proclamar el evangelio por sí mismo; pero ese no era su plan. Pudo haberlo llevado a cabo solo, pero nunca pretendió hacerlo así. Desde el principio de su ministerio su plan fue usar discípulos para ganar discípulos. Jesús les mandaría a sus discípulos hacer otras cosas, pero su primer llamado para ellos fue: **Venid en pos de mí, y os haré pescadores de hombres.**

Se nos dan detalles específicos de los llamados de solo siete de los doce discípulos originales. Pero Jesús seleccionó de manera individual a los que se convertirían en parte del primer ministerio maravilloso de ganar personas para Él. El Señor "llamó a sus discípulos, y escogió a doce de ellos, a los cuales también llamó apóstoles" (Lc. 6:13). Dios siempre elige a sus asociados. Eligió a Noé y Abraham, Moisés y David. Escogió a los profetas. Eligió a Israel como una nación completa de ministros, "un reino de sacerdotes, y gente santa" (Éx. 19:6). Jesús dijo a sus discípulos: "No me elegisteis vosotros a mí, sino que yo os elegí a vosotros, y os he puesto para que vayáis y llevéis fruto" (Jn. 15:16; cp. 6:70; 13:18). Pablo llamó a Epeneto "el primer fruto [o 'convertido', *aparchē*] de Acaya para Cristo" (Ro. 16:5).

Ese llamamiento a dar fruto en la evangelización se extiende a todo aquel que pertenece a Jesucristo. Los que han sido llamados deben convertirse en llamadores. Hablando de todos los cristianos, Pedro escribió: "Vosotros sois linaje escogido, real sacerdocio, nación santa, pueblo adquirido por Dios, para que anunciéis las virtudes de aquel que os llamó de las tinieblas a su luz admirable" (1 P. 2:9). Cristo manda que todos sus seguidores sean **pescadores.** La orden **venid en pos de mí** (en el griego un adverbio de lugar que expresa un mandato), literalmente significa "vengan aquí". El término **en pos** se usa en el original para mostrar la parte a la que deben ir: "¡El lugar que les corresponde es venir en pos de mí!".

La obediencia de los discípulos fue instantánea. **Ellos entonces, dejando al instante las redes, le siguieron.** La soberana autoridad del Señor había hablado.

Siguieron proviene de *akoloutheō,* que transmite la idea de seguir como un discípulo que está comprometido a imitar a aquel que sigue.

Hace muchos años un italiano solitario fue encontrado muerto en su casa. Había vivido de manera frugal toda su vida, pero cuando sus amigos fueron a su casa para clasificar las pocas posesiones que había acumulado descubrieron 246 violines costosos apilados en el ático. Algunos aún más valiosos se hallaban en un cajón de la cómoda en su dormitorio. El hombre prácticamente había gastado todo su dinero comprando violines. Pero su devoción mal dirigida hacia los instrumentos le había robado al mundo los hermosos sonidos de estos. Debido al atesoramiento egoísta de tales violines, el mundo nunca oyó la música que se supone que debían tocar. ¡Se informa incluso que el primer violín que el gran Stradivarius fabricó no se tocó hasta que el instrumento tuvo 147 años de edad!

Muchos cristianos tratan su fe como ese hombre trató a sus violines. Esconden su luz; almacenan su gran tesoro. Al no hacer partícipes a otros de su luz y su tesoro, muchos a quienes pudieron haber dado testimonio quedan en las tinieblas y la pobreza espiritual.

Algunos investigadores calculan que como el 95 por ciento de los cristianos nunca han llevado a otra persona a Jesucristo. Si eso es cierto, ¡el 95 por ciento de los violines espirituales del mundo nunca se han tocado! El amor verdadero por nuestras riquezas en Cristo nos lleva a brillar y compartir, no a esconder y acumular.

Cuando D. L. Moody visitó en cierta ocasión una galería de arte en Chicago, quedó especialmente impresionado por una pintura llamada "La Roca eterna". La pintura mostraba un individuo con ambas manos aferradas a una cruz firmemente incrustada en una roca. Mientras el tormentoso mar se estrellaba contra la roca, el hombre se adhería firmemente a la cruz. Años más tarde el señor Moody vio una pintura similar, que mostraba también a una persona en una tormenta aferrándose a una cruz, pero que con una mano alcanzaba a alguien que se hallaba a punto de ahogarse. El gran evangelista comentó que, aunque la primera pintura era hermosa, la segunda era aún más encantadora.

EL LLAMADO DE JACOBO Y JUAN

Pasando de allí, vio a otros dos hermanos, Jacobo hijo de Zebedeo, y Juan su hermano, en la barca con Zebedeo su padre, que remendaban sus redes; y los llamó. Y ellos, dejando al instante la barca y a su padre, le siguieron. (4:21-22)

Cuando Jesús llamó a Jacobo y Juan, estos eran hombres rudos e irascibles que les gustaba el aire libre; eran joyas sin tallar. Se hallaban **en la barca con Zebedeo su padre,** remendando **sus redes,** una tarea rutinaria pero importante en el negocio de la pesca. Ellos ya habían sido llamados a la fe en el Salvador (véase Jn. 1:35-51; 2:11); aquí Jesús **los llamó** a que llevaron con Él la obra de evangelización. **Y ellos, dejando al instante la barca y a su padre, le siguieron.**

Estos discípulos tenían poca educación, poca percepción espiritual y tal vez poca formación religiosa de alguna clase. Cuando su nuevo Maestro comenzó a enseñarles hablándoles en parábolas, ellos a menudo no comprendían por completo lo que quería decir.

Con frecuencia eran egoístas y poco amistosos. Cuando una gran multitud que había recorrido un largo trayecto alrededor del lago de Galilea para estar con Jesús tuvo hambre, los discípulos pensaron únicamente en enviarlos para que consiguieran su comida por cuenta propia (Mt. 14:15). Cuando llevaron unos niños pequeños a Jesús para que los bendijera, los discípulos reprendieron a quienes los llevaron (19:13). Pedro pensó que sería sumamente generoso perdonar a alguien "hasta siete" veces (18:21). Incluso en la noche en que Jesús fue traicionado, mientras su Señor agonizaba en el huerto de Getsemaní, Pedro, Jacobo y Juan no pudieron permanecer despiertos con Él (26:40, 45). Los discípulos se mostraron egoístas, orgullosos, débiles y poco valientes. Mostraban poco potencial incluso de confiabilidad, y mucho menos de grandeza. No obstante, Jesús los escogió como discípulos, incluso para ser parte de su círculo íntimo de doce. Ellos eran la materia prima que Él convertiría en instrumentos útiles.

Probablemente no todos los discípulos eran tan rudos, poco prometedores y dominantes como los cuatro primeros que Jesús llamó, pero ninguno de ellos fue escogido entre los líderes religiosos judíos: los escribas, fariseos, saduceos, sacerdotes o rabinos. Sin duda este hecho fue en parte lo que ocasionó que dichos dirigentes rechazaran a Jesús. No podían creer que alguien que en sí mismo no era un líder oficial, y que eligió líderes no oficiales como sus alumnos y colaboradores personales, pudiera ser el Mesías. Estaba más allá de la comprensión de estos dirigentes que el propio Hijo de Dios pasara por alto a los apropiados líderes de su pueblo escogido al venir a establecer su reino.

El único apóstol que había sido un dirigente religioso judío no estuvo entre los doce originales, y él mismo se consideró "un abortivo". Sabía que su propio llamado fue excepcional y reflejó la extraordinaria gracia de Dios (1 Co. 15:8-10). A los creyentes en Corinto les recordó: "Pues mirad, hermanos, vuestra vocación, que no sois muchos sabios según la carne, ni muchos poderosos, ni muchos nobles; sino que lo necio del mundo escogió Dios, para avergonzar a los sabios; y lo débil del mundo escogió Dios, para avergonzar a lo fuerte; y lo vil del mundo y lo menospreciado escogió Dios, y lo que no es, para deshacer lo que es, a fin de que nadie se jacte en su presencia" (1 Co. 1:26-29).

Jesús no se limitó a mandar a sus discípulos a convertirse en **pescadores de hombres,** sino que prometió que los haría pescadores de almas de hombres. Según clarificaría más tarde en más de una ocasión, esa promesa era también una advertencia. No solo que Él estaba dispuesto a convertirlos en instructores, sino que ellos nunca podrían ser instructores eficaces (o discípulos eficaces de cualquier manera) sin el poder del Señor. "Yo soy la vid, vosotros los pámpanos; el que permanece en mí, y yo en él, éste lleva mucho fruto; porque separados de mí nada podéis hacer" (Jn. 15:5).

Una serie de cualidades que hacen a un buen pescador también pueden ayudar a ser un buen evangelista. Primero, un pescador debe ser paciente, porque sabe que a menudo toma tiempo encontrar un banco de peces. Los pescadores aprenden a esperar. Segundo, un pescador debe tener perseverancia. No es tan solo cuestión de esperar con paciencia en un lugar, con la ilusión de que al fin aparezca algún pez. Es un asunto de ir de lugar en lugar, y en ocasiones volverse una y otra vez, hasta encontrar los peces. Tercero, los pescadores deben tener un buen instinto para ir al lugar correcto y lanzar la red en el momento adecuado. Un mal momento ha hecho perder muchas pescas, tanto de peces como de hombres. Una cuarta cualidad es valor. Los pescadores profesionales, sin duda aquellos como los del mar de Galilea, a menudo enfrentan grandes peligros de tormentas y varios contratiempos.

Un buen pescador también procura no llamar la atención sobre sí mismo en todo lo que le sea posible. Nos resulta muy fácil interferir con nuestro testimonio, alejando así a las personas. Un buen ganador de almas se mantiene al margen tanto como sea posible.

Cuando Jesús llamó a los discípulos para que se encargaran de evangelizar también se comprometió a formarlos y fortalecerlos. Siguiendo el ejemplo del Señor, la Iglesia no solo debe encargar a sus miembros la tarea de evangelizar, sino que continuamente debe entrenarlos y animarlos en ese llamado. El Señor no solo da poder a sus discípulos para ser testigos, sino que también los faculta para que entrenen a otros en ser testigos. En otras palabras, Jesús fortalece a sus discípulos para discipular, tal como prometió en la Gran Comisión: "Toda potestad me es dada en el cielo y en la tierra. Por tanto, id, y haced discípulos a todas las naciones" (Mt. 28:18-19).

Jesús primero envió a los discípulos de dos en dos en cortas misiones, dándoles instrucciones acerca de lo que debían, y no debían, hacer y decir (Mr. 6:7-11). Después de tres años de enseñanza y preparación en tareas de corta duración, al final los dejó por cuenta propia de manera permanente. Pero en realidad no estuvieron por su cuenta, porque en adelante Él no solo estaría con ellos sino en ellos (Mt. 28:20; Jn. 16:13-15).

Tanto en la enseñanza como en el ejemplo de Jesús podemos ver principios que todo ganador de almas debe emular. Primero de todo, el Señor estuvo disponible. Parece increíble que el Hijo de Dios, quien tuvo tan poco tiempo para enseñar y entrenar a discípulos de lento aprendizaje, fuera tan receptivo con aquellos que acudían a Él en busca de consuelo o sanidad. Jesús nunca rechazó una petición de ayuda.

Segundo, Jesús no mostró favoritismo. Los pobres y marginados podían acercársele tan fácilmente como los ricos y poderosos. El influyente Jairo y el poderoso centurión romano no tuvieron ventajas sobre la mujer samaritana de Sicar o la mujer pillada en adulterio.

Tercero, Jesús era totalmente sensible a las necesidades de quienes lo rodeaban. Siempre reconoció un corazón dispuesto y un pecador arrepentido. Incluso cuando la multitud se arremolinó a su alrededor, el Señor se dio cuenta de que una mujer le había tocado el borde del manto. "Jesús, volviéndose y mirándola, dijo: Ten ánimo, hija; tu fe te ha salvado. Y la mujer fue salva desde aquella hora" (Mt. 9:20-22). Cuando somos sensibles al Espíritu de Cristo nos volvemos sensibles a otros, y Él nos llevará a ellos o los traerá a nosotros.

Cuarto, Jesús por lo general afianzaba una profesión pública de fe o un testimonio público. A veces ofrecía instrucción específica, como hizo con el hombre al que liberó de demonios (Mr. 5:19), mientras que en otras ocasiones el deseo de ser testigo fue espontáneo, como pasó con la mujer de Sicar (Jn. 4:28-29).

Quinto, Jesús mostró amor y ternura por quienes intentaba ganar. De nuevo su experiencia con la mujer en Sicar brinda un hermoso ejemplo. Ella no solo era una marginada religiosa ante los ojos de los judíos, sino que era una adúltera. Había tenido cinco maridos y estaba viviendo con un hombre con quien no se había casado. Pero de manera firme y tierna Jesús la llevó a la experiencia de fe. Por medio de ella muchos otros samaritanos fueron llevados a la salvación (Jn. 4:7-42).

Por último, Jesús siempre tenía tiempo. En contraste con muchos de sus seguidores, Él siempre tuvo tiempo para otros. Algunos obreros cristianos están tan ocupados con "la obra del Señor" que no tienen tiempo para los demás, aunque esa fue una característica principal del propio ministerio del Señor. Incluso mientras iba en camino para sanar a la hija de Jairo, Jesús sacó tiempo para curar a la mujer que había padecido de una hemorragia durante doce años (Mr. 5:21-34).

La respuesta de Pedro, Andrés, Jacobo y Juan al llamado de Jesús fue la misma. **Ellos entonces, dejando al instante las redes** y lo que estaban haciendo, **le siguieron.** Obedecieron de manera instantánea y sin titubear. En este momento tenían poco conocimiento de la enseñanza de Jesús o de lo que costaría seguirlo. Pero fue suficiente que supieran quién era Él y que el llamado que les hacía era divino.

Por muchos relatos posteriores de los evangelios sabemos que ninguno de los discípulos en este tiempo tenía pasión por las almas, o pasión por alguna parte de la obra del Señor. Es más, la respuesta que dieron ante la incredulidad fue pedir inmediata destrucción divina (véase Lc. 9:51-56). La pasión vino solo después de entender y obedecer. Desarrollaron compasión, humildad, comprensión, paciencia y amor a medida que aprendían de Jesús y le obedecían. La obediencia es la chispa que aviva el fuego de la pasión. La manera de desarrollar amor por las almas es obedecer el llamado que Jesús hizo de ganar almas. Cuando lo hacemos, Dios enciende la chispa de obediencia en forma de una gran llama de pasión. Este es el tiempo de evangelización compasiva, no de juicio consumidor, tal como nuestro Señor clarificó en la parábola de la cizaña (Mt. 13:24-30, 36-43).

David Brainerd, el gran misionero a los nativos estadounidenses que murió antes de cumplir treinta años, manifestó: "Oh, que yo sea una llama de fuego para la causa de mi Maestro". La desinteresada obediencia de este joven probó la sinceridad de ese deseo, y Dios le concedió un corazón ardiente por las almas de los perdidos que no tiene parangón en la historia de la Iglesia. Henry Martyn, misionero a India y Persia, oró porque pudiera "arder para Dios", y eso es lo que misericordiosamente Él le permitió hacer.

Tan ardiente deseo solo viene de la luz piloto de la obediencia. Al igual que David Brainerd, Robert Murray McCheyne murió antes de cumplir treinta años. Courtland Myers escribió acerca de McCheyne: "En todas partes que él pisaba, Escocia se conmovía. Siempre que hablaba se extendía una fuerza espiritual en toda dirección. Miles lo siguieron a los pies de Cristo". A los visitantes que acudían a ver la iglesia donde McCheyne había predicado se les mostraba una mesa, una silla y una Biblia abierta. Les contaban cómo ese hombre de Dios pasaba horas con la cabeza inmersa en la Biblia, llorando por aquellos a quienes iba a predicar. Myers comenta luego: "Con tal pasión por las almas, ¿es extraño que el Espíritu Santo le concediera a McCheyne una personalidad magnética que atrajo a tantos al Salvador?".

El himno "Deja que las luces bajas ardan" se basa en una historia contada por D. L. Moody. Un barco se acercaba al puerto de Cleveland en el lago Erie durante una noche tormentosa. El puerto tenía dos juegos de luces para guiar a los barcos entrantes. Un juego se hallaba en lo alto del acantilado por sobre el puerto y se podía ver a muchos kilómetros de distancia. El otro juego estaba abajo cerca de la costa y se usaba para guiar a los barcos a través de las rocas cuando se acercaban al puerto. En esa noche particular el viento y la lluvia habían extinguido las luces bajas, y el piloto sugirió que permanecieran en el lago hasta la luz del día. Sin embargo, el capitán tuvo miedo de que el barco fuera destruido por la tormenta, y decidió arriesgarse a entrar al puerto. Pero sin las luces bajas que lo guiaran, la nave naufragó en las rocas y muchos de los hombres se ahogaron. Al aplicar esa historia al testimonio cristiano, Moody expresó: "Las luces altas en el cielo están ardiendo de manera tan brillante como siempre han ardido. No obstante, ¿qué hay de las luces bajas?".

11

Credenciales divinas del Rey

Y recorrió Jesús toda Galilea, enseñando en las sinagogas de ellos, y predicando el evangelio del reino, y sanando toda enfermedad y toda dolencia en el pueblo. Y se difundió su fama por toda Siria; y le trajeron todos los que tenían dolencias, los afligidos por diversas enfermedades y tormentos, los endemoniados, lunáticos y paralíticos; y los sanó. Y le siguió mucha gente de Galilea, de Decápolis, de Jerusalén, de Judea y del otro lado del Jordán. (4:23-25)

Una de las formas en que Jesús demostró su carácter y poder divino fue por medio de milagros de sanidad, los cuales sirvieron como credenciales mesiánicas. El apóstol Juan estaba especialmente preocupado con tales credenciales, y su evangelio las ofrece. Él puntualiza: "Hizo además Jesús muchas otras señales en presencia de sus discípulos, las cuales no están escritas en este libro. Pero éstas se han escrito para que creáis que Jesús es el Cristo, el Hijo de Dios, y para que creyendo, tengáis vida en su nombre" (Jn. 20:30-31). Mateo también confirma que Jesús se presentó como el Mesías, el gran Rey venidero a través de las obras poderosas que realizó.

El propósito principal de todos los cuatro escritores del evangelio era presentar a Jesús como algo más que un hombre. Él era el mismo Hijo de Dios. Aparte de esa verdad central todo lo demás en cuanto a Jesús tendría muy poca importancia. No tendría absolutamente *ninguna* consecuencia en lo que respecta a la salvación. Pero a la luz de esa verdad, *todo* acerca de Él es de suma importancia. Lo que el Señor manifestó era Palabra de Dios, y lo que hizo era la obra de Dios.

> *Jesús clamó y dijo: El que cree en mí, no cree en mí, sino en el que me envió; y el que me ve, ve al que me envió. Yo, la luz, he venido al mundo, para que todo aquel que cree en mí no permanezca en tinieblas. Al que oye mis palabras, y no las guarda, yo no le juzgo; porque no he venido a juzgar al mundo, sino a salvar al mundo. El que me rechaza, y no recibe mis palabras, tiene quien le juzgue; la palabra que he hablado, ella le juzgará en el día postrero. Porque yo no he hablado por mi propia cuenta; el Padre que me envió, él me dio mandamiento de lo que he de decir, y de lo que he de hablar. Y sé que su mandamiento es vida eterna. Así pues, lo que yo hablo, lo hablo como el Padre me lo ha dicho. (Jn. 12:44-50)*

Las afirmaciones de Jesús eran tan asombrosas que sus enemigos pensaron y dijeron que debía estar endemoniado o loco. Sin embargo, otros fueron más sabios y decían: "Estas palabras no son de endemoniado. ¿Puede acaso el demonio abrir los ojos de los ciegos?" (Jn. 10:19-21). El hombre curado de ceguera les declaró a los fariseos incrédulos: "Pues esto es lo maravilloso, que vosotros no sepáis de dónde sea, y a mí me abrió los ojos. Y sabemos que Dios no oye a los pecadores; pero si alguno es temeroso de Dios, y hace su voluntad, a ése oye. Desde el principio no se ha oído decir que alguno abriese los ojos a uno que nació ciego. Si éste no viniera de Dios, nada podría hacer" (9:30-33). Las palabras asombrosas de Jesús fueron respaldadas por sus obras espectaculares.

En otra ocasión los alguaciles de los sumos sacerdotes y los fariseos reportaron: "¡Jamás hombre alguno ha hablado como este hombre!" (Jn. 7:46). Al final del Sermón del Monte, leemos: "La gente se admiraba de su doctrina; porque les enseñaba como quien tiene autoridad, y no como los escribas" (Mt. 7:28-29). Las palabras que Jesús pronunció también fueron señales abrumadoras de su condición mesiánica y de su majestad.

Mateo se enfoca en las palabras y en las obras de Jesús al presentar, como en 4:23-25, el ministerio de enseñanza, predicación y sanidad del Señor. Mateo ya ha demostrado que Jesús llegó en el momento, al lugar y con el mensaje correctos (4:12-17), y que para su obra escogió a los colaboradores correctos (vv. 18-22). Ahora muestra que Jesús vino con el plan correcto: establecer su deidad por medio de sus palabras y obras.

ENSEÑANZA

Y recorrió Jesús toda Galilea, enseñando en las sinagogas de ellos, (4:23*a*)

Recorrió (de *periagō*) está en tiempo imperfecto, por lo que indica acción repetida y continua. Este versículo resume todo el ministerio de Jesús en Galilea. El recorrido que hizo por **toda Galilea** se ofrece en detalle en los capítulos 5—9. Sus palabras son el tema de los capítulos 5—7 (el Sermón del Monte), y sus obras son el enfoque de los capítulos 8—9.

Mateo no insinúa que Jesús visitara cada pueblo de **Galilea,** pero resalta que ministró a lo largo de la región. Puesto que toda la comarca era solo de cien kilómetros por cincuenta, y que Jesús se desplazó en ella, cualquiera interesado en verlo y oírlo no habría tenido que viajar mucho. En el tiempo en que estuvo allí ministró a tantas personas como le fue posible.

A pesar de que a esa vecindad se le conocía desde mucho tiempo atrás como "Galilea de los gentiles" (véase 4:15; Is. 9:1), al parecer el ministerio de Jesús se concentró en **las sinagogas** judías. Se cree que la sinagoga se desarrolló durante el exilio babilonio, y su uso se extendió en gran manera durante el período intertestamentario. En los tiempos del Nuevo Testamento se había convertido en la institución más importante de la vida judía. Aunque el templo seguía siendo el santuario más sagrado del judaísmo, muchos judíos vivían a miles de kilómetros de Jerusalén y no podía esperarse que fueran allí de visita. Pero las sinagogas podían establecerse en cualquier lugar de Israel o más allá, y prácticamente alrededor de ellas se centraba toda la vida religiosa y social de los judíos.

La sinagoga no solo era el lugar principal de adoración sino también de estudio, de confraternidad comunitaria, y de actividad legal. La mayor tragedia para la mayoría de judíos era ser expulsados de la sinagoga, (*aposunagōgos,* Jn. 12:42). Eso es lo que les sucedía a los judíos que se convertían en cristianos. La posibilidad era tan terrible que, según suponemos por las continuas advertencias del libro de Hebreos (6:4-6; 10:35-39), muchos judíos que reconocían la verdad del evangelio se negaban a convertirse en cristianos debido a la seguridad de ser condenados al ostracismo por la comunidad judía.

La mayoría de sinagogas estaban construidas sobre una colina, a menudo en el punto más alto de la ciudad. Muchas tenían un poste elevado hacia el cielo, muy parecido a la aguja de una iglesia, que las hacía sobresalir y ser fáciles de ubicar. Con frecuencia se construían sobre riberas de ríos, a veces (como aquella cuyas ruinas son una atracción popular en la moderna Capernaúm) sin un techo.

La adoración se realizaba cada día de reposo (Sabbath), que comenzaba al anochecer del viernes y terminaba a la puesta del sol del sábado. Los judíos tenían reuniones especiales el segundo y el quinto día de cada semana, y observaban las fiestas prescritas en la ley así como las muchas más que se habían desarrollado por tradición. Durante los servicios del día de reposo se leían secciones de la Torá (ley) y de los profetas. A eso le seguían oraciones, cánticos y respuestas variadas. Luego se exponía un texto de las Escrituras, posiblemente siguiendo el modelo iniciado por Esdras después del regreso de Babilonia (véase Neh. 8:1-8). A menudo a los dignatarios o rabinos visitantes les daban el honor de exponer las Escrituras, una costumbre que Jesús y Pablo aprovecharon en numerosas ocasiones (véase Lc. 4:16-17; Hch. 13:15-16).

Los asuntos de la sinagoga del pueblo típico eran generalmente supervisados por diez ancianos de la congregación, de los cuales a tres se les llamaba gobernantes. Los dirigentes decidían si se debía admitir o no a un prosélito en la comunidad y resolvían controversias de toda clase. Un cuarto gobernante, llamado el ángel, se desempeñaba como presidente de la sinagoga. Algunos de los ancianos actuaban como servidores, cumpliendo las decisiones de los cuatro gobernantes. Un anciano interpretaba el hebreo antiguo en lenguaje común, otro dirigía la escuela teológica que cada sinagoga tenía, y otro más servía como instructor popular que enseñaba en un nivel que el promedio de miembros pudiera comprender.

Durante el gobierno romano los principales de la sinagoga tenían el poder de resolver prácticamente toda disputa legal dentro de sus congregaciones y hasta de aplicar castigos, con la única excepción de la pena de muerte. Por eso los dirigentes judíos necesitaron el permiso de Pilato para crucificar a Jesús. Ni siquiera el sanedrín, o sea el concilio supremo de Jerusalén, tenía ese derecho.

La sinagoga servía como escuela pública para niños, donde estudiaban el Talmud y aprendían a leer, escribir y hacer operaciones matemáticas básicas. Para los hombres, la sinagoga era un lugar de estudio teológico avanzado.

Las **sinagogas de Galilea** proporcionaron a Jesús sus primeras plataformas de enseñanza. En casi toda comunidad de cualquier tamaño Cristo habría encontrado una sinagoga, y a principios de su ministerio era bien recibido en la mayoría de ellas. Como rabino visitante a menudo se le pedía que leyera y expusiera las Escrituras, lo cual hacía de buena gana (véase Lc. 4:16-21).

Era en las sinagogas donde se podía hallar sinceros israelitas creyentes. Aquí, como en ningún otro lugar, Jesús esperaba encontrar a aquellos que oirían y aceptarían su mensaje divino. Aquí es donde el fiel remanente de Dios venía a adorar a Dios y a aprender su Palabra.

Enseñando viene de *didaskō*, de donde obtenemos la palabra didáctico que se refiere a menudo a la transmisión de información, aunque no necesariamente en un ambiente formal. Su enfoque estaba en el contenido, con el propósito de descubrir la verdad, contrario a los foros tan populares entre los griegos en que el debate y las bromas acerca de varias ideas y opiniones constituían el interés principal (véase Hch. 17:21). La instrucción en la sinagoga, según lo ilustra esta enseñanza de Jesús, era básicamente expositiva. Se leían y se enseñaban las Escrituras sección por sección, y con frecuencia versículo por versículo.

PREDICACIÓN

y predicando el evangelio del reino, (4:23*b*)

Predicando es una forma del término (*kērussō*) traducido a menudo "predicar". La raíz original es anunciar, o exclamar. Mientras que *didaskō* se relaciona con explicar un mensaje, *kērussō* se relaciona simplemente con anunciarlo. Cuando en medio de su enseñanza, Jesús interpretaba el Antiguo Testamento también estaba **predicando el evangelio del reino,** anunciando el hecho de que el largamente prometido Mesías y Rey de Dios había venido para establecer su **reino.** Cristo continuó y amplió la proclamación que Juan el Bautista había comenzado.

Lo que se proclamaba es el *kērugma* (Mt. 12:41; Ro. 16:25; Tit. 1:3), y lo que se enseñaba es el *didachē* (Mt. 7:28; Ro. 16:17). El mensaje proclamado debe ser explicado, y viceversa.

Evangelio significa "buenas nuevas", y eran las buenas noticias de que el **reino** se había acercado lo que Jesús predicó a lo largo de Galilea. Esa fue la verdad suprema, las grandes buenas noticias alrededor de las cuales se centraba toda su enseñanza. Desde su bautismo hasta su ascensión Jesús predicó el reino. "Hasta el día en que fue recibido arriba", nos informa Lucas, Jesús estuvo "hablándoles acerca del reino de Dios" (Hch. 1:2-3). Nunca permitió que lo desviaran hacia asuntos económicos o sociales, o debates políticos o personales. Su enseñanza y su predicación se enfocaron por completo en exponer la Palabra de Dios y proclamar el reino de Dios, un patrón sensato para todo fiel mensajero del evangelio.

Juan el Bautista anunció el reino, pero no **el evangelio del reino.** Esas buenas nuevas no fueron la característica principal de su enseñanza. Su predicación instaba a los hombres a arrepentirse de sus pecados y a prepararse para la venida del Rey (3:1-10). Juan se enfocó en el pecado y el juicio. Las suyas fueron malas noticias que señalaban hacia la misericordia de las buenas nuevas que estaban a punto de llegar. A medida que el ministerio de Jesús era atacado más y más por los dirigentes judíos, su predicación se hacía más y más severa, incluso más severa que la de Juan el Bautista. A medida que la hipocresía se hacía más evidente y la hostilidad se volvía más vehemente, las palabras de Jesús se volvieron más severas.

Pero la primera proclamación del Rey fue de buenas noticias: la maravillosa oferta de Dios de liberarnos "de la potestad de las tinieblas, y [trasladarnos] al reino de su amado Hijo, en quien tenemos redención por su sangre, el perdón de pecados" (Col. 1:13-14). El **evangelio** es las buenas nuevas de salvación por medio de Jesucristo, las buenas nuevas de que el **reino** de Dios (la esfera del gobierno de Dios por la gracia de la salvación) está a disposición de cualquiera que pone su confianza en el Rey.

Los judíos estaban bajo el gobierno de Roma, y antes habían estado bajo el dominio de los griegos, los medos y persas, y los babilonios. Aunque tuvieron su propio reino y sus propios reyes, la condición de los judíos distaba mucho de lo ideal. Debido a que no estaban satisfechos con tener al Señor como su Rey, insistieron en tener reyes humanos como todas las demás naciones (1 S. 12:12). Pero tales reyes trajeron poca paz, prosperidad o felicidad, y sí mucha tristeza, tragedia y corrupción.

Cuando Jesús predicó y enseñó, estaba anunciando que Él era el Rey que había venido para traer el perfecto reino prometido de Dios. Si hubieran aceptado a Aquel que ahora les proclamaba las buenas noticias, los judíos pudieron haber tenido ese reino establecido en medio de ellos. Si hubieran aceptado a Jesús como el Mesías, entonces el reino habría venido a la tierra. Pero debido a que rechazaron el reino y su **evangelio,** también rechazaron el **reino** terrenal prometido.

Jesús pronunció palabras poderosas, palabras eternas, palabras como ningún otro hombre había articulado alguna vez. Incluso los habitantes de Nazaret, el pueblo natal de Jesús, "estaban maravillados de las palabras de gracia que salían de su boca" (Lc. 4:22). Cuando Él fue a Capernaúm, "se admiraban de su doctrina, porque su palabra era con autoridad" (v. 32). Los enemigos más astutos de Jesús nunca pudieron atraparlo en sus palabras, ni confundirlo, desorientarlo o encontrar algún error en lo que declaró. La enseñanza y la predicación del Señor con relación al reino fueron las credenciales divinas de sus palabras.

SANIDAD

y sanando toda enfermedad y toda dolencia en el pueblo. Y se difundió su fama por toda Siria; y le trajeron todos los que tenían dolencias, los afligidos por diversas enfermedades y tormentos, los endemoniados, lunáticos y paralíticos; y los sanó. Y le siguió mucha gente de Galilea, de Decápolis, de Jerusalén, de Judea y del otro lado del Jordán. (4:23*c*-25)

Algunas personas están enfermas y con salud frágil debido a sus propios hábitos insensatos, mientras que otras sufren como consecuencia directa de sus pecados. A veces Dios usa la aflicción física para disciplinar a su pueblo. Muchos de los cristianos corintios eran enclenques y enfermizos, y hasta habían muerto por haber profanado la Cena del Señor (1 Co. 11:30). Ananías y Safira perdieron la vida por mentir al Espíritu Santo (Hch. 5:1-10). Sin embargo, las Escrituras dejan igualmente en claro que no todo sufrimiento y enfermedad son causados por pecado, ignorancia, errores en juicio, o disciplina de Dios. Job sufrió en gran manera, aunque era intachable, recto, temeroso de Dios y apartado del mal (Job 1:1). Cuando los discípulos de Jesús supusieron que el hombre que nació ciego estaba siendo castigado por su pecado o por los pecados de sus padres, el Señor los corrigió: "No es que pecó éste, ni sus padres, sino para que las obras de Dios se manifiesten en él" (Jn. 9:1-3).

Toda **dolencia** curada por Jesús fue una verificación divina. Sus palabras debieron haber sido evidencia suficiente de su condición mesiánica, como lo fueron para aquellos que creyeron realmente. Los discípulos dejaron todo para seguir a Jesús antes que Él realizara un milagro de alguna clase. Muchos que no tenían necesidad de curación para ellos mismos o para sus familiares o amigos lo oyeron y creyeron en Él. Es posible que muchos que oyeron y creyeron en Cristo nunca lo vieran realizar ningún milagro, tal como muchos creyeron el mensaje de Juan el Bautista, aunque este "a la verdad, ninguna señal hizo" (Jn. 10:41).

Sin embargo, el ministerio de sanidad de Jesús fue una adición poderosa a la evidencia de su enseñanza y predicación. Alexander Maclaren expresó: "Podría ponerse en duda si tenemos una idea adecuada en cuanto a la inmensa cantidad de milagros de Cristo. Los registrados solo son una pequeña parte de los realizados. Aquellos primeros milagros que hizo fueron ilustraciones de la naturaleza de su reino, es decir sus primeros regalos a los súbditos de su reino". El escritor de Hebreos dice de la salvación por el evangelio del reino: "habiendo sido anunciada primeramente por el Señor, nos fue confirmada por los que oyeron, testificando Dios juntamente con ellos, con señales y prodigios y diversos milagros y repartimientos del Espíritu Santo según su voluntad" (He. 2:3-4). Al igual que las palabras de Jesús, los milagros fueron un anticipo de su reino glorioso terrenal. Para tener una idea de cómo será el reino milenial debemos multiplicar por diez mil sus palabras y milagros.

Jesús curó **toda enfermedad y toda dolencia en el pueblo.** Este carácter universal de las sanidades se expande y se ilustra en el versículo siguiente: **Y se difundió su fama por toda Siria; y le trajeron todos los que tenían dolencias, los afligidos por diversas enfermedades y tormentos, los endemoniados, lunáticos y paralíticos; y los sanó.**

En la época de Jesús, **Siria** era una provincia romana que había absorbido toda Palestina, incluso Galilea. No obstante, en el contexto de este versículo podría referirse solo a la parte norte, de la cual Damasco era la cuidad principal. En cualquier caso, el punto es que la fama de Jesús se extendió más allá de la región en que estaba ministrando. Aun desde una amplia zona alrededor **le trajeron todos los que tenían dolencias** con la esperanza de que Él los curara.

Hasta la época moderna, con tan grandes adelantos en conocimiento higiénico y médico, a menudo la enfermedad no podía controlarse. Las plagas solo se detenían cuando habían seguido su curso natural, dejando atrás innumerable cantidad de personas muertas y muchas otras desfiguradas o lisiadas. A menudo simples infecciones se volvían mortales. Por tanto, no es extraño que la noticia de un sanador que curaba cualquier aflicción se extendiera rápidamente.

Como indicativos de las **diversas enfermedades y tormentos,** Mateo menciona tres tipos específicos que Jesús curó. **Enfermedades** habla de los muchos males, mientras que **tormentos** se refiere a los muchos síntomas.

El primer tipo de mal era el que padecían los **endemoniados,** aquellos cuyas aflicciones eran causadas por demonios. La Biblia, especialmente el Nuevo Testamento, deja en claro que muchas aflicciones físicas y mentales están causadas directamente por Satanás mediante la operación de sus demonios. Los capítulos 9, 12 y 17 de Mateo, y los capítulos 9 de Marcos y 13 de Lucas ofrecen abundante evidencia de aflicciones relacionadas con demonios. A la habilidad de echar fuera demonios a menudo se le cita como don de milagros (literalmente, "poderes"; 1 Co. 12:10, 28-29), el poder divino dado de manera específica para combatir poderes demoníacos de las tinieblas (véase Lc. 9:1; 10:17-19; Hch. 8:6-7; cp. Ef. 6:12).

El segundo grupo que Jesús curó fue el de los epilépticos. La Reina-Valera traduce el original (*seléniazō*) como "**lunáticos**", que igual que el griego literalmente significa "chiflados". En muchas culturas se ha creído que los mentalmente enfermos y aquellos que tienen convulsiones o ataques están bajo la influencia de la luna. Por otras referencias bíblicas, tales como Mateo 17:15, así como por las descripciones de la aflicción en otras literaturas antiguas, es casi seguro que la enfermedad era epilepsia, la cual involucra desorden del sistema nervioso central.

El tercer grupo eran los **paralíticos,** un término general que representaba una amplia gama de discapacidades paralizantes. Los tres términos que Mateo utiliza caracterizan las tres grandes esferas de aflicciones del ser humano: la espiritual, la mental/nerviosa, y la física. Jesús pudo vencer cualquier mal que afligía a quienes acudían a Él. El aspecto terrenal de su reino no tendrá lugar para nada perjudicial, nada malvado, o nada menos que la perfecta totalidad y perfecta bondad. "En aquel tiempo los sordos oirán… los ojos de los ciegos verán en medio de la oscuridad y de las tinieblas. Entonces los humildes crecerán en alegría en Jehová, y aun los más pobres de los hombres se gozarán en el Santo de Israel" (Is. 29:18-19; cp. 11:6-9). **Le trajeron todos los que tenían dolencias… y los sanó.**

El gran teólogo reformado B. B. Warfield manifestó: "Cuando nuestro Señor vino a la tierra atrajo el cielo con Él. Las señales que acompañaron su ministerio no fueron sino las nubes cargadas de gloria que Jesús trajo del cielo, el cual es su hogar. La cantidad de milagros que obró puede subestimarse fácilmente. Se ha dicho que en realidad Él desterró la enfermedad y la muerte de Palestina durante los tres años de su ministerio. Un toque del borde del manto que usaba pudo curar de su dolor a naciones enteras. Un toque de su mano pudo restaurar la vida".

Los milagros de Jesús lograron cuatro cosas por encima y más allá del beneficio inmediato y obvio para aquellos que fueron curados. Primera, demostraron que era divino, porque ningún ser humano común y corriente pudo haber realizado tales milagros. Jesús le dijo a Felipe: "Creedme que yo soy en el Padre, y el Padre en mí; de otra manera, creedme por las mismas obras" (Jn. 14:11).

Segunda, las maravillosas sanidades mostraron que Dios es compasivo para con aquellos que sufren.

Tercera, los milagros demostraron que Jesús era el Mesías profetizado porque el Antiguo Testamento predijo que el Mesías realizaría milagros. Cuando Juan el Bautista fue encarcelado y empezó a tener dudas acerca de la condición mesiánica de Jesús, el Señor les dijo a los discípulos de Juan: "Id, y haced saber a Juan las cosas que oís y veis. Los ciegos ven, los cojos andan, los leprosos son limpiados, los sordos oyen, los muertos son resucitados, y a los pobres es anunciado el evangelio" (Mt. 11:4-5). El hecho de que Jesús hiciera estas cosas predichas acerca del Mesías (véase Isaías 35:5-10; 61:1-3) probó su condición mesiánica.

Cuarta, los milagros demostraron que el reino venidero era una realidad, y que las maravillas y prodigios eran un anticipo del fabuloso reino que Dios tiene reservado para los que le pertenecen. "Recorría Jesús todas las ciudades y aldeas, enseñando en las sinagogas de ellos, y predicando el evangelio del reino, y sanando toda enfermedad y toda dolencia en el pueblo" (Mt. 9:35). Poco tiempo después Jesús entregó a sus discípulos el mismo mensaje y el poder que lo acompañaba: "Y yendo, predicad, diciendo: El reino de los cielos se ha acercado. Sanad enfermos, limpiad leprosos, resucitad muertos, echad fuera demonios; de gracia recibisteis, dad de gracia" (Mt. 10:7-8). Un tiempo después de eso advirtió deliberadamente a los incrédulos fariseos: "Si yo por el Espíritu de Dios echo fuera los demonios, ciertamente ha llegado a vosotros el reino de Dios" (12:28).

Estoy convencido de que la única época en que tales milagros volverán a realizarse es exactamente antes de la llegada del reino milenial, cuando el Señor reunifique a Israel y la tribulación empiece. Entonces, tal como en la primera venida de Cristo (del Mesías), "los ojos de los ciegos serán abiertos, y los oídos de los sordos se abrirán. Entonces el cojo saltará como un ciervo, y cantará la lengua del mudo" (Is. 35:5-6). Cuando Israel rechazó al Rey en su primera venida también rechazó el reino. Pero cuando el Rey regrese, la llegada de su reino no dependerá de la respuesta del hombre. Él lo establecerá entonces. Será anunciado "entre las naciones: Jehová reina. También afirmó el mundo, no será conmovido" (Sal. 96:10).

A fin de demostrar el carácter absoluto de su poder y autoridad, Jesús **sanó** a todos los que acudieron a Él durante su ministerio terrenal, sin excepción y sin límite. Él aún tiene poder para curar hoy día, con el mismo carácter absoluto y plenitud; y lo hace según lo decide en su soberanía. Pero no promete sanar a todos los que ahora se lo piden, ni siquiera a quienes le pertenecen. Los milagros de sanidad que realizó mientras estaba en la tierra, al igual que sus demás milagros y los de los apóstoles, fueron señales temporales de autentificación a Israel de que su Mesías había venido. La Biblia permanece ahora como el testimonio de la promesa de un reino terrenal venidero.

Seis características de las curaciones de Jesús nunca se han duplicado desde los tiempos del Nuevo Testamento. Primera, Jesús sanó directamente, con una palabra o un toque, sin oración y a veces incluso sin estar cerca de la persona afligida. Segunda, Jesús curó de manera instantánea. No hubo que esperar que llegara una restauración por etapas. Tercera, curó por completo, nunca de forma parcial. Cuarta, Jesús sanó a todos los que acudieron a Él, a todos los que le llevaron, y a todos aquellos cuya sanidad fue solicitada por otra persona. Curó sin discriminación en cuanto a persona o aflicción. Quinta, Jesús sanó problemas orgánicos y congénitos, sin importar la gravedad o la antigüedad del mal. Sexta, Él devolvió la vida a personas. Curó incluso después que la enfermedad había seguido su curso total quitando la vida a su víctima.

Esos seis rasgos también caracterizaron el ministerio de sanidad de los apóstoles. Al principio el libro de Hechos nos habla de muchos milagros y señales que los apóstoles realizaron. Pero antes del final del libro los relatos de milagros cesaron. La misma disminución se observa en las epístolas. A inicios de su ministerio Pablo realizó muchos milagros de sanidad, pero años después simplemente aconsejó a Timoteo que tomara un poco de vino para sus problemas estomacales (1 Ti. 5:23). Al final de su siguiente carta a Timoteo el apóstol reporta que "a Trófimo dejé en Mileto enfermo" (2 Ti. 4:20), al parecer más allá del poder de Pablo para ayudar. No existe evidencia bíblica de que para el final de la era apostólica aún se realizara algún tipo de milagro. Una vez que Israel le había vuelto la espalda a su Mesías, es decir a su divino Rey, las señales que autenticaban el reino ya no tenían ningún propósito. Estas se desvanecieron y luego desaparecieron por completo.

Y le siguió a Jesús **mucha gente** que sin duda acudía por muchas razones, además de sanidad para estas mismas personas o para otras. Muchos individuos llegaban principalmente para oírle enseñar y predicar, y sin duda muchos otros asistían por simple curiosidad. Sin embargo, acudían en gran cantidad y de grandes distancias. **Decápolis** era una región compuesta de diez ciudades principales (de ahí el nombre que literalmente significa "diez ciudades") localizadas al este y sur de **Galilea.** La frase **del otro lado del Jordán** probablemente se refiere a regiones tales como Perea, que estaba al sur de **Decápolis** y al este de **Jerusalén y Judea.**

Mucha de la **gente** que siguió a Jesús creyó en Él y fue salva, experimentando el reino en su interior, el gobierno de Dios por medio de la gracia de la salvación. No obstante, la inmensa mayoría tanto de judíos como de gentiles no creyó en el Señor. Escucharon lo que decía, observaron lo que hacía, y recibieron bendiciones temporales. Pero no aceptaron a Aquel que habló y que sanó, cuyas palabras y obras no solo dan bendición sino vida eterna.

El gran sermón del gran Rey

12

Viendo la multitud, subió al monte; y sentándose, vinieron a él sus discípulos. Y abriendo su boca les enseñaba, diciendo: (5:1-2)

Hasta este momento en Mateo, las palabras de Jesús han sido limitadas (4:17, 19) y la referencia a sus enseñanzas ha sido general (4:23). Ahora, en un mensaje muy completo pero compacto, el Señor explica las verdades básicas del evangelio del reino que vino a proclamar.

Aquí empieza lo que tradicionalmente se ha llamado el Sermón del Monte. Aunque Jesús repitió muchas de estas verdades en otras ocasiones, los capítulos 5—7 registran un mensaje continuo del Señor, entregado en un momento específico. Como veremos, estas fueron verdades revolucionarias para las mentes de aquellos religiosos judíos que las oyeron, y han seguido resonando con gran fuerza en las mentes de los lectores por más de dos mil años.

He aquí la proclama del nuevo Monarca, que marca el inicio de una nueva era con un nuevo mensaje.

EL CONTEXTO

EL CONTEXTO BÍBLICO

El nuevo mensaje del Rey estaba íntimamente relacionado con el mensaje del Antiguo Testamento, del cual era en realidad una reafirmación. Pero el énfasis del evangelio (que significa "buenas nuevas") era radicalmente distinto del entendimiento actual del Antiguo Testamento y representaba una asombrosa aclaración de lo que Moisés, David, los profetas, y otros escritores inspirados de la Palabra de Dios habían revelado. Además de eso, el mensaje de Cristo golpeó con mucha fuerza la tradición judía de la época.

El último mensaje en el Antiguo Testamento es: "El hará volver el corazón de los padres hacia los hijos, y el corazón de los hijos hacia los padres, no sea que yo venga y hiera la tierra con maldición" (Mal. 4:6). Por el contrario, este primer gran sermón del Nuevo Testamento empieza con una serie de bendiciones a las que llamamos las Bienaventuranzas (5:3-12). El Antiguo Testamento termina con el anuncio de una maldición; el Nuevo Testamento comienza con la promesa de bendición. El Antiguo Testamento se identificó con el monte Sinaí, con su ley, sus truenos y relámpagos, y con sus advertencias de juicio y maldición. El Nuevo Testamento se identifica con el monte Sion, con su gracia, su salvación y sanidad, y con sus promesas de paz y bendición (cp. He. 12:18-24).

La ley del Antiguo Testamento demuestra la necesidad de salvación para el ser humano, y el mensaje del Nuevo Testamento ofrece al Salvador, al Señor Jesucristo. A fin de que el pueblo reconociera su pecado, nuestro Señor tenía que empezar con una apropiada presentación de la ley, para luego ofrecer la oferta de salvación. El Sermón del Monte aclara las razones de la maldición y muestra que el hombre no tiene justicia que pueda sobrevivir al escrutinio de Dios. El nuevo mensaje ofrece bendición, y esa es la oferta inicial del Señor.

Sin embargo, según se desarrollará en el próximo capítulo, la felicidad que Cristo ofrece no depende del esfuerzo propio ni de justicia propia, sino de la nueva naturaleza que Dios da. En el Hijo de Dios el hombre llega a ser partícipe de la misma naturaleza de Dios, que se caracteriza por la justicia verdadera y su consecuencia: bienaventuranza, es decir felicidad. ¡En Cristo participamos de la misma dicha de Dios mismo! Ese el tipo y grado de satisfacción que Dios desea que sus hijos disfruten, la propia paz y felicidad que Él goza. Por tanto, el Señor comienza con la oferta de bienaventuranza y luego procede a demostrar que la justicia humana no puede producirla, tal como creían los judíos. La buena noticia es de bendición. La mala noticia es que el hombre no puede obtener dicha bendición, sin importar arrogante moral o religioso pretenda ser.

El Antiguo Testamento es el libro de Adán, cuya historia es trágica. Adán no solo fue el primer hombre sobre la tierra sino el primer rey. Se le dio dominio sobre toda la tierra para someterla y gobernarla (Gn. 1:28). Pero ese primer monarca cayó poco después de empezar a gobernar, y su caída trajo una maldición, la maldición con la que el Antiguo Testamento empieza y termina.

El Nuevo Testamento empieza con la presentación del nuevo Hombre soberano, Aquel que no caerá y que trae bendición en lugar de maldición. El segundo Adán también es el último Adán, y tras Él no vendrá ningún otro gobernante, ningún otro soberano. El primer rey pecó y dejó una maldición; el segundo Rey no tuvo pecado y deja una bendición. Tal como un escritor declara, el primer Adán fue probado en un hermoso huerto y falló; el último Adán fue probado en un desierto amenazador y triunfó. Puesto que el primer Adán era ladrón, fue expulsado del paraíso; pero el último Adán se volvió hacia un ladrón en una cruz y le expresó: "Hoy estarás conmigo en el paraíso" (Lc. 23:43). El Antiguo Testamento, el libro de las generaciones de Adán, termina con una maldición; el Nuevo Testamento, el libro de las generaciones de Jesucristo, termina con la promesa: "No habrá más maldición" (Ap. 22:3). El Antiguo Testamento entrega la ley para mostrar al hombre en su miseria, y el Nuevo Testamento ofrece vida para mostrar al hombre en su dicha.

En Jesucristo nace una nueva realidad en la historia. Un nuevo Hombre, un nuevo Rey de la tierra, viene a revertir la terrible maldición del primer rey. El Sermón del Monte es la revelación magistral del gran Rey, y ofrece bendición en lugar de maldición para los que aceptan los términos de la verdadera justicia de Él.

EL CONTEXTO POLÍTICO

La mayoría de judíos de la época de Jesús esperaba antes que nada que el Mesías fuera un líder militar y político que los liberaría del yugo de Roma y establecería un próspero reino judío que guiaría el mundo. Él sería más grande que cualquier rey, dirigente o profeta en la historia. Después que de manera milagrosa Jesús alimentara a la multitud al otro lado del lago de Galilea, el pueblo trató de "apoderarse de él y hacerle rey" (Jn. 6:15). Esta gente vio a Jesús como el líder esperado de un gran estado de bienestar en el que hasta las necesidades físicas rutinarias serían satisfechas. Pero Jesús no iba a dejarse confundir con ese tipo de rey, y desapareció de la multitud. Más tarde, cuando Pilato le preguntó a Jesús: "¿Eres tú el Rey de los judíos?" (Jn. 18:33), el Señor contestó: "Mi reino no es de este mundo; si mi reino fuera de este mundo, mis servidores pelearían para que yo no fuera entregado a los judíos; pero mi reino no es de aquí" (v. 36).

La idea clave del Sermón del Monte es que el mensaje y la obra del Rey son ante todo internas y no externas, y espirituales y morales en lugar de físicas y políticas. Aquí no vemos reforma social o política. La preocupación de Él radica en lo que los hombres son, porque lo que son determina lo que hacen.

Los ideales y principios en el Sermón del Monte son totalmente opuestos a los de sociedades y gobiernos humanos. En el reino de Cristo las personas más exaltadas son las más humildes según la estimación del mundo, y viceversa. Jesús declaró que Juan el Bautista era el hombre más grande que jamás había vivido hasta ese momento. Pero Juan no tenía posesiones ni hogar, vivía en el desierto, vestía una prenda de cuero, y comía langostas y miel silvestre. No formaba parte del sistema religioso, y no tenía poder económico, militar o político. Además de eso, predicaba un mensaje que a los ojos del mundo era totalmente irrelevante y absurdo. Según la norma del mundo Juan era un desadaptado y fracasado. Sin embargo, recibió el mayor elogio del Señor.

En el reino de Jesús los que son menos resultan ser más grandes incluso que Juan el Bautista (Mt. 11:11). Estos son descritos en este sermón como humildes, compasivos, mansos, con anhelos de justicia, misericordiosos, puros de corazón, pacificadores, y perseguidos por la misma justicia que practican. Ante los ojos del mundo dichas características son distintivos de los perdedores. El mundo afirma: "Hazte valer, saca la cara por ti mismo, enorgullécete de ti, ensálzate, defiéndete, véngate, sírvete". Esos son los rasgos más valorados por los habitantes y reinos del mundo.

EL CONTEXTO RELIGIOSO

Jesús vivió en una sociedad religiosa muy compleja que incluía a muchos profesionales religiosos. Esos profesionales conformaban cuatro grupos principales: fariseos, saduceos, esenios y zelotes. En este momento solo es necesario presentar brevemente a estos grupos. Capítulos posteriores desarrollarán más sus rasgos distintivos.

Los fariseos creían que la religión correcta constaba de leyes divinas y tradición humana. Su principal interés era la observancia meticulosa de la ley mosaica, y de cada detalle insignificante de las tradiciones transmitidas por varios rabinos a lo largo de los siglos. Se centraban en la adhesión a las leyes del pasado.

Los saduceos se enfocaban en el presente. Eran los liberales religiosos que descartaban la mayoría de aspectos sobrenaturales y que modificaban tanto las

Escrituras como la tradición, a fin de que calzaran en la propia filosofía religiosa que preservaban.

Los esenios eran ascetas que creían que la religión correcta significaba separación del resto de la sociedad. Llevaban vidas austeras en regiones remotas y áridas tales como Qumrán, en la costa noroeste del Mar Muerto.

Los zelotes eran nacionalistas fanáticos que creían que la religión correcta se centraba en activismo político radical. Estos judíos revolucionarios menospreciaban a sus compañeros judíos que no tomaban las armas en contra de Roma.

En esencia los fariseos decían: "Retrocedamos"; los saduceos declaraban: "Avancemos"; los esenios manifestaban: "Escondámonos"; y los zelotes gritaban: "Ataquemos". Los fariseos eran tradicionalistas, los saduceos eran modernistas, los esenios eran separatistas, y los zelotes eran activistas. Todos ellos representaban los mismos tipos principales de facciones religiosas que son comunes hoy día.

Pero el mensaje de Jesús no tenía nada que ver con ninguna de esas tendencias. A los fariseos les dijo que la verdadera espiritualidad es interna, no externa. A los saduceos les declaró que las cosas se hacen a la manera de Dios, no a la manera del hombre. A los esenios les explicó que lo que Él pide es asunto del corazón, no del cuerpo. A los zelotes les expresó que la situación tiene que ver con adoración, no con revolución. La idea central del mensaje de Jesús a cada grupo y a cada persona, de cualquier creencia o inclinación, era que el camino de su reino es primero y ante todo un asunto del interior, es decir del alma. Ese es el enfoque central del Sermón del Monte. La verdadera religión en el reino de Dios no es una cuestión de ritual, de filosofía, de ubicación, o de poderío militar, sino de actitud correcta hacia Dios y las demás personas. El Señor lo resumió en estas palabras: "Os digo que si vuestra justicia no fuere mayor que la de los escribas y fariseos, no entraréis en el reino de los cielos" (5:20).

El mensaje dominante del Sermón del Monte es que no debemos buscar consuelo solamente en la teología correcta, mucho menos en la filosofía contemporánea, en la separación geográfica, o en el activismo militar y político. La teología correcta es esencial; así como también lo es ser contemporáneos en la manera correcta, separándonos de lo mundano y adoptando una posición en asuntos morales. Pero si han de servir y agradar a Dios, tales asuntos externos deben fluir de una vida y de actitudes internas correctas. Esa siempre ha sido la manera de Dios. Él le dijo a Samuel: "Jehová no mira lo que mira el hombre; pues el hombre mira lo que está delante de sus ojos, pero Jehová mira el corazón" (1 S. 16:7). En Proverbios la sabiduría declara: "Sobre toda cosa guardada, guarda tu corazón; porque de él mana la vida" (4:23).

Cuando los fariseos con quienes Jesús estaba almorzando se molestaron porque Él no se lavó ceremonialmente las manos antes de comer, Jesús manifestó: "Ahora bien, vosotros los fariseos limpiáis lo de fuera del vaso y del plato, pero por dentro estáis llenos de rapacidad y de maldad. Necios, ¿el que hizo lo de fuera, no hizo también lo de adentro? Pero dad limosna de lo que tenéis, y entonces todo os será limpio" (Lc. 11:39-41). Ese fue el mensaje de Jesús para cada secta del judaísmo.

IMPORTANCIA

A la luz de las verdades anteriores podemos ver al menos cinco razones de por qué el Sermón del Monte es importante. Primera, muestra la absoluta necesidad del nuevo nacimiento. Sus normas son muchísimo más elevadas y exigentes como para ser cumplidas por medio del poder humano. Solo aquellos que participan de la naturaleza de Dios a través de Jesucristo pueden cumplir tales exigencias. Las normas del Sermón del Monte van mucho más allá de las de la ley de Moisés ya que exigen no solo acciones justas sino actitudes justas. Demandan no solo que los hombres *hagan* lo correcto, sino que *sean* rectos. Ninguna parte de la Biblia muestra más claramente la desesperada situación del ser humano sin Dios.

Segunda, el sermón tiene la intención de llevar al oyente a Jesucristo como la única esperanza que el hombre tiene de cumplir las normas de Dios. Si no puede vivir de acuerdo a la norma divina necesita un poder sobrenatural que le permita hacerlo. La respuesta apropiada al sermón lleva a Cristo.

Tercera, el sermón ofrece el patrón de Dios para la felicidad y el éxito verdaderos. Da a conocer las normas, las metas y las motivaciones que con la ayuda de Dios llevarán a cabo lo que Dios ha diseñado que el hombre sea. Aquí encontramos el camino del gozo, la paz y el contentamiento.

Cuarta, el sermón es quizás el mayor recurso bíblico para testificar a fin de alcanzar a otros para Cristo. Un cristiano que personifica estos principios de Jesús será un imán espiritual que atraerá a otros al Señor, quien les dará el poder para vivir como ese cristiano vive. La vida obediente a los principios del Sermón del Monte es la herramienta más grande que la Iglesia tiene para evangelizar.

Quinta, la vida obediente a las máximas de esta proclamación es la única existencia agradable a Dios. Esa es la razón más exaltada del creyente para seguir la enseñanza de Jesús: que es del agrado de Dios.

EL ESCENARIO

Viendo la multitud, subió al monte; y sentándose, vinieron a él sus discípulos. (5:1)

A Jesús siempre le interesaron las multitudes, por las que tenía gran compasión, ya sea que estuvieran "desamparadas y dispersas" (Mt. 9:36), enfermas (14:14; cp. 4:23), hambrientas (15:32), o en cualquier otra necesidad. Ya fuera que las personas estuvieran físicamente enfermas o sanas, emocionalmente estables o endemoniadas, económicamente pobres o ricas, políticamente oprimidas o poderosas, religiosamente insignificantes o influyentes, intelectualmente ignorantes o educadas, Jesús tuvo compasión de ellas. Jesús atrajo a todos los estratos de personas porque las amó a todas.

Todo lo que Jesús expresó en esta ocasión lo manifestó de manera pública a **la multitud** (cp. 7:28-29). Su intención era llevar a las personas a que reconocieran su pecado, y por tanto la necesidad de un Salvador, el cual Él había venido a ser. A menos que creyeran en Jesús, las exigencias del sermón solo podían mostrarles cuán lejos estaban de cumplir las normas de Dios. Este magistral sermón evange-lístico está diseñado para confrontar a la humanidad con su desesperada condi-ción de pecaminosidad.

EL PREDICADOR

Jesús, **viendo la multitud, subió al monte; y se** sentó. El propio Hijo de Dios pronunció el sermón. El Predicador más grande que jamás ha vivido predicó el sermón más grande jamás predicado. "Cuando terminó Jesús estas palabras, la gente se admiraba de su doctrina; porque les enseñaba como quien tiene autoridad, y no como los escribas" (7:28-29). Él no citó ninguna fuente, ni rabi-nos antiguos, ni tradición venerada. Lo que declaró lo expresó por su propia autoridad. Eso era algo inaudito entre los judíos, quienes siempre derivaban su autoridad de fuentes reconocidas.

El Sermón del Monte es el modelo supremo de buena predicación, una obra maestra homilética. De manera hermosa y poderosa fluye desde la introducción (5:3-12) al primer punto (los ciudadanos del reino, 5:13-16), al segundo punto (la justicia del reino, 5:17—7:12), al tercer punto (la exhortación para entrar al reino, 7:13-27), y hasta la conclusión (el efecto del sermón sobre sus oyentes, 7:28-29). Las transiciones de punto en punto son claras e inconfundibles.

Al inicio del ministerio de Ezequiel, el Señor le dijo: "Haré que se pegue tu len-gua a tu paladar, y estarás mudo, y no serás a ellos varón que reprende; porque son casa rebelde" (Ez. 3:26). Mucho después el mismo profeta atestiguó: "Y la mano de Jehová había sido sobre mí la tarde antes de llegar el fugitivo, y había abierto mi boca, hasta que vino a mí por la mañana; y abrió mi boca, y ya no más estuve callado" (33:22). Al igual que Ezequiel, Jesús no exhibió su verdad, su sabiduría y su poder hasta que llegó el momento en la voluntad soberana de Dios de que lo hiciera.

LA UBICACIÓN

El santuario para el sermón más fabuloso jamás predicado fue el **monte.** Por lo que sabemos, este monte (en realidad una gran colina) no tenía nombre hasta que Jesús predicó allí. Hasta entonces solo había sido una de las muchas colinas que ascienden suavemente desde la orilla norte del mar de Galilea. La que había sido tan solo *un* monte entre muchos otros se convirtió ahora en el **monte,** santificado y apartado por la presencia del Señor. Durante muchos siglos al sitio tradicional se le ha llamado el monte de las Bienaventuranzas.

EL ESTILO

Era frecuente que un rabino se sentara cuando enseñaba. Si hablaba estando de pie o caminando, lo que decía se consideraba informal y no oficial. Pero cuando se sentaba, lo que decía era algo serio y oficial. Incluso hoy día hablamos de profe-sores que ostentan una "cátedra" en una universidad, lo cual significa la posición de honor de quienes enseñan. Cuando el papa católico romano hace un pronun-ciamiento oficial, se dice que habla ex cátedra, que literalmente significa hablar desde su silla. Cuando Jesús se sentó y pronunció el Sermón del Monte, habló desde su cátedra divina con autoridad absoluta como el Rey soberano.

Según se mencionó antes, la multitud fue una audiencia importante para este sermón evangelístico. Pero, a menos que estas personas pertenecieran a Jesús, no podían seguir ni aplicar las normas de vida espiritual que Él proveyó aquí.

Que vinieran **a él sus discípulos** indica que también estos eran parte de la audiencia del Señor. Es más, los doce eran los únicos en ese tiempo que, hasta un punto real, podían conocer la bienaventuranza de la que Él habló y también seguir el camino perfecto de justicia que Él estableció. Ellos eran los únicos que habían participado de la presencia y del divino poder, absolutamente necesarios para obedecer la perfecta voluntad de Dios. Por tanto, el sermón no solo mostró a las multitudes la norma de justicia de Dios que estas multitudes no podían cumplir, sino que también mostró a los discípulos la norma posible que ahora podían cumplir debido a la venida del Señor y a la fe de ellos en Él.

Un arzobispo de la iglesia de Inglaterra comentó una vez que sería imposible conducir los asuntos de Gran Bretaña basándose en el Sermón del Monte, porque la nación no era leal al Rey. El sermón del Rey lo pueden entender y seguir únicamente los súbitos fieles del Soberano.

El famoso historiador Will Durant afirmó que en cualquier generación dada solo un puñado de personas deja en el mundo una huella que dura más que unos cuantos años. Durant declaró que el individuo que está por sobre todos los demás es Jesucristo. Sin ninguna duda, Jesús ha tenido la influencia más poderosa y permanente en el pensamiento de la humanidad. Sin embargo, el historiador siguió diciendo que las enseñanzas del Señor no han tenido un efecto correspondiente en las acciones del ser humano.

Tratar de aplicar las enseñanzas de Jesús sin recibirlo como Señor y Salvador es algo inútil. Por ejemplo, los que promueven el evangelio social procurando instaurar las enseñanzas de Jesús aparte de su obra salvadora y regeneradora, demuestran simplemente que los principios del Señor no pueden obrar en quienes no tienen una naturaleza transformada; por eso en ellos no mora el poder de Dios. Nadie puede comportarse como Cristo a menos que se vuelva como Cristo. Los que no aman al Rey no pueden ser como el Rey.

EL CONTENIDO

Y abriendo su boca les enseñaba, diciendo: (5:2)

Que Mateo nos diga que Jesús abrió **su boca** mientras **les enseñaba** a sus discípulos no constituye una afirmación superflua de lo obvio; se trata de un coloquialismo común usado para presentar un mensaje especialmente solemne e importante. También se usa para indicar participación o testimonio íntimo y sincero. El sermón de Jesús fue a la vez serio e íntimo, un tema de suma importancia que fue pronunciado con el máximo interés.

A lo largo de esta enseñanza nuestro Señor establece una norma de vida contraria a todo lo que el mundo practica y aprecia. Vivir por las normas que Él entrega aquí es llevar una vida de felicidad bendecida. Aquí se nos muestra un enfoque de vida totalmente nuevo que da como resultado gozo en lugar de desesperación, y paz en vez de conflicto, una paz que el mundo no entiende ni puede disfrutar (Jn. 14:27; Fil. 4:7). Se trata de una dicha no producida por el mundo o por las circunstancias, y que ni el mundo ni las circunstancias pueden quitar. No se produce por fuera ni puede destruirse de modo externo.

Debido a sus demandas al parecer imposibles, muchos evangélicos sostienen que el Sermón del Monte pertenece solo a la era del reino, el milenio. De lo contrario, argumentan, ¿cómo pudo Jesús ordenar que seamos perfectos exactamente como nuestro "Padre que está en los cielos es perfecto" (Mt. 5:48)? Sin embargo, esa interpretación no puede ser correcta por varias razones. Primera, el texto no indica ni sugiere que dichas enseñanzas sean para otra era. Segunda, Jesús las demandó de personas que no estaban viviendo en el milenio. Tercera, muchas de las enseñanzas no tendrían sentido si se aplicaran al milenio. Durante la era del reino, por ejemplo, no habrá persecución a los creyentes (véase 5:10-12, 44). Cuarta, todo principio enseñado en el Sermón del Monte también se enseña en otras partes del Nuevo Testamento en contextos que claramente se aplican a creyentes de nuestra era actual. Quinta, hay muchos pasajes del Nuevo Testamento que mandan normas igualmente imposibles, que fuerzas humanas no glorificadas no pueden cumplir continuamente (véase Ro. 13:14; 2 Co. 7:1; Fil. 1:9-10; Col. 3:1-2; He. 12:14; 1 P. 1:15-16).

Las enseñanzas del Sermón del Monte son para creyentes de hoy y marcan el estilo distintivo de vida que debe caracterizar la dirección, si no la perfección, de las vidas de los cristianos de toda época. Por desgracia, tales normas no siempre caracterizan a los cristianos. Las normas y las metas del mundo muy a menudo han absorbido a los creyentes y los han conformado a su propia imagen, metiéndolos en sus propios moldes (Ro. 12:2).

La nueva manera de vivir de Jesús viene de un nuevo modo de pensar, y el nuevo modo de pensar viene de una vida nueva. Aquí se hallan las normas de Dios para aquellos creados a la propia imagen de Él, los que han vuelto a nacer según la imagen del propio Hijo amado de Dios (Ro. 8:29; 1 Co. 15:49; 2 Co. 3:18). Quienes no siguen tales normas como dirección general de vida no muestran una justicia aceptable (Mt. 5:20).

¿Quién sabe más de un producto que el fabricante? Cuando compramos una nueva herramienta o un electrodoméstico nuevo lo primero sensato que debemos hacer es leer el manual del propietario. El fabricante imprime esos manuales para explicar lo que según su diseño el artículo puede y no puede hacer, cómo se debe cuidar, qué limitaciones tiene, etc. Dios ha creado a todo ser humano, pero pocos se vuelven a su Hacedor con el fin de encontrar significado, propósito y realización en sus vidas. Son pocos los que se vuelven a Dios para aprender el modo en que deben vivir y cómo deben cuidar de sí mismos, es decir, cómo pueden funcionar de forma adecuada y con felicidad según la manera en que fueron diseñados.

Tal como el mismo Sermón del Monte deja en claro, los cambios internos también producen cambios externos. Cuando nuestras actitudes y nuestros pensamientos son los correctos, nuestras acciones lo evidencian. Si nuestra vida interior no mejora nuestra vida exterior, nuestra vida interior es deficiente o inexistente. Santiago declara: "la fe sin obras es muerta" (Stg. 2:20). Pablo nos dice que somos "creados en Cristo Jesús para buenas obras, las cuales Dios preparó de antemano para que anduviésemos en ellas" (Ef. 2:10).

No obstante, la vida exterior verdadera solo puede ser producida por una vida interior verdadera. David Martyn Lloyd-Jones compara la vida cristiana con tocar música. Una persona puede tocar con precisión y sin un solo error la sonata de Beethoven *Claro de luna,* pero en realidad podría no estar tocando lo que el compositor tenía en mente. Aunque las notas se toquen de modo correcto, es probable que no produzcan la sonata. El pianista puede pulsar de modo mecánico las notas correctas en el tiempo correcto, pero no alcanzar la esencia, es decir el alma de la composición. Él podría no estar expresando en absoluto lo que Beethoven quería que se expresara. El artista verdadero debe tocar las notas correctas en el tiempo correcto, pues no está exento de las reglas y los principios de la música. Sin embargo, tocar con precisión no es lo que lo hace un gran músico. Es la expresión de lo que yace detrás de las notas lo que cautiva a los oyentes. De igual modo, a los cristianos fieles les inquietará la letra de la Palabra de Dios; pero más allá de eso también les preocupará el espíritu, el anhelo y el propósito más profundos que yacen detrás de la letra. Todo ese interés revela un corazón obediente, lleno del deseo de glorificar al Señor.

Afirmar que se sigue el espíritu sin obedecer la letra es ser mentirosos. Seguir la letra sin seguir el espíritu es ser hipócritas. Seguir el espíritu en la actitud adecuada y la letra en la acción adecuada es ser fieles hijos de Dios y súbditos leales del Rey.

Dichosos los humildes

13

Bienaventurados los pobres en espíritu, porque de ellos es el reino de los cielos. (5:3)

LAS BIENAVENTURANZAS

A la serie de bendiciones condicionales prometidas en Mateo 5:3-12 por mucho tiempo se les ha llamado las Bienaventuranzas, un nombre derivado del latín y que se refiere a un estado de felicidad o dicha. Jesús presenta la posibilidad de que la gente sea verdaderamente bienaventurada, y la felicidad disponible es el tema inicial del Sermón del Monte. Muchas personas, incluso algunos cristianos, encuentran eso difícil de creer. ¿Cómo podría un mensaje tan exigente e imposible como el Sermón del Monte tener como objetivo hacer feliz a la gente? Sin embargo, el primer y más fabuloso sermón predicado por Jesucristo empieza con el tema rotundo y repetido de la felicidad, un comienzo adecuado para las "buenas nuevas" del Nuevo Testamento.

Lejos de ser el aguafiestas, de lo que muchos acusan a Dios, Él desea salvar a los hombres de su trágica perdición, darles poder para obedecer la voluntad divina, y hacerlos felices. En este gran sermón el Hijo establece de manera cuidadosa y clara el camino de la bendición para quienes vienen a Él.

Makarios (**bienaventurados**) significa felices, afortunados, dichosos. Homero usó la palabra para describir a un hombre acaudalado, y Platón la usó para alguien que tiene éxito en los negocios. Tanto Homero como Hesíodo hablaron de que los dioses griegos eran felices (*makarios*) dentro de sí mismos, porque no les afectaba el mundo de los hombres, los cuales estaban sujetos a la pobreza, la enfermedad, la debilidad, la desgracia y la muerte. Por tanto, el significado pleno del término tenía que ver con un gozo interior que no se ve afectado por las circunstancias. Este es el tipo de felicidad que Dios desea para sus hijos, un estado de deleite y bienestar que no depende de circunstancias físicas temporales (cp. Fil. 4:11-13).

La palabra **bienaventurados** a menudo se usa respecto a Dios mismo, como cuando David terminó uno de sus salmos con la declaración: "Bendito [o bienaventurado] sea Dios" (Sal. 68:35). Su hijo Salomón cantó: "Bendito Jehová Dios, el Dios de Israel, el único que hace maravillas" (Sal. 72:18). Pablo se refirió al "glorioso evangelio del Dios bendito" (1 Ti. 1:11) y a que Jesucristo es "el bienaventurado y solo Soberano, Rey de reyes, y Señor de señores" (6:15). La bienaventuranza es una característica de Dios, y puede ser característica de los hombres solo cuando participan de la naturaleza de Dios. No existe bienaventuranza ni perfecto regocijo y deleite del tipo que Jesús habla aquí, excepto para quienes llegamos a tener una relación personal con Él, a través de cuyas "preciosas y grandísimas promesas" llegamos "a ser participantes de la naturaleza divina" (2 P. 1:4).

Debido a que la bienaventuranza es fundamentalmente un elemento del carácter de Dios, cuando los seres humanos participan de la naturaleza divina por medio de Jesucristo, participan también de su bendición. Por tanto, resulta evidente en el mismo inicio del Sermón del Monte que Jesús está hablando de una realidad que solo es para creyentes. Otros pueden ver las normas del reino y obtener un reflejo de las bendiciones del reino, pero solo aquellos que pertenecen al reino tienen la promesa de recibir y experimentar las bendiciones. Ser **bienaventurados** no es un sentimiento superficial de bienestar basado en las circunstancias, sino una profunda experiencia sobrenatural de contentamiento basada en el hecho de que nuestra vida está bien con Dios. La bienaventuranza se basa en una realidad objetiva, materializada en el milagro de la transformación hacia una naturaleza nueva y divina.

Las Bienaventuranzas parecen paradójicas. Las condiciones y sus bendiciones correspondientes no parecen armonizar. Según normas humanas normales, aspectos tales como pobreza de espíritu, tristeza, mansedumbre, hambre y sed de justicia, misericordia y persecución no son los elementos que conforman la felicidad. Al hombre natural, y al cristiano inmaduro o carnal, tal felicidad les parece algo así como sufrimiento con otro nombre. Tal como un comentarista ha observado, es como si Jesús hubiera entrado a la gran vitrina de la vida y hubiera cambiado todas las etiquetas de precios.

En cierto modo, la felicidad *es* sufrimiento con otro nombre; Jesús sí *ha* cambiado las etiquetas de precios. Él enseña que el sufrimiento soportado por el propósito correcto en la manera correcta *es* la clave de la felicidad. Ese principio básico resume las Bienaventuranzas. El mundo declara: "Felices son los ricos, los nobles, los triunfadores, los machos, los glamorosos, los populares, los famosos, los agresivos". Pero el mensaje del Rey no calza en las normas del mundo, porque el reino de Él no es de este mundo sino del cielo. Su camino a la felicidad, que es el único camino hacia la prosperidad verdadera, toma una senda muy distinta.

Séneca, el filósofo romano del siglo I que fue maestro de Nerón, escribió sabiamente: "¿Qué es más vergonzoso que igualar lo bueno del alma racional con lo que es irracional?". Su planteamiento era que no podemos satisfacer una necesidad racional y personal con un objeto irracional e impersonal. Las cosas externas no pueden satisfacer las necesidades internas.

No obstante, esa es precisamente la filosofía del mundo: las cosas satisfacen. Adquirir cosas trae felicidad, lograr objetivos produce significado, hacer cosas atrae satisfacción.

Salomón, el más sabio y magnífico de los reyes antiguos, buscó durante muchos años el camino del mundo hacia la felicidad. Le corría por sus venas la sangre real de su padre David. Tuvo enormes cantidades de oro y joyas, e hizo "que en Jerusalén la plata llegara a ser como piedras" (1 R. 10:27). Tuvo flotas de barcos y establos llenos con miles de los caballos más finos. Tuvo cientos de esposas, seleccionadas de entre las mujeres más hermosas de muchas tierras. Comía los alimentos más suntuosos en las vajillas más finas en los palacios más elegantes con las personas más distinguidas. Fue aclamado a lo largo del mundo por su sabiduría, poder y riqueza. Salomón debería haber sido muy feliz. Sin embargo, ese rey tan fabuloso y bendecido según normas terrestres llegó a la conclusión de que su vida no tenía propósito y se hallaba vacía. El tema de Eclesiastés, el testimonio personal de Salomón sobre la situación humana, es "vanidad de vanidades, todo es vanidad. ¿Qué provecho tiene el hombre de todo su trabajo con que se afana debajo del sol?" (1:2-3).

Jesús vino para anunciar que el árbol de la felicidad no puede crecer en una tierra maldita. Las cosas terrenales ni siquiera pueden producir felicidad terrenal duradera, mucho menos felicidad eterna. Jesús advirtió: "Mirad, y guardaos de toda avaricia; porque la vida del hombre no consiste en la abundancia de los bienes que posee" (Lc. 12:15). Las cosas físicas simplemente no pueden tocar el alma, el ser interior.

Cabe señalar que lo contrario también es cierto: las cosas espirituales no pueden satisfacer necesidades físicas. Cuando alguien tiene hambre necesita comida, no una conferencia sobre la gracia. Cuando está herido necesita atención médica, no consejo moral. La verdadera preocupación espiritual por tales personas se expresará antes que nada en proveer para sus necesidades físicas. "El que tiene bienes de este mundo y ve a su hermano tener necesidad, y cierra contra él su corazón, ¿cómo mora el amor de Dios en él?" (1 Jn. 3:17).

Pero el peligro común es tratar de suplir casi *toda* necesidad con cosas físicas. Esa filosofía es tan inútil como antibíblica. Cuando el rey Saúl estaba angustiado, sus joyas y su ejército no pudieron ayudarlo. Mientras el rey Belsasar ofrecía una gran fiesta con sus príncipes, sus mujeres y sus concubinas, de repente vio un escrito sobre la pared: "MENE, MENE, TEKEL, UPARSIN". El rey estaba tan aterrado que "palideció, y sus pensamientos lo turbaron, y se debilitaron sus lomos, y sus rodillas daban la una contra la otra". Su poder militar, sus influyentes aliados y sus grandes posesiones no pudieron darle consuelo (Dn. 5:3-6, 25).

El gran santo puritano Thomas Watson escribió: "Las cosas del mundo no bloquearán la tribulación del espíritu más de lo que un candelabro de papel bloqueará una bala. Los deleites mundanos tienen alas. Pueden compararse con una bandada de aves en el huerto, que se quedan por poco tiempo pero que al acercárseles levantan el vuelo y se van. Así mismo las riquezas tienen alas, y volarán como un águila hacia el cielo" (*The Beatitudes* [Edinburgh: Banner of Truth Trust, 1971], p. 27). El escritor de Proverbios declaró: "No te afanes por hacerte rico; sé prudente, y desiste. ¿Has de poner tus ojos en las riquezas, siendo ningunas? Porque se harán alas como alas de águila, y volarán al cielo" (Pr. 23:4-5).

Tristemente, muchos predicadores, maestros y escritores de hoy "a los cuales es preciso tapar la boca" (Tit. 1:11) están transmitiendo filosofía mundana en el nombre del cristianismo, y afirman que la fidelidad a Cristo garantiza prosperidad, salud, riqueza, éxito y prestigio. Pero Jesús no enseñó tal irrealidad. Lo que enseñó estaba más cerca de lo opuesto. Él advirtió que los beneficios físicos y mundanos muy a menudo limitan la verdadera felicidad. Las cosas del mundo se convierten en alimento para el orgullo, la lujuria y la satisfacción personal, que son enemigos no solo de la justicia sino de la felicidad. Jesús dijo: "El afán de este siglo y el engaño de las riquezas ahogan la palabra, y se hace infructuosa" (Mt. 13:22).

Esperar felicidad de las cosas de este mundo es como buscar a los vivos entre los muertos, tal como las mujeres buscaban a Cristo en la tumba del huerto esa primera mañana de Pascua. Los ángeles dijeron a las mujeres: "No está aquí, sino que ha resucitado" (Lc. 24:6). Pablo afirmó: "Si, pues, habéis resucitado con Cristo, buscad las cosas de arriba, donde está Cristo sentado a la diestra de Dios. Poned la mira en las cosas de arriba, no en las de la tierra" (Col. 3:1-2). Juan aseveró: "No améis al mundo, ni las cosas que están en el mundo…. Y el mundo pasa, y sus deseos; pero el que hace la voluntad de Dios permanece para siempre" (1 Jn. 2:15, 17).

La verdadera felicidad está en un nivel más alto que cualquier cosa en el mundo, y es a ese nivel que el Sermón del Monte nos lleva. He aquí una manera totalmente nueva de vivir, basada en una forma completamente nueva de pensar. Esta es una realidad basada en una nueva manera de ser. La norma de la justicia, y por consiguiente la norma de la felicidad, es la norma del desinterés, una norma que es totalmente opuesta a los impulsos caídos y la naturaleza no regenerada del ser humano.

Es imposible seguir la nueva manera de vivir de Jesús sin tener en el interior su nueva vida. Como alguien ha sugerido, en nuestros días muy bien se podría tratar de cumplir la profecía de Isaías de que en el milenio el lobo, el cordero, el leopardo, el cabrito, el león y la vaca vivirán pacíficamente juntos (Is. 11:6-7). Si vamos a un zoológico y le damos a un león una conferencia sobre la nueva manera pacífica en que se esperaría que viviera, y luego metemos a un cordero en la jaula con él, sabemos exactamente qué sucederá tan pronto como el león tenga hambre. No yacerá pacíficamente con el cordero hasta el día en que la naturaleza del león sea cambiada.

Es importante recordar que las Bienaventuranzas son pronunciamientos, no probabilidades. Jesús no dice que si los hombres tienen las cualidades de humildad y mansedumbre, etc., es más probable que sean felices. Tampoco la felicidad es simplemente el deseo de Jesús para sus discípulos. Las Bienaventuranzas son pronunciamientos de juicio divino, con tanta seguridad como lo son las "desgracias" del capítulo 23. *Makarios* es en realidad lo opuesto de *¡ay!*, una interjección que connota dolor o calamidad. Lo opuesto de la vida bendecida es la vida maldita. La vida bendecida está representada por la verdadera justicia interior de aquellos que son **pobres en espíritu**, o humildes, mientras la vida maldita está representada por la justicia propia externa e hipócrita de los religiosos altivos (5:20).

Las Bienaventuranzas son progresivas. Como veremos a medida que estudiemos en detalle cada una de ellas, no están en orden aleatorio o casual. Cada una lleva a la otra en sucesión lógica. Ser pobre en espíritu refleja la actitud correcta que debemos tener frente a nuestra condición pecadora, que entonces debería llevarnos a llorar, a ser mansos y moderados, a tener hambre y sed de justicia, a ser compasivos, a ser limpios de corazón, y a tener un espíritu pacificador. Un cristiano que tenga todas esas cualidades estará tan por encima del nivel del mundo, que su vida reprenderá al mundo, lo cual traerá persecución de parte del mundo (5:10-12) así como luz para el mundo (vv. 14-16).

POBRES EN ESPÍRITU

Bienaventurados los pobres en espíritu, porque de ellos es el reino de los cielos. (5:3)

El estudio de esta primera bienaventuranza exige verla desde cinco perspectivas: significado de ser **pobres en espíritu,** ubicación de esta virtud en la lista, manera de lograr esa actitud, cómo saber si tenemos dicha actitud, y el resultado prometido por tenerla.

SIGNIFICADO DE SER POBRES EN ESPÍRITU

Ptōchos (**pobres**) viene de un verbo que significa "encogerse, acobardarse, o rebajarse", como a menudo hacían los pordioseros en esa época. El griego clásico usa la palabra para referirse a una persona reducida a la miseria total, que mendigaba agachado en una esquina. Mientras estiraba una mano para implorar las limosnas a menudo ocultaba el rostro con la otra mano, porque estaba avergonzado de ser reconocido. El vocablo no significa simplemente hombre pobre, pordiosero pobre. Se usa en Lucas 16:20 para describir al mendigo Lázaro.

La palabra que comúnmente se usaba para pobreza normal era *penichros,* y se usa para la viuda que Jesús vio dando una ofrenda en el templo. Ella tenía muy poco, pero contaba con "dos blancas" o monedas pequeñas de cobre (Lc. 21:2). La mujer era pobre pero no mendigaba. Alguien que es pobre *penichros* tiene al menos algunos recursos escasos. Sin embargo, quien es pobre *ptōchos* depende completamente de otros para su sustento. No tiene absolutamente ningún medio de ayuda personal.

Debido a una declaración similar en Lucas 6:20 ("Bienaventurados vosotros los pobres, porque vuestro es el reino de Dios"), algunos intérpretes han sostenido que la bienaventuranza de Mateo 5:3 enseña pobreza material. Pero la buena hermenéutica (interpretación de las Escrituras) requiere que cuando dos o más pasajes son parecidos pero no exactamente iguales, el más claro explica a los demás, el más explícito clarifica a los menos explícitos. Al comparar la Biblia con la Biblia vemos que el relato de Mateo es el más explícito. Jesús está hablando de una pobreza espiritual que corresponde a la pobreza material de alguien que es *ptōchos.*

Si Jesús estuviera defendiendo aquí la pobreza material habría contradicho muchas otras partes de su Palabra (incluso el mismo Sermón del Monte [5:42]) que nos enseñan a dar ayuda económica a los pobres. Si Jesús estuviera enseñando la bienaventuranza innata de la pobreza material, entonces la tarea de los cristianos sería ayudar a que todos, incluso ellos mismos, no tuvieran ni un solo centavo. Jesús no enseñó que la pobreza material fuera el sendero hacia la prosperidad espiritual.

Aquellos que son materialmente pobres *sí* tienen algunas ventajas en asuntos espirituales por no tener ciertas distracciones y tentaciones; y los materialmente ricos tienen algunas desventajas por *tener* ciertas distracciones y tentaciones. Pero las posesiones materiales no tienen necesariamente alguna relación con las bendiciones espirituales. Mateo deja en claro que Jesús está hablando aquí acerca de la condición del **espíritu,** no de la billetera.

Una vez iniciado su ministerio público, a menudo Jesús no tenía "dónde recostar su cabeza" (Mt. 8:20), pero Él y sus discípulos no eran indigentes y nunca mendigaron pan. Pablo resultó golpeado, encarcelado, naufragado, apedreado, y con frecuencia estuvo económicamente en apuros; pero tampoco mendigó pan alguna vez. En realidad, para él fue una insignia de honor trabajar para pagar sus propios gastos en el ministerio (Hch. 20:34; 1 Co. 9:6-18). El Señor y los apóstoles fueron acusados de ser ignorantes, alborotadores, irreligiosos, e incluso desquiciados; pero nunca fueron acusados de ser indigentes o mendigos.

Por otra parte, a ningún creyente del Nuevo Testamento se le condena por ser rico. Nicodemo, el centurión romano de Lucas 7, José de Arimatea, y Filemón eran todos ricos y fieles. El hecho de que no "muchos poderosos, ni muchos nobles" sean llamados (1 Co. 1:26) no se debe a que sean rechazados debido a sus posiciones o posesiones, sino debido a que muchos de ellos confían únicamente en esas cosas (1 Ti. 6:6-17).

Ser **pobres en espíritu** es reconocer la pobreza espiritual al margen de Dios. Es verse como realmente se es: perdidos, sin esperanza, indefensos. Toda persona apartada de Jesucristo es espiritualmente indigente, cualquiera que sea su educación, su riqueza, su posición social, sus logros o su conocimiento religioso.

Ese es el planteamiento de la primera bienaventuranza. Los **pobres en espíritu** son los que reconocen su total indigencia espiritual y su plena dependencia en Dios. Perciben que en ellos mismos no hay recursos salvadores, y que solo pueden implorar misericordia y gracia. Saben que no tienen mérito espiritual, y que no pueden ganar ninguna recompensa espiritual. Su orgullo ha desaparecido, su confianza en sí mismos se ha desvanecido, y se hallan con las manos vacías delante de Dios.

En espíritu también transmite la sensación de que el reconocimiento de la pobreza es verdadero, no una actuación. No se refiere a actuar externamente como un mendigo espiritual, sino a reconocer lo que realmente se es. Se trata de humildad verdadera, no de humildad fingida. Describe a la persona acerca de la cual el Señor habla en Isaías 66:2: "Miraré a aquel que es pobre y humilde de espíritu, y que tiembla a mi palabra". Describe a los individuos que están "quebrantados de corazón" y "contritos de espíritu" (Sal. 34:18), que tienen un "corazón contrito y humillado" delante del Señor (Sal. 51:17).

Jesús contó la parábola del fariseo y el recaudador de impuestos "a unos que confiaban en sí mismos como justos, y menospreciaban a los otros". Mientras el fariseo oraba en el templo recitaba lleno de orgullo sus virtudes y daba gracias por no ser como los pecadores, en especial como el publicano que estaba cerca. No obstante, "el publicano, estando lejos, no quería ni aun alzar los ojos al cielo, sino que se golpeaba el pecho, diciendo: Dios, sé propicio a mí, pecador" Jesús afirmó que el recaudador de impuestos "descendió a su casa justificado antes que el otro; porque cualquiera que se enaltece, será humillado; y el que se humilla será enaltecido" (Lc. 18:9-14). El fariseo era orgulloso en espíritu; el publicano era pobre **en espíritu.**

Cuando Dios llamó a Moisés para sacar a Israel de Egipto, Moisés declaró su indignidad y Dios pudo usarlo de modo poderoso. Pedro aún era agresivo, engreído y orgulloso, pero cuando Jesús proveyó milagrosamente la gran pesca, el discípulo quedó tan intimidado que confesó: "Apártate de mí, Señor, porque soy hombre pecador" (Lc. 5:8). Aun después de convertirse en apóstol, Pablo reconoció "que en mí, esto es, en mi carne, no mora el bien" (Ro. 7:18), y también reconoció que era el peor de los pecadores (1 Ti. 1:15) y que las mejores cosas que podía hacer por sí mismo eran basura (Fil. 3:8).

En sus *Confesiones,* Agustín admite claramente que el orgullo fue su mayor barrera para recibir el evangelio. Estaba orgulloso de su intelecto, riquezas y prestigio. Cristo no podía hacer nada por él hasta que Agustín reconoció que tales cosas eran menos que nada. Hasta que Martín Lutero comprendió que todo su sacrificio, rituales y mortificación personal no contaban para nada ante Dios, no pudo encontrar ninguna manera de llegar a Dios ni de agradarlo.

Incluso en el Sinaí, cuando fue dada la ley, se hizo evidente que el propio pueblo escogido de Dios no podía cumplir por su cuenta las demandas de esa ley. Cuando Moisés recibía la ley en el monte, abajo en el valle Aarón guiaba al pueblo en una orgía pagana (Éx. 32:1-6).

Los israelitas que eran espiritualmente sensibles sabían que necesitaban el poder de Dios para guardar la ley divina. En humildad confesaron su impotencia y abogaron por la misericordia y la fortaleza de Dios. David comenzó su gran salmo penitencial con la súplica: "Ten piedad de mí, oh Dios, conforme a tu misericordia; conforme a la multitud de tus piedades borra mis rebeliones… Porque yo reconozco mis rebeliones, y mi pecado está siempre delante de mí" (Sal. 51:1, 3).

Sin embargo, algunos israelitas le dieron otro enfoque a la ley. Al saber que no podían cumplir con sus demandas, simplemente rebajaron la ley a un nivel más manejable y aceptable. Apilaron interpretación sobre interpretación, creando tradiciones de confección humana que pudieran guardarse en la carne. Tales tradiciones llegaron a conocerse como el Talmud, un comentario a la ley que los rabinos dirigentes desarrollaron durante muchos siglos y que finalmente sustituyó a la ley en las mentes de la mayoría de judíos. Intercambiaron la Torá (ley revelada de Dios) por el Talmud (modificación humana de la ley). En aras de interpretar y proteger la ley, la contradijeron y debilitaron. Rebajaron las normas de Dios a reglas humanas que podían cumplir sin la ayuda de Dios. Luego enseñaron como doctrina esos preceptos de hombres (Mt. 15:9). Cometieron el fatal error de creer que Dios era menos santo de lo que es y que ellos eran más santos de lo que eran. El resultado fue la ilusión de que eran suficientemente justos para agradar a Dios.

Las tradiciones tienen que ver con lo que podemos ver y medir. Abarcan solamente al ser exterior, mientras que la ley de Dios abarca todo el individuo. Los Diez Mandamientos no pueden cumplirse realizando, o no, simples actos externos. No solo prohíben hacer ídolos, sino que también exigen amar a Dios (Éx. 20:4,6). Honrar a padre y madre es ante todo una actitud, una cuestión del corazón, como lo es la codicia (vv. 12, 17).

Todo judío prudente sabía que la ley de Dios estaba muy por encima del propio poder humano para obedecer. Los orgullosos y autosatisfechos respondieron diluyendo la ley. Los humildes y arrepentidos respondieron clamando ayuda a Dios.

Si las normas divinas en el Antiguo Testamento son imposibles de cumplir para el hombre por sí mismo, cuánto menos alcanzables por el propio poder humano son las normas del Sermón del Monte. Jesús enseña aquí no solo que los seres humanos deben amar a Dios sino que deben ser "perfectos, como [su] Padre que está en los cielos es perfecto" (5:48), y que a menos que la justicia de ellos sea mayor que la justicia externa originada en el hombre que defendían "los escribas y fariseos, no [entrarán] en el reino de los cielos" (5:20).

POR QUÉ LA POBREZA DE ESPÍRITU ES LO PRIMERO

Jesús pone en primer lugar esta bienaventuranza porque la pobreza de espíritu, o humildad, es la base de todos los demás dones, y un elemento fundamental para llegar a ser cristiano (Mt. 18:3-4). El orgullo no tiene parte en el reino de Cristo, y una persona no puede entrar al reino a menos que rinda su orgullo. La puerta de ingreso al reino del Señor es baja, y nadie que se mantenga erguido entrará jamás por ella. No podemos estar llenos a menos que nos vaciemos; no podemos ser dignos hasta que reconozcamos nuestra indignidad; no podemos vivir a menos que admitamos que estamos muertos. Así como no podríamos esperar que crezca fruta sin un árbol, tampoco podemos esperar que los otros dones de la vida cristiana crezcan sin pobreza de espíritu. No podemos comenzar la vida cristiana sin humildad, y no podemos vivir la vida cristiana con orgullo.

Pero en la Iglesia de hoy se hace muy poco énfasis en la pobreza de espíritu, muy poca mención a vaciarse del ego. Vemos muchos libros cristianos sobre cómo ser felices, cómo tener éxito, cómo solucionar problemas, etc. Pero vemos muy pocos libros sobre cómo vaciarnos, cómo negarnos, y cómo tomar nuestra cruz y seguir a Jesús, en la forma en que Él nos dice que lo sigamos.

A menos que un alma esté humillada, a menos que el ser interior sea pobre **en espíritu,** Cristo nunca podrá llegar a ser apreciado porque estará ensombrecido por nuestro yo. A menos que estemos conscientes de cuán impotentes, indignos y pecadores somos en nosotros mismos, nunca podremos ver cuán poderoso, digno y glorioso es Cristo en sí mismo. A menos que veamos cuán perdidos estamos, no podremos ver cuán Redentor es el Señor. A menos que veamos nuestra propia pobreza no podremos ver las riquezas de Dios. Solo cuando admitimos nuestra propia muerte, Cristo puede darnos su vida. "Abominación es a Jehová todo altivo de corazón" (Pr. 16:5).

Ser **pobres en espíritu** es la primera bienaventuranza porque la humildad debe anteceder a todo lo demás. Nadie puede recibir el reino a menos que reconozca que es indigno del reino. La iglesia en Laodicea decía pletórica de orgullo: "Yo soy rico, y me he enriquecido, y de ninguna cosa tengo necesidad; y no sabes que tú eres un desventurado, miserable, pobre, ciego y desnudo" (Ap. 3:17). Quienes se niegan a reconocer que están perdidos e indefensos son como la esclava romana ciega que insistía en que ella no era ciega sino que el mundo estaba en oscuridad permanente.

Donde el ego está exaltado, Cristo no puede estar. Donde nosotros mismos somos los reyes, Cristo no puede entronizarse. A menos que los orgullosos en espíritu se vuelvan **pobres en espíritu,** no pueden recibir al Rey ni heredar su reino.

CÓMO OBTENER HUMILDAD

¿Cómo entonces llegamos a ser **pobres en espíritu**? Casi por definición, esto no puede comenzar con nosotros, con algo que podamos hacer o lograr en nuestro propio poder. Tampoco implica tirarnos al suelo. Ya estamos en el suelo; la humildad simplemente reconoce la verdad. Y es obvio que tan solo *estar* sin esperanza, indefensos y en necesidad no es una virtud. Esa no es la voluntad de Dios para cualquier persona. Su voluntad es sacarnos de esa condición y bendecirnos. Lograr esa meta depende de su obra soberana y misericordiosa de hacernos humildes.

La humildad no es una obra humana necesaria para hacernos dignos, sino una obra divina necesaria para hacernos ver que *somos* indignos y que no podemos cambiar nuestra condición sin Dios. Por eso es que el monaquismo, el ascetismo, el sacrificio físico, la mutilación, y otras formas de esfuerzos propios son ridículos e inútiles. Alimentan el orgullo en lugar de someterlo, porque son obras de la carne. Le dan al individuo una razón para jactarse de lo que ha hecho o no ha hecho. Tales esfuerzos autoimpuestos son enemigos de la humildad.

Sin embargo, aunque la verdadera humildad es producida por el Señor como un elemento de la obra de salvación, también es algo que se manda a los hombres. Hay numerosos mandatos divinos de humillarnos (Mt. 18:4; 23:12; Stg. 4:10; 1 P. 5:5), que el Señor armoniza perfectamente con su obra soberana de hacernos humildes. La obra soberana de salvación nunca sucede sin cooperación personal. Debido a eso es útil dar una mirada a algunos de los pasos que conforman la parte humana de la paradoja divina.

El primer paso en experimentar humildad es quitar la mirada de nosotros mismos y ponerla en Dios. Cuando estudiamos su Palabra, buscamos su rostro en oración, y deseamos con sinceridad estar cerca de Él y agradarle, nos movemos hacia ser **pobres en espíritu.** Es la visión del Dios infinitamente santo en toda su pureza y perfección sin pecado lo que nos permite vernos como pecadores. A fin de buscar humildad no debemos mirarnos para encontrar nuestras faltas, sino que debemos ver al Dios todopoderoso a fin de contemplar su perfección.

Segundo, debemos matar de hambre a la carne eliminando lo que la alimenta. La esencia de la naturaleza carnal es el orgullo, y matar de hambre a la carne es eliminar y evitar aquellas cosas que promueven orgullo. En lugar de buscar alabanza, elogios y popularidad debemos tener cuidado con eso. No obstante, debido a que nuestra naturaleza pecaminosa tiene una manera de cambiar incluso las mejores intenciones para su beneficio, debemos tener cuidado de no crear un problema rehuyendo los elogios y el reconocimiento. El mal no está en que nos alaben sino en buscarlo y gloriarnos en ello. Entonces, cuando sin haberlo buscado nos elogian o nos honran, rechazar sin razón el reconocimiento podría ser un acto de orgullo en lugar de humildad.

El tercer y equilibrador principio para llegar a la humildad es pedírsela a Dios. Debemos orar junto con David: "Crea en mí, oh Dios, un corazón limpio, y renueva un espíritu recto dentro de mí" (Sal. 51:10). La humildad, como cualquier otro don bueno, viene solo de Dios. Y al igual que con otro don bueno, Él está más dispuesto a darlo de lo que estamos dispuestos a pedirlo, y está dispuesto a darnos ese don mucho antes de que lo pidamos.

CÓMO SABER CUÁNDO SOMOS HUMILDES

¿Cómo podemos saber si somos realmente humildes, si somos **pobres en espíritu**? Thomas Watson nos ofrece siete principios que podemos aplicar para determinar humildad (*The Beatitudes* [Edinburgh: Banner of Truth Trust, 1971], pp. 45-48).

Primero, si somos humildes nos destetaremos de nosotros mismos. Podremos decir con David: "Como un niño destetado está mi alma" (Sal. 131:2). Aquel que es pobre en espíritu pierde su obsesión por sí mismo. El yo es nada, y Cristo es todo. En ninguna parte la humildad de Pablo se expresa de modo más hermoso que en sus palabras: "Con Cristo estoy juntamente crucificado, y ya no vivo yo, mas vive

Cristo en mí; y lo que ahora vivo en la carne, lo vivo en la fe del Hijo de Dios, el cual me amó y se entregó a sí mismo por mí" (Gá. 2:20). A los creyentes en Filipos les escribió: "Para mí el vivir es Cristo, y el morir es ganancia" (Fil. 1:21).

Segundo, la humildad nos llevará a perdernos en la maravilla de Cristo, "mirando a cara descubierta como en un espejo la gloria del Señor, somos transformados de gloria en gloria en la misma imagen" (2 Co. 3:18). Nuestra satisfacción estará en la expectativa de que un día seremos plenamente semejantes a nuestro Señor.

Tercero, no nos quejaremos de nuestra situación, por mala que pueda llegar a ser. Por cuanto sabemos que merecemos algo peor que cualquier cosa que podamos experimentar en esta vida, no consideraremos injusta ninguna circunstancia. Cuando la tragedia viene, no diremos: "¿Por qué a mí, Señor?". Cuando nuestro sufrimiento sea por el nombre de Cristo no solo no nos quejaremos ni nos sentiremos avergonzados, sino que glorificaremos a Dios por eso (1 P. 4:16), sabiendo "que juntamente con él [seremos] glorificados", y comprendiendo "que las aflicciones del tiempo presente no son comparables con la gloria venidera que en nosotros ha de manifestarse" (Ro. 8:17-18).

Cuarto, veremos con más claridad las fortalezas y virtudes de otros, así como nuestras propias debilidades y nuestros pecados. "Con humildad" estimaremos "cada uno a los demás como superiores a [nosotros mismos]" (Fil. 2:3) y "en cuanto a honra, prefiriéndoos los unos a los otros" (Ro. 12:10).

Quinto, pasaremos mucho tiempo en oración. Así como el mendigo físico pide sustento material, el mendigo espiritual pide alimento espiritual. Tocaremos a menudo la puerta del cielo porque consideramos que siempre estamos en necesidad. Así como Jacob luchó con el ángel, nosotros tampoco lo dejaremos ir hasta que seamos bendecidos.

Sexto, aceptaremos a Cristo en sus términos, no en los nuestros ni en los de alguien más. Nunca trataremos de tener a Cristo al mismo tiempo que conservamos nuestro orgullo, nuestros placeres, nuestra codicia, o nuestra inmoralidad. No modificaremos las reglas del Señor por tradiciones eclesiásticas o por nuestras propias inclinaciones o persuasiones. Solamente su Palabra será nuestra norma.

Watson afirmó: "Los moradores de un castillo que han estado sitiados por mucho tiempo y que están listos para ser tomados se entregarán bajo cualquier condición a fin de salvar la vida. Aquel cuyo corazón ha sido una fortaleza para el mal y que se ha mantenido por mucho tiempo en oposición a Cristo, una vez que Dios lo lleve a una pobreza de espíritu y se vea condenado sin Cristo estará listo para suscribirse a cualquier artículo que Dios le ofrezca como alternativa. Señor, ¿qué deseas que yo haga?" (p. 47).

Séptimo, cuando somos pobres en espíritu alabaremos y agradeceremos a Dios por su gracia. Nada caracteriza más al creyente humilde que la abundante gratitud hacia su Señor y Salvador. Este creyente sabe que no posee bendiciones ni felicidad propias, sino lo que el Padre le concede en amor y misericordia. Sabe que la gracia de Dios es "abundante con la fe y el amor que es en Cristo Jesús" (1 Ti. 1:14).

RESULTADO DE SER POBRES EN ESPÍRITU

Quienes acuden al Rey con esta humildad heredan su reino, **porque de ellos es el reino de los cielos.** Dios ha decidido gustosamente dar el reino a los que de manera humilde vienen a Él y confían en Él (Lc. 12:32).

Cuando el Señor lo llamó para que liberara a Israel de los madianitas, Gedeón contestó: "Ah, señor mío, ¿con qué salvaré yo a Israel? He aquí que mi familia es pobre en Manasés, y yo el menor en la casa de mi padre. Jehová le dijo: Ciertamente yo estaré contigo, y derrotarás a los madianitas como a un solo hombre" (Jue. 6:15-16). Cuando Isaías vio "al Señor sentado sobre un trono alto y sublime", clamó con desesperación: "¡Ay de mí! que soy muerto; porque siendo hombre inmundo de labios, y habitando en medio de pueblo que tiene labios inmundos, han visto mis ojos al Rey, Jehová de los ejércitos. Y voló hacia mí uno de los serafines, teniendo en su mano un carbón encendido, tomado del altar con unas tenazas; y tocando con él sobre mi boca, dijo: He aquí que esto tocó tus labios, y es quitada tu culpa, y limpio tu pecado" (Is. 6:1, 5-7).

Los que llegan al Señor con corazones quebrantados no salen con corazones quebrantados. "Porque así dijo el Alto y Sublime, el que habita la eternidad, y cuyo nombre es el Santo: Yo habito en la altura y la santidad, y con el quebrantado y humilde de espíritu, para hacer vivir el espíritu de los humildes, y para vivificar el corazón de los quebrantados" (Is. 57:15). Dios quiere que reconozcamos nuestra pobreza para poder enriquecernos. Quiere que reconozcamos nuestra bajeza para poder levantarnos. Santiago declara: "Humillaos delante del Señor, y él os exaltará" (Stg. 4:10).

Al renunciar a su propio reino, el pobre en espíritu hereda el reino de Dios.

Felices los afligidos

14

Bienaventurados los que lloran, porque ellos recibirán consolación. (5:4)

En el Salmo 55 David clama: "¡Quién me diese alas como de paloma! Volaría yo, y descansaría. Ciertamente huiría lejos; moraría en el desierto. Me apresuraría a escapar del viento borrascoso, de la tempestad" (vv. 6-8).

Ese clamor viene de los labios de casi todo el mundo en un momento u otro. David repite el grito de la humanidad: un clamor por liberación, un clamor por libertad, un clamor por escapar de lo que pesa demasiado sobre nosotros. Cuando enfrentamos gran sufrimiento, desilusión, tragedia o fracaso anhelamos poder escapar de los problemas como escapamos de una tempestad refugiándonos en el interior. Pero encontrar consuelo a los problemas de la vida es mucho más difícil que encontrar refugio de la lluvia. Cuanto más profunda la pena, más dura la presión; mientras peor sea la desesperación, más escurridizo parece el consuelo.

Tal como señalamos en el capítulo anterior, todas las Bienaventuranzas son paradójicas, porque lo que prometen con relación a lo que exigen parece incongruente y al revés a los ojos del hombre natural. La paradoja de la segunda bienaventuranza es obvia. ¿Qué podría ser más contradictorio en sí que la idea de que los tristes son felices, de que el sendero a la felicidad es la tristeza, de que la manera de alegrarse está en llorar?

La idea parece absurda en la rutina de la vida común del día a día. Toda la estructura de la mayoría de los seres humanos vivos (sea para los sencillos o refinados, los ricos o pobres, los cultos o incultos) se basa en el principio al parecer incontrovertible de que el camino a la felicidad es hacer que las cosas vayan según nuestros parámetros. El placer produce felicidad, el dinero trae felicidad, la diversión provoca felicidad, la fama y los elogios originan felicidad, la autoexpresión causa felicidad. En el lado negativo, evitar el dolor, la angustia, la desilusión, la frustración, las dificultades, y otros problemas trae felicidad. Dejar de lado dichas cosas es necesario antes que las otras cosas puedan provocar felicidad plena. A lo largo de la historia un axioma fundamental del mundo ha sido que las cosas favorables ocasionan felicidad, mientras que las desfavorables producen infelicidad. El principio parece tan evidente que la mayoría de personas no se molestaría en debatirlo.

Pero Jesús dijo: "Bienaventurados los que lloran". Él incluso llegó tan lejos como para decir: "¡Ay de vosotros, los que ahora reís! porque lamentaréis y lloraréis" (Lc. 6:25), la bienaventuranza recíproca de Mateo 5:4. Jesús puso exactamente al revés los principios del mundo. Invirtió la senda hacia la felicidad.

A fin de descubrir lo que Jesús quiso decir, y lo que no quiso decir, en esta bienaventuranza veremos el significado de llorar como se usa aquí, el resultado de llorar, la manera de llorar como Jesús enseña, y el modo de saber si estamos llorando de veras.

EL SIGNIFICADO DE LLORAR

Ciertas clases de sufrimiento son comunes a toda la humanidad, y los experimentan igualmente creyentes e incrédulos. Algunos son normales y legítimos, se trata de sufrimientos que le interesan al Señor y para los que Él sabe cuál es nuestra necesidad. Otros son anormales e ilegítimos, causados únicamente por pasiones y objetivos pecaminosos.

ANGUSTIA INADECUADA

La angustia inadecuada es el dolor de aquellos que están frustrados en lo que tiene que ver con cumplir planes malvados y alimentar lujurias, o el dolor de quienes tienen lealtades y afectos equivocados. Para quienes se lamentan de este modo el Señor no ofrece ayuda o consuelo.

Amnón, el hijo de David, estaba "angustiado hasta enfermarse por Tamar su hermana, pues por ser ella virgen, le parecía a Amnón que sería difícil hacerle cosa alguna" (2 S. 13:2). El dolor del joven era causado por la lujuria incestuosa insatisfecha.

Otros llevan el dolor legítimo a extremos ilegítimos. Cuando por la pérdida de un ser amado una persona se aflige de tal manera y durante tanto tiempo hasta el punto de no poder actuar normalmente, su dolor se vuelve pecaminoso y destructivo. Tal dolor depresivo suele estar relacionado con culpa, esencialmente egoísta, y para un cristiano esto es señal de infidelidad y falta de confianza en Dios.

David lloró de ese modo, en parte para tratar de expiar su culpa. Cuando al rebelde Absalón, otro de los hijos del rey, lo mataron, su padre entró en una angustia inconsolable (2 S. 18:33—19:4). Joab finalmente reprendió al rey, diciéndole: "Hoy has avergonzado el rostro de todos tus siervos, que hoy han librado tu vida, y la vida de tus hijos y de tus hijas, y la vida de tus mujeres, y la vida de tus concubinas, amando a los que te aborrecen, y aborreciendo a los que te aman; porque hoy has declarado que nada te importan tus príncipes y siervos; pues hoy me has hecho ver claramente que si Absalón viviera, aunque todos nosotros estuviéramos muertos, entonces estarías contento" (19:5-6). El malvado y ambicioso Absalón había levantado un ejército rebelde, había sacado al rey (su propio padre) de Jerusalén, y se había apoderado del palacio.

El amor de David por su hijo era comprensible, pero su juicio se había pervertido. Tal vez debido a su gran sentimiento de culpa por haber sido tan mal padre, y porque sabía que la tragedia de Absalón era parte del juicio que Dios enviara a causa del romance adúltero y asesino de David con Betsabé, la angustia del rey por Absalón era anormal. El juicio que cayó sobre Absalón era totalmente merecido.

ANGUSTIA ADECUADA

También hay, desde luego, otros tipos de dolor, dolores legítimos que son comunes a toda la humanidad y por los cuales es razonable una angustia apropiada. En estos casos expresar tristeza y llorar abre una válvula de escape que impide que nuestras emociones y nuestra propia vida se enconen y envenenen. Esto proporciona un camino para la curación, así como lavar una herida ayuda a evitar la infección.

Un proverbio árabe reza: "Si todo es luz solar causa un desierto". La vida libre de aflicción es probable que sea una vida superficial. A menudo aprendemos más y maduramos más en los momentos de tristeza que en los tiempos en que todo está yendo bien. Un conocido poema de Robert Browning Hamilton expresa la verdad:

> Anduve con el Placer,
> y no hizo más que charlar,
> pero no me hizo más sabio
> lo que me llegó a contar.
>
> Anduve con el dolor,
> y no pronunció palabra;
> ¡y hay que ver lo que aprendí
> en una breve jornada!
>
> (Citado en William Barclay, *Comentario al Nuevo Testamento* [Barcelona: Editorial Clie, 1999], p. 35).

La muerte de Sara hizo llorar a Abraham (Gn. 23:2). Pero el "padre de la fe" no lloró por falta de fe sino por la pérdida de su amada esposa, lo cual tenía todo el derecho de hacer.

La soledad por haberse apartado de Dios, de quien el salmista se sintió separado por un tiempo, hizo que declarara: "Como el ciervo brama por las corrientes de las aguas, así clama por ti, oh Dios, el alma mía. Mi alma tiene sed de Dios, del Dios vivo; ¿cuándo vendré, y me presentaré delante de Dios? Fueron mis lágrimas mi pan de día y de noche, mientras me dicen todos los días: ¿Dónde está tu Dios?" (Sal. 42:1-3).

La derrota y el desaliento hicieron que Timoteo llorara, llevando a Pablo, su padre espiritual, a escribir: "Doy gracias a Dios, al cual sirvo desde mis mayores con limpia conciencia, de que sin cesar me acuerdo de ti en mis oraciones noche y día; deseando verte, al acordarme de tus lágrimas, para llenarme de gozo" (2 Ti. 1:3-4).

La angustia y la preocupación por los pecados de Israel y por el juicio inminente de Dios sobre su pueblo hicieron que Jeremías clamara: "¡Oh, si mi cabeza se hiciese aguas, y mis ojos fuentes de lágrimas, para que llore día y noche los muertos de la hija de mi pueblo!" (Jer. 9:1).

La preocupación por el bienestar espiritual de los creyentes efesios hizo que Pablo expresara: "Velad, acordándoos que por tres años, de noche y de día, no he cesado de amonestar con lágrimas a cada uno" (Hch. 20:31). Debido al gran amor que los ancianos de la iglesia en Éfeso tenían por Pablo, mientras él oraba con ellos en la orilla de la playa cerca de Mileto, estuvieron "doliéndose en gran manera por la palabra que dijo, de que no verían más su rostro" (v. 38).

El amor sincero de un padre lo llevó a estar desconsolado por su hijo endemoniado, aun cuando se lo llevó a Jesús para que lo sanara. Sin duda, lágrimas bajaban por el rostro de hombre mientras imploraba la ayuda de Jesús y confesaba: "Creo; ayuda mi incredulidad" (Mr. 9:24).

Fervor con arrepentimiento y adoración hicieron que una mujer llorara por sus pecados cuando entró a la casa de un fariseo y lavó los pies de Jesús con sus lágrimas, enjugándolos con el cabello. Al vanidoso anfitrión que se sintió molesto porque ella le contaminó la casa y le interrumpió la cena, Jesús le advirtió: "Te digo que sus muchos pecados le son perdonados, porque amó mucho; mas aquel a quien se le perdona poco, poco ama" (Lc. 7:47).

El inmenso amor divino hizo que nuestro Señor llorara ante la muerte de Lázaro (Jn. 11:35), y por los habitantes pecadores de Jerusalén a quienes habría querido reunir bajo su cuidado como una madre reúne a sus polluelos (Mt. 23:37).

TRISTEZA SEGÚN DIOS

Sin embargo, el llanto del que Jesús está hablando en la segunda bienaventuranza no tiene nada que ver con los tipos de dolor que acabamos de analizar, ya sea el adecuado o el inadecuado. Al Señor le preocupan todos los llantos legítimos de sus hijos, y promete consolarnos y fortalecernos cuando vamos a Él en busca de ayuda. Pero esos llantos no constituyen el tipo de tristeza que aquí se trata. Jesús está hablando del llanto o tristeza según Dios, del lamento que solo pueden experimentar aquellos que desean pertenecerle sinceramente o que ya le pertenecen.

Pablo habla de esta tristeza en su segunda carta a los corintios: "Porque la tristeza que es según Dios produce arrepentimiento para salvación, de que no hay que arrepentirse; pero la tristeza del mundo produce muerte. Porque he aquí, esto mismo de que hayáis sido contristados según Dios, ¡qué solicitud produjo en vosotros!" (2 Co. 7:10-11). El único dolor que produce vida y crecimiento espiritual es la tristeza según Dios, tristeza por el pecado que lleva al arrepentimiento. La tristeza piadosa está ligada al arrepentimiento, y el arrepentimiento está ligado al pecado.

Como deja en claro la primera bienaventuranza, la entrada al reino celestial empieza con ser "pobres en espíritu", con el reconocimiento de la bancarrota espiritual total. La única manera en que cualquier persona puede llegar a Jesucristo es con las manos vacías, totalmente indigente y suplicando misericordia y gracia de Dios. Sin un sentido de pobreza espiritual nadie puede entrar al reino. Y cuando entramos al reino nunca debemos perder esa sensación, sabiendo que nada bueno mora en nosotros, es decir, en nuestra carne (Ro. 7:18).

La pobreza espiritual lleva a la tristeza según Dios; los pobres en espíritu se convierten en **los que lloran.** Después de su gran pecado que implicó a Betsabé y Urías, David se arrepintió y expresó tristeza piadosa en Salmos 51: "Yo reconozco mis rebeliones, y mi pecado está siempre delante de mí. Contra ti, contra ti solo he pecado, y he hecho lo malo delante de tus ojos" (vv. 3-4). Job era un creyente modelo, "perfecto y recto, temeroso de Dios y apartado del mal" (Job. 1:1); pero aún tenía que aprender algo acerca de la grandeza de Dios y de su propia indignidad, acerca de la sabiduría infinita de Dios y de su propia comprensión imperfecta. Solo después que Dios permitió que todo lo que Job amaba le fuera quitado, y luego de hablarle a su siervo sobre su soberanía y majestad, finalmente Job llegó a la experiencia de la tristeza según Dios, de arrepentimiento y lamento por el pecado. Job confesó: "De oídas te había oído; mas ahora mis ojos te ven. Por tanto me aborrezco, y me arrepiento en polvo y ceniza" (42:5-6). Dios ama y honra una vida moralmente recta, pero esta no es sustituto para un corazón humilde y contrito, el cual Dios ama y honra aún más (Is. 66:2).

Según vimos en el estudio de la primera bienaventuranza, *makarios* (**bienaventurados**) significa ser feliz, dichoso. Esa felicidad es un pronunciamiento divino, el beneficio asegurado de quienes cumplen las condiciones que Dios requiere.

La condición de la segunda bienaventuranza es llorar: **Bienaventurados los que lloran.** Nueve palabras griegas distintas se usan en el Nuevo Testamento para hablar de llanto, y que reflejan su carácter común en la vida del hombre. El llanto está entretejido en la tela de la situación del ser humano. El historial de la historia se resume en lágrimas. Y la situación de la tierra empeorará en lugar de mejorar. Jesús nos dice que antes de que regrese, "se levantará nación contra nación, y reino contra reino; y habrá pestes, y hambres, y terremotos en diferentes lugares. Y todo esto será principio de dolores" (Mt. 24:7-8). Hasta el regreso del Señor, la historia está destinada a ir de una tragedia hacia una tragedia más grande, de tristeza hacia una tristeza aún mayor.

De los nueve términos usados para llanto, el usado aquí (*pentheō*, **lloran**) es el más fuerte, el más severo. Representa el dolor más profundo y la pena más sincera, y por lo general se reservaba para el sufrimiento por la muerte de un ser querido. Se usa en la Septuaginta (Antiguo Testamento griego) para el dolor de Jacob cuando creyó que su hijo José fue matado por un animal salvaje (Gn. 37:34). Se usa para el duelo de los discípulos por Jesús antes que supieran que Él había resucitado de los muertos (Mr. 16:10). Se usa en el lamento de los líderes empresariales del mundo por la muerte de sus negocios debido a la destrucción del sistema mundial durante la tribulación (Ap. 18:11, 15).

La palabra transmite la idea de profunda agonía interior, la cual externamente podría expresarse o no por lloriqueo, lamento o clamor. Cuando David dejó de ocultar su pecado y empezó a lamentarlo y a confesarlo (Sal. 32:3-5), pudo declarar: "Bienaventurado aquel cuya transgresión ha sido perdonada, y cubierto su pecado. Bienaventurado el hombre a quien Jehová no culpa de iniquidad, y en cuyo espíritu no hay engaño" (vv. 1-2).

La felicidad, o dicha, no viene en el llanto mismo; viene de lo que Dios hace en respuesta al llanto, con el perdón que tales lamentos traen. La tristeza según Dios produce el perdón de Dios, lo que trae la felicidad de Dios. Llorar no es tan solo una experiencia psicológica o emocional que hace sentir mejor a las personas. Es una comunión con el Dios vivo y amoroso que responde a quien llora con realidad objetiva, ¡la realidad del perdón divino!

David experimentó y expresó muchos tipos de tristeza humana comunes, tanto adecuadas como inadecuadas. Se entristeció por la soledad, por ser rechazado, por estar desanimado o desilusionado, y por perder un bebé. También lloró de modo excesivo por la muerte de Absalón, a quien Dios había eliminado para proteger a Israel y al trono mesiánico de David. Pero nada quebrantó el corazón de David como su propio pecado. Ninguna angustia fue tan profunda como la angustia que sintió cuando finalmente vio el horror de sus ofensas contra el Señor. Fue entonces cuando David llegó a ser feliz, cuando llegó a estar realmente triste por sus transgresiones.

El mundo declara: "Empaca tus problemas en tu mochila, y sonríe, sonríe y sonríe". Oculte sus problemas y finja ser feliz. La misma filosofía se aplica al pecado.

Sin embargo, Jesús manifiesta: "Confiesa sus pecados y llora, llora y llora". Cuando lo hacemos, nuestras sonrisas pueden ser genuinas, porque nuestra felicidad será auténtica. El llanto según Dios produce felicidad piadosa, que no puede producirla ninguna cantidad de esfuerzo humano o fingimiento optimista, ninguna cantidad de pensamiento positivo.

Solo quienes lloran por su pecado son felices, porque los que lloran por su pecado consiguen que sus pecados sean perdonados. El pecado y la felicidad son totalmente incompatibles. Donde el uno existe, el otro no existe. A menos que el pecado esté perdonado y sea eliminado, la felicidad estará bloqueada. Llorar por el pecado trae perdón de pecado, y el pecado perdonado produce una libertad y un gozo que no puede experimentarse de ninguna otra manera.

Santiago nos declara: "Acercaos a Dios, y él se acercará a vosotros. Pecadores, limpiad las manos; y vosotros los de doble ánimo, purificad vuestros corazones. Afligíos, y lamentad, y llorad. Vuestra risa se convierta en lloro, y vuestro gozo en tristeza. Humillaos delante del Señor, y él os exaltará" (Stg. 4:8-10).

Hay una gran necesidad en la Iglesia de hoy día de llorar en lugar de reír. La frivolidad, la necedad y la insensatez que se dan en nombre del cristianismo deberían hacernos llorar. El consejo de Dios para la felicidad frívola, para la felicidad autosatisfecha e indulgente es: "Sean desdichados, lloren y laméntense; dejen que su risa se convierta en llanto, y su gozo en tristeza".

El hijo fiel de Dios está constantemente quebrantado por su pecaminosidad, y mientras más maduro se vuelva en el Señor más difícil le resulta ser frívolo. Ve más del amor y la misericordia de Dios, pero también ve más de su propio pecado y del pecado del mundo. Crecer en gracia también es crecer en conciencia de pecado. El profeta Isaías declaró en cuanto a Israel: "El Señor, Jehová de los ejércitos, llamó en este día a llanto y a endechas, a raparse el cabello y a vestir cilicio; y he aquí gozo y alegría, matando vacas y degollando ovejas, comiendo carne y bebiendo vino, diciendo: Comamos y bebamos, porque mañana moriremos" (Is. 22:12-13).

De manera indirecta, y tal vez real, seguimos esa filosofía cuando reímos de los chistes vulgares e inmorales del mundo aunque no los contemos, cuando nos entretenemos con un pecado aunque no nos complazcamos en él, cuando sonreímos ante una conversación impía aunque no repitamos las palabras. Bromear acerca del divorcio, tomar la brutalidad a la ligera, estar intrigados por la inmoralidad sexual, es regocijarnos cuando deberíamos estar llorando, es reír cuando deberíamos estar tristes. Regocijarse "en las perversidades del vicio" se compara con alegrarse "haciendo el mal" (Pr. 2:14). Complacerse "en la injusticia" (2 Ts. 2:12) es participar de la maldad, sea que cometamos o no el pecado específico.

Gran parte de la Iglesia de hoy tiene un sentido incorrecto del pecado, lo cual se refleja en este incorrecto sentido del humor. Cuando incluso sus propios miembros hacen de la iglesia el blanco de bromas, toman a la ligera las creencias y ordenanzas, caricaturizan a sus líderes como ineptos y tontos, y hacen las normas elevadas de pureza y justicia tema de comentarios humorísticos, la Iglesia tiene gran necesidad de que su risa se convierta en llanto.

La Biblia reconoce un apropiado sentido del humor, humor que no es a expensas del nombre de Dios, de la Palabra de Dios, de la Iglesia de Dios, o de alguna persona, excepto quizás de nosotros mismos. Dios sabe que "el corazón alegre constituye buen remedio" (Pr. 17:22), pero un corazón que se regocija en el pecado está tomando veneno, no remedio. El camino de la felicidad no está en hacer caso omiso al pecado, mucho menos en tomarlo a la ligera, sino más bien en el dolor por el pecado que clama a Dios.

Podemos reaccionar ante la bancarrota espiritual en una de varias maneras. Al igual que los fariseos, podemos negar la indigencia espiritual y fingir que somos espiritualmente ricos. O como monásticos y defensores del rearme moral podemos admitir nuestra condición y tratar de cambiarla con nuestro propio poder y por nuestros propios esfuerzos. O podemos admitir nuestra condición y luego desesperarnos por ella a tal grado que tratemos de ahogarla en la bebida, de escapar usando drogas o por medio de actividades, o cediendo por completo y suicidándonos como hizo Judas. Al no hallar respuesta en nosotros mismos o en el mundo, estaríamos llegando a la conclusión de que no *hay* respuesta. O, tal como el hijo pródigo, podemos admitir nuestra condición, llorar por ella, y volvernos al Padre celestial para remediar nuestra pobreza (véase Lc. 15:11-32).

Llorar por el pecado no es estar inmerso en la desesperación. Incluso el individuo que ha sido gravemente disciplinado por la iglesia debe recibir perdón, consuelo y amor, "para que no sea consumido de demasiada tristeza" (2 Co. 2:7-8). Tampoco la tristeza piadosa es revolcarse en autocompasión y falsa humildad, que en realidad son insignias del orgullo.

La verdadera tristeza por el pecado no se enfoca en nosotros mismos, y ni siquiera en nuestro pecado, sino en Dios, quien es el único que puede perdonar y quitar nuestro pecado. Se trata de una actitud que empieza cuando entramos al reino y que dura mientras estemos en la tierra. Es la actitud de Romanos 7. Contrario a alguna interpretación popular, Pablo no está hablando aquí tan solo de su antigua condición. Los problemas del capítulo 7 no fueron experiencias de alguna vez que se reemplazaron completamente por las victorias del capítulo 8. El apóstol dice con toda claridad: "Lo que hago, no lo entiendo; pues no hago lo que quiero, sino lo que aborrezco, eso hago" (7:15). Él usa aquí el tiempo presente, tal como hace a lo largo del resto del capítulo: "Yo sé que en mí, esto es, en mi carne, no mora el bien…. Porque no hago el bien que quiero, sino el mal que no quiero, eso hago" (vv. 18-19); "Así que, queriendo yo hacer el bien, hallo esta ley: que el mal está en mí" (v. 21); "¡Miserable de mí!… Así que, yo mismo con la mente sirvo a la ley de Dios, mas con la carne a la ley del pecado" (vv. 24-25).

Pablo escribió estas palabras en el apogeo de su ministerio. Pero la justicia y el pecado aún estaban librando una batalla en su vida. Según el apóstol reconoce en el versículo 25, el camino de la victoria es "por Jesucristo Señor nuestro", pero el resto del versículo deja en claro que en ese tiempo la victoria aún no era completa. Pablo sabía dónde estaba la victoria, y la había saboreado muchas veces. Pero también sabía que en esta vida nunca se tiene una victoria permanente. La presencia de la carne se encarga de eso. La victoria permanente está asegurada ahora para nosotros, pero hasta ahora no la hemos recibido.

Pablo no solo habló de que la creación anhela con ansias la restauración, sino de su propio anhelo de restauración completa. "Y no sólo ella, sino que también nosotros mismos, que tenemos las primicias del Espíritu, nosotros también gemimos dentro de nosotros mismos, esperando la adopción, la redención de nuestro cuerpo" (Ro. 8:19, 22-23). Pablo estaba cansado del pecado, cansado de luchar por sí mismo, tanto en la iglesia como en el mundo. Anhelaba alivio, así que manifestó: "Y por esto también gemimos, deseando ser revestidos de aquella nuestra habitación celestial", y en gran manera prefería que estuviéramos "ausentes del cuerpo, y presentes al Señor" (2 Co. 5:2, 8).

La característica de la vida madura no es la falta de pecado, lo cual está reservado para el cielo, sino la creciente conciencia de pecaminosidad. Juan advierte: "Si decimos que no tenemos pecado, nos engañamos a nosotros mismos, y la verdad no está en nosotros. Si confesamos nuestros pecados, él es fiel y justo para perdonar nuestros pecados, y limpiarnos de toda maldad" (1 Jn. 1:8-9). Los súbditos del reino de Dios (los perdonados, los hijos de Dios y coherederos con el Hijo) se caracterizan por la continua confesión de pecado.

—He sido liberado —me comentó hace varios años un estudiante universitario—. Alguien me explicó el verdadero significado de 1 Juan 1:9, y ahora me doy cuenta de que ya no tengo que confesar mis pecados.

—Bien, ¿confiesas todavía tus pecados? —le pregunté.

—Le acabo de decir que ya no tengo que hacerlo nunca más —respondió.

—Sé que dijiste eso —concordé—, sin embargo, ¿confiesas aún tus pecados?

—Sí, y eso es lo que me molesta —fue la respuesta del joven.

—Me alegra mucho oír eso —le aseguré, dejando *yo* de estar molesto.

Entonces le hice saber que yo sabía que a pesar de la falsa enseñanza a que había sido expuesto, él era un verdadero cristiano. Su naturaleza redimida se negaba a estar de acuerdo con la falsa enseñanza que su mente había aceptado de manera temporal.

Penthountes (**lloran**) es un participio presente que indica acción continua. En otras palabras, aquellos que están llorando continuamente son los que serán consolados continuamente. En sus noventa y cinco tesis Martín Lutero dijo que toda la vida del cristiano es un acto continuo de arrepentimiento y contrición. David escribió en sus salmos: "Mis iniquidades se han agravado sobre mi cabeza; como carga pesada se han agravado sobre mí" (38:4) y "reconozco mis rebeliones, y mi pecado está siempre delante de mí" (51:3).

No hay constancia en el Nuevo Testamento de que Jesús riera. Se nos dice que lloró, que se enojó, que tuvo hambre y sed, y de otras varias emociones y características. Pero no sabemos si rió. Sí sabemos que, tal como Isaías predijo, Jesús fue un "varón de dolores, experimentado en quebranto" (Is. 53:3). Sin embargo, hoy día oímos hablar a menudo de otro Jesús que ríe, persuade y atrae personas al reino por medio de su espíritu libre de prejuicios y su manera encantadora de atraer a la gente. El mundo escapista y amigo de las diversiones de comediantes se halla ejerciendo su comercio incluso en la Iglesia, y hallando pronta aceptación.

EL RESULTADO DE LLORAR

El resultado del llanto según Dios es el consuelo: **ellos recibirán consolación.** Por eso son **bienaventurados.** No es el llanto lo que bendice sino el consuelo que Dios ofrece a quienes lloran de manera piadosa.

El pronombre enfático *autos* (**ellos**) indica que *solo* aquellos que se entriste-cen por el pecado **recibirán consolación.** La bendición del consuelo de Dios está reservada para los de corazón contrito. La amorosa mano de Jesucristo enjugará las lágrimas solo de aquellos que se lamentan por su pecado.

Consolación viene de *parakaleō,* la misma palabra que como sustantivo se tra-duce Consolador en Juan 14:16, donde se nos dice que Jesús fue el primer Conso-lador, y que el Espíritu Santo es "otro Consolador".

El Antiguo Testamento también habla de que Dios consuela a los que lloran. Isaías nos dice que el Mesías viene, entre otras cosas: "a consolar a todos los enlutados; a ordenar que a los afligidos de Sion se les dé gloria en lugar de ceniza, óleo de gozo en lugar de luto, manto de alegría en lugar del espíritu angustiado" (Is. 61:2-3). David fue consolado por la vara y el cayado de su Pastor divino (Sal. 23:4).

Cuando nuestro llanto sube hasta el trono de Dios, su consuelo inigualable e incomparable desciende de Él por medio de Cristo y llega hasta nosotros. El nues-tro es el "Dios de toda consolación" (2 Co. 1:3), que siempre está dispuesto a suplir nuestras necesidades, amonestando, compadeciéndose, alentando y fortaleciendo. Dios es un Dios de consolación, Cristo es un Cristo de consolación, y el Espíritu Santo es un Espíritu de consolación. ¡Como creyentes tenemos el consuelo de toda la Trinidad!

El tiempo futuro en **recibirán** no se refiere al final de nuestras vidas o al final de la era. Al igual que otras bendiciones de Dios, esta se completará solo cuando veamos cara a cara a nuestro Señor. En el estado celestial eterno "enjugará Dios toda lágrima de los ojos de ellos; y ya no habrá muerte, ni habrá más llanto, ni clamor, ni dolor" (Ap. 21:4).

Pero la consolación de Mateo 5:4 es futura solo en el sentido de que la ben-dición viene después de la obediencia; el consuelo viene después del llanto. A medida que lloremos continuamente por nuestro pecado, seremos continuamente consolados, ahora, en esta vida actual. Dios no es solamente el Dios de la consola-ción futura sino también del consuelo presente. "Dios nuestro Padre" ya "nos dio consolación eterna y buena esperanza por gracia" (2 Ts. 2:16).

Incluso la Palabra escrita de Dios es un regalo consolador que se nos entrega para animarnos y darnos esperanza (Ro. 15:4). Al igual que el mismo Dios nos ofrece consuelo y su Palabra también nos lo brinda, somos llamados a consolarnos unos a otros con las promesas de su Palabra (1 Ts. 4:18; cp. 2 Co. 1:6; 7:13; 13:11).

La felicidad viene a los tristes, porque su tristeza según Dios conduce al con-suelo de Dios. Jesús declaró: "Venid a mí todos los que estáis trabajados y cargados, y yo os haré descansar" (Mt. 11:28). Él levantará la carga de aquellos que lloran por el pecado, y dará descanso a los que están cansados de pecar. Tantas veces como confesemos nuestro pecado, Él es fiel para perdonar, y mientras lloremos por el pecado, Él es fiel para consolar.

CÓMO LLORAR

¿Qué implica el verdadero dolor por el pecado? ¿Cómo podemos llegar a ser dolientes según Dios?

ELIMINEMOS OBSTÁCULOS

El primer paso requiere quitar los obstáculos que nos impiden llorar: aquello que nos mantiene contentos con nosotros mismos, lo que nos hace resistir el Espíritu de Dios y cuestionar su Palabra, y lo que endurece nuestros corazones. Un corazón de piedra no solo no llora, sino que es insensible a Dios, y el arado de la gracia divina no puede quebrantarlo. Un corazón así tan solo almacena ira hasta el día de la ira.

El *amor al pecado* es el principal obstáculo para llorar. Aferrarse al pecado inmoviliza y petrifica un corazón. La *desesperación* obstaculiza el llanto porque significa renunciar a Dios y negarse a creer que Él puede salvar y ayudar. La desesperación significa ponernos fuera de la gracia de Dios. De tales personas Jeremías escribe: "Dijeron: Es en vano; porque en pos de nuestros ídolos iremos, y haremos cada uno el pensamiento de nuestro malvado corazón" (Jer. 18:12). El que se desespera cree que está destinado a pecar. Puesto que cree que Dios ha renunciado a él, él renuncia a Dios. La desesperación excusa al pecado pues elige creer que no hay alternativa. La desesperación oculta la misericordia de Dios detrás de una nube de duda creada por uno mismo.

Otro obstáculo es la *arrogancia,* que trata de ocultar el pecado mismo y elige creer que no hay nada por lo cual llorar. Es la contraparte espiritual de un médico que trata un cáncer como si fuera un resfriado. Si fue necesario que Jesucristo derramara su sangre en la cruz para salvarnos de nuestro pecado, ¡nuestro pecado debe ser realmente algo grande!

La *vanagloria* obstaculiza el llanto porque realmente es una forma de orgullo. Reconoce la necesidad de la gracia, pero no de mucha gracia. Se satisface con gracia barata, esperando que Dios perdone poco porque ve que poco que deba perdonarse. La vanagloria cree que los pecados son malos, pero no tanto como para tener que confesarlos, arrepentirse de ellos y abandonarlos. No obstante, el Señor declaró por medio de Isaías: "Deje el impío su camino, y el hombre inicuo sus pensamientos, y vuélvase a Jehová, el cual tendrá de él misericordia, y al Dios nuestro, el cual será amplio en perdonar" (Is. 55:7). Ningún perdón se le ofrece al individuo vanaglorioso que no se arrepiente y que se niega a abandonar su pecado. El evangelio que enseña lo contrario siempre ha sido popular, como claramente sucede en nuestros días. Pero es un evangelio falso, "un evangelio diferente" (Gá. 1:6), una distorsión y contradicción del evangelio de las Escrituras.

El *aplazamiento* obstaculiza el llanto piadoso simplemente aplazándolo. Declara: "Uno de estos días, cuando las cosas estén bien, echaré una mirada seria a mis pecados, los confesaré, y pediré perdón y limpieza a Dios". Pero el aplazamiento es insensato y peligroso, porque no sabemos "lo que será mañana. Porque ¿qué es [nuestra] vida? Ciertamente es neblina que se aparece por un poco de tiempo, y luego se desvanece" (Stg. 4:14). Cuanto antes tratemos con la enfermedad del pecado, más pronto llegará el consuelo. Si no tratamos con él no tenemos seguridad de que alguna vez llegue el consuelo, porque no tenemos certeza de que tendremos tiempo de confesarlo más adelante.

El paso más importante que podemos dar con la finalidad de deshacernos de los obstáculos para el llanto, cualesquiera que sean, es mirar la santidad de Dios y el gran sacrificio de llevar el pecado en la cruz. Si ver a Cristo morir por nuestros pecados no derrite un corazón duro o no quebranta un corazón endurecido, tal corazón está más allá del derretimiento o el quebranto. En su poema "Viernes Santo", Christina Rossetti nos ofrece estos conmovedores pensamientos:

> ¿Soy acaso una piedra y no una oveja,
> que pueda permanecer, Oh Cristo, bajo tu cruz,
> para contar gota a gota tu agónica pérdida de sangre
> y sin embargo, no llorar?
>
> No así esas mujeres que amaron,
> quienes con gran dolor te lloraron;
> no así el caído Pedro que amargamente lloró;
> no así el ladrón que fue conmovido;
> no así el sol y la luna
> que ocultaron sus rostros en un cielo sin estrellas.
> Un horror de gran oscuridad en pleno mediodía…
> Yo, solamente yo.
>
> Sin embargo, no renuncies
> busca a tu oveja, Pastor verdadero del rebaño;
> Tú que eres más grande que Moisés, gira y mira una vez más
> y con firmeza golpea esta roca.

ESTUDIEMOS LA PALABRA DE DIOS

El segundo paso hacia el llanto según Dios es estudiar el pecado en la Biblia, a fin de aprender lo malo y repulsivo que le resulta a Dios, y lo destructivo y condenatorio que es para nosotros. De David debemos aprender a mantener nuestro pecado siempre delante de nosotros (Sal. 51:3), y de Isaías a exclamar: "¡Ay de mí! que soy muerto; porque [soy] hombre inmundo de labios" (Is. 6:5). De Pedro debemos aprender a reconocer: "Soy hombre pecador" (Lc. 5:8) y de Pablo a confesar que somos los principales pecadores (1 Ti. 1:15). Así como oímos que aquellos grandes hombres de Dios hablaron de su pecado, estamos obligados a enfrentar la realidad y lo profundo de nuestra propia maldad.

El pecado pisotea las leyes de Dios, pasa por alto su amor, contrista su Espíritu, desprecia su perdón y bendición, y en todo sentido se resiste a su gracia. El pecado nos debilita y nos hace impuros. Nos roba el consuelo y, mucho más importante, le roba la gloria a Dios.

OREMOS

El tercer paso hacia el llanto según Dios es orar por contrición de corazón, lo cual solo Dios puede otorgar, pues Él nunca se niega a concederlo a quienes se lo piden. Siempre debemos reconocer que la humildad depende de la obra del Señor. La senda del llanto piadoso no yace en obras humanas de presalvación, sino en la gracia salvadora de Dios.

CÓMO SABER SI LLORAMOS COMO CRISTO MANDA

No es difícil saber si nuestro llanto es según Dios o no. Primeramente debemos preguntarnos si somos sensibles al pecado. Si reímos ante él, si lo tomamos a la ligera o lo disfrutamos, podemos estar seguros de que no estamos llorando por el pecado, y que nos hemos salido de la esfera de bendición de Dios.

El simulacro de justicia de los hipócritas que hacen todo lo posible por parecer santos por fuera (véase Mt. 6:1-18) no muestra sensibilidad hacia el pecado, solo sensibilidad hacia el prestigio y la reputación personal. Tampoco la presenta el simulacro de gratitud de quienes dan gracias a Dios por ser mejores que otras personas (Lc. 18:11). Saúl sintió remordimiento por haber desobedecido a Dios al no matar al rey Agag y haber mantenido con vida a los mejores animales de los amalecitas; pero él no estaba arrepentido, ni lloró por su pecado. En lugar de eso trató de excusar sus acciones afirmando que salvó los animales para que pudieran ser sacrificados a Dios, y que fue el pueblo el que lo llevó a hacer lo que hizo. Dos veces admitió que había pecado, e incluso pidió perdón a Samuel. Pero su preocupación real no fue la honra del Señor sino la suya propia. "Yo he pecado; pero te ruego que me honres delante de los ancianos de mi pueblo y delante de Israel" (1 S. 15:30). Saúl mostró remordimiento impío, no llanto según Dios.

El doliente según Dios tendrá verdadera tristeza por sus pecados. Su principal preocupación es por el daño que su pecado hace a la gloria de Dios, no por el daño que su exposición al pecado pudo haber traído a su propia reputación o bienestar.

Si nuestra pena es según Dios sufriremos por los pecados de compañeros creyentes y por los pecados del mundo. Clamaremos junto con el salmista: "Ríos de agua descendieron de mis ojos, porque no guardaban tu ley" (Sal. 119:136). Igual que Jeremías desearemos que nuestras cabezas fueran fuentes de agua que pudieran tener suficientes lágrimas para derramar (Jer. 9:1; cp. Lm. 1:16). Junto con Ezequiel buscaremos a nuestro alrededor creyentes fieles "que gimen y que claman a causa de todas las abominaciones que se hacen en medio de ella" (Ez. 9:4; cp. Sal. 69:9). Miraremos hacia la comunidad donde vivimos y lloraremos, tal como Jesús miró hacia Jerusalén y lloró (Lc. 19:41).

La segunda manera de determinar si tenemos llanto genuino por el pecado es revisar nuestro sentido del perdón de Dios. ¿Hemos experimentado la liberación y la libertad de saber que nuestros pecados están perdonados? ¿Tenemos la paz y el gozo del Señor en nuestra vida? ¿Podemos señalar la verdadera felicidad que Él nos ha concedido en respuesta a nuestro llanto? ¿Tenemos el consuelo divino que Dios promete a aquellos que ha perdonado, que ha limpiado y cuyas vidas ha purificado?

Los dolientes según Dios "que sembraron con lágrimas, con regocijo segarán. Irá andando y llorando el que lleva la preciosa semilla; mas volverá a venir con regocijo, trayendo sus gavillas" (Sal. 126:5-6).

Benditos los mansos

15

Bienaventurados los mansos, porque ellos recibirán la tierra por heredad. (5:5)

Al igual que las primeras dos bienaventuranzas, esta debió haber sido impactante y desconcertante para los oyentes de Jesús, quien enseñaba principios que eran totalmente extraños a la manera de pensar de ellos.

Los oyentes de Jesús sabían cómo actuar espiritualmente de manera orgullosa y autosuficiente. Eran expertos en mostrar una fachada piadosa. Ellos creían de veras que el Mesías estaba a punto de llegar y que los felicitaría por la bondad que mostraban. Por ser el pueblo escogido de Dios al fin daría al pueblo judío el lugar que le correspondía en el mundo: una posición por sobre todas las demás naciones.

Los judíos anticipaban con impaciencia que el Mesías los trataría con ternura a ellos y con dureza a sus opresores que por casi cien años habían sido los romanos. Después de la revolución macabea que los liberó de Grecia, los judíos tuvieron un breve período de independencia. Pero el gobierno de Roma, aunque no tan cruel y destructivo, era mucho más poderoso que el de Grecia. Desde el año 63 a.C., cuando Pompeyo anexó Palestina a Roma, la región había sido gobernada principalmente por reyes títeres de la familia herodiana y por gobernadores romanos, o procuradores, el más conocido de los cuales para nosotros fue Pilato.

Los judíos despreciaban tanto la opresión romana que a veces llegaban incluso a negar que existiera. Un día mientras Jesús enseñaba en el Monte de los Olivos tuvo uno de sus más fuertes intercambios con los fariseos. Cuando dijo "a los judíos que habían creído en él: Si vosotros permaneciereis en mi palabra, seréis verdaderamente mis discípulos; y conoceréis la verdad, y la verdad os hará libres", la respuesta de los fariseos fue extraña, pues reclamaron: "Linaje de Abraham somos, y jamás hemos sido esclavos de nadie. ¿Cómo dices tú: Seréis libres?" (Jn. 8:31-33). Por supuesto, la realidad de la historia de Israel era de conquista y opresión reiteradas: por parte de los egipcios, los asirios, los medas y persas, los griegos, y en esa misma época, los romanos. Al parecer el orgullo no permitía a esos fariseos reconocer uno de los hechos más evidentes de la historia de su nación y de la situación en que se hallaban.

Todos los judíos esperaban liberación de alguna manera y por alguna vía. Muchos esperaban que la liberación llegara a través del Mesías. Dios había prometido directamente al piadoso Simeón "que no vería la muerte antes que viese al Ungido del Señor", es decir, al Mesías (Lc. 2:26). La expectativa de Simeón se cumplió cuando recibió el privilegio de ver al Mesías verdadero como un bebé. Sin embargo, otros como los fariseos, esperaban que el Mesías llegara con gran fanfarria y una poderosa demostración de poder sobrenatural. Suponían que de modo milagroso Él quitaría de encima el yugo de Roma y establecería un estado judío, una teocracia revivida y una nación santa que gobernaría el mundo. Otros, tales como los materialistas saduceos, esperaban el cambio por medio de arreglos políticos, lo cual les traía desprecio de muchos compañeros judíos. Los esenios monásticos, aislados física y filosóficamente del resto del judaísmo, vivían en gran manera como si Roma y el resto del mundo no existieran.

Los zelotes, como su nombre indica, eran los defensores más francos y activos de la liberación. Muchos de ellos esperaban que el Mesías viniera con un poderoso e irresistible líder militar que conquistaría a Roma de la misma manera que Roma los había conquistado. Sin embargo, no esperaban con pasividad a su Libertador, sino que estaban decididos a que, cuandoquiera y comoquiera que Él pudiera venir, ellos harían su parte para hacerle más fácil el trabajo. Su número, influencia y poder siguieron creciendo hasta que Roma intentó brutalmente aplastar la resistencia judía. En el año 70 d.C. Tito destruyó totalmente Jerusalén y masacró a más de un millón de judíos. Tres años después Lucio Flavio Silva finalmente triunfó en su prolongado sitio contra la fortaleza en Masada. Cuando la rebeldía judía siguió frustrando a Roma, Adriano arrasó con toda Palestina durante los años 132-35 y destruyó de modo sistemático la mayoría de ciudades, masacrando a los judíos que vivían en ellas.

En la época de Jesús los agresivos y rebeldes zelotes no eran muchos en número, pero tenían la simpatía y el apoyo moral de gran parte del pueblo que quería el derrocamiento de Roma, por cualquier medio que se lograra.

En consecuencia, cualquiera que fuera la forma en que los variados grupos de personas esperaban que el Mesías llegara, no anticiparon una venida en humildad y mansedumbre. Pero estas fueron las mismas actitudes que Jesús, Aquel a quien Juan el Bautista había anunciado como el Mesías, estaba enseñando y practicando. La idea de un Mesías manso que guiara a un pueblo manso estaba muy lejos de cualquiera de los conceptos que tenían del reino mesiánico. Los judíos entendían el poder militar y el poder milagroso, y aunque era poco popular, entendían incluso el poder del compromiso; pero no entendían el poder de la mansedumbre.

Los judíos al final rechazaron como un todo a Jesús porque Él no les cumplió sus expectativas mesiánicas. Incluso predicó en *contra* del medio en que ellos habían puesto su esperanza. Primero lo rechazaron, después lo odiaron, y finalmente lo mataron porque en lugar de aprobarles su religión Él la condenó, y en lugar de guiarlos a la independencia de Roma desdeñó las acciones revolucionarias y ofreció un camino de incluso mayor sumisión.

En sus mentes Jesús no podía ser el Mesías, y la evidencia final de esto fue la crucifixión. El Antiguo Testamento enseñaba que cualquiera que colgaba de un madero era "maldito por Dios" (Dt. 21:23), pero así es exactamente como terminó la vida de Jesús: ignominiosamente en una cruz, y en una cruz romana. Mientras Él colgaba agonizante, algunos de los líderes judíos no pudieron resistir una última burla contra la afirmación que Jesús hacía de ser el Salvador y Mesías: "A otros salvó, a sí mismo no se puede salvar; si es el Rey de Israel, descienda ahora de la cruz, y creeremos en él. Confió en Dios; líbrele ahora si le quiere; porque ha dicho: Soy Hijo de Dios" (Mt. 27:42-43).

En los primeros días de la predicación apostólica, la muerte y resurrección de Cristo eran los más grandes obstáculos para creer en el evangelio. Las ideas eran locura para los gentiles y tropezadero para los judíos (1 Co. 1:23). El evangelio era locura para aquellos gentiles que consideraban que el cuerpo era intrínsecamente malo, y creían que era absurdo que el Salvador del mundo no solo hubiera permitido que lo mataran sino que había regresado de los muertos en forma corporal. Para los judíos el evangelio era tropezadero porque la idea de que el Mesías muriera, y peor incluso en una cruz, era totalmente impensable. ¿Cómo era posible que un Mesías que enseñó por unos pocos años, sin lograr absolutamente nada que cualquiera pudiera ver, y que luego fue rechazado y matado por los maestros religiosos, fuera digno de que se creyera en Él? (cp. Hch. 3:17-18).

Pero el rechazo a Jesús comenzó mucho tiempo antes de su crucifixión. Cuando en el Sermón del Monte empezó a enseñar pobreza de espíritu, llanto y mansedumbre, el pueblo sintió que algo andaba mal. Este extraño predicador difícilmente podía ser el libertador que estaban esperando. Las grandes causas las pelean los orgullosos, no los humildes. No se pueden obtener victorias mientras se llora, y sin duda alguna nunca se podría vencer a Roma con mansedumbre. A pesar de todos los milagros del ministerio de Jesús, el pueblo no creyó realmente en Él como el Mesías porque no actuó con poder militar o milagroso contra Roma.

Los judíos no esperaban el Mesías que Dios les había dicho que iba a venir. Hicieron caso omiso a partes de la Palabra de Dios tales como Isaías 40—60, que de modo claro y vívido describen al Mesías no solo como el Siervo Sufriente sino como el Señor conquistador. No podían aceptar la idea de que pudieran aplicarse al Mesías, al venidero gran liberador de los judíos, descripciones tales como: "No hay parecer en él, ni hermosura…. Despreciado y desechado entre los hombres… Angustiado él, y afligido… como cordero fue llevado al matadero… fue cortado de la tierra de los vivientes", y "se dispuso con los impíos su sepultura" (Is. 53:2-3, 7-9).

La enseñanza de Jesús pareció nueva e inaceptable a la mayoría de sus oyentes simplemente porque el Antiguo Testamento fue rechazado y malinterpretado en gran manera. Ellos no reconocieron al humilde y abnegado Jesús como el Mesías, porque no reconocieron al Siervo Sufriente de Dios como el Mesías. Esa no era la clase de Mesías que deseaban.

SIGNIFICADO DE MANSEDUMBRE

Mansos viene de *praos,* que básicamente significa suave o blando. A veces el término se utilizaba para describir un medicamento relajante o una brisa ligera. Se usaba para potros y otros animales cuyos espíritus naturalmente salvajes eran domesticados por un domador, de tal modo que pudieran realizar un trabajo útil. Como actitud humana significaba ser de espíritu apacible, dócil, sumiso, tranquilo, misericordioso. Durante su entrada triunfal en Jerusalén, Jesús fue aclamado como el Rey venidero, aunque era "manso, y [estaba] sentado sobre una asna" (Mt. 21:5). Pablo se refirió con cariño a "la mansedumbre y ternura de Cristo" (2 Co. 10:1) como el modelo para su propia actitud.

La diferencia esencial entre ser pobres en espíritu y ser sumisos, o **mansos,** podría ser que la pobreza en espíritu se enfoca en nuestra pecaminosidad, mientras que la mansedumbre se centra en la santidad de Dios. La actitud básica de la humildad subyace en ambas virtudes. Cuando nos miramos con sinceridad somos humildes al ver lo pecadores e indignos que somos; cuando miramos a Dios nos volvemos humildes al ver lo justo y digno que Él es.

De nuevo podemos ver la lógica secuencia y progresión en las Bienaventuranzas. La pobreza en espíritu (lo primero) es negativa, y da como resultado el llanto (lo segundo). La mansedumbre (lo tercero) es positiva, y resulta en buscar justicia (lo cuarto). Ser pobres en espíritu hace que nos volvamos de nosotros mismos en llanto, y la mansedumbre nos hace volvernos hacia Dios en busca de su justicia.

Las bendiciones de las Bienaventuranzas se conceden a aquellos que son realistas en cuanto a su propia pecaminosidad, que se arrepienten de sus pecados, y que responden ante Dios en justicia divina. Los que no tienen bendición, los infelices y que están fuera del reino son los orgullosos, los arrogantes, los que no se arrepienten; es decir, los autosuficientes y santurrones que no ven en sí mismos ninguna indignidad y no sienten necesidad de la ayuda y la justicia de Dios.

La mayoría de oyentes de Jesús, al igual que los hombres caídos a lo largo de la historia, estaban preocupados por justificar sus propios caminos, por defender sus propios derechos, y por servir a sus propios fines. El camino de la sumisión no era su camino, y por tanto el reino verdadero no era su verdadero reino. Los orgullosos fariseos querían un reino milagroso, los vanidosos saduceos querían un reino materialista, los engreídos esenios querían un reino monástico, y los altivos zelotes querían un reino militar. El humilde Jesús les ofreció un reino manso.

La mansedumbre siempre ha sido el camino de Dios para el hombre. Se trata del camino del Antiguo Testamento. En el libro de Job se nos dice que Dios "pone a los humildes en altura, y a los enlutados levanta a seguridad" (5:11). Moisés, el gran libertador y dador de la ley de los judíos, "era muy manso, más que todos los hombres que había sobre la tierra" (Nm. 12:3). David, el gran rey de los judíos, el supremo héroe militar que tuvieron, escribió que el Señor "encaminará a los humildes por el juicio, y enseñará a los mansos su carrera" (Sal. 25:9).

La mansedumbre es el camino del Nuevo Testamento. Es la enseñanza de Jesús en las Bienaventuranzas y también en otros lugares, y continuamente la enseñaron los apóstoles. Pablo suplicó a los efesios: "Os ruego que andéis como es digno de la vocación con que fuisteis llamados, con toda humildad y mansedumbre, soportándoos con paciencia los unos a los otros en amor" (Ef. 4:1-2). A los colosenses les exhortó a vestirse "de entrañable misericordia, de benignidad, de humildad, de mansedumbre, de paciencia" (Col. 3:12). A Tito le dijo que recordara a quienes estaban bajo su liderazgo "que se sujeten a los gobernantes y autoridades, que obedezcan, que estén dispuestos a toda buena obra. Que a nadie difamen, que no sean pendencieros, sino amables, mostrando toda mansedumbre para con todos los hombres" (Tit. 3:1-2).

La mansedumbre no connota debilidad. La palabra se usa en mucha literatura extra bíblica para referirse a la domesticación de un animal. Mansedumbre significa poder puesto bajo control. Una persona sin mansedumbre es "como ciudad derribada y sin muro" (Pr. 25:28). "Mejor es el que tarda en airarse que el fuerte; y el que se enseñorea de su espíritu, que el que toma una ciudad" (Pr. 16:32). Un potro sin domar es inútil; la medicina que es demasiado fuerte dañará en vez de curar; un viento descontrolado destruye. La emoción fuera de control también destruye, y no tiene lugar en el reino de Dios. La mansedumbre usa sus recursos de modo apropiado.

Mansedumbre es lo opuesto a violencia y venganza. Por ejemplo, la persona mansa acepta con gozo la incautación de sus bienes, pues sabe que tiene posesiones infinitamente mejores y más permanentes esperándole en el cielo (He. 10:34). El individuo manso ha muerto a sí mismo, y por tanto no se preocupa por agravios que le hagan, o por pérdida, insultos o abusos en su contra. No se defiende, primero porque esa es la orden y el ejemplo del Señor, y segundo porque sabe que no merece defenderse. Al ser pobres en espíritu y haber llorado por su gran pecaminosidad, los individuos **mansos** sufren humildemente delante de Dios, sabiendo que no tienen nada por qué elogiarse.

Mansedumbre no es cobardía ni debilidad emocional. No es falta de convicción ni simple simpatía humana, sino que su valor, su fortaleza, su convicción y su amabilidad vienen de Dios, no del yo. El espíritu de mansedumbre es el espíritu de Cristo, quien defendió la gloria de su Padre, pero se entregó en sacrificio por otros. Dejándonos un ejemplo que debemos seguir, Cristo "no hizo pecado, ni se halló engaño en su boca; quien cuando le maldecían, no respondía con maldición; cuando padecía, no amenazaba, sino encomendaba la causa al que juzga justamente" (1 P. 2:21-23).

Aunque no tuvo pecado y, por tanto, nunca mereció crítica o maltrato, Jesús no se reveló contra la calumnia, no correspondió a la injusticia, ni amenazó a sus atormentadores. El único ser humano que no hizo algo malo, el único que siempre tuvo una defensa perfecta, nunca se defendió.

Cuando la casa de su Padre fue profanada por cambistas y vendedores de sacrificios, el Señor, "haciendo un azote de cuerdas, echó fuera del templo a todos, y las ovejas y los bueyes; y esparció las monedas de los cambistas, y volcó las mesas" (Jn. 2:14-15). Jesús denunció de manera mordaz y reiterada a los hipócritas y malvados dirigentes religiosos; dos veces limpió el templo a la fuerza; y sin temor alguno pronunció juicio divino sobre los que abandonaban y corrompían la Palabra de Dios.

Sin embargo, Jesús ni una sola vez levantó un dedo o dio una respuesta ingeniosa en su propia defensa. Aunque en cualquier tiempo pudo haber llamado legiones de ángeles que se pusieran a su lado (Mt. 26:53), se negó a usar poder natural o sobrenatural para beneficio propio. La mansedumbre no es debilidad, pero no usa su poder para su propia defensa o propósitos egoístas. La mansedumbre es poder rendido por completo al control de Dios.

LA MANIFESTACIÓN DE LA MANSEDUMBRE

La mejor manera de describir la mansedumbre es ilustrarla, a fin de verla en acción. La Biblia está llena de relatos instructivos sobre mansedumbre.

Después que Dios llamara a Abraham de Ur de los caldeos a la tierra prometida, y luego de haber hecho el maravilloso e incondicional pacto con él, surgió una disputa sobre las tierras de pastoreo entre los siervos de Abraham y los de su sobrino Lot. Toda la tierra de Canaán se le había prometido a Abraham. Este era el elegido de Dios y el padre del pueblo escogido de Dios. Por otra parte, Lot era esencialmente un parásito, un pariente político que en gran manera dependía de Abraham para su bienestar y seguridad. Además de eso, Abraham era el tío de Lot y mucho mayor que este. No obstante, Abraham dejó de buena gana que Lot tomara cualquier tierra que quisiera, cediéndole por tanto sus derechos y prerrogativas por el bien del sobrino, por el bien de la armonía entre las dos casas, y por el bien del testimonio que tenían delante del "cananeo y el ferezeo [que] habitaban entonces en la tierra" (Gn. 13:5-9). Esas cosas eran mucho más importantes para Abraham que defender sus propios derechos. Él tenía tanto el derecho como el poder para hacer como le agradara en el asunto, pero en mansedumbre renunció con gusto a sus derechos y puso a un lado su poder.

José fue maltratado por sus celosos hermanos y finalmente vendido como esclavo. Cuando por el misericordioso plan de Dios, José llegó a ser en Egipto el segundo al mando solo debajo de Faraón, estuvo en condiciones de vengarse de forma severa de sus hermanos. Al venir estos a Egipto en busca de alimento para sus hambrientas familias, José fácilmente pudo haberse negado y en realidad pudo haber puesto a sus hermanos en esclavitud más grave que la de aquellos a quienes lo vendieron. Pero él solo tenía perdón y amor por sus hermanos. Cuando finalmente les reveló quién era "se dio a llorar a gritos; y oyeron los egipcios, y oyó también la casa de Faraón" (Gn. 45:2). Entonces les anunció: "Ahora, pues, no os entristezcáis, ni os pese de haberme vendido acá; porque para preservación de vida me envió Dios delante de vosotros" (vv. 5, 8). Más tarde les declaró: "No temáis; ¿acaso estoy yo en lugar de Dios? Vosotros pensasteis mal contra mí, mas Dios lo encaminó a bien, para hacer lo que vemos hoy, para mantener en vida a mucho pueblo" (50:19-20). Con mansedumbre José entendió que la función de Dios era juzgar, y que el suyo era perdonar y ayudar.

Moisés mató a un egipcio que estaba golpeando a unos esclavos hebreos; se enfrentó al faraón para exigir la liberación de su pueblo; y se enojó a tal grado por la orgía que Aarón y el pueblo celebraban alrededor del becerro de oro, que estrelló contra el suelo el primer juego de tablas con los Diez Mandamientos. Sin embargo, fue llamado "muy manso, más que todos los hombres que había sobre la tierra" (Nm. 12:3). Moisés descargó su ira contra quienes dañaron y esclavizaron a su pueblo y se rebelaron contra Dios, pero no descargó su ira contra los que lo maltrataron o exigieron derechos y privilegios personales.

Cuando Dios lo llamó a sacar a Israel de Egipto, Moisés se sintió totalmente inadecuado y suplicó: "¿Quién soy yo para que vaya a Faraón, y saque de Egipto a los hijos de Israel?" (Éx. 3:11). Después que Dios le explicó el plan para que Moisés confrontara al faraón, Moisés volvió a rogar: "¡Ay, Señor! nunca he sido hombre de fácil palabra, ni antes, ni desde que tú hablas a tu siervo; porque soy tardo en el habla y torpe de lengua" (4:10). Moisés defendería a Dios delante de cualquiera, pero no se defendió delante de Él.

David fue escogido por Dios y ungido por Samuel para reemplazar a Saúl como rey de Israel. Pero cuando en la cueva de En-gadi tuvo la oportunidad de quitarle la vida a Saúl, tal como este a menudo había tratado de quitarle la suya, David se negó a hacerlo. Él tenía tan gran respeto por el cargo de rey, a pesar de la maldad y el maltrato que este monarca en particular le había ocasionado, que "se turbó el corazón de David, porque había cortado la orilla del manto de Saúl. Y dijo a sus hombres: Jehová me guarde de hacer tal cosa contra mi señor, el ungido de Jehová, que yo extienda mi mano contra él; porque es el ungido de Jehová" (1 S. 24:5-6).

Muchos años más tarde, después que Absalón el hijo rebelde de David hiciera huir a su padre de Jerusalén, un miembro de la familia de Saúl llamado Simei maldijo a David y le tiró piedras. Cuando uno de los soldados de David quiso cortarle la cabeza a Simei, David se lo impidió diciendo: "He aquí, mi hijo que ha salido de mis entrañas, acecha mi vida; ¿cuánto más ahora un hijo de Benjamín? Dejadle que maldiga, pues Jehová se lo ha dicho. Quizá mirará Jehová mi aflicción, y me dará Jehová bien por sus maldiciones de hoy" (2 S. 16:5-12).

Por el contrario, el rey Uzías, que comenzó a reinar a los dieciséis años de edad y que "hizo lo recto ante los ojos de Jehová", "y persistió en buscar a Dios" (2 Cr. 26:4-5), confió demasiado en sí mismo luego que el Señor le diera grandes victorias sobre los filisteos, amonitas y otros enemigos. "Mas cuando ya era fuerte, su corazón se enalteció para su ruina; porque se rebeló contra Jehová su Dios, entrando en el templo de Jehová para quemar incienso en el altar del incienso" (v. 16). Uzías pensó que no estaba haciendo nada malo, y con gran arrogancia realizó un ritual que sabía que estaba restringido a los sacerdotes. Se preocupó tanto en exaltarse y glorificar su grandeza, que desobedeció al Dios que lo había engrandecido y hasta profanó el templo del Señor. En consecuencia, "el rey Uzías fue leproso hasta el día de su muerte, y habitó leproso en una casa apartada, por lo cual fue excluido de la casa de Jehová" (v. 21).

De los muchos ejemplos de mansedumbre en el Nuevo Testamento, el más grande después del mismo Jesús fue Pablo. Él era el más educado de los apóstoles y aquel que, hasta donde podemos saber, Dios usó más amplia y eficazmente. Sin embargo, se negó a poner cualquier confianza en sí mismo, "en la carne" (Fil. 3:3), sabiendo que podía hacer todas las cosas, pero solo "en Cristo que me fortalece" (4:13).

EL RESULTADO DE LA MANSEDUMBRE

Al igual que con las otras bienaventuranzas, el resultado general de la mansedumbre es ser **bienaventurados,** ser divinamente felices. Dios da a los mansos su propia alegría y felicidad.

Sin embargo, más específicamente **los mansos… recibirán la tierra por heredad.** Después de crear al hombre a su imagen, Dios le entregó el dominio sobre toda la tierra (Gn. 1:28). Los súbditos de su reino algún día entrarán a esa heredad prometida, largamente perdida y pervertida luego de la caída. De ellos será el paraíso recuperado.

Un día Dios reclamará por completo su dominio terrenal, y aquellos que se han convertido en sus hijos por medio de la fe en el Hijo gobernarán ese dominio con Él. Además, los únicos que se convierten en sus hijos y súbditos del reino divino son aquellos que resultan ser **bienaventurados,** quienes son mansos porque comprendieron su indignidad y pecaminosidad, y confiaron en la misericordia de Dios. El pronombre enfático *autos* (**ellos**) vuelve a usarse (véase vv. 3, 4), indicando que solo aquellos que son mansos **recibirán la tierra por heredad.**

Casi todos los judíos creían que el gran reino venidero del Mesías pertenecería a los fuertes, de los cuales los judíos serían los más fuertes. Pero el Mesías mismo dijo que el reino pertenecía a los mansos, judíos y gentiles por igual.

Klēronomeō (**heredad**) se refiere a recibir la parte asignada a alguien, la herencia legítima de esa persona. Esta bienaventuranza es casi una cita directa de Salmos 37:11: "Los mansos heredarán la tierra". Por muchas generaciones los judíos fieles se habían preguntado, así como el pueblo de Dios hoy día a veces se pregunta, por qué los malvados e impíos parecen prosperar y los justos y piadosos parecen sufrir. A través de David, Dios le aseguró a su pueblo: "De aquí a poco no existirá el malo; observarás su lugar, y no estará allí" (v. 10). La hora del juicio del individuo malvado iba a llegar, así como la hora de bendición para la persona justa.

Nuestra responsabilidad es confiar en el Señor y obedecer su voluntad. El ajuste de cuentas, sea en juicio o bendición, está en sus manos y se logrará exactamente en el tiempo correcto y en la manera correcta. Mientras tanto, los hijos de Dios viven en fe y esperanza basadas en la promesa segura, el pronunciamiento divino, de que **recibirán la tierra por heredad.**

Pablo advierte y asegura a los corintios, expresando: "Ninguno se gloríe en los hombres; porque todo es vuestro: sea Pablo, sea Apolos, sea Cefas, sea el mundo, sea la vida, sea la muerte, sea lo presente, sea lo por venir, todo es vuestro, y vosotros de Cristo, y Cristo de Dios" (1 Co. 3:21-23). Puesto que pertenecemos a Cristo, nuestro lugar en el reino es tan seguro como el de Él.

También es seguro "que los injustos no heredarán el reino de Dios" (1 Co. 6:9). Un día el Señor quitará la tierra de las manos de los malvados y se la dará a su pueblo justo, al cual usará "para ejecutar venganza entre las naciones, y castigo entre los pueblos; para aprisionar a sus reyes con grillos, y a sus nobles con cadenas de hierro; para ejecutar en ellos el juicio decretado" (Sal. 149:7-9).

No obstante, nuestra herencia de la tierra no es totalmente futura. La promesa de la herencia futura nos ofrece en sí esperanza y felicidad ahora. Y podemos apreciar muchas cosas, incluso terrenales, en maneras que solo aquellos que conocen y aman al Creador pueden hacerlo.

Así declaran las bellas palabras de Wade Robinson:

Arriba el cielo es de un azul más suave,
La tierra alrededor es del verde más hermoso;
Algo vive en cada tonalidad
¡Que los ojos sin Cristo nunca han visto!
Abundan las aves con canciones más alegres,
Brillan las flores con belleza más profundas,
Ya que sé, como ahora sé,
Que suyo soy y que mío es Él.

Hace casi un siglo George MacDonald escribió: "No podemos ver el mundo como Dios quiere que fuera en el futuro, a menos que nuestras almas las caracterice la mansedumbre. En la mansedumbre somos sus únicos herederos. La mansedumbre por sí sola hace más pura la retina espiritual para recibir las cosas de Dios como son: sin ninguna mezcla de imperfección ni impureza".

LA NECESIDAD DE MANSEDUMBRE

La mansedumbre es necesaria en primer lugar porque se requiere para ser salvos. Solamente los mansos heredarán la tierra, porque solo ellos pertenecen al Rey que gobernará el reino futuro de la tierra. El salmista expresa: "Porque Jehová tiene contentamiento en su pueblo; hermoseará a los humildes con la salvación" (Sal. 149:4). Cuando los discípulos le preguntaron a Jesús quién era el más grande en el reino, "llamando Jesús a un niño, lo puso en medio de ellos, y dijo: De cierto os digo, que si no os volvéis y os hacéis como niños, no entraréis en el reino de los cielos. Así que, cualquiera que se humille como este niño, ése es el mayor en el reino de los cielos" (Mt. 18:2-4).

La mansedumbre también es necesaria debido a que está ordenada. "Buscad a Jehová todos los humildes de la tierra, los que pusisteis por obra su juicio; buscad justicia, buscad mansedumbre" (Sof. 2:3). Santiago manda a los creyentes: "Por lo cual, desechando toda inmundicia y abundancia de malicia, recibid con mansedumbre la palabra implantada, la cual puede salvar vuestras almas" (Stg. 1:21). Aquellos que no tienen un espíritu humilde no pueden ni siquiera escuchar correctamente la Palabra de Dios, mucho menos entenderla y recibirla.

La mansedumbre es necesaria porque no podemos ser testigos eficaces sin ella. Pedro declara: "Santificad a Dios el Señor en vuestros corazones, y estad siempre preparados para presentar defensa con mansedumbre y reverencia ante todo el que os demande razón de la esperanza que hay en vosotros" (1 P. 3:15). El orgullo siempre se interpondrá entre nuestro testimonio y aquellos a quienes testificamos. Ellos nos verán a nosotros en lugar de ver al Señor, por ortodoxa que sea nuestra teología o refinada que sea nuestra técnica.

La mansedumbre es necesaria porque solo ella da gloria a Dios. El orgullo busca su propia gloria, pero la mansedumbre busca la gloria de Dios. La mansedumbre se refleja en nuestra actitud hacia otros hijos de Dios. La humildad en relación a compañeros cristianos da gloria a Dios. "El Dios de la paciencia y de la consolación os dé entre vosotros un mismo sentir según Cristo Jesús, para que unánimes, a una voz, glorifiquéis al Dios y Padre de nuestro Señor Jesucristo. Por tanto, recibíos los unos a los otros, como también Cristo nos recibió, para gloria de Dios" (Ro. 15:5-7).

Dichosos los hambrientos 16

Bienaventurados los que tienen hambre y sed de justicia, porque ellos serán saciados. (5:6)

Esta bienaventuranza habla de un fuerte deseo, de una búsqueda impulsora, de una fuerza apasionada dentro del alma. Tiene que ver con ambición —una ambición sana— cuyo fin es honrar, obedecer y glorificar a Dios al participar de su justicia. Esta ambición santa está en gran contraste con las ambiciones comunes de los hombres para gratificar sus propias lujurias, lograr sus propias metas y satisfacer sus propios egos.

Como ninguna otra criatura, Lucifer se deleitaba en el esplendor y el resplandor de la gloria de Dios. El nombre Lucifer significa "estrella de la mañana" o, más literalmente, "el que brilla". Pero él no estaba satisfecho con vivir en la gloria de Dios y dijo en su corazón: "Subiré al cielo; en lo alto, junto a las estrellas de Dios, levantaré mi trono, y en el monte del testimonio me sentaré, a los lados del norte; sobre las alturas de las nubes subiré, y seré semejante al Altísimo" (Is. 14:13-14). Su ambición no era reflejar la gloria de Dios sino usurpar el poder soberano de Él, mientras renunciaba a la justicia. Por tanto, cuando Satanás declaró su intención de hacerse como el Altísimo, Dios respondió declarando a su adversario: "Tú derribado eres hasta el Seol, a los lados del abismo" (v. 15).

Como rey de Babilonia, Nabucodonosor gobernaba el más grande de todos los imperios. Un día mientras caminaba por la terraza del palacio real de Babilonia, "habló el rey y dijo: ¿No es ésta la gran Babilonia que yo edifiqué para casa real con la fuerza de mi poder, y para gloria de mi majestad?" (Dn. 4:29-30). Nabucodonosor deseó alabanza, así como Lucifer anheló poder. La reacción de Dios fue inmediata: "Aún estaba la palabra en la boca del rey, cuando vino una voz del cielo: A ti se te dice, rey Nabucodonosor: El reino ha sido quitado de ti; y de entre los hombres te arrojarán, y con las bestias del campo será tu habitación, y como a los bueyes te apacentarán; y siete tiempos pasarán sobre ti, hasta que reconozcas que el Altísimo tiene el dominio en el reino de los hombres, y lo da a quien él quiere" (vv. 31-32).

Jesús contó una parábola acerca de un granjero rico cuyas cosechas fueron tan abundantes que no tenía espacio suficiente para almacenarlas. Después de planificar la demolición de sus viejos graneros y construir unos más grandes, expresó: "Diré a mi alma: Alma, muchos bienes tienes guardados para muchos años; repósate, come, bebe, regocíjate. Pero Dios le dijo: Necio, esta noche vienen a pedirte tu alma; y lo que has provisto, ¿de quién será? Así es el que hace para sí tesoro, y no es rico para con Dios" (Lc. 12:16-21).

Lucifer estaba hambriento de poder; Nabucodonosor estaba hambriento de alabanza; y el rico necio estaba hambriento de placer. Puesto que ellos ansiaron las cosas equivocadas y rechazaron lo bueno de Dios, perderán lo uno y lo otro.

Jesús declara que el deseo más profundo de toda persona debería ser tener **hambre y sed de justicia.** Ese es el deseo provocado por el Espíritu que llevará a una persona a la salvación y la mantendrá firme y fiel una vez que se encuentre en el reino. Es también la única ambición que, cuando se cumple, produce felicidad perdurable.

La Declaración de Independencia de los Estados Unidos afirma que los ciudadanos tienen derecho a buscar la felicidad. Los padres fundadores no presumieron que podían garantizar que todos los que buscan felicidad la encontrarían, porque eso está más allá del poder que cualquier gobierno puede proporcionar. Cada persona es libre para buscar el tipo de felicidad que quiera y en la manera que quiera dentro de la ley. Tristemente, la mayoría de ciudadanos estadounidenses al igual que la mayoría de personas a lo largo de toda la historia, han preferido buscar la clase errónea de felicidad en maneras que no proveen *ningún* tipo de felicidad.

Jesús afirma que el camino hacia la felicidad, el camino para ser de veras **bienaventurados,** es el camino del hambre y la sed espiritual.

LA NECESIDAD DE HAMBRE ESPIRITUAL

Hambre y sed representan necesidades de la vida física. La analogía de Jesús demuestra que se requiere **justicia** para la vida espiritual, así como para la vida física se requiere alimento y agua. La **justicia** no es un complemento espiritual opcional sino una necesidad espiritual. No podemos vivir espiritualmente sin justicia más de lo que podemos vivir físicamente sin comida y agua.

Desde la gran hambruna en Egipto durante la época de José, y tal vez mucho antes de eso, el mundo ha estado periódicamente plagado con hambres. Roma experimentó una hambruna tan severa en el año 436 a.C., que miles de personas se arrojaron al río Tíber para ahogarse en vez de morir de hambre. El hambre golpeó Inglaterra en el año 1005, y toda Europa sufrió grandes hambres en los años 879, 1016 y 1162. A pesar de los adelantos en agricultura, en nuestro propio siglo muchas partes del mundo aún experimentan hambres periódicas. En años recientes África ha visto algunas de las hambrunas más devastadoras en la historia mundial. En los últimos cien años diez millones de personas en todo el mundo han muerto de hambre o por las muchas enfermedades que acompañan la malnutrición severa.

Una persona hambrienta tiene una pasión única y devoradora por comida y agua. Nada más tiene la menor atracción o interés; nada más puede incluso llamar su atención.

Aquellos que están sin la justicia de Dios están muertos de hambre por vida espiritual. Pero trágicamente no tienen el deseo natural por la vida espiritual que sí tienen por la vida física. La tendencia de la humanidad caída es volverse hacia sí misma y hacia el mundo en busca de significado y vida, así como el "perro vuelve a su vómito, y la puerca lavada a revolcarse en el cieno" (2 P. 2:22; cp. Pr. 26:11).

El corazón de cada persona en el mundo fue creado con una sensación de vacío y necesidad interior. Pero aparte de la revelación de Dios, los hombres no reconocen cuál es la necesidad ni saben qué la satisfará. Al igual que el hijo pródigo, comerán alimento de cerdos, porque no tienen nada más. Dios pregunta: "¿Por qué gastáis el dinero en lo que no es pan, y vuestro trabajo en lo que no sacia?"

(Is. 55:2). La razón es que los hombres han olvidado a Dios, la "fuente de agua viva, y cavaron para sí cisternas, cisternas rotas que no retienen agua" (Jer. 2:13). A pesar de que Dios creó a los hombres con una necesidad de Él mismo, ellos tratan de satisfacer esa necesidad por medio de dioses sin vida de su propia creación.

Una vez más como el hijo pródigo, los hombres son propensos a tomar las cosas buenas que Dios ha dado (tales como posesiones, salud, libertad, oportunidades y conocimiento) y gastarlas en placer, poder, popularidad, fama y todas las demás formas de satisfacción personal. Pero a diferencia del hijo pródigo, a menudo se conforman con permanecer en el país lejano, lejos de Dios y de las bendiciones que Él ofrece.

A los seres humanos se nos advierte: "No améis al mundo, ni las cosas que están en el mundo. Si alguno ama al mundo, el amor del Padre no está en él. Porque todo lo que hay en el mundo, los deseos de la carne, los deseos de los ojos, y la vanagloria de la vida, no proviene del Padre, sino del mundo. Y el mundo pasa, y sus deseos; pero el que hace la voluntad de Dios permanece para siempre" (1 Jn. 2:15-17).

Buscar satisfacción solo en Dios y en su provisión es una característica de aquellos que entran en su reino. Quienes pertenecen al Rey **tienen hambre y sed de la justicia** del Rey. Desean que el pecado sea reemplazado con virtud y que la desobediencia sea reemplazada con obediencia. Están dispuestos a servir a la Palabra y la voluntad de Dios.

El llamado de Jesús a tener hambre y sed espiritual también sigue de manera lógica la progresión de las Bienaventuranzas. Las tres primeras son en esencia negativas, mandatos de abandonar cosas malas que constituyen obstáculos para el reino. En pobreza de espíritu nos alejamos del materialismo; en llanto nos alejamos de la autosatisfacción; y en mansedumbre nos alejamos del egoísmo.

Las tres primeras bienaventuranzas también son costosas y dolorosas. Volverse pobre en espíritu implica morir al yo. Lamentarse por el pecado implica enfrentar nuestra pecaminosidad. Volvernos mansos implica rendir nuestro poder al control de Dios.

La cuarta bienaventuranza es más positiva y es una consecuencia de las otras tres. Cuando ponemos a un lado el yo, los pecados y el poder, y nos volvemos al Señor, recibimos un gran deseo de justicia. Mientras más hacemos a un lado lo que tenemos, más añoramos lo que Dios tiene.

Martyn Lloyd-Jones afirma: "Nuevamente, esta bienaventuranza es consecuencia lógica de las anteriores; es una declaración hacia la cual llevan todas las demás. Es la conclusión lógica a la cual llegan las demás bienaventuranzas, y es algo por lo cual todos deberíamos estar profundamente agradecidos a Dios. No conozco una prueba mejor que alguien pueda aplicar a sí mismo en todo este asunto de la profesión cristiana, que un versículo como este. Si para usted este versículo es una de las declaraciones más bendecidas de toda la Biblia, puede estar seguro de ser cristiano. Si no es así, entonces debe examinar mejor los fundamentos otra vez" (*Studies in the Sermon on the Mount* [Grand Rapids: Eerdmans, 1971], 1:73-74).

La persona que no tiene hambre y sed de justicia no tiene parte en el reino de Dios. *Tener* la vida de Dios en nuestro interior a través del nuevo nacimiento en Jesucristo es *desear* más de su semejanza dentro de nosotros al crecer en justicia.

Esto se evidencia de inmediato en la confesión de David en Salmos 119:97: "¡Oh, cuánto amo yo tu ley!". Pablo repite la pasión de David por la justicia en Romanos 7:22, donde atestigua: "Según el hombre interior, me deleito en la ley de Dios". El verdadero creyente desea obedecer, a pesar de que lucha con la carne no redimida (cp. Ro. 8:23).

SIGNIFICADO DE HAMBRE ESPIRITUAL

La mayoría de nosotros nunca hemos enfrentado hambre y sed que pongan en riesgo la vida. Pensamos en el hambre como saltarnos una o dos comidas seguidas, y en la sed como tener que esperar una hora en un día caluroso para conseguir una bebida fría. Pero el **hambre y** la **sed** de la que Jesús habla aquí pertenecen a una clase más intensa.

Durante la liberación de Palestina en la Primera Guerra Mundial, una fuerza combinada de soldados de Gran Bretaña, Australia y Nueva Zelanda persiguió de cerca a los turcos que se retiraron del desierto. Cuando las tropas aliadas se movían hacia el norte más allá de Beerseba comenzaron a distanciarse de su caravana de camellos de transporte de agua. Cuando se acabó el precioso líquido, se les resecaron las bocas, les dolió la cabeza, y se marearon y debilitaron. Los ojos se les llenaron de sangre, los labios se hincharon y se amorataron, y los espejismos se volvieron comunes. Sabían que si no llegaban a los pozos de Sheriah al caer la noche miles de ellos morirían, así como centenares ya habían muerto. Literalmente, luchando por sus vidas lograron expulsar a los turcos de Sheriah.

Mientras se distribuía el agua desde las grandes cisternas de piedra, los más sanos tuvieron que permanecer firmes y esperar a que los heridos y los que harían guardia bebieran primero. Pasaron cuatro horas para que el último hombre bebiera. Durante ese tiempo los soldados estuvieron a no más de siete metros de distancia de miles de galones de agua, para beber de lo que había sido su pasión consumidora por muchos agonizantes días. Se dice que uno de los oficiales que estaban presentes reportó: "Creo que todos aprendimos nuestra primera lección real bíblica sobre la marcha desde Beerseba hasta los pozos de Sheriah. Si así fuera nuestra sed por Dios, por su justicia y su voluntad en nuestras vidas, un deseo consumidor, universal y preocupante, ¿cuán ricos seríamos en el fruto del Espíritu?" (E. M. Blaiklock, "Water" *Eternity* (agosto, 1966), p. 27).

Ese es el tipo de sed y hambre de la que habla Jesús en esta bienaventuranza. Los impulsos más fuertes y profundos en el reino natural se usan para representar la profundidad del deseo que los llamados y redimidos de Dios tienen por justicia. El participio presente se usa en cada caso y significa ansias continuas, búsqueda continua. Quienes llegan realmente a Jesucristo hambrientos y sedientos de justicia, y quienes están en Él, conocen ese profundo anhelo por santidad.

El pasaje paralelo en Lucas declara: "Bienaventurados los que ahora tenéis hambre" (6:21). El deseo de justicia debe caracterizar nuestra vida *ahora* y en el resto de nuestra existencia terrenal.

Cuando Moisés estaba en el desierto, Dios se le apareció en una zarza ardiente. Al regresar a Egipto para liberar a su pueblo, Moisés vio la fuerza y el poder de Dios en los milagros y en las diez plagas. Vio a Dios dividir el Mar Muerto y tragarse a sus perseguidores egipcios. Moisés vio la gloria de Dios en la columna de nube y en la columna de fuego que guiaron a Israel en el desierto. Además, el patriarca construyó un tabernáculo para Dios y vio la gloria del Señor brillando en el Lugar Santísimo. Una y otra vez él había buscado y visto la gloria de Dios. "Y hablaba Jehová a Moisés cara a cara, como habla cualquiera a su compañero" (Éx. 33:11). Sin embargo, Moisés nunca estuvo satisfecho y siempre quería ver más. Continuó suplicando: "Te ruego que me muestres tu gloria" (v. 18).

Moisés nunca tenía suficiente del Señor. Pero de esa insatisfacción vino satisfacción. Debido a su continuo anhelo por Dios, Moisés encontró favor a la vista del Señor (v. 17), quien le prometió: "Yo haré pasar todo mi bien delante de tu rostro, y proclamaré el nombre de Jehová delante de ti" (v. 19).

David declaró: "Dios, Dios mío eres tú; de madrugada te buscaré; mi alma tiene sed de ti, mi carne te anhela, en tierra seca y árida donde no hay aguas" (Sal. 63:1).

Pablo tuvo grandes visiones y grandes revelaciones de Dios, pero no estaba satisfecho. Había renunciado a su propia justicia "que es por la ley" y estaba creciendo en "la justicia que es de Dios por la fe". Sin embargo, aún añoraba "conocerle, y [conocer] el poder de su resurrección, y la participación de sus padecimientos, llegando a ser semejante a él en su muerte" (Fil. 3:9-10). Pedro expresó su propio gran deseo y su gran hambre cuando aconsejó a aquellos a quienes escribió: "Creced en la gracia y el conocimiento de nuestro Señor y Salvador Jesucristo" (2 P. 3:18).

John Darby escribió: "Tener hambre no es suficiente; debo estar realmente muriéndome de hambre por saber lo que hay en el corazón de Dios hacia mí. Cuando el hijo pródigo tuvo hambre se alimentó de algarrobas, pero cuando estaba muriéndose de hambre se volvió a su padre". Esa es el hambre de la que habla la cuarta bienaventuranza, el hambre de justicia que solo el Padre puede satisfacer.

Hace varios años alguien me contó de una amiga que había comenzado a asistir a un estudio bíblico pero que pronto renunció, explicando que deseaba ser religiosa pero que no quería hacer el compromiso que la Biblia exige. Ella tenía poca hambre por las cosas de Dios. Quería escoger y elegir, mordisquear cualquier cosa que se adaptara a su fantasía, porque básicamente estaba satisfecha con el modo en que era. Según ella, tenía suficiente, y por tanto se convirtió en uno de los que se declaran ricos a sí mismos a quienes el Señor envía con las manos vacías. Solo a los hambrientos Él llena con cosas buenas (Lc. 1:53).

LA META DEL HAMBRE ESPIRITUAL

Al igual que las otras bienaventuranzas, el objetivo de quienes tienen hambre y sed de justicia es doble. Para el incrédulo el objetivo es la salvación; para el creyente es la santificación.

SALVACIÓN

Cuando una persona tiene inicialmente hambre y sed de justicia está buscando salvación; esta es la justicia que viene cuando alguien se vuelve del pecado para someterse al señorío de Jesucristo. En pobreza de espíritu ve su pecado; en llanto lamenta y se vuelve de su pecado; en mansedumbre somete a Dios su propio camino pecaminoso y su poder; y en hambre y sed busca que la justicia de Dios en Cristo reemplace su pecado.

En muchos pasajes del Antiguo Testamento se usa la justicia como sinónimo de salvación. El Señor afirmó a través de Isaías: "Cercana está mi justicia, ha salido mi salvación" Isaías (51:5). Daniel escribió de la época en que "los entendidos resplandecerán como el resplandor del firmamento; y los que enseñan la justicia a la multitud, como las estrellas a perpetua eternidad" (Dn. 12:3).

Cuando los seres humanos abandonan toda esperanza de salvarse por sí mismos, es decir toda confianza en su justicia propia, y empiezan a tener hambre por la salvación que trae la justicia de Dios y la obediencia que Él requiere, serán **bienaventurados,** serán divinamente felices.

El mayor obstáculo de los judíos para recibir el evangelio fue su propia justicia, su confianza en su propia pureza y santidad, las cuales creían que se originaban por buenas obras. Debido a que eran linaje escogido de Dios, y guardianes de la ley (o más a menudo, guardianes de las interpretaciones que los hombres hacían de la ley) creían tener el cielo asegurado.

Sin embargo, el Mesías les dijo que el único camino hacia la salvación era tener hambre y sed de la justicia de Dios para que reemplazaran su justicia propia, que en realidad era injusticia.

SANTIFICACIÓN

Para los creyentes el objetivo de tener hambre y sed es crecer en la justicia recibida al haber confiado en Cristo. Ese crecimiento es la santificación, que más que cualquier cosa es la marca de un cristiano.

Ningún creyente "llega a su destino" en su vida espiritual hasta que llegue al cielo; y reclamar perfección de cualquier tipo antes de esa fecha es el colmo del atrevimiento. Los hijos del reino nunca dejan de necesitar, o tener hambre, de que más de la justicia y la santidad de Dios se manifiesten en ellos a través de la obediencia que muestren. Pablo oró por los creyentes en Filipos que su "amor abunde aun más y más en ciencia y en todo conocimiento, para que [aprueben] lo mejor, a fin de que [sean] sinceros e irreprensibles para el día de Cristo" (Fil. 1:9-10).

En el lenguaje griego los verbos como tener hambre y tener sed normalmente tienen sujetos que están en genitivo partitivo, un caso que indica inconclusión o parcialidad. Una traducción literal en español sería: "Tengo ansias por comer" o "Tengo ansias por tomar agua". La idea es que un individuo solo tiene hambre de *algo* de comida y *algo* de agua, no de toda la comida y el agua del mundo.

Pero Jesús no usa aquí el genitivo partitivo sino el acusativo, y **justicia** es por tanto el objeto no calificado e ilimitado de **hambre y sed.** El Señor identifica a quienes desean toda la justicia que existe (cp. Mt. 5:48; 1 P. 1:15-16).

Jesús también usa el artículo definido (*tēn*, DHH, TLA) indicando que no se refiere tan solo a cualquier justicia, sino a *la* justicia, la única justicia verdadera, esa que viene de Dios y que en realidad es la justicia muy propia de Dios, que es la que Él posee en sí mismo.

Se vuelve evidente entonces que en esta vida tal vez no podamos tener satisfecho nuestro anhelo de santidad, nos quedamos, por tanto, continuamente con hambre y sed hasta el día en que estemos vestidos por completo con la justicia de Cristo.

LA CONSECUENCIA DEL HAMBRE ESPIRITUAL

El resultado de tener hambre y sed de justicia es ser **saciados.** *Chortazō* se usaba con frecuencia para alimentar animales hasta que ya no querían más. Se les permitía comer hasta que estuvieran totalmente saciados.

La declaración divina de Jesús es que a quienes tienen hambre y sed de justicia se les dará satisfacción plena. El otorgamiento de satisfacción es obra de Dios, según indica el tiempo futuro pasivo: **ellos serán saciados.** Nuestra parte es buscar; la parte de Dios es saciar.

Una vez más hay una maravillosa paradoja, porque aunque los santos buscan continuamente la justicia de Dios, siempre quieren más y nunca la consiguen toda, no obstante serán saciados. Podemos comer carne o nuestro pastel favorito hasta que ya no podamos comer más, pero nuestro gusto por esas cosas continúa e incluso aumenta. Es la misma satisfacción la que nos hace querer más. Queremos comer más de esas cosas porque son muy satisfactorias. La persona que realmente tiene hambre y sed de la justicia de Dios la encuentra tan satisfactoria que quiere más y más.

La saciedad divina para quienes buscan y aman al Señor es un tema repetido en los Salmos. "Porque sacia al alma menesterosa, y llena de bien al alma hambrienta" (Sal. 107:9). "Los leoncillos necesitan, y tienen hambre; pero los que buscan a Jehová no tendrán falta de ningún bien" (34:10). El más querido de todos los salmos empieza: "Jehová es mi pastor; nada me faltará", y después declara: "Aderezas mesa delante de mí… mi copa está rebosando" (23:1, 5).

Al predecir las grandes bendiciones del reino milenial de Cristo, Jeremías aseguró a Israel que en ese día "mi pueblo será saciado de mi bien, dice Jehová" (Jer. 31:14). Jesús dijo a la mujer samaritana en el pozo de Sicar que "el que bebiere del agua que yo le daré, no tendrá sed jamás; sino que el agua que yo le daré será en él una fuente de agua que salte para vida eterna" (Jn. 4:14). A la multitud de personas cerca de Capernaúm, muchas de las cuales habían estado entre los cinco mil que Jesús alimentara con los cinco panes de cebada y los dos peces, Él declaró: "Yo soy el pan de vida; el que a mí viene, nunca tendrá hambre; y el que en mí cree, no tendrá sed jamás" (Jn. 6:35).

LA EXPERIENCIA DEL HAMBRE ESPIRITUAL

Hay varias marcas de la verdadera hambre y sed de la justicia de Dios. Primero está la insatisfacción con uno mismo. La persona que está satisfecha con su propia justicia no verá necesidad de la justicia de Dios. El gran puritano Thomas Watson escribió: "El que más necesidad tiene de justicia es quien menos la quiere". Sin importar lo rica que sea su experiencia espiritual o lo avanzada que sea su madurez espiritual, un cristiano hambriento siempre dirá: "¡Miserable de mí! ¿quién me librará de este cuerpo de muerte?" (Ro. 7:24).

Segundo, está la libertad de la dependencia en cosas externas para saciarse.

Un hombre hambriento no puede satisfacerse con un arreglo de flores preciosas, hermosa música, o una conversación agradable. Todo esto es bueno, pero no tiene la capacidad de saciar el hambre. Tampoco cualquier cosa que no sea la justicia de Dios puede satisfacer a la persona que tiene verdadera hambre y sed espiritual.

Tercero, está el deseo por la Palabra de Dios, el alimento espiritual básico que Dios proporciona a sus hijos. Un individuo con hambre no tiene que estar suplicando comida. Jeremías se regocijó: "Fueron halladas tus palabras, y yo las comí; y tu palabra me fue por gozo y por alegría de mi corazón" (Jer. 15:16). Mientras más busquemos la justicia de Dios, más querremos devorar la Biblia. Alimentarnos de la Palabra de Dios aumenta nuestro apetito por ella.

Cuarto, está lo agradable de las cosas de Dios. "Al hambriento todo lo amargo es dulce" (Pr. 27:7). El creyente que busca la justicia de Dios por sobre todo lo demás encontrará satisfacción y saciedad hasta en aquellas cosas que humanamente son desastrosas. Thomas Watson comenta que "el que tiene hambre y sed de justicia puede alimentarse de la mirra del evangelio, así como de la miel". Hasta los reproches y la disciplina del Señor producen satisfacción porque son señales del amor de nuestro Padre. "El Señor al que ama, disciplina, y azota a todo el que recibe por hijo" (He. 12:6).

Una última característica de quien tiene verdadera hambre espiritual es la incondicionalidad. Cuando nuestra hambre y sed espiritual son genuinas no ponemos condiciones; buscaremos y aceptaremos la justicia de Dios en cualquier manera que Él elija proveerla, y obedeceremos sus mandatos por exigentes que puedan ser. Lo mínimo de la justicia de Dios es mucho más valioso que lo más grandioso de cualquier cosa que poseamos por nosotros mismos o que el mundo pueda ofrecer. El joven rico solo quería la parte del reino de Dios que calzaba con sus propios planes y deseos, y por tanto no era apto para el reino. Ansiaba más de otras cosas que de las cosas de Dios. Sus condiciones para recibir las bendiciones de Dios no le permitieron recibirlas.

Los que están espiritualmente hambrientos no piden a Cristo y éxito económico, a Cristo y satisfacción personal, a Cristo y popularidad, o a Cristo y cualquier otra cosa. Quieren *solo* a Cristo y lo que Dios en su sabiduría y amor provee de manera soberana por medio de Cristo, sea lo que sea o no sea.

Los espiritualmente hambrientos claman: "Quebrantada está mi alma de desear tus juicios en todo tiempo" (Sal. 119:20), y confiesan: "Con mi alma te he deseado en la noche, y en tanto que me dure el espíritu dentro de mí, madrugaré a buscarte" (Is. 26:9).

Benditos los compasivos

17

Bienaventurados los misericordiosos, porque ellos alcanzarán misericordia. (5:7)

Las cuatro primeras bienaventuranzas tratan totalmente con principios internos, principios del corazón y la mente. Están relacionadas con el modo en que nos vemos delante de Dios. Las cuatro últimas son manifestaciones externas de dichas actitudes. Aquellos que en pobreza de espíritu reconocen su necesidad de misericordia son llevados a mostrar misericordia a otros (v. 7). Los que lloran por su pecado son llevados a pureza de corazón (v. 8). Quienes son mansos siempre tratan de hacer la paz (v. 9). Y aquellos que tienen hambre y sed de justicia están dispuestos a pagar el precio de ser perseguidos por el bien de la justicia (v. 10).

El concepto de misericordia se ve a lo largo de toda la Biblia, desde la caída hasta la consumación de la historia en el regreso de Cristo. La misericordia es un regalo muy necesario de la obra providencial y redentora de Dios a favor de los pecadores, y el Señor exige que su pueblo siga su ejemplo al extender misericordia a otros.

A fin de descubrir su esencia veremos tres aspectos básicos de la misericordia: su significado, su fuente, y su práctica.

EL SIGNIFICADO DE MISERICORDIA

En su mayor parte, los días en que Jesús vivió y enseñó no se caracterizaban por misericordia. Los mismos religiosos judíos no estaban inclinados a mostrar misericordia, porque la misericordia no es característica de quienes son orgullosos, arrogantes morales, y críticos. Para muchos —quizás la mayoría— de los oyentes de Jesús, mostrar misericordia se consideraba una de las virtudes más insignificantes, si es que se creía que era una virtud en absoluto. La misericordia estaba en la misma categoría del amor: reservado para aquellos que nos habían mostrado esa virtud. Amamos a quienes nos aman, y mostramos misericordia a quienes nos han mostrado misericordia. Tal actitud fue condenada por Jesús más tarde en el Sermón del Monte. "Oísteis que fue dicho: Amarás a tu prójimo, y aborrecerás a tu enemigo" (Mt. 5:43). Pero esa clase de amor tan egoísta y superficial, que hasta los marginados recaudadores de impuestos la practicaban (v. 46), no era aceptable para el Salvador, quien expresó: "Amad a vuestros enemigos, bendecid a los que os maldicen, haced bien a los que os aborrecen, y orad por los que os ultrajan y os persiguen; para que seáis hijos de vuestro Padre que está en los cielos…. Porque si amáis a los que os aman, ¿qué recompensa tendréis?… Y si saludáis a vuestros hermanos solamente, ¿qué hacéis de más? ¿No hacen también así los gentiles?" (vv. 44-47).

Sin embargo, muchas personas han interpretado esta bienaventuranza en tal forma que simplemente es tan egoísta como humanista: sostienen que nuestro ser misericordioso hace que quienes nos rodean, en especial aquellos a quienes mostramos misericordia, sean misericordiosos con nosotros. La misericordia dada significará misericordia recibida. Para tales personas, la misericordia se muestra a los demás puramente en un esfuerzo hacia el egoísmo.

Al antiguo rabino Gamaliel se le cita en el Talmud afirmando: "Siempre que tienes misericordia, Dios tendrá misericordia de ti, y si no tienes misericordia, Dios tampoco tendrá misericordia de ti". La idea de Gamaliel es correcta. Cuando Dios está implicado, habrá misericordia por misericordia. Jesús declaró: "Porque si perdonáis a los hombres sus ofensas, os perdonará también a vosotros vuestro Padre celestial; mas si no perdonáis a los hombres sus ofensas, tampoco vuestro Padre os perdonará vuestras ofensas" (Mt. 6:14-15).

Pero como un cliché aplicado en medio de los hombres, el principio no funciona. Un escritor dice de modo sentimental: "Esta es la gran verdad de la vida: si las personas ven que nos interesan, se interesarán por otros". Pero ni la Biblia ni la experiencia corroboran esa idea. Dios actúa de este modo, pero no el mundo. Con Dios siempre hay adecuada reciprocidad, y con intereses. Si honramos a Dios, Él nos honrará; si mostramos misericordia a otros, especialmente a los hijos de Dios, Él nos mostrará aún más abundante misericordia. Pero esa no es la manera del mundo.

Un popular filósofo romano llamó a la misericordia "la enfermedad del alma". Para él era la característica suprema de debilidad. La misericordia era una señal de que no se tenía lo que se requiere para ser un hombre verdadero y en especial un romano verdadero. Los romanos glorificaban principalmente el valor, la justicia estricta, la disciplina firme, y por sobre todo el poder absoluto. Menospreciaban la misericordia, porque para ellos era debilidad, y la debilidad era despreciada por sobre todas las demás limitaciones humanas.

Durante gran parte de la historia romana un padre tenía el derecho de *patria opitestas,* de decidir si su hijo recién nacido viviría o moriría. Cuando levantaban al bebé para que el padre lo viera, este giraba el pulgar hacia arriba si deseaba que el niño viviera, hacia abajo si quería que muriera. Si el pulgar se doblaba hacia abajo, el niño era ahogado de inmediato. Los ciudadanos tenían el mismo poder de vida o muerte sobre los esclavos. En cualquier momento y por cualquier razón podían matar y sepultar un esclavo, sin temor de ser arrestados o de sufrir represalias. Incluso los maridos podían condenar a muerte a sus mujeres por la menor provocación. Hoy día el aborto refleja la misma actitud despiadada. Una sociedad que desprecia la misericordia es una sociedad que glorifica la brutalidad.

El motivo subyacente de egolatría ha caracterizado a los hombres y las sociedades en general desde la caída. La vemos expresada hoy día en dichos tales como: "Si no velas por ti mismo, nadie más lo hará". Proverbios tan populares son generalmente ciertos porque reflejan la naturaleza egoísta básica del ser humano caído. Los hombres no están naturalmente inclinados a devolver misericordia por misericordia.

El mejor ejemplo de esa realidad le ocurrió al Señor mismo. Jesucristo fue el ser humano más misericordioso que jamás ha vivido. Se acercó a los enfermos para curarlos, para restaurar a los inválidos, dar vista a los ciegos, y hasta dar vida a los muertos. Encontró prostitutas, recaudadores de impuestos, libertinos y borrachos, y los atrajo a su círculo de amor y perdón. Cuando los escribas y fariseos le llevaron a la adúltera para ver si Él estaba de acuerdo con que la apedrearan, Jesús puso al descubierto la despiadada hipocresía que tenían: "El que de vosotros esté sin pecado sea el primero en arrojar la piedra contra ella". Cuando nadie dio un paso adelante para condenar a la mujer, Jesús le comentó: "Ni yo te condeno; vete, y no peques más" (Jn. 8:7-11). Jesús lloró con los afligidos y ofreció compañía a los solitarios. Tomó en sus brazos a niños pequeños y los bendijo. Fue compasivo con todos. Él fue tanto la misericordia encarnada como el amor encarnado.

Sin embargo, ¿cuál fue la respuesta a la misericordia de Jesús? Él avergonzó a los acusadores de la mujer impidiéndoles actuar, pero ellos no se volvieron misericordiosos. Para cuando los relatos de Juan 8 terminaron, los enemigos de Jesús "tomaron entonces piedras para arrojárselas" (v. 59). Cuando "los escribas y los fariseos, viéndole comer con los publicanos y con los pecadores", preguntaron a los discípulos de Jesús por qué su Maestro se asociaba con personas tan indignas (Mr. 2:16).

Cuanta más misericordia mostraba Jesús, más se notaba la falta de misericordia de los dirigentes religiosos judíos. Mientras más mostraba misericordia, más decididos estaban ellos a sacarlo del camino. El resultado final de la misericordia de Jesús fue la cruz. En la crucifixión, dos sistemas despiadados (gobierno inmisericorde y religión inhumana) se unieron para matarlo. La totalitaria Roma se unió al intolerante judaísmo para destruir al Príncipe de misericordia.

La quinta bienaventuranza no enseña que la misericordia a los hombres traiga misericordia de parte de los hombres, sino que la misericordia hecha a los hombres trae misericordia de parte de Dios. Si somos misericordiosos con los demás, Dios será misericordioso con nosotros, sea que los hombres lo sean o no. Dios es el sujeto de la segunda cláusula, así como de las otras bienaventuranzas. Es Dios quien da el reino del cielo a los pobres en espíritu, consolación a quienes lloran, la tierra a los mansos, y saciedad a quienes tienen hambre y sed de justicia. Los que son **misericordiosos… alcanzarán misericordia** de Dios, quien da las bendiciones divinas a quienes obedecen sus normas divinas.

Misericordia viene de *eleēmōn*, de donde obtenemos la palabra limosnero, pero que también significa beneficencia o caridad. Hebreos 2:17 habla de Jesús como nuestro "misericordioso y fiel sumo sacerdote". Cristo es el ejemplo supremo de misericordia y el dispensador supremo de misericordia. Es de Jesucristo de donde proviene la misericordia redentora y sustentadora.

En la Septuaginta (el Antiguo Testamento griego) se usa el mismo término para traducir el hebreo *hesed,* una de las palabras más usadas comúnmente para describir el carácter de Dios. Por lo general se traduce como misericordias, piedades, compasión o amor inconmovible (Sal. 17:7; 51:1; Is. 63:7; Jer. 9:24). El significado básico es dar ayuda a los afligidos y rescatar a los indefensos. Es compasión en acción.

Jesús no está hablando de sentimientos de desapego o impotencia que no estén dispuestos o no pueden ayudar a aquellos para los que hay simpatía. Tampoco está hablando de falsa misericordia, o piedad fingida, que brinda ayuda solo para tranquilizar una conciencia culpable o para impresionar a los demás con su apariencia de virtud. Tampoco es preocupación pasiva y silenciosa que, aunque real, no puede ofrecer ayuda tangible. Se trata de compasión verdadera expresada en ayuda genuina, preocupación desinteresada expresada en acciones generosas.

Jesús en realidad declaró: "Las personas en mi reino no son beneficiarias sino dadoras, no son ayudantes simulados sino prácticos. No son condenadoras sino dadoras de misericordia". Los egoístas, orgullosos de sí mismos, y santurrones no se molestan en ayudar a nadie, a menos que crean que al hacerlo hay algo para ellos. A veces incluso justifican su falta de amor y misericordia debajo del disfraz de deber religioso. Una ocasión en que los fariseos y escribas cuestionaron por qué los discípulos de Jesús no observaban las tradiciones de los ancianos, el Señor contestó: "Moisés dijo: Honra a tu padre y a tu madre; y: El que maldiga al padre o a la madre, muera irremisiblemente. Pero vosotros decís: Basta que diga un hombre al padre o a la madre: Es Corbán (que quiere decir, mi ofrenda a Dios) todo aquello con que pudiera ayudarte, y no le dejáis hacer más por su padre o por su madre, invalidando la palabra de Dios con vuestra tradición que habéis transmitido" (Mr. 7:10-13). En nombre de la hipócrita tradición religiosa, en un caso como ese la compasión hacia los padres estaba en realidad prohibida.

Misericordia es suplir las necesidades de las personas. No es simplemente sentir compasión sino mostrarla, no solo es simpatizar sino dar una mano. Misericordia es dar comida al hambriento, consolar a los afligidos, amar a los rechazados, perdonar a los ofensores, acompañar a los solitarios. Por consiguiente, es la más amorosa y más noble de todas las virtudes.

En *El mercader de Venecia* de Shakespeare (4.1.180-85) Porcia declara:

> La cualidad de la clemencia es que no sea forzada;
> cae como la dulce lluvia del cielo sobre el llano
>   que está por debajo de ella;
> es dos veces bendita: bendice al que la concede y al que la recibe.
> Es lo que hay de más poderoso en lo que es todopoderoso;
> sienta mejor que corona al monarca sobre su trono.

MISERICORDIA Y PERDÓN

Podemos obtener una comprensión más clara de la misericordia al establecer algunas comparaciones. La misericordia tiene mucho en común con el perdón, pero es diferente de este. Pablo nos dice que Jesús "nos salvó, no por obras de justicia que nosotros hubiéramos hecho, sino por su misericordia, por el lavamiento de la regeneración y por la renovación en el Espíritu Santo" (Tit. 3:5). El perdón divino de nuestros pecados fluye de la misericordia de Dios. Pero la misericordia es más grande que el perdón, porque Dios es misericordioso con nosotros incluso cuando pecamos, así como nosotros podemos serlo con aquellos que nunca han hecho alguna cosa contra nosotros. La misericordia de Dios no solo perdona nuestras transgresiones, sino que se extiende a todas nuestras debilidades y necesidades.

"Por la misericordia de Jehová no hemos sido consumidos, porque nunca decayeron sus misericordias" (Lm. 3:22). La misericordia de Dios hacia sus hijos nunca termina.

MISERICORDIA Y AMOR

El perdón fluye de la misericordia, y esta fluye del amor. "Dios, que es rico en misericordia, por su gran amor con que nos amó, aun estando nosotros muertos en pecados, nos dio vida juntamente con Cristo" (Ef. 2:4-5). Así como la misericordia es más que el perdón, el amor es más que la misericordia. El amor se manifiesta en muchas maneras que no implican perdón ni misericordia. El amor ama, aunque no exista nada malo qué perdonar o algo que se deba suplir. El Padre ama al Hijo y el Hijo ama al Padre, aunque ambos son sin pecado y sin necesidad. Ambos aman a los santos ángeles, aunque estos son sin pecado y sin necesidad. Cuando entremos al cielo nosotros también estaremos sin pecado o sin necesidad, pero el amor de Dios por nosotros, en comparación con la eternidad, solamente estará comenzando.

La misericordia es el médico; el amor es el amigo. La misericordia actúa a causa de la necesidad; el amor actúa debido al afecto, sea que haya necesidad o no. La misericordia está reservada para momentos de tribulación; el amor es constante. No puede haber verdadera misericordia aparte del amor, pero sí puede haber amor aparte de la misericordia.

MISERICORDIA Y GRACIA

La misericordia también se relaciona con la gracia, la cual fluye del amor, así como el perdón fluye de la misericordia. En cada una de sus tres epístolas pastorales Pablo incluye en sus saludos las palabras "gracia, misericordia y paz" (1 Ti. 1:2; 2 Ti. 1:2; Tit. 1:4). La gracia y la misericordia tienen la relación más íntima posible; sin embargo, son diferentes. La misericordia y todos sus términos relacionados tienen que ver con el dolor, el sufrimiento y la angustia, que son las consecuencias del pecado. A causa de nuestros pecados individuales o del mundo pecaminoso en que vivimos, en última instancia todos nuestros problemas son problemas de pecado. Es con esos problemas que la misericordia ofrece ayuda. Por otra parte, la gracia trata con el pecado mismo. La misericordia trata con los síntomas, la gracia con la causa. La misericordia ofrece alivio del castigo; la gracia ofrece perdón por el delito. La misericordia elimina el dolor; la gracia cura la enfermedad.

Cuando el buen samaritano vendó las heridas del hombre al que habían golpeado y robado, mostró misericordia. Al llevarlo al mesón más cercano y pagar por el alojamiento del hombre hasta que se pusiera bien, mostró gracia. Su misericordia alivió el dolor; su gracia proveyó para la sanidad.

La misericordia se relaciona con lo negativo; la gracia se relaciona con lo positivo. Con relación a la salvación, la misericordia expresa: "No al infierno", mientras que la gracia declara: "Cielo". La misericordia dice: "Me apiado de ti"; la gracia dice: "Te perdono".

MISERICORDIA Y JUSTICIA

La misericordia también se relaciona con la justicia, aunque a simple vista parecen incompatibles. La justicia ofrece exactamente lo que alguien merece; mientras que la misericordia concede menos castigo y más ayuda de la que esa persona merece. Por tanto, para algunos individuos es difícil entender cómo Dios puede ser tanto justo como misericordioso al mismo tiempo para con alguien. Si Él es completamente justo, ¿cómo podría alguna vez no castigar totalmente el pecado? Que Dios sea misericordioso parecería negar su justicia. La verdad es que Dios *no* muestra misericordia sin castigar el pecado; y que ofrezca misericordia sin castigo *negaría* su justicia.

La misericordia que ignora el pecado es falsa piedad, y no es más misericordiosa que la justicia que muestra. Es ese tipo de falsa piedad que Saúl mostró al rey Agag después que Dios había dado instrucciones claras a Saúl de matar a todos los amalecitas (1 S. 15:3, 9). Es esa clase de falsa piedad que David mostró a su rebelde y malvado hijo Absalón cuando este era joven. Debido a que David no trató con el pecado de Absalón, su actitud hacia su hijo fue sentimentalismo injusto, es decir ni justicia ni misericordia, y sirvió para confirmar a Absalón en su maldad.

Ese tipo de falsa piedad es común en nuestros días. Se cree que es falta de amor y algo cruel responsabilizar a las personas por sus pecados. Pero esa es una gracia barata que no es justa ni clemente, que no ofrece perdón ni castigo por el pecado. Y debido a que simplemente pasa por alto el pecado, da licencia al pecado; y el que confía en esa clase de piedad permanece en su pecado. Cancelar la justicia es cancelar la misericordia. Pasar por alto el pecado es negar la verdad; y la misericordia y la verdad son inseparables, "se encontraron" (Sal. 85:10). En todo acto de verdadera misericordia alguien paga el precio. Dios lo pagó, el buen samaritano lo pagó, y también nosotros. Ser misericordioso es llevar la carga de alguien más.

Esperar entrar a la esfera de la misericordia de Dios sin arrepentirnos de nuestro pecado no es más que una ilusión. Y que aparte del arrepentimiento por el pecado la Iglesia ofrezca esperanza en la misericordia de Dios, constituye un ofrecimiento de falsa esperanza a través de un evangelio falso. Dios no ofrece más que juicio implacable a quienes no se vuelven de su pecado al Salvador. Ni confiar en las buenas obras, ni depender de que Dios haga caso omiso al pecado, producirá salvación. Ni confiar en la bondad personal, ni presumir de la bondad de Dios, producirá ingreso al reino. No tienen ningún derecho a la misericordia divina aquellos que llegan ante Dios en términos distintos a los que Él ha establecido.

La misericordia de Dios está cimentada no solo en su amor sino en su justicia. No se basa en sentimientos sino en la sangre expiatoria de Cristo, la cual pagó el castigo por el pecado y limpia del pecado a quienes creen en Él. Si la maldad no se castiga y elimina, hasta el más pequeño de nuestros pecados nos separaría eternamente de Dios.

La buena noticia del evangelio es que Cristo pagó el castigo por todos los pecados, a fin de que Dios pudiera ser misericordioso con todos los pecadores. Jesús satisfizo en la cruz la justicia de Dios, y cuando una persona confía en ese sacrificio satisfactorio, Dios abre las compuertas de su misericordia. La buena noticia del evangelio no es que Dios le guiñe el ojo a la justicia, que pase por alto el pecado, y que comprometa la rectitud. La buena noticia es que en el derramamiento de la sangre de Cristo se satisfizo la justicia, se perdonó el pecado, se cumplió la rectitud, y se puso a disposición la misericordia. No existe una excusa para el pecado, pero siempre hay un remedio.

Por tanto, la misericordia es más que el perdón y menos que el amor. Es diferente de la gracia y una con la justicia. Y lo que es cierto de la misericordia de Dios debería ser cierto de la nuestra.

La misericordia llevó a Abraham a rescatar a su egoísta sobrino Lot de Quedorlaomer y sus aliados. La misericordia llevó a José a perdonar a sus hermanos y proveerles alimento para sus familias. La misericordia llevó a Moisés a suplicar al Señor que quitara la lepra con la que su hermana María había sido castigada. La misericordia llevó a David a perdonar la vida de Saúl.

Los que no tienen misericordia no recibirán misericordia de Dios. En uno de sus salmos imprecatorios David habla de un hombre perverso: "Venga en memoria ante Jehová la maldad de sus padres, y el pecado de su madre no sea borrado. Estén siempre delante de Jehová, y él corte de la tierra su memoria". La ira de David no era venganza ni retaliación. Ese hombre y su familia no merecían misericordia porque no fueron misericordiosos. "Por cuanto no se acordó de hacer misericordia, y persiguió al hombre afligido y menesteroso, al quebrantado de corazón, para darle muerte" (Sal. 109:14-16).

Pablo caracteriza a los hombres impíos como injustos, malvados, codiciosos, malos, envidiosos, asesinos, engañadores, maliciosos, chismosos, calumniadores, aborrecedores de Dios, insolentes, arrogantes, jactanciosos, desobedientes a los padres, sin entendimiento, indignos de confianza y sin amor. Sin embargo, la maldad culminante de esa larga lista es no tener misericordia (Ro. 1:29-31). No tener misericordia es la característica final de quienes rechazan la misericordia de Dios.

"A su alma hace bien el hombre misericordioso; mas el cruel se atormenta a sí mismo" (Pr. 11:17). El sendero de la felicidad es a través de la misericordia; el camino a la miseria es a través de la crueldad. La persona realmente misericordiosa es amable aun con los animales, mientras que la persona sin compasión es cruel para con todo. "El justo cuida de la vida de su bestia; mas el corazón de los impíos es cruel" (Pr. 12:10).

En su sermón del Monte de los Olivos Jesús advirtió que a quienes afirman pertenecerle pero no han servido ni mostrado compasión por el hambriento, el sediento, el extranjero, el desnudo, el enfermo, y el prisionero, no se les permitirá entrar al reino. Les dirá: "Apartaos de mí, malditos, al fuego eterno preparado para el diablo y sus ángeles. Porque tuve hambre, y no me disteis de comer; tuve sed, y no me disteis de beber; fui forastero, y no me recogisteis; estuve desnudo, y no me cubristeis; enfermo, y en la cárcel, y no me visitasteis. Entonces también ellos le responderán diciendo: Señor, ¿cuándo te vimos hambriento?… Entonces les responderá diciendo: De cierto os digo que en cuanto no lo hicisteis a uno de estos más pequeños, tampoco a mí lo hicisteis" (Mt. 25:41-45).

Santiago escribe: "Cualquiera que guardare toda la ley, pero ofendiere en un punto, se hace culpable de todos. Porque el que dijo: No cometerás adulterio, también ha dicho: No matarás. Ahora bien, si no cometes adulterio, pero matas, ya te has hecho transgresor de la ley. Así hablad, y así haced, como los que habéis de ser juzgados por la ley de la libertad. Porque juicio sin misericordia se hará con aquel que no hiciere misericordia" (Stg. 2:10-13*a*).

En medio de nuestra sociedad corrupta, egocéntrica y egoísta que nos dice que agarremos todo lo que podamos agarrar, la voz de Dios nos dice que demos todo lo que podamos dar. El carácter verdadero de la misericordia está en dar: dar compasión, dar ayuda, dar tiempo, dar perdón, dar dinero, darnos a nosotros mismos. Los hijos del Rey son misericordiosos. Quienes no tiene misericordia enfrentan juicio; pero "la misericordia triunfa sobre el juicio" (Stg. 2:13*b*).

LA FUENTE DE MISERICORDIA

La misericordia pura es un don de Dios. No se trata de un atributo natural del hombre sino de un regalo que viene con el nuevo nacimiento. Podemos ser misericordiosos en su sentido total y con un motivo justo solo cuando hemos experimentado la misericordia de Dios. La misericordia solo es para los que a través de la gracia y el poder divino han cumplido los requisitos de las cuatro primeras bienaventuranzas. Es solo para quienes por la obra del Espíritu Santo se inclinan humildemente delante de Dios en pobreza de espíritu, que lloran por el pecado y se vuelven de este, que son mansos y sumisos al control divino, y que tienen hambre y sed de la justicia divina por sobre todo lo demás. La senda de la misericordia es la senda de la humildad, el arrepentimiento, la renuncia y la santidad.

Balaam prostituyó continuamente su ministerio tratando de mantenerse dentro de la letra de la voluntad de Dios mientras conspiraba con un rey pagano contra el pueblo de Dios. Con gran presunción oró: "Muera yo la muerte de los rectos, y mi postrimería sea como la suya" (Nm. 23:10). Como observó un comentarista, Balaam quería morir como los justos, pero no quería vivir como los justos. Muchas personas quieren la misericordia de Dios, pero no en los términos de Dios.

Dios tiene atributos tanto absolutos como relativos. Sus atributos absolutos (como amor, verdad y santidad) lo han caracterizado desde toda la eternidad. Fueron características de Él antes que creara los ángeles, el mundo, o el hombre. Pero sus atributos relativos (como misericordia, justicia y gracia) no se expresaron hasta que sus criaturas llegaron a existir. En realidad, no se manifestaron hasta que el hombre, la criatura hecha a la propia imagen del Creador, pecó y se separó de Dios. Aparte del pecado y la maldad no hay ningún significado para la misericordia, la justicia y la gracia.

Cuando el ser humano cayó, el amor de Dios se extendió en misericordia a sus criaturas caídas. Y solo cuando reciben misericordia divina pueden reflejar la misericordia del Señor. Dios es la fuente de misericordia. "Porque como la altura de los cielos sobre la tierra, engrandeció su misericordia sobre los que le temen" (Sal. 103:11). Es porque tenemos el recurso de la misericordia de Dios que Jesús mandó: "Sed, pues, misericordiosos, como también vuestro Padre es misericordioso" (Lc. 6:36).

Donald Barnhouse escribe:

> Cuando Jesucristo murió en la cruz, toda la obra de Dios por la salvación del hombre pasó del reino de la profecía y se volvió una realidad histórica. Dios ha tenido ahora misericordia de nosotros. Que alguien ore: "Dios, ten misericordia de mí" es el equivalente de pedirle que repita el sacrificio de Cristo. Toda la misericordia que Dios alguna vez tendrá sobre el hombre ya la tuvo cuando Cristo murió. Esa es la totalidad de la misericordia. No podía haber más... La fuente está ahora abierta, está fluyendo, y sigue fluyendo libremente (*Romans* [Grand Rapids: Eerdmans, 1983], 4:4).

No podemos tener la bendición separados del Bendecidor. Ni siquiera podemos cumplir la condición separados de Aquel que ha puesto la condición. Somos **bienaventurados** por Dios cuando somos **misericordiosos** con otros, y podemos ser compasivos con otros porque ya hemos recibido la misericordia de la salvación. Y cuando participamos la misericordia recibida, alcanzamos **misericordia** aún más allá de la que ya tenemos.

Nunca cantamos con más sinceridad que cuando coreamos: "La misericordia fue grande y la gracia fue libre; el perdón fue multiplicado para mí; allí mi alma cargada encontró libertad: en el Calvario".

LA PRÁCTICA DE MISERICORDIA

La manera más obvia en que podemos mostrar misericordia es a través de actos físicos, como hizo el buen samaritano. Como Jesús nos manda específicamente, debemos alimentar al hambriento, vestir al desnudo, visitar al enfermo y al encarcelado, y ofrecer cualquier otra ayuda práctica que sea necesaria. Al servir a otros que están en necesidad demostramos un corazón de misericordia.

Es útil tener en cuenta que el camino de la misericordia no comenzó con el Nuevo Testamento. Dios siempre ha deseado que la misericordia caracterice a su pueblo. La ley del Antiguo Testamento enseñaba: "No endurecerás tu corazón, ni cerrarás tu mano contra tu hermano pobre, sino abrirás a él tu mano liberalmente, y en efecto le prestarás lo que necesite" (Dt. 15:7-8). Incluso en el año de la remisión, cuando todas las deudas quedaban canceladas, los israelitas debían dar a sus compatriotas pobres cualquier cosa que necesitaran. Se les advirtió: "Guárdate de tener en tu corazón pensamiento perverso, diciendo: Cerca está el año séptimo, el de la remisión, y mires con malos ojos a tu hermano menesteroso para no darle" (v. 9).

La misericordia también debe mostrarse en nuestras actitudes. La misericordia no guarda rencor, no alberga resentimiento, no se aprovecha del fracaso o de la debilidad del otro, ni publica el pecado de otra persona. Sobre una gran mesa en la que alimentó a muchos cientos de personas, Agustín inscribió:

> Quien piense que es capaz,
> de chismear sobre la vida de amigos ausentes,
> debe saber que es indigno de esta mesa.

Los vengativos, crueles e indiferentes no son súbditos del reino de Cristo. Los que pasan de largo del necesitado, como lo hicieron el sacerdote y el levita en la parábola del buen samaritano, muestran así que pasaron sin hacer caso de Cristo.

La misericordia también debe mostrarse espiritualmente. Primero, se muestra a través de la piedad. Agustín manifestó: "Si lloro por el cuerpo del cual se ha separado el alma, ¿no debería llorar por el alma que se ha separado de Dios?". El cristiano sensible llorará más por almas perdidas que por cuerpos perdidos. Puesto que hemos experimentado la misericordia de Dios, debemos tener gran preocupación por aquellos que no la han experimentado.

Las últimas palabras de Jesús en la cruz estuvieron llenas de misericordia. Por sus verdugos oró: "Padre, perdónalos, porque no saben lo que hacen" (Lc. 23:34). Al ladrón arrepentido que colgaba a su lado le dijo: "De cierto te digo que hoy estarás conmigo en el paraíso" (v. 43). A su madre le declaró: "Mujer, he ahí tu hijo. Después dijo al discípulo [Juan]: He ahí tu madre. Y desde aquella hora el discípulo la recibió en su casa" (Jn. 19:26-27). Al igual que su Maestro, Esteban oró por quienes le estaban quitando la vida: "Señor, no les tomes en cuenta este pecado" (Hch. 7:60).

Segundo, debemos mostrar misericordia espiritual por medio de confrontación. Pablo declara que como siervos de Cristo debemos corregir con amabilidad "a los que se oponen, por si quizá Dios les conceda que se arrepientan para conocer la verdad" (2 Ti. 2:25). Debemos estar dispuestos a confrontar a otros acerca de su pecado, a fin de que puedan llegar a Dios para salvación. Al detectar a ciertos maestros "que trastornan casas enteras, enseñando por ganancia deshonesta lo que no conviene", Pablo le mandó a Tito: "Repréndelos duramente, para que sean sanos en la fe" (Tit. 1:11, 13). El amor y la misericordia serán severos cuando es necesario por el bien de un hermano que yerra y por el bien de la iglesia de Cristo. En tales casos es cruel no decir nada y permitir que el perjuicio continúe.

Así como Judas cierra su carta con este aliciente: "Conservaos en el amor de Dios, esperando la misericordia de nuestro Señor Jesucristo para vida eterna", también amonestó: "A algunos que dudan, convencedlos. A otros salvad, arrebatándolos del fuego; y de otros tened misericordia con temor, aborreciendo aun la ropa contaminada por su carne" (Jud. 21-23). Las situaciones extremas requieren un cuidado extremo, pero debemos mostrar misericordia incluso con los que están atrapados en los peores sistemas de apostasía.

Tercero, debemos mostrar misericordia espiritual orando. El sacrificio de orar por quienes no tienen a Dios es un acto de compasión. Nuestra misericordia puede medirse por nuestra oración por los incrédulos y por los cristianos que están caminando en desobediencia.

Cuarto, debemos mostrar misericordia espiritual proclamando el evangelio salvador de Jesucristo, que es lo más misericordioso que podemos hacer.

EL RESULTADO DE LA MISERICORDIA

Al reflexionar en el hecho de que cuando somos **misericordiosos** alcanzaremos **misericordia,** vemos el ciclo de misericordia divina. Dios es misericordioso con nosotros al salvarnos por medio de Cristo; en obediencia somos misericordiosos con otros; y Dios en su fidelidad nos otorga aún más misericordia, derramando bendiciones por nuestras necesidades y reteniendo el castigo severo por nuestro pecado.

Al igual que en las otras bienaventuranzas, el pronombre enfático *autos* (**ellos**) indica que *solo* quienes son misericordiosos califican para alcanzar **misericordia**. David cantó del Señor: "Con el misericordioso te mostrarás misericordioso" (2 S. 22:26). Hablando del lado opuesto de la misma verdad, Santiago declara: "Juicio sin misericordia se hará con aquel que no hiciere misericordia" (Stg. 2:13). Al final del Padrenuestro, Jesús explicó: "Si no perdonáis a los hombres sus ofensas, tampoco vuestro Padre os perdonará vuestras ofensas" (Mt. 6:14-15). Una vez más, la verdad enfática es que Dios responderá con castigo a un discípulo que no perdona.

Ni en ese pasaje ni en esta bienaventuranza Jesús habla de que nuestra misericordia nos gane la salvación. No obtenemos salvación por ser misericordiosos.

Antes de poder realmente *ser* misericordiosos debemos ser salvos por la misericordia de Dios. No podemos ganar la entrada al cielo ni siquiera con toda una vida de hechos de compasión, más de lo que podríamos hacerlo por buenas obras de alguna clase. Dios no concede misericordia por mérito. Él la da por gracia; la da porque las personas la necesitan, no porque se la puedan ganar.

A fin de ilustrar cómo actúa la misericordia de Dios, Jesús contó la parábola de un siervo a quien de manera compasiva el rey le perdonó una gran deuda. El hombre fue luego donde un siervo colega que le debía una miseria en comparación, a quien exigió que le pagara cada centavo, y luego lo hizo encarcelar. Cuando el rey oyó hablar del incidente llamó al primer hombre y le dijo: "Siervo malvado, toda aquella deuda te perdoné, porque me rogaste. ¿No debías tú también tener misericordia de tu consiervo, como yo tuve misericordia de ti? Entonces su señor, enojado, le entregó a los verdugos, hasta que pagase todo lo que le debía. Así también mi Padre celestial hará con vosotros si no perdonáis de todo corazón cada uno a su hermano sus ofensas" (Mt. 18:23-35).

En esa parábola Jesús ofrece una descripción de la misericordia salvadora de Dios en relación con perdonar a otros (vv. 21-22). El primer hombre suplicó misericordia a Dios y la recibió; el hecho de que a cambio fuera despiadado resultó ser algo tan incongruente con su propia salvación que fue castigado hasta que se arrepintiera. Si es necesario, el Señor castigará a un hijo testarudo hasta producir arrepentimiento. Misericordia hacia otros es señal de salvación. Si no la mostramos podríamos ser disciplinados hasta que la mostremos. Cuando retenemos misericordia, Dios restringe el flujo de misericordia hacia nosotros y perdemos bendiciones. La presencia de castigo y la ausencia de bendición están presentes en un creyente sin misericordia.

Si de un Dios santo hemos recibido misericordia ilimitada que cancela nuestra deuda impagable de pecado —nosotros que no teníamos justicia pero que fuimos pobres en espíritu, que lloramos por nuestra carga de pecado en nuestra pobre e indefensa condición miserable y perdida, que fuimos mansos delante de Dios todopoderoso, que tuvimos hambre y sed de una justicia que no teníamos y que no podíamos obtener— lo que sigue sin ninguna duda es que nosotros debemos ser misericordiosos con otros.

Felices los santos 18

Bienaventurados los de limpio corazón, porque ellos verán a Dios. (5:8)

He aquí uno de esos pasajes de las Escrituras cuyas profundidades son inconmensurables y cuya amplitud es imposible de abarcar. Esta increíble declaración de Jesús es una de las afirmaciones más grandes en toda la Biblia.

El tema de la santidad, la pureza de corazón, puede rastrearse desde Génesis hasta Apocalipsis. El tema es amplísimo y afecta prácticamente a todas las otras verdades bíblicas. Es imposible agotar su significado o importancia, y el estudio en este capítulo es nada más que introductorio.

EL CONTEXTO

CONTEXTO HISTÓRICO

Según se analizó en detalle en capítulos anteriores, cuando Jesús comenzó su ministerio terrenal Israel estaba política, económica y espiritualmente en condición desesperada. Durante cientos de años, con solo breves respiros, había estado bajo la opresión de conquistadores extranjeros. La nación tenía libertad limitada para desarrollar su economía, y gran parte de los ingresos y beneficios se pagaban a Roma en forma de impuestos. Aquellos eran problemas que todos los habitantes veían y sentían.

Sin embargo, el problema menos obvio era el peor. Por mucho que hubiera padecido opresión política y económica, Israel había sufrido debilidad espiritual y falta de fe. Pero ese problema no lo reconocían muchos judíos. Los dirigentes judíos creían que su religión estaba en buena forma, y que el Mesías solucionaría pronto los problemas políticos y económicos. Pero cuando Él vino el único problema por el que se preocupó fue el espiritual, el problema de los corazones de ellos.

En la época de Cristo la fuerza religiosa más influyente en el judaísmo era el grupo de los fariseos. Ellos eran los principales administradores y promotores del generalizado sistema legalista y ritualista que dominaba la sociedad judía. Con el paso del tiempo varios rabinos habían interpretado y reinterpretado las Escrituras judías, en especial la ley, hasta que tales interpretaciones (conocidas como las tradiciones de los ancianos) se volvieron más dominantes que las Escrituras mismas. La esencia de las tradiciones era un sistema de qué hacer y qué no hacer, que poco a poco se amplió hasta cubrir casi todos los aspectos de la vida judía.

Para los judíos conscientes y sinceros era evidente que resultaba imposible la total observancia de todos los requisitos religiosos. Puesto que no podían guardar toda la ley, es indudable que desarrollaron fuertes sentimientos de culpa, frustración y ansiedad. Su religión era su vida, pero no podían cumplir todo lo que esta exigía. En consecuencia, algunos de los dirigentes religiosos elaboraron la idea de que si una persona podía guardar perfectamente solo algunas de las leyes, Dios entendería. Incluso cuando tal arreglo resultó imposible, algunos redujeron el requisito a una ley perfectamente guardada.

Tal idea pudo haber estado en la mente del intérprete de la ley que probó a Jesús con la pregunta: "Maestro, ¿cuál es el gran mandamiento en la ley?" (Mt. 22:36). Quizás quería ver cuál de los muchos cientos de leyes que Jesús creía era la más importante de guardar, aquella que satisfaría a Dios incluso si una persona fallaba en guardar las demás.

Es probable que tal sistema religioso opresivo y confuso contribuyera a la popularidad inicial de Juan el Bautista. Él se mostraba radicalmente distinto de los escribas, fariseos, saduceos y sacerdotes, y era obvio que Juan no se molestó en observar la mayoría de las tradiciones religiosas. Él resultaba ser un respiro en un sistema asfixiante e interminable de exigencias y prohibiciones. Tal vez en la enseñanza de este profeta hallarían un poco de alivio. No querían otro rabino con otra ley, sino alguien que pudiera mostrarles cómo ser perdonados de esas leyes que ya habían incumplido. Querían conocer el camino verdadero de la salvación, la senda real para agradar a Dios, el sendero eficaz de la paz y del alivio del pecado. Ellos sabían que las Escrituras enseñaban de Aquel que vendría no simplemente a demandar sino a redimir, no a añadir a las cargas que tenían sino a ayudar a que las llevaran, no a aumentar la culpa que tenían sino a eliminarla. Sin duda, expectativas tales como esas fueron las que hicieron que muchos creyeran que Juan el Bautista podría ser el Mesías.

El pueblo sabía por Ezequiel que algún día Dios iba a venir y que les rociaría sus almas con agua, limpiándolas del pecado y reemplazándoles los corazones de piedra con corazones de carne (Ez. 36:25-26). Conocían el testimonio de David, quien clamó: "Bienaventurado aquel cuya transgresión ha sido perdonada, y cubierto su pecado. Bienaventurado el hombre a quien Jehová no culpa de iniquidad, y en cuyo espíritu no hay engaño" (Sal. 32:1-2). Los judíos sabían tales verdades, y anhelaban experimentar la realidad de ellas.

Nicodemo era una de esas personas. Era un fariseo y "un principal entre los judíos", es decir, un miembro del sanedrín, la corte suprema judía. No se nos dice de manera específica cuáles eran sus intenciones al acudir a Jesús, porque sus primeras palabras no fueron una pregunta sino un testimonio. El hecho de que llegara de noche sugiere que tenía vergüenza de que lo vieran con Jesús. Pero no hay razón para dudar de la sinceridad de sus palabras, las cuales mostraron extraordinaria visión espiritual: "Rabí, sabemos que has venido de Dios como maestro; porque nadie puede hacer estas señales que tú haces, si no está Dios con él" (Jn. 3:2). Nicodemo sabía que fuera lo que Jesús fuera, se trataba de un maestro verdadero enviado por Dios.

Aunque no la expresa, la pregunta que estaba en su mente se encontraba implícita tanto en su testimonio como en la respuesta de Jesús. El Señor conocía la mente de Nicodemo y le declaró: "De cierto, de cierto te digo, que el que no naciere de nuevo, no puede ver el reino de Dios" (v. 3). Nicodemo quería saber cómo agradar a Dios y ser perdonado, por lo que preguntó: "¿Cómo puedo ser hecho justo? ¿Cómo puedo ser redimido y convertirme en un hijo de Dios? ¿Cómo puedo llegar a ser parte del reino de Dios?". Si él no hubiera tenido un deseo profundo y apremiante de conocer la voluntad de Dios, no se habría arriesgado a buscar a Jesús incluso en medio de la noche. Nicodemo fue suficientemente sincero para admitir su pecaminosidad. Él era un fariseo, un maestro de la ley, y un dirigente del sanedrín; pero en su corazón sabía que todo eso no lo hacía estar bien con Dios.

Después que Jesús alimentara a la gran multitud cerca del lago de Galilea, algunos de los que habían presenciado el milagro le preguntaron: "¿Qué debemos hacer para poner en práctica las obras de Dios?" (Jn. 6:28). Les inquietaba la misma pregunta que preocupaba a Nicodemo: "¿Cómo puede una persona estar a cuentas con Dios? ¿Qué debemos hacer para agradarlo de veras?". Al igual que Nicodemo, ellos habían pasado por todas las ceremonias y rituales. Habían asistido a las fiestas y ofrecido los sacrificios requeridos. Habían tratado de guardar la ley y las tradiciones. Pero sabían que faltaba algo, algo fundamental acerca de lo que no sabían, y que mucho menos habían experimentado.

Lucas nos habla de otro intérprete de la ley que le preguntó a Jesús: "Maestro, ¿haciendo qué cosa heredaré la vida eterna?" (Lc. 10:25). Hizo la pregunta para probar a Jesús (v. 25*a*), y después que Él le respondiera el hombre trató de "justificarse a sí mismo" (v. 29). Pero a pesar de su insinceridad había hecho la pregunta correcta, la pregunta que estaba en las mentes de muchos judíos que *eran* sinceros.

Un dirigente rico le hizo a Jesús la misma pregunta: "Maestro bueno, ¿qué haré para heredar la vida eterna?" (Lc. 18:18). Al parecer este hombre era sincero, pero no estuvo dispuesto a pagar el precio. Quería mantener la riqueza de esta vida más de lo que quería obtener la riqueza de la vida eterna, y se alejó "muy triste" (v. 23). Él sabía que necesitaba algo más que obediencia externa a la ley, a la cual había sido diligente desde la infancia (v. 21). Sabía que a pesar de toda su devoción y esfuerzo por agradar a Dios no tenía seguridad de poseer vida eterna. Estaba buscando el reino, pero no lo buscaba en primer lugar (Mt. 6:33).

Otros estaban preguntando "¿Qué debo ser para pertenecer al reino de Dios? ¿Cuál es la norma para la vida eterna?". Todos esos individuos sabían, en varios niveles de comprensión y sinceridad, que no habían encontrado lo que buscaban. Muchos sabían que no habían guardado a la perfección ni siquiera una ley. Si eran sinceros, se convencían cada vez más que no *podían* guardar perfectamente ni siquiera una sola ley, y que eran impotentes para agradar a Dios.

Fue para contestar esa necesidad que Jesús vino a la tierra. Fue para contestar esa necesidad que entregó las Bienaventuranzas. Él muestra de manera simple y directa cómo el hombre pecador puede ser justo con el Dios santo.

CONTEXTO LITERARIO

A primera vista esta bienaventuranza parece fuera de lugar, insertada de modo indiscriminado en un desarrollo de verdades de otra forma ordenada. Debido a la suprema importancia del tema, podría parecer más apropiado un lugar más estratégico, ya sea al principio como la base, o al final como la culminación.

Pero la sexta bienaventuranza, al igual que cada parte de la Palabra de Dios, está en el lugar correcto. Es parte de la hermosa y maravillosa secuencia de verdades que están colocadas aquí según la mente de Dios. Es el clímax de las Bienaventuranzas, la verdad central a la cual llevan las cinco anteriores y de la cual fluyen las siguientes dos.

EL SIGNIFICADO

Bienaventurados los de limpio corazón, porque ellos verán a Dios. (5:8)

La palabra **bienaventurados** implica la condición de bienestar que resulta de la salvación, la posición de aquel que tiene una relación correcta con Dios. Ser aceptado por Él es un asunto de transformación interna.

Corazón se traduce de *kardia*, de donde obtenemos el término *cardíaco* y otros similares. A lo largo de las Escrituras, así como en muchos idiomas y culturas en todo el mundo, corazón se usa de forma metafórica para representar al ser interior, el asiento de los motivos y las actitudes, el centro de la personalidad. Pero en la Biblia representa mucho más que emoción y sentimientos. También incluye el proceso de pensamiento y particularmente la voluntad. En Proverbios se nos dice que "cual es su pensamiento en su corazón, tal es [el hombre]" (Pr. 23:7). Jesús preguntó a un grupo de escribas: "¿Por qué pensáis mal en vuestros corazones?" (Mt. 9:4; cp. Mr. 2:8; 7:21). El corazón es el centro de control de la mente y la voluntad, así como de la emoción.

En total contraste con la religión externa, superficial e hipócrita de los escribas y fariseos, Jesús afirmó que es en el ser interior, en el centro del mismo ser del individuo, que Dios requiere pureza. Esa no era una verdad nueva, sino una antigua largamente olvidada entre la ceremonia y la tradición. "Sobre toda cosa guardada, guarda tu corazón; porque de él mana la vida", había advertido el escritor de Proverbios (Pr. 4:23). Lo que hizo que Dios destruyera la tierra en el diluvio fue un problema del corazón. "Vio Jehová que la maldad de los hombres era mucha en la tierra, y que todo designio de los pensamientos del corazón de ellos era de continuo solamente el mal" (Gn. 6:5).

David reconoció delante del Señor: "He aquí, tú amas la verdad en lo íntimo, y en lo secreto me has hecho comprender sabiduría"; y luego oró: "Crea en mí, oh Dios, un corazón limpio, y renueva un espíritu recto dentro de mí" (Sal. 51:6, 10). Asaf escribió: "Ciertamente es bueno Dios para con Israel, para con los limpios de corazón" (Sal. 73:1). Jeremías declaró: "Engañoso es el corazón más que todas las cosas, y perverso; ¿quién lo conocerá? Yo Jehová, que escudriño la mente, que pruebo el corazón, para dar a cada uno según su camino, según el fruto de sus obras" (Jer. 17:9-10). Las acciones perversas y los malos caminos comienzan en el corazón y la mente, que aquí se usan de modo sinónimo. Jesús expresó: "Del corazón salen los malos pensamientos, los homicidios, los adulterios, las fornicaciones, los hurtos, los falsos testimonios, las blasfemias" (Mt. 15:19).

Por sobre todo lo demás Dios siempre ha estado preocupado con el interior del hombre, con la condición de su corazón. Cuando el Señor llamó a Saúl a ser el primer rey de Israel, "mudó Dios su corazón" (1 S. 10:9). Hasta entonces Saúl había sido bien parecido y atlético, pero nada más. Sin embargo, el nuevo rey no tardó en volver a sus antiguos patrones de corazón. Decidió desobedecer a Dios y confiar en sí mismo. Entre otras cosas, actuó de forma impertinente al asumir por sí mismo el papel sacerdotal de ofrecer sacrificio (13:9) y se negó a destruir a todos los amalecitas y sus posesiones como Dios había ordenado (15:3-19). En consecuencia, el Señor quitó el reino de Saúl y se lo dio a David (15:23, 28). Las acciones de Saúl fueron erradas porque su corazón se rebeló, y es por nuestros corazones que el Señor nos juzga (16:7). Del liderazgo de David sobre Israel se dijo: "Los apacentó conforme a la integridad de su corazón, los pastoreó con la pericia de sus manos" (Sal. 78:72).

Dios le quitó el reino a Saúl porque este se negó a vivir según el nuevo corazón que Dios le había dado. Le dio el reino a David porque este era "un varón conforme a su corazón [el de Dios]" (1 S. 13:14). David agradó al corazón de Dios porque Dios agradó al corazón de David. "Te alabaré, oh Jehová, con todo mi corazón", cantó David (Sal. 9:1). Su deseo más profundo era: "Sean gratos los dichos de mi boca y la meditación de mi corazón delante de ti, oh Jehová, roca mía, y redentor mío" (Sal. 19:14). Él oró: "Escudríñame, oh Jehová, y pruébame; examina mis íntimos pensamientos y mi corazón" (Sal. 26:2). Cuando Dios le dijo a David: "Buscad mi rostro", el corazón de David contestó: "Tu rostro buscaré, oh Jehová" (Sal. 27:8).

Una ocasión en que David huía de Saúl fue a Gat, una ciudad filistea, en busca de ayuda. Cuando se dio cuenta de que allí también estaba en peligro su vida, "se fingió loco entre ellos, y escribía en las portadas de las puertas, y dejaba correr la saliva por su barba" (1 S. 21:13). Creyéndolo desquiciado, los filisteos lo dejaron ir, y David fue a ocultarse en la cueva de Adulam. Entró en razón y comprendió lo necio e infiel que había sido al confiar en los filisteos y no en el Señor en busca de ayuda. Fue allí cuando escribió el Salmo 57, en que declaró: "Pronto está mi corazón, oh Dios, mi corazón está dispuesto" (v. 7). David volvió a dedicar su corazón, su ser más íntimo, firmemente a Dios. Este hombre falló a menudo, pero su corazón estaba fijo en Dios. La evidencia de su sincero compromiso de corazón hacia Dios se halla en todos los primeros 175 versículos del Salmo 119. El hecho de que a veces su carne dominaba su corazón es la admisión final del versículo 176: "Yo anduve errante como oveja extraviada; busca a tu siervo".

Limpio se traduce de *katharos,* una forma de la palabra de la que obtenemos catarsis. Su significado básico es hacer puro al limpiar de suciedad, inmundicia y contaminación. Catarsis es un término usado en psicología y consejería para una limpieza de la mente o las emociones. La expresión griega se relaciona con el latín *castus,* de la que obtenemos casto. El vocablo relacionado, castigo, se refiere a disciplina dada con el fin de limpiar de conducta equivocada.

El término griego se usaba a menudo para metales que habían sido refinados hasta que todas las impurezas quedaran eliminadas, dejando solamente el metal puro. En ese sentido, pureza significa sin mezcla, sin aleaciones, no adulterado. Aplicada al corazón, la idea es de motivo puro: un solo ánimo, devoción no dividida, integridad espiritual, y justicia verdadera.

El doble ánimo siempre ha sido una de las grandes plagas de la Iglesia. Queremos servir al Señor y al mismo tiempo seguir al mundo. Pero Jesús advierte que eso es imposible. "Ninguno puede servir a dos señores; porque o aborrecerá al uno y amará al otro, o estimará al uno y menospreciará al otro" (Mt. 6:24). Santiago pone la misma verdad de otra manera: "¡Oh almas adúlteras! ¿No sabéis que la amistad del mundo es enemistad contra Dios? Cualquiera, pues, que quiera ser amigo del mundo, se constituye enemigo de Dios" (Stg. 4:4). Luego ofrece la solución al problema: "Pecadores, limpiad las manos; y vosotros los de doble ánimo, purificad vuestros corazones" (v. 8).

Los cristianos tienen el motivo recto de corazón con relación a Dios. Aunque a menudo fallamos en ser de un solo ánimo, nuestro deseo profundo es serlo. Confesamos igual que Pablo: "Porque lo que hago, no lo entiendo; pues no hago lo que quiero, sino lo que aborrezco, eso hago… queriendo yo hacer el bien, hallo esta ley: que el mal está en mí…. Así que, yo mismo con la mente sirvo a la ley de Dios, mas con la carne a la ley del pecado" (Ro. 7:15, 21, 25). Los deseos espirituales más profundos de Pablo eran puros, aunque el pecado que moraba en su carne a veces los dominaba.

Aquellos que pertenecen realmente a Dios estarán motivados hacia la pureza. El Salmo 119 es el ejemplo clásico de ese anhelo, y Romanos 7:15-25 es la contraparte paulina. El deseo más profundo de los redimidos es por santidad, aunque el pecado frena el cumplimiento de ese deseo.

La limpieza de corazón es más que sinceridad. Un motivo puede ser sincero, pero puede llevar a cosas sin valor y pecaminosas. Los sacerdotes paganos que se opusieron a Elías demostraron gran sinceridad cuando se laceraban los cuerpos a fin de inducir a Baal a que les enviara fuego que consumiera los sacrificios que le estaban haciendo (1 R. 18:28). Pero su sinceridad no produjo los resultados deseados, y no les permitió ver la maldad de su paganismo porque su confianza sincera estaba puesta en ese mismo paganismo. Devotos sinceros caminan sobre clavos para demostrar su poder espiritual. Otros se arrastran de rodillas por cientos de metros, sangrando y haciendo muecas de dolor, para mostrar su devoción a un santo o a un santuario. Pero su devoción sincera está claramente equivocada y es totalmente inútil delante de Dios.

Los escribas y fariseos creían que podían agradar a Dios por medio de prácticas superficiales tales como diezmar "la menta y el eneldo y el comino"; pero descuidaban "lo más importante de la ley: la justicia, la misericordia y la fe" (Mt. 23:23). Eran muy cuidadosos en cuanto a lo que hacían de modo externo, pero no prestaban atención a lo que eran por dentro. Jesús les expresó: "¡Ay de vosotros, escribas y fariseos, hipócritas! porque limpiáis lo de fuera del vaso y del plato, pero por dentro estáis llenos de robo y de injusticia. ¡Fariseo ciego! Limpia primero lo de dentro del vaso y del plato, para que también lo de fuera sea limpio" (vv. 25-26).

Incluso acciones realmente buenas que no vienen de un corazón realmente bueno carecen de algún valor espiritual. Thomas Watson manifestó: "La moral puede ahogar a un individuo tan rápido como el vicio", y "un barco puede hundirse sea que transporte oro o estiércol". Aunque podemos ser sumamente religiosos y estar muy comprometidos a hacer cosas buenas, no podremos agradar a Dios a menos que nuestros corazones estén a cuentas con Él.

La norma definitiva de pureza de corazón es la perfección de corazón. En el mismo sermón en que Jesús enseñó las Bienaventuranzas declaró: "Sed, pues, vosotros perfectos, como vuestro Padre que está en los cielos es perfecto" (Mt. 5:48). Cien por ciento de pureza es la norma de Dios para el corazón.

La tendencia del hombre es poner la norma opuesta. Nos inclinamos a juzgarnos por lo peor en lugar de lo mejor. El fariseo que oró en el templo agradeciendo a Dios porque no era como los otros hombres se consideraba justo simplemente porque no era ladrón, adúltero o recaudador de impuestos (Lc. 18:11). Todos estamos tentados a sentirnos mejor acerca de nosotros mismos cuando vemos que alguien hace algo terrible que nosotros nunca hemos hecho. El individuo "bueno" menosprecia al que parece menos bueno que él, y a su vez esta persona menosprecia a quienes son peores. Llevado a su extremo, esa espiral de juicio baja y baja hasta que alcanza al individuo más podrido en la tierra, y esa última persona, la peor de la tierra, ¡sería la norma por la cual el resto del mundo se juzgaría!

Sin embargo, la norma de Dios para los hombres es Él mismo. Estos no pueden agradar a Dios a menos que sean puros como Él es puro, a menos que sean santos y perfectos como Él es perfecto. Solo quienes son puros de corazón pueden entrar al reino. David pregunta: "¿Quién subirá al monte de Jehová? ¿Y quién estará en su lugar santo? El limpio de manos y puro de corazón" (Sal. 24:3-4).

Es la impureza de corazón lo que separa de Dios al hombre. "He aquí que no se ha acortado la mano de Jehová para salvar, ni se ha agravado su oído para oír; pero vuestras iniquidades han hecho división entre vosotros y vuestro Dios, y vuestros pecados han hecho ocultar de vosotros su rostro para no oír" (Is. 59:1-2). Y así como la impureza de corazón separa de Dios a los hombres, solamente la pureza de corazón a través de Jesucristo reconciliará a los hombres con Dios.

Básicamente solo hay dos tipos de religión: la religión de logros humanos y la del logro divino. Existen muchas variaciones de la primera clase, que incluye a toda religión menos al cristianismo bíblico. Dentro de las religiones de logros humanos hay dos enfoques básicos: la religión de la cabeza, que confía en los credos y en el conocimiento religioso, y la religión de las manos que confía en las buenas obras.

No obstante, la única religión verdadera es la religión del corazón que se basa en la pureza implantada de Dios. Por fe en lo que Dios ha hecho a través de su Hijo, Jesucristo, "tenemos redención por su sangre, el perdón de pecados según las riquezas de su gracia" (Ef. 1:7). Cuando Dios nos imputa su justicia, también nos atribuye su pureza.

Al leer la Biblia descubrimos seis tipos de pureza. Una podría ser llamada *pureza primordial*, de la clase que existe solamente en Dios. Esa pureza es tan esencial para Dios como la luz es para el sol o la humedad para el agua.

Otra forma es la *pureza creada*, la pureza que existía en la creación de Dios antes que se corrompiera con la caída. Dios creó a los ángeles en pureza y creó al hombre en pureza. Trágicamente, algunos de los ángeles y toda la humanidad cayeron de esa pureza.

Un tercer tipo es la *pureza posicional*, la pureza que se nos da el momento en que confiamos en Jesucristo como Salvador. Cuando confiamos en Él, Dios imputa en nosotros la propia pureza de Cristo, la propia justicia de Cristo. "Mas al que no obra, sino cree en aquel que justifica al impío, su fe le es contada por justicia" (Ro. 4:5; cp. Gá. 2:16). Desde ese día el Padre nos ve tal como ve al Hijo: perfectamente justos y sin mancha (2 Co. 5:21; He. 9:14).

Cuarta, la pureza imputada no es tan solo una declaración sin sustancia; con la pureza imputada Dios concede *pureza real* en la nueva naturaleza del creyente (Ro. 6:4-5; 8:5-11; Col. 3:9-10; 2 P. 1:3). En otras palabras, no hay justificación sin santificación. Cada creyente es una nueva creación (2 Co. 5:17). Pablo afirma que cuando un creyente peca, esto no lo causa el nuevo yo puro sino el pecado en la carne (Ro. 7:17, 19-22, 25).

Quinta, existe la *pureza práctica*. Por supuesto, esta es la parte difícil, la parte que *sí* requiere nuestro esfuerzo supremo. Solo Dios posee o puede poseer pureza primordial. Solo Dios puede conceder pureza creada, pureza definitiva, pureza posicional, y pureza real. Pero la pureza práctica, aunque también viene de Dios, exige nuestra participación en una manera que las otras clases de pureza no lo hacen. Por eso es que Pablo implora: "Así que, amados, puesto que tenemos tales promesas, limpiémonos de toda contaminación de carne y de espíritu, perfeccionando la santidad en el temor de Dios" (2 Co. 7:1). Por eso es que Pedro declara: "Como hijos obedientes, no os conforméis a los deseos que antes teníais estando en vuestra ignorancia; sino, como aquel que os llamó es santo, sed también vosotros santos en toda vuestra manera de vivir; porque escrito está: Sed santos, porque yo soy santo" (1 P. 1:14-16).

No somos salvos para pureza celestial futura sino también para pureza terrenal actual. A lo sumo será oro mezclado con hierro y barro, una prenda blanca de vestir con algunos hilos negros; pero Dios quiere que ahora seamos tan puros como podamos ser. Si la limpieza no caracteriza nuestra vida, significa que no pertenecemos a Cristo o le estamos desobedeciendo. Tendremos tentaciones, pero Dios siempre dará una salida (1 Co. 10:13). Caeremos en pecado, pero "si confesamos nuestros pecados, él es fiel y justo para perdonar nuestros pecados, y limpiarnos de toda maldad" (1 Jn. 1:9).

Por último, para los creyentes un día también habrá *pureza definitiva*, la pureza perfeccionada que el pueblo redimido de Dios experimentará cuando sea glorificado en la presencia del Señor. Todos los pecados son lavados de modo total y permanente, y "seremos semejantes a él, porque le veremos tal como él es" (1 Jn. 3:2).

EL CAMINO A LA SANTIDAD

A lo largo de la historia de la Iglesia se han sugerido varios caminos para lograr limpieza espiritual y santidad. Algunos han sugerido el monaquismo: alejarse de las preocupaciones y distracciones del mundo y dedicarse por completo a la meditación y la oración. Otros afirman que la santidad es una segunda obra de gracia por medio de la cual Dios erradica de manera milagrosa no solamente los pecados sino la naturaleza pecaminosa, permitiendo una vida terrenal sin pecado a partir de ese momento. Pero ni la Biblia ni la experiencia sustentan ninguno de esos puntos de vista. El problema del pecado no es primordialmente el mundo que nos rodea sino la mundanalidad que hay en nosotros, de la que no podemos escapar viviendo aislados de las demás personas.

Pero Dios siempre provee para lo que exige, y ha provisto maneras para que vivamos en pureza. Primero, debemos comprender que somos incapaces de vivir un solo momento santo sin la guía y el poder del Señor. "¿Quién podrá decir: Yo he limpiado mi corazón, limpio estoy de mi pecado?" (Pr. 20:9), la respuesta obvia es: "Nadie". El etíope no puede cambiar su piel ni el leopardo sus manchas (Jer. 13:23). La limpieza comienza con un reconocimiento de debilidad. La debilidad se extiende entonces pidiendo la fuerza de Dios.

Segundo, debemos permanecer en la Palabra de Dios. Es imposible permanecer en la voluntad de Dios separados de su Palabra. Jesús declaró: "Ya vosotros estáis limpios por la palabra que os he hablado" (Jn. 15:3).

Tercero, es esencial ser controlados y caminar en la voluntad y el camino del Espíritu Santo. Gálatas 5:16 dice claramente: "Andad en el Espíritu, y no satisfagáis los deseos de la carne".

Cuarto, debemos orar. No podemos permanecer en la voluntad de Dios ni entender y obedecer su Palabra a menos que estemos cerca de Él. "Orando en todo tiempo con toda oración y súplica en el Espíritu" (Ef. 6:18; cp. Lc. 18:1; 1 Ts. 5:17). Con David clamamos: "Crea en mí, oh Dios, un corazón limpio" (Sal. 51:10).

EL RESULTADO DE LA SANTIDAD

La gran bendición de los que son limpios de corazón es que **verán a Dios.** El griego está en tiempo futuro indicativo y voz media, y una traducción más literal sería: "Ellos continuamente estarán viendo a Dios por sí mismos". *Solamente* **ellos** (el enfático término *autos*), los de limpio corazón, son los que **verán a Dios.** El conocimiento íntimo y la comunión con Dios están reservados para los limpios.

Cuando nuestros corazones son purificados en la salvación comenzamos a vivir en la presencia de Dios. Empezamos a verlo y comprenderlo con nuestros ojos espirituales. Al igual que Moisés, quien vio la gloria de Dios y pidió ver más (Éx. 33:18), aquel que es purificado por Jesucristo ve una y otra vez la gloria de Dios.

Ver a Dios era la mayor esperanza de los santos del Antiguo Testamento. Al igual que Moisés, David quiso ver más de Dios y expresó: "Como el ciervo brama por las corrientes de las aguas, así clama por ti, oh Dios, el alma mía" (Sal. 42:1). Job se alegró cuando pudo declarar: "De oídas te había oído; mas ahora mis ojos te ven" (Job 42:5).

La pureza del corazón limpia los ojos del alma de tal manera que Dios se vuelve visible. Una señal de un corazón impuro es la ignorancia, porque el pecado obscurece la verdad (Jn. 3:19-20). La maldad y la ignorancia vienen en un paquete. Otras señales de un corazón impuro son el egocentrismo (Ap. 3:17), complacerse en el pecado (2 Ti. 3:4), la incredulidad (He. 3:12) y el odio a la pureza (Mi. 3:2). Aquellos que pertenecen a Dios cambian todas esas cosas por integridad y pureza.

F. F. Bullard escribió:

> Cuando al fin en justicia
> vea tu rostro glorioso;
> cuando toda la fatiga de la noche haya pasado,
> y yo despierte contigo,
> para ver las glorias que esperan,
> entonces y solo entonces estaré satisfecho.
> (Citado en William Hendriksen, *The Gospel of Matthew*
> [Grand Rapids: Baker, 1973], p. 278)

Dichosos los que procuran la paz

19

Bienaventurados los pacificadores, porque ellos serán llamados hijos de Dios. (5:9)

El Dios de paz (Ro. 15:33; 2 Co. 13:11; Fil. 4:9) ha hecho hincapié en que la preciosa pero elusiva realidad de hacer la paz es una de las ideas dominantes de su Palabra. Las Escrituras contienen cuatrocientas referencias directas a la paz, y muchas más indirectas. La Biblia empieza con paz en el huerto del Edén y termina con paz en la eternidad. La historia espiritual de la humanidad puede trazarse en base a la paz. Aunque la paz terrenal en el huerto fue interrumpida cuando el hombre pecó, en la cruz Jesucristo volvió a hacer de la paz una realidad, y Él se convierte en la paz de todos los que ponen su fe en Él. La paz puede reinar ahora en los corazones de quienes son suyos. Algún día Él vendrá como el Príncipe de Paz y establecerá un reino mundial de paz, el cual resultará en paz final, la era eterna de paz.

Pero uno de los hechos más obvios de la historia y de la experiencia humana es que la paz no caracteriza la existencia terrenal del hombre. No existe paz hoy día por dos razones: la oposición de Satanás y la desobediencia del ser humano. La caída de los ángeles y la caída del hombre establecieron un mundo sin paz. Satanás y el hombre están lidiando una batalla por la soberanía contra el Dios de paz.

La escasez de paz ha llevado a alguien a sugerir que "la paz es ese glorioso momento de la historia en que todos se detiene para recargar las armas". En 1968 un importante periódico reportó que hasta esa fecha había habido 14.553 guerras conocidas desde treinta y seis años antes de Cristo. Desde 1945 ha habido más o menos setenta guerras y casi doscientos brotes de violencia de importancia internacional. Desde 1958 casi un centenar de naciones han participado en alguna forma de conflicto armado.

Algunos historiadores han afirmado que los Estados Unidos han tenido dos generaciones de paz, una de 1815 a 1846 y la otra de 1865 a 1898. Pero esa afirmación solo puede hacerse si se excluyen las guerras indias durante las cuales nuestra tierra fue bañada en sangre india.

Con todos los esfuerzos declarados y bienintencionados por la paz en tiempos modernos, pocas personas afirmarían que el mundo o alguna parte importante de él es más pacífico ahora que hace cien años. No tenemos paz económica, paz religiosa, paz racial, paz social, paz familiar, ni paz personal. Parece que hay un sinfín de marchas, plantones, mítines, protestas, demostraciones, alborotos y guerras. Desacuerdos y conflictos están a la orden del día. Ninguna época ha tenido más necesidad de paz que la nuestra.

Tampoco el mundo honra la paz tanto por sus normas y acciones como lo hace con sus palabras. En casi toda era de la historia los más grandes héroes han sido los más grandes guerreros. El mundo alaba a los poderosos y a menudo exalta a los destructivos. El hombre modelo no es el manso sino el macho. El modelo de héroe no es altruista sino materialista, no es generoso sino egoísta, no es amable sino cruel, no es sumiso sino agresivo, no es manso sino orgulloso.

La filosofía popular del mundo, reforzada por la enseñanza de muchos psicólogos y consejeros, es ponerse uno mismo en primer lugar. Pero cuando estamos en primer lugar, la paz está en el último. El ego precipita conflicto, división, odio, resentimiento y guerra. Es el gran aliado del pecado y el gran enemigo de la justicia y, por lo tanto, de la paz.

La séptima bienaventuranza pide al pueblo de Dios que sea pacificador. Él nos ha llamado a una misión especial de ayudar a restaurar la paz perdida en la caída.

La paz de la que Cristo habla en esta bienaventuranza, y acerca de la cual el resto de la Biblia también habla, es diferente de lo que el mundo conoce y de aquello por lo que lucha. La paz de Dios no tiene nada que ver con política, ejércitos ni fuerzas armadas, foros de naciones, o incluso consejos de iglesias. No tiene nada que ver con el arte de gobernar de alguien, por grande que sea o grandes que sean los arbitrajes, el compromiso, las treguas negociadas, o los tratados. La paz de Dios, la paz de la que habla la Biblia, no evade los problemas; no sabe nada de paz a cualquier precio. No brilla ni se oculta, no racionaliza ni excusa. Confronta los problemas y trata de solucionarlos, y después que están resueltos construye un puente entre quienes estaban separados por tales problemas. A menudo trae su propia lucha, dificultad y angustia, porque con frecuencia todo eso representa el precio de la sanidad. No se trata de una paz que la produzcan reyes, presidentes, primeros ministros, diplomáticos o humanitarios internacionales. Es la paz personal interior que solo Dios puede conceder al alma del ser humano y que solamente sus hijos pueden ejemplificar.

Cuatro realidades importantes acerca de la paz de Dios encontramos reveladas: su significado, su Hacedor, sus mensajeros, y sus méritos.

EL SIGNIFICADO DE PAZ: JUSTICIA Y VERDAD

El hecho esencial que se debe comprender es que la paz de la que Jesús habla es más que la ausencia de conflicto y lucha; se trata de la presencia de justicia. Solamente la justicia puede producir la relación que junta dos partes. Los hombres pueden dejar de pelear sin justicia, pero no pueden vivir pacíficamente sin justicia. La justicia no solo pone fin al daño, sino que administra la sanidad del amor.

La paz de Dios no solo detiene la guerra, sino que la reemplaza con la justicia que trae armonía y verdadero bienestar. La paz es una fuerza creativa y agresiva para lo mejor. El saludo judío *shalom* desea "paz" y expresa el deseo de que a quien se le saluda tenga toda la justicia y bondad que Dios puede otorgar. El significado más profundo del término es "el bien más elevado de Dios para usted".

Lo más que la paz del hombre puede ofrecer es una tregua, el cese temporal de hostilidades. Pero en una escala internacional o en una escala individual, una tregua nunca es más que una guerra fría. A menos que los desacuerdos y los odios se resuelvan, los conflictos simplemente pasan a la clandestinidad, donde tienden a enconarse, crecer y estallar de nuevo. Sin embargo, la paz de Dios no solo detiene las hostilidades, sino que resuelve los problemas y junta a las partes en mutuo amor y armonía.

Santiago confirma la naturaleza de la paz de Dios cuando escribe: "La sabiduría que es de lo alto es primeramente pura, después pacífica" (Stg. 3:17). El camino de Dios hacia la paz es a través de la pureza. No puede obtenerse paz a expensas de la justicia. Dos personas no pueden estar en paz a menos que reconozcan y resuelvan las malas actitudes y acciones que ocasionaron el conflicto entre ellas, y entonces llegar ante Dios para limpieza. La paz que ignora la limpieza que produce pureza no es la paz de Dios.

El escritor de Hebreos vincula paz con pureza cuando instruye a los creyentes: "Seguid la paz con todos, y la santidad, sin la cual nadie verá al Señor" (He. 12:14). La paz no puede separarse de la santidad. "La justicia y la paz se besaron" es la hermosa expresión del salmista (Sal. 85:10). Bíblicamente hablando, entonces cuando hay verdadera paz hay justicia, santidad y pureza. Tratar de producir armonía al comprometer la justicia hace que se pierdan ambas.

Las palabras de Jesús: "No penséis que he venido para traer paz a la tierra; no he venido para traer paz, sino espada" (Mt. 10:34) parecen ser la antítesis de la séptima bienaventuranza. Sin embargo, su significado era que la paz que Él viene a traer no es paz a cualquier precio. Habrá oposición antes que haya armonía; habrá lucha antes que haya paz. Ser pacificadores en las condiciones de Dios requiere ser pacificadores en las condiciones de la verdad y la justicia, a las cuales el mundo está en feroz oposición. Cuando los creyentes traen verdad para influir en un mundo que ama la mentira, hay antagonismo. Cuando los creyentes establecen estándares divinos de justicia ante un mundo que ama la maldad, hay un potencial inevitable para el conflicto. Pero esa es la única manera.

A menos que la injusticia cambie a justicia no habrá paz según Dios. Y el proceso de resolución es difícil y costoso. La verdad producirá ira antes que felicidad; la justicia producirá antagonismo antes que armonía. El evangelio trae malos sentimientos antes de que pueda traer buenos sentimientos. Una persona que primero no se lamenta por su propio pecado nunca estará satisfecha con la justicia de Dios. La espada que Cristo trae es la espada de su Palabra, la cual es la espada de la verdad y la justicia. Al igual que el escalpelo del cirujano, debe cortar antes de curar, porque la paz no puede venir mientras el pecado persista.

El gran enemigo de la paz es el pecado. El pecado separa de Dios a los hombres y ocasiona discordia y enemistad con Él; y la falta de armonía de los hombres con Dios ocasiona la falta de armonía de estos entre sí. El mundo está lleno de conflicto y guerra porque está lleno de pecado. La paz no gobierna el mundo porque el enemigo de la paz gobierna el mundo. Jeremías nos dice que "engañoso es el corazón más que todas las cosas, y perverso" (Jer. 17:9). No puede reinar la paz en el mundo mientras reine la maldad. Los corazones malvados no pueden producir una sociedad pacífica. "No hay paz para los malos, dijo Jehová" (Is. 48:22).

Hablar de paz sin hablar de arrepentimiento del pecado es hablar necia y vanamente. Los dirigentes religiosos corruptos del antiguo Israel proclamaban: "Paz, paz", pero no había paz porque ninguno en el pueblo estaba "avergonzado de haber hecho abominación… en lo más mínimo" (Jer. 8:11-12).

"De dentro, del corazón de los hombres, salen los malos pensamientos, los adulterios, las fornicaciones, los homicidios, los hurtos, las avaricias, las maldades, el engaño, la lascivia, la envidia, la maledicencia, la soberbia, la insensatez. Todas estas maldades de dentro salen, y contaminan al hombre" (Mr. 7:21-23). Los seres humanos pecadores no pueden crear paz, sea dentro de ellos o entre ellos mismos. El pecado no puede producir nada más que luchas y conflicto. Santiago declara: "Donde hay celos y contención, allí hay perturbación y toda obra perversa. Pero la sabiduría que es de lo alto es primeramente pura, después pacífica, amable, benigna, llena de misericordia y de buenos frutos, sin incertidumbre ni hipocresía. Y el fruto de justicia se siembra en paz para aquellos que hacen la paz" (Stg. 3:16-18).

Independientemente de cuáles puedan ser las circunstancias, donde existe conflicto es a causa del pecado. Si separamos a las partes en conflicto entre sí pero no las separamos del pecado, en el mejor de los casos tendremos éxito solo en lograr una tregua. La pacificación no puede venir eludiendo el pecado, porque el pecado es el origen de todo conflicto.

Las malas nuevas del evangelio vienen antes que las buenas nuevas. A menos que una persona enfrente su pecado, no tiene sentido ofrecerle un Salvador. A menos que una persona enfrente sus falsas ideas, no tiene sentido ofrecerle la verdad. A menos que una persona reconozca su enemistad con Dios, no tiene sentido ofrecerle paz con Dios.

Los creyentes no pueden evitar enfrentar la verdad, o evitar enfrentar a otros con la verdad, por el bien de la armonía. Si alguien está en grave error acerca de una parte de la verdad de Dios no puede tener una relación correcta y pacífica con otros hasta que el error sea confrontado y corregido. Jesús nunca evadió el tema de la doctrina o la conducta incorrecta. Él trató a la mujer samaritana de Sicar con gran amor y compasión, pero no titubeó en confrontarla con su vida impía. Primero la confrontó con su vida inmoral: "Cinco maridos has tenido, y el que ahora tienes no es tu marido" (Jn. 4:18). Luego le corrigió sus falsas ideas acerca de la adoración: "Mujer, créeme, que la hora viene cuando ni en este monte ni en Jerusalén adoraréis al Padre. Vosotros adoráis lo que no sabéis; nosotros adoramos lo que sabemos; porque la salvación viene de los judíos" (Jn. 4:21-22).

La persona que no está dispuesta a trastornar y molestar en nombre de Dios no puede ser pacificadora. Llegar a un acuerdo en cualquier cosa menos que en la verdad y la justicia de Dios es conformarse con una tregua, la cual confirma a los pecadores en su pecado y puede incluso alejarlos más del reino. Aquellos que en nombre del amor, la bondad, o la compasión tratan de dar testimonio apaciguando y comprometiendo la Palabra de Dios, descubrirán que el testimonio que dan los aleja de Él, no los lleva hacia Él. Los pacificadores de Dios no dejarán recostado a un perro que duerme si este se opone a la verdad de Dios; no protegerán la situación existente si es impía e injusta. No estarán dispuestos a hacer la paz a cualquier precio. La paz de Dios viene solamente a la manera de Dios. Ser un pacificador es en esencia el resultado de una vida santa y el llamado a que otros acepten el evangelio de la santidad.

EL HACEDOR DE LA PAZ: DIOS

Los hombres no tienen paz porque no tienen a Dios, la fuente de paz. El Antiguo y el Nuevo Testamentos están repletos de declaraciones de que Dios es el Dios de paz (Lv. 26:6; 1 R. 2:33; Sal. 29:11; Is. 9:6; Ez. 34:25; Ro. 15:33; 1 Co. 14:33; 2 Ts. 3:16). Desde la caída, la única paz que los hombres han conocido es la paz que han recibido como regalo de Dios. La venida de Cristo a la tierra fue la venida de la paz de Dios a la tierra, porque solo Jesucristo podía quitar el pecado, el gran obstáculo para la paz. "ahora en Cristo Jesús, vosotros que en otro tiempo estabais lejos, habéis sido hechos cercanos por la sangre de Cristo. Porque él es nuestra paz" (Ef. 2:13-14).

Una vez leí la historia de una pareja en una audiencia de divorcio que discutían de un lado al otro ante el juez, acusándose mutuamente y negándose a aceptar cualquier culpa. El hijo de cuatro años de la pareja estaba muy angustiado y confundido. Sin saber qué más hacer, tomó la mano de su padre y la mano de su madre y tiró de ellas hasta que finalmente juntó las manos de ambos.

En una manera infinitamente superior, Cristo vuelve a unir a Dios y al hombre, reconciliando y trayendo paz. "Por cuanto agradó al Padre que en él habitase toda plenitud, y por medio de él reconciliar consigo todas las cosas, así las que están en la tierra como las que están en los cielos, haciendo la paz mediante la sangre de su cruz" (Col. 1:19-20).

¿Cómo podría la cruz traer paz? En la cruz todo el odio y la ira del hombre se ventilaron contra Dios. En la cruz el Hijo de Dios fue escarnecido, maldecido, escupido, traspasado, vilipendiado y matado. Los discípulos de Jesús huyeron atemorizados, del cielo salieron rayos, la tierra tembló violentamente y el velo del templo se partió en dos. Sin embargo, por medio de esa violencia Dios trajo paz. La justicia más grande de Dios confrontó la maldad más grande del ser humano, y la justicia ganó. Y debido a que la justicia ganó, la paz ganó.

En su libro *Peace Child* (Glendale, Calif.: Regal, 1979), Don Richardson narra su larga lucha para llevar el evangelio a la tribu sawi de caníbales y cazadores de cabezas de Irian Jaya, Indonesia. Por mucho que trató, no pudo hallar una manera de hacer que la gente entendiera el mensaje del evangelio, especialmente el significado de la muerte expiatoria de Cristo en la cruz.

Los pueblos sawi estaban constantemente peleando entre sí, y debido a que se tenía en alta estima a la traición, la venganza y el asesinato, allí parecía no haber esperanza de paz. Sin embargo, la tribu tenía una costumbre legendaria de que si un pueblo entregaba un bebé varón a otro pueblo prevalecería la paz entre los dos pueblos mientras el niño viviera. Al bebé se le llamaba un "hijo de paz".

El misionero aprovechó esa historia como una analogía de la obra reconciliadora de Cristo. Les contó que Cristo es el divino Hijo de Paz de Dios que Él ha ofrecido al hombre, y que debido a que Cristo vive eternamente, su paz nunca terminará. Esa analogía fue la clave que abrió el evangelio para los sawi. En una obra maravillosa del Espíritu Santo muchos de ellos creyeron en Cristo y pronto se desarrolló una iglesia fuerte y evangelística, y la paz llegó a los sawi.

Si el Padre es la fuente de paz, y el Hijo es la manifestación de aquella paz, entonces el Espíritu Santo es el agente de esa paz. La paz es uno de los elementos más hermosos que el fruto del Espíritu Santo concede a aquellos en quienes reside (Gá. 5:22). El Dios de paz envió al Príncipe de Paz que envía al Espíritu de paz para dar el fruto de la paz. No es de extrañar que a la Trinidad se le llame Jehová-salom, "Jehová es paz" (Jue. 6:24).

El Dios de paz desea la paz para su mundo, y un día restaurará la paz en el mundo que Él creó. El Príncipe de Paz establecerá su reino de paz durante mil años en la tierra, y por toda la eternidad en el cielo. "Yo sé los pensamientos que tengo acerca de vosotros, dice Jehová, pensamientos de paz, y no de mal, para daros el fin que esperáis" (Jer. 29:11). Jesús declaró: "Estas cosas os he hablado para que en mí tengáis paz. En el mundo tendréis aflicción; pero confiad, yo he vencido al mundo" (Jn. 16:33). Aquel que no pertenece a Dios a través de Jesucristo no puede tener paz ni ser un pacificador. Dios puede conseguir paz a través de nosotros solo si ha conseguido paz en nosotros.

Algunos de los más violentos climas de la tierra ocurren en los mares. Pero mientras más profundo el mar, más serena y tranquila se vuelve el agua. Los oceanógrafos reportan que las partes más profundas del mar son absolutamente serenas. Cuando se excavan esas áreas se descubren restos de plantas y vida animal que han permanecido en reposo durante miles de años.

Esa es una descripción de la paz del cristiano; el mundo a su alrededor, incluso sus propias circunstancias, podrían ser de gran confusión y lucha, pero en su ser más profundo tendrá paz que sobrepasa todo entendimiento. Nunca pueden hallar paz aquellos que están en las mejores circunstancias pero sin Dios; no obstante, los que están en las peores circunstancias pero con Dios no tienen por qué carecer de paz.

LOS MENSAJEROS DE PAZ: LOS CREYENTES

Los mensajeros de paz son creyentes en Jesucristo. Solo ellos pueden ser pacificadores. Solo quienes pertenecen al Hacedor de paz pueden ser mensajeros de paz. Pablo nos dice "que a paz nos llamó Dios" (1 Co. 7:15) y que "todo esto proviene de Dios, quien nos reconcilió consigo mismo por Cristo, y nos dio el ministerio de la reconciliación" (2 Co. 5:18). El ministerio de la reconciliación es el ministerio de la pacificación. Aquellos a quienes Dios ha llamado a paz también los ha llamado a hacer la paz. "Dios estaba en Cristo reconciliando consigo al mundo, no tomándoles en cuenta a los hombres sus pecados, y nos encargó a nosotros la palabra de la reconciliación. Así que, somos embajadores en nombre de Cristo, como si Dios rogase por medio de nosotros" (2 Co. 5:19-20).

Al menos cuatro aspectos caracterizan a un pacificador. Primero, él mismo es quien ha hecho paz con Dios. Todo el evangelio tiene que ver con paz. Antes de llegar a Cristo estábamos en guerra con Dios. Sin importar lo que conscientemente hayamos pensado acerca de Dios, nuestros corazones estaban contra Él. Fue mientras éramos "enemigos" de Dios que "fuimos reconciliados con Dios por la muerte de su Hijo" (Ro. 5:10). Cuando recibimos a Cristo como Salvador y Él nos imputó su justicia, nuestra batalla con Dios terminó, y nuestra paz con Dios comenzó. Puesto que hemos hecho la paz con Dios podemos disfrutar la paz de Dios (Fil. 4:7; Col. 3:15). Y debido a que se nos ha dado la paz de Dios estamos llamados a participar la paz de Dios. Tenemos "calzados los pies con el apresto del evangelio de la paz" (Ef. 6:15).

Debido a que la paz siempre está corrompida por el pecado, el creyente pacificador debe ser un creyente santo, un creyente cuya vida sea continuamente limpiada por el Espíritu Santo. El pecado rompe nuestra comunión con Dios, y cuando la comunión con Él se rompe, la paz se destruye. El cristiano desobediente y autocomplaciente no es adecuado para ser un embajador de paz.

Segundo, un pacificador lleva a otros a hacer paz con Dios. Los cristianos no son un cuerpo élite de aquellos que han llegado espiritualmente a una meta y que miran con menosprecio al resto del mundo. Son pecadores limpiados por Jesucristo y comisionados para llevar su evangelio de limpieza al resto del mundo.

Los fariseos eran la encarnación de lo que no deben ser los pacificadores. Eran presumidos, orgullosos, autocomplacientes, y decididos a hacer su propia voluntad y defender sus propios derechos. Tenían poco interés en hacer la paz con Roma, con los samaritanos, o incluso con compañeros judíos que no seguían su política partidaria. En consecuencia, creaban conflicto dondequiera que iban. Cooperaban con otros solo cuando era para su propio beneficio, como hicieron con los saduceos en oposición a Jesús.

El espíritu de pacificación es lo opuesto a eso. Se construye sobre humildad, tristeza por el pecado propio, mansedumbre, hambre y sed de justicia, compasión y pureza de corazón. G. Campbell Morgan comentó que la pacificación es el carácter propagado del hombre que, ejemplificando a todo el resto de bienaventuranzas, lleva por tanto paz adondequiera que va.

El pacificador es un mendigo que ha sido alimentado y que está llamado a ayudar a alimentar a otros. Después de haber sido llevado a Dios, lleva a otros a Dios. El propósito de la Iglesia es predicar "la paz por medio de Jesucristo" (Hch. 10:36). Predicar a Cristo es promover paz. Llevar a una persona al conocimiento salvador de Jesucristo es el acto más pacificador que un ser humano puede realizar. Está más allá de lo que cualquier diplomático o estadista puede lograr.

Tercero, un pacificador ayuda a otros a hacer la paz con otros. El momento en que una persona llega a Cristo, llega a estar en paz con Dios y con la Iglesia, y se convierte en un pacificador en el mundo. Un pacificador construye puentes entre los hombres y Dios, y también entre los hombres y otros hombres. Por supuesto, el segundo tipo de construcción de puentes debe comenzar entre nosotros mismos y otros. Jesús manifestó que si llevamos una ofrenda a Dios y un hermano tiene algo contra nosotros, debemos dejar nuestra ofrenda en el altar y reconciliarnos con ese hermano antes de dar la ofrenda a Dios (Mt. 5:23-24). Pablo dice que hasta donde sea "posible, en cuanto dependa de [nosotros]", estemos "en paz con todos los hombres" (Ro. 12:18). Incluso debemos amar a nuestros enemigos y orar por aquellos que nos persiguen, "para que [seamos] hijos de [nuestro] Padre que está en los cielos" (Mt. 5:44-45).

Por definición, un puente no puede ser de un solo lado. Debe extenderse entre dos lados o nunca funcionará. Una vez construido, sigue necesitando apoyo en ambos lados o caerá. Por eso, en cualquier relación nuestra primera responsabilidad es ver que nuestro propio lado tenga una base sólida. Pero también tenemos la responsabilidad de ayudar a que aquel en el otro lado construya bien su base. Ambos lados deben construirse sobre justicia y verdad, o el puente caerá. Los pacificadores de Dios primero deben ser justos ellos mismos, y luego deben ser activos en ayudar a que otros se vuelvan justos.

El primer paso en el proceso de construir el puente a menudo es reprender a otros acerca de su pecado, que es el obstáculo supremo para la paz. Jesús declara: "Si tu hermano peca contra ti, ve y repréndele estando tú y él solos; si te oyere, has ganado a tu hermano. Mas si no te oyere, toma aún contigo a uno o dos, para que en boca de dos o tres testigos conste toda palabra. Si no los oyere a ellos, dilo a la iglesia" (Mt. 18:15-17). Eso es algo difícil de hacer, pero obedecer dicho mandato no es más opcional que obedecer cualquiera de los otros mandatos del Señor. El hecho de que adoptar tales medidas a menudo suscite controversia y resentimiento no es excusa para no hacerlo. Si lo hacemos en el modo y en el espíritu que el Señor enseña, las consecuencias son responsabilidad de Él. No hacerlo no solo evita preservar la paz, sino que a través de la desobediencia se establecerá una tregua con el pecado.

Obviamente, hay la posibilidad de un precio que pagar, pero cualquier sacrificio es pequeño a fin de obedecer a Dios. Con frecuencia la confrontación traerá más confusión en lugar de menos malentendidos, así como sentimientos heridos y resentimiento. Pero el único camino hacia la paz es el de la justicia. El pecado con el que no lidiamos es pecado que desbaratará y destruirá la paz. Así como vale la pena pagar cualquier precio por obedecer a Dios, vale la pena pagar cualquier precio para librarse del pecado. Jesús advirtió: "Si tu ojo derecho te es ocasión de caer, sácalo, y échalo de ti… Y si tu mano derecha te es ocasión de caer, córtala, y échala de ti; pues mejor te es que se pierda uno de tus miembros, y no que todo tu cuerpo sea echado al infierno" (Mt. 5:29-30). Si no estamos dispuestos a ayudar a que otros confronten su pecado, seremos incapaces de ayudarles a encontrar paz.

Cuarto, un pacificador se esfuerza por encontrar un punto de acuerdo con los demás. La verdad y la justicia de Dios nunca deben comprometerse o debilitarse, pero difícilmente habrá una persona tan impía, inmoral, rebelde, pagana o indiferente con la que no encontremos absolutamente algún punto de acuerdo. La teología equivocada, las normas erradas, las creencias equivocadas y las actitudes erróneas deben enfrentarse y tratarse, pero no suelen ser los mejores lugares para comenzar el proceso de ser testigos o pacificadores.

El pueblo de Dios debe contender sin ser polémico, discrepar sin ser antipático, y confrontar sin ser abusivo. El pacificador habla la verdad en amor (Ef. 4:15). Empezar con amor es el inicio hacia la paz. Comenzamos la pacificación empezando con cualquier punto pacífico de acuerdo que podamos hallar. La paz ayuda a engendrar paz. El pacificador siempre da a otros el beneficio de la duda. Nunca supone que otros resistirán el evangelio o rechazarán su testimonio. Cuando encuentra oposición trata de ser paciente con la ceguera y la obstinación de otras personas, así como el Señor fue con él, ya que Dios seguirá siendo paciente con la ceguera y obstinación de dicho creyente.

Los pacificadores más eficaces de Dios son a menudo las personas más sencillas y desconocidas. No atraen la atención hacia sí mismos. Casi nunca ganan títulos o premios por establecer la paz, porque por sus mismas naturalezas los verdaderos pacificadores son discretos y prefieren pasar desapercibidos. Debido a que llevan justicia y verdad adondequiera que van, a los pacificadores frecuentemente se les acusa de agitadores y perturbadores de la paz, tal como Acab acusó a Elías (1 R. 18:17), y como también los líderes judíos acusaron a Jesús de serlo (Lc. 23:2, 5). Pero Dios conoce los corazones de ellos y honra la obra que llevan a cabo porque lo hacen para la paz y en el poder del Señor. Los pacificadores de Dios siempre dan fruto y reciben recompensa. Esta es una característica de un verdadero ciudadano del reino, quien no solo tiene hambre de justicia y santidad en su propia vida, sino que posee un deseo apasionado de ver esas virtudes en las vidas de los demás.

EL MÉRITO DE LA PAZ: CONDICIÓN ETERNA DE HIJOS EN EL REINO

El mérito o resultado de la pacificación es bendición eterna como herederos de Dios en el reino celestial. Los pacificadores **serán llamados hijos de Dios.**

La mayoría de nosotros estamos agradecidos por nuestra herencia, nuestros antepasados, nuestros padres, y nuestro apellido. En particular es gratificante haber recibido la influencia de abuelos piadosos y haber sido criados por padres piadosos. Pero la más grande herencia humana no puede igualarse con la herencia del creyente en Jesucristo, porque somos "herederos de Dios y coherederos con Cristo" (Ro. 8:17). Nada se compara con ser un hijo de Dios.

Tanto *huios* como *teknon* se usan en el Nuevo Testamento para hablar de la relación de Dios con los creyentes. *Teknon* (hijo) es un término de tierno afecto y cariño, así como de relación (véase Jn. 1:12; Ef. 5:8; 1 P. 1:14). Sin embargo, **hijos** viene de *huios,* que expresa la dignidad y el honor de la relación de un hijo con sus padres. Como pacificadores de Dios se nos promete la gloriosa bendición de la condición eterna de hijos en su reino eterno.

La pacificación es un sello distintivo de los hijos de Dios. Un individuo que no es pacificador, o no es cristiano o es un cristiano desobediente. Quien continuamente es perturbador, divisivo y pendenciero tiene buena razón para dudar por completo de su relación con Dios. Los hijos de Dios (es decir, todos sus hijos tanto hombres como mujeres) son pacificadores. Solo Dios determina quiénes son sus hijos, y Él ha determinado que son los humildes, los que lloran por el pecado, los mansos, los que buscan justicia, los misericordiosos, los puros de corazón, y los pacificadores.

Serán llamados está en tiempo futuro pasivo continuo. En toda la eternidad los pacificadores adoptarán el nombre de "hijos de Dios". La forma pasiva indica que todo el cielo llamará a los pacificadores **hijos de Dios,** porque Dios mismo ha declarado que son su descendencia.

Jacob amó tanto a Benjamín que toda su vida llegó a estar ligada a la vida de ese hijo (Gn. 44:30). Cualquier padre digno de ese título ama a sus hijos más que a su propia vida, e infinitamente más que a todas sus posesiones juntas. Dios ama hoy día a sus hijos igual que amó a Israel de viejo, como "la niña de su ojo" (Zac. 2:8; cp. Sal. 17:8). La expresión hebrea "la niña del ojo" se refería a la córnea, la parte más expuesta y sensible del ojo, la parte que tenemos más cuidado de proteger. Eso es lo que los hijos de Dios son para Él: aquellos acerca de los cuales es más sensible y desea proteger más. Atacar a los hijos de Dios es como meter un dedo en el ojo de Dios. La ofensa contra los cristianos es ofensa contra Dios, porque ellos son sus propios hijos.

Dios pone las lágrimas de sus hijos en una botella (Sal. 56:8), una ilustración que refleja la costumbre hebrea de colocar en un frasco las lágrimas derramadas por un ser querido. Dios se preocupa tanto por nosotros que almacena hasta sus recuerdos de nuestras tristezas y aflicciones. Los hijos de Dios le importamos en gran manera, y no es poca cosa que lo podamos llamar Padre.

Los pacificadores de Dios no siempre tienen paz en el mundo. Así como Jesús deja en claro en la última bienaventuranza, la persecución sigue a la pacificación. En Cristo hemos abandonado la falsa paz *del* mundo, y en consecuencia a menudo no tendremos paz *con* el mundo. Pero como hijos de Dios siempre podemos tener paz incluso mientras estamos *en* el mundo, la paz de Dios, que el mundo no puede dar y que el mundo no puede arrebatar.

Felices los perseguidos

20

Bienaventurados los que padecen persecución por causa de la justicia, porque de ellos es el reino de los cielos. Bienaventurados sois cuando por mi causa os vituperen y os persigan, y digan toda clase de mal contra vosotros, mintiendo. Gozaos y alegraos, porque vuestro galardón es grande en los cielos; porque así persiguieron a los profetas que fueron antes de vosotros. (5:10-12)

De todas las bienaventuranzas, esta última parece la más opuesta al pensamiento y la experiencia del ser humano. El mundo no asocia felicidad con humildad, llanto por el pecado, mansedumbre, justicia, misericordia, pureza de corazón, o pacificación santa. Aun menos asocia felicidad con persecución.

Hace algunos años una popular revista nacional realizó una encuesta para determinar lo que hace feliz a la gente. De acuerdo con las respuestas recibidas, las personas felices disfrutan de los demás, pero no son sacrificadas; se niegan a participar en sentimientos o emociones negativas; y tienen una sensación de logro basada en su propia autosuficiencia.

El individuo descrito por tales principios es totalmente contrario al tipo de persona que el Señor afirma que será auténticamente feliz. Jesús declara que los **bienaventurados** no son los autosuficientes sino los que reconocen su propio vacío y su propia necesidad, que llegan a Dios como pordioseros, sabiendo que no tienen recursos en sí mismos. No confían en su propia habilidad, sino que están muy conscientes de su incapacidad. Jesús dice que tales personas no son para nada positivas acerca de sí mismas, sino que lloran por su propia pecaminosidad y su separación de un Dios santo. A fin de estar realmente contento, un individuo no debe ser egoísta sino abnegado. Deberá ser manso, misericordioso, puro de corazón, deseoso de justicia, y buscará hacer la paz en los términos de Dios, incluso si esas actitudes lo llevan a sufrir.

La idea central inicial del Señor en el Sermón del Monte culmina con esta gran y solemne verdad: aquellos que viven fielmente según las siete primeras bienaventuranzas tienen garantizado que en algún momento experimentarán la octava. Los que viven de manera justa inevitablemente serán perseguidos por ello. La dedicación a Dios genera hostilidad y antagonismo de parte del mundo. ¡La característica suprema de la persona feliz es la persecución! Quienes pertenecen al reino son personas rechazadas. Los individuos santos son **bienaventurados** de manera única, pero pagan un precio.

La última bienaventuranza es realmente dos en una, es decir una sola bienaventuranza repetida y ampliada. **Bienaventurados** se menciona dos veces (vv. 10, 11), pero solo se da una característica (**persecución**), aunque se la menciona tres veces y solo se promete un resultado (**porque de ellos es el reino de los cielos**). Al parecer, **bienaventurados** se repite para hacer hincapié en la generosa bendición dada por Dios a quienes son perseguidos. Pareciera que Jesús está diciendo: "Son doblemente bendecidos aquellos que son perseguidos".

Tres aspectos diferentes de la fidelidad del reino se mencionan en esta bienaventuranza: la persecución, la promesa y la postura.

LA PERSECUCIÓN

Los que padecen persecución son los ciudadanos del reino, aquellos que viven las siete bienaventuranzas anteriores. En la medida en que cumplan las siete primeras podrán experimentar la octava.

"Todos los que quieren vivir piadosamente en Cristo Jesús padecerán persecución" (2 Ti. 3:12). Antes de escribir esas palabras Pablo acababa de mencionar solo algunas de sus propias "persecuciones, padecimientos, como los que me sobrevinieron en Antioquía, en Iconio, en Listra" (v. 11). Como alguien que vivía la vida del reino, el apóstol había sido perseguido, y todos los demás que viven la vida del reino pueden esperar un trato similar. Lo que se aplicó al antiguo Israel se aplica hoy, y será cierto hasta que el Señor regrese. "Como entonces el que había nacido según la carne perseguía al que había nacido según el Espíritu, así también ahora" (Gá. 4:29).

Imaginemos a un hombre que aceptara un nuevo empleo en el que tuviera que trabajar con personas especialmente inmorales. Cuando al final del primer día su esposa le preguntara cómo se las había arreglado, él contestaría: "¡Fenomenal! Nunca supusieron que yo era cristiano". Mientras las personas no tengan razón para creer que somos cristianos, al menos cristianos obedientes y justos, no debemos preocuparnos en cuanto a persecución. Pero cuando manifestamos las normas de Cristo participaremos del oprobio que Cristo padeció. Los nacidos solo de la carne perseguirán a los nacidos del Espíritu.

Vivir para Cristo es vivir en oposición a Satanás en su mundo y su sistema. La semejanza a Cristo en nosotros producirá los mismos resultados que la semejanza a Cristo tuvo en los apóstoles, en el resto de la iglesia primitiva, y en los creyentes a lo largo de la historia. Que Cristo viva en su pueblo hoy día produce la misma reacción del mundo que el mismo Cristo causó cuando vivió en la tierra como hombre.

La justicia es antagónica, y aunque no se predique con tantas palabras, confronta la maldad por su mismo contraste. Abel no le predicó a Caín, pero la vida justa de Abel, tipificada por su apropiado sacrificio al Señor, fue un reproche constante para su perverso hermano, quien finalmente lo mató. Cuando Moisés eligió identificarse con su propio y despreciado pueblo hebreo en lugar de comprometerse con los placeres de la pagana sociedad egipcia, pagó un gran precio. Sin embargo, él consideró "mayores riquezas el vituperio de Cristo que los tesoros de los egipcios" (He. 11:26).

El escritor puritano Thomas Watson dijo de los cristianos: "Aunque nunca sean tan mansos, misericordiosos y puros de corazón, su piedad no los protegerá de sufrimientos. Ellos deben colgar sus arpas en los sauces y tomar la cruz. El camino al cielo es a través de espinos y sangre.... Se establece como una máxima que si seguimos a Cristo debemos ver las espadas y los palos" (*The Beatitudes* [Edinburgh: Banner of Truth Trust, 1971], pp. 259-60).

Savonarola fue uno de los más grandes reformadores en la historia de la Iglesia. En su poderosa condena del pecado personal y de la corrupción eclesiástica, el predicador italiano allanó el camino para la Reforma Protestante, la cual empezó pocos años después de su muerte. Un biógrafo escribió: "Su predicación fue una voz de trueno, y su denuncia del pecado fue tan terrible que las personas que lo escuchaban iban por las calles medio aturdidas, desconcertadas y silenciosas. A menudo sus congregaciones lloraban tanto que todo el edificio resonaba con sollozos y lamentos". Pero las personas y la iglesia no pudieron tolerar mucho tiempo a tal testigo, y por predicar justicia no comprometida Savonarola fue declarado culpable de "herejía", ahorcado, y su cuerpo quemado.

La persecución es una de las evidencias más seguras y tangibles de la salvación. La persecución no es incidental para la vida del cristiano fiel, pero es segura evidencia de ella. Pablo animó a los tesalonicenses enviándoles a Timoteo, "a fin de que nadie se inquiete por estas tribulaciones; porque vosotros mismos sabéis que para esto estamos puestos. Porque también estando con vosotros, os predecíamos que íbamos a pasar tribulaciones, como ha acontecido y sabéis" (1 Ts. 3:3-4). Sufrir persecución es parte de la vida cristiana normal (cp. Ro. 8:16-17). Y si nunca experimentamos burlas, críticas o rechazo a causa de nuestra fe, tenemos motivo para examinar la autenticidad de esa fe. "A vosotros os es concedido a causa de Cristo, no sólo que creáis en él, sino también que padezcáis por él, teniendo el mismo conflicto que habéis visto en mí, y ahora oís que hay en mí" (Fil. 1:29-30). La persecución por causa de Cristo es una señal de nuestra propia salvación, así como es una señal de condenación para los que llevan a cabo dicha persecución (v. 28).

Ya sea que los cristianos vivan en una sociedad relativamente protegida y tolerante, o bajo un régimen impío y totalitario, el mundo encontrará maneras de perseguir a la Iglesia de Cristo. Vivir una vida redimida al máximo es invitar y esperar resentimiento y reacción de parte del mundo.

El hecho de que muchos creyentes profesos sean populares y elogiados por el mundo no indica que este haya elevado sus normas, sino que muchos que se hacen llamar por el nombre de Cristo han bajado los suyos. A medida que se acerca más el momento de la aparición de Cristo podemos esperar que aumente la oposición del mundo, no que disminuya. Cuando los cristianos no son perseguidos en alguna manera por la sociedad, esto significa que están reflejando esa sociedad en lugar de estar confrontándola. Y cuando complacemos al mundo podemos estar seguros de que afligimos al Señor (cp. Stg. 4:4; 1 Jn. 2:15-17).

Cuando (*hotan*) también puede significar siempre. La idea que el término transmite no es que los creyentes estarán en un estado constante de oposición, burlas o persecución, sino que no debemos sorprendernos ni resentirnos cada vez que esas cosas nos vengan debido a nuestra fe. Jesús no siempre encontró oposición ni fue escarnecido *constantemente*, y tampoco sucedió así con los apóstoles. Hubo tiempos de paz e incluso de popularidad. Pero todo creyente fiel a veces tendrá *alguna* resistencia y ridículo por parte del mundo, mientras que otros, debido a los propósitos de Dios, soportarán sufrimiento más extremo. Pero cuandoquiera y comoquiera que la aflicción venga al hijo de Dios, su Padre celestial estará allí con él para animarlo y bendecirlo. Nuestra responsabilidad no es salir a buscar persecución, sino estar dispuestos a soportar cualquier tribulación que nuestra fidelidad a Jesucristo pueda traer, viendo esto como una confirmación de verdadera salvación.

La manera de evitar persecución es obvia y fácil. Vivir como el mundo, o al menos "vivir y dejar vivir", no nos costará nada. Imitar las normas del mundo, o no criticarlas, no nos costará nada. No nos costará nada mantener silencio acerca del evangelio, en especial en cuanto a la verdad de que aparte del poder salvador del mensaje de Cristo los hombres permanecen en sus pecados y están destinados al infierno. No nos traerá persecución estar de acuerdo con el mundo, reír sus chistes, disfrutar su entretenimiento, sonreír cuando se burlan de Dios y toman su nombre en vano, y avergonzarse de adoptar una posición por Cristo. Tales son los hábitos de cristianos farsantes.

Jesús no toma a la ligera la falta de fe. "El que se avergonzare de mí y de mis palabras, de éste se avergonzará el Hijo del Hombre cuando venga en su gloria, y en la del Padre, y de los santos ángeles" (Lc. 9:26). Si nos avergonzamos de Cristo, Él se avergonzará de nosotros. Cristo también advirtió: "¡Ay de vosotros, cuando todos los hombres hablen bien de vosotros! porque así hacían sus padres con los falsos profetas" (Lc. 6:26). Ser populares con todo el mundo significa o haber comprometido la fe o no tener absolutamente ninguna fe verdadera.

Aunque fue a inicios de su ministerio, para cuando Jesús predicó el Sermón del Monte ya había enfrentado oposición. Después que curó al hombre el día de reposo, "salidos los fariseos, tomaron consejo con los herodianos contra él para destruirle" (Mr. 3:6). Nos enteramos por Lucas que en realidad los fariseos estaban esperando que Jesús curara al enfermo en el día de reposo "a fin de hallar de qué acusarle" (Lc. 6:7). Ya odiaban la enseñanza de Cristo y querían que cometiera una acción bastante grave como para justificar su arresto.

Nuestro Señor dejó en claro en su enseñanza inicial, y sus oponentes dejaron en claro por sus reacciones iniciales, que seguir a Jesús era costoso. Aquellos que entraban a su reino sufrirían por causa de Él antes que pudieran reinar con Él. Esa es la dura honestidad que todo predicador, evangelista y testigo de Cristo debería ejemplificar. Si escondemos o minimizamos el costo de seguirlo, no damos honor al Señor ni hacemos ningún bien a quienes testificamos.

El costo del discipulado lo pagan los creyentes de muchas maneras diferentes. A un cantero cristiano en Éfeso en la época de Pablo pudieron haberle pedido ayuda para construir un templo o santuario pagano. Puesto que no podía hacerlo en buena conciencia, su fe le habría costado el empleo y posiblemente su trabajo y su carrera. Podría esperarse de un creyente hoy día que pusiera en riesgo la calidad de su trabajo a fin de aumentar los beneficios de su compañía. Seguir su conciencia en obediencia al Señor también podría costarle su trabajo o al menos una promoción. Un ama de casa cristiana que se niegue a escuchar chismes o a reírse de los chistes sucios de sus vecinos podría verse sometida al ostracismo. Algunos costos los conoceremos por adelantado y otros nos sorprenderán. Ciertos costos serán grandes y otros menores. Pero por las promesas reiteradas de Jesús y los apóstoles, sabemos que la fidelidad siempre tiene un precio que los cristianos verdaderos están dispuestos a pagar (comparar con Mt. 13:20-21).

A Tertuliano, un líder cristiano del siglo II, una vez se le acercó un hombre que le comunicó:

—He venido a Cristo, pero no sé lo que debo hacer. Tengo un trabajo que no creo que sea coherente con lo que enseña la Biblia. ¿Qué puedo hacer? Yo debo vivir.

—¿Debe usted vivir? —contestó Tertuliano.

La lealtad a Cristo es la única decisión verdadera del cristiano. Estar preparados para la vida del reino es estar preparados para sufrir soledad, incomprensión, escarnio, rechazo y todo tipo de tratos injustos.

En los primeros días de la iglesia el precio que pagaban fue a menudo el más alto. Elegir a Cristo podía significar la muerte por apedreamiento, ser cubiertos con brea y usados por Nerón como antorchas humanas, o ser envueltos en pieles de animales y luego lanzados a crueles perros de caza. Elegir a Cristo podía significar tortura de varias maneras muy crueles y dolorosas. Eso era lo que Cristo tenía en mente cuando identificó a sus seguidores como aquellos que estaban dispuestos a llevar su cruz. Esa no fue una referencia a devoción mística, sino que es un llamado a estar listos a morir, si es necesario, por la causa del Señor (véase Mt. 10:35-39; 16:24-25).

Resentidos contra el evangelio los romanos inventaron cargos contra los cristianos, tales como acusarlos de ser caníbales porque en la Cena del Señor hablaban de comer el cuerpo de Jesús y beber su sangre. Los acusaron también de tener orgías sexuales en sus fiestas de amor, e incluso de prender fuego a Roma. Calificaron a los creyentes de revolucionarios porque llamaban Señor y Rey a Jesús, y porque hablaban de que Dios destruiría la tierra por fuego.

A finales del siglo i, Roma se había extendido casi hasta los límites externos del mundo conocido, y la unidad se había convertido más y más en un problema. Debido a que solo el emperador personificaba todo el imperio, los césares llegaron a ser deificados y se exigía rendirles culto como una influencia unificadora y cohesiva. Se volvió obligatorio hacer un juramento verbal de lealtad al césar una vez al año, para lo cual al súbdito se le daba un certificado de verificación llamado libelo. Después de proclamar en público: "César es Señor", la persona era libre para adorar a todos los demás dioses que quisiera. Puesto que los cristianos fieles se negaban a declarar tal lealtad a nadie más que a Cristo, los consideraban traidores, por lo que les confiscaban sus propiedades, perdían sus trabajos, los encarcelaban, y a menudo los mataban. Un poeta romano habló de ellos como "el rebaño de jadeantes y refugiados cuyo único delito era Cristo".

En la última bienaventuranza Jesús habla de tres tipos específicos de aflicción soportada por el nombre de Cristo: persecución física, insulto verbal y acusación falsa.

PERSECUCIÓN FÍSICA

Primero, Jesús dice que debemos esperar persecución física. **Padecen persecución** (v. 10), **persigan** (v. 11), y **persiguieron** (v. 12) provienen de *diōkō*, que tiene el significado básico de acosar, expulsar o cazar. De ese significado se desarrollaron las connotaciones de persecución física, hostigamiento, maltrato y otros tratos injustos.

Todas las demás bienaventuranzas tienen que ver con cualidades, actitudes y carácter espiritual interior. La octava bienaventuranza habla de aspectos externos que les suceden a los creyentes, pero la enseñanza detrás de estos resultados también tiene que ver con actitud. El creyente que tiene las cualidades requeridas en las bienaventuranzas anteriores también tendrá la calidad de disposición para enfrentar persecución **por causa de la justicia;** tendrá la actitud de abnegación por el nombre de Cristo. Es la falta de temor y vergüenza y la presencia de valentía y audacia la que declara: "Seré en este mundo lo que Cristo quisiera que yo sea. Diré en este mundo lo que Cristo querría que yo dijera. Cueste lo que cueste seré y diré esas cosas".

El verbo griego es un participio pasivo perfecto y podría traducirse "permitir que los persigan". La forma perfecta indica continuidad, en este caso una disposición continua de soportar persecución si tal es el precio de la vida según Dios. Esta bienaventuranza habla de una actitud constante de aceptar lo que la fidelidad a Cristo pudiera traer.

Es en las exigencias de esta bienaventuranza que muchos cristianos se doblegan en su obediencia al Señor, porque aquí es donde se prueba con más fuerza la autenticidad de la respuesta que demos a las demás bienaventuranzas. Es aquí donde somos más tentados a flexibilizar la justicia por la que hemos tenido hambre y sed. Es aquí donde encontramos conveniente rebajar las normas de Dios para acomodarnos al mundo, y de este modo evitar conflictos y problemas que sabemos que la obediencia traerá.

Pero Dios no quiere que su evangelio se altere bajo la falsa pretensión de que el mensaje sea menos exigente, menos justo, o menos veraz de lo que es. Él no quiere testigos que hagan creer a los no salvos que la vida en Cristo no cuesta nada. Un evangelio sintético, una semilla hecha por el hombre, no produce fruto verdadero.

INSULTOS VERBALES

Segundo, Jesús promete que los ciudadanos del reino son **bienaventurados… cuando** los **vituperen.** *Oneidizō* transmite la idea de injuriar, reprochar o acusar gravemente, y de modo literal significa lanzar en la cara. Vituperar es lanzar palabras abusivas en la cara de un adversario, burlarse con crueldad.

Ser un ciudadano obediente del reino significa atraer injurias y maltrato verbal. Cuando estuvo ante el sanedrín después de su arresto en el huerto de Getsemaní, a Jesús lo escupieron, golpearon y ridiculizaron con estas palabras: "Profetízanos, Cristo, quién es el que te golpeó" (Mt. 26:67-68). Mientras Pilato lo sentenciaba a la crucifixión, Jesús fue de nuevo golpeado, escupido y vituperado, esta vez por parte de los soldados romanos (Mr. 15:19-20).

La fidelidad a Cristo podría incluso hacer que amigos y seres queridos digan cosas que hieren profundamente. Hace varios años recibí una carta de una mujer que hablaba de una amiga que había decidido divorciarse de su esposo sin causa justa. La amiga era cristiana profesa, pero cuando fue confrontada con la verdad de que lo que su acción estaba bíblicamente mal, se puso a la defensiva y se mostró hostil. Se le recordó el amor y la gracia de Dios, su poder para enderezar cualquier problema que ella y su esposo estuvieran teniendo, y las normas de la Biblia para el matrimonio y el divorcio. Pero la mujer contestó que no creía que la Biblia fuera realmente la Palabra de Dios sino una simple recopilación de ideas humanas acerca de Dios que cada quien tenía que aceptar, rechazar o interpretar como quisiera. Cuando la persona que me escribió quiso leerle algunos pasajes específicos de la Biblia, ella no quiso escucharla. Ya había decidido qué hacer y no prestaría atención a las Escrituras ni razonaría acerca del asunto. Con odio en los ojos acusó a su amiga de invitarla a su casa para ridiculizarla y avergonzarla, diciendo que debido a que cuestionaba su derecho a divorciarse no era posible que la quisiera más como amiga. Cuando salió dio un portazo tras sí.

La mujer que escribió la carta concluyó manifestando: "Yo la quiero y con gran tristeza me doy cuenta de la magnitud del rechazo que mi amiga está haciendo a Cristo. Pero por doloroso que este asunto haya sido, le agradezco a Dios. Por primera vez en mi vida sé lo que es estar separada del mundo".

Pablo dijo a la iglesia en Corinto cuyos miembros pasaban un momento difícil por separarse del mundo: "Según pienso, Dios nos ha exhibido a nosotros los apóstoles como postreros, como a sentenciados a muerte; pues hemos llegado a ser espectáculo al mundo, a los ángeles y a los hombres" (1 Co. 4:9). Pablo sacó la expresión "hemos llegado a ser espectáculo" de la costumbre de los generales romanos de hacer desfilar a sus prisioneros por la calle de la ciudad, haciendo un espectáculo de ellos como trofeos de guerra que estaban condenados a morir una vez que el general los hubiera usado para sus propósitos orgullosos y arrogantes. Esta es la manera en que el mundo se inclina a tratar a quienes son fieles a Cristo. En una nota de fuerte sarcasmo para reforzar su punto, Pablo continúa: "Nosotros somos insensatos por amor de Cristo, mas vosotros prudentes en Cristo; nosotros débiles, mas vosotros fuertes; vosotros honorables, mas nosotros despreciados" (v. 10). Muchos miembros de la iglesia en Corinto no sufrían ninguna de las burlas y los conflictos que el apóstol padecía porque apreciaban más su posición ante el mundo que su posición ante el Señor. A los ojos del mundo eran prudentes, fuertes y honorables, pero aun así se parecían mucho al mundo.

A quienes componen su pueblo Dios no los llama a convertirse en celebridades santificadas que usan las reputaciones mundanas que puedan lograr en un esfuerzo de estilo propio para traerle gloria, y que utilizan a la vez el poder que tienen para suplementar el poder de Él y la sabiduría propia para enriquecer el evangelio. Como a un principio cardinal podemos rebajar este evangelio hasta el punto que el mundo acepte la causa o la persona cristiana, o que la causa o la persona cristiana acepte al mundo. Hasta tal punto esa causa o persona ha comprometido el evangelio y las normas bíblicas.

Si Pablo hubiera aprovechado sus credenciales humanas pudo haber atraído multitudes más grandes y sin duda pudo haber recibido bienvenidas más estupendas dondequiera que iba. Sus credenciales eran impresionantes, tal como afirma: "Si alguno piensa que tiene de qué confiar en la carne, yo más: circuncidado al octavo día, del linaje de Israel, de la tribu de Benjamín, hebreo de hebreos; en cuanto a la ley, fariseo" (Fil. 3:4-5). Pablo "fue arrebatado hasta el tercer cielo… al paraíso" (2 Co. 12:2, 4) y hablaba lenguas más que cualquier otro (1 Co. 14:18). Había estudiado bajo el famoso rabino Gamaliel y hasta era ciudadano romano nacido libre (Hch. 22:3, 29). Pero todas esas cosas el apóstol estimaba "como pérdida por amor de Cristo… por basura, para ganar a Cristo" (Fil. 3:7-8). Puesto que sabía que los medios mundanos para tratar de alcanzar propósitos espirituales iban a fallar, se negó a usarlos.

Las marcas de la autenticidad que Pablo portaba como apóstol y ministro de

Jesucristo eran sus credenciales como siervo y víctima: "En trabajos más abundante; en azotes sin número; en cárceles más; en peligros de muerte muchas veces. De los judíos cinco veces he recibido cuarenta azotes menos uno. Tres veces he sido azotado con varas; una vez apedreado; tres veces he padecido naufragio; una noche y un día he estado como náufrago en alta mar; en caminos muchas veces; en peligros de ríos, peligros de ladrones, peligros de los de mi nación, peligros de los gentiles, peligros en la ciudad, peligros en el desierto, peligros en el mar, peligros entre falsos hermanos; en trabajo y fatiga, en muchos desvelos, en hambre y sed, en muchos ayunos, en frío y en desnudez" (2 Co. 11:23-27).

De lo único que Pablo presumía era de su debilidad (12:5), y cuando predicaba tenía cuidado de no confiar en "excelencia de palabras o de sabiduría" (1 Co. 2:1), lo que fácilmente pudo haber hecho. Así les manifestó a los corintios: "Me propuse no saber entre vosotros cosa alguna sino a Jesucristo, y a éste crucificado. Y estuve entre vosotros con debilidad, y mucho temor y temblor; y ni mi palabra ni mi predicación fue con palabras persuasivas de humana sabiduría, sino con demostración del Espíritu y de poder, para que vuestra fe no esté fundada en la sabiduría de los hombres, sino en el poder de Dios" (vv. 2-5).

Hoy más que nunca vivimos en una época en que la Iglesia se ha dedicado a la vanagloria y a un intento por ganar reconocimiento mundano que debe ser inaceptable ante Dios. Cuando la Iglesia trata de usar las cosas del mundo para hacer la obra del cielo, solo tiene éxito en ocultar el cielo al mundo. Y cuando el mundo está agradado con la Iglesia podemos estar seguros de que Dios no lo está. Igualmente podemos estar seguros de que cuando agradamos a Dios no agradamos al sistema de Satanás.

FALSA ACUSACIÓN

Tercero, la fidelidad a Cristo atraerá enemigos del evangelio que dirán **toda clase de mal contra** [nosotros], **mintiendo.** Mientras que vituperios son palabras abusivas lanzadas en nuestros rostros, **toda clase de mal** se refiere principalmente a palabras arbitrarias dichas detrás de nuestras espaldas.

Los críticos de Jesús dijeron de Él: "He aquí un hombre comilón, y bebedor de vino, amigo de publicanos y de pecadores" (Mt. 11:19). Si el mundo dijo eso del Cristo que no tuvo pecado, ¿de qué cosas pueden sus seguidores esperar que los culpen y los acusen?

La calumnia a nuestras espaldas es más difícil de soportar en parte porque es más difícil defenderse de ella que de la acusación directa. Existe la posibilidad de que la calumnia se extienda y otros la crean antes que tengamos la posibilidad de corregirla. Pueden dañar mucho nuestra reputación incluso antes que seamos conscientes que alguien nos ha calumniado.

No podemos evitar que lamentemos las calumnias, pero no debemos llorar por ellas. Debemos considerarnos **bienaventurados,** tal como nuestro Señor nos asegura que somos **cuando** la calumnia es **por... causa** de Él.

Arthur Pink comenta que "es una fuerte prueba de la depravación humana que las maldiciones de los hombres y las bendiciones de Cristo deban recaer en las mismas personas" (*An Exposition of the Sermon on the Mount* [Grand Rapids: Baker, 1950],

p. 39). No tenemos evidencia más segura de la bendición del Señor que ser maldecidos por causa de Él. No debería molestarnos seriamente cuando las maldiciones de los hombres caen sobre la cabeza que Cristo ha bendecido por la eternidad.

El tema central de las Bienaventuranzas es la justicia. Las dos primeras tienen que ver con reconocer nuestra propia injusticia, y las cinco siguientes tienen que ver con nuestra búsqueda de justicia y con que la reflejemos. La última bienaventuranza tiene que ver con nuestro sufrimiento **por causa de la justicia.** La misma verdad se expresa en la segunda parte de la bienaventuranza como **por mi causa.** Jesús no está hablando de toda dificultad, problema o conflicto que los creyentes puedan enfrentar, sino de aquellos que el mundo trae sobre nosotros *debido a* nuestra fidelidad al Señor.

Es evidente de nuevo que el sello de la persona **bienaventurada** es la **justicia.** Vivir en santidad es lo que provoca la persecución contra el pueblo de Dios. Tal persecución por causa de una vida justa es gozosa. Pedro identifica tal experiencia como un feliz honor.

> *¿Y quién es aquel que os podrá hacer daño, si vosotros seguís el bien? Mas también si alguna cosa padecéis por causa de la justicia, bienaventurados sois. Por tanto, no os amedrentéis por temor de ellos, ni os conturbéis, sino santificad a Dios el Señor en vuestros corazones, y estad siempre preparados para presentar defensa con mansedumbre y reverencia ante todo el que os demande razón de la esperanza que hay en vosotros; teniendo buena conciencia, para que en lo que murmuran de vosotros como de malhechores, sean avergonzados los que calumnian vuestra buena conducta en Cristo. Porque mejor es que padezcáis haciendo el bien, si la voluntad de Dios así lo quiere, que haciendo el mal. Porque también Cristo padeció una sola vez por los pecados, el justo por los injustos, para llevarnos a Dios, siendo a la verdad muerto en la carne, pero vivificado en espíritu. (1 P. 3:13-18)*

Con esas palabras el apóstol exalta el privilegio de sufrir por la santidad y de ese modo participar en una manera pequeña en el mismo tipo de sufrimiento que Cristo soportó. En el capítulo siguiente Pedro destaca lo mismo.

> *Amados, no os sorprendáis del fuego de prueba que os ha sobrevenido, como si alguna cosa extraña os aconteciese, sino gozaos por cuanto sois participantes de los padecimientos de Cristo, para que también en la revelación de su gloria os gocéis con gran alegría. Si sois vituperados por el nombre de Cristo, sois bienaventurados, porque el glorioso Espíritu de Dios reposa sobre vosotros. Ciertamente, de parte de ellos, él es blasfemado, pero por vosotros es glorificado… pero si alguno padece como cristiano, no se avergüence, sino glorifique a Dios por ello…. De modo que los que padecen según la voluntad de Dios, encomienden sus almas al fiel Creador, y hagan el bien. (4:12-14, 16, 19)*

Cuando somos odiados, calumniados o afligidos como cristianos, la verdadera animosidad no es contra nosotros sino contra Cristo. El gran enemigo de Cristo es Satanás, y él se nos opone porque pertenecemos a Jesucristo, porque Él está en nosotros. Cuando el mundo nos desprecia y nos ataca, el verdadero objetivo es la justicia por la que nos sostenemos y que ejemplificamos. Por eso es fácil escapar de la persecución. Ya sea bajo la Roma pagana, el comunismo ateo, o simplemente un jefe mundano, por lo general es fácil ser aceptados si denunciamos o ponemos en peligro nuestras creencias y normas. El mundo nos aceptará si estamos dispuestos a poner alguna distancia entre nosotros mismos y la justicia del Señor.

En los últimos días de su ministerio, de modo reiterado y claro Jesús advirtió a sus discípulos esa verdad, señalando: "Si el mundo os aborrece, sabed que a mí me ha aborrecido antes que a vosotros. Si fuerais del mundo, el mundo amaría lo suyo; pero porque no sois del mundo, antes yo os elegí del mundo, por eso el mundo os aborrece. Acordaos de la palabra que yo os he dicho: El siervo no es mayor que su señor. Si a mí me han perseguido, también a vosotros os perseguirán; si han guardado mi palabra, también guardarán la vuestra. Mas todo esto os harán por causa de mi nombre, porque no conocen al que me ha enviado" (Jn. 15:18-21).

El mundo continuó por miles de años antes que alguna vez viera a un hombre perfecto. Hasta que Cristo vino, todo ser humano, incluso los mejores de Dios, fueron pecadores y defectuosos. Todos tuvieron pies de barro. Los malvados se animan cuando ven que el pueblo de Dios falla y peca. Señalan con un dedo y declaran: "Afirma ser justo y bueno, pero mire lo que hizo". Es fácil sentirse presumido y seguro en la pecaminosidad de alguien cuando todos los demás también son pecadores e imperfectos. Pero cuando Cristo vino, el mundo finalmente vio al hombre perfecto; toda excusa de presunción y confianza en sí mismo se desvaneció. Y en lugar de regocijarse en el Hombre sin pecado, los hombres pecadores se resintieron por la represión que la enseñanza y la vida de Jesús trajo sobre ellos. Lo crucificaron por la misma perfección y justicia que mostró.

Arístides el Justo fue desterrado de la antigua Atenas. Cuando un desconocido le preguntó a un ateniense por qué Arístides fue despojado de su ciudadanía, respondió: "Porque llegamos a cansarnos de que siempre fuera justo". Cuando algo o alguien resultó *demasiado* justo, un pueblo que se enorgullecía en civismo y justicia se irritó.

La mayoría de apóstoles padecieron muerte de mártir debido a que en su enseñanza y en sus vidas se negaron a comprometer el evangelio. Según la tradición, Andrés fue amarrado con cuerdas a una cruz a fin de prolongar e intensificar su agonía. Se nos dice que por petición propia Pedro fue crucificado cabeza abajo, porque se sintió indigno de morir del mismo modo que Jesús. Pablo presumiblemente fue decapitado por Nerón. Aunque Juan escapó a una muerte violenta, murió exiliado en Patmos.

LA PROMESA

Pero en comparación con lo que se gana, hasta el precio de un mártir es pequeño. Cada bienaventuranza empieza con **bienaventurados** y, según se sugirió antes, Jesús pronuncia una bendición doble sobre aquellos que son perseguidos por causa de la justicia, es decir por la causa de Cristo. La bendición específica prometida a quienes son perseguidos es que **de ellos es el reino de los cielos.** Los ciudadanos del reino van a heredar el reino. Pablo expresa una idea similar en 2 Tesalonicenses 1:5-7: "Esto es demostración del justo juicio de Dios, para que seáis tenidos por dignos del reino de Dios, por el cual asimismo padecéis. Porque es justo delante de Dios pagar con tribulación a los que os atribulan, y a vosotros que sois atribulados, daros reposo con nosotros, cuando se manifieste el Señor Jesús desde el cielo con los ángeles de su poder".

Creo que las bendiciones del **reino** son triples: presentes, milenarias y eternas. Jesús expresó: "De cierto os digo que no hay ninguno que haya dejado casa, o hermanos, o hermanas, o padre, o madre, o mujer, o hijos, o tierras, por causa de mí y del evangelio, que no reciba cien veces más ahora en este tiempo; casas, hermanos, hermanas, madres, hijos, y tierras, con persecuciones; y en el siglo venidero la vida eterna" (Mr. 10:29-30).

Primero, se nos prometen bendiciones aquí y ahora. José fue vendido como esclavo por sus hermanos, fue acusado falsamente por la esposa de Potifar, y fue encarcelado. Pero el Señor lo levantó para que fuera el primer ministro de Egipto y lo usó para salvar del hambre y la extinción a su pueblo escogido. Daniel fue arrojado a un foso de leones porque se negó a dejar de adorar al Señor. No solo fue salvada su vida sino que fue restaurado a su elevada posición como el más apreciado representante del rey Darío. Luego el rey hizo la declaración de que "en todo el dominio de mi reino todos teman y tiemblen ante la presencia del Dios de Daniel; porque él es el Dios viviente y permanece por todos los siglos" (Dn. 6:26).

No todo creyente es recompensado en esta vida con las cosas de esta vida. Pero cada creyente es recompensado en esta vida con el consuelo, la fortaleza y el gozo del Señor que vive en el corazón del creyente. También es bendecido con la seguridad de que ningún servicio o sacrificio por el Señor será en vano.

Como consecuencia de su libro *Hijo de paz*, Don Richardson escribió *Lords of the Earth* (Glendale, Calif.: Regal, 1977). Allí narra la historia de Stan Dale, otro misionero a Irian Jaya, Indonesia, quien ministró a la tribu yali en la sierra nevada. Los yali tenían una de las religiones más estrictas en el mundo. Que un miembro de la tribu llegara a cuestionar, peor aún a desobedecer, uno de sus principios le acarreaba muerte instantánea. No podía haber ningún cambio o modificación. Los yali tenían muchos lugares sagrados esparcidos por todo su territorio. Incluso si un niño pequeño gateaba sobre una de esas piezas sagradas en el suelo se le consideraba impuro y maldito. A fin de evitar a toda costa que la aldea se involucrara en esa maldición, el niño sería arrojado a las torrentosas aguas del río Heluk para que se ahogara y fuera lavado aguas abajo.

Cuando Stan Dale con su esposa y sus cuatro hijos llegaron a ese pueblo caníbal, el misionero no fue tolerado por mucho tiempo. Una noche lo atacaron y sobrevivió de modo milagroso tras recibir cinco flechas. Después de recibir tratamiento en un hospital regresó de inmediato a los yali. Trabajó sin éxito por varios años; el resentimiento y el odio de los sacerdotes tribales aumentaron. Un día en que él, otro misionero llamado Phil Masters, y un miembro de la tribu dani llamado Yemu enfrentaban lo que sabían que era un ataque inminente, los yali cayeron de repente sobre ellos. Mientras los otros corrían para ponerse a salvo, Stan y Yemu se quedaron atrás, esperando de alguna manera disuadir a los yali de sus planes asesinos. Cuando Stan confrontaba a sus atacantes, estos le dispararon docenas de flechas. A medida que las flechas le entraban en la carne él las sacaba y las rompía en dos. Finalmente, ya no tuvo las fuerzas para extraer las flechas, pero permaneció de pie.

Yemu retrocedió hasta donde se hallaba Phil, y este lo convenció de que siguiera corriendo. Con la mirada fija en Stan, quien aún estaba de pie con cerca de cincuenta flechas clavadas en su cuerpo, Phil permaneció donde se encontraba y pronto fue rodeado por guerreros. El ataque había comenzado con regocijo, pero se convirtió en temor y desesperación cuando vieron que Stan no caía. El temor que les sobrevino aumentó cuando debieron usar casi tantas flechas para derribar a Phil como las que le lanzaran a Stan. Desmembraron los cuerpos y los esparcieron por todo el bosque en un intento por evitar la resurrección de la que habían oído hablar a los misioneros. No obstante, el fondo de su "irrompible" sistema pagano se rompió, y debido al testimonio de los dos hombres que no tuvieron miedo de morir para llevar el evangelio a este pueblo perdido y violento, la tribu yali y muchas otras en el territorio circundante llegaron a Jesucristo. Incluso el quinto hijo de Stan, un bebé en la época de este incidente, fue salvo al leer el libro acerca de su padre.

Stan y Phil no fueron recompensados en esta vida con las cosas de esta vida. Pero parece que fueron doblemente bendecidos con el consuelo, la fortaleza y el gozo que les dio el Señor, y con la confianza absoluta de que su sacrificio por Cristo no sería en vano.

Hay también un aspecto milenario a la bendición del reino. Cuando Cristo establezca su reinado de mil años en la tierra seremos corregentes con Él sobre esa tierra maravillosa y renovada (Ap. 20:4).

Por último, también está la recompensa del reino eterno, la bendición de todas las bendiciones de vivir para siempre en el reino de nuestro Señor disfrutando su misma presencia. El fruto final de la vida del reino es la vida eterna. Aunque el mundo nos quite cada posesión, cada libertad, cada consuelo, cada satisfacción de esta vida física, no puede quitar nada de nuestra vida espiritual, ni ahora ni en toda la eternidad.

Las Bienaventuranzas comienzan y terminan con la promesa del **reino de los cielos** (cp. v. 3). La mayor promesa de las Bienaventuranzas es que en Cristo nos volvemos ciudadanos del reino ahora y para siempre. Sin importar lo que el mundo nos haga, no puede afectar nuestra posesión del reino de Cristo.

LA POSTURA

Gozaos y alegraos, porque vuestro galardón es grande en los cielos; porque así persiguieron a los profetas que fueron antes de vosotros. (5:12)

La respuesta del creyente a la persecución y la aflicción no debería ser retirarse y esconderse. Escapar del mundo es escapar de la responsabilidad. Debido a que pertenecemos a Cristo ya no somos *de* este mundo, sino que Él nos ha enviado *aquí* para servir, así como Él mismo vino a este mundo para servir (Jn. 17:14-18).

Los seguidores de Cristo son "la sal de la tierra" y "la luz del mundo" (Mt. 5:13-14). A fin de que nuestra sal dé sabor a la tierra y nuestra luz ilumine el mundo debemos estar activos en este mundo. No se nos ha dado el evangelio para esconderlo sino para que ilumine. "Así alumbre vuestra luz delante de los hombres, para que vean vuestras buenas obras, y glorifiquen a vuestro Padre que está en los cielos" (vv. 15-16).

Cuando nos convertimos en la sal y la luz de Cristo, nuestra sal hará arder las heridas del pecado del mundo y nuestra luz irritará los ojos de este mundo que son usados para la oscuridad. Pero aunque nuestra sal y nuestra luz molesten, y sean rechazadas y arrojadas de vuelta en nuestra cara, la orden que tenemos es: **Gozaos y alegraos.**

Alegraos viene de *agalliaō*, que significa exaltar, regocijarse en gran manera, estar muy contentos. El significado literal es brincar y saltar con entusiasmo y felicidad. Jesús usa el modo imperativo que hace que sus palabras sean más que una sugerencia. Tenemos la *orden* de estar alegres. No estar alegres cuando sufrimos por causa de Cristo es ser desconfiados y desobedientes.

El mundo puede quitarle mucho al pueblo de Dios, pero no puede quitarle el gozo y la felicidad. Sabemos que nada que el mundo pueda hacernos es permanente. Cuando nos atacan por causa de Cristo, en realidad están atacándolo a Él (cp. Gá. 6:17; Col. 1:24). Y los ataques del mundo no pueden hacernos más daño permanente del que pueden hacerle a Cristo.

Jesús ofrece dos razones para gozarnos y alegrarnos cuando somos perseguidos por su causa. Primera, Él declara: **vuestro galardón es grande en los cielos.** Nuestra vida actual no es más que "neblina que se aparece por un poco de tiempo, y luego se desvanece" (Stg. 4:14); pero **los cielos** son eternos. No es de extrañar que Jesús nos diga que no nos hagamos tesoros para nosotros mismos aquí en la tierra, "donde la polilla y el orín corrompen, y donde ladrones minan y hurtan; sino haceos tesoros en el cielo, donde ni la polilla ni el orín corrompen, y donde ladrones no minan ni hurtan" (Mt. 6:19-20). Cualquier cosa que hagamos ahora por el Señor, incluso sufrir por Él (en realidad, especialmente sufrir por Él) cosecha dividendo eterno.

El dividendo de Dios no es dividendo común. No solo es eterno, sino que también **es grande.** Si Dios "es poderoso para hacer todas las cosas mucho más abundantemente de lo que pedimos o entendemos" (Ef. 3:20), ¿cuánto más abundantemente será capaz de conceder lo que Él mismo nos promete?

A menudo oímos, y quizás estemos tentados a pensar, que es poco espiritual y vulgar servir a Dios por las recompensas. Pero ese es uno de los motivos que Dios mismo da para servirlo. En primer lugar, servimos y obedecemos a Cristo porque lo amamos, así como en la tierra Él obedeció al Padre porque lo amaba. Pero también fue debido al "gozo puesto delante de él" que Cristo mismo "sufrió la cruz, menospreciando el oprobio" (He. 12:2). No es ni egoísta ni poco espiritual hacer la obra del Señor por un motivo que Él mismo da y que ha seguido.

Segundo, debemos alegrarnos **porque así persiguieron a los profetas que fueron antes de** nosotros en la misma manera en que nos persiguen ahora. Cuando sufrimos por causa de Cristo estamos en la mejor compañía posible. Ser afligidos por causa de la justicia es estar en las filas de los profetas. La persecución es una señal de nuestra fidelidad, así como fue una señal de la fidelidad de los profetas. Cuando padecemos por causa de Cristo sabemos más allá de toda duda que le pertenecemos a Dios, porque estamos experimentando la misma reacción de parte del mundo que los profetas experimentaron.

Cuando sufrimos por nuestro Señor nos unimos a los profetas y a los otros santos de antaño que "experimentaron vituperios y azotes, y a más de esto prisiones y cárceles. Fueron apedreados, aserrados, puestos a prueba, muertos a filo de espada;

anduvieron de acá para allá cubiertos de pieles de ovejas y de cabras, pobres, angustiados, maltratados; de los cuales el mundo no era digno; errando por los desiertos, por los montes, por las cuevas y por las cavernas de la tierra" (He. 11:36-38). Aunque el mundo no es digno de la compañía de esos santos, todo creyente perseguido sí lo es. Ser perseguidos verifica que pertenecemos a la línea de los justos.

Estar seguros de la salvación no viene de saber que tomamos una decisión en algún momento en el pasado. Más bien, nuestra garantía de que la decisión por Jesucristo fue verdadera se halla en la vida de justicia que resulta en sufrimiento por la causa de Cristo. Muchos afirmarán haber predicado a Cristo, haber echado fuera demonios, y haber hecho obras poderosas por causa de Él, pero se les negará el cielo (Mt. 7:21-23). Sin embargo, ninguno que haya sufrido justamente por Él quedará fuera.

El mundo no puede manipular la vida justa que caracteriza vivir en el reino. Esto no es comprensible ni aceptable para ellos, y no lo pueden aceptar incluso en otros. La pobreza de espíritu va en contra de la soberbia del corazón incrédulo. La disposición arrepentida y contrita que deplora el pecado no es apreciada por el insensible, indiferente y antipático mundo. El espíritu afable y apacible que acepta el mal y no devuelve el golpe es considerado pusilánime, y va contra el espíritu militante y vengativo característico del mundo. Mucho tiempo después la justicia resulta repugnante para aquellos cuyos deseos carnales son reprendidos por ella, igual que sucede con un espíritu misericordioso para aquellos cuyos corazones son duros y crueles. La pureza de corazón es una luz dolorosa que pone al descubierto la hipocresía y la corrupción; y solo en palabras, aunque no en el corazón, la pacificación es una virtud elogiada por el mundo contencioso y egoísta.

Juan Crisóstomo, un líder fiel de la iglesia del siglo IV predicaba tan fuerte contra el pecado que ofendió no solo a la inescrupulosa emperatriz Eudoxia sino también a muchos líderes religiosos. Cuando fue citado ante el emperador Arcadio, amenazaron a Crisóstomo con el destierro si no cesaba su inflexible predicación. Su respuesta fue:

—Señor, tú no puedes desterrarme, porque el mundo es la casa de mi Padre.

—Entonces te mataré —amenazó Arcadio.

—No puedes hacerlo, porque mi vida está escondida con Cristo en Dios —contestó Juan.

—Tus bienes serán confiscados —fue la siguiente amenaza.

—Señor, eso tampoco es posible. Mis tesoros están en el cielo, donde nadie puede entrar y robarlos.

—Entonces te sacaré de entre los hombres, ¡y no te quedarán amigos! —fue la última y desesperada advertencia.

—Eso tampoco puedes hacerlo —respondió Juan—, porque tengo un Amigo que ha dicho: "Nunca te dejaré ni te desampararé".

Crisóstomo realmente fue desterrado, primero a Armenia y luego mucho más lejos a Pityus en el mar Negro, a donde nunca llegó porque murió en el camino. Pero ni su destierro ni su muerte refutaron ni disminuyeron sus afirmaciones. Las cosas que él más valoraba ni siquiera un emperador pudo quitárselas.

Sal de la tierra y luz del mundo

21

Vosotros sois la sal de la tierra; pero si la sal se desvaneciere, ¿con qué será salada? No sirve más para nada, sino para ser echada fuera y hollada por los hombres. Vosotros sois la luz del mundo; una ciudad asentada sobre un monte no se puede esconder. Ni se enciende una luz y se pone debajo de un almud, sino sobre el candelero, y alumbra a todos los que están en casa. Así alumbre vuestra luz delante de los hombres, para que vean vuestras buenas obras, y glorifiquen a vuestro Padre que está en los cielos. (5:13-16)

El Señor resume en estos cuatro versículos la función de los creyentes en el mundo. Reducida a una palabra, esa función es *influencia*. Quienquiera que viva de acuerdo con las Bienaventuranzas funcionará como sal y luz en el mundo. El carácter cristiano afecta consciente o inconscientemente a otras personas para bien o para mal. Tal como nos recuerda John Donne: "Ningún hombre es una isla".

Un antiguo mito griego habla de una diosa que vino a la tierra sin ser vista, pero cuya presencia siempre fue conocida por las bendiciones que dejaba a su paso. A los árboles chamuscados debido a incendios forestales les brotaban nuevas hojas, y en las huellas de la diosa germinaban violetas. Al pasar por una laguna de agua estancada esta se hizo potable, y los campos resecos reverdecían cuando ella caminaba por ellos. Colinas y valles reflorecían con nueva vida y belleza adondequiera que iba. Otra historia griega habla de una princesa enviada como un regalo para un rey. Ella era tan hermosa como Afrodita y su aliento era tan agradable como el perfume; pero consigo llevaba el contagio de la muerte y la putrefacción. Desde su infancia solo se había alimentado de veneno, el cual le había impregnado tanto que envenenaba todo el ambiente que la rodeaba. Su respiración era capaz de matar un enjambre de insectos; si recogía una flor, esta se marchitaba. Un pájaro que volaba demasiado cerca de ella caía muerto a sus pies.

Andrew Murray llevó una vida excepcionalmente santa. Sus hijos y nietos se hallaban entre aquellos sobre quienes su influencia fue mayor. Cinco de sus seis hijos se convirtieron en ministros del evangelio y cuatro de sus hijas llegaron a ser esposas de ministros. Diez nietos se convirtieron en ministros y trece bisnietos llegaron a ser misioneros.

Woodrow Wilson contó la historia de una ocasión en que estuvo en una barbería. "Me hallaba sentado en la silla del barbero cuando me di cuenta de que una personalidad poderosa había entrado al salón. Un hombre había entrado en silencio con el mismo propósito que yo de hacerse cortar el cabello, y se sentó en la silla junto a mí. Cada palabra que el hombre pronunciaba, aunque no era la más didáctica, mostraba un interés personal en el hombre que lo estaba atendiendo. Y antes de que terminaran de arreglarme el cabello estuve consciente de que había asistido a una reunión evangelística, porque el señor D. L. Moody había estado en esa silla. A propósito me quedé en ese salón después que él se fuera y noté el afecto singular que su visita había traído a la peluquería. Todos hablaban en voz baja. No conocían el nombre del personaje, pero sabían que algo había elevado los pensamientos de ellos; sentí que me fui de ese sitio como si hubiera salido de un lugar de adoración".

Hace muchos años Elihu Burrit escribió: "Ningún ser humano puede entrar a este mundo sin aumentar o disminuir la suma total de felicidad humana, no solo del presente sino de todas las épocas posteriores de la humanidad. Nadie puede desprenderse de esta interrelación. No hay ningún punto aislado del universo, ningún lugar oscuro a lo largo del disco de la no existencia en donde un ser humano pueda aislarse para no interrelacionar con otras personas, pues no existe un lugar donde pueda distanciarse de la influencia que su existencia logra en el destino moral del mundo. En todas partes se sentirá la presencia o ausencia de dicho individuo. Dondequiera tendrá compañías que serán mejores o peores debido a su influencia. Un antiguo dicho, y una de las declaraciones temibles e incomprensibles de importancia, afirma que estamos formando caracteres para la eternidad. ¿Formando caracteres? ¿De quiénes? ¿Nuestros o de otros? Ambas cosas. Y en ese hecho trascendental radica el peligro y la responsabilidad de nuestra existencia. ¿Quién es adecuado para el pensamiento? Miles de mis semejantes entrarán anualmente a la eternidad con caracteres diferentes de los que habrían llevado allí si yo nunca hubiera vivido. La luz del sol en ese mundo dejará ver mis huellas en las formaciones primarias de esas personas y en sus sucesivos estratos de pensamiento y vida".

En Mateo 5:13-16 Jesús habla acerca de la influencia de su pueblo en el mundo para Dios y la eternidad. En su oración sacerdotal el Señor le dijo a su Padre: "No ruego que los quites del mundo, sino que los guardes del mal. No son del mundo, como tampoco yo soy del mundo…. Como tú me enviaste al mundo, así yo los he enviado al mundo" (Jn. 17:15-16, 18). Juan escribió: "No améis al mundo, ni las cosas que están en el mundo" (1 Jn. 2:15). Los habitantes del reino de Cristo no deben reflejar el mundo, sino que deben influir en el mundo; han de estar en el mundo, pero sin ser parte de él.

Cuando experimentamos la vida de las Bienaventuranzas algunas personas responderán de manera favorable y serán salvas, mientras que otras se burlarán y nos perseguirán. En las palabras de Pablo, manifestaremos "el olor de su conocimiento [de Cristo]. Porque para Dios somos grato olor de Cristo en los que se salvan, y en los que se pierden; a éstos ciertamente olor de muerte para muerte, y a aquéllos olor de vida para vida" (2 Co. 2:14-16). En cualquier caso, nuestras vidas tienen profundos efectos, y ni siquiera la persecución debe alterar nuestra función en el mundo. Somos "linaje escogido, real sacerdocio, nación santa, pueblo adquirido por Dios, para que [anunciemos] las virtudes de aquel que [nos] llamó de las tinieblas a su luz admirable" (1 P. 2:9).

Aunque Jesús estaba hablando ante una gran multitud de personas en el monte, su enseñanza acerca de la vida del reino era principalmente para sus discípulos, para aquellos que creían en Él. Su preocupación estaba puesta en toda la multitud, y al oír su enseñanza sobre una vida según Dios es posible que muchos de los que había allí se sintieran atraídos a la fe. Pero los principios que Jesús enseña aquí son apropiados únicamente para los creyentes, porque son imposibles de seguir separados del poder del propio Espíritu de Dios.

He aquí el mandato que los cristianos tienen de influir en el mundo. Las Bienaventuranzas no son para vivirlas en aislamiento o solamente entre compañeros creyentes, sino dondequiera que vayamos. Los únicos testigos de Dios somos sus hijos, y el mundo no tiene otra manera de conocerlo que no sea por medio del testimonio de lo que somos.

Los ejemplos de sal y luz destacan diferentes características de influencia, pero su propósito fundamental es el mismo. Ambas ilustraciones serán analizadas desde los aspectos de la premisa de la corrupción y las tinieblas del mundo, del plan para el dominio recto de los creyentes en el mundo, del problema del peligro de fracasar, y del propósito de glorificar a Dios.

LA PREMISA: CORRUPCIÓN Y TINIEBLAS

El mundo necesita sal porque está corrompido, y necesita luz porque está en tinieblas. G. Campbell Morgan declaró: "Al contemplar las multitudes de su época Jesús vio corrupción, desintegración de la vida en cada aspecto, descomposición y despojo; y debido a su amor por las multitudes el Señor sabía que lo que más necesitaban era sal para que la corrupción se frenara. También las vio envueltas en oscuridad, sentadas en tinieblas, buscando a tientas en medio de brumas y neblinas. Él sabía lo que necesitaban por sobre todo lo demás: luz" (*The Gospel According to Matthew* [Nueva York: Revell, 1929], p. 46).

La visión bíblica del mundo es que se halla corrompido y decadente, que está en oscuridad y tinieblas. Pablo advierte: "Los malos hombres y los engañadores irán de mal en peor, engañando y siendo engañados" (2 Ti. 3:13). El mundo no puede hacer nada que no sea empeorar, porque no tiene bondad interior en la cual fundamentarse, ni vida espiritual y moral inherente en la cual crecer. Año tras año el sistema del mal acumula una oscuridad más profunda.

Un estudiante universitario me contó hace poco que su profesor había dicho a la clase que el matrimonio estaba en decadencia porque el hombre se hallaba evolucionando a un nivel superior. El matrimonio era algo que el hombre necesitaba solamente en las etapas inferiores de su desarrollo evolutivo. Ahora que la humanidad había ascendido más en la escala evolutiva, el matrimonio se hallaba en deterioro al igual que pasó con su cola prensil millones de años atrás.

Cualquier persona que conoce la historia de la humanidad, incluso la historia de los últimos cien años, y cree que el ser humano está evolucionando en ascenso está "engañando y siendo engañado", tal como Pablo manifestó. El hombre ha aumentado en conocimiento científico, médico, histórico, educativo, psicológico y tecnológico en un grado asombroso. Pero no ha cambiado su naturaleza básica y no ha mejorado la sociedad. El conocimiento del hombre ha mejorado en gran manera, pero su moral se ha degenerado progresivamente. Su confianza se ha incrementado, pero su tranquilidad mental ha disminuido. Sus logros han aumentado, pero su sentido de propósito y significado prácticamente han desaparecido. En lugar de mejorar la calidad moral y espiritual de la vida, los descubrimientos y los logros del hombre simplemente han proporcionado maneras en que pueda expresar y promover su depravación de modo más rápido y destructivo. El individuo moderno simplemente ha inventado más formas de corromperse y destruirse.

Acerca de la inevitable mejoría moral y social de la humanidad, muchos filósofos, poetas y líderes religiosos al final del siglo pasado tenían gran optimismo en que el hombre madurara. Creyeron que la utopía estaba a la vuelta de la esquina y que el hombre se estaba volviendo mejor y mejor en todo sentido. La edad de oro de la humanidad estaba cerca. Las guerras serían un mal recuerdo, el crimen y la violencia desaparecerían, la ignorancia se habría ido, y la enfermedad sería erradicada. La paz y la hermandad reinarían por completo y universalmente. Pocas personas hoy día defienden tales ideas ciegas y poco realistas.

No pasaron muchas generaciones después de la caída cuando "vio Jehová que la maldad de los hombres era mucha en la tierra, y que todo designio de los pensamientos del corazón de ellos era de continuo solamente el mal" (Gn. 6:5). Debido a que la maldad era tan grande, Dios destruyó a todos los habitantes menos ocho, y estos distaban mucho de ser perfectos. Algunas generaciones después de eso, las ciudades de Sodoma y Gomorra se corrompieron tanto con la descendencia de esos ocho que Dios las destruyó con fuego y azufre. Otro día de juicio viene en que Dios volverá a hacer llover fuego sobre la tierra, pero tal destrucción será un holocausto como los hombres nunca lo han imaginado. "Los cielos y la tierra que existen ahora, están reservados por la misma palabra, guardados para el fuego en el día del juicio y de la perdición de los hombres impíos…. los cielos pasarán con grande estruendo, y los elementos ardiendo serán deshechos, y la tierra y las obras que en ella hay serán quemadas" (2 P. 3:7, 10).

El ser humano está infectado con el virus mortal del pecado, el cual no tiene cura aparte de Dios. Sin embargo, a diferencia de su actitud hacia las enfermedades físicas, en su gran mayoría los hombres no quieren que su pecado sea curado. Les encanta su decadencia y odian la justicia de Dios (cp. Jn. 3:19-21). Aman su propio camino y odian el de Dios.

El conocimiento de la humanidad está aumentando a pasos agigantados, pero su mayor conocimiento es mecánico, inanimado y sin vida; se trata de conocimiento que no tiene ninguna relación con el ser interior (cp. 2 Ti. 3:7). El conocimiento del hombre no retarda su corrupción, pues más bien lo utiliza para intensificar y defender su degradación.

Bertrand Russell dedicó la mayor parte de sus noventa y seis años al estudio de la filosofía. No obstante, al final de su vida reconoció que la filosofía había demostrado ser un fracaso, y que no lo había llevado a ninguna parte. Nada de lo que había creído u oído que otros filósofos creyeran había cambiado el mundo para que fuera algo mejor. Russell sintió que las causas fundamentales de los problemas del hombre, por no mencionar las soluciones, habían evadido las mejores mentes de todas las edades, incluso la suya propia.

Algunos científicos han propuesto que por medio de cirugía o de la cuidadosa estimulación electrónica del cerebro podrían erradicarse los malos impulsos de una persona, dejando solamente la mejor parte de su naturaleza. Otros proponen que el individuo ideal, libre de actividad criminal y de problemas será desarrollado por medio de ingeniería genética. No obstante, cada parte de todo ser humano está corrompida, pues este no tiene rasgos inherentes y naturalmente buenos que puedan aislarse de los malos. Su naturaleza total es depravada. David sabía que era pecador desde el momento de su concepción: "He aquí, en maldad he sido formado, y en pecado me concibió mi madre" (Sal. 51:5). No existe ninguna parte buena en el ser humano sobre la cual pueda construirse una mejor persona o de la cual su parte corrupta pueda aislarse. Isaías declaró: "Toda cabeza está enferma, y todo corazón doliente" (Is. 1:5), y Jeremías calificó al corazón de "engañoso… más que todas las cosas, y perverso" (Jer. 17:9).

Pasamos de una guerra a una guerra mayor, de un delito a un delito mayor, de inmoralidad a mayor inmoralidad, de perversión a mayor perversión. La espiral es descendente, no ascendente (véase Ro. 1:18-32). Desesperación y pesimismo reinan en nuestros días, porque la persona sincera sabe que la humanidad no ha podido retardar su decadencia. Todo hombre tiene simplemente la esperanza de poder vivir su vida antes de que alguien presione el botón que de un soplo envíe a la humanidad al olvido.

Una importante revista de actualidad informó hace pocos años que los estadounidenses tienden a verse como santos potenciales en lugar de pecadores de la vida real. Otra revista importante reportó: "Los jóvenes radicales de hoy en particular son casi dolorosamente sensibles a… los males de su sociedad, y los denuncian de manera violenta. Pero al mismo tiempo son típicamente estadounidenses en que no ponen a la maldad en su perspectiva histórica y humana. Para ellos el mal no es un elemento irreducible del hombre; no es un hecho inescapable de la vida sino algo cometido por la generación mayor, atribuible a una clase en particular o al sistema, y que puede erradicarse por medio de amor o revolución" (*Time*, 5 diciembre 1969).

Así como toda persona está afectada por el problema del pecado, toda persona también contribuye al problema del pecado.

EL PLAN: DOMINIO DE LOS DISCÍPULOS DE JESÚS

La Iglesia no puede aceptar el egocentrismo, las soluciones fáciles, la inmoralidad, la amoralidad y el materialismo del mundo. Estamos llamados a ministrar al mundo mientras nos separamos de sus normas y caminos. Sin embargo, lo triste es que la Iglesia moderna está más influenciada por el mundo de lo que el mundo está influenciado por la Iglesia.

Tanto en el versículo 13 como en el 14 el pronombre "vosotros" es enfático. La idea es: "Vosotros sois la única sal de la tierra" y "vosotros sois la única luz del mundo". La corrupción del mundo no se retrasará y sus tinieblas no se iluminarán a menos que el pueblo de Dios sea su sal y su luz. Aquellos que son despreciados por el mundo y perseguidos por este, son la única esperanza del mundo.

El **vosotros** en ambos versículos también está en plural. Es todo el cuerpo, la Iglesia en su totalidad, la que está llamada a ser sal y luz del mundo. Cada partícula de sal tiene su influencia limitada, pero solo cuando la Iglesia colectivamente se disperse en el mundo es que el cambio vendrá. Un rayo de luz conseguirá poco, pero cuando se une con otros rayos se origina una gran luz.

Hace algunos años una revista publicó una serie de fotos que describían gráficamente una historia trágica. La primera foto era de un enorme campo de trigo en el occidente de Kansas. La segunda mostraba a una madre angustiada sentada en una casa rural en el centro del campo de trigo. La historia acompañante explicaba que el hijo de cuatro años de la mujer se había escapado de la casa y había entrado al campo mientras ella no estaba observándolo. El padre y la madre buscaron y buscaron todo el día, pero el pequeñuelo era demasiado chiquito para ver o ser visto por sobre el trigo. La tercera foto mostraba a docenas de amigos y vecinos que habían oído hablar de la difícil situación del niño y que unieron las manos la mañana siguiente a fin de hacer una gran cadena humana mientras caminaban buscando por el campo. La última foto era del desconsolado padre cargando a su hijo sin vida al que habían hallado demasiado tarde pues el pequeño había muerto por congelación. La leyenda debajo decía: "Oh Dios, si tan solo hubiéramos unido antes nuestras manos".

El mundo está lleno de almas perdidas que no pueden ver su camino por sobre las distracciones y obstáculos del mundo, y no pueden hallar su camino hacia la casa del Padre a menos que los cristianos se unan como sal y luz, y barran todo el mundo en busca de ellos. Nuestra tarea no es simplemente como granos individuales de sal o como rayos individuales de luz sino como toda la Iglesia de Jesucristo.

Sois hace hincapié en ser, y no en hacer. Jesús está afirmando un hecho, no dando una orden o haciendo una solicitud. La sal y la luz representan lo que los cristianos *son*. La única duda, según Jesús continúa diciendo, es si somos o no sal de buen gusto y luz eficaz. El mismo hecho de pertenecer a Jesucristo nos hace su sal y su luz en el mundo.

Cristo es la fuente de nuestro sabor y de nuestra luz. Él es "aquella luz verdadera, que alumbra a todo hombre, [que] venía a este mundo" (Jn. 1:9). El Señor expresó: "Entre tanto que estoy en el mundo, luz soy del mundo" (Jn. 9:5). Pero ahora que Jesús ha dejado el mundo, su luz viene al mundo a través de aquellos a quienes Él iluminó. Mostramos la luz reflejada de Cristo. Pablo nos dice: "En otro tiempo erais tinieblas, mas ahora sois luz en el Señor; andad como hijos de luz" (Ef. 5:8). "El cual nos ha librado de la potestad de las tinieblas, y trasladado al reino de su amado Hijo" (Col. 1:13).

Somos la sal de Dios para retardar la corrupción y su luz para dar a conocer su verdad. Una función es negativa, la otra es positiva. Una es silenciosa, la otra es verbal. Por medio de la influencia directa del modo en que vivamos retardamos la corrupción, y por la influencia directa de lo que decimos manifestamos luz.

Tanto la sal como la luz deben ser diferentes a aquello que quieren influir. Dios nos ha cambiado de ser parte del mundo corrupto y corruptor, a ser sal que pueda ayudar a preservarlo. Él nos ha sacado de nuestra oscuridad para ser sus agentes de dar luz a los demás. Por definición, una influencia debe ser diferente de aquello en que influye, y por tanto los cristianos debemos ser diferentes del mundo que estamos llamados a influir. No podemos influir en el mundo para Dios cuando nosotros mismos somos mundanos. No podemos proporcionar luz al mundo si nosotros mismos regresamos a lugares y caminos de tinieblas.

Las grandes bendiciones resaltadas en los versículos 3-12 llevan a las grandes responsabilidades de los versículos 13-16. Las bendiciones del cielo, de consuelo, de heredar la tierra, de estar llenos de justicia, de recibir misericordia, de ser llamados hijos de Dios, y de haber recibido recompensa celestial traen la responsabilidad de ser su sal y su luz en el mundo.

SER SAL

La sal siempre ha sido valiosa en la sociedad humana, a menudo mucho más de lo que es hoy día. Durante un período de la antigua Grecia se le llamó *theon*, que significa divina. Los romanos sostenían que, a excepción del sol, nada era más valioso que la sal. Con frecuencia a los soldados romanos se les pagaba con sal, y fue de esa costumbre que se originó la expresión "no vale el *salario* que recibe".

En muchas sociedades antiguas la sal se usaba como una señal de amistad. Que dos personas compartieran sal indicaba una responsabilidad mutua de velar cada una por el bienestar de la otra. Incluso si su peor enemigo comía sal con usted, usted estaba obligado a tratarlo como un amigo.

La sal se usaba con frecuencia en el antiguo Cercano Oriente para sellar un pacto, de algún modo como hoy día se valida un acuerdo o un contrato en una notaría. Cuando las partes de un pacto comían sal delante de testigos, el pacto recibía una autenticación especial. Aunque no se ofrecen particulares en el relato, nos enteramos por 2 Crónicas 13:5 que Dios hizo un pacto de sal con David. Dios prescribió que todas las ofrendas sacrificiales en Israel debían ofrecerse con sal: "No harás que falte jamás de tu ofrenda la sal del pacto de tu Dios" (Lv. 2:13). En numerosas maneras los oyentes de Jesús, fueran griegos, romanos o judíos, habrían entendido que **la sal de la tierra** representaba un bien valioso. Aunque es posible que la mayoría no comprendiera su significado total, ellos sabían que Jesús les estaba diciendo a sus seguidores que tenían una función muy importante en el mundo. Independientemente de lo que esto pudo haber representado, la sal siempre significaba lo que tenía gran valor e importancia.

Muchas sugerencias se han hecho en cuanto a las características particulares de la sal que Jesús quiso asociar con esta ilustración. Algunos intérpretes señalan que la sal es blanca y, por tanto, representa pureza. Como "los de limpio corazón" (v. 8), los discípulos de Jesús deben ser puros delante del mundo y han de ser el medio de Dios para ayudar a purificar al resto del mundo. Su brillante pureza moral y espiritual debe contrastar con la decoloración moral del mundo. Los cristianos debemos ejemplificar las normas divinas de justicia en pensamiento, palabra y acciones, guardándonos "sin mancha del mundo" (Stg. 1:27). Todo eso sin duda es cierto; pero no parece que sea lo esencial, porque la salinidad, no el color de la sal, es el asunto.

Otros recalcan la característica de sabor. Es decir, los cristianos debemos añadir sabor divino al mundo. Así como muchos alimentos son insípidos sin sal, el mundo es monótono y sin sabor sin la presencia de cristianos. Incluso alguien ha manifestado: "Los cristianos no tenemos derecho a estar aburridos. Nuestra función es añadir sabor y emoción al mundo". Los cristianos son un medio de Dios para bendecir a la humanidad, incluso a los no creyentes, tal como Él manda su sol y su lluvia por igual a justos e impíos.

Hay cierta forma en que ese principio es verdad. Un cónyuge incrédulo es santificado por un cónyuge creyente (1 Co. 7:14), y Dios ofreció salvar a Sodoma por el bien de solo diez personas justas, si esa cantidad hubiera podido hallarse en su interior (Gn. 18:32).

Sin embargo, el problema con ese punto de vista es que desde los primeros días de la Iglesia el mundo ha considerado al cristianismo como cualquier cosa menos como algo atractivo y "lleno de sabor". Es más, a menudo se descubre que la mayoría de cristianos espirituales son los más difíciles de aceptar. A los ojos del mundo los cristianos, casi por sobre todos los demás, *sacan* de sus vidas el sabor. El cristianismo es sofocante y restrictivo, y una lluvia sobre el desfile del mundo.

Después que el cristianismo se convirtiera en una religión reconocida del Imperio Romano, el emperador Juliano lamentó: "¿Han mirado de cerca a estos cristianos? Ojerosos, pálidos, con pechos planos, incuban sus vidas desmotivados de toda ambición. El sol brilla para ellos, pero no lo ven. La tierra les ofrece su plenitud, pero no la desean. Lo único que quieren es renunciar y sufrir por poder llegar a morir".

Se dice que Oliver Wendell Holmes dijo en cierta ocasión que pudo haber ingresado al ministerio si un clérigo que él conocía no hubiera tenido la apariencia de un sepulturero y no hubiera actuado como tal. En ocasiones el mundo se aleja de la Iglesia porque los cristianos son hipócritas, santurrones, críticos y realmente aburridos desde cualquier norma. Sin embargo, aunque la Iglesia sea fiel (especialmente cuando es fiel) el mundo no valora cualquier sabor o aroma que ve en el cristianismo. Pablo nos recuerda que los cristianos son "olor de vida para vida" y "grato olor de Cristo en los que se salvan", pero que también son "olor de muerte para muerte" entre "los que se pierden" (2 Co. 2:15-16).

Debido a que la sal pica cuando se pone en una herida, algunos intérpretes creen que Jesús quiso ilustrar exactamente la característica opuesta a la del sabor. Los cristianos deben hacer arder al mundo, pincharle la conciencia e incomodarlo en la presencia del santo evangelio de Dios.

Esa analogía también tiene mérito. A menudo la Iglesia se preocupa tanto tratando de agradar, atraer y excusar, que su testimonio contra el pecado se encuentra oculto, ausente y perdido. Podríamos estar tan preocupados con no ofender a otros, que no los confrontemos con su condición perdida y su necesidad desesperada de ser salvos del pecado. Un evangelio que no confronta el pecado no es el evangelio de Jesucristo.

Hace unos años una joven pareja que acudió a mí para casarse manifestó que el Señor los había juntado y les había dado cada uno al otro. La mujer aseguró haber sido cristiana toda la vida, pero su concepto de salvación era tratar de complacer a Dios tratando de hacer lo mejor que podía. Admitió que a pesar de que había pedido el divorcio porque su esposo había sido infiel, aún se hallaba casada con ese hombre. A medida que la conversación avanzaba, ella admitió que había estado cometiendo fornicación con el joven con quien ahora deseaba casarse. El joven afirmó haber nacido de nuevo, pero no veía nada malo en la relación que tenía con la mujer y ninguna razón para no casarse en un culto cristiano. Les dije que era posible que Dios no los hubiera juntado porque estaban viviendo en contra de la divina voluntad revelada… y peor aún, trataban de justificar la situación. En ese momento ambos se levantaron y salieron furiosos de la oficina.

La Iglesia no puede representar al Señor si no representa la Palabra de Dios, y cuando representa esa bendita Palabra el testimonio que a menudo muestra produce escozor.

La sal también produce sed. En parte porque aumenta los deseos corporales por agua, a menudo se les da tabletas de sal a aquellos que trabajan duro en calor excesivo. Sin un adecuado consumo de líquidos podría sufrir deshidratación y hasta muerte. Dios quiere que su pueblo viva y testifique ante el mundo para que este se vuelva más consciente de la deshidratación y el peligro espiritual en que se encuentra. Una persona podría ver nuestra paz en medio de una circunstancia difícil, o nuestra confianza en lo que creemos, y en consecuencia sentirse persuadido a probar nuestra fe.

Creo que todas las analogías anteriores tienen alguna validez. Los cristianos deben ser puros; deben agregar cierto atractivo al evangelio; deben ser fieles a la Palabra de Dios, aunque esta arda; y sus vidas deben producir una sed por Dios en aquellos que no quieren conocerlo.

Sin embargo, creo que la característica principal del énfasis de Jesús es la preservación. Los cristianos deben ser una influencia de preservación en el mundo; deben retardar el deterioro moral y espiritual. Cuando la Iglesia se vaya del mundo en el arrebatamiento, el malvado y perverso poder de Satanás se desatará en una manera sin precedentes (véase 2 Ts. 2:7-12). La maldad se saldrá de control y los demonios serán desatados. Una vez que el pueblo de Dios sea quitado se necesitarán solo siete años para que el mundo descienda a los mismos abismos infernales (véase Dn. 9:27; Ap. 6-19).

Hasta ese day los cristianos pueden tener una poderosa influencia en el bienestar del mundo. Martyn Lloyd-Jones escribe: "La mayoría de los historiadores competentes están de acuerdo en indicar que indudablemente lo que salvó [a Inglaterra] de una revolución como la que experimentó Francia al final del siglo XVIII no fue más que el avivamiento evangélico. Esto no se debió a que directamente se hiciera algo, sino a que enormes cantidades de individuos se convirtieron en cristianos, estaban viviendo una vida mejor, y tenían esta perspectiva más elevada. Toda la situación política fue afectada, y la aprobación de grandes leyes por parte del Parlamento en el siglo pasado se debió principalmente al hecho de que gran cantidad de individuos cristianos se hallaba en la tierra" (*Studies in the Sermon on the Mount* [Grand Rapids: Eerdmans, 1971], 1:157).

Como hijos de Dios y templos de su Espíritu Santo, los cristianos representan la presencia de Dios en la tierra. Somos la sal que impide que toda la tierra se degenere aún más rápido de lo que se está degenerando.

Helen Ewing fue salva siendo una jovencita en Escocia, y dedicó por completo su vida al señorío de Cristo. Cuando murió a los veintidós años de edad se dice que toda Escocia lloró. La joven había esperado servir a Dios como misionera en Europa y había adquirido fluidez en el idioma ruso. Pero no puedo cumplir ese sueño. Ella no tenía dones evidentes tales como hablar o escribir, y nunca había viajado lejos de casa. Pero para cuando murió había ganado a centenares de personas para Jesucristo. Innumerables misioneros lloraron la muerte de Helen porque sabían que se había ido un gran canal de la fortaleza espiritual que tenían. La joven se levantaba cada mañana a las cinco a fin de estudiar la Palabra de Dios y orar. Su diario dio a conocer que con regularidad oraba por más de trescientos misioneros por nombre.

Adondequiera que ella iba cambiaba el ambiente. Si alguien estaba contando una historia sucia se detenía al verla llegar. Si la gente se estaba quejando, se avergonzaban de eso en presencia de Helen. Un conocido informó que mientras ella estuvo en la Universidad Glasgow dejó la fragancia de Cristo dondequiera que iba. En todo lo que decía y hacía estaba la sal de Dios.

SER LUZ

Jesús también nos llama a ser luz. **Vosotros sois la luz del mundo.** Mientras que la sal está oculta, la luz es obvia. La sal obra en secreto, la luz obra abiertamente. La sal actúa desde adentro, la luz desde afuera. La sal es más la influencia indirecta del evangelio, mientras que la luz es más su comunicación directa. La sal actúa principalmente por medio de nuestra vida, la luz actúa principalmente por medio de lo que enseñamos y predicamos. La sal es en gran manera negativa. Puede retardar la corrupción, pero no puede cambiar la corrupción en incorrupción. La luz es más positiva. No solo pone al descubierto lo que está mal y es falso, sino que ayuda a producir lo que es justo y verdadero.

En su introducción al libro de Hechos, Lucas se refiere a su evangelio como "el primer tratado, oh Teófilo, [en el que] hablé acerca de todas las cosas que Jesús comenzó a hacer y a enseñar" (1:1). La obra de Cristo siempre tiene que ver tanto con hacer como con hablar, con vivir como con enseñar.

David escribió: "Porque contigo está el manantial de la vida; en tu luz veremos la luz" (Sal. 36:9). Juan nos recuerda: "Dios es luz, y no hay ningunas tinieblas en él. Si decimos que tenemos comunión con él, y andamos en tinieblas, mentimos, y no practicamos la verdad; pero si andamos en luz, como él está en luz, tenemos comunión unos con otros, y la sangre de Jesucristo su Hijo nos limpia de todo pecado" (1 Jn. 1:5-7). La luz no se ofrece simplemente para tenerla sino para vivir por ella. El salmista nos dice: "Lámpara es a mis pies tu palabra, y lumbrera a mi camino", (Sal. 119:105). La luz de Dios es para caminar y vivir por ella. En su sentido más pleno, la luz de Dios es la total revelación de su Palabra: la Palabra escrita de las Escrituras y Jesucristo el Verbo viviente.

El pueblo de Dios debe proclamar la luz de Dios en un mundo rodeado de oscuridad, exactamente como su Señor vino "para dar luz a los que habitan en tinieblas y en sombra de muerte" (Lc. 1:79). Cristo es la luz verdadera, y nosotros somos sus reflejos. Él es el Sol, y nosotros somos sus lunas. Una traducción libre de 2 Corintios 4:6 podría ser: "Dios, quien ordenó primero que la luz resplandeciera en la oscuridad ha inundado nuestros corazones con su luz. Ahora podemos iluminar a los hombres solo porque podemos darles conocimiento de la gloria de Dios tal como la hemos visto en el rostro de Jesucristo". Dios irradia su luz sobre el mundo por medio de quienes han recibido su luz a través de Jesucristo.

Por mucho tiempo los judíos habían afirmado tener la luz de Dios, y por mucho tiempo Él los había llamado a ser su luz. Pero debido a que ignoraron y rechazaron la luz de Dios, no pudieron ser esa luz. El pueblo judío tenía puesta su confianza en que era "guía de los ciegos, luz de los que están en tinieblas", pero Pablo les dijo que eran guías ciegos y lámparas sin luz. Él pregunta: "Tú, pues, que enseñas a otro, ¿no te enseñas a ti mismo?" (Ro. 2:19-21). Los judíos tenían la luz, pero no estaban viviendo para ella. Pablo sigue diciendo a modo de ejemplo: "Tú que predicas que no se ha de hurtar, ¿hurtas? Tú que dices que no se ha de adulterar, ¿adulteras? Tú que abominas de los ídolos, ¿cometes sacrilegio?" (vv. 21-22). Tenemos que demostrar que somos "irreprensibles y sencillos, hijos de Dios sin mancha en medio de una generación maligna y perversa, en medio de la cual [debemos resplandecer] como luminares en el mundo" (Fil. 2:15).

Por su naturaleza y por definición la luz debe ser visible para poder iluminar. Los cristianos debemos ser más que la influencia en gran medida indirecta de la sal; también debemos ser los instrumentos directos y visibles de la luz.

Tanto en el día como en la noche, **una ciudad asentada sobre un monte no se puede esconder.** Está expuesta para que todos la vean. Durante el día sus casas y edificios se destacan en el paisaje, y en la noche las muchas luces que brillan por sus ventanas hace imposible no verla. Un cristiano secreto es tan incongruente como una luz escondida. Las luces están para iluminar, no para estar escondidas; están para mostrarse, no encubiertas. Los cristianos deben ser a la vez sal sutil y luz visible.

Dios no da el evangelio de su Hijo para que sea tesoro secreto y escondido de unos pocos, sino para que ilumine a toda persona (Jn. 1:9). Muchos rechazan la luz y a quienes la portan, pero así como Dios ofrece su luz a todo el mundo, así también debe hacerlo su Iglesia. No se trata de nuestro evangelio sino del de Dios, y Él nos lo da no solo para nuestro propio bien sino para todo el mundo. Los creyentes verdaderos *somos* sal y luz, y debemos cumplir esa identidad.

EL PROBLEMA: PELIGRO AL FRACASO

pero si la sal se desvaneciere, ¿con qué será salada? No sirve más para nada, sino para ser echada fuera y hollada por los hombres. (5:13*b*)

Gran parte de la sal en Palestina, como la que se halla en las orillas del Mar Muerto, está contaminada con yeso y otros minerales que hacen insípido y hasta repulsivo su sabor. Cuando un lote de esa sal contaminada lograba entrar a una casa y era descubierta, la desechaban. La gente tenía cuidado de no arrojarla a un huerto o un campo porque mataría todo lo que se ha plantado. En lugar de eso se la arroja a un sendero o camino, donde poco a poco se introduce en la tierra y desaparece.

Hay un sentido en que la sal no puede realmente volverse insípida. Pero la contaminación puede hacer que pierda su valor como sal. Su salinidad ya no puede actuar.

Jesús no está hablando de perder la salvación. Dios no permite que ninguno de sus hijos le sea quitado. Jesús nos asegura: "Mis ovejas oyen mi voz, y yo las conozco, y me siguen, y yo les doy vida eterna; y no perecerán jamás, ni nadie las arrebatará de mi mano" (Jn. 10:27-28). Los cristianos no pueden perder la salvación, así como la sal no puede perder su salinidad intrínseca. Pero los cristianos pueden perder su valor y su eficacia en el reino cuando el pecado y lo mundano contamina sus vidas, al igual que la sal puede volverse insípida cuando la contaminan otros minerales. Es una verdad común del Nuevo Testamento que aunque a los verdaderos creyentes se les identifica como justos, piadosos y salados, hay ocasiones en que fallan en ser lo que son (cp. Ro. 7:15-25), lo cual Pedro afirma que lleva a la pérdida de la fiabilidad (2 P. 1:9-10), no de la salvación.

Con la gran responsabilidad viene a menudo un gran peligro. No podemos ser una influencia para la pureza en el mundo si hemos comprometido nuestra propia pureza. No podemos hacer escocer la conciencia del mundo si continuamente vamos contra nuestra propia conciencia. No podemos estimular la sed de justicia si hemos perdido la nuestra. No podemos ser usados por Dios para retardar la corrupción del pecado en el mundo si nuestras propias vidas se han vuelto corruptas por el pecado. Perder nuestra salinidad no es perder nuestra salvación, sino perder nuestra eficacia y llegar a estar descalificados para el servicio (véase 1 Co. 9:27).

La sal *pura* no pierde su salinidad, es decir lo que la hace valiosa y eficaz. Los cristianos que son puros de corazón no se vuelven insípidos, ineficaces e inútiles en el reino de Dios.

La luz también está en peligro de volverse inútil. Al igual que la sal, la luz no puede perder su naturaleza esencial. Una luz escondida sigue siendo luz, pero es una luz inútil. Por eso es que no **se enciende una luz y se pone debajo de un almud, sino sobre el candelero, y alumbra a todos los que están en casa.** La mujer ejemplar elogiada en Proverbios 31 no permite que su lámpara se apague de noche (v. 18). Siempre hay iluminación para todo aquel en la casa que tenga que levantarse o hallar su camino de regreso durante la noche. Una luz que está escondida debajo de un cajón de gran tamaño ni siquiera puede usarse para leer; no ayuda ni a la persona que la esconde ni a nadie más.

Si ocultamos nuestra luz debido al temor de ofender a otros, por indiferencia o falta de amor, o por cualquier otra razón, demostramos infidelidad al Señor.

EL PROPÓSITO: GLORIFICAR A DIOS

Así alumbre vuestra luz delante de los hombres, para que vean vuestras buenas obras, y glorifiquen a vuestro Padre que está en los cielos. (5:16)

La palabra (*kalos*) para **buenas** que Jesús utiliza aquí no hace tanto hincapié en la calidad —aunque eso obviamente es importante— como en la apariencia atractiva y hermosa. Dejar que **así alumbre** nuestra **luz delante de los hombres** les deja ver nuestras **buenas obras,** la belleza que el Señor ha obrado en nosotros. Ver buenas obras en nosotros es ver a Cristo en nosotros. Por eso es que Jesús declara: **Así alumbre vuestra luz.** Esto no es algo que creamos o inventamos, sino algo que permitimos que el Señor haga a través de nosotros. Se trata de la luz de Dios; nuestra decisión es esconderla o dejarla brillar.

El propósito de dejar que nuestra luz brille y revele nuestras buenas obras no es llamar la atención hacia nosotros o buscar alabanza sino hacia Dios. Nuestra intención debe ser que en lo que somos y en lo que hacemos otros **glorifiquen a nuestro Padre que está en los cielos.** Que Jesús hable del **Padre** resalta la ternura y la intimidad de Dios, y que hable de que **está en los cielos** resalta su majestad y santidad, según se lo representa morando en el esplendor de su hogar eternamente santo. Nuestras buenas obras deben magnificar la gracia y el poder de Dios, y servir para que los demás alaben al Dios que es la fuente de todo lo que es bueno. La manera en que vivimos debe motivar a que quienes nos rodean **glorifiquen** (*doxazō*, de donde obtenemos *doxología*) al **Padre** celestial.

Cuando lo que hacemos hace que las personas se sientan atraídas hacia nosotros en lugar de sentirse atraídas hacia Dios, a fin de ver nuestro carácter humano y no el carácter divino del Señor, podemos estar seguros de que lo que ven no es la luz de Dios.

Se dice de Robert Murray McCheyne, un ministro escocés del siglo pasado, que su rostro exhibía una expresión tan sagrada que la gente solía caer de rodillas y aceptar a Jesucristo como Salvador cuando miraban a Murray. Otros se sentían tan atraídos por la belleza y la santidad del altruismo en la vida de este hombre, que encontraban irresistible al Maestro del ministro.

También se decía del pietista Francois Fenelon que su comunión con Dios era tal que el rostro le brillaba con resplandor divino. Un escéptico religioso que fue obligado a pasar la noche en una posada con Fenelon, se alejó a toda prisa la mañana siguiente diciendo: "Si paso otra noche con ese hombre me volveré cristiano a pesar de mí mismo".

Ese es el tipo de sal y luz que Dios quiere que los súbditos de su reino lleguen a ser.

Cristo y la ley. Primera parte: Preeminencia de las Escrituras

22

No penséis que he venido para abrogar la ley o los profetas; no he venido para abrogar, sino para cumplir. (5:17)

En un reciente libro titulado *The Interaction of Law and Religion* (Nashville: Abingdon, 1974), Harold J. Berman, profesor de derecho en la Universidad Harvard, ha desarrollado una tesis importante. Observa que la cultura occidental ha tenido una enorme pérdida de confianza en la ley y la religión. Una de las causas más importantes de esta doble pérdida es la separación radical que se ha hecho entre las dos. Berman concluye que sin religión no pueden tenerse normas viables para la conducta, porque solamente la religión proporciona una base absoluta sobre la cual puedan cimentarse la moralidad y la ley. El autor teme que la sociedad occidental esté condenada al relativismo en el derecho debido a la pérdida de un absoluto. Cuando los hombres se separan de la idea de una religión autorizada, e incluso del concepto de Dios, se aíslan de la posibilidad de una verdad absoluta. El único recurso que les queda es el relativismo existencial, una base resbaladiza, inestable y cambiante sobre la cual es imposible edificar un sistema autorizado de ley o moral. La ley sin religión nunca puede mandar con autoridad.

En ese libro el profesor Berman observa que "Thomas Franck de la Universidad de Nueva York [ha observado que la ley] en contraste con la religión se ha convertido abiertamente en un proceso humano pragmático que está hecho por hombres y no establece ninguna pretensión de origen divino o de validez eterna". (p. 27). Berman declara que esta observación

> lleva al profesor Franck a la opinión de que para llegar a una decisión un juez no está proponiendo una verdad sino más bien experimentando en la solución de un problema, y si su decisión la revoca una corte superior o si se la anula posteriormente, eso no significa que haya sido mala sino solo que con el transcurso del tiempo fue o llegó a ser insatisfactoria. Franck declara que separada de la religión, la ley se caracteriza ahora por "relativismo existencial". En realidad, ahora se reconoce generalmente "que ninguna decisión judicial es 'definitiva' alguna vez, que la ley no solo sigue al acontecimiento (no es eterna ni cierta) sino que está hecha por el hombre (no es divina ni verdadera)" (pp. 27-28).

El profesor Berman sigue preguntando: "Si la ley es tan solo un experimento, y si las decisiones judiciales solo son corazonadas, ¿por qué las personas o los grupos de personas deberían observar esas reglas o mandatos judiciales que no se conforman a sus propios intereses?" (p. 28)

Berman tiene razón. Las reglas sin absolutos son reglas sin autoridad, excepto la autoridad de la fuerza y la coerción. Cuando se abandona a Dios, y cuando se abandona la verdad, se abandonan las bases de la moral y la ley. Un sistema legal coherente y constante no puede construirse sobre el humanismo filosófico, sobre el principio de que el bien y el mal fluctúan de acuerdo con las ideas y los sentimientos del ser humano.

En un artículo en la revista *Esquire* titulado "El derecho razonable", Peter Steinfels pregunta: "¿Cómo pueden cimentarse los principios morales y legitimarse las instituciones sociales en ausencia de una cultura basada en la religión?" (13 febrero 1979). La respuesta obvia es que no pueden cimentarse.

Si no hay absoluto religioso no puede haber base para una verdadera ley. La gente no respetará o no obedecerá por mucho tiempo leyes que solo son conjeturas judiciales. Una sociedad perversa y sin Dios, que flota sobre un mar de relativismo, se da cuenta de que no tiene fundamento, ningún ancla ni ningún punto inmóvil de referencia. La ley se convierte en un asunto de preferencia y en una cuestión de poder. Una democracia en que en última instancia el poder reside en la gente es particularmente susceptible al caos.

¿Existe una base absoluta para la verdad, para la ley, para la moral, para el verdadero bien y el mal? Si es así, ¿cuál es esa base? Tales preguntas son la esencia de lo que Jesús enseña en Mateo 5:17-20. Él declara que el absoluto es la ley del Dios eternamente soberano. Dios ha establecido su ley absoluta, eterna y perdurable, y la ha dado a conocer a los hombres. Además, como el propio Hijo de Dios, Jesús declaró de manera inequívoca que no vino a enseñar o practicar algo contrario a la ley ni siquiera en la más mínima forma, sino a cumplir por completo esa ley.

Continuamente oímos la idea de que debido a que los tiempos han cambiado, la Biblia no encaja en nuestro tiempo. Por supuesto, la verdad es lo contrario. La Biblia siempre calza porque es la perfecta, eterna e infalible Palabra de Dios. Ella es la norma por la cual se mide la verdadera "talla". Es el mundo el que no encaja en la Biblia, y no porque el mundo haya cambiado sino porque la Biblia *no* ha cambiado. Por fuera el mundo ha cambiado mucho desde los tiempos bíblicos, pero su naturaleza y orientación básicas siempre se han opuesto a Dios y nunca se han conformado a su Palabra. El mundo nunca se ha ajustado a las Escrituras.

También se propone el argumento de que las Escrituras no son más que una colección de varias ideas humanas acerca de Dios y acerca del bien y el mal. De ahí que la interpretación que una persona haga de la Biblia es tan buena como la de otra, y no hay lugar para el dogmatismo. Los hombres han quedado en libertad de creer o no creer, seguir o no seguir, algunas o todas las Escrituras que les convenga. Cada individuo se convierte en su propio juez sobre las Escrituras, y el resultado final para la mayoría es ignorarla por completo.

Sin embargo, es imposible tomar en serio a Jesús sin tomar en serio las Escrituras. Es imposible creer que Jesús declaró la verdad absoluta y no considerar que las Escrituras sean la verdad absoluta, porque eso es precisamente lo que Jesús enseñó que estas eran. Si Jesús estuvo confundido o engañado en este punto, no habría motivo para aceptar alguna cosa de lo que dijo. Al comienzo de su ministerio dejó en claro que su autoridad y la autoridad de la Biblia son lo mismo; su verdad y la verdad de las Escrituras son idénticas e inseparables.

Jesús dice que la Palabra revelada de Dios no solo es verdad, sino que es la verdad transmitida con absoluta e inviolable autoridad. Es en esa autoridad que Él vino para enseñar y ministrar, y es ante esa autoridad que ordena a los ciudadanos de su reino que se inclinen y obedezcan. Jesús declara: "Déjenla hablar. Déjenla reprender, corregir, destruir y derrumbar todas las maneras malignas y déjenla que muestre la absoluta, inerrante y perfecta voluntad de Dios… y el camino hacia la vida eterna".

Durante treinta años Jesús vivió en privacidad y anonimato. Solo María y los allegados a la familia habrían recordado los milagrosos acontecimientos que rodearon el nacimiento y los primeros años de Jesús. Por lo que respecta a los amigos y vecinos, Él no era más que un carpintero judío único. Fue cuando comenzó su ministerio, el momento en que fue sumergido en el Jordán por Juan el Bautista y en que comenzó a predicar, que todas las miradas de repente se clavaron en Jesús. En ese momento ni siquiera los dirigentes de Israel pudieron hacerle caso omiso.

La mansedumbre, la humildad, la ternura y el amor de Jesús marcaron un gran contraste con los orgullosos, egoístas y arrogantes escribas, fariseos, saduceos y sacerdotes. El llamado que él hacía al arrepentimiento y su proclamación del evangelio del reino hacían que las personas escucharan, aunque no entendieran ni estuvieran de acuerdo. Se preguntaban si solo se trataba de otro profeta, de un profeta especial, o de un falso profeta. Se preguntaban si Él era un revolucionario político o militar que podría ser el Mesías que esperaban con gran ansiedad, y que quebraría el yugo de Roma. Jesús no hablaba ni actuaba como ningún otro que ellos habían oído o visto. No se identificó con ninguna de las escuelas de los escribas ni con ninguna de las sectas o movimientos de la época. Tampoco se identificó con Herodes ni con Roma. En cambio, Jesús se identificó abierta y amorosamente con los marginados, enfermos, pecadores y necesitados de todo tipo. Proclamó gracia y dispensó misericordia. Mientras que todos los demás rabinos y líderes religiosos solo hablaban de cosas religiosas externas, Jesús enseñaba acerca del corazón. Ellos se enfocaban en ceremonias, rituales y acciones externas de toda clase, mientras que Él se enfocaba en el corazón. Ellos se ponían por encima de los demás hombres y exigían que los sirvieran, mientras que Jesús mismo se puso por debajo de los otros hombres y se convirtió en su siervo.

La principal preocupación de todo judío fiel que trataba de evaluar a Jesús era: "¿Qué piensa Él de la ley; qué piensa de Moisés y los profetas?". Los dirigentes confrontaron a menudo a Jesús sobre asuntos de la ley. Muchos judíos creían que el Mesías revisaría radicalmente o revocaría por completo la ley mosaica y establecería sus propias normas nuevas. Interpretaban por la enseñanza de Jeremías 31:31 que el nuevo pacto prometido por Dios anularía el antiguo pacto y comenzaría uno nuevo basado en una moral totalmente nueva. Asqueados del demandante e hipócrita legalismo de los fariseos, muchos judíos esperaban que el Mesías trajera una nueva época de libertad de las exigencias onerosas, mecánicas y sin sentido del sistema tradicional.

Hasta los escribas y fariseos comprendían que las normas divinas de justicia eran imposibles de cumplir, lo cual es una razón para que inventaran tradiciones que eran más fáciles de guardar que la ley. Las tradiciones eran más enredadas, complicadas y detalladas que la ley de Dios, pero en su mayor parte estaban dentro de los límites del logro humano, dentro de lo que el hombre podía hacer mediante su propio poder y recursos. Debido a eso, las tradiciones rebajaron de modo invariable e inevitable las normas de la enseñanza bíblica de Dios. Todo el sistema de justificación propia se basa en reducir las normas de Dios y en exaltar la propia bondad imaginada del ser humano.

Pronto se hizo evidente que Jesús no encajaba en ninguno de los moldes comunes de los dirigentes religiosos. Es obvio que Él tenía gran respeto por la ley, pero al mismo tiempo enseñaba aspectos completamente opuestos a las tradiciones. Sus enseñanzas no rebajaban las normas bíblicas, sino que las apoyaban en todo sentido. Jesús no solo puso las normas de Dios a la altura que le correspondía, sino que Él vivió en ese nivel humanamente imposible.

La ley y **los profetas** representan lo que ahora llamamos el Antiguo Testamento, las únicas Escrituras escritas en la época en que Jesús predicó (véase Mt. 7:12; 11:13; 22:40; Lc. 16:16; Jn. 1:45; Hch. 13:15; 28:23). Por tanto, es acerca del Antiguo Testamento que Jesús habla en Mateo 5:17-20. Todo lo que Él enseñó directamente en su propio ministerio, así como todo lo que enseñó por medio de los apóstoles, se basa en el Antiguo Testamento. Por eso es imposible entender o aceptar el Nuevo Testamento separado del Antiguo.

Como hemos señalado en varias ocasiones, cada enseñanza en el Sermón del Monte fluye de las enseñanzas que la precedieron. Cada bienaventuranza sigue de modo lógico a las anteriores, y toda enseñanza posterior se relaciona con enseñanzas previas. Lo que Jesús enseña en 5:17-20 también sigue directamente de lo que acababa de decir. Los versículos 3-12 describen el carácter de los creyentes que son ciudadanos del reino e hijos de Dios. Los versículos 13-16 enseñan la función de los creyentes como sal y luz espiritual de Dios en el mundo corrupto y en tinieblas. Los versículos 17-20 enseñan el fundamento para las cualidades internas de las Bienaventuranzas y para funcionar como sal y luz de Dios. Ese fundamento es la Palabra de Dios, la única norma de justicia y verdad.

No podemos llevar una vida justa ni ser testigos fieles de Dios rebajando sus normas y afirmando seguir una ley más alta de amor y permisividad. Todo lo que sea contrario a la ley de Dios está por debajo de su ley, no por encima de ella. Cualquiera que sea el motivo detrás de las normas que bíblicamente no son permisivas, no pueden ser parte ni del amor ni de la ley de Dios, porque su amor y su ley son inseparables. La clave, y la única clave, para una vida justa es guardar la Palabra del Dios viviente.

La advertencia de Jesús, **no penséis**, indica que la mayor parte de sus oyentes, si no todos, tenían un concepto equivocado de la enseñanza que Él les estaba dando. Casi todos los judíos tradicionalistas consideraban las instrucciones rabínicas como las interpretaciones apropiadas de la ley de Moisés, y concluyeron que debido a que Jesús no seguía con escrupulosidad esas tradiciones era evidente que estaba fuera de la ley o que la estaba relegando a una menor importancia. Puesto que Jesús barrió de las tradiciones los lavamientos, los diezmos especiales, la extrema observancia del día de reposo, y ese tipo de cosas, las personas creyeron que, por tanto, estaba derogando la ley de Dios. Por eso, desde el inicio Jesús quiso abrir los ojos de sus oyentes a todos los conceptos erróneos acerca del punto de vista que Él tenía de las Escrituras.

A lo largo del Evangelio de Mateo, más que en los otros evangelios Jesús utiliza varias veces las Escrituras para contradecir y acusar a los superficiales e hipócritas escribas y fariseos. A pesar de que no siempre los identificó de modo específico como tales, fueron principalmente sus creencias y costumbres las que Jesús puso al descubierto en Mateo 5:21—6:18.

Kataluō (**abrogar**) significa derribar o destruir por completo, y es la misma palabra usada para la destrucción del templo (Mt. 24:2; 26:61) y la muerte del cuerpo físico (2 Co. 5:1). La idea básica es echar abajo y demoler hasta el suelo, destruir totalmente. En varios lugares, como aquí, la expresión se usa de modo figurado para indicar convertir en nada, hacer inútil, invalidar (véase Hch. 5:38-39; Ro. 14:20). Hacer eso a la ley de Dios es la antítesis de la obra y la enseñanza de Jesús.

En el resto del versículo 17 Jesús se centra en la preeminencia de la Biblia como la Palabra perfecta, eterna, y totalmente autorizada de Dios. Por implicación sugiere tres razones para esa preeminencia: es creada por Dios, es afirmada por los profetas, y es cumplida por Cristo.

CREADA POR DIOS

Al incluir el artículo definido (**la**) Jesús dejó en claro para sus oyentes judíos de qué **ley** estaba hablando: *la* ley de Dios. La entrega de los Diez Mandamientos a Moisés en el monte Sinaí fue precedida por la declaración: "Y habló Dios todas estas palabras, diciendo". (Éx. 20:1). Que Dios entregó la ley de manera personal y directa se recalca varias veces en los versículos 2-6 por el uso de los pronombres en primera persona yo y mí. La ley dada allí es la única ley porque el Señor es el único Dios. El Señor no cambia (Mal. 3:6), y su ley no cambia. No cambia para satisfacer los caprichos de la sociedad o ni siquiera de los teólogos. No se entregó para que se adaptara o modificara sino para que se obedeciera. No fue dada para que se adaptara a la voluntad del hombre sino para revelar la voluntad de Dios.

Los judíos de esa época se referían a la ley en cuatro formas distintas. En el sentido más limitado se usaba para los Diez Mandamientos. En un sentido más amplio se usaba para el Pentateuco, los cinco primeros libros escritos por Moisés. En un sentido aún más amplio se usaba para hablar de todas las Escrituras, las que ahora llamamos el Antiguo Testamento.

Sin embargo, el cuarto uso, y el más común, era una referencia a las tradiciones rabínicas y de los escribas: los miles de requisitos detallados y externos que ensombrecían la Palabra revelada de Dios que las tradiciones pretendían interpretar. Jesús dijo severamente a los escribas y fariseos que ellos habían "invalidado el mandamiento de Dios por [su] tradición" (Mt. 15:6). Por encima parecía que las tradiciones endurecían la ley, pero en realidad la hacían mucho más fácil, porque la observancia era totalmente externa. Guardar las tradiciones exigía gran cantidad de esfuerzo, pero no exigía obediencia sincera ni fe en Dios.

La ley de Dios siempre había requerido obediencia tanto interna como externa. "Este pueblo se acerca a mí con su boca, y con sus labios me honra, pero su corazón está lejos de mí, y su temor de mí no es más que un mandamiento de hombres que les ha sido enseñado" (Is. 29:13). Durante el exilio, y en especial durante el período intertestamentario, las tradiciones se habían multiplicado en gran manera y cubrían casi toda actividad concebible en que alguien pudiera participar.

Los rabinos revisaban las Escrituras con el fin de encontrar varios mandatos y regulaciones, y a estos añadirles requisitos adicionales. Al mandato de no trabajar en el día de reposo le agregaron la idea de que llevar una carga era una forma de trabajar. Luego enfrentaron el asunto de determinar exactamente qué constituía una carga. Decidieron que una carga era comida igual al peso de un higo, suficiente vino para mezclar en una copa, suficiente leche para un trago, suficiente miel de abejas para colocar en una herida, suficiente aceite para ungir una parte pequeña del cuerpo, suficiente agua para humedecer el colirio, suficiente papel para escribir una notificación aduanera, suficiente tinta para escribir dos letras del alfabeto, suficiente caña para fabricar una pluma, etc., etc. Portar algo más que esas cantidades prescritas en el día de reposo era desobedecer la ley.

Dado que no era posible anticipar o prever todas las contingencias, gran parte del tiempo lo pasaban debatiendo cosas tales como si un sastre cometía pecado si salía el día de reposo con una aguja clavada en la túnica, o si era permisible cambiar una lámpara de lugar a otro en una sala. Algunos intérpretes estrictos creían que incluso usar una pierna artificial o usar una muleta el día de reposo constituían trabajo, y debatían si un padre podía cargar a un hijo en el día de reposo. Decidieron que curar era trabajar, pero hacían excepciones para situaciones graves. No obstante, solo se permitía suficiente tratamiento para evitar que el paciente empeorara; este no podía ser tratado por completo hasta después del día de reposo.

En mantener tales minucias externas se había convertido la esencia de la religión para los escribas y fariseos, así como también para muchos otros judíos. Para el judío ortodoxo estricto de la época de Jesús la ley establecía gran cantidad de normas y reglamentos extra bíblicos.

Sin embargo, la frase *la ley y los profetas* se entendía siempre en referencia a las propias Escrituras judías, no a las interpretaciones rabínicas. En ese sentido se usa quince veces en el Nuevo Testamento (véase Mt. 11:13; Lc. 16:16; cp. 24:27, 44), lo que refleja el común entendimiento judío. Por tanto, cuando Jesús manifestó: **No penséis que he venido para abrogar la ley o los profetas,** sus oyentes judíos sabían que estaba hablando de las Escrituras del Antiguo Testamento.

El fundamento del Antiguo Testamento es la ley dada en el Pentateuco, el cual profetas, salmistas y otros escritores inspirados predicaban, exponían y aplicaban. Esa ley de Dios se compone de tres partes: la moral, la judicial, y la ceremonial. La función de la ley moral era regular la conducta de todos los hombres; la ley judicial era para el funcionamiento de Israel como nación única; y la ley ceremonial fue prescrita para estructurar la adoración de Israel a Dios. La ley moral se basaba en los Diez Mandamientos, y las leyes judicial y ceremonial eran la legislación posterior entregada a Moisés. En las llanuras de Moab Moisés recordó a Israel: "Y él os anunció su pacto, el cual os mandó poner por obra; los diez mandamientos, y los escribió en dos tablas de piedra. A mí también me mandó Jehová en aquel tiempo que os enseñase los estatutos y juicios, para que los pusieseis por obra en la tierra a la cual pasáis a tomar posesión de ella" (Dt. 4:13-14).

Debido a que Mateo no califica su uso de **ley,** decimos con seguridad que se trataba de toda la ley de Dios (los mandamientos, estatutos y juicios; lo moral, judicial y ceremonial) aquello que Jesús no vino a abrogar sino a cumplir. También fueron las otras enseñanzas del Antiguo Testamento basadas en la ley, y todos sus caracteres, patrones, símbolos e imágenes lo que Él vino a cumplir. Jesucristo vino para cumplir todo aspecto y toda dimensión de la Palabra divinamente escrita (cp. Lc. 24:44).

AFIRMADA POR LOS PROFETAS

La ley es también preeminente porque la afirman **los profetas**, quienes la reiteraron y la reforzaron. Todas sus advertencias, amonestaciones y predicciones se basaban directa o indirectamente en la ley mosaica. La revelación de Dios a los profetas era una extensión de su ley. Los profetas expusieron la ley moral, la ley judicial y la ley ceremonial, ya que hablaron de idolatría, adulterio, mentira, hurto, y de todos los otros Diez Mandamientos. Advirtieron a los reyes, a los nobles, y al pueblo en general en cuanto a guardar las leyes que Dios les había dado para su gobierno, estilo de vida y adoración.

Aunque no a todos los profetas les fue tocada la boca por la propia mano de Dios como pasó con Jeremías, todos sí pudieron afirmar junto con él que el Señor había puesto sus propias palabras en las bocas de ellos (Jer. 1:9; He. 1:1). Es evidente que la labor del profeta era predicar la ley de Dios. Éxodo 4:16 ofrece una excelente definición de un profeta cuando registra el mensaje del Señor para Moisés con relación al servicio de Aarón: "Él te será a ti en lugar de boca, y tú serás para él en lugar de Dios".

CUMPLIDA POR CRISTO

No obstante, la razón culminante para la preeminencia de la ley fue su cumplimiento por parte de Jesucristo, el propio Hijo de Dios. **No penséis que he venido para abrogar.** En su encarnación, en la obra de su Espíritu Santo a través de la Iglesia, y en su segunda venida Jesús cumpliría toda la ley: moral, judicial y ceremonial.

El Antiguo Testamento está completo; es todo lo que Dios quiso que fuera. Es una imagen maravillosa, perfecta y completa del Rey venidero y de su reino, y Jesús el Rey vino para cumplirla en todo detalle. Cinco veces en el Nuevo Testamento se nos habla de la afirmación de Jesús de ser el tema del Antiguo Testamento: aquí, en Lucas 24:27, 44, en Juan 5:39; y en Hebreos 10:7.

Estudiantes de la Biblia han sugerido varias maneras en que Jesús cumplió la ley. Algunos afirman que la cumplió por medio de su enseñanza. La ley era el boceto o esquema divino que Jesús cumplió con todo detalle y color. En esta visión Jesús completó lo que estaba incompleto dándole total dimensión y significado. Hay un sentido en el cual Jesús hizo eso. Por medio de su enseñanza directa en los evangelios, y a través de los apóstoles en el resto del Nuevo Testamento, Jesús explicó más de la ley de Dios de lo que alguien había hecho jamás.

Pero ese no puede ser el significado principal de **cumplir,** porque eso no es lo que significa la palabra. No significa rellenar sino completar. No significa agregar sino consumar lo que ya está presente. Jesús no añadió ninguna nueva enseñanza básica, sino que más bien clarificó el significado original de Dios.

Otros comentaristas afirman que Jesús cumplió la ley al satisfacer plenamente sus demandas. En su vida guardó a la perfección cada parte de la ley. Él fue perfectamente justo y no violó la más pequeña parte de la ley de Dios. Desde luego, Jesús hizo eso. Él fue completamente impecable en su obediencia, y proporcionó el modelo perfecto de justicia absoluta.

Pero lo más importante, como el Espíritu sin duda alguna tiene la intención de resaltar aquí, es que Jesús cumplió el Antiguo Testamento *siendo* Él mismo su cumplimiento. No se limitó a enseñarlo y ejemplificarlo en su generalidad, sino que *fue* su plenitud. El Señor no vino simplemente a enseñar justicia y a modelar justicia; vino *como* la justicia divina. Lo que dijo y lo que hizo reflejó lo que Él *es*.

JESÚS CUMPLIÓ LA LEY MORAL

La ley moral era la norma básica de Dios. Como ya se mencionó, por medio de su justicia perfecta Jesús cumplió esa ley. Obedeció cada mandato, cumplió cada requisito, y vivió por cada norma.

Debido a que la observancia del día de reposo es uno de los Diez Mandamientos, puede ser útil comentar esa parte de la ley moral. La esencia de la observancia del día de reposo significaba santidad, no reposar ni abstenerse de trabajar. Se trataba de una disposición destinada a quitar el corazón de las actividades terrenas y volverlo hacia Dios. Puesto que Cristo cumplió toda justicia y se ha convertido en nuestra justicia, el propósito de la observancia del día de reposo terminó en la cruz. Los cristianos poseen la realidad y, por tanto, ya no necesitan el símbolo. Todos los creyentes han entrado a un descanso de salvación permanente, como el escritor de Hebreos señala cuidadosamente (4:1-11). Cada día se ha vuelto santo para el Señor.

En demostración de ese hecho la iglesia primitiva se reunía todos los días para adorar (Hch. 2:46). Pero al poco tiempo las reuniones principales de adoración se realizaban el primer día de la semana (véase 1 Co. 16:2), el cual llegó a llamarse el día del Señor (Ap. 1:10) debido a su asociación con la resurrección de Jesús. Ese día también era para estimularlos a la santidad todos los otros días (He. 10:24-25). Sin embargo, según Pablo clarifica, ya no hay ningún día especial de adoración (Ro. 14:5-6; Col. 2:16-17). Adorar el martes, el jueves, o cualquier otro día de la semana no es menos bíblico o espiritual que adorar en el día del Señor. El domingo no es el "día de reposo cristiano", como algunos afirman, sino que es simplemente el día de adoración que la mayoría de cristianos han observado desde los tiempos del Nuevo Testamento, un tiempo especial reservado para ejercicios espirituales. El aspecto moral inherente en la ley del día de reposo es el núcleo de la verdadera adoración.

JESÚS CUMPLIÓ LA LEY JUDICIAL

La ley judicial de Dios fue dada para proveer a Israel de identidad exclusiva como una nación que pertenecía a Jehová. Las leyes relacionadas con agricultura, solución de conflictos, dieta, limpieza, vestimenta y cosas como esas eran normas especiales por las cuales el pueblo escogido debía vivir delante del Señor y separado del mundo. Jesús cumplió en la cruz esa ley judicial. Su crucifixión marcó la apostasía final de Israel en el último rechazo a su Mesías (véase Mt. 27:25; Jn. 19:15) y la interrupción del trato de Dios con ese pueblo como nación. Con eso la ley judicial murió, porque Israel ya no sirvió como su nación escogida. Antes de su crucifixión Jesús advirtió a los judíos: "Os digo, que el reino de Dios será quitado de vosotros" (Mt. 21:43). Gracias a Dios, un día Él redimirá y restaurará a Israel (Ro. 9-11), pero mientras tanto la Iglesia es su cuerpo escogido de personas en la tierra (1 P. 2:9-10). Todos los redimidos —aquellos que reciben la obra de la cruz— son sus elegidos.

JESÚS CUMPLIÓ LA LEY CEREMONIAL

La ley ceremonial regía la forma de adoración de Israel. Cuando Jesús murió en la cruz cumplió tanto esa ley como la judicial. Los sacrificios eran el núcleo de toda la adoración del Antiguo Testamento, y como el Sacrificio perfecto Jesús puso fin a todos los demás sacrificios. Mientras Él se hallaba en la cruz, "el velo del templo se rasgó en dos, de arriba abajo" (Mt. 27:51). Cristo mismo era el camino nuevo y perfecto de entrada al Lugar Santísimo, al que cualquier ser humano podía llegar por fe. "Así que, hermanos, teniendo libertad para entrar en el Lugar Santísimo por la sangre de Jesucristo, por el camino nuevo y vivo que él nos abrió a través del velo, esto es, de su carne, y teniendo un gran sacerdote sobre la casa de Dios, acerquémonos con corazón sincero, en plena certidumbre de fe" (He. 10:19-22). El sistema levítico, sacerdotal y sacrificial concluyó. Aunque el templo no fue destruido hasta el año 70 d.C., toda ofrenda hecha allí después que Jesús murió fue innecesaria.

Simbólicamente no tenían más significado. Incluso antes de la muerte de Cristo los sacrificios en el tabernáculo y el templo *no* tenían poder para limpiar del pecado. Solo fueron representaciones de la obra de limpieza del Mesías-Salvador, imágenes que señalaban hacia la manifestación suprema de la misericordia y la gracia de Dios. "Estando ya presente Cristo, sumo sacerdote de los bienes venideros, por el más amplio y más perfecto tabernáculo, no hecho de manos, es decir, no de esta creación, y no por sangre de machos cabríos ni de becerros, sino por su propia sangre, entró una vez para siempre en el Lugar Santísimo, habiendo obtenido eterna redención" (He. 9:11-12).

La ley ceremonial terminó porque fue satisfecha. Puesto que la realidad había llegado, las representaciones y los símbolos ya no tenían lugar o propósito. La noche de la última Pascua de la vida de nuestro Señor, Él instituyó nuevos símbolos para conmemorar su muerte. (El profeta Ezequiel señala hacia una época futura en el reino en que los símbolos del Antiguo Testamento serán parte renovada de adoración por parte de los redimidos; véase Ez. 40—48).

Aarón fue el primero y principal sumo sacerdote del antiguo pacto, pero no se podía comparar con el gran Sumo Sacerdote del nuevo pacto. Aarón entraba al tabernáculo terrenal, pero Cristo entró al celestial. Aarón entraba una vez al año, Cristo entró una vez y para siempre. Aarón entraba más allá del velo, Cristo rompió el velo en dos. Aarón ofrecía muchos sacrificios, Cristo ofreció solamente uno. Aarón sacrificaba por su propio pecado, Cristo se sacrificó por los pecados de otros. Aarón ofreció la sangre de becerros, Cristo ofreció su propia sangre. Aarón fue un sacerdote temporal, Cristo es un sacerdote eterno. Aarón era falible, Cristo es infalible. Aarón era cambiable, Cristo es inmutable. Aarón era continuo, Cristo es definitivo. El sacrificio de Aarón era imperfecto, el de Cristo fue perfecto. El sacerdocio de Aarón era insuficiente, el de Cristo es suficiente.

El tabernáculo y el templo tampoco pueden compararse con Cristo. Ambos tenían una puerta, mientras que Cristo es la puerta. Tenían un altar de bronce, pero Él es el altar. Tenían una fuente para limpieza, pero Cristo mismo limpia del pecado. Tenían muchas lámparas que continuamente debían llenarse; Él es la luz del mundo que resplandece eternamente. Tenían pan que debía reabastecerse, pero Cristo es el pan de vida eterna. Tenían incienso, pero las propias oraciones de Cristo ascienden por sus santos. El tabernáculo y el templo tenían un velo, pero el velo de Cristo fue su propio cuerpo. Tenían un propiciatorio, pero Él es ahora el propiciatorio.

Las ofrendas tampoco pueden compararse con Cristo. La ofrenda quemada hablaba de perfección, pero Cristo fue la perfección encarnada. La ofrenda de flor de harina hablaba de dedicación, pero Jesús mismo fue totalmente dedicado al Padre. La ofrenda de paz hablaba de paz, pero Jesús mismo es nuestra paz. Las ofrendas por el pecado y las transgresiones hablaban de substitución, pero Él es nuestro Substituto.

Las fiestas tampoco pueden compararse con Cristo. La Pascua hablaba de liberación de la muerte física, mientras que Cristo es nuestra Pascua que libra de la muerte espiritual. El pan sin levadura hablaba de santidad, pero Cristo cumplió toda santidad. Los primeros frutos hablaban de cosecha, pero Jesús resucitó de los muertos y se convirtió en "primicias de los que durmieron" (1 Co. 15:20). La fiesta de los tabernáculos hablaba de reunión, pero solo Cristo puede un día reunir a todo su pueblo en su morada celestial para siempre.

Desde Génesis 1:1 hasta Malaquías 4:6, el Antiguo Testamento es Jesucristo, fue inspirado por Cristo, señala hacia Cristo, y es cumplido por Cristo.

Una y otra vez el Nuevo Testamento nos dice que la ley no podía justificar a nadie, Jesús debió hacer lo que la ley no podía hacer. "De manera que la ley ha sido nuestro ayo, para llevarnos a Cristo, a fin de que fuésemos justificados por la fe" (Gá. 3:24). La ley tan solo señalaba la justicia, pero Cristo nos brinda justicia, su propia justicia.

La ley judicial y la ley ceremonial fueron cumplidas y dejadas a un lado. Terminaron en la cruz. Pero la ley moral cumplida por Cristo sigue cumpliéndose por medio de sus discípulos. Debido a que Cristo cumplió la ley, también la cumplen quienes le pertenecen. Dios envió "a su Hijo en semejanza de carne de pecado y a causa del pecado, condenó al pecado en la carne; para que la justicia de la ley se cumpliese en nosotros, que no andamos conforme a la carne, sino conforme al Espíritu" (Ro. 8:3-4). Cuando andamos en el Espíritu cumplimos la justicia de la ley, porque Cristo en nosotros nos llena con su propia justicia que Él mismo nos ha proporcionado.

Cristo y la ley. Segunda parte: Permanencia de las Escrituras

23

Porque de cierto os digo que hasta que pasen el cielo y la tierra, ni una jota ni una tilde pasará de la ley, hasta que todo se haya cumplido. (5:18)

El judío sincero de la época de Jesús sabía que no podía cumplir todos los requisitos de la ley mosaica, y que ni siquiera podía cumplir todas las tradiciones desarrolladas a lo largo de los años por lo rabinos y escribas. Muchos esperaban que el Mesías rebajara las normas de Dios a un nivel que pudieran manejarse.

Pero como indicamos en capítulos anteriores, Jesús aclaró en su primer sermón importante que la verdadera norma de Dios era aún más alta que las tradiciones y que, como Mesías, no había venido a suavizar la ley en lo más mínimo sino a confirmarla y cumplirla en todo detalle.

Al iniciar su declaración con **de cierto os digo,** Jesús confirmó la importancia especial de lo que estaba a punto de manifestar. *Amēn* (**de cierto**) era un término de afirmación fuerte e intensa. El Señor estaba diciendo: "Les aseguro esto de manera absoluta, sin reserva alguna, y con la autoridad más plena".

La enseñanza de Jesús no solo era absoluta sino también permanente. **Hasta que pasen el cielo y la tierra** representa el fin del tiempo como lo conocemos, el fin de la historia terrenal. Como Palabra de Dios, la ley duraría más que el universo, el cual algún día dejará de existir. "Los cielos y la tierra que existen ahora, están reservados por la misma palabra, guardados para el fuego en el día del juicio y de la perdición de los hombres impíos" (2 P. 3:7; cp. v. 10). Incluso el salmista sabía que "Desde el principio tú fundaste la tierra, y los cielos son obra de tus manos. Ellos perecerán, mas tú permanecerás; y todos ellos como una vestidura se envejecerán; como un vestido los mudarás, y serán mudados" (Sal. 102:25-26). Isaías declaró: "Alzad a los cielos vuestros ojos, y mirad abajo a la tierra; porque los cielos serán deshechos como humo, y la tierra se envejecerá como ropa de vestir, y de la misma manera perecerán sus moradores; pero mi salvación será para siempre, mi justicia no perecerá" (Is. 51:6; cp. 34:4; Ap. 6:13-14).

Jesús igualó sus propias palabras con la Palabra de Dios: "El cielo y la tierra pasarán, pero mis palabras no pasarán" (Mt. 24:35). Lo que era cierto en cuanto a la ley, en su significado más pleno como el Antiguo Testamento, también era cierto acerca de la enseñanza de Jesús. Se trata de algo atemporal.

Es muy insensato preguntar: "¿Qué tiene que decirnos hoy la Biblia, un libro con dos mil años de antigüedad?". La Biblia es la Palabra eterna de Dios, la cual "es viva y eficaz, y más cortante que toda espada de dos filos" (He. 4:12). Por mucho tiempo ha precedido y excederá en duración a toda persona que cuestiona su validez y relevancia.

Ni una jota ni una tilde pasará de la ley, continuó Jesús. **Una jota** se traduce de la palabra *iōta,* la letra más pequeña del alfabeto griego. Para los oyentes judíos de Jesús habría representado la *yodh,* la letra más pequeña del alfabeto hebreo, que se parece a algo así como un apóstrofe. Una **tilde** (*keraia*) literalmente significa "cuerno pequeño" y se refiere a las pequeñas marcas que ayudan a distinguir una letra hebrea de otra. Se trataba de una pequeña extensión de una letra similar a un remate en las tipografías modernas.

En otras palabras, no solo que la letra más pequeña no será borrada, sino que incluso la parte más pequeña de una letra no se borrará **de la ley.** Ni siquiera la parte más pequeña, y al parecer la más insignificante de la Palabra de Dios, será quitada o modificada **hasta que todo se haya cumplido.**

Como analizamos en el capítulo anterior, Jesús consumó toda la ley judicial y la ceremonial, y ciertas partes de la ley moral, tales como la observancia del día de reposo. Pero la ley moral básica de Dios, centrada en los Diez Mandamientos, sigue siendo igual de válida hoy como lo fue cuando Dios la entregó a Moisés en el Sinaí. Durante su ministerio terrenal, su muerte, su resurrección y su ascensión, Jesús cumplió muchas de las profecías del Antiguo Testamento. Otras, tal como la venida del Espíritu Santo en Pentecostés, se cumplirían más tarde en tiempos del Nuevo Testamento. Aun otras profecías, tanto del Antiguo como del Nuevo Testamento, todavía deben cumplirse. Pero sin la más mínima excepción, todo mandato, toda profecía, toda representación, símbolo y tipología habrá de cumplirse.

Ninguna otra declaración hecha por nuestro Señor establece más claramente su aseveración de que la Biblia es verbalmente infalible y totalmente sin error en la forma original en que Dios la entregó. Es decir, la Biblia es la propia Palabra de Dios no solo en cuanto a toda expresión escrita, sino también a toda letra y a la parte más pequeña de cada letra.

"Cumplir" en el versículo 17 transmite la idea de culminación o finalización. **Cumplido** (de *ginomai*) tiene el significado similar de llevar a cabo o concluir. Arthur Pink comenta: "Todo en la ley debe cumplirse [o llevarse a cabo]: no solo sus prefiguraciones y profecías, sino también sus preceptos y castigos: deben cumplirse en primer lugar de modo personal y vicario por parte del Fiador y sobre Él; en segundo lugar debe cumplirse de manera evangélica en su pueblo y por su pueblo; y en tercer lugar debe cumplirse en la condenación de los impíos, quienes experimentarán su horrible maldición por siempre jamás. En lugar de que Cristo se opusiera a la ley de Dios, vino aquí para magnificarla, ampliarla y hacerla honorable… Y en lugar de que por esta causa sus enseñanzas fueran subversivas, confirmaron la ley y la hicieron cumplir" (*An Exposition of the Sermon on the Mount* [Grand Rapids: Baker, 1950], p. 57).

Jesús se refirió al Antiguo Testamento al menos sesenta y cuatro veces, y siempre como la verdad confiable. En el transcurso de la defensa de su condición mesiánica y su divinidad delante de los dirigentes judíos incrédulos en el templo, manifestó: "La Escritura no puede ser quebrantada" (Jn. 10:35).

Cuando los saduceos trataron de hacerlo tropezar preguntándole cuál de los siete maridos sucesivos sería el esposo de una mujer en la resurrección, es decir en el cielo, "Jesús, les dijo: Erráis, ignorando las Escrituras y el poder de Dios" (Mt. 22:29). Él manifestó que la pregunta en sí era ridícula porque su misma hipótesis era equivocada. "Porque en la resurrección ni se casarán ni se darán en casamiento, sino serán como los ángeles de Dios en el cielo" (v. 30). Entonces Jesús pasó a corregir el punto de vista que los saduceos tenían acerca de la resurrección, en la cual no creían. "Pero respecto a la resurrección de los muertos, ¿no habéis leído lo que os fue dicho por Dios, cuando dijo: Yo soy el Dios de Abraham, el Dios de Isaac y el Dios de Jacob? Dios no es Dios de muertos, sino de vivos" (vv. 31-32).

En ese enfrentamiento con los saduceos, todo el argumento de Jesús se basó en un solo tiempo verbal. En el libro del Éxodo, el cual estaba citando aquí, Dios le dijo a Moisés que Él *es*, no que *era*, "Dios de Abraham, Dios de Isaac, y Dios de Jacob" (3:6). Cientos de años después que esos patriarcas hubieran muerto, el Señor seguía siendo su Dios. Es evidente que esos hombres aún estaban vivos. La Palabra de Dios es, por tanto, confiable no solo en cuanto a la parte más pequeña de cada letra, sino también a las formas gramaticales de cada palabra. Debido a que la Biblia en sí no contiene error, nos salvará del error cuando creemos en ella y la obedecemos.

Jesús ratificó vez tras vez la exactitud y autenticidad del Antiguo Testamento. Confirmó la norma del matrimonio que Dios estableció en el huerto del Edén (Mt. 19:4), el asesinato de Abel (Lc. 11:51), Noé y el diluvio (Mt. 24:38-39), Abraham y su fe (Jn. 8:56), Sodoma, Lot y la esposa de Lot (Lc. 17:29), el llamado de Moisés (Mr. 12:26), el maná del cielo (Jn. 6:31, 58), y la serpiente de bronce (Jn. 3:14).

Jesús también aclaró que la Biblia fue dada para guiar a los hombres a la salvación. En la parábola que Jesús contó del hombre rico y Lázaro, Abraham le dijo al rico que si sus hermanos, quienes esperaba se salvaran del infierno: "Si no oyen a Moisés y a los profetas, tampoco se persuadirán aunque alguno se levantare de los muertos" (Lc. 16:31). En otras palabras, ellos tenían la Palabra de Dios, la cual bastaba para llevarlos a Dios y a la salvación… si creían en ella.

Jesús también usó la Biblia en su propia defensa. Cuando fue tentado por Satanás en el desierto al comienzo de su ministerio, el Señor enfrentó cada tentación con citas de Deuteronomio (Mt. 4:4, 7, 10; cp. Dt. 8:3; 6:16, 13). Él pudo haber retado al diablo en el poder y la autoridad de nuevas palabras pronunciadas simplemente para esa ocasión. Pero al citar las Escrituras testificó en cuanto al origen divino y la confiabilidad de estas.

Una vez oí decir a un predicador: "Lo único que he aprendido es que cuando subo al púlpito tengo de alguna manera que comunicarme sin usar la Biblia, porque la Biblia apaga a las personas. He pasado mucho tiempo desarrollando la habilidad de comunicarme con las personas sin usar la Biblia ni una sola vez. Comencé mi ministerio diciendo que este versículo dice esto y que este versículo dice aquello, y finalmente me di cuenta de que eso no me llevaba a ninguna parte. Ahora digo las cosas a mi propia manera y la gente lo acepta".

Lo que ese predicador dijo es verdad. Muchas personas hoy día están muy apagadas por la Biblia. Pero que los seres humanos sean apagados por la Palabra de Dios difícilmente es un fenómeno nuevo, pues ella ha estado apagando a incrédulos por miles de años. Muchas personas hoy día, al igual que en la época de Jesús (y también en los días de Moisés y los profetas) preferirían más bien oír las opiniones de los hombres que la Palabra de Dios. Pero tales opiniones no pueden llevarlas a la verdad o a la salvación. Las opiniones que no encajan con la Biblia a menudo dejan a los hombres superficialmente contentos y satisfechos, pero también los dejan en tinieblas y en pecado.

Poco después de su tentación Jesús fue a la sinagoga en Nazaret, "y en el día de reposo entró en la sinagoga, conforme a su costumbre, y se levantó a leer. Y se le dio el libro del profeta Isaías; y habiendo abierto el libro, halló el lugar donde estaba escrito: El Espíritu del Señor está sobre mí, por cuanto me ha ungido para dar buenas nuevas a los pobres; me ha enviado a sanar a los quebrantados de corazón; a pregonar libertad a los cautivos, y vista a los ciegos; a poner en libertad a los oprimidos; a predicar el año agradable del Señor. Y enrollando el libro, lo dio al ministro, y se sentó; y los ojos de todos en la sinagoga estaban fijos en él. Y comenzó a decirles: Hoy se ha cumplido esta Escritura delante de vosotros" (Lc. 4:16-21; cp. Is. 61:1).

El Señor usó la autoridad de las Escrituras para establecer su propia autoridad. Cuando Juan el Bautista envió a algunos de sus discípulos a preguntarle al Señor: "¿Eres tú aquel que había de venir, o esperaremos a otro? Respondiendo Jesús, les dijo: Id, y haced saber a Juan las cosas que oís y veis. Los ciegos ven, los cojos andan, los leprosos son limpiados, los sordos oyen, los muertos son resucitados, y a los pobres es anunciado el evangelio" (Mt. 11:3-5). En esa respuesta Jesús volvió a referirse al mismo pasaje de Isaías que predecía al Mesías y su obra.

Cuando limpió el templo al regresar a Jerusalén por última vez, Jesús defendió su acción basándose en la Biblia. "¿No está escrito: Mi casa será llamada casa de oración para todas las naciones? Mas vosotros la habéis hecho cueva de ladrones" (Mr. 11:17).

Es imposible aceptar la autoridad de Cristo sin aceptar la autoridad de las Escrituras, y viceversa. Ambas permanecen juntas. Aceptar a Jesucristo como Salvador y Señor es aceptar lo que enseñó acerca de la Biblia como algo vinculante. Ser un ciudadano del reino es aceptar lo que el Rey declara acerca de la Palabra de Dios. Mostrar el carácter del reino y dar testimonio del reino es obedecer el manifiesto del Rey: las Escrituras. La autoridad de la Biblia es la autoridad de Cristo, y obedecer al Señor es obedecer su Palabra. "El que es de Dios, las palabras de Dios oye; por esto no las oís vosotros, porque no sois de Dios" (Jn. 8:47). Confiar en Cristo es decir de Él como explicó Pedro: "Tú tienes palabras de vida eterna" (Jn. 6:68).

Si el Antiguo Testamento contuviera algunos errores deberíamos decidir una de dos cosas relacionadas con Jesucristo. Una posibilidad es que Él no hubiera sido consciente de tales errores, en cuyo caso no habría sido omnisciente y, por tanto, no sería Dios. La otra posibilidad es que Él conociera los errores pero que los hubiera negado, en cuyo caso habría sido un mentiroso y un hipócrita, y por tanto no sería un Dios santo.

Si ni una sola letra o tilde, o ni un solo tiempo de la Palabra de Dios va a pasar, debemos recibirla en primer lugar por lo que es: "La palabra implantada, la cual puede salvar [nuestras] almas" (Stg. 1:21). Debemos recibirla debido a la infinita majestad del Autor y a sus declaraciones confiables acerca de ella. Debemos recibirla debido al precio que Dios pagó para que la tuviéramos, y a que es la norma de verdad, gozo, bendición y salvación. Además, debemos recibirla porque no hacerlo produce juicio.

Segundo, estamos llamados a honrar la Palabra de Dios. Así declara el salmista: "¡Cuán dulces son a mi paladar tus palabras! Más que la miel a mi boca"

(Sal. 119:103). Charles Spurgeon manifestó: "A George Fox lo llamaron cuáquero. ¿Por qué? Porque cuando hablaba hacía temblar en gran manera por medio de la fuerza de la verdad que él comprendía a fondo". Y continuó diciendo: "Sería mejor romper piedras en un camino que ser un predicador, a menos que Dios le hubiera dado el Espíritu Santo para apoyarlo. El corazón y el alma de un individuo que habla por Dios no conocerá el descanso, porque oye con sus oídos esa amonestación que le advierte respecto al impío: si 'tú no le amonestares ni le hablares, para que el impío sea apercibido de su mal camino a fin de que viva, el impío morirá por su maldad, pero su sangre demandaré de tu mano' (Ez. 3:18). ¿Debe moderarse, conformarse y bajarse el tono a la infalible revelación del infalible Jehová ante los caprichos y las modas del momento? Dios no quiera que alguna vez alteremos su Palabra".

Martín Lutero nunca temió a los hombres, pero cuando se levantaba a predicar sentía a menudo que las rodillas le temblaban por un sentido de gran responsabilidad en cuanto a ser fiel a la Palabra de Dios.

Tercero, debemos obedecer la Palabra de Dios. Debemos ser diligentes para presentarnos aprobados ante Dios "como obrero que no tiene de qué avergonzarse, que usa bien la palabra de verdad" (2 Ti. 2:15). Al igual que Jeremías, debemos encontrar la Palabra de Dios y comerla (Jer. 15:16), y dejar que "la palabra de Cristo more en abundancia en" nosotros (Col. 3:16).

Cuarto, debemos defender la Palabra de Dios. Debemos contender "ardientemente por la fe que ha sido una vez dada a los santos" (Jud. 3). Así como Judas, nosotros debemos luchar por la integridad, pureza y autoridad de las Escrituras. Spurgeon expresó: "El evangelio eterno es digno de ser predicado incluso si estuviéramos parados sobre un haz de leña ardiendo, dirigiéndonos así a las multitudes desde un púlpito de llamas. Vale la pena vivir y vale le pena morir por las verdades reveladas en la Biblia. Me considero tres veces feliz de ser reprendido por la fe. Es un honor del cual siento que no soy digno, y con sinceridad puedo realmente declarar las palabras de nuestro himno: '¿He de calmar a la multitud impía, suavizar tus verdades y suavizar mi lengua para ganar juguetes dorados de la tierra, o escapar de la cruz que mi Dios soportó por ti?'".

Por último, vivimos para proclamar la Palabra de Dios. De nuevo Spurgeon dice: "No puedo hablar de todo corazón sobre este tema que es tan querido para mí, pero los despertaría a todos ustedes para que insten a tiempo y fuera de tiempo a fin de proclamar el mensaje del evangelio, especialmente para repetir palabras tales como estas: 'De tal manera amó Dios al mundo, que ha dado a su Hijo unigénito, para que todo aquel que en él cree, no se pierda, mas tenga vida eterna'. Susurrémoslas en el oído de los enfermos, gritémoslas en las esquinas de las calles, escribámoslas en tablillas, lancémoslas a través de la prensa, pero en todas partes permitamos que este sea nuestro gran motivo y garantía. Prediquemos el evangelio porque la boca del Señor lo ha pronunciado".

24

Cristo y la ley. Tercera parte: Pertinencia de las Escrituras

De manera que cualquiera que quebrante uno de estos mandamientos muy pequeños, y así enseñe a los hombres, muy pequeño será llamado en el reino de los cielos; mas cualquiera que los haga y los enseñe, éste será llamado grande en el reino de los cielos. (5:19)

En las últimas décadas la expresión "ocúpate de lo tuyo" ha descrito un enfoque popular de comportamiento. La libertad se ha equiparado con hacer lo que bien nos parezca. El corolario filosófico de esa actitud es el antinomianismo, o el rechazo a la ley, a las regulaciones, y a las reglas de todo tipo. Esa fue la actitud en el antiguo Israel durante la época de los jueces, cuando "cada uno hacía lo que bien le parecía" (Jue. 21:25).

El antinomianismo se refleja en nuestra era en existencialismo personal, es decir el concepto que enseña la satisfacción solo en el momento actual, sin importar normas, códigos o consecuencias. El rechazo a la autoridad es consecuencia lógica del existencialismo personal: no queremos que alguien más emita reglas para nosotros o nos pida cuentas por lo que decimos o hacemos. La consecuencia inevitable de esa filosofía es el resquebrajamiento del hogar, la escuela, la iglesia, el gobierno y la sociedad en general. Cuando nadie quiere rendir cuentas a nadie, lo único que sobrevive es la anarquía.

Ni siquiera la Iglesia se ha escapado a tales actitudes. Muchas congregaciones dudan o incluso se niegan a disciplinar a miembros que son flagrantemente inmorales, deshonestos o herejes. Por temor a ofender, a perder apoyo económico, a ser catalogados como anticuados o legalistas, o incluso por temor a pasar por encima de los supuestos derechos de alguien más, existe una falla generalizada en mantener las claras normas de la justicia de Dios en su propia Iglesia. En nombre de la gracia, el amor, el perdón, y otras enseñanzas y normas bíblicas "positivas", se minimiza el pecado o se disculpa.

Algunos cristianos afirman que debido a que la gracia de Dios cubre toda ofensa que un creyente pueda cometer, no hay necesidad de molestarse en cuanto a vivir en santidad. Algunos sostienen incluso que debido a que la carne pecaminosa no está actualmente redimida de su corrupción y a que va a ser eliminada en la glorificación, no hace ninguna diferencia lo que esa parte de nosotros haga ahora. Nuestra naturaleza nueva, divina e incorruptible es buena y eterna, y eso es lo único que cuenta. Esa idea es simplemente un renacimiento del dualismo griego que causó tantos estragos en la iglesia primitiva, y con la que Pablo trató en las cartas a los corintios.

Pero ni siquiera el cristiano sincero puede dejar de tener dudas acerca de la relación entre la ley y la gracia. El Nuevo Testamento enseña claramente que en algunas maneras muy importantes los creyentes son liberados de la ley. Sin embargo, ¿cuál es exactamente nuestra libertad en Cristo? En Mateo 5:19 el Señor enfrenta esa pregunta y reafirma lo que esa libertad no puede querer decir.

En Mateo 5:17 Jesús había señalado la preeminencia de la ley, debido a que fue escrita por Dios, afirmada por los profetas y cumplida por el Mesías, el Cristo. En el versículo 18 mostró la permanencia de la ley, su duración sin el más mínimo cambio o reducción "hasta que pasen el cielo y la tierra". Ahora en el versículo 19 muestra la pertinencia de la ley. Los judíos aún estaban bajo los requerimientos plenos de la ley del Antiguo Testamento.

En los versículos 17 y 18 Jesús declaró que vino a cumplir y no a abrogar ni desobedecer la ley, y en el versículo 19 declara que los ciudadanos de su reino tampoco deben minimizarla ni desobedecerla. A la luz de su propia actitud y respuesta a la ley, Jesús enseña ahora cuál debe ser la actitud y la respuesta de sus seguidores.

La ley es pertinente para aquellos que creen en Cristo debido al propio carácter de esa ley, a las consecuencias de obedecer o desobedecer, y a que sus demandas se clarifican y se hacen cumplir en todo el resto del Nuevo Testamento.

EL CARÁCTER DE LA LEY

La frase **de manera que,** o por tanto, se refiere a lo que Jesús acababa de decir en cuanto a la ley. La ley es totalmente aplicable a quienes confían en Dios, porque su Palabra es exaltada por los profetas y cumplida por el Mesías mismo. Puesto que la Biblia no es una colección de ideas religiosas de hombres, sino la revelación de Dios de la verdad divina, sus enseñanzas no son especulaciones para ser juzgadas sino verdades para ser creídas; sus mandamientos no son sugerencias que deben considerarse sino requerimientos que deben seguirse.

Debido a que la Biblia es dada por Dios para el ser humano, nada puede ser más relevante para el hombre que esta revelación. La Biblia es la norma de relevancia por medio de la cual deben medirse todas las demás relaciones.

LAS CONSECUENCIAS DE LAS RESPUESTAS DE LOS HOMBRES A LA LEY

Las consecuencias de la ley dependen de la respuesta que el individuo le dé. El que responda de manera positiva recibirá un resultado positivo, pero el que responda de modo negativo recibirá un resultado negativo.

LA CONSECUENCIA NEGATIVA

Jesús menciona primero el resultado negativo: **Cualquiera que quebrante uno de estos mandamientos muy pequeños, y así enseñe a los hombres, muy pequeño será llamado en el reino de los cielos.**

Luō (**quebrante**) es una palabra común en el Nuevo Testamento y puede significar romper, soltar, liberar, disolver o incluso derretir. La idea aquí es la de anular la ley de Dios, o invalidarla al liberarnos de sus requisitos y normas. Jesús utilizó una forma compuesta y más fuerte de ese término (*kataluō*) en el versículo 17 al afirmar que no había "venido para abrogar la ley o los profetas".

La naturaleza humana caída se resiente de las prohibiciones y exigencias. Hasta los cristianos son tentados a modificar y debilitar las normas de Dios. Debido a ignorancia, malentendidos o indiferencia absoluta, los creyentes encuentran razones para hacer que los mandatos de Dios sean menos exigentes de lo que son. Pero cuando un cristiano deja de reverenciar y obedecer la Palabra de Dios incluso en el más mínimo grado, en ese aspecto no está pareciéndose a Cristo porque aquello es algo que Cristo se negó a hacer.

Los judíos de la época de Jesús habían dividido en dos categorías las leyes del Antiguo Testamento. Doscientos cuarenta y ocho eran mandamientos positivos, y trescientos sesenta y cinco (uno para cada día del año) eran negativos. Los escribas y fariseos tenían largos y acalorados debates acerca de cuáles leyes en cada categoría eran las más importantes y cuáles eran las menos importantes.

La Biblia misma explica que no todos los mandamientos de Dios tienen igual importancia. Cuando un intérprete de la ley entre los fariseos le preguntó cuál era el mandamiento más grande, Jesús contestó sin vacilar: "Amarás al Señor tu Dios con todo tu corazón, y con toda tu alma, y con toda tu mente. Este es el primero y grande mandamiento". Luego siguió diciendo: "El segundo es semejante: Amarás a tu prójimo como a ti mismo" (Mt. 22:37-39). Jesús reconoció que un mandamiento es supremo por sobre todos los demás y que otro es segundo en importancia. De ello se deduce que todos los otros mandamientos caen de alguna manera debajo de estos dos y que, al igual que ellos, varían en importancia.

En su serie de condenas, Jesús ofrece otra indicación de la relativa importancia de los mandamientos de Dios. "¡Ay de vosotros, escribas y fariseos, hipócritas! porque diezmáis la menta y el eneldo y el comino, y dejáis lo más importante de la ley: la justicia, la misericordia y la fe. Esto era necesario hacer, sin dejar de hacer aquello" (Mt. 23:23). Se requería diezmar las hierbas; pero ser justo, misericordioso y fiel es espiritualmente mucho más importante.

Sin embargo, el planteamiento que Jesús hace aquí no es de permisividad para quebrantar (hacer caso omiso, modificar o desobedecer) ni siquiera **uno de estos mandamientos muy pequeños.** Algunos mandamientos son más grandes que otros, pero a ninguno debe ser desestimado.

Pablo les recordó a los ancianos en Éfeso que mientras había ministrado en medio de ellos no rehuyó "todo el consejo de Dios" (Hch. 20:27). El apóstol no escogió ni eligió qué enseñar y exhortar. Resaltó algunas cosas más que otras, pero no dejó nada por fuera.

Quien **enseñe a los hombres** a hacer caso omiso o a desobedecer cualquier parte de la Palabra de Dios es un infractor aún mayor. No solo quebranta él mismo la ley sino que hace que otros la quebranten. Además de eso, su desobediencia obviamente es intencional. Es posible incumplir los mandatos de Dios por desconocimiento de ellos o por olvidarlos; pero enseñar a otros a quebrantarlos tiene que ser consciente e intencional.

Santiago advierte: "Hermanos míos, no os hagáis maestros muchos de vosotros, sabiendo que recibiremos mayor condenación" (Stg. 3:1). Cada creyente es responsable de sí mismo, pero quienes enseñan también son responsables por aquellos a quienes enseñan. Isaías escribe: "El anciano y venerable de rostro es la cabeza; el profeta que enseña mentira, es la cola. Porque los gobernadores de este pueblo son engañadores, y sus gobernados se pierden" (Is. 9:15-16).

La advertencia de Jesús no se aplica simplemente a maestros oficiales o formales. Toda persona enseña. Por nuestro ejemplo ayudamos continuamente a quienes nos rodean a ser más obedientes o más desobedientes. También enseñamos por medio de lo que decimos. Cuando de manera amorosa y respetuosa hablamos la Palabra de Dios, enseñamos amor y respeto por ella. Cuando de manera despectiva o con desprecio hablamos la Palabra de Dios, enseñamos a hacerle caso omiso y a irrespetarla. Cuando hacemos caso omiso a sus exigencias, damos testimonio en voz alta de la poca importancia que ella tiene para nosotros.

Inmediatamente después que Pablo les recordara a los ancianos en Éfeso que había sido fiel en enseñarles toda la Palabra de Dios, les advirtió: "Mirad por vosotros, y por todo el rebaño.… Porque yo sé que después de mi partida entrarán en medio de vosotros lobos rapaces, que no perdonarán al rebaño. Y de vosotros mismos se levantarán hombres que hablen cosas perversas para arrastrar tras sí a los discípulos" (Hch. 20:28-30).

Cuando alguien practica o enseña a desobedecer cualquier parte de la Palabra de Dios, atraerá como consecuencia que **muy pequeño será llamado en el reino de los cielos.** No creo, como algunos comentaristas sugieren, que **llamado** se refiera a lo que los hombres dicen acerca de nosotros, sino a lo que Dios dice de nosotros. Nuestra reputación entre otras personas, incluso entre otros cristianos, puede verse afectada o no de manera negativa. A menudo la gente no sabe de nuestra desobediencia, y con frecuencia cuando lo saben no les importa. Pero Dios siempre lo sabe, y a Él siempre le importa. Es tan solo aquello para lo que Dios nos llama lo que tiene importancia definitiva. Debe ser la preocupación de todo creyente que ama a su Señor que Dios nunca tenga motivos para llamarlo **muy pequeño.**

La determinación de rango **en el reino de los cielos** es totalmente prerrogativa de Dios (cp. Mt. 20:23), y Jesús declara que tendrá en la más baja estima a quienes tienen la Palabra en la más baja estima. No hay impunidad para los que desobedecen, desacreditan o menosprecian la ley de Dios.

Que Jesús no se refiere a perder la salvación está claro por el hecho de que, aunque el infractor **será llamado muy pequeño,** seguirá estando **en el reino de los cielos.** Pero toda bendición, toda recompensa y fructificación, todo gozo y toda utilidad serán sacrificados en la medida en que seamos desobedientes. Juan advierte: "Mirad por vosotros mismos, para que no perdáis el fruto de vuestro trabajo, sino que recibáis galardón completo" (2 Jn. 8). Es posible perder en la segunda fase de nuestras vidas cristianas lo que construimos en la primera.

Desdeñar incluso la parte más pequeña de la Palabra de Dios es demostrar desprecio por toda ella, porque sus partes son inseparables. Santiago enseña que "cualquiera que guardare toda la ley, pero ofendiere en un punto, se hace culpable de todos" (Stg. 2:10). Por tanto, hacer caso omiso o rechazar lo mínimo de la ley de Dios es desvalorizarla toda y convertirse en **muy pequeño** en su reino. Tales cristianos reciben su rango debido a su mal tratamiento de la Biblia, no, como algunos imaginan, debido a que podrían tener los dones menores.

LA CONSECUENCIA POSITIVA

El resultado positivo es que **cualquiera que los haga y los enseñe, éste será llamado grande en el reino de los cielos.** Jesús vuelve a mencionar aquí los dos aspectos de hacer y enseñar. Los ciudadanos del reino deben guardar todas las partes de la ley de Dios, tanto en su vida como en su enseñanza.

Pablo pudo decir a los tesalonicenses: "Vosotros sois testigos, y Dios también, de cuán santa, justa e irreprensiblemente nos comportamos con vosotros los creyentes; así como también sabéis de qué modo, como el padre a sus hijos, exhortábamos y consolábamos a cada uno de vosotros, y os encargábamos que anduvieseis como es digno de Dios, que os llamó a su reino y gloria" (1 Ts. 2:10-12). El apóstol había sido fiel para vivir y enseñar entre ellos toda la Palabra de Dios, tal como había hecho en Éfeso y en todos los lugares donde ministró.

La ley moral de Dios es un reflejo del mismo carácter de Dios y es, por tanto, inmutable y eterna. Las cosas que la ley moral requiere no tienen que ser ordenadas en el cielo, sino que se manifestarán en el cielo porque manifiestan a Dios. Sin embargo, mientras el pueblo de Dios aún esté en la tierra no reflejará de modo natural el carácter de su Padre celestial, y las normas morales divinas seguirán siendo ordenadas y producidas de modo sobrenatural (cp. Ro. 8:2-4).

Pablo le expresa a Timoteo: "Esto manda y enseña [y] sé ejemplo de los creyentes en palabra, conducta, amor, espíritu, fe y pureza" (1 Ti. 4:11-12). Casi al final de la misma carta el apóstol le dice a Timoteo que huya de todas las cosas malas y que, como un hombre de Dios, siga "la justicia, la piedad, la fe, el amor, la paciencia, la mansedumbre. [Que pelee] la buena batalla de la fe, [que eche] mano de la vida eterna, a la cual asimismo [fue] llamado" (6:11-12).

Pablo guardó y enseñó toda la Palabra de Dios, y por tanto **será llamado grande en el reino de los cielos.** Nadie que no haga lo mismo estará en la jerarquía de los grandes santos de Dios.

La grandeza no está determinada por dones, éxito, popularidad, reputación o tamaño de ministerio, sino por el punto de vista que el creyente tenga de la Biblia según se revele en su vida y su enseñanza.

La promesa de Jesús no es simplemente para grandes maestros como Pablo, Agustín, Calvino, Lutero, Wesley o Spurgeon. Su promesa se aplica a todo creyente que enseñe a otros a obedecer la Palabra de Dios cuando de manera fiel, cuidadosa y amorosa vive mediante esa Palabra y habla de ella. No todo creyente tiene el don de enseñar las profundas doctrinas de la Biblia, pero todos están llamados a enseñar la correcta actitud hacia la Palabra, y pueden hacerlo.

LA CLARIFICACIÓN DE LA LEY

Por la idea central de las epístolas del Nuevo Testamento sabemos que Jesús está hablando aquí de la permanente ley moral de Dios. El Sermón del Monte es simplemente tan válido para los creyentes de hoy como lo fue para aquellos a quienes Jesús lo predicó directamente, porque cada norma y cada principio enseñados aquí también se enseñan en las epístolas. Los otros escritores dejan totalmente en claro que la obligación que los creyentes tienen de obedecer la ley moral de

Dios no solo no cesó con la venida de Cristo, sino que Él la reafirmó y permanece activada por el Espíritu Santo durante toda la era de la Iglesia.

Hay ciertamente una paradoja con relación a la ley, y es especialmente obvia en las cartas de Pablo. Por una parte se nos dice que está siendo cumplida y eliminada, y por otra parte que estamos obligados a obedecerla. Al hablar de los judíos y los gentiles, Pablo afirma que Cristo "es nuestra paz, que de ambos pueblos hizo uno, derribando la pared intermedia de separación, aboliendo en su carne las enemistades, la ley de los mandamientos expresados en ordenanzas, para crear en sí mismo de los dos un solo y nuevo hombre, haciendo la paz" (Ef. 2:14-15). Cuando la Iglesia comenzó a existir, el "muro divisor" de la ley civil y judicial se desmoronó y desapareció.

A los ojos de Dios, Israel fue temporalmente dejado a un lado como nación en la cruz, cuando crucificó a su Rey y rechazó el reino de ese Rey. Ante los ojos del mundo Israel dejó de existir como nación en el año 70 d.C., cuando toda Jerusalén, e incluso el templo, fueron arrasados por los romanos bajo el mando de Tito. (Su restauración a nivel nacional no es más que una preparación para su restauración a nivel espiritual, según enseña Romanos 9—11).

La ley ceremonial también llegó a su fin. Mientras Jesús aún colgaba en la cruz, "el velo del templo se rasgó en dos, de arriba abajo" (Mr. 15:38). La adoración y los sacrificios en el templo ya no eran válidos, ni siquiera de modo simbólico. Esa parte de la ley había acabado, había sido lograda y finalizada por Cristo.

Incluso hay un sentido en que la ley moral de Dios ya no es vinculante para los creyentes. Pablo habla de que no estamos bajo la ley sino bajo la gracia (Ro. 6:14). Pero justo antes que hubiera dicho "no reine, pues, el pecado en vuestro cuerpo mortal, de modo que lo obedezcáis en sus concupiscencias" (v. 12), inmediatamente afirma después del versículo 14: "¿Qué, pues? ¿Pecaremos, porque no estamos bajo la ley, sino bajo la gracia? En ninguna manera" (v. 15). Quienes están en Cristo ya no están bajo el castigo definitivo de la ley, pero se encuentran lejos de liberarse de sus requisitos de justicia.

Pablo declaró a los romanos: "El fin de la ley es Cristo, para justicia a todo aquel que cree" (Ro. 10:4), y a los gálatas escribió: "Pero si sois guiados por el Espíritu, no estáis bajo la ley" (Gá. 5:18). Sin embargo, acababa de aclarar que los cristianos no están en lo más mínimo exentos de las normas morales de Dios. "Porque el deseo de la carne es contra el Espíritu, y el del Espíritu es contra la carne; y éstos se oponen entre sí, para que no hagáis lo que quisiereis" (v. 17). La ley que una vez fue "nuestro ayo, para llevarnos a Cristo" (Gá. 3:24) ahora nos lleva como "hijos de Dios por la fe en Cristo Jesús" a estar revestidos de Cristo (vv. 26-27), y su vestimenta es el atavío de la justicia práctica. Si la propia justicia de Cristo nunca disminuyó ni desobedeció la ley moral de Dios, ¿cómo podrían sus discípulos ser libres para hacerlo?

Pablo armonizó la idea cuando dijo de él mismo que no estaba "sin ley de Dios, sino bajo la ley de Cristo" (1 Co. 9:21). En Cristo somos cualquier cosa menos seres sin ley. La ley de Cristo es totalmente distinta de la ley judicial y la ceremonial, judías y diferente de la ley moral del Antiguo Testamento, con sus castigos y maldiciones por la desobediencia. Pero la ley de Cristo no es diferente en lo más mínimo de las normas santas y justas que la ley del Antiguo Testamento enseñó.

La ley del Antiguo Testamento sigue siendo una guía moral en cuanto a revelar el pecado (Ro. 7:7). Incluso cuando provoca pecado (v. 8) nos ayuda a ver la maldad de nuestra propia carne y de nuestra indefensión si estamos separados de Cristo. Y aunque veamos la condenación de la ley (vv. 9-11), esto debería recordarnos que nuestro Salvador cargó sobre sí esa condenación en la cruz (5:18; 8:1; 1 P. 2:24). Siempre que un cristiano mira la ley moral de Dios con humildad, mansedumbre y un deseo sincero de justicia, invariablemente la ley señala hacia Cristo, tal como siempre ha sido la intención. Y para los creyentes vivir por esa ley es llegar a ser semejantes a Cristo. No podría ser de otra manera, porque se trata de la ley de *Dios,* y esta refleja el carácter de Dios. Pablo es cuidadoso al recordarnos "que la ley a la verdad es santa, y el mandamiento santo, justo y bueno" (v. 12).

Pablo concluye Romanos 7 agradeciendo "a Dios, por Jesucristo Señor nuestro" que a pesar de que la carne del apóstol servía "a la ley del pecado", su mente servía "a la ley de Dios" (7:25). El castigo de la ley ha sido pagado por Jesucristo, en lugar de nosotros, pero también en Él la justicia de la ley se cumplió en nosotros, de tal modo "que no andamos conforme a la carne, sino conforme al Espíritu" (Ro. 8:4; cp. Gá. 5:13-24).

Cristo y la ley. Cuarta parte: Propósito de las Escrituras

25

Porque os digo que si vuestra justicia no fuere mayor que la de los escribas y fariseos, no entraréis en el reino de los cielos. (5:20)

La falsa enseñanza de salvación por esfuerzo propio es la que Jesús enfrenta cara a cara en este versículo, y que toda la Biblia contradice de principio a fin. Según Pablo clarifica en el libro de Romanos, incluso Abraham, el padre del pueblo judío, fue salvo por su fe, no por sus obras (Ro. 4:3; cp. Gn. 15:6). En Gálatas el apóstol explica que "la Escritura lo encerró todo bajo pecado, para que la promesa que es por la fe en Jesucristo fuese dada a los creyentes" (Gá. 3:22). Fuera del propio pecado, la Biblia no se opone a nada con más vehemencia que a la religión de logros humanos.

Jesús contó una parábola "a unos que confiaban en sí mismos como justos, y menospreciaban a los otros" (Lc. 18:9). En esa conocida historia un fariseo y un recaudador de impuestos fueron al templo a orar. El fariseo oró lleno de arrogancia moral: "Dios, te doy gracias porque no soy como los otros hombres, ladrones, injustos, adúlteros, ni aun como este publicano; ayuno dos veces a la semana, doy diezmos de todo lo que gano. Mas el publicano, estando lejos, no quería ni aun alzar los ojos al cielo, sino que se golpeaba el pecho, diciendo: Dios, sé propicio a mí, pecador". Entonces Jesús concluyó: "Os digo que éste descendió a su casa justificado antes que el otro; porque cualquiera que se enaltece, será humillado; y el que se humilla será enaltecido" (vv. 10-14).

El individuo menos apreciado y más odiado en la sociedad judía era el recaudador de impuestos, un judío que se había vendido a Roma a fin de recaudar impuestos de sus hermanos. Extorsionaba todo lo que podía obtener de la gente, quedándose con todo lo que hurtaba por sobre lo que Roma requería. Por dinero había abandonado toda lealtad nacional, social, familiar y religiosa. Por otra parte, el fariseo era el modelo de judío, sumamente religioso, moral y respetable. Sin embargo, Jesús manifestó que a pesar de la traición y el pecado del recaudador de impuestos, este sería justificado por Dios debido a su fe arrepentida, mientras que el fariseo, a pesar de su alta moral y religiosidad, sería condenado porque confiaba en su propia justicia y en sus buenas obras.

En el pasaje actual Jesús enseña que el tipo de justicia ejemplificada por los fariseos no era suficiente para obtener entrada al reino de Dios. Para los oyentes de Jesús, legalistas y orientados en sus obras, esto fue sin duda alguna lo más radical que alguna vez se les había enseñado. Si los fariseos meticulosamente religiosos y morales no podían entrar al cielo, ¿quién podría hacerlo?

Después de mostrar la preeminencia (v. 17), permanencia (v. 18) y pertinencia (v. 19) de la Biblia, Jesús muestra ahora el propósito. Por el contexto de esos tres versículos anteriores está claro que Él aún está hablando de "la ley y los profetas", las Escrituras del Antiguo Testamento. Al afirmar que la verdadera justicia excede al tipo mostrado por los escribas y fariseos, Jesús declaró que, hicieran lo que hicieran con la tradición de confección humana, ellos no estaban cumpliendo con las normas de las Escrituras.

La verdad implícita de Mateo 5:20 es esta: El propósito de la ley de Dios era mostrar que a fin de agradar a Dios y ser digno de la ciudadanía en su reino, se requería más justicia de la que alguien posiblemente podría tener o lograr por sí mismo. El propósito de la ley no era mostrar qué hacer para hacerse aceptable, mucho menos exponer cuán bueno ya se era, sino mostrar lo totalmente pecadores e indefensos que son todos los hombres en sí mismos. (Ese es uno de los temas de Pablo en Romanos y Gálatas). Así como el Señor indicó a los judíos en la primera bienaventuranza, el paso inicial hacia la ciudadanía del reino es la pobreza de espíritu, o sea reconocer la propia y total desdicha e insuficiencia delante de Dios.

LA IDENTIDAD DE LOS ESCRIBAS Y FARISEOS

Al igual que Esdras (Esd. 7:12), los más antiguos *grammateōn* (escribas) se encontraban solo entre los sacerdotes y levitas. Ellos escribían, estudiaban, interpretaban y a menudo enseñaban la ley judía. Aunque había escribas entre los saduceos, la mayoría se asociaba con los fariseos.

Israel tenía dos tipos de escribas, civiles y eclesiásticos. Los escribas civiles se desempeñaban de algún modo como notarios, y participaban en varios deberes gubernamentales. Simsai (Esd. 4:8) era uno de esos escribas. Los escribas eclesiásticos dedicaban su tiempo al estudio de las Escrituras, y llegaron a ser sus principales intérpretes y articuladores.

Sin embargo, como Jesús aclaró en varias ocasiones, los escribas no entendían lo que estudiaban y enseñaban. A pesar de toda su exposición a la Palabra de Dios, al sumergirse continuamente en ella de modo superficial pasaban por alto su profundo propósito espiritual.

Los influyentes y rígidos **fariseos** confiaban particularmente en su sistema de justicia. Los judíos tenían un dicho: "Si solo dos personas fueran al cielo, uno sería un escriba y el otro un fariseo". Tales individuos estaban totalmente convencidos de que Dios debía honrarles sus dedicadas y demandantes obras. Al compararse con las normas que habían establecido (y en especial al compararse con los judíos comunes y corrientes, por no hablar de los gentiles) no podían imaginarse que Dios no estuviera favorablemente impresionado con la bondad que exhibían.

No obstante, al igual que muchos eruditos serios y capaces a lo largo de la historia de la Iglesia, los fariseos del judaísmo también estaban ciegos al significado de las palabras que con diligencia estudiaban y debatían.

LA JUSTICIA DE LOS ESCRIBAS Y FARISEOS

La norma de **justicia** que **los escribas y fariseos** enseñaban y practicaban difería de la justicia de Dios en varias maneras importantes: Era externa, parcial, redefinida y egocéntrica.

EXTERNA

En primer lugar, a los escribas y fariseos les preocupaba totalmente la observancia externa de la ley y la tradición. Casi no consideraban los motivos o las actitudes. Por mucho odio que pudieran sentir hacia una persona, si no la mataban no eran culpables de quebrantar el mandamiento. Por mucha lujuria que sintieran, no se consideraban culpables de adulterio o fornicación mientras no cometieran el acto físico.

En Mateo 23 nuestro Señor ofrece una descripción gráfica del carácter externo de esa religión. "Limpiáis lo de fuera del vaso y del plato, pero por dentro estáis llenos de robo y de injusticia" (v. 25). El Señor antecedió esas palabras con: "¡Ay de vosotros… hipócritas!", etiquetando a tales líderes con su pecado. Ellos no veían nada malo con tener malos pensamientos mientras no los sacaran a relucir externamente. No creían que Dios los juzgaría por lo que pensaban sino tan solo por lo que hacían.

Pero esa es precisamente la clase de justicia que Jesús declaró que era del peor tipo. Él condenó esa exhibición externa porque quienes lo practicaban en realidad eran ladrones, autoindulgentes, inmundos, sin ley, asesinos y enemigos de los verdaderos representantes de Dios (Mt. 23:25-31). Las próximas enseñanzas de Jesús en el Sermón del Monte muestran que el principal interés de Dios está en el corazón (con aspectos tales como ira, odio y lujuria), no solo en las manifestaciones externas en cuanto a asesinato o adulterio que ellos mostraban (Mt. 5:22, 27-28). La hipocresía no puede sustituir a la santidad.

El interés de Dios respecto a la ceremonia religiosa es el mismo. Jesús ya había enseñado que si por ejemplo nuestra generosidad, nuestra oración, y nuestro ayuno no se hacen con un espíritu humilde y amoroso, no cuentan para Él (6:5-18). El ritual no puede sustituir a la justicia.

Los escribas y fariseos estaban orgullosos de sentarse "en la cátedra de Moisés" (Mt. 23:2), es decir, de ser los guardianes y maestros de la ley que Dios le entregó a Moisés. "Así que, todo lo que os digan que guardéis, guardadlo y hacedlo; mas no hagáis conforme a sus obras" (v. 3). Por el impío sistema de obras de justicia que tenían, Jesús les dijo: "Cerráis el reino de los cielos delante de los hombres; pues ni entráis vosotros, ni dejáis entrar a los que están entrando" (v. 13). En otra ocasión les declaró a los fariseos: "Vosotros sois los que os justificáis a vosotros mismos delante de los hombres; mas Dios conoce vuestros corazones; porque lo que los hombres tienen por sublime, delante de Dios es abominación" (Lc. 16:15).

PARCIAL

La justicia que practicaban los escribas y fariseos tampoco satisfacía la justicia de Dios porque era parcial y lamentablemente incompleta. De nuevo Mateo 23 da un ejemplo: "¡Ay de vosotros, escribas y fariseos, hipócritas! porque diezmáis la menta y el eneldo y el comino, y dejáis lo más importante de la ley: la justicia, la misericordia y la fe" (v. 23). Dichos dirigentes religiosos eran meticulosos en diezmar las plantas y las semillas más pequeñas de sus huertos, aunque eso no se ordenaba específicamente en la ley. No obstante, tenían total desprecio por la justicia y la misericordia hacia otras personas y por ser fieles en sus corazones para con Dios. Les interesaba mucho hacer interminables y ostentosas oraciones en público, pero no tenían ningún reparo en despojar de su casa a una viuda (v. 14).

Hasta cierto punto este segundo mal lo ocasionaba el primero. Hacían caso omiso de aspectos tales como la justicia, misericordia y fidelidad porque esos eran básicamente el reflejo de un corazón transformado. Es imposible ser misericordiosos, justos y fieles sin un cambio divinamente forjado, pues ninguna formalidad externa puede producirlos.

Jesús les citó las palabras mordaces de los antepasados judíos: "En vano me honran, enseñando como doctrinas mandamientos de hombres. Porque dejando el mandamiento de Dios, os aferráis a la tradición de los hombres" (Mr. 7:7-8). Aun así, ellos se consideraban la élite religiosa de Israel y los objetos del afecto especial de Dios.

REDEFINIDA

En muchas maneras los escribas y fariseos eran como los teólogos neo-ortodoxos y liberales de nuestra época. Tomaban términos bíblicos y los redefinían para que encajaran con sus propias perspectivas y filosofías humanas. Reelaboraban enseñanzas, normas y mandamientos bíblicos con el fin de producir variaciones de acuerdo con sus propios deseos y capacidades.

Incluso mandamientos tales como "vosotros por tanto os santificaréis, y seréis santos, porque yo soy santo" (Lv. 11:44) no los interpretaban como un llamado a una actitud pura de corazón sino como un requisito para realizar ciertos rituales. Ellos sabían que no podían ser santos del mismo modo que Dios es santo, ni tenían deseo de serlo, así que simplemente cambiaron el significado de santidad.

EGOCÉNTRICA

No solo que la justicia de los escribas y fariseos era externa, parcial y redefinida, sino también completamente egocéntrica. Era producida por el yo para los propósitos de gloria propia. Por encima de todo, dichos dirigentes buscaban su propia satisfacción, y habían elaborado su sistema religioso de tal modo que resaltara esa autosatisfacción, proveyendo maneras de lograr cosas externas y vistosas acerca de las cuales jactarse y estar orgullosos. La satisfacción les llegaba cuando recibían aprobación y elogios de parte de los hombres.

En marcado contraste, la persona piadosa está entristecida por su pecado y llora por la condición malvada de su vida interior y por la injusticia que ve en su corazón y mente. No tiene ninguna confianza en lo que es y en lo que puede hacer, pero ansía la justicia que solo Dios puede ofrecer debido a su misericordia y su gracia.

Pero el individuo que es justo en su propia opinión no ve la necesidad de alguna otra justicia, ni necesidad de salvación, misericordia, perdón o gracia. Así como sus antepasados arrogantes morales no habían querido la gracia de Dios ofrecida en el Antiguo Testamento, los escribas y fariseos de la época de Jesús no quisieron la gracia que el Mesías les ofrecía ahora. Querían gobernar sus propias vidas y determinar sus propios destinos, y no estaban dispuestos a someterse a un Rey que deseaba gobernarles tanto sus vidas internas como externas. "Ignorando la justicia de Dios, y procurando establecer la suya propia, no se han sujetado a la justicia de Dios" (Ro. 10:3).

LA JUSTICIA QUE DIOS REQUIERE

La **justicia** que Dios requiere de los ciudadanos de su reino es **mayor que la de los escribas y fariseos.** El término **mayor** se usa para un río que se desborda por sus orillas, haciendo hincapié en lo que es muy superior a lo normal. El Señor requiere justicia genuina, santidad verdadera que excede todo lo humano y que existe únicamente en el corazón redimido. El salmista escribió: "Toda gloriosa es la hija del rey en su morada; de brocado de oro es su vestido" (Sal. 45:13). Cuando el interior es hermoso, la belleza exterior es apropiada; pero sin belleza interior el adorno exterior es fingimiento y engaño.

A Dios siempre le ha interesado en primer lugar la justicia interior. Cuando Samuel estaba listo para ungir al hijo mayor de Isaí, Eliab, como el sucesor de Saúl, el Señor declaró: "No mires a su parecer, ni a lo grande de su estatura, porque yo lo desecho; porque Jehová no mira lo que mira el hombre; pues el hombre mira lo que está delante de sus ojos, pero Jehová mira el corazón" (1 S. 16:7).

Dios no solo requiere justicia interior sino justicia perfecta. "Sed, pues, vosotros perfectos, como vuestro Padre que está en los cielos es perfecto" (Mt. 5:48). A fin de ser calificados para el reino de Dios debemos ser tan santos como el Rey mismo. Esa norma es tan infinitamente alta que ni siquiera la persona con mayor justicia propia se atrevería a afirmar que la posee o que puede obtenerla.

LA JUSTICIA QUE DIOS CONCEDE

Esa imposibilidad lleva al individuo sincero a preguntarse cómo se obtiene un corazón tan santo, lo lleva a hacer la pregunta que los discípulos de Jesús le hicieron un día: "¿Quién, pues, podrá ser salvo?" (Mt. 19:25). Y la única respuesta es la que Jesús ofreció en esa ocasión: "Para los hombres esto es imposible; mas para Dios todo es posible" (v. 26).

Aquel que demanda justicia perfecta proporciona justicia perfecta. Aquel que nos habla del camino de entrada al reino es Él mismo ese camino. "Yo soy el camino, y la verdad, y la vida; nadie viene al Padre, sino por mí" (Jn. 14:6), afirmó Jesús. El Rey no solo fija la norma de la justicia perfecta, sino que Él mismo lleva a esa norma a cualquiera que esté dispuesto a entrar en el reino bajo las condiciones del Rey.

"El hombre no es justificado por las obras de la ley, sino por la fe de Jesucristo... por cuanto por las obras de la ley nadie será justificado" (Gá. 2:16). Ser justificado significa ser hecho justo, y ser hecho justo por Cristo es la única manera de convertirse en justo.

"Pero ahora, aparte de la ley, se ha manifestado la justicia de Dios, testificada por la ley y por los profetas; la justicia de Dios por medio de la fe en Jesucristo, para todos los que creen en él" (Ro. 3:21-22). La fe siempre ha sido la senda de Dios hacia la justicia, una verdad que los escribas y fariseos, los expertos en el Antiguo Testamento, debieron haber conocido por sobre las demás personas. Como se lo recordó Pablo a sus líderes judíos en Roma: "¿Qué dice la Escritura? Creyó Abraham a Dios, y le fue contado por justicia" (Ro. 4:3). El apóstol citó del libro de Génesis (15:6), el primer libro del Antiguo Testamento. El primer patriarca, el primer judío, fue salvo por fe, no por obras (Ro. 4:2) ni por el acto de la circuncisión (v. 10). Abraham "recibió la circuncisión como señal, como sello de la justicia de la fe que tuvo estando aún incircunciso; para que fuese padre de todos los creyentes no circuncidados, a fin de que también a ellos la fe les sea contada por justicia" (v. 11).

Los incircuncisos incluyen a los anteriores y posteriores a Abraham. Él fue el padre de los fieles, pero no el primero de los fieles. "Por la fe Abel ofreció a Dios más excelente sacrificio que Caín, por lo cual alcanzó testimonio de que era justo" y "por la fe Enoc fue traspuesto para no ver muerte, y no fue hallado, porque lo traspuso Dios; y antes que fuese traspuesto, tuvo testimonio de haber agradado a Dios" (He. 11:4-5). Fue también solo por fe que Noé encontró salvación (v. 7).

"Si por la transgresión de uno solo [es decir, Adán] reinó la muerte, mucho más reinarán en vida por uno solo, Jesucristo, los que reciben la abundancia de la gracia y del don de la justicia" (Ro. 5:17). "Así como el pecado reinó para muerte, así también la gracia reine por la justicia para vida eterna mediante Jesucristo, Señor nuestro" (v. 21).

Dios también ofrece la justicia que exige. Esta no puede merecerse, ganarse o lograrse, sino solo aceptarse. Al ofrecerse por el pecado, Cristo "condenó al pecado en la carne; para que la justicia de la ley se cumpliese en nosotros" (Ro. 8:3-4). Dios entregó la norma imposible y luego proporcionó su cumplimiento.

El escritor de Romanos tenía considerablemente más derecho a la justicia hecha por el hombre que la mayoría de los escribas y fariseos con quienes Jesús habló. Pablo escribió: "Si alguno piensa que tiene de qué confiar en la carne, yo más: circuncidado al octavo día, del linaje de Israel, de la tribu de Benjamín, hebreo de hebreos; en cuanto a la ley, fariseo; en cuanto a celo, perseguidor de la iglesia; en cuanto a la justicia que es en la ley, irreprensible" (Fil. 3:4-6).

Sin embargo, cuando el apóstol fue confrontado por la justicia de Cristo también fue confrontado por su propia pecaminosidad. Cuando vio lo que Dios había hecho por él, comprendió que lo que él había hecho por Dios no valía nada. "Cuantas cosas eran para mí ganancia, las he estimado como pérdida por amor de Cristo. Y ciertamente, aun estimo todas las cosas como pérdida por la excelencia del conocimiento de Cristo Jesús, mi Señor, por amor del cual lo he perdido todo, y lo tengo por basura, para ganar a Cristo, y ser hallado en él, no teniendo mi propia justicia, que es por la ley, sino la que es por la fe de Cristo, la justicia que es de Dios por la fe" (vv. 7-9).

Para quienes confiamos en Él, "Cristo Jesús… nos ha sido hecho por Dios sabiduría, justificación, santificación y redención" (1 Co. 1:30). Cuando Dios mira a los creyentes imperfectos y pecadores, ve a su Hijo perfecto y sin pecado. Hemos llegado a ser "participantes de la naturaleza divina" (2 P. 1:4) y poseemos en nosotros la misma vida justa del Dios santo y eterno. Cierto es que hasta que nuestra carne también esté redimida (Ro. 8:23) ese nuevo yo justo se encuentra en batalla con el pecado. Aun así, somos justos en nuestra posición delante de Dios en Cristo, y tenemos la nueva capacidad de actuar con justicia.

Si ni siquiera la propia ley de Dios por sí sola puede hacer justa a una persona, ¿cuánto menos pueden hacerlo las tradiciones de confección humana? Quienes insisten en llegar a Dios por sus propios medios y por su propio poder nunca lo alcanzarán; **no** entrarán **en el reino de los cielos.** Ninguna iglesia, ningún ritual, ningunas buenas obras, ninguna filosofía, ningún sistema puede colocar a alguien delante de Dios. Aquellos que a través de una iglesia, por medio de una secta, o simplemente a través de sus propias normas personales tratan de abrirse paso al interior de la gracia de Dios, no saben nada acerca de qué trata la gracia.

Es trágico que muchos hoy, al igual que los escribas y fariseos, intenten tomar cualquier camino hacia Dios, menos el camino de Él. Pagarán cualquier precio, pero no aceptarán el precio que Él pagó. Harán cualquier obra por Él, pero no aceptarán la obra que el Hijo consumó para ellos. Aceptarán cualquier regalo de Dios menos la dádiva de la salvación gratuita. Tales personas son religiosas, pero no regeneradas; y **no** entrarán **en el reino de los cielos.**

Jesús manifestó: "No voy a poner a un lado la ley de Dios. La cumpliré y le quitaré todas las añadiduras de tradición humana que se le han incrustado. Volveré a establecer su preeminencia, su permanencia y su pertinencia. Reafirmaré el propósito que Dios tenía para ella desde el principio: mostrar que todo ser humano es pecador e incapaz de cumplir la ley. Aquel que rebaja las normas a un nivel que *pueda* cumplir será juzgado por la ley de Dios y excluido de la gracia de Dios".

26

La actitud detrás de la acción: Una visión general de 5:21-48

Desde el principio del Sermón del Monte Jesús se enfoca en lo interno, en cómo son los hombres en sus mentes y corazones. Ese es el sentido principal de Mateo 5:21-48, en que el Señor vuelve a enfatizar las normas divinas para vivir en su reino, las normas divinas que ya ha provisto en la ley del Antiguo Testamento, en contraste con la tradición judía.

Al contrario de la justicia externa, superficial e hipócrita que caracterizaba a los escribas y fariseos, la justicia que Dios requiere es ante todo interna. Si no existe en el corazón, no existe en absoluto. A pesar de haber sido olvidada por mucho tiempo o rechazada por la mayoría de judíos de la época de Jesús, esa verdad les fue presentada a todo lo largo del Antiguo Testamento.

Salomón oró: "Tú oirás en los cielos, en el lugar de tu morada, y perdonarás, y actuarás, y darás a cada uno conforme a sus caminos, cuyo corazón tú conoces (porque sólo tú conoces el corazón de todos los hijos de los hombres)" (1 R. 8:39). En sus últimas palabras a Salomón, David manifestó: "Tú, Salomón, hijo mío, reconoce al Dios de tu padre, y sírvele con corazón perfecto y con ánimo voluntario; porque Jehová escudriña los corazones de todos, y entiende todo intento de los pensamientos" (1 Cr. 28:9). El vidente Hanani le recordó a Asa: "Los ojos de Jehová contemplan toda la tierra, para mostrar su poder a favor de los que tienen corazón perfecto para con él" (2 Cr. 16:9). "Todos los caminos del hombre son limpios en su propia opinión; pero Jehová pesa los espíritus" (Pr. 16:2).

Que Dios está interesado sobre todo en cómo son los hombres en su interior es una verdad central en ambos testamentos. Un buen acto externo es validado delante de Dios solo cuando representa sinceramente lo que hay en el interior. "Yo Jehová, que escudriño la mente, que pruebo el corazón, para dar a cada uno según su camino, según el fruto de sus obras" (Jer. 17:10). En el último libro de la Biblia el Señor advierte a la iglesia en Tiatira: "Yo soy el que escudriña la mente y el corazón; y os daré a cada uno según vuestras obras" (Ap. 2:23). La conducta externa correcta le agrada al Señor solo cuando corresponde a actitudes y motivos internos correctos. Pablo manifestó: "Porque aunque de nada tengo mala conciencia, no por eso soy justificado; pero el que me juzga es el Señor. Así que, no juzguéis nada antes de tiempo, hasta que venga el Señor, el cual aclarará también lo oculto de las tinieblas, y manifestará las intenciones de los corazones; y entonces cada uno recibirá su alabanza de Dios" (1 Co. 4:4-5).

Las supuestas buenas obras de los orgullosos escribas y los vanidosos fariseos no venían de las actitudes del corazón que Jesús dice que son características de los ciudadanos del reino: pobreza de espíritu, lamento por el pecado, misericordia, hambre y sed de justicia, etc. (vv. 3-12).

Debido a que Jesús sabía que sus oyentes, en especial los moralmente arrogantes y autosatisfechos dirigentes religiosos, tal vez no podían entender lo que les estaba diciendo, dedicó gran parte de este sermón a exponer las motivaciones y los principios defectuosos del sistema legalista que había reemplazado a la propia Palabra revelada de Dios.

Jesús utiliza la frase "Oísteis que fue dicho a los antiguos", o una similar, para presentar cada una de las seis ilustraciones correctivas que ofrece en esta parte de su sermón (véase vv. 21, 27, 31, 33, 38, 43). La frase hace referencia a enseñanza rabínica y tradicional, y en cada ejemplo Jesús contrasta esa enseñanza humana con la divina Palabra de Dios. Los ejemplos muestran maneras en que la justicia de Dios supera a la de los escribas y fariseos (véase v. 20), y se refieren a los temas específicos de asesinar, cometer pecado sexual, divorciarse, decir la verdad, vengarse, y amar a otros. Sin embargo, todos ellos ilustran el mismo principio básico, principio que Jesús afirma que debe aplicarse a todos los ámbitos de la vida: la justicia es asunto del corazón.

Jesús no está modificando la ley de Moisés, la enseñanza de los salmos, las normas de los profetas, o ninguna otra parte de la Biblia. La esencia de lo que Él acaba de decir en los versículos 17-20 es (1) que su enseñanza está firmemente de acuerdo con toda verdad, incluso con todo el mensaje del Antiguo Testamento, y (2) que las tradiciones de los dirigentes religiosos *no* están de acuerdo con la verdad.

En las seis ilustraciones que se hallan en los versículos 21-48, Jesús se refiere primero a dos de los Diez Mandamientos, luego a dos principios más generales en la ley de Moisés, y por último a los dos grandes principios de la misericordia y el amor. El asesinato y el adulterio tratan con los asuntos básicos de la preservación individual y social. La protección de la vida es la base del bienestar individual, y la protección del matrimonio es la base del bienestar social. El divorcio y la manifestación de la verdad implican un aspecto más amplio de las relaciones sociales, y la misericordia y el amor un aspecto aún más amplio. Los ejemplos avanzan desde la protección de cada vida humana hasta el amor por toda vida humana, incluso los enemigos. Tales ilustraciones juntas afirman que cada ámbito de nuestra vida debe caracterizarse y medirse por la norma perfecta de Dios en cuanto a justicia interior. Patrick Fairbairn escribió:

> En la revelación de la ley hubo un sustrato de gracia reconocido en las palabras que antecedieron a los Diez Mandamientos, y promesas de gracia y bendición también se entremezclaron con las severas prohibiciones y mandatos de los cuales constan. Y así, a la inversa, al tiempo que el Sermón del Monte da prioridad y prominencia a la gracia [como en las Bienaventuranzas], está lejos de excluir el aspecto más severo del carácter y el gobierno de Dios. En realidad, tan pronto la gracia se ha derramado en una sucesión de bienaventuranzas, aparecen allí las severas demandas de la justicia y la ley (citado en Arthur Pink, *An Exposition of the Sermon on the Mount* [Grand Rapids: Baker, 1950], p. 67).

La frase "fue dicho a los antiguos" también pudo haberse traducido "los antiguos dijeron, o declararon". En el primer caso la sugerencia sería que a los antiguos les habló Dios, en cuyo caso Jesús estaría refiriéndose a la Palabra revelada de Dios. Eso no puede ser porque Él contrasta su enseñanza, la enseñanza de Dios, con la de los antiguos. Sería imposible que Él contradijera la Palabra de Dios en alguna manera al considerar los versículos 17-19. La segunda interpretación es que las ideas que los antiguos enseñaron eran principalmente de su propia invención. Ese debe ser el enfoque correcto.

Jesús se refiere habitualmente a las Escrituras con frases tales como "Moisés mandó", "el profeta Isaías declaró", "escrito está", etc. Aquí sus palabras son mucho más generales y, por tanto, no pueden referirse directamente al Antiguo Testamento. El Señor muestra que, incluso con relación a los mandatos bíblicos específicos contra el asesinato y el adulterio, la tradición de ellos era contraria a las santas Escrituras, lo cual revela que la preocupación principal de Dios siempre ha estado con la pureza interior, no solo con un simple cumplimiento externo.

Fairbairn vuelve a observar: "Los escribas y fariseos de esa época habían invertido por completo el orden de las cosas. Su carnalidad y su endiosamiento los habían llevado a exaltar los preceptos relacionados con observancias ceremoniales hasta el lugar más alto, y de modo comparativo a borrar del mapa los deberes inculcados en los Diez Mandamientos" (citado en Pink, *An Exposition on the Sermon on the Mount,* p. 69).

A los rabinos de generaciones pasadas con frecuencia se les llamaba "padres de la antigüedad", "los hombres de hace mucho tiempo", y es a ellos que se refiere la frase "los antiguos" (vv. 21, 33). Jesús estaba contrastando su enseñanza (y la verdadera enseñanza de las Escrituras del Antiguo Testamento) con las tradiciones judías escritas y orales que se habían acumulado durante los últimos cientos de años, y que habían pervertido tanto la revelación de Dios.

Tal como Martyn Lloyd-Jones ha indicado, la condición del judaísmo en el tiempo de Cristo era muy parecida a la de la iglesia a principios del siglo XVI. Las Escrituras no se traducían a la lengua del pueblo. La liturgia, las oraciones, la lectura bíblica, e incluso la mayoría de himnos estaban en latín, que la gente promedio no conocía ni entendía. Cuando un sacerdote daba un sermón u homilía, las personas no tenían nada por lo cual juzgar lo que decía. No tenían idea en cuanto a si el mensaje era bíblico o no, o incluso si era importante que fuera bíblico o no. La Biblia enseñaba lo que la iglesia decía que enseñaba. Por tanto, la iglesia puso su propia autoridad por sobre la de las Escrituras (véase *Studies in the Sermon on the Mount* [Grand Rapids: Eerdmans, 1971], 1:212).

Durante siglos la Iglesia Católica Romana había desarrollado un sistema de religión que se desviaba cada vez más de las Escrituras. Era un sistema que el individuo común no tenía manera de investigar o verificar. La mayor contribución de la Reforma Protestante fue entregar la Biblia al pueblo en su propio idioma. Esto puso la Palabra de Dios en las manos del pueblo de Dios. Fue la verdad de la Biblia la que trajo luz a la Edad Media y en consecuencia puso fin al oscurantismo.

En una forma menos extrema los judíos de la época de Jesús se habían separado de sus Escrituras. Durante y después del exilio la mayoría de judíos perdieron el uso del idioma hebreo y habían llegado a hablar arameo, un lenguaje semítico relacionado con el hebreo. Partes de Esdras, Jeremías y Daniel se escribieron originalmente en arameo, pero el resto del Antiguo Testamento estaba en hebreo.

La Septuaginta, una edición griega del Antiguo Testamento, se había traducido cerca de doscientos cincuenta años antes. Pero aunque la usaban ampliamente los judíos en todo el Imperio Romano, la Septuaginta no la usaba ni la entendía la mayoría de judíos en Palestina. Además de eso, las copias de las Escrituras eran voluminosas, costosas y estaban fuera del alcance económico del individuo promedio. Por tanto, cuando el texto hebreo era leído y explicado en las reuniones de la sinagoga, la mayoría de adoradores entendían poco del texto y en consecuencia no tenían base para juzgar la explicación. El respeto que tenían por los rabinos también los llevaba a aceptar todo lo que esos líderes decían.

Después de regresar del exilio en Babilonia, cuando Esdras y otros leían en público de la ley de Moisés, debían "[traducirlo] y [darle] el sentido para que entendieran la lectura" (Neh. 8:8, LBLA). Sin embargo, la mayoría de escribas y rabinos posteriores no trataron de traducir o explicar el texto bíblico, sino que más bien enseñaron del Talmud, una codificación exhaustiva de las tradiciones rabínicas.

Por eso los dirigentes judíos y los miembros del pueblo se asombraron del cambio radical que Jesús representaba —en contenido y entrega— del tipo de enseñanza que ellos estaban acostumbrados. Sea que Jesús estuviera bien o mal, era evidente para ellos que "les enseñaba como quien tiene autoridad, y no como los escribas" (Mr. 1:22).

Entre los cambios más asombrosas que Jesús hiciera a la enseñanza tradicional estaba su insistencia en que la tradición y las Escrituras se hallaban en conflicto, y que la justicia interior, no la formalidad externa, es la característica central y necesaria de una correcta relación con Dios.

En su *Institución* (*Institutes, Library of Christian Classics,* vol. 1, p. 372), Juan Calvino escribió:

> Convengamos que a través de la ley la vida del hombre está moldeada no solo por honestidad externa sino por justicia interna y espiritual. A pesar de que nadie puede negar esto, muy pocos lo notan de modo adecuado. Esto sucede porque no miran al Legislador por cuyo carácter debe valorarse la naturaleza de la ley. Si algún rey prohíbe por decreto la fornicación, el asesinato, o el robo, admito que un hombre que no cometa tal hecho no estará vinculado al castigo. Eso se debe a que la jurisdicción del legislador mortal solo se extiende al orden político. Pero Dios, ante cuyo ojo nada se escapa y a quien no le interesa tanto la apariencia externa como sí le interesa la pureza de corazón, prohíbe no solamente la fornicación, el asesinato, y el robo sino la ira, el odio, la codicia y el engaño. Porque al ser un Legislador espiritual, Él no le habla menos al alma de lo que lo hace al cuerpo.

Cinco principios básicos resumen la idea central de 5:21-48. El primero es que el espíritu de la ley es más importante que la letra. La ley no fue dada como una serie mecánica de reglas por medio de las cuales en sus propias fuerzas los hombres pudieran gobernar la vida exterior. Fue dada como una guía para el tipo de carácter que Dios requiere.

El segundo principio es que la ley es tanto positiva como negativa. Su propósito no solo es prevenir el pecado interno y externo sino promover la justicia tanto interna como externa.

El tercer principio es que la ley no es un fin en sí misma. Su propósito más profundo va más allá de purificar las vidas del pueblo de Dios. Su propósito supremo es glorificar a Dios mismo.

El cuarto principio es que solo Dios está calificado para juzgar a los hombres, porque solo Él puede juzgar los corazones de los hombres. Solamente el Creador tiene el derecho y la capacidad de juzgar los procesos internos de sus criaturas.

El quinto principio es que a todo ser humano se le ordena vivir de acuerdo con la norma divina hacia la que la ley señala. Puesto que es imposible que el hombre cumpla ese mandato, Dios mismo ha proporcionado el cumplimiento a través de su Hijo Jesucristo. El Demandador de justicia también es el Dador de justicia; el Legislador también es el Redentor.

¿Quién es un asesino?   27

Oísteis que fue dicho a los antiguos: No matarás; y cualquiera que matare será culpable de juicio. Pero yo os digo que cualquiera que se enoje contra su hermano, será culpable de juicio; y cualquiera que diga: Necio, a su hermano, será culpable ante el concilio; y cualquiera que le diga: Fatuo, quedará expuesto al infierno de fuego. Por tanto, si traes tu ofrenda al altar, y allí te acuerdas de que tu hermano tiene algo contra ti, deja allí tu ofrenda delante del altar, y anda, reconcíliate primero con tu hermano, y entonces ven y presenta tu ofrenda. Ponte de acuerdo con tu adversario pronto, entre tanto que estás con él en el camino, no sea que el adversario te entregue al juez, y el juez al alguacil, y seas echado en la cárcel. De cierto te digo que no saldrás de allí, hasta que pagues el último cuadrante. (5:21-26)

El primer delito del hombre fue homicidio. "Aconteció que estando ellos en el campo, Caín se levantó contra su hermano Abel, y lo mató" (Gn. 4:8). Desde ese día el asesinato ha sido parte constante de la sociedad humana.

En los últimos años se han visto las detenciones y condenas de gran cantidad de asesinos en serie, cuyos nombres se han convertido en términos comunes. Más de veinticinco mil asesinatos conocidos se cometen solo en los Estados Unidos cada año, un promedio de casi setenta diarios. Los asesinatos desconocidos sin duda incrementarían en gran manera esas cifras. Los asesinatos se han vuelto tan comunes que, a menos que sean extraños, múltiples o que involucren a alguien famoso, no pasan de ser noticias locales. Si agregáramos los suicidios (asesinato se uno mismo) y los abortos (homicidios prenatales) las cantidades serían impactantes.

El primero de seis ejemplos de justicia del corazón que Jesús ofrece en 5:21-48 trata con el pecado de asesinato: **Oísteis que fue dicho a los antiguos: No matarás.** Como estudiamos en el capítulo anterior, **los antiguos** es una referencia a los rabinos y escribas de antaño que habían creado las muchas tradiciones con las que el judaísmo se había encumbrado y que prácticamente habían reemplazado la autoridad de las Escrituras. En las dos primeras ilustraciones las antiguas enseñanzas a las que Jesús se refiere son interpretaciones tradicionales de los mandatos bíblicos.

El asesinato de Abel fue un acto terrible que Caín sabía que violaba la ley divina (Gn. 4:9, 13). Pero la primera prohibición específica de asesinato se halla más adelante en Génesis: "El que derramare sangre de hombre, por el hombre su sangre será derramada; porque a imagen de Dios es hecho el hombre" (9:6). Aquí se indica tanto el castigo por el asesinato como la razón de su gravedad. El castigo es la muerte del asesino, y la razón para tan severo castigo es que el hombre está hecho a imagen de Dios. Quitar la vida a otro ser humano es asaltar lo sagrado de la imagen de Dios.

El mandamiento específico al que Jesús se refiere aquí es del Decálogo, que todo judío conocía. El mandato "No matarás" (Éx. 20:13) no prohíbe toda forma de matar a un ser humano. El término que se usa tiene que ver con asesinato criminal, y en muchos relatos y muchas enseñanzas en la Biblia se clarifica que se excluyen la pena capital, la guerra justa, el homicidio accidental, y la defensa propia. El mandamiento es contra el asesinato intencional de otro ser humano por motivos puramente personales, cualesquiera que estos motivos pudieran ser.

Así como Satanás es el padre de mentiras y de quienes rechazan a Dios y se rebelan contra Él, también es el asesino original (Jn. 8:44). Los seres humanos son responsables por los asesinatos que cometen, al igual que son responsables por todos los demás pecados; sin embargo, cualquier pecado, incluido todo asesinato, es inspirado por el asesino en potencia de Dios.

Aun así, no podemos culpar a Satanás por nuestros pecados, porque la naturaleza humana caída comparte la presencia del mal que Satanás personifica. Jesús dijo que es del propio corazón del individuo que "salen los malos pensamientos, los homicidios, los adulterios, las fornicaciones, los hurtos, los falsos testimonios, las blasfemias" (Mt. 15:19). No pecamos simplemente debido a Satanás o a privación social, situaciones angustiosas, malas influencias, o cualquier otra causa externa. Tales cosas podrían tentarnos a pecar y a facilitar el pecado, pero cuando cometemos pecado (o incluso si deseamos cometerlo) se debe a que nosotros mismos decidimos pecar. El pecado es un acto de la voluntad. Cuando al rechazar a Dios los hombres "no aprobaron tener en cuenta a Dios, Dios los entregó a una mente reprobada, para hacer cosas que no convienen; estando atestados de toda injusticia, fornicación, perversidad, avaricia, maldad; llenos de envidia, homicidios, contiendas, engaños y malignidades; murmuradores, detractores, aborrecedores de Dios, injuriosos, soberbios, altivos, inventores de males, desobedientes a los padres, necios, desleales, sin afecto natural, implacables, sin misericordia" (Ro. 1:28-31).

"Seis cosas aborrece Jehová, y aun siete abomina su alma: Los ojos altivos, la lengua mentirosa, las manos derramadoras de sangre inocente, el corazón que maquina pensamientos inicuos, los pies presurosos para correr al mal, el testigo falso que habla mentiras, y el que siembra discordia entre hermanos" (Pr. 6:16-19). El asesinato es una manifestación despreciable de un corazón carnal. La gravedad del agravio se ve en una de las últimas declaraciones en la Palabra de Dios: "Los perros estarán fuera [del cielo], y los hechiceros, los fornicarios, los homicidas, los idólatras, y todo aquel que ama y hace mentira" (Ap. 22:15).

El Antiguo y el Nuevo Testamento nos dan los nombres de asesinos. En el Antiguo están Caín, Lamec, Faraón, Abimelec, Joab, los amalecitas, David, Absalón, Zimri, Jezabel, Haziel, Jehú, Atalía, Joás, Manasés, y muchos otros. La lista del Nuevo Testamento incluye a Herodes, Judas, los sumos sacerdotes, Barrabás, Herodías y su hija, y otros. La historia bíblica, al igual que la historia humana en general, está llena de asesinos.

Los oyentes de Jesús estaban conscientes de la prevalencia y gravedad de este pecado. Sin duda la mayoría de estaba de acuerdo con la pena capital para el delito, y estaban convencidos de que ellos eran inocentes de ese mal particular.

Pero ahora Jesús ataca esa confianza en sí mismos afirmando que nadie es realmente inocente de asesinato, porque el primer paso en el asesinato es la ira. La ira que está detrás del asesinato —ira que casi nadie cree que sea pecado— es uno de los peores pecados. En mayor o menor grado convierte a todos los seres humanos en asesinos potenciales.

La enseñanza del Señor acerca del asesinato, ya sea que el acto se cometa o no, afecta nuestra opinión de nosotros mismos, nuestra adoración a Dios, y nuestra relación con otros.

EL EFECTO EN NUESTRA OPINIÓN DE NOSOTROS MISMOS

Oísteis que fue dicho a los antiguos: No matarás; y cualquiera que matare será culpable de juicio. Pero yo os digo que cualquiera que se enoje contra su hermano, será culpable de juicio; y cualquiera que diga: Necio, a su hermano, será culpable ante el concilio; y cualquiera que le diga: Fatuo, quedará expuesto al infierno de fuego. (5:21-22)

El primer efecto de las palabras de Jesús es que hace añicos la ilusión de justicia propia. Al igual que la mayoría de personas a lo largo de la historia, los escribas y fariseos creían que en caso de haber algún pecado del cual no fueran claramente culpables, ese era el asesinato. Independientemente de lo que pudieran haber hecho, al menos nunca habían cometido asesinato.

De acuerdo con la tradición rabínica, y con las creencias de la mayoría de culturas y religiones, el asesinato se limita de modo estricto al acto de quitar físicamente la vida de otra persona. Jesús ya había advertido que la justicia de Dios era mayor que la de los escribas y fariseos (v. 20). Como custodios elegidos de la Palabra de Dios (Ro. 3:2), por sobre todos los pueblos los judíos debieron haber sabido que Dios manda la justicia de corazón, no solo conducta externa y legalista. Sin embargo, debido a que la mayoría de ellos habían llegado a hablar arameo en lugar de hebreo, el lenguaje del Antiguo Testamento, y a que los rabinos habían ideado una enorme colección de tradiciones que enseñaban en vez de las Escrituras mismas, los judíos de la época de Jesús ignoraban mucha de la gran revelación que Dios les había dado. La interpretación rabínica de las Escrituras también ensombrecía el significado original de Dios.

Según se indicó antes, la orden tradicional **no matarás** era bíblica, extraída de Éxodo 20:13. Pero el castigo tradicional judío, **cualquiera que matare será culpable de juicio,** quedaba corto en varias maneras con relación a la norma bíblica. Primero, se quedaba corto porque no prescribía el castigo bíblico de la muerte (Gn. 9:6; Nm. 35:30-31). El castigo tradicional por asesinar era culpabilidad por parte de un tribunal civil, que al parecer usaba su propio juicio como castigo. Segundo, y más importante, el carácter santo de Dios ni siquiera se tomaba en cuenta. No se decía nada de la desobediencia a su ley, de la profanación de su imagen a la cual fue hecho el hombre, ni del papel divino en determinar y dispensar juicio. Tercero, no se decía nada en cuanto a la actitud interior, el corazón delictivo del asesino.

Los rabinos, escribas y fariseos habían limitado al asesinato a ser simplemente un asunto civil, y habían limitado su enjuiciamiento a una corte humana. También habían limitado su mal al acto físico. Al hacer eso hicieron flagrantemente caso omiso a lo que sus propias Escrituras enseñaban. David había reconocido mucho tiempo antes de la época de Cristo: "He aquí, tú amas la verdad en lo íntimo, y en lo secreto me has hecho comprender sabiduría" (Sal. 51:6; cp. 15:2). El Señor declaró a Samuel: "El hombre mira lo que está delante de sus ojos, pero Jehová mira el corazón" (1 S. 16:7).

Al manifestar: **Pero yo os digo,** Jesús no estaba contrastando su enseñanza con la del Antiguo Testamento (cp. Mt. 5:17-19) sino con la de la tradición rabínica. En realidad estaba declarando: "Déjenme decirles lo que las mismas Escrituras dicen, aquello con lo que tiene que ver la verdad de Dios. Ustedes no pueden justificarse por no haber cometido el acto físico de asesinato. El asesinato es mucho más profundo que eso. Se origina en el corazón, no en las manos, y empieza con malos pensamientos, independientemente de si estos llevan a la consumación del acto o no".

Aquí Jesús empieza específicamente a señalar la insuficiencia de la justicia en que confiaban los escribas, fariseos y muchos más. Debido a que el punto de vista que tenían de la justicia era externo, la opinión que tenía de sí mismos era halagadora. Pero Jesús hace añicos esa justicia de complacencia propia al comenzar con la acusación de que un individuo es culpable de asesinato incluso si está enojado, odia, maldice o calumnia a otra persona. En una afirmación que pudo haber sorprendido a sus oyentes más que cualquier otra cosa que les hubiera dicho, Jesús declara que un individuo culpable de enojo es culpable de asesinato y que merece el castigo de un asesino.

Es posible para un ciudadano modelo y respetuoso de la ley ser tan culpable de asesinato como alguien que se encuentre en el corredor de la muerte. Es posible que un individuo que nunca ha participado ni siquiera en una pelea de puños tenga más espíritu de asesino que un asesino en serie. En los sentimientos más profundos de sus corazones, muchos sienten ira y odio hasta tal punto que su verdadero deseo es que la persona odiada estuviera muerta. El hecho de que el temor, la cobardía, o la falta de oportunidad no les permita quitarle la vida a quien odian no disminuye la culpa delante de Dios. Es más, según el Señor explica en los tres ejemplos siguientes de asesinato de corazón, quienes conscientemente desean la muerte de otro individuo no están libres de culpa.

Todo enojo es un asesinato incipiente. "Todo aquel que aborrece a su hermano es homicida" (1 Jn. 3:15), lo que nos hace culpables a todos, porque ¿quién no ha odiado nunca a alguien? A la luz del contexto, Juan usa el término *hermano* en el sentido de un compañero creyente. Pero el énfasis de Jesús es más amplio que eso. La mayoría de individuos que oyeron el Sermón del Monte no confesaba creer en Cristo, y sin embargo Él usó el vocablo **hermano** en el sentido étnico amplio que significaba cualquier otro individuo judío en esa cultura.

Jesús elimina todo vestigio de justicia propia. No solo que hizo a un lado toda la basura de tradición rabínica, sino que también barrió con la autojustificación que es común para todos nosotros. La acusación que hace es total.

En la primavera de 1931 fue capturado uno de los delincuentes más famosos de esa época. Conocido como Dos Pistolas Crowley, había asesinado brutalmente a gran cantidad de personas, entre ellas al menos un policía. Se dice que cuando finalmente fue capturado en el apartamento de su novia después de un tiroteo, la policía le encontró una nota salpicada de sangre que rezaba: "Tengo bajo la ropa un corazón fatigado, un corazón bueno, un corazón que a nadie haría daño". Hasta los peores individuos tratan de exonerarse de culpa. Tan obvio autoengaño como el de Crowley parece absurdo, pero esa es exactamente la actitud que el hombre natural tiene de sí mismo, pues piensa: "Pude haber hecho algunas cosas malas, pero en lo más profundo realmente no soy malo".

Esa era en esencia la actitud de arrogancia moral de los escribas y fariseos, tal como lo es en muchos hoy día. Compararnos con un criminal sanguinario nos hace sentir muy bien en nuestra propia mente. Al igual que el fariseo en el templo, nos sentimos orgullosos de no ser "como los otros hombres, ladrones, injustos, adúlteros" (Lc. 18:11). Jesús nos dice en el pasaje que estudiamos que *somos* exactamente como esas otras personas. Aunque no le quitemos la vida a alguien más, aunque nunca asaltemos físicamente a nadie, somos culpables de asesinato.

Los sociólogos y psicólogos informan que más que cualquier otra emoción, el odio lleva a una persona hacia el asesinato. Y el odio no es más que extensión de la ira. La ira lleva al odio, el cual lleva al asesinato, en el corazón si no en el acto. La ira y el odio son tan mortales que hasta pueden destruir a quien los alberga.

El punto principal de Jesús aquí, y a través del versículo 48, es que hasta las mejores personas son pecadoras en sus corazones y, por tanto, están en la misma condición que los peores individuos. No considerar el estado de nuestro corazón es no considerar lo que el Señor afirma que es la medida de suma importancia de la verdadera culpa.

En el versículo 22 Jesús nos da tres ejemplos que muestran la definición divina de asesinato: enojarse con alguien más, decirle **necio,** y llamarlo **fatuo.**

EL MAL Y EL PELIGRO DEL ENOJO

cualquiera que se enoje contra su hermano, será culpable de juicio; (5:22*a*)

Por otras Escrituras y por la propia vida de Jesús sabemos que Él no prohíbe toda forma de enojo. Fue con enojo justo que el Señor limpió el templo de aquellos que lo profanaban (Jn. 2:14-17; Mt. 21:12-13). Pablo nos dice: "Airaos, pero no pequéis" (Ef. 4:26). Aunque a menudo se abusa y aplica mal el principio, es posible tener ira justa. La fidelidad a Cristo a veces lo exige.

En nuestra época de paz y armonía a toda costa, de pensamiento positivo, y de confundir el amor piadoso con sentimentalismo humano, a menudo deberíamos mostrar más enojo contra ciertas cosas. Hay aspectos en nuestras naciones, nuestras comunidades, nuestras escuelas, e incluso en nuestras iglesias acerca de los cuales no tenemos excusa para *no* estar enojados, ruidosamente enojados. Muchas de las tendencias de nuestra sociedad, muchas de las filosofías y normas a las que nuestros hijos están expuestos, y algunas de las filosofías y normas antibíblicas dentro del evangelicalismo tienen que ser retadas con justa indignación, porque atacan el reino y la gloria de Dios. El mismo "Dios está airado contra el impío todos los días" (Sal. 7:11).

Sin embargo, Jesús no está hablando de enojo que deshonra a Dios, sino más bien de ira egoísta, enojo contra un **hermano,** quienquiera que sea, porque ha hecho algo contra nosotros, o simplemente porque nos irrita y desagrada. *Orgizō* (**se enoje**) tiene que ver con enojo perturbador, que hierve a fuego lento, que se nutre y no se le permite extinguirse. Se lo ve en la conservación de un rencor, en la ardiente amargura que se niega a perdonar. Se trata del enojo que abriga animosidad y no quiere reconciliación. El escritor de Hebreos identifica la profundidad y la intensidad de la ira como una "raíz de amargura" (He. 12:15).

Jesús afirma que ese enojo es una forma de asesinato. La persona que alberga ira **será culpable de juicio.** Para ser culpable delante de un tribunal civil tenía que haber sido culpable de asesinato y merecer pena de muerte. El enojo merece ejecución, porque el fruto del enojo es asesinato.

EL MAL Y EL PELIGRO DE LA DIFAMACIÓN

y cualquiera que diga: Necio, a su hermano, será culpable ante el concilio; (5:22*b*)

Raca (**necio**) era un epíteto usado comúnmente en la época de Jesús que no tiene un equivalente moderno exacto, por lo que en algunas versiones bíblicas simplemente se translitera (p. ej., LBLA, JBS, RVA). Como un término de maltrato malintencionado, de mofa y calumnia, se ha traducido como insensato, inútil, necio o imbécil, con la connotación de descerebrado, tonto, cabeza hueca, zopenco, etc. Era una expresión de desprecio arrogante. David habló de quienes usan tal calumnia como de individuos que "aguzaron su lengua como la serpiente; veneno de áspid hay debajo de sus labios" (Sal. 140:3). Era el tipo de expresión que habrían usado los soldados que se burlaron de Jesús cuando le pusieron la corona de espinas en la cabeza y lo sacaron para ser crucificado (Mt. 27:29-31).

Una leyenda judía habla de un joven rabino llamado Simón Ben Eleazar que acababa de venir de una sesión con su famoso maestro. El joven se sentía especialmente orgulloso en cuanto a cómo se comportaba delante de su maestro. Mientras disfrutaba de sus sentimientos de erudición, sabiduría y santidad pasó junto a un hombre que no tenía ningún atractivo especial.

—¡Tú raca! Qué feo eres —contestó el rabino ante el saludo del hombre—. ¿Son tan feos como tú todos los hombres de tu pueblo?

—Eso no lo sé —confesó el hombre—. Pero vaya y dígale al Hacedor que me creó cuán fea es la criatura que Él ha hecho.

Calumniar a una criatura hecha a imagen de Dios es calumniar al mismo Dios, y equivale a asesinar a esa persona. Jesús dice que el desprecio es asesinato del corazón. La persona despectiva **será culpable ante el concilio,** el sanedrín, la corte suprema de los setenta que se ocupaban de los delitos más graves y pronunciaban las penas más severas, incluso muerte por apedreamiento (véase Hch. 6:12—7:60).

EL MAL Y EL PELIGRO DE CONDENAR EL CARÁCTER

y cualquiera que le diga: Fatuo, quedará expuesto al infierno de fuego. (5:22*c*)

Mōros (**fatuo**) significa "estúpido" o "idiota", y es el término del cual obtenemos majadero. A menudo se usaba en la literatura griega para un individuo obstinado e impío. Es posible que también se relacionara con el hebreo *mārâ*, que significa "rebelarse contra alguien o algo". Llamar a alguien **fatuo** era acusarlo de ser tanto estúpido como impío.

Las tres ilustraciones en este versículo muestran grados crecientes de gravedad.

Estar enojado es la maldad básica detrás del asesinato; calumniar a una persona con un término como *necio* es aún más grave, porque da expresión a ese enojo; y condenar el carácter de un individuo llamándolo **fatuo** es todavía más difamatorio.

Los salmos nos dicen dos veces que "dice el necio en su corazón: No hay Dios" (Sal. 14:1; 53:1; cp. 10:4). El libro de Proverbios está lleno de referencias y advertencias para los necios. En el camino a Emaús Jesús usó un término similar, pero menos grave cuando llamó a los dos discípulos "¡Oh insensatos, y tardos de corazón para creer todo lo que los profetas han dicho!" (Lc. 24:25).

Debido al testimonio de la Palabra de Dios sabemos que existen necios de la peor calaña. Y es obligación nuestra advertir a quienes están claramente en oposición a la voluntad de Dios que están viviendo de modo insensato. Sin duda no nos equivocamos al mostrar a alguien lo que la Biblia dice acerca de una persona que rechaza a Dios. La prohibición de Jesús es contra tildar de modo difamatorio a un individuo como **fatuo** por ira y odio. Tal expresión de animosidad maliciosa equivale a asesinato y el que la utiliza queda **expuesto al infierno de fuego.**

Geenna (**infierno**) se deriva de Hinom, el nombre de un valle ubicado al suroeste de Jerusalén que se usaba como vertedero de basura. Se trataba de un lugar intimidatorio donde continuamente se quemaba basura y donde el fuego, el humo y la fetidez nunca cesaban. El sitio fue originalmente profanado por el rey Acaz cuando "quemó también incienso en el valle de los hijos de Hinom, e hizo pasar a sus hijos por fuego, conforme a las abominaciones de las naciones que Jehová había arrojado de la presencia de los hijos de Israel" (2 Cr. 28:3). Ese rey malvado había usado el valle para levantar un altar al dios pagano Moloc, un altar sobre el cual en ocasiones se ofrecía a los hijos quemándolos vivos. Más tarde sería llamado "Valle de la Matanza" (Jer. 19:6). Como parte de sus reformas piadosas el rey Josías derribó todos los altares que allí había, y convirtió el valle en el incinerador de basura que siguió siendo hasta los tiempos del Nuevo Testamento. Por tanto, el nombre del valle llegó a ser una metonimia para el lugar de tormento eterno, y de este modo fue usado por Jesús en once ocasiones.

Llamar fatuo a alguien es igual a maldecirlo y asesinarlo, y ser culpable de ese pecado es digno del castigo eterno en el **infierno de fuego.**

EL EFECTO SOBRE NUESTRA ADORACIÓN A DIOS

Por tanto, si traes tu ofrenda al altar, y allí te acuerdas de que tu hermano tiene algo contra ti, deja allí tu ofrenda delante del altar, y anda, reconcíliate primero con tu hermano, y entonces ven y presenta tu ofrenda. (5:23-24)

La enseñanza de Jesús no solo afecta la opinión que tenemos de nosotros mismos al hacer añicos la justicia propia y mostrar que somos culpables y dignos del infierno, sino que también muestra cómo los pecados de enojo y odio afectan nuestra relación con Dios.

La adoración era una de las principales preocupaciones de los escribas y fariseos, y se centraba directa o indirectamente en casi todo lo que hacían. Pasaban mucho tiempo en las sinagogas y en el templo. Hacían sacrificios, ofrecían oraciones, daban ofrendas, y llevaban a cabo actividades religiosas de todo tipo. Pero todo eso eran ceremonias externas carentes de sentimiento.

Por tanto se refiere otra vez al planteamiento de Jesús de que el pecado, así como la justicia, es ante todo algo interno. Mientras haya pecado interno, el acto externo de adoración no es aceptable a Dios. Jesús continúa enfocándose en el pecado particular de odio contra alguien más, un **hermano** en el sentido más amplio. La reconciliación debe anteceder a la adoración.

Todo judío estaba consciente de que el pecado ocasionaba una brecha en su relación con Dios, y que los sacrificios y las ofrendas tenían la intención de restaurar una relación correcta con el Señor. Sin embargo, en la dependencia que tenían de la tradición rabínica y su malinterpretación del Antiguo Testamento, ya no consideraban graves a los pecados que no podían verse. A pesar de que a tales cosas como odio y lujuria no las habrían catalogado como buenas, aun así no creían que fueran verdaderos pecados. Pero ahora Jesús manifestó que el enojo y el odio eran tan pecaminosos como el asesinato y el adulterio.

La escena de llevar **tu ofrenda al altar** era conocida para los judíos. Aquí el Señor pudo haber tenido en mente el sacrificio que se hacía en el día de la Expiación, cuando el adorador llevaba un sacrificio animal por sus pecados. Se detenía al llegar al atrio de los sacerdotes, porque solamente a los sacerdotes se les permitía entrar al altar de esa área. Luego ponía las manos sobre el animal para identificarlo y presentarlo al sacerdote con el fin de que lo ofreciera a favor de la persona. Jesús declaró: "Pero no entregues el sacrificio al sacerdote si una vez **allí te acuerdas de que tu hermano tiene algo contra ti**". Un conflicto no resuelto es prioritario, y debe resolverse. **Deja allí tu ofrenda delante del altar, y anda, reconcíliate primero con tu hermano, y entonces ven y presenta tu ofrenda.** Primero es necesario solucionar la brecha entre usted y su hermano antes de solucionar la brecha entre usted y Dios. No hacer eso es ser hipócrita por pedir perdón sin que haya arrepentimiento.

Ese ha sido siempre el requisito de Dios. Así le había dicho a Israel: "¿Para qué me sirve, dice Jehová, la multitud de vuestros sacrificios? Hastiado estoy de holocaustos de carneros y de sebo de animales gordos; no quiero sangre de bueyes, ni de ovejas, ni de machos cabríos…. Lavaos y limpiaos; quitad la iniquidad de vuestras obras de delante de mis ojos; dejad de hacer lo malo; aprended a hacer el bien; buscad el juicio, restituid al agraviado, haced justicia al huérfano, amparad a la viuda" (Is. 1:11, 16-17; cp. 58:5-7). "Hurtando, matando, adulterando, jurando en falso, e incensando a Baal, y andando tras dioses extraños que no conocisteis, ¿vendréis y os pondréis delante de mí en esta casa sobre la cual es invocado mi nombre, y diréis: Librados somos; para seguir haciendo todas estas abominaciones?" (Jer. 7:9-10). Los judíos sabían, o debían haber sabido, que Dios exigía que estuvieran dispuestos a abandonar el odio y estar a cuentas entre ellos antes de poder estar bien con Él.

La frase **tu hermano tiene algo contra ti** también podría referirse a enojo u odio de parte del hermano. Es decir, aunque no tengamos nada contra él, si está enojado o nos odia debemos hacer todo lo que esté de nuestra parte para reconciliarnos con nuestro hermano. Es evidente que no podemos cambiar el corazón o la actitud de la otra persona, pero nuestro deseo y esfuerzo debe estar en cerrar la brecha hasta donde nos sea posible y no tener ira, aunque la otra persona sí la tenga.

Sin importar quién sea responsable por la rotura de la relación —y a menudo las dos partes tienen culpa— debemos estar dispuestos a la reconciliación antes de ir a adorar delante de Dios. La verdadera adoración no queda realzada mediante una mejor música, mejores oraciones, mejor arquitectura, o incluso mejor predicación. La verdadera adoración queda fortalecida por la buena relación de quienes llegan a adorar. La adoración puede mejorarse manteniéndonos alejados de la iglesia hasta que hayamos hecho las paces con aquellos con quienes sabemos que nuestra relación está tensa o rota.

Cuando en nuestro corazón existe animosidad o pecado de cualquier tipo no puede haber integridad en nuestra adoración. Casi mil años antes de que Cristo predicara el Sermón del Monte el salmista había declarado: "Si en mi corazón hubiese yo mirado a la iniquidad, el Señor no me habría escuchado" (Sal. 66:18). Incluso antes de eso Samuel expresó: "¿Se complace Jehová tanto en los holocaustos y víctimas, como en que se obedezca a las palabras de Jehová? Ciertamente el obedecer es mejor que los sacrificios, y el prestar atención que la grosura de los carneros" (1 S. 15:22).

EL EFECTO EN NUESTRAS RELACIONES CON LOS DEMÁS

Ponte de acuerdo con tu adversario pronto, entre tanto que estás con él en el camino, no sea que el adversario te entregue al juez, y el juez al alguacil, y seas echado en la cárcel. De cierto te digo que no saldrás de allí, hasta que pagues el último cuadrante. (5:25-26)

En esencia estos versículos son un comentario de los dos anteriores. Con el uso de un ejemplo de la costumbre común de encarcelar a una persona por una deuda sin pagar, Jesús enseña que si alguien mantiene una deuda de cualquier clase contra nosotros, debemos arreglar cuentas tan pronto como sea posible antes de que sea demasiado tarde y nos veamos metidos en la cárcel.

El momento de la reconciliación, así como el momento de la salvación, siempre es ahora. Mañana a menudo es demasiado tarde. No debemos permitir que la amargura, el enojo, el odio, o cualquier otro pecado nos mantenga separados de las demás personas, sean quienes sean.

Mientras que en los versículos 23-24 se da la orden de reconciliar tanto a la parte inocente como a la culpable, aquí el enfoque está estrictamente en la parte culpable. La ley romana proveía el hecho de que un demandante pudiera llevar con él al acusado para que enfrentara al juez. Las dos personas en pleito podían resolver el asunto **en el camino,** pero no después de involucrar al tribunal. Si un hombre había hecho daño a un **adversario** (indicando que el problema ya se dirigía al tribunal) debía ponerse **de acuerdo pronto,** es decir, saldar la cuenta con su **adversario** antes de tener que enfrentar el juicio. La secuencia de ir del **juez al alguacil** y después a **la cárcel** muestra el procedimiento típico para tratar con la persona culpable. A fin de evitar juicio y cárcel la persona tenía que pagar hasta **el último cuadrante** (una pequeña moneda romana) que debía.

Este ejemplo describe el pecado contra otra persona, el cual es necesario resolver para no tener que enfrentar una sentencia de parte del Juez divino.

El castigo exacto al que Jesús alude no está claro. Ser echado en la **cárcel** sin poder salir de allí hasta que la deuda esté cancelada es una analogía del castigo divino. La enseñanza básica es clara y obvia: debemos hacer todo lo posible, sin demora alguna, por enderezar nuestra relación con nuestro hermano antes que nuestra relación pueda estar bien con Dios y que podamos evitar el castigo.

Por supuesto, en el sentido más amplio, y puesto que nadie tiene siempre actitudes totalmente correctas hacia otros, ninguna adoración es aceptable. Por eso todo lo que Jesús enseña en este pasaje, así como en el resto del Sermón del Monte, es mostrar la norma absolutamente perfecta de la justicia de Dios y la tarea absolutamente imposible de poder cumplir esa norma con nuestras propias fuerzas. Él hace añicos nuestra propia justicia a fin de llevarnos a su justicia, la única que es aceptable ante Dios.

¿Quién es un adúltero?

28

Oísteis que fue dicho: No cometerás adulterio. Pero yo os digo que cualquiera que mira a una mujer para codiciarla, ya adulteró con ella en su corazón. Por tanto, si tu ojo derecho te es ocasión de caer, sácalo, y échalo de ti; pues mejor te es que se pierda uno de tus miembros, y no que todo tu cuerpo sea echado al infierno. Y si tu mano derecha te es ocasión de caer, córtala, y échala de ti; pues mejor te es que se pierda uno de tus miembros, y no que todo tu cuerpo sea echado al infierno. (5:27-30)

Jesús sigue poniendo al descubierto la arrogante exhibición externa tipificada por los escribas y fariseos mostrando que la única justicia aceptable a Dios es la pureza de corazón. Sin esa pureza la vida externa no hace ninguna diferencia. La evaluación divina se lleva a cabo en el corazón. Él juzga la fuente y el origen del pecado, no su manifestación o falta de manifestación. "Porque cual es su pensamiento [de un individuo] en su corazón, tal es él" (Pr. 23:7), y así es juzgado por Dios (1 S. 16:7).

El segundo ejemplo que Jesús hace de la justicia de corazón tiene que ver con el adulterio y el pecado sexual en general. En los versículos 27-30 se enfoca en la realidad del adulterio, en el deseo que hay detrás de este, y en la liberación de ese adulterio.

EL HECHO

Oísteis que fue dicho: No cometerás adulterio. (5:27)

Al igual que el ejemplo relacionado con el pecado de asesinato (vv. 21-26), este otro comienza con una cita de los Diez Mandamientos (Éx. 20:14). En ambos casos la tradición judía se basaba en la ley de Moisés, al menos de modo superficial.

El sexto mandamiento protege la santidad de la vida, y el séptimo la santidad del matrimonio. Los que confían solo en la justicia externa quebrantan esos dos mandamientos, porque en sus corazones atacan la santidad de la vida y la santidad del matrimonio, aunque exteriormente la atacaran o no. Cuando están enojados o están odiando, cometen asesinato. Cuando desean sexualmente, cometen adulterio. Y cuando hacen cualquiera de esas cosas eligen despreciar la ley de Dios y el nombre de Dios (véase Éx. 20:14; Lv. 20:10; Dt. 5:18).

La ira y el deseo sexual son dos de las influencias más poderosas de la humanidad. La persona que les da rienda suelta pronto descubre que está más controlada por estas cosas que en control de ellas. Todo ser humano ha experimentado tentación a enojarse y al pecado sexual, y en algún momento y hasta cierto grado ha cedido a dichas tentaciones. Debido a eso, todo individuo es culpable delante de Dios tanto de asesinato como de adulterio.

Aunque las tentaciones sexuales han sido fuertes desde la caída del hombre, nuestra época de permisividad y perversión ha traído un gran aumento en esas influencias destructivas que ninguna sociedad en la historia ha tenido antes (véase 2 Ti. 3:13). Nuestra era muestra una tolerancia desenfrenada de la pasión sexual. La gente la propaga, la promueve y la explota a través de los medios de comunicación más poderosos y dominantes jamás antes conocidos por el hombre. Ese parece ser el tema casi más ininterrumpido de entretenimiento de nuestra sociedad. Incluso en círculos académicos y religiosos vemos seminarios, libros, cintas y programas de todo tipo que prometen mejorar el conocimiento, la experiencia, la libertad y el disfrute sexual.

Los medios de comunicación usan el sexo para vender sus productos y ensalzar sus programas. Los delitos sexuales han alcanzado su máximo histórico, mientras que se justifican la infidelidad, el divorcio y la perversión. El matrimonio, la fidelidad sexual y la pureza moral son menospreciados, ridiculizados y provocan risa. Estamos preocupados con el sexo hasta un punto como quizás nunca antes se ha visto en una cultura civilizada.

Sin embargo, la filosofía del hedonismo sexual no es nueva para nuestra época. Era común en los tiempos del Nuevo Testamento, y Pablo la enfrentó con toda energía en Corinto. Su comentario, "las viandas para el vientre, y el vientre para las viandas" (1 Co. 6:13*a*) expresa la idea griega común de que las funciones biológicas son solo funciones biológicas sin ningún significado moral. A fin de justificar el mal comportamiento sexual, esta era una creencia a la que muchos de los creyentes corintios habían vuelto, o a la que nunca habían renunciado. Al parecer estaban sosteniendo, tal como hacen muchos hedonistas de hoy, que el sexo es simplemente un acto biológico, no distinto moralmente de comer, beber o dormir. Pero Pablo refuta firmemente esa idea al seguir diciendo: "Pero tanto al uno como a las otras [es decir, al vientre y a las viandas] destruirá Dios. Pero el cuerpo no es para la fornicación, sino para el Señor, y el Señor para el cuerpo" (v. 13*b*). El cuerpo es más que biológico, como lo revelará el juicio divino. Para los cristianos, el cuerpo es un miembro de Cristo, un templo del Espíritu Santo, y pertenece al Señor y no a nosotros (vv. 15, 19). Por eso nunca debe usarse para cualquier propósito que deshonre al Dios que lo hizo y que mora en él. Los cristianos deben tener solo una respuesta a la tentación sexual: alejarse de ella (v. 18).

La misma filosofía que corrompió a Corinto envuelve hoy día a la mayor parte de la sociedad occidental en un mar de exceso y perversión sexual. En sus diversas formas, la licencia sexual está destruyendo vidas de manera física, moral, mental y espiritual. Está destruyendo matrimonios, familias y hasta comunidades enteras.

A lo largo de la historia algunos cristianos han reaccionado a las tentaciones y los pecados sexuales en modos antibíblicos. Al ver el gran poder del deseo sexual y el gran daño que su expresión desenfrenada puede causar, a veces han concluido que el sexo en sí es malo y que debe condenarse y evitarse por completo. Esa filosofía, comúnmente conocida hoy día como la visión victoriana, era predominante mucho antes de la época de la reina Victoria.

Orígenes (185-254 d.C.), uno de los padres destacados de la iglesia primitiva, estaba tan convencido de su propia pecaminosidad al leer Mateo 5:27-30, que él mismo se castró (*The New International Dictionary of the Christian Church*, ed. James D. Douglas [nueva edición; Grand Rapids, 1974, 1978], p. 733). Pedro Abelardo, un teólogo francés del siglo XII, había llevado una vida piadosa por muchos años. Se enamoró de una joven (Eloísa) y ocasionó que ella quedara embarazada. A fin de protegerla y tratar de rectificar el mal, se casó con ella. No obstante, rumores dañinos habían comenzado a circular, y para no dañar aún más la carrera de Abelardo, Eloísa ingresó a un convento. El tío de ella, enojado ante todo lo que había sucedido, contrató hombres para que penetraran en el domicilio de Abelardo y lo castraran; Abelardo entonces se unió al monasterio de Saint-Denis (*New International Dictionary of the Christian Church*, p. 3).

Pero el escapismo geográfico, la mutilación física, o cualquier otra forma de celibato obligado violan el propósito de Dios (véase He. 13:4) y son tan anti-bíblicos como la inmoralidad sexual. El Señor quiere que su pueblo esté en el mundo pero que no forme parte del mundo (Jn. 17:15-18). Además, debido a que nuestros cuerpos pertenecen a Cristo son templos del Espíritu Santo, y no debemos maltratarlos en *ninguna* manera. Dios creó el sexo y lo ofrece como una bendición para aquellos que lo disfrutan dentro de los límites del matrimonio. Todos los que promueven la abstinencia del matrimonio basándose en que toda expresión sexual es perversa, están "escuchando a espíritus engañadores y a doctrinas de demonios" (véase 1 Ti. 4:1-3). Al hablar de la relación matrimonial, Pablo ordena: "El marido cumpla con la mujer el deber conyugal, y asimismo la mujer con el marido… No os neguéis el uno al otro, a no ser por algún tiempo de mutuo consentimiento, para ocuparos sosegadamente en la oración; y volved a juntaros en uno, para que no os tiente Satanás a causa de vuestra incontinencia" (1 Co. 7:3, 5). La expresión sexual no solo es un privilegio emocionante sino una obligación del matrimonio.

En medio de una advertencia bíblica contra el adulterio se instruye a los esposos: "Sea bendito tu manantial, y alégrate con la mujer de tu juventud, como cierva amada y graciosa gacela. Sus caricias te satisfagan en todo tiempo, y en su amor recréate siempre" (Pr. 5:18-19). Cantar de los Cantares de Salomón está dedicado a la belleza y lo maravilloso del amor marital. Dios ha diseñado y bendecido la expresión sexual dentro del matrimonio, y difamar o denigrar esa expresión adecuada con prácticas como castración o celibato obligado es algo tan perverso como la fornicación, el adulterio, o la homosexualidad.

La solución a la impureza sexual no pude ser externa porque la causa no es externa. Job proclamó: "Si fue mi corazón engañado acerca de mujer, y si estuve acechando a la puerta de mi prójimo, muela para otro mi mujer, y sobre ella otros se encorven. Porque es maldad e iniquidad que han de castigar los jueces" (Job 31:9-11). Ese santo antiguo sabía que la infidelidad física es ante todo un asunto del corazón, y que la lujuria es tan pecaminosa a los ojos de Dios como el acto del adulterio.

La ley mosaica describe al adulterio como uno de los pecados más despreciables y abominables, sancionable con la muerte (Lv. 20:10; Dt. 22:22). En su fuerte oposición al adulterio, la tradición judía parecía ser totalmente bíblica. Cuando los escribas y fariseos le dijeron a Jesús que Moisés les ordenó apedrear a la mujer atrapada en el acto de adulterio, tenían razón (Jn. 8:4-5). Si Jesús no hubiera perdonado el pecado en la mujer, esta habría merecido ser apedreada.

A lo largo del Nuevo Testamento las prohibiciones contra la inmoralidad sexual son tan claras como las del Antiguo Testamento. "Ni los fornicarios, ni los idólatras, ni los adúlteros, ni los afeminados, ni los que se echan con varones… heredarán el reino de Dios" (1 Co. 6:9-10; cp. Gá. 5:19-21; Ap. 2:22). "A los fornicarios y a los adúlteros los juzgará Dios" (He. 13:4). Sin importar cuánto pueda cuidarse mutuamente y cuán profundamente enamorada esté una pareja, las relaciones sexuales fuera del matrimonio son prohibidas. En todo caso, sin excepción se trata de un pecado abominable contra Dios.

En su sentido más técnico, cometer **adulterio** (de *moichaō*) se refiere a relación sexual entre un hombre y una mujer cuando uno de ellos, o ambos, están casados. En el Antiguo y Nuevo Testamentos la palabra se asocia con relaciones sexuales con alguien distinto a la persona con quien se está casado. Que Jesús sugiere aquí que el principio de la pureza sexual puede verse en un sentido más amplio que el adulterio (aunque el adulterio es el punto aquí) parece algo claro por el hecho de que tanto **cualquiera** como **una mujer** son términos amplios que también podrían aplicarse a personas solteras.

EL DESEO

Pero yo os digo que cualquiera que mira a una mujer para codiciarla, ya adulteró con ella en su corazón. (5:28)

El pronombre **yo** (*egō*) es enfático, e indica que Jesús pone su propio mensaje por sobre la autoridad de la reverenciada tradición rabínica. **Mira** (de *blepō*) es un participio presente y se refiere al proceso continuo de observar. En este uso la idea no es la de una mirada casual o involuntaria, sino la de observar de manera intencional y repetida. *Pros to* (**para**) usada con el infinitivo (*epithumēsai*, **codiciarla**) indica un objetivo o una acción que sigue en tiempo a la acción de mirar. Por tanto, Jesús está hablando aquí de observación intencional con el propósito de codiciar. Está hablando del hombre que mira de este modo con el fin de satisfacer su deseo perverso. El Señor está hablando del hombre que ve una película pornográfica, que selecciona un programa de televisión conocido por su orientación sexual, que va a una playa conocida por sus trajes de baño muy cortos, o que hace cualquier cosa con la expectativa y el deseo de excitarse de manera sexual y pecaminosa.

Mirar con lujuria a una mujer no hace que un hombre cometa adulterio en sus pensamientos. Él **ya adulteró con ella en su corazón.** No es la mirada lujuriosa lo que ocasiona el pecado en el corazón, sino que es el pecado en el corazón lo que causa la mirada. La mirada lujuriosa no es más que la expresión de un corazón que ya es inmoral y adúltero. El corazón es el terreno donde están enterradas y empiezan a germinar las semillas del pecado.

Jesús no está hablando de exposición inesperada e inevitable a la tentación sexual. Cuando un hombre ve a una mujer vestida de forma provocativa, sin duda Satanás tratará de tentarlo con pensamientos de lujuria. Pero no hay pecado si la tentación se resiste y la mirada se vuelve hacia otra parte. Lo que Jesús condena es mirar continuamente con el fin de satisfacer deseos lujuriosos, porque esto evidencia un corazón vil e inmoral.

David no tuvo culpa por ver a Betsabé bañándose. Él no pudo haber dejado de notarla porque ella estaba a la vista mientras él caminaba por la terraza del palacio. El pecado de David estuvo en su insistencia en mirar y en sucumbir de modo voluntario a la tentación. Él pudo haber alejado la mirada y sacar la experiencia de su mente. El hecho de que el rey hubiera llevado a Betsabé a sus aposentos y cometiera adulterio con ella expresó el deseo inmoral que ya existía en el corazón de él (véase 2 S. 11:1-4).

Un proverbio popular reza: "Siembra un pensamiento y cosecharás un acto; siembra un acto; y cosecharás un hábito; siembra un hábito y cosecharás un carácter; siembra un carácter y cosecharas un destino". Ese proceso ilustra a la perfección el sentido de Jesús en este pasaje: Termine donde termine, el pecado siempre empieza cuando un mal pensamiento se siembra en la mente y el corazón.

Aunque Jesús usa aquí a un hombre como el ejemplo, la condenación que hace tanto de los pensamientos lujuriosos como de las acciones se aplica por igual a las mujeres, quienes son igualmente susceptibles a miradas lujuriosas, e incluso a incitar a los hombres a la lujuria. Así observa Arthur Pink:

> Si la mirada lujuriosa es un pecado tan grave, entonces quienes se visten y exhiben con el deseo de que las miren y las codicien… no son menos culpables sino tal vez más. En este asunto no solo es muy frecuente el caso de hombres que pecan sino de mujeres que los tientan a hacerlo. Qué grande debe ser la culpa de la gran mayoría de señoritas modernas que de modo deliberado tratan de despertar pasiones sexuales en hombres jóvenes. Y cuán mayor es incluso la culpa de la mayoría de sus madres por permitirles que se conviertan en tentadoras lascivas (*An Exposition of the Sermon on the Mount* [Grand Rapids: Baker, 1974], p. 83).

Job dijo: "Hice pacto con mis ojos; ¿cómo, pues, había yo de mirar a una virgen?… Si mis pasos se apartaron del camino, si mi corazón se fue tras mis ojos, y si algo se pegó a mis manos, siembre yo, y otro coma, y sea arrancada mi siembra" (Job 31:1, 7-8). Job sabía que el pecado empieza en el corazón y que él era tan merecedor del castigo de Dios por mirar lujuriosamente a una mujer como por cometer adulterio con ella. Por tanto, Job determinó con antelación guardarse haciendo un pacto con sus ojos para no mirar a una mujer que pudiera tentarlo.

Así como el corazón adúltero planea exponerse a situaciones para satisfacer la lujuria, el corazón piadoso planea evitarlas siempre que sea posible, y huir de ellas cuando sea inevitable enfrentarlas. Del modo que el corazón adúltero se complace con anticipación, así también el corazón piadoso se protege por adelantado, orando con el salmista: "Aparta mis ojos, que no vean la vanidad; avívame en tu camino. Confirma tu palabra a tu siervo, que te teme" (Sal. 119:37-38). Pablo exhortó a Timoteo a huir "de las pasiones juveniles" y a cultivar un "corazón limpio" (2 Ti. 2:22).

Por eso, al igual que Job, nosotros debemos hacer un pacto con nuestros ojos (y con todas las demás partes de nuestro cuerpo, mente y espíritu) a fin de evitar la lujuria e ir tras la pureza.

LA LIBERACIÓN

Por tanto, si tu ojo derecho te es ocasión de caer, sácalo, y échalo de ti; pues mejor te es que se pierda uno de tus miembros, y no que todo tu cuerpo sea echado al infierno. Y si tu mano derecha te es ocasión de caer, córtala, y échala de ti; pues mejor te es que se pierda uno de tus miembros, y no que todo tu cuerpo sea echado al infierno. (5:29-30)

Jesús señala aquí el camino hacia la liberación del corazón pecador. Al principio su consejo parece incongruente con lo que acababa de decir. Si el problema está en el corazón, ¿en qué ayuda arrancarse un ojo o cortarse una mano? Si se pierde el ojo derecho, el izquierdo seguirá mirando con lujuria, y si la mano derecha se corta, la izquierda seguirá llevando a cabo sus acciones pecaminosas.

Es evidente que Jesús está hablando de modo figurado acerca de estas cosas, físicas o no, que nos hacen ser tentados o nos hacen más susceptibles a la tentación. En la cultura judía el ojo derecho y la mano derecha representaban las mejores y más apreciadas facultadas de un individuo. El ojo derecho representaba la mejor visión de alguien, y la mano derecha las mejores habilidades de esa persona. El planteamiento de Jesús es que debemos estar dispuestos a renunciar a cualquier cosa que sea necesaria, incluso a nuestras posesiones más valiosas, si hacer eso nos puede ayudar a protegernos del mal. Nada es tan valioso como preservar el gran valor de la justicia a cualquier costo. Obviamente, este fuerte mensaje no es para ser interpretado de un modo rígido y literal, de manera que parezca que el Señor está abogando por la mutilación. La mutilación no limpia el corazón. La intención de estas palabras es llamar nuestra atención a la necesidad que tenemos de aplacar de modo dramático los impulsos pecaminosos que nos presionan a cometer acciones perversas (cp. Mt. 18:8-9).

Skandalizō básicamente significa provocar una caída, pero en su forma sustantiva, como aquí (**ocasión de caer**), se usaba a menudo para el señuelo que hace saltar la trampa cuando un animal la toca. Cualquier cosa que moral o espiritualmente nos atrape y nos haga caer en pecado o permanecer en él, debería eliminarse de manera rápida y total. Por ejemplo, una persona casada que se enamora de alguien más que no es su cónyuge está haciendo algo indebido. La relación errada podría ser mutuamente agradable y considerarse satisfactoria, hermosa y llena de recompensas. Pero es totalmente pecaminosa y debería cortarse de inmediato. Lo que es una relación pura y realmente hermosa entre socios matrimoniales, resulta moralmente horrible y repulsiva ante Dios cuando en dicha relación participan un hombre y una mujer si uno de los dos, o ambos, están casados con otra persona.

El mensaje de esta declaración hiperbólica de nuestro Señor es claramente que el pecado debe ser tratado de modo radical. Pablo declaró: "Golpeo mi cuerpo, y lo pongo en servidumbre, no sea que habiendo sido heraldo para otros, yo mismo venga a ser eliminado" (1 Co. 9:27). Si de manera consciente y deliberada no controlamos lo que nos rodea, a dónde vamos, lo que hacemos, lo que vemos y leemos, la compañía que conservamos, y las conversaciones que tenemos, entonces tales cosas nos controlarán. Y lo que no podemos controlar debe desecharse sin ninguna vacilación.

Es obvio que deshacerse de las influencias dañinas no cambiará un corazón corrupto en un corazón puro. Una acción externa no puede producir beneficios internos. Sin embargo, así como el acto externo de adulterio refleja un corazón que ya es adúltero, el acto externo de abandonar todo lo que es dañino refleja un corazón que tiene hambre y sed de justicia. Ese acto externo constituye una protección eficaz, porque viene de un corazón que trata de hacer la voluntad de Dios en lugar de la voluntad propia.

Al igual que Orígenes, San Antonio trató de escapar de la inmoralidad y la lujuria separándose del resto de la sociedad. Se convirtió en ermitaño en el desierto egipcio, donde vivió en pobreza y privación durante treinta y cinco años. Pero según su propio testimonio, nunca en todo ese tiempo se liberó de las preocupaciones y las tentaciones de las que intentaba escapar. Puesto que su corazón aún se hallaba en el mundo, no podía escapar del mundo; y rápidamente descubrió que Satanás, el dios de este mundo, no tuvo dificultad en hallarlo en medio del desierto (William Barclay, *Comentario al Nuevo Testamento* [Barcelona: Editorial Clie, 1999], p. 48).

Jesús vuelve a exponer las normas imposibles de justicia de su reino. Todos los individuos son asesinos y adúlteros. Muchos no se dan cuenta de eso debido a la sutileza del pecado y a su efecto cegador en la mente. Jesús no sugiere que los escribas y fariseos, o alguien más, puedan liberarse de la propensión a pecar. Como siempre, la imposibilidad que el Señor explica tiene un doble propósito: hacer que los hombres y las mujeres pierdan las esperanzas en su propia justicia y busquen la justicia de Dios. El remedio que el Señor ofrece para un corazón malvado es un corazón nuevo, y su respuesta a nuestra impotencia es la suficiencia que Él tiene.

Se cuenta que durante la Guerra Civil una joven bella, popular y muy educada cayó en la prostitución. A sus veintidós años de edad no tenía amigos y estaba destrozada y agonizando en un hospital de Cincinnati. Justo antes de morir en un gélido día invernal escribió un poema en que lamentaba su vida. El poema fue publicado en un periódico al día siguiente, y pronto llamó la comprensiva atención de miles de personas de toda la nación. El poema terminaba con estas líneas:

Desmayando—Helándome—Muriendo—Sola.
Demasiado descarriada para orar, demasiado débil para que mi gemir
Sea escuchado en las calles de la loca ciudad
Enloquecida de alegría por la nieve que ve venir;
Vivo y muero en mi terrible desgracia
Teniendo por lecho y mortaja la nieve hermosa.

No mucho después alguien añadió otro verso:

Indefensa y [débil] asquerosa como la nieve pisoteada.
¡Pecador, no te desesperes! Cristo humillado baja
para rescatar tu alma perdida en pecado,
Y levantarla a la vida y al gozo nunca imaginado.
Gimiendo—Sangrando—Muriendo—Por ti.
¡El Crucificado en el madero colgado!

Los susurros de su misericordia llegan suavemente [a] tu lado.
"¿Hay misericordia para mí? ¿Oirá mi débil oración?
¡Oh Dios! ¡A la sangre que para los pecadores derramaste me acerqué,
Lávame, y más blanco que la nieve seré!"
(Publicado por Chapel Library, Pensacola, Florida, USA,
    http://www.chapellibrary.org/files/archive/pdf-spanish/bsnos.pdf)

Muchos hombres y mujeres van al infierno eterno por causa del engaño de la religión de la justicia propia. La ilusión de que el pecado es solo un problema externo es condenatoria.

Divorcio y segundas nupcias **29**

También fue dicho: Cualquiera que repudie a su mujer, dele carta de divorcio. Pero yo os digo que el que repudia a su mujer, a no ser por causa de fornicación, hace que ella adultere; y el que se casa con la repudiada, comete adulterio. (5:31-32)

Las muchas ideas confusas y contradictorias en nuestros días acerca de la enseñanza bíblica en cuanto al divorcio no las ocasiona ninguna deficiencia en la revelación de Dios, sino el hecho de que el pecado ha nublado las mentes de los hombres a la franca simplicidad de lo que Dios ha dicho. Cuando las personas leen la Palabra de Dios a través de los lentes de sus propias ideas preconcebidas o sus disposiciones carnales, el único resultado posible es una imagen confusa y desconcertante. La confusión no se debe a Dios sino a los seres humanos.

En su libro *La muerte de la familia* (Buenos Aires: Artemisa, 1986) el médico británico David Graham Cooper sugiere que lo mejor que la sociedad puede hacer es abolir por completo la familia. Afirma que esta representa el principal dispositivo acondicionador para un punto de vista imperialista del mundo occidental. Kate Millet, una defensora de la liberación femenina, sostiene en su libro *Sexual Politics* (Madrid, Cátedra, 2010) que la unidad familiar debe desaparecer porque la familia es la que ha oprimido y esclavizado a las mujeres. Ciudad tras ciudad e incluso algunos estados están aprobando legislación que cada vez otorga más derechos a homosexuales. Desde todas partes la familia está siendo atacada directamente o se le está socavando indirectamente.

Sin embargo, Armand Nicoli, famoso psiquiatra de la Facultad de Medicina de Harvard, declara:

> Ciertas tendencias que prevalecen hoy incapacitarán a la familia, destruirán su integridad, y harán que sus miembros padezcan conflictos emocionales tan paralizantes que se convertirán en una carga intolerable para la sociedad. Si algún factor influye en el desarrollo del carácter y la estabilidad emocional del individuo, es la calidad de la relación que este experimenta de niño con *ambos* padres. Por el contrario, si las personas que sufren grave enfermedad emocional no orgánica tienen una experiencia en común, esta es la ausencia de un padre debido a la muerte, el divorcio o alguna otra causa. La inaccesibilidad de los padres, sea física, emocional o de ambas maneras, puede influir profundamente en la salud emocional del hijo ("The Fractured Family: Following It into the Future", *Christianity Today*, 25 mayo 1979).

El doctor Nicoli identifica seis tendencias o situaciones que son las que más destruyen a la familia. Incluyen madres que trabajan fuera de casa cuando sus hijos son pequeños, frecuentes mudanzas familiares, invasión de la televisión, falta de control moral en la sociedad, y falta de comunicación en el hogar. Pero él asegura que la causa principal de los problemas emocionales, y el mayor perjuicio para la familia, es el divorcio. "La tendencia hacia el divorcio rápido y fácil, y la tasa de divorcios cada vez mayor, someten a más y más niños a la realidad de padres física y emocionalmente ausentes". Nicoli afirma que si la tendencia no se invierte "la calidad de vida familiar seguirá deteriorándose, produciendo una sociedad con una incidencia mayor que nunca a la enfermedad mental".

Los efectos dañinos del divorcio en hijos y padres, y en la familia y la sociedad como un todo serían razón más que suficiente para estar preocupados por el problema. Pero la tragedia suprema del divorcio es que transgrede la Palabra de Dios.

En muchas iglesias se minimizan los problemas de divorcio y segundas nupcias, o se les hace caso omiso. Las normas y políticas de la iglesia o no existen o se han acomodado a los caprichos de la congregación. A menudo cuando *se* enfrentan esos problemas no se los trata con una firme base bíblica. Muchos de los líderes de las iglesias admiten no tener un entendimiento claro de lo que la Biblia enseña exactamente en cuanto a lo correcto e incorrecto del divorcio.

Son posibles solo cuatro interpretaciones básicas de la información bíblica sobre el divorcio y las segundas nupcias, todas las cuales las encontramos en varios círculos cristianos. El punto de vista más estricto es que el divorcio no se permite bajo ninguna circunstancia o por ningún motivo. La posición opuesta sostiene que tanto el divorcio como las segundas nupcias son permisibles por cualquier motivo. Los otros dos puntos de vista están entre esos dos extremos. Uno es que el divorcio se permite bajo ciertas circunstancias, pero las segundas nupcias nunca se permiten. El otro es que tanto el divorcio como las segundas nupcias se permiten bajo ciertas circunstancias.

Desde luego, la Biblia en realidad solo enseña una de esas cuatro posibilidades, y tal punto de vista lo ilustra Jesús aquí en Mateo 5:31-32. Al igual que muchas personas hoy día, los judíos de la época de Jesús, caracterizados por los escribas y fariseos, habían desarrollado sus propias normas para divorcio y segundas nupcias, las cuales enseñaban como normas de Dios. En este pasaje Jesús sigue corrigiendo las doctrinas y costumbres equivocadas de las tradiciones rabínicas, reemplazándolas con la verdad.

LA ENSEÑANZA DE LOS ESCRIBAS Y FARISEOS

También fue dicho: Cualquiera que repudie a su mujer, dele carta de divorcio. (5:31)

Fue dicho sigue refiriéndose a "los antiguos" mencionados en el versículo 21, los rabinos y escribas que habían desarrollado las tradiciones judías comúnmente aceptadas en los siglos anteriores, principalmente durante y después del exilio babilónico. Esta es la forma del Señor de poner en su lugar lo que es la antítesis a la enseñanza de Dios.

En la época de Jesús la posición rabínica dominante en cuanto al divorcio, y por extensión a segundas nupcias, era el más liberal de los cuatro puntos de vista antes mencionados: permisividad por cualquier motivo. El único requisito era la entrega de una **carta de divorcio.**

En ese período de la historia judía el divorcio se había vuelto tan fácil y tan casual que un hombre podía despedir a su esposa por cosas tan triviales como quemarle la comida o avergonzarlo frente a sus amistades. A menudo el esposo no se molestaba en dar una razón, ya que no se requería ninguna.

La justificación rabínica para un divorcio tan fácil se basaba en una interpretación errónea de Deuteronomio 24:1-4, la primera mención bíblica de una **carta de divorcio.**

> *Cuando alguno tomare mujer y se casare con ella, si no le agradare por haber hallado en ella alguna cosa indecente, le escribirá carta de divorcio, y se la entregará en su mano, y la despedirá de su casa. Y salida de su casa, podrá ir y casarse con otro hombre. Pero si la aborreciere este último, y le escribiere carta de divorcio, y se la entregare en su mano, y la despidiere de su casa; o si hubiere muerto el postrer hombre que la tomó por mujer, no podrá su primer marido, que la despidió, volverla a tomar para que sea su mujer, después que fue envilecida; porque es abominación delante de Jehová, y no has de pervertir la tierra que Jehová tu Dios te da por heredad.*

El pasaje no está centrado en la cuestión de si el divorcio es permitido o no. No contempla el divorcio, mucho menos lo ordena. Más bien tiene que ver con la declaración de una ley muy estrecha y específica que se dio para tratar con el asunto del adulterio. Muestra cómo el divorcio inapropiado lleva al adulterio, lo cual resulta en deshonra. Por medio de Moisés, Dios reconoció y permitió el divorcio bajo ciertas circunstancias cuando estaba acompañado de una carta, pero, por consiguiente, no lo condonó ni ordenó. El permiso de Dios para el divorcio no fue sino otra adaptación de su gracia al pecado humano (véase Mt. 19:18). En otra ocasión Jesús les explicó a los fariseos: "Por la dureza de vuestro corazón Moisés os permitió repudiar a vuestras mujeres; mas al principio no fue así" (Mt. 19:8).

La carta no arreglaba la situación del divorcio, sino que simplemente daba alguna protección a la mujer. Protegía su reputación de la calumnia y le proveía de una prueba de su libertad legal de su ex esposo y de su consecuente derecho para volver a casarse.

Una traducción literal de la palabra hebrea transcrita "indecente" en Deuteronomio 24:1 es "la desnudez de una cosa". Algunos intérpretes dicen que se refiere a exposición indecente repetida, pero Alfred Edersheim (*Sketches of Jewish Social Life* [(Grand Rapids: Eerdmans, 1976], pp. 157-58) dice que la palabra incluye todo tipo de impropiedad y en general describe mala reputación.

El único otro lugar en toda la Biblia en que se usa ese término hebreo es en el capítulo anterior de Deuteronomio: "Tendrás también entre tus armas una estaca; y cuando estuvieres allí fuera, cavarás con ella, y luego al volverte cubrirás tu excremento; porque Jehová tu Dios anda en medio de tu campamento, para librarte y para entregar a tus enemigos delante de ti; por tanto, tu campamento ha de ser santo, para que él no vea en ti cosa inmunda, y se vuelva de en pos de ti" (23:13-14). "Cosa inmunda" viene de la misma palabra hebrea que "indecente" in 24:1.

El significado de la palabra en Deuteronomio 24 incluye todo tipo de comportamiento impropio, vergonzoso, indecente o indecoroso que avergüence al esposo de una mujer. No puede referirse a adulterio, porque la muerte era el castigo para eso, incluso si ocurría durante el período de compromiso (Lv. 20:10; Dt. 22:22-24).

¿Qué tipo de indecencia, entonces, llevaría a la **carta de divorcio?** Debieron haber sido pecados de infidelidad y promiscuidad que se cometieran sin llegar al acto mismo de adulterio. En cualquier caso, Deuteronomio 24 es claro en que si la mujer volvía a casarse y a divorciarse, o incluso si su segundo esposo moría, ella no podía volver a casarse con su primer esposo, porque había sido "envilecida".

El propósito principal del Señor en Deuteronomio 24:1-4 no era ofrecer una excusa para el divorcio, sino mostrar el daño potencial que ocasionaba. La intención de Dios no fue contemplar la posibilidad del divorcio sino evitarlo. Los versículos 1-3 ofrecen varias cláusulas condicionales que culminan en la prohibición de que un hombre pudiera volver a casarse alguna vez con una mujer de la que se divorció, si ella se casa con alguien más y se separa de ese segundo marido, ya sea por otro divorcio o por muerte. Debido a que no había motivos suficientes para el primer divorcio, el segundo matrimonio sería adúltero. Incluso si el segundo esposo moría, ella no podía regresar al primero, "que la despidió" (v. 4). La mujer fue envilecida (más literalmente, "descalificada") debido a que el adulterio la llevó a su segundo matrimonio, lo cual es el punto principal del pasaje. Entonces Moisés está diciendo que el divorcio por indecencia o promiscuidad crea una situación adúltera.

Por tanto, a los ojos de Dios la concesión de una carta no hacía en sí legítimo un divorcio. Lejos de aprobarlo, Deuteronomio 24:1-4 es una fuerte advertencia acerca del divorcio. El pasaje sugiere, o quizás supone, que un divorcio en condiciones apropiadas, acompañado por una carta, era permitido. No ofrece una provisión divina para el divorcio, sino que más bien muestra que a menudo lleva al adulterio. Incluso por motivos de adulterio, el divorcio se toleraba en la ley de Moisés solo como una alternativa de gracia al castigo capital que el adulterio merecía justamente (Lv. 20:10-14).

La escuela más popular de tradición rabínica en la época de Jesús, según se refleja en el Targum de Palestina (escrito en el siglo i d.C.), interpretaba las palabras de Moisés en Deuteronomio 24:1 como un mandato. Lo que Dios había provisto como un renuente permiso lo habían convertido en un derecho legal.

LA ENSEÑANZA DEL ANTIGUO TESTAMENTO

La enseñanza bíblica acerca del divorcio no puede entenderse aparte de su enseñanza sobre el matrimonio. Inmediatamente después que la mujer fue creada, Dios declaró: "Dejará el hombre a su padre y a su madre, y se unirá a su mujer, y serán una sola carne" (Gn. 2:24). El matrimonio era el plan de Dios, no del hombre, y en el sentido más profundo toda pareja que ha estado casada alguna vez, trátese de creyentes o no, participa en una unión establecida por el Creador mismo. El matrimonio es una institución de Dios.

Desde el principio Dios quiso que el matrimonio monógamo y para toda la vida fuera el único patrón de unión entre hombres y mujeres. "Se unirá" transmite la idea de apego firme y permanente, como con pegamento. En el matrimonio un hombre y una mujer están tan estrechamente unidos que se vuelven "una sola carne", lo cual implica unidad espiritual y física. En el matrimonio Dios junta a un esposo y una esposa en un vínculo físico y espiritual único que alcanza las mismas profundidades de sus almas. Tal como Dios lo diseñó, el matrimonio debe ser la fusión de dos personas en una unidad, la mezcla de dos mentes, dos voluntades, dos series de emociones, dos espíritus. Es un vínculo que el Señor quiere que sea indisoluble mientras ambos cónyuges estén vivos. El Señor creó el sexo y la procreación para que fueran la expresión más plena de esa unidad, y las intimidades del matrimonio no son para compartirlas con ninguno otro ser humano.

Una de las consecuencias más inmediatas y perjudiciales de la caída fue la destrucción de la relación feliz, amorosa y cariñosa entre esposo y esposa. En el huerto, Adán y Eva habían gobernado juntos, con él como la cabeza y ella como su ayuda. La dirección de Adán era una provisión amorosa, cariñosa y comprensiva de liderazgo. El papel de Eva era de sumisión y apoyo amoroso y voluntario. Adán y Eva estaban totalmente dedicados al Señor y el uno al otro.

Sin embargo, los problemas en el matrimonio, al igual que los problemas en todos los demás ámbitos de la existencia terrenal, comenzaron con la caída. El primer pecado del ser humano produjo separación entre el hombre con Dios, entre el hombre y la naturaleza, y entre esposo y esposa. La maldición de Dios sobre Eva y todas las mujeres después de ella fue: "Multiplicaré en gran manera los dolores en tus preñeces; con dolor darás a luz los hijos; y tu deseo será para tu marido, y él se enseñoreará de ti" (Gn. 3:16). La maldición sobre Adán y todo hombre después de él fue: "Maldita será la tierra por tu causa; con dolor comerás de ella todos los días de tu vida. Espinos y cardos te producirá" (v. 17-18).

La caída distorsionó y pervirtió la relación matrimonial. De ahí en adelante el "deseo" de la esposa por su esposo ya no sería anhelo de ayudar sino de controlar, el mismo deseo que tuvo el pecado para Caín (véase Gn. 4:7, donde se usa idéntica construcción hebrea). Por parte del hombre, el "gobierno" que tendría sobre su esposa de ahí en adelante sería de firme control, en oposición al deseo de ella de controlarlo. En la caída comenzó la batalla de los sexos, y desde entonces tanto la liberación femenina como el machismo han nublado y corrompido el plan divino para el matrimonio.

Una de las consecuencias más trágicas de esa batalla es la propensión al divorcio. Pero a la luz del plan perfecto de Dios para el matrimonio (el plan seguido por un breve período en el huerto del Edén) está claro que el divorcio es como si una persona se cortara un brazo o una pierna porque se le ha clavado una astilla. En lugar de tratar con cualquier problema que surja entre esposo y esposa, el divorcio trata de solucionar el problema destruyendo la unión.

En un nivel aún más profundo, el divorcio destruye una unión que Dios mismo ha creado. Por eso es que de modo inequívoco Jesús declara: "Lo que Dios juntó, no lo separe el hombre" (Mt. 19:6). Como su Creador, Dios *no* desea que la unión del matrimonio se rompa. El divorcio es un rechazo a la voluntad de Dios y una destrucción de su obra.

La seriedad con que Dios toma el matrimonio se ve en el castigo por el adulterio. Toda relación sexual fuera del matrimonio es pecaminosa y degradadora, pero cualquier actividad sexual ilícita que involucraba a personas casadas se castigaba con la muerte (Lv. 20:10-14). Dos de los Diez Mandamientos se relacionan con la santidad del matrimonio. No solo está prohibido el acto de adulterio sino incluso la intención de codiciar a la esposa de otro hombre (Éx. 20:14, 17).

La realidad es que en ninguna parte el concepto que Dios tiene de la santidad del matrimonio se resalta más claramente que en el último de los Diez Mandamientos: "No codiciarás la mujer de tu prójimo" (Éx. 20:17). Para una persona casada desear incluso otro compañero era un pecado grave. Según Jesús afirma en Mateo 5:28, el adulterio está prohibido tanto para el cuerpo como para la mente. En Levítico 18:18 Dios fue un paso más allá y prohibió la poligamia. Toda violación del matrimonio monógamo, fiel y de por vida está prohibida por la ley divina.

Dios estableció el matrimonio como la unión física, espiritual y social de un hombre con una mujer, una unión de por vida e indivisible que nunca debe violarse ni romperse. Él confirma su odio absoluto al divorcio en Malaquías 2:13-16.

> *Y esta otra vez haréis cubrir el altar de Jehová de lágrimas, de llanto, y de clamor; así que no miraré más a la ofrenda, para aceptarla con gusto de vuestra mano. Mas diréis: ¿Por qué? Porque Jehová ha atestiguado entre ti y la mujer de tu juventud, contra la cual has sido desleal, siendo ella tu compañera, y la mujer de tu pacto. ¿No hizo él uno, habiendo en él abundancia de espíritu? ¿Y por qué uno? Porque buscaba una descendencia para Dios. Guardaos, pues, en vuestro espíritu, y no seáis desleales para con la mujer de vuestra juventud. Porque Jehová Dios de Israel ha dicho que él aborrece el repudio, y al que cubre de iniquidad su vestido, dijo Jehová de los ejércitos. Guardaos, pues, en vuestro espíritu, y no seáis desleales.*

El hombre que repudia a su esposa hace lo que Dios odia. Tal individuo "cubre de iniquidad su vestido", una traducción literal de lo cual sería: "Cubre de violencia su vestido". Esto recuerda la imagen de una persona que asesina a otra y que es agarrado con la sangre de su víctima salpicada en la ropa. Malaquías nos expresa: "¿No hizo él uno, habiendo en él abundancia de espíritu?", o "ninguno que tenga un remanente del Espíritu lo ha hecho así [divorciarse] (LBLA)". Esa expresión representa una frase hebrea difícil traducir, pero creo que la última traducción ofrece el significado correcto a tales palabras. El Espíritu Santo de Dios nunca forma parte del divorcio.

Muchas personas hoy afirman estar dirigidas por el Señor para divorciarse y tener la paz de Dios después que han abandonado a sus cónyuges. No obstante, Dios sigue declarando por medio de Malaquías que odia el divorcio y, por tanto, da este mandato: "Guardaos, pues, en vuestro espíritu, y no seáis desleales" (v. 16). Sin excepción, el divorcio es un producto del pecado, y Dios lo odia. Él no lo ordena, no lo respalda, ni lo bendice.

Los fariseos usaban una interpretación errónea de Deuteronomio 24:1-4 para defender su idea del divorcio, e interpretaban de manera conveniente ese pasaje como un mandato para el divorcio (Mt. 19:7). Es más, el pasaje no manda ni condona el divorcio. Simplemente lo reconoce como una realidad, al igual que lo hacen otros pasajes del Antiguo Testamento. En Isaías 50:1, por ejemplo, Dios cuestiona a la nación de Israel por la fornicación espiritual en que habían caído: "Así dijo Jehová: ¿Qué es de la carta de repudio de vuestra madre, con la cual yo la repudié?

¿O quiénes son mis acreedores, a quienes yo os he vendido? He aquí que por vuestras maldades sois vendidos, y por vuestras rebeliones fue repudiada vuestra madre".

Jeremías 3:1 contiene una referencia parecida: "Si alguno dejare a su mujer, y yéndose ésta de él se juntare a otro hombre, ¿volverá a ella más? ¿No será tal tierra del todo amancillada? Tú, pues, has fornicado con muchos amigos; mas ¡vuélvete a mí! dice Jehová".

Lejos de estimular el divorcio, la mayoría de referencias al divorcio en el Antiguo Testamento le ponen restricciones. Por ejemplo, Deuteronomio habla de un esposo que falsamente acusa a su esposa de "faltas que [dan] que hablar", por las que "le multarán en cien piezas de plata, las cuales darán al padre de la joven, por cuanto esparció mala fama sobre una virgen de Israel; y la tendrá por mujer, y no podrá despedirla en todos sus días" (22:14, 19). En el mismo capítulo leemos: "Cuando algún hombre hallare a una joven virgen que no fuere desposada, y la tomare y se acostare con ella, y fueren descubiertos; entonces el hombre que se acostó con ella dará al padre de la joven cincuenta piezas de plata, y ella será su mujer, por cuanto la humilló; no la podrá despedir en todos sus días" (vv. 28-29).

Se enseñaba claramente que el divorcio era una profanación para un sacerdote. "Con mujer ramera o infame no se casarán [los sacerdotes], ni con mujer repudiada de su marido; porque el sacerdote es santo a su Dios…. No tomará viuda, ni repudiada, ni infame ni ramera, sino tomará de su pueblo una virgen por mujer" (Lv. 21:7, 14).

En el Antiguo Testamento Dios no condona ni bendice el divorcio. En un caso único (Esd. 10:3-5) Dios ordenó realmente el divorcio a través de su sacerdote Esdras porque la existencia del pueblo de su pacto estaba amenazada (cp. Dt. 7:1-5); pero esa sola excepción no niega el odio que le tiene al divorcio. El llamado de Esdras al divorcio es un ejemplo histórico extremo de seguir el menor de dos males, y se aplica tan solo a la nación del pacto de Israel en esa única situación.

Todo el libro de Oseas es una descripción del amor perdonador y paciente de Dios por Israel, dramatizado por el amor perdonador y paciente de Oseas hacia su esposa Gomer. Ella se prostituyó, abandonó a Oseas, y le fue infiel en toda forma posible. Pero el meollo de la historia es que Oseas fue fiel y perdonador a pesar de lo que su esposa hizo, tal como Dios es fiel y perdonador haga lo que haga su pueblo. Dios mira la unión de esposo y esposa en el mismo modo que mira la unión de Él mismo con los creyentes. Y la manera de Dios de ver las cosas debería ser la manera de su pueblo: amar, perdonar, arrepentirse y buscar la restauración del cónyuge que está dispuesto a ser restaurado.

Aunque el matrimonio de Oseas y Gomer es principalmente un símbolo de la relación de Dios con su pueblo Israel, también es una ilustración adecuada de cómo tratar con un socio matrimonial descarriado. El amor perdonador de Dios busca mantener juntos a los cónyuges. Esa es sin duda la actitud de Cristo en su relación con la Iglesia, mientras reiteradamente perdona a su novia sin desecharla (Ef. 5:22-23).

En un matrimonio debe haber amor perdonador y gracia restauradora, cualidades únicas que hacen del matrimonio un símbolo apropiado del amor perdonador y la gracia perdonadora de Dios. Esa es la magnificencia del matrimonio. Ir tras el divorcio es perder todo el sentido de la dramatización de Dios en la historia de

Oseas y Gomer, perder todo el sentido del amor de nuestro Señor por su Iglesia, y por tanto perder todo el sentido del matrimonio. Dios aborrece el divorcio.

LA ENSEÑANZA DE JESÚS

También fue dicho: Cualquiera que repudie a su mujer, dele carta de divorcio. Pero yo os digo que el que repudia a su mujer, a no ser por causa de fornicación, hace que ella adultere; y el que se casa con la repudiada, comete adulterio. (5:31-32)

Jesús afirma exactamente lo que Moisés enseñó en Deuteronomio 24:1-4: que el divorcio injustificado lleva inevitablemente al adulterio. A los legalistas escribas y fariseos Jesús les estaba diciendo: "Ustedes se creen los grandes maestros y custodios de la ley, pero al permitir el divorcio sin ninguna culpa han ocasionado un gran perjuicio de adulterio para contaminar al pueblo de Dios. Al bajar las normas divinas para que satisfagan las de ustedes han llevado a muchas personas hacia el pecado y el juicio".

Los fariseos interpretaban las instrucciones de Moisés de manera que dijera: "Si usted encuentra en su esposa algo desagradable, divórciese de ella". Ellos veían el trámite como el único problema. Jesús sabía la interpretación pervertida que tenían, y por consiguiente los confrontó.

El error en esta manera de pensar se resalta en 5:27-30. Los escribas y fariseos se enorgullecían del hecho de que no cometían adulterio. Pero Jesús les declaró: "Yo os digo que cualquiera que mira a una mujer para codiciarla, ya adulteró con ella en su corazón" (v. 28). En los versículos 29-30 les muestra que ningún sacrificio es demasiado grande para mantener la pureza moral. Luego en los versículos actuales (31-32) vuelve a acusarlos de que estaban cometiendo adulterio al repudiar a sus esposas. La facilidad con que manejaban el divorcio les permitía evitar el adulterio manifiesto. Solo se requería un poco de papeleo para legalizar la lujuria que sentían.

No obstante, Jesús los confrontó con una interpretación correcta de la ley de Dios. Les dijo que cada vez que sin causa apropiada un hombre dejaba en libertad a su esposa para volver a casarse la obligaba a cometer adulterio, lo cual también lo hacía culpable. Además, el hombre que se casaba con la exesposa y la mujer que se casaba con el exesposo eran igualmente culpables de adulterio. ¡El resultado era un adulterio multiplicado! Lo que Jesús está diciendo es que el divorcio lleva al adulterio.

Algunos intérpretes sostienen que *apoluō* (**repudie**), que tiene el significado básico de dejar en libertad, o abandonar, se refiere solamente a separación, compromiso roto, o deserción. Un punto común de vista de este pasaje es que Jesús está refiriéndose tan solo al divorcio durante el período de compromiso, tal como el mencionado en Mateo 1:18-19. Pero cuando se usaba en el contexto de un hombre y su esposa el significado común de *apoluō* siempre era divorcio, no simplemente separación o rompimiento de un compromiso (cp. Mt. 19:3, 7-9; Mr. 10:2, 4, 11-12; Lc. 16:18).

El término no puede referirse solo a un compromiso roto por varias razones. Primera, el trasfondo del pasaje está en Deuteronomio 24, el cual no trata con compromiso roto sino con matrimonio destruido. Tomar el período de compromiso como un factor limitante en un pasaje que trata estrictamente con el matrimonio y el divorcio (basado en sus raíces del Antiguo Testamento) brinda una restricción ilegítima y no histórica. Si Cristo hubiera tenido en mente el período de compromiso, habría estado agregando algo a la norma del Antiguo Testamento en lugar de comentarlo y observarlo, lo cual habría estado en desacuerdo con su propósito declarado para esta sección del Sermón del Monte (véase 5:17-18).

Segunda, la unión indisoluble en un matrimonio hebreo comenzaba en el compromiso, no en la consumación, como lo ilustran José y María. Él era el "marido" durante el período de compromiso. En el Antiguo Testamento el castigo de pena de muerte por adulterio era el mismo para ambos participantes, y se aplicaba ya fuera que el adulterio se cometiera durante el compromiso o después de la consumación del matrimonio. Antes del compromiso, un hombre y una mujer que cometían fornicación solo estaban obligados a casarse entre sí (Dt. 22:28-29). En ese contexto cultural el compromiso era claramente un elemento del matrimonio.

Tercera, está claro que los judíos que oyeron a Jesús usar el término entendieron que Él se refería al divorcio, porque no hubo ninguna necesidad de clarificar su significado. Deuteronomio 24:1-4, al cual Jesús se refiere en Mateo 5:31, tenía que ver estrictamente con matrimonio y divorcio, no con compromiso, simple separación, o deserción. Jesús no estaba añadiendo ni modificando lo que Moisés había dicho, sino simplemente clarificándolo.

Al divorciarse de su esposa por motivos diferentes al adulterio, un esposo **hace que** su inocente exesposa **adultere** si vuelve a casarse, como se supone que ella haría. Además, según Jesús aclara en Marcos 10:11-12, "cualquiera que repudia a su mujer y se casa con otra, comete adulterio contra ella; y si la mujer repudia a su marido y se casa con otro, comete adulterio". La declaración de Jesús de que **el que se casa con la repudiada, comete adulterio** (cp. Lc. 16:18) completa la imagen. Un hombre o una mujer que no tienen derecho al divorcio no tienen derecho a volver a casarse. Hacer eso inicia toda una cadena de adulterio, porque segundas nupcias después de divorcio ilegítimo resultan en relaciones ilegítimas y adúlteras para todas las partes involucradas.

Cuando se añaden los efectos perjudiciales en los hijos, en otros parientes, y en la sociedad en general, vemos que pocas prácticas igualan al divorcio por su carácter destructivo. No solo ocasiona más pecado sino también confusión, resentimiento, odio, amargura, desesperación, conflicto y dificultades de toda clase.

En Mateo 19 Jesús cita la declaración de Dios en Génesis 2:24: de que "por esto el hombre dejará padre y madre, y se unirá a su mujer, y los dos serán una sola carne" (Mt. 19:5). Y continúa diciendo: "Así que no son ya más dos, sino una sola carne; por tanto, lo que Dios juntó, no lo separe el hombre" (v. 6). La respuesta de los fariseos, "¿Por qué, pues, mandó Moisés dar carta de divorcio, y repudiarla?" (v. 7), traicionó de nuevo la mala interpretación que ellos estaban haciendo de Deuteronomio 24:1-4. Jesús tuvo que explicar: "Por la dureza de vuestro corazón Moisés os permitió repudiar a vuestras mujeres; mas al principio no fue así" (v. 8). Dios nunca "ordenó" el divorcio sino solamente lo "permitió" como una concesión a la humanidad pecadora y porfiada. Es verdad que en Marcos 10:5 Jesús habla de Deuteronomio 24:1-4 como de un mandamiento. Pero la enseñanza allí no es de una orden para divorciarse sino de una orden para no volver a casarse con la persona envilecida que se ha divorciado.

La condición **a no ser por causa de fornicación** no es una salida que Dios provee, sino que es la única causa de divorcio que Él reconoce. Algunas personas dicen que esta "cláusula de excepción" permite el divorcio únicamente para los judíos, y solo en caso de pecado de consanguinidad (casarse con un pariente cercano, una práctica prohibida en Lv. 18). Este punto de vista lo proponen aquellos que desean creer que no existen motivos bíblicos en absoluto para el divorcio entre cristianos. Señalan que la cláusula de excepción aparece únicamente en Mateo, y sostienen que interpretarla de otro modo sería contradecir o añadir a la ley que rige el pecado de adulterio.

Por supuesto, Dios solo tiene que decir una cosa por una sola vez para que sea cierta, así que el hecho de que la cláusula de excepción aparezca únicamente en Mateo no tiene relación con la interpretación adecuada. En realidad, la cláusula de excepción habría sido inapropiada en los contextos de Marcos 10 y Lucas 16. En Mateo 5 y 19 la cláusula se incluye para corregir la tergiversación que los fariseos hacían a la ley de Dios con relación al adulterio. La cláusula de excepción en esos pasajes amplía la enseñanza de Jesús sobre el divorcio en Marcos 10 y Lucas 16, no la contradice.

Jesús no ofrece más consentimiento para el divorcio del que hizo Moisés. El Antiguo Testamento ideal no se ha cambiado. Los permisos para el divorcio en el Antiguo Testamento estaban destinados a solucionar los problemas únicos y prácticos de un pueblo imperfecto y pecador. Dios nunca condonó el divorcio, porque lo que Él une no lo debe separar el hombre (Mt. 19:6). El adulterio, otra realidad que Dios nunca quiso, es lo único que puede romper el vínculo matrimonial. Es más, bajo la ley del Antiguo Testamento el adulterio necesariamente disolvía un matrimonio, porque la parte culpable era condenada a muerte (Lv. 20:10).

Debido a que Jesús menciona específicamente que el divorcio es permisible por causa de adulterio (Mt. 5:32; 19:9), y a que también específicamente dice que no vino a contradecir o anular la parte más pequeña de la ley (5:18-19), parece evidente que en algún momento durante la historia de Israel el divorcio se permitió para que tomara el lugar de la ejecución como castigo legítimo por el adulterio. Ningún pasaje del Antiguo Testamento autoriza de modo específico el divorcio, pero eso no significa que Dios no diera revelación específica al respecto. Basado en su propia identificación y regulación del divorcio, y en su divorcio divino de Israel y Judá (Jer. 3:8), podemos suponer que las instrucciones divinas para el divorcio se habían dado de modo oral o por revelación escrita no preservada en las Escrituras. Dios se divorció de Israel y Judá por adulterio espiritual en lugar de darles muerte. También José, un hombre justo, estaba preparado para divorciarse de María en lugar de apedrearla por el supuesto adulterio de ella (Mt. 1:19).

¿Por qué Dios permitió el divorcio para reemplazar la pena de muerte? La respuesta podría haber sido que Israel se había sumergido de modo tan completo en la inmoralidad, que no había quedado suficiente voluntad de justicia en el pueblo para llevar a cabo las ejecuciones por ese delito. Finalmente, Dios en su misericordia eligió no aplicar la pena de muerte. Eso es coherente con la naturaleza divina revelada en Jesús, quien retó a los fariseos que estaban a punto de apedrear a una mujer por adulterio y luego la perdonó (Jn. 8:7). Aparte de la pena de muerte, el divorcio se convirtió en la alternativa divina, tolerado solo debido a la dureza del corazón humano, tal como Jesús declara en Mateo 19:8.

El divorcio nunca fue *ordenado,* ni siquiera por adulterio. De lo contrario Dios habría dado su notificación de divorcio a Israel y Judá mucho tiempo antes de que lo hiciera. Un cobro legítimo para el divorcio era permitido por adulterio, pero nunca fue ordenado o exigido. Era un último recurso, para ser usado solo cuando la inmoralidad sin arrepentimiento había agotado la paciencia del cónyuge inocente, y el culpable no querría ser restaurado.

Si Dios permitió el divorcio en lugar de muerte como una concesión compasiva para la pecaminosidad del hombre, ¿por qué no permitió también las segundas nupcias, ya que estas serían perfectamente permitidas bajo la ley original de muerte para el adúltero? Después de todo, el propósito del divorcio era mostrar misericordia a la parte culpable, no sentenciar a la parte inocente a una vida de soledad y miseria.

Fornicación (*porneia*) se refiere a cualquier relación sexual ilícita, sea que las partes estén casadas o no. Se trataba de un término amplio que incluía adulterio, según indican otros textos que usan una forma de *porneia* ("inmoralidad sexual", 1 Co. 10:8, NVI; 1 Co. 5:1; "inmoralidades sexuales" Ap. 2:14, NVI). Debido a que Mateo 5:31-32 se centra en el matrimonio y el divorcio, el adulterio sería la principal expresión de **fornicación** involucrada aquí. Pero *porneia* también incluía incesto, prostitución, homosexualidad y bestialismo, todos ellos actos sexuales por los cuales el Antiguo Testamento exigía pena de muerte (Lv. 20:10-14). En otras palabras, cualquiera de esas actividades sexuales pervertidas era un motivo permisible para el divorcio.

Jesús no defiende el divorcio en tales casos, mucho menos lo exige. Simplemente dice que el divorcio y las segundas nupcias por cualquier otro motivo siempre conducen al adulterio. Siendo Dios, Jesús aborrece el divorcio (Mal. 2:16), pero implícitamente reconoce que hay ocasiones en que no resulta en adulterio. La parte inocente que ha hecho todo lo posible por salvar el matrimonio es libre para volver a casarse si su cónyuge insiste en adulterio continuo o en divorcio.

Jesús deja en claro que Dios todavía aborrece el divorcio y que su ideal aún es el matrimonio monógamo y de por vida. Pero como una concesión al pecado y una provisión de gracia para aquellos que son inocentes de profanar el matrimonio, Él permite el divorcio por el motivo único de **fornicación.**

En 1 Corintios Pablo añade un motivo más legítimo para el divorcio y las posteriores segundas nupcias. "A los demás yo digo, no el Señor: Si algún hermano tiene mujer que no sea creyente, y ella consiente en vivir con él, no la abandone. Y si una mujer tiene marido que no sea creyente, y él consiente en vivir con ella, no lo abandone" (7:12-13). Después de dar la razón para esa enseñanza, añade: "Pero si el incrédulo se separa, sepárese; pues no está el hermano o la hermana sujeto a servidumbre en semejante caso, sino que a paz nos llamó Dios" (v. 15). La palabra griega traducida "separa" (*chōrizō*) a menudo se usaba para divorcio. Por tanto, si un cónyuge incrédulo deserta o se divorcia de un creyente, el creyente ya no está atado y es libre para volver a casarse. (Para un estudio adicional sobre este pasaje, véase el comentario del autor *1 y 2 Corintios* [Grand Rapids, MI: Editorial Portavoz, 1984], pp. 194-198).

30

Falta de credibilidad espiritual

Además habéis oído que fue dicho a los antiguos: No perjurarás, sino cumplirás al Señor tus juramentos. Pero yo os digo: No juréis en ninguna manera; ni por el cielo, porque es el trono de Dios; ni por la tierra, porque es el estrado de sus pies; ni por Jerusalén, porque es la ciudad del gran Rey. Ni por tu cabeza jurarás, porque no puedes hacer blanco o negro un solo cabello. Pero sea vuestro hablar: Sí, sí; no, no; porque lo que es más de esto, de mal procede. (5:33-37)

La falta de credibilidad no es un resultado de los tiempos modernos. Ha existido desde la caída y continuamente ha sido una de las características principales del sistema mundial. Satanás es el príncipe de este mundo, y ya que no solo es en sí un mentiroso, sino que también es "padre de mentira" (Jn. 8:44), no debería sorprender que el sistema que dirige esté caracterizado por la mentira. Debido a que todos los hombres nacen en pecado, todos nacen mentirosos (véase Sal. 58:3; 62:4; Jer. 9:3-5).

La falta natural de credibilidad se amplía aún más por medio de novelas, películas, televisión, música y publicidad popular, en todo lo cual la verdad, la fantasía y la mentira pura se mezclan en formas imposibles de descifrarse. La verdad es tan escasa que casi todo el mundo es sospechoso. Negociantes, anunciantes, comentaristas, oficinistas, vendedores, abogados, médicos, comerciantes, maestros, escritores, políticos e incluso muchos, si no la mayoría de predicadores, son sospechosos. Toda nuestra sociedad está construida en gran parte en una red de mentira, de "verdad" manufacturada. Ensombrecemos la verdad, engañamos, exageramos, falsificamos deducciones de impuestos, hacemos promesas que no tenemos intención de cumplir, inventamos excusas, y traicionamos confianzas… todo como un asunto de la vida cotidiana normal.

Gran parte de las empresas, la política, el gobierno, el sistema educativo, la ciencia, la religión, y hasta la vida familiar se construye en tantas mentiras y medias verdades que una revelación repentina de toda la verdad ocasionaría que la sociedad como la conocemos se desintegrara. Sería algo demasiado devastador de manejar.

Sin embargo, hasta las sociedades más corruptas y engañosas siempre se han dado cuenta de que, al menos en ciertos ámbitos, es necesaria la "auténtica verdad". Los tribunales de justicia requieren testigos que digan la verdad, toda la verdad, y nada más que la verdad. Sin verdad, hasta una apariencia de justicia sería imposible. Debido a la extrema importancia de testimonio veraz para la justicia, el perjurio mismo es un delito que puede llevar a sanciones severas. Incluso pandillas de delincuentes y conspiradores, que utilizan la mentira y el engaño como sus recursos principales, exigen la verdad entre ellos mismos, porque es necesaria para su propia sobrevivencia.

Individualmente, los hombres están inclinados a la verdad solo cuando esta los beneficia, pero colectivamente siempre han conocido algo de su importancia y legitimidad, incluso fuera de los tribunales de justicia. El gran orador romano Cicerón declaró: "La verdad es lo más exaltado que un hombre puede experimentar". Lo triste es que esta es una experiencia muy poco frecuente para la mayoría de personas. Daniel Webster escribió: "No hay nada tan poderoso como la verdad, y a menudo nada más extraño".

Aun los antiguos rabinos judíos, cuyas tradiciones antibíblicas y su ligereza con la verdad Jesús reta en el Sermón del Monte, de manera moralista consideraron la mentira —junto con la burla, la hipocresía y la calumnia— como uno de los cuatro grandes pecados que dejaban fuera de la presencia de Dios a una persona. En sus conciencias los hombres saben que la verdad es justa y esencial. Por eso es que llegan a tales extremos de hacer que lo que dicen *parezca* ser veraz. Nuestro problema está en *ser* veraces.

Los judíos de la época de Jesús veneraban la idea de verdad en principio, pero en la práctica se encontraba sepultada bajo el sistema de tradición que tenían, la cual a lo largo de los siglos había reducido continuamente la ley de Dios para que se acomodara a sus propias perspectivas y propósitos pecaminosos. En Mateo 5:33-37 el Señor procede a poner al descubierto sus distorsiones y contradicciones prácticas de la revelación divina que afirmaban amar y enseñar. En estos cinco versículos Jesús establece la enseñanza original mosaica, la perversión tradicional de esa enseñanza, y el nuevo énfasis de lo que siempre ha sido la norma de Dios para la verdad.

EL PRINCIPIO DE LA LEY MOSAICA

Además habéis oído que fue dicho a los antiguos: No perjurarás, sino cumplirás al Señor tus juramentos. (5:33)

La enseñanza tradicional que Jesús cita aquí era una combinación de ideas basadas en Levítico 19:12, Números 30:2, y Deuteronomio 23:21. Tanto los perjurios como los **juramentos** que se mencionan aquí son dos términos griegos diferentes pero relacionados. El primero es del verbo *epiorkeō*, que significa mentir, jurar en falso, hacer falsos votos. El segundo es del sustantivo *horkos*, que literalmente significa estar encerrado, como con una valla, o unido. La verdad de un juramento o voto está encerrada, unida y por tanto fortalecida por aquello que está invocado en su nombre.

Encontramos una descripción clara de un juramento en el libro de Hebreos: "Los hombres ciertamente juran por uno mayor que ellos, y para ellos el fin de toda controversia es el juramento para confirmación" (6:16). El nombre de algo o alguien mayor que la persona que hace el juramento se invoca para dar mayor credibilidad a lo que se dice. Cualquier juramento en el que se invoca a Dios lo invita a presenciar la veracidad de lo que se dice, o a vengarse si se trata de una mentira. Por tanto, un juramento se tomaba generalmente como la verdad absoluta, la cual ponía "fin a toda controversia", porque invitaba el juicio sobre aquel que violaba su palabra. Los judíos que regresaron del exilio babilonio a Israel "se reunieron… para protestar y jurar que andarían en la ley de Dios" (Neh. 10:29).

Dios proveyó para hacer juramentos por su nombre (Lv. 19:12) y muchos santos del Antiguo Testamento, antes y después de la entrega de la ley, siguieron la práctica. Abraham confirmó sus promesas al rey de Sodoma (Gn. 14:22-24) y a Abimelec (21:23-24) con juramentos en el nombre de Dios. También hizo que su siervo jurara "por Jehová, Dios de los cielos y Dios de la tierra" que no tomaría esposa para Isaac de entre los paganos cananeos que los rodeaba sino de entre los parientes en la patria de Abraham de Mesopotamia (24:1-4, 10). Un juramento similar relacionado involucró a Isaac (26:31). Jacob y Labán su suegro invocaron a Dios como testigo cuando hicieron un pacto entre ellos en Mizpa (31:44-53). David y Jonatán hicieron lo mismo cuando pactaron juntos (1 S. 20:16). David mismo "juró a Jehová, y prometió al Fuerte de Jacob" (Sal. 132:2). Todos esos grandes hombres de Dios, y muchos más, hicieron juramentos y pactos en que invocaron a Dios como testigo de la veracidad y sinceridad que tenían (véase Gn. 47:31; 50:25; Jos. 9:15; Jue. 21:5; Rt. 1:16-18; 2 S. 15:21; 2 Cr. 15:14-15).

Incluso Dios mismo hizo juramentos en ciertas ocasiones. A Abraham le dijo: "Por mí mismo he jurado, dice Jehová, que por cuanto has hecho esto, y no me has rehusado tu hijo, tu único hijo; de cierto te bendeciré, y multiplicaré tu descendencia como las estrellas del cielo y como la arena que está a la orilla del mar; y tu descendencia poseerá las puertas de sus enemigos" (Gn. 22:16-17). Según explica el escritor de Hebreos, ya que Dios "no pudiendo jurar por otro mayor, juró por sí mismo" (He. 6:13, cp. v. 17). Es evidente que las promesas del Señor hechas con un juramento no fueron más veraces o vinculantes que cualquier otra cosa que prometió. No es que Dios hace un juramento porque de otro modo su palabra sería cuestionable o no fiable, sino porque desea enfatizar a los hombres una importancia o urgencia especial relacionada con la promesa. (Más referencias a juramentos divinos se mencionan en Sal. 89:3, 49; 110:4; Jer. 11:5; y Lc. 1:73).

Jesús usó muchas veces la frase "de cierto os digo" (Mt. 5:18, 26; 6:2, 5, 16; 8:10; 10:15, 23, 42; 11:11; 13:17; 16:28; 17:20; 18:3, 13, 18; 19:23, 28; 21:21, 31; 23:36; 24:2, 34; 47; 25:12, 40.), y la aún más enfática "de cierto, de cierto os digo" (Jn. 1:51; 3:3, 5; 5:19, 24) para llamar la atención a una enseñanza de importancia especial. Al igual que los juramentos de Dios, las palabras que Jesús presenta con "de cierto" no son más veraces que cualquier otra cosa que manifestara, pero enfatizan la importancia singular de algunas de sus enseñanzas. Es importante señalar que Jesús mismo hizo un juramento delante de Caifás de que Él era el Cristo, el Hijo de Dios (Mt. 26:63-64).

Dios proveyó la manera apropiada de hacer juramentos en su nombre como un acomodo a la naturaleza pecadora humana, la cual es tan propensa a engañar y mentir. Sin ningún tipo de prohibición, Hebreos 6:16 afirma el lugar de los juramentos adecuados. Dios sabe que la inclinación de los hombres a mentir les hace desconfiar unos de otros, y en situaciones graves un juramento es permisible a fin de dar mayor motivación para decir la verdad o para cumplir una promesa. Realizar votos matrimoniales, con Dios como testigo, de amar y respetar a nuestros cónyuges mientras ambos vivamos es reconocer y hacer un compromiso firme de honrar la santidad especial que Dios pone en el matrimonio. Al describir el tipo de persona que puede entrar a la presencia santa de Dios, el salmista aclara que un requisito obligatorio es que tal persona "aun jurando en daño suyo, no por eso cambia" (Sal. 15:1, 4). La palabra de ese ser humano es más importante que su bienestar. Cumplir juramentos hechos a Dios es la característica de un verdadero adorador. Dicho de otra manera, los verdaderos hijos del reino aborrecen la mentira (Sal. 119:29, 163; 120:2).

Obviamente un juramento, por fuertes que sean las palabras usadas, solo es tan confiable como aquel que lo hace. Mientras Pedro se hallaba en el patio exterior del sanedrín cuando estaban juzgando a Jesús, una criada aseveró: "Tú también estabas con Jesús el galileo", a lo cual Pedro replicó: "No sé lo que dices". Cuando otra criada hizo una declaración similar poco tiempo después, Pedro "negó otra vez con juramento". Aún más tarde, cuando otras de las personas presentes hicieron la misma aseveración, Pedro "comenzó a maldecir, y a jurar: No conozco al hombre" (Mt. 26:69-74). Ese juramento no fue blasfemia, sino un juramento dado con vehemencia especial. Pedro incrementó la fuerza de su juramento, pero eso no aumentó la verdad de lo que decía. Era bastante malo haber mentido; era aún peor invocar a Dios como testigo de la mentira. Además de negar a su Señor, Pedro utilizó el nombre de Dios en vano. No es de extrañar que "saliendo fuera, [llorara] amargamente" (v. 75).

A veces los juramentos se hacen de modo sincero pero insensato, sin considerar la seriedad y las posibles consecuencias que traen. Tales juramentos impulsivos fueron hechos por Josué (Jos. 9:15), Jefté (Jue. 11:30-31), Saúl (1 S. 14:24), y Herodes (Mt. 14:7). Por la ley del Antiguo Testamento, los juramentos debían hacerse solo en nombre de Dios. "A Jehová tu Dios temerás, y a él solo servirás, y por su nombre jurarás" (Dt. 6:13; cp. 10:20). "El que se bendijere en la tierra, en el Dios de verdad se bendecirá; y el que jurare en la tierra, por el Dios de verdad jurará" (Is. 65:16). Incluso los gentiles debían jurar solo por el nombre de Dios. De los malvados vecinos de Israel, el Señor manifestó: "Si cuidadosamente aprendieren los caminos de mi pueblo, para jurar en mi nombre, diciendo: Vive Jehová... ellos serán prosperados en medio de mi pueblo" (Jer. 12:16).

Dios estableció la seriedad de cumplir un juramento. Incluso "si alguno jurare a la ligera con sus labios hacer mal o hacer bien, en cualquiera cosa que el hombre profiere con juramento, y él no lo entendiere; si después lo entiende... confesará aquello en que pecó, y para su expiación traerá a Jehová por su pecado que cometió" (Lv. 5:4-6). Josué 9:20 enfatiza lo esencial de cumplir un juramento, "para que no venga ira sobre nosotros por causa del juramento que les hemos hecho".

LA PERVERSIÓN DE LA TRADICIÓN RABÍNICA

La tradición que Jesús menciona en el versículo 33 parecía ser bíblica, pero tenía varias fallas que la ponían por debajo de lo que el Antiguo Testamento realmente enseñaba. Primero, le faltaba un ingrediente, y segundo, tenía un énfasis inapropiado.

El ingrediente que faltaba era una circunstancia adecuada para hacer un juramento. Prácticamente todo tipo de juramento, usado para casi todo tipo de propósito, era aceptable... con tal que no fuera falso y que la persona lo cumpliera. El ingrediente faltante de una circunstancia seria provocaba juramentos frívolos y sin sentido que corrompían por completo el propósito legítimo de los juramentos. Las personas declaraban cualquier cosa y prometían cualquier cosa con un juramento, aunque no tenían reparo en proveer medios por los cuales aún se pudiera mentir o faltar a la palabra. Los votos indiscriminados e insinceros se volvieron tan comunes que nadie los tomaba en serio. En lugar de ser una característica de integridad, se convirtieron en una marca de engaño. En vez de provocar confianza, incitaban escepticismo.

El énfasis equivocado estaba en limitar los juramentos sinceros solo a los que se hacían **al Señor,** a los que se le hacían directamente a Él o en su nombre. Cumplir esos juramentos era obligatorio, mientras que cumplir los otros era opcional.

El sistema de juramentos entre una persona y otra era como X-King, un juego de gigantes por Internet. La gente juraba por el cielo, por la tierra, por el templo, por los cabellos en sus cabezas, y por cualquier otra cosa que creían que impresionaría a quienes querían aprovecharse. Ese tipo de rutina de hacer juramentos por lo general solo era invención de mentiras; y quienes tenían esta práctica la consideraban perfectamente aceptable mientras no hicieran los juramentos en el nombre del Señor.

El mandato "no juraréis falsamente por mi nombre" (Lv. 19:12) se interpretaba de manera conveniente con el significado de que jurar falsamente por cualquier otro nombre sí era permitido. El mandato, "cuando alguno hiciere voto a Jehová, o hiciere juramento ligando su alma con obligación, no quebrantará su palabra; hará conforme a todo lo que salió de su boca" (Nm. 30:2), se interpretaba como que sí se permitía renegar juramentos hechos a cualquier otra persona que no fuera Dios.

De este modo, a través de la tradición rabínica se contradecía la norma divina de veracidad absoluta y se la reducía a un nivel que se acomodaba a las capacidades y propósitos pecaminosos y egoístas de la gente. Las personas querían mentir, pero no querían ser obstaculizadas por la norma absoluta de la verdad de Dios. En lugar de clamar al Señor para que les ayude a vivir según la norma divina, reducían esa norma para adaptarla a sus propios intereses y habilidades carnales.

LA PERSPECTIVA DE LA VERDAD DIVINA

Pero yo os digo: No juréis en ninguna manera; ni por el cielo, porque es el trono de Dios; ni por la tierra, porque es el estrado de sus pies; ni por Jerusalén, porque es la ciudad del gran Rey. Ni por tu cabeza jurarás, porque no puedes hacer blanco o negro un solo cabello. Pero sea vuestro hablar: Sí, sí; no, no; porque lo que es más de esto, de mal procede. (5:34-37)

En contraste con tales alteraciones de la voluntad divina, Jesús simplemente reafirma la norma del Antiguo Testamento que a causa de la tradición se había malinterpretado y pervertido: **No juréis en ninguna manera.** Los juramentos solo deben usarse en ocasiones importantes y deben hacerse solo en el nombre del Señor. Aunque la construcción griega aquí es un negativo incondicional (*mē... holōs*), eso no prohíbe todos los juramentos. La explicación del comentarista William Hendriksen es útil: "Lo que tenemos aquí en Mateo 5:33-37 (cp. Stg. 5:12) es la condenación del juramento ligero, pecaminoso, inadecuado y a menudo hipócrita, usado con el fin de impresionar o sazonar la conversación diaria. Frente a ese mal Jesús elogia la veracidad sencilla en pensamiento, palabra y hecho" (*Exposition of the Gospel According to Matthew* [Grand Rapids: Baker, 1973], p. 309).

A la luz de la enseñanza específica del Antiguo Testamento de aprobar juramentos, a la luz del uso que Jesús hace de frases tales como "de cierto, de cierto", y a la luz de que Dios mismo hace juramentos que corresponden a los de los hombres (He. 6:13-17; cp. Lc. 1:73; Hch. 2:30), difícilmente puede ser correcto, según muchos interpretan este pasaje, que Jesús prohíba aquí que se hagan juramentos bajo cualquier circunstancia. (Para un estudio de los juramentos, véase Meredith G. Kline, *The Treaty of the Great King* [Grand Rapids: Eerdmans, 1963]; y *Zondervan Pictorial Encyclopedia of the Bible* [Grand Rapids: Zondervan, sin fecha], p. 478). Jesús acababa de declarar que no había venido a abrogar la más mínima parte de la ley (Mt. 5:17-18), una ley que enseñaba la manera correcta de hacer juramentos tanto por precepto como por ejemplo. Además, en los primeros días de la iglesia incluso el apóstol Pablo ofreció un tipo de juramento al decir a los romanos: "Verdad digo en Cristo, no miento, y mi conciencia me da testimonio en el Espíritu Santo" (Ro. 9:1). El apóstol invocó a Cristo y al Espíritu Santo como testigos junto con su propia conciencia respecto a la veracidad de lo que estaba a punto de declarar. Eso es jurar por Dios.

Así que, de conformidad con la norma del Antiguo Testamento, no debemos jurar por ningún otro nombre que no sea el de Dios: **ni por el cielo, porque es el trono de Dios; ni por la tierra, porque es el estrado de sus pies; ni por Jerusalén, porque es la ciudad del gran Rey.** Apelar al **cielo, la tierra,** a **Jerusalén** y a otras cosas por el estilo era considerado como algo menos vinculante por la mayoría de judíos que hacían juramentos. Esas eran cosas grandes y fabulosas que daban un aura de poder, importancia y veracidad a lo que se decía o se prometía en nombre de ellas. Pero debido a que esas cosas eran muchísimo menos que Dios, los judíos hacían de los juramentos en nombre de estas cosas algo mucho menos vinculante que un juramento hecho en nombre de Dios. Aun menos vinculante sería un juramento hecho simplemente por la cabeza de alguien.

La actitud común hacia los juramentos también se ve en la gran serie de condenas que Jesús pronunció en Mateo 23 contra los dirigentes judíos hipócritas. "¡Ay de vosotros, guías ciegos! que decís: Si alguno jura por el templo, no es nada; pero si alguno jura por el oro del templo, es deudor… También decís: Si alguno jura por el altar, no es nada; pero si alguno jura por la ofrenda que está sobre él, es deudor" (vv. 16, 18). En primer lugar, Jesús expuso la total falta de lógica en la costumbre de los dirigentes judíos. "¡Insensatos y ciegos! porque ¿cuál es mayor, el oro, o el templo que santifica al oro?… ¡Necios y ciegos! porque ¿cuál es mayor, la ofrenda, o el altar que santifica la ofrenda? Pues el que jura por el altar, jura por él, y por todo lo que está sobre él" (vv. 17, 19-20). Jesús pregunta: ¿Por qué torcida lógica lo que es *menos* valioso debe hacer *más* vinculante a un juramento?

Pero el mayor error en el sistema no estaba en su lógica sino en su carácter engañoso y deshonesto básico. Como cuestión de política aceptada, algunos juramentos se usaban para socavar el mismo propósito al cual supuestamente estaban destinados a servir: la verdad. A pesar del hecho de que un juramento se da para reforzar y enfatizar la veracidad de una declaración o la confiabilidad de una promesa, con los años se había desarrollado un sistema complicado de duplicidad que prácticamente promovía el uso de juramentos para engañar.

Por eso Jesús siguió condenando aún más el sistema: "El que jura por el templo, jura por él, y por el que lo habita; y el que jura por el cielo, jura por el trono de Dios, y por aquel que está sentado en él" (vv. 21-22). Donde sea y como sea que la verdad se profane, el nombre de Dios es profanado.

El planteamiento de Jesús era que Dios es el Creador y Señor de todo, y que es el Dios de verdad en todo. Invocar de manera irresponsable y deshonesta a cualquier parte de la creación como testigo de un falso juramento era deshonrar al mismo Dios, ya sea que su nombre se invocara o no. Deshonrar y comprometer cualquier verdad es deshonrar y comprometer la verdad divina. El **cielo** es de Dios, la **tierra** es de Dios, **Jerusalén** es de Dios, y la **cabeza** de una persona es de Dios. De ahí que es perverso y pecaminoso usar cualquier cosa de Dios, sea su nombre o una parte de su creación, como testigo de algo que es deshonesto, engañoso, insincero, o astutamente falso en lo más mínimo. Dios no tiene categorías separadas entre lo sagrado y lo secular. Todo lo que le pertenece es sagrado, y toda verdad es su verdad, así como toda la creación es su creación. Toda mentira es contra Dios, y por tanto *todo* falso juramento deshonra su nombre.

William Barclay comenta: "Aquí tenemos una gran verdad eterna. La vida no se puede dividir en compartimientos estancos, en algunos de los cuales está Dios y en otros no. No puede haber una clase de lenguaje en la iglesia, y otra en el mercado, en la fábrica o en la oficina. No puede haber un nivel de conducta en la iglesia y otro en el mundo de los negocios. El hecho es que Dios no necesita que se [le] invite a ciertos departamentos de la vida, y se [le] impida la entrada en otros. [Él] está en todo; en toda la vida y en todas las actividades. No oye sólo lo que [le] decimos en la iglesia dirigiéndonos a Él por nombre. Lo oye todo. No puede haber ciertas expresiones que eviten qué esté implicado en una transacción. Consideraremos sagradas todas las promesas si tenemos presente que siempre se hacen en Su presencia" (*Comentario al Nuevo Testamento* [Barcelona: Editorial Clie, 1999], p. 50).

La verdad no tiene grados ni matices. Una verdad a medias es una mentira completa, y una mentira blanca en realidad es negra. Dios nunca ha tenido ninguna norma inferior a la veracidad absoluta. De toda persona Él desea "verdad en lo íntimo" (Sal. 51:6). Entre las cosas que Él aborrece está especialmente "la lengua mentirosa" (Pr. 6:16-17), y "los labios mentirosos son abominación a Jehová" (12:22). Así como Dios odia la mentira, también lo hacen quienes le pertenecen (Sal. 119:163). Los que "se descarriaron hablando mentira desde que nacieron. Veneno tienen como veneno de serpiente" (Sal. 58:3-4). Jeremías lloró por los israelitas porque "no se fortalecieron para la verdad en la tierra" (Jer. 9:3). El destino de los mentirosos es el lago de fuego (Ap. 21:8).

La norma absoluta e inmutable de Dios es verdad y sinceridad en *todo*. No solo que los juramentos deben ser totalmente sinceros y confiables, sino que hasta la mayoría de conversaciones rutinarias deben ser veraces en todo sentido. **Pero sea vuestro hablar: Sí, sí; no, no; porque lo que es más de esto, de mal procede. Hablar** proviene de *logos*, cuyo significado básico es simplemente "palabra". Toda palabra normal en el transcurso del habla cotidiana deber ser veraz, sin adornos e incondicional en cuanto a su veracidad. Las palabras o los discursos (según se usa *logos* en Hch. 20:7; 1 Co. 2:1; 4:19; y Tit. 2:8) de una persona deberían ser tan buenos como su garantía, y tan buenos como su juramento o voto. Santiago aconseja: "Pero sobre todo, hermanos míos, no juréis, ni por el cielo, ni por la tierra, ni por ningún otro juramento; sino que vuestro sí sea sí, y vuestro no sea no, para que no caigáis en condenación" (Stg. 5:12).

Dios es un Dios santo, su reino es un reino santo, y el pueblo de su reino debe ser un pueblo santo. La justicia de Él debe ser la justicia de su gente, y cualquier cosa menos que la justicia de Dios, incluso cualquier cosa menos que la verdad absoluta, es inaceptable para Él porque la mentira le pertenece **al que es malo.** Por tanto, nuestro Señor hace añicos el frágil vidrio de los juramentos hipócritas que los escribas y fariseos utilizaban para cubrir mentiras.

Ojo por ojo

31

Oísteis que fue dicho: Ojo por ojo, y diente por diente. Pero yo os digo: No resistáis al que es malo; antes, a cualquiera que te hiera en la mejilla derecha, vuélvele también la otra; y al que quiera ponerte a pleito y quitarte la túnica, déjale también la capa; y a cualquiera que te obligue a llevar carga por una milla, ve con él dos. Al que te pida, dale; y al que quiera tomar de ti prestado, no se lo rehúses. (5:38-42)

Un elemento de la gran filosofía estadounidense de vida es que todos tenemos ciertos derechos inalienables. Entre los privilegios más importantes que propugna nuestra Declaración de Independencia están la vida, la libertad y la búsqueda de felicidad. En nuestra época el número de supuestos derechos ha aumentado en gran manera. Se han desarrollado movimientos por los derechos civiles, los derechos de la mujer, los derechos de los niños, los derechos de los trabajadores, los derechos de los prisioneros, etc. Nunca una sociedad se ha preocupado tanto por los derechos humanos.

Idolatramos al héroe que defiende lo que le pertenece sin que importe quién pueda ofenderse. Ese espíritu egoísta y de autoprotección describe a la naturaleza humana caída. Por encima de todo, el hombre pecador quiere lo que cree que le pertenece. Y en el proceso de proteger lo que es suyo también está inclinado a causar considerable problema a cualquiera que toma lo que le pertenece. Las represalias, por lo general con gran interés, son extensión natural de egoísmo.

La preocupación excesiva por los propios derechos viene del egoísmo desmedido y conduce hacia anarquía desmesurada. Cuando nuestra suprema preocupación es obtener y conservar lo que creemos nuestro por derecho, entonces quienquiera o cualquier cosa que se interponga en nuestro camino —incluso la ley— se vuelve prescindible. Ya que no es posible que cada quien tenga todo lo que desea, a fin de insistir en nuestra propia manera de ver las cosas invariablemente pisoteamos los derechos y el bienestar de otros. El respeto por la ley y por el bienestar de otros siempre está entre las primeras y principales víctimas de afirmación personal. Cuando el yo está en primer plano, todo lo demás y todos los demás son empujados a un segundo plano.

Cuando domina el interés personal, la justicia es reemplazada por venganza. La preocupación imparcial por justicia se convierte en preocupación parcial por venganza personal. La preocupación por proteger la sociedad se convierte en preocupación por proteger el interés personal. Como Santiago indica, esa perversión es la fuente de guerras y de todos los demás conflictos humanos. "¿De dónde vienen las guerras y los pleitos entre vosotros? ¿No es de vuestras pasiones, las cuales combaten en vuestros miembros? Codiciáis, y no tenéis; matáis y ardéis de envidia, y no podéis alcanzar; combatís y lucháis" (Stg. 4:1-2). Cuando los derechos son primero, la justicia sufre.

A pocas personas les han pisoteado más sus derechos legítimos que a Pablo. Sin embargo, a los egoístas e indulgentes corintios les escribió:

¿No soy apóstol? ¿No soy libre? ¿No he visto a Jesús el Señor nuestro? ¿No sois vosotros mi obra en el Señor?… ¿Acaso no tenemos derecho de comer y beber? ¿No tenemos derecho de traer con nosotros una hermana por mujer como también los otros apóstoles, y los hermanos del Señor, y Cefas? ¿O sólo yo y Bernabé no tenemos derecho de no trabajar?… Si otros participan de este derecho sobre vosotros, ¿cuánto más nosotros? Pero no hemos usado de este derecho, sino que lo soportamos todo, por no poner ningún obstáculo al evangelio de Cristo (1 Co. 9:1, 4-6, 12).

Pablo puso voluntariamente a un lado sus derechos por el bien del evangelio y el bienestar de los demás.

Pero el apóstol no siempre ganó la batalla contra su condición caída innata. Cuando fue llevado ante el sanedrín durante su último encarcelamiento en Jerusalén comenzó su testimonio diciendo: "Varones hermanos, yo con toda buena conciencia he vivido delante de Dios hasta el día de hoy". A eso, "el sumo sacerdote Ananías ordenó entonces a los que estaban junto a él, que le golpeasen en la boca. Entonces Pablo le dijo: ¡Dios te golpeará a ti, pared blanqueada! ¿Estás tú sentado para juzgarme conforme a la ley, y quebrantando la ley me mandas golpear?". Cuando a Pablo le informaron que estaba hablando al sumo sacerdote pidió disculpas y manifestó: "No sabía, hermanos, que era el sumo sacerdote; pues escrito está: No maldecirás a un príncipe de tu pueblo" (Hch. 23:1-5). Debido a que la ira de Pablo sacó momentáneamente lo mejor de él, respondió con palabras duras.

Ananías quizás no estaba vestido con las acostumbradas vestiduras sacerdotales, y por eso Pablo no lo reconoció. Pero si hubiera sabido que estaba hablando con Ananías, Pablo habría tenido toda la justificación, desde un punto de vista humano, de ridiculizar justamente a quien había ordenado golpearlo. Ananías era un hombre muy perverso, arrogante e inmoral que de modo continuo profanaba su alto cargo. Además, según Pablo le recordó, ordenar que golpearan a un prisionero antes de ser declarado culpable estaba en contra de la misma ley judía que Ananías había jurado administrar. Sin embargo, Pablo reconoció que su respuesta llena de enojo era algo malo. A los ojos de Dios no tenía derecho de hablar de manera despectiva de ningún gobernante y, por tanto, condenó sus propias acciones mediante las Escrituras.

Es probable que ninguna parte del Sermón del Monte haya sido tan malinterpretada y, por tanto, aplicada erróneamente como 5:38-42. El pasaje se ha interpretado en el sentido de que los cristianos deben ser moralistas que deben dejarse maltratar. Los versículos se han usado para promover pacifismo, objeción de conciencia al servicio militar, desorden, anarquía, y una serie de otras posiciones que el pasaje no admite. El escritor ruso Tolstoi basó una de sus conocidas novelas en este pasaje. La tesis de *La guerra y la paz* es que la eliminación de la policía, de las fuerzas armadas, y de otras formas de autoridad produciría una sociedad utópica.

Pero Jesús ya había dejado en claro que no había venido para eliminar ni siquiera la más mínima parte de la ley de Dios (5:17-19), lo cual incluye respeto y obediencia a la ley y la autoridad humana.

Entre las muchas cosas injustas que incluía la religión de los escribas y fariseos (véase Mt. 5:20) estaba la insistencia en los derechos personales y en la venganza. En el quinto ejemplo que Jesús enseñó en que contrastaba la justicia de ellos con la de Dios, vuelve a mostrar cómo la tradición rabínica había tergiversado la santa ley de Dios para que sirviera a los propósitos egoístas de hombres impíos.

EL PRINCIPIO DE LA LEY MOSAICA

Oísteis que fue dicho: Ojo por ojo, y diente por diente. (5:38)

Esta cita está tomada directamente del Antiguo Testamento (Éx. 21:24; Lv. 24:20; Dt. 19:21) y refleja el principio de la *ley del talión,* uno de los códigos más antiguos del derecho. En pocas palabras, requería que el castigo correspondiera exactamente al delito. La misma idea se transmite en las expresiones *ojo por ojo* y *diente por diente.* El registro más antiguo de la *ley del talión* está en el Código de Hammurabi, el gran rey babilonio que vivió unos cien años antes que Moisés. Sin embargo, es probable que el principio se usara ampliamente mucho antes de esa época.

En el Pentateuco **ojo por ojo, y diente por diente** es parte de listas más largas que incluyen "ojo por ojo, diente por diente, mano por mano, pie por pie, quemadura por quemadura, herida por herida, golpe por golpe" (véase Éx. 21:24-25) y "rotura por rotura" (Lv. 24:20). Tanto en la ley de Moisés como en el Código de Hammurabi el principio de que el castigo debe corresponder con el delito tenía dos propósitos básicos. El primero era reducir aún más el crimen. Cuando a una persona se le castiga por su delito, "los que quedaren oirán y temerán, y no volverán a hacer más una maldad semejante en medio de ti" (Dt. 19:20). El segundo propósito era evitar castigo excesivo basado en venganza personal y represalias iracundas de las que Lamec se jactó: "Que un varón mataré por mi herida, y un joven por mi golpe. Si siete veces será vengado Caín, Lamec en verdad setenta veces siete lo será" (Gn. 4:23-24). El castigo debía igualar, pero no superar, el daño causado por el delito mismo.

Es de suma importancia que cada uno de los tres relatos del Pentateuco que prescriben el principio de **ojo por ojo** tenga que ver con el sistema de justicia civil. Éxodo 21—23 trata totalmente con la provisión de Dios para la ley civil de Israel, tal como lo hacen las enseñanzas similares en Levítico 24 y Deuteronomio 19. El castigo a veces era cumplido por la víctima, pero el juicio y la sentencia siempre eran responsabilidad de jueces debidamente nombrados o de un grupo grande y representativo de ciudadanos (véase Éx. 21:22; Dt. 19:18; Lv. 24:14-16).

La ley de **ojo por ojo** era una ley justa, porque equiparaba el castigo con el agravio. Era una ley compasiva, porque limitaba la propensión innata del corazón humano de buscar venganza más allá de lo que merecía el agravio. También era una ley benéfica porque protegía a la sociedad restringiendo las fechorías.

La reacción egoísta exagerada es la respuesta natural de la naturaleza humana pecaminosa. Estamos tentados a conseguir algo más que lo equitativo. La ira y el resentimiento demandan el tipo de venganza que Lamec glorificó. La venganza humana nunca está satisfecha con la justicia; quiere una libra de carne por una onza de agravio. Por eso es que Dios restringe la venganza a sí mismo. "Mía es la venganza y la retribución" (Dt. 32:35; cp. Ro. 12:19; He. 10:30).

El mandato de Dios para el individuo siempre ha sido: "Si el que te aborrece tuviere hambre, dale de comer pan, y si tuviere sed, dale de beber agua" (Pr. 25:21; cp. Mt. 5:44; Ro. 12:20). Ningún individuo tiene el derecho de expresar: "Según me hizo, así le haré; daré el pago al hombre según su obra" (Pr. 24:29). En ningún caso el Antiguo Testamento permite a un individuo tomar la ley en sus propias manos y aplicarla personalmente.

LA PERVERSIÓN DE LA TRADICIÓN RABÍNICA

Sin embargo, eso es exactamente lo que la tradición rabínica había hecho. En realidad, a cada hombre se le permitía convertirse en su propio juez, jurado y verdugo. La ley de Dios se había cambiado a licencia individual, y la justicia civil estaba pervertida a venganza personal. En lugar de reconocer adecuadamente la ley de **ojo por ojo, y diente por diente** como un límite sobre el castigo, la usaron a su conveniencia como mandato para la venganza, tal como a menudo se ha visto de manera errónea a lo largo de la historia.

Lo que Dios dio como una restricción en tribunales civiles, la tradición judía lo había transformado en licencia personal de venganza. Dicho de otra manera, la "justicia" egoísta y personalmente afirmada de los escribas y fariseos había convertido en desastre la santa ley de Dios.

LA PERSPECTIVA DE LA VERDAD DIVINA

Pero yo os digo: No resistáis al que es malo; antes, a cualquiera que te hiera en la mejilla derecha, vuélvele también la otra; y al que quiera ponerte a pleito y quitarte la túnica, déjale también la capa; y a cualquiera que te obligue a llevar carga por una milla, ve con él dos. Al que te pida, dale; y al que quiera tomar de ti prestado, no se lo rehúses. (5:39-42)

En el mandato **no resistáis al que es malo** Jesús refuta la mala interpretación de los fariseos y prohíbe la venganza en las relaciones personales. Él no enseña, según muchos han afirmado, que no deba tomarse ninguna posición contra el mal y que simplemente debería permitirse que siga su curso. Jesús y los apóstoles se opusieron continuamente al mal con todos los medios y recursos. Jesús resistió la profanación del templo de Dios haciendo un látigo con cuerdas y expulsando físicamente a los vendedores de sacrificios y cambistas de moneda (Mt. 21:12; Jn. 2:15). Tenemos que "Resistid al diablo" (Stg. 4:7; 1 P. 5:9) y toda la maldad que él representa e inspira (Mt. 6:13; Ro. 12:9; 1 Ts. 5:22; 2 Ti. 4:18).

Resistir de modo adecuado al mal incluye oponérsele en la iglesia. Cuando Pedro transigió con los judaizantes, Pablo le resistió "cara a cara, porque era de condenar" (Gá. 2:11). Cuando hay inmoralidad en la congregación, Dios declara: "Quitad, pues, a ese perverso de entre vosotros" (1 Co. 5:13; cp. Dt. 13:5). Jesús afirmó que un creyente que peca debe primero ser reprendido en privado, y luego delante de dos o tres miembros más de la iglesia si no se arrepiente. "Si no los oyere a ellos, dilo a la iglesia; y si no oyere a la iglesia, tenle por gentil y publicano" (Mt. 18:15-17). Pablo repite la enseñanza de Jesús cuando expresa que aquellos en la iglesia que continúan en pecado deben ser reprendidos "delante de todos, para que los demás también teman" (1 Ti. 5:20).

Que el principio de la no resistencia no se aplica a las autoridades gubernamentales está claro por muchos pasajes en el Nuevo Testamento. Pablo dice que el gobierno civil "es servidor de Dios para tu bien. Pero si haces lo malo, teme; porque no en vano lleva la espada, pues es servidor de Dios, vengador para castigar al que hace lo malo" (Ro. 13:4). Pedro manda: "Por causa del Señor someteos a toda institución humana, ya sea al rey, como a superior, ya a los gobernadores, como por él enviados para castigo de los malhechores y alabanza de los que hacen bien" (1 P. 2:13-14).

Por el bien de la justicia de Dios, así como por el bien de la justicia humana, los creyentes están obligados no solo a respetar la ley sino a insistir en que otros también lo hagan. Reportar delitos es un acto de compasión, justicia y obediencia piadosa, así como un acto de responsabilidad civil. Menospreciar, excusar u ocultar la maldad de otras personas no es un acto de amor sino un acto perverso, porque socava la justicia civil y la divina.

Mientras exista el corazón natural humano, la maldad tendrá que ser reprimida por la ley. Nuestra sociedad destrozada por el crimen haría bien en volver a examinar —y aplicar otra vez— la ley bíblica. Cuando se abandona a Dios también se abandonan sus normas justas y su ley. El antinomianismo, o acabar con la ley, es tan enemigo del evangelio como el legalismo y las obras de justicia. Ni el Antiguo Testamento ni el Nuevo están en conflicto con relación a la ley y la gracia, la justicia, y la misericordia. El Antiguo Testamento no enseña nada acerca de un Dios justo y recto aparte de un Dios compasivo y amoroso, y el Nuevo Testamento no enseña nada respecto a un Dios compasivo y amoroso aparte de un Dios justo y recto. La revelación de Dios es inmutable en lo que se refiere a la ley moral.

Cuando la iglesia dejó de predicar la justicia, la rectitud, y el castigo eterno de Dios para los perdidos, dejó de predicar la plenitud del evangelio, y tanto la sociedad como la iglesia han sufrido en gran manera por este motivo. Y cuando la iglesia dejó de pedir cuentas a sus miembros por las normas de Dios y dejó de disciplinar a sus propias filas, se sacrificó gran parte de su influencia moral en la sociedad. Uno de los legados del liberalismo teológico es la anarquía civil y religiosa.

No frenar la maldad no es ser justos ni buenos. No protege al inocente y tiene el efecto de animar a los malvados en su maldad. Sin embargo, el apropiado control del mal no solo es justo, sino que beneficia a todos.

Arthur Pink declara:

> Los magistrados y jueces no fueron ordenados por Dios con el fin de reformar a los depravados o de mimar a los degenerados, sino para ser instrumentos divinos a fin de preservar la ley y el orden siendo causa de terror para el mal. Según declara Romanos 13:4, quien tiene la autoridad pública "es servidor de Dios, vengador para castigar al que hace lo malo"… La conciencia se ha vuelto inconsciente. Las exigencias de la justicia se han sofocado; ahora prevalecen ideas sensibleras. Puesto que se ha repudiado el castigo eterno, sea de manera tácita o en muchos casos abiertamente, los castigos eclesiásticos se han archivado. Las iglesias se

niegan a implementar sanciones, y hacen guiños a faltas flagrantes. El resultado inevitable ha sido la ruptura de la disciplina en el hogar y la creación de "opinión pública", la cual es sensiblera y débil. Los maestros de escuela se sienten intimidados por padres e hijos insensatos, de modo que a la nueva generación se le permite cada vez más tener su propia manera de hacer las cosas sin temor a las consecuencias. Y si algún juez tiene el valor de sus convicciones, y sentencia a un salvaje por dejar tullida a una anciana, se levanta una protesta contra ese juez (*An Exposition of the Sermon on the Mount* Grand Rapids: Baker, 1974], p. 112-13).

Bajar la norma de justicia de Dios es bajar la norma de rectitud de Dios, la cual Jesús vino a cumplir y aclarar, no a evitar ni disminuir.

Anthistēmi (resistir) significa ponerse en contra de algo o enfrentarlo, y en este contexto se refiere obviamente al daño causado personalmente por alguien **que es malo**. Jesús está hablando de resentimiento, rencor y venganza personal. Se trata de la misma verdad enseñada por Pablo cuando manifestó: "No paguéis a nadie mal por mal…. No os venguéis vosotros mismos, amados míos, sino dejad lugar a la ira de Dios; porque escrito está: Mía es la venganza, yo pagaré, dice el Señor" (Ro. 12:17, 19). El desquite vengativo no tiene cabida en la sociedad en general, y mucho menos entre aquellos que pertenecen a Cristo. Estamos llamados a vencer el mal que alguien nos hace haciéndole bien (Ro. 12:21).

Después de establecer el principio básico en Mateo 5:39*a*, en los versículos 39*b*-42 Jesús escoge cuatro derechos humanos básicos que utiliza para ilustrar el principio de no tomar represalias: dignidad, seguridad, libertad y propiedad.

DIGNIDAD

antes, a cualquiera que te hiera en la mejilla derecha, vuélvele también la otra; (5:39*b*)

Como seres humanos tenemos el derecho de ser tratados básicamente con dignidad, respeto y consideración. Puesto que todos estamos creados a imagen de Dios, Él exige que nos tratemos unos a otros de manera respetuosa. Pero sabemos que no siempre nos tratarán así. A menudo, por la misma razón de que le pertenecemos a Dios y andamos por el nombre de su Hijo, seremos maltratados, ridiculizados y menospreciados (véase Mt. 10:16-23; Jn. 15:18—16:3; 1 P. 2:20-21; 3:13-17; 4:12-19; cp. 2 Ti. 3:12). Es de la manera en que reaccionamos al maltrato y el insulto de lo que Jesús está hablando aquí.

Entre los judíos, una bofetada u otro tipo de golpe en el rostro estaban entre los actos más humillantes y despectivos (cp. Mt. 26:67-68; Mr. 14:65; Jn. 18:22). Golpear a alguien en otra parte del cuerpo podría ocasionar más daño físico, pero una bofetada en el rostro era un ataque al honor de la persona y se consideraba una terrible indignidad; significaba ser tratado con desprecio, como menos que un ser humano. Incluso un esclavo prefería ser golpeado en la espalda con un látigo que ser abofeteado en el rostro por la mano de su amo.

Golpear a alguien en **la mejilla derecha** sería entonces una cruel reacción de enojo que indica una acción de insulto. Sin embargo, cuando nos insultan, nos calumnian y nos tratan con desprecio —de manera literal o figurada sería que alguien nos golpeara en la mejilla— debemos volverle **también la otra.** Pero el propósito de Jesús se refiere más a lo que no debemos hacer que a lo que debemos hacer. Volver la otra mejilla simboliza el espíritu de no vengarnos, de no tomar represalias, un espíritu humilde y apacible que caracteriza a los ciudadanos del reino (cp. vv. 3, 5).

Jesús resistió fuertemente el mal que iba dirigido contra otros, en especial contra su Padre, como cuando limpió el templo de aquellos que profanaban la casa de su Padre. Pero no resistió ningún mal dirigido en su contra por medio de venganza personal. Cuando los dirigentes del sanedrín, y más tarde los soldados, maltrataron físicamente a Jesús y se burlaron de Él, no respondió ni con palabras ni con acciones (Mt. 26:67-68). Según había profetizado Isaías, Cristo entregó su cuerpo a quienes lo lastimaron y las mejillas a quienes le arrancaban la barba (Is. 50:6). Mientras Jesús colgaba de la cruz, oró: "Padre, perdónalos, porque no saben lo que hacen" (Lc. 23:34). Pedro resume así el ejemplo de nuestro Señor: "¿Qué gloria es, si pecando sois abofeteados, y lo soportáis? Mas si haciendo lo bueno sufrís, y lo soportáis, esto ciertamente es aprobado delante de Dios. Pues para esto fuisteis llamados; porque también Cristo padeció por nosotros, dejándonos ejemplo, para que sigáis sus pisadas; el cual no hizo pecado, ni se halló engaño en su boca; quien cuando le maldecían, no respondía con maldición; cuando padecía, no amenazaba, sino encomendaba la causa al que juzga justamente" (1 P. 2:20-23).

Cuando alguien ataca nuestro derecho a la dignidad, no debemos defender ese derecho por medio de represalias. Debemos dejar en las manos de Dios la protección y la defensa de nuestra dignidad, sabiendo que algún día viviremos y reinaremos con Él en su reino con gran gloria.

SEGURIDAD

y al que quiera ponerte a pleito y quitarte la túnica, déjale también la capa; (5:40)

La **túnica** mencionada aquí era un tipo de ropa usada como prenda interior, y la **capa** era una prenda exterior que también servía como cobija en la noche. La mayoría de personas de esa época poseía solo una capa y probablemente una o dos túnicas. Era la prenda exterior, la **capa,** lo que la ley mosaica exigía: "A la puesta del sol se lo devolverás [al propietario]. Porque sólo eso es su cubierta, es su vestido para cubrir su cuerpo" (Éx. 22:26-27).

Jesús no está hablando de un hurto, en que una persona trata de robarle a usted la ropa, sino del reclamo legítimo del **que quiera ponerte a pleito.** Cuando una persona no tenía dinero u otras posesiones, a menudo el tribunal exigía que la multa o el juicio se pagaran con ropa. La actitud de un ciudadano del reino, aquel que es realmente justo, debe ser estar dispuesto a entregar incluso su **capa,** su prenda exterior muy valiosa, en lugar de causar afrenta o resentimientos a un adversario. El tribunal no podía exigir la **capa,** pero esta se podía entregar de manera voluntaria para satisfacer la deuda requerida. Y eso es precisamente lo que Jesús dice que debemos estar dispuestos a hacer.

Si un juicio legal se hace con justicia contra nosotros por cierta cantidad, debemos estar dispuestos a ofrecer incluso más con el fin de mostrar nuestro arrepentimiento por cualquier mal que hubiéramos hecho a fin de mostrar que no estamos amargados ni resentidos contra el que nos ha demandado. Al hacer eso estaremos mostrando el amor de Cristo y que somos "hijos de [nuestro] Padre que está en los cielos" (v. 45). Incluso es mejor ser estafados que tener resentimiento y rencor. (Más tarde Pablo da instrucciones a los cristianos con respecto a demandas en 1 Co. 6:1-8, haciendo hincapié en un principio similar de disposición a renunciar a la propia causa en lugar de ser vengativos).

LIBERTAD

y a cualquiera que te obligue a llevar carga por una milla, ve con él dos. (5:41)

El tercer derecho que el Señor indica que los ciudadanos del reino deben estar dispuestos a sacrificar es el de libertad. La intención original de Dios fue que todo el mundo hecho a su imagen viviera en libertad. La esclavitud y el vasallaje humano son consecuencias de la caída y de no participar en el plan original de Dios para su creación. Los mejores gobiernos humanos siempre han tratado de proteger la libertad de sus ciudadanos, y en ocasiones incluso de los extranjeros. A la luz de la voluntad de Dios y de la justicia humana apropiada, los hombres tienen el derecho a ciertas libertades. Pero al igual que todos los demás derechos, la libertad no debe valorarse y protegerse a expensas de la justicia o incluso del testimonio fiel.

La ley romana daba a un soldado el derecho de obligar a un civil a llevarle la mochila por una *milion,* una **milla** romana, la cual era ligeramente más corta que nuestra milla moderna. La ley, diseñada para aliviar al soldado, no solo causaba grandes inconvenientes a los civiles, sino que se hacía aún más despreciable por el hecho de que a los oprimidos se les obligaba a cargar el equipo y las armas de sus opresores. Fuera de combate es probable que el soldado romano nunca fuera más odiado que cuando obligaba a alguien a llevarle la mochila.

Pero por despreciada que fuera una carga, Jesús dice que debe llevarse de buena gana, no solo de manera voluntaria sino magnánima. Cuando estamos obligados a ir **una milla,** debemos estar dispuestos a ir **dos.** Cuando nos despojen de algo de nuestra preciada libertad, debemos rendir aún más de ella en lugar de tomar represalias. Al proceder así somos obedientes a nuestro Señor y testigos de su justicia, sabiendo que en Él tenemos una libertad más preciada que el mundo no puede quitarnos.

PROPIEDAD

Al que te pida, dale; y al que quiera tomar de ti prestado, no se lo rehúses. (5:42)

El cuarto derecho que debemos rendir es el de propiedad. El deseo de poseer es otra característica de la naturaleza humana caída. No nos gusta renunciar, ni siquiera de modo temporal, a lo que nos pertenece. Incluso como cristianos a menudo olvidamos que nada nos pertenece realmente, y que somos solo mayordomos de lo que le pertenece a Dios. Pero en lo que a otras personas respecta, nosotros *sí* tenemos el derecho de conservar lo que poseemos. Tenemos derecho de usar o disponer de lo que tenemos como mejor nos parezca.

Sin embargo, de ser necesario también debemos poner ese derecho en el altar de la obediencia a Cristo. Cuando alguien nos **pida** algo, **no** debemos rehusárselo. En otras palabras, debemos darle lo que quiere. La implicación es que la persona que pide tenga una verdadera necesidad. No estamos obligados a responder a toda petición ridícula y egoísta que nos hagan. A veces dar a una persona lo que quiere pero que no necesita es un perjuicio, y le hacemos más mal que bien.

También está implícito el principio de que debemos ofrecer para dar lo que se necesita tan pronto conozcamos la necesidad, sea que se haya pedido ayuda o no. Jesús no está hablando de responder de mala gana a una súplica por ayuda, sino del deseo deliberado, generoso y amoroso de ayudar a otros. Está hablando de esa generosidad que satisface de verdad las necesidades de otra persona, no de gestos simbólicos de hacer una buena acción para calmar nuestra propia conciencia.

Jesús no está socavando la justicia civil, la cual corresponde a los tribunales. Está debilitando el egoísmo personal (característico de los falsos religiosos que lo escuchaban en el monte), que no debe darse en ninguna parte y mucho menos en los corazones de los ciudadanos de su reino.

Un biógrafo de William Gladstone, el gran primer ministro británico, escribió de él: "De cuán pocos que han vivido por más de sesenta años con total transparencia ante sus compatriotas, y que como líderes de partido han sido expuestos a la ira y a veces a la crítica rencorosa, puede decirse que no se levantó contra ellos ninguna palabra maligna y ningún acto vengativo. Esto tal vez no se debió del todo a la dulzura natural de disposición de Gladstone, sino más bien al dominio propio y a cierta grandeza de alma que no habría transigido con algo perverso o mezquino".

La única persona que no está a la defensiva, que no es vengativa, que no guarda rencores, y que no tiene odio en su corazón es el individuo que ha muerto al yo. Luchar por nuestros derechos es demostrar que el yo todavía está entronizado en el corazón. El creyente que es fiel a Cristo vive para Cristo, y si es necesario muere por Él (Ro. 14:8). Es imposible vivir para nosotros mismos y para Cristo al mismo tiempo.

George Mueller escribió: "Hubo un día en que morí totalmente a George Mueller y sus opiniones, sus preferencias, sus gustos y su voluntad. Morí al mundo, a su aprobación y censura. Morí a la aceptación o la culpa, incluso de mis hermanos y amigos. Y desde entonces he estudiado solamente para mostrarme aprobado ante Dios".

Ese es el espíritu que Jesús enseña en este pasaje, un espíritu que no todos los hombres poseen aparte de la gracia salvadora. Es el espíritu que Abraham manifestó cuando entregó las mejores tierras a su sobrino Lot. Es el espíritu de José cuando abrazó y besó a los hermanos que le habían hecho un daño tan terrible. Es el espíritu que no le permitiría a David aprovecharse de la oportunidad de quitarle la vida a Saúl, cuando este estaba tratando de matarle. Es el espíritu que llevó a Eliseo a alimentar al ejército enemigo asirio. Es el espíritu que llevó a Esteban a orar por los que lo estaban matando a pedradas. Es el espíritu de todo creyente que por el poder del Espíritu Santo trata de ser perfecto incluso como nuestro Padre celestial es perfecto (v. 48).

Amor por los enemigos

32

Oísteis que fue dicho: Amarás a tu prójimo, y aborrecerás a tu enemigo. Pero yo os digo: Amad a vuestros enemigos, bendecid a los que os maldicen, haced bien a los que os aborrecen, y orad por los que os ultrajan y os persiguen; para que seáis hijos de vuestro Padre que está en los cielos, que hace salir su sol sobre malos y buenos, y que hace llover sobre justos e injustos. Porque si amáis a los que os aman, ¿qué recompensa tendréis? ¿No hacen también lo mismo los publicanos? Y si saludáis a vuestros hermanos solamente, ¿qué hacéis de más? ¿No hacen también así los gentiles? Sed, pues, vosotros perfectos, como vuestro Padre que está en los cielos es perfecto. (5:43-48)

En su sexto y último ejemplo en que contrapone la falsa justicia de los escribas y fariseos con la verdadera justicia de Dios, Jesús contrasta el tipo de amor que ellos tenían con el de Dios. En ninguna parte su sistema humanista y egoísta de religión difiere más de las normas divinas de Dios que en el asunto del amor. En ninguna parte se había corrompido tanto la norma de Dios como en la justicia propia con que los escribas y fariseos se veían con relación a los demás. En ninguna parte era más evidente que carecían de humildad, dolor por sus propios pecados, mansedumbre, anhelo de verdadera justicia, misericordia, pureza de corazón y espíritu pacificador, todo lo cual son características que pertenecen a los ciudadanos del reino de Dios.

Al igual que con los ejemplos anteriores, analizaremos la enseñanza del Antiguo Testamento, la perversión de la tradición rabínica, y la perspectiva de Jesucristo.

ENSEÑANZA DEL ANTIGUO TESTAMENTO

Amarás a tu prójimo, (5:43*b*)

Esa frase es la única parte de la tradición que fue adaptada del Antiguo Testamento. Levítico 19:18 exige: "Amarás a tu prójimo como a ti mismo", un mandato repetido a menudo en el Nuevo Testamento (Mt. 19:19; 22:39; Mr. 12:31; Lc. 10:27; Ro. 13:9; Gá. 5:14; Stg. 2:8). El amor por los demás, que se muestra en preocupación compasiva y verdadero cuidado por otros, siempre había sido la norma de Dios para las relaciones humanas.

En Deuteronomio se ordenó a los israelitas que ayudaran a sus compatriotas devolviendo a su dueño un buey, una oveja, un burro u otro animal perdido. Si no se conocía al dueño, debía mantenerse y cuidarse al animal hasta poder encontrar al dueño. De igual modo debía ayudarse a un compatriota cuando su animal caía o se lastimaba (Dt. 22:1-4). Pero al pueblo de Dios también se le mandó hacer los mismos favores por un enemigo. "Si encontrares el buey de tu enemigo o su asno extraviado, vuelve a llevárselo. Si vieres el asno del que te aborrece caído debajo de su carga, ¿le dejarás sin ayuda? Antes bien le ayudarás a levantarlo" (Éx. 23:4-5).

Como en todas las enseñanzas del Sermón del Monte, Jesús habla aquí de las normas personales de justicia, no de ley civil. El "enemigo" al que Éxodo 23 se refiere no es el soldado enemigo que se encuentra en el campo de batalla, sino a un individuo (sea compatriota o extranjero) que en una u otra manera es antagónico. Dios nunca ha tenido una norma doble de justicia. "Amplio sobremanera es [su] mandamiento" (Sal. 119:96), y en el sentido más extenso el **prójimo** de un israelita era alguien en necesidad a quien podía encontrar en su vida cotidiana. (Véase la respuesta de nuestro Señor a la pregunta "¿Y quién es mi prójimo?" en Lc. 10:30-37).

Job testificó: "Si me alegré en el quebrantamiento del que me aborrecía, y me regocijé cuando le halló el mal (ni aun entregué al pecado mi lengua, pidiendo maldición para su alma)" (Job 31:29-30). Job no hizo nada que dañara a sus enemigos ni se regocijó cuando les vino un perjuicio de alguna otra fuente. En otras palabras, él no hizo nada, no dijo nada, y no pensó nada contra sus enemigos. Job hizo más que simplemente abstenerse de causar daño a otros; les ofreció ayuda. "Si mis siervos no decían: ¿Quién no se ha saciado de su carne? (El forastero no pasaba fuera la noche; mis puertas abría al caminante)" (vv. 31-32).

Job vivió en el período patriarcal, quizás durante el tiempo de Abraham y sin duda cientos de años antes que Dios le diera su ley escrita a Moisés. Sin embargo, en esa época la norma de Dios acerca de la justicia incluía misericordia, bondad y cuidado amoroso por otros, un rasgo que caracterizó a Job, quien era "hombre perfecto y recto, temeroso de Dios y apartado del mal" (Job. 1:1).

David oró: "Si he dado mal pago al que estaba en paz conmigo (antes he libertado al que sin causa era mi enemigo), persiga el enemigo mi alma, y alcáncela; huelle en tierra mi vida, y mi honra ponga en el polvo" (Sal. 7:4-5). David sabía que estaba mal hacerle daño a alguien que le había hecho mal, tal como era malo hacer daño a un amigo. En otro salmo declaró: "Me devuelven mal por bien, para afligir a mi alma. Pero yo, cuando ellos enfermaron, me vestí de cilicio; afligí con ayuno mi alma, y mi oración se volvía a mi seno. Como por mi compañero, como por mi hermano andaba; como el que trae luto por madre, enlutado me humillaba. Pero ellos se alegraron en mi adversidad, y se juntaron; se juntaron contra mí gentes despreciables, y yo no lo entendía; me despedazaban sin descanso" (Sal. 35:12-15). David se entristeció y oró por sus enemigos cuando enfermaban y estaban en necesidad, a pesar del hecho de que le habían devuelto "mal por bien" y a que se alegraron cuando él mismo se vio en problemas.

Esas no fueron simples palabras para David, porque sabemos que él vivió el espíritu del amor. Cuando Saúl estaba tratando de matarlo, David tuvo una oportunidad fácil de quitarle la vida al rey. Con el fin de hacer sus necesidades, Saúl entró a una cueva cerca de En-gadi donde David y sus hombres estaban escondidos, y sin saberlo quedó a merced de David. Este cortó sigilosamente un pedazo de la túnica de Saúl, pero estaba tan sensible por haberle causado algún daño que "después de esto se turbó el corazón de David, porque había cortado la orilla del manto de Saúl. Y dijo a sus hombres: Jehová me guarde de hacer tal cosa contra mi señor, el ungido de Jehová, que yo extienda mi mano contra él; porque es el ungido de Jehová. Así reprimió David a sus hombres con palabras, y no les permitió que se levantasen contra Saúl" (1 S. 24:3-7). David no dañaría directamente a Saúl, ni dejaría que alguien más hiciera eso a su favor. La convicción de David era profunda y sincera. Aunque tenía todo motivo humano para odiar a Saúl, se negó a devolver mal por mal. No iba a odiar a su enemigo.

En otra ocasión, después que David se había convertido en rey, un pariente de Saúl llamado Simei lanzó piedras a David y lo maldijo. De nuevo David no tomó represalias ni permitió que sus hombres lo hicieran a su favor. Simei no era el ungido de Dios, y sin embargo David se negó a hacerle daño o incluso a responderle con ira. Como rey tenía el derecho legal de matar a Simei en el acto, pero su devoción a una ley superior se lo impidió. En asombrosa humildad en vez de eso dijo: "Si él así maldice, es porque Jehová le ha dicho que maldiga a David. ¿Quién, pues, le dirá: ¿Por qué lo haces así?" (2 S. 16:5-10). David dio a Simei el beneficio de la duda, sugiriendo que el hombre pudo haber estado actuando en nombre del Señor.

En Proverbios leemos: "El que se alegra de la calamidad no quedará sin castigo" (Pr. 17:5). "No digas: Como me hizo, así le haré" (24:29); sino: "Si el que te aborrece tuviere hambre, dale de comer pan, y si tuviere sed, dale de beber agua" (25:21). A lo largo del Antiguo Testamento, la norma de Dios para su pueblo era tratar a sus enemigos incluso como sus amigos y familiares.

PERVERSIÓN DE LA TRADICIÓN RABÍNICA

Oísteis que fue dicho: Amarás a tu prójimo, y aborrecerás a tu enemigo. (5:43)

Como en cada uno de los cinco ejemplos anteriores, Jesús repite la esencia de la enseñanza tradicional contemporánea, en este caso la enseñanza acerca del amor. Los antiguos decían que el amor estaba reservado para aquellos con quienes uno se llevaba bien. Los enemigos merecían odio.

Las perversiones de Satanás acerca de la revelación de Dios casi siempre afectan la verdad en algún punto. Un poco de verdad hace que el engaño sea más creíble y aceptable. Los rabinos y los escribas habían mantenido parte de la verdad de Dios en cuanto al amor. Según se indicó antes, **amad a vuestros enemigos** es una clara enseñanza del Antiguo Testamento. "No te vengarás, ni guardarás rencor a los hijos de tu pueblo, sino amarás a tu prójimo como a ti mismo. Yo Jehová" (Lv. 19:18).

A pesar de tan clara revelación, la tradición rabínica había pervertido la enseñanza del Antiguo Testamento tanto por lo que se omitía como por lo que se añadía.

PERVERSIÓN POR OMISIÓN

La tradición había omitido la frase "como a ti mismo", que era parte clave del texto de Levítico, pero que tal vez no lograba calzar en el esquema de orgullosa justificación personal que se había desarrollado. Simplemente era inconcebible que debiera cuidarse de cualquier otra persona tanto como cada quien cuidaba de sí mismo.

Es evidente que el texto completo de Levítico 19:18 era muy conocido por los escribas y fariseos. Ellos eran los supremos estudiantes, preservadores e intérpretes de la ley; y cuando copiaban o leían directamente de las Escrituras eran meticulosamente exactos. El escriba que le preguntó a Jesús cuál era el mandamiento más grande confirmó la respuesta de Jesús. El individuo contestó: "Bien, Maestro, verdad has dicho, que… amar al prójimo como a uno mismo, es más que todos los holocaustos y sacrificios" (Mr. 12:32-33). En otra ocasión en que Jesús le preguntó a cierto intérprete de la ley: "¿Qué está escrito en la ley? ¿Cómo lees?", el intérprete citó con precisión Deuteronomio 6:5 y el final de Levítico 19:18, incluyendo la frase "y a tu prójimo como a ti mismo" (Lc. 10:26-27).

Ellos conocían bien todas las palabras de las Escrituras, pero solamente las enseñaban y practicaban parcialmente; con frecuencia, incluso la tradición rabínica las contradecía. Al igual que con otras normas bíblicas que parecían demasiado exigentes, la relacionada con el amor al prójimo había sido reducida a un nivel humanamente aceptable.

Los escribas y fariseos sabían lo bien que se amaban a sí mismos. Les gustaba que los honraran, alabaran y respetaran (Mt. 6:2, 5, 16), y creían merecerlo. El fariseo que agradeció a Dios por no ser "como los otros hombres" (Lc. 18:11) era típico de la mayoría de fariseos.

El hombre también era típico de la mayoría de personas a lo largo de la historia. Para el ser natural, y por desgracia para algunos cristianos, el amor propio es real, activo y bastante notorio. La mayoría de personas pasan sus vidas haciendo y buscando cosas que principalmente resulten en su propio interés: su seguridad, su comodidad, sus ingresos, su placer, su salud, sus intereses personales, y así sucesivamente.

Pero la norma que Dios había dado a los judíos era sobrenatural en vez de natural, y ellos debieron haberse impacientado por este motivo pues sabían que en su propio poder no podían vivir de acuerdo con dicha norma. Además de eso, no *querían* vivir de acuerdo con este requerimiento y, por tanto, simplemente eliminaron "como a ti mismo" de la norma del amor que Dios exigía.

Junto con esa importante omisión, la tradición había reducido el significado de **prójimo** hasta incluir solamente a aquellas personas que los judíos preferían y aprobaban, lo cual equivalía básicamente a los de su propio tipo. Individuos obviamente tan impíos como los recaudadores de impuestos y pecadores comunes eran despreciados como marginados que no eran dignos de ser considerados judíos.

Los recaudadores de impuestos eran judíos renegados que se habían vendido a los opresores romanos y conseguían lucrativos ingresos extorsionando impuestos excesivos de sus conciudadanos. Se consideraba "pecadores" a aquellos que, como los delincuentes y las prostitutas, eran públicamente conocidos por su inmoralidad. En este grupo estaban los "ladrones, injustos, adúlteros" y semejantes a estos, debido a lo cual el fariseo le agradecía a Dios no ser como ellos (Lc. 18:11). Una de las cosas acerca de Jesús que más disgustaba a los dirigentes judíos era la abierta disposición que Él tenía por asociarse, comer y hasta perdonar a tales individuos obviamente injustos (Mt. 9:11).

Pero incluso esa restricción de **prójimo** no era suficientemente estrecha. Los escribas y fariseos también despreciaban y repudiaban a la gente común. Desechaban a quienes creían en Jesús, diciendo: "¿Acaso ha creído en él alguno de los gobernantes, o de los fariseos? Mas esta gente que no sabe la ley, maldita es" (Jn. 7:48-49). Irónicamente, los orgullosos y arrogantes líderes religiosos que conocían pero pervertían la ley despreciaban como "maldita" a la gente común que ellos creían que no conocían dicha ley.

PERVERSIÓN POR ADICIÓN

La tradición rabínica también pervertía la enseñanza del Antiguo Testamento acerca del amor al agregarle algo: **aborrecerás a tu enemigo.** La adición que hicieron era aún más perversa que su omisión, pero era la extensión lógica de su propio interés que lo consumía todo.

No hace falta decir que a los gentiles no los consideraban prójimo. Se ha descubierto que los fariseos tenían un dicho que reza: "Si un judío ve a un gentil caído en el mar, de ninguna manera lo levanta, porque escrito está: 'No te levantarás contra la sangre de tu prójimo', pero este hombre no es tu prójimo". No es de extrañar que los romanos acusaran a los judíos de odiar a la humanidad.

Una excusa que los judíos a menudo hacían para justificar su odio por los gentiles se basaba en la orden de Dios de que sus antepasados debían expulsar a los cananeos, madianitas, moabitas, amonitas y a otros pueblos paganos cuando conquistaron y poseyeron la tierra prometida bajo el mando de Josué (Jos. 3:10; cp. Éx. 33:2; Dt. 7:1). Pero dichos habitantes antiguos de Palestina estaban entre los seres más viles, corruptos y depravados de la historia. Eran increíblemente inmorales, crueles e idólatras. El sacrificio humano era común entre ellos, e incluso a veces quemaban vivos a sus propios hijos como ofrenda a sus deidades paganas. Ellos constituían un cáncer que era necesario cortar para salvar al pueblo de Dios de absoluta corrupción moral y espiritual.

Dietrich Bonhoeffer escribe: "Las guerras de Israel fueron las únicas 'guerras santas' en la historia, porque eran las guerras de Dios contra el mundo de los ídolos. No es esta enemistad la que Jesús condena, porque entonces habría tenido que condenar toda la historia del trato de Dios con su pueblo. Por el contrario, el Señor afirma el antiguo pacto" (*The Cost of Discipleship*, trad. R. H. Fuller [segunda edición revisada; Philadelphia: Westminster, 1960], p. 163).

El duro trato de Israel con esos pueblos fue totalmente como el instrumento del juicio de Dios. El pueblo de Dios no debía devolver mal por mal, crueldad por crueldad, odio por odio. La idea de que los gentiles, incluso los malvados, debían ser personalmente despreciados y odiados se originó del propio orgullo y la propia arrogancia moral hereje de los judíos, no de la Palabra de Dios.

La tradición rabínica sin duda también trató de justificar el odio hacia los enemigos basándose en los salmos imprecatorios. David escribió: "Sea su convite delante de ellos por lazo, y lo que es para bien, por tropiezo. Sean oscurecidos sus ojos para que no vean, y haz temblar continuamente sus lomos. Derrama sobre ellos tu ira, y el furor de tu enojo los alcance" (Sal. 69:22-24).

Tales palabras no representan la venganza personal de David sino su preocupación, porque la santidad y la justicia de Dios se ejecutaran sobre aquellos que despreciaban el glorioso nombre del Señor y perseguían al pueblo de Dios. La base para las imprecaciones de David se encuentra en el versículo 9 de ese mismo salmo: "Porque me consumió el celo de tu casa; y los denuestos de los que te vituperaban cayeron sobre mí". David estaba enojado a causa de lo que se hacía contra Dios. Cuando Jesús limpió el templo en Jerusalén, "se acordaron sus discípulos" de las palabras de David, "que está escrito: El celo de tu casa me consume" (Jn. 2:17). David y Jesús participaron de la misma indignación justa.

Cuando el propio hijo de David, Absalón, levantó un ejército y se rebeló contra su padre, el rey oró: "Levántate, Jehová; sálvame, Dios mío; porque tú heriste a todos mis enemigos en la mejilla; los dientes de los perversos quebrantaste" (Sal. 3:7; véase también la inscripción al comienzo del salmo). David perdió a su hijo amado y lloró amargamente cuando se enteró de su muerte (2 S. 18:33), pero él sabía que Absalón era impío y que además era el enemigo del pueblo de Dios y de su rey ungido. Como tal, Absalón merecía la derrota, y con ese fin su padre David oró.

El apóstol Juan experimentó una tensión similar de sentimientos cuando, según sus propias palabras: "Entonces tomé el librito de la mano del ángel, y lo comí; y era dulce en mi boca como la miel, pero cuando lo hube comido, amargó mi vientre" (Ap. 10:10). Juan estaba contento porque sabía que el Señor saldría absolutamente victorioso sobre sus enemigos; pero estaba triste debido a los millones que destruiría ya que no se volverían a Dios.

Una cosa es defender el honor y la gloria de Dios buscando la derrota de sus malvados enemigos, pero otra muy distinta es odiar personalmente a otros como si fueran nuestros propios enemigos. Nuestra actitud incluso hacia los peores paganos o herejes es amarlos y orar porque se vuelvan a Dios y sean salvos. Pero también oramos porque si no se vuelven a Dios, Él los juzgará y los eliminará a fin de preparar el camino para su Hijo Jesucristo como el legítimo gobernante de este mundo.

Debemos participar del propio equilibrio de amor y justicia de Dios. El Señor amaba a Adán, pero lo maldijo. Dios amaba a Caín, pero lo castigó. Dios amaba a Sodoma y Gomorra, pero las destruyó. Dios amaba a la nación de Israel, pero permitió que fuera conquistada y exiliada, y la puso a un lado por un tiempo.

Los escribas y fariseos no tenían tal equilibrio. No tenían amor por la justicia, sino solo por la venganza. Y no tenían amor por sus enemigos, sino solo por sí mismos. Después que David declaró de los enemigos de Dios: "Los aborrezco por completo; los tengo por enemigos", también oró: "Examíname, oh Dios, y conoce mi corazón; pruébame y conoce mis pensamientos; y ve si hay en mí camino de perversidad, y guíame en el camino eterno" (Sal. 139:22-24).

Por el contrario, los escribas y fariseos no sabían nada ni de la indignación justa ni del amor justo. La única indignación que sentían era la de odio personal, y su único amor era de autoestima.

LA PERSPECTIVA DE JESUCRISTO

Pero yo os digo: Amad a vuestros enemigos, bendecid a los que os maldicen, haced bien a los que os aborrecen, y orad por los que os ultrajan y os persiguen; para que seáis hijos de vuestro Padre que está en los cielos, que hace salir su sol sobre malos y buenos, y que hace llover sobre justos e injustos. Porque si amáis a los que os aman, ¿qué recompensa tendréis? ¿No hacen también lo mismo los

publicanos? Y si saludáis a vuestros hermanos solamente, ¿qué hacéis de más? ¿No hacen también así los gentiles? Sed, pues, vosotros perfectos, como vuestro Padre que está en los cielos es perfecto. (5:44-48)

En cinco declaraciones ascendentes Jesús proclama el tipo de amor que Dios siempre ha requerido de su pueblo y que debe caracterizar a todos los que son conocidos por el nombre del Señor.

AMEMOS A LOS ENEMIGOS

Pero yo os digo: Amad a vuestros enemigos, (5:44*a*)

He aquí la enseñanza más poderosa de la Biblia en cuanto al significado del amor. El amor que Dios manda a su pueblo es un amor tan grande que incluso abarca a los **enemigos.**

William Hendriksen comenta:

> Alrededor de él estaban esos muros y esas vallas. Vino con el propósito de derribar esas barreras para que el amor puro, cálido, divino e infinito pudiera fluir directamente del corazón de Dios, y por tanto de su maravilloso corazón al interior de los corazones de los hombres. Su amor sobrepasó todas las fronteras de raza, nacionalidad, grupo, edad, sexo…
>
> Cuando declaró: "Yo os digo: Amad a vuestros enemigos", debió haber sorprendido a su audiencia, porque él estaba diciendo algo que tal vez nunca antes se había dicho de manera tan concisa, positiva y enérgica (*The Gospel of Matthew* [Grand Rapids: Baker, 1973], p. 313).

Los escribas y fariseos eran hombres orgullosos, cargados de prejuicios, moralistas, rencorosos, llenos de odio y vengativos que se hacían pasar como los guardianes de la ley de Dios y líderes espirituales de Israel. Para ellos la orden de Jesús: **Amad a vuestros enemigos** debió haber parecido ingenua y tonta en extremo. Estos dirigentes no solo sentían que tenían el derecho sino el deber de aborrecer a sus enemigos. No odiar a los que obviamente merecen ser odiados sería una violación a la justicia.

Jesús vuelve a contrastar su norma divina con las normas humanas pervertidas de esa hereje tradición judía, y a reforzarla con el enfático **yo.** En los verbos griegos un sufijo pronominal indica el sujeto, como ocurre aquí con *legō* (**os digo**), y el pronombre separado **yo** no habría sido necesario si Jesús simplemente hubiera querido dar información.

Pero aquí, como en todos los casos anteriores del sermón (vv. 22, 28, 32, 34, 39), la forma enfática (*egō… legō*) no solo ofrece énfasis gramatical sino teológico. Al poner lo que Él declaró por sobre lo que decía la tradición estaba colocando su palabra a la par con las Escrituras, como bien entendieron sus oyentes. Jesús no solo hizo hincapié en lo que decía sino en quién lo decía. Su enseñanza no era simplemente la norma de la verdad, sino que Él mismo era esa norma de la verdad. Jesús estaba diciendo: "Sus grandes rabinos, escribas y eruditos les han enseñado a amar solo a los de su preferencia y a aborrecer a sus enemigos. Pero por mi propia autoridad declaro que son falsos maestros y que han pervertido la verdad revelada de Dios. La verdad divina es mi verdad, por eso es que les ordeno: **Amad a vuestros enemigos.**

Como hemos señalado, el concepto del Antiguo Testamento de prójimo incluía hasta a los enemigos personales. Esa es la verdad que Jesús amplía en la parábola del buen samaritano. El propósito de la parábola no es principalmente contestar la pregunta del intérprete: "¿Y quién es mi prójimo?", aunque hace eso, sino mostrar que el requisito de Dios para nosotros es que *seamos* prójimo para todo aquel que necesite nuestra ayuda (Lc. 10:29, 36-37).

La tendencia humana es basar el amor en el atractivo del objeto de nuestro amor. Amamos a las personas que son atractivas, los pasatiempos que son agradables, una casa o un auto que se ven bien y nos gustan, etc. Pero el verdadero amor es orientado según la necesidad. El buen samaritano demostró gran amor porque sacrificó su propia conveniencia, su seguridad y sus recursos para satisfacer la gran necesidad de otra persona.

El idioma griego tiene cuatro términos diferentes que por lo general se traducen "amor". *Philia* es amor fraternal y amor de amistad; *storgē* es amor familiar; y *erōs* es el amor del deseo romántico y sexual. Pero el amor del que Jesús habla aquí, y del cual se habla principalmente en el Nuevo Testamento, es *agapē,* el amor que busca satisfacer el bienestar de otros, y que obra en ese sentido.

El amor *agapē puede* implicar emoción, pero *debe* involucrar acción. En el hermoso y poderoso tratado de Pablo sobre el amor en 1 Corintios 13, todas las quince características del amor se dan en forma de verbo. Obviamente, el amor debe involucrar actitud, porque al igual que toda forma de justicia, comienza en el corazón. Pero se describe mejor y se atestigua mejor por lo que hace.

Ante todo, el amor *agapē* es el amor que Dios es, que Dios demuestra y que da (1 Jn. 4:7-10). "El amor de Dios ha sido derramado en nuestros corazones por el Espíritu Santo que nos fue dado…[y] Dios muestra su amor para con nosotros, en que siendo aún pecadores, Cristo murió por nosotros" (Ro. 5:5, 8). Debido al amor de Dios podemos amar, y "si nos amamos unos a otros, Dios permanece en nosotros, y su amor se ha perfeccionado en nosotros" (1 Jn. 4:11-12).

Cuando Jesús dijo a los discípulos: "Un mandamiento nuevo os doy: Que os améis unos a otros; como yo os he amado, que también os améis unos a otros" (Jn. 13:34), acababa de terminar de lavarles los pies como un ejemplo de amor humilde y abnegado. Los discípulos no habían hecho nada para inspirar el amor de Jesús. Ellos eran egoístas, pendencieros, celosos unos de los otros, y a veces incluso discutían y contradecían a Aquel a quien confesaban que era su Dios, Salvador y Señor. Pero todo lo que Jesús les dijo a sus discípulos e hizo por ellos fue totalmente y sin excepción por el bien de ellos. Ese fue el tipo de amor que les mandó tener por Él y entre sí; y ese es el tipo de amor que manda que todos sus seguidores tengan incluso por sus enemigos.

El comentarista R. C. H. Lenski escribe:

> [El amor] en realidad ve todo el odio y la maldad del enemigo, siente sus puñaladas y sus golpes, incluso podría hacer algo para rechazar tales

ataques; pero todo esto simplemente llena al corazón amoroso con el único deseo y objetivo de liberar a su enemigo de su odio, de rescatarlo de su pecado, y por tanto de salvarle al alma. El simple afecto suele ser ciego, pero aun entonces cree ver algo atractivo en aquel hacia quien va dirigido dicho sentimiento; el amor más exaltado quizás no vea nada atractivo en la persona amada de este modo… su motivación interna es tan solo otorgar verdadera bendición en el ser amado, hacerle el mayor bien… Quizás no me guste un criminal bajo y mezquino que pudo haberme robado y que amenaza mi vida; es posible que no me guste un individuo mentiroso y calumniador que tal vez me haya vilipendiado una y otra vez; pero por la gracia de Jesucristo puedo amarlos a todos, ver lo que está mal con ellos, desear hacerles solamente el bien y por sobre todo liberarlos de sus caminos depravados (*The Interpretation of St. Matthew's Gospel* [Minneapolis: Augsburg, 1964], p. 247).

La cuestión del amor no es a quién amar, porque debemos amar a todos, sino simplemente cómo amar de manera más servicial. No debemos amar solo en términos de sentir sino de servir. El amor de Dios abarca a todo el mundo (Jn. 3:16), y Él nos amó a cada uno de nosotros, aunque aún éramos pecadores y enemigos suyos (Ro. 5:8-10). Los que se niegan a confiar en Dios son sus enemigos; pero Él no es enemigo de ellos. Del mismo modo, no debemos ser enemigos de aquellos que podrían ser enemigos nuestros. Desde la perspectiva de estas personas, somos sus enemigos; pero desde nuestra perspectiva, ellos deberían ser nuestro prójimo.

En 1567 el rey Felipe ii de España nombró al duque de Alba gobernador de los Países Bajos. El duque era un enemigo acérrimo de la recién emergente Reforma Protestante. A su gobierno se le llamó el régimen del terror, y a su concejo se le llamó sangriento porque había ordenado la muerte de muchos protestantes. Se reportó que un hombre que fue sentenciado a morir por su fe bíblica se las ingenió para escapar a finales del invierno. Mientras era perseguido por un soldado, el hombre llegó a un lago cuyo hielo era delgado y agrietado. De alguna manera logró atravesar a salvo el lago, pero tan pronto llegó a la otra orilla oyó los gritos de su perseguidor. El soldado había caído a través del hielo y estaba a punto de ahogarse. Arriesgándose a ser capturado, torturado y ejecutado, o a morir ahogado, el hombre volvió a atravesar el lago y rescató a su enemigo, porque el amor de Cristo lo impulsó a hacerlo. Él sabía que no tenía otra alternativa si iba a ser fiel a su Señor (Elon Foster, *New Cyclopedia of Prose Illustrations: Second Series* [Nueva York: T. Y. Crowell, 1877], p. 296).

El reformador escocés George Wishart, contemporáneo y amigo de John Knox, fue sentenciado a morir como hereje. Debido a que el verdugo sabía del pastoreo desinteresado que Wishart había hecho a centenares de personas que estaban muriendo por la plaga, dudó en llevar a cabo la sentencia. Cuando Wishart vio la expresión de remordimiento en el rostro del verdugo se inclinó y lo besó en la mejilla, diciéndole: "Señor, que esa sea una señal de que te perdono" (John Foxe, *Foxe's Book of Martyrs*, ed. W. Grinton Berry [Grand Rapids: Baker, 1978], p. 252).

Desde luego, nuestros "enemigos" no siempre vienen en formas tan amenazadoras de la vida. A menudo son personas comunes y corrientes que son perversas, impacientes, críticas, mojigatas y rencorosas, o que simplemente no están de acuerdo con nosotros. Cualquiera que sea la relación personal que tengamos, Dios quiere que amemos. Sin importar que los conflictos sean con nuestro cónyuge o nuestros hijos, con padres, amigos o hermanos de iglesia, con un taimado oponente comercial, un vecino rencoroso, un adversario político, o un antagonista social, nuestra actitud hacia ellos debe ser de amor cristiano.

OREMOS POR QUIENES NOS PERSIGUEN

y orad por los que os ultrajan y os persiguen; (5:44*b*)

Todos los hombres viven con algún sentido de pecado y culpa. Y la culpa produce temor, el cual en su forma final es miedo a la muerte y a lo que está más allá de la muerte. Por eso la mayoría de personas ha ideado varias maneras de creencias religiosas, rituales y costumbres de las que están convencidas que de algún modo les ofrecerán cierto alivio de la culpa y el juicio. Algunos individuos tratan de deshacerse de la culpa simplemente negándola o negando la existencia de un Dios que hace responsables a los hombres por el pecado.

A lo largo de la historia las peores persecuciones han sido religiosas. Las más fuertes han sido contra el pueblo de Dios debido a que las normas divinas que Él ha dado y que se ven en los cristianos representan un juicio sobre los malvados y sobre la corrupción de la religión falsa. La Palabra de Dios desenmascara a las personas en su punto más sensible y vulnerable, que es el de su autojustificación, ya sea que esa justificación sea religiosa, filosófica o incluso atea.

Debido a que persecución es a menudo la respuesta del mundo a la verdad de Dios, el Señor nos asegura que así como Él fue perseguido nosotros también lo seremos (Jn. 15:20). Por tanto, su mandato de que oremos por nuestros perseguidores es un mandato que todo creyente fiel podría tener la oportunidad de obedecer en alguna manera. Esto no es algo reservado para los creyentes que están viviendo en tierras paganas o ateas donde el cristianismo es prohibido o gravemente restringido.

Jesús enseñó que todo discípulo que hace conocer su fe pagará algún precio por eso, y que debemos orar por aquellos que exigen ese precio de nosotros. Spurgeon declaró: "La oración es la precursora de la misericordia", y quizás es por eso que Jesús menciona la oración aquí. Amar a los enemigos no es natural para los hombres, y a veces es difícil incluso para aquellos que le pertenecen a Dios y tienen el amor divino dentro de su corazón. La mejor manera de tener la actitud correcta, es decir la actitud de amor *agapē*, hacia quienes nos persiguen es llevarlos delante del Señor en oración. Podríamos sentir la maldad, la injusticia, la impiedad, y el odio de ellos hacia nosotros, y a la luz de estas cosas quizás no amarlos por *lo que* son. Pero debemos amarlos debido a *quiénes* son: pecadores caídos de la imagen de Dios y en necesidad del perdón y la gracia de Dios, tal como nosotros somos pecadores en necesidad de su perdón y su gracia antes de que Él nos salvara. Debemos orar porque ellos, así como nosotros lo hicimos, busquen el perdón y la gracia del Señor.

Quizás nuestros perseguidores no siempre sean incrédulos. Los cristianos pueden ocasionar gran problema a otros creyentes, y el primer paso hacia la sanidad de esas relaciones rotas también es la oración. Quienquiera que nos persiga, en cualquier modo y en cualquier grado, debería estar en nuestra lista de oración. Hablarle a Dios acerca de otros puede comenzar a tejer el corazón del peticionario con el corazón de Dios.

Crisóstomo dijo que la oración es la más elevada cumbre de dominio propio y que, cuando oramos por nuestros perseguidores, la mayoría de nosotros alineamos nuestras vidas en conformidad con las normas de Dios. Dietrich Bonhoeffer, el pastor que sufrió y finalmente fue ejecutado en la Alemania nazi, escribió acerca de la enseñanza de Jesús en Mateo 5:44: "Esta es la exigencia suprema. Por medio de la oración vamos hasta donde nuestro enemigo, estamos a su lado, y rogamos por él a Dios" (*The Cost of Discipleship*, trad. R. H. Fuller [segunda edición revisada; Nueva York: Macmillan, 1960], p. 166).

MANIFESTEMOS NUESTRA CONDICIÓN DE HIJOS

para que seáis hijos de vuestro Padre que está en los cielos, que hace salir su sol sobre malos y buenos, y que hace llover sobre justos e injustos. (5:45)

Amar a nuestros enemigos y orar por quienes nos persiguen muestra que somos **hijos de** nuestro **Padre que está en los cielos.** El tiempo aoristo de *genēsthe* (**que seáis**) indica un hecho establecido de una vez por todas. Dios mismo es amor, y la mayor evidencia de nuestra condición divina de hijos por medio de Jesucristo es nuestro amor. "En esto conocerán todos que sois mis discípulos, si tuviereis amor los unos con los otros" (Jn. 13:35). "Dios es amor; y el que permanece en amor, permanece en Dios, y Dios en él" (1 Jn. 4:16). Es más, "Si alguno dice: Yo amo a Dios, y aborrece a su hermano, es mentiroso. Pues el que no ama a su hermano a quien ha visto, ¿cómo puede amar a Dios a quien no ha visto?" (v. 20).

Amar como Dios ama no nos *hace* **hijos** del **Padre,** pero ofrece evidencia de que ya somos sus hijos. Cuando una vida refleja la naturaleza de Dios demuestra que esa vida *posee* ahora su naturaleza por medio del nuevo nacimiento.

Una de las críticas más comunes y perjudiciales del cristianismo es la acusación de que los cristianos no viven a la altura de su fe. Aunque el mundo tiene una idea limitada y a menudo distorsionada de lo que es el evangelio, sabe bastante de las enseñanzas y de la vida de Cristo para comprender que la mayoría de personas que se hacen llamar por el nombre de Cristo no hacen todo lo que mandó ni viven como Él vivió.

Pero incluso una persona que nunca ha oído hablar de Cristo o de las enseñanzas del Nuevo Testamento sospecharía que existe poder divino detrás de una vida que ama y que cuida de otros hasta el punto de amar a los enemigos, simplemente porque esa vida para nada es característica de la naturaleza humana. Una vida de amor abnegado ofrece evidencia de la condición de hijos del **Padre que está en los cielos.** Esa frase hace hincapié en el reino celestial en que mora el Señor, el reino que es la fuente de este tipo de amor.

Aquellos que son hijos de Dios deben mostrar amor imparcial y cuidado similar al que Dios muestra. **Él hace salir su sol sobre malos y buenos, y... hace llover**

sobre justos e injustos. Tales bendiciones se dan independientemente de ventajas o merecimientos. Si no fuera así, nadie las recibiría. En lo que por tradición los teólogos han llamado gracia común, Dios es indiscriminado en su benevolencia. Su amor divino y su providencia benefician en algunas formas a todo el mundo, incluso a quienes se rebelan contra Él o niegan su existencia.

Hay una leyenda rabínica que cuenta la destrucción de los egipcios en el Mar Rojo. Cuando las aguas los cubrieron… los ángeles iniciaron un himno de alabanza; pero Dios dijo tristemente: "La obra de mis manos está sepultada en el mar, ¿y vosotros queréis cantar delante de mí?" (William Barclay, *Comentario al Nuevo Testamento* [Barcelona: Editorial Clie, 1999], p. 54).

El salmista atestigua: "Los ojos de todos esperan en ti, y tú les das su comida a su tiempo. Abres tu mano, y colmas de bendición a todo ser viviente" (Sal. 145:15-16). No existe ningún bien físico, intelectual, emocional, moral, espiritual o de cualquier otra clase que *alguien* posea o experimente que no venga de la mano de Dios. Si Dios hace eso por todo el mundo, sus hijos deberían reflejar esa misma generosidad.

SUPEREMOS A NUESTROS SEMEJANTES

Porque si amáis a los que os aman, ¿qué recompensa tendréis? ¿No hacen también lo mismo los publicanos? Y si saludáis a vuestros hermanos solamente, ¿qué hacéis de más? ¿No hacen también así los gentiles? (5:46-47)

Si los escribas y fariseos estaban seguros de algo era de ser mejores que todos los demás. Pero Jesús de nuevo pone al descubierto su ciega hipocresía y a mostrarles que el tipo de amor que tenían no era más que el amor mediocre y egoísta, común incluso entre **los publicanos** y **los gentiles** ante quienes los escribas y fariseos se creían innegablemente superiores.

Esas eran tal vez las palabras más devastadoras e insultantes que estos dirigentes religiosos habían oído, y debieron haber estado furiosos de escucharlas. Los **publicanos** eran traidores extorsionistas, y casi por definición también eran deshonestos, sin corazón, e irreligiosos. A los ojos de la mayoría de judíos, los **gentiles** estaban fuera del vallado del interés y la misericordia de Dios, adaptados solo para la destrucción como sus enemigos y como enemigos de aquellos que se consideraban pueblo de Dios.

Sin embargo, Jesús manifestó que el amor de los escribas y fariseos no era mejor que el amor de aquellos a quienes despreciaban por sobre todas las demás personas. **Si amáis a los que os aman,** ese es el **mismo** amor que exteriorizan **los publicanos** y **gentiles.** Jesús les acusó de que "su justicia no es mejor que la de ellos".

Los ciudadanos del reino de Dios deben tener una norma de amor, y de todos los demás aspectos de justicia, mucho más alta que el resto del mundo. Los cristianos deben distinguirse en el trabajo por ser las personas más honradas y consideradas. Deben distinguirse en sus comunidades por ser más serviciales y atentos que los demás. Deben distinguirse en cualquier parte de la sociedad en que se encuentren porque el amor que exhiben es un amor divino. Jesús ya había declarado: "Así alumbre vuestra luz delante de los hombres, para que vean vuestras buenas obras, y glorifiquen a vuestro Padre que está en los cielos" (Mt. 5:16). Como J. Oswald Sanders comenta: "El Maestro espera de sus discípulos tal conducta que pueda explicarse únicamente en términos de lo sobrenatural".

SEAMOS COMO NUESTRO PADRE CELESTIAL

Sed, pues, vosotros perfectos, como vuestro Padre que está en los cielos es perfecto. (5:48)

El resumen de todo lo que Jesús enseña en el Sermón del Monte —en realidad el resumen de todo lo que enseña en la Biblia— está en esas palabras. El gran propósito de la salvación, el objetivo del evangelio y el gran anhelo del corazón de Dios para todos los hombres es que lleguen a ser como Jesús.

Teleios (**perfecto**) significa básicamente alcanzar una conclusión o un final previsto, y a menudo se traduce "madurez" (1 Co. 2:6; 14:20; Ef. 4:13). Sin embargo, el significado que tiene aquí obviamente es de perfección, porque el **Padre que está en los cielos es** la norma. Todo hijo del "Padre" (v. 45) debe ser **perfecto, como** [su] **Padre que está en los cielos es perfecto.** Esa perfección debe ser absoluta.

Esa perfección también es totalmente imposible en el propio poder del hombre. A quienes se preguntan cómo Él puede exigir lo imposible, Jesús les dice más adelante: "Para los hombres esto es imposible; mas para Dios todo es posible" (Mt. 19:26). Dios provee el poder para cumplir lo que requiere. La propia justicia del ser humano es posible, pero es tan imperfecta que no sirve para nada; la justicia de Dios es imposible por la misma razón de que es perfecta. Pero la justicia imposible se vuelve posible para aquellos que confían en Jesucristo, porque Él les concede su justicia.

Ese es exactamente el propósito del Señor en todos estos ejemplos y en todo el sermón: llevar a sus oyentes a un sentido irresistible de bancarrota espiritual, a una "actitud de bienaventuranza" que les muestre su necesidad de un Salvador, un facilitador que por sí solo pueda fortalecerlos para cumplir la norma de perfección de Dios.

Dar sin hipocresía

33

Guardaos de hacer vuestra justicia delante de los hombres, para ser vistos de ellos; de otra manera no tendréis recompensa de vuestro Padre que está en los cielos. Cuando, pues, des limosna, no hagas tocar trompeta delante de ti, como hacen los hipócritas en las sinagogas y en las calles, para ser alabados por los hombres; de cierto os digo que ya tienen su recompensa. Mas cuando tú des limosna, no sepa tu izquierda lo que hace tu derecha, para que sea tu limosna en secreto; y tu Padre que ve en lo secreto te recompensará en público. (6:1-4)

Mateo 5:21-48 se centra en la enseñanza de la ley, lo que los hombres creen, y 6:1-18 se enfoca en la práctica de la ley, lo que los hombres hacen. La primera sección hace hincapié en la justicia moral interior, y ofrece seis ilustraciones representativas con relación al asesinato, al adulterio, al divorcio, a los juramentos, a la venganza y al amor. Esta segunda sección resalta la justicia formal externa, y nos da tres ejemplos representativos de la actividad religiosa. El primero tiene que ver con dar, con cómo nuestra religión actúa hacia los demás (vv. 2-4); el segundo tiene que ver con la oración, con cómo nuestra religión actúa hacia Dios (vv. 5-15); y el tercero tiene que ver con el ayuno, con cómo nuestra religión actúa con relación a nosotros mismos (vv. 16-18).

EL PELIGRO DE LA FALSA JUSTICIA

Guardaos de hacer vuestra justicia delante de los hombres, para ser vistos de ellos; de otra manera no tendréis recompensa de vuestro Padre que está en los cielos. (6:1)

Este versículo inicia la sección sobre las formas de justicia religiosa y se aplica a cada uno de los tres ejemplos en 6:2-18.

Se cuenta la historia de un santo asceta oriental que se cubrió de cenizas como señal de humildad y con regularidad se sentaba en la esquina de una calle famosa de su ciudad. Cuando los turistas le pedían permiso para tomarle una fotografía, el místico reacomodaba las cenizas para dar la mejor imagen de miseria y humildad.

Gran parte de la religión equivale a nada más que "cenizas" religiosas reacomodadas para impresionar al mundo con la supuesta humildad y devoción del individuo. Por supuesto, el problema es que esa humildad es un acto fingido, y la devoción es hacia el ego, no hacia Dios. Tal religión no es nada más que un juego de fingimiento, un juego en el cual los escribas y fariseos de la época de Jesús eran maestros. Debido a que su religión era sobre todo un espectáculo y una burla del camino de la verdad revelada de Dios para su pueblo, las denuncias más fuertes de Jesús estaban reservadas para estos dirigentes religiosos.

Pero ellos no eran los primeros ni los últimos hipócritas. Desde la caída del hombre ha habido hipócritas. La Biblia los menciona desde Génesis hasta Apocalipsis. Caín fue el primer hipócrita que fingió adorar al ofrecer un tipo de sacrificio que Dios no quería. Cuando la hipocresía de Caín fue desenmascarada este mató a su hermano Abel por resentimiento (Gn. 4:5-8). Absalón juró hipócritamente lealtad a su padre, el rey David, mientras urdía el derrocamiento de su régimen (2 S. 15:7-10).

El principal hipócrita fue Judas Iscariote, quien traicionó al Señor con un beso. Ananías y Safira afirmaron de manera hipócrita haber dado a la iglesia todos los ingresos de la venta de una propiedad, y perdieron la vida por mentir al Espíritu Santo (Hch. 5:1-10).

Los hipócritas también los encontramos en el paganismo, en el judaísmo y en el cristianismo. Los hubo en la iglesia primitiva, en la iglesia medieval, y en la iglesia de la Reforma. Todavía hay hipócritas en la iglesia moderna, y Pablo nos asegura que los habrá al final de los tiempos. "El Espíritu dice claramente que en los postreros tiempos algunos apostatarán de la fe, escuchando a espíritus engañadores y a doctrinas de demonios; por la hipocresía de mentirosos que [tienen] cauterizada la conciencia" (1 Ti. 4:1-2). La hipocresía es endémica para el hombre caído y parte integral de su naturaleza carnal. La persecución de la Iglesia ayuda a disminuir la cantidad de hipócritas, pero ni siquiera eso puede eliminarlos por completo.

La hipocresía no se trata con ligereza en la Biblia. Dios declaró por medio de Amós: "Aborrecí, abominé vuestras solemnidades, y no me complaceré en vuestras asambleas. Y si me ofreciereis vuestros holocaustos y vuestras ofrendas, no los recibiré, ni miraré a las ofrendas de paz de vuestros animales engordados. Quita de mí la multitud de tus cantares, pues no escucharé las salmodias de tus instrumentos. Pero corra el juicio como las aguas, y la justicia como impetuoso arroyo" (Am. 5:21-24). Todos esos actos religiosos habían sido prescritos por Dios; pero debido a que no los realizaban con sinceridad y a que no iban acompañados de una vida justa, no eran aceptables ante Dios. Los sacrificios, las ofrendas y los cánticos no se ofrecían para la gloria de Dios sino para la propia gloria y satisfacción vanidosa de la gente.

Aparte de la idolatría, el mayor pecado en Judá y en Israel era la religión hipócrita. Los judíos fueron conquistados y llevados cautivos en gran medida porque convirtieron la verdadera adoración a Dios en una parodia fingida. Con relación a esa verdad Isaías expresa: "¿Para qué me sirve, dice Jehová, la multitud de vuestros sacrificios? Hastiado estoy de holocaustos de carneros y de sebo de animales gordos; no quiero sangre de bueyes, ni de ovejas, ni de machos cabríos" (Is. 1:11). El Señor siguió declarando su desagrado ante inútiles ofrendas, incienso, luna nueva, y días de fiesta, además de oraciones hipócritas (vv. 13-15). Dios quería pureza y justicia, no rituales superficiales, por lo que manifestó: "Lavaos y limpiaos; quitad la iniquidad de vuestras obras de delante de mis ojos; dejad de hacer lo malo; aprended a hacer el bien; buscad el juicio, restituid al agraviado, haced justicia al huérfano, amparad a la viuda. Venid luego, dice Jehová, y estemos a cuenta: si vuestros pecados fueren como la grana, como la nieve serán emblanquecidos; si fueren rojos como el carmesí, vendrán a ser como blanca lana" (vv. 16-18).

Llamados similares a reemplazar las ceremonias superficiales con verdadera justicia se encuentran en otros escritos de los profetas (Jer. 11:19-20; Am. 4:4-5; Mi. 6:6-8), así como en el libro de Job (8:13; 15:34; 36:13).

Una fábula de Esopo habla de un lobo que deseaba tener una oveja para su cena y decidió disfrazarse de oveja y seguir al rebaño hasta el redil. Mientras el lobo esperaba hasta que las ovejas se durmieran, el pastor determinó que comería carne de cordero. En medio de la oscuridad eligió la oveja que creyó más grande y más gorda; pero después de haber matado al animal se dio cuenta de que se trataba de un lobo. Lo que ese pastor hizo sin darse cuenta a un lobo vestido de oveja, Dios lo hace de manera intencional. El Señor juzga la hipocresía.

En cierta ocasión Jesús denunció así a los escribas y fariseos: "Hipócritas, bien profetizó de vosotros Isaías, como está escrito: Este pueblo de labios me honra, mas su corazón está lejos de mí" (Mr. 7:6-7).

Jesús utilizó muchas representaciones para describir la hipocresía. La comparó con levadura (Lc. 12:1), sepulcros blanqueados (Mt. 23:27), sepulcros que no se ven (Lc. 11:44), cizaña entre el trigo (Mt. 13:25), y lobos rapaces vestidos de ovejas (Mt. 7:15).

En tiempos del Nuevo Testamento algunas personas se ganaban la vida como plañideras profesionales a quienes les pagaban por llorar, gemir y rasgar sus vestiduras en funerales y en otras ocasiones de tristeza (cp. Mt. 9:23). Se dice que algunas plañideras tenían cuidado de rasgar sus vestidos por una costura, de modo que la tela pudiera volver a coserse para el siguiente duelo. Tanto las plañideras profesionales como quienes las contrataban eran unos hipócritas, contratando y siendo contratadas en una demostración de duelo que era un fingimiento total.

Prosechō (**guardaos**) significa sujetar o afirmar algo a lo cual poner atención, especialmente en el sentido de estar en guardia. Jesús advirtió a los escribas, fariseos y otros hipócritas que se guardaran de las actividades religiosas en las que tenían tanto orgullo y confianza. Él estaba a punto de mostrarles cuán inútiles, sin sentido e inaceptables eran para Dios esas actividades.

Theaomai (**ser vistos**) se relaciona con el término del cual tenemos teatro. Rememora un espectáculo para ser visto. Es decir, Jesús está advirtiendo en cuanto a **hacer** alguna forma de **justicia** (*dikaiosunē*, actos de devoción religiosa en general) cuyo propósito es exhibirse **delante de los hombres.** Tal religión es como una representación; no es algo real sino una actuación. No demuestra lo que se halla en las mentes y los corazones de los actores, sino que simplemente es una actuación diseñada para hacer cierta impresión en aquellos que están observando.

Tales prácticas equivalen a **justicia** teatral, realizada para impresionar en lugar de servir, y para ensalzar a los actores en lugar de enaltecer a Dios. El propósito es agradar a **los hombres,** no a Dios, y las actividades no son la vida real sino una exhibición. Jesús nos asegura que esa falsa justicia nunca hará competente a una persona para el reino de Dios (Mt. 5:20).

Esa falsa justicia tiene una recompensa: el reconocimiento y el aplauso de otros hipócritas e ignorantes. No obstante, ese es el límite del honor, porque Jesús afirma que quienes practican tan hipócrita justicia **no** tendrán **recompensa de** [su] **Padre que está en los cielos.** Dios no premia a los que quieren agradar a los hombres (cp. Mt. 5:16), porque le roban la gloria a Él. Debería observarse que **vuestro Padre** se usa en el mismo sentido que en 5:16, como una referencia al significado del Antiguo Testamento en que Dios era el Padre de Israel (Is. 63:16), no en el sentido del Nuevo Testamento de relación personal por medio de la salvación (véase Mt. 6:9).

La referencia a que Dios **está en los cielos** distingue el carácter eterno de la recompensa divina de la alabanza transitoria y superficial que los hipócritas reciben de otros hombres.

LA PRÁCTICA Y RECOMPENSA DE LA FALSA GENEROSIDAD

Cuando, pues, des limosna, no hagas tocar trompeta delante de ti, como hacen los hipócritas en las sinagogas y en las calles, para ser alabados por los hombres; de cierto os digo que ya tienen su recompensa. (6:2)

Un *hupokritēs* (**hipócrita**) originalmente era un actor griego que usaba una máscara que describía de manera exagerada el papel que estaba dramatizándose. Por obvias razones el término llegó a usarse para alguien que fingía ser quien no era.

Juan Calvino creía que en todas las virtudes debía evitarse que entrara hipocresía, ya que no hay obra tan loable como no ser en muchos casos corrompidos y contaminados por ella (*A Harmony of the Evangelists* Matthew, *Mark, and Luke*, tomo 1 [Grand Rapids: Baker, 1979], pp. 308-9).

Una de las maneras más comunes y eficaces en que Satanás socava el poder de la Iglesia es a través de la hipocresía. Por tanto, la hipocresía es un gran peligro para la Iglesia, y aparece en dos formas. La primera es la de no creyentes disfrazados como cristianos. La segunda es de verdaderos creyentes que son pecadores, pero fingen ser espirituales. La advertencia que Jesús da aquí se aplica a ambos grupos.

Agustín expresó: "El amor al honor es el flagelo mortal de la verdadera piedad. Otras inmoralidades producen obras malas, pero esta produce buenas obras de mala manera". Por tanto, la hipocresía es peligrosa por ser muy engañosa. Usa cosas que son básicamente buenas para propósitos que son básicamente malos. Agustín sigue diciendo: "La hipocresía es el homenaje que la inmoralidad rinde a la virtud".

Eleēnosunē (**limosna**) literalmente se refiere a cualquier acto de misericordia o piedad, pero llega a usarse principalmente para dar dinero, comida o ropa a los pobres. Es el término del cual obtenemos la palabra beneficencia en español, un sinónimo para caridad.

Jesús no inicia esta enseñanza con el condicional *si* sino con **cuando,** indicando que es algo que espera que hagamos. Dar **limosna** se refiere a donaciones reales, no a buenas intenciones o cálidos sentimientos de piedad que nunca hallan expresión práctica. Cuando se hace con el espíritu correcto no solo es admisible sino obligatorio para los creyentes.

Dios siempre se ha deleitado en obras de misericordia y generosidad. "Cuando tu hermano empobreciere y se acogiere a ti, tú lo ampararás; como forastero y extranjero vivirá contigo" (Lv. 25:35). A los israelitas se les mandó que cuando liberaran a un esclavo, "no le enviarás con las manos vacías. Le abastecerás liberalmente de tus ovejas, de tu era y de tu lagar; le darás de aquello en que Jehová te hubiere bendecido" (Dt. 15:13-14). Al pueblo de Dios se le recordaba continuamente en Salmos, en Proverbios y en los escritos proféticos que fuera considerado y generoso con los pobres, fueran estos compatriotas israelitas o gentiles extranjeros.

Jesús y los discípulos tenían su propia bolsa de dinero de la cual daban ofrendas a los pobres (Jn. 13:29). Por tanto, es obvio que únicamente dar **limosna** en el espíritu equivocado es lo que está mal. Los escribas y fariseos daban principalmente con el fin de atraer honra para sí mismos, no de servir a otros o de honrar a Dios.

La entrega de limosnas se había llevado a extremos absurdos por parte de la tradición rabínica. En los libros apócrifos judíos leemos cosas tales como: "Mucho mejor es dar limosna que conseguir montones de oro. Dar limosna salva de la muerte y purifica de todo pecado" (Tb. 12:8-9) y, "El agua apaga el fuego que arde, y el dar limosnas consigue el perdón de los pecados" (Eclo. 3:30). En consecuencia, muchos judíos creían que la salvación era mucho más fácil para los ricos porque podían comprar su entrada al cielo dando a los pobres. El mismo principio mecánico y antibíblico se ve en el dogma tradicional católico romano. El papa León el Grande declaró: "Por la oración buscamos apaciguar a Dios, mediante el ayuno extinguimos la lujuria de la carne, y por medio de las limosnas nos redimimos de nuestros pecados".

Pero así como un sentimiento de simpatía por alguien en necesidad no le ayuda a menos que se le dé algo para satisfacer su necesidad, darle dinero no proporciona ningún beneficio o ninguna bendición espiritual a menos que se ofrezca de corazón. En cualquier caso, ningún acto de caridad o ninguna buena obra pueden expiar el pecado.

No parece haber evidencia histórica o arqueológica de que los judíos hicieran **tocar trompeta** u otro instrumento para anunciar el dinero que daban. La figura fue usada por Jesús para describir la atención que atraían hacia sí mismos muchos de **los hipócritas** ricos, no solamente escribas y fariseos, **en las sinagogas y en las calles** con el propósito de que los vieran cuando presentaban sus donaciones.

La recompensa que querían era reconocimiento y honra, **ser alabados por los hombres,** lo que se convirtió en **su única recompensa. Ya tienen su recompensa** era una forma de una expresión técnica usada en la finalización de una transacción comercial, y transmitía la idea de que algo se había pagado y recibido por completo. No se debía ni se pagaría nada más. Aquellos que daban con el propósito de impresionar a otros con su generosidad y espiritualidad no recibirán otra recompensa, especialmente de parte de Dios. El Señor no les debe nada. Cuando damos para agradar a los hombres, nuestra única **recompensa** será la que los hombres pueden dar. Buscar las bendiciones de los hombres significa perder las de Dios.

Existen muchas trompetas más sutiles que pueden usarse para llamar la atención hacia las buenas obras. Cuando lo que buscamos es hacer conocer en público lo que con facilidad puede hacerse en privado, nos comportamos como **los hipócritas,** no como hijos de Dios.

Un hombre entró a mi oficina un domingo y me dijo que era la primera vez que adoraba a Dios con nosotros y que deseaba hacer de la nuestra su iglesia local. Me entregó un cheque generoso con la promesa de que yo recibiría uno parecido cada semana. Le declaré que no quería recibir personalmente sus cheques y le sugerí que debía entregarlos de manera anónima como hacían todas las familias de la iglesia. Si el hombre hubiera seguido dando una gran cantidad cada domingo, no había una buena razón para que tuviera que anunciar su generosidad tanto a mí como a alguien más. Cuánto mejor para él simplemente haber puesto el cheque en la ofrenda durante el culto.

Desde luego, en ocasiones no se demuestra el fingimiento. Al saber que está mal dar con ostentación y que es probable que los demás hermanos en Cristo se resientan, a veces tratamos de hacer que nuestras buenas obras se sepan "de modo accidental". Pero aunque solo *queramos* que las personas se den cuenta, y no hagamos nada para llamar la atención de estas, el motivo de nuestro corazón es **ser alabados por los hombres.** El verdadero sonido de trompeta, la hipocresía básica, siempre está en el interior, y allí es donde Dios juzga. La justicia hipócrita, así como la justicia verdadera, empieza en el corazón.

Tristemente, muchas organizaciones cristianas utilizan métodos no cristianos para motivar el apoyo de sus ministerios. Cuando se ofrecen certificados enmarcados, la publicación de nombres de miembros generosos, y otras formas de reconocimiento para estimular la generosidad, se está promoviendo hipocresía en el nombre de Cristo. Es tan malo apelar a motivos erróneos como tener motivos erróneos. Jesús advirtió: "¡Ay del mundo por los tropiezos! porque es necesario que vengan tropiezos, pero ¡ay de aquel hombre por quien viene el tropiezo!" (Mt. 18:7).

LA PRÁCTICA Y RECOMPENSA DE LA VERDADERA GENEROSIDAD

Mas cuando tú des limosna, no sepa tu izquierda lo que hace tu derecha, para que sea tu limosna en secreto; y tu Padre que ve en lo secreto te recompensará en público. (6:3-4)

Que **no sepa tu izquierda lo que hace tu derecha** tal vez era una expresión proverbial que simplemente se refería a hacer algo de manera espontánea, sin ningún esfuerzo o espectáculo especial. La mano derecha se consideraba la parte primordial de acción, y en el trabajo de un día normal la mano derecha haría muchas cosas como asunto rutinario que no involucrarían a la mano izquierda. Dar para ayudar a aquellos en necesidad debería ser una actividad normal del cristiano, y debería llevarla a cabo de la manera más simple, directa y discreta que sea posible.

La donación más satisfactoria, y la que Dios bendice, es la que se hace y se olvida. Es hecha con amor en respuesta a una necesidad, y cuando la necesidad está satisfecha el dador continúa con sus asuntos, sin querer ni esperar reconocimiento. Lo que se ha hecho debe incluso ser **en secreto** incluso para nuestra mano **izquierda,** por no mencionar la mano de otras personas. Si aquel a quien ayudamos es agradecido o desagradecido no debería importar en lo que respecta a nuestro propósito. Si es desagradecido, lo sentimos por él, no por nosotros.

Se dice que en el templo había un lugar especial y poco conocido donde los judíos tímidos y humildes podían dejar sus donaciones sin ser observados. Otro lugar cercano se proporcionaba para los tímidos pobres, que no querían ser vistos pidiendo ayuda. Aquí venían y tomaban lo que necesitaban. El nombre del lugar era la Cámara del Silencio. Personas daban y personas recibían ayuda, pero nadie conocía las identidades de ninguno de los grupos (cp. Edersheim, *The Life and Times of Jesus the Messiah,* tomo 2 [Grand Rapids: Eerdmans, 1972], p. 387;

Joachim Jeremias, *Jerusalem in the Time of Jesus* [Philadelphia: Fortress, 1969], p. 133; y William Barclay, *Comentario al Nuevo Testamento* [Barcelona: Editorial Clie, 1999], p. 57).

Mateo 6:3 a menudo se ha interpretado en el sentido de que todas las buenas obras deben hacerse en secreto absoluto. Pero la verdadera justicia no puede ni debería mantenerse en total secreto. "Dichosos los que guardan juicio, los que hacen justicia en todo tiempo" (Sal. 106:3). Isaías declara: "Me buscan cada día, y quieren saber mis caminos, como gente que hubiese hecho justicia, y que no hubiese dejado la ley de su Dios; me piden justos juicios, y quieren acercarse a Dios" (Is. 58:2). Juan nos comenta: "Si sabéis que él es justo, sabed también que todo el que hace justicia es nacido de él" (1 Jn. 2:29).

Más temprano en el Sermón del Monte Jesús había mandado específicamente: "Así alumbre vuestra luz delante de los hombres, para que vean vuestras buenas obras, y glorifiquen a vuestro Padre que está en los cielos" (Mt. 5:16). La pregunta no es si nuestras buenas obras deben ser vistas o no por otras personas, sino si las hemos hecho con esa finalidad. Cuando se hacen "de tal manera" que la atención y la gloria estén enfocadas en nuestro "Padre que está en los cielos" y no en nosotros mismos, Dios se agrada. Pero si se hacen para que las vean los hombres (6:1), están hechas con fariseísmo e hipocresía y son rechazadas por Dios. La diferencia está en el propósito y la motivación. Cuando lo que hacemos está hecho con el espíritu correcto y para el propósito correcto, casi siempre se hará inevitablemente en la manera correcta.

A menudo se cree que las enseñanzas de Mateo 5:16 y 6:1 están en conflicto entre sí porque no se reconoce que están relacionadas con distintos pecados. La discrepancia solo es imaginaria. En el primer pasaje Jesús está tratando con la cobardía, mientras que en el segundo está tratando con la hipocresía. A. B. Bruce ofrece una explicación útil: "Debemos mostrar cuando estamos tentados a ocultar, y ocultar cuando estamos tentados a mostrar".

Nunca en la historia de la Iglesia los cristianos han sido tan bombardeados con solicitudes de dar dinero, muchas de ellas para causas legítimas y que valen la pena. Saber cómo y dónde dar es a veces sumamente difícil. Los cristianos deben dar de manera regular y sistemática para la obra de su iglesia local. "Cada primer día de la semana cada uno de vosotros ponga aparte algo, según haya prosperado" (1 Co. 16:2). Pero también estamos llamados a dar directamente a los que están en necesidad cuando tenemos oportunidad y capacidad. Tanto el Antiguo Testamento como el Nuevo dejan en claro que dar con disposición y generosidad siempre ha caracterizado al pueblo fiel de Dios.

Dios no necesita nuestras dádivas, porque Él es totalmente suficiente en sí mismo. La necesidad es por nuestra parte y por parte de aquellos a quienes servimos en nombre del Señor. Pablo anunció a la iglesia en Filipos: "No es que busque dádivas, sino que busco fruto que abunde en vuestra cuenta" (Fil. 4:17).

Dar se describe en el Antiguo Testamento como parte del ciclo de bendición de Dios. "El alma generosa será prosperada; y el que saciare, él también será saciado" (Pr. 11:25). Cuando damos, Dios bendice, y cuando Dios nos bendice damos otra vez de lo que nos ha dado. "Harás la fiesta solemne de las semanas a Jehová tu Dios; de la abundancia voluntaria de tu mano será lo que dieres, según Jehová tu Dios te hubiere bendecido" (Dt. 16:10). Debemos dar con generosidad de lo que Dios nos ha dado generosamente.

El ciclo se aplica no solo a la ofrenda material sino a toda forma de ofrenda que se hace sinceramente para honrar a Dios y para satisfacer necesidades. La manera de proceder del pueblo de Dios siempre se ha mostrado en la forma de dar.

La Biblia nos enseña al menos siete principios para guiarnos en dar de manera no hipócrita. Primero, dar de corazón es invertir con Dios. "Dad, y se os dará; medida buena, apretada, remecida y rebosando darán en vuestro regazo; porque con la misma medida con que medís, os volverán a medir" (Lc. 6:38). Pablo repite las palabras de Jesús: "Esto digo: El que siembra escasamente, también segará escasamente; y el que siembra generosamente, generosamente también segará" (2 Co. 9:6).

Segundo, dar de verdad debe ser sacrificial. David se negó a dar al Señor lo que no le costara nada (2 S. 24:24). La generosidad no se mide por el tamaño de la ofrenda en sí, sino por su tamaño en comparación con lo que se posee. La viuda que entregó "dos blancas, o sea un cuadrante" al tesoro del templo dio más que "todos los que han echado en el arca; porque todos han echado de lo que les sobra; pero ésta, de su pobreza echó todo lo que tenía, todo su sustento" (Mr. 12:41-44).

Tercero, la responsabilidad de dar no tiene relación con cuánto tiene la persona. Un individuo que no es generoso cuando es pobre no será generoso si obtiene riquezas. Quizás entonces dé una cantidad más grande, pero no dará una proporción mayor. "El que es fiel en lo muy poco, también en lo más es fiel; y el que en lo muy poco es injusto, también en lo más es injusto" (Lc. 16:10). Es muy importante enseñar a los niños a dar con generosidad al Señor de cualquier pequeña cantidad de dinero que reciban, porque las actitudes y los patrones que desarrollan de niños son probablemente los que seguirán cuando crezcan. Dar no es un asunto de cuánto dinero se tiene sino de cuánto amor y preocupación por otros hay en el corazón.

Cuarto, las donaciones materiales tienen relación con las bendiciones espirituales. A quienes no son fieles con las cosas del mundo como dinero y otras posesiones, el Señor no les confiará cosas de mayor valor. "Si en las riquezas injustas no fuisteis fieles, ¿quién os confiará lo verdadero? Y si en lo ajeno no fuisteis fieles, ¿quién os dará lo que es vuestro?" (Lc. 16:11-12).

Muchos jóvenes han abandonado el seminario porque no pudieron manejar el dinero, y el Señor no los quería en su ministerio. Otros han comenzado en el ministerio y más tarde renunciaron por la misma razón. Otros más permanecen en el ministerio pero producen poco fruto porque, puesto que ni siquiera pueden manejar sus propias finanzas, Dios no les compromete el cuidado de almas eternas. Las influencias espirituales y la eficacia tienen mucho que ver con lo bien que se manejan las finanzas.

Quinto, cuánto dar se determina de manera personal. "Cada uno dé como propuso en su corazón: no con tristeza, ni por necesidad, porque Dios ama al dador alegre" (2 Co. 9:7). La ofrenda justa se hace desde un corazón recto y generoso, no de porcentajes o cuotas legalistas. Los cristianos macedonios dieron con abundancia de su profunda pobreza económica porque espiritualmente eran ricos en amor (2 Co. 8:1-2). Los creyentes filipenses dieron de la generosidad espontánea de sus corazones, pero no porque se sintieran obligados (Fil. 4:15-18).

Sexto, debemos dar en respuesta a la necesidad. Los primeros cristianos en Jerusalén compartieron sus recursos sin reserva alguna. Muchos de sus hermanos creyentes se habían vuelto indigentes cuando confiaron en Cristo y fueron condenados al ostracismo por sus familias, perdiendo sus empleos a causa de su fe. Años más tarde Pablo recogió dinero de las iglesias gálatas para ayudar a suplir las grandes necesidades que seguían existiendo entre los santos en Jerusalén y que se habían intensificado por el hambre.

Siempre ha habido charlatanes que inventan necesidades y juegan con la simpatía de los demás. Además, siempre ha habido mendigos profesionales que pueden trabajar, pero prefieren no hacerlo. Un cristiano no tiene la responsabilidad de apoyar a tales individuos, y antes de entregar su dinero debe tener un cuidado razonable para determinar cuándo existe una verdadera necesidad. Pablo advierte: "Si alguno no quiere trabajar, tampoco coma" (2 Ts. 3:10). Estimular la indolencia debilita el carácter de quien es indolente y también desperdicia el dinero del Señor. Pero donde existe verdadera necesidad también existe nuestra obligación de ayudar a suplirla.

Séptimo, dar demuestra amor, no ley. El Nuevo Testamento no contiene mandamientos en cuanto a dar cantidades o porcentajes específicos. El porcentaje que damos lo determinará el amor en nuestros propios corazones y las necesidades de los demás.

Todos los principios anteriores señalan hacia la obligación de dar con generosidad porque estamos invirtiendo en la obra de Dios, porque estamos dispuestos al sacrificio por Aquel que se sacrificó por nosotros, porque eso no tiene nada que ver con lo mucho que tengamos, porque queremos más las riquezas espirituales que las riquezas económicas, porque personalmente hemos decidido dar, porque queremos suplir tanto como nos sea posible, y porque nuestro amor nos impulsa a dar.

Al igual que en todos los ámbitos de la justicia, la clave es el corazón, la actitud interior que motiva lo que decimos y hacemos. La justicia pública no debe rechazarse, pero debe hacerse en espíritu de humildad, amor y sinceridad. Pablo nos recuerda: "Somos hechura [de Dios] creados en Cristo Jesús para buenas obras, las cuales Dios preparó de antemano para que anduviésemos en ellas" (Ef. 2:10).

Además, como en todos los ámbitos de justicia, Jesucristo es nuestro ejemplo supremo y perfecto. Él predicó en público su mensaje, realizó en público sus milagros de curación, compasión y poder sobre la naturaleza. Sin embargo, centró continuamente la atención en su Padre celestial, cuya sola voluntad vino a hacer (Jn. 5:30; cp. 4:34; 6:38). Aunque era uno con el Padre, mientras vivió en la tierra como ser humano Jesús no buscó su propia gloria sino la del Padre (Jn. 8:49-50).

Cuando damos nuestra **limosna en secreto,** con amor, sin pretensiones, y sin pensar en reconocimiento o aprecio, nuestro **Padre que ve en lo secreto** [nos] **recompensará en público.** El principio es este: si recordamos, Dios olvidará; pero si olvidamos, Dios recordará. Nuestro propósito debe ser suplir toda necesidad que podamos suplir y dejar a Dios el arreglo de cuentas, comprendiendo que "siervos inútiles somos, pues lo que debíamos hacer, hicimos" (Lc. 17:10).

Dios no dejará de dar una sola recompensa. "No hay cosa creada que no sea manifiesta en su presencia; antes bien todas las cosas están desnudas y abiertas a los ojos de aquel a quien tenemos que dar cuenta" (He. 4:13). El Señor conoce nuestros corazones, nuestras actitudes y nuestros motivos, y nos dará toda recompensa que nos corresponda.

El plan perfecto y la voluntad de Dios es recompensar a aquellos que confían fielmente en Él y le obedecen. Y no es ser poco espirituales esperar y anticipar tales recompensas, si lo hacemos en un espíritu de humildad y agradecimiento, sabiendo que las recompensas de Dios manifiestan su gracia para quienes no la merecen. Podemos cumplir sus misericordiosos requerimientos por las recompensas, pero en realidad nunca podremos ganarlas.

La mayor recompensa que un creyente puede tener es saber que ha agradado a su Señor. Nuestro motivo para esperar sus recompensas debe ser la expectación de colocarlas a sus pies como una ofrenda, incluso como los veinticuatro ancianos un día echarán "sus coronas delante del trono, diciendo: Señor, digno eres de recibir la gloria y la honra y el poder" (Ap. 4:10-11).

Orar sin hipocresía

34

Y cuando ores, no seas como los hipócritas; porque ellos aman el orar en pie en las sinagogas y en las esquinas de las calles, para ser vistos de los hombres; de cierto os digo que ya tienen su recompensa. Mas tú, cuando ores, entra en tu aposento, y cerrada la puerta, ora a tu Padre que está en secreto; y tu Padre que ve en lo secreto te recompensará en público. Y orando, no uséis vanas repeticiones, como los gentiles, que piensan que por su palabrería serán oídos. No os hagáis, pues, semejantes a ellos; porque vuestro Padre sabe de qué cosas tenéis necesidad, antes que vosotros le pidáis. (6:5-8)

Ninguno de nosotros puede comprender exactamente cómo funciona la oración dentro de la mente y el plan infinitos de Dios. El punto de vista de los calvinistas enfatiza la soberanía de Dios, y en su aplicación extrema sostienen que Dios obrará según su voluntad perfecta sin importar el modo en que los hombres oren, o incluso de si oran o no. La oración no es nada más que sintonizarnos con la voluntad de Dios. En el extremo opuesto, la visión arminiana sostiene que las acciones de Dios concernientes a nosotros están determinadas en gran manera en base a nuestras oraciones. Por una parte, a la oración se la ve simplemente como una manera de alinearse con Dios respecto a lo que Él ya ha decidido hacer, y por la otra parte es suplicar a Dios que haga lo que de otro modo no haría.

La Palabra de Dios apoya ambos puntos de vista y los equilibra, por así decirlo. La Biblia es inequívoca acerca de la soberanía absoluta de Dios. Pero es igualmente inequívoca al declarar que dentro de su soberanía Dios pide a su pueblo que le suplique en oración, que implore su ayuda en guía, provisión, protección, misericordia, perdón e innumerables necesidades más.

No es necesario ni posible comprender el operativo divino que hace eficaz a la oración. Dios simplemente nos manda obedecer los principios de la oración que su Palabra nos da. La enseñanza de nuestro Señor en el pasaje actual contiene algunos de tales principios.

Jesucristo continúa su contraste de la justicia verdadera con la falsa, en particular con la falsa justicia tipificada por los escribas y fariseos. Así como 6:2-4 les expone su hipócrita generosidad, y los versículos 16-18 su ayuno hipócrita, los versículos 5-8 ponen al descubierto su oración igualmente hipócrita. Las oraciones eran defectuosas en su pretendida audiencia y en su contenido.

LA AUDIENCIA DE LA ORACIÓN

LA FALSA AUDIENCIA: OTROS HOMBRES

Y cuando ores, no seas como los hipócritas; porque ellos aman el orar en pie en las sinagogas y en las esquinas de las calles, para ser vistos de los hombres; de cierto os digo que ya tienen su recompensa. (6:5)

Ninguna religión ha tenido nunca una norma y una prioridad más alta para la oración que el judaísmo. Como pueblo escogido de Dios, los judíos eran los destinatarios de su Palabra escrita, ya "que les ha sido confiada la palabra de Dios" (Ro. 3:2). Dios habló directamente a Abraham y a muchos de sus descendientes, y ellos hablaron directamente con Él. Ningún otro pueblo, como raza o como nación, ha sido alguna vez tan favorecido por Dios o había tenido comunicación tan directa con Él. De todos los pueblos, ellos debieron haber sabido cómo orar; pero no lo hicieron. Al igual que todos los demás aspectos de su vida religiosa, su oración había sido corrompida y pervertida por la tradición rabínica. En su mayoría, los judíos estaban totalmente confundidos en cuanto al modo de orar como Dios quería.

En uno de los estudios más útiles de este pasaje en *Comentario al Nuevo Testamento* ([Barcelona: Editorial Clie, 1999], pp. 57-58), William Barclay señala que con los años se habían introducido algunos defectos en los hábitos de oración de los judíos. Por una parte, la oración se había vuelto ritual. La fraseología y las formas de las oraciones estaban establecidas, y luego simplemente se leían o se repetían de memoria. Tales oraciones podían hacerse casi sin prestar ninguna atención a lo que se decía. Eran un ejercicio religioso rutinario y lo practicaban inconscientemente.

Un judío fiel repetía el Shema temprano en la mañana y otra vez en la noche. Esa oración, que comenzaba: "Oye, Israel: Jehová nuestro Dios, Jehová uno es", era una combinación de frases seleccionadas de Deuteronomio 6:4-9, 11:13-21 y Números 15:37-41. A menudo se usaba una versión abreviada (Dt. 6:4 únicamente).

Otra oración formalizada a la que Barclay se refiere era el *Shemonēh 'esray*, ("las dieciocho"), que encarnaba dieciocho oraciones para varias ocasiones. Los judíos fieles oraban todas las dieciocho cada mañana, tarde y noche. Esta oración también tenía una versión abreviada.

Tanto la Shema como la *Shemonēh 'esray* las recitaban todos los días, independientemente de dónde alguien pudiera estar o de lo que estuviera haciendo. Dondequiera que un judío devoto se hallara (en casa, el campo, el trabajo, un viaje, la sinagoga, o en casa de amigos), en el momento indicado dejaba lo que estuviera haciendo y ofrecía la oración apropiada. Los momentos más comunes eran la hora tercera, sexta y novena (9:00 de la mañana, 12:00 del mediodía, y 3:00 de la tarde, según el modo palestino del tiempo).

Las oraciones rituales podían hacerse con tres actitudes básicas: sinceridad, indiferencia u orgullo. Aquellos judíos cuyos corazones eran rectos usaban los momentos de oración para adorar y glorificar a Dios. Pensaban en las palabras y creían sinceramente lo que oraban. Otros experimentaban las palabras de modo superficial, murmurando las sílabas tan rápido como les era posible a fin de terminar. Otros más, tales como los escribas y fariseos, recitaban las oraciones de manera meticulosa, asegurándose de pronunciar cada palabra y sílaba de forma correcta. Tres veces al día tenían una oportunidad concreta para mostrar su piedad exagerada.

Una segunda falta que se había introducido en la vida de oración judía era el desarrollo de oraciones prescritas por cada objeto y cada ocasión. Había oraciones para la luz, tinieblas, fuego, lluvia, luna nueva, viajes, buenas noticias, malas noticias, etc. Sin duda la intención original era llevar todo aspecto de la vida dentro de la presencia de Dios; sin embargo, al hacer las oraciones prescritas y formalizadas se socavaba ese propósito.

Una tercera falta, ya mencionada, era la práctica de limitar las oraciones a ocasiones y tiempos específicos. La oración se ofrecía cuando llegaba el momento dado o surgía la situación, sin ninguna relación a una necesidad o un deseo verdadero. Al igual que con las expresiones prescritas, los tiempos prescritos no impedían que se ofrecieran oraciones verdaderas. Muchos judíos fieles como Daniel (Dn. 6:10) usaban esos momentos como recordatorios para abrir sus corazones ante el Señor. Incluso en la iglesia primitiva, debido a que la mayoría de cristianos eran judíos y aún adoraban en el templo y en las sinagogas, las horas tradicionales de oración se observaban a menudo (véase Hch. 3:1; cp. 10:3, 30).

Una cuarta falta estaba en apreciar largas oraciones, creyendo que la santidad y la eficacia de la oración estaban en proporción directa con su tamaño. Jesús advirtió a los escribas, quienes "por pretexto [hacían] largas oraciones" (Mr. 12:40). Por supuesto, una oración larga no es necesariamente insincera. Pero una oración larga en público se presta a simulación, repetición, memorización y muchos otros peligros parecidos. La falta está en orar "por pretexto", a fin de impresionar a otros con nuestra religiosidad.

Los antiguos rabinos sostenían que mientras más larga la oración era más probable que fuera oída y escuchada por Dios. La verborrea se confundía con propósito, y la longitud se confundía con sinceridad.

Una quinta falta, señalada por Jesús en Mateo 6:7, era la de repeticiones sin sentido, basadas en las de religiones paganas. En la contienda que tuvieron con Elías en el monte Carmelo, los profetas paganos "invocaron el nombre de Baal desde la mañana hasta el mediodía, diciendo: ¡Baal, respóndenos!… y ellos siguieron gritando frenéticamente hasta la hora de ofrecerse el sacrificio" (1 R. 18:26, 29). Hora tras hora repitieron la misma frase, tratando por la misma cantidad de sus palabras de hacer que su dios oyera y respondiera.

A través de los siglos los judíos habían recibido la influencia de tales prácticas paganas. A menudo, en sus oraciones añadían adjetivo tras adjetivo antes del nombre de Dios, al parecer tratando de superarse unos a otros al mencionar los atributos divinos del Señor.

Sin embargo, la peor de las faltas era la de querer ser vistos y oídos por otras personas, en especial sus compatriotas judíos. La mayor parte de las otras faltas no necesariamente eran malas en sí mismas, pero las llevaban a extremos y las usaban en formas sin sentido. Pero esta falta era intrínsecamente mala, porque venía del orgullo y tenía la intención de satisfacerlo. Cualquier forma que la oración pudiera haber tomado, el motivo era vanagloria pecaminosa, que constituía la perversión definitiva de este medio sagrado de glorificar a Dios (Jn. 14:13).

Es en esa despreciable falta que Jesús se centra. **Y cuando ores, no seas como los hipócritas.** La oración que se enfoca en uno mismo siempre es hipócrita, porque por definición el enfoque de toda oración debería ser Dios. Según se mencionó en el capítulo anterior, el término *hipócrita* se refería originalmente a actores que usaban grandes máscaras para describir los papeles que estaban representando. **Los hipócritas** son actores, charlatanes, personas que representan un papel. Lo que dicen y hacen no representa lo que sienten o creen sino solamente la imagen que esperan crear.

Los escribas y fariseos hipócritas oraban por el mismo propósito que hacían todo lo demás: atraer la atención y producir honra para ellos mismos. Esa era la esencia de su "justicia", acerca de la cual Jesús declaró que no tenía parte en su reino (5:20).

Un antiguo comentarista observó que el mayor peligro para la religión es que el viejo yo simplemente se vuelva religioso. **Los hipócritas** de los que Jesús habla se habían convencido de que al realizar ciertos actos religiosos, entre ellos varios tipos de oración, se hacían aceptables a Dios. Personas hoy día aún se engañan creyendo que son cristianas, cuando lo único que han hecho es vestir su vieja naturaleza con atavíos religiosos.

Nada es tan sagrado que Satanás no lo invada. De hecho, mientras más sagrado sea algo, más desea profanarlo el diablo. Sin duda, pocas cosas le agradan más que interponerse entre los creyentes y su Señor en la sagrada intimidad de la oración. El pecado nos seguirá al interior de la misma presencia de Dios; y ningún pecado es más poderoso o destructivo que el orgullo. En esos momentos en que llegamos delante del Señor en adoración y pureza de corazón podríamos ser tentados a adorarnos a nosotros mismos.

Martyn Lloyd-Jones escribe:

Tendemos a creer del pecado como verlo en harapos y en las alcantarillas de la vida. Nos fijamos en un individuo pobre y borracho, y decimos: hay pecado presente. Pero esa no es la esencia del pecado. A fin de tener una imagen real y un entendimiento verdadero del pecado, debemos mirar a algún gran santo, un hombre generalmente devoto y fiel, y verlo allí de rodillas en la misma presencia de Dios. Aun allí el yo está entrometiéndose, y la tentación para él es pensar en sí mismo, pensar de modo grato y placentero acerca de sí mismo, y en realidad estar adorándose en vez de adorar a Dios. Esa, no la otra, es la verdadera imagen del pecado. Desde luego, la otra imagen es de pecado, pero allí no lo vemos como en su clímax, allí no lo vemos en su esencia. O dicho de otra manera, si realmente queremos entender algo respecto a la naturaleza de Satanás y sus actividades, lo que debemos hacer no es ir a las heces o a las cloacas de la vida. Si queremos saber realmente algo acerca de Satanás, vámonos a ese desierto donde nuestro Señor pasó cuarenta días y cuarenta noches. Esa es la verdadera imagen de Satanás, donde lo vemos tentando al mismo Hijo de Dios (*Studies in the Sermon on the Mount* [Grand Rapids: Eerdmans, 1977], 2:22-23).

Por lo que nos enteramos en el registro bíblico, los dos tiempos más intensos de oposición espiritual de Jesús fueron durante sus cuarenta días de soledad en el desierto y durante su oración en el huerto de Getsemaní la noche en que fue traicionado y arrestado. En ambas ocasiones estuvo en soledad orando a su Padre. Fue en el lugar más privado y santo de comunión que Satanás presentó sus tentaciones más fuertes delante del Hijo de Dios.

Los hipócritas aman el orar en pie. Orar en pie era una posición normal para orar entre los judíos. En el Antiguo Testamento vemos a los fieles de Dios orando de rodillas, mientras yacían postrados, y mientras se hallaban de pie. En tiempos del Nuevo Testamento estar de pie era la posición más común y no necesariamente indicaba deseos de ser vistos.

Las sinagogas eran los lugares más apropiados y posibles para ofrecer oraciones públicas. Se trataba del lugar en que los judíos adoraban más a menudo, en especial aquellos que vivían a grandes distancias del templo. La sinagoga era el lugar local de reunión, no solo para adorar sino para varias asambleas cívicas y sociales. Si se hacía con sinceridad, la oración en cualquiera de estas rutinas era apropiada.

Las esquinas de las calles también eran un lugar normal para orar, porque los judíos devotos se detenían dondequiera que estuvieran a la hora señalada para orar, incluso si caminaban por la calle o estaban de visita en la esquina. Pero la palabra usada aquí para **calle** no es la misma que en el versículo 2, la cual se refiere a una vía estrecha (*rhumē*). La expresión usada aquí (*plateia*) se refiere a una vía ancha e importante y, por tanto, a la esquina de una calle importante donde es probable que hubiera mucha gente. La falta implícita aquí es que a **los hipócritas** les gustaba orar donde pudieran tener la audiencia más grande. No había nada malo con orar en una intersección importante si sucedía que ese era el lugar en que alguien se encontraba al momento de la oración. Pero se trataba de algo mucho más equivocado si se planeaba estar allí en el tiempo de oración con el propósito de orar donde la mayor cantidad de personas pudiera ver.

El verdadero mal de esos adoradores hipócritas, ya sea en **las sinagogas** o **en las esquinas de las calles,** era el deseo de mostrarse **para ser vistos de los hombres.** No era algo malo orar en esos lugares, pero sucedía que allí era donde había más cantidad de público, y por tanto eran los lugares donde los hipócritas preferían orar.

Como siempre, el pecado comenzaba en el corazón. Era el orgullo, el deseo de exaltarse delante de sus compatriotas judíos, lo que constituía la raíz del pecado. Al igual que el fariseo en la parábola de Jesús, tales hipócritas terminaban orando para sí mismos (véase Lc. 18:11) y ante otras personas. Dios no tenía parte alguna.

Algunos creyentes demasiado reaccionarios han utilizado estas advertencias de Jesús como una razón para renunciar a orar en público. Pero el Señor no enseñó eso. Él mismo a menudo oraba en la presencia de sus discípulos (Lc. 11:1) y en público, como cuando bendijo la comida antes de alimentar a la multitud (Mt. 14:19). La Biblia registra muchas oraciones públicas que fueron muy apropiadas y sinceras. En la dedicación del templo, Salomón hizo una oración extensa y detallada delante de los sacerdotes, los levitas y los líderes de Israel (2 Cr. 6:1-42; cp. 5:2-7). Bajo el liderazgo de Esdras, cuando fue renovado el pacto después del exilio, un grupo de ocho levitas ofreció una sincera y conmovedora oración de arrepentimiento delante de todo el pueblo (Neh. 9:5-38). Luego de que Pedro y Juan fueran arrestados, interrogados y luego liberados por el sanedrín poco después de Pentecostés, todos los demás creyentes se regocijaron y "alzaron unánimes la voz a Dios" (Hch. 4:24).

Sin embargo, las oraciones públicas del típico escriba o fariseo eran ritualistas, mecánicas, excesivamente largas, repetitivas, y sobre todo ostentosas. Al igual que los hipócritas que ofrendaban por la alabanza de los hombres (Mt. 6:2), los que oran por la alabanza de los hombres también **ya tienen su recompensa.** Tan solo les interesa la recompensa que el hombre puede darles, y esa es la única que reciben.

LA VERDADERA AUDIENCIA: DIOS

Mas tú, cuando ores, entra en tu aposento, y cerrada la puerta, ora a tu Padre que está en secreto; y tu Padre que ve en lo secreto te recompensará en público. (6:6)

La definición básica de oración es "comunión con Dios", y si Él no está involucrado solo existe un simulacro de oración. No solo que Dios debe estar involucrado, sino centralmente involucrado. La oración es la provisión de Dios; es la idea de Dios, no del hombre. No podría haber oración si Dios no se dignara hablar con nosotros, y no podríamos saber cómo orar si Él no hubiera decidido instruirnos.

La enseñanza de Jesús aquí es sencilla, en contraste con las complicadas y difíciles tradiciones. La frase **cuando ores** implica gran libertad. Ningún tiempo u ocasión prescritos se da por parte del Señor. El *tameion* (**aposento**) podía ser cualquier tipo de cuarto pequeño o cámara, incluso un lugar de almacenaje. Tales cuartos a menudo eran secretos y se usaban para almacenar valiosas posesiones a fin de protegerlas. La idea era de ir al lugar más privado que fuera disponible.

Como ya se mencionó, Jesús no prohíbe ni condena la oración en público como tal (cp. 1 Ti. 2:1-4). Su propósito aquí parece haber sido hacer un contraste lo más grande posible con las prácticas de los escribas, fariseos y otros religiosos hipócritas. El propósito principal de Jesús no tiene que ver con el lugar sino con la actitud. Él dice que si es necesario vayamos al lugar más apartado y privado que podamos encontrar, a fin de no ser tentados a aparentar. Vayamos allá y cerremos **la puerta.** Cerremos todo lo demás para que podamos concentrarnos en Dios, y oremos a nuestro **Padre.** Hagamos todo lo que tengamos que hacer para alejar la atención de nosotros y de otros, y pongámosla en Él y solo en Él.

Gran parte de nuestra vida de oración debe ser literalmente **en secreto.** Con regularidad Jesús se apartaba de sus discípulos para orar completamente a solas. Nuestros familiares o amigos podrán saber que estamos orando, pero lo que decimos no está destinado a que lo oigan. Crisóstomo comentó que en su época (siglo IV d.C.) muchos cristianos oraban en voz tan alta en sus habitaciones, que todos los que estaban en el pasillo oían lo que estaban diciendo. Si sucede que a veces la gente llega a oír nuestras oraciones privadas, esa no debería ser nuestra intención (cp. John A. Broadus, *Matthew* [Valley Forge, Pa.: Judson, 1886], p. 140).

Pero que el **Padre** esté **en secreto** no significa que no esté presente cuando oramos en público, con nuestras familias, o con otros grupos pequeños de creyentes. Él está muy presente cuando y donde sus hijos le buscan. El propósito de Jesús tiene que ver con la sencillez de la intención. La oración verdadera siempre es íntima. Si el corazón está bien y concentrado en Dios en una manera real y profunda, hasta orar en público nos encerrará a solas en la presencia de Dios.

En el modelo de oración que Jesús enseñó a sus discípulos comienza con "Padre nuestro" (Mt. 6:9), sugiriendo que otros creyentes pueden estar presentes y que la oración es colectiva. Pero incluso cuando la oración representa los sentimientos y las necesidades de otros que están presentes, la atención suprema debe estar en Dios. En ese sentido hasta la oración más pública resulta **en secreto.** Aunque todo el mundo oiga lo que decimos, en esa comunión hay una intimidad y un enfoque en Dios que no se ve afectada.

Dios también **ve en lo secreto** en el sentido de que nunca traiciona una confianza. Muchas cosas que le participamos a Dios en nuestras oraciones privadas son solo para que Él las conozca. Las confidencias que participamos incluso a nuestros seres más queridos o a nuestros amigos más cercanos a veces pueden ser traicionadas. Sin embargo, podemos estar seguros de que nuestros secretos con Dios siempre serán precisamente eso, y que la oración **en secreto** de un creyente con un corazón puro tiene la atención total del **Padre.**

Además, cuando nuestra oración es como debe ser, el **Padre que ve en lo secreto** nos **recompensará en público.** El **secreto** más importante que Él **ve** no son las palabras que pronunciamos en la privacidad de nuestra habitación, sino los pensamientos que tenemos en la privacidad de nuestros corazones. Esos son los secretos que le preocupan en gran manera, y que solo Él puede conocer con certeza (cp. 1 Co. 4:3-5). Tales secretos a veces están escondidos incluso de nosotros mismos, porque es muy fácil ser engañados en cuanto a nuestras propias motivaciones.

Cuando Dios es realmente la audiencia de nuestra oración tendremos la recompensa que solo Él puede dar. Jesús no ofrece ninguna idea en este pasaje acerca de cuál será la recompensa o el pago de Dios. La importante verdad es que Dios bendecirá de modo fiel e infalible a aquellos que llegan ante Él con sinceridad. Sin duda alguna, el Señor **recompensará.** Quienes oran sin franqueza y con hipocresía recibirán la recompensa del mundo, y quienes oran con sinceridad y humildad recibirán la recompensa de Dios.

EL CONTENIDO DE LA ORACIÓN

Una segunda área en la que mucha de la oración de la época de Jesús se quedaba corta era el contenido. Las oraciones hipócritas de los escribas y fariseos no solo se hacían en el espíritu erróneo sino con palabras que no tenían ningún sentido. No tenían sustancia ni contenido significativo. Jesús declaró que para ser aceptables a Dios las oraciones debían ser expresiones reales de adoración, así como peticiones y solicitudes sinceras.

CONTENIDO FALSO: REPETICIÓN SIN NINGÚN SENTIDO

Y orando, no uséis vanas repeticiones, como los gentiles, que piensan que por su palabrería serán oídos. (6:7)

La falta particular que Jesús destaca aquí es la de **vanas repeticiones,** que ya se han analizado. Esta práctica era común en muchas religiones paganas de esa época, así como lo es en muchas religiones de hoy día, incluso en algunas ramificaciones de la cristiandad.

Usar **vanas repeticiones** viene de una sola palabra (*battalogeō*) en el griego, y se refiere a cháchara baladí e irreflexiva. Probablemente era algo onomatopéyico, es decir imitación de sonidos con parloteo sin sentido alguno.

Aquellos que usaban oraciones repetitivas no eran necesariamente hipócritas, al menos no del tipo ostentoso. Los escribas y fariseos usaban gran cantidad de repeticiones en sus demostraciones públicas de piedad; pero muchos otros judíos las usaban incluso en oraciones privadas. Algunos pudieron haber usado repeticiones porque sus líderes les habían enseñado a usarlas. Sin embargo, otros recurrían a la repetición porque esto era algo fácil y exigía poca concentración. Para tales individuos, que podían ser totalmente indiferentes al contenido de sus oraciones, estas eran tan solo una cuestión de ceremonia religiosa exigida. Mientras fuera oficialmente aprobado, un modelo de oración era tan bueno como otro.

Aunque este problema no siempre involucra hipocresía, siempre implica una actitud errónea, es decir un corazón perverso. Los hipócritas orgullosos trataban de usar a Dios para glorificarse ellos mismos, mientras que aquellos que usaban **vanas repeticiones** eran simplemente impasibles a la comunión real con Dios.

Los judíos habían adquirido la costumbre de **los gentiles,** quienes creían que el valor de la oración era en gran manera un asunto de cantidad. Mientras más larga mejor. Jesús explicó que ellos **piensan que por su palabrería serán oídos.** Quienes oraban a dioses paganos creían que a sus deidades primero había que despertarlas, luego halagarlas, intimidarlas y acosarlas verbalmente para que escucharan y contestaran, tal como hicieron los profetas de Baal en el monte Carmelo (1 R. 18:26-29). En el Nuevo Testamento vemos una práctica similar. Encendidos contra Pablo y sus compañeros por parte de Demetrio y otros plateros de Éfeso, los miembros de una gran turba comenzaron a corear: "¡Grande es Diana de los efesios!", lo que de modo incesante siguieron haciendo "casi por dos horas" (Hch. 19:24-34).

Muchos budistas hacen girar ruedas que contienen oraciones escritas, creyendo que cada giro de la rueda envía esa oración a su dios. Los católicos romanos prenden veladoras de oración con la creencia de que sus peticiones seguirán ascendiendo de modo repetitivo hacia Dios mientras la veladora esté encendida. Usan rosarios para contar oraciones repetidas de avemarías y padrenuestros; el rosario mismo vino al catolicismo de parte del budismo a través de los musulmanes españoles durante la Edad Media. Ciertos grupos carismáticos en nuestra época repiten las mismas palabras o frases una y otra vez hasta que lo que dicen degenera en confusión ininteligible (John A. Broadus, *Matthew* [Valley Forge, Pa.: Judson, 1886], p. 130).

Por supuesto, todos nosotros hemos sido culpables de repetir las mismas oraciones comida tras comida y reunión de oración tras reunión de oración, con poca o ninguna idea de lo que estamos diciendo o de Aquel a quien supuestamente estamos hablando. La oración que se hace de manera irreflexiva o indiferente es ofensiva a Dios, y también debería ser ofensiva para nosotros.

De nuevo, no debemos sacar conclusiones equivocadas. Jesús no prohibió la repetición de peticiones genuinas. En la parábola de la visita a medianoche a su vecino, el hombre persistente fue elogiado por Jesús como un modelo de nuestra persistencia delante de Dios. En su parábola de la viuda inoportuna, Jesús elogió la persistencia de esta mujer delante del juez impío, diciendo: "¿Y acaso Dios no hará justicia a sus escogidos, que claman a él día y noche? ¿Se tardará en responderles?" (Lc. 18:2-7). Pablo suplicó tres veces al Señor que le quitara el aguijón en la carne (2 Co. 12:7-8). En el Huerto de Getsemaní, cuando enfrentaba la agonía de la cruz, Jesús clamó: "Padre mío, si es posible, pase de mí esta copa; pero no sea como yo quiero, sino como tú". Después de reprender a los discípulos por quedarse dormidos volvió a hacer la misma oración, y después de un corto tiempo "oró por tercera vez, diciendo las mismas palabras" (Mt. 26:39-44).

Lo que está mal no es la repetición sincera y correctamente motivada de necesidades o alabanzas delante de Dios, sino el recital sin sentido e indiferente de mantras o fórmulas mágicas que parecen espirituales y que se expresan una y otra vez. No solo nuestros corazones deben ser justos antes que Dios oiga nuestra oración, sino también nuestras mentes. La oración irreflexiva es casi tan ofensiva a Dios como la oración carente de sentimientos. En la mayoría de casos una y otra van de la mano.

CONTENIDO VERDADERO: PETICIONES SINCERAS

No os hagáis, pues, semejantes a ellos; porque vuestro Padre sabe de qué cosas tenéis necesidad, antes que vosotros le pidáis. (6:8)

Dios no tiene que ser acosado ni halagado verbalmente. Nuestro **Padre sabe de qué cosas** tenemos **necesidad, antes que le** pidamos. Martín Lutero expresó: "Por medio de nuestra oración… nos estamos instruyendo a nosotros mismos más que a él". Por tanto, el propósito de la oración no es informar ni persuadir a Dios, sino ir delante de Él con sinceridad, propósito, conciencia y devoción (John Stott, *Christian Counter-Culture: The Message of the Sermon on the Mount* [Downers Grove, Ill.: InterVarsity, 1978], p. 145).

Orar es expresar las necesidades, las cargas y el hambre de nuestros corazones delante de nuestro **Padre** celestial, que ya **sabe de qué cosas** tenemos **necesidad** pero que quiere que se las pidamos. Él desea oírnos, comunicarse con nosotros, más de lo que podríamos alguna vez querer comunicarnos con Él, porque su amor por nosotros es más grande que nuestro amor por Él. La oración es darle a Dios la oportunidad de que manifieste su poder, su majestad, su amor, y su providencia (cp. Jn. 14:13).

Orar correctamente es orar con un corazón devoto y con motivos puros. Es orar con la atención centrada en Dios y no en otras cosas. Es orar con sincera confianza en que nuestro Padre celestial oye y contesta toda petición que le hacemos con fe. Él siempre recompensa nuestra devoción sincera con respuesta misericordiosa. Si nuestra petición es sincera pero no según su voluntad, Él contestará en una manera mejor de lo que queremos o esperamos. Pero siempre responderá.

Se cuenta que D. L. Moody se sintió una vez tan saciado con las bendiciones de Dios que oró: "Dios, no más". Eso es lo que Dios hará con todo creyente fiel que llega ante Él como un niño expectante ante su padre: sofocado con más bendiciones de las que pueden contarse o nombrarse.

Oración de los Discípulos. Primera parte

35

Vosotros, pues, oraréis así: Padre nuestro que estás en los cielos, santificado sea tu nombre. Venga tu reino. Hágase tu voluntad, como en el cielo, así también en la tierra. El pan nuestro de cada día, dánoslo hoy. Y perdónanos nuestras deudas, como también nosotros perdonamos a nuestros deudores. Y no nos metas en tentación, mas líbranos del mal; porque tuyo es el reino, y el poder, y la gloria, por todos los siglos. Amén. Porque si perdonáis a los hombres sus ofensas, os perdonará también a vosotros vuestro Padre celestial; mas si no perdonáis a los hombres sus ofensas, tampoco vuestro Padre os perdonará vuestras ofensas. (6:9-15) (Para un estudio más detallado de la Oración de los Discípulos, véase el libro del autor, *A solas con Dios* [El Paso, TX: Casa Bautista de Publicaciones, 2010]).

El ministerio terrenal de Jesús fue muy breve: apenas de tres años. Sin embargo, en esos tres años, como debió haber sido en toda su vida, pasó bastante tiempo en oración. Los evangelios informan que Jesús habitualmente se levantaba en la mañana, a menudo antes del amanecer, para comunicarse con su Padre. A menudo iba en la noche al Monte de los Olivos o a algún otro lugar tranquilo para orar, por lo general a solas. La oración era el aire espiritual que Jesús respiraba en cada momento de su vida.

Alguien ha dicho que muchos cristianos ofrecen sus oraciones como los marinos usan sus bombas: solo cuando el barco empieza a llenarse de agua. Pero a fin de ser discípulos obedientes de Cristo, de experimentar la plenitud de la comunión con Dios y abrir las compuertas de las bendiciones celestiales, los creyentes debemos orar como Jesús oró. Además de eso, debemos saber *cómo* orar. Si no sabemos cómo orar y por qué orar, esto resulta más bien en algo mecánico. Pero si sabemos cómo orar, y luego oramos de ese modo, todas las demás partes de nuestras vidas serán fortalecidas y puestas en adecuada perspectiva. Según Martyn Lloyd-Jones ha expresado de manera hermosa en *Studies in the Sermon on the Mount*: "El ser humano está en su mayor y más alto nivel cuando sobre sus rodillas se pone cara a cara con Dios" (2 tomos [Grand Rapids: Eerdmans, 1977], 2:45).

La Biblia enseña mucho en cuanto a la importancia y el poder de la oración. La oración es eficaz; es determinante. Santiago declara: "La oración eficaz del justo puede mucho" (Stg. 5:16). El criado de Abraham oró, y Rebeca apareció. Jacob luchó y oró, y la mente de Esaú de veinte años de venganza resultó cambiada. Moisés oró, y Amalec fue vencido. Ana oró, y Samuel nació. Isaías y Ezequías oraron, y en doce horas ciento ochenta y cinco mil asirios murieron. Elías oró, y hubo tres años de sequía; volvió a orar y vino la lluvia. Esos casos solo son un pequeño ejemplo de oración contestada únicamente del Antiguo Testamento. Los judíos a quienes Jesús predicó debieron haber tenido confianza ilimitada en el poder de la oración.

La oración es vital para todos los demás aspectos de la vida en el reino. Por ejemplo, no podemos dar (véase Mt. 6:2-4) o ayunar (véase 6:16-18) de manera apropiada a menos que estemos en constante comunión con Dios. La única ofrenda que Dios quiere es la que es sincera, voluntaria y hecha para su gloria, es decir dádivas que vengan de una vida de comunión personal con Él. Ayunar no tiene sentido aparte de la oración, porque apartarse de la oración es apartarse de Dios; sería un ritual religioso sin sentido. Por tanto, el mayor énfasis en este pasaje (6:1-18) se le da a la oración.

EL PROPÓSITO DE DIOS

El propósito supremo de Dios para la oración, el propósito más allá de todos los demás propósitos, es glorificarlo a Él. Aunque nada beneficia más a un creyente que la oración, el propósito de esta debe ser ante todo por el bien de Dios, no del que ora. La oración es sobre todo una oportunidad para que Dios manifieste su bondad y su gloria. Un antiguo santo expresó: "La verdadera oración trae a la mente la contemplación inmediata del carácter de Dios, y la mantiene allí hasta que el alma del creyente se impresione de manera adecuada". Jesús afirmó el propósito de la oración cuando manifestó: "Todo lo que pidiereis al Padre en mi nombre, lo haré, para que el Padre sea glorificado en el Hijo" (Jn. 14:13).

Contrario a mucho del énfasis en la iglesia evangélica de hoy, la oración verdadera, al igual que la adoración verdadera, se centra en la gloria de Dios y no en las necesidades del hombre. No se trata simplemente de reclamar las promesas de Dios, mucho menos de hacerle demandas, sino de reconocer su soberanía, de ver la manifestación de su gloria, y de obedecer su voluntad.

Debido a que la oración es tan absolutamente importante y a que a menudo no tenemos la sabiduría para orar como deberíamos, y por las razones apropiadas, Dios ha comisionado a su propio Espíritu Santo para ayudarnos. "Qué hemos de pedir como conviene, no lo sabemos, pero el Espíritu mismo intercede por nosotros con gemidos indecibles" (Ro. 8:26). Eso es sin duda lo que Pablo quiere decir cuando insta a los creyentes a orar "en todo tiempo con toda oración y súplica en el Espíritu" (Ef. 6:18).

En las pocas palabras de Mateo 6:9-15 nuestro Señor entrega un bosquejo breve pero maravillosamente comprensivo de lo que debería ser la oración verdadera. Según analizaremos más adelante, la segunda parte del versículo 13, una doxología, tal vez no fue parte del texto original. La oración adecuada tiene dos secciones; la primera trata con la gloria de Dios (vv. 9-10) y la segunda con la necesidad del hombre (vv. 11-13*a*). Cada sección se compone de tres peticiones. Las tres primeras son peticiones relacionadas con el nombre de Dios, su reino, y su voluntad. Las tres segundas son peticiones por pan diario, perdón y protección de la tentación.

Es significativo que Jesús no haga ninguna mención de dónde deba realizarse la oración. Como se indicó en el capítulo anterior, la instrucción de Jesús, "entra en tu aposento" (6:6) fue resaltar la mentalidad única de la oración, la necesidad de bloquear cualquier otro interés que no sea Dios. Jesús mismo no tuvo aposento para llamar a los suyos durante su ministerio terrenal, y lo vemos orando en muchos lugares y en muchas situaciones, tanto en público como en privado. El deseo de Pablo era que los creyentes oraran "en todo lugar" (1 Ti. 2:8).

Jesús tampoco especifica un tiempo para orar. Al igual que los santos en el Antiguo y el Nuevo Testamentos, Él oraba en toda hora del día y la noche. Podemos ver a los santos orando en momentos regulares y habituales, en ocasiones exclusivas, estando en peligro especial, al ser especialmente bendecidos, antes y después de las comidas, cuando llegaban a un destino y cuando se iban, en cada circunstancia concebible y por cualquier buen propósito concebible.

Tampoco se especifica el atuendo ni la postura específica. Como Jesús ya había enfatizado (6:5-8), es la actitud y el contenido de la oración lo que tiene importancia suprema, y esos dos aspectos son básicos para el modelo que ahora prescribe.

En cualquier posición, con cualquier vestimenta, en cualquier tiempo, en cualquier lugar, y bajo cualquier circunstancia, la oración es apropiada. La oración debe ser una manera total de vivir, una comunión abierta y constante con Dios (Ef. 6:18; 1 Ts. 5:17). Puesto que deber ser una manera de vivir, debemos entender cómo orar; y es precisamente por eso que Jesús ofreció a sus seguidores este modelo de oración.

Al igual que en todo el Sermón del Monte, lo que el Señor dice acerca de la oración no fue esencialmente algo nuevo. El Antiguo Testamento, y hasta la tradición judía, enseñaban todos los principios básicos que Jesús presenta aquí. Muchos errores y perversiones, tales como orar para ser vistos por los hombres y vanas repeticiones (6:5, 7), se habían introducido a la vida judía de oración. Pero la tradición rabínica era más fiel a las Escrituras en su enseñanza acerca de la oración que quizás acerca de cualquier otra cosa. Tanto el Talmud como el Midrash contienen muchas enseñanzas nobles y útiles respecto a la oración.

Debido a su conocimiento de las Escrituras, los judíos creían correctamente que Dios deseaba que oraran, que Él les oía y respondía las oraciones, y que la oración debía ser continua. Por las Escrituras también sabían que la oración debía incorporar ciertos elementos, tales como adoración, alabanza, acción de gracias, una sensación de asombro ante la santidad de Dios, deseo de obedecer los mandamientos, confesión de pecados, preocupación por otros, perseverancia y humildad.

Pero algo había salido mal, pues para la época de Jesús la mayoría de judíos había olvidado las enseñanzas de las Escrituras e incluso las enseñanzas sanas y bíblicas de su tradición. Casi todas las oraciones se habían vuelto simples formalismos, eran mecánicas, las recitaban de memoria, y mostraban hipocresía.

Después de advertir contra tales perversiones que habían corrompido la vida judía de oración a tal grado, nuestro Señor ofrece ahora un patrón divino por el cual los ciudadanos del reino pueden orar en una manera agradable a Dios.

Que la oración que Jesús está a punto de enseñar no estaba destinada a ser repetida como una oración en sí está claro por varios motivos. Primero, el pasaje actual se inicia con las palabras: **Vosotros, pues, oraréis así.** En el relato de Lucas los discípulos no piden a Jesús que les enseñe una oración, sino que les enseñe "a orar" (Lc. 11:1). *Houtōs oun* (**pues, así**) significa literalmente, "por tanto, por consiguiente", y a menudo transmite la idea de "a lo largo de estas líneas" o "en la siguiente manera". Segundo, Jesús acababa de advertir a sus seguidores a *no* orar con "vanas repeticiones" (v. 7). Ofrecer a continuación una oración cuyo propósito principal fuera ser recitada palabra por palabra habría sido una evidente contradicción de sí mismo. Tercero, en ninguna parte del Nuevo Testamento (evangelios, Hechos o epístolas) encontramos algún caso en que alguien repita esa o cualquier otra oración, o en que algún grupo la use de modo repetido o ritualista.

El Padrenuestro, o más exactamente, la Oración de los Discípulos, no es un conjunto de palabras para repetir. Está bien recitarla, como recitamos muchas partes de la Biblia. Sin duda está bien memorizarla, practicarla en nuestras mentes, y meditarla en nuestros corazones. Pero no es tanto una oración en sí, más bien se trata de un armazón al que los creyentes deben dar cuerpo con sus propias palabras de alabanza, adoración, peticiones, etc. No es un sustituto para nuestras propias oraciones, sino una guía para estas.

En menos de setenta palabras encontramos una obra maestra de la mente infinita de Dios, el único que podría comprimir todos los elementos imaginables de la oración verdadera en una forma tan breve y sencilla, de manera que hasta un niño pueda entender pero que el creyente más maduro no puede comprender por completo.

Otra indicación de la cabalidad divina de la oración se ve en los esquemas al parecer interminables mediante los que puede bosquejarse. Al ser esbozada desde la perspectiva de nuestra relación con Dios, vemos que **Padre nuestro** muestra la relación entre padre e hijo; **santificado sea tu nombre,** la relación entre deidad y adorador; **venga tu reino,** la relación entre soberano y súbdito; **hágase tu voluntad,** la relación entre amo y siervo; **el pan nuestro de cada día, dánoslo hoy,** la relación entre benefactor y beneficiario; **perdónanos nuestras deudas,** la relación entre Salvador y pecador; y **no nos metas en tentación,** la relación entre guía y peregrino.

Desde la perspectiva de la actitud y el espíritu de la oración, **Padre** refleja devoción familiar; **nuestro** refleja desinterés; **santificado sea tu nombre** refleja reverencia; **venga tu reino** refleja lealtad; **hágase tu voluntad** refleja sumisión; **el pan nuestro de cada día, dánoslo hoy** refleja dependencia; **perdónanos nuestras deudas** refleja penitencia; **no nos metas en tentación** refleja humildad; **tuyo es el reino** refleja triunfo; **y la gloria,** refleja regocijo; y **por todos los siglos** refleja esperanza.

En maneras similares, la oración puede bosquejarse de modo que muestre (1) el equilibrio de la gloria de Dios y nuestra necesidad; (2) el propósito triple de la oración: santificar el nombre de Dios, establecer su reino y hacer su voluntad; y (3) el enfoque del presente (**el pan nuestro de cada día, dánoslo hoy**), del pasado (**perdónanos nuestras deudas**), y del futuro (**no nos metas en tentación**). Estos aspectos solo son un breve ejemplo de las maneras en que el magnífico diamante de la oración de Jesús podría cortarse.

El propósito de la oración se ve más en la orientación general de estos cinco versículos que en cualquier palabra o frase particular. De principio a fin el enfoque está en Dios, en su adoración, dignidad y gloria. Todo aspecto de justicia verdadera, justicia que caracteriza a los ciudadanos del reino de Dios, se centra en Él. La oración difícilmente puede ser una excepción. No es tratar de conseguir que Dios esté de acuerdo con nosotros o que provea para nuestros deseos egoístas. La oración es afirmar la soberanía, la justicia y la majestad de Dios, es tratar de conformar nuestros deseos y propósitos a su voluntad y su gloria.

Cada faceta de la Oración de los Discípulos se enfoca en el Todopoderoso. Aquí Jesús ofrece una visión comprensiva de todos los elementos esenciales de la oración justa, cada uno de los cuales se centra en Dios: reconocer su paternidad, prioridad, programación, plan, provisión, perdón, protección y preeminencia. Cada elemento está lleno de significado, siendo imposible agotar sus verdades.

LA PATERNIDAD DE DIOS

Padre nuestro que estás en los cielos, (6:9*b*)

Dios es **Padre** solo de quienes han llegado a su familia a través de su Hijo, Jesucristo. Malaquías escribió: "¿No tenemos todos un mismo padre? ¿No nos ha creado un mismo Dios?" (Mal. 2:10), y Pablo declaró a los filósofos griegos en el Areópago: "Como algunos de vuestros propios poetas también han dicho: Porque linaje suyo somos" (Hch. 17:28). Sin embargo, la Biblia clarifica sin lugar a dudas que la paternidad de Dios respecto a los no creyentes solo es en el sentido de ser su Creador. Espiritualmente, los incrédulos tienen otro padre. En la más severa de las condenaciones a los dirigentes judíos que se le opusieron y lo rechazaron, Jesús dijo: "Vosotros sois de vuestro padre el diablo" (Jn. 8:44). Solo a quienes reciben a Jesús, "a los que creen en su nombre", Él les da "potestad de ser hechos hijos de Dios" (Jn. 1:12; cp. Ro. 8:14; Gá. 3:26; He. 2:11-14; 2 P. 1:4). Debido a que los creyentes le pertenecen al Hijo, pueden llegar ante Dios como sus hijos amados.

Los judíos fieles habían sabido de Dios como su Padre en varias maneras. Lo veían como Padre de Israel, la nación que Él escogió para que fuera su pueblo especial. Isaías declaró: "Tú eres nuestro padre... tú, oh Jehová, eres nuestro padre" (Is. 63:16; cp. Éx. 4:22; Jer. 31:9). También lo veían en un modo incluso más íntimo y personal como su Padre y Salvador espiritual (Sal. 89:26; 103:13).

Pero con el paso de los siglos, debido a la desobediencia al Señor y al reiterado coqueteo con los dioses paganos de los pueblos vecinos, la mayoría de judíos había perdido el sentido de la íntima paternidad de Dios. Lo veían como Padre solo en una figura remota, distante y desteñida que una vez había guiado a sus antepasados.

Jesús les reafirmó lo que sus Escrituras enseñaban y que judíos fieles y piadosos siempre habían creído: Dios es el **Padre… en los cielos** de quienes confían en Él. Jesús usó el título **Padre** en todas sus oraciones menos en aquella en la cruz cuando gritó: "Dios mío, Dios mío" (Mt. 27:46), haciendo hincapié en la separación que experimentaba al llevar el pecado de la humanidad. Aunque el texto usa el griego *Patēr,* es probable que Jesús usara el arameo *Abba* cuando elevó esta oración. No solo que el arameo era el lenguaje en que tanto Él como la mayoría de palestinos judíos hablaba comúnmente, sino que *Abba* (equivalente a nuestro "papito") conlleva una connotación más íntima y personal que *Patēr.* En una cantidad de pasajes el término *Abba* se usa incluso en el texto griego, y por lo general simplemente se translitera en las versiones en español (véase Mr. 14:36; Ro. 8:15; Gá. 4:6).

Poder llegar ante Dios como nuestro **Padre** celestial significa en primer lugar el final del temor, aquel que los paganos invariablemente tenían por sus deidades. Segundo, conocer la paternidad de Dios resuelve incertidumbres y brinda esperanza. Si un padre terrenal no escatima esfuerzos para ayudar y proteger a sus hijos, ¿cuánto más el Padre celestial ama, protege y ayuda a sus hijos (Mt. 7:11; Jn. 10:29; 14:21)?

Tercero, conocer a Dios como nuestro Padre resuelve el asunto de la soledad.

Aunque seamos rechazados y abandonados por nuestra familia, nuestros amigos, nuestros hermanos creyentes, y por el resto del mundo, sabemos que nuestro Padre celestial nunca nos dejará ni nos abandonará. "El que tiene mis mandamientos, y los guarda, ése es el que me ama; y el que me ama, será amado por mi Padre, y yo le amaré, y me manifestaré a él" (Jn. 14:21; cp. Sal. 68:5-6).

Cuarto, conocer la paternidad de Dios debe resolver la cuestión del egoísmo. Jesús nos enseñó a orar: **Padre nuestro**, usando el pronombre plural puesto que somos hijos con todo el resto de la familia de Dios. No hay pronombre personal singular en toda la oración. Le pedimos a Dios lo que es mejor para todos, no solo para uno.

Quinto, conocer a Dios como nuestro Padre resuelve el asunto de los recursos. Él es el **Padre nuestro que** está **en los cielos.** Todos los recursos del cielo están a nuestra disposición cuando confiamos en Dios como nuestro Proveedor celestial. Nuestro Padre "nos bendijo con toda bendición espiritual en los lugares celestiales en Cristo" (Ef. 1:3).

Sexto, la paternidad de Dios debe resolver la cuestión de la obediencia. Si como verdadero Hijo de Dios, Jesús bajó del cielo no para hacer su propia voluntad sino la del Padre (Jn. 6:38), cuánto más debemos nosotros, como hijos adoptados, hacer solamente su voluntad. La obediencia a Dios es una de las características supremas de nuestra relación con él como sus hijos. "Todo aquel que hace la voluntad de mi Padre que está en los cielos, ése es mi hermano, y hermana, y madre" (Mt. 12:50).

Sin embargo, Dios en su gracia ama y cuida incluso a sus hijos que son desobedientes. La historia de Lucas 15 debería llamarse la parábola del padre amoroso en lugar de la del hijo pródigo. En primer lugar trata de una imagen de nuestro Padre celestial, quien puede perdonar a un hijo arrogante que sigue siendo moral y recto, y que también perdona al que se vuelve libertino y vagabundo, pero que regresa.

Padre nuestro indica entonces el afán de Dios por dar sus oídos, su poder y su bendición eterna a las peticiones de sus hijos, si es para el bien de ellos, y además revela el propósito y gloria del Señor.

LA PRIORIDAD DE DIOS

santificado sea tu nombre. (6:9*c*)

Al principio Jesús hace una advertencia contra la oración egoísta. Dios debe tener la prioridad en cada aspecto de nuestras vidas, y sin duda durante nuestros tiempos de la más profunda comunión con Él. Orar no debe ser una rutina casual que brinde homenaje pasajero a Dios, sino que debe abrir grandes dimensiones de reverencia, asombro, aprecio, honor y adoración. Esta frase inserta una protección contra toda sensiblería o uso excesivo y abuso de **Padre,** que es propenso a dejarse llevar por sentimentalismo.

El **nombre** de Dios significa infinitamente más que sus títulos o apelativos. Representa todo lo que Él es: su carácter, su plan y su voluntad. Cuando Moisés subió al monte Sinaí para recibir los mandamientos por segunda vez "estuvo allí con él, proclamando el nombre de Jehová. Y pasando Jehová por delante de él, proclamó: ¡Jehová! ¡Jehová! fuerte, misericordioso y piadoso; tardo para la ira, y grande en misericordia y verdad; que guarda misericordia a millares, que perdona la iniquidad, la rebelión y el pecado" (Éx. 34:5-7). Las características de Dios dadas en los versículos 6-7 son el equivalente del "nombre de Jehová" mencionadas en el versículo 5.

No es simplemente porque sepamos los títulos de Dios que lo amamos y confiamos en Él, sino porque conocemos su carácter. David manifestó: "En ti confiarán los que conocen tu nombre, por cuanto tú, oh Jehová, no desamparaste a los que te buscaron" (Sal. 9:10). El nombre de Dios se ve en su fidelidad. David declaró en otro salmo: "Alabaré a Jehová conforme a su justicia, y cantaré al nombre de Jehová el Altísimo" (Sal. 7:17; cp. 113:1-4). En la forma típica de poesía hebrea, la justicia de Dios y su nombre están igualados, mostrando su equivalencia. Cuando el salmista expresó: "Estos confían en carros, y aquéllos en caballos; mas nosotros del nombre de Jehová nuestro Dios tendremos memoria" (20:7), tenía mucho más en mente que el título por cual se llama a Dios. David habló de la plenitud de la persona de Dios.

Cada uno de los muchos nombres y títulos de Dios en el Antiguo Testamento muestra una faceta distinta de su carácter y voluntad. Por ejemplo, se le llama *Elohim,* el Dios creador; *El Elyon,* "poseedor de cielos y tierra"; *Jehovah-Jireh,* "el Señor proveerá"; *Jehovah-Shalom,* "el Señor nuestra paz"; *Jehovah-Tsidkenu,* "el Señor nuestra justicia"; y muchos otros. Todos esos nombres hablan de los atributos de Dios. Sus nombres no solo expresan quién es Él sino también cómo es.

Pero Jesús mismo ofrece la enseñanza más clara acerca de lo que significa el nombre de Dios, porque *Jesucristo* es el nombre más grande de Dios. "He manifestado tu nombre a los hombres que del mundo me diste" (Jn. 17:6). Todo lo que el Hijo de Dios hizo en la tierra manifestó el nombre de Dios. Como manifestación perfecta de la naturaleza y la gloria de Dios (Jn. 1:14), Jesús fue la manifestación perfecta del nombre de Dios.

Santificado es la palabra usada para traducir una forma de *hagiazō,* que significa hacer santo. Palabras de la misma raíz se traducen "santo, santificar, santificación", etc. Al pueblo de Dios se le manda *ser* santo (1 P. 1:16), pero a Dios se le reconoce como un *ser* santo. Orar **santificado sea tu nombre** significa atribuir a Dios la santidad que ya tiene, y que de modo supremo y único siempre ha sido suya. Santificar el nombre de Dios es venerarlo, honrarlo, glorificarlo y obedecerle como Alguien singularmente perfecto. Según observara Juan Calvino, que el nombre de Dios deba ser santificado no era nada más que decir que Dios debía tener su propio honor, del cual era muy digno, y por lo cual los hombres nunca debían pensar o hablar de Él sin la mayor veneración (citado en *A Harmony of the Gospels Matthew, Mark, and Luke* [Grand Rapids: Baker, 1979], p. 318).

Santificar el nombre de Dios, al igual que todas las demás manifestaciones de justicia, empieza en el corazón. "Santificad a Dios el Señor en vuestros corazones", nos manda Pedro (1 P. 3:15), usando una forma de la palabra que se traduce **santificado.**

Cuando santificamos a Cristo en nuestros corazones también lo santificamos en nuestras vidas. Santificamos su nombre cuando reconocemos que Él existe. "Es necesario que el que se acerca a Dios crea que le hay, y que es galardonador de los que le buscan" (He. 11:6). Para la mente sincera y receptiva, Dios es evidente.

Immanuel Kant tenía muchas ideas extrañas acerca de Dios, pero tenía toda la razón cuando declaró: "La ley moral dentro de nosotros y los cielos estrellados por encima de nosotros nos empujan hacia Dios" (véase William Barclay, *Comentario al Nuevo Testamento* [Barcelona: Editorial Clie, 1999], p. 61).

También santificamos el nombre de Dios al adquirir conocimiento verdadero acerca de Él. Las falsas ideas en cuanto al Único Soberano son irreverentes. Orígenes declaró: "El individuo que pone en su concepto de Dios ideas que no tienen lugar allí está tomando en vano el nombre del Señor Dios". Descubrir y creer la verdad respecto a Dios demuestra reverencia por Él; e ignorancia voluntaria o doctrina errónea demuestran irreverencia. No podemos venerar a un Dios cuyo carácter y voluntad no conocemos o nos resultan indiferentes. No obstante, reconocer la existencia de Dios y tener conocimiento verdadero acerca de Él no es suficiente para santificar su nombre. Debemos tener conciencia continua de su presencia. Pensamientos irregulares de Dios no santifican su nombre. Santificar de veras su nombre es involucrarlo de modo consciente en todo pensamiento cotidiano, en toda palabra diaria, y en toda acción diaria. David puso el centro de su vida donde siempre debería estar: "A Jehová he puesto siempre delante de mí" (Sal. 16:8).

El **nombre** del Padre es más **santificado** cuando nos comportamos conforme a su voluntad. Los cristianos que viven en desobediencia a Dios están tomando el nombre de Dios en vano, reclamando como Señor a alguien a quien no siguen como Señor. Jesús advirtió: "No todo el que me dice: Señor, Señor, entrará en el reino de los cielos, sino el que hace la voluntad de mi Padre que está en los cielos" (Mt. 7:21). Cuando comemos, bebemos y hacemos todo lo demás para la gloria de Dios (1 Co. 10:31), estamos santificando su nombre. Por último, santificar el nombre de Dios es atraer a otros hacia Él mediante nuestro compromiso, es hacer que "alumbre [nuestra] luz delante de los hombres, para que vean [nuestras] buenas obras, y glorifiquen a [nuestro] Padre que está en los cielos" (Mt. 5:16). El Salmo 34:3 resume con una preciosa exhortación la enseñanza en esta frase: "Engrandeced a Jehová conmigo, y exaltemos a una su nombre".

EL PROGRAMA DE DIOS

Venga tu reino. (6:10*a*)

En su himno "Su venida en gloria" Frances Havergal escribió estas hermosas palabras de tributo a su Señor:

> Oh, qué gozo verte reinando,
> a ti, mi amado Señor.
> Toda lengua confiesa tu nombre,
> adoración, honor, gloria y bendición,
> te ofrecen con felices acordes.
> A ti, mi Maestro y Amigo,
> reivindicado y entronizado,
> hasta en los más remotos confines de la tierra,
> eres glorificado, adorado y reconocido.

Nuestro mayor deseo debería ser ver al Señor reinando como Rey en su **reino,** teniendo el honor y la autoridad que siempre han sido suyos pero que aún no ha venido a reclamar. El Rey es inseparable de su reino. Orar que **venga tu reino** es orar porque se cumpla el programa de la Deidad eterna, porque Cristo regrese y reine como Rey de reyes y Señor de señores. Su programa y su plan deberían ser la preocupación de nuestras vidas y de nuestras oraciones.

Pero cuán egocéntricas son por lo general nuestras oraciones, enfocadas en nuestras necesidades, nuestros planes, nuestras aspiraciones, nuestros entendimientos. A menudo somos como niños pequeños, que no conocen otro mundo sino solo el de sus propios sentimientos y deseos. Una de las grandes luchas de la vida cristiana es combatir contra los viejos hábitos pecaminosos, con su constante e implacable enfoque en el yo.

Incluso problemas y asuntos fuera de nosotros pueden nublar nuestra preocupación suprema por el **reino** de Dios. Es responsabilidad nuestra orar por nuestras familias, nuestros pastores, nuestros misioneros, nuestros líderes nacionales y otros, y por muchas otras personas y cosas. Pero nuestras oraciones en cada caso deberían ser que la voluntad de Dios se haga en esas personas y a través de ellas, que piensen, hablen y actúen de acuerdo con la voluntad de Dios. Lo mejor que podemos orar por cualquier persona o causa es que el reino de Dios avance en esa persona o en esa causa.

El propósito santo del Padre divino es exaltar a Cristo en la consumación de la historia cuando el Hijo gobierne y reine en su reino. El Talmud tiene razón al decir que si una oración no menciona el reino de Dios, no es una oración (*Berakoth* 21*a*).

La mayor oposición al reino de Cristo, y la mayor oposición a la vida cristiana, es el reino de este mundo actual, el cual Satanás gobierna. La esencia del reino de Satanás es oponerse al reino de Dios y al pueblo de Dios.

Basileia (**reino**) no se refiere principalmente a un territorio geográfico sino a soberanía y dominio. Por tanto, cuando oramos **venga tu reino,** estamos orando por el gobierno de Dios a través de la entronización venidera de Cristo, oramos porque empiece su reino glorioso en la tierra. **Venga** se traduce del imperativo activo aoristo de *erchomai,* indicando una venida repentina e instantánea (cp. Mt. 24:27). El Señor está hablando del reino milenial venidero (Ap. 20:4), no de un esfuerzo indirecto por crear una sociedad más recta y justa en la tierra por medio de la obra progresiva y orientada en el ser humano de los cristianos.

Orar **venga tu reino** es orar por el reino de *Dios,* el reino sobre el cual Él, y solo Él, es Señor y Rey. Será un reino en la tierra (v. 10*a*), pero no será un reino de este mundo, es decir de este sistema mundial actual. Jesús le explicó a Pilato: "Mi reino no es de este mundo" (Jn. 18:36). Ningún reino humano podría encajar en el reino de Dios, ni siquiera en parte. El hombre pecador no puede ser parte de un reino divino. Por eso es que no hacemos avanzar el reino de Dios tratando de mejorar la sociedad humana. Muchas causas buenas y dignas merecen el apoyo de los cristianos, pero al apoyarlas no estamos edificando el reino terrenal de Jesucristo ni acercándolo. Incluso las mejores de tales cosas son solo celebración de acciones que ayudan a retardar la corrupción que inevitablemente siempre caracterizará a las sociedades humanas y los reinos humanos, hasta que el Señor regrese con el fin de establecer su propio **reino.**

El reino de Dios, o el reino de los cielos, estaba en el mensaje de Jesús. Él vino a anunciar "el evangelio del reino de Dios" (Lc. 4:43). No existe otro evangelio sino las buenas nuevas del reino de nuestro Señor y de su Cristo. Siempre y en todas partes a las que Jesús iba predicaba el mensaje de salvación como entrada al reino. Incluso estableció: "Es necesario que… anuncie el evangelio del reino de Dios; porque para esto he sido enviado" (Lc. 4:43). Durante los cuarenta días que Jesús permaneció en la tierra entre su resurrección y su ascensión habló a sus discípulos "acerca del reino de Dios" (Hch. 1:3).

El reino de Dios es pasado en el sentido de que incorporó a Abraham, Isaac y Jacob (Mt. 8:11). Fue presente en el tiempo del ministerio terrenal de Jesús en el sentido de que el verdadero Rey divino estaba presente "entre vosotros" (Lc. 17:21). Pero el enfoque particular de nuestra oración debe estar en el **reino** que ha de venir.

Dios ha gobernado ahora y siempre el reino del universo. Él lo creó, lo controla, lo ordena y lo mantiene unido. Como comenta James Orr: "Por tanto está reconocido en la Biblia… un reino natural y universal de dominio de Dios que abarca todos los objetos, todas las personas, y todos los acontecimientos, todos los hechos de individuos y naciones, todas las operaciones y todos los cambios de la naturaleza y la historia, absolutamente sin excepción" (citado por Alva J. McClain, *The Greatness of the Kingdom* [Winona Lake, Ind.: BMH Books, 1980], p. 22). El de Dios es un "reino de todos los siglos" (Sal. 145:13), e incluso ahora "su reino domina sobre todos" (Sal. 103:19; cp. 29:10; 1 Cr. 29:11-12).

Pero la realidad más obvia de la vida es que Dios no está gobernando ahora en la tierra como gobierna en el cielo (Mt. 6:10*c*), y este es el reino *terrenal* divino por el que debemos orar que **venga.** Nuestra oración debe ser porque Cristo regrese y establezca su reino terrenal, porque elimine el pecado y haga cumplir la obediencia a la voluntad de Dios. El Señor entonces "regirá con vara de hierro" (Ap. 2:27; cp. Is. 30:14; Jer. 19:11). Después de mil años su reino terrenal se fundirá a su reino eterno, y no habrá distinción entre su gobierno en la tierra y su gobierno en el cielo (véase Ap. 20-21).

El griego de este versículo podría traducirse "permitan que **venga tu reino ahora**". Hay por tanto un sentido en el que oramos porque el reino de Dios venga en la actualidad. En una manera presente y limitada, pero real y milagrosa, el reino de Dios está viniendo a la tierra cada vez que una nueva alma es llevada al reino.

Primero, el reino viene en esta manera por medio de la conversión (Mt. 18:1-4). Por tanto, la oración debería ser evangelística, misionera, y debería hacerse por nuevos convertidos, por nuevos hijos de Dios, por nuevos ciudadanos del reino. La conversión al reino implica una invitación (Mt. 22:1-14), arrepentimiento (Mr. 1:14-15), y una respuesta voluntaria (Mr. 12:28-34; Lc. 9:61-62). La actual existencia del reino en la tierra es interna, en los corazones y mentes de aquellos que le pertenecen a Jesucristo, el Rey. Debemos orar porque el número se multiplique mucho. En este sentido, orar porque venga el reino es orar por la salvación de las almas. Cada creyente debería buscar a otros que puedan cantar: "Rey de mi vida, Te corono ahora, Tuya será la gloria" ("Llévame al Calvario", por Jennie Evelyn Hussey).

El **reino** por el que debemos orar, y el cual ahora estamos saboreando, es de valor infinito. "El reino de los cielos es semejante a un tesoro escondido en un campo" o a "una perla preciosa" que para comprar el uno o la otra una persona vende todas sus posesiones (Mt. 13:44-46). Su valor es tan grande que cada una de esas parábolas enfatiza que el comprador vendió todo lo que tenía para comprar la salvación (cp. Mt. 10:37).

Segundo, el reino viene ahora a través de compromiso. El deseo de los ya convertidos debería ser responder al gobierno del Señor en sus vidas para que Él gobierne en ellos como gobierna en el cielo. Cuando oramos como Jesús enseña, oramos continuamente que nuestras vidas honren y glorifiquen a nuestro Padre celestial.

La petición de que venga el reino también se relaciona con la segunda venida del Señor. Juan declara en el último capítulo de Apocalipsis: "El que da testimonio de estas cosas dice: Ciertamente vengo en breve. Amén; sí, ven, Señor Jesús" (22:20).

En aquel día nuestras oraciones serán finalmente contestadas. Según empieza el himno de Isaac Watts: "Jesús reinará allí donde el sol hace sus viajes sucesivos. Su reino se extiende de costa a costa, hasta que la luna ya no aparezca ni desaparezca más". Pablo hace hincapié en que esperar el reino por venir en su forma final no es tanto buscar un acontecimiento como buscar a una persona: al Rey mismo (1 Ts. 1:10).

EL PLAN DE DIOS

Hágase tu voluntad, como en el cielo, así también en la tierra. (10:*b*)

Muchas personas se preguntan cómo la soberanía de Dios puede relacionarse con orar porque se haga su voluntad. Si Él es soberano, ¿no se hace inevitablemente su voluntad? ¿Invalidará nuestra voluntad a la suya cuando oramos de modo ferviente y sincero? Esa es una de las grandes paradojas de la Biblia, acerca de la cual los calvinistas y arminianos han debatido por siglos. Debería ser evidente que esta paradoja, así como que Dios sea tres en uno y que Jesús sea totalmente Dios y totalmente hombre, deba dejarse a la mente infinita de Dios, porque el tema está mucho más allá de la comprensión de la mente humana finita. Pero lo que parece una contradicción sin esperanza para nosotros no es un dilema para Dios. Tenemos ambas verdades, al parecer paradójicas, en perfecta tensión con la fe en la mente infinita de Dios, quien resuelve todas las cosas en verdad perfecta y sin contradicción (Dt. 29:29).

La Biblia clarifica absolutamente que Dios es soberano y que, sin embargo, no solo permite sino que manda que el hombre ejerza su propia voluntad en ciertas áreas. Si el hombre no pudiera tomar sus propias decisiones, los mandamientos de Dios serían inútiles y sin sentido, y sus castigos crueles e injustos. Si Dios no actuara en respuesta a la oración, la enseñanza de Jesús acerca de la oración también sería inútil y no tendría sentido. Nuestra responsabilidad no es solucionar el dilema sino creer y actuar en base a las verdades de Dios, sea que algunas de ellas parezcan estar o no en conflicto. Comprometer una de las verdades de Dios en un esfuerzo por defender la otra es el material del que está hecha la herejía. Debemos aceptar cada parte de toda verdad en la Palabra de Dios, dejándole a Él la resolución de cualquier conflicto aparente. Intentar resolver en un nivel humano todas las paradojas aparentes en las Escrituras es un acto de arrogancia y un ataque a la verdad e intención de la revelación de Dios.

Cuando oramos **venga tu reino,** estamos orando en primer lugar para que la voluntad de Dios se convierta en nuestra propia voluntad. En segundo lugar, estamos orando porque su voluntad prevalezca **como en el cielo, así también en la tierra.**

COMPRENSIÓN ERRÓNEA DE LA VOLUNTAD DE DIOS

Muchas personas, incluso muchos creyentes, entienden erróneamente esta parte de la Oración de los Discípulos. Al ver la soberanía de Dios simplemente como la imposición absoluta de la voluntad de un dictador, algunos creyentes se resienten. Cuando oran, o si oran, porque se haga la voluntad de Dios oran por un sentimiento de compulsión. La voluntad de Dios tiene que hacerse, y Él es demasiado firme para resistir; por tanto, ¿cuál sería el propósito de orar de otra manera? La conclusión lógica de la mayoría de personas que miran a Dios de ese modo es que no tiene sentido orar, sin duda no por peticiones. ¿Por qué pedir lo inevitable?

Otras personas son más caritativas en sus sentimientos acerca de Dios. Pero ya que también creen que la voluntad divina es inevitable, oran con resignación pasiva. Oran porque se haga la voluntad de Dios simplemente porque eso es lo que el Señor les pide que hagan. Son resignadamente obedientes. No oran tanto por fe sino por rendición. Ellos no tratan de poner sus voluntades de acuerdo con la voluntad divina, sino que más bien ponen sus propias voluntades en neutro, dejando que la voluntad de Dios siga su curso.

Es fácil para los cristianos caer en orar de ese modo. Incluso en los primeros días de la Iglesia, cuando la fe por lo general era fuerte y vital, la oración podía ser pasiva y sin esperar nada. Un grupo de discípulos preocupados estaba orando en la casa de María, la madre de Marcos, porque Pedro fuera liberado de la cárcel. Mientras estaban orando, Pedro fue liberado por un ángel, llegó a la casa, y tocó la puerta. Cuando una criada llamada Roda fue a la puerta y reconoció la voz de Pedro volvió corriendo al interior para decírselo a los otros, olvidando dejar entrar a Pedro. Pero el grupo de oración no le creyó, pensando que ella había oído a un ángel. Cuando Pedro finalmente fue admitido, "le vieron, se quedaron atónitos" (Hch. 12:16). Al parecer habían estado orando por lo que en realidad no creían que iba a suceder.

Nuestras propias vidas de oración a menudo son débiles porque no oramos con fe; no esperamos que la oración cambie algo. Oramos con una sensación de deber y obligación, pensando de manera subconsciente que Dios de todos modos va a hacer lo que desea. Jesús ofreció la parábola de la viuda inoportuna, quien se negó a aceptar la situación y persistió en suplicar, a pesar de recibir un no por respuesta, por el mismo propósito de protegernos contra ese tipo de resignación pasiva y poco espiritual. "También les refirió Jesús una parábola sobre la necesidad de orar siempre, y no desmayar" (Lc. 18:1).

El mismo hecho de que Jesús nos diga que oremos **hágase tu voluntad en la tierra** indica que la voluntad de Dios *no* siempre se hace en la tierra. Esto no es inevitable. Es más, la falta de oración fiel impide que se haga su voluntad. En el plan sabio y compasivo de Dios, la oración es esencial para el adecuado funcionamiento de la voluntad divina en la tierra.

Dios es soberano, pero no es independientemente determinista. Ver la soberanía de Dios en una manera fatalista, pensando: "Lo que será, será", destruye por completo toda clase de oración y obediencia fieles. Ese no es un punto de vista "elevado" de la soberanía de Dios, sino un punto de vista destructivo y antibíblico del señorío divino. Esa no es la soberanía divina que la Biblia enseña. No es la **voluntad** de Dios que la gente muera, o ¿por qué Cristo habría venido para destruir la muerte? No es la **voluntad** de Dios que vaya gente al infierno, o ¿por qué su Hijo unigénito habría llevado sobre sí el castigo del pecado a fin de que los hombres puedan escapar del infierno? "El Señor no retarda su promesa, según algunos la tienen por tardanza, sino que es paciente para con nosotros, no queriendo que ninguno perezca, sino que todos procedan al arrepentimiento" (2 P. 3:9). Que el pecado exista en la tierra y que cause tan horribles consecuencias no es evidencia de la voluntad de Dios, sino de su paciencia al permitir más oportunidad para que los seres humanos se vuelvan a Él para salvación.

Otras personas ponen demasiado énfasis en la importancia de la voluntad del hombre y ven la oración como un medio de doblar la voluntad de Dios a la de ellas. Piensan en la providencia de Dios como un tipo de máquina expendedora cósmica, que puede operar simplemente al insertar la petición requerida en una de las promesas divinas. Según observa Elton Trueblood: "en algunas congregaciones el evangelio ha sido disminuido al simple arte de la autorealización. Algunos escritores religiosos actuales, lejos de resaltar lo que significa creer que Dios estaba en Cristo reconciliando al mundo consigo mismo, escriben principalmente acerca de ellos mismos. Egocentrismo es lo único que queda cuando la verdad objetiva acerca de la revelación de Cristo se pierde o incluso se oculta".

Pero Jesús menoscaba esa idea en su oración modelo. La verdadera oración se enfoca en **tu** nombre, **tu** reino, **tu** voluntad. Amy Carmichael escribió: "¿He de orar para cambiar tu voluntad, Padre mío, hasta que se conforme a la mía? No, Señor; eso no puede ser. Más bien te ruego que fusiones mi voluntad humana con la tuya".

Existe una tensión entre la soberanía de Dios y la voluntad del hombre, entre la gracia de Dios y la fe del hombre, pero no nos atrevamos a tratar de resolverlo modificando la verdad de Dios respecto a su soberanía o a nuestra voluntad, a su gracia o nuestra fe. Dios es soberano, pero nos concede alternativas. Dios es soberano, pero nos dice que oremos **hágase tu voluntad, como en el cielo, así también en la tierra.** Santiago nos recuerda que "la oración eficaz del justo puede mucho" (5:16).

CORRECTO ENTENDIMIENTO DE LA VOLUNTAD DE DIOS

David cantó de los ángeles que hicieron la voluntad de Dios. "Bendecid a Jehová, vosotros sus ángeles, poderosos en fortaleza, que ejecutáis su palabra, obedeciendo a la voz de su precepto" (Sal. 103:20). Esa es la manera en que la **voluntad** de Dios se hace **en el cielo,** y esa es la manera en que los creyentes deben orar porque la **voluntad** de Dios se haga **en la tierra:** de modo resuelto, completo, sincero, de buena gana, ferviente, fácil, rápido y constante. Nuestra oración debería ser que toda persona y cosa en la tierra se ajusten a la perfecta voluntad de Dios.

Una parte del correcto entendimiento de la voluntad de Dios y de la actitud hacia esta es lo que podría llamarse un sentido de rebelión justa. Dedicarse a la voluntad de Dios es por definición oponerse a la de Satanás. Orar **hágase tu voluntad, como en el cielo, así también en la tierra** es rebelarse contra la idea mundana de que el pecado es algo normal e inevitable, y que por tanto debe aprobarse o al menos tolerarse. Es rebelarse contra el sistema del mundo de impiedad, deshonra y rechazo a Cristo, y también contra la desobediencia de los creyentes. Sin embargo, la impotencia en la oración nos lleva a declarar una tregua a la injusticia. Aceptar las cosas tal como son significa abandonar un punto cristiano de vista de Dios y de su plan para la historia redentora.

Jesús conocía el final desde el principio, pero no aceptó la situación como algo inevitable o irresistible. Predicó contra el pecado y actuó contra el pecado. Cuando la casa de su Padre fue profanada, "haciendo un azote de cuerdas, echó fuera del templo a todos, y las ovejas y los bueyes; y esparció las monedas de los cambistas, y volcó las mesas; y dijo a los que vendían palomas: Quitad de aquí esto, y no hagáis de la casa de mi Padre casa de mercado" (Jn. 2:14-16; cp. Mt. 21:12-13).

Orar porque se haga la voluntad de Dios en la tierra es rebelarse contra la idea que se oye hoy día, incluso entre evangélicos, de que prácticamente todo lo corrupto y malvado que hacemos o que nos hacen es de alguna manera la santa voluntad de Dios, y que debemos aceptarlo de su mano con acción de gracias. Nada malvado o pecaminoso viene de la mano de Dios, sino tan solo de la mano de Satanás. Orar por justicia es orar contra la perversidad. Orar porque se haga la voluntad de Dios es orar porque se deshaga la voluntad de Satanás.

Orar porque se haga la voluntad de Dios es clamar junto con David: "Levántese Dios, sean esparcidos sus enemigos, y huyan de su presencia los que le aborrecen" (Sal. 68:1), y gemir con los santos debajo del altar de Dios: "¿Hasta cuándo, Señor, santo y verdadero, no juzgas y vengas nuestra sangre en los que moran en la tierra?" (Ap. 6:10).

Orar correctamente es orar en fe, creyendo que Dios oirá y contestará nuestras oraciones. Creo que el mayor obstáculo para la oración no es falta de técnica, falta de conocimiento bíblico, o incluso falta de entusiasmo por la obra del Señor, sino falta de fe. Simplemente no oramos con la esperanza de que nuestras oraciones serán determinantes en nuestras vidas, en las vidas de otras personas, en la Iglesia, o en el mundo.

Hay tres aspectos distintos de la voluntad de Dios como Él nos lo revela en su Palabra. Primero, está lo que podríamos llamar su voluntad de propósito: la enorme, comprensiva y tolerante voluntad de Dios expresada en el desarrollo de su plan soberano que encarna todo el universo, incluido el cielo, el infierno y la tierra. Esta es la voluntad definitiva de Dios, de la cual Isaías escribió: "Jehová de los ejércitos juró diciendo: Ciertamente se hará de la manera que lo he pensado, y será confirmado como lo he determinado" (Is. 14:24; cp. Jer. 51:29; Ro. 8:28; Ef. 1:9-11; etc.). Esta es la voluntad de Dios que permite que el pecado siga su curso y que Satanás haga las cosas a su manera por una temporada. Pero en el tiempo señalado por Dios el curso del pecado y el camino de Satanás finalizarán exactamente de acuerdo con el plan de Dios y su previo conocimiento.

Segundo, está lo que podríamos llamar la voluntad del deseo de Dios. Esto se encuentra dentro de su voluntad de propósito y es totalmente coherente con ella. Pero se trata de algo más específico y centrado. A diferencia de la voluntad de propósito de Dios, su voluntad de deseo no siempre se cumple; es más, es muy insatisfecha en comparación con la voluntad de Satanás para esta época actual.

Jesús deseó en gran manera que Jerusalén se salvara, y oró, predicó, curó y ministró entre su población para ese fin. Sin embargo, pocos creyeron en Él; la mayoría sus habitantes lo rechazaron, y algunos incluso lo crucificaron. Jesús oró: "¡Jerusalén, Jerusalén, que matas a los profetas, y apedreas a los que te son enviados! ¡Cuántas veces quise juntar a tus hijos, como la gallina a sus polluelos debajo de sus alas, y no quisiste!" (Lc. 13:34). Esa fue la experiencia repetida del Hijo de Dios, quien vino a la tierra para que los hombres pudieran tener vida, y tenerla más abundantemente. Al igual que los judíos incrédulos en Jerusalén, la mayoría de personas no estuvo dispuesta a llegar a Jesús para recibir esa vida abundante (Jn. 5:40; cp. 1 Ti. 2:4; 2 P. 3:9).

Tercero, está lo que podría llamarse la voluntad de mando de Dios. Esta voluntad es totalmente para sus hijos, porque solo ellos tienen la capacidad de obedecer. La voluntad de mando es el deseo ardiente del corazón de Dios de que quienes son sus hijos le obedezcan por completo y de inmediato con un corazón dispuesto. Pablo declara: "¿No sabéis que si os sometéis a alguien como esclavos para obedecerle, sois esclavos de aquel a quien obedecéis, sea del pecado para muerte, o sea de la obediencia para justicia? Pero gracias a Dios, que aunque erais esclavos del pecado, habéis obedecido de corazón a aquella forma de doctrina a la cual fuisteis entregados; y libertados del pecado, vinisteis a ser siervos de la justicia" (Ro. 6:16-18).

La voluntad de propósito de Dios abarca el fin último de este mundo: la segunda venida de Cristo y el establecimiento de su reino eterno. Su voluntad de deseo abarca la conversión; y su voluntad de mando abarca el compromiso y la obediencia de sus hijos.

El gran enemigo de la voluntad de Dios es el orgullo. El orgullo hizo que Satanás se rebelara contra Dios, y el orgullo hace que los incrédulos rechacen a Dios y los creyentes le desobedezcan. Debido al deseo de que con sinceridad y fe se acepte la voluntad de Dios y se ore por ella, la voluntad propia debe abandonarse en el poder del Espíritu Santo. "Así que, hermanos, os ruego por las misericordias de Dios, que presentéis vuestros cuerpos en sacrificio vivo, santo, agradable a Dios, que es vuestro culto racional. No os conforméis a este siglo, sino transformaos por medio de la renovación de vuestro entendimiento, para que comprobéis cuál sea la buena voluntad de Dios, agradable y perfecta" (Ro. 12:1-2).

Cuando oramos en fe y en conformidad con la voluntad de Dios, nuestra oración constituye una gracia santificadora que cambia nuestra vida profundamente. La oración es un medio de santificación progresiva. John Hannah manifestó: "El fin de la oración no es tanto respuestas tangibles como una vida cada vez más profunda de dependencia…. El llamado a orar es un llamado al amor, a la sumisión, y a la obediencia… a la vía de la comunión tierna, íntima e intensa del alma con el Creador infinito".

El llamado del creyente es traer el cielo a la tierra santificando el nombre del Señor, permitiendo que venga su reino, y tratando de hacer la voluntad divina.

En los versículos 11-13*a* Jesús ofrece tres peticiones. La primera se relaciona con nuestra vida física y con el presente (**pan de cada** día), la segunda a nuestra vida mental y emocional y al pasado (**deudas**), y la tercera a nuestra vida espiritual y al futuro (**tentación** y **mal**).

Vosotros, pues, oraréis así: Padre nuestro que estás en los cielos, santificado sea tu nombre. Venga tu reino. Hágase tu voluntad, como en el cielo, así también en la tierra. El pan nuestro de cada día, dánoslo hoy. Y perdónanos nuestras deudas, como también nosotros perdonamos a nuestros deudores. Y no nos metas en tentación, mas líbranos del mal; porque tuyo es el reino, y el poder, y la gloria, por todos los siglos. Amén. Porque si perdonáis a los hombres sus ofensas, os perdonará también a vosotros vuestro Padre celestial; mas si no perdonáis a los hombres sus ofensas, tampoco vuestro Padre os perdonará vuestras ofensas. (6:9-15)

LA PROVISIÓN DE DIOS

El pan nuestro de cada día, dánoslo hoy. (6:11)

A pesar de que pudo haber sido una preocupación genuina en tiempos del Nuevo Testamento, tal petición podría parecer innecesaria e inapropiada para muchos cristianos en el mundo occidental de hoy día. ¿Por qué debemos pedirle a Dios lo que ya tenemos en tanta abundancia? ¿Por qué cuando muchos de nosotros debemos consumir menos alimentos de los que comemos, pedimos a Dios que nos supla **el pan nuestro de cada día**? La que sería una petición completamente comprensible para un cristiano en Etiopía o Cambodia, parece irrelevante en los labios de un estadounidense bien alimentado.

Sin embargo, esta parte de la Oración de los Discípulos, al igual que todas las demás, se extiende más allá del siglo I a todos los creyentes, en cada época y en toda situación. En este modelo para la oración nuestro Señor nos brinda todos los ingredientes necesarios para orar. Podemos ver cinco elementos clave en esta petición por la provisión de Dios: la sustancia, la fuente, la súplica, los buscadores y la programación.

LA SUSTANCIA

Pan no solo representa comida, sino que simboliza todas nuestras necesidades físicas. John Stott ha observado que según Martín Lutero: "Todo lo necesario para la conservación de esta vida es el pan, que incluye comida, un cuerpo sano, buen clima, casa, hogar, cónyuge, hijos, buen gobierno, y paz" (*Christian Counterculture: The Message of the Sermon on the Mount* [Downers Grove, Ill.: InterVarsity, 1978], p. 149).

Es maravilloso entender que el Dios que creó todo el universo, que es el Dios de todo espacio, tiempo y eternidad; quien es infinitamente santo y totalmente autosuficiente, deba preocuparse por proveer para nuestras necesidades físicas; y además deba preocuparse de que recibamos suficiente alimento para comer, ropa para vestir y un lugar para descansar. Dios se obliga a suplir nuestras necesidades.

Esta parte de la oración está en la forma de una petición, pero también es una afirmación; por lo que es tan apropiada para aquellos que están bien alimentados como para los que tienen poco que comer. Por sobre todo es una afirmación de que todo lo bueno que tenemos viene de la misericordiosa mano de Dios (Stg. 1:17).

LA FUENTE

Eso nos lleva a la fuente, quien es Dios. El **Padre** es a quien se dirige toda la oración, Aquel que es alabado y a quien se le pide.

Cuando todas nuestras necesidades están satisfechas y todo va bien en nuestras vidas, nos inclinamos a creer que estamos llevando nuestra propia carga. Ganamos nuestro propio dinero, compramos nuestra comida y nuestra ropa, pagamos nuestras propias casas. No obstante, hasta el individuo más trabajador obtiene de la provisión de Dios todo lo que gana (véase Dt. 8:18). Toda nuestra vida, nuestro aliento, nuestra salud, nuestras posesiones, nuestros talentos, y nuestras oportunidades se originan en los recursos que Dios ha creado y que ha puesto a disposición del ser humano (véase Hch. 17:24-28). Después que los científicos han hecho todas sus observaciones y cálculos, sigue existiendo el elemento inexplicable del diseño, del origen y del funcionamiento del universo. Es inexplicable, es decir, aparte de Dios, que todo se mantenga junto (He. 1:2-3).

Dios proveyó para el ser humano antes de crearlo. El hombre fue la creación final de Dios, y después que hizo y bendijo a Adán y Eva declaró: "He aquí que os he dado toda planta que da semilla, que está sobre toda la tierra, y todo árbol en que hay fruto y que da semilla; os serán para comer" (Gn. 1:29). A partir de ese momento Dios ha seguido proveyendo abundante alimento para la humanidad, en una variedad casi ilimitada.

Sin embargo, Pablo nos dice que "el Espíritu dice claramente que en los postreros tiempos algunos apostatarán de la fe… y mandarán abstenerse de alimentos que Dios creó para que con acción de gracias participasen de ellos los creyentes y los que han conocido la verdad. Porque todo lo que Dios creó es bueno, y nada es de desecharse, si se toma con acción de gracias; porque por la palabra de Dios y por la oración es santificado" (1 Ti. 4:1, 3-5). La Palabra de Dios santifica todo por medio de la creación, y nosotros lo santificamos cuando con oración de gratitud lo recibimos.

Todo lo físico que tenemos viene de la provisión de Dios por medio de la tierra. Por tanto, es pecado de indiferencia e ingratitud no reconocer diariamente sus dádivas con acción de gracias.

LA SÚPLICA

La súplica se expresa en la palabra **dar**. Ese es el núcleo de la petición, porque reconoce la necesidad. Aunque Dios ya pudo haber satisfecho nuestra petición, nosotros le pedimos en reconocimiento de su provisión pasada y presente, así como con confianza en su provisión futura.

Lo único que puede validar la instrucción de Jesús y nuestras peticiones es la promesa de Dios. No podemos esperar que Dios proporcione lo que no ha prometido. Podemos orar confiadamente porque Él ha prometido de manera abundante. David nos aconseja: "Confía en Jehová, y haz el bien; y habitarás en la tierra, y te apacentarás de la verdad. Deléitate asimismo en Jehová, y él te concederá las peticiones de tu corazón…. Pues de aquí a poco no existirá el malo… Pero los mansos heredarán la tierra, y se recrearán con abundancia de paz" (Sal. 37:3-4, 10-11).

Dios no está obligado a satisfacer las necesidades físicas de todo el mundo, sino solo las de aquellos que confían en Él. En el Salmo 37 David está hablando a los creyentes que confían en el Señor (v. 3), que se deleitan en el Señor (v. 4), que encomiendan al Señor su camino (v. 5), que guardan silencio ante el Señor y esperan pacientemente en Él (v. 7), que dejan la ira y desechan el enojo (v. 8). David asegura: "Joven fui, y he envejecido, y no he visto justo desamparado, ni su descendencia que mendigue pan" (v. 25).

LOS BUSCADORES

El pronombre **nos** del modelo de oración de Jesús se refiere a aquellos que le pertenecen. En declaraciones a los creyentes, Pablo escribió: "El que da semilla al que siembra, y pan al que come, proveerá y multiplicará vuestra sementera, y aumentará los frutos de vuestra justicia, para que estéis enriquecidos en todo para toda liberalidad, la cual produce por medio de nosotros acción de gracias a Dios" (2 Co. 9:10-11).

Jesús afirmó: "De cierto os digo, que no hay nadie que haya dejado casa, o padres, o hermanos, o mujer, o hijos, por el reino de Dios, que no haya de recibir mucho más en este tiempo, y en el siglo venidero la vida eterna" (Lc. 18:29-30). Dios mismo se compromete de manera irrevocable a satisfacer las necesidades esenciales de los suyos.

La mayor causa de hambruna y de sus males consiguientes en el mundo no son malas prácticas agrícolas o malos manejos económicos y políticos. Tampoco el origen del problema es la falta de recursos científicos y tecnológicos, o ni siquiera el exceso de población. Tales inconvenientes solo agravan el problema de fondo, el cual es espiritual. Solamente cerca de 15 por ciento de la tierra arable en el mundo se usa para la agricultura, y solo durante la mitad del año. No existe región importante en el mundo que con adecuada tecnología no sea capaz de sustentar a su propia población y más.

Las partes del mundo que no tienen raíces cristianas invariablemente dan poco valor a la vida humana. Por ejemplo, la pobreza en India puede estar causada por el hinduismo, la religión pagana que da lugar a muchas otras religiones. Según la *Encyclopaedia Britannica* y *Eerdman's Handbook to the World's Religions*, el budismo, el jainismo, y el sijismo vienen del hinduismo. No así el sintoísmo, el zoroastrismo, el confucianismo y el taoísmo.

Para los hindúes, el hombre no es más que la encarnación de un alma en su camino al *moksha,* una clase de "emancipación final", en que durante tal viaje atraviesa innumerables, quizás interminables, ciclos de reencarnación tanto en forma animal como humana. Se abre paso a formas superiores al hacer buenas obras, y regresa a formas inferiores cuando peca. La pobreza, la enfermedad y el hambre se ven, por tanto, como castigos divinos por los cuales las personas implicadas deben hacer penitencia a fin de nacer en una forma superior. Ayudar a alguien en pobreza o enfermedad es interferir con su karma y por tanto causarle daño espiritual. (Para un análisis de *moksha,* o *moksa,* véase *Encyclopedia Britannica,* Micropaedia, VI, p. 972; para un estudio más general véase *Encyclopaedia Britannica,* Macropaedia, vol. 8, pp. 888-908. Consulte también *Eerdman's Handbook to World Religions* [Grand Rapids: Eerdmans, 1982]).

A los animales los consideran encarnaciones de seres humanos o de deidades. A las vacas las tienen como especialmente sagradas porque son deidades encarnadas, de las cuales el hinduismo tiene como 330 millones. No solo que las vacas no son para el consumo humano, sino que añaden al problema alimentario pues consumen el 20 por ciento del suministro total de alimento de la India. Hasta las ratas y los ratones, que se comen el 15 por ciento de abastecimiento de alimentos, no se les puede matar porque podrían ser parientes reencarnados.

Así como el paganismo es la gran plaga de India, África y muchas otras partes del mundo, el cristianismo ha sido la bendición del occidente. Europa y los Estados Unidos, aunque no son totalmente cristianos en ningún sentido bíblico, han sido enormemente bendecidos a causa de la influencia cristiana en la filosofía política, social y económica. Las grandes preocupaciones por los derechos humanos, el cuidado de los pobres, los orfanatos, los hospitales, la reforma penitenciaria, la reforma racial y de esclavos, y de una serie de otros problemas, no vinieron del paganismo o el humanismo sino del cristianismo bíblico. Por otra parte, la actual visión degradada de la vida humana reflejada en la baja opinión acerca de la familia y en el crecimiento legal y social de la aprobación del aborto, el infanticidio, y la eutanasia, son el legado del humanismo y la práctica del ateísmo.

Sin una adecuada opinión de Dios no puede haber una apropiada opinión del ser humano. Aquellos que tienen una visión correcta de Dios y que también tienen una relación correcta con Él a través de Jesucristo poseen la promesa de la provisión por parte de su Padre celestial. Jesús enunció: "No os afanéis por vuestra vida, qué habéis de comer o qué habéis de beber; ni por vuestro cuerpo, qué habéis de vestir. ¿No es la vida más que el alimento, y el cuerpo más que el vestido?… Porque los gentiles buscan todas estas cosas; pero vuestro Padre celestial sabe que tenéis necesidad de todas estas cosas. Mas buscad primeramente el reino de Dios y su justicia, y todas estas cosas os serán añadidas" (Mt. 6:25, 32-33).

Dios a veces ha provisto para sus hijos a través de medios milagrosos, pero su manera principal de proveer es a través del trabajo, para el cual Él ha dado vida, energía, recursos y oportunidad. Su manera principal de cuidar de aquellos que no pueden trabajar es a través de la generosidad de quienes sí pueden hacerlo. Sea que lo haga de modo directo o indirecto, Dios siempre es la fuente de nuestro bienestar físico. Él hace que la tierra produzca lo que necesitamos, y nos da la capacidad para procurarlo.

LA PROGRAMACIÓN

La programación de la provisión de Dios para sus hijos es **de cada día.** El significado aquí es simplemente de un abastecimiento regular y diario para nuestras necesidades. Debemos confiar en el Señor un día a la vez. Él puede darnos visión para el trabajo que nos llama a hacer en el futuro, pero su provisión para nuestras necesidades es diaria, no semanal, mensual o anual. Aceptar la provisión del Señor para el día de hoy, sin preocuparnos por nuestras necesidades o por nuestro bienestar de mañana es un testimonio de nuestro contentamiento en su bondad y fidelidad.

EL PERDÓN DE DIOS

Y perdónanos nuestras deudas, como también nosotros perdonamos a nuestros deudores. (6:12)

Opheilēma (**deudas**) es uno de los cinco términos griegos del Nuevo Testamento para pecado. *Hamartia* es el más común y transmite la idea original de no dar en el blanco. El pecado no da en el blanco de la norma de justicia de Dios. *Paraptōma*, a menudo traducido "violación", es el pecado de resbalar o caer, y resulta más de descuido que de desobediencia intencional. *Parabasis* se refiere a pisar al otro lado de la línea, ir más allá de los límites prescritos por Dios, y a menudo se traduce "transgresión". Este pecado es más consciente e intencional que *hamartia* y *paraptōma*. *Anomia* significa anarquía, y es un pecado aún más intencional y flagrante. Es rebelión directa y abierta contra Dios y sus caminos.

El sustantivo *opheilēma* solo se usa unas pocas veces en el Nuevo Testamento, pero su forma verbal se encuentra a menudo. De las treinta veces que se usa en su forma verbal, veinticinco se refieren a deudas morales o espirituales. El pecado es una deuda moral y espiritual con Dios que debe pagarse. En su relato de esta oración, Lucas usa *hamartia* ("pecados", Lc. 11:4), indicando claramente que la referencia es a pecado, no a deuda económica. Es probable que Mateo utilice **deudas** porque la palabra correspondía al término arameo más común (*hôbā*) para pecado usado por los judíos de esa época, que también representaba deuda moral o espiritual con Dios.

EL PROBLEMA

El pecado es lo que separa al hombre de Dios, y por consiguiente es el enemigo y problema más grande del hombre. El pecado domina la mente y el corazón del individuo. Ha contaminado a todo ser humano y es el poder de degeneración que hace a la humanidad susceptible a las enfermedades y a todas las formas imaginables de maldad e infelicidad, temporales y eternas. Lo efectos finales del pecado son la muerte y la condenación, y las consecuencias actuales son miseria, insatisfacción y culpa. El pecado es el denominador común de todo crimen, todo robo, toda mentira, toda inmoralidad, toda enfermedad, todo dolor, y toda tristeza en la humanidad. También es la condición moral y espiritual para la cual el hombre no tiene cura. "¿Mudará el etíope su piel, y el leopardo sus manchas? Así también, ¿podréis vosotros hacer bien, estando habituados a hacer mal?" (Jer. 13:23). El hombre natural no *quiere* cura para su pecado, porque ama más la oscuridad que la luz (Jn. 3:19).

Quienes confían en el Señor Jesucristo han recibido el perdón de Dios por el pecado y son salvos del infierno eterno. Y como hemos visto, puesto que esta oración se da a los creyentes, la palabra **deudas** se refiere aquí a aquellas en las que incurren los cristianos cuando pecan. Infinitamente más importante que nuestra necesidad de pan diario es nuestra necesidad continua de perdón por el pecado.

Arthur Pink escribe esto en *An Exposition of the Sermon on the Mount* (Grand Rapids: Baker, 1974), pp. 163-64:

> Ya que es contrario a la santidad de Dios, el pecado es una profanación, una deshonra, y un reproche para nosotros, así como una transgresión de la ley divina. Se trata de un delito, y en cuanto a la culpa con la que en consecuencia nos contactamos, es una deuda. Como criaturas que tenemos una deuda de obediencia para con nuestro creador y gobernador, y por el fracaso en entregar lo mismo a causa de nuestra repugnante desobediencia, hemos incurrido en una deuda de castigo; y es por esto que imploramos perdón divino.

LA PROVISIÓN

Debido a que el mayor problema del ser humano es el pecado, su mayor necesidad es de perdón, y eso es lo que Dios proporciona. Aunque se nos haya perdonado el castigo final por el pecado, como cristianos necesitamos el perdón constante de Dios por los pecados que seguimos cometiendo. Por tanto, debemos orar: **perdónanos.** El perdón es el tema central de todo este pasaje (vv. 9-15), y se menciona seis veces en ocho versículos. Todos llevan al asunto del perdón.

Los creyentes han experimentado una vez y para siempre el perdón judicial de Dios, el cual recibimos el momento en que confiamos en Cristo como Salvador. Ya no estamos condenados, ya no estamos bajo juicio, y ya no estamos destinados al infierno (Ro. 8:1). El Juez eterno nos ha declarado perdonados, justificados y rectos. Nadie, ni humano ni satánico, "acusará a los escogidos de Dios" (Ro. 8:33-34).

Pero debido a que aún caemos en pecado, con frecuencia necesitamos el perdón misericordioso de Dios, ahora ya no su perdón como Juez sino como Padre. Juan advierte a los creyentes: "Si decimos que no tenemos pecado, nos engañamos a nosotros mismos, y la verdad no está en nosotros". Sin embargo, a continuación nos asegura que "si confesamos nuestros pecados, él es fiel y justo para perdonar nuestros pecados, y limpiarnos de toda maldad" (1 Jn. 1:8-9).

Durante la Última Cena, Jesús comenzó a lavar los pies de los discípulos como una demostración del espíritu humilde y servicial que debemos tener como sus seguidores. Al principio Pedro se negó, pero cuando Jesús dijo: "Si no te lavare, no tendrás parte conmigo", Pedro se fue al otro extremo, con ganas de ser bañado por todas partes. Jesús replicó: "El que está lavado, no necesita sino lavarse los pies, pues está todo limpio; y vosotros limpios estáis, aunque no todos. Porque sabía quién le iba a entregar; por eso dijo: No estáis limpios todos" (Jn. 13:5-11).

El acto de Jesús de lavar los pies a sus discípulos fue, por tanto, más que un ejemplo de humildad; también fue una representación del perdón que Dios ofrece en su repetida limpieza de aquellos que ya ha salvado. La suciedad en los pies simboliza la superficie diaria de contaminación del pecado que experimentamos cuando atravesamos por la vida. No nos ensucia ni puede ensuciarnos por completo, porque hemos sido limpiados de modo permanente de eso. La purga posicional de la salvación que ocurre en la regeneración no tiene que repetirse, pero la purga práctica es necesaria todos los días, porque cada día quedamos cortos de la santidad perfecta de Dios.

Como Juez, Dios desea perdonar a los pecadores, y como Padre está aún más deseoso de mantenerse perdonando a sus hijos. Centenares de años antes de Cristo, Nehemías escribió: "Tú eres Dios que perdonas, clemente y piadoso, tardo para la ira, y grande en misericordia" (Neh. 9:17). Por enorme y generalizado que sea el pecado del hombre, el perdón de Dios es más vasto y más grande. Donde abunda el pecado, la gracia de Dios abunda mucho más (Ro. 5:20).

LA SÚPLICA

Pedir perdón implica confesión. Los pies que no se han presentado a Cristo no pueden ser lavados por Él. El pecado que no se ha confesado no puede ser perdonado. Esa es la condición que Juan clarifica en el texto que se acaba de citar: "Si confesamos nuestros pecados, él es fiel y justo para perdonar nuestros pecados, y limpiarnos de toda maldad" (1 Jn. 1:9). Confesar significa básicamente concordar con, y cuando confesamos nuestros pecados concordamos con Dios en cuanto a que esos pecados son perversos, malos, degradantes, y que no forman parte de quienes le pertenecen.

Es difícil confesar pecados, y tanto Satanás como nuestra naturaleza orgullosa pelean contra eso; pero es el único camino hacia la vida libre y gozosa. "El que encubre sus pecados no prosperará; mas el que los confiesa y se aparta alcanzará misericordia" (Pr. 28:13). John Stott escribe: "Uno de los antídotos más seguros para el proceso de endurecimiento moral es la práctica disciplinada de encubrir nuestros pecados de pensamiento y opinión, así como de palabra y de hecho, y el abandono repentino de estos (*Confess Your Sins* [Waco, Tex.: Word, 1974], p. 19).

El verdadero cristiano no ve la promesa de Dios acerca del perdón como una licencia para pecar, como una manera de abusar de su amor y presumir de la gracia divina. Más bien ve el misericordioso perdón de Dios como el significado del crecimiento y la santificación espiritual, y agradece continuamente a Dios por su gran amor y disposición para perdonar, perdonar y perdonar. También es importante darnos cuenta de que confesar los pecados entrega a Dios la gloria al disciplinar al cristiano desobediente, porque esto quita cualquier queja de que Dios es injusto cuando nos disciplina.

Un santo puritano de hace muchas generaciones oró diciendo: "Concédeme no perder de vista la excesiva maldad del pecado, la excesiva justicia de la salvación, la excesiva gloria de Cristo, la excesiva belleza de la santidad, y la excesiva maravilla de la gracia". En otro tiempo oró así: "Soy culpable pero perdonado. Estoy perdido pero salvado. Vagando estoy, pero soy hallado. Peco pero soy limpiado.

Dame un perpetuo corazón destrozado. Mantenme siempre aferrado a tu cruz" (Arthur Bennett, ed., *The Valley of Vision: A Collection of Puritan Prayers and Devotions* [Edinburgh: Banner of Truth, 1975], pp.76, 83).

EL REQUISITO PREVIO

Jesús da el requisito previo para recibir perdón en estas palabras: **como también nosotros perdonamos a nuestros deudores.** El principio es sencillo pero aleccionador: si hemos perdonado, seremos perdonados; si no hemos perdonado, no seremos perdonados.

Somos perdonados porque perdonar es el carácter de la justicia, y por tanto del cristiano fiel. Los ciudadanos del reino de Dios son bendecidos y reciben misericordia porque ellos mismos son misericordiosos (Mt. 5:7). Aman incluso a sus enemigos porque tienen dentro de ellos la naturaleza del amoroso Padre celestial (5:44-45, 48). Perdonar es la característica de un corazón verdaderamente regenerado. Aún fallamos en ser coherentes con esa característica y necesitamos exhortación constante debido a lo fuerte de la carne pecaminosa (Ro. 7:14-25).

También estamos motivados a perdonar debido al ejemplo de Cristo. Pablo expresa: "Sed benignos unos con otros, misericordiosos, perdonándoos unos a otros, como Dios también os perdonó a vosotros en Cristo" (Ef. 4:32). Juan nos reta: "El que dice que permanece en él, debe andar como él anduvo" (1 Jn. 2:6).

Al reflejar el propio perdón compasivo de Dios, el perdón del pecado de otra persona expresa la virtud más elevada del individuo. "La cordura del hombre detiene su furor, y su honra es pasar por alto la ofensa" (Pr. 19:11).

Perdonar a otros también libera de culpa a la conciencia. La falta de perdón no solo erige una barrera para el perdón de Dios, sino que también interfiere con la paz mental, la felicidad, la satisfacción, y hasta con el adecuado funcionamiento del cuerpo.

Perdonar a otros es de gran beneficio para toda la congregación de creyentes. Quizás pocas cosas han obstaculizado tanto el poder de la Iglesia como los conflictos no resueltos entre sus miembros. El salmista advierte tanto para sí como para todo creyente: "Si en mi corazón hubiese yo mirado a la iniquidad, el Señor no me habría escuchado" (Sal. 66:18). El Espíritu Santo no puede obrar libremente entre aquellos que guardan rencores y albergan resentimiento (véase Mt. 5:23-24; 1 Co. 1:10-13; 3:1-9).

Perdonar a los demás también nos libera de la disciplina de Dios. Donde hay un espíritu no perdonador, hay pecado; y donde hay pecado, habrá castigo (He. 12:5-13). Pecados sin arrepentimiento en la iglesia en Corinto hicieron que muchos creyentes estuvieran débiles y enfermos, y hasta que murieran (1 Co. 11:30).

Pero la razón más importante para perdonar es que trae al creyente el perdón de Dios. Esa verdad es tan importante que Jesús la refuerza después del cierre de la oración (vv. 14-15). Nada en la vida cristiana es más importante que nuestro perdón a los demás y el perdón de Dios para nosotros.

En el asunto del perdón Dios nos trata a nosotros como nosotros tratamos a los demás. Hemos de perdonar a otros del modo gratuito y misericordioso que Dios nos perdona. El escritor puritano Thomas Manton manifestó: "Nadie es tan tierno para los demás como el que ha recibido misericordia, porque sabe con cuánta delicadeza lo ha tratado Dios".

PROTECCIÓN DE DIOS

Y no nos metas en tentación, mas líbranos del mal. (6:13*a*)

Peirasmos (**tentación**) es básicamente en griego una palabra neutral que no tiene connotación necesaria de bien o de mal, como sí ocurre con nuestra palabra en español *tentación,* que se refiere a incitación al mal. El significado original tiene que ver con una prueba o comprobación, y de ese significado se derivan los significados relacionados de sufrimiento y seducción. Aquí parece que es paralela al término **mal,** e indica que tiene como propósito la incitación a pecar.

La santidad y la bondad de Dios no le permitirán llevar a nadie, y sin duda a ninguno de sus hijos, a un lugar o experiencia en que a propósito esa persona sea inducida a cometer pecado. Santiago aclara: "Cuando alguno es tentado, no diga que es tentado de parte de Dios; porque Dios no puede ser tentado por el mal, ni él tienta a nadie" (Stg. 1:13).

Sin embargo, Santiago acababa de decir: "Hermanos míos, tened por sumo gozo cuando os halléis en diversas pruebas (*peirasmos*), sabiendo que la prueba de vuestra fe produce paciencia" (vv. 2-3). Por tanto, hay un problema de interpretación en cuanto a si *peirasmos* en Mateo 6:13 deba traducirse tentación o prueba. Según nos dice Santiago, Dios no tienta. Así que, ¿por qué pedirle que no haga lo que nunca haría de ninguna manera? Pero Santiago también nos dice que debemos regocijarnos cuando vienen las pruebas y no tratar de evitarlas. ¿Por qué entonces debemos orar: **Y no nos metas en tentación**?

Afirmo al igual que Crisóstomo, el padre de la iglesia primitiva, que la solución a este problema es que Jesús no está hablando aquí de lógica o teología sino de un deseo de corazón y una inclinación que hace que un creyente quiera evitar el peligro y el problema que el pecado crea. Se trata de la expresión del alma redimida que tanto desprecia y teme el pecado, que quiere escapar a todas las posibilidades de caer en él y elige evitar en lugar de tener que vencer a la tentación.

He aquí otra paradoja de la Biblia. Sabemos que las pruebas son un medio para nuestro crecimiento espiritual, moral y emocional. Sin embargo, no tenemos ningún deseo de estar en un lugar donde incluso la posibilidad del pecado pueda aumentar. Hasta Jesús cuando oró en el huerto de Getsemaní pidió primero: "Padre mío, si es posible, pase de mí esta copa", antes de decir: "Pero no sea como yo quiero, sino como tú" (Mt. 26:39). Nuestro Señor estaba horrorizado ante la perspectiva de llevar el pecado sobre sí mismo, pero estuvo dispuesto a soportarlo a fin de cumplir la voluntad de su Padre y hacer posible la redención de la humanidad.

Nuestra reacción apropiada a los momentos de tentación es similar a la de Cristo, pero para nosotros es primordialmente una cuestión de falta de seguridad. Cuando miramos sinceramente el poder del pecado y nuestra propia debilidad y nuestras propensiones pecaminosas, nos estremecemos ante el peligro de la tentación o incluso de la prueba. Esta petición es otro ruego para que Dios proporcione lo que no tenemos. Se trata de una apelación a Dios para que realice una vigilancia sobre nuestros ojos, nuestros oídos, nuestra boca, nuestros pies, y nuestras manos, de que cualquier cosa que veamos, oigamos o digamos, y en cualquier lugar al que vayamos y en todo lo que hagamos, Él nos proteja de pecar.

Al igual que José, sabemos que lo que los hombres y Satanás desean para mal Dios lo convertirá en el bien para sus hijos (véase Gn. 50:20); pero no estamos seguros de que, al igual que José, seremos totalmente sumisos a Dios y dependientes de Él en nuestras pruebas. La deducción de esta parte de la oración parece ser: "Señor, ni siquiera nos metas en una prueba que presente tal tentación que no la podamos resistir". Es apelar a la promesa de que "fiel es Dios, que no os dejará ser tentados más de lo que podéis resistir, sino que dará también juntamente con la tentación la salida, para que podáis soportar" (1 Co. 10:13).

Esta petición es una salvaguardia contra la arrogancia y una falsa sensación de seguridad y autosuficiencia. Sabemos que nunca habremos llegado espiritualmente, y que nunca estaremos libres del peligro de pecar hasta que estemos con el Señor. Decimos igual que Martín Lutero: "No podemos dejar de estar expuestos a los asaltos, pero oramos porque no caigamos y perezcamos bajo ellos". Así como nuestro amado Señor oró por nosotros en su gran oración intercesora, queremos a toda costa ser guardados del mal (Jn. 17:15).

Cuando oramos con sinceridad **no nos metas en tentación, mas líbranos del mal,** también estamos declarando que nos sometemos a su Palabra, la cual es nuestra protección del pecado. Santiago nos ordena: "Someteos, pues, a Dios; resistid al diablo, y huirá de vosotros" (Stg. 4:7). Someterse a Dios es someterse a su Palabra. "En mi corazón he guardado tus dichos, para no pecar contra ti" (Sal. 119:11). Por tanto, el creyente ora para ser guardado de la incitación a pecar, y si cae en pecado, para ser rescatado de él. **Líbranos** está en la forma de un mandato.

En un mundo maldito en que somos maltratados por la maldad que nos rodea, confesamos nuestra incapacidad para tratar con el mal. Confesamos la debilidad de nuestra carne y la impotencia absoluta de los recursos humanos para combatir el pecado y rescatarnos de las garras del mal. Por sobre todo, confesamos nuestra necesidad de protección y de que nuestro amoroso Padre celestial nos libere cuando lo necesitemos.

PREEMINENCIA DE DIOS

porque tuyo es el reino, y el poder, y la gloria, por todos los siglos. Amén. (6:13*b*)

Debido a que no se encuentran en los manuscritos más fiables, es probable que estas palabras no estuvieran en el texto original. Por tanto, muchas traducciones modernas las ponen en notas al pie de página o las colocan entre corchetes.

A pesar de que quizás no hayan estado en el relato original, las palabras son perfectamente apropiadas en este pasaje, y expresan verdades que son totalmente bíblicas. Forman una hermosa doxología, declarando la preeminencia de Dios tal como se ve en la grandeza de su eterno **reino… poder** y… **gloria.** Estas palabras son una repetición de 1 Crónicas 29:11 y para las mentes y los corazones de los lectores judíos de Mateo, habrían sido una culminación conmovedora y apropiada.

POSTDATA DE DIOS

Porque si perdonáis a los hombres sus ofensas, os perdonará también a vosotros vuestro Padre celestial; mas si no perdonáis a los hombres sus ofensas, tampoco vuestro Padre os perdonará vuestras ofensas. (6:14-15)

La lección sobre la oración concluye con un recordatorio que sigue a la enseñanza del perdón en el versículo 12. Este es el propio comentario del Salvador sobre nuestra petición de perdón a Dios, y la única de las peticiones a las que Él añade profundización. De ahí que su importancia se acreciente.

Porque si perdonáis a los hombres sus ofensas pone el principio en un modo positivo. Los creyentes deben perdonar como aquellos que han recibido perdón judicial (cp. Ef. 1:7; 1 Jn. 2:1-2) de parte de Dios. Cuando el corazón está lleno de tal espíritu de perdón, **os perdonará también a vosotros vuestro Padre celestial.** Los creyentes no pueden conocer el perdón paternal, que mantiene rica la comunión con el Señor y profusas las bendiciones del Señor, aparte de perdonar a los demás de corazón y palabra. **Perdonará** (*aphiēmi*) *significa* literalmente "lanzar lejos".

Pablo tenía esto en mente cuando escribió: "Por esto fui recibido a misericordia, para que Jesucristo mostrase en mí el primero [de los pecadores], toda su clemencia" (1 Ti. 1:16; cp. Mt. 7:11). Un espíritu no perdonador no solo es contradictorio en alguien que ha sido totalmente perdonado por Dios, sino que también recibe el castigo de Dios en vez de su misericordia. Nuestro Señor ilustra la inmisericorde respuesta en la parábola de Mateo 18:21-35. Allí se le perdona a un hombre una deuda impagable que representa el pecado y se le concede la misericordia de la salvación. Luego este individuo se niega a perdonar a otro hombre y recibe el castigo inmediato y severo de Dios.

Mas si no perdonáis a los hombres sus ofensas, tampoco vuestro Padre os perdonará vuestras ofensas. Esa frase afirma la verdad del versículo 14 en una manera negativa para dar énfasis. El pecado de un corazón que no perdona y de un espíritu amargado (He. 12:15) pierde el derecho a la bendición e invita al juicio. Incluso el Talmud enseñaba que a quien es indulgente hacia las faltas de otros, el Juez Supremo le tratará con misericordia (*Shabbath* 151*b*).

Todo creyente debe tratar de manifestar el espíritu perdonador de José (Gn. 50:19-21) y Esteban (Hch. 7:60) tantas veces como sea necesario (Lc. 17:3-4). Recibir perdón del Dios perfectamente santo y luego negarnos a perdonar a otros siendo seres pecadores es la síntesis del abuso de la misericordia. "Porque juicio sin misericordia se hará con aquel que no hiciere misericordia; y la misericordia triunfa sobre el juicio" (Stg. 2:13).

Hay peticiones que el creyente le puede hacer a Dios, pero también hay condiciones para que se reciban las respuestas. Aún más, nuestras oraciones deben tratar principalmente con la exaltación del nombre, el reino y la voluntad del Señor Jesucristo. La oración es sobre todo la adoración que inspira agradecimiento y pureza personal.

Ayunar sin hipocresía 37

Cuando ayunéis, no seáis austeros, como los hipócritas; porque ellos demudan sus rostros para mostrar a los hombres que ayunan; de cierto os digo que ya tienen su recompensa. Pero tú, cuando ayunes, unge tu cabeza y lava tu rostro, para no mostrar a los hombres que ayunas, sino a tu Padre que está en secreto; y tu Padre que ve en lo secreto te recompensará en público. (6:16-18)

Ayunar es el tercer aspecto, después de dar (6:2-4) y orar (vv. 5-15), al que Jesús corrige las prácticas religiosas hipócritas tipificadas por los escribas y fariseos. En cada caso la perversión de la norma de Dios la ocasionaba el deseo predominante de ser vistos y alabados por los hombres (v. 1).

El ayuno se ha practicado por varias razones a lo largo de la historia. Muchos paganos antiguos creían que los demonios pueden entrar al cuerpo a través de los alimentos. Cuando sentían que estaban bajo ataque demoníaco ayunaban para evitar que más espíritus malignos tuvieran acceso a sus cuerpos. Los yoguis de la mayoría de religiones y sectas orientales siempre han estado comprometidos con el ayuno, a menudo por largos períodos, en que afirman que reciben visiones y conocimientos místicos. En la sociedad occidental moderna el ayuno se ha vuelto popular por motivos puramente físicos y cosméticos, y ciertas dietas y algunos programas lo recomiendan.

La Biblia no registra enseñanza o costumbre de ayunar por razones prácticas. El ayuno legítimo siempre tuvo un propósito espiritual, y nunca se le presenta como si tuviera *algún* valor en sí mismo.

Durante los tiempos del Antiguo Testamento muchos creyentes fieles ayunaban: Moisés, Sansón, Samuel, Ana, David, Elías, Edras, Nehemías, Ester, Daniel y muchos otros. Y el Nuevo Testamento nos habla del ayuno de Ana, Juan el Bautista y sus discípulos, Jesús, Pablo y muchos más. Sabemos que gran cantidad de padres de la iglesia primitiva ayunaban, y que Lutero, Calvino, Wesley, Whitefield, y muchos otros eminentes líderes cristianos han ayunado.

Pero el único ayuno ordenado en la Biblia es el relacionado con el día de la Expiación. Ese día todo el pueblo debía afligir sus almas (Lv. 16:29; cp. 23:27), una expresión hebrea que incluía renuncia a la comida como acto de abnegación. Ese era un ayuno nacional en que participaban todos los hombres, las mujeres, y los niños en Israel. Pero ocurría solo una vez al año, y solo entonces como parte integral del día de la Expiación.

Debido a que Dios no lo ordena en ninguna otra parte, ayunar es diferente de dar y orar, para lo que hay muchos mandatos en ambos testamentos. El Antiguo y el Nuevo Testamentos hablan favorablemente del ayuno, y relatan muchos casos de ayuno por parte de los creyentes. Pero excepto por el ayuno anual que se acaba de mencionar, en ninguna parte se requiere. Más allá de eso, está demostrado que es un acto totalmente voluntario, no un deber espiritual que deba observarse con regularidad.

AYUNO OSTENTOSO

Cuando ayunéis, no seáis austeros, como los hipócritas; porque ellos demudan sus rostros para mostrar a los hombres que ayunan; de cierto os digo que ya tienen su recompensa. (6:16)

La frase **cuando ayunéis** apoya el entendimiento de que ayunar no es algo ordenado. No obstante, cuando se practique debe regularse según los principios que Jesús ofrece aquí.

Nēsteia (**ayunéis**) literalmente significa no comer, abstenerse de alimentos. A veces los ayunos eran totales y otras parciales, y por lo general solo se bebía agua.

Entre los judíos de la época de Jesús había dos opiniones extremas en cuanto a la comida. Muchos como los mencionados en este pasaje hacían una evidente exhibición del ayuno. Otros creían que debido a que la comida es un regalo de Dios, en el día del juicio cada persona tendría que rendirle cuentas por todos los buenos alimentos que no había consumido. El primer grupo no solo era más prevalente, sino más santurrón y orgulloso. El ayuno de estas personas no era un asunto de convicción espiritual sino un medio de gratificación personal.

Para el tiempo de Cristo, el ayuno, como casi todos los demás aspectos de la vida religiosa judía, había sido pervertido y tergiversado más allá de lo bíblico y sincero. El ayuno se había vuelto un ritual para obtener mérito con Dios y atención ante los hombres. Al igual que orar y dar limosnas, era en gran manera un espectáculo religioso hipócrita.

Muchos fariseos ayunaban dos veces por semana (Lc. 18:12), generalmente en el segundo y quinto días. Afirmaban que se eligieron esos días porque fue en los que Moisés hizo los dos viajes separados para recibir las tablas de parte de Dios en el monte Sinaí. Pero esos dos días también pasaron a ser los principales días judíos de mercado, cuando ciudades y pueblos se abarrotaban de agricultores, mercaderes y compradores. Por tanto, eran los días en que el ayuno público tendría las mayores audiencias.

Aquellos que deseaban llamar la atención hacia su ayuno ponían rostros **austeros, como los hipócritas; porque ellos** demudaban **sus rostros para mostrar a los hombres que** estaban ayunando. Solían usar ropa vieja, a veces destrozada o deliberadamente rota y sucia, se desaliñaban el cabello, se cubrían con cenizas y tierra, y hasta se maquillaban a fin de verse pálidos y enfermizos. Como hemos visto en capítulos anteriores, **hipócritas** viene de una palabra griega para la máscara que los actores usaban con el fin de representar cierto personaje o estado de ánimo. En lo que se refiere al ayuno, algunos judíos **hipócritas** literalmente recurrían al arte dramático.

Cuando el corazón no es recto, el ayuno es una farsa y una burla. Aquellos a quienes Jesús condenó por ayunar **para mostrar a los hombres que ayunan** eran ostentosamente arrogantes morales. Todo lo que hacían se centraba en sí mismos. Dios no tenía lugar en sus motivaciones o en su manera de pensar, ni tenía parte en la **recompensa** que recibían. La **recompensa** que querían era reconocimiento de los hombres, y esa era la única **recompensa** que recibían en total.

Por desgracia, a lo largo de la historia de la iglesia el ayuno se ha visto más a menudo en los dos extremos que eran comunes en el judaísmo. Juan Calvino manifestó: "Muchos por deseo de saber la utilidad del ayuno desestiman su necesidad. Y algunos lo rechazan completamente como superfluo, mientras que por otra parte donde el uso apropiado del ayuno no se entiende bien, fácilmente se degenera en superstición".

EL AYUNO APROPIADO

Pero tú, cuando ayunes, unge tu cabeza y lava tu rostro, para no mostrar a los hombres que ayunas, sino a tu Padre que está en secreto; y tu Padre que ve en lo secreto te recompensará en público. (6:17-18)

El ayuno se menciona unas treinta veces en el Nuevo Testamento, casi siempre de modo favorable. Es posible que al ayuno se le diera demasiada importancia en algunas partes de la iglesia primitiva. Al menos cuatro veces una referencia al ayuno parece haberse insertado en el texto original donde no se encuentra en los mejores y más antiguos manuscritos (Mt. 17:21; Mr. 9:29; Hch. 10:30; 1 Co. 7:5). Sin embargo, los demás relatos favorables, tanto en los evangelios como en las epístolas, muestran que el ayuno apropiado es una forma legítima de devoción espiritual.

La afirmación de Jesús, **cuando ayunéis** (cp. v. 16) indica que el ayuno es algo normal y aceptable en la vida cristiana. Él supone que sus seguidores ayunarán en ciertas ocasiones, pero no da una orden o un tiempo, ni lugar o método específicos. Puesto que la validez del día de la Expiación acabó cuando Jesús hizo el sacrificio en la cruz "una vez para siempre" (He. 10:10), dejó de existir la única ocasión prescrita para ayunar.

Los discípulos de Jesús no ayunaron mientras Él estuvo con ellos porque ayunar se asocia principalmente con luto o con otras ocasiones de incontenible necesidad espiritual o ansiedad. Cuando los discípulos de Juan el Bautista le preguntaron a Jesús por qué los discípulos del Señor no ayunaban como ellos y los fariseos hacían, Él respondió: "¿Acaso pueden los que están de bodas tener luto entre tanto que el esposo está con ellos? Pero vendrán días cuando el esposo les será quitado, y entonces ayunarán" (Mt. 9:14-15). Ayunar se asocia allí con luto.

Ayunar no se muestra en la Biblia como el medio para resaltar experiencias, visiones, conocimientos o apreciaciones espirituales especiales, como aseguran muchos místicos, entre ellos algunos cristianos. El ayuno es apropiado en esta época porque Cristo está físicamente ausente de la tierra. Pero solo es apropiado como respuesta a tiempos especiales de prueba, sufrimiento o lucha.

Ayunar es apropiado durante épocas de tristeza. Cuando Dios hizo que el primer hijo nacido de Betsabé y David enfermara, el rey ayunó mientras suplicaba por la vida del bebé (2 S. 12:16). También ayunó cuando Abner murió (2 S. 3:35). David incluso ayunó a favor de sus enemigos. "Cuando ellos enfermaron, me vestí de cilicio; afligí con ayuno mi alma, y mi oración se volvía a mi seno" (Sal. 35:13). En tales ocasiones de dolor profundo el ayuno es una respuesta natural humana, pues la mayoría de personas no siente deseos de comer. El apetito se va, y la comida es lo último de lo que se preocupan. A menos que alguien se esté debilitando seriamente por el hambre, o que tenga alguna razón médica específica para que necesite comer, no le hacemos ningún favor al insistirle que lo haga.

A menudo un peligro abrumador incitaba al ayuno. El rey Josafat proclamó ayuno nacional en Judá cuando los moabitas y los amonitas amenazaban con atacarlos (2 Cr. 20:3). Desde una perspectiva humana no tenían posibilidad de ganar, y clamaron ayuda a Dios, abandonando el alimento como lo hicieron. La reina Ester, sus criadas, y todos los judíos en la ciudad capital de Susa ayunaron por tres días completos antes que ella fuera delante del rey para abogar por que los judíos fueran librados del plan perverso de Amán contra ellos (Est. 4:16).

Cuando los exiliados estaban a punto de salir de Babilonia para el aventurado regreso a Jerusalén, Esdras publicó ayuno "para afligirnos delante de nuestro Dios, para solicitar de él camino derecho para nosotros, y para nuestros niños, y para todos nuestros bienes" (Esd. 8:21). Esdras continúa: "Porque tuve vergüenza de pedir al rey tropa y gente de a caballo que nos defendiesen del enemigo en el camino; porque habíamos hablado al rey, diciendo: La mano de nuestro Dios es para bien sobre todos los que le buscan; mas su poder y su furor contra todos los que le abandonan. Ayunamos, pues, y pedimos a nuestro Dios sobre esto, y él nos fue propicio" (vv. 22-23).

A menudo la penitencia estaba acompañada de ayuno. David ayunó después de su doble pecado de cometer adulterio con Betsabé y enviar a Urías, el esposo de ella, al frente de batalla para que lo mataran. Daniel ayunó mientras le oró a Dios para que perdonara los pecados del pueblo. Cuando Elías confrontó a Acab con el juicio de Dios por la gran maldad del rey, Acab "rasgó sus vestidos y puso cilicio sobre su carne, ayunó, y durmió en cilicio, y anduvo humillado" (1 R. 21:27). Debido a la sinceridad de Acab, el Señor pospuso el juicio (v. 29). Siglos más tarde, después que los exiliados hubieron regresado a salvo a Jerusalén, los israelitas fueron condenados por sus matrimonios con gentiles incrédulos. Mientras Esdras confesaba ese pecado a favor de su pueblo, "no comió pan ni bebió agua, porque se entristeció a causa del pecado de los del cautiverio" (Esd. 10:6).

Cuando los habitantes de Nínive escucharon la predicación de Jonás quedaron tan convencidos que "creyeron a Dios, y proclamaron ayuno, y se vistieron de cilicio desde el mayor hasta el menor de ellos", porque el "mandato del rey" decía: "Hombres y animales, bueyes y ovejas, no gusten cosa alguna; no se les dé alimento, ni beban agua" (Jon. 3:5, 7). En lugar de resentirse por la advertencia de juicio y condenación, se volvieron arrepentidos a Dios y buscaron su perdón y misericordia.

A veces el ayuno se asociaba con recibir o proclamar revelación especial de parte de Dios. Mientras Daniel contemplaba la predicción de Jeremías acerca de los setenta años de desolación que Jerusalén padecería, volvió su "rostro a Dios el Señor, buscándole en oración y ruego, en ayuno, cilicio y ceniza" (Dn. 9:2-3). Daniel siguió "hablando en oración", y entonces reporta que "el varón Gabriel, a quien había visto en la visión al principio, volando con presteza, vino a mí como a la hora del sacrificio de la tarde. Y me hizo entender, y habló conmigo, diciendo: Daniel, ahora he salido para darte sabiduría y entendimiento" (vv. 21-22). Poco tiempo después, exactamente antes de recibir otra visión, el profeta hizo un ayuno parcial, abandonando todo "manjar delicado… carne… [y] vino" durante tres semanas (10:3). Es importante señalar que al ayuno se relacionaba con las revelaciones, no era un medio para obtenerlas. El ayuno de Daniel fue simplemente un acompañamiento natural de su profunda y desesperada búsqueda de la voluntad de Dios.

A menudo fallamos en entender la Palabra de Dios tanto como debiéramos simplemente porque, a diferencia de esos grandes siervos de Dios, no tratamos de comprenderla con el nivel de intensidad y determinación que ellos tuvieron. Saltarse algunas comidas podría ser un precio pequeño que estaríamos dispuestos a pagar por permanecer en la Palabra hasta que la comprensión llegue.

Con frecuencia el ayuno estaba acompañado por el inicio de una importante tarea o ministerio. Jesús ayunó por cuarenta días y cuarenta noches antes de ser tentado en el desierto y de comenzar entonces su ministerio de predicación. La intensidad y el celo por proclamar la Palabra de Dios también pueden consumir tanto la mente y el corazón, que la comida no tenga ningún atractivo ni lugar. Aunque abstenerse de comer no tiene absolutamente ningún valor espiritual en sí, cuando la comida es una intromisión en lo que es muchísimo más importante, debe abandonarse de manera voluntaria, gustosa y discreta.

Tanto antes como después que el Espíritu Santo dirigiera a la iglesia en Antioquía a que apartara a Bernabé y a Saulo para un ministerio especial, el pueblo estaba orando y ayunando (Hch. 13:2-3). Mientras estos dos hombres de Dios ministraban la Palabra de Dios, los fieles oraban y ayunaban a medida que nombraban ancianos en las iglesias que fundaban (14:23).

Solo el Señor sabe lo mucho que el liderazgo de la Iglesia puede fortalecerse si las congregaciones estuvieran decididas a encontrar y seguir la voluntad de Dios. La iglesia primitiva no elegía ni enviaba a los líderes a la ligera o por voto popular. Por sobre todo buscaban y seguían la voluntad de Dios. El ayuno no tiene más poder para asegurar liderazgo piadoso del que tiene para asegurar perdón, protección o cualquier otra bondad de Dios. Sin embargo, es probable que sea parte de la decisión sincera que está resuelta a conocer la voluntad del Señor y a obtener su poder antes de tomar decisiones, de hacer planes, o de realizar acciones. Las personas que están consumidas con preocupación delante de Dios no hacen pausa para comer.

En todo relato bíblico el ayuno verdadero está vinculado a la oración. Podemos orar sin ayunar, pero no podemos ayunar bíblicamente sin orar. El ayuno es una afirmación de oración intensa, un corolario de profunda lucha espiritual delante de Dios. Nunca es un acto aislado, una ceremonia o un ritual que tenga alguna eficacia o mérito intrínseco. No tiene ningún valor en absoluto (en realidad se convierte en un obstáculo espiritual y en un pecado) cuando se hace por cualquier razón que no sea conocer y seguir la voluntad del Señor.

Ayunar también se vincula siempre con un corazón puro, y debe asociarse con una vida obediente y piadosa. El Señor mandó a Zacarías que declarara al pueblo: "Cuando ayunasteis y llorasteis en el quinto y en el séptimo mes estos setenta años, ¿habéis ayunado para mí?… [Por lo cual] así habló Jehová de los ejércitos, diciendo: Juzgad conforme a la verdad, y haced misericordia y piedad cada cual con su hermano; no oprimáis a la viuda, al huérfano, al extranjero ni al pobre; ni ninguno piense mal en su corazón contra su hermano" (Zac. 7:5, 9-10). Setenta años de ayuno no significaron nada para el Señor porque no se hizo con sinceridad. Al igual que los hipócritas que Jesús condenaría más tarde, esos israelitas vivían solo para sí mismos (v. 6).

Después de castigar al pueblo en una forma similar por el ayuno jactancioso e injusto, el Señor declaró por medio de Isaías:

> *¿Es tal el ayuno que yo escogí, que de día aflija el hombre su alma, que incline su cabeza como junco, y haga cama de cilicio y de ceniza? ¿Llamaréis esto ayuno, y día agradable a Jehová? ¿No es más bien el ayuno que yo escogí, desatar las ligaduras de impiedad, soltar las cargas de opresión, y dejar ir libres a los quebrantados, y que rompáis todo yugo? ¿No es que partas tu pan con el hambriento, y a los pobres errantes albergues en casa; que cuando veas al desnudo, lo cubras, y no te escondas de tu hermano? Entonces nacerá tu luz como el alba, y tu salvación se dejará ver pronto; e irá tu justicia delante de ti, y la gloria de Jehová será tu retaguardia. Entonces invocarás, y te oirá Jehová; clamarás, y dirá él: Heme aquí. Si quitares de en medio de ti el yugo, el dedo amenazador, y el hablar vanidad (Is. 58:5-9).*

No puede haber ayuno apropiado aparte de un corazón recto, una vida recta, y una actitud recta.

Jesús declaró a aquellos que le pertenecen: **Pero tú, cuando ayunes, unge tu cabeza y lava tu rostro, para no mostrar a los hombres que ayunas.** Ungir la **cabeza** con aceite se hacía comúnmente como un asunto de aseo personal. El aceite solía ser fragante y se usaba en parte como perfume. Al igual que lavar el **rostro,** se asociaba con la vida cotidiana, pero en especial con ocasiones más formales o importantes. La enseñanza de Jesús era que alguien que ayuna debe hacer todo por parecer normal y no hacer nada para atraer la atención hacia su privación y lucha espiritual.

Aquel que desea sinceramente agradar a Dios tratará con esmero de no impresionar a los demás. Decidirá **no mostrar a los hombres que** ayuna sino a Dios el **Padre que está en secreto.** Jesús no dice que debamos ayunar con el fin de ser vistos ni siquiera por Dios. Ayunar no debe ser una demostración para alguien, incluso Dios. El ayuno verdadero es simplemente una parte de la oración concentrada e intensa y de preocupación por el Señor, por su voluntad, y por su obra. El planteamiento de Jesús es que el **Padre** nunca deja de notar el ayuno que es sincero y genuino, y que no deja de recompensarlo. **Y tu Padre que ve en lo secreto te recompensará en público.**

Tesoros en el cielo 38

No os hagáis tesoros en la tierra, donde la polilla y el orín corrompen, y donde ladrones minan y hurtan; sino haceos tesoros en el cielo, donde ni la polilla ni el orín corrompen, y donde ladrones no minan ni hurtan. Porque donde esté vuestro tesoro, allí estará también vuestro corazón. La lámpara del cuerpo es el ojo; así que, si tu ojo es bueno, todo tu cuerpo estará lleno de luz; pero si tu ojo es maligno, todo tu cuerpo estará en tinieblas. Así que, si la luz que en ti hay es tinieblas, ¿cuántas no serán las mismas tinieblas? Ninguno puede servir a dos señores; porque o aborrecerá al uno y amará al otro, o estimará al uno y menospreciará al otro. No podéis servir a Dios y a las riquezas. (6:19-24)

Los seres humanos estamos naturalmente orientados en las cosas. Nos inclinamos fuertemente a estar enfrascados en buscar, adquirir, disfrutar y proteger posesiones materiales. En culturas prósperas como en las que vivimos la mayoría de los occidentales, la tendencia a construir nuestras vidas alrededor de las cosas es especialmente grande.

Los líderes religiosos de la época de Jesús estaban preocupados por las cosas. Eran materialistas, codiciosos, avaros, ambiciosos y manipuladores. Que "los fariseos… eran avaros" (Lc. 16:14) no era algo adicional a los demás pecados por los cuales Jesús los reprendió. Puesto que no tenían un punto de vista correcto de sí mismos (véase Mt. 5:3-12), de la relación que tenían con el mundo (5:13-16), de la Palabra de Dios (5:17-20), de la moralidad (5:21-48), y de los deberes religiosos (6:1-18), era inevitable que no tuvieran un punto de vista correcto de las cosas materiales.

Jesús muestra primero que el punto de vista que los fariseos tenían de las cosas materiales no esenciales era pervertido (vv. 4-24), y luego muestra también cómo su punto de vista de las cosas esenciales materiales estaba pervertido (vv. 25-34). Su perspectiva de los lujos y de las necesidades estaba deformada.

La falsa doctrina lleva a falsas normas, falsa conducta y falsos valores, y la religión hipócrita parece siempre estar acompañada de codicia e inmoralidad (cp. 2 P. 2:1-3, 14-15). Ofni y Finees, los dos hijos del sumo sacerdote Elí, no tenían consideración por las cosas de Dios, sino que codiciosamente se aprovechaban del cargo eminente de su padre y de sus propias posiciones sacerdotales. Ellos "eran hombres impíos, y no tenían conocimiento de Jehová" (1 S. 2:12). Los hijos de Elí tomaban para sí mismos más de la parte prescrita de la carne sacrificial, y cometían adulterio "con las mujeres que velaban a la puerta del tabernáculo de reunión" (vv. 13-17, 22).

Anás y Caifás, que fueron sumos sacerdotes durante el ministerio de Jesús, se volvieron sumamente ricos por las muchas concesiones o licencias que manejaban en el templo. Fue de tales concesiones que Jesús limpió dos veces la casa de su Padre (Jn. 2:14-16; Mt. 21:12-13).

A lo largo de la historia de la Iglesia hasta el día de hoy, los charlatanes religiosos han usado sus ministerios como un medio de acumular riqueza y así proveer oportunidad para satisfacer sus deseos sexuales.

A menudo tales personas, al igual que los escribas y fariseos, han usado su prosperidad material como evidencia imaginada de su espiritualidad, proclamando sin ninguna vergüenza que son materialmente bendecidos porque son espiritualmente superiores. Trastornan enseñanzas tales como las que enseña Deuteronomio 28: "Acontecerá que si oyeres atentamente la voz de Jehová tu Dios, para guardar y poner por obra todos sus mandamientos que yo te prescribo hoy, también Jehová tu Dios te exaltará sobre todas las naciones de la tierra. Y vendrán sobre ti todas estas bendiciones, y te alcanzarán, si oyeres la voz de Jehová tu Dios. Bendito serás tú en la ciudad, y bendito tú en el campo" (vv. 1-3). Estas bendiciones están clara y reiteradamente supeditadas a la obediencia al Señor. Los demás beneficios materiales terrenales que son acumulados por codicia, deshonestidad, engaño o de cualquier otro modo inmoral no deben concebirse como bendiciones de parte del Señor. Reclamar la aprobación de Dios tan solo en base a riqueza, salud, prestigio o cualquier otro aspecto es pervertir la Palabra de Dios y usar en vano su nombre.

El Antiguo Testamento ofrece muchas advertencias en contra de acumular riqueza para beneficio propio. "No te afanes por hacerte rico; sé prudente, y desiste" (Pr. 23:4).

Problemas económicos tales como inflación, recesiones y depresiones implican muchos factores complejos: monetarios, políticos, militares, sociales, climáticos, etc. Pero con excepción de los climáticos, sobre los cuales el ser humano casi no tiene control, la causa detrás de la mayoría de dificultades económicas es la codicia. Los problemas son provocados en primer lugar por avaricia, y con frecuencia son al parecer imposibles de resolver por la misma razón. Como John Stott observa, "la ambición mundana tiene para nosotros una fuerte fascinación. El hechizo del materialismo es muy difícil de romper" (*Christian Counter-Culture* [Downers Grove, Ill.: InterVarsity, 1978], p. 154). Pablo estableció la actitud adecuada cuando expresó que "gran ganancia es la piedad acompañada de contentamiento; porque nada hemos traído a este mundo, y sin duda nada podremos sacar. Así que, teniendo sustento y abrigo, estemos contentos con esto" (1 Ti. 6:6-8).

En el pasaje actual Jesús considera el materialismo —en particular con relación a lujos— desde tres perspectivas de tesoro, visión y señor.

UN SOLO TESORO

No os hagáis tesoros en la tierra, donde la polilla y el orín corrompen, y donde ladrones minan y hurtan; sino haceos tesoros en el cielo, donde ni la polilla ni el orín corrompen, y donde ladrones no minan ni hurtan. Porque donde esté vuestro tesoro, allí estará también vuestro corazón. (6:19-21)

Tanto **hagáis** (*thēsaurizō*) como **tesoros** (*thēsauros*) vienen del mismo término griego básico que también es el origen de nuestra palabra *atesorar* en español,

392

un tesoro de palabras. Por tanto, una traducción literal de esta frase sería: "No atesoren tesoros para ustedes mismos".

El griego también tiene la connotación de apilar o colocar de manera horizontal, como se apilan monedas. En el contexto de este pasaje la idea es de acumulación o atesoramiento, de ahí que represente riquezas que no se están usando. El dinero u otras riquezas simplemente se almacenan para tenerlos guardados; se los conserva a fin de hacer gala de riqueza o crear un ambiente de tolerancia excesiva de pereza (cp. Lc. 12:16-21).

Por este pasaje, así como por muchos otros de la Biblia, está claro que Jesús no está defendiendo la pobreza como un medio hacia la espiritualidad. En todas sus muchas instrucciones distintas, solo una vez le dijo a un individuo: "Vende lo que tienes, y dalo a los pobres" (Mt. 19:21). En ese caso particular la riqueza del joven rico era su ídolo, y por tanto una barrera especial entre él y el señorío de Jesucristo. Esto proveyó una excelente oportunidad para probar si ese hombre estaba o no totalmente comprometido a entregar el control de su vida a Cristo. La respuesta que dio el joven demostró que no lo estaba. El problema no radicaba en la riqueza misma, sino en la indisposición de despojarse de ella. El Señor no requiere específicamente que sus discípulos renuncien a todo su dinero y a otras posesiones a fin de seguirlo, aunque podría ser que algunos de ellos lo hicieran de manera voluntaria. Requiere obediencia a sus mandamientos sin importar el costo. El precio era demasiado alto para aquel líder joven y rico, para quien las posesiones eran la prioridad principal.

Ambos testamentos reconocen el derecho a posesiones materiales, incluso a dinero, tierra, animales, casas, ropa y todas las demás cosas adquiridas con honestidad. Dios ha hecho muchas promesas de bendición material para quienes le pertenecen. La verdad fundamental que rige los mandamientos de no hurtar o codiciar es el derecho a la propiedad personal. Hurtar y codiciar es malo porque lo que se hurta o se codicia le pertenece por derecho a otra persona. Ananías y Safira no perdieron sus vidas porque se guardaran algo de los ingresos de la venta de su propiedad, sino porque mintieron al Espíritu Santo (Hch. 5:3). Retener algo del dinero de la propiedad fue egoísta, especialmente si había otros bienes de los cuales vivir, pero ellos tenían derecho de conservarla, como Pedro clarifica: "Reteniéndola, ¿no se te quedaba a ti? y vendida, ¿no estaba en tu poder? ¿Por qué pusiste esto en tu corazón?" (v. 4).

Dios espera, y en realidad manda, que su pueblo sea generoso. Pero también espera, e incluso ordena, no solo que seamos agradecidos por las bendiciones, sino que *disfrutemos* de lo que Él nos concede, incluso de las bendiciones materiales. El Señor "nos da todas las cosas en abundancia para que las disfrutemos" (1 Ti. 6:17). Dicho versículo está específicamente dirigido "a los ricos de este siglo", y sin embargo no manda, o ni siquiera sugiere, que se despojen de sus riquezas sino más bien les advierte que no se dejen engañar por ellas ni confíen en sus riquezas.

Abraham era muy rico para su época, pues era alguien que competía en riqueza, influencia y poder militar con muchos de los reyes de Canaán. La primera vez que sabemos de Job, él es enormemente rico, y cuando lo dejamos después de la prueba que le costó todo lo que poseía excepto su propia vida, Dios lo había hecho muchísimo más rico en ovejas y vacas, en hijos e hijas, y en larga y sana vida. "Y bendijo Jehová el postrer estado de Job más que el primero" (Job 42:12-17).

La Biblia da amplio consejo de trabajar duro y seguir buenas costumbres comerciales (cp. Mt. 25:27). A la hormiga se le presenta como un modelo de buen trabajador, que "prepara en el verano su comida, y recoge en el tiempo de la siega su mantenimiento" (Pr. 6:6-8). Se nos dice que "en toda labor hay fruto; mas las vanas palabras de los labios empobrecen" (14:23) y que "con sabiduría se edificará la casa, y con prudencia se afirmará; y con ciencia se llenarán las cámaras de todo bien preciado y agradable" (24:3-4). "El que labra su tierra se saciará de pan; mas el que sigue a los ociosos se llenará de pobreza" (28:19).

Pablo nos dice que los padres son responsables por ahorrar para sus hijos (2 Co. 12:14), que "si alguno no quiere trabajar, tampoco coma" (2 Ts. 3:10), y que "si alguno no provee para los suyos, y mayormente para los de su casa, ha negado la fe, y es peor que un incrédulo" (1 Ti. 5:8).

Durante su excepcionalmente prolongado ministerio, que abarcó la mayor parte del siglo XVIII, John Wesley ganó una considerable cantidad de dinero por sus sermones y otras obras publicadas. Sin embargo, cuando murió dejó solamente 28 libras porque constantemente daba lo que ganaba a la obra del Señor.

Es correcto proveer para nuestras familias, hacer planes razonables para el futuro, hacer inversiones sabias, y tener dinero para echar a andar negocios, dar a los pobres y apoyar la obra del Señor. Lo que está mal es ser deshonestos, codiciosos, ambiciosos, avaros y miserables en cuanto a las posesiones. Ganar de modo honesto, ahorrar y dar es sabio y bueno; acumular y gastar solo en nosotros mismos no solo es desaconsejable sino pecaminoso.

Hace algunos años yo acababa de tener contacto con dos hombres muy ricos durante la misma semana. Uno era un exprofesor en una universidad importante, quien a través de una larga serie de buenas inversiones en bienes raíces había acumulado una fortuna tal vez de cien millones de dólares. Pero en el proceso el hombre perdió su familia, su felicidad, su paz mental, y envejeció prematuramente. El otro hombre, un pastor, también adquirió su riqueza por medio de inversiones, pero fueron inversiones a las cuales dio muy poca atención. Debido a su independencia económica, con los años dio a su iglesia considerablemente más de lo que le estaban pagando por ser su pastor. Él es una de las personas más piadosas, más felices, fructíferas y contentas que alguna vez he conocido.

La clave de la advertencia de Jesús aquí está en el pronombre **os.** Cuando acumulamos posesiones simplemente para nuestro propio bien, trátese de acumular o de gastar de manera egoísta y extravagante, dichas posesiones se convierten en ídolos.

Es posible que tanto nuestros **tesoros en la tierra** como nuestros **tesoros en el cielo** puedan involucrar dinero y otras cosas materiales. Las posesiones que se usan de manera sabia, amorosa, voluntaria y generosa para los propósitos del reino pueden ser un medio de acumular posesiones celestiales. Sin embargo, cuando se atesoran y almacenan no solo se convierten en un obstáculo espiritual, sino que están sujetas a perderse por medio de la **polilla,** el **orín,** y los **ladrones.**

En tiempos antiguos la riqueza se medía con frecuencia en parte por la indumentaria. En comparación con nuestra época de producción masiva de ropa, las prendas representaban una inversión considerable. A veces la gente rica tenía en su vestimenta hilos dorados tanto para exhibir como para acumular su riqueza. Pero las mejores ropas se hacían de lana, que a **la polilla** le encanta comer; hasta las personas más ricas tenían dificultad para proteger sus ropas de los insectos.

A menudo también las riquezas se tenían en cereales, como vemos en la parábola del agricultor rico que dijo: "Derribaré mis graneros, y los edificaré mayores, y allí guardaré todos mis frutos y mis bienes" (Lc. 12:18). *Brōsis* (**orín**) literalmente significa "una comida", y con ese significado se traduce en varias partes en el Nuevo Testamento excepto aquí (véase Ro. 14:17; He. 12:16, "comida"; 1 Co. 8:4, "viandas"; 2 Co. 9:10, "come"). Lo mejor parece ser tomar el mismo significado que tiene aquí, en referencia a grano que se lo comen ratas, ratones, gusanos e insectos.

Por supuesto, casi toda clase de riqueza está expuesta a los **ladrones,** por lo que muchas personas enterraban sus objetos de valor lejos de sus casas, a menudo en un campo (véase Mt. 13:44). Hurtar (de **hurtan**) es literalmente "rebuscar entre", y podría referirse a excavar en las paredes de barro de una casa o cavar en la tierra de un campo.

Nada que poseemos está completamente seguro de la destrucción o el robo. E incluso si mantenemos nuestras posesiones perfectamente seguras durante toda nuestra vida, sin duda nos separaremos de ellas en la muerte. Muchos millonarios serán indigentes celestiales, y muchos indigentes serán millonarios celestiales.

Pero cuando nuestro tiempo, nuestra energía y nuestras posesiones se usan para servir a los demás y promover la obra del Señor, edifican recursos celestiales que son totalmente libres de la destrucción o el robo. Allí **ni la polilla ni el orín corrompen, y… ladrones no minan ni hurtan.** La seguridad celestial es la única seguridad absoluta.

Jesús pasa a señalar que las posesiones más preciadas de una persona y sus motivos y deseos más profundos son inseparables, **porque donde esté vuestro tesoro, allí estará también vuestro corazón.** O estarán en la tierra, o estarán en el cielo. Es imposible tener el uno en la tierra y el otro en el cielo (cp. Stg. 4:4).

Como siempre, el corazón primero debe ser recto. Es más, si el corazón es recto, todo lo demás en la vida cae en su lugar apropiado. La persona que está bien con el Señor será generosa y feliz al dar para la obra de Dios. De igual manera, un individuo que es codicioso, indulgente consigo mismo, y tacaño tiene buen motivo para cuestionar su relación con el Señor.

Jesús no está diciendo que si ponemos nuestro **tesoro** en el lugar correcto nuestro **corazón** estará entonces en el lugar correcto, sino que la ubicación de nuestro **tesoro** indica dónde se encuentra ya nuestro **corazón.** Los problemas espirituales *siempre* son problemas del corazón. Las acciones pecaminosas vienen de un corazón pecaminoso, así como las acciones justas vienen de un corazón recto.

Cuando los exiliados que regresaron a Jerusalén desde Babilonia comenzaron a volverse hacia la Palabra de Dios, también comenzó un avivamiento. "Abrió, pues, Esdras el libro a ojos de todo el pueblo" y varios líderes "leían en el libro de la ley de Dios claramente" (Neh. 8:5-8). Por medio de oír la Palabra de Dios el pueblo quedó convencido de su pecado, comenzó a alabar a Dios, y decidió empezar a obedecerle y a apoyar fielmente la obra del templo (caps. 9—10).

El avivamiento que no afecta el uso del dinero y las posesiones es un avivamiento cuestionable. Cuando el tabernáculo se estaba construyendo, "vino todo varón a quien su corazón estimuló, y todo aquel a quien su espíritu le dio voluntad, con ofrenda a Jehová para la obra del tabernáculo de reunión y para toda su obra, y para las sagradas vestiduras" (Éx. 35:21). Cuando se estaban haciendo planes para construir el templo, David mismo dio con generosidad para la obra, "los jefes de familia, y los príncipes de las tribus de Israel, jefes de millares y de centenas, con los administradores de la hacienda del rey, ofrecieron voluntariamente.... Y se alegró el pueblo por haber contribuido voluntariamente; porque de todo corazón ofrecieron a Jehová voluntariamente" (1 Cr. 29:2-6, 9).

G. Campbell Morgan escribió:

> Usted debe recordar con la pasión ardiéndole por dentro que no es hijo del hoy. No es de la tierra, y es más que polvo; usted es hijo del futuro; pertenece a las eternidades, es el vástago de la Deidad. Las medidas de su vida no pueden estar limitadas por el punto en que el cielo azul besa la tierra verde. Todos los hechos de su vida no pueden abarcarse en la pequeña esfera sobre la cual vive. Usted pertenece al infinito. Si hace su fortuna en la tierra, alma pobre, triste y tonta, ha hecho una fortuna y la almacena en un lugar donde no puede tenerla. Haga una fortuna, pero atesórela donde esta lo salude en el amanecer de la nueva mañana (*The Gospel According to Matthew* [Nueva York: Revell, 1929], pp. 64-65).

Cuando miles de personas, en su mayoría judíos, fueron ganadas para Cristo durante Pentecostés y poco después, la iglesia en Jerusalén se inundó con muchos convertidos que habían venido de tierras lejanas y que decidieron quedarse en la ciudad. Muchos de ellos sin duda eran pobres, y es probable que muchos otros dejaran sus riquezas y sus posesiones en sus países de origen. A fin de suplir la gran carga financiera que de pronto vino a la iglesia, los creyentes locales "vendían sus propiedades y sus bienes, y lo repartían a todos según la necesidad de cada uno" (Hch. 2:45).

Muchos años después, durante una de las muchas persecuciones romanas, irrumpieron soldados en cierta iglesia para confiscar sus presuntos tesoros. Se dice que un anciano señaló hacia un grupo de viudas y huérfanos a quienes estaban alimentando y declaró: "Allí están los tesoros de la iglesia".

El principio de Dios para su pueblo siempre ha sido: "Honra a Jehová con tus bienes, y con las primicias de todos tus frutos; y serán llenos tus graneros con abundancia, y tus lagares rebosarán de mosto" (Pr. 3:9-10). Jesús afirmó: "Dad, y se os dará; medida buena, apretada, remecida y rebosando darán en vuestro regazo; porque con la misma medida con que medís, os volverán a medir" (Lc. 6:38). Pablo nos asegura que "el que siembra escasamente, también segará escasamente; y el que siembra generosamente, generosamente también segará" (2 Co. 9:6). Esa es la fórmula de Dios para ganar dividendos que estén garantizados y sean permanentes.

Al final de su parábola del mayordomo infiel, Jesús manifestó: "Yo os digo: Ganad amigos por medio de las riquezas injustas, para que cuando éstas falten, os reciban en las moradas eternas" (Lc. 16:9). Nuestras posesiones materiales son "injustas" en el sentido de no tener en sí ningún valor espiritual. Pero si invertimos en el bienestar de almas humanas, el pueblo que sea salvo o quizás bendecido a causa de tales almas algún día nos saludará en el cielo con acción de gracias.

UNA SOLA VISIÓN

La lámpara del cuerpo es el ojo; así que, si tu ojo es bueno, todo tu cuerpo estará lleno de luz; pero si tu ojo es maligno, todo tu cuerpo estará en tinieblas. Así que, si la luz que en ti hay es tinieblas, ¿cuántas no serán las mismas tinieblas? (6:22-23)

Estos versículos amplían los tres anteriores, y el **ojo** se convierte en una ilustración del corazón. **La lámpara** o lente **del cuerpo es el ojo,** a través del cual nos viene toda la luz. Este es el único canal de luz que poseemos y, por tanto, nuestro único medio de visión.

El corazón es el ojo del alma, a través del cual brilla la iluminación de toda experiencia espiritual. Es a través de nuestros corazones que nos llegan la verdad, el amor, la paz de Dios, y todas las bendiciones espirituales. Cuando nuestro corazón, o sea nuestro **ojo** espiritual, **es bueno,** entonces **todo** nuestro **cuerpo estará lleno de luz.**

Haplous (**bueno**) también puede significar claro o sano, como lo traducen algunas otras versiones bíblicas. Un **ojo** que **es bueno** representa un corazón que tiene una devoción clara y determinada. El obispo John Charles Ryle manifestó: "Unidad de propósito es un gran secreto de la prosperidad espiritual" (*Expository Thoughts on the Gospels: St. Matthew* [Londres: James Clarke, 1965], p. 56).

Palabras que están íntimamente relacionadas con *haplous* significan "liberalidad" (Ro. 12:8; 2 Co. 9:11) y "abundantemente" (Stg. 1:5). La implicación en el versículo actual es que si nuestro corazón, representado por el **ojo,** es generoso (**bueno**), toda nuestra vida espiritual estará desbordada de entendimiento espiritual o **luz.**

Pero si nuestro **ojo es maligno,** si está enfermo o dañado, ninguna luz puede entrar, y **todo** nuestro **cuerpo estará en tinieblas.** Si nuestros corazones están agobiados con preocupaciones materiales se vuelven "ciegos" e insensibles a los asuntos espirituales. El ojo es como una ventana que cuando es clara deja que la luz la atraviese, no obstante, cuando el ojo está sucio, o **es maligno,** impide que la luz entre.

Ponēros (**maligno**) por lo general significa malo, como se traduce aquí en la Reina-Valera.1960. En la Septuaginta (Antiguo Testamento griego) a menudo se traduce la expresión hebrea "mal de ojo", un coloquialismo judío que significa poco generoso, o tacaño (véase Dt. 15:9, "malos ojos"; Pr. 23:6, "avaro"). "Se apresura a ser rico el avaro, y no sabe que le ha de venir pobreza" (Pr. 28:22).

El **ojo** que **es maligno** es igual al corazón que es egoístamente permisivo. La persona que es materialista y codiciosa es espiritualmente ciega. Puesto que no tiene forma de reconocer la luz verdadera, cree tener luz cuando no es así. Por eso lo que cree que es **luz** en realidad **es tinieblas,** y debido al autoengano, **¿cuántas no serán las mismas tinieblas?**

El principio es sencillo y aleccionador: el modo en que vemos y usamos nuestro dinero es un barómetro seguro de nuestra condición espiritual.

UN SOLO SEÑOR

Ninguno puede servir a dos señores; porque o aborrecerá al uno y amará al otro, o estimará al uno y menospreciará al otro. No podéis servir a Dios y a las riquezas. (6:24)

La tercera opción se relaciona con la lealtad a **señores.** Así como no podemos tener nuestros tesoros a la vez en la tierra y en el cielo, o nuestros cuerpos en la luz y en la oscuridad, no podemos **servir a dos señores.**

Kurios (**señores**) a menudo se traduce amo, y se refiere a un propietario de esclavos. La idea no es simplemente la de un empleador, de los que alguien puede tener varios al mismo tiempo y trabajar para cada uno de ellos de manera satisfactoria. Mucha gente hoy día tiene dos o más empleos. Si trabajan la cantidad de horas que deben hacerlo y realizan sus labores como se espera, han cumplido su obligación con sus empleadores, por muchos que pudieran tener. La idea aquí es de **señores** de esclavos.

Pero por definición, el propietario de un esclavo tiene control total sobre este. Para un esclavo no hay tal cosa como una obligación parcial o de medio tiempo para con su amo. Le debe servicio de tiempo completo a un amo de tiempo completo. Es propiedad de su amo, quien lo controla por completo y a quien está obligado. No tiene nada para nadie más. Dar cualquier cosa a alguien más haría de su amo menos que amo. No es simplemente difícil, sino absolutamente imposible, **servir a dos señores** y ser un esclavo total, fiel y obediente a cada uno de ellos.

Vez tras vez el Nuevo Testamento habla de Cristo como Señor y Amo, y de los cristianos como sus esclavos. Pablo nos dice que antes de ser salvos éramos esclavos del pecado, el cual era nuestro amo. Pero cuando confiamos en Cristo nos convertimos en esclavos de Dios y de la justicia (Ro. 6:16-22).

No podemos afirmar que Cristo es nuestro Señor si nuestra lealtad es para algo o alguien más, incluidos nosotros mismos. Y cuando conocemos la voluntad de Dios pero no queremos obedecerla, damos evidencia de que nuestra lealtad está en otro que no es Él. No podemos **servir a dos señores** al mismo tiempo más de lo que no podemos caminar en dos direcciones al mismo tiempo. De quien sirve a dos señores se deduce que, **o aborrecerá al uno y amará al otro, o estimará al uno y menospreciará al otro.**

Juan Calvino escribió: "Donde las riquezas tienen el dominio del corazón, Dios ha perdido su autoridad" (*A Harmony of the Evangelists Matthew, Mark, and Luke*, tomo 1 [Grand Rapids: Baker, 1979], p. 337). Nuestro tesoro está o en la tierra o en el cielo, nuestra vida espiritual o está llena de luz o de tinieblas, y nuestro amo es **Dios** o lo son **las riquezas** (dios Mamón, posesiones o bienes terrenales).

Las órdenes de esos dos **señores** son diametralmente opuestas y no pueden coexistir. Uno nos ordena caminar por fe y el otro exige que andemos por vista. Uno nos llama a ser humildes y el otro a ser orgullosos, uno a poner nuestras mentes en las cosas de arriba y el otro a ponerlas en las cosas de abajo. Uno nos llama a amar la luz, el otro a amar las tinieblas. Uno nos dice que miremos hacia las cosas invisibles y eternas y el otro que miremos las cosas visibles y temporales.

La persona cuyo amo es Jesucristo puede afirmar que cuando come, bebe o hace cualquier otra cosa, lo hace "todo para la gloria de Dios" (1 Co. 10:31). Puede decir con David: "A Jehová he puesto siempre delante de mí" (Sal. 16:8), y con Caleb a sus ochenta y cinco años de edad: "Yo cumplí siguiendo a Jehová mi Dios" (Jos. 14:8).

39

Cómo superar las preocupaciones

Por tanto os digo: No os afanéis por vuestra vida, qué habéis de comer o qué habéis de beber; ni por vuestro cuerpo, qué habéis de vestir. ¿No es la vida más que el alimento, y el cuerpo más que el vestido? Mirad las aves del cielo, que no siembran, ni siegan, ni recogen en graneros; y vuestro Padre celestial las alimenta. ¿No valéis vosotros mucho más que ellas? ¿Y quién de vosotros podrá, por mucho que se afane, añadir a su estatura un codo? Y por el vestido, ¿por qué os afanáis? Considerad los lirios del campo, cómo crecen: no trabajan ni hilan; pero os digo, que ni aun Salomón con toda su gloria se vistió así como uno de ellos. Y si la hierba del campo que hoy es, y mañana se echa en el horno, Dios la viste así, ¿no hará mucho más a vosotros, hombres de poca fe? No os afanéis, pues, diciendo: ¿Qué comeremos, o qué beberemos, o qué vestiremos? Porque los gentiles buscan todas estas cosas; pero vuestro Padre celestial sabe que tenéis necesidad de todas estas cosas. Mas buscad primeramente el reino de Dios y su justicia, y todas estas cosas os serán añadidas. Así que, no os afanéis por el día de mañana, porque el día de mañana traerá su afán. Basta a cada día su propio mal. (6:25-34)

En Mateo 6:19-24 Jesús se enfoca en la actitud hacia la opulencia, o posesiones físicas innecesarias que los hombres almacenan y acumulan por razones egoístas. En los versículos 25-34 nuestro Señor se enfoca en la actitud hacia lo que los hombres comen, beben y usan, las necesidades de la vida que absolutamente deben tener para poder existir. El primer pasaje se dirige en particular a los ricos y el segundo directamente a los pobres. Tanto los ricos como los pobres tienen sus problemas espirituales especiales. Los ricos están tentados a confiar en sus posesiones, y los pobres están tentados a dudar de la provisión de Dios. Los ricos están tentados a sentirse satisfechos en la falsa seguridad de sus riquezas, y los pobres están tentados a preocuparse y temer en medio de la falsa inseguridad de su pobreza.

Sean los seres humanos ricos o pobres, o que estén en algún punto intermedio, su actitud hacia las posesiones materiales es una de las señales más confiables de su condición espiritual. Como criatura terrenal, el hombre se preocupa de modo natural de las cosas de este mundo. En Cristo somos creados de nuevo como seres celestiales, y como hijos de nuestro Padre celestial nuestras preocupaciones ahora deben enfocarse principalmente en cosas celestiales, incluso mientras seguimos viviendo en la tierra. Cristo nos envía al mundo a hacer su obra, así como el Padre lo envió al mundo para que hiciera la obra del Padre. Pero no debemos ser "del mundo" tal como Jesús mismo cuando estaba en la tierra tampoco era "del mundo" (Jn. 17:15-18). Entonces una de las pruebas supremas de nuestra vida espiritual es cómo nos relacionamos ahora con esos dos mundos. Dieciséis de las treinta y ocho parábolas de Jesús tratan con dinero. Uno de cada diez versículos en el Nuevo Testamento tiene que ver con ese tema. La Biblia contiene unos quinientos versículos sobre la oración, menos de quinientos sobre fe, y más de dos mil sobre el dinero. La actitud de los creyentes hacia el dinero y las posesiones es determinante.

Vivimos en una era de materialismo descarado, una época guiada por la codicia, la ambición, el éxito, el prestigio, la autoindulgencia y el consumo ostentoso. En su libro *The Emerging Order: God in the Age of Scarcity*, Jeremy Rifkin expresa: "El énfasis en el continuo crecimiento económico es un agujero negro que ya ha absorbido la mayoría de los recursos esenciales y no renovables del mundo". El autor, quien no es cristiano, hace esta observación de conclusión: "La única solución a nuestro enfoque de vida es el resurgimiento de la ética evangélica cristiana, la cual es una ética de desinterés y bajo consumo". Rifkin asegura que la única alternativa es una dictadura estranguladora y totalitaria que controlará nuestra sociedad y nuestras vidas personales.

Por desgracia, hay poca evidencia de que a la mayoría de los evangélicos modernos les interese tal ética. Damos mucha más evidencia de seguir las tendencias mundanas de nuestra época que de reducirlas, confrontarlas o modificarlas. Teniendo esto en cuenta, es difícil para la mayoría de nosotros identificarnos con la advertencia de Jesús de no preocuparnos acerca de las necesidades básicas. Estamos bien alimentados, bien vestidos y bien equipados en todas las otras cosas necesarias, y en muchas que son totalmente innecesarias.

El núcleo del mensaje de Jesús en nuestro pasaje actual es: No se preocupen, ni siquiera por sus necesidades. Nos lo manda recordándonos tres veces **no os afanéis** (vv. 25, 31, 34) y ofrece cuatro razones de por qué está mal preocuparse o estar ansiosos: porque es algo desleal a causa de nuestro Señor; porque es innecesario a causa de nuestro Padre; porque no es razonable a causa de nuestra fe; y porque no es prudente a causa de nuestro futuro.

PREOCUPARSE ES ALGO DESLEAL A CAUSA DE NUESTRO SEÑOR

Por tanto os digo: No os afanéis por vuestra vida, qué habéis de comer o qué habéis de beber; ni por vuestro cuerpo, qué habéis de vestir. ¿No es la vida más que el alimento, y el cuerpo más que el vestido? (6:25)

Por tanto se refiere otra vez al versículo anterior, en que Jesús declara que el único Señor de un cristiano es Dios. Por lo cual está diciendo: "Debido a que Dios es vuestro Señor, **os digo: No os afanéis.** La única responsabilidad de un esclavo es hacia su amo, y que los creyentes se preocupen es ser desobedientes y desleales a su Señor, quien es Dios. Para los cristianos la preocupación y la ansiedad están prohibidas, y son cosas insensatas y pecaminosas.

En griego el mandato **no os afanéis** incluye la idea de detener lo que ya se está haciendo. En otras palabras, debemos dejar de preocuparnos y nunca comenzar a hacerlo. **Por vuestra vida** hace completo al mandamiento. *Psuchē* (**vida**) es un término amplio que abarca todo el bienestar del individuo: físico, mental, emocional y espiritual. Jesús está refiriéndose a **vida** en su sentido más pleno posible. Absolutamente nada en ningún aspecto interno o externo de nuestras vidas justifica que nos afanemos cuando tenemos el Señor con el que contamos.

Preocuparse es el pecado de desconfiar de la promesa y la providencia de Dios, y sin embargo es un pecado que los cristianos cometen quizás más a menudo que cualquier otro. El término *preocupación* en español viene de una palabra latina que significa "ocuparse con antelación de algo", y se refiere al temor o angustia que la persona tiene ante una situación que teme puede darse. Eso es exactamente lo que hace la preocupación; es una clase de estrangulación mental y emocional, lo cual es probable que ocasione más aflicciones mentales y físicas que cualquier otra causa.

Se ha informado que una niebla densa de treinta metros de profundidad y lo suficientemente extensa para cubrir siete cuadras de una ciudad se compone de menos de un vaso de agua, y se divide en sesenta mil millones de gotas. En la forma correcta, unos pocos galones de agua pueden paralizar una gran ciudad.

De igual modo, la sustancia de la preocupación es casi siempre muy pequeña en comparación con el tamaño que forma en nuestras mentes y el daño que hace a nuestras vidas. Alguien ha dicho: "La preocupación es una corriente fina de temor que se escurre a través de la mente y que si se promueve corta un canal tan ancho por el que se drenarán todos los demás pensamientos".

La preocupación es lo opuesto al contentamiento, que debería ser el estado mental normal y continuo del creyente. Todo cristiano debería poder decir con Pablo: "He aprendido a contentarme, cualquiera que sea mi situación. Sé vivir humildemente, y sé tener abundancia; en todo y por todo estoy enseñado, así para estar saciado como para tener hambre, así para tener abundancia como para padecer necesidad" (Fil. 4:11-12; cp. 1 Ti. 6:6-8).

El contentamiento del cristiano se encuentra en Dios, y solo en Dios: en su pertenencia, control y provisión de todo lo que poseemos y de lo que alguna vez necesitaremos. Primero, Dios es *dueño* de todo, incluido el universo entero. David proclamó: "De Jehová es la tierra y su plenitud; el mundo, y los que en él habitan" (Sal. 24:1). También afirmó: "Tuya es, oh Jehová, la magnificencia y el poder, la gloria, la victoria y el honor; porque todas las cosas que están en los cielos y en la tierra son tuyas" (1 Cr. 29:11).

Todo lo que ahora tenemos le pertenece al Señor, y todo lo que tendremos alguna vez le pertenece a Él. ¿Por qué entonces nos preocupamos de que Él nos quite lo que realmente le pertenece?

Un día cuando John Wesley estaba lejos de casa alguien se le acercó corriendo y le informó:

—¡Su casa se ha quemado! ¡Su casa se ha quemado!

—No es así, porque no tengo ninguna casa —respondió Wesley—. Aquella en que he estado viviendo le pertenece al Señor, y si se ha quemado, esa es una responsabilidad menos de la cual preocuparme.

Segundo, un cristiano debe estar contento porque Dios *controla* todo. Una vez más David nos ofrece la perspectiva correcta: "Las riquezas y la gloria proceden de ti, y tú dominas sobre todo; en tu mano está la fuerza y el poder, y en tu mano el hacer grande y el dar poder a todos" (1 Cr. 29:12). Daniel declaró: "Sea bendito el nombre de Dios de siglos en siglos, porque suyos son el poder y la sabiduría. Él muda los tiempos y las edades; quita reyes, y pone reyes; da la sabiduría a los sabios, y la ciencia a los entendidos" (Dn. 2:20-21).

Daniel no habló por hablar. Los sucesos registrados en Daniel 2 y 6 estuvieron separados por muchos años. Cuando los celosos sátrapas y gobernadores engañaron al rey Darío para que ordenara que Daniel fuera lanzado al foso de los leones, fue el rey, no Daniel, quien estuvo preocupado. Al rey "se le fue el sueño" durante la noche, pero al parecer Daniel durmió profundamente junto a los leones, cuyas bocas las había cerrado un ángel (6:18-23).

Tercero, los creyentes deben estar contentos porque el Señor *provee* todo. El supremo propietario y controlador también es el supremo proveedor, tal como lo indica uno de sus nombres más antiguos, Jehová-jireh, que significa "Jehová proveerá". Ese es el nombre que Abraham atribuyó a Dios cuando Él proveyó un carnero para ser sacrificado en lugar de Isaac (Gn. 22:14). Si Abraham con su limitado conocimiento de Dios pudo estar tan confiado y contento, ¿cuánto más debemos estarlo nosotros que conocemos a Cristo y que tenemos toda su Palabra escrita? Así nos asegura el apóstol Pablo: "Mi Dios, pues, suplirá todo lo que os falta conforme a sus riquezas en gloria en Cristo Jesús" (Fil. 4:19).

Las necesidades que Jesús menciona aquí son las más básicas: **comer, beber** y **vestir.** Esas son cosas que toda persona en cualquier época ha necesitado; pero debido a que la mayoría de cristianos occidentales las tenemos en abundancia, a menudo no nos preocupamos por ellas.

Sin embargo, a lo largo de la Biblia la comida y el agua rara vez pudieron darse por sentado. Cuando había poca nieve en las montañas había poca agua en los ríos, y la carestía de lluvias era frecuente. La escasez de agua traía naturalmente escasez de alimentos, lo que afectaba de manera seria toda la economía y hacía más difícil comprar ropa. No obstante, Jesús declaró: **No os afanéis por** nada de esto.

Estas cosas son importantes, y el Señor lo sabe y le preocupa que tengamos necesidad de ellas, tal como Jesús sigue explicando. Él pregunta de forma retórica: **¿No es la vida más que el alimento, y el cuerpo más que el vestido?** Todas esas tres necesidades pertenecen al cuerpo, y Jesús explica que la plenitud de **vida** es más que cuidar tan solo del cuerpo.

Sin embargo, cuidar el cuerpo siempre ha sido una obsesión común en los seres humanos. Aunque no estemos muriéndonos de hambre o sed, ni estemos desnudos, damos una excesiva cantidad de atención a nuestros cuerpos. Mimamos demasiado el cuerpo, lo decoramos, lo ejercitamos, lo protegemos de la enfermedad y el dolor, lo desarrollamos, lo adelgazamos, lo cubrimos con joyas, lo mantenemos caliente o frío, lo entrenamos para trabajar y jugar, lo ayudamos a que duerma, y cien cosas más con que servimos y satisfacemos nuestros cuerpos.

Incluso como cristianos a veces quedamos atrapados en la idea del mundo de que vivimos a causa de nuestros cuerpos. Y ya que creemos que vivimos a causa de nuestros cuerpos, vivimos *para* nuestros cuerpos. Desde luego que tenemos mejor criterio, pero esa es la forma en que a menudo actuamos. Nuestros cuerpos en sí no son la fuente de nada. No nos dan vida, sino que quien les da vida es Dios, el origen de toda vida: espiritual, emocional, intelectual y física.

Por tanto, sea que el Señor nos dé más o nos dé menos de alguna cosa, como propietario, controlador y proveedor todo le pertenece. Es responsabilidad nuestra agradecerle por lo que nos da y usarlo de manera prudente y generosa por el tiempo que nos lo confía.

PREOCUPARSE ES INNECESARIO A CAUSA DE NUESTRO PADRE

Mirad las aves del cielo, que no siembran, ni siegan, ni recogen en graneros; y vuestro Padre celestial las alimenta. ¿No valéis vosotros mucho más que ellas? ¿Y quién de vosotros podrá, por mucho que se afane, añadir a su estatura un codo? Y por el vestido, ¿por qué os afanáis? Considerad los lirios del campo, cómo crecen: no trabajan ni hilan; pero os digo, que ni aun Salomón con toda su gloria se vistió así como uno de ellos. Y si la hierba del campo que hoy es, y mañana se echa en el horno, Dios la viste así, ¿no hará mucho más a vosotros, hombres de poca fe? (6:26-30)

El sentido básico de estos versículos es que un creyente no tiene absolutamente ninguna razón para preocuparse, porque Dios es su **Padre celestial.** Él pregunta: "¿Has olvidado quién es tu Padre?". Para ilustrar su enseñanza Jesús muestra lo innecesario y ridículo que es preocuparse por la comida, por la longevidad, o por la ropa.

PREOCUPACIÓN POR LA COMIDA

Mirad las aves del cielo, que no siembran, ni siegan, ni recogen en graneros; y vuestro Padre celestial las alimenta. ¿No valéis vosotros mucho más que ellas? (6:26)

Hay muchas aves en el norte de Galilea, y es probable que Jesús se refiriera a algunas de las aves migratorias cuando dijo: **Mirad las aves del cielo.** Como una lección objetiva, llamó la atención hacia el hecho de que esas aves no tienen procesos intrincados y participativos para adquirir alimentos: **No siembran, ni siegan, ni recogen en graneros.**

Al igual que todas las criaturas, **las aves** obtienen su vida de Dios. Pero Él en realidad no les dice: "Yo he hecho mi parte; de ahora en adelante ustedes deben arreglárselas por su cuenta". El Señor les ha provisto una abundancia de recursos alimentarios y el instinto para encontrar esos recursos tanto para ellas como para sus crías. **Vuestro Padre celestial las alimenta.** "¿Quién prepara al cuervo su alimento, cuando sus polluelos claman a Dios?" (Job 38:41; cp. Sal. 147:9). Sabemos que es Dios quien lo hace.

Si Dios cuida con tanto esmero de criaturas relativamente tan insignificantes como las aves, ¿cuánto más cuidará de aquellos a quienes creó a su propia imagen, y que se han convertido en sus hijos por medio de la fe? **¿No valéis vosotros mucho más que ellas?**

Arthur Pink comenta: "Aquí podemos ver cómo las criaturas irracionales sujetas a vanidad debido al pecado del hombre, se aproximan a su primer estado y observan el orden de la naturaleza en su propia creación como criaturas menores, mejor de lo que hace el ser humano. Puesto que las criaturas irracionales buscan solamente lo que Dios ha provisto para ellas, se contentan cuando lo reciben. Esto demuestra solemnemente que el hombre es aún más... vil y más perverso que los animales irracionales" (*An Exposition of the Sermon on the Mount* [Grand Rapids: Baker, 1974], p. 229).

Jesús no sugiere que las aves no hacen nada para alimentarse. Cualquiera que las ha observado incluso por poco tiempo queda impresionada con la diligencia y la persistencia de las aves para buscar alimento. Muchas de ellas pasan la mayor parte de su tiempo y energía buscando comida para sí, para sus compañeros, y para sus crías. Pero no les preocupa de dónde vendrá su próxima comida. Recogen alimentos hasta que tienen suficiente, y luego se ocupan de lo que tienen que hacer hasta el momento de la próxima comida. Las aves solo comen en exceso cuando los humanos las ponen en jaulas. Nunca se preocupan por acumular sus alimentos. Ciertas especies almacenan semillas o nueces para el invierno, pero lo hacen por sentido instintivo, no por temor o preocupación. Mucho menos acumulan simplemente por el hecho de regodearse con su tesoro. En su propia manera limitada ilustran lo que nosotros deberíamos saber: que el **Padre celestial las alimenta.**

Pero ningún ave está creada a la imagen de Dios ni ha vuelto a nacer a imagen de Cristo. A ningún pájaro se le prometió jamás ser coheredero con Jesucristo por toda la eternidad. Ningún ave tiene un lugar preparado para ella en el cielo. Y si Dios da vida a las aves y la sustenta, ¿no cuidará de nosotros que somos sus hijos y que se nos *han* dado todas esas gloriosas promesas?

La idea de que el suministro de alimentos en el mundo está disminuyendo rápidamente es falsa. Un boletín reciente del Ministerio Estadounidense de Agricultura informa: "El mundo tiene comida más que suficiente para alimentar a cada hombre, mujer y niño que lo habita. Si la provisión de alimentos del mundo se hubiera dividido y distribuido en partes iguales entre la población mundial en los últimos dieciocho años, cada persona habría recibido más que la cantidad mínima de calorías. Desde 1960 hasta el día de hoy la producción mundial de cereales nunca ha caído por debajo de 103 por ciento del requerimiento mínimo, y ha promediado un 108 por ciento.

Tampoco ha disminuido la cantidad de alimento por persona. El mismo boletín informa: "La producción mundial de alimentos por persona disminuyó solo dos veces en los últimos veinticinco años. En realidad, la producción de cereales, el alimento principal para la mayoría de habitantes del planeta, aumentó de 290 kilos por persona a principios del siglo XVI a 360 por persona durante los últimos cinco años". También se afirma que solo 10 por ciento de la tierra agrícola en el mundo podría producir suficiente comida para alimentar a todos los seres humanos en nuestro planeta, ¡incluso con el nivel de consumo de los Estados Unidos!

PREOCUPACIÓN POR LA LONGEVIDAD

¿Y quién de vosotros podrá, por mucho que se afane, añadir a su estatura un codo? (6:27)

La segunda ilustración tiene que ver con la esperanza de vida. Nuestra sociedad hoy está obsesionada con tratar de prolongar la vida. Hacemos ejercicio, comemos cuidadosamente, complementamos nuestras dietas con vitaminas y minerales, nos sometemos a revisiones médicas regulares, y hacemos muchísimas cosas más con la esperanza de agregar algunos años a nuestra vida.

Sin embargo, Dios ha limitado la vida de toda persona. El ejercicio, la buena alimentación, otras prácticas de sentido común son beneficiosas cuando se hacen de manera razonable y se miran con la perspectiva correcta. Sin duda pueden mejorar la calidad y la productividad de nuestras vidas, pero no obligan a Dios a extender nuestra **estatura un codo** ("una sola hora al curso de su vida", NVI).

Podemos preocuparnos hasta morir, pero no vivir. El doctor Charles Mayo de la famosa Clínica Mayo escribió: "La preocupación afecta la circulación, el corazón, las glándulas y todo el sistema nervioso. Nunca he conocido a un individuo que haya muerto por exceso de trabajo, pero sí he conocido muchos que han muerto por preocupación".

El don de la vida es un regalo de Dios con el fin de ser usado para sus propósitos, por razones espirituales y celestiales, no para cumplir razones egoístas y terrenales. Nuestra preocupación debería estar en obedecer, honrar, agradar y glorificar al Señor, dejando todo lo demás a su sabiduría y cuidado.

PREOCUPACIÓN POR LA ROPA

Y por el vestido, ¿por qué os afanáis? Considerad los lirios del campo, cómo crecen: no trabajan ni hilan; pero os digo, que ni aun Salomón con toda su gloria se vistió así como uno de ellos. Y si la hierba del campo que hoy es, y mañana se echa en el horno, Dios la viste así, ¿no hará mucho más a vosotros, hombres de poca fe? (6:28-30)

La tercera ilustración tiene que ver con el vestido, usando las flores como un modelo. Algunas de las personas a las que Jesús hablaba tal vez tenían poca ropa, no más que un par de prendas para sus cuerpos. Por eso volvió a señalar hacia los alrededores, esta vez hacia las flores, con el fin de asegurarles la preocupación y la provisión que Dios tiene por los suyos.

Los lirios del campo pudo haber sido un término general usado para las flores silvestres que en gran variedad y belleza agraciaban los campos y las colinas de Galilea.

Tan hermosas decoraciones de la naturaleza no hacen ningún esfuerzo por crecer y no tienen parte en diseñarse o colorearse a sí mismas. **No trabajan ni hilan,** explicó Jesús, afirmando lo obvio; **pero os digo, que ni aun Salomón con toda su gloria se vistió así como uno de ellos.**

Incluso el ojo humano puede ver gran parte del asombroso detalle, la tonalidad y la coloración de una flor. Bajo un microscopio muestra ser incluso más fabulosa e intricada de lo que los antiguos pudieron imaginar jamás. Pero ni siquiera **Salomón,** uno de los reyes más esplendorosos que el mundo jamás ha conocido, **con toda su gloria se vistió así como uno de** esos pequeños lirios que cualquier persona de esa época podía haber recogido por docenas.

Es una crítica para nuestros días que gastamos demasiado tiempo, dinero y esfuerzo en vestirnos. Codiciar ropas costosas y elegantes es pecado, porque su único propósito es alimentar el orgullo. Es asombrosa la cantidad de tiendas de ropa que tenemos hoy día, y la cantidad de ropa que encontramos en ellas. Muchas personas han hecho un dios de la moda, y descaradamente gastan dinero en ropas costosas que usarán solo unas pocas veces.

Nuestra preocupación hoy día casi nunca es por la ropa necesaria. Si Jesús les dijo a quienes tenían una sola prenda que no se preocuparan por la ropa, ¿qué nos diría a nosotros?

No obstante, a pesar de su belleza las flores no duran mucho tiempo. Les ocurre lo mismo que a **la hierba del campo que hoy** está viva **y mañana se echa en el horno.**

Klibanos (**horno**) no se refiere a hornos industriales, sino a los que se hacían de barro endurecido y se usaban principalmente para la cocción de pan. Cuando una mujer quería acelerar el proceso de cocción encendía un fuego dentro del horno y otro debajo. El combustible para el calor interior por lo general se componía de hierba y flores recogidas de campos cercanos. Una vez desaparecida la belleza de la flor, esta tenía poco uso excepto ser quemada como combustible para cocción. Luego desaparecía.

Pero si Dios se molesta en adornar la hierba del campo con hermosas flores aunque de corta duración, ¿no se preocupará **mucho más** por vestir y cuidar de sus propios hijos que están destinados a la vida eterna?

Jesús declara que estar ansiosos incluso por lo que necesitamos para sobrevivir es pecado y demuestra **poca fe.** Un individuo que se preocupa por esas cosas podría tener fe que salva, pero no tiene la fe que confía en que Dios termina lo que comienza. Es significativo que cada una de las otras cuatro veces que Jesús usa la frase "hombres [o 'ustedes'] de poca fe", también fue con relación a la preocupación por comida, ropa o longevidad (véase Mt. 8:26; 14:31; 16:8; Lc. 12:28). El Señor está diciendo: "Ustedes creen que Dios puede redimirlos, salvarlos del pecado, romper las cadenas de Satanás, llevarlos al cielo donde les ha preparado lugar y mantenerlos por toda la eternidad, y sin embargo no confían en que Él supla para las necesidades diarias que tienen". Libremente ponemos nuestro destino eterno en sus manos, pero en ocasiones no queremos creer que proveerá lo que necesitamos para comer, beber y vestir.

La ansiedad no es un pecado trivial, porque es un golpe tanto al amor de Dios como a su integridad. La preocupación declara que nuestro Padre celestial es poco confiable en su Palabra y sus promesas. Confesar que creemos en la infalibilidad de las Escrituras y al momento siguiente expresar preocupación es hablar por ambos lados de la boca. La ansiedad muestra que estamos dominados por nuestras circunstancias y por nuestras perspectivas y nuestro entendimiento finito, en lugar de la Palabra de Dios. Por tanto, la preocupación no solo es debilitante y destructiva, sino que difama y afrenta a Dios.

Cuando un creyente no se renueva todos los días en la Palabra, de modo que tenga a Dios en su mente y corazón, entonces Satanás se muda al vacío y planta preocupación. La ansiedad aleja aún más al Señor de nuestra mente.

Pablo nos aconseja lo mismo que insinuó a los efesios: "[Oro porque Dios esté] alumbrando los ojos de vuestro entendimiento, para que sepáis cuál es la esperanza a que él os ha llamado, y cuáles las riquezas de la gloria de su herencia en los santos, y cuál la supereminente grandeza de su poder para con nosotros los que creemos, según la operación del poder de su fuerza" (Ef. 1:18-19).

PREOCUPARSE ES POCO RAZONABLE A CAUSA DE NUESTRA FE

No os afanéis, pues, diciendo: ¿Qué comeremos, o qué beberemos, o qué vestiremos? Porque los gentiles buscan todas estas cosas; pero vuestro Padre celestial sabe que tenéis necesidad de todas estas cosas. Mas buscad primeramente el reino de Dios y su justicia, y todas estas cosas os serán añadidas. (6:31-33)

La preocupación no es coherente con nuestra fe en Dios, y por tanto es irrazonable y pecaminosa. Es característica de la incredulidad. *Ethnoi* (**gentiles**) significa literalmente "gente", o "multitud". En la forma plural, como aquí, por lo general se refiere a no judíos, es decir, a **gentiles** y por extensión a incrédulos o paganos. Preocuparnos en cuanto a **qué comeremos, o qué beberemos, o qué vestiremos** es lo mismo que hacen ansiosamente los gentiles. Los que no tienen ninguna esperanza en Dios ponen naturalmente su esperanza y sus expectativas en cosas que pueden disfrutar ahora mismo. No tienen nada por qué vivir más que para el presente, y su materialismo es perfectamente coherente con su religión. No tienen Dios que les satisfaga sus necesidades físicas o espirituales, su presente o sus necesidades eternas, por lo que todo lo que obtienen deben obtenerlo por sí mismos. Son ignorantes de la provisión de Dios y no tienen ningún derecho a ella. Ningún Padre celestial cuida de ellos, por lo que tienen razón para preocuparse.

Los dioses de **los gentiles** eran dioses hechos por el hombre e inspirados por Satanás. Eran dioses de miedo, terror y apaciguamiento que demandaban mucho, prometían poco, y no proveían nada. Es natural que quienes servían a esos dioses buscaran ansiosamente toda la satisfacción y el placer que pudieran mientras les fuera posible. Su filosofía sigue siendo popular en nuestra propia época entre quienes están decididos a aferrarse a todo el gusto que puedan lograr. "Comamos y bebamos, porque mañana moriremos" es una perspectiva comprensible para los que no tienen esperanza en la resurrección (1 Co. 15:32).

Pero esa es una filosofía totalmente ridícula y desatinada para quienes *sí* tienen esperanza en la resurrección, para aquellos cuyo **Padre celestial sabe que** [tienen] **necesidad de todas estas cosas.** Preocuparse por nuestro bienestar físico y por nuestra ropa es la característica de una mente mundana, sea cristiana o no. Cuando pensamos como el mundo y deseamos como el mundo nos preocuparemos como el mundo, porque una mente que no está centrada en Dios es una mente que tiene motivos para preocuparse. El cristiano fiel, confiado y razonable no se afana por nada, sino que son "conocidas [sus] peticiones delante de Dios en toda oración y ruego, con acción de gracias" (Fil. 4:6). Se niega en toda forma a conformarse "a este siglo" (Ro. 12:2).

Dentro de esta serie de reproches Jesús da un mandato positivo junto con una promesa hermosa: **Mas buscad primeramente el reino de Dios y su justicia, y todas estas cosas os serán añadidas.** La causa de la preocupación es buscar las cosas del mundo, y la causa del contentamiento es buscar las cosas del **reino de Dios y su justicia.**

De es principalmente una conjunción de contraste, por lo que **mas** es una buena traducción. En el contexto actual transmite la idea de "más bien", o "en lugar de".

Jesús está diciendo: "En lugar de buscar comida, bebida y ropa, y de preocuparse como hacen los paganos, centren su atención y sus esperanzas en las cosas del Señor, y Él se encargará de todas las necesidades que tengan".

De todas las opciones que tenemos, de todas las cosas que podemos buscar y de las cuales ocuparnos, debemos buscar **primeramente** las cosas de Aquel a quien pertenecemos. Esa es la prioridad de prioridades del cristiano, una prioridad divina compuesta de dos partes: **el reino de Dios y su justicia.**

Como hemos visto en el estudio de la Oración de los Discípulos (6:10), *basileia* (**reino**) no se refiere a un territorio geográfico sino a un dominio o gobierno. **El reino de Dios** es el gobierno soberano de Dios, por lo que buscar **primeramente el reino de Dios** es buscar primero su gobierno, su voluntad y su autoridad.

Buscar **el reino de Dios** es dedicarnos por completo a obedecer al Señor hasta el punto en que podamos decir con Pablo: "De ninguna cosa hago caso, ni estimo preciosa mi vida para mí mismo, con tal que acabe mi carrera con gozo, y el ministerio que recibí del Señor Jesús, para dar testimonio del evangelio de la gracia de Dios" (Hch. 20:24). Buscar en primer lugar el reino de Dios es derramar nuestras vidas en la obra eterna de nuestro Padre celestial.

Buscar el reino de Dios es tratar de atraer a ese reino personas que puedan ser salvas y que Dios sea glorificado. Es hacer que la verdad, el amor y la justicia de nuestro Padre celestial se manifiesten en nuestras vidas, además de tener "paz y gozo en el Espíritu Santo" (Ro. 14:17). También buscamos el reino de Dios cuando anhelamos el regreso del Rey en su gloria eterna con el fin de que establezca su reino en la tierra y marque el inicio de su reino eterno.

También debemos buscar la **justicia** de Dios. En lugar de anhelar las cosas de este mundo debemos tener hambre y sed por las cosas del mundo venidero, las cuales se caracterizan sobre todo por la perfecta **justicia** y santidad de Dios. Es más que nostalgia por algo etéreo y futuro; también es anhelo de algo presente y práctico. No solo debemos tener expectativas celestiales sino vidas santas (véase Col. 3:2-3). Pedro expresa: "Puesto que todas estas cosas [las obras que en ella hay, v. 10] han de ser deshechas, ¡cómo no debéis vosotros andar en santa y piadosa manera de vivir" (2 P. 3:11).

PREOCUPARSE NO ES PRUDENTE A CAUSA DE NUESTRO FUTURO

Así que, no os afanéis por el día de mañana, porque el día de mañana traerá su afán. Basta a cada día su propio mal. (6:34)

Hacer provisión razonable para el futuro es algo sensato, pero afanarse **por el día de mañana** es ser totalmente insensatos y desleales. Dios es el Dios del mañana, así como el Dios del hoy y de la eternidad. "Por la misericordia de Jehová no hemos sido consumidos, porque nunca decayeron sus misericordias. Nuevas son cada mañana; grande es tu fidelidad" (Lm. 3:22-23).

Parece que algunas personas están tan comprometidas con preocuparse, que si no pueden hallar algo en el presente de lo cual preocuparse piensan en posibles problemas en el futuro. Jesús nos asegura que **el día de mañana traerá su afán**. Esa no es la filosofía descuidada del hedonista que vive solo para disfrutar su presente.

Es la convicción del hijo de Dios que sabe que **el día de mañana traerá su afán** porque está en las manos de su Padre celestial.

Que **basta a cada día su propio mal** no es un llamado a preocuparse por ese mal, sino a concentrarse en enfrentar las tentaciones, pruebas, oportunidades y luchas que tenemos hoy día, confiando en que nuestro Padre nos protege y provee cuando tenemos necesidad. Hay suficiente aflicción en cada día sin añadir la angustia de preocuparse por ella.

Dios promete su gracia para mañana, para cada día en lo sucesivo y a través de la eternidad. Pero Él no nos *da* gracia para mañana ahora. Dios solo da su gracia un día a la vez cuando es necesaria, no como podría anticiparse.

Isaías asegura: "Tú guardarás en completa paz a aquel cuyo pensamiento en ti persevera; porque en ti ha confiado. Confiad en Jehová perpetuamente, porque en Jehová el Señor está la fortaleza de los siglos" (Is. 26:3-4).

A dejar de criticar

40

No juzguéis, para que no seáis juzgados. Porque con el juicio con que juzgáis, seréis juzgados, y con la medida con que medís, os será medido. ¿Y por qué miras la paja que está en el ojo de tu hermano, y no echas de ver la viga que está en tu propio ojo? ¿O cómo dirás a tu hermano: Déjame sacar la paja de tu ojo, y he aquí la viga en el ojo tuyo? ¡Hipócrita! saca primero la viga de tu propio ojo, y entonces verás bien para sacar la paja del ojo de tu hermano. No deis lo santo a los perros, ni echéis vuestras perlas delante de los cerdos, no sea que las pisoteen, y se vuelvan y os despedacen. (7:1-6)

Al igual que con los demás elementos del Sermón del Monte, la perspectiva de este pasaje se da en contraste a la de los escribas y fariseos, cuyo endiosamiento hipócrita estaba en oposición directa con la verdadera justicia de Dios (véase 5:20).

Aquí la comparación está en el área de las relaciones humanas. Seis versículos (1-6) se enfocan en el aspecto negativo del fariseísmo y el espíritu crítico, y los seis versículos siguientes (7-12) se enfocan en el aspecto contrastante positivo de un espíritu humilde, confiable y amoroso. Estos doce versículos forman el resumen divino de todos los principios de las relaciones humanas correctas.

Cuando un individuo o un grupo de personas desarrollan sus propias normas de religión y moral, inevitablemente juzgan a todo el mundo por esas creencias y normas de fabricación propia. Los escribas y fariseos habían hecho exactamente eso. Durante los siglos anteriores habían modificado gradualmente la Palabra revelada de Dios de acuerdo con sus propias ideas, inclinaciones y habilidades. Para la época de Jesús la tradición de los líderes religiosos se había apoderado de tal manera del judaísmo, que en realidad reemplazó la autoridad de las Escrituras en las mentes de muchos judíos (Mt. 15:6; cp. 15:2).

Junto con los muchos otros pecados originados por su justicia propia, los escribas y fariseos se habían vuelto agobiantemente moralistas. Llenos de orgullo despreciaban a todos los que no formaran parte de su sistema de élite. Eran despiadados, implacables, crueles, críticos y totalmente carentes de compasión y gracia.

La evaluación que hacían de otros, al igual que todos los demás aspectos de su sistema hipócrita, se basaba en la apariencia, en lo externo y superficial (Jn. 7:24; 8:15). Vivían para justificarse ante los ojos de otras personas; pero Jesús dijo de ellos que el juicio que hacían era totalmente contrario al de Dios, y detestable a los ojos del Señor (Lc. 16:15).

La representación clásica del juicio con arrogancia moral se ofrece en la parábola del fariseo y el recaudador de impuestos que fueron a orar al templo. "El fariseo, puesto en pie, oraba consigo mismo de esta manera: Dios, te doy gracias porque no soy como los otros hombres, ladrones, injustos, adúlteros, ni aun como

411

este publicano; ayuno dos veces a la semana, doy diezmos de todo lo que gano. Mas el publicano, estando lejos, no quería ni aun alzar los ojos al cielo, sino que se golpeaba el pecho, diciendo: Dios, sé propicio a mí, pecador. Os digo que éste descendió a su casa justificado antes que el otro; porque cualquiera que se enaltece, será humillado; y el que se humilla será enaltecido" (Lc. 18:11-14).

Un corolario inseparable de justificación propia es condenar a los demás. Cuando alguien se eleva a sí mismo, en consecuencia rebaja a todo el mundo. Los fariseos estaban haciendo todo lo posible por enaltecerse ante sus propios ojos, e incluso actuaban como jueces espirituales condenando a los demás.

Cabe señalar que este pasaje se ha usado de manera equivocada para sugerir que los creyentes nunca deben evaluar o criticar a nadie por nada. Nuestra época odia los absolutos, especialmente los absolutos teológicos y morales, y tan simplista interpretación proporciona un escape conveniente a la confrontación. Los miembros de la sociedad moderna, incluso muchos cristianos profesantes, tienden a resistir el dogmatismo y las fuertes convicciones acerca del bien y el mal. Muchas personas prefieren hablar de amor, compromiso, ecumenismo y unidad integral. Estas son para el individuo religioso moderno las únicas "doctrinas" dignas de defender, y son las doctrinas ante las cuales toda doctrina conflictiva debe sacrificarse.

Hace algunos años una iglesia estaba buscando un pastor que hiciera hincapié en la santidad en lugar de la doctrina. Una vez recibí un manuscrito para revisar, cuya tesis principal era que la doctrina divide la Iglesia. En consecuencia, el autor sostenía que toda doctrina, al menos toda con la que se pudiera estar en desacuerdo y que, por tanto, fuera divisiva, debería eliminarse por el bien del objetivo superior de la unidad y la comunión. La doctrina sana no solo es compatible con la verdadera santidad, unidad y comunión, sino que es absolutamente necesaria para que estas existan. Solamente la sana doctrina, la doctrina bíblica, puede enseñarnos qué es la verdadera santidad, unidad y comunión, y qué no lo es.

En muchos círculos, incluso algunos evangélicos, aquellos que sostienen fuertes convicciones y que hablan y confrontan a la sociedad y a la iglesia son calificados como violadores de este mandato de no juzgar, y se les ve como alborotadores o, al menos como controversiales. Sin embargo, en ningún momento en la historia de la Iglesia, o de la antigua nación de Israel, se consiguió una reforma espiritual y moral aparte de la confrontación y el conflicto. Los profetas de Dios siempre han sido valientes y controversiales. Y siempre fueron resistidos, a menudo por el propio pueblo de Dios. Los reformadores de la iglesia del siglo XVI fueron hombres de fuerte doctrina, convicción y principios, sin lo cual la Reforma Protestante nunca habría ocurrido.

La reforma es necesaria cuando la vida espiritual y moral son bajas; y por la misma razón de que son bajas resistirán todo esfuerzo de reforma. El poder del pecado, sea en un incrédulo o un creyente, se opone a la justicia y siempre resistirá la verdad y las normas de Dios. Para la persona carnal, la doctrina absoluta y las elevadas normas morales son intrínsecamente controversiales.

Cristo no prohíbe aquí ni en ninguna otra parte los tribunales de justicia, como afirman el novelista ruso León Tolstoi y otros. El Antiguo y el Nuevo Testamentos no solo defienden el derecho sino la necesidad divina de tener tribunales humanos de justicia (p. ej., Dt. 19:15-21; Ro. 13:1-7). Tampoco esta parte de la Biblia ni ninguna otra enseña que no debamos evaluar, criticar o condenar las acciones o enseñanzas de otra persona.

Toda la enseñanza del Sermón del Monte es mostrar la total diferencia entre la religión verdadera y la falsa, entre la verdad espiritual y la hipocresía espiritual. Jesús establece las normas perfectas y santas de Dios junto a las normas paganas y de arrogancia moral de los escribas y fariseos, y declara que quienes siguen esas normas paganas y de endiosamiento no tienen parte en el reino de Dios (5:20). Nunca jamás se ha predicado un sermón más controversial o de juicio.

Si este gran sermón de nuestro Señor enseña algo, es que sus seguidores deben ser exigentes y perspicaces en lo que creen y en lo que hacen, y que deben hacer todo lo posible para juzgar entre la verdad y la mentira, entre lo interno y lo externo, entre lo verdadero y lo fingido, entre la verdadera justicia y la falsa justicia; en resumen, entre el camino de Dios y todos los demás caminos.

Algunos versículos después Jesús advierte: "Guardaos de los falsos profetas" (Mt. 7:15). En otras palabras, debemos juzgar quién juzga en nombre de Dios y quién no. Nuestro Señor nos dice que en privado confrontemos con su pecado a un hermano pecador, y que si no se arrepiente tomemos a una o dos personas más para hablar con él, y que si esto no causa ningún cambio que lo llevemos ante toda la iglesia. Si todavía no se arrepiente hay que sacarlo de la iglesia y considerarlo como un "gentil y publicano" (Mt. 18:15-17).

Pablo advierte a los creyentes: "Mas os ruego, hermanos, que os fijéis en los que causan divisiones y tropiezos en contra de la doctrina que vosotros habéis aprendido, y que os apartéis de ellos. Porque tales personas no sirven a nuestro Señor Jesucristo, sino a sus propios vientres, y con suaves palabras y lisonjas engañan los corazones de los ingenuos" (Ro. 16:17-18). El apóstol también da instrucciones a los santos de ni siquiera juntarse "con ninguno que, llamándose hermano, fuere fornicario, o avaro, o idólatra, o maldiciente, o borracho, o ladrón; con el tal ni aun comáis" (1 Co. 5:11). Es evidente que tales mandamientos demandan que empleemos cierto tipo de juicio antes que podamos obedecer.

Todo mensaje que oímos debe juzgarse por lo sano de su doctrina. Pablo declaró a los gálatas: "Si aun nosotros, o un ángel del cielo, os anunciare otro evangelio diferente del que os hemos anunciado, sea anatema" (Gá. 1:8). Juan expresa: "Si alguno viene a vosotros, y no trae esta doctrina, no lo recibáis en casa, ni le digáis: ¡Bienvenido! Porque el que le dice: ¡Bienvenido! participa en sus malas obras" (2 Jn. 10-11).

No reprender el pecado es una forma de odio, no de amor. "No aborrecerás a tu hermano en tu corazón; razonarás con tu prójimo, para que no participes de su pecado" (Lv. 19:17). Negarse a advertir a una persona acerca de su pecado es algo tan falto de amor como negarse a advertirle de una enfermedad grave que podría tener. Alguien que no advierte a un amigo acerca de su pecado no puede afirmar que su motivo sea el amor (véase Mt. 18:15). El autor de Hebreos manda un cierto nivel de madurez espiritual "para los [cristianos] que por el uso tienen los sentidos ejercitados en el discernimiento del bien y del mal" (5:14).

Sin embargo, Jesús habla aquí respecto al juicio farisaico y egoísta y a la condenación despiadada de otros que los escribas y fariseos practicaban. La preocupación principal que tenían no era ayudar a que los demás pasaran del pecado a la santidad, sino condenarlos a juicio eterno por causa de acciones y actitudes que no cuadraban con las tradiciones mundanas elaboradas por ellos mismos.

Krinō (juzgar) significa básicamente separar, escoger, seleccionar o determinar, y tiene una docena de matices o más que deben determinarse por el contexto. En nuestro pasaje actual Jesús se refiere al juicio de motivos, que ningún ser humano puede saber de otro, y al juicio de formas externas. Pablo propone: "Así que, ya no nos juzguemos más los unos a los otros, sino más bien decidid no poner tropiezo u ocasión de caer al hermano" (Ro. 14:13).

La Biblia prohíbe de manera constante la justicia individual o por manos propias que supone para sí misma las prerrogativas de un tribunal de justicia debidamente establecido. También prohíbe de modo sistemático los juicios apresurados que no tienen pleno conocimiento del meollo del asunto o de los hechos. "Al que responde palabra antes de oír, le es fatuidad y oprobio" (Pr. 18:13). A veces lo que parece equivocado no es nada de eso.

Es significativo que aunque Dios sea omnisciente nos da muchos ejemplos del cuidado que debemos tener antes de hacer juicios, especialmente los que implican graves consecuencias. Antes de juzgar a los que estaban construyendo la torre de Babel, "descendió Jehová para ver la ciudad y la torre que edificaban los hijos de los hombres" (Gn. 11:5). Antes de destruir a Sodoma y Gomorra, Dios manifestó: "Descenderé ahora, y veré si han consumado su obra según el clamor que ha venido hasta mí; y si no, lo sabré" (Gn. 18:21).

Lo que Jesús prohíbe aquí es la condenación farisaica, entrometida, apresurada, despiadada, parcializada e injustificada basada en normas humanas y entendimiento humano. Él ofrece tres razones por las que tal tipo de juicio es pecado: revela una visión errónea de Dios, una visión errónea de los demás, y una visión errónea de nosotros mismos.

UNA VISIÓN ERRÓNEA DE DIOS

No juzguéis, para que no seáis juzgados. (7:1)

El juicio injusto y despiadado está prohibido antes que nada porque manifiesta un punto de vista equivocado de Dios. Con la frase **para que no seáis juzgados,** Jesús recuerda a los escribas y fariseos que ellos no son la última instancia. Juzgar los motivos de otra persona o maldecir para condenación es jugar a ser Dios. "El Padre a nadie juzga, sino que todo el juicio dio al Hijo" (Jn. 5:22). Durante el reino milenial Cristo participará con nosotros algo de ese juicio (Mt. 19:28; 1 Co. 6:2), pero hasta ese momento blasfemamos a Dios cada vez que asumimos el papel de jueces. Pablo pregunta: "¿Tú quién eres, que juzgas al criado ajeno? Para su propio señor está en pie, o cae" (Ro. 14:4). Al apóstol le preocupaba poco el modo en que otras personas lo juzgaban, y ni siquiera se preocupaba por cómo se juzgaba él mismo. Así confiesa: "Yo en muy poco tengo el ser juzgado por vosotros, o por tribunal humano; y ni aun yo me juzgo a mí mismo. Porque aunque de nada tengo mala conciencia, no por eso soy justificado; pero el que me juzga es el Señor" (1 Co. 4:3-4).

A excepción de aquellos que podrían estar enseñando continuamente falsa doctrina o siguiendo normas que claramente son antibíblicas, no debemos juzgar el ministerio, la enseñanza, o la vida de una persona, y sin duda tampoco sus motivos, por una norma auto diseñada. Santiago nos advierte: "Hermanos, no murmuréis los unos de los otros. El que murmura del hermano y juzga a su hermano, murmura de la ley y juzga a la ley; pero si tú juzgas a la ley, no eres hacedor de la ley, sino juez. Uno solo es el dador de la ley, que puede salvar y perder; pero tú, ¿quién eres para que juzgues a otro?" (Stg. 4:11-12). Tal juicio malo es blasfemia, porque erige a un hombre como Dios, y solo existe un Juez verdadero.

Siempre que sin misericordia condenamos a las personas porque no hacen algo del modo en que creemos que debería hacerse, o porque creemos que sus motivaciones están equivocadas, juzgamos lo que solo Dios está calificado para juzgar. Un poeta desconocido del pasado escribió:

> No juzgues el funcionamiento de su cerebro,
> Y su corazón que no puedes ver.
> Lo que a tus ojos empañados parece una mancha,
> A los ojos de Dios luz pura podría ser
> Una cicatriz bien ganada traída de algún campo
> Donde tú solamente quisieras desmayar y renunciar.

El Salvador no nos pide que dejemos de examinar y discernir, sino que renunciemos a la presuntuosa tentación de tratar de ser Dios.

UNA VISIÓN ERRÓNEA DE LOS DEMÁS

Porque con el juicio con que juzgáis, seréis juzgados, y con la medida con que medís, os será medido. (7:2)

La mayoría de las personas no duda en juzgar a otros de este modo porque creen erróneamente que de alguna manera son superiores a los demás. Los fariseos pensaban estar exentos de juicio porque creían que se hallaban perfectamente a la altura de las normas divinas. El problema era que esas solo eran normas humanas que ellos, y otros como ellos, habían establecido muy por debajo de la ley santa y perfecta de Dios.

Jesús afirma que Dios nos juzgará con el mismo tipo de juicio con que juzgamos a otros. Cuando asumimos el papel de jueces finales y omniscientes damos a entender que estamos calificados para juzgar, que conocemos y entendemos todos los hechos, todas las circunstancias y todos los motivos implicados. Por tanto, cuando aseveramos nuestro derecho a juzgar, seremos **juzgados** por la norma de conocimiento y sabiduría que afirmamos que es nuestra. Si nos erigimos en jueces sobre otros, cuando Dios nos juzgue no podemos alegar ignorancia de la ley en referencia a nosotros mismos.

Santiago tiene en mente el mismo principio cuando advierte: "Hermanos míos, no os hagáis maestros muchos de vosotros, sabiendo que recibiremos mayor condenación" (Stg. 3:1). Quien está calificado para enseñar es juzgado en una manera más estricta que otras personas porque como maestro tiene mayor entendimiento e influencia. "A todo aquel a quien se haya dado mucho, mucho se le demandará" (Lc. 12:48).

Somos especialmente culpables si no practicamos lo que nosotros mismos enseñamos y predicamos. "Por lo cual eres inexcusable, oh hombre, quienquiera que seas tú que juzgas; pues en lo que juzgas a otro, te condenas a ti mismo; porque tú que juzgas haces lo mismo. Mas sabemos que el juicio de Dios contra los que practican tales cosas es según verdad" (Ro. 2:1-2).

Dios no tiene doble criterio. Si criticamos injustamente o condenamos de manera implacable jugamos a ser Dios y damos la impresión de que estamos por sobre la crítica y el juicio. Pero Dios no nos pone como jueces finales sobre otros, y no debemos atrevernos a ponernos como jueces por sobre los demás. Otras personas no están debajo de nosotros, y pensar de ese modo es tener el punto de vista equivocado acerca de los demás. Ser chismosos, cuenteros, críticos y sentenciosos es vivir bajo la falsa ilusión de que aquellos a quienes juzgamos son de algún modo inferiores a nosotros.

Jesús asevera que ese juicio es como un bumerán que regresará sobre la persona que juzga. El juicio con arrogancia moral se volverá en su propia horca, tal como la horca que Amán había erigido para ejecutar al inocente Mardoqueo fue usada más bien para colgar a Amán (Est. 7:10). Así como el cruel Adoni-bezec había ordenado cortar los pulgares de las manos y los pies a otros setenta reyes, así mismo le cortaron finalmente los suyos (Jue. 1:6-7).

En la antigua Persia cierto juez corrupto que aceptó un soborno para emitir un veredicto falso fue ejecutado por orden del rey Cambises. La piel del juez fue después usada para cubrir la silla del juez. Los jueces posteriores fueron obligados a emitir sus juicios mientras se hallaban sentados en esa silla, como un recordatorio de las consecuencias de pervertir la justicia.

Ser sentenciosos es peligroso para la víctima debido al prejuicio en su contra. Es aún más peligroso para el juez debido a que **con la medida con que** juzga a otros **será medido.**

UNA VISIÓN ERRÓNEA DE NOSOTROS MISMOS

¿Y por qué miras la paja que está en el ojo de tu hermano, y no echas de ver la viga que está en tu propio ojo? ¿O cómo dirás a tu hermano: Déjame sacar la paja de tu ojo, y he aquí la viga en el ojo tuyo? ¡Hipócrita! (7:3-5*a*)

Cuando juzgamos de modo crítico también manifestamos un punto de vista erróneo de nosotros mismos. Todos los tres puntos de vista falsos están relacionados. Cuando tenemos una visión equivocada de Dios no podemos dejar de tener una opinión equivocada de otros y de nosotros mismos. Ponernos en el lugar de Dios como jueces pervierte nuestra perspectiva de los demás y de nosotros.

Karphos (**paja**) no se refiere a una diminuta mota de polvo u hollín sino a un pequeño tallo o rama, o posiblemente a una astilla. Aunque pequeña en comparación con una **viga,** no es un objeto insignificante para tenerlo en el ojo. Por tanto, la comparación de Jesús no es entre una falta o un pecado muy pequeño y uno que es grande, sino entre uno que es grande y uno que es gigantesco. Por supuesto, el punto principal es que el pecado del que critica es mucho mayor que el pecado de la persona a la que está criticando.

Algunos intérpretes sugieren que la **paja** representa una infracción ceremonial más bien pequeña, mientras que la **viga** representa un pecado sumamente vulgar y repugnante. Pero las personas con pecados obviamente terribles por lo general pasan su tiempo tratando de ocultar o justificar su propio pecado enorme, no en criticar los pecados pequeños de otros.

El pecado despreciable y vulgar que siempre se ciega ante su propia pecaminosidad es la arrogancia moral, el pecado que Jesús condenó de modo reiterado en los escribas y fariseos, no solo en el Sermón del Monte sino a todo lo largo de su ministerio. Casi por definición, la arrogancia moral es un pecado de ceguera o de visión extremadamente distorsionada, porque ve de modo directo su propio pecado y aun así imagina que solo ve justicia. La **viga** en esta ilustración representa el mismo pecado fundamental de endiosamiento que Jesús ha estado condenando a lo largo del sermón.

La naturaleza misma de la arrogancia moral es justificarse y condenar a otros. Al hacer eso las personas están jugando a ser Dios, porque se juzgan a sí mismas en base a sus propias normas y su propia sabiduría. La arrogancia moral o fariseísmo es el peor de los pecados porque trata con la incredulidad. Confía en sí mismo y no en Dios. Confía en sí mismo para determinar lo que es bueno y malo, y para determinar quién hace lo que está bien o mal. El fariseísmo pretende ser a la vez legislador y juez, prerrogativas que le pertenecen solo al Señor. En consecuencia niega el evangelio y se le opone, porque este proclama la pecaminosidad y la condición perdida del hombre incluso mientras proclama la misericordia y la gracia de Dios. Puesto que el individuo endiosado no ve pecado en su vida, no ve la necesidad de la gracia de Dios a su favor. La frase **echas de ver** transmite la idea de meditación seria y continua. Jesús en realidad está diciendo: "¿No te detendrás a pensar en tu propio pecado? A menos que hayas hecho eso, ¿cómo puedes confrontar a otro con sus defectos?".

Por tanto, el arrogante moral no puede ser nada más que un **hipócrita,** porque continuamente simula un acto engañoso de superioridad justa. Por eso se siente competente para decir a su **hermano: Déjame sacar la paja de tu ojo,** déjame decirte lo que está mal en tu vida y permíteme enderezarlo.

El **hipócrita** "es oidor de la palabra pero no hacedor de ella, éste es semejante al hombre que considera en un espejo su rostro natural. Porque él se considera a sí mismo, y se va, y luego olvida cómo era" (Stg. 1:23-24). Mira pero no ve. Es como aquellos a quienes Isaías fue enviado, un pueblo que oye pero no entiende, y mira pero no comprende; debido a que tiene el corazón insensible, "agrava sus oídos, y ciega sus ojos" (Is. 6:9-10).

EL EQUILIBRIO CORRECTO

saca primero la viga de tu propio ojo, y entonces verás bien para sacar la paja del ojo de tu hermano. No deis lo santo a los perros, ni echéis vuestras perlas

delante de los cerdos, no sea que las pisoteen, y se vuelvan y os despedacen. (7:5*b*-6)

El individuo que tiene la mente y la actitud de los ciudadanos del reino, aquel que es pobre en espíritu, que muestra humildad, y que tiene hambre y sed de la justicia de Dios (véase Mt. 5:3, 5-6), será quien por encima de todo ve y se entristece por su propio pecado (véase 5:4).

Jesús ofrece aquí el correctivo para el tipo equivocado de juicio mostrando el equilibrio adecuado de humildad y convicción, pobreza de espíritu, y poder en el Espíritu. El mandato del Señor es: **saca primero la viga de tu propio ojo, y entonces verás bien para sacar la paja del ojo de tu hermano.** Lo primero que debemos hacer es confesar nuestro pecado, que a menudo es el pecado de arrogancia moral y de un espíritu condenador hacia los demás, y pedirle a Dios que nos limpie. Cuando nuestro propio pecado es limpiado, cuando la **viga** se ha quitado de nuestro **propio ojo,** entonces veremos con claridad el pecado de nuestro hermano y podremos ayudarle. Luego veremos *todo* con claridad: a Dios, a los demás, y a nosotros mismos. Veremos a Dios como el único Juez, a otros como pecadores en necesidad que son como nosotros mismos. Veremos a nuestro **hermano** como un hermano, en nuestro propio nivel y con nuestras debilidades y necesidades.

Este equilibrio adecuado de humildad y buena voluntad se refleja en el Salmo 51. David ora primero: "Crea en mí, oh Dios, un corazón limpio, y renueva un espíritu recto dentro de mí…. Vuélveme el gozo de tu salvación, y espíritu noble me sustente. Entonces enseñaré a los transgresores tus caminos, y los pecadores se convertirán a ti" (vv. 10, 12-13). Jesús le declaró a Pedro que después que este se hubo recuperado de su deserción moral, podría entonces confirmar a sus hermanos (Lc. 22:32). Pablo nos aconseja: "Hermanos, si alguno fuere sorprendido en alguna falta, vosotros que sois espirituales, restauradle con espíritu de mansedumbre, considerándote a ti mismo, no sea que tú también seas tentado" (Gá. 6:1). Toda confrontación de pecado en otros debe hacerse en mansedumbre, no en orgullo. No podemos representar el papel de juez: sentenciar como si fuéramos Dios. No podemos representar el papel del superior, como si estuviéramos exentos de las mismas normas que exigimos de otros. No debemos representar el papel del hipócrita: culpar a otros mientras nos excusamos a nosotros mismos.

Sin embargo, también hay peligros hasta para el creyente verdaderamente humilde y arrepentido. El primer peligro, ya mencionado antes, es concluir que no tenemos el derecho de oponernos a doctrinas equivocadas o a prácticas erróneas en la iglesia, para no caer en fariseísmo crítico. De ser así no estaríamos dispuestos a confrontar a un hermano pecador como el Señor claramente nos llama a hacer. El segundo peligro está estrechamente relacionado con el primero. Si tenemos miedo de confrontar la mentira y el pecado en la iglesia, estaremos inclinados a volvernos críticos y a no tener discernimiento. La iglesia, y nuestra propia vida, estarán cada vez más en peligro de corrupción. Al darse cuenta de la influencia del pecado en la congregación (1 P. 4:15), Pedro animó fuertemente a que la iglesia cumpliera su papel de confrontar y criticar cuando declaró: "Es tiempo de que el juicio comience por la casa de Dios" (v. 17). Los creyentes deben tener discernimiento y hacer juicios adecuados cuando sea necesario.

Jesús cierra esta ilustración con una bomba que destruye por completo la interpretación sentimental de que, en nombre de la humildad y el amor, nunca debemos oponernos a lo malo ni corregir a los transgresores. Está claro que Jesús no excluye todo tipo de juicio. En realidad, aquí ordena muy claramente cierto tipo de juicio adecuado, al igual que en los versículos anteriores prohíbe una clase errónea de juicio. **No deis lo santo a los perros, ni echéis vuestras perlas delante de los cerdos.** A fin de obedecer ese mandato obviamente es necesario poder determinar quiénes son **los perros** y quiénes **los cerdos.**

En tiempos bíblicos a **los perros** rara vez se les tenía como mascotas domésticas en la forma que los tenemos hoy. A excepción de los que se usaban como animales de trabajo para arrear ovejas, en gran medida eran animales cruzados y medio salvajes que actuaban como carroñeros. Andaban sucios y eran codiciosos, gruñones y feroces; además, con frecuencia estaban enfermos. Eran peligrosos y despreciados.

Habría sido impensable que un judío arrojara a esos **perros** un pedazo de algo **santo,** como carne que se hubiera consagrado como sacrificio en el templo. Algunas partes de tales ofrendas se quemaban, otras las comían los sacerdotes, y otras más a menudo se llevaban a casa y las comían la familia que había hecho el sacrificio. El resto que quedaba en el altar era lo que estaba consagrado exclusivamente al Señor, y por tanto era **santo** en una manera muy especial. Si ningún hombre debía comer esa parte del sacrificio, cuánto menos debía ser lanzada a un montón de sucios **perros** salvajes. Tal acción sería el colmo de la profanación.

Los cerdos eran considerados por los judíos como la personificación de la inmundicia. Por eso es que el sacrificio que Antíoco Epífanes hiciera, de un cerdo sobre el altar judío, y que obligara a los sacerdotes a comerlo fue una abominación total, y desencadenó la revuelta de los macabeos contra Grecia en el año 168 a.C.

Puesto que un judío nunca hubiera tratado de domesticar a un cerdo, la mayoría de estos animales que se encontraban allí, al igual que los perros, eran salvajes que se alimentaban solos, a menudo en vertederos de basura en las afueras de los pueblos. Al igual que los perros carroñeros, tales **cerdos** eran codiciosos, feroces y asquerosos aun evaluados por las normas comunes y corrientes. Si alguien se ponía entre estos animales y su comida, es probable que se volvieran y lo despedazaran con sus pezuñas y afilados colmillos.

El planteamiento de Jesús es que ciertas verdades y bendiciones de nuestra fe no deben comunicarse a individuos que son totalmente antagónicos a las cosas de Dios. Ellos son **los perros** y **los cerdos** espirituales que no tienen ningún aprecio por lo que es **santo** y justo. Esta gente tomará lo que es **santo,** las **perlas** (las joyas más raras y más valiosas; véase Mt. 13:45-46) de la Palabra de Dios como tontería y ofensa.

Un animal salvaje cuya preocupación principal es rebuscar comida en la basura difícilmente apreciará que le arrojen una perla. Le va a irritar que no se trate de algo de comer, y es posible que ataque a la persona que le lance la piedra preciosa.

Jesús no ofreció toda su enseñanza a todos los que estaban escuchando. En una ocasión oró: "Te alabo, Padre, Señor del cielo y de la tierra, porque escondiste estas cosas de los sabios y de los entendidos, y las revelaste a los niños" (Mt. 11:25). En otra ocasión les dijo a sus discípulos, en respuesta a la pregunta que hicieran acerca de por qué hablaba a las multitudes en parábolas: "Porque a vosotros os es dado saber los misterios del reino de los cielos; mas a ellos no les es dado.… Por eso les hablo por parábolas: porque viendo no ven, y oyendo no oyen, ni entienden" (Mt. 13:11, 13). Además, después de la resurrección Jesús no se le apareció a ninguno que no fuera creyente.

Pedro advierte: "Hubo también falsos profetas entre el pueblo, como habrá entre vosotros falsos maestros, que introducirán encubiertamente herejías destructoras, y aun negarán al Señor que los rescató, atrayendo sobre sí mismos destrucción repentina. Y muchos seguirán sus disoluciones, por causa de los cuales el camino de la verdad será blasfemado, y por avaricia harán mercadería de vosotros con palabras fingidas" (2 P. 2:1-3). Unos cuantos versículos después Pedro expresa que tales individuos que hablan "mal de cosas que no entienden" son "como animales irracionales, nacidos para presa y destrucción, [y que por eso] perecerán en su propia perdición" (v. 12). Usando como ejemplos las dos mismas especies de animales que Jesús menciona en nuestro texto actual, Pedro cierra su advertencia con estas palabras: "Les ha acontecido lo del verdadero proverbio: El perro vuelve a su vómito, y la puerca lavada a revolcarse en el cieno" (v. 22).

Los perros y **los cerdos** representan a los que debido a su gran perversidad e impiedad se niegan a tener algo que ver con lo **santo** y con las cosas preciosas de Dios, y más bien se esperará **que las pisoteen, y se vuelvan y… despedacen** al pueblo de Dios.

Habrá ocasiones en que el evangelio que presentamos será absolutamente rechazado y ridiculizado, y emitiremos juicio para alejarnos y no hablar más, decidiendo que debemos sacudir "el polvo de [nuestros] pies" (Mt. 10:14) y comenzar a ministrar en alguna otra parte. Habrá veces en que aquellos a quienes testificamos resistirán el evangelio y blasfemarán de Dios, y podríamos expresar palabras de juicio. Al igual que Pablo, debemos decir entonces: "Vuestra sangre sea sobre vuestra propia cabeza; yo, limpio; desde ahora me iré a los gentiles" (Hch. 18:6). Cuando la gente no solo rechaza el evangelio sino que insiste en burlarse y maldecirlo, no debemos desperdiciar la santa Palabra de Dios y las valiosas **perlas** de su verdad en un intento inútil y frustrante de ganar a esos individuos. Debemos dejarlos al Señor, confiando en que de algún modo el Espíritu Santo pueda penetrarles el corazón —como al parecer hizo con algunos de quienes al principio rechazaron la predicación de Pablo y de los demás apóstoles—, o dejarlos al justo juicio de Dios.

Un juicio garantizado viene cuando desechamos "al hombre [que pertenece a una secta, o que es un hereje] después de una y otra amonestación… sabiendo que el tal se ha pervertido, y peca y está condenado por su propio juicio" (Tit. 3:10-11). Ese texto muestra que en tal situación el creyente no condena, sino que más bien puede reconocer a una persona que ya se ha condenado sola.

Mateo 7:6 es uno de los "dichos duros" de Jesús. Debemos tomar en serio el mandato y hacer todo lo posible por obedecerlo, porque es la voluntad del Señor. Sin embargo, debido a que el tema es bastante serio, y a que podríamos estar inclinados a creernos muy justos y buenos, y ser críticos, debemos depender del Señor con cuidado y sinceridad especiales. Aunque determinemos que una persona es demasiado rebelde para oír el evangelio, o que es un hereje y un falso maestro, seguimos nuestro camino no en juicio con aire de suficiencia sino con gran desilusión y tristeza, recordando cómo nuestro Señor, cuando se acercaba a Jerusalén por última vez, "al verla, lloró" por quienes se negaron a reconocer y recibir a su Rey (Lc. 19:41-42). Evitar un juicio erróneo y lograr un discernimiento justo es estar marcado como ciudadano del reino celestial.

A empezar a amar

41

Pedid, y se os dará; buscad, y hallaréis; llamad, y se os abrirá. Porque todo aquel que pide, recibe; y el que busca, halla; y al que llama, se le abrirá. ¿Qué hombre hay de vosotros, que si su hijo le pide pan, le dará una piedra? ¿O si le pide un pescado, le dará una serpiente? Pues si vosotros, siendo malos, sabéis dar buenas dádivas a vuestros hijos, ¿cuánto más vuestro Padre que está en los cielos dará buenas cosas a los que le pidan? Así que, todas las cosas que queráis que los hombres hagan con vosotros, así también haced vosotros con ellos; porque esto es la ley y los profetas. (7:7-12)

Aquí tenemos la conclusión del tema principal del Sermón del Monte, que es darnos las normas de la vida en el reino. Jesús ha dado las normas relacionadas con uno mismo, con la moral, la religión, y el dinero y las posesiones. Aquí concluye dándonos las normas sobre las relaciones humanas que comenzaron en los versículos 1-6.

Este pasaje forma el lado positivo del resumen de Jesús respecto de los principios que llevan a las relaciones humanas adecuadas. Amar a los demás del mismo modo que Dios quiere que amemos requiere antes que nada hacerlo sin arrogancia moral, sin criticar de forma descuidada, y sin condenar a otros de manera inmisericorde. Si esa actitud está presente, tiene que eliminarse. No ser injustamente críticos con una persona no es lo mismo que amarla, pero es absolutamente necesario antes que pueda existir el verdadero amor. Sin embargo, el amor es mucho más que algo negativo; es muchísimo más que simplemente no desear mal a otros ni hacerles algo malo. La simple ausencia de odio y de mala voluntad no constituye amor.

El lado positivo del amor es el lado activo, el lado productivo, el lado que resulta en la verdadera medida y prueba del amor. Esto no se ve en lo que nos abstenemos de hacer sino en lo que hacemos. (Todas las formas del verbo griego en las descripciones del amor en 1 Corintios 13:4-7 resaltan acción). La expresión clave de ese principio está en el versículo 12: **Así que, todas las cosas que queráis que los hombres hagan con vosotros, así también haced vosotros con ellos,** a lo cual los versículos 1-11 señalan como comentario e ilustración por adelantado. A menudo se hace referencia a ese versículo como la regla de oro y también como el monte Everest de la ética (William Barclay, *Comentario al Nuevo Testamento* [Barcelona: Editorial Clie, 1999], p. 76). Alfred Edersheim, el famoso estudioso de la Biblia, dice que ese fue el enfoque más cercano al amor absoluto que fue capaz la naturaleza humana, y el obispo J. C. Ryle escribió: "[Esta verdad] responde a un centenar de diferentes cosas… y evita la necesidad de que se establezcan interminables reglas pequeñas para nuestra conducta en casos específicos" (*Expository Thoughts on the Gospels: St. Matthew* [Londres: James Clarke, 1965], p. 66).

Jesús nos da tres razones para obedecer el mandato de amar a otros como a nosotros mismos: la promesa de Dios a sus hijos lo exige, su modelo para sus hijos lo exige, y su propósito para sus hijos lo exige.

LA PROMESA DE DIOS A SUS HIJOS LO EXIGE

Pedid, y se os dará; buscad, y hallaréis; llamad, y se os abrirá. Porque todo aquel que pide, recibe; y el que busca, halla; y al que llama, se le abrirá. (7:7-8)

He aquí una de las promesas más grandes y completas del Señor para quienes le pertenecen, para los que son sus hijos y ciudadanos del reino. A la luz de esta gran promesa podemos sentirnos libres para amar por completo a los demás y sacrificarnos totalmente por otros, porque nuestro Padre celestial establece el ejemplo en su generosidad para con nosotros, y promete que tenemos acceso a su tesoro eterno e ilimitado a fin de satisfacer tanto nuestras propias necesidades como las de ellos. Podemos hacer por otros lo que queremos que ellos hagan por nosotros (véase v. 12) sin temor de agotar los recursos divinos y que no quede nada.

Los versículos 7-11 forman un puente perfecto entre la enseñanza negativa acerca de un espíritu crítico y la enseñanza positiva de la regla de oro (v. 12). Aunque hemos sido limpiados de nuestro pecado —habiéndonos quitado la "viga" de nuestro ojo— necesitamos sabiduría divina para saber cómo ayudar a que un hermano quite la "paja" de su ojo (v. 5). Y sin la ayuda de Dios no podemos estar seguros de cuáles son los "perros" o los "cerdos", que son los falsos profetas y apóstatas a quienes no debemos ofrecer las cosas santas y preciosas de la Palabra de Dios (v. 6). Estas consideraciones nos llevan a invocar al Señor.

De las muchas cosas por las cuales debemos **pedir, buscar** y **llamar,** la sabiduría de Dios está entre nuestras mayores necesidades. No podemos discernir y discriminar sin el consejo divino de nuestro Padre celestial; y el medio principal para lograr tal sabiduría es pedirla en oración. "Si alguno de vosotros tiene falta de sabiduría, pídala a Dios, el cual da a todos abundantemente y sin reproche, y le será dada" (Stg. 1:5).

Dios nos ofrece muchos principios en su Palabra, pero no muestra reglas o métodos específicos para cada situación concebible. Por una parte, las situaciones son cambiantes y varían en gran manera de época en época y de persona en persona. Dar reglas específicas para toda circunstancia requeriría una biblioteca gigantesca de tomos. Pero aún más importante que eso es el deseo de Dios de que confiemos directamente en Él. Dios quiere que nos concentremos en su Palabra, y si no lo hacemos, no podemos orar de modo sabio o justo.

Pero aún más allá de centrarnos en la Biblia, Dios quiere que estemos en comunión con Él como nuestro Padre. Junto con su perfecta e infalible Palabra, necesitamos que su Espíritu nos ayude a interpretarla, que nos ilumine, nos aliente y nos fortalezca. Él no quiere que tengamos todas las respuestas en nuestro bolsillo. La Biblia es un almacén sin límites acerca de la verdad divina, que una vida del estudio más fiel y diligente no puede agotar. Pero aparte de Dios mismo no podemos ni siquiera empezar a sondear las profundidades de las Escrituras o extraer sus riquezas. En su Palabra Dios nos entrega suficiente verdad para ser responsables, pero también suficiente misterio para que seamos dependientes. Dios nos da su Palabra no solo para dirigir nuestra vida sino para acercar nuestra vida a Él.

Aquí Jesús en realidad expone: "Si queréis sabiduría para saber cómo ayudar a un hermano pecador y para poder discernir la mentira y la apostasía, acudid a vuestro Padre celestial. **Pedid, buscad** y **llamad** a las puertas del cielo, y recibiréis, encontraréis y se te abrirá la puerta".

Contrario a algunas interpretaciones populares, los versículos 7-8 no son un cheque en blanco para que cualquier persona lo presente a Dios. Primero, la promesa es válida solo para creyentes. A lo largo de las promesas del Sermón del Monte Jesús se dirige a creyentes. Una multitud de incrédulos, incluso algunos escribas y fariseos, sin duda estaban ese día entre los oyentes en la ladera del monte. Sin embargo, en este sermón Jesús *siempre* habla de escribas, fariseos, hipócritas, falsos profetas, seguidores insinceros, y todos los demás incrédulos en tercera persona, como si ninguno de ellos fuera el blanco directo de sus palabras. En otras ocasiones (como en Mt. 23) el Señor se dirige a tales individuos de modo directo; pero durante este mensaje todas sus referencias a ellos son indirectas. Jesús entrega este sermón a sus discípulos (5:1-2), mientras la multitud escucha.

Todo aquel se refiere a aquellos que pertenecen al Padre celestial. Los que no son hijos de Dios no pueden llegar a Él como su Padre. Las dos relaciones básicas enfocadas en el libro de Mateo son las del reino de Dios y la familia de Dios. El concepto del reino trata con el gobierno, y el concepto de familia trata con la relación. En el Sermón del Monte el enfoque principal está en la familia de Dios, y vemos referencias repetidas a Dios como Padre celestial (v. 11; cp. 5:16, 45, 48; 6:4, 8-9, 26, 32) y a compañeros creyentes como hermanos (5:22-24; 7:3-5).

Las dos realidades más grandes de la verdad cristiana son que Dios es nuestro Padre y que los cristianos son nuestros hermanos. Los creyentes son la familia de Dios. Pablo habla de la Iglesia como "la familia de la fe" (Gá. 6:10) y como "la familia de Dios" (Ef. 2:19). Juan habla en reiteradas ocasiones de Dios como nuestro Padre (1 Jn. 1:2-3; 2:1, 13; 3:1; 4:14) y de los creyentes como hijos de Dios (1 Jn. 3:10; 5:2) y como hermanos unos de otros (1 Jn. 2:9-11; 3:10-12; 4:20).

Segundo, aquel que reclama esta promesa debe estar viviendo en obediencia a su Padre. Juan aclara: "Cualquiera cosa que pidiéremos la recibiremos de él, porque guardamos sus mandamientos, y hacemos las cosas que son agradables delante de él" (1 Jn. 3:22).

Tercero, nuestro motivo al pedir debe ser correcto. Santiago explica: "Pedís, y no recibís, porque pedís mal, para gastar en vuestros deleites" (Stg. 4:3). Dios no se obliga a responder peticiones egoístas y carnales de sus hijos.

Por último, debemos ser sumisos a la voluntad de Dios. Si estamos tratando de servir tanto a Dios como a las riquezas (Mt. 6:24) no podemos reclamar esta promesa. "No piense, pues, quien tal haga, que recibirá cosa alguna del Señor. El hombre de doble ánimo es inconstante en todos sus caminos" (Stg. 1:7-8). Juan aclara: "Esta es la confianza que tenemos en él, que si pedimos alguna cosa conforme a su voluntad, él nos oye" (1 Jn. 5:14). Tener confianza en la oración contestada en cualquier otra base es tener una confianza falsa y ostentosa sobre algo que el Señor no ha prometido honrar.

Otra posible clasificación es la perseverancia, sugerida por los tiempos presentes imperativos **pedid, buscad** y **llamad.** La idea es de continuidad y constancia: "Manténganse pidiendo; manténganse buscando; manténganse llamando". También vemos una progresión de intensidad en los tres verbos, desde el simple pedir al más agresivo buscar y al aún más agresivo llamar. No obstante, ninguna de las ilustraciones es complicada o poco clara. Hasta el niño más pequeño sabe qué es pedir, buscar y llamar.

La progresión en intensidad también sugiere que nuestras peticiones sinceras al Señor no deben ser pasivas. Independientemente de su voluntad, sabemos que debemos hacer lo que deberíamos hacer. Si estamos pidiendo al Señor que nos ayude a encontrar un trabajo, nosotros mismos debemos estar buscando trabajo mientras esperamos su guía y provisión. Si no tenemos comida debemos estar tratando de ganar dinero para comprarla si podemos. Si queremos ayudar a confrontar a un hermano en cuanto al pecado, debemos tratar de averiguar todo lo que podamos acerca de él y de su situación, y todo lo que la Palabra de Dios dice respecto al asunto implicado. No es fe sino ostentación pedir al Señor que provea más cuando no estamos usando fielmente lo que Él ya nos ha concedido.

EL MODELO DE DIOS PARA SUS HIJOS LO EXIGE

¿Qué hombre hay de vosotros, que si su hijo le pide pan, le dará una piedra? ¿O si le pide un pescado, le dará una serpiente? Pues si vosotros, siendo malos, sabéis dar buenas dádivas a vuestros hijos, ¿cuánto más vuestro Padre que está en los cielos dará buenas cosas a los que le pidan? (7:9-11)

Estos versículos siguen señalando y ejemplificando la regla de oro en el versículo 12. También debemos amar a otros como nos amamos a nosotros mismos, porque es parte del patrón de vida de Dios para sus hijos y ciudadanos del reino. "Sed, pues, imitadores de Dios como hijos amados. Y andad en amor, como también Cristo nos amó, y se entregó a sí mismo por nosotros, ofrenda y sacrificio a Dios en olor fragante" (Ef. 5:1-2).

Si afirmamos ser hijos de Dios, la naturaleza divina debe reflejarse en nuestras vidas, imperfectas como todavía son. Jesús procede aquí a mostrarnos algo de cómo es el amor del Padre celestial. Primero ofrece varios ejemplos de las relaciones de la familia humana haciendo dos preguntas retóricas.

¿Qué hombre hay de vosotros, es decir, qué padre amoroso, **si su hijo le pide pan, le dará una piedra?** La respuesta obvia es: ningún hombre, ningún padre amoroso. El más cruel de los padres difícilmente engañaría a su propio hijo dándole de comer una piedra que parezca un pan. Aunque el hijo descubriera el engaño antes de romperse un diente, el corazón se le destrozaría por la crueldad de su padre.

Jesús continúa: ¿O si el hijo **le pide un pescado, le dará** el padre **una serpiente?** La idea no es que la serpiente estuviera viva y fuera venenosa, representando por tanto un peligro físico para el hijo. La sugerencia es la de una serpiente que está cocinada a fin de que parezca carne común y corriente y que, a diferencia de la piedra, supliría la necesidad física del muchacho. Pero ya que las serpientes estaban entre los animales inmundos (Lv. 11:12), los judíos no debían comerlas. Un padre judío amoroso no engañaría ni contaminaría a su hijo para que deshonrara la Palabra de Dios, haciéndole comer alimentos ceremonialmente impuros. Nuestro Señor simplemente está mostrando que no es natural para un padre ignorar las necesidades físicas o espirituales de su hijo.

En el relato de Lucas, Jesús ofrece la ilustración añadida y más dramática de un escorpión que se da en lugar de un huevo (11:12). Ciertos escorpiones del Cercano Oriente eran bastante grandes y parecían el huevo de un ave cuando se acurrucaban para dormir. En este caso el engaño ocasionaría gran peligro físico al hijo, incluso una muerte agonizante.

Pues si vosotros, siendo malos —como padres humanos pecadores— **sabéis dar buenas dádivas a vuestros hijos, ¿cuánto más vuestro Padre que está en los cielos dará buenas cosas a los que le pidan?** He aquí una de las muchas enseñanzas bíblicas específicas de la naturaleza caída y maligna del ser humano caído. Jesús no está hablando de padres específicos que son especialmente crueles y malvados, sino de padres humanos en general, todos los cuales por naturaleza son pecadores.

Aquellos que no conocen al Dios verdadero no tienen fuente divina a la cual acudir con seguridad y confianza. La mayoría de dioses paganos no son más que imágenes de la vida de los hombres que las hacen y adoran. La mitología griega habla de Aurora, la diosa del amanecer, quien se enamoró de Titón, un joven mortal. Cuando Zeus, el rey de los dioses, prometió concederle cualquier regalo que ella escogiera para su amante, Aurora pidió que Titón pudiera vivir para siempre; pero olvidó pedirle que también se mantuviera joven eternamente. Por tanto, cuando Zeus concedió la petición, Titón fue condenado a una eternidad de envejecimiento perpetuo (*Himno homérico a Afrodita* [5.218-38]). Esas son las maneras caprichosas de proceder de los dioses que los hombres crean.

Pero no sucede así con el Dios y Padre de nuestro Señor Jesucristo. Tal como en el capítulo anterior, Jesús usa la frase **cuánto más** para describir el amor de Dios por sus hijos (cp. 6:30). Nuestro divino, amoroso, compasivo y clemente **Padre que está en los cielos** no tiene límite en su tesoro para la bondad que está dispuesto a conceder a sus hijos **que le pidan.** La relación más naturalmente desinteresada entre seres humanos es la de los padres con sus hijos. Somos más propensos a sacrificarnos por nuestros hijos, incluso hasta el punto de entregar nuestras vidas, que por cualquier otra persona en el mundo. Pero el amor paternal humano más grande no puede compararse con el de Dios.

No hay límite para lo que nuestro Padre celestial nos dará cuando le pedimos en obediencia y de acuerdo con su voluntad. Otra vez obtenemos verdad adicional del pasaje paralelo en Lucas, que nos dice: "¿Cuánto más vuestro Padre celestial dará el Espíritu Santo a los que se lo pidan?" (11:13).

La verdad que Jesús proclama aquí es que si los padres humanos imperfectos y pecadores dan a sus hijos de manera tan dispuesta y libre los elementos básicos de la vida, Dios los excederá infinitamente en medida y en beneficio. Por eso es que los hijos de Dios somos bendecidos "con toda bendición espiritual" (Ef. 1:3) ofrecida por "las riquezas de su gracia, que hizo sobreabundar para con nosotros" (vv. 7-8). Si queremos que Dios nos trate con amorosa generosidad como sus hijos, debemos tratar así a los demás, porque somos portadores de la imagen del Padre celestial.

EL PROPÓSITO DE DIOS PARA SUS HIJOS LO EXIGE

Así que, todas las cosas que queráis que los hombres hagan con vosotros, así también haced vosotros con ellos; porque esto es la ley y los profetas. (7:12)

La implicación de los versículos 7-11 se hace explícita en el versículo 12. El amor perfecto del Padre celestial se refleja más en sus hijos cuando estos tratan a los demás como ellos mismos quieren ser tratados.

Dentro de un incrédulo no hay capacidad para amar del modo en que Jesús manda aquí. Los no creyentes pueden realizar muchas cosas éticas, e incluso de vez en cuando pueden acercarse al nivel de estas normas éticas más elevadas. Pero no pueden mantener ese desinterés porque no tienen el recurso divino necesario para vivir de manera regular y habitual en ese plano.

Así que, todas las cosas que queráis que los hombres hagan con vosotros resume el sermón hasta este punto, y **así también haced vosotros con ellos** es un resumen de **la ley y los profetas.** Esta es también una paráfrasis del segundo gran mandamiento: "Amarás a tu prójimo como a ti mismo" (Mt. 22:39; cp. Lv. 19:18). La regla de oro nos alecciona en cuanto a cómo debemos amar a las demás personas, "mayormente", según señala Pablo, "a los de la familia de la fe" (Gá. 6:10). Y "el que ama al prójimo, ha cumplido la ley" (Ro. 13:8; cp. v. 10; Gá. 5:14).

El modo en que debemos tratar a otros no debe determinarse por cómo *esperamos* que nos traten ni cómo creemos que *deberían* tratarnos, sino por cómo queremos que nos traten. He aquí el meollo del principio, un aspecto de la verdad general que no se encuentra en expresiones similares en otras religiones y filosofías.

Por muchos años el instrumento musical básico fue el clavicordio. Cuando sus teclas están hundidas, una cuerda es pulsada para crear la nota deseada, tal como una cuerda de guitarra se pulsa con una uña. Pero el tono hecho de esa manera no es puro, y el mecanismo es relativamente lento y restrictivo. En algún momento a lo largo del último cuarto del siglo XVIII, durante la vida de Beethoven, un músico desconocido modificó el clavicordio de tal modo que las teclas activaban percusores que golpeaban las cuerdas en vez de pulsarlas. Con ese cambio menor se hizo una mejora importante que en adelante enriquecería radicalmente todo el mundo musical, dando una grandeza y una amplitud nunca antes conocida.

Ese es el tipo de cambio revolucionario que Jesús ofrece en la regla de oro. Todas las demás formas de este principio básico se han dado en términos puramente negativos, y se encuentran en la literatura de casi toda religión y sistema filosófico importante. El rabino judío Hillel manifestó: "Lo que te es odioso, no lo hagas a otra persona". El libro de Tobías en los apócrifos enseña: "Lo que tú mismo aborreces, a ningún hombre hagas". Los eruditos judíos en Alejandría que tradujeron la Septuaginta (Antiguo Testamento griego) aconsejaron en una determinada pieza de correspondencia: "Del modo que deseas que ningún mal te acontezca, sino más bien ser partícipe de todas las cosas buenas, así deberías actuar en el mismo principio para con tus súbditos y malhechores". Confucio enseñó: "Lo que no quieres que te hagan, no se lo hagas a los demás". Un antiguo rey griego llamado Nicocles escribió: "No hagas a otros lo que te hace enojar cuando lo experimentas a manos de otras personas". El filósofo griego Epicteto declaró: "El sufrimiento que evitas para ti mismo, no se lo aflijas a otros". Los estoicos promovían el principio: "Lo que no quieres que te hagan, no se lo hagas a nadie más". En cada caso el énfasis es negativo. El principio es parte importante de las relaciones humanas correctas, pero queda corto, muy corto, de la norma perfecta de Dios.

Tales expresiones van solo hasta donde el hombre pecador puede ir, y no son expresiones esencialmente de amor sino de interés personal. La motivación es básicamente egoísta: abstenerse de dañar a los demás a fin de que no nos hagan daño. Tales formas negativas de la regla no son de oro, porque son sobre todo normas utilitarias motivadas por el temor y la preservación propia. Así nos dicen varias veces las Escrituras respecto a la humanidad caída: "Todos se desviaron, a una se hicieron inútiles; no hay quien haga lo bueno, no hay ni siquiera uno" (Ro. 3:12; cp. Sal. 14:3); "cada cual se apartó por su camino" (Is. 53:6).

El problema básico del hombre es la preocupación por sí mismo. Lo acosa de manera innata el narcisismo, una condición llamada así por el personaje mitológico griego Narciso, quien pasó su vida admirando su reflejo en un estanque de agua. En el análisis final, todo pecado resulta de la preocupación por nosotros mismos. Pecamos porque somos totalmente egoístas, totalmente dedicados a nosotros mismos, en vez de estar dedicados a Dios y a los demás. Un hombre no regenerado no puede estar a la altura de la norma del amor desinteresado, el amor que ama a los demás como a sí mismo y que trata a otros de la misma manera que queremos que nos traten.

Solo Jesús ofrece la plenitud de la verdad, que abarca tanto lo positivo como lo negativo. Y solo Jesús puede dar el poder para vivir por esa plena verdad. La dinámica para vivir por esta ética suprema debe venir de fuera de nuestra naturaleza caída. Por lo que solo puede venir cuando el Espíritu Santo, cuyo primer fruto es el amor (Gá. 5:22), mora dentro de nosotros. En Jesucristo, "el amor de Dios ha sido derramado en nuestros corazones por el Espíritu Santo que nos fue dado" (Ro. 5:5). Solo el propio Espíritu de Cristo puede fortalecernos para amarnos unos a otros como Él nos ama (Jn. 13:34). Podemos amar solamente en una manera divina porque fue primero Dios mismo quien nos amó de manera divina (1 Jn. 4:19).

El amor desinteresado no sirve para evitar su propio daño o para asegurar su propio bienestar. Sirve para el bien de la persona a la que se sirve, y sirve en la forma en que le gusta ser servido, ya sea que alguna vez reciba tal servicio o no. Ese nivel de amor es el nivel divino, y puede lograrse tan solo con la ayuda divina. Solamente los hijos de Dios pueden tener relaciones correctas con los demás, porque poseen la motivación y el recurso para abstenerse de condenar a otros con arrogancia moral y para amar en una manera totalmente desinteresada.

¿Cuál es el camino al cielo? **42**

Entrad por la puerta estrecha; porque ancha es la puerta, y espacioso el camino que lleva a la perdición, y muchos son los que entran por ella; porque estrecha es la puerta, y angosto el camino que lleva a la vida, y pocos son los que la hallan. (7:13-14)

He aquí el recurso al que Jesús ha estado apelando a través de todo el sermón. Él llama a decidir ahora entre cómo llegar a ser ciudadanos del reino de Dios y heredar vida eterna, o seguir siendo ciudadanos de este mundo caído y recibir condenación. El camino a la vida es solo en los términos de Dios; el camino a la condenación es en los términos que el individuo quiere, porque todos los caminos menos el de Dios llevan al mismo destino.

Jesús ha estado enseñando las normas de Dios a lo largo del sermón, normas que son santas y perfectas, y diametralmente opuestas a las normas endiosadas, autosuficientes e hipócritas del ser humano, tipificadas por los escribas y fariseos. El Señor ha mostrado cómo es su reino y cómo es su pueblo, y cómo no son. Ahora presenta la alternativa de entrar o no al reino. Aquí se enfoca en la inevitable decisión que, frente a la encrucijada, toda persona debe tomar en relación a la **puerta** por la que entrará y el **camino** que seguirá.

Nuestra vida está llena de decisiones: qué vestir, qué comer, a dónde ir, qué hacer, qué decir, qué comprar, con quién casarse, qué carrera seguir, y así sucesivamente. Muchas de las decisiones son triviales e insignificantes, y algunas son esenciales y cambian la vida. La más crítica de todas es nuestra decisión acerca de Jesucristo y su reino. Esa es la decisión suprema que determina nuestro destino eterno, y es la decisión que Jesús pide aquí que tomen los seres humanos.

En perfecta armonía con su soberanía absoluta, Dios siempre ha permitido que los hombres elijan seguirlo o no, y siempre les ha declarado que decidan por Él o que enfrenten las consecuencias de tomar una decisión en contra de Él. Desde que la humanidad le dio la espalda en la caída, Dios ha hecho todo lo posible y no ha escatimado ningún costo en invitar a sus criaturas a que vuelvan a Él. Ha proporcionado y mostrado el camino, dejando al hombre nada más que la decisión. Dios tomó su decisión al proporcionar el camino de la redención. Ahora la decisión es del individuo.

Mientras Israel estaba en el desierto, el Señor le dio instrucciones a Moisés de que dijera al pueblo: "A los cielos y a la tierra llamo por testigos hoy contra vosotros, que os he puesto delante la vida y la muerte, la bendición y la maldición; escoge, pués, la vida, para que vivas tú y tu descendencia; amando a Jehová tu Dios, atendiendo a su voz, y siguiéndole a él" (Dt. 30:19-20).

Después que Israel entrara a la tierra prometida, Josué volvió a confrontar al pueblo con una decisión: seguir sirviendo a los dioses egipcios y cananeos que los hebreos habían adoptado, o volverse al Señor que los había liberado de Egipto y les había dado la tierra prometida a través de Abraham. "Escogeos hoy a quién sirváis", declaró Josué (Jos. 24:13-15).

En el monte Carmelo el profeta Elías preguntó al pueblo de Israel: "¿Hasta cuándo claudicaréis vosotros entre dos pensamientos? Si Jehová es Dios, seguidle; y si Baal, id en pos de él" (1 R. 18:21). El Señor mandó a Jeremías que volviera a enfrentar al pueblo con su decisión: "Así ha dicho Jehová: He aquí pongo delante de vosotros camino de vida y camino de muerte" (Jer. 21:8).

En Juan 6:66-69, Jesús exigió tomar una decisión: "Desde entonces muchos de sus discípulos volvieron atrás, y ya no andaban con él. Dijo entonces Jesús a los doce: ¿Queréis acaso iros también vosotros? Le respondió Simón Pedro: Señor, ¿a quién iremos? Tú tienes palabras de vida eterna. Y nosotros hemos creído y conocemos que tú eres el Cristo, el Hijo del Dios viviente".

Ese es el llamado que Dios ha estado haciendo a los seres humanos desde que se alejaran de Él, y es la apelación suprema de su Palabra.

En su poema *Los caminos,* El poeta británico John Oxenham escribió:

> A todos los hombres se les abre
> un camino, y caminos y un camino,
> y el alma elevada se dirige por el camino alto,
> y el alma baja escoge el camino bajo,
> y, en medio, en las nubladas planicies,
> caminan los demás sin rumbo fijo.
> Pero a todos los hombres se les abre
> un camino alto y otro bajo,
> y cada hombre decide
> el camino que emprenderá su alma.
> (Tomado de http://www.spend-in.com/fotos/articulos/4046/4046.pdf)

En el Sermón del Monte Jesús presenta todavía una vez más esa gran variedad de opciones. De ahí que este sermón no pueda simplemente ser admirado y alabado por su ética. Sus verdades bendecirán a quienes acepten al Rey, pero dictarán sentencia sobre aquellos que lo rechazan. Aquel que admira el camino de Dios pero no lo acepta está bajo mayor juicio, porque reconoce que conoce la verdad.

Este sermón tampoco se aplica únicamente a la era futura del reino milenial. Las verdades que Jesús enseña aquí son verdades cuya esencia Dios enseña en el Antiguo Testamento y a lo largo del Nuevo Testamento. Son verdades para el pueblo de Dios de toda época, y la decisión en cuanto a **la puerta** y **el camino** siempre ha sido una decisión del momento.

La opción es entre uno y muchos, el único correcto y los muchos equivocados, el único camino verdadero y los muchos falsos caminos. Según John Stott, en Mateo 7:13-14 "Jesús trasciende nuestro sincretismo tolerante" (*Christian Counter-Culture* [Downers Grove, Ill.: InterVarsity, 1978], p. 193). No existen muchos caminos al cielo, sino uno solo. No existen muchas religiones buenas, sino una sola. El hombre no puede llegar a Dios por *ninguno* de los caminos que él mismo crea, sino solo por el único camino que Dios mismo ha proporcionado.

El contraste que Jesús hace no es entre religión e irreligión, ni entre las religiones superiores y las inferiores. Tampoco es un contraste entre gente buena y honesta, y gente vil e impura. Se trata de un contraste entre la justicia divina y la justicia humana, la cual *toda* es injusta. Es un contraste entre revelación divina y religión humana, entre verdad divina y mentira humana, entre confiar en Dios y confiar en uno mismo. Se trata del contraste entre la gracia de Dios y las obras del ser humano.

Siempre ha habido únicamente dos sistemas de religión en el mundo. Uno es el sistema de Dios de logro divino, y el otro es el sistema del hombre de logro humano. Uno es la religión de la gracia de Dios, el otro la religión de las obras del hombre. Uno es la religión de la fe, el otro la religión de la carne. Uno es la religión del corazón sincero y lo interno, la otra la religión de la hipocresía y lo externo. Dentro del sistema del hombre hay miles de nombres y formas religiosas, pero todas ellas están edificadas sobre los logros del ser humano y la inspiración de Satanás. Por otra parte, el cristianismo es la religión del logro divino, y es independiente de todo lo demás.

Incluso la ley dada a través de Moisés, aunque divina, no fue un medio de salvación sino más bien un medio para mostrar la necesidad de salvación en el ser humano. Pablo explica: "Por las obras de la ley ningún ser humano será justificado delante de él; porque por medio de la ley es el conocimiento del pecado" (Ro. 3:20). La ley vino para mostrarnos nuestra pecaminosidad y culpa delante de Dios, y para mostrarnos que somos incapaces por nosotros mismos de cumplir la perfecta ley de Dios.

Pero cuando el hombre egocéntrico y moralista vio que era pecador por la norma de la ley, simplemente puso de lado la ley e ideó normas propias. Inventó nuevas religiones que dieran hospedaje a sus defectos y que fueran humanamente alcanzables. Por tanto, al cumplir con sus propias normas asequibles el hombre mismo se consideró justo. Eso es lo que los rabinos y los escribas habían hecho con relación a sus tradiciones. Rebajaron las normas de Dios, elevaron sus propias opiniones, y creyeron que habían obtenido una reputación justa con Dios (Ro. 10:3). Esa es exactamente la clase de justicia autoatribuida respecto a la que Jesús declara que nunca logrará hacer que alguien entre al reino de Dios (Mt. 5:20).

A partir de aquí y durante el resto del sermón (vv. 13-27) Jesús señala varias veces dos aspectos: la necesidad de elegir si seguir o no a Dios, y el hecho de que las decisiones son dos y solo dos. Hay dos puertas, la estrecha y la ancha; dos caminos, el angosto y el espacioso; dos destinos, la vida y la destrucción; dos grupos, los pocos y los muchos; dos tipos de árboles, los buenos y los malos, que producen dos clases de fruto, el bueno y el malo; dos tipos de individuos que profesan tener fe en Jesucristo, los sinceros y los falsos; dos clases de edificadores, los prudentes y los insensatos; dos cimientos, la roca y la arena; y dos casas, la segura y la insegura. En toda prédica habrá la exigencia de un veredicto. Jesús hace la decisión más clara que el agua.

En los versículos 13-14 el Señor trata con los cuatro primeros de tales contrastes: las dos puertas, los dos caminos, los dos destinos, y los dos grupos.

LAS DOS PUERTAS

Entrad está en tiempo imperativo aoristo, y por tanto exige una acción definida y específica. El mandato no es de admirar **la puerta** ni reflexionar en ella, sino de entrar. Mucha gente admira los principios del Sermón del Monte, pero no los siguen. Mucha gente respeta y alaba a Jesucristo, pero no lo recibe como Señor y Salvador. Debido a que nunca reciben al Rey y no entran al reino, están tan separados del Rey y tan afuera de su reino como lo está el ateo más reacio o el pagano más inmoral.

El mandato de Jesús no es de entrar simplemente por *cualquier* puerta sino de entrar **por la puerta estrecha.** Todas las personas entran por una puerta o por la otra; eso es inevitable. Jesús aboga para que los hombres escojan la **puerta** *correcta,* la puerta de Dios, la única puerta **que lleva a la vida** y al cielo.

En repetidas ocasiones Jesús ha mostrado la estrechez de la norma interna de justicia de Dios, en contraste con las normas anchas y externas de la tradición judía. La senda hacia ese camino estrecho de la vida en el reino es a través de **la puerta estrecha** del Rey mismo. "Yo soy el camino, y la verdad, y la vida; nadie viene al Padre, sino por mí" (Jn. 14:6).

Cuando predicamos, enseñamos y damos testimonio de que Cristo es el único camino a Dios, no estamos proclamando nuestro propio punto de vista de la religión correcta sino la revelación divina de la verdad. No proclamamos el camino estrecho simplemente porque ya estamos en él, ni porque sucede que satisface nuestro temperamento, ni debido a que somos intolerantes y exclusivos. Proclamamos el camino angosto porque es el único sendero de Dios para que los hombres encuentren salvación y vida eterna. Proclamamos un evangelio estrecho porque Jesús manifestó: "Yo soy la puerta; el que por mí entrare, será salvo" (Jn. 10:9). Proclamamos un evangelio estrecho porque "en ningún otro hay salvación; porque no hay otro nombre bajo el cielo, dado a los hombres, en que podamos ser salvos" (Hch. 4:12), y "porque hay un solo Dios, y un solo mediador entre Dios y los hombres, Jesucristo hombre" (1 Ti. 2:5). Proclamamos un evangelio estrecho porque ese es el único evangelio que Dios ha dado y, por tanto, el único evangelio que existe.

La persona que entra **por la puerta estrecha** debe entrar sola. No podemos llevar a nadie más ni nada más con nosotros. Algunos comentaristas sugieren que un torniquete representa la idea implícita de una **puerta estrecha.** Un torniquete permite pasar únicamente a una persona sin equipaje a la vez. La gente no entra al reino en grupos, sino por separado. Los judíos tenían la idea equivocada de que todos estaban juntos en el reino de Dios mediante salvación racial, simbolizada por la circuncisión.

Además, la puerta de Dios es tan estrecha que debemos atravesarla desnudos. Es la puerta de la abnegación, por medio de la cual nadie puede llevar el equipaje del pecado y la voluntad propia. Cuando cantamos: "Nada en mi mano traigo, simplemente a tu cruz me aferro", estamos siendo testigos del camino del evangelio. El camino de Cristo es la senda de la cruz, y la senda de la cruz es el camino del sacrificio. "Si alguno quiere venir en pos de mí, niéguese a sí mismo, y tome su cruz, y sígame. Porque todo el que quiera salvar su vida, la perderá; y todo el que pierda su vida por causa de mí, la hallará" (Mt. 16:24-25).

Jesús confrontó al joven rico que buscaba vida eterna y le presentó una prueba de la disposición de someterse al señorío de Cristo: "Aún te falta una cosa: vende todo lo que tienes, y dalo a los pobres, y tendrás tesoro en el cielo; y ven, sígueme" (Lc. 18:22). Tal como demostró la respuesta de este joven, su deseo de gobernar su propia vida y de aferrarse a su riqueza terrenal le impidió entrar al reino, porque "cuando el hombre oyó esto, se entristeció mucho, pues era muy rico" (v. 23). El joven rico también dio evidencia de su fariseísmo y autoengaño al negar el verdadero estado de su pecado (v. 21), porque si en su corazón hubiera guardado de veras todos los mandamientos, tal como había afirmado, sin duda habría guardado el más grande de los mandamientos que es amar a Dios con todo el corazón, el alma, y las fuerzas (Dt. 6:5; cp. Mt. 22:37); por tanto, el personaje de la historia habría seguido a Cristo con total compromiso. El problema con ese joven era simplemente de señorío. Jesús lo confrontó en el asunto del control de vida. Quien llega a la salvación cede el control a Cristo, aunque eso signifique renunciar a todo o que se le permita mantenerlo todo y recibir más. La salvación cambia la soberanía al cederla a Cristo.

Amar a Dios con todo lo que tenemos es tirar por la borda la confianza en nosotros mismos, en logros personales, justicia propia, y autosatisfacción. Jesús nos advirtió: "De cierto os digo, que si no os volvéis y os hacéis como niños, no entraréis en el reino de los cielos" (Mt. 18:3). La característica de un hijo es su dependencia, su total dependencia para todo lo que tiene. La fe salvadora no es simplemente un acto de la mente; cuenta el costo (Lc. 14:28). Se trata también de un despojo de nosotros mismos y de llorar, tal como hizo el recaudador de impuestos en el templo: "Dios, sé propicio a mí, pecador" (Lc. 18:13). Creer que la salvación es fácil no es una creencia bíblica. La **puerta estrecha** significa que quienes entran se han despojado de todo lo que poseen, en lugar de añadir a Jesús a los tesoros que han acumulado. La salvación es el intercambio de todo lo que somos por todo lo que Él es (véase Mt. 13:44-46). Y como hizo con Job, el Señor devolverá mucho más.

La puerta estrecha demanda arrepentimiento. Muchos judíos creían que el solo hecho de ser judíos, descendientes físicos de Abraham, era suficiente para entrar al cielo. Muchas personas hoy día creen que estar en la iglesia las califica para el cielo. Algunos incluso creen que el simple hecho de ser humanos los califica, porque Dios es demasiado bueno y bondadoso para excluir a alguien. Dios ofrece el camino a todos, y su más grande anhelo es que todo el mundo entre, pues su deseo es "que ninguno perezca, sino que todos procedan al arrepentimiento" (2 P. 3:9). Pablo predicó "arrepentimiento para con Dios" (Hch. 20:21), como Jesús también había predicado (Mr. 1:14-15). Juan el Bautista preparó un pueblo para el Señor por medio de arrepentimiento (Lc. 3:1-6). El camino del arrepentimiento, de volvernos de nuestro propio camino y nuestra propia justicia al camino y la justicia de Dios, es la única manera de entrar a su reino y, por tanto, la única manera de evitar que perezcamos.

Charles Spurgeon explicó: "Usted y sus pecados deben separarse, o usted y su Dios nunca estarán juntos". No debe guardarse ningún pecado; es necesario renunciar a todos, estos deben ser sacados de la cueva igual que los reyes cananeos y ser colgados al sol".

La vida arrepentida será una vida cambiada. El mensaje principal de la primera epístola de Juan es que la verdadera vida redimida se manifestará en una vida transformada, en la cual la confesión del pecado (1:8-10), la obediencia a la voluntad de Dios (2:4-6), el amor por los demás hijos de Dios (2:9-11; 3:16-17), y la práctica de la justicia (3:4-10) son normales y habituales. "En esto es glorificado mi Padre, en que llevéis mucho fruto, y seáis así mis discípulos" (Jn. 15:8). Cualquier cosa menos que esto es fe condenatoria del demonio (Stg. 2:19), es decir ortodoxa pero sin fruto.

Quienes predican un evangelio de autocomplacencia predican un evangelio totalmente distinto del que Jesús predicó. La puerta del orgullo, del fariseísmo, y de la gratificación personal es **la puerta ancha** del mundo, no **la puerta estrecha** de Dios.

La mayoría de personas se pasan la vida corriendo por ahí junto con las multitudes, haciendo lo que todos los demás hacen y creyendo lo que todos los demás creen. Pero en lo que se refiere a la salvación, no hay seguridad en los números. Si todos en un grupo son salvos se debe a que cada uno de ellos individualmente entra al reino por su propia decisión, fortalecido por el Espíritu Santo, a fin de confiar en Cristo.

DOS CAMINOS

Las dos puertas llevan a dos caminos. **La puerta** que es **ancha** conduce al **camino que es espacioso; y la puerta estrecha,** que es angosta, conduce al **angosto camino que lleva a la vida.** El camino angosto es la senda de los piadosos, y el camino ancho es el sendero de los impíos, y esos son los dos únicos caminos en que los hombres pueden viajar. Del individuo justo se dice que "en la ley de Jehová está su delicia, y en su ley medita de día y de noche. Será como árbol plantado junto a corrientes de aguas, que da su fruto en su tiempo", mientras que los impíos "son como el tamo que arrebata el viento" (Sal. 1:2-4).

El camino que es **espacioso** es el sendero fácil, atractivo, inclusivo, indulgente, permisivo y egoísta del mundo. Existen pocas reglas, pocas restricciones y pocos requerimientos. Para ser aceptados en ese grupo grande y diverso lo único que se debe hacer es profesar a Jesús, o al menos ser religioso. El pecado se tolera, la verdad se modera y a la humildad se ignora. La Palabra de Dios se alaba pero no se estudia, y las normas divinas se admiran pero no se siguen. Este camino no requiere madurez espiritual, carácter moral, ni compromiso, y ningún sacrificio. Se trata del camino fácil de flotar río abajo, en "la corriente de este mundo, conforme al príncipe de la potestad del aire, el espíritu que ahora opera en los hijos de desobediencia" (Ef. 2:2). Es el camino trágico "que al hombre le parece derecho; pero [cuyo] fin es camino de muerte" (Pr. 14:12).

Alguien de las Indias Occidentales que había elegido al islam por sobre el cristianismo declaró que su motivo fue que el islam "es un camino ancho y noble. Hay espacio allí para un hombre con sus pecados. El camino de Cristo es demasiado angosto". Parece que muchos predicadores de hoy no ven ese asunto con tanta claridad como los incrédulos musulmanes.

Sin embargo, **el camino** que es **angosto** es el camino difícil, el camino demandante, el camino del sacrificio y la cruz. *Stenos* (**angosto**) proviene de una raíz que significa "gemir", como estar bajo presión, y se usa en sentido figurado para representar una restricción o constricción. Es la palabra de la cual obtenemos la estenografía, escritura que se abrevia o comprime.

El hecho de que sean **pocos son los que... hallan** el camino de Dios sugiere que se debe buscar con diligencia. "Y me buscaréis y me hallaréis, porque me buscaréis de todo vuestro corazón" (Jer. 29:13). Nadie ha entrado a tropezones al reino ni ha atravesado accidentalmente por la puerta angosta. Cuando alguien le preguntó a Jesús: "Señor, ¿son pocos los que se salvan?". Él le respondió: "Esforzaos a entrar por la puerta angosta; porque os digo que muchos procurarán entrar, y no podrán" (Lc. 13:23-24). La palabra *agōnizomai* ("esforzarse") indica que para entrar por la puerta del reino de Dios se necesita esfuerzo consciente, deliberado e intenso. Ese es el término del cual obtenemos agonizar, y es la misma palabra que Pablo usa para describir a un atleta que agoniza ("lucha") para ganar una carrera (1 Co. 9:25) y el cristiano que "pelea la buena batalla de la fe" (literalmente, "lucha la buena batalla", 1 Ti. 6:12). Los requerimientos para la ciudadanía del reino son grandes, exigentes, claramente definidos, y no permiten ninguna desviación o salida. Lucas 16:16 declara: "Todos se esfuerzan por entrar en [el reino]", lo cual sugiere conflicto y esfuerzo (cp. Hch. 14:22).

El reino es para aquellos que vienen al Rey en pobreza de espíritu, llanto por su pecado, y hambre y sed de justicia para reemplazar la suya propia (Mt. 5:3-4, 6). Es para aquellos que anhelan el reino a cualquier costo, que venderán todo lo que tienen para comprar ese gran tesoro y esa gran perla (Mt. 13:44-46). No es para aquellos que quieren una manera barata y fácil de asegurar el cielo, sin renunciar a vivir sus propias vidas egoístas y mundanas en la tierra. Jesús solo salva a aquellos para quienes se ha convertido en Señor. Por desgracia, la mayor parte de gente cree que el cielo puede obtenerse en términos mucho más fáciles que los prescritos por Cristo. William Hendriksen comenta:

> Entonces el reino no es para débiles, vacilantes y transigentes… No es para Balaam, el joven rico, Pilatos y Demas… No es para ganarlo por medio de oraciones pospuestas, promesas incumplidas, resoluciones rotas, y testimonios vacilantes. Es para hombres fuertes y robustos como José, Natán, Elías, Daniel, Mardoqueo y Pedro… Esteban… Pablo. Y no nos olvidemos de tales mujeres valientes como Rut, Débora, Ester y Lidia (*Exposition of the Gospel According to Matthew* [Grand Rapids: Baker, 1973], p. 490).

Como Pablo expresa en Romanos 7:14-25, debería ser el deseo de nuestros corazones como cristianos cumplir todo mandamiento y requerimiento de nuestro Señor, aunque sabemos que fracasaremos. Pero también sabemos que "si confesamos nuestros pecados, él es fiel y justo para perdonar nuestros pecados, y limpiarnos de toda maldad" (1 Jn. 1:9). Y el Dios misericordioso, que nos salvó porque no podíamos cumplir su ley en nuestro propio poder, sabe que incluso después de la salvación todavía no podremos cumplir su ley con nuestras propias fuerzas. La gran diferencia es que en Cristo no solo tenemos un Salvador sino quien soporte nuestras cargas. Él nos ayuda a llevar todas nuestras cargas, incluso la carga de la obediencia. Jesús encargó: "Llevad mi yugo sobre vosotros, y aprended de mí, que soy manso y humilde de corazón; y hallaréis descanso para vuestras almas; porque mi yugo es fácil, y ligera mi carga" (Mt. 11:29-30).

El camino de salvación de Dios es extraordinariamente sencillo, pero no es fácil. No podemos dar nada ni renunciar a nada que nos haga obtener la entrada al reino, pero si anhelamos aferrarnos a las cosas prohibidas esto puede alejarnos del reino. Esa es otra razón de por qué **pocos son los que la hallan.**

No podemos pagar nada por la salvación, no obstante llegar a Jesucristo cuesta todo lo que tenemos. Jesús manifiesta: "Si alguno viene a mí, y no aborrece a su padre, y madre, y mujer, e hijos, y hermanos, y hermanas, y aun también su propia vida, no puede ser mi discípulo. Y el que no lleva su cruz [una disposición incluso de morir si es necesario] y viene en pos de mí, no puede ser mi discípulo" (Lc. 14:26-27). El Señor sigue mostrando la seriedad de decidir seguir a Cristo. "Porque ¿quién de vosotros, queriendo edificar una torre, no se sienta primero y calcula los gastos, a ver si tiene lo que necesita para acabarla?... ¿O qué rey, al marchar a la guerra contra otro rey, no se sienta primero y considera si puede hacer frente con diez mil al que viene contra él con veinte mil?" (vv. 28, 31).

La persona que dice sí a Cristo debe decir no a las cosas del mundo, porque estar en Cristo es confiar en su poder en lugar del nuestro, y estar dispuestos a abandonar nuestro propio camino por el de Él. Esto puede costar persecución, burlas y tribulación. En sus últimas instrucciones a sus discípulos, Jesús les recordó varias veces el precio que pagarían por seguirlo: "Porque no sois del mundo, antes yo os elegí del mundo, por eso el mundo os aborrece. Acordaos de la palabra que yo os he dicho: El siervo no es mayor que su señor. Si a mí me han perseguido, también a vosotros os perseguirán" (Jn. 15:19-20); "os expulsarán de las sinagogas" (Jn. 16:2); "también vosotros ahora tenéis tristeza" (16:22); y "en el mundo tendréis aflicción" (16:33).

Cuando nos identificamos con Jesucristo le declaramos la guerra al diablo, y él nos declara la guerra. Aquel a quien antes servíamos se convierte ahora en nuestro gran enemigo, y las ideas y las formas que una vez nos fueron muy queridas se convierten ahora en nuestras grandes tentaciones y escollos.

Con las advertencias acerca del sufrimiento el Señor también ofrece promesas de que nuestros corazones se regocijarán (Jn. 16:22*b*) y que debemos tener valor porque Él ha vencido al mundo (16:33*b*). Pero Jesús promete prepararnos para prevalecer por sobre esos momentos de sufrimiento, no para escapar de ellos.

DOS DESTINOS

Tanto el camino **espacioso** como el **angosto** señalan hacia la vida buena, la salvación, el cielo, Dios, el reino y la bendición, pero solo el camino **angosto** puede realmente llevarnos a esas cosas. No hay nada aquí que nos indique que el camino **espacioso** esté marcado "infierno". Lo que el Señor está indicando es que ese camino tiene marcado como destino el "cielo" pero no lleva allá. Esa es la gran mentira de todas las falsas religiones de logros humanos. Los dos destinos muy diferentes de los dos caminos los pone en claro el Señor (cp. Jer. 21:8). El **espacioso... lleva a la perdición,** mientras que solamente el **angosto... lleva a la vida.** Toda religión que no sea el cristianismo, la única religión de logro divino, sigue el mismo camino espiritual y lleva al mismo fin espiritual: el infierno. Existen muchos de esos caminos, y la mayoría de ellos son atractivos, encantadores y abarrotados de viajeros. Pero ni uno solo lleva a donde promete; y ni uno solo deja de llevar a donde Jesús asegura que lleva: **a la perdición.**

Apōleia (**perdición**) no se refiere a extinción o aniquilación, sino a ruina y pérdida total (cp. Mt. 3:12; 18:8; 25:41, 46; 2 Ts. 1:9; Jud. 6-7). No significa la pérdida completa del ser, sino la pérdida total de bienestar. Tal es el destino de todas las religiones menos el camino de Jesucristo, y ese es el destino de todos aquellos que siguen cualquier camino a excepción del de Cristo. Se trata del destino de la destrucción, el infierno y el tormento eterno. "La senda de los malos perecerá" (Sal. 1:6).

Pero el camino de Dios, el **camino** que es **angosto lleva a la vida** eterna, a la comunión celestial eterna con Dios, con sus ángeles y con su pueblo. **La vida** eterna es una calidad de vida, es la vida de Dios en el alma del hombre (véase Sal. 17:15). "En la casa de mi Padre muchas moradas hay; si así no fuera, yo os lo hubiera dicho; voy, pues, a preparar lugar para vosotros. Y si me fuere y os prepararé lugar, vendré otra vez, y os tomaré a mí mismo, para que donde yo estoy, vosotros también estéis" (Jn. 14:2-3).

DOS GRUPOS

Al entrar por las dos puertas, recorrer los dos caminos y dirigirnos a los dos destinos encontramos dos grupos de personas. Quienes atraviesan **la puerta** que es **ancha** y recorren **el camino que** es **espacioso** hacia el destino de **perdición** son **muchos.** Los muchos incluirán paganos y cristianos nominales, ateos y religiosos, teístas y humanistas, judíos y gentiles… todos ellos individuos de cualquier edad, educación, convencimiento y circunstancia que no han llegado a la obediencia salvadora a Jesucristo.

En el día del juicio muchos aseverarán ser seguidores de Cristo, pero Jesús advierte que "muchos procurarán entrar, y no podrán. Después que el padre de familia se haya levantado y cerrado la puerta, y estando fuera empecéis a llamar a la puerta, diciendo: Señor, Señor, ábrenos, él respondiendo os dirá: No sé de dónde sois. Entonces comenzaréis a decir: Delante de ti hemos comido y bebido, y en nuestras plazas enseñaste. Pero os dirá: Os digo que no sé de dónde sois; apartaos de mí todos vosotros, hacedores de maldad" (Lc. 13:24-27). "Muchos me dirán en aquel día: Señor, Señor, ¿no profetizamos en tu nombre, y en tu nombre echamos fuera demonios, y en tu nombre hicimos muchos milagros? Y entonces les declararé: Nunca os conocí; apartaos de mí, hacedores de maldad" (Mt. 7:22-23). Estos en particular que son excluidos no serán ateos o paganos vulgares, sino cristianos nominales que profesaron conocer y confiar en Cristo pero que se negaron a venir en las condiciones de Él: a través de su **puerta** y por su **camino.**

El grupo que atraviesa **la puerta estrecha** y recorre **el camino angosto** que **lleva a la vida** lo conforman **pocos** en cantidad. Cuando Jesús consoló: "No temáis, manada pequeña" (Lc. 12:32), la palabra que usó para "pequeña" fue *mikros,* de la que obtenemos nuestro prefijo *micro,* que significa pocos. "Muchos son llamados, y pocos escogidos", declara en otro lugar (Mt. 22:14).

Los creyentes no son **pocos** en cantidad porque la puerta sea demasiado **estrecha** o muy pequeña para acomodar a más gente. No hay límite para el número de personas que podrían atravesar esa puerta, si lo hacen a la manera de Dios, en arrepentimiento por sus pecados y confiando en que Jesucristo los salve. Tampoco la cantidad es escasa porque el espacio celestial sea limitado. La gracia de Dios no tiene límites, y las moradas del cielo son ilimitadas. Tampoco los que entran son pocos debido a que Dios desee que la mayoría de gente perezca. Él desea ardientemente "que todos procedan al arrepentimiento" (2 P. 3:9).

Una carta escrita a un periódico de Melbourne, Australia, expresa claramente la actitud de un individuo que recorre el camino espacioso hacia la destrucción:

> Después de escuchar al doctor Billy Graham por radio, de verlo por televisión, y de leer informes y cartas respecto a él y su misión, estoy harto del tipo de religión que insiste en que mi alma (y las de todos los demás) necesita ser salva, sea lo que sea que eso signifique. Nunca he sentido que estuviera perdido. Tampoco siento que me revuelque a diario en el fango del pecado, aunque la predicación repetitiva insiste en que hago eso.
>
> Denme una religión práctica que enseñe gentileza y tolerancia, que no reconozca barreras de color o credo, que recuerde a los viejos y enseñe a los niños acerca de la bondad y no acerca del pecado.
>
> Si a fin de salvar mi alma debo aceptar tal filosofía como la que recientemente he oído predicada, prefiero permanecer condenado para siempre.

Toda persona que *va a venir* a Jesucristo *puede* venir a Jesucristo. Jesús mismo nos asegura: "Todo lo que el Padre me da, vendrá a mí; y al que a mí viene, no le echo fuera… Y esta es la voluntad del que me ha enviado: Que todo aquél que ve al Hijo, y cree en él, tenga vida eterna; y yo le resucitaré en el día postrero" (Jn. 6:37, 40).

Cuidado con los falsos profetas

43

Guardaos de los falsos profetas, que vienen a vosotros con vestidos de ovejas, pero por dentro son lobos rapaces. Por sus frutos los conoceréis. ¿Acaso se recogen uvas de los espinos, o higos de los abrojos? Así, todo buen árbol da buenos frutos, pero el árbol malo da frutos malos. No puede el buen árbol dar malos frutos, ni el árbol malo dar frutos buenos. Todo árbol que no da buen fruto, es cortado y echado en el fuego. Así que, por sus frutos los conoceréis. (7:15-20)

Después de invitar a "[Entrar] por la puerta estrecha" para llegar a Dios por el único camino que Él ha proporcionado, Jesús advierte que no todos los que afirman pertenecer a Dios y hablar por Él en realidad dicen la verdad. Cuando nos encontramos en la encrucijada de la decisión debemos recordar que el camino verdadero que lleva a Dios es estrecho y que el camino falso es espacioso; el camino verdadero es difícil y exigente, y el camino falso es fácil y permisivo; el camino verdadero tiene relativamente pocos seguidores, y el camino falso tiene muchos.

Ahora Jesús está advirtiendo: "A medida que se esfuercen por atravesar esa puerta estrecha y recorrer ese camino angosto que lleva a la vida, cuídense de quienes pueden engañarlos. Así como hay una puerta engañosa y un camino engañoso, también hay predicadores y maestros engañosos que señalan hacia esa puerta y promueven ese camino". Igual que sucede con la puerta y el camino falsos, tales individuos afirman estar mostrando el camino que lleva al cielo y a la vida, pero en realidad indican el camino al infierno y la destrucción. La puerta falsa tiene profetas falsos parados delante de ella, tratando de hacer entrar a la gente por el camino falso e impidiéndoles ingresar por el verdadero.

En el pasaje actual Jesús nos hace primero una advertencia y luego nos invita a estar atentos. Tal como describió el camino verdadero y el falso, ahora describe a los maestros de esos caminos, tanto verdaderos como falsos.

ADVERTENCIA

Guardaos de los falsos profetas, que vienen a vosotros con vestidos de ovejas, pero por dentro son lobos rapaces. (7:15)

Los falsos profetas no eran algo nuevo para Israel. Mientras que Dios ha tenido verdaderos profetas, Satanás ha tenido falsos. Estos últimos se han visto desde los primeros tiempos de la historia redentora. Moisés advirtió:

Cuando se levantare en medio de ti profeta, o soñador de sueños, y te anunciare señal o prodigios, y si se cumpliere la señal o prodigio que él te anunció, diciendo: Vamos en pos de dioses ajenos, que no conociste, y sirvámosles; no darás oído a las palabras de tal profeta, ni al tal soñador de sueños; porque Jehová vuestro Dios os está probando, para saber si amáis a Jehová vuestro Dios con todo vuestro corazón, y con toda vuestra alma. En pos de Jehová vuestro Dios andaréis; a él temeréis, guardaréis sus mandamientos y escucharéis su voz, a él serviréis, y a él seguiréis. Tal profeta o soñador de sueños ha de ser muerto, por cuanto aconsejó rebelión contra Jehová vuestro Dios (Dt. 13:1-5).

Los falsos profetas siempre encuentran oyentes y a menudo son animados por aquellos a quienes les disgusta los caminos de Dios. Isaías dijo de Israel: "Porque este pueblo es rebelde, hijos mentirosos, hijos que no quisieron oír la ley de Jehová; que dicen a los videntes: No veáis; y a los profetas: No nos profeticéis lo recto, decidnos cosas halagüeñas, profetizad mentiras" (Is. 30:9-10). Del capítulo 5 al capítulo 23 de Jeremías vemos que el hombre de Dios estuvo reiteradamente contra los falsos profetas que estaban engañando al pueblo de modo terrible.

Cuando Jesús se sentó en el Monte de los Olivos poco antes de la última semana de Pascua, sus discípulos le preguntaron: "¿Cuándo serán estas cosas, y qué señal habrá de tu venida, y del fin del siglo? Respondiendo Jesús, les dijo: Mirad que nadie os engañe. Porque vendrán muchos en mi nombre, diciendo: Yo soy el Cristo; y a muchos engañarán… Porque se levantarán falsos Cristos, y falsos profetas, y harán grandes señales y prodigios, de tal manera que engañarán, si fuere posible, aun a los escogidos" (Mt. 24:3-5, 24). Juan advierte contra el mismo problema, señalando que "muchos engañadores han salido por el mundo" (2 Jn. 7).

Pablo advirtió a los creyentes romanos: "Mas os ruego, hermanos, que os fijéis en los que causan divisiones y tropiezos en contra de la doctrina que vosotros habéis aprendido, y que os apartéis de ellos. Porque tales personas no sirven a nuestro Señor Jesucristo, sino a sus propios vientres, y con suaves palabras y lisonjas engañan los corazones de los ingenuos" (Ro. 16:17-18). En otras partes del Nuevo Testamento se habla de **los falsos profetas** como de "espíritus engañadores" que apoyan "doctrinas de demonios" (1 Ti. 4:1) y como los "que introducirán encubiertamente herejías destructoras, y aun negarán al Señor que los rescató" (2 P. 2:1).

A estos individuos se les llama falsos hermanos (2 Co. 11:26), falsos apóstoles (2 Co. 11:13), falsos maestros (2 P. 2:1), espíritus engañadores, es decir, mentirosos (1 Ti. 4:1-2), testigos falsos (Mt. 26:60), y falsos Cristos (Mt. 24:24). Por tanto, el apóstol Juan nos advierte: "Amados, no creáis a todo espíritu, sino probad los espíritus si son de Dios; porque muchos falsos profetas han salido por el mundo" (1 Jn. 4:1).

Las últimas palabras de Pablo a los ancianos efesios, cuando se reunió con ellos durante una despedida en la playa cerca de Mileto, incluyeron una sombría advertencia acerca de los inevitables falsos maestros. "Porque yo sé que después de mi partida entrarán en medio de vosotros lobos rapaces, que no perdonarán al rebaño. Y de vosotros mismos se levantarán hombres que hablen cosas perversas para arrastrar tras sí a los discípulos. Por tanto, velad" (Hch. 20:29-31).

Siempre ha existido un gran mercado para falsos profetas, porque la mayoría de personas no quiere oír la verdad. Prefieren escuchar lo que es agradable y adulador, aunque sea falso y peligroso, por sobre lo que es desagradable y poco lisonjero, aunque sea cierto y útil.

DEFINICIÓN DE UN FALSO PROFETA

Desde el principio de la obra redentora de Dios a favor de la humanidad caída, sus verdaderos representantes se han caracterizado por dos aspectos: son divinamente comisionados y presentan un mensaje divino. Son llamados por Dios, y declaran el mensaje de Dios y solo ese mensaje. Un verdadero profeta es la voz de Dios a los hombres.

Cuando Moisés fue llamado expresó: "¡Ay, Señor! nunca he sido hombre de fácil palabra, ni antes, ni desde que tú hablas a tu siervo; porque soy tardo en el habla y torpe de lengua. Y Jehová le respondió: ¿Quién dio la boca al hombre? ¿o quién hizo al mudo y al sordo, al que ve y al ciego? ¿No soy yo Jehová? Ahora pues, ve, y yo estaré con tu boca, y te enseñaré lo que hayas de hablar" (Éx. 4:10-12).

Sin embargo, la característica más peligrosa de los falsos profetas es que también afirman ser de Dios y hablar en su nombre. Dios le manifestó a Jeremías: "Cosa espantosa y fea es hecha en la tierra; los profetas profetizaron mentira, y los sacerdotes dirigían por manos de ellos; y mi pueblo así lo quiso. ¿Qué, pues, haréis cuando llegue el fin?" (Jer. 5:30-31). Una vez dijo: "Falsamente profetizan los profetas en mi nombre; no los envié, ni les mandé, ni les hablé; visión mentirosa, adivinación, vanidad y engaño de su corazón os profetizan" (14:14). Y aún otra vez declaró:

> *Y en los profetas de Jerusalén he visto torpezas; cometían adulterios, y andaban en mentiras, y fortalecían las manos de los malos, para que ninguno se convirtiese de su maldad… Así ha dicho Jehová de los ejércitos: No escuchéis las palabras de los profetas que os profetizan; os alimentan con vanas esperanzas; hablan visión de su propio corazón, no de la boca de Jehová… No envié yo aquellos profetas, pero ellos corrían; yo no les hablé, mas ellos profetizaban (23:14, 16, 21).*

En una promesa de juicio el Señor le dijo a Zacarías: "He aquí, yo levanto en la tierra a un pastor que no visitará las perdidas, ni buscará la pequeña, ni curará la perniquebrada, ni llevará la cansada a cuestas, sino que comerá la carne de la gorda, y romperá sus pezuñas" (Zac. 11:16). Para el rebaño, tal pastor es un peligro mayor que los animales salvajes porque sale de en medio de las ovejas como su protector. Bajo la apariencia de aquel que se supone que debe alimentarlas y cuidarlas, en lugar de eso las mata y se las come. Esa es la descripción del anticristo, quien es el prototipo de todos los falsos profetas.

Uno de los descubrimientos más aterradores acerca la Iglesia Cristiana el Templo del Pueblo fue que una gran mayoría de sus miembros se habían criado en hogares cristianos de una clase u otra. La mayoría de quienes se unieron a esa iglesia lo hicieron creyendo que les ofrecía una experiencia más alta y más genuina de comunión y servicio cristiano. Pero la iglesia se disolvió durante la noche cuando su líder, Jim Jones, y casi mil de sus seguidores más leales se suicidaron masivamente en Jonestown, un remoto asentamiento de la iglesia en las selvas de Guyana, en Sudamérica.

En su libro *Deceived*, Mel White trata de determinar por qué tantas personas pudieron ser tan fatalmente inducidas al error. Entre las razones sugiere:

Él [Jim Jones] sabía cómo inspirar esperanza. Estaba comprometido con las personas necesitadas; aconsejaba a prisioneros y delincuentes juveniles. Empezó un centro de inserción laboral; abrió casas de reposo y hogares para retardados; inauguró una clínica de salud; organizó un centro de formación profesional; proporcionaba ayuda legal gratuita; fundó un centro comunitario; predicó acerca de Dios. Incluso afirmó expulsar demonios, hacer milagros, y curar.

Pero por otra parte encontramos todas las características de un falso profeta. Jones se promocionaba mediante el uso de celebridades, un medio muy común de los falsos profetas para ganar credibilidad. Manipulaba la prensa; quería que le publicaran ciertas historias favorables; era fabuloso en jugar con la prensa… Y usó el lenguaje y las formas de la fe para obtener poder.

Jim Jones creó una cálida comunidad supuestamente cristiana. Pero reemplazó a Jesucristo como la autoridad y acumuló cada vez más y más lealtad hacia sí mismo. Comenzó a exigir dinero por todo servicio que ofrecía, y estaba preocupado con el sexo, tanto en formas normales como anormales. Mentía convincentemente respecto a cualquier cosa a fin de obtener un beneficio o hacer una impresión deseada. Antes de su extraña muerte había logrado la admiración y los elogios de innumerables líderes de iglesias, gobernantes, senadores, congresistas, e incluso del presidente de los Estados Unidos.

La mayor tragedia de Jonestown no fue que casi mil personas murieran, sino que murieron creyendo que estaban sirviendo a Dios. Por supuesto, en realidad estaban sirviendo a Satanás, y se encontraban en su camino al infierno si no conocieron a Cristo. Todos los creyentes que pudieron haber estado entre ellos incurrieron en gran pérdida de recompensa.

Jesús advirtió: "Se levantarán falsos Cristos, y falsos profetas, y harán grandes señales y prodigios, de tal manera que engañarán, si fuere posible, aun a los escogidos" (Mt. 24:24). Judas declara que "algunos hombres han entrado encubiertamente, los que desde antes habían sido destinados para esta condenación, hombres impíos, que convierten en libertinaje la gracia de nuestro Dios, y niegan a Dios el único soberano, y a nuestro Señor Jesucristo" (Jud. 4).

Los escribas y fariseos eran ejemplos clásicos de falsos pastores. En lugar de dirigir y cuidar del pueblo de Dios, los alejaban más y más de los caminos del Señor. Haciéndose pasar por voceros de Dios, usaban a las personas para adornar sus propios nidos eclesiásticos, y no les importaba para nada el pueblo ni Dios. Eran rapaces egoístas interesados. Cuando Jesús les desenmascaró por completo su engaño e hipocresía (véase Mt. 23), no es de extrañar que lo crucificaran.

Los escribas y fariseos, y quienes seguían sus enseñanzas perniciosas, no aceptaron la enseñanza de Jesús porque estaban dedicados a la mentira en lugar de la verdad. En una ocasión Jesús manifestó de ellos:

¿Por qué no entendéis mi lenguaje? Porque no podéis escuchar mi palabra. Vosotros sois de vuestro padre el diablo, y los deseos de vuestro padre queréis hacer. Él ha sido homicida desde el principio, y no ha permanecido en la verdad, porque no hay verdad

en él. Cuando habla mentira, de suyo habla; porque es mentiroso, y padre de mentira. Y a mí, porque digo la verdad, no me creéis… El que es de Dios, las palabras de Dios oye; por esto no las oís vosotros, porque no sois de Dios (Jn. 8:43-45, 47).

Pablo advirtió a los efesios: "Nadie os engañe con palabras vanas, porque por estas cosas viene la ira de Dios sobre los hijos de desobediencia. No seáis, pues, partícipes con ellos" (Ef. 5:6-7). A los colosenses les declaró: "Mirad que nadie os engañe por medio de filosofías y huecas sutilezas, según las tradiciones de los hombres, conforme a los rudimentos del mundo, y no según Cristo" (Col. 2:8).

EL PELIGRO DE LOS FALSOS PROFETAS

Guardaos advierte siempre de peligro. No se trata de un simple llamado a observar o sentir algo, sino a estar vigilantes contra ese algo porque es muy perjudicial. La palabra transmite la idea de alejar la mente. **Los falsos profetas** están más que equivocados; son peligrosos, y no deberíamos exponer nuestras mentes a ellos. Pervierten el pensamiento y envenenan el alma. Son más peligrosos que una cobra o un tigre, porque esos animales solo pueden dañar el cuerpo. Los falsos profetas son bestias espirituales y muchísimos más letales que las físicas. Tanto Pedro como Judas los llaman "animales irracionales". A continuación, Pedro advierte que "seducen a las almas inconstantes, tienen el corazón habituado a la codicia" (2 P. 2:14; cp. Jud. 10).

En Palestina, los **lobos** eran el enemigo más común de las ovejas. Vagaban por colinas y valles en busca de una oveja que se hubiera descarriado o alejado del rebaño. Cuando un lobo encontraba una de esas víctimas rápidamente atacaba y la destrozaba. Hasta una oveja adulta y sana era totalmente indefensa contra un lobo.

Los **lobos** eran conocidos por ser despiadados y feroces (cp. Ez. 22:27). *Harpax* (**rapaces**) también se traduce "ladrones" (Lc. 18:11; 1 Co. 5:10-11; 6:10), refiriéndose de manera metafórica a los que con engaño y sin ninguna compasión despojan a las personas de su dinero y sus posesiones. **Los falsos profetas** y los **lobos** son inteligentes y astutos, y siempre están al acecho de nuevas víctimas.

Judas hace una fuerte advertencia contra los falsos profetas, y enseña cómo los creyentes deben responderles. Así escribe: "Conservaos en el amor de Dios, esperando la misericordia de nuestro Señor Jesucristo para vida eterna" (v. 21). Nuestra primera necesidad es estar nosotros mismos a cuentas con el Señor, asegurarnos de estar en el lugar de comunión, bendición y poder divinos. Entonces estaremos preparados para hacer esto: "A algunos que dudan, convencedlos. A otros salvad, arrebatándolos del fuego; y de otros tened misericordia con temor, aborreciendo aun la ropa contaminada por su carne" (vv. 22-23).

El primer grupo que Judas menciona está compuesto de creyentes que han sido tentados a dudar de su fe, y que necesitan consuelo y seguridad. El segundo grupo lo componen incrédulos que están en su camino al infierno y que necesitan que se les sujete, por así decirlo, y se les detenga. Sin embargo, el tercer grupo está compuesto por aquellos que están confirmados en la falsa religión y que son sumamente peligrosos, incluso para los cristianos más maduros. Debemos dar testimonio a tales personas con cuidado especial y en dependencia exclusiva del Señor para obtener sabiduría y protección, no sea que nosotros mismos quedemos espiritualmente contaminados por los emponzoñados puntos de vista y caminos engañosos de estos individuos.

Los falsos profetas y quienes los siguen son tan peligrosos para el pueblo de Dios como los **lobos rapaces** lo son para las ovejas.

EL ENGAÑO DE LOS FALSOS PROFETAS

El peligro de **los falsos profetas** aumenta en gran manera debido a su engaño. Cuando a un enemigo se le ve por lo que es, estamos alerta y podemos estar preparados para defendernos. Pero cuando un enemigo se hace pasar por amigo, nuestras defensas están bajas. Los perros y los cerdos del versículo 6 son mucho más fáciles de reconocer debido a su abierta pecaminosidad y su expuesto rechazo a Dios.

En tiempos del Antiguo Testamento a menudo se reconocía a los profetas por su manera de vestir. Al igual que Elías, con frecuencia usaban ropa áspera, peluda e incómoda como un símbolo de su renuncia a las comodidades normales de la vida por la causa de Dios. Juan el Bautista, como el último profeta del antiguo pacto, usaba ropa de pelo de camello y consumía langostas y miel silvestre. Había excepciones, pero por lo general los profetas podían identificarse por su vestimenta sencilla y tosca. Por esa razón, un individuo que quería hacerse pasar por un profeta a veces usaba tal vestimenta. Zacarías habla que tales sujetos se ponen "el manto velloso para mentir" (Zac. 13:4).

De igual modo, los pastores invariablemente usaban ropa de lana fabricada con la lana de las ovejas que cuidaban. Aquellos son los **vestidos de ovejas** de los que Jesús habla aquí. **Los falsos profetas** no engañaban al rebaño haciéndose pasar por ovejas sino haciéndose pasar por el pastor, y solían usar **vestidos de ovejas** con forma de la ropa de lana que vestían los pastores. Así como los falsos profetas de antaño a menudo usaban la ropa del verdadero profeta, también los falsos pastores a menudo se disfrazan como verdaderos pastores. El hombre de Satanás se hace pasar por el hombre de Dios, afirmando enseñar la verdad con el fin de engañar, confundir y de ser posible destruir al pueblo de Dios.

La Biblia habla de tres tipos básicos de falsos maestros: herejes, apóstatas y engañadores. Los herejes son aquellos que rechazan de plano el mensaje de Dios y enseñan lo que es contrario a la verdad divina. Los maestros apóstatas son los que siguieron una vez la verdadera fe pero se alejaron de ella, la rechazaron, y están tratando de confundir a otros. Esas dos clases de falsos maestros tienen al menos la virtud de cierta sinceridad. No declaran representar al cristianismo ortodoxo y bíblico.

Por otra parte, el falso pastor (el engañador) tiene apariencia de integridad, a menudo con grandes declaraciones y fanfarria. No se trata de un liberal o de un sectario sino de quien habla favorablemente de Cristo, la cruz, la Biblia, el Espíritu Santo, etc., asociándose con creyentes verdaderos. Puede salirse de su camino a fin de parecer ortodoxo, fundamental y evangélico. Su aspecto, su vocabulario, y sus relaciones ofrecen considerable evidencia de fe verdadera. Pero no es genuino; es un falso y un engañador. Su discurso es de moralidad, pero en el fondo se trata de una mentira viviente.

Pablo explica: "Éstos son falsos apóstoles, obreros fraudulentos, que se disfrazan como apóstoles de Cristo. Y no es maravilla, porque el mismo Satanás se disfraza como ángel de luz. Así que, no es extraño si también sus ministros se disfrazan como ministros de justicia; cuyo fin será conforme a sus obras" (2 Co. 11:13-15). Tales **falsos profetas** son especialmente peligrosos porque se disfrazan como verdaderos profetas y, por tanto, pueden entrar a hurtadillas a círculos cristianos (Jud. 4; cp. Hch. 20:28-32).

Los falsos profetas casi siempre son agradables y positivos. Les gusta estar con cristianos, hablar como cristianos y ser identificados como cristianos. Conocen y utilizan terminología bíblica y a menudo parecen estar bien informados de la Biblia. Las doctrinas que afirman al parecer son muy bíblicas.

Muchos falsos profetas también parecen ser sinceros, y a causa de esa sinceridad pueden engañar más fácilmente a otros. Pablo advierte que "los malos hombres y los engañadores irán de mal en peor, engañando y siendo engañados" (2 Ti. 3:13). Al ser ellos mismos engañados por el embaucador definitivo, tales individuos pueden estar totalmente convencidos en sus propias mentes de que sus creencias pervertidas son verdaderas. Se han dedicado tan profundamente a la mentira, que las tinieblas les parecen luz y lo negro les parece blanco.

Si son tan engañosos, ¿cómo podemos identificarlos? Lo más frecuente es que muestren sus verdaderas intenciones por lo que no afirman. En otras palabras, no se identifican tanto por lo que dicen como por lo que no dicen. Por lo general no niegan francamente la divinidad de Jesús, su expiación substitutiva, la depravación y perdición del hombre, la realidad y el castigo del pecado, el destino del infierno para los incrédulos, la necesidad de arrepentimiento, la humildad y la sumisión a Dios, y otras verdades "negativas" e incómodas como estas. Ellos simplemente les hacen caso omiso.

A fin de llevar a cabo su engaño de modo eficaz, estos líderes ficticios llevan vidas morales y rectas en apariencia. El gran comentarista John Broadus escribió que muchos de los falsos profetas han venido de formación religiosa tradicional, y que debido a que en un inicio les inculcaron valores cristianos morales tradicionales, mediante su formación inicial les es difícil superar abiertamente las restricciones en sus mentes. (*Matthew* [Valley Forge, Pa.: Judson, 1886], p. 167). La moralidad exterior ayuda a dar la impresión de autenticidad espiritual y, por tanto, ayuda a perpetuar el engaño. Pero la verdad es que dichos charlatanes están motivados por "espíritus engañadores y… doctrinas de demonios" y se han convertido en "mentirosos que [tienen] cauterizada la conciencia" (1 Ti. 4:1-2). También los motiva su deseo de obtener "ganancia deshonesta" (1 P. 5:2). Su falsa fe no puede refrenar su carne no regenerada, por lo que la verdadera sensualidad de estos "esclavos de corrupción" (2 P. 2:19) a menudo se vuelve conocida, y es evidente que "por avaricia" explotan a las personas "con palabras fingidas" (2:3). Además "tienen los ojos llenos de adulterio, no se sacian de pecar", y poseen un "corazón habituado a la codicia" (2:14).

En la *Didaché,* uno de los más antiguos escritos cristianos después de los tiempos del Nuevo Testamento, encontramos una sección dedicada a tratar con los falsos profetas. El término usado para describirlos es *Christemporos,* que significa "los que comercializan a Cristo". Los falsos profetas usan a Jesucristo, el evangelio, y la Iglesia como medio para servir a sus propios fines. Utilizan las cosas de Dios como simple mercancía para promover y distribuir en beneficio propio.

La *Didaché* ofrece varias maneras para distinguir a los verdaderos profetas de los falsos. Una de esas pruebas era que un verdadero profeta no permanecía como huésped de una familia más de dos días, porque en ese tiempo ya debía haber hecho su trabajo. No obstante, un falso profeta estaría dispuesto a permanecer indefinidamente, ya que no tenía ninguna misión real que cumplir que no fuera servir a sus propios intereses. La segunda prueba era con relación a pedir dinero. Según la *Didaché*, el verdadero profeta pediría agua y pan, pero nada más; es decir, solamente con qué satisfacer sus necesidades y seguir su camino. Por otra parte, un falso profeta no tiene la menor aversión a pedir dinero, o incluso exigirlo. Una tercera prueba estaba en el estilo de vida, pues alguien que no lleva una vida que corresponda con las normas que enseña es evidente que no es un hombre de Dios. Una prueba más estaba relacionada con la disposición al trabajo. Si una persona quería vivir de los demás y no trabajaba para mantenerse, se trataba de alguien que traficaba a Cristo.

Un falso profeta siempre hace el trabajo de la iglesia para beneficiarse, llenar sus propios bolsillos, satisfacer su propia codicia, su ego, su prestigio, y obtener poder, influencia y reconocimiento para sí mismo.

Nuestra época tiene también su parte de mercaderes que comercian con Cristo. Por medio de libros, radio, televisión, grabaciones, en iglesias, conferencias, seminarios, cruzadas, y de otros varios medios empacan y venden el evangelio en formas muy parecidas al modo en que se venden autos y jabón en los mercados. Son vendedores insinceros de la Palabra de Dios que la corrompen para sus propios fines (2 Co. 2:17).

LA CONDENACIÓN DE LOS FALSOS PROFETAS

El destino de **los falsos profetas** solo se sugiere en el versículo 19, pero se hace explícito tanto en los pasajes anteriores como posteriores. Debido a que entran por la puerta ancha y viajan por el camino espacioso, su fin es la perdición (v. 13). Y cuando estén delante de Jesús en el día del juicio y declaren: "Señor, Señor, ¿no profetizamos en tu nombre, y en tu nombre echamos fuera demonios, y en tu nombre hicimos muchos milagros?", el Señor les responderá: "Nunca os conocí; apartaos de mí, hacedores de maldad." (vv. 22-23).

Pedro nos comunica que, para los herejes y los falsos maestros apóstatas "la condenación no se tarda, y su perdición no se duerme", que van a "ser castigados en el día del juicio", que al igual que bestias salvajes, "perecerán en su propia perdición", y que "la más densa oscuridad [les] está reservada para siempre (2 P. 2:3, 9, 12, 17; cp. Jud. 13).

OBSERVACIÓN

Por sus frutos los conoceréis. ¿Acaso se recogen uvas de los espinos, o higos de los abrojos? Así, todo buen árbol da buenos frutos, pero el árbol malo da frutos malos. No puede el buen árbol dar malos frutos, ni el árbol malo dar frutos buenos. Todo árbol que no da buen fruto, es cortado y echado en el fuego. Así que, por sus frutos los conoceréis. (7:16-20)

Después de advertir en cuanto a los falsos profetas, Jesús nos dice qué observar para identificarlos. Puesto que son sumamente engañosos y peligrosos (lobos rapaces espirituales y morales vestidos de ovejas) el Señor difícilmente nos habría dejado sin medios para poder determinar quiénes son estos engañadores.

Jesús nos asegura que **por sus frutos los** conoceremos. Un árbol frutal puede ser hermoso, decorativo y ofrecer sombra agradable en el verano. Pero su propósito principal es llevar fruto y, por tanto, se le juzga por lo que produce y no por cómo se ve. (Ese entendimiento es clave para interpretar de manera apropiada Jn. 15).

De igual modo a un profeta —usado en este pasaje en el sentido más amplio de quien habla en nombre de Dios— se le juzga por su vida, no solo por su apariencia o sus palabras. El tipo de persona que el supuesto profeta realmente es no puede dejar de revelarse. Algunos falsos profetas son visiblemente dobles y solamente la persona más crédula caería en sus garras. Otros ocultan su verdadera naturaleza con extraordinaria habilidad, y solo una observación cuidadosa los puede poner al descubierto por lo que son. Pero existe una verdadera certeza en la declaración **los conoceréis.** No hay necesidad de ser engañados si miramos de cerca.

Es del falso profeta que hábilmente engaña del que Jesús habla aquí. Nadie necesita ayuda para concluir que un árbol es malo si lleva fruto marchito, descolorido y obviamente podrido, o ningún fruto en absoluto. Es el árbol que parece llevar buen fruto, pero que no lo lleva, el que es engañoso.

Es posible que **uvas** se queden engarzadas en **los espinos** y que **higos** estén trabados en **abrojos.** Desde la distancia podrían parecer que están creciendo en verdaderos árboles frutales. Puesto que el fruto es auténtico, las personas ingenuas podrían llegar a determinar que el árbol mismo también tiene que ser auténtico.

Es posible que verdaderos cristianos sean atrapados por falsos profetas. Cuando los creyentes son descuidados en cuanto a estudiar y obedecer la Palabra, y cuando son perezosos acerca de la oración y no son críticos respecto a las cosas de Dios, es fácil que sean engañados por alguien que finja ser ortodoxo, en especial si este individuo es agradable, positivo y permisivo. Cuando eso sucede, están en peligro de convertirse en **uvas** sobre **espinos** e **higos** sobre **abrojos.** A **Satanás** le encanta utilizar al propio pueblo de Dios para promover su obra malvada, tratando, si fuera posible, incluso de arrebatarlos de su Padre celestial (Mt. 24:24).

También es posible que un mismo árbol lleve fruto colorido, bien formado y atractivo, pero realmente amargo, desagradable, y hasta venenoso. Ese tipo de **árbol malo** con sus **frutos malos** es mucho más difícil de juzgar que **los espinos** que tienen **uvas** o que **los abrojos** que tienen **higos.** En el segundo caso, tanto el árbol como el fruto parecen auténticos. Lo que el árbol **da** tiene que examinarse con cuidado para determinar si se trata de **buenos frutos** o **frutos malos.** Un creyente maduro que ha desarrollado discernimiento puede detectar el árbol malo y el fruto malo (He. 5:14).

Desde luego, juzgar el fruto de los falsos profetas no es tan fácil como juzgar el fruto en un huerto. Pero por la Biblia descubrimos al menos tres pruebas principales que podemos aplicar a fin de darnos cuenta de la verdad. Se trata de aspectos de carácter, credo y convertidos.

CARÁCTER

El carácter básico de una persona —sus normas, lealtades, actitudes, ambiciones y motivos internos— se demostrará finalmente en lo que hace y en cómo actúa.

Juan el Bautista les dijo a los fariseos y saduceos hipócritas que acudían para ser bautizados que primero debían producir "frutos dignos de arrepentimiento" (Lc. 3:8). El modo de vida de ellos desmentía su afirmación de que amaban y servían a Dios. Cuando la multitud preguntó luego a Juan cuál era el fruto bueno, él respondió: "El que tiene dos túnicas, dé al que no tiene; y el que tiene qué comer, haga lo mismo" (v. 11). A los recaudadores de impuestos que preguntaron qué debían hacer, Juan les manifestó: "No exijáis más de lo que os está ordenado" (v. 13). Juan estaba diciendo que el individuo que está auténticamente arrepentido y que confía y ama de veras a Dios también amará y ayudará a sus semejantes (cp. Stg. 2:15-17; 1 Jn. 3:17; 4:20).

Ninguna persona es salva *por* buenas obras, pero todo creyente es salvo *para* realizar buenas obras. Pablo nos dice: "Porque somos hechura suya, creados en Cristo Jesús para buenas obras, las cuales Dios preparó de antemano para que anduviésemos en ellas" (Ef. 2:10). En otro lugar el apóstol nos exhorta que andemos "como es digno del Señor, agradándole en todo, llevando fruto en toda buena obra, y creciendo en el conocimiento de Dios" (Col. 1:10). Jesús declara: "En esto es glorificado mi Padre, en que llevéis mucho fruto, y seáis así mis discípulos… Si guardareis mis mandamientos, permaneceréis en mi amor; así como yo he guardado los mandamientos de mi Padre, y permanezco en su amor" (Jn. 15:8, 10).

Al igual que con todo lo que es santo y justo, la producción de verdadero fruto empieza en el interior, en el corazón. Pablo habla de que debemos estar "llenos de frutos de justicia que son por medio de Jesucristo" (Fil. 1:11) y nos informa que "el fruto del Espíritu es amor, gozo, paz, paciencia, benignidad, bondad, fe, mansedumbre, templanza" (Gá. 5:22-23).

Una persona que pertenece a Jesucristo, que es llamada por Dios, y a quien se le ha dado el mensaje de Dios, dará evidencia de **buen fruto** tanto en sus actitudes como en sus acciones. Una persona que no pertenece a Dios, sobre todo un falso profeta que afirma ser mensajero de Dios, tarde o temprano manifestará los **malos frutos** que de manera inevitable produce **el árbol malo** de su vida sensual.

Los falsos profetas pueden disfrazarse y ocultar sus **malos frutos** por un tiempo con atavíos eclesiásticos, conocimiento bíblico y vocabulario evangélico. Pueden encubrirlos perteneciendo a organizaciones cristianas, asociándose con dirigentes cristianos y hablando de las cosas divinas; pero la forma en que hablan, actúan y reaccionan, cuando no están a la vista de cristianos, finalmente expondrá su verdadera lealtad y sus convicciones. Lo que está en el corazón emergerá, y la teología corrupta resultará en una vida corrupta. La falsa enseñanza y la manera pervertida de vivir son inseparables, y en última instancia se harán manifiestas.

Pedro nos dice que el creyente verdadero y maduro estará creciendo en fe, excelencia moral, conocimiento, dominio propio, perseverancia, piedad, afecto fraternal, y amor. Él afirma: "Si estas cosas están en vosotros, y abundan, no os dejarán estar ociosos ni sin fruto en cuanto al conocimiento de nuestro Señor Jesucristo" (2 P. 1:5-8). Por otra parte, aquellos que son profetas falsos y engañadores, "seducen con concupiscencias de la carne y disoluciones a los que verdaderamente habían huido de los que viven en error. Les prometen libertad, y son ellos mismos esclavos de corrupción" (2:18-19). Y sus falsos creyentes pueden escapar de manera temporal a "las contaminaciones del mundo", pero finalmente regresarán a su "vómito" y "a revolcarse en el cieno" (2 P. 2:20-22).

A menos que quienes afirman ser voceros de Dios ofrezcan evidencia de que sus motivos más profundos y sus patrones de vida honran, glorifican y magnifican a Dios, y que crecen en humildad, santidad y obediencia, no podemos estar seguros de que Dios los haya llamado o enviado. Si están orientados hacia el dinero, prestigio, reconocimiento, popularidad, poder, ligereza sexual y egoísmo, no pertenecen a Jesucristo. Si son orgullosos, arrogantes, resentidos, egoístas y auto-indulgentes, son claramente falsos profetas. La verdadera prueba, una actitud de humilde santidad, puede resumirse en las palabras de Jesús: "El que habla por su propia cuenta, su propia gloria busca; pero el que busca la gloria del que le envió, éste es verdadero, y no hay en él injusticia" (Jn. 7:18).

Martyn Lloyd-Jones comenta sabiamente:

> En general a un cristiano puede conocérsele por su misma apariencia. El hombre que cree de veras en la santidad de Dios, y que conoce su propia pecaminosidad y la negrura de su propio corazón, el hombre que cree en el juicio de Dios y en la posibilidad del infierno y del tormento, el hombre que realmente cree que él mismo es tan vil e indefenso que lo único que puede salvarlo y reconciliarlo con Dios es la venida del Hijo de Dios del cielo a la tierra, pasando por la amarga vergüenza, la agonía y la crueldad de la cruz, este hombre va a mostrar todo eso en su personalidad. Un ser humano en estas condiciones está obligado a dar la impresión de mansedumbre, pues se encuentra ligado a la humildad. Nuestro Señor nos recuerda aquí que si un hombre no es humilde debemos tener mucho cuidado de él. Un sujeto así puede ponerse un tipo de vestido de oveja, pero dicha vestimenta no representa verdadera humildad, no se trata de verdadera mansedumbre. Si la doctrina de un hombre está equivocada, por lo general se mostrará en este punto. El individuo será afable y agradable, apelará a la naturaleza humana y a las cosas que son físicas y carnales; pero no dará la impresión de ser alguien que se haya visto a sí mismo como un pecador destinado al infierno, salvado únicamente por la gracia de Dios (*Studies in the Sermon on the Mount,* tomo 2 [Grand Rapids: Eerdmans, 1977], pp. 258-59).

Casi siempre ocurre que los falsos profetas atraen tanto a incrédulos declarados como a creyentes nominales y carnales. Apelan al hombre natural y evitan con cuidado cualquier cosa que sea ofensiva a la naturaleza orgullosa y caída del ser humano. Se preocupan por ser seductores, agradables y no ofender a nadie.

Pero ninguna persona, sin que importe lo inteligente y engañosa que sea, puede ocultar indefinidamente un carácter que está podrido y fuera de sintonía con Dios. Juan Calvino declaró: "No hay nada más difícil de falsificar que la virtud". Exige demasiado. Exige más de lo que cualquier individuo tiene en sí mismo, y cuando la provisión divina y el poder de Dios están ausentes, la farsa no puede durar mucho tiempo.

CREDO

Un segundo aspecto en el que puede juzgarse a un falso profeta es en el de la doctrina. Superficialmente, lo que enseña puede parecer bíblico y ortodoxo, pero un examen cuidadoso siempre revelará ideas que no son bíblicas, así como la ausencia de una teología firme y clara. Se enseñarán falsas ideas, o al menos se omitirán verdades importantes. Con frecuencia habrá una combinación de lo uno y lo otro. Con el tiempo el fruto mostrará al árbol por lo que es en verdad, porque **no puede el buen árbol dar malos frutos, ni el árbol malo dar frutos buenos.**

En una ocasión posterior Jesús cuestionó así a los fariseos: "¡Generación de víboras! ¿Cómo podéis hablar lo bueno, siendo malos? Porque de la abundancia del corazón habla la boca. El hombre bueno, del buen tesoro del corazón saca buenas cosas; y el hombre malo, del mal tesoro saca malas cosas" (Mt. 12:34-35).

Al juzgar si una enseñanza proviene o no de Dios, Isaías aconseja: "¡A la ley y al testimonio! Si no dijeren conforme a esto, es porque no les ha amanecido", es decir, no tienen luz (Is. 8:20). La enseñanza de un falso profeta no puede resistir el escrutinio bajo la luz de las Escrituras.

Todos los falsos profetas tendrán un punto de vista incompleto, distorsionado o pervertido de Cristo. Si Satanás puede confundir y engañar a la gente en cuanto a la persona y la obra de Cristo, los confunde y engaña en el mismo núcleo del evangelio.

Jesús acaba de mostrar que el camino de salvación, la puerta al reino y a la vida de Dios, es angosto y exigente, mientras que la puerta al infierno y la perdición es espaciosa (Mt. 7:13-14). Inmediatamente empieza la advertencia acerca de los falsos profetas y de cómo identificarlos. El camino al cielo que los falsos maestros enseñan nunca será el camino de Dios, y la manera de vivir que tienen nunca estará de acuerdo con las normas de Dios.

Arthur Pink expresa: "Los falsos profetas se encuentran en los círculos de los más ortodoxos, y fingen tener un amor ferviente por las almas; sin embargo, fatalmente engañan a las multitudes con relación al camino de salvación. Púlpitos, plataformas y charlatanes han rebajado de forma arbitraria la norma de la santidad divina, y así han adulterado el evangelio con el fin de que sea aceptable para la mente carnal".

El credo de los falsos profetas nunca tiene una puerta estrecha o un camino angosto. En la superficie su mensaje puede parecer difícil y exigente, pero siempre descansa en el fundamento de las obras del hombre y, por tanto, siempre será realizable mediante el propio esfuerzo humano. Ellos nunca revelan la profundidad o el peligro del pecado y la depravación, la necesidad de arrepentimiento, de perdón y de sumisión al Señor, o el destino del juicio, la condenación, y la destrucción eterna para quienes están apartados de Dios. No hay quebrantamiento por el pecado ni anhelo de justicia. Los falsos profetas tienen respuestas fáciles para problemas pequeños. Jeremías advierte: "Curan la herida de mi pueblo con liviandad, diciendo: Paz, paz; y no hay paz" (Jer. 6:14). No hay humildad, advertencia de juicio, ni llamado al arrepentimiento y a un corazón contrito de obediencia.

Los falsos profetan tienen una audiencia dispuesta entre la mayoría de personas, porque solo dicen lo que la gente quiere oír. Así como hicieron en el antiguo Israel en tiempos de Jeremías, a los oyentes de hoy les gusta eso (Jer. 5:31). Quieren oír ilusiones, no la verdad. Están enamorados del placer y la fantasía, y no les gusta que los confronten con algo inquietante y condenador. Desean animar pero sin corrección, hablan palabras positivas pero no la verdad negativa. Aceptarán la gracia mientras sea gracia barata y no refleje su propia pecaminosidad, sus insuficiencias y su perdición.

El credo del falso profeta, si es que tiene alguno, será vago, indefinido y etéreo. Ninguna verdad exigente será absoluta o clara, y todo principio será fácil y atractivo.

Arthur Pink declara: "Es un falso profeta y debería ser rechazado como una plaga mortal cualquier predicador que rechaza la ley de Dios, que niega el arrepentimiento como condición para la salvación, que asegura a los frívolos y a los impíos que son amados por Dios, que declara que la fe que salva no es nada más que un acto de la voluntad que toda persona tiene el poder de realizar" (*An Exposition of the Sermon on the Mount*, p. 362).

Los falsos profetas hablan mucho acerca del amor de Dios pero nada de su santidad, hablan mucho de personas que están necesitadas pero nada de aquellas que son depravadas, hablan mucho acerca de la paternidad universal de Dios respecto a todo ser humano pero nada respecto a la paternidad exclusiva de Dios respecto a quienes son sus hijos por medio de la fe en su Hijo, Jesucristo, hablan mucho acerca de lo que Dios nos dará pero nada relacionado con la obediencia a Él, hablan mucho de salud y felicidad pero nada de santidad y sacrificio. El mensaje que tales profetas ofrecen es un mensaje de brechas, y la brecha más grande de la cual no hablan es de la verdad que salva.

CONVERTIDOS

Los falsos profetas también pueden identificarse por sus convertidos y seguidores. Atraen hacia sí a individuos que tienen la misma orientación superficial, egocéntrica y antibíblica que ellos. Pedro advierte: "Muchos seguirán sus disoluciones, por causa de los cuales el camino de la verdad será blasfemado" (2 P. 2:2). Tienen muchos seguidores porque enseñan y promueven lo que la mayoría de gente quiere oír y creer (cp. 2 Ti. 4:3).

Sus seguidores serán como ellos: egoístas, orgullosos, egocéntricos, autoindulgentes, contumaces y autosatisfechos, sin dejar de ser religiosos. Estarán orientados tanto en sí mismos como en grupos, pero nunca orientados en Dios ni en las Escrituras.

Dios no ha ordenado falsos profetas, pero ha ordenado que existan. Pablo explica a la iglesia en Corinto: "Porque es preciso que entre vosotros haya disensiones, para que se hagan manifiestos entre vosotros los que son aprobados" (1 Co. 11:19). Las falsas facciones podrán actuar como imanes para atraer a otros que son falsos. De ese modo indirecto ayudarán a proteger a los verdaderos creyentes al separar parcialmente la paja del trigo.

Pero los verdaderos creyentes que son carnales y mundanos también pueden sentirse atraídos y ser corrompidos, convirtiéndose en uvas sobre espinos e higos sobre abrojos. No obstante, hablando en general, los falsos profetas atraen a falsos creyentes, y en ese modo actúan como un tipo de protección negativa para la verdadera Iglesia.

Los falsos profetas y sus falsos seguidores "no recibieron el amor de la verdad para ser salvos. Por esto Dios les envía un poder engañoso, para que crean la mentira, a fin de que sean condenados todos los que no creyeron a la verdad, sino que se complacieron en la injusticia" (2 Ts. 2:10-12). En última instancia, Dios ofrece esta seguridad: **Todo árbol que no da buen fruto, es cortado y echado en el fuego** (cp. Jn. 15:2, 6). Pedro dice que tales pastores están "atrayendo sobre sí mismos destrucción repentina" (2 P. 2:1; cp. Jer. 23:30-40).

Nuestro Señor termina esta poderosa sección con una repetición afirmante del versículo 16: **Así que, por sus frutos los conoceréis.** De ahí que una vez más somos llamados a discernir cuando escuchamos a predicadores que nos llaman al camino espacioso que lleva a la muerte y el infierno.

Palabras y corazones vacíos 44

No todo el que me dice: Señor, Señor, entrará en el reino de los cielos, sino el que hace la voluntad de mi Padre que está en los cielos. Muchos me dirán en aquel día: Señor, Señor, ¿no profetizamos en tu nombre, y en tu nombre echamos fuera demonios, y en tu nombre hicimos muchos milagros? Y entonces les declararé: Nunca os conocí; apartaos de mí, hacedores de maldad. Cualquiera, pues, que me oye estas palabras, y las hace, le compararé a un hombre prudente, que edificó su casa sobre la roca. Descendió lluvia, y vinieron ríos, y soplaron vientos, y golpearon contra aquella casa; y no cayó, porque estaba fundada sobre la roca. Pero cualquiera que me oye estas palabras y no las hace, le compararé a un hombre insensato, que edificó su casa sobre la arena; y descendió lluvia, y vinieron ríos, y soplaron vientos, y dieron con ímpetu contra aquella casa; y cayó, y fue grande su ruina. Y cuando terminó Jesús estas palabras, la gente se admiraba de su doctrina; porque les enseñaba como quien tiene autoridad, y no como los escribas. (7:21-29)

Jesús aún está haciendo la invitación de su sermón, llamando a las personas de la falsa religión al reino verdadero. Él ha dicho que pocos entrarán por la puerta estrecha de la salvación porque, primero, esta debe ser hallada (v. 14), lo que sugiere que es necesario buscarla. Nadie entra al cielo a tropezones, en un descuido. Segundo, el camino estrecho y exigente de la salvación es todo lo contrario del camino del mundo, que es espacioso, fácil e indulgente. Tercero, la puerta estrecha de entrada al reino requiere que cada persona pase por ella a solas y desnuda, sin llevar posesiones, obras, orgullo, ni justicia propia. Cuarto, como el Señor menciona en el relato paralelo en Lucas 13:24, debemos esforzarnos por entrar en arrepentimiento y quebrantamiento de corazón. Quinto, deben evitarse los falsos profetas porque engañan a muchas personas atrayéndolas hacia el camino espacioso que lleva a la perdición (vv. 15-20).

Ahora Jesús nos da una última razón de por qué tan pocos seres humanos entran por la puerta estrecha de la salvación: el autoengaño. J. C. Ryle manifiesta: "El Señor Jesús finaliza el Sermón del Monte con un pasaje de tensión desgarradora. Pasa de los falsos profetas a los falsos profesos (o profesantes), de maestros faltos de cordura a oyentes faltos de cordura" (*Expository Thoughts on the Gospel: St. Matthew* [Londres: James Clarke, 1965], pp. 69-70). No solo que los falsos profetas pueden engañarnos en cuanto al camino de la salvación, sino que nosotros podemos engañarnos a nosotros mismos. Después de advertirnos acerca de los falsos profetas, el Señor advierte ahora a los hombres con relación a ellos mismos. El individuo pecador está prejuiciado a su propio favor, y a causa de su orgullo tiende a rechazar el verdadero evangelio.

Las dos categorías de autoengaño son las de la simple profesión verbal y del mero conocimiento intelectual. La primera, descrita en los versículos 21-23, implica a quienes dicen pero no hacen, y la segunda, descrita en los versículos 24-27, implica a quienes oyen pero no hacen.

El Señor no está hablando a personas no religiosas, ateas o agnósticas; tampoco a paganos, herejes o apóstatas. Está hablando de manera específica a personas que son devotamente religiosas, pero que han sido engañadas a creer que están en el camino al cielo cuando en realidad están en el camino espacioso al infierno. No son diferentes de aquellos en los últimos días de los que Pablo asegura "que tendrán apariencia de piedad, pero negarán la eficacia de ella" (2 Ti. 3:5).

Varias encuestas en los últimos años han calculado que tal vez el 50 por ciento de los estadounidenses se identifican como cristianos nacidos de nuevo. Pero basándonos en la descripción de la Biblia acerca de los verdaderos creyentes y del hecho de que pocos (cp. Mt. 7:14) realmente llegan en las condiciones de Dios, esos cálculos podrían no ser remotamente correctos. Por las normas bíblicas es difícil creer incluso que la mitad de los miembros de iglesias en los Estados Unidos sean verdaderos creyentes.

El Nuevo Testamento no solo establece normas muy elevadas para juzgar la vida del verdadero cristiano, sino que también ofrece muchas advertencias en cuanto al autoengaño espiritual respecto a la salvación. En Mateo 25 Jesús habla de las cinco vírgenes insensatas que fingían devoción al novio pero que no pudieron reunirse con él porque no estaban preparadas (vv. 1-12), y de aquellos creyentes profesos (simbolizados como cabritos) que se sorprenden de que el Señor los rechace porque nunca le sirvieron de veras (vv. 32-33, 41-46).

¿Qué adormece a las personas en tal engaño? Primero, muchos cristianos profesos —e incluso muchos verdaderos cristianos— defienden una falsa doctrina de la seguridad. Esto a menudo se debe a que la persona que les testificó les dijo que lo único que tenían que hacer era una profesión de fe, recorrer un pasillo, levantar una mano, pronunciar una oración, y nunca dudar de lo que el Señor había hecho en sus vidas. Quizás les enseñaron que hasta dudar de su salvación es dudar de la Palabra de Dios y de la integridad de esta. Por desgracia, muchos evangelistas, pastores y obreros personales tratan de certificar la salvación de una persona aparte de la obra de convicción del Espíritu Santo y de la evidencia de fruto con persistencia en obedecer la Palabra (Jn. 8:31). Pero no tenemos ningún derecho de asegurar a alguien acerca de algo de lo que no podemos estar seguros de que sea cierto. El propio Espíritu Santo de Dios atestiguará esta realidad a aquellos que le pertenecen de verdad (Ro. 8:14-16).

Pedro deja en claro que el llamado y la elección se hacen seguros al aumentar cualidades de fecundidad que demuestran la autenticidad de la salvación y que eliminan el obstáculo de la duda (2 P. 1:3-11). Además, nuestro Señor enseña que algunas personas parecerán salvas, pero no lo son (véase Mt. 13:20-22). Una seguridad rápida y fácil puede ser engañosa.

Un segundo contribuyente al autoengaño es el hecho de no examinarse a sí mismo. A través de un punto de vista defectuoso y presuntuoso respecto de la gracia de Dios, algunos creyentes profesos van alegremente por la vida ajenos a sus pecados y sin preocuparse por ellos. Sin embargo, Dios les dice que examinen sus vidas cada vez que lleguen ante la Cena del Señor (1 Co. 11:28). Pablo nos asegura: "Examinaos a vosotros mismos si estáis en la fe; probaos a vosotros mismos.

¿O no os conocéis a vosotros mismos, que Jesucristo está en vosotros, a menos que estéis reprobados?" (2 Co. 13:5). Ese examen escudriña el corazón y los motivos y deseos internos para ver si las personas se ajustan a la santidad y la gloria de Dios. Hasta el cristiano más débil tiene en su corazón anhelos puros de justicia, a pesar de que permite que su carne obstaculice su cumplimiento (Ro. 7:14-25).

Juan nos advierte: "Si decimos que no tenemos pecado, nos engañamos a nosotros mismos, y la verdad no está en nosotros. Si confesamos nuestros pecados, él es fiel y justo para perdonar nuestros pecados, y limpiarnos de toda maldad" (1 Jn. 1:8-9). Una persona que no está preocupada con limpiar sus pecados presentes tiene buenas razones para dudar de que sus pecados pasados hayan sido perdonados. Alguien que no tiene deseos de llegar ante el Señor en busca de una limpieza continua tiene razón para dudar de que alguna vez haya llegado ante el Señor para recibir salvación.

Sin importar qué tipo de experiencia afirman haber tenido o qué clase de testimonio presenten ahora, no puede decirse que son cristianos quienes viven con su pareja sin casarse, quienes practican la homosexualidad o que son engañosos y deshonestos en los negocios, o quizás odiosos o vengativos, o que practican habitualmente cualquier pecado sin remordimiento o arrepentimiento. La Palabra de Dios es explícita: "¿No sabéis que los injustos no heredarán el reino de Dios? No erréis; ni los fornicarios, ni los idólatras, ni los adúlteros, ni los afeminados, ni los que se echan con varones, ni los ladrones, ni los avaros, ni los borrachos, ni los maldicientes, ni los estafadores, heredarán el reino de Dios" (1 Co. 6:9-10). Pablo advierte de nuevo: "Porque sabéis esto, que ningún fornicario, o inmundo, o avaro, que es idólatra, tiene herencia en el reino de Cristo y de Dios. Nadie os engañe con palabras vanas, porque por estas cosas viene la ira de Dios sobre los hijos de desobediencia" (Ef. 5:5-6). En cada una de estas advertencias tan serias Pablo suplica a sus lectores que no se dejen engañar.

Aquel que profesa ser cristiano pero que de modo habitual y sin arrepentirse continúa en pecado conocido hace mentiroso a Dios, porque su Palabra niega expresamente que dicha persona le pertenezca a Cristo (1 Jn. 3:6-10).

Una tercera causa de autoengaño es la concentración excesiva en actividad religiosa. Asistir a la iglesia, escuchar prédicas, entonar cánticos de fe, leer la Biblia, asistir a estudios bíblicos, y muchas otras actividades perfectamente buenas y útiles en realidad pueden aislar a una persona del mismo Dios que supuestamente está adorando y sirviendo. Esas cosas pueden hacerle creer a un creyente que está siendo fiel y obediente, cuando en realidad podría no estarlo; y pueden hacerle creer a un no creyente que es salvo, cuando en realidad no lo es.

Una cuarta causa de autoengaño es lo que podría llamarse el enfoque del intercambio justo, o de compensación. En lugar de confesar y pedir perdón por sus pecados, un individuo puede darse el beneficio de la duda y racionalizar su salvación pensando que las buenas cosas que hace compensan las malas, que lo positivo cancela lo negativo. Pero primero, aparte de Dios es imposible hacer cualquier cosa que sea realmente buena, porque "no hay quien haga lo bueno, no hay ni siquiera uno", nos dice Pablo (Ro. 3:12), citando a David (Sal. 14:1-3; 53:1-3). Segundo, es el pecado mismo, y no un exceso o desequilibrio de este, lo que nos separa de Dios y nos trae muerte y condenación (Ro. 5:12; 6:23). Cualquier bien que de alguna manera podríamos conseguir no cancelaría tales consecuencias del pecado, no más de lo que comer bien y ejercitarse salvará la vida de una persona infectada con una enfermedad mortal. Su única esperanza está en recibir una cura para la enfermedad, no en tratar de desequilibrar su efecto mortal manteniendo el cuerpo sano. Isaías afirmó que los mejores hechos de los hombres delante de Dios son "como trapo de inmundicia", es decir, un paño menstrual (Is. 64:6).

Además de hipócritas absolutos y descaradamente desobedientes, existen otros dos tipos comunes de personas engañadas que creen ser cristianas cuando no lo son. Uno está compuesto por individuos superficiales, aquellos que han tenido poca o ninguna instrucción en el evangelio y que creen que haber asistido a la escuela dominical cuando eran niños, haberse bautizado, ser miembros de una iglesia, u otras de tales cosas los ponen en buena posición delante de Dios.

La otra clase está compuesta por personas mucho más conocedoras de la Biblia y el evangelio, que a menudo están muy involucradas en actividades de varios tipos en la iglesia. Sin embargo, viven en un estado constante de pecaminosidad, sin pensar en confesar y abandonar sus pecados o buscar justicia. Tales individuos observan ciertos sentimientos y experiencias, sanidades recibidas, supuestos ángeles, bendiciones materiales terrenales, promesas y muchas otras cosas externas como prueba de su salvación. No les interesa disminuir el pecado o aumentar la justicia. No les preocupa los mandamientos de Dios, las normas de Dios, o la gloria de Dios, sino solamente lo que pueden sacar de Dios por sí mismos. Según Martyn Lloyd-Jones sugiere, tales individuos están más interesados en los subproductos de la fe que en el fruto mismo (*Studies in the Sermon on the Mount* [Grand Rapids: Eerdmans, 1977], 2:285).

Este grupo incluye a quienes están más comprometidos con una denominación u organización cristiana que con la Palabra de Dios. Incluye a quienes académicamente están interesados en teología —incluso teología ortodoxa bíblica— pero no en obedecer la Biblia sobre la que se basa esa teología. Incluye a los que insisten demasiado en un aspecto particular de la verdad bíblica y lo distorsionan, a fin de apoyar la exclusión y a veces la contradicción de otras verdades. Abarca a los que son muy indulgentes en el nombre de la gracia, pero carecen de arrepentimiento.

Así como hay muchas personas que están engañadas por el camino espacioso que lleva a la perdición (Mt. 7:13), hay también muchos caminos en que esas personas están engañadas, de los cuales los ya mencionados son solo un ejemplo. Casi no hay límite para el medio por el cual los hombres pueden ser engañados por Satanás, por otros individuos, y por ellos mismos. En cada caso fallan en entrar por la puerta estrecha con arrepentimiento, sumisión al Señor, humildad, y un deseo de santidad. Por tanto, es de suma importancia reconocer y estar en guardia contra encantadores de todo tipo. Pero la meta más importante no es identificar todos los muchos caminos engañosos sino encontrar y seguir el verdadero.

Los muchos engaños hallados en el camino espacioso de perdición se evidencian en dos manifestaciones básicas, que Jesús enfoca aquí: palabras vacías, y obras y corazones vacíos. Los del primer grupo solo hacen profesión verbal de fe y obras. Los del segundo tienen simple conocimiento intelectual del evangelio que oyen. Aquellos en el primer grupo *dicen* pero no hacen; los que están en el segundo *oyen* pero no hacen.

PALABRAS VACÍAS

No todo el que me dice: Señor, Señor, entrará en el reino de los cielos, sino el que hace la voluntad de mi Padre que está en los cielos. Muchos me dirán en aquel día: Señor, Señor, ¿no profetizamos en tu nombre, y en tu nombre echamos fuera demonios, y en tu nombre hicimos muchos milagros? Y entonces les declararé: Nunca os conocí; apartaos de mí, hacedores de maldad. (7:21-23)

Un judío podía usar el término **señor** simplemente como un título de respeto y honor, dado a todo líder político, militar o religioso, inclusos los maestros. Pero que las personas de las que habla este pasaje dijeran **Señor, Señor,** sugiere mucho más que respeto humano, como dejan en claro sus siguientes comentarios. Que afirmen haber profetizado, echado fuera demonios, y hecho milagros en el **nombre** de Jesús indica que lo reconocieron como **Señor** en una manera sobrenatural. **Señor** era un título común sustitutivo judío para Jehová, o Yahveh, nombre que consideraban demasiado santo para pronunciarlo. Por tanto, dirigirse a Jesús como **Señor** era dirigirse a Él como el único Dios verdadero. Dirigirse a Él como **Señor, Señor** era añadir un espíritu de celo intenso para demostrar fortaleza en cuanto a devoción y dedicación. En el versículo 22 las tres referencias a **tu nombre** son enfáticas y transmiten el significado de quién es Él. De ahí que Jesús esté hablando de aquellos que hacen una profesión de fe en Él.

Estos individuos afirman ser seguidores del Dios de Israel, el Creador y Señor de toda la tierra. No solo eso, sino que reconocen que Jesús mismo es divino porque **me dirán** [es decir a Jesús] **en aquel día: Señor, Señor.** Y el hecho de que afirmen tantas obras sobresalientes en nombre de Jesús nos dice que sobre todo son fervientes obreros religiosos.

El día final, **en aquel día,** está presentado aquí en general, sin referencia a la distinción entre los tribunales separados para los creyentes (2 Co. 5:10) y para los incrédulos (Ap. 20:11-15). **Aquel día** es una referencia frecuentemente usada para la era del juicio divino conocido en todas las Escrituras como el "día de Jehová" (Is. 2:12; Jl. 2:1; Mal. 4:5; 1 Ts. 5:2; 2 P. 3:10). Mateo usa **aquel día** aquí y en 24:36, donde se refiere a la segunda venida del Salvador. Es de destacar que la parábola de la segunda venida sobre las diez vírgenes (Mt. 25:1-13) hace referencia a esas vírgenes a quienes se les cierra la puerta al reino mientras gritan: "Señor, señor", a lo que Él también responde: "No os conozco" (vv. 11-12). Estos pocos pasajes juntos revelan que Mateo tiene en mente el tiempo no específico de juicio que acompañará al regreso de Jesucristo.

Que algunos de los que Jesús está hablando aquí son verdaderos creyentes se muestra porque Él dice: **No todo** y **muchos.** Los mismos **muchos** que entraron por la puerta ancha (v. 13) están ahora al final del camino espacioso enfrentando al Juez. Sin embargo, para algunas personas la afirmación **Señor, Señor** será legítima, porque Jesús ha sido realmente su Señor en la tierra y le habrán servido de manera auténtica.

Si Jesús está hablando del gran trono blanco, muchos creyentes profesos que *no* son auténticos ya habrán pasado siglos en el infierno esperando su juicio final (véase Lc. 16:23-26; Hch. 1:25). Debido a que fueron tan celosos, activos y diligentes en la obra religiosa, en el propio **nombre** del Señor, ni siquiera pueden creer que estén parados delante de Cristo para ser juzgados. Incluso en ese momento se dirigirán a Cristo como **Señor** y le hablarán en desesperación con el mayor respeto y sinceridad. Las palabras que pronunciaron y obras que realizaron les parecerán impresionantes, pero sus vidas no apoyarán la afirmación de sus labios. En Lucas 6:46 Jesús declaró: "¿Por qué me llamáis, Señor, Señor, y no hacéis lo que yo digo?".

No es el que simplemente le clama al Señor, **sino el que hace la voluntad de mi Padre que está en los cielos** quien se salva. El asunto es obediencia a la Palabra de Dios. Jesús manifestó: "Si vosotros permaneciereis en mi palabra, seréis verdaderamente mis discípulos" (Jn. 8:31; cp. 6:66-69; Mt. 24:13; Col. 1:22-23; 1 Ti. 4:16; He. 3:14; 10:38-39; 1 Jn. 2:19). La salvación y la obediencia a la voluntad de Dios son inseparables, tal como el escritor de Hebreos aclara: "[Jesús] vino a ser autor de eterna salvación para todos los que le obedecen" (5:9; cp. Ro. 1:5; 6:16; 15:18; 16:19, 26; 1 P. 1:2, 22).

El mensaje de Jesús para los desobedientes que reclaman será: **Nunca os conocí; apartaos de mí, hacedores de maldad.** Todas sus palabras de respeto y honor, y todas sus obras de dedicación y devoción se declararán vacías y sin valor alguno. Ellos pueden haber tenido el nombre de Dios en sus bocas, pero la rebelión estaba en sus corazones.

Por supuesto, la frase **nunca os conocí** no significa que Jesús no estuviera consciente de la identidad de ellos. Él conoce muy bien quiénes son estas personas: son cristianos profesos engañados que pasaron sus vidas como **hacedores de maldad.**

"Conocer" era una expresión hebrea que representaba relaciones íntimas. Se usaba con frecuencia para intimidad marital (véase Gn. 4:1, 17; donde "conoció" significa literalmente "relaciones sexuales", como en NTV, TLA). También se usaba para la intimidad especial de Dios con su pueblo escogido Israel y con todos aquellos que confían en Él. De manera única y hermosa el Señor "conoce a los que en él confían" (Nah. 1:7). El Buen Pastor conoce íntimamente a sus ovejas (Jn. 10:1-14).

Por tanto, Jesús dirá a quienes le claman pero que nunca confiaron en Él: **Nunca os conocí.** "Nunca los conocí como mis discípulos, y ustedes nunca me conocieron como su Señor y Salvador. No ha habido ninguna intimidad entre nosotros. Ustedes eligieron su reino, y no fue mi reino". **Apartaos de mí** es la sentencia final resultante hacia el infierno, y es idéntica en pensamiento al juicio de Mateo 25:41 en el regreso del Señor: "El que no se halló inscrito en el libro de la vida fue lanzado al lago de fuego". El lago de fuego espera a todos los falsos profesos (Ap. 20:15).

Hacedores de maldad es un participio presente en griego que indica acción continua y regular, e identifica el pecado no perdonado y patrones injustos de vida de quienes demandan salvación. La idea es que estos falsos cristianos practican la maldad de modo continuo y habitual. Profesar a Cristo y hacer maldad son dos cosas totalmente incompatibles. Un árbol bueno *no puede* llevar ese tipo de fruto (Mt. 7:18; Jn. 3:4-10).

Un buen árbol no solo puede llevar buen fruto, sino que lo llevará; y una vida que profesa ser cristiana, pero que en ninguna manera refleja la justicia de Cristo, no tiene parte en Él. Tal tipo de profesión viene de la clase de fe que no tiene obras y que está muerta (Stg. 2:17). Se trata de la fe del demonio a la que Santiago se refiere

(Stg. 2:19), la cual es ortodoxa y exacta, pero no santa. En el sentido definitivo y más trágico, esa falsa profesión es tomar en vano el nombre del Señor. G. Campbell Morgan observó: "La blasfemia del santuario es mucho más terrible que la blasfemia del tugurio". (*The Gospel According to Matthew* [Nueva York: Revell, 1929], p. 79). La simple devoción profesada a Cristo no es más que otro beso de Judas.

El Señor sabe bien que hasta sus discípulos más fieles fallarán, tropezarán y caerán en pecado. De otro modo no tendría que decirnos que oremos: "Perdónanos nuestras deudas" (Mt. 6:12). Además, "si confesamos nuestros pecados, él es fiel y justo para perdonar nuestros pecados, y limpiarnos de toda maldad" (1 Jn. 1:9). Ningún cristiano es inmaculado, pero el hecho de confesar continuamente nuestros pecados, buscar el perdón del Señor, y anhelar justicia (Mt. 5:6) es evidencia de que le pertenecemos. La voluntad de Dios quizás no sea la *perfección* de la vida del verdadero creyente, pero sí tiene que ver con la *dirección* de esa vida.

Sin embargo, los que continuamente hacen **maldad** ofrecen evidencia de que *no* pertenecen a Cristo. No reconocen o confiesan sus pecados ni tienen hambre de justicia porque no tienen parte en Cristo. Toda actividad religiosa, por ortodoxa y ferviente que sea, que no resulte de la obediencia al señorío de Cristo y de la búsqueda de su gloria es rebelión contra la ley de Dios, que exige conformidad de corazón.

Este pasaje es aún más sorprendente cuando se consideran las impresionantes obras que tales creyentes profesos afirman haber logrado. Así le dicen al Señor: **¿No profetizamos en tu nombre, y en tu nombre echamos fuera demonios, y en tu nombre hicimos muchos milagros?**

Según se mencionó, sabemos por el versículo 21 (**no todo**) que algunas de estas afirmaciones las harán auténticos creyentes. Y puesto que Jesús no cuestiona la realidad de las declaraciones, es posible que se hicieran profecías reales, que se echaran fuera demonios, y que se realizara algún tipo de milagros incluso por parte de quienes no eran auténticos creyentes.

Existen tres explicaciones posibles para la afirmación de los falsos creyentes. Podría ser que se les permitiera realizar estas obras asombrosas por el poder de Dios. Dios puso palabras en la boca de Balaam, aunque ese profeta era falso y malvado (Nm. 23:5). Incluso después que el rey Saúl se volviera apóstata, "el Espíritu de Dios vino sobre él con poder, y profetizó" (1 S. 10:10). El malvado sumo sacerdote Caifás de modo involuntario e inconsciente "profetizó que Jesús había de morir por la nación" (Jn. 11:51).

Una segunda posibilidad es que esos asombrosos hechos fueran logrados por el poder de Satanás. Jesús predijo que "se levantarán falsos Cristos, y falsos profetas, y harán grandes señales y prodigios, de tal manera que engañarán, si fuere posible, aun a los escogidos" (Mt. 24:24). Los incrédulos hijos de Esceva, por ejemplo, eran judíos exorcistas que se ganaban la vida echando fuera demonios (Hch. 19:13-14). Marcos 9:38-40 cuenta de alguien aparte de los apóstoles que echaba fuera demonios. Pablo promete que en los últimos días habrá falsas señales y prodigios mentirosos por parte de Satanás (2 Ts. 2:8-10). Hechos 8:11 describe la obra de un hechicero satánico. Hoy día existen obradores de milagros, curanderos y exorcistas que afirman trabajar para Jesucristo pero que son engañadores satánicos.

Una tercera posibilidad es que algunas de las afirmaciones simplemente fueran falsas. Es decir que las profecías, los exorcismos y los milagros fueron falsos y artificiales. Sin duda todos los tres casos serán representados.

Pero ya sea que las obras mismas se hicieran o no en el poder de Dios, quienes las realizaron no le pertenecían a Él y no lo reconocieron de veras como **Señor,** a pesar de haberlo profesado. No tuvieron parte en el reino o en la justicia divina; y esas obras, fueran auténticas o falsas, divinas o satánicas, no los colocaría en ninguna buena posición delante del tribunal de Cristo.

Las palabras de un grabado en la catedral de Lübeck, Alemania, reflejan muy bien la enseñanza que el Señor nos da aquí:

> Así nos habló Cristo nuestro Señor: Me llamas Maestro y no me obedeces, me llamas Luz y no me ves, me llamas el camino y no andas en mí, me llamas vida y no me vives, me llamas sabio y no me sigues, me llamas justo y no me amas, me llamas rico y no me pides, me llamas eterno y no me buscas, no me culpes si te condeno.

CORAZONES VACÍOS

Cualquiera, pues, que me oye estas palabras, y las hace, le compararé a un hombre prudente, que edificó su casa sobre la roca. Descendió lluvia, y vinieron ríos, y soplaron vientos, y golpearon contra aquella casa; y no cayó, porque estaba fundada sobre la roca. Pero cualquiera que me oye estas palabras y no las hace, le compararé a un hombre insensato, que edificó su casa sobre la arena; y descendió lluvia, y vinieron ríos, y soplaron vientos, y dieron con ímpetu contra aquella casa; y cayó, y fue grande su ruina. (7:24-27)

La segunda evidencia de que muchos (vv. 13, 22) que están en el camino espacioso no entrarán al reino es que sus vidas no están construidas sobre el fundamento de Cristo y su Palabra. Una vez más Jesús retoma el aspecto de la propia justicia del ser humano, la justicia que es totalmente inaceptable a Dios y que de ninguna manera calificará a un individuo para el reino celestial (Mt. 5:20).

En el primer ejemplo (vv. 21-23) vemos un contraste entre las verdaderas y las falsas profesiones verbales de fe y buenas obras. Aquí vemos contrastes entre oyentes obedientes y desobedientes. Ambos grupos oyen la verdadera Palabra de Dios, pero algunos oyen y obedecen, y otros oyen y desobedecen; algunos ponen su confianza en la justicia de Dios, y otros siguen confiando en su propia justicia, aunque eso no se será visible hasta el juicio.

La sugerencia es que incluso los que desobedecen creen que pertenecen a Cristo y hacen una profesión convincente de fe en Él. Oyen la Palabra de Dios y la reconocen como Palabra de Dios, pero erróneamente creen que simplemente conocerla y reconocerla basta para agradar a Dios y garantizarles un lugar en el reino. Al igual que quienes afirman: "Señor, Señor", y realizan asombrosas obras religiosas pero en realidad son "hacedores de maldad", los falsos oyentes construyen su casa religiosa, pero se engañan a sí mismos en cuanto a la viabilidad de esa casa.

En el ejemplo de quienes hacen falsas profesiones de fe, los verdaderos creyentes se mencionan solo de manera implícita ("no todo el que me dice", v. 21). No obstante, en el ejemplo de los oyentes y edificadores tanto los verdaderos como los falsos creyentes se describen claramente. En estos dos grupos vemos muchas similitudes, pero también diferencias radicales.

SIMILITUDES

En primer lugar, ambos constructores han oído el evangelio. **Cualquiera, pues, que me oye estas palabras** se aplica tanto al **hombre prudente** (v. 24) como al **hombre insensato** (v. 26). Ambos conocen el camino de salvación.

Segundo, ambos proceden a edificar una **casa** después que han oído acerca del camino de salvación. El **hombre prudente** edifica su casa, que representa su vida, sobre **estas palabras** de Jesús. La deducción es que el **hombre insensato,** aunque **oye estas palabras** de Cristo **y no las hace,** cree que su **casa** es segura simplemente porque ha oído y reconocido las **palabras.** Cree que la vida que lleva es cristiana y que, por tanto, es agradable a Dios. No edifica intencionalmente una **casa** que cree que vaya a caer. Ambos constructores tienen confianza en que sus casas resistirán; pero la confianza de un hombre está puesta en el Señor y la del otro hombre está puesta en sí mismo.

Tercero, ambos constructores edifican sus casas en la misma ubicación general, lo cual se evidencia porque al parecer la misma tormenta las golpea. En otras palabras, las circunstancias externas de sus vidas eran esencialmente las mismas. No tenía ninguna ventaja el uno sobre el otro. Habían vivido en el mismo pueblo y posiblemente asistían a la misma iglesia, oían la misma prédica, iban al mismo estudio bíblico, y tenían comunión con las mismas amistades.

Cuarto, la deducción es que ellos construyeron el mismo tipo de **casa.** Por fuera sus viviendas eran muy parecidas. Según todas las apariencias el **hombre insensato** vivía en gran parte del mismo modo que el **hombre prudente.** Podríamos decir que ambos individuos eran religiosos, teológicamente ortodoxos, morales, servían en la iglesia, la apoyaban económicamente, y eran ciudadanos responsables de la comunidad. Parecían creer y vivir de manera similar.

DIFERENCIAS

Las diferencias entre los dos constructores y las dos casas que edificaron no eran perceptibles por fuera. Pero eran muchísimo más importantes que las similitudes. La clave es entender que uno de ellos **hace** o cumple la Palabra de Dios (muestra obediencia) y el otro **no hace,** es decir que no practica la Palabra (muestra desobediencia). Uno construye usando las especificaciones divinas, el otro usa las suyas propias.

La más grande diferencia entre las especificaciones de estos constructores y la manera que edificaron está en las bases que sentaron. El **hombre prudente... edificó su casa sobre la roca,** mientras que el **hombre insensato... edificó su casa sobre la arena.**

Petra (**roca**) no significa piedra o ni siquiera peñasco, sino un gran afloramiento de roca, una gran extensión de lecho de roca. Es algo sólido, estable e inamovible. Por el contrario, **la arena** es algo suelto, inestable y sumamente móvil.

Los agentes de venta de lotes sobre arena son los falsos profetas de los que Jesús acaba de advertir (vv. 15-20).

Los escribas y fariseos tenían un conjunto complejo y complicado de tradiciones religiosas a las que consideraban de gran valor ante Dios. Sin embargo, todas esas tradiciones eran externas, superficiales e inestables. No tenían ninguna sustancia espiritual o moral, ni estabilidad. Tales tradiciones eran **arena** movediza, compuesta totalmente de opiniones, especulaciones y normas humanas. Quienes las crearon y las siguieron no tomaron en cuenta la obediencia a la Palabra de Dios, la pureza de corazón, la espiritualidad del alma, ni la integridad de la conducta. Lo único que les preocupaba era la apariencia, el apremiante deseo de ser vistos y "alabados por los hombres" (Mt. 6:2).

Como dice Arthur Pink acerca de esas personas:

> Llevan sus cuerpos a la casa de oración, pero no sus almas; adoran con sus bocas, pero no "en espíritu y en verdad". Son muy rigurosos en cuanto a la inmersión o a la comunión temprano en la mañana, pero no le prestan ninguna atención a guardar sus corazones con toda diligencia. Se jactan de su ortodoxia, pero no tienen en cuenta los preceptos de Cristo. Multitudes de cristianos profesos se abstienen de hechos externos de violencia, pero no dudan en robarles a sus vecinos un buen nombre al propagar malos informes contra ellos. Contribuyen con regularidad al "salario del pastor", pero no se amilanan por falsear sus bienes y engañar a sus clientes, convenciéndose que "negocio es negocio". Tienen más consideración por las leyes del hombre que por las de Dios, porque el temor a Dios no está delante de sus ojos.

Sin embargo, el **hombre prudente** edifica **su casa sobre la roca,** y cree que **la roca** de la que se habla aquí es la Palabra de Dios: **estas palabras** son las del Señor. Este constructor es aquel que **oye** las **palabras** de Jesús… **y las hace.** Edificar **sobre la roca** equivale a obedecer la Palabra de Dios.

Después que Pedro confesó: "Tú eres el Cristo, el Hijo del Dios viviente", Jesús le declaró: "No te lo reveló carne ni sangre, sino mi Padre que está en los cielos. Y yo también te digo, que tú eres Pedro, y sobre esta roca edificaré mi iglesia" (Mt. 16:16-18). Esta "roca" (*petra*) es la misma **roca** que la de Mateo 7:24-25. Es el lecho de roca de la Palabra de Dios, su revelación divina. Es la revelación divina tal como le fue dada a Pedro por parte del "Padre que está en los cielos", y es la única **roca** sobre la cual la vida cristiana puede edificarse.

La marca del verdadero discipulado no es simplemente oír y creer, sino creer y hacer. Los verdaderos discípulos de Jesucristo, los únicos verdaderos convertidos del evangelio, son aquellos "hacedores de la palabra, y no tan solamente oidores, engañándoos a vosotros mismos. Porque si alguno es oidor de la palabra pero no hacedor de ella, éste es semejante al hombre que considera en un espejo su rostro natural. Porque él se considera a sí mismo, y se va, y luego olvida cómo era" (Stg. 1:22-24). En otras palabras, una persona que profesa conocer a Cristo pero que no le obedece no tiene una imagen perdurable de lo que trata esa nueva vida. Vislumbra a Cristo, y vislumbra lo que Cristo puede hacer por él o ella, pero la imagen que tiene de Cristo y de la nueva vida en Cristo pronto desaparece. Su experiencia con el evangelio es vacía, superficial y de corta duración.

Juan declara: "En esto sabemos que nosotros le conocemos, si guardamos sus mandamientos. El que dice: Yo le conozco, y no guarda sus mandamientos, el tal es mentiroso, y la verdad no está en él; pero el que guarda su palabra, en éste verdaderamente el amor de Dios se ha perfeccionado; por esto sabemos que estamos en él. El que dice que permanece en él, debe andar como él anduvo" (1 Jn. 2:3-6). Pablo asevera lo mismo de manera poderosa y convincente: "Todas las cosas son puras para los puros, mas para los corrompidos e incrédulos nada les es puro; pues hasta su mente y su conciencia están corrompidas. Profesan conocer a Dios, pero con los hechos lo niegan, siendo abominables y rebeldes, reprobados en cuanto a toda buena obra" (Tit. 1:15-16).

Profesar conocer a Dios y su verdad pero no seguir a Dios ni vivir su verdad de manera obediente es estar engañados. Es haber entrado por la puerta ancha y estar caminando por el camino espacioso que lleva a la perdición. Es haber edificado una **casa sobre la arena.**

La única confirmación que podemos tener de la salvación es una vida de obediencia. Esa es la única prueba que la Biblia menciona de que estamos bajo el señorío de Jesucristo. La obediencia es el requisito indispensable de la salvación.

La **casa** edificada **sobre la roca** es la vida de obediencia, la vida que Jesús ha estado explicando a lo largo del Sermón del Monte. Es la vida que tiene una visión bíblica de sí misma, como se describe en las Bienaventuranzas. Es la vida que tiene una visión bíblica del mundo, y que se ve como el medio de Dios para preservar e iluminar el mundo, aunque no forma parte de él. Es la vida que tiene la visión divina de las Escrituras y que determina no alterar la Palabra de Dios en lo más mínimo. Es una vida que se preocupa de la justicia interior en lugar del formulismo externo. Es una vida que presenta una actitud recta hacia lo que se dice y lo que se hace, hacia motivos, aspectos, dinero y otras personas. Es una vida de autenticidad en lugar de hipocresía, y de la justicia de Dios en lugar de justicia propia.

La **casa** edificada **sobre la roca** es la vida que se despoja del endiosamiento y el orgullo, que está abrumada por el pecado y llora por ello, que hace el máximo esfuerzo por entrar por la puerta estrecha y ser fiel en el camino angosto de Cristo y su Palabra. Ese constructor no edifica su vida ni pone su esperanza en ceremonias, rituales, visiones, experiencias, sentimientos o milagros sino en la Palabra de Dios y solo en ella.

La **arena** está compuesta de opiniones, actitudes y voluntades humanas, que siempre son cambiantes e inestables. Edificar **sobre la arena** es basarse en la voluntad propia, en la realización propia, en el propósito personal, en la autosuficiencia y autosatisfacción, y la arrogancia moral. Edificar **sobre la arena** es no ser enseñable, estar "siempre… aprendiendo, y nunca [poder] llegar al conocimiento de la verdad" (2 Ti. 3:7).

Edificar la **casa** de nuestra vida **sobre la arena** es seguir el supremo engaño de Satanás, que es hacer creer a la persona que es salva cuando no lo es. Debido a que la persona está bajo la ilusión de ser salva, no ve razón para resistir a Satanás ni para buscar a Dios.

Además de la gran diferencia en los cimientos que ponen, el **hombre prudente** edifica su **casa** de la manera difícil, mientras que el **hombre insensato** edifica la suya de la manera fácil. Uno escoge la puerta estrecha y el otro la ancha. Uno busca con cuidado una base sólida de **roca** sobre la cual edificar; el otro simplemente encuentra una sección de arena en una ubicación deseable y empieza a edificar.

El camino fácil es atractivo por varias razones, la primera es que es rápido. El insensato siempre tiene prisa. Su primer deseo es complacerse, y toma la ruta más corta para ello. En la obra de la iglesia quiere la solución rápida y fácil, que ocasione la menor controversia y el menor fastidio, sin ninguna consideración de cómo esa solución pueda concordar con la Biblia. Esta persona aboga por la evangelización fácil, la creencia fácil, y el discipulado fácil, porque estas cosas producen resultados rápidos que son sencillos de ver y medir. No tiene tiempo para escudriñar la Palabra en busca de la verdad correcta con la cual dar testimonio, o para hacer un examen de conciencia u obtener una convicción sólida. Considera una confesión verbal, una tarjeta firmada, o una oración hecha como algo suficiente para llevar a una persona a Cristo. Está dispuesto a declarar salva a una persona sin tener ninguna conciencia de que seguramente está perdida.

Al insensato también le gusta el camino fácil porque este básicamente es superficial. Lo que es superficial requiere poca planificación, poco esfuerzo, poco cuidado en los detalles, y poca preocupación por la calidad o las normas. La persona superficial busca lo que es agradable en vez de lo que es correcto, lo que es placentero en lugar de lo que es verdadero, lo que le satisface en vez de lo que le satisface a Dios. Recurre al cristianismo para obtener resultados instantáneos, placer instantáneo, y recompensas instantáneas. Se preocupa mucho por las "alturas" espirituales, pero nada por las "profundidades" espirituales.

Charles Spurgeon escribió esto acerca de su propia época:

> Falta de profundidad, falta de sinceridad, falta de celo por la religión, esta es la carencia de nuestros tiempos. Falta de visión hacia Dios en religión, falta de trato sincero con nuestra alma, descuido en usar el bisturí en nuestros corazones, negligencia en cuanto a usar la orden de registro que Dios nos da contra el pecado, descuido con relación a vivir como Cristo; mucha lectura acerca de Él, mucha habladuría acerca de Él, pero poco acerca de cómo alimentarse de su carne y beber su sangre... estas son las causas de una profesión tambaleante y una esperanza sin fundamento (citado por Pink en *An Exposition of the Sermon on the Mount* [Grand Rapids: Baker, 1974], p. 423).

En su parábola del sembrador Jesús habló de alguien "que oye la palabra, y al momento la recibe con gozo; pero no tiene raíz en sí, sino que es de corta duración, pues al venir la aflicción o la persecución por causa de la palabra, luego tropieza" (Mt. 13:20-21). Este la recibe con prontitud y tropieza rápidamente. Le gustan las promesas de Dios, pero no los requisitos.

El **hombre insensato** siempre tiene excusas cuando Jesús le muestra las exigencias de vida. Cuando oye el evangelio por primera vez le declara al Señor: "Te seguiré adondequiera que vayas". Pero cuando oye: "Las zorras tienen guaridas, y las aves de los cielos nidos; mas el Hijo del Hombre no tiene dónde recostar la cabeza", de repente recuerda que tiene que enterrar a su padre (es decir, esperar la muerte de su padre para recibir la herencia) o despedirse "primero de los que están en [su] casa". Jesús dice que ese individuo "que poniendo su mano en el arado mira hacia atrás" no "es apto para el reino de Dios" (Lc. 9:57-62).

La **lluvia,** los **ríos,** y los **vientos** no representan tipos específicos de juicio físico sino simplemente un resumen del juicio final de Dios. La tormenta es la prueba final que enfrentará la **casa** de toda vida humana. Así como el ángel de la muerte en Egipto pasó de largo por las casas rociadas con sangre de los hijos de Israel mientras mataba a todos los primogénitos en las demás, así también el mismo juicio que pasará sin hacer daño sobre la **casa que** se **edificó sobre la roca** de Cristo y su Palabra destruirá totalmente la **que** se **edificó… sobre la arena,** juicio que no es otro que Cristo y su Palabra.

Un día se probará si una religión es verdadera o falsa. Y tal juicio demostrará con absoluta finalidad cuál es el trigo y cuál es la cizaña, quiénes son ovejas y quiénes son cabritos, quiénes han entrado por la puerta estrecha para andar por el camino angosto y quiénes han entrado por la puerta ancha para andar por el camino espacioso.

Aquellos cuyas casas están sobre la **roca** de Jesucristo y su Palabra serán liberados "de la ira venidera" (1 Ts. 1:10), y solo recibirán elogios de parte de Dios, dice Pablo (1 Co. 4:5). Esa ira se derrama en última instancia en el juicio del gran trono blanco, que Juan describe en Apocalipsis 20. "Y vi a los muertos, grandes y pequeños, de pie ante Dios; y los libros fueron abiertos, y otro libro fue abierto, el cual es el libro de la vida; y fueron juzgados los muertos por las cosas que estaban escritas en los libros, según sus obras…. Y el que no se halló inscrito en el libro de la vida fue lanzado al lago de fuego" (vv. 12, 15).

La única diferencia en cuanto a la tormenta con relación al **hombre prudente** y al **insensato** es la manera en que esta afecta sus casas. La **casa** del **hombre prudente** pudo haber sido sacudida, pero **no cayó, porque estaba fundada sobre la roca.**

Pero cuando la misma adversidad vino sobre la **casa** del **hombre insensato** la destruyó, **y fue grande su ruina.** La construcción quedó totalmente demolida, dejando a su constructor absolutamente sin nada. Tal es el destino de quienes edifican sobre la **arena** de ideas humanas, filosofías humanas, y religiones humanas. No es que a tales personas les quedará poco, sino que no les quedará nada. No es que el camino que recorrieron hacia Dios sea inferior, sino que no era ningún camino en absoluto hacia Dios. Siempre e inevitablemente tal camino lleva a la perdición; su destino total es caer.

El mayor problema en la evangelización no es el seguimiento sino la conversión. El seguimiento correcto no es para nada tan difícil como la conversión correcta. El seguimiento es lo más difícil cuando la conversión es lo más fácil, porque la conversión fácil a menudo no es conversión. Esta resulta de semilla plantada en terreno rocoso, donde brota rápidamente y muere con igual rapidez. En realidad es difícil dar seguimiento a los no convertidos, mientras que aquellos que han llegado de veras a Cristo están deseosos por aprender de su Palabra y asociarse con su pueblo.

He oído hablar de una iglesia grande que afirmó haber tenido en un año 28.000 conversiones, 9.600 bautismos, ¡y solo 123 personas añadidas al cuerpo de Cristo! Después de reflexionar en esas cifras, uno de los miembros del personal de esa iglesia concluyó que algo andaba muy mal y se fue a ministrar a otro lugar. Es absolutamente imposible que tantas conversiones verdaderas produzcan tan pocos cristianos que quisieran identificarse con sus nuevos hermanos y hermanas en el Señor.

El **hombre prudente** edifica con cuidado, porque hay esencia y gran importancia en lo que está edificando. En el pasaje paralelo en Lucas, Jesús explica que este hombre "cavó y ahondó y puso el fundamento sobre la roca" (6:48). No se quedó satisfecho con confesiones superficiales de fe, con conversiones rapiditas que no involucran ningún arrepentimiento, sin lamentarse por su pecado, y sin desesperarse por su maldad personal.

Como sabe que le debe todo al Señor, este hombre desea darle su máximo esfuerzo. Después de hacer todo lo que su Señor le ordena declara que solo ha cumplido con su deber (Lc. 17:10). Sin embargo, no considera una carga su obra para el Señor. Por una parte, la obra que realmente hacemos para el Señor es la obra que el Señor hace a través de nosotros. Por otra parte, la obra que realmente se hace para el Señor se realiza por amor, no por compulsión o temor. Según expresa el compositor anónimo del himno "Cuán firme cimiento", el Señor le promete a este hombre:

> Al alma que anhele la paz que hay en mí,
> jamás en sus luchas la habré de dejar;
> si todo el infierno la quiere perder,
> ¡yo nunca, no, nunca, la puedo olvidar!

La diferencia más trágica entre los edificadores está en sus destinos finales. La inigualable e incomparable joya de sermón que Jesús pronunció concluye con una advertencia concluyente de juicio. Sus palabras finales son: **y fue grande su ruina.** El resultado final del evangelio para quienes rechazan a Cristo no es que pierden gran cantidad de bendición o ni siquiera que pierden una vida de felicidad eterna con Dios en el cielo, aunque esas cosas son absolutamente ciertas. El resultado final para quienes rechazan a Cristo es que están destinados al tormento eterno, perdición que seguirá aniquilándolos por siempre. Rechazar a Cristo es esperar "ser echado al infierno, donde el gusano de ellos no muere, y el fuego nunca se apaga" (Mr. 9:47-48). Debido a esta certeza todo cristiano profeso debe oír las palabras del Espíritu Santo a través de Santiago: "Sed hacedores de la palabra, y no tan solamente oidores, engañándoos a vosotros mismos" (Stg. 1:22). Como aprendemos de Proverbios: "hay generación limpia en su propia opinión, si bien no se ha limpiado de su inmundicia" (30:12).

RESPUESTA AL SERMÓN

Y cuando terminó Jesús estas palabras, la gente se admiraba de su doctrina; porque les enseñaba como quien tiene autoridad, y no como los escribas. (7:28-29)

La respuesta a este discurso, el más excelente jamás pronunciado, fue tan asombrosa en una manera negativa como lo fue el sermón mismo en una manera positiva. Parece indudable que algunos de los que se encontraban entre **la gente** que estaba allí ese día creían en Jesús. Pero la cantidad que entró por la puerta estrecha demostró lo que Él había dicho: "Pocos son los que la hallan" (7:14).

Sin embargo, no se reporta que hubiera conversiones; solamente se nos dice que **la gente se admiraba de su doctrina** (cp. Jn. 7:46). *Ekplēssō* (**se admiraba**) literalmente significa estar fuera de sí, y se usaba de modo figurado en relación a estar afectado de la mente, es decir estar aturdido o fuera de sí. El gentío estaba totalmente boquiabierto por el poder de lo que Jesús había dicho. Nunca habían oído palabras tan coherentes y reveladoras de sabiduría, discernimiento, visión y profundidad. Nunca habían oído una denuncia tan directa y sin miedo acerca de los escribas y fariseos, o una presentación tan clara del camino de salvación. Nunca habían oído tan espantosa advertencia respecto a las consecuencias de alejarse de Dios. Nunca habían oído un informe tan poderoso y exigente de la verdadera justicia ni de tan implacable descripción y condena al fariseísmo.

Pero lo más extraordinario que estremeció a la audiencia ese día fue que Jesús **les enseñaba como quien tiene autoridad, y no como los escribas. Autoridad** (*exousia*) tiene que ver con poder y privilegio, y es una palabra clave en la presentación que Mateo hace de la realeza de Jesús (9:1-8; 21:23-27; 28:18). En el Nuevo Testamento se usa para el poder que prueba y refleja la soberanía de Jesús. Los **escribas** citaban a otros para dar autoridad a sus enseñanzas, pero Jesús citó solamente la Palabra de Dios y habló como la **autoridad** final con relación a la verdad. Pronunció la verdad eterna de modo sencillo, directo y con amor (en contraste con el odio amargo de los fariseos), y sin titubeos ni haciendo consultas. Aquello asombró a la multitud.

Fue importante para **la gente** oír todas esas cosas, y fue muy apropiado, en realidad inevitable, que se admiraran, porque la enseñanza de Jesús era en realidad admirable. Pero lo que necesitaban no era admirarse sino creer, no necesitaban asombrarse sino obedecer. Jesús no les dijo todas estas cosas para que se maravillaran, ni siquiera simplemente para su información, sino para su salvación. Él no quería tan solo mostrarles la puerta estrecha y el camino angosto, sino implorarles que *entraran* por *esa* puerta y siguieran ese camino, el cual Él haría accesible pagando el castigo por los pecados de la humanidad.

No obstante, la mayoría de personas solo observó y escuchó, solo oyó y reflexionó, pero no decidió. Sin embargo, incluso al no decidir, decidieron. Cualesquiera que fueran las razones, posiblemente por ninguna razón consciente en absoluto, decidieron permanecer en el camino espacioso.

C. S. Lewis ofrece un extraordinario ejemplo de su propia vida acerca de cuál es la actitud de muchos que oyen el evangelio:

> Cuando era niño a menudo sufría de dolor de muelas, y sabía que si acudía a mi madre, ella me iba a dar algo que acabaría con el dolor por esa noche y me permitiría dormir. Pero yo no iba a pedir ayuda a mi madre, al menos no hasta que el dolor se hacía muy insoportable. Y la razón por la que no iba es ésta: no dudaba de que me daría una aspirina, pero sabía que también haría otra cosa. Sabía que a la mañana siguiente me llevaría al dentista. No podía obtener de ella lo que quería sin obtener algo más, que yo no quería. Quería alivio inmediato a mi dolor, pero no

podía obtenerlo sin que me arreglaran definitivamente las muelas. Y yo conocía a esos dentistas; sabía que empezaban a meterse con un montón de otras muelas que todavía no me habían empezado a doler. No iban a dejar tranquila mi dentadura; les dabas la mano y te tomaban el codo. (*Mero cristianismo* [Santiago de Chile: Andrés Bello, 1994], p. 159-160).

Esa misma actitud es la que mantiene a muchas personas fuera del reino: el precio es más de lo que desean pagar. Lewis sigue diciendo, en palabras imaginadas de Cristo: "[Ustedes] tienen libre albedrío, y si así lo eligen, pueden echarme. Pero si no Me alejan, entiendan que voy a hacer este trabajo hasta el final… no descansaré jamás, ni los dejaré descansar, hasta que sean literalmente perfectos, hasta que Mi Padre pueda decir sin reservas que está complacido de ustedes, tal como dijo que estaba complacido Conmigo" (p. 160).

Esa es la decisión que el Señor exige antes de poder convertir corazones vacíos, junto con palabras y obras vacías, en corazones llenos que produzcan las buenas obras para las que ellos fueron creados de nuevo. El gran deseo de Dios es que nadie perezca y que "todos procedan al arrepentimiento" (2 P. 3:9), que todos sean "llenos de toda la plenitud de Dios" (Ef. 3:16-19). Eso solo llega ser posible por medio de la muerte y resurrección del Salvador, lo culminó su obra a favor de la humanidad pecadora y será la gran conclusión para las buenas nuevas de Mateo.

Poder de Jesús sobre la enfermedad 45

Cuando descendió Jesús del monte, le seguía mucha gente. Y he aquí vino un leproso y se postró ante él, diciendo: Señor, si quieres, puedes limpiarme. Jesús extendió la mano y le tocó, diciendo: Quiero; sé limpio. Y al instante su lepra desapareció. Entonces Jesús le dijo: Mira, no lo digas a nadie; sino ve, muéstrate al sacerdote, y presenta la ofrenda que ordenó Moisés, para testimonio a ellos. Entrando Jesús en Capernaum, vino a él un centurión, rogándole, y diciendo: Señor, mi criado está postrado en casa, paralítico, gravemente atormentado. Y Jesús le dijo: Yo iré y le sanaré. Respondió el centurión y dijo: Señor, no soy digno de que entres bajo mi techo; solamente di la palabra, y mi criado sanará. Porque también yo soy hombre bajo autoridad, y tengo bajo mis órdenes solda- dos; y digo a éste: Ve, y va; y al otro: Ven, y viene; y a mi siervo: Haz esto, y lo hace. Al oírlo Jesús, se maravilló, y dijo a los que le seguían: De cierto os digo, que ni aun en Israel he hallado tanta fe. Y os digo que vendrán muchos del oriente y del occidente, y se sentarán con Abraham e Isaac y Jacob en el reino de los cielos; mas los hijos del reino serán echados a las tinieblas de afuera; allí será el lloro y el crujir de dientes. Entonces Jesús dijo al centurión: Ve, y como creíste, te sea hecho. Y su criado fue sanado en aquella misma hora. Vino Jesús a casa de Pedro, y vio a la suegra de éste postrada en cama, con fiebre. Y tocó su mano, y la fiebre la dejó; y ella se levantó, y les servía. (8:1-15)

Mateo 8 empieza donde queda el capítulo 4, con el Sermón del Monte como un tipo de paréntesis entre los dos. Al final del capítulo 4 leemos: "Y recorrió Jesús toda Galilea, enseñando en las sinagogas de ellos, y predicando el evangelio del reino, y sanando toda enfermedad y toda dolencia en el pueblo. Y se difundió su fama por toda Siria; y le trajeron todos los que tenían dolencias, los afligidos por diversas enfermedades y tormentos, los endemoniados, lunáticos y paralíticos; y los sanó. Y le siguió mucha gente de Galilea, de Decápolis, de Jerusalén, de Judea y del otro lado del Jordán" (vv. 23-25). Jesús entonces "subió al monte" (5:1), donde predicó su gran sermón y luego bajó del monte, seguido aún por "mucha gente" (8:1).

En el Sermón del Monte, Jesús puso patas arriba las creencias y las costumbres religiosas del judaísmo popular, en especial de los escribas y fariseos. En realidad, les había dicho que lo que enseñaban estaba equivocado, que sus vidas estaban mal, y que sus actitudes eran erróneas. Prácticamente todo aquello en que ellos creían, apoyaban y esperaban era antibíblico y blasfemo. El Señor les derribó todo su sistema religioso y los desenmascaró como hipócritas religiosos y farsantes espirituales.

A diferencia de otros maestros judíos de esa época, Jesús no citó el Talmud, el Midrash, la Mishná, ni a otros rabinos. No reconoció otra autoridad escrita que las Escrituras del Antiguo Testamento, e incluso puso sus propias palabras a la par con la Biblia. Mateo explica: "Cuando terminó Jesús estas palabras [el Sermón del

Monte], la gente se admiraba de su doctrina; porque les enseñaba como quien tiene autoridad, y no como los escribas" (Mt. 7:28-29).

Al determinar la condición mesiánica de Jesús, Mateo demostró la calificación legal del Señor por medio de su genealogía, del cumplimiento de la profecía en cuanto a su nacimiento y su infancia, mediante la propia certificación del Padre en el bautismo de Jesús, mediante su resistencia perfecta a las tentaciones de Satanás, y por medio de su enseñanza en el Sermón del Monte.

En los capítulos 8 y 9, Mateo expone dramáticamente aún otra calificación: El poder divino de Jesús. A través de los milagros en estos dos capítulos, Mateo muestra sin lugar a dudas que Jesús en realidad es el mismo Hijo de Dios, porque solo Dios podría realizar tales hazañas sobrenaturales. En una extraordinaria demostración de poder, Jesús limpió a un leproso, curó a dos paralíticos, calmó una fiebre, calmó una tormenta en el lago, echó fuera demonios, resucitó de los muertos a una niña, dio vista a dos ciegos, restauró el habla a un hombre a quien los demonios le impedían hablar, y sanó otros tipos de enfermedad y dolencia.

Estos dos capítulos son particularmente esenciales para entender la vida y el ministerio de Cristo. En esta sección Mateo relata una serie de nueve milagros realizados por el Señor, cada uno seleccionado de entre los miles que llevó a cabo durante sus tres años de ministerio. Los nueve milagros de Mateo 8—9 están presentados en tres grupos de tres milagros cada uno. En cada grupo Mateo describe los milagros y a continuación informa la respuesta de los judíos.

Los milagros de Jesús fueron la prueba suprema de su divinidad y constituyeron las irrefutables credenciales de su condición mesiánica. El propósito de Mateo al relatar los milagros, así como el propósito de Jesús al realizarlos, fue confirmar su deidad y su afirmación de ser el Mesías de Israel y el Salvador del mundo. En muchas maneras esta sección es el núcleo del mensaje de Mateo.

En su primer llamado a sus doce discípulos, Jesús les encargó que no fueran a los gentiles o samaritanos sino "a las ovejas perdidas de la casa de Israel. Y yendo, predicad, diciendo: El reino de los cielos se ha acercado. Sanad enfermos, limpiad leprosos, resucitad muertos, echad fuera demonios; de gracia recibisteis, dad de gracia" (10:5-8).

Sin embargo, es trágico (e inexplicable desde un punto humano de vista) que muchos de los judíos que vieron los milagros de Jesús llegaron a la conclusión de que Él los realizó por medio de poder demoníaco en lugar de poder divino (Mt. 12:24). A medida que más y más judíos lo rechazaban, Jesús volvía su atención al establecimiento de la iglesia gentil. También comenzó a hablar más en parábolas, las cuales los judíos incrédulos no podían entender porque tenían sus corazones espiritualmente endurecidos (13:11-13).

Cabe señalar que el apóstol Juan también registró los milagros en su evangelio como señales de prueba de la divinidad y la condición mesiánica de Jesús. Cuando los dirigentes judíos criticaron a Jesús por sanar en el día de reposo, lo acusaron de blasfemia y luego trataron de matarlo porque Él afirmó ser igual a Dios, "Respondió entonces Jesús, y les dijo: De cierto, de cierto os digo: No puede el Hijo hacer nada por sí mismo, sino lo que ve hacer al Padre; porque todo lo que el Padre hace, también lo hace el Hijo igualmente. Porque el Padre ama al Hijo, y le muestra todas las cosas que él hace; y mayores obras que estas le mostrará, de modo que vosotros os maravilléis. Porque como el Padre levanta a los muertos, y les da vida, así también el Hijo a los que quiere da vida" (Jn. 5:16-21). Poco después, explicó además: "Las obras que el Padre me dio para que cumpliese, las mismas obras que yo hago, dan testimonio de mí, que el Padre me ha enviado" (v. 36).

Poco después Jesús declaró a sus oyentes judíos: "Os lo he dicho, y no creéis; las obras que yo hago en nombre de mi Padre, ellas dan testimonio de mí… Yo y el Padre uno somos" (Jn. 10:25, 30). Cuando "los judíos volvieron a tomar piedras para apedrearle. Jesús les respondió: Muchas buenas obras os he mostrado de mi Padre; ¿por cuál de ellas me apedreáis?… Si no hago las obras de mi Padre, no me creáis. Mas si las hago, aunque no me creáis a mí, creed a las obras, para que conozcáis y creáis que el Padre está en mí, y yo en el Padre" (vv. 31-32, 37-38).

A sus atribulados discípulos, que ni siquiera a finales del ministerio de su Maestro podían comprender la relación que Jesús tenía con el Padre, debió explicarles otra vez: "¿No crees que yo soy en el Padre, y el Padre en mí? Las palabras que yo os hablo, no las hablo por mi propia cuenta, sino que el Padre que mora en mí, él hace las obras. Creedme que yo soy en el Padre, y el Padre en mí; de otra manera, creedme por las mismas obras" (Jn. 14:10-11; 15:24).

En el propósito que expresó para escribir este evangelio, Juan expresa: "Hizo además Jesús muchas otras señales en presencia de sus discípulos, las cuales no están escritas en este libro. Pero éstas se han escrito para que creáis que Jesús es el Cristo, el Hijo de Dios, y para que creyendo, tengáis vida en su nombre" (20:30-31).

Todos los tres primeros milagros reportados detalladamente por Mateo (cp. 4:23-24) tienen que ver con curación de aflicciones físicas. En tiempos del Nuevo Testamento la enfermedad era incontrolada y la ciencia médica como la conocemos ahora no existía. Si un individuo sobrevivía a una enfermedad grave, por lo general se debía a que el mal había llegado a su fin. Fuera fatal o no, la mayor parte de las enfermedades ocasionaban gran dolor y sufrimiento, para lo cual había poco remedio. A menudo las víctimas quedaban llenas de cicatrices, deformes, cojas o debilitadas de cualquier otra manea para el resto de sus vidas. Las plagas a veces acababan con pueblos, ciudades o incluso regiones enteras. La lista de enfermedades era larga y la esperanza de vida era corta.

Muchas enfermedades se mencionan en las Escrituras. Leemos acerca de varias formas de parálisis y atrofia, que abarcaban aspectos tales como distrofia muscular y poliomielitis. La Biblia habla con frecuencia de ceguera, la cual estaba muy extendida porque podía causarla un sinnúmero de enfermedades, infecciones y heridas. La sordera era casi tan común y tenía casi las mismas causas. Se nos habla de forúnculos, glándulas infectadas, varias formas de edema, disentería, mutismo y otros trastornos del habla, disentería, trastornos intestinales y muchas enfermedades no identificadas.

Cuando Jesús curaba, lo hacía con una palabra o un toque, sin trucos, fórmulas ni fanfarria. La curación era instantánea, sin períodos interminables de espera ni de restauración gradual. Sanaba de manera total, no parcial, por grave que fuera la enfermedad o la deformidad. Curó a todos los que acudieran a Él, e incluso a algunos que nunca lo vieron. Sanó afecciones tanto orgánicas como funcionales. Lo más dramático y poderoso de todo es que incluso resucitó muertos.

Por tanto, no extraña que los milagros de sanidad de Jesús ocasionaran una atención tan inmediata y extendida. Para personas que casi no tenían medios de aliviar los síntomas de la enfermedad, la posibilidad de tener sanidad completa era demasiado asombrosa de creer. Incluso el rumor de algo así atraería una multitud de curiosos y esperanzados. Para quienes vivimos en una sociedad en que la buena salud básica se acepta en gran parte como cuestión de rutina, es difícil apreciar la influencia que tuvo el ministerio de sanidad de Jesús en Palestina. Jesús instruyó a los discípulos a que no tomaran nada de dinero, porque las personas les habrían pagado todo lo que tenían por recuperar la salud, y con facilidad eso podría haber corrompido los motivos y los objetivos de los discípulos (véase 10:8-9). Durante un breve período, la enfermedad u otras aflicciones físicas fueron prácticamente eliminadas a medida que Jesús atravesaba la tierra curando a miles y miles (véase Mt. 4:23-24; 8:16-17; 9:35; 14:14; 15:30; 19:2; 21:14). Según el mismo Jesús declaró en varias ocasiones, sus solas obras milagrosas habrían sido razón más que suficiente para creer en Él (Jn. 10:38; 14:11). Tales cosas nunca habían sucedido antes en la historia del mundo y solo podían tener un origen divino. Eso es lo que hizo tan condenatorio el rechazo de los escribas, fariseos, saduceos y otros más. Nadie pudo negar que Jesús realizara milagros, y solamente la más férrea resistencia de corazón hacia la verdad podía hacer que una persona rechazara la divinidad del Señor frente a una evidencia tan abrumadora. Aquellos que no creerían en Jesús fueron acusados por cada milagro que Él realizó.

En los tres primeros milagros en Mateo 8, el Señor curó a un leproso, un paralítico, y una mujer con fiebre. Aparte del hecho de que en cada uno de estos tres milagros hubo sanidad, tienen otras cuatro características comunes. Antes que nada, en cada uno de ellos Jesús trató con el nivel más bajo de necesidad humana: el físico. Aunque incluso la vida terrenal involucra mucho más que lo físico, la parte física tiene su importancia, y Jesús fue amorosamente sensible con los que tenían necesidades físicas. Él reveló por consiguiente la compasión de Dios por quienes sufren en esta vida.

Segundo, en cada uno de los tres primeros milagros Jesús respondió a súplicas directas, fueran de la misma persona afligida, de un amigo, o de un pariente. En el primer caso, el leproso mismo pidió a Jesús que lo limpiara (8:2); en el segundo, el centurión suplicó a favor de su criado (v. 6); y en el tercero (v. 14), varios amigos o parientes no identificados suplicaron a favor de la suegra de Pedro, como nos enteramos por el relato paralelo en Lucas 4:38.

Tercero, en cada uno de los tres primeros milagros Jesús actuó por su propia voluntad. A pesar de sentir compasión por las necesidades de los que estaban padeciendo, y de que lo conmovieron las peticiones de ayuda, Él sin embargo actuó de manera soberana por su propia voluntad (vv. 3, 13, 15).

Cuarto, en todos los tres milagros Jesús ministró a las necesidades de alguien que, sobre todo ante los ojos de los orgullosos dirigentes judíos, se hallaba en el nivel más bajo de la existencia humana. A la primera persona que ayudó fue un leproso, la segunda fue un soldado gentil y su esclavo, y la tercera fue una mujer. Por Juan nos enteramos que Jesús reveló en primer lugar su condición mesiánica a una despreciada adúltera samaritana en Sicar (Jn. 4:25-26), y por Mateo sabemos que estos tres milagros a inicios del ministerio de Jesús sirvieron a los miembros más humildes de la sociedad. Nuestro Señor mostró compasión especial hacia aquellos a los que la sociedad mostraba un desprecio especial.

EL INDIVIDUO DESDICHADO: UN LEPROSO

Cuando descendió Jesús del monte, le seguía mucha gente. Y he aquí vino un leproso y se postró ante él, diciendo: Señor, si quieres, puedes limpiarme. Jesús extendió la mano y le tocó, diciendo: Quiero; sé limpio. Y al instante su lepra desapareció. Entonces Jesús le dijo: Mira, no lo digas a nadie; sino ve, muéstrate al sacerdote, y presenta la ofrenda que ordenó Moisés, para testimonio a ellos. (8:1-4)

Las grandes multitudes que siguieron a Jesús cuando bajó de la montaña no lo hicieron porque lo adoraran como su Mesías. Sin duda, la mayor parte del gentío estaba compuesta simplemente de curiosos que nunca antes habían visto a alguien realizar milagros ni habían oído a nadie hablar con tal autoridad (4:23-25; 7:28-29). Se trataba de observadores no comprometidos, asombrados por lo que Jesús decía y hacía, pero sin convicción de su necesidad de Jesús como Señor y Salvador.

La palabra raíz detrás de *lepros* (**leproso**) significa "escamoso", que describe una de las primeras y más evidentes características de la lepra. Sigue habiendo mucho debate entre los eruditos en cuanto a si la enfermedad comúnmente llamada hoy día de Hansen es o no la misma lepra bíblica. Muchos términos bíblicos para enfermedades simplemente describen síntomas observables que podrían aplicarse a varias aflicciones físicas diferentes. Además, algunas enfermedades cambian con el paso de los años, a medida que se desarrollan inmunidades y se forman nuevas cepas de microorganismos infecciosos.

La mayoría de historiadores médicos cree que la lepra se originó en Egipto, y el bacilo de la lepra llamado *Mycobacterium leprae* se ha encontrado al menos en una momia que también mostraba en la piel la evidencia típica escamosa de la enfermedad. El erudito en el Antiguo Testamento R. K. Harrison sostiene que los síntomas descritos en Levítico 13 "podrían presagiar lepra clínica" (Colin Brown, ed., *The New International Dictionary of New Testament Theology* [Grand Rapids: Zondervan, 1975], 2:465). Por tanto, no parece arriesgado sugerir que la antigua lepra era prácticamente la misma enfermedad contemporánea de Hansen.

Esta grave forma de lepra era la enfermedad más temida del mundo antiguo, e incluso hoy día no puede curarse por completo, aunque se logra mantener a raya con la medicación apropiada. A pesar de que el 90 por ciento de la gente en los tiempos modernos es inmune a tal contagio de lepra, esta era más contagiosa en la antigüedad. Hinchazones esponjosas de tipo tumoral acababan por desarrollarse en el rostro y el cuerpo, y el bacilo se volvía sistémico y afectaba órganos internos, mientras los huesos comenzaban a deteriorarse. Sin ningún tratamiento en la antigüedad, el mal producía una debilidad que hacía a la víctima vulnerable a la tuberculosis o a otras enfermedades.

Con el fin de proteger a su pueblo escogido, Dios le declaró a Moisés regulaciones estrictas y específicas con relación a la lepra, cuyos detalles se encuentran en Levítico 13. Una persona sospechosa de tener la enfermedad debía llevarse ante un sacerdote para que la examinara. Si daba muestras de tener más que un problema superficial de piel, se le aislaba durante siete días. Si los síntomas empeoraban, la víctima era aislada por siete días más. Si en ese momento la erupción no se había extendido más, a la persona se le declaraba limpia. No obstante, si la erupción empeoraba, se le declaraba inmunda. Cuando la lepra era inmediatamente evidente porque el cabello de la persona se volvía blanco y la carne se le abría y se hinchaba, en el acto se le declaraba inmunda sin la participación del período de aislamiento. Un tipo menos grave de enfermedad hacía que toda la piel se manchara de blanco, en cuyo caso el individuo afectado podía considerarse limpio. Ese mal era probablemente una forma de psoriasis, eczema, vitiligo, lepra tuberculoide, o tal vez una condición que Heródoto y el gran médico griego Hipócrates llamaron leucoderma. Cuando se descubría que una persona tenía la forma grave de lepra se le debía rasgar la ropa, descubrirle la cabeza, y cubrirle la boca (para evitar la propagación de la enfermedad), y debía gritar "¡Inmundo! ¡Inmundo!" dondequiera que iba para advertir a los demás que se mantuvieran lejos. Los leprosos estaban legalmente condenados al ostracismo y se les prohibía vivir en alguna comunidad con sus hermanos israelitas (Nm. 5:2). Entre las sesenta y una profanaciones que el judaísmo antiguo consideraba, la lepra era superada en gravedad solo por tocar un cadáver. El Talmud prohibía a un judío acercarse a un leproso a menos de dos metros, y si el viento soplaba el límite era de cincuenta metros.

Estudios médicos recientes confirman que la enfermedad de Hansen puede trasmitirse a otras personas cuando se inhala a través del aire, una buena razón para que un leproso se cubriera la boca, tal como requerían las regulaciones en Levítico. La gente también contraía la enfermedad por tocar un objeto manipulado por un leproso, lo que vuelve a demostrar el valor de la norma de Levítico, que exigía que la ropa contaminada fuera quemada.

En su libro *Unclean! Unclean!*, L. S. Huizenga describe algunos de los horrores de la lepra.

> La enfermedad que hoy llamamos lepra por lo general empieza con dolor en ciertas partes del cuerpo. Aparece entumecimiento. Pronto la piel en esas zonas pierde su color original. Se vuelve gruesa, brillante y escamosa… A medida que la condición avanza, las manchas gruesas se convierten en llagas y úlceras sucias debido al mal riego sanguíneo. La piel, sobre todo alrededor de ojos y oídos, empieza a arrugarse, con surcos profundos entre las hinchazones, de modo que el rostro del individuo afligido comienza a asemejarse al de un león. Los dedos de manos y pies se caen o son absorbidos. Las cejas y las pestañas se caen. Para este momento puede verse que la persona en esa condición lastimosa es un leproso. Por medio de un toque con el dedo también puede sentirse. Incluso puede olerse, porque el leproso emite un hedor muy desagradable. Además, en vista del hecho de que el agente que produce la enfermedad a menudo también ataca la laringe, la voz del leproso adquiere una calidad rasposa. La garganta se le vuelve ronca, y ahora no solo se puede ver, sentir y oler al leproso, sino que se le puede oír la voz ronca. Y si usted permanece con él por algún tiempo puede incluso llegar a sentir un sabor peculiar en su

propia boca, tal vez debido al hedor ([Grand Rapids: Eerdmans, 1927], p. 149; citado en William Hendriksen, *The Gospel of Matthew* [Grand Rapids: Baker, 1973], p. 388).

Aunque la lepra avanzada por lo general no es dolorosa, debido al daño de los nervios desfigura, debilita y puede ser repulsiva en extremo; de ahí que durante miles de años haya sido una de las enfermedades más temidas. Un antiguo rabino declaró: "Cuando veo leprosos les lanzo piedras para que no se me acerquen". Otro expresó: "Yo no comería ni un huevo que fue comprado en una calle donde hubiera estado un leproso".

Una mirada actual a la lepra moderna revela más de su carácter. El doctor Paul Brand, experto de renombre mundial en el tratamiento de la enfermedad de Hansen, ha provisto mucha ayuda en la comprensión de la naturaleza exclusiva de esta aflicción.

La enfermedad de Hansen (EH) es cruel, pero para nada en el modo en que lo son otras enfermedades. Actúa principalmente como un anestésico al adormecer las células del dolor en manos, pies, nariz, orejas y ojos. En realidad se podría pensar que no es tan mala. La mayoría de enfermedades son temidas *debido* al dolor que provocan; por tanto, ¿qué hace tan horrible a una enfermedad sin dolor?

La calidad adormecedora de la enfermedad de Hansen es precisamente la razón de que ocurra tan legendaria destrucción y descomposición. Se pensó durante miles de años que la EH causaba las úlceras en manos, pies y rostro que en última instancia llevaba a que se pudriera la carne y se perdieran las extremidades. Principalmente a través de la investigación del doctor Brand se ha establecido que en 99 por ciento de los casos la EH solo adormece las extremidades. La destrucción sigue únicamente debido a que ha desaparecido el sistema de advertencia del dolor.

¿Cómo ocurre la putrefacción? Se ha sabido que en pueblos de África y Asia una persona con EH mete directamente la mano en un fuego de carbón para agarrar una papa caída. Nada en su cuerpo le avisó que no lo hiciera. Pacientes en el hospital de Brand en India habrían trabajado todo el día agarrando una pala a la que le sobresalía un clavo, o habrían extinguido una mecha ardiendo con las manos desnudas, o habrían caminado sobre vidrios astillados. Al observarlos, Brand comenzó a formular su teoría radical de que la EH era principalmente anestésica y solo indirectamente destructora.

En una ocasión Brand trató de abrir la puerta de un pequeño cuarto de almacenaje, pero un candado oxidado no cedía. Un paciente (un muchacho de diez años de edad, desnutrido y más pequeño de lo normal) se le acercó sonriendo.

"Permítame intentarlo, señor doctor" —se ofreció y estiró la mano hacia la llave. Con un rápido movimiento de la mano hizo girar la llave en la cerradura.

Brand quedó estupefacto. ¿Cómo este débil joven pudo superarlo? Los ojos del doctor hallaron un indicio revelador. ¿Era esa una gota de sangre en el piso?

Al examinar los dedos del muchacho, Brand descubrió que el acto de hacer girar la llave había provocado un corte profundo hasta el hueso; piel, grasa y articulación quedaron todos al descubierto. ¡Pero el chico estaba totalmente inconsciente de ello! Para él, la sensación de cortarse el dedo hasta el hueso no era distinta de recoger una piedra o darle la vuelta a una moneda en el bolsillo.

Las rutinas diarias de la vida castigan las manos y los pies del paciente de EH, pero ningún sistema le alerta. Si un tobillo se tuerce, desgarrando tendón y músculo, él se adaptaría y caminaría torcido. Si una rata le muerde un dedo durante la noche, no descubriría la pérdida hasta la mañana siguiente…

Stanley Stein (autor de *Alone No Longer* quedó ciego debido a otra peculiaridad cruel de EH. Cada mañana se lavaba la cara con una toalla caliente. Pero ni sus manos ni su rostro eran suficientemente sensibles a la temperatura para advertirle que estaba usando agua hirviendo. Poco a poco destruyó sus ojos con su lavado diario (Philip Yancey, *Where Are You God When It Hurts?* [Grand Rapids: Zondervan, 1977], pp. 32-34).

La lepra es una ilustración gráfica del pecado. Al igual que la lepra, el pecado infecta todo el individuo, y es fea, repugnante, putrefacta, contaminante, alienante e incurable por el hombre. Los leprosos en el antiguo Israel eran vívidas lecciones objetivas del pecado.

Sin embargo, un leproso fue el primero en ser curado por Jesús en esta serie de milagros en Mateo, y el hecho de que se le acercara **un leproso** fue sorprendente en sí, porque a los leprosos se les prohibía acercarse a quienes no tuvieran lepra.

Se destacan cuatro aspectos acerca de este leproso en particular. Primero, el hombre se le acercó a Jesús con confianza. Es evidente que sintió en el Señor un amor y una ternura que le llevó a acercarse a Él sin temor a las represalias (como ser apedreado) o incluso de ser reprendido. De alguna manera este leproso sabía que Jesús no le temía ni se avergonzaría de relacionarse con él. No le gritó a Jesús desde la distancia, como se suponían que hiciera, sino que se le acercó directamente y sin dudarlo. Al darse cuenta de que Jesús no se avergonzaba de él, este hombre se avergonzó menos de sí mismo. No pensó en nada más que en su gran necesidad y en la capacidad y disposición de Jesús de satisfacer esa necesidad.

Segundo, lleno de reverencia el hombre **vino** hasta donde Jesús. Su osadía no resultó de presunción sino de humilde adoración. Cuando llegó hasta donde Jesús **se postró ante él.** *Proskuneō* (de donde viene **se postró**) más a menudo se traduce "adorar" (véase Mt. 2:2; 4:9, 10; Jn. 4:20-24; Hch. 7:43; Ap. 4:10; 19:10). La naturaleza reverente de la petición parece indicar que el leproso se dirigió a Jesús como **Señor** no simplemente como a un ser humano, sino como reconociendo la deidad del Maestro. El hombre sintió que estaba en la presencia de Dios, y que por tanto Jesús podía curarlo de la terrible enfermedad que padecía. Es interesante e instructivo observar que los escribas y fariseos que sin duda estaban entre la multitud ese día se hallaban hermosa y ricamente ataviados, pero por dentro eran corruptos, orgullosos e incrédulos. Por el contrario, el **leproso** parecía inmundo y repulsivo por fuera, pero por dentro era reverente y creyente.

Tercero, el leproso acudió a Jesús con humildad. Llegó de manera expectante pero no exigente, **diciendo: Señor, si quieres.** El hombre pidió ser curado solo si esta era la voluntad del Señor. No afirmó ser digno ni merecedor, sino que se puso en las manos del Señor para que Él hiciera lo que deseara. La implicación parece ser que el leproso estaba muy dispuesto a seguir siendo leproso si esa era la voluntad del Señor. Es obvio que deseaba ser curado, pero no pidió explícitamente a Jesús que lo sanara, casi como si eso fuera actuar de forma impertinente. Tan solo reconoció la capacidad de Jesús para curarlo. Qué lejos está ese espíritu humilde de las exigencias de muchos cristianos de hoy que reclaman sanidad, bendición y el favor de Dios como si estos fueran derechos intrínsecos. Este hombre no reclamó derechos, y su preocupación principal no era en absoluto su propio bienestar sino la voluntad y la gloria del Señor.

Cuarto, el leproso acudió con fe, declarando: **puedes limpiarme.** Prácticamente manifestó: "Tienes el poder para hacerme limpio". Eso es fe en su más alta expresión, la absoluta convicción de que Dios puede, unida a la humilde sumisión a su soberanía en el ejercicio de su poder. El leproso sabía que Jesús no estaba obligado a curarlo, pero también sabía que Él era perfectamente capaz de hacerlo. Tuvo la fe de Sadrac, Mesac y Abed-nego, quienes declararon a Nabucodonosor: "He aquí nuestro Dios a quien servimos puede librarnos del horno de fuego ardiendo; y de tu mano, oh rey, nos librará. Y si no, sepas, oh rey, que no serviremos a tus dioses, ni tampoco adoraremos la estatua que has levantado" (Dn. 3:17-18).

El leproso se acercó con confianza porque creyó que Jesús era compasivo, con reverencia porque creyó que Jesús era Dios, con humildad porque creyó que Jesús era soberano, y con fe porque creyó que Jesús tenía el poder para curarlo.

En respuesta a esa fe, **Jesús extendió la mano y le tocó, diciendo: Quiero; sé limpio.** La ley mosaica prohibía a los judíos tocar a un leproso, porque este era inmundo (Lv. 3:3). Hacerlo era exponerse a contaminación tanto ceremonial como física. No podían ayudar a un leproso tocándolo, porque solo se dañarían a sí mismos. Sin embargo, es seguro que los leprosos ansiaban el toque de otro ser humano. En su aislamiento y estigma social sin duda habrían dado cualquier cosa por un contacto, aunque fuera muy breve con alguien que no fuera otro leproso.

Jesús pudo haber curado con una sola palabra, como hizo en muchas otras ocasiones. Pero mostró obviamente algo al tocar a este hombre. Ese simple acto en sí fue asombroso, no en el sentido de ser sensacional y espectacular (como son los supuestos milagros de muchos curanderos modernos), sino simplemente en el hecho de que el Hijo de Dios condescendió amorosamente a tocar al marginado de marginados a quien ningún otro hombre ni siquiera se acercaría.

La curación fue inmediata: **al instante su lepra desapareció.** Jesús no necesitaba curar en etapas, aunque a veces eligió hacer eso (Mr. 8:22-26; Jn. 9:6-7). Cuando tocó la impureza, esta desapareció. La escena en esta ocasión debió haber sido sorprendente: ver que un hombre deforme, marchito, cubierto de escamas, y abandonado se pone erguido, con brazos y piernas perfectos, con el rostro terso y sin escamas, el cabello restaurado, la voz normal, y los ojos brillantes. Las maravillas de la ciencia médica moderna palidecen al lado de tan milagrosa restauración.

El primer requisito de fe es la obediencia, y tan pronto como el leproso fue limpiado, **Jesús le dijo: Mira, no lo digas a nadie; sino ve, muéstrate al sacerdote, y presenta la ofrenda que ordenó Moisés, para testimonio a ellos.** Antes que el hombre celebrara su nueva oportunidad de vida, e incluso antes de testificar a otros acerca de su milagrosa limpieza, debía cumplir los requisitos de la ley mosaica al hacer que los sacerdotes del templo dieran testimonio de su curación.

Este proceso, descrito en Levítico 14, consistía en tomar dos avecillas y matar una de ellas sobre agua corriente. Al ave viva, junto con madera de cedro, un cordel escarlata, y un poco de hisopo, se le sumergía entonces en la sangre del ave sacrificada. A continuación, el sacerdote rociaba al exleproso siete veces y lo declaraba limpio, y liberaba al avecilla viva. Después la persona limpia debía lavar su ropa, afeitarse todo el cabello, y bañarse. Luego podía volver a unirse a la sociedad israelita, aunque debía permanecer fuera de su tienda durante siete días. El acto final en el octavo día era llevar las ofrendas requeridas de culpa, pecado y granos —según lo que podía aportar— y ser ungido por el sacerdote en varias partes del cuerpo.

Tal vez Jesús le dijo al hombre que no dijera nada acerca de la curación a fin de no aumentar la adulación que el gentío le hacía al Señor simplemente como un hacedor de milagros, o quizás Él quería desanimarlos de que lo vieran como un libertador político. Pudo haber sido que Jesús aún estuviera en su período de humillación, y que su exaltación por parte de la multitud en ese momento habría sido prematura en el plan divino.

Todas esas razones pudieron haber participado, pero la instrucción de Jesús, **ve, muéstrate al sacerdote, y presenta la ofrenda que ordenó Moisés,** fue dada específicamente **para testimonio a ellos,** es decir, a las multitudes y en especial a los dirigentes judíos. Aunque Jesús echó por tierra las normas y prácticas hipócritas, superficiales y antibíblicas de los escribas y fariseos, no quería que el pueblo pensara que estaba violando los requisitos de la ley de Dios, la cual acababa de declarar que había venido a cumplir, no a abrogar (5:17). Además de eso, cuando el sacerdote declarara limpio al hombre, como tenía que hacer debido a la evidente curación, el milagro de Jesús sería oficialmente confirmado por parte de los dirigentes judíos. También es probable por esta razón que Jesús advirtiera al hombre que no hablara con nadie más antes de presentarse al sacerdote para que este lo examinara. Si la noticia de que la curación fue realizada por Jesús llegaba a Jerusalén antes que el hombre, los sacerdotes sin duda habrían estado renuentes a verificar la limpieza.

Por desgracia, el hombre que había mostrado tal fe confiada y humilde, en su gozosa exuberancia tampoco mostró obediencia inmediata. Por Marcos nos enteramos que el exleproso se emocionó tanto que "comenzó a publicarlo mucho y a divulgar el hecho, de manera que ya Jesús no podía entrar abiertamente en la ciudad, sino que se quedaba fuera en los lugares desiertos; y venían a él de todas partes" (Mr. 1:45).

Así comentó Jesús en varias ocasiones y en varios términos: "¿Qué es más fácil, decir: Los pecados te son perdonados, o decir: Levántate y anda?" (Mt. 9:5; cp. Mr. 2:9; Lc. 5:23). El mayor propósito del Señor era limpiar el pecado, no la enfermedad, e incluso sus limpiezas físicas se volvieron ilustraciones de la limpieza espiritual que ofrecía. La curación de la lepra fue especialmente poderosa a ese respecto debido a que la gran destrucción física, penetración, fealdad y condición incurable del mal representan la destrucción, penetración, fealdad y condición incurable aún mayor del pecado. Así como la lepra destruye la salud física y convierte al individuo en marginado ante otros hombres, así también el pecado destruye la salud espiritual y convierte a la persona en marginada delante de Dios. Pero así como Cristo puede curar la lepra, también puede curar el pecado; y así como la limpieza que ofrece de la lepra restauró a hombres a la comunión humana, su limpieza del pecado los restaura a la comunión con Dios.

Gran parte de la evangelización moderna y del testimonio personal se ha debilitado por no confrontar a los hombres con el espanto y el peligro de su pecado. Llegar a Cristo no es encaramarse a un espectáculo popular de sentimentalismo religioso. Es enfrentar y confesar el pecado individual y llevarlo ante el Señor para que lo limpie. La verdadera conversión se lleva a cabo cuando, al igual que el leproso, personas desesperadas llegan a Cristo confesando humildemente su necesidad y buscando con reverencia la restauración que Él ofrece. El individuo arrepentido de veras, al igual que el leproso, acude sin orgullo, sin voluntad propia, sin derechos, y sin pretensiones de dignidad. Se ve como un pecador repulsivo que no tiene absolutamente ningún reclamo de salvación aparte de la gracia abundante de Dios. Acude creyendo que Dios puede salvarlo y que lo salvará solo cuando ponga su confianza en Jesucristo.

Después que una persona es salva del pecado, la primera exigencia de Jesús es que a partir de ese momento obedezca la Palabra de Dios. Solo un estilo de vida santa puede ofrecer apropiado testimonio de lo que Jesucristo ha hecho en nuestra salvación. Es mejor no decir nada de nuestra relación con Jesucristo, a no ser que nuestra vida refleje algo de su santidad y su voluntad. Cuando un cristiano vive de manera obediente, entonces tanto sus acciones como sus palabras testifican de la bondad y el poder de Cristo.

EL HOMBRE RESPETADO: UN GENTIL

Entrando Jesús en Capernaum, vino a él un centurión, rogándole, y diciendo: Señor, mi criado está postrado en casa, paralítico, gravemente atormentado. Y Jesús le dijo: Yo iré y le sanaré. Respondió el centurión y dijo: Señor, no soy digno de que entres bajo mi techo; solamente di la palabra, y mi criado sanará. Porque también yo soy hombre bajo autoridad, y tengo bajo mis órdenes soldados; y digo a éste: Ve, y va; y al otro: Ven, y viene; y a mi siervo: Haz esto, y lo hace. Al oírlo Jesús, se maravilló, y dijo a los que le seguían: De cierto os digo, que ni aun en Israel he hallado tanta fe. Y os digo que vendrán muchos del oriente y del occidente, y se sentarán con Abraham e Isaac y Jacob en el reino de los cielos; mas los hijos del reino serán echados a las tinieblas de afuera; allí será el lloro y el crujir de dientes. Entonces Jesús dijo al centurión: Ve, y como creíste, te sea hecho. Y su criado fue sanado en aquella misma hora. (8:5-13)

Muchos comentaristas creen que los tres primeros milagros de Mateo 8 ocurrieron el mismo día. Si fuera así, Jesús habría entrado a **Capernaum** poco tiempo después de la curación del leproso. Puesto que Jesús pronunció una maldición sobre ella (Mt. 11:23), la antigua ciudad ya no existe, excepto en la forma de las ruinas de una sinagoga y de unas pocas casas, incluida, según la tradición, la de Pedro. En la época de Jesús era una ciudad encantadora en la que el Maestro pasó mucho tiempo, gran parte quizás en la casa de Pedro (véase 8:14).

El **centurión** que **vino a él** no solo era un gentil sino un oficial en el ejército de ocupación romana, un hombre al que normalmente los judíos habrían odiado en gran manera. Tales soldados a menudo eran odiados aún más porque por lo general los romanos elegían residentes extranjeros de una región para conformar su fuerza de ocupación, haciendo a esos soldados no solo opresores sino traidores a los ojos de la población.

Por Lucas nos enteramos que este **centurión** en realidad **vino a** Jesús a través de algunos judíos intermediarios, porque se sentía espiritualmente indigno de acercarse personalmente a Jesús, y quizás también porque creía que sería rechazado debido a su posición militar. Es probable que formara parte de las tropas del malvado Antipas, y era posible incluso que fuera samaritano, un judío mestizo a los que por tradición los judíos "puros" odiaban más que a los gentiles. Sin embargo, este hombre era apreciado en gran manera por los judíos de Capernaúm porque, tal como le dijeron a Jesús, "es digno de que le concedas esto; porque ama a nuestra nación, y nos edificó una sinagoga" (Lc. 7:2-5). Al igual que Cornelio (Hch. 10:2), sin duda este **centurión** era un gentil temeroso de Dios. Es significativo que se hable de modo favorable de cada uno de los centuriones romanos mencionados en el Nuevo Testamento; y por el registro bíblico parece probable que todos ellos se convirtieron en creyentes de Cristo.

Pais, traducido aquí **criado,** significa literalmente niño pequeño. Lucas lo llama siervo (*doulos*), lo que indica que tal vez nació como esclavo en la casa del centurión. En cualquier caso, el centurión "quería mucho" al muchacho, y ahora temía que su siervo muriera (Lc. 7:2). **Señor,** le dijo a Jesús a través de sus emisarios, **mi criado está postrado en casa, paralítico, gravemente atormentado.** Cualquiera que fuera la enfermedad, era paralizante, dolorosa y fatal. Al igual que el leproso, parece que el centurión fue reacio a pedir a Jesús específicamente, ya que se limita a declarar la terrible condición del muchacho, aunque la petición está claramente implícita.

El hecho de que el **centurión** se preocupara tanto por su **criado** lo distingue del típico soldado romano, que podía ser despiadado. El propietario común de un esclavo en esa época, fuera militar o civil, no tenía más consideración por su esclavo que por un animal. El gran filósofo griego Aristóteles aseguró que no podía haber amistad ni justicia hacia las cosas inanimadas, ni siquiera hacia un caballo, un buey, o un esclavo, porque se consideraba que amo y esclavo no tenían nada en común. El filósofo declaró: "Un esclavo es una herramienta viva, así como una herramienta es un esclavo inanimado" (*Ética,* 1161b). Gayo, experto en la ley romana escribió que se aceptaba de manera universal que el amo poseía el poder de la vida y la muerte sobre su esclavo (*Instituciones,* 1:52). Aún otro escritor romano, Varro, sostuvo que la única diferencia entre un esclavo, una bestia, y un carro era que el esclavo hablaba (Sobre *Latifundios,* 1:17.1). Catón el Viejo aconsejó a quienes se hallaban en dificultad económica que echaran un vistazo a su ganado y realizaran una venta. Debían vender sus bueyes cansados; su ganado, ovejas, lana y cueros defectuosos; sus carros y herramientas viejas, sus esclavos viejos y enfermos, y cualquier otra cosa que fuera superflua (Sobre *Agricultura,* 2.7).

Sin embargo, el **centurión** de **Capernaum** no tenía ideas tan inhumanas. Era un hombre experimentado y capaz, o de lo contrario no habría sido centurión quien, como el título indica, era responsable de un centenar de hombres. Se trataba de un verdadero hombre y verdadero soldado. Pero tenía profunda compasión por su esclavo moribundo y se sintió indigno de acercarse personalmente a Jesús. El Señor conocía el corazón del hombre y no necesitó oír una petición directa, fuera del centurión o de los judíos que acudieron en su nombre. Simplemente respondió en amor, declarando: **Yo iré y le sanaré.**

Cuando Jesús llegó a la casa del **centurión,** este lo vio y envió algunos amigos a encontrarlo (Lc. 7:3). Por boca de ellos, **respondió el centurión y dijo: Señor, no soy digno de que entres bajo mi techo.** Él se sentía realmente indigno de que Jesús se tomara tanta molestia por él, y sin duda tampoco quería que el Señor quebrantara la tradición de los judíos de no entrar a la casa de un gentil a fin de evitar contaminación ceremonial.

Que el centurión se dirigiera dos veces a Jesús como **Señor** indica mucho más que cortesía. Jesús testificó del hombre que no había visto una fe tan grande en todo Israel (v. 10). El soldado afirmó aquí el señorío divino de Cristo, creyendo que Jesús era realmente Dios y que en consecuencia tenía el poder para curar a su criado paralítico. Debido a que el siervo estaba demasiado enfermo como para sacarlo hasta donde Jesús estaba, y debido a que el centurión se sentía indigno de que el Señor entrara a su casa, le manifestó: **Solamente di la palabra, y mi criado sanará.** Por los muchos informes que sin duda había oído acerca del poder sanador de Jesús, y quizás por haber presenciado él mismo algunas de las curaciones, supo que la distancia no representaba ninguna barrera.

El centurión también entendía la delegación de poder, por lo que expresó: **Porque también yo soy hombre bajo autoridad, y tengo bajo mis órdenes soldados; y digo a éste: Ve, y va; y al otro: Ven, y viene; y a mi siervo: Haz esto, y lo hace.** El hombre reconocía la **autoridad** cuando la veía, incluso en un reino en el que no tenía experiencia ni comprensión. Sabía que si tenía el poder para hacer que sus soldados y esclavos cumplieran sus órdenes simplemente dándoselas, los poderes sobrenaturales de Jesús podrían aún con mayor facilidad permitirle que **solamente** dijera **la palabra, y** eso haría que el **criado** sanara.

Al oírlo Jesús, se maravilló, y dijo a los que le seguían: De cierto os digo, que ni aun en Israel he hallado tanta fe. Aunque como Dios, Jesús conocía los corazones de todos los hombres, en su humanidad quedó asombrado de que este soldado gentil mostrara una **fe** más real en Él de la **que ni aun en Israel** había **hallado.** Muchos judíos habían creído en Jesús, pero ninguno había mostrado la sinceridad, la sensibilidad, la humildad, el amor, y la profundidad de fe de este soldado gentil. Incluso a sus discípulos Jesús diría poco tiempo después: "Hombres de poca fe" (8:26). Aún más adelante en su ministerio le diría a Felipe: "¿Tanto tiempo hace que estoy con vosotros, y no me has conocido?" (Jn. 14:9).

Este gentil no estaría solo en su fe. Jesús continuó diciendo **que vendrán muchos del oriente y del occidente, y se sentarán con Abraham e Isaac y Jacob en el reino de los cielos; mas los hijos del reino serán echados a las tinieblas de afuera; allí será el lloro y el crujir de dientes.** Aquellos que tenían menos ventaja espiritual y menos oportunidad de conocer la verdad de Dios, los gentiles **del**

oriente y del occidente, mostrarían mayor respuesta al evangelio que el propio pueblo escogido de Dios, aunque quienes lo conformaban creían ser **los hijos del reino** por el simple hecho de descendencia racial.

El evangelio vino a través de la simiente de Abraham, tal como Mateo ya ha atestiguado por medio de la genealogía de Jesús. Pero el beneficio del evangelio, que es la salvación, se asigna por fe, no por descendencia genealógica. Los judíos representaron un papel fundamental en traer al Mesías de Dios y su evangelio, y todavía están destinados a representar un papel importante en los últimos tiempos. Fue fundamental para el plan de Dios de salvación que su propio Hijo naciera, viviera y muriera como un judío. Pero el hecho de que **Abraham, Isaac y Jacob,** y muchos otros judíos, estarán **en el reino de los cielos** no se debe a que fueran judíos sino a la fe salvadora que tuvieron.

Las palabras de Jesús a esos judíos de Capernaúm fueron sorprendentes en extremo. Lo que manifestó contradecía totalmente todo lo que los rabinos enseñaban. El vigésimo noveno capítulo del libro apócrifo de 2 Baruc describe lo que los judíos creían que sería la gran fiesta celestial en la cual todos ellos iban a sentarse y a comer al gigante, el elefante y leviatán, el gigantesco monstruo marino, o ballena… que simbolizaba una cantidad ilimitada de comida. A los ojos de muchos judíos uno de los aspectos más importantes y atractivos acerca de la fiesta era que estaría totalmente libre de gentiles.

Pero Jesús declaró que en esa comida estarían presentes muchos gentiles y ausentes muchos judíos. Los supuestos **hijos del reino serán echados a las tinieblas de afuera; allí será el lloro y el crujir de dientes.** Para los judíos, Dios les había dado las promesas y los privilegios únicos de su reino, pero debido a que rechazaron al Rey cuando vino a ellos se descalificaron de la bendición de la luz de Dios y se destinaron **a las tinieblas de afuera,** donde en lugar de festejar a lo largo de la eternidad sufrirán para siempre en el horror del **lloro y el crujir de dientes.** La tradición de los judíos enseñaba que los pecadores, un término sinónimo de gentiles en su manera de pensar, pasarían la eternidad en **las tinieblas de afuera** del infierno. Jesús estuvo de acuerdo con ellos en cuanto al destino de los pecadores condenados (véase también Mt. 22:13; 24:51), pero declaró que estaban totalmente equivocados respecto a la identidad de esos pecadores condenados.

El infierno es un lugar de tinieblas y de fuego, una combinación que no se halla en nuestro mundo actual. Parte de la calidad sobrenatural del infierno es que será un lugar de fuego, sufrimiento y tormento que continuará por toda la eternidad en total oscuridad.

Ser descendiente físico de Abraham era un gran privilegio y una ventaja (Ro. 3:1-2), pero a pesar de lo que la mayoría de judíos creía, esto no garantiza la salvación. Es a los hijos de la fe espiritual de Abraham, no a los hijos de su cuerpo físico, a quienes Dios adopta como sus propios hijos (Ro. 8:14-17; Gá. 3:7-9, 26-29; cp. Ro. 4:11, 16). Aquellos que rechazan a Cristo, aunque sean descendientes físicos de Abraham, no tendrán lugar en la mesa **con Abraham e Isaac y Jacob en el reino de los cielos.** Por rechazar al Hijo de Dios, especialmente a la luz de la irrefutable evidencia de sus milagros, demuestran que en realidad son hijos de Satanás (Jn. 8:42-44). Debido a que son falsos **hijos del reino,** anulan la promesa divina, pierden la bendición divina, y son excluidos para siempre del **reino** divino. Esa fue la esencia del breve pero aleccionador mensaje de Jesús para los judíos incrédulos exactamente antes de pronunciar la sanidad del criado del centurión.

Jesús volvió a reafirmar la grandeza de la fe del centurión cuando le dijo: **Ve, y como creíste, te sea hecho. Y su criado fue sanado en aquella misma hora.** Que el **criado** fuera **sanado** fue la afirmación de Jesús de que el **centurión** creyó de veras, porque de lo contrario su criado habría seguido enfermo y probablemente habría muerto pronto. La curación del criado fue *de acuerdo* a la fe del centurión (**como creíste**), y debido a que la sanidad fue total, así debió haber sido la fe. Además, si el centurión tuvo tan gran fe ante el milagro, ¿cuán mayor debió haber sido cuando vio a su amado joven amigo levantarse de su lecho de muerte y ocuparse de su trabajo en perfecta salud y sin ningún dolor?

Jesús no dio el principio **como creíste** como una promesa universal para todos los creyentes. El principio de sanidad en proporción a la fe se aplicó de forma soberana según el Señor tuvo a bien (véase también, p. ej., Mt. 9:29). Pablo tenía fe absoluta en la capacidad de Dios de curarlo, y personalmente experimentó y a menudo fue usado como instrumento de la milagrosa sanidad de Dios. Pero cuando oró tres veces con gran fervor porque le fuera quitado su "aguijón en [la] carne", la respuesta que el Señor le dio fue: "Bástate mi gracia; porque mi poder se perfecciona en la debilidad" (2 Co. 12:7-9).

LA PARIENTA: UNA MUJER

Vino Jesús a casa de Pedro, y vio a la suegra de éste postrada en cama, con fiebre. Y tocó su mano, y la fiebre la dejó; y ella se levantó, y les servía. (8:14-15)

Lo primero que muchos judíos varones hacían cada mañana era orar así: "Señor, te agradezco porque no nací esclavo, gentil o mujer". En los dos primeros milagros de Mateo 8, Jesús mostró misericordia y compasión no solo a un leproso marginado sino a un gentil rechazado y su esclavo. Ahora muestra misericordia y compasión a una mujer. Los orgullosos y santurrones hombres judíos no pudieron haber pasado por alto el planteamiento de Jesús: la sanidad física, la raza, la posición social, o el género no eran determinantes para Él. Ninguno de esos aspectos en sí era una ventaja o desventaja en cuanto al ministerio y al mensaje al que el Señor se refiere. Que a menudo los desfavorecidos recibieran la bendición de Jesús se debió con mayor frecuencia a ser humildes y conscientes de la necesidad que tenían. Del mismo modo, que a menudo los favorecidos dejaran de recibir la bendición se debió a que con mayor frecuencia ellos eran orgullosos y autosatisfechos.

Marcos nos dice que cuando Jesús, Pedro, Andrés, Jacobo y Juan llegaron **a casa de Pedro,** algunos del grupo descubrieron que la suegra de este último estaba enferma, "en seguida le hablaron de ella" a Jesús (Mr. 1:30). Lucas añade la información de que la fiebre era alta y que los amigos o parientes no identificados "le rogaron por ella" (Lc. 4:38). En respuesta a la petición que le hicieran, Jesús entonces fue a la habitación y la **vio postrada en cama, con fiebre.**

No conocemos la causa de la fiebre, pero los hechos de que era alta y que la mujer estaba demasiado enferma para levantarse sugiere una condición grave y probablemente mortal. Las exigencias de la vida cotidiana no permitían a la gente de esa época el lujo de quedarse en cama siempre que se sintieran mal. El dolor físico y el malestar eran parte regular de la vida, y a menos que fueran graves normalmente no interferían con las responsabilidades de las personas.

De nuevo la respuesta de Jesús y la curación fueron inmediatas. **Y tocó su mano, y la fiebre la dejó; y ella se levantó, y les servía.** También sabemos tanto por Marcos como por Lucas que la mujer sirvió a todas las personas que allí estaban (Mr. 1:31; Lc. 4:39), no solo al Señor. El toque de sanidad de Jesús le había quitado al instante la fiebre y el dolor, y lo más probable es que le salvara la vida. Podemos estar seguros de que ella sirvió a su compasivo Señor con atención y cuidado especiales.

Aunque es obvio que la suegra de Pedro era una mujer, también era judía. Por tanto, podría ser que después de las fuertes palabras que pronunció en los versículos 11-12, Jesús no quisiera dar la impresión de que Dios se había olvidado de su pueblo escogido, aunque la mayoría de sus miembros lo había abandonado. Que el reino estuviera abierto a los gentiles fieles ciertamente no significaba que estuviera cerrado para los judíos fieles. Pablo lo clarifica en su carta a los romanos: "No ha desechado Dios a su pueblo, al cual desde antes conoció…. Así también aun en este tiempo ha quedado un remanente escogido por gracia… Porque si tú [el gentil] fuiste cortado del que por naturaleza es olivo silvestre, y contra naturaleza fuiste injertado en el buen olivo, ¿cuánto más éstos, que son las ramas naturales, serán injertados en su propio olivo?" (Ro. 11:2, 5, 24).

¿Qué aleja de Cristo a los hombres?

46

Y cuando llegó la noche, trajeron a él muchos endemoniados; y con la palabra echó fuera a los demonios, y sanó a todos los enfermos; para que se cumpliese lo dicho por el profeta Isaías, cuando dijo: El mismo tomó nuestras enfermedades, y llevó nuestras dolencias. Viéndose Jesús rodeado de mucha gente, mandó pasar al otro lado. Y vino un escriba y le dijo: Maestro, te seguiré adondequiera que vayas. Jesús le dijo: Las zorras tienen guaridas, y las aves del cielo nidos; mas el Hijo del Hombre no tiene dónde recostar su cabeza. Otro de sus discípulos le dijo: Señor, permíteme que vaya primero y entierre a mi padre. Jesús le dijo: Sígueme; deja que los muertos entierren a sus muertos. (8:16-22)

Después que Jesús curara al leproso, al muchacho esclavo del centurión y a la suegra de Pedro, Mateo informa que la gente le llevó muchas otras personas para ser sanadas. Puesto que estas se las llevaron **cuando llegó la noche,** es posible que las tres primeras curaciones hubieran ocurrido en el día de reposo. A causa de sus dirigentes religiosos, muchos judíos estaban temerosos de pedir a Jesús que los curara en el día de reposo, y ya que este terminaba al anochecer, ahora se sentían libres para llevarle **muchos endemoniados; y con la palabra echó fuera a los demonios, y sanó a todos los enfermos.**

Como había hecho antes (véase 4:23-24) y muchas veces después (véase 14:14; Lc. 5:17; 9:6; etc.), Jesús realizó aquí curaciones masivas, sin tener en cuenta fe o circunstancias individuales. Sea que el problema fuera espiritual, como con los **endemoniados,** o físico, como con quienes estaban **enfermos,** Él los **sanó a todos.** Jesús estaba dando evidencia de su deidad y su condición mesiánica, y todos los que acudían por sanidad eran curados. Según se mencionó en el capítulo anterior, para todos los propósitos prácticos Jesús desterró de Palestina la enfermedad durante el curso de su ministerio terrenal.

Por medio de sus milagros de sanidad Jesús participó en la tristeza y el dolor humanos en que **El mismo tomó nuestras enfermedades, y llevó nuestras dolencias.** Participó en primer lugar al condolerse del dolor y la enfermedad del hombre. Jesús conocía los corazones de los hombres y todos sus sentimientos internos. Conoció la agonía, el desconcierto, la confusión, la desesperación, y la frustración que la enfermedad y la debilidad producen además del dolor físico. En varias ocasiones los escritores de los evangelios hablan de que Jesús tuvo compasión de quienes se le acercaban para oírlo enseñar y experimentar su toque sanador (Mt. 9:36; 15:32; Mr. 1:41; Lc. 10:33). Tan seguramente como entonces, Él ahora conoce las agonías de sus hijos, "porque no tenemos un sumo sacerdote que no pueda compadecerse de nuestras debilidades" (He. 4:15). No fue que Jesús **tomó nuestras enfermedades** contagiándose con ellas, sino que indirectamente experimentó el dolor que producen.

Segundo, Jesús **tomó nuestras enfermedades, y llevó nuestras dolencias** en el sentido que vio y sintió el poder destructor de la causa primordial, que es el pecado. Jesús no lloró sobre la tumba de Lázaro en remordimiento por la muerte de un querido amigo, porque sabía que este pronto resucitaría de los muertos. Lloró debido al poder maligno y pecador que traía sufrimiento y muerte a todo ser humano. Él no pudo ver el tormento de la enfermedad y la muerte sin sentir el dolor del pecado. El pecado, la enfermedad, y la muerte están todos inseparablemente ligados a la maldición. Por eso es que Jesús preguntó de manera retórica: "¿Qué es más fácil, decir: Los pecados te son perdonados, o decir: Levántate y anda?" (Mt. 9:5). Ni lo uno ni lo otro es más fácil o más difícil. La misma causa está detrás tanto del pecado como de la enfermedad, y solo el poder divino puede quitar el uno y la otra.

En tercer y más absoluto lugar, Jesús **tomó nuestras enfermedades, y llevó nuestras dolencias** en que su obra redentora victoriosa trató con el pecado en una manera tan devastadora que en última instancia **llevó** toda enfermedad y dolencia. El Rey estaba ofreciendo su reino y viendo con antelación sus maravillosos y gloriosos elementos, uno de los más extraordinarios de los cuales será la eliminación de toda enfermedad y tristeza por la eternidad.

Jesús curó debido a su divina y amorosa compasión por aquellos que estaban sufriendo, y por los seres queridos que padecían con ellos. Curó porque odiaba la enfermedad y la dolencia, las cuales nunca fueron parte del plan de Dios para la humanidad, que se produjeron a causa del pecado. Pero también curó a fin de brindar un anticipo de su reino venidero, en el cual no habrá más pecado, más muerte, más tristeza, ni más dolor. Del mismo modo que en el monte de la Transfiguración, retiró el velo de su carne y ofreció a sus tres discípulos un destello de su gloria divina. Por medio de su enorme cantidad de milagros de sanidad Jesús brindó una visión de su reino glorioso, cuando toda enfermedad y toda dolencia serán erradicadas, no en una pequeña esquina del mundo por unos cuantos años sino en el mundo entero y para siempre (véase Ap. 21:1-4).

Sin embargo, antes de establecer su reino terrenal que estaría libre de sufrimiento y de muerte, el Mesías mismo tendría que padecer y morir para redimir del pecado a los hombres. De Él se diría que "herido fue por nuestras rebeliones, molido por nuestros pecados; el castigo de nuestra paz [caería] sobre él, y por su llaga [seríamos] curados" (Is. 53:5). Y antes de su padecimiento y muerte daría evidencia de su poder divino al llevar nuestras enfermedades y sufrir nuestros dolores (v. 4). Es a ese versículo al que Mateo se refiere cuando afirma que Jesús **sanó a todos los enfermos; para que se cumpliese lo dicho por el profeta Isaías, cuando dijo: El mismo tomó nuestras enfermedades, y llevó nuestras dolencias.**

La enfermedad y la muerte no pueden eliminarse de forma permanente hasta que el pecado no sea quitado de modo definitivo; por lo que la obra suprema de Jesús fue conquistar el pecado. En la expiación trató con el pecado, la muerte, y la enfermedad; y sin embargo todas esas tres condiciones aún están con nosotros. Al morir en la cruz, Jesús aplastó la cabeza de Satanás y rompió el poder del pecado, y el individuo que confía en la obra expiatoria de Cristo es al instante liberado de la pena del pecado y un día será liberado de la misma presencia del pecado y de sus consecuencias. El cumplimiento final de la obra redentora de Cristo es todavía futuro para los creyentes (cp. Ro. 8:22-25; 13:11). Cristo murió por los pecados de los seres humanos, pero los cristianos aún caen en pecado; Él conquistó la muerte, pero sus seguidores aún mueren; y venció el dolor y la enfermedad, pero su pueblo aún sufre y se enferma. Hay sanidad física en la expiación, así como hay total liberación del pecado y la muerte en la expiación; pero aún seguimos esperando el cumplimiento de esa liberación en el día en que el Señor ponga fin al sufrimiento, el pecado y la muerte.

Los que afirman que los cristianos nunca deberían enfermar porque hay sanidad en la expiación también deberían afirmar que los cristianos no deberían morir, porque Jesús también conquistó la muerte en la expiación. El mensaje central del evangelio es libertad del pecado. Se trata de buenas nuevas acerca de perdón, no de salud. Cristo fue hecho pecado, no enfermedad, y murió en la cruz por nuestro pecado, no por nuestra enfermedad. Según Pedro clarifica, las heridas de Cristo nos sanan del pecado, no de la enfermedad. "Llevó él mismo nuestros pecados en su cuerpo sobre el madero, para que nosotros, estando muertos a los pecados, vivamos a la justicia" (1 P. 2:24).

En cierto modo es difícil entender por qué una persona dejaría de aceptar a Jesucristo como Señor y Salvador incluso después de oírle hablar o de verle un milagro de sanidad. Aún más difícil es entender por qué el pueblo siguió rechazando al incomparable, misericordioso y amoroso Hijo de Dios después de oírlo predicar muchas veces y de verlo curar a docenas, o quizás cientos de personas de todo tipo de aflicción. Sin embargo, parece totalmente increíble que el propio pueblo escogido de Dios (al que se le dio su pacto, su ley, sus profetas, y sus muchas bendiciones especiales) rechazaría al Hijo de su propio Dios, el Mesías que sus propias Escrituras profetizaron, el mismo Libertador a quien afirmaban ver y anhelar.

Sin embargo, cuando se estudian los relatos del evangelio, esa es exactamente la respuesta de la mayoría de judíos. Su incredulidad y rechazo estuvieron muy por encima de todo lo que Cristo dijo e hizo en medio de ellos. Las pruebas de la divinidad, el poder, y la bondad de Jesús fueron evidentes y más allá de toda contradicción. No obstante, a medida que la evidencia aumentaba también lo hacían la resistencia y el rechazo. Al principio de su evangelio Juan nos prepara para esa respuesta, diciéndonos que "a lo suyo vino, y los suyos no le recibieron" (Jn. 1:11). Desde el principio Jesús sabía que el rechazo excedería la aceptación, y a quienes intentaban matarlo les declaró: "Ni tenéis su palabra morando en vosotros; porque a quien él envió, vosotros no creéis. Escudriñad las Escrituras; porque a vosotros os parece que en ellas tenéis la vida eterna; y ellas son las que dan testimonio de mí; y no queréis venir a mí para que tengáis vida" (Jn. 5:38-40). Al igual que los ciudadanos rebeldes en una de las parábolas de Jesús acerca del reino, quienes rechazaron a Cristo en realidad declararon: "No queremos que éste reine sobre nosotros" (Lc. 19:14).

Los que rechazaron a Jesucristo incluso después de presenciar sus milagros fueron como un juez o jurado que, después de escuchar un caso judicial abierto y cerrado, toma una decisión que es exactamente lo contrario de lo que la evidencia pide. La autoridad de Jesús era evidente, como desde el principio de su ministerio el pueblo reconoció (Mt. 7:29).

La enseñanza del Señor era única, según los oficiales informaron a los sumos sacerdotes y a los fariseos que los habían enviado a arrestar a Jesús: "¡Jamás hombre alguno ha hablado como este hombre!" (Jn. 7:46). A los dirigentes judíos incrédulos que lo interrogaran respecto a la sanidad que Jesús le diera, el ex ciego declaró: "Pues esto es lo maravilloso, que vosotros no sepáis de dónde sea, y a mí me abrió los ojos… Desde el principio no se ha oído decir que alguno abriese los ojos a uno que nació ciego. Si éste no viniera de Dios, nada podría hacer" (Jn. 9:30, 32-33). Cuando representantes de los fariseos y los herodianos trataron de atrapar a Jesús con una pregunta acerca del pago de impuestos al César, Él respondió: "Dad, pues, a César lo que es de César, y a Dios lo que es de Dios". Su respuesta fue tan astuta que quienes lo interrogaban "se maravillaron, y dejándole, se fueron" (Mt. 22:21-22). Los judíos estaban asombrados de la enseñanza del Señor en el templo, diciendo: "¿Cómo sabe éste letras, sin haber estudiado?" (Jn. 7:15). Aunque se formularon muchas acusaciones contra Jesús, nadie podía acusarlo de falsedad o de ningún otro pecado (Jn. 8:46). Cuando Jesús curó al paralítico, la multitud "se maravilló" (Mt. 9:8), y después que Él expulsó un demonio, declararon: "Nunca se ha visto cosa semejante en Israel" (v. 33). Cuando Jesús lloró ante la tumba de Lázaro, los judíos expresaron: "Mirad cómo le amaba" (Jn. 11:36). La serenidad de Jesús también estaba más allá de la humana. Cuando estuvo delante de Pilato, quien tenía el poder para liberarlo o de hacer que lo crucificaran, Jesús no expresó una sola palabra en su propia defensa, "de tal manera que el gobernador se maravillaba mucho" (Mt. 27:14).

Todo acerca de Jesús era asombroso, maravilloso y humanamente inexplicable. No es de extrañar que cuando las personas se asombraban de Él, pero no lo aceptaban, Jesús mismo se maravillaba ante la incredulidad de ellas (Mr. 6:6). ¿Cómo pudieron presenciar una y otra vez el poder de Dios, admitir que eso es algo maravilloso e incluso divino, y sin embargo negarse a aceptar y seguir a Aquel que realiza tan extraordinarias cosas?

Jesús mismo explicó que algunas personas huyen de la verdad porque les pone al descubierto su pecado, al cual no quieren renunciar. "La luz vino al mundo, y los hombres amaron más las tinieblas que la luz, porque sus obras eran malas. Porque todo aquel que hace lo malo, aborrece la luz y no viene a la luz, para que sus obras no sean reprendidas" (Jn. 3:19-20). Otros se sienten atraídos por el carisma y el poder de Jesús. Se asombran de las cosas maravillosas que Él dice y hace, pero no toman nada en serio. Siguen de lejos a Jesús, deseando emocionarse pero no ser transformados, ser entretenidos pero no salvados. A menudo están dispuestos a que los identifiquen como seguidores de Jesucristo, pero el compromiso que muestran es superficial y no tienen perseverancia.

En 8:18-22 Mateo nos muestra dos de los aspectos que a menudo alejan a tales individuos de la verdadera conversión: la comodidad personal y las riquezas personales.

EL OBSTÁCULO DE LA COMODIDAD PERSONAL

Viéndose Jesús rodeado de mucha gente, mandó pasar al otro lado. Y vino un escriba y le dijo: Maestro, te seguiré adondequiera que vayas. Jesús le dijo: Las zorras tienen guaridas, y las aves del cielo nidos; mas el Hijo del Hombre no tiene dónde recostar su cabeza. (8:18-20)

Jesús y sus discípulos se hallaban en la orilla oeste del lago de Galilea, y tanta **gente** se amontonó que Él **mandó pasar al otro lado.** Aunque era completamente Dios,

Jesús también era completamente humano; necesitaba descanso y respiro ocasional de las interminables demandas de quienes acudían a Él en busca de ayuda.

Cuando Jesús decidió atravesar el lago, el asunto del compromiso fue presionado por varios hombres que al parecer estaban reevaluando su relación con Él. Por Marcos nos enteramos que algunos en el gentío subieron a otras barcas a fin de cruzar el lago con Jesús (4:36), pero tres hombres (un tercero se menciona en Lc. 9) obviamente no quisieron salir y se acercaron a Jesús justo antes de que Él se fuera.

El primer hombre era **un escriba,** quien **le dijo: Maestro, te seguiré adondequiera que vayas.** Ya que no le hizo una pregunta a Jesús ni le pidió un favor, solo podemos suponer el motivo del hombre para hacerle esa declaración. Como **un escriba,** habría roto con la mayoría de sus compañeros escribas si se hubiera convertido en un discípulo dedicado de Jesús. Sabía que tal decisión era costosa y quizás quería ver cómo reaccionaría Jesús a su declaración de lealtad.

Los escribas eran autoridades en la ley judía, y estaban estrechamente asociados con los fariseos. Eran muy educados y conformaban la clase académica de la sociedad judía. Eran muy leales al sistema de tradiciones religiosas que muchos de sus predecesores habían sido fundamentales en crear. Típicamente los escribas eran maestros, no seguidores de maestros, y de manera especial eran renuentes a seguir a un maestro como Cristo, quien no solo no había sido educado en una escuela rabínica, sino que en realidad denunciaba las tradiciones que ellos consideraban sacrosantas.

Por tanto, que se dirigiera a Jesús como *didaskalos* (**Maestro**) era en sí misma una concesión considerable para **un escriba**, y sin duda tanto la multitud como el círculo íntimo de los doce discípulos estaban impresionados de que uno de los dirigentes judíos hablara de forma tan favorable de Jesús. Sin duda en su propia mente el hombre creía que era cierto lo que le dijera a Jesús, así como Pedro estuvo más tarde convencido en su propia mente de que nunca abandonaría a Jesús (Mt. 26:33, 35). Pero ninguno de los dos se conocía tan bien como creía. El **escriba** pudo haber pensado con sinceridad que Jesús era el **Maestro** más grande a quien alguna vez había oído, y el más grande hacedor de milagros que el mundo había visto jamás. Es probable que reconociera sinceramente que la enseñanza y el poder de Jesús provenían de Dios, y que el Señor era de alguna manera un hombre de Dios único y especial por el momento. El escriba encontró llamativo a Jesús y quiso asociarse con Él. Le manifestó: **te seguiré adondequiera que vayas.**

A diferencia de muchas iglesias y organizaciones cristianas de hoy, que están ansiosas por abrazar a cualquier personalidad famosa que hace una profesión por Cristo, Jesús sabía que una fuerte profesión no refleja necesariamente un fuerte compromiso. Incluso sin conocer los corazones de los hombres como Él hacía, los cristianos de hoy pueden beneficiarse de tener en cuenta esa verdad.

Jesús respondió a la declaración del escriba haciendo una afirmación propia. No cuestionó verbalmente la sinceridad del hombre, sino que simplemente mencionó algunas exigencias del verdadero discipulado que el hombre no había considerado. **Jesús le dijo: Las zorras tienen guaridas, y las aves del cielo nidos; mas el Hijo del Hombre no tiene dónde recostar su cabeza.** A primera vista las palabras de Jesús no parecen tener relación con la afirmación del escriba. En forma proverbial estaba diciendo que a pesar de su divina autoridad y poder para realizar milagros, la autoindulgencia no estaba en su plan, y que Él tenía menos comodidades físicas que muchos animales. **Las zorras tienen guaridas** que pueden llamar propias, **y las aves del cielo** tienen **nidos** a los que pueden regresar y descansar.

Daniel 7:13 hace referencia al Mesías primero como **el Hijo del Hombre.** Se habla de Jesús con ese título más de ochenta veces en los evangelios, y este fue el nombre más común que usó para sí mismo. Era un término de su humillación y especialmente apropiado en la ilustración de que **no tiene dónde recostar su cabeza.** En medio de su humillación Jesús ni siquiera tuvo las comodidades básicas de la vida. No tuvo un lugar propio, casa ni propiedad, ni siquiera una tienda. Juan nos informa que después del debate respecto a la sanidad que Jesús hiciera al hombre ciego, "cada uno se fue a su casa; y Jesús se fue al monte de los Olivos" (Jn. 7:53—8:1). Mientras que los demás fueron a sus hogares para pasar la noche, Jesús la pasó a solas bajo las estrellas, en oración con su Padre. Se nos dice que a menudo Él pasaba tiempo en la casa de Pedro en Capernaúm y en la de María, Marta y Lázaro en Betania, pero no se nos dice que pasara siquiera una hora en su propia casa, porque no tenía ninguna.

El propósito de Jesús al hacer tal declaración era obviamente conseguir que el **escriba** hiciera un balance de la autenticidad de su compromiso. Es muy fácil pronunciar palabras impresionantes de afirmación, en especial cuando no se conoce el costo del compromiso involucrado. El Señor sabía que la fe inicial declarada de muchos de sus seguidores era poco profunda y superficial. Juan narra que cuando Jesús estuvo en Jerusalén durante la primera Pascua después que iniciara su ministerio, "muchos creyeron en su nombre, viendo las señales que hacía. Pero Jesús mismo no se fiaba de ellos, porque conocía a todos, y no tenía necesidad de que nadie le diese testimonio del hombre, pues él sabía lo que había en el hombre" (Jn. 2:23-25). El Señor no creía en la fe de ellos porque sabía que no era auténtica. Estos individuos solo estaban comprometidos con el asombro y la emoción que acompañaban la obra del Señor, no con Él como Señor ni con la obra del evangelio mismo. Jesús se negó en varias ocasiones a sacar ventaja de la popularidad temporal, la cual sabía que pronto se convertiría en rechazo permanente.

En la parábola del sembrador Jesús ofrece un ejemplo vívido de tales personas, representadas por los lugares rocosos que no tienen mucha tierra. La semilla brota al instante y da la apariencia de una planta fuerte y sana. Pero debido a que no tiene raíz, pronto es quemada por el sol y se marchita. Jesús declaró: "Éste es el que oye la palabra, y al momento la recibe con gozo; pero no tiene raíz en sí, sino que es de corta duración, pues al venir la aflicción o la persecución por causa de la palabra, luego tropieza" (Mt. 13:5-6, 20-21).

Jesús sabía que la naturaleza humana es voluble, inestable y egoísta, y que muchos se sienten atraídos a Él por la emoción, el encanto o la esperanza de beneficio personal tal como ser curados o alimentados. Estas personas son rápidas para subirse al carro cuando las cosas van bien, pero quieren bajarse tan pronto como la causa se vuelve impopular o exige sacrificio. Al principio pareciera que están vivas para Cristo, y con frecuencia dan testimonios brillantes; pero cuando su relación con Él empieza a costar más de lo que esperaban, pierden el interés y no se les vuelve a ver en la iglesia o en la obra cristiana. El comentarista bíblico R. C. H. Lenski observa que tales sujetos "ven a los soldados desfilando, los brillantes uniformes y las relucientes armas, y sienten ansias de unirse, olvidando las agotadoras marchas, las sangrientas batallas, y las tumbas tal vez sin nombres" (*The Interpretation of St. Matthew's Gospel* [Minneapolis: Augsburg, 1961], pp. 338-39).

Jesús sabía que el **escriba** estaba demasiado deseoso por declarar su lealtad. El hombre no había contado con el costo del discipulado, que implica abnegación, sacrificio y muy probable sufrimiento. El refrán que dio Jesús acerca de **las zorras y las aves** representaba el sacrificio relativamente mínimo de quedarse sin hogar; sin embargo, es obvio que ese precio era demasiado elevado, porque el **escriba** simplemente desaparece sin que se diga una palabra más por parte de él o acerca de él. Las palabras del Señor lo golpearon donde el hombre era más débil y sin voluntad, y no tardó en manifestarse su verdadera lealtad que era solo a su propia comodidad.

Endulzar el mensaje del evangelio, tratando de hacerlo parecer menos exigente de lo que es, o incluso no exigente en absoluto, no solo pone en peligro la Palabra de Dios y perjudica al Señor, sino que también afecta a aquellos a quienes damos testimonio. Jesús no hizo tal cosa. Él advirtió a sus discípulos con candidez aleccionadora: "He aquí, yo os envío como a ovejas en medio de lobos" (Mt. 10:16). Luego siguió diciéndoles: "El hermano entregará a la muerte al hermano, y el padre al hijo; y los hijos se levantarán contra los padres, y los harán morir. Y seréis aborrecidos de todos por causa de mi nombre; mas el que persevere hasta el fin, éste será salvo…. El discípulo no es más que su maestro, ni el siervo más que su señor. Bástale al discípulo ser como su maestro, y al siervo como su señor. Si al padre de familia llamaron Beelzebú, ¿cuánto más a los de su casa?" (vv. 21-22, 24-25).

Hacia el final de su ministerio el Señor advirtió a sus discípulos: "Os expulsarán de las sinagogas; y aun viene la hora cuando cualquiera que os mate, pensará que rinde servicio a Dios" (Jn. 16:2). Pablo nos asegura que "todos los que quieren vivir piadosamente en Cristo Jesús padecerán persecución" (2 Ti. 3:12). Después de presentar la larga lista de santos fieles del Antiguo Testamento, el escritor de Hebreos declara que algunos de ellos "fueron atormentados, no aceptando el rescate, a fin de obtener mejor resurrección. Otros experimentaron vituperios y azotes, y a más de esto prisiones y cárceles. Fueron apedreados, aserrados, puestos a prueba, muertos a filo de espada; anduvieron de acá para allá cubiertos de pieles de ovejas y de cabras, pobres, angustiados, maltratados; de los cuales el mundo no era digno; errando por los desiertos, por los montes, por las cuevas y por las cavernas de la tierra" (11:35-38).

El **escriba** que vino a Jesús en la orilla del lago de Galilea no estuvo dispuesto a pagar ningún precio por su fe; simplemente quería agregar emoción a su vida, tener el prestigio de ser identificado con un líder popular, o algunos otros propósitos igualmente centrados en sí mismo.

Un explorador podría tener muchos voluntarios para ir con él en una expedición… hasta que les explica que el equipo tendrá que trabajar en calores abrasadores, en temperaturas bajo cero, o en pantanos sofocantes, con raciones solo para sobrevivir, pocas posibilidades de tomar un baño y poco contacto con el mundo exterior durante meses seguidos. Un atleta joven podría soñar con ganar una medalla de oro en los Juegos Olímpicos… hasta que se entera del riguroso entrenamiento, la dieta estricta, la limitada vida social, y la competencia feroz que tendrá que enfrentar por muchos años.

No hay emoción como el gozo de conocer y seguir a Cristo, pero no es una emoción que el mundo pueda entender o apreciar. Jesucristo brinda gran paz a aquellos que le pertenecen, pero su paz no es del tipo que el mundo ofrece o busca (Jn. 14:27). El gozo y la paz de Cristo vienen por el camino de las burlas, el sufrimiento y la cruz, el cual sus discípulos deben aceptar cuando lo siguen. Jesús declaró: "Si alguno quiere venir en pos de mí, niéguese a sí mismo, y tome su cruz, y sígame" (Mt. 16:24). La vida cristiana no es añadir a Jesús a nuestra propia manera de vivir, sino renunciar a esa manera personal de vivir por la de Él y estar dispuesto a pagar cualquier precio que pueda requerirse.

EL OBSTÁCULO DE LAS RIQUEZAS PERSONALES

Otro de sus discípulos le dijo: Señor, permíteme que vaya primero y entierre a mi padre. Jesús le dijo: Sígueme; deja que los muertos entierren a sus muertos. (8:21-22)

Este hombre, al igual que el escriba del versículo 19, era uno de los **discípulos** de Jesús en el sentido de ser un seguidor que extraoficialmente se había identificado con Él. No era uno de los doce, sino un parásito que quizás había seguido al Señor por el campo durante algunas semanas o algunos meses.

Así como el escriba, este hombre supuso que su relación con Jesús era todo lo que debía ser, e hizo lo que parece haber sido una petición razonable: **Señor, permíteme que vaya primero y entierre a mi padre.** Ya que los judíos no practicaban el embalsamamiento, un cuerpo muerto debía prepararse rápidamente y enterrarse. No solo eso, sino que su tradición requería que una persona hiciera luto por su padre o madre fallecidos durante un período de treinta días. El acto final de devoción a los padres era ver que fueran adecuadamente enterrados. Dado que Jesús estaba a punto de ir al otro lado del lago de Galilea, era evidente que un entierro no podía esperar hasta su regreso.

Sin embargo, que el hombre pidiera permiso para enterrar a su **padre** no significaba que su padre ya hubiera muerto. La frase era una expresión común del Cercano Oriente que se refería a la responsabilidad de un hijo de ayudar a su padre en el negocio familiar hasta que el padre muriera y la herencia se distribuyera. Es obvio que tal compromiso podía implicar un tiempo bastante largo, treinta o cuarenta años, o más, si el padre era relativamente joven.

La expresión aún se utiliza hoy día en partes del Medio Oriente. Hace unos pocos años un misionero pidió a un joven turco rico que lo acompañara en un viaje a Europa, durante el cual el misionero esperaba discipular al hombre. Cuando el joven contestó que debía enterrar a su padre, el misionero le dio sus condolencias y se sorprendió porque el padre hubiera muerto. No obstante, el hombre explicó que su padre estaba vivo y sano, y que la expresión "enterrar a mi padre" simplemente significaba quedarse en casa y cumplir con sus responsabilidades familiares hasta que su padre muriera y él recibiera su parte de la herencia.

Puesto que por costumbre la herencia de un individuo se perdía o se reducía si este no cumplía con sus responsabilidades esperadas con la familia, la frase "debo enterrar a mi padre" frecuentemente equivalía a "quiero esperar hasta recibir mi herencia".

Este segundo discípulo superficial no quería arriesgarse a perder su herencia si se comprometía por completo con Jesús. Quería estar asociado con Jesús en nombre, pero el enfoque de su vida estaba en su prosperidad y su bienestar personal, no en servir al Señor. Por consiguiente, **Jesús le dijo: Sígueme; deja que los muertos entierren a sus muertos.** Al igual que "las zorras tienen guaridas, y las aves del cielo nidos" (v. 20), la expresión al parecer sin sentido **deja que los muertos entierren a sus muertos** era una figura retórica proverbial que significaba: "Permite que el mundo se ocupe de las cosas del mundo". Los espiritualmente muertos pueden encargarse de sus propios asuntos.

En su relato paralelo de esta historia, Lucas agrega más instrucción de Jesús: "Tú ve, y anuncia el reino de Dios" (9:60). La responsabilidad principal de un individuo como discípulo de Jesucristo sería predicar el evangelio, llevar las buenas nuevas de la vida eterna a quienes están espiritualmente **muertos.** La responsabilidad del cristiano no es seguir e imitar al mundo sino ser un testigo para el mundo en el nombre y el poder de Cristo. Su ciudadanía está en el reino vivo y eterno de Dios, no en el reino muerto y decadente de este mundo.

De nuevo como el escriba, este segundo de los **discípulos** que se acercó a Jesús en esta ocasión también desapareció sin otra mención. Al parecer ninguno de los hombres quiso analizar más el asunto. Las exigencias de Jesús eran demasiado altas, y el atractivo del discipulado desapareció. Al igual que el joven rico que le preguntó a Jesús qué cosas buenas debía hacer para heredar la vida eterna (Mt. 19:16-22), cuando este discípulo declarado oyó la respuesta de Cristo perdió su entusiasmo por las cosas del Señor.

Que **Jesús** declarara: **Sígueme,** es como si dijera: "Niéguese a sí mismo, y tome su cruz, y sígame" (Mt. 16:24). No es que cualquier cantidad de abnegación o sacrificio pueda ganar la salvación, sino que cualquier cosa que se aprecie más que a Cristo es un obstáculo hacia Cristo, y se pondrá entre la persona no salva y la salvación.

Lucas nos habla de un tercer individuo que se acercó a Jesús en esta ocasión e hizo una profesión de discipulado. Este hombre declaró: "Te seguiré, Señor; pero déjame que me despida primero de los que están en mi casa" (9:61). Al igual que con los otros dos hombres, la afirmación de este parece perfectamente razonable. Solamente le tomaría unos pocos días, o semanas a lo sumo, dar a los padres la simple cortesía de despedirse.

Pero Jesús conocía el corazón de este hombre, y que su motivación era débil y su lealtad dividida. Aún no estaba dispuesto a entregarse de todo corazón a Jesús como Señor. Todavía estaba atado a las faldas de sus padres, y se hallaba bajo el dominio y control de estos. La decisión de seguir a Jesucristo es la decisión más exclusiva y personal que puede hacerse. Es maravilloso cuando amigos y parientes animan a alguien a decidirse por Cristo, y es trágico cuando aconsejan en contra de Cristo. Pero cualesquiera que puedan ser las influencias externas, el compromiso lo debe hacer únicamente el individuo. Por tanto, Jesús contestó: "Ninguno que poniendo su mano en el arado mira hacia atrás, es apto para el reino de Dios" (v. 62). Es posible que estas palabras fueran adaptadas de un proverbio atribuido al famoso poeta griego Hesíodo, que vivió alrededor del año 800 a.C.: "No puedes arar un surco recto cuando miras hacia atrás". Una persona no puede realizar de manera satisfactoria el trabajo que tiene a la mano si continuamente está mirando su trabajo y sus lealtades pasadas. Una persona no puede seguir a Jesucristo si todavía anhela los caminos de la antigua vida.

De estos tres hombres que se acercaron a Jesús y luego desaparecieron, William MacDonald dice de modo acertado: "Dejaron a Cristo con el fin de hacerse un lugar cómodo para ellos mismos en el mundo y pasar el resto de sus vidas abrazando a lo subordinado".

Jesús dejó en claro que el compromiso con Él es total y sin reservas, o no es compromiso en absoluto. "No penséis que he venido para traer paz a la tierra; no he venido para traer paz, sino espada. Porque he venido para poner en disensión al hombre contra su padre, a la hija contra su madre, y a la nuera contra su suegra; y los enemigos del hombre serán los de su casa. El que ama a padre o madre más que a mí, no es digno de mí; el que ama a hijo o hija más que a mí, no es digno de mí; y el que no toma su cruz y sigue en pos de mí, no es digno de mí" (Mt. 10:34-38). Si una persona permite que algo lo refrene de una lealtad total a Cristo no es digna del reino de Dios. Jesús no está hablando aquí del servicio cristiano sino de la salvación. Dios no salvará a alguien que llegue a Él con condiciones.

A lo largo de los siglos muchas personas se han maravillado de Jesús, aclamando su autoridad, amor, sabiduría, pureza, poder, provisión, sanidad y hasta su deidad, pero han fallado en entregarse a Él. Elogian y profesan a Jesús, y luego se alejan. El obispo J. C. Ryle escribió: "El camino más triste al infierno es el que pasa por debajo el púlpito, por delante de la Biblia, y por medio de advertencias e invitaciones".

La respuesta de Jesús a los tres hombres que se le acercaron en la orilla del lago de Galilea parece contradecir su promesa de que "todo lo que el Padre me da, vendrá a mí; y al que a mí viene, no le echo fuera" (Jn. 6:37). Esos individuos se acercaron personalmente a Cristo y parecían llegar de forma positiva, hablando bien del Señor y proclamando su deseo de seguirlo. Pero más palabras de Jesús en Juan 6 explican por qué tantas personas que profesan venir a Cristo en realidad no vienen a Él en absoluto. Jesús declaró: "El que come mi carne y bebe mi sangre, tiene vida eterna; y yo le resucitaré en el día postrero" (v. 54). En otras palabras, creer en Jesucristo es tener identidad total con Él. No existe tal cosa como creencia parcial o salvación parcial. Una persona que no se compromete totalmente a Cristo no cree en Él, sin que importen cuántas cosas positivas pueda decir en cuanto al Señor. Por eso Jesús siguió diciendo: "Pero hay algunos de vosotros que no creen", y poco después de esto se nos dice que "desde entonces [es decir, desde todos los dichos duros que Jesús acababa de expresar], muchos de sus discípulos volvieron atrás, y ya no andaban con él" (vv. 64, 66).

Venir a Jesucristo es llegar en sus condiciones, no en las nuestras. La persona que viene a Cristo lo hace en humildad y mansedumbre; es un mendigo necesitado en espíritu que tiene hambre y sed de la justicia de Dios, es aquel que llora por misericordia y está dispuesto a ser odiado, vilipendiado y perseguido por causa de su Señor (Mt. 5:3-12). El Señor tal vez no quite comodidades, dinero o relaciones con otros, pero todas estas cosas —y todo lo demás— hay que entregárselo para que Él haga lo que le plazca. De lo contrario, si Jesús no es Señor de la vida, no importa cuánta lealtad se le profese.

Poder de Jesús sobre lo natural

47

Y entrando él en la barca, sus discípulos le siguieron. Y he aquí que se levantó en el mar una tempestad tan grande que las olas cubrían la barca; pero él dormía. Y vinieron sus discípulos y le despertaron, diciendo: ¡Señor, sálvanos, que perecemos! Él les dijo: ¿Por qué teméis, hombres de poca fe? Entonces, levantándose, reprendió a los vientos y al mar; y se hizo grande bonanza. Y los hombres se maravillaron, diciendo: ¿Qué hombre es éste, que aun los vientos y el mar le obedecen? (8:23-27)

En la creación Dios ordenó que el hombre fuera rey de la tierra, a fin de que "señoree en los peces del mar, en las aves de los cielos, en las bestias, en toda la tierra, y en todo animal que se arrastra sobre la tierra" (Gn. 1:26). Pero cuando el ser humano cayó en pecado fue destronado y perdió su soberanía sobre la tierra. Perdió su majestad dada por Dios junto con su inocencia. Con el resto de la tierra, la humanidad fue maldecida y corrompida. Perdió su dominio, y tanto el ser humano como la tierra perdieron su gloria. El control de la tierra cayó en las manos del usurpador, Satanás, quien ahora reina como príncipe de este mundo y de esta época (Jn. 12:31; 14:30). El pecado del hombre, la corrupción de la tierra, y el gobierno de Satanás han producido enfermedad, dolor, muerte, adversidad, tristeza, guerra, injusticia, falsedad, hambre, desastres naturales, actividad demoníaca, y todos los otros males que azotan al mundo.

Pero desde el principio, e incluso antes del principio, Dios planeó la redención tanto del hombre como de la tierra, revirtiendo la maldición. Según su plan divino, el propio Hijo de Dios vendría a la tierra dos veces en el proceso de esa redención, la primera vez para redimir al hombre y la segunda vez para redimir la tierra. En su primera venida Jesucristo vino en humildad, yendo a la cruz y resucitando de la tumba para redimir del pecado a la humanidad. En su segunda venida vendrá en gloria resplandeciente y establecerá su reino de mil años, el milenio, y después de eso un cielo y una tierra completamente nuevos, redimiendo así toda la creación por toda la eternidad.

En el reino venidero de Dios, su plan final para la tierra será restaurado: sin pecado, dolor, enfermedad, odio, adversidad, tristeza, desastre o demonios. Solo habrá santidad, justicia, verdad, paz, amor y belleza. Todo lo que ahora arruina la felicidad del hombre, lo que le destroza el corazón, lo que frustra sus esperanzas, lo que altera y pervierte su dominio, será eliminado para siempre. Por todo el tiempo y la eternidad el universo será redimido.

Sin embargo, al ver la situación actual de la humanidad y de la tierra salta a la vista que el hombre mismo nunca podrá efectuar tales cambios. El hombre no puede solucionar los problemas naturales de ambiente, clima, sequías, hambrunas, enfermedad y dolencia. Alguien ha dicho que por cada problema que la ciencia soluciona han aparecido otros seis en su lugar. Mientras más grandes son nuestros avances, más graves son las complicaciones.

Mucho menos puede el ser humano solucionar sus problemas morales y espirituales. A medida que avanzamos más en psicología, sociología, criminología y diplomacia, también nos sumimos más en desórdenes psicológicos, problemas sociológicos, y en delitos y guerras.

El poder para revertir la maldición y producir un nuevo cielo y una nueva tierra no solo está infinitamente más allá del ser humano, sino que es inconcebible para este. No podemos imaginar el poder necesario para hacer del universo una nueva creación tan radical, más de lo que podemos imaginar el poder que se necesitó para crearlo en primer lugar y para sustentarlo. El hombre tiene la capacidad para destruir su mundo, pero no el poder para perfeccionarlo.

El salmista nos dice "que de Dios es el poder" (Sal. 62:11). Él habla de "la grandeza de tu brazo" (79:11) y del "que afirma los montes con su poder" (65:6). David clamó: "Dios, Dios mío eres tú; de madrugada te buscaré; mi alma tiene sed de ti, mi carne te anhela, en tierra seca y árida donde no hay aguas, para ver tu poder y tu gloria" (Sal. 63:1-2). Pablo nos recuerda que "las cosas invisibles de él [Dios], su eterno poder y deidad, se hacen claramente visibles desde la creación del mundo, siendo entendidas por medio de las cosas hechas" (Ro. 1:20).

Mientras más profundiza el ser humano en el universo, más increíble e impresionante se vuelve la creación. Los telescopios pueden llevarnos a cuatro mil millones de años luz (unos cuarenta trillones de kilómetros) en el espacio, y aún no nos habremos acercado al borde del universo. Hemos descubierto ciertos principios gravitacionales que mantienen a las estrellas y los planetas en sus órbitas; sin embargo, estamos muy lejos de explicar por completo esos principios, mucho menos de duplicarlos. La tierra gira sobre su eje a 1666 kilómetros por hora en el Ecuador, viaja en una órbita de 928 millones de kilómetros alrededor del sol a cerca de 1600 kilómetros por minuto y, con el resto de su sistema solar, viajando alocadamente por el espacio a una velocidad incluso mayor en una órbita que tardaría miles de millones de años en completar. Se ha calculado que la energía del sol equivale a quinientos millones de millones de miles de millones de caballos de fuerza. Hay al menos cien mil millones de otros soles en nuestra galaxia, la mayoría de ellos más grandes que el nuestro.

Dios también es el creador y sustentador del microcosmos. Una cucharadita de agua contiene un millón de miles de millones de miles de billones de átomos, que a su vez se componen de partículas aún más pequeñas de energía. Aún se están descubriendo subpartículas más pequeñas de esas partículas.

Sabemos que Jesucristo "sustenta todas las cosas con la palabra de su poder" (He. 1:3). Él da energía a cada átomo y a cada partícula atómica y subpartícula en el universo. ¡Tal es el poder de nuestro Dios y Salvador! Si tiene poder para crear y sustentar la tierra, sin duda tiene poder para volver a crearla. Él tiene el poder para recuperar el Edén y en realidad crear una nueva tierra que supere con creces al Edén.

Jesucristo vino al mundo en parte para demostrar ese poder, para mostrar a todos los que lo verían que Él era realmente el Hijo de Dios. El Mesías y Rey prometido tenía poder para redimir al hombre del pecado y darle soberanía renovada sobre una tierra renovada. Tal como se observó en el capítulo anterior, Mateo ya ha mostrado que Jesús tuvo la genealogía correcta, el nacimiento correcto, el bautismo correcto, el éxito correcto sobre la tentación, y el mensaje correcto. Dios había expresado que Aquel que revertiría la maldición vendría a través de la línea de David, y Jesús cumplió eso. Dios había dicho que este Libertador nacería de una virgen, y Jesús lo hizo. Dios había manifestado que Él sería aprobado por el Padre, y Jesús lo fue. Dios había expresado que Él sería más poderoso que Satanás, y Jesús demostró que lo fue. Dios había indicado que su Hijo hablaría la verdad, y Jesús lo hizo. Dios había dicho que Él tendría poder sobre la enfermedad y la muerte, y Jesús probó que lo hizo.

Por sobre todo, los milagros fueron anticipos del poder del reino. Cuando Jesús curó enfermedades y restauró cuerpos maltrechos estaba anticipando el reino, en el cual no habrá enfermedad o deformidad. Cuando echó fuera demonios anticipó el reino, en el cual no habrá actividad demoníaca. Cuando resucitó muertos anticipó el reino, en el cual no habrá muerte.

Después que Jesús hubo perdonado y curado al paralítico declaró que lo había hecho "para que sepáis que el Hijo del Hombre tiene potestad en la tierra para perdonar pecados" (Mt. 9:6). Cuando la gente vio los milagros de Jesús, "se maravilló y glorificó a Dios, que había dado tal potestad a los hombres" (9:8). A fin de prepararlos para su transfiguración, Jesús manifestó a sus discípulos: "De cierto os digo que hay algunos de los que están aquí, que no gustarán la muerte hasta que hayan visto el reino de Dios venido con poder. Seis días después, Jesús tomó a Pedro, a Jacobo y a Juan, y los llevó aparte solos a un monte alto; y se transfiguró delante de ellos. Y sus vestidos se volvieron resplandecientes, muy blancos, como la nieve" (Mr. 9:1-3). Mientras enseñaba en la sinagoga en Capernaúm un día de reposo las personas "se admiraban de su doctrina, porque su palabra era con autoridad" (Lc. 4:32). Cuando echó fuera un demonio de un hombre en esa sinagoga, todos quedaron aún más asombrados y exclamaron: "Con autoridad y poder manda a los espíritus inmundos, y salen" (v. 36). En las palabras iniciales de su carta a los romanos, Pablo enseña que Jesús "fue declarado Hijo de Dios con poder" (1:4) y 1 Corintios habla de Él como "Cristo poder de Dios, y sabiduría de Dios" (1:24). La prueba de la divinidad y la condición mesiánica de Jesús fue su absoluta autoridad y poder en la tierra sobre todo.

En Mateo 8:23-27 Jesús demostró su poder ilimitado sobre el mundo natural. Que calmara la tormenta es el primer milagro del segundo grupo de tres milagros presentados en los capítulos 8 y 9.

LOS DETALLES

Y entrando él en la barca, sus discípulos le siguieron. Y he aquí que se levantó en el mar una tempestad tan grande que las olas cubrían la barca; pero él dormía. (8:23-24)

Tras confrontar a los tres seguidores superficiales con el verdadero costo del discipulado (8:18-22; Lc. 9:61-62), se vio a Jesús **entrando en la barca** para ir al otro lado del lago de Galilea, que tiene unos veinte kilómetros de largo y hasta de trece kilómetros de ancho.

Los **discípulos** que **le siguieron** incluían los doce, algunos de los cuales estaban en la misma barca con Jesús, junto con otros seguidores que fueron en embarcaciones separadas (Mr. 4:36). Debido a que Jesús curó a muchas personas y habló con los tres discípulos profesos "cuando llegó la noche" (v. 16), es probable que fuera bien entrada la noche cuando la pequeña flotilla partió.

Mathētēs (**discípulo**) significa simplemente seguidor, aprendiz o pupilo. La palabra en sí no tiene connotación espiritual, y se usa tanto para seguidores superficiales de Jesús como para seguidores auténticos. Puesto que el Sermón del Monte es esencialmente un mensaje sobre la salvación, los discípulos que se reunieron en el monte para oír a Jesús (Mt. 5:1) obviamente incluían incrédulos. Los dos hombres que se acercaron a Jesús justo antes que Él subiera a la barca son llamados discípulos (Mt. 8:21; cp. v. 19), pero el hecho de que abandonaran al Señor demostró que eran falsos discípulos. A los hombres del círculo íntimo de Jesús a menudo se les llama discípulos (Mt. 10:1), pero el incrédulo Judas terminó traicionando al Señor.

Por lo menos se ven cuatro categorías de discípulos en los evangelios. El grupo más amplio eran los curiosos, que seguían a Jesús por un tiempo simplemente para averiguar cómo era Él. Les fascinaba e intrigaba lo que el Señor decía y hacía, pero no se rendirían a Él como Señor y Salvador. En Juan 6 vemos algunos de tales discípulos. Cuando Jesús proclamó: "De cierto, de cierto os digo: Si no coméis la carne del Hijo del Hombre, y bebéis su sangre, no tenéis vida en vosotros… Al oírlas, muchos de sus discípulos dijeron: Dura es esta palabra; ¿quién la puede oír?… Desde entonces muchos de sus discípulos volvieron atrás, y ya no andaban con él" (Jn. 6:53, 60, 66).

La segunda categoría de discípulo incluía aquellos que estaban intelectualmente convencidos del mensaje y el poder divino de Jesús. Cuando Nicodemo vino a Jesús en la noche, declaró: "Rabí, sabemos que has venido de Dios como maestro; porque nadie puede hacer estas señales que tú haces, si no está Dios con él" (Jn. 3:2). Pero en ese momento aún no estaba comprometido con Jesús. Como el Señor iba a señalar, Nicodemo no había nacido de nuevo, y en consecuencia no tenía relación espiritual con Dios, participación en su reino, ni vida eterna (vv. 3-15).

La tercera categoría de discípulo estaba compuesta de creyentes secretos. José de Arimatea era uno de tales seguidores clandestinos hasta que pidió permiso a Pilato para enterrar a Jesús en su propia tumba y, por tanto, proclamó lealtad a su Salvador (Mt. 27:57-58).

En la cuarta categoría de discípulos estaban los creyentes auténticos y abiertos, aquellos que pública y permanentemente estaban comprometidos con Jesucristo. El pequeño grupo de **discípulos** que **le siguieron** era más que solamente los doce, y sin duda incluía todas las cuatro categorías.

La barca tal vez era una pequeña embarcación abierta de pesca del tipo comúnmente usado por pescadores como Pedro, Jacobo y Juan. El lago de Galilea se encuentra a poco más de doscientos metros bajo el nivel del mar, cerca del extremo norte del río Jordán. El monte Hermón de 2814 metros se encuentra al norte, y los fuertes vientos del norte a menudo descienden hacia el valle del Jordán con gran ímpetu. Cuando se topan con el aire más cálido sobre la cuenca de Galilea, la intensidad aumenta. Al golpear los acantilados en la costa oriental, los vientos se arremolinan y giran, haciendo batir con gran violencia las aguas abajo.

El hecho de que aparezcan en forma rápida y con muy poco aviso las convierte en las tormentas más peligrosas y aterradoras.

Seismos (**tempestad**) significa literalmente zarandeo, y es el término del cual obtenemos sismo, sismógrafo y otros relacionados. La tormenta era tan violenta que sacudía el agua en el lago como si este fuera un vaso de agua en las manos de un gran gigante. La exclamación **he aquí** intensifica la veloz y sorprendente manera en que **se levantó en el mar una tempestad.** La tempestad se volvió tan feroz y **tan grande que las olas cubrían la barca,** y Marcos explica que "echaba las olas en la barca, de tal manera que ya se anegaba" (Mr. 4:37).

Pero Jesús **dormía,** sin duda cansado por el largo día de trabajo curando y enseñando. Justo antes de ver una de las demostraciones más impresionantes de deidad del Maestro, vemos una conmovedora imagen de su humanidad. El Señor estaba agotado, y se durmió tan profundamente que ni siquiera los zarandeos de la barca, el ruido del viento, o el agua que le caía en el rostro lo despertaron. Estaba empapado hasta los huesos mientras yacía acostado sobre duras tablas con solo un cojín debajo de la cabeza (Mr. 4:38).

Sin embargo, todo esto formaba parte del plan divino. La tempestad aullaba, el viento y las olas estaban a punto de hundir la embarcación al zarandearla en el agua como un corcho… y el Creador del mundo dormía a pierna suelta en medio de todo eso. Aunque en su divinidad era omnisciente, en su humanidad estaba en este momento ajeno a la agitación que lo rodeaba.

EL PÁNICO

Y vinieron sus discípulos y le despertaron, diciendo: ¡Señor, sálvanos, que perecemos! Él les dijo: ¿Por qué teméis, hombres de poca fe? (8:25-26*a*)

Varios de los doce discípulos eran pescadores, y podemos estar seguros de que habían hecho todo lo posible por salvarse. Es probable que estuvieran tan cansados como Jesús, pero se hallaban demasiado asustados para dormir. No tenían a quién más recurrir que a Jesús, y estaban exactamente donde Dios quería que estuvieran. A veces el Señor nos tiene que llevar a un punto de desesperación absoluta antes que pueda captar nuestra atención, y eso es lo que hizo con esos discípulos cuya barca estaba a punto de ser hundida o despedazada. Ya habían agotado las soluciones humanas, y solo tenían a Jesús a quien recurrir. Quizás Aquel que podía limpiar leprosos, devolver vista a los ciegos, y curar todos los demás tipos de enfermedad también tenía poder sobre el viento y el mar. El gran temor que sentían estaba mezclado con un poco de fe cuando **le despertaron, diciendo: ¡Señor, sálvanos, que perecemos!** Si hubieran tenido la confianza en Jesús que Él tenía en su Padre habrían estado tan tranquilos y despreocupados como Jesús.

Se cuenta la historia de un veterano y viejo capitán de barco que era muy elocuente acerca de su ateísmo. Una noche durante una tormenta fue arrastrado fuera de borda y sus hombres lo oyeron clamar a Dios pidiendo ayuda.

—¿No decía usted que no creía en Dios? —le preguntó uno de los tripulantes cuando finalmente lo rescataron.

—Bueno, si no existe un Dios, tiene que haber uno para momentos como este —contestó el viejo capitán.

Muchas personas se vuelven al Señor solo cuando todos los demás recursos se han agotado. Cuando llega la enfermedad, la muerte, la pérdida de empleo, o alguna otra tragedia, claman a Dios tanto como los discípulos clamaron a Jesús.

Dios siempre se agrada cuando los hombres se vuelven a Él, especialmente en busca de salvación. Las personas pueden ser curadas, consoladas, salvadas de la ruina financiera, y ayudadas en muchas otras formas sin la intervención directa de Dios, pero el individuo que es salvo no tiene absolutamente ningún recurso que no sea el Señor. A Dios le gusta oír el clamor desesperado de un pecador, porque comprender la propia insuficiencia es el primer paso para volverse a Él. A Dios también le gusta oír el clamor de su propio pueblo, incluso en medio de la desesperación, porque esa es una señal de que recuerdan a quién pertenecen.

Hasta los más grandes santos de Dios a veces se han olvidado de su Padre celestial, y llegan a estar anegados por las circunstancias. El salmista clamó: "¿Por qué estás lejos, oh Jehová, y te escondes en el tiempo de la tribulación?" (Sal. 10:1). El compositor del Salmo 44 lamentó: "Por causa de ti nos matan cada día; somos contados como ovejas para el matadero. Despierta; ¿por qué duermes, Señor?" (vv. 22-23). Incluso Isaías estaba consternado por la aparente incapacidad de Dios de ayudar a su pueblo. Así clamó: "Despiértate, despiértate, vístete de poder, oh brazo de Jehová; despiértate como en el tiempo antiguo, en los siglos pasados" (Is. 51:9). Al igual que los discípulos durante la tempestad, Isaías preguntó por qué Dios dormía mientras su pueblo perecía.

La primera respuesta de Jesús a la súplica de los discípulos fue reprenderlos suavemente por su falta de fe. **El les dijo: ¿Por qué teméis, hombres de poca fe?** *Deilos* (**teméis**) tiene el significado básico de ser temeroso o cobarde, y los discípulos debieron haberse preguntado por qué Jesús les hizo esa pregunta. ¿Cómo pudo preguntarles por qué temían, cuando obviamente ellos tenían todo por qué temer? La gran pregunta en sus mentes era por qué *Jesús no* estaba asustado. Estaban en medio de la noche, la tormenta sin duda los lanzaría fuera de borda o hundiría la barca, y cualquier respuesta que no fuera el miedo parecía insensata y poco natural. La tranquilidad de Jesús dejó tan perplejos a los discípulos que lo acusaron de insensibilidad: "Maestro, ¿no tienes cuidado que perecemos?" (Mr. 4:38).

Sin embargo, Jesús volvió el reproche contra ellos. **¿Por qué teméis?** les preguntó, y luego dio la respuesta como parte de la pregunta: **¿hombres de poca fe?** Ellos estaban asustados porque eran infieles, temían debido a su **poca fe.** En realidad, el Señor les preguntó: "¿No creen en mí y en mi poder? ¿No han visto suficiente de mi poder y no han experimentado suficiente de mi amor para saber que ustedes están perfectamente a salvo conmigo? Me han visto realizar milagro tras milagro, incluso en beneficio de quienes nunca confiaron en mí o que ni siquiera se molestaron en agradecerme. Ustedes han visto mi poder y mi compasión, y deberían saber que a causa de mi poder *puedo* ayudarlos; y que debido a mi compasión *los* ayudaré. Incluso si se ahogaran, ¿no saben que eso significaría el cielo al instante? ¿De qué entonces tienen que estar preocupados?".

Los discípulos conocían los Salmos. Muchas veces habían oído y repetido las palabras de Salmos 89:8-9: "Oh Jehová, Dios de los ejércitos, ¿quién como tú? Poderoso eres, Jehová, y tu fidelidad te rodea. Tú tienes dominio sobre la braveza del mar; cuando se levantan sus ondas, tú las sosiegas". Ellos habían cantado: "Dios es nuestro amparo y fortaleza, nuestro pronto auxilio en las tribulaciones. Por tanto, no temeremos, aunque la tierra sea removida, y se traspasen los montes al corazón del mar; aunque bramen y se turben sus aguas, y tiemblen los montes a causa de su braveza" (Sal. 46:1-3). Ellos conocían muy bien las palabras majestuosas y reconfortantes del Salmo 107:

Los que descienden al mar en naves, y hacen negocio en las muchas aguas, Ellos han visto las obras de Jehová, y sus maravillas en las profundidades. Porque habló, e hizo levantar un viento tempestuoso, que encrespa sus ondas. Suben a los cielos, descienden a los abismos; sus almas se derriten con el mal. Tiemblan y titubean como ebrios, y toda su ciencia es inútil. Entonces claman a Jehová en su angustia, y los libra de sus aflicciones. Cambia la tempestad en sosiego, y se apaciguan sus ondas. Luego se alegran, porque se apaciguaron; Y así los guía al puerto que deseaban (Sal. 107:23-30).

Lo que Jesús estaba a punto de llevar a cabo en el lago de Galilea era un cumplimiento literal de esos versículos.

El creyente que está consciente del poder y el amor de Dios no tiene razón para tener miedo a nada. Debido a que Dios puede cuidar de sus hijos, y los cuidará, no hay dificultad o peligro a través de los cuales pueda hacerlos pasar. El poder y el amor de Dios nos ayudarán pasar por medio de cualquier tempestad, y esa es la esencia de lo que debemos saber y considerar cuando estamos en problemas.

No obstante, cada creyente se da cuenta por su propia experiencia que saber acerca del poder y el amor de Dios, y confiar en ellos, no siempre van de la mano. Nuestras debilidades y flaquezas son tan parte de nosotros que, incluso después de haber presenciado a Dios haciendo cosas maravillosas, aún caemos en la duda y el temor. En realidad, así como pasó con Elías después del gran milagro en el monte Carmelo y los discípulos después de los grandes milagros en Capernaúm, a veces estamos más asustados justo después de haber sido abrumados por la grandeza de Dios. Nos maravillamos de su grandeza, pero tan pronto como la tribulación llega nos olvidamos de esa grandeza y vemos solamente el problema.

La fe necesita fortalecimiento constante, como finalmente los discípulos se dieron cuenta. Le suplicaron a Jesús: "Auméntanos la fe" (Lc. 17:5). Hasta los creyentes estamos sujetos a incredulidad, y mientras más creemos más queremos también clamar junto con el padre del muchacho que tenía el espíritu inmundo: "Creo; ayuda mi incredulidad" (Mr. 9:24). Sabemos que Dios puede proveer, pero también sabemos cuán fácilmente podemos dejar de confiar en su provisión. Sabemos que Dios nos ama, pero también sabemos cuán fácilmente podemos olvidar su amor. Sabemos que Él da paz que sobrepasa todo entendimiento, pero también sabemos cuán fácilmente podemos caer en la preocupación y la desesperación. Al combinarse con **poca fe**, incluso mucho conocimiento en cuanto a Dios nos hace temer cuando aparecen los problemas.

EL PODER

Entonces, levantándose, reprendió a los vientos y al mar; y se hizo grande bonanza. (8:26*b*)

Levantándose Jesús, **reprendió a los vientos y al mar** con esta declaración: "Calla, enmudece" (Mr. 4:39). A la orden del Creador, la tempestad no pudo hacer nada más que convertirse en **grande bonanza,** o sea que sobrevino una gran calma. Los vientos se detuvieron, las olas cesaron, el aire se aclaró, y el agua se volvió cristalina. Por lo general las tormentas desaparecen gradualmente, con vientos y olas que disminuyen poco a poco hasta que se restaura la calma. Pero esta tempestad se calmó más rápido incluso de cómo había venido; llegó de repente y cesó al instante. Aunque pequeña en comparación con huracanes y tifones, esa tormenta en el mar de Galilea había generado millones multiplicados de unidades de potencia. Sin embargo, Jesús la detuvo con una orden, una hazaña fácil comparada con la creación de todo el mundo con una sola palabra.

Aquel que tenía control sobre las enfermedades y los demonios también tenía control sobe la naturaleza. Y como Mateo procedería a mostrar, Él también tenía poder para perdonar pecados y resucitar muertos.

EL PRESAGIO

Y los hombres se maravillaron, diciendo: ¿Qué hombre es éste, que aun los vientos y el mar le obedecen? (8:27)

Thaumazō (**maravillaron**) hace referencia a asombro extremo, y puede transmitir la idea de presagiar. **Los hombres** que estaban en esa barca no podían imaginar **qué** tipo de **hombre** era Jesús, **que aun los vientos y el mar le obedecen.** Marcos informa que, junto con el gran asombro que tuvieron, ellos también "temieron con gran temor" (4:41). Estaban ahora más asustados de Aquel que acababa de calmar la tempestad de lo que habían estado en cuanto a la tempestad misma. Muchos de ellos habían enfrentado tormentas peligrosas, pero ninguno había presenciado un poder tan sobrenatural como el que Jesús demostró aquí.

Después que Dios declarara su gran poder y majestad, Job exclamó: "De oídas te había oído; mas ahora mis ojos te ven. Por tanto me aborrezco, y me arrepiento en polvo y ceniza" (Job 42:5-6). Cuando Isaías vio "al Señor sentado sobre un trono alto y sublime, y sus faldas llenaban el templo", manifestó: "¡Ay de mí! que soy muerto; porque siendo hombre inmundo de labios, y habitando en medio de pueblo que tiene labios inmundos, han visto mis ojos al Rey, Jehová de los ejércitos" (Is. 6:1, 5). Después que Daniel contemplara al Señor, atestiguó: "No quedó fuerza en mí, antes mi fuerza se cambió en desfallecimiento, y no tuve vigor alguno. Pero oí el sonido de sus palabras; y al oír el sonido de sus palabras, caí sobre mi rostro en un profundo sueño, con mi rostro en tierra" (Dn. 10:8-9). Cuando Pedro vio cómo de manera milagrosa Jesús proveyó la gran cantidad de peces, "cayó de rodillas ante Jesús, diciendo: Apártate de mí, Señor, porque soy hombre pecador" (Lc. 5:8). Cuando Pablo enfrentó al Cristo resucitado en el camino a Damasco, cayó "en tierra… y abriendo los ojos, no veía a nadie" (Hch. 9:4, 8).

La majestad de Dios es tan abrumadora que cuando se muestra incluso en una pequeña parte de su gloria, los hombres no pueden estar en su presencia. Estos discípulos comprendieron de pronto que Dios se hallaba en la misma barca con ellos, y quedaron aterrados por su poder y su santidad. En una ocasión similar y posterior Pedro caminó sobre el agua. Pero cuando se levantó el viento tuvo miedo y Jesús no solo sostuvo a su discípulo falto de fe sino que también hizo que el viento se calmara. "Entonces los que estaban en la barca vinieron y le adoraron, diciendo: Verdaderamente eres Hijo de Dios" (Mt. 14:29-33).

Isaac Watts escribió:

> Cantamos al gran poder de Dios,
> > a Aquel que ordenó a los montes brotar.
> A Aquel que extendió los mares que afuera fluyen,
> > y construyó los elevados cielos.
> Cantamos la sabiduría que ordenó
> > el sol para gobernar el día.
> La luna brilla plena ante el mandato divino,
> > y todas las estrellas obedecen.
> Señor, cómo tus maravillas se muestran
> > donde siempre volvemos nuestras miradas,
> cuando siempre vemos el suelo que pisamos,
> > o los cielos contemplamos.
> No hay ni una planta ni flor abajo,
> > pero hace tus glorias conocidas,
> y nubes surgen y la tempestad ataca,
> > por orden de tu trono.

Watts culmina con estas hermosas líneas:

> En ti cada momento dependemos,
> > si te retiras morimos.
> Ojalá nunca podamos ofender a Dios,
> > Quien está para siempre cerca.

El mismo Cristo que calmó el lago de Galilea es el Cristo que mantiene en su órbita cada átomo y cada estrella. Él mantiene el universo en equilibrio y provee para cada planta y animal. Un día vendrá a restaurar el mundo que el pecado corrompió, a hacer completamente nuevos los cielos y la tierra. Incluso ahora es el Dios que ofrece vida eterna a aquellos que confían en Él, y el que calmará todas sus tormentas y les dará fortaleza para cada una de sus tragedias.

Poder de Jesús sobre lo sobrenatural

48

Cuando llegó a la otra orilla, a la tierra de los gadarenos, vinieron a su encuentro dos endemoniados que salían de los sepulcros, feroces en gran manera, tanto que nadie podía pasar por aquel camino. Y clamaron diciendo: ¿Qué tienes con nosotros, Jesús, Hijo de Dios? ¿Has venido acá para atormentarnos antes de tiempo? Estaba paciendo lejos de ellos un hato de muchos cerdos. Y los demonios le rogaron diciendo: Si nos echas fuera, permítenos ir a aquel hato de cerdos. Él les dijo: Id. Y ellos salieron, y se fueron a aquel hato de cerdos; y he aquí, todo el hato de cerdos se precipitó en el mar por un despeñadero, y perecieron en las aguas. Y los que los apacentaban huyeron, y viniendo a la ciudad, contaron todas las cosas, y lo que había pasado con los endemoniados. Y toda la ciudad salió al encuentro de Jesús; y cuando le vieron, le rogaron que se fuera de sus contornos. (8:28-34)

Mateo añade a la evidencia convincente de la condición mesiánica de Jesús y su divinidad al mostrar el poder divino sobre lo sobrenatural como también sobre la enfermedad, la deformidad y el mundo natural. Para redimir la tierra y revertir la maldición, Jesús debería tener poder absoluto sobre Satanás y sus huestes demoníacas. A fin de rescatar a la humanidad caída tendría que ser capaz de dominar las fuerzas del mal que mantenían a los hombres en esclavitud, física, mental y espiritual. Por tanto, a través del registro del evangelio encontramos varias veces relatos de la capacidad de Jesús para expulsar demonios de seres humanos a quienes controlaban con su poder maligno. Él ejerció su poder de modo instantáneo, con autoridad, y con total éxito, con frecuencia usando solo una sola palabra, como en el presente caso.

En las tentaciones del desierto Jesús demostró su poder para resistir a Satanás; ahora demuestra su poder para vencer y someter por completo al diablo. En su trato con el reino de las tinieblas no solo doblegaría a Satanás, sino que haría que este se inclinara ante Él. Así nos informa el apóstol Juan: "Para esto apareció el Hijo de Dios, para deshacer las obras del diablo" (1 Jn. 3:8). El Señor se hizo hombre y vino al mundo con el propósito de destruir las obras de Satanás. Cuando vuelva otra vez para establecer su reino encarcelará al diablo por mil años, al final de los cuales, después de una breve libertad, Satanás y sus malvados compañeros serán lanzados al lago de fuego, donde "serán atormentados día y noche por los siglos de los siglos" (Ap. 20:2, 7-10). Al echar fuera demonios durante su ministerio terrenal, Jesús ofreció evidencia dramática, poderosa y repetida de su poder sobre Satanás. Según explicó al gentío cerca de Jerusalén, "si por el dedo de Dios echo yo fuera los demonios, ciertamente el reino de Dios ha llegado a vosotros" (Lc. 11:20).

Cuando los discípulos trataron de expulsar demonios se enteraron de lo sumamente difícil que eso es. Aunque Jesús les había dado "poder y autoridad sobre todos los demonios" (Lc. 9:1), descubrieron que echar fuera demonios no era tan fácil para ellos como para Él (Mt. 17:16, 19). Muchos judíos de los tiempos del Nuevo Testamento participaban en exorcismos por medio de varios rituales y fórmulas, sin ningún éxito verdadero. Por eso es que el éxito total de Jesús fue tan sorprendente. Los judíos incrédulos en Capernaúm exclamaron: "¿Qué es esto? ¿Qué nueva doctrina es esta, que con autoridad manda aun a los espíritus inmundos, y le obedecen?" (Mr. 1:27). Por tanto, debido a que Jesús expulsaba demonios con tal facilidad, algunos llegaron a la conclusión de que Él debía estar en confabulación con el diablo, y declararon: "Por Beelzebú, príncipe de los demonios, echa fuera los demonios" (Lc. 11:15). Cuando los siete hijos de Esceva trataron de echar fuera un espíritu maligno de un hombre por el poder de "Jesús, el que predica Pablo… el espíritu malo, dijo: A Jesús conozco, y sé quién es Pablo; pero vosotros, ¿quiénes sois? Y el hombre en quien estaba el espíritu malo, saltando sobre ellos y dominándolos, pudo más que ellos, de tal manera que huyeron de aquella casa desnudos y heridos" (Hch. 19:13-16).

En el relato de los dos hombres endemoniados, Mateo describe primero la posesión por parte de los demonios, luego el poder de Cristo sobre los demonios, y finalmente la perspectiva de las personas con relación a Jesús.

LA POSESIÓN POR PARTE DE LOS DEMONIOS

Cuando llegó a la otra orilla, a la tierra de los gadarenos, vinieron a su encuentro dos endemoniados que salían de los sepulcros, feroces en gran manera, tanto que nadie podía pasar por aquel camino. Y clamaron diciendo: ¿Qué tienes con nosotros, Jesús, Hijo de Dios? ¿Has venido acá para atormentarnos antes de tiempo? Estaba paciendo lejos de ellos un hato de muchos cerdos. Y los demonios le rogaron diciendo: Si nos echas fuera, permítenos ir a aquel hato de cerdos. (8:28-31)

Después de calmar milagrosamente la tempestad, Jesús y sus discípulos siguieron atravesando el lago de Galilea hacia **la otra orilla.** A estas alturas ya era de día, y el grupo de embarcaciones (véase Mr. 4:36) atracó en **la tierra de los gadarenos.** A aquellos a quienes Mateo llama **gadarenos** también se les llamaba gerasenos o gergesenos, como se encuentran en algunos textos griegos. La pequeña ciudad de Gerasa, o Gergesa (de donde vienen *gerasenos* y *gergesenos,* respectivamente) estaba en la costa nororiental del lago de Galilea, como a diez kilómetros de Capernaúm a través del lago, y los acantilados cercanos encajan en el entorno geográfico aquí descrito. La ciudad de Gadara (del cual viene **gadarenos**) se encuentra más al sur y está en el interior; pero a la región en general, incluso Gerasa, a menudo se le conocía como **la tierra de los gadarenos.**

RECEPCIÓN POR PARTE DE LOS DEMONIOS

vinieron a su encuentro dos endemoniados que salían de los sepulcros, feroces en gran manera, tanto que nadie podía pasar por aquel camino. (8:28*b*)

En sus relatos de este incidente, Marcos (5:2) y Lucas (8:27) mencionan solo un endemoniado, pero no declaran que solo uno estaba presente. Para sus propósitos particulares decidieron enfocarse en el más dominante de los **dos.** *Daimonizomai* (**endemoniados**) significa simplemente estar demonizado, o bajo el control de un espíritu demoníaco, sin tener en cuenta el tipo o grado de control. A pesar de que sus relatos de personas endemoniadas reflejan muchas condiciones diferentes y grados de control, la Biblia no distingue claramente entre estar poseído, obsesionado u oprimido por demonios.

La demonización puede definirse como una condición en la cual uno o más demonios habitan y obtienen control sobre un ser humano. Los demonios pueden atacar a los hombres de forma espiritual, mental y física. En el reino espiritual promueven las religiones falsas, la adoración a demonios, el ocultismo, e innumerables tipos de inmoralidad, incluso asesinato (Ap. 9:20-21; 18:23-24). En el reino intelectual y psicológico promueven aspectos tales como doctrinas falsas; demencia y masoquismo, como en el caso de este hombre **endemoniado,** quien se lastimaba con piedras (Mr. 5:5); e incapacidad de hablar y manía suicida (véase Mr. 9:17-22).

El dominio de demonios era una afección común en tiempos del Nuevo Testamento, incluso entre los judíos, el pueblo escogido de Dios. En la iglesia apostólica el don de milagros, o poderes, era la capacidad de expulsar demonios. No obstante, es interesante que no leamos de ningún relato de posesión demoníaca en la ciudad de Jerusalén. A lo largo de la historia, incluso en tiempos modernos, parece que ese aspecto particular de la actividad de Satanás aparece con mayor frecuencia en regiones rurales y poco sofisticadas que en la sociedad urbana sofisticada. También es más común donde son fuertes la religión animista y su temor acompañante, así como la adoración de espíritus malignos. En sociedades más avanzadas, a una persona que está trastornada gravemente por demonios es posible que se le considere loca y se la interne en una institución mental, y parece seguro que a mucha gente que se le diagnostica como mentalmente enferma en realidad está endemoniada.

Es significativo que Jesús nunca culpara a alguien por enfermedad o por estar bajo el control de demonios. Reconoció a estas personas como víctimas de poderes más allá de su propio control y como en necesidad de liberación, no de exhortación o condenación.

Según vemos con estos **dos endemoniados,** a veces la personalidad y la voz de un demonio pueden eclipsar continuamente la personalidad y la voz del individuo agobiado. Cuando Jesús preguntó a uno de los hombres: "¿Cómo te llamas?", el demonio respondió a través de la boca del hombre, diciendo: "Legión me llamo; porque somos muchos" (Mr. 5:9).

Estos hombres vivían en cámaras sepulcrales que por lo general se excavaban en laderas rocosas o acantilados en las afueras de un pueblo o una ciudad, y cuando vieron que Jesús se acercaba **vinieron a su encuentro** mientras **salían de los sepulcros.** Es posible que fueran judíos, para quienes tocar un cadáver era la más grande contaminación ceremonial. De ser así, que fueran obligados por los demonios a vivir en un cementerio constituía una humillación y un tormento adicional.

Estos individuos eran muy **feroces en gran manera, tanto que nadie podía pasar por aquel camino.** Nos enteramos por los relatos de los otros evangelios que al menos uno de los hombres no usaba ropa y que tenía tanta fuerza que ninguna cadena podía sujetarlo. A menudo los demonios lo impulsaban a ir al desierto y pasar gran parte de su tiempo "dando voces en los montes y en los sepulcros, e hiriéndose con piedras" (Mr. 5:4-5; Lc. 8:27-29).

RECONOCIMIENTO POR PARTE DE LOS DEMONIOS

Y clamaron diciendo: ¿Qué tienes con nosotros, Jesús, Hijo de Dios? ¿Has venido acá para atormentarnos antes de tiempo? (8:29)

¿Qué tienes con nosotros? significa: "¿Qué estás haciendo aquí y por qué estás molestándonos?". Al dirigirse a Jesús como **Hijo de Dios,** los demonios mostraron que al instante reconocieron quién era Él. Marcos informa que, al ver a Jesús, uno de los hombres "corrió, y se arrodilló ante él" (5:6). La palabra de la cual se deriva "se arrodilló" (*proskuneō*) por lo general se traduce "adorar", porque representa el acto más común de adoración y reverencia en el Cercano Oriente. El término transmite la idea de asombro y respeto profundo. Los demonios odian y rechazan todo lo que tiene que ver con Dios, pero son incapaces de hacer otra cosa que inclinarse delante de Él cuando están en su presencia, exactamente como sucederá que un día en su nombre "se doble toda rodilla de los que están en los cielos, y en la tierra, y debajo de la tierra" (Fil. 2:10).

Los demonios son ángeles caídos, y antes que se unieran a Satanás en su rebelión contra Dios conocían íntimamente a cada miembro de la Trinidad. Aunque nunca antes lo habían visto en forma humana, al instante reconocieron a Jesús como la segunda persona de la divinidad. En calidad de espíritus reconocieron al Espíritu del Señor. De modo intuitivo supieron que estaban delante de la presencia del **Hijo de Dios,** el "Hijo del Dios Altísimo", según informan Marcos (5:7) y Lucas (8:28). Tal como aprendemos de otro encuentro de Jesús con demonios, ellos también "sabían que él era el Cristo", es decir, el Mesías (Lc. 4:41).

Los demonios sabían que Jesús era su antagonista divino y que tenía pleno poder y autoridad para destruirlos a voluntad. Por la pregunta que hicieron: **¿Has venido acá para atormentarnos antes de tiempo?** Reconocieron que estaban conscientes de que había un **tiempo** divinamente señalado, que aún no ha llegado, en que Él los juzgaría realmente y los castigaría con eterna condenación. La escatología de ellos, al igual que el resto de su teología, era objetivamente correcta. Santiago nos dice que "también los demonios creen, y tiemblan" (Stg. 2:19). Tiemblan porque su fe es de reconocimiento pero no de aceptación, y entienden plenamente la consecuencia de rechazar a Dios.

A la luz del conocimiento que tenían acerca del poder y el plan divino, parece extraño que Satanás y sus huestes caídas se molestaran en tentar y atacar a Jesús. Pero los engañadores supremos también están se engañan a sí mismos, y en sus delirios malvados de alguna manera esperaban frustrar a Cristo en su humanidad. Al inducirlo a pecar, quizás podían arrastrarlo hasta el lago de fuego con ellos cuando el juicio viniera. Tal vez creyeron que Jesús era de alguna manera menos poderoso y justo en la tierra de lo que sabían que había sido en el cielo. En cualquier caso, la naturaleza de Satanás y de quienes le pertenecen es oponerse a Dios, sin importar las consecuencias o la perspectiva de triunfo.

Más incluso que los doce discípulos en ese momento, los demonios entendían mucho acerca de la identidad de Jesús, del plan divino de redención y del juicio. Fue mucho tiempo después que Pedro confesó delante de Jesús: "Tú eres el Cristo, el Hijo del Dios viviente", una verdad que llegó a saber solo por revelación divina (Mt. 16:16-17).

Los demonios sabían que no estaban destinados al juicio hasta después del milenio, y por consiguiente le preguntaron a Cristo por qué tenía trato con ellos en ese momento. Era demasiado pronto para su **tiempo** previsto de tormento, y sin embargo presintieron que Jesús estaba a punto de interrumpirles y destruirles su actual obra maligna.

PETICIÓN DE LOS DEMONIOS

Estaba paciendo lejos de ellos un hato de muchos cerdos. Y los demonios le rogaron diciendo: Si nos echas fuera, permítenos ir a aquel hato de cerdos. (8:30-31)

En su desesperación los demonios buscaron a su alrededor por una vía de escape, y divisaron **un hato de muchos cerdos** que **estaba paciendo lejos de ellos.** El gran tamaño del **hato,** que constaba de dos mil animales (Mr. 5:13), indica que la cantidad de demonios también era enorme (véase además Mr. 5:9). **Si nos echas fuera** no fue una declaración de incertidumbre o de simple posibilidad. La idea es: "A la luz del hecho de que estás a punto de echarnos…". Puesto que estaban conscientes de la compasión de Jesús por los hombres y de su plan divino para destruir las obras del diablo, los demonios sabían que Él no los dejaría seguir habitando y atormentando a los dos endemoniados.

La petición de los demonios parece extraña, y no se nos informa por qué le pidieron que les permitiera **ir a aquel hato de cerdos.** Tal vez pensaron que el Señor había cambiado el momento de enjuiciarlos y que, por tanto, los lanzaría de inmediato al gran abismo. Incluso habitar en cerdos sería incomparablemente mejor que eso. Puesto que los **cerdos** eran para los judíos los más inmundos de todos los animales inmundos, quizás los demonios creyeron que a Jesús no le importaría que tomaran control de tales animales. O que al habitar en los cerdos y luego destruirlos era posible que pudieran hacer que los propietarios de los animales y otros habitantes de la región se volvieran contra Jesús. Tal vez al Señor le darían muerte por matar a los cerdos. Cualquiera que fuera la razón para la petición de los demonios, esta se basa en el claro entendimiento de que Jesús no les permitiría permanecer donde estaban.

EL PODER DE CRISTO

Él les dijo: Id. Y ellos salieron, y se fueron a aquel hato de cerdos; y he aquí, todo el hato de cerdos se precipitó en el mar por un despeñadero, y perecieron en las aguas. (8:32)

Cuando los discípulos echaban fuera demonios incluso con el permiso y la autoridad de Dios, a menudo necesitaban considerable cantidad de tiempo y persistencia, así como de oración y ayuno (Mt. 17:21; Mr. 9:29). Pero con una sola palabra Jesús echó de los dos hombres a toda una legión de demonios: **Id.** Les dio permiso a los demonios (véase Lc. 8:32) en la forma de una orden que eran incapaces de desobedecer, y de inmediato **ellos salieron, y se fueron a aquel hato de cerdos.**

Una vez más solo podemos suponer la razón para que los demonios hicieran lo que hicieron. Si fueron ellos los que dirigieron **todo el hato de cerdos** para que se precipitaran **en el mar por un despeñadero,** donde **perecieron en las aguas,** o si fue simplemente la frenética respuesta de los animales a ser habitados por los espíritus malignos, parece poco probable que los demonios supieran el resultado por anticipado. Sin embargo, no sabemos por qué hicieron lo que hicieron ni qué les sucedió después que los cerdos se ahogaran.

Al ser ángeles caídos, los demonios son seres sumamente poderosos (véase 2 R. 19:35; Sal. 103:20; 2 P. 2:11). Cuando un ángel fue enviado con un mensaje para el profeta Daniel, durante tres semanas fue retrasado por un demonio (llamado "el príncipe del reino de Persia"), y el Señor tuvo que enviar al arcángel Miguel a que lo ayudara (Dn. 10:13). Por eso no extraña que Pablo nos advirtiera que ni siquiera como los propios hijos de Dios podemos resistir los ataques de los demonios sin tener puesta la armadura del Señor, especialmente el escudo de la fe (Ef. 6:16).

Los demonios tienen inteligencia superior (Ez. 28:3-4), fuerza superior (Mr. 5:4; Hch. 19:16), poderes sobrenaturales superiores para realizar "señales y prodigios mentirosos" (2 Ts. 2:9) y la experiencia superior de haber existido mucho antes de la creación del mundo, primero como ángeles santos y luego como caídos. No solo tienen gran conocimiento de la naturaleza y el poder de Dios sino también gran conocimiento de la naturaleza y las debilidades del ser humano. Como seres espirituales no están limitados por tiempo, espacio o forma. Solo el Señor Jesucristo tiene el poder para herir la cabeza de Satanás, y solo será por el poder del Señor que el diablo será atado y arrojado al abismo y finalmente al lago de fuego y azufre (Ap. 20:3, 10). Se requirió tremendo poder para expulsar tantos demonios como Jesús echó fuera en la tierra de los gadarenos; sin embargo, Él lo hizo en un instante.

Muchas personas se preguntan por qué Jesús permitiría que tantos animales, incluso cerdos inmundos, fueran destruidos solo para atender la petición extraña de un montón de demonios. Pero los animales fueron creados para uso y consumo humano, y de todos modos esos cerdos estaban destinados al sacrificio. Su ahogamiento produjo considerable pérdida económica, pero si los propietarios hubieran sido judíos (como pudieron haber sido), no tenían comercio de cría de cerdos en primer lugar. No obstante, las almas de los dos endemoniados eran infinitamente de mayor valor que los dos mil animales, y Jesús no dudó en permitir que tan relativamente pequeño sacrificio se hiciera en beneficio de seres humanos.

No obstante, la lección principal de este pasaje no tiene que ver con el derecho de criar o consumir cerdos, o con el valor relativo de cerdos y seres humanos. El propósito supremo del Señor en echar fuera los demonios, y el propósito de Mateo en informarlo, fue demostrar la autoridad y el poder de Jesús sobre Satanás y sus fuerzas. El hecho de que los demonios entraran al **hato de cerdos,** y que los animales reaccionaran con el frenesí con que lo hicieron, fue evidencia dramática y convincente de que habían salido de los dos hombres. La ferocidad y la violencia de los demonios fue transferida a los cerdos, y no pudo haber ninguna duda en las mentes de los observadores en cuanto a lo que había sucedido.

LA PERSPECTIVA DE LAS PERSONAS

Y los que los apacentaban huyeron, y viniendo a la ciudad, contaron todas las cosas, y lo que había pasado con los endemoniados. Y toda la ciudad salió al encuentro de Jesús; y cuando le vieron, le rogaron que se fuera de sus contornos. (8:33-34)

Cuando **los que los apacentaban** vieron lo que había ocurrido a los cerdos, **huyeron.** El hecho de que ellos **contaron todas las cosas, y lo que había pasado con los endemoniados,** indica que comprendieron la conexión entre los dos endemoniados y lo que les sucedió a los animales. El masivo suicidio de los cerdos demostró que Jesús realmente había expulsado los demonios de los hombres. Evidencia adicional, que **los que los apacentaban** y los demás descubrieron cuando regresaron a la escena, fue que uno de los hombres, y presumiblemente también el otro, estaba vestido y sentado en su sano juicio a los pies de Jesús (Lc. 8:35).

Los habitantes de la población, que tal vez incluían los dueños de los cerdos, quedaron tan asombrados por el informe que **toda la ciudad salió al encuentro de Jesús.** Que salieran específicamente **al encuentro de Jesús** muestra que Él era el centro de atención. El Señor era de mayor interés para ellos que los cerdos o los dos hombres que antes estuvieron endemoniados. Contrario a la sugerencia de muchos intérpretes a través de los siglos, no hay indicio en el texto de que la respuesta de las personas se debiera a su preocupación materialista por la pérdida de tantos cerdos. Aunque es posible que los propietarios estuvieran presentes, no se mencionan en ninguno de los tres relatos del evangelio. Para ellos el problema no eran los demonios, los cerdos, o los dos hombres, sino **Jesús.**

Los habitantes de la **ciudad** (probablemente Gerasa) ni siquiera le dieron al Señor la renuente reverencia mostrada por los demonios. No parecieron en lo más mínimo interesados en averiguar quién era Él o por qué había venido a la región. No querían tener nada que ver con Jesús y **le rogaron que se fuera de sus contornos.** Al principio simplemente "salieron a ver qué era aquello que había sucedido", pero entonces vinieron a Jesús y vieron "al que había sido atormentado del demonio, y que había tenido la legión, sentado, vestido y en su juicio cabal; y tuvieron miedo" (Mr. 5:14-15). Esta gente no estaba enojada o resentida sino asustada.

Cuando hombres impíos se enfrentan cara a cara con el Dios santo quedan aterrorizados. Una vez más se nos recuerda que cuando Isaías vio "al Señor sentado sobre un trono alto y sublime", exclamó: "¡Ay de mí! que soy muerto; porque siendo hombre inmundo de labios, y habitando en medio de pueblo que tiene labios inmundos, han visto mis ojos al Rey, Jehová de los ejércitos" (Is. 6:1, 5). Después que Pedro presenciara la milagrosa provisión de pescado que Jesús hiciera, que casi hunde las dos barcas, "cayó de rodillas ante Jesús, diciendo: Apártate de mí, Señor, porque soy hombre pecador" (Lc. 5:8). Cuando la tempestad cayó sobre el lago de Galilea, los discípulos estaban aterrados, pero cuando vieron cómo Jesús calmó la tormenta tuvieron aún más temor (Mr. 4:38-41). Estaban más asustados de Jesús que de la tempestad, porque se dieron cuenta de que Dios mismo estaba en la barca con ellos. El pecador que sabe que enfrenta a Dios solo puede ver su pecado, y como resultado se siente atemorizado.

No se nos dice exactamente qué pensaron de Jesús los habitantes de la **ciudad.** Solo sabemos que tuvieron un vistazo de lo sobrenatural y eso les causó pánico. Vieron a Aquel que podía dominar demonios, que podía controlar animales, y que podía restaurar la cordura a mentes destrozadas… y no quisieron tener nada que ver con Él.

Aquí hallamos la primera oposición a Jesús registrada en los evangelios. Los habitantes de la región no se burlaron de Jesús ni lo persiguieron; simplemente le pidieron que los dejara solos. Tal vez se resintieron de que la justicia de Él pusiera al descubierto sus pecados, que el poder divino les pusiera al descubierto sus debilidades, o que la compasión del Señor les desenmascarara la dureza de corazón. Quizás no pudieron tolerar la perfección de Jesús. No obstante, a diferencia de los escribas y fariseos, estas personas para nada mostraron interés en quién era Jesús ni en sus enseñanzas o su obra. Parecieron totalmente indiferentes a su persona y ministerio. No les importó si Él era el Mesías. A ellos no pareció importarles si los poderes del Señor eran buenos o si Él era Dios. Ni siquiera les importó nada respecto a Él, excepto que se fuera de la región. El rechazo que le hicieran a Jesús se mostró en la forma de gran indiferencia, la misma indiferencia ante Dios mostrada por la mayoría de los seres humanos a lo largo de la historia… la indiferencia que quiere dejar solo a Dios, y que Dios los deje solos. El Señor era un intruso con quien ellos no querían ser molestados.

En gran contraste con la actitud de esas personas, uno de los hombres que había estado endemoniado suplicó a Jesús "que le dejase estar con él" (Mr. 5:18). Estaba tan agradecido con Jesús por liberarlo, y tan atraído a Él en amor y adoración, que no podía soportar estar separado de Él. Pero Jesús tenía otros planes para el hombre, y "no se lo permitió, sino que le dijo: Vete a tu casa, a los tuyos, y cuéntales cuán grandes cosas el Señor ha hecho contigo, y cómo ha tenido misericordia de ti" (v. 19). Jesús envió al hombre de vuelta a su propia gente, muy probablemente a las mismas personas que le había pedido a Jesús que se fuera, a fin de testificarles del amor y la misericordia del Señor. El hombre debía ser un evangelista y misionero para su propio pueblo, un testimonio vivo de que Aquel a quien habían rechazado sin embargo los amaba y buscaba redimirlos. Incluso a aquellos que le piden que se vaya **de sus contornos,** Jesús les extiende su gracia.

Poder de Jesús sobre el pecado

49

Entonces, entrando Jesús en la barca, pasó al otro lado y vino a su ciudad. Y sucedió que le trajeron un paralítico, tendido sobre una cama; y al ver Jesús la fe de ellos, dijo al paralítico: Ten ánimo, hijo; tus pecados te son perdonados. Entonces algunos de los escribas decían dentro de sí: Este blasfema. Y conociendo Jesús los pensamientos de ellos, dijo: ¿Por qué pensáis mal en vuestros corazones? Porque, ¿qué es más fácil, decir: Los pecados te son perdonados, o decir: Levántate y anda? Pues para que sepáis que el Hijo del Hombre tiene potestad en la tierra para perdonar pecados (dice entonces al paralítico): Levántate, toma tu cama, y vete a tu casa. Entonces él se levantó y se fue a su casa. Y la gente, al verlo, se maravilló y glorificó a Dios, que había dado tal potestad a los hombres. (9:1-8)

El mensaje más característico del cristianismo es la realidad de que el pecado puede ser perdonado. Ese es el núcleo y el alma del evangelio: que los seres humanos pueden ser liberados del pecado y sus consecuencias. La fe cristiana tiene muchos valores, verdades y virtudes, cada uno de los cuales tiene innumerables aplicaciones en las vidas de los creyentes. Pero sus buenas nuevas supremas y dominantes son que el hombre pecador puede ser limpiado por completo y llevado a una comunión eterna con un Dios santo. Ese es el mensaje de Mateo 9:1-8.

Mateo se ha centrado en varios milagros del Señor, todos los cuales pretendían demostrar la divinidad de Jesús. De modo más específico, ellos cumplieron de modo exacto y total las profecías del Antiguo Testamento acerca de la obra del reino del Mesías. Los milagros registrados por Mateo bajo la inspiración del Espíritu Santo tienen, por consiguiente, un carácter y un significado judío y del Antiguo Testamento.

Con relación al reino natural, el Antiguo Testamento profetizó que el Mesías tendría poder sobre la maldición en el mundo físico. Isaías predijo que en ese reinado habría abundancia de lluvia y cosechas no conocidas desde la caída (Is. 30:23-24), y que un día incluso los desiertos florecerían profusamente, mientras las aguas se abrirán paso y la tierra quemada y sedienta se convertirá en estanques y fuentes de agua (35:1-2, 7; cp. 41:17-18; 51:3; 55:13; Ez. 36:29-38; Jl. 3:18). Los animales que habían sido enemigos naturales del hombre y de otros animales ya no destruirían o devorarían, y la longevidad humana aumentaría tanto que una persona que muriera a los cien años de edad se le considerará haber muerto joven. Al calmar la tempestad (Mt. 8:23-27), Jesús dio un anticipo de su dominio final de todo el mundo natural.

En cuanto al reino sobrenatural, el Antiguo Testamento habla de Satanás y sus fuerzas malignas que por mucho tiempo han oprimido y perseguido al pueblo de Dios (Dn. 7:24-27; 8:23-25; 11:36-12:3; Zac. 3:1-2), y que el Mesías tendría que conquistar antes de que su reino de justicia pudiera establecerse en la tierra. Al resistir las tentaciones de Satanás y expulsar a sus demonios siervos (Mt. 8:28-34), Jesús demostró que su poder era superior al de Satanás.

Respecto al reino espiritual, el Antiguo Testamento nos dice que el reino del Mesías se caracterizará por el perdón y la redención (Is. 33:24; 40:1-2; 44:21-22; Ez. 36). Por el perdón al paralítico descrito en este pasaje y en muchos otros, Jesús demostró aún más el poder que está reservado solo a Dios, y que las Escrituras habían profetizado que caracterizaría al Mesías.

Fue el cumplimiento específico, total y dramático que Jesús hiciera de estas y otras profecías mesiánicas lo que hizo tan atroz e imperdonable su rechazo por parte de los judíos, en especial de los escribas y fariseos, quienes eran estudiantes de las Escrituras.

El arreglo y la presentación que Mateo hace de los tres grupos de milagros en los capítulos 8 y 9 muestran un desarrollo progresivo en la revelación de las credenciales de Jesús como el Mesías divino. Primero, lo vemos curando a un leproso con el toque de la mano (8:3), al criado de un centurión sin haber visto a la persona afligida (8:13), y luego a la suegra de Pedro de una fiebre grave (8:15). A continuación, Jesús fue más allá de las aflicciones físicas, y demostró su autoridad y su poder sobre el reino espiritual de Satanás al expulsar a muchos demonios con una sola palabra (8:16), al demostrar su poder sobre las grandes fuerzas naturales calmando la tempestad en el mar de Galilea (8:26), y al demostrar otra vez su autoridad sobre Satanás echando fuera una legión de demonios de dos hombres endemoniados de Gadara (8:32).

En el primero de los tres últimos milagros en estos dos capítulos, Jesús asciende aún más en el drama de los actos sobrenaturales cuando trata con el pecado, la raíz de todos los problemas físicos y espirituales, y de las miserias del hombre, así como la causa de que se separe de su Creador. Cristo Jesús demuestra su poder para eliminar la contaminación y la culpa del pecado en aquellos que confían en Él. El Gran Médico no solo puede curar enfermos, calmar tempestades, y echar fuera demonios, sino que puede traer al alma humana lo que más necesita: perdón del pecado.

Mateo se especializa en la autoridad de Cristo. Al final del Sermón del Monte informa que Jesús "enseñaba como quien tiene autoridad, y no como los escribas" (7:29). Esas grandes enseñanzas demostraron su autoridad moral y teológica. A través del libro los milagros del Señor demostraron su autoridad tanto sobre el mundo natural como sobre el espiritual, y al final del libro declara: "Toda potestad me es dada en el cielo y en la tierra", y luego envía a sus discípulos a predicar y ministrar en esa autoridad (28:18-20).

En todas esas maneras Jesús declaró y demostró su autoridad soberana para gobernar. En el pasaje actual demuestra su autoridad soberana para redimir.

No sabemos cuánto tiempo transcurrió entre la curación que Jesús hizo a los dos endemoniados y el momento en que entró **en la barca,** en la cual **pasó al otro lado** a la orilla oeste del lago de Galilea **y vino a su ciudad.** La preocupación de Mateo aquí no es tanto con la cronología o con todos los detalles del ministerio de Jesús como con el significado y la progresión de las señales milagrosas del Señor.

Aunque Nazaret era la ciudad de la infancia de Jesús, sus habitantes los habían rechazado allí, y lo habrían arrojado por un precipicio para matarlo si Él no hubiera pasado desapercibido en medio de ellos. Desde ahí "se fue" unos cuantos kilómetros al este, y "descendió [a] Capernaúm, ciudad de Galilea" (Lc. 4:29-31), como un profeta rechazado en su propia tierra (véase Mt. 13:57). En este tiempo es probable que viviera temporalmente en casa de Pedro, donde curó a la suegra de este (8:14-15). Por tanto, la propia **ciudad** de Jesús era ahora Capernaúm (cp. Mr. 2:1).

Los acontecimientos y las enseñanzas de Mateo 9:2-8 pueden representarse por seis palabras clave: fe, perdón, furia, disputa, fuerza y miedo.

FE

Y sucedió que le trajeron un paralítico, tendido sobre una cama; y al ver Jesús la fe de ellos, (9:2*a*)

Antes de cruzar el lago de Galilea hacia la tierra de los gadarenos Jesús había generado enorme interés en su ministerio, y fue en parte para alejarse por un tiempo de las muchedumbres que hizo el viaje (8:18). Por tanto, fue natural que cuando regresara se extendiera rápidamente la noticia y las multitudes regresaran.

Nos enteramos por Marcos y Lucas de muchos más detalles adicionales acerca de esta historia. Como ya hemos observado, Jesús había hecho ahora de Capernaúm su ciudad de residencia, y se alojaba en la casa de Pedro, donde Jesús sentía que "estaba en casa" (Mr. 2:1). Las viviendas de dos pisos eran comunes en Palestina, y es probable que el salón abarrotado de personas (véase v. 2) estuviera en el segundo piso, donde se recibía la mayoría de visitas y se socializaba. Esos aposentos altos eran comunes, y fue en uno de ellos que el Señor comió la Última Cena con sus discípulos. El techo de la casa a menudo se usaba como un lugar de esparcimiento en el fresco del día, y con frecuencia para dormir en las noches cálidas. Por tanto, las escaleras exteriores por lo general se construían cuesta arriba hacia el tejado.

Debido a que los amigos del hombre afligido no pudieron entrar en el salón abarrotado donde Jesús se encontraba, subieron la camilla hasta el techo de la casa y procedieron a desmantelar el tejado hasta que hicieron suficiente espacio para bajar al hombre hasta la presencia de Jesús (Mr. 2:3-4; Lc. 5:19). Es a estos cuatro amigos o parientes que se refiere el pronombre **ellos.**

Puesto que debieron llevar al **paralítico** (*paralutikos*) **tendido sobre una cama** hasta donde se encontraba Jesús, la condición del hombre obviamente era grave, y muy bien pudo haberse tratado de un cuadripléjico. En ese entonces no había sillas de ruedas ni equipos parecidos para quienes no podían caminar, por lo que debían confiar en que otros los cargaran. Los que estaban cojos siempre sufrían estigma social y rechazo, pero en la cultura judía de la época de Jesús el estigma empeoraba mucho más por la creencia en la mayoría de judíos de que toda enfermedad y aflicción era resultado directo del pecado de alguien. La idea era común incluso en los días de Job, quien pudo haber vivido durante el tiempo de Abraham. Elifaz le preguntó a Job: "¿Qué inocente se ha perdido?" (Job 4:7), y Bildad le comentó: "Si tus hijos pecaron contra él, él los echó en el lugar de su pecado" (8:4). La misma actitud se reflejó claramente en la pregunta que los discípulos le hicieran a Jesús cuando pasaba un hombre que había sido ciego de nacimiento: "Rabí, ¿quién pecó, éste o sus padres, para que haya nacido ciego?" (Jn. 9:1-2).

Si bien es cierto que la aflicción, el dolor, y todo tipo de dificultad son

514

consecuencia directa de la presencia del pecado en el mundo, no necesariamente son producidos por algún pecado específico de la persona que está sufriendo. No toda enfermedad es disciplina, pero todas son una demostración gráfica del poder destructivo en acción en el mundo debido al pecado.

Al igual que sus compañeros judíos, sin duda el **paralítico** creía que su parálisis era un castigo directo por su propio pecado, o del pecado sus padres o abuelos, y esa idea debió haber agregado mucho más sufrimiento a su condición. En su propia mente y en las mentes de la mayoría de personas que lo veían, su parálisis era una representación vívida de la propia pecaminosidad del hombre y del juicio de Dios. Esa creencia daba a los cojos y a los enfermos aún más motivos para huir de las multitudes.

Pero este hombre estaba decidido a ver a Jesús a cualquier precio. Puesto que asociaba la parálisis con su pecado, su primera preocupación era por recibir perdón, que según su manera de pensar automáticamente le produciría sanidad. Y aunque su teología pudo haber sido errónea, el paralítico tenía razón en creer que su primera y más grande necesidad era espiritual.

Debido a su persistencia, el hombre y sus cuatro amigos evidenciaron su fuerte convicción de que Jesús podía ayudar. Habían llevado al paralítico a la casa, y cuando no pudieron entrar al salón donde Jesús estaba, cargaron la camilla hasta el tejado, rompieron el techo, y bajaron al enfermo en su **cama** hasta los pies de Jesús. El Señor no solo vio esta evidencia externa, sino que también vio los corazones de estos hombres. **Y al ver Jesús la fe de ellos** al acercarse audazmente a Él, el Señor omnisciente también interpretó los corazones creyentes de estos cinco hombres exactamente como interpretó los corazones incrédulos de los escribas que creyeron que Jesús estaba blasfemando (vv. 3-4).

Puesto que el **paralítico** no le dijo nada a Jesús, es posible que llegara a la conclusión de que la parálisis le había afectado las cuerdas vocales o la lengua. O que el hombre, a pesar de su **fe,** pudiera haberse llenado de temor al enfrentarse cara a cara con Aquel que tenía poder para curar todo tipo de enfermedad. Quizás ahora se preguntaba si Jesús también podía curar corazones. En cualquier caso, en toda su fealdad física, moral y espiritual, de manera dispuesta y silenciosa el paralítico quedó al descubierto ante Jesús y ante toda la multitud. También estaba literalmente a los pies de Jesús, y en su corazón se arrojó sobre la compasión del Señor. Se acercó a Jesús en verdadera humildad, en la pobreza de espíritu que Dios exige del corazón que busca (Mt. 5:3).

En ocasiones Jesús sanó personas que tenían poca fe, e incluso algunas que no tenían fe; pero estuvo especialmente dispuesto a curar a aquellos con gran fe, como la demostrada por este hombre y sus amigos. Ese fue el tipo de fe mostrada por el centurión (8:10) y que pronto mostraría el hombre cuya hija había muerto (9:18).

PERDÓN

dijo al paralítico: Ten ánimo, hijo; tus pecados te son perdonados. (9:2*b*)

Las primeras palabras de Jesús **al paralítico** fueron: **Ten ánimo, hijo.** Como conocía el corazón temeroso del hombre que se hallaba abrumado por el pecado, y que ahora estaba siendo empujado a la misma presencia del Dios encarnado, Jesús declaró tiernas palabras de consuelo y ánimo. Qué emocionante debió haber sido oír al Santo, que conocía el pecado, el dolor y la humillación del hombre, pronunciar estas palabras: **Ten ánimo.**

Tharseō (**ten ánimo**) se refiere al valor subjetivo, aquel que es profundo y auténtico, en contraste con *tolmaō*, que hace referencia a valentía exterior. *Tolmaō* se caracterizaría por apretar los dientes como ayuda para soportar el dolor, o silbar en la oscuridad para disipar el miedo. Se trata del tipo de valor que intenta dominar el temor por pura fuerza de voluntad y determinación. Pero *tharseō* representa el **ánimo** que elimina el miedo. Jesús estaba afirmando: "No temas porque ya no tienes nada que temer". No es que los temores del hombre no hubieran sido reales y bien fundados. Un pecador no arrepentido está separado de Dios y bajo el juicio divino. Pero cuando se arrepiente ya no tiene motivo para temer, porque ya no está bajo juicio. Por tanto, al conocer la fe del paralítico, Jesús lo consoló: **ten ánimo.**

El hecho de dirigirse al hombre como **hijo** le ofreció aún más consuelo. *Teknon* (**hijo**) hace referencia a un niño de cualquier edad o sexo. Aquí se traduce **hijo** porque Jesús le estaba hablando a un hombre. **Hijo** se usaba en esa época, como a menudo ocurre en la nuestra, como un término de amistad e identidad, a veces incluso con alguien a quien se acaba de conocer. Debido a que el paralítico se identificó en arrepentimiento con Jesús, el Señor amorosamente se identificó con el paralítico.

Sin embargo, las palabras supremas del Señor para el hombre fueron: **tus pecados te son perdonados.** Tales palabras representan un milagro divino que es tal vez el más grande de todos los milagros y sin duda el más deseable para el receptor: que el Dios santo perdone los pecados de un hombre impío. Así como con una palabra Jesús calmó la tempestad, con una palabra desechó los pecados del paralítico y le dio su más misericordioso regalo supliéndole la mayor necesidad.

Aphiēmi, el verbo detrás de **son perdonados,** transmite la idea básica de enviar o alejar, suprimir. David declaró: "Cuanto está lejos el oriente del occidente, hizo alejar de nosotros nuestras rebeliones" (Sal. 103:12). Cuando Dios perdona pecados los echa "en lo profundo del mar" (Mi. 7:19). Pablo se regocijó de que a pesar de haber "sido antes blasfemo, perseguidor e injuriador"; sin embargo, fue "recibido a misericordia" (1 Ti. 1:13). Y continúa diciendo: "Palabra fiel y digna de ser recibida por todos: que Cristo Jesús vino al mundo para salvar a los pecadores, de los cuales yo soy el primero" (v. 15).

Cuando misioneros en el norte de Alaska estaban traduciendo la Biblia al lenguaje de los esquimales descubrieron que no había palabra en ese idioma para perdón. No obstante, después de escuchar con mucha paciencia descubrieron una expresión que significa "no volver a pensar más en ese asunto". Esa palabra se usó en toda la traducción para representar al perdón, porque la promesa de Dios para los pecadores arrepentidos es: "Perdonaré la maldad de ellos, y no me acordaré más de su pecado" (Jer. 31:34).

Cuando yo estaba en la universidad me pidieron que visitara a una joven en el hospital a la que accidentalmente habían baleado en el cuello. El proyectil le rompió la médula espinal y la muchacha estaba paralizada del cuello para abajo. Yo no había conocido antes a la chica, pero me dijeron que era una de las animadoras en su colegio y que había sido muy activa y vivaz. Cuando entré a su cuarto del hospital la joven estaba acostada sobre un cojín de cuero de oveja, y no podía hacer nada más que hablar. Después de platicar un rato ella confesó que si pudiera se suicidaría, porque no quería enfrentar un futuro de incapacidad. Le presenté a Cristo, y después de algunas dudas y debates recibió a Cristo como su Señor y Salvador. Volví a visitarla varias veces, y un día me confesó: "Sinceramente puedo decir que ahora estoy contenta de que el accidente hubiera sucedido. De otra manera quizás nunca hubiera conocido a Cristo ni mis pecados hubieran sido perdonados".

El perdón del pecado es la dádiva más grande de Dios, porque suple la mayor necesidad del ser humano. El pecado es una transgresión de la ley de Dios (1 Jn. 3:4) y ensucia la imagen de Dios en el hombre, manchando el alma humana con la imagen de Satanás (Jn. 6:70; 8:44). El pecado es hostilidad y rebelión contra Dios (Lv. 26:27; 1 Ti. 1:9). Es ingratitud hacia Dios (Jos. 2:10-12), es incurable por el mismo hombre (Jer. 13:23), afecta a todos los seres humanos (Ro. 3:23) y perturba al individuo integral (Jer. 19:9), cuerpo, mente y espíritu. Lleva a los seres humanos bajo el dominio de Satanás y la ira de Dios (Ef. 2:2-3), y es tan persistente en el corazón del hombre que hasta el individuo regenerado debe luchar continuamente contra el pecado (Ro. 7:19). Somete al individuo a tribulación (Job 5:7), vacío (Ro. 8:20), falta de paz (Is. 57:21), y al infierno eterno si no se arrepiente (2 Ts. 1:9).

Debido a ese cuadro sombrío, la mejor noticia que alguien puede recibir es que sus **pecados** le **son perdonados.** Cuando Jesús dijo esas palabras al paralítico, debió haber saboreado la amargura y la agonía del Calvario, sabiendo que esas palabras solo podían ser efectivas porque Jesús llevaría los pecados del ser humano sobre sí mismo. Cada vez que el Señor perdonó el pecado sabía y anticipaba el costo.

FURIA

Entonces algunos de los escribas decían dentro de sí: Este blasfema. (9:3)

Lucas nos dice que algunos fariseos estaban también presentes con **los escribas** y que ellos pensaban **dentro de sí** que Jesús estaba blasfemando al afirmar que perdonaba pecados (5:21; cp. Mr. 2:7). Ellos tenían razón en que solo Dios puede perdonar pecados (Is. 43:25; Mi. 7:18-19), pero puesto que se negaron a reconocer la divinidad de Jesús, solo pudieron concluir que **este blasfema.**

A diferencia del paralítico, esos hombres no veían necesidad de perdón porque consideraban que ya eran justos. Les ofendió el perdón de Jesús no solo porque no creían que Él era Dios, sino porque también consideraban injusto que una persona fuera perdonada simplemente por pedir perdón, en lugar de ganarlo como ellos creían que debían hacerlo. Las dos grandes barreras para la salvación siempre son negarse a reconocer la necesidad de ella y la creencia de que puede ganarse o merecerse.

Es probable que estos **escribas** hubieran visto muchos milagros de Jesús y oído el testimonio de otros que habían sido curados de enfermedades y limpiados de demonios. Pero se negaron a reconocer el poder como que venía de Dios, mucho menos que Él mismo era Dios. Que creyeran que **este blasfema** reflejó el patrón de creciente rechazo y persecución por parte de los dirigentes judíos que llevó finalmente a la crucifixión de Jesús. Lo acusaron de ser inmoral porque lo vieron comiendo "con los publicanos y pecadores" (Mt. 9:11), e incluso declararon ellos mismos la más grande blasfemia al acusar a Jesús de ser satánico, de que "por el príncipe de los demonios echa fuera los demonios" (v. 34).

Los corazones de estos judíos estaban tan endurecidos contra Cristo que toda evidencia milagrosa de su divinidad y condición mesiánica los llevó a profundizar la incredulidad en lugar del arrepentimiento. Incluso las palabras y las acciones más compasivas y amorosas de Jesús les provocaron aún más furia contra Él.

DISPUTA

Y conociendo Jesús los pensamientos de ellos, dijo: ¿Por qué pensáis mal en vuestros corazones? Porque, ¿qué es más fácil, decir: Los pecados te son perdonados, o decir: Levántate y anda? Pues para que sepáis que el Hijo del Hombre tiene potestad en la tierra para perdonar pecados (9:4-6*a*)

La palabra que mejor describe el cuarto aspecto de este acontecimiento es disputa, que se refiere a discusión, debate o argumento. Debido a que solamente las palabras de Jesús se pronunciaban en voz alta, sabemos del intercambio de parte de los escribas solo porque el Señor nos reveló de manera omnisciente lo que estaba en **los pensamientos de ellos.**

Jesús "no tenía necesidad de que nadie le diese testimonio del hombre, pues él sabía lo que había en el hombre" (Jn. 2:25). "Jehová mira el corazón" (1 S. 16:7) y conoce los corazones de todos los hombres (1 R. 8:39). Él incluso "escudriña los corazones de todos, y entiende todo intento de los pensamientos" (1 Cr. 28:9; cp. Jer. 17:10; Ez. 11:5). Cuando Ananías y Safira trataron de engañar a Dios, Pedro les manifestó: "¿Por qué llenó Satanás tu corazón para que mintieses al Espíritu Santo?" (Hch. 5:3).

Los **corazones** que piensan **mal** son los que maquinan contra Dios (véase Hch. 5:3-4, 9; 8:20-22), y al expresarles esas palabras a los escribas y fariseos, Jesús no solo puso al descubierto *lo que* pensaban, sino que desenmascaró el **mal** que tenían detrás de esos **pensamientos.** Al afirmar que defendían la santidad de Dios demostraron que estaban totalmente contra ella, porque se hallaban pensando **mal** del Hijo de Dios a quien se negaban a reconocer.

El primer razonamiento de Jesús fue en forma de una pregunta retórica: **Porque, ¿qué es más fácil, decir: Los pecados te son perdonados, o decir: Levántate y anda?** Los escribas y fariseos habían visto evidencia irrefutable del poder de Jesús para curar la enfermedad. En realidad, Él les estaba preguntando: "Por consiguiente, ¿creen ustedes que es imposible para mí perdonar pecados? ¿Es lo uno **más fácil** que lo otro?". El pecado y la enfermedad son inseparables, así como lo son el pecado y los demonios, el pecado y la muerte, el pecado y el desastre, y el pecado y el diablo. Aquel que traía el reino tendría que tratar con el pecado o de lo contrario no podría tratar con lo demás; y Aquel que podía tratar con lo demás también podía tratar con el pecado. Si Jesús no podía tratar con el pecado erradicándolo, no podía tratar con nada más relacionado con el pecado. Pero Él sí podía lidiar con el pecado y con los síntomas.

Los adversarios de Jesús no dijeron nada, pero la respuesta era evidente: ambas cosas eran igualmente imposibles para los hombres, y ambas eran igualmente posibles para Dios. El punto era que nadie más que Dios puede curar la enfermedad con una palabra o perdonar pecados, y Él puede hacer lo uno y lo otro con la misma facilidad divina. Hasta la propia teología distorsionada que tenían debió haber llevado a los escribas y fariseos a creer en la divinidad de Jesús. Si, como ellos creían, la enfermedad y las dolencias eran consecuencias del pecado, entonces erradicar la enfermedad estaría relacionado con tratar con el pecado que la causaba. Según pensaban, *toda* sanidad de la enfermedad tendría que involucrar al menos algún perdón de pecado, lo que por su propia declaración solo Dios puede conceder. Ellos estaban atrapados en su propia teología y lógica.

Jesús pudo haber hecho hincapié en el verbo **decir.** Su punto era que **decir** algo siempre era más fácil que *hacerlo*. También es mucho más fácil hacer una afirmación que no puede verificarse, que hacer una declaración que sí puede comprobarse. Los escribas y fariseos no tenían manera visible de verificar el perdón del paralítico, pero estaban a punto de recibir abundante evidencia de la curación del hombre, la cual obligaría la conclusión de que Jesús podía tratar con el pecado, y así lo hizo.

Jesús continuó diciendo: **Pues para que sepáis que el Hijo del Hombre tiene potestad en la tierra para perdonar pecados.** En realidad estaba sugiriendo: "Demostraré una vez más mi poder para curar la enfermedad. Ustedes no pueden ver los resultados de mi perdón, pero fácilmente pueden ver los resultados de mi curación". Así que para que pudieran saber que Él podía perdonar pecados, lo cual no podían ver, hizo lo que *podían* ver: tratar con los síntomas del pecado.

Los escribas y fariseos conocían bien las predicciones del Antiguo Testamento de que sanidades milagrosas acompañarían al Mesías cuando viniera a **la tierra, y el Hijo del Hombre** (el título de su humillación) estaba ahora a punto de darles una visión especial y de primera fila de uno de esos milagros. Si lo único que Él hubiera declarado hubiera sido: "Tus pecados te son perdonados", nadie podría verificar lo que ocurrió. Pero hacer que el paralítico pudiera caminar ofrecería prueba para que todos vieran, así como ver a los dos mil cerdos salir corriendo a la muerte por el acantilado dio prueba de que los demonios habían salido realmente de los dos endemoniados y entrado a los animales, tal como Jesús les había permitido hacer (8:32).

Muchos individuos y grupos a lo largo de los siglos han afirmado tener poder para absolver pecados, pero no han dado prueba de ello. Cualquier charlatán puede pronunciar las palabras: "Tus pecados te son perdonados", pero solo el poder divino de Dios puede decirle a un paralítico que camine y hacer que eso suceda.

FUERZA

(dice entonces al paralítico): Levántate, toma tu cama, y vete a tu casa. (9:6*b*-7)

Por lo que sabemos, nadie más que Jesús habló durante todo el episodio. Ni el creyente paralítico y sus cuatro amigos ni los incrédulos escribas y fariseos dijeron una palabra. Los escribas y fariseos pudieron haber murmurado entre ellos en cuanto al asunto, y el hombre curado y sus amigos pudieron haberle agradecido a Jesús, pero no tenemos constancia de ello.

Tan pronto como Jesús dijo **al paralítico: Levántate, toma tu cama, y vete a tu casa,** eso es exactamente lo que el hombre hizo. La orden **levántate** sugiere que cuando Jesús habló, la curación ya había tenido lugar. No se registra ninguna descripción de este acto de sanidad, solamente la orden al paralítico de beneficiarse de ella.

Ante la orden de Jesús, el hombre **se levantó y se fue a su casa.** Marcos añade que "él se levantó en seguida, y tomando su lecho, salió delante de todos" (Mr. 2:12), un testimonio vivo del poder de Jesús tanto para curar como para perdonar pecados.

TEMOR

Y la gente, al verlo, se maravilló y glorificó a Dios, que había dado tal potestad a los hombres. (9:8)

Cuando **la gente** vio esto, comprendió que tal milagro solo pudo ser llevado a cabo por el poder de Dios, y **se maravilló.** *Phobeō* (**se maravilló**) es el término del cual obtenemos *fobia,* y a menudo se traduce "temor". Pero su uso más común en el Nuevo Testamento representa asombro reverencial, no terror servil. Expresa la sensación de un individuo que está en la presencia de alguien infinitamente superior.

Phobeō se usa para describir la reacción de los discípulos cuando vieron a Jesús caminando sobre el agua (Mt. 14:26), para describir las reacciones de las personas después de la resurrección del hijo de la viuda en Naín (Lc. 7:16), y después de la sanidad de los endemoniados en Gerasa (Lc. 8:37). Se usa para describir la respuesta de Zacarías ante la aparición del ángel (Lc. 1:12) y la respuesta de los espectadores cuando el hombre recuperó el habla (v. 65). Se usa para los pastores cuando oyeron cantar a los ángeles (Lc. 2:9), para los guardias de la tumba en el huerto cuando los ángeles hicieron rodar la piedra (Mt. 28:2-4), para las mujeres después que visitaron la tumba vacía (v. 8). Se usa para describir las sensaciones de las personas que presenciaron los prodigios y maravillas de Pentecostés (Hch. 2:43), y de los hombres en medio de los acontecimientos devastadores de los últimos días (Lc. 21:26). Se usa para la respuesta de la gente ante las muertes de Ananías y Safira (Hch. 5:5, 11), y para el dominio que los demonios hacen a los hijos incrédulos de Esceva que trataron de expulsar los demonios en el nombre de Jesús (19:16-17).

En los evangelios sinópticos y en Hechos el término nunca se usa para hablar de otra cosa que no sea el sentimiento en el corazón de una persona cuando se enfrenta a un poder sobrenatural, y se declara que el término es parte de la actitud del cristiano cuando busca servir fielmente al Señor (Hch. 9:31). El temor reverencial ante Dios es parte de la vida verdaderamente arrepentida (2 Co. 7:10-11), de la vida casta (1 P. 3:2), de la vida santa (2 Co. 7:1), de la vida piadosa (Fil. 2:12). El ministerio mutuo, el amor y respeto, así como la evangelización poderosa y la disciplina apropiada en la iglesia, están todos cimentados en temor reverencial del

Señor (véase 2 Co. 5:11; Ef. 5:21; 1 Ti. 5:20). Es la esencia de la cual debe provenir toda adoración, conducta y servicio cristiano correcto.

La respuesta de **la gente** al gran milagro de curación y perdón fue elogiable: **se maravilló y glorificó a Dios, que había dado tal potestad a los hombres.** No sabemos cuánto sabían estas personas en cuanto a Jesús, pero sí estaban conscientes de que lo que Él había hecho debió haber sido autorizado por Dios, y **que había dado tal potestad a los hombres,** ya que obviamente Jesús era un hombre. Si no comprendieron que Él era el Dios-Hombre, al menos se dieron cuenta de que era un hombre extraordinariamente piadoso.

Jesús recibe a los pecadores y rechaza a los justos   50

Pasando Jesús de allí, vio a un hombre llamado Mateo, que estaba sentado al banco de los tributos públicos, y le dijo: Sígueme. Y se levantó y le siguió. Y aconteció que estando él sentado a la mesa en la casa, he aquí que muchos publicanos y pecadores, que habían venido, se sentaron juntamente a la mesa con Jesús y sus discípulos. Cuando vieron esto los fariseos, dijeron a los discípulos: ¿Por qué come vuestro Maestro con los publicanos y pecadores? Al oír esto Jesús, les dijo: Los sanos no tienen necesidad de médico, sino los enfermos. Id, pues, y aprended lo que significa: Misericordia quiero, y no sacrificio. Porque no he venido a llamar a justos, sino a pecadores, al arrepentimiento. Entonces vinieron a él los discípulos de Juan, diciendo: ¿Por qué nosotros y los fariseos ayunamos muchas veces, y tus discípulos no ayunan? Jesús les dijo: ¿Acaso pueden los que están de bodas tener luto entre tanto que el esposo está con ellos? Pero vendrán días cuando el esposo les será quitado, y entonces ayunarán. Nadie pone remiendo de paño nuevo en vestido viejo; porque tal remiendo tira del vestido, y se hace peor la rotura. Ni echan vino nuevo en odres viejos; de otra manera los odres se rompen, y el vino se derrama, y los odres se pierden; pero echan el vino nuevo en odres nuevos, y lo uno y lo otro se conservan juntamente. (9:9-17)

El recibimiento que Dios hace al pecador y el rechazo que muestra al que se cree justo son básicos para la fe cristiana. El evangelio no es para personas buenas sino para personas malas que saben que son malas y que vienen a Dios en busca de perdón y limpieza.

Desde la primera parte de su evangelio, Mateo ofrece el mensaje del perdón de Dios para los pecadores arrepentidos. En la genealogía de Jesús en el capítulo 1 menciona específicamente una cantidad de personas cuyas vidas se caracterizaron por terribles pecados. Rahab y Rut eran de naciones paganas, idólatras y gentiles, y Rahab incluso era una prostituta. Aunque David fue un hombre conforme al corazón de Dios, también fue un asesino y adúltero.

Como precursor del Señor, Juan el Bautista preparó a las personas para el Mesías predicándoles arrepentimiento del pecado, y cuando confesaban sus pecados, las bautizaba como un símbolo de la limpieza de Dios (3:2, 6, 11). Jesús comenzó su propio ministerio con la predicación del arrepentimiento (4:17), y en el Sermón del Monte proclamó la oferta de Dios para aquellos que tenían sincera y humilde hambre y sed de justicia (5:3-6). En su modelo de oración enseñó a sus seguidores a seguir pidiendo perdón a Dios (6:12). Desde el día de Pentecostés en adelante, la iglesia primitiva predicó arrepentimiento del pecado como parte integral del mensaje del evangelio (Hch. 2:38; 3:19; 5:31).

El propósito del arrepentimiento de los seres humanos es el perdón de Dios, y ese es el tema doble del evangelio: los hombres deben abandonar su pecado para que Dios los perdone, los limpie, y los salve. Los únicos que reciben salvación y entran en el reino de Dios son las que reconocen su pecaminosidad y se arrepienten. Se deduce entonces que aquellos que ya se consideran justos no ven necesidad de arrepentirse ni de perdón, y por tanto se cierran a la salvación en el reino de Dios.

Esa es la verdad central de Mateo 9:9-17. Aquí descubrimos una de las declaraciones más definitivas, dramáticas, detalladas y cabales que nuestro Señor hiciera alguna vez. Esta declaración ofrece la perspectiva divina de su ministerio y la razón básica de la encarnación. Está entre las afirmaciones más importantes alguna vez registradas en la Biblia: "No he venido a llamar a justos, sino a pecadores" (v. 13*b*). Esa verdad provee la esencia del evangelio y el propósito para la encarnación. Jesús vino al mundo a llamar a pecadores para sí mismo. A quienes saben que tienen una enfermedad espiritual terminal y que no tienen confianza ni esperanza en sí mismos para ser curados, Jesús les dice: "Yo soy el camino, y la verdad, y la vida" (Jn. 14:6).

Los que agradan a Dios testifican con el arrepentido recaudador de impuestos en el templo: "Dios, sé propicio a mí, pecador" (Lc. 18:13). Agustín suplicó: "Señor, sálvame del malvado que soy yo mismo". John Knox, quizás el más grande predicador en la historia de Escocia, confesó: "En la juventud, en la edad mediana, y ahora después de muchas batallas, no encuentro nada en mí sino corrupción". Juan Wesley escribió: "No he estado a la altura de la gloria de Dios, todo mi corazón es totalmente corrupto y abominable, y en consecuencia toda mi vida es un árbol malo que no puede llevar buen fruto". Su hermano Carlos, quien compuso gran cantidad de himnos, confesó: "Vil y lleno de pecado soy". Augustus Toplady, quien compuso el amado himno "Roca de la eternidad", declaró de sí mismo: "Oh, que un miserable como yo no ose alguna vez ser tentado a pensar bien de sí mismo. Yo mismo no soy nada más que pecado y debilidad, en cuya carne no habita naturalmente nada bueno".

Cuando contempló el gran poder y la gran gloria de Jesús, Pedro declaró: "Apártate de mí, Señor, porque soy hombre pecador" (Lc. 5:8). En su primera carta a Timoteo, Pablo resumió la confesión de todo creyente sincero: "Palabra fiel y digna de ser recibida por todos: que Cristo Jesús vino al mundo para salvar a los pecadores, de los cuales yo soy el primero" (1 Ti. 1:15).

Si Jesús hubiera venido a salvar a los justos, su encarnación habría sido inútil. La gente justa no necesita salvación. Pero aún más relevante para la situación del ser humano es el hecho de que no *hay* personas justas aparte de la obra salvadora de Jesucristo. "No hay justo, ni aun uno; no hay quien entienda, no hay quien busque a Dios. Todos se desviaron, a una se hicieron inútiles; no hay quien haga lo bueno, no hay ni siquiera uno" (Ro. 3:10-12).

Muchas personas, al igual que los escribas y fariseos de la época de Jesús, *consideran* que son justas, y para ellos Jesús no ofrece esperanza o ayuda, porque no admiten ninguna necesidad. La primera declaración del evangelio es negativa: que todo hombre es pecador, separado de Dios y condenado al infierno. Una persona no buscará ser salva a menos que comprenda que está perdida. Por tanto, el primer paso en proclamar el evangelio es hablar a los hombres de su condición perdida, y el primer paso para recibir el evangelio es confesar esa condición perdida. Un individuo no buscará sanidad a menos que esté convencido de que se halla enfermo; no buscará vida a menos que reconozca que está muerto. Entonces, la conversión ocurre en aquel que está dispuesto a aceptar la sentencia de muerte y también la absolución de Dios. El ser humano que no reconoce su condena de muerte no tiene esperanza de nueva vida.

En medio de sus relatos cuidadosamente seleccionados de los milagros de Jesús que muestran sus credenciales como el Mesías profetizado, Mateo presenta esa verdad central del evangelio. Los tres primeros milagros (véase Mt. 8:1-17) tratan con la enfermedad y muestran el poder de Jesús sobre los padecimientos y las dolencias del cuerpo. Después de esos milagros vino la respuesta de los tres aspirantes a discípulos, cuya renuencia a pagar el precio del discipulado traicionó su falta de fe auténtica (8:18-22; cp. Lc. 9:57-62). El segundo grupo de tres milagros mostró el poder de Jesús sobre la naturaleza, sobre los demonios y sobre el pecado (véase 8:23—9:8).

La respuesta a esos tres milagros se expone en el texto actual. La primera parte de la respuesta es positiva, evidenciada en la aceptación del evangelio por parte de un pecador arrepentido. La segunda parte de la respuesta es negativa, evidenciada en el rechazo del evangelio por parte de aquellos que creían que ya eran justos.

Después que Jesús perdonó el pecado del paralítico (9:2), sin duda alguna las preguntas en las mentes de muchas personas fueron: "¿Cuánto pecado está Dios dispuesto a perdonar? ¿El pecado de quién puede ser perdonado y el de quién no? ¿Cuáles son los parámetros y límites de su perdón? ¿Cuáles son las condiciones del pecado y hasta dónde van?". Esas son las preguntas que se responden en los versículos 9-17.

LA RESPUESTA POSITIVA

Pasando Jesús de allí, vio a un hombre llamado Mateo, que estaba sentado al banco de los tributos públicos, y le dijo: Sígueme. Y se levantó y le siguió. Y aconteció que estando él sentado a la mesa en la casa, he aquí que muchos publicanos y pecadores, que habían venido, se sentaron juntamente a la mesa con Jesús y sus discípulos. (9:9-10)

Al salir de Capernaúm, "su ciudad" (v. 1; cp. 4:13), **pasando Jesús de allí, vio a un hombre llamado Mateo,** Marcos llama a **Mateo** por el nombre de Leví y lo identifica como "hijo de Alfeo" (Mr. 2:14; cp. Lc. 5:27). No era raro que a los hombres se les conociera por más de un nombre. A Tomás también lo llamaban Dídimo (Jn. 11:16), a Marcos a veces lo llamaban Juan (Hch. 12:12) y Pedro también fue conocido como Simón (Mt. 4:18). Podría ser que el Señor cambiara el nombre de Leví por **Mateo** (que significa "regalo de Jehová, o Yahveh") tal como cambió el nombre de Simón a Pedro (que significa "piedra"; véase Mt. 16:18; Jn. 1:42).

Al darnos cuenta de que **Mateo** escribió estos dos versículos acerca de sí mismo obtenemos una visión de su modestia y humildad. En su propia mente la verdad más importante sobre el antiguo carácter del escritor se da en las palabras: **sentado al banco de los tributos públicos.** Para los judíos de su época, esa sola frase establecía a **Mateo** como el hombre más despreciado, vil y corrupto en Capernaúm.

Mateo era un *publicani* (de ahí el título *publicano* en algunas traducciones), un individuo que servía de recaudador de impuestos para la invasora Roma contra su propio pueblo. Por la naturaleza de su cargo, su primera lealtad debía ser a Roma. Los ciudadanos de una nación o provincia ocupada por Roma podían comprar franquicias que les daba derecho de cobrar ciertos impuestos sobre la población y sobre los viajeros. Una franquicia requería recaudar una cantidad específica de impuestos para Roma y permitía que todo lo recaudado más allá de esa cantidad lo conservaran como ganancia personal. Debido a que su poder de tributación era prácticamente ilimitado, y a que era ejecutado por el ejército romano, el propietario de una franquicia de impuestos en realidad tenía una licencia para extorsionar. Por tales razones los *publicani* eran comprensiblemente considerados traidores por su propio pueblo, y por lo general eran incluso más despreciados que los funcionarios o los soldados romanos.

Muchos recaudadores de impuestos aceptaban sobornos de los ricos a fin de reducirles y falsificarles sus impuestos, y luego gravaban proporcionalmente más a las clases media y baja, volviéndose aún más odiados. Amasaban enormes fortunas bajo la autoridad del opresor y a expensas de sus propios compatriotas.

La mayor parte de judíos creía que el único gobierno propiamente dicho sobre ellos era una teocracia: el gobierno de Dios a través de sus dirigentes designados, tal como experimentaron bajo Moisés, los jueces, y la monarquía judía. Debido a que consideraban ilícita cualquier dominación extranjera sobre ellos, consideraban que la tributación por parte de ese gobierno era injusta e impía. Por tanto, la tributación por parte de Roma no solo era con fines de extorsión, sino que también ponía en peligro su patriotismo y su religión. Fueron esas convicciones las que motivaron a los fariseos a preguntar a Jesús si era apropiado pagar impuestos al César (Mt. 22:17). Si Jesús hubiera contestado que sí, en sus mentes lo habrían señalado como un traidor y un reprobado.

El célebre erudito judío Alfred Edersheim informa que un *publicani* judío era excluido de la sinagoga y se le prohibía tener cualquier contacto religioso o social con sus compatriotas judíos. Estaba clasificado junto con los animales inmundos, a los cuales un judío devoto ni siquiera tocaba. Se hallaba en la clase de los cerdos, y puesto que se le consideraba un traidor y mentiroso congénito, se le clasificaba con ladrones y asesinos, además se le prohibía dar testimonio en cualquier tribunal judío.

Edersheim afirma que había dos categorías de *publicani*. La primera, a la que los judíos llamaban *gabbai*, recaudaba impuestos generales, que incluían los de la tierra y otros bienes, los de la renta, y los que tenían que ver con registro, denominados impuestos de capitación o registración. El impuesto básico a la tierra (la cantidad pagada a Roma) era un décimo del grano y un quinto de las frutas y el vino. El impuesto a la renta equivalía a 1 por ciento de los ingresos, y la cantidad del impuesto de capitación variaba.

El segundo tipo de recaudador de impuestos era llamado *mokhes*, que recaudaba una amplia variedad de gravámenes sobre consumos personales, similares a nuestros derechos de importación, peajes, tarifas de atraco de barcos, tasas de licencias comerciales, y similares. Los *mokhes* tenían libertad casi ilimitada en sus poderes de tributación y podían poner impuestos prácticamente a cualquier artículo o actividad. Por ejemplo, podían poner un impuesto a un barco personal, a la pesca que se hacía con este, y al muelle donde descargaba. Podían gravar al burro de un viajero, a sus esclavos, criados y bienes. Los *mokhes* tenían autoridad para abrir cartas privadas a fin de ver si una empresa imponible de cualquier tipo podía estar relacionada con la correspondencia.

Había dos clases de *mokhes*. Una, llamada los *mokhes* principales, contrataba a otros hombres para recaudar impuestos para ellos y, en virtud del anonimato parcial, protegían al menos algo de su reputación entre sus compatriotas. La otra clase, llamados los *mokhes* pequeños, no tenían su propio avalúo y recolección, y por tanto estaban en contacto constante con los miembros de la comunidad, así como con todos los viajeros que pasaban por su camino. Los *gabbai* eran despreciados, los *mokhes* principales eran más repudiados, y los *mokhes* pequeños eran los más aborrecidos.

Mateo era obviamente un *mokhes* pequeño, porque **estaba sentado al banco de los tributos públicos** cuando Jesús pasó por las afueras de Capernaúm. Fue a ese hombre, el más despreciado de los despreciados, a quien Jesús manifestó: **Sígueme.** Fue claro para los primeros lectores del Evangelio de Mateo, como lo fue para aquellos que fueron testigos de este encuentro asombroso, que Jesús extendió su perdón incluso a los marginados de la sociedad.

Aunque no se nos dan detalles de ninguna palabra que Mateo pudo haber pronunciado en respuesta al llamado de Jesús, por el contexto parece evidente que el hombre había estado bajo profunda convicción de pecado y necesidad espiritual. Debido a la considerable enseñanza de Jesús y a los milagros que obró en la región alrededor de Capernaúm, Mateo habría conocido muy bien el ministerio del Señor, ya sea que personalmente hubiera escuchado o no predicar a Jesús, o lo hubiera visto o no realizar un milagro. Y aunque no buscó al Señor como hicieron el centurión (Mt. 8:5) y el paralítico (9:2), Mateo parece haber estado ansiando el perdón que el sistema pervertido del judaísmo le había dicho que nunca podría obtener. Por tanto, cuando el Señor lo llamó, al instante **se levantó y le siguió.**

A causa de su modestia, Mateo no menciona el hecho, pero Lucas nos informa que el momento en que Jesús lo llamó, Mateo "dejándolo todo, se levantó y le siguió" (Lc. 5:28). Ese simple llamado por parte de Jesús fue razón más que suficiente para que Mateo le diera la espalda a todo lo que era y poseía. Debido a su posición como agente de Roma, sabía que una vez que abandonaba su cargo nunca podía volver a recuperarlo. Él conocía el costo y lo pagó de buena gana. De todos los discípulos, Mateo sin duda hizo el mayor sacrificio de posesiones materiales; pero él mismo no hace ninguna mención de eso. Sintió al igual que Pablo, quien declaró: "Cuantas cosas eran para mí ganancia, las he estimado como pérdida por amor de Cristo" (Fil. 3:7).

Cuando una persona se convierte de veras no puede dejar su antigua vida con suficiente rapidez. Sus antiguos hábitos, normas y costumbres ya no la atraen, y con gusto anhela dejarlos atrás. Edersheim dice de Mateo que "no dijo una sola palabra porque su alma se hallaba en la muda sorpresa de la gracia inesperada". Lejos de estar deprimido por lo que dejara atrás, su corazón rebosaba de gozo. Perdió una carrera pero ganó un destino, perdió sus posesiones materiales pero ganó una fortuna espiritual, perdió su seguridad temporal pero ganó vida eterna.

En uno de sus más bellos poemas, Amy Carmichael escribió:

> Le oí llamar: "Sígueme";
> ¡Eso fue todo!
> Mi oro perdió el brillo.
> Mi corazón se fue tras Él.
> Me levanté y lo seguí,
> Eso fue todo.
> ¿No lo seguirías si oyeras que te llama?

Al igual que muchos nuevos convertidos, el primer pensamiento de Mateo fue hablarles a sus amigos acerca del Salvador. Estaba tan impresionado que hizo un banquete para presentar a Jesús a sus amigos, todos los cuales como **publicanos y pecadores** eran marginados sociales y religiosos. Nos enteramos por Marcos (2:15) y Lucas (5:29) que el banquete fue en la propia casa de Mateo, otro hecho que él modestamente omite en su propio relato.

Los **publicanos** sin duda incluían al *gabbai* local de Capernaúm y quizás incluso algunos compañeros *mokhes* de comunidades vecinas. Sin duda los **pecadores** incluían ladrones, asesinos, borrachos, prostitutas y demás personas no religiosas e impías. Se trataba de la chusma de la región y debieron haber estado intrigados y conmovidos por la posibilidad de estar **juntamente a la mesa con Jesús,** de quien sabían que era un maestro de justicia, **y sus discípulos.**

Fue tal vez debido a este banquete que Jesús se ganó primero la reputación entre sus adversarios de "comilón, y bebedor de vino, amigo de publicanos y de pecadores" (Mt. 11:19; cp. Lc. 15:2). La mayoría de judíos religiosos y en especial los orgullosos y santurrones escribas y fariseos, no podían concebir que algún judío socializara con tal grupo de **pecadores** a menos que fuera uno de los de su clase.

Los judíos de la época de Jesús usaban el término *hamartōloi* (**pecadores**) casi como un vocablo técnico para individuos que no tenían preocupación o respeto por la ley mosaica o por las tradiciones rabínicas. Los veían como los más viles, miserables y despreciables de todos los sujetos. Sin embargo, fueron algunos de ellos a los que **Jesús y sus discípulos** se unieron en el banquete en casa de Mateo.

La respuesta de Mateo al llamado de Jesús fue inmediata y positiva, y su sinceridad quedó demostrada por su anhelo de dar a conocer su nueva fe y su nuevo Maestro. En una manera similar la auténtica fe de Zaqueo, otro despreciado y rico recaudador de impuestos, se evidenció por su determinación voluntaria de compartir la mitad de sus posesiones con los pobres, y pagar cuatro veces lo que había defraudado a cualquiera (Lc. 19:8).

No se nos dice lo que el grupo de **publicanos y pecadores** pensaba de Jesús, fuera antes o después de la cena, pero la respuesta que le dieron fue al menos bastante positiva para que aceptaran comer con Él y escucharle. No obstante, el punto principal del incidente, y el que ofendió más a los fariseos, no fue que los **publicanos y pecadores** estuvieran dispuestos a relacionarse con Jesús, sino que *Jesús* estuviera dispuesto a relacionarse con *ellos*.

LA RESPUESTA NEGATIVA

Cuando vieron esto los fariseos, dijeron a los discípulos: ¿Por qué come vuestro Maestro con los publicanos y pecadores? (9:11)

La respuesta de los **fariseos** fue muy diferente de la de Mateo. Estaban furiosos de que este **Maestro** que afirmaba defender las normas de justicia aún mayores que las de ellos (véase Mt. 5:20) estuviera dispuesto a sentarse y comer con un grupo tan flagrantemente pecador. Sin duda también les molestaba y humillaba que Jesús hubiera mostrado tal favor a tan despreciables individuos. Razonaban que si Él fuera realmente un hombre de Dios, ¿por qué no había ofrecido un banquete para ellos, los fariseos, que eran los ejemplos y custodios autonombrados de la pureza religiosa?

Los **fariseos** no confrontaron a Jesús cara a cara, sino que acorralaron a **sus discípulos.** Al enterarse del banquete, estos dirigentes judíos esperaron afuera para ver qué pasaría y para exigir una explicación de la actividad poco ortodoxa. Las palabras **¿por qué come vuestro Maestro con los publicanos y pecadores?** eran más un reproche que una pregunta. En las propias mentes de los fariseos, la pregunta era en gran manera retórica, y puesto que no creían que pudiera darse una respuesta satisfactoria no iban a hacer una pregunta sincera, sino que ventilaron su hostilidad. El propósito era poner en evidencia a los discípulos y a su **Maestro.** Al igual que con muchas otras de sus preguntas a Jesús y respecto a Él, la motivación que tenían no era aprender la verdad sino atrapar y condenar a este advenedizo presuntuoso que estaba empecinado en ponerles patas arriba su sistema religioso.

Aun en esta etapa relativamente temprana en el ministerio de Jesús, los **fariseos** se mostraban resentidos y vengativos. Jesús ya había dicho y hecho más que suficiente para establecerse como un hereje que estaba en total desacuerdo con casi todo lo que ellos representaban y tenían por sagrado. No podían ver defectos en sí mismos, y ningún bien en los que no eran como ellos. Estaban tan satisfechos consigo mismos que consideraban a sus enemigos como enemigos de Dios. Se hallaban tan convencidos de su propia justicia doctrinal que cualquier creencia o norma contraria a la suya propia por definición era hereje o impía. Estaban tan convencidos de su propia justicia moral y espiritual, que consideraban que cualquiera que les cuestionara la santidad cuestionaba a Dios. Lo único que Jesús podía hacer que era peor que desairarlos, a ellos que se consideraban los religiosos y la élite moral, era hacerse amigo de **los publicanos y pecadores,** los no religiosos y la escoria moral. Y el Señor hizo lo uno y lo otro.

Los **fariseos** no creían necesitar el perdón de Dios y estaban seguros de que **los publicanos y pecadores** no lo merecían. El "ministerio" que tenían no era de ayudar sino de juzgar, no era de restaurar sino de condenar. No querían tener que ver con un Hombre que por el contrario, les condenaba su arrogancia moral y ofrecía perdón a **pecadores** evidentes.

LOS ARGUMENTOS

Al oír esto Jesús, les dijo: Los sanos no tienen necesidad de médico, sino los

enfermos. Id, pues, y aprended lo que significa: Misericordia quiero, y no sacrificio. Porque no he venido a llamar a justos, sino a pecadores, al arrepentimiento. (9:12-13)

Al oír Jesús esta pregunta acusadora, la contestó por los discípulos. Sin duda al hacer eso avergonzó a los fariseos y aumentó la indignación que le tenían. El hecho de que se hubieran acercado a los discípulos sugiere que los fariseos tenían miedo de enfrentar a Jesús mismo, e incluso fue más que un poco desconcertante que Él oyera y respondiera a la obvia acusación que hicieran a las acciones del Señor.

Aunque Jesús estaba bien consciente de la verdadera intención de los fariseos (cp. 9:4), les tomó la pregunta en serio y les explicó exactamente por qué había hecho lo que hizo. En su breve respuesta ofreció tres argumentos en defensa de su evangelio de perdón y reconciliación, el evangelio que se reflejaba en su disposición de comer con los impíos e inmorales recaudadores de impuestos y con pecadores.

EL ARGUMENTO DE LA LÓGICA HUMANA

Antes que nada, **Jesús, les dijo: Los sanos no tienen necesidad de médico, sino los enfermos.** En realidad les estaba diciendo a los fariseos: "Si ustedes son realmente tan espirituales y moralmente perfectos como afirman ser, no necesitan ninguna ayuda de Dios o de otros hombres. Si en realidad son espiritualmente **sanos no** necesitan un **médico** espiritual. Por otra parte, estos publicanos y pecadores a los que ustedes declaran, y ellos mismos lo admiten, que están espiritualmente **enfermos,** son los pecadores confesos que necesitan que se les presente el camino de la salvación de Dios. Son aquellos que buscan al **médico** espiritual, y por eso es que estoy sirviéndoles".

La analogía es simple. Así como se espera que un **médico** vaya a los que están **enfermos,** se espera que un perdonador vaya a los que son pecadores. Jesús estaba dándose a aquellos que reconocían su necesidad más profunda. ¿Qué clase de **médico** pasaría todo su tiempo con individuos **sanos** y se negaría a relacionarse con aquellos que están **enfermos**? Jesús dio a entender a los fariseos: "¿Son ustedes médicos que diagnostican pero que no tienen deseos de curar? ¿Van a decirle a una persona cuál es su enfermedad para luego negarse a darle la medicina que necesita?". ¡Qué acusación de la dureza de corazón que mostraban! Aquellos a quienes diagnosticaban como pecadores, se mostraban muy dispuestos a dejarlos que siguieran siendo pecadores.

Según el Señor los acusó más tarde, los escribas y fariseos eran hipócritas que diezmaban "la menta y el eneldo y el comino", pero que no tenían consideración por los asuntos de la justicia verdadera, "lo más importante de la ley", tales como "la justicia, la misericordia y la fe" (Mt. 23:23). Tenían forma externa pero no santidad interna, mucho ritual pero nada de justicia. Les gustaba condenar pero no levantar, juzgar pero no ayudar. Se amaban a sí mismos pero no a los demás, y demostraban que no tenían la compasión y la misericordia que la ley de Dios requería, ley que con gran vigor afirmaban enseñar, practicar y defender.

¿Cómo pudieron los fariseos haber pasado por alto u olvidado las maravillosas y misericordiosas declaraciones de Dios como: "Yo soy Jehová tu sanador" (Éx.

15:26)? ¿Cómo pudieron rechazar y hasta resentirse de la curación de aquellos a quienes Dios mismo deseaba curar? ¡Los que afirmaban estar bien demostraron ser los más enfermos de todos!

EL ARGUMENTO DE LAS ESCRITURAS

El segundo argumento de Jesús fue directamente de las Escrituras. Les declaró: **Id, pues, y aprended lo que significa: Misericordia quiero, y no sacrificio.** Él clavó a los fariseos a la pared con sus propias Escrituras. La frase **id y aprended** se usaba comúnmente en los escritos rabínicos para reprender a quienes no sabían lo que deberían haber sabido. Jesús usó las propias autoridades más honradas de los fariseos para reprenderlos por su ignorancia en cuanto a la verdadera naturaleza de Dios y a la incapacidad que tenían en seguir los claros mandamientos divinos.

Jesús cita aquí al profeta Oseas, por medio de quien Dios declaró: "Misericordia quiero, y no sacrificio, y conocimiento de Dios más que holocaustos" (Os. 6:6). El Señor estaba diciendo: "Es de la perfecta Palabra de Dios y no de las equivocadas palabras de hombres de lo que ustedes deberían preocuparse, y la Palabra los llama a ser misericordiosos y perdonadores, no críticos y condenatorios".

El hecho de que la cita fuera de Oseas la hacía más incisiva. La historia de la infidelidad de Gomer para con su esposo Oseas era un ejemplo vivo de la propia infidelidad de Israel para con Dios; y el continuo amor y perdón de Oseas para Gomer era una imagen del continuo amor y perdón que Dios le ofrecía a Israel. Así como Dios deseaba entonces **misericordia** en lugar de **sacrificio,** aún lo quería ahora. Sin **misericordia,** todo ritual, toda ceremonia, y todo sacrificio de los fariseos eran inaceptables para Dios. Sin **misericordia** demostraban ser incluso más malos que aquellos despreciados publicanos y pecadores, que no tenían pretensiones de piedad.

Dios había instituido el sistema expiatorio, y cuando las ofrendas prescritas se le hacían con un espíritu de humildad, penitencia y reverencia, eran agradables a Él. Pero cuando las ofrecían de modo insincero y en un espíritu de arrogancia moral y autosatisfacción, a su vez se convertían en una abominación. Los rituales y las ceremonias solo eran tan válidos como la contrición del adorador. Y la persona que sacrificaba a Dios en reverencia auténtica serviría a sus semejantes con verdadera **misericordia.** Al contrario, la persona que es fría para con los demás demuestra que también es fría para con Dios, por ortodoxa que sea su teología y por impecables que sean sus normas morales externas. Aquel que ve a los pecadores obvios como gente a la que solo debe condenarse, demuestra ser mayor pecador que ellos. Los que están más lejos de dar misericordia son los más alejados de recibirla (véase Mt. 6:15; 18:23-35).

Dios no se complace con la rutina y la actividad religiosa que no viene del amor sincero hacia Él y hacia otras personas. El ritual separado de la justicia es una vergüenza y una afrenta para Dios, quien declaró a Israel: "Aborrecí, abominé vuestras solemnidades, y no me complaceré en vuestras asambleas. Y si me ofreciereis vuestros holocaustos y vuestras ofrendas, no los recibiré, ni miraré a las ofrendas de paz de vuestros animales engordados. Quita de mí la multitud de tus cantares, pues no escucharé las salmodias de tus instrumentos. Pero corra el juicio como las aguas, y la justicia como impetuoso arroyo" (Am. 5:21-24).

EL ARGUMENTO DE LA PROPIA AUTORIDAD DE JESÚS

En tercer lugar, Jesús defendió su obra en base de su propia autoridad: **no he venido a llamar a justos, sino a pecadores.** Él con gusto se relacionó y se identificó con publicanos y con otros **pecadores,** porque ellos eran quienes lo necesitaban. Los que se creían **justos** no sentían ninguna necesidad de seguir a Jesús, ya que Él vino **a llamar a pecadores al arrepentimiento.** La persona arrepentida, aquella que es pecadora y que reconoce su pecado y se aparta de este, es la que es objeto del llamado divino de Jesús. Los individuos que son pecadores pero que creen que son **justos** se cierran a la misericordia de Dios, porque se niegan a reconocer su necesidad de ella. Rechazan el llamado de Jesús a la salvación porque rechazan la idea de estar perdidos.

En respuesta a una acusación similar más tarde por parte de los fariseos y escribas de que Jesús "a los pecadores recibe, y con ellos come" (Lc. 15:2), Él ofreció tres ejemplos del interés de Dios por el perdón del pecador arrepentido. Por medio de las parábolas de la oveja perdida y la moneda perdida señaló la verdad de que "habrá más gozo en el cielo por un pecador que se arrepiente, que por noventa y nueve justos que no necesitan de arrepentimiento" (v. 7; cp. v. 10). Con la parábola del hijo pródigo ilustró de modo dramático la doble verdad de que Dios se agrada con un pecador humilde que se arrepiente, y que se entristece por el individuo santurrón (representado por el hermano mayor) que no perdona a los demás y hasta se resiente con el perdón que Dios concede a otros (véase especialmente los vv. 21-32).

Kaleō (**llamar**) se usaba a menudo para invitar a alguien a la casa de una persona con el fin de ofrecerle comida y alojamiento. La inferencia aquí es clara. Jesús **no** había **venido a llamar a** los **justos** a la salvación por la misma razón que no llamó a los fariseos a reclinarse junto a Él en la cena en la casa de Mateo. Ellos eran demasiado buenos ante sus propios ojos para condescender con tal humillación. Y debido a que no se identificaban con compañeros **pecadores,** no podían identificarse con Cristo, quien ofrece salvación solamente a **pecadores** que de buena voluntad reconocen que son **pecadores.**

El Señor estaba afirmando: "Debido a que ustedes se consideran que ya son **justos, no he venido a** *llamarlos.* Ya que ustedes están satisfechos consigo mismos, los dejo a su suerte". El fariseo que se paró orgullosamente en el templo y le agradeció a Dios por su propia bondad humana no veía necesidad de perdón, y por tanto no se le perdonó. Pero el publicano arrepentido y con el corazón quebrantado que se golpeaba el pecho y clamaba: "Dios, sé propicio a mí, pecador…. descendió a su casa justificado" (Lc. 18:10-14). En ese mismo templo Jesús dijo a un grupo de fariseos: "Yo me voy, y me buscaréis, pero en vuestro pecado moriréis; a donde yo voy, vosotros no podéis venir" (Jn. 8:21; cp. v. 24). Aquel que piensa que es **justo** y espiritualmente seguro sin Cristo no tiene parte en Cristo, quien vino **a llamar a… pecadores.** Él no puede buscar y salvar a quienes no reconocen que están perdidos (véase Lc. 19:10). La lógica, las Escrituras, y Jesús mismo juntos afirman que el perdón es para el pecador y la salvación para los perdidos.

En una de sus últimas parábolas Jesús representó gráficamente esa verdad. Describió su reino como una gran fiesta de bodas del hijo del rey, para la cual el monarca había enviado muchas invitaciones. Pero cuando al tiempo señalado se llamó previamente a los invitados, que representaban a Israel, estos no estuvieron dispuestos a asistir, el rey envió varias veces a sus siervos a suplicarles otra vez que reconsideraran la invitación. Puesto que siguieron rechazando y maltrataron, y mataron a algunos de los siervos, el furioso rey ordenó a sus ejércitos destruir a los asesinos y quemarles la ciudad. Luego envió siervos por todo el resto del reino, hasta los lugares más remotos, a que reunieran a todos los que pudieran hallar y los llevaran a la fiesta (véase Mt. 22:1-10; cp. 21:33-46). Ese fue el mensaje que Él dio a los fariseos en Capernaúm. Como judíos, ya eran los invitados al banquete del Señor, pero se negaron a asistir y actuaron con hostilidad hacia los mensajeros. Por tanto, tal como se quedaron fuera de la casa de Mateo y observaron a los publicanos y pecadores comiendo con Jesús, también se quedarían fuera del reino de Dios y observarían cómo todo tipo de pecador y marginado arrepentido es recibido en el reino.

El reino de Dios es para los espiritualmente enfermos que desean ser sanados, los espiritualmente corruptos que quieren ser limpiados, los espiritualmente pobres que anhelan ser ricos, los espiritualmente hambrientos que ansían ser alimentados, los espiritualmente muertos que quieren tener vida. Es para los marginados impíos que anhelan convertirse en los propios hijos amados de Dios.

LAS ILUSTRACIONES

Entonces vinieron a él los discípulos de Juan, diciendo: ¿Por qué nosotros y los fariseos ayunamos muchas veces, y tus discípulos no ayunan? Jesús les dijo: ¿Acaso pueden los que están de bodas tener luto entre tanto que el esposo está con ellos? Pero vendrán días cuando el esposo les será quitado, y entonces ayunarán. Nadie pone remiendo de paño nuevo en vestido viejo; porque tal remiendo tira del vestido, y se hace peor la rotura. Ni echan vino nuevo en odres viejos; de otra manera los odres se rompen, y el vino se derrama, y los odres se pierden; pero echan el vino nuevo en odres nuevos, y lo uno y lo otro se conservan juntamente. (9:14-17)

No sabemos cuánto tiempo después del encuentro de Jesús con los fariseos **vinieron a él los discípulos de Juan,** pero está clara la relación lógica de la pregunta que hicieron con la de los fariseos. A diferencia de la de los fariseos, la pregunta de los **discípulos de Juan** fue sincera, pero reflejaba una preocupación similar en cuanto a la enseñanza y las actividades de Jesús que no se conformaban a las normas religiosas aceptadas.

Poco después de bautizar a Jesús, **Juan** el Bautista en realidad volvió a sus discípulos hacia Jesús, diciendo: "Vosotros mismos me sois testigos de que dije: Yo no soy el Cristo, sino que soy enviado delante de él…. Es necesario que él crezca, pero que yo mengüe" (Jn. 3:28, 30). Sin embargo, no todos **los discípulos de Juan** comenzaron a seguir a Jesús, e incluso mucho tiempo después de Pentecostés el apóstol Pablo encontró algunos de ellos en Éfeso que no conocían más de la fe que "el bautismo de Juan" (Hch. 19:1-3).

Juan el Bautista estaba entonces en la cárcel (véase Mt. 4:12), y aquellos de sus **discípulos** que no habían comenzado a seguir a Jesús se quedaron solamente con sus ceremonias y prácticas judías tradicionales. A diferencia de los fariseos afuera de la casa de Mateo, ellos **vinieron a él** (a Jesús), **diciendo: ¿Por qué nosotros y los fariseos ayunamos muchas veces, y tus discípulos no ayunan?** El Antiguo Testamento prescribía solo un ayuno, el de Yom Kippur, el día de la Expiación (véase Lv. 16:29, 31, donde la frase "afligiréis vuestras almas" [del hebreo *āna*, "abatir o humillar"] comúnmente incluía la idea de abstenerse de alimentos). Pero la tradición judía había llegado a requerir un ayuno de dos veces por semana (véase Lc. 18:12) y estos **discípulos** eran cuidadosos en seguir esa costumbre.

Junto con dar limosnas y ciertas oraciones prescritas, ayunar dos veces por semana era una de las tres principales expresiones del judaísmo ortodoxo durante la época de Jesús. Los escribas y fariseos miraban estas prácticas con gran seriedad, y eran cuidadosos no solo en seguirlas de manera fiel sino en hacerlo de modo tan público y ostentoso como fuera posible, ostensiblemente como un testimonio de verdadera piedad, pero en realidad como un testimonio de la piedad que ellos habían diseñado. Cuando daban limosnas hacían sonar trompetas "en las sinagogas y en las calles, para ser alabados por los hombres" (Mt. 6:2). Cuando oraban, lo hacían "en pie en las sinagogas y en las esquinas de las calles, para ser vistos de los hombres" (v. 5). Y cuando ayunaban, demudaban "sus rostros" y descuidaban su apariencia "para mostrar a los hombres que" estaban ayunando (v. 16). No veían la religión como una actividad de humildad, arrepentimiento o perdón, sino como una cuestión de ceremonia y exhibición orgullosa. Y por tanto, los rituales externos que exhibían como insignias de justicia piadosa en realidad los caracterizaba como hipócritas impíos, tal como Jesús declaró en cada uno de los tres versículos acabados de citar (cp. 5:20).

La rutina y los rituales religiosos siempre han sido peligrosos para la verdadera piedad. Muchas ceremonias, tales como orar a santos y encender una vela por un familiar fallecido, en realidad son heréticas. Aunque en sí esto no está mal, cuando una *forma* de orar, adorar o servir se vuelve el foco de atención, se convierte en un obstáculo para la justicia verdadera. Esto puede impedir que un incrédulo confíe en Dios y que un creyente le obedezca fielmente. Incluso ir a la iglesia, leer la Biblia, dar gracias en las comidas, y cantar himnos pueden llegar a ser rutinas sin vida en las cuales no tiene parte la adoración verdadera a Dios.

Jesús contestó primero a los discípulos de Juan diciéndoles: **¿Acaso pueden los que están de bodas tener luto entre tanto que el esposo está con ellos? Pero vendrán días cuando el esposo les será quitado, y entonces ayunarán.**

En esos días una boda por lo general duraba siete días, y el **esposo** elegía a sus mejores amigos como **los que están de bodas** para que fueran responsables de las festividades. La celebración de bodas no era un tiempo para **tener luto** sino para alegrarse. El punto de Jesús es que era inapropiado para sus seguidores **tener luto** y ayunar mientras Él estaba en persona con ellos. Por supuesto, el ayuno insincero, superficial e hipócrita practicado por los fariseos siempre estaba fuera de lugar. Pero incluso el ayuno sincero estaba fuera de lugar mientras Jesús, el **esposo divino**, aún se hallaba entre su pueblo. El ayuno de ellos estaba fuera de armonía con lo que estaban haciendo en su medio. No había conexión entre sus rituales y la realidad espiritual.

Un ayuno siempre carece de sentido si se realiza por hábito y no resulta de profundo interés y clamor por alguna necesidad espiritual. Ir a la iglesia el domingo es algo hipócrita si se hace aparte de un deseo auténtico de adorar y glorificar a Dios. Entonar un himno es solo un simulacro de adoración si no viene de un corazón que busca alabar al Señor.

Jesús explicó: **Pero vendrán días cuando el esposo les será quitado. Quitado** viene de *apairō*, que puede transmitir la idea de retirada repentina, de ser arrebatado de modo violento. Jesús obviamente estaba refiriéndose a su crucifixión, que lo quitaría de en medio de sus seguidores de forma abrupta y violenta, que aquí son **los que están de bodas.** Ese será el tiempo de **tener luto… y entonces ayunarán.**

Pero el Señor estaba diciendo que para el momento actual el ayuno no era apropiado. Cuando no hay razón para llorar, no hay razón para ayunar. El ayuno brota naturalmente de un corazón quebrantado y en duelo, pero ayunar como un ritual espiritual superficial aparte de tal quebrantamiento es una afrenta a Dios.

No obstante, un asunto incluso más importante se hallaba detrás de la pregunta de los discípulos de Juan. Ya que obviamente no se habían convertido en discípulos de Jesús según Juan les había dicho que hicieran, ellos no tenían base para la fe auténtica. Pero les era claro, como lo era para los fariseos, que la enseñanza y las actividades de Jesús eran radicalmente distintas de las del judaísmo tradicional. En consecuencia, detrás de la pregunta que hicieron pudo haber habido una preocupación más profunda relacionada con el perdón. En realidad es posible que hayan estado preguntando: "¿Por qué haces hincapié en aspectos internos tales como el perdón, mientras nuestros dirigentes religiosos reconocidos solo resaltan aspectos externos como el ayuno?".

Las dos ilustraciones siguientes de Jesús tratan con ese tema. Él dejó en claro que no estaba enseñando ninguna corriente farisea reformada ni rabínica reformada sino una manera totalmente distinta de creer, pensar y vivir. Jesús no vino a mejorar el antiguo sistema sino a socavarlo y abandonarlo. Su camino no tenía nada que ver con los antiguos caminos, y los antiguos caminos no tenían parte en el nuevo. Los dos caminos no podían conectarse entre sí ni contener uno al otro.

A fin de ilustrar la verdad de que el nuevo camino de Jesús no puede *conectarse* con el camino antiguo, Él siguió diciendo: **Nadie pone remiendo de paño nuevo en vestido viejo; porque tal remiendo tira del vestido, y se hace peor la rotura.** El **paño** de esa época era sobre todo de lana o lino, que se encogían al lavarlos. Jesús les recordó: Si un **remiendo de paño nuevo** que no se ha encogido se cose **en** un **vestido viejo,** entonces la primera vez que la prenda se lave, el **remiendo de paño nuevo** se encoge y **tira del vestido,** haciendo **la rotura peor** que antes. De igual manera el evangelio nuevo e interno de perdón y limpieza de parte del Señor no puede adherirse a las tradiciones viejas y externas de la arrogancia moral y el ritualismo.

Para ilustrar la verdad de que su nuevo camino tampoco puede ser *contenido* en el antiguo camino, Jesús declaró: **Ni echan vino nuevo en odres viejos; de otra**

manera los odres se rompen, y el vino se derrama, y los odres se pierden; pero echan el vino nuevo en odres nuevos, y lo uno y lo otro se conservan juntamente.

Con frecuencia el vino se almacenaba en pieles de animales que se preparaban para ese fin. La piel quedaba sin cortar, menos en las patas y el cuello, y a veces se volteaba al revés. Las aberturas de las patas se amarraban y se sellaban, y el cuello se usaba como un pico, que se ataba con una correa o cuerda de cuero. Los **odres viejos** con el tiempo se secaban y se volvían frágiles, y si alguien echaba **vino nuevo** en ellos se rompían y estallaban, derramándose **el vino.** Los únicos recipientes adecuados para el **vino nuevo** eran **odres nuevos.** De igual modo, la única vida que puede contener la justicia verdadera es la nueva vida otorgada por Dios cuando una persona se arrepiente de su pecado y confía en Jesucristo como Señor y Salvador.

El sistema farisaico, legalista y externo del judaísmo tradicional no podía conectarse ni contener el ministerio y el mensaje de Cristo. En consecuencia, a ese sistema solo le quedaba una alternativa: oponerse y tratar de eliminar a Cristo, que fue precisamente lo que hizo.

Debe quedar claro que la intención de Jesús de acabar con la antigua ley y traer la nueva no se refería a anular la ley divina y marcar el comienzo de la gracia, según muchos intérpretes han afirmado a lo largo de la historia de la Iglesia, y como algunos aún hoy día afirman. Nada pudo haber estado más lejos de la verdad. Jesús declaró de manera categórica que *no* vino a abolir la ley sino a cumplirla, y que cualquier oponente a la ley era un oponente de Dios (Mt. 5:17-19). La ley y la gracia de Dios siempre han coexistido y siempre han sido perfectamente compatibles. Los **odres viejos** no eran las enseñanzas del Antiguo Testamento sino las tradiciones rabínicas que habían venido a eclipsar, sustituir y a menudo contradecir las verdades divinamente reveladas del Antiguo Testamento.

En este pasaje podemos descubrir tres características del creyente verdadero. Primera, al igual que Mateo, el creyente verdadero sigue al Señor, quien lleva a una vida de obediencia incuestionable. Mateo no presentó condiciones o excusas; simplemente "se levantó y le siguió" (v. 9). Durante una aparición posterior a la resurrección, Jesús le dijo a Pedro: "Sígueme", pero "volviéndose Pedro, vio que les seguía el discípulo a quien amaba Jesús… Cuando Pedro le vio, dijo a Jesús: Señor, ¿y qué de éste? Jesús le dijo: Si quiero que él quede hasta que yo venga, ¿qué a ti? Sígueme tú" (Jn. 21:19-22). El creyente verdadero no está cuestionando siempre la verdad de Dios y resistiendo sus normas de vida.

Segunda, el verdadero creyente tiene misericordia de los no salvos. Al igual que Mateo, tiene siempre un deseo profundo de llevar a otros a Cristo. Ese deseo a veces puede estar lleno de preocupaciones egoístas, pero estará allí. Debido a que conocemos "el temor del Señor, persuadimos a los hombres" a llegar a Él para salvación (2 Co. 5:11); y si "el amor de Cristo nos constriñe" (v. 14), ese amor nos impulsará a testificar de Él a otros. Nuestro amor por los no salvos y nuestro amor por Cristo nos motiva a ser sus instrumentos a medida que Él busca y salva a los perdidos (Lc. 19:10). El Espíritu de Cristo que mora en el creyente ofrece compasión a los perdidos, y el individuo que no tiene deseos de ganar a los perdidos no tiene base para asegurar que tiene a Cristo o su Espíritu Santo.

Tercera, el creyente verdadero abandona el legalismo y el ritualismo. Ayuna solo como una expresión de preocupación espiritual auténtica, y no trata de sujetar su nueva vida en Cristo a sus antiguos rituales o su antigua religión, ni trata de hacerla calzar de algún modo con sus antiguos patrones. Sabe que ambas cosas son incompatibles y totalmente opuestas. Sabe que lo que ha empezado en el Espíritu no puede ser completado en la carne (Gá. 3:3). La justicia verdadera de un corazón perdonado y limpiado no puede mejorarse o complementarse por obras religiosas externas. La libertad en Cristo no tiene parte con la esclavitud o el legalismo.

En un himno que narra su propia conversión, John Newton describe de manera conmovedora el poder transformador de Cristo:

> En mal tiempo me deleité,
> sin que vergüenza o temor me pasmen,
> hasta que un nuevo objeto mi vista sacudió,
> y se detuvo mi salvaje carrera.
> Vi a Aquel que de un madero colgaba,
> en medio de agonía y sangre;
> Él fijó en mí su amorosa mirada,
> cuando cerca de su cruz quedé.
> ¿Cómo puede ser que sobre un madero
> el Salvador por mí muriera?
> Mi alma emocionada está, mi corazón repleto,
> al pensar que por mí murió.

Poder de Jesús sobre la muerte

Mientras él les decía estas cosas, vino un hombre principal y se postró ante él, diciendo: Mi hija acaba de morir; mas ven y pon tu mano sobre ella, y vivirá. Y se levantó Jesús, y le siguió con sus discípulos. Y he aquí una mujer enferma de flujo de sangre desde hacía doce años, se le acercó por detrás y tocó el borde de su manto; porque decía dentro de sí: Si tocare solamente su manto, seré salva. Pero Jesús, volviéndose y mirándola, dijo: Ten ánimo, hija; tu fe te ha salvado. Y la mujer fue salva desde aquella hora. Al entrar Jesús en la casa del principal, viendo a los que tocaban flautas, y la gente que hacía alboroto, les dijo: Apartaos, porque la niña no está muerta, sino duerme. Y se burlaban de él. Pero cuando la gente había sido echada fuera, entró, y tomó de la mano a la niña, y ella se levantó. Y se difundió la fama de esto por toda aquella tierra. (9:18-26)

Tal vez ante los ojos del mundo ningún hombre en los tiempos modernos ha parecido haber estado más en paz consigo mismo y con los demás que Mahatma Gandhi. Él era la imagen de un alma tranquila que poseía perfecta armonía interior. Quince años antes de su muerte escribió: "Debo decirte con toda humildad que el hinduismo como lo conozco satisface por completo mi alma. Llena todo mi ser, y encuentro solaz en el Bhagavad y el Upanishad que echo de menos incluso en el Sermón del Monte". Pero justo antes de su muerte escribió: "Mis días están contados. No tengo probabilidades de vivir mucho tiempo, quizás un año o un poco más. Por primera vez en cincuenta años me encuentro con un gran desaliento". Hasta el tranquilo Gandhi tuvo que enfrentar la realidad de la muerte y la incapacidad de su religión de confección humana para darle respuestas o consolarlo frente a esa muerte.

Un relojero turco decidió construir una tumba especial para sí mismo que tuviera en lo alto una ventana de veinte centímetros, una luz eléctrica, y un botón al lado de la ventana conectado a una alarma exterior. En caso de que de manera accidental lo enterraran vivo y lograra revivir, podría presionar el botón para pedir ayuda. Dio instrucciones a sus amigos de dejar la luz encendida durante siete días después de su muerte y de apagarla solo si estaban seguros de que había muerto de veras.

Los cementerios han sido compañeros del hombre a lo largo de la historia, un recordatorio constante de que somos mortales. Y a medida que la población de la tierra crece, el espacio para las tumbas se ha vuelto sumamente escaso en algunos lugares, y más y más personas están recurriendo a la cremación. Vivimos en un mundo moribundo, donde delante de todos nosotros se avecina lo inevitable de la muerte. Somos seres humanos en deterioro en un mundo en deterioro que está marcado por la tragedia, la tristeza, el dolor, y la muerte. Desde la caída ha habido una maldición sobre la tierra, que ha enviado al planeta y a todos sus habitantes en un viaje precipitado y en espiral hacia desastres, lágrimas, enfermedad y la tumba.

La mayoría de nosotros podría recitar una larga lista de quienes conocemos que hace poco padecieron una dolorosa enfermedad, un accidente grave, pérdida de un ser querido, destrucción de una familia, o alguna otra tragedia. Niños han perdido a su madre, padres han perdido un hijo o están viéndolo debilitarse a diario por una enfermedad agotadora. Mucha gente padece dolor continuo para el que incluso la medicina más fuerte ha perdido su eficacia. Otros enfrentan largos meses y años de rehabilitación mientras tratan de ajustar sus vidas a la pérdida de miembros, vista, oído o alguna función motora.

Cuando María salió a recibir a Jesús mientras Él se acercaba a Betania después de la muerte de Lázaro, Juan informa que "Jesús entonces, al verla llorando, y a los judíos que la acompañaban, también llorando, se estremeció en espíritu y se conmovió". El Señor mismo lloró, y "profundamente conmovido otra vez, vino al sepulcro" (Jn. 11:33-38). Él no solo fue conmovido por el dolor de María, Marta y sus amigos, sino que en lo infinito de su mente pudo también hacer que su pensamiento se remontara a través de todos los eones de historia humana y percibiera el enorme dolor que el pecado trajo a la humanidad. Como un simpatizante más allá de todo lo que pudiéramos imaginar, Jesús se afligió profundamente porque pudo ver con claridad y por completo el dolor y el poder del pecado.

El pecado no fue el propósito de Dios para el hombre. Todas las cosas en el mundo fueron creadas para el bien y la bendición del ser humano, pero el pecado corrompió esa bondad y esa bendición, y en su lugar trajo una maldición. En el tiempo de Dios, un día el pecado llegará a su fin y será destruido para siempre. "He aquí el tabernáculo de Dios con los hombres, y él morará con ellos; y ellos serán su pueblo, y Dios mismo estará con ellos como su Dios. Enjugará Dios toda lágrima de los ojos de ellos; y ya no habrá muerte, ni habrá más llanto, ni clamor, ni dolor; porque las primeras cosas pasaron" (Ap. 21:3-4).

Los profetas del Antiguo Testamento predijeron que el Mesías tendría poder para devolver la plenitud de la vida (Is. 30:26; 35:5-6; 53:5; Mal. 4:2), y cuando Jesús vino al mundo demostró tener ese poder. Aunque el cumplimiento final de las profecías relacionadas con su poder se verá en el futuro, Jesús probó por completo su capacidad para cumplirlas durante su ministerio en Palestina; allí prácticamente desterró la enfermedad, convirtió agua en vino, multiplicó comida, calmó tempestades, echó fuera demonios, perdonó pecados, y resucitó muertos. Él dio una muestra del fabuloso y glorioso reino futuro en el que ya no habrá necesidad de sanar, comer, calmar tempestades, o resucitar muertos. Cuando Juan el Bautista enfrentaba una muerte inminente en la cárcel de Herodes y envió a sus discípulos a preguntar a Jesús si Él era realmente el Mesías, Jesús les dijo: "Id, y haced saber a Juan las cosas que oís y veis. Los ciegos ven, los cojos andan, los leprosos son limpiados, los sordos oyen, los muertos son resucitados" (Mt. 11:4-5).

Los milagros de Jesús fueron la verificación de su poder divino que algún día revelará con el fin de revertir la maldición y restaurar la justicia, la armonía y la paz en toda su creación. Ya el pueblo le había llevado "muchos endemoniados; y con la palabra echó fuera a los demonios, y sanó a todos los enfermos; para que se cumpliese lo dicho por el profeta Isaías, cuando dijo: El mismo tomó nuestras enfermedades, y llevó nuestras dolencias" (Mt. 8:16-17; cp. Is. 53:4). "Como el Padre levanta a los muertos, y les da vida, así también el Hijo a los que quiere da vida" (Jn. 5:21).

A pesar de que Jesús tuvo gran compasión por el sufrimiento y por las personas afligidas que acudían a Él (Mr. 1:41; Mt. 9:36; 14:14), no las curó, ni las limpió, ni les resucitó sus muertos simplemente por el propio bien de ellas. Jesús realizó esos milagros para demostrar su deidad y establecer sus credenciales como el Mesías profetizado por los profetas del Antiguo Testamento (véase Mt. 8:16-17; 9:35; 11:5).

En 9:18-26, Mateo brinda el primer milagro en su tercer grupo de tres milagros (véase 8:1-22 y 8:23—9:17), un milagro que en realidad fue doble, un milagro dentro de un milagro. Resucitó de los muertos a una joven muchacha, y durante el proceso restauró la salud a una mujer a quien la sociedad consideraba muerta. Jesús demostró su poder para restaurar la vida a todo el cuerpo y para restaurar la integridad a cualquier parte del cuerpo.

El científico canadiense G. B. Hardy declaró en una ocasión: "Cuando miré la religión, dije: Tengo dos preguntas. Primera, ¿alguna vez alguien ha conquistado la muerte?, y segunda, si lo ha hecho, ¿preparó esa persona una manera para que yo conquiste la muerte? Revisé la tumba de Buda, y estaba ocupada; revisé la tumba de Confucio, y estaba ocupada; revisé la tumba de Mahoma, y estaba ocupada; fui a la tumba de Jesús, y estaba vacía. Entonces manifesté: Hay uno que conquistó la muerte. Y volví a hacer la segunda pregunta: ¿Preparó Él un camino para que yo hiciera eso? Entonces abrí la Biblia y descubrí lo que Jesús expresó: 'Porque yo vivo tú también vivirás'".

Esa es la suprema pregunta de dos partes que toda la humanidad enfrenta. ¿Ha conquistado alguien la muerte? De ser así, ¿proveyó un medio para que otros conquisten la muerte? Esa es la pregunta con la que trata el pasaje actual.

Dentro de este texto no solo vemos un milagro dentro de un milagro, sino también una hermosa imagen de la respuesta de Jesús a las personas en necesidad. Vemos la doble representación del poder y la sensibilidad del Señor, de su autoridad y su dulzura, su soberanía y su receptividad, su majestad, y su misericordia. Vemos en particular que Jesús era accesible, palpable e imparcial, así como poderoso. De los dos personajes principales en este relato además de Jesús, uno era un gobernante influyente, y el otro una marginada social. Uno era rico y la otra pobre. Pero ambos tenían en común grandes necesidades y un gran Ayudador.

JESÚS ERA ACCESIBLE

Mientras él les decía estas cosas, vino un hombre principal y se postró ante él, diciendo: Mi hija acaba de morir; mas ven y pon tu mano sobre ella, y vivirá. (9:18)

Mientras él les decía estas cosas se refiere a la conversación que Jesús acababa de tener con los fariseos críticos y los confundidos discípulos de Juan el Bautista (vv. 11-17), en la que nuestro Señor dejó en claro que había venido a salvar solo a quienes reconocían y confesaban sus pecados, y que los caminos de la antigua vida de la carne y la nueva vida del espíritu son totalmente incompatibles.

Marcos (5:22) y Lucas (8:41) explican que el hombre que acudió a Jesús se llamaba Jairo y que no solo era un *archōn* (**principal**) sino el funcionario principal, o anciano, de la sinagoga, el *archisunagōgos* (heb., *rosh hakeneseth*). Por tanto, él era el funcionario religioso de más alto rango en Capernaúm, responsable por la administración total y la operación de la sinagoga. Supervisaba las reuniones de adoración y el trabajo de los demás ancianos, que incluía enseñar, juzgar en los conflictos, y otros deberes tales de liderazgo.

Como el miembro de mayor rango en el sistema religioso de los judíos en Capernaúm, que incluía a los escribas y fariseos, Jairo muy bien pudo haber sido un fariseo. Según se aclara en las secciones anteriores de Mateo y de los demás evangelios, el sistema religioso en general ya estaba desarrollando fuerte oposición a Jesús, incluso en esta relativamente temprana etapa de su ministerio. Jairo no pudo haber dejado de estar consciente de esta oposición, y cuando acudió a Jesús en busca de ayuda sabía que iba a enfrentar críticas y presión de sus compañeros.

Sin embargo, cuando fue a ver a Jesús no trató de protegerse haciéndolo en la noche, como ocurrió con Nicodemo, ni disfrazando su motivo verdadero y su necesidad con una pregunta religiosa enredada y velada. No se nos dice lo que Jairo pensaba acerca de la condición mesiánica de Jesús, pero cuando **se postró ante él** fue para ofrecer un acto de gran homenaje y reverencia; además, el término griego detrás de **se postró** (*proskuneō*) más a menudo se traduce "adorar" (véase Mt. 4:10; Jn. 4:21-24; 1 Co. 14:25; Ap. 4:10). El acto implicaba inclinarse delante de la persona honrada y besarle los pies, el borde del manto, o el suelo delante de él.

Por supuesto, tales actos de reverencia no siempre eran totalmente sinceros. *Proskuneō* también se usa para la madre de Jacobo y Juan, quien "se le acercó [a Jesús] con sus hijos, *postrándose*" (Mt. 20:20, cursivas añadidas). El acto aparente de reverencia de la mujer era totalmente externo y egoísta. Ella no deseaba dar honra y gloria a Jesús sino solo que Él le concediera "que en tu reino se sienten estos dos hijos míos, el uno a tu derecha, y el otro a tu izquierda" (v. 21).

Por el contrario, todo en Jairo demostró su humildad y sinceridad. Al igual que la petición de la madre de Jacobo y Juan, la de él fue a favor de su hija, pero era una petición desinteresada que, por la misma petición de algo humanamente imposible, honraba el poder, la misericordia y la gracia de Jesús. Cualesquiera que fueran los pensamientos que pudiera haber tenido en cuanto a la reacción de sus compañeros líderes religiosos, Jairo sabía que Jesús era la única fuente de ayuda para su **hija,** quien acababa **de morir.** Nada más importaba cuando, lleno de angustia y en total desesperación, acudió al Señor.

En los relatos más detallados de Marcos y Lucas nos enteramos que cuando Jairo se acercó primero a Jesús, su hija aún no había muerto, sino que estaba "agonizando" (Mr. 5:23; cp. Lc. 8:42). Poco tiempo después llegaron mensajeros de su casa informándole que la muchacha había muerto y le cuestionaron: "¿Para qué molestas más al Maestro?" (Mr. 5:35). Mateo empieza su historia en ese momento.

La **hija** tenía doce años de edad, en el primer año de ser mujer, según la costumbre judía. Al día siguiente de su decimotercer cumpleaños a un muchacho judío se le reconocía como hombre, y un día después de su duodécimo cumpleaños a una chica judía se le reconocía como mujer. La **hija** de Jairo acababa de entrar a la flor de la feminidad, pero para su padre todavía era una niña pequeña, cuya vida le era más preciada que la suya propia. El sol de su infancia se había convertido en sombra de muerte.

El sistema judío no contaba con recursos que pudieran ayudar a un padre que enfrentaba tal tragedia, y Jairo sabía que la única esperanza para su hija yacía en el

Hombre a quien ese sistema religioso ridiculizaba y estaba llegando a despreciar. Obviamente, Dios ya había estado obrando en el corazón del padre, porque su petición evidencia absoluta convicción de que Jesús podía hacer lo que le estaba pidiendo: **Ven y pon tu mano sobre ella, y vivirá.** La fe de este hombre no tenía reservas ni una sombra de duda. Él se tragó su orgullo y su temor. No le importó lo que sus vecinos, su familia, o incluso sus compañeros religiosos pensaran. Nada le impediría buscar la ayuda de Jesús.

Así que lo primero que Jairo llevó delante de Jesús fue su profunda necesidad. A menudo una gran tragedia motiva a una persona a ir a Cristo. El individuo que no siente necesidad en su vida no tiene hambre de Dios. Por eso es que el primer paso para testificar es convencer a las personas de su necesidad de salvación, y por tanto de Cristo como el único medio para obtenerla. Como se indicó en el capítulo anterior, la persona que no ve su pecado ni su condición perdida no encuentra razón para recibir salvación. De igual modo, la persona que tiene una necesidad pero que cree que puede suplirla por medio de recursos humanos, no ve razón para acudir al Señor sobrenatural en busca de ayuda.

Jairo ya estaba convencido de que los recursos humanos no podían salvar la vida de su hija, y también estaba convencido del poder de Cristo para hacerlo. Pudo haber sucedido que hasta que fue obvio que su hija estaba muriendo, Jairo dudara en buscar la ayuda de Jesús. Pero ahora sabía que solo tenía una esperanza de ayuda. No acudió a Cristo por un motivo totalmente puro, porque su primera preocupación era la vida de su hija y su propia desesperación. No llegó principalmente para adorar o glorificar a Jesús, sino a buscar vida para su hija y alivio del dolor y la angustia para sí mismo. Pero confió en Jesús para esa ayuda, y descubrió que Él era accesible.

Eso fue lo segundo que lo llevó a Jesús: su fe. Jairo creyó que Jesús tenía el poder para hacer lo que le pedía. Tan gran fe es especialmente asombrosa a la luz del hecho de que Jesús todavía no había realizado un milagro de resurrección. Había curado muchas enfermedades mortales, pero no le había devuelto la vida a nadie después de morir. No obstante, sin ninguna duda ni condición Jairo le pidió a Jesús que hiciera exactamente eso: resucitar de los muertos a su hija. **Ven y pon tu mano sobre ella, y vivirá.**

Jesús se maravilló de la fe del centurión que creyó que el Señor podía curar al criado del hombre pronunciando simplemente la orden. Por tanto, Jesús declaró: "De cierto os digo, que ni aun en Israel he hallado tanta fe" (Mt. 8:9-10). Pero Jairo creyó incluso que un toque de la **mano** de Jesús podía resucitar de los muertos a la amada hija. Su fe también sobrepasó a la de Marta, quien creyó que Jesús pudo haber impedido que su hermano Lázaro muriera, pero perdió la esperanza una vez que él murió (Jn. 11:21). Incluso cuando Jesús declaró: "Tu hermano resucitará", ella pensó que la promesa solo podía cumplirse "en la resurrección, en el día postrero" (vv. 23-24). Con tan gran fe en el poder de Jesús para restaurar vida, es difícil creer que Jairo no confiara también en que Jesús pudiera perdonar sus pecados y resucitarlo a la vida espiritual, tal como podía resucitar a su hija a la vida física.

Jesús no era un gurú religioso rodeado por criados que cumplían cada una de sus órdenes, ni era un monje que se retirara de la vida y las actividades de la gente común. Tampoco estableció una jerarquía de intermediarios a través de los cuales las personas tendrían que pasar antes de verlo, si es que lograban verlo.

Aunque era el Hijo de Dios, Jesús "fue hecho carne, y habitó entre nosotros" (Jn. 1:14), como un hombre entre los hombres. Él caminó por las calles de las ciudades y visitó las aldeas más pequeñas. Habló con los grandes entre los hombres y con los humildes, con ricos y pobres, sanos y enfermos, nobles y marginados. Habló con educados y prósperos, y con iletrados y menesterosos. Habló con jóvenes y viejos, varones y mujeres, judíos y gentiles.

Casi a todas partes a las que Jesús iba se halló en medio de un gentío, porque la gente no le permitía estar solo. Entre esas multitudes había tres tipos de personas: los dirigentes religiosos críticos y resentidos, en especial los escribas y fariseos llenos de arrogancia moral; los espectadores curiosos y no comprometidos que veían a Jesús solo como un poderoso, serio y fascinante contraste con los líderes religiosos; y las personas culpables, dolidas y desesperadas que acudían a Jesús por ayuda del pecado, la enfermedad y la tragedia. Esta gente le hacía al Señor las preguntas más profundas y le llevaba sus necesidades más apremiantes, porque Él escuchaba, se interesaba y actuaba en favor de ellos. El Creador del universo, el Dueño del mundo, el Rey de reyes y Señor de señores no estaba demasiado ocupado como para rebajarse en su misericordia y servir a sus criaturas.

JESÚS ESTABA DISPONIBLE

Y se levantó Jesús, y le siguió con sus discípulos. (9:10)

Jesús respondió a Jairo estando tanto disponible como accesible. No solo que pudo haber enviado el poder para resucitar a la muchacha desde donde Él se hallaba, sino que en una demostración de amor altruista y compasión, **se levantó y siguió** al afligido padre hasta donde ahora su hija yacía muerta. Jesús estuvo dispuesto a ser interrumpido y a salir de su camino para servir a otros en el nombre de su Padre. Sin duda había muchas otras personas enfermas y afligidas donde Jesús se hallaba, pero la necesidad del momento exigía que fuera con Jairo.

En una manera un tanto similar, en medio de un ministerio muy fructífero en Samaria el Señor envió un ángel a Felipe, diciendo: "Levántate y ve hacia el sur, por el camino que desciende de Jerusalén a Gaza, el cual es desierto" (Hch. 8:26). Tan pronto como Felipe llegó allí encontró a "un etíope, eunuco, funcionario de Candace reina de los etíopes, el cual estaba sobre todos sus tesoros, y había venido a Jerusalén para adorar" (v. 27). Cuando el Espíritu Santo le dijo a Felipe que se uniera al etíope, Felipe encontró a un ansioso indagador acerca de Dios y procedió a llevar al hombre a la fe en Jesucristo (vv. 35-37). Tan pronto como el nuevo creyente fue bautizado, "el Espíritu del Señor arrebató a Felipe… Pero Felipe se encontró en Azoto" a muchos kilómetros de distancia (vv. 39-40).

Dios no solo es sensible a las necesidades de las multitudes sino al lamento de un individuo. A veces dirige a sus siervos, como a menudo dirigió a su propio Hijo, a poner a un lado por un tiempo un ministerio al parecer más importante a fin de concentrarse en una persona. El Señor garantiza su promesa de que "al que a mí viene, no le echo fuera" (Jn. 6:37).

Acompañando a Jesús en el corto viaje a la casa de Jairo estaban **sus discípulos,** junto con "una gran multitud" (Mr. 5:24).

JESÚS ERA PALPABLE E IMPARCIAL

Y he aquí una mujer enferma de flujo de sangre desde hacía doce años, se le acercó por detrás y tocó el borde de su manto; porque decía dentro de sí: Si tocare solamente su manto, seré salva. Pero Jesús, volviéndose y mirándola, dijo: Ten ánimo, hija; tu fe te ha salvado. Y la mujer fue salva desde aquella hora. (9:20-22)

La multitud que siguió a Jesús y los discípulos "le apretaban" (Mr. 5:24*b*), y en el gentío se hallaba **una mujer enferma de flujo de sangre desde hacía doce años.** Cuando Jesús estaba de camino para ministrar a una persona sola y desesperada entre una cantidad mayor de gente necesitada, su atención fue captada hacia otro individuo solo, alguien a quien una persona menos sensible nunca pudo haber observado. Una vez más una interrupción se convirtió en una oportunidad.

Al igual que Jairo, esta **mujer** sabía que solo Jesús podía ayudarla. Y así como la hija de Jairo había experimentado doce años de vida y risas con su familia, esta **mujer** había experimentado **doce años** de desventura y ostracismo de parte de su familia. La muchacha había conocido doce años de sol y felicidad, mientras que la mujer había conocido doce años de sombras y lágrimas.

El **flujo de sangre** de esta mujer, causado quizás por un tumor u otra enfermedad del útero, la hacía ceremonialmente impura según la ley del Antiguo Testamento. Debido a que ella sangraba sin cesar no podía ser limpia ni siquiera de manera temporal, y por tanto estaba continuamente inmunda. Marcos, que no trataba de proteger a la profesión médica, nos dice que la mujer "había sufrido mucho de muchos médicos, y gastado todo lo que tenía, y nada había aprovechado, antes le iba peor" (Mr. 5:26). El médico Lucas, tal vez preocupado por la reputación de su profesión, declara que este caso particular era humanamente incurable, y que "por ninguno había podido ser curada" (Lc. 8:43).

El estigma y la humillación de tal **flujo de sangre** eran tal vez superados solo por los de la lepra. Tal aflicción no era poco común, y el Talmud judío prescribía once curas distintas para ese mal. Entre los remedios, la mayoría de ellos supersticiosos, estaba el de llevar las cenizas de un huevo de avestruz en una bolsa de lino durante el verano, y en una bolsa de algodón en el invierno. Otros implicaban portar una semilla de cebada que se hubiera encontrado en el estiércol de una burra blanca.

La ley mosaica especificaba que una mujer que padecía de "flujo de su sangre por muchos días fuera del tiempo de su costumbre, o cuando tuviere flujo de sangre más de su costumbre, todo el tiempo de su flujo será inmunda como en los días de su costumbre… Toda cama en que durmiere todo el tiempo de su flujo, le será como la cama de su costumbre; y todo mueble sobre que se sentare, será inmundo, como la impureza de su costumbre. Cualquiera que tocare esas cosas será inmundo; y lavará sus vestidos, y a sí mismo se lavará con agua, y será inmundo hasta la noche" (Lv. 15:25-27). Después de siete días sin el flujo de sangre a la mujer se le consideraba ceremonialmente limpia y entonces podía ofrecer los sacrificios prescritos (vv. 28-29).

Pero la **mujer** que se acercó a Jesús en Capernaúm no había tenido alivio de su sangrado **desde hacía doce años,** y por tanto se encontraba siempre en un estado de impureza ceremonial. Su condición hacía que la excluyeran de la sinagoga y del templo, porque contaminaría a todo y todos los que ella tocara, y les impedía que participaran en la adoración. Incluso las relaciones con su propia familia, aun con su esposo si era casada, debían llevarse a cabo a cierta distancia. Además de estar en aislamiento social y religioso, también se hallaba sin dinero porque había gastado todos sus recursos en tratamientos ineficaces y tal vez en algunos charlatanes.

De acuerdo con los requisitos bíblicos, los hombres judíos debían poner "franjas en los bordes de sus vestidos" y "en cada franja de los bordes un cordón de azul" (Nm. 15:38; cp. Dt. 22:12). Los hilos de las franjas y los cordones estaban tejidos en un patrón que representaba la fidelidad y lealtad a la Palabra de Dios, y santidad para con el Señor. A cualquier lugar donde un judío iba, delante del mundo esas franjas le recordaban y testificaban que pertenecía al pueblo de Dios.

En coherencia con la hipocresía y la ostentación típicas de los fariseos, estos alargaban "los flecos de sus mantos" con el fin de llamar la atención hacia su devoción religiosa (Mt. 23:5). En tiempos muy posteriores, judíos perseguidos en Europa usaban los flecos en su ropa interior por la razón opuesta: para evitar la identificación y posible arresto. Formas modificadas de los flecos todavía se cosen hoy día en los mantos de oración de judíos ortodoxos.

Es probable que fue uno de esos flecos el que tocó la mujer que padecía de hemorragia continua. Al no tener a quién más recurrir, **se le acercó por detrás a Jesús y tocó el borde de su manto.** La frase que esta pobre dama **decía dentro de sí** podría traducirse más exactamente: "Ella se la pasaba diciéndose", lo cual transmite la idea de repetición. La mujer se repetía una y otra vez: **Si tocare solamente su manto, seré salva.** El único pensamiento en su mente era acercarse lo suficiente a Jesús para tocar **su manto.**

Cuando el piadoso Sir James Simpson agonizaba, le dijo un amigo:

—Bueno, James, pronto podrás descansar en el seno de Jesús.

—No sé si pueda hacer eso —respondió en su típica humildad—, pero sí creo poder agarrarme de su manto.

En medio de su turbación y vergüenza, la mujer que siguió a Jesús en la multitud quería pasar desapercibida. Sencillamente le tocaría **su manto,** confiando con que bastara incluso ese contacto indirecto con Él. Su confianza no fue en vano, pues al tocarlo quedó inmediatamente limpia de su deshonra.

Pero Jesús, volviéndose y mirándola, dijo: Ten ánimo, hija; tu fe te ha salvado. Marcos nos dice que ella fue curada antes que Jesús hablara. Tan pronto como le tocó el manto, "en seguida la fuente de su sangre se secó; y sintió en el cuerpo que estaba sana de aquel azote" (Mr. 5:29). Fue curada incluso antes que Jesús supiera específicamente de ella (cp. Lc. 8:46). Jesús se dio cuenta del milagroso suceso solo cuando comprendió que de Él había salido poder (Lc. 8:46). Sus palabras de certeza: **tu fe te ha salvado,** simplemente confirmaron lo que ya había sucedido. A Jesús no le importó que ella lo tocara, aunque la ropa se le hiciera ceremonialmente impura a los ojos de sus compatriotas judíos. Él fue palpable incluso por los intocables.

A lo largo de su ministerio terrenal, miles de personas entraron en contacto con Jesús, y muchos cientos de ellos hablaron con Él y lo tocaron; pero muchos no fueron tocados por Él. A lo largo de la historia de la Iglesia innumerables otros (tales como Mahatma Gandhi, ya mencionado) también han entrado en contacto cercano con

Jesús; y muchos de ellos también han permanecido al margen de Él. Jesús conoce la diferencia entre la persona que se le acerca por pura curiosidad religiosa o por un sentido de aventura, y los que acuden a Él en desesperación y fe auténtica.

Las expectativas de la mujer de esta historia parecen haber sido casi supersticiosas, cuando tal vez pensó que había algún poder incluso en la ropa de este obrador de milagros. Sin embargo, Jesús le habló con palabras de ternura, calidez e intimidad: **Ten ánimo, hija.** Cualquier otra cosa que ella pudiera tener en la mente, su **fe** era auténtica y fue aceptable al Señor; y fue suficiente para darle salvación.

La palabra griega común para curación física era *iaomai*, el término usado por Marcos cuando explica que esta mujer quedó "sana de aquel azote" (Mr. 5:29, cp. 34). Al decir que ella "por ninguno había podido ser curada", Lucas usó otra palabra para curación física: *therapeuō* (Lc. 8:43), de la que obtenemos *terapéutico*. Pero las tres referencias a ser **salva** o a haberse **salvado** en Mateo 9:21-22, así como aquellas en los pasajes paralelos de Marcos 5:34 y Lucas 8:48, utilizan *sōzō*, el término general del Nuevo Testamento para ser salvos del pecado.

Cuando el ciego Bartimeo le pidió a Jesús que le restaurara la vista, el Señor contestó: "Vete, tu fe te ha salvado" (Mr. 10:52). Aquí *sōzō* ("te ha sanado") también se usa en relación con la fe de la persona sanada. Bartimeo había llamado en varias ocasiones a Jesús el "Hijo de David" (vv. 47-48), un título mesiánico común. Por tanto, parece posible que su sanidad, al igual que la de la mujer con flujo de sangre, incluyera tanto salvación espiritual como curación física.

Después que Jesús perdonó los pecados de la pecadora que le lavara los pies con sus lágrimas y se los secara con su cabello, Él pronunció exactamente las mismas palabras (*hē pistis sou sesoken se*) que se las dijo tanto a la mujer con el flujo de sangre como a Bartimeo, traducidas correctamente "tu fe te ha salvado". Esto indica claramente que la restauración fue totalmente espiritual (porque no participó ninguna curación física), y que resultó del perdón de pecados basado en la confianza en el Señor (v. 48).

En su relato de los diez leprosos que le rogaron a Jesús que los curara, Lucas informa que todos los diez "fueron limpiados" (de *katharizō*, Lc. 17:14) pero que Jesús le declaró únicamente al que glorificó a Dios y regresó para agradecer: "Tu fe te ha salvado" (*he pistis sou sesoken se*, v. 19). Diez hombres fueron limpiados, pero solo uno fue salvado.

Es lamentable que la mayoría de versiones bíblicas castellanas no clarifican que todas las traducciones de "sanado" (LBLA, DHH, NBD, LBLH, NTV, NVI, CST, PDT, RVR1977, TLA) y "salvado" (JBS, BLP, BLPH, RVA-2015, RVC, RVR1960, RVR1995, RVA) acabadas de mencionar —que en cada caso el Señor mismo declaró específicamente que resultaron de la fe de la persona— vienen del mismo verbo griego (*sōzō*). Ese hecho implica fuertemente que en cada uno de esos incidentes hubo un aspecto redentor.

En los relatos del evangelio leemos de multitudes de personas fueron curadas por completo, al margen de cualquier fe de su parte o de parte de alguien más. Jesús realizó sus milagros de sanidad por su soberana voluntad, a menudo en respuesta a la fe, pero no condicionada por esta. El criado del centurión fue sanado sin tener ningún contacto con Jesús, y quizás incluso sin estar consciente de que podría ser curado. La hija de Jairo obviamente no pudo haber tenido fe. Pero nadie es alguna vez *salvado* aparte de la fe, y parece haber motivos para creer que la mujer que tocó el manto de Jesús ese día confió en Él para su sanidad espiritual y física.

Los dos aspectos que llevan a hombres y mujeres a Jesucristo son necesidad personal profundamente sentida y fe auténtica, y la mujer con flujo de sangre tuvo ambas cosas.

El hecho de que Jesús ministrara igualmente a la mujer marginada y al anciano director de la sinagoga sin duda revela su imparcialidad divina. Él no se ofendió porque la mujer tocara su borla con manos inmundas. No se resintió porque de modo atrevido ella buscara su ayuda mientras estaba cercado por un gentío exigente y en camino a resucitar de su lecho de muerte a una muchacha. Ninguna persona en necesidad interfirió alguna vez con el ministerio de Jesús, porque "el Hijo del Hombre no vino para ser servido, sino para servir, y para dar su vida en rescate por muchos" (Mt. 20:28). Además, les acababa de declarar a los fariseos santurrones: "No he venido a llamar a justos, sino a pecadores, al arrepentimiento" (Mt. 9:13). Jesús vino a buscar y salvar pecadores que reconozcan que son pecadores, y tales personas siempre han sido probablemente los pobres e insignificantes del mundo.

Pablo les recuerda a los creyentes corintios: "Mirad, hermanos, vuestra vocación, que no sois muchos sabios según la carne, ni muchos poderosos, ni muchos nobles; sino que lo necio del mundo escogió Dios, para avergonzar a los sabios; y lo débil del mundo escogió Dios, para avergonzar a lo fuerte; y lo vil del mundo y lo menospreciado escogió Dios, y lo que no es, para deshacer lo que es" (1 Co. 1:26-28).

En su libro *Fearfully and Wonderfully Made*, Paul Brand y Phil Yancey citan del novelista Frederick Buechner, quien escribió:

> ¿Quién pudo haber predicho que Dios no elegiría a Esaú, el sincero y confiable, sino a Jacob, el engañador y canalla; que pondría el dedo en el fuego por Noé que empinaba el codo; o por Moisés que quedó impune en Madián por destrozarle el cráneo a un hombre en Egipto, y que de no haber sido por el honor del asunto, tan pronto como regresó habría dejado que Aarón enfrentara las consecuencias; o que elegiría a los profetas, que eran un montón de andrajosos y que casi todos estaban locos como cabras…?

Luego Brand y Yancey agregan:

> La excepción parece ser la regla. Los primeros humanos que Dios creó salieron e hicieron lo único que les pidió que no hicieran. El hombre al que Dios escogió para dirigir una nueva nación conocida como "el pueblo de Dios" trató de empeñar a su esposa ante un faraón desprevenido. Y la esposa misma, cuando le dijeron a la avanzada edad de noventa y un años que Dios estaba dispuesto a darle el hijo que le había prometido, soltó una carcajada áspera en el rostro de Dios. Rahab, una ramera, llegó a ser reverenciada por su gran fe. Y Salomón, el hombre más sabio que ha vivido, se descarrió hasta romper cada proverbio que tan sabiamente compuso.
>
> Incluso el patrón continuó después que Jesús vino. Los dos discípulos

que más hicieron por extender el mensaje después de la partida del Señor, Juan y Pedro, fueron a quienes el Señor más a menudo reprendió por insignificantes riñas y atolondramiento. Y el apóstol Pablo, quien escribió más libros que cualquier otro escritor bíblico, fue seleccionado para la tarea mientras linchaba cristianos, levantando remolinos de viento de ciudad en ciudad rastreándolos para torturarlos. Jesús tuvo valor al confiar a ese grupo los ideales altruistas de amor y comunión. No es de extrañar que los cínicos hayan mirado a la iglesia y suspirado: "Si se supone que ese grupo de individuos representan a Dios, rápidamente votaré contra ese Dios". O según Nietzsche expresara: "Sus discípulos tendrán que parecer más salvos si he de creer en su Salvador" (Grand Rapids: Zondervan, 1980, pp. 20-30).

Qué maravilloso que Dios sea más compasivo que los hombres. Él nunca excusa la desobediencia, la infidelidad, o cualquier otro pecado. Pero olvidará todo pecado que se coloque bajo la muerte expiatoria de su Hijo, Jesucristo. La posición, el prestigio, o las posesiones no otorgan ninguna ventaja con Él, y la falta de esas cosas no brinda ninguna desventaja. Según Pedro aprendió después de mucho resistir la idea, "Dios no hace acepción de personas" (Hch. 10:34; cp. 1 P. 1:17). En Cristo "ya no hay judío ni griego; no hay esclavo ni libre; no hay varón ni mujer" (Gá. 3:28).

JESÚS FUE PODEROSO

Al entrar Jesús en la casa del principal, viendo a los que tocaban flautas, y la gente que hacía alboroto, les dijo: Apartaos, porque la niña no está muerta, sino duerme. Y se burlaban de él. Pero cuando la gente había sido echada fuera, entró, y tomó de la mano a la niña, y ella se levantó. Y se difundió la fama de esto por toda aquella tierra. (9:23-26)

Es el poder de Jesús lo que de forma única lo separa más de otros hombres. Podemos ser accesibles, disponibles, palpables e imparciales, reflejando hasta cierto punto esas cualidades que Él ejemplificó a la perfección. Pero solo Jesús tiene poder para curar lepra, restaurar visión, vencer demonios, perdonar pecados, y resucitar muertos.

Después de la pausa que involucró a la mujer con un flujo de sangre, Jesús siguió su camino y entró **en la casa del principal,** donde la joven hija de Jairo yacía muerta. No se nos dice cuánto tiempo había estado muerta, pero es obvio que pasó el tiempo suficiente para haber llamado **a los que tocaban flautas** como profesión **y a la gente** compuesta de dolientes **que hacía alboroto.**

En gran contraste con los funerales del mundo occidental de nuestros días, en las antiguas culturas como la de Israel de la época de Cristo, estas no eran ocasiones para susurros silenciosos y música consoladora. En lugar de eso las exequias se caracterizaban por los lamentos en voz alta y la disonancia de instrumentos musicales chillones tales como los de **los que tocaban flautas** en esta ocasión. El resultado, no intencionado, era el de un gran **alboroto.**

En los funerales judíos participaban tres maneras prescritas de expresar dolor y lamento. Primero estaba el desgarramiento o rompimiento de las vestiduras, tradición para la que se habían desarrollado cerca de treinta y nueve regulaciones y formas distintas. Entre otros aspectos, el desgarramiento debía hacerse estando de pie y la rasgadura debía ser directamente sobre el corazón si el doliente era el padre o la madre del fallecido. De lo contrario debía ser cerca del corazón. La rasgadura debía ser suficientemente larga para que un puño la atravesara, pero podía coserse con puntadas grandes y sueltas durante los primeros treinta días a fin de proporcionar cobertura al cuerpo mientras se permitía que el desgarre se notara claramente. En nombre del pudor, las mujeres se desgarraban la prenda interior y la usaban hacia atrás.

La segunda manera de expresar dolor era por medio de la contratación de mujeres plañideras profesionales, quienes gemían a gritos el nombre del recién fallecido. También entremezclaban los nombres de otros miembros de la familia que habían muerto en el pasado. El dolor se intensificaba de forma intencional cuando a la pena nueva se añadían recuerdos de antaño. Toda cuerda sensible era tocada, y la agonía se magnificaba con fuertes chillidos, lamentos y gemidos.

La tercera manera de expresar dolor implicaba la contratación de músicos profesionales, en su mayoría **los que tocaban flautas,** quienes al igual que las plañideras contratadas tocaban fuertes sonidos discordantes que pretendían reflejar la discordia emocional y la confusión del dolor.

El Talmud declaraba que "el esposo está obligado a enterrar a su esposa muerta y a hacer lamentaciones y duelo por ella según la costumbre de todas las naciones. También los más pobres entre los israelitas no permitirán que ella tenga menos de dos flautas y una mujer plañidera". Como reflejo de estas "costumbres de todas las naciones", el estadista romano Séneca informó que hubo tanto griterío y lamentación en la muerte del emperador Claudio, que algunos espectadores sintieron que es probable que el mismo Claudio oyera el ruido desde su tumba.

Debido a que Jairo era el dirigente religioso de más alto rango en Capernaúm, y que sin duda era un hombre de recursos, es probable que fuera grande la cantidad de plañideras y músicos pagados en el funeral de su hija. Cuando Jesús se encontró con ellos, manifestó: **Apartaos, porque la niña no está muerta, sino duerme. Apartaos** fue más una orden que una petición, la misma orden que Pedro usó una cantidad de años más tarde cuando sacó a las viudas plañideras de la alcoba donde yacía muerta su amiga Dorcas (Hch. 9:40).

Jesús sorprendió e hizo enojar a las plañideras en primer lugar porque les mandó que salieran. Ellas estaban siguiendo las tradiciones largamente establecidas y reverenciadas desde siglos antes por rabinos respetados. Lo que estaban haciendo no solo era adecuado sino algo requerido. Sin embargo, Jesús las sorprendió y las indignó aún más al atreverse a sugerir que **la niña no está muerta, sino duerme.** Con desprecio y mofas **se burlaban de él.** Se trató de la carcajada altanera y altiva de aquellos que se deleitan en una afirmación o un acto ridículo por parte de alguien ante quien se sentían superiores. Que el llanto de ellas pudiera convertirse tan rápidamente en risa, incluso risotadas burlonas, delató el hecho de que su duelo era un acto pagado que no reflejaba dolor auténtico. También delató su total falta de fe en el poder de Jesús para resucitar de los muertos a la muchacha.

Jesús sabía que la niña estaba muerta, así como sabía que Lázaro estaba muerto cuando les dijo a sus discípulos: "Nuestro amigo Lázaro duerme; mas voy para despertarle" (Jn. 11:11). Según explicó a sus incrédulos discípulos en esa ocasión, su referencia a que dormía en realidad significaba muerte verdadera, aunque fue temporal, y no "sueño literal". "Entonces Jesús les dijo claramente: Lázaro ha muerto" (vv. 13-14).

Pero cuando la multitud de plañideras contratadas **había sido echada fuera,** Jesús **entró** a la habitación **y tomó de la mano a la niña.** Marcos nos informa que el Señor permitió que solamente Pedro, Jacobo, Juan y los padres de la niña entraran al cuarto con Él, y que cuando la **tomó de la mano** también le dijo: "Talita cumi; que traducido es: Niña, a ti te digo, levántate" (Mr. 5:40-41). En ese momento "su espíritu volvió, e inmediatamente se levantó" (Lc. 8:55). Jesús pudo con la misma facilidad haber resucitado a la niña pronunciando las palabras, o pudo hacerlo sin decir absolutamente nada. Pero al tocarla y hablarle manifestó una misericordia y ternura que superó con creces lo que simplemente era necesario.

Cuando Jesús realizó su segundo milagro de resurrección registrado (cp. Lc. 7:11-17), **se difundió la fama de esto por toda aquella tierra,** como sería de esperar. Ahora no solo era evidente que Él tenía poder para curar enfermedades, echar fuera demonios, y perdonar pecados, ¡sino que tenía poder incluso para resucitar muertos! Este relato es el pináculo de la presentación de Mateo con relación a las credenciales mesiánicas de Jesús. El Hijo del Hombre ha demostrado su poder sobre todo enemigo del ser humano, incluso Satanás y la muerte. Él realmente tiene "las llaves de la muerte y del Hades" (Ap. 1:18).

En Cristo ya no hay razón para temer dolencias, enfermedades, demonios, deformidades, tragedias o incluso muerte. Como creyentes podemos incluso regocijarnos en morir, porque nuestro Señor conquistó la muerte. Aunque no se nos devuelva la vida, resucitaremos a nueva vida. En Él hay plenitud de gozo y vida eterna. Un poeta nos recuerda: "Ya no deben llorar los dolientes, ni llamar muertos a niños ausentes, porque la muerte es transformada en sueño y cada tumba se convierte en cama".

Cuando era joven pidieron a D. L. Moody que predicara un sermón en un funeral. Al comenzar a buscar en los evangelios uno de los mensajes de Jesús en funerales, descubrió que el Señor nunca predicó en una circunstancia de estas. En lugar de eso descubrió que Jesús destruyó todo funeral al que asistió dándole nueva vida a la persona fallecida. Cuando los muertos oían su voz, inmediatamente volvían a la vida.

Arthur Brisbane ha descrito el funeral de un cristiano como una multitud de orugas en duelo, todas usando trajes negros. Cuando se arrastran junto con el duelo de su hermano muerto y llevan su capullo a su lugar final de descanso, por sobre ellas revolotea una mariposa increíblemente hermosa que mira hacia abajo en absoluta incredulidad.

La muerte puede golpear a los santos de Dios en maneras inesperadas, dolorosas y al parecer sin sentido. Pero Él no promete dar explicaciones para tales tragedias. En lugar de eso provee esta seguridad maravillosa: "El que cree en mí, aunque esté muerto, vivirá" (Jn. 11:25).

Milagros de vista y sonido   52

Pasando Jesús de allí, le siguieron dos ciegos, dando voces y diciendo: ¡Ten misericordia de nosotros, Hijo de David! Y llegado a la casa, vinieron a él los ciegos; y Jesús les dijo: ¿Creéis que puedo hacer esto? Ellos dijeron: Sí, Señor. Entonces les tocó los ojos, diciendo: Conforme a vuestra fe os sea hecho. Y los ojos de ellos fueron abiertos. Y Jesús les encargó rigurosamente, diciendo: Mirad que nadie lo sepa. Pero salidos ellos, divulgaron la fama de él por toda aquella tierra. Mientras salían ellos, he aquí, le trajeron un mudo, endemoniado. Y echado fuera el demonio, el mudo habló; (9:27-33*a*)

Cuando Dios creó al hombre le dio dominio sobre la tierra. Adán fue rey de la tierra, con pleno derecho de gobernarla bajo el mandato divino. Se le dio autoridad para poner nombre a los animales y cuidar de esta creación increíblemente asombrosa y maravillosa de la mente infinita del Señor. Cuando se lo mostró a Adán, era un reino de gran luz, belleza, armonía, salud, felicidad, bondad y gloria. Pero cuando Adán pecó y perdió su inocencia también perdió su corona y su dominio. El pecado de Adán le permitió a Satanás usurpar el dominio del hombre y convertir el reino de luz en un reino de tinieblas. La belleza de la creación de Dios se corrompió por fealdad, su armonía por confusión y desorden, su salud por enfermedad y decadencia, su felicidad por tristeza y dolor, su bondad por pecado y maldad, y su gloria por culpa y vergüenza. El pecado convirtió la vida del hombre en la senda hacia la muerte.

Sin embargo, casi tan pronto como el hombre pecó, Dios prometió que algún día iba a usar al hombre para restaurar el reino terrenal a su belleza y bondad, y para restaurar al hombre mismo a su dominio legítimo sobre ese reino. El Señor declaró que la simiente de la mujer heriría la cabeza de Satanás (Gn. 3:15), y a partir de ese momento el Antiguo Testamento está lleno de promesas cada vez más explícitas relacionadas con el gran plan del Señor para redimir y restaurar. Dios prometió enviar un Rey para restaurar el reino y volver a establecer el gobierno de Dios y destruir el pecado y su consecuencia: la muerte. Se acabaría la enfermedad, la dificultad, la tristeza, el dolor, la desilusión y todos los demás males. Una y otra vez los profetas hablan de la venida de ese Rey como el Ungido, el gran Rey de reyes, el Destructor del pecado y la muerte, el Sanador, y el Gobernante Justo. Los judíos lo conocían como el Mesías (gr. "Cristo"), que un día iba a establecer su reino eterno de justicia; y la tierra, al igual que el cielo, estaría bajo el gobierno perfecto de Dios.

Los Evangelios presentan un deslumbrante anticipo del venidero reino eterno de Jesús. Cuando Él fue transfigurado en el monte, el velo de su carne se retiró para revelar ante los ojos de Pedro, Jacobo y Juan un atisbo de su majestad divina, una microscópica visualización de su reino eterno en gloria majestuosa (Mt. 17:2). El clímax del anticipo divino de Jesús vino en Pentecostés, cuando el derramamiento de su Espíritu Santo prometido cumplió la promesa de la profecía de Joel de que "en los postreros días, dice Dios, derramaré de mi Espíritu sobre toda carne" (Hch. 2:16-17; cp. Jl. 2:28). Durante todo su ministerio Jesús mostró una serie de destellos del poder definitivo que demostrará cuando establezca su gobierno de mil años sobre la tierra actual, y luego su gobierno eterno en el cielo nuevo y la tierra nueva.

Al seguir presentando el tercer grupo de milagros que demostraron la afirmación de Jesús en cuanto a su condición mesiánica (que comenzó con los milagros dobles de 9:18-26), Mateo muestra el poder de Jesús para restaurar vista a los ciegos y oído a los sordos. Al resucitar de los muertos a la hija de Jairo, el Señor demostró su poder definitivo sobre la muerte. Y debido a que la muerte es la pena máxima e ineludible del pecado, el poder de Jesús sobre la muerte también demostró aún más de lo que lo hizo su poder para curar la enfermedad, que su afirmación de perdonar el pecado (9:2-6) no era vacía. Al sanar a la mujer con el flujo de sangre (9:20-22), y al curar ahora a los ciegos y al sordo, siguió demostrando su poder sobre los males físicos y sobre la corrupción que el pecado produce. A través de los milagros de restaurar la vista a ojos ciegos y sonido a oídos sordos, el Mesías volvió a afirmar su capacidad no solo de restaurar vida a un cuerpo, sino también de restaurar vida y función a cualquiera de sus partes individuales.

CURACIÓN DE LOS DOS HOMBRES CIEGOS

Pasando Jesús de allí, le siguieron dos ciegos, dando voces y diciendo: ¡Ten misericordia de nosotros, Hijo de David! Y llegado a la casa, vinieron a él los ciegos; y Jesús les dijo: ¿Creéis que puedo hacer esto? Ellos dijeron: Sí, Señor. Entonces les tocó los ojos, diciendo: Conforme a vuestra fe os sea hecho. Y los ojos de ellos fueron abiertos. Y Jesús les encargó rigurosamente, diciendo: Mirad que nadie lo sepa. Pero salidos ellos, divulgaron la fama de él por toda aquella tierra. (9:27-31)

Cuando **Jesús** salió de la casa de Jairo en Capernaúm después de resucitar de los muertos a la niña, **le siguieron dos ciegos** que buscaban liberación para su gran aflicción. En este breve relato se muestra una cantidad de verdades acerca de estos dos hombres: su condición, su clamor, su confrontación, su conversión, el mandato que se les dio, su terquedad, y su compromiso.

LA CONDICIÓN DE LOS HOMBRES

La ceguera era común en tiempos antiguos, como aún lo es hoy en la mayoría de zonas subdesarrolladas del mundo. El hecho de que Jesús curara más casos de ceguera que de cualquier otra enfermedad refleja lo generalizado del mal. Condiciones insalubres, organismos infecciosos, ráfagas de arena, accidentes, guerra, malnutrición y calor excesivo se combinaba todo para hacer de la ceguera un peligro constante. Muchos bebés nacían ciegos debido a una variedad de enfermedades que las madres padecían durante el embarazo, y muchos otros enceguecían pocos días después de nacer al ser expuestos a enfermedades venéreas, especialmente la gonorrea, cuando atravesaban el canal vaginal.

No era raro que los ciegos se relacionaran con otros que padecían la misma condición, y es posible que estos **dos ciegos** hubieran sido compañeros de tinieblas por muchos años.

EL CLAMOR DE LOS HOMBRES

Mientras seguían detrás de Jesús, estos ciegos **daban voces** continuamente al Señor, esperando de algún modo captar su atención en medio del ruido y la confusión que por lo general acompaña a un enorme grupo de personas. Puesto que ellos no podían ver a Jesús, solo podían imaginar lo cerca que estaban de Él. *Krazō* (de donde viene dar **voces**) básicamente transmite la idea de clamar o gritar con gran intensidad, y la palabra tenía una amplia gama de aplicaciones en tiempos del Nuevo Testamento. Se usa en el ininteligible balbuceo de algún desquiciado como el endemoniado de Gadara (Mr. 5:5), así como en los gritos de los niños en el templo que estaban alabando a Jesús (Mt. 21:15). Se usa para el Señor mismo en la cruz, cuando "dando una gran voz, expiró" (Mr. 15:37). Se usa en Apocalipsis 12:2 para los gritos de una mujer con dolores de parto.

Los dos ciegos daban **voces** a Jesús con gran ansiedad y desesperación, y estaban decididos a hacerse oír por sobre el bullicio de la multitud, sabiendo que Él era su única esperanza de ser liberados de sus aflicciones. Lo que decían a gritos indica que los dos tenían el conocimiento correcto acerca de Jesús, así como la actitud correcta hacia Él.

El conocimiento correcto acerca de Jesús. El hecho de que los ciegos se dirigieran a Jesús como **Hijo de David** indica que lo reconocían como el Mesías, porque **Hijo de David** era uno de los títulos judíos más comunes para el Libertador prometido. Se trataba de un título real que denotaba el linaje de Jesús de la familia del gran rey David, y su derecho para volver a establecer y gobernar sobre el reino venidero de Israel.

Como ya se mencionó, la primera promesa del Antiguo Testamento en cuanto al gran Libertador de Dios declaraba que sería un hombre, la simiente de la mujer. Más tarde en el libro de Génesis Dios revela que el Mesías sería descendiente de Abraham (Gn. 12:3), específicamente a través de su hijo Isaac (21:12) y su bisnieto Judá (49:10). Por medio del profeta Natán, el Señor le dijo a David: "Cuando tus días sean cumplidos, y duermas con tus padres, yo levantaré después de ti a uno de tu linaje, el cual procederá de tus entrañas, y afirmaré su reino. Él edificará casa a mi nombre, y yo afirmaré para siempre el trono de su reino. Yo le seré a él padre, y él me será a mí hijo… Y será afirmada tu casa y tu reino para siempre delante de tu rostro, y tu trono será estable eternamente" (2 S. 7:12-14*a*, 16). Cuando el ángel Gabriel le anunció a María el nacimiento de Jesús, declaró de Él: "Este será grande, y será llamado Hijo del Altísimo; y el Señor Dios le dará el trono de David su padre; y reinará sobre la casa de Jacob para siempre, y su reino no tendrá fin" (Lc. 1:32-33). En su hermoso cántico de alabanza dirigido por el Espíritu, Zacarías el padre de Juan el Bautista se regocijó diciendo: "Bendito el Señor Dios de Israel, que ha visitado y redimido a su pueblo, y nos levantó un poderoso Salvador en la casa de David su siervo" (Lc. 1:68-69). Cuando se registró en el censo del César, José llevó con él a su esposa embarazada "a la ciudad de David, que se llama Belén, por cuanto era de la casa y familia de David" (Lc. 2:4).

Una y otra vez el Nuevo Testamento declara que Jesús es el descendiente prometido de David que liberaría al pueblo de Dios y establecería su reino eterno (Jn. 7:42; Hch. 2:29-30; Ro. 1:3; 2 Ti. 2:8; Ap. 5:5; 22:16). Las multitudes que arrojaron ropa y ramas delante de Jesús cuando Él hizo la entrada triunfal a Jerusalén, cantaban: "¡Hosanna al Hijo de David! ¡Bendito el que viene en el nombre del Señor! ¡Hosanna en las alturas!" (Mt. 21:9). Llamar a Jesús **Hijo de David** era proclamar que se trataba del Mesías, el Cristo, como los incrédulos y envidiosos dirigentes judíos lo sabían muy bien (véase Mt. 22:42).

Cada judío que oyó a los ciegos llamar a Jesús el **Hijo de David** reconoció esto como una clara confesión de que creían en la condición mesiánica de Él. De modo público y valiente afirmaron a Jesús como el Libertador prometido de Israel, y vinieron a Él en busca de su propia liberación.

La actitud correcta hacia Jesús. El clamor de los ciegos también revela que tuvieron la actitud correcta hacia Jesús. Suplicaron: **¡Ten misericordia de nosotros!**, con lo que pudieron haber reconocido su necesidad no solo de ayuda física sino de **misericordia** perdonadora. Aunque no podemos ser dogmáticos al suponer eso, parece razonable sugerir que ellos sintieron una necesidad espiritual que solo Jesús podía satisfacer, y acudieron a Él con humildad, dependiendo abiertamente de la gracia divina. Sabían que no merecían la ayuda del Señor, pero también debieron haber sabido que "clemente y misericordioso es Jehová, lento para la ira, y grande en misericordia. Bueno es Jehová para con todos, y sus misericordias sobre todas sus obras" (Sal. 145:8-9). Ellos hicieron caso al llamado de Joel: "Convertíos a Jehová vuestro Dios; porque misericordioso es y clemente, tardo para la ira y grande en misericordia" (Jl. 2:13).

Estos dos hombres acudieron a Jesús no solo con un entendimiento correcto de la gran dignidad que Él tenía, sino también con la comprensión correcta de lo indignos que ellos eran. Esa es la actitud del corazón que el Señor honra y acepta. Una vez más se pone de manifiesto que la persona que viene delante de Dios declarando su propia bondad es rechazada por Él, mientras que quien se lamenta por su pecado y humildemente clama: "Dios, sé propicio a mí, pecador" es justificado por el Señor (Lc. 18:10-14).

Los ciegos acudieron a la persona correcta, porque Jesucristo era la misericordia encarnada. Según he escrito en otra parte:

> Jesús fue el ser humano más misericordioso que jamás haya existido. Se acercó a los enfermos y los curó. Llegó hasta los lisiados y les dio piernas para que caminaran. Curó los ojos de los ciegos, los oídos de los sordos, y las bocas de los mudos. Encontró prostitutas, publicanos y los que eran libertinos y borrachos, y los hizo entrar en el círculo del amor divino, redimiéndolos, y poniéndolos sobre sus pies.
>
> Él tomó a los solitarios y los hizo sentirse amados. Tomó a niños pequeños en sus brazos y los amó. Nunca hubo una persona sobre la faz de la tierra con la compasión de Jesús. Una vez venía un cortejo fúnebre y Él vio a una madre llorando porque su hijo había muerto. Ella era viuda y ahora no tenía hijo que la cuidara. ¿A quién le importaría? Jesús detuvo el cortejo fúnebre, puso la mano en el ataúd, y resucitó de los muertos al hijo. A Él le importó (*Kingdom Living Here and Now* [Chicago: Moody, 1980], p. 107).

En nombre propio y de sus compatriotas israelitas, Daniel oró con esperanza a Dios: "No elevamos nuestros ruegos ante ti confiados en nuestras justicias, sino en tus muchas misericordias" (Dn. 9:18). Jeremías declaró: "Por la misericordia de Jehová no hemos sido consumidos, porque nunca decayeron sus misericordias. Nuevas son cada mañana; grande es tu fidelidad" (Lm. 3:22-23). El escritor de Hebreos nos dice que Jesús "debía ser en todo semejante a sus hermanos, para venir a ser misericordioso y fiel sumo sacerdote" (He. 2:17). Pablo nos recuerda "las abundantes riquezas de su gracia [de Dios] en su bondad para con nosotros en Cristo Jesús" (Ef. 2:7) y que "nos salvó, no por obras de justicia que nosotros hubiéramos hecho, sino por su misericordia" (Tit. 3:5). El nuestro es un Dios de misericordia, para sanar y salvar.

Es interesante que al principio Jesús no diera respuesta a las súplicas de los dos ciegos. Ellos siguieron clamando mientras todo el gentío se movía junto con Jesús y los discípulos. El Señor dejó que estos dos hombres derramaran sus corazones a medida que con persistencia demostraban su determinación. Él les probó la fe, dejándola correr hasta el extremo que demostró su sinceridad.

Aunque no se nos dice específicamente, es posible que **la casa** a la que Jesús se dirigió fuera la de Pedro, donde quizás Jesús se alojó mientras estuvo en Capernaúm (véase 8:14). Después de un día exigente de enseñanza y sanidad, Jesús fue a uno de los lugares que pudieron considerarse su hogar terrenal una vez que su ministerio empezara. El otro fue la casa de María, Marta y Lázaro en Betania. Nuestro Señor soportó tres años de falta casi total de privacidad. No solo que sus discípulos fueron sus compañeros constantes, sino que multitudes de personas lo seguían adondequiera que iba.

LA CONFRONTACIÓN DE LOS HOMBRES

No fue sino hasta después que Jesús entró **a la casa** que **vinieron a él los ciegos.** De algún modo lograron seguirle hasta la casa donde se alojaba. Cada una de las curaciones relatadas en el capítulo 9 implicó tal persistencia. El paralítico y sus amigos estaba tan decididos a llegar hasta donde Jesús, que abrieron de veras un hueco en el techo de la casa y bajaron al hombre afligido a los pies del Señor. El principal de la sinagoga siguió buscando la ayuda de Jesús incluso después que su hija muriera, y la mujer con el flujo de sangre estaba decidida a agarrar la borla del manto de Jesús a fin de recibir curación. En cada caso Jesús dejó que los persistentes buscadores afirmaran su fe en Él.

Ahora les pregunta enfáticamente a los ciegos: **¿Creéis que puedo hacer esto?** La pregunta parece extraña y casi cruel teniendo en cuenta la evidente determinación de estos individuos, quienes a pesar de su gran discapacidad habían logrado seguir a Jesús por una considerable distancia mientras contendían con gran cantidad de personas videntes que también querían estar con Él. Los hombres ya habían reconocido la condición mesiánica de Jesús al dirigirse continuamente a Él como Hijo de David; y puesto que Jesús conocía sus corazones, ya estaba consciente de que la fe que tenían en Él era auténtica. Por tanto, que les preguntara acerca de su fe debió haber sido con el propósito de extraer una confesión pública más completa. Pablo escribió: "Si confesares con tu boca que Jesús es el Señor, y creyeres en tu corazón que Dios le levantó de los muertos, serás salvo" (Ro. 10:9).

Jesús sacó de los ciegos tal confesión, que se convirtió en un testimonio público para otros acerca de lo que se requería para obtener salvación. **Sí** afirmó la creencia que tenían en que Él podía hacer lo que le pedían, y el **Señor** afirmó la creencia de ellos en que Él era el Mesías divino, el Salvador venidero prometido mucho tiempo por los profetas.

El testimonio de los hombres también los separó de quienes esperaban que el Mesías fuera tan solo un libertador político y militar humano que derrocaría el yugo de Roma y establecería un reino terrenal como el que gobernara su antiguo rey David. El testimonio de los ciegos también afirmó la fe en que Jesús era más que un líder humano muy competente y carismático. Más que eso, el testimonio señalaba por sobre todo que Él era un líder espiritual, cuya preocupación principal era liberar individuos de su esclavitud al pecado. Aunque la compasión de Jesús por el sufrimiento físico era grande, su compasión por las almas perdidas era infinitamente superior. La curación que realizó de enfermedades fue en primer lugar para demostrar la misericordia y el poder de Dios, con el propósito de establecer sus credenciales divinas como el Mesías prometido de Dios, a fin de que los hombres pudieran convencerse de que confiaran en Él como su Salvador espiritual. Jesús curó cuerpos con el propósito infinitamente mayor de salvar almas.

Según se analizó en el capítulo anterior, los evangelios dejan en claro que no fue necesario que hubiera fe en todos los casos de sanidad física. La mayoría de las curaciones de Jesús se realizaron aparte de la mención de cualquier tipo de fe. Algunas curaciones, como la del criado del centurión, se llevaron a cabo sin que las personas afligidas siquiera vieran a Jesús. Otras, como la resurrección de Lázaro y de la hija de Jairo, se realizaron en aquellos que ya estaban muertos cuando el poder de Jesús obró en sus cuerpos.

Sin embargo, la fe *siempre* está presente en la salvación, y Jesús motivó a los dos ciegos a confesar abiertamente su confianza en Él seguramente por el bien de su restauración espiritual, no de su restauración física. Ellos llegaron a Jesús reconociéndolo como el Mesías de Dios, el Hijo de David; y lo hicieron pidiendo misericordia, más que simple sanidad. Aunque el término **Señor** se usaba a veces tan solo como un título de respeto, al igual que se usa hoy día, el contexto aquí convence que los dos ciegos buscaron a Jesús como su divino Señor, no simplemente como un hombre de gran dignidad. Al llevarlos a confesarlo como **Señor,** Jesús los llevó a la conversión.

LA CONVERSIÓN DE LOS HOMBRES

Sin la fanfarria o el dramatismo superficial tan común entre los que se declaran a sí mismos como curanderos, Jesús tan solo **les tocó los ojos, diciendo: Conforme a vuestra fe os sea hecho. Conforme a vuestra fe** significa que el alcance del ministerio de Jesús hasta estos hombres se basó en la medida de su fe personal en Él. La fe es el medio por el cual los hombres reciben la salvación que Dios en su misericordia provee. Al tener en cuenta la confesión de ellos y la mención específica de Jesús acerca de la **fe** que tenían, parece seguro que algo más que **los ojos de ellos fueron abiertos.** Es probable que su confianza en Jesucristo trajera tanto salvación como sanidad. Él les dio vida espiritual, así como visión física.

Al escribir acerca de este pasaje, el arzobispo Richard Trench comentó:

> La fe que en sí no es nada es sin embargo el medio para recibir todo. Es la relación entre el vacío del ser humano y la plenitud de Dios, y en este punto yace todo el valor que la fe tiene. La fe es el balde que se sumerge en la fuente de la gracia de Dios, sin el cual el hombre no podría extraer agua de vida de los pozos de salvación, porque los pozos son profundos y por sí solo el ser humano no tiene nada con qué sacarla. La fe es la bolsa que en sí no puede hacer rico a su propietario, pero que enriquece efectivamente por la riqueza que contiene (*The Miracles of Our Lord* [Londres: Kegan Paul, Trench, Trubner, & Co., 1902], p. 212).

EL MANDATO A LOS HOMBRES

En este momento **Jesús les encargó rigurosamente, diciendo: Mirad que nadie lo sepa.** El Señor no estaba haciendo simplemente una sugerencia. *Embrimaomai* (**encargó rigurosamente**) es una forma intensificada de un verbo ya fuerte, e incluso podría transmitir la idea de regañar (véase Mr. 14:5).

El motivo de Jesús para este mandato no fue, como algunos sugieren, evitar que se conociera su poder de obrar milagros. Él ya había realizado cientos de milagros públicos y se había vuelto famoso por ellos. Sus milagros estaban *destinados* a ser difundidos porque demostraban la condición mesiánica del Señor.

Tampoco se dio la orden para impedir que este milagro particular fuera conocido por alguna razón. Los familiares y amigos de los hombres habrían sabido del milagro tan pronto como vieran a los antiguos ciegos. Y debido a la fama que Jesús tenía como un obrador de milagros al instante supondrían que Él había sido el sanador.

Es obvio que Jesús tenía otro motivo para ordenar el silencio de los hombres. La mejor explicación parece ser que no quería que se proclamara prematuramente su condición mesiánica. Como se indicó antes, que los hombres llamaran a Jesús el Hijo de David era un claro reconocimiento de esa condición mesiánica, y fue un título que Él no rechazó y que su acto de sanidad en realidad confirmó.

Puesto que Jesús no desarrolló su ministerio a través del sistema judío ni esgrimió el poder político-militar que muchos judíos asociaban con el Mesías, la condición mesiánica de Jesús no sería aceptada por muchos judíos, especialmente los líderes. Fue la misma afirmación de que en realidad Él era el Rey profetizado de los judíos lo que en última instancia causó su crucifixión. Pero este no era el momento de que esa verdad se propagara ampliamente. Jesús no quería suscitar oposición prematura ni estimular que judíos revolucionarios comenzaran a aglutinarse alrededor de Él como si fuera un libertador político.

También podría haber sido que Jesús ordenara a los hombres que callaran para no exagerar el aspecto de hacedor de milagros en su ministerio. Aunque los milagros eran parte esencial de su obra divina, mucha gente había llegado a ver a Jesús *solo* como un gran sanador humano y nada más. Él reprendió a la multitud que lo buscó después que de manera milagrosa alimentara a cinco mil hombres cerca de Tiberias, diciéndoles claramente: "De cierto, de cierto os digo que me buscáis, no porque habéis visto las señales, sino porque comisteis el pan y os saciasteis"

(Jn. 6:26). La mayoría de personas no percibieron los milagros de Jesús en su propósito original como "señales" de la condición mesiánica, sino simplemente como un medio sobrenatural, y tal vez incluso mágico, de obtener una comida gratis o algunos otros beneficios físicos temporales.

También es posible que Jesús les dijera a los dos hombres que no difundieran su curación para que otros pudieran sacar sus propias conclusiones acerca de la condición mesiánica de Él. Si valientemente lo llamaron por el título mesiánico Hijo de David *antes* de ser curados, ¡cuánto más audaz debió haber sido la declaración de ellos *después* que recibieran la vista por el toque de la mano del Señor! Cuando Juan el Bautista estaba preso y envió a sus discípulos a preguntarle a Jesús: "¿Eres tú aquel que había de venir, o esperaremos a otro?", el Señor no contestó directamente, sino que declaró: "Id, y haced saber a Juan las cosas que oís y veis. Los ciegos ven, los cojos andan, los leprosos son limpiados, los sordos oyen, los muertos son resucitados, y a los pobres es anunciado el evangelio" (Mt. 11:3-5). Jesús estaba preocupado de que especialmente los judíos, como pueblo escogido de Dios, aceptaran la condición mesiánica en base al cumplimiento de la profecía del Antiguo Testamento, y no basándose solo en un testimonio de oídas o en afirmaciones verbales.

LA TERQUEDAD DE LOS HOMBRES

A pesar del mandato estricto de Jesús de no hacerlo, los dos hombres salieron al instante y **divulgaron la fama de él por toda aquella tierra.** La mayoría de creyentes debe decir más respecto a Jesús, no menos. Pero por sus propias razones importantes, en esta ocasión Él les había mandado que no dijeran nada de lo que el Señor había hecho por ellos; y sin embargo desobedecieron. Debido a que *se trató de* desobediencia al Señor, lo que hicieron estuvo mal; pero resultó ser un tipo de pecado que solo un corazón agradecido y desbordante podía cometer. Los hombres no pudieron resistir el deseo abrumador de hablarles a todos de la maravillosa liberación que habían recibido y del Señor que los liberó.

EL COMPROMISO DE LOS HOMBRES

La traducción **mientras salían ellos, he aquí, le trajeron un mudo, endemoniado,** sugiere que otras personas le llevaron el **mudo** a Jesús cuando los dos que habían sido ciegos estaban saliendo. Pero otra posible traducción es: "Cuando se fueron, un hombre que no podía hablar, poseído por un demonio, fue llevado a Jesús" (NTV). La idea es que los dos hombres mismos se encontraron con otro individuo necesitado cuando salían y de inmediato se lo llevaron a Jesús para que lo curara. Si este es el caso, ellos evidenciaron un compromiso auténtico con Cristo al llevar a otros hasta Él.

El **mudo** pudo haber sido un amigo de los dos hombres que fueron ciegos, que quizás había actuado como los ojos de ellos mientras que ellos actuaban como la voz de él. En tal caso, lo primero que hicieron después de ser curados y salvados fue llevarle a su amigo a Jesús para sanidad y salvación.

Kōphos (**mudo**) a menudo incluía la idea de sordera (véase Mt. 11:5), porque la incapacidad de hablar con frecuencia la causa la incapacidad de oír. Al igual que con la ceguera, la sordera era común en el mundo antiguo. Accidentes y enfermedades causaban pérdida del oído, y materia extraña podía acumularse en la cera del oído y convertirse en un caldo de cultivo para organismos infecciosos que con el tiempo destruirían el oído. No obstante, en el caso de este hombre la mudez fue causada porque estaba **endemoniado,** y cuando fue liberado del demonio también fue liberado de su mudez.

CURACIÓN DEL MUDO

Y echado fuera el demonio, el mudo habló; (9:33*a*)

No se nos dice cómo fue **echado fuera el demonio.** Sea que Jesús tocara al hombre, como había hecho con los dos ciegos; que mandara verbalmente al demonio que saliera, como había hecho con los espíritus malignos que poseían a los gadarenos (8:32); o que usara algunos otros medios, el **demonio** salió al instante y **el mudo habló.**

Nada se dice de la fe de este hombre, ni se da ningún indicio de su salvación. Por lo que sabemos, no hizo profesión de fe en Jesús ni recibió nada de Él excepto sanidad física. Quizás a través del testimonio continuo de sus dos amigos más tarde pudo haber puesto su fe en Cristo y también haber recibido vida eterna. Pero en este momento su curación parece haber sido solo física.

El enfoque principal del pasaje está en los dos ciegos, y su historia ofrece una hermosa analogía del patrón de salvación. Su ceguera física es una representación de la ceguera espiritual. Primero, ellos reconocieron su necesidad.

Segundo, los ciegos reconocieron a Jesús como el Hijo de David, el Mesías, tal como la persona salva debe reconocerlo como Señor y Salvador. Tercero, ellos llegaron buscando la misericordia de Dios, sabiendo que no merecían lo que necesitaban. ¿Cuánto menos los hombres pecadores merecen el perdón divino de sus pecados, y por tanto cuánto más necesitan la misericordia de Dios? Cuarto, los ciegos confiaron en Jesús para sanidad, así como los perdidos deben confiar en Él para salvación. En base a su fe ellos fueron convertidos. Quinto, al desobedecer al Señor mostraron una debilidad bienintencionada que a menudo sigue a la conversión. Como bebés en Cristo no tuvieron discernimiento y se descuidaron, poniendo su propio juicio por sobre el del Señor. Sin embargo, sexto, también fueron útiles al Señor porque llevaron a otros necesitados hasta Él.

Hace tiempo George Lansing Taylor escribió:

> Oh Salvador, estamos ciegos y mudos,
> ante ti por vista y habla venimos;
> toca nuestros ojos con brillantes rayos de verdad,
> toca nuestros labios para cantarte alabanza.
> Ayúdanos a sentir nuestra lúgubre noche,
> y a buscar, a través de todas las cosas, tu luz,
> hasta que recibimos el alegre anuncio:
> "Sea como creíste".
> Entonces presto al mudo a ti traeremos,
> hasta que toda tu gracia vea y cante.

Respuestas al poder de Jesús

53

y la gente se maravillaba, y decía: Nunca se ha visto cosa semejante en Israel. Pero los fariseos decían: Por el príncipe de los demonios echa fuera los demonios. Recorría Jesús todas las ciudades y aldeas, enseñando en las sinagogas de ellos, y predicando el evangelio del reino, y sanando toda enfermedad y toda dolencia en el pueblo. (9:33*b*-35)

Un escritor británico contemporáneo comentó: "El problema con el ser humano es este: La humanidad se encuentra ante una encrucijada, y todos los letreros se han caído".

No obstante, para Mateo, como para todos los demás escritores, predicadores y maestros del Nuevo Testamento y para todos los creyentes de hoy día, los letreros de la necesidad espiritual de la humanidad están muy bien asentados y son totalmente confiables. El problema con la humanidad no está en los letreros sino en aquellos que hacen caso omiso o rechazan los letreros que Dios ha hecho muy evidentes (véase Ro. 1:18-23).

Entre esos letreros están los milagros que demostraron su naturaleza divina y la condición mesiánica de Jesús, así como su poder para salvar y su derecho para gobernar. Además de demostrar quién era Jesús, sus milagros también sirvieron para separar a aquellos que lo aceptan de quienes lo rechazan. Para algunos, los milagros de Jesús fueron una señal de la gloria y el poder divino que los acercaban a Él; para otros fueron maravillas sobrenaturales hechas por un hombre bueno, pero un hombre que no tenía ningún derecho sobre las vidas de ellos; y para otros más esos milagros constituyeron una afrenta al decoro religioso que los alejó aún más del Señor.

Jesús es la línea divisoria de la historia y el punto de demarcación que determina el destino final de cada individuo en la tierra. Cuando Él tenía solo cuarenta días de edad sus padres lo llevaron al templo en Jerusalén para presentarlo al Señor como su varón primogénito, y para realizar el ritual de purificación de María después de dar a luz. Mientras estaban allí, un hombre piadoso llamado Simeón a quien el Espíritu Santo le había prometido "que no vería la muerte antes que viese al Ungido del Señor", tomó al niño Jesús en sus brazos. Simeón alabó a Dios por el Niño, diciéndole: "Han visto mis ojos tu salvación, la cual has preparado en presencia de todos los pueblos; luz para revelación a los gentiles, y gloria de tu pueblo Israel" (Lc. 2:26, 30-32). Luego bendijo a María y José "y dijo a su madre María: He aquí, éste está puesto para caída y para levantamiento de muchos en Israel" (v. 34).

Quienes rechazan a Jesús "caen" en el juicio de Dios y en consecuencia en el infierno, mientras que quienes lo aceptan son salvados del pecado y la muerte, y "resucitados" para vida eterna con Dios en el cielo. Esos son los únicos dos destinos posibles para un ser humano. Aquellos que confían en Dios son salvos y son "como árbol plantado junto a corrientes de aguas, que da su fruto en su tiempo", mientras que quienes rechazan a Dios están perdidos y son "como el tamo que arrebata el viento" (Sal. 1:3-4).

Incluso mientras Jesús aún estaba en el vientre, María alabó a Dios como "el Poderoso [cuya] misericordia es de generación en generación a los que le temen…. Quitó de los tronos a los poderosos, y exaltó a los humildes. A los hambrientos colmó de bienes, y a los ricos envió vacíos" (Lc. 1:49-50, 52-53). Por su conocimiento del Antiguo Testamento, María era consciente de que Dios recibe a quienes llegan a Él en humildad y arrepentimiento, y rechaza a quienes de manera orgullosa y arrogante confían en sí mismos y no ven necesidad de la misericordia o liberación de parte del Señor. Al principio de su ministerio Jesús declaró:

> *Bienaventurados vosotros los pobres, porque vuestro es el reino de Dios. Bienaventurados los que ahora tenéis hambre, porque seréis saciados. Bienaventurados los que ahora lloráis, porque reiréis. Bienaventurados seréis cuando los hombres os aborrezcan, y cuando os aparten de sí, y os vituperen, y desechen vuestro nombre como malo, por causa del Hijo del Hombre. Gozaos en aquel día, y alegraos, porque he aquí vuestro galardón es grande en los cielos; porque así hacían sus padres con los profetas. Mas ¡ay de vosotros, ricos! porque ya tenéis vuestro consuelo. ¡Ay de vosotros, los que ahora estáis saciados! porque tendréis hambre. ¡Ay de vosotros, los que ahora reís! porque lamentaréis y lloraréis. ¡Ay de vosotros, cuando todos los hombres hablen bien de vosotros! porque así hacían sus padres con los falsos profetas. (Lc. 6:20-26)*

Los bienaventurados son los salvos, y los que caen bajo la ira de Dios son los perdidos.

Usando otros ejemplos para enseñar la misma verdad, Jesús dijo que los salvos son como los que edifican sus vidas sobre la roca de la justicia del Señor, y que los perdidos son como los que edifican sus vidas sobre la arena de la religión del hombre. Los que edifican sobre la roca resisten el juicio de Dios, y los que edifican sobre arena no lo resisten (Mt. 7:24-27). Usando un ejemplo más, el Señor declaró: "Todo el que quiera salvar su vida, la perderá; y todo el que pierda su vida por causa de mí, la hallará" (Mt. 16:25). En otra ocasión manifestó: "A cualquiera, pues, que me confiese delante de los hombres, yo también le confesaré delante de mi Padre que está en los cielos. Y a cualquiera que me niegue delante de los hombres, yo también le negaré delante de mi Padre que está en los cielos" (Mt. 10:32-33). Aquellos que se identifican con el Hijo de Dios, Jesucristo, Dios los identificará como sus propios hijos. Jesús dejó en claro que su paz es solamente para quienes le pertenecen. A quienes lo rechazan no les trae "paz, sino espada. Porque he venido para poner en disensión al hombre contra su padre, a la hija contra su madre, y a la nuera contra su suegra; y los enemigos del hombre serán los de su casa" (vv. 34-36).

En una parábola dirigida específicamente a los jefes de los sacerdotes y los ancianos incrédulos en Jerusalén, Jesús declaró: "Un hombre tenía dos hijos, y acercándose al primero, le dijo: Hijo, ve hoy a trabajar en mi viña. Respondiendo él, dijo: No quiero; pero después, arrepentido, fue. Y acercándose al otro, le dijo de la misma manera; y respondiendo él, dijo: Sí, señor, voy. Y no fue. ¿Cuál de los dos hizo la voluntad de su padre? Dijeron ellos: El primero. Jesús les dijo: De cierto os digo, que los publicanos y las rameras van delante de vosotros al reino de Dios" (Mt. 21:28-31). El segundo hijo representa a las personas no religiosas e impías que llegan a reconocer su pecado y se arrepienten, volviéndose a Dios para salvación. El primer hijo representa a los religiosos hipócritas que hacen una profesión externa de Dios, pero por dentro son rebeldes contra Él. Sean religiosos o no, solo quienes se vuelven a Dios a través de Jesucristo pueden salvarse.

El apóstol Pablo escribió a menudo sobre el tema de que la especie humana está dividida en creyentes e incrédulos (los ligados al cielo y los ligados al infierno, los benditos y los malditos, los glorificados y los condenados) y el problema determinante entre ellos es si responden al Señor Jesucristo. A los creyentes corintios les escribió: "A Dios gracias, el cual nos lleva siempre en triunfo en Cristo Jesús, y por medio de nosotros manifiesta en todo lugar el olor de su conocimiento. Porque para Dios somos grato olor de Cristo en los que se salvan, y en los que se pierden; a éstos ciertamente olor de muerte para muerte, y a aquéllos olor de vida para vida" (2 Co. 2:14-16). Los cristianos tocan todo el mundo con la fragancia de Dios, pero esa fragancia es una bendición agradable solo para los compañeros creyentes. Mientras los salvos oigan, comprendan y tengan comunión con quienes también creen el evangelio que los redimió, más se regocijan y crecen en su nueva vida en Cristo. Pero para los que están condenados al infierno, los que rechazan las buenas nuevas acerca de Cristo, todo lo que los creyentes son y enseñan lleva solo el olor de la muerte. Cuanto más oyen el evangelio y lo ven manifestado, más repulsivo se les hace y más profundamente se afianzan en su perdición. Su rechazo continuo del evangelio sirve para confirmar su muerte espiritual.

El escritor de Hebreos declara: "¿Cuánto mayor castigo pensáis que merecerá el que pisoteare al Hijo de Dios, y tuviere por inmunda la sangre del pacto en la cual fue santificado, e hiciere afrenta al Espíritu de gracia?" (He. 10:29). Cuanto más se niegue y se rechace a propósito el evangelio salvador del sacrificio expiatorio de Jesús por el pecado, más profundas se vuelven las tinieblas espirituales y más severo es el castigo eterno.

En Mateo 9:33*b*-35 aparecen primero dos respuestas superficialmente distintas pero básicamente similares ante los milagros de Jesús, y luego se da un breve resumen de su ministerio en Galilea, el cual también constituye un resumen de todo el ministerio del Señor hasta el momento de su crucifixión.

RESPUESTAS DE LAS PERSONAS

y la gente se maravillaba, y decía: Nunca se ha visto cosa semejante en Israel. (9:33*b*)

Después del primer grupo de tres milagros, la respuesta general de la gente está caracterizada por tres hombres, cada uno de los cuales fue atraído a Jesús, pero encontró una excusa para no seguirlo (véase 8:19-22; cp. Lc. 9:57-62). La primera

respuesta después del siguiente grupo de milagros fue el llamado y la conversión de Mateo (9:9), seguidos por el cuestionamiento insincero que los fariseos
incrédulos le hicieron a Jesús (vv. 11-13) y por el cuestionamiento sincero que le
hicieran los discípulos confundidos de Juan el Bautista (vv. 14-17).

A lo largo del ministerio de Jesús, como a lo largo del Nuevo Testamento y la
historia de la Iglesia, las respuestas a Jesucristo muestran variaciones. Algunas
personas lo reconocen al instante por quién es Él, pero se quedan cortas en buscar la salvación que Él ofrece. Otros reconocen y confían en Jesús y obtienen vida
eterna. Algunos al principio lo rechazan pero después lo aceptan, y otros externamente afirman aceptarlo pero por dentro permanecen sin cambio alguno y sin
salvación. No obstante, en cada caso la respuesta refleja solo una de dos decisiones
básicas: la de verdadera aceptación, que lleva a salvación, o la de rechazo, que lleva
a condenación.

En este texto el Espíritu Santo muestra las respuestas dadas a Jesús después del
tercer y último grupo de milagros registrado en Mateo 8—9.

LA RESPUESTA DE LA GENTE

La primera respuesta fue de **la gente,** que **se maravillaba** de lo que Jesús estaba
haciendo. En público declararon que **nunca se ha visto cosa semejante en Israel.**
Ellos sabían de los muchos milagros que Dios obró cuando Moisés apeló al faraón
para que liberara de la esclavitud a los israelitas, y también sabían de la liberación
a través del Mar Rojo y la provisión de agua y de maná en el desierto. Tenían
conocimiento de que Dios había dado la ley en el monte Sinaí en tablas de piedra
inscritas con su propio dedo, y del espectacular derrumbe de los muros de Jericó.
Sabían de los grandes milagros de Elías y Eliseo. Sin embargo, en menos de un
año habían presenciado milagros de una magnitud mayor y absolutamente única.
Habían visto una demostración de poder divino sin igual no solo en la historia de
Israel sino en la historia del mundo.

Thaumazō (**maravillaba**) significa estar muy sorprendido y asombrado, estar
invadido de gran reverencia. Las formas intensificadas del verbo encontrado en
Mateo 27:14 y Marcos 12:17 tienen un significado aún más fuerte. A medida que
los milagros de Jesús aumentaban también crecía el asombro de la multitud. Se
asombraban más allá del estupor. Cuando Jesús calmó la tempestad en el lago de
Galilea, los discípulos estaban más asustados del poder divino que la calmó que
de la propia tormenta. La gran cantidad y variedad de curaciones y otros milagros
los hacían tanto indiscutibles como incomprensibles. Por tanto, continuamente
"todos se admiraban de la grandeza de Dios" (Lc. 9:43).

Sin embargo, por maravillada que la gente estuviera, la mayoría era inconstante
en su alabanza a Jesús. Cuando Él entró a Jerusalén el lunes anterior a su muerte,
"la multitud, que era muy numerosa, tendía sus mantos en el camino; y otros cortaban ramas de los árboles, y las tendían en el camino. Y la gente que iba delante y
la que iba detrás aclamaba, diciendo: ¡Hosanna al Hijo de David! ¡Bendito el que
viene en el nombre del Señor! ¡Hosanna en las alturas!" (Mt. 21:8-9). Pero para
el viernes de esa misma semana, persuadida por los dirigentes religiosos de que

Jesús estaba yendo contra el judaísmo establecido, y que incluso podría convertirse en una amenaza para la seguridad debido a Roma, esa misma multitud prefirió liberar a Barrabás el criminal y crucificar a Jesús el Salvador (27:21). Debido a que la fascinación que tenían con los milagros de Jesús era superficial y no implicaba sumisión a Él como Señor y Salvador, la maravillada multitud finalmente pidió a gritos la muerte sangrienta del Hijo de Dios.

Grandes gentíos alabaron a Jesús y anduvieron muchos kilómetros a lo largo de caminos calurosos y polvorientos para verlo realizar obras asombrosas; pero lo admiraron solo desde la distancia. No lo identificaron de forma duradera ni se sometieron a Él. Siempre se maravillaron, y a veces se asustaron, pero nunca se comprometieron. Fueron solamente curiosos, dispuestos a aclamar, pero no a participar. Llegaron a Jesús por curiosidad y para ser entretenidos.

En Juan 6:26-27, por ejemplo, Jesús dijo al gentío: "De cierto, de cierto os digo que me buscáis, no porque habéis visto las señales, sino porque comisteis el pan y os saciasteis. Trabajad, no por la comida que perece, sino por la comida que a vida eterna permanece". ¡Ellos acudieron a Jesús solo por la comida gratuita! Y puesto que eso es lo único que buscaban, eso es lo único que recibieron. Finalmente se apartaron de Él y luego se volvieron contra Él, porque no hay otro rumbo para aquellos que no lo tienen como Señor y Salvador.

La historia está repleta de personas que amontonan alabanzas sobre Jesús pero no dan evidencia de someterse a Él, y en muchos casos se oponen de manera flagrante a la verdad que Él enseñó. Frente a los enemigos juramentados de Jesús, Poncio Pilato lo declaró inocente de cualquier mal, y poco tiempo después aprobó la sentencia de muerte. El filósofo francés Diderot expresó que Jesús fue inigualable, y el gran emperador francés Napoleón afirmó que Jesús fue un emperador de amor. D. F Strauss, el teólogo liberal alemán, indicó de Jesús que fue el modelo supremo de religión. El filósofo y economista inglés John Stuart Mill lo llamó la guía de la humanidad. El historiador irlandés William Leckey aseguró que Jesús fue el modelo más exaltado de virtud, y James Martineau, el teólogo y filósofo inglés, lo llamó la flor divina de la humanidad. El historiador francés Joseph Renan reconoció a Jesús como el más grande entre los hijos de los hombres. Theodore Parker, un clérigo unitario estadounidense, se refirió a Jesús como la juventud con Dios en el corazón, y el reformador social galés Robert Owen reconoció que Jesús fue irreprochable. Un musical popular se refiere a Jesús como una superestrella. Todos esos son sentimientos hermosos, pero no están a la altura de la verdad salvadora.

Los fariseos y otros líderes de la época de Jesús elogiaban en voz alta a los profetas del Antiguo Testamento, pero sus colegas que vivieron cuando los profetas estaban vivos fueron quienes les dieron muerte, tal como los fariseos llevaron al pueblo a rechazar y crucificar a Jesús. Muchas personas hoy día alaban y se identifican con los grandes líderes cristianos de la historia de la Iglesia, pero rechazan la doctrina y las normas centrales que esos líderes enseñaron y por las que a menudo murieron.

Hace algunos años un grupo de estudiantes cristianos en una universidad estatal tuvo una serie de reuniones para presentar y defender las normas bíblicas de moral. Mientras la presentación se mantuvo en los términos generales fue recibida bastante bien. Pero cuando se hicieron declaraciones que condenaban la homosexualidad como inequívocamente pecaminosa ante los ojos de Dios, un miembro homosexual confeso de la facultad irrumpió por el pasillo del salón de reunión, gritando obscenidades a su interlocutor. Después muchos de los estudiantes homosexuales escupieron a los cristianos que habían asistido.

Mientras se pueda mantener a distancia a Jesús, y mientras a sus enseñanzas exigentes y polémicas se les haga caso omiso o se las rechace, Él a menudo es aceptable para el mundo. Pero cuando Jesús acusa de pecado y exige arrepentimiento y sumisión, el mundo se aleja. Otro asunto es cuando se predica acerca de la necesidad de salvación que el ser humano tiene, y cuando se hace presión sobre las afirmaciones de Jesús. Aquellos que una vez lo alabaron se convierten en sus críticos, y quienes una vez se maravillaron de Él se vuelven sus enemigos. La gente a menudo ofrece la mayor alabanza a Jesús, e incluso le reconoce su divinidad y perfección, mientras no se haga mención de que Él condena al infierno al mentiroso, al asesino, al adúltero, al homosexual, al ladrón y a todo pecador que se niega a arrepentirse y recibirlo como Salvador y Señor.

LOS RELIGIOSOS RECHAZAN

Pero los fariseos decían: Por el príncipe de los demonios echa fuera los demonios. (9:34)

Por esa afirmación está claro que muchos de los fariseos no solo sospechaban y envidiaban a Jesús, sino que ya habían determinado que Él era un enemigo absoluto del judaísmo tradicional, del cual ellos eran los principales custodios. En sus mentes, el enemigo de su religión era el enemigo de Dios.

Debido a que los fariseos no podían negar la realidad de los milagros de Jesús, decidieron negar el origen. Al negarse a reconocer a Jesús como el Mesías de Dios, declararon que es un agente de Satanás que **por** el poder del **príncipe de los demonios echa fuera los demonios.** No podían arremeter contra los milagros mismos, porque estos eran muy numerosos, públicos y demostrables; en lugar de eso, neciamente arremetieron contra Aquel que los ejecutaba.

Poco tiempo después Jesús expuso la elemental falta de lógica de la acusación (ligeramente revisada de aquella en 9:34) de que Él "no echa fuera los demonios sino por Beelzebú, príncipe de los demonios" (Mt. 12:24). Beelzebú era probablemente una forma de Baalzebú (que significa "señor de las moscas"), la deidad filistea pagana considerada el príncipe de los demonios, Satanás mismo. No obstante, según el mismo Jesús señalara: "Todo reino dividido contra sí mismo, es asolado, y toda ciudad o casa dividida contra sí misma, no permanecerá. Y si Satanás echa fuera a Satanás, contra sí mismo está dividido; ¿cómo, pues, permanecerá su reino?" (vv. 25-26). La maldad, la dureza y la ira de los corazones de los fariseos los llevó a atacar a Jesús con una ridícula acusación que esperaban que el pueblo creyera, una acusación que en la ciega y determinada incredulidad que mostraban es posible que ellos mismos se la creyeran. La verdad no puede contradecirse con verdad; solo puede denunciarse con falsedad.

Cuando un incrédulo está decidido a no creer, ningún hecho o razón, por obvio y convincente que sea, puede iluminarlo. El individuo que está vendido a la oscuridad se niega a reconocer la luz, incluso aunque esta sea cegadoramente clara. Y la persona que *alaba* a Jesús pero lo rechaza, o le *hace caso omiso* y lo rechaza, está tan condenada como la que lo *condena* y lo rechaza. Cualquier respuesta a Jesús que no sea la respuesta de la fe equivale a rechazo y resulta en condenación.

LAS OBRAS DEL SEÑOR

Recorría Jesús todas las ciudades y aldeas, enseñando en las sinagogas de ellos, y predicando el evangelio del reino, y sanando toda enfermedad y toda dolencia en el pueblo. (9:35)

Tras la presentación de las respuestas al tercer grupo de milagros, Mateo ofrece otro breve resumen del ministerio de Jesús en Galilea (cp. 4:23).

Nos enteramos por el historiador judío Josefo que en este tiempo había cerca de doscientas ciudades y pueblos en la región de Galilea, un territorio como de sesenta y cinco kilómetros de ancho por ciento diez de largo. Josefo escribió: "Las ciudades son muchas y la multitud de aldeas se hallan por todas partes, llenas de personas debido a la fertilidad de la tierra, tanto que la más pequeña de ellas contiene más de quince mil habitantes". Basándonos en esa evaluación, entonces Galilea debió tener al menos tres millones de habitantes, la mayoría de los cuales pudo haber tenido una exposición directa con Jesús.

Las **ciudades** de esa época se distinguían por tener altos muros alrededor para fortificación, mientras que las **aldeas** no tenían muros. Durante su breve estadía en Galilea, Jesús las visitó **todas** cuando cumplía su triple ministerio **enseñando... predicando el evangelio, y sanando.**

ENSEÑANZA

enseñando en las sinagogas de ellos, (9:35*b*)

Las sinagogas se desarrollaron durante el exilio babilónico (que comenzó en el año 586 a.C.), y desde ese tiempo en adelante fueron los centros de la vida comunitaria judía. La sinagoga era un lugar de adoración, un ayuntamiento y tribunal de justicia. Antes del exilio toda la adoración se centraba en el templo de Jerusalén, del que todo judío en Palestina vivía a menos de ciento sesenta kilómetros. Pero cuando los judíos fueron separados del templo durante esos setenta años de cautiverio, comenzaron a reunirse en una sinagoga, palabra que simplemente significa "lugar de reunión". Dondequiera que vivieran al menos diez judíos podía conformarse una sinagoga, y muchas grandes ciudades del mundo antiguo tenían numerosas **sinagogas.**

La sinagoga se ubicaba por lo general en una colina o a la orilla de un río, y con frecuencia se construía sin techo (como era la mayor parte del templo) a fin de que las personas pudieran mirar hacia arriba al cielo como parte de su adoración. A menudo la sinagoga se identificaba por un largo poste que se levantaba en lo alto, como el campanario de un templo. Un extranjero en la ciudad podía encontrar siempre su camino hacia la sinagoga simplemente viajando en dirección del poste.

Los miembros de la sinagoga se reunían para adorar en el día de reposo y los días segundo y quinto de cada semana. También se reunían para celebrar sus muchas fiestas, festivales y días santos. Las reuniones regulares de adoración estaban estructuradas de manera sencilla. Comenzaban con un tiempo de acción de gracias o bendiciones, que incluían cánticos de alabanza y testimonio oral de las bondades del Señor. Seguía la oración, concluida por un "amén" congregacional, una declaración de afirmación que significa "que así sea". A menudo Jesús usó el término *amén* (traducido "de cierto"; véase Mt. 16:28; Mr. 9:1) para resaltar la verdad de enseñanzas importantes; y la iglesia primitiva, siguiendo la costumbre de la sinagoga, la usaba como una respuesta a la oración (véase 1 Co. 14:16).

Después que se hacía la oración en la reunión de la sinagoga, se ponía de pie un lector designado que leía de la ley de Moisés, los cinco primeros libros de la Biblia (el Pentateuco). El pasaje se leía en hebreo y luego se traducía al arameo, el lenguaje común de los judíos palestinos (cp. Neh. 8:8). A eso le seguía la lectura, traducción y exposición de un pasaje de uno de los profetas. El erudito judío Filón, que vivió en Alejandría durante la época de Cristo, escribió: "Las sinagogas eran principalmente para la lectura y la exposición detallada de las Escrituras".

Por tanto, la costumbre de leer y exponer las Escrituras comenzó ya en la época de Nehemías, y sigue siendo la manera más sólida de predicar y enseñar la Palabra de Dios. El Maestro de tal exposición fue Jesús, y en una ocasión explicó al pueblo en la sinagoga de su ciudad natal de Nazaret que Él mismo era el cumplimiento y la verdadera interpretación de Isaías 61:1-2, pasaje que les acababa de leer (Lc. 4:16-21).

Debido a la política llamada "libertad de la sinagoga", la exposición del pasaje de las Escrituras podía darla cualquier hombre calificado de la congregación, y con frecuencia el privilegio se le extendía a rabinos o dignatarios visitantes. Tanto Jesús como Pablo aprovecharon ese privilegio, el cual se volvió fundamental para la extensión del evangelio durante el siglo I (véase Mt. 4:23; 13:54; Lc. 4:15-21; Hch. 9:20; 13:5; 18:4; 19:8).

La típica reunión de adoración concluía con una bendición y un último "amén" congregacional.

Como ya se mencionó, la sinagoga también era un lugar de instrucción, según lo refleja la palabra yiddish para sinagoga (*schul*, que equivale a nuestra palabra *escuela* en español). Era la primera escuela, o seminario, donde a los niños judíos se les instruía en el Talmud (los comentarios oficiales de la ley de Moisés) y donde muchos hombres judíos (además de los ancianos y rabinos) a menudo pasaban tiempo estudiando las Escrituras (véase Hch. 17:11).

Los asuntos religiosos y de la comunidad eran administrados por los ancianos, o gobernantes de la sinagoga, tales como Jairo (Mr. 5:22). Todos los ancianos actuaban como jueces, y dependiendo de su cantidad seleccionaban un gobernante principal, un intérprete del hebreo para las reuniones de adoración, un director de la escuela, y otros funcionarios. Todos los debates religiosos se resolvían en la sinagoga, y en la mayoría de naciones y provincias durante los tiempos del Nuevo Testamento, el gobierno romano permitía que los judíos dirimieran muchos de sus debates civiles e incluso que administraran castigo. Los casos se trataban, juzgaban y castigaban en la sinagoga (véase Mt. 10:17).

PREDICACIÓN

y predicando el evangelio del reino, (9:35*c*)

Predicar viene de *kērussō*, que a menudo se traduce "proclamar" (Mt. 10:27; Lc. 12:3; 1 Co. 2:1). El significado básico es anunciar un mensaje, hacer un anuncio público para que todo el mundo oiga.

Jesús no solo enseñaba en las sinagogas, sino que también estuvo **predicando el evangelio del reino** dondequiera que iba: en una sinagoga, en la esquina de una calle, en un monte, o en la orilla del mar. Fue mientras predicaba **el evangelio** que tuvo su más importante impulso evangelístico, llamando a sus oyentes no simplemente a creer lo que les enseñaba sino a creer en Él. Al predicar **el evangelio del reino,** Jesús no solo estaba exponiendo el Antiguo Testamento, como hacía cuando enseñaba en las sinagogas, sino que estaba **predicando** el Nuevo Testamento, el nuevo pacto que sellaría con su propia sangre (Mt. 26:28). El Señor estaba develando los misterios que en el Antiguo Testamento se mencionaron, pero no se explicaron, ocultos incluso para la mayoría de creyentes fieles de épocas anteriores. Por tanto, Jesús estaba ofreciendo nueva revelación acerca del plan de redención de Dios.

Evangelio (*euangelion*) significa "buenas noticias", y en el Nuevo Testamento se usa en particular para las buenas nuevas **del reino** de Dios, el que Jesús no solo predicó sino del cual Él mismo fue tanto la puerta de entrada como el Gobernante (Mt. 16:28; 18:3; Lc. 22:29-30; Jn. 14:6; 18:36).

La enseñanza de Jesús acerca **del reino** no era solamente sobre el reino futuro, en sus estados milenial y eterno, sino sobre su actual reino espiritual, en el que una persona nace por la gracia perdonadora y transformadora el momento en que confía en el Hijo de Dios. Todo cristiano es un ciudadano del reino de Dios en su vida actual. Cristo es el Rey, el Señor, de cada creyente. Él gobierna nuestras vidas, suple nuestras necesidades, garantiza nuestra salvación, y en toda manera es soberano sobre nosotros. El **reino** es el gobierno y el reinado de Cristo, ahora en sus santos en la tierra y sobre ellos, finalmente sobre toda la tierra durante el milenio, y de manera definitiva y eterna sobre los nuevos cielos y la nueva tierra.

La doble tarea de enseñar la Palabra y predicar el evangelio sigue siendo el ministerio principal de la Iglesia hoy día. Nuestro primer llamado es enseñar a los hombres la verdad de la Palabra de Dios y llevarlos al conocimiento salvador de Jesucristo (Mt. 28:19-20).

SANIDAD

y sanando toda enfermedad y toda dolencia en el pueblo. (9:35*d*)

En su libro *Counterfeit Miracles*, B. B. Warfield escribió: "Cuando nuestro Señor vino a la tierra atrajo el cielo con Él. Las señales que acompañaron su ministerio solo fueron las nubes arrastradas de gloria que trajo del cielo, el cual es su hogar" (Carlisle, PA: Banner of Truth, [1918] 1983), p. 3.

Los ministerios de enseñanza y predicación de Jesús fueron verificados como divinos y verdaderos por el despliegue de poder sobrenatural en su ministerio de milagros, manifestados especialmente por medio de la sanidad. Esas tres actividades resumen el ministerio público de nuestro Señor.

La mies y los obreros

54

Y al ver las multitudes, tuvo compasión de ellas; porque estaban desamparadas y dispersas como ovejas que no tienen pastor. Entonces dijo a sus discípulos: A la verdad la mies es mucha, mas los obreros pocos. Rogad, pues, al Señor de la mies, que envíe obreros a su mies. (9:36-38)

En este momento Mateo ha concluido la sección sobre la certificación de Jesús en cuanto a su autoridad divina y sus credenciales mesiánicas (capítulos 8—9). En el capítulo 10 Mateo se centra en el encargo que Jesús hace a sus discípulos, y en la instrucción inicial y la capacitación para el ministerio apostólico de ellos (véase 11:1). Los versículos 36-38 del capítulo 9 forman un puente entre estas dos secciones, cuando Jesús se aleja temporalmente de su ministerio público a las multitudes y empieza a concentrarse de forma exclusiva en discipular al círculo íntimo de doce.

El texto marca una transición importante en el ministerio de Jesús. Hasta este momento sus discípulos han sido tan solo oyentes y espectadores, observando y aprendiendo. Todo acerca del verdadero ministerio —enseñar, predicar y sanar— lo ha realizado Jesús mismo. Ahora Él muestra la razón y necesidad de empezar a involucrar a los discípulos (compare 9:35 y 10:1, 7-8, 27). En los tres versículos de nuestro texto se nos da un atisbo de los motivos y los métodos de Jesús en la preparación de los discípulos para su ministerio conjunto con Él.

LOS MOTIVOS

Y al ver las multitudes, tuvo compasión de ellas; porque estaban desamparadas y dispersas como ovejas que no tienen pastor. Entonces dijo a sus discípulos: A la verdad la mies es mucha, (9:36-37*a*)

He aquí una maravillosa manifestación del corazón de nuestro Señor, una revelación de su motivo divino para el ministerio. Descubrimos lo que impulsó al Hijo de Dios a venir a la tierra para enseñar, predicar y sanar a un puñado de personas que solo merecían la condenación del infierno. Tres elementos de esa motivación son la propia compasión divina, la condición perdida del ser humano, y la venidera consumación del juicio.

COMPASIÓN DIVINA DE CRISTO

Y al ver las multitudes, tuvo compasión de ellas; (9:36*a*)

Tal vez desde la posición estratégica de una colina Jesús miró sobre la enorme cantidad de individuos que por muchos meses habían sido sus seguidores casi constantes. Siempre estaban allí, dondequiera que Él iba. Si subía a una barca para cruzar el lago de Galilea, ellos lo seguían en otras barcas o corrían alrededor de la orilla hasta el otro lado y lo encontraban allí. Lo perseguían de ciudad en ciudad, de casa en casa, de sinagoga en sinagoga, y no le daban descanso.

Mucha gente venía solo a observar y escuchar, ansiosa por ver y oír lo que el gran maestro y hacedor de milagros haría o diría. Nunca antes habían oído a alguien decir palabras tan llenas de autoridad pero también de compasión, y nunca habían visto a alguien realizar las hazañas maravillosas que Jesús realizaba. Sin embargo, muchas otras personas venían por necesidades específicas en sus propias vidas o en las vidas de sus seres queridos o amigos. La mayoría de ellas acudían por sanidad física o liberación de demonios.

Pero los ojos divinos de Jesús veían una necesidad infinitamente mayor en sus vidas, una necesidad que sobrepasaba brazos paralizados, cuerpos sangrantes, mentes poseídas, u ojos ciegos y oídos sordos. A Él le conmovían esas necesidades físicas, y también le habrían conmovido profundamente si hubieran sido las únicas aflicciones de estos afligidos.

Sin embargo, **al ver las multitudes,** Jesús vio la profundidad y el dominio del pecado que las asediaba, y la desesperada situación de ceguera espiritual y perdición que soportaban. En consecuencia, **tuvo compasión de ellas** como solo Dios podía sentir. Se preocupó por las personas que lo seguían porque se trataba de Dios encarnado, y su naturaleza divina es amar y preocuparse por las personas, "porque Dios es amor" (1 Jn. 4:8). Vez tras vez en el registro del evangelio se nos habla de la **compasión** y el amor de Jesús por los seres humanos. Cuando se subió a una barca para estar a solas después de oír de la muerte de Juan el Bautista, la gente descubrió a dónde iba y "le siguió a pie desde las ciudades. Y saliendo Jesús, vio una gran multitud, y tuvo compasión de ellos, y sanó a los que de ellos estaban enfermos" (Mt. 14:13-14). Después de curar a gran cantidad de personas en la ladera de un monte en Galilea les dijo en privado a sus discípulos: "Tengo compasión de la gente, porque ya hace tres días que están conmigo, y no tienen qué comer; y enviarlos en ayunas no quiero, no sea que desmayen en el camino" (15:32). No era suficiente que hubiera sanado a cojos, ciegos, mudos y muchos otros entre ellos (vv. 30-31), cuando no tuvieron comida se preocupó profundamente porque estaban hambrientos.

Splanchna, la forma sustantiva del verbo detrás de **tuvo compasión,** se refiere literalmente a los intestinos, o entrañas. En la Biblia a veces se usa en forma literal, como cuando se describe la muerte de Judas (Hch. 1:18). No obstante, más a menudo se usa de manera figurada para representar las emociones, algo muy parecido a como hoy día usamos el término *corazón.* Los hebreos, al igual que muchos otros pueblos de la antigüedad, expresaban actitudes y emociones en términos de síntomas fisiológicos, no en abstracciones. Como casi todos sabemos por experiencia personal, muchas emociones intensas (ansiedad, temor, piedad, remordimiento, etc.), pueden afectar de manera directa y a menudo indirecta el estómago y el tracto intestinal. Malestar estomacal, colitis y úlceras son algunas de las condiciones digestivas comunes que con frecuencia se relacionan con trauma emocional. No es extraño entonces que pueblos antiguos asociaran las emociones fuertes con esa parte del cuerpo. El corazón, por otra parte, se asociaba más con la mente y el pensamiento (véase Pr. 16:23; Mt. 15:19; Ro. 10:10; He. 4:12). El corazón era la fuente del pensamiento y la acción, mientras que los intestinos eran la respuesta, el reactor.

De ahí que Jesús usara el término común de su época para expresar su profunda **compasión** por las grandes multitudes de seres humanos que estaban sufriendo. Pero su preocupación no era simplemente figurada, puesto que sintió en su propio cuerpo los síntomas de su profunda inquietud. Si nuestros cuerpos sufren literalmente dolor y náuseas cuando experimentamos gran agonía, remordimiento o compasión, podemos estar seguros de que el Hijo de Dios los sufrió aún más. Mateo nos dice que para cumplir las profecías de Isaías, Jesús "mismo tomó nuestras enfermedades, y llevó nuestras dolencias" (Mt. 8:17). Por supuesto, no fue que Jesús mismo contrajera las enfermedades o condiciones, sino que en piedad y compasión tanto física como emocionalmente padeció con aquellos que acudían a Él para que los curara, así como un padre puede enfermar físicamente de preocupación y ansiedad por un hijo que está gravemente enfermo, en problemas o en peligro.

Cuando Jesús vio a María y a sus amigos llorar por la muerte de su hermano Lázaro, "se estremeció en espíritu y se conmovió" y "lloró" con ellos (Jn. 11:33, 35). La frase "se estremeció en espíritu" transmite la idea de angustia física, emocional y espiritual. A Jesús mismo lo invadió el dolor cuando vio llorar a sus queridos amigos; y se echó a llorar. Él sabía que Lázaro volvería a vivir pronto, por lo que su dolor no se presentó por la misma razón que la de ellos. Sin embargo, el del Señor fue el mismo sentimiento de ellos y aún más intenso. Después que algunas personas allí preguntaron en voz alta por qué Jesús no había evitado la muerte de Lázaro, Él quedó "profundamente conmovido otra vez" (v. 38), una frase que transmite la idea de estremecimiento, de ser atormentado físicamente con emoción.

Cuando Jesús fue arrestado en el huerto, su preocupación no fue por sí mismo sino por sus discípulos. Así les dijo a los soldados: "Si me buscáis a mí, dejad ir a éstos" (Jn. 18:8). Mientras colgaba en la cruz, enfrentando la muerte y sufriendo gran agonía física por la corona de espinas y los clavos en las manos y los pies, su preocupación fue por su madre: "Cuando vio Jesús a su madre, y al discípulo a quien él amaba, que estaba presente, dijo a su madre: Mujer, he ahí tu hijo. Después dijo al discípulo: He ahí tu madre" (Jn. 19:26-27). En su incalculable misericordia no entregaría su espíritu hasta que hubiera provisto para su madre.

Mientras agonizaba por el rechazo de su propio pueblo Jesús no sintió ira o venganza sino el más profundo remordimiento por ellos. En una de las declaraciones más conmovedoras jamás pronunciadas, lamentó: "¡Jerusalén, Jerusalén, que matas a los profetas, y apedreas a los que te son enviados! ¡Cuántas veces quise juntar a tus hijos, como la gallina junta sus polluelos debajo de las alas, y no quisiste!" (Mt. 23:37). Lucas informa que cuando Jesús se acercó a Jerusalén por última vez, "al verla, lloró sobre ella, diciendo: ¡Oh, si también tú conocieses, a lo menos en este tu día, lo que es para tu paz! Mas ahora está encubierto de tus ojos" (Lc. 19:41-42). Según había profetizado Isaías, Jesús fue realmente "varón de dolores, experimentado en quebranto" (Is. 53:3).

Jesús no solo realizó milagros de sanidades para establecer sus credenciales mesiánicas sino también para mostrar el infinito amor de Dios. Demostró poder *compasivo*, un tipo de poder completamente raro para los paganos e incluso para la mayoría de judíos, quienes hacía mucho tiempo habían perdido de vista el amor bondadoso del Dios que los había llamado, guiado, protegido y bendecido como su pueblo escogido. El pueblo que presenció el toque curador de Jesús y oyó sus palabras sanadoras sin duda debió haber estado tan asombrado por su **compasión** como lo estaba por su poder.

El doctor Paul Brand ha pasado muchos años en el trabajo médico entre leprosos. En su libro *Fearfully and Wonderfully Made*, escribió:

> [Jesús] extendió la mano y tocó los ojos de los ciegos, la piel de los que tenían lepra, y las piernas de los lisiados...
>
> A veces me he preguntado por qué Jesús tocaba tan a menudo a las personas que curó, muchas de las cuales debieron haber sido obviamente enfermedades feas, insalubres y malolientes. Con su poder fácilmente pudo haber agitado una varita mágica... Pero decidió no hacerlo. La misión de Jesús no fue sobre todo una cruzada contra la enfermedad... sino más bien un ministerio hacia personas individuales, algunas de las cuales tenían una enfermedad. Él quería que estos seres humanos, uno a uno, sintieran el amor, la calidez, y la plena identificación del Señor hacia ellos. Jesús sabía que no podía demostrar fácilmente amor a un gentío, porque por lo general el amor implica tocar al otro.

Al comentar sobre dos declaraciones acerca de Jesús en el libro de Hebreos ("No tenemos un sumo sacerdote que no pueda compadecerse de nuestras debilidades", 4:15; y "Aunque era Hijo, por lo que padeció aprendió la obediencia", 5:8), el doctor Brand expresa:

> Un concepto increíble: Que el Hijo de Dios aprendiera por sus experiencias en la tierra. Antes de tomar un cuerpo, Dios no tenía experiencia personal del dolor físico o del efecto de palpar a personas necesitadas. Pero Dios habitó entre nosotros y nos tocó, y su tiempo pasado aquí le permite identificarse de manera más plena con nuestro dolor (Paul Brand y Philip Yancey, *Fearfully and Wonderfully Made*, [Grand Rapids: Zondervan, 1980], pp. 140, 146-48).

Esa compasión solidaria es única al cristianismo, porque es única al Dios del cristianismo. El hinduismo es quizás uno de los sistemas religiosos más cruelmente negligentes de todos. Su sistema de castas prohíbe a alguien tocar incluso a los de una casta forastera. Su trato a los enfermos y moribundos a veces es impactante y bárbaro, porque se cree que brindarles ayuda es demorar el proceso de karma y reencarnación. Los brahmanes, la clase sacerdotal hindú, no reconocen ninguna responsabilidad por el cuidado de los afligidos y oprimidos. Del islam, cuya historia se vuelve roja con el derramamiento de sangre tanto secular como religioso, no puede esperarse que muestre tal piedad por los necesitados. El motivo principal detrás de la benevolencia budista es que la acción podría producir mérito.

Qué diferentes fueron la enseñanza y el ejemplo de Jesús. En la parábola del esclavo que tenía una deuda impagable con su rey, Jesús ilustró el amor de Dios por medio de la gracia del rey, quien "movido a misericordia" con su siervo "le soltó y le perdonó la deuda" (Mt. 18:27). Cuando los dos ciegos que estaban sentados junto al camino en las afueras de Jericó clamaron a Jesús "diciendo: ¡Señor, Hijo de David, ten misericordia de nosotros!", el Señor tuvo compasión, "les tocó los ojos, y en seguida recibieron la vista" (20:30, 34). Cuando el leproso acudió a Jesús, declarando: "Si quieres, puedes limpiarme", el Señor otra vez tuvo "misericordia de él" y lo limpió de su atormentadora enfermedad (Mr. 1:40-41).

G. Campbell Morgan escribió sobre este pasaje:

> No hay ninguna razón en el hombre para que Dios deba salvarlo; la necesidad nace de la propia compasión divina. Ningún hombre tiene algún derecho sobre Dios. ¿Por qué entonces debería alguien preocuparse por los hombres? ¿Por qué no habrían de convertirse en la presa del lobo hambriento después de haberse apartado del redil? Se ha dicho que la gran obra de redención fue el resultado de una pasión por la justicia y la santidad de Dios; que Jesús debió venir, enseñar, vivir, padecer y morir porque Dios es justo y santo. No leí así la historia. Dios pudo haber hecho cumplir todas las exigencias de su justicia y santidad entregando a los hombres a la condenación que se habían atraído sobre sí mismos. Pero más profundo en el ser de Dios, reflejado en su gran poder de energizar tanto en santidad como en justicia, están el amor y la compasión. Según Oseas, el Señor declaró: "¿Cómo podré abandonarte, oh Efraín?". Es por el amor que inspiró el gemido del corazón divino que fue proporcionada la salvación (*The Gospel According to Matthew* [Old Tappan, N.J.: Revell, 1979], pp. 99-100).

El gran escritor puritano Thomas Watson declaró: "Podríamos obligar a nuestro Señor a castigarnos, pero nunca tendremos que obligarlo a que nos ame". El de la Biblia es el Dios de amor y compasión. Qué diferentes son los dioses del paganismo. El atributo supremo de los antiguos dioses griegos era *indolencia,* apatía e indiferencia. A tales supuestas deidades les importaba un comino el bienestar de la humanidad. Incluso la naturaleza del Dios verdadero había sido tan distorsionada por los escribas, fariseos y rabinos que la mayoría de judíos creía que era un Dios de ira, venganza e indiferencia. Jesús trajo un mensaje totalmente nuevo.

Debido a que el Señor es misericordioso, los creyentes que llevan su nombre también son misericordiosos. Pedro manifiesta: "Finalmente, sed todos de un mismo sentir, compasivos, amándoos fraternalmente, misericordiosos, amigables; no devolviendo mal por mal, ni maldición por maldición, sino por el contrario, bendiciendo, sabiendo que fuisteis llamados para que heredaseis bendición" (1 P. 3:8-9).

LA CONDICIÓN PERDIDA DEL HOMBRE

porque estaban desamparadas y dispersas como ovejas que no tienen pastor. (9:36*b*)

El segundo motivo para el ministerio de Jesús fue el conocimiento de la condición perdida del ser humano. Él vio a las personas a su alrededor en la realidad de la necesidad que tenían. Se conmovió por las enfermedades y las condiciones que sufrían, y les curó todo tipo de aflicciones (v. 35). No obstante, Jesús fue conmovido aún más profundamente por las necesidades que la mayor parte de los miembros de las multitudes ni siquiera estaban conscientes de que tenían: ser libres de su esclavitud del pecado. El Señor no se dejó engañar por las apariencias y las fachadas espirituales de las personas con quienes se topaba. Él vio sus almas y supo que interiormente **estaban desamparadas y dispersas.**

Skullō (estar **desamparadas**) tiene el significado principal de vapuleados o despellejados, y los significados derivados de estar acosados o gravemente perturbados. A menudo se relaciona con las ideas de ser maltratados, magullados, mutilados, destrozados, agotados y exhaustos. Jesús vio que las multitudes estaban devastadas interiormente por su condición pecaminosa y sin esperanza.

Rhiptō (estar **dispersas**) tiene el significado básico de encontrarse derribados, postrados y totalmente indefensos, como por una borrachera o una herida mortal. La Septuaginta (el Antiguo Testamento griego) usa la palabra para cuando "Sísara yacía muerto con la estaca por la sien" (Jue. 4:22). Jesús vio las multitudes **dispersas como ovejas que no tienen pastor** para protegerlas y cuidarlas. Estaban impotentes e indefensas, espiritualmente maltratadas, derribadas y sin liderazgo ni provisión.

Quienes afirmaban ser sus pastores eran los escribas y fariseos, pero esos mismos "pastores" eran los responsables en gran manera de la confusión y la desesperanza del pueblo. Los dirigentes religiosos no les daban pastos espirituales, ni las alimentaban, ni les daban de beber, ni les vendaban sus heridas. En cambio, a esas personas las trataban espiritualmente de manera brutal y sin amor los líderes que debían haberles suplido sus necesidades espirituales. En consecuencia, al pueblo lo habían dejado agotado, desolado y desesperado. En 10:6 Jesús las llama "las ovejas perdidas de la casa de Israel", el pueblo escogido de Dios que los líderes espirituales habían dejado que se deteriorara.

Los escribas y fariseos ofrecían una religión que añadía cargas en lugar de levantarlas. Ellos tenían gran preocupación por sus tradiciones de hechura humana, pero solo preocupación superficial e hipócrita por la verdadera ley de Dios. Para ellos las personas comunes eran objeto de desprecio y no de compasión, las explotaban y no las servían. Los escribas y fariseos fueron descendientes verdaderos de los falsos pastores contra quienes el Señor había protestado siglos antes por medio del profeta Ezequiel: "Así ha dicho Jehová el Señor: ¡Ay de los pastores de Israel, que se apacientan a sí mismos! ¿No apacientan los pastores a los rebaños? Coméis la grosura, y os vestís de la lana; la engordada degolláis, mas no apacentáis a las ovejas. No fortalecisteis las débiles, ni curasteis la enferma; no vendasteis la perniquebrada, no volvisteis al redil la descarriada, ni buscasteis la perdida, sino que os habéis enseñoreado de ellas con dureza y con violencia" (Ez. 34:2-4; cp. Zac. 11:5).

Los escribas y fariseos "atan cargas pesadas y difíciles de llevar, y las ponen sobre los hombros de los hombres; pero ellos ni con un dedo quieren moverlas"

(Mt. 23:4). Peor que eso, cerraban "el reino de los cielos delante de los hombres" (v. 13). Tremenda acusación.

Muchos líderes religiosos hoy todavía se esfuerzan por mantener al pueblo lejos del reino, distorsionando y contradiciendo la Palabra de Dios y pervirtiendo el camino de salvación. Aún siguen alejándolos del verdadero Pastor. Al decirles a las personas que ya son salvas porque "un Dios bueno nunca condenaría a nadie al infierno", las llevan a estar contentas consigo mismas y a no ver necesidad de arrepentimiento y salvación… y de esta manera les cierran herméticamente la puerta misericordiosa que Dios ha proporcionado. O cuando a las personas les dicen que pueden conseguir el favor de Dios evitando ciertos pecados, realizando ciertas obras buenas, o participando en algunos rituales prescritos, igualmente las engañan y las dejan en medio de su perdición. Aquellos por los que Cristo siente amor compasivo están espiritualmente maltratados, magullados, derribados y engañados, sin esperanza fuera del redil que Dios ha provisto para ellos en su Hijo.

A esos falsos maestros Jesús los llamó ladrones y salteadores, extraños de los que la gente debe huir (Jn. 10:1, 5). En sus palabras de despedida a los ancianos de Éfeso en Mileto, Pablo advirtió: "Mirad por vosotros, y por todo el rebaño en que el Espíritu Santo os ha puesto por obispos, para apacentar la iglesia del Señor, la cual él ganó por su propia sangre. Porque yo sé que después de mi partida entrarán en medio de vosotros lobos rapaces, que no perdonarán al rebaño" (Hch. 20:28-29).

Qué maravillosamente refrescante debió haber sido oír decir a Jesús: "Venid a mí todos los que estáis trabajados y cargados, y yo os haré descansar. Llevad mi yugo sobre vosotros, y aprended de mí, que soy manso y humilde de corazón; y hallaréis descanso para vuestras almas; porque mi yugo es fácil, y ligera mi carga" (Mt. 11:28-30). Qué diferentes fueron esas palabras de la enseñanza de los escribas y fariseos, quienes añadían carga sobre carga, tradición sobre tradición, requisito sobre requisito.

Alguien ha escrito:

> Déjame mirar a la multitud como mi Salvador lo hizo,
> Hasta que mis ojos llenos de lágrimas pierdan intensidad;
> Déjame ver con piedad a la oveja descarriada
> Y amarla con el amor que Él demostró.

LA VENIDERA CONSUMACIÓN DEL JUICIO

Entonces dijo a sus discípulos: A la verdad la mies es mucha, (9:37*a*)

Jesús cambia aquí la metáfora del pastoreo a la cosecha, pero continúa dando sus motivos para el ministerio. Él ministró no solo porque su naturaleza era tener compasión y porque el pueblo tenía una profunda necesidad; también ministró porque las personas enfrentaban el juicio final de Dios.

Comúnmente se ofrecen varias interpretaciones para el significado de la

mies. Se dice que representa a todos los perdidos, a los que buscan a Dios, o a los que son elegidos para salvación. Es razonable ver a esta **mies** como una cosecha de salvación (cp. Jn. 4:35; Lc. 10:2). Pero hay otra característica en estas imágenes. La palabra para **mies** (*therismos*) se usa doce veces en el Nuevo Testamento, y el contexto se refiere a salvación o a juicio, o tal vez a ambos aspectos. Al mirar el aspecto del juicio tenemos de otras partes de las Escrituras, incluso el Antiguo Testamento, una visión diferente de lo que podría incluir la imagen de la cosecha.

Dios declaró a Israel por medio de Isaías: "Porque te olvidaste del Dios de tu salvación, y no te acordaste de la roca de tu refugio; por tanto, sembrarás plantas hermosas, y plantarás sarmiento extraño. El día que las plantes, las harás crecer, y harás que su simiente brote de mañana; pero la cosecha será arrebatada en el día de la angustia, y del dolor desesperado" (Is. 17:10-11). La cosecha aquí fue el juicio de Dios.

El Señor dijo a través de Joel: "Juntaos y venid, naciones todas de alrededor, y congregaos; haz venir allí, oh Jehová, a tus fuertes. Despiértense las naciones, y suban al valle de Josafat; porque allí me sentaré para juzgar a todas las naciones de alrededor. Echad la hoz, porque la mies está ya madura. Venid, descended, porque el lagar está lleno, rebosan las cubas; porque mucha es la maldad de ellos. Muchos pueblos en el valle de la decisión; porque cercano está el día de Jehová en el valle de la decisión" (Jl. 3:11-14). Una vez más la mies era el juicio de Dios, y las multitudes enfrentaron la decisión de su destino, antes de perder la oportunidad de decidir.

En la parábola del trigo y la cizaña Jesús habló de que los dos plantas crecen "juntamente lo uno y lo otro hasta la siega", cuando la cizaña sería atada en manojos y quemada (Mt. 13:30). En su explicación de la parábola Jesús declaró: "De manera que como se arranca la cizaña, y se quema en el fuego, así será en el fin de este siglo. Enviará el Hijo del Hombre a sus ángeles, y recogerán de su reino a todos los que sirven de tropiezo, y a los que hacen iniquidad, y los echarán en el horno de fuego; allí será el lloro y el crujir de dientes" (vv. 40-42). La parábola incluye la verdad de que la siega llevará a los justos a la bendición eterna (v. 43), pero el énfasis está claramente en el juicio. En la isla de Patmos, el apóstol Juan tuvo una visión de la cosecha:

> *Miré, y he aquí una nube blanca; y sobre la nube uno sentado semejante al Hijo del Hombre, que tenía en la cabeza una corona de oro, y en la mano una hoz aguda. Y del templo salió otro ángel, clamando a gran voz al que estaba sentado sobre la nube: Mete tu hoz, y siega; porque la hora de segar ha llegado, pues la mies de la tierra está madura. Y el que estaba sentado sobre la nube metió su hoz en la tierra, y la tierra fue segada. Salió otro ángel del templo que está en el cielo, teniendo también una hoz aguda. Y salió del altar otro ángel, que tenía poder sobre el fuego, y llamó a gran voz al que tenía la hoz aguda, diciendo: Mete tu hoz aguda, y vendimia los racimos de la tierra, porque sus uvas están maduras. Y el ángel arrojó su hoz en la tierra, y vendimió la viña de la tierra, y echó las uvas en el gran lagar de la ira de Dios. Y fue pisado el lagar fuera de la ciudad, y del lagar salió sangre hasta los frenos de los caballos, por mil seiscientos estadios. (Ap. 14:14-20)*

Una vez más el énfasis inconfundible está en el juicio.

Jesús ministró con compasión y sin descanso porque en medio de las multitudes pudo ver la consumación final del juicio divino al que se dirigían todas las personas que no confiaban en Él. Pablo declaró: "Conociendo, pues, el temor del Señor, persuadimos a los hombres" (2 Co. 5:11), y en otra carta recordó a sus lectores la venganza de Dios (Ro. 12:19). En 2 Tesalonicenses describe una imagen vívida del juicio de Dios: "Cuando se manifieste el Señor Jesús desde el cielo con los ángeles de su poder, en llama de fuego, para dar retribución a los que no conocieron a Dios, ni obedecen al evangelio de nuestro Señor Jesucristo; los cuales sufrirán pena de eterna perdición, excluidos de la presencia del Señor y de la gloria de su poder" (1:7-9).

Es fácil perder la conciencia de lo inminente e inevitable del juicio de Dios, pero el cristiano que pierde de vista ese juicio se pierde una parte importante de su motivo para testificar.

Alguien ha escrito:

No hay manera de describir el infierno. Nada en la tierra puede compararsele. Ninguna persona viva tiene una idea real del infierno. Ningún loco en las más salvajes huidas de la demencia vio alguna vez su horror. Ningún hombre en delirio imaginó alguna vez un lugar tan totalmente terrible como este. Ninguna pesadilla que rauda desfilara por una mente afiebrada puede producir un terror que coincida con el más suave infierno. Ninguna escena de crimen salpicada de sangre y con una herida rebosante ni siquiera sugeriría una repugnancia que pudiera tocar las tierras fronterizas del averno.

Sin embargo, nuestro Señor conocía la tragedia y la angustia de un destino infernal en que el fuego "no puede ser apagado, donde el gusano de ellos no muere, y el fuego nunca se apaga" (Mr. 9:43-44), y le dolió en su corazón que incluso una persona fuera allí porque su deseo es "que ninguno perezca" (2 P. 3:9). Viendo las multitudes les enseñó, les predicó y las curó. Esto fue con el propósito final de que pudieran venir a Él y escapar de **la mies** del juicio que de otro no podían evitar. Habrá una **mies** de condenación para los que no están en **la mies** de la salvación.

EL MÉTODO

mas los obreros pocos. Rogad, pues, al Señor de la mies, que envíe obreros a su mies. (9:37*b*-38)

El problema principal que obstaculizó el ministerio de Jesús mientras enseñaba, predicaba y curaba en Palestina es el problema principal que hoy día obstaculiza el ministerio cristiano: **los pocos obreros.**

Estos **obreros** no deben confundirse con los segadores angelicales mencionados en 13:39 y 49, los que más bien son los *ergatēn,* a quienes se les identifica por el mismo término en 10:10 como los doce. Tampoco se trata de los *ergatēn* enviados a la viña (20:2), también identificados como obreros. Estos trabajan en el campo que se acerca a la época de cosecha, y eso es lo que nuestro Señor está pidiendo que los discípulos hagan.

Ni siquiera como el Hijo de Dios, Jesús podía alcanzar a todas las personas que vivían in su propia nación o que existieron durante su propia vida en la tierra. Por tanto, la primera parte de su método de capacitación fue dar a sus discípulos la visión de que era necesario que el evangelio se llevara al mundo que va directo al juicio, lo cual sobrepasa con mucho el alcance que pueden lograr quienes buscan ministrarlo.

¿Quién puede alcanzar a personas pecadoras perdidas, dolidas y destinadas al infierno que necesitan oír y aceptar el evangelio? ¿Quién les hablará de la difícil situación en que se encuentran y les mostrará la vía de escape? ¿Quién les platicará del amor, la misericordia y el poder de Jesús? ¿Quién les advertirá de los falsos pastores que cada vez de manera más profunda llevan a la oscuridad y la desesperanza a estas personas?

En sus propios días de Cristo sobre la tierra los **obreros** eran **pocos,** y siguen siendo pocos hoy día. La necesidad primordial en el ministerio del Señor es de **obreros,** y uno de los aspectos más importantes que esos **obreros** deben entender es que las cifras son pocas, y que pueden aumentar solo por medio de la provisión y el poder de Dios.

Después que con preocupación compasiva se establecen los motivos correctos que llevan a alcanzar a los perdidos para Cristo, el pueblo de Dios debe mirar al mundo de aquellos que no tienen guía del mismo modo que Jesús miró a las multitudes en Galilea y a la ciudad de Jerusalén. Debemos observar a la gente que nos rodea como Esdras observó a sus compañeros israelitas en el camino de Babilonia a Jerusalén (Esd. 8:15), y en el modo en que Nehemías inspeccionó los muros de Jerusalén antes de comenzar a reconstruirlos (Neh. 2:13).

El siguiente paso en el método de Jesús es la oración. Sus discípulos deben rogar **al Señor de la mies, que envíe obreros a su mies.** Los **obreros** de Cristo deben orar por más **obreros.**

El **Señor de la mies** es un título de Dios que representa su papel como juez. El **Señor de la mies** es el Juez de los no salvos que estarán delante de Él en el día final y que serán condenados al infierno, y nosotros debemos rogarle que envíe **obreros** para que con amor adviertan a los perdidos que formen parte de los cosechados para gloria eterna.

La primera responsabilidad del cristiano no es salir y empezar a trabajar tan pronto vea una necesidad, sino ir ante el **Señor** en oración. Esperar en el Señor es parte crucial de servirle. Antes que los discípulos hubieran recibido el Espíritu Santo en Pentecostés no estaban preparados para ser testigos de Cristo, y por tanto "les mandó que no se fueran de Jerusalén, sino que esperasen la promesa del Padre, la cual, les dijo, oísteis de mí" (Hch. 1:4). Antes de embarcarse en su ministerio "en Jerusalén, en toda Judea, en Samaria, y hasta lo último de la tierra" (v. 8), debían quedarse por un tiempo donde estaban. Y en el aposento alto donde se hallaban "perseveraban unánimes en oración y ruego" (v. 14).

Es interesante y significativo que Jesús no les ordenara a los discípulos que oraran por los perdidos, aunque eso sin duda es apropiado (cp. 1 Ti. 2:1-8). Su primera oración debe ser porque el **Señor de la mies… envíe obreros a su mies.**

Es posible orar con regularidad por la salvación de un ser amado, un vecino, un amigo, o compañero de trabajo, y dejar que nuestra preocupación se detenga con nuestra oración. Pero cuando oramos fervientemente porque el Señor *envíe* a alguien a esas personas no salvas, no podemos dejar de estar abiertos a que nosotros mismos podamos ser ese alguien. Es posible orar por la salvación de alguien mientras lo tenemos al alcance de la mano. Pero cuando sinceramente rogamos **al Señor** que envíe a alguien a testificarle nos ponemos a su disposición para convertirnos en uno de sus **obreros** en ese ministerio.

Los mensajeros del Rey 55

Entonces llamando a sus doce discípulos, les dio autoridad sobre los espíritus inmundos, para que los echasen fuera, y para sanar toda enfermedad y toda dolencia. (10:1)

A aquellos a quienes Jesús había llamado a orar por obreros los llamó luego a convertirse en obreros. Cuando comenzaron a ver el mundo como Él lo ve, mirando a la humanidad perdida a través de los ojos del Señor y con su corazón de misericordia, ellos mismos también empezaron a ver que estaban llamados a salir y advertir de la mies venidera de juicio a ese mundo perdido, y a invitarlo al reino del Señor.

Aunque la oración es vital, no es todo lo que se necesita. El creyente que ora para que Dios envíe obreros pero que no está dispuesto a ir, ora sin sinceridad y con hipocresía. El cristiano que ora verdaderamente para que Dios envíe testigos también está dispuesto a ser un testigo.

William Barclay informa que cuando Martín Lutero se convenció de que el camino bíblico de la salvación era por la gracia de Dios obrando a través de la fe del ser humano en Jesucristo, el Hijo de Dios, comenzó a predicar con fervor y a contender por esta doctrina que se ha convertido en el sello distintivo de la Reforma Protestante. Un amigo suyo estaba igualmente convencido de esta verdad, y ellos dos se pusieron de acuerdo en que Lutero pasaría su tiempo afuera en el mundo, predicando, escribiendo y debatiendo, mientras que el amigo pasaría su tiempo a solas en un monasterio sosteniendo en oración a Lutero y la causa de la Reforma. Cuando Lutero visitaba al amigo de vez en cuando y le informaba de las dificultades y los obstáculos de la obra, el amigo intensificaba su oración. Una noche el amigo tuvo un sueño en el que vio que un campo gigantesco se extendía sobre toda la tierra. Pero solo una solitaria figura estaba trabajando en el campo, y cuando miró más de cerca al hombre vio que la figura solitaria era su querido amigo Lutero. Al despertar inmediatamente fue a encontrar a Lutero y a decirle que Dios le clarificó por medio del sueño que no bastaba con orar. Él también debía entregarse directamente a la obra de propagar las buenas nuevas de salvación. No dejó de orar, pero dejó a un lado su soledad piadosa y comenzó a trabajar al lado de Lutero en el fragor y la suciedad de la batalla.

Hasta esta etapa de su ministerio Jesús había ministrado solo. Tuvo la compañía de los doce discípulos y de las multitudes que lo seguían adondequiera que iba, pero ninguno de los doce, y sin duda ninguno en medio de las multitudes, participaba en su ministerio excepto como observador o receptor. Después del encarcelamiento de Juan el Bautista, Jesús era el único obrero de Dios en el gran campo del mundo. Entonces comenzó las etapas preliminares de comisionar a esos doce a unírsele como compañeros de trabajo.

La idea central del proceso de Jesús de asignar la misión empieza en el versículo

5 de Mateo 10, y continúa a través del capítulo cuando el Señor expone sus instrucciones básicas para el ministerio. Pero en los cuatro primeros versículos Mateo ofrece tres elementos esenciales del encargo de la tarea a los discípulos. En el versículo 1 habla de la iniciación que Jesús les hace y del impacto divino que el ministerio de ellos tendría en el mundo. En los versículos 2-4, que analizaremos en los próximos capítulos, se nos dan las identidades de los discípulos.

INICIACIÓN

Entonces llamando a sus doce discípulos, les dio autoridad (10:1*a*)

El verbo detrás de **llamando a** es *proskaleō*, un compuesto de *kaleō* (llamar) y *pros* (a, o hacia). Se trata de un término intenso que significa llamar a alguien hacia sí mismo a fin de confrontarlo cara a cara. Se usa en el llamado de Dios a los gentiles hacia sí mismo a través del evangelio (Hch. 2:39) y en el llamado a sus hombres escogidos para encomendarles la predicación del evangelio (Hch. 13:2; 16:10).

Cuando Jesús llamó **a sus doce discípulos** estaba haciéndoles más que una petición casual. La elección de verbos que hace el escritor parece sugerir que este llamado se relacionaba con un encargo oficial al servicio del Señor. Aquí Mateo se refiere a los **doce** como **discípulos,** mientras que en el versículo siguiente los llama apóstoles. *Mathētēs* (**discípulos**) hace referencia a quienes aprenden bajo la instrucción de un maestro principal. *Apostoloi* ("apóstoles", v. 2) se refiere a representantes calificados que son enviados en una misión. Durante el período de capacitación los doce fueron aprendices y se les llamó principalmente **discípulos,** pero a medida que ellos mismos se aventuraban a salir en obediencia a la comisión de Cristo y en su poder, se les llamó más a menudo apóstoles. Aún tenían más que aprender antes que pudieran ser enviados plenamente a representar a su Señor, y es en ese aprendizaje extra en el que Jesús concentró su posterior atención y esfuerzo.

Hubo cuatro fases generales en la capacitación de Jesús para que los discípulos sean apóstoles. Las dos primeras, ya presentados en capítulos anteriores del evangelio, fueron su conversión y su llamado inicial a seguir al Señor. De los muchos que llegaron a confiar en Él como Mesías y Señor a principios de su ministerio, Jesús seleccionó a los doce para un servicio especial y exclusivo. Los llamó a dejar sus antiguas ocupaciones y les dio una vocación totalmente nueva.

La tercera fase de la capacitación de los discípulos puede llamarse una pasantía, la cual experimentaron por tres años al vivir constantemente con Jesús la enseñanza tanto por medio de la instrucción como del ejemplo. Es esta fase la que se destaca en Mateo 10. Por el relato de Marcos (Mr. 6:7), nos enteramos que esto implicó que salieran de dos en dos en asignaciones de corto plazo para practicar lo que su Señor les había estado enseñando. Durante esta fase nunca se alejaron mucho de Jesús, quien vigilaba de cerca el progreso que tenían; y la lección más grande de esta fase fue que se sintieron totalmente incompetentes sin Él. Después de tales períodos cortos de servicio activo, los doce **discípulos** regresaron a Jesús a fin de recibir más enseñanza.

La cuarta y última fase de la capacitación de los discípulos comenzó después de la resurrección y ascensión de Jesús, cuando regresó al cielo y envió al Espíritu

Santo como el Consolador sobrenatural que estaría con ellos para siempre (Hch. 1:8; 2:4; cp. Jn. 14:16).

Es alentador darnos cuenta de que Jesús no llamó a estos **doce discípulos** que se convirtieron en apóstoles en base a valía innata, capacidades personales, o fidelidad, sino únicamente en base a lo que Él podía hacer de ellos mediante el propio poder divino obrando a través de estos hombres. Es una característica de autenticidad y sinceridad que los escritores del evangelio, al igual que los demás escritores de las Escrituras, no se esforzaran por ocultar los defectos y las deficiencias del pueblo de Dios, incluso de sus líderes más destacados. Durante los tres años de instrucción de los discípulos bajo la dirección de Jesús vemos pocas señales de madurez y confiabilidad, pero sí muchas señales de pequeñez e insuficiencia. Constituye una maravillosa visión de la gracia de Dios hacia nosotros ver a Cristo tratando de forma tan amorosa y paciente con hombres tan débiles e insensibles.

ELEGIDOS SOBERANAMENTE

Detrás de la instrucción que Jesús dio a los doce hay varios hechos fundamentales. Primero, estos hombres fueron escogidos por Dios de manera soberana. Ninguno de los doce inició la idea de seguir a Jesús y convertirse en discípulo y mucho menos en apóstol. Esto fue totalmente planificación y hechura de Dios. Marcos nos dice que Jesús "llamó a sí a los que él quiso" (Mr. 3:13), y casi al final de su ministerio terrenal Jesús les recordó: "No me elegisteis vosotros a mí, sino que yo os elegí a vosotros" (Jn. 15:16). Los apóstoles mismos no fueron consultados ni lo fueron otros hombres. Jesús consultó solo con su Padre celestial. Al igual que Abraham, Moisés, David, Isaías y todos los profetas, los **doce discípulos** fueron escogidos por la voluntad soberana de Dios y para el propósito divino, siendo predestinados para su servicio antes de la fundación del mundo. Así ha sido siempre la manera de Dios de hacer las cosas. Divinamente escogió a Israel, divinamente eligió a sus profetas y a sus apóstoles, y divinamente escoge a quienes hoy día se convierten en los líderes de su propio cuerpo, la Iglesia. Hechos 13:1-4 y 20:28 enseña claramente que el Espíritu Santo pone soberanamente a individuos en el liderazgo de la Iglesia.

ESCOGIDOS DESPUÉS DE ORAR

Segundo, los **doce** fueron elegidos después de orar. Fueron elección de Cristo, y la elección de Él fue elección de su Padre. Jesús buscaba la voluntad del Padre en todo lo que hacía, sin hacer nada de manera independiente o por su propia iniciativa (Jn. 5:19, 30; 8:28). Jesús escogió y llamó a quienes habría de discipular solo después de larga vigilia en oración. Lucas nos dice: "En aquellos días él fue al monte a orar, y pasó la noche orando a Dios" (Lc. 6:12). Esto sucedió solo después que llegó el día en que "llamó a sus discípulos, y escogió a doce de ellos, a los cuales también llamó apóstoles" (v. 13). Jesús escogió a estos doce porque ellos fueron elegidos por su Padre, fueron el regalo del Padre para el Hijo. Jesús oró más adelante: "He manifestado tu nombre a los hombres que del mundo me diste; tuyos eran, y me los diste, y han guardado tu palabra" (Jn. 17:6). Este mismo patrón de oración para elegir siervos del Señor puede verse en Hechos 13:1-4. Esos fueron hombres muy especiales, no por quiénes eran en sí, sino porque habían sido escogidos de manera soberana por Dios el Padre para ser **discípulos** del Hijo de Dios.

ESCOGIDOS PARA SER PREPARADOS

Tercero, los **doce** fueron elegidos para ser preparados. A pesar de haberse convertido y haber sido llamados, estaban muy lejos de estar listos para servir al Señor. La formación es parte esencial de cualquier trabajo, incluso el del Señor. Los **discípulos** dejaron sus redes, sus cosechas, sus mesas de cobro de impuestos, y sus demás asuntos; y durante tres años caminaron con Jesús… observando, escuchando, vigilando, aprendiendo y a menudo malinterpretando.

Un escritor afirma de ellos:

No tienen ocupación, han renunciado a las actividades a las que se dedicaban: pesca, recaudación de impuestos y agricultura. No operan comercialmente; tan solo deambulan por ahí detrás de su líder, hablando entre ellos o hablándole a Él cuando la gente empieza a congregarse, y luego escuchan como todos los demás. Lo único que hacen es ir con Él de un sitio a otro. Están ociosos y empiezan a poner en duda si no están haciendo daño, y también se da lugar al reproche de que doce hombres adultos estén sin hacer nada y sin ningún propósito aparente, descuidando deberes obvios por estar con Jesús (Herbert Lockyer, *All the Apostles of the Bible* [Grand Rapids: Zondervan, 1972], p. 13).

Eso debió parecer a muchos de quienes venían a Jesús. Era fácil ver lo que Él estaba haciendo; pero ¿por qué estaban los doce con Él? Ellos hacían muy poco para ayudarlo, y en más de una ocasión no estuvieron de acuerdo y hasta trataron de interferir con lo que Jesús estaba llevando a cabo.

Sin embargo, estaban con Jesús con un propósito y ningún momento con Él se desperdició, a pesar de las apariencias, porque la preparación de los discípulos era una programación divina. Jesús sabía que ellos necesitaban enseñanza y formación. Debían recibir entrenamiento antes de ser enviados. Tenían que aprender como discípulos antes de poder ministrar como apóstoles, y el privilegio que tuvieron de recibir capacitación de parte del Señor mismo fue inimaginable y sin igual. A todo creyente Jesús le dice: "Llevad mi yugo sobre vosotros, y aprended de mí" (Mt. 11:29). Ningún creyente puede crecer en Cristo sin aprender de Él a través de su Palabra. Pero el entrenamiento de los **doce discípulos** fue absolutamente único. En toda la historia, solo ellos recibieron enseñanza directa de parte del Dios encarnado, mientras vivieron con Él sin separarse durante esos tres años.

Mucho puede aprenderse en el salón de clase, en buenos libros, y por medio dela experiencia personal. Pero el crecimiento espiritual viene mejor del contacto íntimo con un ejemplo santo. Una vida constantemente pura que es paciente, amorosa, reverente y que tiene paz de corazón y mente es un tutor sin igual para una existencia piadosa. Oír a alguien piadoso hablar con otros y orar a Dios, verlo actuar, reaccionar y sentirle los latidos del corazón por el Señor es ser formado en la mejor de todas las escuelas.

Los discípulos conformaban un grupo humanamente defectuoso e inepto, pero su Maestro era insuperable. Su intención no era enseñarles a ser lo mejor que podían ser en sus propias capacidades y fuerzas, sino enseñarles a ser lo que podían ser por medio de la provisión y el poder divinos.

Uno de los defectos más obvios de los discípulos fue su falta de entendimiento espiritual. Fueron llamados a evangelizar el mundo para Cristo, pero ni siquiera cuando su formación estaba muy avanzada mostraron alguna percepción de verdad celestial, ni del desarrollo que tenía el propósito y el plan eterno de Dios para redimir al mundo. Estaban espiritualmente vivos porque habían confiado en Cristo, pero tenían muy poca percepción o sensibilidad espiritual. Eran lentos para las cosas espirituales. Casi tanto como las multitudes, luchaban por entender las parábolas de Jesús. Cuando Él les preguntó si entendían lo que les estaba enseñando, a menudo contestaban: "Sí, Señor". Pero sus posteriores palabras y acciones invariablemente probaban que ni siquiera entendían todo lo que el Señor enseñaba. Eran tan torpes que ni siquiera entendían que no entendían. Además de su embotamiento espiritual estaban sus muchos prejuicios e ideas preconcebidas, que fueron renuentes a abandonar incluso a la luz de la enseñanza específica del Señor de todo lo contrario.

Cuando en una ocasión Pedro le pidió a Jesús: "Explícanos esta parábola", Él contestó: "¿También vosotros sois aún sin entendimiento?" (Mt. 15:15-16). Cuando Jesús dio a los discípulos una lección objetiva sobre la humildad al lavarles personalmente los pies, Pedro se negó lleno de soberbia. Después que Jesús le asegurara que si no permitía que le lavara los pies, no tendría parte con Él, Pedro se fue al otro extremo pidiendo que lo lavara del todo (Jn. 13:5-9). Por ambas respuestas Pedro demostró que no había entendido el significado de lo que Jesús estaba haciendo y enseñando.

Sucedió que la primera vez que Jesús comenzó a hablar a los discípulos de su próxima muerte en Jerusalén, "entonces Pedro, tomándolo aparte, comenzó a reconvenirle, diciendo: Señor, ten compasión de ti; en ninguna manera esto te acontezca", a lo que Jesús respondió: "¡Quítate de delante de mí, Satanás!; me eres tropiezo, porque no pones la mira en las cosas de Dios, sino en las de los hombres" (Mt. 16:21-23). Cuando Jesús llevó aparte a sus discípulos para explicarles su inminente crucifixión —indicándoles que el arresto, las burlas, la flagelación, la muerte y la resurrección habían sido profetizados—, "ellos nada comprendieron de estas cosas, y esta palabra les era encubierta, y no entendían lo que se les decía" (Lc. 18:31-34).

Después que Jesús fue crucificado, tal como había predicho, los discípulos hicieron caso omiso a que Él también había predicho su resurrección, así que regresaron desalentados a su oficio de pescadores (Jn. 21). Incluso después que el Señor se les apareció varias veces, probando su victoria sobre la tumba, los discípulos todavía no entendieron el propósito del sufrimiento, la muerte, o la resurrección del Señor, ni cuál debía ser el papel de ellos en el ministerio futuro.

No obstante, a través de todos los malentendidos, las contradicciones, las pequeñeces y las fallas de los discípulos, Jesús siguió enseñándoles con paciencia, repitiendo una y otra vez muchas de las verdades esenciales. Incluso durante el tiempo entre su resurrección y su ascensión, "después de haber padecido, se presentó vivo con muchas pruebas indubitables, apareciéndoseles durante cuarenta días y hablándoles acerca del reino de Dios" (Hch. 1:3).

Estrechamente relacionada con la torpeza espiritual de los discípulos estaba su falta de humildad. A menudo no entendían lo que Jesús decía simplemente porque suponían que ya lo sabían. Eran hombres orgullosos, celosos y envidiosos que con frecuencia se preocupaban más por su propio bienestar y prestigio que por la enseñanza, la obra, el propio bienestar humano, o la gloria divina de Jesús.

Después que Jesús y sus discípulos llegaron a Capernaúm, un día Él les preguntó: "¿Qué disputabais entre vosotros en el camino? Mas ellos callaron; porque en el camino habían disputado entre sí, quién había de ser el mayor" (Mr. 9:33-34). El Señor acababa de hablarles de su próximo arresto, crucifixión y resurrección (v. 31), ¡pero ellos solo podían pensar en sus rangos personales en el reino! Jesús los reprendió diciéndoles: "Si alguno quiere ser el primero, será el postrero de todos, y el servidor de todos" (v. 35).

Poco después la disputa por grandeza se volvió aún más intensa. Quizás a instancias de sus propios hijos, la madre de Jacobo y Juan se acercó a Jesús y le pidió: "Ordena que en tu reino se sienten estos dos hijos míos, el uno a tu derecha, y el otro a tu izquierda" (Mt. 20:20-21). Una vez más el reproche de Jesús fue fuerte y estuvo dirigido más a los dos discípulos que a su madre; así les declaró: "No sabéis lo que pedís. ¿Podéis beber del vaso que yo he de beber, y ser bautizados con el bautismo con que yo soy bautizado? Y ellos le dijeron: Podemos" (v. 22). Incluso a estas alturas del ministerio de Jesús, ellos no entendieron por completo que el vaso que Él estaba a punto de beber era la crucifixión; pero aunque lo hubieran sabido, sin duda su respuesta habría sido la misma. Al seguir Jesús hablándoles, la respuesta que dieron fue correcta, pero en una manera y en un grado muy distinto de lo que habían imaginado. Jacobo sería martirizado por su Señor, y Juan sería exiliado de por vida, pero no debido a su propia valentía o fortaleza.

En este momento los otros diez discípulos "se enojaron contra los dos hermanos" (v. 24), pero no por un motivo mejor. Simplemente estaban enojados porque Jacobo y Juan se atrevieran a reclamar los lugares de honra que ellos mismos codiciaban. Por tanto, Jesús les dijo a todos: "Sabéis que los gobernantes de las naciones se enseñorean de ellas, y los que son grandes ejercen sobre ellas potestad. Mas entre vosotros no será así, sino que el que quiera hacerse grande entre vosotros será vuestro servidor, y el que quiera ser el primero entre vosotros será vuestro siervo; como el Hijo del Hombre no vino para ser servido, sino para servir, y para dar su vida en rescate por muchos" (vv. 25-28).

Jesús no solo corrigió las actitudes equivocadas y el pensamiento erróneo de sus discípulos enseñándoles otra vez los principios de su reino, sino que les dio lecciones objetivas de esos principios. En una ocasión levantó a un niño pequeño y lo colocó delante de ellos como el modelo de humildad verdadera (Mr. 9:36), y cuando quiso que comprendieran cómo es el verdadero servicio, Él mismo les lavó los pies (Jn. 13:5-15).

Una tercera debilidad que acosaba a los discípulos fue la falta de fe. Habían confiado en Jesús para salvación, pero luchaban por confiar en la verdad del Señor, y su bondad y poder. En varias ocasiones se refirió a ellos, su círculo íntimo selecto, como hombres de "poca fe". Cuando tuvieron terror de perder sus vidas durante la tempestad en el mar, Jesús declaró: "¿Por qué estáis así amedrentados? ¿Cómo no tenéis fe?" (Mr. 4:40). Incluso después de su resurrección "les reprochó su incredulidad y dureza de corazón, porque no habían creído a los que le habían visto resucitado" (Mr. 16:14). Los discípulos habían sido testigos prácticamente de todos los milagros que Jesús había realizado durante sus tres años de ministerio, incluso al menos dos resurrecciones de muertos. Sin embargo, no creyeron los informes de la propia resurrección del Señor más de lo que habían creído las predicciones que Él hizo de esta.

Un cuarto problema con los discípulos fue la falta de compromiso. Su falta de humildad y comprensión de sí mismos los hizo rápidos para prometer que no dejarían ni abandonarían a Jesús, pero su falta de fe les generó un débil compromiso que los llevó con la misma rapidez a no pasar la prueba de sus promesas. Cuando llegó el momento de la prueba verdadera, Judas traicionó a Jesús, Pedro lo negó, y los otros diez huyeron asustados. Al principio, cuando el costo era mínimo, los discípulos "dejándolo todo, le siguieron" (Lc. 5:11); pero cuando se vieron frente a las espadas y los palos de los soldados en el huerto, "dejándole, huyeron" (Mr. 14:50).

Solo algunas horas antes Pedro se jactó lleno de confianza: "Señor, dispuesto estoy a ir contigo no sólo a la cárcel, sino también a la muerte" (Lc. 22:33), y Mateo informa que "todos los discípulos dijeron lo mismo" (26:35). Pero Jesús los conocía infinitamente mejor de lo que ellos mismos se conocían, y le manifestó a Pedro: "Te digo que el gallo no cantará hoy antes que tú niegues tres veces que me conoces" (Lc. 22:34). Jesús ya había advertido a Pedro del deseo de Satanás de zarandearlo como a trigo, y le aseguró que había orado porque no le fallara la fe al discípulo (vv. 31-32).

Una quinta fragilidad de los discípulos fue la falta de poder. Sin embargo, al igual que con los otros problemas, ellos mismos no estuvieron dispuestos a admitir esa falta. En sí mismos eran impotentes e indefensos, pero incluso después de repetidos fracasos seguían creyendo que eran fuertes y autosuficientes. Cuando cierto hombre llevó a su hijo a los discípulos en busca de sanidad, llenos de confianza en sí mismos intentaron sanarlo, pero no pudieron hacerlo (Mt. 17:16). Antes que Jesús mismo curara al niño, declaró: "¡Oh generación incrédula y perversa! ¿Hasta cuándo he de estar con vosotros? ¿Hasta cuándo os he de soportar?" (v. 17). Una vez que en privado los discípulos le preguntaron a Jesús por qué no habían tenido éxito, Él respondió: "Por vuestra poca fe; porque de cierto os digo, que si tuviereis fe como un grano de mostaza, diréis a este monte: Pásate de aquí allá, y se pasará; y nada os será imposible" (vv. 19-20). Llegó el día en que los discípulos tuvieron tal poder de fe, pero fue solo después que fueran llenos con el propio Espíritu Santo del Señor (Hch. 1:8; 2:4; cp. Jn. 20:22).

Jesús trató con la falta de comprensión de sus discípulos siguiendo enseñándoles con paciencia. Les trató su falta de humildad demostrándoles humildad. Les trató su falta de fe demostrándoles el poder de Dios. Les trató su falta de compromiso orando por ellos. Después de darles varias advertencias de las persecuciones que enfrentarían en nombre de Jesús (Jn. 15:18-21; 16:1-4, 22, 32-33), levantó "los ojos al cielo" y oró a favor de ellos la oración más hermosa que jamás se ha pronunciado (17:1-26). Además, trató con la falta de poder en los discípulos enviándoles el propio Espíritu Santo de Dios como su Consolador divino (Jn. 14:16; 16:7, 13-15).

Por eso no es de extrañar que los dirigentes judíos en Jerusalén se maravillaran de la predicación y el poder sanador de Pedro y Juan, de quienes sabían "que eran hombres sin letras y del vulgo". Fue en este momento que las personas "les reconocían que habían estado con Jesús" (Hch. 4:13). Los reconocieron como discípulos de Jesús porque ahora hablaban y actuaban como Jesús. Se habían convertido en espejos vivos de su Señor, y por eso es que con el tiempo a los creyentes los llamaron cristianos, que significa "pequeños Cristos". Los discípulos se convirtieron en ejemplos vivos del axioma de que "todo el que fuere perfeccionado, será como su maestro" (Lc. 6:40). Jesús los había capacitado bien, y ahora salieron y vivieron como su Maestro. Lo que habían aprendido siendo como Cristo, y que habían recibido de Él a través del Espíritu Santo de Dios, no solamente les había transformado la vida, sino que a través de ellos el mundo sería transformado.

Durante tres años los discípulos vivieron con este Hombre entre los hombres que nunca pronunció una palabra que no fuera cierta, ni pecó de pensamiento u obra, que nunca perdió los estribos, y que nunca se enojó excepto con justa indignación por causa de la maldad. Aunque fue el Hijo de Dios, nunca siguió su propia voluntad ni asumió gloria para sí mismo. No se preocupó para nada de su propio bienestar sino del bienestar de los demás, desgastándose literalmente hasta la fatiga sirviéndolos. Curó enfermos, limpió endemoniados y resucitó muertos; y amo a todo el mundo. Ahora "estableció a doce, para que estuviesen con él" (Mr. 3:14) a fin de que ellos pudieran volverse como Él, y así sucedió.

ESCOGIDOS PARA SER ENVIADOS

No solo que los doce discípulos fueron escogidos de manera soberana, en oración, y para ser capacitados, sino también para ser enviados. Los discípulos ("los que aprenden") fueron formados para llegar a ser apóstoles ("los que son enviados").

Jesús llama a todos los discípulos para enviarlos. Hubo solo doce apóstoles (Matías fue agregado posteriormente para reemplazar a Judas, y Pablo fue una adición única a los doce) que fueron los "enviados" oficiales de la iglesia primitiva y que un día se sentarán "sobre doce tronos, para juzgar a las doce tribus de Israel" (Mt. 19:28). No obstante, todo discípulo de Jesucristo está llamado a hacer otros discípulos (Mt. 28:19-20). Todos somos formados para ser enviados.

SU IMPACTO

les dio autoridad sobre los espíritus inmundos, para que los echasen fuera, y para sanar toda enfermedad y toda dolencia. (10:1*b*)

Exousia (**autoridad**) viene de un verbo que significa "es legal", y por tanto se refiere a un derecho o poder que se delega legítimamente. Jesús concedió a los doce discípulos **autoridad** divina para hacer exactamente lo que Él mismo había estado haciendo (véase 4:23; 9:35). Hacer lo que hizo demostró que ellos fueron enviados por Él, así como lo que Jesús hizo demostró que había sido enviado por el Padre. En todo el libro de Hechos vemos a los discípulos haciendo las mismas cosas para las cuales aquí Jesús les da **autoridad.**

Los apóstoles efectivamente echaron **fuera** muchos **espíritus inmundos** y sanaron **toda enfermedad y toda dolencia.** Pedro y Juan sanaron al cojo en la puerta la Hermosa del templo (Hch. 3:2-8). "Y por la mano de los apóstoles se hacían muchas señales y prodigios en el pueblo; y estaban todos unánimes en el pórtico de Salomón… Y aun de las ciudades vecinas muchos venían a Jerusalén, trayendo enfermos y atormentados de espíritus inmundos; y todos eran sanados" (5:12, 16; cp. 8:6-7). Al hombre en Listra que "estaba sentado, imposibilitado de los pies, cojo de nacimiento, que jamás había andado", Pablo le declaró: "Levántate derecho sobre tus pies. Y él saltó, y anduvo" (14:8-10). Mientras Pablo estaba varado en la isla de Malta curó al padre de Publio, el funcionario principal de la isla, y "hecho esto, también los otros que en la isla tenían enfermedades, venían, y eran sanados" (28:8-9).

Los apóstoles manifestaron el tipo de poder del reino que su Señor había manifestado, y por su fiel obediencia trastornaron a Jerusalén y al mundo entero (cp. Hch. 17:6). Jesús prometió que ellos harían "mayores obras" (Jn. 5:20, en extensión, no en poder), y esas palabras comenzaron a cumplirse.

La siguiente historia de origen desconocido cayó en mis manos:

Una noche en el extremo oriental de Londres un joven médico estaba apagando las luces del pasillo de una misión en la que trabajaba, y encontró a un muchacho harapiento escondido en un rincón oscuro donde le rogó que le permitiera dormir. El médico llevó al desamparado chico a su propio cuarto, lo alimentó, y trató de conocer su historia. Se enteró que el muchacho estaba viviendo en una carbonera con algunos otros chicos. Lo convenció de que le mostrara dónde estaban estos muchachos. Juntos atravesaron callejones estrechos, y finalmente llegaron a un agujero en el muro de una fábrica. "Mire ahí", dijo el muchacho. El médico encendió un fósforo y miró alrededor, deslizándose al interior de la bodega. Finalmente encontró a trece chicos con solo pedazos de tela de yute para protegerse del frío. Uno de ellos abrazaba contra sí a su hermano de cuatro años. Todos dormían profundamente. En ese momento el médico captó una visión de servicio para su Señor. Cuidó de esos muchachos e inició Hogares Bernardo para niños abandonados. Al momento de la muerte del doctor Bernardo los periódicos informaron que había tomado a más de ochenta mil muchachos y muchachas sin hogar, rodeándolos de un ambiente cristiano. Cientos de ellos se convirtieron en buenos ciudadanos cristianos. ¡Oh, que pudiéramos tener ojos para ver la necesidad a nuestro alrededor! Miles entrarán a una eternidad sin Cristo porque los cristianos no los llevan a Cristo.

56

Los hombres del Maestro. Primera parte: Pedro: una lección de liderazgo

Los nombres de los doce apóstoles son estos: primero Simón, llamado Pedro, (Mt. 10:2*a*)

En su libro *Quiet Talks on Service*, S. D. Gordon ofrece un relato imaginario del regreso de Jesús al cielo después de su ascensión.

—Maestro, moriste por el mundo, ¿verdad? —le pregunta el ángel Gabriel después de saludarlo.

—Así es —contesta el Señor.

—Debes haber sufrido mucho.

—Así es —vuelve a responder Jesús.

—¿Saben todos que moriste por ellos? —sigue preguntando el ángel.

—No —contesta el Señor—. Solo unos pocos en Palestina lo saben hasta ahora.

—Pues bien, ¿cuál es tu plan para decirle al resto del mundo que derramaste tu sangre por ellos?

—Bueno, les pedí a Pedro, Jacobo, Juan, Andrés y algunos otros que hicieran de hablarles a otros lo más importante de sus vidas. Y que luego estos les hablaran a otros, y estos a su vez pudieran hablarles a otros, y que finalmente llegaran hasta lo último del mundo entero, y así todos conocerían la emoción y el poder del evangelio.

—¿Pero qué pasa si Pedro falla? —cuestionó Gabriel—. ¿Y si después de un tiempo Juan no le habla a nadie? ¿Y qué pasaría si Jacobo y Andrés se avergonzaran y temieran? ¿Entonces qué?

—No tengo otros planes —se cuenta que contestó Jesús—. Cuento totalmente con ellos (citado en Herbert Lockyer, *All the Apostles of the Bible* [Grand Rapids: Zondervan, 1972], p. 31).

Aunque se trata de una fantasía, esa historia dramatiza una gran verdad acerca del evangelio. El único plan que el Señor tiene para alcanzar el mundo es que quienes lo conocen testifiquen a otros. El poder para transformar vidas que el evangelio tiene está en la muerte expiatoria de Jesucristo, y solo a través de la obra convincente y creativa del Espíritu Santo puede aplicarse a una vida. Pero la declaración del evangelio está en las manos de aquellos que ya han experimentado la nueva vida y están dispuestos a decírselo a otros.

De manera rutinaria la sociedad fija normas de calificación para un gran número de empresas. Las empresas establecen calificaciones para sus empleados, y mientras más responsable el trabajo, más elevadas las calificaciones. Los anuncios de puestos de trabajo a menudo enumeran requisitos tales como automotivación, capacidad para trabajar bajo presión, velocidad mínima en mecanografía, varios años de experiencia laboral, y disposición para viajar. Una persona también debe calificar para comprar una casa o un auto, conseguir una tarjeta de crédito, matricularse en una universidad, o recibir una licencia de conducir.

La Biblia clarifica que las normas de Dios para su pueblo, en especial las que los líderes deben modelar al pueblo del Señor, son muy elevadas (1 Ti. 3:1-12; Tit. 1:6-9; 2 P. 3:14). En realidad, la norma para todo creyente es nada menos que la perfección, declara Jesús: "Sed, pues, vosotros perfectos, como vuestro Padre que está en los cielos es perfecto" (Mt. 5:48). Sin embargo, la Biblia deja igualmente en claro que ninguna persona en *sí misma* puede cumplir con el mínimo de las normas de Dios. Incluso después de convertirse en apóstol, Pablo confesó de él mismo: "Yo sé que en mí, esto es, en mi carne, no mora el bien" (Ro. 7:18). En la misma epístola afirma de la humanidad en general: "No hay justo, ni aun uno; no hay quien entienda, no hay quien busque a Dios. Todos se desviaron, a una se hicieron inútiles; no hay quien haga lo bueno, no hay ni siquiera uno" (3:10-12).

La grandeza de la gracia de Dios se ve en su elección de los que no merecen para que sean su pueblo, y de los no calificados para que hagan la obra divina. Debe ser un estímulo maravilloso para todo creyente saber que, así como Elías (Stg. 5:17), los apóstoles tuvieron una naturaleza como la nuestra. Debido a que no había otro camino, Dios decidió conceder gracia santificadora sobre aquellos que creen en su Hijo, y por su propio poder transformarlos en hombres y mujeres de gran utilidad.

Estamos tentados a desanimarnos y amilanarnos cuando nuestra vida espiritual y nuestro testimonio sufren debido a pecados y fracasos personales. Satanás intenta convencernos de que esos defectos nos hacen inútiles ante Dios; pero el uso que el Señor hizo de los apóstoles atestigua lo contrario. No porque estos hombres fueran extraordinariamente talentosos o naturalmente dotados es que guiaran a la Iglesia a trastornar el mundo, sino porque a pesar de sus limitaciones y fallas humanas se rindieron a Dios, cuyo poder es perfeccionado en la debilidad humana (2 Co. 12:9).

Esa siempre ha sido la manera de Dios, ya que tan solo contaba con hombres imperfectos y pecadores con los cuales trabajar. Poco después que Dios liberara a Noé y su familia a través del diluvio, Noé se emborrachó y actuó de forma indecente. Abraham, el padre de los fieles, dudó de Dios, mintió con relación a su esposa, y adulteró con su criada. Isaac contó una mentira similar acerca de su esposa cuando creyó que la vida de él estaba en peligro. Jacob se aprovechó de la debilidad de su hermano Esaú y lo despojó de su primogenitura. Moisés fue un asesino, y por orgullo golpeó la roca en lugar de hablarle, tal como Dios había ordenado. Su hermano Aarón, el primer sumo sacerdote, llevó a Israel a erigir y adorar un becerro de oro al mismo tiempo que Moisés se hallaba en el monte Sinaí recibiendo la ley de Dios. Josué desobedeció al Señor al hacer un tratado con los gabaonitas en vez de destruirlos. Gedeón tenía poca confianza en sí mismo, e incluso menos en el plan y el poder de Dios. Sansón fue engañado varias veces por Dalila a causa de la lujuria que tenía por esta mujer. David cometió adulterio y asesinato, fue un fracaso total como padre y no se le permitió construir el templo porque era un hombre sangriento. Elías se enfrentó valientemente a ochocientos cincuenta falsos profetas, pero se acobardó ante una mujer, Jezabel. Ezequiel fue temerario, malhumorado y rápido para decir lo que pensaba. Jonás desafió el llamado de Dios de predicar a los ninivitas y se resintió por la gracia divina cuando por medio de su predicación este pueblo se convirtió.

Aparte del breve ministerio de su propio Hijo, la historia de la obra de Dios en la tierra es la historia del uso continuo de individuos descalificados. Los doce discípulos que se convirtieron en apóstoles no fueron la excepción. Incluso desde el punto de vista humano, ellos tenían pocas características o habilidades que los calificaran para el liderazgo y el servicio. Sin embargo, al igual que hizo con Noé, Abraham y los demás, Dios usó a esos hombres en maneras maravillosas para hacer la obra divina.

Al escribir a los corintios sectarios y mundanos, Pablo insistió que ni él ni Apolos eran algo en sí mismos. Así pregunta el apóstol: "¿Qué, pues, es Pablo, y qué es Apolos? Servidores por medio de los cuales habéis creído; y eso según lo que a cada uno concedió el Señor. Yo planté, Apolos regó; pero el crecimiento lo ha dado Dios. Así que ni el que planta es algo, ni el que riega, sino Dios, que da el crecimiento" (1 Co. 3:5-7).

El Nuevo Testamento no enseña a los líderes cristianos a seguir los métodos o estilos individuales de los apóstoles. No explica sus métodos ni ofrece detalles o sus estrategias específicas para la evangelización o para otros ministerios. El enfoque del poder apostólico en el Nuevo Testamento siempre está en el Señor. Al igual que con el creyente más humilde, el poder y la eficacia de los apóstoles fueron exclusivamente obra del Espíritu Santo.

Cuenta la historia que después que un artista famoso terminó de pintar la Última Cena pidió a un amigo que comentara la obra. Cuando el amigo observó que las copas eran las partes más excelentes de toda la pintura, el artista quedó estupefacto; entonces alzó el pincel y pintó sobre cada copa, explicando: "Fallé. Yo quería que vieras a Cristo, pero solo observaste las copas". Es maravilloso ser un vaso útil para el uso del Maestro, pero el vaso no es la fuente del poder espiritual, y nunca debe ser el centro de atención.

Hacer hincapié en los métodos y prácticas de líderes cristianos famosos y visiblemente exitosos inevitablemente debilita a la Iglesia, y en ningún momento de la historia ese énfasis equivocado ha sido más dominante que en la Iglesia de hoy. Cuando los hombres son elevados, se rebaja a Cristo; y cuando se depende del poder y los recursos del hombre, la obra de Cristo se debilita.

Alguien ha comentado que un gran escritor puede tomar una hoja de papel sin valor alguno, escribir un poema en ella, e instantáneamente volverla muy valiosa. Un famoso artista puede tomar un pedazo de lienzo que vale cincuenta centavos y pintar allí un cuadro que lo haga inapreciable. Un hombre rico puede firmar un pedazo de papel sin valor y hacerlo valer un millón de dólares. En una forma infinitamente más grande, Jesucristo puede tomar una vida inútil, corrupta y repulsiva, y transformarla en un hijo justo de Dios y en un obrero útil en el reino divino.

Una iglesia en Estrasburgo, Francia, fue severamente dañada por bombas durante la Segunda Guerra Mundial. Aunque una amada estatua de Cristo había sobrevivido, una viga del techo había caído sobre los brazos, destrozándolos. Un escultor local ofreció restaurar gratis la estatua, pero la gente del pueblo decidió dejarla como estaba. Sin manos sería un recordatorio continuo de que Dios hace su obra por medio de su pueblo, sus manos terrenales.

Jesucristo escoge manos humanas —y mentes, brazos y pies— como los instrumentos de su obra eterna de redención. Quienes no se sienten ofendidos por las demandas del discipulado, y que al igual que los apóstoles le dan sus vidas imperfectas y defectuosas como sacrificios vivos (Ro. 12:1), se convierten en los medios divinos para atraer a todos los hombres hacia Él mismo.

Jesús no tuvo intención de proclamar el reino de Dios sin ayuda. Su propio ministerio solo duró tres años y ni siquiera se extendió a toda Palestina. Desde el principio de su ministerio comenzó a capacitar a los doce que seguirían la obra. Fue en este entrenamiento de los discípulos que el Señor comenzó el proceso que más tarde Pablo instó a que Timoteo siguiera: "Lo que has oído de mí ante muchos testigos, esto encarga a hombres fieles que sean idóneos para enseñar también a otros" (2 Ti. 2:2).

Jesús escogió solo a **doce** hombres con el fin de que fueran sus **apóstoles,** una cantidad al parecer insignificante para la tarea que tenían por delante. No solo se enfrentarían a la maldad, el sistema incrédulo del mundo, sino contra Satanás y su sistema demoníaco.

La historia está llena de hazañas increíbles por parte de unos cuantos hombres con grandes desventajas. A veces los pocos han salido victoriosos y a menudo han resultado trágicamente derrotados. En cualquier caso se les recuerda y admira por su valor. Sin embargo, contra enemigos sobrenaturales el hombre nunca puede triunfar en su propio poder, sin importar cuánto valor tenga. Por otra parte, cuando Dios fortalece a su pueblo ningún obstáculo o enemigo puede hacerle frente.

Samgar, un juez de Israel, mató a seiscientos hombres con una aguijada de buey. Con solo trescientos hombres filtrados entre una fuerza original de treinta y dos mil guerreros, Gedeón, otro juez, venció a una cantidad innumerable de madianitas y amalecitas, a quienes el Señor hizo que se mataran entre sí llenos de pánico. Aún otro juez, Sansón, mató a mil filisteos con solo una quijada de asno como arma. Jonatán y su escudero, quien probablemente solo era un muchacho, mataron a veinte filisteos armados que estaban esperándolos en la cima de una colina; y esa victoria llevó a la derrota de todo el ejército filisteo por parte de israelitas armados solo con herramientas de labranza. En un día Elías mató sin ayuda a ochocientos cincuenta profetas paganos en el monte Carmelo.

El Señor puede mostrar su poder divino a través de un puñado de hombres, o incluso de un solo hombre, así como sin duda por medio de una multitud… por eso la pequeña cantidad de apóstoles no fue obstáculo para la obra del evangelio.

A Henry Drummond, escritor y evangelista escocés que escribió el conocido folleto *The Greatest Thing in the World,* lo invitaron a hablar en un exclusivo club de hombres en Londres. Comenzó su charla con una desafiante analogía que esos hombres entendieron con facilidad: "Caballeros, el precio de entrada al reino de los cielos es nada; sin embargo, la suscripción anual es todo".

Debido a que Jesucristo pagó el precio total por la salvación, no cuesta nada *convertirse* en su discípulo. Pero *seguirlo* como un discípulo fiel cuesta todo lo que tenemos. No solo somos salvos por la sangre de Cristo, sino que somos comprados con ella, y por consiguiente pertenecemos por completo al Señor (1 Co. 6:19-20; 7:23).

Los doce hombres que Jesús llamó como discípulos y a quienes transformó en apóstoles estuvieron dispuestos a pagar todo. Volvieron la espalda a sus ocupaciones,

estilos de vida, hogares, planes propios y aspiraciones. Se comprometieron totalmente a seguir a Jesucristo, dondequiera que los llevara y cualesquiera fuera el
precio.

Ellos fueron unos pocos comprometidos entre muchos incrédulos. Desde muy
temprano en su ministerio, y en especial después que comenzó a realizar milagros,
Jesús nunca careció de audiencia. Las multitudes lo seguían dondequiera que iba,
hasta el punto que con frecuencia le era difícil estar a solas consigo mismo o con
los doce. Los gentíos eran atraídos por el tono de autoridad en su voz, por lo singular de su mensaje, por lo extraordinario de sus milagros, y por su preocupación
hacia las personas comunes, los enfermos, los dolidos y los pecadores.

En el sentido más amplio ellos eran discípulos (*mathētēs*), cuyo significado es
seguidor o aprendiz. Pero ese término no necesariamente transmite la idea de
compromiso, como se desprende de varios relatos del evangelio. La mañana después que Jesús alimentara a los cinco mil (además de mujeres y niños), muchas
de las personas que fueron alimentadas lo siguieron de regreso a Capernaúm.
Al verlos, Jesús declaró: "De cierto, de cierto os digo que me buscáis, no porque
habéis visto las señales, sino porque comisteis el pan y os saciasteis" (Jn. 6:26).
Poco después manifestó al mismo grupo: "Os he dicho, que aunque me habéis
visto, no creéis" (v. 36). Entre esta multitud estaban "muchos de sus discípulos"
(v. 54) que se molestaron cuando oyeron decir a Jesús: "El que come mi carne y
bebe mi sangre, tiene vida eterna; y yo le resucitaré en el día postrero" (v. 54).
Después que Jesús explicó un poco más lo que quería decir, se ofendieron aún más
y "desde entonces muchos de sus discípulos volvieron atrás, y ya no andaban con
él" (v. 66). Tales discípulos solo eran observadores y oyentes que no tenían deseos
de confiar en el Señor ni seguirlo.

Ellos aceptaban a Jesús como un gran maestro y obrador de milagros, pero solo
en el nivel físico. Estaban muy deseosos que Él curara sus cuerpos y llenara sus
estómagos, pero no querían que les limpiara los pecados, que volviera a crearles
corazones, y que transformara sus vidas. Gustosamente acudieron a Jesús "por
la comida que perece", pero no tenían apetito "por la comida que a vida eterna
permanece" (Jn. 6:27).

La enseñanza de Jesús no era "dura" (v. 60) porque fuera difícil de entender
sino porque era difícil de aceptar. La gente sabía que Él no estaba hablando de
comer y beber su sangre y su cuerpo físico sino de aceptar todo lo que Él era, decía
y hacía. La declaración les resultaba dura de aceptar por la misma razón de que
sí la entendieron.

Así como en la época de Jesús y a través de la historia, los falsos discípulos de
hoy están dispuestos a aceptar cualquier cosa del evangelio que calce con sus inclinaciones personales y sus estilos de vida. Están dispuestos a ser identificados como
cristianos, a pertenecer a una iglesia, a estar activos en la obra, y a dar dinero para
apoyarla. Pero no tienen intención de entregarse a Jesucristo como Amo y Señor.
Cuando se les hace esa exigencia, o incluso cuando se les sugiere, desaparecen tan
rápida y permanentemente como esos discípulos en Capernaúm.

Las duras enseñanzas de Jesús los ofendieron, por lo que "murmuraban" (Jn.
6:61). "Murmuraban" se traduce de *skundulizō*, que significa poner una trampa o
un obstáculo, y es el término del que obtenemos *escándalo*. El significado original

se aplica a una trampa sostenida por un palo. Cuando un animal agarraba comida que estaba adherida al palo, este caía, haciendo que la trampa capture o mate al animal. Los discípulos ofendidos en Capernaúm entendieron claramente que aceptar la demanda de Cristo de comer su carne y beber su sangre para obtener vida eterna significaba renunciar a su antigua vida, a la cual no renunciarían ni siquiera por el cielo. En consecuencia, no tuvieron nada más que ver con Jesús.

Después que la multitud se fue, Jesús preguntó a los discípulos: "¿Queréis acaso iros también vosotros?" (v. 67). Él "sabía desde el principio quiénes eran los que no creían, y quién le había de entregar" (v. 64), pero quería asegurarse de que los doce comprendieron en sus mentes el costo del verdadero discipulado. Pedro contestó por el grupo, diciendo: "Señor, ¿a quién iremos? Tú tienes palabras de vida eterna. Y nosotros hemos creído y conocemos que tú eres el Cristo, el Hijo del Dios viviente" (vv. 68-69).

A excepción de Judas, los doce decidieron comer la carne y beber la sangre de Cristo, costara lo que costara. No tenían idea de los particulares del precio, pero ellos mismos se pusieron en las manos del Señor, confiando en que en Él y solo en Él estaba la vida eterna y todo lo demás de algún valor.

Los doce hombres que Jesús escogió como sus apóstoles tuvieron en sus manos la responsabilidad total de llevar inicialmente el evangelio al resto del mundo. La Iglesia fue edificada "sobre el fundamento de los apóstoles y profetas, siendo la principal piedra del ángulo Jesucristo mismo" (Ef. 2:20). Jesús mismo les prometió: "El Consolador, el Espíritu Santo, a quien el Padre enviará en mi nombre, él os enseñará todas las cosas, y os recordará todo lo que yo os he dicho" (Jn. 14:26). A través del Espíritu Santo los apóstoles recibieron la revelación divina de Dios, y fueron los únicos responsables de escribir la mayor parte del Nuevo Testamento. Por tanto, fue a "la doctrina de los apóstoles" a la que la iglesia verdadera y fiel siempre se ha dedicado, empezando en Jerusalén inmediatamente después de Pentecostés (Hch. 2:42). Por medio de estos hombres se estableció, explicó y predicó la doctrina del nuevo pacto.

Los apóstoles no solo fueron los canales de la teología y la evangelización cristiana, sino que también fueron los primeros ejemplos de la vida piadosa y virtuosa que la Iglesia debía seguir. Dios confirmó la autoridad de ellos como verdaderos apóstoles a través de "señales, prodigios y milagros" (2 Co. 12:12); y como "sus santos apóstoles" (Ef. 3:5) recibieron, enseñaron, registraron y ejemplificaron el evangelio de Jesucristo.

Según se mencionó en el capítulo anterior, la tercera fase de la formación de los discípulos bajo Jesús fue lo que podría llamarse pasantía, que comenzó inmediatamente después de la conversión y el llamado de estos hombres, y precedió a su encargo final y su envío después de la ascensión del Señor (Hch. 1:8). Es de esta tercera fase de entrenamiento de la que Mateo se ocupa en el capítulo 10. Para este momento los discípulos habían estado bajo la instrucción de Jesús quizás durante dieciocho meses, pero no habían participado directamente en el ministerio. Hasta ahora solo habían sido observadores y aprendices. Ahora empiezan a tener participación directa cuando el Señor los envía de dos en dos (véase Mr. 6:7) a fin de hacer la obra para la que se les había dado autoridad.

Los apóstoles fueron esenciales para el futuro de la fe cristiana, porque fueron los únicos llamados y fortalecidos con el fin de edificar la base del único plan divino de hablarle al mundo acerca de la redención a través de su Hijo. Era el momento de que fueran más que simples oyentes y observadores, por lo que se "les dio autoridad sobre los espíritus inmundos, para que los echasen fuera, y para sanar toda enfermedad y toda dolencia" (10:1). Pero su principal responsabilidad era predicar "diciendo: El reino de los cielos se ha acercado" (v. 7), mensaje para el cual sus obras milagrosas serían señales de autenticación divina. Así reconoció Nicodemo con relación a Jesús: "Rabí, sabemos que has venido de Dios como maestro; porque nadie puede hacer estas señales que tú haces, si no está Dios con él" (Jn. 3:2).

El escritor de Hebreos pregunta: "¿Cómo escaparemos nosotros, si descuidamos una salvación tan grande? La cual, habiendo sido anunciada primeramente por el Señor, nos fue confirmada por los que oyeron, testificando Dios juntamente con ellos, con señales y prodigios y diversos milagros y repartimientos del Espíritu Santo según su voluntad" (He. 2:3-4). El Señor Jesucristo fue el primer predicador del evangelio, y los apóstoles ("los que oyeron") confirmaron lo que Él predicó, y Dios el Padre confirmó el testimonio de ellos fortaleciéndolos "con señales y prodigios… diversos milagros y repartimientos del Espíritu Santo" que acompañaron la predicación apostólica. El mensaje de los apóstoles fue milagrosamente atestiguado cuando echaban los cimientos de la Iglesia.

Los apóstoles fueron hombres comunes y corrientes. Hasta donde sabemos, el único que tenía prosperidad material era Mateo, quien ganó su riqueza de manera legal pero no ética extorsionando impuestos para Roma. Ninguno de los doce era altamente educado ni tenía destacada posición social, política o religiosa. Los detalles acerca de algunos de ellos permanecen desconocidos para nosotros hoy día, excepto por sus nombres, porque ni la Biblia ni la historia secular tiene mucho que decir de ellos.

Pero nunca ha habido una tarea en la historia del mundo igual a la de esos hombres comunes a quienes el Señor escogió para que fueran sus primeros agentes del ministerio para poner en marcha el progreso del reino de Dios en la tierra. Ellos tuvieron la monumental asignación de terminar la obra de fundación de la Iglesia que el Señor mismo había comenzado. Lucas menciona esta transición de responsabilidad en las palabras con que inicia Hechos: "En el primer tratado [es decir, el Evangelio de Lucas], oh Teófilo, hablé acerca de todas las cosas que Jesús comenzó a hacer y a enseñar, hasta el día en que fue recibido arriba, después de haber dado mandamientos por el Espíritu Santo a los apóstoles que había escogido; a quienes también, después de haber padecido, se presentó vivo con muchas pruebas indubitables, apareciéndoseles durante cuarenta días y hablándoles acerca del reino de Dios" (1:1-3).

Una cantidad de verdades acerca de los apóstoles puede aprenderse tan solo en las listas bíblicas de sus nombres. Antes que nada, en las cuatro listas de los apóstoles en el Nuevo Testamento (Mt. 10:2-4; Mr. 3:16-19; Lc. 6:14-16; y Hch. 1:13; cp. v. 26), Pedro siempre está de primero. En Mateo 10:2 el primero no se refiere al orden de selección, porque Jesús llamó a Andrés, hermano de Pedro, antes de llamar a Pedro (Jn. 1:40-42). En este contexto, *prōtos* (**primero**) indica más importante en rango. Los apóstoles eran iguales en su comisión, autoridad y poder divino; y un día se sentarán en tronos iguales cuando juzguen a las doce tribus de Israel (Mt. 19:28). Pero en términos de *función*, Pedro fue **primero,** el miembro principal de los doce. *Prōtos* se utiliza con el mismo significado en 1 Timoteo 1:15, donde Pablo habla de sí mismo como "el primero" de todos los pecadores. En Apocalipsis 1:17, Cristo habla de sí mismo como "el primero [*prōtos*] y el último". Ningún grupo puede funcionar de manera apropiada sin un líder, y **Pedro** fue desde el principio el miembro guía de los doce.

Segundo, todas las cuatro listas están divididas en los mismos tres subgrupos. El primer grupo incluye a Pedro, Andrés, Jacobo y Juan; el segundo incluye a Felipe, Bartolomé, Tomás y Mateo; y el tercero incluye a Jacobo el hijo de Alfeo, Tadeo, Simón el Zelote, y Judas Iscariote. Los nombres están en órdenes distintos dentro de los grupos, pero siempre incluyen los mismos cuatro, y el primer nombre en cada grupo siempre es el mismo, lo que sugiere que cada grupo tenía su propia identidad y su propio líder. El primer grupo incluye a quienes Jesús llamó primero (aunque no en el orden individual), el segundo incluye a los que llamó a continuación, y el tercer grupo a los que llamó de últimos.

Sabemos mucho de los hombres en el primer grupo, mucho menos de aquellos en el segundo, y casi nada acerca de los del tercero… a excepción de Judas, quien traicionó a Jesús, se suicidó, y fue reemplazado por Matías exactamente antes de Pentecostés (Hch. 1:26). No existe solo una cantidad decreciente de información en cuanto a los miembros de cada grupo, sino también una intimidad decreciente con Jesús. Los cuatro primeros constituyeron el círculo íntimo de discípulos; y de esos cuatro, Pedro, Jacobo y Juan fueron especialmente cercanos a Él. Poco se dice de la instrucción o trabajo directo de parte del Señor con el segundo grupo, y casi nada acerca de contacto cercano con el tercero. Él amaba a todos los apóstoles por igual, los facultó por igual, y les prometió igual gloria; pero a causa de las limitaciones físicas comunes a todos los hombres, no pudo prestarles igual atención. Es imposible para cualquier líder ser igualmente cercano a todos con quienes trabaja. Por necesidad delegará mayor responsabilidad y pasará más tiempo con ciertas personas que particularmente son capaces y dignas de confianza.

El primer grupo incluía dos pares de hermanos, Pedro y Andrés, y Jacobo y Juan, todos los cuales eran pescadores. Mateo era recaudador de impuestos, pero no sabemos nada de las ocupaciones de los otros siete. Los dos pares de hermanos se conocían aún antes que Jesús los llamara porque todos pescaban cerca en el mar de Galilea (véase Mt. 4:18-21).

La mayor parte de los temperamentos que conocemos acerca de los apóstoles eran muy diferentes. Por ejemplo, Pedro era impulsivo, un líder natural, y un hombre de acción. Casi invariablemente era el primero en reaccionar a algo que se decía o hacía diciendo o haciendo algo él mismo. Por otra parte, Juan parece haberse vuelto tranquilo y pensativo bajo la tutela de Cristo. En los primeros doce capítulos de Hechos leemos que Pedro y Juan trabajan muy de cerca durante los primeros años de la iglesia primitiva. Esta debió haber sido una útil experiencia de aprendizaje para ambos, con Pedro ansioso por ir adelante y Juan queriendo pensar primero las cosas. Pedro llevaba a cabo toda la predicación. Los hombres de igual condición y cargo, e incluso con dones similares, pueden tener funciones diferentes en relación a la singularidad de sus dones.

Era evidente que Tomás era el más escéptico de los doce (Jn. 20:25), y el mismo nombre de Simón el Zelote indica que era un judío revolucionario radical, dedicado a expulsar a los opresores romanos. Es indudable que antes de conocer a Cristo habría clavado de buena gana un cuchillo en el corazón de Mateo, un traidor colaborador de Roma.

SIMÓN PEDRO

primero Simón, llamado Pedro, (10:2*a*)

Todos los doce, incluso Judas, fueron partes integrales del plan del Señor. Pero **Pedro** era sin duda el personaje central, tanto en los tres años del ministerio terrenal de Cristo como en los primeros años de la iglesia después de Pentecostés. Jesús pasó más tiempo con Pedro que con cualquiera de los demás, en parte porque Pedro estaba constantemente al lado del Señor. Nunca se alejó de Jesús y siempre estaba haciendo preguntas, aconsejando, y hasta dando órdenes. Aparte del de Jesús, ningún nombre se menciona con más frecuencia en el Nuevo Testamento que el de Pedro. Ninguna otra persona habla tan a menudo o de ninguna otra se habla con tanta frecuencia. Ningún discípulo fue reprendido tan a menudo o de modo tan severo como Pedro, y solo él fue suficientemente atrevido para reprender al Señor. Ningún otro discípulo confesó con tanto valor a Cristo ni lo negó con tanto valor. Ningún otro discípulo fue tan elogiado y bendecido por Jesús, y sin embargo a ningún otro lo llamó Satanás.

¿Cómo pudo Jesús tomar a un individuo tan ambivalente, inconstante y centrado en sí mismo, y ponerlo como el **primero** (el *prōtos*) de los apóstoles? Por el relato del evangelio podemos discernir al menos tres elementos esclarecedores que jugaron un papel decisivo en la preparación que el Señor hizo de Pedro: material básico adecuado, experiencias adecuadas, y lecciones adecuadas.

MATERIAL BÁSICO ADECUADO

Pedro tenía el material básico adecuado del cual Jesús podía modelar el tipo de líder que quería que este hombre fuera. Pedro tuvo un gran inicio; contaba con gran potencial. Pero aunque tenía el control de su propia vida, sus inicios nunca llegaron más allá de eso, y su potencial no siempre fue fácil de ver.

Sin embargo, una de las calificaciones de Pedro para el liderazgo se ve en que continuamente le hacía preguntas a Jesús. Siempre quería saber el qué, el cuándo, el dónde y el porqué de todo lo que el Señor decía y hacía. Muchas de sus preguntas fueron superficiales e inmaduras, pero reflejaban un auténtico interés en cuanto a Jesús y su obra. Una persona que no hace preguntas tiene pocas posibilidades de triunfar como líder, porque no tiene deseo o disposición para inquirir acerca de lo que no entiende. Parece que cuando los demás discípulos no entendían algo eran más propensos a guardar silencio, o simplemente a debatir sus dudas y cuestiones entre ellos. Pedro por otra parte nunca fue renuente a preguntar a Jesús cualquier cosa que tuviera en mente.

Cuando Pedro no entendió lo que Jesús quiso decir al manifestar que no es "lo que entra en la boca [lo que] contamina al hombre", le preguntó: "Explícanos esta parábola" (Mt. 15:11, 15). Al hallarse preocupado por la recompensa que él y sus compañeros discípulos obtendrían por dejar todo y seguir a Jesús, no titubeó en preguntar al respecto (Mt. 19:27). Pedro preguntó acerca de la higuera que Jesús hizo que se secara (Mr. 11:21), y junto con Jacobo, Juan y Andrés pidieron a Jesús que explicara cuándo y cómo sería destruido el templo (Mr. 13:4). Después que el Señor le dijera a Pedro que sería martirizado, cuestionó respecto al destino de Juan: "¿Y qué de éste?" (Jn. 21:21). Las preguntas de Pedro nunca recibieron la respuesta esperada ya que por lo general eran egocéntricas o perdían por completo la verdad principal que Jesús estaba explicando. Pero el Señor usó incluso esas malas preguntas para formarlo pacientemente en el liderazgo. Las preguntas de Pedro, por inmaduras que muchas de ellas eran, le dieron al Señor una oportunidad de ayudarlo a crecer.

Segundo, Pedro mostró iniciativa, otro ingrediente necesario del liderazgo. Así como generalmente era el primero en hacerle preguntas a Jesús, también por lo general era el primero en responder las preguntas que el Señor hacía. Cuando Jesús preguntó a los discípulos: "¿Quién decís que soy yo?", Pedro contestó al instante: "Tú eres el Cristo, el Hijo del Dios viviente" (Mt. 16:15-16). Cuando los soldados llegaron a arrestar a Jesús en el huerto de Getsemaní, "Simón Pedro, que tenía una espada, la desenvainó, e hirió al siervo del sumo sacerdote, y le cortó la oreja derecha" (Jn. 18:10). Aunque a menudo sus acciones eran equivocadas, Pedro estaba listo para responder en lo que creía que era en beneficio de Cristo.

Tercero, Pedro se ubicaba en el medio de la actividad. Él era un participante natural que nunca se contentaba con estar al margen. Se mantenía tan cerca de Jesús como podía y quería ser parte de todo lo que sucedía. Incluso cuando negó al Señor, al menos estuvo tan cerca del Señor como podía estar, mientras que a todos los demás discípulos no se les podía localizar por ninguna parte. Cuando les hablaron de la resurrección de Jesús, Pedro llegó a la tumba después de Juan solo porque este le ganó la carrera (Jn. 20:4). Pero Pedro siempre estaba allí.

El valiente pescador era nativo de Betsaida y después se mudó a Capernaúm, donde él, su padre Juan (o Jonás), y su hermano Andrés poseían un negocio. Ya que tenía una suegra, sabemos que Pedro era casado cuando Jesús lo llamó (Mt. 8:14), y por el comentario de Pablo en 1 Corintios 9:5 es posible que la esposa de Pedro viajara con él a lo largo de su ministerio apostólico.

Aun los nombres de Pedro dan una idea de su carácter. Sus padres le pusieron el nombre común de Simón, pero Jesús le cambió el nombre a Pedro (Cefas en arameo), que significa piedra (Mt. 16:18). Por naturaleza Pedro era vacilante e inestable, y cuando el Señor lo llamó Pedro es probable que los demás discípulos tuvieran grandes reservas en cuanto a lo apropiado de ese nombre. Pero el nuevo nombre fue quizás para Simón un recordatorio apacible y alentador del tipo de hombre en que Jesús lo llamaba a convertirse.

A Pedro por lo general se le conoce como Simón cuando el propósito es tan solo identificarlo o cuando es algo relacionado con él, como su casa o su suegra (Mr. 1:29-30), su barca (Lc. 5:3), o sus compañeros pescadores (Lc. 5:10). También se le conoce como Simón siempre que es reprendido por pecado o cuando muestra debilidad especial, como cuando cuestionó el consejo de Jesús: "Boga mar adentro, y echad vuestras redes para pescar" (Lc. 5:4). Cuando Jesús regresó de orar en el huerto y encontró a los discípulos durmiendo, declaró: "Simón, ¿duermes? ¿No has podido velar una hora?" (Mr. 14:37). Después de la resurrección, Pedro regresó desobedientemente a la pesca, y cuando el Señor lo confrontó tres veces en cuanto a la fidelidad, cada vez se dirigió a él como Simón (Jn. 21:15-17). Jesús usaba el antiguo nombre de Pedro para señalar que estaba actuando según su vieja identidad.

Unas diecisiete veces en el Evangelio de Juan se le llama a Pedro por ambos nombres juntos (Simón Pedro). Tal vez porque Juan conocía tan bien a Pedro, usaba los dos nombres para describir tanto las viejas como las nuevas características de su amigo, que a menudo se entremezclan y eran difíciles de distinguir.

EXPERIENCIAS ADECUADAS

Un segundo elemento en la preparación para el liderazgo es tener experiencias adecuadas. El Señor trajo a la vida de Pedro todas las experiencias necesarias para que desarrollara su capacidad de liderazgo.

Primero, Jesús dio a Pedro revelaciones maravillosas. Cuando Pedro confesó primero que Jesús era "el Cristo, el Hijo del Dios viviente", Jesús le explicó: "Bienaventurado eres, Simón, hijo de Jonás, porque no te lo reveló carne ni sangre, sino mi Padre que está en los cielos" (Mt. 16:16-17). Cuando muchos de los seguidores de Jesús lo abandonaron debido a las enseñanzas acerca del costo del discipulado, usando la figura de comer su carne y beber su sangre, el Señor preguntó a los doce: "¿Queréis acaso iros también vosotros?", la respuesta de Pedro en esa ocasión también parece haber sido inspirada por Dios, pues declaró: "Señor, ¿a quién iremos? Tú tienes palabras de vida eterna" (Jn. 6:66-68).

Jesús estaba transformando a Pedro haciéndole saber que Dios quería usar su boca para proclamar la gran liberación de la verdad del evangelio. Un día este hombre se pondría valientemente de pie y diría: "Varones judíos, y todos los que habitáis en Jerusalén, esto os sea notorio, y oíd mis palabras" (Hch. 2:14). Y un día tomaría una pluma y escribiría la revelación de Dios en la forma de dos epístolas del Nuevo Testamento.

Segundo, a Pedro se le dio gran honor y recompensa. Después que Jesús le explicara que la verdad de la confesión que había hecho le fue revelada por el Padre, le declaró: "También te digo, que tú eres Pedro, y sobre esta roca edificaré mi iglesia; y las puertas del Hades no prevalecerán contra ella. Y a ti te daré las llaves del reino de los cielos; y todo lo que atares en la tierra será atado en los cielos; y todo lo que desatares en la tierra será desatado en los cielos" (Mt. 16:18-19). El Señor usó a Pedro para llevar el evangelio a Cornelio, el primer gentil convertido. Pedro abrió las puertas del evangelio a judíos y gentiles.

Todos los apóstoles abrieron la puerta al reino cuando predicaron el evangelio de salvación, y cada vez que una persona de Dios predica a Cristo también abre esas puertas del reino para dejar que los hombres entren.

Tercero, Pedro experimentó gran reproche. Poco después que Jesús lo honrara por la declaración que se acaba de mencionar, Pedro mismo demostró que la referencia de nuestro Señor no pudo haber sido a este hombre, ya que era cualquier cosa menos una base sólida sobre la cual Cristo podía edificar su iglesia. Quizás sintiéndose orgulloso y presumido como el discípulo líder, demostró que su boca podía ser usada tanto por Satanás como por Dios, como cuando "comenzó Jesús a declarar a sus discípulos que le era necesario ir a Jerusalén y padecer mucho de los ancianos, de los principales sacerdotes y de los escribas; y ser muerto, y resucitar al tercer día. Entonces Pedro, tomándolo aparte, comenzó a reconvenirle, diciendo: Señor, ten compasión de ti; en ninguna manera esto te acontezca. Pero él, volviéndose, dijo a Pedro: ¡Quítate de delante de mí, Satanás!; me eres tropiezo, porque no pones la mira en las cosas de Dios, sino en las de los hombres" (Mt. 16:21-23).

Un gran peligro del liderazgo es no conocer sus límites. Muchos dictadores y demagogos fueron una vez servidores públicos capaces, pero gran honor y poder les hicieron creer que el derecho del liderazgo yace en sí mismos y no en su cargo privilegiado. Cuando Pedro empezó a elevar su propia posición y entendimiento se vio sirviendo a Satanás en lugar de Dios. Gran potencial para ser usado por Dios también trae gran potencial para ser usado por Satanás.

Cuarto, Pedro experimentó lo que podría llamarse gran rechazo, no por *parte* de Jesús sino por *causa* de Jesús. La extrema autoconfianza hizo que le fallara otra vez al Señor exactamente en el punto en que se creía más fuerte. Así como la confianza en su propia sabiduría resultó en que Jesús lo reprendiera, la confianza en su propia confiabilidad resultó en que Jesús lo rechazara. Cuando el Señor predijo que todos los discípulos lo abandonarían cuando fuera arrestado, Pedro volvió a contradecirlo, ratificando: "Aunque todos se escandalicen de ti, yo nunca me escandalizaré. [Entonces] Jesús le dijo: De cierto te digo que esta noche, antes que el gallo cante, me negarás tres veces. Pedro le dijo: Aunque me sea necesario morir contigo, no te negaré". Siguiendo el ejemplo de Pedro, "todos los discípulos dijeron lo mismo". Por supuesto, Jesús volvió a demostrar que tenía la razón, y Pedro volvió a demostrar que estaba equivocado. Mientras se calentaba en el patio del sumo sacerdote, Pedro no solo negó tres veces al Señor, sino que cada vez lo hizo con mayor vehemencia (Mt. 26:31-35, 69-75).

Quinto, Pedro experimentó un nuevo comienzo. Cuando Jesús lo confrontó con falta de amor, Pedro le aseguró tres veces que lo amaba de veras, y el Señor lo reintegró tres veces y le encargó que cuidara del rebaño. Jesús no había renunciado a Pedro. Le aseguró a su vacilante discípulo que su llamado aún seguía en pie y volvió a ordenarle, tal como había hecho al principio: "Sígueme" (Jn. 21:15-19).

LECCIONES ADECUADAS

Un tercer elemento en la formación de Pedro fue enseñarle los principios del liderazgo según Dios. Antes que nada, debido a que los líderes pueden volverse fácilmente dominantes, tienen una necesidad especial de sumisión. Cuando los recaudadores de impuestos de Capernaúm exigieron a Jesús el impuesto del templo de dos dracmas, el Señor le ordenó a Pedro que fuera y atrapara un pez en cuya boca habría un estatero, justo lo suficiente para pagar el impuesto tanto de Jesús como de Pedro (Mt. 17:24-27). De esa experiencia el discípulo aprendió una lección de someterse no solo a Jesús sino también a las autoridades humanas. En su primera epístola escribió: "Por causa del Señor someteos a toda institución humana, ya sea al rey, como a superior, ya a los gobernadores, como por él enviados para castigo de los malhechores y alabanza de los que hacen bien. Porque esta es la voluntad de Dios:

que haciendo bien, hagáis callar la ignorancia de los hombres insensatos… Honrad a todos. Amad a los hermanos. Temed a Dios. Honrad al rey" (1 P. 2:13-15, 17).

Segundo, Pedro debía aprender a moderarse, de lo cual necesitaba doble porción. Como ya se mencionó, cuando los soldados romanos llegaron con los oficiales de los sumos sacerdotes y los fariseos a arrestar a Jesús en el huerto, Pedro desenvainó su espada y comenzó a pelear, aunque la sola cohorte romana habría tenido quinientos o más hombres. Jesús le dijo a Pedro que metiera la espada en la vaina y dejara que el plan divino de Dios siguiera su curso (Jn. 18:10-11).

Tercer, Pedro debía aprender humildad, y una vez más necesitaba una doble porción. Solo unas horas después que lleno de orgullo se jactara: "Aunque todos se escandalicen de ti, yo nunca me escandalizaré", Pedro negó tres veces al Señor, aunque el discípulo estaba en poco o ningún peligro (Mt. 26:33, 69-75). Pero al final aprendió la lección, y muchos años después escribió: "Dios resiste a los soberbios, y da gracia a los humildes" (1 P. 5:5)

Cuarto, Pedro debía aprender a sacrificarse, y Jesús le prometió: "De cierto, de cierto te digo: Cuando eras más joven, te ceñías, e ibas a donde querías; mas cuando ya seas viejo, extenderás tus manos, y te ceñirá otro, y te llevará a donde no quieras. Esto dijo, dando a entender con qué muerte había de glorificar a Dios. Y dicho esto, añadió: Sígueme" (Jn. 21:18-19). Cuando a Pedro le preocupó que Juan no tuviera que pagar un sacrificio tan costoso, Jesús lo reprendió con severidad: "Si quiero que él quede hasta que yo venga, ¿qué a ti? Sígueme tú" (vv. 21-22). Por segunda vez en esta ocasión Jesús le mandó a Pedro que lo siguiera, esta vez usando el enfático *su* ("tú").

Esa fue la última vez que Jesús tuvo que mandar a Pedro que lo siguiera. Desde entonces le obedeció a cualquier precio. Incluso aprendió a regocijarse en su sufrimiento por Cristo, y escribió: "Gozaos por cuanto sois participantes de los padecimientos de Cristo, para que también en la revelación de su gloria os gocéis con gran alegría. Si sois vituperados por el nombre de Cristo, sois bienaventurados, porque el glorioso Espíritu de Dios reposa sobre vosotros…. Si alguno padece como cristiano, no se avergüence, sino glorifique a Dios por ello…. De modo que los que padecen según la voluntad de Dios, encomienden sus almas al fiel Creador, y hagan el bien" (1 P. 4:13-14, 16, 19).

Quinto, Pedro debía aprender a amar. Fue la falta de amor auténtico lo que hizo que negara a su Señor, y fue acerca de ese amor que Jesús lo presionó tres veces. El Espíritu Santo llevó a Pedro y a Juan a ministrar juntos en los primeros años de la iglesia, y sin duda Pedro aprendió del gran apóstol del amor muchas lecciones sobre el verdadero amor.

El lavamiento que Jesús hiciera de los pies de los discípulos no solo fue un ejemplo de humildad sino de amor, que es la fuente de la humildad. El servicio a los demás, por costoso o degradante que sea, no es humilde ni piadoso si se hace por amor y no por cualquier otro motivo (cp. 1 Co. 13:3). Pedro relata la lección que aprendió: "Ante todo, tened entre vosotros ferviente amor; porque el amor cubrirá multitud de pecados" (1 P. 4:8).

Sexto, Pedro debía aprender valor. Debido a que la predicción que Jesús le hiciera indicaba un gran sacrificio, también señalaba la necesidad de tener gran valor. Cuando por predicar el evangelio Pedro fue llevado ante el sumo sacerdote y el sanedrín, o concilio, ya no fue el cobarde temeroso que había sido en el patio del sumo sacerdote la noche del arresto de Jesús. Ahora confiando en su Señor en lugar de confiar en sí mismo, se puso valientemente de pie y declaró: "Sea notorio a todos vosotros, y a todo el pueblo de Israel, que en el nombre de Jesucristo de Nazaret, a quien vosotros crucificasteis y a quien Dios resucitó de los muertos, por él este hombre está en vuestra presencia sano. Este Jesús es la piedra reprobada por vosotros los edificadores, la cual ha venido a ser cabeza del ángulo" (Hch. 4:10-11; cp. 3:1-8). Cuando el concilio volvió a ordenar a Pedro y a Juan que no siguieran predicando, los apóstoles contestaron: "Juzgad si es justo delante de Dios obedecer a vosotros antes que a Dios; porque no podemos dejar de decir lo que hemos visto y oído" (19-20). En la posterior reunión de oración en Jerusalén pidieron en oración denuedo continuo, y "cuando hubieron orado, el lugar en que estaban congregados tembló; y todos fueron llenos del Espíritu Santo, y hablaban con denuedo la palabra de Dios" (v. 31).

A menudo Pedro aprendió sus lecciones con lentitud, pero las aprendió bien. Fue él quien tomó la iniciativa de buscar a alguien que reemplazara a Judas entre los apóstoles (Hch. 1:15-17), quien se convirtió en el primer portavoz de la iglesia en Pentecostés (2:14); fue el primero en defender el evangelio delante del sanedrín (4:8), el primero en decretar disciplina en la iglesia (al tratar con el engaño de Ananías y Safira, 5:3-9), quien confrontó a Simón el mago cuando este intentó pervertir el poder de Dios para su propio beneficio (8:18-23), quien curó a Eneas y resucitó de los muertos a Dorcas (9:34, 40); además fue el primero en llevar el evangelio a los gentiles (Hch. 10), y el que escribió dos epístolas maravillosas en las cuales incluyó humildemente todas las lecciones que con paciencia Jesús le enseñara.

Pedro fue un hombre a quien Dios tocó de manera especial con su compasión. Como un "corazón errante" que finalmente Dios capturó y reclamó para sí, Pedro habría cantado con gozo las palabras del amado himno de Robert Robinson "Ven tú, fuente de toda bendición":

> Oh tu gracia cuan un gran deudor
> diariamente estoy obligado a ser.
> Que tu bondad, como un grillete,
> vincule a ti mi corazón errante.
> Propenso a vagar, Señor, lo siento,
> propenso a abandonar al Dios que amo;
> toma mi corazón, tómalo y séllalo,
> séllalo para tus celestiales atrios.

La tradición enseña que Pedro padeció una muerte cruel. Y se dice que antes que fuera crucificado lo obligaron a presenciar la crucifixión de su esposa. En su *Historia eclesiástica,* el padre de la iglesia primitiva Eusebio escribe que Pedro estaba al pie de la cruz de su esposa y le repetía constantemente: "Recuerda al Señor. Recuerda al Señor". Después que ella muriera, se cuenta que él suplicó que lo crucificaran cabeza abajo porque no era digno de morir como su Señor había muerto.

La vida de Pedro puede resumirse en las últimas palabras de su segunda epístola: "Creced en la gracia y el conocimiento de nuestro Señor y Salvador Jesucristo. A él sea gloria ahora y hasta el día de la eternidad. Amén" (2 P. 3:18).

57

Los hombres del Maestro. Segunda parte: Andrés, Jacobo el hijo de Zebedeo, y Juan

y Andrés su hermano; Jacobo hijo de Zebedeo, y Juan su hermano; (10:2*b*)

Junto con Pedro, el discípulo líder (el cabecilla, o "primero", v. 10:2*a*), estos tres hombres componían el círculo íntimo de cuatro que Jesús tenía. Al igual que Pedro, a simple vista no parecen ser los candidatos ideales para convertirse en apóstoles y en el cimiento de la iglesia. No obstante, por los relatos de ellos tanto en el evangelio como en el resto del Nuevo Testamento, sabemos que Dios puede utilizar en su servicio cualquier tipo de persona que se someta al señorío de Jesucristo.

Los apóstoles, y sobre todo estos cuatro que son los más conocidos de ellos, a menudo se les ve como "santos de vitrales". Con frecuencia se les describe con halos sobre sus cabezas y expresiones benignas en los rostros. Es común que sus nombres estén precedidos por el apelativo San, añadiendo la idea de que están en un plano totalmente distinto de existencia de los otros seres humanos, incluso de otros cristianos.

Pero aunque tenían un llamado poco común, los apóstoles fueron hombres comunes y corrientes, muy parecidos al resto de nosotros. Fueron santos solo en el sentido de que todo creyente es un santo, santificado para Dios mediante la justicia imputada de Jesucristo, y en espera de la perfección plena de la santidad en el cielo (Ro. 1:7; 1 Co. 1:2; Fil. 3:12-14; He. 11:40; Jud. 14). Hasta entonces ellos, al igual que todos los santos, tuvieron que vivir con las debilidades de su condición humana.

ANDRÉS

Andrés era hermano de Pedro, y su nombre significa "varonil". Al igual que su hermano, era nativo de Betsaida (Jn. 1:44) y pescador en el lago de Galilea. Aun antes de conocer a Jesús, Andrés era un judío piadoso y dedicado. Tanto él como Juan eran discípulos de Juan el Bautista, y cuando ese profeta declaró del Señor: "He aquí el Cordero de Dios", dejaron al Bautista y comenzaron a seguir a Jesús (Jn. 1:36-37). Entonces Andrés "halló primero a su hermano Simón, y le dijo: Hemos hallado al Mesías (que traducido es, el Cristo)" (v. 41). Pedro y Andrés vivían juntos (Mr. 1:29), y sin duda compartían todo entre ellos. Por eso era imperioso para Andrés hablarle a Pedro del descubrimiento más importante de su vida.

Sin embargo, después de confesar a Jesús como el Mesías, Andrés había regresado a su pesca. Un tiempo más tarde, cuando Jesús caminaba "junto al mar de

Galilea, vio a dos hermanos, Simón, llamado Pedro, y Andrés su hermano, que echaban la red en el mar; porque eran pescadores. Y les dijo: Venid en pos de mí, y os haré pescadores de hombres" (Mt. 4:18-19). Fue en este tiempo que Jesús llamó de verdad a los dos hombres a la formación en el discipulado, y de ahí en adelante este par de hermanos, junto con otros dos hermanos, Jacobo y Juan, se convirtieron en los amigos más cercanos de Jesús. Pero aunque era muy respetado por sus compañeros discípulos y siempre se habla favorablemente de él en los pocos relatos en que se lo menciona, al parecer Andrés nunca fue tan cercano al Señor como los otros tres, y por lo general se le conoce como el hermano de Pedro.

En los evangelios sinópticos (Mateo, Marcos y Lucas), Andrés solo se menciona en las listas de los doce apóstoles. Y solo en tres relatos del Evangelio de Juan encontramos alguna información acerca de él además de su nombre.

Primero, Juan nos habla del discipulado de Andrés ante Juan el Bautista, su confesión de Jesús como el Mesías, y su informe a Pedro en cuanto a su descubrimiento, presentándoselo al Señor (Jn. 1:37-42). Desde su primer encuentro con Jesús, Andrés demostró un afán de presentarle otros a su Señor, y el deseo de dar testimonio caracterizó todo el ministerio de este hombre.

Segundo, Juan habla de la participación de Andrés en la alimentación que Jesús hizo de los cinco mil en la lejana orilla del lago de Galilea. Cuando Felipe expresó perplejidad ante la pregunta de Jesús: "¿De dónde compraremos pan para que coman éstos?… Andrés, hermano de Simón Pedro, le dijo: Aquí está un muchacho, que tiene cinco panes de cebada y dos pececillos; mas ¿qué es esto para tantos?" (Jn. 6:5-9). Él también estaba confundido por la pregunta de Jesús, pero hizo lo más que pudo en respuesta, y localizó un poco de comida. Los panes de cebada eran más bien pequeños, muy parecidos a bizcochos o galletas grandes, y a menudo se comían con pescado preservado en encurtido para poder llevar ambas cosas al trabajo como almuerzo o a viajes lejos del hogar. Que Andrés llevara al muchacho ante Jesús sugiere que creía que su Maestro podía de alguna manera hacer algo más con esta pequeña cantidad de alimento.

Tercero, Juan describe a Andrés llevando a otros al Señor. Cuando unos gentiles temerosos de Dios vinieron a Felipe pidiendo ver a Jesús, "Felipe fue y se lo dijo a Andrés; entonces Andrés y Felipe se lo dijeron a Jesús" (Jn. 12:20-22). A pesar de que Felipe mismo era uno de los doce, al parecer se sintió menos que cómodo de acercarse solo a Jesús, y le pidió a Andrés que lo acompañara.

De estos tres relatos podemos deducir varias ideas del carácter de Andrés. Antes que nada, vemos su receptividad y falta de prejuicio. Este hombre sabía que la prioridad primordial de los discípulos, pero no su única tarea, era llevar el evangelio a sus compatriotas judíos, "las ovejas perdidas de la casa de Israel" (Mt. 10:6). Pero también debió haber sabido que la persona a quien Jesús mismo reveló primero su condición mesiánica fue una mujer samaritana mestiza que confió en Él y que, al igual que Andrés, de inmediato comenzó a hablar a otros de Jesús (Jn. 4:25-29, 40-42).

Andrés también se caracterizó por una fe sencilla pero fuerte. No sabemos lo que pensó cuando llevó al muchacho con los panes y peces hasta Jesús, pero es obvio que creía que el Señor podía hacer uso del muchacho y su comida. Había visto a Jesús hacer vino, y tal vez no vio ninguna razón por la que no pudiera multiplicar también comida.

Andrés también parece haber sido humilde. A lo largo de su ministerio se le conoció principalmente como hermano de Pedro, y nunca fue tan cercano a Jesús o usado por Él de manera tan pública o dramática como su hermano. Y aunque era parte del círculo íntimo, Andrés parecía siempre estar a la sombra de Pedro, Jacobo y Juan. Sin embargo, no hay indicio de que alguna vez se resintiera por su posición o función. Estaba contento simplemente de pertenecer y servir a Jesús, y sin duda hasta el final de su vida estuvo muy admirado del hecho de que fuera llamado a ser un apóstol. Le importaba más su Señor y la obra que su propio bienestar o beneficio, y de buena gana sacrificó sus propios intereses y su comodidad por el bien de otros que llegaban al Señor. No mostró nada de la obstinación y el egoísmo vistos a veces en Pedro, Jacobo y Juan.

Andrés es el modelo para todos los cristianos que trabajan calladamente en lugares y posiciones humildes. Él no trató de agradar a los hombres sino a Dios, y no tenía interés en edificarse una reputación. Con gusto habría tomado para sí mismo las palabras de Christina Rossetti:

> Dame el lugar más bajo;
> no que me atreva a pedir ese lugar más bajo,
> sino que tú has muerto para que yo pueda vivir
> y participar de tu gloria a tu lado.
> Dame el lugar más bajo;
> o si para mí el lugar más bajo es demasiado alto,
> entonces hazme alguien más bajo
> donde pueda sentarme y ver a mi Dios y amarlo así.
> (Citado en Herbert Lockyer, *All the Apostles of the Bible* [Grand Rapids:
>   Zondervan, 1972], p. 54).

Andrés fue esa persona rara que está dispuesta a tomar posiciones secundarias, que es perfectamente feliz ayudando a ministerios más notables y famosos que otros dirigen, si allí es donde Dios desea que esté. Mientras la obra del Señor se haga, no le importa estar en el anonimato. He aquí el tipo de persona de la que todos los líderes dependen, y que es la columna vertebral de todo ministerio. La causa de Cristo depende en gran manera de almas que se olvidan de sí mismas y que están satisfechas con ocupar una pequeña esfera en un lugar alejado, libres de ambición egoísta. A Andrés se le dijo que un día se iba a sentar en uno de los tronos apostólicos a juzgar a las doce tribus de Israel (Mt. 19:28). Pero para él esa honra exclusiva no fue causa de jactancia sino motivo para humillarse en asombro y estupefacción.

El escocés Daniel McLean escribió de Andrés, el santo patrón de Escocia:

> Al reunir los vestigios del carácter [de Andrés] hallados en la Biblia, no descubrimos que sea el escritor de una epístola, ni el fundador de una iglesia, ni un personaje destacado en la era apostólica, sino simplemente… un discípulo íntimo de Jesucristo, incluso afanoso de que otros conozcan la fuente del gozo espiritual y de participarles la bendición que él tanto apreciaba. Un hombre de investidura muy moderada, que escasamente redimió su promesa inicial, de mente simple y compasiva, sin poder dramático ni

espíritu heroico, pero con esa confianza que se aferra de Cristo que lo llevó a ese círculo íntimo de los doce; un hombre de profundos sentimientos religiosos con poco poder de expresión, magnético más que eléctrico, más adecuado para los tranquilos caminos de la vida que para las calles agitadas. Andrés es el apóstol de la vida privada, el discípulo del corazón (Citado en Lockyer, *All the Apostles*, pp. 55-56).

Dios usa personas como Andrés, y solo Él puede calcular la eficacia de ellas. A veces se necesita un Andrés para alcanzar un Pedro. Un desconocido predicador metodista del siglo XVIII llamado Thomas Mitchell fue un Andrés. Su obituario rezaba: "Thomas Mitchell, un viejo soldado de Jesucristo, un hombre de escasas habilidades como predicador, y que simplemente disfrutó de una educación muy deficiente". Sin embargo, uno de sus amigos escribió de él: "Su trabajo serio y amoroso le hizo que llevara muchas personas a Cristo". Aunque hombre de "escasas habilidades" y "educación deficiente", fue no obstante el medio de Dios para llevar a Cristo al gran predicador Thomas Olivers.

Thomas Mitchell fue a un pueblo pequeño en Lincolnshire, donde se levantaba cada mañana a las cinco a predicar al aire libre, como John Wesley hacía a menudo. Su predicación era tan ardiente que fue detenido y atacado por una turba cuando lo llevaban a la casa pública para una audiencia ante el cura del pueblo. El gentío convenció al cura de que los dejara lanzar a Mitchell a un estanque sucio y fangoso. Cada vez que él se las arreglaba para salir arrastrándose, la turba lo lanzaba de nuevo. Entonces lo pintaron de la cabeza a los pies con pintura blanca, y lo llevaron de nuevo a la casa pública. Después de un prolongado debate acerca de qué hacer con él, decidieron ahogarlo. Mitchell fue arrojado a un pequeño lago fuera del pueblo y cada vez que salía a la superficie, un hombre con un palo largo lo volvía a hundir. Por último lo sacaron, más muerto que vivo. Una anciana piadosa lo cuidó incansablemente, pero cuando la turba averiguó que Mitchell estaba recuperándose lo amenazaron con desgarrarle los miembros uno a uno a menos que prometiera nunca volver a predicar. Él se negó a hacer tal promesa, pero de algún modo se las arregló para escapar a la amenaza de castigo. Más tarde escribió del incidente: "Todo el tiempo Dios me mantuvo en perfecta paz, y pude orar por mis enemigos". Durante el resto de su vida siguió ministrando en extraña fidelidad. Pero según las normas y el poder de Dios, Mitchell estuvo lejos de ser "un hombre de escasas habilidades". Así fue Andrés.

JACOBO EL HIJO DE ZEBEDEO

El tercer hombre que Mateo tiene en su lista de los cuatro discípulos es **Jacobo hijo de Zebedeo.** En los relatos del evangelio **Jacobo** nunca aparece aparte de su hermano Juan, y durante los tres años de instrucción bajo Jesús ambos fueron inseparables. Puesto que Jacobo siempre se menciona primero, es probable que fuera el mayor y más activo de los dos. Los hermanos eran socios de pesca con su padre, **Zebedeo,** a quien al parecer le iba muy bien porque contrataba jornaleros (Mr. 1:20).

Debido a lo poco que se dice de Jacobo, aparece en los evangelios más como una silueta que como un retrato detallado. Jesús se refirió a Jacobo y Juan como "Boanerges, esto es, Hijos del trueno" (Mr. 3:17), y solo por ese nombre descriptivo podemos suponer que Jacobo era apasionado, celoso, ferviente y agresivo.

Cuando se acercaba la Semana Santa, Jesús envió a varios discípulos delante de Él a hacer arreglos para el alojamiento. Debido a que viajaban desde Galilea tendrían que pasar una noche en Samaria en el camino a Jerusalén. Los judíos y samaritanos tenían gran animosidad religiosa y racial entre sí, y cuando los samaritanos se negaron a dar alojamiento a Jesús "porque su aspecto era como de ir a Jerusalén", Jacobo y Juan le dijeron: "Señor, ¿quieres que mandemos que descienda fuego del cielo, como hizo Elías, y los consuma?" (Lc. 9:52-54). Los dos hermanos pudieron haber creído que la arrepentida mujer samaritana en Sicar, y los demás allí que habían confiado en Jesús como el Mesías, escasamente eran dignos de salvación (véase Jn. 4:25-42). Pero a juicio de ellos, un samaritano que se negaba incluso a proporcionar al Señor una noche de alojamiento era digno solo de ejecución instantánea. En ese momento Jacobo y Juan fueron odiosos e intolerantes, y sus temperamentos volátiles y vengativos nublaron lo que habían oído que Jesús enseñaba y hacía. Por tanto, "volviéndose él, los reprendió, diciendo: Vosotros no sabéis de qué espíritu sois; porque el Hijo del Hombre no ha venido para perder las almas de los hombres, sino para salvarlas" (Lc. 9:55-56).

Jacobo tenía mucho celo, pero poca sensibilidad. Reflejó un compromiso encomiable en su resentimiento por el rechazo que los samaritanos le hicieran a Jesús. Es bueno que el pueblo de Dios se enfurezca cuando el Señor es deshonrado y vilipendiado (cp. Sal. 69:9; Jn. 2:13-17). Jesús mismo se enojó cuando la casa de su Padre fue profanada (Mt. 21:12-13) y cuando la dureza de corazón de sus enemigos les hizo criticar que Él curara enfermos y afligidos en el día de reposo (Lc. 13:15-16). Pero Jesús no devolvió mal por mal (1 P. 2.23), y prohíbe a sus seguidores proceder así (Mt. 5.38-42).

Cuando la madre of Jacobo y Juan, sin duda a instancias de ellos, le pidió a Jesús que concediera a sus hijos sentarse a cada lado en su trono en el reino, el Señor les preguntó: "¿Podéis beber del vaso que yo he de beber, y ser bautizados con el bautismo con que yo soy bautizado?". Sin dudar contestaron llenos de confianza: "Podemos" (Mt. 20:21-22). Sea instigada o no por su madre, es evidente que creyeron perfectamente apropiada la petición. No tuvieron reparos en hacer saber que merecían el honor o la capacidad para que les satisficieran cualquier exigencia.

Desde un punto de vista humano, Jacobo y Juan mostraron más confiabilidad natural que Pedro. No eran tan vacilantes ni dados a comprometerse o equivocarse. Pero eran descaradamente ambiciosos. Llevados por la venganza, a los dos que quisieron hacer bajar fuego sobre los samaritanos se les ve ahora también como buscadores de lugares de conveniencia, al acecho del patrocinio de Jesús, sin vergüenza de usar a su madre para obtener sus fines personales y ajenos al hecho de que estaban degradando a Cristo y su reino.

Cuando Herodes quiso atacar y destruir la iglesia naciente escogió a Jacobo para arrestarlo y ejecutarlo. El hecho de que eligiera a Jacobo sugiere primero que este apóstol pudo haber sido públicamente incluso más notable e influyente que Pedro o Juan; fue solo después que vio que el asesinato de Jacobo había agradado a los judíos, Herodes "procedió a prender también a Pedro" (Hch. 12:1-3).

Al menos a los ojos del rey, Jacobo parecía ser el más peligroso. Es probable que fuera estruendoso e implacable en su ministerio, y debido a eso se convirtió en el primer mártir apostólico.

El celo es una gran virtud, y el Señor necesita a quienes son agresivos y no muestran temor. Pero el celo también es propenso a exhibir temeridad, falta de amor, insensibilidad y carencia de sabiduría. La insensibilidad puede destruir un ministerio, y Jacobo tuvo que aprender a refrenar su ambición y también a amar.

Algunos pastores que son ortodoxos en doctrina y moralmente respetables, también son totalmente insensibles a sus congregaciones y sus propias familias. El escritor del siglo XIX Henrik Ibsen habló de un pastor noruego que con diligencia seguía el refrán "todo o nada". Era severo e inflexible en todo lo que decía o hacía. Celosamente quería hacer avanzar el reino de Cristo, pero no tenía ninguna consideración por los sentimientos de compañeros creyentes. Quería mantener las normas y la santidad de Dios, pero era ciego a las normas del amor y la bondad.

El hombre era especialmente duro con su propia familia. Cuando su hijita enfermó de gravedad se negó a sacarla del clima frío noruego y llevarla a un lugar más cálido, aunque el médico le advirtió que si no hacía eso podría costarle la vida a la niña. El pastor respondió con su acostumbrado "todo o nada", y al poco tiempo la niña murió. Debido a que la madre no había encontrado amor en su esposo, su vida se había centrado por completo en la pequeña hija. Cuando la niña murió, la madre quedó tan acongojada y destrozada que se sentaba por horas acariciando la ropa de su bebita, tratando de alimentar su corazón sediento con las prendas vacías. Pocos días después su esposo le quitó las ropas y se las regaló a una mujer pobre de la calle. La esposa había escondido una pequeña gorra como un último recordatorio, pero pronto su esposo lo descubrió y se lo quitó… después de darle a la madre un sermón sobre "todo o nada". Pocos meses después la madre también murió, una víctima más del equivocado celo de su esposo luego de la muerte prematura de su hija.

El gran evangelista Billy Sunday vio miles de almas convertidas a Jesucristo, pero incluso uno de sus hijos murió en incredulidad porque él no tuvo tiempo para ellos. El celo sin amor es cruel y destructivo. Una persona con ardiente pasión y entusiasmo por la obra del Señor, pero que tiende a ser intolerante e impaciente, es sin duda alguna más fácil de ser usado que alguien tibio, no comprometido y cómodo, de quien el Señor aseguró que solo sirve para vomitarlo de la boca (Ap. 3:16). Pero la intolerancia y la insensibilidad son obstáculos trágicos para el ministerio eficaz, y nunca se justifican. Sin amor, el celo más dinámico y dedicado, incluso en la propia obra del Señor, no sirve de nada (1 Co. 13:1-3).

Jesús frenó el celo de Jacobo y canalizó la energía de su siervo en un ministerio fructífero. Jacobo y Juan sí bebieron de veras la copa de su Maestro, como Él había predicho (Mt. 20:23). Para Juan la copa fue una larga vida de rechazo y una muerte en el exilio. Para Jacobo fue una llama corta y brillante que le trajo martirio.

Una antigua moneda romana representaba a un buey frente a un altar y a un arado, con la inscripción: "Listo para cualquiera de los dos". Esa debería ser la actitud de todo creyente. Jacobo dio su vida por el Señor como un sacrificio breve y agónico, mientras que Juan entregó la suya como un prolongado y vivo sacrificio de servicio.

JUAN

El último discípulo mencionado en el primer grupo es **Juan,** el **hermano** de Jacobo. A diferencia de Andrés y Jacobo, Juan es uno de los discípulos más sobresalientes en el Nuevo Testamento. No solo ocupa un lugar destacado en los relatos del evangelio, sino que él mismo escribió uno de los evangelios, así como tres epístolas y el libro del Apocalipsis.

Debido a su probable dulzura y su actitud modesta, a veces nos inclinamos a pensar en Juan como alguien naturalmente retraído y de modales suaves, quizás hasta de algún modo afeminado. Pero en sus primeros años fue totalmente tan "Hijo del trueno" como Jacobo. Se unió a su hermano en querer bajar fuego sobre los incrédulos samaritanos y en buscar una posición al lado del Señor en el reino. Al igual que Jacobo, Juan por naturaleza era intolerante, ambicioso, celoso y explosivo, aunque tal vez no tanto como su hermano.

Es interesante que la única vez que a Juan se le menciona solo en los evangelios sea en un punto de vista poco favorable. En una ocasión se acercó a Jesús y le informó: "Maestro, hemos visto a uno que en tu nombre echaba fuera demonios, pero él no nos sigue; y se lo prohibimos, porque no nos seguía" (Mr. 9:38). Juan aparece lleno de prejuicios y sectario, y no veía con buenos ojos a quienes no estaban afiliados con su propio grupo, aunque estuvieran haciendo fielmente la obra del Señor.

A los cristianos se les justifica el rompimiento de la comunión con compañeros creyentes que enseñan falsa doctrina y persisten en vivir de manera inmoral; es más, se les ordena hacerlo (Ro. 16:17-18; 1 Co. 5:9-11; Gá. 1:8; 2 Ts. 3:6, 14). Pero el exclusivismo o el sectarismo basados en forma, cultura, posición, raza, color, riqueza, apariencia o cualquier otra superficialidad son anatema para el Señor, en quien "ya no hay judío ni griego... esclavo ni libre... varón ni mujer; porque todos [somos] uno en Cristo Jesús" (Gá. 3:28).

A lo largo de su vida Juan se mantuvo inflexible en la doctrina y en las normas de moral, pero el Espíritu Santo desarrolló en él una capacidad sin igual para amar, tanto es así que a menudo se le llama el apóstol del amor. Es evidente por sus epístolas que Juan no cae en sentimentalismos tontos y tolerantes que a menudo se disfrazan de amor. Durante el resto de su vida, que duró hasta cerca del cambio hacia el siglo II, no abandonó su intolerancia a la falsedad y la inmoralidad. El amor sin ciertas normas o convicciones fuertes es tan funesto espiritualmente como el celo sin sensibilidad. El Señor sabía que, en lo que al autor humano se refiere, el apóstol que se convirtió en el defensor más poderoso del amor habría tenido que ser un hombre que también fue inflexible en cuanto a la verdad. De otro modo su amor lo habría llevado por el camino del sentimentalismo destructivo por el que viajan muchos en el nombre de Cristo.

En sus cinco libros del Nuevo Testamento Juan usa formas de la palabra *amor* ochenta veces la palabra, y *testigo* o sus sinónimos como setenta veces. Siempre fue un testigo de la verdad e incluso un maestro del amor. La verdad protegía su amor y el amor rodeaba de verdad.

Juan también fue descubridor y buscador de la verdad. Fue el primero en reconocer al Señor en la orilla del lago de Galilea, y fue el primer discípulo en ver a

Cristo resucitado. Fue a él a quien el Señor le confió la revelación de acontecimientos futuros en el Apocalipsis. Juan no se recostó en el pecho de Jesús (Jn. 13:23) por sentimentalismo sensiblero sino porque tenía una sed insaciable de la verdad de Cristo y de comunión con Él. Quería entender cada palabra que provenía de los labios de su Maestro y disfrutar continuamente en la intensidad del amor de su Señor.

Que el amor de Juan estaba controlado por la verdad de Dios en ninguna parte se ve más claramente que en sus tres epístolas, en las que sus exhortaciones al amor siempre están equilibradas por mandatos hacia la verdad y la justicia. Denunció al anticristo y a los que se ponían de su parte. Reprendió a los faltos de amor y a los desobedientes. Fue a Juan a quien Jesús inspiró para que escribiera la más aleccionadora diferencia entre los salvos y los no salvos, declarando que los unos son los hijos de Dios y los otros son los hijos de Satanás (Jn. 8:41-44). Vez tras vez Juan apeló a varios testigos de la verdad que enseñó. Habló del testimonio de Juan el Bautista (Jn. 1:7-8; 3:26), del testimonio de los milagros (Jn. 3:36), del testimonio de los apóstoles (15:27), del testimonio del Padre (5:37), del testimonio del Hijo (18:37) y del Espíritu Santo y el agua y la sangre (1 Jn. 5:8).

Pero a lo largo de su enseñanza se revela el corazón de amor y compasión de Juan, y se manifiesta el reflejo de su gran capacidad no solo de enseñar el amor sino de ejemplificarlo. Las personas que aman en gran manera también pueden ser amadas en gran manera porque están deseosas tanto de recibir como de dar. Juan tomó continuamente el amor de Cristo y continuamente lo entregó. Se identificó tanto con el amor de Cristo, que se refirió a sí mismo como el discípulo a quien Jesús amaba (Jn. 13:23; 19:26; 20:2; 21:7, 20). Juan no pudo reclamar mayor honra para sí que ser el apóstol a quien Jesús amaba.

La tradición nos dice que Juan no salió de la ciudad de Jerusalén hasta que María la madre de Jesús murió, porque el Señor se la había confiado bajo su cuidado (Jn. 19:26). El Señor le declaró a Pedro: "Apacienta mis ovejas" (Jn. 21:17); pero a Juan en realidad le manifestó: "Cuida de mi madre". Juan tenía un amor especial que Jesús sabía que iba a llevar a que este discípulo tratara a María como si fuera su propia madre.

La enseñanza de Juan sobre el amor podría resumirse en diez verdades que se evidencian en sus escritos. Enseñó que Dios es un Dios de amor (1 Jn. 4:8,16), que Dios ama a su Hijo (Jn. 3:35; 5:20) y que es amado por su Hijo (14:31), que Dios ama a los discípulos (16:27; 17:23), que Dios ama a todos los hombres (3:16), que Cristo ama a sus seguidores (13:34), que ama a todos los creyentes (1 Jn. 3:1), que espera que todos los hombres lo amen (Jn. 14:15, 21), que los creyentes en Él deberían amarse unos a otros (13:34; 1 Jn. 4:11, 21), y que el amor cumple todos los mandamientos (14:23; 1 Jn. 5:3).

Por las vidas de estos tres hombres, así como por las vidas de los demás discípulos, se hace evidente que el Señor utiliza una variedad de personas. Andrés era humilde, tierno y discreto. Veía más al individuo que a la multitud. No era un evangelista dinámico, pero continuamente llevaba personas a Jesucristo. Jacobo, al igual que Pedro, era dinámico, valiente y un líder natural. Iniciaba, se hacía cargo, e iba en la vanguardia, pero también podía ser obstinado, seguro de sí mismo, prejuicioso y ambicioso. Juan también era un hijo del trueno, pero de una clase más suave. Fue un buscador de la verdad y fue sensible ante aquellos a quienes enseñó la verdad.

Jesús transformó a los tres en pescadores eficaces de hombres y en los cimientos de su Iglesia, y todos tres padecieron por su fidelidad. La tradición asegura que Andrés llevó a Cristo a la esposa de un gobernador provincial, y que cuando ella se negó a retractarse de su fe, el gobernante hizo crucificar a Andrés en una cruz en forma de equis, que posteriormente se convirtió en su símbolo de la tradición en la iglesia. Se cuenta que él colgó agonizante durante dos días en la cruz, y que mientras pudo predicó el evangelio a quienes pasaban por allí.

Según la tradición, cuando Jacobo había sido sentenciado a muerte y estaba a punto de ser decapitado, el soldado romano que lo vigilaba estaba tan impresionado con el valor y la constancia de espíritu del apóstol, que se le arrodilló a sus pies pidiéndole perdón por el trato cruel que le había dado y por su participación en la ejecución. Se dice que Jacobo levantó al hombre, lo abrazó, lo besó, y declaró: "Paz, hijo mío. Para ti y el perdón de tus pecados". Se cuenta que el soldado se conmovió tanto por la compasión de Jacobo, que confesó públicamente a Cristo y fue decapitado junto con el apóstol.

La Biblia informa que Juan fue desterrado a la pequeña y desierta isla de Patmos en el mar Egeo, frente a la costa oeste de Asia Menor. Murió aproximadamente en el año 98 d.C., durante el reinado del emperador Trajano. Algunas fuentes sugieren que quienes conocieron bien a Juan decían que él era el eco de una frase constante que estaba en sus labios: "Hijitos, ámense unos a otros" (cp. 1 Jn. 3:11, 14; 4:7, 11, 20-21).

Estos tres apóstoles tenían temperamentos comunes, fortalezas comunes, y debilidades y luchas comunes. Pero en el poder de Cristo fueron transformados en hombres que trastornaron al mundo. No es que lo hicieran en sí mismos, sino que de manera soberana y voluntaria se convirtieron en aquello que los llevó a ser instrumentos tan poderosos en las manos de su Maestro. Los pescadores de Galilea se volvieron pescadores de hombres a gran escala, y en el poder de Dios reunieron miles de almas en la iglesia, y representaron un papel fundamental en la salvación de millones más. Estos pescadores, por el testimonio de sus vidas y escritos, todavía están lanzando sus redes en el mar de la humanidad y llevando multitudes al interior del reino.

Felipe, Bartolomé, (10:3*a*)

El segundo grupo de cuatro discípulos empieza con **Felipe,** al igual que en las otras listas (Mr. 3:18; Lc. 6:14; Hch. 1:13), lo que probablemente indica que era su líder. Este Felipe no debe confundirse con el diácono que se convirtió en destacado evangelista en los primeros días de la iglesia (véase Hch. 6:5; 8:4-13, 26-40).

Todos los doce eran judíos, pero muchas personas de la época usaban nombres tanto judíos como griegos. No se sabe cuál era el nombre judío de este discípulo, porque **Felipe** (nombre griego que significa "aficionado a los caballos" es el único que se usa para él en el Nuevo Testamento. Quizás a causa de su nombre los griegos que querían ver a Jesús acudieron primero a Felipe (Jn. 12:20-21).

La población en que Felipe habitaba era la ciudad de Betsaida en el norte de Galilea, donde Pedro y Andrés también vivieron. Puesto que todos ellos eran judíos con temor de Dios, y es probable que todos fueran pescadores (véase Jn. 21:2-3), parece seguro que Pedro, Andrés, **Felipe** y **Bartolomé** no solo eran conocidos sino también amigos cercanos incluso antes que Jesús los llamara.

Al igual que ocurre con Andrés, los tres primeros evangelios solo mencionan a **Felipe** en las listas de los apóstoles, y lo único que se revela de él se halla en el cuarto evangelio.

Por el relato de Juan se puede suponer que Felipe ya era un hombre devoto. Al día siguiente que llamara a Pedro y Andrés, "quiso Jesús ir a Galilea, y halló a Felipe, y le dijo: Sígueme" (Jn. 1:43). Aunque Juan, Andrés y Pedro fueron con Jesús tan pronto como comprendieron que se trataba del Mesías (vv. 35-42), Felipe fue la primera persona a quien el Señor declaró de manera expresa: "Sígueme". Dios ya había dado a Felipe un corazón buscador. La salvación siempre es iniciativa del Señor soberano, y nadie puede llegar a Jesucristo a menos que Dios el Padre lo atraiga (Jn. 6:44, 65). No obstante, Dios plantó el deseo en el corazón de Felipe para que hallara al Mesías aun antes que Jesús lo llamara. Por tanto, Felipe le dijo a Natanael (o Bartolomé): "Hemos hallado a aquél de quien escribió Moisés en la ley, así como los profetas: a Jesús, el hijo de José, de Nazaret" (1:45). Desde la perspectiva de la soberanía divina, el Señor encontró a Felipe, pero desde la perspectiva de la comprensión y la voluntad humana, Felipe había encontrado al Señor. Tanto la voluntad divina como la humana estarán de acuerdo cuando se lleve a cabo la salvación. Jesús vino a buscar y a salvar a los perdidos (Lc. 19:10), y quienes lo buscan son los que lo encuentran (Lc. 7:7-8; cp. Jer. 29:13). Dios busca y encuentra los corazones de quienes lo buscan auténticamente.

Por el comentario que le hiciera a Natanael parece que Felipe debió haber estudiado con diligencia las Escrituras para enterarse de la voluntad y del plan de Dios. El Mesías prometido por Dios era central en la mente de Felipe, y cuando fue presentado al Mesías, al instante lo reconoció y aceptó. Usando su palabra escrita, Dios había preparado el corazón de Felipe. Por el relato bíblico no sabemos de ningún agente humano que fuera clave en el llamado o el compromiso de Felipe. Jesús simplemente se le acercó y le declaró: "Sígueme". El corazón, los ojos y los oídos del discípulo estaban en sintonía espiritual, y cuando oyó el llamado de Jesús supo que venía de parte de Dios. Tan solo podemos imaginar la emoción y el gozo que saturaron el alma de este hombre en ese momento.

La autenticidad de la fe de Felipe no se ve solo en el hecho de reconocer y aceptar al instante al Mesías, sino en la realidad de que también rápidamente comenzó a servir a Cristo hablándoles de él a otros. Tan pronto como Jesús lo llamó, Felipe encontró a Natanael y le aseguró que había hallado al Mesías.

Una de las características seguras de la verdadera conversión es el deseo de hablar a otros acerca del Salvador. El nuevo creyente que es bautizado como testimonio público de su nueva relación con Jesucristo tiene a menudo un deseo espontáneo de usar esa ocasión para atestiguar del Señor. El creyente que no ha dejado su primer amor por el Señor inevitablemente tiene un apasionado deseo de ser testigo para otros que no conocen a Cristo.

Puesto que Felipe ya se había preocupado de su amigo Natanael, era natural que le comunicara el descubrimiento más profundo y gozoso de su vida. En todas las listas de los doce, Felipe y Natanael están juntos, y es probable que hayan sido amigos cercanos por muchos años antes de conocer a Jesús.

Segundo, por el Evangelio de Juan nos enteramos que Felipe tenía una mente práctica y analítica. Cuando Jesús tuvo al frente el gentío que lo había seguido hasta el otro lado del lago de Galilea sabía que estas personas estaban cansadas y hambrientas, y que pocas habían hecho provisión para comer. Por tanto le "dijo a Felipe: ¿De dónde compraremos pan para que coman éstos?" (Jn. 6:5). Felipe había visto a Jesús realizar muchos milagros, incluso la conversión de agua en vino (Jn. 2:1-11), pero en este momento sus únicos pensamientos eran los problemas prácticos que la sugerencia de Jesús implicaba. Además de los cinco mil hombres (6:10), no es irreal suponer que allí había igual cantidad de mujeres y varias veces más de niños.

A juzgar por la respuesta de Felipe, pudo haber sido que normalmente fuera el encargado de conseguir alimentos para Jesús y sus compañeros discípulos, así como Judas era el encargado del dinero del grupo. Por eso habría sabido cuánta comida por lo general consumían y cuánto costaba. Pero Jesús tenía un propósito especial al preguntarle a Felipe por la comida. "Pero esto decía para probarle; porque él sabía lo que había de hacer" (v. 6). Si Jesús hubiera preguntado respecto a comprar comida solo para los trece hombres en su propio grupo, la respuesta habría sido sencilla y práctica, y Felipe pudo haber dado rápidamente la respuesta. Pero ese discípulo debió haberse dado cuenta de que Jesús estaba pidiendo que alimentara a toda la multitud. La pregunta del Señor iba mucho más allá de lo práctico, e implicaba lo imposible.

Sin embargo, Felipe tomó la pregunta en su valor nominal práctico, y de inmediato comenzó a calcular una respuesta basada en su propia experiencia. Tras hacer un cálculo aproximado, dedujo que "doscientos denarios de pan no bastarían para que cada uno de ellos tomase un poco" (v. 7). Un denario representaba el salario diario de un obrero palestino, y aunque se recolectaran doscientos entre el gentío o se tomaran de la tesorería de los discípulos, esa cantidad no podrían haber comprado suficiente pan para suministrar un bocado de pan a la multitud.

La respuesta de Felipe fue sincera, pero reveló falta de consideración por la provisión sobrenatural de Jesús. Estaba frente al Hijo de Dios, pero no pudo ver más que el dilema práctico y físico. No había posibilidad de una solución desde el punto de vista humano, y eso es lo único que él consideró. Estaba tan absorto en la situación material que perdió completamente de vista el poder de Dios.

Se ha observado que la clave suprema de un gran líder es un sentido de lo posible. Sin embargo, al igual que la mayoría de personas, incluso quizás que la mayoría de creyentes, Felipe solo tenía una sensación de lo imposible. No entendía que "para Dios todo es posible" (Mt. 19:26; cp. Mr. 9:23).

Parecería que después de haber visto a Jesús realizar tantos milagros, la respuesta inmediata de Felipe habría sido: "Señor, tú convertiste agua en vino, calmaste la tempestad, y has curado todo tipo de enfermedad. ¿Por qué molestarnos tratando de comprar tanta comida cuando lo único que tienes que hacer es pronunciar la palabra y crear la comida necesaria para alimentar a toda esta gente?".

Felipe no pasó la prueba de fe que Jesús le puso porque estaba demasiado enfrascado en su propia comprensión y habilidades. Él era metódico y lleno de sentido común práctico; pero esas virtudes, útiles como a menudo son, pueden ser un obstáculo para la inconmensurablemente mayor virtud de confiar en Dios para lo que no es práctico. Realidades y cifras son malos sustitutos para la fe.

Tercero, nos enteramos por el Evangelio de Juan que Felipe no era contundente y que se inclinaba por ser indeciso. Aunque no fuera miembro del círculo íntimo, Felipe tenía acceso a Jesús por su propia cuenta. Pero cuando "ciertos griegos entre los que habían subido a adorar en la fiesta… se acercaron a Felipe, que era de Betsaida de Galilea, y le rogaron, diciendo: Señor, quisiéramos ver a Jesús. Felipe fue y se lo dijo a Andrés" (12:20-22).

Felipe sabía que Jesús curó al criado del centurión gentil y aceptaba a los samaritanos medio gentiles que acudían a Él para salvación, pero parece que tuvo dudas en cuanto a si era apropiado presentar estos gentiles al Señor. Pudo haber pensado en la instrucción temporal que Jesús dio cuando envió primero a los discípulos por cuenta propia: "Por camino de gentiles no vayáis, y en ciudad de samaritanos no entréis, sino id antes a las ovejas perdidas de la casa de Israel" (Mt. 10:5-6). El prejuicio natural judío hizo de ese un mandato fácil de obedecer, y Felipe pudo haber creído que la restricción aún estaba en efecto. Sin embargo, no desatendió la petición de los griegos y por lo menos hizo el esfuerzo de consultar con Andrés.

Cuarto, descubrimos por el Evangelio de Juan que Felipe carecía de percepción espiritual. Esta deficiencia fue evidente en que fallara en la prueba que le puso Jesús con relación a la alimentación de la multitud, y se pronunció aún más cuando casi tres años después le dijo a Jesús en la Última Cena: "Señor, muéstranos el Padre, y nos basta" (Jn. 14:8). Oír tal pregunta debió haber entristecido en gran manera a Jesús, pues contestó: "¿Tanto tiempo hace que estoy con vosotros, y no me has conocido, Felipe? El que me ha visto a mí, ha visto al Padre; ¿cómo, pues, dices tú: Muéstranos el Padre? ¿No crees que yo soy en el Padre, y el Padre en mí? Las palabras que yo os hablo, no las hablo por mi propia cuenta, sino que el Padre que mora en mí, él hace las obras. Creedme que yo soy en el Padre, y el Padre en mí; de otra manera, creedme por las mismas obras" (vv. 9-11).

Después de tres años de aprender a los pies de Jesús, la percepción espiritual de Felipe aún parecía casi nula. Ni las palabras ni las obras de Jesús habían llevado al apóstol al entendimiento de que Jesús y el Padre eran uno. Después de contemplar durante tres años el único rostro de Dios que los hombres alguna vez verán, este discípulo aún seguía sin comprender a quién estaba viendo. Había perdido la verdad principal de la enseñanza de Jesús: que Él era Dios encarnado.

No obstante, el Señor usó a ese hombre de visión y confianza limitada. Felipe era lento para entender y confiar. Estaba más a gusto con los hechos físicos que con la verdad espiritual. Sin embargo, junto con los demás apóstoles, Jesús le aseguró un trono desde el cual juzgará a las doce tribus de Israel (Mt. 19:28). Felipe era pesimista, inseguro, analítico y lento para aprender; pero la tradición nos cuenta que en última instancia él entregó su vida como mártir por el Señor a quien tan a menudo había desilusionado y quien con tanta paciencia le enseñó y le volvió a enseñar. Se informa que lo desnudaron, lo colgaron cabeza abajo por los pies, y le perforaron los tobillos y los muslos con estacas afiladas, lo que lo hizo sangrar hasta la muerte. Se dice que pidió que no lo envolvieran en lino después de muerto porque se sentía indigno de ser enterrado como su Señor.

BARTOLOMÉ (NATANAEL)

Bartolomé significa "hijo [arameo, *bar*] de Tolmai". Él era muy diferente de Felipe, su amigo y compañero cercano con quien siempre se le empareja en el Nuevo Testamento. Los tres primeros evangelios se refieren a él solo como Bartolomé, pero Juan siempre lo llama Natanael, que debió haber sido su primer nombre. El breve relato de Juan 1:45-51 es el único lugar en que este apóstol se menciona en el Nuevo Testamento fuera de las cuatro listas de los doce.

Bartolomé vino de Caná de Galilea y fue llevado al Señor por su amigo Felipe. Tan pronto como descubrió que Jesús era el tan esperado Mesías, "Felipe halló a Natanael, y le dijo: Hemos hallado a aquél de quien escribió Moisés en la ley, así como los profetas: a Jesús, el hijo de José, de Nazaret" (Jn 1:45).

Las palabras de Felipe sugieren que, así como él mismo, Natanael era estudiante de las Escrituras, un buscador de la verdad divina, y alguien que conocía bien las profecías mesiánicas del Antiguo Testamento. Mayor investigación parece mostrar que estos dos hombres eran compañeros de estudio bíblico que por muchos años habían examinado juntos el Antiguo Testamento. En cualquier caso, está claro por la declaración de Felipe que este sabía que Natanael sabría de inmediato a quién se estaba refiriendo. Ambos tenían hambre por la verdad de Dios y de todo corazón esperaban la venida del Mesías profetizado.

Pero Natanael se vio afectado por los prejuicios. En lugar de juzgar a Jesús por lo que decía y hacía, se trabó en el hecho de que Jesús fuera de Nazaret, un pueblo con una mala reputación. Se trataba de un sitio bochinchero y poco distinguido que albergaba a muchos viajeros. La pregunta de Natanael, "¿de Nazaret puede salir algo de bueno?" (v. 46), tal vez era una expresión común de sarcasmo entre los judíos de Galilea.

El prejuicio es una generalización injustificada que se basa en sentimientos de superioridad y que puede ser un poderoso obstáculo para la verdad. Herbert Lockyer señala que en su alegoría *The Holy War,* John Bunyan representa a Cristo (llamado Emanuel) invadiendo y apoderándose de la vida de una persona (representada como la ciudad Alma Humana). Durante el sitio sobre Alma Humana, las fuerzas de Emanuel atacan la Puerta del Oído. Pero Diábolo (Satanás) ubica una formidable guardia llamada "Viejo señor Prejuicio, un sujeto irritable y malhumorado que tiene bajo su poder a sesenta hombres sordos" (*All the Apostles of the Bible* [Todos los apóstoles de la Biblia] [Grand Rapids: Zondervan, 1972], p. 60).

La naturaleza del prejuicio es hacer oídos sordos y ojos ciegos a cualquier verdad que no se ajuste a ideas preconcebidas y apreciadas. Por tanto, es un arma común y poderosa que Satanás utiliza. Al apelar a varios prejuicios a menudo sucede que un individuo rechaza el evangelio aún antes de saber de qué se trata realmente. Los prejuicios de sus tradiciones humanas cegaron a muchos judíos a la verdadera enseñanza de las Escrituras, y por consiguiente los llevaron a rechazar a Jesús como el Mesías… a pesar de las claras demostraciones de poder divino que Él mostró y del cumplimiento de la profecía del Antiguo Testamento.

Felizmente, el prejuicio de Natanael fue atenuado por su deseo auténtico de conocer la verdad de Dios. Estuvo de acuerdo con la sugerencia de Felipe ("ven y ve"), y fue por sí mismo a encontrarse con Jesús (vv. 46*b*-47*a*).

Por boca de Jesús nos enteramos de otras características de Natanael. Cuando Natanael se le acercó, Jesús declaró: "He aquí un verdadero israelita" (v. 47*b*). *Alēthōs* ("verdadero") era una afirmación fuerte mediante la cual Jesús manifestó que Natanael era el tipo de persona que Dios deseaba que su pueblo escogido fuera. Se trataba de un judío en el verdadero sentido espiritual, un "judío… que lo es en lo interior… la alabanza del cual no viene de los hombres, sino de Dios" (Ro. 2:29). Natanael no era simplemente descendiente de Abraham sino, más importante, un judío en el verdadero pacto con Dios, un descendiente espiritual, un hijo de la promesa (véase Ro. 9:6-8).

No solo que Natanael era un auténtico judío espiritual, sino que era, por el propio testimonio del Señor, un hombre "en quien no hay engaño" (Jn. 1:47c). Se trataba de un auténtico judío y una persona genuina. En él no había engaño o duplicidad, ni hipocresía o falsedad. Esa sola característica lo separaba de la mayoría de sus compatriotas, en especial de los santurrones e hipócritas escribas y fariseos, cuyos mismos apelativos Jesús usó como sinónimos para hipocresía religiosa y moral (Mt. 23:13-15, 23, 25, 27).

Natanael había reflejado el prejuicio común de la época, pero su corazón era correcto y se impuso por sobre la cabeza. Su prejuicio no era fuerte y rápidamente se marchitó a la luz de la verdad. ¡Qué sorprendentemente maravilloso elogio ser descrito por el Señor mismo como "un verdadero israelita, en quien no hay engaño"!

La respuesta de Natanael al elogio de Jesús reflejó lo apropiado de las palabras. Él no se llenó de orgullo ante el cumplido, sino que se preguntó cómo Jesús podía hablar con tanta certeza de la vida interior de una persona a la que nunca había conocido. Preguntó: "¿De dónde me conoces?" (Jn. 1:48). Esto es lo que quiso decir: "¿Cómo sabes lo que soy realmente por dentro? ¿Cómo sabes que trato de veras de seguir a Dios y que mi vida no es hipócrita?". A causa de su auténtica humildad, Natanael pudo haber estado inclinado a dudar del juicio de Jesús y a pensar que los elogios eran simple adulación.

Sin embargo, las siguientes palabras de Jesús quitaron cualquier duda que Natanael pudo haber tenido. Cuando Jesús declaró: "Antes que Felipe te llamara, cuando estabas debajo de la higuera, te vi. Respondió Natanael y le dijo: Rabí, tú eres el Hijo de Dios; tú eres el Rey de Israel" (vv. 48*b*-49).

Debido a que las higueras de esa región podían llegar a ser muy grandes, a menudo se plantaban cerca de una casa para proporcionar sombra, comodidad y un lugar de descanso de las actividades hogareñas. Natanael debió haber estado meditando y orando en la sombra de tal árbol antes que Felipe se le acercara.

En todo caso, Jesús no solo vio dónde estaba sentado Natanael, sino que sabía lo que estaba pensando. El Señor le quiso decir: "Te vi en tu lugar secreto de reposo, e incluso vi lo que había en tu corazón". Las oraciones de Natanael fueron contestadas, y su búsqueda del Mesías había terminado. Ya que su corazón estaba divinamente preparado para buscar al Mesías, inmediatamente lo reconoció cuando se encontraron, igual que Simeón y Ana reconocieron incluso al niño Jesús como el Hijo de Dios (Lc. 2:25-38).

Jesús siguió su declaración acerca de la fe de Natanael. "¿Porque te dije: Te vi debajo de la higuera, crees?" (Jn. 1:50), se traduce mejor como una exposición de los hechos (como en la JBS). Tanto Jesús como Natanael sabían que fue la manifestación de la omnisciencia lo que convenció a Natanael de la condición mesiánica del Señor. A causa de la fe de Natanael, Jesús continuó diciendo: "Cosas mayores que estas verás. Y le dijo: De cierto, de cierto os digo: De aquí adelante veréis el cielo abierto, y a los ángeles de Dios que suben y descienden sobre el Hijo del Hombre" (vv. 50*b*-51). Esta demostración de la omnisciencia de Jesús habría sido pequeña para Natanael en comparación con las maravillas de poder divino que pronto comenzaría a presenciar.

Puede ser que Natanael llegara a entender la gloria de Jesús tan bien como cualquiera de los demás apóstoles. De este hombre no sabemos nada más que lo que se encuentra en ese único y breve relato. Pero parece razonable suponer que fue uno de los más fieles y dóciles de los doce. No existe registro de que cuestionara a Jesús, de que debatiera con Él, o incluso de que lo malinterpretara.

El Nuevo Testamento no dice nada del ministerio ni la muerte de Natanael, e incluso la tradición tiene poco que decir acerca de él. Pero se deduce por las propias palabras del Señor que, al igual que David, Natanael era un hombre conforme al corazón de Dios.

Tomás, Mateo el publicano, (10:3*b*)

Al igual que en las otras listas de discípulos, estos dos hombres están en el segundo grupo de cuatro, aunque el orden de sus nombres varía (véase Mr. 3:18; Lc. 6:15; Hch. 1:13).

TOMÁS

Es posible que ya desde el siglo I, a **Tomás** se le conozca principalmente, si no casi de forma exclusiva, por su duda; y "el dubitativo Tomás" ha sido por mucho tiempo un epíteto para los escépticos. Pero una cuidadosa mirada a los relatos del evangelio da a conocer que este discípulo fue un hombre de gran fe y dedicación.

Al igual que con otros apóstoles más, lo único que se conoce de él además de su nombre se encuentra en el Evangelio de Juan. Mientras Jesús ministraba al otro lado del río Jordán cerca de Jericó llegó la noticia de que Lázaro había muerto. Al oír la noticia, Jesús dijo a sus discípulos: "Me alegro por vosotros, de no haber estado allí, para que creáis; mas vamos a él" (Jn. 11:15). Incluso después de presenciar tantos milagros, hasta resurrección de muertos, los doce aún carecían de fe, y Jesús determinó realizar el más grande milagro para beneficio de ellos. Ya había decidido ir a Judea, a pesar de los recordatorios de los discípulos de que esto le costaría la vida (vv. 7-8). Puesto que Betania era un suburbio cerca de Jerusalén, que Jesús fuera allí era casi tan peligroso como que fuera a Jerusalén. Al comprender plenamente el peligro para todos ellos, "dijo entonces Tomás, llamado Dídimo, a sus condiscípulos: Vamos también nosotros, para que muramos con él" (v. 16).

Tomás, y sin duda también los demás discípulos, creían que debido a la hostilidad del sistema judío ir a Jerusalén sería prácticamente un suicidio. Pero él tomó la iniciativa de animar a los doce a ir con Jesús y sufrir las consecuencias con Él. Es evidente que Tomás era pesimista acerca del resultado del viaje, pero el pesimismo hace de esa acción la más valiente. Como un pesimista, Tomás esperaba las peores consecuencias posibles; sin embargo, estuvo dispuesto a ir. Un optimista habría necesitado menos valor, porque habría esperado menos peligro. Él estaba dispuesto a pagar el precio definitivo por el bien de su Señor.

Tal disposición sin reservas a morir por Cristo era difícilmente la marca de un escéptico. Tomás estaba dispuesto a morir por Cristo porque creía totalmente en Él. Tomás era tal vez igualado solo por Juan en su devoción total y absoluta a Jesús. Tenía un amor tan intenso por el Señor que no podía soportar la existencia sin Él.

Si Jesús estaba decidido a ir a Jerusalén y a una muerte segura, también lo estaba Tomás, porque la alternativa de vivir sin Él era impensable.

Herbert Lockyer comentó: "Como aquellos valientes caballeros que protegían al rey ciego Juan de Bohemia, entraron en la batalla de Crécy con las riendas de sus caballos entrelazadas con las de su señor, resolvieron compartir el mismo destino, cualquiera que pudiera ser… así también Tomás, resultara en vida o en muerte, estaba decidido a no abandonar a su Señor, viendo que estaba ligado a Él por un amor profundo y entusiasta" (*All the Apostles of the Bible* [Grand Rapids: Zondervan, 1972], p. 178).

Tomás no se hizo ilusiones. Vio las garras de la muerte y no se amilanó. Prefirió enfrentar la muerte que enfrentar deslealtad a Cristo.

En el aposento alto después de la Última Cena Jesús instó a los discípulos a no afligirse, y les aseguró que iba a preparar un lugar celestial para ellos y que vendría y los tomaría para sí, a fin de que pudieran estar con Él para siempre. Luego declaró: "Y sabéis a dónde voy, y sabéis el camino" (Jn. 14:1-4). Confundido Tomás por esto, preguntó: "Señor, no sabemos a dónde vas; ¿cómo, pues, podemos saber el camino?" (v. 5).

Solo pocos días antes Tomás había declarado su determinación de morir con Cristo si era necesario. Su devoción al Señor no tenía reservas, pero al igual que los demás discípulos casi no tenía comprensión de la muerte, resurrección y ascensión de Jesús, por lo que su Maestro lo había estado preparando durante tres años. Tomás tenía poca comprensión de lo que Jesús acababa de decir, y al parecer supuso que el Señor solo iba a hacer un largo viaje a una nación lejana. Tomás estaba confundido, triste y ansioso. Una vez más se revelaron tanto el pesimismo como el amor del discípulo. Su pesimismo le hizo temer que de algún modo pudiera estar separado de manera permanente de su Señor, y su amor por Él hizo insoportable ese temor. Entendiendo tanto el corazón como las palabras de Tomás, Jesús declaró: "Yo soy el camino, y la verdad, y la vida" (v. 6). El Señor estaba diciendo: "Si me conoces, conoces el camino. Y si estás en mí, estás en el camino. Tu única preocupación debe ser estar conmigo, y te llevaré dondequiera que vaya".

El tercer texto en que Juan nos habla de Tomás es con creces el más conocido. Cuando Jesús fue crucificado y sepultado, todos los peores temores de Tomás parecieron haberse hecho realidad. A Jesús lo habían asesinado, pero los discípulos se habían salvado. Su Maestro se había ido, y ellos quedaron solos, sin líder e indefensos. Esto era para Tomás peor que la muerte, la cual había estado perfectamente dispuesto a aceptar. Se sentía abandonado, rechazado y tal vez incluso traicionado. Desde su perspectiva, su peor pesimismo se había justificado. Las promesas de Jesús habían resultado superficiales, sin duda sinceras y bienintencionadas, pero sin embargo superficiales. Debido a que amaba tanto a Jesús, toda la sensación de rechazo era más profunda y dolorosa. La herida más profunda se potencia por el amor más grande.

Cuando los demás discípulos le dijeron a Tomás que habían visto al Señor, es probable que sintiera que le habían puesto sal en las heridas. No estaba de humor para fantasías acerca de su Señor fallecido. Era insoportablemente doloroso tratar de adaptarse a la muerte de Jesús, y no tenía deseos de ser destrozado por más esperanzas falsas. Cuando Tomás oyó que Jesús había resucitado de los muertos y que estaba vivo, declaró: "Si no viere en sus manos la señal de los clavos, y metiere mi dedo en el lugar de los clavos, y metiere mi mano en su costado, no creeré" (Jn. 20:25).

A alguien que está deprimido, en especial si es de naturaleza pesimista, es difícil convencerlo que algo volverá a estar bien. Debido a que está persuadido que su situación es permanente, la idea de mejora no solo parece poco realista, sino que puede ser muy irritante. Para la persona confirmada en desesperanza, hasta la idea de esperanza puede ser una ofensa.

Pero la actitud de Tomás no era básicamente distinta de la de los demás discípulos. Estos también fueron incrédulos la primera vez que les hablaron de la resurrección de Jesús. Cuando Pedro y Juan corrieron a la tumba y la hallaron vacía, tal como María había afirmado, "aún no habían entendido la Escritura, que era necesario que él resucitase de los muertos" (Jn. 20:9). Incluso con la evidencia de la resurrección no buscaron a un Señor resucitado, sino que regresaron a casa (v. 10). Cuando Cristo se apareció a los diez discípulos (Judas estaba muerto y Tomás no se hallaba presente), que se refugiaban detrás de puertas cerradas "por miedo de los judíos", no estaban seguros de que era la carne y la sangre de Jesús hasta después que "vino Jesús, y puesto en medio, les dijo: Paz a vosotros. Y cuando les hubo dicho esto, les mostró las manos y el costado" (vv. 19-20). Los dos discípulos a los que Jesús apareció en el camino a Emaús tampoco creían los informes de la resurrección (Lc. 24:21-24). Ninguno de los discípulos creía que Jesús estaba vivo hasta que lo vieron en persona.

Puesto que todos dudaron de la promesa que Jesús hiciera de resucitar al tercer día, el Señor permitió que Tomás permaneciera con su duda por otros ocho días. Cuando volvió a aparecerse a los discípulos escogió a esta amada alma que lo amaba tanto como para morir por Él, y que ahora estaba totalmente abatida en espíritu, y le dijo: "Pon aquí tu dedo, y mira mis manos; y acerca tu mano, y métela en mi costado; y no seas incrédulo, sino creyente" (Jn. 20:26-27). En una de las más grandes confesiones jamás hechas, Tomás exclamó: "¡Señor mío, y Dios mío!". Ahora toda duda había desaparecido y supo con plena certeza que Jesús era Dios, que Jesús era Señor, ¡y que Jesús estaba vivo!, entonces el Señor lo reprendió tiernamente: "Porque me has visto, Tomás, creíste; bienaventurados los que no vieron, y creyeron" (vv. 28-29). Pero el reproche fue tanto para los otros discípulos como para Tomás, porque la duda de Tomás, aunque declarada abiertamente, no había sido mayor que la de ellos.

Si Jesús no es Dios y no está vivo, el evangelio es un engaño tonto e inútil, lo más lejos de ser buenas noticias. Pablo les dijo a los escépticos corintios: "Si Cristo no resucitó, vuestra fe es vana; aún estáis en vuestros pecados… Si en esta vida solamente esperamos en Cristo, somos los más dignos de conmiseración de todos los hombres" (1 Co. 15:17, 19).

La tradición sostiene que Tomás predicó en tierras tan lejanas como India, y la iglesia Mar Thoma, que aún existe en el suroeste de ese país y que lleva su nombre, remonta sus orígenes a Tomás. Se afirma que lo habrían matado clavándole una lanza, una muerte apropiada para aquel que insistió en poner su mano en la herida de lanza de su Señor.

MATEO

Debido a que escribió el primer evangelio, **Mateo** es uno de los apóstoles más conocidos. Pero el Nuevo Testamento da a conocer pocos detalles de su vida o su ministerio.

Antes de su conversión y su llamado al discipulado, **Mateo** recaudaba impuestos para Roma (Mt. 9:9). Esa no era una ocupación de la cual sentirse orgullo, y podría creerse que él mismo habría querido zafarse del estigma tan pronto como fuera posible. Sin embargo, cuando escribió el evangelio como treinta años después seguía refiriéndose a sí mismo como **el publicano.**

Según se analizó antes con mayor detalle (véase el capítulo 50), los publicanos eran considerados traidores, los miembros más odiados de la sociedad judía. A menudo eran más despreciados que los gobernantes y soldados conquistadores, porque traicionaban y oprimían económicamente a su propio pueblo. Legalmente eran extorsionadores que, con la total autoridad y protección de Roma, extraían la mayor cantidad posible de dinero tanto a ciudadanos como a extranjeros.

Los publicanos eran tan despreciables y viles que el Talmud judío declara: "Es justo mentir y engañar a un recaudador de impuestos". No se les permitía ser testigos en tribunales judíos, porque eran mentirosos notorios y aceptaban sobornos como parte normal de la existencia. Estaban separados del resto de la vida judía, y se les prohibía adorar en el templo o incluso en una sinagoga. En la parábola de Jesús, el publicano fue al templo a orar "estando lejos" (Lc. 18:13) no solo porque se sentía indigno sino porque no se le permitía entrar.

Mateo difícilmente estaba orgulloso de lo que había sido, pero parece haber apreciado la descripción como un recordatorio de su propia gran indignidad y de la inmensa gracia de Cristo. Se veía como el pecador más vil, salvado solo por la incomparable misericordia de su Señor.

Incluso por la poca información dada acerca de Mateo, es evidente que era un hombre de fe. Cuando se levantó de su banco de impuestos y comenzó a seguir a Jesús quemó sus puentes detrás de él. Recaudar impuestos era una profesión lucrativa, y sin duda muchos oportunistas estaban ansiosos por tomar el lugar de Mateo. Y una vez que abandonó su posición privilegiada, los funcionarios romanos no se la habrían vuelto a conceder. Los discípulos que eran pescadores siempre podían volver a pescar, como muchos de ellos hicieron después de la crucifixión, pero Mateo no podía volver a recaudar impuestos.

A los ojos de los escribas y fariseos, que Mateo dejara su oficio de publicano para seguir a Jesús hacía poco por elevar su posición. Vincularse con Jesús no aumentó la popularidad de Mateo, pero aumentó en gran manera su peligro. Hay pocas dudas de que, antes que cualquiera de los demás apóstoles, Mateo enfrentara algo del verdadero costo del discipulado.

Mateo no solo era fiel sino humilde. En su propio evangelio (e incluso en los otros tres) es absolutamente anónimo y no se pronuncia de ninguna manera durante su tiempo de formación bajo Jesús. No hace preguntas ni comentarios. No aparece directamente en ninguna narración. Solo por Marcos (2:15) y Lucas (5:29) nos enteramos que el banquete en que Jesús comió con "publicanos y pecadores" fue en la casa de Mateo. En su propio relato simplemente se sugiere el hecho de que fue el responsable del agasajo (Mt. 9:10). Él estaba feliz y gozoso de que sus amigos y antiguos asociados conocieran a Jesús, pero no llama la atención a su propio papel en el banquete.

Podría ser que la humildad de Mateo hubiera nacido de su abrumador sentido de pecaminosidad. Vio la gracia de Dios de manera tan sobreabundante que se sintió indigno de decir una palabra. Él era el discípulo silencioso, hasta que el Espíritu Santo lo llevó a levantar la pluma y escribir el primer libro del Nuevo Testamento, veintiocho capítulos poderosos sobre la majestad, el poder y la gloria del Rey de reyes.

El hecho de que a Mateo también se le conozca como Leví indica su herencia judía. No tenemos idea cuál pudo haber sido su formación bíblica, pero Mateo cita el Antiguo Testamento más a menudo que los otros tres escritores del evangelio combinados, y cita de todas las tres partes de este (la ley, los profetas, y los escritos o hagiógrafos). Ya que es poco probable que estudiara las Escrituras mientras era recaudador de impuestos, debió haber obtenido su conocimiento bíblico o en su juventud o después de convertirse en apóstol.

Mateo tenía un corazón amoroso por los perdidos. Tan pronto como fue salvo su primera preocupación fue hablar a otros de la gran noticia e invitarlos a participar en ella. Él estaba avergonzado de su vida anterior; pero no se avergonzó de estar comiendo con sus anteriores asociados que eran despreciados por la sociedad y vivían bajo el juicio de Dios, porque necesitaban al Salvador tanto como Mateo.

Él sintió su pecado personal quizás como ninguno de sus compañeros discípulos porque de manera codiciosa y descarada había estado implicado en extorsión, engaño, soborno y quizás blasfemia y toda forma de inmoralidad. Pero ahora, al igual que la mujer sorprendida en adulterio, amaba mucho porque se le había perdonado mucho (véase Lc. 7:42-43, 47). La autenticidad de su amor está demostrada en su preocupación por la salvación de sus amigos.

Dios tomó a este pecador marginado y lo transformó en un hombre de gran fe, humildad y compasión. De ser un hombre extorsionador, el Señor lo convirtió en un individuo generoso, de ser alguien que destruía vidas lo llevó a ser uno que llevaba consigo la senda de la vida eterna doquiera que iba.

60

Los hombres del Maestro. Quinta parte: Jacobo el hijo de Alfeo, Tadeo (Judas el hijo de Jacobo), y Simón el Zelote

Jacobo hijo de Alfeo, Lebeo, por sobrenombre Tadeo, Simón el cananista, (10:3*c*-4*a*)

Estos hombres son los tres primeros en el tercer grupo de cuatro apóstoles, y son los menos conocidos de los doce. La mayor parte de lo que sabemos se deduce de sus nombres o identidades descriptivas, o se obtiene de la tradición de la iglesia. A excepción de la corta pregunta planteada a Jesús por Tadeo, la Biblia no nos dice nada respecto a sus caracteres, personalidades, habilidades o logros individuales, ya sea durante sus tres años de formación bajo Jesús o durante sus ministerios en la iglesia primitiva.

JACOBO HIJO DE ALFEO

El primer nombrado de estos discípulos desconocidos es **Jacobo,** quien se distingue de los otros apóstoles, es decir, de Jacobo (el hijo de Zebedeo, v. 2), y de Jacobo el medio hermano de Jesús identificándolo como el **hijo de Alfeo.** En Marcos 15:40 se le nombra como "el menor". *Mikros* ("menor") también puede significar más pequeño o menor. Usado en el sentido de más pequeño, el nombre pudo haber sido otra forma de distinguirlo de Jacobo el hijo de Zebedeo, quien es evidente que tenía mayor influencia y posición, y posiblemente estatura física. En el sentido de menor pudo haber indicado su juventud en comparación con los otros Jacobo.

Según se acaba de mencionar, en cuanto a influencia este Jacobo era mucho menos que Jacobo el hijo de Zebedeo. Este discípulo pudo haber tenido peculiaridades destacadas como osadía o valor, pero de ser así es probable que lo hubieran llamado "el valiente" o algo parecido, en lugar de "el menor". Pudo haber sido mayor que los otros Jacobo; pero si esto fuera cierto es probable que lo hubieran llamado "el mayor", ya que esa descripción habría sido menos confusa y más respetuosa de su edad. Por supuesto, también es posible que fuera de menor estatura. Pero el significado más probable de "el menor" parecer ser el de juventud, junto con su posición subordinada en el liderazgo.

Debido a que el padre de Mateo también se llamaba Alfeo, Jacobo y Mateo pudieron haber sido hermanos. Además, la madre del menor se menciona en Marcos 15:40 como quien estuvo presente en la crucifixión de Cristo, junto con otras mujeres. A ella se le conoce como la mujer de Cleofas en Juan 19:25. Ya que

Cleofas era una forma de Alfeo, eso apoya más la posibilidad de que Jacobo y Mateo estuvieran emparentados.

Jacobo no se distinguió como un líder dotado, ya sea antes o después de su llamado y entrenamiento. Podemos suponer que este apóstol cumplió fielmente la obra del Señor durante su ministerio, y sabemos que un día se sentará en el trono celestial y se unirá a los otros once a juzgar a las doce tribus de Israel (Mt. 19:28). Pero su apostolado no tuvo relación con habilidad o logro sobresalientes. Él fue un hombre común, usado en formas comunes para ayudar a cumplir la extraordinaria tarea de llevar al mundo el evangelio de Jesucristo.

Después de dos mil años, Jacobo el hijo de Alfeo permanece anónimo. No sabemos una sola palabra que haya hablado o una sola cosa que haya hecho. Los padres de la iglesia primitiva afirmaron que predicó en Persia (moderno Irán), donde fue crucificado como mártir por el evangelio. Si eso es cierto, podemos preguntarnos qué le habría sucedido a esa nación y a la historia del mundo si esos pueblos hubieran respondido de manera favorable al evangelio.

TADEO

El segundo apóstol nombrado en el tercer grupo es **Tadeo.** Basándose en manuscritos griegos menos confiables, el texto autorizado (RVR60, JBS) expresa: **Lebeo, por sobrenombre Tadeo.** Por Lucas 6:16 y Hechos 1:13 sabemos que también se le llama "Judas hermano de Jacobo". Es probable que Judas fuera su nombre original y que Tadeo y Lebeo fueran nombres descriptivos, de algún modo sobrenombres, añadidos por familiares o amigos.

Tadeo viene de la palabra hebrea *shad*, que se refiere al pecho femenino. El nombre quiere decir "niño de pecho" y probablemente fue un coloquialismo para el hijo menor de una familia, el "bebé" permanente de la familia que fue el último a quien su madre la dio de mamar.

Aunque el nombre Lebeo no se encuentra en los manuscritos griegos considerados superiores, y por tanto no está en las traducciones más modernas, también pudo haber sido uno de los nombres de este apóstol. La palabra se basa en el hebreo *leb* ("corazón") y significa "niño de corazón", que sugiere que Tadeo fue conocido por su generosidad, amor y valor.

La noche antes de su arresto y juicio, Jesús declaró: "El que tiene mis mandamientos, y los guarda, ése es el que me ama; y el que me ama, será amado por mi Padre, y yo le amaré, y me manifestaré a él" (Jn. 14:21). En ese tiempo Tadeo pronunció sus únicas palabras registradas en las Escrituras: "Le dijo Judas (no el Iscariote): Señor, ¿cómo es que te manifestarás a nosotros, y no al mundo?" (v. 22).

Judas (Tadeo) obviamente estaba pensando solo en la revelación externa y visible, y preguntó cómo Jesús podía manifestarse a quienes lo amaban sin también manifestarse a todos los demás. Al igual que la mayoría de judíos de su época, él estaba esperando que Cristo estableciera un reino terrenal. Judas estaba cuestionando: "¿Cómo puede el Mesías sentarse en el trono de David y gobernar toda la tierra sin manifestarse a sus súbditos?". También pudo haber preguntado por qué Jesús se revelaría a un grupo pequeño de hombres insignificantes, y no a los grandes líderes religiosos en Jerusalén y a los poderosos dirigentes políticos en Roma.

Jesús no reprendió a Tadeo por su malinterpretación, la cual expresó de forma sincera y humilde. A la luz de las expectativas judías comunes, la pregunta era apropiada y profunda, y le dio a Jesús la oportunidad de explicar aún más lo que quería decir. Procedió a reiterar lo que acababa de expresar, y añadió el lado negativo de la verdad: "El que me ama, mi palabra guardará; y mi Padre le amará, y vendremos a él, y haremos morada con él. El que no me ama, no guarda mis palabras; y la palabra que habéis oído no es mía, sino del Padre que me envió" (Jn. 14:23-24). Cristo no estaba estableciendo en ese tiempo su reino terrenal, y la revelación que acababa de hacer era de su divinidad y autoridad como Señor y Salvador espiritual. Esa revelación solo puede reconocerse por parte de aquellos que confían en Él y lo aman, y la autenticidad de tal confianza y amor se evidencia por la obediencia a su Palabra. La manifestación está limitada a la recepción.

Una transmisión de radio o televisión puede tener un gran alcance, llegando prácticamente a todo el mundo por medio del uso de satélites. Pero sus programas solamente se "revelan" a quienes tienen receptores apropiados. El resto del mundo no tiene conciencia de la transmisión, aunque sus ondas electrónicas los rodeen por completo.

Henry David Thoreau observó una vez que "se necesitan dos personas para comunicar la verdad, una que la declare y otra que la escuche". Los que no quieren escuchar el evangelio no pueden oírlo, por claro y contundente que se proclame. Jesucristo era Dios encarnado, sin embargo "en el mundo estaba, y el mundo por él fue hecho; pero el mundo no le conoció. A lo suyo vino, y los suyos no le recibieron" (Jn. 1:10-11). Durante los tres años de ministerio de Jesús miles y miles de personas (principalmente del pueblo escogido de Dios, los judíos) lo vieron y escucharon. Pero solo unos pocos mostraron más que un interés pasajero en quién realmente era el Señor o en lo que decía. El dios de este mundo les había cegado tanto sus mentes que cuando miraban no lograban ver (2 Co. 4:4).

Alguien ha comentado que si se arranca un hermoso himno de un himnario y se lo tira a la acera, podrían esperarse muchas reacciones distintas de quienes lo vieran. Un perro lo olería y luego seguiría su camino. Un barrendero de calles lo levantaría y lo tiraría a la basura. Una persona codiciosa podría recogerlo con la esperanza de que se tratara de algún tipo de documento valioso. Un maestro de español podría leerlo y admirar la calidad literaria. Pero un creyente con mentalidad espiritual que lo levante y lo lea bendeciría su alma. El contenido habría sido el mismo para todos aquellos que habrían entrado en contacto con el himno, pero su significado y valor solo podría entenderlo una persona receptiva a la verdad divina que el mensaje ofrece.

Solamente aquellos cuyos corazones están purificados por el amor y que caminan en obediencia a la Palabra de Dios pueden percibir la verdad, la belleza, y la gloria de Cristo. Tadeo era una de esas persona.

La tradición afirma que Tadeo fue especialmente bendecido con el don de sanidad y que a través de este discípulo el Señor sanó a muchos centenares de personas en Siria. Se cuenta que curó al rey de esa nación y que lo ganó para el Señor. La supuesta conversión lanzó a dicha nación a tal confusión que el sobrino incrédulo del rey asesinó a Tadeo con un garrote, lo cual llegó a ser el símbolo para ese apóstol.

SIMÓN EL ZELOTE

El tercer nombre en el tercer grupo es **Simón el cananista.** La traducción "el cana-nista" se basa en una desafortunada transliteración de *kananaios,* que se derivaba del hebreo *qanna,* que significa "celoso" o "ferviente". Es el equivalente del griego *zēlōtēs* ("fanático"), una descripción que Lucas usa de este Simón (Lc. 6:15; Hch. 1:13).

Zelote pudo haber representado la membresía de Simón en el partido radical de los zelotes, cuyos miembros estaban determinados a liberarse por la fuerza del yugo de Roma. Los zelotes se desarrollaron durante el período macabeo cuando los judíos, bajo las órdenes de Judas Macabeo, se rebelaron contra sus conquista-dores griegos. Durante la época de Cristo, otro Judas (un nombre judío común de ese tiempo) fue el líder zelote excepcional.

Los zelotes eran uno de los cuatro grupos religiosos dominantes en Judea (junto con los fariseos, saduceos y esenios) pero en su mayor parte estaban moti-vados más por la política que por la religión. Principalmente eran combatien-tes guerrilleros que atacaban por sorpresa a puestos y patrullas romanas, y que luego escapaban a las colinas o montañas. A veces recurrían al terrorismo, y el historiador judío Josefo los llamó *sicarii* (latín, "hombres que acuchillan por la espalda") debido a sus frecuentes asesinatos. Los heroicos defensores de la gran fortaleza herodiana en Masada eran judíos zelotes dirigidos por Eleazar. Cuando ese valiente grupo cayó ante Flavio Silva en el año 72 d.C. después de un asedio de siete meses, los zelotes desaparecieron de la historia.

Si **Simón** fue ese tipo de zelote entonces fue también un hombre de dedicación intensa y quizás de pasión violenta. Que se le mencione siempre al lado de Judas Iscariote podría sugerir que los dos hombres fueron de algún modo de la misma clase, cuya preocupación principal en cuanto al Mesías era terrenal y material en vez de espiritual. Pero cualesquiera que fueran las motivaciones comunes que ambos pudieran haber tenido en un principio, pronto se desvanecieron cuando Judas se confirmó más en su rechazo a Jesús y Simón se confirmó más en su devo-ción a Él.

Al parecer Jacobo el hijo de Alfeo, Tadeo y Simón el Zelote permanecieron desconocidos a lo largo de sus ministerios incluso para la mayor parte de la iglesia. Pero se unieron a las filas de los santos anónimos del Antiguo Testamento que "experimentaron vituperios y azotes, y a más de esto prisiones y cárceles. Fueron apedreados, aserrados, puestos a prueba, muertos a filo de espada; anduvieron de acá para allá cubiertos de pieles de ovejas y de cabras, pobres, angustiados, mal-tratados; de los cuales el mundo no era digno; errando por los desiertos, por los montes, por las cuevas y por las cavernas de la tierra. Y todos éstos, aunque alcan-zaron buen testimonio mediante la fe, no recibieron lo prometido" (He. 11:36-39).

Los hombres del Maestro. Sexta parte: Judas

61

y Judas Iscariote, el que también le entregó. (10:4*b*)

Entre los doce apóstoles contrasta uno contra la tónica general de los demás como el inadaptado solitario e infeliz, la personificación del desastre humano. Él es el hombre más vil y malvado en la Biblia. En la lista de los apóstoles siempre se le nombra el último y, con excepción de Hechos 1:13, siempre se le identifica como el traidor de Jesús. Por dos mil años el nombre **Judas Iscariote** ha sido un sinónimo de traición.

Cuarenta versículos en el Nuevo Testamento mencionan la traición a Jesús, y cada uno de ellos es un recordatorio del increíble pecado de Judas. Después de la descripción de la muerte y el reemplazo de este individuo entre los doce en Hechos 1, su nombre no se vuelve a mencionar en la Biblia. Judas ocupa en *El infierno* de Dante el nivel más bajo del averno, el que comparte con Lucifer, el mismo Satanás.

SU NOMBRE

El nombre **Judas** era común en tiempos del Nuevo Testamento, y fue un segundo nombre para uno de los otros apóstoles, Tadeo. Se trata de una forma personalizada de Judá, el reino del sur durante la monarquía judía y la provincia romana de Judea durante la época de Cristo. Algunos eruditos creen que el nombre significa "Yahvé (o Jehová) guía", y otros creen que se refiere a alguien que es objeto de alabanza. Con cualquier significado, fue un trágico nombre inapropiado en el caso de Judas Iscariote. Ningún ser humano ha sido alguna vez menos dirigido por el Señor o menos digno de elogio.

Iscariote significa "hombre de Queriot", un pueblo pequeño en Judea como a treinta y siete kilómetros al sur de Jerusalén y a once de Hebrón. Judas es el único apóstol cuyo nombre incluye una identificación geográfica, posiblemente porque era el único de Judea entre los doce. Todos los demás, incluso Jesús, eran de Galilea en el norte. Por lo general los judíos de Judea se sentían superiores a los de Galilea, y aunque Judas mismo era de una aldea rural, es probable que no haya encajado bien en el grupo apostólico.

SU LLAMADO

Judas siempre figura entre los doce apóstoles, pero su llamado específico no se relata en los evangelios. Aparece primero en la lista de Mateo, sin indicación de dónde o cómo lo llamó Jesús. Es evidente que se sintió atraído hacia Jesús, y permaneció con Él hasta el final de su ministerio, más allá del momento en que muchos de los otros falsos discípulos lo habían abandonado (véase Jn. 6:66).

No hay evidencia de que Judas tuviera algún interés espiritual en Jesús. Es probable que desde el principio mismo esperara que Jesús se convirtiera en algún poderoso líder religioso o político, y que quisiera usar la relación con Él por razones egoístas. Reconoció el obvio poder de hacer milagros de Jesús, así como su influencia sobre las multitudes. Pero no estaba interesado en la llegada del reino por causa de Cristo, o incluso por el bien de sus compatriotas judíos, sino solo por causa de cualquier beneficio personal que se pudiera derivar de pertenecer al círculo íntimo de liderazgo del Mesías. Aunque lo motivara por completo el egoísmo, aun así siguió al Señor de una manera poco entusiasta… hasta que por último se convenció de que los planes de Jesús para el reino eran diametralmente opuestos a los suyos.

Cristo escogió de manera intencional y específica a Judas "porque Jesús sabía desde el principio quiénes eran los que no creían, y quién le había de entregar" (Jn. 6:64). Aunque los discípulos en ese tiempo no entendían lo que Jesús quería decir, un año o más antes de que ocurriera Él aludió a la traición que le harían. Les dijo poco después que los falsos discípulos se alejaran de Él: "¿No os he escogido yo a vosotros los doce, y uno de vosotros es diablo?". Juan explica que Jesús "hablaba de Judas Iscariote, hijo de Simón; porque éste era el que le iba a entregar, y era uno de los doce" (vv. 70-71).

David predijo la traición a Cristo mil años antes del hecho, cuando escribió: "Aun el hombre de mi paz, en quien yo confiaba, el que de mi pan comía, alzó contra mí el calcañar" (Sal. 41:9; cp. 55:12-15, 20-21). Aunque ese pasaje se refería principalmente a David, su significado más amplio se aplicó a Jesucristo, según Él mismo declaró (Jn. 13:18).

Zacarías predijo incluso el precio exacto de la traición. "Y les dije: Si os parece bien, dadme mi salario; y si no, dejadlo. Y pesaron por mi salario treinta piezas de plata. Y me dijo Jehová: Échalo al tesoro; ¡hermoso precio con que me han apreciado! Y tomé las treinta piezas de plata, y las eché en la casa de Jehová al tesoro" (Zac. 11:12-13). A la orden del Señor, el profeta había guiado al pueblo (vv. 4-11), y el salario que le pagaron a Zacarías representaba el "hermoso precio" al cual sus descendientes valorarían al mismo Mesías.

Refiriéndose a los doce, en su oración sacerdotal Jesús expresó a su Padre: "Cuando estaba con ellos en el mundo, yo los guardaba en tu nombre; a los que me diste, yo los guardé, y ninguno de ellos se perdió, sino el hijo de perdición, para que la Escritura se cumpliese" (Jn. 17:12). Lutero tradujo "hijo de perdición" como "hijo perdido", es decir, un hijo cuya naturaleza e intención es estar continuamente descarriado y perdido. Jesús no perdió a ninguno de los doce, a excepción del que fue confirmado en su pecado y se negó a ser salvo. Él escogió a Judas para cumplir las Escrituras, sabiendo que Judas rechazaría esa elección.

En la Última Cena Jesús declaró: "He aquí, la mano del que me entrega está conmigo en la mesa. A la verdad el Hijo del Hombre va, según lo que está determinado; pero ¡ay de aquel hombre por quien es entregado!" (Lc. 22:21-22). Aunque nuestras mentes finitas humanas no pueden comprenderlo, Dios había predeterminado la traición; sin embargo, al mismo tiempo Judas fue el único responsable porque actuó por decisión propia.

En el rechazo que Judas hiciera a Cristo se encuentra la misma paradoja aparente de soberanía divina y voluntad humana que existe en el proceso de salvación.

Aunque una persona debe recibir a Jesucristo como Señor y Salvador con un acto de su propia voluntad (Jn. 1:12; 3:16; Ro. 1:16), todo creyente que lo hace fue escogido para ser salvo aun antes de la fundación del mundo (Ef. 1:4; cp. Hch. 13:48). De la misma manera, Judas tuvo la oportunidad de aceptar o rechazar a Cristo con relación a la salvación, aunque Cristo planeó desde el principio la incredulidad y el rechazo que caracterizarían a este discípulo. Estas verdades en aparente conflicto, al igual que otras encontradas en la Biblia, solo se resuelven en la mente de Dios. La Biblia es clara en que Jesús extendió a Judas la oportunidad de salvación hasta el punto que su incredulidad fue su propia decisión y responsabilidad (cp. Mt. 23:37; Jn. 5:40). Judas *decidió* rechazar y traicionar a Cristo. Por eso Cristo no lo etiquetó como una víctima de decreto soberano sino como "diablo" (Jn. 6:70), y dejó en claro que Judas hizo lo que hizo no porque Dios lo impulsara sino más bien porque Satanás lo llevara a cometer la traición (Jn. 13:27).

Dios también predeterminó desde el principio el sucesor de Judas entre los doce. Exactamente antes de Pentecostés, el Espíritu Santo llevó a Pedro a explicar a los apóstoles que quedaron: "Es necesario, pues, que de estos hombres que han estado juntos con nosotros todo el tiempo que el Señor Jesús entraba y salía entre nosotros, comenzando desde el bautismo de Juan hasta el día en que de entre nosotros fue recibido arriba, uno sea hecho testigo con nosotros, de su resurrección" (Hch. 1:21-22). Aparte de los discípulos que cumplían con dicha calificación, los once eligieron entonces "a José, llamado Barsabás, que tenía por sobrenombre Justo, y a Matías. Y orando, dijeron: Tú, Señor, que conoces los corazones de todos, muestra cuál de estos dos has escogido, para que tome la parte de este ministerio y apostolado, de que cayó Judas por transgresión, para irse a su propio lugar. Y les echaron suertes, y la suerte cayó sobre Matías; y fue contado con los once apóstoles" (vv. 23-26). Tanto la soberanía de Dios, como la elección predeterminada y la alternativa humana de los apóstoles, participaron en la selección de Matías.

Pocos días después, en el Día de Pentecostés, Pedro declaró a la multitud en Jerusalén: "Varones israelitas, oíd estas palabras: Jesús nazareno, varón aprobado por Dios entre vosotros con las maravillas, prodigios y señales que Dios hizo entre vosotros por medio de él, como vosotros mismos sabéis; a éste, entregado por el determinado consejo y anticipado conocimiento de Dios, prendisteis y matasteis por manos de inicuos, crucificándole" (2: 22-23). Dios predeterminó de modo soberano la crucifixión de Jesús, pero los judíos incrédulos fueron responsables por enviarlo a la cruz. Fue la voluntad predeterminada de Dios la que envió a su Hijo a morir, y fue la voluntad rebelde del hombre la que lo ejecutó.

SU CARÁCTER

La personalidad exterior de Judas debió haber sido encomiable, o al menos aceptable. Antes de la verdadera traición ninguno de los otros discípulos acusó a Judas de alguna irregularidad ni lo criticó por alguna deficiencia. Cuando después de tres años de instruirlos Jesús predijo que uno de los doce lo traicionaría, los otros once no tenían idea quién podría tratarse. Al principio, "entristecidos en gran manera, comenzó cada uno de ellos a decirle: ¿Soy yo, Señor?" (Mt. 26:22). Luego "comenzaron a discutir entre sí, quién de ellos sería el que había de hacer esto". Pero pronto se olvidaron de la traición y comenzaron a discutir no sobre quién era el peor entre ellos sino más bien "sobre quién de ellos sería el mayor" (Lc. 22:23-24). En todo caso, Judas no era más sospechoso que cualquiera de los demás. En respuesta a la pregunta de Juan: "Señor, ¿quién es?", el Señor contestó: "A quien yo diere el pan mojado, aquél es" (Jn. 13:25-26). Jesús dio entonces el pan mojado a Judas, diciendo: "Lo que vas a hacer, hazlo más pronto". Los demás seguían sin tener idea que el traidor era Judas. "Pero ninguno de los que estaban a la mesa entendió por qué le dijo esto" a Judas (vv. 27-28).

Debido a que nunca fue sospechoso por parte de los otros discípulos, Judas debió haber sido un hipócrita extraordinario. Lo habían nombrado tesorero del grupo y era perfectamente confiable (Jn. 13:29). Es probable que, al igual que los demás discípulos, Judas hubiera llevado una vida religiosa respetable antes que Jesús lo llamara. Quizás no había sido un extorsionador y traidor ante su propio pueblo como Mateo, o un revolucionario impetuoso y posible asesino como Simón el Zelote, aunque su procedencia de Queriot de Judea pudo haber ensombrecido sus antecedentes ante los otros discípulos que eran galileos.

Al parecer Judas vigilaba lo que decía. Sus únicas palabras registradas fueron dichas casi al final del ministerio de Jesús, cuando objetó la unción que María hiciera a los pies de Jesús con un costoso perfume al preguntar: "¿Por qué no fue este perfume vendido por trescientos denarios, y dado a los pobres?" (Jn. 12:5). Juan explica: "Pero dijo esto, no porque se cuidara de los pobres, sino porque era ladrón, y teniendo la bolsa, sustraía de lo que se echaba en ella" (v. 6). Bajo la inspiración del Espíritu Santo, Juan había dado esa apreciación, la cual relató al escribir el evangelio décadas más tarde; pero al momento del incidente no tenía conciencia de la intención oculta de Judas.

Judas no era por naturaleza más pecador que cualquier otra persona que alguna vez naciera. Estaba conformado por la misma materia prima que los demás apóstoles, con no menos bondad común ni más pecaminosidad innata. Pero el mismo sol que derrite la cera endurece la arcilla, y la decisión de Judas de no confiar en Jesús se hizo cada vez más dura y fija a medida que seguía resistiendo al amor y a la Palabra del Señor.

Puede ser que Judas fuera uno de los discípulos más jóvenes, y es probable que hubiera sido un judío externamente devoto y patriota. Aunque no tan radical como Simón el Zelote, estaba deseoso de acabar con el yugo romano y esperaba que Jesús marcara el inicio del reino mesiánico que lograría eso. Roma sería derrotada, y el pueblo de Dios sería restablecido en paz y prosperidad.

Pero Judas era ante todo un materialista, como lo atestigua su robo. Quería los beneficios terrenales de un reino judío restaurado, pero no tenía interés en la justicia o regeneración personal. Estaba perfectamente satisfecho consigo mismo y acudió a Jesús únicamente por beneficio material, no por bendición espiritual. Jesús le dio toda oportunidad de que renunciara a su propia vida y buscara el perdón y la salvación de Dios, pero Judas se negó. El Señor dio a conocer las parábolas del mayordomo infiel y las vestimentas de bodas, pero Judas no aplicó esas verdades a sí mismo. Jesús enseñó mucho acerca de los peligros de la codicia y el amor por el dinero, e incluso advirtió a los doce que uno de ellos era un diablo, pero Judas no escucharía. Él no debatió con Cristo, como hicieron Pedro y algunos de los demás, y en realidad es probable que abiertamente actuara como si estuviera de acuerdo con Cristo. Pero la respuesta de su corazón fue de rechazo continuo. Jesús escogió a Judas porque la traición estaba en el plan de Dios y fue profetizada en el Antiguo Testamento; sin embargo, Jesús dio a Judas toda oportunidad de no cumplir esa profecía.

Judas estaba en el tercer grupo de cuatro discípulos (con Jacobo el hijo de Alfeo, Tadeo y Simón el Zelote), lo que indica que estaba entre los discípulos que tenían menos intimidad con Jesús. Es probable que estuviera al margen incluso de su propio subgrupo, participando no más de lo necesario, y desde fuera. Es dudoso que hubiera intimidado con alguno de los demás. Se creía que fuera sincero, pero no desarrolló amistades íntimas ni relaciones cercanas. El hombre era un solitario.

En el Oriente, un anfitrión siempre ofrecía a un invitado de honor el primer bocado, que consistía en un trozo de pan mojado en una mezcla de frutas y nueces parecida al almíbar. En la Última Cena Jesús ofreció el primer bocado a Judas. Pero en el momento en que el Señor extendió honor especial al traidor, "Satanás entró en él" (Jn. 13:27). Hasta el mismo final Jesús amó a Judas, pero este no aceptaría nada de lo que Él le ofrecía.

SU PROGRESIVO RECHAZO

Judas no comenzó su discipulado con la intención de traicionar a Jesús. Se solidarizó por completo con lo que creía que era el propósito y el plan del Señor, y estaba listo a apoyarlo. Después de cada milagro Judas pudo haber esperado que Jesús anunciara su reinado y comenzara una campaña contra Roma, cuyo enorme ejército por grande que fuera no habría resistido el poder sobrenatural del Señor. Judas se la pasaba esperando y esperando, con la esperanza de que Jesús le cumpliera sus sueños de derrotar al despreciado opresor. Al igual que un jugador que piensa que cada pérdida lo acerca más a la victoria, Judas quizás pensaba que cada fracaso de Jesús en usar su poder contra Roma le acercaba un poco más a esa meta final e inevitable.

Durante tres años Judas esperó, y en la entrada triunfal a Jerusalén debió haber pensado que por fin había llegado el momento. Razonaba que obviamente Jesús había estado desarrollando un gran apogeo, esperando que las multitudes reconocieran por completo su condición mesiánica y su derecho al trono de David. Jesús ascendería al trono por demanda popular, y el León de Judá al final expulsaría y destruiría al águila de Roma.

Pero cuando Jesús rechazó la corona de la multitud y en vez de eso comenzó a enseñar incluso más intensamente acerca de su inminente arresto y muerte, las esperanzas y expectativas de Judas quedaron destruidas. Lo dejó devastado que Jesús levantara tan perfecta oportunidad y de manera intencional la dejara escapar de sus manos. Debió haber creído loco a Jesús por permitir de forma voluntaria que lo maltrataran y hasta que lo mataran, cuando con una palabra pudo haber destruido a cualquier enemigo. Judas ahora sabía más allá de toda duda que, cualquier cosa que Jesús pretendiera hacer, no tenía ninguna relación con sus propios motivos y planes.

Judas comenzó en el mismo lugar que los otros discípulos. Pero ellos confiaron en Jesús y fueron salvos a medida que se rendían más y más al control del Señor, dejando sus antiguos caminos. Ellos también eran pecadores, mundanos, egoístas, carentes de amor, y materialistas; pero se sometieron a Jesús, y Él los cambió. Sin embargo, Judas nunca avanzó más allá del materialismo craso. Se negó a confiar en Jesús y resistió más y más su señorío. En última instancia fue confirmado en su propia manera hasta el punto en que cerró de forma permanente la puerta de la gracia de Dios. Al igual que Fausto, Judas vendió irremediablemente su alma al diablo.

Cuando Jesús volvió la espalda a la corona que la multitud le ofrecía, Judas le volvió la espalda a Jesús. Ya no pudo contener más sus viles y miserables motivos de beneficio y gloria personal. Había dejado ver su yo verdadero cuando mostró más preocupación por el dinero "desperdiciado" en perfume para ungir a Jesús, que por la inminencia del arresto y la muerte que los discípulos sabían ahora que le esperaba a Jesús en Jerusalén (Jn. 11:16).

La fascinación de Judas con Jesús se había convertido primero en desilusión y finalmente en odio. Nunca había amado a Jesús, sino que solo buscaba usarlo. Nunca había amado a sus compañeros discípulos, sino que más bien robó para sí los pequeños recursos que tenían. Ahora se volvió totalmente contra ellos.

En la última noche que Jesús estuvo con los discípulos les lavó los pies con sus propias manos para enseñarles humildad y servicio, declarando al inicio: "No estáis limpios todos", refiriéndose a Judas (Jn. 13:10-11). Después de la lección objetiva dio otra advertencia a la que Judas pudo haber hecho caso: "No hablo de todos vosotros; yo sé a quienes he elegido; mas para que se cumpla la Escritura: El que come pan conmigo, levantó contra mí su calcañar" (Jn. 13:18). Jesús se afligió por Judas, no queriendo que ni siquiera este hombre perverso pereciera (cp. 2 P. 3:9). A medida que se acercaba el momento de la traición, Jesús "se conmovió en espíritu, declarando: De cierto, de cierto os digo, que uno de vosotros me va a entregar" (v. 21). El Señor no se afligió por su propia vida, que entregó voluntariamente. Se afligió por la muerte espiritual de Judas, y parece que hizo una última apelación antes que fuera demasiado tarde. Él conocía la incredulidad, la codicia, la ingratitud, la traición, la falsedad, la hipocresía, y el odio de Judas; sin embargo, lo amaba. La muerte que estaba a punto de experimentar era tanto por el pecado de Judas como por los pecados de toda persona alguna vez nacida, y fue por Judas que el Señor se afligió como solo Él puede afligirse. Se conmovió por Judas en la misma manera que lamentó por Jerusalén: "¡Cuántas veces quise juntar a tus hijos, como la gallina junta sus polluelos debajo de las alas, y no quisiste!" (Mt. 23:37).

En toda la historia de la Iglesia, en el nombre del amor y la compasión algunas personas han tratado de atribuir un buen motivo a la traición de Judas, o al menos minimizar su mal. Pero tal intento va en contra de la Biblia, incluso de las propias palabras específicas de Jesús. El Señor llamó a Judas diablo e hijo de perdición. Hacer aparecer a Judas mejor de lo que es convierte en mentiroso a Dios. Toda persona no salva está bajo el control de Satanás, y sirve a la voluntad de Satanás. Pero cuando Judas aceptó el bocado de manos de Jesús sin arrepentimiento ni remordimiento, Satanás tomó posesión de él en una manera que es aterradora de contemplar (Jn. 13:27).

SU TRAICIÓN

Judas no traicionó a Jesús en un ataque repentino de ira. No se nos dice cuándo le llegó la idea por primera vez, pero al parecer el incidente de la unción que María le hiciera a Jesús con el perfume lo impulsó a ejecutarla. Fue precisamente después de esto que "uno de los doce, que se llamaba Judas Iscariote, fue a los principales sacerdotes, y les dijo: ¿Qué me queréis dar, y yo os lo entregaré?". Después de aceptar las treinta piezas de plata, "desde entonces buscaba oportunidad para entregarle" (Mt. 26:14-16). Lucas agrega que Judas "buscaba una oportunidad para entregárselo a espaldas del pueblo" (22:6). Judas era un cobarde, y en esa época supuso que las multitudes que aclamaron a Jesús durante la entrada triunfal seguirían siendo leales al Señor. Quería que nadie supiera de su traición, mucho menos un gentío hostil. Al igual que los principales sacerdotes y escribas que le pagaron, Judas temía "al pueblo" (Lc. 22:2).

Es difícil determinar el equivalente moderno del poder de compra de las treinta piezas de plata que Judas recibió, en especial ya que no se identifica la moneda de plata específica. Pero según el cálculo más generoso, se trató de una suma insignificante por traicionar de muerte a cualquier persona, mucho menos al Hijo de Dios. La cantidad relativamente pequeña sugiere que en su codicia y su odio Judas estuvo dispuesto a conformarse con cualquier precio. También sugiere el desdén que los principales sacerdotes y escribas tuvieron por Judas. El odio que le tenían a Jesús era público y bien conocido; pero Judas era uno de los discípulos y amigos de Jesús, y sin duda los dirigentes judíos despreciaban la traición, aunque la usaron para sus propios fines. El pequeño precio sugiere además el bajo valor que todos ellos daban a la vida de Jesús.

A fin de que los enemigos de Jesús pudieran reconocerlo en medio de la oscuridad de Getsemaní, Judas "les había dado señal, diciendo: Al que yo besare, ése es" (Mr. 14:44). El desprecio que le tenía al Señor era tal que utilizó esa preciada marca de amor y amistad como su señal de traición.

Judas no solo profanó la Pascua al recibir dinero de sangre, sino que también profanó a Getsemaní, el lugar privado de adoración y solaz que sabía que Jesús amaba. "Judas, pues, tomando una compañía de soldados, y alguaciles de los principales sacerdotes y de los fariseos, fue allí con linternas y antorchas, y con armas" (Jn. 18:3). Sin saber que Jesús conocía el malvado plan, Judas creyó engañarlo con el beso, fingiendo amor y lealtad. Pero Jesús ya sabía que los soldados estaban acercándose, por lo que "se adelantó y les dijo: ¿A quién buscáis?" (v. 4). Cuando declararon: "A Jesús nazareno", Él contestó: "Yo soy" (v. 5). Como para reforzar su odiosa determinación de traicionar a Jesús, Judas procedió a besarlo, aunque ya no era necesario identificarlo. Este acto supremo de hipocresía fue para fingir amor a Jesús mientras lo entregaba a sus enemigos. El texto griego de Mateo 26:49 utiliza una forma intensiva que sugiere que Judas besó a Jesús de modo ferviente y repetido. Sin embargo, aun frente a esta farsa diabólica, Jesús llamó a Judas "amigo" cuando le expresó: "¿A qué vienes?" (v. 50). El amor de Jesús se extendió incluso más allá del punto de no retorno de Judas.

El grado de la traición de Judas fue único, pero no su naturaleza. A través de Ezequiel, Dios reprendió a los israelitas porque lo profanaron "por puñados de cebada y por pedazos de pan" (Ez. 13:19), y mediante Amós los acusó de vender "por dinero al justo, y al pobre por un par de zapatos" (Am. 2:6). Incluso hoy día hombres y mujeres venderán al Señor por cualquier cosa que crean que valga más.

Podría no ser por plata,
podría no ser por oro;
sino por decenas de miles,
el Príncipe de vida es vendido.
Por una amistad impía;
por un objetivo egoísta;
por una bagatela fugaz;
vendido por un nombre vacío.
En el mercado de la ciencia;
en la sede del poder.
en el santuario de la fortuna;
vendido en horas de placer.
Por tu horrible acuerdo,
que nadie más que los ojos de Dios pueden ver.
Cavila mi alma en la pregunta:
¿Cómo será Él vendido por ti?
Vendido, oh Dios. ¡Qué momento!
¿Acallada la voz de su conciencia?
Vendido, y ángeles llorosos
registran la fatal decisión.
Vendido, pero el precio aceptado
a un carbón encendido ha de volver;
con las punzadas de un arrepentimiento tardío
en lo profundo de un alma que arde.
(Autor desconocido. Citado en Herbert Lockyer, *All the Apostles of the
Bible* [Grand Rapids: Zondervan, 1972], p. 110)

Judas vendió a Jesús por codicia. Él era malicioso, vengativo y ambicioso, y odiaba todo lo bueno y justo. Pero, por sobre todo, tenía avaricia.

Ningún ser humano podría parecerse más al diablo que un apóstol pervertido. Y por la misma razón, todo falso maestro que resiste el nombre de Cristo sobrelleva una culpa especial y es digno de un desprecio específico.

SU MUERTE

Santiago afirma que "la concupiscencia, después que ha concebido, da a luz el pecado; y el pecado, siendo consumado, da a luz la muerte" (Stg. 1:15). El pecado de Judas hizo que vendiera a Cristo, a sus compañeros apóstoles, y su propia alma. Cuando Jesús fue hallado culpable por el simulacro de juicio en el sanedrín y fue enviado a Pilato, Judas "devolvió arrepentido las treinta piezas de plata a los principales sacerdotes y a los ancianos, diciendo: Yo he pecado entregando sangre inocente" (Mt. 27:3-4). Pero su arrepentimiento en realidad fue remordimiento, que no es lo mismo. Judas tuvo remordimiento por lo que había hecho, y reconoció algo de su horrible pecaminosidad. Pero no tuvo un cambio de mente, y no le pidió a Dios que le transformara el corazón. Sabía que era imposible deshacer el daño que había hecho, pero trató de apaciguar la conciencia devolviendo el dinero que le habían pagado por su maldad. Debido a que solo vivía en el nivel material, de algún modo pensó que podía resolver su problema por medio del acto físico de devolver el dinero de sangre. Entonces su corazón no perdonador pasó de venganza contra Cristo a venganza contra sí mismo, "y fue y se ahorcó" (v. 5). Sin embargo, tal acción no acabó con la tristeza de su conciencia, porque su culpa y su angustia perdurarán por toda la eternidad.

Según parece Judas falló en su intento de ahorcarse, y Lucas reporta la consumación de esa muerte. Pudo haber sido que la rama a la que la cuerda estuvo atada se rompiera y que Judas cayera por un precipicio o por una colina, pues dice la Palabra que "cayendo de cabeza, se reventó por la mitad, y todas sus entrañas se derramaron" (Hch. 1:18).

Aunque no tuvieron ningún reparo en hacer falsas acusaciones contra Jesús y en condenarlo a muerte de forma ilegal, las conciencias de los principales sacerdotes no les permitieron colocar las treinta piezas de plata en el tesoro del templo después que Judas se las lanzara a sus pies, "porque es precio de sangre" (Mt. 27:6). En cumplimiento perfecto de la profecía del Antiguo Testamento (Zac. 11:12-13), "después de consultar, compraron con ellas el campo del alfarero, para sepultura de los extranjeros. Por lo cual aquel campo se llama hasta el día de hoy: Campo de sangre" (Mt. 27:7-8).

Dios prevaleció sobre la maldad del traidor y los verdugos de Judas, y la usó para cumplir su propia Palabra. Incluso aquellos que amargamente se opusieron a la voluntad del Señor se encontraron sin darse cuenta cumpliendo la Palabra de Dios.

LECCIONES QUE APRENDEMOS DE LA VIDA DE JUDAS

Hasta la maldad y la tragedia pueden enseñar valiosas lecciones, y hay un gran beneficio al estudiar la vida de Judas. Primero, este hombre es el ejemplo más grande en todo el mundo de una oportunidad perdida. Judas fue uno de los doce hombres originales que Jesús llamó para que fueran sus apóstoles, los embajadores de su evangelio para el mundo. Judas vivió, habló y ministró con Jesús durante tres años, oyendo la Palabra de Dios de la boca del propio Hijo y viendo el poder divino manifestado como nunca antes en la tierra. Ningún ser humano ha oído jamás una declaración más completa y perfecta del evangelio, ni visto la vida perfecta. A ninguno de los apóstoles más que a Judas ofreció Jesús advertencias específicas acerca del pecado, y oportunidad más repetida de arrepentirse y creer. No obstante, Judas le dio la espalda a la gracia encarnada.

Hoy día muchas personas han oído claramente el evangelio y han visto ejemplos auténticos aunque imperfectos de su poder transformador. Sin embargo, también lo rechazan, y al igual que Judas prefieren permanecer en el camino que lleva a la destrucción.

Segundo, la vida de Judas provee el mayor ejemplo de un privilegio desperdiciado. Él codiciaba las posesiones y riquezas materiales temporales cuando pudo haber heredado para siempre el universo. Es una ganga trágicamente insensata cambiar las riquezas del reino de Dios por las miserias que el mundo puede ofrecer.

Tercero, la vida de Judas sirve como la ilustración más clara de que el amor al dinero es la raíz de todos los males (véase 1 Ti. 6:10). En un increíble extremo de codicia, este hombre amó tanto el dinero que vendió al Hijo de Dios por una cantidad irrisoria.

Cuarto, la vida de Judas es el objeto supremo en la historia del amor tolerante y paciente de Dios. Solo el Señor pudo haber conocido desde el principio la maldad absoluta del corazón de Judas sin haberle retirado el ofrecimiento de la gracia. En la Última Cena Cristo le presentó a Judas el bocado mojado como un gesto de amor y honra; e incluso cuando lo estaba traicionando con un beso lo llamó "amigo".

La vida de Judas proveyó una calificación básica en preparar a Cristo para su alta función sacerdotal. La traición de Judas produjo gran angustia al corazón de Jesús, y a través de ese y de otros tormentos el Hijo de Dios fue perfeccionado por medio de su sufrimiento (He. 2:10). Cristo puede entender y solidarizarse con nuestros sufrimientos en parte debido a que Judas ayudó a que el propio sufrimiento de Cristo fuera completo.

Judas fue el hipócrita consumado de todos los tiempos, el ejemplo supremo de una vida impía que se oculta detrás de Cristo mientras sirve a Satanás.

Alguien ha declarado muy bien:

> Aún como en la antigüedad,
> el hombre mismo en sí tiene un precio.
> Por treinta piezas de plata
> Judas se vendió a sí mismo, no a Cristo.
> (Autor desconocido)

Principios para un ministerio eficaz

62

A estos doce envió Jesús, y les dio instrucciones, diciendo: Por camino de gentiles no vayáis, y en ciudad de samaritanos no entréis, sino id antes a las ovejas perdidas de la casa de Israel. Y yendo, predicad, diciendo: El reino de los cielos se ha acercado. Sanad enfermos, limpiad leprosos, resucitad muertos, echad fuera demonios; de gracia recibisteis, dad de gracia. No os proveáis de oro, ni plata, ni cobre en vuestros cintos; ni de alforja para el camino, ni de dos túnicas, ni de calzado, ni de bordón; porque el obrero es digno de su alimento. Mas en cualquier ciudad o aldea donde entréis, informaos quién en ella sea digno, y posad allí hasta que salgáis. Y al entrar en la casa, saludadla. Y si la casa fuere digna, vuestra paz vendrá sobre ella; mas si no fuere digna, vuestra paz se volverá a vosotros. Y si alguno no os recibiere, ni oyere vuestras palabras, salid de aquella casa o ciudad, y sacudid el polvo de vuestros pies. De cierto os digo que en el día del juicio, será más tolerable el castigo para la tierra de Sodoma y de Gomorra, que para aquella ciudad. (10:5-15)

Después de la lista de los apóstoles, el capítulo 10 puede dividirse en tres segmentos. El primero (vv. 5-15) trata con la tarea básica del ministerio, el siguiente (vv. 16-23) con la reacción al ministerio, y el último (vv. 24-42) con el costo del ministerio.

Los apóstoles fueron los misioneros originales, capacitados y enviados a predicar el evangelio a un mundo bajo el juicio de Dios, a una cosecha que era abundante, pero para la cual los obreros eran pocos (Mt. 9:37; cp. 2 Co. 5:11). La instrucción que Jesús ofreció a los apóstoles en esta ocasión fue para una obra misionera de corta duración en su propia nación, pero los conceptos básicos se aplican a todo creyente que el Señor envía a ministrar. Algunos de los detalles estaban limitados a una época y una situación dadas, mientras que los principios son amplios y universales.

Una de las tragedias del cristianismo contemporáneo y de la Iglesia a lo largo de la mayor parte de su historia es que muchos de los que afirman representar a Jesucristo, o no lo representan en absoluto o lo representan mal. Aquellos a quienes Cristo envía no pueden ministrar de manera fiel y eficaz para Él si no entienden y siguen los principios para el ministerio que Jesús mismo enseñó.

Jesús tuvo un doble propósito para esta primera misión apostólica. Primero, era para el bien de los perdidos, a fin de darles oportunidad de oír y aceptar el evangelio; y segundo, era para el beneficio de los doce mismos, a fin de formarlos para la empresa de ganar almas. Jesús estaba instruyendo a sus discípulos para reproducir discípulos.

En Mateo 10:5-15 Jesús expresa ocho principios, cada uno de los cuales es un requisito general para el ministerio eficaz: una comisión divina, una meta central, un mensaje claro, credenciales que confirman, confianza segura, compromiso establecido, concentración en los que son receptivos, y rechazo de los que desprecian el mensaje.

637

COMISIÓN DIVINA

A estos doce envió Jesús, y les dio instrucciones, diciendo: (10:5*a*)

Los doce no se habían ofrecido para convertirse en discípulos y apóstoles, ni para ministrar en nombre de Cristo, fueron soberanamente llamados, comisionados y enviados por Él. Estaban bajo órdenes divinas. Lo que el Señor le dijo a Jeremías puede decirse de cada uno de los doce: "Antes que te formase en el vientre te conocí, y antes que nacieses te santifiqué, te di por profeta a las naciones" (Jer. 1:5).

El pasaje paralelo de Marcos nos enseña que Jesús envió a los discípulos en parejas (6:7). De ese modo tendrían compañía mientras comenzaban un tipo de tarea que era nueva y totalmente extraña para ellos. La soledad es un terreno fértil para la tentación y la debilidad, y salir con un compañero haría a los discípulos menos propensos a desanimarse, deprimirse y sentir pena de sí mismos. Se animarían entre sí, se rendirían cuentas mutuamente, y ministrarían por turnos ayudándose a fin de reducir la presión y la fatiga. Además de eso, el principio del Antiguo Testamento de que un testimonio debía ser confirmado por dos o tres testigos (Dt. 19:15) debería añadir autoridad a la predicación de los apóstoles.

Es probable que este tiempo particular de ministración durara solo unas pocas semanas, pero resultó especialmente significativo porque fue la primera vez que la verdad del reino era proclamaba por alguien distinto al mismo Cristo. En cumplimiento del propósito para el cual Cristo les había dicho a cada uno de ellos: "Sígueme", ahora los **envió** a cada uno en su primera tarea en nombre de Él.

El llamado y el envío divinos para su pueblo hoy día no es tan directo como ese, pero sin embargo puede conocerse. Tres criterios pueden ayudar a un creyente a decidir si está llamado o no al servicio del Señor. El primer criterio es un fuerte deseo. La Palabra de Dios revela que cuando nos deleitamos en el Señor, Él nos concederá los deseos de nuestro corazón (Sal. 37:4). El cristiano que ama al Señor y que por sobre todo desea agradarlo, es sensible a la voluntad divina en maneras que un creyente infiel no puede ser. Cuando nuestra vida está centrada en la gozosa obediencia y nuestra motivación es honrar a Dios, es perfectamente apropiado buscar un lugar para ministrar en el servicio del Señor. Pablo afirma que si un hombre piadoso aspira a un lugar en el cargo de obispo, o supervisor, "buena obra desea" (1 Ti. 3:1). Mientras más cerca caminemos con el Señor, más seguros podemos estar que nuestros deseos son sus deseos.

Un segundo criterio es la confirmación de la iglesia. Cuando una persona siente un fuerte deseo de predicar, pero no tiene el aliento y apoyo de creyentes piadosos que la conozcan bien, debería reevaluar la fuente de sus sentimientos. El Señor utiliza a otros creyentes para confirmar su llamado a individuos. Las calificaciones para los líderes de la iglesia, dadas en 1 Timoteo 3 y Tito 1, son las normas por medio de las cuales la iglesia debe medir la idoneidad de una persona que desea ministrar. Dicha confirmación se ejemplifica en lo que Pablo dijo a Timoteo: "No descuides el don que hay en ti, que te fue dado mediante profecía con la imposición de las manos del presbiterio" (1 Ti. 4:14).

Un tercer criterio para determinar el llamado de Dios es el de la oportunidad. Cuando una persona tiene un fuerte deseo de ministrar, y cuenta con el apoyo de los creyentes piadosos en la iglesia, Dios abrirá una clara puerta de servicio, así como hizo por Pablo en Éfeso (1 Co. 16:9).

Los doce fueron llamados y enviados por mandato directo verbal de Jesús. Su voluntad para ellos fue específica e inconfundible. *Parangello,* el verbo detrás de **dio instrucciones,** tenía una cantidad de usos en tiempos del Nuevo Testamento. Como término militar, representaba la orden de un oficial para los que estaban bajo su mando, una orden que requería obediencia sin vacilaciones ni reservas. Como término legal, se usaba para una citación judicial oficial, el equivalente a una comparecencia moderna, la cual si se desobedece expone a un individuo a severo castigo. Usado de forma ética, el término representa una obligación moral que está vinculada a la integridad de una persona. Como término médico, representa la prescripción o instrucción de un galeno dada a un paciente. La palabra también se usaba para referirse a ciertas normas o técnicas aceptadas, tales como aquellas para escribir o disertar.

En todas las dimensiones de su uso, *parangellō* incluía la idea de obligar a una persona a dar la respuesta adecuada a una instrucción. El soldado estaba obligado a obedecer las órdenes de sus superiores; alguien implicado en un asunto legal estaba obligado por las órdenes del tribunal; una persona de integridad estaba obligada por principios morales; un paciente estaba obligado a seguir las instrucciones del médico si quería estar bien; y un escritor u orador de éxito estaba obligado por las normas de su oficio. En varias formas, la expresión se usa unas treinta veces en el Nuevo Testamento.

Jesús la usó para dirigir a un leproso (Lc. 5:14), para ordenar a un espíritu inmundo (8:29), para mandar a Jairo y su esposa (8:56), y para comisionar a sus discípulos (9:21). Los funcionarios del sanedrín usaron el término cuando ordenaron a Pedro y Juan "que en ninguna manera hablasen ni enseñasen en el nombre de Jesús" (Hch. 4:18), al igual que hicieron algunos fariseos creyentes en Jerusalén que insistieron en que era necesario circuncidar a los cristianos "y mandarles que guarden la ley de Moisés" (Hch. 15:5). Pablo usó el término con frecuencia para sus propias órdenes como apóstol (1 Ts. 4:11; 2 Ts. 3:4, 6, 10, 12; 1 Ti. 6:13) y también como instrucción por parte de otros líderes cristianos (1 Ti. 1:3; 6:17).

Cuando nos damos cuenta de que el llamado proviene del Señor no tenemos más opción que responder como un soldado responde a su oficial superior, o como una persona en el tribunal responde al juez. Dios establece las normas y da las órdenes; nuestra responsabilidad es obedecer. Dios no requiere creatividad o innovación en sus ministros; requiere obediencia y fidelidad (1 Co. 4:2). El ministro no es un chef sino un mesero. No está llamado a preparar la comida, porque Dios ya ha hecho eso, sino a servirla exactamente como la recibe. Al igual que Pablo, todo ministro está bajo la compulsión divina, y debe recordarse todo el tiempo: "¡Ay de mí si no anunciare el evangelio!" (1 Co. 9:16).

En un sentido general *todo* creyente está comisionado por el Señor, y está obligado a obedecer su llamado de ir y presentar a Jesús al mundo. No todo creyente está llamado a ser predicador, maestro, pastor o misionero; pero todo creyente está llamado a ser testigo de Cristo ante el mundo. Jesucristo no tiene seguidores que no estén bajo sus órdenes en la Gran Comisión de hacer "discípulos a todas las naciones" (Mt. 28:19).

El primer y más esencial elemento para ministrar es la comprensión absoluta de ser soberanamente llamado, dotado y fortalecido por el Señor para hacer la obra de Él a su manera. Los hijos de Dios no determinan su propio destino ni marcan sus propios patrones o planes. Están bajo órdenes divinas, y su preocupación suprema y principal debe ser someterse a Cristo en todo.

OBJETIVO CENTRAL

Por camino de gentiles no vayáis, y en ciudad de samaritanos no entréis, sino id antes a las ovejas perdidas de la casa de Israel. (10:5*b*-6)

El segundo principio para ministrar que surge indirectamente de este pasaje es el de tener un objetivo central. Un ministro que no está centrado en ciertos objetivos prioritarios es un ministro condenado a mediocridad. Dios entrega objetivos distintos a personas distintas, y a menudo cambia objetivos de vez en cuando y de una situación a otra, como hizo con los apóstoles. Pero nunca le pide a una persona que haga todo lo que tenga a la vista. Él es un Dios amoroso y razonable, y cuando nos encontramos frustrados y con exceso de trabajo podríamos estar tratando de hacer más de lo que nos ha llamado a hacer, o de hacerlo en nuestras propias fuerzas. A pesar del gran esfuerzo personal requerido en el servicio espiritual fiel (cp. Fil. 2:30; Col. 1:24), cuando el yugo y la carga son realmente de Jesús, Él nos asegura que serán fáciles y ligeros (Mt. 11:29).

La Gran Comisión fue la orden amplia y general de Cristo de predicar el evangelio a todo el mundo, pero para llevar a cabo esa comisión, los apóstoles recibirían dones y ministerios específicos. No obstante, en este tiempo particular en el plan de Cristo para predicar el evangelio y preparar a los apóstoles, el objetivo del Señor fue especialmente específico y limitado.

Por camino de y **en ciudad de** representan dos genitivos posesivos griegos. Los apóstoles no debían entrar a ningún camino o región que pertenecieran a **gentiles** ni entrar **en ciudad** que perteneciera a **samaritanos.** En otras palabras, en esta ocasión no debían predicar el mensaje de la salvación del reino a personas no judías.

Que esta fue un mandato temporal se ve no solo en el claro llamado de la Gran Comisión, sino en el hecho de que Jesús ya había ministrado tanto a **gentiles** como a **samaritanos.** Él había curado al criado del centurión gentil (Mt. 8:5-13) y se había revelado en público primero a la mujer samaritana de Sicar, la que creyó en Él y llevó a otros samaritanos a la fe salvadora (Jn. 4:7-42).

La redención de todo el mundo siempre ha sido el plan de Dios, pues no llamó a Abraham para que fueran bendecidos solo él y sus descendientes, el pueblo hebreo, sino que prometió que a través de dichos descendientes "serán benditas… todas las familias de la tierra" (Gn. 12:3). El pueblo escogido de Dios, al igual que su Hijo unigénito, fueron llamados a ser una luz para las naciones gentiles con el fin de acercarlas a la justicia divina y llevar "salvación hasta lo último de la tierra" (Hch. 13:47; cp. Is. 42:6; 49:6; 60:3; 62:1-2). Desde el principio la nación de Israel no fue llamada simplemente a recibir sino también a ser el canal de bendición de Dios. El pueblo del pacto debía ser un pueblo de testigos al resto del mundo, es decir, a **gentiles.**

Los **samaritanos** eran especialmente despreciados por los judíos por ser mestizos, es decir ni verdaderos judíos ni verdaderos gentiles. Pero Jesús siempre mostró bondad hacia los samaritanos, incluso a la mujer de Sicar que estaba viviendo en adulterio. Y en su parábola del amor al prójimo, un samaritano fue favorablemente representado como la personificación de la compasión divina. En las últimas palabras de Cristo a los apóstoles antes de su ascensión, nombró específicamente a Samaria como un campo de ministerio (Hch. 1:8).

Hay quizás tres razones para que Jesús decidiera restringir en este tiempo el ministerio de los apóstoles **a las ovejas perdidas de la casa de Israel.** En primer lugar estaba el lugar especial de los judíos en el plan de Dios. Ellos eran el pueblo escogido de Dios, el pueblo de los pactos, la promesa, y la ley. Juan el Bautista predicó principalmente a compatriotas judíos, diciéndoles: "Arrepentíos, porque el reino de los cielos se ha acercado" (Mt. 3:1-2), y Jesús comenzó su propio ministerio con la misma declaración al mismo pueblo (4:17). Según le explicó a la mujer samaritana, "la salvación viene de los judíos" (Jn. 4:22); es decir, vino primero a los judíos, y a través de ellos viene al resto del mundo, tal como Dios había prometido a Abraham. Israel, representado por "Jerusalén y... Judea", fue el punto de partida para llevar el evangelio a "Samaria, y hasta lo último de la tierra" (Hch. 1:8). Incluso Pablo, el apóstol a los gentiles, siempre comenzó un ministerio nuevo en la sinagoga local cada vez que podía (véase Hch. 9:20; 13:5; 18:4; 19:8). Los judíos fueron los primeros en oír el evangelio y los primeros en predicarlo.

Si los apóstoles hubieran ido primero a los samaritanos y gentiles, los judíos habrían sido muy reacios a escucharlos, porque habrían percibido a los apóstoles como portadores de una religión pagana. Aunque habían distorsionado y desobedecido en gran manera la revelación de Dios, los judíos tenían razón en creer que la revelación que se les había otorgado era única y que tenían un papel exclusivo en el plan de redención de Dios.

Segundo, Jesús envió a los apóstoles a predicar primero a los judíos porque apenas estaban a la altura para la tarea de ser testigos eficazmente a su propia gente; no estaban preparados para ser testigos a gentiles y samaritanos, cuyas culturas y costumbres entendían poco y despreciaban mucho. Incluso después de Pentecostés, Pedro no estaba muy convencido de que el evangelio fuera para los gentiles. El Señor debió convencerlo a través de una visión especial y por el testimonio de primera mano de la obra del Espíritu Santo en Cornelio y su casa (Hch. 10). El prejuicio de Pedro era tan fuerte que muchos años después él, junto con Bernabé y otros judíos cristianos, rompieron la comunión con sus hermanos gentiles en Cristo, "porque tenía miedo de los de la circuncisión" (Gá. 2:12-13), que enseñaban que los gentiles debían volverse judíos prosélitos antes de poder convertirse en cristianos.

A excepción de Cornelio y su casa, el eunuco etíope, y unos pocos más, el evangelio había tenido poco impacto en el mundo gentil hasta que el Señor levantó a Pablo. Aunque había sido fariseo y era "hebreo de hebreos" (Fil. 3:5), este apóstol se había criado en Tarso, una ciudad gentil, y era docto en literatura, religión y cultura gentil.

Tercero, es probable que Jesús restringiera el primer ministerio de los apóstoles a los judíos por la razón práctica de que los doce necesitaban un punto especial de ataque, un campo limitado y familiar en que pudieran concentrar sus esfuerzos novatos.

Un ministerio no enfocado es un ministerio superficial. El obrero eficaz para Jesucristo coloca su principal energía y esfuerzo en la tarea que el Señor le ha asignado. Se preocupa por toda la obra del Señor, pero no trata de hacerla toda él mismo.

El propio ministerio terrenal de Jesús era limitado. No viajó fuera de Palestina, y su ministerio a los gentiles y samaritanos fue incidental en comparación con su ministerio a los judíos. No tuvo misiones de predicación en territorio gentil, y ministró a samaritanos solo cuando atravesó su tierra mientras viajaba entre las regiones judías de Judea y Galilea. Toda su enseñanza y predicación pública, y la gran mayoría de sus obras milagrosas, las llevó a cabo entre los judíos. A la mujer cananea del distrito de Tiró y Sidón, Jesús declaró: "No soy enviado sino a las ovejas perdidas de la casa de Israel" (Mt. 15:24). Como ya se ha indicado, su ministerio personal a otros además de los judíos, y sus órdenes de llevar el evangelio a todo el mundo, demuestran que "sino a… Israel" se refirió al objetivo principal de su obra *en ese tiempo*. El evangelio en general no se llevó a los no judíos hasta que el mensaje fue presentado por completo al pueblo escogido de Dios (cp. Ro. 1:16).

En su plan divino de redención al mundo, ahora Jesús estaba dando a sus apóstoles un mandato limitado que era válido solo para ese tiempo y lugar. Pero la orden ejemplifica un principio que es válido para todo ministerio en todo tiempo y lugar, concretamente que Dios da a su pueblo objetivos claros y específicos para el servicio y el ministerio.

Los que se proclaman mesías así mismos son siempre egoístas que esperan ganar al mundo de inmediato. A menudo sus ministerios buscan ser tan grandes que se vuelven solo anchos y sin ninguna profundidad, como un lago de un kilómetro de diámetro con un centímetro de profundidad.

MENSAJE CLARO

Y yendo, predicad, diciendo: El reino de los cielos se ha acercado (10.7).

El tercer principio para ministrar con eficacia ilustrado aquí es tener un mensaje claro. Muchas personas no entienden ni reciben el evangelio porque no lo han oído claramente presentado.

Hace algunos años un pastor compañero que estaba sentado a mi lado en un avión agarró una pequeña hoja de papel y comenzó a escribir hasta que estuvo totalmente lleno. Cuando me lo pasó y me preguntó lo que decía, difícilmente pude distinguir una sola letra. "Bien, ¿cuál fue la primera palabra que escribí?", preguntó; y tuve que confesar otra vez que no tenía idea. Luego me mostró lo que había hecho. Me entregó otro pequeño pedazo de papel en blanco y me pidió que escribiera allí "Cristo". Entonces me pidió que encima de esa primera palabra y sobre el resto del papel escribiera: "Bautista, presbiteriano, metodista, episcopal, pentecostal, dispensacional, fundamental, evangélico, liberal, protestante", y quizás una docena más de tales términos. Su propósito estaba claro: el simple evangelio de Jesucristo está a veces tan sobrecargado con asuntos secundarios e interpretaciones humanas, que el mundo no ni tiene idea de cuál es su mensaje principal.

No solo el mundo sino muchos creyentes están confundidos acerca del cristianismo porque predicadores y maestros se desvían del evangelio del reino hacia todo tipo de causa y énfasis secundarios. La manera más segura de Satanás de hacer impotente al evangelio es simplemente impedir que se entienda. Cuando el evangelio está nublado con causas políticas, culturales, sociales, económicas, ambientales, eclesiásticas y otras más, su mensaje es confuso y su poder se diluye.

El mensaje que Jesús dio a los apóstoles, **predicad,** lo expresó de manera sencilla: **El reino de los cielos se ha acercado.** Es evidente que ellos debían elaborar y explicar lo que eso significaba, pero la verdad fundamental era inconfundible.

En la Biblia el reino de los cielos puede verse en tres aspectos. Primero, se manifiesta en conversión, cuando una persona entra al gobierno soberano de Dios confiando en Cristo para salvación (cp. Mt. 18:3). Segundo, se manifiesta en consagración, cuando los creyentes viven los principios divinos de la revelación de Dios por medio de la obediencia a la Palabra. "El reino de Dios… es… justicia, paz y gozo en el Espíritu Santo" (Ro. 14:17). Tercero, el reino se verá en su forma milenial gloriosa cuando Cristo regrese a la tierra para establecerlo y gobernarlo en persona y luego fundar su reino eterno (Mt. 25:31; Hch. 3:19-21; Ap. 11:15; 20:4).

El mensaje central del reino es el mensaje acerca del Rey. Por definición, un reino es el dominio gobernado por un rey, su soberanía. Pero la esencia de un reino no es el área geográfica sino el verdadero *dominio* del rey, la administración de su voluntad sobre los ciudadanos del reino. **El reino de los cielos** es sobre todo el dominio del señorío de Dios, donde Él gobierna por su voluntad divina. Toda la enseñanza de Jesús, desde su instrucción pública de las multitudes en el Sermón del Monte a través de su instrucción privada a los doce discípulos en la Última Cena y por cuarenta días después de su resurrección, fue enseñar las verdades y los principios de vida en el **reino de** Dios.

El evangelio del reino tiene muchas ramificaciones prácticas y sociales, así como personales. Pero a menos que su mensaje central de la provisión soberana de Dios para la salvación del ser humano se entienda, acepte y obedezca claramente, tratando de aplicarlo a cualquier otro campo de la vida, es tanto desobediencia al mandato de Cristo como inútil. El evangelio transforma la sociedad solo cuando transforma a los individuos.

CREDENCIALES QUE CONFIRMAN

Sanad enfermos, limpiad leprosos, resucitad muertos, echad fuera demonios; de gracia recibisteis, dad de gracia. (10:8)

El cuarto principio para ministrar presentado aquí es el de credenciales que confirman. Médicos, abogados y otros profesionales exponen a la vista diplomas y otros documentos que certifican sus calificaciones y la autoridad que tienen para practicar. En un modo mucho más importante, quienes representan a Cristo deben tener credenciales que confirmen su misión y mensaje divinos. Jesús ofreció señales confirmadoras para su propio ministerio, y ahora llama a los apóstoles a demostrar la autoridad que tienen realizando señales y prodigios similares.

Debido a que los doce no tenían entrenamiento formal y obviamente no eran parte del liderazgo religioso judío establecido, que estaba dominado por los escribas, fariseos, saduceos y sacerdotes; debido a que ni siquiera eran rabinos itinerantes como Jesús; y debido a que no había Nuevo Testamento que confirmara su mensaje, y a que la mayoría de judíos había distorsionado la comprensión incluso de sus propias Escrituras, el Antiguo Testamento, los discípulos no tenían un medio especial de confirmar su predicación y enseñanza.

Pablo declaró: "Las señales de apóstol han sido hechas entre vosotros en toda paciencia, por señales, prodigios y milagros" (2 Co. 12:12). Fue con esas señales probatorias que Jesús facultó a los apóstoles cuando los envió en su primera misión a predicar "a las ovejas perdidas de la casa de Israel".

El ciego curado en Jerusalén reconoció al instante el poder de Jesús para sanar como prueba de que Él venía de Dios. A los incrédulos fariseos confrontó: "Pues esto es lo maravilloso, que vosotros no sepáis de dónde sea, y a mí me abrió los ojos. Y sabemos que Dios no oye a los pecadores; pero si alguno es temeroso de Dios, y hace su voluntad, a ése oye. Desde el principio no se ha oído decir que alguno abriese los ojos a uno que nació ciego. Si éste no viniera de Dios, nada podría hacer" (Jn. 9:30-33).

Las señales, los prodigios y los milagros que Jesús mandó realizar a los apóstoles no fueron con el propósito de demostrar simplemente poder sobrenatural puro. Jesús no dijo a los apóstoles, por ejemplo, que desaparecieran y volvieran a aparecer, que movieran el templo de un lugar a otro, o algo así. Los milagros que ellos realizaron crearon asombro y demostraron el carácter de Dios y la naturaleza de su reino.

La primera credencial maravillosa fue la habilidad de sanar **enfermos** y limpiar **leprosos.** Jesús no quería que las personas simplemente conocieran el poder de Dios. sino que supieran que Él ofrecía ese poder para *ayudarlas*. Los milagros eran milagros que señalaban la piedad y la misericordia de Dios. Demostraban el corazón compasivo del Señor, quien se preocupa por los que sufren, los que lloran, los afligidos, y los necesitados. El futuro que vendrá a la tierra traerá la eliminación de la enfermedad y la restauración de cuerpos destrozados, tal como había predicho la Palabra de Dios (Is. 29:18; 35:5-6; 42:7). Por tanto, estos milagros no solo revelaban la naturaleza de Dios, sino que predecían el milenio.

Cuando encarcelaron a Juan y este envió a sus discípulos a preguntar a Jesús si Él era realmente el Mesías, Jesús contestó: "Id, y haced saber a Juan las cosas que oís y veis. Los ciegos ven, los cojos andan, los leprosos son limpiados, los sordos oyen, los muertos son resucitados, y a los pobres es anunciado el evangelio" (Mt. 11:4-5). Jesús sabía que Juan reconocería tales milagros como las características que confirmaban al Mesías de Dios y al reino de Dios.

Aunque esos milagros apostólicos cesaron con la culminación de la obra de los apóstoles, aquellos que auténticamente representan a Jesucristo aún se dan a los enfermos, a los que sufren, a los oprimidos, y a los necesitados de cualquier tipo. El líder cristiano que pasa todo su tiempo y esfuerzo trabajando con los sanos y adinerados o no es enviado por Dios o no es totalmente fiel a su llamado. Toda persona necesita el evangelio, y todo creyente sigue necesitando la ayuda y la provisión de Dios, pero Dios tiene compasión por los que están en gran necesidad.

El Antiguo Testamento clarificó esa verdad. David escribió: "No para siempre será olvidado el menesteroso, ni la esperanza de los pobres perecerá perpetuamente" (Sal. 9:18). "Por la opresión de los pobres, por el gemido de los menesterosos, ahora me levantaré, dice Jehová; pondré en salvo al que por ello suspira" (Sal.

12:5). "Todos mis huesos dirán: Jehová, ¿quién como tú, que libras al afligido del más fuerte que él, y al pobre y menesteroso del que le despoja?" (Sal. 35:10), "yo sé que Jehová tomará a su cargo la causa del afligido, y el derecho de los necesitados" (Sal. 140:12). Dios declaró por medio de Isaías: "Los afligidos y menesterosos buscan las aguas, y no las hay; seca está de sed su lengua; yo Jehová los oiré, yo el Dios de Israel no los desampararé" (Is. 41:17). Dios es el refugio de los afligidos (Sal. 14:6).

Por el contrario, el mundo y sus representantes tienen poca compasión. La persona sin Dios oprime al pobre y menesteroso, comete robo, no devuelve lo que le dan en prenda (Ez. 18:12), persigue a los pobres (Sal. 10:2), les pone cargas pesadas y los engaña (Am. 5:11; 8:5-6), los pisotean (Is. 3:15) y los devoran (Hab. 3:14). El mundo tiene poca utilidad para los afligidos. La preocupación que existe viene como fruto residual de la influencia cristiana en la sociedad.

Los falsos profetas no tienen misericordia ni compasión, sino que más bien usan a las personas y abusan de ellas para su propio beneficio egoísta. Jesús advirtió acerca "de los escribas, que gustan de andar con largas ropas, y aman las salutaciones en las plazas, y las primeras sillas en las sinagogas, y los primeros asientos en las cenas; que devoran las casas de las viudas" (Mr. 12:38-40).

Los cristianos que son muy ortodoxos en doctrina y sanos en carácter moral a menudo muestran muy poca compasión por los pobres, los enfermos y los afligidos. En esos casos son representantes ineficaces e impropios de Jesucristo, a pesar de su sana doctrina y alta moral, porque carecen de una credencial importante que debe caracterizar al siervo de Cristo.

La segunda credencial apostólica era el poder para resucitar **muertos** y echar **fuera demonios.** Aquí los apóstoles están facultados para manifestar el poder de Dios incluso en devolver la vida a muertos y en invadir y conquistar el invisible reino demoníaco de las tinieblas.

Tales dones de poderes milagrosos estuvieron restringidos a la era apostólica, y ningún creyente hoy día manifiesta esas credenciales apostólicas sobrenaturales. Pero aunque se ha mostrado en maneras menos dramáticas y físicamente impresionantes, la marca del poder divino aún valida la obra de aquellos que Dios envía a que hagan la voluntad divina. El ministerio del verdadero siervo de Cristo se caracteriza por el poder de Dios para redimir vidas, ofrecer comprensión espiritual divina, y producir crecimiento espiritual. A través del testimonio fiel incluso del creyente menos talentoso, el evangelio ha desatado poder para resucitar espiritualmente muertos a la vida y para estremecer la obra de los demonios y del mismo Satanás.

La tercera credencial confirmadora fue obediencia a la amonestación de Cristo: **de gracia recibisteis, dad de gracia.** Los apóstoles recibieron de Dios su poder milagroso, y debían usarlo sin pensar en ganancia o ventaja personal. El poder era de Dios, no de ellos, y debía usarse para la gloria de Dios, no para la prosperidad de los ministros. El siervo fiel de Jesucristo se caracteriza por la generosidad.

Los exorcistas eran comunes entre los judíos de la época de Jesús, y muchos de ellos obtenían una vida lucrativa fingiendo echar fuera demonios. Las personas endemoniadas o que tenían seres queridos endemoniados estaban dispuestas a pagar casi cualquier precio por la liberación, y había gran cantidad de charlatanes dispuestos a aprovecharse de la desesperación de estas víctimas. También pagaban todo lo que podían por sanidad física, y mucha gente llegó a ser como la mujer con el flujo de sangre, que "había sufrido mucho de muchos médicos, y gastado todo lo que tenía, y nada había aprovechado, antes le iba peor" (Mr. 5:26).

Los apóstoles pudieron haberse vuelto inmensamente ricos si hubieran cobrado por curar, resucitar muertos, y expulsar demonios. Simón el mago tenía visiones de tal riqueza cuando vio los milagros dramáticos que Felipe realizaba en Samaria. Cuando Pedro y Juan llegaron allá y comenzaron a imponer manos sobre los creyentes para que recibieran el Espíritu Santo, Simón "les ofreció dinero, diciendo: Dadme también a mí este poder, para que cualquiera a quien yo impusiere las manos reciba el Espíritu Santo. Entonces Pedro le dijo: Tu dinero perezca contigo, porque has pensado que el don de Dios se obtiene con dinero" (Hch. 8:18-20).

En tiempos del Nuevo Testamento los rabinos estaban obligados por la ley rabínica a enseñar a cambio de nada, por la misma razón básica que Jesús dio a los apóstoles. Moisés había recibido gratuitamente la ley por parte de Dios, y los rabinos no debían cobrar por enseñarla. La única excepción era por enseñar a un pequeño hijo de padres que eludían su propia responsabilidad para enseñarle. La Mishná sostenía que un rabino no debía cobrar dinero por enseñar más de lo que un juez cobraría por su decisión en una corte, o un testigo por su testimonio. Rabbi Zedek escribió: "No hagas de la ley un medio de obtener recursos para engrandecerte, ni una pala con la cual cavar". El famoso Hillel declaró: "Quien hace uso mundano de la corona de la ley se marchitará, por lo que puede deducirse que quien desea sacar provecho personal de las palabras de la ley está ayudando a su propia destrucción".

Por otra parte, los falsos maestros ponen un precio a sus ministerios, porque su motivación no es servir a Dios o a los hombres sino a sí mismos. Isaías habló de esos falsos pastores del pueblo de Dios que "no saben entender; todos ellos siguen sus propios caminos, cada uno busca su propio provecho, cada uno por su lado" (Is. 56:11). Pedro afirma de ellos que "por avaricia harán mercadería de vosotros con palabras fingidas"; pero a continuación declara que "ya de largo tiempo la condenación no se tarda, y su perdición no se duerme" (2 P. 2:3).

Una calificación para el anciano es que apaciente "la grey de Dios… no por fuerza, sino voluntariamente; no por ganancia deshonesta, sino con ánimo pronto" (1 P. 5:2; cp. Tit. 1:7). No debe ser "codicioso de ganancias deshonestas" (1 Ti. 3:3). El pastor que pone precio a su ministerio se pone a sí mismo fuera de la bendición de Dios.

La aplicación hoy de esta enseñanza debe ser que el pueblo de Dios sostiene a los ministros de Dios, "porque el obrero es digno de su alimento", como Jesús sigue diciendo (Mt. 10:10: cp. Lc. 10:7). Pero no deben poner sus servicios en alquiler al mejor postor ni exigir que les den una cantidad que creen merecer que se les pague. Es responsabilidad de ellos ministrar fielmente, y la responsabilidad del pueblo es sostenerlos fielmente. Este equilibrio se hace evidente en el siguiente elemento de la enseñanza de nuestro Señor.

FE CONFIADA

No os proveáis de oro, ni plata, ni cobre en vuestros cintos; ni de alforja para el camino, ni de dos túnicas, ni de calzado, ni de bordón; porque el obrero es digno de su alimento. (10:9-10)

El quinto principio para ministrar ilustrado de manera práctica en este pasaje es el de la plena confianza en Dios para cualquier necesidad que se tenga. Los apóstoles no solo no debían exigir pago por sus servicios, sino que no debían acumular gran cantidad de dinero por anticipado para su misión. El mandato que recibieron fue: **No os proveáis de oro, ni plata, ni cobre en vuestros cintos.** Estos tres metales representaban las diversas monedas usadas en la época, en orden descendente de valor. Los apóstoles no debían tomar monedas valiosas de **oro** o **plata,** y ni siquiera las menos valiosas de **cobre.** Debían partir con sus **cintos** vacíos de dinero.

La **alforja** probablemente se refiere a una bolsa de comida que era común llevar **para el camino,** ya que las posadas estaban muy dispersas y eran costosas. Los apóstoles ni siquiera debían llevar su propia comida.

Tampoco debían llevar provisión extra de **túnicas, ni de calzado, ni de bordón.** La túnica era una prenda exterior importante que servía tanto de abrigo como de manta. El **calzado** que se usaba en la época eran sandalias, y por supuesto eran necesarias para proteger los pies de rocas afiladas, espinas y suelo caliente. Un **bordón** o palo era una protección útil contra ladrones o animales salvajes.

Los apóstoles debían ponerse en marcha con un mínimo de ropa y provisiones, confiando en que el Señor les proveería todo lo que necesitaran. Dios mismo estableció el principio de que **el obrero es digno de su alimento,** y Él verá que se cumpla.

Los rabinos habían seguido ese principio por muchos años. Un antiguo rabino escribió: "A quien recibe a un rabino en su casa o como su huésped y le permite disfrutar de sus posesiones, las Escrituras lo asignan como si hubiera ofrecido las ofrendas continuas". Correctamente creían que Dios bendeciría a quienes proveían alimento, ropa, abrigo y otras ayudas a los maestros de su Palabra.

Pablo le escribió a Timoteo: "Los ancianos que gobiernan bien, sean tenidos por dignos de doble honor, mayormente los que trabajan en predicar y enseñar. Pues la Escritura dice: No pondrás bozal al buey que trilla; y: Digno es el obrero de su salario" (1 Ti. 5:17-18). El pueblo de Dios debe hacer más que simplemente proveer para las necesidades básicas de sus ministros; también debe honrarlos con generosidad, en especial cuando están proclamando con fidelidad la Palabra. Es el plan divino que "los que anuncian el evangelio, que vivan del evangelio" (1 Co. 9:14).

Los ministros que no exigen nada, que nunca ponen precio a su trabajo, y que confían en que el Señor proveerá para sus necesidades tienen la necesidad especial de saber que lo que reciben es un regalo del Señor, que expresa el cuidado amoroso y generoso de Dios.

COMPROMISO ESTABLECIDO

Mas en cualquier ciudad o aldea donde entréis, informaos quién en ella sea digno, y posad allí hasta que salgáis. (10:11)

El sexto principio para ministrar Jesús lo enseña aquí por implicación, y lo presenta en dos partes. Primera, una persona debe encontrar un lugar apropiado donde quedarse mientras ministra en una ubicación dada, y segundo, debe estar satisfecha de permanecer allí hasta que la obra haya terminado.

Digno no significa rico o influyente, sino que se refiere al carácter espiritual y moral del anfitrión. **En cualquier ciudad o aldea donde** los apóstoles irían a entrar debían buscar alguien con quién quedarse que fuera conocido por ser piadoso, cuya integridad y estilo de vida fueran incuestionables en la comunidad. De lo contrario, una asociación con un impío perjudicaría tanto la propia espiritualidad como la eficacia del testimonio de los apóstoles.

Una vez que hallaran un lugar satisfactorio dónde quedarse, la orden fue: **posad allí hasta que salgáis.** El ministro no debe estar buscando oportunidad de alojamientos mejores, ni incluso aceptar un ofrecimiento voluntario de mejor albergue y de esta manera agraviar a su anfitrión original. El único enfoque debe estar en su ministerio, y contentarse con lo que tiene y con el lugar en que está posando será un testimonio para quienes ministra.

Tal contentamiento y satisfacción humilde también beneficiará la propia vida espiritual del ministro, pues Pablo nos asegura que "gran ganancia es la piedad acompañada de contentamiento" (1 Ti. 6:6). En su propio ministerio Pablo había "aprendido a [contentarse], cualquiera que sea [la] situación" en que se encontrara. Él sabía "vivir humildemente y… tener abundancia" en toda circunstancia. También había aprendido a "estar saciado como para tener hambre, así para tener abundancia como para padecer necesidad", porque había aprendido que podía lograrlo todo por medio de Cristo que lo fortalecía (Fil. 4:11-13).

CONCENTRACIÓN EN QUIENES SON RECEPTIVOS

Y al entrar en la casa, saludadla. Y si la casa fuere digna, vuestra paz vendrá sobre ella; (10:12-13*a*)

El séptimo principio para ministrar reflejado aquí en la enseñanza de nuestro Señor es el de concentrar el esfuerzo en aquellos que son receptivos al evangelio.

La casa a la que se refiere aquí no es el lugar donde los apóstoles se alojarían, sino que representa las varias casas donde irían a ministrar. Una **casa** digna era una donde el testimonio y la obra de ellos fueran apreciados y aceptados como de parte de Dios.

Saludadla se refiere al ancestral saludo judío *shālom*, que por lo general se traduce simplemente como **paz,** que conlleva el significado mucho más profundo de total bienestar e integridad de cuerpo, mente y espíritu.

La casa donde recibieran con gusto a los apóstoles debía tener su saludo de paz confirmado **sobre ella.** La implicación es que los oyentes realmente receptivos debían ser ministrados en la manera más completa. Sus corazones abiertos a la obra del Señor les proveían las más ricas bendiciones de Dios. Poco más tarde Jesús explicó: "El que recibe a un profeta por cuanto es profeta, recompensa de profeta recibirá; y el que recibe a un justo por cuanto es justo, recompensa de justo recibirá" (Mt. 10:41).

Dios no llama a sus siervos a ministrar solo donde el evangelio se recibe al instante y con entusiasmo. Muchos campos de servicio son muy resistentes al evangelio. Pero el enfoque del ministerio en cualquier región o circunstancia debería estar en las personas que son más receptivas. A los que tienen hambre y sed de justicia se les promete que quedarán satisfechos (Mt. 5:6), y el ministro fiel debe entregarse de manera total y libre a alimentarlos con la Palabra de Dios. El mandato divino es que el evangelio se predique primero a quienes más lo quieren. Estos no solamente son los que más lo merecen, sino que son los que con mayor probabilidad creerán y ganarán a otros para el Señor.

RECHAZO A LOS QUE DESPRECIAN EL MENSAJE

mas si no fuere digna, vuestra paz se volverá a vosotros. Y si alguno no os recibiere, ni oyere vuestras palabras, salid de aquella casa o ciudad, y sacudid el polvo de vuestros pies. De cierto os digo que en el día del juicio, será más tolerable el castigo para la tierra de Sodoma y de Gomorra, que para aquella ciudad. (10:13*b*-15)

El último principio para ministrar muestra el reverso del anterior, concretamente de no pasar tiempo indebido con quienes persisten en rechazar el evangelio.

Jesús declaró a los doce: **mas si** la casa **no fuere digna, vuestra paz se volverá a vosotros,** expresión oriental que significa retirar el favor o la bendición. No es que tal casa tendría una bendición y después la perdería, sino que la *oferta* de **paz** nunca se recibió y por tanto se retiró. La más grande bendición de Dios es indigna para una persona que no la acepta. El evangelio de Dios se ofrece a todos, y tiene poder para salvar a todo el mundo, pero no tiene poder para salvar o ayudar ni siquiera a una sola persona que no reciba a Jesucristo como Señor y Salvador (cp. Jn. 5:40).

El mismo principio se aplica a los falsos maestros que vienen a nosotros. Juan advierte: "Si alguno viene a vosotros, y no trae esta doctrina, no lo recibáis en casa, ni le digáis: ¡Bienvenido! Porque el que le dice: ¡Bienvenido! participa en sus malas obras" (2 Jn. 10-11).

Si una **casa o** una **ciudad** eran despectivas con los apóstoles y con las **palabras** que enseñaban, cuando ellos salieran **de aquella casa o ciudad** debían sacudir **el polvo de** sus **pies.** Al regresar de una nación gentil a Israel, muchos judíos literalmente se sacudían de sus pies tanto polvo como fuera posible a fin de no traer tierra pagana a su patria natal. Que los apóstoles sacudieran el polvo de sus pies al salir de una casa o ciudad judía sería tratar a sus habitantes como gentiles, a quienes la mayoría de judíos consideraban fuera del alcance de Dios. Cuando los líderes de la sinagoga en Antioquía de Pisidia expulsaron a Pablo y Bernabé de su distrito, los dos hombres "sacudiendo contra ellos el polvo de sus pies, llegaron a Iconio" (Hch. 13:51). Pablo declaró de los judíos incrédulos allí: "A vosotros a la verdad era necesario que se os hablase primero la palabra de Dios; mas puesto que la desecháis, y no os juzgáis dignos de la vida eterna, he aquí, nos volvemos a los gentiles" (v. 46; cp. Mt. 7:6).

No es que debamos alejarnos de quienes rechazan el evangelio cuando lo oyen por primera vez, o incluso después de oírlo varias veces. De haber seguido esa práctica, muchos creyentes no estarían hoy en el reino. Por medio de Pablo, el Señor mismo rogó a los incrédulos corintios: "Reconciliaos con Dios" (2 Co. 5:20). Si Dios no hubiera sido maravillosamente paciente y no hubiera sufrido con la humanidad caída, habría destruido el mundo hace mucho tiempo. Él es infinitamente paciente con los pecadores, nos recuerda Pedro, "no queriendo que ninguno perezca, sino que todos procedan al arrepentimiento" (2 P. 3:9).

Jesús no estaba hablando de los que son lentos para entender o creer, sino de aquellos que después de oír un testimonio claro del evangelio y de ver señales dramáticas e irrefutables de confirmación, siguen resistiendo y oponiéndose al mensaje. Cuando la mente de un individuo está firmemente enemistada con Dios debemos volver nuestros esfuerzos hacia otros.

"Es imposible que los que una vez… gustaron de la buena palabra de Dios y los poderes del siglo venidero, y recayeron, sean otra vez renovados para arrepentimiento, crucificando de nuevo para sí mismos al Hijo de Dios y exponiéndole a vituperio" (He. 6:4-6). Jesús advierte de tales individuos: **De cierto os digo que en el día del juicio, será más tolerable el castigo para la tierra de Sodoma y de Gomorra, que para aquella ciudad.** Dios destruyó totalmente esas ciudades con azufre y fuego a causa de la maldad en ellas (Gn. 19:24), y hasta el día de hoy los arqueólogos no han encontrado ningún rastro seguro de estas poblaciones. Pero los hombres y las mujeres que desprecian el evangelio misericordioso y salvador de Jesucristo enfrentarán un destino incluso peor **en el día del juicio** (cp. Mt. 24:50-51; 25:14-46; 2 Ts. 1:5-10).

Ovejas entre lobos

63

He aquí, yo os envío como a ovejas en medio de lobos; sed, pues, prudentes como serpientes, y sencillos como palomas. Y guardaos de los hombres, porque os entregarán a los concilios, y en sus sinagogas os azotarán; y aun ante gobernadores y reyes seréis llevados por causa de mí, para testimonio a ellos y a los gentiles. Mas cuando os entreguen, no os preocupéis por cómo o qué hablaréis; porque en aquella hora os será dado lo que habéis de hablar. Porque no sois vosotros los que habláis, sino el Espíritu de vuestro Padre que habla en vosotros. El hermano entregará a la muerte al hermano, y el padre al hijo; y los hijos se levantarán contra los padres, y los harán morir. Y seréis aborrecidos de todos por causa de mi nombre; mas el que persevere hasta el fin, éste será salvo. Cuando os persigan en esta ciudad, huid a la otra; porque de cierto os digo, que no acabaréis de recorrer todas las ciudades de Israel, antes que venga el Hijo del Hombre. (10:16-23)

Como parte de su capacitación para finalmente ser enviados por cuenta propia después de la resurrección y ascensión de Jesús, los doce debían tener una idea de los obstáculos que iban a enfrentar. Según se observó en el capítulo anterior, algunas de las enseñanzas específicas de Jesús en Mateo 10:5-42 se aplicaban solo a los apóstoles; pero en principio se aplican a sus testigos en toda generación. De igual manera, algo de la instrucción se aplicaba solo a la breve misión a la que Jesús enviaba ahora a los doce de dos en dos (Mr. 6:7), aunque los principios del ministerio subyacente se aplicaban a la obra que harían incluso después que el Señor Jesús hubiera ascendido al cielo, y seguirán aplicándose a todos sus siervos fieles a lo largo de la era de la Iglesia incluso en la gran tribulación (Mt. 24:21). El ministerio levantado sobre principios divinos no terminará "antes que venga el Hijo del Hombre" (10:23), frase escatológica que Mateo utiliza con el fin de personificar el regreso de Cristo para establecer su reino milenial.

Hay un significado condensado en el pasaje. Comenzando con la predicación limitada y dispensacional del reino "a las ovejas perdidas de la casa de Israel" (vv. 6-7), durante esta misión particular y hasta Pentecostés hay una propagación de todo el futuro de la Iglesia de Cristo, desde su primera venida hasta la segunda. Con su omnisciente mirada profética Jesús describe a los doce en su misión total, y luego representa a todos los que seguirán representándolo a lo largo de la historia redentora, incluso los que padecerán por el nombre del Señor durante el holocausto en la gran tribulación.

Ese tipo de profecía resumida se ve en muchos pasajes del Antiguo Testamento, en los cuales había una predicción tanto inmediata como de significado y cumplimiento futuro. Por ejemplo, en tres versículos Miqueas habló del nacimiento de Jesús en su primera venida, y de su gobierno a Israel y a toda la tierra en su segunda venida (Mi. 5:2-4). Pero en ese pasaje las dos venidas parecen estar mezcladas en una sola.

Aparte del entendimiento del uso de Jesús de este método comprimido, Mateo 10:5-42 no puede interpretarse de manera razonable. Los apóstoles no resucitaron muertos (véase v. 8) durante esta breve misión en Galilea ni en ningún otro tiempo durante el propio ministerio terrenal de Jesús. Tampoco experimentaron persecución ni sufrimiento directo (véase vv. 16-23) hasta después de Pentecostés.

En Mateo 10:16-23 Jesús ofrece primero una analogía de los creyentes y de sus enemigos (v. 16*a*), e ilustraciones que ejemplifican las actitudes que deben tener cuando enfrenten esos enemigos (16*b*). Luego menciona las dos áreas principales de las que vendrán los ataques directos de los perseguidores (vv. 17-18), y promete la provisión igualmente directa de Dios para esa situación (vv. 19-20). Por último menciona las dos áreas principales de ataque indirecto (vv. 21-22*a*), y dice a sus seguidores cómo responder cuando sean perseguidos (v. 23).

LA ANALOGÍA

He aquí, yo os envío como a ovejas en medio de lobos; (10:16*a*)

Al decir **he aquí,** Jesús indica su deseo de que los doce pongan atención especial a las palabras que va a pronunciar. Ya había hablado de que las multitudes incrédulas eran "como ovejas que no tienen pastor" (9:36), y había delegado poderes milagrosos a los doce (10:8). Con esas aportaciones pudo haberles parecido a los apóstoles que estaban destinados a ser lobos poderosos que saldrían invencibles a conquistar a las indefensas e incrédulas ovejas del mundo. Pero el Señor deja aquí en claro que las "ovejas" del mundo en realidad no están indefensas y que los poderes de los apóstoles (por divinamente concedidos y maravillosos que fueran) no les impedirían padecer a manos de los hombres. Tanto ellos como el resto de los seguidores de Jesús hasta que regrese de nuevo serían las verdaderas **ovejas.** En esa paradójica verdad Jesús señaló de modo gráfico las tensiones entre nuestra vulnerabilidad y nuestra invencibilidad, entre nuestra debilidad en nosotros mismos y nuestra fortaleza en Él, entre el poder de la odiosa persecución y el poder de la amorosa sumisión, y entre el poder mundano de la carne y el poder sobrenatural del Espíritu.

Las **ovejas** son quizás los animales domésticos más dependientes, indefensos y estúpidos. Muy a menudo son presa del pánico tanto por cosas inofensivas como por lo que es peligroso. Y cuando aparece un verdadero peligro no tienen defensa natural que no sea correr, y no son muy buenas en eso.

En *A Shepherd Looks at the Twenty-third Psalm*, Philip Keller brinda muchas perspectivas de su larga experiencia como pastor en Canadá. Señala que debido a que las ovejas son tan faltas de criterio en su elección de vegetación para comer, es necesario protegerlas cuidadosamente de que consuman hierbas venenosas. Puesto que son muy vulnerables a climas extremos, infecciones y enfermedades, es necesario revisarlas de modo regular e individual en busca de síntomas peligrosos, cortaduras y raspaduras, además de insectos y parásitos que puedan dañarlas. Se ha sabido que moscas que les zumban alrededor de ojos y oídos irritan y asustan tanto a las ovejas que golpean sus cabezas contra árboles o rocas hasta que mueren. A veces las moscas ponen huevos en los ojos de estos animalitos, y a la larga les causan ceguera. Al tratar de escapar a peligros reales o imaginarios a menudo las ovejas entran en pánico en una estampida ciega, las preñadas pierden sus crías por la carrera y a veces sus propias vidas por agotamiento total.

Sin embargo, los enemigos más grandes de las ovejas son los depredadores, los peores de los cuales en Palestina y en muchas otras partes del mundo siempre han sido los **lobos.** La gente de Palestina siempre entendió la naturaleza de las ovejas y el peligro de los lobos. Sabían lo difícil que para el pastor era la tarea de mantener simplemente con vida a sus ovejas, peor aún sanas y contentas.

La mayoría de pastores no eran dueños de los rebaños, sino que los atendían a nombre de los propietarios. Cuando una oveja resultaba muerta se requería que el pastor llevara un pedazo de la carne desgarrada o alguna otra parte del cadáver para probar que realmente un animal salvaje la había matado en lugar de que se la hubiera robado un ladrón o quizás la hubiera vendido un pastor deshonesto.

Jesús identifica claramente a las **ovejas** con el pronombre **os,** es decir con los discípulos: los doce, y por extensión con todos los discípulos que habrían de venir.

El peligro normal para las ovejas es que los lobos entren en medio de *ellas.* Pero aquí Jesús les dijo a los doce: **yo os envío como a ovejas en medio de lobos.** Él les mandó meterse en el propio territorio de los lobos, a entrar a las mismas fauces de sus enemigos. Jesús es el perfecto Buen Pastor, que ama a sus ovejas con un amor divino, que las conoce íntimamente y es conocido por ellas, y que pone su vida por sus ovejas (Jn. 10:11-15). Pero en la ilustración de las **ovejas** y los **lobos,** Jesús ofrece un ejemplo gráfico del rechazo y la persecución que los discípulos enfrentarían a causa de Él, por parte de un mundo que odia a Dios. Por tanto, antes que los doce entraran a su primer servicio breve y relativamente poco exigente para el Señor, Él puso ante ellos el costo del discipulado. Así como Jesús no escapó a la oposición y la persecución, tampoco escaparán los discípulos (cp. Jn. 15:18-27; 16:33).

El mundo seguirá haciendo incursiones en la Iglesia tal como los lobos incursionan en rebaños de ovejas. Pablo declaró: "Yo sé que después de mi partida entrarán en medio de vosotros lobos rapaces, que no perdonarán al rebaño" (Hch. 20:29). En su carta a los romanos habló de creyentes que se veían en el mundo "como ovejas de matadero" (8:36). Jesús ya había advertido a sus seguidores en contra "de los falsos profetas, que vienen a vosotros con vestidos de ovejas, pero por dentro son lobos rapaces" (Mt. 7:15).

Es coherente con la naturaleza depredadora de los lobos que entren a un rebaño en el campo e incluso en el redil para atacar, mutilar y devorar a las ovejas. Pero *no* es natural o coherente con la naturaleza de las ovejas que estas entren de manera voluntaria a la propia guarida de los lobos. Y no es natural que un pastor envíe sus ovejas a tan seguro peligro. Sin embargo, allí es donde Jesús, el Buen Pastor, envía a sus discípulos: al mundo hostil de almas impías, porque es allí donde pueden servirle mejor y ser más eficaces en ganar a otros para Él. Los apóstoles, y en diversos grados cada creyente después de ellos, serían enviados indefensos en sí mismos en medio de una humanidad perversa, rapaz, viciosa y que odia a Dios.

Hoy día no oímos predicar mucho acerca de que los pecadores deben tener en cuenta el costo de la salvación y el arrepentimiento del pecado al confesar el señorío de Cristo, o que deben llegar a Él con humildad, despojados de orgullo y confianza en sí mismos, con hambre y sed de justicia, y entrar por la puerta estrecha y recorrer el camino angosto de la justicia. Rara vez a los cristianos se les pide tomar sus cruces y seguir a Cristo entrando al mundo como ovejas llevadas al matadero. La popular apelación es a la facilidad, la comodidad, las riquezas, el progreso, y la ambición, y a menudo la iglesia usa ese tipo de incentivo para motivar a los no creyentes a confiar en Cristo y a creyentes a seguirlo. Pero Jesús no hace tal oferta. Al discípulo le promete dificultad, sufrimiento y muerte.

Presentar el evangelio de forma deshonesta y engañosa es ser infieles al Señor y a quienes lo presentamos. A causa de falsas promesas, muchas personas no redimidas permanecen en el camino ancho que lleva a la destrucción mientras están bajo la ilusión de que recorren el camino hacia la vida. Muchos creyentes son confirmados en la mediocridad espiritual e infructuosidad, creyendo que su salud, riqueza y éxito material es la característica segura de la aprobación divina. Aún otros creyentes están desilusionados y amargados porque sus vidas de obediencia, fidelidad y sacrificio por Cristo no han recibido recompensas materiales.

Después del sitio a Roma en 1849, Garibaldi advirtió a sus soldados: "Hombres, todos nuestros esfuerzos contra fuerzas superiores han sido infructuosos. No tengo nada que ofrecerles sino hambre y sed, dificultad y muerte. Pero hago un llamado a todos los que aman a su patria a que se me unan". Después que las fuerzas aliadas fueran obligadas a evacuar Dunkerque en 1940, Churchill dijo a sus compatriotas ingleses: "Lo único que puedo ofrecerles es sangre, sudor y lágrimas".

Si esos líderes humanos se negaron a enviar a la guerra de manera fraudulenta a sus compatriotas, ¡cuánto menos lo haría el divino Hijo de Dios! Jesús no envió a sus seguidores sin advertirles de las exigencias y los peligros del discipulado. Tampoco sus apóstoles engañaron a la iglesia primitiva acerca de lo que costaría pertenecer a Cristo. Cuando escribió para animar y fortalecer a Timoteo, su hijo en la fe, Pablo también le aseguró que "todos los que quieren vivir piadosamente en Cristo Jesús padecerán persecución" (2 Ti. 3:12). Las vidas piadosas no se caracterizan por continuo sufrimiento y dificultades infligidas de parte del mundo incrédulo. Ni la vida de Jesús ni las vidas de los apóstoles se caracterizaron por ininterrumpida dificultad y persecución. Pero la fidelidad a Dios garantiza que en algunos momentos y en cierto grado Satanás y su sistema mundial cobrarán un precio por ello.

LA ACTITUD

sed, pues, prudentes como serpientes, y sencillos como palomas. (10:16*b*)

En los jeroglíficos egipcios, así como en gran parte de la tradición antigua, las **serpientes** simbolizan sabiduría. Se les consideraba **prudentes,** inteligentes, astutas y cautelosas. En esa característica al menos, los cristianos deben emular a las **serpientes.**

Pablo aconseja a los creyentes: "Andad sabiamente para con los de afuera, redimiendo el tiempo" (Col. 4:5). Los siervos del Señor deben ser **prudentes** y astutos al tratar con el mundo incrédulo que los rodea.

La idea básica es decir lo correcto en el momento y el lugar adecuados, tener un sentido de propiedad y conveniencia, y tratar de descubrir el mejor medio para alcanzar la meta más elevada. No es prudente ni afectuoso ser innecesariamente acusatorios ni provocadores. Cuando los fariseos intentaron hacer que

Jesús defendiera o condenara al gobierno romano preguntándole acerca del pago de impuestos al César, Él no aprovechó la ocasión para vilipendiar al César o al gobierno romano, por viles, injustos, corrompidos y malvados que eran. Tampoco les perdonó la maldad. Simplemente contestó: "Dad, pues, a César lo que es de César, y a Dios lo que es de Dios" (Mt. 22:21). No es valiente ni sabio, y ni espiritual ni amoroso, incitar innecesariamente a ira o a problemas de tribunales.

Como las más inofensivas y tiernas de las aves, las **palomas** representan seres puros o **sencillos,** otra característica del discípulo fiel de Cristo. Ser fieles a la Palabra de Dios e intransigentes en predicar el evangelio, no requiere y nunca debería incluir ser hirientes, invasores, desconsiderados, beligerantes, desvergonzados o agresivos.

La prudencia y la sencillez, la astucia y la dulzura, son criadas de la discreción. Ningún apóstol fue más intransigente del evangelio que Pablo; sin embargo, declaró:

> *Me he hecho siervo de todos para ganar a mayor número. Me he hecho a los judíos como judío, para ganar a los judíos; a los que están sujetos a la ley (aunque yo no esté sujeto a la ley) como sujeto a la ley, para ganar a los que están sujetos a la ley; a los que están sin ley, como si yo estuviera sin ley (no estando yo sin ley de Dios, sino bajo la ley de Cristo), para ganar a los que están sin ley. Me he hecho débil a los débiles, para ganar a los débiles; a todos me he hecho de todo, para que de todos modos salve a algunos (1 Co. 9:19-22).*

La sencillez implica algo más que evitar actitudes y enfoques negativos. También involucra la actitud positiva de la pureza. La sabiduría de Dios no tiene parte en nada que sea impuro, engañoso o degradante. Siempre es aliada de la verdad y la justicia. Nada falso o poco ético puede resaltar el evangelio o hacer su testimonio más eficaz. Pablo les aseguró a los creyentes en Tesalónica que nada de su predicación y su enseñanza del evangelio "procedió de error ni de impureza, ni fue por engaño" (1 Ts. 2:3). La integridad y la sinceridad son manifestaciones prácticas de la veracidad, sin la cual se distorsiona y debilita una presentación del evangelio de otro modo ortodoxa.

Debemos ser como nuestro Señor mismo, nuestro gran "sumo sacerdote… santo, inocente, sin mancha" (He. 7:26). Debemos amar a nuestros enemigos y hacer lo bueno a quienes nos odian (Lc. 6:27). Jesús es otra vez nuestro modelo, porque "no hizo pecado, ni se halló engaño en su boca; quien cuando le maldecían, no respondía con maldición; cuando padecía, no amenazaba, sino encomendaba la causa al que juzga justamente" (1 P. 2:22-23). Al seguir el ejemplo de nuestro Señor "nos fatigamos trabajando con nuestras propias manos; nos maldicen, y bendecimos; padecemos persecución, y la soportamos. Nos difaman, y rogamos" (1 Co. 4:12-13).

Cuando Pablo fue llevado ante el concilio en Jerusalén, el sumo sacerdote Ananías ordenó que lo golpearan en la boca. En un momento de ira imprudente, el apóstol contestó: "¡Dios te golpeará a ti, pared blanqueada! ¿Estás tú sentado para juzgarme conforme a la ley, y quebrantando la ley me mandas golpear?" (Hch. 23:3). Cuando algunos de los presentes lo reprendieron por insultar al sumo sacerdote, Pablo inmediatamente pidió perdón, diciendo: "No sabía, hermanos, que era

el sumo sacerdote; pues escrito está: No maldecirás a un príncipe de tu pueblo"
(v. 5). Lo que Pablo había dicho al sumo sacerdote era cierto y sin duda comprensible desde un punto de vista humano; pero no era apropiado, no solo porque se lo dijo al sumo sacerdote sino porque fue pronunciado en ira de autodefensa. No fue algo sabio y justo que decir.

LA PERSECUCIÓN

Y guardaos de los hombres, porque os entregarán a los concilios, y en sus sinagogas os azotarán; y aun ante gobernadores y reyes seréis llevados por causa de mí, para testimonio a ellos y a los gentiles. (10:17-18)

Jesús procede a identificar a los "lobos" y a continuación ofrece advertencias sobre cuatro aspectos en los que persiguen a los creyentes: religión, gobierno, familia y sociedad en general. Intercaladas dentro de las advertencias hay más instrucciones en cuanto a las actitudes que sus discípulos deben tener, y acerca de la provisión que su Padre celestial suministra.

Los lobos de los que los creyentes deben guardarse son **hombres.** Los enemigos definitivos contra los cuales luchamos son Satanás y sus huestes demoníacas, "principados… potestades… gobernadores de las tinieblas [y] huestes espirituales de maldad en las regiones celestes", que no son de carne y sangre (Ef. 6:12). Pero los agentes de esos enemigos sobrenaturales son seres humanos. Es a través de **hombres** que Satanás se opone a la Iglesia de Jesucristo y la persigue. **Los hombres** son los lobos que difaman, oprimen, encarcelan, torturan y matan al pueblo de Dios.

Jesús dice de estos adversarios: **Guardaos,** es decir, estar vigilantes, estar atentos, ser perceptivos. Ser prudentes no es ser ingenuos. Cuando creyentes bienintencionados insisten en poner la mejor cara a todos los males no están demostrando amor sino necedad y autoengaño. Una cosa es no pegarle en la cabeza a un incrédulo con la vileza de su pecado, pero otra muy distinta es minimizarle el pecado y su condición perdida aparte de Cristo. Amar a nuestros enemigos y no devolver mal por mal es una cosa; negar que sean enemigos es otra muy diferente.

Jesús ya había prometido bendición para aquellos que "padecen persecución por causa de la justicia" y que reciben todo tipo de vituperios por causa de Él (Mt. 5:10-11). Aquí promete la persecución que en última instancia trae bendición.

Los discípulos aún no habían experimentado persecución o incluso oposición. La resistencia a Jesús todavía no era fuerte. Algunos de los escribas lo habían criticado porque afirmaba perdonar pecados (9:2-3), y algunos de los fariseos se quejaron ante los discípulos porque su Maestro comía "con los publicanos y pecadores" (v. 11) y más adelante lo acusaron de que "por el príncipe de los demonios echa fuera los demonios" (v. 34). Pero estas críticas no obstaculizaban el ministerio ni representaban ningún peligro en ese momento.

El propósito de Jesús en advertir acerca de la persecución no fue asustar a los apóstoles y hacer que sospecharan de todo ser humano que no fuera creyente. La misma misión que les dio fue la de convertir a los no salvos y ganarlos para el reino de Cristo. Pero debía advertírseles que no esperaran que el mundo recibiera el evangelio y a sus mensajeros con las manos abiertas. El sistema mundial de

Satanás, del cual todo incrédulo forma parte, es diametralmente opuesto a Cristo, a su pueblo y a su reino. Satanás conseguirá el apoyo posible de todo incrédulo en su lucha contra Dios. El propósito de Jesús en este texto fue advertir a los apóstoles y a todo su pueblo de que no se sorprendieran cuando fueran criticados, vituperados y hasta encarcelados y matados por causa de Cristo.

PERSECUCIÓN POR PARTE DE LA RELIGIÓN

porque os entregarán a los concilios, y en sus sinagogas os azotarán; (10:17*b*)

La primera fuente de persecución es la religión, a la que se refieren las palabras **concilios** y **sinagogas.** Incluso bajo gobernantes paganos, a los judíos se les permitía resolver entre ellos mismos la mayor parte de sus debates y hasta muchos asuntos civiles. Para este fin habían desarrollado un sistema detallado de **concilios** en los que se adjudicaban varios casos. Toda aldea y pueblo judío, así como todos los asentamientos judíos de cualquier tipo en naciones gentiles, tenían sinagoga, que simplemente significaba un lugar de reunión o una congregación.

Los judíos condenaban y castigaban (azotaban) a sus compatriotas en sus propios **concilios** religiosos, que formaban parte de sus **sinagogas.** Un judío acusado de quebrantar la ley mosaica o una tradición rabínica era llevado ante un tribunal de jueces, quienes decidían el veredicto, determinaban la sentencia, e imponían el castigo, que a menudo era la flagelación.

En tiempos de Nuevo Testamento la flagelación consistía por lo general de treinta y nueve azotes dados con un látigo, uno menos de los permitidos por la ley mosaica (Dt. 25:3). Uno de los jueces anunciaba en voz alta la sentencia, otro anunciaba el castigo, uno o varios más llevarían a cabo la flagelación, y había quienes contaban los azotes. El escritor judío Maimónides informó que se leían pasajes apropiados de las Escrituras y a veces cantaban salmos mientras se administraba el castigo.

Cuando los apóstoles predicaban y ministraban en el nombre de Cristo podían estar seguros de ser llevados ante esos tribunales judíos y ser castigados allí. Antes de su conversión, Saulo de Tarso participaba en tal persecución. Muchos años después, en calidad de apóstol y él mismo creyente perseguido, hizo un recuento de su confesión ante Dios: "Señor, ellos saben que yo encarcelaba y azotaba en todas las sinagogas a los que creían en ti" (Hch. 22:19). Para cuando Pablo escribió 2 Corintios los judíos lo habían azotado en cinco ocasiones distintas (2 Co. 11:24), probablemente cada vez en una sinagoga diferente.

William Barclay comenta que "el hombre con un mensaje de Dios tiene que padecer el odio y la enemistad de una ortodoxia fosilizada". Jesús mismo fue acusado, juzgado y condenado por religiosos. Hasta la destrucción de Jerusalén en el año 70 d.C. (y con ello la destrucción del templo, el sacerdocio, y los sacrificios) por lo general toda persecución a cristianos era por parte de judíos. Aunque sigue existiendo hostilidad personal entre judíos, después de esa época la persecución de judíos contra cristianos prácticamente terminó, y desde entonces nunca ha vuelto a aparecer en ningún grado significativo.

Sin embargo, por Apocalipsis 11 nos enteramos que la hostilidad residual contra Cristo ocasionará que tal persecución se reanude durante los últimos días. En la primera mitad de la tribulación, la bestia del abismo se alineará con Israel; y en Jerusalén, "donde también nuestro Señor fue crucificado", asesinará a los dos testigos que Dios enviará para predicar en la tierra durante mil doscientos sesenta días (vv. 3-8). Es probable que muchos judíos incrédulos vayan a ser partidarios del martirio de esos dos hombres, y que todo el mundo se alegre por sus muertes (v. 10).

Mientras tanto muchos otros grupos religiosos, algunos que incluso llevan el nombre de Cristo, oprimirán, encarcelarán, torturarán, exiliarán y matarán a innumerables millones de creyentes verdaderos. Durante la vida de muchos apóstoles ya había empezado otra persecución relacionada con la religión. Pablo recibió amarga oposición en Éfeso porque la predicación del evangelio allí había cortado gravemente la venta de ídolos paganos, que representaban la fuente principal de ingresos para los orfebres locales (véase Hch. 19:24-29). Una carta escrita por Plinio, un gobernador romano de Bitinia del siglo i, indica que este regente tomó varias medidas severas para confrontar el rápido crecimiento del cristianismo porque esto amenazaba los intereses comerciales de venta de ídolos y animales sacrificiales, de lo cual los templos paganos obtenían la mayor parte de sus ingresos.

La intimidación, el vandalismo y el asesinato de misioneros modernos en sociedades primitivas han sido realizados o instigados casi sin excepción por brujos, chamanes u otros dirigentes religiosos. Además, las mayores restricciones al ministerio cristiano y a la adoración cristiana aparte del mundo ateo comunista se producen en naciones musulmanas.

La persecución de creyentes frecuentemente ha venido desde el interior de la misma cristiandad. Pablo advirtió a los ancianos de Éfeso: "Yo sé que después de mi partida entrarán en medio de vosotros lobos rapaces, que no perdonarán al rebaño" (Hch. 20:29).

La gran persecución final contra el pueblo de Dios vendrá por parte del sistema religioso mundial llamado "BABILONIA LA GRANDE, LA MADRE DE LAS RAMERAS Y DE LAS ABOMINACIONES DE LA TIERRA", que estará "ebria de la sangre de los santos, y de la sangre de los mártires de Jesús" (Ap. 17:5-6). Todos los sistemas religiosos falsos tuvieron sus inicios en Babel, cuando la humanidad rebelde decidió invadir el cielo y establecer su propio sustituto inspirado por Satanás para el camino de Dios. Las religiones del ser humano siempre se han opuesto a la verdad de Dios y han tratado de destruirla; y un día culminarán en una religión ecuménica mundial increíblemente poderosa que se opondrá sin descanso ni piedad al evangelio de Cristo y perseguirá al pueblo de Dios.

PERSECUCIÓN POR PARTE DEL GOBIERNO

y aun ante gobernadores y reyes seréis llevados por causa de mí, para testimonio a ellos y a los gentiles. (10:18)

La persecución también vendrá por parte del gobierno. Los **gobernadores** eran procuradores romanos tales como lo fueron Pilato, Félix y Festo, pero representan cualquier cargo u organismo gubernamental por debajo del nivel nacional. Los **reyes** (tales como los dos Agripas, Herodes Antipas y otros monarcas mencionados en el Nuevo Testamento) representan cabezas de estado.

Jesús explica aquí por qué los lobos son tan crueles con las ovejas del Señor. Esto no se debe a las ovejas mismas sino a su Pastor. Jesús dijo: Es **por causa de mí** que los discípulos padecerán maltrato y persecución. El mundo odia a los cristianos porque el mundo odia a Cristo. Toda persona que se identifica con Cristo a través de la salvación se convierte en un objetivo potencial de Satanás y sus fuerzas diabólicas, que incluyen a hombres perversos. Que es a Cristo y no a los cristianos que el mundo se opone se ve en que mientras Cristo se manifieste más en nosotros, más seremos atacados. Por el contrario, cuando no manifestamos a Cristo, no incitamos la ira del mundo. El cristiano que imita al mundo, o que simplemente mantiene su fe en sí mismo, está en poco peligro de parte del mundo, porque manifiesta poco de la naturaleza de su Señor. El mundo nos ataca solo cuando ve a Cristo en nosotros.

Jesús afirmó esa realidad cuando declaró:

> *Si el mundo os aborrece, sabed que a mí me ha aborrecido antes que a vosotros. Si fuerais del mundo, el mundo amaría lo suyo; pero porque no sois del mundo, antes yo os elegí del mundo, por eso el mundo os aborrece. Acordaos de la palabra que yo os he dicho: El siervo no es mayor que su señor. Si a mí me han perseguido, también a vosotros os perseguirán; si han guardado mi palabra, también guardarán la vuestra. Mas todo esto os harán por causa de mi nombre, porque no conocen al que me ha enviado (Jn. 15:18-21).*

La flagelaciones, laceraciones, contusiones y cicatrices en el cuerpo de Pablo fueron "las marcas del Señor Jesús" (Gá. 6:17). Las hicieron en el cuerpo del apóstol, pero estaban destinadas a su Señor. Los verdugos de Pablo no lo despreciaban por quién era sino porque Cristo obraba de manera poderosa a través de él. Cuando al final le quitaron la vida se debió a que su vida era la vida de Cristo. Puesto que la Iglesia es el Cuerpo de Cristo, son los creyentes fieles en la iglesia los que, al igual que Pablo, llenan "las aflicciones de Cristo" (Col. 1:24). Es por eso que Pablo anhelaba el privilegio de participar de los "padecimientos [de Cristo], llegando a ser semejante a él en su muerte" (Fil. 3:10). Pedro expresa: "Si sois vituperados por el nombre de Cristo, sois bienaventurados, porque el glorioso Espíritu de Dios reposa sobre vosotros" (1 P. 4:14). Es "el glorioso Espíritu de Dios" en la vida del creyente al cual el mundo odia y trata de destruir.

Cuando el reino de Dios es floreciente, Satanás incita a su pueblo a reaccionar contra ese reino en proporción al éxito que ha experimentado. Pablo mismo había sido usado por Satanás para perseguir a la iglesia. Bajo su anterior nombre de Saulo estaba "respirando aún amenazas y muerte contra los discípulos del Señor". Incluso pidió cartas del sumo sacerdote "para las sinagogas de Damasco, a fin de que si hallase algunos hombres o mujeres de este Camino, los trajese presos a Jerusalén" (Hch. 9:1-2). Cuando el Señor interceptó a Saulo, quien iba en su camino a Damasco para llevar a cabo su malvado plan, las primeras palabras que Jesús le dijo fueron: "Saulo, Saulo, ¿por qué me persigues?", y cuando Saulo preguntó quién le estaba hablando, el Señor le contestó: "Yo soy Jesús, a quien tú persigues" (vv. 4-5).

Saulo no había visto a Jesús durante el ministerio terrenal del Señor, que ahora se hallaba en el cielo; sin embargo, este hombre estaba persiguiendo a Jesús.

Aunque los objetivos físicos de la persecución eran los cristianos (los "de este Camino"), el objetivo espiritual era Cristo mismo. La acusación de Jesús causó una profunda impresión en Pablo, y cuando testificó ante la turba en Jerusalén que exigía el arresto y finalmente la ejecución del apóstol, citó las palabras que el Señor le dijera en el camino a Damasco (Hch. 22:7). Pablo también citó las mismas palabras cuando atestiguó ante el rey Agripa, declarando que no había sido un simple perseguidor de cristianos sino un perseguidor de Cristo (26:14).

Todo incrédulo antagónico e injurioso, sin que importe cuán inconscientemente, persigue a Cristo representado en su pueblo. Jesús declaró de manera inequívoca: "El que no es conmigo, contra mí es; y el que conmigo no recoge, desparrama" (Mt. 12:30).

La frase **para testimonio a ellos y a los gentiles** no es fácil de interpretar. Tal vez quiera decir que los creyentes perseguidos son un reproche vivo contra sus perseguidores, un **testimonio** *contra* **ellos** y *contra* todos los **gentiles** (paganos) incrédulos. Hay quienes afirman que es un **testimonio** *para Cristo* que los creyentes perseguidos procedan como testigos de Él. Las dos interpretaciones no son incompatibles, y ambas parecen legítimas.

En cualquiera de los casos, gobernantes en varios niveles y grados han participado en la persecución de creyentes a lo largo de la historia de la Iglesia. Solo unos pocos años después de Pentecostés, Herodes Agripa I "echó mano a algunos de la iglesia para maltratarles. Y mató a espada a Jacobo, hermano de Juan. Y viendo que esto había agradado a los judíos, procedió a prender también a Pedro" (Hch. 12:1-3). La motivación de Herodes, incluso de agradar a los judíos, no era religiosa sino política y personal.

A medida que el cristianismo comenzó a extenderse a lo largo del imperio, Roma llegó a temer especialmente a sus esclavos. Debido a su gran cantidad (quizás sesenta millones), los esclavos habían planteado por mucho tiempo la amenaza de rebelión. No se les permitía casarse con ciudadanos libres, ni siquiera ciudadanos libres en el nivel más bajo de la sociedad, porque a los esclavos se les consideraba menos que personas. Pero cuando esclavos y libres por igual se volvían cristianos, descubrían que ya no había ninguna barrera entre ellos, que eran iguales en Cristo. Por tanto, al cristianismo se le vio como una amenaza para todo el sistema romano social y económico, y en consecuencia y de manera reiterada se hicieron falsas acusaciones contra cristianos. Los acusaron de canibalismo porque afirmaban comer el cuerpo de Cristo y beber su sangre durante la Cena del Señor. Los acusaron de inmoralidad en sus fiestas de amor, y de promover revolución por predicar acerca del regreso de Cristo a establecer su reino terrenal. Por eso muchos fueron martirizados.

A lo largo de la historia varios gobernantes han participado en perseguir a la Iglesia, a veces por motivos puramente políticos, y a veces como ejecutores de la religión reconocida por el estado. Durante los tiempos modernos los gobiernos comunistas por sí solos han asesinado a millones de cristianos, y han perseguido y encarcelado a muchos millones más. Debido a que el ateísmo es un principio central del comunismo, siempre ha tratado de suprimir y eliminar la religión, en especial el cristianismo.

Al final de los tiempos la persecución a los santos alcanzará su apogeo, tanto por parte de la religión como del gobierno, y al parecer será manejada como un poderoso brazo del anticristo. La bestia que subió "del mar" grita "blasfemias contra Dios, para blasfemar de su nombre, de su tabernáculo, y de los que moran en el cielo. Y se le permitió hacer guerra contra los santos, y vencerlos. También se le dio autoridad sobre toda tribu, pueblo, lengua y nación" (Ap. 13:1, 6-7).

Aunque el gobierno es establecido por Dios para preservar el orden social, también se ha convertido en un instrumento de Satanás para promover su propia obra y oponerse a la del Señor. El gobierno es ordenado por Dios, pero manipulado por Satanás; y los libros de Daniel, Isaías y Ezequiel nos hablan de fuerzas demoníacas detrás de gobernantes que fueron especialmente malvados. Cuando los ciudadanos se alejan del Señor y de sus normas, incluso los gobiernos más libres y democráticos, hasta el de nuestros propios Estados Unidos, finalmente inhibirán la libre expresión y la práctica de la fe cristiana en hostilidad hacia Cristo y su Palabra.

LA PROVISIÓN

Mas cuando os entreguen, no os preocupéis por cómo o qué hablaréis; porque en aquella hora os será dado lo que habéis de hablar. Porque no sois vosotros los que habláis, sino el Espíritu de vuestro Padre que habla en vosotros. (10:19-20)

Ser calumniados, perseguidos, arrestados y golpeados es traumático, y mientras se está experimentando esa situación es muy difícil cumplir la orden: **no os preocupéis.** Cuando se nos acusa de maldad, la reacción natural es **hablar** en nuestra defensa con el fin de convencer de nuestra inocencia a nuestros acusadores.

Pablo nos amonesta: "Por nada estéis afanosos, sino sean conocidas vuestras peticiones delante de Dios en toda oración y ruego, con acción de gracias" (Fil. 4:6). Pero en la circunstancia especial de ser llevados ante un tribunal religioso o civil tenemos la promesa adicional: **en aquella hora os será dado lo que habéis de hablar.** Los que padecen por causa de Cristo serán defendidos por Cristo.

Muchos de los testimonios más memorables y poderosos de los grandes mártires fueron pronunciados justo antes que les dieran muerte. Dios les concedió una presencia especial de mente y claridad de pensamiento a fin de que dieran un testimonio más poderoso del que de otro modo habrían podido dar.

Para los apóstoles esa promesa incluía la provisión añadida de inspiración divina. Por ejemplo, cuando Pablo dio testimonio al ser enjuiciado, pronunció la Palabra de Dios. Jesús les aseguró a los apóstoles: **Porque no sois vosotros los que habláis, sino el Espíritu de vuestro Padre que habla en vosotros.**

El conocido comentarista R. C. H. Lenski escribe:

Sin opinión, planificación e imaginación anterior al momento de sus juicios en tribunales, los apóstoles recibirán directo de Dios exactamente qué declarar. A sus mentes llegará lo necesario, y por eso lo pronunciarán en voz alta… En realidad, los apóstoles hacen el pronunciamiento y, sin embargo, no lo hacen, porque su acción se debe al Espíritu Santo, así que Él es quien hace el pronunciamiento de la manera más apropiada. Todo lo que es mecánico, mágico y no psicológico se bloquea… Los apóstoles no serán como los endemoniados, cuyos órganos de expresión y sus mismas voluntades son violados por un demonio. Todo lo contrario: mente, corazón y voluntad funcionarán de manera libre, consciente, con gozo, y en confiada dependencia en la entrega del Espíritu que les permite encontrar exactamente qué decir y cómo decirlo hasta la última palabra, sin equivocación o sin siquiera una palabra equivocada a causa de falla de memoria o emociones perturbadas que suelen ocurrir. Por supuesto, esto es inspiración, inspiración verbal (*The Interpretation of St. Matthew's Gospel* [Minneapolis: Augsburg, 1964], p. 402).

EL ODIO

La persecución a creyentes también se expresa a través de familias que traicionan a sus propios miembros y a través del odio de la sociedad en general.

POR PARTE DE LA FAMILIA

El hermano entregará a la muerte al hermano, y el padre al hijo; y los hijos se levantarán contra los padres, y los harán morir. (10:21)

A los creyentes se les promete que hasta pueden ser perseguidos por sus propias familias. Durante este mismo tiempo de instrucción, Jesús declaró: "He venido para poner en disensión al hombre contra su padre, a la hija contra su madre, y a la nuera contra su suegra", y luego citando a Miqueas 7:6 advirtió que "los enemigos del hombre serán los de su casa" (Mt. 10:35-36). Más o menos un año después, mientras enseñaba sobre la tribulación, Jesús repitió la misma advertencia (Mr. 13:12).

Durante las persecuciones romanas de los siglos II y III, una cantidad incalculable de cristianos fueron traicionados ante autoridades civiles por un **hermano,** un **padre,** o un **hijo.** Esa trágica costumbre se ha repetido muchas veces y es conocida incluso en nuestra propia época.

En ciertas culturas religiosas se lleva a cabo un funeral para un miembro de la familia que se convierte en cristiano, porque a los ojos de sus parientes ya no está vivo. En algunos casos al miembro convertido lo asesinan envenenándolo. Alguien ha observado que solo dos cosas son más fuertes que el amor natural; una es nacida del infierno y la otra es nacida del cielo. Más fuerte que el amor natural son el amor que es de Dios y el odio que es de Satanás.

Al hablar de los últimos tiempos, y tal vez de la era del reino, Zacarías profetizó: "Acontecerá que cuando alguno profetizare aún, le dirán su padre y su madre que lo engendraron: No vivirás, porque has hablado mentira en el nombre de Jehová; y su padre y su madre que lo engendraron le traspasarán cuando profetizare" (Zac. 13:3). Podría ser que un día padres creyentes matarán a sus hijos que sean falsos profetas.

POR PARTE DE LA SOCIEDAD

Y seréis aborrecidos de todos por causa de mi nombre; mas el que persevere hasta el fin, éste será salvo. (10:22)

Es obvio que **todos** no es un término absoluto en ese contexto. Los creyentes no serán odiados por cada incrédulo individual en la tierra. La idea es de toda la gente en general, de la sociedad como un todo. Según se ha verificado por lo menos en los últimos mil años, los creyentes descubren que son **aborrecidos** por todas las clases, razas, y nacionalidades de la humanidad.

Algunos creyentes viven casi en conflicto constante con el mundo, mientras que otros parecen escapar a tal situación por completo. Algunos cristianos no son perseguidos simplemente porque sus testimonios son tan débiles que pasan desapercibidos para el mundo. Cuando la doctrina y la norma bíblica se ponen en juego para acomodarlas a la naturaleza humana caída, la sociedad tiene poco argumento con ese tipo de cristianismo y ofrecerá poca oposición a los cristianos.

No obstante, confrontar al mundo como Pablo hizo al declarar que "la ira de Dios se revela desde el cielo contra toda impiedad e injusticia de los hombres que detienen con injusticia la verdad" (Ro. 1:18) es garantizar la ira de la sociedad contra el evangelio y contra quienes lo predican.

Debido a que fueron tan inflexibles en proclamar el evangelio, Pablo declaró de sí mismo y de sus compañeros apóstoles que estaban "sentenciados a muerte; pues hemos llegado a ser espectáculo al mundo, a los ángeles y a los hombres. Nosotros somos insensatos por amor de Cristo… débiles… despreciados… padecemos hambre, tenemos sed, estamos desnudos, somos abofeteados, y no tenemos morada fija" (1 Co. 4:9-11).

Cuando un general romano obtenía una gran victoria hacía desfilar a sus cautivos por las calles en una gran procesión triunfal, haciendo a propósito un espectáculo de sus enemigos conquistados, en especial de los oficiales militares y de los gobernantes. Ese es el tipo de espectáculo que el mundo antiguo hizo figuradamente de los apóstoles.

En resumen, la falsa religión reacciona contra los creyentes porque está generada por Satanás. El gobierno reacciona contra los creyentes porque está bajo el control del príncipe de la potestad del aire, el gobernador de este mundo. Las familias y las sociedades impías reaccionan contra los creyentes porque no pueden tolerar a las personas justas en medio de ellas.

Soportar persecución es el sello de la auténtica salvación: **el que persevere hasta el fin, éste será salvo.** Soportar no produce salvación, ni la protege; esa es totalmente la obra de la gracia de Dios. Pero soportar es *evidencia* de la salvación, prueba de que un ser humano es totalmente redimido y de que es un hijo de Dios. Pablo asegura que Dios concede "vida eterna a los que, perseverando en bien hacer, buscan gloria y honra e inmortalidad" (Ro. 2:7). El escritor de Hebreos expresa la misma verdad en estas palabras: "Somos hechos participantes de Cristo, con tal que retengamos firme hasta el fin nuestra confianza del principio" (3:14). No ganamos nuestra salvación cuando soportamos, pero sí representa la prueba de la salvación. La persistencia es una verificación de ser un cristiano verdadero. Los teólogos llaman a esto la perseverancia de los santos. Los siguientes pasajes bíblicos también destacan la perseverancia: Mateo 24:13; Juan 8:31; 1 Corintios 15:1-2; Colosenses 1:21-23; Hebreos 2:1-3; 4:14; 6:11-12; 10:39; 12:14; 2 Pedro 1:10.

La persecución quema rápidamente la paja en la iglesia. Aquellos que han hecho tan solo una profesión superficial por Cristo no tienen naturaleza nueva que los motive a padecer por Cristo, y ningún poder divino que los fortalezca para soportar si quisieran hacerlo. Nada es más espiritualmente purificador y fortalecedor que la persecución (cp. Stg. 1:12).

Debido a que la Palabra de Dios nos asegura que absolutamente nada puede separarnos de Cristo es que podemos contar con tan inquebrantable resistencia de parte de la sociedad y el mundo. Pablo pregunta de modo retórico: "¿Quién nos separará del amor de Cristo? ¿Tribulación, o angustia, o persecución, o hambre, o desnudez, o peligro, o espada?". Entonces contesta su propia pregunta: "Antes, en todas estas cosas somos más que vencedores por medio de aquel que nos amó. Por lo cual estoy seguro de que ni la muerte, ni la vida, ni ángeles, ni principados, ni potestades, ni lo presente, ni lo por venir, ni lo alto, ni lo profundo, ni ninguna otra cosa creada nos podrá separar del amor de Dios, que es en Cristo Jesús Señor nuestro" (Ro. 8:35, 37-39).

LA RESPUESTA

Cuando os persigan en esta ciudad, huid a la otra; porque de cierto os digo, que no acabaréis de recorrer todas las ciudades de Israel, antes que venga el Hijo del Hombre. (10:23)

La persecución en sí no se busca ni se soporta; tampoco debemos producírnosla de manera intencional, supuestamente por causa de Cristo. No tenemos derecho de provocar animosidad o ridículo. Y Cristo insta aquí a escapar de la persecución cuando es conveniente y posible hacerlo. No estamos obligados a quedarnos en un lugar de oposición y peligro hasta que resultemos muertos, o incluso presos. Jesús aconseja: **Cuando os persigan en esta ciudad, huid a la otra.**

Ese es el patrón que Pablo siguió a lo largo de su ministerio (véase Hch. 12—14, 17). Cuando la persecución llegaba a ser tan severa en un lugar que ya no podía ministrar de forma eficaz, salía y se iba a otra parte. Él no le tenía miedo a la persecución, y muchas veces fue severamente golpeado antes de dejar una ciudad. Al menos una vez fue apedreado y dejado por muerto. Sin embargo, Pablo no trató de soportar los límites de la oposición. Soportó todos los ridículos, maltratos, golpes y encarcelamientos que fueron necesarios mientras ministraba. Pero salió de un lugar cuando su eficacia personal había cesado.

Ese es el patrón que todo ministro y misionero fiel ha de seguir **antes que venga el Hijo del Hombre.** Incluso durante la gran tribulación, los ciento cuarenta y cuatro mil judíos fieles a Cristo predicarán por todo el mundo y estarán moviéndose de un lugar a otro mientras serán perseguidos y afligidos.

A pesar de los muchos malentendidos, defectos, fracasos y engreimientos de los discípulos, estos sabían que Jesús era su único recurso, que sin Él no podían hacer nada (Jn. 15:5). Siempre que había problemas o dificultades, se ubicaban cerca de Él y se acurrucaban a su alrededor. Continuamente Jesús convertía la naturaleza en una gran parábola de la soberanía, el poder y el amor de Dios. Todo, llámense campos, montañas, árboles, flores, animales, hojas y eras, se convertía en una representación de verdad espiritual. Cristo no solo les enseñó, sino que cuidó de ellos, los amó, y les suplió sus necesidades. Cuando por fin se dieron cuenta de que Él realmente iba a dejarlos, se llenaron de pánico.

El Señor envió realmente a los doce entre lobos a peligros que nunca pudieron haber imaginado mientras estuvieron con Él. Pero así como les prometió enviarlos entre lobos, también prometió enviarles su propio Espíritu para que more en ellos, los fortalezca, y los anime. Si el mundo persiguió al Maestro, sin duda perseguirá a sus siervos (Jn. 15:20), y pronto llegaría una época en que aquel que matara a los seguidores de Cristo realmente pensara "que rinde servicio a Dios" (16:2). Por tanto, era ventajoso y necesario que Jesús se fuera para que el Espíritu Santo, el divino Ayudador y Consolador, pudiera venir a ellos (v. 7). Jesús les explicó: "Estas cosas os he hablado para que en mí tengáis paz. En el mundo tendréis aflicción; pero confiad, yo he vencido al mundo" (v. 33).

El discípulo no es más que su maestro, ni el siervo más que su señor. Bástale al discípulo ser como su maestro, y al siervo como su señor. Si al padre de familia llamaron Beelzebú, ¿cuánto más a los de su casa? Así que, no los temáis; porque nada hay encubierto, que no haya de ser manifestado; ni oculto, que no haya de saberse. Lo que os digo en tinieblas, decidlo en la luz; y lo que oís al oído, proclamadlo desde las azoteas. Y no temáis a los que matan el cuerpo, mas el alma no pueden matar; temed más bien a aquel que puede destruir el alma y el cuerpo en el infierno. ¿No se venden dos pajarillos por un cuarto? Con todo, ni uno de ellos cae a tierra sin vuestro Padre. Pues aun vuestros cabellos están todos contados. Así que, no temáis; más valéis vosotros que muchos pajarillos. (10:24-31)

La enseñanza más elemental y definitiva acerca del discipulado, en que registra su naturaleza auténtica y sus demandas reales, se presenta en el resto de este capítulo. El llamamiento de la Gran Comisión es el mandato de hacer "discípulos a todas las naciones" (Mt. 28:19). Hacer discípulos es la obra central de los miembros de la Iglesia de Cristo, la obra de llevar a hombres y mujeres a una relación salvadora con Jesucristo y ayudarles a crecer en el conocimiento y la semejanza de Cristo. Esto es lo que Pablo llama "perfeccionar a los santos para la obra del ministerio, para la edificación del cuerpo de Cristo" (Ef. 4:12).

Cuando Jesús llamó a los doce para que le siguieran los instruyó de manera cuidadosa acerca de lo que se esperaba que hicieran y soportaran. Al hacer eso excluyó a las personas poco entusiastas que querían los beneficios del reino, pero no las obligaciones. Él eligió solamente a aquellos que estaban dispuestos a entrar por la puerta estrecha y andar por el camino angosto.

En Mateo 10:24-42 Jesús describe la esencia de esta dedicación y consagración cristiana. Las verdades que enseña aquí eran obviamente de gran importancia para Él, porque las repitió con frecuencia a lo largo de su ministerio. Al igual que todo maestro eficaz, el Señor entendía la importancia de resaltar y volver a resaltar verdades básicas. Cada campo de estudio tiene un núcleo de información que es absolutamente fundamental, y el buen maestro regresa continuamente a esa información y la refuerza.

Como acotación al margen, cabe señalar que la crítica a la redacción falla en gran manera en este mismo punto. Debido a que ciertos analistas bíblicos no reconocen la validez y la importancia de la enseñanza repetitiva, suponen que los escritores del evangelio recopilaron varios dichos de Jesús y de modo arbitrario decidieron insertarlos en diferentes lugares en el ministerio de Cristo. Sostienen que por eso no podemos estar seguros de lo que Jesús habló realmente en alguna ocasión dada. Sin embargo, aceptar el punto de vista de la crítica a la redacción es rechazar la integridad de los escritores del evangelio, y por tanto de la Biblia misma.

Como todo buen maestro, Jesús enseñó las mismas verdades con muchos formatos, en variadas circunstancias, y con una variedad de aplicaciones. Aquí el Señor está proporcionando a los doce apóstoles el cuerpo de su enseñanza básica sobre el discipulado. Con el uso de una variedad de frases e ilustraciones a lo largo de su ministerio, Él repetiría estas verdades una y otra vez a los discípulos y a las multitudes.

Debido a que las verdades de Mateo 10 son tan fundamentales y profundas, los creyentes que las han vivido de todo corazón son los hombres y las mujeres que han hecho grandes marcas para Jesucristo en el mundo. Estos son aquellos con dedicación total, compromiso total, y obediencia total.

Florence Nightingale escribió en su diario: "Tengo treinta años, edad en la que Cristo comenzó su misión. Ahora, no más chiquilladas, no más cosas vanas". Años después, casi al final de su heroica vida de servicio le preguntaron el secreto de su habilidad para lograr tanto para el Señor. Florence contestó: "Solamente puedo dar una explicación, y es esta: No le he negado nada a Dios". Eso es exactamente de lo que Jesús está hablando en este pasaje: no negarle nada.

Cuando el famoso cirujano Howard A. Kelly se graduó en la facultad de medicina escribió en su diario: "Hoy me dedico yo mismo, mi tiempo, mis capacidades, mi ambición, todo al Señor. Bendito Dios, santifícame para tu uso; no me des éxito mundano que no me acerque más a mi Salvador".

Poco después de graduarse de la universidad, Jim Elliot escribió en su diario: "Dios, te ruego que ilumines estos espacios inactivos de mi vida de modo que yo pueda arder para ti. Consume mi vida, mi Dios, porque es tuya. No busco una larga vida sino una llena de ti, Señor Jesús". Dios contestó esa oración, y en la flor de su joven edad adulta, la vida de Jim Elliot se vio truncada por la lanza de un indio auca mientras Jim y otros jóvenes intentaban llevar el evangelio a lo profundo de las selvas ecuatorianas.

Jonathan Edwards, el gran predicador y teólogo a quien Dios utilizó para llevar avivamiento a los Estados Unidos coloniales, escribió:

> No reclamo derecho para mí, ningún derecho para esta comprensión, para esta voluntad, para estos afectos que están en mí. Tampoco tengo ningún derecho a este cuerpo o sus miembros, ningún derecho a esta lengua, a estas manos, pies, oídos u ojos. Yo mismo me he entregado y no he retenido nada para mí. He estado para Dios esta mañana y le he dicho que le entrego todo mi ser. He entregado todo poder a fin de que en el futuro no reclame ningún derecho para mí en ningún aspecto. Se lo he prometido expresamente, y por su gracia no fallaré. Lo tomo como toda mi porción y mi dicha, sin considerar nada más como alguna parte de mi felicidad. Su ley es la norma constante de mi obediencia. Pelearé con todas mis fuerzas contra el mundo, la carne, y el diablo hasta el final de mi vida. Me adheriré a la fe del evangelio por peligrosa y difícil que puedan ser la profesión y la práctica de esa fe. Ruego a Dios por el bien de otros que miren esto como una auto-dedicación. De ahora en adelante no voy a actuar por mi cuenta en ningún aspecto. Actuaría por mi cuenta si alguna vez hago uso de cualquiera de mis fuerzas para hacer algo que

no sea para la gloria de Dios, o si fallo en hacer que glorificarlo a Él constituya toda mi íntegra dedicación. Si me quejo en lo más mínimo en aflicción, si de algún modo no tengo caridad, si vengo mi propia causa, si hago alguna cosa tan solo para agradarme, o si omito algo porque constituye una gran negación, si confío en mí mismo, si acepto algún elogio por algo que Cristo hace por mí, o si de algún modo soy orgulloso, actuaría por mi cuenta y no para Dios. Pero me propongo ser absolutamente suyo.

La instrucción de Mateo 10 fue primero de todo para los doce, no solo porque eran los únicos que estaban con Jesús en esta ocasión sino también porque algo de la instrucción (predicar solo a Israel, v. 6) era temporal, y porque alguna parte implicaba uso de poderes (curar, resucitar muertos y echar fuera demonios, v. 8), lo cual fue delegado solo a ellos. No obstante, gran parte de la enseñanza se aplica a todo discípulo de Jesucristo en toda época. En el versículo 24 Jesús empieza a usar la tercera persona indefinida ("el discípulo", "el siervo") además de la segunda persona "su", lo que indica claramente que está hablando de todo creyente, de todo verdadero discípulo. Jesús enseña aquí con la perspectiva más amplia posible. En realidad está diciendo: "Para toda persona que ha de ser mi discípulo, he aquí lo que pido. Para todos los que me siguen, este es el costo del discipulado".

Debido a que Jesús no quiso disfrazar o minimizar el costo del discipulado, muchos posibles discípulos lo abandonaron. Cuando dejó en claro que participar en el reino y seguirlo exige total identificación con Él (representado por comer su carne y beber su sangre) "muchos de sus discípulos volvieron atrás, y ya no andaban con él" (Jn. 6:53-66). Cuando "vino un escriba y le dijo: Maestro, te seguiré adondequiera que vayas", y Jesús le respondió: "Las zorras tienen guaridas, y las aves del cielo nidos; mas el Hijo del Hombre no tiene dónde recostar su cabeza", el hombre desapareció (Mt. 8:19-20). Cuando Jesús llamó a otros dos hombres a seguirlo, uno dio la excusa de tener que enterrar a su padre, queriendo decir que deseaba esperar hasta que su padre muriera a fin de recibir la herencia. El otro individuo quería despedirse de los que estaban en su casa, queriendo decir que deseaba hacerse cargo de todas las responsabilidades de su familia antes de seguir a Jesús. A ambos hombres Jesús declaró: "Ninguno que poniendo su mano en el arado mira hacia atrás, es apto para el reino de Dios" (Lc. 9:59-62). Al reino se entra y se sirve mediante las condiciones de Dios, no del ser humano.

Las instrucciones de Jesús en Mateo 10:5-15 llevaron a su advertencia de los peligros del discipulado (vv. 16-23), lo que a su vez llevó a su enseñanza respecto a las características y beneficios del discipulado (vv. 24-42). Primero dio instrucción sobre cómo ministrar y luego describió la reacción del mundo al ministerio fiel. Por último presentó las características del discípulo fiel, indicó advertencias adicionales acerca del costo del discipulado, y mencionó provisiones que Dios promete hacer para sus verdaderos discípulos.

La enseñanza de Jesús, y la presentación que los escritores de los evangelios hacen de ella, siempre son lógicas y claras. Solamente aquel que duda de la inteligencia o la integridad de Jesús, y de esos escritores, puede perder el propósito y la secuencia de su instrucción cuando esta se estudia con cuidado. Jesús no estaba enseñando solo para eruditos, y los escritores no estaban escribiendo solo para eruditos. Estaban enseñando y escribiendo para el individuo común, y el propósito que tenían no era enturbiar y complicar el mensaje sino hacerlo suficientemente claro para que lo pudiera captar el creyente más simple. Solamente la ceguera de la incredulidad voluntaria puede impedir que una persona entienda el camino de la salvación y la senda de la obediencia.

En el resto del capítulo (10:24-42) Jesús identifica una definición amplia del discipulado en la que enumera seis características. El verdadero discípulo de Jesucristo emula a su Maestro, teme a Dios en lugar del mundo, confiesa al Señor, abandona a su familia, sigue su llamado, y recibe una recompensa.

UN DISCÍPULO EMULA A SU MAESTRO

El discípulo no es más que su maestro, ni el siervo más que su señor. Bástale al discípulo ser como su maestro, y al siervo como su señor. Si al padre de familia llamaron Beelzebú, ¿cuánto más a los de su casa? (10:24-25)

Jesús presenta primero el aspecto negativo de la verdad (v. 24), luego el positivo (v. 25*a*), y después la consecuencia (v. 25*b*).

Primero, no cabe duda que **el discípulo no es más que su maestro, ni el siervo más que su señor.** Por definición, un **discípulo** (aprendiz) está por debajo de **su maestro** en conocimiento y sabiduría, y un **siervo** está por debajo de **su señor** en posición social y económica. También por definición, un discípulo que es de verdad discípulo aprende de su maestro, y un siervo que auténticamente es siervo obedece a su señor.

La voluntad del hombre está representada por la figura del discípulo y el maestro, y la soberanía de Dios está representada por la de siervo y señor. Los dos ejemplos se unen para enfatizar que el principio primordial y más obvio del discipulado es la sumisión.

De principio a fin de su evangelio, el propósito de Mateo es revelar a Jesús como el divino Rey de reyes, el Mesías e Hijo de Dios que vino a redimir y finalmente a gobernar el mundo. Él es el único Rey, el único Mesías, el único Hijo de Dios, el único Salvador y Señor. En todos esos papeles exige y merece sumisión total.

Después que David llegara al fin a ser rey de Israel aún había lealtad dispersa hacia la familia de Saúl, a pesar del mal resultado de este como gobernante. Abner, el comandante del ejército de Saúl, se negó a reconocer a David como rey y se las arregló para establecer temporalmente a Is-boset, hijo de Saúl, como gobernante sobre un segmento del reino por un período de dos años. Pero cuando Is-boset hizo una acusación tonta y mal fundada contra Abner, el comandante volvió en sí y comprendió finalmente lo incompetente que era Is-boset para gobernar y lo tonto que había sido el propio Abner al pensar en oponerse a David, el escogido de Dios y hombre ungido para el liderazgo (véase 2 S. 2:8—3:21).

Mateo llama a los Abner del mundo, por así decirlo, a abandonar sus lealtades tontas a líderes falsos y a dioses falsos, y a convertirse en súbditos de Jesucristo, el ungido Salvador y Señor de Dios.

Segundo, según Jesús sigue señalando, tampoco cabe duda de que el propósito de un verdadero discípulo es aprender de **su maestro** para llegar a **ser como** él, y que el propósito de un **siervo** fiel es servir y llegar a ser **como su señor.** Al enseñar la misma verdad en otra ocasión, Jesús declaró: "El discípulo no es superior a su maestro; mas todo el que fuere perfeccionado, será como su maestro" (Lc. 6:40). El propósito único y dominante del **discípulo** es emular a su **maestro.** Le basta al **discípulo** llegar a **ser como su maestro** no solo en lo concerniente a la sabiduría y el carácter del maestro sino también en el trato que el maestro recibe. El discípulo no desea nada más y no se conforma con nada menos.

Juan nos informa: "El que dice que permanece en él, debe andar como él anduvo" (1 Jn. 2:6). La función del discipulado se establece claramente en la Gran Comisión: Enseñarles "que guarden todas las cosas que os he mandado" (Mt. 28:20). Un discípulo se vuelve como Cristo, su Maestro, cuando aprende y obedece la Biblia. Es alguien en quien la Palabra de Cristo mora "en abundancia" (Col. 3:16). Crecer en el discipulado es crecer en semejanza a Cristo, esperando el día en que "seremos semejantes a él, porque le veremos tal como él es" (1 Jn. 3:2).

La consecuencia lógica de ser como Cristo es ser tratados como trataron a Cristo. **Si al padre de familia llamaron Beelzebú, ¿cuánto más a los de su casa?** Jesús sigue desarrollando la misma verdad, pero cambia la figura de discípulo/ maestro y de siervo/señor a la de **padre de familia/los de su casa. Los de** la **casa** y los siervos no deben esperar que los traten mejor que **al padre de** la **familia.**

Pablo sabía que para conocer de veras a Cristo y al poder de su resurrección se requiere "la participación de sus padecimientos, llegando a ser semejante a él en su muerte" (Fil. 3:10). El verdadero discípulo no exige ser aceptado y amado por el mundo, cuando su Señor fue rechazado y crucificado por el mundo; tampoco espera que el compromiso que tiene con el Señor lo vuelva famoso y respetado, si a su Señor lo consideraron infame y lo despreciaron.

Beelzebú (a veces "Beelzebul" o "Beelzebub") era originalmente el nombre de una deidad pagana. El nombre *Beelzebub* tal vez significaba "señor de las moscas", y más tarde fue cambiado a Beelzebú, "señor de la casa". Debido a que se trataba de una deidad especialmente despreciable, su nombre lo habían usado los judíos por mucho tiempo como un calificativo para Satanás.

El planteamiento de Jesús era que si a Él lo llamaron Satanás, sin duda a sus discípulos los tratarían igual. Los fariseos ya habían hecho precisamente eso cuando acusaron a Jesús de que "por el príncipe de los demonios echa fuera los demonios" (Mt. 9:34), a quien a menudo se referían como **Beelzebú** (Mr. 3:22; cp. Mt. 12:24).

Jesús repitió muchas veces esta advertencia general a los discípulos. Según se indicó antes, en una de sus últimas disertaciones les declaró: "Si el mundo os aborrece, sabed que a mí me ha aborrecido antes que a vosotros. Si fuerais del mundo, el mundo amaría lo suyo; pero porque no sois del mundo, antes yo os elegí del mundo, por eso el mundo os aborrece" (Jn. 15:18-19; cp. v 20; 13:16). Llegará el día en que quien persigue a los discípulos "pensará que rinde servicio a Dios" (16:2). Pero en realidad los que se oponen y persiguen a los discípulos de Jesús lo hacen "porque no conocen al Padre" o al Señor Jesucristo (v. 3). Como Jesús ya había explicado, sus discípulos no son odiados por quiénes son en sí mismos, sino "por causa de mi nombre" (Mt. 10:22).

De ahí que el llamado al discipulado es el llamado a ser como Cristo, que incluye ser tratado como Cristo. Para aquellos que buscan de verdad a Dios, las vidas de los fieles santos del Señor son hermosas y atractivas. A menudo las cualidades de Cristo como amor, gozo, paz y bondad en los cristianos son las que atraen a incrédulos hacia el Señor. Mientras más emulemos a Cristo, más atractivos nos volveremos para aquellos a quienes Dios está llamando. Pero al mismo tiempo nos volveremos menos atractivos para aquellos que rechazan a Dios. Puesto que no quieren nada de Él, no querrán nada de nosotros.

UN DISCÍPULO NO TEME AL MUNDO

Así que, no los temáis; porque nada hay encubierto, que no haya de ser manifestado; ni oculto, que no haya de saberse. Lo que os digo en tinieblas, decidlo en la luz; y lo que oís al oído, proclamadlo desde las azoteas. Y no temáis a los que matan el cuerpo, mas el alma no pueden matar; temed más bien a aquel que puede destruir el alma y el cuerpo en el infierno. ¿No se venden dos pajarillos por un cuarto? Con todo, ni uno de ellos cae a tierra sin vuestro Padre. Pues aun vuestros cabellos están todos contados. Así que, no temáis; más valéis vosotros que muchos pajarillos. (10:26-31)

El verdadero discípulo de Jesucristo no solo emula a su Maestro, sino que además no teme al mundo. Tres veces en estos seis versículos Jesús expresa: **no temáis**. A la luz de lo que acababa de prometer, su exhortación de no temer era correcta. Les había dicho a los discípulos que los enviaba como ovejas en medio de lobos, que serían azotados en tribunales judíos, y que "aun ante gobernadores y reyes [serían] llevados por causa" del Señor. Además de eso, serían entregados en diversas formas, traicionados por sus familias, odiados y perseguidos por el mundo en general, y hasta los llamarían diabólicos (vv. 16-25).

En Proverbios se nos advierte que "el temor del hombre pondrá lazo" (29:25). El miedo a lo que los demás puedan pensar, decir o hacer ha estrangulado muchos testimonios y ha obstaculizado gran cantidad de servicio en el nombre del Señor. La naturaleza humana quiere evitar problemas y conflictos, en especial si estos podrían traer burlas y adversidades. Por naturaleza las personas no quieren ser menospreciadas o maltratadas, y aún menos sufrir o morir. Los cristianos que han caído presa del gran énfasis moderno en la autopreservación encuentran difícil confrontar a la sociedad pecadora con las exigencias y normas del evangelio. Nuestra cultura ha producido una "suavidad" inaceptable entre los evangélicos.

La negativa continua a confrontar al mundo ofrece fuerte evidencia de que un creyente profeso podría no pertenecer para nada a Cristo. Juan afirma: "Si alguno ama al mundo, el amor del Padre no está en él. Porque todo lo que hay en el mundo, los deseos de la carne, los deseos de los ojos, y la vanagloria de la vida, no proviene del Padre, sino del mundo" (1 Jn. 2:15-16).

Pero todo creyente, al igual que Pedro cuando se calentaba en el patio mientras Jesús estaba en juicio, a veces encuentra difícil pronunciarse a favor del Señor por temor a ser considerado tonto, atrasado, extremista, poco sofisticado, entrometido o extraño.

Debido a que la crítica, el maltrato y el peligro se convertirían en compañeros frecuentes de los apóstoles, en varias ocasiones Jesús los exhortó a no temer (véase,

p. ej., Mt. 14:27; 28:10; Lc. 12:32; Jn. 14:27). En este momento el Señor ofrece tres razones para que sus seguidores no teman: reivindicación por parte de Dios, veneración a Dios, y valoración por parte de Dios.

REIVINDICACIÓN POR PARTE DE DIOS

Así que, no los temáis; porque nada hay encubierto, que no haya de ser manifestado; ni oculto, que no haya de saberse. Lo que os digo en tinieblas, decidlo en la luz; y lo que oís al oído, proclamadlo desde las azoteas. (10:26-27)

En primer lugar, los creyentes no deben temer al mundo porque saben que un día Dios los reivindicará. La frase **así que** nos hace volver atrás a lo que Jesús había dicho en el versículo 25. Aunque los hijos de Dios serán maltratados y acusados de ser malvados e incluso endemoniados, Jesús asegura: **no los temáis,** es decir, no deben temer a quienes les causan problemas. La conjunción **porque** mira hacia adelante, presentando la promesa de que al final Dios enderezará todo. Toda verdad y bondad, y toda falsedad y maldad se pondrán al descubierto por lo que en realidad son.

El mundo ha tenido gran éxito en crear ilusión y engaño, ya que de manera impresionante y convincente defiende el pecado cubriéndolo con motivos que parecen buenos y con beneficios que parecen útiles. El mundo pone la mejor cara a la maldad y la peor cara a la justicia. Pero el Señor ha decretado que **nada hay encubierto, que no haya de ser manifestado; ni oculto, que no haya de saberse.** La maldad del mundo se expondrá por lo que es, y la justicia de los creyentes se mostrará por lo que es. Dios se ha comprometido a reivindicar a sus hijos.

No debería preocuparnos lo que el mundo dice ahora sino lo que Dios dirá en el último día. Cuando el Señor regrese "aclarará también lo oculto de las tinieblas, y manifestará las intenciones de los corazones; y entonces cada uno recibirá su alabanza de Dios" (1 Co. 4:5). ¿Qué motivo más grande podríamos tener para servir fielmente al Señor, y sin ningún temor enfrentar al mundo? ¿Por qué debería preocuparnos la impopularidad en esta existencia cuando sabemos que seremos reivindicados totalmente en la próxima vida? A este gran acontecimiento Pablo lo denomina "la manifestación de los hijos de Dios" (Ro. 8:19) y "la libertad gloriosa de los hijos de Dios" (8:21; cp. 1 Ti. 5:24-25).

Jesús declaró: "Nadie que enciende una luz la cubre con una vasija, ni la pone debajo de la cama, sino que la pone en un candelero para que los que entran vean la luz" (Lc. 8:16). Cuando Dios entrega verdad para declarar, la obligación de los cristianos es darla a conocer. En vista de lo que se viene, es a la vez infidelidad y miopía esconder la luz a fin de evitar crítica y persecución.

Salomón escribe con fingido entusiasmo: "Alégrate, joven, en tu juventud, y tome placer tu corazón en los días de tu adolescencia; y anda en los caminos de tu corazón y en la vista de tus ojos". Entonces añadió: "Pero sabe, que sobre todas estas cosas te juzgará Dios" (Ec. 11:9), y "el fin de todo el discurso oído es este: Teme a Dios, y guarda sus mandamientos; porque esto es el todo del hombre" (12:13).

La perspectiva del discípulo debe ser la perspectiva de Dios. En su visión eterna el Señor ya ve el resultado final de cada vida. Los que a juicio del mundo ahora parecen ganadores resultarán ser los perdedores, y los que parecen perdedores resultarán ser los ganadores.

No debe haber secretos en el cristianismo. Lo que realmente el Señor nos ha revelado **en tinieblas** debemos proclamarlo **en la luz;** y lo que nos ha susurrado **al oído** debemos pregonarlo **desde las azoteas.**

Las órdenes y logias fraternales que tienen ceremonias y rituales secretos no tienen parte en la obra del reino de Dios, por mucho que traten de defender sus normas y propósitos religiosos. Toda verdad espiritual y moral que el hombre debe conocer y puede saber, Dios ya la ha hecho conocer completamente; y su deseo es que esa verdad sea proclamada, no escondida. Los cristianos no son una élite de defensores de secretos hechos por el hombre, sino anunciadores intrépidos de la verdad dada por Dios. Lo secreto no tiene parte en el evangelio.

Cuando los seguidores de Jesús estudian, meditan y oran la Palabra de Dios tanto en soledad como en compañía de otros creyentes, Dios abre su verdad a los corazones y mentes de ellos. Pero lo que se aprende en esos lugares de **tinieblas** figuradas, en sitios recónditos del mundo, el hijo de Dios debe anunciarlo **en la luz** de la predicación abierta. Lo que de manera figurada se nos susurra **al oído** debemos pregonarlo **desde las azoteas.**

En tiempos del Nuevo Testamento los rabinos judíos solían capacitar a sus alumnos para que supieran expresarse poniéndose junto a ellos y susurrándoles al oído. Lo que el estudiante oía en susurros, lo pronunciaba entonces en voz alta. Lo que a través de su Palabra el Señor realmente ha susurrado a nuestros oídos, debemos expresarlo en voz alta al mundo, sin retener nada. Lo que el Señor nos ha dado a conocer, debemos hacerlo conocer a otros.

Lo que en la época de Jesús se pregonaba **desde las azoteas** podía oírse a gran distancia. A menudo los anuncios oficiales y personales se publicitaban por ese medio. El objetivo de gritar desde la azotea era que sea oído por la mayor cantidad posible de gente. El Talmud habla de rabinos que hacían sonar trompetas desde las azoteas para anunciar el inicio de festividades religiosas. Un remanente moderno de esa costumbre es el anuncio de las horas de oración musulmana desde lo alto de un minarete.

Hacer conocer la verdad de Dios incluye enseñar los supuestos dichos difíciles de las Escrituras. No debemos ser innecesariamente ofensivos y nunca debemos ser injuriosos en nuestro enfoque o nuestra actitud. Pero cuando se enseña la plenitud de la revelación de Dios, invariablemente el mundo se ofenderá porque resultará acusado. Al ser humano caído no le gusta oír que está caído; al hombre pecador no le gusta la realidad de que es pecador; al individuo rebelde no le gusta que le digan que es enemigo de Dios. Esas son verdades que Jesús y los apóstoles nunca se negaron a pregonar, y se debió a que enseñaron audazmente tales verdades que el mundo los rechazó y los persiguió.

El mundo muestra poca objeción a un evangelio que solo es "positivo", que únicamente menciona las ofertas divinas de paz, gozo y bendición. Un incrédulo no se ofende por esos elementos del evangelio, por verdaderos como son. Pero se ofende de mucho cuando se le dice que es un pecador bajo el juicio de Dios y que está destinado al infierno.

Juan 3:16-17 a menudo se enseña y predica solo de manera parcial. Que Dios ama al mundo, que envió a su Hijo para salvar al mundo en lugar de juzgar al mundo, y que salva a todos los que creen en el Hijo no es toda la verdad del pasaje. Implícito en el versículo 16 y explícito en el 18 está la verdad de que aparte de tal fe una persona perecerá, pues "el que no cree, ya ha sido condenado, porque no ha creído en el nombre del unigénito Hijo de Dios".

VENERACIÓN A DIOS

Y no temáis a los que matan el cuerpo, mas el alma no pueden matar; temed más bien a aquel que puede destruir el alma y el cuerpo en el infierno. (10:28)

El segundo **no temáis** tiene que ver con **los que matan el cuerpo.** El daño que estos hacen solo es temporal. **Más bien** debemos temer **a aquel que puede destruir el alma y el cuerpo en el infierno. Temáis** se usa aquí en el sentido de terror y pavor, mientras que **temed** tiene que ver con asombro y veneración.

Habrá un precio que pagar por hablar la verdad de Dios a la luz y proclamarla desde las azoteas. Lucas informa que cuando Pablo decidió ir a Jerusalén a pesar de las muchas advertencias de sus amigos, "descendió de Judea un profeta llamado Agabo, quien viniendo a vernos, tomó el cinto de Pablo, y atándose los pies y las manos, dijo: Esto dice el Espíritu Santo: Así atarán los judíos en Jerusalén al varón de quien es este cinto, y le entregarán en manos de los gentiles" (Hch. 21:10-11). Cuando los amigos del apóstol comenzaron a lamentarse por la noticia, Pablo declaró: "¿Qué hacéis llorando y quebrantándome el corazón? Porque yo estoy dispuesto no sólo a ser atado, mas aun a morir en Jerusalén por el nombre del Señor Jesús" (v. 13). Pablo no tenía miedo de aquellos que solamente **matan el cuerpo.** Él ya había manifestado: "De ninguna cosa hago caso, ni estimo preciosa mi vida para mí mismo" (Hch. 20:24).

Sin embargo, tales personas, e incluso el mismo Satanás, **el alma no pueden matar.** La muerte física es el daño máximo que pueden producirnos, pues no pueden tocar **el alma,** el ser eterno. Incluso los cuerpos que destruyen un día resucitarán y se volverán inmortales (1 Co. 15:42).

Debe quedar claro que **destruir** aquí no significa aniquilación. Los perdidos no pueden dejar de existir, sino que "irán… al castigo eterno" en sus cuerpos resucitados, tal como irán "los justos a la vida eterna" en sus cuerpos resucitados (Mt. 25:46). La palabra **destruir** (*appolumi*) no transmite la idea de extinción sino de gran pérdida o ruina. Pablo usa el mismo término en 2 Tesalonicenses 1:9, donde explica que se trata de "eterna perdición", una frase que no tendría sentido si "perdición" significara aniquilación, la cual por definición no puede ser eterna. Lo que se aniquila deja de existir.

El planteamiento de Jesús aquí es que el único temor que un creyente debe tener es **a aquel que puede destruir el alma y el cuerpo en el infierno,** y solo Dios puede hacer eso. En los últimos días Satanás mismo será lanzado al infierno, dominio este que le pertenece al Señor, no a Satanás.

Pero este **temed** no tiene que ver con terror o pavor sino con asombro y honor reverencial. No es que un creyente esté en peligro de que su alma y su cuerpo vayan a ser lanzados al infierno, porque su destino eterno es el cielo. La capacidad de Dios para **destruir** tanto **el alma** como **el cuerpo en el infierno** se menciona aquí solo para contrastar el poder ilimitado y permanente del Señor con el poder limitado y temporal de Satanás. Dios es el único que puede determinar y fijar el destino de almas y cuerpos.

La reverencia a Dios en su majestad soberana es una motivación poderosa para que los cristianos le sirvan y no teman ninguna consecuencia terrenal y física que el servicio pueda traer. El poder de las amenazas humanas parece más bien insignificante en comparación con el poder de las promesas de Dios.

Se cuenta que cuando Hugh Latimer predicaba un día en presencia del rey Enrique VIII se dijo a sí mismo: "¡Latimer! ¡Latimer! Recuerda que el rey está aquí; ten cuidado con lo que dices". Entonces volvió a decirse: "¡Latimer! ¡Latimer! Recuerda que el Rey de reyes está aquí; ten cuidado con lo que no dices". Por tan inmutable fidelidad, Latimer fue finalmente quemado en la hoguera. Pero este hombre temió más fallarle a Dios que ofender a los hombres.

Durante un período de unos trescientos años de terrible persecución, diez generaciones de cristianos excavaron casi mil kilómetros de catacumbas debajo y alrededor de la ciudad de Roma. Los arqueólogos calculan que quizás un total de cuatro millones de cuerpos fueron enterrados allí. Una inscripción común hallada en las catacumbas es la señal del pez. La palabra griega para pez (*ichthus*) se usaba para "Jesucristo, Hijo de Dios, Salvador". Otra inscripción común encontrada allí es: "La Palabra de Dios no está presa". Durante el período más prolongado de persecución en la historia de la Iglesia esos creyentes reverenciaron a Dios más de lo que temieron a los hombres.

Desde ese día, muchos millones más han dado sus vidas por la causa de Cristo. Tal vez hasta cincuenta millones de creyentes fueron martirizados durante el Oscurantismo, y millones más han sido martirizados en nuestro propio siglo, en gran manera por parte de regímenes comunistas en Europa, Asia y África. Según se cuenta de Lord Lawrence en su monumento en la abadía de Westminster, los creyentes temían tan poco al ser humano porque temían demasiado a Dios. En muchas otras naciones las religiones estatales prohíben la entrada a misioneros cristianos y la obra de evangelización, y restringen severamente la adoración a quienes ya son cristianos.

El discípulo fiel valora enormemente más su **alma** de lo que valora su **cuerpo,** y de buena gana sacrifica lo que solo es físico y corruptible por el bien de lo que es espiritual e incorruptible. Jim Elliot, ya mencionado en este capítulo, escribió. "No es necio el que renuncia a lo que no puede conservar para ganar lo que no puede perder".

La advertencia de Jesús en el versículo 28 pudo haber estado especialmente dirigida a Judas, como una apelación inicial para que considerara que el Dios a quien rechazaba podía **destruir** tanto **el alma** como **el cuerpo** de Judas **en el infierno.** Más allá de eso, estas palabras se levantan como una advertencia continua para los Judas incrédulos de todos los tiempos.

VALORACIÓN POR PARTE DE DIOS

¿No se venden dos pajarillos por un cuarto? Con todo, ni uno de ellos cae a tierra sin vuestro Padre. Pues aun vuestros cabellos están todos contados. Así que, no temáis; más valéis vosotros que muchos pajarillos. (10:29-31)

Jesús asegura a los doce, y a todo aquel que alguna vez confiaría en Él, que son muy amados por su **Padre** celestial. Con divina intimidad e intensidad el Señor ama y valora a quienes le pertenecen, y no permitirá que les acontezca ningún perjuicio permanente.

Un *assarion* (**cuarto**) era la moneda más pequeña en circulación en la época de Jesús, y valía la decimosexta parte de un denario, el salario diario promedio de un obrero. Con uno de esos cuartos podían comprarse **dos pajarillos,** o gorriones, que eran tan comunes y relativamente sin valor alguno en los tiempos del Nuevo Testamento como lo son hoy día. A menudo se servían gorriones asados como comida barata para picar, algo así como un abrebocas o entremés.

Con todo, ni uno de esos **pajarillos cae a tierra sin** que no lo sepa **vuestro Padre,** expresa Jesús. Ni siquiera la más insignificante de las avecillas puede caer sin el conocimiento de Dios. En algunos usos griegos la palabra para **cae** se traduce como "brinco", ¡en cuyo caso un gorrioncillo ni siquiera puede brincar en el suelo sin que Dios lo sepa!

El conocimiento que Dios tiene de nosotros es tan detallado, y su interés en nosotros es tan profundo, que **aun** nuestros **cabellos están todos contados.** Se dice que el cálculo promedio de cabellos en la cabeza humana asciende a ciento cuarenta mil, lo que significa que algunas personas tienen más que eso. Dios, quien posee conocimiento total de cada ser humano, ejemplifica aquella omnisciencia mediante esta información poco convencional y espiritualmente intrascendente, en relación a la cantidad de **cabellos** en la cabeza de un individuo. Si Él toma nota de cosas como esa, ¿cuánto más se interesará por asuntos espirituales de mucha mayor consecuencia?

Jesús ofrece entonces una tercera exhortación de la orden **no temáis** (cp. vv. 26, 28), y otra razón de *por qué* no debemos temer: **más valéis vosotros que muchos pajarillos.** La comprensión obvia ilustra cuán queridos son los hijos de Dios para Él. En una promesa similar, Jesús declaró: "Si la hierba del campo que hoy es, y mañana se echa en el horno, Dios la viste así, ¿no hará mucho más a vosotros, hombres de poca fe?" (Mt. 6:30). ¿Cómo podríamos estar ansiosos y temerosos si sabemos de tal cuidado y protección por parte de nuestro Padre celestial?

De entre los mejores atletas en el Imperio Romano, Nerón seleccionó a un grupo llamado los luchadores del emperador. Su lema era: "Nosotros, los luchadores, luchamos por ti, oh emperador, a fin de ganar para ti la victoria, y de ti la corona de victoria". Los luchadores también eran soldados y a menudo eran enviados en campañas militares especiales. En cierta misión en la Galia (la moderna Francia), muchos de los luchadores se convirtieron a Cristo. Al saber la noticia, Nerón ordenó al general Vespasiano que ejecutara a todo luchador que se negara a renunciar a Cristo y a jurar lealtad tanto religiosa como militar al emperador. Las órdenes del monarca fueron recibidas al final del invierno, cuando los hombres acampaban a la orilla de un lago congelado. Cuando Vespasiano reunió a los soldados y les preguntó cuántos eran cristianos, cuarenta hombres dieron un paso al frente. Con la esperanza de no perder a ninguno de esos excelentes hombres, muchos de los cuales eran sus amigos, les dio plazo hasta el anochecer del día siguiente para que reconsideraran su fe. Pero a la hora dada, todos ellos seguían negándose a renunciar a Cristo. A fin de que no murieran a manos de sus compañeros, el general ordenó a los cuarenta hombres quitarse la ropa y caminar desnudos sobre el hielo. Durante toda la noche los soldados en la orilla pudieron oír a los cuarenta hombres sentenciados cantando triunfalmente: "Cuarenta luchadores, luchando por ti, oh Cristo, a fin de ganar para ti la victoria, y de ti la corona de victoria". El canto se hizo más débil cuando se acercaba la mañana, y al amanecer una figura solitaria se devolvía y se acercaba al fuego. El hombre confesó que su fe no era suficientemente fuerte para enfrentar la muerte. Cuando Vespasiano oyó entonces los débiles compases de "Treinta y nueve luchadores, luchando por ti, oh Cristo", se conmovió tanto que se despojó de su armadura y su ropa, y salió marchando para unirse a los otros, gritando mientras corría: "*Cuarenta* luchadores, luchando por ti, oh Cristo, a fin de ganar para ti la victoria, y de ti la corona de victoria".

Las marcas distintivas del discipulado. Segunda parte

65

A cualquiera, pues, que me confiese delante de los hombres, yo también le confesaré delante de mi Padre que está en los cielos. Y a cualquiera que me niegue delante de los hombres, yo también le negaré delante de mi Padre que está en los cielos. No penséis que he venido para traer paz a la tierra; no he venido para traer paz, sino espada. Porque he venido para poner en disensión al hombre contra su padre, a la hija contra su madre, y a la nuera contra su suegra; y los enemigos del hombre serán los de su casa. El que ama a padre o madre más que a mí, no es digno de mí; el que ama a hijo o hija más que a mí, no es digno de mí; y el que no toma su cruz y sigue en pos de mí, no es digno de mí. El que halla su vida, la perderá; y el que pierde su vida por causa de mí, la hallará. El que a vosotros recibe, a mí me recibe; y el que me recibe a mí, recibe al que me envió. El que recibe a un profeta por cuanto es profeta, recompensa de profeta recibirá; y el que recibe a un justo por cuanto es justo, recompensa de justo recibirá. Y cualquiera que dé a uno de estos pequeñitos un vaso de agua fría solamente, por cuanto es discípulo, de cierto os digo que no perderá su recompensa. (10:32-42)

Después que Henry Martyn pasó prácticamente una vida de ministerio en la India, anunció que Dios le había puesto una carga en el corazón de ir a Persia (moderno Irán) y traducir el Nuevo Testamento y los Salmos al idioma persa. Los médicos ya le habían dicho que moriría a causa del calor si se quedaba en la India. Pero Henry fue a Persia, estudió el idioma y con el tiempo finalizó la obra de traducción en 1812. Sin embargo, descubrió que no podía imprimir y distribuir las Escrituras sin el permiso del sha. Viajó casi mil kilómetros hasta Teherán, pero le negaron el permiso para ver al sha. Martyn hizo otro recorrido de quinientos kilómetros para visitar al embajador británico, quien le dio los documentos apropiados de presentación. Montando una mula en la noche y descansando durante el calor del día, regresó a Teherán y logró obtener el permiso necesario. Diez días después murió. Poco antes de su muerte había escrito en su diario: "Me senté y con dulce consuelo y paz pensé en mi Dios. En la soledad, mi Compañero, mi Amigo, y mi Consolador".

Vinculada en el espíritu de Henry Martyn estaba la clave del verdadero discipulado: estar tan totalmente consumido con la causa de Cristo que no prestemos atención a nuestra propia vida o a nuestro bienestar.

UN DISCÍPULO CONFIESA AL SEÑOR

A cualquiera, pues, que me confiese delante de los hombres, yo también le confesaré delante de mi Padre que está en los cielos. Y a cualquiera que me niegue delante de los hombres, yo también le negaré delante de mi Padre que está en los cielos. (10:32-33)

Además de emular a su Señor y de no temer al mundo (véase el capítulo 64, sobre Mt. 10:24-31), un verdadero discípulo confiesa abiertamente a Cristo delante del mundo.

En su libro *I Love Idi Amin* ([Westwood, NJ: Revell, 1977], p. 112), Festo Kivengere, destacado ministro evangélico en Uganda, cuenta la historia de persecución y martirio de cristianos en esa nación. En 1885 tres muchachos cristianos con edades comprendidas entre once a quince años de edad fueron obligados a dar sus vidas por Cristo porque no renunciaron a su fe en Él. El rey se oponía firmemente al cristianismo y ordenó la ejecución de los chicos si no se retractaban de su creencia. En el lugar de ejecución los chicos pidieron que le dieran al rey el siguiente mensaje: "Díganle a su majestad que ha puesto nuestros cuerpos en el fuego, pero no estaremos mucho tiempo en el fuego. Pronto estaremos con Jesús, lo cual es mucho mejor. Pero pídanle que se arrepienta y cambie su manera de pensar, o irá a parar a un lugar de fuego eterno". Mientras estaban atados esperando la muerte entonaban una canción que pronto se volvió muy amada por los cristianos en esa nación como "La canción de los mártires". Uno de los versos certifica:

> Ah, si yo tuviera alas como los ángeles,
> me iría volando para estar con Jesús.

El más joven de los chicos, llamado Yusufu, declaró: "Por favor, no me corte los brazos. No lucharé en el fuego que me lleva a Jesús". Debido al testimonio de los muchachos, ese día cuarenta adultos confiaron en Jesucristo para salvación e indirectamente muchos convertidos más fueron ganados para el Señor en un período de varios años. Para 1887 un gran número de otros cristianos fueron martirizados, muchos de ellos inspirados por el testimonio intrépido y amoroso de estos tres chiquillos. Ninguno de esos mártires sabía mucho de teología ni acerca de la Biblia, porque la mayoría eran iletrados y relativamente todos eran creyentes nuevos. No obstante, tenían un profundo amor por Jesús que se negaron a ocultar, cualquiera que fuera el costo. Como casi siempre ocurre, quienes murieron fueron sustituidos varias veces por nuevos convertidos que llegaron a Cristo debido al testimonio de estos mártires.

Cualquiera es un término inclusivo que hace una seria advertencia a todos los posibles creyentes y profesos para que realicen un cuidadoso examen personal. La disposición de que una persona **confiese** a Cristo delante de los hombres determina la disposición de Cristo para afirmar a esa persona delante de su Padre. Pablo confesó firmemente: "Porque no me avergüenzo del evangelio, porque es poder de Dios para salvación a todo aquel que cree" (Ro. 1:16). Él no se avergonzaba de reconocer la persona y la obra de Cristo porque este es el único mensaje que ofrece salvación y esperanza a un mundo corrupto y moribundo.

A lo largo de la historia de la Iglesia los creyentes que no se han avergonzado de confesar a Jesús **delante de los hombres** son los que el Señor utiliza para atraer a otros hacia sí mismo. Ya sea por medio de la predicación, enseñanza, testificación personal, o valor para sufrir martirio, quienes lo confiesan de manera audaz y sin complejos delante del mundo no solo son los discípulos más fieles del Señor sino también sus más eficaces hacedores de discípulos.

La forma verbal **confiese** significa afirmar y estar de acuerdo con. No es simplemente reconocer una verdad sino identificarse con ella. Hasta los demonios, por ejemplo, reconocen que Dios es uno (Stg. 2:19), pero por ningún medio confiesan a Dios porque ellos son sus enemigos implacables. No confesamos a Cristo simplemente reconociendo que Él es Señor y Salvador sino reconociéndolo y recibiéndolo como *nuestro* Señor y Salvador. Pablo manifiesta: "Si confesares con tu boca que Jesús es el Señor, y creyeres en tu corazón que Dios le levantó de los muertos, serás salvo. Porque con el corazón se cree para justicia, pero con la boca se confiesa para salvación" (Ro. 10:9-10). La confesión exterior con la boca es un reflejo de fe auténtica en el corazón.

Hombres, al igual que **cualquiera,** transmiten un sentido universal. Un verdadero discípulo está dispuesto a identificarse abiertamente con Cristo dondequiera que esté, ya sea delante de una comunión de otros creyentes, ante un grupo de investigadores serios, o ante una multitud hostil de incrédulos. "Todo aquel que confiese que Jesús es el Hijo de Dios, Dios permanece en él, y él en Dios" (1 Jn. 4:15). A los fieles de la iglesia en Pérgamo, el Señor les declaró: "Yo conozco tus obras, y dónde moras, donde está el trono de Satanás; pero retienes mi nombre, y no has negado mi fe, ni aun en los días en que Antipas mi testigo fiel fue muerto entre vosotros, donde mora Satanás" (Ap. 2:13).

Casi al final de su vida Pablo escribió a su amado Timoteo: "Yo ya estoy para ser sacrificado, y el tiempo de mi partida está cercano. He peleado la buena batalla, he acabado la carrera, he guardado la fe" (2 Ti. 4:6-7). Pero unos versículos más tarde, hablando de Demas declaró: "Me ha desamparado, amando este mundo, y se ha ido a Tesalónica" (v. 10). Demas había sido un fiel colaborador de Pablo, pero cuando la persecución se volvió severa tuvo tanto amor por las cosas del mundo que no pudo renunciar a ellas (cp. Mt. 13:22). Los tiempos difíciles son la prueba de la fe. La Iglesia no carece de seguidores cuando es popular y respetada, pero cuando el mundo se vuelve contra ella, brillan por su ausencia los amigos que nunca faltan cuando todo marcha bien.

Los creyentes pueden ser silenciados por mucho menos que la persecución. La simple vergüenza o burlas han cerrado muchas bocas cristianas. A veces es más fácil hacer frente a despiadadas lesiones físicas por parte de un gobierno hostil, que enfrentarse a familiares y amigos incrédulos que nunca nos harían daño físico.

Todo creyente tiene lapsos de infidelidad, por lo que la promesa del Señor en 1 Juan 1:9 es tan apreciada: "Si confesamos nuestros pecados, él es fiel y justo para perdonar nuestros pecados, y limpiarnos de toda maldad". Pedro negó al Señor, pero no pudo vivir con su negación, y saliendo lloró amargamente. Su corazón estaba destrozado porque de modo tan terrible había entristecido y fallado a su Señor. Timoteo era el colaborador más prometedor de Pablo, pero años después, cuando se había convertido en un dirigente de la iglesia, al parecer Timoteo se había vuelto reticente en cuanto a predicar abiertamente el evangelio. Por eso Pablo lo amonestó: "No te avergüences de dar testimonio de nuestro Señor" (2 Ti. 1:8).

Pedro y Timoteo tuvieron períodos de infidelidad, pero que sintieran vergüenza del evangelio y del Señor no era una actitud normal en estos dos creyentes. Aquellos cuyas vidas se caracterizan por confesar a Cristo, tanto en nombre como en obediencia, son a los que Jesús **también** confesará **delante de** su **Padre que está en**

los cielos. ¡Qué pensamiento tan increíblemente maravilloso es saber que todos los cristianos estaremos delante del **Padre… en los cielos** y oiremos que Jesús nos dice que le pertenecemos, y que nos reclama porque le hemos clamado a Él!

Cuando Plinio fue gobernador de la provincia de Bitinia, en el norte de Asia Menor, escribió una carta al emperador Trajano para explicar por qué no había tenía éxito en la eliminación de la secta llamada cristianos. Había probado con arrestos, multas, encarcelamientos, golpes, tortura y varias formas de ejecución a fin de obligarlos a renunciar a Cristo y a que ofrecieran incienso al César como un acto de adoración, pero todo había sido en vano. Con el fin de excusarse ante el emperador, Plinio declaró: "A quienes son realmente cristianos no puede obligárseles a hacer ninguno de estos actos". Incluso un gobernante pagano sabía que una persona con una convicción tan inquebrantable debía ser un verdadero creyente.

El lado negativo de la advertencia de Jesús es aleccionador: **Y a cualquiera que me niegue delante de los hombres, yo también le negaré delante de mi Padre que está en los cielos.** Esta advertencia se aplica a un individuo que hace una profesión externa de fe en Cristo pero que se aparta cuando llega la prueba.

Es posible negar a Cristo **delante de los hombres** mediante el silencio, lo cual sucede cuando alguien falla en ser testigo del Señor y trata de ser un cristiano que pase desapercibido. Los amigos y vecinos, y tal vez hasta los mismos familiares, nunca sospecharían que estén tratando con un creyente. También es posible negar a Cristo por medio de acciones, viviendo como vive el resto del mundo, sin normas o valores elevados. Es posible negar a Cristo por medio de lo que decimos, usando malas palabras, vulgaridades y blasfemias características del mundo. También es posible negar a Cristo en muchas maneras en que no necesariamente se utilizan palabras ni se renuncia a Él de manera pública.

Los tiempos futuros en los versículos 32-33 nos dicen que Jesús está hablando de juicio futuro. En aquel día el que lo confiese, Él **también le** confesará, y quien lo niegue, Él **también le** negará.

La diferencia entre el discipulado verdadero y falso es un tema muy repetido en Mateo. Casi al principio del Sermón del Monte, Jesús declaró: "Os digo que si vuestra justicia no fuere mayor que la de los escribas y fariseos, no entraréis en el reino de los cielos" (5:20). Más tarde durante el sermón hizo distinción entre los falsos discípulos, quienes transitan por la puerta ancha y viajan por el camino espacioso, y los verdaderos discípulos, que entran por la puerta estrecha y andan por el camino angosto (7:13-14).

Jesús habló de los que llevan buen fruto y los que llevan fruto malo (7:16-20) y luego declaró: "No todo el que me dice: Señor, Señor, entrará en el reino de los cielos, sino el que hace la voluntad de mi Padre que está en los cielos. Muchos me dirán en aquel día: Señor, Señor, ¿no profetizamos en tu nombre, y en tu nombre echamos fuera demonios, y en tu nombre hicimos muchos milagros? Y entonces les declararé: Nunca os conocí; apartaos de mí, hacedores de maldad" (vv. 21-23). Inmediatamente después hizo distinción entre el individuo que edifica su casa religiosa sobre la arena de la sabiduría humana, atrayendo destrucción, y la persona que edifica sobre la roca de la Palabra de Dios y obtiene salvación (vv. 24-27).

En el capítulo 13 Jesús nos da las parábolas del sembrador, el trigo y la cizaña, y la red (vv. 1-30, 47-50), todas las cuales ilustran diferencias entre la fe verdadera y la falsa. Describió el juicio de las naciones al final de la tribulación como la separación de las ovejas creyentes a su derecha, y las cabras incrédulas a su izquierda. "Entonces el Rey dirá a los de su derecha: Venid, benditos de mi Padre, heredad el reino preparado para vosotros desde la fundación del mundo" (Mt. 25:34).

Las ovejas son aquellos que no solo se identifican con Cristo, sino que por su confesión pública de Él y por su obediencia diaria a la voluntad de Dios, reflejan el propio amor y compasión de Cristo sirviendo a otros en nombre del Señor (vv. 35-36, 40). Confiesan a Cristo con sus palabras y acciones, amando como Él amó, alcanzando a otros como Él lo hizo, y cuidando de otros como Él cuidó. La marca distintiva de ser un discípulo verdadero de Cristo, y por tanto de confesar realmente a Cristo, es ser como Cristo, nuestro Señor y Maestro (10:25).

En la historia de las ovejas y las cabras, Jesús siguió diciendo: "Entonces [el Rey] dirá también a los de la izquierda: Apartaos de mí, malditos, al fuego eterno preparado para el diablo y sus ángeles" (Mt. 25:41). A pesar de que los paganos, agnósticos, ateos y todas las demás clases de incrédulos enfrentarán el mismo fuego eterno, Jesús no estaba hablando de estas personas en este ejemplo. Estaba hablando de aquellos que afirmaron ser sus seguidores y que en el día del juicio le dirán: "Señor, ¿cuándo te vimos hambriento, sediento, forastero, desnudo, enfermo, o en la cárcel, y no te servimos?" (v. 44). Al igual que Judas, profesaban a Cristo, pero no lo confesaban de verdad. Afirmaban que era su Señor, pero nunca le pertenecieron; no habían confiado en Él ni le obedecieron.

Creo que Jesús estaba continuamente preocupado en cuanto a Judas, de quien sabía que no creía y a quien por tanto no confesaría delante del Padre. Judas es el ejemplo clásico de un profesante que no confiesa.

A veces todo pastor consciente se pone triste porque algunos miembros en su congregación, aunque pueden estar participando en las actividades de la iglesia y llevar vidas morales al parecer desinteresadas, quizás no conozcan de veras al Señor y, por tanto, un día despierten en condenación eterna.

UN DISCÍPULO ABANDONA SU FAMILIA

No penséis que he venido para traer paz a la tierra; no he venido para traer paz, sino espada. Porque he venido para poner en disensión al hombre contra su padre, a la hija contra su madre, y a la nuera contra su suegra; y los enemigos del hombre serán los de su casa. El que ama a padre o madre más que a mí, no es digno de mí; el que ama a hijo o hija más que a mí, no es digno de mí; (10:34-37)

Una cuarta marca distintiva del discipulado es la disposición de abandonar todo incluso los miembros de la propia familia, si es necesario, por causa de Cristo. Jesús presenta este punto usando la figura de guerra y paz. En lo que a muchas relaciones humanas respecta, Él no vino **para traer paz a la tierra… sino espada.**

La mayoría de los judíos de la época de Jesús esperaban que el Mesías trajera liberación política a Israel, y que marcara el comienzo de un reino eterno de justicia y paz. El Antiguo Testamento habla de la pacificación del Mesías. Isaías lo llamó el Príncipe de Paz (Is. 9:6), y habla de su reino de perfecta justicia y paz (2:4). Salomón escribió acerca del gobierno mundial de paz y abundancia del Mesías (Sal. 72).

Los discípulos de Jesús ya habían experimentado paz interior y felicidad que nunca antes habían conocido, y sin duda esperaban que esa experiencia aumentara en intensidad y extensión mientras más estuvieran con Jesús. Pudieron haber esperado que el mundo cayera rendido a sus pies mientras predicaban las buenas nuevas del reino, ofreciendo el camino de salvación y felicidad a la humanidad perdida.

Por tanto, a fin de que no malinterpretaran la verdadera naturaleza de la primera venida de Jesús y del ministerio que ahora emprendían, el Señor comenzó temprano a prepararlos para el propio rechazo y sufrimiento que Él experimentaría, y también para lo que ellos soportarían. El evangelio en realidad es un evangelio de paz, porque ofrece la manera de traer paz entre un Dios santo y hombres pecadores, pues muestra el único camino para tener relaciones realmente pacíficas entre los seres humanos. Pero debido a que el sistema mundial es perverso y a que la naturaleza del hombre caído es pecadora, la oferta de paz de Dios sigue siendo rechazada y resulta ofensiva para la mayor parte de las personas del mundo. Esto trae conflicto dentro de las más íntimas relaciones humanas, por lo que **los enemigos del hombre serán los de su casa.**

Usando otra figura de destrucción, Jesús declaró. "Fuego vine a echar en la tierra; ¿y qué quiero, si ya se ha encendido?... ¿Pensáis que he venido para dar paz en la tierra? Os digo: No, sino disensión. Porque de aquí en adelante, cinco en una familia estarán divididos, tres contra dos, y dos contra tres" (Lc. 12:49, 51-52; cp. v. 53).

El Antiguo Testamento también se refiere al aspecto de la venida del Mesías. Miqueas predice una época en que "el hijo deshonra al padre, la hija se levanta contra la madre, la nuera contra su suegra, y los enemigos del hombre son los de su casa" (Mi. 7:6), de lo cual trata el pasaje que Jesús cita aquí. En los antiguos escritos rabínicos hallamos una paráfrasis de ese pasaje que claramente indica que se sabía que la era mesiánica iba a implicar conflicto incluso dentro de la familia: "En el período en que el Hijo de David vendrá, una hija se levantará contra la madre, una nuera contra su suegra, y los enemigos del hombre son los de su propia casa".

Contra viene de *dixazō*, que significa cortar en dos, rasgar y separar, y se usa solo aquí en el Nuevo Testamento. Denota separación total y a menudo permanente. A veces la brecha entre creyentes y parientes incrédulos es de por vida e irreconciliable. Pero un verdadero discípulo debe estar dispuesto a pagar ese precio. Los evangelios informan al menos de dos candidatos a discípulos que no aceptaron el llamado de Jesús de seguirlo porque no estuvieron dispuestos a sacrificar sus vínculos familiares. Uno quería esperar su herencia antes de seguir al Señor, y el otro quería demorar la obediencia hasta haber arreglado algo con su familia. Respecto a ese tipo de compromiso tan tibio y dividido, Jesús declaró: "Ninguno que poniendo su mano en el arado mira hacia atrás, es apto para el reino de Dios" (Lc. 9:57-62).

Esposos o esposas a veces no llegan a Cristo por temor a separarse de sus cónyuges. A veces los hijos no llegan debido a la posibilidad de ofender a sus padres, y viceversa. Tales temores a menudo son infundados, porque un miembro de una familia que llega a Cristo a veces lleva a toda la familia a convertirse. Pero también es común que la conversión de un miembro lleve a padecimiento e interrupción permanente de relaciones familiares. Nadie puede estar seguro por adelantado acerca de cuáles serán las reacciones de otras personas ante su conversión, ni siquiera puede estar seguro respecto a las reacciones de su propia familia. El planteamiento de Jesús aquí es que tanto el interés por salvar el alma, como el hecho de rendirse al señorío absoluto de Cristo debe ser algo primordial, cualesquiera que pudieran ser los costos relacionales. La frase **no es digno de mí** identifica a la persona que no llega a Cristo debido a que otras relaciones íntimas y significativas podrían verse afectadas.

Una vez en una conferencia cristiana hablé con una jovencita que me dijo que se había criado en una familia pagana, y que desde que se convirtió su padre se había negado a hablarle. La chica expresó: "Puedo comprender por qué él rechaza mi decisión, pues no conoce nada del evangelio y cree que toda religión es superstición. Pero podría creerse que al menos papá estaría feliz de que yo no sea alcohólica, drogadicta, prostituida o delincuente. Nunca he experimentado tanto gozo en mi vida, y nunca he amado tanto a mi padre; sin embargo, él me ha cortado de su vida". Al igual que muchos otros, esta joven había experimentado la espada y el fuego que a veces trae el evangelio.

En matrimonios en que uno de los cónyuges es creyente y el otro no, Pablo dice que "el marido incrédulo es santificado en la mujer, y la mujer incrédula en el marido… Pero si el incrédulo se separa, sepárese; pues no está el hermano o la hermana sujeto a servidumbre en semejante caso, sino que a paz nos llamó Dios" (1 Co. 7:14-15). Si la espada de división hace que un incrédulo divida el matrimonio, la separación debe aceptarse por el bien de la paz del creyente.

A través de Zacarías el Espíritu Santo proclamó a Juan el Bautista como el precursor de "lo alto" que habría de "encaminar nuestros pies por camino de paz (Lc. 1:78-79). En el nacimiento de Jesús los ángeles declararon: "¡Gloria a Dios en las alturas, y en la tierra paz, buena voluntad para con los hombres!" (2:14). Poco después de su crucifixión Jesús aseguró a los doce: "La paz os dejo, mi paz os doy…. No se turbe vuestro corazón, ni tenga miedo" (14:27); y otra vez: "Estas cosas os he hablado para que en mí tengáis paz" (16:33). Sin embargo, el Señor detalló ambas promesas explicando en el primer caso: "yo no os la doy [la paz] como el mundo la da" (14:27*b*), y en el segundo: "En el mundo tendréis aflicción; pero confiad, yo he vencido al mundo" (16:33*b*).

En la segunda venida de Cristo será establecido un reino de perfecta paz sobre la tierra, que el Príncipe de Paz iniciará y sustentará de forma soberana. Pero por ahora, durante el intervalo entre sus dos venidas, el evangelio que produce paz interior a quienes creen también será la causa de que sean malinterpretados, calumniados y maltratados por parte de quienes no creen, incluso de sus seres más cercanos y queridos. Las divisiones más desgarradoras siempre se dan entre los que están más cerca de nosotros. En ninguna parte los sentimientos pueden herirse más profundamente que dentro del hogar.

Debido a que la intervención del Hijo de Dios en la historia iría a separar y fracturar las relaciones humanas, Jesús determinó que sus discípulos estuvieran preparados para tal experiencia. Martín Lutero declaró: "Si nuestro evangelio fuera recibido en paz, no sería el verdadero evangelio". Las predicaciones y las enseñanzas de Lutero produjeron la mayor brecha en la historia de la religión, desafiando las enseñanzas antibíblicas y las costumbres de la Iglesia Católica, y destrozando sus muchos siglos de complacencias y poder político.

Convertirse en cristiano requiere afirmar el señorío de Cristo hasta el punto de estar dispuestos a abandonar todo lo demás. No se trata solamente de levantar una mano, firmar una tarjeta, o recorrer un pasillo y declarar amor por Jesús. La salvación es solo por fe, aparte de cualquier obra en absoluto; pero la fe que es auténtica se manifestará en un compromiso que ninguna influencia podrá poner en riesgo. El cristiano debe amar a su familia con amor abnegado. Las esposas y los esposos cristianos deben amarse mutuamente y amar a sus hijos con devoción sin reservas. Los hijos cristianos deben amar, respetar, e interesarse por sus padres, como si se tratara del Señor mismo. Pero el compromiso de un creyente hacia Cristo debe ser tan profundo y trascendental que, de ser necesario, deberá sacrificarse cualquier relación que ponga en peligro *esa* relación.

A John Bunyan le advirtieron que si no dejaba de predicar lo encarcelarían. Él sabía que si iba a la cárcel, su esposa y sus hijos quedarían en la miseria. Tenían apenas lo suficiente para comer y vestir estando él libre; pero si caía preso quedarían en total penuria. Sin embargo, John sabía que debía predicar el evangelio que Dios lo había llamado a predicar. Debido a que se negó a dejar de predicar, fue encarcelado; y desde su celda escribió:

> Desprenderme de mi esposa y mis pobres hijos a menudo ha sido para mí en este lugar como si me arrancaran la carne de los huesos; y eso no solo porque tenga demasiado cariño a estas grandes misericordias, sino también porque con frecuencia me llegan a la mente las muchas dificultades, miserias y anhelos que es probable que mi pobre familia deba enfrentar, y que yo debería evitarles, en especial a mi pobre hijo ciego, quien yace más cerca de mi corazón que todo lo demás que tengo. Oh, pensar en las dificultades que creo que mi cieguito tendrá que pasar me rompe el corazón en pedazos… Pero me recuerdo que debo aventurar todo con Dios, aunque vaya pronto a dejarte. Oh, preví que en esta condición yo era un hombre que derribaba su propia casa sobre las cabezas de su esposa y sus hijos; sin embargo, pensé que debía hacerlo. Debo hacerlo.

UN DISCÍPULO OFRECE SU PROPIA VIDA

y el que no toma su cruz y sigue en pos de mí, no es digno de mí. El que halla su vida, la perderá; y el que pierde su vida por causa de mí, la hallará. (10:38-39)

Amar nuestra propia vida es a menudo el mayor obstáculo para comprometernos por completo con Cristo. No obstante, Jesús llama a sus discípulos a la abnegación total, que de ser necesario incluye sacrificarse hasta el punto de morir.

Nadie en el Imperio Romano en tiempos del Nuevo Testamento, y sin duda nadie en Palestina, pudo haber pasado por alto el planteamiento de Jesús cuando declaró: **el que no toma su cruz y sigue en pos de mí, no es digno de mí.** La **cruz** simbolizaba los extremos tanto de dolor insoportable como de crueldad despiadada; pero por sobre todo simbolizaba muerte. Solo unos cuantos años antes que Jesús pronunciara estas palabras, un zelote llamado Judas había reunido una banda de rebeldes para pelear contra las fuerzas romanas de oposición. La insurrección fue sofocada fácilmente, y a fin de enseñarles una lección a los judíos, el general romano Varo ordenó la crucifixión de más de dos mil judíos. Sus cruces se alinearon por los caminos de un extremo al otro de Galilea.

Los doce supieron de inmediato que tomar sus cruces y seguir **en pos de mí** significaba entregarse sin reservas al señorío de Jesús, sin consideración del costo, incluso la vida misma.

Por terribles que puedan ser, las dificultades y las tragedias de la vida humana que a menudo les suceden a los cristianos no son las cruces a las que Jesús se refiere. Aspectos tales como un cónyuge cruel, un hijo rebelde, una enfermedad debilitante o terminal, la pérdida de un trabajo, o la destrucción de una casa por parte de un tornado podrían probar fuertemente la fe de un creyente; sin embargo, esas no son cruces.

La **cruz** de un creyente no es una identificación mística o espiritual con la cruz de Cristo o con alguna idea de "vida crucificada". Tales conceptos son extraños al contexto; además, la cruz de Cristo aún era futura cuando Jesús habló aquí. Los discípulos oirían **cruz** y pensarían solo en muerte física.

Una **cruz** es el sacrificio voluntario de todo lo que se tiene, incluso la vida, por causa de Cristo. Es algo que, al igual que el Señor mismo, un creyente debe enfrentar cuando el mundo incrédulo arremete contra él debido a la relación que tiene con Dios.

Pero según el Señor sigue explicando, ningún sacrificio por Él se compara con lo que se recibe de Cristo. **El que** cree hallar **su vida** en las cosas del mundo, **la perderá.** La vida terrenal es temporal, y la persona que se aferra a ella por encima de todo lo demás se está aferrando a algo que no es posible conservar, y en el proceso pierde la vida eterna que no se puede perder.

Por otra parte, **el que pierde su vida por causa de mí,** sigue expresando Jesús, **la hallará.** El Señor no está aislando el martirio, porque ningún sacrificio humano puede merecer la salvación. Pero la disposición de abandonarlo todo por el nombre de Cristo, incluso la vida física si es necesario, indica el espíritu del verdadero discipulado y, por tanto, el espíritu de una persona que está destinada al cielo y a la **vida** eterna en la presencia de Dios.

Cuando John Bunyan fue llevado ante el juez para ser sentenciado a la cárcel, declaró: "Señor, la ley de Cristo ha provisto dos maneras de obedecer: una es hacer lo que en mi conciencia estoy obligado a llevar activamente a cabo. La otra es que cuando no pueda obedecer de forma activa, estoy dispuesto a resignarme y sufrir lo que harán conmigo".

UN DISCÍPULO RECIBE SU RECOMPENSA

El que a vosotros recibe, a mí me recibe; y el que me recibe a mí, recibe al que me envió. El que recibe a un profeta por cuanto es profeta, recompensa de profeta recibirá; y el que recibe a un justo por cuanto es justo, recompensa de justo recibirá. Y cualquiera que dé a uno de estos pequeñitos un vaso de agua fría solamente, por cuanto es discípulo, de cierto os digo que no perderá su recompensa. (10:40-42)

La sexta marca distintiva de un verdadero discípulo no es lo que hace o lo que es, sino lo que recibe. Esta característica es la más positiva, pero también la más invisible. No se experimenta por completo (y a veces se percibe muy poco) en esta vida, pero está principalmente reservada para el cielo y se la disfruta ahora por fe y esperanza.

Aunque gran cantidad de personas rechazan el evangelio, muchas también creen. Los que lo aceptan aceptarán a quien les lleva el evangelio. El verdadero discípulo y ministro de Jesucristo es un agente de Dios. Ni siquiera los apóstoles tuvieron dentro de sí mismos el poder para perdonar pecados o reconciliar a los hombres con Dios. Sin embargo, *todo* cristiano cuyo testimonio lleva a otra persona hacia Cristo es instrumento de Dios para salvación. En ese sentido, Jesús manifestó: **El que a vosotros recibe, a mí me recibe.** Una persona que nos recibe no solo a nosotros sino a nuestro testimonio también recibe a Cristo, porque somos sus embajadores.

Quien recibe al Hijo también recibe al Padre, manifestó Jesús, **y el que me recibe a mí, recibe al que me envió.** No existe tal cosa como creer en Dios el Padre sin creer en Dios el Hijo. Jesús dijo a los judíos incrédulos en Jerusalén: "Ni a mí me conocéis, ni a mi Padre; si a mí me conocieseis, también a mi Padre conoceríais". Poco tiempo después advirtió al mismo grupo: "Si vuestro padre fuese Dios, ciertamente me amaríais; porque yo de Dios he salido, y he venido; pues no he venido de mí mismo, sino que él me envió" (Jn. 8:19, 42).

En su gracia ilimitada Dios no solo premia a un profeta por su fidelidad, sino que también recompensa a todo aquel **que recibe a un profeta por cuanto es profeta,** y que por tanto incluso una **recompensa de profeta recibirá.** Es más, el mismo principio se aplica a *todo* creyente que es aceptado por la causa de Cristo. **El que recibe a un justo por cuanto es justo, recompensa de justo recibirá.** En una incomprensible participación de bendiciones, Dios muestra sus recompensas sobre toda persona que recibe a su pueblo porque se trata del pueblo del Señor.

Extendiendo aún más la promesa de la gracia de Dios, Jesús continuó: **Y cualquiera que dé a uno de estos pequeñitos un vaso de agua fría solamente, por cuanto es discípulo, de cierto os digo que no perderá su recompensa.**

Los **pequeñitos** son creyentes que parecen insignificantes y sin importancia (cp. Mt. 18:3-1; 25:31-46). Podría tratarse de nuevos creyentes que son indoctos y que tropiezan en su nueva vida; o de creyentes de toda una vida cuyos años de servicio dedicado han atraído poca atención. El propósito de Jesús es que *cualquier* servicio hecho en su nombre a *cualquiera* de los miembros de su pueblo equivale a un servicio que se le hace a Él, y por tanto será recompensado. La ayuda más sencilla dada al discípulo más sencillo no pasará desapercibida o sin recompensa de Dios.

Mientras un jovencito en una aldea de Inglaterra se esforzaba por estudiar para el ministerio, un viejo zapatero lo ayudó en todas las maneras que pudo. El hombre piadoso animó espiritualmente al muchacho y le prestó apoyo con el poco dinero que podía ahorrar. Cuando el joven finalmente tuvo licencia para predicar, el zapatero le dijo: "Siempre tuve en mi corazón el deseo de ser un ministro del evangelio; pero las circunstancias nunca lo hicieron posible. Tú estás haciendo lo que siempre fue mi sueño, pero que nunca se volvió realidad. Quiero que me permitas hacerte gratis tus zapatos y que los uses en el púlpito cuando prediques. De ese modo sentiré que estás predicando el evangelio que siempre quise predicar, parado en mis zapatos".

Siempre que llegamos a ser la fuente de bendición para otros, somos bendecidos; y cada vez que otros creyentes se convierten en fuente de bendición para nosotros, son bendecidos. En la magnífica economía de la gracia de Dios, el menor de los creyentes puede participar de las bendiciones del mayor, y la obra de ninguno quedará sin recompensa.

Juan Calvino fue expulsado de Ginebra por ciudadanos desagradecidos y resentidos porque él les entregó la verdad completa de la Palabra de Dios. En respuesta a la desilusionadora noticia, Calvino declaró: "Lo más seguro es que si yo hubiera servido al ser humano, esta habría sido una mala recompensa. Pero mi felicidad es que he servido al Señor que nunca falla en recompensar a sus siervos en toda la magnitud de sus promesas".

Dudas superadas 66

Cuando Jesús terminó de dar instrucciones a sus doce discípulos, se fue de allí a enseñar y a predicar en las ciudades de ellos. Y al oír Juan, en la cárcel, los hechos de Cristo, le envió dos de sus discípulos, para preguntarle: ¿Eres tú aquel que había de venir, o esperaremos a otro? Respondiendo Jesús, les dijo: Id, y haced saber a Juan las cosas que oís y veis. Los ciegos ven, los cojos andan, los leprosos son limpiados, los sordos oyen, los muertos son resucitados, y a los pobres es anunciado el evangelio; y bienaventurado es el que no halle tropiezo en mí. (11:1-6)

Los diez primeros capítulos de Mateo son en general una serie de testimonios que prueban quién es Jesús. Mateo presenta el testimonio de la historia (1:1-17), el del nacimiento milagroso (1:18-25), de la profecía cumplida (2:1-23), del precursor de Cristo (3:1-12), de Dios el Padre (3:13-17), del poder de Jesús (4:1-11), de sus palabras (5:1—7:29), de sus obras (8:1—9:38) y de sus discípulos (10:1-42). Mateo presenta toda esa evidencia en el tribunal, por así decirlo, para atestiguar que Jesús es el Cristo, el Mesías prometido e Hijo de Dios.

En los capítulos 11—12 Mateo se enfoca en las reacciones de varios individuos y grupos ante tal evidencia, organizada en varias categorías generales de respuesta. En cada capítulo hay una serie de respuestas negativas seguidas por una apelación positiva. El capítulo 11 examina las respuestas negativas de la duda (vv. 1-15), la crítica (16—19) y la indiferencia (20—24), seguido de una apelación positiva a la fe (25—30). El capítulo 12 examina las respuestas negativas de rechazo (vv. 1-21), el asombro (22—23), la blasfemia (24—27) y la fascinación curiosa (38—45), seguido por otra apelación positiva a la fe (46—50).

En los seis primeros versículos de esta sección Mateo menciona primero el breve recorrido de ministración que hizo Jesús solo (v. 1; véase 10:5), y luego presenta la respuesta negativa de duda que Juan dio (vv. 2-3) y la respuesta de Jesús a esa duda (vv. 4-6).

JESÚS MINISTRA SOLO

Cuando Jesús terminó de dar instrucciones a sus doce discípulos, se fue de allí a enseñar y a predicar en las ciudades de ellos. (11:1)

Aunque el texto no lo dice explícitamente, se puede suponer que después que **Jesús terminó de dar instrucciones a sus doce discípulos,** estos se fueron a predicar y a sanar entre los judíos de Galilea, tal como Él les había dicho que hicieran (véase 10:5). Mientras ellos estaban fuera, Jesús **se fue de allí** (el lugar de instrucción; véase 10:1) y comenzó **a enseñar y a predicar en las ciudades de ellos,** es decir, las ciudades de Galilea. Durante un tiempo relativamente corto, Jesús ministró solo mientras los discípulos habían salido a su primera misión.

El ministerio doble del Señor consistió en **enseñar y predicar,** explicando y proclamando las buenas nuevas. La mayor parte de su enseñanza la habría realizado en las calles de las ciudades, pero ya que las sinagogas eran el lugar normal donde se enseñaban las Escrituras entre los judíos, es probable que Jesús también hubiera enseñado en ellas. El historiador judío Filón nos dice que el propósito principal de las reuniones en la sinagoga era leer y exponer las Escrituras. Los rabinos y eruditos que estaban de visita siempre eran bienvenidos para enseñar en las sinagogas locales, y Jesús mismo aprovechó varias veces ese privilegio (véase Mt. 4:23; 9:35; 12:9; Mr. 6:2; Lc. 6:6; Jn. 18:20).

JUAN DUDA DE JESÚS

Y al oír Juan, en la cárcel, los hechos de Cristo, le envió dos de sus discípulos, para preguntarle: ¿Eres tú aquel que había de venir, o esperaremos a otro? (11:2-3)

En el caso de Juan el Bautista y de innumerables creyentes desde su época, la duda podría describirse mejor como desconcierto o confusión. El desconcierto del que tratan estos versículos es la incertidumbre de un creyente, un verdadero hijo de Dios y ciudadano del reino. Juan no estaba cuestionando la veracidad de la Palabra de Dios revelada en el Antiguo Testamento o como le fue revelada en el bautismo de Jesús. Juan más bien estaba inseguro acerca de su comprensión de esas verdades. Prácticamente todas las referencias del evangelio a la duda pertenecen a creyentes más que a incrédulos; y el tipo de cuestionamiento que Juan el Bautista sintió con relación a la identidad de Jesús solamente puede ocurrir en la vida de un creyente. En ese tiempo de transición, antes de la revelación escrita del Nuevo Testamento, había muchas cosas que parecían poco claras y que necesitaban explicación y confirmación.

Jesús mismo testificó de Juan que "entre los que nacen de mujer no se ha levantado otro mayor que Juan el Bautista" (Mt. 11:11). Él era el hombre más grande que había vivido hasta ese momento, y cuando todos los creyentes están confundidos pueden consolarse en la confusión de Juan. También anima recordar que fue a sus discípulos verdaderos, principalmente los doce, que Jesús expresó varias veces palabras tales como "hombres de poca fe" y "¿por qué dudaste?" (Mt. 8:26; 14:31; 21:21; cp. 28:17; Mr. 11:23; 16:11; Lc. 12:28).

Aunque el Señor comprende las dudas de sus hijos, nunca está satisfecho con esas dudas porque van contra Él. Mientras Pedro reflexionaba en la visión de los animales inmundos, los mensajeros de Cornelio llegaron a la casa en que el apóstol se alojaba, y el Espíritu Santo le dijo a Pedro: "He aquí, tres hombres te buscan. Levántate, pues, y desciende y no dudes de ir con ellos", es decir que no debía vacilar (Hch. 10:19-20). Santiago advierte a los creyentes que "el que duda es semejante a la onda del mar, que es arrastrada por el viento" (Stg. 1:6; cp. Ef. 4:14). Sin embargo, la duda de la que Juan el Bautista era culpable fue el resultado de la debilidad y no del pecado.

Para cuando Jesús comenzó este tiempo de ministrar solo en Galilea, **Juan estaba en la cárcel** por orden de Herodes porque Juan denunció el matrimonio adúltero del rey con la esposa de su hermano (Mt. 14:3-4). Juan ya había anunciado la venida de Jesús como el Mesías, se había dirigido a Él como el Cordero de Dios, lo había bautizado en el río Jordán, y había declarado con humildad que "es necesario que él crezca, pero que yo mengüe" (Jn. 3:30). Juan ya había reconocido a Jesús como el Cristo y había confiado en Él como su propio Señor y Salvador. Pero ahora estaba desconcertado, así que **envió dos de sus discípulos, para preguntarle: ¿Eres tú aquel que había de venir, o esperaremos a otro?**

El hecho de que Juan enviara a sus discípulos a preguntarle a Jesús es un fuerte testimonio de su fe. En su corazón Juan creía que Jesús era realmente el Mesías y confiaba en Él como su Señor; pero los acontecimientos o la falta de ellos pusieron en su mente o en sus emociones una nube de incertidumbre sobre su certeza. En realidad estaba diciendo: "He creído firmemente que eres el Mesías; sin embargo, ¿he estado equivocado?". Juan no estaba pidiendo información sino confirmación. Él creía, pero su fe se había debilitado. Al igual que el padre del muchacho que Jesús curara de un espíritu inmundo, Juan había acudido a Jesús por medio de sus discípulos diciendo: "Creo; ayuda mi incredulidad" (Mr. 9:24).

Algunos discípulos de Juan ya habían estado observando a Jesús durante algún tiempo, tal vez por instrucción del mismo Juan. Poco después del banquete que Mateo ofreciera en honor de Jesús, y al cual invitó a compañeros "publicanos y pecadores… vinieron a él los discípulos de Juan, diciendo: ¿Por qué nosotros y los fariseos ayunamos muchas veces, y tus discípulos no ayunan?" (Mt. 9:10, 14). Y después que Jesús resucitara al hijo de la viuda de Naín, "los discípulos de Juan le dieron las nuevas de todas estas cosas" (Lc. 7:18).

Es obvio que los discípulos de Juan tenían algún tipo de comunicación con él mientras se hallaba en la cárcel, y al parecer Juan los envió en varias tareas, principalmente que observaran e informaran acerca del ministerio de Jesús. Después de estar encarcelado por muchos meses, sin poder predicar ni tener algún contacto con el mundo exterior a excepción de visitas ocasionales de sus discípulos, Juan estaba plagado de recelos y dudas acerca de Jesús, Aquel a quien él mismo había anunciado, bautizado y declarado que era el Cristo.

De ahí que Juan dijera a dos de sus discípulos (véase Lc. 7:19) que le preguntaran específicamente a Jesús: **¿Eres tú aquel que había de venir?** Junto con el Renuevo, Hijo de David, Rey de reyes y otros de tales títulos, **aquel que había de venir** (*ho erchomenos*) era una denominación común para el Mesías. El título se encuentra por primera vez en Salmos 40:7 y 118:26, y a menudo los escritores del evangelio lo usan o se refieren a este apelativo (véase Mt. 3:11; Mr. 1:7; 11:9; Lc. 3:16; 13:35; 19:38; Jn. 1:27). Todo judío de la época de Jesús habría estado consciente de que preguntar si Él era **aquel que había de venir** era preguntar si se trataba del Mesías.

Debe ser reconfortante para nosotros que incluso un hombre de la talla espiritual y los dones de Juan fuera objeto de dudas. Del texto y de la situación de Juan pueden verse al menos cuatro razones para su duda, las cuales hoy día también hacen dudar a muchos cristianos modernos. Esas razones son circunstancias difíciles, revelación incompleta, influencia del mundo, y expectativas no cumplidas.

CIRCUNSTANCIAS DIFÍCILES

Humanamente hablando, la carrera de **Juan** el Bautista había terminado en desastre. Él había sido el hombre apasionado, independiente, drástico, agresivo y valiente que predicaba exactamente lo que debía predicarse, a quien debía predicársele, y en el momento que era necesario hacerlo. En todos los sentidos en que Jesús llamó pecado al pecado y pecadores a los pecadores, Juan fue audaz, agresivo y fiel al Señor. Y ahora se hallaba **en la cárcel** a causa de su fidelidad.

En un viaje a Roma, Herodes Antipas, gobernador de Galilea, se había fijado en Herodías, la esposa de su hermano Felipe, y la había seducido. Después de regresar a Galilea, Herodes se divorció de su propia esposa y se casó con Herodías. Cuando Juan el Bautista supo esto, públicamente confrontó a Herodes con su pecado, por lo que este lo arrojó de inmediato a la cárcel. Únicamente el miedo que Herodes tenía a las multitudes impidió que Juan fuera ejecutado al instante (Mt. 14:5).

Juan estaba encarcelado en una antigua fortaleza en Maqueronte, situada en una región cálida y desolada a ocho kilómetros al oriente y veinticuatro kilómetros al sur del extremo norte del Mar Muerto. Lo habían colocado en un calabozo oscuro y asfixiante que era poco más que un pozo. Después de cerca de dieciocho meses de protagonismo, este espíritu libre del desierto fue confinado y aislado. Había estado en prisión quizás durante un año cuando envió a los dos discípulos a ver a Jesús.

William Barclay capta gran parte del significado de la situación de Juan:

> Él era un hijo del desierto; había vivido siempre en los amplios espacios abiertos, con el viento limpio en el rostro y la espaciosa bóveda del cielo por techo. Y ahora estaba confinado en una mazmorra pequeña y subterránea entre recios muros. Para un hombre como Juan, que tal vez no había vivido nunca en una casa, esto debe de haber sido agonía. En el astillo escocés de Carlisle hay una pequeña celda. Una vez hace mucho tuvieron allí encerrado durante años a un jefe de las tribus fronterizas. En esa celda no hay más que una ventana pequeña, situada demasiado arriba para que una persona pudiera mirar por ella poniéndose en pie. En el alféizar de la ventana hay dos depresiones desgastadas en la piedra. Son las huellas de las manos del jefe prisionero, los lugares donde, día tras día, se encaramaba para mirar con ansia los verdes valles que no volvería a cabalgar ya nunca. Juan debe de haber sufrido una experiencia semejante; y no debe sorprendernos y menos debemos criticarlo, el que surgieran en su mente ciertos interrogantes (*Comentario al Nuevo Testamento* [Barcelona: Editorial Clie, 1999], p. 104).

Juan fue un verdadero santo y un verdadero profeta de Dios: apartado del mal, leal, desinteresado e incondicional en su servicio al Señor. Había hecho exactamente lo que Dios le dijo que hiciera. Había sido lleno con el Espíritu desde el momento que estuvo en el vientre de su madre, y toda su vida había vivido bajo el voto nazareo, el juramento de dedicación más exaltado que un hombre judío podía hacer. Pero ahora no podía dejar de preguntarse si la cárcel, la vergüenza, el hambre, el tormento físico, la confusión, y la soledad eran sus recompensas.

Juan conocía bien el Antiguo Testamento, y difícilmente pudo haber dejado de preguntarse dónde estaba ahora el consuelo de Dios (Sal. 119:50; Is. 51:12). Además, si Jesús era de veras el Mesías, ¿por qué permitía que su precursor y siervo sufriera en prisión? ¿Dónde estaban el amor y la compasión de Dios, por no hablar de su justicia? ¿Dónde estaba la promesa de Dios de que el Mesías vendría "a vendar a los quebrantados de corazón, a publicar libertad a los cautivos, y a los presos apertura de la cárcel; a proclamar el año de la buena voluntad de Jehová, y el día de venganza del Dios nuestro; a consolar a todos los enlutados; a ordenar que a los afligidos de Sion se les dé gloria en lugar de ceniza, óleo de gozo en lugar de luto, manto de alegría en lugar de espíritu angustiado" (Is. 61:1-3)?

Cuando un creyente ha servido de manera fiel y sacrificada al Señor por muchos años, y luego experimenta alguna desgracia, quizás incluso una serie de desgracias, es difícil no dudar del amor y la justicia de Dios. Cuando un hijo se pierde por muerte o incredulidad, un esposo o una esposa mueren o se van, el cáncer nos ataca a nosotros mismos o a un ser querido, estamos tentados a preguntar: "Dios, ¿dónde estás ahora cuando más te necesito? ¿Por qué has permitido que esto me suceda? ¿Por qué no me ayudas?". Pero si insistimos en tales pensamientos, Satanás los agranda y trata de usarlos para socavar nuestra confianza en Dios. Salvo cuando voluntariamente seguimos en pecado, nunca estamos tan vulnerables a dudar de la bondad y la verdad de Dios y a creer las mentiras de Satanás que cuando estamos sufriendo.

Juan sabía a dónde acudir para encontrar las respuestas a sus preguntas y la solución a sus dudas. En realidad había comenzado a tener dudas acerca de la identidad de Jesús como el Cristo; pero envió a sus discípulos a Jesús mismo para confirmación. Es posible que Juan hubiera estado clamando en su mente: "Señor, ¿por qué no me ayudas?". Ahora, por medio de sus discípulos, Juan estaba suplicando: "Señor, ¡ayúdame, por favor!".

En su gran amor y compasión, Jesús estuvo encantado de responder, realizando milagros especialmente por el bien de Juan y prometiéndole bendición espiritual si no vacilaba en confiar incluso en medio de circunstancias desconcertantes.

Pablo mismo estaba en la cárcel, probablemente en Roma, cuando escribió: "Regocijaos en el Señor siempre. Otra vez digo: ¡Regocijaos! Vuestra gentileza sea conocida de todos los hombres. El Señor está cerca. Por nada estéis afanosos, sino sean conocidas vuestras peticiones delante de Dios en toda oración y ruego, con acción de gracias. Y la paz de Dios, que sobrepasa todo entendimiento, guardará vuestros corazones y vuestros pensamientos en Cristo Jesús" (Fil. 4:4-7). El apóstol siguió diciendo: "He aprendido a contentarme, cualquiera que sea mi situación. Sé vivir humildemente, y sé tener abundancia; en todo y por todo estoy enseñado, así para estar saciado como para tener hambre, así para tener abundancia como para padecer necesidad. Todo lo puedo en Cristo que me fortalece.... Mi Dios, pues, suplirá todo lo que os falta conforme a sus riquezas en gloria en Cristo Jesús" (vv. 11-13, 19).

Las circunstancias negativas son dolorosas y difíciles, pero nuestra respuesta debe ser la misma de Juan: ir al Señor y pedirle que disipe nuestras dudas, ansiedades y temores (cp. Stg. 1:2-12).

REVELACIÓN INCOMPLETA

Una segunda causa importante de duda es la revelación incompleta. A pesar de que Juan había oído hablar de **los hechos de Cristo,** su información era de segunda mano y no completa. Había estado encarcelado durante un año; pero incluso mientras estuvo predicando no tuvo contacto directo con Jesús después del bautismo. Si los propios discípulos de Jesús no entendían completamente al Señor y demostraban tener "poca fe" después de estar con Él íntimamente durante tres años, es fácil entender por qué Juan tenía dudas. Él no había visto con sus "propios ojos [la] majestad" de Jesús, como ocurrió con Pedro, Jacobo y Juan (2 P. 1:16-18; cp. Mt. 17:2), ni tuvo la oportunidad de ver con sus propios ojos o palpar con sus propias manos al Hijo de Dios mientras enseñaba, predicaba y curaba, así como la tuvieron los doce y muchos otros además de ellos (véase 1 Jn. 1:1).

Juan no experimentó toda la verdad acerca del Mesías a quien fue enviado a anunciar. Estaba en una posición no muy distinta a la de los profetas del Antiguo Testamento. Pedro explica: "Los profetas que profetizaron de la gracia destinada a vosotros, inquirieron y diligentemente indagaron acerca de esta salvación, escudriñando qué persona y qué tiempo indicaba el Espíritu de Cristo que estaba en ellos, el cual anunciaba de antemano los sufrimientos de Cristo, y las glorias que vendrían tras ellos" (1 P. 1:10-11).

La información que los **discípulos** de Juan le llevaban aún no era de primera mano, pero el informe se basaba en demostraciones que confirmaban el poder divino que Jesús desplegó específicamente para beneficio de Juan.

Muchos creyentes hoy día también dudan de ciertas verdades acerca de Dios debido a información incompleta, porque tienen conocimiento o entendimiento inadecuado de la Palabra de Dios. El cristiano que está inmerso en las Escrituras no tiene ningún motivo para tropezar. Cuando se le permite a Dios hablar por medio de su Palabra, se desvanece la duda igual que la niebla ante la luz del sol.

Jesús respondió a las dudas de los dos discípulos en el camino a Emaús reprendiéndolos primero por ser "tardos de corazón para creer todo lo que los profetas han dicho". Entonces, "comenzando desde Moisés, y siguiendo por todos los profetas, les declaraba en todas las Escrituras lo que de él decían" (Lc. 24:25, 27). Después que Jesús les reveló quién era y "desapareció de su vista… se decían el uno al otro: ¿No ardía nuestro corazón en nosotros, mientras nos hablaba en el camino, y cuando nos abría las Escrituras?" (vv. 31-32). Aun antes que supieran que Jesús era quien les hablaba, la verdad de su Palabra comenzó a disiparles las dudas y a fortalecerles la fe.

Todos necesitamos la verdad continua de la Palabra para protegernos de la duda y disiparla cuando esta llega. Los hermanos de Berea eran nobles de mente, y "recibieron la palabra con toda solicitud" porque examinaban "cada día las Escrituras para ver si estas cosas" que predicaba Pablo eran ciertas (Hch. 17:11).

INFLUENCIA DEL MUNDO

Una tercera causa de duda es la influencia del mundo, de la cual ni siquiera el piadoso Juan estuvo totalmente aislado. Lo que Jesús estaba predicando y haciendo no cuadraba con lo que la mayoría de judíos creían que iba a hacer el Mesías,

aquel que había de venir, y probablemente Juan estaba de acuerdo con esos conceptos erróneos. Se esperaba que el Mesías antes que nada liberara a Israel de su esclavitud, representada en aquella época por Roma. Era obvio que el Mesías no podía establecer su propio reino de justicia y rectitud sin tratar primero con los paganos, injustos y crueles romanos. Pero Jesús no había hecho nada por oponerse a Roma, en palabras ni acciones.

El pueblo judío también creía que el Mesías iba a eliminar todo sufrimiento: enfermedades, aflicciones, hambre y dolor. Sin embargo, por maravillosos y extensos que los milagros de Jesús eran, no habían desterrado por completo esos males de Israel, mucho menos de todo el mundo. También era probable que muchos judíos concibieran un tipo de sociedad de bienestar, en la cual todas sus necesidades materiales estarían satisfechas. Esperaban salud, riqueza y felicidad instantáneas, y cuando Jesús alimentó a la multitud en el extremo opuesto del lago de Galilea, ellos estuvieron listos para coronarlo al instante como rey (Jn. 6:15, 26).

Juan el Bautista sabía que Jesús rechazó que lo hicieran rey, y que no había hecho nada por cambiar ya fueran los sistemas políticos y militares paganos y brutales de Roma o el sistema religioso mundano y corrupto de Israel. El pecado seguía siendo desenfrenado, la injusticia seguía siendo la regla, la corrupción política y religiosa era la norma, y el mundo era esencialmente el mismo que había sido durante miles de años, excepto por unas pocas vidas limpiadas y cuerpos curados. Ningún reino visible estaba a la vista, ni podían verse cambios radicales.

Un error común acerca del Mesías era que su venida estaría precedida por la venida de una cantidad de otros hombres. Primero Elías iba regresar, luego Jeremías, y después un grupo de otros profetas. Por tanto, cuando Jesús preguntó a sus discípulos: "¿Quién dicen los hombres que es el Hijo del Hombre? Ellos dijeron: Unos, Juan el Bautista [a quien para ese tiempo lo habían ejecutado]; otros, Elías; y otros, Jeremías, o alguno de los profetas" (Mt. 16:13-14). Es posible que Juan el Bautista creyera que Jesús tal vez no fuera el Mesías sino solo uno de los precursores, como él mismo lo fue.

Los propios discípulos de Jesús tenían algunas de esas ideas falsas con relación al Mesías. Continuamente batallaban con dudas acerca de Jesús porque Él no se ajustaba a las ideas preconcebidas que tenían. Incluso después de la resurrección aún esperaban que el Señor estableciera su reino terrenal. Le preguntaron: "Señor, ¿restaurarás el reino a Israel en este tiempo?" (Hch. 1:6). En varias ocasiones Él les habló de la naturaleza de su misión y de su plan, pero las ideas que ellos se habían formado de parte del mundo que los rodeaba, les nubló y distorsionó el entendimiento. Lo que Jesús dijo a Felipe poco antes de la crucifixión se aplicaba a todos los discípulos: "¿Tanto tiempo hace que estoy con vosotros, y no me has conocido?" (Jn. 14:9). Incluso después que Pedro confesó que Jesús era "el Cristo, el Hijo del Dios viviente", no pudo aceptar la verdad de que el Cristo tendría que morir, aunque oyó esa verdad de los propios labios del Maestro (Mt. 16:16, 21-22). Los discípulos en el camino a Emaús estaban confundidos por la misma razón (Lc. 24:19-24). Todos ellos habían sido víctimas de lo que las personas a su alrededor creían que el Mesías sería y haría.

Las ideas de los israelitas con relación al Mesías estaban tan distorsionadas y arraigadas, que hacían caso omiso o malinterpretaban cualquier cosa que Jesús dijera o hiciera que no calzara con las ideas que tenían. Cuando algunos de los líderes judíos le dijeron a Jesús: "¿Hasta cuándo nos turbarás el alma? Si tú eres el Cristo, dínoslo abiertamente", Él contestó: "Os lo he dicho, y no creéis" (Jn. 10:24-25).

La gente hoy, incluso algunos creyentes, por la misma razón está confundida y desconcertada en cuanto al plan de Dios. Sus mentes están tan llenas de ideas de personas a su alrededor que no entienden el plan de Dios cuando lo leen en la Biblia. Continuamente oímos de individuos que preguntan: "Si Cristo ama tanto a todo el mundo, ¿por qué mueren niños y personas tienen hambre, se enferman y quedan discapacitadas? Si Dios es un Dios de justicia, ¿por qué existe tanta corrupción e injusticia en el mundo? ¿Por qué a tantas personas les va mal y a tantas malas les va tan bien? Si Dios es tan amoroso y misericordioso, ¿por qué envía gente al infierno? Si Dios es tan poderoso y las religiones falsas tan malas, ¿por qué simplemente no erradica esos sistemas falsos?". Debido a que el Señor no calza en las ideas preconcebidas que las personas tienen de cómo debería ser Él, se sienten confundidas y a menudo indignadas, y en ocasiones hasta se vuelven blasfemas.

El mundo no conoce a Dios ni entiende su naturaleza o su plan. Pablo escribió: "El hombre natural no percibe las cosas que son del Espíritu de Dios, porque para él son locura, y no las puede entender, porque se han de discernir espiritualmente" (1 Co. 2:14). Los judíos que no creían la afirmación de Jesús respecto a su condición mesiánica, aunque Él les habló claramente de ella, lo hicieron porque no le pertenecían. Jesús declaró: "Vosotros no creéis, porque no sois de mis ovejas" (Jn. 10:26).

A los fariseos incrédulos que le preguntaron a Jesús acerca de "cuándo había de venir el reino de Dios, les respondió y dijo: El reino de Dios no vendrá con advertencia, ni dirán: Helo aquí, o helo allí; porque he aquí el reino de Dios está entre vosotros" (Lc. 17:20-21). La ignorancia y la incredulidad siempre ciegan los ojos de los hombres a las realidades del reino que están alrededor de ellos.

EXPECTATIVAS NO CUMPLIDAS

El hecho de que Juan diera instrucciones a sus discípulos de preguntar **¿o esperaremos a otro?** parece indicar que sus expectativas acerca del Mesías no se habían satisfecho. Bajo la dirección del Espíritu, Juan había estado proclamando con gran valor: "El que viene tras mí, cuyo calzado yo no soy digno de llevar, es más poderoso que yo; él os bautizará en Espíritu Santo y fuego. Su aventador está en su mano, y limpiará su era; y recogerá su trigo en el granero, y quemará la paja en fuego que nunca se apagará" (Mt. 3:11-12). Juan sabía que lo que predicó era cierto, y sabía que Jesús era aquel de quien predicó; no obstante, el Señor no había hecho ninguna de esas cosas. El Mesías iba a venir en juicio, y por tanto Juan esperaba que Jesús tomara "su aventador en su mano" y empezara a limpiar la era y a quemar la paja. Esperaba que Jesús mostrara el poder abrasador del juicio absoluto, completo y en todo el mundo.

Pero en lugar de ejecutar juicio, Jesús reunió un grupo de doce seguidores difíciles de describir y comenzó a enseñarles en la misma forma que muchos otros rabinos habían hecho durante siglos antes que Él. Jesús demostró poder de obrar milagros, pero lo usó únicamente para salvar y curar, no para juzgar. En especial ahora que estaba encarcelado, sin duda Juan quería clamar igual que David: "Mis enemigos volvieron atrás; cayeron y perecieron delante de ti. Porque has mantenido mi derecho y mi causa; te has sentado en el trono juzgando con justicia" (Sal. 9:3-4); y: "Ciertamente hay galardón para el justo; ciertamente hay Dios que juzga en la tierra" (Sal. 58:11; cp. 35:1-9; 52:1-5). Juan quería clamar como los santos debajo del altar que declararon: "¿Hasta cuándo, Señor, santo y verdadero, no juzgas y vengas nuestra sangre en los que moran en la tierra?" (Ap. 6:10). Sin embargo, Juan no veía intervención divina, ni juicio, ni ejecución de justicia. Jesús no vengó a los justos. Ni siquiera se defendió de sus acusadores.

Siempre ha sido difícil para los creyentes comprender por qué Dios permite que muchos de sus hijos sufran y que tantas personas malvadas e impías prosperen. Esto era doblemente difícil para Juan el Bautista. Por un lado, él tenía una profunda devoción por la justicia y fue llamado por Dios para predicar arrepentimiento y juicio. Más que eso, fue llamado a proclamar la venida de **aquel que había de venir** que ejecutaría ese juicio, el cual Juan creía que comenzaría poco después, si no inmediatamente, que el Mesías apareciera en la escena.

Los cristianos de hoy a veces se emocionan por el inminente regreso del Señor; pero cuando pasan muchos años y Él no viene, a menudo se les desvanece su esperanza, junto con su dedicación. No dejan de esperar que regrese algún día, sino que dejan de pensar al respecto y de esperar su venida tanto como lo hacían antes. Algunos burladores incluso dicen: "¿Dónde está la promesa de su advenimiento? Porque desde el día en que los padres durmieron, todas las cosas permanecen así como desde el principio de la creación" (2 P. 3:4).

JESÚS TRANQUILIZA A JUAN

Respondiendo Jesús, les dijo: Id, y haced saber a Juan las cosas que oís y veis. Los ciegos ven, los cojos andan, los leprosos son limpiados, los sordos oyen, los muertos son resucitados, y a los pobres es anunciado el evangelio; y bienaventurado es el que no halle tropiezo en mí. (11:4-6)

Jesús no contestó con un simple sí o no, porque sabía que eso no habría satisfecho a Juan. Más bien dijo a los discípulos de Juan que presentaran la evidencia a su maestro. **Id, y haced saber a Juan las cosas que oís y veis. Los ciegos ven, los cojos andan, los leprosos son limpiados, los sordos oyen, los muertos son resucitados, y a los pobres es anunciado el evangelio.**

Debido a que muchos de los discípulos de Juan ya habían estado con Jesús, oyéndolo enseñar y viéndolo realizar milagros, parte de lo que debían hacer **saber a Juan** sería un recordatorio de lo que ya habían reportado antes. Además de haber oído relatos de sus discípulos, sin duda Juan también había oído de otras fuentes, porque personas de toda Palestina (de Siria, "de Galilea, de Decápolis, de Jerusalén, de Judea y del otro lado del Jordán") habían seguido a Jesús desde el inicio de su ministerio, en gran parte a causa de las obras milagrosas que Él hacía (Mt. 4:23-25). Después que en Capernaúm Jesús limpiara de un espíritu inmundo a un hombre, "muy pronto se difundió su fama por toda la provincia alrededor de Galilea" (Mr. 1:28); después que resucitara de los muertos a la hija de Jairo, "se difundió la fama de esto por toda aquella tierra" (Mt. 9:26; cp. Lc. 4:14, 37); y tras haber curado a un hombre en Galilea, "su fama se extendía más y más" (Lc. 5:15).

Juan era un gran hombre de Dios y amado por Jesús. Mientras su fiel precursor languidecía en la cárcel enfrentando una muerte inminente, el Señor Jesús decidió darle un informe más directo y personal de evidencia. Lucas nos dice que cuando los discípulos de Juan le preguntaron a Jesús si era "el que había de venir… en esa misma hora sanó a muchos de enfermedades y plagas, y de espíritus malos, y a muchos ciegos les dio la vista" (7:20-21). Allí mismo, y delante de los ojos de ellos, Jesús hizo una demostración de milagros expresamente en beneficio personal de los discípulos de Juan, y aún más en beneficio del mismo Juan. Cómo debió haberse estremecido el corazón de este profeta de Dios no solo por haber recibido la nueva evidencia que confirmaba la condición mesiánica de Jesús, sino por saber que el Señor había realizado esa cantidad de milagros específicamente para tranquilizarlo en su hora de soledad y confusión.

Aunque Jesús no hizo nada para aliviar el confinamiento físico y el sufrimiento de Juan, le devolvió confirmación especial de que Él realmente estaba realizando obras mesiánicas: **los ciegos ven, los cojos andan, los leprosos son limpiados, los sordos oyen, los muertos son resucitados, y a los pobres es anunciado el evangelio,** exactamente como Isaías había profetizado (Is. 35:5; 61:1). En realidad, Jesús estaba diciendo: "Juan, esto es solo un adelanto, una prueba, una imagen del reino venidero. Por lo que estoy haciendo ahora puedes ver que me importan las personas, que sano, y que tengo poder sobre todas las cosas".

Las circunstancias de Juan no mejoraron; en realidad, pronto sería decapitado por la cruel solicitud de Herodías. Pero se puede suponer que la respuesta de Jesús fue más que suficiente para animar a Juan y renovarle su fe y su confianza.

La bienaventuranza de cierre de Jesús fue principalmente por el bien de Juan: **y bienaventurado es el que no halle tropiezo en mí.** Esta fue una suave advertencia y un tierno reproche. Jesús le estaba diciendo a Juan: "No dudes si quieres tener la bendición de mi gozo y mi paz". La advertencia no eliminó la estima de Jesús por Juan, como muestra el testimonio que ofreció inmediatamente después (vv. 7-11).

Tropiezo viene de *skandalizō,* que originalmente se refería a capturar o atrapar a un animal. Se usaba de forma metafórica como referencia a una cacería u obstáculo, y tenía el significado derivado de ocasionar ofensa. La divina condición mesiánica de Jesús y el evangelio de la liberación del pecado por medio de la fe en Él son grandes obstáculos para el individuo pecador e incrédulo, y Jesús no quería que Juan fuera afectado por el escepticismo y la incredulidad del mundo.

Mateo no habla del fin de la duda de Juan hasta más tarde. Después que Juan fuera decapitado por Herodes, "llegaron sus discípulos, y tomaron el cuerpo y lo enterraron; y fueron y dieron las nuevas a Jesús" (Mt. 14:12). Ellos fueron a Jesús porque Él era la persona más importante en la vida de Juan, y al parecer también se había convertido en la persona más importante en las vidas de esos discípulos. Cuando murió, Juan no había tenido respuesta a todas sus preguntas, y aún debió haberse preguntado cuándo Jesús establecería su reino, juzgaría a los malvados, y marcaría el inicio del tan esperado reino de justicia. Además, debió haber lamentado no poder presenciar esos maravillosos hechos sobre los que había predicado con tanto fervor. Pero ya no tenía dudas acerca de quién era Jesús o acerca de su bondad, justicia, soberanía y sabiduría. Juan debió haber estado contento de dejar en las manos del Señor las muchas cosas que aún no comprendía, y ese es el secreto de ser **bienaventurado** en lugar de ser **tropiezo.**

Pablo nos asegura: "Si fuéremos infieles, él permanece fiel; él no puede negarse a sí mismo" (2 Ti. 2:13). Aunque dudemos de Él, Dios es fiel con nosotros. La duda no hace que un creyente pierda su relación con el Señor, porque Dios no puede negar sus propias promesas de proteger a quienes ha salvado. Y debido a la fidelidad de Dios podemos ir a Él, aunque tengamos dudas respecto a Él. En realidad, *solamente* al ir a Jesús como hizo Juan nuestras dudas pueden ser aliviadas.

Juan el Bautista habría afirmado en voz alta la declaración del apóstol Juan: "Amados, ahora somos hijos de Dios, y aún no se ha manifestado lo que hemos de ser; pero sabemos que cuando él se manifieste, seremos semejantes a él, porque le veremos tal como él es. Y todo aquel que tiene esta esperanza en él, se purifica a sí mismo, así como él es puro" (1 Jn. 3:2-3).

Mientras ellos se iban, comenzó Jesús a decir de Juan a la gente: ¿Qué salisteis a ver al desierto? ¿Una caña sacudida por el viento? ¿O qué salisteis a ver? ¿A un hombre cubierto de vestiduras delicadas? He aquí, los que llevan vestiduras delicadas, en las casas de los reyes están. Pero ¿qué salisteis a ver? ¿A un profeta? Sí, os digo, y más que profeta. Porque éste es de quien está escrito: He aquí, yo envío mi mensajero delante de tu faz, el cual preparará tu camino delante de ti. De cierto os digo: Entre los que nacen de mujer no se ha levantado otro mayor que Juan el Bautista; pero el más pequeño en el reino de los cielos, mayor es que él. Desde los días de Juan el Bautista hasta ahora, el reino de los cielos sufre violencia, y los violentos lo arrebatan. Porque todos los profetas y la ley profetizaron hasta Juan. Y si queréis recibirlo, él es aquel Elías que había de venir. El que tiene oídos para oír, oiga. (11:7-15)

El mundo tiene muchas normas por las cuales mide la grandeza. Estas normas incluyen logro intelectual, liderazgo político y militar, descubrimientos científicos y médicos, riqueza y poder, y habilidades atléticas, dramáticas, literarias y musicales.

Jesús expone aquí la medida que *Dios* tiene de la grandeza, primero en la dimensión humana e histórica como se ve en la vida y el ministerio de Juan el Bautista. Luego contrasta brevemente la grandeza de Juan con la grandeza superior de los ciudadanos del reino.

De los versículos 7-14 pueden discernirse tres características de la grandeza de Juan: su carácter personal, su llamado privilegiado, y su culminación poderosa.

CARÁCTER PERSONAL DE JUAN

Mientras ellos se iban, comenzó Jesús a decir de Juan a la gente: ¿Qué salisteis a ver al desierto? ¿Una caña sacudida por el viento? ¿O qué salisteis a ver? ¿A un hombre cubierto de vestiduras delicadas? He aquí, los que llevan vestiduras delicadas, en las casas de los reyes están. (11:7-8)

ÉL VENCIÓ LA DEBILIDAD

La primera característica de la grandeza personal de Juan exige una reflexión sobre dos versículos precedentes (2-3) que demuestran su habilidad de reconocer la debilidad y vencerla.

Mucha gente no puede sobreponerse a sus dificultades y circunstancias. Todo el mundo tiene problemas; vencerlos es lo que separa a los que de verdad son grandes de las demás. La gente grande se esfuerza, negándose a ceder ante su ignorancia, sus desventajas, su pereza, su indiferencia, o cualquier otro obstáculo que pueda encontrar en su camino. Juan el Bautista tenía esa característica de grandeza en plena medida.

Como vimos en el capítulo anterior de esta obra, Juan estuvo lleno del Espíritu Santo desde el vientre de su madre, y había sido apartado por Dios para anunciar al Mesías y preparar a Israel para su venida. Había visto al Espíritu Santo descender sobre Jesús en su bautismo, y había oído a Dios el Padre declarar que Jesús era su Hijo amado. De muchas fuentes, incluso algunos de sus propios discípulos, Juan había sabido de los poderes milagrosos de Jesús. No obstante, debido a circunstancias difíciles, a la influencia de ideas populares equivocadas, y a expectativas no satisfechas, Juan tenía dudas en cuanto a la identidad de Jesús como el Mesías. Por eso envió a dos de sus discípulos a Jesús para preguntarle lo que antes había sido incuestionable (vv. 2-3; cp. Lc. 7:19).

Juan estaba muy confundido por sus persistentes dudas, es probable que haya sentido que estaba traicionando a Aquel que había venido a anunciar. Pero debido a que no podía disipar las dudas, las reconoció ante sus discípulos y pidió a dos de ellos que buscaran a Jesús y confirmaran la verdad de los propios labios del Maestro.

Por sobre todas las demás consideraciones, Juan quería saber la verdad acerca de Jesús. No se había preocupado por protegerse al no admitir sus dudas ante sus propios discípulos, ante los discípulos de Jesús, o ante las multitudes entre las que se había vuelto tan popular. Juan no tenía deseo de desempeñar el papel de hipócrita. No tenía ningún interés en fingimientos, ilusiones o autoengaños religiosos. Su seguridad respecto a ciertas verdades se había nublado, pero su humildad y su fe fundamental lo protegieron del escepticismo y negación.

Juan no estaba resentido por la popularidad de Jesús cuando esta comenzó a eclipsar la suya propia, y en realidad había declarado de Jesús que "es necesario que él crezca, pero que yo mengüe" (Jn. 3:30). Juan confesó en público que no era digno ni siquiera de llevar las sandalias de Jesús; y cuando Jesús le pidió que lo bautizara, Juan contestó: "Yo necesito ser bautizado por ti, ¿y tú vienes a mí?" (Mt. 3:11, 14).

El orgullo maldice la verdadera grandeza, y la persona que con orgullo se niega a admitir y hacer frente a las debilidades personales está condenada a padecer hipocresía y mediocridad.

El general Douglas MacArthur oró así a favor de su hijo:

> Dame, oh Señor, un hijo que sea suficientemente fuerte para saber cuándo es débil, y suficientemente valeroso para enfrentarse consigo mismo cuando sienta miedo; un hijo que sea orgulloso e inflexible en la limpia derrota, y humilde y generoso en la victoria.
>
> Dame un hijo cuyo corazón sea puro; cuyos ideales sean sublimes; un hijo que se domine a sí mismo antes que pretenda dominar a los demás; un hijo que aprenda a reír pero que también sepa llorar; un hijo que avance hacia el futuro pero que nunca olvide el pasado.
>
> Y después que le hayas dado todo eso, te suplico que le agregues suficiente sentido del humor, de modo que no siempre se tome a sí mismo demasiado en serio. Dale humildad para que pueda recordar siempre

la sencillez de la verdadera grandeza, la imparcialidad de la verdadera sabiduría, la disciplina de la verdadera fuerza.

Entonces yo, su padre, me atreveré a susurrar: "No he vivido en vano".

FUERTE EN CONVICCIÓN

Mientras ellos se iban, comenzó Jesús a decir de Juan a la gente: ¿Qué salisteis a ver al desierto? ¿Una caña sacudida por el viento? (11:7)

Una segunda característica de la grandeza personal de Juan era una fuerte convicción, la cual hacía aún más notable la primera característica. Un individuo de convicciones débiles rara vez es reacio a enfrentar las dudas o cambiar sus creencias. Para él, la vacilación no es causa de incomodidad o vergüenza. Pero la misma fuerza de las convicciones de Juan hizo sumamente admirable la admisión de su propia duda.

Los discípulos de Juan no cuestionaron a Jesús en privado, lo que se desprende del hecho de que **mientras ellos se iban, comenzó Jesús a decir de Juan a la gente.** Las multitudes, así como los propios discípulos de Jesús, seguramente estaban confundidos al oír que **Juan,** el símbolo de audacia y seguridad, admitía públicamente dudas acerca de la misma persona que había estado proclamando. Juan había tenido muchos seguidores leales, y mucha gente lo reconocía como un profeta que transmitía un mensaje divino (Mt. 14:5; 21:26). ¿No era Juan tan confiable como creían, y no era de fiar su mensaje?

A fin de contestar las inquietudes que tenía **la gente,** Jesús les hizo una pregunta: **¿Qué salisteis a ver al desierto? ¿Una caña sacudida por el viento?** Él apeló a las propias experiencias que tenían, preguntándoles realmente: "¿Era el hombre que vieron predicando y bautizando en el **desierto** alguien inseguro y vacilante, **una caña sacudida por el viento?** ¿Alguna vez oyeron a Juan cambiar su mensaje o flexibilizar sus normas?".

La **caña** a la que Jesús se refería era común a lo largo de las orillas de los ríos del Cercano Oriente, incluso las del Jordán donde Juan bautizaba. Eran ligeras y flexibles, y se movían de un lado a otro con cualquier brisa. La gente sabía que Juan no tambaleaba como esas cañas. Si alguna vez había habido un hombre con convicciones inquebrantables, ese era Juan. Él se enfrentó a los escribas, los fariseos, los saduceos, e incluso al mismo Herodes, valentía por la cual ahora estaba preso. La gente sabía que Juan era lo más lejos posible de ser débil o irresoluto. Según John Bunyan señala en su *Progreso del peregrino,* al señor Flexible no lo encarcelan y martirizan por causa de la verdad.

Juan tuvo muchas oportunidades de fingir ante la multitud y ganarse la aprobación de las autoridades. Era un personaje tan poderoso y dominante que mucha gente creyó que podría ser el mismísimo Mesías (Lc. 3:15). De haber sido menos directo y sincero pudo haber obtenido el apoyo de los fariseos y saduceos hipócritas que acudieron a él para que los bautizara. Al contrario, los confrontó con su pecado y su hipocresía diciéndoles: "¡Generación de víboras! ¿Quién os enseñó a huir de la ira venidera? Haced, pues, frutos dignos de arrepentimiento, y no penséis decir dentro de vosotros mismos: A Abraham tenemos por padre; porque yo os digo que Dios puede levantar hijos a Abraham aun de estas piedras. Y ya también el hacha está puesta a la raíz de los árboles; por tanto, todo árbol que no da buen fruto es cortado y echado en el fuego" (Mt. 3:7-10). Entonces, hablando de Jesús, siguió diciendo: "Su aventador está en su mano, y limpiará su era; y recogerá su trigo en el granero, y quemará la paja en fuego que nunca se apagará" (v. 12). Al igual que William Penn, Juan creía que "lo que está bien está bien, aunque todos estén en contra, y lo que está mal está mal, aunque todos estén a favor".

Se cuenta el siguiente incidente acerca de Juan Crisóstomo, el famoso líder cristiano del siglo IV:

> Cuando el gran Crisóstomo fue arrestado por el emperador romano, este trató de hacer que el cristiano griego se retractara, pero sin éxito. Por lo que el emperador debatió con sus consejeros acerca de qué debían hacer con el prisionero.
>
> —¿Debo ponerlo en un calabozo? —preguntó el emperador.
>
> —No —contestó uno de sus consejeros—, porque él estará encantado de ir. Crisóstomo anhela la tranquilidad en la que pueda deleitarse en las misericordias de su Dios.
>
> —¡Entonces será ejecutado! —exclamó el emperador.
>
> —No —fue la respuesta—. Porque también estará feliz de morir. Él declara que en caso de muerte estará en la presencia de su Dios.
>
> —¿Qué debemos hacer entonces? —preguntó el gobernante.
>
> —Solo hay una cosa que hará sufrir a Crisóstomo —respondió el consejero—. Para hacerlo sufrir, hágalo pecar. Él no le tiene miedo a nada, excepto al pecado.

Santiago dice: "El hombre de doble ánimo es inconstante en todos sus caminos" (Stg. 1:8). Se trata de los mismos hombres a los que Pablo describe como "llevados por doquiera de todo viento de doctrina" (Ef. 4:14). Sin embargo, al igual que Crisóstomo, Juan el Bautista estaba lejos de ser de doble ánimo.

SU ABNEGACIÓN

¿O qué salisteis a ver? ¿A un hombre cubierto de vestiduras delicadas? He aquí, los que llevan vestiduras delicadas, en las casas de los reyes están. (11:8)

Jesús sigue retando a la multitud haciendo otra pregunta acerca de Juan. Al hacerlo les recuerda una tercera característica de la grandeza de Juan: su abnegación.

Los grandes generales arriesgan sus vidas en el frente de batalla con sus tropas. Los grandes atletas entrenan sus cuerpos sin piedad, negándose a placeres que la mayoría de personas da por sentado. Los grandes científicos a menudo arriesgan su salud para hacer un descubrimiento importante. Los grandes inventores sacrifican su vida social para desarrollar y perfeccionar un invento. Los grandes investigadores médicos corren el riesgo de exponerse a enfermedades mortales a fin de salvar miles de vidas. El camino fácil nunca ha sido el camino del éxito.

El **hombre** autocomplaciente **cubierto de vestiduras delicadas** no vive en el desierto como hacía Juan. Este usaba "vestido de pelo de camello, y tenía un cinto de cuero alrededor de sus lomos; y su comida era langostas y miel silvestre" (Mt. 3:4). El estilo de vida de Juan era una protesta viva y visual contra la autoindulgencia y el egocentrismo.

Los historiadores informan que con el fin de cortejar el favor del rey, algunos escribas de la época de Jesús abandonaban la ropa más bien monótona que por lo general usaban y se ponían los trajes lujosos y adornados de la corte del rey. Puesto que esto servía para acallar las posibles críticas de esos líderes religiosos, el rey animaba con gusto la costumbre.

Pero Juan el Bautista no era ambicioso ni bien servido. Comía y vivía tanto física como simbólicamente apartado de los hipócritas y corruptos sistemas religiosos y políticos. No estaba interesado en la comodidad o en la aprobación del mundo. No tenía inclinación por ganar el favor de aquellos que podían promoverle la carrera o el bienestar. A Juan lo consumía tanto la causa que Dios le había dado que no se sentía atraído por el mundo y sus normas. Su dedicación al ministerio superaba por completo todos sus intereses y comodidades personales.

Tal como se predijo antes de su nacimiento, Juan había hecho un voto nazareo de por vida. El ángel le había dicho a Zacarías, el padre de Juan, que este "será grande delante de Dios. No beberá vino ni sidra" (Lc. 1:15). Junto con no beber vino ni licor, el voto también implicaba nunca cortarse el cabello ni tocar algo ceremonialmente impuro, como un cadáver. Muchos judíos, tanto hombres como mujeres, hacían un voto nazareo por algunos meses o años. Pero junto con Sansón (Jue. 13:7; 16:17) y Samuel (1 S. 1:11), Juan el Bautista es una de solo tres personas mencionadas en la Biblia que hicieron el juramento de por vida. Como un acto de devoción a Dios, el de Juan fue un compromiso voluntario de abnegación para toda la vida.

Juan no creía que su sacrificio contara con bendición meritoria en sí. Él no era como los muchos ascetas a lo largo de la historia de la iglesia que han tratado de ganarse el favor de Dios mediante sacrificios de pobreza, dolor y humillación. Acépsimas llevaba en el cuello pesadas cadenas que lo obligaban a gatear sobre manos y rodillas. Durante cuarenta años el monje Besarión durmió solo mientras estaba sentado en una silla. Macario el menor vivió sin ropa en un pantano durante seis meses, y fue tan gravemente picado por zancudos que su cuerpo parecía leproso. Simón Estilita, el más famoso de los ascetas antiguos, murió a los setenta y dos años de edad después de haber pasado treinta y siete sentado sobre varios pilares, el último de los cuales era de veintidós metros de altura.

Cuando en 1403 el padre de la hermosa, respetada y acaudalada Agnes de Rocher murió, la joven decidió convertirse en una reclusa religiosa. Desde los dieciocho años hasta los ochenta en que murió, Agnes pasó la vida encerrada en una pequeña cámara especialmente construida en el muro de una catedral de París. Una pequeña abertura le permitía oír misa, comulgar y aceptar alimentos que le brindaban sus amigos.

Juan el Bautista no sabía nada de esa piedad equivocada. Su sacrificio tenía un propósito; era para el bien de su ministerio y de ayuda a su propia disciplina física y espiritual.

LLAMADO PRIVILEGIADO DE JUAN

Pero ¿qué salisteis a ver? ¿A un profeta? Sí, os digo, y más que profeta. Porque éste es de quien está escrito: He aquí, yo envío mi mensajero delante de tu faz, el cual preparará tu camino delante de ti. De cierto os digo: Entre los que nacen de mujer no se ha levantado otro mayor que Juan el Bautista; pero el más pequeño en el reino de los cielos, mayor es que él. (11:9-11)

La segunda característica de la grandeza de Juan fue su llamamiento privilegiado. Hasta que Cristo comenzó su propio ministerio, ningún ser humano había sido llamado a una tarea tal exaltada y sagrada como la de Juan el Bautista. En muchos aspectos su privilegio eclipsó al de María, quien dio a luz a Jesús. Juan fue escogido con el fin de anunciar y preparar el camino para el Mesías, el Hijo de Dios, el Rey de reyes.

Ahora Jesús hizo a la gente una tercera pregunta: **¿qué salisteis a ver? ¿A un profeta?** La respuesta a esa pregunta es claramente **Sí**. Como ya se mencionó, Juan el Bautista había desarrollado gran cantidad de seguidores dedicados además de sus discípulos, y la mayoría de ellos en realidad creían que él era **un profeta** (Mt. 14:5; 21:26).

El oficio profético comenzó con Moisés y se extendió hasta el cautiverio babilónico, después del cual durante cuatrocientos años Israel no tuvo profeta hasta Juan el Bautista. Él fue el mejor de los profetas, el más dinámico, elocuente y agresivo portavoz que Dios había llamado. Como el último profeta, no solo anunciaría que el Mesías iba a venir, sino que ya había llegado.

En la verdadera grandeza, la persona correcta siempre se adapta a la posición correcta. Un individuo con mucho potencial logrará poco si su talento no se canaliza hacia el trabajo que obtiene el máximo provecho de tales habilidades. Ninguna persona puede cumplir su potencial humano como puede hacerlo un cristiano, porque Dios ajusta de manera omnisciente nuestros talentos, nuestros dones y nuestro llamado. El ser humano más grande y la misión humana más fabulosa se unieron en Juan el Bautista por dirección soberana y providencial de Dios.

Jesús aseguró a la gente que Juan no solo era un profeta sino **más que profeta**. Citando Malaquías 3:1, declaró: **Porque éste es de quien está escrito: He aquí, yo envío mi mensajero delante de tu faz, el cual preparará tu camino delante de ti.** La expresión **delante de tu faz** significa estar en frente de, o preceder. Una traducción ampliada, según lo interpretado aquí por Jesús, diría: "He aquí, yo, Jehová, envío a mi mensajero Juan el Bautista con el propósito de que te anuncie a ti, el Mesías, y prepare al pueblo para tu llegada".

Juan fue profeta y el cumplimiento de profecía. Fue el **mensajero** del Señor que debía preparar el **camino** para el Mesías y que incluso lo bautizaría. Él anunció al Mesías y le ministró con sus propias manos, como ningún otro profeta había hecho ni volvería a hacer. Tras miles de años de preparación y predicción de Dios, a Juan se le dio el privilegio inigualable de ser el anunciador personal del Mesías.

Continuando con su elogio de Juan, Jesús manifestó: **De cierto os digo: Entre los que nacen de mujer no se ha levantado otro mayor que Juan el Bautista.** A fin de resaltar la irrefutable verdad de lo que decía, Jesús inició sus palabras con la frase **de cierto** (*amen*), un término de fuerte afirmación a menudo transliterado con el simple "amén".

Los que nacen de mujer era una expresión común antigua que sencillamente se refería a la condición humana básica, a la identificación con la especie humana (véase Job 14:1: 15:14). Lo que Jesús estaba diciendo era que, en lo que a la humanidad respecta, **no se ha levantado otro mayor que Juan el Bautista.** Él era el ser humano más grande que había vivido hasta ese tiempo. Desde una perspectiva terrenal, el carácter y el llamado de Juan lo convertían en el hombre más grandioso que había nacido aparte de Jesús mismo. En cualidades superiores como ser humano, Juan era inigualable.

Levantado viene de *egeirō,* que significa surgir o aparecer en el escenario de la historia, y se usaba a menudo para los profetas, tanto verdaderos como falsos (véase, p. ej., Mt. 24:11, 24). No solo como ser humano sino como profeta, no se había **levantado** nadie igual a Juan, porque él fue enviado en la misma entrada del reino del Señor Jesús.

Pero para que las personas no malinterpretaran la naturaleza de la grandeza de Juan, Jesús agregó: **pero el más pequeño en el reino de los cielos, mayor es que él.** Aunque era un gigante espiritual entre los hombres, la grandeza única de Juan estaba en su papel en la historia humana, no en su herencia espiritual, en la cual sería igual a todos los creyentes. Por tanto, **el más pequeño en el reino de los cielos,** la dimensión espiritual, **mayor es que él,** es decir, que cualquiera en la dimensión humana, incluso Juan.

PODEROSA CULMINACIÓN DE JUAN

Desde los días de Juan el Bautista hasta ahora, el reino de los cielos sufre violencia, y los violentos lo arrebatan. Porque todos los profetas y la ley profetizaron hasta Juan. Y si queréis recibirlo, él es aquel Elías que había de venir. El que tiene oídos para oír, oiga. (11:12-15)

Incluso si un hombre tiene un carácter excepcional y un llamado maravilloso, también debe tener la oportunidad en orden para alcanzar el potencial de su grandeza. **Juan el Bautista** entró en el escenario de la historia exactamente en el tiempo correcto: de acuerdo con el propio plan, la predicción y la provisión de Dios. Después de cuatrocientos años sin ninguna palabra de parte del Señor, Israel estaba expectante; y hasta que Jesús comenzó su propio ministerio, Juan era el punto focal de la historia redentora. Él fue la culminación de la historia y la profecía del Antiguo Testamento.

Sin embargo, Juan generaba conflicto dondequiera que iba, porque su mensaje molestaba al orden establecido. Con su llamado al arrepentimiento revolvió un avispero entre los dirigentes religiosos e incluso con el rey. Adondequiera que el profeta de Dios iba había reacción y a menudo hasta **violencia,** lo cual terminó en que fuera arrestado, encarcelado y finalmente decapitado.

Desde los días de Juan el Bautista hasta ahora (que había sido un tiempo relativamente corto, tal vez dieciocho meses), **el reino de los cielos sufre violencia, y los violentos lo arrebatan.** En todas partes a donde iba, Juan provocaba fuerte reacción.

El reino de los cielos se refiere al gobierno general de Dios, su voluntad, y su obra con la humanidad, especialmente su pueblo elegido, los judíos. Representa el propósito, el mensaje, los principios, las leyes y las actividades de Dios con relación a la humanidad, todo lo cual se ha relacionado con alguna forma de **violencia** desde que Juan comenzó a predicar.

La forma de *biazō* (de la cual viene **sufre violencia**) puede interpretarse o como una voz griega pasiva o como una voz media. Como un pasivo transmitiría la idea de *ser* oprimido o tratado de modo violento, lo cual indicaría que quienes están afuera llevan **violencia** al **reino de los cielos**. Los fariseos y escribas habían atacado verbalmente a Juan, y Herodes lo había atacado físicamente. El **reino** estaba siendo violentamente negado y rechazado; y debido al rechazo en su dimensión espiritual, el reino no vendría en dimensión terrenal y milenial. Pronto los enemigos del reino no solo matarían a **Juan el Bautista** sino incluso al mismo Mesías. Ellos destrozarían tanto al mensajero como al Rey.

En la voz media el verbo transmite la idea activa de aplicar fuerza o de entrar por la fuerza, caso en el que la traducción sería: "El reino de los cielos está presionando enérgicamente hacia el frente, y las personas están entrando a la fuerza". Con su enfoque en Juan el Bautista, el reino se movía de manera implacable a través del sistema impío y de piel oscurecida por el pecado que se le oponía.

La primera de esas dos interpretaciones es negativa, y la segunda es positiva; pero ambas son ciertas. Según hemos visto, la negativa se ilustra por la persecución a Juan. La positiva se ilustra por las muchas personas que la predicación de Juan llevaba al Señor, tal como predijera el ángel: "Y hará que muchos de los hijos de Israel se conviertan al Señor Dios de ellos. E irá delante de él con el espíritu y el poder de Elías, para hacer volver los corazones de los padres a los hijos, y de los rebeldes a la prudencia de los justos, para preparar al Señor un pueblo bien dispuesto" (Lc. 1:16-17).

Aunque ambas interpretaciones son posibles y verdaderas, la segunda parece preferible en el contexto. Jesús ya había enseñado que los pocos que entrarían al reino lo harían encontrando primero la puerta estrecha y andando por el camino angosto (Mt. 7:13-14). El Señor también dijo que la ciudadanía en su reino exige negarse a sí mismo, tomar la propia cruz, y seguirlo (Mt. 16:24; cp. 10:38). Seguir a Jesucristo exige voluntad sincera, energía incansable, y el máximo esfuerzo. Ser cristiano es nadar contra la corriente del mundo e ir contra su esencia, porque los adversarios (Satanás, sus demonios y el sistema del mundo) son muy poderosos. Quienes entran al reino de gracia por medio de la fe en Cristo lo hacen con gran esfuerzo a través del poder soberano del Espíritu Santo que convence y convierte.

Toda la revelación anterior de Dios culminó en Juan el Bautista, **porque todos los profetas y la ley profetizaron hasta Juan.** Todo desde Génesis hasta Malaquías y hasta Juan ponía énfasis en Cristo y se movía hacia el Mesías. Su tema común, a veces explícito y a veces implícito, era: "¡El Mesías viene!".

Jesús continuó: **Y si queréis recibirlo, él es aquel Elías que había de venir.** Por medio de las últimas palabras del último profeta, Dios había declarado: "He aquí, yo os envío el profeta Elías, antes que venga el día de Jehová, grande y terrible. El hará volver el corazón de los padres hacia los hijos, y el corazón de los hijos hacia los padres, no sea que yo venga y hiera la tierra con maldición" (Mal. 4:5-6).

Este hombre no sería Elías reencarnado sino otro profeta como Elías. Que ese vaticinio de Malaquías se refirió a Juan el Bautista y no a un regreso literal de Elías se evidencia por el mensaje del ángel a Zacarías respecto a Juan: "Irá delante de él con el espíritu y el poder de Elías" (Lc. 1:17); y el mismo Juan negó que fuera realmente Elías (Jn. 1:21). Juan era *como* Elías: internamente en "espíritu y poder", y externamente en su tenaz independencia e inconformidad.

La enseñanza de Jesús era que si los judíos recibían el mensaje de Juan como mensaje de Dios, y recibían al Mesías que proclamaba, Juan sería realmente el Elías del que Malaquías habló. Sin embargo, si rechazaban al Rey y su reino, otro profeta como Elías sería enviado en el futuro.

Debido a que Israel *no aceptó* el mensaje de Juan el Bautista, este no podía ser Elías y el reino no podría establecerse. Por tanto, otro profeta como Elías aún debe volver, quizás como uno de los dos testigos de Apocalipsis 11:1-19.

Puesto que la mayoría de judíos no aceptaron a Juan ni al Mesías que anunció, Jesús lanzó una última advertencia y alerta: **El que tiene oídos para oír, oiga.** El Señor estaba afirmando: "Juan es realmente el precursor del Mesías, y yo soy realmente el Mesías, como Juan les ha atestiguado. Soy el Rey, y les estoy ofreciendo el reino, individualmente cuando se vuelvan a mí en fe personal, y nacionalmente si vienen a mí como nación escogida de Dios".

Juan era el hombre más grande que vivió antes de Cristo, pero la mayor grandeza que Dios ofrece no es como la de Juan. Este fue un hombre único y usado en gran manera por Dios en el plan redentor antes del nuevo pacto. Pero esa grandeza palidece, afirma Jesús, al lado de la de quienes entran a su reino espiritual a través de confiar en Él como Señor y Salvador en el nuevo pacto. La verdadera grandeza no es ser como Juan el Bautista sino ser como Cristo. Esa es la "perla preciosa" por la cual vale la pena sacrificar todo lo demás (Mt. 13:46).

Respuestas a Cristo con críticas o indiferencia

Mas ¿a qué compararé esta generación? Es semejante a los muchachos que se sientan en las plazas, y dan voces a sus compañeros, diciendo: Os tocamos flauta, y no bailasteis; os endechamos, y no lamentasteis. Porque vino Juan, que ni comía ni bebía, y dicen: Demonio tiene. Vino el Hijo del Hombre, que come y bebe, y dicen: He aquí un hombre comilón, y bebedor de vino, amigo de publicanos y de pecadores. Pero la sabiduría es justificada por sus hijos. Entonces comenzó a reconvenir a las ciudades en las cuales había hecho muchos de sus milagros, porque no se habían arrepentido, diciendo: ¡Ay de ti, Corazín! ¡Ay de ti, Betsaida! Porque si en Tiro y en Sidón se hubieran hecho los milagros que han sido hechos en vosotras, tiempo ha que se hubieran arrepentido en cilicio y en ceniza. Por tanto os digo que en el día del juicio, será más tolerable el castigo para Tiro y para Sidón, que para vosotras. Y tú, Capernaum, que eres levantada hasta el cielo, hasta el Hades serás abatida; porque si en Sodoma se hubieran hecho los milagros que han sido hechos en ti, habría permanecido hasta el día de hoy. Por tanto os digo que en el día del juicio, será más tolerable el castigo para la tierra de Sodoma, que para ti. (11:16-24)

Las palabras de Jesús en el versículo 15 fueron una advertencia para el pueblo de que tomara en serio lo que Él acababa de decir acerca de cómo responder a Juan el Bautista: "El que tiene oídos para oír, oiga". Una enseñanza fundamental de la Biblia es que la verdad de Dios demanda respuesta.

En el pasaje actual Jesús sigue tratando con varias respuestas de los hombres a Él mismo. El cuestionamiento de Juan había reflejado duda sincera. Por las varias razones ya analizadas él llegó a tener algunas dudas; pero su actitud principal fue no de duda sino de fe, porque incluso cuando vinieron las dudas miró hacia Jesús para resolverlas.

Ahora Jesús menciona dos respuestas negativas, crítica e indiferencia, que eran mucho más graves que las de Juan porque reflejaban rechazo básico a Cristo. Como en el caso de Juan, la duda sincera puede llegarle incluso a un creyente; pero la crítica y la indiferencia que Jesús menciona aquí vienen de la incredulidad.

LA RESPUESTA DE LA CRÍTICA

Mas ¿a qué compararé esta generación? Es semejante a los muchachos que se sientan en las plazas, y dan voces a sus compañeros, diciendo: Os tocamos flauta, y no bailasteis; os endechamos, y no lamentasteis. Porque vino Juan, que ni comía ni bebía, y dicen: Demonio tiene. Vino el Hijo del Hombre, que come y bebe, y dicen: He aquí un hombre comilón, y bebedor de vino, amigo de publicanos y de pecadores. Pero la sabiduría es justificada por sus hijos. (11:16-19)

A pesar de que los milagros de Jesús ya habían establecido sus credenciales mesiánicas más allá de toda duda legítima, la mayor parte del pueblo judío que presenció esos milagros se negó a reconocer los hechos o a aceptarlo como el Mesías.

La frase **mas ¿a qué compararé esta generación?** refleja una expresión oriental común usada para presentar una parábola u otra ilustración. El Midrash, una antigua recopilación de enseñanzas tradicionales judías, contiene muchas expresiones (tales como "¿a qué se parece este asunto?" o "¿cómo puedo ilustrar este punto?") usadas por los rabinos para presentar metáforas, analogías e historias ilustrativas. En esta tradición, Jesús estaba diciendo: "¿Cómo puedo ejemplificar las respuestas de **esta generación** del pueblo de Dios a la verdad y la obra de Dios? ¿A qué las **compararé?**".

Algunos de los que se negaron a creer el evangelio cubrieron su incredulidad con críticas. Jesús los comparó con insensatos **muchachos que se sientan en las plazas** a objetar todo lo que los otros muchachos hacían. Eran como muchas personas de hoy que encuentran faltas en cualquier cosa que hacen ya sea el predicador u otros líderes de las iglesias. Sin importar qué se diga o haga, tales individuos desmenuzan y utilizan la objeción (sea real o imaginaria, justificada o no) como una excusa para el rechazo. Debido a que no tienen ninguna relación salvadora con Cristo, se niegan a recibir su verdad o a servir en su Iglesia. Pero les encanta despotricar de la una y la otra.

El *agora* (**plazas**) era una zona central en ciudades y pueblos donde los habitantes iban a negociar y socializar. En ciertos días de la semana los granjeros, artesanos y mercaderes de todo tipo llevaban sus productos o mercancías para vender en puestos, tiendas, carretas o simplemente en algún lugar despejado en el suelo.

Los niños jugaban unos con otros **en las plazas** mientras sus padres vendían, compraban o iban de visita. En particular dos juegos eran populares: "Bodas" y "funerales". Las bodas y los funerales eran los dos eventos sociales importantes, y a los niños les gustaba imitar a sus mayores realizando simulacros de bodas y funerales. Las bodas involucraban música y bailes de fiesta, y cuando los niños representaban el juego de las bodas esperaban que todos bailaran cuando se tocaban la **flauta** imaginaria, tal como los adultos hacían en la ceremonia real. Del mismo modo, cuando jugaban a los funerales esperaban que todos endecharan y lloraran cuando entonaban endechas o cánticos de muerte, así como hacían las plañideras cuando una persona moría en la realidad.

Sin embargo, siempre había contrarios que se negaban a adherirse al resto de los niños. Si jugaban a las "bodas", ellos querían jugar a los "funerales" y viceversa. Nada de los otros niños les satisfacía. Eran testarudos y aguafiestas perpetuos que echaban a perder todo lo que sus amigos hacían.

Jesús aplicó el primer ejemplo a la respuesta que la gente dio a Juan el Bautista. Cuando **vino Juan, que ni comía ni bebía,** las personas decían: **Demonio tiene.** La frase **ni comía ni bebía** era una descripción figurada del estilo austero de vida de Juan. Él consumía una dieta espartana de langostas y miel silvestre, vivía en el desierto, y vestía incómoda ropa de piel de camello (Mt. 3:4). Su mensaje era serio e intenso mientras pedía a gritos arrepentimiento y las buenas obras correspondientes.

El mensaje de Juan y su estilo de vida estaban en el modo funeral, por así decirlo. Algunas personas se resintieron tanto del continuo énfasis que él hacía en el arrepentimiento y el juicio que lo acusaron de tener **demonio.** Juan les irritaba los nervios inmorales y no espirituales, y ellos arremetían contra él. Lo toleraron por poco tiempo, disfrutando la novedad y lo emocionante de su predicación. Pero él no les permitía ser transeúntes neutrales, espectadores no comprometidos que oían y observaban sin ninguna decisión ni responsabilidad. Cuando vieron que no tenían alternativa decidieron no creerle ni seguirlo. En lugar de aceptar la represión que Juan les hacía por lo malvados que eran, le reprocharon la justicia de él. Acusaron al profeta que no tenía igual, y que era más grande que todas las demás personas "que nacen de mujer" (11:11), diciéndole que estaba endemoniado.

Jesús aplicó el segundo ejemplo a la respuesta que el pueblo le dio a Él: **Vino el Hijo del Hombre, que come y bebe, y dicen: He aquí un hombre comilón, y bebedor de vino, amigo de publicanos y de pecadores.** Jesús vivía básicamente en el patrón normal de vida judía, comiendo y bebiendo como todos los demás. En contraste con el estilo de vida asceta de Juan, Jesús participaba en todas las actividades sociales normales. Viajó por casi todo Israel, yendo de ciudad en ciudad, de aldea en aldea, de sinagoga en sinagoga. Tuvo contacto individual e íntimo con muchos cientos de personas relacionándose con ellas, les curaba las enfermedades, les perdonaba los pecados, y las llamaba a seguirlo.

Así como Juan vivió en el modo funeral, Jesús vivía en el modo bodas. Ese hecho no dejó de llamar la atención de los discípulos de Juan, que ya le habían preguntado a Jesús: "¿Por qué nosotros y los fariseos ayunamos muchas veces, y tus discípulos no ayunan?" (Mt. 9:14). En respuesta, Jesús utilizó la figura de una boda: "¿Acaso pueden los que están de bodas tener luto entre tanto que el esposo está con ellos?" (v. 15). Sin embargo, los críticos de Jesús exageraron de forma ridícula las actividades normales, acusándolo de ser **comilón, y bebedor de vino.**

El vino que Jesús y la mayoría de los demás judíos bebían era *oinos,* una bebida hecha mediante ebullición o evaporación del jugo de uva fresca hasta convertirlo en un espeso jarabe o pasta a fin de evitar el deterioro y simplificar el almacenamiento. Para hacer una bebida se debía añadir el agua necesaria a una pequeña cantidad del jarabe. Dicha mezcla no era alcohólica, e incluso cuando se dejaba fermentar no intoxicaba porque en su mayor parte era agua. Es posible que Jesús hiciera milagrosamente vino del agua en las bodas de Caná creando la pasta.

La segunda acusación, de que Jesús era **amigo de publicanos y de pecadores,** era cierta, pero no en el sentido que sus críticos le daban. Al identificar a Jesús con esos marginados sociales y morales también pretendían identificarlo con los pecados y la maldad de esos marginados. Pero cuando Jesús se relacionaba con personas pecadoras, no solo que no participaba de los pecados que tenían sino que les ofrecía liberación de sus pecados, razón por la cual vino a la tierra (véase Mt. 9:12-13).

Así señala William Barclay:

El hecho es que cuando la gente no quiere tomar en serio la verdad, les es muy fácil encontrar una disculpa para no hacerle caso. Ni siquiera procuran ser consecuentes en sus críticas; criticarán a la misma persona y a la misma institución desde puntos de vista opuestos. Si la gente está decidida a no reaccionar ante algo se mantendrán testarudamente insensibles cualquiera que sea la invitación que se les haga (*Comentario al Nuevo Testamento* [Barcelona: Editorial Clie, 1999], p. 106).

Los críticos anónimos de Jesús no estaban interesados en la verdad o en la justicia sino en la condenación. Tanto Juan el Bautista como Jesús eran enemigos de la religión tradicional, con su exaltación de la sabiduría humana y el menosprecio por la divina. Puesto que ni a Juan ni a Jesús pudieron imponerles razones, los abuchearon; y como no pudieron encontrar ninguna verdad contra ellos, utilizaron falsedades.

Jesús expresó: **Pero la sabiduría es justificada por sus hijos.** La **sabiduría** humana corrupta produce hechos humanos corruptos, como las falsas acusaciones contra Juan y Jesús. Por otra parte, la **sabiduría** justa y divinamente potenciada de Juan y de Jesús producía hechos justos que resultaban en arrepentimiento, pecado perdonado y vidas redimidas.

A través de los siglos ha sido fácil para los detractores de la Iglesia criticar a sus miembros y su obra. Pero estos calumniadores pasan grandes apuros para explicar cómo por el poder de Cristo se han cambiado tantas vidas de maldad en justicia, de desesperación en esperanza, de enojo en amor, de tristeza en felicidad, y de egoísmo en generosidad.

El reproche que Jesús hizo a sus críticos fue grave, pero contenía cierta moderación que no se ve en las breves series de fulminantes reproches que Él procedió a darles a quienes lo trataban con indiferencia.

RESPUESTA DE INCRÉDULOS INDIFERENTES

Entonces comenzó a reconvenir a las ciudades en las cuales había hecho muchos de sus milagros, porque no se habían arrepentido, diciendo: ¡Ay de ti, Corazín! ¡Ay de ti, Betsaida! Porque si en Tiro y en Sidón se hubieran hecho los milagros que han sido hechos en vosotras, tiempo ha que se hubieran arrepentido en cilicio y en ceniza. Por tanto os digo que en el día del juicio, será más tolerable el castigo para Tiro y para Sidón, que para vosotras. Y tú, Capernaum, que eres levantada hasta el cielo, hasta el Hades serás abatida; porque si en Sodoma se hubieran hecho los milagros que han sido hechos en ti, habría permanecido hasta el día de hoy. Por tanto os digo que en el día del juicio, será más tolerable el castigo para la tierra de Sodoma, que para ti. (11:20-24)

A primera vista, el duro reproche de Jesús contra **las ciudades en las cuales había hecho muchos de sus milagros** parecía menos justificado que su comparativamente suave reproche a quienes lo criticaban de manera abierta. En su mayor parte, las tres **ciudades** mencionadas aquí (que caracterizaban a todos los lugares en que Él **había hecho muchos de sus milagros**) no tomaron ninguna acción directa contra Jesús. Simplemente le hicieron caso omiso. Aunque el Hijo de Dios predicó, enseñó y realizó **milagros** sin precedentes en medio de ellas, estas ciudades siguieron con sus actividades y sus vidas como de costumbre, al parecer sin ser afectadas. Desde la perspectiva humana, la indiferencia que mostraron parece insensatez, pero no se considera terriblemente pecaminosa.

Pero la indiferencia es una forma atroz de incredulidad. Menosprecia de modo tan completo a Dios que Él ni siquiera es un asunto sobre el cual valga la pena debatir. No se le toma suficientemente en serio como para criticarlo.

Como declaró el joven rey Josías, el gran pecado de Israel en esa época fue que los israelitas "no escucharon las palabras de este libro, para hacer conforme a todo lo que nos fue escrito". Y por ese menosprecio a la Palabra de Dios el rey manifestó que "la ira de Jehová… se ha encendido contra nosotros" (2 R. 22:13).

En la parábola del banquete de la boda real, los invitados que recibieron invitación en primer lugar, "sin hacer caso, se fueron, uno a su labranza, y otro a sus negocios" (Mt. 22:5). No maltrataron ni mataron a los siervos del rey como hicieron algunos de los otros ciudadanos (v. 6), pero igualmente fueron excluidos de la fiesta. Ellos encarnan a las muchas personas que Cristo llama pero cuya indiferencia los excluye de estar entre los pocos que son escogidos (v. 14).

La indiferencia hacia el Señor continuará en el mundo hasta que Él regrese. Jesús expresó: "Como fue en los días de Noé, así también será en los días del Hijo del Hombre. Comían, bebían, se casaban y se daban en casamiento, hasta el día en que entró Noé en el arca, y vino el diluvio y los destruyó a todos. Asimismo, como sucedió en los días de Lot; comían, bebían, compraban, vendían, plantaban, edificaban… Así será el día en que el Hijo del Hombre se manifieste" (Lc. 17:26-28, 30). Algunas de las personas en la época de Noé sin duda lo criticaban de manera desconsiderada por construir un barco en medio del desierto; y algunos de los peores habitantes de Sodoma trataron de atacar homosexualmente a los ángeles que llegaron a rescatar a Lot. Pero la mayoría de personas en los días de Noé y de Lot no puso atención al Señor o a sus siervos. Sin embargo, también fueron destruidos porque rechazaron a Dios tan totalmente como aquellos que expresaron de manera activa su incredulidad.

La justa ira de Jesús hirvió contra las **ciudades** privilegiadas que presenciaron la asombrosa evidencia de la bondad y del poder divino del Señor, pero que no se arrepintieron. En su furia santa les declaró: **¡Ay de ti, Corazín! ¡Ay de ti, Betsaida!**

La interjección **ay** se usa a veces en la Biblia para representar dolor (véase, p. ej., Ap. 18:10), pero más a menudo representa denuncia; aquí este es claramente el caso.

Es probable que en su gran mayoría los habitantes de **Corazín** y de **Betsaida** hubieran presenciado personalmente los milagros de Jesús, y que todos los demás supieran de las poderosas obras por los informes de amigos y parientes. Pero la cantidad de los que respondieron en fe fue pequeña (cp. Mt. 7:13-14).

Cuando las personas tienen gran oportunidad de oír la Palabra de Dios, e incluso de verla milagrosamente demostrada, la culpa que tienen por rechazarla se intensifica en gran manera. Es mucho mejor no haber oído nada de Cristo, que oír la verdad acerca de Él y sin embargo rechazarlo. "Si pecáremos voluntariamente después de haber recibido el conocimiento de la verdad, ya no queda más sacrificio por los pecados, sino una horrenda expectación de juicio, y de hervor de fuego que ha de devorar a los adversarios" (He. 10:26-27). Mientras mayor sea el privilegio, mayor es la responsabilidad; y mientras mayor sea la luz, mayor es el castigo por no recibirla.

Las obras maravillosas de Jesús debieron haber conmovido los principios básicos de todo judío en Galilea, incluso más de lo que la predicación de Jonás conmovió a todos los habitantes de la Nínive pagana, desde el rey hasta el menor de los siervos (Jon. 3:5). Pero en su gran mayoría los galileos no respondieron a Cristo en absoluto, mucho menos se arrepintieron.

Corazín era una pequeña población enclavada en las colinas como a cuatro kilómetros al norte de Capernaúm. Dejó de existir hace mucho tiempo, y sus ruinas se conocen hoy día como Kerazeh, una variación de Corazín. **Betsaida,** el pueblo natal de Felipe, Andrés y Pedro, estaba ubicada aún más al norte y hacia el este, en la llanura de Genesaret. Estas fueron dos de las muchas aldeas y pueblos que Jesús visitó cuando ministró fuera de su sede central en Capernaúm.

Para los judíos de Galilea, **Tiro y Sidón** personificaban la corrupción pagana y despreciable. Los habitantes de esas ciudades eran descendientes de los antiguos fenicios, los famosos comerciantes marinos y colonizadores del Mediterráneo. Ambas ciudades eran puertos marítimos típicos, destacados por su inmoralidad e impiedad (incluso por normas paganas) y estaban muy involucradas en la adoración licenciosa a Baal. Un rey de **Tiro** fue tan orgulloso y perverso que Ezequiel lo usó como una representación de Satanás (Ez. 28:11-15). La violencia, blasfemia, soberbia, injusticia, codicia e inmoralidad eran tan excesivas en la ciudad, que el Señor la destruyó (vv. 16-19; cp. Jer. 25:22; 47:4). Incluso vendieron como esclavos a muchos de los del pueblo de Dios (Am. 1:9).

Sin embargo, Jesús declaró que esas dos ciudades malvadas **se** habrían **arrepentido en cilicio y en ceniza** si hubieran tenido los privilegios de Corazín y Betsaida. La religión farisaica y tradicional de los judíos de Galilea los cegó más a Dios de lo que las religiones paganas cegaron a los gentiles de Tiro y Sidón. Tales personas escogidas habían rechazado tanto tiempo atrás a Dios y su Palabra, que fueron totalmente indiferentes a su Mesías cuando Él vino a ellos.

Pocas cosas pudo haber dicho Jesús que sorprendieran más a los judíos que una comparación adversa con los gentiles. El Señor continuó: **Por tanto os digo que en el día del juicio, será más tolerable el castigo para Tiro y para Sidón, que para vosotras.** En el juicio del gran trono blanco los muertos de todas las épocas serán llevados delante del trono de Dios para ser juzgados y sentenciados al castigo eterno. Y en ese juicio a los gentiles incrédulos de Tiro y Sidón les irá mejor que a los judíos incrédulos de Corazín y Betsaida.

Jesús clarifica aquí dos verdades: habrá grados de castigo en el infierno, y entre los que reciben el castigo más severo estarán aquellos que han recibido la revelación divina y que han sido los más religiosos y rectos por fuera. Quienes creyeron estar eternamente seguros, por ser descendientes físicos de Abraham y porque mantenían las tradiciones religiosas de sus antepasados, miraban con desprecio a todos los gentiles. Pero en el infierno muchos gentiles mirarán con desprecio a esos judíos.

Pero otra ciudad de Galilea era más culpable aún. **Y tú, Capernaum, que eres levantada hasta el cielo, hasta el Hades serás abatida.** Jesús fijó su sede de operaciones en esta hermosa y próspera aldea de pescadores en la costa norte del mar de Galilea. Él realizó más milagros y predicó más sermones en **Capernaum** y sus alrededores que en cualquier otro lugar durante todo su ministerio. Fue allí donde resucitó de los muertos a la hija de Jairo y sanó al hijo del noble. Fue allí donde curó a los endemoniados, a la suegra de Pedro, a la mujer con flujo de sangre, a los dos hombres ciegos, al criado del centurión, al endemoniado mudo, y al paralítico a quien sus amigos bajaron por el techo.

No obstante, esas obras maravillosas tuvieron poca influencia en la mayoría de habitantes de **Capernaum;** y debido a su indiferencia no serán exaltados **hasta el cielo**, aunque creían ser merecedores, sino que más bien **hasta el Hades** serán abatidos.

Aunque **Hades** se usa a veces en la Biblia para representar al lugar de todos los difuntos, a menudo se utiliza, como aquí, para representar un lugar en que se castigan a los perdidos.

Jesús dijo que **los milagros** que realizó en Capernaúm fueron tan asombrosos que **si se hubieran hecho en Sodoma…** esta ciudad **habría permanecido hasta el día de hoy.** Sus habitantes se habrían arrepentido de su pecado, se habrían vuelto a Dios, y habrían evadido la destrucción.

Hasta en el mundo secular, **Sodoma** es sinónimo de depravación moral y tiene la distinción infame de prestar su nombre (en sodomía) a las más extremas formas de homosexualidad y bestialidad sexual. Cuando algunos de los peores pervertidos de Sodoma trataron de violar a los ángeles en la casa de Lot, quedaron ciegos. Pero su esclavitud homosexual era tan intensa que incluso después de quedar ciegos "se fatigaban buscando la puerta" a fin de satisfacer su pervertida lujuria (Gn. 19:11).

Hasta donde se sabe, los habitantes de **Capernaum** no tenían problema de homosexualidad o cualquier otra deficiencia moral aparente. En su mayoría eran justos, respetuosos de la ley y decentes. Sin embargo, debido a que hicieron caso omiso y rechazaron al Hijo de Dios, su destino en el día del juicio será peor que el de los de **Sodoma.**

Capernaúm superó a Corazín y Betsaida en privilegio, y Sodoma superaba en maldad a Tiro y Sidón. En estos sorprendentes y aleccionadores contrastes Jesús deja en claro que quienes son los más bendecidos por Dios recibirán el peor castigo si lo rechazan. El juicio contra las abominaciones morales de Sodoma será superado por el juicio contra la indiferencia espiritual de Capernaúm. Para los respetables y rectos incrédulos de Capernaúm, el **Hades** será más caliente que para los vulgares e inmorales incrédulos de Sodoma. El individuo ortodoxo con arrogancia moral es aún más repulsivo a la vista de Dios que los paganos idólatras e inmorales.

Los habitantes de **Capernaum** nunca persiguieron a Jesús, y pocos de ellos incluso lo criticaron. No se burlaron de Él, no lo ridiculizaron, no lo expulsaron de la ciudad, ni amenazaron darle muerte. No obstante, su pecado fue peor que si hubieran actuado de ese modo. El suyo no fue el pecado de violencia o de inmoralidad sino el de indiferencia. Según G. A. Studdert Kennedy ha escrito en su poema "Indiferencia", "Simplemente pasaron por su lado en la calle y lo dejaron en medio de la lluvia".

Tal vez la enseñanza de Jesús les interesó un poco, y sus milagros los entretuvieron, pero nada más. La gracia divina no les desgarró los corazones, la verdad no les cambió las mentes, las advertencias en cuanto al pecado nunca los llevó al arrepentimiento, y la oferta de salvación que Él les hizo no les produjo fe. Y a causa de esa indiferente incredulidad, Jesús les declaró: **Os digo que en el día del juicio, será más tolerable el castigo para la tierra de Sodoma, que para ti.**

El comentarista del siglo XVIII Johann Bengel escribió: "Cada oyente de la verdad del Nuevo Testamento es o mucho más feliz o mucho más infeliz que los hombres que vivieron antes de la venida de Cristo". Tal creyente también está o más seguro o más condenado.

Invitación personal de Jesús   69

En aquel tiempo, respondiendo Jesús, dijo: Te alabo, Padre, Señor del cielo y de la tierra, porque escondiste estas cosas de los sabios y de los entendidos, y las revelaste a los niños. Sí, Padre, porque así te agradó. Todas las cosas me fueron entregadas por mi Padre; y nadie conoce al Hijo, sino el Padre, ni al Padre conoce alguno, sino el Hijo, y aquel a quien el Hijo lo quiera revelar. Venid a mí todos los que estáis trabajados y cargados, y yo os haré descansar. Llevad mi yugo sobre vosotros, y aprended de mí, que soy manso y humilde de corazón; y hallaréis descanso para vuestras almas; porque mi yugo es fácil, y ligera mi carga. (11:25-30)

El núcleo del evangelio es que "Cristo Jesús vino al mundo para salvar a los pecadores" (1 Ti. 1:15). Jesús afirmó que vino "a buscar y a salvar lo que se había perdido" (Lc. 19:10). Les dice a los hombres que debido a que Él es el pan de vida, los que vienen a Él nunca tendrán hambre, y los que creen en Él nunca tendrán sed (Jn. 6:35; cp. 7:37). Puesto que Jesús es la luz del mundo, aquel que lo sigue "no andará en tinieblas, sino que tendrá la luz de la vida" (8:12). Ya que Jesús es "la resurrección y la vida", los que creen en Él vivirán aunque mueran (11:25).

El mensaje de salvación es de lo que trata toda la Biblia. La promesa de Dios para Adán y Eva después de la caída fue que un día su descendiente herirá a la serpiente en la cabeza (Gn. 3:15), una ilustración de la conquista que Cristo haría de Satanás. Por medio de Isaías, el Señor declaró: "Mirad a mí, y sed salvos, todos los términos de la tierra, porque yo soy Dios, y no hay más" (Is. 45:22); y también: "A todos los sedientos: Venid a las aguas; y los que no tienen dinero, venid, comprar y comed. Venid, comprad sin dinero y sin precio, vino y leche… Inclinad vuestro oído, y venid a mí; oíd, y vivirá vuestra alma" (55:1, 3). Entre las últimas palabras de la Biblia está una invitación final a la humanidad para ser salva: "El Espíritu y la Esposa dicen: Ven. Y el que oye, diga: Ven. Y el que tiene sed, venga; y el que quiera, tome del agua de la vida gratuitamente" (Ap. 22:17).

Como nos lo recuerda el compositor de himnos F. W. Faber:

> En la compasión de Dios hay amplitud,
> así como en el mar también la hay.
> En su justicia hay bondad
> que es algo más que libertad.
>
> Porque el amor de Dios es más ancho
> que la medida de la mente humana;
> y el corazón del Padre Eterno
> es maravillosamente bondadoso.

EL CONTEXTO

En aquel tiempo, respondiendo Jesús, dijo: Te alabo, Padre, Señor del cielo y de la tierra, (11:25*a*)

En aquel tiempo podría significar que la invitación de Jesús fue dada inmediatamente después del reproche que le hiciera a Corazín, Betsaida y Capernaúm, a fin de aprovechar cualquier interés en la salvación que esas palabras que invitan a reflexionar pudieran haber evocado.

También es posible que Jesús estuviera repitiendo una invitación que hubiera hecho en otras ocasiones y que seguiría haciendo a lo largo de su ministerio. En ese caso, Mateo llama aquí la atención a la que pudo haber sido la última invitación de Jesús durante su primer y principal ministerio en Galilea, mientras ofrecía a las personas una última apelación a ser salvas.

Después de la innumerable realización de milagros que Jesús hizo para atestiguar su divinidad y sus credenciales mesiánicas (4:23-24), después de predicar en detalle el mensaje del evangelio y de la vida cristiana (5—7), y después de haber enviado a los doce (10:5-15) y más tarde a los setenta (véase Lc. 10:1-16), los habitantes de Galilea tuvieron mayor oportunidad de aprender de Dios y de su camino de salvación que cualquier otro pueblo en la historia, antes o después. Pero a pesar de esa gran oportunidad, casi todos rechazaron a Cristo y su mensaje, ya sea por hostilidad o por indiferencia.

A pesar de que la nación le había dado la espalda al Mesías, Él siguió llamando a ese remanente que estaba cansado de llevar sus pesadas cargas espirituales y que intentaba reposar en la gracia de Dios.

El período de popularidad de Jesús estaba terminando y la oposición aumentaba en cantidad e intensidad. Como Jesús pronto dejaría en claro, las únicas alternativas posibles son aceptación o rechazo. Una persona está por Cristo o está contra Él (Mt. 12:30; cp. Mr. 9:40). En consecuencia, la enseñanza de Jesús se dirigió cada vez más específicamente a aquellos que lo aceptaban o a los que lo rechazaban. Uno al lado del otro son mensajes de juicio y de compasión, de advertencia y de aliento, tal como vemos aquí. Jesús acababa de presentar al Dios de juicio e ira (Mt. 11:20-24) y ahora presenta al Dios de amor y misericordia.

Respondiendo dijo es un modismo hebreo que significa hablar abiertamente, a diferencia de hacerlo de manera privada o confidencial. La invitación de Jesús a seguirlo era universal y abierta a todo el mundo que llegaría en las condiciones de Dios.

La oración de Jesús a su Padre estaba destinada a ser escuchada por creyentes potenciales. Cuando oró: **Te alabo, Padre, Señor del cielo y de la tierra,** Jesús llamó la atención tanto a su relación única con el Padre como al control soberano del Padre sobre la salvación. La salvación es una provisión del **Señor del cielo y de la tierra,** y no un resultado de sabiduría, planes, propósitos o poder humano; y por esa verdad Jesús le dice al Padre: **Te alabo.**

A todo fiel pastor, evangelista y testigo a veces le desilusiona que más personas no respondan, por lo que se pregunta: "¿Qué más puedo hacer? ¿Qué nuevo enfoque puedo tomar? ¿Cómo puedo hacer para que el mensaje sea más claro y convincente?". Sin embargo, el siervo de Dios también sabe que algunas personas rechazarán a Cristo sin importar lo clara, sensible y poderosa que la presentación del evangelio pueda ser. Si los hombres pudieron rechazar la salvación de los propios labios del Señor mismo (y en medio de milagros asombrosos y de autenticación) difícilmente podemos esperar que toda persona que oiga nuestro testimonio imperfecto caiga a los pies de Cristo.

Lloramos por quienes no quieren ser salvos tal como nuestro Señor lloró por Jerusalén cuando sus habitantes no lo recibieron. Pero también igual que Cristo, debemos alabar a nuestro **Padre** celestial porque todas las cosas están bajo su control divino, y porque su plan soberano para el mundo y para su propio pueblo no puede frustrarse. El rechazo que los hombres hacen de Cristo demuestra el fracaso de ellos, no de Dios.

La soberanía de Dios debe ser la idea principal en la mente de todo testigo fiel. Debemos recordar confiadamente que su plan siempre está en curso y que hasta el rechazo más impenitente, malvado, vengativo y cínico de nuestro testimonio no altera la programación de Dios ni frustra su propósito. Nuestra responsabilidad es simplemente hacer que nuestro testimonio sea fiel (1 Co. 4:2); es responsabilidad única de Dios hacerlo eficaz.

Debido a que Jesús tenía una confianza inquebrantable en la voluntad perfecta de su Padre, pudo descansar en esa voluntad y ofrecerle alabanza sin importar las respuestas que las personas le dieran.

Cuando Jesús invitó compasivamente a sus oyentes a venir a Él y ser salvos, estableció los cinco elementos esenciales que constituyen una verdadera invitación a la salvación.

HUMILDAD Y DEPENDENCIA

porque escondiste estas cosas de los sabios y de los entendidos, y las revelaste a los niños. Sí, Padre, porque así te agradó. (11:25*b*-26)

La causa específica que produce alabanza a Jesús es la sabiduría soberana de Dios al esconder **estas cosas de los sabios y de los entendidos, y** más bien revelarlas **a los niños.** Él agradece a su Padre que el primer paso para la salvación sea humildad, es decir llegar a Dios en total desesperanza de nuestro propio mérito o nuestros propios recursos. No es por accidente que la primera bienaventuranza sea: "Bienaventurados los pobres en espíritu [los humildes], porque de ellos es el reino de los cielos" (Mt. 5:3). El reino pertenece únicamente a los humildes.

Estas cosas se refieren al reino, en el cual se enfocó todo el ministerio de Jesús. Incluso durante los cuarenta días entre su resurrección y su ascensión, Jesús estuvo "hablándoles acerca del reino de Dios" (Hch. 1:3). Sus enseñanzas sobre su condición mesiánica, su señorío y su posición de salvador, y también sobre la salvación, la sumisión y el discipulado se centraron por completo en el reino de Dios; el reino donde Él es soberano, donde su pueblo mora por gracia mediante la fe, y donde se realiza su justa voluntad.

Los sabios y los entendidos es una manera sarcástica de referirse a los que son inteligentes en su propia opinión, y que confían en la sabiduría humana y menosprecian la de Dios. El Señor no excluye de su reino a las personas inteligentes, sino más bien a las que confían en su propia inteligencia. Pablo era un erudito brillante y muy culto, y no abandonó su inteligencia cuando se convirtió en cristiano. Pero dejó de confiar en su inteligencia para discernir y entender asuntos espirituales y divinos. No es la inteligencia sino el orgullo intelectual lo que deja a los individuos fuera del reino. La inteligencia es un regalo de Dios, pero cuando se pervierte por el orgullo se convierte en una barrera para llegar a Dios, porque la confianza está puesta en el regalo y no en el Dador. "Porque Jehová es excelso, y atiende al humilde, mas al altivo mira de lejos" (Sal. 138:6).

En **los sabios** y **los entendidos** se incluyen personas tanto religiosas como no religiosas, que en su amor a la sabiduría humana son más similares que diferentes. Sea religioso o no, el individuo orgulloso no se someterá a la sabiduría y la verdad de Dios, y por tanto él mismo se excluye del reino. La persona orgullosa que confía en la tradición o en las buenas obras para complacer a Dios está tan lejos de Dios como el ateo.

El medio que Dios usa para esconder **estas cosas** de tales personas es la maldad de sus corazones orgullosos y no regenerados que les impide ver lo que Dios desea que sepan y acepten. Pablo declaró: "Como está escrito: Cosas que ojo no vio, ni oído oyó, ni han subido en corazón de hombre, son las que Dios ha preparado para los que le aman. Pero Dios nos las reveló a nosotros por el Espíritu; porque el Espíritu todo lo escudriña, aun lo profundo de Dios" (1 Co. 2:9-10). La verdad espiritual de Dios no puede conocerse de manera empírica u objetiva. No puede descubrirse externamente, sino que debe recibirla voluntariamente el corazón del hombre cuando Dios la revela. Según alguien declaró: "El corazón y no la cabeza es el hogar del evangelio". Ninguna especulación o ningún razonamiento humano puede descubrir o explicar la verdad salvadora de Dios porque, como Pablo continúa advirtiendo, "el hombre natural no percibe las cosas que son del Espíritu de Dios, porque para él son locura, y no las puede entender, porque se han de discernir espiritualmente" (v. 14).

Ninguna cantidad de evidencia es suficiente para convencer al incrédulo confirmado. Juan afirma de tales individuos que, aunque Jesús "había hecho tantas señales delante de ellos, no creían en él; para que se cumpliese la palabra del profeta Isaías, que dijo: Señor, ¿quién ha creído a nuestro anuncio? ¿Y a quién se ha revelado el brazo del Señor? Por esto no podían creer, porque también dijo Isaías: Cegó los ojos de ellos, y endureció su corazón; para que no vean con los ojos, y entiendan con el corazón, y se conviertan, y yo los sane" (Jn. 12:37-40). Aquellos que oyen la Palabra de Dios y se niegan a recibirla están sujetos a la confirmación judicial divina que causa esa decisión.

Así como **sabios** y **entendidos** no se refiere a capacidad mental sino a actitud espiritual *orgullosa*, **niños** no se refiere a edad o capacidad física sino a actitud espiritual *humilde*.

Un niño depende totalmente de que otros le suplan todo lo que necesita. No cuenta con capacidades, conocimiento, habilidades ni recursos para mantenerse.

Nēpios (**niños**) se usa en 1 Corintios 3:1 y Hebreos 5:13 para bebés que no pueden consumir alimentos sólidos sino únicamente leche. En 1 Corintios 13:11 se usa para aquellos que no han aprendido a hablar, y en Efesios 4:14 para los que son incapaces.

En cierta ocasión durante un período de preguntas y respuestas en una reunión, una niña como de nueve o diez años de edad se me acercó y me preguntó: "¿Qué les sucede a los bebés cuando mueren?". Era muy evidente la seriedad de la niña, e hice mi mejor esfuerzo por responderle lo que dice la Biblia. Comenzando con el comentario de David respecto a su hijo bebé que acababa de morir: "Yo voy a él, mas él no volverá a mí" (2 S. 12:23), le expliqué que Dios toma para sí a todos aquellos, tales como los bebés y las personas con discapacidad mental, que no son *capaces* de elegirlo. Después la madre explicó que un hermanito menor de la niña calzaba en esta categoría y no entendía casi nada de lo que pasaba a su alrededor. Su hermanita, joven como era, conocía el camino de la salvación y estaba profundamente preocupada porque su hermanito quizás no fuera al cielo pues no podía comprender cómo recibir a Cristo como Salvador. Le recordé lo que Jesús declaró: "De cierto os digo, que si no os volvéis y os hacéis como niños, no entraréis en el reino de los cielos" (Mt. 18:3). Ella quedó muy aliviada cuando le dije que su hermanito era un ejemplo vivo del tipo de persona que Jesús vino a salvar y a recibir en el cielo: los totalmente indefensos.

Es a **niños** espirituales, los que reconocen su indefensión total en sí mismos, a quienes Dios ha decidido soberanamente revelar las verdades del reino. Es a los "pobres en espíritu" que confiesan humildemente su dependencia que Dios les hace que el camino de Salvación sea claro y comprensible. Por el Espíritu Santo reconocen que están espiritualmente vacíos y en bancarrota, y abandonan toda dependencia por sus propios recursos. Son los mendigos espirituales inseguros a los que Jesús se refiere en la primera bienaventuranza: los absolutamente destituidos que tienen vergüenza de levantar la cabeza mientras extienden las manos pidiendo ayuda.

Los **niños** son exactamente el tipo opuesto de personas que los escribas, fariseos y rabinos creían que eran agradables a Dios. Son también exactamente lo contrario del imaginado cristiano ideal pregonado por muchos predicadores y escritores populares que glorifican la autoafirmación y la autoestima.

El contraste entre los **sabios** y **entendidos** y los **niños** no está entre el conocedor y el ignorante, el educado y el inculto, el brillante y el sencillo. Es un contraste entre aquellos que creen que pueden salvarse a sí mismos por su sabiduría, sus recursos y sus logros humanos, y aquellos que saben que no pueden hacerlo. Se trata de una comparación entre quienes confían en sí mismos y los que confían en Dios.

Las personas que son famosas, muy educadas, ricas, poderosas o talentosas a menudo son muy difíciles de ser alcanzadas para Cristo simplemente porque los logros humanos fácilmente llevan al orgullo, y este lleva a la autosuficiencia y la auto gratificación.

Jesús continúa: **Sí, Padre, porque así te agradó.** Dios se agrada con el evangelio de la gracia porque le produce gloria, lo cual es el propósito supremo en el universo. "Así dijo el Alto y Sublime, el que habita la eternidad, y cuyo nombre es el Santo: Yo habito en la altura y la santidad, y con el quebrantado y humilde de espíritu, para hacer vivir el espíritu de los humildes, y para vivificar el corazón de los quebrantados" (Is. 57:15). A Dios le gusta ayudar a los humildes y arrepentidos, porque saben que están indefensos. Se agrada cuando acuden a Él pidiéndole ayuda, porque eso honra la gracia divina y le da gloria (cp. Lc. 18:9-14).

> Incluso al alma obediente
> Él no hace que se desvíe,
> Y como su trono y morada,
> escoge al de corazón humilde.
> (Autor desconocido)

Pablo les recordó a los creyentes en Corinto: "Mirad, hermanos, vuestra vocación, que no sois muchos sabios según la carne, ni muchos poderosos, ni muchos nobles; sino que lo necio del mundo escogió Dios, para avergonzar a los sabios; y lo débil del mundo escogió Dios, para avergonzar a lo fuerte" (1 Co. 1:26-27).

Jesús se refirió a Nicodemo como "maestro de Israel", sugiriendo que era tal vez uno de los rabinos más respetados de la nación. Se trataba de un estudiante del Antiguo Testamento y de los muchos escritos tradicionales del judaísmo. Sin embargo, a pesar de toda esa preparación y ese conocimiento religioso, Nicodemo no podía entender la enseñanza de Jesús de que "el que no naciere de nuevo, no puede ver el reino de Dios". Incluso después que Jesús le explicara, Nicodemo no comprendió, por eso tuvo que decirle: "De cierto, de cierto te digo, que lo que sabemos hablamos, y lo que hemos visto, testificamos; y no recibís nuestro testimonio. Si os he dicho cosas terrenales, y no creéis, ¿cómo creeréis si os dijere las celestiales?" (Jn. 3:3-12). Antes de que pudiera entender o recibir el evangelio, Nicodemo tenía que recorrer todo el camino hacia atrás y comenzar como un bebé espiritual, poniendo a un lado su conocimiento y sus logros humanos, y llegando a Cristo sin mérito propio alguno.

REVELACIÓN

Todas las cosas me fueron entregadas por mi Padre; y nadie conoce al Hijo, sino el Padre, ni al Padre conoce alguno, sino el Hijo, y aquel a quien el Hijo lo quiera revelar. (11:27)

Estas palabras de Jesús son básicamente un comentario sobre el versículo 25, ampliando la verdad de que Dios ha decidido revelar su voluntad a los niños, los espiritualmente humildes y desamparados, en vez de hacerlo con aquellos que son orgullosos y autosuficientes. Una invitación verdadera a la salvación debe considerar la revelación de Dios, porque ningún individuo, ni siquiera el más determinado o sincero, podría conocer el camino hacia Dios a menos que el Señor mismo ya se lo hubiera dado a conocer. La senda de la salvación se expone únicamente a través de la revelación soberana de Dios.

La primera verdad importante de este versículo no es tanto lo que se enseña como lo que se da por hecho. Jesús se equipara de modo inequívoco con Dios, llamándolo **mi Padre** en una manera que los judíos nunca harían excepto para referirse a la paternidad colectiva de Israel. He aquí una de las afirmaciones más claras que Jesús hizo de su deidad, que describe la relación íntima y absolutamente única del Padre y **el Hijo.** En esencia ellos son uno y son inseparables.

No había dudas en las mentes de los oyentes de Jesús en cuanto a que la referencia a Dios como **mi Padre** era un reclamo de deidad. Los judíos ya habían acusado a Jesús de hacerse "igual a Dios", y trataban de matarlo (Jn. 5:18). Cuando en otra ocasión Él declaró: "Yo y el Padre uno somos", el gentío quiso matarlo a pedradas por blasfemia (Jn. 10:30-31; cp. vv. 15, 17-18, 25, 29, 32-38).

Que Jesús es Dios mismo es el núcleo del evangelio, porque aparte de su deidad no podía salvar una sola alma. Ninguna herejía corrompe tanto el evangelio y lo despoja de su poder como la enseñanza de que Jesús no es Dios. Al margen de su deidad, no *hay* evangelio ni salvación.

La segunda verdad de ese versículo está explícita. Jesús en su deidad no solo tenía intimidad con su Padre, sino que había recibido **todas las cosas** (toda autoridad, toda soberanía, toda verdad, y todo poder) de parte del Padre. En algún momento de la eternidad preexistente, el Padre asignó estas **cosas** al Hijo (cp. Jn. 5:21-24).

Fue debido a que toda potestad se le había concedido "en el cielo y en la tierra" que Jesús tenía el derecho de enviar a sus seguidores a hacer "discípulos a todas las naciones, bautizándolos en el nombre del Padre, y del Hijo, y del Espíritu Santo" (Mt. 28:18-19). El propósito subyacente de los milagros de Jesús fue demostrar su autoridad sobre los trastornos, las enfermedades, los demonios, la naturaleza, la vida, la muerte y el pecado. Él tenía autoridad para perdonar pecados, para salvar del juicio divino, y para controlar de forma soberana todo en la tierra y el cielo. **Todas las cosas** en el universo y que pertenecen al universo están bajo su soberanía divina. Su poder mostrado durante su ministerio terrenal fue un anticipo de la muestra completa en el milenio terrenal venidero en que Jesús reinará sobre la tierra.

La tercera verdad de este versículo es que **nadie conoce al Hijo, sino el Padre.** El hombre no tiene en sí mismo forma de descubrir cómo es Dios, porque su mente finita no puede captar la naturaleza infinita de Dios. Jesús dice que debido a que el **Hijo** es divino, solo el Padre divino lo **conoce** de veras. Lo anverso es igualmente cierto: **ni al Padre conoce alguno, sino el Hijo, y aquel a quien el Hijo lo quiera revelar.** La verdad divina solo puede percibirse divinamente e impartirse divinamente (cp. 1 Co. 2:9-16).

La filosofía y la religión son totalmente incapaces de razonar a Dios o su verdad porque pertenecen a un orden finito e inferior. Las ideas y los conceptos humanos son terrenales y totalmente infructuosos para producir verdad o guía espiritual. Dios debe incursionar en las tinieblas y en el vacío del entendimiento humano y mostrarse antes de que el hombre pueda conocerlo.

Lo que Jesús enseña aquí acerca de la revelación que Dios hace de Él mismo es a la vez sencillo y totalmente profundo. Es la persona que hace a un lado toda sabiduría y conocimiento humano, y que se vuelve como un niño iletrado e indefenso, la que Dios escoge para revelárselse. "A Dios nadie le vio jamás; el unigénito Hijo, que está en el seno del Padre, él le ha dado a conocer" (Jn. 1:18). Únicamente la persona vaciada de sabiduría humana puede ser llena con verdad divina.

Martín Lutero declaró: "Aquí la base se desploma de todo mérito, de todos los poderes y capacidades de la razón o del libre albedrío con que los hombres sueñan, y nada de eso cuenta delante de Dios. Cristo es quien debe hacer y debe dar todo".

FE

Venid a mí (11:28*a*)

Así como la parte del ser humano en la salvación es llegar humildemente, también es llegar con fe. A pesar de que mentes finitas no puedan comprender por completo la verdad, la gracia divina y la fe humana son inseparables en la salvación. Dios provee salvación de modo soberano, que incluye el hecho de que el hombre debe entregarse por entero en compromiso al Señor Jesucristo antes que este se vuelva efectivo. Jesús declaró: "Todo lo que el Padre me da, vendrá a mí", e inmediatamente añadió: "Y al que a mí viene, no le echo fuera" (Jn. 6:37).

La salvación no viene a través de un credo, una iglesia, un ritual, un pastor, un sacerdote, o cualquier otro de tales medios humanos, sino a través de Jesucristo, quien dijo: **Venid a mí.** Venir es creer hasta el punto de someterse al señorío de Cristo. Jesús declaró: "Yo soy el pan de vida; el que a mí viene, nunca tendrá hambre; y el que en mí cree, no tendrá sed jamás" (Jn. 6:35). *Venir* y *creer* son paralelos al igual que lo son *tener hambre* y *tener sed*. Venir a Cristo es creer en Él, lo cual resulta en no volver a tener hambre y sed. Otros sinónimos bíblicos para creer en Cristo incluyen confesarlo, recibirlo, comerlo y beberlo, y oírle.

Pedro manifestó: "De éste [Jesucristo] dan testimonio todos los profetas, que todos los que en él creyeren, recibirán perdón de pecados por su nombre" (Hch. 10:43). Y el Señor mismo expresó: "Como Moisés levantó la serpiente en el desierto, así es necesario que el Hijo del Hombre sea levantado, para que todo aquel que en él cree, no se pierda, mas tenga vida eterna. Porque de tal manera amó Dios al mundo, que ha dado a su Hijo unigénito, para que todo aquel que en él cree, no se pierda, mas tenga vida eterna" (Jn. 3:14-16).

ARREPENTIMIENTO Y DESCANSO

todos los que estáis trabajados y cargados, y yo os haré descansar. (11:28*b*)

Todos los que estáis indica una condición que ya existe. Aquellos a quienes Jesús invita a sí mismo son los que ya están **trabajados y cargados.** Aunque este aspecto de la invitación de Jesús se menciona después de la fe ("Venid a mí"), cronológicamente la precede, refiriéndose al arrepentimiento que lleva a Cristo al humilde que lo busca para salvación.

Kopiaō (estar **trabajados,** o "atarearse") conlleva la idea de afanarse hasta el punto del agotamiento total. Juan utiliza el término para describir la fatiga de Jesús cuando Él y los discípulos llegaron a Sicar después de un viaje largo y caluroso desde Jerusalén (Jn. 4:6).

Trabajados se traduce de un participio presente activo, y se refiere en sentido figurado a trabajo arduo de tratar de agradar a Dios y de conocer el camino de salvación. Jesús llama a que acudan a Él todos los que están agotados por tratar en sus propios recursos de encontrar y agradar a Dios. Invita a la persona que está cansada de su búsqueda vana de la verdad por medio de sabiduría humana, a quien está agotado por tratar de ganarse la salvación y que ha perdido la esperanza de lograr por sus propios esfuerzos la norma de justicia divina.

Cargados se traduce de un participio perfecto pasivo, e indica que en algún momento en el pasado se ha depositado una gran carga sobre la persona trabajada. Mientras que **trabajados** se refiere al agotamiento externo que causa la búsqueda de la verdad divina por medio de sabiduría humana, **cargados** sugiere las cargas externas causadas por los esfuerzos inútiles de las obras de justicia.

Las enseñanzas rabínicas en la época de Jesús se habían vuelto tan enormes, demandantes y absorbentes que prescribían normas y fórmulas para prácticamente toda actividad humana. Incluso era casi imposible aprender todas las tradiciones y era imposible cumplir con todas ellas. Jesús habló de las cargas pesadas de la tradición religiosa que los escribas y fariseos ponían sobre los hombros de las personas (Mt. 23:4); y en el concilio de Jerusalén, Pedro observó que los judaizantes estaban tratando de hacer encajar en el cristianismo el mismo "yugo [de confección humana] que ni nuestros padres ni nosotros hemos podido llevar" (Hch. 15:10).

A pesar de que el término mismo no se usa en el texto, Jesús hace un llamado al arrepentimiento, a volverse de la vida egoísta y centrada en las obras, y a venir a Él. Los que están **trabajados y cargados** se desesperan en su capacidad propia de agradar a Dios. Llegan al final de sus propios recursos y se vuelven a Cristo. La desesperación es parte de la verdadera salvación, porque una persona no viene a Cristo mientras conserve confianza en sí misma. Arrepentirse es hacer un viraje de ciento ochenta grados de la carga de la vida antigua hacia el sosiego de la nueva.

El arrepentimiento fue el tema de la predicación de Juan el Bautista (Mt. 3:2) y el punto de partida de la predicación de Jesús (4:17), Pedro (Hch. 2:38; 3:19; cp. 5:31) y Pablo (17:30; 20:21; cp. 2 Ti. 2:25). La persona que con humildad recibe la revelación que Dios hace de sí mismo y de su camino de salvación, que se vuelve de la carga insoportable de su pecado y sus propios esfuerzos, y que viene a Cristo con las manos vacías es la única a la que Dios salva.

Anapauō (hallar **descanso**) significa refrescarse o revivir, como del trabajo o de un largo viaje. Jesús promete **descanso** espiritual a todos los que vienen a Él en arrepentimiento y fe humilde.

El **descanso** de Dios es un tema común en el Antiguo Testamento. El Señor advirtió a Israel: "No endurezcáis vuestro corazón, como en Meriba, como en el día de Masah en el desierto, donde me tentaron vuestros padres, me probaron, y vieron mis obras… Por tanto, juré en mi furor que no entrarían en mi reposo" (Sal. 95:8-9, 11). Después de citar ese pasaje, el escritor de Hebreos advierte a quienes tienen una fe poco sincera en Cristo pero que en realidad no han confiado en Él: "Mirad, hermanos, que no haya en ninguno de vosotros corazón malo de incredulidad para apartarse del Dios vivo" (He. 3:12). Reconocer de modo intelectual la deidad y el señorío de Cristo es algo peligroso si no lleva a fe verdadera, porque esto da a la persona la falsa confianza de pertenecerle a Cristo.

En la época de la iglesia primitiva muchos judíos fueron atraídos al evangelio y externamente se identificaban con la iglesia. Pero por temor a ser expulsados de las sinagogas y separados de la adoración y las ceremonias del judaísmo, algunos de ellos no recibieron de veras a Cristo como Señor que salva; en parte fueron hacia Él pero se detuvieron antes del compromiso total. Juan expresa: "Desde entonces muchos de sus discípulos volvieron atrás, y ya no andaban con él" (Jn. 6:66). En consecuencia, no entrarían al reposo de Dios, es decir a su salvación, porque aún poseían un "corazón malo de incredulidad" (He. 3:11-12).

Así como a esos israelitas que se rebelaron contra Moisés en el desierto se les negó la entrada a la tierra prometida a causa de incredulidad, así también por la misma razón se les niega la entrada al descanso en el reino de salvación de Dios a los que no confían por completo en Cristo (v. 19). "Temamos, pues, no sea que permaneciendo aún la promesa de entrar en su reposo, alguno de vosotros parezca no haberlo alcanzado. Porque también a nosotros se nos ha anunciado la buena nueva como a ellos; pero no les aprovechó el oír la palabra, por no ir acompañada de fe en los que la oyeron. Pero los que hemos creído entramos en el reposo, de la manera que dijo: Por tanto, juré en mi ira, no entrarán en mi reposo" (He. 4:1-3).

El diccionario da varias definiciones de reposo que equiparan notablemente el **descanso** espiritual que Dios ofrece a quienes confían en su Hijo. Primero, el diccionario describe descanso como cese de acción, movimiento, trabajo o esfuerzo. En una manera similar, entrar al reposo de Dios es dejar de hacer todo esfuerzo de ayuda propia para tratar de ganar la salvación. Segundo, el reposo se describe como libertad de lo que agota o perturba. Vemos otra vez el paralelo espiritual de la entrega de libertad que Dios hace a sus hijos, a fin de alejarlos de las preocupaciones y cargas que les roban la paz y la alegría.

Tercero, el diccionario define reposo como algo que es fijo y estable. De igual modo, estar en el reposo de Dios es tener la maravillosa seguridad de que nuestro destino eterno está seguro en Jesucristo, nuestro Señor y Salvador. Significa ser libres de las inseguridades de correr de filosofía en filosofía, de religión en religión, de gurú en gurú, esperando de algún modo y en alguna parte descubrir la verdad, la paz, la felicidad y la vida eterna.

Cuarto, el reposo se define como estar seguros y confiados. Cuando entramos al reposo de Dios se nos concede la seguridad de "que el que comenzó en [nosotros] la buena obra, la perfeccionará hasta el día de Jesucristo" (Fil. 1:6). Por último, se describe el reposo como recostarse, descansar o depender de. Como hijos de Dios podemos depender con total seguridad en que nuestro Padre celestial "suplirá todo lo que [nos] falta conforme a sus riquezas en gloria en Cristo Jesús" (Fil. 4:19).

SUMISIÓN

Llevad mi yugo sobre vosotros, y aprended de mí, que soy manso y humilde de corazón; y hallaréis descanso para vuestras almas; (11:29-30)

La salvación implica sumisión, porque es imposible para Cristo ejercer señorío sobre aquellos que se niegan a obedecerle. De ahí que la invitación de Jesús incluya el llamado a la sumisión, simbolizado por un **yugo.**

Un **yugo** estaba hecho de madera tallada a mano y se ajustaba al cuello y el lomo del animal particular que debía usarlo a fin de evitar todo roce. Por obvias razones, el término se usaba ampliamente en el mundo antiguo como una metáfora para sumisión. El **yugo** era parte del arnés que se utilizaba para jalar una carreta, un arado, o una viga de molino, y era el medio por el cual el dueño del animal lo mantenía bajo control y lo guiaba para el trabajo útil. A menudo se hablaba de que un estudiante estaba bajo el yugo de su maestro, y un antiguo escrito judío contiene la advertencia: "Pon el cuello bajo el yugo y permite que tu alma reciba instrucción".

Ese es el significado que Jesús parece haber tenido aquí en mente, porque agrega **y aprended de mí.** *Manthanō* (aprender) se relaciona íntimamente con *mathetes* (discípulo, o aprendiz) y refuerza la verdad de que los discípulos de Cristo son aprendices sumisos. Estos se someten al señorío de Cristo por muchas razones, entre la más importante se encuentra permitir que Él nos enseñe a través de su Palabra. Un yugo simboliza obediencia, y la obediencia cristiana incluye aprender de Cristo.

El poder de la salvación es totalmente por gracia y nada de obras. Un incrédulo no tiene ni el entendimiento ni la capacidad de salvarse a sí mismo, así como un bebé no tiene el entendimiento ni la capacidad para cuidarse solo. Pero aunque las buenas obras no producen salvación, la salvación sí produce buenas obras. En realidad, los creyentes somos "creados en Cristo Jesús para buenas obras, las cuales Dios preparó de antemano para que anduviésemos en ellas" (Ef. 2:10).

Pero debido a que Jesús es **manso y humilde de corazón,** otorga **descanso,** no cansancio, a las **almas** de aquellos que se le someten y hacen la obra de Él. Su **yugo es fácil, y ligera** su **carga.** Su carga no es como la del faraón, quien cruelmente oprimió a los hijos de Israel, o como la de los escribas y fariseos que cargaban a los judíos de la época de Jesús con penoso legalismo.

Cristo nunca nos oprimirá ni nos dará una carga demasiado pesada de llevar. Su **yugo** no tiene que ver con las exigencias de las obras de la ley, mucho menos con las de la tradición humana. El esfuerzo de obediencia del cristiano a Cristo produce gozo y felicidad. Así lo explica Juan: "Este es el amor a Dios, que guardemos sus mandamientos; y sus mandamientos no son gravosos" (1 Jn. 5:3).

La sumisión a Jesucristo produce la más grande liberación que una persona puede experimentar, en realidad es la única liberación verdadera que puede experimentar, porque solo a través de Cristo alguien se libera para convertirse en lo que Dios pretendió que esa persona fuera.

> Tu preciosa voluntad, oh Salvador conquistador,
>   promete ahora abrazarme y rodearme;
> acalla toda discordia, y hace de mi paz un río
>   Y de mi alma como un ave prisionera liberada.
> Dulce voluntad de Dios, acércame más y más,
>   hasta que esté completamente perdido en ti.
> (William E. Blackstone)

El Señor del día de reposo 70

En aquel tiempo iba Jesús por los sembrados en un día de reposo; y sus discípulos tuvieron hambre, y comenzaron a arrancar espigas y a comer. Viéndolo los fariseos, le dijeron: He aquí tus discípulos hacen lo que no es lícito hacer en el día de reposo. Pero él les dijo: ¿No habéis leído lo que hizo David, cuando él y los que con él estaban tuvieron hambre; cómo entró en la casa de Dios, y comió los panes de la proposición, que no les era lícito comer ni a él ni a los que con él estaban, sino solamente a los sacerdotes? ¿O no habéis leído en la ley, cómo en el día de reposo los sacerdotes en el templo profanan el día de reposo, y son sin culpa? Pues os digo que uno mayor que el templo está aquí. Y si supieseis qué significa: Misericordia quiero, y no sacrificio, no condenaríais a los inocentes; porque el Hijo del Hombre es Señor del día de reposo. Pasando de allí, vino a la sinagoga de ellos. Y he aquí había allí uno que tenía seca una mano; y preguntaron a Jesús, para poder acusarle: ¿Es lícito sanar en el día de reposo? Él les dijo: ¿Qué hombre habrá de vosotros, que tenga una oveja, y si ésta cayere en un hoyo en día de reposo, no le eche mano, y la levante? Pues ¿cuánto más vale un hombre que una oveja? Por consiguiente, es lícito hacer el bien en los días de reposo. Entonces dijo a aquel hombre: Extiende tu mano. Y él la extendió, y le fue restaurada sana como la otra. Y salidos los fariseos, tuvieron consejo contra Jesús para destruirle. (12:1-14)

Los sucesos relatados en Mateo 12 marcan un momento importante y crucial en el ministerio de Jesús, centrándose en el rechazo al Mesías que su propio pueblo le hizo. Los versículos 1-21 relatan la creciente incredulidad de Israel cristalizada en rechazo consciente, y los versículos 22-50 relatan la blasfemia que sigue al rechazo. Después que al Rey fuera presentado y certificado, entonces lo rechazaron y blasfemaron en su contra antes que finalmente le dieran muerte en la cruz.

El plan malvado de Herodes para destruir al Rey profetizado de los judíos matando a todos los bebés varones en Belén fue la primera evidencia de que el Mesías no sería aceptado. Cuando su precursor Juan el Bautista confrontó a los fariseos y saduceos llamándolos una generación de víboras, y advirtiéndoles que huyeran de la ira venidera, el rechazo se hizo aún más evidente. Desde el principio del propio ministerio de Jesús, los líderes judíos fueron escépticos en cuanto a Él, escepticismo que pronto se convirtió en crítica, hostilidad abierta y oposición directa.

A medida que Jesús atacaba cada vez más a la religión adulterada de la tradición rabínica, los dirigentes de esa religión lo atacaban cada vez más. Lo acusaron de blasfemia (9:3) y de tener comunión con publicanos y pecadores (v. 11). Incluso lo acusaron de estar endemoniado (v. 34). Cuanto más directamente confrontaba a los dirigentes judíos con su pecado interno y vacío externo, más endurecían el antagonismo hacia Jesús. Las críticas y la indiferencia se convirtieron en reprimenda mordaz y luego en violenta furia.

Una de las causas principales de la oposición se centró en la observancia del día de reposo, problema con el cual trata el texto actual (12:1-14). Esto tiene que ver con el incidente que motivó la oposición y a continuación la acusación contra Jesús, y con la instrucción, la ilustración, y por último la insurrección contra Él.

EL INCIDENTE

En aquel tiempo iba Jesús por los sembrados en un día de reposo; y sus discípulos tuvieron hambre, y comenzaron a arrancar espigas y a comer. (12:1)

La observancia del **día de reposo** estaba en el centro del sistema legalista judío, y cuando Jesús violó las tradiciones en cuanto a cómo debería honrarse ese día, tocó un punto sensible.

La frase **día de reposo** en español y el griego *sabbaton* viene del hebreo *shabbāt*, cuyo significado básico es cese, descanso e inactividad. Al final de la creación "bendijo Dios al día séptimo, y lo santificó, porque en él reposó de toda la obra que había hecho en la creación" (Gn. 2:3). En honor de ese día, el Señor lo declaró un tiempo especial de reposo y remembranza para su pueblo, e incorporó su observancia en las exigencias de los Diez Mandamientos (Éx. 20:9-11).

Pero esa ley es la única de los Diez Mandamientos que no es moral y que es puramente ceremonial; y fue exclusiva al antiguo pacto de Israel. Por otra parte, los otros nueve mandamientos pertenecen a absolutos morales y espirituales, y se repiten y amplían en varias partes del Nuevo Testamento. Pero la observancia del día de reposo nunca se recomienda para los cristianos, mucho menos se da como un mandato en el Nuevo Testamento.

Cuando Jesús empezó su ministerio, el antiguo pacto aún estaba en vigor y todos sus requisitos eran vinculantes para los judíos, el pueblo especial de ese pacto. Jesús observó toda exigencia y cumplió cada condición de las Escrituras, porque se trataba de su propia Palabra, la cual Él vino a cumplir y no a abrogar (Mt. 5:17). Sin embargo, durante varios cientos de años las diversas escuelas de rabinos habían añadido regulación tras regulación, sobrepasando con mucho la enseñanza de las Escrituras y en muchos casos contradiciéndola realmente (véase Mt. 15:6, 9). En ningún aspecto esas adiciones eran más extensas y extremas que con relación a la observancia del día de reposo.

Guardar el día de reposo era todavía una obligación ceremonial vinculante para Israel, pero la mayoría de judíos tenía poca idea del propósito original de ese día de reposo o de cómo Dios quería que se honrara. En lugar de ser un día de descanso, se había convertido en una jornada de carga increíble. Debido a los miles de restricciones hechas por el hombre relacionadas con el día de reposo, este era más pesado que los seis días dedicados a la ocupación personal. Era más difícil "descansar" que ganarse la vida.

La tradición de los judíos incluso había hecho que el día de reposo fuera peligroso. El libro apócrifo de 1 Macabeos (2:31-38) habla de un incidente durante la época de Judas Macabeo en que un grupo de judíos se negó a defenderse en el día de reposo contra el ejército griego dirigido por Antíoco Epífanes. Cuando los soldados de Antíoco atacaron, "los israelitas no les respondieron, ni les tiraron una sola piedra, ni fortificaron sus refugios, sino que dijeron: '¡Muramos todos con conciencia limpia! ¡El cielo y la tierra son testigos de que ustedes nos asesinan injustamente!' Así pues, los soldados los atacaron el día sábado, y los israelitas, con sus mujeres y sus hijos y sus animales, murieron. Eran en total unas mil personas" (DHH).

En sus *Antigüedades,* el historiador judío Josefo informa que fue también a causa de que los judíos no se defendieron durante el día de reposo, que el general romano Pompeyo pudo capturar Jerusalén. Según se acostumbraba en la antigua guerra romana, Pompeyo comenzó a construir un terraplén desde el cual sus tropas podían atacar la ciudad. Consciente de que los judíos que defendían a Jerusalén no se les opondrían entonces, el general hizo toda la obra de construcción el día de reposo. Josefo escribió: "De no haber sido por esa costumbre de los días de nuestros antepasados de descansar el séptimo día, este terraplén nunca se hubiera perfeccionado a causa de la oposición que los judíos habrían hecho; pues aunque nuestra ley nos permite salir entonces a defendernos contra aquellos que empezaran a pelear contra nosotros y a asaltarnos (esta era una concesión), sin embargo no nos permite entrometernos con nuestros enemigos mientras ellos hagan cualquier otra cosa".

Una sola sección del Talmud, la principal recopilación de tradición judía, tiene veinticuatro capítulos que enumeran leyes del día de reposo. Una ley especificaba que el límite básico para viajar eran tres mil pasos desde tu propia casa; pero se concedían varias excepciones. Si se colocaba algo de comida dentro de los tres mil pasos de la casa, se podía ir hasta allí para comerla; y puesto que la comida se consideraba una extensión de la casa, se podían recorrer entonces otros tres mil pasos más allá de la comida. Si se extendía una cuerda a través de una calle o callejón contiguo, el edificio al otro lado, así como el callejón entre ellos, podían considerarse parte de la casa.

Ciertos objetos podían ser levantados y bajados solo en algunos lugares. Otros podían ser levantados en un lugar público y dejados en uno privado, y viceversa. Otros más podían ser levantados en un lugar amplio y bajados en un lugar legalmente libre, ¡pero los rabinos no podían ponerse de acuerdo acerca de los significados de *amplio* y *libre!*

Bajo las regulaciones del día de reposo, un judío no podía llevar una carga más pesada que un higo seco; pero si un objeto pesaba la mitad de esa cantidad, lo podía cargar dos veces. Las restricciones en la comida estaban entre las más detalladas y extensas. No podía comerse nada más grande que una aceituna; e incluso si alguien probaba media aceituna y descubría que estaba podrida y la escupía, se consideraba que había comida esa mitad según la ración permitida.

Lanzar un objeto al aire con una mano y agarrarlo con la otra estaba prohibido. Si el día de reposo le pillaba desprevenido mientras usted estiraba la mano para alcanzar algo de comer, la comida debía dejarse caer antes de echar el brazo hacia atrás, para no ser culpable de llevar una carga.

Los sastres no llevaban una aguja con ellos el día de reposo por temor a verse tentados a remendar una prenda de vestir y, por tanto, a realizar un trabajo. Nada podía comprarse o venderse, y no se podía lavar o secar ropa. No podía enviarse una carta, aunque fuera por mano de un gentil. Ningún fuego podía prenderse o apagarse, incluido el fuego de una lámpara, aunque un fuego ya prendido podía usarse dentro de ciertos límites. Por eso algunos judíos ortodoxos que hoy utilizan temporizadores automáticos para encender luces en sus casas mucho antes que empiece el día de reposo. De otra manera podrían olvidar prenderlas a tiempo y tener que pasar la noche a oscuras.

No podían tomarse baños por temor a que algo del agua pudiera derramarse en el suelo y "lavarlo". Las sillas no se podían mover porque al arrastrarlas podía hacerse un surco en el piso, y una mujer no debía mirarse en el espejo para no ver una cana y ser tentada a sacarla. Solo podía portarse suficiente tinta para escribir únicamente dos letras del alfabeto, y no podía usarse dentadura postiza porque esta excedía el peso límite para las cargas.

De acuerdo con esas regulaciones de tanta minuciosidad, un judío no podía comer ni siquiera un puñado de cereal el día de reposo a menos que estuviera muriéndose de hambre, lo cual por supuesto a menudo es algo difícil de determinar y sería causa de diferencias considerables de opinión. Si una persona enfermaba el día de reposo se le podía dar tratamiento suficiente para mantenerla con vida. Un tratamiento para hacerla mejorar era declarado trabajo y por tanto estaba prohibido. Determinar cuánta comida o cuántos medicamentos o vendajes serían necesarios para mantener viva a una persona, y nada más que eso, era en sí una carga risible.

Entre las otras muchas actividades prohibidas en el día de reposo estaban: coser, arar, cosechar, trillar, cocinar, atar gavillas, aventar cereales, tamizar, esquilar, teñir, cortar, hilar, amasar, separar o entretejer dos hilos, atar o desatar un nudo, y coser dos puntos de sutura.

El día de reposo era cualquier cosa menos un tiempo de reposo. Se había convertido en una jornada de frustración y ansiedad opresiva. Los judíos estaban hartos de este sistema que legalistas impíos y mundanos les habían impuesto, y en realidad se encontraban "trabajados y cargados" (Mt. 11:28).

En aquel tiempo (cp. 11:25) no indica necesariamente que los sucesos que están a punto de describirse ocurrieron exactamente después de los acabados de mencionar, sino más bien que sucedieron en el mismo **tiempo** (de *kairos*, temporada) general.

Que **Jesús** fuera **por los sembrados en un día de reposo** con **sus discípulos** era en sí una violación de la tradición judía, aunque no de las Escrituras. Y el hecho de que tuvieran **hambre** muestra que no estaban en los campos con el propósito de encontrar algo de comer. Simplemente pasaban por allí. Debido a que habrían comido solo grano maduro, el tiempo tal vez era finales de marzo o principios de abril (cuando el cereal normalmente madura en el valle del Jordán), y por tanto cerca de la Pascua.

Las carreteras como las que conocemos hoy día eran pocas y muchos viajes se hacían sobre senderos anchos que iban de pueblo en pueblo y que pasaban por muchos pastos y **sembrados.** Cuando los viajeros pasaban, lo hacían a la distancia del largo de un brazo de los cultivos a cada lado. Los mesones eran escasos aun en pueblos y aldeas pequeñas, y no existían en absoluto. Si un viajero no llevaba consigo suficientes alimentos, o si su viaje se había prolongado por alguna razón, tenía que vivir de la tierra. El Señor reconoció tal necesidad en una provisión de la ley mosaica: "Cuando entres en la viña de tu prójimo, podrás comer uvas hasta saciarte; mas no pondrás en tu cesto. Cuando entres en la mies de tu prójimo, podrás arrancar espigas con tu mano; mas no aplicarás hoz a la mies de tu prójimo" (Dt. 23:24-25).

Los discípulos no estaban segando en el día de reposo, lo cual estaba prohibido por la ley mosaica (Éx. 34:21), sino solo satisfaciendo su hambre de acuerdo con la provisión de Deuteronomio 23. Sin embargo, la tradición rabínica había interpretado de modo ridículo al hecho de frotar cereal en las manos (lo que los discípulos estaban haciendo; véase Lc. 6:1) como una forma de trillar; y consideraron soplar las cáscaras como una forma de separar el grano de la cáscara. El Talmud declaraba: "Si una persona hace rodar trigo en las manos para remover las cáscaras, eso es cernir. Si frota las espigas de trigo, eso es trillar. Si quita las adherencias de los costados, eso es cernir. Si aplasta las espigas, eso es moler. Y si lo lanza hacia arriba en la mano, está separando el grano de la cáscara".

Los discípulos habían dejado todo para seguir a Jesús, y no tenían fuente de ingreso diferente a donaciones ocasionales de sus familias y compañeros creyentes. Cuando **tuvieron hambre, y comenzaron a arrancar espigas y a comer,** estaban actuando perfectamente dentro de sus derechos bíblicos y sociales. Vivían por fe, y la ley divina de la tierra les proveía justamente para tal sustento. Jesús no hizo nada por desanimar a sus discípulos, y es probable que se les uniera en comer los granos.

LA ACUSACIÓN

Viéndolo los fariseos, le dijeron: He aquí tus discípulos hacen lo que no es lícito hacer en el día de reposo. (12:2)

Cualquiera se preguntaría qué estaban haciendo **los fariseos** afuera en los campos de cereal, o desde qué posición ventajosa vieron a Jesús y sus discípulos. Podría ser que se hubieran hecho ciertas excepciones para estos autoproclamados guardianes de la tradición, exactamente igual que los policías tienen el derecho de romper de manera temporal ciertas leyes durante el cumplimiento de su deber.

La acusación de que los **discípulos** de Jesús **hacen lo que no es lícito hacer en el día de reposo** era en sí pecaminosa, porque ponía a la tradición humana a la par con la propia Palabra de Dios. La tradición rabínica no era la legítima ley judía, pero muchos siglos de observancia le habían dado esa posición en las mentes de la mayoría de judíos, especialmente los legalistas escribas y **fariseos.** La Palabra de Dios era honrada en nombre, y era la supuesta base para las tradiciones. Pero las Escrituras no eran analizadas y obedecidas directamente; más bien se usaban como un medio para justificar las tradiciones, muchas de las cuales en realidad estaban contradiciendo e "invalidado el mandamiento de Dios" (Mt. 15:6).

Los **fariseos** acusaron al Señor y sus discípulos de desobedecer las tradiciones rabínicas de confección humana, pervirtiendo así la intención de Dios para **el día de reposo,** que era proporcionar al ser humano un día especial de descanso, no una jornada dolorosa llena de cargas.

LA INSTRUCCIÓN

Pero él les dijo: ¿No habéis leído lo que hizo David, cuando él y los que con él estaban tuvieron hambre; cómo entró en la casa de Dios, y comió los panes de la proposición, que no les era lícito comer ni a él ni a los que con él estaban,

sino solamente a los sacerdotes? ¿O no habéis leído en la ley, cómo en el día de reposo los sacerdotes en el templo profanan el día de reposo, y son sin culpa? Pues os digo que uno mayor que el templo está aquí. Y si supieseis qué significa: Misericordia quiero, y no sacrificio, no condenaríais a los inocentes; porque el Hijo del Hombre es Señor del día de reposo. (12:3-8)

¿No habéis leído lo que hizo David? era un sarcasmo profundamente hiriente, porque el relato de **David** al que Jesús se refirió era, por supuesto, de las Escrituras, acerca de la cual los fariseos se consideraban los expertos y custodios supremos. Ellos debieron haber hecho una mueca de enfado mientras Jesús en realidad les estaba diciendo: "¿No saben ustedes maestros de las Escrituras lo que estas dicen?".

En respuesta a la falsa acusación de los fariseos, Jesús los instruyó en cuanto a los propósitos de Dios para el día de reposo, en particular acerca de tres aspectos para los que *no* estaban diseñados.

Al igual que los otros nueve mandamientos, el de observar el día de reposo se dio para promover el amor tanto hacia Dios como hacia el prójimo. Los tres primeros mandamientos se refieren a mostrar el amor de Dios por medio de reverencia, fidelidad y santidad. Los otros siete se refieren a amar a las demás personas por medio de pureza, generosidad, confiabilidad y contentamiento personal, y a través de respeto por sus posesiones, sus derechos y su bienestar.

Sin embargo, los escribas y fariseos no conocían nada acerca del amor por Dios o por los hombres. Ellos eran funcionarios legalistas, atrapados en su propio sistema de tradiciones interminables e inútiles. En lugar de cumplir la ley amando al prójimo como a sí mismos (Lv. 19:18; cp. Ro. 13:8-10), intentaban cumplirla por medio de tradiciones desprovistas de amor y de vida.

Jesús reafirma aquí que el día de reposo fue dado para la gloria de Dios y para el bienestar humano. El mandato nunca tuvo la intención de restringir la expresión de amor a través de obras de necesidad, servicio a Dios, o actos de misericordia.

EL DÍA DE REPOSO NO RESTRINGE LAS OBRAS DE NECESIDAD

Pero él les dijo: ¿No habéis leído lo que hizo David, cuando él y los que con él estaban tuvieron hambre; cómo entró en la casa de Dios, y comió los panes de la proposición, que no les era lícito comer ni a él ni a los que con él estaban, sino solamente a los sacerdotes? (12:3-4)

David era el héroe supremo del judaísmo, amado y honrado incluso por sobre los patriarcas y profetas. Él fue el gran rey, profeta y guerrero. Jesús recordó a los fariseos una conocida historia acerca de David **y los que con él estaban** cuando huían para salvar sus vidas al sur de Gabaa a fin de escapar del celoso y vengativo Saúl. Cuando llegaron a Nob, donde estaba ubicado el tabernáculo, pidieron comida. El sacerdote Ahimelec les dio **los panes** consagrados **de la proposición** de la presencia, **que no les era lícito comer ni a él ni a los que con él estaban, sino solamente a los sacerdotes,** porque en el tabernáculo no había "pan común a la mano" (1 S. 21:4).

El pan de la presencia se horneaba semanalmente, y cada día de reposo doce panes frescos (que representaban a las doce tribus) reemplazaban a las anteriores, que únicamente los sacerdotes podían comerlos. Sin embargo, en esa ocasión particular se hizo una excepción a favor de David y sus hombres, quienes estaban débiles y hambrientos. Dios no se ofendió por esa acción, y no disciplinó a Ahimelec ni a David. El Señor estuvo dispuesto a que una regla ceremonial se violara cuando hacerlo fue necesario para suplir las necesidades de su amado pueblo.

Jesús estaba diciendo que si por el bienestar de su pueblo Dios permite que su propia ley se incumpla bajo ciertas circunstancias, sin duda permite que tradiciones sin propósito y ridículas hechas por el ser humano se rompieran para ese propósito.

EL DÍA DE REPOSO NO RESTRINGE EL SERVICIO A DIOS

¿O no habéis leído en la ley, cómo en el día de reposo los sacerdotes en el templo profanan el día de reposo, y son sin culpa? Pues os digo que uno mayor que el templo está aquí. (12:5-6)

Jesús no tuvo que explicar lo que quería decir al expresar **cómo en el día de reposo los sacerdotes en el templo profanan el día de reposo.** A menudo los fariseos habían **leído en la ley** que a los sacerdotes no solo se les permitía, sino que se requería de ellos que hicieran muchas cosas en el día de reposo que de otra manera habrían sido violación a la **ley** de Dios en cuanto al descanso, por no mencionar la tradición rabínica.

En el ejercicio de sus funciones en el tabernáculo y después en **el templo, los sacerdotes** que estaban ministrando tenían que encender el fuego en el altar, matar los animales que debían sacrificarse, y luego levantar los cadáveres y colocarlos sobre el altar. En realidad, los sacrificios en **el día de reposo** eran sacrificios dobles, pues requerían el doble de trabajo del sacrificio normal diario (Nm. 28:9-10; cp. Lv. 24:8-9).

El fariseo más legalista consideraba a **los sacerdotes** que ministraban **en el templo** como **sin culpa** de profanar **el día de reposo,** a pesar del hecho de que trabajaban el doble de duro de lo que trabajaban los otros días. De igual manera, hasta el cristiano más legalista no considera que se esté profanando el Día del Señor cuando se predica, se enseña en la escuela dominical, se dirige un grupo de jóvenes, o se realiza cualquier otro de tales trabajos, a pesar de que esas actividades exigen mucho esfuerzo.

Jesús avergonzó y enfureció a los fariseos al señalarles la incongruencia de su manera legalista de pensar. Pero esa ira se convirtió en rabia cuando Jesús les declaró: **Pues os digo que uno mayor que el templo está aquí.** Incluso si los fariseos no entendieron de inmediato que Jesús se refería a sí mismo, quedaron horrorizados, porque *nada,* que no fuera Dios mismo, era **mayor que el templo.** En nuestra época es difícil hasta para los judíos, mucho menos para los gentiles, entender cuán altamente los judíos de la época de Jesús reverenciaban el templo.

A causa de las anteriores afirmaciones de deidad que Jesús había hecho (véase, p. ej., 9:2-6; 11:3-5, 25-27), los fariseos probablemente comprendieron que el Señor se refirió a sí mismo como que era **mayor que el templo,** y que por tanto afirmaba ser Dios. Algunos momentos después disipó toda duda en las mentes de ellos en cuanto a lo que quería decir (12:8).

No obstante, el propósito inmediato del Señor no era *demostrar* su deidad sino señalar que, a la luz de esa deidad, tenía el derecho de abrogar las regulaciones del día de reposo, muchísimo más de lo que David había tenido el derecho de violar las leyes del tabernáculo, o más que el derecho que los sacerdotes tenían para violar las leyes del día de reposo al servir en el templo.

EL DÍA DE REPOSO NO RESTRINGE LOS ACTOS DE MISERICORDIA

Y si supieseis qué significa: Misericordia quiero, y no sacrificio, no condenaríais a los inocentes; porque el Hijo del Hombre es Señor del día de reposo. (12:7-8)

El tercer punto de Jesús con relación al día de reposo fue que su observancia nunca pretendió restringir las acciones de misericordia, como los fariseos habrían sabido si hubieran entendido y honrado las Escrituras como afirmaban.

Si los fariseos hubieran sabido lo que el Señor quiso decir con: **Misericordia quiero, y no sacrificio, no** habrían condenado **a los inocentes** por supuestamente violar el día de reposo. Solamente esa verdad única, una cita de nada menos que la mitad de un versículo del libro de Oseas (6:6*a*), habría sido suficiente para enseñar a los fariseos, y a cualquier judío sincero, cuál es el deseo principal de Dios para su pueblo.

Sacrificio representa aquí todo el sistema mosaico de ritual y ceremonia, el cual siempre fue de importancia secundaria y temporal en el plan de Dios. El **sacrificio** nunca fue más que simbólico, un medio de señalar la compasivo y futura provisión de Dios de lo que ningún ser humano, y sin duda ningún animal, podía proveer.

Observar el día de reposo era un tipo de **sacrificio,** un servicio simbólico al Señor en obediencia a su mandamiento. Era un recordatorio de la culminación de la creación de Dios, y una sombra del reposo perfecto que su pueblo redimido esperaba anhelante de encontrar en la salvación y en el cielo.

Incluso bajo el antiguo pacto que lo requería, la observancia del día de reposo no era un substituto para el corazón justo y la **misericordia** que caracteriza a los hijos fieles de Dios. Dios es misericordioso, y manda a su pueblo ser misericordioso.

En ocasiones Dios hace a un lado sus leyes por el bien de la misericordia. Si no lo hiciera, ninguno de nosotros sería salvo, o ni siquiera habría nacido, porque Adán y Eva habrían sido destruidos el momento que pecaron. No solo eso, sino que Dios ha mostrado siempre misericordia en la aplicación de los castigos temporales por incumplir sus leyes.

El deseo del Señor no es condenar a los hombres por el pecado, sino que se salven del pecado. Él solo condena a aquellos que no tienen la misericordia divina (cp. 2 P. 3:9). Y si el Dios justo y santo se caracteriza absolutamente por el amor y la misericordia, incluso hasta el punto de hacer por compasión a un lado el castigo por romper algunas de sus propias leyes para beneficio del ser humano, ¿cuánto más sus aún pecadores hijos están obligados a reflejar la **misericordia** de Dios?

Debido a que el día de reposo era el día especial del Señor bajo el antiguo pacto, en esa época un judío fiel habría estado especialmente preocupado de seguir el ejemplo de **misericordia** de Dios. Pero debido a que los fariseos y casi todos los demás judíos estaban alejados de Dios, también estaban lejos de entender la naturaleza y la voluntad del Señor. La instrucción de Jesús acerca del propósito de Dios para el día de reposo acusó aún más la incredulidad y dureza de corazón de los fariseos. *Ellos* eran los verdaderos violadores del día de reposo, porque habían "invalidado el mandamiento de Dios por [su] tradición" (Mt. 15:6). Quienes condenaban **a los inocentes** se estaban condenando ellos mismos. No se negaban a realizar actos de misericordia debido a devoción a la ley de Dios sino debido a falta de compasión.

A fin de fundamentar su autoridad para decir lo que acababa de manifestar, Jesús agregó: **porque el Hijo del Hombre es Señor del día de reposo.** Esa declaración debió haber dejado sin habla a los fariseos. Lo que Él había dado a entender con "uno mayor que el templo" (12:6), ahora lo establecía claramente. Jesús se puso delante de ellos y afirmó que era mayor que el templo de Dios y mayor que el día de reposo de Dios. Él era Dios, **el Hijo del Hombre,** el Mesías divino a quien el templo honraba y el **día de reposo** servía.

Puesto que el **Señor del día de reposo** había venido, la sombra de descanso en el día de reposo ya no era necesaria o válida. El Nuevo Testamento no requiere la observancia del día de reposo, sino que más bien permite libertad en cuanto a si se debe honrar o no *algún* día por sobre los demás. El único requisito es que, cualquier posición que se tome, debe tomarse para el propósito de glorificar al Señor (Ro. 14:5-6); y ningún creyente tiene el derecho de imponer su punto de vista a este respecto sobre alguien más (Gá. 4:9-10; Col. 2:16).

Desde los días de la iglesia primitiva (Hch. 20:7; 1 Co. 16:2) los cristianos han apartado el domingo, el primer día de la semana, como un día especial para adorar, tener comunión y dar ofrendas, porque ese es el día en que descubrieron que nuestro Señor había resucitado de los muertos. Pero el "día del Señor" no es el "día de reposo cristiano", tal como se consideró durante muchos siglos y según hoy día lo siguen considerando muchos grupos.

LA ILUSTRACIÓN

Pasando de allí, vino a la sinagoga de ellos. Y he aquí había allí uno que tenía seca una mano; y preguntaron a Jesús, para poder acusarle: ¿Es lícito sanar en el día de reposo? Él les dijo: ¿Qué hombre habrá de vosotros, que tenga una oveja, y si ésta cayere en un hoyo en día de reposo, no le eche mano, y la levante? Pues ¿cuánto más vale un hombre que una oveja? Por consiguiente, es lícito hacer el bien en los días de reposo. Entonces dijo a aquel hombre: Extiende tu mano. Y él la extendió, y le fue restaurada sana como la otra. (12:9-13)

Sin esperar una respuesta de los fariseos, inmediatamente Jesús **vino a la sinagoga de ellos,** por así decirlo, a su propia guarida, y les dio un ejemplo del verdadero significado de la observancia del día de reposo y de la autoridad que Él tiene tanto sobre el hombre como del día de reposo.

Aunque lo que ocurrió en **la sinagoga** fue planeado por Jesús para los propósitos acabados de mencionar, cuando los fariseos vieron que allí **había uno que**

tenía seca una mano, creyeron que tenían la trampa perfecta para Jesús. Totalmente inmutables por el recordatorio que Jesús les hiciera de las Escrituras de que Dios desea "misericordia… y no sacrificio" (v. 7), **preguntaron a Jesús: ¿Es lícito sanar en el día de reposo?** El único propósito que tenían en escuchar cualquier respuesta que Jesús expresara o en observar cualquier cosa que hiciera era **poder acusarle.** Ellos no estaban buscando la verdad sino una manera de deshacerse de este joven rabino advenedizo que se atrevía a hacer un sacrilegio de las tradiciones que veneraban, así como a blasfemar de Dios con las declaraciones que hacía.

El hecho de que le hicieran esta pregunta a Jesús indica que reconocían el poder que Él tenía para curar. Debido a que su milagroso poder era tan indiscutible, los adversarios de Jesús trataron de socavar la importancia de este poder acusándolo de echar fuera demonios por el poder de Satanás (Mt. 9:34; 12:24). Los milagros que Jesús hacía lograron que ellos estuvieran aún más decididos a destruirlo (Mt. 12:14). Las mismas señales que convencieron a los humildes acerca de la divinidad de Jesús y de su condición mesiánica confirmaron a los orgullosos en su incredulidad y rechazo.

Los fariseos eligieron al hombre **que tenía seca una mano** para probar a Jesús debido a que la curación del individuo no era un asunto de vida o muerte, lo cual según la tradición de ellos era la única justificación para dar ayuda médica en el día de reposo. Razonaron que si Jesús fuera verdaderamente Dios respetaría esa tradición y esperaría hasta el día siguiente para curar al hombre.

La ilustración de la **oveja** que cae **en un hoyo en día de reposo** trata con una justificación económica para incumplir el día de reposo, lo cual probablemente estaba provisto en las tradiciones. El comentarista William Hendriksen dice: "Tal vez sea seguro deducir que la pregunta hecha por Jesús al momento nos indica que había una legislación particular que permitía esto". En cualquier caso, la pregunta de Jesús fue retórica y la respuesta era obvia y sobreentendida: Cualquier judío, incluso un fariseo, encontraría alguna manera de rescatar a su oveja en tal situación. Si había una regulación que le permitía hacer eso, esta persona sin duda la aprovecharía. De no haberla, encontraría alguna forma de eludir o torcer la ley a fin de salvar a su oveja. Sea dentro de la tradición o a pesar de ella, el sujeto hallaría un modo de echarle **mano** a la oveja y levantarla. Los fariseos no argumentaron el punto con Jesús, demostrando así que la respuesta sobreentendida era correcta.

Por tanto, el Señor declaró: **Pues ¿cuánto más vale un hombre que una oveja?** Ningún fariseo habría afirmado que las ovejas eran más valiosas que los hombres, quienes fueron creados a imagen de Dios. Pero en la práctica, los fariseos trataban a otros hombres con menos respeto del que daban a sus animales, porque en sus corazones no respetaban, y mucho menos amaban, a sus semejantes, incluso sus semejantes judíos. De modo despectivo subyugaban la vida humana y el bienestar a favor de la tradición religiosa.

Una de las tragedias más evidentes del hinduismo es su indiferencia por el bienestar humano en nombre del bienestar humano. A un mendigo no se le da alimento porque esto interferiría con su karma y le evitaría sufrir las dificultades en su camino hacia el siguiente nivel de existencia. No se mata una mosca porque es la reencarnación de algún desafortunado ser humano de épocas pasadas. Las ratas no se matan por la misma razón, y se les permite comer y contaminar suministros de alimentos sin ninguna interferencia. Las vacas se consideran sagradas y se les da los alimentos disponibles, mientras a los seres humanos se les permite morirse de hambre.

De igual manera los fariseos despreciaban a otros seres humanos, mostrando más compasión por **una oveja** que por un hombre lisiado que incluso era un semejante judío. Marcos informa que Jesús preguntó entonces a los fariseos: "¿Es lícito en los días de reposo hacer bien, o hacer mal; salvar la vida, o quitarla? Pero ellos callaban" (Mr. 3:4). Si hubieran aprobado hacer bien y salvar una vida, habrían contradicho la tradición; y por otra parte, es evidente que no habrían defendido hacer mal o matar. Estaban atrapados en lo ilógico de sus tradiciones crueles y antibíblicas. El único recurso externo que tuvieron fue guardar silencio, pero por dentro "se llenaron de furor" (Lc. 6:11).

Por eso el Señor mismo contestó la pregunta: **es lícito hacer el bien en los días de reposo,** sin duda haciendo un fuerte énfasis en **es.** En ese momento la ira justa de Jesús confrontó la ira injusta de los fariseos. "Entonces, mirándolos alrededor con enojo" (Mr. 3:5), Jesús **dijo a aquel hombre: Extiende tu mano. Y él la extendió, y le fue restaurada sana como la otra.** Para el Señor no solo fue *lícito* **hacer el bien en** el día de reposo, sino que lo hizo. Como Señor del día de reposo demostró que, en todo caso, el día de reposo era el día supremo para hacer el bien.

LA INSURRECCIÓN

Y salidos los fariseos, tuvieron consejo contra Jesús para destruirle. (12:14)

Ni el poder de la argumentación de Jesús ni el poder de sus milagros conmovió a los fariseos. No quisieron convencerse. Es indiscutible que Él había relacionado el corazón de Dios con benevolencia, bondad, compasión y misericordia; y había relacionado esas virtudes con la observancia del día de reposo. Pero los fariseos no habrían hecho nada de eso, ya que "amaron más las tinieblas que la luz, porque sus obras eran malas" (Jn. 3:19). Ellos habían puesto la confianza en la tradición y en sus buenas obras, y ni la Palabra de Dios ni el Hijo de Dios los cambiaría.

Debido a que no podían refutar la verdad de lo que Jesús dijo, ni el poder de lo que hizo, **los fariseos** salieron y **tuvieron consejo contra Jesús para destruirle.** Fieles a la naturaleza de su padre espiritual, el diablo (Jn. 8:44), los fariseos trataron de destruir lo que no pudieron trastornar.

Los fariseos habrían matado a Jesús en el acto si Roma no les hubiera restringido infligir la pena de muerte y si no hubieran tenido miedo de las muchas personas que seguían y admiraban al Maestro. El término griego del cual se traduce **consejo** incluye la idea de llevar a cabo una decisión ya tomada. Los enemigos de Jesús ya estaban decididos a **destruirle;** la única decisión que quedaba tenía que ver con cómo hacerlo.

En Marcos nos enteramos que los fariseos estaban tan decididos a destruir a Jesús a cualquier precio que solicitaron la ayuda de sus archienemigos habituales, los herodianos (3:6), el partido político de irreligiosos y mundanos que apoyaban a Herodes, el idumeo medio judío que había comprado su título en Roma. Los herodianos eran la antítesis de los fariseos en casi toda forma, y el hecho de que los fariseos trataran de unir fuerzas con ellos revela cuán desesperados estaban por acabar con Jesús. Los legalistas religiosos unieron fuerzas con los libertarios seculares para destruir a un enemigo al que consideraban aún más peligroso que cada uno de ellos.

A pesar de sus diferencias, aquellos dos grupos tenían la misma orientación espiritual. Ambos despreciaron la Palabra de Dios en favor de sus propias ideas; ambos rechazaron al Hijo de Dios; y su mutua lealtad involuntaria era a Satanás, el dirigente espiritual del actual sistema mundial (cp. Jn. 8:44). Ni el mundo gentil ni la nación judía reconocieron o recibieron al Visitante divino que los había formado y que había venido a redimirlos (Jn. 1:10-11).

Como observara Donald Grey Barnhouse: "Es en este momento de la historia que se detuvo el reloj de Israel". Debido a que los israelitas, el pueblo elegido y especialmente bendecido por Dios, rechazaron a su Mesías, Dios los puso en el estante como nación "hasta que haya entrado la plenitud de los gentiles" (Ro. 11:25; cp. Hch. 15:14-18).

El legalismo es el enemigo implacable de la gracia. Incluso la ley mosaica, exigente como era, reflejaba la gracia de Dios, un medio de guiar a los hombres hacia Jesucristo, la única verdad y la única esperanza de ir a Dios. Como Pablo explica, la ley era "nuestro ayo, para llevarnos a Cristo, a fin de que fuésemos justificados por la fe" (Gá. 3:24). Si la propia ley de Dios solo era una sombra, ¿cuánta menos esencia espiritual tiene la tradición humana? Incluso si la ley divina no puede salvar, ¿de cuánto menor valor es la tradición humana?

Así como confiar en la tradición y en las buenas obras es un obstáculo para la salvación, también es un obstáculo para una vida fiel después de la salvación. Pablo preguntó a los creyentes en Galacia a quienes los legalistas judaizantes estaban engañando: "¿Habiendo comenzado por el Espíritu, ahora vais a acabar por la carne?… Aquel, pues, que os suministra el Espíritu, y hace maravillas entre vosotros, ¿lo hace por las obras de la ley, o por el oír con fe?… Cristo nos redimió de la maldición de la ley, hecho por nosotros maldición (porque está escrito: Maldito todo el que es colgado en un madero), para que en Cristo Jesús la bendición de Abraham alcanzase a los gentiles, a fin de que por la fe recibiésemos la promesa del Espíritu" (Gá. 3:3, 5, 13-14).

71

El siervo amado de Dios

Sabiendo esto Jesús, se apartó de allí; y le siguió mucha gente, y sanaba a todos, y les encargaba rigurosamente que no le descubriesen; para que se cumpliese lo dicho por el profeta Isaías, cuando dijo: He aquí mi siervo, a quien he escogido; mi Amado, en quien se agrada mi alma; pondré mi Espíritu sobre él, y a los gentiles anunciará juicio. No contenderá, ni voceará, ni nadie oirá en las calles su voz. La caña cascada no quebrará, y el pábilo que humea no apagará, hasta que saque a victoria el juicio. Y en su nombre esperarán los gentiles. (12:15-21)

Las Escrituras atribuyen muchos títulos a Cristo (Mesías), y ninguno es más apropiado o encantador que "mi siervo", un título usado primero por Isaías (42:1). Exactamente como el profeta predijo del Mesías, Jesús vino en admiración, belleza y majestad como el Siervo divino, sirviendo al Padre y a la humanidad en el nombre del Padre.

Este breve pasaje es un oasis de belleza refrescante en el desierto de los capítulos 11 y 12, que registran el primer rechazo importante a Cristo, dirigido por los escribas y fariseos. Después que Jesús los avergonzó al demostrarles que sus tradiciones del día de reposo eran insensibles, ilógicas y antibíblicas, "salidos los fariseos, tuvieron consejo contra Jesús para destruirle" (12:14). Esos líderes impíos creían todo lo contrario de la verdad acerca de Jesús, incluso hasta el punto de acusarlo de hacer su obra por el poder de Satanás.

En medio de su relato de ese creciente antagonismo, Mateo presenta aquí algunas de las características sobresalientes de este Siervo a quien el mundo desprecia pero que Dios ama entrañablemente.

CONFORMADO POR EL PLAN DE DIOS

Sabiendo esto Jesús, se apartó de allí; y le siguió mucha gente, y sanaba a todos, y les encargaba rigurosamente que no le descubriesen; para que se cumpliese lo dicho por el profeta Isaías, cuando dijo: (12:15-17)

Sabiendo Jesús en su omnisciencia el plan de los fariseos para destruirlo, **se apartó de allí.** Él no había venido a hacer su propia voluntad sino la de su Padre (Mt. 26:29; Jn. 6:38), y aún no era el tiempo del Padre para que el ministerio y la vida del Hijo concluyeran. Cuando vino esa culminación, Jesús aceptó su arresto, juicio y crucifixión sin quejas ni resistencia, aunque en todo tiempo pudo haberse salvado y pudo haber destruido fácilmente a quienes querían acabar con Él. Cuando los soldados llegaron a arrestarlo en el huerto de Getsemaní cayeron a tierra aterrados simplemente al oírle decir: "Yo soy" (Jn. 18:6). Unos momentos después cuando Pedro desenvainó su espada y le cortó la oreja al siervo del sumo sacerdote, Jesús declaró: "Vuelve tu espada a su lugar; porque todos los que tomen espada, a espada perecerán. ¿Acaso piensas que no puedo ahora orar a mi Padre, y que él no me daría más de doce legiones de ángeles?" (Mt. 26:52-53).

Hasta el momento de los acontecimientos descritos en Mateo 21, el ministerio de Jesús fue un ciclo constante que consistió en ir a una ciudad o región particular; en predicar, enseñar y curar; en ser aceptado por algunos y rechazado por otros, en particular los líderes religiosos; y después en retirarse a otro lugar. A medida que su ministerio avanzaba, los ciclos se hicieron más cortos debido a que la oposición se volvió más rápida y más intensa.

Sin embargo, Jesús nunca fue obligado a salir de un lugar de ministración, sino que siempre **se apartó** por voluntad propia. Si Él hubiera estado dispuesto a usar su poder para ese propósito, pudo haber seguido en cualquier lugar haciendo totalmente lo que quería, porque ninguna fuerza, incluso las tropas romanas de élite, podía haberle puesto obstáculo en lo más mínimo. Pero el plan del Padre no era derramar sangre romana sino la sangre de su Hijo, porque únicamente la sangre de su Hijo podía expiar los pecados de la humanidad y abrir el camino al cielo.

La esencia de la vida de Jesús, su propia comida, era hacer la voluntad de su Padre y "que acabe su obra" (Jn. 4:34). Jesús tenía el corazón verdadero de un siervo, y fue sumiso a su Padre y totalmente entregado a redimir al mundo perdido. Nunca hubo un siervo como este Siervo, "el cual, siendo en forma de Dios, no estimó el ser igual a Dios como cosa a que aferrarse, sino que se despojó a sí mismo, tomando forma de siervo, hecho semejante a los hombres; y estando en la condición de hombre, se humilló a sí mismo, haciéndose obediente hasta la muerte, y muerte de cruz" (Fil. 2:6-8).

Después que Jesús salió de la sinagoga, **le siguió mucha gente, y sanaba a todos.** El Señor **sanaba** a muchas personas que no creían en Él para salvación. De los diez leprosos que limpió en una ocasión, solo uno demostró evidencia de fe al regresar delante de Jesús para agradecerle. Las palabras de Jesús, "tu fe te ha salvado" se refieren a la sanidad espiritual del hombre a través de la salvación, no a su curación física, la cual ya había ocurrido. Todos los diez leprosos fueron curados físicamente, pero solo uno fue curado espiritualmente (Lc. 17:11-19).

Los milagros de sanidad de Jesús demostraron su poder divino, pero también demostraron su amor divino y su compasión divina por el sufrimiento de las personas. Él curó para revelar el corazón amoroso de Dios, el cual continuamente se extiende hacia aquellos que están heridos, cargados y perseguidos. Las personas que Jesús curó eran despreciadas y rechazadas por los escribas y fariseos, así como por el sacerdocio que Dios había establecido como un medio para acercar a su pueblo hacia Él mismo. Los dirigentes religiosos estaban interesados en los ricos e influyentes, no en los enfermos, pobres y marginados sociales. Como en el caso del hombre con la mano seca, el único interés que tuvieron en la aflicción de este desdichado fue utilizarlo como un medio para inducir a Jesús a violar una tradición del día de reposo a fin de acusarlo y condenarlo (Mt. 12:10).

Por otra parte, Jesús siempre tuvo tiempo para los que sufrían y estaban en necesidad. "Al ver las multitudes, tuvo compasión de ellas; porque estaban desamparadas y dispersas como ovejas que no tienen pastor" (9:36). Estas personas no solo estaban oprimidas por los romanos sino por sus propios dirigentes religiosos, aquellos que debieron haber sido sus pastores. Tales líderes eran lobos vestidos de pastores que en lugar de alimentar a las ovejas las devoraban (Mt. 7:15; 23:14). Eran como el pastor malvado del que habló Zacarías que devoraba la carne de las ovejas gordas y les rompía las pezuñas (Zac. 11:16).

Pero cuando el verdadero Pastor vino a Israel tuvo gran compasión por el sufrimiento de las personas, y amorosamente las curó de todo tipo de enfermedad y aflicción. Las llamó diciéndoles: "Venid a mí todos los que estáis trabajados y cargados, y yo os haré descansar. Llevad mi yugo sobre vosotros, y aprended de mí, que soy manso y humilde de corazón; y hallaréis descanso para vuestras almas; porque mi yugo es fácil, y ligera mi carga" (Mt. 11:28-30). Los falsos pastores imponen cargas, pero el verdadero Pastor las aligera. Por eso es que Pedro nos dice que echemos nuestras cargas y ansiedades sobre el "Príncipe de los pastores", porque Él cuida de nosotros (1 P. 5:4, 7).

Cristo siente el dolor que nos lastima y el peso de las cargas que nos oprimen; y en su misericordiosa bondad y su amor cura nuestras heridas y levanta nuestras cargas.

Después que Jesús **sanaba a todos** los afligidos entre quienes lo habían seguido, **les encargaba rigurosamente que no le descubriesen,** tal como le había dicho al leproso: "Mira, no lo digas a nadie" (Mt. 8:4) y a los dos ciegos: "Mirad que nadie lo sepa" (9:30).

Es probable que haya varias razones para que Jesús diera tales instrucciones en ciertas ocasiones. En el caso del leproso, Jesús prescribió el procedimiento del Antiguo Testamento de presentarse ante los sacerdotes para que le verificaran la limpieza (Lv. 14:2-32). El testimonio de los sacerdotes habría dado reconocimiento oficial de la curación del hombre, y por tanto daría más evidencia dramática acerca de las credenciales mesiánicas de Jesús.

También pudo haber sido que a veces Jesús ordenaba que sus milagros no se publicaran con el fin de poder confrontar en persona a tanta gente como fuera posible con el asombro inicial de su poder milagroso. Cuando Juan el Bautista envió a sus discípulos a preguntar a Jesús si Él era realmente el Mesías, Jesús no simplemente les dijo lo que había estado haciendo, sino que realizó milagros especialmente para el bien de ellos, dándoles prueba directa del poder divino que tenía. Lucas nos dice que "en esa misma hora sanó a muchos de enfermedades y plagas, y de espíritus malos, y a muchos ciegos les dio la vista" (Lc. 7:21).

Jesús también pudo haber querido que sus milagros no se hicieran muy conocidos a fin de mantenerlos en perspectiva. Los milagros eran evidencia de su poder divino y de su legítimo reclamo acerca de su condición mesiánica. Él no realizó milagros para volverse famoso o para construir una base popular de poder e influencia, tal como muchos de sus seguidores esperaban que hiciera. Y aunque tenía gran compasión por las aflicciones físicas de las personas, su obra principal era salvar almas, no cuerpos. No solo eso, sino que las continuas demostraciones de poder fácilmente pudieron haber exacerbado un celoso entusiasmo por Él como el libertador militar y político que la mayoría de judíos esperaba que el Mesías fuera, y a lo cual Jesús se negara. Fue por eso que se apartó de las multitudes después de alimentar a los cinco mil. "Pero entendiendo Jesús que iban a venir para apoderarse de él y hacerle rey, volvió a retirarse al monte él solo" (Jn. 6:15).

Los milagros de Jesús también servían para incitar aún más la ira de los escribas y fariseos; y si su fama se hubiera extendido de manera demasiado rápida y amplia, la oposición fatal contra Él habría aumentado prematuramente.

Pero tal vez el motivo más importante de que Jesús no quería que su poder milagroso fuera muy aclamado fue que este no era el momento de su exaltación sino de su humillación.

Muchas de las personas debieron haberse preguntado por qué, si Jesús era el Mesías, no era aceptado por los dirigentes religiosos, por qué se apartaba constantemente de las multitudes, y por qué pasaba tanto tiempo con los pobres y necesitados, y no con los poderosos e influyentes. ¿Cómo podía una persona como esta vencer a Roma y restaurar Israel?

Pero Mateo asegura a sus lectores que Jesús es realmente el Mesías, tal como fue **dicho por el profeta Isaías.** Jesús no vino para satisfacer las expectativas confusas y antibíblicas del pueblo sino para cumplir su misión divina como se predijo en su propia Palabra. De ahí que estuviera decidido a **que se cumpliese** toda predicción divina en cuanto a Él.

Mateo 12:18-21 es una cita modificada de Isaías 42:1-4, y es una de las descripciones más sorprendentemente hermosas de Jesucristo en las Escrituras. Aquí vemos que Jesús fue elogiado por el Padre, comisionado por el Espíritu Santo, y que comunicó el mensaje de su Padre, que estuvo dedicado a mostrar mansedumbre y consolar a los débiles, y que consumaría la victoria sobre el pecado y Satanás.

ELOGIADO POR EL PADRE

He aquí mi siervo, a quien he escogido; mi Amado, en quien se agrada mi alma;
(12:18*a*)

Pais (**siervo**) no es la palabra común para "criado", y a menudo se traduce "hijo". En el griego secular se usaba para un siervo especialmente íntimo que era de su confianza y lo amaba como a un hijo. En la antigua edición griega del Antiguo Testamento (la Septuaginta), *pais* se usa para identificar al criado de más jerarquía en la casa de Abraham (Gn. 24:2), a los siervos reales del faraón (41:10, 38) y a los ángeles como los siervos sobrenaturales del Señor (Job 4:18).

Jesucristo es el **Siervo** supremo de Dios, su Hijo unigénito a quien ha **escogido** para redimir al mundo. La frase griega traducida **a quien he escogido** (de *hairetizō*) indica una decisión firme y determinada, y no se utiliza en ninguna otra parte del Nuevo Testamento. Se usaba en el griego secular en relación a la adopción irrevocable de un niño en la familia como en un heredero a quien nunca se podía despojar de sus derechos. El Padre había **escogido** de manera irrevocable a su **Amado** hijo para que fuera su **siervo** divino, el único calificado para la tarea de redención.

Debido a que los profetas hablaban frecuentemente de que Dios escoge al Mesías, a menudo se hacía referencia a Él como "el escogido". En la crucifixión de Jesús, "los gobernantes se burlaban de él, diciendo: A otros salvó; sálvese a sí mismo, si éste es el Cristo, el escogido de Dios" (Lc. 23:35). El hecho de que supieran tanta verdad acerca del Mesías los hizo aún más culpables por rechazarlo.

Jesús es el **Amado** del Padre, **en quien se agrada** su **alma.** Es por medio de la gracia de Dios "con la cual nos hizo aceptos en el Amado", que "tenemos redención por su sangre, el perdón de pecados según las riquezas de su gracia" (Ef. 1:6-7). Aquel que es odiado y rechazado por el mundo, incluso su propio pueblo, es **amado** por Dios, quien **se agrada** de Él. Contra el testimonio de Israel y del mundo está el testimonio del Padre. Jesús declaró: "Si yo doy testimonio acerca de mí mismo, mi testimonio no es verdadero. Otro es el que da testimonio acerca de mí, y sé que el testimonio que da de mí es verdadero… Mas yo tengo mayor testimonio que el de Juan; porque las obras que el Padre me dio para que cumpliese, las mismas obras que yo hago, dan testimonio de mí, que el Padre me ha enviado. También el Padre que me envió ha dado testimonio de mí. Nunca habéis oído su voz, ni habéis visto su aspecto" (Jn. 5:31-32, 36-37).

En el bautismo de Jesús, el Padre declaró: "Este es mi Hijo amado, en quien tengo complacencia" (Mt. 3:17). y en la transfiguración volvió a declarar: "Este es mi Hijo amado, en quien tengo complacencia; a él oíd" (17:5).

No es posible para los hombres agradar a Dios a menos que lleguen a Él a través de su Hijo, con quien Dios **se agrada.** Pablo nos asegura que "los que viven según la carne no pueden agradar a Dios. Mas vosotros no vivís según la carne, sino según el Espíritu, si es que el Espíritu de Dios mora en vosotros" (Ro. 8:8-9). Dios se agrada de los creyentes porque los ve del modo que ve a su propio Hijo.

COMISIONADO POR EL ESPÍRITU SANTO

Pondré mi Espíritu sobre él, (12:18*b*)

Por medio de Isaías, Dios prometió que pondría su **Espíritu sobre** el Mesías en una manera única; y en el bautismo de Jesús, el Espíritu Santo descendió sobre Él "como paloma" (Mt. 3:16). Pero no fue en ese momento cuando el Espíritu hizo morada en Él. De modo único en la humanidad, Jesús fue concebido por el Espíritu Santo (Mt. 1:20); y si Juan el Bautista fue lleno con el Espíritu desde el vientre de su madre (Lc. 1:15), cuánto más lo fue Jesús.

No obstante, si Jesús fue el Hijo preexistente, uno eternamente con el Padre y el Espíritu Santo, ¿de qué manera pudo el **Espíritu** haber venido **sobre** Él durante su humanidad? Primero, la venida del Espíritu sobre Jesús fue un otorgamiento de poder a su naturaleza humana. Su naturaleza divina ya era una con el **Espíritu** y no requería ayuda especial, pero su naturaleza humana sí. Jesús fue totalmente humano, incluso hasta el punto de ser tentado en las mismas maneras que todo ser humano, pero sin que cayera en pecado (He. 4:15). De niño creció en sabiduría, estatura y gracia para con Dios y los hombres (Lc. 2:52). Él tuvo sentimientos y emociones humanos. Experimentó hambre y sed, se cansó y sintió dolor y tristeza. Su condición humana recibió el poder habitador del Espíritu Santo a fin de que pudiera actuar de común acuerdo con su deidad. Por tanto, "Dios ungió con el Espíritu Santo y con poder a Jesús de Nazaret" (Hch. 10:38).

Segundo, Jesús requirió la unción del Espíritu con el fin de prestar su servicio real como el Mesías. Durante treinta años había vivido en el anonimato, pero cuando comenzó su ministerio se le otorgó una certificación especial de autoridad y aprobación por parte del Padre. Una profecía del Mesías fue citada por Jesús y se aplicó a Él mismo cuando enseñaba en la sinagoga en Nazaret: "El Espíritu del Señor está sobre mí, por cuanto me ha ungido para dar buenas nuevas a los pobres; me ha enviado a sanar a los quebrantados de corazón; a pregonar libertad a los cautivos, y vista a los ciegos; a poner en libertad a los oprimidos; a predicar el año agradable del Señor" (Lc. 4:18-19). Una vez que estuvo sentado, Jesús explicó: "Hoy se ha cumplido esta Escritura delante de vosotros" (v. 21).

Como el siervo sumiso perfecto, Jesús actuó no solo en la voluntad del Padre y con el elogio del Padre, sino en el poder del **Espíritu** del Padre.

COMUNICÓ EL MENSAJE

Y a los gentiles anunciará juicio. (12:18*c*)

Isaías profetizó que el siervo amado del Señor **anunciará** un mensaje de verdad, justicia y **juicio** incluso para **los gentiles;** y eso es lo que Jesús hizo. Al contrario del pensamiento y las expectativas de la mayoría de judíos, el Mesías iba a ser el Redentor de todo el mundo, no solo de Israel. En realidad, Israel debía ser el canal de la gracia de Dios para el resto del mundo. En su primera gran promesa a Abraham, Dios declaró: "Serán benditas en ti todas las familias de la tierra" (Gn. 12:3). Israel fue llamado a ser el organismo de Dios para alcanzar al mundo para sí mismo; y cuando los judíos como nación rechazaron a Dios fue necesario levantar un nuevo organismo, la Iglesia, para lograr ese propósito.

La primera mujer a quien Jesús reveló su condición mesiánica fue una samaritana, medio judía y medio gentil (Jn. 4:26). A principios de su ministerio Él tuvo seguidores gentiles de Idumea, Transjordania y la región alrededor de Tiro y Sidón (Mr. 3:8). Del centurión gentil a cuyo siervo curó, Jesús declaró: "De cierto os digo, que ni aun en Israel he hallado tanta fe" (Mt. 8:10).

No obstante, los judíos se resintieron porque Jesús prestaba atención a los gentiles, y en especial porque los tratara igual que a los judíos. Además, la idea de que el Mesías venía a *redimir* gentiles era algo que aborrecían. Cuando Pablo se defendía delante de un gran grupo de judíos en Jerusalén, se las arregló para captarles la atención en el templo mientras les contaba su vida anterior, su experiencia de conversión y su visión. Pero cuando informó que Dios le dijo: "Ve, porque yo te enviaré lejos a los gentiles… le oyeron hasta esta palabra; entonces alzaron la voz, diciendo: Quita de la tierra a tal hombre, porque no conviene que viva". Estaban tan incontrolablemente indignados que "gritaban y arrojaban sus ropas y lanzaban polvo al aire" (Hch. 22:21-23). Casi ninguna verdad del evangelio era tan difícil de aceptar para los judíos como la verdad de que la salvación y la comunión con Dios fueran tanto para los gentiles como para los judíos. La noción era totalmente inconcebible para ellos y, según lo clarifica el relato acabado de mencionar, lo consideraban una forma de blasfemia.

Pero el plan de Dios para la redención siempre había incluido a los **gentiles,** y a ellos el Mesías venía a anunciarles justicia, **juicio** y la liberación del pecado al igual que a los judíos.

DEDICADO A MOSTRAR MANSEDUMBRE

No contenderá, ni voceará, ni nadie oirá en las calles su voz. (12:19)

Epizō (contender) conlleva la idea de disputar, molestar o incluso pelear. *Kraugazō* (vocear) significa gritar o vociferar con entusiasmo. El término se usaba a veces para el ladrido de un perro, el graznido de un cuervo, e incluso los lloriqueos de un borracho.

Jesús no vino a arengar y persuadir a los demás con el evangelio como un zelote agitador que exacerba a sus oyentes apelando a sus emociones y prejuicios. El Señor hablaba con dignidad y control, y no usaba ningún otro medio de persuasión que la verdad. Nunca organizó una turba ni recurrió a engaños, mentiras o maquinaciones, como hicieron rutinariamente contra Él sus adversarios. El suyo era el camino de la dulzura, la mansedumbre y la humildad. Aunque era el Hijo de Dios, el Mesías divino, y el legítimo Rey de reyes, Jesús nunca trató de conseguir una audiencia, mucho menos un seguidor, por medio de poder político, fuerza física, o agitación emocional.

Incluso la sabiduría humana sabe que ninguna persuasión verdadera puede hacerse por la fuerza o por intimidación. Salomón nos recuerda: "Las palabras del sabio escuchadas en quietud, son mejores que el clamor del señor entre los necios" (Ec. 9:17; cp. 1 Co. 2:1-4).

DEDICADO A CONSOLAR A LOS DÉBILES

La caña cascada no quebrará, y el pábilo que humea no apagará, (12:20*a*)

En tiempos antiguos las cañas se usaban para muchos propósitos, pero una vez que una **caña** estaba **cascada** o doblada, era inútil. A menudo un pastor hacía de una caña un instrumento como una flauta y tocaba música suave en ella para pasar las horas y calmar a las ovejas. Cuando la caña se ablandaba o se agrietaba, ya no producía música y el pastor la quebraba y la desechaba.

Cuando una lámpara se quemaba hasta el extremo de la mecha, esta solo echaba humo sin producir ninguna luz. Puesto que tal **pabilo que humea** no servía para nada, se apagaba y se desechaba exactamente como la caña rota.

La **caña cascada** y el **pábilo que humea** representan a las personas cuyas vidas están destrozadas y gastadas, listas para ser descartadas y reemplazadas por el mundo. Puesto que ya no "producen música" ni "dan luz", la sociedad desecha a los débiles e indefensos, los que sufren y los cargados. Estos eran el tipo de personas que los romanos descartaban como inútiles y que los fariseos despreciaban como algo sin ningún valor.

Uno de los legados más evidentes de la caída es la tendencia natural del ser humano a destruir. Los niños pequeños a menudo pisan un bicho solo por el gusto de matarlo, o rompen un hermoso brote justo antes que florezca. Arrancan la rama de un árbol solo por el gusto de hacerlo, y lanzan una piedra a un pájaro solo por verlo alejarse volando o caer al suelo. En una escala aún más destructiva, los adultos se devoran y menosprecian entre sí en negocios, sociedad, política y hasta en la familia.

La naturaleza del hombre pecador es destruir, pero la naturaleza del Dios santo es restaurar. El Señor no **quebrará** ni **apagará** ni siquiera al más pequeño de los que acuden a Él, y da serias advertencias a quienes lo hacen. Jesús declaró: "Cualquiera que haga tropezar a alguno de estos pequeños que creen en mí, mejor le fuera que se le colgase al cuello una piedra de molino de asno, y que se le hundiese en lo profundo del mar" (Mt. 18:6).

En las manos del Salvador, la **caña cascada** no se descarta, sino que se restaura; y el **pábilo que humea** no se apaga, sino que se vuelve a encender.

CONSUMÓ LA VICTORIA

Hasta que saque a victoria el juicio. Y en su nombre esperarán los gentiles. (12:20*b*-21)

En última instancia la justicia ganará. A pesar de la opresión, la persecución, y el rechazo, Jesús estaba destinado a salir victorioso. Cuando **saque a victoria el juicio,** traerá con Él a todos los que le pertenecen y que han sido oprimidos, perseguidos y rechazados por parte del mundo. Cuando Cristo tome su lugar legítimo como Señor y Rey, correrá "el juicio como las aguas, y la justicia como impetuoso arroyo" (Am. 5:24).

> Abajo, en el corazón del hombre, aplastado por el tentador,
> los sentimientos están enterrados que la gracia puede restaurar;
> tocado por un corazón amoroso, despertado por la bondad,
> acordes que se rompieron vibrarán una vez más.
> ("Rescata a los que perecen", Fanny J. Crosby)

Blasfemias contra el Espíritu Santo

72

Entonces fue traído a él un endemoniado, ciego y mudo; y le sanó, de tal manera que el ciego y mudo veía y hablaba. Y toda la gente estaba atónita, y decía: ¿Será éste aquel Hijo de David? Mas los fariseos, al oírlo, decían: Este no echa fuera los demonios sino por Beelzebú, príncipe de los demonios. Sabiendo Jesús los pensamientos de ellos, les dijo: Todo reino dividido contra sí mismo, es asolado, y toda ciudad o casa dividida contra sí misma, no permanecerá. Y si Satanás echa fuera a Satanás, contra sí mismo está dividido; ¿cómo, pues, permanecerá su reino? Y si yo echo fuera los demonios por Beelzebú, ¿por quién los echan vuestros hijos? Por tanto, ellos serán vuestros jueces. Pero si yo por el Espíritu de Dios echo fuera los demonios, ciertamente ha llegado a vosotros el reino de Dios. Porque ¿cómo puede alguno entrar en la casa del hombre fuerte, y saquear sus bienes, si primero no le ata? Y entonces podrá saquear su casa. El que no es conmigo, contra mí es; y el que conmigo no recoge, desparrama. Por tanto os digo: Todo pecado y blasfemia será perdonado a los hombres; mas la blasfemia contra el Espíritu no les será perdonada. A cualquiera que dijere alguna palabra contra el Hijo del Hombre, le será perdonado; pero al que hable contra el Espíritu Santo, no le será perdonado, ni en este siglo ni en el venidero. (12:22-32)

Dios es perdonador por naturaleza. El Antiguo Testamento está lleno de enseñanzas acerca del perdón divino. David declaró: "Porque tú, Señor, eres bueno y perdonador, y grande en misericordia para con todos los que te invocan" (Sal. 86:5). En otro salmo nos recuerda que Dios perdona todas nuestras iniquidades (Sal. 103:3). Daniel declaró: "De Jehová nuestro Dios es el tener misericordia y el perdonar" (Dn. 9:9). Dios se describe ante Moisés como "¡Jehová! ¡Jehová! fuerte, misericordioso y piadoso; tardo para la ira, y grande en misericordia y verdad; que guarda misericordia a millares, que perdona la iniquidad, la rebelión y el pecado" (Éx. 34:6-7). Miqueas exaltó al Señor, diciendo: "¿Qué Dios como tú, que perdona la maldad, y olvida el pecado del remanente de su heredad? No retuvo para siempre su enojo, porque se deleita en misericordia. El volverá a tener misericordia de nosotros; sepultará nuestras iniquidades, y echará en lo profundo del mar todos nuestros pecados" (Mi. 7:18-19).

El Antiguo Testamento también está lleno de ejemplos del perdón de Dios. Cuando Adán y Eva pecaron, Dios los perdonó. Cuando Abraham, Isaac y Jacob pecaron, Dios los perdonó. Cuando Moisés pecó, Dios lo perdonó. Cuando Israel bajo los jueces y bajo los reyes pecó en repetidas ocasiones, Dios lo perdonó. La historia de Israel es una historia del perdón de Dios.

De igual manera el Nuevo Testamento describe a Dios como el Dios supremo del perdón. Esa es la esencia del evangelio: la provisión divina y compasiva de Dios para el perdón del pecado del ser humano. Pablo afirma que en Cristo "tenemos redención por su sangre, el perdón de pecados según las riquezas de su gracia" (Ef. 1:7; cp. Col. 1:14). Juan nos asegura que "si confesamos nuestros pecados, él es fiel y justo para perdonar nuestros pecados, y limpiarnos de toda maldad", y que nuestros "pecados [nos] han sido perdonados por su nombre" (1 Jn. 1:9; 2:12).

Por grave que sea el pecado, Dios puede perdonarlo. El peor pecado concebible sería matar al propio Hijo de Dios, y esto sucedió mientras estuvo en la tierra por el mismo propósito de proveer salvación del pecado y el camino hacia la vida eterna. Nada podría ser más atroz, despiadado y malvado que eso. Y por supuesto, matar al Hijo de Dios es exactamente lo que los hombres hicieron. Sin embargo, mientras colgaba en la cruz y estaba a punto de morir, Jesús oró y afirmó la misericordia perdonadora disponible para sus verdugos: "Padre, perdónales, porque no saben lo que hacen" (Lc. 23:34). El *grado* de pecado no hace que el perdón se pierda, porque incluso matar al Hijo de Dios fue algo perdonable.

Tampoco el *volumen* de pecado acaba con la posibilidad de misericordia. Un libertino de setenta años que ha vivido en depravación, hurto, mentira, profanidad, blasfemia e inmoralidad es tan perdonable como un niño de siete años de edad que no ha hecho nada peor que las travesuras propias de la infancia.

Tampoco el *tipo* particular de pecado puede cancelar la gracia. En la Biblia encontramos a Dios perdonando idolatría, asesinato, glotonería, fornicación, adulterio, engaño, mentira, homosexualidad, rompimiento de pacto, blasfemia, embriaguez, extorsión y todas las demás clases imaginables de pecado. Él perdona la arrogancia moral, que es el pecado engañoso de creer que no tenemos pecado. Incluso perdona el pecado de rechazar a Cristo; de otra manera nadie podría salvarse, porque hasta cierto punto antes de la salvación *todo el mundo* había rechazado a Cristo. No hay perdón ni siquiera del pecado más insignificante a menos que lo confesemos y nos arrepintamos de él, pero hay perdón hasta del más grande pecado si se cumplen esas condiciones divinas.

El rechazo de Jesús como Mesías y Rey se intensificó gradualmente a medida que su ministerio continuaba. Según hemos visto, primero hubo duda, después crítica, luego indiferencia, lo que culminó en abierto rechazo. Los dirigentes religiosos de Israel añadieron entonces blasfemia contra el Espíritu Santo al rechazo que le hicieran a Cristo. Aunque esa animosidad seguiría extendiéndose e intensificándose, esta blasfemia fue la personificación de su expresión.

Durante siglos el pueblo de Dios había anhelado al Mesías, su divino Libertador. La esperanza de todo profeta y maestro piadoso de Israel era vivir para verlo, y todas las niñas judías soñaban con ser la madre del Mesías. No obstante, cuando Él llegó lo negaron y lo rechazaron. En 12:22-32, Mateo detalla cinco características de la culminación de ese rechazo: la actividad de Jesús en curar a un hombre gravemente afligido; el asombro de la multitud por el milagro; la acusación contra Jesús a causa del milagro; la respuesta de Jesús a sus acusadores; y la maldición que sus acusadores se trajeron sobre sí mismos.

LA ACTIVIDAD

Entonces fue traído a él un endemoniado, ciego y mudo; y le sanó, de tal manera que el ciego y mudo veía y hablaba. (12:22)

Este hombre tenía varios problemas. Estaba **endemoniado, ciego y mudo,** y es probable que también padeciera sordera, muy a menudo asociada con la incapacidad de hablar. Pero lo cierto es que Jesús **le sanó,** algo que no fue único. Él había curado a centenares, tal vez incluso a miles de personas que estaban endemoniadas, ciegas, mudas y sordas; y muchas de ellas tenían más de una aflicción, exactamente como este hombre.

Como a menudo ocurría, esta sanidad demostró en una sola acción el dominio de Jesús sobre el mundo espiritual de demonios y sobre el mundo físico de la enfermedad. Es indudable que Él poseía el poder para curar toda clase de enfermedad, para expulsar cualquier tipo y cualquier cantidad de demonios, e incluso para restaurar la vida a los muertos. Jesús había realizado miles de curaciones instantáneas, totales, permanentes y comprobables. Sus poderes sobrenaturales ya no podían ser cuestionados, ya fuera por parte de las multitudes comunes o por los dirigentes religiosos más educados y escépticos.

Sin embargo, en su gran mayoría las personas ciegas por el pecado permanecían ambivalentes en cuanto a la identidad de Jesús y la fuente de su gran poder. Sabían que los milagros eran señales de prueba del Mesías; pero también esperaban que Él viniera con fanfarria real y poder militar. Pero en lugar de vestiduras reales, autoridad soberana, un trono, trompetas, espadas, caballos, carros y un ejército poderoso, vieron a un Hombre lleno de compasión, dulzura y humildad, a quien seguían doce discípulos inclasificables y una multitud de parásitos con cuya lealtad difícilmente podía contarse. A causa de la definición que le daban de que Jesús no parecía ser un conquistador o un rey, el pueblo no lo aceptaría como el Mesías. Habían preferido ser selectivos en cuanto a las predicciones del Mesías en el Antiguo Testamento. Que se predijera que Él vendría en poder y gloria para derrotar a los enemigos de Israel y liberar a su pueblo era algo que los emocionaba fácilmente; no así la venida del Mesías en mansedumbre y humildad.

Los escribas y fariseos habían estado siguiéndole los pasos a Jesús durante algún tiempo, y ya se habían convencido que se trataba de un enemigo del judaísmo, hasta un punto tal que incluso colaboraron contra Él asociándose con los herodianos, que normalmente eran sus archienemigos (Mr. 3:6). Los dirigentes religiosos ya no solo se mostraban escépticos y resentidos, sino que se habían vuelto rotundamente hostiles hacia Jesús. Pasaría más de un año antes que Jesús fuera crucificado, pero la decisión irrevocable de destruirlo ya estaba tomada (Mt. 12:14).

Por tanto, Jesús parece haber realizado la curación particular en esta ocasión sobre todo en beneficio de los fariseos, obligándolos a dictaminar su veredicto público con relación a Él. Delante de sus ojos vieron que un hombre quedaba inmediata y dramáticamente libre de tres grandes aflicciones, y que ahora se hallaba parado delante de ellos con mente y espíritu sanos, y además **veía y hablaba.** El milagro era fuera de toda duda.

EL ASOMBRO

Y toda la gente estaba atónita, y decía: ¿Será éste aquel Hijo de David? (12:23)

Aunque sin duda mucha **gente** entre las multitudes presentes ese día había visto a Jesús realizar muchos milagros de sanidad, este milagro específico la dejó **atónita**. *Existēmi* (estar **atónita**) significa encontrarse totalmente estupefacta, además de asombrada y maravillada. Un escritor sugiere que "estar atónitos significa estar literalmente inconscientes de los sentidos", y otro afirma que "significa estar trastornados con estupefacción". En maneras que quizás no veamos por completo en la narración, este milagro particular fue extraordinariamente impresionante, como si Jesús quisiera intensificar su demostración de poder sobrenatural.

Aunque en el fondo surgiera el lado negativo de probabilidad en las mentes de la **gente,** la misma pregunta que comenzaron a hacerse (¿Será éste aquel Hijo de David?) deja al descubierto que reconocían tales milagros como posibles señales mesiánicas. **Hijo de David** era uno de muchos títulos bíblicos para el Mesías (véase 2 S. 7:12-16; Sal. 89:3; Is. 9:6-7), y el hecho de que las personas consideraran que Jesús podría ser **aquel Hijo de David** era una duda relacionada con que este fuera el Mesías. Ese fue el título atribuido más tarde a Jesús por las multitudes que lo recibieron en Jerusalén como su Mesías y Rey (Mt. 21:9; cp. v. 5).

LA ACUSACIÓN

Mas los fariseos, al oírlo, decían: Este no echa fuera los demonios sino por Beelzebú, príncipe de los demonios. (12:24)

El hecho de que las multitudes se preguntaran en serio si Jesús pudiera ser el Mesías llevó a **los fariseos** a entrar en pánico, y sin querer reaccionaron con la ridícula acusación de que Jesús **no** echaba **fuera los demonios sino por Beelzebú, príncipe de los demonios.** Estos líderes religiosos judíos, de los cuales los fariseos eran siempre los más celosos y de voz fuerte, no pudieron tolerar la idea de que este hombre que los denunciaba como hipócritas injustos y que les trataba sin miramientos su propio sistema humano de tradiciones pudiera ser el profetizado y tan esperado Libertador de Israel.

Que Mateo nos informe que Jesús conocía los pensamientos de los fariseos (v. 25) indica que ellos estaban a alguna distancia del Señor, quizás al margen del gentío o parados afuera mientras Jesús ministraba dentro de una casa. La intención de ellos fue envenenar las mentes de las personas en contra de Jesús respondiéndoles sus preguntas acerca de Él con un rotundo no. En realidad decían que Jesús era la antítesis del Hijo de David; que se trataba del siervo de **Beelzebú, príncipe de los demonios.**

Los fariseos solo tenían una alternativa. Puesto que el poder de Jesús era indiscutiblemente sobrenatural; puesto que las dos únicas fuentes de poder sobrenatural son Dios y Satanás; y puesto que se negaban a reconocer a Jesús como quien venía de parte de Dios, se vieron obligados a deducir que Él era un agente de Satanás que debía servir al **príncipe de los demonios,** título popular para **Beelzebú** (o Baalzebú) derivado del nombre de una antigua deidad cananea. (Véase el capítulo 53 de esta obra para un estudio del nombre *Baalzebú*).

LA RESPUESTA

Sabiendo Jesús los pensamientos de ellos, les dijo: Todo reino dividido contra sí mismo, es asolado, y toda ciudad o casa dividida contra sí misma, no permanecerá. Y si Satanás echa fuera a Satanás, contra sí mismo está dividido; ¿cómo, pues, permanecerá su reino? Y si yo echo fuera los demonios por Beelzebú, ¿por quién los echan vuestros hijos? Por tanto, ellos serán vuestros jueces. Pero si yo por el Espíritu de Dios echo fuera los demonios, ciertamente ha llegado a vosotros el reino de Dios. Porque ¿cómo puede alguno entrar en la casa del hombre fuerte, y saquear sus bienes, si primero no le ata? Y entonces podrá saquear su casa. El que no es conmigo, contra mí es; y el que conmigo no recoge, desparrama. (12:25-30)

A pesar de que los fariseos estaban hablando a la multitud más allá de donde Jesús pudiera escuchar, Él sin embargo conocía **los pensamientos de ellos.** Marcos nos dice que algunos escribas de Jerusalén se unieron a los fariseos en acusar a Jesús de echar fuera demonios por el poder de Beelzebú, y que Jesús "habiéndolos llamado, les [hablaba] en parábolas" (3:22-23). Los fariseos no confrontaron directamente a Jesús con las acusaciones que le hacían, pero Él sí que les dijo directamente que su acusación era absurda, prejuiciosa y rebelde.

LA ACUSACIÓN ERA ABSURDA

Todo reino dividido contra sí mismo, es asolado, y toda ciudad o casa dividida contra sí misma, no permanecerá. Y si Satanás echa fuera a Satanás, contra sí mismo está dividido; ¿cómo, pues, permanecerá su reino? (12:25*b*-26)

En primer lugar, Jesús mostró a sus acusadores que esa acusación era un absurdo ilógico. Es innegable que un **reino dividido contra sí mismo** pronto sería **asolado** por la autodestrucción. Lo obvio también se aplica a **toda ciudad o** toda **casa.** Si una u otra resulta estar **dividida contra sí misma,** es evidente que **no permanecerá.**

Aplicado al espíritu del mundo, el principio es igual de claro: **Si Satanás echa fuera a Satanás, contra sí mismo está dividido; ¿cómo, pues, permanecerá su reino?** Fuera de la Trinidad, Satanás es el ser más inteligente en existencia, y sin duda no asigna sus fuerzas a ponerse a pelear entre sí, y así destruir internamente su propio programa.

Desde luego, es cierto que el diablo es destructivo por naturaleza, y que a menudo la destrucción incluye autodestrucción. Satanás es el Padre del odio y la mentira, y donde tales cosas gobiernan hay confusión e incoherencia. No puede haber armonía verdadera dentro de seres perversos o entre estos. Así como Dios es el Señor del orden y la armonía. Satanás es el señor del desorden y el caos, sea que decida o no serlo.

También es cierto que aunque Satanás es brillante, poderoso y capaz de moverse de lugar en lugar según parece con velocidad instantánea, sin embargo no es omnisciente, omnipotente ni omnipresente. Y el engañador supremo se engaña a sí mismo en gran manera, especialmente al creer que puede dominar a Dios y usurparle el reino.

Y también es muy cierto que a menudo Satanás se disfraza como un ángel de luz (2 Co. 11:14). En ese papel podría fingir que echa fuera un demonio restringiéndole el poder sobre la persona poseída a fin de dar la impresión de limpieza interior. Ese tipo de supuesto exorcismo ha sido común a lo largo de la historia de la Iglesia, y es practicado hoy día por varias sectas y falsos sanadores y exorcistas.

Incluso en ocasiones los demonios de Satanás pueden actuar de manera incongruente y en conflicto con él y unos con otros. Pero a pesar del desorden de su reino, de sus límites como criatura, de sus falsos exorcismos, y de su desorden demoníaco, **Satanás** no echa fuera a **Satanás** ni **contra sí mismo está dividido.** No hay armonía, confianza o lealtad en su **reino,** pero él no tolera desobediencia o división. Por tanto, era absurdo acusar a Jesús de echar fuera demonios por el poder del príncipe de los demonios.

LA ACUSACIÓN ESTABA CARGADA DE PREJUICIOS

Y si yo echo fuera los demonios por Beelzebú, ¿por quién los echan vuestros hijos? Por tanto, ellos serán vuestros jueces. (12:27)

Segundo, Jesús demostró que la acusación de los fariseos también estaba cargada de prejuicios y que revelaba el sesgo corrupto y malvado de sus corazones. **Hijos** se usaba a menudo como un epíteto para discípulos o seguidores, como en la expresión común del Antiguo Testamento "hijos de los profetas" (véase, p. ej., 2 R. 2:3). Ciertos seguidores o **hijos** de los fariseos echaban fuera **demonios,** y el historiador judío Josefo informa que en sus ritos utilizaban muchos conjuros extraños y fórmulas sectarias.

Lucas habla de un grupo de siete hermanos, hijos de un sumo sacerdote llamado Esceva, que practicaban exorcismo. Cuando ellos y otros judíos exorcistas oyeron hablar del gran éxito de los apóstoles en expulsar espíritus inmundos, decidieron intentar una nueva fórmula: exorcizar en "el nombre del Señor Jesús… diciendo: Os conjuro por Jesús, el que predica Pablo" (Hch. 19:13-14). El hecho de que creyeran que el simple uso de ciertas palabras y nombres lograría el exorcismo demuestra la orientación mágica que tenían. Sin embargo, el demonio no fue afectado en lo más mínimo, y respondió diciéndoles a los siete hombres: "A Jesús conozco, y sé quién es Pablo; pero vosotros, ¿quiénes sois? Y el hombre en quien estaba el espíritu malo, saltando sobre ellos y dominándolos, pudo más que ellos, de tal manera que huyeron de aquella casa desnudos y heridos" (vv. 15-16).

Jesús señaló el prejuicio extremo de los fariseos demostrando que aprobaban los exorcismos intentados por los **hijos** que eran parte de su sistema religioso. Nunca habrían afirmado que esas actividades fueran impías, mucho menos satánicas. Sin embargo, cuando Jesús no solo echó fuera toda clase de demonios sino que también curó todo tipo de enfermedades, lo acusaron de estar aliado con el diablo.

La respuesta de los fariseos refleja la respuesta básica de toda persona que de modo intencional rechaza a Jesucristo. No lo rechazaron por falta de evidencia sino porque estaban sesgados contra Él. Sus propias obras eran malas, y no podían manejar la intimidante realidad de la justicia de Jesús; eran hijos de las tinieblas y no pudieron tolerar la luz del Señor (Jn. 3:19). No andaban en busca de la verdad, sino que buscaban maneras de justificar su propia maldad y destruir a cualquiera que se atreviera a desenmascararla.

A fin de poner a sus oponentes aún más en evidencia, Jesús sugirió que los fariseos estaban permitiendo que sus **hijos** exorcistas fueran sus **jueces.** La sugerencia implícita era que preguntaran a esos practicantes, mediante qué poder expulsaban espíritus malignos. Si declaraban: "Por el poder de Satanás", se habrían condenado a sí mismos y a los dirigentes religiosos que los apoyaban. Pero si declaraban: "Por el poder de Dios", entonces debilitarían la acusación de los fariseos en contra de Jesús.

LA ACUSACIÓN ERA REBELDE

Pero si yo por el Espíritu de Dios echo fuera los demonios, ciertamente ha llegado a vosotros el reino de Dios. Porque ¿cómo puede alguno entrar en la casa del hombre fuerte, y saquear sus bienes, si primero no le ata? Y entonces podrá saquear su casa. El que no es conmigo, contra mí es; y el que conmigo no recoge, desparrama. (12:28-30)

La tercera y básica razón detrás de la acusación de los fariseos fue su rebeldía contra Dios. Jesús había disipado la acusación ridícula de que obraba bajo el poder de Satanás, y la única posibilidad restante era que **por el Espíritu de Dios** Él echaba **fuera los demonios.**

Si Jesús hacía su obra **por el Espíritu de Dios,** entonces sus milagros eran de Dios y Él tenía que ser el Mesías, "aquel Hijo de David", tal como las multitudes habían considerado (v. 23). Todos los judíos religiosamente letrados sabían que los profetas predijeron que tales señales acompañarían la venida del Mesías (Is. 29:18; 35:5-6). También sabían que el Mesías iba a ser el Rey supremo y eterno de Israel (Sal. 2:6; Jer. 23:5; Zac. 9:9). De ahí que Jesús estuviera realmente diciendo: "Por tanto, si yo soy el Mesías, soy también el Rey venidero, y **si yo** soy el Rey, **ciertamente ha llegado a vosotros el reino de Dios.**

Jesús no reinará en la tierra en su gloria plena y en sus prerrogativas divinas hasta el reino milenial, y después de eso en el reino eterno de los cielos nuevos y la tierra nueva. Pero en el sentido más amplio, **el reino** de Cristo es la esfera de su gobierno en cualquier lugar o época. En ese sentido Él es Rey dondequiera que se encuentre, y los que lo aman son sus súbditos; por tanto, su **reino** siempre estuvo con Él durante su ministerio terrenal. De una manera similar el reino de Dios existe ahora en la tierra dondequiera que se le sirve como Señor. Pablo expresa que Dios "nos ha librado de la potestad de las tinieblas, y trasladado al reino de su amado Hijo" (Col. 1:13). Es en ese **reino** que todo creyente empieza a vivir en el momento en que recibe al Rey como su Señor y Salvador.

Jesús siguió diciendo: **Porque ¿cómo puede alguno entrar en la casa del hombre fuerte, y saquear sus bienes, si primero no le ata? Y entonces podrá saquear su casa.** ¿No podían los fariseos ver que todo lo que Jesús dijo e hizo se oponía a Satanás? Jesús curó enfermedades y dolencias, las cuales fueron traídas a la humanidad por el pecado, el cual a su vez fue traído y promovido por Satanás.

Jesús resucitó a personas de la muerte, que también era una consecuencia del pecado e indirectamente la obra de Satanás (cp. He. 2:14-17). Jesús echó fuera demonios, lo cual, según Él acababa de señalar, era una obvia oposición a Satanás. Incluso Jesús perdonó pecados, algo que Satanás no haría ni podría hacer, y verificó su autoridad de perdonar pecados mediante su poder para realizar milagros (Mt. 9:5-6). Todo detalle de lo que enseñaba y hacía correspondió con la enseñanza de las Escrituras del Antiguo Testamento. Y aunque los escribas y fariseos a menudo acusaron a Jesús de oponerse y violarles sus tradiciones hechas por el hombre, nunca pudieron condenarlo de cometer pecado o enseñar falsedades (Jn. 8:46).

Jesús utiliza la ilustración de un ladrón que planea **entrar en la casa del hombre fuerte, y saquear sus bienes** mientras el **hombre fuerte** está allí. El ladrón sabe que **si primero no le ata,** no tiene ninguna oportunidad de tener éxito, y en realidad se arriesga a ser arrestado y golpeado gravemente en el proceso.

El planteamiento de Jesús fue este: "¿No les he demostrado a ustedes y a todo Israel mi poder sobre Satanás y su reino de maldad, tinieblas y destrucción? ¿No les he demostrado más allá de toda duda que mi autoridad es superior a la de Satanás? ¿No he limpiado personas de todo tipo de enfermedad y las he liberado de toda clase de control y opresión demoníaca? ¿No he demostrado mi autoridad tanto sobre el pecado como sobre la muerte? ¿No he rescatado almas del infierno? ¿Quién pudo haber tenido tal poder y autoridad sino Dios mismo? ¿Quién sino Dios podría **entrar en** la misma **casa** de Satanás y con éxito atarlo **y saquear sus bienes**? Les he demostrado que puedo derrotar a Satanás y a una legión de sus huestes demoníacas a voluntad. ¿Cómo podría ser cualquier otro que no fuera el Mesías divino de ustedes?".

El golpe mortal a Satanás fue infligido en la cruz, y será actualizado en el futuro; pero incluso antes de esa victoria final, Cristo demostró en varias ocasiones su poder ilimitado y sin restricciones para frustrar a Satanás y atarlo. Cristo también asignó ese poder a sus discípulos, y cuando los setenta regresaron de su misión, Jesús "les dijo: Yo veía a Satanás caer del cielo como un rayo" (Lc. 10:18). Actualmente Satanás es poderoso todavía, pero su poder es limitado, su destino está sellado, y su tiempo es corto.

A continuación, Jesús clarificó a los fariseos que no había terreno neutral en lo que a relación espiritual con Él se refiere. **El que no es conmigo, contra mí es; y el que conmigo no recoge, desparrama.** No es necesario oponerse a Cristo para estar **contra** Él; solo es necesario **no** estar con Él. Tampoco es necesario interferir activamente con su obra para ser alguien que **desparrama;** solo es necesario **no** recoger con Él. El individuo que no pertenece a Dios es el enemigo de Dios (Ro. 5:10); el individuo que no es un hijo de Dios a través de Cristo está en rebeldía contra Dios.

Solo existen dos relaciones posibles para con Jesucristo, y por tanto para con Dios: con Él o **contra** Él. Es tanto espiritual como racionalmente imposible aceptar a Jesús como un hombre amable, un buen maestro, y un gran hombre de Dios… y nada más. Solo Dios tiene el derecho de reclamar para sí mismo el honor y la autoridad que Jesús reclamó para sí; y solo Dios tiene el poder sobre la enfermedad, el pecado, los demonios, Satanás y la muerte que Jesús tanto reclamó y demostró.

EL ANATEMA

Por tanto os digo: Todo pecado y blasfemia será perdonado a los hombres; mas la blasfemia contra el Espíritu no les será perdonada. A cualquiera que dijere alguna palabra contra el Hijo del Hombre, le será perdonado; pero al que hable contra el Espíritu Santo, no le será perdonado, ni en este siglo ni en el venidero. (12:31-32)

Pocos pasajes de la Biblia han sido más malinterpretados y malentendidos que estos dos versículos. A causa de su seriedad y su finalidad extrema es esencial comprenderlos correctamente.

Jesús declaró en primer lugar que **todo pecado y blasfemia será perdonado a los hombres.** Aunque la **blasfemia** es una forma de **pecado,** en este pasaje y en su contexto las dos cosas se tratan de modo separado, con la blasfemia representando la más extrema forma de pecado. **Pecado** aquí representa toda la gama de pensamientos y acciones inmorales e impías, mientras que **blasfemia** representa consciente condena y rechazo a Dios. La **blasfemia** es irreverencia desafiante, el pecado especialmente terrible de hablar intencional y abiertamente mal contra el Dios santo, o difamarlo o escarnecerlo (cp. Mr. 2:7). El castigo en el Antiguo Testamento para la blasfemia era la muerte por lapidación (Lv. 24:16). En los últimos días la blasfemia será una característica sobresaliente de quienes se oponen a Dios de manera rebelde e insolente (Ap. 13:5-6; 16:9; 17:3).

Sin embargo, Jesús afirma que hasta la **blasfemia será** perdonada, así como cualquier otro **pecado** es **perdonado** cuando la persona lo confiesa y se arrepiente de él. Un incrédulo que blasfema de Dios puede ser perdonado. Pablo confesó que aunque había "sido antes blasfemo, perseguidor e injuriador", sin embargo fue "recibido a misericordia porque lo [hizo] por ignorancia, en incredulidad. Pero la gracia de nuestro Señor fue más abundante con la fe y el amor que es en Cristo Jesús" (1 Ti. 1:13-14). El apóstol continúa: "Cristo Jesús vino al mundo para salvar a los pecadores, de los cuales yo soy el primero" (v. 15). Pedro blasfemó de Cristo con maldiciones (Mr. 14:71) y fue perdonado y restaurado.

Incluso un creyente puede blasfemar, ya que cualquier pensamiento o palabra que ensucia o difama el nombre del Señor constituye blasfemia. Poner en duda la bondad, la sabiduría, la justicia, la sinceridad, el amor, o la fidelidad de Dios es una forma de blasfemia. Todo eso es perdonable por gracia. En declaraciones a los creyentes, Juan expuso: "Si confesamos nuestros pecados, él es fiel y justo para perdonar nuestros pecados, y limpiarnos de toda maldad" (1 Jn. 1:9).

No obstante, existe una excepción: **la blasfemia contra el Espíritu no les será perdonada.** Incluso la persona que blasfema contra Jesús, **cualquiera que dijere alguna palabra contra el Hijo del Hombre, le será perdonado. Hijo del Hombre** designa la humanidad del Señor, la cual experimentó en su tiempo de humillación y servidumbre durante la encarnación. La percepción de una persona podría no permitirle ver más que la humanidad del Señor, y si únicamente juzga mal a ese nivel y habla contra Jesús en su condición humana, tal **palabra contra el Hijo del Hombre** puede ser perdonada. Cuando alguien rechaza a Cristo después de haber tenido la exposición total de la evidencia de su deidad, aún podría recibir perdón por ese pecado si cree después de obtener la plenitud de la luz.

Fue difícil incluso para los discípulos tener bien presente que su Maestro era realmente el Hijo de Dios. Él comía, bebía, dormía y se cansaba exactamente igual que ellos. No solo eso, sino que muchas de las cosas que hizo simplemente no parecían reflejar la gloria y la majestad de Dios. Jesús se humilló continuamente y sirvió a otros. No tomó gloria terrenal para sí, y cuando otros trataron de obligarlo a tomarla, Él se negó a recibirla, como cuando la multitud quiso hacerlo rey después que de manera milagrosa alimentara a los cinco mil (Jn. 6:15). Fue aún más difícil para quienes no pertenecían al círculo íntimo de Jesús apreciar su deidad. Incluso cuando realizaba sus más grandes milagros, lo hacía sin fanfarria ni brillo. Jesús no siempre pareció ni actuó siquiera como un señor humano, mucho menos como el Señor divino.

No obstante, juzgar mal, menospreciar y desacreditar a Jesús desde el punto de vista de tener una revelación incompleta o una percepción inadecuada era perdonable, por malo que esto fuera. Tal como ya se mencionó, el mismo apóstol Pablo había sido la peor clase de blasfemo ignorante del Señor Jesucristo y un feroz perseguidor de la Iglesia. Y muchos de quienes habían negado y rechazado a Cristo durante su ministerio terrenal, más adelante vieron la verdad de quién era Él, pidieron perdón, y se salvaron.

Pero blasfemar o hablar **contra el Espíritu Santo** era algo más grave e irremediable. Esto no solo reflejaba duda sino incredulidad resuelta: rechazar después de haber presenciado toda la evidencia necesaria para tener un entendimiento completo, incluso para considerar creer en Cristo. Esto era blasfemar **contra** Jesús en su deidad, **contra el Espíritu Santo** de Dios que lo habitaba y fortalecía de forma única. Reflejaba rechazo resuelto a Jesús como el Mesías, en contra de todas las pruebas y argumentos. Reflejaba ver la verdad encarnada y luego a sabiendas rechazar y condenar al Hijo de Dios. Demostraba un rechazo absoluto y permanente a creer, lo cual resultó en pérdida de oportunidad de *alguna vez* ser **perdonado,** ya sea **en este siglo** o **en el venidero.** Durante **este siglo** (toda la historia humana), dicho rechazo es imperdonable. El **siglo venidero** implica que a través de toda la eternidad no habrá perdón. No hay perdón ni en la era de la historia humana ni en la era de la consumación divina.

La Biblia es clara en que durante su ministerio terrenal nuestro Señor se sometió al Padre (Jn. 4:34; 5:19-30) y fue fortalecido por el Espíritu (Mt. 4:1; Mr. 1:12; Lc. 4:1, 18; Jn. 3:34; Hch. 1:2; Ro. 1:4). Pedro manifestó que "Dios ungió con el Espíritu Santo y con poder a Jesús de Nazaret" (Hch. 10:38).

Los que hablaron **contra el Espíritu Santo** fueron aquellos que vieron su poder divino actuando en Jesús y a través de Jesús, pero que voluntariamente se negaron a aceptar las implicaciones de esa revelación, y en algunos casos atribuyeron ese poder a Satanás. Muchas personas habían oído a Jesús enseñar y predicar la verdad de Dios, como ningún hombre alguna vez lo había hecho antes (Mt. 7:28-29), y sin embargo no quisieron creer en Él. Lo habían visto curar todo tipo de enfermedad, echar fuera toda clase de demonios, y perdonar toda especie de pecado, pero lo acusaron con engaño, mentira y demonismo. Frente a toda prueba posible de la condición mesiánica y de la deidad de Jesús, dijeron no. Dios no podía hacer nada más por ellos, y por tanto permanecerían eternamente sin ser perdonados.

Reemplazaron penitencia con endurecimiento, y confesión con conspiración. En consecuencia, por su propia insensibilidad inmoral y totalmente inexcusable se condenaron ellos mismos. Su pecado es imperdonable porque no están dispuestos a recorrer el sendero que conduce al perdón. Para un ladrón, un adúltero y un asesino existe esperanza. El mensaje del evangelio podría hacerles clamar: "Dios, sé propicio a mí, pecador". Pero cuando un hombre se ha endurecido tanto que ha hecho que su mente no ponga atención alguna al... Espíritu... él mismo se ha puesto en el camino que conduce a la perdición (William Hendriksen, *The Exposition of the Gospel According to Matthew* [Grand Rapids: Baker, 1973], p. 529).

A través de Isaías, el Señor describió a Israel como una viña que Él había plantado, cultivado y cuidado con esmero. En medio de ella había construido una torre, que representa a Jerusalén, y un lagar que representa el sistema expiatorio. "Y esperaba que diese uvas, y dio uvas silvestres". Dios preguntó: "¿Qué más se podía hacer a mi viña, que yo no haya hecho en ella? ¿Cómo, esperando yo que diese uvas, ha dado uvas silvestres? Os mostraré, pues, ahora lo que haré yo a mi viña: Le quitaré su vallado, y será consumida; aportillaré su cerca, y será hollada. Haré que quede desierta; no será podada ni cavada, y crecerán el cardo y los espinos; y aun a las nubes mandaré que no derramen lluvia sobre ella" (Is. 5:1-6). Después que las personas habían sido bendecidas con toda bendición, y que tuvieron toda oportunidad pero aun así le volvieron las espaldas a Dios, a Él no le quedó más alternativa que también volverles la espalda.

Durante el ministerio terrenal de Jesús, los incrédulos fariseos y todos los demás que blasfemaron **contra el Espíritu** se aislaron voluntariamente de la misericordia de Dios, no porque no se les hubiera ofrecido dicha misericordia sino porque les fue ofrecida en abundancia pero la rechazaron de modo rebelde y permanente, y además la ridiculizaron como satánica.

En cuarenta años Dios destruiría Jerusalén, el templo, el sacerdocio, los sacrificios, y la nación de Israel. En el año 70 d.C. los romanos arrasaron la ciudad, destruyeron por completo el templo, masacraron a más de un millón de sus habitantes, y eliminaron casi otras mil ciudades y aldeas en Judea. El propio pueblo escogido de Dios le había dicho no, y Él les dijo no. Hasta que Jesús regrese y reúna para sí mismo un remanente de su pueblo en los últimos días, a excepción de unos pocos fieles entre ellos son como una nación totalmente apartada de Dios.

A los judíos no salvos que habían oído el mensaje total del evangelio y habían visto su evidencia en poder sobrenatural, y a todos los que vendrían después de ellos con exposición similar a la verdad y al registro bíblico de pruebas milagrosas, el escritor del libro de Hebreos les lanza una dura advertencia: "¿Cómo escaparemos nosotros, si descuidamos una salvación tan grande? La cual, habiendo sido anunciada primeramente por el Señor, nos fue confirmada por los que oyeron, testificando Dios juntamente con ellos, con señales y prodigios y diversos milagros y repartimientos del Espíritu Santo según su voluntad" (He. 2:3-4). Más adelante en el mismo libro se da una advertencia aún más severa a quienes rechazan teniendo revelación total: "Porque es imposible que los que una vez fueron iluminados y gustaron del don celestial, y fueron hechos partícipes del Espíritu Santo, y asimismo gustaron de la buena palabra de Dios y los poderes del siglo venidero, y recayeron, sean otra vez renovados para arrepentimiento, crucificando de nuevo para sí mismos al Hijo de Dios y exponiéndole a vituperio" (He. 6:4-6). (Para un análisis detallado de ese importante pasaje, véase el comentario del autor en esta serie sobre Hebreos).

La generación que inmediatamente después de Cristo estuvo en la tierra fue ministrada por los apóstoles, iluminada por las enseñanzas de estos, y recibieron prueba de la verdad del evangelio mediante los milagros que los apóstoles realizaron. Esa generación tuvo evidencia equivalente a la de quienes oyeron y vieron a Jesús en persona. Recibieron la más elevada revelación posible de Dios, y si se negaron a creer frente a tan abrumadora evidencia, no hubo nada más que Dios pudiera hacer por ellos. No blasfemaron; simplemente se alejaron. La culpa de los fariseos que añadieron blasfemia a la incredulidad fue mayor que la de aquellos que vieron la misma evidencia y no creyeron, pero no hablaron **contra el Espíritu Santo.** No obstante, los rebeldes en ambos grupos no dejaron para sí mismos ningún futuro que no fuera el infierno.

De igual manera, las personas hoy pueden dar tan totalmente la espalda a la revelación de Dios, que se eliminan permanentemente de la salvación. Jesús manifestó: "Me es necesario hacer las obras del que me envió, entre tanto que el día dura; la noche viene, cuando nadie puede trabajar" (Jn. 9:4).

Durante la Segunda Guerra Mundial una fuerza naval de los Estados Unidos en el Atlántico Norte estaba enzarzada en una fuerte batalla con barcos y submarinos enemigos en una noche excepcionalmente oscura. Seis aviones despegaron del portaaviones para buscar esos objetivos, pero mientras estaban en el aire se ordenó un apagón total para el portaaviones a fin de protegerlo de ataques. Sin luces en la cubierta de la enorme nave, a los seis aviones no les era posible aterrizar, e hicieron peticiones por radio para que se encendieran las luces el tiempo justo para que pudieran ingresar. Pero debido a que todo el portaaviones con sus varios miles de hombres, así como todos los demás aviones y equipos, corrían peligro, no permitieron que se encendieran las luces. Cuando los seis aviones se quedaron sin combustible tuvieron que amarizar de emergencia en el agua helada y todos los miembros de la tripulación partieron a la eternidad.

Viene un momento en que Dios apagará las luces, y se perderá entonces para siempre toda nueva oportunidad de salvación. Por eso es que Pablo advirtió a los corintios: "He aquí ahora el tiempo aceptable; he aquí ahora el día de salvación" (2 Co. 6:2). Aquel que rechaza la plena luz no puede tener más luz… ni perdón.

Exposición de la verdad acerca del corazón del hombre

73

O haced el árbol bueno, y su fruto bueno, o haced el árbol malo, y su fruto malo; porque por el fruto se conoce el árbol. ¡Generación de víboras! ¿Cómo podéis hablar lo bueno, siendo malos? Porque de la abundancia del corazón habla la boca. El hombre bueno, del buen tesoro del corazón saca buenas cosas; y el hombre malo, del mal tesoro saca malas cosas. Mas yo os digo que de toda palabra ociosa que hablen los hombres, de ella darán cuenta en el día del juicio. Porque por tus palabras serás justificado, y por tus palabras serás condenado. (12:33-37)

Se calcula que desde el primer "buenos días" hasta el último "buenas noches", la persona promedio participa en treinta conversaciones diarias. Cada día sus palabras podrían formar un libro de cincuenta a sesenta páginas, el equivalente de más de cien libros de doscientas páginas anualmente cada persona.

Alguien en el siglo pasado escribió lo siguiente acerca del hablador incesante:

> Este individuo agarra a un hombre por la oreja como un perro le hace a un cerdo, y no le afloja el agarre hasta que se haya cansado tanto él mismo como su paciente. Es un prisionero ambulante, y castiga más oídos que una docena de personas juntas. Se aferra a cualquier argumento en lugar de refrenar la lengua, y mantiene ambas partes de su propia acusación; porque él le dirá lo que usted va a decir, y tal vez no tenga la intención de dejarlo ir. Siempre tiene la lengua en movimiento, aunque muy rara vez enfocada en el propósito: como las tijeras de un peluquero que se mantienen cortando, tanto cuando no cortan como cuando lo hacen. Este individuo está lleno de palabras que salen atropellando y que son lanzadas sin ningún propósito; y él se halla tan vacío de todas las cosas, o de sentido, que su sequedad ha hecho muy extensas sus filtraciones, y cualquier cosa que se ponga en alguien así se agota al instante. Hace tanto tiempo está librándose, que los que lo oyen también desean ser liberados, o rescatados del sufrimiento que les causa.

No es de extrañar que inmediatamente después que Jesús fustigara a los fariseos por la imperdonable blasfemia que lanzaran contra el Espíritu Santo, comenzara a hablar de la importancia de la lengua. Las palabras más auto-condenatorias alguna vez dichas las acababan de pronunciar los dirigentes religiosos que acusaron a Jesús de echar fuera demonios por el poder de Satanás (v. 24). Ahora el Señor hace una de sus advertencias más alarmantes, y en el proceso expone la verdad respecto a la naturaleza del corazón del ser humano.

LA PARÁBOLA

O haced el árbol bueno, y su fruto bueno, o haced el árbol malo, y su fruto malo; porque por el fruto se conoce el árbol. (12:33)

Jesús inicia la advertencia con una parábola corta para ilustrar una máxima obvia: un árbol y su fruto correspondiente. Un árbol bueno produce fruto bueno, y un árbol malo produce fruto malo (cp. 7:17, 20; Lc. 6:43-44).

Poieō (hacer) se utiliza aquí en un sentido figurado. Como en español, el término puede referirse físicamente a crear o construir, como en fabricar una olla de barro o una silla. También igual que en español puede referirse metafóricamente a considerar, evaluar o juzgar, como en adoptar una posición acerca de algo.

Lo que Jesús les estaba diciendo fue: "Ustedes deben adoptar una posición en cuanto a mí y mi obra. O soy malo y hago obras malas, o de lo contrario soy bueno y hago obras buenas. No puedo ser malo y hacer buenas obras, o ser bueno y hacer malas obras. Si hago buenas obras, es por el poder de Dios; y si hago malas obras, es por el poder de Satanás. Dios no autoriza nada malo, y Satanás no autoriza nada bueno".

El planteamiento específico del Señor fue: "La enfermedad y la muerte son consecuencia del pecado, según ustedes mismos reconocen. La posesión demoníaca es obviamente obra de Satanás, y es algo malo. Por tanto, curar enfermos, resucitar muertos, y echar fuera demonios no podrían ser más que cosas buenas: Liberar a los hombres de la obra destructora del pecado. En consecuencia, que yo eche fuera demonios debe ser por el poder de Dios, no de Satanás. Puesto que ustedes me acusan de hacer el bien por el poder de Satanás, atribuyen a Satanás la obra del Espíritu Santo, y esa es la blasfemia suprema e imperdonable".

Jesús volvió a atrapar a estos fariseos arrogantes morales en su pervertida manera de pensar, exponiéndoles públicamente su dureza de corazón y absurda falta de lógica. Tal como les indicara en otras ocasiones, pensaran lo que pensaran, las obras de Él testificaban indiscutiblemente acerca de la bondad y el poder divino que Jesús mostraba (Jn. 5:36; 10:25, 37-38; 14:11; cp. Mt. 11:4-5).

LA PERSONALIZACIÓN

¡Generación de víboras! ¿Cómo podéis hablar lo bueno, siendo malos? (12:34*a*)

Cambiando la metáfora, Jesús aplica directamente a los fariseos la parábola de los árboles buenos y malos, diciéndoles realmente: "Ustedes son infinitamente más perversos que un grupo de árboles malos; son una verdadera **generación de víboras.** Ese es el mismo epíteto que Juan el Bautista utilizó para los fariseos y saduceos hipócritas que acudieron a él para que los bautizara (3:7), y que Jesús usó durante su larga serie de "ayes" contra los escribas y fariseos en el templo (Mt. 23:33).

Quienes predican mentiras o practican inmoralidad invariablemente se ofenden cuando se les pone al descubierto, pero el temor a ofender no debería impedir que los creyentes expongan la maldad de los mentirosos. Cuando en nombre del amor y la humildad no desenmascaramos religiones, sectas y filosofías que ofrecen a los hombres falsas esperanzas espirituales, o no cuestionamos a quienes promueven irreverencia y suciedad moral, no servimos al amor ni a la humildad sino al pecado.

Jesús no dudó en condenar de frente a los hombres, en especial cuando los pecados que cometían eran crueles, hipócritas, farisaicos o blasfemos. Él vino a salvar a las personas de su pecado, no a ayudarlas a que fueran confirmadas en el pecado minimizando la gravedad o culpa que tenían. Jesús no se encontraba en un concurso de popularidad, y su preocupación era complacer a su Padre, no a los hombres. Nunca es para la gloria de Dios o para el bien humano animar en alguna forma a quienes hacen el mal o minimizarles su pecado.

Llamar a los fariseos **generación de víboras** fue una feroz denuncia que todos entendieron. **Víboras** era un nombre general para una variedad de serpientes venenosas comunes en Palestina y en la región mediterránea. Una víbora mortal mordió a Pablo en la mano mientras recogía leña en la isla de Malta después de un naufragio, y los isleños nativos se sorprendieron de que él no "se hinchase, o cayese muerto de repente" (Hch. 28:3, 6).

Las **víboras** no solamente son mortales sino engañosas. Debido a que la mayoría se mezclan con rocas y palos de los alrededores, a menudo pueden atacar a sus víctimas con total sorpresa, como la de Malta hizo con Pablo. La víbora madre normalmente pone una gran cantidad de huevos, y cuando nacen las crías de **víboras,** estos pequeños asesinos en potencia se escabullen como insectos.

Los fariseos eran la síntesis de la corrupción y del peligro moral y religioso. Al igual que una **generación de víboras,** viajaban de un lugar a otro, por lo general en grupos, enseñando y promoviendo sus tradiciones hechas por el hombre. Jesús les dijo más adelante: "¡Ay de vosotros, escribas y fariseos, hipócritas! porque recorréis mar y tierra para hacer un prosélito, y una vez hecho, le hacéis dos veces más hijo del infierno que vosotros" (Mt. 23:15). Sus tradiciones antibíblicas y legalistas envenenaban las mentes de compatriotas judíos en contra de la verdad pura y redentora de la Palabra de Dios, y la hipócrita arrogancia moral que tenían llevaba a otros a esa misma actitud perversa. Cuando alguien metía la mano en la leña de la religión, creyendo agarrar un leño de verdad podía ser mordido de muerte por esos mentirosos condenadores de almas.

Jesús continuó diciendo: **¿Cómo podéis hablar lo bueno, siendo malos?** "A consecuencia de ser malos por naturaleza, ¿cómo podría esperarse de ustedes cualquier otra cosa que no sea blasfemia e impiedad? ¿Cómo pueden hablar lo bueno?". Ser **malos** expresa la depravación del corazón humano natural, el cual solo puede *producir* maldad ya que *es* totalmente malo. Tal es el legado del hombre caído a causa del pecado de Adán. Así lo explicó Pablo a la iglesia romana: "Ya hemos acusado a judíos y a gentiles, que todos están bajo pecado. Como está escrito: No hay justo, ni aun uno… No hay quien haga lo bueno, no hay ni siquiera uno… por cuanto todos pecaron… están destituidos de la gloria de Dios" (Ro. 3:9-10, 12, 23). A los efesios les explicó que todos los seres humanos están "muertos en [sus] delitos y pecados" a menos que confíen en Jesucristo para salvación (Ef. 2:1).

El Antiguo Testamento también habla claramente del corazón malvado del hombre. Desde el momento del pecado de Adán en adelante, la humanidad se caracterizó por el odio, la corrupción, el asesinato, la mentira, y todas las demás formas de perversidad. David sabía que heredó una naturaleza pecadora el momento en que fue concebido (Sal. 51:5), y Jeremías declaró: "Engañoso es el corazón más que todas las cosas, y perverso" (Jer. 17:9).

EL PRINCIPIO

Porque de la abundancia del corazón habla la boca. El hombre bueno, del buen tesoro del corazón saca buenas cosas; y el hombre malo, del mal tesoro saca malas cosas. (12:34*b*-35)

Este es uno de los principios más fundamentales de la Biblia con relación al hombre: **La boca habla** de lo que hay en el **corazón.** De lo que una persona es por dentro, su boca dará evidencia por fuera. Es más, Santiago afirma que quien no peca con su boca sería un "varón perfecto" (Stg. 3:2). El ejemplo más inmediato de ese principio demostró que fueron los corazones malvados de los fariseos que los hicieron blasfemar del Espíritu Santo al acusar a Jesús de echar fuera demonios por el poder de Satanás. Hablaban perversidad porque sus corazones estaban llenos de maldad, y por sus propias palabras se condenaron del modo en que trataron de condenar a Jesús.

En la Biblia el **corazón** representa el asiento del pensamiento y la voluntad, en lugar del asiento de las emociones (representadas por los intestinos, o el área del estómago, según se indica en Cnt. 5:4, RVA; Jer. 31:20; Fil. 1:8; 2:1; Col. 3:12; Flm. 7, 12, 20; y 1 Jn. 3:17). El **corazón** representa el carácter de la persona, y por tanto decir que las palabras revelan lo que hay en el corazón es decir que revelan cómo es la persona. Cuando el **corazón habla, la boca** simplemente reproduce verbalmente lo que hay en el **corazón.** Con el uso de la misma figura, Jesús explicó en una ocasión posterior que "lo que sale de la boca, del corazón sale; y esto contamina al hombre. Porque del corazón salen los malos pensamientos, los homicidios, los adulterios, las fornicaciones, los hurtos, los falsos testimonios, las blasfemias" (Mt. 15:18-19).

De la abundancia se traduce del sustantivo griego *perisseuma*, que significa exuberancia, plenitud o desbordamiento. Transmite la idea de excelso, el cual en los términos de la figura de Jesús se desborda del corazón y sale por la boca en forma de palabras. De aquello de lo que el corazón está lleno se rebosa por la boca.

La persona que alberga mala voluntad contra alguien finalmente expresará esos sentimientos. La que está llena con pensamientos lujuriosos, en última instancia expresará esas ideas en comentarios crudos y sugestivos. Quien está persistentemente enojado y lleno de odio tarde que temprano pondrá esos sentimientos en palabras. De igual modo, la persona que auténticamente es amorosa, amable y considerada no puede dejar de expresar esos sentimientos tanto en palabras como en acciones.

Después que Eliú esperó largo tiempo y con impaciencia que tres amigos mayores trataran de convencer a Job respecto a su pecado, ya no pudo contenerse por más tiempo. Tuvo que decir lo que había en su corazón: "Porque lleno estoy de palabras, y me apremia el espíritu dentro de mí. De cierto mi corazón está como el vino que no tiene respiradero, y se rompe como odres nuevos. Hablaré, pues, y respiraré; abriré mis labios, y responderé" (Job 32:18-20).

En aquello que el corazón o la mente insiste y de lo cual se alimenta es de lo que está lleno; y de lo que está lleno, o **de la abundancia del corazón** es de lo que inevitablemente **habla la boca.** Una persona puede controlar cuidadosamente sus palabras la mayor parte del tiempo, pero la presión de pensamientos malignos, ira, tensión, dolor o la asociación con amistades vulgares obligarán a veces a que sus verdaderos pensamientos y actitudes surjan a la superficie en forma de palabras.

Santiago comprendió ese principio y ofreció varias advertencias poderosas acerca de la lengua. Esto declaró: "Si alguno se cree religioso entre vosotros, y no refrena su lengua, sino que engaña su corazón, la religión del tal es vana" (Stg. 1:26). Más tarde en la misma carta explicó que "ningún hombre puede domar la lengua, que es un mal que no puede ser refrenado, llena de veneno mortal" (3:8). Al resumir su descripción de la naturaleza malvada de los seres humanos, Pablo declaró: "Sepulcro abierto es su garganta; con su lengua engañan. Veneno de áspides hay debajo de sus labios; su boca está llena de maldición y de amargura" (Ro. 3:13-14). La boca es la expresión final del corazón. El escritor de Proverbios lo expuso así: "Cual es su pensamiento [del individuo] en su corazón, tal es él" (23:7).

A fin de complementar el principio que acababa de enunciar, Jesús ofrece entonces los aspectos positivos y negativos del principio: **El hombre bueno, del buen tesoro del corazón saca buenas cosas; y el hombre malo, del mal tesoro saca malas cosas.**

Tesoro proviene de *thēsauros,* que quiere decir almacén o tesorería, y es el término del que obtenemos *tesauro,* o léxico. El corazón de una persona es donde atesora sus pensamientos, ambiciones, deseos, amores, actitudes y lealtades. Es la reserva de la cual la boca extrae sus expresiones. Es axiomático que **del buen tesoro** se sacan **buenas cosas,** y que **del mal tesoro** se sacan **malas cosas.** Santiago pregunta: "¿Acaso alguna fuente echa por una misma abertura agua dulce y amarga?" (Stg. 3:11).

Una expresión común en el mundo de la informática es GIGO, siglas en inglés para "basura que entra, basura que sale". Es decir, la calidad de información ingresada determina la calidad de los resultados producidos de esa información. Exactamente de la misma manera, la calidad de lo que hay en el corazón de una persona determina la calidad de las palabras que produce.

EL CASTIGO

Mas yo os digo que de toda palabra ociosa que hablen los hombres, de ella darán cuenta en el día del juicio. Porque por tus palabras serás justificado, y por tus palabras serás condenado. (12:36-37)

Debido a que las palabras de las personas son un indicador preciso de sus corazones, **de toda palabra ociosa que hablen** tendrán que dar **cuenta en el día del juicio.** Es por sus **palabras** que un individuo será **justificado** o **condenado.** La salvación y la condenación no se producen por palabras o acciones, sino que se manifiestan por ellas. Las palabras y las acciones son pruebas objetivas y observables de la condición espiritual del individuo. **En el día del juicio,** ese tiempo futuro general en que el Señor evalúa quién tiene un sitio dentro y fuera de su reino eterno, los requisitos incluirán las palabras de cada persona.

La enseñanza constante del Antiguo y del Nuevo Testamentos es que el único camino de salvación es por la gracia de Dios obrando por medio de la fe del hombre. La enseñanza de Jesús no es que las palabras sean la *base* de la salvación o la condenación, sino que son prueba confiable de la realidad de la salvación. Las palabras de una persona redimida serán diferentes, porque vienen de su corazón renovado. Las palabras puras, íntegras y de alabanza muestran un corazón nuevo.

No somos salvos *por* buenas obras, pero somos salvados "*para* buenas obras, las cuales Dios preparó de antemano para que anduviésemos en ellas" (Ef. 2:10, cursivas añadidas). Del mismo modo, somos salvados para buenas **palabras.** "Con el corazón se cree para justicia, pero con la boca se confiesa para salvación" (Ro. 10:10), lo que a su vez resulta en "obediencia… con la palabra y con las obras" (15:18). La salvación *producirá* buenas palabras, y es por esa razón y en ese sentido que las **palabras** traen justificación o condenación.

Los impíos serán eternamente condenados por sus palabras. Aparte de lo que hicieron, lo que dijeron es suficiente evidencia de su corazón no regenerado para enviarlos al infierno. Jesús no limita esta advertencia a extremos tales como la blasfemia, pero establece expresamente que **los hombres darán cuenta de toda palabra ociosa que hablen,** sea o no inmoral, vulgar, cruel o blasfema. Tendrán que dar **cuenta** incluso por **toda palabra** que haya sido **ociosa.**

El significado básico de *argos* (**ociosa**) es inútil, estéril, improductivo o de otro modo sin valor. Tales palabras incluyen las que son frívolas, irresponsables o en alguna forma inapropiadas. Las palabras hipócritas están entre las más ociosas y vanas que los seres humanos pronuncian, y por desgracia están entre las más comunes. Cuando de manera consciente las personas mantienen un vocabulario ortodoxo, moral y evangélicamente aceptable mientras están entre compañeros cristianos (por impresionarlos o para evitar avergonzarse) esas palabras son ociosas y sin valor a los ojos de Dios, y Él les pedirá cuentas por ellas. La hipocresía calculada de tales "conversaciones santas" es un hedor en las fosas nasales de Dios.

Las palabras del cristiano deben reflejar la obra transformadora de Dios en el corazón; pero a causa de nuestra humanidad no redimida, estas aún necesitan cuidado constante si han de ser cada vez más espirituales, honestas, adecuadas, amables, sensibles, amorosas, significativas, con propósito, y veraces. Al igual que el salmista, el cristiano debe orar: "Pon guarda a mi boca, oh Jehová; guarda la puerta de mis labios" (Sal. 141:3).

Pero para el no creyente *todas* las palabras de su corazón no redimido son vanas en lo que a valor espiritual se refiere. Es evidente que sus palabras malvadas no valen nada. Entre las palabras malvadas más comunes están las que expresan *lujuria* (Pr. 5:3-4); *engaño* (Jer. 9:8); *maldición* y *opresión* (Sal. 10:7); *mentira* (Pr. 6:12; 12:22); *destrucción* (Pr. 11:11); *vanidad* (2 P. 2:18); *adulación* (Pr. 26:28); *insensatez* (Pr. 15:2); *palabrería* (Ec. 10:14); *falsedad* (Tit. 1:11); *orgullo* (Job 35:12); *vulgaridad* (Col. 3:8); *odio* (Sal. 109:3); y *chisme* (Pr. 26:20).

Para el no creyente, las palabras ociosas y vanas también incluyen las que de otro modo son buenas. Aunque sus palabras de amor, ánimo, consuelo y amabilidad podrían ser sinceras y de gran ayuda para otras personas, no tienen valor espiritual porque no vienen de un corazón redimido y justo. Nada espiritualmente bueno puede provenir de un corazón que es espiritualmente malo, tal como Jesús acababa de señalar.

Una persona puede obtener una buena indicación de su condición espiritual escuchando sus propias palabras. Un cristiano puede caer en palabras malvadas, así como puede caer en malas acciones; pero su conversación habitual será pura, así como sus actividades habituales serán justas.

Aunque este pasaje tiene aplicación tanto para los salvos como para los perdidos (el "hombre bueno" y el "hombre malo"), en el sentido que Jesús le da aquí está dirigido a no creyentes, representados en el extremo por los fariseos blasfemos.

El día del juicio para los no creyentes culmina en el juicio del gran trono blanco, el juicio final y eterno en el cual todo incrédulo **será condenado.** Todos los pecados de los cristianos han sido tratados en el Calvario, y borrados por la sangre expiatoria de Cristo aplicada en favor de la fe. Todo cristiano ha pecado con la lengua después de la salvación, pero el sacrificio de Cristo es suficiente para cubrir ese y todos los demás pecados que comete. Sin embargo, las palabras y las acciones perversas de los no creyentes permanecerán como evidencia contra ellos. Al igual que el siervo infiel en la parábola de Jesús, los no creyentes serán juzgados por sus propias palabras (Lc. 19:22).

En su visión del juicio del gran trono blanco, Juan vio "a los muertos, grandes y pequeños, de pie ante Dios; y los libros fueron abiertos, y otro libro fue abierto, el cual es el libro de la vida; y fueron juzgados los muertos por las cosas que estaban escritas en los libros, según sus obras… Y el que no se halló inscrito en el libro de la vida fue lanzado al lago de fuego" (Ap. 20:12, 15). Al ser examinados los libros de registro, no habrá buenas obras que se enumeren para los nombres de los no creyentes, y cuando el libro de la vida sea examinado, ni siquiera aparecerán sus nombres. Los libros que informan de las obras y el libro que informa de la fe serán igual testimonio contra ellos.

Los científicos teorizan que las ondas de sonido nunca se pierden por completo, sino que se desvanecen poco a poco más allá de la detección. Con instrumentos suficientemente sensibles es probable que pueda recuperarse toda palabra dicha en la historia de la humanidad. ¡Cuánto más cierto puede ser que en los registros infalibles de Dios toda palabra y toda obra de la humanidad estén perfectamente preservadas para ser usadas como prueba en el juicio venidero!

74

Juicio sobre los que rechazan a Cristo

Entonces respondieron algunos de los escribas y de los fariseos, diciendo: Maestro, deseamos ver de ti señal. El respondió y les dijo: La generación mala y adúltera demanda señal; pero señal no le será dada, sino la señal del profeta Jonás. Porque como estuvo Jonás en el vientre del gran pez tres días y tres noches, así estará el Hijo del Hombre en el corazón de la tierra tres días y tres noches. Los hombres de Nínive se levantarán en el juicio con esta generación, y la condenarán; porque ellos se arrepintieron a la predicación de Jonás, y he aquí más que Jonás en este lugar. La reina del Sur se levantará en el juicio con esta generación, y la condenará; porque ella vino de los fines de la tierra para oír la sabiduría de Salomón, y he aquí más que Salomón en este lugar. (12:38-42)

La pecaminosidad natural del hombre y la perdición no siempre son aparentes. Muchas personas externamente religiosas, morales y decentes afirman creer en Dios, y son amables y útiles a otros. Incluso individuos totalmente irreligiosos a veces llevan vidas respetuosas de la ley y se comportan como buenos vecinos. En ocasiones la actitud amable y las buenas obras de no creyentes ponen en vergüenza el comportamiento de algunos cristianos. Desde la perspectiva humana puede ser difícil ver cómo tales personas podrían ser intrínsecamente pecadoras y estar separadas de Dios. Muchas de ellas hablan bien de Dios, tienen elevadas normas de conducta, son esposas y esposos cariñosos, padres que se preocupan por sus hijos, empleadores o empleados justos, buenos ciudadanos y amigos fieles. Incluso podrían ir con regularidad al templo, dar con generosidad para apoyar a la iglesia, servir en sus juntas y comités, y enseñar en la escuela dominical. A menudo surge la pregunta: ¿cómo tales individuos obviamente "buenos" podrían ser espiritualmente depravados y perdidos?

Aunque las personas de verdad justas manifestarán la evidencia piadosa de esa justicia, algunas que parecen justas no lo son, porque la pecaminosidad básica del ser humano no se revela en su mayor parte por lo que hace o dice, a pesar de la importancia de esas evidencias, tal como Jesús acaba de dejar en claro (vv. 33-37). El pecado se manifiesta de manera más clara e indiscutible por cómo una persona responde a Jesucristo. Sin que importe cómo sea la vida exterior del individuo, su naturaleza espiritual innata y su verdadera actitud hacia Dios se ven con absoluta seguridad en su actitud hacia Jesucristo. Aquel que rechaza a Cristo está muerto espiritualmente y es enemigo de Dios, sin importar qué profesión religiosa pueda haber hecho o cuán moral y generosamente podría parecer que esté viviendo. La cuestión del pecado se centra perfectamente cuando una persona se enfrenta a Cristo, y el punto decisivo del pecado condenatorio es rechazarlo. Jesús manifestó que convencerá a los hombres "de pecado, por cuanto no creen en mí" (Jn. 16:9).

Cuando Jesús se reunió con sus discípulos en el aposento alto para celebrar la última cena de Pascua con ellos, la incredulidad y el rechazo de Israel habían alcanzado su punto culminante. Los planes para la muerte de Jesús ya se habían puesto en marcha; y esa fue la noche de su traición, arresto y simulacro de juicio que condujeron a su crucifixión.

Cuando Jesús habló a los discípulos en esa ocasión reveló perspectivas profundas de su plan divino y ofreció maravillosas promesas de ánimo y fortaleza para después que se hubiera ido. Además de tan positivas y atrayentes promesas de que el Espíritu Santo estaría con ellos para enseñarles y fortalecerlos, Jesús dio la promesa menos atractiva pero igual de segura de que el mundo los odiaría tal como lo odiaron a Él. El Señor declaró: "Acordaos de la palabra que yo os he dicho: El siervo no es mayor que su señor. Si a mí me han perseguido, también a vosotros os perseguirán; si han guardado mi palabra, también guardarán la vuestra" (Jn. 15:20). Y a continuación dio a conocer el motivo detrás de la persecución: "Mas todo esto os harán por causa de mi nombre, porque no conocen al que me ha enviado. Si yo no hubiera venido, ni les hubiera hablado, no tendrían pecado; pero ahora no tienen excusa por su pecado. El que me aborrece a mí, también a mi Padre aborrece. Si yo no hubiese hecho entre ellos obras que ningún otro ha hecho, no tendrían pecado; pero ahora han visto y han aborrecido a mí y a mi Padre" (vv. 21-24).

Las palabras de Jesús en esa ocasión se aplicaron a todos los que lo habían visto y lo rechazaron, pero se aplicaron con fuerza directa a los dirigentes religiosos judíos, quienes representaban a la nación de Israel, el pueblo especialmente escogido, bendecido e iluminado de Dios. Por fuera tales dirigentes parecían ser hombres justos de Dios, dedicados a su servicio y su Palabra. Llevaban su religión en las mangas para que todos los hombres los vieran como un supuesto testimonio de la devoción que tenían por Dios. Pero cuando Jesús se les enfrentó, sus máscaras de piedad se desgarraron y quedó al descubierto la verdadera condición espiritual y devoción al yo que ellos tenían. A pesar de la ostentación religiosa y moral que exhibían, su odio y su rechazo a Jesús demostraron su odio y su rechazo a Dios. Tanto espiritual como moralmente eran "sepulcros blanqueados, que por fuera, a la verdad, se muestran hermosos, mas por dentro están llenos de huesos de muertos y de toda inmundicia. Así también vosotros por fuera, a la verdad, os mostráis justos a los hombres, pero por dentro estáis llenos de hipocresía e iniquidad" (Mt. 23:27-28). Estos sujetos conformaban una generación de víboras espirituales (12:34).

Si Jesús no hubiera estado en medio de ellos, si no les hubiera declarado la verdad de Dios, y si no les hubiera demostrado el poder de Dios, sus verdaderas naturalezas no habrían emergido de forma tan dramática. Pero Jesús los dejó sin salida cuando los enfrentó con la verdad y la justicia encarnada. Rechazarlo a Él es rechazar la verdad, y despreciarlo es despreciar la justicia. Odiar a Jesús es odiar a Dios; odiar al Hijo es odiar al Padre (Jn. 15:23).

Una persona puede ocultar con éxito su pecado por mucho tiempo (cp. 1 Ti. 5:24), pero cuando rechaza a Jesucristo revela su verdadera naturaleza corrupta. Por buena que parezca su vida por fuera, y por buenas razones o justificaciones que pueda dar, el individuo que se niega a aceptar el señorío y la condición salvadora de Cristo demuestra ser el más condenable de los pecadores, y en el sentido más literal y absoluto es un enemigo de Dios.

Hasta el momento actual en el ministerio de Jesús, los escribas y fariseos habían logrado mantener en general una fachada de tolerancia con relación a Él. Debido a la popularidad que tenía y a su evidente poder sobrenatural, ellos habían mantenido su oposición en gran manera para sí mismos. Hubiéramos perdido gran parte de lo que pensaban y planeaban de no ser porque Jesús les leyó las mentes y puso abiertamente al descubierto sus maquinaciones malvadas. Continuamente les quitó las máscaras de falsa piedad y no les permitió ocultar su carácter perverso. Tal vez por eso más que por cualquier otra cosa es que lo odiaban de manera tan intensa.

La actitud de los escribas y fariseos es por lo general característica de toda persona que mantiene una apariencia de piedad, pero que no ha puesto su confianza en la salvación que Jesucristo ofrece. Esto se aplica especialmente a miembros de denominaciones, sectas u otros grupos religiosos que pretenden ser seguidores de Cristo. Tienen un punto de vista falso y distorsionado de Jesús, así como los escribas y fariseos tenían un punto de vista falso y distorsionado del Mesías. Verbalmente podrán alabar a Dios, honrar a Jesús, exaltar las Escrituras, y a menudo mantener elevadas normas de moral, pero cuando se enfrentan con las propias afirmaciones de Jesús como el unigénito Hijo divino de Dios y el único sacrificio por el pecado, no pueden ocultar su rechazo del verdadero evangelio y del verdadero Dios. Al igual que los escribas y fariseos, se ofenden mucho por la sugerencia de que su religión y sus obras, por no mencionar sus corazones, no son aceptables a Dios. Se resienten ante la insinuación de que pueden estar bien con Él solamente a través de la humilde y obediente confianza en que el Hijo de Dios les quite los pecados. Su negativa a aceptar a Cristo, como Él mismo declaró que sucedía, demuestra el rechazo que le hacen a Dios, porque la única revelación verdadera y perfecta de Él en cuanto a sí mismo es a través del Hijo. Ellos no aman a Dios, sino que lo odian y lo menosprecian porque odian y menosprecian al Hijo y al camino de salvación que les proporciona.

Para cuando los escribas y fariseos pidieron a Jesús que les mostrara una señal especial, ya habían endurecido su oposición hacia Él en un odio implacable. Incluso antes que Jesús los acusara de blasfemar del Espíritu Santo, y por tanto de perder eternamente el perdón de Dios, ellos "tuvieron consejo contra Jesús para destruirle" (12:14). Luego Él les dijo que eran árboles corruptos que llevaban fruto corrupto, que eran una generación de víboras espirituales, y que la maldad de sus palabras demostraba la maldad de sus corazones, por lo cual enfrentaban la condenación de Dios (vv. 33-37). Jesús los había castigado tan enérgica e inequívocamente como era posible.

Cuanto más los dirigentes judíos atacaban verbalmente a Jesús y trataban de atraparlo, más quedaba expuesta la insensatez, insensibilidad e impiedad de las tradiciones y actitudes de ellos. No habían podido mostrar que Él hubiera violado algún mandamiento de las Escrituras, que hubiera profanado el día de reposo, o que echara fuera demonios por el poder de Satanás. A causa del repetido bochorno por no poder probar que Jesús estaba enseñando o haciendo algo contra las Escrituras, a los fariseos les preocupaba perder su reputación con el pueblo. Quisieron estar seguros de que el próximo intento de desacreditarlo tendría éxito, y creyeron que exigir una señal especial de parte de Él demostraría con certeza que Jesús era un impostor y un engañador, y así salvarían sus propias reputaciones.

LA ÚLTIMA SEÑAL

Entonces respondieron algunos de los escribas y de los fariseos, diciendo: Maestro, deseamos ver de ti señal. El respondió y les dijo: La generación mala y adúltera demanda señal; pero señal no le será dada, sino la señal del profeta Jonás. Porque como estuvo Jonás en el vientre del gran pez tres días y tres noches, así estará el Hijo del Hombre en el corazón de la tierra tres días y tres noches. (12:38-40)

Algunos de los escribas y de los fariseos probablemente se trata de una referencia a un comité especial delegado para presentar este último reto a Jesús. Los **escribas** debían tener al menos treinta años de edad y haber dedicado muchos años al estudio intensivo de las Escrituras hebreas, especialmente la Torá, o ley, y las tradiciones rabínicas como se exponen en el Talmud. Se les conocía como los supremos intérpretes y maestros de la ley (véase Mt. 22:35; Lc. 10:25). Aunque algunos **escribas** pertenecían al partido de los saduceos, la mayoría eran **fariseos,** lo cual explica que muy a menudo se les mencione juntos en los evangelios. Ellos eran los eruditos intérpretes autorizados y los defensores del judaísmo, y por lo general recibían gran honra.

El hecho de que respondieran a las acusaciones mordaces de Jesús haciéndole una pregunta al parecer directa y no defensiva indica que se estaban mordiendo la lengua, por así decirlo, decididos a dar la impresión de cortesía y paciencia hasta que llegara el momento apropiado de condenarlo.

EL RETO

Maestro, deseamos ver de ti señal. (12:38*b*)

Ese grupo de eruditos y dirigentes religiosos consideraba que nadie fuera de sus propias filas podía estar capacitado para enseñarles la menor verdad en cuanto a la ley judía y la tradición. Que se dirigieran a Jesús como **Maestro** era por consiguiente algo tanto sarcástico como hipócrita. Era sarcástico en que consideraban que Jesús era un hereje y blasfemo, y al igual que en ocasiones anteriores su intención aquí era ponerlo al descubierto como un *falso* maestro. Era algo hipócrita en que usaron el título para mostrar burla respecto a Él frente a la multitud, y posiblemente para tratar de agarrarlo desprevenido por medio de la adulación.

La solicitud **deseamos ver de ti señal** equivalía a una demanda oficial para que Jesús demostrara ser el Mesías. Por el bien del pueblo, la pregunta fue planteada en una forma según parece cortés y respetuosa, pero el propósito de interrogarle era demostrar que Jesús *no* era el Mesías sino un impostor blasfemo. Puesto que los escribas y fariseos eran los expertos indiscutibles en la ley, el pueblo esperaría que ellos supieran cómo probar apropiadamente las afirmaciones de cualquier persona que se quisiera hacer pasar por el Mesías. La implicación de la pregunta era que, si Jesús fuera realmente el Mesías, no tendría problema en realizar una **señal** adecuada para validar su identidad.

No se especifica el tipo de **señal** que ellos querían, pero debió haber sido absolutamente extraordinaria y tal vez de magnitud mundial, como hacer que el sol se detuviera, que una constelación cambiara su configuración, o que la luna atravesara el cielo. Jesús ya había realizado miles de milagros públicos de sanidad, expulsión de demonios, y resurrección de muertos. La **señal** adicional exigida ahora estaba por tanto destinada a ser de una escala muy superior.

De un pasaje paralelo en Mateo 16 nos enteramos que "vinieron los fariseos y los saduceos para tentarle, y le pidieron que les mostrase señal del cielo" (v. 1). "Una señal del cielo" sería una demostración enorme y espectacular, una que viniera de lo alto y que quizás pudiera verse en los cielos, como las acabadas de mencionar con relación al sol, la luna, y las estrellas.

En su primera carta a la iglesia en Corinto, Pablo observó el hecho conocido comúnmente de que "los judíos piden señales" (1:22). Aunque en su gran mayoría los profetas del Antiguo Testamento no realizaron milagros ni confirmaron sus mensajes dados por Dios por otra cosa que no fuera la verdad de lo que decían, los judíos habían llegado a esperar que señales milagrosas acompañaran a *todo* profeta verdadero o a todo gran hombre de Dios, especialmente el Mesías.

Según la tradición engañosa judía, cierto rabino Eliezer fue retado con relación a la autoridad de su enseñanza. A fin de probar su autenticidad, se dice que hizo que una acacia se moviera ciento cincuenta metros y que una corriente de agua se devolviera. Cuando hizo que el muro de una edificación se inclinara hacia delante, fue devuelta a su posición vertical solo por la orden de otro rabino. Por último, Eliezer exclamó: "Si la ley es como la enseño, que sea probada desde el cielo". En ese momento, cuenta la historia, se oyó una voz que venía del cielo: "¿Qué tienes que ver con el rabino Eliezer? La instrucción es como él enseña".

Sin duda **los escribas y fariseos** querían simplemente una **señal** celestial de parte de Jesús, una demostración espectacular y sensacional de poder sobrenatural. Tal vez esperaban que Él cumpliera la profecía de Joel de convertir la luna en sangre (Jl. 2:31) o que con un movimiento de la mano pintara en el cielo un colorido arcoíris. O quizás que hiciera que una gran procesión de ángeles descendiera por una escalera celestial hasta el interior del templo, anunciando a Jesús con himnos de alabanza mientras llegaban.

No es que los dirigentes judíos esperaran que Jesús realizara alguna **señal,** ya que lo que se proponían era demostrar que Él *no* podía hacer tal cosa, y por tanto desacreditarlo ante los ojos del pueblo. A pesar de que ninguna profecía del Antiguo Testamento vaticinó que el Mesías realizaría alguna **señal** del tipo que ellos demandaban, los líderes dieron la impresión al pueblo de que ese era el caso.

LA RESPUESTA

El respondió y les dijo: La generación mala y adúltera demanda señal; pero señal no le será dada, sino la señal del profeta Jonás. Porque como estuvo Jonás en el vientre del gran pez tres días y tres noches, así estará el Hijo del Hombre en el corazón de la tierra tres días y tres noches. (12:39-40)

Jesús respondió al hipócrita reto declarando en primer lugar que la misma *solicitud* de una **señal** reflejaba las expectativas malvadas de una **generación mala y**

adúltera. Los escribas y fariseos representaban a la nación de Israel, que se había apartado de la Palabra y la comunión con Dios, habiéndose enredado en la religión superficial, farisaica y legalista que esos dirigentes personificaban.

La generación de judíos no solo era física y mentalmente **adúltera**, sino que también lo era espiritualmente porque habían violado los votos de su relación única de pacto con Dios, una relación de la que el Antiguo Testamento habla a menudo en términos de matrimonio (véase Sal. 73:27; Is. 50:1; Jer. 3:6-10; 13:27; Os. 9:1). Su idolatría, su inmoralidad, sus tradiciones no bíblicas, y su dureza de corazón caracterizaban a la nación como **mala.** Durante el cautiverio babilónico los judíos habían abandonado la idolatría formal, en el sentido de adorar objetos físicos tallados en madera, piedra o metal. Pero en lugar de eso habían erigido ídolos de tradición hecha por el hombre, práctica en la cual confiaban y ponían su esperanza. Habían abandonado los dioses cananeos por otros de su propia creación, y al hacerlo estaban en tanta rebelión contra el Dios verdadero como cuando ofrecían sacrificios a Baal o Moloc.

Un judío que servía fielmente a Dios bajo el pacto dado a Moisés habría aceptado al Hijo cuando vino, porque cualquiera que estuviera relacionado de manera correcta con el Padre no podía dejar de reconocer al Hijo, tal como hicieron los piadosos Simeón y Ana (Lc. 2:25-38), Juan el Bautista (Mt. 3:14), y los doce discípulos, excepto Judas (4:20-22; Mr. 3:13; Lc. 5:27-28; Jn. 1:41, 49). Debido a que ellos conocían al Padre reconocieron al Hijo y no necesitaron **señal** alguna que les verificara su identidad.

En consecuencia, continuó Jesús, **señal no le será dada.** No era posible que el Señor realizara un milagro del tipo que los escribas y fariseos querían, no porque Él no tuviera el poder para hacerlo, sino porque era algo totalmente contrario a la naturaleza y el plan de Dios. Jesús pudo haberlo realizado fácilmente desde la perspectiva de su omnipotencia, pero no desde la perspectiva de su naturaleza moral, porque la función de Dios no tiene que ver con flexibilizarse para satisfacer los caprichos de sujetos malvados que no tienen ninguna relación con Él.

Por otra parte, Jesús dijo que *se daría* otra señal: **la señal del profeta Jonás.** Cuando Jonás se negó a obedecer el llamado de Dios de ir a predicar a Nínive y huyó a Tarsis en un barco, el Señor envió una gran tormenta y Jonás fue lanzado al mar para salvar al resto de los hombres a bordo. Dios hizo entonces que el profeta fuera tragado por un **gran pez,** o monstruo marino, en cuyo **vientre** permaneció vivo durante **tres días y tres noches** (Jon. 1:17).

Y porque como estuvo Jonás en el vientre del gran pez tres días y tres noches, así estará el Hijo del Hombre en el corazón de la tierra tres días y tres noches.

El Antiguo Testamento contiene dos tipos de profecía con relación a Cristo. Una es la que puede llamarse la verbalmente predictiva, en la cual a veces se brindan predicciones específicas y detalladas. Tales profecías incluyen la de que Cristo nacería de una virgen (Is. 7:14), que sería un descendiente de David que gobernaría toda la tierra con justicia y rectitud (Jer. 23:5), y que nacería en Belén (Mi. 5:2).

La segunda clase de profecía mesiánica es típica, en la cual una persona o suceso del Antiguo Testamento vislumbraban la persona o la obra de Cristo. Podemos estar seguros de predicciones típicas solo si se identifican específicamente como tales en el Nuevo Testamento. Aquí Jesús mismo nos dice que cuando **Jonás** pasó **en el vientre del gran pez tres días y tres noches** antes que fuera vomitado en la orilla, esto tipificó la sepultura del **Hijo del Hombre,** quien estuvo **en el corazón de la tierra tres días y tres noches** antes de su resurrección. Se trató de una profecía predictiva en imagen más que de un mensaje específico. Así como Jonás fue sepultado en las profundidades del mar, Jesús fue sepultado en las profundidades de la tierra; y así como Jonás salió del gran pez después de tres días, Jesús salió de la tumba tres días después.

Es evidente que Jesús creía en la total literalidad del relato bíblico de Jonás. Si Jonás no hubiera sido literalmente tragado y milagrosamente protegido mientras estuvo sumergido **en el vientre del gran pez** durante **tres días y tres noches,** ese hecho no hubiera tipificado la sepultura y resurrección literal de Jesús. En vista de la obstinación y dureza de corazón de Jonás, no es difícil creer que mintiera con relación a la experiencia; pero es realmente difícil creer que Jesús se uniera a Jonás en tal falsedad, o que se equivocara en cuanto a la historicidad del relato. Al declarar que la experiencia de Jonás era una tipificación de su propia sepultura y resurrección, Jesús también verificó la autenticidad misma del relato de Jonás.

El tema de **tres días y tres noches** se usa a menudo o como prueba de que Jesús se equivocó en cuanto al tiempo que pasaría realmente en la tumba, o como prueba de que no pudo haber sido crucificado el viernes por la tarde y haber resucitado temprano el domingo, el primer día de la semana. Pero así como en el uso moderno, la frase "día y noche" puede significar no solo un día completo de veinticuatro horas sino una parte representativa de un día. Pasar un día, o un día y una noche, visitando una ciudad vecina no requiere pasar veinticuatro horas allí. Podría referirse a llegar temprano en la mañana y partir unas horas después de anochecer. De la misma manera, el uso que Jesús hace de **tres días y tres noches** no tiene que interpretarse como setenta y dos horas, tres días de veinticuatro horas. El Talmud judío sostenía que "cualquier parte de un día es como el todo". Jesús estaba simplemente usando una generalización común y bien entendida.

La resurrección de Jesús después de tres días no fue el tipo de **señal** que los dirigentes religiosos incrédulos esperaban y demandaban, pero fue infinitamente más milagrosa y maravillosa. Fue la última señal que Jesús proporcionara directamente al mundo acerca de sus credenciales mesiánicas y su poder salvador. En su cuerpo glorificado se apareció milagrosamente a sus discípulos en numerosas ocasiones después de la resurrección, y luego ascendió dramáticamente al cielo delante de los ojos de ellos. También siguió obrando milagros a través de los apóstoles como verificación de la autoridad exclusiva que tenían a nombre de Jesús. Pero la resurrección era la última señal dada *al mundo* que implicaba directamente la propia resurrección de Jesús, quien les dijo a los incrédulos escribas y fariseos que sería la única **señal** del cielo que recibirían.

Pero los dirigentes judíos y la mayor parte del pueblo judío tampoco creyeron *esa* **señal.** Debido a que no oyeron "a Moisés y a los profetas, tampoco se persuadirán aunque alguno se levantare de los muertos" (Lc. 16:31). Los líderes judíos no solo rechazaron la verdad de la resurrección de Jesús, sino que pagaron a los soldados que vigilaban la tumba para difundir la falsa historia de que los discípulos habían robado el cuerpo con la finalidad de crear la utopía de una resurrección (Mt. 28:11-15).

Cuando una persona se enfrenta con el Cristo vivo y su muerte y resurrección expiatoria, se determina la cuestión del destino eterno de ese individuo. Dar la espalda a Jesucristo y su sacrificio por nuestros pecados es mostrarnos como los más viles pecadores, por superficialmente religiosos y morales que pudiéramos ser.

LA SENTENCIA FINAL

Los hombres de Nínive se levantarán en el juicio con esta generación, y la condenarán; porque ellos se arrepintieron a la predicación de Jonás, y he aquí más que Jonás en este lugar. La reina del Sur se levantará en el juicio con esta generación, y la condenará; porque ella vino de los fines de la tierra para oír la sabiduría de Salomón, y he aquí más que Salomón en este lugar. (12:41-42)

Continuando con su ilustración de la vida de Jonás, Jesús contrasta la respuesta que los ninivitas paganos dieron al mensaje de Jonás con la respuesta que los líderes judíos dieron al mensaje del Señor. En una de sus denuncias más mordaces, Jesús advierte a los santurrones escribas y fariseos, que se creían los mejores entre el pueblo favorecido de Dios, que **los hombres de Nínive se levantarán en el juicio con esta generación, y la condenarán; porque ellos se arrepintieron a la predicación de Jonás.**

A pesar de la renuencia de Jonás por predicar el mensaje de Dios a los malvados, corruptos e idólatras asirios de Nínive, cuando el profeta finalmente comenzó a predicar Dios efectuó un despertar sin precedentes. "Y los hombres de Nínive creyeron a Dios, y proclamaron ayuno, y se vistieron de cilicio desde el mayor hasta el menor de ellos. Y llegó la noticia hasta el rey de Nínive, y se levantó de su silla, se despojó de su vestido, y se cubrió de cilicio y se sentó sobre ceniza" (Jon. 3:5-6). Cubrirse de cilicio y sentarse sobre ceniza era una manera oriental de mostrar auténtico arrepentimiento y tristeza por mala conducta. Debido al sincero arrepentimiento y a la fe de ellos, "vio Dios lo que hicieron, que se convirtieron de su mal camino; y se arrepintió del mal que había dicho que les haría, y no lo hizo" (v. 10).

Los hombres de Nínive no solo eran gentiles y, por tanto, separados del pacto y de la ley de Dios, sino que eran especialmente malvados y crueles, incluso según las normas paganas. No tenían conocimiento previo del Dios verdadero ni de su voluntad; sin embargo, su arrepentimiento del pecado y su fe en Dios les produjeron salvación espiritual y evitó que sufrieran destrucción física. Jonás no predicó un mensaje de esperanza sino de juicio: "De aquí a cuarenta días Nínive será destruida" (Jon. 3:4). El profeta despreciaba a los ninivitas y les predicó solo por mandato del Señor. Jonás no realizó milagros ni ofreció ninguna promesa de liberación, pero en base a ese breve y directo mensaje de perdición y confrontación de parte de un profeta carente de amor, los habitantes de Nínive se arrojaron sobre la misericordia de Dios y fueron salvados.

Por otra parte, Israel era el pueblo escogido del pacto de Dios, privilegiado al habérsele dado la ley, las promesas, la guía, la protección, y las bendiciones especiales de Dios en maneras demasiado numerosas para enumerarlas. Sin embargo, sus habitantes no se arrepintieron ni se volvieron de su pecado, aunque el propio Hijo de Dios, alguien **más que Jonás** les predicó en tierna humildad y amor compasivo, realizó miles de milagros para ellos como señales que confirmaban su autoridad divina, y les ofreció perdón misericordioso y vida eterna con Él en el cielo. El propio pueblo escogido de Dios y bendecido en forma única le dio la espalda, y por eso estarán bajo la condenación de los paganos **en el juicio.**

No solo eso, continuó Jesús, sino que **la reina del Sur se levantará en el juicio con esta generación, y la condenará.** La reina de la antigua Sabá, la nación de los sabeos, a menudo recibe el nombre de **la reina del Sur,** porque su patria estaba en la Arabia baja, como a dos mil kilómetros al sureste de Israel. Los sabeos eran un pueblo sumamente próspero que obtenía su riqueza de la agricultura altamente productiva y de las lucrativas rutas comerciales del Mediterráneo hacia India que atravesaban la nación. No obstante, la próspera y prominente **reina del Sur,** que era gentil, mujer, pagana y árabe, vino a visitar a Salomón, el rey de Israel, para aprender de él la sabiduría de Dios y para rendirle homenaje (1 R. 10:1-13).

Para el pueblo de la antigua Palestina la tierra **del Sur** parecía estar en **los fines de la tierra.** Joel se refirió a ella como una "nación lejana" (Jl. 3:8), y Jeremías habló de ella como una "tierra lejana" (Jer. 6:20). Sin embargo, **la reina** y su enorme séquito hicieron el prolongado y arduo viaje a través del desierto de Arabia **para oír la sabiduría de Salomón,** un hombre de Dios. Como un testimonio de honor y gratitud por la **sabiduría** piadosa que el monarca enseñaba, esta **reina** trajo presentes muy valiosos al rey, quien ya era rico más allá de cualquier descripción.

Una vez más Jesús hace una comparación con los judíos rebeldes que lo rechazaron, diciéndoles realmente: "Esa mujer pagana trajo grandes tesoros a Salomón y se sentó a sus pies para oír y recibir **sabiduría** de sus labios. No obstante, **he aquí** cuando yo, alguien **más** grande **que Salomón,** vine a **este lugar** por ustedes predicando no solo sabiduría sino salvación del pecado y el camino de la vida eterna, ustedes se negaron a acudir. Por tanto, esa **reina** pagana **se levantará en el juicio con esta generación, y la condenará.** Esa mujer gentil, sin ningún provecho y sin invitación, vino por su propia iniciativa a aprender de Salomón la verdad de Dios. Pero ustedes judíos de **esta generación,** que han tenido innumerables siglos de ventaja y bendición divina y que tienen la invitación del propio Hijo de Dios de acudir a Él para ser salvos, han rechazado al Hijo y por tanto han rechazado el perdón y la vida eterna. Un día serán condenados incluso mediante la fe de los gentiles".

Cuando el espíritu inmundo sale del hombre, anda por lugares secos, buscando reposo, y no lo halla. Entonces dice: Volveré a mi casa de donde salí; y cuando llega, la halla desocupada, barrida y adornada. Entonces va, y toma consigo otros siete espíritus peores que él, y entrados, moran allí; y el postrer estado de aquel hombre viene a ser peor que el primero. Así también acontecerá a esta mala generación. Mientras él aún hablaba a la gente, he aquí su madre y sus hermanos estaban afuera, y le querían hablar. Y le dijo uno: He aquí tu madre y tus hermanos están afuera, y te quieren hablar. Respondiendo él al que le decía esto, dijo: ¿Quién es mi madre, y quiénes son mis hermanos? Y extendiendo su mano hacia sus discípulos, dijo: He aquí mi madre y mis hermanos. Porque todo aquel que hace la voluntad de mi Padre que está en los cielos, ése es mi hermano, y hermana, y madre. (12:43-50)

En años recientes ha habido un gran resurgimiento del interés en la moral y la ética para hacer que esta nación regrese a las normas religiosas y morales de sus padres fundadores. Muchas denominaciones, sectas y grupos de interés especial se han vuelto muy visibles y elocuentes en sus esfuerzos nacionales y a veces internacionales por promover u oponerse a ciertas costumbres, leyes o prácticas, que van desde los derechos civiles y la pena capital hasta el aborto y el divorcio.

Algunos evangélicos se han vuelto activos en la predicación de moral, patriotismo y lealtad a los valores tradicionales estadounidenses. Mucho esfuerzo se gasta tratando de influir en legisladores y líderes políticos para que ayuden a que los Estados Unidos vuelvan a sus antiguas normas de más integridad y comportamiento bíblico.

Los cristianos no pueden dejar de preocuparse por los asuntos morales y éticos, porque la Palabra de Dios es inequívoca y sin igual en sus normas de vida recta, de justicia, y de responsabilidad social. Pero las Escrituras también clarifican que, sin una relación correcta con Dios, la moralidad en sí misma es en muchas maneras más peligrosa que la inmoralidad. En el Sermón del Monte, Jesús enfatiza varias veces que la simple justicia externa es uno de los mayores obstáculos para el evangelio.

Los fariseos eran moralistas clásicos. Ningún otro judío, y sin duda ningún gentil, estaban comprometidos con tales normas rígidas de religión, moral, ética y vida diaria. Estos religiosos vivían por un código complejo y exigente, un sistema de leyes que regulaba prácticamente todo aspecto de la vida. Pero tales normas hechas por hombres, supuestamente basadas en la Palabra de Dios, los había alejado más y más de Dios. Eran tan autosuficientes y arrogantes que cuando Dios mismo vino a estar entre ellos en forma humana lo rechazaron, lo vilipendiaron y finalmente lo crucificaron. Estaban tan convencidos de su justicia que cuando Aquel que era la misma Fuente de justicia se puso en medio de ellos, lo acusaron de estar en complot con Satanás. Bajo la ilusión de su propia bondad se volvieron inalcanzables con el mensaje salvador del evangelio. Cuando Jesús llegó predicando libertad del pecado, no les interesó, porque no podían imaginar que tal mensaje tuviera relevancia para ellos. Y cuando Jesús declaró que el fariseísmo de ellos era realmente la forma más insidiosa de injusticia (Mt. 5:20), se pusieron furiosos.

Jesús no tuvo problemas en llegar hasta prostitutas, ladrones, extorsionistas, asesinos y los marginados de la sociedad; pero le fue casi imposible alcanzar a personas religiosas y morales que estaban bajo la ilusión de que el decoro externo los hacía aceptables a Dios. Al negarse a reconocer su pecado, creyeron que no tenían ninguna necesidad de un Salvador. Sus normas estrictas de moralidad les daban una ilusión de seguridad y les impedía ver que la confianza en sí mismos era su mayor peligro espiritual y una enorme barrera entre ellos y Dios.

En su serie de "ayes" contra los escribas y fariseos en Mateo 23, en varias ocasiones Jesús los llama hipócritas y los acusa de poseer solamente justicia ficticia.

> *¡Ay de vosotros, escribas y fariseos, hipócritas! porque limpiáis lo de fuera del vaso y del plato, pero por dentro estáis llenos de robo y de injusticia. ¡Fariseo ciego! Limpia primero lo de dentro del vaso y del plato, para que también lo de fuera sea limpio. ¡Ay de vosotros, escribas y fariseos, hipócritas! porque sois semejantes a sepulcros blanqueados, que por fuera, a la verdad, se muestran hermosos, mas por dentro están llenos de huesos de muertos y de toda inmundicia. Así también vosotros por fuera, a la verdad, os mostráis justos a los hombres, pero por dentro estáis llenos de hipocresía e iniquidad. ¡Ay de vosotros, escribas y fariseos, hipócritas! porque edificáis los sepulcros de los profetas, y adornáis los monumentos de los justos, y decís: Si hubiésemos vivido en los días de nuestros padres, no hubiéramos sido sus cómplices en la sangre de los profetas. Así que dais testimonio contra vosotros mismos, de que sois hijos de aquellos que mataron a los profetas. ¡Vosotros también llenad la medida de vuestros padres! ¡Serpientes, generación de víboras! ¿Cómo escaparéis de la condenación del infierno? (Mt. 23:25-33).*

Nunca ha habido un grupo de hombres más comprometidos con un código religioso y moral que los fariseos, y nunca ha habido un grupo de hombres más alejados de Dios.

Por sí misma, la moral lleva a la arrogancia moral y es algo condenador. Es mejor para una persona ser extremadamente inmoral y reconocer su necesidad, que ser muy moral y no admitir necesidad. No hay nada que Dios pueda hacer por el individuo que, como el fariseo en la parábola de Jesús, ora confiadamente: "Dios, te doy gracias porque no soy como los otros hombres, ladrones, injustos, adúlteros, ni aun como este publicano; ayuno dos veces a la semana, doy diezmos de todo lo que gano" (Lc. 18:11-12). En su propia opinión este individuo ya está bien con Dios y no necesita nada de Él (cp. Mt. 19:20). Pero Dios puede hacer mucho por quien, al igual que el publicano en esa misma parábola, clama: "Dios, sé propicio a mí, pecador". Este es quien "descendió a su casa justificado antes que el otro; porque cualquiera que se enaltece, será humillado; y el que se humilla será enaltecido" (vv. 13*b*-14).

Mateo 12:43-50 presenta otra de las muchas advertencias de Jesús para que las personas no escuchen ni sigan el ejemplo de sus dirigentes religiosos moralistas pero impíos, sino venir a Él. La necesidad que tienen no es de la reforma exterior ofrecida por los escribas y fariseos, sino de la transformación interior que pueden tener únicamente cuando obtienen una relación correcta con Dios el Padre al confiar en su Hijo para salvación del pecado.

EL PELIGRO DE LA REFORMA

Cuando el espíritu inmundo sale del hombre, anda por lugares secos, buscando reposo, y no lo halla. Entonces dice: Volveré a mi casa de donde salí; y cuando llega, la halla desocupada, barrida y adornada. Entonces va, y toma consigo otros siete espíritus peores que él, y entrados, moran allí; y el postrer estado de aquel hombre viene a ser peor que el primero. Así también acontecerá a esta mala generación. (12:43-45)

En esta parábola Jesús describe de modo vívido y aterrador la consecuencia de la reforma religiosa y moral aparte de una correcta relación con Él. La moralidad separada del Cristo viviente nunca puede ser más que una farsa, y mientras más se confía en ella, más peligrosa se vuelve.

El personaje principal en esta ilustración es un **espíritu inmundo,** cuyas características malignas específicas no se identifican. Se trata de un demonio, un ángel caído y miembro de las huestes de colaboradores malignos y sobrenaturales de Satanás. **Inmundo** representa la naturaleza perversa y vil de todos los espíritus demoníacos; pero este **espíritu** particular no era tan malo como pudo haber sido porque, según nos enteramos más tarde en la parábola, tenía demonios amigos que eran peores que él mismo.

No se nos dice por qué medio este **espíritu inmundo** salió de un **hombre.** Pudo haber ocurrido que el hombre tomara una decisión moral de renunciar al pecado mediante el cual este demonio lo había atrapado, y que el demonio ya no tuviera dominio sobre él. También pudo haber sucedido que el individuo hubiera sido limpiado del demonio pero que, tal como muchas personas a quienes Jesús limpió y curó, no confió en Él para salvación. Cualquiera que hubiera sido la razón o el medio, el **hombre** fue temporalmente libre de la presencia e influencia del demonio.

Después de salir del hombre, este demonio anduvo **por lugares secos, buscando reposo, y no lo halla.** Al ser espíritus, los demonios no necesitan comida ni agua como los seres humanos, por lo que **lugares secos** aquí representa en sentido figurado desolación, devastación e incomodidad extrema. En su propia manera corrupta el demonio andaba **buscando reposo,** algún lugar de mayor satisfacción. Por este y por muchos otros pasajes en el Nuevo Testamento, parece obvio que los demonios prefieren habitar en criaturas corporales, preferiblemente seres humanos, pero en forma secundaria hasta en animales (véase Mt. 8:31), en lugar de existir como seres desapegados en el reino perverso de Satanás. Tal vez este demonio particular no tenía reposo porque no podía expresar su naturaleza maligna a través de objetos inanimados. Se sentía más a gusto en un ser humano, porque es a través de ellos que Satanás y sus demonios pueden obrar su maldad con mayor éxito y oponerse a Dios.

Al no encontrar otro lugar satisfactorio en el cual morar, el demonio decidió regresar a su antigua residencia: **Volveré a mi casa de donde salí.** Ya sea que el espíritu estuviera solo siendo presuntuoso o que tuviera algún acceso continuo para controlar la vida del hombre, su referencia a **mi casa** indica una fuerte sensación de propiedad y posesión. Y el hecho de que pudiera volver a tener entrada tan fácilmente demuestra que la jactancia no era vana. **Cuando llega** a su antigua **casa, la halla desocupada, barrida y adornada,** y **entonces** el primer espíritu **toma consigo otros siete espíritus peores que él, y entrados, moran allí.**

Que la casa del hombre estuviera **desocupada** (es decir, por otro demonio), **barrida y adornada** sugiere que se había llevado a cabo una auténtica reforma moral. Ya sea por el poder de su propia voluntad o por la limpieza de Dios, él estaba temporalmente libre de ese pecado y del demonio relacionado, y de cualquier otro.

A causa de temor a la cárcel, enfermedad, estigma social, ruina financiera, y muchos otros motivos parecidos, una persona puede llegar a librarse de ciertos hábitos pecaminosos. A veces el motivo es más positivo y el individuo decide cambiar debido al amor por el cónyuge o los hijos. Pero esa limpieza de sí mismo, por profunda y extensa que sea o por cualquiera que fuera la motivación, nunca es permanente. Incluso si la limpieza la realiza el Señor, no es permanente si no está acompañada de fe salvadora en Él. Sin duda muchas de las personas a quienes Jesús limpió de demonios murieron y se unieron a esos demonios en el infierno, porque adicionalmente no aceptaron el perdón del Señor y su ofrecimiento de salvación. La gran mayoría de aquellos a los que Jesús ministró aceptaron solo temporalmente la sanidad de la enfermedad, así como el alivio temporal del control demoníaco. Rindieron ante Él los síntomas y las consecuencias del pecado, pero no el pecado mismo. De los diez leprosos que Jesús limpió en cierta ocasión, solo uno recibió la plenitud verdadera de la salvación (Lc. 17:11-19).

Cuando no se trata con la naturaleza básica del pecado a través del milagro del arrepentimiento y la confianza en Cristo, la eliminación de un pecado particular o incluso de un demonio deja la **casa** espiritual del individuo **desocupada, barrida y adornada,** pero sujeta a reocupación por parte de **otros siete espíritus peores que** el primero. **Y entrados, moran allí; y el postrer estado de aquel hombre viene a ser peor que el primero.**

Alguien religioso, autosuficiente y reformado está sujeto a Satanás en una manera que no lo está el individuo con sentimientos inmorales de culpa, porque su misma moralidad lo ciega a su condición y necesidad básica pecaminosa. El sujeto está perfectamente satisfecho con su casa vacía, creyendo que la libertad de la manifestación externa del pecado es libertad de la presencia, el poder, y la condenación de su inmundicia.

Katoikeō (morar) transmite la idea de habitar y acomodarse. Es el mismo verbo que Pablo usa cuando ora por los efesios "para que habite Cristo por la fe en [sus] corazones" (Ef. 3:17). Donde Cristo no vive, los demonios tienen libertad de morar. En una vida reformada pero sin Cristo, los emisarios de Satanás pueden entrar y morar de manera acomodada y segura, porque en su engaño religioso su anfitrión podría ser ajeno a la presencia demoníaca. **El postrer estado de aquel hombre viene a ser peor que el primero,** pero él no lo sabe. Es como un leproso que pierde los dedos de pies y manos porque no siente dolor. En una forma infinitamente más trágica, la justicia propia insensibiliza al individuo a caer en pecado hasta el punto de no estar consciente de que su propia alma se pudre bajo la corrupción demoníaca.

Uno de los peores aspectos del legalismo religioso es que tiende a ser cada vez más impío de generación en generación. Jesús declaró: "¡Ay de vosotros, escribas y fariseos, hipócritas! porque recorréis mar y tierra para hacer un prosélito, y una vez hecho, le hacéis dos veces más hijo del infierno que vosotros" (Mt. 23:15). Un individuo que ha sido discipulado en el legalismo a menudo se vuelve más celoso y autosuficiente que su maestro.

Predicar moral, incluso según normas bíblicas de comportamiento, pero no salvación a través de Cristo, promueve una religión que aleja a los hombres más de Dios de lo que estaban antes de ser reformados. Es mucho más fácil alcanzar a alguien que está abrumado con una sensación verdadera del pecado que le aqueja, que alcanzar a alguien que está abrumado con una falsa sensación de justicia. Eso es lo que Jesús quiso decir cuando declaró: "No he venido a llamar a justos, sino a pecadores" (Mt. 9:13). No fueron las personas inmorales e irreligiosas de Israel las que mataron a Jesús sino los dirigentes religiosos que se enorgullecían de su bondad. Cristo no pudo alcanzarlos, porque que no sentían necesidad de ninguna ayuda espiritual, y mucho menos de ser salvos del pecado.

Pedro dice de tales personas que después de haberse "escapado de las contaminaciones del mundo, por el conocimiento del Señor y Salvador Jesucristo, enredándose otra vez en ellas son vencidos, su postrer estado viene a ser peor que el primero. Porque mejor les hubiera sido no haber conocido el camino de la justicia, que después de haberlo conocido, volverse atrás del santo mandamiento que les fue dado. Pero les ha acontecido lo del verdadero proverbio: El perro vuelve a su vómito, y la puerca lavada a revolcarse en el cieno" (2 P. 2:20-22). El individuo reformado, pero no convertido, con el tiempo volverá a sus caminos de pecado por la misma razón que el perro vuelve a su vómito y la puerca lavada a revolcarse en el cieno: porque en cada caso la naturaleza original no se ha transformado.

La parábola de Jesús se aplicaba a Israel como nación, tanto **a esta mala generación** como a los judíos individuales. Durante el cautiverio babilónico los judíos abandonaron la idolatría, y en los más de dos mil años desde entonces nunca como pueblo han vuelto a caer en ella. Pero para cuando su Mesías vino habían llegado a estar tan satisfechos con su reforma y con sus ceremonias religiosas y tradiciones morales, que no vieron la necesidad de un Salvador. En consecuencia, al final de los tiempos esas personas se encontrarán confabuladas con el anticristo durante la gran tribulación.

Ya sea en la amplia variedad de la historia o en la vida individual se aplica el mismo principio: la reforma exterior sin transformación interior produce susceptibilidad hacia una maldad aún peor de la que se ha dejado atrás.

EL PODER DE LA RELACIÓN

Mientras él aún hablaba a la gente, he aquí su madre y sus hermanos estaban afuera, y le querían hablar. Y le dijo uno: He aquí tu madre y tus hermanos están afuera, y te quieren hablar. Respondiendo él al que le decía esto, dijo: ¿Quién es mi madre, y quiénes son mis hermanos? Y extendiendo su mano hacia sus

discípulos, dijo: He aquí mi madre y mis hermanos. Porque todo aquel que hace la voluntad de mi Padre que está en los cielos, ése es mi hermano, y hermana, y madre. (12:46-50)

Reforma no es salvación, regeneración o redención. En realidad podría funcionar de modo opuesto al afianzar en el individuo la autosatisfacción y cegarlo a su necesidad de la misericordia de Dios. A fin de conseguir salvación debe haber una relación nueva y correcta con Dios, la cual solo viene cuando un pecador confiesa humildemente su pecado y se vuelve de este, recibiendo a Jesucristo como Señor y Salvador.

La llegada de la familia de Jesús le dio la oportunidad perfecta de ofrecer una ilustración gráfica de la necesidad de relación personal con Él. **Mientras él aún hablaba a la gente** en una casa (véase 13:1), **he aquí su madre y sus hermanos estaban afuera, y le querían hablar.** Cuando a Jesús le informaron al respecto, **respondiendo al que le decía esto, dijo: ¿Quién es mi madre, y quiénes son mis hermanos?**

Para este tiempo es probable que José ya hubiera muerto desde hacía varios años. Por tanto, la familia inmediata de Jesús consistía de **su madre** María, **sus** medios **hermanos** (Jacobo, José, Simón y Judas), y sus medias hermanas, a las que no se les menciona por nombre (Mt. 13:55-56).

Después de la resurrección, los **hermanos** de Jesús finalmente llegaron a creer en Él. Su hermano Jacobo se convirtió en el líder de la iglesia en Jerusalén (véase Hch. 15:13-22), y escribió la epístola que lleva el nombre de Santiago. Sin embargo, durante el ministerio de predicación y enseñanza de Jesús no existe evidencia clara de que algún miembro de su familia que no fuera María entendiera por completo quién realmente era Él o que confiara en Jesús como Salvador. Se nos dice específicamente que **sus hermanos** no creían en Él (Jn. 7:5), y podría ser incluso que **su madre,** a pesar de las revelaciones que recibió antes y después del nacimiento de Jesús y de la magnífica confesión que ella hiciera en esa época (véase Lc. 1:26—2:38), aún no confiara personalmente en Jesús como su propio Señor y Salvador.

No se nos dice (cp. Mr. 3:31-32; Lc. 8:19-20) por qué la **madre y** los **hermanos estaban afuera, y le querían hablar,** pero parece razonable suponer que estaban muy preocupados por el bienestar de Jesús. Quizás junto con algunos de los amigos de Él de su pueblo natal incluso tenían temor de que Jesús estuviera "fuera de sí" (Mr. 3:21). La condena que les hacía a los escribas y fariseos seguía creciendo en intensidad y gravedad, y a su vez dichos dirigentes lo acusaban de hacer la obra por el poder de Satanás. Era probable que ya se rumorara entre el pueblo el plan que tenían para destruirlo (Mt. 12:14). La **madre y** los **hermanos** de Jesús esperaban por tanto disuadirlo de que siguiera con su obra, y tal vez esperaban que Él huyera a un lugar seguro hasta que los dirigentes religiosos se olvidaran de Jesús o perdieran interés en Él. Posiblemente su familia estaba en una misión de rescate para salvarlo de una muerte inminente.

Para la mayoría de hombres tal incidente habría sido vergonzoso en extremo, pero Jesús no se avergonzó ni se resintió. Él amaba a su familia y se preocupaba por ella, y entendía su intranquilidad, por equivocada que fuera. En realidad, Él no respondió directamente a la solicitud de su familia sino que más bien utilizó la ocasión para enseñar una verdad importante. **Y extendiendo su mano hacia sus discípulos, dijo: He aquí mi madre y mis hermanos.**

Jesús no estaba renunciando a su familia. La amaba aún más de lo que sus miembros lo amaban a Él. Su última petición desde la cruz fue que Juan cuidara de María, la madre de Jesús (Jn. 19:26-27), y a través de su misericordioso amor sus hermanos finalmente llegaron a creer en Él como su Señor y Salvador (Hch. 1:14).

El propósito del Señor al referirse a **sus discípulos** como su **madre** y sus **hermanos** fue enseñar que Él invita a todo el mundo a ser parte de su familia divina íntima. Cualquiera puede entrar a la familia espiritual de Dios confiando en Él, y la familia de Dios es la única familia que en última instancia importa.

Incluso ser miembro de la propia familia terrenal de Jesús no incluía merecimiento de salvación por virtud de esa relación. En consecuencia, la invitación de Jesús se extendió a su madre natural y sus medios **hermanos,** porque ellos también necesitaban ser salvos del pecado. Aparte de la fe personal, ellos no estaban más espiritualmente relacionados con Él que cualquier otro ser humano. En realidad les estaba diciendo: "Todos aquellos, y solo aquellos, que creen en mí están espiritualmente relacionados conmigo". **Porque todo aquel que hace la voluntad de mi Padre que está en los cielos, ése es mi hermano, y hermana, y madre.**

Todo indica la universalidad de la invitación. Nadie que cree es excluido. Y por otra parte, nadie que *no* cree será incluido. El primer y más absoluto deseo y requisito de Dios para la humanidad es creer en el Hijo. Jesús declaró: "Esta es la obra de Dios, que creáis en el que él ha enviado" (Jn. 6:29). A menos que una persona crea en Cristo, Dios no puede darle ninguna ayuda espiritual, y esa persona no puede prestarle a Dios ningún servicio espiritual real.

Dios declaró en el bautismo de Jesús: "Este es mi Hijo amado, en quien tengo complacencia" (Mt. 3:17). y en la transfiguración expresó las mismas palabras a Pedro, Jacobo y Juan, agregando: "A él oíd" (17:5). La voluntad suprema de Dios para la humanidad es que esté complacida con el Hijo, tal como Él lo está, y que confíe en Él, lo oiga, lo siga, y obedezca su Palabra.

Después de manifestar que "el Hijo del Hombre ha venido para salvar lo que se había perdido" (Mt. 18:11), Jesús contó una parábola en que explicaba el gran amor del Padre por la humanidad, y su deseo de que todos se salvaran. De modo retórico preguntó: "¿Qué os parece? Si un hombre tiene cien ovejas, y se descarría una de ellas, ¿no deja las noventa y nueve y va por los montes a buscar la que se había descarriado? Y si acontece que la encuentra, de cierto os digo que se regocija más por aquélla, que por las noventa y nueve que no se descarriaron. Así, no es la voluntad de vuestro Padre que está en los cielos, que se pierda uno de estos pequeños" (vv. 12-14). Muchos años después los apóstoles repitieron esa verdad. Pablo escribió: "Dios nuestro Salvador… quiere que todos los hombres sean salvos y vengan al conocimiento de la verdad" (1 Ti. 2:3-4), y Pedro declaró que el deseo del Señor es "que ninguno perezca, sino que todos procedan al arrepentimiento" (2 P. 3:9).

Sin embargo, estar correctamente relacionado con Cristo requiere más que una simple declaración verbal de lealtad. Jesús advirtió: "No todo el que me dice: Señor, Señor, entrará en el reino de los cielos, sino el que hace la voluntad de mi Padre que está en los cielos. Muchos me dirán en aquel dia: Señor, Señor, ¿no profetizamos en tu nombre, y en tu nombre echamos fuera demonios, y en tu nombre hicimos muchos milagros? Y entonces les declararé: Nunca os conocí; apartaos de mí, hacedores de maldad" (Mt. 7:21-23). Una relación salvadora con Jesucristo solo viene al creer de manera sumisa en Él y recibir el regalo de salvación que ofrece. "En ningún otro hay salvación; porque no hay otro nombre bajo el cielo, dado a los hombres, en que podamos ser salvos" (Hch. 4:12).

En el mejor de los casos, la reforma cambia solamente lo exterior en la persona; en el peor, se convierte en un obstáculo para que esta sea cambiada por dentro. No obstante, una correcta relación con Cristo produce nueva vida en su totalidad, tanto interior como exterior. Todo el resto de las Escrituras rodea la verdad central de que Jesucristo vino al mundo para salvar pecadores, para transformarlos, no para reformarlos simplemente. Hasta que una persona afirme esa verdad, ninguna otra puede ser de algún provecho.

El gran mensaje del evangelio, y por tanto de la Iglesia, no es un llamado a la moralidad sino a la liberación del pecado a través del Señor Jesucristo.

El reino y el evangelio. Primera parte

76

Aquel día salió Jesús de la casa y se sentó junto al mar. Y se le juntó mucha gente; y entrando él en la barca, se sentó, y toda la gente estaba en la playa. Y les habló muchas cosas por parábolas, diciendo: He aquí, el sembrador salió a sembrar. Y mientras sembraba, parte de la semilla cayó junto al camino; y vinieron las aves y la comieron. Parte cayó en pedregales, donde no había mucha tierra; y brotó pronto, porque no tenía profundidad de tierra; pero salido el sol, se quemó; y porque no tenía raíz, se secó. Y parte cayó entre espinos; y los espinos crecieron, y la ahogaron. Pero parte cayó en buena tierra, y dio fruto, cuál a ciento, cuál a sesenta, y cuál a treinta por uno. El que tiene oídos para oír, oiga. Entonces, acercándose los discípulos, le dijeron: ¿Por qué les hablas por parábolas? El respondiendo, les dijo: Porque a vosotros os es dado saber los misterios del reino de los cielos; mas a ellos no les es dado. Porque a cualquiera que tiene, se le dará, y tendrá más; pero al que no tiene, aun lo que tiene le será quitado. Por eso les hablo por parábolas: porque viendo no ven, y oyendo no oyen, ni entienden. De manera que se cumple en ellos la profecía de Isaías, que dijo: De oído oiréis, y no entenderéis; y viendo veréis, y no percibiréis. Porque el corazón de este pueblo se ha engrosado, y con los oídos oyen pesadamente, y han cerrado sus ojos; para que no vean con los ojos, y oigan con los oídos, y con el corazón entiendan, y se conviertan, y yo los sane. Pero bienaventurados vuestros ojos, porque ven; y vuestros oídos, porque oyen. Porque de cierto os digo, que muchos profetas y justos desearon ver lo que veis, y no lo vieron; y oír lo que oís, y no lo oyeron. (13:1-17)

Al parecer no se acaban los libros que se escriben hoy día sobre la misión de la Iglesia. Desde muchas fuentes y desde casi todo punto posible de vista, la Iglesia y su tarea en el mundo se han estudiado, escudriñado, analizado, elogiado, culpado, exaltado, condenado, criticado y apuntalado. Todo tipo de programa, principio, método y esquema se ha aplicado al funcionamiento de ella. Con gran visibilidad, a la Iglesia se la debate en todas partes desde el cuarto trasero hasta la sala de juntas, desde la cocina hasta las clases de seminario, y por parte de pastores, teólogos, laicos e incluso individuos del mundo. Sin embargo, con todo ese estudio y esa atención, pocos momentos de su historia la mayor parte de la Iglesia ha estado menos segura de cuál es su misión, de lo que debe ser, y de lo que debe hacer.

Algunas verdades básicas para comprender la misión de la Iglesia se hallan en Mateo 13. El Señor de la Iglesia da a conocer la naturaleza de esta y las características espirituales del período al que a menudo se le hace referencia como la era de la Iglesia. En este capítulo maravillosamente profético, Jesús describe el carácter de la era entre su primera y su segunda venidas.

Por medio de su enseñanza autorizada y sus milagros innegables, nuestro Señor había demostrado desde los inicios de su ministerio que era el tan esperado Mesías y Rey de Israel. Había pronunciado juicio sobre la nación y sobre individuos a causa de la incredulidad que tenían, y había ofrecido una invitación para entrar al reino y la familia de Dios a todos los que creerían en Él.

Pero debido a que Israel había rechazado a su Rey, Él no establecería su reino terrenal. Durante siglos el pueblo judío había esperado a su Mesías y Libertador, y el reino que establecería en la tierra. Habían añorado los tiempos prometidos de refrigerio y restauración, y que el trono de David se estableciera de una vez y para siempre. Pero cuando el Rey vino, no les agradó, y lo rechazaron tanto a Él como a su reino. Esa generación, la más bendecida e iluminada de todas las generaciones de la humanidad, le volvió la espalda a su Rey, el Hijo de Dios.

En su comentario sobre Mateo, Stanley Toussaint expresa: "Al no ver la condición mesiánica de Jesús en sus palabras y obras, separaron el fruto del árbol". Nadie en el pueblo negó los milagros de Jesús, y la gran mayoría reconoció que los realizó por el poder de Dios. Aunque reconocieron la fuente divina de los milagros de Jesús, se negaron a reconocer que Él mismo era esa Fuente divina. Los escribas y fariseos que acusaron a Jesús de expulsar demonios por el poder de Satanás (12:24) no representaban a la mayor parte del pueblo común. Pero incluso quienes admiraban a Jesús y se sorprendían por su poder no relacionarían la evidencia con lo que claramente era: prueba de su divinidad y su condición mesiánica.

Las preguntas que surgen en el lector reflexivo son: "Si Jesús vino a ofrecer el reino a Israel y a establecerlo y gobernarlo como las Escrituras profetizaban, y la nación lo rechazó, ¿se frustró por completo el plan de Dios? ¿No se hicieron realidad las propias predicciones de Dios? ¿Cuál es entonces el carácter del tiempo actual? ¿Cuál debe ser la naturaleza del mensaje y la misión de los discípulos y de todos los creyentes? Y durante todo este tiempo, ¿qué respuesta debe esperarse de las personas?". Son esas preguntas las que Jesús enfoca en Mateo 13 con una serie de ocho parábolas. La verdad subyacente era que el reino en su cumplimiento final sería pospuesto hasta el tiempo que Israel *crea* en Él y lo reciba como Rey. Ese tiempo será en la segunda venida de Cristo, cuando establecerá su reino terrenal durante mil años. Dios no puede abandonar su promesa, y en su gracia enviará otra vez a su Hijo a ofrecer el reino. El Señor hizo esta promesa para ese día: "Derramaré sobre la casa de David, y sobre los moradores de Jerusalén, espíritu de gracia y de oración; y mirarán a mí, a quien traspasaron, y llorarán como se llora por hijo unigénito, afligiéndose por él como quien se aflige por el primogénito… Acontecerá también en aquel día, que saldrán de Jerusalén aguas vivas, la mitad de ellas hacia el mar oriental, y la otra mitad hacia el mar occidental, en verano y en invierno. Y Jehová será rey sobre toda la tierra. En aquel día Jehová será uno, y uno su nombre" (Zac. 12:10; 14:8-9).

Pero Zacarías no dice nada de lo que ocurriría entre el tiempo en que traspasarían al Mesías de Israel y el llanto posterior que harían por Él. El profeta ni siquiera insinúa que ocurriría tal período intermedio, aunque este ya se ha prolongado por casi dos mil años. Fue un misterio hasta que se reveló de modo más completo a lo largo del Nuevo Testamento.

Pablo declara que al final "todo Israel será salvo, como está escrito: Vendrá de Sion el Libertador, que apartará de Jacob la impiedad. Y este será mi pacto con ellos, cuando yo quite sus pecados" (Ro. 11:26-27). Pero el día de ese reino cumplido debió posponerse, porque en primer lugar el Rey "a lo suyo vino, y los suyos no le recibieron" (Jn. 1:11).

No obstante, se estableció un reino *interno,* porque "a todos los que le recibieron, a los que creen en su nombre, les dio potestad de ser hechos hijos de Dios" (Jn. 1:12). El reino externo y visible de Cristo fue pospuesto, pero el reino interno y espiritual de sus santos fue establecido y el Señor reina en sus corazones, y a través de sus vidas y sus testimonios expresa ahora su voluntad en la tierra.

Al período entre la primera y la segunda venidas de Cristo se le ha llamado paréntesis, interino, interregno y muchos otros de tales términos. Se trata de un período que no fue revelado en el Antiguo Testamento, un período al cual Jesús se refiere como "los misterios del reino de los cielos" (13:11). Tales misterios se analizarán más adelante en el estudio del versículo. En las ocho parábolas del capítulo 13, y en sus respectivas explicaciones, Jesús describe el período interino, el período que comenzó con el rechazo que le hicieran y la crucifixión, y que ha continuado hasta el tiempo actual. Una comprensión de este período era esencial para los discípulos cuando se dispusieran a evangelizar.

EL LUGAR: LA ORILLA DEL MAR

Aquel día salió Jesús de la casa y se sentó junto al mar. Y se le juntó mucha gente; y entrando él en la barca, se sentó, y toda la gente estaba en la playa. (13:1-2)

Aquel día se refiere al día en que la madre y los hermanos de Jesús fueron a hablar con Él (12:46-47), probablemente para persuadirlo que dejara de predicar y enseñar lo que sabían que le costaría la vida. En **aquel día** Él había curado a muchas personas de varias enfermedades anónimas, había explicado el verdadero carácter del Mesías prometido, había curado y limpiado a endemoniados ciegos y mudos, había acusado a los fariseos incrédulos de cometer el pecado imperdonable de acusarlo de expulsar demonios por el poder de Satanás, había declarado que los judíos incrédulos serían condenados por gentiles creyentes en el día del juicio, y había advertido contra el engañoso poder de la reforma moral sin nuevo nacimiento espiritual (12:15-45).

También es interesante observar que durante su ministerio inicial Jesús pareció pasar más tiempo en el interior de casas o sinagogas. Sin embargo, a medida que su ministerio avanzaba, y los judíos lo rechazaban más y más, Él pasaba más tiempo ministrando en el exterior: en la orilla del mar, en la ladera del monte, y en campos, caminos y calles.

A pesar de que los dirigentes religiosos lo habían rechazado, Jesús seguía siendo inmensamente popular con el pueblo común, **y se le juntó mucha gente** fascinada por oírlo hablar y verlo curar, y algunos para ser sanados.

Tal vez empujado por el gentío hacia el borde del agua, Jesús trató de alejarse un poco de las personas para hablarles mejor, **entrando en la barca, se sentó, y toda la gente estaba en la playa.** Que Él se sentara en la típica forma rabínica era necesario debido al movimiento de la barca en el agua; y porque **la playa** se elevaba considerablemente del agua, **la gente** podía verlo y oírlo mejor mientras Él estaba sentado en la barca.

EL PLAN: HABLAR EN PARÁBOLAS

Y les habló muchas cosas por parábolas, (13:3*a*)

En esta ocasión, y en la mayoría de ocasiones futuras, Jesús **habló** a la gente (v. 2) **muchas cosas por parábolas** y solo por parábolas (v. 34). No explicó el significado a las multitudes sino solo a los discípulos (vv. 10-11, 18, 36; Mr. 4:34).

Parabolē (**parábolas**) es una palabra compuesta obtenida de una forma del verbo *ballō* (lanzar; colocar o situar) y el prefijo *para* (que significa al lado de). La idea es de colocar o situar algo al lado de algo más con el propósito de compararlo. A menudo una verdad espiritual o moral se expresaba poniéndole al lado, por así decirlo, un ejemplo físico que pudiera entenderse más fácilmente. Un objeto o práctica común observable se usaba para ilustrar una verdad o principio subjetivo. Lo que era conocido se ponía al lado de lo que no se conocía o entendía a fin de explicarlo. Lo conocido dilucidaba lo desconocido. La parábola era una forma común de enseñanza judía, y el término se encuentra unas cuarenta y cinco veces en la Septuaginta, el Antiguo Testamento griego.

En su enseñanza anterior Jesús usó muchas analogías gráficas para ilustrar la verdad divina. Había hablado de que los creyentes eran sal y luz en el mundo (Mt. 5:13-16), de que seguían el ejemplo de las aves y los lirios en no estar ansiosos en cuanto a las necesidades de la vida (6:26-30), y de que edifican sus vidas en la roca sólida de la Palabra de Dios en lugar de hacerlo en la arena insegura de la filosofía humana (7:24-27). Aunque esas y otras de tales figuras eran parábolas embrionarias, su significado era claro en el contexto de la enseñanza de Jesús.

Enseñar por medio de **parábolas** y de otros medios figurados es eficaz porque ayuda a hacer de la verdad abstracta algo más concreto, más interesante, más fácil de recordar, y más fácil de aplicar a la vida. Cuando una verdad se exterioriza en las figuras de una parábola, es mucho más fácil la asimilación de significado moral y espiritual.

En la serie de parábolas en el capítulo 13, Jesús utiliza figuras conocidas como el suelo, las semillas, las aves, los espinos, las rocas, el sol, el trigo, la cizaña, la semilla de mostaza, la levadura, el tesoro escondido, y una perla. Pero en estas **parábolas** particulares la verdad *no* se clarifica, porque la historia básica únicamente comunica el relato literal, sin presentar la verdad moral o espiritual. Fue solamente a los discípulos que Jesús explicó lo que representaban el suelo, la semilla, los espinos, y las demás figuras. Y una parábola *sin explicar* no era más que un acertijo imposible, cuyo significado solo podía ser imaginado.

LA PARÁBOLA DEL SEMBRADOR

diciendo: He aquí, el sembrador salió a sembrar. Y mientras sembraba, parte de la semilla cayó junto al camino; y vinieron las aves y la comieron. Parte cayó en pedregales, donde no había mucha tierra; y brotó pronto, porque no tenía profundidad de tierra; pero salido el sol, se quemó; y porque no tenía raíz, se secó. Y parte cayó entre espinos; y los espinos crecieron, y la ahogaron. Pero parte cayó en buena tierra, y dio fruto, cuál a ciento, cuál a sesenta, y cuál a treinta por uno. El que tiene oídos para oír, oiga. (13:3*b*-9)

Mientras Jesús contaba la historia del **sembrador,** es posible que sus oyentes miraran alrededor y vieran a un hombre que estuviera realmente sembrando semilla. Sea como sea, la escena les era conocida, fueran agricultores o no. Un hombre con su bolsa de semilla colgando del hombro mientras salía **a sembrar** era una imagen común y vívida. A medida que caminaba de arriba abajo entre los surcos de su campo, el hombre **sembraba** metiendo varias veces la mano en la bolsa para sacar un puñado de semilla y lanzarla a un lado y otro.

Los diversos tipos de tierra en que la semilla podía caer en un campo también eran conocidos. Cuando la semilla se lanzaba a mano era imposible controlar exactamente dónde caían todos los granos, y **parte de la semilla** estaba obligada a caer **junto al camino.** Palestina, en especial la región altamente productiva de Galilea, estaba entrelazada con campos, y aquí **camino** se refiere más que nada a los senderos angostos que separaban un campo de otro. Los agricultores usaban los senderos para caminar entre los campos, y los viajeros los transitaban mientras iban de un lugar a otro de la nación. Fue por un **camino** de esos en un campo de trigo que Jesús y sus discípulos viajaban un día de reposo cuando recogieron grano para comer (Mt. 12:1).

Por supuesto, la tierra en y **junto al camino** no estaba labrada y se hallaba muy apisonada por las pisadas, lo que evitaba que parte de **la semilla** que caía allí penetrara y echara raíces. Debido a que esa **semilla** estaba expuesta y era fácilmente accesible, venían **las aves y la** comían tan pronto como el agricultor se hallaba a una distancia segura por el sendero. La que **las aves** no comían era "hollada" bajo los pies (Lc. 8:5). Sin lugar a dudas, **las aves** seguían de cerca al sembrador.

Al segundo tipo de tierra sobre la que caían las semillas Jesús se refirió como **pedregales, donde no había mucha tierra. Pedregales** no se refiere a piedras sueltas, porque antes de plantar el agricultor siempre retiraba todas las rocas, los palos, y otros objetos de su campo. Más bien se refiere a lechos subyacentes de roca sólida más profundos de lo que el arado podía alcanzar, en su mayoría compuestos de piedra caliza, en los que **no había mucha tierra** cubriéndolos. Las semillas que caían en ese suelo brotaban **pronto, porque no tenía profundidad de tierra.** Cuando la semilla comenzaba a germinar, sus raíces no podían penetrar la roca que estaba justo debajo de la superficie, y la pequeña planta debía comenzar a brotar por sobre la tierra mucho más rápido de lo que normalmente haría.

Durante un corto tiempo estas plantas parecían más sanas y fuertes que las que estaban en tierra buena, porque la mayoría de ellas brotaban sobre la tierra y crecían más rápido. **Pero salido el sol, se** quemaban, **y porque no** tenían **raíz, se** secaban. La falta de raíces evitaba que las plantas alcanzaran y absorbieran humedad o nutrientes. Una vez **salido el sol** en la mañana, las plantas que parecían muy prometedoras **se** quemaban, y rápidamente se secaban.

El tercer tipo de tierra sobre el cual caían las semillas estaba infestado de **espinos.** Después que este terreno había sido cultivado se veía perfectamente bueno, pero cuando el grano comenzaba a brotar, también brotaban los **espinos.** Estas malezas duras llenas de cardos crecían y ahogaban las plantas buenas quitándoles la mayor parte de espacio, humedad, nutrientes y luz del sol.

El cuarto tipo de terreno sobre el que caían las semillas era **buena tierra.** Siempre estaba alejada del sendero y era suelta y suave. Tenía suficiente profundidad para sostener las plantas buenas y estaba libre de malas hierbas. A causa de tales condiciones favorables, producía **fruto, cuál a ciento, cuál a sesenta, y cuál a treinta por uno.**

En Palestina, durante los tiempos del Nuevo Testamento el promedio de semillas cosechadas con relación a las plantadas había sido de menos de ocho a una. Incluso una cosecha de diez veces habría estado muy por encima del promedio; y los rendimientos de los que Jesús habló eran verdaderamente fenomenales.

Al final de esta inexplicada parábola, Jesús manifestó: **El que tiene oídos para oír, oiga.** Es decir: "Si ustedes pueden entenderla, entonces entiéndanla". Jesús no se estaba burlando de sus oyentes sino más bien estaba indicándoles que necesitaban más que su propio entendimiento humano para interpretar el significado. Él pudo haber estado haciendo una invitación a que aquellos en la multitud que eran serios en cuanto a seguirlo, vinieran a Él y le pidieran una explicación, como los discípulos estaban a punto de hacer. De otra manera no tendrían **oídos para oír** lo que Jesús realmente estaba diciendo.

Solo quienes aceptan al Rey pueden entender al Rey y sacar provecho de su enseñanza y señorío. Para todos los demás la enseñanza de Jesús son solo acertijos sin sentido.

EL PROPÓSITO: REVELAR Y OCULTAR

Entonces, acercándose los discípulos, le dijeron: ¿Por qué les hablas por parábolas? El respondiendo, les dijo: Porque a vosotros os es dado saber los misterios del reino de los cielos; mas a ellos no les es dado. Porque a cualquiera que tiene, se le dará, y tendrá más; pero al que no tiene, aun lo que tiene le será quitado. Por eso les hablo por parábolas: porque viendo no ven, y oyendo no oyen, ni entienden. De manera que se cumple en ellos la profecía de Isaías, que dijo: De oído oiréis, y no entenderéis; y viendo veréis, y no percibiréis. Porque el corazón de este pueblo se ha engrosado, y con los oídos oyen pesadamente, y han cerrado sus ojos; para que no vean con los ojos, y oigan con los oídos, y con el corazón entiendan, y se conviertan, y yo los sane. Pero bienaventurados vuestros ojos, porque ven; y vuestros oídos, porque oyen. Porque de cierto os digo, que muchos profetas y justos desearon ver lo que veis, y no lo vieron; y oír lo que oís, y no lo oyeron. (13:10-17)

Entonces, acercándose los discípulos, le dijeron: ¿Por qué les hablas por parábolas a las multitudes? Fue el hecho de que las **parábolas** eran *inexplicables* lo que los desconcertó. En realidad estaban preguntando: "¿Por qué te molestas en decirles algo en modo alguno, si no pueden entenderlo?".

En este punto Jesús ofreció la razón doble para hablar en **parábolas:** revelar el significado a quienes reciben a Cristo, y ocultar el significado a quienes no lo reciben. **El respondiendo, les dijo: Porque a vosotros** que creéis en mí **os es dado saber los misterios del reino de los cielos; mas a ellos,** que no creen en mí, **no les es dado** conocerlos.

Misterios no se refiere a historias tales como las que se hallan en novelas modernas de misterio, cuya trama compleja y sus situaciones inesperadas despiertan la curiosidad del lector. En el mundo antiguo un misterio era un secreto sagrado conocido solamente por los iniciados, y en ocasiones solo por religiosos de alto nivel. El sistema de religiones misteriosas comenzó en la antigua Babilonia y se extendió en diversas formas a todas partes del mundo civilizado. A un influyente sistema filosófico griego de los tiempos del Nuevo Testamento se le llamó gnosticismo, nombre derivado de *gnosis,* que significa conocimiento. Los gnósticos se consideraban los únicos "conocedores" en cuanto a asuntos filosóficos.

En el antiguo Egipto, un popular misterio religioso involucraba al mítico dios Osiris y su esposa diosa Isis. Osiris fue un rey sabio y benévolo a quien su hermano Seth persuadió para que asistiera a un banquete. Una vez allí, con la ayuda de setenta y dos conspiradores Seth puso al rey en un ataúd y lo arrojó al río Nilo para que se ahogara. Osiris fue rescatado por Isis y llevado a casa; pero cuando Seth descubrió que su hermano estaba vivo, fue al palacio y cortó a Osiris en catorce pedazos que envió a catorce lugares separados por todo Egipto. Después que Isis se las arregló para recoger todos los pedazos del cuerpo, Osiris recuperó milagrosamente la vida; y desde el momento de su "resurrección" se convirtió en el rey inmortal tanto de los vivos como de los muertos.

Aunque la historia en sí era fascinante para cualquiera que la oía, sus significados más profundos eran conocidos solo por iniciados en el culto a Osiris e Isis. Para ellos cada persona y cada incidente en la historia tenían significado especial. Por ejemplo, Osiris representaba todo lo bueno y era atacado por Seth, quien representaba todo lo malo. La devoción incesante de Isis representaba el poder redentor y triunfal del amor. El secreto final o misterio era la fórmula: "Yo soy tú, y tú eres yo", la que cuando el adorador la expresaba a Osiris lo colocaba en unión eterna con ese dios.

Actitudes similares de exclusividad y conceptos de misterio se ven en modernas sociedades secretas, cuyos rituales y principios más importantes son conocidos solo por los miembros, y a veces solo por los líderes de rango superior.

No obstante, **misterios** se refiere en las Escrituras a la revelación de algo anteriormente oculto y desconocido. Por tanto, los **misterios** en el Nuevo Testamento son revelaciones y explicaciones de verdades divinas que no fueron reveladas a los santos bajo el antiguo pacto.

Los misterios particulares acerca de los cuales Jesús enseña aquí tienen que ver con el **reino de los cielos** (véase también vv. 24, 31, 33, 44, 45, 47, 52), que pasajes paralelos en Marcos (4:11, 30) y Lucas (8:10; 13:18) muestran que se trata del mismo reino de Dios (cp. Mt. 19:23-24). Un título enfatiza al Rey (Dios), y el otro enfatiza la esfera de su reino (los cielos). De este reino el Antiguo Testamento solo ofrece atisbos limitados e incompletos. La mayor parte de profecías mesiánicas en el Antiguo Testamento señalan la segunda venida de Cristo y el establecimiento de su reino terrenal milenial, así como su reino eterno posterior. Solamente se dan indicios en cuanto a su actual **reino** terrenal, el cual comenzó con el rechazo que le hicieran a Cristo y su crucifixión, y continuará hasta que Él regrese. Este es el **reino** que existe espiritualmente en los corazones de su pueblo mientras el Rey esté físicamente ausente de la tierra. Él está presente con los creyentes, pero no es visible o evidente para el mundo, con excepción de lo revelado a través de las vidas y el testimonio de ellos.

Algunos intérpretes insisten en que ningún **reino de los cielos** actual puede existir porque el Rey está ausente. Pero el reino de David sobre Israel mientras estaba huyendo de su rebelde hijo Absalón es un ejemplo clásico de un rey con plenos derechos y total autoridad sobre su reino, mientras temporalmente no puede ejercer esos derechos debido a ciertas circunstancias. Durante el período de usurpación, en varias ocasiones se hace referencia a David como rey David, aunque este no podía sentarse en su trono y ni siquiera vivir en su ciudad capital de Jerusalén (véase 2 S. 15—17). El reinado de David fue reconocido y respetado solo por aquellos israelitas que permanecieron fieles a él; sin embargo, el rechazo que recibió por parte de los seguidores de Absalón no consiguió quitarle su calidad de rey legítimo. Él era el único monarca, y todo ciudadano fiel de su reino lo reconocía.

En forma muy parecida Jesucristo, el Mesías prometido del Antiguo Testamento, gobierna ahora en los corazones de su pueblo, aunque físicamente está ausente de la tierra, y los gobierna desde su morada celestial a través de su Espíritu, mientras que el usurpador Satanás es temporalmente el gobernante espiritual de este mundo (Jn. 12:31).

El **reino de los cielos** tiene dos aspectos importantes pero diferentes. En primer lugar, es el reino universal, el cual incluye toda cosa creada en todo tiempo y lugar. Dios es el Creador y Soberano absoluto del universo, y lo será por toda la eternidad. Nada existe u ocurre sin su divina provisión o permiso.

David nos recuerda que "Jehová preside en el diluvio, y se sienta Jehová como rey para siempre" (Sal. 29:10). Él gobernaba la tierra, aunque esta era tan malvadamente rebelde que en el diluvio tuvo que destruir a todo ser humano con excepción de Noé y su familia. Otra vez David nos dice: "Jehová estableció en los cielos su trono, y su reino domina sobre todos" (Sal. 103:19). Dios es soberano "sobre todos", aun sobre Satanás y sus demonios, a quienes les ha permitido ciertas libertades por un período limitado; el destino final y seguro que les espera es el infierno, el cual Dios gobierna con tanta seguridad como gobierna el cielo. El Señor ha preparado ese lugar con el propósito específico de castigarlos junto con todo ser humano incrédulo (Mt. 25:41). El rey David expresa: "Tuya es, oh Jehová, la magnificencia y el poder, la gloria, la victoria y el honor; porque todas las cosas que están en los cielos y en la tierra son tuyas. Tuyo, oh Jehová, es el reino, y tú eres excelso sobre todos" (1 Cr. 29:11).

El segundo aspecto del **reino** de Dios es lo que Alva McClain ha llamado apropiadamente mediador, porque su gobierno está mediado por medio de otros. Tanto el aspecto universal como el mediador del **reino** se ven en el Padrenuestro, según Jesús nos ordena orar: "Venga tu reino, hágase tu voluntad, como en el cielo, así también en la tierra" (Mt. 6:10). "En el cielo" se refiere al reino universal y directo de Dios, mientras que "en la tierra" se refiere al reino actual, en el cual solamente sus santos son sus súbditos en el sentido más pleno.

Desde el principio de la creación Dios quiso que la tierra estuviera gobernada por instrumentos humanos en nombre de Él. Después que todo había sido creado, a excepción de la humanidad, "dijo Dios: Hagamos al hombre a nuestra imagen, conforme a nuestra semejanza; y señoree en los peces del mar, en las aves de los cielos, en las bestias, en toda la tierra, y en todo animal que se arrastra sobre la tierra" (Gn. 1:26). Cuando Satanás logró hacer que Adán y Eva participaran en la rebelión que había comenzado en el cielo, se convirtió en el gobernante y príncipe temporal de la tierra (Jn. 12:31; 14:30; 16:11). Sin embargo, al igual que Absalón, él es un usurpador y su gobierno no solo es ilegítimo, sino que está condenado a terminar.

Incluso después de la caída, Dios conservó cierto dominio sobre la tierra a través de mediadores humanos, y desde ese tiempo toda persona que ha confiado en Él ha sido un canal para expresar la voluntad y el poder de Dios en la tierra. Abel, Set, Noé, Abraham, Sara, Isaac, Rebeca, Jacob, Raquel, José, Moisés, David e innumerables otros mediaron el gobierno de Dios en la tierra. Por medio de individuos selectos Dios entregó su santa Palabra, la cual fue escrita para que todos los hombres conocieran y obedecieran la verdad. En esa Palabra Dios reveló su naturaleza, su voluntad, su moral, y sus normas espirituales para la humanidad, así como sus promesas de redención y restauración. Él llamó a un pueblo especial, la nación de Israel, a ser "un reino de sacerdotes, y gente santa" (Éx. 19:6) delante del mundo, a ser anunciadores del Hijo de Dios como "luz de las naciones, para que seas mi salvación hasta lo postrero de la tierra" (Is. 49:6). Él levantó profetas, sacerdotes y reyes a fin de dar un liderazgo especial en su nombre.

Cuando el Hijo de Dios se encarnó fue el único Mediador de Dios, el instrumento divino/humano de gobierno, quien en su propio derecho mereció establecer el reino terrenal de Dios y reinar en él. Cuando el Hijo fue rechazado, Dios siguió gobernando por medio de quienes pertenecen a Cristo, que ahora están fortalecidos interiormente por el propio Espíritu Santo que mora en ellos. Desde Pentecostés hasta el día de hoy y hasta el regreso de Cristo, los cristianos son los gobernantes mediadores de Dios en la tierra.

Incluso durante la tribulación Dios levantará ciento cuarenta y cuatro mil creyentes fieles de entre las doce tribus de Israel, y una cantidad innumerable de gentiles, "una gran multitud, la cual nadie podía contar, de todas las naciones y tribus y pueblos y lenguas", también se convertirán y estarán "delante del trono y en la presencia del Cordero, vestidos de ropas blancas" Ap. 7:4, 9).

A lo largo de su historia el reino mediador ha atraído a ciudadanos verdaderos y falsos; y seguirá haciéndolo hasta su final. No entender esa verdad ha causado incalculable confusión en interpretar muchos pasajes bíblicos. Entre otras cosas, ha ocasionado que muchos cristianos sinceros crean que la salvación puede perderse.

Un estudio cuidadoso de las Escrituras muestra que aunque los verdaderos súbditos del reino de Dios son solo aquellos que le pertenecen por fe salvadora, solo Dios puede distinguir de manera infalible a los ciudadanos auténticos de los falsos. El pueblo escogido de Dios, Israel, siempre estuvo compuesto de los verdaderos y los falsos. Jesús habló de ciertos "hijos del reino" que "serán echados a las tinieblas de afuera; allí será el lloro y el crujir de dientes" (Mt. 8:12). Es obvio que tales "hijos del reino" no eran verdaderos súbditos del Rey. Según Jesús deja claro en su explicación de la parábola del trigo y la cizaña, desde la perspectiva humana los verdaderos hijos del reino y los hijos del diablo a menudo no son fáciles de distinguir (Mt. 13:38). En la ilustración de la vid y los pámpanos, Jesús ejemplifica la verdad de que muchos pámpanos que parecen pertenecer a la vid en realidad no le pertenecen. Él hablo incluso de pámpanos falsos que están "en mí", pero que serán arrancados, se secarán, y serán echados al fuego y arderán (Jn. 15:2, 6). Las personas representadas por esas ramas estériles se identificaron de manera íntima pero superficial con Cristo. Los "hijos del reino" condenados nunca forman parte del reino espiritual de Dios, y los "pámpanos" que no llevan fruto tampoco forman parte de Cristo. Solo parecen serlo desde el punto de vista imperfecto del hombre.

Pablo afirma: "No todos los que descienden de Israel son israelitas, ni por ser descendientes de Abraham, son todos hijos" (Ro. 9:6-7). Según el apóstol había declarado antes en la misma carta, solo "es judío el que lo es en lo interior" (2:29). Sin embargo, en la Biblia términos tales como *Israel, pueblo de Dios,* y *discípulos* se usan a menudo en maneras que incluyen creyentes tanto nominales como auténticos.

Los evangelios hablan frecuentemente de los doce discípulos, o apóstoles, un grupo que incluía a Judas, un incrédulo traidor. A lo largo de su historia, la Iglesia visible siempre ha incluido adherentes que no han confiado en Cristo, y que por consiguiente no le pertenecen y no forman parte de su cuerpo espiritual.

Incluso durante el milenio, cuando de modo perfecto y directo Cristo gobierne su reino en la tierra, habrá ciudadanos desleales del reino. Es de entre esos falsos súbditos que Satanás reunirá su ejército rebelde en un último intento vano por derrotar a Cristo (Ap. 20:7-8).

El reino universal de Dios sobre el cielo y la tierra no tiene condiciones. Existir significa estar en ese reino. No obstante, estar en su reino de mediación requiere identidad intencional con Él. Para el ciudadano falso la identidad es hipócrita y superficial. Para el ciudadano auténtico la identidad es genuina y se basa en arrepentimiento, fe en Cristo, y la nueva vida que produce la fe en Él (Mr. 1:15).

Cuando Cristo regrese físicamente a la tierra, su gobierno indirecto en el reino de mediación se convertirá en su gobierno directo en el reino milenial y luego en el reino eterno de los cielos nuevos y la tierra nueva.

El reino de Dios y la Iglesia son distintos en que el reino precedió a la Iglesia y continuará eternamente después que la Iglesia como tal haya dejado de existir. Pero durante el actual período de mediación, llamado a menudo la era de la Iglesia, el reino y la Iglesia son idénticos. Esa verdad es parte del "misterio que en otras generaciones no se dio a conocer a los hijos de los hombres, como ahora es revelado a sus santos apóstoles y profetas por el Espíritu: que los gentiles son coherederos y miembros del mismo cuerpo, y copartícipes de la promesa en Cristo Jesús por medio del evangelio" (Ef. 3:5-6).

Ampliando la verdad de que daba sus parábolas para revelar y ocultar, Jesús siguió diciendo: **Porque a cualquiera que tiene, se le dará, y tendrá más; pero al que no tiene, aun lo que tiene le será quitado.**

A cualquiera se refiere a todos los que creen, aquellos a quienes soberanamente se les ha dado el regalo de la vida eterna, recibida al confiar en Jesucristo. Se trata de los verdaderos ciudadanos del reino que han recibido al Rey. Y a quien acepta y **tiene** la salvación de parte de Dios, **se le dará** más. La persona que acepta la Luz verdadera (Jn. 1:9) recibirá aún más luz a medida que crece en obediencia y madurez en el Señor. El creyente que vive según la luz que tiene en Cristo recibirá continuamente **más** y **más** luz.

Pero el destino del incrédulo es exactamente lo contrario. A causa de su incredulidad **no tiene** salvación, y por tanto **aun** la luz de la verdad de Dios **que tiene le será** quitada. Muchos miles de personas oyeron enseñar a Jesús y lo vieron realizar señales milagrosas como prueba de su condición mesiánica divina, pero la mayoría no lo reconocieron como Señor ni lo recibieron como Salvador. Fueron expuestos al Dios encarnado, y sin embargo lo rechazaron, ya sea por oposición directa o por descuido indiferente. Le dijeron no al Rey, y puesto que no quisieron recibir la luz divina que brilló sobre ellos irán cada vez más a la deriva dentro de las tinieblas espirituales.

Hasta el día de hoy no hay en el planeta gente más desorientada religiosamente que los judíos. Fueron llamados a ser el pueblo de Dios y a recibir sus promesas, sus pactos, sus leyes, y sus incalculables bendiciones. Incluso les fue enviado el Hijo unigénito de Dios como alguien de su propio pueblo, para enseñarles, sanarlos, consolarlos, redimirlos y liberarlos, pero no le permitieron que reinara sobre ellos (Lc. 19:14). Debido a que rechazaron la Luz perfecta de Dios se les apagó incluso la luz que tenían, y todo en su religión perdió su verdadero significado. El templo fue destruido por los romanos en el año 70 d.C., lo que acabó con el sacerdocio y los sacrificios. Los requisitos ceremoniales y expiatorios del pacto que tuvieron con Dios ya no podían ser satisfechos; pero desde ese tiempo los judíos han continuado con varios aspectos de su religión antigua, sin profetas, sacerdotes, reyes, templo o sacrificios. Incluso los que se hacen llamar ortodoxos creen y practican solo una pequeña parte de lo que sus propias Escrituras enseñan y ordenan. Las ramas conservadoras y reformadas del judaísmo creen y practican aún menos. La mayoría de judíos ni siquiera trata de comprender la mayor parte del Antiguo Testamento. Lo único que les quedó es una tradición no religiosa.

Espiritualmente todos los seres humanos progresan o retroceden. Nadie permanece estático en su relación con Dios. Entre más tiempo una persona conozca a Cristo y le sea fiel, más fiel es su Señor en revelarle su verdad y poder. Mientras más rechace una persona el conocimiento que tenga de Dios, sea mucho o poco, menos comprenderá la verdad de Dios. El rechazo humano deliberado lleva a rechazo judicial divino. Cuando un individuo le dice no a Dios, Dios le corresponde con otro no. Dios confirma a los hombres en su obstinación y los ata con sus propias cadenas de incredulidad.

PARA OCULTAR

Por eso les hablo por parábolas: porque viendo no ven, y oyendo no oyen, ni entienden. De manera que se cumple en ellos la profecía de Isaías, que dijo: De oído oiréis, y no entenderéis; y viendo veréis, y no percibiréis. Porque el corazón de este pueblo se ha engrosado, y con los oídos oyen pesadamente, y han cerrado sus ojos; para que no vean con los ojos, y oigan con los oídos, y con el corazón entiendan, y se conviertan, y yo los sane. (13:13-15)

Esos versículos de Isaías 6:9-10 describen perfectamente a los judíos incrédulos del tiempo de Jesús. Isaías escribió durante una época de juicio aplastante sobre Judá. Acababa de pronunciar una serie de maldiciones sobre el pueblo por la embriaguez, el libertinaje, la inmoralidad, la deshonestidad, la injusticia, y la hipocresía que los caracterizaba. Mientras Isaías predicaba su mensaje de condenación el rey Uzías murió (6:1) y la nación se sumió en una de sus épocas más lúgubres. Estaban a punto de ir cautivos a Babilonia como parte del juicio de Dios, pero se negaron a volverse a Él en busca de misericordia y ayuda.

Ahora Jesús les dice que aunque escuchaban, no entendían; y que aunque veían, no percibían, porque habían cerrado intencionalmente **los ojos y los oídos** a Dios, y se negaban a entender **con el corazón, y** volver a Él para que los sanara. Puesto que decidieron hacer caso omiso a Dios y a su Palabra, Él los encerró judicialmente en su incredulidad para que temieran el juicio divino.

El primer cumplimiento de la advertencia de Isaías vino en el juicio del cautiverio babilónico, tal como el profeta prometió. Jesús declaró que el segundo cumplimiento estaba a punto de llevarse a cabo cuando Israel volvió a darle la espalda al Señor y enfrentaba el juicio de siglos de tinieblas y desesperación.

Las parábolas de Jesús eran una forma similar de juicio sobre la incredulidad. Quienes no aceptaran las claras y sencillas enseñanzas que les daba, como las del Sermón del Monte, no solo serían incapaces de entender las enseñanzas más profundas, sino que perderían el beneficio de la enseñanza y el testimonio milagroso que se les había concedido.

El don de lenguas en la iglesia primitiva fue también otra forma de juicio sobre los incrédulos. Al citar Isaías 28:11, Pablo escribió: "En la ley está escrito: En otras lenguas y con otros labios hablaré a este pueblo; y ni aun así me oirán, dice el Señor. Así que, las lenguas son por señal, no a los creyentes, sino a los incrédulos; pero la profecía, no a los incrédulos, sino a los creyentes" (1 Co. 14:21-22). Las lenguas se manifestaron en una forma asombrosa y dramática en el día de Pentecostés, y siguieron manifestándose de vez en cuando durante la era apostólica como una forma de testimonio contra aquellos que se negaban a creer. El Señor entregó primero su verdad a Israel en una enseñanza sencilla y clara; y cuando no le hicieron caso les habló en parábolas, las que sin explicación no eran más que acertijos sin sentido. En última instancia les habló en lenguas ininteligibles que de ninguna manera podían entenderse sin traducción.

PARA REVELAR

Pero bienaventurados vuestros ojos, porque ven; y vuestros oídos, porque oyen. Porque de cierto os digo, que muchos profetas y justos desearon ver lo que veis, y no lo vieron; y oír lo que oís, y no lo oyeron. (13:16-17)

Cuando los hombres optan por creer la Palabra de Dios y confiar en su gracia, Él les concede salvación y cada vez más verdad por la cual andar y adorar. Jesús les dijo a los discípulos: **Bienaventurados vuestros ojos, porque ven; y vuestros oídos, porque oyen.**

Los cristianos pueden entender hasta las cosas más profundas de la Palabra de Dios, porque las tienen escritas en el Nuevo Testamento y están iluminados por el Espíritu Santo que mora en ellos (cp. 1 Co. 2:9-10). Cuando Jesús terminó de explicar las parábolas a sus discípulos y les preguntó: "¿Habéis entendido todas estas cosas?", ellos pudieron contestar con sinceridad: "Sí, Señor" (Mt. 13:51). No es que ellos fueran más inteligentes que los judíos incrédulos. Los escribas y fariseos eran muy educados, y habían estudiado las Escrituras con diligencia desde su juventud. Pero sus ojos estaban enceguecidos a la verdad de la enseñanza de Jesús a causa de su incredulidad. Por otra parte, los **ojos** de los discípulos podían ver, y sus **oídos** podían oír, porque *creyeron*.

Parte del ministerio del Señor fue dar entendimiento de su Palabra a quienes confiaban en Él. En su relato de esta misma ocasión, Marcos nos dice de Jesús que "a sus discípulos en particular les declaraba todo" (4:34). Durante tal vez su última aparición a los discípulos después de la resurrección, Jesús "les abrió el entendimiento, para que comprendiesen las Escrituras" (Lc. 24:45). El salmista estaba consciente de no poder entender la Palabra de Dios en su propio intelecto, así que oró: "Abre mis ojos, y miraré las maravillas de tu ley" (Sal. 119:18).

Ni siquiera a los santos más fieles e iluminados del Antiguo Testamento les fueron dadas las percepciones que los apóstoles y todo creyente desde entonces han tenido el privilegio de disfrutar. Jesús continuó: **Porque de cierto os digo, que muchos profetas y justos desearon ver lo que veis, y no lo vieron; y oír lo que oís, y no lo oyeron.** "Los profetas que profetizaron de la gracia destinada a vosotros, inquirieron y diligentemente indagaron acerca de esta salvación, escudriñando qué persona y qué tiempo indicaba el Espíritu de Cristo que estaba en ellos, el cual anunciaba de antemano los sufrimientos de Cristo, y las glorias que vendrían tras ellos. A éstos se les reveló que no para sí mismos, sino para nosotros, administraban las cosas que ahora os son anunciadas por los que os han predicado el evangelio por el Espíritu Santo enviado del cielo; cosas en las cuales anhelan mirar los ángeles" (1 P. 1:10-12).

Incluso para los creyentes debe haber iluminación divina, que se le promete a todo cristiano que investiga la Palabra de Dios y confía en el Espíritu Santo que mora en su interior (véase 1 Co. 2:9-16; 1 Jn. 2:20, 27). Como cristianos tenemos no solamente la revelación completa de Dios en las Escrituras sino al mismo autor de esas Escrituras viviendo dentro de nosotros para explicar, interpretar y aplicar sus verdades.

El reino y el evangelio. Segunda parte: La interpretación de la parábola 77

Oíd, pues, vosotros la parábola del sembrador: Cuando alguno oye la palabra del reino y no la entiende, viene el malo, y arrebata lo que fue sembrado en su corazón. Este es el que fue sembrado junto al camino. Y el que fue sembrado en pedregales, éste es el que oye la palabra, y al momento la recibe con gozo; pero no tiene raíz en sí, sino que es de corta duración, pues al venir la aflicción o la persecución por causa de la palabra, luego tropieza. El que fue sembrado entre espinos, éste es el que oye la palabra, pero el afán de este siglo y el engaño de las riquezas ahogan la palabra, y se hace infructuosa. Mas el que fue sembrado en buena tierra, éste es el que oye y entiende la palabra, y da fruto; y produce a ciento, a sesenta, y a treinta por uno. (13:18-23)

En privado para los doce y algunos otros seguidores auténticos (v. 10; Mr. 4:10), Jesús comenzó a explicar el significado de **la parábola del sembrador.** Para ellos oír era entender, porque como el Señor les había acabado de decir, la fe que tenían les permitía que sus ojos vieran y sus oídos oyeran lo que los incrédulos no podían ver ni oír (Mt. 13:11-12, 16-17).

Jesús no identifica aquí al **sembrador,** pero en la parábola del trigo y la cizaña manifiesta: "El que siembra la buena semilla es el Hijo del Hombre" (v. 37). En el pasaje actual da por sentado que los discípulos comprenden la identidad de la semilla, que se hace explícita en el relato de Lucas: "La semilla es la palabra de Dios" (8:11; cp. Mr. 4:14). En particular, el **sembrador** siembra **la palabra del reino,** las buenas nuevas de la entrada al reino por gracia mediante la fe.

Por supuesto, en un sentido más amplio cualquier creyente que predica o testifica del evangelio es un **sembrador** que siembra **la palabra** de Cristo en el nombre de su Señor. Por tanto, la parábola se aplica a toda presentación verdadera del evangelio.

El comentarista del siglo XIX William Arnot escribió de los sembradores: "Como cada hoja del bosque y cada onda en el lago, que a su vez reciben un rayo de sol en su seno, pueden volver a lanzar el rayo de sol y así extender la luz alrededor; de igual modo todos, jóvenes o viejos, quienes reciben a Cristo en sus corazones pueden publicar con sus vidas y sus labios ese nombre bendito".

El cristiano más fiel y dedicado es incapaz de crear **la palabra del reino** más de lo que un agricultor o un científico pueden crear la semilla más simple. Así como solo Dios crea semillas que se reproducen, también solo Dios crea **la palabra** del evangelio que lleva la vida de su Hijo a un creyente. La obra de testificar de Cristo no es fabricar un mensaje para crear una semilla sintética, o modificar la semilla dada, sino sembrar la revelación de Dios al proclamarla exactamente como Él la ha dado. El poder de la nueva vida espiritual está en **la palabra,** así como el poder de plantar vida está en la semilla. Las semillas en la parábola son todas de la misma naturaleza, sembradas de la misma bolsa por parte del mismo sembrador. Las únicas variables están en lo que sucede a esas semillas cuando son sembradas en los diferentes tipos de tierra.

La Biblia es **la palabra** escrita, pero Jesucristo es **la palabra** viva que da vida. Por así decirlo, la Biblia es la cáscara y Jesús es el núcleo. Él le dijo a un grupo de dirigentes judíos incrédulos en Jerusalén: "Escudriñad las Escrituras; porque a vosotros os parece que en ellas tenéis la vida eterna; y ellas son las que dan testimonio de mí" (Jn. 5:39).

La parábola del sembrador gira alrededor de la proclamación del evangelio de salvación, anunciando **la palabra** acerca del Rey y su **reino.** Pero la enseñanza principal tiene que ver con los suelos del corazón en que la verdad de esa **palabra** cae cuando se predica. Jesús menciona cuatro suelos diferentes en los cuales la semilla cae al ser plantada, y representan cuatro tipos de corazones que oyen el evangelio.

Los suelos son básicamente los mismos: tierra que al tener las condiciones adecuadas puede soportar el crecimiento de cultivos. Aunque todo corazón humano es naturalmente pecador y hostil hacia Dios (Ro. 8:7; Ef. 2:15-16), todo corazón humano también puede ser redimido. No existe tal cosa como un corazón naturalmente irredimible. Si una persona no es salva se debe a que no quiere ser salva. Jesús declaró de manera categórica: "Al que a mí viene, no le echo fuera" (Jn. 6:37). Toda persona *puede* recibir la semilla del evangelio y participar de su vida si cree. Las diferencias en los suelos, y en los corazones a los cuales corresponden, no están en su composición sino en su condición.

Jesús estaba preparando a los apóstoles, y a todo proclamador del evangelio, para que entendieran los cuatro tipos básicos de oyentes que habrían de encontrar: el que no responde, el superficial, el mundano y el receptivo.

EL OYENTE QUE NO RESPONDE

Cuando alguno oye la palabra del reino y no la entiende, viene el malo, y arrebata lo que fue sembrado en su corazón. Este es el que fue sembrado junto al camino. (13:19)

La tierra apisonada al lado del camino (v. 4) representa al individuo que **oye la palabra del reino y no la entiende.** El motivo de que **no la** entienda no se debe a alguna deficiencia en el mensaje sino a la propia dureza del corazón del hombre. Él es aquel a quien el Antiguo Testamento se refiere a menudo como de dura cerviz. No le preocupan las cosas de Dios, y es totalmente indiferente a todo lo espiritual. La palabra no penetra en su mente o corazón. No presta al evangelio la menor consideración, creyendo que es una locura total. Se ha resistido de manera tan continua y constante a todo lo que huele a espiritualidad, que el suelo de su corazón se ha endurecido hasta volverse impenetrable e insensible.

Al no poder penetrar, la semilla de la Palabra de Dios queda totalmente expuesta al enemigo del alma, y **viene el malo, y arrebata lo que fue sembrado en el corazón** del individuo. La falta de arrepentimiento o de cualquier sensación de culpa y vergüenza lo separa de la ayuda de Dios y lo deja totalmente expuesto al ataque de Satanás. **Su corazón** nunca se ha suavizado por el arrepentimiento, no se ha quebrantado por la convicción de pecado, y nunca cultivó el más mínimo deseo por algo bueno, puro y santo.

Dicho sujeto es el necio que odia la sabiduría y la enseñanza (Pr. 1:7), y que afirma que no hay Dios (Sal. 14:1). Es autosuficiente y engreído, y a menudo se cree muy justo y bueno. En tal individuo el evangelio no tiene efecto por estar velado a determinados incrédulos, "en los cuales el dios de este siglo [les] cegó el entendimiento… para que no les resplandezca la luz del evangelio de la gloria de Cristo, el cual es la imagen de Dios" (2 Co. 4:4).

El malo utiliza muchos medios cuando **arrebata lo que fue sembrado.** Lucas agrega que algunas semillas fueron pisoteadas bajo los pies de los que transitaban por el duro sendero (8:5; cp. He. 10:29). Satanás usa falsos maestros que promueven mentiras espirituales y contradicen la verdad de Dios. Utiliza el miedo a lo que otras personas podrían pensar acerca de que alguien se convierta en cristiano. Satanás utiliza constantemente el orgullo para cegar a la gente a su condición pecadora y su necesidad de salvación. Les hace creer que no son realmente malos, o que si deben mejorar pueden hacerlo por sí mismos. El diablo usa la duda, el prejuicio, la terquedad, la dilación, el amor por el mundo, el amor por el pecado, y toda combinación de tales estratagemas.

EL OYENTE SUPERFICIAL

Y el que fue sembrado en pedregales, éste es el que oye la palabra, y al momento la recibe con gozo; pero no tiene raíz en sí, sino que es de corta duración, pues al venir la aflicción o la persecución por causa de la palabra, luego tropieza. (13:20-21)

La segunda parcela de tierra cubre **pedregales** y no tiene profundidad. Este suelo representa al individuo **que oye la palabra, y al momento la recibe con gozo.** Por su rápida respuesta al evangelio parecería que ha estado esperando ansiosamente escucharlo y no puede aprovecharlo suficientemente pronto. En contraste con la persona con corazón endurecido que no responde, éste individuo no ofrece resistencia en absoluto, sino que más bien manifiesta entusiasmo emocional en su respuesta al mensaje.

A veces la aceptación superficial del evangelio es animada por una evangelización superficial que ofrece las bendiciones de la salvación pero oculta los costos, tales como el arrepentimiento del pecado, morir al yo, y volverse de la vida antigua. Cuando a las personas se les anima a recorrer el pasillo de un templo, levantar la mano, o firmar una tarjeta sin aceptar las exigencias completas de Cristo, corren el gran peligro de llegar a estar más lejos de Cristo de lo que estaban antes de oír el mensaje. Podrían incluso aislarse de la verdadera salvación mediante una falsa profesión de fe.

En cualquier caso, el convertido superficial acepta el mensaje de salvación con brazos abiertos y **con gozo** y entusiasmo. No tiene más que halagos acerca del evangelio, el predicador, la iglesia y el Señor. Se encuentra en una cima emocional,

en un estado de gran euforia. Está seguro de haber encontrado la respuesta a sus necesidades sentidas. Ha sido aceptado con aquellos que creen, y le cuesta esperar para hablar con todo el mundo acerca del nuevo significado, el nuevo propósito, y la nueva felicidad en su vida.

Debido a que su respuesta emocional al evangelio es tan inmediata y positiva, este tipo de convertido se destaca por sobre casi todos los demás. A menudo es más elocuente en hablar de su experiencia, e incluso podría ser celoso en asistir por un tiempo a la iglesia, al estudio bíblico y a la oración.

Pero debido a que el suelo de su corazón es superficial, **no tiene raíz en sí.** El evangelio provoca una reacción positiva inmediata pero que **es de corta duración,** y todo el cambio es superficial, y no nace en las profundidades de su corazón. Sus sentimientos fueron cambiados, pero no su alma. La **palabra** de Dios que vivifica no puede echar raíces porque justo debajo de la superficie del corazón hay una base rocosa que incluso es más difícil de penetrar que la tierra al lado del camino. No hay arrepentimiento, remordimiento por el pecado, reconocimiento de la condición perdida, contrición, ni quebrantamiento. Y además no hay humildad, que es la primera característica de la verdadera conversión (Mt. 5:3).

Cuando esta persona oye el evangelio, le produce una experiencia religiosa pero no le da salvación, evidenciado porque **al venir la aflicción o la persecución por causa de la palabra, luego tropieza.** La verdad del evangelio no ha penetrado su corazón sino tan solo el borde de su mente, y por tanto renuncia a él con tanta rapidez como lo recibió. Ha venido a Cristo por lo que creía que podía conseguir en forma de beneficio personal, pero cuando es confrontado con el alto costo de la salvación, no está dispuesto a pagar el precio. Ha construido su casa religiosa sobre la arena de la experiencia emocional, y cuando las tormentas de **la aflicción o la persecución** golpean contra su casa, esta se derrumba y es arrastrada por la corriente (Mt. 7:26-27). Este hombre tiene la frondosidad de la experiencia religiosa, pero no tiene raíz en la realidad espiritual, y por consiguiente no puede producir fruto espiritual, el cual, según Jesús sigue diciendo (13:22-23), es la única evidencia confiable de una conversión verdadera.

El tropiezo llega **luego** de **la aflicción y la persecución por causa de la palabra,** pero puede venir muchos años antes que llegue esa grave prueba. El creyente superficial puede bautizarse, servir en la iglesia, y según parece actuar como un miembro modelo por mucho tiempo. Pero la prueba que finalmente llegará pondrá al descubierto su falta de vida.

La aflicción y la persecución de las que Jesús está hablando no tienen que ver con las dificultades y problemas comunes de la vida, sino específicamente con tribulaciones que resultan **por causa de la palabra.** Cuando el costo del discipulado se vuelve demasiado alto, esta persona **tropieza** y se pierde para la iglesia visible exactamente como siempre estuvo perdida para lo espiritual.

Tropieza viene de *skandalizō*, que significa dar un paso en falso o caer, y es el término del cual obtenemos *escandalizar*. En ocasiones se traduce con la idea de ofenderse, como en la versión de la Reina-Valera Antigua de este versículo. Todos los demás significados son apropiados aquí, porque el cristiano superficial se escandaliza, se ofende, trastabilla y **tropieza** cuando su fe es puesta a prueba (cp. Jn. 8:31; 1 Jn. 2:19).

Cuando amigos, familia, compañeros de estudio o de trabajo, o empleados empiezan a criticarlo por su fe, o lo presionan a transigir o incluso a renunciar, no puede resistir. Se avergüenza del evangelio y de Aquel que había proclamado con tanto gozo como Señor. Debido a que la profesión de fe que hizo no tenía convicción o sinceridad, nunca experimentó el nuevo nacimiento y la nueva vida que Cristo ofrece, y su fe no auténtica pronto se marchita.

William Arnot tiene una vez más un comentario útil: "Si la ley de Dios nunca le desgarró el 'corazón de piedra' ni se lo puso 'contrito', es decir reducido a moretones, al recibir el evangelio en alguna suavidad temporal y superficial de naturaleza, usted podría obtener su religión fe manera más fácil y rápida que otras personas que han sido más profundamente ejercitadas; pero tal vez es probable que no pueda mantener firme esa fe o retenerla por mucho tiempo… El que persevera hasta el fin, este será salvo, pero no así el que tropieza a medio camino".

Si la profesión de Cristo que una persona hace no involucra una profunda convicción de pecado, una auténtica sensación de estar perdida, un fuerte deseo de que el Señor la limpie y la purifique, una gran hambre y sed de justicia, y un amor por su Palabra, junto con una auténtica disposición de sufrir por el nombre de Cristo, no hay raíz para su vida espiritual, y será solo cuestión de tiempo antes que su casa religiosa se derrumbe.

Sin embargo, es alentador que la misma persecución que hace marchitar al falso creyente hará más fuerte al verdadero creyente. "Todos los que quieren vivir piadosamente en Cristo Jesús padecerán persecución" (2 Ti. 3:12); no obstante, Pedro nos asegura: "El Dios de toda gracia, que nos llamó a su gloria eterna en Jesucristo, después que hayáis padecido un poco de tiempo, él mismo os perfeccione, afirme, fortalezca y establezca" (1 P. 5:10).

EL OYENTE MUNDANO

El que fue sembrado entre espinos, éste es el que oye la palabra, pero el afán de este siglo y el engaño de las riquezas ahogan la palabra, y se hace infructuosa. (13:22)

La tercera parcela de tierra está infestada con **espinos,** y representa al individuo **que oye la palabra,** pero es demasiado mundano para que esta eche raíces y crezca en su corazón. Este individuo **oye la palabra** del evangelio y puede hacer una profesión simbólica de fe. Pero su primer amor es por las cosas del mundo, y su **afán** o preocupación por esas cosas lo ciega a la importancia del evangelio o de cualquier otra cosa espiritual y eterna. Ama **las riquezas** y vive como si estas fueran la respuesta a todos sus deseos y necesidades, sin que sea consciente del **engaño** que traen ni de la total incapacidad para satisfacer el corazón o para producir felicidad perdurable. Tampoco es consciente de que su mundanalidad ahoga **la palabra,** porque tiene su atención puesta en **las riquezas,** las posesiones, el prestigio, la posición y otras cosas que ofrece el mundo. Ni siquiera se da cuenta de que ha perdido el conocimiento de **la palabra** que una vez tuvo, o que su vida espiritual se **hace** totalmente **infructuosa** porque no tiene verdadero interés en tales asuntos.

Hay pocos obstáculos más grandes al evangelio que el amor a **las riquezas** y al mundo en general. Pablo advierte que "raíz de todos los males es el amor al dinero, el cual codiciando algunos, se extraviaron de la fe, y fueron traspasados de muchos dolores" (1 Ti. 6:10). Y Juan advierte: "No améis al mundo, ni las cosas que están en el mundo. Si alguno ama al mundo, el amor del Padre no está en él. Porque todo lo que hay en el mundo, los deseos de la carne, los deseos de los ojos, y la vanagloria de la vida, no proviene del Padre, sino del mundo" (1 Jn. 2:15-16).

Hace algunos años el Departamento de Agricultura de Estados Unidos desarrolló un tratamiento del suelo que contiene 6 por ciento de alcohol etílico. Según los informes, cuando a un campo se le aplica la solución en la cantidad apropiada, eso hace que todas las malas hierbas broten y crezcan de manera vigorosa. Una vez crecidas, las malezas pueden ser arrancadas mecánicamente antes que tengan la oportunidad de desarrollar semillas. El campo queda prácticamente libre de malas hierbas hasta por un máximo de cinco años.

Eso es parecido a una imagen de la verdadera conversión. La limpieza de Cristo es total y profunda. La predicación de la ley de Dios hace florecer al pecado (cp. Ro. 7:7-12), y en la salvación Él retira todas las malezas del pecado a fin de limpiar el campo del corazón y prepararlo para la semilla pura de su Palabra. El pecado posterior requiere limpieza posterior; y cuando ese pecado también se confiesa, Cristo es "fiel y justo para perdonar" (1 Jn. 1:9). El deseo del Señor es mantener a su pueblo libre de pecado en todo momento.

Un creyente profeso a quien no le preocupa el pecado en su vida, y quien no odia la maldad ni ama la justicia ofrece fuerte evidencia de que el terreno de su corazón está lleno de malas hierbas. Con el tiempo descubrirá que su amor por el mundo y su identificación con **la palabra** de Cristo no pueden coexistir. Si su fe es auténtica, abandonará el mundo; si no lo es, su pecado ahogará el conocimiento de **la palabra** que esa persona tiene.

Aquel que llega a la iglesia pero no se compromete en servir, que está continuamente preocupado por el dinero, la profesión, la moda, los deportes, y todo lo demás menos por la obra del Señor, es alguien con un corazón infestado de malezas. Aquel que afirma amar a Cristo pero no puede permanecer fiel en el matrimonio tiene un corazón lleno de malas hierbas. El individuo que se niega a hacer a un lado su mundanalidad es alguien en quien la semilla del evangelio salvador de Dios no ha desarrollado raíces y está en peligro de ser ahogado por completo.

EL OYENTE RECEPTIVO

Mas el que fue sembrado en buena tierra, éste es el que oye y entiende la palabra, y da fruto; y produce a ciento, a sesenta, y a treinta por uno. (13:23)

La cuarta parcela de tierra **que fue sembrado** es la **buena tierra.** Es **buena** no porque tenga una composición básica diferente a los otros terrenos sino porque está correctamente preparada. Debido a que su corazón está preparado por el Espíritu y es receptivo a Dios (cp. Jn. 16:8-11), el individuo que representa esta tierra **oye y entiende la palabra.** Antes de la salvación, aquel que recibe a Cristo tenía la misma naturaleza básica de quienes lo rechazaron; y no necesariamente es menos pecador o más perceptivo que los otros. La persona que es salva puede haber vivido de manera libertina y en total maldad, mientras que muchos que no creen humanamente son morales y respetables. Una persona que es salva puede tener poca educación y un coeficiente intelectual bajo, mientras que muchos que no creen pueden ser sumamente inteligentes y preparados.

La única barrera para la salvación es la incredulidad, y todo aquel que está dispuesto a aceptar a Jesucristo bajo las condiciones de Él se convierte en **buena tierra. Oye la palabra** del evangelio porque Dios honra la humildad y abre los oídos espirituales de ese individuo; **y entiende** el evangelio porque Dios le honra la fe y le abre la mente espiritual y el corazón.

Jesús habló de esta clase de oyente a fin de animar a sus discípulos y a todos los demás creyentes que testifican en su nombre. A pesar de la dureza, la superficialidad, la mundanalidad de la mayoría de corazones humanos, *siempre* hay aquellos que son **buena tierra,** en la cual el evangelio puede echar raíces y florecer. Siempre habrá personas a quienes el Espíritu ha preparado para recibir **la palabra** con corazones sinceros y entregados.

La característica definitiva del verdadero creyente, la **buena tierra**, es que es fructífero. No solo **oye y entiende**, sino que también **da fruto.** El **fruto** espiritual es el producto inevitable de la vida espiritual.

El fruto espiritual de la actitud lo describe Pablo en Gálatas 5:22-23: "Amor, gozo, paz, paciencia, benignidad, bondad, fe, mansedumbre, templanza". El verdadero creyente también lleva fruto de comportamiento, al cual Pablo se refiere como "frutos de justicia que son por medio de Jesucristo, para gloria y alabanza de Dios" (Fil. 1:11). Fruto es la realidad espiritual que Dios produce en las vidas de sus hijos. La vida del creyente llena del Espíritu "lleva fruto y crece" constantemente (Col. 1:6).

El salmista se alegró del creyente que se deleita en la Palabra de Dios y medita en ella de día y de noche diciendo que es "como árbol plantado junto a corrientes de aguas, que da su fruto en su tiempo, y su hoja no cae; y todo lo que hace, prosperará" (Sal. 1:2-3). Jesús declaró que las ramas verdaderas y falsas (aquellas personas que están auténticamente relacionadas con Él y las que solo parecen estarlo) se distinguen porque llevan fruto o porque no lo llevan (Jn. 15:2-5). No somos salvos *por* llevar fruto o por cualquier obra buena, pues no podemos llevar fruto espiritual o hacer cualquier obra realmente buena hasta que somos salvos. Sin embargo, somos salvos *para* llevar fruto. Pablo afirma que "somos hechura [de Dios], creados en Cristo Jesús para buenas obras, las cuales Dios preparó de antemano para que anduviésemos en ellas" (Ef. 2:10).

Jesús no solo nos asegura que los verdaderos creyentes llevan fruto, sino que lo llevan en gran abundancia: **a ciento, a sesenta, y a treinta por uno.** Esas cantidades representan réditos fenomenales de 10.000 por ciento, 6.000 por ciento y 3.000 por ciento. Los creyentes difieren en cuánto fruto dan porque difieren en el compromiso a la obediencia, pero todos son profusamente fructíferos.

Según se mencionó antes (en el v. 8), la proporción promedio de los campos de cereales en Palestina era menor de ocho a uno. Por tanto, hasta el menos productivo de **treinta por uno** era casi cuatro veces más que el promedio. No es que un creyente produzca cien, sesenta o treinta veces la cantidad de fruto que produce un incrédulo, porque un incrédulo no puede producir absolutamente ningún fruto espiritual. Jesús simplemente utilizó estas cifras para representar la gran productividad que concede a la proclamación fiel de su Palabra. Ese es el planteamiento de toda la parábola: *Los verdaderos creyentes producen fruto.*

Jesús les está diciendo a sus testigos: "Vayan, prediquen y dense cuenta de que a medida que lo hacen algunos rechazarán de plano su mensaje. Puesto que no quieren saber nada de Dios, Satanás no permitirá que el evangelio tenga algún efecto en absoluto sobre ellos. Otros parecerán aceptarlo con gusto pero pronto tropezarán, porque solo tuvieron una experiencia religiosa superficial y no nacieron de nuevo. Estos son los que viven por la carne, cuyas vidas están controladas por la emoción, las sensaciones, y el sentimiento. Otros más parecerán aceptar el evangelio al mismo tiempo que se aferran a la antigua vida y sus caminos; y su fe también probará ser vana y al final desaparecerá cuando sea ahogada por el mundo. Sin embargo, otros creerán realmente. En humildad confesarán sus pecados y se arrepentirán de ellos, buscarán ayuda en mí y recibirán nueva vida. Ustedes distinguirán a estos verdaderos creyentes de los otros por la evidencia del fruto que dan en sus vidas".

Jesús también está diciendo a sus testigos que no deben desanimarse. Solo Dios puede arar el corazón duro y resistente. En su voluntad soberana concede profundidad al corazón superficial y limpieza al corazón abarrotado. El Señor garantiza que sus testigos fieles producirán fruto y que lo harán de manera abundante. Es imposible que el sembrador fiel de la Palabra tropiece, porque el Señor de la cosecha no lo permitirá. Por tanto, anticipemos respuestas buenas y malas. ¡Qué perspectiva maravillosamente útil para aquellos que siembran!

El Señor está enseñando a su pueblo que todo el que le pertenece puede y debe ser un testigo para Él. La responsabilidad de quien siembra el evangelio en su nombre no es producir la semilla, el terreno, o el fruto. Su única responsabilidad es esparcir fielmente la semilla lo más extensamente posible. Cuando caen en buena tierra, las semillas que un niño pequeño lanza por doquier mientras sigue a su padre por el campo producirán plantas fructíferas tan auténticas y productivas como las que planta el experimentado padre. Y el cristiano sin preparación que esparce fielmente sus pocas semillas producirá una cosecha mayor que la mayoría de creyentes cultos y experimentados que no se molestan en sembrar en absoluto.

A aquellos que están considerando las afirmaciones de Jesús, o que han tomado una decisión superficial por Él, les hace un llamado a pensar en el tipo de tierra que sus corazones representan. Si están endurecidos y derribados por rechazar continuamente a Dios, o tal vez incluso por oposición consciente, Jesús los llama a que permitan que el Espíritu les haga añicos el suelo, y lo vuelva receptivo a la Palabra de Dios. Si la tierra del corazón es superficial, Él les pide a esas personas que le permitan al Espíritu quitar la resistencia rocosa que yace debajo de la superficie de su aparente aceptación del evangelio y darles verdadera fe. Si la tierra del corazón está infestada con las malas hierbas de los afanes y las preocupaciones del mundo, Él les pide a esas personas que permitan que el Espíritu las limpie de su mundanalidad para que reciban a Cristo sin ninguna reserva ni lealtades en competencia.

El reino y el mundo

78

Les refirió otra parábola, diciendo: El reino de los cielos es semejante a un hombre que sembró buena semilla en su campo; pero mientras dormían los hombres, vino su enemigo y sembró cizaña entre el trigo, y se fue. Y cuando salió la hierba y dio fruto, entonces apareció también la cizaña. Vinieron entonces los siervos del padre de familia y le dijeron: Señor, ¿no sembraste buena semilla en tu campo? ¿De dónde, pues, tiene cizaña? Él les dijo: Un enemigo ha hecho esto. Y los siervos le dijeron: ¿Quieres, pues, que vayamos y la arranquemos? Él les dijo: No, no sea que al arrancar la cizaña, arranquéis también con ella el trigo. Dejad crecer juntamente lo uno y lo otro hasta la siega; y al tiempo de la siega yo diré a los segadores: Recoged primero la cizaña, y atadla en manojos para quemarla; pero recoged el trigo en mi granero. Otra parábola les refirió, diciendo: El reino de los cielos es semejante al grano de mostaza, que un hombre tomó y sembró en su campo; el cual a la verdad es la más pequeña de todas las semillas; pero cuando ha crecido, es la mayor de las hortalizas, y se hace árbol, de tal manera que vienen las aves del cielo y hacen nidos en sus ramas. Otra parábola les dijo: El reino de los cielos es semejante a la levadura que tomó una mujer, y escondió en tres medidas de harina, hasta que todo fue leudado. Todo esto habló Jesús por parábolas a la gente, y sin parábolas no les hablaba; para que se cumpliese lo dicho por el profeta, cuando dijo: Abriré en parábolas mi boca; declararé cosas escondidas desde la fundación del mundo. Entonces, despedida la gente, entró Jesús en la casa; y acercándose a él sus discípulos, le dijeron: Explícanos la parábola de la cizaña del campo. Respondiendo él, les dijo: El que siembra la buena semilla es el Hijo del Hombre. El campo es el mundo; la buena semilla son los hijos del reino, y la cizaña son los hijos del malo. El enemigo que la sembró es el diablo; la siega es el fin del siglo; y los segadores son los ángeles. De manera que como se arranca la cizaña, y se quema en el fuego, así será en el fin de este siglo. Enviará el Hijo del Hombre a sus ángeles, y recogerán de su reino a todos los que sirven de tropiezo, y a los que hacen iniquidad, y los echarán en el horno de fuego; allí será el lloro y el crujir de dientes. Entonces los justos resplandecerán como el sol en el reino de su Padre. El que tiene oídos para oír, oiga. (13:24-43)

En la primera de las ocho parábolas en Mateo 13, Jesús explicó los cuatro tipos de respuestas —tres negativas y una positiva— que las personas darían al evangelio durante la forma misteriosa del reino de los cielos que es la era de la Iglesia, el período entre la primera venida de Jesús y la segunda (vv. 3-8, 18-23), así como a través del milenio. En la segunda parábola el Señor explica lo que sucede a los incrédulos durante estos períodos del reino.

LA PARÁBOLA DEL TRIGO Y LA CIZAÑA

Les refirió otra parábola, diciendo: El reino de los cielos es semejante a un hombre que sembró buena semilla en su campo; pero mientras dormían los hombres, vino su enemigo y sembró cizaña entre el trigo, y se fue. Y cuando salió la hierba y dio fruto, entonces apareció también la cizaña. Vinieron entonces los siervos del padre de familia y le dijeron: Señor, ¿no sembraste buena semilla en tu campo? ¿De dónde, pues, tiene cizaña? Él les dijo: Un enemigo ha hecho esto. Y los siervos le dijeron: ¿Quieres, pues, que vayamos y la arranquemos? Él les dijo: No, no sea que al arrancar la cizaña, arranquéis también con ella el trigo. Dejad crecer juntamente lo uno y lo otro hasta la siega; y al tiempo de la siega yo diré a los segadores: Recoged primero la cizaña, y atadla en manojos para quemarla; pero recoged el trigo en mi granero. (13:24-30)

Esta **parábola** también utiliza la figura de un agricultor que siembra semilla en su campo; pero aquí el énfasis no está en lo que sucede a la **buena semilla** (como en la primera parábola) sino más bien en lo que ocurre a la mala semilla que **vino su enemigo y sembró** junto a la buena semilla.

Esta **buena semilla** se supone que cae en tierra fértil, echa raíz y crece hasta convertirse en cereal sano y productivo, identificado aquí como **trigo**. El **hombre que sembró buena semilla** es el padre de familia (v. 27) que está plantando **en su campo**.

La frase **mientras dormían los hombres** no implica negligencia o pereza, sino que simplemente se refiere a la noche, cuando el granjero y sus **hombres** estaban en casa durmiendo y, por tanto. eran ajenos a lo que sucedía en el campo recién plantado. **Mientras dormían, vino** el **enemigo** del dueño **y sembró cizaña entre el trigo, y se fue.**

Cizaña viene de *zizanion,* una variedad de hierbajos que se asemejan mucho al **trigo,** y que es casi imposible distinguir de este hasta que el **trigo** madura y lleva **fruto.** Debido a este parecido, sembrar **cizaña entre el trigo** se hacía a veces en tiempos antiguos por despecho o venganza de parte de un **enemigo** que quería destruir o al menos reducir en gran medida el valor de la cosecha de alguien. Se trataba de un delito tan común que los romanos hicieron una ley específica para atajar ese mal.

No fue sino hasta muchas semanas después, **cuando salió** el trigo y **dio fruto,** que **entonces apareció también la cizaña.** Cuando vieron tanta **cizaña** entre el trigo, **los siervos del padre de familia** le preguntaron cómo pudo haber ocurrido esto. Desde luego, no era raro que unas pocas malezas, entre ellas algo de **cizaña,** crecieran entre las plantas buenas, pero la gran cantidad de **cizaña** en este campo hizo evidente que la cosecha fue saboteada de manera intencional. El **padre de familia** explicó lo obvio: **Un enemigo ha hecho esto.**

Dándose cuenta de la gravedad del devastador delito, **los siervos le dijeron** a su amo: **¿Quieres, pues, que vayamos y la arranquemos? No,** contestó, **no sea que al arrancar la cizaña, arranquéis también con ella el trigo.** Los **siervos** estaban preocupados con toda la razón, pues temían que **la cizaña** debilitara y tal vez arruinara por completo la cosecha de **trigo.** Pero el experimentado agricultor sabía que se haría más daño al cultivo bueno si arrancaban las malezas en ese momento que si las dejaban tranquilas. Arrancar **la cizaña** resultaría en desraizar **también con ella** gran parte del **trigo.** Por alguna razón las raíces de las plantas se habían entrelazado estrechamente, y aunque todas las plantas buenas y malas pudieran distinguirse unas de otras, al arrancar **la cizaña** también se arrancaría alguna parte del **trigo.** No solo eso, sino que el **trigo** que se sembró o que germinó después maduraría más tarde, y una parte que aún no había producido espigas se confundiría con **la cizaña.**

Dejad crecer juntamente lo uno y lo otro hasta la siega; y al tiempo de la siega yo diré a los segadores: Recoged primero la cizaña, y atadla en manojos para quemarla. Únicamente en el **tiempo de la siega** podían distinguirse con seguridad las plantas buenas de las malas. **Los segadores** eran más experimentados que los siervos, y estaban calificados para arrancar **la cizaña y quemarla.** Una vez hecho eso procederían con **la siega,** y recogerían **el trigo en** el **granero** del propietario, donde sería almacenado y protegido para uso futuro.

DOS PARÁBOLAS ACERCA DE LA INFLUENCIA

Otra parábola les refirió, diciendo: El reino de los cielos es semejante al grano de mostaza, que un hombre tomó y sembró en su campo; el cual a la verdad es la más pequeña de todas las semillas; pero cuando ha crecido, es la mayor de las hortalizas, y se hace árbol, de tal manera que vienen las aves del cielo y hacen nidos en sus ramas. Otra parábola les dijo: El reino de los cielos es semejante a la levadura que tomó una mujer, y escondió en tres medidas de harina, hasta que todo fue leudado. (13:31-33)

Después de oír las parábolas del sembrador y del trigo y la cizaña, sin duda alguna los discípulos se preguntaron cómo podría sobrevivir el reino de Cristo si tantas personas rechazaban a Jesús para luego permitírseles que sigan permaneciendo en la tierra con tan contaminante influencia. ¿Cómo podía sobrevivir el pueblo de Dios, mucho menos prosperar, en medio de circunstancias tan desfavorables? ¿No doblegarían y reprimirían por completo Satanás y sus fuerzas malignas, tanto demoníacas como humanas, a los poquísimos (cp. 7:13-14) santos de Dios en la tierra?

Mucho antes del arresto, el juicio, y la crucifixión de Jesús fue evidente que los dirigentes judíos rechazaron las afirmaciones que Él hizo acerca de su condición mesiánica. También fue obvio que las multitudes que lo alababan y seguían no entendían la verdadera naturaleza o misión de Jesús, y que eran atraídos a Él solo de manera superficial. Sus verdaderos discípulos eran un puñado contra toda la nación de Israel, sin mencionar el enorme e impío Imperio Romano y las regiones lejanas. En respuesta a esa preocupación tácita, Jesús utilizó dos parábolas para resaltar que las cosas pequeñas pueden tener efectos de largo alcance.

La música occidental se compone comúnmente de solo doce notas, las siete notas básicas y sus cinco sostenidos y bemoles. Cada sinfonía, himno, cántico de amor, oratorio, y todas las demás piezas musicales se forman de varias combinaciones y octavas de esas mismas pocas notas. De igual manera, cada poema, ensayo, novela, carta y otras piezas de literatura en español se compone de combinaciones de las mismas veintisiete letras.

En cierta ocasión Lord Kelvin suspendió en su laboratorio una gran pieza metálica de una cuerda. Luego procedió a enrollar en forma de bolas del tamaño de un guisante pequeños trozos de papel y a lanzarlos al metal pesado. Al principio el impacto casi imperceptible del papel al golpear el metal parecía no tener efecto alguno. Pero con el tiempo la masa rígida de acero comenzó a oscilar rítmicamente de un lado al otro debido a la fuerza acumulativa aplicada pacientemente contra ella.

En una manera muchísimo más dramática e importante, Dios demostraría por medio de la Iglesia cómo un puñado de creyentes, totalmente débiles e ineptos en sí mismos, trastornarían al mundo con el poder de Dios. El reino de los cielos crecería y prosperaría a pesar de la oposición de Satanás, y en última instancia impregnaría e influiría a todo el mundo en el nombre de Jesús.

LA PARÁBOLA DEL GRANO DE MOSTAZA

Otra parábola les refirió, diciendo: El reino de los cielos es semejante al grano de mostaza, que un hombre tomó y sembró en su campo; el cual a la verdad es la más pequeña de todas las semillas; pero cuando ha crecido, es la mayor de las hortalizas, y se hace árbol, de tal manera que vienen las aves del cielo y hacen nidos en sus ramas. (13:31-32)

En esta **parábola** Jesús vuelve a utilizar la figura de la siembra, y esta vez compara al **reino de los cielos** con un **grano de mostaza,** y su crecimiento con una planta totalmente desarrollada.

La **mostaza** ha sido durante mucho tiempo una hierba ampliamente usada en todo el mundo, y en tiempos modernos se le ha encontrado un valor comercial adicional en la manufacturación de películas. Sorprendentemente, años atrás se descubrió que las vacas cuya alimentación se complementaba con semillas de mostaza desarrollaban huesos que tenían una calidad superior para su uso en la fabricación de compuestos de plata utilizados en la película fotográfica.

La referencia de Jesús al **grano de mostaza** como **la más pequeña de todas las semillas** se ha usado a menudo como prueba de que las Escrituras contienen errores: que Jesús o era falible y cometió una equivocación, o que acomodó su enseñanza a la ignorancia de sus oyentes y a sabiendas distorsionó la verdad. Sin embargo, Él no estaba comparando esta semilla con todas las demás en existencia sino solo con las de **las hortalizas** en Palestina. Muchas semillas, tales como las de la orquídea silvestre, son mucho más pequeñas que la de la planta de mostaza. Pero de las muchas plantas que crecían en esa época en los huertos y campos de Palestina, la planta de mostaza tiene la semilla más pequeña, tal como Jesús afirmó.

Cuando *sperma* (**grano**) se usa en el Nuevo Testamento en referencia a las plantas, siempre es para plantas agrícolas, las cultivadas de manera intencional para alimentación. Y de esas **hortalizas,** la mostaza tenía granos que eran los **más pequeños de todas las semillas.**

El doctor L. H. Shinners, director del herbario en la Universidad Metodista del Sur en Dallas y académico en el Instituto Smithsoniano, declaró en una conferencia:

La semilla de la mostaza habría sido realmente la más pequeña de las semillas que quizás habían sido observadas por las personas en la época de Cristo. Los principales cultivos de campo (tales como cebada, trigo, lentejas y frijoles) tienen semillas mucho más grandes, al igual que… otras plantas que podrían haber estado presentes como malas hierbas… Existen varias malezas y flores silvestres pertenecientes a las familias de la mostaza: el amaranto, la verdolaga, y la pamplina con semillas tan pequeñas o más que la mostaza misma, pero que no se habrían conocido particularmente, o que los habitantes aún no las habrían observado. La única planta moderna importante que se cultiva con semillas más pequeñas que la mostaza es el tabaco, pero esta planta es de origen americano y no se cultivó en el antiguo mundo hasta después del siglo XVI (John A. Sproule, "The Problem of the Mustard Seed", *Grace Theology Journal* 1 [primavera 1980]: 40).

Esta parábola también es criticada por exagerar supuestamente el tamaño de la planta de mostaza, refiriéndose a ella como un árbol al cual **vienen las aves del cielo y hacen nidos en sus ramas.** Muchas variedades de plantas de mostaza son más bien pequeños arbustos cuyas **ramas** son demasiado endebles para que **las aves** hagan **nidos** en ellas. Pero la planta de mostaza de Palestina a menudo crece hasta una altura de cinco o seis metros. Exactamente como Jesús enseñó, **cuando ha crecido, es la mayor de las hortalizas, y** desde un punto de vista comparativo, **se hace árbol.** En ciertas épocas del año las ramas se vuelven suficientemente rígidas como para soportar con facilidad el nido de un ave.

Sin embargo, aunque el omnipotente Jesús estuviera hablando de modo literal y preciso en esta parábola, su propósito era proverbial, no técnico o científico. Debido a su diminuto tamaño, la semilla de mostaza se usaba comúnmente en el antiguo Cercano Oriente para representar cosas que eran muy pequeñas. La literatura judía antigua contiene referencias a una gota de sangre o una mancha en un animal que eran del tamaño de una semilla de mostaza. De la misma manera que hiciera Jesús, aun en el día de hoy los árabes a veces hablan de fe que pesa tan poco como un grano de mostaza (Mt. 17:20).

Si Jesús explicó esta parábola a los discípulos, no tenemos constancia de ello, y en el contexto de su enseñanza acerca del reino no habría sido necesario. Su significado fue muy evidente en sí mismo. Según se acaba de mencionar, la idea de una pequeña semilla que se desarrolla hasta convertirse en una planta grande era proverbial, y los discípulos habrían comprendido al instante el planteamiento de Jesús: el reino de los cielos, aunque ahora muy pequeño en tamaño y al parecer insignificante, un día iba a convertirse en un gran cuerpo de creyentes. Esa es la lección central de esta parábola.

Durante el ministerio terrenal de Jesús el reino era casi imperceptible, tanto debido a sus pocos ciudadanos como a que era espiritual e invisible. En otra ocasión Jesús explicó que el reino "no vendrá con advertencia, ni dirán: Helo aquí, o helo allí; porque he aquí el reino de Dios está entre vosotros" (Lc. 17:20-21).

Al nacer, a Jesús lo pusieron en un pesebre en medio de vacas, ovejas, cabras, asnos y otros animales. La región de Judea, en la que nació, y de Galilea, donde creció, eran importantes lugares aislados del Imperio Romano. En la comarca de Galilea, Nazaret no estaba entre los pueblos más prometedores, una realidad que motivó a Natanael a preguntar a Felipe: "¿De Nazaret puede salir algo de bueno?" (Jn. 1:46). Ninguno de los doce discípulos provenía del liderazgo religioso judío ni de la aristocracia económica y social. Eran pocos en número, sin educación, temerosos, débiles, lentos para entender y creer, y por lo general no calificados para ser los líderes de algún reino terrenal importante. El grupo de creyentes que se reunió para orar en Jerusalén justo antes de Pentecostés ascendía solo a ciento veinte (Hch. 1:15). Se cree que una iglesia moderna de ese tamaño es muy pequeña, pero ese fue el núcleo de la iglesia primitiva. Cuando Jesús ascendió al cielo, en sentido figurado y relativo su reino en la tierra era mucho más pequeño incluso que un grano de mostaza.

Pero el reino que comenzó muy pequeño un día llegaría a ser muy grande. Aunque los escritores del Antiguo Testamento no fueron conscientes de que el Mesías vendría dos veces a la tierra, ni del reino intermedio que separaría esas dos venidas, sabían que en última instancia el Señor "dominará de mar a mar, y desde el río hasta los confines de la tierra" (Sal. 72:8). Los nómadas del desierto se inclinarían delante de Él, los reyes de Tarsis y de las islas le traerían obsequios, los reyes de Sabá y de Seba le ofrecerían regalos, todos los reyes se postrarían delante de Él, y todas las naciones le servirían (vv. 9-11). Al final, "los reinos del mundo [llegarán] a ser de nuestro Señor y de su Cristo; y él reinará por los siglos de los siglos" (Ap. 11:15).

Otra lección de la parábola del grano de mostaza es que el reino de los cielos será una bendición para el resto del mundo. El árbol en que se convierte el pequeño **grano de mostaza** representa al reino de los cielos, el cual en la era actual corresponde a la Iglesia.

Algunos intérpretes han sostenido que **las aves del cielo** representan demonios u otras fuerzas malignas, como ocurre en la parábola del sembrador (Mt. 13:19). Pero no hay razón para esperar que una figura dada represente siempre lo mismo, y la idea del mal es ajena al contexto de esta parábola.

La ilustración de **aves** que **hacen nidos** normalmente recuerda algo que es positivo y útil. Anidar conlleva la idea de protección, seguridad, refugio y santuario, lo que el ave madre proporciona para sus polluelos.

En su sueño Nabucodonosor contemplaba "un árbol, cuya altura era grande. Crecía este árbol, y se hacía fuerte, y su copa llegaba hasta el cielo, y se le alcanzaba a ver desde todos los confines de la tierra. Su follaje era hermoso y su fruto abundante, y había en él alimento para todos. Debajo de él se ponían a la sombra las bestias del campo, y en sus ramas hacían morada las aves del cielo, y se mantenía de él toda carne" (Dn. 4:10-12). En la interpretación que Daniel ofrece de la visión del rey explica: "El árbol que viste... tú mismo eres, oh rey, que creciste y te hiciste fuerte, pues creció tu grandeza y ha llegado hasta el cielo, y tu dominio hasta los confines de la tierra" (vv. 20, 22). Bajo Nabucodonosor el Imperio Babilónico había experimentado un avance sin paralelo en casi todo campo de actividad: agricultura, arquitectura, educación, artes, literatura, economía, etc. A pesar del costo en vidas y esclavos, este imperio había llevado prosperidad a gran parte del mundo conocido en esa época. En la visión del rey, las aves y los animales que se beneficiaban de la sombra y del alimento que el árbol proporcionaba eran las demás naciones del mundo.

En una revelación a Ezequiel, el Señor describió a Asiria como "cedro en el Líbano, de hermosas ramas, de frondoso ramaje y de grande altura, y su copa estaba entre densas ramas. Las aguas lo hicieron crecer, lo encumbró el abismo; sus ríos corrían alrededor de su pie, y a todos los árboles del campo enviaba sus corrientes. Por tanto, se encumbró su altura sobre todos los árboles del campo, y se multiplicaron sus ramas, y a causa de las muchas aguas se alargó su ramaje que había echado. En sus ramas hacían nido todas las aves del cielo, y debajo de su ramaje parían todas las bestias del campo, y a su sombra habitaban muchas naciones" (Ez. 31:3-6).

Tanto Jesús como los discípulos conocían tales relatos, y el parecido con la parábola del grano de mostaza debió parecer obvio. El reino de los cielos crecería desde sus diminutos inicios hasta convertirse en un gran árbol, y finalmente proporcionaría abrigo, protección y beneficio para el mundo entero.

Cuando los cristianos viven en obediencia al Señor son una bendición para los que están a su alrededor. Los creyentes individuales se convierten en fuente de bendición para las naciones. Y con todos sus defectos, dichas naciones del mundo que han recibido tal influencia, y que han reconocido la soberanía de Dios y han tratado de construir sus propias legislaciones y normas de vida en la Palabra de Dios, han demostrado ser una bendición para el resto del mundo en términos económicos, legales, culturales y sociales, así como en aspectos espirituales y morales. Es de las enseñanzas de la Biblia a través del testimonio cristiano que proceden las exaltadas normas de educación, justicia, dignidad de las mujeres, derechos de los niños, reformas carcelarias, y muchísimos otros beneficios sociales. Cada vez que el evangelio del reino de Dios se ha predicado y practicado con fidelidad, todo el mundo se beneficia.

Lo que la Iglesia es para el mundo es un macrocosmos de lo que un cónyuge creyente es para un esposo o una esposa incrédulos. Así como el compañero no creyente es santificado a través del que cree (1 Co. 7:14), el mundo incrédulo es santificado en cierto grado por la presencia de la Iglesia verdadera.

Lo que Jesús estaba diciendo es que, a pesar de la gran oposición representada por los tres suelos malos y la cizaña, su reino empezará siendo pequeño y se extenderá en poder e influencia hasta volverse victorioso.

LA PARÁBOLA DE LA LEVADURA

Otra parábola les dijo: El reino de los cielos es semejante a la levadura que tomó una mujer, y escondió en tres medidas de harina, hasta que todo fue leudado. (13:33)

Como siempre, Jesús creo la parábola basado en las experiencias comunes de sus oyentes. En todo hogar la **mujer** responsable por hornear sacaba un poco de masa leudada de un lote que ya había crecido justo antes que fuera horneado. Cuando el siguiente montón de masa estaba mezclado, ella tomaba el trozo sacado del montón anterior y lo escondía entre el nuevo, a fin de que la **levadura** leudara o fermentara el nuevo montón de masa y lo hiciera crecer.

Tres medidas de harina eran aproximadamente el equivalente moderno de una fanega o montón. Pero tan gran cantidad de masa era común en la mayoría de hogares de la época, porque el pan era el principal elemento en las comidas. Esa fue más o menos la misma cantidad de pan que Abraham le pidió a Sara que horneara para el Señor y los dos visitantes angelicales (Gn. 18:6), y que Gedeón preparó delante del ángel del Señor en Ofra (Jue. 6:19).

El primer punto de esta parábola es que las cosas pequeñas pueden tener gran influencia, en la misma forma que una pequeña cantidad de masa fermentada puede impregnar una gran cantidad de masa sin levadura hasta hacerla crecer. El poder del **reino de los cielos** es grande, mucho más grande de lo que su tamaño y su apariencia original podrían sugerir. Es seguro que la parte más pequeña del **reino** que está puesta en el mundo tiene influencia, porque contiene el poder del propio Espíritu de Dios. La influencia del **reino** es la influencia del Rey, de su Palabra, y de su pueblo fiel.

El segundo punto de la parábola es que la influencia es positiva. El pan con levadura siempre se ha considerado más apetitoso y agradable que el que no tiene levadura. Para simbolizar la ruptura con la antigua vida en Egipto, Dios ordenó a su pueblo que comiera únicamente pan sin leudar durante la fiesta de los panes sin levadura, que comenzaba la noche de Pascua. Ni siquiera se les permitió tener algún tipo de levadura en la casa durante los siete días de la fiesta (Éx. 12:15, 18-19). Pero el pan que los hebreos consumían el resto del año contenía levadura y era perfectamente aceptable al Señor. Para el individuo promedio en la época de Jesús, judío o gentil, no había evidencia de que **la levadura** tuviera alguna connotación de maldad o corrupción.

Los antiguos rabinos a menudo se referían a la levadura en una manera favorable. Uno de ellos escribió: "Grande es la paz, en que la paz es a la tierra como la levadura es a la masa". Cuando una muchacha judía se casaba, su madre le obsequiaba una pequeña cantidad de masa con levadura de un montón cocido justo antes de la boda. A partir de ese regalo de levadura la novia hornearía pan para su propia familia a lo largo de su vida de casada. Ese obsequio sencillo era uno de los más apreciados que la novia recibía, porque representaba el amor y la felicidad del hogar en que se crió y que llevaría al hogar que estaba a punto de formar.

William Arnot escribe de manera perspicaz:

> Audazmente como podría serlo un soberano, este maestro agarra un proverbio que era actual como un exponente de las estratagemas exitosas del adversario y estampa el metal con la imagen y la inscripción del legítimo Rey. El mal se extiende como levadura; tiemblan ustedes delante de su avance sigiloso y su agarre implacable: pero tengan ánimo, discípulos de Jesús, porque más grande es Él para ustedes que todo lo que está en contra de ustedes; la palabra de vida que ha sido escondida en el mundo, oculta en los corazones creyentes, también es una levadura. La unción del Santo es más sutil, penetrante y dominante que el pecado y Satanás. Donde el pecado abunda, la gracia abundará mucho más.

Debido a que la levadura provoca fermentación, algunos intérpretes insisten en que esta siempre significa en la Biblia lo que es malo y corrupto cuando se usa en sentido figurado. Pero un punto de vista tan restrictivo es arbitrario y sin duda no calza en el texto actual. Jesús afirma específicamente que **el reino de los cielos,** la más positiva de todas las influencias imaginables, **es semejante a la levadura.** Tomar esta **levadura** como representación del mal que impregna el reino es tergiversar el obvio significado y la obvia construcción de palabras, ya sea en el texto griego o castellano. Esa interpretación tampoco encaja en el desarrollo que Jesús hace en este grupo de parábolas, en que esta se asemeja a la del grano de mostaza. Ambas ilustran el poder del reino para vencer la resistencia y la oposición ejemplificadas en las parábolas del sembrador y del trigo y la cizaña.

A pesar de que la levadura se usa en relación con algo malo, como en la advertencia de Jesús en cuanto a "la levadura de los fariseos, que es la hipocresía" (Lc. 12:1), el punto no es que tanto la levadura como la hipocresía sean intrínsecamente malas, sino que ambas son intrínsecamente generalizadas y poderosas en su influencia. En su epístola a los gálatas, Pablo utiliza la levadura en el mismo sentido: no para ilustrar el mal o el legalismo (que es grande) sino más bien para señalar su gran influencia: "Un poco de levadura leuda toda la masa" (5:9).

Cuando Pablo acusa a los corintios de indiferencia arrogante ante la crasa inmoralidad de algunos de los miembros de la iglesia, declara el mismo proverbio bien conocido que usa en Gálatas y que Jesús tenía en mente en esta parábola: "¿No sabéis que un poco de levadura leuda toda la masa?" (1 Co. 5:6). El apóstol está hablando en el contexto de exigir que los creyentes quiten de en medio de ellos a los miembros inmorales, a fin de que la mala conducta no pueda contaminar al resto de la iglesia (vv. 2-5). Aquí se usa otra vez el ejemplo de la levadura con relación a algo malo, pero el enfoque de la analogía no está en el mal común sino en la impregnación común.

Cuando Pablo continúa su advertencia a los corintios también usa la levadura para representar interrupción. Israel bajo Moisés recibió la orden de no tomar nada de levadura del pan de Egipto mientras se preparaban para salir de esa tierra de cautiverio y opresión, y viajar hacia la tierra prometida. Del mismo modo los cristianos tienen la orden de limpiarse "de la vieja levadura… de malicia y de maldad" que caracterizaba sus vidas no salvas, y que no llevaran nada de ella a su nueva vida en Cristo (1 Co. 5:7-8*a*). Los panes de sus nuevas vidas en Cristo se llaman entonces "panes sin levadura, de sinceridad y de verdad" (v. 8*b*).

Sin embargo, ninguna analogía puede presionarse demasiado. En este caso Pablo usa la levadura para ilustrar la discontinuidad que debe ser evidente entre una vida no salva y una salva. La relación de la levadura con la maldad de la antigua vida, y de nada de levadura con la justicia de la nueva vida es secundaria. El enfoque está en la discontinuidad, así como en la parábola se encuentra en la impregnación e influencia.

Al continuar con la historia en Éxodo se vuelve claro que después de los siete días restringidos volvió a permitirse a los israelitas hacer pan con levadura, aunque no de levadura *egipcia*. Es más, en la fiesta de Pentecostés los panes ofrecidos al Señor *tenían que* ser "cocidos con levadura" (Lv. 23:17), los cuales Él difícilmente habría exigido que tuvieran levadura que intrínsecamente representara maldad. De otra manera esa fiesta habría sido un recordatorio perpetuo de la tolerancia de Dios hacia el mal en lugar de ser un recordatorio de su santidad y bondad (v. 21).

Por lo demás, el término *levadura* puede representar algo que es bueno, malo o moral y espiritualmente neutro, dependiendo de cómo se use. Pero la analogía principal pertenece a influencia penetrante, la cual es la característica más evidente y distintiva de la levadura.

Una tercera lección de esta parábola es que la influencia positiva del reino viene del interior. La **levadura** debe esconderse a fin de que tenga alguna influencia. La idea no es de ocultarla para que no se vea, sino más bien de esconderla en el sentido de penetración profunda e impregnación total en el mundo, tal como la levadura impregna por completo la masa. Los cristianos no deben ser *del mundo,* pero deben estar *en* el mundo, porque esa es la única manera en que el evangelio puede alcanzar y afectar al mundo (Jn. 17:14-16). Cristo envía a su pueblo al mundo, así como el Padre lo envió al mundo (v. 18). El propósito supremo de la Iglesia es: "Id por todo el mundo y predicad el evangelio a toda criatura" (Mr. 16:15).

Cuando el **reino de los cielos** se refleja de manera fiel en las vidas de los creyentes, su influencia en el mundo es penetrante y positiva. La vida de Cristo dentro de los creyentes es fermento espiritual y moral en el mundo. Un cristiano no tiene que ser un dirigente nacional, un famoso actor, o una figura deportiva para influir en el mundo para su Señor. Es el poder del reino de Dios dentro del creyente lo que hace eficaz su testimonio, y esa es la influencia en el mundo que los cristianos deben tratar de tener.

Que el significado de estas dos parábolas fue instantáneamente claro para los discípulos se ve en el hecho de que después no le pidieron a Jesús que se las explicara. En su lugar le pidieron que explicara la parábola del trigo y la cizaña (Mt. 13:36). El propósito evidente de las parábolas del grano de mostaza y de la levadura fue animar a los discípulos y a todos los creyentes posteriores.

Cada semana se abren centenares de nuevas iglesias en todo el mundo. En China, que todavía está cerrada a la obra misionera, a la evangelización abierta, y a la libre adoración, ¡se calcula que tal vez haya cincuenta millones o más de cristianos! La mayoría de pueblos del mundo tiene las Escrituras impresas en su propia lengua, y cada año se añaden más y más idiomas a la lista. Por medio de la radio y de literatura se está alcanzando con el evangelio a muchos millones que nunca podrían oírlo predicado o enseñado de manera personal.

Pero la evangelización y otros testimonios y obras de la Iglesia a menudo parecen tener poco efecto inmediato o notable. Aun con el gran crecimiento e impacto de la Iglesia en el mundo actual, desde la perspectiva humana y por un amplio margen, el mundo parece estar ganando la competencia por las almas de los hombres. Así como crece la Iglesia en cantidades, también crece la población mundial; y en comparación el pueblo de Dios sigue siendo un remanente. Mientras en algunos países se gana a diario miles de nuevos convertidos, en otros la iglesia está perdiendo membresía e influencia.

¿Cuánta más razón tenían los discípulos para estar desanimados y perplejos en cuanto a las perspectivas del reino de Cristo en la tierra? El Mesías mismo enfrentaba cada día más y más oposición y recibía más y más amenazas graves contra su vida. Los doce sabían que ellos mismos no estaban del todo preparados para ganar el mundo para el Señor. Si el mismo Hijo de Dios fue rechazado y condenado a muerte, ¿qué podía un puñado de débiles e insignificantes seguidores de Cristo esperar que consiguieran después que Él se hubiera ido?

No obstante, el propósito de Jesús en estas dos parábolas, como en muchas otras enseñanzas, era asegurar a los apóstoles, a la iglesia primitiva, y a cada creyente en cualquier época que en última instancia su reino no solo que no iba a fracasar, sino que florecería y crecería. El cristianismo ganará, el diablo será destruido, y Jesús reinará. Cristo mismo está edificando su Iglesia, y las mismas "puertas del Hades [la muerte misma] no prevalecerán contra ella" (Mt. 16:18).

LA INTERPRETACIÓN DE LA PARÁBOLA DEL TRIGO Y LA CIZAÑA

Todo esto habló Jesús por parábolas a la gente, y sin parábolas no les hablaba; para que se cumpliese lo dicho por el profeta, cuando dijo: Abriré en parábolas mi boca; declararé cosas escondidas desde la fundación del mundo. Entonces, despedida la gente, entró Jesús en la casa; y acercándose a él sus discípulos, le dijeron: Explícanos la parábola de la cizaña del campo. Respondiendo él, les dijo: El que siembra la buena semilla es el Hijo del Hombre. El campo es el mundo; la buena semilla son los hijos del reino, y la cizaña son los hijos del malo. El enemigo que la sembró es el diablo; la siega es el fin del siglo; y los segadores son los ángeles. De manera que como se arranca la cizaña, y se quema en el fuego, así será en el fin de este siglo. Enviará el Hijo del Hombre a sus ángeles, y recogerán de su reino a todos los que sirven de tropiezo, y a los que hacen iniquidad, y los echarán en el horno de fuego; allí será el lloro y el crujir de dientes. Entonces los justos resplandecerán como el sol en el reino de su Padre. El que tiene oídos para oír, oiga. (13:34-43)

Antes de presentar la interpretación de la parábola del trigo y la cizaña, Mateo explica que el hecho de que Jesús hablara en parábolas no era una idea de último momento, sino que estaba profetizado en la Palabra de Dios centenares de años antes. Mateo afirma que **todo esto habló Jesús por parábolas a la gente, y sin parábolas no les hablaba; para que se cumpliese lo dicho por el profeta.**

Asaf, un **profeta** y vidente (2 Cr. 29:30), escribió el Salmo 78, del que Mateo cita aquí: **Abriré en parábolas mi boca; declararé cosas escondidas desde la fundación del mundo.** El rechazo a su condición mesiánica no agarró por sorpresa al Señor, y el aplazamiento del reino no fue un plan de contingencia. Las **cosas escondidas desde la fundación del mundo** pertenecen a "los misterios del reino de los cielos", que Jesús explicó a sus discípulos, pero no a las multitudes incrédulas ni a los dirigentes religiosos (Mt. 13:11-16). A quienes lo rechazaron les habló "por parábolas: porque viendo no ven, y oyendo no oyen, ni entienden" (v. 13). Dios no hizo ninguna alteración a su plan de redención. Todo estaba exactamente en la fecha prevista y según las predicciones de su Palabra.

Después de contar las parábolas del grano de mostaza y la levadura, **despedida la gente, entró Jesús en la casa** donde se había estado hospedando (véase 13:1).

Tan pronto como todos estuvieron adentro, **acercándose a él sus discípulos, le dijeron: Explícanos la parábola de la cizaña del campo.**

Aunque no entendieron totalmente la parábola, el hecho de que la llamaran **la parábola de la cizaña** muestra que reconocieron que el mayor hincapié estaba en la **cizaña** y no en el trigo. La parábola era evidentemente sobre el juicio, y **la cizaña** obviamente representaba a los no creyentes. La pregunta de los discípulos pudo hacer reflejado la misma actitud que la de los siervos en la parábola: "¿Quieres, pues, que vayamos y la arranquemos?" (v. 28). Jacobo y Juan demostraron su actitud hacia los incrédulos cuando le pidieron permiso a Jesús para "que descienda fuego del cielo, como hizo Elías, y... consuma" a los samaritanos que se negaron a recibirlo (Lc. 9:54).

Sin duda todos los discípulos estaban preguntándose por qué a la malvada **cizaña** se le permitía coexistir con el trigo bueno. Si el dueño de la propiedad hubiera hecho lo que los siervos sugirieron, y al instante hubieran arrancado y destruido toda la cizaña, los discípulos habrían comprendido fácilmente. Pero resultó que se quedaron desconcertados por la reacción del propietario, porque seguían sin entender la grandeza de la gracia de Dios o su plan de redención para los períodos intermedio y milenial del reino antes que Cristo juzgue al mundo.

Jesús comenzó diciendo: **El que siembra la buena semilla es el Hijo del Hombre,** y **el campo es el mundo.** Los discípulos sabían que por la frase **el Hijo del Hombre,** Jesús se refería a sí mismo. Debido a que este título se enfocaba en su humildad y humanidad en la encarnación, era el que más comúnmente usaba para sí mismo. Lo identificaba maravillosamente mientras participaba en la vida humana como el Hombre perfecto, el segundo Adán, y el representante sin pecado de la especie humana. También era un título entendido claramente por los judíos como que se refería al Mesías (Lc. 22:69; cp. Dn. 7:13). El título lo usan otros para Jesús solo dos veces en el Nuevo Testamento, una por parte de Pablo (Hch. 7:56) y otra por parte de Juan (Ap. 14:14).

El que siembra es Jesucristo, **el Hijo del Hombre,** y está sembrando en su propio **campo,** el cual **es el mundo.** Es difícil entender por qué tantos intérpretes sostienen que **el campo** en esta parábola representa a la Iglesia, y que el planteamiento de Jesús es que los creyentes verdaderos y falsos, representados por el trigo y la cizaña, existirán juntos en la Iglesia a lo largo de la época actual. El Señor no pudo haber identificado **el campo** de manera más explícita. Se trata del **mundo,** no de la Iglesia. Esta es una imagen de la Iglesia en el mundo, no del mundo en la Iglesia.

Aunque Satanás es temporalmente el príncipe del **mundo,** este aún le pertenece a Dios, quien lo creó y un día lo redimirá y restaurará. "La creación misma [de Dios] será libertada de la esclavitud de corrupción, a la libertad gloriosa de los hijos de Dios. Porque sabemos que toda la creación gime a una, y a una está con dolores de parto hasta ahora" (Ro. 8:21-22).

En la parábola del sembrador, Jesús habla de **la buena semilla** como "la palabra del reino" (13:19); pero aquí representa a **los hijos del reino,** a quienes el Señor dispersa por todo **el mundo.** Dios planta a su pueblo en el mundo como sus testigos para que crezcan y se vuelvan plantas fructíferas de justicia. **Los hijos del**

reino son fieles al Rey y reflejan la voluntad y las normas de Él ante un **mundo** perverso, corrupto e incrédulo. Los cristianos no están abandonados en el mundo por accidente, sino que están puestos allí en una misión divina de su Señor.

Por otra parte, **la cizaña son los hijos del malo,** quien es Satanás. Todos los seres humanos son o hijos espirituales de Dios e **hijos del reino** a través de la fe en el Hijo, o **hijos** espirituales **del malo,** simplemente en virtud de su naturaleza pecaminosa y su incredulidad (Jn. 8:44; Ef. 2:2-3; 1 Jn. 3:10; 5:19).

Jesús no indica en esta parábola, porque no calzaría en la analogía, que toda **buena semilla** una vez fue **cizaña;** todos **los hijos del reino** una vez fueron **hijos del malo.** Yendo más allá del ámbito de esta parábola, aunque incluso usando algunas de sus ilustraciones, podría decirse que el propósito principal de las "buenas semillas" en el mundo es hacer que "las cizañas" se conviertan, que puedan también llegar a ser **hijos del reino.**

El enemigo que sembró la cizaña **es el diablo,** el malo. Según se desprende de la redacción de la parábola misma (véase v. 25), **sembró** lleva aquí la idea de meticulosidad. A lo largo de la historia la cizaña ha superado al trigo por enormes porcentajes; y algunas partes del mundo parecen estar totalmente sembradas con la semilla del **enemigo.**

La siega representa el juicio de Dios en **el fin del siglo,** cuando **los segadores, que son los ángeles,** ejecutarán juicio sobre los incrédulos, al igual que los segadores humanos en la parábola arrancaron **la cizaña,** la cual entonces recogerán y quemarán **en el fuego.**

Jesús explica que **así será en el fin de este siglo.** Los discípulos sin duda estaban listos para meter de inmediato la hoz en la cizaña incrédula, tal como los siervos del terrateniente estaban preparados para hacer (v. 28). Esto reveló ser igual a la actitud de Jacobo y Juan hacia los samaritanos incrédulos cuando declararon: "Señor, ¿quieres que mandemos que descienda fuego del cielo, como hizo Elías, y los consuma?" (Lc. 9:54).

En la parábola se nos dice que "cuando salió la hierba y dio fruto, entonces apareció también la cizaña" (v. 26). Jesús no entra en detalles en esa declaración, pero en vista de sus otras explicaciones de parábolas, ese aspecto de la parábola parecería enseñar que la mayoría de verdaderos creyentes pueden identificarse por su fruto espiritual y práctico (grano) y los no creyentes por su falta de fruto.

La única razón dada en la parábola para no hacer que los siervos arranquen la cizaña evidente fue que al hacer eso podrían arrancar "también con ella el trigo" (v. 29). Según se observó en el estudio de ese versículo, podría haberse dañado algo de la buena cosecha o porque algunas plantas maduraban más tarde y se confundirían con cizaña al aún no tener grano, o porque las raíces estarían tan entremezcladas que algunas plantas buenas se desraizarían con la cizaña.

Además del hecho de que la era de la Iglesia es para evangelización y no para juicio, los cristianos no están calificados para distinguir de manera infalible entre los creyentes verdaderos y los falsos. Cada vez que la Iglesia se ha puesto a hacer eso, se ha producido una escandalosa carnicería. Cuando Constantino, el emperador romano del siglo IV, exigió que toda persona hiciera profesión de fe en Cristo bajo pena de muerte, tuvo éxito en matar a muchos creyentes verdaderos que se negaron a someterse a la rama falsa de cristianismo que él defendía. Durante las cruzadas de la Edad Media la brutalidad incrédula fue cometida contra no cristianos, especialmente musulmanes y judíos, en el nombre del Príncipe de Paz. Durante las inquisiciones en reacción a la Reforma Protestante, muchos miles de cristianos que no se sometieron al dogma y la autoridad del catolicismo romano fueron encarcelados, torturados y ejecutados.

Esta no es la era del juicio de Dios, y sin duda no de juicio y ejecución por parte de la Iglesia. Mientras estaba en la tierra, el Señor mismo no levantaría un dedo contra sus enemigos. A Judas, quien lo entregó a la muerte, le ofreció el primer bocado en la Última Cena como un gesto de amor y como una apelación final a que creyera (Jn. 13:26). Jesús pidió perdón en la cruz para quienes lo acusaron falsamente (Lc. 23:34). ¿Cómo entonces pueden sus seguidores considerarse alguna vez justificados en tomar el papel de juez o vengadores y verdugos? En la era actual los creyentes no son instrumentos divinos de juicio y destrucción sino de verdad y gracia. Para con los incrédulos no debemos tener corazones de condenación sino de compasión.

La Iglesia está llamada a predicar y enseñar contra el pecado y contra toda injusticia, pero al hacerlo su propósito no es juzgar sino ganar almas, no es castigar sino convertir hijos del malo en hijos del reino.

En todo caso, el Señor deja en claro que la separación del trigo y la cizaña, de los hijos del reino y los hijos del malo, solo **será en el fin de este siglo.** Mientras tanto existen unos junto a los otros, respirando el mismo aire, disfrutando el mismo sol y la misma lluvia, comiendo la misma comida, asistiendo a los mismos colegios, trabajando en las mismas fábricas, viviendo en los mismos vecindarios, y a veces asistiendo a las mismas iglesias.

Los **ángeles** a quienes **enviará el Hijo del Hombre recogerán de su reino a todos los que sirven de tropiezo, y a los que hacen iniquidad, y los echarán en el horno de fuego.** Toda la tierra se ve aquí como el **reino** de Dios, y Él es realmente el legítimo monarca. Del mundo de Dios los **ángeles recogerán a todos los que sirven de tropiezo,** los hijos del malo que actúan contra Dios e intentan hacer que muchos caigan en el infierno, **y a los que hacen iniquidad** desobedeciendo la Palabra de Dios.

Cuando Jesús regrese "vendrá en la gloria de su Padre con sus ángeles, y entonces pagará a cada uno conforme a sus obras" (Mt. 16:27). Los **ángeles** darán "retribución a los que no conocieron a Dios, ni obedecen al evangelio de nuestro Señor Jesucristo; los cuales sufrirán pena de eterna perdición, excluidos de la presencia del Señor y de la gloria de su poder" (2 Ts. 1:8-9).

El **fuego** ocasiona el mayor dolor conocido por el ser humano, y **el horno de fuego** al que **echarán** a los pecadores representa el tormento insoportable del infierno, el cual es el destino de todo incrédulo. Este **fuego** del infierno nunca se apaga (Mr. 9:44), es eterno (Mt. 25:41), y finalmente se describe como un gran "lago de fuego que arde con azufre" (Ap. 19:20). El castigo es tan aterrador que **allí será el lloro y el crujir de dientes.**

El infierno no será un lugar, como algunos jocosamente imaginan, donde los impíos seguirán haciendo de las suyas mientras que los piadosos hacen lo propio en el cielo. En el infierno no habrá amistad, compañerismo, camaradería ni consuelo. Ni siquiera existirán los pervertidos placeres en que a los impíos les encanta deleitarse en la tierra. No habrá ningún tipo de placer en el infierno, únicamente tormento "día y noche por los siglos de los siglos" (Ap. 20:10).

El último mensaje de explicación que ofreció Jesús en esta ocasión es positivo, hermoso y esperanzador: **Entonces los justos resplandecerán como el sol en el reino de su Padre.** Cuando el Hijo del Hombre regrese con sus ángeles, estos no solo separarán perfectamente a los malvados para castigo eterno, sino también a los justos para bendición eterna. El Señor "enviará sus ángeles con gran voz de trompeta, y juntarán a sus escogidos, de los cuatro vientos, desde un extremo del cielo hasta el otro" (Mt. 24:31). Entonces vendrá el tan esperado y tan aplazado reino de justicia, en el cual no habrá personas malvadas ni malas acciones, y ni siquiera malos pensamientos. Este es **el reino** hecho realidad y eterno de nuestro **Padre** celestial, en que todos **los justos** de todas las épocas, **resplandecerán como el sol.** Allí "los entendidos resplandecerán como el resplandor del firmamento; y los que enseñan la justicia a la multitud, como las estrellas a perpetua eternidad" (Dn. 12:3).

Y por si acaso alguien no tome en serio estas verdades que son tanto temibles como maravillosas, Jesús añadió: **El que tiene oídos para oír, oiga.** Todo ser humano que esté inseguro respecto a su relación con Dios debería preguntarse si es trigo o simplemente cizaña que parece trigo, si es hijo de Dios o hijo del diablo. Si esa persona no le pertenece a Dios, puede acudir a Él, porque Dios está interesado en hacer trigo de la cizaña, convertir a pecadores en santos.

Aquellos que están seguros de ser hijos del reino deben **oír** lo que Jesús afirma aquí a fin de que la actitud que tengan hacia el mundo pueda ser la misma conducta misericordiosa, amorosa y compasiva que tuvo su Señor, quien los ha llamado a ser testigos en lugar de condenar, a amar en lugar de odiar, a mostrar misericordia en lugar de juicio. En esa manera demostramos ser "irreprensibles y sencillos, hijos de Dios sin mancha en medio de una generación maligna y perversa, en medio de la cual [resplandecemos] como luminares en el mundo" (Fil. 2:15).

La entrada al reino

79

Además, el reino de los cielos es semejante a un tesoro escondido en un campo, el cual un hombre halla, y lo esconde de nuevo; y gozoso por ello va y vende todo lo que tiene, y compra aquel campo. También el reino de los cielos es semejante a un mercader que busca buenas perlas, que habiendo hallado una perla preciosa, fue y vendió todo lo que tenía, y la compró. (13:44-46)

En las cuatro primeras de las ocho parábolas del reino en Mateo 13, Jesús se centra en las varias respuestas de los hombres al reino de Dios, en su coexistencia actual con el reino de Satanás, y en el poder e influencia del reino de Dios en el mundo.

Una pregunta básica que habría surgido de modo natural en las mentes de los oyentes de Jesús fue: "¿Cómo llega alguien a ser parte del reino de Dios?". Sin duda se habrían preguntado: "¿Nacen simplemente las personas dentro del reino, así como nacen en la ciudadanía de sus naciones?". "¿O es como ser judío? Como judíos, ¿somos automáticamente ciudadanos del reino porque somos descendientes de Abraham, o debemos hacer algo más?".

En este tercer par de parábolas el Señor enseña acerca de cómo apropiarse de la salvación y así llegar a ser ciudadano del reino de Dios y miembro de la familia divina.

LA PARÁBOLA DEL TESORO ESCONDIDO

El reino de los cielos es semejante a un tesoro escondido en un campo, el cual un hombre halla, y lo esconde de nuevo; y gozoso por ello va y vende todo lo que tiene, y compra aquel campo. (13:44)

Al igual que en las otras parábolas, Jesús crea esta historia sencilla basándose en una experiencia o situación conocida por sus oyentes. Pocos, si es que los hay, han hallado uno de tales tesoros, pero la costumbre de enterrar objetos de valor era común en ese tiempo. Puesto que no había bancos u otros lugares de depósitos públicos, la mayoría de personas protegía sus objetos valiosos en un lugar secreto en la tierra. Cuando necesitaban dinero o decidían vender o intercambiar alguna joya, por ejemplo, iban al lugar durante la noche, desenterraban la tinaja o caja de almacenamiento, sacaban lo que deseaban, y volvían a enterrar el resto.

Debido a que Palestina había sido un campo de batalla durante cientos de años, a menudo las familias enterraban incluso comida, ropa y objetos caseros variados para protegerlos del saqueo por parte de soldados enemigos. El famoso historiador judío Josefo escribió: "El oro, la plata, y el resto de los muebles más valiosos que los judíos poseían y que los propietarios atesoraban bajo tierra se guardaban de esta manera a fin de que pudieran soportar los avatares de la guerra".

Con los años, el suelo de Palestina se convirtió en un verdadero tesoro. Cuando el dueño de un tesoro enterrado moría o lo obligaban a salir de la tierra, a veces deportado a una tierra extranjera como Asiria o Babilonia, el tesoro quedaba perdido para siempre a menos que alguien lo descubriera por accidente, como ocasionalmente ocurría.

Sin duda ese fue el destino del **tesoro escondido en un campo, el cual un hombre halla, y lo esconde de nuevo.** El individuo pudo haber tropezado con parte del **tesoro** o pudo haber visto algo de este que sobresalía por encima de la tierra cuando acertó a pasar a través del **campo.** O también pudo haber sido un asalariado que sin saberlo cavó mientras araba o cultivaba. Cualquiera que fuera el caso, el **campo** no le pertenecía, porque **gozoso por ello va y vende todo lo que tiene, y compra aquel campo.**

Muchos cristianos se avergüenzan de esta historia al creer que Jesús utilizó una acción poco ética para ilustrar una verdad espiritual. Les parece que el **hombre** tenía la obligación de hablarle al dueño del **campo** acerca del **tesoro,** ya que estaba en su propiedad y en consecuencia le correspondía por derecho.

El propósito de la parábola no concierne a la ética de lo que el **hombre** hizo, sino más bien a su disposición de sacrificar todo lo que tenía a fin de poseer el **tesoro.** Sin embargo, lo que hizo no fue poco ético o deshonesto.

Primero, es obvio que el **tesoro** no fue **escondido** por el actual dueño del **campo** y que él no sabía nada de su existencia. De lo contrario, lo habría recuperado antes de vender el campo. El **hombre** que compró el campo obviamente sabía que el propietario no estaba consciente del **tesoro,** o no habría ofrecido comprar el campo sabiendo que el tesoro no estaría incluido en el trato.

Segundo, la ley rabínica estipulaba: "Si un hombre encuentra fruta o dinero disperso, le pertenece a quien lo encuentra". Si una persona encontraba dinero u otros bienes de valor que obviamente estaban perdidos y cuyo dueño estaba muerto o era desconocido, quien los encontraba tenía el derecho de quedarse con lo encontrado.

Tercero, la honradez básica del **hombre** queda demostrada por el hecho de que si hubiera sido deshonesto simplemente habría tomado el **tesoro** sin pensar en comprar el campo. Pero ni siquiera utiliza parte del **tesoro** para comprar el campo; al contrario, **va y vende todo lo que tiene, y compra aquel campo.**

LA PARÁBOLA DE LA PERLA DE GRAN PRECIO

También el reino de los cielos es semejante a un mercader que busca buenas perlas, que habiendo hallado una perla preciosa, fue y vendió todo lo que tenía, y la compró. (13:45-46)

Un *emporos* (**mercader**) era un comerciante al por mayor, cuyo negocio era comprar y revender mercancía. Viajaba por el país, y tal vez por muchos países, buscando artículos para comprar y luego vender para obtener una ganancia. Este **mercader** particular andaba en **busca de buenas perlas.** Es probable que hiciera visitas con regularidad a las regiones costeras donde se recogían perlas y que regateara los precios con los buceadores o con sus empleadores. Bucear en busca de perlas era arriesgado, y muchos buzos perdían la vida o arruinaban la salud mientras obtenían las ostras que contenían las hermosas joyas. Ese hecho, además de la escasez y la belleza natural de las **perlas,** las hacía sumamente valiosas.

Las **perlas** eran las joyas más apreciadas en el mundo antiguo, y a menudo las compraban como inversión, tal como ocurre con los diamantes hoy día. En forma de **perlas** podía mantenerse una gran riqueza en un espacio pequeño, ocultas en la ropa mientras se viajaba, o enterradas en un campo para resguardarlas, como ocurrió con el tesoro de la parábola anterior.

El Talmud judío decía que las perlas tenían un valor incalculable, y algunos egipcios y romanos tenían tal admiración por ellas que las adoraban. Según parece adornarse la cabeza con "oro o perlas" era una costumbre común tanto entre mujeres judías como gentiles (véase 1 Ti. 2:9). Cuando Jesús advirtió que no echaran las perlas de los creyentes delante de los cerdos (Mt. 7:6), estaba resaltando el valor incalculable del evangelio y sus verdades correspondientes, que los incrédulos despreciaban como sin valor alguno. En la visión de Juan de la nueva Jerusalén, la ciudad tenía doce puertas que eran doce perlas y "cada una de las puertas era una perla" (Ap. 21:21).

Según se cuenta, la esposa del emperador romano Calígula usaba a menudo una enorme fortuna en perlas en el cabello, las orejas, el cuello, las muñecas, y los dedos. Se dice que Cleopatra poseyó dos perlas muy valiosas, cada una de las cuales valdría varios millones de dólares en el mercado de hoy. Cuando un gobernante derrochador quería hacer alarde de su riqueza en ocasiones disolvía una perla en vinagre y la bebía junto con su vino.

Cuando el **mercader** encontró **una perla preciosa, fue y vendió todo lo que tenía, y la compró.** Es obvio que el **mercader** consideró que esa **perla** particular debía valer más que todas sus otras perlas juntas, porque la habría incluido en la venta de **todo lo que tenía.**

Debido a que el énfasis de estas parábolas es la apropiación personal del **reino de los cielos,** el mensaje es evidentemente de salvación. En este contexto, **el reino de los cielos** representa el conocimiento de la salvación de Dios a través de la confianza en su Hijo y en todos los beneficios y en la gloria que trae la relación.

LAS LECCIONES DE LAS PARÁBOLAS

De las parábolas del tesoro escondido y la perla preciosa podemos aprender al menos seis lecciones valiosas acerca del **reino,** y por consiguiente respecto a la salvación: es necesario adueñarse personalmente del reino, su valor es incalculable, no es superficialmente visible, es la fuente del verdadero gozo, puede accederse al reino desde diferentes circunstancias, y se hace personal por medio de una transacción.

ES NECESARIO ADUEÑARSE PERSONALMENTE DEL REINO

La verdad central de estas dos parábolas es la necesidad de apropiarse personalmente del reino de los cielos, el cual no se obtiene por herencia natural tal como nos convertimos en miembros de la raza de nuestros padres o en ciudadanos de su nación. Ambas parábolas giran alrededor de un solo individuo que sacrifica todo lo que tiene a fin de obtener personalmente lo que ha llegado a ser de un valor incalculable para él.

Todo ser humano está bajo el dominio de Dios en el sentido que vive en la tierra, la cual está bajo el control definitivo del Señor a pesar del poder temporal y limitado de Satanás sobre ella. Y un incrédulo que se relaciona con creyentes puede beneficiarse de muchas bendiciones del reino a causa de esa relación. No obstante, aunque un incrédulo puede asistir a una iglesia evangélica, disfrutar de la predicación bíblica, y ser un miembro profeso y bautizado de una iglesia, no es ciudadano del reino. Tan superficiales y poco auténticos "hijos del reino serán echados a las tinieblas de afuera; allí será el lloro y el crujir de dientes" (Mt. 8:12).

Pablo les recordó a sus hermanos judíos: "No todos los que descienden de Israel son israelitas, ni por ser descendientes de Abraham, son todos hijos" (Ro. 9:6-7). Incluso bajo el antiguo pacto una persona podía ser racial, nacional y religiosamente judía (totalmente identificada con el pueblo escogido de Dios en esos aspectos externos) y sin embargo no tener parte en la auténtica y espiritual nación de Israel. Del mismo modo, una persona puede nacer en una familia que remonta su membresía en la iglesia a muchas generaciones, y aun así no tener parte en la verdadera Iglesia de Cristo. A pesar de que esto ofrece muchas ventajas, incluso haber nacido en el seno de una familia de creyentes piadosos no convierte a una persona en cristiana. A fin de ser salvo cada quien debe tomar su propia decisión de recibir a Jesucristo como Señor y Salvador.

EL VALOR DEL REINO ES INCALCULABLE

Las parábolas expresan el valor de la salvación a través de la idea de que vale la pena vender todo lo que se posee con el fin de recibirla.

Una importante compañía minera de diamantes en África del Sur se especializa en la minería de ciertas regiones costeras donde las piedras en bruto se han depositado debajo como de quince o más metros de piedra, grava y arena. Después que gigantescas excavadoras retiran las capas superiores, el conglomerado de rocas en las que estaban incrustadas las vetas de diamantes se dinamita y luego se excava por medio de presión de agua hidráulica. Con el uso de grandes cepillos de nylon, obreros barren todas las grietas y los huecos para asegurarse que nada se pierda. Entonces el conglomerado desprendido se machaca, se tritura, se lava, y se tamiza para dejar al descubierto todos los posibles diamantes. Se calcula que se procesan ciento ochenta millones de partes de tierra para producir una sola parte de diamante.

Aunque escrita hace más de 3.000 años, la descripción que Job hace de la búsqueda incansable del ser humano por las riquezas parece asombrosamente contemporánea:

Ciertamente la plata tiene sus veneros, y el oro lugar donde se refina... A las tinieblas ponen término, y examinan todo a la perfección, las piedras que hay en oscuridad y en sombra de muerte. Abren minas lejos de lo habitado, en lugares olvidados, donde el pie no pasa. Son suspendidos y balanceados, lejos de los demás hombres… Lugar hay cuyas piedras son zafiro, y sus polvos de oro. Senda que nunca la conoció ave, ni ojo de buitre la vio… De los peñascos cortó ríos, y sus ojos vieron todo lo preciado. Detuvo los ríos en su nacimiento, e hizo salir a luz lo escondido (Job 28:1, 3-4, 6-7, 10-11).

A pesar de todos los esfuerzos realizados por encontrar, extraer, refinar, cortar, pulir, montar, vender y comprar piedras preciosas y metales preciosos, ninguno de ellos ofrece algo duradero o que valga la pena. No pueden sanar una relación destruida, brindar paz a una mente atribulada, o perdonar un corazón pecador. Ofrecen poco para el presente y nada para el futuro.

Job pregunta: "Mas ¿dónde se hallará la sabiduría? ¿Dónde está el lugar de la inteligencia? No conoce su valor el hombre, ni se halla en la tierra de los vivientes. El abismo dice: No está en mí; y el mar dijo: Ni conmigo… Porque encubierta está a los ojos de todo viviente, y a toda ave del cielo es oculta… Dios entiende el camino de ella, y conoce su lugar… Y dijo al hombre: He aquí que el temor del Señor es la sabiduría, y el apartarse del mal, la inteligencia" (Job 28:12-14, 21, 23, 28).

El predicador escocés del siglo XIX Thomas Guthrie escribió esto acerca del valor incalculable del reino de los cielos: "En la sangre de Cristo para lavar las peores manchas del pecado, en la gracia de Dios para purificar el corazón más sucio, en la paz para calmar las tormentas más duras de la vida, con la esperanza de animar la hora más tenebrosa de la culpa, en un espíritu que desafía la muerte y desciende tranquilamente a la tumba, en lo que hace ricos a los más pobres y sin lo cual en realidad los más ricos son pobres, el evangelio tiene grandes tesoros mucho más separados de lo que se aleja el este del oeste, y sus recompensas son más preciosas que todas las reservas de oro" (Thomas Guthrie, *The Parables* [Londres: Alexander Strahan, 1866], p. 213).

La bendición de ser hijo de Dios por medio de la fe en Cristo es totalmente invaluable, más valiosa que todas las posesiones que el hombre más rico puede adquirir. No hay absolutamente nada que pueda comparársele en valor y belleza, porque se trata de "una herencia incorruptible, incontaminada e inmarcesible" (1 P. 1:4), de perdón, amor, paz, felicidad, virtud, pureza, justicia, vida eterna, gloria y mucho más.

Cuando a Robert Herbert Thompson —quien poseía 180 periódicos, controlaba otras 290 compañías, y su fortuna se valoraba en más de 300 millones de dólares— le preguntaron cuánto daría por comprar el diario *Times de Nueva York,* se dice que contestó: "Hipotecaría mi alma". Si muchos pudieran, harían exactamente eso a fin de obtener las posesiones, la fama, o el poder que desean.

El valor del reino de Dios es muy superior al de todas las riquezas y ventajas terrenales juntas, e incluso las superaría en valor aunque produjeran la satisfacción que prometen. Sin embargo, Dios ofrece su reino invalorable a toda persona, por pobre, insignificante y pecadora que sea, que confía en Cristo. El precio es el mismo para todo el mundo: todo lo que tienen. Para aquellos cuyos corazones se han convertido de forma auténtica a Cristo, cualquier valor al que se hubieran aferrado en el pasado será intercambiado con gran avidez por este invaluable tesoro.

EL REINO NO ES SUPERFICIALMENTE VISIBLE

Cuando los fariseos le preguntaron a Jesús "cuándo había de venir el reino de Dios, les respondió y dijo: El reino de Dios no vendrá con advertencia, ni dirán: Helo aquí, o helo allí" (Lc. 17:20-21). El reino no será observable hasta que Jesús regrese y establezca su gobierno milenial sobre la tierra. En ese tiempo Él "vendrá en la gloria de su Padre con sus ángeles", y los hombres verán "al Hijo del Hombre viniendo en su reino" (Mt. 16:27-28). Pero el reino actual "no es de este mundo" (Jn. 18:36).

Pablo nos asegura: "El hombre natural no percibe las cosas que son del Espíritu de Dios, porque para él son locura, y no las puede entender, porque se han de discernir espiritualmente" (1 Co. 2:14). En su siguiente carta a Corinto el apóstol explica además que "el dios de este siglo cegó el entendimiento de los incrédulos, para que no les resplandezca la luz del evangelio de la gloria de Cristo, el cual es la imagen de Dios" (2 Co. 4:4). Aunque al hombre natural se le presente con claridad la verdad del evangelio, no puede verla. Mientras resista el movimiento del Espíritu de Dios en el corazón, este individuo no puede ver más allá del velo espiritual que Satanás le ha puesto sobre los ojos. Está totalmente feliz de buscar satisfacción en sus placeres efímeros y en las cosas que puede ver, feliz de creer que las baratijas del mundo son de gran valor y que el evangelio de salvación no vale la pena.

Un escritor expresa la verdad en estas palabras: "Bajo la forma de un hombre, conforme a la privación y la pobreza de un nazareno, en esa época la plenitud de la Deidad estuvo oculta de los sabios y prudentes del mundo. La luz estuvo cerca de ellos, y sin embargo no la vieron. Las riquezas de la gracia divina les fueron entregadas a su puerta, y no obstante siguieron siendo pobres y miserables".

El tesoro de la salvación no es evidente para los hombres, y por tanto no es algo que buscan de manera natural. No entienden por qué es tan apreciada por los cristianos ni por qué algunas personas renuncian a tanto (su autodependencia, sus placeres pecaminosos, y a veces incluso su libertad y bienestar social, político y económico) para ganar lo que parece ser tan poco. No pueden entender por qué los creyentes viven voluntariamente por normas de ética y moral que van contra los deseos y los impulsos más profundos del ser humano. El camino del reino es estrecho y poco atractivo para el hombre natural, y por eso es que pocos lo encuentran o desean transitarlo una vez hallado (Mt. 7:14).

El valor total de una perla podría no ser evidente para la persona común, quien podría admirar su belleza pero no ser consciente de lo valiosa que es. Muchas personas tienen admiración pasajera por Jesús y el evangelio, pero son totalmente inconscientes del regalo supremo e incalculable que podrían tener si le pertenecieran a Cristo. Ven la perla a simple vista, pero ante sus ojos mundanos tiene poco valor. Jesús fue "aquella luz verdadera, que alumbra a todo hombre, [que vino] a este mundo. En el mundo estaba, y el mundo por él fue hecho; pero el mundo no le conoció. A lo suyo vino, y los suyos no le recibieron" (Jn. 1:9-11).

EL REINO ES LA FUENTE DE VERDADERO GOZO

Fue lleno de gozo que el hombre vendió todo lo que tenía a fin de comprar el campo que contenía el tesoro incalculable. El gozo es un anhelo básico en todo ser humano, y es el deseo al que todos los demás sirven ya sea de manera directa o indirecta. Nos gusta comer porque la comida produce alegría y satisfacción a nuestro paladar, además de buen sentimiento y salud a nuestros cuerpos. Las ansias de dinero se basan principalmente en el gozo que esperamos encontrar en las cosas que el dinero puede comprar. La fama, el poder, el conocimiento, y todo lo demás que ansiamos lo deseamos por el gozo que esperamos que nos traigan. Incluso el avaro, quien parece amar el dinero para su propio provecho, acumula sus posesiones por el gozo que produce acumular. Algunas personas florecen en medio de la miseria porque encuentran gozo en sentir lástima por sí mismas.

Pero todas esas formas de gozo son temporales y desilusionadoras. El único gozo verdadero y eterno es el que se halla en Cristo y su reino, porque el ser humano fue creado por Dios para Él mismo. Solo puede hallarse satisfacción humana en la provisión divina del Señor.

Después que Jesús exhortara a los doce a permanecer en Él y a que sus palabras permanecieran en ellos a fin de demostrar que eran verdaderos discípulos si llevaban mucho fruto, si guardaban los mandamientos, y si permanecían en al amor del Señor, declaró: "Estas cosas os he hablado, para que mi gozo esté en vosotros, y vuestro gozo sea cumplido" (Jn. 15:1-11). Poco después en el mismo discurso, Él manifestó: "Hasta ahora nada habéis pedido en mi nombre; pedir, y recibiréis, para que vuestro gozo sea cumplido" (16:24).

El apóstol Juan declara al principio de su primera carta: "Estas cosas os escribimos, para que vuestro gozo sea cumplido" (1 Jn. 1:4). Pablo nos dice que "el reino de Dios… es… paz y gozo en el Espíritu Santo" (Ro. 14:17); y en la hermosa bendición de esa carta ora así por sus lectores: "El Dios de esperanza os llene de todo gozo y paz en el creer, para que abundéis en esperanza por el poder del Espíritu Santo" (15:13). El verdadero gozo viene únicamente por el descubrimiento y la apropiación de Cristo y su reino a través de la confianza en Él.

AL REINO PUEDE ENTRARSE POR DIFERENTES CIRCUNSTANCIAS

Un quinto principio hallado en estas dos parábolas es que una persona puede entrar al reino por distintas circunstancias. No hay condición previa para apartarse del pecado y volverse a Cristo en fe. Una persona no tiene que convertirse en algo más antes de llegar a ser cristiana, y puede venir de dondequiera que pueda estar.

Las dos parábolas son muy parecidas en que el personaje principal en cada una es un hombre que descubre algo de sumo valor y sacrifica todo lo que posee para comprarlo. Pero el modo en que encuentran sus valiosos tesoros son muy distintos, casi opuestos. En la primera parábola el hombre se topa con el tesoro casi por casualidad. Según se nos dice, él no estaba buscando nada, y sin duda no un tesoro invaluable. Sin embargo, en la segunda parábola el hombre buscaba con diligencia aquello que en última instancia encontró y compró.

Mientras se dirigía a su oficio normal para ganarse la vida, el primer hombre estaba trabajando en el campo o tal vez atravesándolo durante un viaje. Hallar un tesoro era lo último que tenía en la mente.

De igual modo, muchas personas llegan al evangelio mientras realizan las actividades de sus vidas cotidianas, sin ninguna expectativa o ningún interés en la salvación o en algo espiritual. Al tiempo que afanosamente se ocupan en ganarse la vida, cuidar la familia, conseguir una educación, o forjarse una profesión escuchan un sermón, leen un libro, escuchan una cinta, o tienen una conversación que presenta las misericordiosas afirmaciones y promesas de Cristo. Por el poder compasivo del Espíritu reconocen el valor incalculable del mensaje, y creen, son salvas, y heredan el reino.

Eso es lo que le ocurrió a Pablo. Su experiencia fue única en su encuentro dramático, asombroso y audible con el Cristo resucitado, y en que fue llamado a ser un apóstol. Pero no fue única en el hecho de que confiar en Cristo como Señor y Salvador no era la intención que lo motivaba. En realidad estaba persiguiendo con celo a quienes confiaban en Cristo. En los casi dos milenios desde entonces millones más se han convencido y convertido por el poder de Dios incluso en medio de una vida que lo niega y lo rechaza. Algunos han llegado a la iglesia o a alguna reunión evangelística para burlarse del predicador o ridiculizar el evangelio, y han salido como hijos del reino.

La mujer en el pozo cerca de Sicar había llegado allí simplemente a sacar agua y continuar con sus tareas, pero se encontró con la Fuente de agua viva, fue redimida a casa, y llevó a muchos otros a la redención (Jn. 4:5-42). El mendigo ciego en Jerusalén a quien Cristo curó poniéndole lodo en los ojos y haciendo que se lavara en el estanque de Siloé ni siquiera sabía quién era Jesús, mucho menos pidió que lo curara, y aún menos pidió salvación. No obstante, fue curado al instante y en última instancia también recibió salvación (Jn. 9:1-38).

Charles Haddon Spurgeon creció en un hogar cristiano, pero de niño asistía a la iglesia solo porque eso era lo que debía hacer. No era inmoral ni rebelde, pero básicamente estaba satisfecho con su vida y no estaba buscando ninguna otra religión de la que tenía. Una mañana de Año Nuevo, cuando tenía quince años de edad, decidió que debía asistir a la reunión en su iglesia. Cuando la nieve y el frío se volvieron demasiado fuertes para él, se metió a la pequeña fachada frontal de una iglesia, para resguardarse del frío más que por cualquier otra cosa.

Spurgeon escribe acerca del acontecimiento: "Cuando ya no pude avanzar más doblé en una cancha y llegué a una pequeña iglesia metodista primitiva. El predicador que debía dirigir el culto no podía llegar allí por estar detenido a causa del clima, y rápidamente uno de los líderes debió pasar adelante para dirigir el servicio con una congregación de quizás quince personas. El hombre era realmente tonto, y su mensaje declaraba: 'Mirad a mí y sed salvos, hasta lo último de la tierra'. Y tan solo se la pasaba repitiéndolo porque no tenía nada más qué decir". Pero algo en Spurgeon llamó la atención del hombre, quien declaró: "Jovencito, te ves muy abatido. Y abatido en la vida y abatido en la muerte estarás si no obedeces mi mensaje". El hombre hizo una pausa, y siguió hablando: "Jovencito, ¡mira a Jesús! ¡Mira, mira, mira!". Spurgeon narra: "Miré, y en ese instante las nubes desaparecieron, la oscuridad se fue, pues en ese momento vi al Hijo".

Al igual que Pablo, la mujer en Sicar, el mendigo en Jerusalén, y muchísimos otros, Spurgeon no estaba buscando nada, pero encontró todo.

Por otra parte, la segunda parábola encarna a un hombre cuya vida comercial era buscar aquello que finalmente encontró. Él representa a aquel que busca a Dios y que durante años indaga en todas partes su significado personal y su propósito en la vida, probando una religión o filosofía tras otra. No encuentra nada que le satisfaga, pero cree que el camino verdadero es por ahí si solo pudiera hallarlo, y nunca deja de buscar.

Esa fue la experiencia del eunuco etíope a quien el Espíritu Santo dirigió a Felipe que lo interceptara en el camino a Gaza. El hombre era un prosélito gentil que había llegado a Jerusalén a adorar, y en el camino de regreso estaba leyendo de Isaías, pero no entendía nada de lo que leía. Después de toda su búsqueda y todo su estudio, seguía confundido e insatisfecho. Pero cuando Felipe le explicó que Isaías estaba escribiendo acerca de Cristo, el Salvador, el etíope creyó de inmediato. Su larga búsqueda había terminado, "y siguió gozoso su camino" (Hch. 8:26-39).

Otro gentil, Cornelio, también era un prosélito temeroso de Dios, "que hacía muchas limosnas al pueblo, y oraba a Dios siempre". Dios honró la búsqueda sincera de este hombre enviándole a Pedro para que le explicara el evangelio y llevara la salvación tanto a él como a su casa (Hch. 10). De igual manera, la gentil Lidia (Hch. 16:14-15) y adoradores tanto judíos como griegos en la sinagoga en Berea (17:10-12) buscaron y encontraron al Señor.

Hace varios años conocí a una pareja que asistió a nuestra iglesia y que estaba celebrando sus bodas de oro matrimoniales. El esposo había estado ciego durante muchos años, y venían de visita desde un estado lejano. Me contaron que habían buscado a Dios toda su vida de casados, probando una religión tras otra, y finalmente fueron a parar a la secta Unidad. Pronto se dieron cuenta de que esa religión era exactamente tan vacía como sus vidas, y un día salieron de una reunión rumbo a casa totalmente desesperados. Prendieron la radio y encontraron una de mis transmisiones. Después de escuchar con atención la primera mitad del mensaje ambos se pusieron a llorar y se dijeron uno al otro: "Esta es la verdad que hemos estado buscando durante cincuenta años. ¡Al fin la hemos encontrado!".

Todos esos hombres y mujeres estaban buscando perlas espirituales, y hallaron aquella cuyo precio estaba por sobre las más grandes esperanzas que tenían.

EL REINO SE HACE PERSONAL POR MEDIO DE UNA TRANSACCIÓN

En las dos parábolas el objeto inestimable fue adquirido a expensas de todas las posesiones en poder del buscador. Por eso algunos cristianos se sienten incómodos con relación a estas parábolas, porque parecen enseñar que la salvación puede comprarse. Pero de principio a fin las Escrituras dejan muy en claro que la salvación es totalmente el don gratuito de Dios. Sin embargo, interpretada en la manera correcta la salvación se compra en el sentido de que la persona que acepta a Jesucristo como Señor y Salvador rinde ante Él todo lo que posee.

En todas las parábolas se usa lo físico y terrenal para ilustrar lo espiritual y celestial. En estas dos parábolas la transacción económica de comprar representa la transacción espiritual de la rendición. *Hay* un intercambio en la salvación. Lo viejo se cambia por lo nuevo.

Un conocido pasaje del Antiguo Testamento que habla de la salvación como el don gratuito de Dios usa la expresión "venid, comprad" dos veces en un versículo. Isaías escribió: "A todos los sedientos: Venid a las aguas; y los que no tienen dinero, venid, comprad y comed. Venid, comprad sin dinero y sin precio, vino y leche" (Is. 55:1). La compra no es con dinero o con cualquier otra posesión, material o de otro tipo. Pero en este pasaje, así como en las parábolas del tesoro escondido y la perla preciosa, una transacción es clara. El pecador renuncia a todas las cosas sin valor que posee mientras recibe gratuitamente todas las cosas de valor incalculable que Dios tiene para ofrecerle en Cristo. Lo que abandonamos de ninguna manera paga por la salvación. Al contrario, lo que abandonamos no solo que no tiene valor alguno, sino que es peor que inútil. Incluso la "justicia" de un incrédulo es "como trapo de inmundicia" (Is. 64:6).

En el afán por defender una verdad del evangelio es posible contradecir o flexibilizar otra. A fin de defender la gratuidad del evangelio, algunos intérpretes niegan o minimizan el costo de la salvación para los creyentes tanto como para Cristo. El pago que Cristo hizo es lo único que *compra* la salvación, pero el creyente verdadero también estará dispuesto a pagar cualquier costo que la salvación implica. Aparte de la disposición de renunciar a todo lo que tiene, la profesión de fe de una persona es hueca y sin valor alguno. El joven rico de Mateo 19:16-22 es el ejemplo clásico de alguien que vio el valor de la perla pero que se negó a someter al señorío de Jesucristo todo lo que era y lo que tenía.

Resulta evidente que tal rendición no es una obra humana para ganar la salvación, sino una parte de la obra salvadora de Dios forjada en el alma por el Espíritu Santo.

Varios hombres más que declararon su intención de seguir a Jesús dieron varias excusas para no hacerlo, demostrando su hipocresía por medio de su falta de voluntad para hacer lo que Jesús requería. A uno de los individuos nuestro Señor demandó el sacrificio de la comodidad para poder unirse al "Hijo del Hombre [que] no tiene dónde recostar su cabeza" (Mt. 8:20); y del otro demandó el sacrificio de una herencia que el hombre quería recibir cuando su padre muriera (v. 21). De otro más Jesús demandó el sacrificio de las ataduras familiares (Lc. 9:61-62), e incluso de otro demandó rendición de la riqueza que ya poseía (Lc. 18:22).

La rendición de las posesiones, sean estas grandes o pequeñas, actuales o futuras, no puede comprar la salvación. Ellas no tienen mérito espiritual ni algún valor para Dios. La rendición es necesaria no porque pueda comprar algo sino porque es inevitable cuando la salvación se busca de veras. La salvación que no se desea por sobre todo lo demás no se desea realmente. La salvación no cuesta nada en el sentido de pago, pero cuesta todo en el sentido de rendición. Jesús declaró: "El que ama a padre o madre más que a mí, no es digno de mí; el que ama a hijo o hija más que a mí, no es digno de mí; y el que no toma su cruz y sigue en pos de mí, no es digno de mí. El que halla su vida, la perderá; y el que pierde su vida por causa de mí, la hallará" (Mt. 10:37-39). En otra ocasión el Señor manifestó: "Si alguno quiere venir en pos de mí, niéguese a sí mismo, y tome su cruz, y sígame" (Mt. 16:24). Tomar la cruz es renunciar a todo, incluso la vida física.

Al hablar de venir a Él en busca de salvación, Jesús expresó:

> *Porque ¿quién de vosotros, queriendo edificar una torre, no se sienta primero y calcula los gastos, a ver si tiene lo que necesita para acabarla? No sea que después que haya puesto el cimiento, y no pueda acabarla, todos los que lo vean comiencen a hacer burla de él, diciendo: Este hombre comenzó a edificar, y no pudo acabar. ¿O qué rey, al marchar a la guerra contra otro rey, no se sienta primero y considera si*

puede hacer frente con diez mil al que viene contra él con veinte mil? Y si no puede, cuando el otro está todavía lejos, le envía una embajada y le pide condiciones de paz. Así, pues, cualquiera de vosotros que no renuncia a todo lo que posee, no puede ser mi discípulo (Lc. 14:28-33).

Jesús no pudo haber clarificado más la verdad de que la persona que no rinde su antigua vida nunca tendrá la nueva.

La mayoría de personas que piensan en recibir a Cristo como Salvador y Señor no hacen conscientemente un inventario de todas sus posesiones materiales, sociales y de otro tipo para ver si vale la pena sacrificar esas cosas por Él. Cuando ellos descubren el valor infinito de la salvación, simplemente se rinden a Cristo, y su enfoque no está en aquello a lo que renuncian sino en lo que reciben. Pero si la redención que ahora tienen es auténtica, sus vidas evidenciarán una disposición de someter todo lo que se interponga entre ellos y la fidelidad a su Señor.

Algunas de las posesiones más apreciadas de los hombres son sus pecados; y sin duda estos deben entregarse, porque es del pecado que Cristo nos salva. Nadie puede llegar a Cristo dejando simplemente el robo, la maldición, la inmoralidad, la mentira, o una docena más de tales pecados. Sin embargo, quien pertenece de veras a Jesús ansiará renunciar a esos pecados y a todos los demás. Esta es la actitud que el Señor enseña en las Bienaventuranzas: pobreza de espíritu que reconoce la ruina de todos los recursos humanos, llanto por el pecado, humildad en la presencia de Dios, y hambre y sed de justicia a cambio del pecado y la culpa. La obra soberana y salvadora de Dios incorpora esa respuesta.

En su carta a la iglesia en Filipos, Pablo relata los muchos beneficios y logros personales que tuvo antes de ser salvo. El apóstol afirma que fue "circuncidado al octavo día, del linaje de Israel, de la tribu de Benjamín, hebreo de hebreos; en cuanto a la ley, fariseo; en cuanto a celo, perseguidor de la iglesia; en cuanto a la justicia que es en la ley, irreprensible. Pero cuantas cosas eran para mí ganancia, las he estimado como pérdida por amor de Cristo" (Fil. 3:5-7). Ningún escritor del Nuevo Testamento defiende con mayor firmeza la gratuidad de la salvación de lo que Pablo hace. No obstante, él atestigua que al llegar a Cristo contó como pérdida (es decir, que de manera voluntaria rindió como sin ningún valor) todo lo que era y tenía. Al igual que los hombres que compraron el tesoro en el campo y la perla de gran valor, Pablo liquidó todo lo que tenía por el invaluable Tesoro que había descubierto.

80

Juicio y proclamación

Asimismo el reino de los cielos es semejante a una red, que echada en el mar, recoge de toda clase de peces; y una vez llena, la sacan a la orilla; y sentados, recogen lo bueno en cestas, y lo malo echan fuera. Así será al fin del siglo: saldrán los ángeles, y apartarán a los malos de entre los justos, y los echarán en el horno de fuego; allí será el lloro y el crujir de dientes. Jesús les dijo: ¿Habéis entendido todas estas cosas? Ellos respondieron: Sí, Señor. Él les dijo: Por eso todo escriba docto en el reino de los cielos es semejante a un padre de familia, que saca de su tesoro cosas nuevas y cosas viejas. (13:47-52)

Las últimas dos de las ocho parábolas sobre el reino que se hallan en Mateo ilustran la separación y el juicio de los incrédulos, y la predicación y enseñanza de los ministros de Dios. La primera hace una advertencia, y la segunda hace un llamado a predicar esa advertencia a un mundo condenado.

LA PARÁBOLA DE LA RED: JUICIO

Asimismo el reino de los cielos es semejante a una red, que echada en el mar, recoge de toda clase de peces; y una vez llena, la sacan a la orilla; y sentados, recogen lo bueno en cestas, y lo malo echan fuera. Así será al fin del siglo: saldrán los ángeles, y apartarán a los malos de entre los justos, y los echarán en el horno de fuego; allí será el lloro y el crujir de dientes. (13:47-50)

En las parábolas anteriores Jesús ilustró la naturaleza del reino, el poder y la influencia del reino, y la apropiación personal del reino. Ahora vuelve a enfocarse (véase v. 42) en el juicio relacionado con el reino.

La parábola de la red es una aterradora advertencia acerca de lo que pasará a los malvados cuando sean separados de los justos en los últimos días. Jesús ofrece aquí una imagen vívida de juicio, una explicación breve del inicio del juicio y una seria advertencia sobre el peligro del juicio.

LA IMAGEN

Asimismo el reino de los cielos es semejante a una red, que echada en el mar, recoge de toda clase de peces; y una vez llena, la sacan a la orilla; y sentados, recogen lo bueno en cestas, y lo malo echan fuera. (13:47-48)

La actividad que Jesús utiliza para ilustrar el juicio de Dios sobre los incrédulos era común para sus oyentes. Era especialmente conocida por quienes vivían cerca del lago de Galilea, y más especialmente para los pescadores, entre los que estaban varios de los discípulos.

En el lago de Galilea se empleaban tres métodos de pesca, los cuales todavía se usan hoy día. El primero era una caña y un anzuelo, que se usa para atrapar un pez a la vez. Ese fue el tipo de pesca que el Señor instruyó a Pedro que hiciera cuando necesitaban dinero para pagar el impuesto de dos dracmas (Mt. 17:24-27).

Los otros dos tipos de pesca utilizaban redes. Una era una **red** pequeña, que lanzaba un solo hombre, llamada *amphiblēstron*. Pedro y su hermano Andrés se turnaban para lanzar una *amphiblēstron* cuando Jesús los llamó a convertirse en "pescadores de hombres" (Mt. 4:18-19). La **red** doblada se transportaba sobre el hombro del pescador mientras este se metía en aguas poco profundas en busca de un banco de peces. Cuando los peces estaban suficientemente cerca, el hombre sostenía la cuerda con una mano y con la otra mano lanzaba la **red** de tal manera que se abría en un largo círculo que descendía sobre los peces. Pesos alrededor del perímetro de la **red** la hacían hundir y atrapar los peces. Entonces el pescador tiraba de la cuerda, que juntaba los pesos hacia el centro de la **red** y envolvía a los peces como en un saco. Una vez cerrada la **red,** el pescador arrastraba su pesca hasta la orilla.

Un segundo tipo de **red** era la *sagēnē*, una **red** o jábega muy grande para pesca de arrastre, que requería un equipo de pescadores para operarla, y que a veces cubría hasta casi un kilómetro cuadrado. Se colocaba en un círculo gigante alrededor de los peces, entre dos barcas en aguas profundas, o mediante una sola barca cuando se trabajaba desde la orilla. En el último caso, el extremo de la **red** se amarraba firmemente a tierra mientras que el otro se fijaba a la barca, la cual recorría un gran círculo en el agua y regresaba al lugar de inicio. Se amarraban flotadores a la parte superior de la **red** y pesos a la parte inferior, formando una pared de **red** desde la superficie hasta el fondo del lago.

Debido a que la **red** no permitía que nada se escapara, quedaba atrapado todo tipo de cosas además de los deseados peces. La **red** barría todo a su paso: algas, objetos lanzados por la borda de las embarcaciones, toda especie de vida marina y **toda clase de peces.**

Una vez llena la red se necesitaba una gran cantidad de hombres solo para sacarla **a la orilla.** Luego se sentaban a recoger **lo bueno en cestas, y lo malo** lo echaban **fuera.** Los pescados que se llevaban a un mercado lejano se ponían en contenedores con agua para conservarlos vivos, y los que se vendían en las inmediaciones se colocaban en contenedores secos, por lo general **cestas.**

EL PRINCIPIO

Así será al fin del siglo: saldrán los ángeles, y apartarán a los malos de entre los justos, (13:49)

Jesús empieza su interpretación de la parábola explicando que la separación de los peces buenos y malos representa el juicio de Dios **al fin del siglo.** La parábola del trigo y la cizaña ilustra la coexistencia de creyentes e incrédulos en la actual forma de reino, y esta parábola ilustra su separación cuando la forma del reino cambie.

En su interpretación de la parábola del trigo y la cizaña, Jesús declara la misma verdad que da aquí: **Al fin del siglo saldrán los ángeles, y apartarán a los malos de entre los justos** (cp. vv. 39-41). Durante la época actual, que es la era de la Iglesia,

Dios permite la incredulidad y la injusticia; pero llegará el momento en que la tolerancia de Dios terminará y comenzará su juicio. La primera fase del juicio será la separación de **los malos de entre los justos,** la cizaña de entre el trigo. La red del juicio divino se mueve en silencio a través del mar de la humanidad y atrae a todos los seres humanos hacia las orillas de la eternidad para la separación final hacia sus destinos definitivos: los creyentes a vida eterna y los incrédulos a condenación eterna.

Los hombres se mueven dentro de esa red como si fueran libres por siempre. La red los toca de vez en cuando, por así decirlo, sorprendiéndolos. Pero rápidamente huyen, pensando que han escapado, sin darse cuenta de que están completa e ineludiblemente incluidos en el plan soberano de Dios. La telaraña invisible del juicio de Dios restringe a todos los seres humanos tal como la red restringe a los peces. La mayoría de individuos no perciben el reino, y no ven a Dios actuando en el mundo. Podrían conmoverse brevemente por la gracia del evangelio o asustarse por la amenaza del juicio; pero pronto vuelven a sus antiguas maneras de pensar y vivir, ajenos a las cosas de la eternidad. Pero cuando el día del hombre haya acabado y Cristo regrese para establecer su reino glorioso, entonces vendrá el juicio.

Jesús no está dando una descripción total de los últimos días, sino que se está concentrando en el juicio a los incrédulos. Está hablando de juicio en general, con enfoque especial en lo que se conoce como el juicio final en el gran trono blanco (Ap. 20:11-15). Allí "los grandes y pequeños" serán "juzgados" (vv. 12-13).

Tal como se mencionó en la interpretación de la parábola del trigo y la cizaña (v. 41), y según se declaró en muchos otros pasajes del Nuevo Testamento (p. ej., Mt. 24:31; 25:31-32; Ap. 14:19; 15:5—16:21), los ángeles son los instrumentos del Señor para la separación y ejecución de la sentencia. La separación incluirá a todo individuo que entonces esté vivo y a todos los que hayan muerto, "los que hicieron lo bueno, saldrán a resurrección de vida; mas los que hicieron lo malo, a resurrección de condenación" (Jn. 5:29).

Algunas personas preguntan por qué en esta parábola Jesús repitió la enseñanza acerca de la separación angelical, cuando es casi palabra por palabra lo que acababa de asegurar al final de su explicación del trigo y la cizaña (Mt. 13:41). Por una parte, el énfasis aquí es exclusivamente en el aspecto de la separación de los creyentes de los incrédulos, mientras que en la otra parábola el hincapié principal está en la coexistencia de ambos grupos. Por otra parte, se trata de una verdad de tan vital importancia que se repite con frecuencia.

Vez tras vez Jesús advierte sobre los horrores del infierno y les suplica a los hombres que lo eviten llegando a Él para salvación. El Señor advirtió que, así como en los días de Noé antes del diluvio, las personas estarán "comiendo y bebiendo, casándose y dando en casamiento.... Entonces estarán dos en el campo; el uno será tomado, y el otro será dejado. Dos mujeres estarán moliendo en un molino; la una será tomada, y la otra será dejada" (Mt. 24:38, 40-41).

Dios no se complace en la muerte de los malvados (Ez. 18:23) ni desea que alguna persona perezca (2 P. 3:9). El Señor lloró por Jerusalén porque sus habitantes no venían a Él para ser salvos (Lc. 19:41). Él advirtió en cuanto al infierno no para poner a las personas en agonía sino para salvarlas de este lugar. El infierno ni siquiera fue creado para los seres humanos sino para el diablo y sus ángeles caídos (Mt. 25:41).

EL PELIGRO

y los echarán en el horno de fuego; allí será el lloro y el crujir de dientes. (13:50)

Tal vez ninguna doctrina sea más difícil de aceptar emocionalmente que la del infierno. Pero es demasiado clara y se menciona con demasiada frecuencia en la Biblia como para negarla o para hacerle caso omiso. Jesús habló más del infierno que cualquiera de los profetas o apóstoles, quizás porque la horrible verdad del infierno habría sido totalmente imposible de aceptar si el Hijo de Dios no la hubiera afirmado de manera tan categórica. Dicha doctrina tuvo un énfasis especial en la enseñanza de Jesús desde el principio hasta el fin de su ministerio terrenal. Él habló más del infierno que del amor. Más que todos los demás maestros combinados en la Biblia, Jesús advirtió a los hombres acerca del infierno, prometiendo que no escaparían quienes rechacen el misericordioso y amoroso ofrecimiento de salvación que Él brinda.

Solo en el Sermón del Monte, el Señor hace varias advertencias específicas y directas acerca del infierno: "Cualquiera que le diga: Fatuo, quedará expuesto al infierno de fuego" (Mt. 5:22), y "mejor te es que se pierda uno de tus miembros, y no que todo tu cuerpo sea echado al infierno" (v. 29; cp. v. 30; 18:8-9; Mr. 9:43).

Jesús declara que los malvados "hijos del reino serán echados a las tinieblas de afuera; allí será el lloro y el crujir de dientes" (Mt. 8:12) y a la incrédula Capernaúm advirtió: "Hasta el Hades serás abatida" (11:23; cp. Lc. 10:15). A los malvados e hipócritas escribas y fariseos les preguntó: "¿Cómo escaparéis de la condenación del infierno?" (Mt. 23:33). En muchas otras ocasiones Jesús alude al infierno y advierte acerca de la condenación (5:20; 7:13, 19, 23, 27; 10:28; 12:36; 16:18; 18:8-9; 21:43-44; 23:14-15; 24:40-41, 51; 25:30, 46; Mr. 3:29; Lc. 12:9-10, 46; 16:23; Jn. 5:29; 15:6).

El infierno no es simplemente el destino de volver a vivir para siempre malos recuerdos o de entrar en la nada, tal como creen y enseñan muchas personas. Tampoco es un lugar donde los pecadores seguirán pecando sin restricciones ni represión. No habrá absolutamente ningún placer en el infierno, ni siquiera el placer pervertido del pecado... solo el castigo del mal.

Cuando un entrevistador preguntó a una joven cantante de rock punk qué esperaba para el final de su carrera, ella contestó: "La muerte. Espero la muerte". Cuando le preguntaron por qué, la joven declaró: "Quiero ir al infierno, porque allí habrá diversión".

Tal engaño es tan trágico que no hay palabras para describirlo. Nada puede describir menos al infierno que la diversión. La mente humana ni siquiera puede comenzar a concebir el horror eterno que es el infierno. Incluso las imágenes bíblicas relacionadas al infierno solo son alusivas, porque la mente finita no puede comprender el sufrimiento y el tormento infinito más de lo que puede comprender la felicidad y el gozo infinito. Pero por la Palabra de Dios conocemos cuatro verdades básicas acerca del **horno de fuego** que nos ayudarán a captar parcialmente su terror.

Primero, el infierno es un lugar de constante tormento, desdicha y dolor. El tormento se describe a menudo como tinieblas (Mt. 22:13), donde ninguna luz puede penetrar y nada puede verse. A lo largo de innumerables eones de eternidad, los condenados nunca volverán a ver luz o algo que la luz ilumine. El tormento del infierno también se describe como "fuego que no puede ser apagado" (Mr. 9:43) y del que los condenados nunca hallarán alivio. El infierno no puede ser otro que un lugar donde **será el lloro y el crujir de dientes.**

Segundo, en el infierno participará del tormento tanto el cuerpo como el alma. Ni el uno ni la otra se aniquilarán en la muerte; nunca se acabarán. Cuando una persona no salva muere, su alma sale de la presencia de Dios al tormento eterno. En la resurrección de todos los muertos, los cuerpos de los no salvos resucitarán y esos cuerpos resucitados se unirán a sus almas en el tormento del infierno (Mt. 10:28; cp. Jn. 5:29; Hch. 24:15; Ap. 20:11-15). Así como los creyentes serán equipados con cuerpos resucitados para poder disfrutar eternamente las glorias celestiales, los incrédulos serán equipados con cuerpos resucitados para que puedan soportar los tormentos del infierno sin ser destruidos.

Jesús habló del infierno como un lugar "donde el gusano de ellos no muere" (Mr. 9:44). Cuando los cuerpos físicos son enterrados y empiezan a descomponerse, los gusanos pueden atacarlos solo mientras dura la carne. Una vez consumida esta, el cuerpo no puede experimentar más daño. Pero los cuerpos resucitados de los incrédulos nunca serán consumidos, y los "gusanos" infernales que se alimentan de ellos nunca morirán.

Tercero, los tormentos del infierno serán experimentados en diversos grados. Para todo el mundo en el infierno, el sufrimiento será intenso y permanente, pero algunos experimentarán mayor tormento que otros. El escritor de Hebreos afirma: "El que viola la ley de Moisés, por el testimonio de dos o de tres testigos muere irremisiblemente. ¿Cuánto mayor castigo pensáis que merecerá el que pisoteare al Hijo de Dios, y tuviere por inmunda la sangre del pacto en la cual fue santificado, e hiciere afrenta al Espíritu de gracia?" (He. 10:28-29). Los que rechazan de manera voluntaria a Jesucristo y, por así decirlo, pisotean el sacrificio que con su propia sangre Él hizo por ellos recibirán mucho mayor castigo que aquellos que solo tuvieron la luz del antiguo pacto. Y en el día del juicio, este será más tolerable para las ciudades paganas de Tiro, Sidón y Sodoma que para las ciudades judías de Corazín, Betsaida y Capernaúm, las que no solo tuvieron la luz del antiguo pacto sino también la oportunidad de ver y oír al Hijo de Dios en persona y presenciar las obras milagrosas que hizo (Mt. 11:22-23).

En la parábola de los siervos que esperaban que su amo regresara de las bodas, Jesús explica que "aquel siervo que conociendo la voluntad de su señor, no se preparó, ni hizo conforme a su voluntad, recibirá muchos azotes. Mas el que sin conocerla hizo cosas dignas de azotes, será azotado poco" (Lc. 12:47-48).

John Gerstner escribe: "El infierno tendrá grados tan severos que, de ser posible, un pecador daría todo el mundo si sus pecados pudieran ser uno menos".

Cuarto, el tormento del infierno será eterno. Nada será tan horrible acerca del infierno como su infinitud. Jesús utiliza la misma palabra para describir la duración del infierno como la duración del cielo: "E irán éstos al castigo eterno, y los justos a la vida eterna" (Mt. 25:46). Las personas en el infierno experimentarán ausencia total de esperanza.

Aunque Dios diseñó originalmente el infierno para el diablo y sus ángeles caídos, los hombres que deciden seguir el camino de Satanás en lugar del de Dios también sufrirán el destino de Satanás.

El gran escritor y predicador puritano John Bunyan describe el infierno con sus acostumbradas imágenes vívidas:

> [En el infierno] no tendrás más compañía que de almas condenadas junto con un innumerable conjunto de demonios a tu lado. Mientras estés en este mundo, la misma idea de que el diablo se te aparezca hace que la carne te tiemble y que el cabello se te pare en la cabeza. Sin embargo, oh, qué harás cuando no solamente la suposición de la aparición del diablo sino la auténtica sociedad de todos los demonios del infierno estén contigo, aullando, rugiendo y chillando en tan espantosa manera que te desesperarás y terminarás loco de atar otra vez por la angustia y el tormento. Si después de diez mil años llegaría un fin, habría consuelo. Pero he aquí tu desgracia: estarás allí para siempre. Cuando veas que estás entre una innumerable compañía de demonios que te aúllan, volverás a pensar esto: esta es mi porción por siempre. Cuando hayas estado en el infierno tantos miles de años como tantas estrellas hay en el firmamento, gotas en el mar, o granos de arena en la playa, sabrás que tienes que seguir allí para siempre. Oh, esta única palabra, siempre, cómo te atormentará el alma (*New Cyclopedia of Prose Illustrations*, ed. Elon Foster [Nueva York: T. Y. Crowell, 1877], p. 450).

LA PARÁBOLA DEL PADRE DE FAMILIA

Jesús les dijo: ¿Habéis entendido todas estas cosas? Ellos respondieron: Sí, Señor. Él les dijo: Por eso todo escriba docto en el reino de los cielos es semejante a un padre de familia, que saca de su tesoro cosas nuevas y cosas viejas. (13:51-52)

Entendido viene de *suniēmi*, que tiene el significado literal de criar o atar cabos. Jesús estaba preguntando: "¿Han atado correctamente los cabos de **todas estas cosas**? ¿Han **entendido** lo que he estado diciendo acerca del reino en estas parábolas? ¿Comprenden la verdad de que la actual forma del reino seguirá teniendo buenos y malos? ¿Se dan cuenta de que los creyentes seguirán creciendo en cantidad, y que impregnarán e influirán el mundo? ¿Saben que entrar al reino implica reconocer la falta de valor en todo cuanto una persona tiene aparte de la salvación en Jesucristo? ¿Ven que la separación final de los justos y los malvados es inexorable e inevitable, y que el destino de unos y otros es eterno: los justos para vida eterna y los malvados para el castigo eterno?".

En respuesta, los discípulos le **respondieron: Sí, Señor.** Pero por lo que más tarde expresaron e hicieron, sabemos que el entendimiento que tenían estaba lejos de ser perfecto. Sin embargo, Jesús aceptó su respuesta como auténtica; de otra manera no les habría dicho las palabras del versículo 52. Ellos entendieron en el nivel en que podían comprender en ese tiempo.

Jesús había dado estas instrucciones a los discípulos: "Rogad, pues, al Señor de la mies, que envíe obreros a su mies" (Mt. 9:38), para proclamar la cosecha venidera de juicio y para advertir de ese juicio a los hombres y decirles cómo escapar mientras puedan hacerlo. En los cuatro capítulos siguientes lo vemos llamándolos específicamente a este ministerio, comenzando la enseñanza, el entrenamiento, y en toda manera la preparación para el ministerio que tendrían los discípulos.

En base a la respuesta afirmativa que dieron, Jesús entonces **les dijo: Por eso todo escriba docto en el reino de los cielos es semejante a un padre de familia.** Un *grammateus* (**escriba**) literalmente se refería a alguien que escribía. Pero entre los judíos el término había tenido durante mucho tiempo la connotación distintiva de un hombre que era aprendiz, intérprete y maestro de la ley, la Palabra revelada de Dios que ahora conocemos como el Antiguo Testamento. A pesar de que los escribas y rabinos habían añadido tanta tradición que subordinaba y a menudo contradecía la auténtica Palabra de Dios (Mt. 15:6), la supuesta labor que tenían era estudiar e interpretar las Escrituras. Ellos eran los teólogos del judaísmo, y muchos formaban parte del consejo superior judío, el sanedrín.

Bajo la instrucción de Jesús, cada uno de los doce se volvía un auténtico **escriba** y un verdadero **docto en el reino de los cielos.** Cada uno se había vuelto **semejante a un padre de familia, que saca de su tesoro cosas nuevas y cosas viejas.** El **padre de** una **familia** era responsable por el bienestar de todos en ella, y parte importante de su deber era mantener un amplio suministro de alimentos, ropa y todas las demás **cosas** que los miembros de la **familia** pudieran necesitar. Él mantenía esos suministros en una bodega, o **tesoro,** de donde repartía los artículos a medida que se necesitaban.

El prudente padre de familia era moderado y tenía cuidado de no desperdiciar los víveres. Cuando algo podía reutilizarse, como alimentos que no se consumían y ropa que no se usaba, se devolvía al **tesoro** para ser usado de nuevo. Cuando surgían más necesidades, la economía demandaba que estas **cosas viejas** se repartieran primero, antes que se proveyeran **cosas nuevas.**

Los doce discípulos (aprendices) se convertirían en los doce apóstoles (enviados), y Judas sería reemplazado por Matías (Hch. 1:23). El Señor confió la revelación continua de su Palabra y el establecimiento de su Iglesia a través de estos doce, junto con Pablo el apóstol nombrado como el "último de todos" (1 Co. 15:8). Ellos conocían las **viejas** verdades de la revelación anterior, y se les estaba añadiendo verdades que eran **nuevas.** Proclamarían la importancia de unas y otras.

Saca viene de *ekballō,* y transmite la idea de extraer, esparcir o distribuir de modo amplio. En este contexto también sugiere generosidad, entrega de la verdad de Dios de manera tanto sabia como liberal. Aparte del Señor mismo, los apóstoles fueron los supremos eruditos bíblicos, predicadores, maestros y teólogos de todos los tiempos… escribas y discípulos sin igual (cp. Mt. 11:11).

Según se desprende de las parábolas del sembrador, el trigo y la cizaña, y la red, el mensaje del evangelio no es simplemente el ofrecimiento del cielo, sino una advertencia en cuanto al infierno. Lo que convierte al evangelio en tales *buenas* nuevas es su poder para salvar a los hombres del indescriptible *mal* destino hacia el que se dirige toda persona sin Cristo. Un individuo no tiene que elegir el infierno para ir a parar allí. Solo tiene que rechazar las afirmaciones de Jesucristo, o no hacer nada en absoluto.

Aunque no con el mismo grado de autoridad, el encargo de Jesús a los doce se da a cada creyente, y en particular a aquellos que Él ha llamado a enseñar y predicar la Palabra. Es una gran responsabilidad advertir a los no salvos acerca del infierno, y ofrecerles la vía de escape a través de nuestro precioso Señor. Pablo declara: "Conociendo, pues, el temor [o terror] del Señor, persuadimos a los hombres" (2 Co. 5:11). El corazón del cristiano frío en realidad es de quien no está profundamente interesado y ejercitado en cuanto a aquellos que lo rodean y que están destinados a pasar la eternidad en el infierno. Tener el regalo de la vida eterna pero no darlo a conocer a aquellos que ahora solo tienen la perspectiva de la muerte eterna es la síntesis de la falta de amor y el egoísmo.

No obstante, en nombre del amor algunos que se hacen llamar cristianos se niegan a proclamar cualquier cosa que sea temerosa o incómoda. Hace poco tiempo leí que el propósito de cierto organismo de radiodifusión "cristiana" es "ser un buen prójimo para una variedad de oyentes. La declaración de propósitos que se da a las emisoras potenciales incluye esta instrucción: "Cuando estén preparando su programa para estas estaciones, eviten por favor usar lo siguiente: críticas a otras religiones y referencias a conversión, misioneros, creyentes, incrédulos, antiguo pacto, nuevo pacto, iglesia, la cruz, crucifixión, Calvario, Cristo, la sangre de Cristo, salvación a través de Cristo, redención por medio de Cristo, el Hijo de Dios, Jehová, o la vida cristiana. Estas personas oyentes están hambrientas de palabras de consuelo". La declaración continúa: "Les pedimos que se adhieran a estas restricciones para que la Palabra de Dios pueda seguir adelante. Ayúdennos por favor a mantener nuestra posición de llevar consuelo a las personas que sufren".

¡Qué trágico que una organización dedicada a brindar consuelo se niegue a mencionar los elementos esenciales del único mensaje que puede producir verdadero consuelo y paz a un alma atribulada! Cualquiera que sea el mensaje de consuelo que quede después de cumplir con las restricciones de esa red sería el falso consuelo que condena a las personas dejándolas satisfechas en sus pecados. Sea cual sea la motivación absurda de tal pensamiento, no podría tratarse del amor de Cristo, quien amó tanto al mundo y sus habitantes como para dejar de advertir el inminente y eterno peligro que enfrenta toda persona separada de Él.

El poder de la incredulidad 81

Aconteció que cuando terminó Jesús estas parábolas, se fue de allí. Y venido a su tierra, les enseñaba en la sinagoga de ellos, de tal manera que se maravillaban, y decían: ¿De dónde tiene éste esta sabiduría y estos milagros? ¿No es éste el hijo del carpintero? ¿No se llama su madre María, y sus hermanos, Jacobo, José, Simón y Judas? ¿No están todas sus hermanas con nosotros? ¿De dónde, pues, tiene éste todas estas cosas? Y se escandalizaban de él. Pero Jesús les dijo: No hay profeta sin honra, sino en su propia tierra y en su casa. Y no hizo allí muchos milagros, a causa de la incredulidad de ellos. (13:53-58)

Aunque Jesús siguió enseñando muchas verdades adicionales, y reforzando e ilustrando las que ya había enseñado, las ocho parábolas de Mateo 13 marcan el final de la instrucción fundamental de los discípulos. Como se indicó antes, el uso que Jesús hiciera de parábolas fue principalmente en respuesta al rechazo que le hicieran los judíos. Las mismas historias que clarificaban la verdad a sus verdaderos seguidores velaban la verdad a aquellos que se negaban a confiar en Él. "Todo esto habló Jesús por parábolas a la gente, y sin parábolas no les hablaba" (Mt. 13:34), porque, como ya les había explicado a los discípulos, "a vosotros os es dado saber los misterios del reino de los cielos; mas a ellos no les es dado… Por eso les hablo por parábolas: porque viendo no ven, y oyendo no oyen, ni entienden" (vv. 11, 13).

En lo que se refiere a la preparación de los discípulos, las dos parábolas más importantes de Mateo 13 fueron las del sembrador y del trigo y la cizaña. La historia del sembrador dejó claro que algunas personas creerían el evangelio, pero muchas no lo creerían; y esto los preparó para prever las cuatro respuestas básicas que los seres humanos harían al evangelio. La historia vívida del trigo y la cizaña clarificó que, para el actual período del reino de Cristo, los salvos y los no salvos coexistirían juntos. Los doce (y todos los subsiguientes testigos de Cristo) llevarían a cabo sus ministerios en una época tanto de fe como de incredulidad y tanto de bondad como de maldad.

Comenzando con 13:53 y continuando a través de la primera parte del capítulo 16, Mateo relata ocho incidentes en la vida del Señor que demuestran y corresponden a las verdades presentadas en las dos parábolas acababas de mencionar.

El primer incidente tuvo que ver con el agravio que le hicieran a Jesús en su ciudad natal de Nazaret (13:54-58). Para los habitantes, Jesús era un obstáculo, y la tierra de sus corazones estaba evidentemente endurecida.

El segundo incidente tuvo que ver con Herodes (14:1-12), cuyo corazón también era duro, pero que rechazó al Señor más por indiferencia que por odio.

El tercer incidente tuvo dos partes, y se centró primero en el gran gentío al que Jesús alimentó de manera milagrosa, y después se centró en los habitantes de Genesaret (14:13-21, 34-36). En ambos casos la fascinación inicial con Jesús fue positiva pero superficial. El primer grupo lo siguió porque fue alimentado, y el segundo porque fue sanado. El interés que tuvieron finalmente se marchitó, tal como ocurre con las plantas sembradas en poca tierra cuando sale el sol.

El cuarto incidente sucedió entre las dos facciones del tercer incidente, e involucró a los doce discípulos, cuya "tierra buena" se evidenció porque adoraron a Jesús después que Él caminara sobre el agua y calmara la tormenta (14:22-33).

El quinto incidente implicó a los escribas y fariseos que trataban de encontrar una excusa para condenar a Jesús (15:1-20), y ejemplifica otra vez las tierras duras y pedregosas del rechazo de la incredulidad.

El sexto incidente se centró en la mujer cananea que confesó al instante a Jesús como el Señor y le rogó que liberara a su hija endemoniada (15:21-28). La tierra del corazón de esta mujer era suave y fértil, y la semilla de la Palabra echó raíces firmes.

El séptimo incidente involucró a los galileos que llevaron a sus enfermos y afligidos a Jesús para que los curara, pero sin comprometerse de manera auténtica (15:29-39). Aquí hubo una mezcla de tierras superficiales y espinosas, en las cuales el evangelio fue recibido de modo parcial pero no permanente.

El octavo y último incidente involucró a los fariseos y saduceos que intentaron probar y atrapar a Jesús pidiéndole una señal especial (16:1-4). La tierra de sus corazones era evidentemente dura.

En estos ocho relatos se encuentra exactamente la proporción de fe a incredulidad (uno a cuatro) que se halla en la parábola del sembrador. Por la maravillosa sabiduría y provisión del Señor, a través de estos incidentes los doce presenciaron demostraciones vivas de los principios que Él acababa de enseñarles acerca de la respuesta que los hombres darían al evangelio en la época actual. En estas situaciones se reveló el poder tanto de la fe como de la incredulidad.

El poder de la fe se atestigua a través de la Biblia. Abraham creyó a Dios y se convirtió en el padre de una gran nación y el pueblo escogido de Dios. Israel creyó a Dios y atravesó el mar Rojo en tierra seca. David creyó a Dios y pudo matar a Goliat. Naamán creyó a Dios y fue curado de lepra. Daniel creyó a Dios, y los leones no pudieron hacerle daño. Un centurión romano creyó a Dios, y su criado fue sanado. Dos hombres ciegos creyeron a Dios y recibieron la vista y la salvación. Jairo creyó a Dios, y su hija resucitó. El carcelero en Filipos y su casa creyeron a Dios y recibieron vida eterna. La lista es interminable.

Pero la lista de relatos que muestran el poder de la incredulidad también es larga. Adán y Eva no creyeron a Dios, y todo el mundo fue maldito. El mundo mismo se negó a creer la advertencia de Dios predicada por medio de Noé, y fue destruido en el diluvio, a excepción de ocho personas. Faraón no quiso creer a Dios, y perdió a su hijo primogénito, todo su ejército, y su propia vida. Israel no quiso creer a Dios, y vagó durante cuarenta años en el desierto; y como un reino el pueblo se negó otra vez a creer y fue dispersado por siglos entre naciones extranjeras. Aarón se negó a creer el mandato de Dios en cuanto a la adoración, y llevó al pueblo a la idolatría, que resultó en la pérdida de tres mil vidas. Moisés no quiso creerle a Dios, y le costó el privilegio de entrar a la tierra prometida. Nabucodonosor se negó a creer a Dios y se volvió una bestia insensata. Muchos aspirantes a discípulos no quisieron creerle a Dios porque se ofendieron por las enseñanzas de Cristo, y entraron a la eternidad sin esperanza. El joven rico se negó a creer en

Dios y perdió la vida eterna. Casi todos los escribas, fariseos y saduceos se negaron a creer a Dios y fueron condenados al tormento eterno del infierno. A pesar de que vivió durante tres años con Jesús, en presencia de la Verdad viviente y la Luz, Judas no quiso creerle a Dios y fue condenado al infierno, el cual según Jesús era el propio lugar de Judas. Félix, Festo y Agripa se negaron a creerle a Dios a través del testimonio de Pablo, y se perdieron para siempre.

Así como la fe tiene el poder de traer perdón de pecados y vida eterna, la incredulidad tiene el poder de mantener a una persona en sus pecados y bajo la condenación del infierno eterno. Así como la fe tiene el poder de traer eterna felicidad, alegría, paz y gloria en la presencia de Dios, la incredulidad tiene el poder de producir eterno sufrimiento, dolor y angustia en la ausencia de Dios.

Según ilustra la parábola del sembrador, la mayor parte de la respuesta que Jesús enfrentó y que los discípulos enfrentarían fue de incredulidad. Ya sea que la incredulidad venga del corazón golpeado por el pecado, del corazón pedregoso cubierto por una capa superficial de fe, o del corazón espinoso cuya mundanalidad ahoga la verdad del evangelio, toda incredulidad es un asunto de la voluntad. La incredulidad es una decisión; es decirle no a Dios a pesar de la evidencia.

El relato de Mateo acerca del primer incidente que ilustra la parábola del sembrador es precedido por la breve mención de la salida de Jesús de Capernaúm.

SALIDA DE CAPERNAÚM

Aconteció que cuando terminó Jesús estas parábolas, se fue de allí. (13:53)

Jesús había estado ministrando en Capernaúm y sus alrededores más o menos durante un año, usándola como su base de operaciones (véase 4:13; 8:5). Pero la mayoría de personas que lo vieron y oyeron en esa región finalmente se alejaron, manifestando su rechazo o por apática indiferencia o por oposición directa. Debido a ese rechazo, la última enseñanza de Jesús allí la hizo totalmente por medio de **parábolas,** a fin de que viendo no vieran, y oyendo no oyeran ni entendieran (13:13). Después que Jesús terminó de comunicar las **parábolas** sobre el reino, **se fue de allí.**

Debido a que el Señor había pasado más tiempo en esta ciudad que en cualquier otro lugar hasta ese momento en su ministerio, Capernaúm era especialmente culpable por rechazarlo. Ya antes Jesús la había reprendido de manera bochornosa, diciéndole: "Tú, Capernaum, que eres levantada hasta el cielo, hasta el Hades serás abatida; porque si en Sodoma se hubieran hecho los milagros que han sido hechos en ti, habría permanecido hasta el día de hoy" (11:23).

Jesús en realidad había pronunciado una maldición sobre Capernaúm, y cuando **se fue de allí,** el destino funesto de la ciudad era inminente. Jesús nunca volvió allí excepto cuando pasaba para ministrar en otro lugar. Había entrado a la ciudad demostrando poder que solo podría haber venido de Dios. Sin embargo, el pueblo no lo recibiría como Señor. Muchos se asombraron y algunos criticaron, pero pocos creyeron. Ahora la oportunidad de Capernaúm se había ido y el lugar entró en un declive del que nunca se recuperó. Hoy día la ciudad está prácticamente en el mismo estado de ruina, sin casas ni gente, en el que estuvo algunos siglos después que Jesús pasó por allí. Al parecer la ciudad y la sinagoga disfrutaron un período de prosperidad mundana por un tiempo, pero excavaciones arqueológicas muestran creciente actividad pagana en los judíos del lugar. La última sinagoga construida en Capernaúm, erigida sobre el suelo de aquella en la que Jesús enseñó, estaba decorada con varios animales y figuras mitológicas. Al haber rechazado al Dios verdadero, el pueblo quedó a merced de dioses falsos.

REGRESO A NAZARET

Y venido a su tierra, les enseñaba en la sinagoga de ellos, de tal manera que se maravillaban, y decían: ¿De dónde tiene éste esta sabiduría y estos milagros? ¿No es éste el hijo del carpintero? ¿No se llama su madre María, y sus hermanos, Jacobo, José, Simón y Judas? ¿No están todas sus hermanas con nosotros? ¿De dónde, pues, tiene éste todas estas cosas? (13:54-58)

La **tierra** de Jesús era Nazaret, donde José y María fueron a vivir después de regresar de Egipto con su Hijo bebé (2:23). Fue a Nazaret que Jesús regresó después de su bautismo y sus tentaciones (4:12-13), y nos enteramos por Lucas que la respuesta que le dieron entonces fue la misma que en esta ocasión.

Lucas informa que después de las tentaciones en el desierto, "Jesús volvió en el poder del Espíritu a Galilea… Vino a Nazaret, donde se había criado; y en el día de reposo entró en la sinagoga, conforme a su costumbre, y se levantó a leer" (Lc. 4:14*a*, 16).

Jesús había estado fuera solo poco tiempo y seguía siendo un personaje conocido en la sinagoga, donde "conforme a su costumbre" estaba todos los días de reposo. Las personas reunidas en este día de reposo particular eran en esencia las mismas que se habían reunido por muchos años, pero Jesús no era el mismo. Durante el tiempo intermedio había comenzado su ministerio y de repente se había vuelto famoso, ya que desde el inicio de su obra, "se difundió su fama por toda la tierra de alrededor… y era glorificado por todos" (vv. 14*b*, 15*b*).

Después que Jesús se levantó y leyó el conocido texto mesiánico de Isaías 61:1-2, entregó el pergamino al encargado de la sinagoga y se sentó para hacer un comentario sobre la lectura. (El lector siempre se ponía de pie para leer las Escrituras, y luego se sentaba mientras daba una interpretación, a fin de no dar la impresión de que sus comentarios eran iguales en autoridad a la Palabra de Dios). Cuando comenzó a interpretar, Jesús declaró: "Hoy se ha cumplido esta Escritura delante de vosotros"; y es probable que también haya hecho otros comentarios. Al principio las personas no comprendieron que Jesús estaba refiriéndose a sí mismo, porque la respuesta inicial que dieron fue bastante favorable: "Y todos daban buen testimonio de él, y estaban maravillados de las palabras de gracia que salían de su boca, y decían: ¿No es éste el hijo de José?" (Lc. 4:17-22).

Como sabía que los elogios de las personas se basaban únicamente en reconocimiento carente de fe acerca de la popularidad y el poder de Jesús, comenzó a desenmascarar sus motivos reales. Él sabía que ellos deseaban que Jesús repitiera los milagros que había realizado en Capernaúm. Y sabía que si les cumplía la demanda, seguirían sin aceptarlo como el Mesías porque "ningún profeta es acepto en su propia tierra". Reprendiéndoles aún más la hipocresía y la falta de fe, les recordó que, en la época de Elías, Dios había cerrado la lluvia en Israel durante tres años y medio ocasionando una gran hambruna. Durante ese tiempo el Señor no mostró misericordia sobre ninguna de las muchas viudas dolientes en Israel, sino que mostró gran misericordia sobre una viuda gentil de Sarepta. También les recordó que, durante la época de Eliseo, Dios no limpió leprosos en Israel sino que limpió la lepra del gentil Naamán de Siria (vv. 23-27). Los habitantes de Nazaret no pudieron haber pasado por alto el aspecto del poderoso reproche de Jesús de que un creyente gentil es más apreciado para Dios que un judío incrédulo.

Cuando Jesús dejó en claro que comprendía los malvados motivos que ellos tenían y que no cedería ante el deseo provinciano proveniente de un corazón endurecido por contar con su propia demostración de milagros, "al oír estas cosas, todos en la sinagoga se llenaron de ira; y levantándose, le echaron fuera de la ciudad, y le llevaron hasta la cumbre del monte sobre el cual estaba edificada la ciudad de ellos, para despeñarle" (vv. 28-29). En el intento de matar a Jesús pusieron en evidencia el carácter diabólico y la incredulidad de sus corazones. Lo que deseaban era que Jesús los entretuviera y que se beneficiaran del obrador de milagros, no querían convicción de pecado ni el mensaje de salvación por parte de Jesús el Mesías.

De este segundo y parecido encuentro de Jesús con sus antiguos vecinos en Nazaret podemos aprender cuatro verdades importantes acerca de la incredulidad: confunde lo obvio, fortalece lo irrelevante, ofusca la verdad, y obstaculiza lo sobrenatural.

LA INCREDULIDAD CONFUNDE LO OBVIO

Y venido a su tierra, les enseñaba en la sinagoga de ellos, de tal manera que se maravillaban, y decían: ¿De dónde tiene éste esta sabiduría y estos milagros? (13:54)

Las personas en **la sinagoga** del pueblo natal de Jesús en Nazaret al instante lo reconocieron como aquel a quien habían conocido de niño y joven. También recordaban que menos de un año antes Él había obrado milagros en otras partes de Galilea, que los había impresionado con su gran sabiduría, y que los había enfurecido de tal manera poniéndoles en evidencia su hipocresía e incredulidad que intentaron matarlo arrojándolo por el abismo. Pronto se hizo evidente en este viaje a Nazaret que la actitud de sus habitantes hacia Jesús no había cambiado. Ellos **se maravillaban, y decían: ¿De dónde tiene éste esta sabiduría y estos milagros?**

¿Cómo pudo el pueblo rechazar por segunda vez a Jesús como el Mesías, cuando era muy obvio que **estas cosas** de las que **se maravillaban** solo podían venir del poder de Dios? En menos de un año les había demostrado profunda sabiduría y autoridad más allá de cualquier cosa que hubieran presenciado, o incluso oído. Jesús enseñaba a profundidad sobre prácticamente todo tema relacionado con la vida y la muerte, el tiempo y la eternidad, la verdad y la mentira, la justicia y el pecado, Dios y el hombre, el cielo y el infierno. Enseñaba acerca de regeneración, adoración, evangelización, pecado, salvación, vida moral, divorcio, asesinato, servicio, servidumbre, orgullo, odio, amor, ira, celos, hipocresía, oración, ayuno, doctrina verdadera y falsa, maestros verdaderos y falsos, día de reposo, ley, discipulado, gracia, blasfemia, señales y prodigios, arrepentimiento, humildad, muerte al yo, obediencia a Dios, y muchísimos otros temas. Enseñaba la verdad en cuanto a todo lo que pertenecía a la vida espiritual y la piedad (cp. 2 P. 1:3).

Jesús no había estudiado en ninguna de las famosas escuelas rabínicas, ni tenía más entrenamiento formal en las Escrituras que el judío promedio. En consecuencia, cuando enseñó en el templo durante la fiesta de los tabernáculos, los dirigentes judíos en Jerusalén se maravillaron de Él, "diciendo: ¿Cómo sabe éste letras, sin haber estudiado?" (Jn. 7:15). A pesar de no tener credenciales tradicionales, su sabiduría espiritual y moral era tan verdadera y profunda que ni siquiera sus críticos más severos podían refutarla.

Además de enseñar con gran sabiduría, Jesús había exhibido un poder tan sobrenatural que desterró toda enfermedad y dolencia de Palestina, y había realizado milagros de tal naturaleza que asombró a los escépticos más empedernidos. Por lo menos debió haber quedado en claro que Jesús era un profeta de Dios inigualado por nadie más en la era del Antiguo Testamento. ¿Cómo pudieron las personas no haber creído que Jesús venía de parte de Dios, cuando solamente el poder divino y la sabiduría divina podían explicar la grandeza de lo que Él decía y hacía?

Cuando Nicodemo fue a verlo de noche, de inmediato reconoció que Jesús había "venido de Dios como maestro; porque nadie puede hacer estas señales… si no está Dios con él" (Jn. 3:2). Incluso los antagónicos dirigentes judíos reconocían que el poder de Jesús era real, aunque de manera ilógica y blasfema atribuyeron ese poder a Satanás. Uno de los más grandes apologéticos para la divinidad de Jesús es el testimonio claro incluso de sus enemigos respecto a que tenía poderes milagrosos que ningún otro hombre había tenido alguna vez. Así recordó Jesús a los judíos incrédulos en Jerusalén: "Las obras que el Padre me dio para que cumpliese, las mismas obras que yo hago, dan testimonio de mí, que el Padre me ha enviado" (Jn. 5:36). Más tarde en Jerusalén declaró a otro grupo de judíos que querían apedrearlo: "Si no hago las obras de mi Padre, no me creáis. Mas si las hago, aunque no me creáis a mí, creed a las obras, para que conozcáis y creáis que el Padre está en mí, y yo en el Padre" (Jn. 10:37-38). Al final de su evangelio, Juan declara que "hay también otras muchas cosas que hizo Jesús, las cuales si se escribieran una por una, pienso que ni aun en el mundo cabrían los libros que se habrían de escribir" (21:25).

Puesto que eran intencionalmente incrédulos, al igual que los escribas y fariseos, los asistentes a la sinagoga del pueblo natal de Jesús se negaron a hacer la relación lógica y evidente entre el poder y la divinidad que Él tenía. La semilla del evangelio cayó en la tierra endurecida de corazones que aman el pecado, en los cuales la verdad de Dios no podía penetrar en lo más mínimo. Según le explicara Jesús a Nicodemo, "el que en él cree, no es condenado; pero el que no cree, ya ha sido condenado, porque no ha creído en el nombre del unigénito Hijo de Dios. Y esta es la condenación: que la luz vino al mundo, y los hombres amaron más las tinieblas que la luz, porque sus obras eran malas. Porque todo aquel que hace lo malo, aborrece la luz y no viene a la luz, para que sus obras no sean reprendidas" (Jn. 3:18-20).

Aquellos que oyeron y vieron a Jesús no lo rechazaron por falta de evidencia sino a pesar de la abrumadora evidencia. No lo rechazaron porque les faltara verdad sino porque rechazaron la verdad. No quisieron el perdón porque querían mantener sus pecados. Negaron la luz porque preferían la oscuridad. La razón de rechazar al Señor siempre ha sido que los hombres prefieren su propio camino al de Él.

Los líderes judíos en Jerusalén se maravillaron del evidente poder y la evidente sabiduría de Pedro y Juan, "sabiendo que eran hombres sin letras y del vulgo" (Hch. 4:13). Pero así como habían hecho con el Maestro de Pedro y Juan, no juzgaron el mensaje según los méritos bíblicos sino según la relación a las tradiciones humanas que ellos defendían, las cuales se derivaban de una apelación a la justicia propia orientada en obras.

Cuando una persona rechaza de manera intencional al Señor, ni siquiera la evidencia más concluyente la convencerá de la verdad divina. Los sectarios y teólogos liberales que se niegan a reconocer a Jesús como el divino Hijo de Dios pueden hallar innumerables maneras de descartar o desechar las verdades más obvias de la Biblia. Se felicitan por su intelectualismo en explicar las Escrituras, pero sin aceptar las verdades que ofrecen, pues parecen honrar a Cristo sin creer en Él o en lo que enseñó; y se hacen llamar por el nombre de Cristo mientras niegan su naturaleza divina y su poder. A tales discípulos falsos Jesús continúa diciendo: "No todo el que me dice: Señor, Señor, entrará en el reino de los cielos, sino el que hace la voluntad de mi Padre que está en los cielos" (Mt. 7:21; Lc. 6:46).

El individuo que ha oído muchas presentaciones claras del evangelio, pero que una y otra vez pide más evidencia de su verdad simplemente revela la obstinación de su incredulidad. Según Jesús explicó en la historia del hombre rico y Lázaro, "si no oyen a Moisés y a los profetas, tampoco se persuadirán aunque alguno se levantare de los muertos" (Lc. 16:31). La persona que no acepta la luz de Dios que ya tiene no creerá por mucha luz que se le entregue.

LA INCREDULIDAD FORTALECE LO IRRELEVANTE

¿No es éste el hijo del carpintero? ¿No se llama su madre María, y sus hermanos, Jacobo, José, Simón y Judas? ¿No están todas sus hermanas con nosotros? ¿De dónde, pues, tiene éste todas estas cosas? (13:55-56)

En lugar de aceptar la evidencia obvia y abrumadora de que Jesús era el Mesías, el pueblo de Nazaret enfocó su atención en lo irrelevante. En realidad les sorprendió ver que alguien a quien habían visto crecer y con quien habían ido a la sinagoga toda su vida se había convertido de repente en tan gran líder, sin ninguna capacitación formal ni reconocimiento por parte de la jerarquía religiosa aceptada.

Las realidades de que Jesús fuera **el hijo del carpintero,** el hijo de **María,** de que tuviera **hermanos** llamados **Jacobo, José, Simón y Judas** a quienes todos en Nazaret conocían, y que tuviera **hermanas** que aún vivían allí eran intrascendentes con relación al tema de que Jesús fuera el Mesías o no. Aunque los judíos tenían muchas ideas falsas e incompletas en cuanto al Mesías, sabían que iba a venir a la tierra como un ser humano, que nacería en *alguna* familia y que viviría en *alguna* comunidad. Pero en lugar de sentirse sumamente honrados de que Dios escogiera ubicar a su Hijo en Nazaret para que creciera hasta la edad adulta, así como **María** se sintió sumamente honrada de ser su madre (Lc. 1:48) el pueblo estaba escéptico, celoso y resentido.

Por este texto y muchos otros (véase, p. ej., Mt. 12:46-47; Lc. 2:7; Jn. 7:10;

Hch. 1:14) está claro que **María** no vivió en virginidad perpetua, según afirma la herejía católica romana. Después del nacimiento de Jesús, José comenzó relaciones maritales normales con su esposa, y ella procreó al menos cuatro hijos y dos hijas de él. **María** era una mujer de extraordinaria piedad, pero no era más divina que cualquier otra mujer alguna vez nacida, y sin duda no fue la madre de Dios, como el dogma católico sostiene. Ella incluso se refirió al Señor como "Dios mi Salvador" (Lc. 1:47), afirmando su propia pecaminosidad y necesidad de salvación.

José había sido un *tektōn* (**carpintero**), que era el término general para un artesano que trabajaba con material duro, incluso madera. También pudo haber trabajado con ladrillos y piedras. En cualquier caso, sin duda él había construido muchas casas, ventanas, puertas, yugos y otros artículos para sus vecinos en Nazaret; y muchos productos de su trabajo probablemente aún estaban usándose en la aldea. José era un trabajador común como la mayor parte de los demás hombres de la aldea, y Jesús aprendió la carpintería bajo sus órdenes y sin duda se encargó del negocio después que José muriera (véase Mr. 6:3).

El hecho de que los habitantes de Nazaret no consideraran que Jesús y su familia estaban fuera de lo común socava por completo los mitos que atribuyen milagros extraños a Jesús cuando era niño. Una historia sostiene que cada vez que encontraba un pájaro con un ala rota se la tocaba suavemente y lo enviaba volando en su camino totalmente sano. Este texto rechaza por completo tales invenciones.

Cuando vino a la tierra, Jesús se vació de ciertas prerrogativas divinas, "tomando forma de siervo, hecho semejante a los hombres" (Fil. 2:7). Y aunque no tuvo pecado y fue moralmente perfecto durante cada minuto de su vida, está claro que su perfección no era del tipo que llamara la atención sobre sí mismo o que lo distinguiera como extraño o peculiar. Para quienes lo conocieron de niño y joven, Jesús simplemente era un artesano **hijo del carpintero.** Fue en parte acerca del carácter común de Jesús y su familia que los habitantes de Nazaret tropezaron. Les resultaba imposible aceptarlo incluso como un gran maestro humano, mucho menos como el Mesías divino.

Es trágico que pequeños asuntos puedan usarse como grandes excusas para no creer. Los habitantes de Nazaret fueron como las personas a lo largo de la historia de la Iglesia que pueden hallar toda razón insensata para justificar su rechazo al evangelio. No les gusta la actitud de quien les testificó; creen que la mayor parte de las personas de la iglesia son hipócritas; creen que el predicador es demasiado fuerte o demasiado débil, demasiado sofocante o demasiado autoritario; y que las reuniones son demasiado formales o demasiado informales. A menudo se ofenden por las cosas más insignificantes que los cristianos hacen, e interpretan lo insignificante como lo más importante. Ponen una cortina de humo tras otra para excusar su indisposición de creer las claras y exigentes afirmaciones y promesas de Cristo.

Como un medio de escape o de autojustificación, la incredulidad desvía la atención de la verdad. Antes de estar listo para comprometerse a Cristo, el verdadero buscador podría tener muchas inquietudes acerca del evangelio. Pero su sinceridad se demuestra por su disposición de aceptar la verdad una vez explicada. Cada nuevo rayo de luz lo acerca más a la fe. Por otra parte, para el incrédulo empedernido cada nueva verdad lo lleva a plantear otra objeción, y su argumento contra esa verdad lo aleja aún más de la salvación.

Es característico de los incrédulos disfrazarse con el fin de ocultar su propia autosatisfacción, y al negarse a aceptar la clara evidencia respecto a Jesús, los habitantes de Nazaret lo menospreciaron basándose en que lo conocieron desde que era un niño y en que conocían a su familia como ciudadanos comunes de la comunidad. Permitieron que el orgullo, los celos, el resentimiento, la vergüenza, y una gran cantidad de otros sentimientos malvados e insignificantes llenaran sus corazones y se convirtieran en obstáculos para la salvación.

LA INCREDULIDAD OFUSCA LA VERDAD

Y se escandalizaban de él. Pero Jesús les dijo: No hay profeta sin honra, sino en su propia tierra y en su casa. (13:57)

Se escandalizaban viene de *skandalizō,* que presenta la idea básica de hacer tropezar o caer, y es el término del cual se deriva nuestra palabra escandalizar en español. Los amigos y antiguos vecinos de Jesús se escandalizaron por las afirmaciones que Él hacía. Se ofendieron por los antecedentes comunes de Jesús, por lo común de su familia, por la falta de capacitación formal que tenía, por su falta de posición religiosa oficial, y por muchos otros asuntos intrascendentes y secundarios.

No tenemos un relato completo de lo que Jesús enseñó en tales ocasiones en esa sinagoga en Nazaret, pero en ambas ocasiones las personas se ofendieron por lo que Él dijo. Jesús desenmascaró su hipocresía poniéndoles al descubierto el deseo perverso de verlo realizar milagros por amor a los milagros (Lc. 4:23), y es probable que les hubiera hablado de su pecado y de la necesidad de arrepentirse que tenían. En cualquier caso, se volvieron antagónicos y **se escandalizaban de él,** porque la incredulidad los enceguecio a la verdad que Jesús enseñaba. Aunque veían no vieron, y aunque oían no oyeron, ni entendieron (Mt. 13:13). Tal como Pablo declaró a los creyentes en Corinto, Cristo es "para los judíos ciertamente tropezadero, y para los gentiles locura" (1 Co. 1:23).

A menos que alguien esté dispuesto a permitir que la verdad de Dios le are el suelo duro de su corazón, y a confesar y abandonar su pecado, se ofenderá por el evangelio. A menos que una persona enfrente su pecado en penitencia, la verdad del evangelio le está oculta, y la bendición del evangelio está perdida para tal individuo.

Otra vez (véase Lc. 4:24) Jesús recordó a los habitantes de Nazaret el conocido proverbio de que **no hay profeta sin honra, sino en su propia tierra y en su casa.** A menudo es difícil para quienes han visto crecer a un niño como un chico del barrio aceptarlo después como un líder comunitario, un funcionario gubernamental, un pastor, o cosas como estas, ¡por no hablar de aceptarlo como el divino Hijo de Dios! Incluso cuando el hombre gusta personalmente, no le es fácil ganarse el respeto que disfrutaría un extraño con las mismas capacidades. Los hermanos de Jesús finalmente llegaron a creer en Él como su Salvador (Hch. 1:14), pero no lo hicieron durante varios años después del inicio de su ministerio (Jn. 7:5).

LA INCREDULIDAD OBSTACULIZA LO SOBRENATURAL

Y no hizo allí muchos milagros, a causa de la incredulidad de ellos. (13:58)

Algunos de los milagros de Jesús fueron hechos en respuesta directa a la fe personal, pero muchos otros, tal vez la mayoría, se hicieron a pesar de cualquier expresión específica de la fe de un individuo. Todos los milagros se hicieron para fortalecer la fe de quienes creían en Él, pero aunque Dios puede realizar milagros donde no hay fe, decidió no realizarlos donde había dureza e incredulidad deliberada. La incredulidad se convirtió entonces en un obstáculo para la bendición divina, y a causa de **la incredulidad de** los habitantes de Nazaret, Jesús **no hizo allí muchos milagros.** Marcos informa que Jesús "no pudo hacer allí ningún milagro, salvo que sanó a unos pocos enfermos, poniendo sobre ellos las manos" (Mr. 6:5). No fue que el Señor careciera de poder sobrenatural mientras estuvo en Nazaret, sino que decidió actuar solo en respuesta a la fe, con el resultado de que la incredulidad de la gente le impidió el ejercicio pleno de ese poder.

Así como creer salva el alma y permite que el poder de Dios actúe en plenitud, así también la incredulidad bloquea la liberación de ese poder e impide que inunde con su bendición.

Jesús advirtió: "No deis lo santo a los perros, ni echéis vuestras perlas delante de los cerdos, no sea que las pisoteen, y se vuelvan y os despedacen" (Mt. 7:6). El incrédulo endurecido desprecia las preciosas verdades y las bendiciones de Dios, e incluso las usará contra el Señor y su pueblo si puede hacerlo. Jesús se negó a satisfacer la solicitud de los hipócritas escribas y fariseos que querían ver una señal de parte de Él (Mt. 12:38). "El respondió y les dijo: La generación mala y adúltera demanda señal; pero señal no le será dada, sino la señal del profeta Jonás" (v. 39). Los milagros de Jesús fueron de beneficio espiritual solo cuando condujeron a la fe en Él o fortalecieron a quienes ya creían. Para los que no quisieron creer, los milagros de Jesús no tuvieron ningún valor espiritual en absoluto, y Él no los realizaría para entretener o satisfacer una curiosidad impía.

Cuando Jesús y sus discípulos se encontraron en Jerusalén con el hombre que había sido ciego de nacimiento, "le preguntaron sus discípulos, diciendo: Rabí, ¿quién pecó, éste o sus padres, para que haya nacido ciego? Respondió Jesús: No es que pecó éste, ni sus padres, sino para que las obras de Dios se manifiesten en él" (Jn. 9:2-3). Jesús explicó que el hombre nació ciego para que su curación pudiera glorificar a Dios.

Después que la vista del hombre le fue restaurada cuando se lavó en el estanque de Siloé según Jesús había ordenado, los vecinos apenas podían creer que fuera la misma persona a quien habían conocido desde la infancia como totalmente ciego e indefenso. El hombre fue llevado delante de los fariseos, quienes aprovecharon la ocasión para expresar varias opiniones sobre la santidad de Jesús. Puesto que se atrevió a "trabajar" el día de reposo realizando un milagro, algunos de ellos estaban seguros de que Jesús no podía venir de Dios. Otros argumentaron que una persona que no era de Dios nunca podría hacer tales prodigios.

Algunos de los líderes ni siquiera creyeron al hombre que había sido ciego, y llamaron a sus padres a atestiguar. Cuando les pidieron que explicaran lo que le sucedió a su hijo, ellos declararon: "Sabemos que éste es nuestro hijo, y que nació ciego; pero cómo vea ahora, no lo sabemos". Cuando el hombre fue llamado por segunda vez, los líderes le advirtieron: "Da gloria a Dios; nosotros sabemos que ese hombre es pecador", refiriéndose a Jesús. El antiguo ciego respondió que aunque no podía estar seguro del pecado de Jesús, sí estaba seguro de que fue Jesús quien lo había curado. Además, el hombre no creía que alguien que fuera pecador pudiera hacer cosas tan maravillosas como la que sin lugar a dudas Jesús había hecho por él. El hombre insistió: "Si éste no viniera de Dios, nada podría hacer".

Pero mientras el testimonio de aquel hombre se hacía cada vez más favorable a Jesús, la incredulidad de los fariseos solo se endurecía más y más. Finalmente dijeron al hombre: "Tú naciste del todo en pecado, ¿y nos enseñas a nosotros?".

Después que los fariseos expulsaran al individuo, Jesús se le acercó y le preguntó: "¿Crees tú en el Hijo de Dios?". Cuando descubrió que Jesús mismo era el Hijo del Hombre, aquel que había sido ciego confesó: "Creo, Señor; y le adoró". Entonces Jesús declaró: "Para juicio he venido yo a este mundo; para que los que no ven, vean, y los que ven, sean cegados". En respuesta a algunos de los fariseos que le preguntaron: "¿Acaso nosotros somos también ciegos? Jesús les respondió: Si fuerais ciegos, no tendríais pecado; mas ahora, porque decís: Vemos, vuestro pecado permanece" (véase Jn. 9:6-41).

Tal como esos fariseos lo ilustran a la perfección, cuando la incredulidad hace indagaciones sobre la obra sobrenatural de Dios, sale con las manos vacías. Se topa con un callejón sin salida cuando trata de probar cosas divinas. No puede reconocer las obras de Dios porque no reconocerá la verdad de Dios.

El temor que hace perder a Cristo

82

En aquel tiempo Herodes el tetrarca oyó la fama de Jesús, y dijo a sus criados: Este es Juan el Bautista; ha resucitado de los muertos, y por eso actúan en él estos poderes. Porque Herodes había prendido a Juan, y le había encadenado y metido en la cárcel, por causa de Herodías, mujer de Felipe su hermano; porque Juan le decía: No te es lícito tenerla. Y Herodes quería matarle, pero temía al pueblo; porque tenían a Juan por profeta. Pero cuando se celebraba el cumpleaños de Herodes, la hija de Herodías danzó en medio, y agradó a Herodes, por lo cual éste le prometió con juramento darle todo lo que pidiese. Ella, instruida primero por su madre, dijo: Dame aquí en un plato la cabeza de Juan el Bautista. Entonces el rey se entristeció; pero a causa del juramento, y de los que estaban con él a la mesa, mandó que se la diesen, y ordenó decapitar a Juan en la cárcel. Y fue traída su cabeza en un plato, y dada a la muchacha; y ella la presentó a su madre. Entonces llegaron sus discípulos, y tomaron el cuerpo y lo enterraron; y fueron y dieron las nuevas a Jesús. Oyéndolo Jesús, se apartó de allí en una barca a un lugar desierto y apartado; y cuando la gente lo oyó, le siguió a pie desde las ciudades. (14:1-13)

C. I. Scofield se refirió apropiadamente a los acontecimientos de Mateo 14—23 como "el ministerio del Rey rechazado". Cristo el Rey había sido rechazado por su propio pueblo; sin embargo, con sus discípulos continuó predicando el reino. Durante la primera parte de este período los discípulos fueron testigos de notables incidentes que ilustraron las cuatro respuestas básicas al evangelio descritas en la parábola del sembrador.

En este relato del asesinato de Juan el Bautista vemos el segundo de los ocho incidentes que Mateo relata. El primero describió el rechazo que hicieron a Jesús las resentidas personas de su pueblo natal de Nazaret, quienes se ofendieron profundamente porque un hombre al que habían conocido simplemente como el hijo del carpintero se atreviera a enfrentárseles e incluso a proclamarse como el Mesías (Mt. 13:53-58).

El segundo incidente, relatado en ese texto, vincula el rechazo que Herodes el tetrarca le hiciera a Jesús con la ejecución de Juan el Bautista. Al igual que el primer incidente, este ejemplifica el evangelio que cae en suelo tan duro y pedregoso que la verdad salvadora de Dios no puede penetrar. La primera historia trata con un pueblo que rechazó a Cristo; esta trata con un hombre que también lo rechaza. La primera trata con el pueblo común; esta trata con un rey terrenal que se opone al Rey divino. La primera tiene que ver con el trato al Mesías mismo; esta tiene que ver con el trato al precursor del Mesías. La primera trata con rechazo basado en resentimiento celoso; esta trata con rechazo basado en temor. Detrás de ambos rechazos estuvo el orgullo egoísta común del corazón humano incrédulo.

Este relato verdadero es más increíble que la telenovela más extraña. Se trata de una historia de infidelidad, divorcio, nuevo matrimonio, incesto, intriga política, celos, rencor, venganza, lascivia, lujuria, frialdad, crueldad, brutalidad, violencia, remordimiento impío, y duelo piadoso. Pero por sobre todo, es la historia del miedo pecaminoso y del poder de tal miedo de confundir, engañar, corromper, destruir y condenar. En ninguna parte de la Biblia la verdad de que "el temor del hombre pondrá lazo" (Pr. 29:25) se ilustra con mayor intensidad que aquí. Este es uno de los textos más trágicos y sin embargo más triunfantes en la Palabra de Dios.

El punto clave de este breve episodio es la reacción de Herodes hacia Jesús. Entonces, en una escena retrospectiva a sucesos anteriores, se da la razón para la reacción de Herodes a la que le sigue la respuesta de Jesús a la atrocidad detrás de tal razón.

LA REACCIÓN DE HERODES

En aquel tiempo Herodes el tetrarca oyó la fama de Jesús, y dijo a sus criados: Este es Juan el Bautista; ha resucitado de los muertos, y por eso actúan en él estos poderes. (14:1-2)

Kairos (**tiempo**) se refiere a una temporada o período especial, y en este contexto indica la temporada general en que Jesús enfrentaba creciente hostilidad y rechazo. Él había estado ministrando aproximadamente por un año, enseñando, predicando y realizando muchas señales y maravillas como sanar todo tipo de enfermedad, resucitar muertos, y echar fuera demonios. La cronología exacta es difícil de determinar, pero **en aquel tiempo** probablemente cubrió el año y medio a los dos años directamente después del bautismo de Jesús.

Aunque **Herodes el tetrarca** no era judío y tenía poco interés en ellos o en su religión, finalmente **oyó** hablar de **la fama de Jesús.** El término **tetrarca** se refería técnicamente a un "gobierno de una cuarta parte", pero llegó a usarse como un título general para cualquier gobernador subordinado de una provincia o región romana. El hombre no era un verdadero rey en el sentido en que lo fue su padre, Herodes el Grande, pero codició el título por el que a menudo fue llamado (cp. v. 9). Más tarde pediría al emperador Calígula que lo proclamara rey, pero la petición le fue negada. Relativamente el gobernante era un potentado menor en Palestina que tenía poco poder o poca influencia fuera de su propia jurisdicción.

Herodes el tetrarca era hijo de Herodes el Grande por su cuarta esposa, Malthace, una samaritana, y era medio hermano de Herodes Felipo, hijo de la tercera esposa de su padre, Mariamne la Betusiana. Herodes el Grande era idumeo; y puesto que no solo era gentil sino también descendiente de Esaú que se había casado con una samaritana, había sido especialmente despreciado por los judíos. Sus atrocidades a sangre fría (tales como hacer matar a todos los miembros del sanedrín por atreverse a desafiar su autoridad, hacer ejecutar al menos a una de sus esposas y dos de sus hijos, y asesinar a todos los niños varones nacidos en Belén en un intento sin éxito de destruir al Mesías) lo hicieron aún más odiado.

En la historia secular **Herodes el tetrarca** era conocido como Herodes Antipas, y después de la muerte de su padre, Herodes el Grande, los romanos dividieron el reino (que comprendía la mayor parte de Palestina) entre tres de sus muchos hijos. Los dos además de Antipas eran su hermano Arquelao (véase Mt. 2:22) y su medio hermano Felipe (véase 14:3). A Arquelao le otorgaron las provincias del sur de Judea y Samaria, a Felipe las provincias del norte de Traconite e Iturea, y a **Herodes** Antipas la región intermedia, que incluía Galilea y Perea.

En el **tiempo** que **Herodes el tetrarca oyó la fama de Jesús,** Herodes el Grande había muerto mucho antes, y este **Herodes** estaba en su trigésimo segundo año de gobierno. Él pasaba la mayor parte del año en su palacio en Tiberias, a la orilla suroeste del mar de Galilea. Pero también pasaba bastante tiempo en la enorme fortaleza del palacio que su padre había construido en Maqueronte, a once kilómetros al este del extremo norte del Mar Muerto.

Es interesante que aunque Jesús ministró en Galilea más que en cualquier otra región, no hay evidencia de que visitara Tiberias o incluso pasara por allí. La ciudad estaba a poca distancia de Capernaúm, Nazaret, Caná y muchos otros lugares que Jesús visitó; sin embargo, hasta donde sabemos nunca puso un pie en esa población. El Señor pudo haber evitado Tiberias a fin de no despertar prematuramente la atención de Herodes. Y pudo haber sido por eso, junto con el desprecio del rey pagano por los judíos y su preocupación con una vida de lujos, que **Herodes** pareció tardar tanto tiempo en oír hablar de **la fama de Jesús.**

Cuando finalmente oyó hablar de **la fama de Jesús,** Herodes se angustió mucho. Según explicó **a sus criados,** él llegó a creer que **Jesús** era **Juan el Bautista** que había **resucitado de los muertos.** Debido a su agobiante culpa por haber asesinado a Juan, Herodes temía que él hubiera regresado **de los muertos** para buscar venganza.

Por Lucas nos enteramos que esta idea no se originó con Herodes, sino que él había oído "de todas las cosas que hacía Jesús; y estaba perplejo, porque decían algunos: Juan ha resucitado de los muertos; otros: Elías ha aparecido; y otros: Algún profeta de los antiguos ha resucitado" (Lc. 9:7-8; cp. Mt. 16:14). Herodes confesó: "A Juan yo le hice decapitar", y por curiosidad morbosa "procuraba verle" (Lc. 9:9). En su mente llena de culpa había decidido que este Jesús no era otro que **Juan el Bautista resucitado de los muertos.**

El ángel del Señor le dijo a Zacarías, el padre de Juan, que su hijo "irá delante de [Jesús] con el espíritu y el poder de Elías" (Lc. 1:17), quien había recibido grandes poderes milagrosos. Pudo también haber sido que Juan el bautista realizara milagros de los que no se nos habla. En cualquier caso, Herodes evidentemente creía que Juan tenía tales dones, y estaba convencido de que **estos poderes** milagrosos que actuaban en Jesús demostraban que Juan había resucitado de los muertos.

EL MOTIVO DE HERODES

Porque Herodes había prendido a Juan, y le había encadenado y metido en la cárcel, por causa de Herodías, mujer de Felipe su hermano; porque Juan le decía: No te es lícito tenerla. Y Herodes quería matarle, pero temía al pueblo; porque tenían a Juan por profeta. Pero cuando se celebraba el cumpleaños de Herodes, la hija de Herodías danzó en medio, y agradó a Herodes, por lo cual éste le prometió con juramento darle todo lo que pidiese. Ella, instruida primero por su madre, dijo: Dame aquí en un plato la cabeza de Juan el Bautista. Entonces el rey

se entristeció; pero a causa del juramento, y de los que estaban con él a la mesa, mandó que se la diesen, y ordenó decapitar a Juan en la cárcel. Y fue traída su cabeza en un plato, y dada a la muchacha; y ella la presentó a su madre. (14:3-11)

Estos versículos representan una escena retrospectiva de acontecimientos que comenzaron un año atrás o más, justo antes que Jesús iniciara su ministerio en el tiempo en que **Herodes había prendido a Juan, y le había encadenado y metido en la cárcel** (véase Mt. 4:12).

Antes del nacimiento de Juan, el ángel declaró que Juan "será grande delante de Dios… será lleno del Espíritu Santo, aun desde el vientre de su madre" (Lc. 1:15). Jesús atestiguó que "entre los que nacen de mujer no se ha levantado otro mayor que Juan el Bautista" (Mt. 11:11). El precursor del Mesías era un hombre extraordinario y dedicado firmemente a cumplir su misión divina de allanar el camino para su Señor y Maestro. En humildad auténtica estaba feliz de hacer que su propia fama e influencia decrecieran mientras las de Jesús aumentaban (Jn. 3:30).

El tema casi único de la predicación de Juan era: "Arrepentíos, porque el reino de los cielos se ha acercado (Mt. 3:2). Cuando centenares acudían y confesaban sus pecados en preparación para el Mesías, Juan los bautizaba como un símbolo del deseo que tenían de un corazón limpio. Juan confrontó el pecado e hizo un llamado a la santidad; pero a pesar de su mensaje sombrío y su estilo de vida asceta, era asombrosamente popular y respetado por el pueblo. "Salía a él Jerusalén, y toda Judea, y toda la provincia de alrededor del Jordán" (Mt. 3:5).

En contraste extremo, **Herodes** era perverso, corrompido, descarado, dominado por la mujer, lujurioso y dado a todo tipo de exceso pecaminoso. Tenía más conciencia que su brutal padre, pero no tuvo el valor de seguirla. Podría decirse que hasta el grado en que Juan era admirado y honrado, Herodes era despreciado y temido.

En lugar de matar al profeta, como deseaba hacer (v. 5), **Herodes había prendido a Juan, y le había metido en la cárcel,** tal vez en el calabozo en su palacio en Maqueronte. El palacio estaba ubicado sobre un monte más alto incluso que la ciudad de Jerusalén, y ofrecía una vista hermosa y dramática. Pero el calabozo estaba debajo profundamente cavado en la tierra, y arqueólogos han descubierto los muchos lugares donde los prisioneros eran encadenados a las paredes. No había luz natural, y solo aire viciado y húmedo para respirar. Aquí Juan el Bautista fue **encarcelado** más o menos por un año hasta su ejecución.

Herodes había **metido** a Juan **en la cárcel, por causa de Herodías, mujer de Felipe su hermano; porque Juan le decía: No te es lícito tenerla.** El tetrarca había tomado a **Herodías** como su propia esposa después de seducirla y quitársela a su medio **hermano Felipe** durante una visita a Roma. Con el fin de casarse con ella debió divorciarse de su actual esposa, la hija del rey Aretas, con quien mediante el matrimonio de su hija había sellado una alianza política y militar. Aretas gobernaba la Arabia nabatea, cuya capital era la famosa ciudad fortaleza de Petra, localizada como a ochenta kilómetros al sureste del Mar Muerto. Aretas se enfureció tanto por el trato dado a su hija que destruyó casi todo el ejército de Herodes, y habría matado también al tetrarca de no haber intervenido el ejército romano.

Herodías es una de las mujeres más malvadas y perversas mencionadas en la

Biblia, tal vez solo superada por Jezabel. A pesar de haber sido seducida al principio por **Herodes,** no pasó mucho tiempo para que él fuera manipulado por ella. Debido a que tanto **Herodes** como **Herodías** ya estaban casados, su matrimonio era doblemente ilícito. El Espíritu Santo se negó a reconocerla como la esposa de **Herodes,** y dirigió a Mateo a referirse a ella como la **mujer de Felipe su hermano,** aunque había estado divorciada de **Felipe** por una cantidad de años. El nuevo matrimonio no solo era ilícito sino incestuoso, porque **Herodías** era hija de Aristóbulo, otro medio hermano de **Herodes,** lo que la convertía en sobrina de **Herodes.**

No se sabe a ciencia cierta dónde y cómo **Juan el Bautista** confrontó por primera vez a **Herodes** acerca de su matrimonio **no lícito.** Es posible que el tetrarca hubiera llamado a **Juan** a su palacio con la esperanza de que este realizara algún asombroso milagro a su favor, tal como más tarde esperó de parte de Jesús (Lc. 23:8). Pero independientemente de quién iniciara la reunión, **Juan** se presentó ante el rey con una reprimenda mordaz en lugar de una señal milagrosa. Por las palabras **porque Juan le decía** (cp. Mr. 6:18), parece que **Juan** había reprendido al rey y su esposa en más de una ocasión.

Tanto **Herodes** como **Herodías** estaban indignados por el atrevimiento del profeta, y ella más que él **quería matarle.** De no haber sido porque **Herodes temía al pueblo, porque tenían a Juan por profeta,** este habría sido ejecutado de inmediato.

Juan no era conciliador ni diplomático. Su único temor era al Señor, y no titubeó más en confrontar a Herodes y a Herodías con su maldad de lo que titubeaba en confrontar a los fariseos y saduceos no arrepentidos a quienes llamó generación de víboras (Mt. 3:7).

Tal audacia santa, que no sopesa las consecuencias, es el distintivo de la grandeza profética. El hombre fiel de Dios confronta el pecado dondequiera que esté y quienquiera que lo cometa, sin tener en cuenta el poder que pudiera tener el pecador, incluso poder sobre su propia vida. Esa audacia santa fue la característica de Esteban, Pablo, Pedro, e innumerables santos más de Dios que a lo largo de diecinueve siglos de la Iglesia han preferido perder sus vidas antes que su mensaje. El gran erudito del Nuevo Testamento A. T. Robertson escribió: "Le costó la cabeza; pero es mejor tener una cabeza como Juan el Bautista y perderla que tener una cabeza común y corriente y conservarla".

Josefo declaró de Juan: "Ahora cuando muchos otros llegaron en tropel alrededor de él, porque fueron conmovidos en gran manera al oír sus palabras, Herodes, quien temía que la gran influencia que Juan tenía en el pueblo pudiera darle poder y predisponerlo a iniciar una rebelión, pensó que lo mejor sería darle muerte para evitar cualquier dificultad que el profeta pudiera causar".

Así como Juan no temía a nada ni nadie excepto Dios, Herodes temía casi todo y a todos menos a Dios. No solo **temía al pueblo,** sino que también temía a Juan el Bautista, a su esposa, y a sus colegas (v. 9). Temía otro ataque de Aretas y, según reportó Josefo, temía una rebelión de su propio pueblo, inspirada y tal vez dirigida incluso por Juan el Bautista. Además, Herodes temía que el emperador lo reemplazara con alguien que tuviera más el favor de Roma. Ese temor estaba bien fundado, porque unos años después de esto su celoso y maquinador sobrino Agripa (hermano de Herodías), convenció al emperador Calígula de que Herodes estaba planeando una rebelión. Tal vez porque Calígula no confió por completo en la palabra de Agripa, Herodes y Herodías fueron exiliados a la Galia (moderna Francia) en lugar de ser ejecutados, que era el castigo normal para la traición.

Los sentimientos de Herodes acerca de Juan eran ambivalentes; lo temía tanto como lo fascinaba. Marcos relata que "Herodes temía a Juan, sabiendo que era varón justo y santo, y le guardaba a salvo; y oyéndole, se quedaba muy perplejo, pero le escuchaba de buena gana" (Mr. 6:20). ¡El rey escuchaba de buena gana al hombre a quien quería matar! Sin duda estas audiencias con Herodes eran el único alivio que Juan tenía de los tormentos de la cárcel; pero para el profeta no eran una vía de escape sino oportunidades de testificar para su Señor y de tratar de llevar a su perseguidor al arrepentimiento y a la salvación.

Del pasaje en Marcos 6, así como del hecho de que a Herodes le entristeció la petición que Herodías hiciera de la cabeza de Juan (Mt. 14:9), parece que el rey había desarrollado cierto afecto por Juan, o al menos un temor más respetuoso. Pero sus sentimientos hacia Juan no pudieron competir con el temor que tenía a su esposa y a sus amigos.

Herodías tenía pocos equivalentes en inmoralidad, astucia maligna, o venganza. Desde el momento del primer reproche de Juan, ella había estado maquinando deshacerse de este profeta entrometido que le exasperaba sus propios sentimientos y que también alimentaba el odio que sus súbitos judíos ya le tenían. Ella estaba esperando el momento oportuno y la oportunidad correcta, que se presentó **cuando se celebraba el cumpleaños de Herodes,** en que **la hija de Herodías danzó en medio, y agradó a Herodes.**

Por Josefo nos enteramos que el nombre de esta **hija** era Salomé, cuyo padre era Felipe, el primer esposo de su madre y medio hermano de Herodes. **Herodías** estaba tan llena de odio, venganza e inmoralidad que no tuvo reparo en involucrar a su **hija** tanto en una danza obscena delante de su padrastro y los invitados, como en el ardid para hacer asesinar a Juan.

En el mundo antiguo las celebraciones de **cumpleaños** eran totalmente gentiles y paganas, y los judíos, con sobrada razón, las consideraban vergonzosas. Con frecuencia los nobles romanos tenían espectaculares fiestas de cumpleaños en que eran comunes la glotonería, el consumo excesivo de alcohol, las danzas eróticas, y la tolerancia sexual. La frase *día de Herodes* (latín para "cumpleaños de Herodes") se convirtió en un epíteto para tales fiestas orgiásticas.

Agradó era una expresión más sofisticada para "excitación sexual", y el rey borracho estaba tan enamorado de su hijastra que de manera imprudente **le prometió con juramento darle todo lo que pidiese,** incluso hasta la mitad de su reino (Mr. 6:23). Esta era la oportunidad que Herodías había estado esperando, de modo que **instruida primero por su madre,** Salomé le pidió a Herodes: **Dame aquí en un plato la cabeza de Juan el Bautista.** Es evidente que la danza provocativa fue planeada por Herodías con el propósito de evocar una promesa de su borracho, lascivo y libidinoso esposo. Y para que Herodes no cambiara de opinión después de recuperar la sobriedad, Herodías le dijo a su hija que pidiera **aquí en un plato la cabeza de Juan el Bautista** "ahora mismo" (Mr. 6:25).

En medio de su glotonería y su lujurioso estupor, el rey había sido fácilmente engañado por su maquinadora esposa y su seductora hija. Él había perdido toda dignidad, toda sensibilidad, y todo deseo por lo correcto que pudo haber tenido.

Queriendo parecer el benefactor magnánimo delante de sus invitados, se había acorralado él mismo y ahora estaba totalmente a merced de su intrigante esposa.

Entonces el rey se entristeció; pero a causa del juramento, y de los que estaban con él a la mesa, mandó que se la diesen. No es que la palabra del **rey** fuera respetada y que romper su **juramento** empañaría su reputación, ya que este monarca se destacaba por su deshonor e hipocresía. Pero en el antiguo Cercano Oriente, una promesa hecha con juramento se consideraba sagrada e inviolable (cp. Mt. 5:33), en especial cuando la hacía un gobernante. Y aunque a Herodes le importaban un comino los principios, tenía gran preocupación por la apariencia. Al incumplir su promesa poco después de haberla hecho habría pasado vergüenza delante **de los que estaban con él a la mesa,** muchos de los cuales sin duda alguna eran dignatarios políticos y militares.

Herodes **se entristeció,** pero su tristeza no tenía nada que ver con remordimiento por el pecado o con arrepentimiento auténtico. Al igual que Pilato, quien sabía que Jesús era inocente y lo habría liberado a no ser por la presión continua de los dirigentes judíos (Lc. 23:4, 14-16, 20, 22-25; cp. Jn. 19:12), Herodes se rindió cobardemente a lo que sabía que era injusto y vengativo. Incluso borracho sabía que fue engañado, pero su orgullo le impidió hacer lo que era correcto. En lugar de admitir el tonto exceso de su promesa, el rey permitió que fuera usado para cometer un delito enorme… todo para salvar una reputación que no tenía. Con la ayuda de su malvada esposa y de su hijastra carente de principios, llenó su copa de iniquidad.

Con rapidez y frialdad Juan fue decapitado en su celda, **y fue traída su cabeza en un plato, y dada a la muchacha; y ella la presentó a su madre.** Por espantoso y macabro que fuera dicho acto, tales cosas eran comunes en esos días. Los potentados tenían poder de vida y muerte sobre sus súbditos y prisioneros, poder que con frecuencia se ejercía y rara vez se cuestionaba. Herodías tenía un antepasado llamado Alexander Junius, quien realizó una fiesta en la que hizo crucificar a ochocientos rebeldes ante los invitados reunidos. Mientras los hombres colgaban en sus cruces fueron asesinados frente a sus ojos sus esposas e hijos.

Un escritor comenta: "Cuando le llevaron el plato en que estaba la cabeza sangrante, sin duda alguna [Salomé] la tomó con delicadeza en las manos para no mancharse con la sangre, y danzando se la llevó a su madre como si cargara un plato selecto de comida de la mesa del rey. No era raro llevar la cabeza de quien había sido asesinado a la persona que ordenó hacerlo, como una prueba segura de que se había obedecido la orden". Se dice que cuando le cabeza de Cicerón fue llevada a Fulvia, la esposa de Antonio, ella la escupió, le extrajo la lengua, y se la atravesó con una horquilla. Jerónimo, el padre de la iglesia primitiva, creía que eso es lo que Herodías hizo con la cabeza de Juan. Tal barbarismo particular no puede verificarse, pero hacer algo tan espantoso no habría estado fuera del carácter de Herodías.

La morbosa fascinación de Herodes con Juan y con lo milagroso y sobrenatural no tenía nada que ver con la búsqueda auténtica de la verdad, y sin duda tampoco tuvo nada que ver con la búsqueda de salvación. Se trató de la curiosidad religiosa de la incredulidad que es impenetrable a la verdad, el amor, o la gracia de Dios.

Después que Herodes hiciera decapitar a Juan preguntó respecto a Jesús afirmando que "procuraba verle" (Lc. 9:9). Sin embargo, Jesús no hizo esfuerzo por ver a Herodes, y no permitiría que Herodes lo viera hasta que fuera el tiempo de su Padre. En cierta ocasión Jesús le envió un mensaje al rey cuando le informaron que Herodes quería matarlo, en que decía: "Id, y decid a aquella zorra: He aquí, echo fuera demonios y hago curaciones hoy y mañana, y al tercer día termino mi obra" (Lc. 13:32). Jesús se dedicó a su misión y dejó al rey a merced de su miedo sin resolver, de su pecado imparable, y de su destino de condenación. Después de comparecer delante del sanedrín y Pilato, Jesús fue enviado a Herodes, y se vieron personalmente por primera vez. "Herodes, viendo a Jesús, se alegró mucho, porque hacía tiempo que deseaba verle; porque había oído muchas cosas acerca de él, y esperaba verle hacer alguna señal. Y le hacía muchas preguntas, pero él nada le respondió…. Entonces Herodes con sus soldados le menospreció y escarneció, vistiéndole de una ropa espléndida; y volvió a enviarle a Pilato" (Lc. 23:8-9, 11).

En la mayor de las ironías, "se hicieron amigos Pilato y Herodes aquel día; porque antes estaban enemistados entre sí" (23:12). ¡Dos hombres despiadados y antiguos enemigos establecían ahora una amistad alrededor del vínculo común de crucificar al Hijo de Dios!

Herodes rechazó a Cristo, y Cristo rechazó a Herodes. Por miedo a una mujer, por temor a su reputación, por miedo a sus amistades, por temor a su trono —y por *carecer* de amor a Dios— Herodes condenó su alma para siempre.

RESPUESTA DE JESÚS

Entonces llegaron sus discípulos, y tomaron el cuerpo y lo enterraron; y fueron y dieron las nuevas a Jesús. Oyéndolo Jesús, se apartó de allí en una barca a un lugar desierto y apartado; y cuando la gente lo oyó, le siguió a pie desde las ciudades. (14:12-13)

En un final hermoso para una escena horrible, **llegaron** los **discípulos** de Juan **y tomaron el cuerpo y lo enterraron.** Es difícil imaginar el dolor que debieron haber experimentado mientras llevaban el **cuerpo** decapitado de aquel que amaban y habían seguido fielmente. Juan fue un hombre grande y piadoso, quien había sido amigo y maestro de ellos, bajo cuya apasionada predicación habían confesado y abandonado sus propios pecados, y bajo cuya inspiración y dirección es probable que hubieran guiado a otros al arrepentimiento.

Posiblemente siguiendo anteriores instrucciones de Juan, los discípulos **fueron y dieron las nuevas a Jesús** de lo que había ocurrido. **Jesús** amaba profundamente a Juan, y cuando oyó la noticia **se apartó de allí en una barca a un lugar desierto y apartado.** Según explica Marcos con más detalles, Jesús estaba solo con sus discípulos, a quienes les declaró: "Venid vosotros aparte a un lugar desierto, y descansad un poco. Porque eran muchos los que iban y venían, de manera que ni aun tenían tiempo para comer" (Mr. 6:31).

Algunos comentaristas sugieren que Jesús salió de la región por temor a correr la misma suerte de Juan, pero si Juan no le temía a Herodes, seguramente Jesús le temía menos. Además, ¿por qué habría querido Jesús escapar a una amenaza que solo era potencial, cuando sabía que no muchos meses después caminaría de buena gana hacia una muerte segura? Si Jesús salió con el fin de escapar a un posible arresto por parte de Herodes, se debió solo a que eso no estaba en el plan o en la programación del Padre para el Hijo.

Juan el Bautista fue el primer mártir en morir por Cristo, y parece indudable que Jesús tomó esta oportunidad con el fin de preparar aún más a sus discípulos para lo que les esperaba. Cristo mismo sería el próximo en morir, y todos los demás (incluso Matías, quien reemplazó a Judas) al parecer padecieron martirio, excepto Juan que murió en el exilio.

Aunque los cristianos en la mayor parte del mundo de hoy tienen relativa libertad de practicar y propagar su fe, muchos creyentes están sufriendo un destino como el de Juan. Cuando se convierten al cristianismo, sus familias los repudian, los dan por muertos, y a veces hasta los matan. Innumerables miles pierden sus trabajos, su libertad para adorar, y hasta el derecho de enseñar su fe a sus propios hijos. Muchos son encarcelados, torturados, exiliados, y difamados públicamente. Pero al igual que Juan el Bautista, no niegan a su Señor por salvar sus derechos, su libertad, o sus vidas.

La alimentación milagrosa 83

Y saliendo Jesús, vio una gran multitud, y tuvo compasión de ellos, y sanó a los que de ellos estaban enfermos. Cuando anochecía, se acercaron a él sus discípulos, diciendo: El lugar es desierto, y la hora ya pasada; despide a la multitud, para que vayan por las aldeas y compren de comer. Jesús les dijo: No tienen necesidad de irse; dadles vosotros de comer. Y ellos dijeron: No tenemos aquí sino cinco panes y dos peces. Él les dijo: Traédmelos acá. Entonces mandó a la gente recostarse sobre la hierba; y tomando los cinco panes y los dos peces, y levantando los ojos al cielo, bendijo, y partió y dio los panes a los discípulos, y los discípulos a la multitud. Y comieron todos, y se saciaron; y recogieron lo que sobró de los pedazos, doce cestas llenas. Y los que comieron fueron como cinco mil hombres, sin contar las mujeres y los niños. (14:14-21)

El hecho de que la alimentación de los cinco mil sea el único de los muchos milagros de Jesús registrados en los cuatro evangelios atestigua su importancia única. En cada relato del evangelio este milagro está puesto en el punto culminante del ministerio del Señor.

Cuando Jesús comenzó su extenso ministerio en Galilea, este era casi totalmente público. El Señor buscaba a las multitudes, yendo de pueblo en pueblo y de ciudad en ciudad, predicando el evangelio del reino a todos los que escuchaban. El Rey se manifestó abiertamente delante del pueblo de Israel, ofreciéndole la oportunidad de que lo recibieran como su Señor.

Pero desde los primeros días los dirigentes religiosos fueron escépticos, y pronto se volvieron poco amistosos y finalmente hostiles. Cuanto más claro era el mensaje de Jesús, más altas se encendían las llamas de la oposición. Con la muerte de Juan el Bautista, y el temor de Herodes de que Jesús fuera Juan resucitado de los muertos, el antagonismo político también se volvió manifiesto. Herodes se sintió amenazado por Jesús tal como se había sentido amenazado por Juan el Bautista, y no habría dudado en hacer con Jesús lo que había hecho a Juan.

La reacción del pueblo fue variada e inconstante. Aunque los ciudadanos de Nazaret habían rechazado dos veces a Jesús debido a que lo conocían desde niño y joven, la mayor parte del pueblo aún estaba fascinado por los milagros del Señor. Con el milagro de crear comida para alimentar a la multitud de cinco mil, la popularidad de Jesús alcanzó su punto más alto cuando el gentío trató de tomarlo por la fuerza para que fuera su rey y libertador (Jn. 6:15).

A medida que la oposición política y religiosa se volvía más intensa, y la lealtad de las multitudes más vacilante, Jesús comenzó a pasar menos tiempo en público y más tiempo en privado con sus discípulos. Durante el último año de su vida dedicó la mayor parte de su atención a los doce, preparándolos para lo que pronto le ocurriría en la crucifixión y lo que les sucedería cuando se embarcaran en su tarea de sentar las bases para la Iglesia.

Cuando los discípulos de Juan el Bautista llevaron a Jesús la noticia de la muerte de Juan, se retiró de la región de Capernaúm a fin de poder estar a solas con sus propios discípulos (Mt. 14:13*a*; cp. Mr. 6:31). Jesús no temía perder la vida, porque sabía que nadie podía quitársela a menos que Él se lo permitiera (Jn. 10:18). Se retiró para evitar un enfrentamiento prematuro con Herodes, para estar a solas con su Padre, y para explicarles a sus discípulos la importancia de la muerte de Juan.

Jesús también necesitaba descanso. Aunque toda la reacción hacia Él hubiera sido positiva, había estado físicamente agotado después de tan rigurosa programación de enseñanza y curación. La creciente oposición de sus enemigos, la inconstancia de las multitudes, y los continuos malentendidos e inmadurez de sus discípulos hicieron que el agotamiento fuera infinitamente peor.

Pero cuando la multitud oyó que Jesús se había ido al otro lado del mar de Galilea, "le siguió a pie desde las ciudades" (Mt. 14:13*b*). Algunas de las personas incluso llegaron antes que Jesús y los discípulos (Mt. 6:33), mientras que los cojos y enfermos obviamente tardaron mucho más. Pero casi todos ellos acudieron por motivos egoístas, "porque veían las señales que hacía en los enfermos" (Jn. 6:2). Venían para ser sanados o para observar las sanidades. Pocos acudían por lo que Jesús podía hacer espiritualmente por ellos.

La mayor parte de la multitud estaba formada por buscadores de emociones, cuyas filas en esta época es probable que hubieran aumentado por parte de judíos que atravesaran Galilea o que estuvieran en su camino a la celebración anual de la Pascua en Jerusalén (Jn. 6:4). La perspectiva de estas personas era egocéntrica y autocomplaciente. Además de querer ser curados o entretenidos, sin duda muchos esperaban que este gran obrador de milagros demostrara ser el Mesías político que utilizaría su poder para derrotar a los odiados opresores romanos y a su títere Herodes.

Pero las expectativas de las personas no determinaron ni socavaron la importancia de la ocasión. Como hace a menudo, Dios decide llevar a cabo sus propósitos a pesar de motivos y deseos humanos impíos. En Mateo 14:14-21 el plan del Señor sigue desarrollándose sin problema según su perfecta voluntad.

OBRAS DE PIEDAD

Y saliendo Jesús, vio una gran multitud, y tuvo compasión de ellos, y sanó a los que de ellos estaban enfermos. (14:14)

Saliendo Jesús, vio una gran multitud, en la que solamente los hombres eran como cinco mil, "sin contar las mujeres y los niños" (v. 21). Debido a que las mujeres parecían especialmente atraídas por Jesús, es probable que muchas de ellas vinieran en grupos o con sus padres o hermanos, además de las que llegaron con sus esposos e hijos. Los niños eran considerados una gran bendición del Señor, y la mayor parte de las familias en ese tiempo eran numerosas. Por tanto, es razonable calcular que el gentío total superara los veinticinco mil.

La tendencia normal habría sido hacer caso omiso a la gente y seguir adelante, o haber despedido a la **multitud** diciéndoles que no se realizarían más curaciones ni más señales. Habría sido fácil adentrarse en las colinas donde la mayoría de personas no los habrían seguido, o regresar a la barca y dirigirse a una localidad donde no los pudieran encontrar.

Pero Jesús no seguía las tendencias humanas habituales y, a pesar de que se hallaba agotado y en gran necesidad de descanso, se sintió atraído hacia la multitud porque **tuvo compasión de ellos.** *Splanchnizomai* (tener **compasión**) significa literalmente estremecérsele a alguien los intestinos, o vísceras, donde los antiguos creían que residían las emociones. El Hijo de Dios no era distante o fríamente calculador y analítico con relación a las necesidades humanas, sino que se conmovía profundamente por los que sufrían, los confundidos, los desesperados, y los perdidos espirituales entre aquellos que lo rodeaban. Jesús sintió dolor, experimentando auténtica angustia por el sufrimiento de los demás, fueran estos creyentes o incrédulos, judíos o gentiles, hombres o mujeres, jóvenes o viejos, ricos o pobres. Debe haber sentido tanto dolor como el que sintió cuando se acercó a la tumba de Lázaro y lloró (Jn. 11:35), y como el que sintió al mirar sobre Jerusalén con lágrimas en los ojos y declarar: "¡Oh, si también tú conocieses, a lo menos en este tu día, lo que es para tu paz!" (Lc. 19:42). Jesús representó el corazón compasivo de Dios aún más plenamente que Jeremías, quien declaró a la rebelde Judá: "Mas si no oyereis esto [la advertencia de Dios], en secreto llorará mi alma a causa de vuestra soberbia; y llorando amargamente se desharán mis ojos en lágrimas" (Jer. 13:17).

En su gran misericordia, Cristo extendió su **compasión** incluso a los superficiales y egocéntricos buscadores de emociones. Volvió a revelar el corazón amoroso de Dios hacia los que no entenderían o creerían, y que Él sabía que finalmente lo iban a rechazar. Asimismo, el Señor facultó a los apóstoles para que curaran enfermedades, echaran fuera demonios, y sanaran a cojos y afligidos (sin restricciones o condiciones [Mt. 10:1]) no para que demostraran el poder de Dios moviendo edificios de un lugar a otro o realizando otras maravillas deslumbrantes pero impersonales. Ese tipo de milagro habría demostrado el poder del Señor, pero no habría mostrado nada de su compasión y misericordia.

Jesús también **tuvo compasión** debido a su percepción perfecta del infierno y del tormento que enfrentarían quienes irían a rechazarlo. Incluso cuando con amor curaba sus cuerpos tenía infinitamente mayor interés en sanarles las almas. Aun después que *Jesús* curaba un cuerpo, este podía volver a enfermar o incapacitarse. Pero cuando Él sana un alma enferma de pecado, esta queda libre para siempre del dominio y el castigo del pecado.

Arrhōstos (**enfermos**) significa estar débil, sin fuerzas. Estos afligidos a quienes Jesús **sanó** obviamente hicieron un esfuerzo especial por seguirlo alrededor del extremo norte del lago de Galilea. Es probable que la gran mayoría de ellos debieron ser cargados o ayudados por familiares o amigos, y que llegaron muchas horas después que la multitud. Por sobre todo estas personas querían ser curadas por este Hombre que tenía un poder tan lleno de compasión.

Jesús pospuso su descanso, su privacidad, su tiempo a solas con los discípulos, e incluso su tiempo con su Padre, a fin de satisfacer las necesidades de aquellas personas indefensas que sufrían.

TORPEZA EN LA PERSPECTIVA

Cuando anochecía, se acercaron a él sus discípulos, diciendo: El lugar es desierto, y la hora ya pasada; despide a la multitud, para que vayan por las aldeas y compren de comer. Jesús les dijo: No tienen necesidad de irse; dadles vosotros de comer. Y ellos dijeron: No tenemos aquí sino cinco panes y dos peces. (14:15-17)

Los judíos tenían dos horarios para la noche, uno de tres a seis, y el otro de seis a nueve. Esta aquí era la primera noche, justo antes de la puesta del sol. Debido a lo avanzado del día, los **discípulos** estaban preocupados por qué iría a comer **la multitud. El lugar** era **desierto,** a muchos kilómetros de la población más cercana, la cual en cualquier caso no podría haber provisto comida para tan enorme cantidad de personas. No solo que el día estaba a punto de acabarse, sino que sin duda el largo viaje había hecho que las personas tuvieran más hambre de la normal.

En el relato de Juan leemos que Jesús había planteado el asunto de alimentar a la multitud mucho más temprano en el día. Incluso cuando "vio que había venido a él gran multitud", Jesús le había preguntado "a Felipe: ¿De dónde compraremos pan para que coman éstos?" (Jn. 6:5). Jesús no le hizo la pregunta a Felipe con el fin de recibir consejo sino "para probarle; porque él sabía lo que había de hacer" (v. 6). Felipe era de la región, y lo más probable es que hubiera sabido qué comida habría disponible, pero Jesús esperaba que Felipe lo mirara a Él en lugar de mirar los recursos terrenales humanos. Por desgracia, el discípulo estaba más asombrado por la magnitud del gentío que por la magnitud del poder de Jesús, y respondió con incredulidad: "Doscientos denarios de pan no bastarían para que cada uno de ellos tomase un poco" (v. 7). Un denario era el salario normal de un día para un trabajador, pero era evidente que casi seis meses de tal salario no sería suficiente para alimentar a los miles de personas que estaban reunidas. Felipe sabía que no tenían una fracción del dinero necesario para comprar suficiente comida, aun comprando el pan más barato que hubiera.

O bien en este momento o más tarde durante el día, Andrés descubrió que un muchachito tenía "cinco panes de cebada y dos pececillos"; sin embargo, al igual que Felipe, no tardó en expresar su desesperanza: "Mas ¿qué es esto para tantos?" (Jn. 6:8-9). Al parecer el Señor dejó que durante el resto del día Felipe y Andrés siguieran pensando en la solicitud que les había hecho, mientras sanaba a las multitudes y también "les hablaba del reino de Dios" (Lc. 9:11). Jesús proporcionó una prueba de un día de duración a la fe de los discípulos.

Al reflexionar en la escena desde nuestro punto de vista de dos mil años después, parece imposible que incluso cuando **Jesús les dijo: No tienen necesidad de irse; dadles vosotros de comer,** la idea de que Él alimentaría al gentío de manera milagrosa ni siquiera pasó por la mente de los discípulos. Debido a que no veían más que sus propios recursos, contestaron: **No tenemos aquí sino cinco panes y dos peces.** Parecería haber requerido muy poca fe y haber sido muy natural que los discípulos esperaran que Jesús alimentara al gentío. Sin embargo, procedieron como quien se encuentra frente a las cataratas del Niágara y pregunta dónde puede encontrar algo de beber. Los discípulos estaban cara a cara con el poder supremo en el universo, y sin embargo se hallaban espiritualmente ciegos; sabían que existía, pero no estaban conscientes de ese poder. Si alguien les hubiera preguntado si Jesús podía hacer tal cosa, su respuesta habría sido un inmediato y unánime: "¡Desde luego que Él puede!". Pero incluso al ser motivados por la sugerencia de Jesús, vieron la propia carencia en ellos en lugar de la suficiencia en Él.

Estamos tentados a creer que si hubiéramos estado allí, nuestro primer pensamiento habría sido pedir a Jesús que alimentara a esa cantidad de gente, como había demostrado centenares de veces que era capaz de hacer. ¿Cuál pudo haber sido una solución más obvia que hacer que el Hijo de Dios creara comida para alimentar a esta multitud, tal como había creado vino para los invitados a las bodas de Caná? Tal cosa difícilmente habría sido un reto imposible para Aquel que curaba todo tipo de enfermedad, resucitaba muertos, echaba fuera demonios, caminaba sobre el agua, y al instante calmaba fuertes tormentas. No obstante, ¿cuántas veces todo creyente ha enfrentado una crisis que parecía abrumadora e insuperable, y no pensó en el poder del Señor?

A pesar de dos años de caminar con el Señor, de oírlo enseñar la verdad de Dios, y de verlo exhibir un poder milagroso, los doce estaban demasiado apagados espiritualmente para ver lo obvio. Estaban mirando solo con sus ojos humanos y únicamente los recursos humanos.

LA DEMOSTRACIÓN DE PODER

Él les dijo: Traédmelos acá. Entonces mandó a la gente recostarse sobre la hierba; y tomando los cinco panes y los dos peces, y levantando los ojos al cielo, bendijo, y partió y dio los panes a los discípulos, y los discípulos a la multitud. Y comieron todos, y se saciaron; y recogieron lo que sobró de los pedazos, doce cestas llenas. Y los que comieron fueron como cinco mil hombres, sin contar las mujeres y los niños. (14:18-21)

He aquí el enfoque principal de la historia, en que la torpe perspectiva de los discípulos es superada por la demostración de poder de Jesús.

Sin duda con mucha tristeza en la mirada, Jesús **les dijo: Traédmelos acá,** refiriéndose a los panes y los peces. Tuvo que decirles a los discípulos que hicieran lo que para ese momento debió haber sido una reacción instintiva para ellos. En realidad, Él les estaba diciendo: "Sé que ustedes no tienen suficiente comida o dinero para alimentar a la gente, y sé que no tienen manera de conseguirla. Nunca esperé que alimentaran a las personas con sus propios recursos o por su propio poder. Al pedirles que las alimentaran les estaba pidiendo que confiaran en mí. Sin tener que decírselos, estaba dándoles la oportunidad de que me trajeran lo poco que tenían y confiaran en que yo hiciera el resto".

La orilla noreste del lago de Galilea a menudo está cubierta con una hermosa y verde hierba durante la primavera. Pero en lugar de estar sentadas, las personas habían estado de pie a fin de ver y oír mejor a Jesús. Por tanto, Él **mandó a la gente recostarse sobre la hierba,** a fin de que todos estuvieran más cómodos y facilitar así la distribución de la comida. Los hizo sentar *prasiai prasiai* (que literalmente significa "jardín por jardín"), en grupos de cien y de cincuenta (Mr. 6:40), dejando senderos entre los grupos para que los discípulos caminaran mientras servían. En sus prendas de colores brillantes la multitud debió haber parecido un enorme mosaico de flores, o un gigantesco edredón extendido a través de la ladera.

Es probable que las personas tuvieran poca o ninguna idea de por qué las hacían sentar con tanto cuidado en grupos. Los discípulos pudieron haber adivinado la razón, pero aún no sabía cómo sucedería. Cuando se hubieron sentado, Jesús tomó **los cinco panes y los dos peces;** pero antes de realizar el milagro que había planeado todo el día, **levantando los ojos al cielo, bendijo** los alimentos, dando gracias a su Padre celestial (Jn. 6:6, 11; cp. 1 Ti. 4:3-5).

Entonces el Señor **partió y dio los panes a los discípulos,** quienes a su vez los dieron **a la multitud, y comieron todos.** No se nos dice exactamente en qué momento se realizó el milagro. Al parecer fue una multiplicación continua que ocurrió a medida que los discípulos caminaban entre los grupos distribuyendo la comida. Los hombres posiblemente no pudieron haber llevado bandejas suficientemente grandes para cargar todos los alimentos, incluso con estos divididos en doce partes. No hubo fanfarria ni cambio dramático de poco a mucho. El milagro fue casi invisible, siendo evidente su magnitud solo cuando **todos** entre los miles de asistentes **comieron.**

Chortazō (**se saciaron**) se usaba en caso de animales que seguían comiendo hasta que no querían más. Jesús utiliza el mismo término en las Bienaventuranzas cuando promete que aquellos que tienen hambre y sed de justicia "serán saciados" (Mt. 5:6). Debido a que los **panes** de cebada y los **peces** fueron divinamente creados, la satisfacción que experimentaron las personas debió hacer sido como ninguna otra en sus vidas. Esta comida fue perfecta, no contaminada por la caída ni por la consecuente corrupción de toda la tierra debido al pecado.

Hubo comida más que suficiente para satisfacer a todos en el gentío, **y recogieron lo que sobró de los pedazos, doce cestas llenas.** Después que la comida fue distribuida entre los grupos, cada discípulo tuvo una canasta de comida para sí, ¡que podía compartir con Jesús! En la gran economía de Dios no hubo demasiado ni muy poco.

Según se indicó antes, el hecho de que **los que comieron fueron como cinco mil hombres, sin contar las mujeres y los niños,** indica que la multitud total pudo haber sido como de veinticinco mil personas.

Aunque Mateo no lo menciona, en este momento las personas estaban tan impresionadas por el poder de Jesús que quisieron "apoderarse de él y hacerle rey" (Jn. 6:15). Aquí se hallaba un Hombre que no solo podía curarles todas sus enfermedades, sino que podía liberarlas del trabajo constante y de la preparación necesaria para poner comida en todos los estómagos… todo con solo una palabra y a veces incluso sin palabras. Ellos estaban convencidos más allá de toda duda de que Jesús era su Mesías y decidieron coronarlo rey. Tenían razón en que se trataba del Mesías, pero estaban equivocados con relación al tipo de Mesías que Él era. Jesús no era el liberador político o suministrador de alimentos que esperaban, y su coronación no estaba en el poder de ellos. Durante esta era, como Jesús declaró más tarde, su "reino no es de este mundo" (Jn. 18:36).

El gran gentío de ese día estaba compuesto de tres grupos: los doce discípulos, el remanente de creyentes entre la multitud, y la enorme mayoría de incrédulos. En lo que respecta a cada grupo podemos discernir muchas lecciones espirituales.

Los doce fueron formados. Los doce discípulos fueron objeto de constante interés, instrucción y capacitación de parte de Jesús. Sobre los hombros de ellos pronto caería la edificación de la Iglesia del Señor, y Él sabía que el tiempo de prepararlos para esta misión era corto. De este solo incidente les enseñó un buen número de principios y verdades importantes.

Primero, Jesús les dio el ejemplo de retirarse de un peligro innecesario. El martirio o cualquier otro tipo de sufrimiento que se busca como una forma de gloria personal no se soportan por el bien del Señor. Los discípulos también aprendieron la importancia del descanso y la soledad, incluso en medio del servicio a Dios. En ocasiones como esta es imposible tener descanso en la manera o en el momento que preferimos, pero incluso el Señor en su humanidad no escapó a la necesidad de descanso y de estar a solas. Los doce aprendieron la importancia de pasar tiempo lejos del trabajo con aquellos con quienes trabajamos. Los compañeros de trabajo necesitan un tiempo especial para estar juntos a fin de apoyarse mutuamente y hablar de sus necesidades y sentimientos.

Jesús también confirmó la necesidad de los discípulos de mostrar compasión por los necesitados, aunque estos sean volubles y no merezcan ayuda. Ese día el Hijo de Dios satisfizo de manera desinteresada las necesidades de las personas, aunque estaba consciente de que la mayoría de ellas pronto perderían interés en Él y se alejarían. Enseñó a sus discípulos que, por importantes que son el descanso y el ocio, a veces deben sacrificarse para satisfacer las necesidades aún más importantes de otras personas. El creyente no tiene derechos irrenunciables a la libertad y los beneficios personales. Todo lo que tenemos, incluso nuestros propios derechos y necesidades, deben ser sacrificables en el servicio a otros en el nombre de Cristo (véase 1 Co. 9).

Jesús enseñó a los discípulos que al suplir las necesidades físicas de otras personas también deben ministrar la verdad del reino. Un evangelio "social" que no testifica a los seres humanos de su necesidad de salvación espiritual a través de Cristo no es evangelio en absoluto (véase Gá. 1:6-9).

Jesús enseñó a los discípulos a hacer las cosas de una manera ordenada y cuidadosa, tal como Dios lo hace (1 Co. 14:33, 40). Junto con la lección del orden estaba la lección aún más importante de obedecer al Señor aunque no pueda verse el motivo. Antes que supieran el propósito de hacerlo, a los doce se les dijo que dividieran la multitud en grupos de cien y de cincuenta (Mr. 6:40). Y después que Jesús bendijo los panes y los peces y se los pasara a los discípulos, es probable que la comida no comenzara a multiplicarse hasta que fue distribuida. El milagro se volvió eficaz solamente cuando los discípulos obedecieron el mandato de Jesús.

Jesús también demostró la gran generosidad de Dios al proporcionar suficiente comida para que cada persona quedara totalmente satisfecha, pero con una economía de administración que no permitió desperdicio. El nuestro es un Dios de abundante providencia, quien no da con mezquindad. El ministerio de los siervos de Dios también se caracteriza por dar sin reserva ni medida, considerando las necesidades de otros previamente a las propias. Antes que los discípulos supieran que quedaría comida para ellos, obedientemente entregaron al gentío todo lo que tenían. Así como la comida no comenzó a multiplicarse hasta después que los discípulos comenzaron a distribuirla, sus propias necesidades no fueron satisfechas hasta que hubieron suplido las necesidades de los demás. El poquito de comida que Jesús entregó a los discípulos estaba lejos de ser suficiente para alimentar incluso a doce hombres. Se trató del almuerzo de un muchachito. Pero en obediencia a Jesús los discípulos ofrecieron incluso lo poco que tenían.

La lección suprema para los discípulos fue aprender a confiar en que Dios suple lo que parece imposible. Aun después de reflexionar todo el día en la instrucción que Jesús les diera, que ellos mismos debían alimentar al gentío, la idea de volverse hacia Él no les pasó por la cabeza. Al igual que la mayoría de nosotros, siguieron inclinándose a mirar hacia todas partes menos hacia el Señor, incluso después de haber experimentado tantos milagros anteriores. Y dentro de esa enseñanza estuvo la lección de que, a pesar de que Dios es perfectamente capaz de hacer su obra sin nosotros y sin lo que tengamos, Él decide usarnos y usar nuestros escasos recursos para magnificar su bondad y poder.

El plan de redención divina involucra el testimonio, el trabajo, y los medios de quienes le pertenecen. En su infinita sabiduría el Señor manifiesta más plenamente su poder por medio de nuestras debilidades y de su abundancia a través de nuestra pobreza (1 Co. 1:26-29). Con frecuencia Dios utiliza las cosas pequeñas para una mayor eficacia que las cosas que consideramos las más grandes y prometedoras.

Como dice el himno: "Lo poco se vuelve mucho en la mano del Maestro". Dios usó el llanto de un bebé para conmover el corazón de la hija del faraón y la vara de un pastor para obrar poderosos milagros en Egipto. Utilizó a un muchacho y su honda para eliminar a Goliat y derrotar al ejército filisteo. Usó una viuda pobre para mantener a Elías y a una jovencita para guiar al leproso Naamán ante Eliseo. Utilizó la burra de Balaam para enseñar su verdad, y la quijada de otro burro para matar a mil hombres. Usó a un niño pequeño para enseñar humildad a sus discípulos, y utilizó el almuerzo de un muchacho para alimentar a veinticinco mil personas.

El remante fiel fue preparado. Entre la gran multitud estaban unos pocos que ya habían confiado en Cristo para salvación y que lo siguieron hasta el otro lado del lago, no para ser curados o entretenidos sino para ser espiritualmente bendecidos. Hubo también aquellos que buscaron y recibieron salvación. Al día siguiente algunos de ellos le preguntaron a Jesús: "¿Qué debemos hacer para poner en práctica las obras de Dios?", y le suplicaron: "Señor, danos siempre este pan" (Jn. 6:28, 34). Ese remante elegido vio en acción el poder divino de Dios en Jesús, y lo glorificaron. Con sus ojos espirituales no solo vieron que dio alimento a las multitudes sino también la manifestación de la misericordia del Señor. Vieron la gran integridad y mayordomía de Jesús. Él no recurrió a demostraciones espectaculares que hipnotizaran a su audiencia, como tantos charlatanes y falsos sanadores han hecho y siguen haciendo. También vieron una manifestación del reino de Dios, porque vieron al Rey mismo en acción. Vieron al Rey ministrando de manera misericordiosa a sus súbditos e incluso a aquellos que no lo tendrían como su soberano.

Los rechazadores incrédulos fueron revelados. La más grande cantidad de tierra sobre la que el evangelio del reino cayó ese día estaba en gran manera dura y espinosa. La mayoría de las personas no vieron nada más que lo que parecía una increíble hazaña de magia. Vieron claramente al Jesús humano, pero no pudieron ver en

absoluto al divino Hijo de Dios. Tuvieron sus estómagos llenos hasta saciarse de
modo que nunca antes habían experimentado, pero no llegaron siquiera a saborear
el Pan de vida. Físicamente quedaron llenos, pero espiritualmente vacíos. Debido
a que habían recibido gran luz de Dios pero que prefirieron las tinieblas, se fueron
a casa más alejados de Él y en mayor pecado que cuando vinieron. Fueron allí por
lo que Jesús podía darles, pero sus corazones autocomplacientes e incrédulos les
impidieron recibir el regalo más grande de todos los que Él tenía.

La adoración del Hijo de Dios

84

En seguida Jesús hizo a sus discípulos entrar en la barca e ir delante de él a la otra ribera, entre tanto que él despedía a la multitud. Despedida la multitud, subió al monte a orar aparte; y cuando llegó la noche, estaba allí solo. Y ya la barca estaba en medio del mar, azotada por las olas; porque el viento era contrario. Mas a la cuarta vigilia de la noche, Jesús vino a ellos andando sobre el mar. Y los discípulos, viéndole andar sobre el mar, se turbaron, diciendo: ¡Un fantasma! Y dieron voces de miedo. Pero en seguida Jesús les habló, diciendo: ¡Tened ánimo; yo soy, no temáis! Entonces le respondió Pedro, y dijo: Señor, si eres tú, manda que yo vaya a ti sobre las aguas. Y él dijo: Ven. Y descendiendo Pedro de la barca, andaba sobre las aguas para ir a Jesús. Pero al ver el fuerte viento, tuvo miedo; y comenzando a hundirse, dio voces, diciendo: ¡Señor, sálvame! Al momento Jesús, extendiendo la mano, asió de él, y le dijo: ¡Hombre de poca fe! ¿Por qué dudaste? Y cuando ellos subieron en la barca, se calmó el viento. Entonces los que estaban en la barca vinieron y le adoraron, diciendo: Verdaderamente eres Hijo de Dios. (14:22-33)

El pináculo de este pasaje es la adoración que los discípulos le dieron a Jesús cuando confesaron: "Verdaderamente eres Hijo de Dios" (v. 33). Aunque el Padre había dicho esto de Jesús en su bautismo (3:17) e incluso los demonios en Gadara se habían dirigido a Él como el Hijo de Dios (8:29), esta fue la primera vez que los doce declararon en forma conclusiva que su Maestro era el Hijo de Dios.

Dentro de los acontecimientos de Mateo 14:22-33 hay cinco demostraciones o pruebas de la deidad de Jesús que llevaron a la confesión de los discípulos. En el espacio de unas pocas horas recibieron verificaciones inconfundibles de la autoridad divina, el conocimiento divino, la protección divina, el amor divino, y el poder divino de Jesús.

PRUEBA DE LA AUTORIDAD DIVINA DE JESÚS

En seguida Jesús hizo a sus discípulos entrar en la barca e ir delante de él a la otra ribera, entre tanto que él despedía a la multitud. Despedida la multitud, subió al monte a orar aparte; y cuando llegó la noche, estaba allí solo. (14:22-23)

La primera afirmación de la deidad de Jesús en esta ocasión fue su demostración de autoridad divina. Que **en seguida Jesús** hiciera que **sus discípulos** entraran **en la barca** sugiere firmemente que estaban reacios a dejarlo allí y que tal vez habían altercado con Él al respecto. Tan pronto como los cinco mil hombres, junto con las mujeres y los niños, fueron alimentados y recogidas las doce canastas de sobras, la multitud declaró: "Este verdaderamente es el profeta que había de venir al mundo", entonces "iban a venir para apoderarse de él y hacerle rey" (Jn. 6:14-15a).

A fin de evitar que eso sucediera, Jesús "volvió a retirarse al monte él solo" (v. 15*b*). En realidad, Él era el Rey profetizado, pero no establecería su reino terrenal en ese tiempo. En todo caso, no era prerrogativa del gentío coronarlo.

Los discípulos sin duda alguna creyeron que el reconocimiento de la multitud debió haberse hecho mucho tiempo atrás, y se alegraron de que Jesús fuera al fin reconocido como el Mesías, el Rey venidero que derrocaría a la dinastía de Herodes y a Roma, y que establecería a Israel en su legítimo lugar de liderazgo mundial. Jesús mismo les había enseñado a orar porque viniera el reino (Mt. 6:10), y este parecía un momento oportuno para que Él comenzara a hacer realidad la respuesta a esa oración.

También es probable que los discípulos pensaran en las altas posiciones que tendrían como jefes administradores de Jesús en el reino, y en el prestigio y el poder que esos cargos traerían. Habían sufrido indiferencia y humillaciones al estar con el Señor durante unos dos años, mientras vivían sin nada que llevarse a la boca. Ahora que la multitud estaba enardecida por apoyar a Jesús, ¿qué mejor momento podría haber para hacer su primer movimiento público hacia el trono? Parece seguro que el mundano, egoísta y ambicioso Judas en particular habría albergado firmemente esa manera de pensar entre sus compañeros discípulos.

Como sabía lo que los discípulos estaban pensando, y conocía la creciente influencia que la multitud tenía sobre ellos, **Jesús** los alejó de la incitación diabólica ordenándoles **entrar en la barca e ir delante de él a la otra ribera.** Al menos en parte debido a la susceptibilidad que tenían hacia los planes políticos de la gente, Él **hizo** que los discípulos se fueran.

Juan identifica el destino específico de **la otra ribera** como Capernaúm (6:24), y Marcos como Genesaret (6:53), una pequeña y fértil llanura en la costa oeste del lago de Galilea entre Capernaúm y Magdala. Se trataba de un corto viaje a través del extremo norte del lago, que la mayoría de discípulos había hecho muchas veces. Pero ahora se resistían a salir, no solo debido al entusiasmo del gentío por hacer rey a Jesús, sino también porque no querían separarse de Él. A pesar de que eran débiles en la fe y fáciles de influenciar, estaban profundamente dedicados al Señor y se sentían incompletos y vulnerables cuando Él no estaba con ellos. También pudieron haber no querido partir entonces porque podían sentir que el viento comenzaba a soplar, y se mostraban cautelosos para realizar incluso ese corto viaje durante un mal tiempo después del anochecer.

Pero independientemente de los motivos para su renuencia, los discípulos entraron **en la barca** y partieron. Estaban bajo la autoridad de Jesús, pero Él no tuvo que usar fuerza sobrenatural para obligarlos a salir. Su firme palabra fue suficiente, y es mérito de ellos que la obedecieran. Cuando les dijo que fueran **delante de él a la otra ribera,** eso es lo que hicieron.

Jesús también demostró su autoridad divina sobre la multitud que, a pesar de su gran cantidad (tal vez veinticinco mil o más), no pudieron hacer que Jesús se fuera en contra del plan y la voluntad de su Padre. Después de enviar a los discípulos en su trayecto hacia Capernaúm, también despidió **a la multitud** que estaba decidida a convertirlo en rey a su propia manera y para sus propios propósitos, pero no pudieron lograrlo. Sin acalorarse ni hacer ningún aspaviento, Jesús simplemente dispersó **la multitud,** y ellos buscarían acostarse durante la noche donde pudieran cerca de Betsaida Julias, a pocos kilómetros tierra adentro de la costa noreste del lago.

Jesús tiene autoridad sobre los destinos de todos los hombres, incluso sobre el juicio final de ellos (Jn. 5:22). Tiene autoridad sobre todo el mundo sobrenatural, incluso el mundo maligno de Satanás y sus ángeles demoníacos caídos (Mr. 1:27). Tiene autoridad sobre los santos ángeles, a quienes en cualquier momento pudo haber llamado para que lo ayudaran (Mt. 26:53). Las personas que lo oyeron predicar el Sermón del Monte reconocieron que "les enseñaba como quien tiene autoridad" (Mt. 7:29). Cuando Jesús envió a los doce en su primera misión, les delegó parte de su propia "autoridad sobre los espíritus inmundos, para que los echasen fuera, y para sanar toda enfermedad y toda dolencia" (Mt. 10:1). Y en su gran comisión declaró a los once que permanecieron: "Toda potestad me es dada en el cielo y en la tierra" (Mt. 28:18).

Jesús tiene control soberano sobre todo en el cielo y en la tierra. Manda y controla a los hombres; manda y controla a los ángeles, caídos y santos; y manda en la naturaleza e interviene en ella.

Despedida la multitud, subió al monte a orar aparte; y cuando llegó la noche, estaba allí solo. Jesús tenía poco tiempo para descansar o para pasar horas tranquilas con los discípulos. Únicamente tenía tiempo para **orar,** después de lo cual iría a encontrar milagrosamente a los discípulos en medio del viento furioso en el mar.

Las tentaciones de Jesús no comenzaron ni terminaron con los tres encuentros con Satanás que enfrentó en el desierto inmediatamente después de su bautismo. Al final de esa sesión el diablo "se apartó de él por un tiempo" (Lc. 4:13). El entusiasmo de la multitud y de los discípulos por hacerlo rey fue muy parecido a la tercera tentación en el desierto en la que Satanás le ofreció a Jesús "todos los reinos del mundo y la gloria de ellos" (Mt. 4:8-9). El diablo pudo haber preguntado: "¿Qué mejor momento para establecer tu reino que la temporada de Pascua, y en qué mejor manera entrar a Jerusalén que en una marcha triunfante al frente de miles de seguidores fieles y entusiastas?". Seguramente Jesús reuniría muchos miles más en el camino a la Ciudad Santa, y su poder sobrenatural garantizaría la victoria contra cualquier oposición. Fácilmente podría vencer a la familia Herodes, e incluso la poderosa Roma no sería rival para el Hijo de Dios. Él podría eludir la cruz y evitar la agonía de tener que llevar el pecado del mundo sobre sí mismo.

A cualquier pensamiento que Satanás pudo haber tratado de ponerle en la mente, Jesús dio la espalda a esa maldad y procedió exactamente como hizo en todas las demás ocasiones. Él entonces fue delante de su Padre celestial **a orar.** En un sentido celebró una victoria, pero fue sobre la tentación, no sobre Roma. Jesús volvió su atención hacia su Padre celestial, a quien se unió en comunión íntima y refrescante. Al igual que en el huerto, sin duda anheló ser restaurado a la gloriosa comunión que había tenido con su Padre antes que el mundo llegara incluso a existir (Jn. 17:5). Pero Jesús tenía aún otras cosas que hacer.

Al final de su ministerio terrenal Jesús le dijo a Pedro: "Satanás os ha pedido para zarandearos como a trigo; pero yo he rogado por ti, que tu fe no falte" (Lc. 22:31-32). Muchas veces antes que lo hiciera en su oración sacerdotal (Jn. 17:6-26) Jesús oró por sus discípulos, y es probable que orara por ellos en esta ocasión.

Para entonces era la segunda **noche** del día, la cual duraba desde las seis hasta las nueve. La multitud había sido alimentada durante la primera noche (Mt. 14:15), que era de las tres a las seis. Y cuando oscureció, Jesús **estaba allí solo** en el monte.

PRUEBA DEL CONOCIMIENTO DIVINO DE JESÚS

Y ya la barca estaba en medio del mar, azotada por las olas; porque el viento era contrario. Mas a la cuarta vigilia de la noche, Jesús vino a ellos andando sobre el mar. (14:24-25)

La segunda prueba de la deidad de Jesús fue su demostración de conocimiento divino. En obediencia al mandato que les dio, los discípulos habían entrado a la barca y se habían dirigido hacia la otra orilla del lago de Galilea. Sin embargo, poco después que partieran surgió un **viento** fuerte, y se hallaban atrapados **en medio del mar.** La medida marina que se usaba en ese tiempo se llamaba estadio, y equivalía aproximadamente a doscientos metros. Juan nos informa que cuando se hallaban **en medio del mar** en realidad estaban a "veinticinco o treinta estadios de la orilla" (Jn. 6:19).

Debido a que en un viaje normal a través del extremo norte del lago de Galilea **la barca** no habría recorrido en cualquier momento más de dos a tres kilómetros de la ribera, es evidente que la tormenta la habría empujado varios kilómetros al sur hacia el centro del lago. La pequeña **barca** en que se hallaban los discípulos estaba siendo **azotada por las olas, porque el viento era contrario,** alejándolos más y más de su destino y acercándolos cada vez más al desastre. Ya sea que la embarcación tuviera vela o no, esta habría sido inútil en medio de los fuertes vientos y las olas agitadas. El único medio para desplazarse era bogar, y ellos se dedicaron desesperadamente a "remar con gran fatiga" (Mr. 6:48) tratando de salvar sus vidas.

Los discípulos ya se encontraban confundidos, frustrados, desilusionados y decepcionados de que Jesús los despidiera. A pesar de que debieron haberse preguntado por qué los envió a una muerte segura, los doce deben ser admirados por su obediencia y perseverancia. Aunque la noche era negra, la tormenta marina y la situación al parecer desesperada, estaban esforzándose por hacer lo que el Señor les mandó. Lo peor era que Él no estuviera con ellos. Durante una tormenta similar lo habían despertado, y Él "reprendió a los vientos y al mar; y se hizo grande bonanza" (Mt. 8:26). Pero ahora Jesús se hallaba a kilómetros de distancia. Era probable que oyera la tormenta y estuviera al tanto de la situación en que se hallaban, pero parecía que no hubiera manera de llegar hasta ellos. Si todos los discípulos juntos no podían remar contra el viento y las olas, un solo hombre nunca podría hacerlo.

Jesús conocía la situación de los discípulos mucho antes que sucediera, y no tuvo que salir corriendo de la oración a fin de estar a tiempo para ayudar. La tormenta y los discípulos estaban igualmente en manos del Señor, y Él sabía por adelantado exactamente lo que haría en cada caso.

La noche estaba dividida en cuatro vigilias, o turnos. La primera era de seis a nueve, la segunda de nueve a doce, la tercera de doce a tres, y la cuarta de tres a seis. **La cuarta vigilia de la noche** incluía, por tanto, el tiempo antes del amanecer, lo que indica que los discípulos habían estado en el mar por lo menos nueve horas, la mayor parte del tiempo batallando con la tormenta de viento.

Jesús esperó bastante tiempo antes de venir **a ellos,** tal como esperó hasta que Lázaro hubiera estado muerto por varios días antes que el Señor llegara a Betania. En ambos casos Él pudo haber llegado mucho antes de lo que hizo, y en ambos casos pudo haber realizado el milagro subsiguiente sin estar presente, tal como había hecho al curar el criado del centurión (Mt. 8:13). Por supuesto, Jesús pudo haber evitado la muerte de Lázaro, y que en primera instancia surgiera el vendaval. Pero en su infinita sabiduría permitió deliberadamente que María, Marta y los discípulos llegaran al extremo de la necesidad antes de intervenir. Él sabía todo acerca de ellos, y lo había sabido desde antes que nacieran. Y sabía infinitamente mejor que ellos lo que más les convenía para su bienestar y para la gloria de Dios.

Los discípulos deberían haberse regocijado con David, quien proclamó: "Si en el Seol hiciere mi estrado, he aquí, allí tú estás. Si tomare las alas del alba y habitare en el extremo del mar, aun allí me guiará tu mano, y me asirá tu diestra" (Sal. 139:8-10). Los doce deberían haber recordado que "Jehová será refugio del pobre, refugio para el tiempo de angustia" (Sal. 9:9), que el Señor era la fortaleza, el libertador, y la roca en que se refugiaban (Sal. 18:2), y que Él los mantendría seguros incluso cuando anduvieran por el "valle de sombra de muerte" (Sal. 23:4). Deberían haber recordado el mensaje de Dios para Moisés desde la zarza ardiente: "Bien he visto la aflicción de mi pueblo que está en Egipto, y he oído su clamor a causa de sus exactores; pues he conocido sus angustias" (Éx. 3:7). Deberían haber recordado que el Señor proveyó un cordero que tomara el lugar de Isaac justo antes que Abraham hubiera clavado el cuchillo en el corazón de Isaac (Gn. 22:13).

Pero en las exigencias de la noche, los doce habían olvidado esos salmos y el poder del Señor que exaltan. Tenían poca confianza en que el Señor, quien había conocido todo acerca del sufrimiento de su pueblo en Egipto y no lo abandonó, fuera relevante en medio de esa tormenta. Ellos no vieron relación entre la súplica que le hacían y la realidad de que Dios había provisto un sustituto para Isaac cuando este enfrentaba la muerte.

Incluso los discípulos habían incluso olvidado la propia garantía que Jesús les había dado de que su Padre celestial conocía todas las necesidades que tenían aun antes que le pidieran (Mt. 6:32), que ni siquiera un solo pajarillo "cae a tierra sin vuestro Padre", y que "aun vuestros cabellos están todos contados" (10:29-30). En lo único que ellos podían pensar era en el peligro que corrían, y lo único que podían sentir era miedo.

Pero Jesús no había olvidado a los discípulos, y llegó hasta ellos a través del mismo peligro que amenazaba con destruirlos: **andando sobre el mar.** Utilizó el sufrimiento como el sendero hacia ellos. Físicamente no podía verlos desde el monte o a través de la tormentosa oscuridad, pero sabía con exactitud dónde se hallaban. La visión de Dios no es como la nuestra, porque "los ojos de Jehová están en todo lugar, mirando a los malos y a los buenos" (Pr. 15:3). "Y no hay cosa creada que no sea manifiesta en su presencia; antes bien todas las cosas están desnudas y abiertas a los ojos de aquel a quien tenemos que dar cuenta" (He. 4:13).

PRUEBA DE LA PROTECCIÓN DIVINA DE JESÚS

Y los discípulos, viéndole andar sobre el mar, se turbaron, diciendo: ¡Un fantasma! Y dieron voces de miedo. Pero en seguida Jesús les habló, diciendo: ¡Tened ánimo; yo soy, no temáis! (14:26-27)

La tercera prueba de la deidad de Jesús se manifestó en la protección para sus discípulos. Cuando se acercó a ellos en primera instancia, lo menos que creyeron es que estaban recibiendo alguna ayuda, porque **los discípulos, viéndole andar sobre el mar, se turbaron, diciendo: ¡Un fantasma! Y dieron voces de miedo.** *Theōreō* (de donde se deriva **viéndole**), significa mirar fijamente, lo que indica que la mirada de los discípulos se paralizó por la aparición delante de ellos. Al principio Jesús no caminó directamente hacia la barca sino que pareció que "quería adelantárseles" (Mr. 6:48), pero eso importó poco a los discípulos. Que un **fantasma** estuviera en cualquier parte cerca de ellos era suficiente para asustarlos casi hasta enloquecer. El término **fantasma** se refiere en griego a una aparición, una criatura de la imaginación, un espectro o un duende.

Muchos intérpretes liberales insisten en que los discípulos solo *creyeron* haber visto a Jesús caminar a través del agua mientras sus mentes cansadas y asustadas les jugaban una broma. Pero habría sido casi imposible que todos los doce experimentaran al mismo tiempo la aparición imaginada. Y esa explicación difícilmente justifica el hecho de que de alguna manera Jesús subió a la barca con ellos, y que tan pronto como lo hizo cesó la tormenta. Los escritores añaden la observación de que la embarcación se hallaba a gran distancia de la orilla. Tampoco, según algunos sugieren, pudieron los discípulos haber visto a Jesús andando a lo largo de la playa mientras pareciera estar caminando sobre el agua, incluso a plena luz del día. O ellos mintieron al relatar el acontecimiento, o este ocurrió tal como lo narraron.

Debido a la oscuridad, a la niebla producida por el viento y las olas, a la fatiga por horas de estar remando, al miedo que ya se había apoderado de ellos a causa de la tormenta, no reconocieron a Jesús cuando se les apareció. Marcos informa que "todos le veían" (Mr. 6:50), pero ninguno sospechó que se trataba de Jesús. Y el miedo se les convirtió al instante en espanto al contemplar que la forma que ellos creyeron que era **un fantasma** llegaba para aumentar el tormento en que estaban. En la oscuridad antes del amanecer, la desesperanza se convirtió en horror y desesperación total. En medio del pánico que experimentaban lo menos que podían hacer era dar **voces de miedo.**

Aunque Jesús estaba probando la fe de los discípulos, comprendió su flaqueza. Les aplacó el temor diciéndoles simplemente: **¡Tened ánimo; yo soy, no temáis!** A pesar de los furiosos vientos, de las olas que azotaban contra la barca, y de sus mentes llenas de pánico, al instante reconocieron la voz de su Maestro.

No era el momento de pedir una explicación de por qué Jesús estaba allí, de qué planeaba hacer a continuación, o de por qué no había acudido antes. Era el momento de ofrecer **ánimo**, de calmar la tormenta que rugía dentro de los discípulos, incluso antes de calmar la que rugía afuera.

Jesús no caminó sobre el agua para enseñar a los discípulos cómo hacerlo. Pedro lo intentó y falló, y no hay registro de que alguno de los demás jamás lo hubiera intentado. El propósito del Señor fue demostrar su amorosa disposición de hacer todo lo que fuera necesario para rescatar a sus hijos. No debió caminar sobre el agua para salvarlos, pero hacerlo les ofreció un recordatorio inolvidable del poder y del alcance de la protección divina de su Maestro. Esto no sucedió para enseñarles a caminar sobre el agua sino para enseñarles que Dios puede actuar y que actuará a favor de los suyos.

Nunca nos encontraremos en un lugar en el que Cristo no pueda hallarnos, y ninguna tormenta es tan severa para que Él no se apiade de nosotros. Jesús protege a quienes le pertenecen, y nunca les fallará ni los abandonará (Jos. 1:5; He. 13:5). La enseñanza para los discípulos es la lección para nosotros: No hay razón para que el pueblo de Dios tema. No hay motivo para la ansiedad, por desesperados y amenazadores que parezcan ser nuestros problemas. A menudo la vida es tormentosa y dolorosa, con frecuencia siniestra y aterradora. Algunos creyentes sufren más que otros, pero todos padecen en algún momento y en alguna manera. A pesar de eso, la tormenta nunca es tan grave, la noche nunca es tan tenebrosa, y la barca nunca tan frágil que nos expongamos al peligro más allá del cuidado de nuestro Padre.

Cuando Pablo estaba en el barco que lo llevaba a Roma para comparecer ante el César, se vio frente a una tormenta muy violenta en el mar Mediterráneo cerca de la isla de Creta. Después que la tripulación había lanzado por la borda todo el cargamento, los pertrechos, los suministros y los alimentos, el barco todavía estaba en peligro de estrellarse contra las rocas. Pablo había advertido que debían permanecer en la seguridad del lugar llamado Buenos Puertos durante el invierno, pero ni el centurión ni el piloto de la embarcación tuvieron en cuenta el consejo. Cuando todo el mundo a bordo había perdido la esperanza de llegar a tierra con vida, un ángel se le apareció a Pablo, asegurándoles que aunque el barco se perdería, todos saldrían vivos. Pero incluso antes del mensaje del ángel, a diferencia de los temerosos discípulos Pablo estaba en perfecta paz y ofrecía ánimo a los que estaban en la embarcación con él, diciéndoles: "Varones, tened buen ánimo; porque yo confío en Dios que será así como se me ha dicho" (Hch. 27:25).

Por tanto, los discípulos que fueron renuentes para dejar a Jesús e ir a Capernaúm obedecieron remando en medio de la tormenta que sabían que venía, y Jesús honró la fidelidad que tuvieron. Cuando los creyentes están en el lugar de la obediencia están en el lugar de la seguridad, cualesquiera que sean las circunstancias. El lugar de la seguridad no es el lugar de la circunstancia favorable sino el lugar de la obediencia a la voluntad de Dios.

PRUEBA DEL AMOR DIVINO DE JESÚS

Entonces le respondió Pedro, y dijo: Señor, si eres tú, manda que yo vaya a ti sobre las aguas. Y él dijo: Ven. Y descendiendo Pedro de la barca, andaba sobre las aguas para ir a Jesús. Pero al ver el fuerte viento, tuvo miedo; y comenzando a hundirse, dio voces, diciendo: ¡Señor, sálvame! Al momento Jesús, extendiendo la mano, asió de él, y le dijo: ¡Hombre de poca fe! ¿Por qué dudaste? (14:28-31)

La cuarta prueba de la deidad de Jesús fue su demostración de amor divino. Aunque Marcos y Juan informan que Jesús caminó sobre el agua, solamente Mateo narra este incidente con relación a Pedro.

El **si** condicional de Pedro no reflejó duda de que se tratara de veras del Señor, porque ir hacia el agua y unirse a un fantasma no identificado era lo último que Pedro habría hecho. Por naturaleza este hombre era impetuoso y temerario, y más de una vez su confianza excesiva lo metió en problemas, incluso con el Señor mismo. Pero se habría necesitado más que temeridad para que este pescador de toda la vida se hubiera aventurado a meterse al agua sin la ayuda de una embarcación, porque nadie a bordo conocía mejor que Pedro los peligros de las tormentas en Galilea. Es probable que en ocasiones hubiera sido arrojado al agua por vientos u olas, y que hubiera visto a otros experimentar el mismo trauma. Él no era tonto, y es poco probable que esta impetuosidad hubiera superado tan fácilmente la razón y precaución instintiva del discípulo.

Parece mucho más probable que Pedro se llenara de alegría al ver a Jesús, y que su preocupación suprema fuera estar seguro con el Señor. Una simple impetuosidad pudo haberlo hecho saltar de la barca, esperando de alguna manera que Jesús viniera a rescatarlo. Pero Pedro no era tan inocente, por lo que pidió al Señor: **manda que yo vaya a ti sobre las aguas.** Él sabía que Jesús tenía el poder para permitirle andar **sobre las aguas,** pero no presumió tratando de realizar la hazaña sin la orden expresa del Señor. La petición de Pedro fue un acto de afecto basado en fe confiada. No pidió que lo hiciera andar sobre el agua por hacer algo espectacular, sino porque esta era la manera de llegar hasta Jesús.

Pedro hizo muchas cosas por las que se le puede culpar. Pero a veces es criticado por acciones que reflejan amor, valor y fe tanto como impetuosidad o cobardía. Por ejemplo, aunque negó al Señor mientras estaba en el patio durante el juicio a Jesús, estuvo allí tan cerca de Jesús como podía estar. El resto de los discípulos no se hallaban por ninguna parte. En la transfiguración en el monte, la sugerencia de Pedro fue poco sabia, pero la motivó su devoción sincera: "Señor, bueno es para nosotros que estemos aquí; si quieres, hagamos aquí tres enramadas: una para ti, otra para Moisés, y otra para Elías" (Mt. 17:4). Él amaba de corazón a Jesús y quería sinceramente servirle y agradarle. Pedro no se resistió a que Jesús le lavara los pies por soberbia sino porque en su profunda humildad no podía concebir que su Señor lavara los pies de alguien tan indigno. Y cuando Jesús explicó la importancia de lo que estaba haciendo, Pedro declaró: "Señor, no sólo mis pies, sino también las manos y la cabeza" (Jn. 13:9).

Pedro estuvo continuamente siguiendo el ejemplo del Señor. Al leer entre líneas los relatos del evangelio no es difícil imaginar que en ocasiones Pedro siguió tan de cerca a Jesús que tropezaba cuando Él se detenía. En la presencia de Jesús, Pedro sentía una maravillosa seguridad, y allí es donde el discípulo quería estar ahora. Era más seguro estar con Jesús **sobre las aguas** que estar sin Él en la barca.

El amor de Pedro por Jesús era imperfecto y débil, pero auténtico. Tres veces Jesús le preguntó si lo amaba, y en cada una de ellas Pedro contestó de modo afirmativo. Jesús no contradijo la respuesta de Pedro, sino que le recordó la obligación de cuidar las ovejas de su Maestro, y le advirtió el gran precio que ese amor demandaría (Jn. 21:15-18). La tradición asegura que cuando Pedro estaba a punto de ser crucificado pidió que lo colocaran boca abajo en la cruz, porque no se sentía digno de morir en la misma forma que su Señor.

El hecho de que Jesús le dijera a Pedro **ven** confirma el motivo correcto del discípulo. Jesús nunca invita, mucho menos ordena, que alguien haga algo pecaminoso. Tampoco ha sido nunca partidario del orgullo o la presunción. Con la mayor compasión, Jesús le dijo a Pedro **ven,** complacido en gran manera de que él quisiera estar con su Señor.

Por sobre todo, el gran amor de Pedro por Cristo es lo que lo convirtió en el líder de los discípulos. Él parece haber sido el más cercano a Cristo y siempre se le nombra de primero en las listas de los doce. Así como el Señor nunca rechaza la fe débil, sino que la acepta y utiliza, tampoco nunca rechaza el amor débil e imperfecto. Con gran paciencia y cuidado toma el amor de sus hijos y, a través de pruebas y dificultades, así como de éxitos y victorias, hace que ese amor llegue a estar en mayor conformidad con su propio amor.

Que Jesús le dijera a Pedro **ven** fue un acto de amor. Juan declaró: "Nosotros hemos conocido y creído el amor que Dios tiene para con nosotros", Es más, él sigue diciendo: "Dios es amor" (1 Jn. 4:16; cp. v. 8). Es la naturaleza de Dios ser amoroso, así como es la naturaleza del agua ser húmeda y la del sol ser brillante y caliente. Él ama a los suyos con un amor infinito, sin influencia, sin reservas, inmutable, eterno y perfecto.

Los cristianos reflejan de modo más perfecto a su Padre celestial cuando son amorosos, en especial unos con otros. Juan sigue explicando: "Si alguno dice: Yo amo a Dios, y aborrece a su hermano, es mentiroso. Pues el que no ama a su hermano a quien ha visto, ¿cómo puede amar a Dios a quien no ha visto?" (1 Jn. 4:20).

Aunque Pedro era sincero, no comprendió la realidad o la extremidad de lo que estaba deseando hacer. Desde la relativa seguridad de la barca, la hazaña no parecía tan aterradora; pero una vez que **Pedro** salió **de la barca** y caminó **sobre las aguas para ir a Jesús,** la situación pareció radicalmente distinta. El discípulo quitó temporalmente la mirada del Señor y, **al ver el fuerte viento, tuvo miedo; y comenzando a hundirse, dio voces, diciendo: ¡Señor, sálvame!** La fe de Pedro fue suficiente para salir de la barca, pero no fue suficiente para llevarlo a través del agua.

La fe se fortalece al ser llevada a extremos que nunca antes ha enfrentado. Tal fortalecimiento es fundamental para el crecimiento y la madurez cristiana. Santiago afirma: "Bienaventurado el hombre que persevera bajo la prueba porque, cuando haya sido probado, recibirá la corona de vida que Dios ha prometido a los que lo aman" (Stg. 1:12, rva-2015). El Señor nos lleva hasta donde vaya nuestra fe, y cuando esta finaliza comenzamos a hundirnos. Es entonces que le clamamos y Él demuestra otra vez su fidelidad y poder, y nuestra fe aprende a extenderse mucho más allá. Cuando confiamos en Dios en la fe que tenemos, descubrimos las limitaciones de esa fe, pero también descubrimos lo que puede llegar a ser.

Cuando Pedro estaba **comenzando a hundirse,** es probable que estuviera totalmente vestido y le habría sido muy difícil nadar en medio de las olas. Además, en su terror es posible que en lo único que pensara fuera en hundirse. Sin embargo, tan pronto como **dio voces, diciendo: ¡Señor, sálvame!,** estuvo a salvo, porque **al momento Jesús, extendiendo la mano, asió de Él.**

Cuando Jesús lo reprendió diciéndole: **¡Hombre de poca fe! ¿Por qué dudaste?,** Pedro debió haberse asombrado de la pregunta. La razón de que su fe fallara parecía obvia. Estaba agotado por remar la mayor parte de la noche, muerto de miedo por la tormenta y después por lo que creyó que era un fantasma, y ahora parecía que estaba a punto de ahogarse antes de poder llegar hasta donde el Señor. Pedro nunca antes había estado en una situación así, y es posible que al haber caminado realmente unos cuantos pasos sobre el agua aumentara su miedo.

Pero la débil fe de Pedro era mejor que nada de fe; y al igual que en el patio cuando negó al Señor, al menos estuvo allí y no se echó para atrás como los demás. Al menos comenzó a ir hacia Jesús, y cuando vaciló, el Señor lo llevó el resto del camino.

Mientras se hallaba en el monte, Jesús había estado intercediendo por Pedro y los demás, y ahora acudía directamente a ayudarlos en medio de la tormenta. El Señor va delante de nosotros y va con nosotros. Cuando nos sentimos frustrados, ansiosos, desconcertados y asustados, Satanás nos tienta para que nos preguntemos por qué Dios permite que tales cosas les sucedan a sus hijos. Y si mantenemos la atención en esas cosas comenzamos a hundirnos, y nos hundiremos con tanta seguridad como pasó con Pedro. Pero si suplicamos ayuda al Señor, Él acudirá a rescatarnos con tanta seguridad como pasó con este discípulo.

Pedro escribiría más adelante: "En lo cual vosotros os alegráis, aunque ahora por un poco de tiempo, si es necesario, tengáis que ser afligidos en diversas pruebas, para que sometida a prueba vuestra fe, mucho más preciosa que el oro, el cual aunque perecedero se prueba con fuego, sea hallada en alabanza, gloria y honra cuando sea manifestado Jesucristo" (1 P. 1:6-7).

PRUEBA DEL PODER DIVINO DE JESÚS

Y cuando ellos subieron en la barca, se calmó el viento. (14:32)

El milagro más espectacular se llevó a cabo sin que Jesús dijera una sola palabra o levantara una mano. El momento en que Él y Pedro **subieron en la barca** con los otros discípulos, **se calmó el viento.** Sucedió como si **el viento** estuviera simplemente esperando que el milagro finalizara; y una vez cumplido su propósito, **se calmó.**

De manera instantánea la barca llegó "en seguida a la tierra adonde iban" (Jn. 6:21). Habían estado a cuatro o seis kilómetros de la costa y la tormenta aún rugía con mayor fuerza que nunca, pero en un instante se calmó y la barca llegó a su destino. En base a la experiencia humana normal, es comprensible que los discípulos se asombraran "en gran manera" (Mr. 6:51). Pero durante dos años habían experimentado asombrosas demostraciones del poder milagroso de Jesús, y para ellos estos extraordinarios acontecimientos no deberían haber sido asombrosos. Por Marcos nos enteramos que el asombro que tuvieron resultó "porque aún no habían entendido lo de los panes", o de la calma que Jesús hiciera anteriormente de la tormenta, o de cualquier otra obra grandiosa que Él había hecho, "por cuanto estaban endurecidos sus corazones" (Mr. 6:52).

Sin embargo, en ese momento esos mismos corazones se habían ablandado y esos ojos se habían abierto como nunca antes, y **entonces los que estaban en la barca vinieron y le adoraron, diciendo: Verdaderamente eres Hijo de Dios.** Ahora estaban más que simplemente asombrados, tal como la multitud y ellos mismos siempre habían estado. Fueron conducidos del asombro pasado a la adoración, que es lo que las señales y los milagros de Jesús desean producir. Por fin estaban comenzando a ver a Jesús como Aquel a quien Dios exaltara en gran manera y como a quien puso el nombre que es por sobre todo nombre, y ante cuyo nombre debe doblarse "toda rodilla de los que están en los cielos, y en la tierra, y debajo de la tierra; y toda lengua confiese que Jesucristo es el Señor, para gloria de Dios Padre" (Fil. 2:9-11).

Adoración vacía: Confusión de las tradiciones de los hombres con la doctrina de Dios

85

Y terminada la travesía, vinieron a tierra de Genesaret. Cuando le conocieron los hombres de aquel lugar, enviaron noticia por toda aquella tierra alrededor, y trajeron a él todos los enfermos; y le rogaban que les dejase tocar solamente el borde de su manto; y todos los que lo tocaron, quedaron sanos. Entonces se acercaron a Jesús ciertos escribas y fariseos de Jerusalén, diciendo: ¿Por qué tus discípulos quebrantan la tradición de los ancianos? Porque no se lavan las manos cuando comen pan. Respondiendo él, les dijo: ¿Por qué también vosotros quebrantáis el mandamiento de Dios por vuestra tradición? Porque Dios mandó diciendo: Honra a tu padre y a tu madre; y: El que maldiga al padre o a la madre, muera irremisiblemente. Pero vosotros decís: Cualquiera que diga a su padre o a su madre: Es mi ofrenda a Dios todo aquello con que pudiera ayudarte, ya no ha de honrar a su padre o a su madre. Así habéis invalidado el mandamiento de Dios por vuestra tradición. Hipócritas, bien profetizó de vosotros Isaías, cuando dijo: Este pueblo de labios me honra; mas su corazón está lejos de mí. Pues en vano me honran, enseñando como doctrinas, mandamientos de hombres. Y llamando a sí a la multitud, les dijo: Oíd, y entended: No lo que entra en la boca contamina al hombre; mas lo que sale de la boca, esto contamina al hombre. Entonces acercándose sus discípulos, le dijeron: ¿Sabes que los fariseos se ofendieron cuando oyeron esta palabra? Pero respondiendo él, dijo: Toda planta que no plantó mi Padre celestial, será desarraigada. Dejadlos; son ciegos guías de ciegos; y si el ciego guiare al ciego, ambos caerán en el hoyo. Respondiendo Pedro, le dijo: Explícanos esta parábola. Jesús dijo: ¿También vosotros sois aún sin entendimiento? ¿No entendéis que todo lo que entra en la boca va al vientre, y es echado en la letrina? Pero lo que sale de la boca, del corazón sale; y esto contamina al hombre. Porque del corazón salen los malos pensamientos, los homicidios, los adulterios, las fornicaciones, los hurtos, los falsos testimonios, las blasfemias. Estas cosas son las que contaminan al hombre; pero el comer con las manos sin lavar no contamina al hombre. (14:34—15:20)

Uno de los mandamientos fundamentales de Dios es: "No tomarás el nombre de Jehová tu Dios en vano" (Éx. 20:7). Obviamente ese mandamiento prohíbe groserías o vulgaridades en que se utiliza el nombre del Señor. Es obvio que también prohíbe el uso frívolo e irreverente de su nombre. Pero más que esos aspectos obvios, también prohíbe cualquier uso del nombre de Dios que sea superficial, indiferente, poco sincero o hipócrita.

Se ha dicho que el nombre de Dios se toma en vano más a menudo dentro de la Iglesia que fuera de ella. Su nombre se toma en vano siempre que se usa mecánicamente en oraciones y liturgias repetitivas, en cánticos de alabanza cuando no se piensa en Él, y en oraciones que se hacen de manera irreflexiva y sin auténtica devoción. Su nombre se toma en vano a través de adoración vacía quizás más que en cualquier otra manera.

La adoración hipócrita estaba entre los peores agravios del antiguo Israel. El Señor declaró por medio de Isaías: "No me traigáis más vana ofrenda; el incienso me es abominación; luna nueva y día de reposo, el convocar asambleas, no lo puedo sufrir; son iniquidad vuestras fiestas solemnes. Vuestras lunas nuevas y vuestras fiestas solemnes las tiene aborrecidas mi alma; me son gravosas; cansado estoy de soportarlas. Cuando extendáis vuestras manos, yo esconderé de vosotros mis ojos; asimismo cuando multipliquéis la oración, yo no oiré; llenas están de sangre vuestras manos" (Is. 1:13-15).

Incluso las ceremonias y observancias que Dios mismo había ordenado se volvieron inaceptables, porque se ofrecían de forma hipócrita y sin ningún significado. Isaías siguió expresando: "Lavaos y limpiaos; quitad la iniquidad de vuestras obras de delante de mis ojos; dejad de hacer lo malo; aprended a hacer el bien; buscad el juicio, restituid al agraviado, haced justicia al huérfano, amparad a la viuda. Venid luego, dice Jehová, y estemos a cuenta: si vuestros pecados fueren como la grana, como la nieve serán emblanquecidos; si fueren rojos como el carmesí, vendrán a ser como blanca lana" (vv. 16-18).

A menos que el corazón del adorador esté limpio y purificado, no puede adorar a Dios de forma aceptable, porque no puede adorarlo con sinceridad. La persona con un corazón pecaminoso se opone a Dios y no es posible que lo adore de manera correcta. Isaías concluye su profecía con la misma advertencia con que la empieza: "Miraré a aquel que es pobre y humilde de espíritu, y que tiembla a mi palabra. El que sacrifica buey es como si matase a un hombre; el que sacrifica oveja, como si degollase un perro; el que hace ofrenda, como si ofreciese sangre de cerdo; el que quema incienso, como si bendijese a un ídolo" (Is. 66:2-3; cp. Pr. 21:27). Cuando fingía ofrecer sacrificios, el pueblo no era mejor que los delincuentes y paganos, porque sus corazones no eran humildes y contritos sino orgullosos y rebeldes.

El Señor proclamó el mismo mensaje por medio de Amós: "Aborrecí, abominé vuestras solemnidades, y no me complaceré en vuestras asambleas. Y si me ofreciereis vuestros holocaustos y vuestras ofrendas, no los recibiré, ni miraré a las ofrendas de paz de vuestros animales engordados. Quita de mí la multitud de tus cantares, pues no escucharé las salmodias de tus instrumentos. Pero corra el juicio como las aguas, y la justicia como impetuoso arroyo" (Am. 5:21-24). Malaquías declaró que ofrecer sacrificios imperfectos e indignos era despreciar el nombre de Dios (Mal. 1:6-7).

En Mateo 14:34—15:20 Jesús predica el mismo mensaje que el de esos profetas: los corazones que no están bien con Dios no pueden adorarlo. Jesús todavía era popular entre las multitudes de personas comunes y corrientes, pero no porque confiaran en Él como su Mesías-Salvador sino porque las alimentaba y curaba. El interés que tenían en Jesús era egoísta, y la devoción que le mostraban era superficial. No tenían deseos de seguirlo como Señor sino tan solo para obtener de Él lo que querían. No anhelaban servirle sino más bien que les complaciera cada uno de sus caprichos.

La mayoría de dirigentes ya eran abiertamente hostiles a Jesús, y por algún tiempo habían estado confabulando cómo matarlo (12:14). Pero para no oponerse al pueblo común que aún seguía a Jesús, los líderes trataron en primer lugar de desacreditarlo antes de atacarlo abiertamente.

En el pasaje actual Jesús confronta directamente al sistema religioso judío de su época, mostrando por sobre todo lo vacío e inútil de su adoración. Al hacerlo cristaliza aún más el conflicto irreconciliable entre su evangelio y dicho sistema. A medida que se desarrolla el conflicto, Jesús se ve en primer lugar como el Sanador compasivo (14:34-36), luego como el Juez condenador (15:1-9), y finalmente como el Maestro corrector (vv. 10-20).

EL SANADOR COMPASIVO

Y terminada la travesía, vinieron a tierra de Genesaret. Cuando le conocieron los hombres de aquel lugar, enviaron noticia por toda aquella tierra alrededor, y trajeron a él todos los enfermos; y le rogaban que les dejase tocar solamente el borde de su manto; y todos los que lo tocaron, quedaron sanos. (14:34-36)

Después que Jesús subió a la barca con Pedro, la tormenta se calmó al instante (Mt. 14:32), y la embarcación "llegó en seguida a la tierra adonde iban" (Jn. 6:21). La **tierra** era **Genesaret**, una pequeña pero muy hermosa llanura situada entre Capernaúm y Magdala. Según Josefo, se trataba de una región cálida y muy fértil que producía una amplia variedad de cultivos. Los campos y los viñedos estaban irrigados por lo menos por cuatro grandes fuentes, que permitían a los agricultores producir tres cosechas por año. Debido a que la tierra era tan rica, toda se dedicaba a la agricultura y la zona no tenía pueblos ni aldeas. Por tanto era una región tranquila y pacífica, habitada por muchos tipos de aves, y ofrecía un buen lugar para retraimiento y descanso.

Es probable que Jesús tuviera la intención de pasar allí algún tiempo a solas con sus discípulos; pero otra vez sus planes fueron interrumpidos, porque **cuando le conocieron los hombres de aquel lugar, enviaron noticia por toda aquella tierra alrededor, y trajeron a él todos los enfermos.** A pesar de que anteriormente Jesús había curado a miles de personas en esa región en general, era evidente que aún había muchos otros que estaban **enfermos** de varias aflicciones.

La confianza de las personas en los poderes milagrosos de Jesús se había establecido de modo tan firme que **le rogaban que les dejase tocar solamente el borde de su manto.** Habían oído hablar de la mujer con el flujo de sangre que se había curado por medio de ese acto (Mt. 9:20) y suponían que cualquiera podía curarse de la misma manera. Cualesquiera que hubieran sido su modo de pensar y sus motivos, Jesús tuvo misericordia de ellos y honró tales expresiones de fe, porque **todos los que lo tocaron, quedaron sanos.**

Pero Jesús deseaba hacer mucho más por ellos. Quería sobre todo sanarles sus corazones enfermos por el pecado. Ese mismo día se les ofreció como el Pan de vida que descendió del cielo, que al comerlo no les permitiría volver a tener hambre o sed, y que les daría vida eterna (Jn. 6:33-35, 48-51). Pero cuando se dieron cuenta de que esto significaba comer ese alimento celestial y beber esa bebida celestial, muchos de los seguidores superficiales se ofendieron y lo dejaron (vv. 52-60, 66). Al igual que muchas personas de hoy día que buscan a Dios solo por lo que quieren y no les interesa en absoluto lo que Él desea, la mayor parte de los miembros de la multitud tenían poco que hacer con Jesús después que los curaba.

A pesar de que no se ocultó de ellos, Jesús se entristeció porque no buscaban de Él más que sanidad física. A pesar de que no pidieron una comida completa, Él no les negó un pedazo de pan. A pesar de que no pidieron ayuda espiritual, Él no les negó la física. A pesar de la superficialidad, la ingratitud, y el egoísmo, misericordiosamente los sanó a fin de revelar el corazón compasivo de Dios.

EL JUEZ CONDENADOR

Entonces se acercaron a Jesús ciertos escribas y fariseos de Jerusalén, diciendo: ¿Por qué tus discípulos quebrantan la tradición de los ancianos? Porque no se lavan las manos cuando comen pan. Respondiendo él, les dijo: ¿Por qué también vosotros quebrantáis el mandamiento de Dios por vuestra tradición? Porque Dios mandó diciendo: Honra a tu padre y a tu madre; y: El que maldiga al padre o a la madre, muera irremisiblemente. Pero vosotros decís: Cualquiera que diga a su padre o a su madre: Es mi ofrenda a Dios todo aquello con que pudiera ayudarte, ya no ha de honrar a su padre o a su madre. Así habéis invalidado el mandamiento de Dios por vuestra tradición. Hipócritas, bien profetizó de vosotros Isaías, cuando dijo: Este pueblo de labios me honra; mas su corazón está lejos de mí. Pues en vano me honran, enseñando como doctrinas, mandamientos de hombres. (15:1-9)

Así como Jesús ofreció misericordia a las multitudes inconstantes que solo querían comida y sanidad de parte de Él, también ofreció condenación para los arrogantes morales e hipócritas dirigentes religiosos que *no* quisieron nada de Él. No querían tener nada que ver con Él, excepto lo que fuera necesario para desacreditarlo y destruirlo.

En este pasaje crucial vemos la naturaleza incompatible del mensaje del evangelio en la enseñanza de Jesús: el Dios de compasión es también el Dios de condenación. Así como sana a quienes acuden a Él, también condena a quienes lo rechazan. En estos nueve versículos vemos primero el enfrentamiento de Jesús y luego la condenación para los incrédulos y rebeldes escribas y fariseos.

EL ENFRENTAMIENTO

Entonces se acercaron a Jesús ciertos escribas y fariseos de Jerusalén, diciendo: ¿Por qué tus discípulos quebrantan la tradición de los ancianos? Porque no se lavan las manos cuando comen pan. (15:1-2)

Entonces es indefinido y no indica con precisión la secuencia de tiempo entre las curaciones y la aproximación de los **escribas y fariseos.** Es posible que este enfrentamiento ocurriera varios días después de las curaciones. Por Juan 6:4 sabemos que era el tiempo de la Pascua, y que muchos judíos viajaban por Galilea en su camino a Jerusalén para la fiesta. Se trataba de la tercera Pascua durante el ministerio de Jesús, un año antes de su última celebración con los discípulos en el aposento alto.

Ya que los **escribas y fariseos de Jerusalén** normalmente no trabajaban en Galilea, es probable que sus correligionarios allí hubieran solicitado ayuda para enfrentar a Jesús, quizás canalizando la petición a través del sanedrín, el sumo concilio judío. En **Jerusalén** estaba ubicado el templo y las escuelas más eminentes del judaísmo, por lo que sin duda alguna esta delegación tenía gran peso eclesiástico. Y debido a que estos **escribas y fariseos** tenían prestigio y formación superior a la de sus homólogos en Galilea, Jesús los trató con mayor severidad.

Estos hombres estaban familiarizados con la enseñanza y el ministerio de Jesús, y **se acercaron a** Él con el propósito específico de demostrar que se trataba de alguien que transgredía sus tradiciones. Tan pronto como Jesús comenzó a predicar y enseñar, los dirigentes del sistema religioso se dieron cuenta de que Él representaba una grave amenaza para el sistema legalista que encarnaban. Su religión era intencionalmente externa y superficial, ya que podía practicarse exteriormente con celo y diligencia sin importar cuál fuera la condición del corazón o del alma. Era una religión de ceremonia y tradición que el incrédulo más endurecido podía seguir. Se preocupaba por cubrir el pecado sin exponerlo ni limpiarlo, aparentando justicia sin tenerla. Incluso después que Jesús proclamó de manera inequívoca la verdad en el Sermón del Monte (Mt. 5:20), los líderes judíos sintieron que el tipo de justicia de Jesús y el de ellos eran diametralmente opuestos. El conflicto en última instancia resultó en la crucifixión, la cual consideraron que fue la victoria de sus costumbres, mientras que en realidad fue su sentencia de muerte.

Los dirigentes que habían venido de visita preguntaron a Jesús: **¿Por qué tus discípulos quebrantan la tradición de los ancianos? Porque no se lavan las manos cuando comen pan.** Ellos no trataron de ocultar el hecho de que el comentario ofensivo de Jesús estaba dirigido contra **la tradición de los ancianos** y no contra la ley de Dios. En sus mentes **la tradición de los ancianos** era superior a las Escrituras en el sentido de que era la única interpretación confiable de la Palabra de Dios. Así como los católicos romanos miran al dogma de la iglesia para descubrir lo que la Biblia "realmente quiere decir", la mayor parte de judíos de la época de Jesús miraban **la tradición de los ancianos.** De igual modo, muchos protestantes conceden más autoridad a los pronunciamientos de sus denominaciones que a la Biblia.

El Talmud, que es el depositario de la tradición judía, enseña que Dios otorgó la ley oral a Moisés, a quien luego le encargó que la transmitiera a grandes hombres de Israel. Estos hombres debían entonces hacer tres cosas con la ley que habían recibido. Primero, debían reflexionar en ella y aplicarla de manera apropiada. Segundo, debían preparar discípulos a fin de que la siguiente generación tuviera maestros de la ley. Tercero debían construir un muro alrededor de la ley con el fin de protegerla.

Debido a que sus corazones no estaban bien con Dios, el muro que los rabinos construyeron para "proteger" la ley en realidad la socavaba y contradecía. El propósito que tenían no era guiar al pueblo a adorar y servir a Dios por medio de corazones puros limpiados por Él, sino adorarlo y servirlo por medios humanos y con corazones no cambiados. A fin de proporcionar los medios para guardar los mandamientos de manera superficial se añadieron regulaciones tras regulaciones y ceremonias tras ceremonias, hasta que la propia Palabra de Dios quedó totalmente oculta detrás del muro de tradición. En lugar de proteger la Palabra de Dios, **la tradición** la ocultó y la pervirtió.

Cuando el reino norteño de Israel y después el reino sureño de Judá fueron llevados en cautiverio, los judíos sintieron que Dios los había abandonado. Por supuesto, la verdadera razón de su cautiverio era que ellos lo habían abandonado. Estaban sufriendo el juicio de Dios, tal como Isaías, Jeremías y otros profetas habían advertido de forma reiterada y vívida que les ocurriría.

Mientras los judíos estaban en el exilio, los escribas (el primero de los cuales fue Esdras) comenzaron a reunirse y a copiar los diversos libros de las Escrituras escritas hasta ese momento. También empezaron a hacer comentarios sobre varios pasajes que parecían confusos; poco a poco se desarrolló una acumulación cada vez más grande de interpretaciones, hasta que hubo más interpretación que Escrituras. La distinción entre las Escrituras y las tradiciones basadas en interpretaciones de las Escrituras se volvió cada vez menos y menos clara, y poco después **la tradición** era más conocida y más reverenciada que la propia Palabra de Dios.

Para la época de Jesús **la tradición de los ancianos** había suplantado durante muchos años a las Escrituras como la autoridad religiosa suprema en las mentes de los dirigentes judíos y en la mayor parte del pueblo. Las tradiciones afirmaban incluso que "las palabras de los escribas eran más hermosas que las palabras de la ley", y se convirtió en un delito mayor en el judaísmo trasgredir la enseñanza de algún rabino como el reverenciado Hillel que transgredir la enseñanza de las Escrituras.

En el pensamiento de los escribas y fariseos que se acercaron a Jesús en esta ocasión era, por tanto, un asunto muy grave que los **discípulos** del Señor quebrantaran **la tradición de los ancianos.** Jesús y sus discípulos hacían caso omiso a todas las tradiciones rabínicas, y la infracción particular citada aquí era simplemente representativa de muchas otras que pudieron haberse mencionado. Pero el hecho de que los discípulos **no se** lavaran **las manos cuando** comían era considerado un agravio especialmente grave.

Lavarse no tenía nada que ver con higiene física, sino que se refería a enjuague ceremonial. El propósito era quitar la impureza ritual causada por haber tocado algo impuro, como un cadáver o un gentil. Algunos de los rabinos enseñaban incluso que cierto demonio llamado Shibtah se adhería a las manos de las personas mientras estas dormían, y que si no se las lavaban ceremonialmente el demonio en realidad entraba al cuerpo a través de la comida manipulada por manos contaminadas.

El valor del enjuague ceremonial se estimaba tanto que un rabino insistía en que "quien tiene su morada en la tierra de Israel y consume su alimentación común con manos enjuagadas puede estar seguro de tener vida eterna". Otro rabino enseñaba que sería mejor salirse seis kilómetros del camino para conseguir agua, que comer con manos sin lavar. Cierto rabino que fue encarcelado y que le daban cierta ración pequeña de agua la usaba para lavar las manos antes de comer en lugar de beberla, afirmando que prefería morir antes que transgredir la tradición.

Dios había instituido ciertos lavados ceremoniales prescritos como parte del pacto dado a través de Moisés, pero esos no eran más que imágenes o símbolos externos de verdades espirituales. En ninguna parte el Antiguo Testamento sostiene que tengan algún mérito, valor o bendición en sí mismos.

Antes de cada comida se tenían jarras listas para ser usadas. La cantidad mínima de agua que debía usarse era un cuarto de log, suficiente para llenar media cáscara de huevo. El agua se vertía primero en ambas manos, sosteniéndola con los dedos apuntando hacia arriba; debía dejarse correr por el brazo hasta la muñeca y dejarla caer desde la muñeca, porque el agua ahora estaba impura al haber tocado las manos impuras. Y si volvía a bajar por los dedos, los hacía impuros. El proceso se repetía con las manos en dirección descendente, con los dedos señalando hacia abajo. Y finalmente cada mano se limpiaba restregándola con el puño de la otra. Un judío estricto hacía esto antes de cada comida y entre cada plato en cada comida. (Para un estudio más completo, léase Alfred Edersheim, *The Life and Times of Jesus the Messiah*, vol. 2, pp. 10-13).

A lo largo de la historia la religión hecha por el hombre ha asignado gran importancia y beneficio a ceremonias y acciones ritualistas. Al comentar sobre esta tendencia universal del ser humano, se cuenta que Charles Spurgeon preguntó cómicamente a su congregación: "Si no hubiera reunión dominical a las once de la mañana, ¿cuántos de ustedes serían cristianos?".

LA CONDENACIÓN

Respondiendo él, les dijo: ¿Por qué también vosotros quebrantáis el mandamiento de Dios por vuestra tradición? Porque Dios mandó diciendo: Honra a tu padre y a tu madre; y: El que maldiga al padre o a la madre, muera irremisiblemente. Pero vosotros decís: Cualquiera que diga a su padre o a su madre: Es mi ofrenda a Dios todo aquello con que pudiera ayudarte, ya no ha de honrar a su padre o a su madre. Así habéis invalidado el mandamiento de Dios por vuestra tradición. Hipócritas, bien profetizó de vosotros Isaías, cuando dijo: Este pueblo de labios me honra; mas su corazón está lejos de mí. Pues en vano me honran, enseñando como doctrinas, mandamientos de hombres. (15:3-9)

Antes de contestar la acusación de los fariseos, Jesús contraatacó. No negó que sus discípulos ignoraran las tradiciones rabínicas; y más adelante explicó a la multitud (v. 11) y luego a los discípulos (vv. 17-18) por qué esta tradición particular era inútil y sin sentido. Pero no ofreció respuesta o explicación a los escribas y fariseos acusadores, desestimando su pregunta por irrelevante. En lugar de eso les hizo una pregunta mucho más importante: **¿Por qué también vosotros quebrantáis el mandamiento de Dios por vuestra tradición?**

Así como los fariseos mencionaron el hecho de no lavarse ceremonialmente las manos antes de comer como ejemplo de que los discípulos estaban violando la **tradición,** Jesús mencionó la violación que los fariseos hacían al quinto mandamiento, **honra a tu padre y a tu madre** (véase Éx. 20:12), como un ejemplo de que estaban quebrantando **el mandamiento de Dios.** También les recordó el castigo divino por quebrantar ese mandamiento: **El que maldiga al padre o a la madre, muera irremisiblemente** (véase Éx. 21:17).

Vinculada con honrar a **padre y madre** está la responsabilidad de mostrarles respeto y amor, y ayudarles a satisfacer sus necesidades. Una tradición enseñaba que "un hijo está obligado a sostener a su padre aunque tenga que pedir limosna para poder hacerlo". Pero otra tradición había llegado a reemplazarla al igual que el quinto mandamiento, enseñando que **cualquiera que diga a su padre o a su madre: Es mi ofrenda a Dios todo aquello con que pudiera ayudarte, ya no ha de honrar a su padre o a su madre.**

Los escribas y fariseos sabían muy bien los Diez Mandamientos y podían recitarlos fácilmente de memoria. Ellos eran los más educados de todos los hombres judíos, y se les consideraba las autoridades supremas tanto en las Escrituras como en la tradición. Es posible que no se hubieran dado cuenta de que esta tradición violaba directamente el mandamiento de Dios de honrar al padre y a la madre. A sabiendas reemplazaron el mandato específico de Dios con su propia tradición contradictoria.

Todo aquello se traduce de *dōron*, que significa regalo. Marcos utiliza el término más técnico Corbán (7:11), que se refiere a un regalo o sacrificio ofrecido específicamente a Dios. En algún momento en el pasado se había desarrollado una tradición que permitía a una persona llamar Corbán a todas sus posesiones, dedicándolas por tanto a Dios. Y puesto que las Escrituras enseñaban que un voto a Dios no debía violarse (Nm. 30:2), tales posesiones no podían usarse para nada más que el servicio a Dios. Por tanto, si el **padre** o la **madre** de un hombre pedían ayuda financiera, él podía decirles: **Es mi ofrenda a Dios todo aquello con que pudiera ayudarte.** El texto griego de la siguiente frase es más enfático del que sugiere el castellano. **Ya no ha de honrar** podría traducirse mejor: "Ya no debe honrar". El voto no se limitaba simplemente a permitir la retención de la ayuda a un **padre** o una **madre,** sino que en realidad la prohibía.

Sin embargo, a excepción de lo que podía realmente entregarse al templo o a la sinagoga, las posesiones *Corbán* permanecían en las manos del individuo. Y cuando él decidía utilizarlas para sus propios propósitos, la tradición se lo permitía simplemente diciendo *Corbán* otra vez sobre ellas. En otras palabras, la tradición no estaba diseñada para servir ni a Dios ni a la familia sino a los intereses egoístas del individuo que hacía el hipócrita voto. A fin de no entregar sus posesiones para mantener a sus padres podía declarar esas posesiones como sagradas e inutilizables, pero tan pronto como quería usarlas para sí mismo, con la misma facilidad podía revertir el voto. El propósito encubierto de la tradición era invalidar **el mandamiento de Dios** eludiendo el quinto mandamiento.

Furioso por el insensible egoísmo de esa tradición, Jesús manifestó: **Hipócritas, bien profetizó de vosotros Isaías, cuando dijo: Este pueblo de labios me honra; mas su corazón está lejos de mí** (véase Is. 29:13). Lo que Isaías dijo del **pueblo** de su propia época se aplicaba a los **hipócritas** de la época de Jesús, y también se aplica a los hipócritas de nuestro tiempo.

Un antiguo rabino declaró: "Hay diez partes de hipocresía en el mundo, nueve en Jerusalén y una en cualquier otro lugar". Lo mismo podría decirse de gran parte de la Iglesia. Satanás no tiene más grandes aliados que los **hipócritas** que se disfrazan bajo la forma de pueblo de Dios. Y los hipócritas no tienen mayor aliado que la tradición, porque esta puede seguirse de manera mecánica e inconsciente, sin convicción, sinceridad o pureza de corazón. Puesto que las tradiciones son hechas por hombres, pueden ser cumplidas por hombres. No requieren fe, confianza, ni dependencia en Dios. No solo eso, sino que apelan a la carne al alimentar el orgullo y la justicia propia. A menudo, como en este caso, también sirven a intereses personales.

Debido a que las tradiciones no requieren integridad de corazón, son fácilmente sustituidas por la adoración y la obediencia verdaderas. Por eso es que es fácil para las personas honrar **de labios** a Dios, mientras **su corazón está lejos de Él.** Y por eso es que es más probable que el ritual, la ceremonia, y otras tradiciones religiosas alejen de Dios a los adoradores a que los acerquen a Él. Y mientras más alejada está la persona de Dios, más vana se vuelve su adoración.

El único corazón que puede adorar a Dios en espíritu y verdad (Jn. 4:24) es el que le pertenece a Él, y el único corazón que le pertenece a Él es el limpio de pecado y justificado por Él. Es esta limpieza divina la que Dios siempre ha ofrecido a quienes confían en Él. Dios declaró por medio de Ezequiel: "Os daré corazón nuevo, y pondré espíritu nuevo dentro de vosotros; y quitaré de vuestra carne el corazón de piedra, y os daré un corazón de carne. Y pondré dentro de vosotros mi Espíritu, y haré que andéis en mis estatutos, y guardéis mis preceptos, y los pongáis por obra" (Ez. 36:26-27). A menos que ocurra una transformación dentro de una persona, su justicia no puede superar la justicia hipócrita y superficial de los escribas y fariseos, en cuyo caso no puede entrar al reino de Dios (Mt. 5:20).

Jesús fue condenado y crucificado porque desenmascaró la vileza de los hipócritas religiosos que rechazaron las santas **doctrinas** de la gracia en pro de sus propios **mandamientos** de obras de justicia propia.

Desde luego, no hay nada malo con la tradición como tal. Muchas tradiciones nos ayudan a recordar, valorar y honrar cosas que son nobles y hermosas. Pero cuando las tradiciones sustituyen a la Palabra de Dios, o en alguna manera la distorsionan o la alejan, son una ofensa contra Dios y un obstáculo para la correcta adoración y vida. Cuando los **mandamientos de hombres** se enseñan **como doctrinas,** la sabiduría del hombre se eleva por sobre la de Dios, lo cual es el mismo origen de todo pecado. Fue el hecho de que Satanás indujera a Eva a confiar en su propia sabiduría por sobre la de Dios lo que llevó a la caída, a todo pecado posterior, y a toda maldad en el mundo.

EL MAESTRO CORRECTOR

Y llamando a sí a la multitud, les dijo: Oíd, y entended: No lo que entra en la boca contamina al hombre; mas lo que sale de la boca, esto contamina al hombre. Entonces acercándose sus discípulos, le dijeron: ¿Sabes que los fariseos se ofendieron cuando oyeron esta palabra? Pero respondiendo él, dijo: Toda planta que no plantó mi Padre celestial, será desarraigada. Dejadlos; son ciegos guías de ciegos; y si el ciego guiare al ciego, ambos caerán en el hoyo. Respondiendo Pedro, le dijo: Explícanos esta parábola. Jesús dijo: ¿También vosotros sois aún sin entendimiento? ¿No entendéis que todo lo que entra en la boca va al vientre, y es echado en la letrina? Pero lo que sale de la boca, del corazón sale; y esto contamina al hombre. Porque del corazón salen los malos pensamientos, los homicidios, los adulterios, las fornicaciones, los hurtos, los falsos testimonios,

las blasfemias. Estas cosas son las que contaminan al hombre; pero el comer con las manos sin lavar no contamina al hombre. (15:10-20)

La contaminación se ha convertido en un problema importante en el mundo moderno, y leemos y oímos mucho al respecto. El aire, la tierra, los ríos y lagos, e incluso los océanos se han contaminado hasta un grado tal que se creía imposible solo una generación atrás.

La Biblia también tiene mucho que decir acerca de la contaminación, pero esta contaminación ha plagado a la humanidad desde su comienzo. Es una contaminación que no se puede ver, oler, saborear o medir. Sin embargo, es más letal que todo aquello a lo que los ambientalistas se oponen. El Nuevo Testamento utiliza cinco diferentes verbos, tres sustantivos, y un adjetivo para representar la idea de contaminación, o profanación, y varias formas de esos términos se usan docenas de veces. Los cinco usos en el texto actual de la palabra **contamina** (vv. 11, 18, 20) son todos formas del verbo *koinoō,* que significa hacer común, impuro, o contaminado.

Dios se preocupa por la contaminación en toda su creación, pero en especial por la corrupción del ser humano, quien está hecho a su imagen, y de manera más especial por la contaminación de sus propios hijos redimidos. Santiago amonesta a los cristianos a mantener "la religión pura y sin mácula" (Stg. 1:27), y Pablo advierte contra las conciencias que son débiles y contaminadas (1 Co. 8:7). Es un asunto muy serio que los cristianos se contaminen, porque sus cuerpos son templos del Espíritu Santo (1 Co. 3:16-17). El Señor elogia a la iglesia en Sardis por no haber manchado o contaminado sus vestiduras (Ap. 3:4), y en el reino celestial eterno no habrá objeto o persona que estén contaminados (Ap. 14:4; 21-27). Pero aun en nuestra actual vida terrenal se nos manda crecer en la semejanza de nuestro Señor Jesucristo (Ef. 4:13), quien es "santo, inocente, sin mancha" (He. 7:26). Al igual que el Hijo de Dios, su pueblo debe ser limpio, puro, santo, sin mancha, e irreprensible (2 Co. 11:2; Ef. 5:27; 2 P. 3:14).

En Mateo 15:10-20, Jesús expone primero el principio de la contaminación espiritual, luego describe la violación del principio, y por último aclara el significado del principio.

EL PRINCIPIO EXPUESTO

Y llamando a sí a la multitud, les dijo: Oíd, y entended: No lo que entra en la boca contamina al hombre; mas lo que sale de la boca, esto contamina al hombre. (15:10-11)

Debido a que la secuencia de tiempo entre los capítulos 14 y 15 no está clara, no podemos estar seguros en cuanto a la identidad de esta **multitud,** pero probablemente es el grupo descrito en 14:34-36 que había acudido a Jesús para sanidad.

Este período de sanidad y enseñanza (véase Jn. 6:26-71) al parecer duró muchos días, porque llevó a Jesús a numerosas aldeas, ciudades o campos (Mr. 6:56). En algún momento durante este período la delegación de escribas y fariseos de Jerusalén había venido a Galilea con el fin de desacreditar a Jesús, y en lugar de eso había quedado desacreditada por Él.

La multitud se había mantenido al margen, escuchando cómo Jesús condenaba a los líderes religiosos. Ahora los llamó hacia **sí** a fin de explicar lo que acababa de decir acerca de las tradiciones antibíblicas y la adoración vacía.

Oíd, y entended era una expresión común que significaba: "Escuchen atentamente y pongan mucha atención", y se usaba para preceder un mensaje de gran importancia. No era que lo que Jesús decía sería difícil de entender, sino que sería difícil de aceptar. El mayor obstáculo para la salvación siempre ha sido la falta de aceptación y de fe en el evangelio, no la falta de comprensión de este. Es precisamente cuando el evangelio es más claro, como cuando Jesús lo enseñó, que también es más probable que sea menos aceptado.

Como de costumbre, la ilustración de Jesús fue sencilla y basada en el conocimiento común y en las experiencias cotidianas del pueblo. Él explicó: **No lo que entra en la boca contamina al hombre; mas lo que sale de la boca, esto contamina al hombre.** La contaminación espiritual es un asunto del interior, no del exterior. Ninguna contaminación espiritual o moral puede resultar de lo que comemos. Lo físico no tiene manera de contaminar lo espiritual. Jesús estaba diciendo: "No se dejen engañar y confundir por las tradiciones ridículas que les han enseñado. La costumbre de lavarse las manos antes de comer no tiene nada que ver con quitar la contaminación en ustedes. Lo que importa es lo que hay en sus corazones. Es la maldad en el corazón, la que finalmente **sale de la boca,** lo que **contamina al hombre".**

A ningún judío *debió* sorprenderle lo que Jesús estaba diciendo. Al igual que en el Sermón del Monte, Él no estaba enseñando nuevas verdades, sino que simplemente estaba reforzando verdades que la Palabra de Dios siempre había enseñado. Es indudable que hasta los más indoctos en la multitud habían oído la historia de cuando el Señor escogió a David como rey de Israel en lugar de Saúl. Cuando Isaí llevó a sus hijos delante de Samuel, el profeta creyó que Eliab, el mayor, era el "ungido" que estaba "delante de Jehová". Entonces el Señor "respondió a Samuel: No mires a su parecer, ni a lo grande de su estatura, porque yo lo desecho; porque Jehová no mira lo que mira el hombre; pues el hombre mira lo que está delante de sus ojos, pero Jehová mira el corazón" (1 S. 16:6-7).

La circuncisión era la señal del pacto dada a Abraham, y los judíos la veían con la mayor reverencia posible. Pero incluso antes que Israel entrara a la tierra prometida, Dios declaró por medio de Moisés: "*Ahora,* pues, Israel, ¿qué pide Jehová tu Dios de ti, sino que temas a Jehová tu Dios, que andes en todos sus caminos, y que lo ames, y sirvas a Jehová tu Dios con todo tu corazón y con toda tu alma; que guardes los mandamientos de Jehová y sus estatutos, que yo te prescribo hoy, para que tengas prosperidad?… Circuncidad, pues, el prepucio de vuestro corazón" (Dt. 10:12-13, 16, cursivas añadidas). El Antiguo Testamento declara en varias ocasiones que la única ceremonia o actividad religiosa que agrada a Dios es la que viene de un corazón contrito, puro y amoroso (Jos. 24:23; 1 R. 8:23; 2 Cr. 11:16; Is. 51:7; 57:15).

La expresión **lo que sale de la boca** se relaciona estrechamente con la idea de no comer sin lavarse las manos. Pero Jesús estaba refiriéndose no simplemente a lo que la persona dice sino también a lo que piensa y hace. En el pasaje paralelo del evangelio de Marcos, Jesús manifiesta: "Nada hay fuera del *hombre* que entre en él, que le pueda contaminar" (Mr. 7:15, cursivas añadidas). El corazón contaminado de una persona se expresa tanto en lo que dice como en lo que hace; pero la **boca** es el divulgador más dominante de la contaminación interior, porque es a través de nuestras palabras que el odio, el engaño, la crueldad, la blasfemia, y la mayor parte de otros males se manifiestan con más claridad.

Marcos también nos dice que, desbaratando esta tradición superficial y antibíblica del lavado de manos, Jesús declaró "limpios todos los alimentos" (Mr. 7:19). La enseñanza de Jesús de que **no lo que entra en la boca contamina al hombre** podría, por tanto, haber sido lo más asombroso que el pueblo había oído antes, porque pocas cosas eran más sagradas para los judíos de esa época que sus leyes dietéticas. La forma lo era todo. Siguiendo la enseñanza y el ejemplo de sus dirigentes religiosos, los judíos ortodoxos vivían totalmente por lo externo, que es la característica de toda religión falsa.

Las tradiciones judías se habían multiplicado tanto para la época de Jesús que se hacía imposible cumplirlas para cualquiera, incluso para los religiosos de tiempo completo como los escribas y fariseos. Por eso los rabinos habían desarrollado "la ley de la intención". Si una persona se levantaba en la mañana y declaraba: "Tengo la intención de ser puro todo este día", podía renunciar a las ceremonias y considerarlas cumplidas debido a su buena intención. Por supuesto, la intención no era buena en absoluto, porque su propósito era evadir en lugar de cumplir la tradición, mostrando que los judíos eran hipócritas incluso en cuanto a sus propias normas de confección humana.

Para ser justos con los judíos, muchas de las ceremonias y restricciones habían sido dadas por Dios como expresiones de la relación de pacto que tenían con Él. El libro de Levítico está repleto de rituales y procedimientos prescritos para el sacerdocio con relación al sistema expiatorio. Dios también declaró impuros ciertos animales para que cualquier judío comiera, e incluso muchos alimentos aceptados debían prepararse en maneras cuidadosamente prescritas antes de poder consumirse. Muchas cosas incluso se prohibían ser tocadas, y ciertas enfermedades tales como la lepra y algunas condiciones físicas tales como la menstruación se consideraban ceremonialmente contaminantes. Pero a ninguna de esas cosas o condiciones que eran ceremonial o simbólicamente impuras se las llama alguna vez pecaminosas en sí mismas. Debían actuar como imágenes vivas que representaban al pecado. Bajo el antiguo pacto, participar en, o estar en contacto, con algo ceremonialmente impuro impedía que una persona fuera apta para participar en ciertas ceremonias de adoración o en algunas actividades sociales. Pero a esa ineptitud externa nunca se le llama pecado. Era necesaria una limpieza ceremonial pero no perdón divino. Sin embargo, ilustraba en una manera práctica la contaminación espiritual del pecado, así como la circuncisión ilustraba la necesidad de que al corazón se le tuviera que "extirpar" la maldad.

Si esos requisitos y restricciones ceremoniales eran totalmente externas, podríamos preguntar: ¿Por qué Dios los requirió? Dios entregó esas señales externas en los primeros días del antiguo pacto, inmediatamente después que su pueblo había pasado cuatrocientos años entre los egipcios paganos, idólatras y moralmente corruptos. Los Diez Mandamientos fueron la primera comunicación escrita para Israel de parte de Dios, y antes de ese tiempo los israelitas solo tenían conocimiento limitado del carácter y la voluntad de Dios. Después que Él llamó a Abraham para ser la cabeza de su pueblo escogido, el Señor le dio instrucciones y direcciones específicas para seleccionar líderes de su pueblo de vez en cuando, pero no se había revelado a sí mismo en ningún detalle. Y así como los padres usan imágenes para enseñar a sus hijos jóvenes, Dios utiliza esos símbolos y esas imágenes para enseñar su verdad a los hijos de Israel, que entonces eran jóvenes en los caminos de Dios.

La prohibición de Dios de que una persona sacrifique estando ceremonialmente impura era una imagen de no llegar a adorarlo si no está espiritualmente limpia del pecado. La limpieza externa era una imagen de la limpieza interna. En ninguna parte el Antiguo Testamento enseña que la circuncisión, la limpieza ceremonial, la abstención de comer ciertos alimentos, o cualquiera de tales actos externos, aunque prescritos por Dios, podían salvar a una persona y justificarla con el Señor. Según Pablo deja en claro, Abraham fue justificado en base a su fe, antes que el rito de la circuncisión o cualquier otro ritual fuera establecido. La circuncisión solo fue un "sello de la justicia de la fe que tuvo estando aún incircunciso" (Ro. 4:1-12). Por eso es que incluso desde los primeros días de la nación de Israel, el mandamiento de Dios fue: "Circuncidad… vuestro corazón" (Dt. 10:16; cp. Jer. 4:4).

El libro de Hebreos es un comentario sobre el libro de Levítico, y ninguno de los dos puede entenderse adecuadamente sin el otro. El escritor de Hebreos recuerda continuamente a sus lectores judíos que los sacrificios del Antiguo Testamento no eran más que símbolos del sacrificio auténtico, verdadero, perfecto y completo que Cristo hizo en la cruz. Los sacerdotes del Antiguo Testamento fueron "figura y sombra de las cosas celestiales" (He. 8:5). El tabernáculo y su lugar santo eran "símbolo para el tiempo presente, según el cual se presentan ofrendas y sacrificios que no pueden hacer perfecto, en cuanto a la conciencia, al que practica ese culto, ya que consiste sólo de comidas y bebidas, de diversas abluciones, y ordenanzas acerca de la carne, impuestas hasta el tiempo de reformar las cosas" (9:9-10). El tiempo de reformar las cosas era el tiempo del ministerio y el sacrificio del Mesías, el Hijo de Dios. Por santa, justa y buena que era la ley del Antiguo Testamento (Ro. 7:12), sin embargo solo era "la sombra de los bienes venideros, no la imagen misma de las cosas" (He. 10:1). El deseo y la intención de Dios siempre fue que su pueblo se acercara "con corazón sincero, en plena certidumbre de fe, purificados los corazones de mala conciencia, y lavados los cuerpos con agua pura" (10:22).

Hebreos 5:12—6:8 está totalmente dedicado a apelar a los judíos que estaban considerando el evangelio, y que tal vez habían dado algunos pasos tentativos hacia su aceptación, de que dejaran atrás sus ceremonias y sacrificios simbólicos y recorrieran todo el camino hacia la Realidad viviente a la que esos símbolos señalaban. (Véase el comentario del autor sobre Hebreos y Santiago).

Desde el tiempo en que les fue dado el antiguo pacto por primera vez, el pueblo de Dios se interesó más en el ritual externo que en la justicia interna. El ritual no requiere cambio de corazón, abandono del pecado, ni arrepentimiento delante de Dios. Permite al individuo exhibir símbolos de religión mientras sigue aferrado a sus pecados. Es religión de forma en lugar de fe, y por tanto es vacía e hipócrita.

El pueblo de Israel no solo que no apreció las verdades espirituales representadas por las ceremonias y restricciones prescritas de Dios, sino que también añadió sus propias imágenes a las de Dios. Y mientras más multiplicaban las imágenes, más confiaban en ellas y menos en Dios. En lugar de hacer que señalaran hacia Dios, las tradiciones los alejaron de Él. En vez de aumentarles la fe, las tradiciones les sofocaron la fe e incrementaron la autosuficiencia y la justicia propia en ellos. Por tanto, cuando la Realidad perfecta de Dios vino a la tierra, su pueblo estaba tan enredado en sus tradiciones y tan lejos de la Palabra, que crucificaron al Dios encarnado.

La cuestión de lo externo estaba tan profundamente arraigada en el pensamiento judío que hasta los creyentes judíos en la iglesia primitiva tuvieron gran dificultad en renunciar a eso. Varios años después de Pentecostés, Pedro todavía no lograba aceptar la idea de que ahora todos los alimentos eran limpios. Se necesitó una visión especial de parte de Dios, instrucción que se repitió tres veces, y una demostración especial de la obra del Espíritu Santo para convencerlo de que no solo todos los alimentos sino todas las personas limpiadas por Dios son aceptables para Él (véase Hch. 10:1-33). Incluso años después de esa experiencia, Pedro volvió a caer en su antiguo modo de pensar y por un tiempo "se retraía y se apartaba [de los gentiles], porque tenía miedo de los de la circuncisión" (Gá. 2:12).

Pablo advierte que

> *el Espíritu dice claramente que en los postreros tiempos algunos apostatarán de la fe, escuchando a espíritus engañadores y a doctrinas de demonios; por la hipocresía de mentirosos que, teniendo cauterizada la conciencia, prohibirán casarse, y mandarán abstenerse de alimentos que Dios creó para que con acción de gracias participasen de ellos los creyentes y los que han conocido la verdad. Porque todo lo que Dios creó es bueno, y nada es de desecharse, si se toma con acción de gracias; porque por la palabra de Dios y por la oración es santificado (1 Ti. 4:1-5).*

EL PRINCIPIO VIOLADO

Entonces acercándose sus discípulos, le dijeron: ¿Sabes que los fariseos se ofendieron cuando oyeron esta palabra? Pero respondiendo él, dijo: Toda planta que no plantó mi Padre celestial, será desarraigada. Dejadlos; son ciegos guías de ciegos; y si el ciego guiare al ciego, ambos caerán en el hoyo. (15:12-14)

Por Marcos nos enteramos que Jesús "entró en casa" (Mr. 7:17) con **sus discípulos,** probablemente la casa donde habían estado alojados en Capernaúm. Ahora estaban lejos de la multitud y de los dirigentes judíos de Jerusalén, y los **discípulos le dijeron** a Jesús: **¿Sabes que los fariseos se ofendieron cuando oyeron esta palabra?** El Señor sabía muy bien que su **palabra** acerca de los lavados ceremoniales socavaba los cimientos mismos del sistema legalista de **los fariseos,** y que ellos estarían ofendidos en gran manera por lo que había dicho. Jesús *pretendía* que se ofendieran.

Así como la oposición contra Jesús seguiría aumentando hasta que finalmente le darían muerte, también aumentarían las acusaciones de Él contra los fariseos. Jesús los acusaría de no entrar al reino y de impedir que otros entraran, de devorar las casas de las viudas mientras hacían un simulacro de oración, de hacer a sus convertidos dos veces más hijos del infierno que ellos mismos, de diezmar cuidadosamente sus más pequeñas hierbas pero rechazar la justicia, la misericordia y la fidelidad, de parecer limpios por fuera pero estar llenos de robo y de injusticia, de ser sepulcros blanqueados que contenían huesos sucios de hombres muertos, de estar llenos de hipocresía e iniquidad, y de tener el mismo carácter de sus antepasados que mataron a los profetas de Dios (Mt. 23:13-30).

Los **fariseos** idolatraban tanto su sistema de tradición que en realidad enseñaban que Dios pasaba todo el día estudiando su propia ley, y toda la noche estudiando la Mishná que interpretaba la ley. Algunos creían que Dios presidía sobre el sanedrín celestial, que los rabinos se sentaban al lado de Dios según la santidad que exhibían, y que juntos estudiaban el Halakah (la parte legal del Talmud) y tomaban decisiones. Enseñaban que después que Dios se había esforzado tanto en estudiar la ley y la Mishná pasaba tres horas cada noche jugando con leviatán. Según ellos, el Señor estaba tan perturbado con la destrucción del templo, que en cada una de las tres vigilias de la noche rugía como un león, y que cuando lloraba sus lágrimas caían en el océano y causaba terremotos. Incluso enseñaban que, al igual que ellos mismos, Dios usaba un manto de oración y filacterias. Lo peor de todo, enseñaban que cuando Moisés murió, Dios tocó el cadáver y, por tanto, se contaminó y debió ser limpiado por Aarón, el primer sumo sacerdote. Los fariseos habían encajonado cuidadosamente al Creador del universo dentro del sistema imaginativo, insignificante, ridículo y malvado que representaban.

La primera verdad acerca de los hipócritas que se evidencia en este pasaje es que la verdad les ofende. Las personas que viven en tinieblas espirituales y morales no pueden soportar la exposición a la luz, y se muestran por lo que realmente son. La verdad les quita la máscara y delata la realidad pecaminosa y horrible detrás de ella.

Segundo, los hipócritas están destinados al juicio, porque como Jesús declaró: **Toda planta que no plantó mi Padre celestial, será desarraigada.** Tales plantas son la cizaña impía que ahora Dios permite que crezcan junto con el trigo piadoso. Pero al final de la era, "se arranca la cizaña, y se quema en el fuego" cuando los ángeles de Dios "recogerán de su reino a todos los que sirven de tropiezo, y a los que hacen iniquidad, y los echarán en el horno de fuego" (Mt. 13:40-42).

La hipocresía es tan reprobable a los ojos de Dios que Jesús condena al pecador junto con el pecado. La acusación más constante y reiterada de Jesús contra los escribas y fariseos era su hipocresía. Estaban tan lejos del reino, y eran enemigos tan intransigentes del reino, que el Rey sentenció: **Dejadlos,** que también podría traducirse: "Aléjense de esos individuos y no tengan nada que ver con ellos". En una manera similar, cuando Efraín se unió a sí mismo con los ídolos, Dios declaró: "Déjalo" (Os. 4:17), como si esas personas fueran abandonadas al juicio.

Espiritualmente es peligroso permanecer alrededor de hipócritas y otros que con firmeza rechazan y se oponen al evangelio de Cristo. Si hay oportunidad de testificarles, debe hacerse con la mayor cautela, "arrebatándolos del fuego", por así decirlo, y teniendo cuidado de no quemarnos nosotros mismos en el proceso (Jud. 23). Ni siquiera debemos escuchar "los argumentos de la falsamente llamada ciencia" (1 Ti. 6:20). Exponernos a tales personas y tal enseñanza es arriesgarnos al desastre espiritual (cp. 2 Jn. 8-11).

Incluso Jesús no debatió con los impíos escribas y fariseos. Cuando respondía a sus preguntas o acusaciones, siempre fue para corregirles el error doctrinal y condenarles la maldad espiritual y moral.

También es posible que a los discípulos se les dijera: **Dejadlos,** en el sentido de no tratar de juzgar a los hombres con el fin de eliminar a quienes parecen cizaña. El juicio humano es imperfecto, e inevitablemente desarraigaría algunas plantas buenas junto con las malas (Mt. 13:29). La preocupación por la pureza de la iglesia de Dios a veces hace que los creyentes quieran tomar el juicio en sus propias manos, pero el Señor prohíbe tal cosa. Primero, los creyentes no están calificados para enjuiciar; y segundo, aún no es el tiempo.

Tercero, los hipócritas siempre llevan a otros al desastre. Ya es bastante malo que ellos mismos no puedan ver ni verán la verdad; peor aún es que recluten a otros a su impiedad. Ellos no son los únicos ciegos sino que **son ciegos guías de ciegos; y si el ciego guiare al ciego, ambos caerán en el hoyo.**

El **hoyo** se refería físicamente a los agujeros que se cavaban en un campo o pastizal y se llenaban con agua a fin de usarlos como bebederos para animales. Los **ciegos** que caminan por un campo finalmente **caerán en el hoyo.** Pero el significado espiritual de **hoyo** es infierno. Los **ciegos guías** son los fariseos mismos, y los otros **ciegos** son sus convertidos, que se vuelven dos veces más hijos del infierno que sus maestros (Mt. 23:15).

El llamado que Jesús hizo a los fariseos como **ciegos guías** fue una descripción exacta de ellos mismos como "dirigentes de los ciegos". Jesús les estaba diciendo: "Así es, ustedes *son* líderes de los ciegos, pero están en la misma condición de aquellos a quienes guían. Ustedes mismos están ciegos".

EL PRINCIPIO ACLARADO

Respondiendo Pedro, le dijo: Explícanos esta parábola. Jesús dijo: ¿También vosotros sois aún sin entendimiento? ¿No entendéis que todo lo que entra en la boca va al vientre, y es echado en la letrina? Pero lo que sale de la boca, del corazón sale; y esto contamina al hombre. Porque del corazón salen los malos pensamientos, los homicidios, los adulterios, las fornicaciones, los hurtos, los falsos testimonios, las blasfemias. Estas cosas son las que contaminan al hombre; pero el comer con las manos sin lavar no contamina al hombre. (15:15-20)

La **parábola** que **Pedro** quería que Jesús explicara se refiere a la ilustración del versículo 11. No era tanto que los discípulos no entendieran lo que Jesús quiso decir como que les resultaba difícil aceptarlo, al igual que a la multitud y a los escribas y fariseos. Tal como se mencionó, incluso años después de Pentecostés, **Pedro** no podía aceptar por completo la idea de que todos los alimentos eran limpios (Hch. 10:14; Gá. 2:11-12).

En lo que debió haber sido un tono de tristeza, Jesús contestó: **¿También vosotros sois aún sin entendimiento?** El Señor les estaba diciendo: "Con todo lo que les he enseñado durante los dos últimos años, ¿están todavía como las multitudes que no saben de qué estoy hablando? ¿No comprenden todavía la superioridad absoluta de la espiritualidad sobre la formalidad, de lo interno sobre lo externo, de la realidad sobre la sombra?".

Continuando con la figura de comer, Jesús siguió diciendo: **¿No entendéis que todo lo que entra en la boca va al vientre, y es echado en la letrina?** En el relato de Marcos, Jesús añade: "Porque no entra en su corazón" (7:19). Ya que la comida solo es física, solamente puede afectar lo físico. No puede contaminar al ser interior, representado por el corazón, porque lo físico y lo espiritual son dos órdenes diferentes. La contaminación física, por corrupta que sea, no puede causar contaminación espiritual o moral. Las ceremonias, los rituales, y otras prácticas externas no pueden limpiar espiritualmente a una persona, y no observarlas no puede contaminar espiritualmente a una persona. La limpieza ceremonial, incluso bajo el antiguo pacto, nunca hizo más que *simbolizar* la limpieza espiritual.

Jesús afirmó que **lo que sale de la boca, del corazón sale,** y es lo que **contamina al hombre.** El **corazón** representa al ser interior, sus pensamientos, actitudes, deseos, lealtades y motivos. Cuando el **corazón** está lleno de **malos pensamientos, homicidios, adulterios, fornicaciones, hurtos, falsos testimonios, blasfemias** y otras impiedades más, **estas cosas son las que contaminan al hombre.**

Era la injusticia interior de los fariseos, demostrada en grado sumo por sus **malos pensamientos** de acabar con Jesús, lo que los corrompía. La orientación moral fundamental del Sermón del Monte es que la base de todo pecado es el pensamiento interior, no la acción exterior. Una persona comete el pecado cuando *quiere* cometerlo, sea que alguna vez lo lleve a cabo o no. Los **homicidios, los adulterios, las fornicaciones, los hurtos, los falsos testimonios, las blasfemias,** y todos los demás pecados empiezan en el corazón (véase Mt. 5:21-37).

Las cosas **que contaminan al hombre** vienen de un **corazón** no lavado, no de **manos sin lavar.** La necesidad es que Dios limpie los corazones de los hombres, no que los hombres se laven las manos.

Pablo advirtió a Tito que "hay aún muchos contumaces, habladores de vanidades y engañadores, mayormente los de la circuncisión, a los cuales es preciso tapar la boca; que trastornan casas enteras, enseñando por ganancia deshonesta lo que no conviene… por tanto, repréndelos duramente, para que sean sanos en la fe, no atendiendo a fábulas judaicas, ni a mandamientos de hombres que se apartan de la verdad" (Tit. 1:10-11, 13-14). Entonces el apóstol sigue diciendo: "Todas las cosas son puras para los puros, mas para los corrompidos e incrédulos nada les es puro; pues hasta su mente y su conciencia están corrompidas. Profesan conocer a Dios, pero con los hechos lo niegan, siendo abominables y rebeldes, reprobados en cuanto a toda buena obra" (vv. 15-16).

Cuando una persona está contaminada por dentro, lo que hace por fuera también está contaminado. Pero cuando una persona es pura de corazón, es decir que no está contaminada por dentro, verá a Dios (Mt. 5:8).

La calidad de la gran fe 86

Saliendo Jesús de allí, se fue a la región de Tiro y de Sidón. Y he aquí una mujer cananea que había salido de aquella región clamaba, diciéndole: ¡Señor, Hijo de David, ten misericordia de mí! Mi hija es gravemente atormentada por un demonio. Pero Jesús no le respondió palabra. Entonces acercándose sus discípulos, le rogaron, diciendo: Despídela, pues da voces tras nosotros. El respondiendo, dijo: No soy enviado sino a las ovejas perdidas de la casa de Israel. Entonces ella vino y se postró ante él, diciendo: ¡Señor, socórreme! Respondiendo él, dijo: No está bien tomar el pan de los hijos, y echarlo a los perrillos. Y ella dijo: Sí, Señor; pero aun los perrillos comen de las migajas que caen de la mesa de sus amos. Entonces respondiendo Jesús, dijo: Oh mujer, grande es tu fe; hágase contigo como quieres. Y su hija fue sanada desde aquella hora. (15:21-28)

La Biblia tiene mucho que decir acerca de la fe. Habla de fe débil, fe fuerte, fe audaz, fe rica, fe inquebrantable, fe firme, fe muerta, fe preciosa, fe común, fe no fingida, fe que obra, fe obediente, y muchas otras clases.

También habla de poca fe y gran fe, y este texto contiene la segunda referencia en el Evangelio de Mateo en que Jesús habla de gran fe. Del centurión romano que pidió sanidad para su siervo, Jesús declaró: "Ni aun en Israel he hallado tanta fe" (8:10). En ambos casos la persona que expresa gran fe era gentil, y en este segundo caso el contexto parece sugerir que la fe de la mujer no solo era por la liberación de su hija, sino también por salvación personal.

EL ESCENARIO

Saliendo Jesús de allí, se fue a la región de Tiro y de Sidón. (15:21)

Hasta este momento **Jesús** había realizado la mayor parte de su ministerio en Galilea, pero ahora salió **de allí** debido al rápido aumento de las presiones que enfrentaba.

En primer lugar, estaba bajo presión de los gentíos que lo seguían de lugar en lugar, y que estaban convencidos de que se trataba del Mesías largamente profetizado. Tenían razón en reconocer que los milagrosos poderes de Jesús lo señalaban como el Mesías verdadero, pero estaban equivocados en cuanto al tipo de Mesías que había venido a ser. Esperaban que los liberara de los opresores romanos y de sus lacayos herodianos, y que marcara el comienzo de un período interminable de libertad política y prosperidad material. Después que Jesús alimentara a los cinco mil, estos incluso intentaron "apoderarse de él y hacerle rey" (Jn. 6:15).

En segundo lugar, Jesús estaba bajo la presión de posible arresto y ejecución por parte de Herodes Antipas, quien creía que Jesús era Juan el Bautista que había regresado de los muertos (Mt. 14:2). El odio y la envidia del rey hacia cualquiera que amenazara su trono lo habría llevado a asesinar a Jesús tan fríamente como había hecho con Juan.

Sin embargo, la mayor presión era de los dirigentes religiosos judíos. Los escribas y fariseos de Galilea ya habían decidido eliminar a Jesús (12:14), y después que Él reprendiera y avergonzara a la delegación de Jerusalén al mostrarles la impiedad de sus tradiciones hechas por el hombre (15:1-9), el peligro de parte del sistema religioso se intensificó. Alfred Edersheim comentó que Jesús "estaba diciendo claramente cosas no judías", e incluso el entusiasmo de las multitudes se enfrió rápidamente cuando el Señor comenzó a dejar en claro lo que exigía la lealtad hacia Él (Jn. 6:60-66).

Además de su necesidad de descanso físico y de tiempo para estar a solas con los doce, Jesús tenía en consecuencia esas razones adicionales para hallar un lugar de retiro temporal. Había cambiado su curso atravesando el lago de Galilea hasta Betsaida Julias, solo para que lo siguiera un enorme gentío al que alimentó de modo milagroso. Y tras cruzar otra vez hacia la llanura de Genesaret, al sur de Capernaúm, al instante fue reconocido y de nuevo rodeado por los enfermos, cojos y afectados que deseaban ser curados.

De ahí que Jesús saliera del frenesí de Galilea y viajara al noroeste, **a la región de Tiro y de Sidón,** fuera de la tierra de Israel y más allá de la jurisdicción tanto de Herodes como de los dirigentes religiosos judíos. **La región de Tiro y de Sidón** era el territorio gentil de la antigua Fenicia, una zona que pertenece ahora al sur de Líbano, en la costa este del mar Mediterráneo. Es posible que Jesús y los discípulos pasaran la mayor parte del tiempo en las laderas de las montañas, lo cual habría sido un cambio refrescante de clima de la región cálida y árida de Galilea.

Más importante aún, Jesús obtendría tiempo con el fin de estar a solas con los discípulos y prepararlos aún más para la inminente crucifixión de Él y el ministerio apostólico de ellos. Palestina no proporcionaba ninguna privacidad y sí numerosos peligros, pero Jesús no salió por miedo. Cuando llegó el momento de enfrentar la cruz, "afirmó su rostro para ir a Jerusalén" (Lc. 9:51; cp. 19:28).

Algunos intérpretes creen que la declaración de Jesús, "no soy enviado sino a las ovejas perdidas de la casa de Israel" (Mt. 15:24) indica que en realidad no pudo haber ido a una región gentil, y que esta mujer debió haber bajado a Galilea para ver a Jesús como muchos otros habían hecho. Pero Marcos aclara que Jesús no solo fue a la "región de Tiro" sino que "vino por Sidón al mar de Galilea" (7:24, 31). Sin embargo, es verdad que el Señor no fue a esta región a ministrar sino a descansar, así como siglos antes el Señor había enviado a Elías a esa misma región a descansar en la casa de la viuda de "Sarepta de Sidón" (1 R. 17:9).

Cuando Jesús fue a la casa cerca de Tiro, "no quiso que nadie lo supiese; pero no pudo esconderse" (Mr. 7:24*b*). El arzobispo Trench comentó: "Así como el perfume se traiciona a sí mismo, también Aquel cuyo nombre es perfume derramado no puede esconderse". Jesús no extendió a propósito su ministerio a territorio gentil, pero muchas personas de esa zona habían oído hablar de Él y ya habían ido a Galilea para verlo y oírlo, y para recibir sanidad (Mt. 4:24-25; Mr. 3:8).

En su omnisciencia a Jesús no le sorprendió ser descubierto o ser empujado a ministrar. Muchos gentiles, ilustrados por el centurión romano, fueron más humildemente receptivos que las multitudes judías, que a menudo tomaron las curaciones que Jesús hacía como un asunto de su derecho legítimo. En su modo de pensar, el Mesías pertenecía exclusivamente a Israel, y estaba obligado a servir, curar y liberar a sus compatriotas judíos. Fue esa actitud orgullosa y moralmente santurrona la que llevó a la multitud a tratar de poner una corona sobre Jesús (Jn. 6:15).

Pero la mayor parte de gentiles nativos en Palestina y sus alrededores eran religiosa e intelectualmente menos orgullosos que sus vecinos judíos. Hacía mucho tiempo que estos judíos habían perdido su poder militar y comercial, así como gran parte de su herencia religiosa y cultural. Su sistema religioso pagano les había fallado en varias ocasiones, y ahora tenía poca influencia en sus vidas. Estaban vacíos, en necesidad, y abiertos a recibir ayuda. Jesús había dicho a los judíos de Corazín, Betsaida y Capernaúm que si Tiro, Sidón y Sodoma hubieran experimentado una revelación del poder de Dios como la que ellos habían presenciado, esas ciudades gentiles se habrían arrepentido y librado del juicio (Mt. 11:21-23).

La máxima prioridad de Jesús fue ministrar al pueblo de Dios, Israel, para revelárseles como su Mesías y ofrecerles el reino; pero siempre se extendió a corazones abiertos, y nunca rechazó a nadie de ninguna raza o cultura que acudió a Él en fe. La ida del Señor a la región de Tiro y Sidón debió haber sido refrescante a causa tanto de la gente como del clima. Los habitantes allí estaban en profunda oscuridad, pero muchos buscaban ansiosamente la luz (cp. Jn. 1:9-11).

Fuera judío o gentil, quien se acercaba a Jesús con fe y humildad verdadera siempre fue recibido. Aquel que acudía con corazón vacío pero dispuesto salía con un corazón lleno, mientras que quien acudía con un corazón lleno y cerrado salía sin nada. Jesús declaró: "Venid a mí todos los que estáis trabajados y cargados, y yo os haré descansar" (Mt. 11:28), y también prometió: "Al que a mí viene, no le echo fuera" (Jn. 6:37).

El evangelio llegó a través de los judíos (Jn. 4:22) y primero a los judíos, pero nunca tuvo la intención de ser solo para ellos. El evangelio "es poder de Dios para salvación a todo aquel que cree; al judío primeramente, y también al griego" (Ro. 1:16). La gran comisión tuvo la intención de hacer "discípulos a todas las naciones" (Mt. 28:19), comenzando con Jerusalén, pero extendiéndose "hasta lo último de la tierra" (Hch. 1:8). Israel fue el canal a través del cual el evangelio sería llevado a todo el mundo.

LAS CUALIDADES DE LA GRAN FE

Y he aquí una mujer cananea que había salido de aquella región clamaba, diciéndole: ¡Señor, Hijo de David, ten misericordia de mí! Mi hija es gravemente atormentada por un demonio. Pero Jesús no le respondió palabra. Entonces acercándose sus discípulos, le rogaron, diciendo: Despídela, pues da voces tras nosotros. El respondiendo, dijo: No soy enviado sino a las ovejas perdidas de la casa de Israel. Entonces ella vino y se postró ante él, diciendo: ¡Señor, socórreme! Respondiendo él, dijo: No está bien tomar el pan de los hijos, y echarlo a los perrillos. Y ella dijo: Sí, Señor; pero aun los perrillos comen de las migajas que caen de la mesa de sus amos. (15:22-27)

El encuentro de Jesús con la **mujer cananea** es la historia de una fe que Jesús llamó grande (v. 28). Por supuesto, gran fe es un término relativo. La fe de esta mujer no era grande porque fuera más fuerte o más sincera o madura que la de muchos judíos que creían en Cristo, sino porque se basaba en muy poca luz. Cuando la fe de Pedro falló y comenzó a hundirse en el agua, Jesús se refirió a ella como "poca fe" (Mt. 14:31). En carácter general era más grande que la fe de esta mujer y sin duda más grande que la fe de los otros once discípulos, que ni siquiera intentaron caminar sobre el agua, pero no fue tan fuerte como debió haber sido para esa situación. Pedro era judío y, por tanto, tenía la herencia de la Palabra de Dios y una bendición especial. Además, él había vivido durante casi dos años en comunión íntima con el Hijo de Dios. Había visto prácticamente todo milagro que Jesús realizó, y había oído prácticamente todo mensaje que predicó y enseñó. Pedro tenía fe salvadora en Jesús como su Señor y Salvador, y había dejado todo por seguirlo, pero su gran privilegio y ventaja no garantizó que, bajo severa prueba, su fe no se redujera a ser relativamente poca.

Por otra parte, la **mujer cananea** se había criado en una cultura pagana famosa por su maldad y vileza. Ella era descendiente de un pueblo al que Dios había mandado conquistar y destruir "del todo" (Dt. 7:2). La mujer no tenía herencia de la Palabra de Dios, bendición de Dios, templo, sacerdocio ni sacrificios. Por tanto, debido a que creyó tanto en relación a tan poca revelación, Jesús dijo que su fe era grande (Mt. 15:28). Y de la historia de esta mujer podemos proponer cinco cualidades generales que caracterizan a toda fe grande: muestra arrepentimiento, es propiamente dirigida, reverente, persistente, y humilde.

MUESTRA ARREPENTIMIENTO

Y he aquí una mujer cananea que había salido de aquella región clamaba, diciéndole:… ¡ten misericordia de mí! (15:22*a*)

Puesto que esta **mujer** era **cananea**, "sirofenicia de nación" (Mr. 7:26), es probable que fuera adoradora de Astarté y de otras deidades paganas que eran populares en **aquella región**. El hecho de que se acercara a Jesús, un maestro y sanador judío, indica que estaba desilusionada con la idolatría y el libertinaje inmoral que caracterizaba a su religión. Al volverse a Jesús se alejó del camino de Satanás y del pecado hacia el camino de Dios, y esa es la esencia del arrepentimiento.

La súplica de la mujer es una prueba más de su arrepentimiento. Ella sabía que no merecía la ayuda de Jesús, que era indigna de Él, y que su única esperanza de un perdón inmerecido estaba en la piadosa **misericordia** de Jesús. Por definición, la persona que pide **misericordia,** solicita algo inmerecido. Esta mujer no llegó exigiendo sino rogando. No pidió la ayuda de Jesús en base a su propia bondad sino en base a la bondad de Él.

La **misericordia** es parte integral de la obra redentora de Dios. Desde el momento de la caída el hombre no ha tenido ningún camino de vuelta a Dios, excepto a través de la divina gracia misericordiosa. Por tanto, no es de extrañar que tanto en el Nuevo Testamento como en el Antiguo Testamento griego (Septuaginta), diversas formas del verbo *deed* (tener **misericordia**) se utilicen unas quinientas veces.

Cuando el pacto del Sinaí fue renovado con el pueblo de Israel, Dios se declaró de sí mismo ante Moisés como "¡Jehová! ¡Jehová! fuerte, misericordioso y piadoso; tardo para la ira, y grande en misericordia y verdad; que guarda misericordia a millares, que perdona la iniquidad, la rebelión y el pecado" (Éx. 34:6-7). Moisés expresó en su respuesta: "Si ahora, Señor, he hallado gracia en tus ojos, vaya ahora el Señor en medio de nosotros; porque es un pueblo de dura cerviz; y perdona nuestra iniquidad y nuestro pecado, y tómanos por tu heredad" (v. 9). En su profundo salmo penitencial escrito después que confesó su pecado con Betsabé, por lo único que David suplicó fue **misericordia:** "Ten piedad de mí, oh Dios, conforme a tu misericordia; conforme a la multitud de tus piedades borra mis rebeliones" (Sal. 51:1).

La fe que espera con aprehensión las bendiciones de Cristo involucra arrepentimiento que viene de un sentido profundo y sincero de indignidad. En su libro *All of Grace* (Chicago: Moody, pp. 97-100), Charles Spurgeon escribió:

> El arrepentimiento es el compañero inseparable de la fe. Todo el tiempo que andamos por fe y no por vista, la lágrima del arrepentimiento brilla en el ojo de la fe. No es arrepentimiento verdadero el que no proviene de fe en Jesús, y no es fe verdadera la que no está teñida con arrepentimiento. El arrepentimiento y la fe, al igual que gemelos siameses, están vitalmente unidos entre sí… La fe y el arrepentimiento son como dos radios de la misma rueda, dos asas del mismo arado. Al arrepentimiento se le ha descrito muy bien como un corazón quebrantado *por* el pecado y *debido al* pecado, y bien puede hablarse igualmente de él como volverse de algo y regresar. Es un cambio de mente de lo más radical y completo, y va acompañado de dolor por el pasado y una resolución de enmienda en el futuro… Arrepentirse del pecado y la fe en el perdón divino son la urdimbre y la trama del tejido de la conversión verdadera.

El arrepentimiento no añade nada a la fe, sino que más bien es parte integral de esta. La fe salvadora es fe que muestra arrepentimiento. El "arrepentimiento para con Dios, y… la fe en nuestro Señor Jesucristo" son inseparables (Hch. 20:21). Puesto que son inseparables, a veces la Biblia se refiere a la salvación como arrepentimiento. Pablo declara que la "benignidad [de Dios nos] guía al arrepentimiento" (Ro. 2:4), y Pedro afirma que Dios no quiere "que ninguno perezca, sino que todos procedan al arrepentimiento" (2 P. 3:9).

CORRECTAMENTE DIRIGIDA Y REVERENTE

Señor, Hijo de David… Mi hija es gravemente atormentada por un demonio. (15:22*b*)

Desde luego, la gran fe debe estar dirigida al objeto correcto. Aquellos que creen que de alguna manera, en alguna forma, por algún medio todo obrará en última instancia para bien tienen fe en una ilusión. Declarar: "En algún lugar hay alguien que escucha toda oración", o "creo que la noche más oscura está iluminada por una vela", es creer en nada más confiable que la propia imaginación y la ilusión vana. Es increíblemente insensato poner la confianza final en algo o alguien de lo que no se sabe nada. Cuando John Greenleaf Whittier escribió: "Los escalones de la fe se pierden en el aparente vacío y encuentran la roca debajo", demostró ser mejor poeta que teólogo.

Ese tipo de fe es esencialmente fe en la fe, lo cual quiere decir ninguna fe en absoluto. Saltar de un avión con un paracaídas es un acto de fe. Saltar sin paracaídas mientras se exclama: "Creo", es un acto de estupidez. Decir nada más que "creo en el amor", "creo en creer", o "creo que todo saldrá bien", es fe sin contenido, y por tanto fe inútil e impotente. No muestra más sentido que salir de vacaciones y dejar que su hijo de tres años de edad se quede en casa con instrucciones de cuidarla y pagar todas las cuentas mientras usted esté fuera.

Para que la fe tenga sentido y poder debe estar puesta en un objeto digno de confianza, así como la mujer cananea que dejó atrás sus ídolos y puso su fe en el **Señor, el Hijo de David.** A pesar de su trasfondo pagano, ella había oído hablar del venidero Mesías de los judíos, a quien llamaban **Hijo de David,** y con reverencia se dirigió a Jesús como su soberano y omnipotente **Señor.** La mujer había oído hablar del gran poder del Mesías, y también sintió su gran bondad; además lo trató tanto con dignidad como con esperanza. Se le acercó en el mismo espíritu reverente y confiado que el leproso que encontró a Jesús después del Sermón del Monte, el cual "se postró ante él, diciendo: Señor, si quieres, puedes limpiarme" (Mt. 8:2).

Después del trato irreverente que los escribas y fariseos habían dado al Señor (pues lo habían llamado borracho, compañero de pecadores, y controlado por demonios) debió haber sido refrescante para Jesús oír a esta mujer gentil acercándosele con tal respeto y sumisión. Aunque ella aún no entendía el significado total del señorío de Cristo ni la condición mesiánica de Él, llegó con una sensación de asombro y reverencia.

Esta mujer amaba a su joven **hija** más que a su propia vida, y acudió a la única fuente de ayuda que conocía. Su fe era grande porque ella se volvió de la fe en dioses falsos, ídolos mudos, y deidades paganas a la fe en Jesucristo. La confianza que había tenido en Astarté pudo haber parecido satisfactoria mientras las cosas estaban yendo bien; pero cuando su **hija** llegó a estar **gravemente atormentada por un demonio,** la madre descubrió que no podía obtener ayuda de una diosa de piedra. Por tanto, dejó su sistema religioso, renunció a su familia y amigos paganos, abandonó su falsa creencia que no tenía respuestas o poder, y acudió al Único que podía ayudarla. Mediante su apelación a Cristo afirmó públicamente el poder de Jesús sobre los antiguos dioses de madera, piedra y metal que esta mujer tenía. Al igual que los creyentes de Tesalónica, ella se convirtió "de los ídolos a Dios, para servir al Dios vivo y verdadero" (1 Ts. 1:9).

PERSISTENTE

Pero Jesús no le respondió palabra. Entonces acercándose sus discípulos, le rogaron, diciendo: Despídela, pues da voces tras nosotros. El respondiendo, dijo: No soy enviado sino a las ovejas perdidas de la casa de Israel. (15:23-24)

La gran fe no se rinde ni la disuaden obstáculos, reveses o desilusiones. Por tanto, Jesús probó la fe de esta mujer poniendo una serie de barreras. Algunas personas tienen que batallar contra fuertes dudas antes de llegar a confiar por completo en Cristo para salvación. Otros tienen que luchar contra las objeciones y los argumentos de amigos y familiares. Otros más lidian por creer porque nunca han oído el evangelio presentado claramente, o porque ven incongruencias en las vidas de cristianos que conocen. No obstante, esta mujer tuvo obstáculos puestos en su camino por el Salvador mismo.

A veces la respuesta más difícil de aceptar es ninguna respuesta en absoluto, y eso es lo que esta mujer recibió de parte de **Jesús** cuando **no le respondió palabra.** Los discípulos al parecer interpretaron que Jesús hiciera caso omiso a la mujer como una señal de falta de interés, y se preguntaron por qué no la despedía. A medida que ella seguía rogándole a Jesús, y Él seguía haciéndole caso omiso, **sus discípulos** se molestaron con la cananea y se desconcertaron aún más con el Señor. Llenos de frustración se le acercaron y **le rogaron** que hiciera algo respecto a esta molestia que no solo estaba sacándolos de quicio, sino que estaba arrebatando la atención en un momento en que Jesús quería alejarse de las presiones y las demandas de las multitudes. Finalmente declararon: **Despídela, pues da voces tras nosotros.**

La respuesta de los discípulos fue insensible y prejuiciada. No querían que los molestara esta mujer gentil que estaba interfiriendo los planes y la tranquilidad que tenían. Al aconsejar al Señor que la despidiera, ellos pudieron haber tenido en mente que Él curara primero a la hija, sintiendo que eso sería lo único que haría que la mujer se fuera. Y a primera vista parece como si Jesús fuera igualmente insensible, si no más, porque ni siquiera reconoció la presencia de ella. Al hablar de la aparente indiferencia del Señor, el padre de la iglesia primitiva Crisóstomo escribió: "El Verbo no tiene palabra. La fuente está sellada. El Médico retiene su remedio".

Pero Jesús no hacía nada sin amor y nada sin un propósito divino. Estaba harto de la superficialidad, de la fe fingida de aquellos que de modo egoísta conseguían lo que deseaban de Él y se iban. Pero por sobre todo quería probar la fe de la mujer llevando a pleno florecimiento la confianza de esta madre. Jesús puso las barreras no para alejarla sino para acercarla más. También utilizó la ocasión para mostrar a los discípulos el valor de la fe persistente, y para ayudarlos a distinguir entre lo auténtico y lo superficial. Él levantó barreras que solo una fe auténtica y persistente podía superar. (Cp. Mt. 19:16-22 donde Jesús puso barreras delante del joven rico para probarle la autenticidad de su ruego por vida eterna).

Dirigiéndose directamente a los discípulos, pero de tal modo que la mujer pudiera escuchar, Jesús expresó: **No soy enviado sino a las ovejas perdidas de la casa de Israel.** La dureza de corazón que sugería el silencio del Señor pareció ahora confirmarse por sus palabras. No sabemos qué pensaron los discípulos del comentario de Jesús. Debieron haberse preguntado por qué Él con tan buena voluntad curó al criado del centurión romano y ofreció el agua de vida a la mujer samaritana en Sicar, pero ahora se negaba a ayudar a esta mujer simplemente porque no pertenecía a **la casa de Israel.**

Por medio de esas palabras Jesús les aseguró a los discípulos que el plan de redención aún estaba en curso. Israel seguía siendo el pueblo escogido del Señor, y el reino seguía ofreciéndose en primer lugar a la simiente de Abraham. A pesar de la hostilidad, el resentimiento y el rechazo de **la casa de Israel,** el Señor seguiría llamándola al arrepentimiento. El ministerio principal de Jesús seguía siendo a los hijos del pacto. Aún no había llegado el momento de ir a las naciones gentiles, porque la oportunidad plena para Israel todavía no se había presentado. Es importante observar que incluso después de la crucifixión y la resurrección, Pedro siguió refiriéndose a Israel como "los hijos… del pacto", a quienes Jesús fue enviado primero para bendecirlos y limpiarlos (Hch. 3:25-26).

Cualquiera que fuera el efecto que la respuesta de Jesús tuviera en los discípulos, debió haber sido un golpe doloroso para la mujer. La mayoría de personas habrían declarado llenas de indignación: "Basta del Dios de amor, de tu mensaje de misericordia, y de tu religión estrecha e intolerante. No quiero saber nada de un Dios o una religión como esa". Pero esa mujer no tenía resentimiento o amargura, solo un amor perdurable para su pequeña hija afligida, y una determinación de hacer que su niña se liberara de su tortura demoníaca. Ella también sabía que esto no les interesaba a los dioses a los que su pueblo adoraba. Sabía que Jesús era la única esperanza y que ella no tenía ningún otro lugar al cual volverse. En realidad, la mujer dijo lo mismo que Pedro había declarado no mucho tiempo antes: "Señor, ¿a quién iremos?" (Jn. 6:68).

HUMILDE

Entonces ella vino y se postró ante él, diciendo: ¡Señor, socórreme! Respondiendo él, dijo: No está bien tomar el pan de los hijos, y echarlo a los perrillos. Y ella dijo: Sí, Señor; pero aun los perrillos comen de las migajas que caen de la mesa de sus amos. (15:25-27)

Se postró viene de *proskuneō*, que literalmente significa inclinarse, y a menudo se traduce "adorar". Sea que la postración de la mujer tuviera o no la intención de adorar, está claro que se trató de un acto de humildad. Ella se echó a los pies de Jesús y suplicó incluso con mayor desesperación: **¡Señor, socórreme!**

Pero Jesús volvió a desanimarla, diciéndole la misma verdad básica que acababa de señalar a los discípulos (v. 24): **No está bien tomar el pan de los hijos, y echarlo a los perrillos.**

El Nuevo Testamento utiliza dos palabras diferentes para **perrillos.** Una se refiere a los perros sarnosos y a menudo agresivos que andaban en manadas y vivían principalmente de basura y cadáveres de animales. Sin embargo, los **perrillos** a los que se hace referencia aquí eran mascotas caseras a las que a veces se trataba casi como de la familia.

Aun así, los comentarios de Jesús estaban lejos de ser un cumplido. La mujer sabía que **los hijos** era referencia a los judíos y **perrillos** a los gentiles, porque ambas figuras eran comúnmente usadas por los judíos. Las palabras de Jesús se parecían mucho a los insultos que con frecuencia los judíos lanzaban a los gentiles, y que probablemente la mujer había oído muchas veces antes.

Pero ella no se desanimó, y en un momento de lucidez reaccionó con la propia ilustración de Jesús, declarando: **Sí, Señor; pero aun los perrillos comen de**

las migajas que caen de la mesa de sus amos. La mujer sabía que era pecadora e indigna de todo lo que Él tenía para ofrecer, y estuvo dispuesta a reconocer que era menos merecedora que los judíos. Al hacer eso demostró una ausencia total del orgullo, la autosuficiencia, y la arrogancia moral que caracterizaban a la mayoría de judíos. Ella estaba dispuesta a conformarse con **las migajas que caen de la mesa de sus amos,** porque eso bastaría para satisfacer sus necesidades. Un diminuto sobrante del gran poder de Jesús podía curarle a su hija, y eso era lo único que esta mujer pedía.

Aunque la prioridad de la misión de Jesús era a los judíos, las migajas del evangelio realmente caían de la mesa de ellos y alimentan a gentiles humildes que tenían hambre por el Pan de Vida.

RESPUESTA DEL SEÑOR

Entonces respondiendo Jesús, dijo: Oh mujer, grande es tu fe; hágase contigo como quieres. Y su hija fue sanada desde aquella hora. (15:28)

Después de poner una barrera de silencio y luego una doble barrera de aparente rechazo, Jesús oyó lo que quería oír. El corazón sensible de la mujer no estaba dispuesto a renunciar. Al igual que Abraham, la fe de ella se fortaleció en medio de la prueba que Dios le puso (Ro. 4:20), y al igual que Jacob, quien luchó con el Señor (Gn. 32:26), ella no lo soltaría hasta que la bendijera. La mujer cumplió la súplica de Jeremías 29:13-14: "Me buscaréis y me hallaréis, porque me buscaréis de todo vuestro corazón. Y seré hallado por vosotros, dice Jehová".

Muy satisfecho con la respuesta que recibió, **Jesús** declaró: **Oh mujer, grande es tu fe.** Sin haber oído el Sermón del Monte, ella llegó con los pobres de espíritu, con los que lloran, con los mansos, y con los de corazón sensible que Dios requiere para entrar en el reino (Mt. 5:3-6). Esta mujer mostró la actitud expresada en Lucas 16:16 de esforzarse (de *biazomai*) por entrar en el reino, y la actitud mostrada en Lucas 13:24 de afanarse, luchar y hacer un esfuerzo supremo (de *agōnizomai*) por entrar.

A causa de la gran fe de la mujer, Jesús le concedió lo que deseaba, que su pequeñita fuera liberada del demonio que la afligía, **y su hija fue sanada desde aquella hora.** Según Spurgeon observara: "El Señor de gloria se rindió ante la fe de la mujer". Ella persistió en pedir hasta que recibió, buscó hasta que encontró, y tocó hasta que la puerta se le abrió (cp. Mt. 7:7).

Compasión por los extraños 87

Pasó Jesús de allí y vino junto al mar de Galilea; y subiendo al monte, se sentó allí. Y se le acercó mucha gente que traía consigo a cojos, ciegos, mudos, mancos, y otros muchos enfermos; y los pusieron a los pies de Jesús, y los sanó; de manera que la multitud se maravillaba, viendo a los mudos hablar, a los mancos sanados, a los cojos andar, y a los ciegos ver; y glorificaban al Dios de Israel. Y Jesús, llamando a sus discípulos, dijo: Tengo compasión de la gente, porque ya hace tres días que están conmigo, y no tienen qué comer; y enviarlos en ayunas no quiero, no sea que desmayen en el camino. Entonces sus discípulos le dijeron: ¿De dónde tenemos nosotros tantos panes en el desierto, para saciar a una multitud tan grande? Jesús les dijo: ¿Cuántos panes tenéis? Y ellos dijeron: Siete, y unos pocos pececillos. Y mandó a la multitud que se recostase en tierra. Y tomando los siete panes y los peces, dio gracias, los partió y dio a sus discípulos, y los discípulos a la multitud. Y comieron todos, y se saciaron; y recogieron lo que sobró de los pedazos, siete canastas llenas. Y eran los que habían comido, cuatro mil hombres, sin contar las mujeres y los niños. Entonces, despedida la gente, entró en la barca, y vino a la región de Magdala. (15:29-39)

El Dios de la Biblia es un Dios de compasión. Sufre con los demás; siente el dolor y la tristeza que los aflige, y trata de aliviarlos, porque le preocupa profundamente el bienestar y la felicidad de ellos. Juan 3:16 podría traducirse así: "De tal manera se compadeció Dios del mundo, que ha dado a su Hijo unigénito, para que todo aquel que en él cree, no se pierda, mas tenga vida eterna". Es la compasión divina por el hombre la que desde el tiempo de la caída ha ofrecido el camino de regreso a Él. Jeremías declaró: "Por la misericordia de Jehová no hemos sido consumidos, porque nunca decayeron sus misericordias" (Lm. 3:22). La Nueva Versión Internacional traduce así ese versículo: "El gran amor del Señor nunca se acaba, y su compasión jamás se agota". La compasión del Señor restringe su juicio y extiende su misericordia, dando a la humanidad caída la oportunidad de arrepentirse y salvarse.

Una y otra vez Dios mostró misericordia hacia su pueblo cuando este se hallaba en necesidad, a pesar de que pecaban y eran rebeldes contra Él. Durante el tiempo que fueron oprimidos por Siria, "Jehová tuvo misericordia de ellos, y se compadeció de ellos y los miró, a causa de su pacto con Abraham, Isaac y Jacob; y no quiso destruirlos ni echarlos de delante de su presencia hasta hoy" (2 R. 13:23). En el tiempo que Babilonia gobernaba a Judá, Sedequías, el rey nombrado en Jerusalén, no solo se rebeló contra Nabucodonosor sino también contra Dios y contra Jeremías y los demás profetas. Los sacerdotes y el pueblo también fueron infieles y malvados. Sin embargo, "Jehová el Dios de sus padres envió constantemente palabra a ellos por medio de sus mensajeros, porque él tenía misericordia de su pueblo y de su habitación" (2 Cr. 36:13-15).

Desde el inicio de su ministerio, Jesús sintió compasión por las multitudes, "porque estaban desamparadas y dispersas como ovejas que no tienen pastor" (Mt. 9:36). Mostró compasión especial por los enfermos y por los que sufrían, a quienes sanó de todo tipo de aflicción (14:14; cp. 4:23; 8:16; 9:35). Su compasión no se limitó a su propio pueblo judío; y mientras ministraba a todos los seres humanos encontró extraordinaria fe entre muchos de los gentiles, tales como el centurión romano a cuyo criado Jesús curó (Mt. 8:5-13) y la mujer siriofenicia, cuya hija Él acababa de liberar de posesión demoníaca (15:22-28).

Después que **pasó Jesús de allí,** es decir la región de Tiro y Sidón donde vivía esa mujer (v. 21), **vino junto al mar de Galilea; y subiendo al monte, se sentó allí.** En Marcos leemos que Jesús pasó alrededor del lago de Galilea, al parecer en la costa este, deteniéndose en "la región de Decápolis" (Mr. 7:31), otra zona gentil. A pesar de que el ministerio principal seguía siendo a los judíos, el Señor se extendió continuamente más allá del pueblo del pacto, ofreciendo una vista previa de la extensión del reino a todo el mundo (cp. Mt. 28:19; Hch. 1:8).

Durante su ministerio de tres años Jesús anticipó muchos avances de la venida del reino. En la transfiguración mostró previamente su regreso en gran gloria en la Segunda Venida para establecer el reino milenial en la tierra. Su elección de doce hombres para que fueran sus apóstoles prefiguró el restablecimiento de las doce tribus de Israel, sobre las cuales dichos apóstoles un día irían a reinar (Mt. 19:28). La curación de todos los que acudieron a Él prefiguró su definitiva y externa "sanidad de las naciones" (Ap. 22:2). Su enseñanza acerca del reino prefiguró la plenitud del reino, cuando "la tierra será llena del conocimiento de Jehová, como las aguas cubren el mar" (Is. 11:9).

Como ya se mencionó, este ministerio de varios meses en tierra gentil prefiguró el reino venidero que abarcaría tanto gentiles como judíos. En estas y otras ocasiones Pedro fue expuesto reiterada y dramáticamente a la verdad de que el evangelio era para todos los hombres, mucho antes de su visión de los animales impuros y su encuentro con Cornelio, a través de la cual finalmente fue convencido de "que Dios no hace acepción de personas" (Hch. 10:1-34; cp. vv. 45-47).

La región de Decápolis, donde Jesús acababa de llegar, se hallaba en el costado sureste del lago de Galilea, directamente al sur de los modernos Altos de Golán. Decápolis significa "diez ciudades" (del griego *deka*, "diez" y *polis*, "ciudad") y deriva su nombre de las diez ciudades estados localizados dentro de sus fronteras. Este territorio de alguna manera independiente estaba situado entre la región al norte gobernada por Felipe el tetrarca y las regiones al sur y el oeste gobernadas por Herodes Antipas. En estas ciudades y sus alrededores los arqueólogos han descubierto las ruinas de elegantes anfiteatros, foros e innumerables estatuas y monumentos paganos en honor a los diversos dioses del panteón griego, que incluyen Zeus, Afrodita, Atenea, Artemisa, Hércules, Dionisio y Demetra.

Desde el tiempo en que Jesús alimentó a los cinco mil hasta esta alimentación había pasado algún tiempo. En el milagro anterior había pedido a esa multitud "recostarse sobre la hierba" (14:19), mientras a la multitud en Decápolis mandó "que se recostase en tierra" (15:35). En esa parte de Palestina la hierba duraba solo desde principios de la primavera hasta principios del verano, cuando la mayor parte se marchita por el calor. La multitud de judíos cerca de la orilla noreste de

Galilea había podido sentarse sobre la hierba, mientras que la multitud de gentiles en Decápolis debió sentarse en el suelo desnudo, lo que indica que pudieron haber pasado varios meses entre las dos alimentaciones.

Aunque Jesús no había ido a la zona de Tiro y Sidón con el propósito de ministrar, fue reconocido allí al instante y estuvo dispuesto a ayudar a quienes se le acercaban, sin duda incluso a muchos otros además de la mujer cananea. Cuando llegó a la región de Decápolis, el Señor también fue reconocido porque desde los primeros días de su ministerio personas de esa zona habían venido a oírlo hablar y a ser curadas (Mt. 4:24-25). Por tanto, cuando se extendió la noticia de que Jesús estaba en persona de visita en su territorio, **se le acercó mucha gente.**

Jesús había subido la montaña y estaba a cierta distancia de las zonas pobladas. Por eso pasaron varios días antes que la noticia de su presencia se extendiera y que la **gente** llegara a Él desde varias partes de la región. Por supuesto, viajar era especialmente lento para quienes llevaban **consigo a cojos, ciegos, mudos, mancos, y otros muchos enfermos.**

Mancos (de *kullos*) se refiere a cualquier parte del cuerpo humano que está deforme o incapaz de ser usada, e incluye mutilación o pérdida total. Jesús usó el término para describir a una persona que tenía una mano o un pie cortado (Mt. 18:8). Por tanto, las personas que buscaban ayuda incluían a los más gravemente deformes.

Cuando los amigos y parientes llegaron, **pusieron** a sus seres amados afligidos **a los pies de Jesús, y los sanó. Pusieron** viene de *rhiptō*, que significa lanzar o depositar a toda prisa, pero no descuidadamente. Ellos no podían alcanzar a Jesús con demasiada rapidez o acercase mucho. Al final el gentío constaba de "cuatro mil hombres, sin contar las mujeres y los niños" (15:38), y por tanto pudieron haber sido en total como veinte mil. No sabemos cuántos de esos individuos habían venido en busca de sanidad, pero debieron haber sido muchos cientos, y tal vez varios miles. No todos llegaban al mismo tiempo, y los que eran curados se hacían a un lado a fin de hacer espacio para otros. Pero en algún momento dado Jesús habría tenido cientos de personas agolpadas a su alrededor.

Ninguno de los escritores del evangelio ofrece detalles de las curaciones; simplemente se nos informa que Jesús **los sanó.** Pero no es difícil imaginar los clamores de auxilio que se mezclaban con gritos de júbilo a medida que personas enfermas y deformes llegaban hasta donde Jesús mientras otras se retiraban sanas y completas. Individuos que estuvieron enfermos se alejaban curados; otros que llegaban con movimiento solo en un brazo o una pierna se alejaban con los dos miembros sanos; y personas que llegaban ciegas y sordas se iban viendo y oyendo. Quienes nunca habían pronunciado una palabra gritaban ahora alabanzas a Jesús. Los que nunca habían dado un paso ahora saltaban y corrían llenos de alegría. No es de extrañar que **la multitud se** maravillara, **viendo a los mudos hablar, a los mancos sanados, a los cojos andar, y a los ciegos ver.**

Sin duda muchos en **la multitud** habían visto a Jesús curar antes, pero eso no hacía menos asombrosa la escena. **Maravillaba** viene de *thaumazō*, que significa estar pasmado de asombro. Las personas veían algo que desafiaba toda explicación humana, y estaban atónitos ante el flujo ininterrumpido de sanidades instantáneas y completas. Marcos asegura que "en gran manera se maravillaban, diciendo: bien lo ha hecho todo" (7:37). La admiración de estos gentiles era superior a la de los judíos, cuyo asombro a menudo estaba atenuado por orgullo espiritual y escepticismo. Cuando el gentío en Decápolis vio la perfección de las sanidades supo que el poder que había detrás de ellas era divino, en gran contraste con los fariseos que acusaron a Jesús de echar fuera demonios por el poder de Satanás (Mt. 12:24).

Como sabían que sus dioses paganos no podían realizar tales maravillas, y que no habrían estado inclinados a realizarlas si hubieran podido, los habitantes de Decápolis **glorificaban al Dios de Israel.** No estaban totalmente conscientes de quién era Jesús, pero sabían que era judío y que servía al **Dios de Israel,** y glorificaron a su **Dios** en alabanza y temor reverente. La emoción y la gratitud de ellos por ser sanados o por ver a sus seres amados y amigos sanados hicieron que de manera espontánea alabaran al Señor.

La multitud era tan grande y las necesidades tantas que las curaciones continuaron durante varios días. Después de ese tiempo milagroso pero agotador **Jesús, llamando a sus discípulos, dijo: Tengo compasión de la gente, porque ya hace tres días que están conmigo, y no tienen qué comer.**

Tengo compasión proviene del verbo *splanchnizomai,* que literalmente significa ser conmovido en los órganos internos, en las entrañas o vísceras, que los antiguos consideraban el asiento de las emociones. La palabra castellana **compasión** viene del latín, y significa sufrir con, pero ha llegado a significar mucho más que eso. Según una definición, es "un sentimiento de profunda simpatía y tristeza, acompañado por un fuerte deseo de aliviar el dolor y eliminar su causa".

Jesús tuvo **compasión** por las necesidades espirituales de las personas, cuyas consecuencias eran eternas. Tuvo **compasión** por sus aflicciones físicas, cuyos efectos a veces eran de por vida. Pero también tuvo **compasión** en cuanto a la comida que necesitaban, que los sustentaba de día en día. En su oración modelo el Señor nos dice que pidamos a nuestro Padre celestial: "El pan nuestro de cada día, dánoslo hoy" (Mt. 6:11), porque Él se preocupa por las necesidades prácticas de nuestra vida cotidiana.

A pesar de la gran emoción de las personas y del hecho de que para muchas de ellas esta era la primera vez en sus vidas que habían estado físicamente bien y completas, **tres días** sin comer era mucho tiempo. Por tanto, Jesús no quiso **enviarlos en ayunas, no sea que desmayen en el camino.** La idea detrás de desmayarse es la de colapsar, como la cuerda de un arco que se afloja al dispararla. El Señor había decidido que el gentío necesitado no se iría a casa con los estómagos vacíos, **no sea que desmayen en el camino.**

A primera vista la respuesta de los discípulos parece esencialmente la misma de cuando Jesús les pidió que alimentaran a los cinco mil hombres cerca de Betsaida Julias (14:16-17). Puesto que en Decápolis los discípulos parecieron actuar como si esta fuera la primera vez que Jesús pidiera tal cosa de ellos, muchos comentaristas liberales han sostenido que Mateo ofrece dos relatos de la misma alimentación, con detalles diferentes e incluso contradictorios. Pero como exrecaudador de impuestos acostumbrado a mantener registros exactos, Mateo era demasiado astuto para haber pasado por alto las contradicciones, y no habría tenido ningún sentido inventarlas. Él estuvo con Jesús a lo largo de su ministerio, y es inconcebible que estuviera tan confundido en cuanto a tan dramático acontecimiento que creyera que sucedió dos veces en lugar de una sola. Tampoco el Espíritu Santo, quien inspiró los evangelios, habría permitido tal tergiversación. La necesidad de comida es tan básica que podría suponerse que hubo otras alimentaciones no registradas en los evangelios (cp. Jn. 21:5).

¿Por qué entonces **los discípulos** volvieron a preguntarle a Jesús: **De dónde tenemos nosotros tantos panes en el desierto, para saciar a una multitud tan grande?** ¿Por qué simplemente no esperaron que Jesús realizara un milagro como el que había ejecutado solo un mes atrás o antes? Es probable que lo hicieran. No pudieron haber olvidado la ocasión anterior, en especial porque participaron directamente en la distribución de la comida como a veinticinco mil personas a medida que Jesús la multiplicaba. Parecería que la razón de su pregunta acerca de dónde encontrar comida simplemente era que estaban reconociendo otra vez su propia falta de recursos. En realidad estaban diciendo: "Señor, no somos más capaces de alimentar a esta multitud por nosotros mismos más de lo que fuimos capaces de alimentar a los otros. Este grupo es más pequeño, pero cuatro mil hombres con sus familias son tan imposibles de alimentar para nosotros como a los cinco mil".

Es probable que la región de Decápolis fuera un lugar más **desierto** que la zona cerca de Betsaida Julias, y si allí no pudieron encontrar comida seguramente no podrían hallarla aquí. Los discípulos no dudaron que Jesús también podía alimentar milagrosamente a este grupo, ni habían olvidado la alimentación anterior. La primera idea es totalmente improbable, y la segunda es imposible. Más bien, la respuesta que le dieron a Jesús resalta que sabían que el Señor podía **saciar a una multitud tan grande** pero que ellos no podían hacerlo. Él no tenía menos poder que antes, y ellos no tenían más.

Entonces Jesús les preguntó: **¿Cuántos panes tenéis? Y ellos dijeron: Siete, y unos pocos pececillos**; y otra vez (cp. 14:18) le llevaron lo poco que tenían. También igual que antes, Jesús **mandó a la multitud que se recostase en tierra.** Debido a que este gentío era casi tan grande como el anterior que fue alimentado, parece probable que Jesús hiciera que este también se sentara en grupos de cien y de cincuenta (véase Mr. 6:40) a fin de simplificar la distribución.

Y tomando los siete panes y los peces, dio gracias, los partió y dio a sus discípulos, y los discípulos a la multitud. El verbo traducido **dio** también podría traducirse "se mantuvo dando". En todo caso, la idea es de constante distribución de la comida a medida que se multiplicaba. Cuando la canasta de un discípulo se vaciaba, la llevaba de nuevo al Señor para que volviera a llenarla, hasta que toda **la multitud** fuera alimentada.

El Señor pudo haber distribuido la comida de manera tan milagrosa como milagrosamente la había multiplicado. Había provisto maná para los hijos de Israel en el desierto, fresco cada mañana, distribuido a través de toda la zona del desierto en la que ellos habían acampado, de tal modo que el pueblo solo tenía que salir de sus tiendas y recoger lo necesario (Éx. 16:14). Pero Jesús estaba al mismo tiempo enseñando a los discípulos y alimentando al gentío. Quería que ellos aprendieran la realidad tanto práctica como teológica de la compasión divina. Él quería que participaran de primera mano en la preocupación de Dios por las necesidades cotidianas del pueblo, así como en la redención eterna de las personas y su bienestar físico, porque la compasión de Dios abarca toda dimensión de la necesidad humana.

Nadie se fue con hambre, porque **comieron todos;** y ninguno salió medio lleno, sino que **se saciaron** por completo. Después que todos hubieron comido todo lo que quisieron, los discípulos **recogieron lo que sobró de los pedazos, siete canastas llenas.**

Las **siete canastas** grandes mencionadas aquí son de un tipo distinto a las doce canastas utilizadas en la alimentación de los cinco mil. La clase de canasta usada en la alimentación anterior era un pequeño contenedor judío llamado *kophinos*, utilizado por un individuo cuando viajaba con el fin de llevar alimentos para una o dos comidas. Sin embargo, las **canastas** utilizadas en la alimentación en Decápolis se llamaban *spuridas*, que eran claramente gentiles y bastante grandes. Incluso podían contener a un hombre adulto, y fue en una de esas **canastas** que bajaron a Pablo por el muro de Damasco (Hch. 9:25). Por tanto, estas **siete canastas** contenían muchísimo más alimento que las doce canastas pequeñas usadas en la otra alimentación (Mt. 14:20). Debido a que este gentío no había comido durante tres días, habría consumido más que los del otro grupo, que estuvieron sin comer solo un día (14:15).

Alfred Edersheim observó que "el Señor finalizó cada fase de su ministerio con una alimentación. Terminó el ministerio en Galilea con la alimentación de los cinco mil. Concluyó el ministerio en la región gentil con la alimentación de los cuatro mil. Y finalizó el ministerio en Judea antes de su muerte en la cruz con la alimentación de los suyos en el aposento alto".

Después que los **cuatro mil hombres, sin contar las mujeres y los niños,** fueron alimentados, **despedida la gente** Jesús **entró en la barca, y vino a la región de Magdala.** La identidad **de Magdala** no se conoce con certeza, porque no existe otra información bíblica, histórica o arqueológica al respecto. Marcos relata que se fueron "a la región de Dalmanuta" (8:10), pero ese lugar también es incierto. Puesto que no se menciona viaje por tierra, al parecer **la región** bordeaba el lago de Galilea.

Del ministerio de Jesús a la multitud gentil en Decápolis se pueden aprender varias lecciones importantes.

Primera, vemos de nuevo el inigualable poder divino de Jesús. Debido a que solo Dios puede crear, solo Él pudo haber multiplicado esos siete panes y algunos peces de una sola vez, por no hablar de miles de veces. Él es el Dios de Abraham, quien creyó en aquel que "da vida a los muertos, y llama las cosas que no son, como si fuesen" (Ro. 4:17). Así como había creado tejidos sanos para reemplazar enfermos, extremidades completas para reemplazar a las deformadas y ausentes, y ojos que veían para reemplazar a los que estaban ciegos, también creó una superabundancia de alimentos para reemplazar unos pocos.

Cuando los apóstoles estaban estableciendo la iglesia primitiva se realizaron muchos milagros por medio de ellos. Pero sus milagros fueron realizados en el nombre y por el poder de Jesucristo, para quien los apóstoles solo sirvieron como instrumentos. Sin embargo, Jesús realizó milagros en su propio nombre y poder, porque Él era la fuente del poder. Jesús no curó, liberó, resucitó muertos, y multiplicó comida como agente de Dios sino como Dios mismo.

Segunda, el hecho de que Jesús curara enfermedades y restaurara oídos y vista, pero también restaurara a quienes estaban *kullos* (mutilados y a veces totalmente sin brazos, piernas, ojos u otras partes del cuerpo), lo separa por completo de autoproclamados sanadores divinos tanto de años pasados como de tiempos modernos. En vano buscamos entre esos curanderos relatos comprobables de alguien que hubiera recibido un brazo, una pierna, o un ojo para reemplazar uno que no tenía. Las "curaciones" de estos sujetos a lo mejor son psicosomáticas, y son sumamente menores comparadas con las que el Señor realizó durante los tres años de su ministerio terrenal.

Dios sigue siendo capaz de sanar de modo soberano la enfermedad más desesperanzada, y de crear nuevas extremidades donde no las hay. Pero la única época de sanidad en la Iglesia fue el tiempo de autenticación del Mesías mismo y de su Palabra a través de los apóstoles. Una vez cumplidos esos fines, el don de milagros cesó. (Para un análisis más completo de este tema, véase mi libro *Los carismáticos*, publicado por la Casa Bautista de Publicaciones).

Tercera, aprendemos que el objetivo del ministerio es adorar. Aunque la mayoría de habitantes, si no todos, de Decápolis eran gentiles paganos, cuando vieron la magnitud y la perfección del poder sanador de Jesús no solo se maravillaron hasta más no poder, sino que también "glorificaban al Dios de Israel" (v. 31). Presenciar tal despliegue divino exigió mucho más que asombro; aquello demandó adoración reverencial que esos gentiles ofrecieron como lo mejor que sabían hacer.

La adoración de ellos era el objetivo supremo de Jesús. Él tuvo compasión incondicional para curarles los cuerpos afligidos y para llenarles sus estómagos vacíos; pero tenía una preocupación infinitamente mayor que esa. A través de confiar en Él como Señor y Salvador, también podía salvar de la condenación eterna las almas de estos seres y convertirlos en ciudadanos de su reino celestial.

Los seguidores de Cristo están llamados a ministrar no solo las necesidades físicas y temporales de las personas, sino a llevarlas a que glorifiquen a Dios "para que abundando la gracia por medio de muchos, la acción de gracias sobreabunde para gloria de Dios" (2 Co. 4:15). El objetivo de la evangelización y la vida cristiana es adorar "al Padre en espíritu y en verdad; porque también el Padre tales adoradores busca que le adoren" (Jn. 4:23). Dios es glorificado solo cuando la devoción al Señor es sincera y sin reservas, cuando el servicio a otros es realmente desinteresado, y cuando la vida diaria es uniformemente semejante a la de Cristo.

Esta es una lección especialmente importante para nuestros días, en que el amor y la gratificación personales han llegado a ser aceptados y promocionados incluso en gran parte de la Iglesia. Estamos tentados a ofrecer el evangelio simplemente por lo que este puede hacer por el ser humano, sin ninguna sugerencia de la necesidad de que el individuo se vuelva de sí mismo a Dios, y de que nos volvamos de nuestras prioridades a las de Él. Nos gusta hacer que el camino de la salvación parezca ancho, a pesar de que el Señor declara que es estrecho (Mt. 7:14). Queremos hacer que la vida cristiana parezca fácil, aunque Jesús expresó que "el que no toma su cruz y sigue en pos de mí, no es digno de mí. El que halla su vida, la perderá; y el que pierde su vida por causa de mí, la hallará" (10:38-39).

Cuarta, esta historia enseña la necesidad de confiar en los recursos divinos. Al igual que los discípulos, somos más utilizables para el Señor cuando reconocemos nuestra propia falta de recursos y nos volvemos a Él. Cualquier cosa que podamos tener nunca es suficiente para suplir las necesidades de otros u obtener algo para Dios. Jesús no mandó a los apóstoles: "Me seréis testigos en Jerusalén, en toda Judea, en Samaria, y hasta lo último de la tierra" hasta que primero les prometió: "Recibiréis poder, cuando haya venido sobre vosotros el Espíritu Santo" (Hch. 1:8). Santiago afirma: "Toda buena dádiva y todo don perfecto desciende de lo alto, del Padre de las luces" (Stg. 1:17).

Una vez me pidieron que visitara a una anciana que estaba agonizando y que no conocía a Cristo. Estaba frágil y enferma, y mi intención era no molestarla; sin embargo, yo sabía que por sobre todo lo demás ella necesitaba a Cristo. Todo el camino oré porque Dios me ayudara a saber qué decir y cómo decirlo, pero a medida que me acercaba a la puerta de su apartamento me sentía más y más incómodo. Cuando una de las amigas de la señora me dejó entrar y caminé hasta la cama de la anciana lo primero que dijo fue:

—Antes que usted diga algo, simplemente quiero hacerle saber que ayer mi hermana me llevó a Cristo.

Entonces le leí algunos salmos y oré.

—Usted ya no necesita temerle a la muerte —declaré.

—¿Temer a la muerte? —exclamó ella—. No le temo a la muerte. No le temo a la muerte en lo más mínimo.

Para cuando se acabó la visita sentí que la mujer me había ministrado a mí más de lo que yo la había ministrado a ella. Yo había sido totalmente inadecuado para satisfacer las necesidades de la anciana, pero cuando me puse en dependencia en nuestro misericordioso Señor descubrí que Él ya me había precedido y que había hecho provisión total.

Quinta, aprendemos de esta historia que los recursos de Dios nunca disminuyen, y mucho menos se agotan, porque Él tiene una capacidad infinita de crear. Dios no necesitaba los siete panes y los pocos pececillos para alimentar a la multitud. Pudo haber hecho fácilmente la comida de la nada, así como creó el mundo de la nada. Él utilizó los panes y los pececillos con el fin de hacer participar a los discípulos y enseñarles a dar a Dios de lo que tenían. "Dad, y se os dará; medida buena, apretada, remecida y rebosando darán en vuestro regazo; porque con la misma medida con que medís, os volverán a medir" (Lc. 6:38). El pueblo de Dios nunca carecerá de recursos para hacer lo que Él lo ha llamado a hacer si confía en esa promesa.

Sexta, aprendemos acerca de la utilidad del siervo. Aunque el Señor puede hacer su obra sin nosotros, decide hacerla por medio de nosotros. Él no necesitó la ayuda de los discípulos para distribuir la comida más de lo que necesitó los siete panes y los peces para hacer la comida. Dios pudo haber hecho en un instante lo que a ellos les llevó varias horas hacer. Pero en su infinita sabiduría y misericordia Dios elige usar instrumentos humanos para hacer la obra divina de llevar el evangelio al mundo, y ministrar las necesidades de las personas. Al servir de modo sumiso a otros en el nombre y el poder del Señor aprendemos a servirlo a Él, en preparación para servirlo por toda la eternidad en dimensiones que ahora no podemos concebir.

Séptima, aprendemos que Dios da de manera generosa con "medida buena, apretada, remecida y rebosando" (Lc. 6:38), como ya hemos visto. Todos en la ladera de la montaña comieron hasta quedar totalmente satisfechos. Hubo incluso más que suficiente, de tal modo que sobraron siete enormes canastas de comida.

La octava lección es la de la inversión espiritual. Cuando los discípulos dieron a Jesús todo lo que tenían y luego lo ayudaron a dárselo a los demás, obtuvieron siete canastas completas para sí mismos. "El que siembra escasamente, también segará escasamente; y el que siembra generosamente, generosamente también segará" (2 Co. 9:6).

La lección novena y dominante es la ilimitada compasión de Jesucristo. Él tiene compasión para todas nuestras necesidades: eternas, de la vida, y cotidianas. Tiene compasión de judíos y gentiles, de los gravemente afligidos y los simplemente hambrientos. Siguiendo el ejemplo de nuestro Señor, "hagamos bien a todos, y mayormente a los de la familia de la fe" (Gá. 6:10). Nuestra compasión no se mide por nuestros sentimientos sino por lo que damos.

John Wanamaker, fundador de unos famosos grandes almacenes de Filadelfia que llevan su nombre, era un cristiano devoto. En un viaje a China para observar la obra de una misión cristiana allí, se encontró con una pequeña aldea donde un grupo de cristianos había comenzado a construir un templo pero les faltaba dinero para terminarlo. En un campo cercano observó la extraña escena de un muchacho uncido a un buey mientras juntos jalaban un arado sostenido por el padre del chico. El guía del señor Wanamaker explicó que el muchacho había prometido a su padre: "Si vendes uno de los bueyes y das el dinero para construir el templo, yo tomaré el lugar del buey para tirar del arado". Se cuenta que el señor Wanamaker cayó de rodillas y declaró: "Señor, permíteme ser enganchado a un arado para poder conocer el gozo de dar con sacrificio".

Los ciegos que nunca verán 88

Vinieron los fariseos y los saduceos para tentarle, y le pidieron que les mostrase señal del cielo. Mas él respondiendo, les dijo: Cuando anochece, decís: Buen tiempo; porque el cielo tiene arreboles. Y por la mañana: Hoy habrá tempestad; porque tiene arreboles el cielo nublado. ¡Hipócritas! que sabéis distinguir el aspecto del cielo, ¡mas las señales de los tiempos no podéis! La generación mala y adúltera demanda señal; pero señal no le será dada, sino la señal del profeta Jonás. Y dejándolos, se fue. (16:1-4)

Tener buena vista es una bendición maravillosa, y con el fin de ver mejor los estadounidenses gastan unos cinco mil millones de dólares al año en atención oftalmológica. Se calcula que alrededor de 7 por ciento de la población es legalmente ciega. Por supuesto, en muchas partes del mundo el porcentaje de personas ciegas es mucho mayor.

Aún más significativo es que desde la caída de Adán todos los habitantes del planeta han nacido espiritualmente ciegos; caen en dos categorías: los que nunca verán ni conocerán a Dios, y los que por la gracia de Dios y la iluminación del Espíritu Santo se les permite ver y tener comunión íntima con Él. El factor determinante es cómo el individuo se relaciona con Jesucristo. Aquel que rechaza al Salvador permanece ciego para siempre; quien lo confiesa como Señor recibe vista y vida espiritual. Lo lamentable del caso es que universalmente los hombres no sienten el mismo deseo de tener vista espiritual que tienen por adquirir vista física. La gran mayoría no sabe que está espiritualmente ciega, y no le importa. Incluso cuando se les ofrece vista, muchos la rechazan.

Jesús fue "aquella luz verdadera, que alumbra a todo hombre [y que vino] a este mundo. En el mundo estaba, y el mundo por él fue hecho; pero el mundo no le conoció. A lo suyo vino, y los suyos no le recibieron" (Jn. 1:9-11). Pablo declara que aunque "las cosas invisibles de [Dios], su eterno poder y deidad, se hacen claramente visibles desde la creación del mundo", los seres humanos rebeldes "no le glorificaron como a Dios, ni le dieron gracias, sino que se envanecieron en sus razonamientos, y su necio corazón fue entenebrecido" (Ro. 1:20-21). Aun con evidencia de Dios claramente delante de ellos, los hombres no regenerados se niegan a verlo; sus ojos rechazan la evidencia porque sus corazones rechazan a Aquel que se las ofrece.

Pablo explica que "el hombre natural no percibe las cosas que son del Espíritu de Dios, porque para él son locura, y no las puede entender, porque se han de discernir espiritualmente" (1 Co. 2:14). Los hombres no redimidos tienen "el entendimiento entenebrecido [y son] ajenos de la vida de Dios por la ignorancia que en ellos hay, por la dureza de su corazón" (Ef. 4:18).

Los escritores del Antiguo Testamento también dan fe de la ceguera espiritual natural de los hombres. El salmista escribió que los malvados "no saben, no entienden, andan en tinieblas" (Sal. 82:5). El mismo escritor confesó que antes de conocer a Dios "tan torpe era… que no entendía; era como una bestia delante de" Dios (Sal. 73:22). Proverbios nos advierte que "el camino de los impíos es como la oscuridad; no saben en qué tropiezan" (Pr. 4:19). Debido al pecado y la rebeldía de los israelitas, el pueblo escogido de Dios, Jeremías los describió como "pueblo necio y sin corazón, que tiene ojos y no ve, que tiene oídos y no oye" (Jer. 5:21). Miqueas describió a los enemigos paganos de Israel como aquellos que "no conocieron los pensamientos de Jehová, ni entendieron su consejo" (Mi. 4:12).

Tres factores contribuyen a la ceguera espiritual de la humanidad. El primero es el pecado. Cuando el propio Hijo de Dios vino a la tierra como la luz del mundo, "los hombres amaron más las tinieblas que la luz, porque sus obras eran malas" (Jn. 3:19). El segundo factor que contribuye a la ceguera espiritual es Satanás, quien como "el dios de este siglo cegó el entendimiento de los incrédulos, para que no les resplandezca la luz del evangelio de la gloria de Cristo, el cual es la imagen de Dios" (2 Co. 4:4). El tercer factor contribuyente es el juicio soberano de Dios. Cuando los hombres rechazan de manera persistente la luz de Dios a causa de su pecado y su lealtad a Satanás, Dios los confirma judicialmente en las tinieblas que eligieron. De aquellos en Jerusalén que lo rechazaron, Jesús declaró: "¡Oh, si también tú conocieses, a lo menos en este tu día, lo que es para tu paz! Mas ahora está encubierto de tus ojos" (Lc. 19:42).

Mediante las siete parábolas de Mateo 13 Jesús describe las características de la era entre el rechazo que le hicieran y su segunda venida para establecer su reino milenial. Tales parábolas presentan "los misterios del reino de los cielos", verdades no reveladas en el Antiguo Testamento sino dadas solo a aquellos que durante esta era confían en Jesucristo para salvación (13:11). El único propósito de esas parábolas particulares fue enseñar que el tiempo del misterio, que ha durado casi dos mil años, es una época tanto de fe como de incredulidad, de recibir como de rechazar.

Después de las siete parábolas Jesús presenta ocho ilustraciones (Mt. 13:53—16:12), seis de las cuales se enfocan en el rechazo que le hicieran y dos en su aceptación. La historia verifica que ese rechazo a Jesús ha sido mucho mayor que la aceptación, tal como dichas parábolas e ilustraciones indican. Los relatos del evangelio dejan en claro que, comenzando con el ministerio de Juan el Bautista, el rechazo más expresivo y determinado a Cristo y su evangelio fue por parte de los dirigentes religiosos judíos, en especial los influyentes y poderosos **fariseos y saduceos.**

Los acontecimientos de Mateo 16 empiezan exactamente después que el Señor cruzara el lago de Galilea desde la región gentil de Decápolis, donde milagrosamente alimentó a "cuatro mil hombres, sin contar las mujeres y los niños", y viniera "a la región de Magdala", en la costa oeste judía (Mt. 15:32-39). Se desconoce la ubicación exacta de Magdala, a la que Marcos se refiere como Dalmanuta (8:10); sin embargo, los enemigos de Jesús arribaron allí tan pronto como se enteraron de su llegada.

Mateo 16:1-4 relata la última invitación que Jesús hiciera a dichos líderes religiosos; y por el rechazo persistente que estos le hicieron confirmaron que estaban entre los ciegos espirituales que categóricamente se niegan a ver. En este corto pasaje vemos cuatro características de aquellos cuya ceguera espiritual no tendrá fin: buscan las tinieblas, maldicen la luz, se adentran mucho más en las tinieblas, y por último son abandonados por Dios.

BUSCAN LAS TINIEBLAS

La primera característica se ve en el hecho de que **vinieron los fariseos y los saduceos** hasta donde se hallaba Jesús. A pesar de que normalmente se criticaban y despreciaban entre sí, los dos grupos religiosos hicieron causa común en su oposición a Jesús. Estaban unidos por su amor a las tinieblas espirituales.

Por lo general **los fariseos** pertenecían a la clase trabajadora, y muchos de ellos, tal como Pablo (Hch. 18:3), vivían de un oficio aprendido. Por otra parte, en su mayoría **los saduceos** eran aristócratas que tradicionalmente se jactaban de tener entre ellos a sumos sacerdotes y principales sacerdotes. Muchos hacían fortunas explotando las lucrativas concesiones en el templo de cambio de moneda y venta de animales para los sacrificios. En ambos grupos se encontraban escribas y sacerdotes (véase Mt. 3:7; 15:12; 21:15; 23:2-36; Mr. 2:16; 3:6; Lc. 7:30; 16:14; Jn. 7:32; 8:3-6; 9:40-41).

Los fariseos eran más conservadores y fundamentales, pero se aferraban a la tradición rabínica que tenía igual autoridad que las Escrituras (véase Mt. 15:2, 6). Eran fuertemente separatistas, preservando con celosa protección al judaísmo de la influencia gentil que había comenzado varios siglos antes por los del jasidismo en su resistencia a las campañas de helenización realizadas por Antíoco Epífanes.

Por otra parte, a **los saduceos** no les interesaba la tradición rabínica, y no tenían ningún reparo en hacer componendas religiosas, culturales o políticas. El principio básico que los motivaba era la conveniencia. Aunque afirmaban creer en las Escrituras, sus interpretaciones eran tan espiritualizadas que perdían todo significado importante. Eran liberales y materialistas, y no creían en ángeles, inmortalidad, resurrección de los muertos, ni nada sobrenatural.

Una ocasión en que Pablo fue llevado ante el sanedrín aprovechó las grandes diferencias doctrinales entre los dos grupos, identificándose como un fariseo y afirmando su creencia en la resurrección. Una vez hecho esto, "se produjo disensión entre los fariseos y los saduceos, y la asamblea se dividió. Porque los saduceos dicen que no hay resurrección, ni ángel, ni espíritu; pero los fariseos afirman estas cosas. Y hubo un gran vocerío; y levantándose los escribas de la parte de los fariseos, contendían, diciendo: Ningún mal hallamos en este hombre; que si un espíritu le ha hablado, o un ángel, no resistamos a Dios" (Hch. 23:6-9).

El hecho de que Mateo nombre primero a **los fariseos** sugiere que conformaban el grupo principal, con **los saduceos** entremezclados entre ellos; y Marcos 8:11 nos informa que los fariseos tomaron la iniciativa en enfrentarse a Jesús. Tales "ciegos guías de ciegos" (Mt. 15:14) consiguieron el apoyo de hombres que en todo caso eran espiritualmente más ciegos que ellos mismos. En vez de venir a Jesús en busca de vista espiritual, al aliarse contra Él con otros hombres impíos confirmaron su inclinación por la ceguera. Los ritualistas y racionalistas unieron fuerzas basándose en el desprecio mutuo que compartían por Jesús. Ese siempre es el camino de aquellos que están ciegos de manera intencional y pecaminosa.

Su confianza común está en ellos mismos y en sus buenas obras, y por tanto su enemigo común es Dios y su gracia soberana.

MALDICEN LA LUZ

Una segunda característica de los voluntariamente ciegos es el otro lado de la primera: maldicen la luz. La persona que está contenta con su ceguera espiritual no tiene por qué utilizar luz espiritual, ya que esta se inmiscuye con la oscuridad en que vive y pone al descubierto su pecado. Jesús declaró: "Esta es la condenación: que la luz vino al mundo, y los hombres amaron más las tinieblas que la luz, porque sus obras eran malas. Porque todo aquel que hace lo malo, aborrece la luz y no viene a la luz, para que sus obras no sean reprendidas. Mas el que practica la verdad viene a la luz, para que sea manifiesto que sus obras son hechas en Dios" (Jn. 3:19-21). **Los fariseos y los saduceos** no **vinieron** a Jesús con la esperanza de hallar la verdad por sí mismos sino con la esperanza de encontrar falsedad en Él. Por tanto, **para tentarle, le pidieron que les mostrase señal del cielo.**

Ellos no esperaban que el Señor realizara tal **señal,** y de habérselas dado, la incredulidad que tenían habría permanecido igual de firme. Ya habían visto señal tras señal, cuya naturaleza milagrosa era irrefutable. No negaban el poder sobrenatural de Jesús, pero al haberlo acusado incluso de obrar como un agente de Satanás se negaban a reconocer este poder como algo que venía de Dios (Mt. 12:24).

La superstición popular judía sostenía que los demonios podían realizar milagros terrenales, pero que solo Dios podía realizar milagros celestiales. **Del cielo** indica el deseo de ver una **señal** milagrosa en el firmamento. Los fariseos y saduceos demandaban un milagro que creían que Jesús no podía realizar, con la esperanza de probar que el poder del Señor, y por consiguiente su mensaje, no eran divinos. Él se desacreditaría públicamente, y ellos quedarían reivindicados.

En la ceguera que tenían no podían ver que Jesús mismo era una **señal del cielo.** Tampoco podían ver que ellos mismos estaban ayudando a cumplir esa señal. Cuando el piadoso Simeón sostuvo en sus brazos al bebé Jesús, profetizó: "He aquí, éste está puesto para caída y para levantamiento de muchos en Israel, y para señal que será contradicha" (Lc. 2:34). Ya que los incrédulos dirigentes religiosos se negaron a reconocer la Señal suprema de Dios, su Hijo unigénito, no podían aceptar las señales menores que este hiciera, a pesar de la evidencia que vieron con sus propios ojos. La vista física no beneficia en absoluto a la ceguera espiritual, y si tales líderes hubieran visto un centenar de milagros cien veces más dramáticos, estos simplemente los habrían conducido a una oscuridad más profunda, según lo demostró el milagro de la resurrección de Jesús. Tal como Abraham dijera de los hermanos del hombre rico en la historia de este y Lázaro, "si no oyen a Moisés y a los profetas, tampoco se persuadirán aunque alguno se levantare de los muertos" (Lc. 16:31). Al igual que pasó con el faraón delante de Moisés, mientras los fariseos y saduceos más veían demostrado el poder de Dios, más endurecían su corazón contra Dios (Éx. 7-11). En el futuro vendrían señales celestiales (Mt. 24:29-30; Lc. 21:11, 25; Hch. 2:19; Ap. 15:1), pero señalarían al mismísimo final.

Si el corazón de una persona se encuentra en tinieblas, maldice la luz cuando esta se presenta. Al confesar de manera orgullosa tal predisposición, el ateo francés

Voltaire declaró: "Incluso si debiera efectuarse un milagro en el mercado abierto ante un millar de testigos sobrios, prefiero desconfiar de mis sentidos antes que admitir un milagro". La incredulidad siempre hallará una manera de rechazar la verdad, aun hasta el punto de negar lo innegable.

El teólogo liberal no prefiere las especulaciones de la filosofía o la psicología porque sean más demostrables o persuasivas que las verdades de las Escrituras, sino porque prefiere la sabiduría del hombre a la de Dios. Y al contrario de lo que sostiene, el agnóstico no se niega a creer porque *no pueda* saber acerca de Dios sino por *no* estar dispuesto a saber acerca de Dios. La persona que se vuelve hacia el racionalismo, la evolución, el escepticismo, o simplemente hacia sí misma en busca de significado y propósito no lo hace debido a falta de evidencia con relación a Dios y a Cristo, sino a pesar de esa evidencia. El individuo que se vuelve hacia la religión hecha por el hombre no lo hace porque no haya disponible ninguna luz en cuanto al Dios verdadero, sino porque desprecia esa luz y a ese Dios.

Los hombres recurren a actos de penitencia, aflicción personal, confesionarios, y otros recursos humanos para tratar de expiar pecados particulares; pero se niegan a tratar con la raíz en sus corazones, que constituye la naturaleza pecaminosa básica de la que no quieren separarse.

Como sabía que la verdadera intención de la exigencia de los fariseos y saduceos respecto a una señal celestial era desacreditarlo, Jesús **respondiendo, les dijo: Cuando anochece, decís: Buen tiempo; porque el cielo tiene arreboles. Y por la mañana: Hoy habrá tempestad; porque tiene arreboles el cielo nublado.** Tales dichos corresponden a la milenaria cancioncilla del marinero: "Arreboles en la noche, deleite del marinero. Arreboles en la mañana, advertencia del marinero". De los muchos años de observación los hombres han aprendido que a un cielo arrebolado en la noche por lo general lo sigue un clima bueno, mientras que a un cielo arrebolado en la mañana a menudo lo sigue una tormenta. Los dirigentes religiosos que se enfrentaron a Jesús aceptaban sin cuestionar la fiabilidad de aquella meteorología popular.

Jesús entonces contraatacó, diciéndoles: **¡Hipócritas! que sabéis distinguir el aspecto del cielo, ¡mas las señales de los tiempos no podéis!** Tanto los fariseos como los saduceos se enorgullecían de su herencia religiosa, y se consideraban expertos en los asuntos de Dios. No obstante, a pesar de la capacitación y de las posiciones religiosas que tenían, su conocimiento primitivo y limitado del clima era muy superior al conocimiento que tenían de Dios. El Señor en realidad les dijo: "La sensibilidad que ustedes tienen hacia el clima convierte en una burla su insensibilidad para con el reino de Dios. No tienen idea de lo que Dios está haciendo en el mundo. Ustedes son ajenos a **los tiempos** en los que tienen el privilegio de vivir, los mismos de la redención por parte del propio Hijo de Dios ante quien están parados ahora mismo". Se trataba del inicio de la era mesiánica que los judíos habían esperado por mucho tiempo, pero esos dirigentes judíos no lo reconocieron. Eran mejores meteorólogos que eruditos bíblicos (cp. Lc. 12:54-56). Eran "ciegos guías de ciegos" (Mt. 15:14). Jesús los etiquetó en Mateo 23 como "guías ciegos" (vv. 16, 24) e "insensatos y ciegos" (v. 17).

La sociedad moderna también ha tenido muchas personas con gran comprensión y discernimiento acerca de las cosas del mundo, pero que no tienen ninguna comprensión de las cosas de Dios. Los expertos pueden predecir si el mercado de valores va a subir o bajar, si el oro o la plata se volverán más o menos valiosos, y si el dólar se fortalecerá o debilitará. Otros pueden predecir la orientación de las tasas de interés, las modas, el mercado de bienes raíces, y los cocientes de importación o exportación. Incluso otros pueden predecir tendencias en educación, sociología, moralidad y gobierno. Pero nuestra sociedad carece de individuos que conozcan cuál es el plan de Dios para el mundo, y que este sigue siendo el "tiempo final", la época del Mesías. A la gente hoy no sabe qué significa ser ciudadanos del reino de Dios.

En respuesta a la pregunta de los discípulos con relación a la señal de su "venida, y del fin del siglo", Jesús declaró: "Oiréis de guerras y rumores de guerras... se levantará nación contra nación, y reino contra reino; y habrá pestes, y hambres, y terremotos... Y muchos falsos profetas se levantarán, y engañarán a muchos; y por haberse multiplicado la maldad, el amor de muchos se enfriará". (Mt. 24:3, 6-7, 11-12).

Esas señales del regreso de Jesús abundan en nuestros días. Ningún período de la historia ha experimentado más guerras o ha estado tan preocupado con la posibilidad de una guerra que el nuestro. Con un sobrante sin precedentes de alimentos en algunas partes del mundo, otras partes todavía experimentan hambres devastadoras. Sectas y religiones falsas de todo tipo están proliferando incluso en países que nominalmente han sido cristianos durante cientos de años. El espíritu de anarquía y obstinación está desenfrenado.

Pablo declaró que "ya está en acción el misterio de la iniquidad; sólo que hay quien al presente lo detiene, hasta que él a su vez sea quitado de en medio. Y entonces se manifestará aquel inicuo, a quien el Señor matará con el espíritu de su boca, y destruirá con el resplandor de su venida" (2 Ts. 2:7-8). El apóstol le explicó a Timoteo que "el Espíritu dice claramente que en los postreros tiempos algunos apostatarán de la fe, escuchando a espíritus engañadores y a doctrinas de demonios" (1 Ti. 4:1). Pedro escribió de la gran apostasía, de la enseñanza falsa, las herejías, las burlas, y de la negación del regreso de Cristo, características de los últimos días (2 P. 2:1-3; 3:3-4).

Ezequiel predijo que en los últimos tiempos Dios restauraría a su pueblo escogido a la tierra que les había prometido (Ez. 34:11-31); y en nuestra generación actual esa promesa ha comenzado a cumplirse con el restablecimiento del estado de Israel. El mismo profeta escribió de un poder hostil del norte que atacaría a Israel (Ez. 38); y el gran poder militar, la geografía, el ateísmo, y el antisemitismo de Rusia hacen de esa nación una posiblidad principal para ser ese poder hostil.

La Biblia también declara que los tiempos finales se caracterizarán por una gran preocupación por la unidad mundial: un gobierno mundial, una economía mundial, y una religión mundial (véase Dn. 2; 7; Ap. 13; 17-18). El mundo anda en búsqueda de estabilidad y seguridad, y está listo para aceptar el papel unificador de un líder mundial que pueda detener las guerras y darle fin al caos político, económico y social, papel que un día el anticristo asumirá.

Todas esas señales que distinguen los tiempos finales son características de nuestra época. No puede haber duda de que vivimos cerca del final de la era, y la preocupación de los creyentes debería ser por lo que la Biblia dice en lugar de lo

que los seres humanos dicen, y por lo que Dios está haciendo en lugar de lo que
la humanidad está haciendo.

SE ADENTRAN MUCHO MÁS EN EL PECADO

Una tercera característica de los ciegos espirituales que nunca verán es que siguen
profundizándose más y más en las tinieblas. Se vuelven cada vez más furiosos y
cegados, y las mismas cosas que suponen que los hacen más agradables a Dios los
alejan más de Él.

Jesús sabía que la verdadera motivación de los fariseos y saduceos era atraparlo,
no convencerse de la condición mesiánica de Él. También sabía que otra señal,
por sorprendente que fuera, no los convencería acerca de lo que habían decidido rechazar. Fue por esto que les habló en parábolas, según se indicó en Mateo
13:13-15. Jesús no capitularía ante la exigencia hipócrita y malvada que le formularon, por lo cual les declaró: **La generación mala y adúltera demanda señal; pero
señal no le será dada, sino la señal del profeta Jonás.**

La señal del profeta Jonás fue la última que Jesús dio al mundo: la señal de
su victoria sobre el pecado, la muerte y Satanás a través de su resurrección. En
una ocasión anterior había declarado a un grupo de escribas y fariseos: "Como
estuvo Jonás en el vientre del gran pez tres días y tres noches, así estará el Hijo del
Hombre en el corazón de la tierra tres días y tres noches. Los hombres de Nínive
se levantarán en el juicio con esta generación, y la condenarán; porque ellos se
arrepintieron a la predicación de Jonás, y he aquí más que Jonás en este lugar"
(Mt. 12:39-41; para una explicación más detallada, véase el estudio de este pasaje
en el capítulo 74 de esta obra).

Esa **señal** también sería rechazada por los dirigentes religiosos judíos. Cuando
oyeron hablar de la resurrección de Jesús, sobornaron a los soldados que vigilaban
la tumba para que dijeran que los discípulos habían robado el cuerpo del Señor
(Mt. 28:11-15).

SON ABANDONADOS POR DIOS

La cuarta característica de aquellos que persisten en amar las tinieblas y rechazar la luz es que finalmente son abandonados por Dios, entregados por Él a las
lujurias, las impurezas, las pasiones degradantes, y las mentes depravadas que los
caracterizan (Ro. 1:24, 26, 28). Aquello que es ceguera voluntaria, pecaminosa y
satánica se convierte en ceguera soberana divina.

Debido a que los fariseos y saduceos incrédulos no lo tendrían como Señor
y Salvador, Jesús **dejándolos, se fue.** *Kataleipō* (**se fue**) significa dejar atrás, y a
menudo conlleva la idea de apartarse o abandonar (véase 2 P. 2:15).

Ese acontecimiento marcó una transición importante en el ministerio de Jesús.
A partir de entonces el Señor pasó la mayor parte de su tiempo con sus discípulos,
y poco tiempo con las multitudes o con los dirigentes religiosos. Él abandonó a
quienes lo rechazaron, y centró su atención en los suyos propios; no ofreció más
argumentos o señales para los incrédulos, solo verdad adicional para aquellos que
creerían.

Los ciegos a los que se les permite ver

89

Llegando sus discípulos al otro lado, se habían olvidado de traer pan. Y Jesús les dijo: Mirad, guardaos de la levadura de los fariseos y de los saduceos. Ellos pensaban dentro de sí, diciendo: Esto dice porque no trajimos pan. Y entendiéndolo Jesús, les dijo: ¿Por qué pensáis dentro de vosotros, hombres de poca fe, que no tenéis pan? ¿No entendéis aún, ni os acordáis de los cinco panes entre cinco mil hombres, y cuántas cestas recogisteis? ¿Ni de los siete panes entre cuatro mil, y cuántas canastas recogisteis? ¿Cómo es que no entendéis que no fue por el pan que os dije que os guardaseis de la levadura de los fariseos y de los saduceos? Entonces entendieron que no les había dicho que se guardasen de la levadura del pan, sino de la doctrina de los fariseos y de los saduceos. (16:5-12)

Cuando Thomas Steward era estudiante universitario se pinchó accidentalmente un ojo con un cuchillo, ocasionando ceguera permanente en ese ojo. Ante el temor de que el ojo bueno pudiera resultar dañado, el médico recomendó la extirpación del ojo dañado. Sin embargo, cuando Thomas se recuperó de la anestesia descubrió que el cirujano había extirpado el ojo bueno, sumiendo así al joven en la ceguera total.

Sin desanimarse por la tragedia, Thomas decidió continuar sus estudios de derecho en la Universidad McGill en Montreal, Canadá. Terminó graduándose como el primero de la clase, y su hermano William fue el segundo. Durante cuatro años William no solo había seguido sus propios estudios de derecho, sino que había actuado como los ojos de su hermano, acompañándolo a las clases, leyéndole el material asignado, y escribiéndole pruebas y documentos. Es lógico que Thomas sintiera profunda gratitud hacia su hermano, porque sin esa ayuda habrían sido imposibles su propia graduación y su carrera en derecho.

Aun peor que la ceguera física es la realidad de que todo individuo ha sido afectado por la ceguera espiritual a causa del pecado, y sin la ayuda de Dios a través de la obra de su Hijo Jesucristo la vida y la vista espiritual serían eternamente imposibles.

Thomas Hobbes, el famoso filósofo inglés del siglo XVII, era totalmente impío y anticristiano. Se dice que cuando estaba a punto de morir declaró en voz alta: "Estoy a punto de saltar a la oscuridad". La verdad era que había estado en lo profundo de la oscuridad toda su vida.

El filósofo francés Voltaire se burlaba abiertamente de Dios y de manera especial se oponía al cristianismo. Cuando creyó estar cerca de morir se sintió abrumado por el dolor y la desesperación. Pero en lugar de pedir a sus amigos creyentes que lo llevaran a Cristo, los reunió y les aseveró lleno de amargura: "¡Fuera! ¡Fuera! Ustedes son los que me han producido mi actual situación. Déjenme solo, les ordeno. ¡Fuera! Qué miserable gloria es esta que han producido para mí". Teniendo una especie de cambio de opinión, más tarde esperó aliviar su angustia haciendo una retractación escrita de su incredulidad. Durante dos meses alternó entre maldecir a Dios y clamar el nombre de Cristo. Pero su corazón había estado endurecido por mucho tiempo y se había vuelto insensible al amor y la luz de Dios. Entre sus últimas palabras estuvieron: "Muero abandonado por Dios y por el hombre".

No es de extrañar que Jesús se refiriera con frecuencia al infierno como "las tinieblas de afuera" (Mt. 8:12; 22:13; 25:30), porque se trata de la perpetuación eterna de las tinieblas espirituales que el hombre incrédulo se niega a abandonar mientras está en la tierra. Mateo 16:1-4 describe a las personas espiritualmente ciegas que nunca verán, ejemplificadas por los fariseos y saduceos incrédulos que se negaron a recibir la luz y la vida que Jesús ofrecía.

Por el contrario, los versículos 5-12 reflejan una imagen precisa de los que están espiritualmente ciegos que por la gracia soberana de Dios se les permite ver. Las cuatro características de estas personas son lo contrario de las características de los ciegos que nunca ven: buscan la luz, maldicen las tinieblas, reciben aún mayor luz, y son enseñados por el Señor.

BUSCAN LA LUZ

Los **discípulos** se encontraban en una encrucijada entre decidir si se aferraban al sistema en el que habían sido criados, identificándose así con los fariseos y saduceos a quienes respetaban y honraban pues habían sido enseñados a hacerlo, o no aferrarse a ese sistema. Los fariseos eran los intérpretes reconocidos de la ley y de las tradiciones judías, y los saduceos conformaban la aristocracia religiosa que por regla general incluía al sumo sacerdote y los principales sacerdotes.

Pero los doce no dudaron en seguir a Jesús, y cuando este volvió a cruzar hacia la costa oriental gentil del lago de Galilea ellos fueron con Él **al otro lado.** Buscaban de manera auténtica la luz de Dios, y sabían que Jesús mismo era esa luz. El Señor había prometido por medio de Jeremías: "Me buscaréis y me hallaréis, porque me buscaréis de todo vuestro corazón. Y seré hallado por vosotros" (Jer. 29:13-14). Los discípulos tenían corazones escudriñadores, y Dios honró su promesa de guiarlos hacia sí mismo.

Mientras enseñaba un día en el templo, Jesús declaró a los discípulos junto con los escribas y fariseos incrédulos: "Yo soy la luz del mundo; el que me sigue, no andará en tinieblas, sino que tendrá la luz de la vida" (Jn. 8:12). Los discípulos creyeron esa verdad, y sabían que al ser la luz de Dios no solamente debían verlo sino también seguirlo. Sabían que el Mesías vendría como "luz de las naciones" (Is. 42:6) y, según David había proclamado, sería la luz y la salvación de ellos (Sal. 27:1). Jesús era la luz que iluminó las tinieblas que ellos tenían, y aunque a menudo tropezando y malinterpretando, trataron auténticamente de seguirlo.

Sin embargo, no todos los que se interesaron en Jesús fueron fieles en seguirlo. Cuando comenzaron a entender la verdadera naturaleza de su mensaje y el costo del discipulado, muchos discípulos superficiales se "volvieron atrás, y ya no andaban con él" (Jn. 6:66).

Pero los verdaderos creyentes sabían que nunca podrían tener vista espiritual aparte de la obra de la gracia de Dios a su favor por medio de Jesucristo. Algunos de ellos quizás oraron con el salmista: "Abre mis ojos, y miraré las maravillas de tu ley… Enséñame, oh Jehová, el camino de tus estatutos… Inclina mi corazón a tus testimonios… Tus manos me hicieron y me formaron; hazme entender, y aprenderé tus mandamientos" (Sal. 119:18, 33, 36, 73).

MALDICEN LAS TINIEBLAS

Debido a que buscaban la luz de Dios, en realidad los discípulos verdaderos también maldecían las tinieblas de Satanás. Sus corazones estaban sedientos de la luz y la verdad de Dios, y tenían ansias por aprender. Dieron la espalda a los intencionalmente ciegos y corruptos fariseos y saduceos, que guiaban a sus seguidores a más y más oscuridad y los volvían más malvados que ellos mismos (véase Mt. 23:15). Cuando Jesús preguntó "a los doce: ¿Queréis acaso iros también vosotros? Le respondió Simón Pedro: Señor, ¿a quién iremos? Tú tienes palabras de vida eterna. Y nosotros hemos creído y conocemos que tú eres el Cristo, el Hijo del Dios viviente" (Jn. 6:67-69).

Los discípulos fueron tan naturalmente ciegos como los fariseos y saduceos, pero a diferencia de esos dirigentes religiosos incrédulos, los doce reconocieron su ceguera y acudieron a Jesús en busca de ayuda.

RECIBEN AUN MAYOR LUZ

Tan pronto como los discípulos llegaron **al otro lado** con Jesús se dieron cuenta de que **habían olvidado traer pan** con ellos. Habían salido a toda prisa del enfrentamiento con los fariseos y los saduceos (vv. 1-4), y en la escasamente poblada parte nordeste del lago de Galilea es posible que estuvieran a muchos kilómetros de algún lugar donde pudieran comprar comida. Marcos informa que "no tenían sino un pan consigo en la barca" (Mr. 8:14), que no era suficiente para dar de comer una sola vez a trece hombres.

A pesar de la enseñanza divina, del ejemplo perfecto, y de los grandes milagros de Jesús, los discípulos todavía pensaban y actuaban principalmente en el nivel físico. Cuando tuvieron hambre después de remar hasta el otro lado del lago, sus pensamientos no se volvieron hacia la provisión de Jesús sino hacia sus propias carencias. Como hacía a menudo, el Señor aprovechó el apuro de ellos como una oportunidad divina para enseñarles su verdad.

Ese es un ejemplo apropiado de cómo los cristianos deben discipular a otros creyentes: caminando junto a ellos y ayudándoles a interpretar las luchas, las perplejidades, los problemas, y las oportunidades de la vida a la luz de la verdad y de los recursos espirituales. La madurez cristiana es aprender a vivir día a día por la luz de la Palabra de Dios y en su provisión.

Puesto que conocía la preocupación de los discípulos por la falta de comida, **Jesús les dijo: Mirad, guardaos de la levadura de los fariseos y de los saduceos.** El modo imperativo **guardaos** viene de *horaō*, cuyo significado básico es ver con claridad y tomar nota de algo. Jesús les estaba diciendo: "Abran sus ojos, y pongan mucha atención a **la levadura de los fariseos y de los saduceos.** No se preocupen por el pan sino por lo que es realmente importante. En la situación actual lo importante es el peligro espiritual de **los fariseos y los saduceos".**

Cristo estaba a solo meses de la cruz, y tenía mucho más que enseñar a los discípulos y ellos tenían mucho que aprender. Un día sin comida no tenía ninguna trascendencia. Pero al igual que los creyentes en todas las épocas, los discípulos estaban atrapados en lo físico y temporal. Su visión espiritual era limitada, y su capacidad de atención espiritual era corta.

Debido a que los pensamientos de los discípulos estaban en el alimento físico, pasaron por alto la advertencia espiritual. Por eso cuando Jesús mencionó la levadura **ellos pensaban dentro de sí, diciendo: Esto dice porque no trajimos pan.** Tal vez pensaron que a Jesús le preocupaba que para comer pudieran haber comprado **pan** horneado por algún fariseo o vendido por un saduceo, y que por tanto estuviera de algún modo contaminado. Pero tales aspectos no tenían importancia para Jesús, según los doce debieron haber sabido de acuerdo a lo que reiteradamente Él decía y hacía. Solamente poco antes había dejado claro que no es "lo que entra en la boca [lo que] contamina al hombre" (Mt. 15:11). Al Señor le importaba poco si el pan terrenal que ellos comían venía de parte de un fariseo o un saduceo, de un judío o gentil. Tales asuntos no tienen absolutamente nada que ver con la espiritualidad y la piedad, y no estaban en su mente cuando pronunció esa advertencia.

Los discípulos estaban confundidos en cuanto a lo que Jesús quiso decir, debido a que la orientación terrenal que tenían era un gran obstáculo para la visión espiritual. La respuesta que dieron volvió a revelar cuánto necesitaban la ayuda divina para comprender, lo cual llevó a que el Señor los catalogara como había hecho muchas veces antes, de "**hombres de poca fe**" (cp. Mt. 6:30; 8:26; 14:31). Su falta de comprensión no era a causa de información o capacidad intelectual limitada, sino a causa de **fe** limitada.

¿Por qué pensáis dentro de vosotros que no tenéis pan? En realidad, Jesús les estaba diciendo: "Ya deberías saber que no me estoy refiriendo al hecho de que **no tenéis pan. ¿No entendéis aún, ni os acordáis de los cinco panes entre cinco mil hombres, y cuántas cestas recogisteis? ¿Ni de los siete panes entre cuatro mil, y cuántas canastas recogisteis? ¿Cómo es que no entendéis que no fue por el pan que os dije que os guardaseis de la levadura de los fariseos y de los saduceos?**". El Señor les quiso decir: "Si me hubiera preocupado el hecho de que no teníamos pan, simplemente lo habría creado, tal como hice cuando alimenté a los **cinco mil hombres** en territorio judío, donde sobraron doce **cestas** (véase Jn. 6:1-14), y a los **cuatro mil** en territorio gentil, donde sobraron siete **cestas** (véase Mt. 15:32-39). ¿Han olvidado tan pronto esas ocasiones?".

Cuando los creyentes viven en el nivel de confianza y verdad espiritual, Dios les provee para sus necesidades físicas. En el Sermón del Monte Jesús advirtió: "No os afanéis, pues, diciendo: ¿Qué comeremos, o qué beberemos, o qué vestiremos? Porque los gentiles buscan todas estas cosas; pero vuestro Padre celestial sabe que tenéis necesidad de todas estas cosas. Mas buscad primeramente el reino de Dios y su justicia, y todas estas cosas os serán añadidas" (Mt. 6:31-33). Pablo les aseguró a los corintios: "El que da semilla al que siembra, y pan al que come, proveerá y multiplicará vuestra sementera, y aumentará los frutos de vuestra justicia" (2 Co. 9:10).

Los doce necesitaban escuchar el consejo que un día Pablo iba a dar a la iglesia en Filipos: "Por lo demás, hermanos, todo lo que es verdadero, todo lo honesto, todo lo justo, todo lo puro, todo lo amable, todo lo que es de buen nombre; si hay virtud alguna, si algo digno de alabanza, en esto pensad" (Fil. 4:8; cp. Col. 3:2).

El cristiano necesita exposición constante a la Palabra de Dios e iluminación continua por parte del Espíritu de Dios. Solamente la Palabra y el Espíritu de Dios pueden levantarlo por encima de las preocupaciones, inquietudes, perplejidades y confusión que resultan de la herencia inevitable de la vida que se ve y se vive exclusivamente en la dimensión humana.

Jesús se entristeció porque después de tanta enseñanza clara y de tantas manifestaciones milagrosas, los doce aún estaban viviendo por visión humana y no por visión divina. Pero fue paciente con ellos, como siempre lo es con los que le pertenecen, y sabía que ellos no podían comprender sin iluminación divina.

Jesús repitió entonces la advertencia (cp. v. 8): **Os dije que os guardaseis de la levadura de los fariseos y de los saduceos.** La **levadura** hacía subir el pan antes de hornearlo, y se utilizaba en forma muy parecida a la que se usa hoy. Pero el único método que los antiguos tenían para reproducir el fermento era guardar una pequeña cantidad de masa no horneada, la cual más tarde se usaba para comenzar la fermentación en el siguiente lote de pan.

Debido a que una pequeña cantidad de levadura podía fermentar una cantidad relativamente grande de masa, el término se utilizaba a menudo de modo figurado para representar cualquier tipo de influencia (por lo general, pero no intrínsecamente, una influencia dañina, según se ve en su uso en Mt. 13:33). Cuando los israelitas fueron sacados del cautiverio en Egipto, el Señor no les permitió llevar ningún pan leudado, representando simbólicamente la intención divina de que el pueblo no llevara consigo ninguna influencia de la pagana nación egipcia a la tierra prometida. Israel debía empezar una nueva vida, sin influencia contaminante de la tierra malvada e impía que los había oprimido.

Jesús usa aquí **la levadura** para representar la influencia espiritualmente contaminante **de los fariseos y de los saduceos.** Él estaba afirmando: "**Os dije que os guardaseis de** la influencia de ellos. La manera de pensar y de vivir que los caracteriza no forma parte de mi reino y su justicia".

En otra ocasión Jesús explicó que **la levadura de los fariseos** era hipocresía (Lc. 12:1). La forma particular de impiedad que mostraban se caracterizaba por falsedad religiosa y pureza exterior sin justicia interior. El legalismo, el formalismo, y el ritualismo que valoraban tanto eran una excusa para la inmundicia y la falta de vida espiritual. Jesús les declaró: "¡Ay de vosotros, escribas y fariseos, hipócritas! porque sois semejantes a sepulcros blanqueados, que por fuera, a la verdad, se muestran hermosos, mas por dentro están llenos de huesos de muertos y de toda inmundicia" (Mt. 23:27). Y esa hipocresía impregnaba negativamente todo el escenario religioso en Israel.

Por otra parte, la **levadura de los saduceos** era liberalismo religioso. Para ellos la religión era principalmente un medio de obtener fines terrenales temporales. No creían en los ángeles, los milagros, la resurrección, la vida después de la muerte, o cualquier otra cosa sobrenatural (véase Hch. 23:8). Eran totalmente materialistas y racionalistas, y también tenían una penetrante influencia negativa con muchas personas.

Ambos tipos de **levadura** son enemigos del evangelio. Corrompen la verdad de Dios y al pueblo de Dios. Jesús estaba diciéndoles: "Ni siquiera permitan que el legalismo de los fariseos o el liberalismo de los saduceos influyan en ustedes. La falsa doctrina, cualquiera que sea su forma, siempre es un peligro, y el creyente debe evitarla y rechazarla dondequiera y como quiera que se encuentre.

La iglesia en Galacia estaba amenazada por las perversiones legalistas de los judaizantes, quienes insistían en que la observancia de la circuncisión y la ley mosaica debían añadirse a la obra concluida de Cristo. Pablo declaró a esta iglesia: "Esto solo quiero saber de vosotros: ¿Recibisteis el Espíritu por las obras de la ley, o por el oír con fe? ¿Tan necios sois? ¿Habiendo comenzado por el Espíritu, ahora vais a acabar por la carne?" (Gá. 3:2-3). Por otra parte, la iglesia colosense estaba amenazada por el racionalismo y liberalismo religioso. A estos creyentes Pablo les escribió: "Mirad que nadie os engañe por medio de filosofías y huecas sutilezas, según las tradiciones de los hombres, conforme a los rudimentos del mundo, y no según Cristo" (Col. 2:8).

Con la falsa doctrina nunca se debe jugar ni debe minimizarse. Judas advierte que cuando un creyente trata de liberar a alguien de un sistema falso debe proceder como si estuviera arrebatando una rama del fuego (Judas 23). Acercarse demasiado a una secta o una religión pagana es correr el riesgo de quemarse.

SON ENSEÑADOS POR EL SEÑOR

Ya que los doce recibieron la luz de Dios, Él les dio aún mayor luz. Jesús explicó que no estaba hablando de pan físico, sino que estaba advirtiéndoles que se cuidaran **de la levadura de los fariseos y saduceos.** Por iluminación soberana y misericordiosa del Señor, ellos **entonces entendieron que no les había dicho que se guardasen de la levadura del pan, sino de la doctrina de los fariseos y de los saduceos.**

El deseo continuo de Jesús durante su ministerio terrenal fue enseñar a aquellos que confiaban en Él, en particular a los apóstoles. Incluso después que se levantó de la tumba siguió enseñando durante los cuarenta días antes de su ascensión (Hch. 1:3). El Señor ya había contemplado la continuación de su enseñanza después de la ascensión: "El Consolador, el Espíritu Santo, a quien el Padre enviará en mi nombre, él os enseñará todas las cosas, y os recordará todo lo que yo os he dicho" (Jn. 14:26). Poco tiempo después les dijo a sus discípulos: "Aún tengo muchas cosas que deciros, pero ahora no las podéis sobrellevar. Pero cuando venga el Espíritu de verdad, él os guiará a toda la verdad; porque no hablará por su propia cuenta, sino que hablará todo lo que oyere, y os hará saber las cosas que habrán de venir. El me glorificará; porque tomará de lo mío, y os lo hará saber. Todo lo que tiene el Padre es mío; por eso dije que tomará de lo mío, y os lo hará saber" (Jn. 16:12-15).

Al creyente no solo se le ha dado la propia Palabra de Dios para estudiarla y creer, sino que también se le ha dado el Espíritu implantado en su interior para que lo ilumine y para que interprete esa Palabra. Parte importante del ministerio actual del Espíritu Santo es dilucidar la Palabra de Dios y aplicarla a los corazones y las vidas de quienes pertenecen a Cristo. Juan aseguró a sus lectores cristianos: "Vosotros tenéis la unción del Santo, y conocéis todas las cosas… Pero la unción que vosotros recibisteis de él permanece en vosotros, y no tenéis necesidad de que nadie os enseñe; así como la unción misma os enseña todas las cosas, y es verdadera, y no es mentira, según ella os ha enseñado, permaneced en él" (1 Jn. 2:20, 27).

Pablo declaró a los creyentes corintios: "Ni mi palabra ni mi predicación fue con palabras persuasivas de humana sabiduría, sino con demostración del Espíritu y de poder, para que vuestra fe no esté fundada en la sabiduría de los hombres, sino en el poder de Dios" (1 Co. 2:4-5). Al escribir como apóstol de Dios, la palabra de Pablo era la Palabra de Dios, no sabiduría humana sino divina. A los tesalonicenses les explicó: "Nuestro evangelio no llegó a vosotros en palabras solamente, sino también en poder, en el Espíritu Santo y en plena certidumbre" (1 Ts. 1:5).

Cuando en una ocasión anterior los discípulos le preguntaron a Jesús: "¿Por qué les hablas [a las multitudes] por parábolas? El respondiendo, les dijo: Porque a vosotros os es dado saber los misterios del reino de los cielos; mas a ellos no les es dado" (Mt. 13:10-11). La mayoría de individuos que oyeron enseñar y predicar a Jesús no tenían deseos por las cosas de Dios, y por tanto lo que Él dijo no tuvo sentido para ellos. El Señor explicó: "Porque viendo no ven, y oyendo no oyen, ni entienden…. Porque el corazón de este pueblo se ha engrosado, y con los oídos oyen pesadamente, y han cerrado sus ojos; para que no vean con los ojos, y oigan con los oídos, y con el corazón entiendan, y se conviertan, y yo los sane" (vv. 13, 15). Sin embargo, Jesús les dijo a continuación a los doce: "Pero bienaventurados vuestros ojos, porque ven; y vuestros oídos, porque oyen" (v. 16). La diferencia no estaba en la habilidad innata de los discípulos sino en su disposición de recibir enseñanza de parte de Dios. Ellos también fueron espiritualmente ciegos, pero por medio de su fe el Señor les permitió ver.

Pablo escribió citando a Isaías: "Cosas que ojo no vio, ni oído oyó, ni han subido en corazón de hombre, son las que Dios ha preparado para los que le aman… Y nosotros no hemos recibido el espíritu del mundo, sino el Espíritu que proviene de Dios, para que sepamos lo que Dios nos ha concedido" (1 Co. 2:9-10, 12; cp. Is. 64:4; 65:17).

Cuando el creyente estudia la Palabra de Dios y permite que el Espíritu de Dios la interprete y aplique, está divinamente capacitado para entender las cosas profundas de Dios. Aunque totalmente ciego en su mente y en su espíritu natural, por la misericordiosa estipulación de Dios se le brinda conocimiento y comprensión de las verdades más importantes en el universo. Al igual que con los dos discípulos a los que Jesús se les apareció en el camino a Emaús, el corazón del cristiano debería arder de asombro y gloria a medida que el Señor hace que su verdad cobre vida (véase Lc. 24:32).

Se cuenta la historia de una muchacha francesa ciega a quien le dieron una copia del Evangelio de Marcos en braille. Mientras leía y volvía a leer el libro, ella llegó a tener fe en Cristo, y el libro se volvía más valioso con cada lectura. La joven lo leyó tanto que desarrolló callos en los dedos que con el tiempo le impidieron sentir los puntos resaltados. Ella estaba tan decidida a leer la Palabra de Dios que se peló la piel de la yema de los dedos a fin de hacerlos más sensibles, pero al hacer eso se dañó los nervios de manera permanente. Devastada, levantó el libro para darle un beso de despedida, solo para descubrir que sus labios eran aún más sensibles que sus dedos.

Dios siempre encuentra una manera de alimentar el corazón que tiene sed de la verdad divina.

El famoso héroe revolucionario estadounidense Ethan Allen era un ateo declarado que escribió un libro en que negaba la deidad de Cristo. Cuando su esposa devota cristiana murió, la hija debatía entre las dos direcciones de sus padres. Algunos años después de la muerte de su madre, la hija también fue golpeada por una enfermedad terminal.

—Entiérrame al lado de mamá, porque ese fue su deseo antes dc morir —le dijo a su padre mientras yacía moribunda—. Sin embargo, padre, tú y mamá nunca estuvieron de acuerdo en cuanto a la religión. Mamá me hablaba a menudo del bendito Salvador que murió por todos nosotros, y solía orar por ti y por mí para que el Salvador pudiera ser nuestro Amigo y para que pudiéramos verlo cuando esté sentado en su trono de gloria.

Entonces la joven miró con desesperación a los ojos de su padre.

—No siento que pueda entrar sola a la muerte —declaró ella—. Dime, ¿a quién debo seguir, a ti o a mamá? ¿Debo rechazar a Cristo como me has enseñado, o aceptarlo como mamá quería que yo hiciera?

—Hija mía, aférrate del Salvador de tu madre —contestó el padre profundamente conmovido y desconsolado—. Ella tenía razón. Y yo también intentaré seguirte a ese lugar bendito.

Solo a través de Cristo los que están ciegos pueden llegar a ver.

La confesión suprema 90

Viniendo Jesús a la región de Cesarea de Filipo, preguntó a sus discípulos, diciendo: ¿Quién dicen los hombres que es el Hijo del Hombre? Ellos dijeron: Unos, Juan el Bautista; otros, Elías; y otros, Jeremías, o alguno de los profetas. Él les dijo: Y vosotros, ¿quién decís que soy yo? Respondiendo Simón Pedro, dijo: Tú eres el Cristo, el Hijo del Dios viviente. Entonces le respondió Jesús: Bienaventurado eres, Simón, hijo de Jonás, porque no te lo reveló carne ni sangre, sino mi Padre que está en los cielos. (16:13-17)

Este pasaje representa el momento decisivo del ministerio de enseñanza de Jesús. Resultó ser en realidad el examen final de una sola pregunta para los apóstoles, la pregunta fundamental que todo ser humano debe enfrentar: ¿Quién es Jesucristo? La respuesta que cada individuo ofrezca tiene importancia más que monumental, porque de ella depende su destino eterno. Es una pregunta a la que nadie puede escapar ni es posible evitar. Toda alma, por así decirlo, estará contra la pared de la eternidad y se verá obligada a contestar esa pregunta.

Desde hacía dos años y medio Jesús había estado moviéndose hacia este momento: enseñando y volviendo a enseñar, afirmando y volviendo a afirmar, demostrando y volviendo a demostrar, construyendo y volviendo a construir la verdad de quién era Él. De esta manera establecerla por completo y con seguridad dicha realidad en las mentes y los corazones de los doce.

Durante los últimos meses el Señor había evitado en gran manera a las multitudes y a los dirigentes judíos. Sus pocos encuentros con ellos eran cortos y ásperos. Los gentíos equivocados querían convertirlo en su libertador político de la esclavitud militar de Roma y de las ambiciones caprichosas de Herodes. En su mayor parte, los escribas, fariseos y saduceos estaban totalmente convencidos de que Jesús era una amenaza para su sistema religioso, y estaban determinados a deshacerse de Él, quitándole la vida de ser necesario.

A medida que pasaba más y más tiempo con los doce, Jesús iba más a menudo a territorio gentil y permanecía allí más tiempo. Se retiró a los límites de Palestina con el fin de estar libre de la adulación equivocada e inconstante de las multitudes, y de la creciente hostilidad de los dirigentes religiosos judíos.

EL ESCENARIO

Viniendo Jesús a la región de Cesarea de Filipo, (16:13*a*)

La ciudad de **Cesarea de Filipo** se llamó originalmente Paneas (o Panias) en honor al dios griego Pan, quien según la mitología pagana nació en una cueva cercana. César Augusto había otorgado la **región** a Herodes el Grande, quien construyó en Paneas un templo en honor al emperador. El hijo de Herodes, Felipe el tetrarca, heredó la tierra, engrandeció la ciudad en gran manera, y le cambió el nombre en honor al César. Le añadió el nombre **Filipo** tanto con el fin de obtener honra para sí como para distinguir a esta **Cesarea** de la de la costa mediterránea al oeste de Jerusalén.

Cesarea de Filipo estaba ubicada como a cuarenta kilómetros al noreste del mar de Galilea y a sesenta y cinco kilómetros al suroeste de Damasco, en una hermosa meseta cerca del nacimiento del río Jordán. A pocos kilómetros al norte se levantaba el monte Hermón cubierto de nieve a una altura de más de tres mil metros sobre el nivel del mar. En días claros la majestuosa montaña podía verse fácilmente desde las ciudades del norte de Galilea tales como Capernaúm, Caná y Nazaret.

Cesarea de Filipo solo estaba a pocos kilómetros de la antigua ciudad judía de Dan, que durante siglos se le había considerado como el límite más septentrional de la tierra prometida, siendo Beerseba la más meridional (véase Jue. 20:1; 1 Cr. 21:2). En el norte era el último reducto de Israel, y siempre había sido especialmente susceptible a la influencia pagana.

La ubicación les ofreció a Jesús y los discípulos un gran alivio de las calurosas tierras bajas de Galilea, de la presión de los dirigentes judíos, y de la amenaza de Herodes Antipas.

Por Lucas 9:18 sabemos que Jesús planteó su importante pregunta a los discípulos poco después de pasar tiempo a solas en oración, y Marcos 8:27 informa que el grupo aún no había llegado a la propia ciudad de **Cesarea de Filipo** sino que estaba atravesando algunas de las aldeas de los alrededores. En esta encrucijada de paganismo y judaísmo Jesús abandonó un tiempo de comunión íntima con su Padre celestial y enfrentó a sus discípulos con la pregunta que toda persona y toda religión deberá contestar un día.

EL EXAMEN

preguntó a sus discípulos, diciendo: ¿Quién dicen los hombres que es el Hijo del Hombre? Ellos dijeron: Unos, Juan el Bautista; otros, Elías; y otros, Jeremías, o alguno de los profetas. Él les dijo: Y vosotros, ¿quién decís que soy yo? (16:13*b*-15)

Hijo del Hombre era la designación más común que Jesús hacía de sí mismo, y se utiliza para referirse a Él cerca de ochenta veces en el Nuevo Testamento. Los judíos la reconocían claramente como un título del Mesías (véase Dn. 7:13), pero ya que resaltaba la humanidad del Mesías, muchos judíos preferían no usarlo. Sin duda fue por eso que Jesús *prefirió* utilizarlo, para enfocarse en la humillación y la sumisión de su primera venida, y en su obra de expiación sacrificial y sustitutiva.

El ministerio prioritario de **Jesús** fue revelarse a sí mismo, enseñar y demostrar quién era. Por tanto, **preguntó a sus discípulos, diciendo: ¿Quién dicen los hombres que es el Hijo del Hombre? Los hombres** a quienes el Señor se refirió eran los judíos, el pueblo escogido de Dios, al cual el Mesías fue enviado primero (Ro. 1:16; cp. Jn. 4:22).

No es que Jesús no estuviera al tanto de lo que **los hombres** decían acerca de

Él, sino que deseaba que los doce reflexionaran cuidadosamente en esas percepciones populares. Al Señor no le preocupaban las opiniones de los incrédulos e hipócritas escribas y fariseos, algunos de los cuales incluso lo habían acusado de estar aliado con Satanás (Mt. 10:25; 12:24). Más bien les **preguntó** respecto a aquellos que pensaban positivamente de Él, aunque con incertidumbre, y que reconocían que Él era más que un líder religioso común. Después de oír la enseñanza y de presenciar los milagros de Jesús, ¿cuál era el veredicto final que tenían acerca del **Hijo del Hombre?**

Los doce **dijeron: Unos, Juan el Bautista.** Tal vez después de la evaluación atemorizada de Herodes el tetrarca (Mt. 14:1-2), algunos de los judíos creían que Jesús era una reencarnación de **Juan el Bautista,** que había regresado de la tumba para continuar su ministerio de anunciar al Mesías. Al igual que Herodes, tales personas reconocían que el poder milagroso de Jesús era inexplicable desde un punto de vista humano.

Otros creían que Jesús era un reencarnado **Elías,** a quien la mayoría de judíos consideraba el profeta supremo del Antiguo Testamento, y que el Señor iba a enviar otra vez "antes que venga el día de Jehová, grande y terrible" (Mal. 4:5). En modernas celebraciones judías de Pascua suele reservarse en la mesa una silla vacía para **Elías,** con la esperanza de su regreso un día para anunciar la llegada del Mesías.

Y otros decían que Jesús era **Jeremías,** otro de los profetas más reverenciados. En el libro apócrifo de 2 Macabeos (2:4-8) se dice que Jeremías sacó del templo el arca del pacto y el altar del incienso y los escondió en el monte Nebo a fin de preservarlos de la profanación y la destrucción por parte de los babilonios. Algunos judíos creían que antes de que el Mesías regresara para establecer su reino, Jeremías volvería a la tierra y restauraría el arca y el altar a sus lugares apropiados en el templo. El mismo libro apócrifo representa a un Jeremías de cabellos blancos entregando una espada de oro al gran héroe judío Judas Macabeo, con el fin de que la usara para derrotar a los griegos (15:12-16).

Algunos de los judíos quizás veían en Jesús algo del carácter y del mensaje de Juan el Bautista; otros veían el fuego y la intensidad de Elías, y otros más veían en Jesús el lamento y el dolor de Jeremías. Sin embargo, en todas esas tres identidades se creía que Jesús era tan solo el anunciador del Mesías, quien había vuelto a vivir con poderes milagrosos dados por Dios.

El resto de personas que reconocían la singularidad de Jesús no especulaban acerca de la identidad particular del Señor, sino que simplemente consideraban que era **alguno de los profetas** que había resucitado (véase Lc. 9:19).

En cada caso las personas consideraron que Jesús era un precursor del Mesías, pero no el Mesías mismo. No podían negar el poder sobrenatural que tenía, pero no lo aceptarían como Mesías y Salvador. Se acercaron tanto a la verdad definitiva de Dios como pudieron, sin reconocerla y aceptarla por completo.

Desde la época de Jesús gran parte del mundo ha querido de igual manera hablar bien de Él sin reconocer su deidad y su señorío. Pilato declaró: "Ningún delito hallo en este hombre" (Lc. 23:4). Napoleón manifestó: "Conozco a los hombres, y Jesús no fue un simple hombre". Diderot se refirió a Jesús como "el insuperable", Strauss, el racionalista alemán, como "el más elevado modelo de religión", John Stuart Mill como "la guía de la humanidad", el ateo francés Renan como "el más grande entre los hijos de los hombres", Theodore Parker como "un joven con Dios en su corazón", y Robert Owens como "el irreprochable". Algunos en nuestros propios días lo han llamado la última superestrella. Pero todos esos títulos y esas descripciones no logran identificar a Jesús como lo que plenamente es: el Mesías, Dios en carne humana.

Después que los discípulos informaron lo que las multitudes estaban diciendo acerca de Él, Jesús les preguntó: **Y vosotros, ¿quién decís que soy yo?** Los doce sabían que las opiniones que casi todas las personas tenían de Jesús eran inadecuadas. Ahora tenían que contestar por sí mismos.

LA CONFESIÓN

Respondiendo Simón Pedro, dijo: Tú eres el Cristo, el Hijo del Dios viviente. (16:16)

Como de costumbre (véase, p. ej. Mt. 15:15; 19:27; Jn. 6:68), **Simón Pedro** fue el portavoz, "el director del coro apostólico", como lo llamara Crisóstomo. También como era habitual, los comentarios del apóstol fueron breves, enfáticos y decisivos: **Tú eres el Cristo, el Hijo del Dios viviente. Cristo** es el equivalente griego del hebreo *Mesías,* el profetizado y muy esperado liberador de Israel, el supremo "Ungido", el venidero Sumo Sacerdote, Rey, Profeta y Salvador. Sin titubear, **Pedro** declaró que Jesús es el Mesías, mientras que las multitudes de judíos creían que Él solo era el precursor del Mesías.

Al encontrar a Jesús, Andrés había declarado con emoción que se trataba del Mesías, y Natanael lo había llamado "el Hijo de Dios… el Rey de Israel" (Jn. 1:49). Los discípulos sabían que Juan el Bautista había dado testimonio de que Jesús "es el Hijo de Dios" (Jn. 1:34), y mientras más permanecían con Él, más evidencia tenían de su naturaleza, poder y autoridad divinos.

No obstante, al igual que sus compatriotas judíos, a los discípulos les habían enseñado a esperar un Mesías victorioso y reinante que liberaría de sus enemigos al pueblo de Dios, y que establecería para siempre su reino justo en la tierra. Y cuando Jesús se negó a usar su poder milagroso para su propio beneficio o para oponerse a los opresores romanos, los discípulos se preguntaron si estaban en lo correcto con relación a la identidad de Jesús. La humildad, la mansedumbre y la sumisión del Señor estaban en total contraste con los puntos preconcebidos de vista que tenían del Mesías. Que el Mesías sería ridiculizado impunemente, por no mencionar que sería perseguido y ejecutado, era algo inconcebible. Cuando Jesús habló de su partida y regreso, sin duda alguna Tomás hizo suya la consternación de todos los discípulos mientras expresaba: "Señor, no sabemos a dónde vas; ¿cómo, pues, podemos saber el camino?" (Jn. 14:5).

Un desconcierto similar fue el que ocasionó Juan el Bautista al cuestionar su anterior afirmación de la condición mesiánica de Jesús. "Al oír Juan, en la cárcel, los hechos de Cristo, le envió dos de sus discípulos, para preguntarle: ¿Eres tú aquel que había de venir, o esperaremos a otro?" (Mt. 11:2-3). Los milagros de Jesús constituían evidencia clara de su condición mesiánica, pero el hecho de que no usara esos poderes para derrotar a Roma y establecer su reino terrenal hizo que la identidad del Señor fuera cuestionada incluso por el piadoso y lleno del Espíritu Juan.

Al igual que Juan el Bautista, los doce fluctuaron entre momentos de gran fe y serias dudas. Pudieron proclamar con profunda convicción: "¿A quién iremos? Tú tienes palabras de vida eterna. Y nosotros hemos creído y conocemos que tú eres el Cristo, el Hijo del Dios viviente" (Jn. 6:68-69). Ellos también pudieron exhibir extraordinaria falta de fe y discernimiento, incluso después de presenciar cientos de sanidades y demostraciones dramáticas de poder sobrenatural (véase Mt. 8:26; 14:31; 16:8). En ocasiones eran fuertes en la fe y a veces débiles. Con frecuencia Jesús habló de la "poca fe" de los discípulos.

Ahora, por fin, la verdad respecto a la identidad y la condición mesiánica de Jesús se estableció en las mentes de sus discípulos más allá de toda duda. Aún experimentarían momentos de debilidad y confusión acerca de lo que Jesús decía y hacía, pero ya no iban a dudar más en cuanto a quién era Aquel que decía y hacía esas cosas. Él realmente era **el Cristo, el Hijo del Dios viviente.** El propio Espíritu de Dios había incrustado de forma indeleble la verdad en sus corazones.

Les llevó dos años y medio llegar a este punto de confesión, a través de las luchas y el odio de los dirigentes religiosos judíos, de la creciente inconstancia y el rechazo de las personas, y de su propia confusión en cuanto a lo que el Mesías había venido a hacer. Pero sin duda ahora sabían que Él era quien les cumpliría sus esperanzas, la fuente de su salvación, el anhelo de las naciones.

En nombre de todos los apóstoles, Pedro no solo confesó a Jesús como el Mesías, **el Cristo,** sino también como **el Hijo del Dios viviente.** El Hijo del Hombre (v. 13) también era **el Hijo de Dios,** el Creador del universo y de todo lo que hay en este. Se trataba del **Dios** verdadero y real, no de una ficción mitológica como el dios Pan o una "deidad" mortal como el césar, de los que había altares en Cesarea de Filipo. El Señor de los discípulos era **el Hijo del Dios viviente.**

Según lo demuestran muchas cosas que los doce dijeron e hicieron más tarde, en este momento no tenían una comprensión plena de la Trinidad, o ni siquiera de la plena naturaleza y la obra de **Cristo.** Pero sabían que Jesús era realmente **el Cristo** y que era verdaderamente divino, **el Hijo del Dios viviente. Hijo** refleja la idea de unidad en esencia, porque un hijo es uno en naturaleza con su padre. Así que Jesucristo era uno en naturaleza con Dios el Padre (cp. Jn. 5:17-18; 10:30-33).

EL RESULTADO

Entonces le respondió Jesús: Bienaventurado eres, Simón, hijo de Jonás, (16:17*a*)

Aquel que confiesa realmente que Jesús es Dios, que equivale a confesarlo como Señor y Salvador (1 Jn. 4:14-15), es divina y eternamente **bienaventurado.** Los cristianos son benditos "con toda bendición espiritual en los lugares celestiales en Cristo", escogidos "en él antes de la fundación del mundo, para [ser] santos y sin mancha delante de él", y "en amor [son predestinados] para ser adoptados hijos suyos por medio de Jesucristo" (Ef. 1:3-5). Dios vierte todos sus recursos sobrenaturales en aquellos que vienen a Él a través de la fe en su Hijo, porque por medio de Él se convierten en los propios hijos de Dios.

Como para resaltar la insuficiencia humana de Pedro, Jesús lo llamó por su nombre familiar original: **Simón hijo de Jonás. Jonás** también puede traducirse Juan (NTV).

LA FUENTE

porque no te lo reveló carne ni sangre, sino mi Padre que está en los cielos. (16:17*b*)

Los discípulos no se convencieron finalmente de la condición mesiánica y la divinidad de Jesús debido a las enseñanzas que recibieron o a los milagros que presenciaron, por asombrosos que fueran. Estas cosas por sí solas no eran suficientes para convencer a los doce, así como no fueron suficientes para convencer a otros miles de individuos que oyeron la misma verdad y presenciaron los mismos milagros, pero que no aceptaron ni siguieron a quien la enseñó y los realizó. Las capacidades humanas, representadas aquí por **carne** y **sangre,** no pueden producir comprensión de las cosas de Dios (cp. 1 Co. 2:14). El **Padre** mismo debe revelarlas y traer entendimiento de su Hijo a las mentes humanas.

Por los relatos del evangelio parece claro que el **Padre** da a conocer al Hijo principalmente a través del mismo Hijo. No existe registro o insinuación alguna de revelación divina dada a los doce durante el ministerio terrenal de Jesús, aparte de la ofrecida a través del mismo Jesús. A medida que la luz de la enseñanza de Jesús y la importancia de su poder milagroso comenzaban a iluminarlos, el Espíritu les abría las mentes para que lo vieran como el Mesías, el Hijo del Dios viviente.

Jesús había pronunciado muchas afirmaciones sorprendentes acerca de sí mismo. Declaró que había venido para cumplir la ley y los profetas (Mt. 5:17), y que en los últimos días muchas personas se dirigirán a Él como Señor (7:22). Jesús expresó: "Yo soy el pan vivo que descendió del cielo; si alguno comiere de este pan, vivirá para siempre" (Jn. 6:51), y: "Yo soy la puerta; el que por mí entrare, será salvo" (10:9; cp. 14:6).

Jesús también había realizado milagros sorprendentes. Había convertido agua común y corriente en vino de la más alta calidad (Jn. 2:6-11), había curado de todo tipo de enfermedades a miles de personas (véase, p. ej. Mt. 4:24; 8:16; 9:35), e incluso había calmado una fuerte tormenta con una orden (Mt. 8:26).

Sin embargo, tal vez el mayor testimonio de la condición mesiánica de Jesús fue su afirmación de ser el Señor del día de reposo (Mt. 12:8), declaración que para un judío de su época solo podía interpretarse como presunción de deidad. El día de reposo, o Sabbath, que tiene el significado básico de descanso o cesación, era el centro de la vida judía. No solamente su semana sino todo su calendario de fiestas y días sagrados se habían desarrollado en el concepto del día de reposo. El séptimo día de la semana (Éx. 20:11) y todas las demás observancias del día de reposo eran un tiempo de descanso y adoración. El libro de Levítico menciona nueve festivales basados en el día de reposo, los cuales incluían el día semanal de reposo (Lv. 23:3), la Pascua (vv. 4-8), la fiesta de los primeros frutos (vv. 9-14), Pentecostés (vv. 15-22), la fiesta de las trompetas (vv. 23-25), el día de expiación o Yom Kippur (vv. 26-32), la fiesta de los tabernáculos (vv. 33-44), el año sabático (25:2-7), y el año de jubileo (vv. 8-55) en que cada cincuenta años debían liberar a todos los esclavos y en que la tierra debía restaurarse a sus propietarios originales.

Todas esas observancias del día de reposo eran símbolos del descanso definitivo y eterno de los hijos de Dios, el tiempo en que el Mesías vendría a la tierra para liberar a su pueblo y establecer su reino divino. Cada vez que un judío celebraba un día de reposo estaba recordando que algún día él y todos sus compatriotas judíos serían liberados de toda esclavitud, ya sea esclavitud de opresión política, esclavitud de sacrificios continuos, o esclavitud del trabajo para ganarse la vida. Todo el sistema del día de reposo señalaba hacia el descanso verdadero, perfecto y eterno que el Mesías traería a su pueblo.

Que Jesús afirmara haber cumplido la profecía de Isaías 61:1-2, como hizo en la sinagoga en Nazaret (Lc. 4:18-21), fue sin duda alguna proclamar su condición mesiánica. Presentarse Él mismo como el origen del descanso (Mt. 11:28) fue presentarse como la fuente de la santidad, y declarar señorío sobre el día de reposo (Mt. 12:8) fue afirmar señorío sobre todo.

Puesto que Jesús mismo es el perfecto descanso del día de reposo de Dios y la fuente de la verdadera santidad, los creyentes no tienen más motivo para observar el séptimo día de la semana o cualquier otro día especial. "Pero los que hemos creído entramos en el reposo, de la manera que dijo… Por tanto, queda un reposo para el pueblo de Dios. Porque el que ha entrado en su reposo, también ha reposado de sus obras, como Dios de las suyas" (He. 4:3, 9-10). Pablo escribió: "Por tanto, nadie os juzgue en comida o en bebida, o en cuanto a días de fiesta, luna nueva o días de reposo, todo lo cual es sombra de lo que ha de venir; pero el cuerpo es de Cristo" (Col. 2:16-17).

El mandato de guardar el día de reposo es el único de los Diez Mandamientos que el Nuevo Testamento no requiere que los cristianos cumplan. Por su gracia, Jesucristo da a todo creyente en Él una celebración de libertad perfecta, definitiva y eterna. Por tanto, un cristiano ya no viola el día de reposo cuando trabaja en el día del Señor sino cuando persiste en las obras de justicia propia con la esperanza de añadir a lo que el Salvador ya ha logrado.

En una ocasión anterior Jesús había explicado: "Todas las cosas me fueron entregadas por mi Padre; y nadie conoce al Hijo, sino el Padre, ni al Padre conoce alguno, sino el Hijo, y aquel a quien el Hijo lo quiera revelar" (Mt. 11:27).

Al igual que los discípulos, cuando hoy día las personas confiesan a Jesucristo como Señor y Salvador, y tienen comunión con Él por medio de su Palabra, el Espíritu les abre las mentes y los corazones a más y más de su verdad y poder. Pablo declaró: "La fe es por el oír, y el oír, por la palabra de Dios" (Ro. 10:17). A medida que seguimos mirando dentro de la gloria de Dios somos transformados a su imagen (véase Ro. 8:29; 1 Co. 15:49; Col. 3:10).

La Iglesia que Cristo edifica 91

.Y yo también te digo, que tú eres Pedro, y sobre esta roca edificaré mi iglesia; y las puertas del Hades no prevalecerán contra ella. Y a ti te daré las llaves del reino de los cielos; y todo lo que atares en la tierra será atado en los cielos; y todo lo que desatares en la tierra será desatado en los cielos. Entonces mandó a sus discípulos que a nadie dijesen que él era Jesús el Cristo. (16:18-20)

A lo largo de la historia los filósofos han especulado en la razón del propósito y del significado de la vida humana. Muchos antiguos griegos creían que la vida es cíclica, que se repite continuamente en ciclos interminables, sin ir a ninguna parte y sin ningún propósito. Para muchos pensadores modernos la vida es tan inútil como trivial. En su discurso inaugural como presidente de la Universidad Cambridge, el doctor G. N. Clark declaró: "No hay ningún secreto ni ningún plan en la historia por ser descubierto". El novelista y crítico francés André Maurois escribió: "El universo es indiferente. ¿Quién lo creó? ¿Por qué estamos aquí en este enclenque montón de barro que gira en el espacio infinito? No tengo la más mínima idea, y estoy muy convencido de que nadie la tiene". Jean-Paul Sartre, el famoso filósofo existencialista, sostenía que el hombre existe en un compartimiento hermético como un individuo totalmente aislado en medio de un universo sin ningún propósito.

El biólogo molecular francés Jacques Monod declaró que la existencia del ser humano se debe a la colisión casual entre partículas minúsculas de ácido nucleico y proteínas en una enorme "sopa prebiótica". Según tan cínicos puntos de vista, el hombre está solo en el vasto universo, del que emergió accidentalmente por casualidad. Francis Schaeffer observó que de acuerdo con esa manera de pensar, "el hombre es el producto de lo impersonal además del tiempo y la casualidad". A pesar de que muchos de sus defensores lo negarían, la filosofía humanista y evolucionaria debe concluir inevitablemente que no hay verdadera diferencia entre un ser humano y un árbol, y que por tanto matar a un ser humano no es diferente de talar un árbol.

Como un ejemplo de este asunto solo es necesario leer las ideas de Peter Singer, patriarca actual del movimiento de igualdad de derechos para los animales, quien cree que deberían encarcelar a los agricultores que crían animales para comer. Él escribe: "Debemos rechazar la doctrina que coloca las vidas de los miembros de nuestra especie [humanos] por sobre las vidas de los miembros de otras especies [animales]. Algunos miembros de otras especies son personas; algunos miembros de nuestra propia especia no lo son…. Matar por decir un chimpancé es peor que matar a un ser humano gravemente defectuoso que no es una persona". Singer identifica como no personas a los retardados y discapacitados (*Practical Ethics* [Cambridge: Cambridge U., 1979], pp. 97, 73).

En vista de tan superficiales, desesperanzados y cada vez más populares puntos de vista de la humanidad, no es de extrañar que muchos jóvenes exijan licencia total en sus estilos de vida, y que por voluntad propia queden atrapados en las redes seductoras de drogas, promiscuidad sexual, perversión, violencia sin sentido, y criminalidad. Si los hombres son únicamente animales y no hay ningún significado o propósito para vivir más allá de tan solo existir, entonces nada es malo y todo es permisible.

Cuando el ser humano no ve razón final y eterna para su existencia, y ninguna responsabilidad delante de Dios, no ve razón para algo más, incluso la ley, la moral, o la religión. Su único motivo para moderarse es el temor a ser criticado por sus compañeros o a ser atrapado y castigado por las autoridades civiles. Su norma definitiva es el hedonismo, el deseo de tener todo lo que se pueda en la vida mientras se pueda y en cualquier forma que se pueda.

Sin embargo, la Biblia deja en claro que *sí* hay valor divino y eterno y significado para la existencia humana, y que Dios reveló su propósito superior a los hombres. A pesar de la oscuridad espiritual de los seres humanos causada por la caída, "lo que de Dios se conoce les es manifiesto, pues Dios se lo manifestó. Porque las cosas invisibles de él, su eterno poder y deidad, se hacen claramente visibles desde la creación del mundo, siendo entendidas por medio de las cosas hechas" (Ro. 1:19-20). En la misma carta Pablo declara que "de él, y por él, y para él, son todas las cosas. A él sea la gloria por los siglos" (11:36).

El universo fue creado por Dios, y el hombre fue creado a imagen de Dios a fin de glorificar a Dios. Todas las cosas fueron hechas *por* Él y para Él, declaró Pablo (Col. 1:16). Esa es la razón de la existencia humana. Y si el propósito final de la humanidad es glorificar a Dios, no debería parecer extraño que Dios esté reuniendo para sí un grupo redimido de personas que serán para siempre la alabanza de la gloria de Dios (véase Ef. 1:6; 3:21). Ese es el tema de la historia redentora. Debido a que Él es un Dios digno que merece toda la gloria, creó hombres que puedan darle gloria y que reflejarán eternamente la majestad y el esplendor del glorioso Dios. De entre los rebeldes que ahora pueblan el mundo, Dios está llamando a una Iglesia redimida que será privilegiada por siempre para rendirle gloria (véase Ap. 4:6-11; 5:9-14). Ser parte de eso es cumplir la razón de la existencia del ser humano.

Como el Hacedor y Redentor de la humanidad, Jesucristo es el arquitecto supremo y soberano de la historia. Todos los demás notables de la historia, sean justos y piadosos o malvados y rebeldes, no son más que actores del gran drama que Cristo ha escrito y que ahora dirige. Como alguien ha dicho, la historia es "historia del Señor".

No obstante, el contexto de la enseñanza de Jesús en el pasaje actual no fue la cínica filosofía griega o romana sino la religión judía dada por Dios que había sido pervertida humanamente. Jesús estaba hablando a aquellos a quienes desde su tierna infancia se les había enseñado que anticiparan la venida del Ungido del Señor, el Mesías, el Cristo. Pero las expectativas que tenían, aunque bíblicas en parte, estuvieron distorsionadas durante los siglos anteriores por las interpretaciones tradicionales de los rabinos y escribas. Sabían que el Mesías traería justicia y verdad, pero también creían que iba a conquistar militarmente, a destruir a los opresores del pueblo, y a marcar el inicio de un reino de paz duradera y de prosperidad para el pueblo escogido de Dios.

Mientras los discípulos caminaban con Jesús por las afueras de Cesarea de Filipo (véase Mt. 16:13) sabían que estaban en un tipo de exilio autoimpuesto. Los dirigentes judíos se estaban volviendo cada vez más inflexibles en su oposición a Jesús, y las multitudes cada vez eran más escépticas y desilusionadas.

Los discípulos también sentían gran parte de esa desilusión, porque también se preguntaban por qué, si Jesús era realmente el Mesías, se negaba a derrocar a Roma y establecer su propio reino terrenal. A pesar de sus obvios poderes sobrenaturales y de sus afirmaciones de tener autoridad divina, Jesús era menos influyente y respetado ahora entre las personas que cuando comenzó su ministerio. Y en lugar de ser corregentes del Rey conquistador, los doce discípulos seguían siendo un grupo inclasificable de desconocidos que estaban comenzando a experimentar el rechazo que se le daba a Jesús.

Poco tiempo después Jesús les describiría una imagen aún más sombría cuando comenzó "a declarar a sus discípulos que le era necesario ir a Jerusalén y padecer mucho de los ancianos, de los principales sacerdotes y de los escribas; y ser muerto" (v. 21). Que el Mesías sería rechazado por su propio pueblo era algo bastante increíble; que debía ser ejecutado por ellos, o por alguien más, era algo totalmente incomprensible. La mala noticia se volvió aún peor cuando Jesús declaró que todos sus verdaderos discípulos debían negarse a sí mismos, tomar su cruz, y seguirlo (v. 24).

Pero antes de revelar esas verdades desgarradoras Jesús les aseguró a los doce que su programa estaba planificado, que Él realmente tenía el control, y que ellos tenían toda la razón para seguir confiando sin reservas en Él. Lo que veían en la superficie no reflejaba la realidad de lo que Dios estaba haciendo. Así como el Señor trató de reforzar la confianza de su pueblo en Egipto mientras se preparaba para liberarlo, y así como ha seguido reforzando la confianza de los creyentes en todas las épocas cuando padecen sufrimientos y dificultades, ahora buscaba convencer a los doce de que no había motivo para dudar o desesperarse. Aquí el Señor ofrece un mensaje de gran esperanza al difamado, asediado, rechazado, perseguido e innoble pueblo de Dios en toda época. Al final hay propósito glorioso y victoria memorable, porque los escogidos pertenecen a la Iglesia indomable y eterna que Jesucristo mismo está levantando.

Jesús señala en Mateo 16:18-20 al menos siete características de la Iglesia que está edificando. Habla del fundamento, la certeza, la intimidad, la identidad y continuidad, la invencibilidad, la autoridad, y la espiritualidad de la Iglesia.

Primera, Jesús describe el fundamento de la Iglesia: **Y yo también te digo, que tú eres Pedro, y sobre esta roca edificaré mi iglesia.**

Desde hace más de mil quinientos años la Iglesia Católica Romana ha sostenido que este pasaje enseña que la Iglesia fue edificada sobre la persona de **Pedro,** quien se convirtió en el primer papa de Roma y de quien el papado católico ha descendido desde entonces. Debido a esta supuesta sucesión apostólica divinamente ordenada, al papa se le considera el representante supremo y autorizado de Cristo en la tierra. Cuando un papa habla ex cátedra, es decir, en su capacidad oficial como jefe de la iglesia, se dice que habla con autoridad divina igual a la de Dios en la Biblia.

No obstante, esa interpretación es presuntuosa y antibíblica, porque el resto del

Nuevo Testamento deja muy en claro que solo Cristo es la base y la única cabeza de su Iglesia.

Pedro viene de *petros,* una forma masculina de la palabra griega para piedra pequeña, mientras que **roca** viene de *petra,* una forma diferente de la misma palabra básica, y se refiere a una montaña o un pico rocoso. Tal vez la interpretación más popular es, por tanto, que Jesús estaba comparando a **Pedro,** una piedrita, con la gran **roca** montañosa sobre la cual edificaría su Iglesia. El antecedente de **roca** se toma como la confesión divinamente inspirada de Pedro de que Jesús es "el Cristo, el Hijo del Dios viviente" (vv. 16-17).

Esa interpretación es fiel al texto griego, y tiene mucho que aportar, pero parece más probable que a la luz de otros pasajes del Nuevo Testamento, ese no fue el planteamiento de Jesús. En su carta a Éfeso, Pablo dice que la familia de Dios está edificada "sobre el fundamento de los apóstoles y profetas, siendo la principal piedra del ángulo Jesucristo mismo" (Ef. 2:20). En los cuatro relatos del evangelio Pedro es claramente el apóstol más destacado, y sigue siéndolo hasta Hechos 10. Él fue con frecuencia el portavoz de los doce durante el ministerio terrenal de Jesús (véase, p. ej. Mt. 15:15; 19:27; Jn. 6:68), y fue el principal predicador, dirigente y hacedor de milagros en los primeros años de la Iglesia (véase, p. ej. Hch. 1:15-22; 2:14-40; 3:4-6, 12-26; 5:3-10, 15, 29).

Por tanto, parece que en el pasaje actual Jesús se dirigió a Pedro como representante de los doce. En vista de esa interpretación, el uso de las dos formas diferentes del griego para **roca** se explicaría por el masculino *petros* usado para Pedro como un hombre individual, y *petra* usado para él como el representante del grupo más grande.

No fue sobre los apóstoles mismos, y mucho menos sobre Pedro como individuo, que Cristo edificó su Iglesia, sino sobre los apóstoles como maestros del evangelio, exclusivamente señalados, equipados e inspirados. La iglesia primitiva no rindió homenaje a los apóstoles como personas, o a sus cargos o títulos, sino a su doctrina, "y perseveraban en la doctrina de los apóstoles" (Hch. 2:42). Cuando los judíos fuera del templo se sorprendieron por la curación del paralítico, Pedro rápidamente les advirtió que no le dieran el mérito por el milagro, exclamando: "Varones israelitas, ¿por qué os maravilláis de esto? ¿o por qué ponéis los ojos en nosotros, como si por nuestro poder o piedad hubiésemos hecho andar a éste?" (Hch. 3:12). A pesar de que fue solo él quien mandó caminar al hombre (v. 6), Pedro contestó a la multitud tanto en nombre de él como de Juan.

Debido a que participaron con los apóstoles en predicar el evangelio autorizado de Jesucristo, los profetas de la iglesia primitiva también fueron parte del fundamento de la Iglesia (Ef. 2:20). Es más, Martín Lutero observó: "Todos los que están de acuerdo con la confesión de Pedro [en Mt. 16:16] son ellos mismos Pedros que están poniendo un fundamento seguro". El Señor aún está edificando su Iglesia con "piedras vivas" edificadas "como casa espiritual y sacerdocio santo, para ofrecer sacrificios espirituales aceptables a Dios por medio de Jesucristo" (1 P. 2:5).

Por consiguiente, sea que se interprete a Mateo 16:18 como refiriéndose a Pedro como una piedrita colocada en la roca montañosa de la confesión acerca de Cristo que el discípulo había hecho, o como refiriéndose a que él es uno con el resto de los doce en su confesión, la verdad básica es la misma: El fundamento de la Iglesia es la revelación de Dios dada a través de sus apóstoles, y el Señor de la Iglesia es la piedra del ángulo de ese fundamento. Puesto que es la Palabra del Señor la que los apóstoles enseñaron y la que la Iglesia fiel siempre ha enseñado, Jesucristo mismo es el verdadero fundamento, la Palabra viva de la que la Palabra escrita da testimonio (Jn. 5:39). Además, Pablo declara que "nadie", ni siquiera un apóstol, "puede poner otro fundamento que el que está puesto, el cual es Jesucristo" (1 Co. 3:11). El Señor edifica la Iglesia sobre la verdad de sí mismo, y ya que su pueblo es inseparable de Él también es inseparable de su verdad. Además, debido a que los apóstoles fueron equipados con la verdad divina en una manera única, al predicar esa verdad fueron el fundamento de la Iglesia del Señor en una forma exclusiva.

Que el Señor no estableció su Iglesia sobre la supremacía de Pedro y sus supuestos sucesores papales se hizo evidente poco tiempo después de la gran confesión de Pedro. Cuando los discípulos le preguntaron a Jesús quién era el más grande en el reino de los cielos, Él contestó poniendo a un niño delante de ellos y diciendo: "Cualquiera que se humille como este niño, ése es el mayor en el reino de los cielos" (Mt. 18:1-4). Si los doce hubieran entendido la enseñanza de Jesús acerca de la **roca** y las llaves del reino (Mt. 16:18-19) como que se refería exclusivamente a Pedro, difícilmente habrían preguntado quién era el más grande en el reino. O si ellos hubieran olvidado o malinterpretado la enseñanza anterior de Jesús, Él habría contestado nombrando a Pedro como el más grande, y es probable que también los hubiera reprendido por no recordar o creer lo que ya les había enseñado (cp. Mt. 14:31; 26:24; Jn. 14:9).

Poco tiempo después de eso la madre de Jacobo y Juan le pidió a Jesús que concediera a sus hijos los lugares principales de honor en el reino, uno a la izquierda y otro a la derecha de Jesús (Mt. 20:20-21). Nos enteramos por Marcos 10:35-37 que Jacobo y Juan participaron directamente en la petición, la cual nunca habrían hecho si hubieran comprendido que a Pedro se le había dado primacía como sucesor de Cristo. O si, como en el incidente anterior Jacobo y Juan hubieran malinterpretado la enseñanza de Jesús respecto a la **roca** angular de la Iglesia y las llaves del reino, Jesús habría aprovechado la ocasión para reafirmar y destacar la supremacía de Pedro.

Aunque Pedro se presentó a sí mismo como un apóstol (véase, p. ej. 1 P. 1:1; 2 P. 1:1), nunca reclamó un título, un rango, o un privilegio superior sobre los demás apóstoles. Incluso se refirió a sí mismo como un "anciano también con ellos" (1 P. 5:1) y como un "siervo… de Jesucristo" (2 P. 1:1). Lejos de reclamar honra y homenaje para sí mismo, con sobriedad advierte a sus compañeros ancianos que eviten enseñorearse sobre quienes están bajo su cuidado pastoral (1 P. 5:3). La única gloria que reclamó para sí fue la que comparten todos los creyentes y la cual "será revelada… cuando aparezca el Príncipe de los pastores" (vv. 1, 4).

Segunda, Jesús destacó la certeza de la Iglesia declarando: **Edificaré mi iglesia.** Así como Pedro acababa de confesar, Jesús es el Hijo de Dios; y Dios no puede mentir ni equivocarse. Por tanto, debido a que Jesús expresó: **Edificaré mi iglesia,** esta será edificada. Se trata de la promesa divina del Salvador divino.

Al utilizar el tiempo futuro, Jesús no estaba diciendo, como algunos sostienen, que Él no había edificado su iglesia en el pasado. La idea es que seguiría edificando su iglesia como siempre lo había hecho. Según analizaremos más adelante,

iglesia se utiliza aquí en un sentido general, no técnico, y no se refiere al cuerpo diferente de creyentes que se creó en Pentecostés.

Jesús no estaba resaltando el tiempo de la edificación sino la certeza de esta. Por liberales, fanáticos, ritualistas, apáticos o apóstatas que puedan ser sus adherentes externos, y por decadente que pueda volverse el resto del mundo, Cristo edificará su **iglesia.** Por tanto, no importa cuán opresivas y desesperanzadas puedan parecer las circunstancias externas desde una perspectiva humana, el pueblo de Dios pertenece a una causa que no puede fracasar.

Hace varios años un hombre viajó a través de los Estados Unidos entrevistando a pastores en una gran cantidad de iglesias evangélicas. Llegó a la conclusión de que dondequiera que existe un gran crecimiento hay un gran deseo correspondiente de parte del liderazgo de edificar la iglesia. Tal vez el hombre malinterpretó algunas de las respuestas que le dieron, o quizás los pastores no expresaron sus objetivos en los mejores términos. Sin embargo, cualquiera que fuera el caso, ningún líder en la iglesia debería tener el deseo de edificarla por sí mismo. Cristo declaró que solo Él edifica la Iglesia, y no importa lo bienintencionado que alguien pueda ser, si intenta edificar el Cuerpo de Cristo está compitiendo con el Señor, no sirviéndole.

En cierta ocasión visité una iglesia en la que el pastor señaló a cierto hombre.

—Él es uno de mis convertidos —expresó.

—Eso es maravilloso —contesté—. ¿Cuándo llegó ese hombre al Señor?

—No afirmé que él fuera convertido al Señor —explicó el pastor—. Afirmé que él era uno de los míos.

Por medio de la razón humana, del poder de la persuasión, y de la diligencia es posible ganar convertidos para una organización, una causa, una personalidad, y para muchas otras cosas. Pero es totalmente imposible ganar un convertido para la Iglesia espiritual de Jesucristo aparte de la propia Palabra y el propio Espíritu del Dios soberano. El esfuerzo humano puede producir únicamente resultados humanos. Solo Dios puede producir resultados divinos.

Cuando el creyente estudia la Palabra y es obediente a ella, y cuando camina en el Espíritu y produce el fruto del Espíritu, puede estar seguro de que está viviendo donde Cristo está edificando su **iglesia.** No son los creyentes fieles los que edifican la Iglesia de Cristo, sino Cristo quien edifica su Iglesia a través de creyentes fieles. Dondequiera que su pueblo esté comprometido con el reino de Dios y su justicia, el Señor edifica su Iglesia. Si los creyentes en un lugar se vuelven fríos o desobedientes, Cristo no deja de edificar, sino que simplemente empieza a actuar en algún otro lugar. Su Iglesia verdadera siempre está "en edificación".

Jesús declaró: "Todo lo que el Padre me da, vendrá a mí" (Jn. 6:37). En Pentecostés Pedro expresó que, tanto de entre judíos como de gentiles, Cristo escoge a "cuantos el Señor nuestro Dios llamare" para que integren su Iglesia (Hch. 2:39). No fueron los apóstoles sino el Señor mismo quien "añadía cada día a la iglesia los que habían de ser salvos" (v. 47; cp. 11:24). Cuando los gentiles de Antioquía de Pisidia oyeron la predicación de Pablo y Bernabé, "se regocijaban y glorificaban la palabra del Señor, y creyeron todos los que estaban ordenados para vida eterna. Y la palabra del Señor se difundía por toda aquella provincia" (Hch. 13:48-49). Esa predicación, por verdadera y fiel como era, no pudo por sí sola ganar convertidos para Cristo. Fueron salvos solo aquellos a quienes Él soberanamente escogió para salvación y que creyeron la verdad de la Palabra.

El Nuevo Testamento está repleto de mandamientos y pautas para las actitudes y la conducta de los creyentes. Ofrece dirección para que hombres y mujeres seleccionados sirvan en la iglesia. Brinda abundante instrucción para poder vivir en rectitud, orar y adorar de modo aceptable. Muchas de las bendiciones del Señor dependen de la obediencia y la confianza de su pueblo. Pero los esfuerzos más sinceros y diligentes por guardar esos mandamientos y esas normas son inútiles separados de la provisión divina y el control de Cristo. Jesús desea y usa el trabajo fiel de aquellos que le pertenecen; pero solo Él edifica su Iglesia, la Iglesia que ama y por la cual "se entregó a sí mismo… para santificarla, habiéndola purificado en el lavamiento del agua por la palabra, a fin de presentársela a sí mismo, una iglesia gloriosa, que no tuviese mancha ni arruga ni cosa semejante, sino que fuese santa y sin mancha" (Ef. 5:25-27). Los hombres pueden edificar organizaciones humanas, terrenales y físicas, pero no pueden edificar la Iglesia eterna y espiritual.

Tercera, Jesús aludió a la intimidad de la comunión de creyentes cuando declaró: "Es **mi iglesia**". Como Arquitecto, Edificador, Propietario y Señor de su **iglesia,** Jesucristo asegura a sus seguidores que son su posesión personal y que tienen eternamente el amor y cuidado del Señor. Ellos conforman el Cuerpo de Cristo, el "cual él ganó por su propia sangre" (Hch. 20:28), y son uno con Él en una intimidad maravillosa y santa. "El que se une al Señor, un espíritu es con él" (1 Co. 6:17). Cristo "no se avergüenza de llamarlos hermanos" (He. 2:11), y "Dios no se avergüenza de llamarse Dios de ellos" (He. 11:16). Por eso es que cuando los hombres atacan al pueblo de Dios están atacando al mismo Dios. Cuando Jesús confrontó a Pablo (conocido entonces como Saulo) en el camino a Damasco, preguntó: "Saulo, Saulo, ¿por qué me persigues?" (Hch. 9:4). Al perseguir a los cristianos (véase 8:3; 9:1-2) Saulo había estado persiguiendo a Cristo.

Dios siempre se ha identificado con su pueblo y celosamente lo ha protegido como suyo. Varias veces se refirió a su pueblo escogido Israel como la niña, o pupila, de sus ojos. A través del profeta Zacarías les declaró: "El que os toca, toca a la niña de su ojo" (Zac. 2:8; cp. Dt. 32:10; Sal. 17:8); Pr. 7:2). La porción frontal del ojo, la córnea, es la parte expuesta más sensible del cuerpo humano. Por tanto, Dios está diciendo que hacer daño a Israel era meterle un dedo en su propio ojo. Dañar al pueblo de Dios es dañar al mismo Dios, y hacer que ese pueblo sufra es causarle dolor al Señor.

Cuarta, Jesús destacó la identidad y continuidad de su pueblo. Ellos son su **iglesia.** La palabra *ekklēsia* (**iglesia**) significa literalmente "los llamados", y se usaba como un término general y no técnico para cualquier grupo oficialmente congregado de personas. Se usaba a menudo para reuniones cívicas como cabildos municipales, donde se hacían importantes anuncios y se debatían asuntos comunitarios. Ese es el sentido en que Esteban utilizó *ekklēsia* en Hechos 7:38 para referirse a "la congregación" de Israel llamada por Moisés en el desierto (cp. Éx. 19:17). Lucas la utilizó para una turba desenfrenada ("asamblea") incitada por los plateros efesios en contra de Pablo (Hch. 19:32, 41).

Mateo 16:18 contiene el primer uso de *ekklesia* en el Nuevo Testamento, y Jesús no ofrece aquí ninguna explicación calificada. Por consiguiente, los apóstoles no la habrían entendido en ninguna otra manera que su sentido común y general. Las epístolas utilizan el término en una manera más distinta y especializada, y dan instrucciones para su adecuado funcionamiento y para su liderazgo. Pero en Cesarea de Filipo el uso que Jesús da a *ekklēsia* solo pudo haber llevado la idea de "asamblea", "comunidad" o "congregación". Si el Señor hablaba arameo, como es probable, habría utilizado el término *qāhāl* (tomado directamente del hebreo), que significa un encuentro de invitados, y se usaba comúnmente para reuniones de sinagoga. En realidad, la palabra *sinagoga* en sí se refería originalmente a cualquier reunión o congregación de personas. Solo durante el exilio babilónico los judíos comenzaron a utilizarla para denotar su lugar formal y organizado de actividad religiosa y adoración. Y solo después del día de Pentecostés el término *ekklēsia* adquirió un significado nuevo y técnico en referencia a la comunidad redimida diferente edificada en la obra de Cristo mediante la venida del Espíritu Santo.

Al describir a los habitantes del cielo, el escritor de Hebreos habla de "la congregación de los primogénitos" (He. 12:23), refiriéndose a los santos redimidos de todas las épocas. Tal parece ser el sentido en que Cristo utiliza **iglesia** en Mateo 16:18, como sinónimo para ciudadanos de su reino eterno, al cual se refiere en el versículo siguiente. El Señor no edifica su reino aparte de su Iglesia ni su Iglesia aparte de su reino.

Quinta, Jesús habló de la invencibilidad de la Iglesia, de la cual afirma que **las puertas del Hades no prevalecerán contra ella.**

La frase **las puertas del Hades** se ha interpretado a menudo como descripción de las fuerzas malignas de Satanás que atacan a la Iglesia de Jesucristo. Pero las **puertas** no son instrumentos de guerra. Su propósito no es conquistar sino proteger de ser conquistados a quienes están detrás de ellas o, en el caso de una cárcel, impedirles escapar. Y **Hades,** que corresponde al hebreo *sheol*, se refiere aquí a la morada de los muertos, no al infierno eterno.

Cuando los términos **puertas** y **Hades** se comprenden adecuadamente, queda claro que Jesús estaba declarando que la muerte no tiene poder para mantener cautivo al pueblo redimido. Sus **puertas** no tienen tanta fortaleza para vencer (*katischuō*, tener dominio sobre) y mantener prisionera a la Iglesia de Dios, cuyo Señor, ha conquistado el pecado y la muerte a favor de ella (Ro. 8:2; cp. Hch. 2:24). Puesto que "la muerte no se enseñorea más de" Jesús (Ro. 6:9), ya no tiene dominio sobre aquellos que le pertenecen. Jesús declaró: "Porque yo vivo, vosotros también viviréis" (Jn. 14:19). Satanás tiene ahora el poder de la muerte, y continuamente lo utiliza en su intento inútil de destruir a la Iglesia de Cristo. Pero la victoria final de Cristo sobre el poder de la muerte que tiene Satanás es tan segura, que el escritor de Hebreos habla de ella en tiempo pasado: "Por cuanto los hijos participaron de carne y sangre, él también participó de lo mismo, para destruir por medio de la muerte al que tenía el imperio de la muerte, esto es, al diablo" (He. 2:14; cp. Ap. 1:18).

De esa gran verdad habló Pedro en Pentecostés, declarando que "Dios levantó [a Cristo] sueltos los dolores de la muerte, por cuanto era imposible que fuese retenido por ella" (Hch. 2:24). De esa verdad es que Pablo escribió a los creyentes en Corinto que estaban vacilando en su fe en la resurrección, manifestándoles: "Sorbida es la muerte en victoria", y luego preguntó: "¿Dónde está, oh muerte, tu aguijón? ¿Dónde, oh sepulcro, tu victoria? ya que el aguijón de la muerte es el pecado, y el poder del pecado, la ley. Mas gracias sean dadas a Dios, que nos da la victoria por medio de nuestro Señor Jesucristo" (1 Co. 15:54-57).

A la luz de lo que estaba a punto de enseñarles con relación a su propia muerte y resurrección, y a la propia disposición de ellos de negarse a sí mismos, tomar sus cruces, y seguirlo (Mt. 16:21-24), Jesús aseguró ahora a los doce, y a todos los creyentes que habrían de llegar a Él, que **las puertas del Hades,** las cadenas de la muerte misma, nunca podrían prevalecer permanentemente contra ellos ni mantenerlos cautivos.

Sexta, Jesús habló de la autoridad de la Iglesia cuando declaró: **Y a ti te daré las llaves del reino de los cielos; y todo lo que atares en la tierra será atado en los cielos; y todo lo que desatares en la tierra será desatado en los cielos.**

El Señor todavía se estaba dirigiendo a Pedro como representante de los doce, diciéndole: **todo lo que atares,** es decir todo lo que prohíbas **en la tierra será atado en los cielos; y todo lo que desatares,** es decir, todo lo que permitas, **en la tierra será desatado en los cielos.** Jesús le dijo a Pedro y a los doce, y por extensión a todos los demás creyentes, que tenían la asombrosa autoridad de declarar lo que está divinamente prohibido o permitido **en la tierra.**

Poco después de su resurrección Jesús declaró a los discípulos: "A quienes remitiereis los pecados, les son remitidos; y a quienes se los retuviereis, les son retenidos" (Jn. 20:23). Al ofrecer instrucción para la disciplina de la Iglesia a toda su gente, Jesús dijo que si un creyente pecador se niega a volverse de su pecado después de haber recibido consejo en privado e incluso después de ser reprendido por toda la congregación, la iglesia no solo tiene el permiso sino que está obligada a tratar al miembro no arrepentido como "gentil y publicano" (Mt. 18:15-17). Luego le dijo a la Iglesia como un todo lo que antes les había dicho a Pedro y a los otros apóstoles: "De cierto os digo que todo lo que atéis en la tierra, será atado en el cielo; y todo lo que desatéis en la tierra, será desatado en el cielo" (v. 18). En otras palabras, un organismo debidamente constituido de creyentes tiene el derecho de decirle a un hermano que no se ha arrepentido que no se encuentra en lineamiento con la Palabra de Dios y que no tiene el derecho de estar en comunión con el pueblo de Dios.

Los cristianos tienen tal autoridad porque disponen de la verdad de la Palabra autorizada de Dios por la cual juzgar. La fuente de autoridad de la Iglesia no está en sí misma, más de lo que la fuente de autoridad de los apóstoles estaba en sí mismos o incluso en sus cargos, por exaltados que fueran. Los cristianos pueden declarar con autoridad lo que es aceptable a Dios o lo que es prohibido por Él, debido a que disponen de la Palabra. Los cristianos no *determinan* lo que está bien o mal, lo que se perdona o no. Más bien, basados en la propia Palabra de Dios reconocen y proclaman lo que Dios ya ha determinado que es bueno o malo, lo que se perdona o no. Cuando juzgan en base a la Palabra de Dios pueden estar seguros de que su juicio corresponde a la sentencia del **cielo.**

Si una persona se declara atea, o cualquier otra cosa distinta a un creyente y amante del Señor Jesucristo, los cristianos pueden decir con absoluta certeza a ese individuo: "Usted está bajo el juicio de Dios y condenado al infierno", porque eso es lo que la Biblia enseña. Por otra parte, si una persona atestigua que ha confiado en Cristo como su Señor que lo ha salvado, los cristianos pueden decirle con igual certeza: "Si lo que usted afirma es cierto, entonces sus pecados están perdonados, usted es un hijo de Dios, y su destino eterno es el cielo". La autoridad de la Iglesia yace en el hecho de tener el mensaje celestial en relación a "todas las cosas que pertenecen a la vida y a la piedad [que] nos han sido dadas por su divino poder, mediante el conocimiento de aquel que nos llamó por su gloria y excelencia" (2 P. 1:3). Cuando los creyentes están de acuerdo con la Palabra de Dios, el Señor está de acuerdo con ellos. Con autoridad divinamente concedida los creyentes pueden declarar el estado espiritual de una persona al compararla con la Palabra de Dios.

Por último, Jesús recordó que su Iglesia es una *realidad* espiritual cuando les **mandó a sus discípulos que a nadie dijesen que él era Jesús el Cristo.** La mayoría de judíos, incluso los discípulos, esperaban que el Mesías llegara como un Rey conquistador, como un líder político y militar que los liberara de Roma, no como un Salvador que los liberara del pecado. Las expectativas de las personas eran tan deformadas y egoístamente equivocadas, que decirles que Jesús **era el Cristo** habría sido echar perlas a los cerdos (véase Mt. 7:6).

Jesús le declaró a Pilato: "Mi reino no es de este mundo; si mi reino fuera de este mundo, mis servidores pelearían para que yo no fuera entregado a los judíos; pero mi reino no es de aquí" (Jn. 18:36). Cuando los cristianos mezclan su fe con política y con causas humanitarias, corren el riesgo de perder su enfoque espiritual y su poder espiritual. Aunque el gobierno humano es ordenado divinamente por Dios (Ro. 13:1-7; Tit. 3:1; 1 P. 2:13), el estado no debe ser un instrumento del programa de la Iglesia más de lo que la Iglesia debe ser un instrumento del programa del estado.

Al igual que el reino de Dios, la Iglesia es "justicia, paz y gozo en el Espíritu Santo. Porque el que en esto sirve a Cristo, agrada a Dios" (Ro. 14:17-18).

Esta gran enseñanza de nuestro Señor solo introduce el tema de la Iglesia, la cual desde Hechos en adelante domina el resto del Nuevo Testamento.

Agravios contra Cristo 92

Desde entonces comenzó Jesús a declarar a sus discípulos que le era necesario ir a Jerusalén y padecer mucho de los ancianos, de los principales sacerdotes y de los escribas; y ser muerto, y resucitar al tercer día. Entonces Pedro, tomándolo aparte, comenzó a reconvenirle, diciendo: Señor, ten compasión de ti; en ninguna manera esto te acontezca. Pero él, volviéndose, dijo a Pedro: ¡Quítate de delante de mí, Satanás!; me eres tropiezo, porque no pones la mira en las cosas de Dios, sino en las de los hombres. (16:21-23)

A lo largo de sus páginas la Biblia contrasta el punto de vista de Dios con el punto de vista del hombre. Tal vez la declaración más fuerte y conocida de ese contraste se encuentra en Isaías: "Mis pensamientos no son vuestros pensamientos, ni vuestros caminos mis caminos, dijo Jehová. Como son más altos los cielos que la tierra, así son mis caminos más altos que vuestros caminos, y mis pensamientos más que vuestros pensamientos" (Is. 55:8-9). Salomón nos informa: "Hay camino que al hombre le parece derecho; pero su fin es camino de muerte" (Pr. 14:12). El salmista escribió: "¡Cuán grandes son tus obras, oh Jehová! Muy profundos son tus pensamientos. El hombre necio no sabe, y el insensato no entiende esto" (Sal. 92:5-6).

Cuando el Señor negó a David el privilegio de construir el templo por ser militar, un hombre de sangre, aun así le prometió una herencia eterna del trono de Israel, en el cual un día el Mesías mismo iba a sentarse y reinar. Lleno de asombro y profundo agradecimiento, David exclamó: "Tú te has engrandecido, Jehová Dios; por cuanto no hay como tú, ni hay Dios fuera de ti… tú eres Dios, y tus palabras son verdad" (2 S. 7:22, 28).

Cuando Pedro reprendió a Jesús por declarar que debía ser crucificado en Jerusalén por los dirigentes judíos allí, el discípulo olvidó o pasó por alto esa gran verdad. Pedro acababa de proclamar que Jesús era "el Cristo, el Hijo del Dios viviente" (Mt. 16:16); sin embargo, cuando Jesús hizo una declaración que no calzaba con las ideas de Pedro acerca del Mesías, el apóstol consideró su propia idea por sobre la del Señor y se halló contradiciendo al Hijo de Dios que acababa de confesar.

Para este momento Pedro había sido creyente por algún tiempo, de modo que las lecciones extraídas de este pasaje son por tanto primordiales para todos los creyentes. Ni siquiera los cristianos pueden saber y entender los caminos de Dios a no ser por medio del adecuado entendimiento y la adecuada sumisión a la Palabra y a la iluminación del Espíritu. Cuando los creyentes insisten en su propia idea por encima de la de Dios entonces, al igual que Pedro, se convierten en un agravio y una piedra de tropiezo.

Es probable que en su confesión y en su reproche a Cristo, Pedro también reflejara la perspectiva de los otro once. Al igual que Pedro, ellos creían que Jesús era el Mesías divino, y también es probable que participaran de la misma confianza de

Pedro en que era muy difícil que el Mesías fuera rechazado por su propio pueblo, mucho menos que le dieran muerte. Jesús acababa de asegurarles que Él mismo estaba edificando su Iglesia, a la cual ni la muerte podría vencer, y que a través de las Escrituras divinas ellos tenían autoridad celestial para declarar lo que es aceptable a Dios y lo que no lo es (vv. 18-19). Entonces Jesús "mandó a sus discípulos que a nadie dijesen que él era Jesús el Cristo" (v. 20), no solo porque el pueblo judío y sus dirigentes tenían ideas equivocadas en cuanto al Mesías, sino porque los doce aún participaban de muchas de esas falsas ideas. La idea de que el Mesías padeciera en una cruz era anatema para los judíos y un enorme obstáculo para la fe de los doce en Jesús (1 Co. 1:23).

Desde entonces parece ser una frase de transición que Mateo usa para indicar un cambio importante en el ministerio de Jesús. Utilizó la misma frase en 4:17 para marcar el inicio del ministerio público del Señor hacia Israel. Ahora la usa para marcar el comienzo del ministerio privado de Jesús hacia los doce. La primera fase fue principalmente pública, con alguna instrucción privada ocasional. La segunda fue principalmente privada, con alguna instrucción pública ocasional.

EL PLAN DE DIOS

Desde entonces comenzó Jesús a declarar a sus discípulos que le era necesario ir a Jerusalén y padecer mucho de los ancianos, de los principales sacerdotes y de los escribas; y ser muerto, y resucitar al tercer día. (16:21)

Desde este momento **comenzó Jesús a declarar a sus discípulos** algunas verdades más profundas y difíciles acerca de su plan y su obra divina. No es que no hubiera dicho nada anteriormente en cuanto al rechazo que le harían y a la crucifixión. En maneras veladas había hablado de su muerte inminente, diciendo que "estará el Hijo del Hombre en el corazón de la tierra tres días y tres noches" (Mt. 12:40), y a los dirigentes de Jerusalén les había declarado "Destruid este templo, y en tres días lo levantaré" (Jn. 2:19). Jesús continuaría hablando de su sepultura (Jn. 12:7) y explicando que el Hijo del Hombre resucitaría de los muertos después que hubiera padecido a manos de sus enemigos (véase, p. ej. 17:9, 12, 22-23).

Lo **necesario** de lo que Jesús hablaba no era a la devoción humana o a un gran ideal, sino a un imperativo y a una necesidad absoluta. Dios no tenía plan alterno o de respaldo. Lo que era **necesario** ya venía resonando desde la eternidad. Se trataba del plan esencial e inalterable de Dios puesto en acción antes de la fundación del mundo.

Cuatro aspectos hacían necesario ese plan. Primero fue el pecado humano, por el cual el Mesías debía entregar su vida como castigo en lugar del ser humano, como "rescate por muchos" (Mt. 20:28). Segundo fue el requisito divino de que "sin derramamiento de sangre no se hace remisión" (He. 9:22). Tercero fue el decreto divino del soberano conocimiento previo (Ro. 8:29; Ef. 1:4-5), y cuarto fue la promesa profética de que el Mesías debía morir (véase Sal. 16; 22; Is. 53). El plan de Dios no está sujeto a cambio. Solamente puede creerse o rechazarse, no alterarse.

En el versículo 21 Jesús menciona cuatro etapas o fases de ese plan divino que había venido a cumplir, cuatro cosas que debía hacer antes que el plan concluyera.

Lo primero que era **necesario** es que Jesús debía **ir a Jerusalén.** De haber escogido cualquier otro camino que no fuera el de Jerusalén no hubiera podido convertirse en Salvador de la humanidad, sin que importara cuántas personas más hubiera curado o cuánta verdad más hubiera enseñado. Tenía que ir a la ciudad de los sacrificios y convertirse en el Cordero de Pascua, ofreciéndose a sí mismo "una vez para siempre" (He. 7:27).

Cuando Jesús habló de **ir a Jerusalén** estaba en Cesarea de Filipo, tan lejos de Jerusalén como podía estar si hubiera permanecido en Palestina. Después de una breve estadía en esa remota ciudad del norte, Él y los discípulos se encaminaron otra vez a través de Galilea y Samaria hacia **Jerusalén,** donde los doce comenzaron a temer que la muerte por lapidación a manos de los hostiles dirigentes judíos esperaba a Jesús y probablemente también a ellos (Jn. 11:16). En ese momento los discípulos vieron tal posibilidad no como el cumplimiento del plan de Dios sino como el impedimento, o hasta como la frustración de dicho plan.

Incluso cuando Jesús estaba en Galilea, fueron los líderes judíos de Jerusalén los que le hicieron la mayor oposición (véase Mt. 15:1-2). El judaísmo hipócrita de justicia propia que florecía en Jerusalén no podía soportar a Jesús, porque Él les ponía al descubierto su maldad e impiedad, y les rechazaba sus muy apreciadas tradiciones hechas por el hombre (véase vv. 3-9). Sin embargo, los dirigentes judíos en Jerusalén no tendrían que buscarlo o darle caza como a un fugitivo. Jesús tendría que ir allí totalmente por voluntad propia y en su propio tiempo, tal como había declarado: "Yo pongo mi vida, para volverla a tomar. Nadie me la quita, sino que yo de mí mismo la pongo. Tengo poder para ponerla, y tengo poder para volverla a tomar" (Jn. 10:17-18). A Pilato le advirtió: "Ninguna autoridad tendrías contra mí, si no te fuese dada de arriba" (Jn. 19:11).

El nombre **Jerusalén** significa "fundamento de paz", aunque pocas veces en su larga historia esa descripción ha sido apropiada. La ciudad está localizada a cincuenta y tres kilómetros al este del mar Mediterráneo y a veintidós al oeste del Mar Muerto, y se eleva sobre una meseta a unos ochocientos metros sobre el nivel del mar. La primera vez que se menciona en la Biblia se le conoce como Salem, cuyo rey era Melquisedec, un "sacerdote del Dios Altísimo" (Gn. 14:18) y una ilustración de Cristo, quien "fue declarado por Dios sumo sacerdote según el orden de Melquisedec" (He. 5:10). Fue en el monte Moriah, que estaba cerca de Salem, que Abraham ofreció a Isaac como un sacrificio al Señor (Gn. 22:2). En el tiempo cuando David fue hecho rey, Jerusalén estaba en manos de los jebuseos, y una de las primeras acciones del nuevo monarca fue conquistar la ciudad y darle su propio nombre (2 S. 5:5-9). Tres meses después llevó allí el arca del pacto, y Jerusalén se convirtió en la ciudad donde el mismo Señor moraba de forma simbólica. Fue en Jerusalén que el hijo de David, Salomón, construyó el templo y, por tanto, la ciudad se convirtió en el lugar central para la adoración judía.

Jerusalén fue alternativamente perdida y recapturada por los judíos, pero nunca perdió su identidad en sus mentes y corazones como la ciudad de Dios. Cuando fueron llevados cautivos a Babilonia, el salmista clamó: "Si me olvidare de ti, oh Jerusalén, pierda mi diestra su destreza. Mi lengua se pegue a mi paladar, si de ti no me acordare; si no enalteciere a Jerusalén como preferente asunto de mi alegría" (Sal. 137:5-6).

Pero cuando Jesús vino a la tierra, **Jerusalén** estaba lejos de hallarse a la altura de su título de la ciudad de Dios. Durante la primera Pascua de su ministerio, Jesús tomó un látigo y expulsó del templo a los cambiadores de dinero y comerciantes de animales para los sacrificios (Jn. 2:13-16). Durante la siguiente Pascua violó las veneradas tradiciones del día de reposo que los rabinos habían ideado, y los líderes judíos trataron de matarlo por tal razón (5:16-18). Durante la tercera Pascua a propósito permaneció lejos debido al odio que allí le tenían. Más tarde, cuando asistió a la fiesta de los tabernáculos, los dirigentes judíos trataron otra vez de arrestarlo y darle muerte (7:1-19, 44-45; cp. 8:59).

Por haber rechazado a Jesús, **Jerusalén** recibió un nombre nuevo y pagano: "La grande ciudad que en sentido espiritual se llama Sodoma y Egipto, donde también nuestro Señor fue crucificado" (Ap. 11:8). En el año 70 d.C. Dios utilizó al ejército romano para destruir la ciudad, que no volvería a estar bajo el control judío hasta mil novecientos años después, cuando se creó el moderno estado de Israel en 1948. Un día la ciudad merecerá el nombre de Jerusalén porque "acontecerá también en aquel día, que saldrán de Jerusalén aguas vivas… y ésta será enaltecida, y habitada en su lugar desde la puerta de Benjamín hasta el lugar de la puerta primera, hasta la puerta del Angulo, y desde la torre de Hananeel hasta los lagares del rey. Y morarán en ella, y no habrá nunca más maldición, sino que Jerusalén será habitada confiadamente" (Zac. 14:8, 10-11).

Era el plan divino que el Mesías muriera en **Jerusalén,** el lugar divinamente ordenado de sacrificio, por lo que Jesús declaró: "Es necesario que hoy y mañana y pasado mañana siga mi camino; porque no es posible que un profeta muera fuera de Jerusalén" (Lc. 13:33).

Lo segundo que era **necesario** en el gran plan de Dios es que su Hijo, el Mesías, padeciera **mucho de los ancianos, de los principales sacerdotes y de los escribas.** Esos tres grupos de dirigentes religiosos integraban el sanedrín, el supremo consejo judío, cuya sede estaba en Jerusalén. **Los ancianos** eran principalmente los líderes de las varias tribus esparcidas por todo Israel. **Los principales sacerdotes** eran en su mayoría saduceos, y **los escribas** eran en su mayoría fariseos. A causa de la incredulidad y el rechazo, así como al poder político que estos hombres tenían, Jesús debía **padecer mucho** a manos de ellos.

Lo tercero que era **necesario** en el plan de Dios es que Jesús fuera **muerto.** La palabra griega detrás de **muerto** no se usaba para ejecuciones legales, y en este contexto el significado es de asesinato. Jesús no fue juzgado legalmente ni se demostró que fuera culpable de alguna maldad, sino que fue sentenciado a muerte en base a acusaciones falsas y vengativas de los dirigentes judíos, quienes estaban decididos a deshacerse de Él a cualquier precio. Estaba en el plan de Dios que Jesús fuera asesinado por mano de hombre (Hch. 2:22-23).

Lo cuarto y último que era **necesario** es que Jesús debía **resucitar al tercer día.** Pero debido a la gran angustia de los discípulos al escuchar los tres primeros imperativos, es probable que no oyeran este en absoluto. Sin embargo, fue esta verdad la que hacía que las demás fueran soportables. Esta fue la verdad de victoria que vencería a esas aparentes derrotas. Este era el aspecto **necesario** del triunfo y la gloria.

La respuesta de Pedro (v. 22) deja en claro que él y sus condiscípulos no habían oído realmente las palabras de Jesús acerca de que iba a **resucitar al tercer día,** más de lo que en realidad le oyeron decir que "las puertas del Hades", es decir, la muerte, no prevalecería sobre su Iglesia (v. 18). Ellos lo habían visto resucitar a la hija de Jairo y al hijo de la viuda de Naín. Pero es probable que razonaran que sí Él mismo iba a morir, ¿quién lo resucitaría? ¿Cómo podría un Mesías muerto liberar y gobernar a su pueblo?

EL ATREVIMIENTO DE PEDRO

Entonces Pedro, tomándolo aparte, comenzó a reconvenirle, diciendo: Señor, ten compasión de ti; en ninguna manera esto te acontezca. (16:22)

Debido a que lo que Jesús acababa de decir era totalmente opuesto a lo que el mismo **Pedro** creía firmemente, de manera impetuosa tomó a Jesús **aparte** y **comenzó a reconvenirle.**

No obstante, fue más que impetuosidad lo que hizo que Pedro hiciera algo así. La acción del discípulo también dio testimonio de la humanidad de Jesús. Si Él hubiera sido un Señor místico y demandante del tipo que los judíos esperaban que el Mesías fuera, Pedro nunca se habría atrevido a dirigírsele como lo hizo aquí o en muchas otras ocasiones. A pesar de la arrogante presunción de Pedro, es consolador comprender que Jesús era tanto su amigo íntimo como su Señor. Pedro no mostró temor al hacerle este reproche a Jesús, demostrando así la realidad de la relación profunda que como hombres tenían.

Los cristianos que son prontos en reprender a Pedro por tan increíble atrevimiento también deberían ser sinceros en reconocer que en realidad ellos también a veces han contradicho al Señor. El creyente que se queja acerca de sus sufrimientos y pruebas, y que pregunta: "¿Por qué a mí, Señor?" participa en el atrevimiento de Pedro. Es fácil aceptar las bendiciones de Dios, pero no sus pruebas. Es fácil aceptar la prosperidad y la salud como parte del plan de Dios para nosotros, pero no la dificultad y la enfermedad. Cuando nos viene gozo, tal parece ser nuestro destino como hijos de Dios, pero cuando nos viene tristeza tendemos a dudar de la sabiduría y el amor de nuestro Padre celestial.

Reconvenirle se traduce de la misma palabra (*epitimaō*) que Mateo usa para la advertencia de Jesús a los discípulos de no decir a nadie que Él era el Cristo (v. 20). La expresión transmite la idea de juicio con autoridad, normalmente usada por un oficial o líder contra alguien bajo su jurisdicción. La forma presente infinitiva sugiere que Pedro hizo el reproche en varias ocasiones.

Tal vez el atrevimiento de Pedro vino de la oficiosidad que a veces viene con la edad, o de ser el líder reconocido de los apóstoles. Fue a Pedro a quien Jesús acababa de declarar que el Padre le había dado revelación especial (v. 17), y ahora pudo haberse considerado un vocero para Dios. O quizás la respuesta fue simplemente típica de la personalidad segura de sí misma que Pedro tenía. Sin duda su insondable amor por el Salvador y su profunda dependencia en Él le hicieron pensar que la muerte del Mesías era una perspectiva aterradora, por lo que en la respuesta de Pedro pudo haber habido tanto amor como temor. Cualquiera que fuera el caso, su orgullo pecaminoso lo llevó a poner su propio entendimiento por sobre el de Cristo.

Señor, ten compasión de ti se traduce de una expresión coloquial hebrea que literalmente significa "que Dios no lo permita" o "sé clemente contigo", y se entendía que significaba algo como "que Dios en su misericordia te evite pasar por esto". En el contexto del reproche de Pedro la frase está traducida aquí en su connotación más negativa, y debería decir: "Que Dios no permita que te ocurra eso". En consecuencia, que Pedro se dirigiera a Jesús como **Señor** parece algo vacío, porque Pedro estaba poniendo su propia voluntad humana por sobre la voluntad divina de Cristo.

A fin de reforzar su reprimenda, Pedro siguió diciendo: **en ninguna manera esto te acontezca,** contradiciendo por completo lo que Jesús acababa de declarar que era necesario. Debido a que no podía comprender o aceptar la idea de un Mesías humillado, maltratado y crucificado, Pedro rechazó el plan divino de redención. La sabiduría de los mejores hombres suele ser antagónica con la sabiduría de Dios.

LA PROTESTA DE CRISTO

Pero él, volviéndose, dijo a Pedro: ¡Quítate de delante de mí, Satanás!; me eres tropiezo, (16:23*a*)

Sería difícil imaginar algo que hubiera sorprendido más a Pedro que esas palabras de Jesús. A primera vista, la intención del discípulo no solo parecía honorable sino también amorosa y compasiva. Él no quería que su Señor y Amigo muriera. Ni siquiera podía soportar la idea del sufrimiento de Jesús. Incluso los motivos más egoístas de Pedro son comprensibles. Durante varios años él y el resto de los doce se habían vuelto totalmente dependientes de Jesús, no solo en cuanto a su enseñanza y su guía sino a comida, impuestos y prácticamente todo lo demás. Sin Él, ellos serían como un barco sin timón.

Según observara un comentarista, Pedro "difícilmente pudo haber comprendido que por su intento de disuadir a Jesús de la cruz estaba colocando flechas en el arco de Satanás para ser disparadas contra su amado Salvador".

Pero cuando Pedro lo reprendió incluso por considerar la idea de ir a su muerte, el Señor debió haber mirado al discípulo directamente a los ojos mientras **volviéndose** le decía **a Pedro: ¡Quítate de delante de mí, Satanás!** Esta fue una respuesta punzante y devastadora que debió haber sorprendido a Pedro hasta lo más profundo de su ser. Antes que Pedro tuviera la oportunidad de terminar sus objeciones, Jesús lo interrumpió de manera abrupta y lo acusó de ser el portavoz de su adversario, **Satanás.**

Jesús había dicho casi las mismas palabras directamente a Satanás después de las tentaciones en el desierto (Mt. 4:10). Y aunque Satanás se fue de aquel lugar, nos enteramos por el relato paralelo de Lucas que "se apartó de él por un tiempo" (Lc. 4:13). El diablo siguió tentando a Jesús a lo largo de su ministerio en toda forma posible. Ahora puso en la mente de Pedro la misma idea que había tratado de poner en Jesús: "El plan de Dios es demasiado difícil y exigente. Dame tu lealtad y tu vida será infinitamente mejor. Mi camino es superior al de Dios".

Eso es básicamente lo que Pedro estaba diciéndole al Señor: "Mi camino es mejor que el tuyo y que el del Padre". El mismo apóstol que acababa de confesar a Jesús como el Mesías e Hijo de Dios (v. 16) ahora lo contradecía. Aquel a quien el Padre acababa de inspirar para brindarle esa confesión (v. 17) estaba ahora "inspirado" por Satanás.

Si tal cosa pudo pasarle a Pedro, puede sucederle a cualquier creyente. El mismo cristiano que exalta el plan de Dios puede ser inducido a ensalzar el plan de Satanás. Cuando sigue su propia sabiduría en lugar de la dirección del Espíritu, aquel que con mucha energía se ha colocado al lado de Dios puede encontrarse sin saberlo poniéndose junto a Satanás.

Jesús supo con tanta seguridad que **Satanás** había puesto el reproche en la mente de Pedro como supo que el Padre le había puesto allí mismo la confesión. Fuera por obsesión, opresión o simplemente por influencia sobrenatural, Satanás logró provocar en Pedro el deseo de oponerse al camino de Cristo intentando hacer que Jesús desobedeciera la voluntad de Dios. El texto no explica los medios de la tentación, solo su fuente. Y debido a que sucumbió, Pedro se encontró oponiéndose al plan de Dios del mismo modo que el diablo se había opuesto al designio divino en el desierto. Antes de comprender lo que estaba haciendo, Pedro se vio hablando a favor de Satanás y no a favor de Dios. Al tratar de defender a Cristo en base a su propio entendimiento, se encontró enfrentándose a Cristo.

Satanás sabía que el camino de la cruz era el medio de su propia derrota, y por tanto se opuso a la cruz con todo su ser. Y es debido a que son hijos espirituales del diablo (Jn. 8:44) que los incrédulos consideran la cruz de Cristo como locura y tropezadero (1 Co. 1:18, 23). Satanás sabe que la cruz es el lugar en que los humanos se liberan del dominio del pecado y la muerte, que es el único camino para pasar del reino de las tinieblas al reino de luz de Dios. Después que Cristo murió en la cruz, Satanás trató de mantenerlo muerto; pero la tumba no tenía poder sobre Jesús, de igual modo que no tendría poder sobre su Iglesia (Mt. 16:18), la comunidad redimida de aquellos que ponen su confianza en Cristo.

La incitación a evitar la cruz fue una tentación verdadera para Cristo, porque Él estaba consciente de que la agonía que iba a sufrir sería inconcebible. Sabía que la agonía iba a estar en llevar todas las consecuencias de los pecados del mundo sobre sí mismo y que sería un horror estar separado de su Padre celestial incluso por unas pocas horas. Por eso es que en el huerto de Getsemaní sudó gotas de sangre y oró: "Padre, si quieres, pasa de mí esta copa" (Lc. 22:42-44).

Debido a que Pedro indirectamente había tomado partido a favor de Satanás, se convirtió en **tropiezo** para Cristo. **Tropiezo** viene de *skandalon*, una expresión utilizada originalmente en una trampa para animales, en particular el sitio donde se coloca el cebo. El término finalmente llegó a usarse para atraer a una persona hacia el cautiverio o la destrucción. Satanás estaba usando a Pedro para ponerle una trampa a Jesús.

LOS PRINCIPIOS PARA NOSOTROS

porque no pones la mira en las cosas de Dios, sino en las de los hombres. (16:23*b*)

Jesús nos da aquí la razón de que Pedro cayera en la trampa de Satanás y se encontrara tratando de atraer al Señor al engaño: **no** estaba poniendo **la mira en las**

cosas de Dios, sino en las de los hombres. Puesto que el ser humano está caído y es pecador, sus caminos no son los del Señor, sus **cosas** no son **las cosas de Dios.**

Ya que Pedro estaba razonando en su propia mente finita y pecadora, se encontró poniéndose a favor de Satanás y oponiéndose a Dios. Cuando confió en su propia perspectiva ya no pudo ver la de Dios. Debido a que no siguió sometiéndose a la dirección del Padre (véase v. 17), perdió la perspectiva del Padre. En su sabiduría humana no podía entender por qué su Señor, el Mesías, tenía que "ir a Jerusalén y padecer mucho de los ancianos, de los principales sacerdotes y de los escribas; y ser muerto" (v. 21). Pedro estaba pensando como un hombre no redimido y carnal, y resultó poniéndose en "enemistad contra Dios" (Ro. 8:7).

Cuando los creyentes se centran más en su dolor actual o en su angustia potencial que en el Señor que les ha permitido ese sufrimiento, son presa fácil de las trampas de Satanás y hasta pueden convertirse en trampas para atraer a otros. Por eso Santiago declara: "Hermanos míos, tened por sumo gozo cuando os halléis en diversas pruebas, sabiendo que la prueba de vuestra fe produce paciencia. Mas tenga la paciencia su obra completa, para que seáis perfectos y cabales, sin que os falte cosa alguna" (Stg. 1:2-4). "Bienaventurado el varón que soporta la tentación; porque cuando haya resistido la prueba, recibirá la corona de vida, que Dios ha prometido a los que le aman" (v. 12).

Del reproche de Pedro y el contra reproche de Jesús, los cristianos pueden aprender dos lecciones importantes. La primera es que el camino divino de salvación no corresponde al de los hombres. El camino del Mesías no es el camino del hombre. Por tanto, la persona que insiste en su propio tipo de salvador y en llegar a Dios en sus propias condiciones se encuentra oponiéndose a Dios y alejándose de Él. Los caminos de los hombres nunca llevan a Dios.

Los hombres no pueden tener a Cristo bajo sus propios términos. Rechazar el camino de la cruz es rechazar a Cristo, sin que importe cuánto puedan haber profesado y alabado.

Aunque Pedro había fallado totalmente en esa ocasión en Cesarea de Filipo, él llegó a entender y a amar el camino de la cruz. Ese fue el camino que predicó en Pentecostés y a lo largo de su ministerio. Un día escribiría con gran convicción y gozo que Cristo "llevó él mismo nuestros pecados en su cuerpo sobre el madero, para que nosotros, estando muertos a los pecados, vivamos a la justicia; y por cuya herida fuisteis sanados" (1 P. 2:24).

La segunda lección importante es que hay dolor en el proceso divino de refinación. Como Jesús siguió explicando en el versículo siguiente, Él llama a sus discípulos a participar de su sufrimiento y su cruz. Estos son llamados a negarse a sí mismos y tomar sus propias cruces mientras lo siguen (Mt. 16:24). No hay obediencia a Cristo sin cruz.

A fin de hacer de sus hijos oro espiritual, el Padre debe quemar toda la escoria del pecado. Así afirma de su remanente redimido: "Los fundiré como se funde la plata, y los probaré como se prueba el oro. El invocará mi nombre, y yo le oiré, y diré: Pueblo mío; y él dirá: Jehová es mi Dios" (Zac. 13:9).

Alguien ha escrito:

El hombre juzga al hombre en ignorancia,
    ve pero solo en parte;
nuestra confianza está en nuestro Hacedor,
    quien escudriña todo corazón;
y toda maldad y desgracia
    las puso bajo nuestros pies,
como escalones que pueden ayudarnos
    a alcanzar su exaltado trono de misericordia.
Es entonces que nos enseñas a seguir sonriendo, oh Dios,
    a pesar de las piedras afiladas que pueda haber,
Recordando que ellas nos acercan a ti,
    amado Señor, ¡a ti!

Ganar perdiendo: La paradoja del discipulado

93

Entonces Jesús dijo a sus discípulos: Si alguno quiere venir en pos de mí, niéguese a sí mismo, y tome su cruz, y sígame. Porque todo el que quiera salvar su vida, la perderá; y todo el que pierda su vida por causa de mí, la hallará. Porque ¿qué aprovechará al hombre, si ganare todo el mundo, y perdiere su alma? ¿O qué recompensa dará el hombre por su alma? Porque el Hijo del Hombre vendrá en la gloria de su Padre con sus ángeles, y entonces pagará a cada uno conforme a sus obras. (16:24-27)

Este pasaje explica lo esencial del discipulado cristiano y asesta el golpe mortal a los falsos evangelios egocéntricos que son tan populares en el cristianismo contemporáneo. No deja espacio para el evangelio de conseguir cosas, en el cual a Dios se le considera un tipo de genio funcional que salta para proveer todos los caprichos del creyente. El pasaje cierra la puerta al evangelio de la salud y la riqueza, el cual asevera que si un creyente no está sano y próspero simplemente no ha ejercido sus derechos divinos, o que no tiene suficiente fe para reclamar sus bendiciones. Socava el evangelio de la autoestima, el amor propio, y la elevada imagen de sí mismo, el cual apela al narcisismo natural del hombre y prostituye el espíritu de humilde quebrantamiento y arrepentimiento que caracteriza al evangelio de la cruz.

Según este evangelio, llegar a Jesucristo es recibir y mantenerse recibiendo por siempre. Pero a través de su enseñanza directa durante su ministerio terrenal, y por medio de sus apóstoles en el resto del Nuevo Testamento, Jesús clarifica en varias ocasiones que debe haber una cruz antes que una corona, sufrimiento antes que gloria, sacrificio antes que recompensa. El núcleo del discipulado cristiano es dar antes que recibir, perder antes que ganar.

Esta no fue la primera vez que Jesús habló del alto costo del discipulado. Ya había declarado: "El que ama a padre o madre más que a mí, no es digno de mí; el que ama a hijo o hija más que a mí, no es digno de mí; y el que no toma su cruz y sigue en pos de mí, no es digno de mí. El que halla su vida, la perderá; y el que pierde su vida por causa de mí, la hallará" (Mt. 10:37-39; cp. Lc. 14:26-27). Al joven rico en Perea le había advertido: "Una cosa te falta: anda, vende todo lo que tienes, y dalo a los pobres, y tendrás tesoro en el cielo; y ven, sígueme, tomando tu cruz" (Mr. 10:21). A los griegos que pidieron verlo, Jesús les manifestó: "De cierto, de cierto os digo, que si el grano de trigo no cae en la tierra y muere, queda solo; pero si muere, lleva mucho fruto. El que ama su vida, la perderá; y el que aborrece su vida en este mundo, para vida eterna la guardará" (Jn. 12:24-25).

Sin embargo, tales enseñanzas eran contrarias al judaísmo popular en la época de Jesús, así como son contrarias a gran parte del casi cristianismo de hoy. Al igual que la mayoría de sus compatriotas judíos, los doce esperaban que el Mesías los liberara del yugo romano, destronara a Herodes, y estableciera el reino terrenal de

Dios en toda su gloria. Por tanto, era difícil conciliar las enseñanzas de Jesús acerca de la humildad, el sacrificio y la entrega personal con ese punto de vista. Jesús no actuaba como el Mesías que esperaban, y les prohibió actuar como corregentes de tan místico Mesías. No obstante, ellos sabían que los milagros y las enseñanzas de Jesús no podían explicarse humanamente, y por la obra de Dios en sus corazones por fin habían llegado a reconocer que Él en realidad era el Mesías (Mt. 16:16). El panorama completo aún no encajaba para ellos.

En particular, tal como deja en claro la presuntuosa respuesta de Pedro (v. 22), los discípulos aún no estaban dispuestos a aceptar la idea del rechazo, el sufrimiento y la muerte del Mesías. Tampoco estaban convencidos aún de que el camino del discipulado implicaba esos mismos grandes costos. Por eso Jesús repitió la lección muchas veces y de varias maneras. Los discípulos todavía no estaban pensando como Dios piensa sino como piensan los hombres caídos, porque sus mentes no estaban centradas "en las cosas de Dios, sino en las de los hombres" (v. 23).

Ellos no aceptaban la frase trillada de que, ya sea encarnado en su Hijo o viviendo en los corazones de los creyentes, para Dios es imposible estar en medio de una sociedad que se le opone sin que se produzca hostilidad, reproche y opresión. Cuando la santidad se encuentra con la falta de santidad es inevitable una reacción violenta. Pablo advirtió: "Todos los que quieren vivir piadosamente en Cristo Jesús padecerán persecución" (2 Ti. 3:12).

EL PRINCIPIO

Entonces Jesús dijo a sus discípulos: Si alguno quiere venir en pos de mí, niéguese a sí mismo, y tome su cruz, y sígame. (16:24)

Cuando **Jesús dijo a sus discípulos: Si alguno quiere venir en pos de mí,** sin duda ellos recordaron la ocasión en que los había llamado uno a uno. Como dos años y medio antes habían dejado familias, amigos, ocupaciones y todo lo demás con el fin de seguir a Jesús.

Para los incrédulos que en esa ocasión se hallaban entre las multitudes (véase Mr. 8:34), las palabras de Jesús, **y sígame,** se aplicaban a la rendición inicial del nuevo nacimiento, es decir cuando una persona llega a Cristo para salvación y la antigua vida de pecado se intercambia por una nueva vida de justicia. Para los creyentes allí, incluso los doce, las palabras **y sígame** reiteraban el llamado a la vida de obediencia diaria a Cristo.

Tristemente es posible que los creyentes pierdan el primer amor que tuvieron cuando recibieron a Cristo como Señor y le rindieron todo lo que eran y tenían (véase Ap. 2:4). Es una tentación constante querer regresar a lo que se ha renunciado y recuperar lo que se ha abandonado. No es imposible volver a poner nuestra propia voluntad por sobre la de Dios y aceptar otra vez derechos que fueron cedidos ante Él. Es especialmente tentador poner en peligro nuestro compromiso cuando el costo se vuelve alto. Pero el hecho de que a veces los creyentes sucumban ante la desobediencia no altera la verdad de que el carácter de un verdadero discípulo se manifiesta en obediencia. Aunque la obediencia imperfecta es inevitable debido a la carne no redimida, el deseo fundamental y la dirección de vida del verdadero cristiano es de obediencia al Señor.

El discipulado se lleva a cabo bajo las condiciones de Dios, así como llegar a Él se produce en sus condiciones. El Señor nos recuerda aquí que el principio clave del discipulado de ganar al perder implica negarnos a nosotros mismos, cargar nuestra cruz, y obedecer de modo fiel.

El primer requisito del discipulado es negarnos a nosotros mismos. Alguien que no está dispuesto a negarse **a sí mismo** no puede afirmar que es un discípulo de Jesucristo. **Niéguese** viene de *aparneomai*, que significa desconocerse por completo, separarse totalmente de alguien. Es la palabra que Jesús usa para describir la negación que Pedro le hiciera cuando el sumo sacerdote estaba interrogando al Señor (Mt. 26:34). Cada vez que fue confrontado en cuanto a su relación con Jesús, con mayor vehemencia Pedro negó conocerlo (vv. 70, 72, 74). Él desconoció a su Maestro delante del mundo.

Esa es exactamente la clase de negación que un creyente debe hacer con relación **a sí mismo**. Debe desconocerse por completo, negarse a reconocer el ego del viejo hombre. Las palabras de Jesús aquí podrían parafrasearse así: "Que el individuo rechace cualquier asociación o compañía consigo **mismo**". La negación de unos mismo no solo caracteriza a una persona cuando viene a Cristo en fe salvadora, sino también cuando vive como un discípulo fiel de Cristo.

El **sí mismo** al que Jesús se refiere no es la identidad personal como un individuo diferente. Toda persona es una creación única de Dios, y el Padre celestial conoce por nombre a cada uno de sus hijos. Él tiene los nombres de todos los creyentes "escritos en los cielos" (Lc. 10:20). El **sí mismo** del que Jesús está hablando es más bien el yo natural, pecador, rebelde y no redimido que está en el centro de toda persona caída, y que incluso puede reclamar control temporal sobre un cristiano. Se trata del cuerpo carnal, el "viejo hombre, que está viciado conforme a los deseos engañosos" (Ef. 4:22), y que aún debe ser redimido en la glorificación (cp. Ro. 8:23). Negar ese **sí mismo** es confesar junto con Pablo: "Sé que nada bueno mora en mí, esto es, en mi carne" (Ro. 7:18). Negar ese **sí mismo** es tener la convicción sincera y auténtica de que en nuestra humanidad no tenemos nada de qué gloriarnos delante de Dios, nada de valor que ofrecerle en absoluto.

El creyente se hace aceptable a Dios cuando confía en Jesucristo y se presenta delante del Señor en justicia perfecta, vestido en el "nuevo hombre, creado según Dios en la justicia y santidad de la verdad" (Ef. 4:24). Pero según Pablo también declaró, aun después de la salvación un creyente no tiene más bondad en *sí mismo*, es decir, en la carne que tenía antes de la salvación. Negarse a sí mismo significa no proveer "para los deseos de la carne" (Ro. 13:14) y no poner la "confianza en la carne" (Fil. 3:3). Negarse a sí mismo es someterse por completo al señorío y los recursos de Jesucristo, en total rechazo de la voluntad propia y la autosuficiencia.

Jesús proclamó que el primer requisito para entrar al reino es ser "pobres en espíritu" (Mt. 5:3), es decir tener el espíritu de pobreza total con relación a nuestra propia bondad, justicia, valor y mérito. Significa reconocer con humildad nuestra miseria espiritual. Solo aquel que comprende cuán pobre es conocerá alguna vez las riquezas de Cristo. Es únicamente el individuo que entiende cuán pecador es y cuán condenado está, quien conocerá alguna vez lo valioso que es el perdón de

Dios. "Cercano está Jehová a los quebrantados de corazón; y salva a los contritos de espíritu" (Sal. 34:18). Es al corazón quebrantado y contrito que Dios ama y nunca despreciará (Sal 51:17). No es al santurrón ni al que está satisfecho de sí mismo, sino al arrepentido y humilde, a quien Dios salva. No fue al orgulloso fariseo que tenía tan exaltada imagen de sí mismo, sino al quebrantado recaudador de impuestos que pidió misericordia a Dios, de quien Jesús observó que "descendió a su casa justificado" (Lc. 18:14).

Todo el propósito del Nuevo Testamento, reflejado de manera explícita en la ley de Moisés, fue mostrar al ser humano cuán espiritual y moralmente menesteroso e indefenso es en sí mismo. La ley no estaba destinada a mostrar a los hombres cómo podían abrirse paso hacia el favor de Dios, sino mostrarles lo imposible que es vivir a la altura de las santas normas de Dios por medio de recursos humanos propios.

Arthur Pink escribió: "Crecer en gracia es crecer hacia abajo; es formar una estima más baja de nosotros mismos; es una comprensión aún más profunda de nuestro vacío; es un reconocimiento sincero de que no somos dignos de la más mínima misericordia de parte de Dios".

Para ser salvo se requiere que el pecador se niegue a sí mismo, haciendo morir lo terrenal que hay en él: "Fornicación, impureza, pasiones desordenadas, malos deseos y avaricia, que es idolatría" (Col. 3:5). Le es necesario despojarse "del viejo hombre, que está viciado conforme a los deseos engañosos" y renovarse en el espíritu de su mente" (Ef. 4:22-23).

El segundo requisito del discipulado es que tomemos nuestra propia **cruz.** Esta idea tiene un significado que es necesario entender. Tomar nuestra **cruz** no es algún nivel místico desinteresado de "vida espiritual más profunda" que se espera que únicamente la élite religiosa pueda alcanzar. Tampoco son los sufrimientos y las dificultades comunes que todas las personas experimentamos a veces en la vida. Una cruz no es tener un esposo incrédulo, una esposa gruñona, o una suegra dominante. Tampoco es tener una discapacidad física o padecer alguna enfermedad incurable. Tomar nuestra propia **cruz** es simplemente estar dispuestos a pagar cualquier precio por la causa de Cristo. Es la disposición de soportar vergüenza, reproches, rechazo, persecución y hasta martirio por su causa.

Para la gente de la época de Jesús la **cruz** era una realidad concreta y vívida. Se trataba del instrumento de ejecución reservado para los peores enemigos de Roma. Era un símbolo de la tortura y la muerte que esperaban a quienes se atrevían a levantar una mano contra la autoridad romana. No muchos años antes de que Jesús y los discípulos llegaran a Cesarea de Filipo habían crucificado a cien hombres en esa región. Un siglo antes Alejandro Janeo había crucificado a ochocientos judíos rebeldes en Jerusalén, y después de la revuelta que siguió a la muerte de Herodes el Grande, dos mil judíos fueron crucificados por el procónsul romano Varo. Las crucifixiones en menor escala eran una vista común, y se ha calculado que tal vez durante la vida de Cristo ocurrieron unas treinta mil bajo la autoridad romana.

Cuando los discípulos y el gentío oyeron que Jesús hablaba de tomar la **cruz,** no había nada de místico para ellos en cuanto a la idea. Al instante se imaginaron una pobre alma condenada recorriendo el camino cargando (que es una traducción exacta de *airō,* cuyo significado es "levantar, soportar o transportar") sobre su propia espalda el instrumento de su ejecución. Un hombre que tomaba **su cruz** comenzaba su marcha de muerte cargando el mismo madero del cual habría de colgar.

Para que un discípulo de Cristo **tome su cruz** le es necesario estar dispuesto a empezar una marcha de muerte. Ser discípulo de Jesucristo es estar dispuesto, en servicio a Él, a padecer las indignidades, el sufrimiento, y hasta la muerte de un delincuente condenado.

Es evidente que la magnitud del sufrimiento y la persecución varían de creyente en creyente, de época en época, y de lugar en lugar. No todos los apóstoles fueron martirizados, pero todos estuvieron dispuestos a serlo. No todo discípulo está llamado a ser martirizado, pero a todo discípulo se le manda que esté dispuesto a serlo. Pedro escribió a sus compañeros creyentes: "Amados, no os sorprendáis del fuego de prueba que os ha sobrevenido, como si alguna cosa extraña os aconteciese, sino gozaos por cuanto sois participantes de los padecimientos de Cristo, para que también en la revelación de su gloria os gocéis con gran alegría. Si sois vituperados por el nombre de Cristo, sois bienaventurados, porque el glorioso Espíritu de Dios reposa sobre vosotros. Ciertamente, de parte de ellos, él es blasfemado, pero por vosotros es glorificado" (1 P. 4:12-14).

Venir a Jesucristo para salvación no es levantar la mano o firmar una tarjeta, aunque a veces tales cosas pueden desempeñar algún papel. Venir a Cristo es llegar al final del yo y del pecado, volviéndose tan deseoso de Cristo y de su justicia que se hará cualquier sacrificio por Él.

Jesús había manifestado antes: "No penséis que he venido para traer paz a la tierra; no he venido para traer paz, sino espada. Porque he venido para poner en disensión al hombre contra su padre, a la hija contra su madre, y a la nuera contra su suegra; y los enemigos del hombre serán los de su casa" (Mt. 10:34-36). También había declarado: "El discípulo no es más que su maestro, ni el siervo más que su señor… Si al padre de familia llamaron Beelzebú, ¿cuánto más a los de su casa?" (vv. 24-25). En realidad, Cristo estaba diciéndoles a sus discípulos que si Él, su Señor, tendría que "padecer mucho… y ser muerto" (Mt. 16:21), ¿cómo podían ellos esperar que iban a escapar al mismo trato?

La **cruz** representa el sufrimiento que tendremos debido a nuestra relación con Cristo. Cuando Jesús se dirigía firmemente hacia Jerusalén, el lugar de ejecución donde "le era necesario ir" (21), ya había tomado su cruz y estaba comenzando a llevar en su espalda los pecados de todo el mundo. Y tras de Él millones de discípulos, todos con sus propias cruces, desde entonces han sufrido afrenta por seguir al Señor.

Cristo no llama discípulos hacia sí mismo para hacer sus vidas más fáciles y prósperas, sino para hacerlos santos y productivos. La disposición de tomar **su cruz** es la característica del verdadero discípulo. Así escribió el compositor de himnos: "¿Debe Jesús llevar la cruz Él solo, y todo el mundo quedar libre? No, hay una cruz para cada uno, y hay una cruz para mí". A quienes hacen confesiones iniciales de su deseo de seguir a Jesucristo, pero que se niegan a aceptar las dificultades o la persecución, se los caracteriza como almas falsas y sin fruto que son como tierra pedregosa sin profundidad. Se marchitan y mueren bajo la amenaza de la deshonra a Cristo (Mt. 13:20-21). Muchas personas quieren un discipulado "sin costo", pero Cristo no ofrece tal opción.

El tercer requisito del discipulado es obediencia fiel. Solo después que una persona se niega a sí misma y toma su cruz, está preparada para cumplir el mandato de Jesús: **sígame.** El verdadero discipulado es sumisión al señorío de Cristo que se convierte en un modelo de vida. "El que dice que permanece en él, debe andar como él anduvo" (1 Jn. 2:6). Jesús declaró: "No todo el que me dice: Señor, Señor, entrará en el reino de los cielos, sino el que hace la voluntad de mi Padre que está en los cielos" (Mt. 7:21). Permanecer en la Palabra de Dios es ser su verdadero discípulo (Jn. 8:31).

A la salvación Pablo la llama "la obediencia a la fe" (Ro. 1:5; 16:26). Pedro describe la obra salvadora soberana de Dios en la vida de las personas como la "santificación del Espíritu, para obedecer y ser rociados con la sangre de Jesucristo" (1 P. 1:2). Obviamente, la obediencia es un rasgo integral en la salvación y es característica de un creyente como lo es la obra de santificación del Espíritu Santo y la obra salvadora expiatoria del Hijo. Pedro les dijo a los judíos en el sanedrín que el Espíritu Santo se les da únicamente a quienes obedecen a Dios (Hch. 5:32). Y ya que todo creyente tiene al Espíritu Santo (Ro. 8:9), todo creyente también se caracteriza por la obediencia a Dios como patrón de vida.

Jesús afirmó: "Si alguno me sirve, sígame; y donde yo estuviere, allí también estará mi servidor. Si alguno me sirviere, mi Padre le honrará" (Jn. 12:26).

LA PARADOJA

Porque todo el que quiera salvar su vida, la perderá; y todo el que pierda su vida por causa de mí, la hallará. Porque ¿qué aprovechará al hombre, si ganare todo el mundo, y perdiere su alma? ¿O qué recompensa dará el hombre por su alma? (16:25-26)

Vida y **alma** son aquí sinónimos entre sí y con el yo (v. 24). Todas las tres palabras representan la persona interior, el "verdadero ser".

Lo que aquí podría parecer una idea compleja y contradictoria es realmente algo muy sencillo. El Señor está diciendo que **todo el que** viva únicamente para **salvar su vida** terrenal y física, su tranquilidad, su comodidad, y su aceptación por parte del mundo, **perderá** su oportunidad de tener **vida** eterna. Pero **todo el que** esté dispuesto a renunciar a **su vida** terrenal y mundana, y si es necesario padecer y morir por **causa de** Cristo, **hallará vida** eterna. Toda persona tiene una opción: ahora mismo puede "decidirse por ella" y perderla para siempre, o puede abandonar su vida ahora y obtenerla para siempre.

Con tierra mala llena de malas hierbas que ahogan la verdadera vida espiritual identificó Jesús también al falso creyente que inicialmente muestra indicios de seguir el evangelio, pero sin dejar de lado al mundo y sus baratijas, (Mt. 13:22).

El discípulo verdadero está dispuesto a pagar cualquier precio que la fidelidad al Señor requiera. El precio podría significar padecer martirio como le ocurrió a Pablo, o soportar agotamiento físico y enfermedad en el servicio a Cristo como fue el caso de Epafrodito. Cualesquiera que sean los particulares del acto de un creyente de llevar la cruz requieren la disposición de abandonar la comodidad, la seguridad, los recursos personales, la salud, las amistades, el trabajo, e incluso la vida.

Se cuenta la historia de un esclavo de una plantación en el antiguo Sur que siempre estaba feliz y cantando. Ocurriera lo que le ocurriera, su alegría siempre era abundante.

—¿Qué tienes que te hace tan feliz? —le preguntó un día su dueño.

—Amo al Señor Jesucristo —contestó el esclavo—. Él ha perdonado mi pecado y ha puesto un cántico en mi corazón.

—Pues bien, ¿cómo puedo tener lo que tú tienes? —preguntó el dueño.

—Vaya y póngase su mejor traje dominguero y baje aquí y trabaje en el lodo con nosotros, y puede tenerlo —fue la respuesta.

—Yo nunca haría eso —replicó el propietario con indignación mientras echaba a andar enfurecido.

Unas semanas después el dueño volvió a hacer la misma pregunta y recibió la misma respuesta. Pasaron algunas semanas más y acudió de nuevo al esclavo.

—Ahora sé sincero conmigo —le preguntó por tercera vez—. ¿Qué debo hacer para tener lo que tú tienes?

—Simplemente lo que le he dicho las otras veces —llegó la respuesta.

—Está bien, lo haré —contestó el propietario en medio de la desesperación.

—Ahora no tiene que hacerlo —anunció el esclavo—. Usted solo tenía que estar dispuesto.

No es que un discípulo tenga que ser un mártir, sino que debe estar dispuesto a serlo si la fidelidad a Cristo lo exige.

Jesús reforzó la paradoja añadiendo: **Porque ¿qué aprovechará al hombre, si ganare todo el mundo, y perdiere su alma? ¿O qué recompensa dará el hombre por su alma?** He aquí la última de las exageraciones. El Señor estaba diciendo: "Si pueden, imaginen cómo sería que alguien fuera el propietario de **todo el mundo.** ¿Qué provecho duradero tendría si al ganarlo perdiera **su alma,** es decir su vida eterna?". Esa persona sería un muerto que camina, que temporalmente poseyó todo pero que enfrentó una eternidad en el infierno en lugar del cielo.

Jesús siguió preguntando: ¿O qué podría ser digno de poseer en esta vida, si para ganarlo el individuo tendría que dar como **recompensa su alma?** Ganar todas las posesiones posibles en este mundo, y sin embargo estar sin Cristo es estar en bancarrota por siempre. Pero abandonar todo en este mundo por la causa de Cristo es ser acaudalado por siempre (cp. Mt. 6:19-21).

LA PARUSÍA

Porque el Hijo del Hombre vendrá en la gloria de su Padre con sus ángeles, y entonces pagará a cada uno conforme a sus obras. (16:27)

Parousia es una forma nominal del verbo griego detrás de **vendrá,** y a menudo se usa para referirse a la segunda venida de Cristo, de la cual esta es la primera mención en el Nuevo Testamento.

Jesús recordó a los discípulos y a las multitudes que vendrá un día de juicio. El Padre "todo el juicio dio al Hijo" (Jn. 5:22), y cuando **el Hijo del Hombre,** quien también es el Hijo de Dios, venga **en la gloria de su Padre con sus ángeles** (un acontecimiento descrito con mayor detalle en Mt. 24—25), Él **entonces pagará a**

cada uno conforme a sus obras. Los santos ángeles son los instrumentos de servicio y juicio del Señor, y cuando venga a la tierra otra vez ellos vendrán con Él para hacer que "los que hicieron lo bueno [salgan] a resurrección de vida" y "los que hicieron lo malo, a resurrección de condenación" (Jn. 5:29).

Esa verdad general la había proclamado mucho tiempo antes el salmista, cuando declaró: "Tú pagas a cada uno conforme a su obra" (Sal. 62:12). También la repitió Pablo en su carta a la iglesia en Roma. En 2:5-8 el apóstol es específico:

> *Por tu dureza y por tu corazón no arrepentido, atesoras para ti mismo ira para el día de la ira y de la revelación del justo juicio de Dios, el cual pagará a cada uno conforme a sus obras: vida eterna a los que, perseverando en bien hacer, buscan gloria y honra e inmortalidad, pero ira y enojo a los que son contenciosos y no obedecen a la verdad, sino que obedecen a la injusticia.*

Más tarde Pablo escribió: "Cada uno de nosotros dará a Dios cuenta de sí" (Ro. 14:12). Mateo 25 registra la enseñanza del Señor acerca del juicio a las naciones. Ellas también serán juzgadas por sus obras (vv. 31-46).

Cuando revise la vida de cada persona que ha vivido, el Señor dirá, por así decirlo: "Aquí hay un creyente. Puedo darme cuenta por sus obras, porque es el producto de mi Espíritu Santo. Aquí hay un incrédulo. Puedo darme cuenta por sus obras, porque es el producto de la carne". No es que las obras salven, sino que son el producto de la salvación. Santiago enseña que el único tipo de fe que salva es el que resulta en un comportamiento justo (Stg. 2:14-26; cp. Ef. 2:10).

Aquellos cuyas obras son agradables al Señor son quienes por la soberana gracia y el poder de Dios han confiado en Cristo como Señor salvador, mientras se niegan a sí mismos, toman sus cruces, y lo siguen. Ellos recibirán vida eterna y todas las bendiciones del cielo. Aquellos cuyas obras son rechazadas por el Señor son los que ponen su esperanza y su confianza en las cosas efímeras de esta vida. Ellos recibirán condenación eterna y todos los tormentos del infierno.

Como se describe en este pasaje, el llamado a la salvación es un llamamiento al discipulado. Cuando Dios salva, produce esta clase de seguidor.

94

Promesa y advertencia con relación a la Segunda Venida

Porque el Hijo del Hombre vendrá en la gloria de su Padre con sus ángeles, y entonces pagará a cada uno conforme a sus obras. De cierto os digo que hay algunos de los que están aquí, que no gustarán la muerte, hasta que hayan visto al Hijo del Hombre viniendo en su reino. (16:27-28)

Aunque el Antiguo Testamento contiene más de mil quinientas profecías de la venida del Mesías, el Cristo, no les fue revelado claramente a los santos de esa era que su venida sería en dos etapas separadas por miles de años. La primera etapa se caracterizaría por el sufrimiento y el sacrificio a causa del pecado, y la segunda por la conquista y el esplendor. El enfoque central del Nuevo Testamento está en la primera venida de Cristo, pero la Segunda Venida también se menciona o se hace alusión a ella una vez cada veinticinco versículos, un total de trescientas veinte veces.

Las referencias del Antiguo Testamento respecto a un Mesías y Redentor sufriente fueron racionalizadas frecuentemente por intérpretes judíos, o espiritualizadas hasta el punto de la insignificancia. En las mentes de la mayor parte de judíos en la época de Jesús, el Mesías iba a venir solo una vez, como el Rey conquistador de la tierra.

Por eso cuando Jesús se acercaba más a su tiempo de sufrimiento seguía preparando a sus discípulos para lo que estos se negaban a creer: que Él, el divino Hijo del Hombre y Mesías, en lugar de conquistar a sus enemigos y establecer su reino eterno en la tierra en esa época, primero tendría que morir a manos de dichos enemigos.

Mateo 16:27—17:6 contiene uno de los momentos más destacados en el ministerio del Señor en la tierra. Mira hacia adelante a esa segunda y última venida, el tiempo de su regreso en exaltación y gloria, cuando todos sus enemigos serán realmente colocados bajo los pies del Señor y Él establecerá su tan esperado reino eterno. Al presentar esta enseñanza (16:27-28) Jesús hace una promesa, una advertencia, y luego una repetición de dicha promesa.

LA PROMESA

Porque el Hijo del Hombre vendrá en la gloria de su Padre con sus ángeles, (16:27*a*)

Jesús se refirió a sí mismo como **el Hijo del Hombre** más que por cualquier otra designación. El nombre refleja su humanidad y encarnación, y hace referencia a su total identificación con el género humano como uno de los suyos. En este contexto profético el antiguo título tiene un significado especialmente valioso.

En su visión de las cuatro bestias, Daniel miró, por así decirlo, a través de toda la historia de la humanidad y vio anticipadamente su impresionante culminación. El profeta declara: "Un Anciano de días, cuyo vestido era blanco como la nieve, y el pelo de su cabeza como lana limpia; su trono llama de fuego, y las ruedas del mismo, fuego ardiente" se sentó en su trono de juicio. Las vestiduras blancas hablan de su perfecta pureza y santidad, su pelo como lana habla de su perfecta sabiduría, y las ruedas ardientes hablan de su soberana autoridad. El "río de fuego [que] procedía y salía de delante de él" describe su juicio consumidor y purgador. Con "millares de millares... y millones de millones... delante de él", se convocó el juicio divino "y los libros fueron abiertos" (Dn. 7:9-10).

Después que la bestia, el satánico líder supremo del mundo y anticristo, es destruida, Daniel ve "uno como un hijo de hombre, que vino hasta el Anciano de días, y le hicieron acercarse delante de él. Y le fue dado dominio, gloria y reino, para que todos los pueblos, naciones y lenguas le sirvieran; su dominio es dominio eterno, que nunca pasará, y su reino uno que no será destruido" (vv. 11-14).

Fue de esa época de juicio fatídico que Jesús estaba hablando a los discípulos, quienes de manera desesperada necesitaban una palabra de aliento. Recientemente habían oído mucho de dolor pero poco de provecho, mucho de sufrimiento pero poco de gloria, mucho de la cruz pero poco de la corona. Por tanto, Jesús les aseguró que Él realmente era **el Hijo del Hombre** a quien Daniel vio que **vendrá en la gloria de su Padre con** miles y miles e infinidad tras infinidad de santos **ángeles** para recibir el reino y ejecutar juicio.

Esta fue la primera revelación específica de Jesús a sus discípulos respecto a su segunda venida. Tras decirles simplemente que Él era Dios en carne humana, que era el Mesías prometido, que edificaría un reino que nada podría obstaculizar o destruir, pero que primero tendría que ser rechazado, asesinado y resucitado de entre los muertos, ahora les informa que un día regresará en gran gloria y juicio justo para establecer su trono.

En la Biblia la palabra **gloria** se usa a menudo para representar la totalidad de la naturaleza, el carácter y los atributos de Dios. Cuando Jesús vino a la tierra como hombre, su deidad estuvo velada (cp. Fil 2:6-8) y no había nada en su apariencia humana que lo caracterizara como alguien distinto de los demás hombres (cp. Is. 53:2). Ese mismo hecho hizo que fuera difícil para muchos judíos reconocerlo como el Mesías, cuya gloria y poder divino creían que iban a manifestarse de inmediato. Pero ese no era el plan de Dios.

Cuando Moisés le preguntó a Dios: "Te ruego que me muestres tu gloria", el Señor "le respondió: Yo haré pasar todo mi bien delante de tu rostro, y proclamaré el nombre de Jehová delante de ti; y tendré misericordia del que tendré misericordia, y seré clemente para con el que seré clemente (Éx. 33:18-19). Ser testigos de los atributos de Dios es tener un destello de su **gloria,** todo lo cual implica la plenitud de su *nombre.*

Durante el discurso del Monte de los Olivos, solo unos días antes de su arresto y crucifixión, Jesús volvió a hablar de su venida. Allí declaró: "E inmediatamente después de la tribulación de aquellos días, el sol se oscurecerá, y la luna no dará su resplandor, y las estrellas caerán del cielo, y las potencias de los cielos serán conmovidas. Entonces aparecerá la señal del Hijo del Hombre en el cielo; y entonces lamentarán todas las tribus de la tierra, y verán al Hijo del Hombre viniendo sobre las nubes del cielo, con poder y gran gloria. Y enviará sus ángeles con gran voz de trompeta, y juntarán a sus escogidos, de los cuatro vientos, desde un extremo del cielo hasta el otro" (Mt. 24:29-31). Entonces Él vendrá en **gloria** resplandeciente y revelada, y toda la tierra será llena con esa **gloria,** como en la visión en Isaías (Is. 6:3; cp. Sal. 72:19).

El mensaje de que el Mesías vendría en **gloria** no era nuevo. Esa tal vez era la verdad mesiánica que los judíos de esa época más conocían. Ahora Jesús afirmó y brindó una perspectiva más completa a esa verdad, la cual sus discípulos creían que se estaba contradiciendo y frustrando tanto por el rechazo a Jesús de parte de los dirigentes judíos como porque Él se negaba a hacer valer su propio poder y gloria divinos.

En "Hijo del Hombre a ti clamo", un antiguo himno fuera de circulación de un autor desconocido, encontramos estas preciosas verdades:

> Aquel que sobre la tumba lloró,
> Aquel que la furiosa tormenta calmó,
> manso para sufrir, fuerte para salvar,
> ¡en gloria Él vendrá!
>
> Aquel que la senda del dolor pisó,
> Aquel que todo bien ofreció,
> Hijo de Hombre e Hijo de Dios,
> en gloria Él vendrá.
>
> Aquel que con doloridas llagas sangró,
> espinas y escarlata mansamente usó,
> Aquel que todo sufrimiento soportó,
> en gloria Él vendrá.
>
> Monarca de mejilla golpeada,
> por judíos y griegos despreciado,
> Sacerdote y Rey, divinamente manso,
> en gloria Él vendrá.
>
> Aquel que para hacernos libres fue a la muerte,
> Aquel que vive en mí y me ama,
> Aquel que viene y a quien veré, solo Jesús, solo Él,
> ¡en gloria Él vendrá!

Para aquellos que conocen y aman al Señor Jesucristo, su regreso en **gloria** es una promesa consoladora y emocionante que los llena de gran esperanza y anticipación. Al igual que los santos bajo el altar celestial (Ap. 6:9-10), se preguntan cuánto tiempo el Señor permitirá que el mundo siga su camino de pecado antes de intervenir con poder soberano y traer justicia e igualdad al mundo. Se preguntan igual que el salmista: "¿Hasta cuándo, oh Dios, nos afrentará el angustiador?

¿Ha de blasfemar el enemigo perpetuamente tu nombre?" (Sal. 74:10; cp. 35:17). En respuesta a la promesa de Jesús: "Ciertamente vengo en breve", oran con Juan: "Amén; sí, ven, Señor Jesús" (Ap. 22:20).

En este punto en el ministerio de Jesús los discípulos necesitaban sobre todo una palabra de esperanza de parte de su Señor. Él acababa de hablarles de su inminente sufrimiento y muerte, y de las condiciones exigentes del verdadero discipulado, de que cada uno debía tomar su cruz y renunciar a la propia vida a fin de salvarse (Mt. 16:21-25). Quizás por primera vez estaba claro para ellos que el camino de Cristo era el camino de la abnegación, el sacrificio, la persecución, y muy posiblemente el martirio. Comenzaba a arraigarse en ellos la verdad de que el camino de Cristo es el camino de la obediencia voluntaria a cualquier precio; que es decir no a la comodidad, el dinero y el placer, y decir sí al sufrimiento, la lucha, la persecución, y la guerra espiritual por causa de Él.

LA ADVERTENCIA

y entonces pagará a cada uno conforme a sus obras. (16:27*b*)

En su gloriosa venida Jesús también **pagará a cada uno conforme a sus obras.** El creyente espera la Segunda Venida con la esperanza de participar de la gloria de su Señor, mientras que el incrédulo puede esperarla solo en temor de ser condenado bajo el juicio del Señor. ¡**Cada uno** aquí es compresivo, abarca a otros!

En vista de esa doble posibilidad, el regreso del Señor es agridulce para los creyentes sensibles y amorosos con el prójimo. Al igual que Juan cuando saboreó el librito que tomó de las manos del ángel (Ap. 10:10), ellos creen que la Segunda Venida será "dulce como la miel" con relación a su propio destino, pero "amarga" con relación al destino de los millares de almas perdidas que no tendrán nada que ver con Cristo. Fue quizás esa verdad la que llevó a Pedro a declarar: "Conociendo, pues, el temor del Señor, persuadimos a los hombres" (2 Co. 5:11).

Cuando Jesús habló aquí de que **pagará a cada uno conforme a sus obras** se estaba refiriendo en términos generales a la Segunda Venida, no a algún suceso específico o elemento dentro de ella. Simplemente estaba señalando que será un momento de gloria y recompensa para quienes le pertenecen a Él, y un momento de castigo para quienes no le pertenecen. Su venida resolverá el destino de **cada** ser humano (cp. Jn. 5:25-29).

En el día del juicio **cada uno** de los hombres será juzgado en base a **sus obras.** No es que esas **obras** sean los medios de salvación, la cual solo viene por medio de la fe. Sin embargo, las **obras** externas de una persona son la evidencia más segura de su condición espiritual interior. Jesús dijo que a las personas se les conoce mejor por sus frutos (Mt. 7:16). Santiago declaró que "la fe sin obras es muerta" (Stg. 2:17).

Las **obras** de justicia no son la fuente de salvación, pero son la verificación objetiva de que esta ha ocurrido. Jesús declaró: "No todo el que me dice: Señor, Señor, entrará en el reino de los cielos, sino el que hace la voluntad de mi Padre que está en los cielos" (Mt. 7:21). Pablo les dijo a los corintios en la primera carta que les escribió: "La obra de cada uno se hará manifiesta; porque el día la declarará, pues por el fuego será revelada; y la obra de cada uno cuál sea, el fuego la probará" (1 Co. 3:13). En la segunda carta que les escribió, declaró: "Es necesario que todos nosotros comparezcamos ante el tribunal de Cristo, para que cada uno reciba según lo que haya hecho mientras estaba en el cuerpo, sea bueno o sea malo" (2 Co. 5:10). El Señor mismo advirtió a la iglesia en Tiatira: "Os daré a cada uno según vuestras obras" (Ap. 2:23; cp. 20:13).

Entre las últimas palabras de la Biblia está la declaración de Jesús: "He aquí yo vengo pronto, y mi galardón conmigo, para recompensar a cada uno según sea su obra" (Ap. 22:12). Por todo el Nuevo Testamento se clarifica de forma reiterada que "cada uno de nosotros dará a Dios cuenta de sí" (Ro. 14:12), y que el Señor "pagará a cada uno conforme a sus obras: vida eterna a los que, perseverando en bien hacer, buscan gloria y honra e inmortalidad, pero ira y enojo a los que son contenciosos y no obedecen a la verdad, sino que obedecen a la injusticia; tribulación y angustia sobre todo ser humano que hace lo malo… pero gloria y honra y paz a todo el que hace lo bueno" (Ro. 2:6-10).

Ninguna obra auténticamente justa puede manifestarse en la vida de un incrédulo, porque el Espíritu Santo no tiene morada allí para producirla y él no cuenta con la nueva naturaleza divina a través de la cual la santidad del Espíritu pueda expresarse. Por otra parte, la vida de un creyente se caracteriza por obras de justicia, porque cuenta con la propia vida de Dios y tiene al Espíritu morando dentro de sí como la fuente y el poder para llevar a cabo esas obras. Una persona que no tiene evidencia de comportamiento justo en su vida no tiene base para la seguridad de la salvación, sin que importe cuánto tiempo y cuántas veces haya profesado con palabras ser cristiana.

Sin embargo, el creyente sincero y humilde sabe que por fielmente que estudie y obedezca la Palabra de Dios y tenga comunión con Él en oración, todavía está muy lejos de la justicia perfecta del Señor. Pero también sabe que "si confesamos nuestros pecados, él es fiel y justo para perdonar nuestros pecados, y limpiarnos de toda maldad" (1 Jn. 1:9). Sabe que por la gracia de Dios el Espíritu sigue obrando a través del creyente, aunque tal confesión es la verificación de la autenticidad de sus acciones. Sin duda la vida del cristiano sincero producirá más fruto agradable a Dios, fruto por el cual el Señor dirá: "Bien, buen siervo y fiel… entra en el gozo de tu señor" (Mt. 25:21). Debido a que como creyentes hemos entregado nuestras vidas a Jesucristo, su propio Espíritu produce en nosotros lo que es digno de la recompensa de Dios. Por tanto, para el creyente la verdad de que el Señor **pagará a cada uno conforme a sus obras** es una promesa maravillosa.

Sin embargo, esa verdad es para los incrédulos una seria advertencia porque en el tribunal de Cristo no tendrán **obras** aceptables que presentar al Señor como evidencia de salvación. Muchos cristianos profesos le dirán "en aquel día: Señor, Señor, ¿no profetizamos en tu nombre, y en tu nombre echamos fuera demonios, y en tu nombre hicimos muchos milagros? Y entonces [Cristo les declarará]: Nunca os conocí; apartaos de mí, hacedores de maldad" (Mt. 7:22-23).

Para los perdidos ese día será de miedo continuo cuando finalmente se percaten de que las buenas obras en las que habían confiado para estar a cuentas con Dios no eran más que trapos de inmundicia (cp. Is. 64:6) que los presenta en su totalidad como no aptos delante de un Rey y Juez justo. El término que Isaías utiliza en ese pasaje (traducido generalmente "trapo de inmundicia" o "trapo sucio" literalmente significa toalla menstrual, una imagen gráfica usada para representar lo mejor que la bondad humana puede producir. Pablo advierte que en Jesús en su segunda venida dará "retribución a los que no conocieron a Dios, ni obedecen al evangelio de nuestro Señor Jesucristo; los cuales sufrirán pena de eterna perdición, excluidos de la presencia del Señor y de la gloria de su poder, cuando venga en aquel día para ser glorificado en sus santos y ser admirado en todos los que creyeron" (2 Ts. 1:8-10).

Para todos los seres humanos habrá un momento de rendir cuentas. Para el cristiano obediente que tomó su cruz será un día de gran regocijo y gloria, porque tendrá evidencia de que la vida de Dios está dentro de él por fe en Jesucristo. Pero para el pecador impenitente que rechaza a Cristo será un día de gran terror y tormento, porque no tendrá evidencia de vida divina.

LA PROMESA REPETIDA

De cierto os digo que hay algunos de los que están aquí, que no gustarán la muerte, hasta que hayan visto al Hijo del Hombre viniendo en su reino. (16:28)

En vista de la creciente oposición a Jesús por parte de los dirigentes religiosos judíos, y de las predicciones del Señor de su inminente sufrimiento y muerte, fue sin duda con cierto escepticismo que los discípulos oyeron la promesa de su Señor de que un día iba a regresar en gloria. Pudieron haber razonado: "Si estuvimos tan confundidos en cuanto a su primera venida, ¿por qué deberíamos poner nuestras esperanzas en una segunda venida de la que sabemos tan poco?". De lo único que los discípulos parecían seguros en ese momento era que la obra de su Señor parecía ser un fracaso total, que Él estaba enfrentando una muerte inminente, y que les había ordenado aceptar de buena gana el mismo destino. Por tanto, comprendiendo la perplejidad y la débil fe de los discípulos, Jesús repitió la promesa, añadiendo **que hay algunos de los que están aquí, que no gustarán la muerte, hasta que hayan visto al Hijo del Hombre viniendo en su reino.**

Gustarán la muerte era una expresión judía común que se refería a beber la copa de la muerte, en otras palabras, enfrentar la muerte. Jesús les aseguró a los doce que antes de su muerte algunos de ellos lo verían **viniendo en su reino.**

Debido a que los doce han estado muertos por mucho tiempo, y a que Jesús aún no ha regresado después de casi dos mil años, muchas personas se han confundido con este texto. Pero ya que Jesús no podía mentir ni equivocarse, debería ser obvio que no estaba hablando de que algunos de ellos no morirían físicamente antes que verdaderamente viniera por segunda vez.

Para entender correctamente lo que Jesús quiso decir es útil antes que nada conocer que *basileia* (**reino**) se usaba a menudo como una metonimia para querer decir "majestad real" o "esplendor majestuoso", en la misma forma que *cetro* se ha usado de modo figurado para representar poder y autoridad real. Utilizado de esa manera, *basileia* se refería a una manifestación de la realeza de Jesús y no a su reino terrenal literal. Por tanto, su promesa podría traducirse **hasta que hayan visto al Hijo del Hombre viniendo en su** esplendor majestuoso".

Al comienzo de su sermón en Pentecostés Pedro cita un extenso pasaje del profeta

Joel (Hch. 2:28-32), un pasaje que específicamente relata los sucesos que ocurrirán "en los postreros días" (Hch. 2:17; cp. Jl. 2:28). Refiriéndose a los hechos dramáticos que acababan de ocurrir en el Día de Pentecostés, Pedro manifestó: "Esto es lo dicho por el profeta Joel" (Hch. 2:16). Sin embargo, es obvio que todos esos acontecimientos no sucedieron en Pentecostés. El Espíritu de Dios no se derramó sobre toda la humanidad; no hubo "señales abajo en la tierra, sangre y fuego y vapor de humo", y el sol no se convirtió "en tinieblas" ni "la luna en sangre" (Hch. 2:17-21). Los sucesos de ese día, por maravillosos que fueron, no señalizaron la Segunda Venida. El día de Pentecostés no fue "en los postreros días" de los que Joel hablaba.

No obstante, los acaecimientos de Pentecostés fueron un destello y un anticipo de los últimos días, según Pedro declara en el versículo 16. El "estruendo como de un viento recio que… llenó toda la casa donde [los ciento veinte creyentes que se habían reunido para orar] estaban sentados", la aparición de "lenguas repartidas, como de fuego" que se asentaron "sobre cada uno de ellos", y el hecho de que fueran llenos con el Espíritu y pudieran "hablar en otras lenguas, según el Espíritu les daba que hablasen" (2:2-4), fueron presagios de la gloria de la segunda venida del Señor. Hasta cierto punto, *toda* la enseñanza y *todos* los milagros divinos de Jesús, y la enseñanza y los milagros de los apóstoles fueron un destello del tipo de fenómeno que caracterizará esa gloria futura. Fueron una muestra de "la buena palabra de Dios y los poderes del siglo venidero" (He. 6:5) que miles y miles, tanto de incrédulos como de creyentes, habían tenido el privilegio de oír y ver.

Sin embargo, parece que la promesa de Jesús a los doce acerca de ver **al Hijo del Hombre viniendo en su reino** fue más definida e inmediata que esos destellos generales.

No era raro que las profecías del Antiguo Testamento combinaran una predicción de un suceso muy lejano con una predicción de otro suceso en el futuro cercano, en que incluso el primero prefiguraba al último. De ahí que tales profecías tuvieran cumplimientos tanto cercanos como distantes. El cumplimiento de la profecía cercana servía para verificar la confiabilidad de la lejana. Por consiguiente, parece razonable suponer que Jesús verificó la confiabilidad de la profecía de su segunda venida dando un destello de la gloria de esa venida a **algunos de** los discípulos antes de que estos gustaran **la muerte.**

A la luz de esa interpretación —y debido a que en todos los tres relatos la promesa de ver la gloria del Señor se da inmediatamente antes del relato de la transfiguración (véase Mr. 9:1-8; Lc. 9:27-36), y a que según se mencionó antes *basileia* puede traducirse "esplendor majestuoso"— parece que Jesús debió haberse referido aquí específicamente a su transfiguración única y sorprendente delante de Pedro, Jacobo y Juan solo seis días después (véase 17:1). Esos tres discípulos fueron **algunos** entre los doce que no morirían hasta que, en un anticipo de lo más milagroso, verían **al Hijo del Hombre viniendo en su reino.**

Anticipo de la Segunda Venida

95

Seis días después, Jesús tomó a Pedro, a Jacobo y a Juan su hermano, y los llevó aparte a un monte alto; y se transfiguró delante de ellos, y resplandeció su rostro como el sol, y sus vestidos se hicieron blancos como la luz. Y he aquí les aparecieron Moisés y Elías, hablando con él. Entonces Pedro dijo a Jesús: Señor, bueno es para nosotros que estemos aquí; si quieres, hagamos aquí tres enramadas: una para ti, otra para Moisés, y otra para Elías. Mientras él aún hablaba, una nube de luz los cubrió; y he aquí una voz desde la nube, que decía: Este es mi Hijo amado, en quien tengo complacencia; a él oíd. Al oír esto los discípulos, se postraron sobre sus rostros, y tuvieron gran temor. Entonces Jesús se acercó y los tocó, y dijo: Levantaos, y no temáis. Y alzando ellos los ojos, a nadie vieron sino a Jesús solo. Cuando descendieron del monte, Jesús les mandó, diciendo: No digáis a nadie la visión, hasta que el Hijo del Hombre resucite de los muertos. Entonces sus discípulos le preguntaron, diciendo: ¿Por qué, pues, dicen los escribas que es necesario que Elías venga primero? Respondiendo Jesús, les dijo: A la verdad, Elías viene primero, y restaurará todas las cosas. Mas os digo que Elías ya vino, y no le conocieron, sino que hicieron con él todo lo que quisieron; así también el Hijo del Hombre padecerá de ellos. Entonces los discípulos comprendieron que les había hablado de Juan el Bautista. (17:1-13)

Según se observó al final del capítulo anterior, el anticipo de la gloria que Jesús prometió que algunos de los discípulos experimentarían antes de que murieran (16:28) se refería a su transfiguración, el acontecimiento relacionado en el texto actual.

Seis días después la promesa se cumplió. El hecho de que Lucas diga que ocurrió "como ocho días después" (9:28) simplemente indica que estaba hablando en términos inclusivos, a diferencia de Mateo y Marcos (9:2). Mientras esos escritores se refirieron a los **seis** días transcurridos entre la predicción y el cumplimiento, Lucas también incluyó los días en los que ocurrieron tales acontecimientos.

Pedro, Jacobo y Juan su hermano eran los discípulos más íntimos de Jesús, constituyendo el círculo íntimo del Señor con Andrés el hermano de Pedro (véase el capítulo 57 de esta obra). Por consiguiente, no extraña que fueran estos tres hombres a quienes Jesús **llevó aparte a un monte alto.**

Cuatro razones parecen sugerir por qué Jesús **llevó aparte** solo a estos tres hombres con Él para que presenciaran su transfiguración. Primero, ellos serían testigos confiables de la gloria manifestada del Señor, y podrían confirmar el suceso a los demás apóstoles y al resto de la iglesia. Según Deuteronomio 19:15, "todo asunto se resolverá mediante el testimonio de dos o tres testigos" (NVI). La demostración prometida del Señor en la gloria de su reino (Mt. 16:27-28) sería confirmada por el testimonio de estos tres testigos confiables.

Segundo, es probable que estos tres hombres fueran escogidos debido a su intimidad con Jesús. Estuvieron con Él la mayor parte del tiempo y lo entendieron de mejor manera, y con frecuencia lo acompañaron cuando se alejaba para tener comunión intensa con su Padre celestial (Mr. 5:37; 14:33). Era conveniente que quienes compartirían más íntimamente su sufrimiento y tristeza también compartieran de manera más íntima el testimonio de su gloria.

Tercero, como voceros reconocidos entre los doce, es decir aquellos cuya palabra era más respetada, estos hombres podían expresar de manera más confiable y convincente lo que presenciaron en el monte.

La cuarta razón posible es negativa. Si todos los doce discípulos hubieran visto la transfiguración, o si todos ellos además del gentío que había estado con ellos en la parte superior de Galilea hubieran visto a Jesús transfigurado, la región entera pudo haber entrado rápidamente en un estado de agitación. Las personas habrían bajado corriendo la colina y habrían entrado a los pueblos de los alrededores balbuceando de manera incontrolada lo que acababan de presenciar. Sin duda los relatos habrían variado en gran manera, embelleciéndose con cada recuento. Por tanto, Jesús pudo haber sido presionado con mayor fuerza a convertirse en el libertador político y militar que el pueblo esperaba que el Mesías fuera (véase Jn. 6:15; 12:12-19).

El **monte alto** particular no se identifica, pero al parecer estaba en algún lugar cercano y al sur de Cesarea de Filipo, en la ruta a Capernaúm y finalmente hacia Jerusalén (véase Mt. 16:13, 21; 17:24).

Por Lucas 9:32 nos enteramos que al igual que en el huerto, estos tres discípulos no pudieron permanecer despiertos, a pesar de lo trascendental de la experiencia. Fue "a causa de la tristeza" que se quedaron dormidos en el huerto (Lc. 22:45), y tal vez por la misma razón fue que se quedaron dormidos en lo alto del monte. Dormir puede ser una forma de escapar, una manera de olvidar de manera temporal los problemas y las ansiedades. La depresión acelera el cansancio. Es probable que la promesa que Jesús hiciera pocos días antes fuera demasiado vaga e indefinida para reforzarles los espíritus después que se enteraran de la inminencia del sufrimiento y la muerte, y que Jesús los llamara a estar dispuestos a padecer y morir sirviéndolo (16:21-25). Ellos durmieron el sueño de la frustración y la depresión. No fue sino hasta que Moisés y Elías aparecieron que los tres "permaneciendo despiertos, vieron la gloria de Jesús, y a los dos varones que estaban con él" (Lc. 9:32b).

En los acontecimientos posteriores se encuentran cinco poderosas confirmaciones o pruebas de que Jesús en realidad era el profetizado Hijo del Hombre, el Mesías, el divino Rey de gloria. Primero está la transformación del Hijo (Mt. 17:2); segundo está el testimonio de los santos (vv. 3-4); tercero está el terror al Padre (vv. 5-6); cuarto está lo que podría llamarse la rica complejidad de la escena (vv. 7-9); y quinto está el vínculo con el anunciador de Jesús, Juan el Bautista (vv. 10-13). Las tres primeras se dan durante la transfiguración, y las dos últimas exactamente después.

LA TRANSFORMACIÓN DEL HIJO

y se transfiguró delante de ellos, y resplandeció su rostro como el sol, y sus vestidos se hicieron blancos como la luz. (17:2)

Se transfiguró viene de *metamorphō,* que tiene el significado básico de cambiar a otra forma, y es el término del que obtenemos *metamorfosis.* Puesto que no se ofrece ninguna descripción, lo único que sabemos del cambio es que durante esta breve demostración de gloria divina **resplandeció** el **rostro** de Jesús **como el sol, y sus vestidos se hicieron blancos como la luz.** Al Jesús que había estado viviendo por más de treinta años en forma humana común se le veía ahora parcialmente en el ardiente resplandor de Dios (cp. He. 1:1-3). Desde el interior de sí mismo, en una forma que desafía toda descripción, y más aún toda explicación, la gloria divina de Jesús se manifestó **delante de** Pedro, Jacobo y Juan.

He aquí la más grande confirmación de la deidad de Jesús ocurrida en su vida. Más que en cualquier otra ocasión, aquí Él se reveló como verdaderamente es: el Hijo de Dios. Cuando la gloria divina irradió de **su rostro,** iluminó incluso **sus vestidos,** que **se hicieron blancos como la luz,** en testimonio sobrenatural de su esplendor espiritual. Al igual que las manifestaciones Shekinah del Antiguo Testamento, Dios mismo se personificó ante ojos humanos en la forma de **luz** tan deslumbrante y abrumadora que apenas podía soportarse.

La luz representaba la gloria y la majestad de Jesús, tal como Pedro atestiguara años más tarde en su segunda epístola: "Cuando él recibió de Dios Padre honra y gloria, le fue enviada desde la magnífica gloria una voz que decía: Este es mi Hijo amado, en el cual tengo complacencia" (2 P. 1:17). La experiencia de ver la gloria de Cristo debió haber sido un factor importante para que la Segunda Venida se convirtiera en un tema dominante en la predicación y los escritos de Pedro. El mensaje de sus dos epístolas podría resumirse así: "Compañeros creyentes, no se preocupen por su dolor, su dificultad, su prueba, su persecución, su sacrificio. ¡Jesús viene! Eso es lo único que realmente importa". Juan atestiguó más tarde: "(Y vimos su gloria, gloria como del unigénito del Padre), lleno de gracia y de verdad" (Jn. 1:14). No tenemos registro del testimonio de Jacobo respecto a este hecho, ya que fue martirizado en los primeros días de la iglesia, el primer apóstol que entregó su vida por Cristo (Hch. 12:2; cp. Mr. 10:39). Lo mejor que pudieron ver con ojos humanos, estos tres hombres vieron resplandecer en Jesús la esencia de Dios.

Esa impresionante experiencia solo fue un anticipo del día en que "el Hijo del Hombre vendrá en la gloria de su Padre con sus ángeles" (Mt. 16:27). En ese día "lamentarán todas las tribus de la tierra, y verán al Hijo del Hombre viniendo sobre las nubes del cielo, con poder y gran gloria" (Mt. 24:30). Y "cuando el Hijo del Hombre venga en su gloria, y todos los santos ángeles con él, entonces se sentará en su trono de gloria" (25:31). En su visión en Patmos, Juan vio a Cristo en su regreso como "uno semejante al Hijo del Hombre, vestido de una ropa que llegaba hasta los pies, y ceñido por el pecho con un cinto de oro. Su cabeza y sus cabellos eran blancos como blanca lana, como nieve; sus ojos como llama de fuego; y sus pies semejantes al bronce bruñido, refulgente como en un horno; y su voz como estruendo de muchas aguas. Tenía en su diestra siete estrellas; de su boca salía una espada aguda de dos filos; y su rostro era como el sol cuando resplandece en su fuerza" (Ap. 1:13-16).

En su forma humana Jesucristo estaba velado, pero cuando regrese otra vez lo hará en su total majestad y gloria divina, un destello de lo que Pedro, Jacobo y Juan presenciaron en el monte. En lo sucesivo no podía haber ninguna duda en sus mentes de que Jesús era el Dios encarnado, y no debió haber habido ninguna duda de que Él iba a venir algún día en la plenitud de su gloria.

EL TESTIMONIO DE LOS SANTOS

Y he aquí les aparecieron Moisés y Elías, hablando con él. Entonces Pedro dijo a Jesús: Señor, bueno es para nosotros que estemos aquí; si quieres, hagamos aquí tres enramadas: una para ti, otra para Moisés, y otra para Elías. (17:3-4)

Mientras los tres discípulos observaban sorprendidos, se **les aparecieron Moisés y Elías,** envueltos en la gloria del Señor (Lc. 9:31). El testimonio de esos dos santos del Antiguo Testamento fue una segunda confirmación de la deidad de Jesús.

Podríamos preguntarnos por qué fueron escogidos estos dos hombres de entre los muchos creyentes piadosos del Antiguo Testamento que pudieron haber sido elegidos. Por ejemplo, ¿por qué Dios no presentó a Abraham, el padre del pueblo hebreo y de todos los fieles? ¿Por qué no fue seleccionado David, desde cuyo trono algún día Jesús reinaría? ¿Por qué no fue elegido Isaías, Jeremías, Ezequiel o uno de los demás profetas? La Biblia no ofrece explicación, pero parece que más que todos los demás, Moisés y Elías tipificaban al hombre de Dios en el Antiguo Testamento.

Moisés era sinónimo del antiguo pacto, el cual el Señor dio a través de él. A menudo se referían a las Escrituras judías como Moisés y los profetas, y a la ley del Antiguo Testamento con frecuencia se le llamaba la ley de Moisés. Criado en la corte del faraón, exiliado a los campos y los rebaños de Madián para aprender humildad y convertirse en un siervo de Dios, y luego escogido por el Señor para sacar a su pueblo de la esclavitud y darles su ley y guiarlos hasta los límites de la tierra prometida, **Moisés** fue un extraordinario hombre de Dios. Además del Señor mismo, sin duda **Moisés** fue el líder más grande en la historia humana. Se calcula que sacó de Egipto a dos millones de israelitas rebeldes e incrédulos, y los llevó al desierto donde vagaron durante cuarenta años mientras Dios levantaba una generación más obediente y dócil. Antes que el pueblo de Israel tuviera profetas formales, **Moisés** fue cierto tipo de profeta que les llevaba la palabra de Dios. Antes que tuvieran sacerdotes formales, él fue cierta clase de sacerdote que mediaba entre ellos y Dios. Y antes que tuvieran reyes formales, él fue cierto tipo de rey que los gobernó en el nombre de Dios.

Tal vez el único otro hombre del Antiguo Testamento que pudo haber estado con Moisés fue **Elías.** Moisés fue el gran dador de la ley, y **Elías** fue el más grande defensor de la ley. Este profeta era el celo personificado, un hombre piadoso de valor, audacia e intrepidez. Tenía corazón para Dios, caminó con Dios y, más que cualquier otro santo del Antiguo Testamento, fue el instrumento del poder de Dios para obrar milagros. Él fue el profeta preeminente de Dios, y para los judíos representó la personalidad más romántica del Antiguo Testamento.

Como nadie más, **Moisés y Elías** representaban el Antiguo Testamento, la ley, y los profetas. Y nadie como ellos pudieron dar testimonio de la divina majestad y gloria de Cristo. Por su presencia juntos en realidad estaban afirmando: "Este es Aquel de quien testificamos, Aquel en cuyo poder ministramos, y Aquel en quien todo lo que dijimos e hicimos tiene significado. Todo lo que hablamos, logramos y esperamos se cumple en Él".

Por Lucas nos enteramos que estos dos grandes santos estaban hablando con Jesús acerca "de su partida, que iba Jesús a cumplir en Jerusalén" (9:31). Ellos no se encontraban allí parados simplemente, reflexionando de manera pasiva en la gloria del Señor, sino que hablaban con Él como de amigo a Amigo acerca de la partida y del sacrificio inminente de Jesús, el cual fue su obra máxima y el objetivo supremo de su ministerio terrenal. "Partida" proviene del término griego del que obtenemos "éxodo". Así como el éxodo de Egipto bajo Moisés sacó al pueblo de Dios de la opresión de la esclavitud, el "éxodo" de Jesús de la tumba sacaría a los creyentes de la esclavitud del pecado. Esto se lograría en Jerusalén, como Lucas nos informa.

Es significativo que la conversación fuera acerca de la obra salvadora de Cristo a través de su muerte, porque esa fue la obra central de su ministerio, pero fue también la verdad que los discípulos encontraron más difícil de aceptar. **Moisés y Elías** no solo dieron confirmación de la gloria divina sino también del plan divino de Jesús. El testimonio sobrenatural de ellos sin duda alguna ofreció después convicción y valor agregado a los demás apóstoles, cuando predicaron que Jesús fue "entregado por el determinado consejo y anticipado conocimiento de Dios" (Hch. 2:23). Estaban afirmando delante de los tres apóstoles que "Jesús es el Salvador y Rey profetizado, y que su plan divino estaba en marcha".

La muerte y la resurrección de Jesús fueron parte ineludible de ese plan, sin las cuales habría sido imposible la redención del pecado. Él fue más que un hombre infinitamente bueno cuyo ejemplo muestra a otros seres humanos el camino hacia Dios. Jesús mismo era Dios, y por su sacrificio expiatorio como sustituto por los hombres es que Él mismo lleva ante Dios a quienes confían en Él. Ningún ser humano puede llegar a Dios siguiendo el ejemplo de Jesús, porque ninguno podría ofrecer un sacrificio suficiente ni siquiera por sus propios pecados, mucho menos por los pecados de todo el mundo. Por eso los discípulos debían comprender que la primera venida de Jesús para morir y resucitar era tanto parte del plan divino como lo era su venida por segunda vez en gloria.

Cuando Moisés y Elías "se estaban yendo de Él" (Lc. 9:33*a*), **Pedro dijo a Jesús: Señor, bueno es para nosotros que estemos aquí; si quieres, hagamos aquí tres enramadas: una para ti, otra para Moisés, y otra para Elías.**

Lucas nos da la información adicional de que **Pedro** habló "no sabiendo lo que decía" (9:33*b*). Pedro falló totalmente en comprender el significado de la gloria de Jesús o del testimonio de Moisés y Elías. Al parecer ajeno a la afirmación de que Jesús debía ir a morir a Jerusalén, y a que la gloria que ahora presenciaban no era más que un anticipo de la gloria plena en la que el Señor vendría otra vez en el futuro, en medio de su combinación de desconcierto y miedo Pedro no pudo pensar en nada más que en hacer con sus propias manos **tres enramadas** en las cuales Jesús y los dos testigos del Antiguo Testamento pudieran morar.

Solo podemos imaginar el motivo que Pedro tuvo para hacer esa sugerencia, excepto que obviamente estaba contento de permanecer con el Señor en lo alto del monte. Él no tenía interés en que Jesús fuera a Jerusalén ni en que regresara de nuevo. Quería que el Señor se quedara, no que se fuera y regresara. Especialmente Pedro no quería que Jesús partiera por medio de la muerte (Mt. 16:22). Como de costumbre, el discípulo quedó envuelto en sus propios planes y en su propia voluntad en lugar de buscar los planes del Señor. Aunque introdujo su propia sugerencia con la frase **si quieres,** Pedro probablemente supuso que Jesús no aprobaría lo que acababa de decir.

Cronologistas del Nuevo Testamento han determinado que el mes judío en que ocurrió la transfiguración fue Tishri (octubre), el sexto mes antes de la Pascua, y por tanto seis meses antes de la crucifixión de Jesús. Durante este mes los judíos celebraban la fiesta de los tabernáculos, o **enramadas,** y es posible que en este mismo tiempo se estuviera observando la fiesta en Jerusalén. En ese período de siete días las personas vivían en pequeños refugios o cabañas hechas de ramas, que simbolizaban las moradas temporales de sus antepasados en el desierto. Se trataba de una conmemoración de la preservación que Dios hiciera de su pueblo escogido y redimido (véase Lv. 23:33-44).

Zacarías predijo que durante el milenio, "Jehová será rey sobre toda la tierra. En aquel día Jehová será uno, y uno su nombre… Y todos los que sobrevivieren de las naciones que vinieron contra Jerusalén, subirán de año en año para adorar al Rey, a Jehová de los ejércitos, y a celebrar la fiesta de los tabernáculos" (Zac. 14:9, 16). Esa es la única fiesta de una semana de duración en el Antiguo Testamento que se celebrará durante el reinado milenial de Cristo. La fiesta de los tabernáculos será recordada cada año durante mil años como una imagen de la liberación y preservación del pueblo de Dios.

Por tanto, que la fiesta estuviera tan cerca pudo haber hecho que Pedro sugiriera construir las **tres enramadas** en el monte. Esa posibilidad es incluso más probable en vista de que esta fiesta conmemoraba la salida de la esclavitud en Egipto y las andanzas en el desierto por parte de Israel bajo el mando de Moisés. Según se indicó antes, Moisés y Elías estaban hablando con Jesús acerca "de su partida" o éxodo (Lc. 9:31), la liberación del pecado infinitamente mayor que pronto vendría para la humanidad creyente. Cuán apropiado entonces que Pedro pudiera haber pensado en celebrar la fiesta en ese lugar sagrado, no solo en la presencia de Moisés mismo sino en la presencia del aun mayor Liberador a quien Moisés profetizó y de quien Elías fue el precursor.

La idea de Pedro no solo era equivocada sino ridícula. Tal vez fue insensato en pensar que después de todo Jesús no tendría que morir, y en que ahora había una oportunidad de cumplir su misión evitando la cruz y por tanto evitando la necesidad de un regreso posterior. Pedo también fue insensato al colocar a Moisés y Elías, por grandes que eran, al mismo nivel de Cristo al querer construir **enramadas** para todos los tres. Como ya se observó, cuando Pedro hizo esta sugerencia Moisés y Elías ya habían partido (Lc. 9:33). Ellos sabían que su misión era temporal y que su testimonio de Cristo ya se había completado. En sus ministerios simplemente habían predicado la palabra de la ley y los profetas. Pero Jesucristo, la Palabra viva, era tanto el dador como el cumplimiento perfecto de la ley y los profetas, cuyo propósito era guiar a los seres humanos hacia Él mismo (véase Ro. 8:3; 10:4; Gá. 3:24). Dejando a Cristo en supremacía indiscutida, Moisés y Elías se desvanecieron para que el único objeto de adoración fuera el glorioso Señor mismo. Una vez que sus testimonios acerca de Él terminaron, no se quedarían ni se arriesgarían a restar mérito al Señor.

EL TERROR AL PADRE

Mientras él aún hablaba, una nube de luz los cubrió; y he aquí una voz desde la nube, que decía: Este es mi Hijo amado, en quien tengo complacencia; a él oíd. Al oír esto los discípulos, se postraron sobre sus rostros, y tuvieron gran temor. (17:5-6)

Una tercera confirmación de la deidad de Jesús fue el terror causado por la intervención del Padre mientras Pedro **aún hablaba.** A través de la forma de una **nube de luz** Dios **cubrió** a los tres discípulos y les habló en **una voz desde la nube.** Al testimonio de la misma transfiguración, y al testimonio de los dos santos del Antiguo Testamento, se añadió ahora el sorprendente testimonio de Dios el Padre.

A lo largo de las andanzas de Israel por el desierto, el Señor se manifestó por medio de "una columna de nube para guiarlos por el camino" (Éx. 13:21; Nm. 9:17; Dt. 1:33). Isaías predijo que "cuando el Señor lave las inmundicias de las hijas de Sion, y limpie la sangre de Jerusalén de en medio de ella, con espíritu de juicio y con espíritu de devastación… creará Jehová sobre toda la morada del monte de Sion, y sobre los lugares de sus convocaciones, nube y oscuridad de día, y de noche resplandor de fuego que eche llamas; porque sobre toda gloria habrá un dosel" (Is. 4:4-5). En su visión de los últimos días Juan miró, "y he aquí una nube blanca; y sobre la nube uno sentado semejante al Hijo del Hombre, que tenía en la cabeza una corona de oro, y en la mano una hoz aguda. Y del templo salió otro ángel, clamando a gran voz al que estaba sentado sobre la nube: Mete tu hoz, y siega; porque la hora de segar ha llegado, pues la mies de la tierra está madura. Y el que estaba sentado sobre la nube metió su hoz en la tierra, y la tierra fue segada" (Ap. 14:14-16).

Desde aquella **nube de luz** el Padre **cubrió** a Pedro, Jacobo y Juan, y les habló con una **voz** audible, diciéndoles: **Este es mi Hijo amado, en quien tengo complacencia; a él oíd.** El Padre pronunció palabras casi idénticas en el bautismo de Jesús (Mt. 3:17), y durante la última semana de Jesús en Jerusalén (pero a pocos días de su traición, arresto y crucifixión) el Padre volvió a declarar de manera pública y directa que aprobaba a su Hijo (Jn. 12:28).

Al llamar a Jesús su **Hijo,** el Padre lo declaró con idéntica naturaleza y esencia que Él mismo (cp. Jn 5:17-20; 9:19, 42; 10:30, 36-38). La Biblia se refiere frecuentemente a los creyentes como hijos de Dios, pero estos son hijos adoptados, llevados al interior de la familia celestial solo por medio del milagro de la gracia divina (Ro. 8:15, 23; Gá. 4:5; Ef. 1:5). Jesús es la esencia de la naturaleza divina, según los apóstoles enfatizaron en varias ocasiones (véase Ro. 1:1-4; 2 Co. 1-3; Gá. 1:3; Ef. 1-3; Col. 1:3; 1 P. 1:3; 1 Jn. 1:3; 2 Jn. 3).

Al llamar a Jesús su **Hijo amado,** el Padre declaró no solo una relación de naturaleza divina sino una relación de amor divino. La relación que tenían era de mutuo amor, compromiso e identificación en toda forma.

Al decir **en quien tengo complacencia,** el Padre declaró su aprobación con todo lo que el **Hijo** era, decía y hacía. Todo acerca de Jesús estaba en perfecto acuerdo con la voluntad y el plan del Padre (cp. Jn. 5:19; 8:29; 10:37-38; 12:49-50).

Entonces, dirigiéndose directamente a los tres discípulos, y quizás a Pedro en particular, Dios ordenó: **a él oíd.** En realidad estaba diciendo: "Si mi Hijo les dice que debe ir a Jerusalén a padecer y morir, créanle. Si les dice que resucitará al tercer día, créanle. Si les dice que ustedes deben tomar sus propias cruces y seguirlo, eso es lo que ustedes deben hacer. Si Él dice que volverá en gloria, entonces créanle y vivan en consecuencia con todo esto".

El franco e impulsivo Pedro, y sus dos compañeros, sabían ahora que estaban en la presencia imponente del Todopoderoso Dios. Como podría esperarse **al oír esto los discípulos, se postraron sobre sus rostros, y tuvieron gran temor.** Es probable que Pedro estuviera tan totalmente traumatizado que al instante olvidara su presuntuosa sugerencia de construir las tres enramadas.

La apreciación combinada de la gracia del Señor junto con su majestad, su amor, su justicia, su amistad, y su señorío debe causar una especie de tensión espiritual en todo creyente. Este por una parte se regocija en su comunión amorosa con el Señor debido a la compasiva ternura que recibe, y por otra parte experimenta un temor reverencial mientras contempla la impresionante santidad y justicia de Dios. Cuando un creyente camina en obediencia a Dios, experimenta la divina presencia consoladora. Pero cuando camina en desobediencia debería sentir el terror de esa misma presencia. Proverbios declara que la sabiduría espiritual empieza con el temor de Dios (Pr. 9:10).

En la presencia de un Dios santo, los hombres pecadores siempre quieren esconderse. Antes de la caída, Adán y Eva tenían comunión ininterrumpida con Dios, pero después que pecaron la relación cambió muchísimo. Sucedió que "oyeron la voz de Jehová Dios que se paseaba en el huerto, al aire del día; y el hombre y su mujer se escondieron de la presencia de Jehová Dios entre los árboles del huerto" (Gn. 3:8). Cuando Isaías contempló la divina majestad y gloria que rodeaba el trono celestial, gritó en gran temor: "¡Ay de mí! que soy muerto; porque siendo hombre inmundo de labios, y habitando en medio de pueblo que tiene labios inmundos, han visto mis ojos al Rey, Jehová de los ejércitos" (Is. 6:5). Mientras se hallaba en la presencia de la santidad perfecta, la sensación de su propia pecaminosidad abrumó a Daniel. Quedó igualmente aterrado cuando el Señor le habló directamente después de haber tenido la visión del carnero, el macho cabrío, y el cuerno pequeño (Dn. 8:15-17).

LA RICA COMPLEJIDAD DE LA ESCENA

Entonces Jesús se acercó y los tocó, y dijo: Levantaos, y no temáis. Y alzando ellos los ojos, a nadie vieron sino a Jesús solo. Cuando descendieron del monte, Jesús les mandó, diciendo: No digáis a nadie la visión, hasta que el Hijo del Hombre resucite de los muertos. (17:7-9)

La cuarta confirmación de la deidad de Jesús fue la rica complejidad de la escena que dio testimonio del majestuoso poder y el esplendor real de Cristo. Esta fue menos específica y dramática que las tres primeras, pero en su propia manera fue impresionante.

Jesús seguía siendo el centro de la escena, así como lo será en su segunda venida. Se hallaba de pie en un monte alto, al igual que ocurrirá en su regreso a la tierra cuando "se afirmarán sus pies en aquel día sobre el monte de los Olivos, que está en frente de Jerusalén al oriente" (Zac. 14:4). Cuando Él venga lo hará *con* sus santos (1 Ts. 3:13; Jud. 14), tal como aquí está acompañado de los santos del Antiguo Testamento Moisés y Elías. Y cuando venga también vendrá *para* sus santos (2 Ts. 1:10; Ap. 21:3-7), ministrando a su propio pueblo, tal como ahora ministró a Pedro, Jacobo y Juan.

Otro aspecto interesante de la escena es el hecho de que, aunque Moisés murió, Elías no, pues fue llevado al cielo en un torbellino (2 R. 2:11). Por eso Moisés representaba a los santos que morirán para el tiempo del regreso de Jesús, y Elías representaba a aquellos que habrán sido arrebatados.

De manera simbólica, el monte está ahí. El pueblo con quien Jesús viene está ahí. Las personas a las que Él viene están ahí. Y tanto los santos que han muerto como los que han sido transportados están en la escena.

Las primeras y obras del Señor después de su poderosa demostración de esplendor fueron de cuidado tierno y amoroso. Consciente del gran temor de sus tres compañeros amados, **Jesús se acercó y los tocó, y dijo: Levantaos, y no temáis.** Cuando de manera indecisa levantaron **ellos los ojos,** debió haber sido un gran alivio no ver **a nadie sino a Jesús solo.**

Las impresiones de la experiencia estaban ahora grabadas de forma indeleble en sus mentes. Podían atestiguar con certeza y valentía que Jesús se había manifestado realmente en gloria antes que algunos de ellos probaran la muerte (16:28). Cerca de treinta años después Pedro escribiría: "Porque no os hemos dado a conocer el poder y la venida de nuestro Señor Jesucristo siguiendo fábulas artificiosas, sino como habiendo visto con nuestros propios ojos su majestad. Pues cuando él recibió de Dios Padre honra y gloria, le fue enviada desde la magnífica gloria una voz que decía: Este es mi Hijo amado, en el cual tengo complacencia. Y nosotros oímos esta voz enviada del cielo, cuando estábamos con él en el monte santo" (2 P. 1:16-18).

Cuando vieron que **Jesús** estaba **solo,** los discípulos se dieron cuenta de que habían presenciado un anticipo de la gloria de la segunda venida del Señor. Y una vez que recuperaron la compostura debieron haber sentido un fuerte y comprensible deseo de bajar corriendo e informar su asombrosa experiencia a los otros discípulos y a todos los demás que escucharían. Pero **cuando descendieron del monte, Jesús les mandó, diciendo: No digáis a nadie la visión, hasta que el Hijo del Hombre resucite de los muertos.** Cuán extremadamente difícil debió haber sido tener que guardarse **la visión** para sí mismos.

Tal como Jesús había dicho "a sus discípulos que a nadie dijesen que él era Jesús el Cristo" (16:20), ahora les dijo a los tres que no hablaran a nadie de la manifestación de la gloria divina. El Cristo que la mayoría de judíos de esa época esperaban no era el Cristo que había venido. En lugar de venir como conquistador, había venido a morir. En vez de venir en gloria divina, vino en humilde mansedumbre. Y en lugar de venir a liberar de la esclavitud política a los judíos, vino a liberar de la esclavitud del pecado a todos los seres humanos que confiarían en Él.

Que las personas hubieran sabido en ese entonces acerca de la experiencia en el monte, tal como se ha mencionado, solamente las hubiera incitado a tratar como hicieron en otras ocasiones (Jn. 6:15; 12:12-19) de hacer de Jesús un rey de su propia especie que les cumpliera sus inmediatas expectativas egoístas y mundanas. Pero al oír la historia después **que el Hijo del Hombre** hubiera resucitado **de los muertos,** estaría claro que Él no había venido a conquistar a los romanos sino a conquistar la muerte.

EL VÍNCULO CON EL PRECURSOR

Entonces sus discípulos le preguntaron, diciendo: ¿Por qué, pues, dicen los escribas que es necesario que Elías venga primero? Respondiendo Jesús, les dijo: A la verdad, Elías viene primero, y restaurará todas las cosas. Mas os digo que Elías ya vino, y no le conocieron, sino que hicieron con él todo lo que quisieron; así también el Hijo del Hombre padecerá de ellos. Entonces los discípulos comprendieron que les había hablado de Juan el Bautista. (17:10-13)

La quinta y última confirmación de la deidad de Jesús se ve en su relación mesiánica con Juan el Bautista.

Al haber visto a Elías en el monte, una pregunta natural para los **discípulos** de Jesús fue: **¿Por qué, pues, dicen los escribas que es necesario que Elías venga primero?** Esa enseñanza particular de **los escribas** no se basaba simplemente en la tradición rabínica sino en la enseñanza bíblica. Por medio de Malaquías el Señor declaró: "He aquí, yo os envío el profeta Elías, antes que venga el día de Jehová, grande y terrible. El hará volver el corazón de los padres hacia los hijos, y el corazón de los hijos hacia los padres, no sea que yo venga y hiera la tierra con maldición" (Mal. 4:5-6).

La predicción de que la persona real de Elías del Antiguo Testamento sería el precursor del Mesías y su juicio era algo muy conocido para los judíos de la época de Jesús. Por tanto, cuando Pedro, Jacobo y Juan bajaban con el Señor la ladera del monte, lo menos que podían preguntarse era cómo la aparición de Elías que acababan de presenciar calzaba en la profecía de Malaquías. En realidad le estaban preguntando: "Si eres el Mesías, tal como lo has afirmado y lo hemos creído, ¿por qué Elías no apareció *antes* que comenzaras tu ministerio?".

Este era sin duda alguna el mismo tema que muchos de los dirigentes judíos usaban para justificar su rechazo a la condición mesiánica de Jesús. Y lo más probable es que la profecía de Malaquías fuera lo que hizo que algunas personas creyeran que Jesús era Elías y no el Mesías (Mt. 16:14). Pudieron haber razonado: "A pesar de sus grandes milagros, Jesús no puede ser el Mesías, porque Elías aún no ha venido. Por consiguiente, él mismo debe ser Elías".

Los muchos embellecimientos que **los escribas** y sus compañeros rabinos habían hecho a la profecía de Malaquías hicieron más fácil ese malentendido. Al igual que muchos intérpretes bíblicos a lo largo de los siglos, e incluso muchos en nuestro propio tiempo, a los escribas les gustaba "llenar los espacios", por así decirlo, donde una predicción bíblica no estaba tan clara y detallada como les habría gustado. En consecuencia, enseñaban que Elías vendría otra vez como un poderoso reformador que haría milagros, que sacaría orden del caos y santidad de la impiedad. Sostenían que cuando el Mesías llegara, el mundo, o al menos Israel, estarían moral y espiritualmente preparados para Él, y que el Señor ejecutaría rápido juicio y establecería el reino para Israel.

Al igual que toda enseñanza que se basa en la Biblia solo en parte, la de ellos era por esa razón tanto más engañosa. Jesús respondió reconociendo primero la verdad parcial, al decir: **A la verdad, Elías viene primero, y restaurará todas las cosas.** Hay un **Elías** que está aún por venir, y cuando llegue **restaurará todas las cosas,** tal como Malaquías profetizara. Jesús siguió explicando: **Mas os digo que Elías ya vino, y no le conocieron, sino que hicieron con él todo lo que quisieron; así también el Hijo del Hombre padecerá de ellos. Entonces los discípulos comprendieron que les había hablado de Juan el Bautista.**

El Elías profetizado por Malaquías no iba a ser una reencarnación del antiguo profeta. Más bien, según el ángel del Señor le dijera a Zacarías con relación a su hijo **Juan el Bautista**, el anunciador profetizado vendría "con el espíritu y el poder de Elías" (Lc. 1:17). **Juan** no sería el antiguo profeta que iba a regresar a la tierra sino quien ministraría con mucho del estilo y el poder que Elías tuvo. En esa manera, tal como Jesús le había dicho a los discípulos al menos una vez antes, Juan "es aquel Elías que había de venir" (Mt. 11:14).

Algunos se preguntan: ¿Por qué entonces el mismo Juan desmintió que era Elías? Cuando los sacerdotes y levitas de Jerusalén le preguntaron: "¿Eres tú Elías? Dijo: No soy" (Jn. 1:21). Él negó ser Elías porque, aunque estaba consciente de la profecía de Lucas 1, al igual que Jesús se dio cuenta de que la pregunta era acerca de un profeta Elías literal y reencarnado. Y, aunque Juan no tenía la omnisciencia de Jesús, sin duda alguna comprendió que el cuestionamiento de los sacerdotes y levitas se originaba en incredulidad, no en fe sincera. Ellos no estaban interesados en saber la verdad sino en hallar una manera de desacreditar a Juan, tal como más tarde buscarían varias formas de desacreditar a Aquel cuyo camino él vino a preparar.

Los falsos motivos y la impiedad de los dirigentes religiosos judíos se hizo aún más evidente cuando **no** reconocieron a Juan como el Elías profetizado **sino que hicieron con él todo lo que quisieron.** Lo encarcelaron y lo decapitaron. Por tanto, cualquiera que pudiera ser la respuesta de Juan a los sacerdotes y levitas de Jerusalén, ellos finalmente habrían rechazado a Juan porque lo odiaban, y sus corazones se oponían a Dios y a su verdad. Es inevitable que quienes rechazan a Dios también rechacen a sus mensajeros.

No obstante, la maldad total de los dirigentes religiosos judíos se manifestó cuando rechazaron y persiguieron al mismo **Hijo del Hombre,** quien iba a padecer a manos **de ellos.** Debido a que rechazaron la obra de restauración del precursor del Mesías, predecesor con el estilo de Elías, y a que luego rechazaron al Mesías mismo, el reino mesiánico se pospuso.

En los postreros días el Señor enviará aún a otro como Elías, y el Mesías mismo regresará, esta vez para establecer su reino eterno en poder, justicia y gloria.

96

El poder de la fe

Cuando llegaron al gentío, vino a él un hombre que se arrodilló delante de él, diciendo: Señor, ten misericordia de mi hijo, que es lunático, y padece muchísimo; porque muchas veces cae en el fuego, y muchas en el agua. Y lo he traído a tus discípulos, pero no le han podido sanar. Respondiendo Jesús, dijo: ¡Oh generación incrédula y perversa! ¿Hasta cuándo he de estar con vosotros? ¿Hasta cuándo os he de soportar? Traédmelo acá. Y reprendió Jesús al demonio, el cual salió del muchacho, y éste quedó sano desde aquella hora. Viniendo entonces los discípulos a Jesús, aparte, dijeron: ¿Por qué nosotros no pudimos echarlo fuera? Jesús les dijo: Por vuestra poca fe; porque de cierto os digo, que si tuviereis fe como un grano de mostaza, diréis a este monte: Pásate de aquí allá, y se pasará; y nada os será imposible. Pero este género no sale sino con oración y ayuno. (17:14-21)

Mateo 17:14 señala el comienzo de un período especial de instrucción por parte de Jesús a los doce que continúa hasta el capítulo 20. Tras darles una revelación de su persona como Rey y de su programa para el reino, ahora les da más principios para vivir en el reino. El primero es el principio fundamental de la fe. Así como la vida espiritual debe recibirse por fe, así también es necesario vivirla por fe.

La Biblia nos da un testimonio continuo del poder de la fe en Dios en las vidas de los creyentes. Fue fe en el poder de Dios lo que hizo que el joven Caleb observara la tierra de Canaán con sus gigantes e informara a Moisés: "Subamos luego, y tomemos posesión de ella; porque más podremos nosotros que ellos" (Nm. 13:30). Fue fe en el cuidado de Dios lo que permitió que en medio del desastre personal Job dijera de su Señor: "Aunque él me matare, en él esperaré" (Job 13:15). Fue fe en la protección de Dios lo que hizo que Sadrac, Mesac y Abed-Nego se pararan en el borde del horno de fuego y declararan al rey Nabucodonosor: "He aquí nuestro Dios a quien servimos puede librarnos del horno de fuego ardiendo; y de tu mano, oh rey, nos librará. Y si no, sepas, oh rey, que no serviremos a tus dioses, ni tampoco adoraremos la estatua que has levantado" (Dn. 3:17-18). Fue fe en la protección de Dios lo que permitió que Daniel siguiera adorando fielmente a Dios, aunque esto significara ser arrojado al foso de los leones (Dn. 6:10). Fue fe en que Jesús podía perdonarle los pecados lo que produjo liberación espiritual a la mujer que entró a la casa del fariseo y lavó los pies de Jesús con sus lágrimas y a continuación los secó con sus cabellos (Lc. 7:37-50).

Hebreos 11 nos hace saber que "por la fe Abel ofreció a Dios más excelente sacrificio que Caín" (v. 4), que "por la fe Enoc fue traspuesto para no ver muerte" (v. 5), que "por la fe Noé… preparó el arca… y fue hecho heredero de la justicia que viene por la fe" (v. 7), y que "por la fe Abraham, siendo llamado, obedeció… salió… [y] habitó como extranjero en la tierra prometida… porque esperaba la ciudad que tiene fundamentos, cuyo arquitecto y constructor es Dios (vv. 8-10). El resto de ese capítulo enumera gran cantidad de otros santos del Antiguo Testamento que "alcanzaron buen testimonio mediante la fe" (v. 39). El escritor continúa: "Por tanto, nosotros también, teniendo en derredor nuestro tan grande nube de testigos, despojémonos de todo peso y del pecado que nos asedia, y corramos con paciencia la carrera que tenemos por delante, puestos los ojos en Jesús, el autor y consumador de la fe" (12:1-2).

No sorprende, pues, que lo primero que Jesús enseñó a los discípulos después que regresara del monte de la transfiguración fue una lección acerca de la fe. Pedro, Jacobo y Juan acababan de tener un destello del poder y la majestad del Señor Jesucristo (Mt. 17:2), a lo cual Pablo pudo haberse referido cuando habló de "la gloria de Dios en la faz de Jesucristo" (2 Co. 4:6). Pero ahora los discípulos se enfrentaban cara a cara con su propia *falta* de poder que se debía a la falta de fe que ellos tenían, según el mismo Jesús les dijo.

Para esta lección la escena cambia dramáticamente del monte de gloria al valle de la desesperación. De la deslumbrante majestad de Cristo revelada en la presencia de Moisés, Elías y Dios el Padre, en un glorioso anticipo de la segunda venida del Señor, Jesús y los tres discípulos descendieron a la realidad del mundo maldito por el pecado en su peor momento.

El Señor utilizó la primera situación trágica que encontró después de la transfiguración como un ejemplo vivo de un principio que quería enseñar. Dentro de esta historia pueden verse cuatro elementos clave: la súplica de un padre (Mt. 17:14-15), la impotencia de los seguidores (v. 16), la perversión de los incrédulos (vv. 17-18), y el poder de la fe (vv. 19-21).

LA SÚPLICA DE UN PADRE

Cuando llegaron al gentío, vino a él un hombre que se arrodilló delante de él, diciendo: Señor, ten misericordia de mi hijo, que es lunático, y padece muchísimo; porque muchas veces cae en el fuego, y muchas en el agua. (17:14-15)

El segundo evangelio nos informa que el **gentío** incluía algunos escribas, los expertos judíos en la ley, que estaban discutiendo con los nueve discípulos que habían permanecido abajo, y que tan pronto como la gente vio venir a Jesús, "se asombró, y corriendo a él, le saludaron" (Mr. 9:14-15).

De alguna parte del **gentío vino** a Jesús **un hombre que se arrodilló delante de él.** Desde esa postura de humildad y reverencia el **hombre** expresó: **Señor, ten misericordia de mi hijo, que es lunático, y padece muchísimo; porque muchas veces cae en el fuego, y muchas en el agua.** No sabemos qué quiso decir el padre del lunático al llamar **Señor** a Jesús, pero al menos lo reconoció como un hombre de Dios que estaba dotado con poder divino para curar. Creía plenamente que Jesús podía traer sanidad e integridad a su **hijo,** "el único que" tenía (Lc. 9:38), quien había padecido esta terrible aflicción "desde niño" (Mr. 9:21). Aunque este padre quizás no lo comprendió al momento, estaba a punto de llevar a *su* único **hijo** amado ante la presencia del unigénito Hijo amado *de Dios.*

Ten misericordia se traduce del imperativo aoristo de *eleeo,* que significa demostrar simpatía y compasión. En su profunda angustia el padre suplicó a Jesús que tuviera compasión de su **hijo** y le devolviera la salud.

Al igual que lo traduce el término griego, **lunático** se refiere literalmente a algo relacionado con la luna (lunar). Esta es la idea que se ve en la palabra *trastornado*, una expresión basada en la antigua creencia de que la enfermedad mental o locura era causada por la influencia de la luna. La palabra griega se usaba para describir lo que ahora entendemos que son varios desórdenes nerviosos, entre ellos la epilepsia, que causa convulsiones.

Este muchacho particular padecía **muchísimo,** lo cual indica que su condición era muy grave. Era tan grave que el padre explicó que **muchas veces cae en el fuego, y muchas en el agua.** Los fuegos abiertos eran comunes, al igual que muchas masas de agua como estanques o pozos. Debido a que el muchacho realmente había caído **en el fuego** muchas veces debió haber tenido cicatrices de quemaduras que se habrían sumado a su falta de atractivo y posible ostracismo. También se hallaba en constante peligro de ahogarse al caer **muchas** veces **en el agua.** Es probable que el padre o algún otro miembro de la familia tuvieran que estar cerca del chico todo el tiempo, al no saber cuándo podría sobrevenirle una convulsión.

El padre intuyó lo que Jesús verificó, que la aflicción del muchacho no era simplemente fisiológica o mental sino demoníaca. Cuando se lo llevó al Señor describió que su hijo estaba poseído por un "espíritu mudo" (Mr. 9:17). Además de tener convulsiones, el muchacho no podía hablar y al parecer también era sordo (véase el v. 25). El demonio era excepcionalmente violento. El padre informó que cada vez que el "espíritu le toma… de repente da voces, y le sacude con violencia, y le hace echar espuma, y estropeándole, a duras penas se aparta de él" (Lc. 9:39).

Todo individuo no salvo está sometido al control de Satanás, el "príncipe de la potestad del aire" (Ef. 2:2), y mientras la persona más peque de manera voluntaria y rechace a Dios, más queda expuesta a la influencia de Satanás. Pero no hay indicio de que la aflicción demoníaca de este muchacho se debiera a alguna extraña maldad moral o espiritual de parte de él mismo o de sus padres. Por sus propias razones, Satanás causaba que el demonio atormentara a este niño en particular.

LA IMPOTENCIA DE LOS SEGUIDORES

Y lo he traído a tus discípulos, pero no le han podido sanar. (17:16)

Mientras Jesús había estado en la cima del monte con Pedro, Jacobo y Juan, el hombre había **traído** su hijo endemoniado a los demás **discípulos** para que lo curaran, **pero no le** habían **podido sanar.**

En vista del encargo, la habilitación y la experiencia que ya habían tenido, parece extraño que los **discípulos** fallaran ahora donde una vez habían triunfado. Más o menos un año antes Jesús había enviado a los doce a ministrar "a las ovejas perdidas de la casa de Israel". En ese entonces Él había añadido: "Y yendo, predicad, diciendo: El reino de los cielos se ha acercado. Sanad enfermos, limpiad leprosos, resucitad muertos, echad fuera demonios" (Mt. 10:6-8; cp. Mr. 3:15). Tal vez para su propia sorpresa, los discípulos habían tenido un gran éxito, pues "echaban fuera muchos demonios, y ungían con aceite a muchos enfermos, y los sanaban" (Mr. 6:13).

¿Qué había salido mal o había cambiado? La falla no se debía ahora al hecho de que Jesús no estuviera con ellos, porque en esas ocasiones anteriores tampoco estuvo a su lado. Todavía contaban con la promesa y el poder del Señor, pero aun así **no** habían **podido sanar** al muchacho. Por tanto, la explicación para su fracaso es evidente: No pudieron apropiarse del poder que tenían a su disposición.

Con creciente frustración y angustia, y comprensiblemente desesperado por recibir ayuda, el padre dejó a los discípulos y se volvió hacia el mismo Jesús.

A lo largo de la historia de la Iglesia, la infidelidad, la debilidad, y la indiferencia de los cristianos ha hecho que muchos incrédulos busquen con desesperación ayuda del pueblo de Dios. En ocasiones, al igual que el padre en esta historia, se vuelven al Señor mismo.

LA PERVERSIÓN DE LOS INCRÉDULOS

Respondiendo Jesús, dijo: ¡Oh generación incrédula y perversa! ¿Hasta cuándo he de estar con vosotros? ¿Hasta cuándo os he de soportar? Traédmelo acá. Y reprendió Jesús al demonio, el cual salió del muchacho, y éste quedó sano desde aquella hora. (17:17-18)

La impotencia por la incredulidad de los discípulos no solo afligió al padre del muchacho sino también a Jesús. Dirigiéndose a los discípulos y al gentío y no al hombre que acababa de acudir a Él, **Jesús, dijo: ¡Oh generación incrédula y perversa! ¿Hasta cuándo he de estar con vosotros? ¿Hasta cuándo os he de soportar?**

Jesús ofrece aquí un raro destello dentro de las profundidades de su divino corazón y alma. Al haberse acostumbrado desde la eternidad pasada a que los ángeles cumplieran al instante su voluntad, sintió tristeza ante la ceguera y la falta de fe del pueblo de Dios, Israel, en especial sus discípulos, a quienes personalmente escogió, enseñó y dotó con poder y autoridad únicos.

Toda la **generación** de judíos era incrédula, representada en esta ocasión por el gentío, los discípulos, y los arrogantes escribas que estaban allí para atrapar y desacreditar al Señor si podían hacerlo. Incluso la fe del padre del muchacho no era completa, según él mismo confesó: "Creo; ayuda mi incredulidad" (Mr. 9:24).

La gente no solo era **incrédula,** sino también **perversa. Perversa** viene de *diastrepho,* que tiene la idea básica de tergiversación o torcimiento fuera de forma. El término se usaba con frecuencia para describir una pieza de cerámica que un artesano descuidado había deformado, o que de alguna manera se había desfigurado antes de ser quemada en el horno.

Aunque muchos de sus oyentes sin duda también eran moralmente pervertidos, Jesús estaba hablando aquí principalmente de la perversión espiritual que es inevitable en toda persona **incrédula.** Cualquier individuo que no confía de manera auténtica en Dios no puede dejar de tener un punto de vista distorsionado de Él y de su voluntad.

¿Hasta cuándo he de estar con vosotros? ¿Hasta cuándo os he de soportar?, preguntó el Señor, quizás tanto para sí mismo como para ellos. Sin duda cada vez se estaba poniendo más deseoso por regresar a su Padre celestial, con quien acababa de experimentar un tiempo exclusivo de comunión en el monte. En su humanidad, Jesús debió haber estado tentado a dudar de si valdría la pena el sufrimiento y la muerte que pronto iba a experimentar. Satanás pudo haberle susurrado al oído: "Si no confían en ti mientras estás con ellos, ¿cómo esperas que confíen en ti después que hayas regresado al cielo?".

El gentío que andaba en busca de emociones seguía a Jesús por el beneficio personal de las sanidades que Él hacía y por curiosidad. Los presuntuosos dirigentes judíos lo seguían para acusarlo de un delito capital. Y aunque los discípulos sabían que Él era el Cristo prometido (Mt. 16:16), se confundían a menudo en cuanto al significado de la enseñanza y la obra de Jesús.

Pero Jesús no se desviaría de su misión divina ni sucumbiría ante la tentación de Satanás de que se desesperara. El Señor estaba en la tierra para llevar a cabo los asuntos de su Padre, de lo cual nada lo detendría. Por eso le dijo al padre del muchacho: **Traédmelo acá.**

Cuando **reprendió Jesús al demonio,** a este no le quedó otra alternativa que salir **del muchacho.** Pero antes de salir, el espíritu inmundo hizo un último intento de destruir al chico, "clamando y sacudiéndole con violencia… y él quedó como muerto, de modo que muchos decían: Está muerto" (Mr. 9:26; cp. Lc. 9:42).

El **demonio** sabía que sus esfuerzos eran inútiles porque, al igual que el demonio que atormentaba al hombre de Gadara (Mr. 5:7) y al que atacó a los siete hijos de Esceva (Hch. 19:15), este reconoció la autoridad divina de Jesús. Estaba, por tanto, obligado a obedecer al Hijo de Dios.

Tan pronto como el demonio salió, el **muchacho quedó sano desde aquella hora.** Mientras el chico aún estaba en el estupor semejante a la muerte en que el demonio le había dejado, "Jesús, tomándole de la mano, le enderezó; y se levantó" (Mr. 9:27). Ahora ya podía jugar con los demás chicos, sin temor de ser lanzado repentinamente a un fuego para que se quemara, o en el agua para que ahogara. No tendría más convulsiones, más espuma en la boca, ni rechinar de dientes.

A pesar de que Jesús ya había expulsado con éxito a muchos demonios (véase Mt. 4:24; 8:16, 32; 9:33; 12:22), Lucas informa que en esta ocasión las multitudes "se admiraban de la grandeza de Dios" (Lc. 9:43). "Grandeza" viene de *megaleioteōs,* que se refiere a gran esplendor o magnificencia. Es la palabra usada por Pedro para describir la majestad divina de la cual él, Jacobo y Juan fueron testigos en la transfiguración. Fue tal vez con esa gloria en mente que Lucas usa aquí el término para describir el asombro de la multitud. Sin saberlo, el gentío también había experimentado un pequeño destello del tipo de majestad y esplendor que el Señor revelaría en su segunda venida.

EL PODER DE LA FE

Viniendo entonces los discípulos a Jesús, aparte, dijeron: ¿Por qué nosotros no pudimos echarlo fuera? Jesús les dijo: Por vuestra poca fe; porque de cierto os digo, que si tuviereis fe como un grano de mostaza, diréis a este monte: Pásate de aquí allá, y se pasará; y nada os será imposible. Pero este género no sale sino con oración y ayuno. (17:19-21)

El propósito de Jesús en el milagro iba más allá de la curación del muchacho endemoniado, por importante que eso fuera. La sanidad no solo trajo salud al chico y gran alegría a su padre, sino gloria a Dios. Pero **los discípulos** aún no habían aprendido la lección importante de ese acontecimiento.

No es de extrañar que ellos le preguntaran **a Jesús aparte,** en una casa, nos informa Marcos (9:28), tal vez la vivienda de uno de los discípulos. Estaban avergonzados de su propio fracaso y perplejos en cuanto a **por qué** ellos mismos no pudieron **echarlo fuera.** ¿Por qué Él pudo lograr con una palabra lo que ellos no habían podido lograr con gran esfuerzo? En realidad le dijeron: "Nos comisionaste y nos diste poder para curar y echar fuera demonios, y antes tuvimos éxito. ¿Por qué fallamos en esta ocasión?". Es probable que afrontaran el hecho de echar fuera el demonio en la misma forma que hicieran en ocasiones anteriores. Es probable que invocaran el nombre del Señor, ordenaran al demonio que saliera, y esperaran su salida. Pero esta vez nada sucedió.

Jesús dio a entender: "La razón es obvia. Ustedes fallaron **por** su **poca fe**". Fueron impotentes no debido a falta total de fe sino a **poca fe.** Tenían fe salvadora, que no podían perder. Y hasta cierto punto tenían fe de confianza, o no habrían tratado de curar al muchacho. Pero les faltaba fe suficiente para emplear el poder que Jesús les había otorgado.

Tener **poca fe** era una condición algo típica de los discípulos. Poco después que Jesús los llamara a su servicio, se sentaron en la ladera de la montaña entre el gentío acusados por Jesús de estar ansiosos a causa de su poca fe en que Dios proveería para sus necesidades físicas (Mt. 6:25-34). Cuando en medio de una feroz tormenta en el lago de Galilea trataron con desesperación de salvar sus vidas, antes de reprender a las olas Jesús los reprendió diciéndoles: "¿Por qué teméis, hombres de poca fe?". Cuando Pedro empezó a caminar sobre el agua pero se asustó y comenzó a hundirse, "Jesús, extendiendo la mano, asió de él, y le dijo: ¡Hombre de poca fe! ¿Por qué dudaste?" (14:31). Poco antes de sanar al muchacho endemoniado Jesús había vuelto a acusar a sus discípulos de tener poca fe al no esperar que Él pudiera alimentar a la multitud cerca de Magdala (16:8).

Estos incidentes ejemplifican que poca fe es el tipo de fe que nos lleva a creer en Dios cuando tenemos algo entre manos, cuando la provisión del Señor ya se ha efectuado. Cuando las cosas estaban yendo bien con los discípulos y todo parecía bajo control, les fue fácil confiar en su Señor. Pero tan pronto como las circunstancias se hicieron inciertas o amenazantes, la fe que tenían se secó. Esa fe era como la de la mayoría de creyentes en todas las épocas. Cuando tienen salud, y sus necesidades de vida están cubiertas, su fe es fuerte, pero cuando están en necesidad su fe es poca y dan paso a la duda.

La gran fe confía en Dios cuando no hay nada para comer en la alacena ni dinero para comprar comida. La gran fe confía en Dios cuando la salud se ha ido, cuando no hay trabajo, o cuando no hay familia. La gran fe confía en Dios, aunque la tormenta esté rugiendo y la persecución continúe.

El Señor estaba dando a los discípulos un ejemplo de lo que serían sus vidas una vez que Él hubiera regresado al cielo, cuando ya no pudieran verlo, tocarlo, o caminar con Él en el modo en que solían hacerlo. Jesús también estaba enseñándoles persistencia. No sabemos cuán a menudo trataron de echar fuera al demonio del muchacho, pero en algún momento se dieron por vencidos. Cuando Jesús envió por primera vez a sus discípulos, el éxito que tuvieron en sanar y echar fuera demonios fue inmediato. Pero el Señor no les había prometido que eso sería siempre así. Los doce tenían que aprender que, a diferencia del poder del Señor, el poder que se les había dado no era intrínseco en ellos mismos. Provenía solo de Él, por la divina provisión y voluntad de Dios.

Anima mucho comprender que hasta los apóstoles, con su llamado único y sus dones milagrosos, siempre tuvieron que confiar en Jesús para ministrar con eficacia. A fin de fortalecerles la fe y el sentido de dependencia, a veces el Señor les hizo esperar, así como hoy día hace a menudo con los creyentes. A fin de fortalecer nuestra fe, en ocasiones Él puede hacernos esperar mucho por una respuesta a la oración. Así como un atleta se hace más fuerte levantando gradualmente pesas cada vez más pesadas o corriendo distancias más largas, así también un creyente se fortalece en su fe al enfrentar retos cada vez mayores que ponen al descubierto sus propias debilidades y lo dirigen hacia el Señor.

Continuando con la lección sobre la fe, Jesús manifestó: **De cierto os digo, que si tuviereis fe como un grano de mostaza, diréis a este monte: Pásate de aquí allá, y se pasará; y nada os será imposible.**

Jesús parece contradecirse al reprender primero a los discípulos por tener poca fe y decirles luego que incluso la fe más pequeña puede mover montañas. Pero Él dejó en claro en la parábola del grano de mostaza que la semilla no representa pequeñez como tal, sino más bien pequeñez que crece hasta convertirse en grandeza. Jesús explicó que "cuando ha crecido, es la mayor de las hortalizas, y se hace árbol" (Mt. 13:32). La poca fe puede lograr grandes resultados solo si, al igual que **un grano de mostaza,** crece hasta convertirse en algo más grande de lo que era. Solo cuando la poca fe se convierte en gran fe puede mover un **monte.**

La **fe como un grano de mostaza** es fe persistente. Sigue creciendo y se vuelve productiva porque nunca se da por vencida. Es el tipo de fe ejercida por el hombre inoportuno que sigue tocando a la puerta de su vecino tarde en la noche hasta que obtiene una respuesta, en este caso tres panes. Jesús declaró que "aunque no se levante a dárselos por ser su amigo, sin embargo por su importunidad se levantará y le dará todo lo que necesite" (Lc. 11:8). El Señor también ilustró la **fe como un grano de mostaza** en la parábola de la viuda oprimida, una historia que contó específicamente para mostrar que los discípulos debían "orar siempre, y no desmayar" (Lc. 18:1). Jesús dijo que cuando la viuda no estuvo dispuesta a recibir un no por respuesta, el impío e indiferente juez finalmente diría: "Le haré justicia, no sea que viniendo de continuo, me agote la paciencia" (v. 5). El Señor siguió explicando: ¿Y acaso Dios no hará justicia a sus escogidos, que claman a él día y noche? ¿Se tardará en responderles? Os digo que pronto les hará justicia" (vv. 6-8).

También debe entenderse con claridad que Jesús no estaba hablando literalmente de mover un **monte.** Ni los apóstoles ni el Señor mismo realizaron alguna vez tal hazaña, ni la ha efectuado alguien más en los casi dos mil años de historia de la Iglesia. Ese habría sido el tipo de milagro grandioso pero inútil que los escribas y fariseos esperaban del Mesías, pero que Jesús se negó a realizar (Mt. 12:38-39).

La expresión "poder mover montañas" era una figura retórica común en esa época que representaba la capacidad de superar grandes obstáculos. Como William Barclay lo expresó:

> Un gran maestro que pudiera realmente presentar y exponer las Escrituras y explicar y resolver las dificultades, recibía el nombre de *un desarraigador,* o hasta *un pulverizador* de montañas. Deshacer, desarraigar y pulverizar montañas eran imágenes que se usaban para resolver las dificultades. Jesús nunca pretendió que se tomara esto literalmente en su sentido físico. Después de todo, una persona normal no se encuentra frecuentemente en la necesidad de tener que desplazar montañas físicas. Lo que quería decir era "Si se tiene suficiente fe, todas las dificultades se pueden resolver, y cumplir hasta la tarea más difícil". La fe en Dios es el instrumento que permite a las personas eliminar las colinas de dificultades que bloquean el camino (*Comentario al Nuevo Testamento* [Barcelona: Editorial Clie, 1999], p. 142).

Jesús estaba hablando en sentido figurado acerca de dificultades del tamaño de montañas, tales como la que los nueve discípulos acababan de experimentar al no poder curar al muchacho endemoniado.

La promesa **nada os será imposible** es condicional, válida solo dentro del marco de la voluntad de Dios. La fe que mueve montañas no es fe en uno mismo, mucho menos fe en la fe, sino fe en Dios. No es la propia fe, por grande que sea, la que mueve montañas, sino el Dios en quien está cimentada la fe. La fe solo tiene tanto poder como el objeto en que está puesta. Cuando Jesús dijo al leproso samaritano y al ciego de Jericó: "Tu fe te ha salvado" (Lc. 17:19; 18:42), no quiso decir que esa fe en sí los hubiera salvado, pues eso habría significado que ambos se salvaron por sí mismos, lo cual por supuesto no hicieron.

El planteamiento de Jesús fue que "**nada** nos **será imposible** cuando confíen en mí en oración y de manera persistente". Los discípulos no pudieron sanar al muchacho endemoniado, a pesar de que estaban comisionados por Jesús y tenían el poder prometido, porque no persistieron en oración dependiente.

En todas las épocas los creyentes han fallado a menudo en recibir gozo, libertad, perdón, guía, productividad, protección, sabiduría e innumerables bendiciones prometidas por Dios simplemente porque, al igual que esos discípulos, no han persistido en la oración.

Jesús declaró: **Pero este género** de demonio **no sale sino con oración.** A pesar de que esa frase no se encuentra en los mejores manuscritos de Mateo (indicada por corchetes en algunas versiones inglesas), se trata de un dicho auténtico de Jesús que también se encuentra en el relato de Marcos (9:29), de donde es probable que uno de los primeros escribas lo haya tomado y añadido a Mateo y Marcos. Sin embargo, las dos últimas palabras de ese versículo, **y ayuno** no se encuentran en los mejores manuscritos de cualquiera de los evangelios.

El énfasis de Jesús estaba claramente en la **oración.** Santiago escribiría algunos años después: "La oración eficaz del justo puede mucho" (Stg. 5:16). La oración dedicada, ferviente, apasionada y persistente obtiene resultados porque tal oración es honrada por Dios.

Durante un momento de su ministerio, el líder cristiano del siglo XIX George Mueller comenzó a orar por cinco amigos personales. No fue sino hasta cinco años después que el primero de ellos llegó a Cristo. Después de cinco años más, dos de ellos se volvieron cristianos, y tras veinticinco años el cuarto de esos hombres fue salvo. George oró por el quinto amigo hasta el momento de su muerte, pocos meses después de lo cual el último amigo llegó a la salvación. ¡Por ese amigo George Mueller había orado más de cincuenta años!

Estando ellos en Galilea, Jesús les dijo: El Hijo del Hombre será entregado en manos de hombres, y le matarán; mas al tercer día resucitará. Y ellos se entristecieron en gran manera. Cuando llegaron a Capernaum, vinieron a Pedro los que cobraban las dos dracmas, y le dijeron: ¿Vuestro Maestro no paga las dos dracmas? Él dijo: Sí. Y al entrar él en casa, Jesús le habló primero, diciendo: ¿Qué te parece, Simón? Los reyes de la tierra, ¿de quiénes cobran los tributos o los impuestos? ¿De sus hijos, o de los extraños? Pedro le respondió: De los extraños. Jesús le dijo: Luego los hijos están exentos. Sin embargo, para no ofenderles, ve al mar, y echa el anzuelo, y el primer pez que saques, tómalo, y al abrirle la boca, hallarás un estatero; tómalo, y dáselo por mí y por ti. (17:22-27)

En las últimas décadas han surgido muchos grupos de acción religiosa y política, incluso algunos que afirman hablar en nombre del cristianismo evangélico. Algunos de tales grupos son sumamente críticos de ciertas leyes, políticas y resoluciones judiciales. Unos incluso respaldan específicamente y hacen campañas por candidatos que creen que apoyarán valores cristianos en el gobierno.

Otros evangélicos creen que, aparte de votar, los cristianos deben alejarse de la participación política y el gobierno tanto como sea posible, dejando la gestión del gobierno secular al mundo secular. Creen que la única tarea legítima de la Iglesia es predicar el evangelio y vivir fielmente de acuerdo a sus normas.

El Nuevo Testamento sin duda deja en claro que la ciudadanía principal del creyente no es de este mundo. Pablo encargó a la iglesia en Filipos: "Hermanos, sed imitadores de mí, y mirad a los que así se conducen según el ejemplo que tenéis en nosotros. Porque por ahí andan muchos, de los cuales os dije muchas veces, y aun ahora lo digo llorando, que son enemigos de la cruz de Cristo; el fin de los cuales será perdición, cuyo dios es el vientre, y cuya gloria es su vergüenza; que sólo piensan en lo terrenal. Mas nuestra ciudadanía está en los cielos, de donde también esperamos al Salvador, al Señor Jesucristo; el cual transformará el cuerpo de la humillación nuestra, para que sea semejante al cuerpo de la gloria suya, por el poder con el cual puede también sujetar a sí mismo todas las cosas" (Fil. 3:17-21). El apóstol les escribió a los cristianos en Éfeso: "Ya no sois extranjeros ni advenedizos, sino conciudadanos de los santos, y miembros de la familia de Dios" (Ef. 2:19). El escritor de Hebreos declara a los creyentes: "Os habéis acercado al monte de Sion, a la ciudad del Dios vivo, Jerusalén la celestial, a la compañía de muchos millares de ángeles, a la congregación de los primogénitos que están inscritos en los cielos, a Dios el Juez de todos, a los espíritus de los justos hechos perfectos" (He. 12:22-23).

Algunos cristianos argumentan: ¿Cómo pueden entonces aquellos que tienen tan gloriosa herencia celestial contaminarse involucrándose en los asuntos terrenales de la sociedad y el gobierno de incrédulos? Sus intentos de apelar a la Biblia en busca de apoyo los lleva a preguntas como estas: ¿No enseña Pablo que los creyentes deben ser "irreprensibles y sencillos, hijos de Dios sin mancha en medio de una generación maligna y perversa, en medio de la cual [resplandecen] como luminares en el mundo" (Fil. 2:15)? ¿No ordenaron tanto Pablo como Isaías a los creyentes en el nombre de Dios: "Salid de en medio de ellos, y apartaos, dice el Señor, y no toquéis lo inmundo" (2 Co. 6:17; cp. Is. 52:11)? ¿No declara Juan: "Si alguno ama al mundo, el amor del Padre no está en él" (1 Jn. 2:15)? Además, ¿no asegura Santiago "que la amistad del mundo es enemistad contra Dios" y que cualquiera "que quiera ser amigo del mundo, se constituye enemigo de Dios" (Stg. 4:4)?

Teniendo en cuenta tales pasajes, algunos cristianos han optado por abandonar cualquier participación en el gobierno, incluso pagar impuestos. Sostienen que debido a que no solo son ciudadanos del reino de Dios sino miembros de la familia divina, ¿por qué deben participar en una sociedad humana pecaminosa que en su gran mayoría nunca toma en cuenta a Dios, pisotea las normas divinas de justicia, blasfema el nombre de Dios, y a menudo incluso niega su existencia?

Tal defensa activa obliga al creyente a preguntarse: ¿Cuál debe ser la relación razonable del cristiano con la sociedad humana y la autoridad gubernamental en particular? Ese es el tema, específicamente con relación al deber básico requerido por el gobierno de pagar impuestos, que Jesús enfrenta en Mateo 17:24-27. Pero antes de dar esa lección a Pedro, el Señor vuelve a hablar de su próxima muerte y resurrección a sus discípulos.

Después del breve ministerio en Cesarea de Filipo (16:13) y de la manifestación de la gloria de su segunda venida delante de Pedro, Jacobo y Juan en el monte de la transfiguración (17:1-8), Jesús y sus discípulos se reunieron **en Galilea.** La ubicación exacta no se menciona, pero lo más probable es que fuera justo al noroeste de Capernaúm (véase v. 24).

Cabe señalar que cuando Jesús entró en los seis últimos meses de su ministerio público pasó menos y menos tiempo con las multitudes, y más y más tiempo a solas con los discípulos, dándoles instrucciones más intensas acerca de los principios de su reino. Entrelazados a lo largo de esas enseñanzas les ofreció periódicos recordatorios de su inminente sufrimiento, muerte y resurrección, que aquí les menciona por tercera vez (véase Mt. 16:21; 17:12).

Mientras aún estaba reunido con los discípulos en privado (17:19), **Jesús les dijo: El Hijo del Hombre será entregado en manos de hombres, y le matarán; mas al tercer día resucitará.**

Jesús no estaba indefenso ni era pasivo en cuanto a ir a la cruz. "Cuando se cumplió el tiempo en que él había de ser recibido arriba, afirmó su rostro para ir a Jerusalén" (Lc. 9:51; cp. 13:22). Según explicó más adelante, Él aceptó voluntariamente la cruz a fin de que se cumplieran "todas las cosas escritas por los profetas acerca del Hijo del Hombre" (18:31). De manera voluntaria puso su vida (Jn. 10:15, 17), la cual nadie podía haberle quitado sin su consentimiento. Jesús declaró: "Nadie me la quita, sino que yo de mí mismo la pongo. Tengo poder para ponerla, y tengo poder para volverla a tomar" (v. 18).

Pero en su disposición de dar su vida en rescate por muchos, Jesús se sometió tanto a los planes malvados de hombres como al plan compasivo y justo de su Padre celestial (véase Hch. 2:22-23). A causa de su voluntaria sumisión a hombres malvados, Él iba a ser **entregado** por medio de la traición de Judas, **en manos de hombres.** También debido a su voluntaria sumisión a hombres malvados, estos (los dirigentes judíos y romanos) lo matarían. Pero a causa de su voluntaria sumisión a su justo Padre celestial, Jesús iba a resucitar **al tercer día.**

Marcos informa que los discípulos "no entendían esta palabra, y tenían miedo de preguntarle" (9:32). Ya que todavía no lograban comprender la plena realidad y el significado de la resurrección prometida de Jesús, en parte debido a que se hallaban sorprendidos por la posibilidad del sufrimiento y la muerte prometidos, los discípulos **se entristecieron en gran manera.** Tras haber sido testigos de la resplandeciente gloria de Jesús en la transfiguración, Pedro, Jacobo y Juan tal vez estaban más profundamente afligidos que los demás al volver a oír de la muerte del Señor.

Los discípulos también pudieron haber tomado la referencia de Jesús **al tercer día** simplemente como algo figurado y, al igual que Marta con relación a Lázaro, pudieron haber estado pensando solo en "la resurrección, en el día postrero" (Jn. 11:24). Ellos creían en la resurrección tanto de los justos como de los impíos según lo profetizó el Señor por medio de Daniel (Dn. 12:2), pero esa lejana posibilidad les era de poco consuelo ahora.

Jesús entendía tanto la lenta comprensión (Lc. 24:25) como la poca fe de ellos (Mt. 17:20), y comprendió que necesitan recordatorios continuos, especialmente acerca de verdades que no solo eran difíciles de entender sino dolorosas de aceptar. Tenían que estar preparados para la realidad de que pronto su Señor les sería quitado por medio de la muerte, y que antes de morir padecería y sería atormentado. También necesitaban la seguridad de que el sufrimiento y la muerte de Jesús estaban en el plan de Dios, que por horribles que fueran esos sucesos, no iban a interrumpir, mucho menos a destruir, la obra del Mesías. En realidad, esa era la única obra que Él había venido a cumplir, sin la cual su otra obra divina (su enseñanza y sus milagros) habría dejado a los hombres mejor informados y en mejor salud pero aún perdidos y condenados eternamente en su pecado. La crucifixión no agarró por sorpresa a Jesús ni a su Padre celestial; fue la razón de que el Padre lo enviara a la tierra y que Él viniera voluntariamente, tal como declaró: "Para esto he llegado a esta hora" (Jn. 12:27).

Después que Jesús dio a los doce esa tercera predicción de su muerte y su resurrección, ofreció a Pedro una lección objetiva privada en cuanto a la obligación del creyente con el gobierno humano. A pesar de lo que los gobernantes le harían al Señor Jesús, los discípulos tenían cierta obligación con ese liderazgo hostil.

EL PAGO EXIGIDO

Cuando llegaron a Capernaum, vinieron a Pedro los que cobraban las dos dracmas, y le dijeron: ¿Vuestro Maestro no paga las dos dracmas? Él dijo: Sí. (17:24-25*a*)

Poco después que Jesús y los discípulos **llegaron a Capernaum,** quizás incluso cuando entraban a la ciudad, **vinieron** solamente **a Pedro los que cobraban** el impuesto de **las dos dracmas.** Él no solo era residente de la ciudad, sino que era conocido como el miembro líder de los discípulos de Jesús. Es probable que Jesús estuviera alojado en casa de Pedro y que los otros discípulos hubieran ido a alojarse en otra parte, ya que aquí solo se menciona a los dos.

Las dos dracmas era un impuesto gubernamental aprobado que los romanos permitían que los dirigentes religiosos judíos recaudaran para el funcionamiento del templo de Jerusalén.

Cuando el tabernáculo se construyó por primera vez en el desierto, Dios proveyó para su mantenimiento y operación mediante la tasación anual de medio siclo por cada varón de más de veinte años. "Ni el rico aumentará, ni el pobre disminuirá del medio siclo, cuando dieren la ofrenda a Jehová para hacer expiación por vuestras personas". El dinero debía usarse "para el servicio del tabernáculo de reunión; y será por memorial a los hijos de Israel delante de Jehová" (Éx. 30:11-16). Cuando el templo reemplazó al tabernáculo, la misma tasación continuó, aunque temporalmente Nehemías lo redujo a un tercio de un siclo porque los que habían estado exiliados en Babilonia eran demasiado pobres cuando regresaron a Judá (Neh. 10:32).

La frase **dos dracmas** se traduce de la sola palabra griega *didrachma*, que simplemente significa "doble dracma". Aunque no había moneda de dos dracmas en circulación, el término se usaba comúnmente en referencia al impuesto judío del templo porque dos dracmas equivalían al medio siclo requerido, que ascendía más o menos a dos días de salario para el trabajador promedio.

El antiguo historiador judío Josefo informó que después que Tito destruyó a Jerusalén y el templo en el año 70 d.C., el emperador Vespasiano decretó que los judíos en todo el imperio romano siguieran tasando las dos dracmas a fin de mantener el templo pagano de Júpiter Capitolino. El impuesto se aplicó como un recordatorio reivindicativo del alto costo de oponerse a Roma, calculado tanto para los judíos como para el resto del mundo.

Ya que el impuesto al templo judío debía pagarse por el tiempo de la Pascua, se enviaban los recaudadores a lo largo de Palestina más o menos un mes antes. Fueron esos recaudadores de impuestos, en lugar de los *publicani* ("publicanos") designados por Roma, los que **vinieron a Pedro y le dijeron: ¿Vuestro Maestro no paga las dos dracmas?**

La redacción de la pregunta sugiere que **los que cobraban,** tal vez siguiendo instrucciones de los dirigentes judíos en Jerusalén, quisieron retar a Jesús en el tema de pagar el impuesto. Razonaron que debido a que Él afirmaba ser el Mesías podría considerarse exonerado. Si lo hacía, esa sería otra acusación que podrían hacer en su contra.

Pedro no tuvo que pedirle a su **Maestro** que respondiera, porque sabía que Jesús siempre había pagado impuestos, fueran decretados por Roma o por los dirigentes judíos. Por tanto, simplemente **dijo: Sí.**

EL PRINCIPIO DEBATIDO

Y al entrar él en casa, Jesús le habló primero, diciendo: ¿Qué te parece, Simón? Los reyes de la tierra, ¿de quiénes cobran los tributos o los impuestos? ¿De sus hijos, o de los extraños? Pedro le respondió: De los extraños. Jesús le dijo: Luego los hijos están exentos. Sin embargo, para no ofenderles, (17:25*b*-27*a*)

Al entrar Pedro **en casa** para contarle a Jesús acerca del enfrentamiento con los recaudadores de impuestos, **Jesús le habló primero.** En su omnisciencia ya sabía lo que ellos habían dicho y lo que Pedro estaba pensando al respecto.

No se nos dice específicamente cuáles eran los pensamientos del discípulo, pero por los comentarios de Jesús parece razonable deducir que se estaba preguntando por qué Jesús, el Mesías e Hijo de Dios, se rebajaba a pagar impuestos a aquellos sobre los que era eternamente soberano.

Con el uso de un método de enseñanza común en esa época, y beneficioso en cualquier época, Jesús contestó la pregunta tácita de Pedro haciéndole primero Él mismo una pregunta. Dirigiéndose a Pedro por su nombre original familiar, preguntó: ¿Qué te parece, Simón? Los reyes de la tierra, ¿de quiénes cobran los tributos o los impuestos? ¿De sus hijos, o de los extraños?

Con pocas excepciones, todos los gobiernos antiguos eran autocráticos, con el poder centrado en un individuo que transmitía su legado real a sus herederos. Llámese faraón, emperador o cualquier otro de tales títulos, todos los gobernantes supremos estaban incluidos en el término **reyes,** y todos ellos imponían impuestos para sostener sus familias y gobiernos. Las dos cargas básicas impositivas eran **los tributos** (aplicados a los bienes) y **los impuestos** (aplicados a las personas).

La pregunta del Señor era retórica, y la respuesta era obvia. No tendría sentido que un padre recaudara dinero de **sus hijos** que dependían de él. Tasarlos sería tasarse él mismo. En este contexto **extraños** es un término general para referirse a aquellos fuera de la familia real, en especial sus súbditos.

Cuando **Pedro le respondió: De los extraños. Jesús** estableció la verdad consecuente: **Luego los hijos están exentos.** En los gobiernos humanos de esa época las familias de los gobernantes, representadas por **los hijos,** estaban exentas del pago de impuestos.

Si Jesús hubiera terminado la lección en este momento, los cristianos tendrían una base para alegar que ellos también, como coherederos con Cristo e hijos de Dios, deberían estar exentos del pago humano de impuestos. Incluso podría indicar que como hijos de Dios ni siquiera estarían obligados a apoyar la obra de Dios.

Si había algún impuesto que Jesús no estaba obligado a pagar habría sido el impuesto del templo. Él era Aquel en honor de quien se construyó el templo y a quien se hacían sus sacrificios y ofrendas. Él era Señor de toda la tierra, pero de modo supremo del templo. Jesús llamó al templo "la casa del Padre" (Jn. 2:16; cp. Lc. 2:49) y declaró que Él mismo era más grande que el templo (Mt. 12:6). Jesús tenía todo el derecho de negarse a pagar el impuesto del templo, así como tenía todo el derecho de negarse a ser humillado y perseguido. Pero cuando voluntariamente "se despojó a sí mismo, tomando forma de siervo, hecho semejante a los hombres" (Fil. 2:7), también renunció voluntariamente a los derechos y prerrogativas que pertenecían a esa gloria.

Sin embargo, para no ofenderles, le dijo Jesús a Pedro, es necesario pagar el impuesto. Es evidente que implícita estaba la idea de que el gravamen no solo debía pagarse en su totalidad sino de buena gana y sin discutir.

Independientemente de lo injusto que sea un impuesto, o de la manera blasfema o irresponsable que lo gasten, este debe pagarse. Si el Hijo de Dios no reclamó exención personal en el pago de impuestos para la "cueva de ladrones" dirigida por los malvados y falsos maestros y dirigentes de Israel, ¿cuánto menos pueden sus seguidores reclamar exención para sí mismos? Y si Él le preocupaba **no ofenderles** por este asunto a estos incrédulos, ¿cuánto más sus seguidores deberían tener la misma preocupación?

LA PROVISIÓN ENTREGADA

ve al mar, y echa el anzuelo, y el primer pez que saques, tómalo, y al abrirle la boca, hallarás un estatero; tómalo, y dáselo por mí y por ti. (17:27*b*)

No hay evidencia de que en algún otro momento Jesús proveyera dinero de impuestos a través de un milagro. No obstante, en esta ocasión el milagro reforzó el punto de que Él era el Hijo de Dios y que tenía el derecho con impunidad perfecta de negarse a pagar el impuesto si así hubiera decidido. En su voluntad divina estuvo de acuerdo en pagarlo por completo.

Pedro recibió la instrucción de ir **al mar,** según parece a cualquier lugar que escogiera en la orilla del lago de Galilea, echar **el anzuelo,** al parecer sin carnada, y tomar **el primer pez que** sacara del agua. Entonces Jesús le aseguró al discípulo: **al abrirle la boca, hallarás un estatero; tómalo, y dáselo por mí y por ti.**

Debido a que no había moneda de dos dracmas, se acostumbraba que dos hombres judíos pagaran juntos el impuesto usando **un estatero,** que equivalía a dos *didrachma.* La moneda que Pedro halló al abrir la boca del pez era la cantidad exacta y necesaria con que Jesús y él mismo debían pagar el impuesto.

A pesar de que este impuesto era para mantener los servicios del templo, es seguro que los hipócritas y corruptos dirigentes judíos malversaban gran parte de lo recaudado. Incluso es más que seguro que los impuestos que Jesús pagó a Roma se usaran para muchos propósitos impíos e inmorales. La mayor parte de recaudadores de impuestos romanos eran traidores a su propio pueblo, y los impuestos que extorsionaban a sus compatriotas no solo eran excesivos e injustos, sino que se utilizaban para apoyar al ejército de ocupación, a los gobernantes paganos, e incluso a religiones paganas.

El principio general derivado de este relato es claro. Un creyente está obligado a cumplir sus deberes como ciudadano de este mundo. Aunque su ciudadanía final y eterna está en el cielo, y todos los gobiernos de los hombres son corruptos en mayor o menor grado, mientras el cristiano esté en la tierra también tiene que cumplir obligaciones con el gobierno humano. La ley divina lo obliga a someterse a la ley humana, excepto cuando esta le haga desobedecer directamente a Dios.

Cuando Pedro escribió su primera epístola sin duda recordaba vívidamente la milagrosa provisión del estatero dentro del pez, y la enseñanza de Jesús que acompañó el milagro. En el segundo capítulo de esa epístola declara a los creyentes: "Vosotros sois linaje escogido, real sacerdocio, nación santa, pueblo adquirido por Dios, para que anunciéis las virtudes de aquel que os llamó de las tinieblas a su luz admirable" (1 P. 2:9).

Pedro recuerda a sus lectores cristianos que son elegidos por Dios para ser su propio pueblo como sus sacerdotes ante el mundo incrédulo que los rodea. Ellos son la exclusiva posesión del Señor, hijos, y ciudadanos de su reino divino, con la asignación en la tierra de cumplir una misión divina. Después de haber sido un pueblo sin ninguna importancia, ahora son el pueblo de Dios. Después de estar separados de la misericordia de Dios, ahora viven bajo su abundante misericordia (1 P. 2:10). Debido a esa categoría, Pedro declara: "Amados, yo os ruego como a extranjeros y peregrinos, que os abstengáis de los deseos carnales que batallan contra el alma, manteniendo buena vuestra manera de vivir entre los gentiles; para que en lo que murmuran de vosotros como de malhechores, glorifiquen a Dios en el día de la visitación, al considerar vuestras buenas obras" (vv. 11-12).

Con relación al mismo asunto, y a pesar de la impiedad de Roma y la afirmación de deidad por parte del César, Pablo escribió: "Sométase toda persona a las autoridades superiores; porque no hay autoridad sino de parte de Dios, y las que hay, por Dios han sido establecidas. De modo que quien se opone a la autoridad, a lo establecido por Dios resiste; y los que resisten, acarrean condenación para sí mismos… Por lo cual es necesario estarle sujetos, no solamente por razón del castigo, sino también por causa de la conciencia. Pues por esto pagáis también los tributos, porque son servidores de Dios que atienden continuamente a esto mismo. Pagad a *todos* lo que debéis: al que tributo, tributo; al que impuesto, impuesto; al que respeto, respeto; al que honra, honra" (Ro. 13:1-2, 5-7; cursivas añadidas).

Los creyentes deben someterse "por causa del Señor… a toda institución humana, ya sea al rey, como a superior, ya a los gobernadores, como por él enviados para castigo de los malhechores y alabanza de los que hacen bien" (1 P. 2:13-14). La clave para la orden es que debe obedecerse "por causa del Señor". No es que toda ley humana y todo gobernante humano sean piadosos y justos. La mayoría de ellos no lo son y no tienen ninguna pretensión de serlo. Pero la institución y el funcionamiento del gobierno son ordenados por Dios para el orden social, y como testimonio para Dios, su pueblo debe respetar y obedecer al gobierno humano incluso cuando es injusto.

La obediencia a la ley y el gobierno civil no debe hacerse a regañadientes o con condescendencia sino de buena gana, "no solamente por razón del castigo, sino también por causa de la conciencia" (Ro. 13:5). Los cristianos deben tener una actitud de respeto auténtico por el gobierno humano, no porque este merezca siempre el respeto sino porque esa es la voluntad de su Señor, quien lo instituyó para el beneficio del ser humano.

Las personas a las que Pablo y Pedro escribieron estaban experimentando creciente persecución y opresión a manos de Roma. Sin embargo, los apóstoles les dijeron que no solo sean ciudadanos leales y respetuosos de la ley sino también útiles.

La iglesia primitiva no inició una insurrección contra Roma ni una campaña contra la esclavitud, la maldad y la crueldad que allí había. Es más, el Espíritu Santo tomó las palabras de la esclavitud (esclavo, servidumbre, cautiverio, siervo, etc.) y las convirtió en símbolos de consagración y sumisión cristiana. En su omnisciente providencia Dios también utilizó a los romanos paganos para extender el lenguaje griego, un idioma universal usado para escribir su Palabra y llevarla hasta lo último del mundo conocido de esa época. Dios los usó para construir un sistema de carreteras sobre las cuales los mensajeros del Señor pudieron viajar fácilmente mientras llevaban las buenas nuevas a todo lo largo del imperio. Y Dios utilizó la Pax Romana, o paz romana, para permitir que esos mensajeros viajaran con relativa seguridad.

Como declaró Pedro al comienzo de su ministerio, existen límites obvios a la sumisión de un creyente a la autoridad humana. Cuando las autoridades judías en Jerusalén les ordenaron a él y a Juan que no predicaran el evangelio, los dos hombres contestaron: "Juzgad si es justo delante de Dios obedecer a vosotros antes que a Dios; porque no podemos dejar de decir lo que hemos visto y oído" (Hch. 4:19-20; cp. 5:28-29). Muchos creyentes en la iglesia primitiva perdieron su libertad, sus posesiones, y hasta sus vidas debido a que se negaron a ofrecer incienso al César. Lo honraban como un dirigente humano, pero no lo adorarían como a un dios.

La primera obligación del cristiano es obedecer a Dios, y cuando la ley divina es directamente contraria a las leyes de los hombres, la ley de Dios debe prevalecer. Por ejemplo, los cristianos no tienen derecho de mentir, robar, matar o adorar a un dios falso, sin importar los dictados que puedan darse de parte de un gobierno humano, y cualesquiera que puedan ser las consecuencias por desobedecer.

No es que un cristiano no tenga derecho de ayudar a cambiar leyes injustas y gobiernos injustos cuando tenga la oportunidad de hacerlo. Pero especialmente en una sociedad democrática los mayores males e injusticias dentro de ella nunca son principalmente resultado del mal gobierno o de leyes malas, por malo que todo esto pueda ser. Cuando la gente no tiene respeto por la ley, sea de Dios o de los hombres, y cuando sus normas y motivos giran alrededor de sus propios intereses egoístas, ningún gobierno puede ser estable o brindar justicia y orden. Incluso los líderes más piadosos y morales no pueden infundir moral dentro de una sociedad inmoral. Es inútil trabajar en cambiar leyes perversas y sacar líderes malvados, sin cambiar los corazones perversos de aquellos a quienes las leyes tratan de controlar y que los dirigentes intentan gobernar.

Pedro declaró que incluso los siervos deben someterse "con todo respeto a [sus] amos; no solamente a los buenos y afables, sino también a los difíciles de soportar. Porque esto merece aprobación, si alguno a causa de la conciencia delante de Dios, sufre molestias padeciendo injustamente" (1 P. 2:18-19). Al igual que con una esposa sumisa que desea ganar a su esposo incrédulo para Cristo (3:1-2), el testimonio eficaz empieza con la sumisión.

El ejemplo supremo de sumisión piadosa es Jesucristo, quien "padeció por nosotros, dejándonos ejemplo, para que sigáis sus pisadas; el cual no hizo pecado, ni se halló engaño en su boca; quien cuando le maldecían, no respondía con maldición; cuando padecía, no amenazaba, sino encomendaba la causa al que juzga justamente" (1 P. 2:21-23). Jesús se sometió al sufrimiento que no merecía de parte de quienes ante todo no tenían derecho de juzgarlo. No cometió pecado, externo ni interno, pero se sometió a autoridades corruptas y pecadoras, tanto religiosas como políticas. Cargó con un maltrato injusto a fin ganar a hombres para sí mismo, y Él es el ejemplo para todos los que lo llaman Señor.

Que el cristiano sea un ciudadano del reino de Dios no lo exime de la responsabilidad a los reinos humanos. En realidad, el hecho de ser ciudadano del reino de Dios le concede una obligación especial ante los reinos humanos, porque estos también le pertenecen a Dios y son ordenados por Él.

Al ser un buen ciudadano el creyente muestra amor por sus semejantes, incluso por los que están perdidos y son injustos. Al ser un buen ciudadano muestra respeto por el gobierno humano ordenado por Dios, aunque sus dirigentes sean impíos, corruptos y opresores. Al ser un buen ciudadano muestra que ama a Dios así como a su nación y sus semejantes. A la luz de ese testimonio, el mundo que observa está obligado a considerar el poder que hace posible tal amor.

Cómo entrar al reino 98

En aquel tiempo los discípulos vinieron a Jesús, diciendo: ¿Quién es el mayor en el reino de los cielos? Y llamando Jesús a un niño, lo puso en medio de ellos, y dijo: De cierto os digo, que si no os volvéis y os hacéis como niños, no entraréis en el reino de los cielos. Así que, cualquiera que se humille como este niño, ése es el mayor en el reino de los cielos. (18:1-4)

La Biblia describe e identifica al pueblo de Dios por muchos nombres. Pero con más frecuencia que todos los demás, se nos llama hijos: hijos de la promesa, hijos del día, hijos de la luz, amados hijos, queridos hijos, e hijos de Dios.

Como creyentes podemos regocijarnos en la maravillosa verdad de que a través de Cristo nos hemos convertido en los propios hijos de Dios, adoptados por medio de la gracia. En consecuencia, somos portadores de la imagen de la familia de Dios y coherederos con Jesucristo de todo lo que Dios posee. Disfrutamos el amor, el cuidado, la protección, el poder de Dios y otros recursos en abundancia por toda la eternidad.

Pero hay otro aspecto en nuestra condición de hijos, y la Biblia también hace referencia a los creyentes como hijos en el sentido de que somos incompletos, débiles, dependientes, sin desarrollar, inexpertos, vulnerables e inmaduros.

Mateo 18 se centra en esas cualidades inmaduras, sin perfeccionar, e infantiles que los creyentes demuestran a medida que se desarrollan mutuamente en conformidad a la plenitud de la estatura de Jesucristo.

Este capítulo conforma un solo discurso o sermón por parte de nuestro Señor sobre el tema específico de la condición infantil del creyente, hablando directamente a la realidad de que somos niños espirituales con todas las debilidades que la infancia implica. También es esencial ver que el capítulo enseña a la Iglesia, como a un grupo de niños espiritualmente imperfectos, cómo llevarse bien con los demás. No es exageración decir que este es el único gran discurso que nuestro Señor dio en vida entre el pueblo redimido en su Iglesia. Lo triste es que debido a que se ha malinterpretado en gran parte, a menudo se han perdido sus profundas riquezas. Debemos tratar de recuperar estas verdades que son tan vitales, poderosas y necesarias para la Iglesia en toda época y lugar.

La primera lección en este sermón magistral es que todos los que entran al reino deben ser como niños (vv. 1-4). Jesús enseña después que a todos nosotros en el reino se nos debe tratar como niños (vv. 5-9), cuidar como niños (vv. 10-14), disciplinar como niños (vv. 15-20), y perdonar como niños (vv. 21-35).

El escenario para el sermón lo indica la frase **en aquel tiempo,** que se refiere a un período poco después que Jesús le dijera a Pedro que fuera al lago de Galilea y recuperara la moneda de la boca del pez (17:27). Mientras Pedro estaba pagando el impuesto con la moneda o, más probablemente justo después de su regreso, los demás **discípulos vinieron a Jesús.** Es posible que fuera en la casa de Pedro en Capernaúm.

Las dos escenas están íntimamente relacionadas en tiempo y pensamiento. El mismo día que **los discípulos** recibieron la lección sobre cómo ser ciudadanos del mundo se les dio una serie de lecciones sobre los temas relacionados con ser hijos de Dios.

La enseñanza del Señor fue motivada por los propios discípulos, que le hicieron una pregunta muy egoísta que delataba las ambiciones pecaminosas que los motivaban. Marcos y Lucas nos informan que la pregunta, **¿Quién es el mayor en el reino de los cielos?**, resultó de una discusión que los doce habían estado teniendo "sobre quién de ellos sería el mayor" (Lc. 9:46; cp. Mr. 9:34). Aunque en su omnisciencia Jesús sabía lo que había ocurrido, les preguntó: "¿Qué disputabais entre vosotros en el camino?". Ellos estaban tan avergonzados de su actitud y su conversación que "callaron" (Mr. 9:33-34).

La vergonzosa reticencia muestra que lo que los discípulos habían estado haciendo era incongruente con lo que su Maestro había estado enseñando sobre humildad. Pero el hecho de que a pesar de eso estaban argumentando en cuanto a sus rangos relativos en el reino muestra que estaban haciendo poco esfuerzo para aplicar lo que se les estaba enseñando. Eran tan orgullosos, egoístas, autosuficientes y ambiciosos como siempre. En vista de lo que habían estado discutiendo y de la manera en que le expresaron la pregunta a Jesús, es obvio que esperaban que Él nombrara a uno de ellos como el **mayor.**

Así como habían oído pero sin aceptar realmente lo que Jesús les había estado enseñando en cuanto a la humildad, también habían oído pero sin aceptar lo que Él había estado enseñando acerca del **reino.** Muy similar a aquellos a quienes Isaías fue enviado a predicar (Is. 6:9), los discípulos oían pero no percibían, y parecía que ni entendían. Es evidente que esperaban que Jesús estableciera pronto un reino terrenal, y cada uno de ellos esperaba tener una posición exaltada en ese dominio. Los discípulos eran especialmente competitivos en cuanto a ser número uno.

Tal vez fue a principio de ese mismo día (véase 17:22-23) que Jesús les habló (por tercera vez) de su inminente sufrimiento y muerte. A pesar de que no entendían por completo lo que les estaba diciendo (Mr. 9:32), debieron haber sentido la gravedad de la situación. Y aunque temían preguntar a Jesús qué fue lo que quiso decir (v. 32*b*), se supone que deberían haber estado discutiendo *ese* asunto en lugar de quién de ellos era el más grande. Estaban tan atrapados en su propio deseo de prestigio, gloria y engrandecimiento personal, que eran insensibles a mucho de lo que Jesús decía, incluso respecto a su propio sufrimiento y su propia muerte y resurrección. Ellos no demostraban algún concepto de humildad; evidenciaban muy poca compasión, y sin duda ninguna disposición de tomar sus cruces y seguir a Cristo hasta la muerte como se les había enseñado (Mt. 10:38-39; 16:24-26).

Varios meses después de esta lección en Capernaúm las ambiciones egoístas que los discípulos tenían seguían siendo muy evidentes. Es probable que, a instancias de sus hijos, la madre de Jacobo y Juan le pidiera a Jesús: "Ordena que en tu reino se sienten estos dos hijos míos, el uno a tu derecha, y el otro a tu izquierda" (Mt. 20:20-21). Los otros discípulos se enojaron con los dos hermanos, pero su indignación no era por justicia sino por envidia (v. 24).

Debió haber sido especialmente doloroso para Jesús que, así como en la ocasión registrada en el capítulo 18, esta solicitud egoísta viniera inmediatamente después que Él predijera su sufrimiento y su muerte (20:19). No hay indicio de simpatía, consuelo o tristeza con relación a lo que el Señor estaba a punto de soportar a favor tanto de ellos como de todo el mundo. Y en la noche anterior a su muerte, mientras Jesús comía con ellos la Última Cena, los discípulos seguían discutiendo acerca de su propia grandeza (Lc. 22:24). La insensibilidad y el egoísmo que tenían se demuestran por tanto como lo más pecaminoso porque ocurrió en momentos en que Jesús estaba hablando de su propio sufrimiento y muerte.

Los demás discípulos pudieron haber estado celosos de Pedro al saber que era el más íntimo con Jesús y que siempre fue su portavoz principal. Pedro fue uno de los tres privilegiados en presenciar la transfiguración de Jesús, y solo él había caminado sobre el agua y había presenciado milagrosamente el suministro para el impuesto del templo. Pero también fue únicamente a Pedro a quien Jesús le había dicho: "¡Quítate de delante de mí, Satanás!" (Mt. 16:23), y quizás por esta razón los otros discípulos creyeron que la posición principal aún no se había determinado.

La enseñanza aquí es muy necesaria en la Iglesia de hoy, donde la ambición personal está muy extendida, y suele hacerse caso omiso a la obligación de cumplir nuestro deber hacia nuestros hermanos hijos de Dios.

Al igual que todos nosotros, los discípulos necesitaban lecciones reiteradas en humildad, y el Señor aquí utiliza a un niño como su ilustración. **Y llamando Jesús a un niño, lo puso en medio de ellos.**

Paidion identifica a un **niño** muy pequeño, a veces incluso un bebé. Este **niño** particular tal vez era lo suficientemente grande para correr hacia Jesús cuando Él lo llamó. Puesto que el grupo tal vez estaba en casa de Pedro, el **niño** pudo haber pertenecido a la familia del discípulo y conocer muy bien a Jesús. Fuera como fuera, el pequeño respondió con docilidad y permitió que el Señor lo tomara en sus brazos (Mr. 9:36). Jesús amaba a los niños y estos lo amaban, y cuando se sentó delante de los discípulos sosteniendo en sus brazos a este pequeño tuvo un hermoso escenario en el cual enseñarles profundas lecciones acerca de la sencillez de los niños en los creyentes.

La esencia de la primera lección se encuentra en el versículo tres: **De cierto os digo, que si no os volvéis y os hacéis como niños, no entraréis en el reino de los cielos.** Este es un requisito indispensable y de gran alcance, y tiene una importancia máxima. La entrada al **reino de** Cristo demanda inocencia infantil. No hay otra manera de recibir la gracia de la salvación que ser como un niño.

El reino de los cielos, una frase que Mateo usa treinta y dos veces, es un sinónimo del reino de Dios. Se había vuelto común para los judíos al final de la era del Antiguo Testamento, y en especial durante el período intertestamentario, sustituir por reverencia la palabra *cielos* por el tetragrámaton hebreo (YHWH), el nombre del pacto de Dios (traducido a menudo como Yahveh o Jehová). Utilizado en esa forma, **cielos** era simplemente otra manera de decir *Dios*. Ambas frases se refieren al gobierno de Dios, en que **el reino de los cielos** enfatiza la esfera y el carácter de su gobierno, y reino de Dios señala de modo enfático al gobernante mismo. Dios gobierna su reino con principios celestiales, bendiciones celestiales, y en poder, majestad y gloria celestiales. Entrar al reino significa estar bajo el gobierno soberano de Dios.

Nuestro Señor está hablando directamente de entrar al reino de Dios por fe, a través de la salvación que dará como resultado en futura bendición milenial y gloria eterna. La frase "entrar al reino de los cielos" se usa tres veces en el libro de Mateo (véase también 7:21; 19:23-24) y en cada caso se refiere a salvación personal. Es la misma experiencia de entrar a la vida (18:8) y al gozo del Señor (25:21).

El hecho de que una persona deba entrar **en el reino** supone que nació fuera de allí bajo el dominio de Satanás, y que no es naturalmente un ciudadano celestial bajo el gobierno de Dios. El propósito del evangelio es mostrar a los seres humanos cómo entrar al **reino** y convertirse en sus ciudadanos, pasando del reino de las tinieblas al reino del amado Hijo de Dios (Col. 1:13). Es el deseo de Dios que la humanidad llegue a su reino, pues no quiere "que ninguno perezca, sino que todos procedan al arrepentimiento" (2 P. 3:9). El propósito del ministerio de Cristo y de los ministerios de Juan el Bautista y de los apóstoles fue invitar a las personas al reino. Esa sigue siendo la tarea suprema de la Iglesia.

El enfoque central del Evangelio de Mateo es acercar a hombres y mujeres al reino por medio de la fe en Jesucristo, y esa es sin duda una de las razones de que el Espíritu Santo colocara este libro al principio del Nuevo Testamento. A lo largo de su evangelio Mateo presenta de manera cuidadosa y sistemática los elementos de la fe auténtica.

El primer elemento presentado para entrar en el reino es arrepentimiento. El mensaje de Juan el Bautista fue: "Arrepentíos, porque el reino de los cielos se ha acercado" (3:2), y fue con ese mensaje idéntico que el Señor comenzó su propio ministerio (4:17). El llamado inicial a entrar al reino fue un llamado a que las personas reconozcan su pecado y se arrepientan, lo cual implica deseo auténtico de alejarse del pecado. Este arrepentimiento no es obra humana sino un regalo divino que solo Dios puede conceder (véase 2 Ti. 2:25).

Un segundo elemento de la fe que otorga entrada al reino es reconocer la bancarrota espiritual. Esa también es una obra de Dios, no del hombre, porque es el Espíritu Santo quien convence de pecado (Jn. 16:8-11). Las Bienaventuranzas comienzan con un llamado a la humildad expresado allí como pobreza de espíritu (Mt. 5:3). Aquel que desea auténticamente entrar al reino de Dios se ve como alguien totalmente indigno y de poco mérito. Su conciencia de pecado produce culpa y frustración por su incapacidad para eliminar ese pecado. Sabe que no puede limpiarse de su pecado y que no tiene nada que ofrecerle a Dios que pueda merecer perdón. El término griego detrás de "pobres en espíritu" se refiere a un mendigo que no tiene ningún tipo de recursos propios. Debido a que la persona arrepentida y que se reconoce en bancarrota total está profundamente consciente de su pecado, llora por este (v. 4); al no tener justicia propia, siente hambre y sed de la justicia de Dios (v. 6); y a causa de que por sí misma no puede limpiarse de su pecado, ansía la pureza de corazón (v. 8) que solamente Dios puede proporcionar.

Un tercer elemento de la fe que permite entrar al reino es la mansedumbre, que está íntimamente relacionada con la sensación de no tener nada de valor que ofrecerle a Dios. Debido a su sentido de indignidad personal, el individuo humilde y manso no reclama ni exige nada de gloria para sí mismo. Se compromete a luchar por la causa de Dios, no por la suya propia.

Aquel que entra al reino de Dios también tendrá deseos y capacidad de ser obediente. Jesús declaró: "No todo el que me dice: Señor, Señor, entrará en el reino de los cielos, sino el que hace la voluntad de mi Padre que está en los cielos" (Mt. 7:21). Entrar al reino de Dios es más que expresar simplemente el deseo de estar adentro y tener la convicción de que Jesús es el Señor de ese reino. El Dios soberano y salvador producirá en el alma una sumisión personal a Jesús como Señor y un corazón nuevo que anhela obedecer sus mandamientos. La persona que no está dispuesta a abandonar las cosas del mundo por las cosas del Señor no tiene deseos auténticos de salvación (8:19-22). Entrar al reino supone por el mismo término que la persona se pone bajo el gobierno del Señor de ese reino.

Cuando Jesús llamó a las personas a seguirlo estaba llamándolas a la salvación (cp. Mt. 19:21). El nuevo nacimiento convierte a la gente en seguidores de Jesús. Sería más coherente con el método de nuestro Señor si, en lugar de pedir a las personas que "hagan una decisión por Cristo", los modernos evangelistas las llamaran a volverse de su pecado para seguir el liderazgo del Señor y volverse a Él para que les gobierne sus vidas.

El que entra al reino de Dios también está dispuesto a confesar en público su deseo de seguir al Señor. Jesús manifestó: "A cualquiera, pues, que me confiese delante de los hombres, yo también le confesaré delante de mi Padre que está en los cielos. Y a cualquiera que me niegue delante de los hombres, yo también le negaré delante de mi Padre que está en los cielos" (10:32-33).

El que entra al reino de Dios está consciente de su necesidad de negarse a sí mismo. Jesús expresó: "El que no toma su cruz y sigue en pos de mí, no es digno de mí. El que halla su vida, la perderá; y el que pierde su vida por causa de mí, la hallará" (10:38-39).

Además, en la presentación que Mateo hace de la fe que salva está el elemento de la persistencia. La mujer cananea que tenía una hija endemoniada no se dio por vencida cuando al principio Jesús no le hizo caso, cuando los discípulos quisieron echarla, ni siquiera cuando Jesús le recordó que ella no era israelita, es decir que no pertenecía al pueblo escogido de Dios. La mujer estuvo dispuesta a tomar incluso las sobras del Señor, y no renunció hasta que Él le suplió su necesidad. En respuesta a su persistencia infantil, Jesús comentó: "Oh mujer, grande es tu fe; hágase contigo como quieres" (15:28).

Todos estos elementos de la fe que Dios concede para salvación pueden resumirse en la primera lección que Jesús enseña: la lección de la humildad.

Es imposible pasar por alto el hecho de que esta enseñanza está dirigida a los discípulos, e implica que estos deben oírla y aceptarla. Y por la discusión que ellos tuvieron que motivó esta lección de parte de Jesús, es evidente que no estaban viviendo de acuerdo con la norma de humildad del Señor. Estaban manifestando orgullo y egoísmo. Podría ser que algunos de ellos aún no estuvieran en el reino (sin duda esta invitación era pertinente a Judas hambriento de poder y de dinero), y los que estaban en el reino habían permitido que su carne caída dominara sus actitudes. Esto lleva a la importante declaración de que aunque nuestros corazones estén alineados con estos principios de auténtica fe salvadora al momento que Dios en su misericordia nos la concede, a menudo cedemos muy fácilmente ante el poder del pecado que aún hay en nosotros.

Cuando tomó al niño en sus brazos y lo sostuvo en alto delante de los discípulos, el Señor reunió todos esos elementos de la salvación: **De cierto os digo, que si no os volvéis y os hacéis como niños, no entraréis en el reino de los cielos.**

La frase **os volvéis** se traduce de un pasivo aoristo de *strephō*, el cual en otras partes del Nuevo Testamento siempre se traduce con la idea de "conversión" o "cambio de opinión". Significa hacer un cambio drástico e ir en la dirección opuesta. Pedro utilizó una forma del término un par de veces en su mensaje poco después de Pentecostés, cuando pidió a sus oyentes: "Arrepentíos y convertíos, para que sean borrados vuestros pecados", y declaró de Jesús: "Dios, habiendo levantado a su Hijo, lo envió para que os bendijese, a fin de que cada uno se convierta de su maldad" (Hch. 3:19, 26). El término se usa varias veces en el libro de Hechos para hablar de conversión (11:21; 15:19; 26:18, 20). Pablo usa la palabra cuando habla de los creyentes en Tesalónica, que se habían convertido "de los ídolos a Dios, para servir al Dios vivo y verdadero" (1 Ts. 1:9).

La conversión es la otra mitad del arrepentimiento. Arrepentimiento significa entristecerse por el pecado y abandonarlo; conversión es la expresión de la voluntad que se vuelve por completo del pecado al Señor. Salmos 51:13 alude a estas dos mitades de la conversión cuando declara: "Y los pecadores se convertirán a ti". El uso que Jesús hace aquí de la voz pasiva indica que los discípulos no podían volverse o convertirse del pecado a la justicia por sus propios esfuerzos, sino que necesitaban que alguien más los cambiara. Aunque se requiere la respuesta de la voluntad de la persona, solo Dios tiene el poder de convertir.

Jesús explicó que para convertirse era necesario que las personas se volvieran **como niños.** Un niño pequeño es sencillo, dependiente, indefenso, espontáneo, sin pretensiones, sin ambiciones. Los niños no son sin pecado o naturalmente desinteresados, y muestran su naturaleza caída desde la más temprana edad. Pero sin embargo son ingenuos y modestos, confían en los demás y no ambicionan esplendores ni grandezas.

Luego Jesús declaró: **Cualquiera que se humille como este niño, ése es el mayor en el reino de los cielos.** El verbo detrás de **humille** es *tapeinō*, que tiene el significado literal de rebajarse. A los ojos de Dios, aquel que se humilla es a quien Él exalta; quien auténticamente se considera como el menor es al que Dios considera **el mayor.** Jesús les dijo a los arrogantes fariseos: "El que es el mayor de vosotros, sea vuestro siervo. Porque el que se enaltece será humillado, y el que se humilla será enaltecido" (Mt. 23:11-12). La persona que no está dispuesta a humillarse como Jesús "se humilló a sí mismo" (Fil. 2:8) no tendrá lugar en **el reino de Jesús.** Para los engreídos judíos que se exaltaban a sí mismos tan altamente como para creer que Dios estaba complacido con ellos por su propia bondad, este fue un golpe demoledor.

Pero Jesús deja en claro que en su reino se sube más alto cuando se baja. El gran comentarista luterano R. C. H. Lenski escribió: "El que no piensa hacer reclamos tendrá todo lo que otros reclaman y que por reclamar no lo obtienen... Solamente a una vasija vacía Dios puede colmar con sus dones. Y entre más vacíos estemos de todo lo que se deba a nosotros mismos, más puede Dios derramar en estas vasijas sus riquezas, honores y glorias eternas" (*The Interpretation of St. Matthew's Gospel* [Minneapolis: Augsburg, 1943], p. 683).

Un **niño** pequeño no hace ninguna afirmación de mérito o grandeza. Simplemente se somete al cuidado de sus padres y de otras personas que lo aman, confiando en ellos para todo lo que necesita. Sabe que no puede suplir sus propias necesidades y que no tiene recursos para mantenerse con vida. Esa es la clase de sumisión humilde que resulta en grandeza ante los ojos de Dios y en su **reino.**

Hace varios años ministré a un grupo de escuelas de alumnado negro en el sur. En una escuela primaria presenté un mensaje sencillo acerca del amor de Dios y de la persona única y amorosa de Jesucristo, quien de manera especial amaba a los niños y murió en la cruz como un sacrificio por ellos a fin de pagar la pena por todos nuestros pecados. Al final del mensaje pregunté: "¿A cuántos de ustedes les gustaría tener a Jesús vivo en su corazón, ser perdonados de todos sus pecados, seguir a tan maravilloso Señor y Salvador, y lograr que Él los lleve algún día al cielo?". Para mi sorpresa, cada una de las cien o más manos en el salón se levantó de inmediato. No hubo escepticismo, duda, vacilación, ni ninguna mirada alrededor para ver cómo sus compañeros irían a reaccionar. Cuando se hizo la invitación, el corazón de cada uno de esos niños estuvo listo a responder de forma positiva a las afirmaciones de Jesucristo. Para asegurarme que entendieron el compromiso que estaban haciendo, pregunté: "Ahora, ¿cuántos de ustedes están dispuestos a permitir que Jesús controle sus vidas y a obedecer todo lo que Él dice?". De nuevo todas las manos se levantaron.

Dios conocía la intención de los corazones de esos niños y lo que esa sencilla afirmación significaba como un paso hacia Él. Pero lo que vi fue la ilustración de fe salvadora. Ninguno de ellos se sintió suficiente en sí mismo o tan perfecto como para no reconocer su pecado ni su necesidad de perdón. Ninguno estuvo renuente a entregar su vida a Aquel que era tan amoroso y misericordioso, y que podía proporcionarles todo lo necesario en el tiempo y en la eternidad. Tampoco fueron reacios a hacer lo que Él les pedía en obediencia.

Ese es el tipo de fe humilde, sin pretensiones, sincera e infantil de la que Jesús estaba hablando. Esa clase de respuesta a su Hijo es la **mayor** a la vista de Dios. **El mayor en el reino de los cielos** es aquel que se muestra humilde, sencillo, auténticamente sincero, poco exigente, no egocéntrico, receptivo a todo lo que Dios ofrece, y ansioso por obedecer cualquier cosa que Él ordene.

Los "evangelios" populares que propagan la autorrealización y el éxito personal son la antítesis del evangelio de Jesucristo. Representan una burla al cristianismo del Nuevo Testamento y atacan el centro de la salvación y la vida cristiana. El Señor no hizo provisión para la exaltación del yo, sino que más bien declaró de manera inequívoca que el individuo que bajo sus propias condiciones "halla su vida, la perderá" (Mt. 10:39). El camino del yo es el camino de la descalificación del reino. Aquellos que glorifican el yo no solo que no serán los mayores en el reino, sino que nunca entrarán en él.

Santiago presenta una invitación a la salvación que reitera de forma indiscutible lo que nuestro Señor exige en este pasaje de Mateo:

Pero él da mayor gracia. Por esto dice: Dios resiste a los soberbios, y da gracia a los humildes. Someteos, pues, a Dios; resistid al diablo, y huirá de vosotros. Acercaos a Dios, y él se acercará a vosotros. Pecadores, limpiad las manos; y vosotros los de doble ánimo, purificad vuestros corazones. Afligíos, y lamentad, y llorad. Vuestra risa se convierta en lloro, y vuestro gozo en tristeza. Humillaos delante del Señor, y él os exaltará (Stg. 4:6-10).

El peligro de hacer que un cristiano peque

99

Y cualquiera que reciba en mi nombre a un niño como este, a mí me recibe. Y cualquiera que haga tropezar a alguno de estos pequeños que creen en mí, mejor le fuera que se le colgase al cuello una piedra de molino de asno, y que se le hundiese en lo profundo del mar. ¡Ay del mundo por los tropiezos! porque es necesario que vengan tropiezos, pero ¡ay de aquel hombre por quien viene el tropiezo! Por tanto, si tu mano o tu pie te es ocasión de caer, córtalo y échalo de ti; mejor te es entrar en la vida cojo o manco, que teniendo dos manos o dos pies ser echado en el fuego eterno. Y si tu ojo te es ocasión de caer, sácalo y échalo de ti; mejor te es entrar con un solo ojo en la vida, que teniendo dos ojos ser echado en el infierno de fuego. (18:5-9)

Tengo cuatro hijos que son preciosos para mí. Los amo profundamente y soy celoso por su bienestar, sobre todo su bienestar espiritual. Mi deseo más profundo es que siempre crezcan en semejanza a Cristo, conforme a la mente y la voluntad del Señor. Tengo una sensación casi dolorosa de responsabilidad y un compromiso de proteger a mis hijos de toda forma de daño y peligro. Ocasionalmente, cuando en sus vidas han entrado personas e influencias que sé que podrían perjudicarlos, he hecho todo lo posible por protegerlos de esos peligros. Como un padre normal, tengo gran aprecio por quienes ayudan a mis hijos, y gran indignación por los que los dañan.

La mayoría de padres son más agradecidos por lo que se hace a favor de sus hijos y en beneficio de estos, que por cualquier cosa que se pueda hacer por ellos mismos. De igual manera, a la mayoría de padres les resulta más fácil perdonar una ofensa contra sí mismos que una contra su hijo. Los padres son agradecidos con amigos, maestros y otros que animan y ayudan a sus hijos y que los edifican. Sin embargo, se indignan con un joven que deja embarazada a su hija, con un supuesto amigo que induce a su hijo a probar drogas, o con un profesor incrédulo que trata de alejar de la fe cristiana a su hijo o hija.

Dios es el modelo perfecto de este tipo de preocupación paterna, porque siempre ha estado muy interesado por la manera en que tratan a sus hijos. Es de suma importancia para Él que sean protegidos y alimentados. De ahí que prometa bendecir a quienes tratan bien a sus hijos y da serias advertencias a quienes les hacen daño.

Esta actitud de Dios hacia sus hijos se remonta a cuando, de a simiente de Abraham, llamó por primera vez a una nación para sí mismo y les dijo a los descendientes: "Bendeciré a los que te bendijeren, y a los que te maldijeren maldeciré" (Gn. 12:3). El Señor siempre ha exigido buen trato para su pueblo, ordenando a los incrédulos que los traten bien, y pidiendo además que se traten bien unos a otros.

Mientras Jesús seguía sosteniendo en sus brazos al pequeño niño, enseñó una lección acerca del cuidado mutuo entre sus hijos.

EL PRINCIPIO

Y cualquiera que reciba en mi nombre a un niño como este, a mí me recibe. (18:5)

La verdad básica de ese versículo es que es imposible separar a Cristo de su pueblo, y que en consecuencia cualquier cosa que afecta a los creyentes, lo afecta a Él. Específicamente, **cualquiera que reciba en** el **nombre** de Dios **a un niño como este,** a Cristo **recibe.**

Como es evidente por el contexto, Jesús estaba usando al **niño** que tenía en sus brazos como una ilustración. **Un niño como este** identifica al **niño** específico al que el contexto hace referencia. Esto solo puede significar aquel que de manera espiritual se vuelve como un niño, según se describió en los versículos 3-4. Jesús no estaba hablando del niño pequeño, sino que lo estaba usando para representar a los hijos de Dios. Ese **niño** físico simbolizaba el hijo espiritual de Dios, aquel que se vuelve como niño en su fe y que con humildad acepta el evangelio y se convierte (v. 3). Tales seres convertidos son "estos pequeños que creen en mí", explicó Jesús (v. 6). Y no importa lo humilde, poco sofisticado, inmaduro o débil que sea un creyente, debe ser tratado como el precioso **niño** de Dios que en realidad es. Hay solidaridad y unidad entre el Señor y todos los que comparten la vida de Él mediante el Espíritu Santo que mora en los creyentes.

El cristianismo no es un sistema de religión sino un pueblo redimido que está unido con Dios, y es uno con Él a través de su Hijo Jesucristo. Los cristianos no solo siguen las enseñanzas de Jesús sino a Jesús mismo, y se identifican de manera total e íntima con Él. Jesús es la Cabeza y ellos son el Cuerpo (1 Co. 12:27); Él es la Vid y ellos son los pámpanos (Jn. 15:5); Jesús es el Novio y ellos son la novia (Ap. 21:2, 9).

En términos profundos, Jesús afirmó esta enseñanza a sus discípulos: "El que a vosotros oye, a mí me oye; y el que a vosotros desecha, a mí me desecha; y el que me desecha a mí, desecha al que me envió" (Lc. 10:16; cp. Jn. 13:20). Cuando Saulo perseguía a los cristianos, el Señor lo enfrentó en el camino a Damasco con estas palabras: "Saulo, Saulo, ¿por qué me persigues?" (Hch. 9:4). En su primera carta a la iglesia en Corinto, Pablo confirmó de modo negativo la unidad entre Cristo y cada creyente cuando con firmeza los reprendió por inmoralidad sexual en que participaban prostitutas. Esto era algo espiritualmente degradante en una manera única, porque hacía que el mismo Cristo fuera participante en el pecado. Ya que el creyente está espiritualmente unido a Cristo, cuando se une sexualmente con una prostituta involucra al Señor en su pecado. El apóstol preguntó: ¿No sabéis que vuestros cuerpos son miembros de Cristo? ¿Quitaré, pues, los miembros de Cristo y los haré miembros de una ramera? De ningún modo" (1 Co. 6:15). No es que Cristo mismo se haga impuro por la impureza de sus seguidores, sino que su nombre es manchado. Él personalmente no se contamina por los pecados de los creyentes más de lo que la luz del sol se contamina al brillar en un basurero. Pero el nombre de Cristo es difamado y su obra se obstaculiza cuando su pueblo peca, así como su corazón es bendecido cuando su pueblo es recibido.

Recibe viene de *dechomai,* que significa tomar algo o a alguien para sí mismo de manera deliberada y de buena gana. El término se usaba a menudo para dar la bienvenida a huéspedes honrados y suplirles sus necesidades con atención y amabilidad especial. El planteamiento principal de Jesús aquí es que el modo en que una persona, creyente o incrédula, trata a los cristianos es la manera en que trata a Jesucristo. Cuando alguien recibe con un corazón sensible a un cristiano como un invitado de honor y amigo, recibe a Cristo como su invitado y amigo. Cuando trata a cualquier cristiano con ternura y bondad, trata a Cristo de la misma manera.

Nuestro Señor enseñó de forma enfática esta unidad entre Él mismo y su pueblo al declarar: "Cuando el Hijo del Hombre venga en su gloria, y todos los santos ángeles con él, entonces se sentará en su trono de gloria". Después de poner a los creyentes, las ovejas, a su mano derecha y a los incrédulos, las cabras a la izquierda,

> *el Rey dirá a los de su derecha: Venid, benditos de mi Padre, heredad el reino preparado para vosotros desde la fundación del mundo. Porque tuve hambre, y me disteis de comer; tuve sed, y me disteis de beber; fui forastero, y me recogisteis; estuve desnudo, y me cubristeis; enfermo, y me visitasteis; en la cárcel, y vinisteis a mí. Entonces los justos le responderán diciendo: Señor, ¿cuándo te vimos hambriento, y te sustentamos, o sediento, y te dimos de beber? ¿Y cuándo te vimos forastero, y te recogimos, o desnudo, y te cubrimos? ¿O cuándo te vimos enfermo, o en la cárcel, y vinimos a ti? Y respondiendo el Rey, les dirá: De cierto os digo que en cuanto lo hicisteis a uno de estos mis hermanos más pequeños, a mí lo hicisteis (Mt. 25:31-40).*

Los creyentes deben recibirse unos a otros con ternura, cuidado, bondad y amor, abriendo sus corazones para recibir a compañeros creyentes sin importar quiénes sean. Al hacer eso aceptan al Señor Jesucristo que vive en ellos. Debemos cuidarnos unos a otros como a hijos preciosos. ¡Qué mensaje vital para la Iglesia!

EL PELIGRO

Y cualquiera que haga tropezar a alguno de estos pequeños que creen en mí, mejor le fuera que se le colgase al cuello una piedra de molino de asno, y que se le hundiese en lo profundo del mar. ¡Ay del mundo por los tropiezos! porque es necesario que vengan tropiezos, pero ¡ay de aquel hombre por quien viene el tropiezo! (18:6-7)

A continuación, Jesús presenta el lado negativo de la verdad mencionada antes: Cuando una persona maltrata a un cristiano, está maltratando a Cristo. Este lado de la verdad también se aplica a creyentes e incrédulos. Trátese del peor perseguidor pagano que ocasiona algún daño a un cristiano, o de un creyente que perjudica a hermano en la fe, el resultado es igual: Cristo mismo es atacado.

Es obvio que nuestro Señor no está refiriéndose a niños físicos sino espirituales. La frase **estos pequeños que creen en mí** clarifica que Jesús tiene en mente los niños de los que había hablado en la frase "un niño como este" (v. 5), que se refería al pequeño mencionado en los versículos 3-4.

Jesús está hablando de tropiezo moral y espiritual, es decir, de pecar. El verbo *skandalizd* (**tropezar**) significa literalmente "hacer caer", y por tanto el Señor está hablando aquí de tentar, atrapar o influenciar en un creyente en alguna forma que lo lleve a pecar o en alguna manera que le facilite caer en pecado. Una persona que es responsable por hacer que un cristiano peque comete un agravio contra Cristo mismo así como contra el cristiano.

En el lenguaje más vívido y aleccionador que indica la seriedad de tal acto contra uno de los hijos de Dios, Jesús declaró que a un individuo que hace tal cosa le sería mejor padecer una muerte horrible. En realidad, **mejor le fuera que se le colgase al cuello una piedra de molino de asno, y que se le hundiese en lo profundo del mar.**

Piedra de molino de asno se traduce de *mulos onikos*, que se refiere a una gran piedra alta de molino que en un proceso de molienda la hacía girar un asno, y que a menudo pesaba cientos de libras. En ocasiones los romanos practicaban esta forma de ejecución atando una pesada piedra al cuello de un delincuente y lanzándolo por la borda en aguas profundas. Tal forma pagana de ejecución era inimaginablemente horrible para los judíos y, en algunos aspectos, tal vez más terrible aún que la crucifixión. Sin embargo, Jesús aseguró que padecer tan espantosa muerte sería mejor incluso que hacer pecar a uno de los miembros de su pueblo.

La idea debió haber sido especialmente aleccionadora para los discípulos porque acababan de caer en una discusión acalorada acerca de quién era el mayor en el reino de los cielos. Sin duda, la disputa provocó creciente ira y resentimiento en todos a medida que uno tras otro ofrecían sus razones por las que según ellos debían recibir tal honra. Los doce no solo estaban pecando a causa de su propio orgullo y jactancia, sino también porque estaban incitándose mutuamente a tener envidia, celos y enojo.

Todo creyente es un hijo de Dios, y al igual que todos los hijos necesita protección, cuidado y comprensión. Es un delito enorme dañar incluso a uno de ellos guiándolos a pecar. Arruinar el carácter de un santo o retrasar su crecimiento espiritual es algo atroz a los ojos de Dios, porque equivale a atacar a su amado Hijo Jesucristo.

Zacarías declaró que cualquiera que haga daño al pueblo de Dios, Israel, "toca a la niña de su ojo" (Zac. 2:8). "La niña del ojo" era una figura antigua para la córnea, la parte más delicada y sensible del cuerpo. La idea es que cualquiera que daña al pueblo de Dios pincha el ojo de Dios, causándole grave irritación al Soberano.

Una de las razones de que la Biblia hable de manera tan enérgica contra los falsos maestros es que estos no solo creen y practican el mal, sino que también atraen a otros, incluso a los santos de Dios, hacia sus malvadas creencias y costumbres. Las personas en la iglesia que llevan vidas impías y seducen a otros a sus maneras pecadoras de vivir clavan el dedo en el ojo de Dios, por así decirlo, y les sería mejor morir. El modo en que tratamos a nuestros compañeros creyentes en la iglesia es un asunto de inmensa importancia, y llevarlos a pecar, además de irritar al Todopoderoso Dios, es impensable.

Existen muchas maneras en que se puede hacer **tropezar** a las personas para que caigan en pecado. La manera más obvia es tentarlas, y Satanás y el mundo pueden utilizar incluso a creyentes para tentar a otros creyentes hacia el pecado.

Eva proporciona el primer y clásico ejemplo de alguien que tentó directamente a otra persona para que pecara. Después de sucumbir a la tentación de Satanás, ella de inmediato tentó a Adán con el fin de que le uniera en desobedecer a Dios. Aarón, el primer sumo sacerdote de Israel, hizo que toda la nación pecara al moldear y a continuación adorar al becerro de oro mientras Moisés estaba en el monte Sinaí recibiendo los Diez Mandamientos de parte de Dios. El rey Jeroboam fue tan flagrante en guiar a Israel hacia la idolatría, que su nombre se convirtió en sinónimo de rebelión contra Dios. Este fue el rey sumamente pecador que estableció un ejemplo de maldad que otros reyes siguieron, y a quien estos fueron comparados al describírseles como que anduvieron "en los pecados de Jeroboam" (véase, p. ej. 1 R. 16:31; 2 R. 3:3; 17:22).

Jesús acusó a los dirigentes judíos no solo de ser hipócritas y pecadores en sí mismos, sino de guiar a otros al pecado a través de sus tradiciones hechas por el hombre. Aunque no eran culpables de adulterio en el sentido de tener aventuras extramaritales, muchos de ellos mismos se volvieron adúlteros y promovieron el adulterio por medio de otros a través de tradición de permitir que un esposo se divorciara de su esposa sin causa legítima. Jesús declaró: "Yo os digo que el que repudia a su mujer, a no ser por causa de fornicación, hace que ella adultere; y el que se casa con la repudiada, comete adulterio" (Mt. 5:32).

La iglesia en Pérgamo fue acusada por el Señor porque toleraba a miembros que retenían "la doctrina de Balaam, que enseñaba a Balac a poner tropiezo ante los hijos de Israel, a comer de cosas sacrificadas a los ídolos, y a cometer fornicación" (Ap. 2:14). La iglesia en Tiatira tenía un pecado similar, tolerar "que esa mujer Jezabel, que se dice profetisa, enseñe y seduzca a mis siervos a fornicar y a comer cosas sacrificadas a los ídolos" (2:20). Ambas iglesias toleraban la enseñanza de falsa doctrina y la práctica de normas perversas de vida.

Un esposo de hoy podría sugerir a su esposa: "Añadamos esta deducción a nuestra declaración de renta. En realidad, no califica, pero nadie lo sabrá, y además todo el mundo lo hace". Al hacer eso comete un doble pecado por inducir a su esposa a unírsele en el fraude. Una persona podría hablarle a un compañero de trabajo para que se una a inflar informes de gastos de la compañía y quedarse con la diferencia. Esa persona también comete el doble pecado del que Jesús está advirtiendo aquí. Un hombre puede seducir a una mujer cristiana o llevarla a ver entretenimiento inmoral mientras tienen una cita.

Dichos ejemplos y muchos más calificarían como maneras de hacer que un hijo o una hija de Dios peque. Es asombroso cómo somos de reacios a exponer a nuestros hijos físicos a la maldad, y cuán ansiosos estamos de protegerlos. Pero con frecuencia no estamos tan ansiosos de proteger a todos los demás hijos en la familia del Señor.

A los hijos de Dios también se les puede hacer tropezar de manera indirecta. Esa es la amplia categoría de peligro acerca del que Pablo advierte específicamente a los padres, declarando: "No provoquéis a ira a vuestros hijos" (Ef. 6:4). Mediante aspectos tales como mostrar favoritismo, exigir logros poco realistas, o ser críticos, sobreprotectores o demasiado permisivos, los padres pueden frustrar y exasperar a sus hijos y provocarles reacciones iracundas que son emocional y hasta espiritualmente perjudiciales. No dejar que los hijos cometan sus propias equivocaciones de vez en cuando, descuidarlos (a veces debido a compromisos de iglesia), y mostrarles poco interés en sus opiniones y preocupaciones puede provocar el mismo resultado trágico. En rebelión contra las actitudes y prácticas de sus padres en temas como esos, los hijos a menudo también se rebelan contra las creencias y las buenas costumbres de sus padres, poniéndose contra ellos en prácticamente todo aspecto solo para expresar su resentimiento y afirmar su independencia. A cónyuges, amigos, compañeros de trabajo, y hermanos de la fe en la iglesia también se les puede llevar a caer en pecado tratándolos de manera insensible, sin afecto natural, y poco amable.

Una tercera forma de hacer tropezar a hijos de Dios es a través de ejemplo pecaminoso. Sin hacerles decir una palabra, los creyentes pueden ser guiados a tener actitudes y prácticas pecaminosas simplemente siguiendo el mal ejemplo de otros. Aquí los padres deben estar otra vez alertas, porque continuamente están dando ejemplos tanto buenos como malos para que sus hijos sigan.

Se cuenta la historia de un padre alcohólico que salió de la casa una noche de invierno para ir a su bar favorito. No había ido muy lejos cuando oyó un suave ruido crujiente en la nieve detrás de él. Se volvió para ver a su hijo de cinco años de edad a pocos metros atrás. Al preguntarle a su hijo qué estaba haciendo, el niño contestó: "Estoy tratando de seguirte los pasos, papá". Según esta historia, el hombre nunca volvió a beber otra copa.

Timoteo sucedió a Pablo como líder de la iglesia en Éfeso, y en la primera carta a su sucesor el apóstol lo amonestó que fuera un "ejemplo de los creyentes" mostrándose intachable "en palabra, conducta, amor, espíritu, fe y pureza" (1 Ti. 4:12). Un líder de iglesia (sea pastor, guía de jóvenes, maestro de escuela dominical, o lo que sea) no puede dejar de ser un ejemplo que, para bien o para mal, de manera consciente o inconsciente será imitado por aquellos que le han confiado a su cuidado.

Incluso cuando una persona en sí no está pecando es posible que esté llevando a otros a pecar. Alardear con imprudencia acerca de la libertad que se tiene en Cristo al participar en una actividad que en sí no es pecado, y que es perfectamente apropiada para un cristiano fuerte, es posible que haga **tropezar** a hermanos y hermanas más débiles. Si siguen el ejemplo del creyente maduro mientras aún están convencidos en su propia conciencia inmadura de que la práctica es equivocada, son llevados a pecar. Aunque la práctica misma quizás no sea pecaminosa, se vuelve pecaminosa para el cristiano más débil porque la ejecuta a pesar de lo que cree que es correcto, y por tanto contra su propia conciencia.

Muchos creyentes en la iglesia primitiva salieron del judaísmo estricto en que estaba prohibido comer carne de cerdo en cualquier forma. También solían guardar numerosos días santos, especialmente el día de reposo. Después de convertirse en cristianos era difícil romper con esas regulaciones ceremoniales del antiguo pacto que les habían inculcado como exigidas por Dios, y muchos de ellos no podían decidirse a comer carne de cerdo o a trabajar en el día de reposo. Por otra parte, muchos otros creyentes salieron de las filas del paganismo, donde costumbres demoníacas y las peores clases de inmoralidad eran parte integral de sus religiones. Para ellos, cualquier cosa asociada con tales ritos paganos era detestable y repugnante, y comer un pedazo de carne que hubiera sido ofrecida sobre un altar pagano era algo impensable.

Esa es la cuestión que Pablo aborda por completo en Romanos 14 y 1 Corintios 8 (véase el volumen *Primera Corintios* en esta serie de comentarios), un asunto agravado por hipocresía crítica en ambas partes. Los creyentes gentiles criticaban a los creyentes judíos más débiles por todavía negarse a tocar carne de cerdo o a realizar cualquier tipo de trabajo en el día de reposo, haciendo hincapié en la verdad de que en Cristo habían sido liberados de tales restricciones ceremoniales. Los creyentes judíos criticaban a los creyentes gentiles más débiles por negarse a comer carne ofrecida a ídolos paganos, resaltando la verdad de que ahora sabían que esas deidades paganas no eran dioses en absoluto y que en cualquier caso la carne en sí no podía ser espiritual o moralmente contaminante.

Pablo les dijo a ambas partes que la preocupación importante no era comer o no comer ciertos alimentos, ni guardar o no ciertos días. Mucho más importante eran las conciencias de sus compañeros creyentes. Cuando alguien cree que una práctica es mala, para él *es* mala, porque su finalidad es hacer lo malo, aunque la práctica en sí tal vez no sea mala. A menos que la conciencia se le desarrolle hasta el punto en que sinceramente pueda aceptar hacerlo, la práctica debería evitarse. No solo eso, sino que quienes no participan de esa inhibición particular deben respetar a quienes la tienen. De otro modo pueden hacer que su hermano cometa pecado al estar contra su conciencia. Es más, el cristiano más fuerte debe refrenarse de la práctica si al llevarla a cabo ayuda a proteger la conciencia de un creyente más débil. En resumen, Pablo afirma: "Todas las cosas a la verdad son limpias; pero es malo que el hombre haga tropezar a otros con lo que come. Bueno es no comer carne, ni beber vino, ni nada en que tu hermano tropiece, o se ofenda, o se debilite. ¿Tienes tú fe? Tenla para contigo delante de Dios. Bienaventurado el que no se condena a sí mismo en lo que aprueba. Pero el que duda sobre lo que come, es condenado, porque no lo hace con fe; y todo lo que no proviene de fe, es pecado" (Ro. 14:20-23; cp. 1 Co. 8:1-13).

Un cristiano débil a quien continuamente se le ofrece una actividad que molesta su conciencia es probable que con el tiempo la acepte y haga lo que cree que es malo, y así revele un motivo de desobediencia y, por tanto, vaya contra su conciencia, o reaccione con exageración contra la actividad y se profundice en el legalismo. En cualquier caso, se le ha llevado a **tropezar** espiritualmente, y Jesús dice que cualquiera que contribuya a su tropiezo sería mejor que muriera.

Así como en los días postreros muchos se sorprenderán de haber servido al Señor a través de servir al pueblo de Dios, muchos otros se sorprenderán de haberse opuesto al Señor al *no* servir al pueblo de Dios. A las cabras incrédulas a su izquierda el Señor les dirá:

> *Apartaos de mí, malditos, al fuego eterno preparado para el diablo y sus ángeles. Porque tuve hambre, y no me disteis de comer; tuve sed, y no me disteis de beber; fui forastero, y no me recogisteis; estuve desnudo, y no me cubristeis; enfermo, y en la cárcel, y no me visitasteis. Entonces también ellos le responderán diciendo: Señor, ¿cuándo te vimos hambriento, sediento, forastero, desnudo, enfermo, o en la cárcel, y no te servimos? Entonces les responderá diciendo: De cierto os digo que en cuanto no lo hicisteis a uno de estos más pequeños, tampoco a mí lo hicisteis. E irán éstos al castigo eterno, y los justos a la vida eterna (Mt. 25:41-46).*

Incluso es posible hacer que alguien tropiece en el pecado al no llevarlo a la justicia. En realidad, esa podría ser la manera más común en que los creyentes contribuyen al pecado de otros creyentes. Guardar para nosotros mismos la verdad y la bondad de Dios, y no participar nuestros conocimientos y experiencias espirituales, es privar a otros de lo que puede ayudarles a crecer. Es trágico que muchos creyentes mueran de hambre por comida espiritual mientras viven en una familia cristiana y asisten a una iglesia evangélica.

A todo lo largo del Nuevo Testamento se amonesta a los creyentes a animarnos unos a otros en la justicia. A esto somos llamados: "Considerémonos unos a otros para estimularnos al amor y a las buenas obras" (He. 10:24). Dios aleja a su pueblo del pecado y lo lleva a la justicia, y eso es lo que todo cristiano debe buscar para sí mismo y para sus hermanos cristianos. En su oración modelo Jesús nos llama a pedir a nuestro Padre celestial: "No nos metas en tentación", sabiendo que Él nunca haría tal cosa porque su deseo supremo es librarnos "del mal" (Mt. 6:13). Santiago nos asegura que "Dios no puede ser tentado por el mal, ni él tienta a nadie" (Stg. 1:13). La persona que lleva una vida piadosa sigue el ejemplo de Dios. Al igual que Dios, nunca lleva a otros al pecado, sino que los protege de este y los edifica en santidad.

En lugar de inducir a otros a pecar debemos inducirlos a crecer en justicia. En lugar de abusar de nuestra libertad para nuestra propia satisfacción, debemos estar dispuestos a restringir nuestra libertad siempre que hacerlo pueda ayudar a un hermano más débil. En vez de ser de mal ejemplo debemos dar el ejemplo de Cristo. En vez de provocar a otros hasta el punto del enojo y la rebelión, debemos estimularlos al amor y las buenas obras.

William Barclay cuenta la historia de un anciano en su lecho de muerte que estaba terriblemente angustiado. Cuando le preguntaron qué le estaba molestando, contestó: "Jugando con otros chicos… un día cambiamos la posición de un indicador de direcciones en una encrucijada de manera que señalara en sentido contrario, y no he dejado de preguntarme a cuántas personas haría que tomaran una dirección equivocada". Tales acciones continúan todo el tiempo en la vida de la iglesia cuando creyentes envían a otros creyentes señales que los llevan por el camino del pecado. Esto es muy grave. La gravedad podemos verla en el versículo siguiente.

Jesús continuó advirtiendo: **¡Ay del mundo por los tropiezos! porque es necesario que vengan tropiezos, pero ¡ay de aquel hombre por quien viene el tropiezo!**

¡Ay! es una exclamación de maldición y condenación. El **mundo** está bajo la maldición de Dios no solo a causa de la pecaminosidad humana sino de los **tropiezos** espirituales y morales que el pecado pone en las sendas de los hijos de Dios. Parece haber un sinfín de libros, revistas, películas, programas de televisión, y prácticas y actitudes comúnmente aceptadas para engañar y corromper a quienes pertenecen a Dios. El mundo está constantemente poniendo trampas de pecado, y sus víctimas favoritas son los hijos de Dios.

Eso es característico de la condición caída del mundo, y es inevitable **que vengan** tales **tropiezos** y que sigan viniendo hasta que el Señor regrese. **Pero ¡ay de aquel hombre por quien viene el tropiezo!** Jesús ya había establecido la gravedad de ese agravio al declarar que sería mejor para la persona culpable que la lanzaran al mar y se ahogara. Mejor muertos que hacer tropezar a uno de los pequeños del Señor. Ahora Jesús agrega que tales agravios traen el juicio divino.

Uno de los jóvenes en el ministerio de minusválidos de nuestra iglesia se me acercó un domingo y confesó que había hecho algo malo. "Me emborraché", explicó lleno de remordimiento. Al preguntarle descubrí que en forma de broma su hermano y algunos amigos le introdujeron por la garganta bebidas alcohólicas hasta dejarlo borracho. Pero la peor tragedia no fue la borrachera sino la culpa que le hicieron padecer. El joven creía que era responsable de emborracharse y le había pedido perdón a Jesús, pero estaba tan avergonzado que preguntó si el Señor lo perdonaría. Le aseguré que Jesús comprendía totalmente lo sucedido y que lo había perdonado, aunque por supuesto la culpa no era de él en absoluto; y que los que eran culpables por la borrachera y el remordimiento de conciencia estaban en peligro del juicio de Dios.

LA PREVENCIÓN

Por tanto, si tu mano o tu pie te es ocasión de caer, córtalo y échalo de ti; mejor te es entrar en la vida cojo o manco, que teniendo dos manos o dos pies ser echado en el fuego eterno. Y si tu ojo te es ocasión de caer, sácalo y échalo de ti; mejor te es entrar con un solo ojo en la vida, que teniendo dos ojos ser echado en el infierno de fuego. (18:8-9)

Es evidente que el Señor está hablando en forma figurada, porque ninguna parte de nuestros cuerpos físicos nos hace pecar, y cercenarle alguna parte no nos evita caer en pecado. El planteamiento fue que un individuo debe hacer lo que sea necesario, por extremo y doloroso que pudiera ser, para no pecar o no hacer que otros pequen. Nada vale la pena conservar si en alguna manera lleva a pecar. Y la sugerencia aquí es que hay gracia disponible que supera todo a fin de conseguir la victoria sobre la tentación y el pecado.

Esta es una repetición, con un leve cambio, de la exhortación que nuestro Señor hace en Mateo 5:29-30. La referencia en 5:29-30 es al ojo derecho y luego a la mano y el pie, mientras que aquí el orden está invertido y no se hace mención de cuál ojo. Y mientras que 5:29-30 se refiere al infierno, aquí Jesús agrega los términos *fuego* para mostrar la naturaleza del infierno, y *vida* eterna para mostrar el contraste con el infierno. Todos esos detalles se debilitan cuando nos centramos en la intención de las palabras. (Para mayor información sobre el análisis del pasaje 5:29-30, véase el capítulo 28 de esta obra).

Jesús declaró que si algún hábito, situación, relación, o cualquier otra cosa **te es ocasión de caer** debe abandonarse de modo permanente. Los grandes peligros a menudo requieren medidas drásticas. Incluso si un sacrificio hace que en sentido figurado alguien quede **manco o cojo,** o con **un solo ojo** (en lo financiero, social, profesional, o en cualquier otra manera) eso es infinitamente mejor que **ser echado en el fuego eterno.**

Esta declaración casi proverbial es una exhortación general a buscar una acción drástica contra el pecado. Aunque solo los incrédulos están en peligro de ir al infierno, de esta declaración los creyentes pueden entender la gravedad del pecado y de llevar a otros a pecar. La mejor prevención contra hacer que otros pequen es realizar cualquier sacrificio que sea necesario para *nosotros mismos* protegernos del pecado. Pablo manifestó: "Golpeo mi cuerpo, y lo pongo en servidumbre, no sea que habiendo sido heraldo para otros, yo mismo venga a ser eliminado" (1 Co. 9:27). La persona que se ocupa de manera terminante de sus propias tentaciones y pecados estará en menor peligro de hacer que otros pequen. Si está auténtica y humildemente preocupada de no **caer** espiritualmente, también estará preparada y motivada para ayudar a que otros no caigan.

El cuidado de los hijos de Dios

100

Mirad que no menospreciéis a uno de estos pequeños; porque os digo que sus ángeles en los cielos ven siempre el rostro de mi Padre que está en los cielos. Porque el Hijo del Hombre ha venido para salvar lo que se había perdido. ¿Qué os parece? Si un hombre tiene cien ovejas, y se descarría una de ellas, ¿no deja las noventa y nueve y va por los montes a buscar la que se había descarriado? Y si acontece que la encuentra, de cierto os digo que se regocija más por aquélla, que por las noventa y nueve que no se descarriaron. Así, no es la voluntad de vuestro Padre que está en los cielos, que se pierda uno de estos pequeños. (18:10-14)

Un elemento esencial en la comprensión del plan redentor de Dios es la verdad de que solo quienes llegan a Él a través de Cristo en fe como de un niño pueden entrar a su reino. Solo aquellos a quienes Dios lleva a la humildad de la total dependencia en Él se convertirán en sus hijos y, por tanto, en coherederos con Jesucristo (Mt. 18:4; Ro. 8:17; Ef. 1:11-14). Por eso, como Pablo indica a los corintios, la Iglesia no incluye a "muchos sabios según la carne, ni muchos poderosos, ni muchos nobles; sino que lo necio del mundo escogió Dios, para avergonzar a los sabios; y lo débil del mundo escogió Dios, para avergonzar a lo fuerte" (1 Co. 1:26-27). No es que quienes tienen gran fama, posición alta, riqueza, intelecto o cualquier otra condición o logro humano *no puedan* llegar a Dios, sino que, a causa de su reconocimiento y poder mundano, a menudo estas personas están inclinadas a creer que no tienen necesidad de Dios.

Los "sabios según la carne" a quienes Pablo se refiere son los intelectuales, aquellos cuyos conocimientos están muy por encima del de la persona promedio. Los "poderosos" incluyen a quienes tienen poder político, militar o económico, y que, por tanto, ejercen control sobre las vidas de muchas otras personas. Los "nobles" son los de la élite social, aquellos que han heredado o alcanzado una alta posición social. Al sentirse orgullosos, superiores y autosatisfechos, la mayor parte de esos individuos no sienten necesidad de Dios, en especial si llegar a Él les exigiría humildad como de niño y rendir la confianza que tienen en sus capacidades, logros y posiciones humanas.

Es trágico que muchos cristianos estén ansiosos de ganar a los ricos, famosos y poderosos para Cristo, no tanto por el bien del Señor o por el propio bien de esas personas como por la supuesta gran ayuda que sus testimonios darían a la causa de la evangelización. Sin embargo, no es la grandeza humana del individuo sino su humildad espiritual lo que el Señor honra y bendice. Solo el poder de Dios es el que atrae y gana a los hombres para el Señor, y los instrumentos humanos que Él desea utilizar en esa obra no son los grandes sino los humildes. Un testigo humano que atrae la atención hacia sí mismo aleja la atención de Cristo.

A menos que una persona esté dispuesta a convertirse en **uno de estos pequeños** de Cristo (Mt. 18:6, 10, 14), no puede tener parte en el reino ni en la obra de Dios. Por eso es que "lo vil del mundo y lo menospreciado escogió Dios, y lo que no es, para deshacer lo que es, a fin de que nadie se jacte en su presencia" (1 Co. 1:28-29). Y por eso, como profetizara Isaías, Dios ungió a Jesús "para dar buenas nuevas a los pobres... pregonar libertad a los cautivos, y vista a los ciegos... [y] poner en libertad a los oprimidos" (Lc. 4:18; cp. Is. 61:1). No es que los marginados del mundo, representados por los pobres, los cautivos, los ciegos, y los oprimidos, sean los únicos que tienen necesidad del evangelio, sino que son a menudo los únicos que están más dispuestos a reconocer su necesidad.

Al seguir enseñando a los discípulos acerca del cuidado de unos a otros como creyentes, el Señor establece primero la norma y luego las razones para la norma.

LA NORMA

Mirad que no menospreciéis a uno de estos pequeños; (18:10*a*)

Como se explicó en el capítulo anterior, la frase **estos pequeños** no se refiere a hijos físicos sino a cristianos, aquellos que creen en Cristo (v. 6). El niño a quien tal vez Jesús aún tenía en sus brazos (véase v. 2) era una ilustración visual de los hijos espirituales de Dios.

Mirad que no menospreciéis es una advertencia, un mandato negativo que sugiere fuertemente el desagrado de Dios con la desobediencia a esta exhortación. El uso griego del negativo con un verbo subjuntivo intensifica la prohibición. Jesús ya había clarificado la gravedad de maltratar **a alguno de** los **pequeños** de Dios: sería mejor para quien comete tal agravio "que se le colgase al cuello una piedra de molino de asno, y que se le hundiese en lo profundo del mar" (v. 6).

Menospreciéis viene de *kataphroneō*, que tiene el significado literal de pensar en rebajar a un individuo. Menospreciar a alguien es mirarlo como una persona inferior y no digna de consideración o cuidado. Es despreciar a alguien y tratarlo con desdén como si tuviera poco valor. Por tanto, menospreciar a **alguno de estos pequeños** es tratar a uno de los valiosos y amados hijos del mismo Dios con desprecio y desdén.

Pequeños incluía a los mismos doce. Y en el contexto de lo que acababa de suceder, Jesús estaba diciéndoles que las discusiones que estaban teniendo acerca de quién era el mayor en el reino era una forma de despreciar a los **pequeños** de Dios, en este caso unos a otros. Cuando uno de ellos se exaltaba, era a expensas de rebajar a los demás. En lugar de sus actitudes orgullosas y egoístas que creaban celos, envidia y resentimiento, deberían haber estado mostrando preocupación por el bienestar de los demás. Deberían haber estado edificando a otros en vez de edificarse a sí mismos.

Pablo exhortó a los creyentes filipenses:

Completad mi gozo, sintiendo lo mismo, teniendo el mismo amor, unánimes, sintiendo una misma cosa. Nada hagáis por contienda o por vanagloria; antes bien con humildad, estimando cada uno a los demás como superiores a él mismo; no mirando cada uno por lo suyo propio, sino cada cual también por lo de los otros. Haya, pues, en vosotros este sentir que hubo también en Cristo Jesús, el cual, siendo en forma de Dios, no estimó el ser igual a Dios como cosa a que aferrarse, sino que se despojó a sí mismo, tomando forma de siervo, hecho semejante a los hombres; y estando en la condición de hombre, se humilló a sí mismo, haciéndose obediente hasta la muerte, y muerte de cruz (Fil. 2:2-8).

Es natural que al mundo le molesten los cristianos y que los menosprecien. Pero no es aceptable que los cristianos se desprecien en esa manera. Sin embargo, aun temiendo la carne caída, la iglesia siempre ha estado tentada a imitar las maneras y actitudes del mundo, lo cual sucede cuando alguien en el pueblo de Dios se siente superior a los demás.

Los cristianos nos menospreciamos mutuamente en muchas maneras diferentes. Nos menospreciamos unos a otros cuando ostentamos nuestra libertad delante de creyentes más débiles, haciendo que vayan en contra de sus conciencias o que reaccionen de forma exagerada y caigan profundamente en legalismo. "El que come, no menosprecie al que no come, y el que no come, no juzgue al que come; porque Dios le ha recibido" (Ro. 14:3). Utilizar nuestra libertad en Cristo en una manera tan insensible es usarla "como pretexto para hacer lo malo" y no como haría un servidor de Dios (1 P. 2:16).

Los cristianos también se menosprecian unos a otros cuando muestran parcialidad. Nunca debemos tener "fe en nuestro glorioso Señor Jesucristo con *una actitud* de favoritismo" (Stg. 2:1, LBLA). Dios ama a sus hijos y los cuida por igual. "Dios no hace acepción de personas, sino que en toda nación se agrada del que le teme y hace justicia" (Hch. 10:34-35). Esa siempre ha sido la actitud del Señor y siempre ha sido la actitud que espera de su pueblo. El creyente que agrada a Dios y lo honra de manera sincera es aquel que honra a todos los demás que pertenecen al Señor (Sal. 15:1-4). Nunca menosprecia a los otros hijos de Dios, por insignificantes que pudieran parecerle.

De igual modo, el creyente que agrada al Señor no da honra especial a un hermano en la fe a causa de riqueza, posición elevada, o influencia. Esa también ha sido siempre una tentación para los cristianos. Santiago advirtió a los creyentes en la iglesia primitiva:

Porque si en vuestra congregación entra un hombre con anillo de oro y con ropa espléndida, y también entra un pobre con vestido andrajoso, y miráis con agrado al que trae la ropa espléndida y le decís: Siéntate tú aquí en buen lugar; y decís al pobre: Estate tú allí en pie, o siéntate aquí bajo mi estrado; ¿no hacéis distinciones entre vosotros mismos, y venís a ser jueces con malos pensamientos? Hermanos míos amados, oíd: ¿No ha elegido Dios a los pobres de este mundo, para que sean ricos en fe y herederos del reino que ha prometido a los que le aman? Pero vosotros habéis afrentado al pobre. ¿No os oprimen los ricos, y no son ellos los mismos que os arrastran a los tribunales? ¿No blasfeman ellos el buen nombre que fue invocado sobre vosotros? Si en verdad cumplís la ley real, conforme a la Escritura: Amarás a tu prójimo como a ti mismo, bien hacéis (Stg. 2:2-8).

Una tercera forma en que los creyentes menosprecian a sus hermanos en la fe es retener la ayuda a los que están en necesidad. Cuando Pablo enfrentó ese problema en los miembros de la iglesia en Corinto los reprendió con estas palabras: "Cuando, pues, os reunís vosotros, esto no es comer la cena del Señor. Porque al comer, cada uno se adelanta a tomar su propia cena; y uno tiene hambre, y otro se embriaga. Pues qué, ¿no tenéis casas en que comáis y bebáis? ¿O menospreciáis la iglesia de Dios, y avergonzáis a los que no tienen nada? ¿Qué os diré? ¿Os alabaré? En esto no os alabo" (1 Co. 11:20-22). Esa situación correspondería a una iglesia de hoy día con refrigerios para los que cada cual lleva un plato antes de una reunión de comunión en que los que aportan comida la consumen toda y no lo comparten con los que no llevaron nada. Hacer eso es mostrar desprecio por la Iglesia de Dios y por sus hijos más pobres.

Las exhortaciones de Santiago 2:15-16 y 1 Juan 3:17-18 son adiciones valiosas a este mismo punto, advirtiendo contra retener cualquier necesidad básica de la vida a los hermanos en la fe.

Una cuarta manera en que los creyentes menosprecian a hermanos en la fe es ridiculizando su apariencia física. Tan insensible y despiadada crítica la dirigieron contra Pablo algunos de los miembros altivos y mundanos en la iglesia en Corinto cuando expresaron: "Sus cartas son duras y fuertes, pero él en persona no impresiona a nadie, y como orador es un fracaso" (2 Co. 10:10, NVI). A pesar de que admitieron que la enseñanza de Pablo era sana, tuvieron la mezquindad y la insensatez de despreciarlo a causa de su apariencia física. Pablo elogió a los gálatas por no despreciarlo ni desecharlo "por la prueba que tenía en mi cuerpo", quizás una grave infección ocular relacionada con la malaria cuando les predicó el evangelio por primera vez (Gá. 4:14). Burlarse de otra persona por deficiencias físicas, mentales o culturales no solo es despreciable delante de los hombres sino de Dios.

Durante una de las campañas de Dwight L. Moody en Inglaterra la prensa se burló repetidas veces de él por su falta de un inglés pulido y por su estilo campechano. Cuando le pidieron hablar en la Universidad de Cambridge, el epítome del intelectualismo y la sofisticación, Moody al parecer decidió sacar provecho de esa imagen a fin de conseguir la atención de la audiencia. Sin duda alguna su comentario también tuvo el efecto de señalar la superficialidad e irrelevancia de la crítica por su gramática. Abrió su mensaje con estas palabras: "No permitan nunca que alguien les diga que Dios no los ama, porque Él hace".

Los creyentes menosprecian a otros creyentes cuando son indiferentes o críticos ante un hermano en la fe que tropieza espiritualmente. Cuando un hermano o una hermana cae en pecado, especialmente si el pecado es público y notorio, existe la tentación de hacerlo de lado diciendo realmente, aunque no siempre en palabras: "Él sabía lo que hacía, y tomó su decisión. Que viva con las consecuencias. A menos que cambie, me mantengo al margen". Sin embargo, el consejo de Pablo es diferente, como escribió a los gálatas: "Hermanos, si alguno fuere sorprendido en alguna falta, vosotros que sois espirituales, restauradle con espíritu de mansedumbre, considerándote a ti mismo, no sea que tú también seas tentado. Sobrellevad los unos las cargas de los otros, y cumplid así la ley de Cristo" (Gá. 6:1-2). El camino de Cristo para sus seguidores es que ayuden con humildad a un hermano pecador, dándose cuenta de que ellos también podrían caer en el mismo pecado, o en uno igualmente malo, y que es solo por la gracia de Dios que no lo han hecho.

Los creyentes también menosprecian a otros creyentes al resentirse con un hermano en la fe que les confronta su pecaminosidad. En lugar de enfrentar y arrepentirse del pecado señalado y agradecer a quien los confronta, el viejo yo a menudo les hace devolver el golpe y acusar a la otra persona de sentenciosa, farisaica, legalista e hipócrita. Incluso cuando la disciplina en la iglesia se lleva a cabo en cuidadosa conformidad a la Biblia, y se hace con amor, con frecuencia causa resentimiento. Pablo advirtió a los creyentes corintios que no se resintieran con Timoteo ni lo despreciaran si iba a ellos (1 Co. 16:10-11), sin duda porque los iría a confrontar acerca de muchos de los pecados por los que a menudo Pablo los confrontaba, incluso en esa carta. El apóstol también aconsejó a Tito que no permitiera que quienes estaban bajo su cuidado lo menospreciaran por exhortarlos y reprenderlos (Tit. 2:15).

Una séptima manera en que los creyentes menosprecian a otros creyentes es sacando ventaja de ellos para beneficio personal. Aunque Pablo estaba refiriéndose específicamente a inmoralidad sexual, su advertencia a los tesalonicenses se aplica a aprovecharse de un hermano en la fe en cualquier manera: financiera, social o en cualquier otra forma. Un cristiano no debe agraviar ni engañar "en nada a su hermano; porque el Señor es vengador de todo esto" (1 Ts. 4:6).

LAS RAZONES

porque os digo que sus ángeles en los cielos ven siempre el rostro de mi Padre que está en los cielos. Porque el Hijo del Hombre ha venido para salvar lo que se había perdido. ¿Qué os parece? Si un hombre tiene cien ovejas, y se descarría una de ellas, ¿no deja las noventa y nueve y va por los montes a buscar la que se había descarriado? Y si acontece que la encuentra, de cierto os digo que se regocija más por aquélla, que por las noventa y nueve que no se descarriaron. Así, no es la voluntad de vuestro Padre que está en los cielos, que se pierda uno de estos pequeños. (18:10*b*-14)

Después de declarar lo negativo con relación a la norma del cuidado de los hijos de Dios, Jesús ofrece tres razones para la norma: la relación de los creyentes con los ángeles, con Cristo mismo, y con el Padre.

RELACIÓN DE LOS CREYENTES CON LOS ÁNGELES

porque os digo que sus ángeles en los cielos ven siempre el rostro de mi Padre que está en los cielos. (18:10*b*)

La expresión **os digo** es enfática, e indica la importancia de lo que el Señor está a punto de decir. La idea es: "Con toda mi autoridad les afirmo de manera solemne". A continuación, ofrece la primera razón convincente por la que los cristianos nunca deberían despreciar a otros cristianos: la relación de estos con **sus ángeles en los cielos.**

El escritor de Hebreos explica que los ángeles santos y elegidos "son todos espíritus ministradores, enviados para servicio a favor de los que serán herederos de la salvación" (He. 1:14). El propósito que tienen es servir a Dios dedicándose al cuidado de su pueblo. Estos **ángeles en los cielos** viven en la misma presencia de Dios, donde esperan con atención las órdenes divinas de servir al pueblo que Él ama. Jesús añadió: "Ellos **ven siempre el rostro de mi Padre que está en los cielos**". La implicación es que los santos ángeles no quitan sus ojos de Dios, no sea que se pierdan alguna instrucción referente a la tarea que deben realizar a favor de un creyente.

Sin embargo, ninguno de estos textos —ni ninguno otro en la Biblia— enseña la idea de un ángel individual de la guardia para cada creyente, como enseñaba la tradición judía en la época de Jesús y como mucha gente todavía cree y enseña. Cuando Pedro tocó a la puerta de la casa de María después que fuera milagrosamente liberado de la cárcel, una joven criada llamada Rode contestó. Al reconocer que se trataba de Pedro se puso tan contenta que olvidó abrir la puerta. Cuando informó la presencia del apóstol a los creyentes reunidos adentro, es probable que fuera la idea de ángeles guardianes individuales la que estuvo tras la insistencia en que la muchacha solo había visto el "ángel" de Pedro (Hch. 12:12-15). Pero esa idea supersticiosa únicamente se refleja en este texto; no se enseña ni se fundamenta aquí ni en ninguna otra parte de la Biblia.

En Mateo 18:10 Jesús habla de creyentes y **sus ángeles** en un sentido colectivo. Estos ángeles, trátese de un grupo definido o de todo el cuerpo de ángeles santos, son responsables del cuidado de los **pequeños** de Dios, que son los que creen en su Hijo (v. 6). En parte se debe a estos ángeles que viven en la presencia del **Padre que está en los cielos** que a los creyentes se les advierte que no se menosprecien unos a otros.

El hecho de que el Dios todopoderoso se preocupe tanto por el cuidado de sus hijos amados, que tiene huestes de ángeles en su presencia listos para ser enviados en ayuda de esos hijos, demuestra claramente cuán valiosos son los creyentes y cuán impensablemente perverso es mirar con desprecio a alguien a quien Dios aprecia en gran manera.

El texto del versículo 11, **porque el Hijo del Hombre ha venido para salvar lo que se había perdido,** no se encuentra en los mejores manuscritos antiguos de este evangelio, y algunas versiones (BLP, BLPH) lo ponen en corchetes y otras lo suprimen por completo (PDT, RVA2015, TLA). Puesto que no hay duda en cuanto a la autenticidad del texto de Lucas, no existe duda de que Mateo 18:11 enseña una verdad auténticamente bíblica. Es probable que la frase fuera tomada de Lucas por algún copista bienintencionado y añadida a Mateo. Pero ya que no es parte del evangelio original de Mateo, no la analizaremos aquí.

RELACIÓN DE LOS CREYENTES CON CRISTO

¿Qué os parece? Si un hombre tiene cien ovejas, y se descarría una de ellas, ¿no deja las noventa y nueve y va por los montes a buscar la que se había descarriado? Y si acontece que la encuentra, de cierto os digo que se regocija más por aquélla, que por las noventa y nueve que no se descarriaron. (18:12-13)

Por supuesto, aunque no se establece, en este pasaje una segunda razón de que los creyentes no deben despreciarse entre sí es su relación con Jesucristo. El Señor acababa de manifestar que "cualquiera que reciba en mi nombre a un niño como este, a mí me recibe" (v. 5). Todo creyente verdadero, por joven, inmaduro, poco fiel, sin atractivo o carente que sea, es uno con Jesucristo, comprado con su propia sangre preciosa. Por consiguiente, menospreciar a cualquier cristiano y considerarlo inútil es despreciar a Cristo mismo. Cuando comisionó a los setenta, Jesús declaró: "El que a vosotros oye, a mí me oye; y el que a vosotros desecha, a mí me desecha; y el que me desecha a mí, desecha al que me envió" (Lc. 10:16).

Los fariseos y escribas consideraban inferiores y poco o nada dignas de su atención a las clases sociales poco educadas y bajas moral y religiosamente. Por otra parte, Jesús no quebraría una caña cascada ni apagaría un pábilo que humea (Mt. 12:20; cp. Is. 42:3), símbolos esos que eran representaciones del trato dado a la humanidad afligida e indefensa. Él no destrozaría más a alguien que ya estaba destrozado y sufriendo, ni sofocaría a alguien cuya vida y esperanza restantes ya estaban a punto de extinguirse. A lo largo de su ministerio terrenal Jesús demostró exactamente la preocupación opuesta cuando alimentó a los hambrientos, curó a los enfermos, animó a los desalentados, y ofreció perdón a los pecadores. Él "no ha venido para perder las almas de los hombres, sino para salvarlas" (Lc. 9:56).

Es esa preocupación misericordiosa y divina la que Jesús ejemplifica aquí en la parábola de la oveja perdida. **¿Qué os parece?** era una frase común usada por los maestros para hacer que sus alumnos reflexionaran con cuidado sobre lo que acababa de enseñarles.

Aunque ninguno de los doce se identifica como pastor de profesión, toda Palestina estaba familiarizada con los pastores y sus costumbres. En esta historia hipotética Jesús habló de **un hombre** que es pastor y que **tiene cien ovejas,** una de las cuales **se descarría.** En el terreno accidentado de Palestina había muchos barrancos, quebradas, cuevas y grietas en que una oveja podría extraviarse o caerse. Jesús preguntó: "Cuando el pastor se da cuenta de que se le ha perdido una oveja, **¿no deja las noventa y nueve y va por los montes a buscar la que se había descarriado?**

La idea parece sugerir que el pastor sintió la ausencia de la oveja descarriada sin tener que revisar todo el rebaño. El pastor conocía íntimamente a sus ovejas, como rebaño e individualmente (cp. la analogía de Jn. 10:1-18). Por tanto, se daba cuenta por instinto cuándo algo andaba mal o cuándo una de ellas se había perdido. También era un experto en seguir el rastro de la oveja perdida, y el amor por su rebaño indefenso y totalmente dependiente no le habría permitido renunciar hasta que hubiera hallado y rescatado a la que se había extraviado. El pastor leal lucharía con lobos, osos, leones, ladrones o cualquier otra amenaza para las ovejas. Cuando hallaba una oveja extraviada, el pastor le vertía aceite de oliva en las heridas o arañazos, y le vendaría una pata quebrada. Luego pondría tiernamente a la oveja sobre sus hombros y la transportaría de vuelta al rebaño.

En esta parábola vemos que el amor de Cristo, ejemplificado en el del pastor, es personal e individual. No importa cuál de las ovejas se extravía. El Señor se preocupa igualmente por cada **una de ellas.** Se muestra tan consciente y preocupado cuando un creyente pobre en los suburbios se aleja de Él, como cuando un respetado líder de iglesia tropieza en el pecado.

La parábola también ilustra la verdad de que el cuidado del Señor por su pueblo es paciente. Él es infinitamente paciente con la insensatez voluntariosa y pecaminosa de los cristianos, y no renunciará a uno solo de ellos, aunque ese individuo pueda ser el menos prometedor y el menos fiel de todos sus hijos.

También vemos aquí la búsqueda atenta de Dios. Él no espera que una oveja perdida regrese por cuenta propia, sino que personalmente se adentra en el desierto tanto como sea necesario a fin de rescatarla. El Salvador siempre está infinitamente más ansioso y decidido por la restauración de lo que incluso el creyente arrepentido se muestra.

Si un pastor humano puede mostrar tal preocupación por cada oveja bajo su cuidado, ¿cuánto más Jesucristo, "el gran pastor de las ovejas, por la sangre del pacto eterno" (He. 13:20), se preocupa cuando una sola de las ovejas de su pueblo va por mal camino espiritual? Y cuando **la encuentra** y la restaura hacia sí mismo, ¿cuánto más gozo hay en el cielo **por aquélla, que por las noventa y nueve que no se descarriaron?**

En otra ocasión Jesús utilizó la misma parábola para enseñar la preocupación de Dios por los incrédulos cuando explicó: "Os digo que así habrá más gozo en el cielo por un pecador que se arrepiente, que por noventa y nueve justos que no necesitan de arrepentimiento" (Lc. 15:3-7).

Hay un gozo especial expresado por la oveja que se encuentra no porque sea más valiosa o amada que las otras sino porque el peligro, la dificultad y la gran necesidad que tiene provocan preocupación especial en el pastor que cuida el rebaño. De igual modo, cuando un hijo en una familia está enfermo, en particular si la enfermedad es grave, una madre dedicará mucho más tiempo y atención a este hijo que a los demás, a menudo más que a todos los demás juntos. Y cuando ese hijo finalmente se mejora, la madre no se regocija por los hijos que han estado sanos todo el tiempo sino por el que estaba enfermo y sufriendo. Y si los hermanos y hermanas son amorosos, también se regocijarán por la restauración de su hermano.

Durante varios días en el otoño de 1987 todo el mundo tuvo su atención y su compasión puesta en una niña pequeña, de no más de dos años de edad, que durante tres días estuvo atrapada en un pozo abandonado en el oeste de Texas. Cuando después de mucho trabajo extenuante, difíciles perforaciones, y laboriosa excavación la niña finalmente fue rescatada, hubo regocijo en todo el país, y le enviaron miles de tarjetas y presentes mientras se recuperaba en el hospital. No fue que ella fuera más valiosa o digna que muchísimas otras niñas, sino que su necesidad en ese tiempo era muy grande.

Debido a que el Señor Jesús muestra tan tierna compasión por todos sus pequeños necesitados, para que el bienestar de ellos produzca gran alegría en el Señor, nosotros deberíamos sentir un santo temor incluso de menospreciarlos.

RELACIÓN DE LOS CREYENTES CON EL PADRE

Así, no es la voluntad de vuestro Padre que está en los cielos, que se pierda uno de estos pequeños. (18:14)

Una tercera lección de que los creyentes no deben menospreciarse unos a otros es su relación con el **Padre que está en los cielos,** quien se une al Hijo y a los ángeles en regocijarse por un creyente que es restaurado.

Aunque *apollumi* (**se pierda**) a menudo transmite la idea de destrucción o muerte total, a veces como en este caso se refiere a ruina o pérdida no permanente. En Romanos 14:15 la palabra paralela es *lupeō,* que significa ocasionar dolor o sufrimiento: "Si por causa de la comida tu hermano es contristado (*lupeō*), ya no andas conforme al amor. No hagas que por la comida tuya se pierda (*apollumi*) aquel por quien Cristo murió" (cp. 1 Co. 8:11).

La frase **se pierda** de la que Jesús habla aquí se relaciona con progreso espiritual en la vida cristiana. Dios el **Padre** no quiere que **uno de estos pequeños** resulte espiritualmente herido o dañado, ni siquiera por poco tiempo. Cuando sus hijos caen en pecado, eso destruye la eficacia que tienen para con Él y para con la iglesia, socavando la felicidad y la relación correcta con el Señor y de unos con otros.

Pedro advierte a los creyentes que deben echar todas sus ansiedades sobre Dios, porque Él cuida de ellos con misericordia (1 P. 5:7). Al igual que el pastor que busca a la oveja perdida hasta que la encuentra, el **Padre** cuida de forma individual a cada persona que viene a Él a través del Hijo, y vela para que cada uno de los que se vuelven rebeldes regresen finalmente a la comunión de la familia y del reino de Dios.

William Arnot hace esta hermosa observación: "Si no fuera del agrado [de Dios] que yo regrese, mi placer sería pequeñísimo". Debería ser de gran consuelo para creyentes que tropiezan saber que, cuando se arrepientan y regresen, sus ángeles, su Señor Jesucristo, y su **Padre que está en los cielos** estarán todos muy contentos.

Que un creyente lastime a otro es atacar la voluntad de Dios y erigirse como antagonista de Dios. El Señor busca el bienestar espiritual de todos sus hijos, y nosotros no deberíamos hacer menos.

Esta sección de Mateo habla poderosamente a la Iglesia de hoy. El Cuerpo de Cristo está lleno de creyentes que menosprecian a sus hermanos y hermanas espirituales, tratándolos con desprecio, indiferencia y rudeza porque los consideran indignos de cuidado y ministración especial. Es precisamente en este punto que el pecado de la Iglesia la pone en oposición a los santos ángeles, al Hijo de Dios, y al mismísimo Todopoderoso.

101

La disciplina de los hijos de Dios

Por tanto, si tu hermano peca contra ti, ve y repréndele estando tú y él solos; si te oyere, has ganado a tu hermano. Mas si no te oyere, toma aún contigo a uno o dos, para que en boca de dos o tres testigos conste toda palabra. Si no los oyere a ellos, dilo a la iglesia; y si no oyere a la iglesia, tenle por gentil y publicano. De cierto os digo que todo lo que atéis en la tierra, será atado en el cielo; y todo lo que desatéis en la tierra, será desatado en el cielo. Otra vez os digo, que si dos de vosotros se pusieren de acuerdo en la tierra acerca de cualquiera cosa que pidieren, les será hecho por mi Padre que está en los cielos. Porque donde están dos o tres congregados en mi nombre, allí estoy yo en medio de ellos. (18:15-20)

El deseo de Dios para sus hijos aquí en la tierra es pureza de vida. Es imposible estudiar las Escrituras con atención y quedar abrumadoramente convencidos de que Dios busca por encima de todo que su pueblo sea santo, y que a Él le ofende el pecado de cualquier clase. Al citar directamente el mandamiento de Dios a Israel, su pueblo del antiguo pacto, Pedro escribió ese mismo mandamiento a la Iglesia de Cristo: "Sed santos, porque yo soy santo" (1 P. 1:16; cp. Lv. 11:44).

Debido a que Dios está tan preocupado por la santidad de su pueblo, este debería estar igualmente preocupado. La Iglesia no puede predicar y enseñar un mensaje que no vive y tener alguna integridad delante de Dios, o incluso delante del mundo. Sin embargo, en muchas iglesias donde en principio no hay tolerancia para el pecado, en la práctica se le tolera mucho. Y cuando la predicación se separa de la vida, se separa tanto de la integridad como de la eficacia espiritual y moral. Promueve hipocresía en lugar de santidad. Separar la enseñanza bíblica de la vida diaria es transigencia de la peor clase. Corrompe a la Iglesia, aflige al Señor, y deshonra la Palabra y el nombre de Dios.

Por tanto, no sorprende que la disciplina por el pecado sea rara en la iglesia moderna. Donde hay poco deseo auténtico de pureza también habrá poco deseo de tratar con la impureza. La declaración de Jesús, interpretada y aplicada erróneamente, de que no debemos juzgar para no ser juzgados (Mt. 7:1) se ha utilizado para justificar la tolerancia de todo tipo de pecado y de falsa enseñanza. Las ideas de que la privacidad de cada persona debe protegerse esencialmente, y de que cada quien es responsable solo de sí mismo, han envuelto a gran parte de la Iglesia. Bajo el disfraz de falso amor y humildad ficticia que se rehúsan a pedir cuentas a otros, algunos cristianos al igual que muchos incrédulos están dedicados a la idea antibíblica de "vivir y dejar vivir". Sin embargo, la Iglesia no debe ser tan cuidadosa de no chismear en cuanto al pecado de alguien como para no tener que confrontarlo y hacerle un llamado a que se detenga.

La Iglesia siempre ha tenido la necesidad de confrontar los pecados de su gente. Durante sus primeros días muchos visitantes extranjeros a Palestina se convirtieron a Cristo y decidieron quedarse en Jerusalén o en sus cercanías a fin de disfrutar allí de la comunión de los creyentes. Gran cantidad de judíos nativos convertidos fueron condenados al ostracismo por parte de sus familias y perdieron sus empleos a causa de su nueva fe. Con el fin de ayudar a esos hermanos y hermanas en necesidad, muchos de los cuales eran prácticamente indigentes, los creyentes que tenían propiedades y posesiones las vendían y daban las ganancias a los apóstoles, "y se repartía a cada uno según su necesidad" (Hch. 4:35). Esa costumbre fue la reacción espontánea de corazones generosos y llenos del Espíritu para suplir las necesidades prácticas de hermanos en la fe.

Durante ese tiempo una pareja llamada Ananías y Safira vendió una de sus propiedades y prometieron a Dios que darían toda la utilidad a los apóstoles para usarla en la iglesia. Sin embargo, en algún momento del proceso decidieron quedarse con parte del dinero prometido. Pero para no parecer menos generosos que sus hermanos en la fe informaron falsamente que estaban entregando toda la cantidad. Cuando el Señor le reveló a Pedro la hipocresía, este confrontó al esposo, preguntándole: "Ananías, ¿por qué llenó Satanás tu corazón para que mintieses al Espíritu Santo, y sustrajeses del precio de la heredad? Reteniéndola, ¿no se te quedaba a ti? y vendida, ¿no estaba en tu poder? ¿Por qué pusiste esto en tu corazón? No has mentido a los hombres, sino a Dios. Al oír Ananías estas palabras, cayó y expiró". Varias horas después Safira vino hasta donde los apóstoles, sin saber lo que le había sucedido a su esposo. Cuando Pedro le preguntó si la propiedad fue vendida por el precio que el esposo declaró, ella confirmó esa mentira y sufrió el mismo destino de su marido. No es de extrañar que viniera "gran temor sobre toda la iglesia, y sobre todos los que oyeron estas cosas" (Hch. 5:1-11).

El egoísmo de Ananías y Safira fue deplorable, pero su gran pecado fue mentir acerca de lo que habían hecho, no solo a la iglesia sino a Dios. En este caso particular en la iglesia primitiva Dios tomó directamente la disciplina en sus propias manos, ¡y demostró delante de todos cómo debía tratarse con el pecado eliminando de la iglesia y de la tierra a los infractores! La pureza de la iglesia no solo fue protegida al poner más temor por el pecado en el pueblo de Dios, sino también al ayudar a mantener fuera de la comunión a los que no eran verdaderos creyentes (v. 13).

Incluso en tiempos apostólicos, esa intervención tan directa y severa al parecer era rara, aunque Pablo informa que algunos de los creyentes en Corinto enfermaron, se debilitaron e incluso murieron como resultado de la flagrante inmoralidad y desprecio por la santidad de la mesa del Señor (1 Co. 11:30; cp. 1 Jn. 5:16-17). Dios no ha cambiado su actitud en cuanto al pecado o la pureza; se encuentra tan preocupado por la santidad de su pueblo hoy como lo estuvo cuando la iglesia nació. Es necesario tratar con el pecado, o de lo contrario destruirá tanto a quienes lo practican como a quienes lo toleran. Dios aún podría actuar de manera sobrenatural para purgar la Iglesia, pero ha delegado principalmente esa responsabilidad en la Iglesia misma. Esta debe "regularse a sí misma" con relación al pecado. Los horribles escándalos que recientemente han empañado a la Iglesia reflejan el fracaso abismal de los creyentes en confrontar a líderes y seguidores que pecan. Con frecuencia el mundo ha tenido que poner al descubierto lo que la Iglesia ha tratado de ocultar.

El Señor siempre ha disciplinado a su pueblo, y siempre ha instruido a su pueblo para que se discipline. A los creyentes del Antiguo Testamento se les dijo: "No menosprecies, hijo mío, el castigo de Jehová, ni te fatigues de su corrección; porque Jehová al que ama castiga, como el padre al hijo a quien quiere" (Pr. 3:11-12). Así como los padres humanos disciplinan en amor a sus hijos a fin de hacerlos mejores, así también Dios hace con sus hijos. Los padres humanos saben que la instrucción a sus hijos sin llevarlos a que hagan lo correcto es inútil. No solo es necesario decirles a los hijos lo que está bien, sino guiarlos a hacer lo que está bien por medio de corrección, represión y a menudo con sanción. "El que detiene el castigo, a su hijo aborrece; mas el que lo ama, desde temprano lo corrige" (Pr. 13:24). Al contrario de gran parte del pensamiento popular, incluso entre cristianos, no es amor sino indiferencia lo que lleva a los padres a permitir que el mal comportamiento de sus hijos quede sin corregir. El escritor de Proverbios aconseja sabiamente: "Castiga a tu hijo en tanto que hay esperanza" (19:18; cp. 22:15; 23:13).

Después de citar Proverbios 3:11-12 mencionado antes, el escritor de Hebreos declara:

Si soportáis la disciplina, Dios os trata como a hijos; porque ¿qué hijo es aquel a quien el padre no disciplina? Pero si se os deja sin disciplina, de la cual todos han sido participantes, entonces sois bastardos, y no hijos. Por otra parte, tuvimos a nuestros padres terrenales que nos disciplinaban, y los venerábamos. ¿Por qué no obedeceremos mucho mejor al Padre de los espíritus, y viviremos? Y aquéllos, ciertamente por pocos días nos disciplinaban como a ellos les parecía, pero éste para lo que nos es provechoso, para que participemos de su santidad. Es verdad que ninguna disciplina al presente parece ser causa de gozo, sino de tristeza; pero después da fruto apacible de justicia a los que en ella han sido ejercitados (He. 12:7-11).

Es una ilusión creer que la Iglesia puede tomar una fuerte posición verbal contra el pecado sin hacer cumplir esa posición entre sus propios miembros, y al mismo tiempo esperar que estos se ajusten a las normas de santidad de Dios. Los hijos físicos no responden a tal enfoque en la disciplina, y tampoco los hijos espirituales. Debido a la restante pecaminosidad de la carne, los cristianos aún tienen una fuerte inclinación hacia la desobediencia. Sin hacer cumplir las normas de santidad, esta nunca florecerá. Por eso es que la disciplina es tan esencial para el bienestar espiritual de una iglesia.

Las acciones ridículas, pretenciosas y a veces inmorales de unos pocos personajes muy visibles en la iglesia evangélica de hoy han hecho que el evangelicalismo se convierta en una palabra de moda entre muchos cristianos liberales y en el mundo en general. Tal falta de integridad a menudo se representa con toda la razón como el epítome de la superficialidad religiosa, la autoindulgencia e hipocresía.

Es con la responsabilidad de la Iglesia de mantenerse pura que Jesús trata en Mateo 18:15-20. Él aún está enseñando respecto a la inocencia infantil de los creyentes, ejemplificada por el niño que había llamado y que puso delante de los doce (v. 2). El Señor había declarado que una persona entra al reino y allí es considerada grande si se vuelve como un niño pequeño (vv. 3-4), y que una vez en el reino los creyentes deben ser protegidos como niños pequeños (vv. 5-9) y cuidados como niños pequeños (vv. 10-14). Ahora Jesús declara que también deben ser disciplinados como niños pequeños.

En los versículos 15-20 Jesús presenta cinco elementos que intervienen en la disciplina piadosa para los creyentes pecadores: la persona que recibe disciplina, la persona que la inicia, el propósito de esta, el proceso y lugar donde aplicarla, y la autoridad para aplicarla.

LA PERSONA QUE RECIBE DISCIPLINA

Por tanto, si tu hermano peca contra ti, (18:15*a*)

La persona a la cual disciplinar debe ser un **hermano** que **peca.** En este contexto, como en muchos otros lugares de la Biblia, **hermano** se refiere a cualquier compañero creyente, sea hombre o mujer. El candidato para la disciplina es cualquier cristiano que **peca.** La inferencia es que este es un pecado que continúa en la vida del creyente y que no se ha confesado.

La referencia general y no calificada a **tu hermano** es absolutamente inclusiva, que no permite excepciones. Todo hijo de Dios, sea joven o viejo, hombre o mujer, culto o inculto, rico o pobre, líder o seguidor, debe ser confrontado cuando **peca.**

Peca viene de *hamartanō*, que tiene el significado literal de "errar el blanco" y es el verbo básico del Nuevo Testamento para pecado, errar el blanco en las normas de Dios. Así como la categoría del pecador es inclusiva, también lo es la categoría de pecado. Cualquier pecado cometido por cualquier creyente requiere disciplina de parte de la iglesia. Todo pecado es un agravio contra la santidad de Dios, y corrompe la santidad de su pueblo. Daña la comunión del creyente con Dios y su comunión con los demás creyentes.

Como se indica en la Reina-Valera 1960 y en casi todas las demás traducciones en español, algunos de los manuscritos antiguos más confiables del evangelio de Mateo añaden la frase "contra ti" después de **peca,** indicando un agravio cometido directamente en contra de un hermano en la fe.

La pregunta de Pedro en el versículo 21 con relación al perdón de aquellos que pecan contra nosotros apoya la inclusión de "contra ti", como lo hace la enseñanza del Señor acerca de reprender y perdonar en Lucas 17:3-4.

Sin embargo, en cualquiera de los casos la responsabilidad básica es la misma, porque contra una persona se puede pecar tanto de modo directo como indirecto. Si se la calumnia, maltrata, engaña, estafa o algo así, el pecado en su contra es directo y obvio. En tal caso, el hermano o la hermana que agravia no solo debe ser reprendido por aquel a quien ha ofendido sino también perdonado si se arrepiente. El agraviado debe acercarse al ofensor en un espíritu de humildad y mansedumbre, y su motivo para reprender debe ser la restauración del hermano o la hermana hacia la santidad. Nunca debe acudir con un espíritu de venganza. Debe manifestar un espíritu de amor y perdón incluso mientras esté reprendiendo, y estar profundamente preocupado respecto al daño espiritual que el hermano que pecó está padeciendo, además de tener un deseo auténtico de que sea restaurado a la santidad y su consecuente bendición.

La represión a un hermano pecador debe realizarse tan pronto como se sepa el agravio, a fin de hacer volver del pecado al creyente pecador lo más pronto posible, y también ayudar a evitar el resentimiento y la amargura en el agraviado. Esas emociones destructivas también son pecados, y tienden a supurar si la ruptura en la relación sigue sin resolverse. Cuanto más tiempo continúe el pecado, más difícil es que el pecador lo abandone y que el agraviado perdone. Dios siempre llama a sus hijos a ser "benignos unos con otros, misericordiosos, [perdonándose] unos a otros, como Dios también [los] perdonó… en Cristo" (Ef. 4:32).

Pero en un sentido más amplio, los cristianos son víctimas de cualquier pecado cometido por cualquier otro creyente. Siempre que un creyente comete un pecado, peca contra todos los demás creyentes de manera indirecta. "Un poco de levadura leuda toda la masa" (véase 1 Co. 5:6). Que Jesús incluyera aquí agravios indirectos es claro por el hecho de que no menciona el perdón. El enfoque está únicamente en el arrepentimiento y la restauración.

Hace unos años un hombre en nuestra iglesia me contó que había invitado a un abogado amigo a asistir a la iglesia. Pero cuando le dijo el nombre de la iglesia, el amigo expresó: "Yo nunca iría allí, pues es donde asiste la mayoría de abogados deshonestos en Los Ángeles". El pecado de ese hombre afectó indirectamente a todos en nuestra congregación y manchó a toda la causa de Cristo.

Cada pecado cometido por un creyente mancha a toda la comunidad de creyentes. Trátese de calumnia, hurto, chisme, inmoralidad sexual, deshonestidad, error doctrinal, falta de sumisión, crueldad, blasfemia, vulgaridades, borrachera o cualquier otro, todo pecado con el que el hijo de Dios ofensor no ha tratado debe tratarlo la iglesia.

LA PERSONA QUE INICIA LA DISCIPLINA

ve y repréndele estando tú y él solos; (18:15*b*)

Los sujetos sobreentendidos de **ve y repréndele** están indicados por los pronombres "tú" y "tu" (vv. 15-16). Jesús estaba ofreciendo instrucción general a sus seguidores, y por tanto esta categoría también es inclusiva. La persona responsable por iniciar la disciplina es cualquier creyente que esté consciente del pecado de otro creyente. La disciplina no es simplemente responsabilidad del liderazgo de la iglesia sino de cada miembro.

Repréndele proviene de *elencho,* que tiene el significado de llevar a la luz o poner al descubierto. El verbo griego está en imperativo aoristo, que sugiere que al hermano se le debe mostrar su pecado de tal manera que no pueda dejar de reconocer su falta por lo que es.

La primera confrontación a un hermano pecador debe ser estando **solos,** uno a uno. Si la persona que yerra confiesa y se arrepiente no es necesaria más disciplina, y a nadie más se debe incluir en el asunto. Mientras más conocido y debatido por otros sea el pecado de la persona, por bienintencionada que pueda ser, más fácil es que se resienta y más difícil que se arrepienta y se restaure. Cuando se le corrige en privado, y en un espíritu de humildad y amor, su cambio de corazón es mucho más probable. Y si se arrepiente, se establece un vínculo único y maravilloso de intimidad entre los dos creyentes, indicado por la frase **has ganado a tu hermano.**

Cuando Pedro fue intimidado por los judaizantes en Antioquía y comenzó a separarse de los creyentes gentiles, Pablo lo resistió "cara a cara, porque era de condenar" (Gá. 2:11). Pedro admitió su pecado y se arrepintió, y años más tarde escribió de su "amado hermano Pablo" (2 P. 3:15). Sin duda alguna, la amistad entre ellos se profundizó en gran medida debido al suficiente cuidado de Pablo en reprender a su hermano apóstol y en hacerlo volver a la pureza del evangelio de la gracia.

Un cristiano que no está profundamente preocupado por hacer volver del pecado a un hermano creyente necesita ayuda espiritual. La indiferencia petulante, por no hablar de desprecio farisaico, no tiene parte en la vida de un cristiano, ni el sentimentalismo o la cobardía que se esconden detrás de la falsa humildad. El cristiano espiritual ni condena ni justifica a un hermano pecador. Su preocupación debe ser la santidad y la bendición del hermano ofensor, la pureza y la integridad de la iglesia, y el honor y la gloria de Dios.

Al menos tres cosas son necesarias para llevar a cabo de modo eficaz el primer paso de confrontar a un hermano en la fe acerca de su pecado. Primera, está el obvio requisito de la disposición de ir y reprender al hermano pecador estando los dos **solos.** Si no hace caso, entonces debemos estar dispuestos a llevar a uno o dos creyentes con nosotros y volver a confrontarlo (v. 16). Y si continúa negándose a escuchar, debemos estar dispuestos a reportar la falta de arrepentimiento a toda la iglesia (v. 17).

Dios no se burla de sus hijos exigiéndoles cualquier cosa que, mediante el poder divino, no les posibilite hacer. Por tanto, ningún cristiano tiene una excusa para no iniciar disciplina en la iglesia cuando sea necesario, porque Dios proporcionará la sabiduría, la visión, y el valor necesario cuando exista un sincero deseo de hacerlo.

No a todo creyente se le concede el don de predicar, enseñar, evangelizar o ayudar. Pero a todo creyente se le da la orden de ir y reprender a un hermano o una hermana que esté pecando. Esa es parte de la obra de Dios, y es un ministerio tan seguro como cualquier otro. En nuestra época es un ministerio muy necesario y muy descuidado. La ausencia de esta labor muy bien podría ser el problema más grave y debilitador en la Iglesia de este siglo. Todos los creyentes están llamados en esta manera a ser ministros de santidad, ayudando así a proteger la pureza y la integridad del Cuerpo de Cristo. Cuando ministran disciplina en un espíritu de amor, ternura y humildad, los cristianos pueden ser armas eficaces en manos de Dios para purificar la Iglesia y restaurar a los hijos de Dios que han caído.

El Señor ordenó a Israel: "No andarás chismeando entre tu pueblo. No atentarás contra la vida de tu prójimo. Yo Jehová. No aborrecerás a tu hermano en tu corazón". Sin embargo, el Señor siguió diciendo: "Reprende con franqueza a tu prójimo" (Lv. 19:16-17, NVI). La falta de voluntad para reprender a un creyente que peca es una forma de aborrecerlo, pues no se le ama lo suficiente para advertirle en cuanto al peligro espiritual en que se encuentra. No reprender a un hermano que peca puede hacerle más daño que calumniarlo. Por terrible que sea, la calumnia afecta principalmente la reputación y los sentimientos de la otra persona. Pero no ayudarle a enfrentar y confesar su pecado contribuye a su ruina espiritual. La persona que afirma ser demasiado amorosa como para reprender a su hermano o hermana en Cristo simplemente está engañada. No es demasiado amorosa sino demasiado insensible. El cristiano tierno, al igual que el amoroso Padre celestial y los afectuosos padres terrenales, desean la disciplina apropiada para quienes aman (véase He. 12:5-11).

A los ojos de gran parte del mundo, e incluso a los ojos de muchos creyentes inmaduros, tal acción se considera una falta de amor. Pero la disciplina hecha en la manera adecuada expresa el tipo más profundo de amor. El amor que se niega a hacer cualquier cosa para rescatar a un hermano de un pecado del que no se ha arrepentido y de sus consecuencias, el amor que le guiña el ojo al pecado o que está más preocupado por la tranquilidad superficial en la iglesia que por su pureza espiritual, no es el tipo de amor de Dios. El amor que tolera el pecado no es amor en absoluto sino sentimentalismo mundano y egoísta.

Predicar amor separado de la santidad de Dios es enseñar algo diferente al amor de Dios. Ningún avivamiento o despertar de la Iglesia ha ocurrido alguna vez aparte de una fuerte predicación acerca de la santidad de Dios y del correspondiente llamado a los creyentes a abandonar el pecado y regresar a las normas de Dios en cuanto a pureza y justicia. Ninguna iglesia que tolera el pecado conocido en sus miembros tendrá crecimiento espiritual o evangelización eficaz. Sin embargo, a pesar de esa verdad tal tolerancia está grandemente aceptada en la Iglesia moderna… a todo nivel.

La historia ha presenciado excesos en predicar lo que comúnmente se ha conocido como fuego y condenación del infierno, pero ese no es el peligro de la Iglesia de hoy. A partir del siglo xix ha habido un alejamiento de la predicación enérgica respecto a la santidad de Dios y su exigencia de santidad en los seres humanos. Incluso en muchas iglesias y organizaciones evangélicas el énfasis ha cambiado a la casi exclusiva predicación del amor de Dios con poca o ninguna referencia a su ira y juicio.

Al comentar sobre la iglesia contemporánea, Richard Lovelace escribe:

Toda la iglesia… evitaba la descripción del Dios soberano y santo que todos los días se enojaba con los malvados, y cuya ira permanece sobre aquellos que no reciben a su Hijo. Al encerrar esta imagen en un rincón no visitado de la conciencia, la iglesia sustituyó un nuevo dios que era la proyección de una bondad de abuela mezclada con la dulzura y simpatía de un Jesús que difícilmente debía morir por nuestros pecados. Muchas congregaciones estadounidenses en realidad estaban pagando a sus ministros para proteger a su gente del Dios verdadero… Esto es parcialmente responsable no solo del colapso espiritual general de la iglesia en este siglo sino también de gran cantidad de debilidad [evangelística]; porque en un mundo en que el Dios soberano y santo emplea regularmente plagas, hambrunas, guerras, enfermedad y muerte como instrumentos para castigar el pecado y llevar arrepentimiento a la humanidad, la imagen idólatra de Dios como pura benevolencia no puede creerse realmente, mucho menos temerse y adorarse en la manera prescrita tanto por el Antiguo Testamento como por el Nuevo Testamento (*Dynamics of Spiritual Life* [Downers Grove, Ill.: InterVarsity, 1979], pp. 83-84).

Creer en un Dios que es todo amor y nada de ira, toda gracia y nada de justicia, todo perdón y nada de condenación es idolatría (adorar a un falso dios inventado por los seres humanos), e inevitablemente lleva al universalismo, el cual es por supuesto el que muchas iglesias liberales han estado predicando por generaciones. La salvación se vuelve algo sin sentido, porque el pecado al que Dios hace caso omiso no necesita ser perdonado. El sacrificio de Cristo en la cruz se convierte en una farsa, porque habría entregado su vida sin ningún propósito redentor. No solo eso, sino que se vuelve apologéticamente imposible explicar la pregunta común de por qué un Dios amoroso permite el dolor, el sufrimiento, la enfermedad y la tragedia. Eliminar el odio santo que Dios le tiene al pecado inutiliza el evangelio y lo obstaculiza en vez de que ayude a la evangelización.

Profundamente consciente del peligro de confundir la estimulación emocional con la renovación espiritual, Jonathan Edwards observó en su *Treatise on Religious Affections*:

> La naturaleza humana caída es un terreno fértil para la religiosidad carnal que es impíamente "espiritual", pero que en el fondo está enraizada en el amor propio. Las experiencias muy emocionales, las charlas religiosas efusivas, e incluso alabar a Dios y experimentar amor por Dios y el hombre pueden estar centrados en el ego y la motivación personal. En contraste con esto, las experiencias de renovación que son auténticamente del Espíritu Santo están centradas en el carácter de Dios y basadas en experiencias auténticas que crean humildad en el convertido en lugar de orgullo, que resulta en una nueva creación y un nuevo espíritu de mansedumbre, dulzura, perdón y misericordia. Dejan al creyente con hambre y sed de justicia en vez de autocomplacencia.

La verdadera evangelización y renovación no tienen nada que ver con la edificación de la autoestima y la autoaceptación, y con sentirnos bien con relación a nosotros mismos. No tienen nada que ver con obtener salud, riqueza y felicidad carnal. Tienen mucho que ver con reconocer nuestra pecaminosidad, indignidad, debilidad e impotencia, y también mucho que ver con agradecimiento humilde por la infinita paciencia, misericordia y gracia de Dios.

Richard Lovelace observa otra vez que "la mayoría de congregaciones de cristianos profesos de hoy día están saturadas con una especie de bondad muerta y respetabilidad ética, que tienen sus raíces motivacionales en la carne y no en el Espíritu Santo. La justicia superficial no brota de la fe y del acto de renovación espiritual, sino del orgullo religioso y el conformismo condicionado a la tradición como una forma de piedad que le niega poder". Richard describe tal religión como "falsa piedad".

Vez tras vez en los evangelios Jesús proclamó que vino a la tierra únicamente a cumplir la voluntad de su Padre celestial (véase, p. ej. Jn. 5:19, 30; 6:38; 7:16). Y la voluntad del Padre puede reducirse a la declaración citada al principio de este capítulo: "Sed santos, porque yo soy santo" (1 P. 1:16; cp. Lv. 11:44). Por sobre todo, Dios quiere que su pueblo sea santo.

Dirigiéndose a creyentes, Santiago escribió: "Pecadores, limpiad las manos; y vosotros los de doble ánimo, purificad vuestros corazones. Afligíos, y lamentad, y llorad. Vuestra risa se convierta en lloro, y vuestro gozo en tristeza. Humillaos delante del Señor, y él os exaltará" (Stg. 4:8-10). La voluntad de Dios es que su pueblo sea santo, y el propósito de la disciplina es promover santidad purgando y purificando la Iglesia. La Palabra, el Espíritu, y el pueblo de Dios se unen en obrar a favor de la pureza de la Iglesia. Los creyentes actúan en nombre de Cristo cuando con humildad y de acuerdo con directrices bíblicas disciplinan a hermanos en la fe que persisten en pecar.

Un segundo requisito para la disciplina eficaz es el celo. Cuando Jesús llegó a Jerusalén para la Pascua y halló mercaderes en el templo explotando al pueblo y profanando la casa de Dios por medio de la venta de animales y el cambio de moneda, sucedió que "haciendo un azote de cuerdas, echó fuera del templo a todos, y las ovejas y los bueyes; y esparció las monedas de los cambistas, y volcó las mesas; y dijo a los que vendían palomas: Quitad de aquí esto, y no hagáis de la casa de mi Padre casa de mercado" (Jn. 2:13-16). El celo santo de Jesús por la pureza de la casa de su Padre no le permitió quedarse con los brazos cruzados viéndola profanada. La disposición de confrontar el pecado en la iglesia se manifiesta en celo justo por defender el nombre y la santidad de Dios, y en una correspondiente indisposición de que sean manchados y deshonrados.

Un tercer requisito para la disciplina eficaz es la pureza personal. Un creyente que no se preocupa de su propia pureza no tendrá voluntad obediente ni celo justo para ayudar a proteger la pureza de la iglesia. Tampoco puede ser utilizado con eficacia por el Señor para ayudar a que otros traten con su pecado si no está dispuesto a tratar con el suyo propio. Su preocupación en cuanto a los pecados de otros cristianos podría ser fuerte, pero será crítica y censuradora, no humilde y amorosa. A tales creyentes el Señor les advierte: "¿Y por qué miras la paja que está en el ojo de tu hermano, y no echas de ver la viga que está en tu propio ojo? ¿O cómo dirás a tu hermano: Déjame sacar la paja de tu ojo, y he aquí la viga en el ojo tuyo? ¡Hipócrita! saca primero la viga de tu propio ojo, y entonces verás bien para sacar la paja del ojo de tu hermano" (Mt. 7:3-5).

Cuando sincera y humildemente una iglesia se aparta para hacer cumplir la santidad y la pureza dentro de su membresía, en virtud a ese movimiento se encuentra en el proceso de la purificación propia, porque los creyentes que de modo auténtico desean la pureza de la iglesia confrontarán en primer lugar el pecado en sus propias vidas y en el nombre del Señor decidirán llevar pureza a ese lugar. Los cristianos pueden convertirse en ministros de santidad solo cuando ellos mismos son santos.

EL PROPÓSITO DE LA DISCIPLINA

si te oyere, has ganado a tu hermano. (18:15*c*)

El propósito de disciplinar es la restauración espiritual de los miembros caídos, y el consiguiente fortalecimiento de la iglesia y la glorificación del Señor. Cuando a un **hermano** que está en pecado se le reprende, este se vuelve de su pecado, y se le perdona, se le ha **ganado** de vuelta a la comunión con el Cuerpo y con su cabeza: Jesucristo.

El objetivo de la disciplina no es echar gente de la iglesia o alimentar el orgullo farisaico de quienes implementan la disciplina. Es hacer volver al **hermano** que está en pecado. El escritor de Proverbios declaró: "El que gana almas es sabio" (11:30). Pablo amonesta a los cristianos: "Hermanos, si alguno fuere sorprendido en alguna falta, vosotros que sois espirituales, restauradle con espíritu de mansedumbre, considerándote a ti mismo, no sea que tú también seas tentado" (Gá. 6:1). Santiago manifiesta: "Hermanos, si alguno de entre vosotros se ha extraviado de la verdad, y alguno le hace volver, sepa que el que haga volver al pecador del error de su camino, salvará de muerte un alma, y cubrirá multitud de pecados" (Stg. 5:19-20). En algunos casos, como en el pasaje de Santiago, podríamos estar confrontando a un cristiano profeso que ni siquiera es salvo. En mi experiencia, implementar disciplina a menudo ha llevado a que el pecador admita que nunca ha sido salvo y a continuación desee tener una conversión verdadera.

Ganado viene de *kerdaind,* que originalmente era un término de comercio que se refería a beneficio o lucro económico. Aquí se refiere a recuperar algo de valor que está perdido, concretamente un **hermano** errante. Tal como Jesús acababa de enseñar en la parábola de la oveja perdida, Dios valora en gran manera a cada uno de sus hijos, y cuando uno de ellos se descarría, Él no descansará hasta que el hijo perdido es hallado y regrese al redil. La voluntad del Señor es que no "se pierda uno de estos pequeños" (v. 14). Tampoco debe ser la voluntad de los cristianos que ni siquiera uno de sus hermanos o hermanas en la fe se pierda. Cuando los que están descarriados pierden la comunión, se pierde un valioso tesoro y, al igual que nuestro Padre celestial, no debemos contentarnos hasta que sean restaurados. Toda persona que se ha convertido en uno con el gran Pastor debe reflejar personalmente ese corazón de Pastor.

Cuando uno de los miembros de la iglesia cae en pecado, la comunión como un todo y con cada uno de los otros miembros padece pérdida individual, porque ningún creyente individual en el Cuerpo es reproducible. Cada creyente está dotado de manera individual y única. Las personas no escatiman esfuerzos por recuperar las riquezas materiales que han perdido. ¿Cuánto mayor esfuerzo deberían realizar los cristianos para recuperar un tesoro espiritual más valioso que cualquier posesión terrenal?

Las iglesias y los cristianos individuales están tentados a decir de un hermano que peca, con hechos aunque no siempre en palabras: "No nos metamos en sus asuntos. Se trata de su vida, su decisión y su responsabilidad. Él es responsable ante Dios, y lo que haga es solo entre esa persona y el Señor". Tal actitud podría parecer amorosa y espiritual en apariencia, pero no cuadra con la Biblia. Refleja indiferencia impía, no amorosa preocupación por el hermano que ha caído.

PROCEDIMIENTO Y LUGAR PARA LA DISCIPLINA

Mas si no te oyere, toma aún contigo a uno o dos, para que en boca de dos o tres testigos conste toda palabra. Si no los oyere a ellos, dilo a la iglesia; y si no oyere a la iglesia, tenle por gentil y publicano. (18:16-17)

Como ya se ha señalado, el procedimiento de la disciplina empieza con un creyente individual que se acerca a un hermano que está en pecado y lo reprende (v. 15). Los tres pasos siguientes se mencionan en los versículos 16-17.

Si el hermano que ha pecado **no oyere** a quien lo reprendió en privado, el siguiente paso en el proceso de disciplina es tomar consigo **a uno o dos** creyentes más, **para que en boca de dos o tres testigos conste toda palabra.** Este procedimiento básico de hacer constar **toda palabra** en un conflicto o en una denuncia de conducta inapropiada lo había establecido Moisés (Dt. 19:15) y, por tanto, lo conocían todos los judíos. A fin de poder proteger a una persona de ser acusada calumniosa o rencorosamente de un pecado, un delito u otro agravio que no hubiera cometido, la ley mosaica requería que por lo menos **dos o tres testigos** debían corroborar cualquier acusación contra alguien. Esa era una protección importante contra la falsa acusación a una persona inocente.

Sin embargo, en el contexto de la instrucción que Jesús hace aquí, si el testimonio de los **dos o tres testigos** se vuelve necesario, sirve no solo para confirmar que se cometió el pecado sino además para confirmar que el creyente pecador fue adecuadamente reprendido y que este se arrepintió o no. Cabe esperar que el **uno o los dos** que son llevados para confrontar al pecador no tendrán que convertirse en **testigos** públicos contra él ante el resto de la iglesia, sino que su reprensión añadida será suficiente para inducir un cambio de corazón en el hermano ofensor que el reproche inicial no ocasionó.

Las protecciones contra maltrato y acusación injusta en la disciplina son para proteger tanto a los líderes de iglesia como a otros creyentes. Pablo le encargó a Timoteo: "Contra un anciano no admitas acusación sino con dos o tres testigos. [Sin embargo], a los que persisten en pecar, repréndelos delante de todos, para que los demás también teman" (1 Ti. 5:19-20).

Si la segunda etapa del proceso de disciplina no logra traer arrepentimiento, es decir, **si no los oyere a** los dos o tres, entonces deben decirlo **a la iglesia.** La primera reprensión debe ser totalmente privada y la segunda semiprivada, pero la tercera debe ser pública, delante de **la iglesia.** El hermano o la hermana deben ser llevados delante de toda la congregación para recibir aún más reprensión y ser animados a arrepentirse. Toda la iglesia es responsable de estimular otra vez a esa persona a que regrese a la santidad.

Al adoptar este tercer paso, en nuestra iglesia hemos acostumbrado indicar con claridad a la congregación que agresivamente se debe perseguir a la persona y suplicarle que se arrepienta antes que se vuelva necesario el cuarto paso. A menudo ese procedimiento crucial y potente atrae al pecador hacia el arrepentimiento y la obediencia.

Este gran pasaje también indica que el lugar para la disciplina es *dentro de* la iglesia. *Ekklēsia* (**iglesia**) se utiliza aquí en su significado básico y no técnico de una congregación o asamblea. En la literatura secular griega se usaba para asambleas de la ciudad, reuniones locales de ciudadanos convocadas por sus gobernantes para que oyeran anuncios oficiales o presenciaran ceremonias gubernamentales. En el contexto de la enseñanza de Jesús en este momento de su ministerio, **iglesia** se refiere a cualquier grupo de personas redimidas que se reúne en el nombre del Señor (v. 20).

Algunos comentaristas sostienen que Jesús estaba refiriéndose a la sinagoga judía, la cual también tenía el significado original de asamblea o congregación. Pero

Jesús siempre utilizó otro término (*sunagōgē*) para referirse a una sinagoga, la que en todo caso nunca se habría reunido en nombre del Señor. Y aunque con mucha frecuencia enseñó en sinagogas y llamó a los adoradores allí a creer en Él, su propósito no fue revisar o reformar la sinagoga sino establecer su propia *ekklēsia*, **la iglesia.**

Aquí no se da a entender ni se menciona ninguna estructura. La referencia no es a un comité, una junta, u otro grupo de líderes, sino a todo el organismo. No existe tribunal superior más allá de la congregación local en la cual implementar la disciplina. Ningún sínodo, ninguna conferencia, o ningún consejo tienen la responsabilidad de la disciplina. Delegar disciplina a un individuo o grupo más allá de la iglesia local es pasar por sobre la Palabra de Dios. Sea que una **iglesia** local se componga de un puñado de creyentes o de varios miles de miembros, o que se trate de una congregación urbana muy bien organizada o de un grupo informal de cinco o seis creyentes en un lejano campo misionero, es allí y solo allí, donde la disciplina debe implementarse.

Aun menos justificado es llevar la disciplina o las quejas en la iglesia a un tribunal secular para su resolución. Pablo acusó fuertemente a los cristianos de Corinto que hicieron esto escribiéndoles: "¿Osa alguno de vosotros, cuando tiene algo contra otro, ir a juicio delante de los injustos, y no delante de los santos? ¿O no sabéis que los santos han de juzgar al mundo? Y si el mundo ha de ser juzgado por vosotros, ¿sois indignos de juzgar cosas muy pequeñas? ¿O no sabéis que hemos de juzgar a los ángeles? ¿Cuánto más las cosas de esta vida?" (1 Co. 6:1-3).

El cuarto y último paso para la disciplina en la iglesia es excluir. Si un creyente pecador **no oyere a la iglesia,** debe ser separado de la comunión. Jesús explicó que a ese pecador debían tenerlo **por gentil y publicano.** A unos y otros se les veía como parias despreciados.

A un no judío que adoraba al Dios verdadero y que llegaba a identificarse con el judaísmo comúnmente se le llamaba "temeroso de Dios" (cp. Hch. 1:1, 22), mientras que el término **gentil** se usaba principalmente para no judíos que mantenían su paganismo tradicional. Tal **gentil** no tenía parte en el pacto, la adoración, o la vida social de los judíos. Sin embargo, un **publicano,** puesto que era un traidor a su propio pueblo, era en muchas maneras más despreciado que los gentiles. No era un paria por nacimiento sino por elección.

Jesús no estaba apelando al prejuicio judío. Él vino para salvar a todos los seres humanos, y entre sus seguidores más ardientes y fieles estaban antiguos recaudadores de impuestos como Mateo y Zaqueo, y gentiles tales como el centurión que le pidió que sanara a su siervo paralizado. El planteamiento de Jesús era que un creyente que persiste en su falta de arrepentimiento debe ser excluido de la iglesia y tratado como un extraño incrédulo que no se arrepiente.

Cuando un hombre en la iglesia en Corinto se negó a abandonar una relación incestuosa con su madrastra, Pablo ordenó que debían quitarlo de en medio de ellos (1 Co. 5:1-2). La tolerancia de ese pecado había llegado al punto de la arrogancia. A pesar de que al parecer ninguno de los demás miembros había participado en esa inmoralidad particular, su sentido pervertido de libertad los llevó a defender el derecho del hombre de continuar en el pecado. Pablo siguió diciendo: "En el nombre de nuestro Señor Jesucristo, reunidos vosotros y mi espíritu, con el poder de nuestro Señor Jesucristo, el tal sea entregado a Satanás para destrucción de la carne, a fin de que el espíritu sea salvo en el día del Señor Jesús. No es buena vuestra jactancia. ¿No sabéis que un poco de levadura leuda toda la masa?" (vv. 4-6). La mala influencia de ese hombre, descrita por Pablo como levadura, había corrompido la sensibilidad moral de toda la iglesia.

Los creyentes que persisten en no arrepentirse deben ser totalmente excluidos de la comunión de la iglesia. Ya no conocen la felicidad del compañerismo y el ánimo que reciben de la iglesia. Ya que por su propia voluntad rechazan las normas del evangelio, hacen naufragar su fe. Cuando Himeneo y Alejandro no abandonaron su uso profano del nombre del Señor, Pablo los entregó "a Satanás para que aprendan a no blasfemar" (1 Ti. 1:20). A dichas personas es necesario darles la alternativa de arrepentirse y quedarse con el pueblo de Dios, o de persistir en su pecado y ser entregados al mundo y al diablo.

El último paso en la disciplina no es opcional. **Tenle por** se traduce de un presente imperativo, y por tanto es una orden. Pablo dio una orden similar a los tesalonicenses: "Os ordenamos, hermanos, en el nombre de nuestro Señor Jesucristo, que os apartéis de todo hermano que ande desordenadamente, y no según la enseñanza que recibisteis de nosotros" (2 Ts. 3:6). Pocos versículos después declara: "Si alguno no obedece a lo que decimos por medio de esta carta, a ése señaladlo, y no os juntéis con él, para que se avergüence" (v. 14).

Cuando una iglesia ha hecho todo lo posible, pero sin tener éxito, para conseguir que un miembro pecador regrese a la pureza de vida, a ese hermano debe abandonársele a su pecado y vergüenza. Si se trata de un verdadero cristiano, Dios no lo desecha, pero tal vez permita que se hunda aún más profundo antes de llegar a estar suficientemente desesperado para volverse de su maldad.

Tal como Pablo explicó a la iglesia en Corinto, la separación de un creyente pecador debe ser más radical que la separación de incrédulos pecadores.

> *Os he escrito por carta, que no os juntéis con los fornicarios; no absolutamente con los fornicarios de este mundo, o con los avaros, o con los ladrones, o con los idólatras; pues en tal caso os sería necesario salir del mundo. Más bien os escribí que no os juntéis con ninguno que, llamándose hermano, fuere fornicario, o avaro, o idólatra, o maldiciente, o borracho, o ladrón; con el tal ni aun comáis. Porque ¿qué razón tendría yo para juzgar a los que están fuera? ¿No juzgáis vosotros a los que están dentro? Porque a los que están fuera, Dios juzgará. Quitad, pues, a ese perverso de entre vosotros (1 Co. 5:9-13).*

Pero poner a un miembro no arrepentido fuera de la comunión no es el final del proceso de la disciplina. No debería ser el fin hasta que el hermano se arrepienta o muera. Pero en lo que respecta al bienestar de la Iglesia, el propósito de sacar al hermano es proteger la pureza de la comunión y dar testimonio de justicia al mundo que observa. En cuanto al bienestar del hermano mismo, el propósito de la exclusión no es castigarlo sino despertarlo, y debe hacerse en amor humilde y nunca en un espíritu de superioridad farisaica. Pablo recomienda: "No lo tengáis por enemigo, sino amonestadle como a hermano" (2 Ts. 3:15).

No tener comunión o incluso contacto social con el hermano no arrepentido no excluye todo contacto. Cuando haya oportunidad de amonestarlo y tratar de hacerlo volver, la oportunidad debe tomarse. Es más, tales oportunidades deben buscarse. Pero el contacto debe ser con el propósito de amonestarlo y ningún otro.

El cuarto paso en el proceso de disciplina es por consiguiente expulsar y volver a llamar, manteniendo al hermano pecador fuera de la comunión hasta que se arrepienta, pero también seguir buscándolo con la esperanza de que regrese.

Administrar disciplina nunca es la prerrogativa de una sola persona en una iglesia, sin importar cuál sea su posición o calificaciones. Una de las iglesias primitivas tenía un individuo autoproclamado para implementar disciplina llamado Diótrefes, a quien Juan describió como que "le gusta tener el primer lugar". El apóstol explicó: "Por esta causa, si yo fuere, recordaré las obras que hace parloteando con palabras malignas contra nosotros; y no contento con estas cosas, no recibe a los hermanos, y a los que quieren recibirlos se lo prohíbe, y los expulsa de la iglesia" (3 Jn. 9-10). La autocrática arrogancia moral no tiene parte en el plan de Cristo para su Iglesia, y no puede tener éxito en purificarla. Solo el cuerpo local de creyentes tiene el derecho de excluir a un miembro de su comunión, y eso únicamente después que los primeros tres pasos de disciplina hayan fallado.

Un hombre al parecer fue excluido de la iglesia en Corinto después de haber ocasionado gran tristeza a Pablo y a los demás allí a causa del pecado que el individuo apartado cometió. Pablo declaró: "Le basta a tal persona esta represión hecha por muchos; así que, al contrario, vosotros más bien debéis perdonarle y consolarle, para que no sea consumido de demasiada tristeza. Por lo cual os ruego que confirméis el amor para con él" (2 Co. 2:5-8). Cuando un creyente se arrepiente debe recibírsele otra vez en la comunión y no mantenerlo apartado como un miembro de segunda clase. Es necesario perdonarlo y consolarlo, así como el Salvador perdonó y consoló al pródigo Pedro cuando se arrepintió de su desobediencia (Jn. 21:15-22).

LA AUTORIDAD PARA DISCIPLINAR

De cierto os digo que todo lo que atéis en la tierra, será atado en el cielo; y todo lo que desatéis en la tierra, será desatado en el cielo. Otra vez os digo, que si dos de vosotros se pusieren de acuerdo en la tierra acerca de cualquiera cosa que pidieren, les será hecho por mi Padre que está en los cielos. Porque donde están dos o tres congregados en mi nombre, allí estoy yo en medio de ellos. (18:18-20)

Para resaltar la absoluta confiabilidad de lo que estaba a punto de afirmar, Jesús declaró: **De cierto os digo.** Esa frase, que el Señor utiliza a menudo, debe siempre tenerse en cuenta con cuidado especial, porque presenta una enseñanza de importancia extraordinaria.

La tarea de disciplinar debe llevarse a cabo con el mayor cuidado. Hecha de modo equivocado o con espíritu erróneo puede causar gran daño al promover fariseísmo y legalismo, así como la disciplina no implementada en absoluto causa gran daño pues permite que la influencia del pecado se extienda como levadura.

Las promesas de Jesús en los versículos 18 y 19 han sufrido grave interpretación a lo largo de la historia de la Iglesia, siendo la más extrema la doctrina católica romana de que la iglesia tiene autoridad divina para perdonar pecados. Muchos carismáticos usan estas promesas, junto con otras tales como las de Mateo 7:7 y 21:22, para reclamarle a Dios toda bendición y privilegio imaginable tan solo pidiéndolos.

Pero a la luz del contexto de lo que Jesús acababa de decir, a la luz de las expresiones rabínicas comunes de esa época, y a la luz de la construcción gramatical del texto, está claro que el Señor no estaba enseñando que el poder de Dios puede inclinarse ante la voluntad del hombre. No estaba diciendo que los hombres pueden obligar a que el cielo haga cosas. Muy por el contrario, su promesa fue que cuando su pueblo doblara su voluntad ante la de Él, Jesús respaldaría y potenciaría ese acto de obediencia. (Véase comentarios sobre Mateo 16:19 en el capítulo 91 de esta obra).

Jesús estaba aquí siguiendo su enseñanza acerca de la disciplina en la Iglesia. No estaba hablando de pedir a Dios bendiciones o privilegios especiales, y aún menos estaba enseñando que la Iglesia o alguno de sus líderes tienen poder para absolver los pecados de sus miembros. Estaba declarando que la Iglesia tiene el mandato divino de disciplinar a sus miembros cuando estos no quieran arrepentirse.

En ocasiones los rabinos hablaban de que cierto principio o cierta acción se ataban o se desataban **en el cielo** para indicar respectivamente que era perdonado o permitido a la luz de la Palabra revelada de Dios. Un judío de esa época habría comprendido que Jesús no quiso decir que los hombres podían doblegar la voluntad del cielo según sus propias voluntades, sino que Dios (llamado aquí **cielo,** un sustituto judío común para el nombre de pacto de Dios, Yahveh, o Jehová) tenía un principio expresado al cual la Iglesia debe ajustarse.

La construcción gramatical en el pasaje también clarifica su mensaje. Como en Mateo 16:19, **será atado** y **será desatado** se traduce de pasivos futuros perfectos y se traducirían más exactamente "se habrá atado" y "se habrá desatado". La idea no es que Dios está obligado a ajustarse a las decisiones de la Iglesia, sino que cuando la Iglesia sigue el patrón de Cristo para la disciplina, ajusta sus decisiones a lo que Dios ya ha hecho, y por tanto recibe aprobación y autoridad del cielo.

En Juan 20:23 también se usan pasivos perfectos con relación a perdonar o retener pecados. Los creyentes tienen autoridad para declarar que los pecados están perdonados o no, cuando esa declaración se basa en la enseñanza de la Palabra de Dios. Si una persona ha recibido a Jesucristo como Salvador y Señor, la Iglesia puede decir con perfecta confianza que el pecado de ese individuo está **desatado,** es decir perdonado, porque ha cumplido la condición de Dios para el perdón, concretamente que confió en su Hijo. Por otra parte, si una persona se niega a recibir a Cristo como Salvador y reconocerlo como Señor, la Iglesia puede decir con igual confianza que el pecado de esa persona está **atado,** es decir *no* perdonado, porque no ha cumplido la condición de Dios para el perdón.

Hace algunos años un hombre me dijo que creía que iba al cielo porque estaba siguiendo el sistema religioso prescrito por una secta popular. Ya que las extrañas creencias de ese grupo eran totalmente opuestas al evangelio, le contesté que él estaba perdido, que aún se hallaba en sus pecados, y que posiblemente no podía estar destinado para ir al cielo. En base a la propia confesión del hombre comparada con la Palabra de Dios, él no podía haber sido salvo. Decirle que todavía se encontraba atado en sus pecados no fue juzgar de forma sobrenatural el corazón de este individuo ni condenarlo de modo soberano, sino simplemente afirmar lo que la propia Palabra de Dios dice con claridad acerca de él y de toda persona que viene a Dios por cualquier otro camino que no sea confiar en el Hijo.

Obviamente, este es un ministerio importante en la iglesia y uno que debe abordarse con gran renuencia. Preguntamos: "¿Quiénes somos para llevar a cabo tal oficio? ¿Qué autoridad tenemos para tratos tan fuertes con hermanos creyentes? Nosotros también somos pecadores". Pero cuando la Iglesia implementa disciplina de acuerdo con el patrón de Mateo 18:15-17 puede tener perfecta confianza en que actúa en la autoridad y el poder del cielo, según se promete en los versículos 18-20.

El Señor no da ninguna orden sin otorgar la autoridad y el poder necesarios para obedecer dicho mandato. En estos tres versículos que culminan la enseñanza de Jesús acerca de la disciplina en la Iglesia aprendemos que cuando el pueblo del Señor busca sinceramente purificar la Iglesia a la manera de Él, los miembros del Cuerpo de Cristo tienen la energía, la aprobación y la autoridad del Padre y del Hijo.

Jesús asegura a su pueblo que el Padre actúa con ellos cuando se esfuerzan por purificar la Iglesia: **Otra vez os digo, que si dos de vosotros se pusieren de acuerdo en la tierra** (refiriéndose atrás a los dos testigos del v. 16) **acerca de cualquiera cosa que pidieren** (al buscar la pureza de la Iglesia) **les será hecho por mi Padre que está en los cielos.** Cuando la Iglesia actúa en nombre de Dios y de acuerdo con su Palabra en asuntos que tratan con el pecado, Él actúa a su favor confirmando y dando poder a las decisiones y acciones fieles que se tomen.

Acuerdo viene de *sumphoneo*, que literalmente significa sonar juntos, y es el término del que obtenemos *sinfonía*: Incluso **si dos** de los seguidores de Jesús **se ponen de acuerdo** mutuamente en que un creyente pecador se ha arrepentido o se ha negado a arrepentirse, pueden estar seguros de que también están **de acuerdo** con el **Padre que está en los cielos.**

Como ya se ha mencionado, interpretar este versículo como que promete a los creyentes un cheque en blanco para cualquier cosa en que podrían concordar en pedirle a Dios no solo no encaja en el contexto de disciplina en la Iglesia, sino que violenta el resto de la Biblia. Tal interpretación equivale a magia, en la cual Dios está automáticamente obligado a conceder la petición más ridícula y pecaminosa, simplemente porque dos de sus hijos conspiran para pedírsela. La idea va en contra de la soberanía de Dios y socava por completo los innumerables mandatos bíblicos para la sumisión obediente de los creyentes a la voluntad divina.

Jesús también asegura a su pueblo que Él mismo actúa con ellos cuando se esfuerzan por purificar la Iglesia: **Porque donde están dos o tres congregados en mi nombre, allí estoy yo en medio de ellos.** No solo que el Padre confirma la disciplina cuando se implementa de acuerdo con su Palabra, sino que el Hijo agrega su propia confirmación.

Este versículo también se ha malinterpretado con frecuencia, aunque no con tan grave error como en las interpretaciones erróneas de los dos versículos anteriores. Utilizar esta declaración para reclamar la presencia del Señor en una pequeña reunión de adoración u oración no calza con el contexto de disciplina en la Iglesia, y es superfluo. Cristo siempre está presente con su pueblo, incluso con un solo creyente separado por completo de hermanos cristianos, mediante los muros de una cárcel o cientos de kilómetros.

El contexto exige que los **dos o tres** sean testigos en el proceso de disciplina. Pedir o hacer algo en el **nombre** de Dios no es pronunciar su nombre sino pedir y actuar según su voluntad y carácter divino. Que los testigos estén **congregados en el nombre** de Jesús es que hayan realizado fielmente su tarea de verificar el arrepentimiento o la falta de arrepentimiento de un hermano o hermana en pecado en nombre del Señor. Cuando la Iglesia se reúne en nombre del Señor y por su causa y gloria, debe estar comprometida con el ministerio de autodepuración en virtud del poder y la autoridad de Dios y con la confirmación y la asociación celestial.

Dietrich Bonhoeffer, teólogo alemán que vivió los terrores de la Alemania nazi, escribió un libro titulado *Life Together,* en el que ofrece algunas perspectivas profundas respecto a la necesidad de restaurar a un hermano pecador a la comunión de la iglesia.

> El pecado exige que un hombre se maneje por sí mismo. Lo retira de la comunidad. Cuanto más aislado esté el individuo, más destructivo será el poder del pecado sobre él, y cuanto más profunda sea su participación en el pecado, más desastroso es su aislamiento. El pecado quiere permanecer desconocido. Huye de la luz. En la oscuridad de lo que no se expresa envenena todo el ser del individuo. Esto puede suceder incluso en medio de una comunidad piadosa. En la confesión, la luz del evangelio irrumpe en la oscuridad y en el aislamiento del corazón. El pecado se debe llevar a la luz. Lo no expresado debe expresarse y reconocerse abiertamente. Todo lo que está en secreto y que permanece escondido debe hacerse manifiesto. Esta es una batalla difícil hasta que el pecado se admite abiertamente, pero Dios abre puertas de bronce y barras de hierro (Sal. 107:16).
>
> Debido a que la confesión del pecado se hace en presencia de un hermano cristiano, se abandona la última fortaleza de justificación personal. El pecador se rinde: renuncia a su maldad. Entrega su corazón a Dios y encuentra el perdón de todo su pecado en la comunión de Jesucristo y de su hermano. El pecado expresado y reconocido ha perdido todo su poder. Se ha revelado y se ha juzgado como pecado. Ya no puede hacer pedazos la comunión. Ahora el compañerismo lleva el pecado del hermano, quien ya no está solo con su maldad porque ha expulsado su pecado de él. Ahora se encuentra en la comunidad de pecadores que viven por la gracia de Dios y la cruz de Jesucristo... El pecado oculto lo separaba de la comunión, hacía que toda su comunión fuera una farsa; el pecado confesado le ha ayudado a definir el verdadero compañerismo con los hermanos en Jesucristo (Nueva York: Harper & Row, 1954, pp. 112-13).

Entonces se le acercó Pedro y le dijo: Señor, ¿cuántas veces perdonaré a mi hermano que peque contra mí? ¿Hasta siete? Jesús le dijo: No te digo hasta siete, sino aun hasta setenta veces siete. Por lo cual el reino de los cielos es semejante a un rey que quiso hacer cuentas con sus siervos. Y comenzando a hacer cuentas, le fue presentado uno que le debía diez mil talentos. A éste, como no pudo pagar, ordenó su señor venderle, y a su mujer e hijos, y todo lo que tenía, para que se le pagase la deuda. Entonces aquel siervo, postrado, le suplicaba, diciendo: Señor, ten paciencia conmigo, y yo te lo pagaré todo. El señor de aquel siervo, movido a misericordia, le soltó y le perdonó la deuda. Pero saliendo aquel siervo, halló a uno de sus consiervos, que le debía cien denarios; y asiendo de él, le ahogaba, diciendo: Págame lo que me debes. Entonces su consiervo, postrándose a sus pies, le rogaba diciendo: Ten paciencia conmigo, y yo te lo pagaré todo. Mas él no quiso, sino fue y le echó en la cárcel, hasta que pagase la deuda. Viendo sus consiervos lo que pasaba, se entristecieron mucho, y fueron y refirieron a su señor todo lo que había pasado. Entonces, llamándole su señor, le dijo: Siervo malvado, toda aquella deuda te perdoné, porque me rogaste. ¿No debías tú también tener misericordia de tu consiervo, como yo tuve misericordia de ti? Entonces su señor, enojado, le entregó a los verdugos, hasta que pagase todo lo que le debía. Así también mi Padre celestial hará con vosotros si no perdonáis de todo corazón cada uno a su hermano sus ofensas. (18:21-35)

El perdón no es natural al ser humano. Ya que es tan extraño para la naturaleza humana carnal, las personas encuentran muy difícil perdonar a otros. El rey Luis XII de Francia expresó el sentimiento de mucha gente cuando declaró: "Nada huele tan dulce como el cadáver de tu enemigo".

Sin embargo, nada caracteriza la nueva naturaleza de los cristianos como el perdón, porque nada caracteriza tanto la naturaleza de su Señor. Las palabras más sorprendentes e incomprensibles de Jesús desde la cruz fueron: "Padre, perdónalos, porque no saben lo que hacen" (Lc. 23:34). Después de ser traicionado, falsamente acusado, golpeado, escupido y clavado injustamente a una cruz a fin de padecer una muerte agonizante, el hijo de Dios no albergó odio por sus atormentadores, sino que más bien les ofreció perdón. Siguiendo el ejemplo de su Señor, las últimas palabras de Esteban fueron: "Señor, no les tomes en cuenta este pecado" (Hch. 7:60). En ese momento lo estaban matando a pedradas por no haber cometido ningún delito mayor que predicar el evangelio, pero su corazón no estaba lleno de amargura sino de compasión por sus verdugos. El perdón es la sustancia de la verdadera piedad.

No es difícil perdonar a los hijos, y la mayoría de personas, en especial sus padres, lo hacen casi de manera instintiva. Comprendemos que los niños son inconscientes, inexpertos e inmaduros. Esperamos que hagan algunas cosas que muestran desconsideración, pero tendemos a tolerar esas acciones y a perdonarlas, aunque nos duelen profundamente. Es difícil guardarle rencor a un hijo. Esa analogía también debe ser cierta en un sentido espiritual, ya que todos los creyentes son hijos, según Jesús señala en varias ocasiones en Mateo 18.

A pesar de que José había sido terriblemente perjudicado por sus celosos hermanos cuando lo vendieron como esclavo, él no les guardó rencor. Años más tarde, en que ellos estaban en medio de una gran hambre y él era el único que podía ayudarlos, estuvo presto para perdonarlos, abrazarlos en amor, proveerles la comida que necesitaban, e incluso darles la exuberante región de Gosén a fin de que vivieran en ella. Cuando ellos le suplicaron perdón y cayeron delante de José, él les respondió: "No temáis; ¿acaso estoy yo en lugar de Dios? Vosotros pensasteis mal contra mí, mas Dios lo encaminó a bien, para hacer lo que vemos hoy, para mantener en vida a mucho pueblo. Ahora, pues, no tengáis miedo; yo os sustentaré a vosotros y a vuestros hijos. Así los consoló, y les habló al corazón" (Gn. 50:19-21).

Una de las razones de que David fuera un hombre conforme al corazón de Dios fue su propio corazón perdonador y misericordioso. Aunque en varias ocasiones el rey Saúl intentó matar a David con una lanza y lo persiguió implacablemente en las colinas de Judá con su ejército, David no solo se negó a hacerle daño a Saúl porque era el ungido del Señor, sino que incluso se negó a albergar algún odio contra él (véase 1 S. 24:6, 12; 26:11). En otro ejemplo, a pesar de que al principio David estaba furioso por la negativa ingrata de Nabal de negarse a dar comida y provisiones a los hombres de David que habían ayudado a proteger a Nabal, la esposa de este último, Abigail, convenció a David de que no se vengara. David no castigó a Nabal y estuvo agradecido con Abigail por hacerlo recapacitar. Así le dijo: "Bendito sea Jehová Dios de Israel, que te envió para que hoy me encontrases. Y bendito sea tu razonamiento, y bendita tú, que me has estorbado hoy de ir a derramar sangre, y a vengarme por mi propia mano" (1 S. 25:32-33). Cuando Simei le pidió perdón a David por haberlo maldecido y lanzarle piedras, David fue pronto en extenderle misericordia, a pesar de la insistencia de sus oficiales de que el hombre merecía ser condenado a muerte (2 S. 19:22-23; cp. 16:5-6).

El perdón refleja la virtud humana más exaltada, porque irradia muy claramente el carácter de Dios. Una persona que perdona emula el carácter divino. Nada demuestra tanto el amor de Dios como su perdón. Una persona que no perdona es, por tanto, alguien carente de carácter piadoso y que no cuenta con el amor de Cristo, por ortodoxa que sea su teología o por impecable que parezca por fuera su moral. Un cristiano que no renuncia a una actitud odiosa y resentida hacia alguien que lo ha perjudicado es una persona que ni conoce la verdadera gloria de su humanidad redimida ni la verdadera gloria de la divinidad compasiva. Un cristiano que no perdona es una contradicción viva de su nueva naturaleza en Cristo. Es fundamental para el corazón de Dios perdonar, y solamente el cristiano que refleja perdón irradia verdadera bondad.

Teniendo en cuenta el perdón desde otra dirección, los cristianos tienen que perdonar porque ellos mismos necesitan perdón. Son niños espirituales y, al igual que todos los niños, son ignorantes, débiles, egoístas, desobedientes y con regularidad tienen necesidad de perdón tanto de parte de Dios como de otros cristianos. Perdonar es un asunto de concesiones mutuas en la vida.

Perdonar es, por tanto, la clave de la unidad espiritual en la iglesia, porque es la clave para amar y la clave para todas las necesidades significativas. Solamente el perdón puede destruir las barreras que el pecado erige de forma continua e inevitable entre las personas, incluso entre el pueblo de Dios. "La cordura del hombre detiene su furor, y su honra es pasar por alto la ofensa" (Pr. 19:11). Los cristianos muestran su mejor expresión cuando perdonan. Debido a que ellos mismos han sido perdonados en gran manera por Dios, más que nadie ellos deben perdonar a otros, en especial a los hermanos en la fe. Los cristianos son más como su Señor cuando se perdonan "unos a otros, como Dios también [los] perdonó… en Cristo" (Ef. 4:32). Pablo declaró la misma verdad a los colosenses, diciéndoles que se soporten y se perdonen unos a otros, "de la manera que Cristo [los] perdonó" (Col. 3:13). Ya que Cristo les perdonó todos sus pecados, los creyentes deben estar dispuestos y deseosos de perdonarse unos a otros en todo.

En esta parte final de su enseñanza acerca de que los creyentes sean como niños (Mt. 18), Jesús nos da una declaración poderosa y aleccionadora de la necesidad de que los creyentes sean perdonadores. Así como un individuo entra al reino y es considerado grande solo si se vuelve como un niño (vv. 3-4), y una vez dentro del reino debe ser protegido como a un niño (vv. 5-9), cuidado como a un niño (vv. 10-14), y disciplinado como a un niño (vv. 15-20), así también Jesús dice ahora que esta persona debe ser perdonada como a un niño. En los versículos 21-35 vemos primero la pregunta de Pedro en cuanto al perdón, y luego la enseñanza del Señor acerca del alcance del perdón para los creyentes, así como un ejemplo negativo de su deber de personarse unos a otros.

LA PREGUNTA EN CUANTO AL PERDÓN

Entonces se le acercó Pedro y le dijo: Señor, ¿cuántas veces perdonaré a mi hermano que peque contra mí? ¿Hasta siete? (18:21)

Pedro conocía la naturaleza humana y cuántas veces la gente debe perdonar, a menudo por el mismo agravio. Él entendía la tendencia humana de cometer un pecado, recibir perdón, y luego al poco tiempo cometer el mismo pecado o algún otro igual de malo.

En vista de la enseñanza de Jesús con relación a la disciplina en la iglesia, Pedro se preguntó cuántas veces los cristianos como cuerpo y como individuos estaban obligados a perdonar a sus hermanos en la fe que persistían en hacer lo malo. ¿Cuántas veces se les debe permitir arrepentirse y ser restaurados a la comunión?

Como se indicó en el capítulo anterior, la enseñanza de Jesús acerca de la disciplina incluye agravios tanto directos como indirectos. Los creyentes deben reprender a un hermano o una hermana que comete *cualquier* pecado. Y deben llevar al ofensor ante la congregación si eso se vuelve necesario porque todo pecado no solo se comete directamente contra Dios sino también directa o indirectamente contra la Iglesia y contra todo creyente individual. Jesús advirtió en otra ocasión: "Mirad por vosotros mismos. Si tu hermano pecare contra ti, repréndele; y si se arrepintiere, perdónale" (Lc. 17:3). Los mandamientos de reprender y perdonar cubren cualquier pecado que un hermano en la fe pueda cometer, no solo aquellos que comete directamente contra nosotros.

De modo admirable **Pedro** personalizó la enseñanza de Jesús, y la primera preocupación del discípulo en este momento fue acerca de su propia responsabilidad. Por tanto, preguntó: **Señor, ¿cuántas veces perdonaré a mi hermano que peque contra mí?**

A lo largo de su enseñanza del capítulo 18, Jesús estaba hablando acerca de creyentes, a quienes se refiere como a pequeños, niños, ovejas y hermanos (vv. 3-6, 10, 12, 14, 15). Por la referencia a **mi hermano,** está claro que Pedro también estaba pensando respecto a un creyente, representado por sí mismo, perdonando a otros creyentes.

Estamos muy agradecidos con Pedro por muchas cosas, una de las cuales fue su propensión a hacer preguntas. Él quería estar seguro de haber entendido lo que querían decir las palabras y las acciones de Jesús, y su mente inquisitiva suscitó mucha enseñanza maravillosa de parte del Señor. Dios bendice a quienes llegan con preguntas sinceras, porque bendice a aquellos que con sinceridad tratan de conocerlo y conocer su verdad. Dios dijo por medio de Jeremías: "Me buscaréis y me hallaréis, porque me buscaréis de todo vuestro corazón" (Jer. 29:13).

La pregunta de Pedro fue: "¿Tiene un límite el perdón? Supongamos que una persona que comete un agravio y se arrepiente debe ser perdonada y restaurada algunas veces. Sin embargo, ¿qué pasa si cae continuamente en pecado, una y otra vez? **¿Cuántas veces** la **perdonaré?**

Tal vez para demostrar lo magnánimo que creía ser, Pedro sugirió un límite de **siete veces,** que era más del doble de lo que permitía la tradición judía. Con el uso de referencias en el libro de Amós (véase 1:3, 6,9, 11, 13; cp. Job 33:29), los rabinos habían tomado una declaración repetida de Dios contra enemigos vecinos de Israel e hicieron una regla universal para limitar el perdón de Dios, y por extensión también el del hombre. Razonaron falsamente que si Dios perdona solo tres veces a los hombres, es innecesario y hasta presuntuoso que los hombres se perdonen más veces. Por ejemplo, el rabino Jose ben Hanina declaró: "El que pide perdón a su prójimo no debe hacerlo más de tres veces". El rabino Jose ben Jehuda manifestó: "Si un hombre comete un ultraje una vez, se le debe perdonar; si lo comete por segunda vez, se le debe perdonar; si comete un ultraje por tercera vez, se le debe perdonar; la cuarta vez, que no lo perdonen".

Por consiguiente, Pedro creyó que Jesús se impresionaría con la sugerencia al parecer generosa de **hasta siete veces.** En comparación con la tradición judía, eso *era* algo muy generoso, y sin duda se basaba en la comprensión cada vez mayor que Pedro tenía de la enseñanza y del ejemplo personal de compasión y misericordia que daba Jesús. Al darse cuenta de que la misericordia del Señor estaba en marcado contraste con el legalismo egocéntrico de los escribas y fariseos, Pedro duplicó el estrecho límite de ellos para perdonar, y agregó una vez más por si acaso.

EL ALCANCE DEL PERDÓN

Jesús le dijo: No te digo hasta siete, sino aun hasta setenta veces siete. (18:22)

Pedro aún estaba pensando igual que los escribas y fariseos, y como la naturaleza humana siempre está inclinada a pensar. Pensaba en los términos medibles y limitados de la ley, no en los términos incalculables e ilimitados de la gracia. La ley cuenta; la gracia no lo hace. Por tanto, **Jesús le dijo: No te digo hasta siete, sino aun hasta setenta veces siete.**

Jesús no estaba extendiendo el límite legal del perdón. No estaba hablando absolutamente de ley ni de límites. Al hablar de **setenta veces siete** no estaba refiriéndose a cuatrocientas noventa veces. Simplemente agarró el número de Pedro y lo multiplicó por sí mismo y después por diez, indicando una cantidad que en la práctica estaba más allá de toda cuenta. Mantener registros es algo que no debe considerarse, y un cristiano con un corazón perdonador no piensa nada al respecto. Perdona la centésima ofensa o la milésima con la misma facilidad y misericordia que la primera, porque esa es la manera en que es perdonado por Dios.

Tal vez Jesús tenía en mente la arrogante jactancia de Lamec, de que "si siete veces será vengado Caín, Lamec en verdad setenta veces siete lo será" (Gn. 4:24). La tendencia del hombre pecador es devolver mal por mal sin límite. La norma de Dios es exactamente lo contrario; Jesús dijo que debemos devolver bien por mal sin límite alguno.

Incluso el Señor advirtió en otra ocasión que si un hermano "siete veces al día pecare contra ti, y siete veces al día volviere a ti, diciendo: Me arrepiento; perdónale" (Lc. 17:4). Jesús no estaba estableciendo un límite diario, sino más bien todo lo contrario. Estaba hablando del pecado repetido y regular que se comete muchas veces al día, día tras día, y del correspondiente perdón reiterado. Él estaba diciendo que si un hermano en la fe peca contra nosotros todos los días setenta veces diarias, debemos estar listos y dispuestos a perdonarlo con la misma frecuencia. El cristiano fiel y piadoso nunca permitirá que su propio perdón sea superado por el pecado del hermano. Como un reflejo de la naturaleza de nuestro Padre celestial, donde abunda el pecado, también abunda su compasivo perdón (cp. Ro. 5:20).

En cuanto a ese grado paralelo de perdón, Pablo declaró el deber de los cristianos: "Sed benignos unos con otros, misericordiosos, perdonándoos unos a otros, como Dios también os perdonó a vosotros en Cristo" (Ef. 4:32). Al comentar sobre la rareza de tal misericordia entre los creyentes, John Wesley escribió: "Si este es el cristianismo, ¿dónde viven los cristianos?".

EL EJEMPLO DE PERDÓN

Por lo cual el reino de los cielos es semejante a un rey que quiso hacer cuentas con sus siervos. Y comenzando a hacer cuentas, le fue presentado uno que le debía diez mil talentos. A éste, como no pudo pagar, ordenó su señor venderle, y a su mujer e hijos, y todo lo que tenía, para que se le pagase la deuda. Entonces aquel siervo, postrado, le suplicaba, diciendo: Señor, ten paciencia conmigo, y yo te lo pagaré todo. El señor de aquel siervo, movido a misericordia, le soltó y le perdonó la deuda. Pero saliendo aquel siervo, halló a uno de sus consiervos, que le debía cien denarios; y asiendo de él, le ahogaba, diciendo: Págame lo que me debes. Entonces su consiervo, postrándose a sus pies, le rogaba diciendo:

Ten paciencia conmigo, y yo te lo pagaré todo. Mas él no quiso, sino fue y le echó en la cárcel, hasta que pagase la deuda. Viendo sus consiervos lo que pasaba, se entristecieron mucho, y fueron y refirieron a su señor todo lo que había pasado. Entonces, llamándole su señor, le dijo: Siervo malvado, toda aquella deuda te perdoné, porque me rogaste. ¿No debías tú también tener misericordia de tu consiervo, como yo tuve misericordia de ti? Entonces su señor, enojado, le entregó a los verdugos, hasta que pagase todo lo que le debía. Así también mi Padre celestial hará con vosotros si no perdonáis de todo corazón cada uno a su hermano sus ofensas. (18:23-35)

Esta parábola es tan severa que muchas personas sacan en conclusión que el principio que Jesús enseña por medio de ella no puede aplicarse a los creyentes. Pero así como a veces es necesario que un padre trate con dureza a un hijo que persiste en desobedecer, también a veces es necesario que el Señor trate con dureza a su familia desobediente. El escritor de Hebreos recordó a sus lectores lo que el Señor había enseñado a su pueblo casi mil años antes: "El Señor al que ama, disciplina, y azota a todo el que recibe por hijo" (He. 12:6; cp. Pr. 3:12). Algunos de los creyentes corintios se habían vuelto tan inmorales y faltos de arrepentimiento que Dios permitió que cayeran enfermos e incluso hizo que algunos murieran (1 Co. 11:30). Mató a Ananías y Safira por mentirle al Espíritu Santo (Hch. 5:1-10). El Señor a veces es estricto con sus hijos descarriados porque ese es a veces el único modo en que puede corregir la desobediencia en ellos y así proteger la pureza y santidad de su Iglesia.

Jesús presenta la parábola declarando específicamente que se trata del **reino de los cielos,** en cuya verdadera ciudadanía solo se incluyen creyentes. No solo eso, sino que **por lo cual** es que cuenta la parábola, es decir como una respuesta directa a la pregunta de Pedro con relación a perdonar a un hermano (v. 21), que a su vez fue una respuesta a la enseñanza del Señor acerca de la disciplina dentro de la Iglesia (vv. 15-20). Pedro mismo obviamente era un creyente, y su referencia a "mi hermano" indica otro creyente, en especial a la luz del hecho de que el capítulo 18 se centra en creyentes, "estos pequeños [del Señor] que creen en [Él]" (v. 6; cp. v. 10). Jesús está ejemplificando la necesidad de que los creyentes se perdonen unos a otros.

Según hemos visto en Mateo 13, gran parte de la enseñanza del Señor acerca del **reino de los cielos** fue dada en la forma de parábolas. En la parábola actual Jesús presenta la actitud de Dios, **un rey,** con relación al perdón de sus súbditos y entre ellos, los **siervos.** Los ciudadanos del reino de Dios también son niños en su familia celestial, y la parábola habla de Él tanto como Señor, representado por el **rey,** como Padre celestial (v. 35).

Siervos se utiliza aquí en el sentido más amplio de los que están en sumisión a un soberano, como estaban todos los súbditos de las antiguas monarquías, independientemente del rango o las riquezas que tuvieran. Todos los ciudadanos de un reino antiguo eran siervos en el sentido de que debían lealtad absoluta al **rey,** quien normalmente tenía poder de vida y muerte sobre ellos. En ese sentido los nobles eran tan **siervos** del rey como lo eran los sirvientes de más baja categoría. Tales extremos se sugieren en la parábola, indicando que sus verdades se aplican a todo creyente, es decir, todo ciudadano del **reino de los cielos.** El primer siervo era obviamente de alto rango y es probable que poseyera una considerable riqueza personal, mientras que el consiervo a quien se negó a perdonar la deuda tal vez era relativamente pobre.

Un rey solía nombrar gobernadores, o sátrapas, sobre las varias provincias de su reino, y la principal responsabilidad de ellos era recaudar impuestos a nombre del **rey.** Fue quizás con relación a tales impuestos que el **rey quiso hacer cuentas,** y el hombre **que le debía diez mil talentos** al rey probablemente era un funcionario recaudador de impuestos. En cualquier caso, se trataba de un individuo con gran responsabilidad que **debía** gran cantidad de dinero al rey.

La ocasión era tal vez la fecha regular y periódica que el rey había establecido para **hacer cuentas** con sus gobernadores. La idea de una rendición final de cuentas al final de la vida, como representación del juicio de Dios, no corresponde al modo en que por lo general un gobernante recaudaba impuestos de sus funcionarios. Tampoco encaja el hecho de que el hombre perdonado llevaba relaciones personales con otros hombres. La rendición de cuentas tal vez no representaba el juicio final de Dios porque, después que fuera juzgado, el hombre no habría tenido más oportunidad de perdonar ni de ser perdonado.

Así como "setenta veces siete" (v. 22) representa una cantidad ilimitada de tiempo, **diez mil talentos** representa una cantidad ilimitada de dinero. Puesto que los valores monetarios cambian tan ampliamente de un momento de la historia a otro, no es posible calcular con exactitud cuánto valdría una moneda determinada de una sociedad antigua en dinero actual. Además, ese no es necesariamente el punto. Sin embargo, los registros históricos ofrecen considerable luz sobre el inmenso valor que **diez mil talentos** habrían tenido en la época de Jesús.

Por documentos históricos de la época se ha determinado que el total de los ingresos anuales de Idumea, Judea, Samaria y Galilea recolectados por el gobierno romano eran aproximadamente novecientos talentos. En base a esas cifras, **diez mil talentos** ascendían a más de once años de impuestos de esas cuatro provincias. Por el Antiguo Testamento nos enteramos que la cantidad total de oro entregado para el uso en el templo era más de ocho mil talentos (1 Cr. 29:4, 7), y que "el peso del oro que Salomón tenía de renta cada año, era seiscientos sesenta y seis talentos de oro" (1 R. 10:14).

Aunque *murias* significa literalmente **diez mil,** debido a que era el mayor término numérico en el lenguaje griego, también se usaba en modo figurado para representar una cantidad enorme e incontable. En ese sentido tiene la misma connotación de la palabra *miríada* es español, que se deriva de ese término. Por tanto, *murias* a veces se traduce "innumerables" (1 Co. 4:15, LBLA, NBLH), "miles" (NBD, NVI, CST, PDT), "a millares" (BLP, BLPH), o "millones de millones" (Ap. 5:11). De ahí que el planteamiento de Jesús en esta parábola era que el hombre que debía al rey **diez mil talentos** tenía una deuda incalculable e impagable.

Esa deuda incalculable e impagable representa la deuda por el pecado que todo ser humano tiene con Dios. Cuando el Espíritu Santo convence de pecado a alguien (Jn. 16:8), esa persona se enfrenta con la realidad de que la extensión de su pecado está más allá de toda comprensión y que es humanamente impagable. Al igual que Pablo cuando vio su pecado a la clara luz de la ley de Dios, todo pecador convicto tiene un destello de la pecaminosidad total del pecado (Ro. 7:13). Tal destello es el que Job tuvo de sí mismo y que lo llevó a arrepentirse "en polvo y cenizas" (Job 42:6), y es el destello que Esdras tuvo de sí mismo y de sus compatriotas israelitas que le hizo orar: "Dios mío, confuso y avergonzado estoy para levantar, oh Dios mío, mi rostro a ti, porque nuestras iniquidades se han multiplicado sobre nuestra cabeza, y nuestros delitos han crecido hasta el cielo" (Esd. 9:6).

La vida es una administración de Dios que debe usarse para su gloria. Los incrédulos toman la vida de Dios, y en lugar de devolvérsela sabiamente invertida para su gloria y para hacer lo que en su mayor parte solía llamarse "privilegio del evangelio", la derrochan en sí mismos. Son como el hijo pródigo y el siervo que enterró su talento, que a ambos utilizó Dios para ejemplificar el "privilegio del evangelio" desperdiciado.

Sin importar cuánto daño hace un pecado a otras personas, es antes que nada un agravio contra Dios. En su gran salmo penitencial, David exclamó: "Contra ti, contra ti solo he pecado, y he hecho lo malo delante de tus ojos" (Sal. 51:4). Todo pecado cometido se comete contra Dios. Y todo pecado se comete delante de sus ojos, con tanta seguridad como si fuera cometido, de ser posible, delante de su mismo trono en el cielo.

Uno entonces representa aquí al incrédulo que ha recibido el conocimiento de Dios (Ro. 1:18ss.), la vida de Dios (Hch. 17:25), y la oportunidad de dar a Dios lo que se le debe (cp. Ro. 11:36; Col. 1:16), pero que desperdicia en pecado la propiedad de Dios.

Debido a que el hombre en la parábola de Jesús **no pudo pagar, ordenó su señor venderle, y a su mujer e hijos, y todo lo que tenía, para que se le pagase la deuda.** El hombre no solo malversó lo que le pertenecía al rey sino que lo consumió en sí mismo hasta no quedar nada. ¡Ese es el estado del pecador en quiebra! El medio **para que se le pagase** era el producto de la venta de su familia en servidumbre, y la amortización de todas sus pertenencias personales no habría pagado una fracción de **la deuda,** pero fue exigida a título de castigo y así el rey al menos podría conseguir una parte de lo que se le adeudaba.

Así como la cantidad impagable de dinero en la parábola es un símbolo de la deuda impagable del hombre por el pecado, el castigo mencionado aquí nos hace pensar en el infierno, donde seres humanos condenados pagarán eternamente por lo impagable. La gloria que el hombre le roba a Dios no puede pagarla el hombre, y por tanto incluso después de pasar un eón en el infierno, una persona no estaría más cerca de pagar su deuda y ser apta para el cielo que cuando entró. La bancarrota espiritual total de todo hijo de Adán le hace imposible pagar la deuda ilimitada en que ha incurrido a causa de su pecado.

Según las normas de esa época el rey en la parábola había sido muy bueno tan solo por no haber exigido que le rindieran cuentas antes. En una manera infinitamente mayor, Dios es misericordioso para con el más endurecido pecador al permitirle simplemente continuar viviendo. La vida misma es un gran regalo de misericordia divina.

Pero llegará el día, y a menudo muchos días, en que todo ser humano enfrente al Rey para rendir cuentas por lo que está haciendo con su vida. Esta no es una ilustración de un día de juicio final sino de un tiempo de convicción en que los seres humanos enfrentarán su pecado y la necesidad de salvación. Describe los momentos en que les predican el evangelio, les leen las Escrituras, o les brindan un testimonio personal. Se enfrentan con la realidad de que tienen que rendir cuentas a Dios por la vida pecaminosa que han llevado.

Al darse cuenta de su culpa inexcusable y al sentir la bondad del rey, **entonces aquel siervo, postrado** delante del monarca, **le suplicaba.** Que cayera al suelo postrándose fue más que el común homenaje dado a un soberano. Fue un acto de sumisión total, de echarse por completo en manos de la misericordia del rey. El hombre era culpable y estaba condenado, devastado y auténticamente arrepentido. No tenía defensa ni ofreció ninguna.

De la misma manera, el pecador confrontado por el Espíritu Santo con el evangelio y la convicción de su pecado debía reconocer que es culpable y está condenado delante de Dios. Y de igual modo su única esperanza es humillarse, confesar su pecado, y arrojarse a la misericordia de Dios en Jesucristo. Todo pecador debería estar abrumado por su pecado igual que ese hombre estaba abrumado por su deuda. La actitud que todo pecador debería tener es la del publicano que "no quería ni aun alzar los ojos al cielo, sino que se golpeaba el pecho, diciendo: Dios, sé propicio a mí, pecador" (Lc. 18:13). Las Bienaventuranzas (Mt. 5:3-12) expresan la actitud contrita de este pecador arrepentido, quien en bancarrota espiritual llora por su pecado y clama a gritos la justicia de la salvación.

Mientras el hombre yacía quebrantado a los pies del rey no se daba cuenta de que nunca podía haber pagado la deuda por mucho tiempo que pasara esforzándose trabajando. Pero su terrible situación lo llevó a suplicar con desesperación: **Señor, ten paciencia conmigo,** y a continuación la promesa poco realista: **Y yo te lo pagaré todo.** Por imposible como era la perspectiva, él sin embargo suplicó que le diera una oportunidad de cancelar la deuda. El entendimiento que tenía era erróneo, pero su actitud era correcta.

Al ser condenadas por primera vez por su pecado, las personas a menudo tienden a hacer promesas a Dios similares a la que el hombre le hizo al rey. Una persona bajo convicción a veces dirá: "Debo enmendar mi vida y ser alguien mejor. Debo dar vuelta hacia una nueva página, hacer algunas resoluciones, y reformarme". Este individuo reconoce su pecado, y con sinceridad quiere enmendar, pero sin comprender que no puede hacerlo.

Al comentar sobre el siervo en esta parábola, Martín Lutero escribió:

> Antes que el rey lo llamara a rendir cuentas, el hombre no tenía conciencia, no sentía la deuda, habría ido muy lejos, se habría endeudado más, y no le hubiera importado nada. Pero ahora que el rey le pide cuentas empieza a sentir la deuda. Así pasa con nosotros. A la mayor parte no le preocupa su pecado, sigue inconmovible sin ningún temor por la ira de Dios. Tales personas no pueden acceder al perdón del pecado porque no llegan a comprender que tienen pecados. En realidad, afirman con la boca que tienen pecado, pero si son serios al respecto hablarían de otra manera. Antes que el rey le pida cuentas, este siervo también dice: le debo mucho mi señor, es decir diez mil talentos… Pero ahora que el juicio final se lleva a cabo, y que su señor ordena que vendan a su esposa, sus hijos, y todas sus posesiones, ahora siente el juicio. Así también nos

sentimos de veras cuando nuestros pecados son revelados en el corazón, cuando el registro de nuestras deudas se encuentra delante de nosotros... Entonces exclamamos: Soy el ser humano más miserable, ¡no existe nadie tan desafortunado como yo en la tierra! Tal conocimiento hace realmente humilde a un hombre, y motiva la contrición, de modo que el individuo pueda llegar al perdón de sus pecados.

El rey bien sabía que a pesar de las buenas intenciones del siervo, este nunca podría cumplir lo que prometió; pero no lo reprendió por este ofrecimiento insensato y sin ningún valor. Al contrario, **el señor de aquel siervo, movido a misericordia, le soltó y le perdonó la deuda.**

Esta es una extraordinaria ilustración del amor compasivo de Dios por el pecador auténticamente arrepentido que se arroja sobre la misericordia divina. El hombre solo pidió paciencia para poder tratar de pagarle al rey, pero en lugar de eso el monarca **le soltó y le perdonó la deuda.** Eso es lo que Dios hace con la deuda de pecado de quienes vienen a Él en arrepentimiento humilde y sincero.

Debemos señalar que esta parábola no tiene la intención de presentar todo aspecto de la salvación. Es evidente que ni la persona ni la obra de Cristo, así como tampoco la esencia de la fe salvadora, se representan en esa obra. El propósito de nuestro Señor aquí fue ilustrar el asunto del perdón entre creyentes, y la historia se limita a esa idea. Simplemente representa a un hombre con una deuda impagable que busca misericordia y la recibe en abundancia.

Daneion (**deuda**) literalmente significa "préstamo", lo que sugiere que en su compasión el rey consideró como préstamo la malversada fortuna, y entonces se la **perdonó.** De modo aún más misericordioso, Dios perdona al pecador que confiesa su pecado y confía en Jesucristo. El momento en que una persona reconoce la maldad de su pecado y se vuelve hacia el único Salvador del pecado, la montaña de deuda que ha tenido con Dios es pagada por completo y para siempre.

No fue hasta que el hijo pródigo llegó al fondo absoluto de la vida que se enfrentó a su malvada insensatez. Había abandonado a su padre y su familia, llevando una vida totalmente egoísta y depravada en una tierra extranjera y pagana. Y cuando se le acabó el dinero, también desaparecieron su elevado nivel de vida y sus supuestos amigos. El único trabajo que pudo encontrar fue el más degradante que un judío podía concebir: alimentar cerdos. Estando en la pocilga el pródigo "volvió en sí" y se dijo: "¡Cuántos jornaleros en casa de mi padre tienen abundancia de pan, y yo aquí perezco de hambre! Me levantaré e iré a mi padre, y le diré: Padre, he pecado contra el cielo y contra ti. Ya no soy digno de ser llamado tu hijo; hazme como a uno de tus jornaleros". Pero aun antes que el hijo pronunciara tales palabras, "cuando aún estaba lejos, lo vio su padre, y fue movido a misericordia, y corrió, y se echó sobre su cuello, y le besó". El padre no lo regañó ni lo reprendió, ni aceptó el ofrecimiento del hijo de ser solo un jornalero. Más bien "dijo a sus siervos: Sacad el mejor vestido, y vestidle; y poned un anillo en su mano, y calzado en sus pies. Y traed el becerro gordo y matadlo, y comamos y hagamos fiesta; porque este mi hijo muerto era, y ha revivido; se había perdido, y es hallado" (Lc. 15:11-24).

Un comentarista sugiere que cuando el padre corrió a recibir a su hijo debió haber tenido que recoger su larga túnica debajo de los brazos y por ende dejar ver su ropa interior, una gran vergüenza para un hombre mayor y digno de esa época. Pero la única preocupación del padre era reunirse con su amado hijo a quien nunca había dado por muerto.

En una manera infinitamente mayor Dios permitió ser humillado cuando vino a la tierra y "se despojó a sí mismo, tomando forma de siervo" (Fil. 2:7). Con el fin de redimir para sí mismo a seres humanos caídos, de manera voluntaria y amorosa "sufrió la cruz, menospreciando el oprobio" (He. 12:2).

Lo que sucedió a continuación en la parábola parece inconcebible… hasta que en varias maneras nos damos cuenta de que cada uno de nosotros es culpable de hacer lo que hizo ese súbdito perdonado. Una vez que salió **aquel siervo, halló a uno de sus consiervos, que le debía cien denarios; y asiendo de él, le ahogaba, diciendo: Págame lo que me debes.**

La insinuación es que lo primero que el siervo perdonado hizo después que salió de la presencia del rey fue ir a buscar a **uno de sus consiervos que le debía** un poco de dinero y exigirle con violencia el pago de una miseria en comparación con la enorme cantidad que a él mismo se le acababa de perdonar.

El segundo hombre al que se describe como **uno de sus consiervos** sugiere que representa a un hermano en la fe, y que el principio que Jesús enseña aquí se relaciona principalmente con el trato de los creyentes entre sí. Aunque los cristianos deben perdonar a todo el mundo, en especial deben perdonarse unos a otros, porque son **consiervos** que sirven al mismo Rey.

Cien denarios representaban el salario de cien días para un trabajador común en tiempos del Nuevo Testamento, una suma ínfima en comparación de la cantidad de diez mil talentos, la cual como ya se indicó equivalía como a once años de impuestos romanos de las provincias de Idumea, Judea, Samaria y Galilea juntas.

A pesar de que la segunda deuda era muy pequeña en comparación con la primera; no obstante, era una deuda real y representa un agravio verdadero cometido por un creyente contra otro creyente. Si la ofensa no fuera real, no necesitaría perdón. Jesús no estaba enseñando que los pecados contra hermanos en la fe o contra alguien más eran insignificantes, sino que son ínfimos en comparación con los agravios que cada uno de nosotros ha cometido contra Dios, y por los cuales Él nos ha perdonado sin reservas y completamente.

El poder de la carne pecadora que permanece en un creyente transformado se ve en la dureza de corazón del primer siervo en contra de su consiervo, quien quizás era un funcionario de baja categoría responsable por recaudar impuestos de alguna aldea pequeña dentro de la provincia gobernada por el primer siervo. Aun así, el primer hombre estaba mucho más apartado del rey en categoría de lo que estaba del consiervo, y la cantidad adeudada que el rey le había perdonado era inmensamente superior a la cantidad que se negó a perdonar a su consiervo. Esos dos sucesos debieron haber hecho al hombre no solo especialmente agradecido sino también especialmente piadoso. El sujeto debió haber ido a buscar a su consiervo para perdonarlo en lugar de condenarlo. Sin embargo, no existe indicio de que su propia experiencia de compasión lo hubiera hecho agradecido, y está claro que no lo hizo misericordioso. Al contrario, el individuo se volvió orgulloso, presuntuoso y duro de corazón.

Por desgracia, como cristianos a veces reflejamos igual arrogancia e insensibilidad. A pesar de que se nos ha perdonado por completo y para siempre de todos nuestros agravios delante de Dios en base a la gracia divina, a menudo actuamos como si fuéramos perdonados en base a nuestro propio mérito. Podríamos incluso menospreciar a nuestros hermanos y hermanas en Cristo con desprecio y con sentido de superioridad.

En lugar de ser un reflejo de la compasión del rey, el primer siervo se enojó ante la idea de que a él mismo le debieran algún dinero. Cuando se encontró con su deudor, **asiendo de él, le ahogaba, diciendo: Págame lo que me debes.** Según antiguos escritores romanos, no era algo raro para un acreedor agarrara por el cuello a un deudor hasta hacerlo sangrar por la nariz.

Este tipo de comportamiento parece impensable e incluso extraño, y es difícil creer que alguien pudiera actuar de ese modo. Ese es exactamente el argumento del Señor para Pedro y los demás discípulos. Que los cristianos no estén dispuestos a perdonarse unos a otros es impensable y extraño.

La naturaleza autoengañosa de la carne es tal que a veces la ira y la venganza sobrepasan incluso a la codicia, y la terquedad ensombrece incluso el interés personal. A alguien que se le estrangula o se le golpea salvajemente, por no mencionar que se le encarcela, se le ha puesto en pésima situación para ganar dinero a fin de pagar una deuda. Aun desde un punto de vista puramente práctico, tales métodos de cobrar deudas son insensatos y contraproducentes, pero han persistido a lo largo de la historia incluso hasta tiempos modernos.

El funcionario subordinado hizo su súplica exactamente con las mismas palabras que su acreedor había usado delante del rey: **Ten paciencia conmigo, y yo te lo pagaré todo** (cp. v. 26). Tal respuesta debería haber impactado la memoria del siervo perdonado para que contestara de modo correcto, pero esas conocidas palabras no evocaron en él ninguna reacción compasiva, a pesar de que la deuda que le habían perdonado habría sido impagable en toda la vida, mientras que la deuda contraída con él era pagable con pocos meses de trabajo.

Con dureza inimaginable, el siervo perdonado **no quiso** perdonar a su subordinado, **sino** que **fue y le echó en la cárcel, hasta que pagase la deuda.** Hasta exigir un pago después que a él mismo le habían perdonado tanto representaba una insensibilidad flagrante; maltratar y encarcelar a su deudor por no pagarle tan poco fue, en palabras de un comentarista, una "monstruosidad moral", por no hablar de majadería, porque estando en la cárcel el hombre no podía ganar dinero para pagarle la deuda. Tal falta de perdón no solo es moralmente impensable y rara sino también irracional.

Sin embargo, como clarifican la Biblia y la experiencia personal, esa es la manera en que a veces los cristianos se tratan entre sí. La parábola es una descripción poco favorecedora de la carne pecaminosa que aún reside en todo creyente y que ha ocasionado gran conflicto y perjuicio dentro de la Iglesia desde su nacimiento.

La iglesia en Corinto no fue un modelo entre las primeras congregaciones, sino que muestra con claridad los extremos a los cuales la carne puede llevar a quienes pertenecen a Cristo y poseen la propia naturaleza y el Espíritu del Señor. Al consumir su propia comida durante la Cena del Señor, no dejando nada y avergonzando a los que nada tenían, los miembros más ricos allí no mostraban ninguna sensibilidad por los hermanos más pobres (1 Co. 11:22). Además, en lugar de resolver sus diferencias entre ellos mismos, unos a otros se llevaban ante tribunales paganos (6:1).

Pablo dio instrucciones a Tito de recordar a los creyentes bajo su cuidado: "Que a nadie difamen, que no sean pendencieros, sino amables, mostrando toda mansedumbre para con todos los hombres". Y a continuación ofrece la razón de que Dios ordene tales virtudes a sus hijos:

Porque nosotros también éramos en otro tiempo insensatos, rebeldes, extraviados, esclavos de concupiscencias y deleites diversos, viviendo en malicia y envidia, aborrecibles, y aborreciéndonos unos a otros. Pero cuando se manifestó la bondad de Dios nuestro Salvador, y su amor para con los hombres, nos salvó, no por obras de justicia que nosotros hubiéramos hecho, sino por su misericordia, por el lavamiento de la regeneración y por la renovación en el Espíritu Santo, el cual derramó en nosotros abundantemente por Jesucristo nuestro Salvador, para que justificados por su gracia, viniésemos a ser herederos conforme a la esperanza de la vida eterna (Tit. 3:2-7).

La enseñanza de Jesús en la parábola es la misma de Pablo aquí: Al reflejar el amor y la compasión de su Padre celestial, aquellos cuyos incalculables pecados han sido perdonados por Dios en forma compasiva, total y permanente, deben actuar como los hijos y herederos del Señor en que se han convertido. Deben ser "benignos unos con otros, misericordiosos, [perdonándose] unos a otros, como Dios también" los perdonó "en Cristo" (Ef. 4:32).

Los creyentes aún tienen la capacidad de ceder a los caminos pecaminosos y malévolos de su humanidad no redimida; sin embargo, Pablo declara: "Así también vosotros consideraos muertos al pecado, pero vivos para Dios en Cristo Jesús, Señor nuestro. No reine, pues, el pecado en vuestro cuerpo mortal, de modo que lo obedezcáis en sus concupiscencias" (Ro. 6:11-12).

Como sabían de la gran deuda que el rey había perdonado al primer siervo y del posterior trato que le dio al siervo endeudado, actuando como si tuviera derecho de ser menos piadoso y compasivo que su soberano, los **consiervos** con toda la razón se indignaron porque este hombre en realidad se había puesto por encima del rey. Por eso, cuando vieron **lo que pasaba, se entristecieron mucho, y fueron y refirieron a su señor todo lo que había pasado.**

Los cristianos deberíamos entristecernos cuando un hermano en la fe no perdona, porque su dureza de corazón no solo tiende a profundizar más al ofensor en el pecado, sino que también provoca discordia y división dentro de la iglesia, empaña su testimonio delante del mundo, y entristece profundamente al Señor mismo.

Los otros consiervos fueron hasta donde el rey con la horrible historia, esperando que se tomara la acción adecuada contra el acreedor implacable. Esta característica de la parábola constituye una interesante perspectiva de la responsabilidad del creyente no solo de seguir los pasos de disciplinar a un hermano pecador, sino de hacer al Señor mismo la petición de que actúe en disciplinar y purgar al pecador e inmisericorde hijo de Dios.

Como era de esperarse, el rey se enfureció al enterarse de la noticia, **entonces, llamándole su señor, le dijo: Siervo malvado, toda aquella deuda te perdoné,**

porque me rogaste. ¿No debías tú también tener misericordia de tu consiervo, como yo tuve misericordia de ti?

Cuando un cristiano permite que el pecado restante controle una actitud o acción, está siendo **malvado** porque el pecado siempre es pecado, sea cometido por un creyente o por un incrédulo. El pecado de no perdonar es en algunas maneras más **malvado** en un creyente porque este tiene inmensamente mayor motivación y poder para perdonar que una persona que nunca ha experimentado la gracia redentora de Dios. ¿Cómo puede un individuo aceptar la misericordia divina para todos sus pecados, una deuda impagable, y luego no perdonar algún agravio pequeño que hayan cometido en su contra?

No es que el rey esperara que el primer siervo diera a su subordinado una oportunidad de pagar la deuda, sino que esperaba que tuviera **misericordia de** su **consiervo** y le perdonara totalmente la deuda, tal **como** el rey había tenido **misericordia** del siervo y le había perdonado la deuda por completo. Una vez más, el principio de Efesios 4:32 es directamente similar.

Entonces su señor, enojado, le entregó a los verdugos, hasta que pagase todo lo que le debía. En la primera ocasión, la petición de paciencia del primer siervo había movido al rey a la compasión y el perdón. Ahora la negativa del hombre a perdonar a su consiervo provocó que el rey estuviera muy **enojado.**

Debido a que es un Dios santo y justo, siempre se enoja contra el pecado, incluso el pecado de sus hijos. Pablo expresó algo de este tipo de ira justa hacia miembros no arrepentidos de la iglesia en Corinto, cuando expresó que si seguían en pecado iban a hacer que él fuera a ellos con una vara (1 Co. 4:21).

Dios siente indignación santa siempre que un cristiano peca (cp. Sal. 6; Hch. 5:1-10). Como castigo por su pecado, el siervo implacable fue entregado **a los verdugos** (o más bien torturadores), **hasta que pagase todo lo que debía,** es decir hasta que tuviera un cambio de corazón y perdonara a su hermano ofensor, razón por la cual el rey quería que **pagase.** Lord Herbert declaró en cierta ocasión: "El que no puede perdonar a otros rompe el puente sobre el cual él mismo debe pasar".

Algunos comentaristas sostienen que el primer siervo tuvo que volver a cargar con la deuda que se le había perdonado y que, por tanto, quedó obligado otra vez a cancelarla toda. Pero esa interpretación complica por completo la parábola, pues hace de la salvación algo temporal, o del perdón algo condicional al comportamiento posterior de la persona perdonada. Ambos puntos de vista no son aceptables. Además, se dijo que la deuda original era impagable y que el hombre seguía sin tener recursos, así que no tendría sentido volver a asignarle la deuda con la disposición de que debía pagarla en su totalidad. Es mucho mejor ver el pago simplemente como el deber propio que un creyente tiene para con el Señor. En este caso significaría perdonar cualquier agravio al hermano.

Dios no disciplina a sus hijos por odio sino por amor. "El Señor al que ama, disciplina, y azota a todo el que recibe por hijo" (He. 12:6). No disciplina a sus hijos para alejarlos sino para atraerlos otra vez hacia sí mismo y hacia su justicia. Él nos disciplina "para lo que nos es provechoso, para que participemos de su santidad" (v. 10). Todo cristiano siente el azote del Señor en algún momento u otro, porque cada uno merece la disciplina divina de vez en cuando. Por naturaleza "ninguna disciplina al presente parece ser causa de gozo, sino de tristeza; pero después da fruto apacible de justicia a los que en ella han sido ejercitados" (v. 11).

Cuando los creyentes se olvidan del propio perdón que Dios les ha otorgado y se niegan a extender perdón humano a hermanos creyentes, el Señor los lleva ante **verdugos** (la palabra puede referirse a inquisidores) como estrés, dificultades, presiones u otros problemas hasta que el pecado sea confesado y se conceda el perdón. Santiago nos recuerda que "juicio sin misericordia se hará con aquel que no hiciere misericordia; y la misericordia triunfa sobre el juicio" (Stg. 2:13).

Eso es lo que Jesús declaró de modo inequívoco como el propósito de la parábola: **Así también mi Padre celestial hará con vosotros si no perdonáis de todo corazón cada uno a su hermano sus ofensas.** El creyente implacable (**vosotros**) satisfará a Dios solo al ofrecer su propio perdón a quienes han pecado contra él, más específicamente a **su hermano** en Cristo.

Jesús no está hablando aquí del perdón que produce salvación, afirmando que Dios solo salva a quienes son misericordiosos. Eso equivaldría a obras de justicia. Él está hablando de personas que se perdonan unas a otras después que han experimentado la gracia gratuita del Señor. Aquellos que son salvos, transformados, a quienes se les ha dado una naturaleza nueva en Cristo, y que tienen el Espíritu Santo morando en ellos, por lo general manifestarán ese cambio de vida teniendo una actitud compasiva (véase Mt. 6:14-15). Pero habrá ocasiones en que caemos en el pecado de la falta de perdón, y esta enseñanza es para esos tiempos.

Como ya se ha mencionado, si el primer hombre no representa a un cristiano, una persona a quien Dios le ha perdonado la incalculable deuda del pecado, la enseñanza en el contexto de la parábola se destruye por completo. Jesús estaba hablándoles a los doce, que no solo eran creyentes sino apóstoles. Todos los creyentes, cualesquiera que sean sus posiciones o logros que hayan alcanzado en la iglesia, son responsables de perdonar todo agravio cometido contra ellos por hermanos en la fe, por la misma razón que a ellos mismos ya Dios les ha perdonado una deuda incalculable. Es de esperar que sean un *reflejo* del perdón porque han *experimentado* el perdón de Dios.

Los creyentes experimentan dos tipos de perdón por parte de Dios. El primero es uno solo y para siempre, y es permanente. Cuando una persona confía en Jesucristo como Salvador y Señor, todos sus pecados —pasados, presentes y futuros— son legalmente perdonados de manera total y eterna. Pero debido a que los creyentes aún están sometidos a las tentaciones y debilidades de la carne, caen en pecado aun después de ser salvos. Para ese pecado necesitan todos los días perdón y limpieza de parte de Dios, no para preservarles la salvación sino para restaurar la relación rota con el Señor que el pecado ocasiona. Jesús tenía en mente estos dos aspectos del perdón cuando declaró. "El que está lavado, no necesita sino lavarse los pies, pues está todo limpio; y vosotros limpios estáis" (Jn. 13:10).

El perdón mutuo entre creyentes no tiene poder para absolver o limpiar el pecado, como lo tiene el perdón de Dios que los ha absuelto y sigue limpiándoles los pecados, Sin embargo, el perdón que reciben unos de otros debe reflejar los dos tipos de perdón que reciben de Dios. Deben tener en sus corazones un espíritu interno y general de perdón listo a perdonar incluso antes de enterarse de un pecado cometido contra ellos, sea que el agresor haya pedido perdón o no. Ese perdón debe ser constante e inalterable, pues refleja un amor divinamente facultado del que Pedro afirma que "cubrirá multitud de pecados" (1 P. 4:8). Siempre y cuando la persona que ofende se arrepienta, el perdón de relación se da con facilidad y la relación rota se restaura por completo.

Los cristianos deben caracterizarse por ser perdonadores, ya que han sido perdonados como nadie más en la tierra. Cuando no perdonan están viviendo en oposición a su nueva naturaleza en Cristo. Cuando se niegan a perdonar a cristianos en la fe se aíslan del perdón relacional de Dios que los limpia de los pecados que siguen cometiendo. También pierden la paz y el poder interior, y la vida espiritual profunda que solo una íntima comunión con el Señor puede producir. Cuando un creyente cae en un tiempo de escasa profundidad espiritual y de indiferencia, a menudo la causa es un corazón que no perdona porque ha permitido que la carne se coloque de inmediato en primer plano.

Un santo anónimo de la antigüedad escribió:

> Efectivamente la venganza a menudo parece dulce a los hombres; sin embargo, oh, solo es veneno azucarado, solo es una bilis endulzada, y el sabor que deja es amargo como el averno. Un amor que perdona y soporta completamente es compasivo y maravilloso; disfruta la paz y la conciencia del favor de Dios. Al perdonar, la herida se desprende y es aniquilada. Quien perdona trata al ofensor como si no lo hubiera agraviado, y, por tanto, ya no siente el dolor y el ardor que se le había infligido. El perdón es un escudo en el cual sin causar daño rebotan todos los dardos de fuego del maligno. El perdón trae el cielo a la tierra, y la paz del cielo al corazón pecaminoso. El perdón es la imagen de Dios, el Padre perdonador, y un adelanto del reino de Cristo en el mundo.

Jesús enseñó: "Bienaventurados los misericordiosos, porque ellos alcanzarán misericordia" (Mt. 5:7). Si queremos misericordia y limpieza de parte del Señor por nuestros pecados reiterados contra Él, debemos estar dispuestos **de todo corazón** a ofrecer misericordia a hermanos cristianos incluso por agravios reiterados contra nosotros. Entonces podremos orar con confianza: "Perdónanos nuestras deudas, como también nosotros perdonamos a nuestros deudores" (Mt. 6:12).

El perdón auténtico que es **de todo corazón** es perdón confiado, perdón que ve al hermano ofensor tal como estaba antes de pecar. Si perdonamos de veras a una persona confiamos en ella igual que confiábamos antes. No debemos mantener la ofensa sobre la cabeza del ofensor, o ni siquiera en nuestras mentes, pensando en la probabilidad de que vuelva a pecar.

A pesar de que el pecado contra Dios, contra la Iglesia, y contra un hermano en Cristo puede producir dolor y sufrimiento de larga duración, y a veces hasta pérdida permanente de una intimidad alguna vez apreciada, el camino de la restauración total puede estar pavimentado con generosidad y confianza. Por ejemplo, confiarle a una persona perdonada algo que es querido e importante para nosotros es tal vez la evidencia más segura de que el perdón es auténticamente **de todo corazón.** Si el agravio fue hurto, al ofensor puede volver a confiársele algo valioso. Si el agravio fue irresponsabilidad, a la persona puede dársele otro trabajo de importancia para que lo realice. Incluso si la ofensa fue calumnia, podemos volver a confiar nuestra reputación al ofensor, y que este llegue a convertirse en amigo nuestro totalmente amado y de confianza.

Perdonar no necesariamente es olvidar. Aunque la persona que perdona de veras se negará a pensar de modo obsesivo en una ofensa, existen a veces recordatorios continuos del agravio que no pueden controlarse. Tampoco el perdón implica dispensar el agravio pecaminoso. El pecado siempre es pecado, y el amor auténtico y la verdadera misericordia nunca tratan de hacer del pecado algo que no es. Pero el perdón sí implica dar fin a la amargura, a la ira, y al resentimiento que no solamente no borran un pecado, sino que más bien lo incrementan.

El perdón de **corazón** no es posible para el creyente en su propio poder. El perdón auténtico no es natural sino sobrenatural, y es posible únicamente cuando estamos fortalecidos por el poder del Espíritu Santo que mora dentro de nosotros. Solo cuando "andamos por el Espíritu" es posible no satisfacer "los deseos de la carne", lo cual entre otras cosas es guardar rencor en lugar de perdonar. "Porque el deseo de la carne es contra el Espíritu, y el del Espíritu es contra la carne; y éstos se oponen entre sí, para que no hagáis lo que quisiereis" (Gá. 5:16-17).

El gran comentarista William Arnot contó el siguiente relato para ilustrar cómo los creyentes pueden obedecer el mandamiento de perdonarse unos a otros. Después de vadear un río, un viajero en Birmania descubrió que su cuerpo estaba cubierto con pequeñas sanguijuelas que le chupaban afanosamente la sangre. Su primer impulso fue arrancarlas, pero su criado le advirtió que no lo hiciera, explicándole que hacer eso dejaría parte de las sanguijuelas clavadas en la piel y le ocasionaría una grave infección. El nativo preparó un baño caliente para el hombre y le añadió ciertas hierbas al agua que irritaron pero no mataron a las sanguijuelas. Una por una se fueron desprendiendo voluntariamente. Arnot siguió explicando: "Cada herida que causa el agravio en el corazón es como una sanguijuela que chupa la sangre vital. La simple determinación humana de terminar con esto no echará fuera la maldad. Debemos bañar todo nuestro ser en la misericordia perdonadora de Dios, y al instante esas criaturas venenosas se desprenderán".

Cuando alguien dice o hace contra nosotros algo que parece imperdonable es provechoso ofrecer una oración como esta: "Oh Dios, pon en mí un corazón perdonador, de tal manera que pueda comunicarme contigo en la plenitud de la comunión y el gozo, y no experimentar el castigo que viene cuando no me perdonas porque no he perdonado a un hermano o una hermana en Cristo. Que yo recuerde que por cada persona que peca contra mí, yo he pecado muchas veces multiplicadas contra ti, y que siempre me has perdonado. En ningún momento, alguno de mis pecados ha hecho que yo pierda la vida eterna; por tanto, el pecado de ninguna persona debería ocasionar que mi amor y misericordia hacia ella se pierda".

La enseñanza de Jesús sobre el divorcio

103

Aconteció que cuando Jesús terminó estas palabras, se alejó de Galilea, y fue a las regiones de Judea al otro lado del Jordán. Y le siguieron grandes multitudes, y los sanó allí. Entonces vinieron a él los fariseos, tentándole y diciéndole: ¿Es lícito al hombre repudiar a su mujer por cualquier causa? Él, respondiendo, les dijo: ¿No habéis leído que el que los hizo al principio, varón y hembra los hizo, y dijo: Por esto el hombre dejará padre y madre, y se unirá a su mujer, y los dos serán una sola carne? Así que no son ya más dos, sino una sola carne; por tanto, lo que Dios juntó, no lo separe el hombre. Le dijeron: ¿Por qué, pues, mandó Moisés dar carta de divorcio, y repudiarla? Él les dijo: Por la dureza de vuestro corazón Moisés os permitió repudiar a vuestras mujeres; mas al principio no fue así. Y yo os digo que cualquiera que repudia a su mujer, salvo por causa de fornicación, y se casa con otra, adultera; y el que se casa con la repudiada, adultera. Le dijeron sus discípulos: Si así es la condición del hombre con su mujer, no conviene casarse. Entonces él les dijo: No todos son capaces de recibir esto, sino aquellos a quienes es dado. Pues hay eunucos que nacieron así del vientre de su madre, y hay eunucos que son hechos eunucos por los hombres, y hay eunucos que a sí mismos se hicieron eunucos por causa del reino de los cielos. El que sea capaz de recibir esto, que lo reciba. (19:1-12)

Algunos años atrás un periodista de una revista nacional de noticias preguntó de manera retórica: "¿Existe alguna persona en el país que no haya oído a un amigo, a un hijo, o a un padre describir la agonía del divorcio?". El divorcio se ha convertido en una pandemia, hasta el punto en que difícilmente puede encontrarse una persona a la que no la haya afectado de manera directa o indirecta. Muchos matrimonios, incluso una triste cantidad de ellos cristianos, parecen ser poco más que un campo de batalla socialmente reconocido donde la guerra entre los cónyuges es la regla, y la armonía es la excepción.

Cada año en los Estados Unidos hay más de un millón de divorcios, y debajo de los escombros de esas abrumadoras estadísticas yacen las vidas destrozadas de hombres, mujeres y niños. Por cada millón de divorcios hay dos millones de adultos y varios millones más de niños involucrados de modo directo. Ninguno de ellos escapa al sufrimiento y el daño, por amistoso que el divorcio pueda ser. Casi todos los estados han promulgado leyes de divorcio "no contencioso" que hacen al divorcio casi más fácil que el matrimonio. No es sorprendente que la mayor cantidad de expedientes en los tribunales civiles de hoy día se relacionen con conflictos familiares.

En años pasados en esta nación la gran mayoría de matrimonios se mantenían unidos, y el divorcio era algo difícil y poco común. No es difícil averiguar las razones para tal estabilidad. Primera, estaba la fuerza moral de la familia. No solamente la familia inmediata sino la extendida de abuelos, tíos y tías, y primos era el centro de la lealtad y la actividad personal, y por lo general se contaba con una tradición de convicciones morales y religiosas. Era en estos seres amados íntimos en los que todos los miembros de la familia, tanto adultos como niños, sabían que podían encontrar ayuda, consuelo, aliento y seguridad. Pero el divorcio aumentó rápidamente a medida que la permisividad moral, el machismo, el feminismo, el humanismo, la fácil movilidad, y las influencias perturbadoras y mundanas de la televisión, las películas, la Internet y otros medios de comunicación masiva comenzaron a socavar la familia. La cantidad de adultos solteros que viven al margen de cualquier vínculo familiar cercano también ha aumentado de forma dramática, lo cual se añade a la disminución del apoyo, el ánimo, y la influencia familiar.

La segunda razón para la estabilidad familiar en el pasado era la expectativa de la comunidad. La sociedad en general, y el sistema legal en particular, reconocían, apoyaban y protegían firmemente la prioridad en la familia, así como una moral basada en la Biblia. Leyes estrictas hacían difícil el divorcio, y la ética comunitaria y la presión de grupo hacían más serio el estigma de las disoluciones conyugales.

La tercera y más fuerte de las fuerzas que ayudaban a mantener la estabilidad familiar era la enseñanza de la iglesia. Hasta los tiempos modernos todas las ramas del cristianismo apoyaban firmemente la vida familiar y se oponían fuertemente al divorcio. Pero a medida que sus partes interesadas abogaron por más concesiones a las normas y prácticas mundanas, los organismos eclesiales cedieron, y la familia sufrió las amargas consecuencias de esas transigencias.

En nombre del amor cristiano, algunos individuos y grupos no solo condonan el divorcio, sino que insisten en que a veces es voluntad de Dios. Una actriz muy conocida afirmó que su divorcio estaba justificado porque su esposo era un perjuicio para su carrera. Ella declaró que no creía que su divorcio se relacionara con sus creencias religiosas de algún modo importante y que, aunque el divorcio era algo malo, Dios la amaba a pesar de eso. En otras palabras, no había ninguna diferencia para Dios. La evidencia final dada para justificar el divorcio fue el hecho de que ella y su esposo serían más felices como amigos divorciados que como enemigos casados.

Incluso cuando los cristianos van a la Biblia en busca de guía con relación al divorcio y el nuevo casamiento, a menudo lo hacen con prejuicios y predisposiciones que hacen imposible una interpretación responsable. Algunas personas consultan la Biblia solo con el fin de encontrar justificación para puntos de vista que ya sostienen. Otros caen en la trampa de agregar o quitar a lo que la Biblia enseña. Para justificar el divorcio algunas personas rebajan la norma bíblica en nombre del amor. Por otra parte, a fin de tratar de contener la ola de divorcios y promover espiritualidad, otros más levantan aún más la norma de lo que la Biblia enseña. Pero lo que es contrario a la Biblia no puede ser amoroso ni espiritual. Una norma humana puede ser más indulgente o más restrictiva que la Biblia, pero nunca puede ser mejor. Cuando se ignora la Palabra de Dios, o se la pervierte en alguna parte, la tragedia siempre viene como consecuencia. El asunto de las normas para el matrimonio y el divorcio no son la excepción.

El primer pecado de la humanidad no fue marital, sino que fue cometido dentro del marco del matrimonio. Dios creó al hombre y la mujer iguales en muchas maneras, pero les dio funciones claramente distintas. El hombre debía ser el proveedor y líder, y la mujer su ayuda en una corregencia perfecta, equilibrada y majestuosa sobre toda la tierra (Gn. 1:27-28). La dirección del hombre y la sumisión de la mujer debían mezclarse en una tierna interdependencia que les permitiera multiplicarse y llenar juntos la tierra, someter juntos la tierra, y gobernar juntos la tierra. Pero debido a que Eva no consultó con Adán, su cabeza y protector, cuando vino la tentación ella sucumbió fácilmente a las artimañas de Satanás. Y cuando Adán perdió su papel de liderazgo y voluntariamente siguió la dirección de ella, también sucumbió al pecado.

Como consecuencia de ese pecado, Dios maldijo a Eva y a todas las demás mujeres con dolores de parto, y maldijo a Adán y a todos los demás hombres con penurias en el trabajo para conseguir comida y sustento (Gn. 3:16-19). Además de eso, debido a que la armonía dada por Dios entre hombre y mujer se había deshecho, Dios también puso una maldición en esa relación matrimonial. Ya que invirtieron los papeles, con Eva usurpando el lugar de liderazgo y Adán sometiéndose al lugar del seguidor, Dios los destinó a un conflicto continuo.

Dios declaró a Eva: "Tu deseo será para tu marido, y él se enseñoreará de ti" (Gn. 3:16*b*). El deseo del que se habla aquí no se refiere al deseo original dado por Dios de amorosa sumisión y compañía, el cual ella ya tenía antes de la caída. El deseo en Eva ya no sería estar sometida a la dirección de Adán sino usurpar ese liderazgo. El uso de la palabra hebrea traducida "deseo" en este texto se relaciona con buscar control y dominio. Es el mismo término usado en el capítulo siguiente en la misma manera para describir el deseo personificado del pecado por corromper y obtener el control sobre Caín (4:7).

Así como se trastornó el papel de la mujer caída, sucedió igual con el papel de dirección del hombre, cuyo gobierno ya no sería benévolo y generoso sino dominante y egoísta. Fue en la caída que nacieron tanto el feminismo como el machismo, cuando las mujeres comenzaron a buscar supremacía y los hombres comenzaron a ser represivos.

Debido a que por naturaleza los hombres son más fuertes, de esas dos perversiones la dominante ha sido el machismo a lo largo de la historia. En muchas culturas antiguas, incluso la judía, con frecuencia a las mujeres se les trataba más como animales que como seres humanos, y las esposas eran tratadas más como bienes que se compran y se negocian que como compañeras para amar y apreciar.

Sin embargo, Dios no cambió su norma porque los hombres cambiaran las suyas. El Señor declaró: "Yo Jehová no cambio" (Mal. 3:6). Justo antes de esa declaración había dado una reprimenda al hombre judío porque había "sido desleal" con su esposa. Como Aquel que ordena todos y cada uno de los matrimonios, Dios mismo fue testigo cuando hicieron el pacto marital entre ellos como esposo y esposa. Por tanto, "Jehová Dios de Israel ha dicho que él aborrece el repudio [divorcio], y al que cubre de iniquidad su vestido" (Mal. 2:14-16).

El profeta Oseas describió la personificación del amor marital dado y fortalecido por Dios. Oseas fue un ejemplo vivo del amor eterno de Dios por su pueblo Israel. El profeta se casó con una mujer llamada Gomer, quien se convirtió en una prostituta adúltera. Él tuvo hijos con ella y siguió amándola, cuidándola y protegiéndola a pesar de la persistente infidelidad de ella. Oseas incluso la readquirió del mercado de esclavos después que ella se había hundido en la inmoralidad más profunda. En la vida del profeta con Gomer sin duda hubo momentos de ira y resentimiento, pero él la perdonaba y hacía lo que fuera necesario para recuperarla. Su amor por Gomer y su compromiso hacia ella como su esposa, al igual que el amor y el pacto de Dios con su pueblo Israel, era compasivo y amoroso.

Por el poder del Espíritu Santo que mora en nosotros, Dios espera que su pueblo redimido en Cristo ejemplifique la belleza original y la reciprocidad de la relación matrimonial, así como la gracia del perdón. Pablo declara: "Las casadas estén sujetas a sus propios maridos, como al Señor; porque el marido es cabeza de la mujer, así como Cristo es cabeza de la iglesia, la cual es su cuerpo, y él es su Salvador. Así que, como la iglesia está sujeta a Cristo, así también las casadas lo estén a sus maridos en todo". Es igual de clara la responsabilidad divinamente ordenada y ejemplificada del esposo: "Maridos, amad a vuestras mujeres, así como Cristo amó a la iglesia, y se entregó a sí mismo por ella" (Ef. 5:18, 22-25).

Las dos actitudes clave para el éxito en el matrimonio son abnegación y entrega, cualidades que son contrarias a la naturaleza humana pero que se hacen posibles para los cristianos a través del Espíritu Santo. El esposo y la esposa que andan en el Espíritu caminarán en humildad y perdón desinteresado, restaurando el amor que siempre pone en primer lugar al otro.

En Mateo 19:1-12 Jesús ofrece un claro discurso sobre la revelación de Dios en cuanto al matrimonio y el divorcio.

CONTEXTO Y ENTORNO

Aconteció que cuando Jesús terminó estas palabras, se alejó de Galilea, y fue a las regiones de Judea al otro lado del Jordán. Y le siguieron grandes multitudes, y los sanó allí. (19:1-2)

Estos dos versículos marcan una transición especialmente importante en el ministerio de Jesús. Por cerca de dos años Él había estado predicando, enseñando y curando en Galilea en el norte de Palestina. Durante los dos últimos meses se había concentrado casi por completo en la enseñanza privada de los doce.

Para marcar el final de cada uno de los principales discursos de Jesús, Mateo usa una frase tal como **cuando Jesús terminó estas palabras** (7:28; 11:1; 13:53; 26:1). En el pasaje actual **estas palabras** se refieren al discurso del Señor sobre la inocencia infantil registrado en el capítulo 18 y dado a los discípulos justo antes de salir de Capernaúm. Al final de ese discurso **Jesús se alejó de Galilea.**

Tal como el Señor les había anunciado a los doce, "le era necesario ir a Jerusalén y padecer mucho de los ancianos, de los principales sacerdotes y de los escribas; y ser muerto, y resucitar al tercer día" (16:21). Sin embargo, Él no iría directamente hacia el sur a Jerusalén sino más bien al este y luego al sur por el camino de **las regiones de Judea al otro lado del Jordán** y Jericó (20:29).

Estas **regiones** más tarde se llamaron Perea, nombre tomado del griego *peran*, que significa **al otro lado.** Al extenderse al oriente del río **Jordán,** este territorio que había sido escasamente poblado por mucho tiempo ahora estaba bastante habitado. Debido a que la Pascua estaba cerca, Jesús pudo ministrar no solo a los residentes de Perea, sino también a los muchos judíos que viajaban por allí cuando también hacían su peregrinación anual de Pascua hacia Jerusalén.

Mientras Jesús predicaba y enseñaba en Perea (véase Mr. 10:1), **le siguieron grandes multitudes, y los sanó allí.** Su ministerio en esa región se relata en Mateo 19—20, y como siempre, al demostrar su poder y misericordia, los milagros de sanidad de Jesús atestiguaban sus credenciales divinas y mesiánicas.

EL ATAQUE

Entonces vinieron a él los fariseos, tentándole y diciéndole: ¿Es lícito al hombre repudiar a su mujer por cualquier causa? (19:3)

Casi desde el inicio de su ministerio (véase Mt. 9:11), Jesús había sido criticado por **los fariseos,** quienes incluso desde antes de este tiempo se habían convertido en sus archienemigos y planeaban matarlo (12:14). Se trataba del grupo más grande e influyente del sistema religioso judío, cuyas tradiciones antibíblicas y estilos de vida hipócritas eran la antítesis de la verdadera justicia (5:20). Despreciaban a Jesús porque Él les socavaba su falsa enseñanza y ponía al descubierto la engañosa forma de vida que tenían.

Por eso cuando **vinieron a él,** los miembros de este grupo de líderes religiosos obviamente le hicieron preguntas **tentándole** con la esperanza de que Jesús quedara mal en público. Querían desacreditarlo ante los ojos del pueblo para que perdiera su popularidad y les fuera más fácil destruirlo. Esta vez la pregunta de prueba fue bien pensada, y calculada con mucho cuidado para colocar a Jesús en desacuerdo con Moisés, el gran dador de la ley de Dios.

Durante muchos siglos el divorcio había sido un tema precario de debate entre los judíos. Puesto que las mujeres llegaron a ser tratadas casi como mercancía que se compra, se vende, o se intercambia, el divorcio inevitablemente se volvió algo muy común. Debido a las interpretaciones falsas e interesadas que hacían de la ley mosaica para justificar sus lujurias por otras mujeres, **los fariseos** se habían convertido en los principales exponentes del divorcio fácil. Eran conocidos por divorciarse a menudo de sus esposas **por cualquier causa** a fin de casarse con otra mujer y enseñar que la costumbre no solo era posible, sino que a veces también era necesaria.

En el otro extremo había una facción opuesta y mucho menos influyente de rabinos representados por cierto Shammai, quien sostenía que el divorcio nunca era posible. Ese punto de vista de mente estrecha y línea dura no solo era impopular, sino que, al igual que la posición liberal de los fariseos, también era antibíblico.

En representación del punto de vista liberal de los fariseos estaba el rabino Hillel, quien había muerto más o menos veinte años antes que Jesús comenzara su ministerio. Hillel enseñaba que un hombre podía divorciarse de su esposa por los motivos más triviales, por cosas tales como soltarse el cabello en público, hablar con otros hombres, y hasta por quemar el pan o poner demasiada sal en la comida. Que ella hablara mal de su suegra o fuera estéril eran motivos más que suficientes para divorciarse de ella.

Por las enseñanzas anteriores de Jesús, los fariseos sabían que no apoyaba puntos de vista tan liberales en cuanto al divorcio. Le habían oído decir "que el que repudia a su mujer, a no ser por causa de fornicación, hace que ella adultere; y el que se casa con la repudiada, comete adulterio" (Mt. 5:32). Ahora esperaban que Jesús asumiera la misma posición y de ese modo alejara e intimidara a los muchos otros judíos que además de ellos aceptaban la idea del divorcio **por cualquier causa.** Esperaban desacreditarlo identificándolo en las mentes de las personas con la perspectiva estrecha e intolerante de la escuela de Shammai.

Por supuesto, en última instancia querían destruir a Jesús. Los inteligentes fariseos estaban muy conscientes de que Perea, donde Jesús ministraba ahora se hallaba bajo el gobierno de Herodes Antipas. Este era el tetrarca que había encarcelado y finalmente decapitado a Juan el Bautista por haberle condenado su matrimonio ilegal con Herodías, a quien había seducido quitándosela a su hermano Felipe (véase Mt. 14:3-12). Sin duda los fariseos esperaban que cuando Jesús denunciara el divorcio **por cualquier causa,** condenara así públicamente la relación adúltera de Herodes, tal como Juan había hecho, y que por eso padeciera el mismo destino de Juan.

LA RESPUESTA

Él, respondiendo, les dijo: ¿No habéis leído que el que los hizo al principio, varón y hembra los hizo, y dijo: Por esto el hombre dejará padre y madre, y se unirá a su mujer, y los dos serán una sola carne? Así que no son ya más dos, sino una sola carne; por tanto, lo que Dios juntó, no lo separe el hombre. (19:4-6)

En lugar de dar un directo sí o no, Jesús se remontó más atrás de la tradición rabínica, e incluso aún más allá de la ley de Moisés, todo el trayecto hasta la creación del hombre por parte de Dios.

Las primeras palabras de Jesús no tuvieron directamente nada que ver con la pregunta del divorcio, sino que fueron un reproche sarcástico y mordaz para los eruditos fariseos, quienes se enorgullecían de su gran conocimiento de las Escrituras. En respuesta a la pregunta con una pregunta propia, Jesús en realidad estaba diciéndoles: **¿No habéis leído** el libro del Génesis? ¿No están conscientes de lo que Dios mismo declaró en la misma creación? ¿No saben lo primero que Dios determinó con relación al matrimonio? ¿No recuerdan **que el que los hizo al principio, varón y hembra los hizo, y dijo: Por esto el hombre dejará padre y madre, y se unirá a su mujer, y los dos serán una sola carne?** Al citarles Génesis 1:27 y 2:24 el Señor estaba manifestándoles: "La pelea de ustedes no es conmigo sino con Dios". Sus palabras debieron haber dolido a los orgullosos y arrogantes fariseos, quienes se consideraban las autoridades supremas en las Escrituras.

De esos dos versículos tomados de los dos primeros capítulos de la Biblia, el Señor presentó cuatro razones de por qué el divorcio nunca estuvo en el plan de Dios. Primero, afirmó que Dios **hizo al principio varón y hembra.** En el texto hebreo de Génesis 1:27, tanto **varón** como **hembra** están en la posición enfática, dando la sensación de "un masculino y otro femenino". Es decir, Dios no creó un grupo de hombres y mujeres que pudieran ponerse a escoger con quién emparejarse como les conviniera. No había repuestos ni opciones. No había provisión, o ni siquiera posibilidad de varios cónyuges alternos. En el principio solo hubo un hombre y una mujer, y por esa misma razón obvia, el divorcio y el nuevo casamiento no eran una opción.

Segundo, Jesús manifestó: **Por esto el hombre dejará padre y madre, y se unirá a su mujer.** Puesto que Adán y Eva no tenían padres, dejar **padre y madre** era un principio que debía proyectarse y aplicarse a todas las generaciones futuras.

La palabra hebrea (*dābaq*) detrás de **dejará** se refiere a una fuerte unión de objetos, y a menudo se usaba como representación de pegar o cementar. Job usó la palabra cuando dijo: "Mi piel y mi carne se pegaron a mis huesos" (Job 19:20; cp. Sal. 102:5). También podría tener la connotación de seguir de cerca. En realidad, aquí las dos ideas a veces se juntaban, como en la ocasión en que Rut se quedó con Noemí (Rt. 1:14) y los hombres de Judá siguieron a David (2 S. 20:2). En varias ocasiones el término se utiliza en el seguimiento que en amor y obediencia los israelitas hacían al Señor (Dt. 10:20; 11:22; 13:4; Jos. 22:5; 23:8).

La idea de vínculo íntimo e interrelación se ve en la moderna palabra hebrea para matrimonio, *kiddushin,* un vocablo íntimamente relacionado con los términos para santo y santificado, que tienen el significado básico de ser apartados y consagrados. Esta significativa palabra para matrimonio expresa de modo hermoso la consagración mutua de esposo y esposa entre sí y con Dios. El matrimonio como Dios siempre quiso que fuera involucra un compromiso y consagración total de marido y mujer entre sí y para con Él como autor divino de esa unión y como testigo del pacto entre ambos.

La tercera razón que Jesús ofrece para que el divorcio no esté en el plan de Dios es que en el matrimonio **los dos serán una sola carne.** Tal como Pablo declara en 1 Corintios 7:4, en la relación física del matrimonio los cónyuges se pertenecen uno al otro: "La mujer no tiene potestad sobre su propio cuerpo, sino el marido; ni tampoco tiene el marido potestad sobre su propio cuerpo, sino la mujer".

Así que, continuó Jesús, "cuando un hombre y una mujer se unen en matrimonio **no son ya más dos, sino una sola carne".** Por tanto, son indivisibles e inseparables, excepto por medio de la muerte. A los ojos de Dios se vuelven posesión total uno del otro, unidos en mente y en espíritu, en objetivos y dirección, en emoción y voluntad. Cuando tengan un hijo, este se convierte en el emblema perfecto y en la demostración perfecta de la unidad entre los cónyuges, porque ese hijo es un producto único de la fusión de dos personas en **una sola carne,** y lleva las características combinadas de ambos padres.

Pero no significa, como algunos neciamente sostienen, que llegar a ser **una sola carne** en el acto sexual es lo que constituye el matrimonio. Si eso fuera cierto no habría tal cosa como fornicación, porque tan pronto como un hombre y una mujer no casados participan en el acto sexual quedarían automáticamente casados, en lugar de ser culpables de maldad. Bajo la ley de Moisés, el acto de fornicación obligaba al hombre a casarse con la mujer o pagar compensación al padre de ella (Éx. 22:16-17), indicando aún más que el acto sexual en sí no equivale a matrimonio.

Por otra parte, el acto de adulterio, por demoledor como es para la relación matrimonial, no disuelve en sí un matrimonio. Este es un pacto mutuo, una obligación ordenada por Dios entre un hombre y una mujer de acompañarse toda la vida. Cuando reprendió a los israelitas por su adulterio y sus frecuentes divorcios, el Señor declaró que al divorciarse de su esposa un hombre ha "sido desleal" con ella, "siendo ella tu compañera, y la mujer de tu pacto" (Mal. 2:14-16). A los ojos de Dios toda esposa es una "mujer de pacto", no simplemente una esposa por fornicación, conveniencia o capricho.

La cuarta razón que Jesús da para que el divorcio no esté en el diseño perfecto de Dios es que en sentido creativo todo matrimonio se realiza en el cielo. Desde el primer matrimonio de Adán y Eva, **Dios** ha unido a todo esposo y esposa. El matrimonio es antes que nada una institución de Dios y hechura de Dios, independientemente de cuánto el ser humano pueda corromperla y negarla o hacer caso omiso a la parte que le corresponda en ella. Ya sea entre creyentes fieles o entre paganos o ateos manifiestos, o arreglado por los padres o por el mutuo deseo y consentimiento del novio y la novia, el matrimonio como una relación social general es por sobre todo el plan y la obra de Dios para la procreación, el placer, y la preservación de la especie. Sea que al matrimonio se entre de manera sabia o insensata, sincera o insincera, egoísta o generosa, con mucho o poco compromiso, el diseño de Dios es que sea permanente hasta la muerte de uno de los cónyuges.

Dios diseñó al hombre y la mujer para complementarse, apoyarse y darse alegría recíproca por medio del compromiso mutuo del vínculo matrimonial. Es por su mano divina que somos creados para realizarnos, fortalecernos y producir hijos como fruto del amor mutuo. Sea que lo reconozcamos o no, toda pareja que ha disfrutado la compañía, la felicidad, y la realización del matrimonio ha experimentado la milagrosa bendición de Dios. No existe nada bueno en el matrimonio que no se derive del Señor.

Ningún hijo puede concebirse por la acción procreativa de un hombre y una mujer que primero no se haya concebido por el acto creativo de Dios. Cada matrimonio y cada hijo es una creación de Dios, y por tanto el divorcio y el aborto tienen en común el trágico denominador de que matan una creación de Dios.

Destruir un matrimonio es destruir una creación del Dios todopoderoso. Jesús advirtió: **Lo que Dios juntó, no lo separe el hombre.** La palabra **separe** viene de *chorizo*, que en el contexto del matrimonio siempre transmite la idea de divorcio, no de una simple separación temporal. En 1 Corintios 7:10 igualmente se traduce "separe", y allí Pablo habla claramente de divorcio.

El planteamiento de Jesús es que el matrimonio siempre es la obra de **Dios,** mientras que el divorcio siempre es la obra del **hombre,** y que ningún **hombre** (quienquiera que sea, dondequiera que esté, o cualquiera que sea la razón que pudiera tener) tiene derecho de separar lo que **Dios juntó.** Un esposo y una esposa paganos que se divorcian violan la ley de Dios con tanta certeza como los creyentes que se divorcian. En definitiva, todo matrimonio es ordenado por Dios y todo divorcio no lo es. A lo sumo, el divorcio y el nuevo casamiento solo están permitidos, no encomiados y sin duda alguna nunca ordenados por el Señor, como algunos rabinos contemporáneos de Jesús enseñaban. Jesús explicó que Dios lo permite solo en base de inmoralidad sexual, e incluso entonces como una misericordiosa concesión a la pecaminosidad del hombre (vv. 8-9). Afirmar, tal como algunos cristianos profesos hacen, que el Señor los sacó de un matrimonio es mentir y hacer mentiroso a Dios.

Aunque aquí Jesús solamente menciona Génesis 1:27 y 2:24, el Antiguo Testamento está repleto de otras enseñanzas acerca de la divina santidad y permanencia del matrimonio. Dos de los Diez Mandamientos (uno contra el acto físico de adulterio [Éx. 20:14] y el otro contra codiciar la mujer del prójimo [v. 17], lo cual es el acto mental de adulterio [Mt. 5:28]) protegen la santidad del matrimonio. El adulterio era un pecado tan atroz que su castigo era la muerte (Lv. 20:10; Dt. 22:22-24). Dios no dio ninguna disposición legal para el divorcio. El adulterio podía producir la finalización de un matrimonio, pero por ejecución, no por divorcio.

LA ARGUMENTACIÓN

Le dijeron: ¿Por qué, pues, mandó Moisés dar carta de divorcio, y repudiarla? (19:7)

Sin duda anticipando la apelación de Jesús a las Escrituras, los fariseos estaban preparados con lo que consideraban como una refutación a las Escrituras. Estaban tan decididos a defender sus propias normas carnales y a tratar de desacreditar y destruir a Jesús, que hicieron totalmente caso omiso a lo que Él acababa de decir. No estaban interesados en la norma divina para el matrimonio que Dios había establecido en la creación, sino en defender sus propias normas bajas y egocéntricas. Eran ejemplos clásicos del hombre natural en busca de lagunas morales y espirituales para dar cabida a su pecado.

A fin de dar la apariencia de apoyo divino a sus costumbres liberales de divorcio, los fariseos apelaron a **Moisés** tratando de enfrentar a Jesús con el gran dador de la ley de Dios. Ya que en los cinco libros de **Moisés** este es el único pasaje que menciona algún motivo para el divorcio, el pasaje al cual los fariseos se refirieron debió ser Deuteronomio 24:1-4. Sin embargo, está claro que ese pasaje no **mandó** el divorcio, como los fariseos afirmaban. Y todos los demás pasajes del Pentateuco que mencionan el divorcio simplemente reconocen su existencia (véase Lv. 21:7, 14; Dt. 22:19, 29).

Una lectura cuidadosa al texto de Deuteronomio 24 muestra que lejos de ordenarlo, el pasaje no enseña sobre el divorcio en absoluto. **Moisés** estaba dando un mandato con relación a un caso particular de nuevo casamiento. Ese pasaje no elogia ni condena la razón y el procedimiento para el divorcio mencionados allí. Afirma que el motivo era "alguna cosa indecente", sin detallar lo que eso podría implicar, y luego menciona la entrega de una carta de divorcio, sin hacer comentarios sobre la conveniencia de ese procedimiento. El único mandato en el pasaje se relaciona con el asunto del nuevo casamiento, no del divorcio. La orden es simplemente que si una mujer divorciada vuelve a casarse y ese esposo se divorcia de ella o muere, "no podrá su primer marido, que la despidió, volverla a tomar para que sea su mujer, después que fue envilecida" (v. 4). Es a ese mandato relacionado con el nuevo matrimonio, no a un mandato de divorcio, como algunos han supuesto, que Jesús se refiere aquí y en Marcos 10:5.

Debido a que la pena por adulterio era la muerte, lo indecente mencionado aquí obviamente se refiere a algún tipo de ligereza o lascivia sexual que no alcanza a ser adulterio. Y fue a causa de que esa indecencia, vil como pudiera haber sido, *no* era suficiente motivo para el divorcio que la esposa divorciada era envilecida por el nuevo casamiento y su primer esposo no podía volver a tomarla como mujer.

Ya que el divorcio de su primer esposo no tenía suficiente motivo, y por tanto era inválido, ella se convertía en adúltera, y en consecuencia quedaría envilecida cuando volviera a casarse. Por eso es que Juan el Bautista declaró que Herodes y Herodías estaban viviendo en adulterio. Delante de Dios ella todavía era la "mujer de Felipe su hermano" (Mt. 14:3-4). Que el primer esposo admitiera de nuevo a una mujer envilecida habría sido nefasto.

LA AFIRMACIÓN

Él les dijo: Por la dureza de vuestro corazón Moisés os permitió repudiar a vuestras mujeres; mas al principio no fue así. Y yo os digo que cualquiera que repudia a su mujer, salvo por causa de fornicación, y se casa con otra, adultera; y el que se casa con la repudiada, adultera. (19:8-9)

Tras aclarar que la ley mosaica no recomendó el divorcio, y mucho menos lo ordenó, Jesús afirmó que la ley lo **permitió** bajo ciertas condiciones. Hablándoles como representantes de sus antepasados en la carne, Jesús les dijo a los fariseos: **Por la dureza de vuestro corazón Moisés os permitió repudiar a vuestras mujeres.**

Tal como se ha señalado, incluso el permiso bíblico para el divorcio se da a entender en lugar de enseñarse de modo explícito. En ningún pasaje del Antiguo Testamento, incluido el texto de Deuteronomio 24:1-4 al que sin duda los fariseos estaban haciendo referencia, se da un permiso específico. No es difícil conjeturar una razón. Si los israelitas abusaron tanto del permiso dado a entender para el divorcio, ¿cuánto más habrían abusado de un permiso explícito?

A causa de su tierna misericordia, bajo el pacto mosaico Dios no siempre exigió la pena de muerte para el adulterio. La historia posterior de Israel está llena de casos de adulterio que no llevaron a la ejecución. David fue fuertemente reprendido y severamente castigado por su adulterio con Betsabé, pero no fue ejecutado. Debido a sus cientos de esposas y concubinas, Salomón vivió en verdadero adulterio continuo en base a la norma de Génesis 1—2 de un hombre y una mujer. Sin embargo, al igual que su Padre David no sufrió la pena de muerte.

Cuando los judíos exiliados regresaron de los setenta años de cautiverio en Babilonia y trataron de restaurar el templo y comenzar a vivir de acuerdo con la Palabra de Dios, tuvieron que enfrentar el problema de sus muchos matrimonios mixtos con mujeres paganas. En consecuencia, bajo la dirección de Esdras decidieron repudiar a sus esposas incrédulas y a los hijos nacidos de esos matrimonios, basándose en "el mandamiento de nuestro Dios" y "conforme a la ley" (Esd. 10:3).

No hay constancia de que esta acción fuera aprobada específicamente por Dios, pero la falta de cualquier condenación sugiere que **permitió** los divorcios resultantes. Además, el contexto histórico apoya la idea de que esos divorcios fueron por motivo de adulterio. No solo que todos eran paganos en esa época idólatra, a la cual la Biblia se refiere en reiteradas ocasiones como adulterio espiritual (véase, p. ej. Jer. 3:8; 13:27; Ez. 16:32), sino que la mayoría de sistemas religiosos paganos participaban en inmoralidad crasa como parte integral de sus ritos y ceremonias. Por tanto, es probable que la mayoría, si no todas las esposas extranjeras con las que los israelitas se habían casado, eran adúlteras tanto física como espiritualmente, dando por consiguiente a sus esposos motivos legítimos para el divorcio.

Dios había tomado a Israel como una esposa, y al igual que Gomer la de Oseas, ella también fue infiel. A través de Isaías el Señor reprendió a Israel por su adulterio espiritual en la adoración de deidades paganas. De modo retórico les preguntó: "¿Dónde está la carta de divorcio de su madre, con la cual yo la he repudiado?" (Is. 50:1, RVA2015). Por supuesto, la respuesta era que Dios no había dado tal carta, porque así como Oseas con Gomer, Dios no estaba listo para desechar a Israel, a pesar del constante adulterio que el pueblo cometía contra Él. Israel no tuvo liberación de su relación con Dios que le permitiera relaciones consumadas con otros dioses.

No obstante, finalmente para la época de Jeremías, después de rogarle al pueblo de Dios durante más de setecientos años que abandonara la idolatría y se volviera a Él, Dios hizo algo sorprendente. El profeta preguntó: "¿Has visto lo que ha hecho la rebelde Israel? Ella se va sobre todo monte alto y debajo de todo árbol frondoso, y allí fornica. Y dije: Después de hacer todo esto, se volverá a mí; pero no se volvió". Debido a esa incesante dureza de corazón del pueblo en persistir con sus infidelidades, el Señor declaró: "Yo la había despedido y dado carta de repudio" (Jer. 3:6-8). Fue a causa del adulterio espiritual de Israel que Dios, por así decirlo, finalmente le dio una carta de repudio o divorcio.

Es extraordinario que desde el exilio e incluso hasta la época actual ninguna cantidad importante de judíos haya participado en idolatría. Debido a que el pueblo no se había "casado" con los falsos dioses con los que cometió adulterio espiritual, así como Gomer no se había casado con ninguno de sus amantes, Dios predice que un día hará volver a Israel hacia sí mismo:

> *He aquí que vienen días, dice Jehová, en los cuales haré nuevo pacto con la casa de Israel y con la casa de Judá. No como el pacto que hice con sus padres el día que tomé su mano para sacarlos de la tierra de Egipto; porque ellos invalidaron mi pacto, aunque fui yo un marido para ellos, dice Jehová. Pero este es el pacto que haré con la casa de Israel después de aquellos días, dice Jehová: Daré mi ley en su mente, y la escribiré en su corazón; y yo seré a ellos por Dios, y ellos me serán por pueblo (Jer. 31:31-33).*

A la luz del divorcio espiritual de Dios y un eventual nuevo matrimonio para Israel, sin duda no es posible afirmar que la Biblia no reconozca ningún motivo en absoluto para el divorcio y el nuevo casamiento. Según algunos antiguos rabinos afirmaban, y algunos cristianos modernos aún sostienen, hoy día Dios no nos da ejemplos de su propio comportamiento justo que no podamos seguir. Si Él finalmente se divorció del Israel idólatra y falto de arrepentimiento, tras muchos años de perdón y clemencia, no puede estar mal que un hombre o una mujer se divorcien de un compañero continuamente adúltero que no se arrepiente después de años de tolerancia.

Antes de darse cuenta de que María "había concebido del Espíritu Santo… José su marido, como era justo, y no quería infamarla, quiso dejarla secretamente" (Mt. 1:18-19) Si la suposición de José acerca de ella hubiera sido correcta, es decir que María estaba embarazada de otro hombre y, por tanto, era adúltera, él, que solo estaba comprometido con ella, sabía que tenía motivos legítimos para divorciarse. El compromiso era un contrato legal y vinculante, aunque la unión aún no se hubiera consumado. El contexto sugiere que debido a que José "era justo" sintió que estaba obligado a divorciarse. Sin embargo, a fin de proteger la reputación de María, por no mencionar la vida de ella, planeó hacerlo de manera secreta.

Dureza de corazón sugiere la condición donde el adulterio era prolongado y el cónyuge pecador no se arrepentía, lo que hacía imposible la reconciliación y una relación matrimonial normal. Cuando una esposa o un esposo adúlteros se vuelven totalmente insensibles a la fidelidad marital, de modo indirecto y renuente, a través de **Moisés** Dios **permitió** el divorcio.

Recordando a sus enemigos otra vez la enseñanza del Génesis acerca del plan de Dios para el matrimonio, Jesús entonces declaró que **al principio no fue así.** El divorcio nunca fue el diseño original e ideal de Dios para la humanidad, y nunca lo será.

Cuando un hombre obtiene un divorcio por cualquier otra **causa** diferente a la **fornicación, y se casa con otra, adultera.** Al ofrecer la misma enseñanza básica en el Sermón del Monte, Jesús enfatizó que la esposa divorciada y su nuevo marido estarían cometiendo adulterio. Aseguró que el hombre "que repudia a su mujer, a no ser por causa de fornicación, hace que ella adultere; y el que se casa con la repudiada, comete adulterio" (Mt. 5:32). En otras palabras, el mensaje que Jesús quería hacer entender a esos exponentes de fácil divorcio y nuevo casamiento es que el divorcio ilegítimo seguido por un nuevo matrimonio convierte en adúlteros a todos los implicados.

Porneia, traducido aquí **fornicación,** es un término amplio que abarca toda actividad sexual ilícita. En el contexto del matrimonio siempre constituye adulterar, que por definición es que una persona casada tenga relaciones sexuales ilícitas. La forma verbal del término la usa Pablo para describir la fornicación por la cual veintitrés mil (de un total de veinticuatro mil) israelitas resultaron muertos por una plaga en un solo día (1 Co. 10:8; cp. Nm. 25:9). Debido a que la mayoría, si no todos los muertos eran casados, está claro que *porneia* incluía adulterio.

A pesar de que en este pasaje y Mateo 5:32 Jesús habla solo de un hombre que se divorcia de su esposa, el mismo principio se aplica a una mujer que se divorcia de su esposo. Tal situación no la menciona el Señor porque era prácticamente desconocida. Aunque un hombre judío podía divorciarse de su esposa por los motivos más insignificantes, "por cualquier causa" (Mt. 19:3), una mujer judía rara vez podía divorciarse de su esposo incluso por los motivos más graves.

Un divorcio por cualquier otro motivo distinto a **fornicación,** es decir adulterio por parte de unos de los cónyuges, siempre es ilegítimo, sin importar quién inicie el divorcio. Jesús utiliza aquí las palabras **fornicación** y **adultera** de forma sinónima. Estaba advirtiendo que el divorcio que no es consecuencia *de* adulterio resulta en adulterio si hay un nuevo matrimonio.

Si Dios es compasivo con el cónyuge pecador al tolerar el divorcio en lugar de exigir ejecución, sin duda también sería misericordioso hacia el cónyuge inocente al permitir el nuevo casamiento, lo cual era permitido cuando un cónyuge moría (cp. Ro. 7:2-3). El propósito de permitir el divorcio es mostrar clemencia al cónyuge pecador, no condenar al inocente a una vida de soltería y soledad que no se requeriría si el Señor hubiera ejecutado al cónyuge pecador. ¿Debería la misericordia divina hacia el pecador castigar al inocente? El Señor permite el divorcio a fin de que el adúltero pueda tener la oportunidad de arrepentirse en lugar de ser condenado a muerte. Tanto aquí como en Mateo 5:32 Jesús permite específicamente el nuevo casamiento para el cónyuge inocente a fin de que pueda tener la oportunidad de volver a disfrutar las bendiciones del matrimonio que fueron destruidas por el adulterio del otro cónyuge. La calificación de **salvo por causa de fornicación** permite claramente que la parte inocente **se** case **con otra** persona *sin* que esté cometiendo adulterio.

La declaración de Jesús aquí no solo reforzó su enseñanza anterior acerca del divorcio y el nuevo matrimonio, sino que fue una devastadora acusación contra los fariseos que trataban de acabar con Él. Durante el Sermón del Monte, y en el contexto de contrastar la verdadera justicia de Dios con la falsa e hipócrita justicia tipificada por los escribas y fariseos (Mt. 5:20), Jesús había declarado que incluso mirar "a una mujer para codiciarla" constituía adulterio (v. 28). Muy poco después, al igual que en el texto actual, Jesús declaró que el divorcio por cualquier motivo que no fuera **fornicación** también resultaba en adulterio cuando había nuevo matrimonio, como siempre era el caso. La fuerte consecuencia de esa declaración, que los mojigatos fariseos no pudieron haber pasado por alto, era que ellos mismos eran culpables de hacer proliferar el adulterio.

Cabe señalar que el Espíritu Santo añade otra concesión misericordiosa al permitir también el divorcio y nuevo casamiento como una opción para un creyente abandonado por un incrédulo. (Para más información sobre este tema, véase *Primera Corintios* del autor [Grand Rapids: Portavoz, 2003], pp. 185-202).

LA AFECTACIÓN

Le dijeron sus discípulos: Si así es la condición del hombre con su mujer, no conviene casarse. Entonces él les dijo: No todos son capaces de recibir esto, sino aquellos a quienes es dado. Pues hay eunucos que nacieron así del vientre de su madre, y hay eunucos que son hechos eunucos por los hombres, y hay eunucos que a sí mismos se hicieron eunucos por causa del reino de los cielos. El que sea capaz de recibir esto, que lo reciba. (19:10-12)

Para este momento los fariseos habían desaparecido. Sin duda estaban muy furiosos, tanto porque no habían podido hacer que Jesús contradijera a Moisés como porque, por el contrario, Jesús había logrado mostrarles que ellos mismos se hallaban condenados por Moisés en los divorcios ilegítimos y posteriores adulterios en que estaban implicados.

Jesús estaba ahora solo en una casa con los **discípulos** (Mr. 10:10), donde se sintieron libres para comentar sobre lo que Él acababa de decir. Ellos pudieron haber analizado extensamente con el Señor el tema del divorcio y el nuevo matrimonio antes de que finalmente expresaran: **Si así es la condición del hombre con su mujer, no conviene casarse.**

Por haber crecido en una cultura donde el divorcio era muy común, en gran manera a causa de la enseñanza rabínica que no solo permitía, sino que incluso lo requería prácticamente por cualquier motivo, los doce estaban más que un poco perplejos por lo que Jesús enseñaba. Muchos judíos consideraban el divorcio como una virtud a la par del matrimonio mismo. Entre los escritos talmúdicos de los rabinos estaba la afirmación: "Una mala esposa es como lepra para su esposo. ¿Cuál es el remedio? Que se divorcie de ella y quede así curado de su lepra". Otro rabino escribió: "Si un hombre tiene una mala esposa, es un deber religioso divorciarse de ella".

Era tan radical la diferencia entre lo que toda la vida les habían enseñado a los discípulos, y lo que Jesús había enseñado, que estaban desconcertados. Es probable que hubieran visto el matrimonio como lo veían casi todos los judíos varones (y como muchas personas de hoy lo ven), creyendo que si las cosas no funcionan siempre hay una salida en el divorcio. Pero llegaron a la conclusión de que si el adulterio es la única justificación para el divorcio, **no conviene casarse.**

Aunque la respuesta que dieron no fue bien pensada, muestra que entendieron correctamente lo que Jesús había afirmado. Se dieron cuenta de que el Señor estaba declarando que el matrimonio es un compromiso de por vida que solo puede romperse legítimamente por muerte o adulterio, y que incluso el adulterio no *requiere* divorcio. La idea de "para bien o para mal" era más de lo que podían aceptar. De ahí que pensaran que lo mejor sería no **casarse** en absoluto.

Ellos tuvieron dificultades en aceptar la idea de un compromiso matrimonial de por vida a causa del punto de vista superficial y antibíblico existente sobre el matrimonio. Si hubieran prestado más atención a la Palabra de Dios que a las tradiciones rabínicas de los ancianos (cp. Mt. 15:6), se habrían dado cuenta de que Dios instituyó el matrimonio como la personificación de las relaciones humanas agradables, alegres y plenas. El escritor de Proverbios declara: "Sea bendito tu manantial, y alégrate con la mujer de tu juventud, como cierva amada y graciosa gacela" (Pr. 5:18-19). En el mismo libro pudieron haber leído: "El que halla esposa halla el bien, y alcanza la benevolencia de Jehová" (18:22) y "la casa y las riquezas son herencia de los padres; mas de Jehová la mujer prudente" (19:14).

Al igual que la mayoría de personas de uno y otro sexo hoy día, los hombres judíos en el Nuevo Testamento veían el matrimonio solo como un medio de gratificar su propia lujuria y de cumplir sus propios propósitos. El matrimonio era el medio aceptado de indulgencia sexual y procreación de hijos, y además proporcionaba una cocinera y ama de casa conveniente. Sin embargo, a diferencia de la gente moderna, la mayoría de hombres judíos parecían tener poco interés en el romance.

El romance puede ser una parte hermosa del matrimonio que perdure incluso a través de la vejez. Pero los sentimientos románticos no pueden ser la base para un matrimonio sano y duradero, porque se componen en gran manera de sensaciones agradables hacia la otra persona que fácilmente están sometidas a cambio. Un matrimonio sano se basa en un compromiso permanente e incondicional para con el cónyuge, aunque los sentimientos se apaguen o se extingan por completo. Si los sentimientos románticos fueran la base de un matrimonio, cuando un cónyuge empieza a perder atractivo la atención del otro se volvería hacia otra persona que parezca más prometedora y emocionante. Cuando se busca una aventura romántica tras otra es inevitable el agotamiento emocional. Una relación tan superficial no puede durar mucho y nunca logra la realización esperada. Cada fracaso sucesivo trae menos satisfacción y más desilusión, desencanto y vacío. El resultado colectivo, tal como se ve de manera tan dramática y trágica en la sociedad moderna, es una generación de individuos inadaptados, desorientados, solitarios, aislados, poco fiables, desconfiados y en bancarrota emocional en busca de la próxima sensación excitante.

Hace algunos años oí la historia de un ministro anciano que había estado casado por cincuenta años. Una mañana en el desayuno su esposa se dejó caer sobre la mesa, inconsciente. Para cuando el esposo la llevó al hospital ella había muerto. Después del funeral les dijo a sus hijos: "Este es un día bueno, un día maravilloso". Cuando le preguntaron qué quería decir, el ministro explicó: "Bueno, sé que ahora ella está con el Señor. Y estoy contento de que se haya ido primero. Yo quería que fuera de esa manera, porque no quería que ella pasara por el dolor de enterrarme y de tener que vivir sola".

Unos años después le pidieron a ese ministro que hablara en una reunión feminista sobre el tema del matrimonio. Él recordó la muerte de su esposa y su agradecimiento de que ella muriera primero. El hombre manifestó: "Escuchen, cualquiera que conoce el significado del amor verdadero quiere que la otra persona se vaya primero, porque no quiere que soporte el dolor, la tristeza, la ansiedad, y la soledad de enterrar al ser amado. Me atrevo a decir que las relaciones románticas modernas que intentan pasar por amor están muy lejos de ese tipo de sentimiento y de esa clase de realidad". Él tenía razón.

La mayoría de personas, incluso cristianos, saben muy poco del amor generoso, comprometido y abnegado que tejen dos almas durante una vida de entrega y felicidad. En lugar de la rica, profunda, significativa y emocionante amistad que solo tal amor puede ofrecer, se conforman con un sustituto barato y superficial que fluctúa con cada estado de ánimo y que está condenado desde el principio a ser desilusionador y de corta duración. Una relación que se construye solamente sobre emociones agradables y buenos sentimientos agonizará pronto, porque esas emociones y esos sentimientos se edifican sobre circunstancias y expectativas superficiales y egoístas. Pero asombrosamente, una relación que se construye sobre el amor comprometido y el interés generoso por la otra persona producirá emociones y sentimientos que no solo no mueren, sino que se enriquecen y son más satisfactorios con cada año que pasa. Los sentimientos son un mal fundamento para el matrimonio, pero pueden ser un subproducto maravilloso y glorioso.

El matrimonio comprometido es el único matrimonio feliz y duradero. Cuando dos cristianos se aman uno al otro y para el bien del otro en lugar del bien propio, y viven en sumisión humilde a la Palabra de Dios y del uno con el otro, se forma un vínculo que puede soportar cualquier tentación, desilusión y fracaso que Satanás y el mundo pudieran lanzar contra ellos. Ambos se convierten en amantes y amigos en una manera que el incrédulo y el cristiano desobediente nunca pueden conocer. Al compartir todo juntos forjan una amistad que no conoce límites, limitaciones, secretos ni condiciones.

Al igual que los discípulos, muchos cristianos de hoy parecen temer ese compromiso incondicional y de por vida que los destinaría a una vida de aburrimiento y restricciones frustrantes. Concluyen con los doce que por consiguiente **no conviene casarse.** Sin embargo, Dios planeó y diseñó el compromiso matrimonial para producir exactamente lo contrario. Ningún matrimonio puede ser feliz y satisfactorio, mucho menos perdurable, sin compromiso. Dios bendice una unión comprometida en maneras que una persona sola, o que un esposo o una esposa no comprometidos, nunca pueden experimentar y que difícilmente imaginan. Lejos de ser una razón para evitar el matrimonio, un compromiso tierno y de por vida es la misma sustancia que hace que sea lo más satisfactorio y deseable.

Es evidente que en un matrimonio cristiano debe escogerse el cónyuge con mucho cuidado y mucha oración. El compromiso matrimonial solo debe dársele a una persona que tenga los mismos valores y compromisos espirituales del otro. No existe gozo o satisfacción humana que pueda estar a la altura de lo que experimentan un esposo y una esposa que aman a Jesucristo, que se aman entre sí, y que viven en obediencia a la Palabra y en el poder del Espíritu.

Hubo cierta verdad en lo que los discípulos acababan de decir acerca de que no conviene casarse, pero el contexto sugiere que no fue esa verdad lo que tenían en mente. Los puntos de vista que tenían del matrimonio, al igual que los de sus compatriotas judíos, se enfocaban principalmente en satisfacción y realización egoísta y superficial. Por tanto, desde un punto de vista práctico llegaron a la conclusión de que la soltería solitaria era preferible a un matrimonio riesgoso. (Para un análisis detallado de la declaración de Pablo en cuanto a los beneficios de la soltería, véase *Primera Corintios* del autor, pp. 185-222).

Jesús les recordó que **no todos** los hombres **son capaces de recibir esto, sino aquellos a quienes es dado.** La soltería tiene sus propios problemas y sus propias tentaciones, y no todo cristiano puede llevar una vida soltera como Dios espera. Pablo dijo que es bueno permanecer soltero por propósitos espirituales, pero que "mejor es casarse que estarse quemando" con lujuria (1 Co. 7:8-9).

Recibir viene de *chōreō*, que transmite la idea básica de hacer espacio para algo. Metafóricamente significa aceptar en su totalidad una idea o un principio con el corazón y la mente para que se vuelva parte de nuestra propia naturaleza. La soltería no puede aceptarse de corazón simplemente por fuerza de voluntad o sinceridad humana. Tampoco puede vivirse con éxito mediante la aplicación de los principios bíblicos correctos. La soltería célibe es una clase de don espiritual (1 Co. 7:7), y solo **aquellos a quienes es** dada pueden esperar que sobrevivan espiritualmente en ella, mucho menos hallar felicidad y ser eficaces en el servicio al Señor.

Muchos cristianos solteros soportan continuas frustraciones, tentaciones y soledades innecesarias porque por una razón u otra evitan intencionalmente el matrimonio. Algunos quizás están más preocupados por la apariencia que por el carácter del compañero. Algunos más no desean que nadie a su alrededor pueda invadirles y alterarles su mundo egoísta. Otros podrían estar buscando el esposo perfecto o la esposa perfecta, alguien que esté a la altura en todo detalle según la visión que tienen de la esposa o el esposo perfecto. Otros más, como ciertas órdenes religiosas, tienen la creencia equivocada de que hay un mérito espiritual en el celibato y eligen la soltería como un medio de obtener el favor de Dios a través de ese sacrificio. Pero la soltería basada en tales razones condena a la persona a una vida de desilusión e insatisfacción.

Jesús procede a mencionar las tres únicas categorías en que puede haber éxito en la soltería. Primero están los **eunucos que nacieron así del vientre de su**

madre. Estas son personas que nacieron con deformidades congénitas que implican capacidad sexual sin desarrollar. Después están los **eunucos que son hechos eunucos por los hombres,** como lo eran los guardias masculinos de harén en esa época. En algunas religiones antiguas la castración se consideraba una manera de agradar y servir a una deidad pagana, y en ocasiones los padres hacían castrar a sus hijos para ese propósito. Obviamente los hombres castrados no sienten deseos normales por una mujer.

En tercer lugar están los **eunucos que a sí mismos se hicieron eunucos por causa del reino de los cielos.** A diferencia de las otras dos formas, esta no es física. La mutilación de la carne con el fin de complacer a Dios es una idea meramente pagana. Jesús está hablando del celibato voluntario de aquellos a quienes Dios ha concedido ese don (v. 11). En tal caso, el celibato en realidad puede ser **por causa del reino de los cielos,** y ser agradable a Dios y usado por Él.

Pablo tenía el don del celibato, y animó firmemente a otros que lo tuvieran a estar contentos con este don, y a utilizar sus obvios beneficios para la gloria de Dios. Por eso declaró: "El soltero tiene cuidado de las cosas del Señor, de cómo agradar al Señor; pero el casado tiene cuidado de las cosas del mundo, de cómo agradar a su mujer. Hay asimismo diferencia entre la casada y la doncella. La doncella tiene cuidado de las cosas del Señor, para ser santa así en cuerpo como en espíritu; pero la casada tiene cuidado de las cosas del mundo, de cómo agradar a su marido" (1 Co. 7:32-34).

Jesús continuó: **El que sea capaz de recibir esto, que lo reciba.** En el sentido más estricto y más específico el Señor estaba afirmando que quien por don de Dios es **capaz de recibir** una vida de soltería célibe debe recibirla como la voluntad del Señor. Pero Jesús también parece haber estado hablando en términos más generales respecto a la aceptación que los discípulos debían hacer de todo lo que acababa de enseñarles en cuanto al matrimonio, el divorcio, el nuevo matrimonio, y también de la soltería. Ellos debían hacer a un lado las ideas y prácticas falsas que habían heredado de las tradiciones rabínicas humanamente creadas y antibíblicas. En otras palabras, debían **recibir** lo que se les estaba enseñando como Palabra de Dios y vivirla en el día a día.

La persona no salva no puede **recibir** las normas de Jesús para el matrimonio y el divorcio, y no tendría los recursos para cumplir con esas normas si las recibiera. La idea de un compromiso altruista, incondicional y de por vida en cualquier aspecto de la existencia, incluso el matrimonio, va completamente contra la naturaleza humana caída. La verdad de Dios no tiene autoridad en una vida no redimida porque Dios mismo no tiene lugar allí.

Incluso el creyente mundano tiene gran dificultad en aceptar la idea de un compromiso total e incondicional porque ha perdido su primer amor y ha vuelto a poner sus intereses en sí mismo. Solo quienes honran de veras a Jesús como Señor y Salvador pueden **recibir** realmente sus enseñanzas. Aun así tales enseñanzas se vuelven totalmente aceptables solo en la vida que camina en el Espíritu, que es la única que puede evitar "los deseos de la carne" (Gá. 5:16), que están dominados por el yo en lugar de Dios, por el compañero de vida, o por otras personas.

Jesús ama a los niños pequeños

104

Entonces le fueron presentados unos niños, para que pusiese las manos sobre ellos, y orase; y los discípulos les reprendieron. Pero Jesús dijo: Dejad a los niños venir a mí, y no se lo impidáis; porque de los tales es el reino de los cielos. Y habiendo puesto sobre ellos las manos, se fue de allí. (19:13-15)

Todos los hijos criados en un hogar cristiano o que han asistido a la escuela dominical cuando eran jóvenes, recordarán durante mucho tiempo haber cantado himnos tales como "Cristo me ama" y "Jesús ama a los niños". Esos adorables sentimientos se basan en clara enseñanza bíblica. Jesús *sí* ama a los niños, tal como atestigua este texto de Mateo. Los padres de esos niños querían que Jesús tocara a los pequeños y los bendijera, y estuvo más que dispuesto a satisfacerles ese deseo.

Hace algunos años una familia en nuestra iglesia experimentó una gran tragedia. La madre y las dos hijas tenían previsto volar al día siguiente a Nueva Zelanda para unirse al esposo y padre, quien estaba allí predicando en una misión. Mientras la esposa aprendía algunas nuevas puntadas de crochet para utilizar en el largo vuelo, las niñas fueron a jugar afuera. Unos momentos después la madre oyó un chirrido de llantas de automóvil, pero como no hubo ningún sonido de choque, no se preocupó al respecto, hasta que su hija mayor entró corriendo a la casa gritando que a su hermana Tanya la había atropellado un auto.

La niña estaba inconsciente pero no mostraba ninguna señal de herida grave. Cuando la madre se inclinó sobre ella, Tanya dejó escapar un profundo suspiro y giró la cabeza hacia un lado. En el hospital el neurocirujano informó a la madre que la niña había sufrido grave daño cerebral, y que tenía pocas posibilidades de sobrevivir. Parientes y amigos oraron fervientemente, y la madre estuvo en vigilia con su preciosa hija durante toda la noche, orando con gran intensidad porque Dios salvara y restableciera a su pequeña. Pero también oró por sobre todo para que se hiciera la voluntad de Dios, incluso si esto significara llevarse a Tanya a estar con Él.

Un pariente que era médico explicó que la respiración y los latidos del corazón de la niña estaban funcionando en el hospital solo por medios artificiales. El hombre dijo: "Al cuerpo lo están haciendo funcionar, pero Tanya ya no está allí. Está con el Señor". Con rostro radiante, la madre le dijo a Dios: "Hágase tu voluntad, no la mía". A sus amigos y seres queridos les explicó: "No voy a renunciar a mi Señor; porque si lo hiciera estaría diciendo que Tanya se ha ido para siempre. Haré como hizo el rey David en el Antiguo Testamento cuando le fue quitado su hijo. Se lavó el rostro, se cambió de ropa, y salió a cumplir con sus deberes, satisfecho porque sabía lo que le convenía".

En ese momento la mujer decidió que ya no le suplicaría más a Dios que le devolviera su hija. Tanya estaba bajo el cuidado del Señor, y su madre creyó que la niña había entrado en la presencia divina cuando, mientras se hallaba tendida inconsciente en la calle, había suspirado y girado la cabeza. Esta madre da testimonio de que se sintió llena con una fortaleza interior que era extraña en ella. Recordó que durante varios meses antes Tanya había orado: "Señor, quiero ir y estar contigo siendo joven". Cuando la madre le preguntó por qué hacía esa petición, Tanya sonrió y contestó: "Porque quiero sentarme en el regazo de Jesús cuando llegue allí; y no quiero ser demasiado grande". Al recordar esas palabras, la madre manifestó: "Nueva seguridad y paz se apoderaron de mi alma entristecida. Me sentí renovada con gozo porque todos estábamos en buenas manos y porque el Señor no nos había abandonado ni por un instante".

Esa madre y el resto de la familia pudieron regocijarse incluso en la muerte de esa amada pequeña niña porque sabían a dónde había ido. Porque había sido llevada ante el Salvador y ahora estaba entre sus brazos donde había anhelado estar.

Todo padre cristiano debe tomarse muy a pecho la advertencia de Pablo de criar a los hijos "en disciplina y amonestación del Señor" (Ef. 6:4). Si los hijos mueren, los padres saben dónde están. Si los hijos viven, los padres saben a quién le pertenecen y para quién viven.

Tal vez solo poco después que Jesús terminara de enseñar a los doce acerca del matrimonio, divorcio, nuevo casamiento y soltería (Mt. 19:3-12), otro grupo de personas vino **entonces** a buscar ministración. En ese tiempo **le fueron presentados unos niños** sin duda por parte de sus padres. Marcos y Lucas usan el tiempo imperfecto ("le presentaban", "traían a él"), indicando un proceso continuo y probablemente un tiempo extendido (Mr. 10:13; Lc. 18:15). Cuando se supo la noticia de que Jesús estaba en la región, los padres se sintieron atraídos por este Maestro cuyo amor por los **niños** era conocido en toda Palestina (cp. 17:18; 18:2-3; Jn. 4:50).

La palabra griega usada aquí para **niños** es *paidia,* un término que se refiere a niños pequeños desde la infancia hasta quizás tres o cuatro años de edad. En su pasaje paralelo Lucas nos comenta que "le traían a él los niños" (18:15).

Sin embargo, **los discípulos** se molestaron por la intromisión en su tiempo privado con Jesús, y **reprendieron** a los padres. El verbo griego detrás de **reprendieron** fácilmente podría transmitir la idea de amenazar, y al estar en tiempo imperfecto sugiere que el reproche era tan continuo como la presentación. Cuantos más padres llevaban sus hijos a Jesús, **los discípulos** seguían tratando de rechazarlos. Es evidente que los doce, que habían pasado más de dos años viviendo con Jesús, oyéndole cada palabra que pronunciaba, y observando todo lo que hacía, aún no tenían por completo la misma mente y corazón de su Señor.

Solo unos días antes Jesús había tomado a un niño pequeño en sus brazos en presencia de sus discípulos. Específicamente por el bien de ellos, que estaban en medio de una pelea sobre quién era el mayor en el reino, el Señor había declarado: "Cualquiera que se humille como este niño, ése es el mayor en el reino de los cielos" (Mt. 18:1-4). Sin duda en muchas otras ocasiones los doce fueron testigos de expresiones similares de ternura y amor de parte de Jesús, y de su gran paciencia con quienes acudían a pedirle ayuda. Habían visto la misericordia divina derramándose en un flujo interminable de sanidad, ánimo hacia otros y consuelo.

Los discípulos también sabían que el Talmud enseñaba que los padres judíos llevaran a sus hijos ante rabinos respetados para que los bendijeran y oraran por ellos. El padre solía llevar a su hijo pequeño a la sinagoga y allí oraba por él. Luego lo entregaba a los ancianos, y cada uno de ellos lo tomaba y oraba pidiendo bendición sobre la joven vida. Muchas iglesias de hoy siguen un modelo muy similar para en oración dedicar a los niños al Señor.

Siguiendo con esa tradición, esos padres judíos en Perea, la región "de Judea al otro lado del Jordán" (v. 1), llevaron sus hijos a Jesús para que los bendijera. Él no solo era un rabino popular, sino controversial, que no era conocido únicamente por su poder para obrar milagros sino también por su compasión y su buena voluntad para satisfacer las necesidades hasta de las personas más humildes e indefensas de la sociedad. Si realmente se trataba del Mesías, como afirmaba ser, esos padres vieron una oportunidad maravillosa de hacer que sus hijos fueran bendecidos por el propio Ungido del Señor, el Libertador de Israel.

Debido a que Jesús no reprendió a los padres ni se negó a bendecir a los niños, es obvio que los motivos que tenían eran puros. No comprendían la verdadera grandeza de Jesús, y es probable que pocos de ellos, si es que hubo alguno, hubieran puesto su confianza en Él como Señor y Salvador. Sin embargo, lo reconocieron como un auténtico maestro de parte de Dios que amaba y cuidaba de sus hijos preciosos. Por tanto, los padres buscaron la intercesión del Señor a favor de sus hijos, con la esperanza de que estos pudieran crecer como aconsejaba el Talmud: fuertes en la fe, fieles en el matrimonio, y conocidos por hacer buenas obras.

Jesús no era un ingenuo sentimental con relación a los niños. Al haberlos creado sabía muy bien que nacen con naturaleza pecaminosa. Los niños tienen cierta inocencia, pero no son inmaculados. El Señor sabía que no era necesario enseñar a los niños a hacer lo malo, que sus pequeños corazones estaban inclinados por naturaleza hacia el mal. Pero los amaba con compasión especial, y debido a la apertura y a la confianza natural que mostraban los puso como ejemplos de la actitud requerida para la ciudadanía del reino (Mt. 18:3-5).

Quienes son partícipes de la mente de Cristo tienen en común su interés y amor por los niños. Ninguna iglesia o movimiento cristiano que haya prosperado espiritualmente ha ignorado o descuidado la atención y la formación de sus niños. El corazón que es ardiente con el Señor será sin duda caluroso con los niños.

Un escritor ha hecho esta maravillosa observación:

> Como la flor en el jardín se extiende hacia la luz del sol, hay en el niño una misteriosa inclinación hacia la luz eterna. Usted podría haber observado alguna vez lo misterioso que es que cuando le habla de Dios a un niño pequeño, este no pregunta con extrañeza o asombro: "¿Quién o qué es Dios? Nunca lo he visto", sino que con rostro radiante escucha las palabras como si fueran suaves sonidos de amor que vienen de la tierra del hogar. O cuando usted le enseña a un niño a juntar las manos para orar, lo hace como si fuera una cuestión de rutina, como si hubiera una apertura hacia ese mundo con el cual había estado soñando con anhelo e ilusión. O cuénteles historias del Salvador a esos pequeños, mostrándoles las imágenes con escenas y personajes de la Biblia [y] vea cómo les brillan sus ojos puros, cómo les palpita el corazón (R. C. H. Lenski, *The Interpretation of St. Matthew's Gospel* [Minneapolis: Augsburg, 1943], p. 743).

Por consiguiente, **Jesús** les **dijo** a los doce, y sigue diciéndoles hoy día a sus discípulos: **Dejad a los niños venir a mí, y no se lo impidáis.** El verbo griego traducido **dejad** está en tiempo aoristo, mientras que el verbo detrás de **no se los impidáis** está en el tiempo presente con una negación, indicando dejar de hacer algo. De ahí que el Señor estuviera diciendo: **Dejad a los niños venir a mí,** comenzando ahora mismo, **y ya no se los impidáis.**

Por Marcos nos enteramos que Jesús se indignó mucho con los discípulos (10:14). Con frecuencia ellos frustraban y desilusionaban al Señor por la insensibilidad y el egoísmo que mostraban, pero esta es una de las dos o tres únicas veces en que Él se enojó de verdad con ellos.

Es probable que hubiera una serie de razones para que el Señor estuviera enojado con los discípulos. Se enojó porque amaba a los pequeños con gran afecto, y sin duda sintió compasión especial por ellos debido al mundo de pecado, sufrimiento y corrupción en que habían nacido, y cuyos males tendrían que enfrentar progresivamente en su crecimiento. Jesús se enojó también porque amaba a los padres y entendía los anhelos y las ansiedades especiales que tenían por sus hijos. Comprendió que los pequeños y sensibles niños eran un camino hacia los corazones de sus padres. Él estaba enojado porque nadie, ni siquiera el bebé más tierno, está fuera del cuidado y el amor de Dios. Estaba enojado debido a la persistente torpeza y dureza espiritual de los discípulos. Y sin duda alguna, estaba enojado porque los discípulos presumían de decidir quién podía y quién no podía acercársele a Él, el Cristo e Hijo de Dios. Esto no estaba dentro de las prerrogativas que tenían ni era de su competencia tomar tales decisiones. Era petulancia de posición que impidieran a los padres y sus **niños venir a** Jesús. Y específicamente el Señor estaba enojado **porque a los tales,** es decir a los que son como niños, les pertenece **el reino de los cielos.**

Ninguna indicación en el texto muestra que, como algunos sugieren, Jesús estaba aislando a estos niños supuestamente elegidos de otros que no eran elegidos. Además, Él no hace ninguna mención de bautismo, pacto paternal, fe de los padres, ni ritos eclesiásticos. Tampoco menciona fe personal de parte de los niños, quienes quizás eran demasiado pequeños para ejercer tal fe. El Señor simplemente estaba diciendo que esos niños, representantes de todos los niños, eran una imagen de la humildad, la dependencia, y la confianza de aquellos que en cualquier edad entrarían a su **reino.**

El reino de los cielos es la esfera del gobierno de Dios en Cristo a través de la misericordiosa salvación. Para aquellos que han llegado a la edad en que la fe salvadora personal puede ejercerse, al reino se entra solo por un entendimiento divinamente iluminado de lo que significa confiar en Jesucristo como Señor y Salvador. **De los tales** implica aquellos que, debido a edad joven o deficiencia mental, son incapaces de ejercer fe salvadora, y a quienes Dios les concede en caso de muerte la entrada al **reino** por la operación soberana de la gracia divina. Cuando los niños mueren antes de llegar a la edad de decisión van a la presencia de Jesucristo, porque están bajo la protección especial del Rey soberano.

Fue esa verdad gloriosa y consoladora la que David expresó al perder al bebé que le nació de Betsabé. Así dijo: "Yo voy a él, mas él no volverá a mí" (2 S. 12.23). Aunque esa declaración podría indicar poco más que una renuncia a la entrada de ambos al reino de la muerte, los pronombres personales *yo* y *él,* así como la confianza de David en la vida venidera (véase Hch. 2:25-28; Sal. 16:8-11), dan credibilidad a la idea de que tenía confianza en la conciencia personal e identidad en la vida futura. David sabía que él mismo le pertenecía a Dios y que un día iba a entrar en su presencia, y tenía igual confianza en que cuando entrara a la presencia del Señor se encontraría con el hijo pequeño que lo había precedido allí.

No es que los niños pequeños sean regenerados y luego pierdan la salvación si más tarde no reciben a Cristo como Señor y Salvador. Más bien es que la muerte expiatoria del Señor se aplica a favor de ellos si mueren antes de que puedan elegir por su cuenta. Podría ser que la tasa de mortalidad infantil sea tan alta en muchas naciones donde el evangelio aún no ha penetrado, debido a que el Señor está tomando para sí mismo a esos pequeños antes de que puedan crecer en una cultura en que es muy difícil encontrar el evangelio y creer.

No obstante, qué responsabilidad tan grande tienen los padres cristianos que deben asegurarse de que a sus hijos se les enseñe acerca de Cristo y se les lleve a recibirlo como Salvador cuando puedan ejercer fe salvadora.

Tal como solicitaron los padres de los niños, Jesús puso **sobre ellos las manos** y los bendijo. En el relato que Marcos hace de este incidente (10:16), la forma griega detrás de "bendecía" es intensa, indicando un fervor apasionado. Jesús debió haber sonreído con infinita bondad cuando miraba los rostros de esos pequeños. No conocemos la naturaleza específica de la bendición que les dio, pero podemos conjeturar la promesa de la provisión de Dios a favor de los niños y el cuidado que Dios tiene de cada uno de ellos.

Lucas informa lo que Jesús declaró, tal como había hecho poco tiempo antes: "De cierto os digo, que el que no recibe el reino de Dios como un niño, no entrará en él" (Lc. 18:17; cp. Mt. 18:3). En otras palabras, el reino está poblado solo por dos tipos de súbditos: los que mueren siendo pequeños, y los que llegan en la actitud humilde y confiada de los niños pequeños. Solo entran al reino de Dios los que llegan a Él en la sencillez, la apertura, la dependencia, la falta de pretensión, y la falta de hipocresía de niños pequeños. Según comentara Juan Calvino, "el paso se amplía para dar la ciudadanía del reino tanto a los niños como a los que son como ellos".

Hace algunos años un joven hindú del sur de India llamado Paul Pillai se convirtió a Cristo y recibió el llamado de alcanzar con el evangelio la parte norte de su nación. Después de asistir al seminario en los Estados Unidos regresó a la India y fundó la universidad bíblica de la gracia, dedicada únicamente a preparar jóvenes llamados al ministerio.

Después de graduarse, la institución ayuda a los estudiantes durante seis meses a establecer una iglesia local en una aldea o ciudad. No obstante, uno de sus medios más eficaces de ganar convertidos es un hogar de niños. Niños huérfanos y abandonados son llevados al hogar, donde se les alimenta, viste y protege. Asisten a escuelas públicas para mantener la identidad con su propia cultura, pero también se les da estudios concentrados en la Palabra de Dios. Aunque es muy difícil evangelizar a hindús adultos y musulmanes, esos niños jóvenes están abiertos al evangelio, y muchos de ellos confiesan a Cristo como Señor y Salvador. Un gran porcentaje de los niños de ese hogar asisten después a la universidad bíblica y se vuelven evangelistas y pastores eficaces. Debido a que fueron alcanzados con el evangelio a temprana edad, están abiertos y sensibles a las afirmaciones de Cristo.

Cinco palabras clave pueden ser útiles para dar guía a los padres y obreros cristianos en llevar niños a Cristo. La primera palabra es *recordar*. Debemos recordar que cada niño es creado por Dios, y en ese sentido ya le pertenece. El salmista declaró: "Tú formaste mis entrañas; tú me hiciste en el vientre de mi madre... formidables, maravillosas son tus obras" (Sal. 139:13-14). "Herencia de Jehová son los hijos; cosa de estima el fruto del vientre", dados a los padres como bendiciones misericordiosas (Sal. 127:3). El plan y el deseo de Dios es que todo niño le sea devuelto para que Él pueda usarlo. En Proverbios se nos dice: "Instruye al niño en su camino, y aun cuando fuere viejo no se apartará de él" (Pr. 22:6).

Una segunda palabra clave es *enseñar*. Los padres cristianos tienen el alto llamado de criar a sus hijos "en disciplina y amonestación del Señor" (Ef. 6:4). Timoteo se volvió especialmente útil para el Señor y para el apóstol Pablo debido en parte a que desde su infancia su madre Eunice y su abuela Loida le enseñaron "las Sagradas Escrituras, las cuales... pueden hacer sabio para la salvación por la fe que es en Cristo Jesús" (2 Ti. 3:15; cp. 1:5).

Ese modelo para la instrucción espiritual fue establecido a principios de la historia de Israel. Dios mandó a su pueblo por medio de Moisés que creyera y adorara en la manera correcta: "Oye, Israel: Jehová nuestro Dios, Jehová uno es" (Dt. 6:4). También les ordenó aceptar esa verdad de modo personal y sincero con absoluta convicción y devoción: "Y amarás a Jehová tu Dios de todo tu corazón, y de toda tu alma, y con todas tus fuerzas. Y estas palabras que yo te mando hoy, estarán sobre tu corazón" (vv. 5-6). Más que eso, se les ordenó enseñar la verdad divina y la obediencia a sus hijos, hablando de estas cosas en la casa y en la comunidad, desde el momento que se levantan hasta que se acuestan (v. 7). Debían enseñar a sus hijos la Palabra de Dios y ejemplificarla delante de ellos.

Por importantes y especiales como son los tiempos de estudio bíblico y oración familiar, solo una vida piadosa coherente por parte de los padres clarificará y cimentará la Palabra de Dios en las mentes, los corazones, y las vidas de sus hijos. Los padres también deben proporcionar recordatorios visuales de la Palabra de Dios. Así como los israelitas debían atarse la Palabra de Dios a sus manos y frentes, y escribirla en las columnas y las puertas (Dt. 6:8-9). Así también los padres cristianos pueden tener versículos bíblicos y placas en toda la casa para reforzar verdades bíblicas. Cuando se cantan historias y verdades de la Biblia se añade un refuerzo adicional.

En ese pasaje de Deuteronomio Dios hizo a los israelitas de antaño una advertencia definitiva de no olvidarse de Él ni de su Palabra después que hubieran entrado a la tierra prometida y se saciaran con las bendiciones materiales: "Cuídate de no olvidarte de Jehová, que te sacó de la tierra de Egipto, de casa de servidumbre" y "no andaréis en pos de dioses ajenos, de los dioses de los pueblos que están en vuestros contornos" (6:12, 14). Al igual que sus padres, los hijos deben cuidarse de los muchos dioses falsos con que el mundo los aleja del Señor.

Una tercera palabra clave es *modelar*. Los hijos no solo necesitan preceptos piadosos sino modelos piadosos. El sacerdote Elí fue un ejemplo negativo para sus dos hijos. Siguiendo el ejemplo impío de la vida de su padre se fueron aún más a los extremos de inmoralidad y sacrilegio. Cuando Elí los reprendió, ellos no prestaron atención, en parte debido a que el reproche fue débil y muy suave, y en parte porque no le tenían respeto debido a la propia vida acomodada de Elí (1 S. 2:12-25).

De manera similar, incluso el gran David no fue un buen ejemplo para sus hijos. Su hijo Absalón fue tan malvado y rebelde que trató de matar a su padre y usurparle el trono. Su hijo Salomón tomó cientos de esposas y concubinas, incluso muchas extranjeras cuyas costumbres paganas lo alejaron de la lealtad al Señor. No solo resultó destrozada la familia de Salomón sino también el reino. El rey Ezequías desobedeció la enseñanza de Dios al mostrar los tesoros reales al rey de Babilonia, y su hijo Manasés superó la transigencia de su padre y abandonó por completo la ley de Dios.

En un escrito en la revista *Eternity* (mayo, 1979, p. 35), Tom Cowan observó:

> Los padres deben ser conscientes del valor personal de la verdad por su propio bien y no solo por el bien de sus hijos. Simplemente no podemos hacer creer una verdad a los hijos porque sea buena para ellos. Sus espíritus perceptivos sentirán cuándo están haciendo algo para maquinar o manipular cierta respuesta. En lugar de eso está la autenticidad del compromiso de los padres con la verdad aparte de las vidas de los hijos que produce la libertad para participarles y transmitirles esa verdad. En otras palabras, un motivo maduro para transmitir esa verdad es que como padre procuro que esa verdad tenga valor para mi vida, independientemente de mis hijos y de la respuesta que den a esa verdad.

Una cuarta palabra clave es *amar,* a todas luces tan fundamental que poco hay que decir al respecto. Solamente los padres que llenos de ternura lloran con sus hijos, se regocijan con ellos, se conduelen con ellos, les sirven con desinterés, les muestran afecto auténtico, y se sacrifican por ellos influirán de manera eficaz en ellos con relación a las cosas del Señor.

Una última palabra clave es *confiar.* Después que los padres han hecho todo lo humanamente posible para criar a sus hijos en el camino del Señor, en última instancia deben confiar en que Él haga fructíferos esos esfuerzos. Solamente el Espíritu Santo puede escudriñar el corazón humano, incluso el corazón de un niño, y solamente su poder puede dar vida espiritual y fortalecer fidelidad espiritual.

Cómo obtener la vida eterna 105

Entonces vino uno y le dijo: Maestro bueno, ¿qué bien haré para tener la vida eterna? Él le dijo: ¿Por qué me llamas bueno? Ninguno hay bueno sino uno: Dios. Mas si quieres entrar en la vida, guarda los mandamientos. Le dijo: ¿Cuáles? Y Jesús dijo: No matarás. No adulterarás. No hurtarás. No dirás falso testimonio. Honra a tu padre y a tu madre; y, Amarás a tu prójimo como a ti mismo. El joven le dijo: Todo esto lo he guardado desde mi juventud. ¿Qué más me falta? Jesús le dijo: Si quieres ser perfecto, anda, vende lo que tienes, y dalo a los pobres, y tendrás tesoro en el cielo; y ven y sígueme. Oyendo el joven esta palabra, se fue triste, porque tenía muchas posesiones. (19:16-22)

Al principio podríamos preguntar qué tipo de recomendación Jesús intentaba dar a este hombre que se le acercó. La verdad se resume en la afirmación que el Señor hiciera en otra ocasión: "Así, pues, cualquiera de vosotros que no renuncia a todo lo que posee, no puede ser mi discípulo" (Lc. 14:33).

Hace algunos años el joven sentado a mi lado en un avión me preguntó: "Señor, ¿sabe usted cómo yo podría tener una relación personal con Jesucristo?". Un tanto sorprendido por su apertura y aparente disposición hacia la salvación, le dije que él debía recibir a Jesucristo como Señor y Salvador. Contestó: "Me gustaría hacerlo", entonces oramos y nos alegramos juntos por su decisión. El joven estaba en su camino hacia un nuevo trabajo cerca de nuestra iglesia, así que fue bautizado y comenzó a asistir a las reuniones. Pero unos meses después quedé muy desilusionado al descubrir que él no había desarrollado ningún interés en absoluto por las cosas del Señor, y que estaba viviendo de tal manera que era evidente que no había sido transformado. Pronto desapareció de la iglesia y nunca regresó.

Todo aquel que se ha esforzad en dar testimonio personal se ha encontrado con personas que hacen profesión de fe en Cristo, pero cuyas vidas posteriores no muestran cambio en actitudes o comportamiento. Y cuando no dan evidencia de amor por Dios y por Cristo, no muestran ningún interés en la Biblia, en la oración, o en la comunión con el pueblo de Dios, no existe una buena razón para creer que incluso fueron salvos.

Nuestro Señor puso a prueba a este joven, quien tuvo que tomar una decisión entre Cristo, y sus posesiones y su pecado, y no pasó la prueba. No importa lo que pudiera haber creído, ya que no estaba dispuesto a abandonarlo todo, él no podía ser un discípulo de Cristo. La salvación es para aquellos que están dispuestos a renunciar a todo.

El incidente relatado en Mateo 19:16-22 ofrece una idea de cómo algunas personas que muestran gran interés en el evangelio nunca llegan a tener una relación salvadora con Jesucristo. Este joven se alejó de Cristo no porque hubiera oído el mensaje equivocado, o porque no creyera, sino porque no estuvo dispuesto a admitir su pecado, a renunciar a todo lo que tenía, y a obedecer a Cristo como Señor.

LA PETICIÓN HECHA A JESÚS

Entonces vino uno y le dijo: Maestro bueno, ¿qué bien haré para tener la vida eterna? (19:16)

Por el versículo 20 sabemos que el **uno** que **vino** a Jesús era un joven, y en el versículo 22 nos enteramos que tenía muchas posesiones. Lucas nos informa que también era principal (18:18), tal vez el encargado de una sinagoga, un cargo de honra especial para un hombre joven. Se trataba de un líder religioso devoto, sincero, acaudalado, distinguido e influyente. Lo tenía todo. **Entonces** sugiere lo extraordinario e inesperado que fue que él admitiera que carecía de vida eterna y que acudiera a Jesús para encontrarla.

A medida que analizamos este encuentro único se clarifican varios factores. Primero, el joven buscaba de verdad la **vida eterna,** motivado por su sentido de necesidad de una verdadera esperanza espiritual. El término *vida eterna* se utiliza unas cincuenta veces en la Biblia, y siempre se refiere principalmente a calidad en lugar de cantidad. Aunque es obvio que **vida eterna** transmite la idea de estar en una realidad perpetua, no se refiere tan solo a existencia sin fin. Incluso los antiguos paganos sabían que una simple existencia sin fin no sería necesariamente deseable. Según la mitología griega, Aurora la diosa del amanecer se enamoró de un joven mortal llamado Titono. Cuando Zeus ofreció darle lo que ella quisiera para su amante humano, Aurora pidió que él nunca muriera. El deseo fue concedido, pero debido a que ella no pidió que Titono permaneciera joven para siempre, este se volvió cada vez más viejo y decrépito. En lugar de ser bendecido, fue maldecido a degeneración perpetua.

Si, como William Hendriksen observa de forma perspicaz: "'Vida' significa la respuesta activa al entorno de alguien", entonces **vida eterna** debe significar respuesta activa a lo que es eterno, concretamente el reino celestial de Dios. Así como la vida física es la capacidad de vivir, moverse y responder en el mundo físico, la **vida eterna** es la capacidad de vivir, moverse y responder en el mundo celestial.

Vida eterna es ante todo una calidad de existencia, la capacidad divinamente provista de estar vivos para Dios y los asuntos de Dios. Los judíos la veían como aquello que llena el corazón con esperanza de vida después de la muerte. La persona no salva está espiritualmente viva solo para pecar. Pero cuando recibe a Cristo como Señor y Salvador llega a estar vivo para Dios y la justicia (Ro. 6:1-13). Esa es la esencia de la **vida eterna,** la **vida** del propio Hijo de Dios que mora dentro de nosotros.

El joven rico tal vez no comprendió el significado total de lo que había pedido, pero comprendió que se trataba de una dimensión importante para su vida actual, religiosa y prestigiosa como era, que él no tenía. A pesar de su posición elevada delante de los hombres, él sabía que no tenía la paz, el descanso, la esperanza, la seguridad, y el gozo dados por Dios de los que hablaron los salmistas y los profetas. Pudo haber sentido que necesitaba una relación más cercana con Dios de la que ya tenía. Por el simple hecho de hacerle esa pregunta a Jesús mostró que estaba más allá de la religiosidad hipócrita de los escribas y fariseos. Reconoció una profunda necesidad espiritual que, a pesar todos sus esfuerzos religiosos, no estaba satisfecha. Estaba consciente de no tener la vida de Dios que satisface aquí y ahora, y que brinda esperanza para la vida venidera.

El hecho de que se acercara a Jesús en público y le hiciera una pregunta tan personal y reveladora muestra la sinceridad del hombre. No fue arrogante ni presumido, sino que con humildad decidió encontrar satisfacción para la abrumadora necesidad que sentía en su vida, y no le importó lo que las personas a su alrededor pudieran haber pensado.

El joven rico no solo estaba consciente de su necesidad, sino que la sentía profundamente, y eso lo desesperaba. Sin embargo, muchas personas que admiten no tener **vida eterna** no sienten necesidad de ella. Saben que no están vivas para Dios y no les importa. Saben que sus vidas no tienen una dimensión divina, pero consideran ese hecho como algo irrelevante y de poca importancia. No tienen esperanza por la vida venidera, sino que están perfectamente contentos con permanecer como están.

El joven sintió su necesidad de manera tan consciente que cuando oyó que Jesús estaba en las cercanías "vino… corriendo, e [hincó] la rodilla delante de él" (Mr. 10:17). No podía esperar para preguntarle a este gran Maestro cómo hallar la respuesta a su profundo anhelo. No le avergonzó el hecho de ser conocido y respetado por la mayoría de personas que se agolpaban alrededor de Jesús. No le importó el riesgo de quedar mal delante de quienes quizás ya lo consideraban realizado religiosamente y favorecido de modo especial por Dios.

A pesar de que tal vez se hallaba en medio de la multitud de padres que habían llevado a sus hijos pequeños para que recibieran bendición especial, este hombre no se avergonzó de pedir una bendición para sí mismo. En realidad le estaba diciendo a Jesús: "Necesito tu ayuda tanto como estos pequeños". Al igual que los niños que le presentaban al Señor para que los tomara en brazos, el joven rico se presentó hincando la rodilla delante de Él. Se postró delante del Señor en una posición de humildad. Parecía serio, sincero, muy motivado, y ansioso.

Este joven rico vino buscando lo correcto —vida eterna— y acudió al Único que podía concederla. Desde luego que Jesús no solo es el camino hacia la **vida eterna,** sino que Él mismo es esa vida. Juan declara: "Dios nos ha dado vida eterna; y esta vida está en su Hijo", quien "es el verdadero Dios, y la vida eterna" (1 Jn. 5:11, 20). No hay nada de malo con esta motivación, porque sin duda es bueno querer tener vida eterna.

Al dirigirse a Jesús como **Maestro** (*didaskalos*), el joven rico lo reconoció como un rabino respetado, una autoridad en el Antiguo Testamento, un maestro de la verdad divina. A pesar de que los otros dos evangelios sinópticos también informan que el hombre llamó **bueno** a Jesús (véase Mr. 10:17; Lc. 18:18), no existe razón alguna para creer que lo considerara como el Mesías prometido e Hijo de Dios. Pero es evidente que creyó que Jesús tenía un rango de carácter justo por encima de los rabinos típicos. La autoridad de la enseñanza y el poder del Señor para hacer milagros sin duda lo calificaban como alguien que conocía el camino hacia la **vida eterna.** Aunque el joven no reconoció que Jesús era el Mesías y Dios en la carne, había acudido a la persona adecuada (cp. Hch. 4:12).

No solo que el joven rico se presentó ante la fuente correcta, sino que hizo la pregunta correcta: **¿qué bien haré para tener la vida eterna?** Muchos intérpretes han criticado al hombre por preguntar qué debía hacer, sugiriendo que la pregunta estaba orientada en obras. Sin lugar a dudas estaba empapado del sistema legal farisaico que había llegado a dominar al judaísmo, y el individuo había sido entrenado para pensar que hacer cosas religiosas era la manera de ganar el favor divino. Pero tomada al pie de la letra esta pregunta era legítima. Hay algo que debemos hacer con el fin de llegar a Dios. Cuando el gentío cerca de Capernaúm le preguntó a Jesús: "¿Qué debemos hacer para poner en práctica las obras de Dios?", Él contestó: "Esta es la obra de Dios, que creáis en el que él ha enviado" (Jn. 6:28-29).

La intención fundamental de la pregunta era descubrir cómo **tener la vida eterna,** y esa es la pregunta más importante que una persona puede hacer. Todo el propósito de la evangelización es llevar personas perdidas a Jesucristo a fin de que puedan **tener la vida eterna.** El mismo propósito y significado de la salvación es producir **vida eterna** en aquellos que a causa del pecado enfrentan muerte eterna (Ro. 6:23).

El tema en esta ocasión era la salvación del hombre, no algún nivel superior de discipulado posterior a la salvación. La mayor parte de la obra de evangelización es llevar a las personas al punto en que sientan su necesidad de salvación, pero este joven rico ya se hallaba allí. Estaba listo para firmar la tarjeta, levantar la mano, recorrer el pasillo, o cualquier otra cosa. Estaba maduro y deseoso, era lo que los evangelistas modernos considerarían un "prospecto importante".

LA RESPUESTA DE JESÚS

Él le dijo: ¿Por qué me llamas bueno? Ninguno hay bueno sino uno: Dios. Mas si quieres entrar en la vida, guarda los mandamientos. Le dijo: ¿Cuáles? Y Jesús dijo: No matarás. No adulterarás. No hurtarás. No dirás falso testimonio. Honra a tu padre y a tu madre; y, Amarás a tu prójimo como a ti mismo. (19:17-19)

La respuesta de Jesús es aún más asombrosa que la petición del hombre. **Él le dijo: ¿Por qué me llamas bueno? Ninguno hay bueno sino uno: Dios. Mas si quieres entrar en la vida, guarda los mandamientos.**

En lugar de tomarle la palabra al joven y pedirle que "haga una decisión por Cristo", Jesús profundizó mucho más en investigar el estado del corazón del individuo y probar el verdadero propósito y la verdadera motivación que tenía. En vez de alegrarse porque el hombre al parecer estaba dispuesto a recibir vida eterna y animarlo tan solo a hacer una oración o afirmarle la fe, Jesús le hizo a su vez una pregunta que fue muy desconcertante.

Las repentinas y al parecer evasivas palabras del Señor: **¿Por qué me llamas bueno?** revelan que había leído el corazón del hombre. Este había preguntado de modo verbal acerca de la vida eterna, y en su corazón estaba anhelando saber qué buenas obras podrían producirle esa vida. El comentario de Jesús, **ninguno hay bueno sino uno: Dios,** fue quizás una manera para descubrir quién creía el hombre que era Jesús. ¿Se dio cuenta de que Aquel a quien le estaba preguntando acerca de lo que es **bueno** era el único **bueno,** es decir **Dios**? ¿Había venido a Jesús por ayuda divina porque creía que Él mismo era divino? Debido a que el hombre no dio respuesta con relación a que **ninguno hay bueno,** parece seguro que veía a Jesús solo como un maestro humano dotado de manera especial. En realidad había acudido a la fuente correcta para la respuesta a su pregunta y la satisfacción de su necesidad, pero no reconoció esa Fuente por lo que realmente era.

Jesús no respondió mostrando al instante el camino de salvación debido a que el hombre estaba pasando por alto una cualidad esencial. Le faltaba la sensación de su propia pecaminosidad, y Jesús debió señalársela.

El siguiente comentario de Jesús, **Mas si quieres entrar en la vida, guarda los mandamientos,** era más que conocido para el joven rico. A los judíos se les enseñaba durante toda su existencia que la manera de **entrar en la vida** era a través de la obediencia a **los mandamientos** de Dios. Levítico 18:5 se refiere claramente a esa verdad: "Por tanto, guardaréis mis estatutos y mis ordenanzas, los cuales haciendo el hombre, vivirá en ellos. Yo Jehová" (cp. Ez. 20:11). Tal vez Jesús simplemente estaba diciéndole al hombre: "Tú sabes qué hacer. ¿Por qué estás preguntándome? No te han enseñado algo que no esté escrito en las Escrituras. Eres un judío erudito y dedicado, y sabes lo que la ley de Dios requiere. Ve y haz eso".

Juzgado por los principios y las estrategias de gran parte de la evangelización moderna, Jesús parece haber cometido una equivocación grave e insensible. No solo no aprovechó la obvia disposición del joven rico para hacerle tomar una decisión, sino que incluso pareció estar enseñando justicia por medio de obras.

Sin embargo, Jesús sabía que el corazón de este hombre no estaba listo para creer en Él, así como los corazones de muchas personas que expresan gran interés en el Señor no están listas para creer. El hombre tenía un anhelo profundo por algo importante en su vida que sabía que le faltaba. Sin duda sentía ansiedad y frustración y ansiaba paz, gozo, esperanza y confianza. Quería todas las bendiciones internas del Antiguo Testamento asociadas con la vida espiritual. Deseaba las bendiciones de Dios, pero no ansiaba a Dios. Quería saber **qué bien** debía hacer, pero no quería conocer al único que **hay bueno.**

A lo largo de la historia, y con toda certeza en nuestra propia época, la Iglesia ha presenciado muchos principios y métodos cuestionables de evangelización, a menudo ejercidos con sinceridad y buena intención. Un énfasis indebido en acciones externas como levantar manos, firmar tarjetas, y decisiones verbales pueden llevar a muchas personas (obreros cristianos y convertidos profesos por igual) a creer que la salvación ha tenido lugar cuando no es así. Una decisión prematura e incompleta no es una decisión que Cristo reconozca como válida.

El evangelio no es un medio de añadir algo mejor a lo que ya se tiene, un medio de complementar esfuerzos humanos con divinos. No es simplemente un modo de satisfacer necesidades psicológicas, por reales y significativas que estas puedan ser. Jesús no murió simplemente para hacer que las personas se sientan mejor aliviándoles sus frustraciones y ansiedades. Y el alivio de esos sentimientos no es evidencia segura de salvación.

Muchas personas tan solo están buscando soluciones para las necesidades que sienten, pero eso no es suficiente para brindarles salvación legítima. De ahí que Jesús no ofreciera ningún alivio para las necesidades del joven rico. Al contrario, dio una respuesta diseñada para enfrentarlo con la realidad de que era una ofensa viviente para el Dios santo. La evangelización apropiada debe llevar al pecador a medirse contra la ley perfecta de Dios a fin de que pueda ver su carencia. La salvación es para aquellos que aborrecen sus pecados.

El joven rico debió haber parecido más que un poco perplejo cuando casi de modo retórico preguntó: **¿Cuáles?** La implicación parece haber sido: "He leído los mandamientos muchas veces. Los aprendí de memoria desde niño, y desde entonces he guardado con cuidado cada uno de ellos. ¿Cómo se me pudo haber pasado por alto alguno? **¿Cuáles** podrías posiblemente tener en mente?".

Jesús respondió citando cinco de los Diez Mandamientos: **No matarás. No adulterarás. No hurtarás. No dirás falso testimonio. Y Honra a tu padre y a tu madre** (véase Éx. 20:12-16). Entonces agregó el segundo más grande mandamiento: **Amarás a tu prójimo como a ti mismo** (Lv. 19:18; cp. Mt. 22:39).

No hay palabras en las Escrituras que habrían sido más conocidas para el joven rico que esas. Pero este otra vez pasó por alto el propósito de Jesús. Así como no reconoció que Aquel a quien le hablaba era el mismo Dios y la fuente de la vida eterna, tampoco vio que esos mandamientos tan conocidos, y todos los demás mandatos, no podían proporcionar la vida que señalaban. Si una persona pudiera guardar a la perfección todos los mandamientos a lo largo de toda su vida, en realidad tendría vida, tal como Jesús había afirmado (v. 17). No obstante, lo que el Señor estaba tratando de mostrarle al hombre es que nadie puede guardar a la perfección todos los mandamientos, ni siquiera uno de ellos.

El Señor no mencionó los cuatro primeros de los Diez Mandamientos, que se centran en la actitud del ser humano hacia Dios (Éx. 20:3-11), o el primero y más grande mandamiento: "Amarás a Jehová tu Dios de todo tu corazón, y de toda tu alma, y con todas tus fuerzas" (Dt. 6:5; cp. Mt. 22:38). Esos mandamientos son aún más imposibles de guardar que los que Jesús citó. Por tanto, el Señor retó al joven rico con los menos imposible de los mandamientos, por así decirlo.

LA RESPUESTA DADA A JESÚS

El joven le dijo: Todo esto lo he guardado desde mi juventud. ¿Qué más me falta? Jesús le dijo: Si quieres ser perfecto, anda, vende lo que tienes, y dalo a los pobres, y tendrás tesoro en el cielo; y ven y sígueme. Oyendo el joven esta palabra, se fue triste, porque tenía muchas posesiones. (19:20-22)

La respuesta del hombre, **Todo esto lo he guardado desde mi juventud. ¿Qué más me falta?**, tal vez era sincera, pero estaba lejos de ser cierta. Al igual que la mayoría de escribas y fariseos, él estaba convencido en su propia mente de que había **guardado** toda la ley de Dios. Le manifestó, por tanto, a Jesús: "Maestro, todo esto lo he guardado desde mi juventud" (Mr. 10:20). Debido a que los mandamientos relacionados con actitudes hacia Dios eran tan conocidos para el hombre como aquel que Jesús citó, es obvio que pensaba que también los había cumplido. Su punto de vista de la ley era totalmente superficial y orientado en el hombre. Puesto que no había cometido adulterio o asesinato físico, y ya que no era un mentiroso o ladrón y no blasfemaba el nombre del Señor ni adoraba ídolos, se veía como alguien prácticamente perfecto ante los ojos de Dios.

Al preguntar, **¿Qué más me falta?**, dio a entender que debió haber habido algún mandamiento del que nunca había oído hablar, o que se requería algo además de la ley para obtener vida eterna. Sencillamente no se le ocurrió que no había obedecido ninguna parte de la ley conocida de Dios. Debido a que su vida exterior y humanamente observada era íntegra y religiosa, nunca sospechó que su vida interior y divinamente observada estaba llena "de huesos de muertos y de toda inmundicia" (Mt. 23:27). No admitiría en su fuero interno que la lujuria era una forma de adulterio, que el odio es una forma de asesinato, o que jurar por cualquier cosa en el cielo o en la tierra es una forma de tomar en vano el nombre del Señor (Mt. 5:22, 28, 34-35). Y desde luego que no se le ocurrió que "cualquiera que guardare toda la ley, pero ofendiere en un punto, se hace culpable de todos" (Stg. 2:10).

Al igual que la mayoría de sus contemporáneos judíos, el hombre falló por completo en ver que los mandamientos de la ley mosaica no fueron dados como medios para cumplir humanamente la norma de justicia de Dios, sino como imágenes de esa justicia. La ley también fue dada para mostrar a los hombres cuán imposible es vivir en el propio poder humano a la altura de las normas divinas de justicia. La obediencia a la ley siempre es imperfecta porque el corazón humano es imperfecto.

Una de las mayores maldiciones del pecado es la ceguera espiritual y moral que produce. No parecería requerir revelación especial de Dios para los hombres darse cuenta de que hasta los mandamientos que se refieren a su relación con otros seres humanos son imposibles de guardar a la perfección. ¿Qué persona realmente sincera afirmaría que nunca ha dicho una sola mentira de cualquier clase, que nunca codició algo que le perteneciera a alguien más, y que siempre trató a sus padres con respeto y honra, y mucho menos que siempre ha amado al prójimo como se amaba a sí misma? Sin embargo, una de las principales estrategias de Satanás es cegar a los pecadores a su pecado; y ya que el orgullo está en el núcleo de todo pecado, hay una tendencia natural hacia el autoengaño. Además, nada es más eficaz para producir autoengaño que las obras de justicia, las cuales son la base de toda religión hecha por el hombre, incluso la religión dada por Dios pero humanamente corrompida del judaísmo del siglo i.

El joven rico era consciente de lo que *no tenía* y que necesitaba recibir, es decir, la vida eterna. Pero no estaba dispuesto a admitir lo que *sí tenía* y de lo que debía deshacerse, es decir, el pecado. También tenía demasiado orgullo espiritual para reconocer que era pecador por naturaleza, que toda su vida no estaba a la altura de la santidad de Dios, y que era una ofensa para el Señor. El deseo que tenía de vida eterna se centraba por completo en sus propias necesidades y los propios anhelos que sentía.

El hombre no tenía ningún desprecio por aquellos pecados que necesitaban perdón, y ninguna admisión de que su corazón necesitaba limpieza. Por tanto, no estaba buscando lo que Dios debía hacer por él sino lo que él debía hacer por Dios. Al igual que la mayoría de judíos de su época, y como la mayoría de personas en todo tiempo y cultura, este joven creía que su destino estaba en sus propias manos y que si su suerte mejoraba tendría que ser por sus propios esfuerzos. Lo único que necesitaba de Jesús era otro mandamiento, otra fórmula, otro rito o ceremonia por medio de lo cual pudiera completar sus obligaciones religiosas y hacerse aceptable ante Dios.

Pero la salvación es para las personas que pierden la esperanza en sus propios esfuerzos, que comprenden que en sí mismas y por sí mismas son irremediablemente pecadoras e incapaces de mejorar. La salvación es para quienes se ven como violaciones vivientes de la santidad de Dios, y que confiesan su pecado y se vuelven de este, por lo cual se lanzan sobre la misericordia de Dios. La salvación es para aquellos que reconocen que no tienen absolutamente nada bueno que darle a Dios, y que cualquier bien que reciben o logran solo se debe a la soberana y compasiva provisión de Dios en Jesucristo.

Pablo dedica tres capítulos completos de Romanos a declarar la pecaminosidad del ser humano antes de analizar incluso el camino de salvación. Juan 1:17 declara: "La ley por medio de Moisés fue dada, pero la gracia y la verdad vinieron por medio de Jesucristo". La ley siempre precede a la gracia; es el ayo que lleva a Cristo (Gá. 3:24).

Jesús quitó el enfoque de las necesidades religiosas y psicológicas del joven, y lo puso en Dios. Intentó mostrarle que el verdadero problema en su vida no era su sensación de vacío e insatisfacción, por legítimos e importantes que son esos sentimientos. Su gran problema, del que surgen esas necesidades que se sienten, era su separación de Dios y su total incapacidad para reconciliarse con Él. La Biblia advierte: "Dios está airado contra el impío todos los días" (Sal. 7:11). En sí mismo este hombre no solo no estaba a la altura de las normas de justicia de Dios, sino que en realidad era un enemigo de Dios y estaba bajo la ira divina (Ro. 5:10; Ef. 2:3). Y Dios no salvará a aquellos que llegan a Él albergando pecado.

La evangelización o el testimonio personal que no confrontan a las personas con su total pecaminosidad e indefensión no son fieles al evangelio de Jesucristo, por mucho que invoquen el nombre y la Palabra de Dios. Una profesión de fe en Cristo que no incluya confesión y arrepentimiento de pecado no produce salvación, sin que importe lo agradable que pueda resultar la emoción. Decirle a un incrédulo que Dios tiene un plan maravilloso para su vida puede ser gravemente engañoso. Si el incrédulo se vuelve a Cristo y es salvo, Dios tiene de veras un plan maravilloso para él. Pero si no se vuelve a Cristo, el único plan de Dios para él es la condenación. De igual modo es engañoso y peligroso decirle a un incrédulo solamente que Dios lo ama, sin advertirle que a pesar de ese amor se encuentra bajo la ira de Dios y que está sentenciado al infierno.

La gracia de Dios no puede predicarse fielmente a los no creyentes a menos que se predique la ley divina y se ponga al descubierto la naturaleza corrupta del ser humano. Es imposible para una persona comprender de manera plena su necesidad de la gracia de Dios a menos que vea cuán horriblemente ha fallado a las normas de la ley de Dios. Es imposible para él darse cuenta de su necesidad de misericordia a menos que comprenda la magnitud de su culpa. Así comentó sabiamente Samuel Bolton: "Cuando veas que los hombres han sido heridos por la ley, entonces es el momento de verterles el aceite del evangelio".

Sin embargo, en lugar de resultar herido por la ley, el joven rico estaba satisfecho consigo mismo en cuanto a la ley. Con diligencia buscaba vida eterna, pero la buscaba en sus propios términos y su propio poder. No confesaría su pecado ni admitiría su pobreza espiritual. La confesión de pecado y el arrepentimiento del pecado son totalmente esenciales para la salvación. Juan el Bautista comenzó su ministerio predicando arrepentimiento (Mt. 3:2), Jesús empezó su ministerio predicando arrepentimiento (4:17), y tanto Pedro como Pablo comenzaron sus ministerios predicando arrepentimiento (Hch. 2:38; 26:20). Pedro incluso usó el arrepentimiento como un sinónimo para la salvación cuando escribió que "el Señor… es paciente para con nosotros, no queriendo que ninguno perezca, sino que todos procedan al arrepentimiento" (2 P. 3:9).

La verdadera convicción y confesión de pecado, y el arrepentimiento de este son obra del Espíritu Santo tanto como cualquier otra parte de la salvación (Jn. 6:44; 16:8-9). Son obras divinas de gracia, no obras de presalvación de esfuerzo humano. Pero, así como recibir a Cristo como Señor y Salvador exige la acción de la voluntad del creyente, también exige confesión y arrepentimiento. No es que un incrédulo deba entender todo acerca de la confesión, el arrepentimiento, o cualquier otro aspecto de la salvación. Una persona puede recibir auténticamente a Cristo como Señor y Salvador con muy poco conocimiento respecto a Dios y al evangelio. Pero la fe auténtica se caracteriza por la disposición de hacer cualquier cosa que el Señor requiere, así como la incredulidad se caracteriza por la falta de disposición para hacer lo que Él requiere.

En otro intento por hacer que el joven rico satisfecho de sí mismo enfrentara su verdadera condición espiritual, **Jesús le dijo: Si quieres ser perfecto, anda, vende lo que tienes, y dalo a los pobres, y tendrás tesoro en el cielo; y ven y sígueme.** En este contexto el término **perfecto** se usa como sinónimo para salvación, igual que se utiliza a menudo en el libro de Hebreos, donde la misma palabra griega básica se traduce "perfeccionó" y "perfectos" (véase 7:19; 10:1, 14; 12:23). Jesús estaba afirmando: "Si deseas realmente la vida eterna, prueba tu sinceridad vendiendo todo **lo que tienes y** dándoselo **a los pobres**". Si el hombre vivía de veras según la orden de la ley mosaica de amar a su prójimo, habría estado dispuesto a hacer lo que Jesús le ordenaba ahora. Su disposición de obedecer esa orden no merecería salvación, pero sería evidencia de que deseaba la salvación por sobre todo lo demás, como una perla de gran precio o un tesoro invaluable por los cuales ningún sacrificio podría ser demasiado (véase Mt. 13:44-46).

La prueba definitiva era si el hombre estaba dispuesto a obedecer al Señor o no. El problema real que Jesús le presentó fue: "¿Harás cualquier cosa que te pida, sea lo que sea? ¿Quién será el Señor de tu vida, tú o yo?". Eso tocó un punto sensible. Jesús exige ser el Señor, soberano sobre todo. No había mejor manera de averiguar si el hombre estaba dispuesto a aceptar la soberanía de Cristo que pedirle que renunciara a sus riquezas. El Señor le retó la riqueza para obligarlo a admitir qué era más valioso para él: Jesucristo y la vida eterna o su dinero y sus posesiones. Está claro que lo último era la prioridad del individuo, y por tanto perdió la salvación.

La primera parte del mandato de Jesús era posible cumplirla en el poder humano, pero el hombre se negó a cumplirla, no porque *no podía* sino porque *no quería*. No solo falló en guardar los mandamientos imposibles de Dios, sino que falló en guardar ese que era fácilmente posible, demostrando de modo concluyente que en realidad no quería hacer la voluntad perfecta de Dios y **ser** espiritualmente **perfecto.**

Marcos nos informa que cuando le dio este mandato al hombre, "Jesús, mirándole, le amó" (10:21). El Señor debió haber sentido por él lo mismo que sintió por Jerusalén cuando miró sobre esa gran ciudad y clamó: "¡Jerusalén, Jerusalén, que matas a los profetas, y apedreas a los que te son enviados! ¡Cuántas veces quise juntar a tus hijos, como la gallina a sus polluelos debajo de sus alas, y no quisiste!"

(Lc. 13:34). Jesús estaba acercándose al momento en que derramaría su propia sangre por los pecados del joven rico, por los de Jerusalén, y por los de todo el mundo. Pero por mucho que amara a este hombre y deseara que no pereciera, no podía salvarlo mientras se negara a admitir que estaba perdido. El Señor no puede hacer nada con una vida que no está rendida a Él, excepto condenarla.

Es posible que el hombre ni siquiera oyera cuando Jesús dijo: **Y ven y sígueme.** Quedó tan consternado por la orden de vender sus posesiones y dar el dinero a los pobres que el llamado de Jesús al discipulado no se le registró en su mente consciente. Ese llamado al discipulado siempre cae en oídos sordos cuando no hay disposición de renunciar a todo por Jesús (véase Mt. 8:19-22).

El joven no quería a Jesús como Señor o Salvador. No estuvo dispuesto a entregarle sus pecados para ser perdonado o que su vida fuera gobernada. Por tanto, cuando oyó **esta palabra** de parte de Jesús **se fue triste, porque tenía muchas posesiones.** Contrariamente a su propia autoevaluación, no estaba a la altura de ninguna ley de Dios, sino que era especialmente culpable en el ámbito del materialismo. Las **posesiones** que creía tener en realidad lo poseían, y prefirió ser siervo de ellas que de Jesús.

El hombre **se fue triste porque** aunque acudió a Jesús en busca de vida eterna, salió sin ella. No la deseaba por sobre las posesiones de su vida actual. Esperaba ganarse la salvación, pero no tanto como quería conservar sus **muchas propiedades.**

Zaqueo también era un hombre rico. Pero cuando Jesús lo llamó, "él descendió aprisa, y le recibió gozoso". De modo espontáneo se ofreció a hacer básicamente lo que Jesús le ordenó al joven rico que hiciera. Zaqueo declaró: "La mitad de mis bienes doy a los pobres; y si en algo he defraudado a alguno, se lo devuelvo cuadruplicado". Entonces Jesús le declaró: "Hoy ha venido la salvación a esta casa" (Lc. 19:5-9). Zaqueo no fue salvo a causa de su recién encontrada generosidad. Más bien su recién hallada generosidad fue evidencia de que fue salvo de veras. Como sugiere el versículo siguiente, Zaqueo fue salvo porque confesó que estaba perdido (v. 10).

Aunque todo pecado debe abandonarse por causa de Cristo, a menudo hay un pecado o un grupo de pecados a los que a un individuo le resulta difícil renunciar. En el caso de este **joven** fue el amor a sus riquezas y al prestigio relacionado con estas. La disposición de renunciar a sus **propiedades** no lo habría salvado, pero habría revelado un corazón que bajo la obra de convicción del Espíritu Santo estaba listo para la salvación.

Cuando Jesús declaró: "Cualquiera de vosotros que no renuncia a todo lo que posee, no puede ser mi discípulo" (Lc. 14:33), no estaba refiriéndose únicamente a las posesiones materiales. En algunas personas el obstáculo supremo para la salvación podría ser una profesión, un novio o novia incrédulos, o algún pecado apreciado. Muchos que materialmente son indigentes están tan lejos del reino como el joven rico. Sin embargo, si han de salvarse deben estar dispuestas a renunciar a cualquier cosa que poseen, aunque lo único que les queda sea el orgullo.

La salvación implica un compromiso de abandonar el pecado y seguir a Jesucristo a cualquier costo. Él no aceptará discípulos bajo ninguna otra condición. Una persona que no confiesa con su "boca que Jesús es el Señor, y [no cree en su] corazón que Dios le levantó de los muertos", no puede ser salva, "porque con el corazón se cree para justicia, pero con la boca se confiesa para salvación" (Ro. 10:9-10).

La pobreza de las riquezas y las riquezas de la pobreza

106

Entonces Jesús dijo a sus discípulos: De cierto os digo, que difícilmente entrará un rico en el reino de los cielos. Otra vez os digo, que es más fácil pasar un camello por el ojo de una aguja, que entrar un rico en el reino de Dios. Sus discípulos, oyendo esto, se asombraron en gran manera, diciendo: ¿Quién, pues, podrá ser salvo? Y mirándolos Jesús, les dijo: Para los hombres esto es imposible; mas para Dios todo es posible. Entonces respondiendo Pedro, le dijo: He aquí, nosotros lo hemos dejado todo, y te hemos seguido; ¿qué, pues, tendremos? Y Jesús les dijo: De cierto os digo que en la regeneración, cuando el Hijo del Hombre se siente en el trono de su gloria, vosotros que me habéis seguido también os sentaréis sobre doce tronos, para juzgar a las doce tribus de Israel. Y cualquiera que haya dejado casas, o hermanos, o hermanas, o padre, o madre, o mujer, o hijos, o tierras, por mi nombre, recibirá cien veces más, y heredará la vida eterna. (19:23-29)

El joven rico vino a Jesús en busca de vida eterna, pero las barreras de su egocentrismo y su justicia propia se interpusieron en el camino de recibirla (19:16-22). No quiso reconocer su necesidad de arrepentimiento y del perdón de Cristo, ni someterse a su señorío. Quería con sinceridad la vida eterna, pero quería aún más sus riquezas y su arrogancia moral. El que quiera algo más que a Cristo pierde a Cristo.

En el pasaje actual el Señor profundiza en el peligro espiritual de confiar en las riquezas materiales, y en las bendiciones espirituales que vienen al abandonar esas riquezas a causa de Él. Primero se enfoca en lo que podríamos llamar la pobreza de las riquezas (vv. 23-26) y después en las riquezas de la pobreza (vv. 27-29).

LA POBREZA DE LAS RIQUEZAS

Entonces Jesús dijo a sus discípulos: De cierto os digo, que difícilmente entrará un rico en el reino de los cielos. Otra vez os digo, que es más fácil pasar un camello por el ojo de una aguja, que entrar un rico en el reino de Dios. Sus discípulos, oyendo esto, se asombraron en gran manera, diciendo: ¿Quién, pues, podrá ser salvo? Y mirándolos Jesús, les dijo: Para los hombres esto es imposible; mas para Dios todo es posible. (19:23-26)

La expresión **de cierto os digo** era una figura retórica común usada para presentar una enseñanza de gran importancia. Transmite la idea de "Pongan atención especial a lo que voy a decir". La importante verdad que Jesús quería transmitir **a**

sus discípulos en este momento era que, tal como acababan de ver ejemplificado de modo trágico por el joven rico, **difícilmente entrará un rico en el reino de los cielos.**

El reino de los cielos se refiere a la esfera del gobierno misericordioso de Dios y es sinónimo del **reino de Dios**, según se desprende del hecho de que Jesús utiliza ambas frases en la misma declaración. En el período intertestamentario, la expresión **los cielos** se había convertido en un sustituto común judío para el nombre de pacto de Dios (Yahveh, Jehová), el cual preferían no pronunciar. En este contexto los términos también son sinónimos de vida eterna, que era lo que el joven rico estaba buscando (v. 16), y por tanto también de salvación. Tras el incidente de ese joven, cuya riqueza fue para él un obstáculo impenetrable para recibir a Cristo como Señor y Salvador, Jesús explicó a los doce el peligro eterno de confiar en las posesiones materiales.

En varias ocasiones el Señor recalcó que seguirlo requería disposición para sacrificar todo lo que alguien tenía en cuanto a lo económico, personal, social y todo lo demás. Él enseñó: "El que ama a padre o madre más que a mí, no es digno de mí; el que ama a hijo o hija más que a mí, no es digno de mí; y el que no toma su cruz y sigue en pos de mí, no es digno de mí. El que halla su vida, la perderá; y el que pierde su vida por causa de mí, la hallará" (Mt. 10:37-39). Una persona debe anhelar la salvación más que todo lo demás, por lo cual ningún sacrificio es demasiado grande por causa de Cristo. Por tal razón es que "estrecha es la puerta, y angosto el camino que lleva a la vida, y pocos son los que la hallan" (Mt. 7:14).

Duskolōs (**difícilmente**) se usa en el Nuevo Testamento solo aquí y en los relatos sinópticos paralelos (Mr. 10:23; Lc. 18:24). Jesús sigue explicando que en lo que respecta a la entrada de **un rico en el reino de los cielos, difícilmente** equivale a imposible: **Otra vez os digo, que es más fácil pasar un camello por el ojo de una aguja, que entrar un rico en el reino de Dios.**

La expresión **es más fácil pasar un camello por el ojo de una aguja** era una expresión coloquial judía para lo imposible. Quizás era una forma modificada de una expresión persa para imposibilidad, "es más fácil hacer pasar a un elefante por el ojo de una aguja", que se cita en el Talmud. Al ser el animal más grande en Palestina, el camello fue sustituido por el elefante.

Algunas personas se han confundido por este texto, creyendo que al parecer dice que los ricos no tienen esperanza de salvación. Por eso a fin de hacer que la expresión signifique algo difícil pero no imposible, algunos intérpretes han sugerido numerosas explicaciones, muchas de ellas rebuscadas. Hay quienes proponen que había una puerta pequeña en el antiguo muro de Jerusalén llamada el Ojo de la Aguja. Suponían que para que un camello pudiera atravesarla debían descargarlo por completo y luego hacer que se arrastrara sobre las rodillas. Pero ni el dicho persa ni el judío usaban el término puerta, y ninguna puerta en Jerusalén se menciona por nombre en ningún registro histórico o arqueológico existente. En cualquier caso, ninguna persona sensata se pondría en tremendo problema cuando muy bien podía llevar su camello unos cientos de metros más allá del muro y hacerlo pasar por un portón más grande.

Otros eruditos han sugerido que un escriba cambió por error la palabra griega *kamilos* (una gran cuerda o cable) por *kamēlos* (un camello). Pero una gran cuerda también sería imposible de hacerla pasar por el ojo de una aguja. Más que eso, es difícil concebir que todos los escribas que hacían copias del manuscrito original cometieran la misma equivocación, ¡y que lo hicieran en todos los tres relatos del evangelio!

Incluso si se hubiera encontrado un manuscrito antiguo con la palabra para camello cambiada por cuerda, se habría rechazado porque indicaría que un escriba la había cambiado para hacerla más aceptable. Ya que ningún escriba cambiaría *cuerda* por *camello,* la última palabra se consideraría la lectura original. La expresión se refiere claramente a una imposibilidad. Es imposible que un hombre rico como el que acabamos de encontrar entre al reino de los cielos.

Antes de pensar en lo que Jesús quiso decir al afirmar que es imposible, consideremos algunas razones de por qué esto es difícil. En primer lugar, los ricos tienden a tener falsa seguridad en sus riquezas. Debido a que las riquezas pueden proveer para todas las necesidades físicas y para muchas cosas más allá de las necesidades, la gente rica tiene la inclinación a confiar en su dinero para comprar todo lo que desean, por lo que ven muy pocos motivos para depender de Dios. Esa es una de las razones de que no haya "muchos sabios… ni muchos poderosos, ni muchos nobles; sino [a] lo necio… lo débil… y lo vil" (1 Co. 1:26-28). Por otra parte, los pobres se convirtieron en los objetos especiales y participantes de la enseñanza de nuestro Señor (Lc. 4:18).

Una actitud de autosuficiencia acosó a la iglesia en Laodicea. Puesto que se jactaban de ser ricos que se habían enriquecido y que no tenían necesidad de nada, no se dieron cuenta de que espiritualmente eran desventurados, miserables, pobres, ciegos y desnudos (Ap. 3:17). En el año 60 d.C. Laodicea sufrió un devastador terremoto que prácticamente destruyó la ciudad. Aunque el gobierno romano ofreció reconstruirles la ciudad, los orgullosos habitantes insistieron en hacerlo ellos mismos. Tuvieron éxito en levantar toda la ciudad de las cenizas, por así decirlo, sin ninguna ayuda exterior. Es obvio que esa actitud orgullosa y autosuficiente se había extendido dentro de la iglesia, cuyos miembros llegaron a creer que podían conseguir lo que se propusieran sin siquiera la ayuda de Dios.

Quienes tienen grandes recursos materiales tienden a creer que no requieren recursos divinos. De ahí que Pablo le dijera a Timoteo: "A los ricos de este siglo manda que no sean altivos, ni pongan la esperanza en las riquezas, las cuales son inciertas, sino en el Dios vivo, que nos da todas las cosas en abundancia para que las disfrutemos" (1 Ti. 6:17). Más que eso, el apóstol continúa diciendo: "Que hagan bien, que sean ricos en buenas obras, dadivosos, generosos; atesorando para sí buen fundamento para lo por venir, que echen mano de la vida eterna" (vv. 18-19).

El consejo de Pablo para Timoteo fue que, del mismo modo que Jesús confrontó al joven rico, confronte a los posibles conversos que eran ricos. Si una persona prefiere su fortuna terrenal al señorío de Jesucristo, su corazón no está preparado para la salvación. La disposición de renunciar a todo por el Señor no la salva, pero demuestra que está desesperada por salvación y que ha encontrado la "perla de gran precio" por la que venderá todo lo que tiene si debe hacerlo.

Pablo nos asegura que solamente la piedad produce ganancia que tiene valor y satisfacción perdurable. Pero "los que quieren enriquecerse caen en tentación y lazo, y en muchas codicias necias y dañosas, que hunden a los hombres en destrucción y perdición; porque raíz de todos los males es el amor al dinero, el cual codiciando algunos, se extraviaron de la fe, y fueron traspasados de muchos dolores" (vv. 6, 9-10).

Es especialmente difícil para los ricos no estar íntimamente asociados a este mundo: sus cuentas bancarias, sus inversiones y posesiones. El corazón de una persona está donde se encuentra su tesoro (Mt. 6:21), y por lo general para los ricos es difícil, y al parecer innecesario, atesorar las cosas de Dios. Cuando oyen el evangelio, su semilla divina con frecuencia cae en corazones espinosos que podrían tener una respuesta inicial pero que están llenos de "los afanes de este siglo, y el engaño de las riquezas, y las codicias de otras cosas [que] entran y ahogan la palabra, y se hace infructuosa" (Mr. 4:18-19).

El agricultor próspero que derribó sus antiguos graneros y construyó otros más grandes para almacenar todo su grano era ajeno al bienestar de su alma. Feliz del todo con sus riquezas, se dijo: "Alma, muchos bienes tienes guardados para muchos años; repósate, come, bebe, regocíjate". Y debido a que se negó a reconocer a Dios como la fuente de sus muchos bienes o permitirle tener algún lugar en su vida, perdió esta vida. "Dios le dijo: Necio, esta noche vienen a pedirte tu alma; y lo que has provisto, ¿de quién será?". Jesús explicó: "Así es el que hace para sí tesoro, y no es rico para con Dios" (Lc. 12:18-21).

Toda posesión que una persona tiene es por la provisión de Dios, y debe ser usada para la gloria divina. Incluso los cristianos corren el peligro de que sus posesiones los desvíen y atrapen, dando a Dios solamente lo que sobra después que han acumulado lo que quieren y luego que han cumplido sus propios planes.

Todo eso podría explicar por qué es tan difícil para los ricos entrar al reino de Dios; pero por qué esto es imposible es un asunto totalmente distinto, y es lo que se trata aquí.

El joven rico no fue un denunciador de Cristo sino un buscador que quería vida eterna, quería ciudadanía del reino. Pero la falla estuvo en que creyó que él mismo tenía los recursos para procurársela. De eso se habla aquí.

En el relato paralelo de Marcos, Jesús deja en claro que la imposibilidad de entrar **en el reino** por algún medio humanamente creado o fortalecido se extiende a todo el mundo, no solo a los ricos. Por Marcos sabemos que después que los discípulos expresaron asombro acerca de la declaración de Jesús con relación a los ricos, el Señor manifestó: "Hijos, ¡cuán difícil les es entrar en el reino de Dios!" (Mr. 10:24). El problema del joven rico no era su riqueza misma sino su confianza en su riqueza y en su capacidad para cumplir las normas de aceptación de Dios. Quería entrar al reino y recibir vida eterna en sus propias condiciones, por medio de su propio dinero, y por sus propios esfuerzos. Sin embargo, Jesús afirmó que es tan difícil que alguien se salve en sus propios términos y por sus propios esfuerzos que es absolutamente imposible. El más pobre de los pobres no tiene más posibilidades de obtener vida eterna por medio de su propio esfuerzo y su propia justicia.

Jesús no está enseñando aquí lo difícil que es para la gente desengancharse de sus riquezas e inclinar sus rodillas ante Él en fe humilde. Está diciendo lo imposible que es para ellos o para cualquier otra persona ser salvos por esfuerzo propio de cualquier tipo. En realidad estaba diciendo lo mismo que Dios afirmó por medio de la ley mosaica. Era humanamente imposible cumplir con uno solo de los Diez Mandamientos o con los dos grandes mandamientos (Lv. 19:18; Dt. 6:5; Mt. 22:37-39), y esas leyes tenían la intención de mostrar al pueblo de Dios la imposibilidad de cumplir en su propio poder humano las normas perfectas y santas de Dios. La salvación siempre ha sido imposible por esfuerzo humano.

Pablo expresó la misma verdad cuando escribió: "Pero sabemos que todo lo que la ley dice, lo dice a los que están bajo la ley, para que toda boca se cierre y todo el mundo quede bajo el juicio de Dios; ya que por las obras de la ley ningún ser humano será justificado delante de él; porque por medio de la ley es el conocimiento del pecado" (Ro. 3:19-20).

Jesús declaró que todas las obras de justicia, que son la base de toda religión hecha por el hombre, son infructuosas, afirmando lo que Jeremías había escrito cientos de años antes: "¿Mudará el etíope su piel, y el leopardo sus manchas? Así también, ¿podréis vosotros hacer bien, estando habituados a hacer mal?" (Jer. 13:23). Todos los seres humanos desde la caída por naturaleza están "habituados a hacer mal" y, por tanto, no pueden hacer bien en ninguna forma aceptable a Dios. Nadie puede salvarse a sí mismo más de lo que puede cambiar el color de su piel o de lo que un leopardo puede cambiar sus manchas.

Jesús no estaba separando a los ricos como si estuvieran intrínsecamente más lejos del **reino** que otras personas, sino que estaba señalando que por una parte las riquezas de ellos eran un obstáculo formidable, y por otra que su dinero no les daba ninguna ventaja en absoluto, aunque podían comprar más sacrificios, dar más limosnas, y hacer más ofrendas al templo.

Los ricos también tienen la tendencia de ser egoístas y egocéntricos. A menudo su tiempo y sus intereses están dedicados a agrandar, proteger y disfrutar lo que tienen, y en consecuencia tienen poco tiempo o preocupación por los intereses o el bienestar de otras personas. Una vez hablé con un hombre que había trabajado para varios multimillonarios. Dijo que ellos tenían tres aspectos en común: no solo eran ricos sino capaces de enriquecerse más, eran excéntricos, y muy egoístas y egocéntricos. Aunque hay excepciones, tales características por lo general son universales. Al igual que el rico autoindulgente a quien nunca le preocupó el enfermo e indigente Lázaro que yacía afuera de su puerta esperando unas pocas migajas (Lc. 16:20-31), los ricos tienen la tendencia de interesarse únicamente en ellos mismos.

La enseñanza de Jesús acerca de la imposibilidad de que los ricos entren al reino por sus propios esfuerzos era una idea escandalosa para los judíos. Por tanto, **sus discípulos, oyendo esto, se asombraron en gran manera, diciendo: ¿Quién, pues, podrá ser salvo?** Durante muchos años los rabinos habían enseñado que la acumulación de riqueza era una virtud, y que no solo no era prudente sino pecaminoso para una persona regalar más que la quinta parte de lo que poseía. Habían diseñado una ley religiosa que les protegiera su egoísmo y codicia. Al imaginar al Señor en la propia imagen materialista que tenían, razonaron que Dios se complacía con un regalo en proporción directa al tamaño. De ahí que, mientras daban más allá del límite permitido de la quinta parte, más favor encontraban con Dios.

Tales ideas se habían afianzado con tanta fuerza que en gran parte del pensamiento judío dar limosna era prácticamente una forma de comprar la salvación. Muy parecido a las indulgencias de la Edad Media, dar limosnas se consideraba una manera de comprar literalmente un lugar más favorecido en el reino. Que

Jesús enseñara que la riqueza era en realidad un obstáculo grave para entrar al reino era diametralmente contrario a lo que se había enseñado a casi todos los judíos. Los ricos podían permitirse los más grandes y selectos de los animales para el sacrificio. Podían dar grandes cantidades de dinero al templo y a sus sinagogas locales. Nunca les faltaba dinero para depositar en los trece receptáculos en forma de trompeta en el patio de las mujeres, que estaban ubicados de forma visible para que sus compañeros adoradores pudieran observar las donaciones generosas que ellos daban a la obra del Señor.

No obstante, si ni siquiera los ricos podían entrar al reino por sus propios esfuerzos y su propia generosidad, los discípulos se preguntaron: ¿qué esperanza podían tener los pobres? Por eso, totalmente desconcertados le preguntaron a Jesús: **¿Quién, pues, podrá ser salvo?**

Y mirándolos Jesús, les dijo explícitamente lo que la ley mosaica decía implícitamente: **Para los hombres esto es imposible.** Así como no solo es difícil sino imposible que un camello pase por el ojo de una aguja, no solo es difícil sino **imposible** que **los hombres** agraden al Señor y entren al reino de los cielos en sus propios términos y por su propio esfuerzo. En una sencilla declaración, Jesús destruyó por completo la perspectiva actual de la religión de Israel, y al mismo tiempo toda esperanza en las obras de justicia. Cualesquiera que sean las posesiones materiales y los logros terrenales de un individuo, este se encuentra totalmente indefenso e impotente delante de Dios. Ante un Dios justo está condenado, y en su naturaleza depravada no puede hacer nada para volverse santo y digno del perdón y la aceptación de Dios. Con esa declaración Jesús arrastró al infierno a todas las religiones de obras de justicia y de logros humanos. En manos de cualquier obra de hombre, la salvación es imposible.

Jesús siguió diciendo: **Mas para Dios todo es posible.** Ya que **Dios** puede cambiar corazones pecadores, le **es posible** salvar a hombres indefensos. Él puede hacer lo que los hombres no pueden hacer. El joven rico se fue sin vida eterna porque la buscó en la base imposible de sus propios recursos humanos y su propia bondad. La salvación es totalmente una obra compasiva y soberana de Dios, y la obra de sus testigos humanos es tan solo proclamar toda la verdad del evangelio de modo tan claro y amoroso como sea posible, confiando en que Dios aplique esa verdad al corazón del incrédulo y lo lleve a reconocer su bancarrota espiritual a fin de que llegue al arrepentimiento y la fe obediente. Aunque la fe y el arrepentimiento requieren un acto de la voluntad humana, están motivadas por el poder de Dios.

Jesús declaró: "Ninguno puede venir a mí, si el Padre que me envió no le trajere" (Jn. 6:44). Por eso es que Pablo advirtió que "el siervo del Señor no debe ser contencioso, sino amable para con todos, apto para enseñar, sufrido; que con mansedumbre corrija a los que se oponen, por si quizá Dios les conceda que se arrepientan para conocer la verdad, y escapen del lazo del diablo, en que están cautivos a voluntad de él" (2 Ti. 2:24-26).

LAS RIQUEZAS DE LA POBREZA

Entonces respondiendo Pedro, le dijo: He aquí, nosotros lo hemos dejado todo, y te hemos seguido; ¿qué, pues, tendremos? Y Jesús les dijo: De cierto os digo

que en la regeneración, cuando el Hijo del Hombre se siente en el trono de su gloria, vosotros que me habéis seguido también os sentaréis sobre doce tronos, para juzgar a las doce tribus de Israel. Y cualquiera que haya dejado casas, o hermanos, o hermanas, o padre, o madre, o mujer, o hijos, o tierras, por mi nombre, recibirá cien veces más, y heredará la vida eterna. (19:27-29)

Tal vez con esperanza matizada de incertidumbre, **Pedro** se aventuró a preguntarle a Jesús: **He aquí, nosotros lo hemos dejado todo, y te hemos seguido; ¿qué, pues, tendremos?** En realidad estaba diciendo: "Nosotros vinimos bajo tus condiciones, ¿no es así? ¿Calificamos por tanto para la vida eterna? El joven rico se negó a rendirte sus posesiones y su vida, y se le negó el reino. Pero nosotros abandonamos nuestros trabajos, nuestras familias, nuestros amigos, y todo lo demás a fin de ser tus discípulos. Nos hemos arrepentido de nuestros pecados y nos hemos rendido a tu señorío. Tal como lo ordenaste, nos hemos negado a nosotros mismos y hemos tomado nuestras cruces por tu causa. ¿No nos califica eso para tener un lugar en tu reino?".

Pedro estaba hablando por los doce, ya que no sospechaba la traición de Judas. Debido a que ese falso discípulo pronto se haría evidente, *no* había abandonado todo por Cristo, sino que en lugar de eso estaba tratando de utilizar al Señor para sus propios fines. Judas esperaba que Jesús derrocara a Roma y estableciera su reino terrenal, en el que a los discípulos se les daría los lugares más altos de honra y poder. El falso discípulo estaba más lejos del reino que el joven rico, quien por lo menos sabía que necesitaba vida eterna y tenía cierto deseo de ella. A Judas, por otra parte, lo único que interesaba era su vida terrenal actual.

Pero el resto de los doce, a pesar de su poca fe y su torpeza para entender la enseñanza de Jesús, se habían entregado de veras a Él. Compartían con Judas muchos de los conceptos judíos erróneos comunes acerca del Mesías y su reino. Además, pudieron haber estado esperando que Él estableciera el reino durante sus vidas, por lo que no les costaba aceptar la idea del sufrimiento y la muerte del Señor. Pero a pesar de todo, continuaban siguiéndolo y obedeciéndolo. Pedro había declarado a nombre de los doce: "Tú tienes palabras de vida eterna. Y nosotros hemos creído y conocemos que tú eres el Cristo, el Hijo del Dios viviente" (Jn. 6:68-69).

A pesar de que Pedro y los demás aún estaban confundidos acerca de gran parte del mensaje y de la misión de Jesús, sabían que le pertenecían y que Él los amaba de veras, y que no lo abandonarían. Estaban seguros de que Jesús tenía algo divinamente bueno preparado para ellos, aunque tenían una idea distorsionada de lo que era. Por tanto, Pedro pidió oír de los propios labios de Jesús **¿qué, pues, tendremos?** Ellos querían saber: "¿Qué tendremos que esperar como tus discípulos?".

Algunas personas han criticado a Pedro por su expectativa de bendición y recompensa. Pero Jesús no da indicios de disconformidad con la pregunta. Al contrario, reconoció que eran sus discípulos verdaderos y sinceros, refiriéndose a ellos como **vosotros que me habéis seguido.** El participio griego aoristo los caracteriza como los seguidores de Jesús.

A continuación, el Señor les hizo la promesa maravillosa y única de **que en la regeneración, cuando el Hijo del Hombre se siente en el trono de su gloria,**

vosotros que me habéis seguido también os sentaréis sobre doce tronos, para juzgar a las doce tribus de Israel.

El término *palingenesia* (**regeneración**) literalmente significa nuevo nacimiento. Lo utilizó Josefo para el nuevo nacimiento de la nación judía después del cautiverio babilónico, y Filo para la regeneración de la tierra después del diluvio y de su destrucción por fuego. Se usa solo dos veces en el Nuevo Testamento, aquí y en Tito 3:5, donde Pablo lo utiliza para referirse al nuevo nacimiento personal de los creyentes. No obstante, en el pasaje actual Jesús lo usa para representar el renacimiento de la tierra bajo su dominio soberano cuando Él venga por segunda vez. Será el paraíso recuperado y un paralelo mundial para el renacimiento individual de los cristianos.

A la tierra y al mundo de los hombres se les dará una nueva naturaleza, descrita en gran detalle por los profetas del Antiguo Testamento y por Juan en Apocalipsis 20:1-15. Del mismo modo que se les ha dado vida espiritual y una nueva naturaleza en Jesucristo, aunque todavía no están perfeccionados, habrá también un renacimiento de la tierra que volverá a ser divinamente creada. Aunque aún no será por completo una nueva tierra (Ap. 21:1), aun así será maravillosamente superior a la tierra actual caída y no redimida. Los judíos creían que el Mesías renovaría la tierra y los cielos, basándose en la profecía de Isaías 65:17 y 66:22. A este período Pedro lo llamó "los tiempos de la restauración de todas las cosas, de que habló Dios por boca de sus santos profetas que han sido desde tiempo antiguo" (Hch. 3:21).

Todos los creyentes se sentarán en el trono de Cristo (Ap. 3:21), ejerciendo autoridad sobre los habitantes de la tierra (Ap. 2:26), mientras los apóstoles estarán gobernando de manera única al restaurado Israel. Este no puede ser el estado eterno descrito en Apocalipsis 21:12-14, donde doce puertas en la Nueva Jerusalén están inscritas con los nombres de las doce tribus y doce cimientos están inscritos con los nombres de los doce apóstoles.

En el tiempo de la restauración de la tierra florecerá la justicia, abundará la paz, Jerusalén será exaltada de nuevo, prevalecerán la salud y la sanidad, la tierra producirá alimento como nunca antes, el león yacerá en paz con el cordero, los desiertos reverdecerán, y la vida será larga. La maldición ancestral que comenzó con la caída será entonces *limitada,* en anticipación a que será *eliminada* por completo en el estado eterno que seguirá (Ap. 22:3).

Según Dios había profetizado mucho tiempo antes, el Mesías, el Ungido del Señor, recibirá entonces todas las naciones como su herencia y tendrá los confines de la tierra como sus posesiones. El salmista declaró: "Los quebrantarás con vara de hierro; como vasija de alfarero los desmenuzarás" (Sal. 2:2, 8-9). Entonces **el Hijo del Hombre se** sentará **en el trono de su gloria** como Rey de reyes y Señor de señores (Ap. 19:16). Esta es una referencia a la profecía de Daniel 7:13-14, donde Dios, "el Anciano de días", otorga el reino al Hijo del Hombre. Jesús está afirmando la realidad de que gobernará en el reino venidero.

En ese tiempo los redimidos de todas las épocas también reinarán con Jesús. "El reino, y el dominio y la majestad de los reinos debajo de todo el cielo, sea dado al pueblo de los santos del Altísimo, cuyo reino es reino eterno, y todos los dominios le servirán y obedecerán" Dn. 7:27; cp. 1 Co. 6:2; Ap. 20:4). La nación de Israel será restaurada, y gobernando sobre ella junto con Cristo estarán los doce apóstoles, quienes **también** se sentarán **sobre doce tronos, para juzgar a las doce tribus de Israel.** Matías, quien tomó el lugar de Judas entre los apóstoles poco antes de Pentecostés (Hch. 1:26), se unirá a los otros once en los **doce tronos** (cp. Dn. 7:22 e Is. 1:26).

Debido a que los intérpretes amilenialistas no creen en un reino literal de mil años en la tierra ni en la restauración nacional de Israel, toman los **doce tronos** y las **doce tribus** como algo simplemente figurado. Uno de tales escritores no hizo ningún intento de discernir lo que Jesús quiso decir, sino que simplemente comentó: "Ahora tenemos que preguntarnos qué quiso decir nuestro Señor por las doce tribus de Israel".

Si Jesús estaba refiriéndose a un reinado verdadero de su parte cuando habló de su trono, debió haberse referido a **tronos** literales en que los apóstoles se sentarán mientras literalmente juzgarían **a las doce tribus de Israel.** Y según hemos observado, esta verdad milenial también se revela en otras partes de la Biblia.

La Palabra deja en claro que en el reino de Cristo sobre el mundo Él será soberano y gobernará sobre judíos y gentiles con justicia, paz y rectitud inmediata. Será adorado como Señor supremo, y su reino traerá prosperidad, sanidad, salud y felicidad.

No solo eso, continuó Jesús, sino que **cualquiera que haya dejado casas, o hermanos, o hermanas, o padre, o madre, o mujer, o hijos, o tierras, por mi nombre, recibirá cien veces más, y heredará la vida eterna.** Aquellos que renuncian a sus posesiones y se vuelven pobres por el **nombre** de Cristo van a participar con los apóstoles en el triunfo y el reino del Señor. Marcos informa que Jesús agregó que la persona que renuncia a esas cosas por el nombre de Él y del evangelio, recibirá "cien veces más ahora en este tiempo" (Mr. 10:30).

A menudo cuando alguien se entrega a Jesucristo debe darles la espalda a ciertas relaciones, incluso algunas que aprecia en gran manera. Muchas veces su conversión hace que su propia familia y sus amigos cercanos se pongan en su contra. En algunos casos se llega al punto de desheredar o incluso quitar la vida a quienes han dado un paso por el Señor. Pero el que renuncia a todo por el hombre de Cristo no solo **heredará la vida eterna** sino también la familia de Dios en la vida actual. Tal persona tendrá gran cantidad de nuevos padres y madres, hermanos y hermanas con quienes estará unido para siempre en la familia divina de Dios. Dondequiera que vaya se encontrará con seres amados espirituales, a muchos de los cuales nunca antes ha visto u oído. En todo el mundo conocerá a otros con quienes poder hablar de su tristeza, animar su espíritu, y ayudar a suplir sus necesidades tanto materiales como espirituales.

El creyente en Jesucristo tendrá bendiciones ahora mismo, bendiciones en el reino milenial, y bendiciones a través de la eternidad. Ser pobre por causa de Cristo en realidad es ser rico. Jim Elliot, un joven misionero martirizado por los indios aucas del Ecuador a quienes estaba tratando de alcanzar para Cristo, escribió poco antes de su muerte: "No es un necio aquel que da lo que no puede guardar para obtener lo que nunca podrá perder".

Pero muchos primeros serán postreros, y postreros, primeros. Porque el reino de los cielos es semejante a un hombre, padre de familia, que salió por la mañana a contratar obreros para su viña. Y habiendo convenido con los obreros en un denario al día, los envió a su viña. Saliendo cerca de la hora tercera del día, vio a otros que estaban en la plaza desocupados; y les dijo: Id también vosotros a mi viña, y os daré lo que sea justo. Y ellos fueron. Salió otra vez cerca de las horas sexta y novena, e hizo lo mismo. Y saliendo cerca de la hora undécima, halló a otros que estaban desocupados; y les dijo: ¿Por qué estáis aquí todo el día desocupados? Le dijeron: Porque nadie nos ha contratado. Él les dijo: Id también vosotros a la viña, y recibiréis lo que sea justo. Cuando llegó la noche, el señor de la viña dijo a su mayordomo: Llama a los obreros y págales el jornal, comenzando desde los postreros hasta los primeros. Y al venir los que habían ido cerca de la hora undécima, recibieron cada uno un denario. Al venir también los primeros, pensaron que habían de recibir más; pero también ellos recibieron cada uno un denario. Y al recibirlo, murmuraban contra el padre de familia, diciendo: Estos postreros han trabajado una sola hora, y los has hecho iguales a nosotros, que hemos soportado la carga y el calor del día. Él, respondiendo, dijo a uno de ellos: Amigo, no te hago agravio; ¿no conviniste conmigo en un denario? Toma lo que es tuyo, y vete; pero quiero dar a este postrero, como a ti. ¿No me es lícito hacer lo que quiero con lo mío? ¿O tienes tú envidia, porque yo soy bueno? Así, los primeros serán postreros, y los postreros, primeros; porque muchos son llamados, mas pocos escogidos. (19:30—20:16)

El profeta Ezequiel ministró a los hijos de Israel durante el cautiverio babilónico. Al igual que otros profetas verdaderos de Dios, en reiteradas ocasiones les recordó y les advirtió acerca de sus pecados, en especial de aquellos por los que en primera instancia fueron exiliados. Uno de tales pecados fue acusar a Dios de ser injusto.

A los israelitas les gustaba utilizar el proverbio: "Los padres comieron las uvas agrias, y los dientes de los hijos tienen la dentera", que cuestionaba la justicia de Dios. "Vivo yo, dice Jehová el Señor, que nunca más tendréis por qué usar este refrán en Israel. He aquí que todas las almas son mías; como el alma del padre, así el alma del hijo es mía; el alma que pecare, esa morirá" (Ez. 18:2-4). Dos veces en ese capítulo el Señor declara: "Y si dijereis: No es recto el camino del Señor; oíd ahora, casa de Israel: ¿No es recto mi camino? ¿no son vuestros caminos torcidos?" (v. 25; cp. v. 29).

Cuando los hombres dudan de la imparcialidad y justicia de Dios, siempre se debe a los propios puntos de vista pervertidos que tienen tanto de la justicia divina como de Dios. El Señor mismo es la norma de justicia, y es imposible para Él ser injusto o que mienta. Al confrontar el mismo principio falso reflejado en el antiguo proverbio israelita, Pablo declara que habrá "tribulación y angustia sobre todo ser humano que hace lo malo, el judío primeramente y también el griego, pero gloria y honra y paz a todo el que hace lo bueno, al judío primeramente y también al griego; porque no hay acepción de personas para con Dios" (Ro. 2:9-11). A los colosenses les escribió: "Sabiendo que del Señor recibiréis la recompensa de la herencia, porque a Cristo el Señor servís. Mas el que hace injusticia, recibirá la injusticia que hiciere, porque no hay acepción de personas" (Col. 3:24-25). Con total imparcialidad Dios castiga a quienes hacen lo malo y bendice a quienes hacen lo correcto.

En ningún aspecto la imparcialidad de Dios es más significativa y maravillosa que respecto a la salvación. Sin importar cuáles sean las circunstancias de los hombres cuando llegan a Cristo, o cuán bien o mal podrían servirlo después de llegar a Él, recibirán la misma salvación gloriosa. Esa es la gran verdad que Jesús enseña en Mateo 19:30—20:16.

LOS PARTICIPANTES EN LA IMPARCIALIDAD DEL REINO

Pero muchos primeros serán postreros, y postreros, primeros. Porque el reino de los cielos es semejante a un hombre, padre de familia, que salió por la mañana a contratar obreros para su viña. Y habiendo convenido con los obreros en un denario al día, los envió a su viña. Saliendo cerca de la hora tercera del día, vio a otros que estaban en la plaza desocupados; y les dijo: Id también vosotros a mi viña, y os daré lo que sea justo. Y ellos fueron. Salió otra vez cerca de las horas sexta y novena, e hizo lo mismo. Y saliendo cerca de la hora undécima, halló a otros que estaban desocupados; y les dijo: ¿Por qué estáis aquí todo el día desocupados? Le dijeron: Porque nadie nos ha contratado. Él les dijo: Id también vosotros a la viña, y recibiréis lo que sea justo. (19:30—20:7)

Las palabras de Jesús, **pero muchos primeros serán postreros, y postreros, primeros,** podrían haber sido un proverbio común. Sin embargo, ya que lo usa en varias ocasiones y no se halla en otra literatura, parece más probable que Él mismo originara el dicho.

En la parábola que sigue, Jesús ilustró su aplicación prevista del proverbio. Claramente establece que el tema de la parábola es **el reino de los cielos,** con el que ha estado tratando desde que el joven rico se le acercara. Ese hombre quería saber cómo recibir la vida eterna (19:16), la cual todo judío estaba consciente que equivalía a la esperanza de salvación y ciudadanía celestial. Después de ese incidente Jesús advirtió a sus discípulos acerca del gran obstáculo que las riquezas pueden ser para entrar en **el reino de los cielos,** y luego declaró la imposibilidad de hacerlo por medio de recursos y esfuerzos humanos, y la posibilidad de entrar solo por medio del poder misericordioso de Dios (vv. 23-29).

Esta parábola enseña una verdad magnífica y bendita sobre **el reino de los cielos,** del que Jesús afirma que **es semejante a un hombre, padre de familia, que salió por la mañana a contratar obreros para su viña.** El Señor está dando un ejemplo del reino espiritual en que Dios reina soberanamente en justicia y piedad, y en particular un ejemplo de la base igual y justa sobre la cual se entra mediante la gracia divina. Como hacía a menudo, Él usa una historia terrenal común para ilustrar una verdad celestial.

La propiedad del **padre de familia** incluía una gran **viña,** para la cual necesitaba **contratar obreros.** No se informa si el **hombre** estaba preparando una nueva viña, podando las vides de una que ya existía, o alistándose para cosechar las uvas. Todas esas tareas requieren una ardua y considerable labor. Por lo general las viñas se plantaban en filas dentro de laderas en niveles, la mayoría de las cuales eran pedregosas. Preparar las filas implicaba cavar los niveles usando piedras para construir pequeños muros de contención en los bordes exteriores. Luego las zonas niveladas debían llenarse con tierra buena, la mayor parte de la cual a menudo debía subirse hasta las laderas desde una distancia considerable en tierras bajas más fértiles.

Cada verano las vides tanto nuevas como viejas debían podarse a fin de mejorar la producción, y eso también representaba un trabajo exigente. La actividad principal final era desde luego la cosecha, que se hacía a finales de septiembre. El clima todavía era cálido en esa temporada (véase v. 12), y era necesario recoger las uvas antes que comenzara a caer la estación lluviosa. Si por alguna razón las uvas tardaban en madurar, el tiempo de la cosecha se acortaba de modo significativo. En consecuencia, la cosecha de uvas era un tiempo frenético y exigente.

Debido a que la mayoría de los propietarios no tenían suficientes criados u obreros regulares para realizar esas labores, necesitaban **contratar obreros** de aldeas y pueblos vecinos. Estos **obreros** por lo general no tenían formación en un oficio y se hallaban cerca del fondo en la escala socio-económica, muchos de ellos no muy por encima de los mendigos. Iban de trabajo en trabajo, muchos de los cuales no duraban más de un día, y con frecuencia menos. No tenían ninguna garantía laboral más allá de lo que pudieran estar haciendo en el momento. Se reunían en la plaza antes del amanecer a fin de estar disponibles para ser contratados, y es allí donde el propietario de la viña encontró a estos hombres particulares temprano **por la mañana.**

Debido a que no tenían capacitación y a que estaban desesperados por trabajar, y de ahí que estuvieran indefensos, a menudo eran mal pagados y se encontraban en desventaja. A causa de su gran compasión por los pobres y oprimidos, Dios ordenó a su pueblo: "No oprimirás a tu prójimo, ni le robarás. No retendrás el salario del jornalero en tu casa hasta la mañana" (Lv. 19:13). En otras palabras, a los obreros contratados se les debía pagar salarios dignos y dárselos al final de cada día, porque a menudo eso era todo lo que un hombre tenía para alimentar a su familia al día siguiente. Así explicó Moisés en otra parte: "En su día le darás su jornal, y no se pondrá el sol sin dárselo; pues es pobre, y con él sustenta su vida; para que no clame contra ti a Jehová, y sea en ti pecado" (Dt. 24:15). Puesto que trabajaban día a día, debía pagárseles día a día.

Después de encontrarlos en la plaza, **y habiendo convenido con los obreros en un denario al día,** el propietario **los envió a su viña** para que comenzaran a trabajar. **Un denario al día,** el salario de un soldado romano, era un sueldo muy bueno para estos trabajadores. Es probable que por lo general les pagaran menos, de ahí que aceptaron de buena gana esta oferta equitativa.

La jornada laboral judía comenzaba a las seis de la mañana, que se le llamaba la primera hora. Cuando estaban **cerca de la hora tercera del día,** es decir las nueve, el propietario volvió a ir al pueblo y **vio a otros que estaban en la plaza desocupados.** Estos **otros** pudieron haber sido recién llegados que debieron recorrer una distancia mayor o que tal vez físicamente eran menos capaces que los primeros y por eso se movían con más lentitud. O pudieron haber tenido solo unas horas de trabajo que realizar al inicio del día y ahora estaban de vuelta en la línea de empleo. En vista de la generosidad del dueño de la viña, pudo haber sido que hubiera visto a estos hombres temprano en la mañana, pero no los necesitó. Quizás ahora regresó por compasión y los contrató porque ellos tenían más necesidad que él mismo. Cualesquiera que fueran las razones, un grupo adicional de obreros se había reunido.

Desocupados no significa holgazanes o indolentes, sino que señala tan solo el hecho de que por el momento no tenían empleo. Dependían por completo de que alguien los contratara, y que estuvieran **en la plaza** muestra que buscaban trabajo.

El dueño no les ofreció un salario particular a estos hombres, sino que simplemente **les dijo: Id también vosotros a mi viña, y os daré lo que sea justo.** Puesto que en las comunidades rurales todos se conocían entre sí, sin duda estos trabajadores confiaban en el propietario como un hombre de palabra. En cualquier caso, es posible que estuvieran muy contentos de tener trabajo que realizar a cualquier salario, **y ellos fueron.**

Cerca de las horas sexta (mediodía) **y novena** (15:00), el dueño **salió otra vez** a la aldea **e hizo lo mismo.** En cada una de esas horas encontró más hombres que esperaban trabajo y los contrató.

Entonces, casi al final del día, **cerca de la hora undécima** (17:00), volvió de nuevo y **halló a otros que estaban desocupados; y les dijo: ¿Por qué estáis aquí todo el día desocupados?** No se ofrece ninguna explicación de por qué estos hombres habían estado **todo el día desocupados,** sin que los hubieran contratado. Tal vez estuvieron en otra parte de la plaza o sucedió que de algún modo no los habían visto. O quizás eran los trabajadores más ancianos, más débiles y menos productivos, a quienes nadie más quería contratar. Pero esos detalles en particular son irrelevantes a la parábola. El punto es que incluso a esa hora postrera había hombres que aún buscaban trabajo **porque,** según ellos mismos explicaron, **nadie** los había **contratado.**

Este último grupo había trabajado solamente una hora (v. 12) **cuando llegó la noche,** que era la hora duodécima, o seis de la tarde. Siguiendo el requisito de la ley mosaica de pagar a tales obreros al final de cada jornada, **el señor de la viña dijo a su mayordomo: Llama a los obreros y págales el jornal.** Eso es lo que todo empleador judío consciente hacía en obediencia a la ley del Antiguo Testamento.

Sin embargo, la orden de Jesús fue bastante extraña. Debía pagárseles a los hombres, **comenzando desde los postreros hasta los primeros** que habían llegado a trabajar. Aquí es donde Jesús pudo demostrar las ideas egoístas de la justicia humana, y donde la parábola empieza a cruzarse con el proverbio "muchos primeros serán postreros, y postreros, primeros" (19:30; cp. 20:16).

La idea principal de la parábola, y de la aplicación que Jesús hace del proverbio, no es una simple inversión del orden de pago. Aunque sin duda ese procedimiento no se acostumbraba, en sí mismo no debía ocasionar mucha inquietud. La acción radical del dueño de la viña, que refleja la enseñanza principal de la parábola, es que **los que habían** sido contratados **cerca de la hora undécima, recibieron** como su salario **cada uno un denario,** el jornal de un día de trabajo.

OBJECIÓN A LA IMPARCIALIDAD DEL REINO

Y al venir los que habían ido cerca de la hora undécima, recibieron cada uno un denario. Al venir también los primeros, pensaron que habían de recibir más; pero también ellos recibieron cada uno un denario. Y al recibirlo, murmuraban contra el padre de familia, diciendo: Estos postreros han trabajado una sola hora, y los has hecho iguales a nosotros, que hemos soportado la carga y el calor del día. (20:9-12)

El relato no menciona el hecho, pero es obvio que por el salario de los obreros de la hora undécima, los hombres contratados a la hora tercera, sexta y novena también obtuvieron el pago de **un denario.** Por tanto, es comprensible que **al venir también los primeros** en ser contratados, pensaran **que habían de recibir más** dinero. En este momento no tenían ningún problema con lo que señor había hecho, pero en realidad estaban eufóricos. Ya que se les había pagado a los otros hombres el salario de un día completo por un día parcial de trabajo, supusieron que **habían de recibir más** que un día de salario. En la proporción pagada al grupo de la hora undécima, ¡ellos habrían recibido la paga de doce días por un día de trabajo! Estaban más que dispuestos a que se les pagara de últimos si eso significaba un pago tan generoso.

Pero sus esperanzas se desvanecieron pronto cuando **también ellos recibieron cada uno un denario,** y reaccionaron exactamente como esperaríamos. **Murmuraban contra el padre de familia, diciendo: Estos postreros han trabajado una sola hora, y los has hecho iguales a nosotros, que hemos soportado la carga y el calor del día.** La reacción normal y muy humana que tuvieron fue: "¡Eso no es justo! Aquellos hombres solo trabajaron una hora al final del día. Nosotros trabajamos duro todo el día, incluso al **calor** abrasador del **día.** ¿Por qué se les pagó igual que a nosotros?". Es posible que hubieran dramatizado excesivamente su caso, pero la descripción básica que hicieron de la situación fue correcta. De todos modos, estaban sumamente disgustados por esta injusticia percibida y decididos a no salir de allí hasta haber tenido la liquidación del **padre de familia,** quien estaba cerca de su mayordomo cuando se repartían los salarios.

REIVINDICACIÓN DE LA IMPARCIALIDAD DEL REINO

Él, respondiendo, dijo a uno de ellos: Amigo, no te hago agravio; ¿no conviniste conmigo en un denario? Toma lo que es tuyo, y vete; pero quiero dar a este postrero, como a ti. ¿No me es lícito hacer lo que quiero con lo mío? ¿O tienes tú envidia, porque yo soy bueno? Así, los primeros serán postreros, y los postreros, primeros; porque muchos son llamados, mas pocos escogidos. (20:13-16)

Ante las acusaciones que le hacían, el señor **respondiendo, dijo a uno de ellos,** tal vez el vocero del grupo: **Amigo, no te hago agravio; ¿no conviniste conmigo en trabajar todo el día por un denario?** *Hetairos* (**amigo**) no es el término para una amistad cercana sino más bien para una compañía casual. El propietario les hizo saber con firmeza, pero con cortesía, que se habían pasado de la raya. Él no estaba haciéndoles ningún **agravio,** porque se habían puesto de acuerdo claramente temprano en la mañana cuando estaban en la plaza (v. 2) que se les pagaría **un denario** a cada uno, un salario justo. Él le explicó al portavoz: "Tú trabajaste las doce horas que **conviniste,** y yo te pagué el **denario** que acordé pagarte. Ambos cumplimos nuestra parte del trato; por tanto, tu queja no es legítima. **Toma lo que es tuyo, y vete.** No debería importarte si **quiero dar a este postrero** la misma cantidad que te estoy dando.

Además, Jesús preguntó de modo retórico: **¿No me es lícito hacer lo que quiero con lo mío?** Lo que les pagó a los trabajadores que llegaron de últimos, o a todos los demás, era estrictamente un asunto personal, y lo había hecho de acuerdo con lo que le era **lícito.** Él estaba en su derecho de **hacer lo que** quisiera con sus posesiones.

El problema no era de injusticia de parte del dueño de la viña y del mayordomo, sino de **envidia** de parte de los obreros. El propietario le dijo al enojado vocero: **¿O tienes tú envidia, porque yo soy bueno?** Según acababa de recordar al grupo, él había cumplido con el acuerdo mutuo, el cual debió haber sido la única pre-ocupación de ellos. Pero la envidia y los celos no se basan en la razón sino en el egoísmo. La acusación de injusticia no estaba cimentada en un amor por la justicia sino en la suposición egoísta de que el salario extra que ellos *querían* era un pago que *merecían.* Por supuesto, en realidad lo que se les pagó a los obreros que llega-ron al final del día no tuvo absolutamente nada que ver con lo que se les pagó a los que trabajaron todo el día. Ellos tenían, por así decirlo, contratos totalmente separados con el dueño de la viña.

Pero el egoísmo ve lo que quiere ver, y todos estos hombres egoístas pudieron ver que no recibieron el gran bono que esperaban y que creían merecer. No fue que no obtuvieran el salario que ganaron y que habían acordado, sino que no pudieron soportar que quienes fueron contratados a última hora obtuvieran el mismo pago que ellos. En lugar de alegrarse por la buena suerte de sus compañe-ros de trabajo, los envidiaron y se amargaron. Es posible que los obreros de la hora undécima fueran menos capaces y más necesitados que los que trabajaron todo el día, quienes tal vez fueron contratados primero porque eran mejores obreros. Los otros hombres pudieron haber tenido todas las dificultades para encontrar cualquier tipo de trabajo, y cuando lo encontraban pudo haber sido insignifi-cante, exigente y mal pagado. Pero a pesar de las diferencias entre las situaciones, las capacidades, los logros o las necesidades de los obreros, a ninguno de ellos se les pagó mal. En realidad, todos ellos fueron bien pagados por un hombre que en primer lugar ni siquiera estaba obligado a contratarlos.

Aunque la parábola incluye claras advertencias acerca de poner en duda la justicia de alguien, y del horrible pecado de la envidia, su enseñanza principal es sobre el derecho del propietario de pagar a todos los trabajadores el mismo salario. Por supuesto, Jesús no estaba enseñando principios económicos o comer-ciales sino más bien usando tales principios para enseñar una verdad espiritual infinitamente más maravillosa.

Para entender el significado espiritual de la parábola es necesario entender quién y qué están representados en ella. Jesús declara explícitamente que la parábola es acerca del "reino de los cielos" (v. 1). Por tanto, la viña es el reino mismo, el padre de familia es Dios el Padre, y el mayordomo es el Hijo, Jesucristo. Los obreros son los creyentes, y el denario es la vida eterna, que reciben por igual todos los que confían en Cristo. La labor del día es la vida de servicio que el creyente ofrece a su Señor, y la noche es la eternidad.

El principio soberano de Dios para la salvación es que toda persona que se acerca en fe a su Hijo, Jesucristo, recibe la misma salvación compasiva preparada por el Padre y otorgada por el Hijo. No existen excepciones o variaciones. Sea que un individuo se acerque a Dios siendo un niño pequeño y viva una larga vida de servicio fiel y obediente, o que se acerque a Él en su lecho de muerte, entra en el reino en las mismas condiciones y recibe las mismas bendiciones gloriosas y eternas. El ladrón arrepentido que se volvió a Jesús en la cruz con su último soplo de vida recibió la misma salvación y la misma gloria celestial de los apóstoles. Murió justamente como un delincuente, mientras que la mayoría de apóstoles murieron injustamente a causa de su fidelidad a Cristo. Ni siquiera tuvo una hora para servir a Cristo, mientras que algunos de los apóstoles le sirvieron hasta la vejez. Él supo suficiente acerca de Cristo para ser salvo, y su servicio fue limitado a un tiempo breve de alabanza y agradecimiento; mientras que los discípulos fueron privilegiados de vivir en intimidad con el Señor durante tres años, y se les dio una revelación única de Jesús y en cuanto a Él. Sin embargo, todos ellos fueron recibidos igualmente por su divino Salvador y Rey, y están igualmente delante de Él en el cielo.

El Señor en realidad *recompensará* a sus santos en su venida (cp. 1 Co. 4:5; Ap. 22:12) según la fidelidad que tuvieron. Jesús había enseñado antes: "El Hijo del Hombre vendrá en la gloria de su Padre con sus ángeles, y entonces pagará a cada uno conforme a sus obras" (Mt. 16:27; cp. 5:12; 6:4; 10:42). Pablo declaró: "La obra de cada uno se hará manifiesta; porque el día la declarará, pues por el fuego será revelada; y la obra de cada uno cuál sea, el fuego la probará. Si permaneciere la obra de alguno que sobreedificó, recibirá recompensa. Si la obra de alguno se quemare, él sufrirá pérdida, si bien él mismo será salvo, aunque así como por fuego" (1 Co. 3:13-15). Pero las recompensas individuales son otra cosa totalmente distinta y relacionada con la naturaleza específica de nuestra fidelidad y diligencia en servir a Cristo en la tierra. El tema de la parábola del propietario de la viña no tiene que ver con las recompensas personales que determinarán la naturaleza y la esfera de nuestro gobierno y servicio en la eternidad, sino más bien con las bendiciones comunes de la eternidad que pertenecerán a todos los creyentes.

Aquí el Señor no está enseñando acerca de las diferencias de las recompensas sino acerca de la imparcialidad de la salvación. Está diciendo que los cristianos que han pasado una vida de comodidad e indolencia espiritual tienen la misma salvación eterna que los que padecen la muerte de un mártir. El cristiano inmaduro, débil y desobediente tiene la misma posibilidad de heredar el reino que tiene el que es maduro, generoso y espiritual. Todos los creyentes recibirán "la corona de vida" (Stg. 1:12; Ap. 2:10), "la corona de justicia" (2 Ti. 4:8), y "la corona incorruptible de gloria" (1 P. 5:4). Los genitivos griegos de aposición detrás de cada una de estas tres frases se refieren a la bendición futura de *todos* los creyentes: ¡vida eterna, justicia eterna, y gloria eterna!

Desde una perspectiva humana, eso no parece equitativo, pero desde la perspectiva divina es totalmente justo. Ya que ninguna persona es digna de salvación, la vida eterna es una dádiva misericordiosa para la cual solo Jesucristo pudo haber pagado el precio. Las diferencias entre seres humanos son infinitamente más pequeñas que las diferencias incluso entre el ser humano más justo y Dios. Antes de recibir a Cristo como Señor y Salvador todos los hombres están igualmente perdidos, y después de recibirlo son igualmente salvos. El mérito relativo es irrelevante, porque lo único que puede merecer la más grande de las justicias humanas es condenación. Isaías declaró que "todas nuestras justicias [son] como trapo de inmundicia" (Is. 64:6). Por la norma perfecta de justicia de Dios, ninguna persona llega a Cristo con mayor o menor mérito, y ninguna es recibida por Él con mayor o menor gracia.

Qué maravillosa verdad es esa. El cristiano que envidia a otros creyentes, por la razón que sea, no solo que no es espiritual, sino que es insensato. Si Dios le hubiera dado lo que realmente merecía, estaría destinado al infierno en lugar del cielo. El creyente espiritual se regocija en la salvación de otros, sin importar las circunstancias de su conversión. Si ve que alguien en su lecho de muerte llega a Dios después de toda una vida de libertinaje e infidelidad, se regocija con los ángeles en el cielo de que un pecador más se haya arrepentido (Lc. 15:10) y de que Dios se haya vuelto a glorificar a través de su maravillosa gracia.

Un pastor amigo me contó que su padre no solo había sido incrédulo toda su vida, sino que había rechazado expresamente a Cristo, y que criticaba abiertamente las cosas de Dios y que no quería tener parte en el evangelio. Cuando ese padre fue hospitalizado con un grave derrame cerebral y ya no pudo comunicarse, el hijo volvió a presentarle el evangelio igual que había hecho en muchas ocasiones anteriores. El pastor declaró: "Le testifiqué con todo mi corazón. Le dije cómo podía aceptar a Cristo incluso en este momento de su vida, aunque lo había rechazado tan firmemente. No sé si lo hizo o no, porque él no tenía manera de hacérmelo saber. Pero sé que si creyó heredará la misma vida eterna que yo tengo. Y ahora espero que lo haya hecho".

Jesús contó la parábola de los obreros de la viña en respuesta a la pregunta de Pedro en nombre de los apóstoles acerca de qué estaba reservado para ellos, la cual a su vez fue en respuesta a la enseñanza de Jesús en cuanto a la imposibilidad de entrar al reino por medios o esfuerzos humanos. Los apóstoles representaban a los obreros de todo el día que comenzaron a las seis de la mañana y permanecieron trabajando hasta las seis de la tarde. Habían abandonado todo por seguir a Cristo y lo habían acompañado durante casi tres años. Aunque no habían padecido como lo harían algunos años después, habían sufrido ridículo y muchas dificultades por causa del Señor. La fe que tenían era auténtica y amaban de veras a Cristo.

Pero como los acontecimientos demostrarían pronto, todavía eran terriblemente egocéntricos. Solo uno o dos días después la madre de Jacobo y Juan, sin duda con la aprobación de sus hijos, y quizás a solicitud de ellos mismos, pidió a Jesús: "Ordena que en tu reino se sienten estos dos hijos míos, el uno a tu derecha, y el otro a tu izquierda" (Mt. 20:20-21). Jesús acababa de hablar otra vez de su inminente sufrimiento y muerte, pero los pensamientos de estos dos discípulos estaban enfocados en su propio engrandecimiento personal. Estaban jugando a aventajar a los demás mientras en ese mismo instante su Maestro se hallaba en camino a Jerusalén para ser crucificado (vv. 18-19). Cuando los otros discípulos oyeron lo que había acontecido, "se enojaron contra los dos hermanos" (v. 24). Pero su enojo estaba lejos de ser justo. Como pronto se demostraría, todos ellos eran tan ambiciosos como Jacobo y Juan. No muchas semanas después, en el aposento alto a pocas horas de que Jesús fuera arrestado, los discípulos seguían discutiendo "sobre quién de ellos sería el mayor" (Lc. 22-24).

Después que Jesús hubo resucitado y aparecido a los discípulos, y que estos hubieran superado el impacto de la crucifixión, sus mentes volvieron otra vez a sus ambiciones egoístas y mundanas. En vista de todo lo que habían dicho y hecho antes, la pregunta que hicieron: "Señor, ¿restaurarás el reino a Israel en este tiempo?" (Hch. 1:6) sin duda estaba más centrada en las posibilidades de sus propias glorias que en la gloria de Cristo.

En la parábola del generoso propietario de la viña Jesús estaba tratando con la egoísta, indulgente, envidiosa y ambiciosa orientación de los discípulos. El Señor quería que ellos vieran, y quiere que todos sus seguidores vean, que la salvación de ninguna manera es merecida o ganada. Es el regalo gratuito de Dios, dispensado de modo soberano e imparcial a todos aquellos que creen en su Hijo.

Incrédulos recaudadores de impuestos, prostitutas, delincuentes y marginados sociales tendrán la misma residencia celestial que Pablo, Agustín, Lutero y Wesley. No habrá cuartos de servidumbre ni vecindarios de clase baja en el cielo. Todos tendrán un cuarto en la casa del Padre especialmente preparado para ellos por el Hijo (Jn. 14:2). Cada creyente es parte de la Iglesia, la cual es la esposa de Cristo (Ap. 21:2, 9); todo creyente es un hijo de Dios y heredero con Cristo (Ro. 8:16-17); y todo creyente es bendecido "con toda bendición espiritual en los lugares celestiales en Cristo" (Ef. 1.3). No es que todo creyente recibe una *parte* igual, sino que todo creyente recibe igualmente *la totalidad* de la gracia y la bendición de Dios. Así como el infierno es la ausencia total de Dios, el cielo es la presencia total de Dios. Y cada uno de sus hijos disfrutará igualmente la plenitud de la presencia de Dios allí. Todos los que le pertenecen tienen todo de Él. Esa gran realidad se resume en la verdad de la maravillosa declaración de Juan: "Seremos semejantes a él, porque le veremos tal como él es" (1 Jn. 3:2).

De esta parábola fluyen muchos principios espirituales que están íntimamente relacionados con la verdad central de que la dádiva de vida eterna es igual para todos los creyentes. En primer lugar está el principio de que de manera soberana Dios inicia y logra la salvación. El dueño de la viña salió a buscar trabajadores, y fue Él quien les pidió que trabajaran en su campo. Ya que Dios es quien busca y salva en su propia iniciativa y poder, nosotros no tenemos ningún derecho a reclamar favor o privilegio especial de parte de Él. Todo ser humano que cree ha sido primeramente buscado por el Padre y entregado al Hijo (Jn. 6:39). Y sea que nos haya buscado temprano o tarde en nuestras vidas, y que hayamos contestado su llamado temprano o tarde, todo mérito y toda gloria le pertenecen a Él.

Un segundo principio es que solo Dios establece las condiciones de la salvación. Debido a que los obreros en la viña llegaron a horas distintas, trabajaron una diferente cantidad de horas, y podemos suponer que trabajaron con muchos grados distintos de productividad; pero no recibieron pago diferente. La medida del regalo divino de la salvación no es por mérito o logros humanos sino por la propia gracia de Dios, la cual no varía.

Un tercer principio es que Dios continúa llamando a seres humanos a su reino, ya que sigue regresando una y otra vez a las plazas de mercado del mundo para llamar a los hombres hacia Él mismo. Y seguirá llamando hasta la última hora de esta era. La noche de juicio vendrá cuando ningún hombre pueda trabajar, pero mientras sea de día, el Padre continuará atrayendo seres humanos hacia sí mismo. Jesús expresó: "Mi Padre hasta *ahora* trabaja, y yo trabajo" (Jn. 5:17, énfasis añadido), porque el Señor no quiere "que ninguno perezca, sino que todos procedan al arrepentimiento" (2 P. 3.9).

Un cuarto principio es que Dios redime a todo aquel que está dispuesto. Jesús manifestó: "Al que a mí viene, no le echo fuera" (Jn. 6:37, 39). Todos los trabajadores que fueron a la viña reconocieron que estaban necesitados. No tenían esperanza de tener trabajo, excepto el que el dueño de la viña les daría, y lo recibieron con alegría y agradecimiento. Habían renunciado a depender de sus propios recursos y, por tanto, miraron solo hacia él.

Un quinto principio es que Dios es compasivo con aquellos que no tienen recursos y que reconocen su desesperanza. Él se extiende a los necesitados que saben que están en necesidad. Cuando los hombres en el último grupo le dijeron al dueño que estaban desocupados porque nadie los contrataba, él los contrató. Y cuando alguien llega al Padre celestial sabiendo que no tiene más esperanza de vida que en Él, el Señor siempre aceptará de modo amoroso y misericordioso a esa persona como suyo.

Un sexto principio es que todos los que entraron a la viña trabajaron. Pudieron haber venido en el último momento, pero trabajaron. Incluso el ladrón arrepentido en la cruz que murió pocas horas, si no pocos momentos después, de confesar su fe en Cristo, aún hoy testifica de la gracia salvadora de Dios. La historia de la Iglesia está repleta de narraciones de aquellos cuyas conversiones en el lecho de muerte fueron usadas por Dios para llevar a otros hacia Él.

Un séptimo principio es que Dios tiene la autoridad y capacidad divinas para cumplir sus promesas. En cada hora del día que el dueño de la viña fue a la plaza contrató a todos los que querían trabajar, y al final del día no hubo escasez de fondos para pagar a cada uno la cantidad completa. El sacrificio de Cristo en la cruz fue el pago suficiente por los pecados de todo el mundo, desde la caída de Adán hasta el día del juicio. Si alguna persona no se salva es porque no quiere ser salva. El pecado del hombre no puede superar la gracia de Dios, porque donde el pecado aumenta, la gracia aumenta mucho más (Ro. 5:20).

Un octavo principio es que así como Dios siempre cumple lo que promete, también da más de lo que el ser humano merece. Los trabajadores de las 6:00 de la mañana tuvieron envidia de los que llegaron a las 5:00 de la tarde porque en su punto de vista egoísta merecían recibir mayor pago. Pero el propietario de la viña no estaba más obligado a contratar a los primeros trabajadores que a los demás. Habría sido totalmente justo si hubiera pasado de largo delante de todos, y sin embargo a todos ellos se les pagó más de lo que merecían. En una manera infinitamente mayor, ningún creyente está calificado para recibir el más mínimo favor de Dios, y mucho menos la salvación, e incluso la mejor de las personas por normas humanas es bendecida inmensamente más allá de lo que tal vez podría merecer.

Un noveno principio, que es consecuencia del anterior, es que la humildad y una sensación auténtica de indignidad es la única actitud correcta para que alguien pueda acercarse al Señor. Al igual que el hermano mayor que se molestó

cuando el hijo pródigo regresó a casa y fue bien recibido por su padre, los primeros obreros perdieron algo de su humildad al final del día a causa de la envidia
que sintieron. Pero habían llegado a la viña con la misma actitud de sumisión con
que llegaron los demás.

Un décimo y último principio es el de la gracia soberana y dominante de Dios.
De principio a fin, la parábola describe la gracia divina e ilimitada de Dios. El
trabajo de los hombres no tuvo absolutamente ninguna relación con lo que se
les pagó. Menos aún las obras de supuesta justicia de los hombres tienen alguna
relación con lo que reciben a través de la fe en Jesucristo. Así como el pecado es
el gran ecualizador que hace que todos los seres humanos estén "destituidos de la
gloria de Dios" (Ro. 3:23), la gracia de Dios es el gran ecualizador que remueve el
pecado y hace a todo creyente igualmente aceptable ante Él en Cristo.

Subiendo Jesús a Jerusalén, tomó a sus doce discípulos aparte en el camino, y les dijo: He aquí subimos a Jerusalén, y el Hijo del Hombre será entregado a los principales sacerdotes y a los escribas, y le condenarán a muerte; y le entregarán a los gentiles para que le escarnezcan, le azoten, y le crucifiquen; mas al tercer día resucitará. (20:17-19)

En este pasaje Jesús da la tercera (véase 16:21; 17:22-23) y última predicción de su inminente sufrimiento, muerte y resurrección. Las palabras y las verdades que transmite son sencillas, claras y explícitas. Él no estaba hablando en una parábola o en sentido figurado, ni en términos ambiguos. Tampoco estaba revelando un misterio o explicando profundas verdades teológicas. Simplemente estaba declarando lo que pronto se convertiría en realidades históricas.

La muerte y la resurrección de Jesucristo constituyen los hechos centrales de la revelación bíblica tanto en el Antiguo Testamento como en el Nuevo. Esos dos acontecimientos históricos, y algunos otros que los rodean, es lo que Jesús vuelve ahora a predecirles a los doce como algo inminente.

A través de la historia algunos han descrito a Jesús como un visionario bien-intencionado, amoroso, tierno y pacífico pero ingenuo, que de alguna manera resultó atrapado en un mundo hostil, y que fue crucificado por accidente. Otros lo han descrito menos generosamente como un sedicente aspirante a conquistador que intentó dar un golpe de clases y se convirtió en víctima de su propia ambición.

Sin embargo, tales perspectivas no reflejan todo el relato bíblico. El sufrimiento y la muerte de Cristo no fueron errores de cálculo ni accidentes. No sorprendieron en lo más mínimo a Jesús. Por el contrario, Él estaba consciente de esas realidades incluso antes que sus verdugos hubieran siquiera pensado en sus planes perversos. El sufrimiento y la muerte del Mesías fueron planeados por nuestro santo Dios siglos antes de ser maquinados en las mentes de hombres malvados. Las primeras palabras registradas de Jesús fueron: "En los negocios de mi Padre me es necesario estar" (Lc. 2:49), y entre sus últimas palabras antes de su muerte estuvieron estas: "Consumado es" (Jn. 19:30). Jesús sabía por qué estaba en la tierra, incluso todo detalle de su vida y su ministerio. Y debido a que tenía ese conocimiento divino, debió haber soportado muchos sufrimientos miles de veces en su mente antes que le sucedieran en vida.

Está claro que el Señor quería que sus discípulos entendieran lo que pronto Él iba a enfrentar, así como prepararlos para lo que también sería un tiempo de grave sufrimiento y peligro para ellos. Más que eso, Él quería que comprendieran que estos sucesos, por perversos que eran, formaban parte del gran plan redentor de Dios, pues eran la misma razón por la que vino a la tierra.

Jesús sabía lo difícil que era para los discípulos comprender lo que estaba tratando de decirles. Estaban tan adaptados a las ideas populares judías del

Mesías glorioso, conquistador y gobernante, que cualquier cosa contraria que les enseñara parecía resbalarles. Para la mayor parte de los judíos de esa época, al igual que para la mayoría de judíos de nuestro tiempo, la idea de un Mesías sufriente y moribundo era impensable, una incoherencia absoluta. Tal como sus compatriotas judíos, los discípulos estaban esperando un león, no un cordero.

De modo que por tercera vez se registra que el Señor los lleva aparte y trata de hacerles ver la realidad de lo que estaba a punto de acontecerle. Primero les asegura que estos sucesos forman parte del plan revelado de Dios. Luego les da predicciones detalladas de los hechos particulares, y por último les ofrece una idea de las proporciones y poder de los sufrimientos que Él iba a soportar.

EL PLAN DEL SUFRIMIENTO DE JESÚS

Subiendo Jesús a Jerusalén, tomó a sus doce discípulos aparte en el camino, y les dijo: He aquí subimos a Jerusalén, (20:17-18*a*)

Jesús había concluido su ministerio en Galilea y había cruzado a Perea, al otro lado del río Jordán (19:1). Como hacían a menudo los viajeros judíos de Galilea con el fin de no tener que pasar por Samaria, Jesús viajó por el lado este del Jordán y cruzó hacia Jericó (20:29). A partir de allí subiría hacia **Jerusalén.**

Jericó estaba cerca del extremo norte del Mar Muerto, que está a 416 metros bajo el nivel del mar. A pesar de que **Jerusalén** estaba a solo veintidós kilómetros al oeste del Mar Muerto, se halla en una elevación de 1.178 metros sobre el nivel del mar, lo que hacía que el viaje ascendente desde Jericó resultara bastante empinado.

El hecho de que Jesús tomara **a sus doce discípulos aparte en el camino** indica que estaban viajando en compañía de otros, probablemente un gran gentío. Indudablemente, algunos en el grupo habían estado siguiendo a Jesús por algún tiempo (cp. v. 29). Otros formaban parte de los miles de judíos que hacían la peregrinación anual de Pascua hasta Jerusalén, hallándose sin haberlo buscado en compañía de este asombroso Maestro y Sanador. Pero el ministerio público del Señor estaba llegando a su fin, y ahora Él dedicaba la mayor parte de su tiempo a dar enseñanzas privadas a los **discípulos.**

He aquí era una exclamación común, un medio de llamar la atención especial hacia algo de importancia. En este contexto también transmitía la idea de resolución y convicción. Aún más que en la ocasión anterior que Lucas describe, Jesús ahora "afirmó su rostro para ir a Jerusalén" (Lc. 9:51). Él no planeó ir solo, sino que dijo a los doce: **He aquí subimos a Jerusalén.**

Como ya se indicó, ellos aún tenían gran dificultad en aceptar la idea de un Mesías sufriente y agonizante, y era de conocimiento común que los dirigentes judíos en **Jerusalén** trataban de matarlo. Por tanto, los discípulos "se asombraron, y le seguían con miedo" (Mr. 10:32). Ellos creían que no solo era innecesario sino imprudente que Jesús incluso pensara en ir a Jerusalén.

La palabra griega detrás de *asombraron* es *thambeō,* que se refiere a gran sorpresa o perplejidad, y a veces incluso transmitía la idea de inmovilidad debido al miedo. Denotaba total incapacidad de comprender y reaccionar correctamente a una idea o acontecimiento. Casi por tres años los discípulos habían presenciado el poder milagroso de Jesús y habían oído su enseñanza llena de autoridad. Habían dejado todo por Él y se habían puesto por completo bajo el cuidado del Señor. Ahora todo parecía perdido y sin sentido, y ellos no podían entender el sentido de todo lo que estaba ocurriendo.

Los discípulos estaban tan incrédulos y confundidos que quizás habían renunciado, de modo emocional aunque no intelectual, a la idea de la inauguración inmediata del reino. Pero no lograban imaginar cuál podía ser la alternativa. Jesús no estaba haciendo nada para establecer una política posterior y sin duda alguna no estaba levantando un ejército. Si Jesús se encontraba impotente contra el sistema judío, en lo que se refiere al gobierno romano era totalmente insignificante. Ir a Jerusalén representaba una muerte segura, por eso "dijo entonces Tomás, llamado Dídimo, a sus condiscípulos: Vamos también nosotros, para que muramos con él" (Jn. 11:16). La actitud más positiva que pudieron asumir fue una resignación heroica pero desesperada de ir a morir con su Maestro.

Marcos informa que Jesús iba delante de los discípulos y de la multitud (Mr. 10:32). Fue como si Él fuera un comandante militar que iba a la batalla al frente de sus tropas, poniéndose valientemente en la posición más peligrosa y vulnerable. Pero Jesús no tenía tropas ni armas, solo un pequeño grupo de discípulos confundidos e indefensos, y una multitud en busca de emociones que huiría a la primera señal de peligro.

Sin embargo, el plan divino era que Jesús fuera **a Jerusalén** a fin de que se cumplieran "todas las cosas escritas por los profetas acerca del Hijo del Hombre" (Lc. 18:31). Ir a Jerusalén no era un accidente, y ningún capricho del destino. Jesús no sería tomado por sorpresa e inesperadamente atrapado allí por sus enemigos. El Señor no solo conocía esos acontecimientos, sino que los predijo por medio de sus profetas. Ahora se movía resueltamente hacia el cumplimiento de tales sucesos. En realidad eran la culminación del plan redentor de Dios.

Dios había profetizado por medio de Moisés que ninguno de los huesos del Mesías sería quebrado (Éx. 12:46). A través de los salmistas predijo que el Mesías sería clavado en una cruz (Sal. 22:16), que echarían suerte sobre sus vestiduras (22:18), que le darían vinagre para que bebiera (69:21), que clamaría de dolor (22:1), que resucitaría de los muertos (16:10), y que ascendería al cielo (110:1). Zacarías predijo la entrada del Mesías a Jerusalén, montado sobre un pollino (Zac. 9:9), la traición por treinta monedas de plata (11:12), la deserción de sus amigos (13:7), y que sería traspasado (12:10).

Todo el campo de acción y el curso del Antiguo Testamento en su tipología y sus símbolos exigían que el Mesías, el Ungido del Señor, muriera por los pecados de un mundo que no tenía manera de expiar esos pecados. La muerte de Cristo ha sido llamada el hilo escarlata de la Biblia, la verdad suprema alrededor de la cual están entretejidas todas las demás verdades.

Cuando Adán y Eva pecaron, al instante se dieron cuenta de su desnudez, y a fin de proporcionarles ropa fue necesario matar animales. Desde el principio la culpa y la vergüenza debían ser cubiertas por el sacrificio. Ese fue el primer gran principio de la redención en las Escrituras. Pero esas pieles, al igual que los innumerables sacrificios posteriores, solo fueron símbolos. Podían cubrir la desnudez del hombre, pero no su pecado.

El segundo gran principio de la redención que Dios reveló es que Él mismo proveería el sacrificio necesario por la humanidad. Dios mandó a Abraham que sacrificara a Isaac, su único hijo a través de quien debía cumplirse la promesa divina. Abraham llegó a levantar el cuchillo y estuvo dispuesto a clavarlo en el corazón de Isaac, debido a su firme creencia en que Dios podía resucitar de entre los muertos al muchacho (He. 11:19). Cuando el Señor detuvo la mano de Abraham y proveyó un carnero para que tomara el lugar de Isaac en el altar, a ese lugar de sacrificio Abraham llamó "Jehová proveerá" (Gn. 22:14).

El tercer gran principio de redención que Dios reveló fue que el sacrificio aceptable no debía tener mancha. Cuando el ángel de la muerte pasó por sobre Egipto hiriendo de muerte a todos los primogénitos, Dios proveyó protección para los israelitas untando la sangre de un cordero sin mancha en los postes y en el dintel de las casas (Éx. 12:5-7).

Durante la estadía en el desierto, Dios reveló a Moisés el cuarto gran principio del sacrificio: que es el acto central de adoración aceptable. En los detalles del complejo sistema de sacrificios, Dios mostró a Israel que el sacrificio estaría inherente en todo acto de adoración verdadera, porque abría el camino hacia Dios.

Pero en los requerimientos y rituales del Antiguo Testamento, tales principios solo estaban representados. Ningún sacrificio ofrecido por el hombre podía cubrir el pecado, proporcionar un substituto para sí mismo, ser moral y espiritualmente sin mancha, o convertirse en un acto aceptable de adoración a Dios. Solo Dios mismo podía presentar tal sacrificio, y es a ese sacrificio divino al que señalaban todos los demás sacrificios. Y cuando ese sacrificio perfecto fue hecho, los demás ya no tenían importancia. Cuando Jesús murió en la cruz, el velo del templo se rasgó en dos y terminó la validez del sistema expiatorio. Menos de cuarenta años después, con la total destrucción del templo en el año 70 d.C., terminó incluso la posibilidad de los demás sacrificios del Antiguo Testamento.

Los discípulos sabían que estaban yendo a Jerusalén a celebrar la Pascua con Jesús, pero lo que no sabían era que Jesús mismo iba a ser el definitivo y único verdadero Cordero pascual. Ellos aún estaban pensando en un león, pero Él estaba pensando en un Cordero. Ellos seguían pensando en el reino, pero Él estaba pensando en el sacrificio. Ellos estaban pensando en la gloria, pero Él estaba pensando en el sufrimiento y la muerte.

Los discípulos no entendían por completo la enseñanza del Antiguo Testamento acerca del Mesías, y no comprendían lo que Jesús mismo les manifestó en varias ocasiones acerca de Él mismo. Incluso después de la resurrección Jesús reprendió a dos de los discípulos por su falta de comprensión de lo que las Escrituras habían revelado mucho tiempo antes. "¡Oh insensatos, y tardos de corazón para creer todo lo que los profetas han dicho! ¿No era necesario que el Cristo padeciera estas cosas, y que entrara en su gloria?" (Lc. 24:25-26). Poco tiempo después les dijo a los once y a algunos otros creyentes reunidos con ellos en Jerusalén: "Así está escrito, y así fue necesario que el Cristo padeciese, y resucitase de los muertos al tercer día" (v. 46).

Pablo tuvo que recordar a los cristianos en Corinto la verdad central que les había enseñado muchas veces antes: "que Cristo murió por nuestros pecados, conforme a las Escrituras; y que fue sepultado, y que resucitó al tercer día, conforme a las Escrituras" (1 Co. 15:3-4). Muchos años después Pedro les recordó a los creyentes a los que escribió: "Los profetas que profetizaron de la gracia destinada a vosotros, inquirieron y diligentemente indagaron acerca de esta salvación, escudriñando qué persona y qué tiempo indicaba el Espíritu de Cristo que estaba en ellos, el cual anunciaba de antemano los sufrimientos de Cristo, y las glorias que vendrían tras ellos" (1 P. 1:10-11).

El sufrimiento y la muerte de Jesús siempre estuvieron en el plan de Dios. Cuando Jesús tenía solo unas semanas de edad y sus padres lo llevaron al templo para ser presentado al Señor, el piadoso Simeón le dijo a María: "He aquí, éste está puesto para caída y para levantamiento de muchos en Israel, y para señal que será contradicha (y una espada traspasará tu misma alma)" (Lc. 2:34-35). Juan el Bautista anunció el ministerio de Jesús declarando: "He aquí el Cordero de Dios, que quita el pecado del mundo" (Jn. 1:29), y todo judío que oyó ese mensaje sabía que Juan se refería a un cordero expiatorio. En su gran visión en la isla de Patmos, el apóstol Juan vio "en pie un Cordero como inmolado", y oyó a un grupo de ángeles "que decían a gran voz: El Cordero que fue inmolado es digno" (Ap. 5:6, 12).

Jesús debía ir a Jerusalén porque allí es donde iba a sacrificarse por los pecados del mundo, en perfecta conformidad con el plan revelado de Dios.

LAS PREDICCIONES DEL SUFRIMIENTO DE JESÚS

y el Hijo del Hombre será entregado a los principales sacerdotes y a los escribas, y le condenarán a muerte; y le entregarán a los gentiles (20:18*b*-19*a*)

Por su propia omnisciencia divina, Jesús sabía cuántos maridos había tenido la mujer en Sicar, aunque nunca antes la había visto ni había oído hablar de ella (Jn. 4:16-18). A los discípulos les dijo exactamente qué hallarían cuando los envió a Jerusalén a encontrar un pollino (Mt. 21:2). Jesús predijo la destrucción de Jerusalén casi cuarenta años antes que ocurriera (Mt. 24:1-2). Ahora Jesús de modo omnisciente añade detalles adicionales de su sufrimiento y muerte a las muchas profecías del Antiguo Testamento.

Jesús se refirió a sí mismo o fue mencionado por los escritores del evangelio unas ochenta veces como **el Hijo del Hombre,** un título del Antiguo Testamento que connotaba la divinidad del Mesías pero resaltaba su encarnación y humillación. Como el divino/humano **Hijo del Hombre,** Jesús declaró que sería **entregado a los principales sacerdotes y a los escribas.**

El Señor no hizo mención de aquel por quien sería **entregado,** aunque iba a ser Judas. Por eso es que la NTV ha preferido traducir el verbo como "traicionado y entregado", en lugar del más literal **entregado.**

El sacerdocio judío lo componían varios rangos y niveles. Los levitas estaban en el nivel más bajo y ascendían a muchos miles. No realizaban funciones sacerdotales como tales, sino que eran responsables de servir a los sacerdotes. Los sacerdotes comunes servían en distintas funciones en el tabernáculo, y más tarde en el templo. En tiempos del Nuevo Testamento se había desarrollado un grupo de ellos, **los principales sacerdotes,** que conformaban la aristocracia hereditaria del sacerdocio. La más alta posición dentro de ese grupo era la de sumo sacerdote, un cargo transmitido de padres a hijos.

A continuación en importancia entre los dirigentes religiosos judíos estaban **los escribas,** que no obtenían sus posiciones por herencia sino por conocimiento. Eran autoridades en el Antiguo Testamento, especialmente en la ley mosaica, así como en los miles de tradiciones rabínicas que habían desarrollado durante los últimos cientos de años desde el regreso de Babilonia. A **los escribas** a menudo se les llamaba intérpretes de la ley, rabinos o doctores y, tal como se evidencia en gran manera en los evangelios, estaban íntimamente relacionados con los fariseos.

Por tanto, **los principales sacerdotes y los escribas** conformaban la aristocracia hereditaria e intelectual del judaísmo. Estos líderes religiosos de élite llegaron a odiar con gran vehemencia a Jesús y a oponérsele porque Él amenazaba el hipócrita e impío sistema de poder que representaban. Además, al ser el organismo ejecutor del alto concilio judío, el sanedrín, ellos pronto condenarían **a muerte** a Jesús.

Ya que Roma no permitía que las naciones sometidas impusieran la pena de muerte, los dirigentes religiosos judíos podían condenarlo **a muerte** pero no ejecutarlo sin la aprobación romana. Por consiguiente, era necesario que lo entregaran **a los gentiles** romanos paganos a fin de llevar a cabo el plan asesino que idearon. Y debido a que no pudieron convencer a Pilato, el gobernador romano, de que los agravios religiosos de Jesús merecían la pena de muerte, recurrieron a un chantaje. Le advirtieron al gobernador: "Si a éste sueltas, no eres amigo de César; todo el que se hace rey, a César se opone" (Jn. 19:12).

LA PROPORCIÓN Y EL PODER DEL SUFRIMIENTO DE JESÚS

para que le escarnezcan, le azoten, y le crucifiquen; mas al tercer día resucitará.
(20:19*b*)

La primera frase describe lo que podría llamarse la proporción del sufrimiento del Señor, el grado de agonía al que fue injusta pero voluntariamente condenado.

Mientras Jesús estaba en manos de las autoridades romanas gentiles, estas le escarnecieron y lo azotaron, según se acostumbraba hacer con los prisioneros que no eran ciudadanos romanos, aunque no los hubieran condenado por algún delito. Primero, Pilato hizo azotar a Jesús con látigos de cuero que tenían pedazos de hueso y metal incrustados. "Entonces los soldados del gobernador llevaron a Jesús al pretorio, y reunieron alrededor de él a toda la compañía; y desnudándole, le echaron encima un manto de escarlata, y pusieron sobre su cabeza una corona tejida de espinas, y una caña en su mano derecha; e hincando la rodilla delante de él, le escarnecían, diciendo: ¡Salve, Rey de los judíos! Y escupiéndole, tomaban la caña y le golpeaban en la cabeza" (Mt. 27:27-30). Solo después de esa dolorosa humillación lo sacaron y crucificaron.

Es significativo que cuando se refiere a los sufrimientos de Cristo antes y durante la crucifixión, el Nuevo Testamento siempre usa el plural (véase 2 Co. 1:5; Fil. 3:10; He. 2:10; 1 P. 1:11; 4:13). El dolor de Jesús no fue dimensional, sino que comprendió padecimientos de muchas clases.

El dolor físico de la crucifixión era insoportable, razón por la cual constituía el medio que Roma prefería para ejecutar a los enemigos del estado. Pero en sí no siempre era fatal, y hay numerosos registros históricos de hombres que sobrevivieron a la crucifixión. Cuando querían estar seguros de la muerte, se azotaba de antemano a la víctima. La gran pérdida de sangre, así como la frecuente exposición de los órganos internos, no solo aumentaba en gran manera el sufrimiento, sino que aseguraba la muerte.

Los sufrimientos físicos de Jesús no pueden minimizarse. Él sintió cada golpe que le daban con la caña y cada cortadura del látigo. Sintió la agonía de sus músculos golpeados y lacerados al tratar de cargar la pesada cruz por la ciudad y subirla hasta el Gólgota. Sintió las oleadas de dolor cuando le incrustaban los clavos en pies y manos, y cuando fue levantado hasta una posición vertical de tal manera que todo el peso del cuerpo reposaba sobre esos clavos. Padeció mucha sed, que sin embargo la superaba el tirón sofocante de su cuerpo contra los pulmones.

Pero los mayores padecimientos que soportó no fueron físicos sino emocionales y espirituales, tal como Isaías había profetizado vívidamente:

No hay parecer en él, ni hermosura; le veremos, mas sin atractivo para que le deseemos. Despreciado y desechado entre los hombres, varón de dolores, experimentado en quebranto; y como que escondimos de él el rostro, fue menospreciado, y no lo estimamos. Ciertamente llevó él nuestras enfermedades, y sufrió nuestros dolores; y nosotros le tuvimos por azotado, por herido de Dios y abatido. Mas él herido fue por nuestras rebeliones, molido por nuestros pecados; el castigo de nuestra paz fue sobre él, y por su llaga fuimos nosotros curados. Todos nosotros nos descarriamos como ovejas, cada cual se apartó por su camino; mas Jehová cargó en él el pecado de todos nosotros. Angustiado él, y afligido, no abrió su boca; como cordero fue llevado al matadero; y como oveja delante de sus trasquiladores, enmudeció, y no abrió su boca. Por cárcel y por juicio fue quitado; y su generación, ¿quién la contará? Porque fue cortado de la tierra de los vivientes, y por la rebelión de mi pueblo fue herido (Is. 53:2-8).

Como el profeta deja en claro, las aflicciones de Jesús fueron mucho más profundas que las físicas. El Mesías soportaría sufrimientos internos mucho más devastadores que el dolor en su cuerpo. Como alguien que no cometió pecado, debió sufrir por los agravios de hombres pecadores que lo despreciaron y rechazaron. En realidad fue quebrantado incluso por su propio Padre celestial a fin de que pudiera llevar el castigo que la humanidad caída merecía pero que no podía sobrevivir. "Con todo eso, Jehová quiso quebrantarlo, sujetándole a padecimiento… Derramó su vida hasta la muerte, y fue contado con los pecadores, habiendo él llevado el pecado de muchos, y orado por los transgresores" (Is. 53:10, 12).

Jesús padeció la angustia de la deslealtad. Fue uno de sus propios discípulos, uno de los doce especialmente escogidos, quien lo traicionó entregándolo a los principales sacerdotes. El Señor pudo declarar igual que el salmista: "Aun el hombre de mi paz, en quien yo confiaba, el que de mi pan comía, alzó contra mí el calcañar" (Sal. 41:9). Uno a quien había escogido, enseñado y amado se volvió contra Él y lo entregó en manos de sus enemigos. La angustia de la traición debió haber afectado de modo profundo muchas veces el corazón de Jesús antes de la noche en que el hecho malvado se cometiera realmente. Él no solo fue traicionado por un amigo, sino que este lo hizo con un beso. Hay poco sufrimiento humano más abrumador que el causado por alguien cercano y querido que pisotea la intimidad y confianza incluso hasta el punto de la traición.

Jesús también sufrió el dolor del rechazo. Fue entregado a los principales sacerdotes y escribas, que en nombre de todo Israel rechazaron su condición mesiánica y en cambio lo trataron como un malhechor digno de muerte. Él fue la Piedra que los constructores rechazaron. El Redentor de Israel que "a lo suyo vino, y los suyos no le recibieron" (Jn. 1:11). Sus discípulos huyeron de su presencia, avergonzados incluso de ser llamados sus amigos, peor aún sus siervos. Jesús debió soportar el rechazo hasta de su propio Padre, quien no podía ver el pecado que soportaba el cuerpo de su Hijo.

Jesús padeció el dolor de la humillación. Se burlaron de Él los líderes de su propio pueblo y luego los gentiles a quienes fue enviado. Esos paganos lo humillaron con una imitación de corona, un remedo de cetro, un simulacro de túnica de realeza, y obediencia fingida. Lo despreciaron, le escupieron el rostro, y lo clavaron desnudo a una cruz ante la vista de todos.

Jesús sufrió el dolor de la culpa injusta. El pecado que cargó sobre sí y por el cual padeció y murió no era suyo. Pagó el castigo por los pecados de otros. Toda la culpa de toda la humanidad que había vivido y que viviría fue puesta sobre Él. Fue tal vez la posibilidad de llevar esa culpa y vergüenza lo que hizo que Cristo, quien despreciaba el pecado, sudara grandes gotas de sangre mientras oraba esa última noche en Getsemaní.

Jesús soportó el dolor de las heridas. Como ya indicamos, la flagelación romana se llevaba a cabo con un látigo cuyas puntas tenían afilados trozos de hueso y metal que desgarraban la carne y hasta los órganos y huesos de la víctima. La terrible experiencia habitual constaba de cuarenta latigazos, administrados con tal intensidad que a menudo se requería que un segundo hombre terminara la azotaina. Debido a la extrema barbarie y al profuso sangrado, era frecuente que las víctimas murieran antes que todos los latigazos pudieran aplicarse.

Por último, Jesús aguantó el dolor de la muerte misma. Fisiológicamente pudo hacer sido que muriera por sofocación. Sin embargo, el sufrimiento más doloroso que lo mató fue el dolor acumulado que debió soportar como castigo por los pecados de la humanidad. A fin de salvar a quienes amaba con amor infinito, por ellos debió convertirse en el mismo pecado que detestaba con odio infinito. "Al que no conoció pecado, por nosotros [Dios] lo hizo pecado, para que nosotros fuésemos hechos justicia de Dios en él" (2 Co. 5:21).

Pero al contrario de lo que sus amigos y sus enemigos creían, la muerte de Jesús no fue el final. El Padre no permitiría que su "santo [viera] corrupción" (Sal. 16:10). Por tanto, **al tercer día** iba a resucitar, para nunca más volver a morir. Jesús murió para conquistar el pecado y también el castigo que este produce, es decir la muerte. Murió para que aquellos que creen en Él no tuvieran que morir.

Cómo ser grande en el reino

Entonces se le acercó la madre de los hijos de Zebedeo con sus hijos, postrándose ante él y pidiéndole algo. Él le dijo: ¿Qué quieres? Ella le dijo: Ordena que en tu reino se sienten estos dos hijos míos, el uno a tu derecha, y el otro a tu izquierda. Entonces Jesús respondiendo, dijo: No sabéis lo que pedís. ¿Podéis beber del vaso que yo he de beber, y ser bautizados con el bautismo con que yo soy bautizado? Y ellos le dijeron: Podemos. Él les dijo: A la verdad, de mi vaso beberéis, y con el bautismo con que yo soy bautizado, seréis bautizados; pero el sentaros a mi derecha y a mi izquierda, no es mío darlo, sino a aquellos para quienes está preparado por mi Padre. Cuando los diez oyeron esto, se enojaron contra los dos hermanos. Entonces Jesús, llamándolos, dijo: Sabéis que los gobernantes de las naciones se enseñorean de ellas, y los que son grandes ejercen sobre ellas potestad. Mas entre vosotros no será así, sino que el que quiera hacerse grande entre vosotros será vuestro servidor, y el que quiera ser el primero entre vosotros será vuestro siervo; como el Hijo del Hombre no vino para ser servido, sino para servir, y para dar su vida en rescate por muchos. Al salir ellos de Jericó, le seguía una gran multitud. (20:20-28)

Vivimos en una generación orgullosa y egoísta. Las personas se promocionan en maneras que solo una generación atrás habrían sido aborrecibles y totalmente inaceptables. Sin embargo, en gran parte de la cultura moderna el orgullo y la autoestima elevada han llegado a redefinirse no solo como virtudes sino como los valores supremos.

Nuestra época es una reminiscencia del período en la historia en que en el apogeo de los antiguos imperios griego y romano se exaltaba al orgullo y se menospreciaba la humildad. Sin duda alguna, tal como ocurrió con la desaparición de Grecia y Roma, este desarrollo trágico contribuirá a la desaparición de la sociedad moderna. Ninguna sociedad puede sobrevivir a la autodestrucción del orgullo desenfrenado, porque para su conservación y triunfo toda sociedad depende de las relaciones armoniosas y del apoyo mutuo entre su gente. La sociedad se desintegra cuando, con poca consideración por sus familias, amigos, vecinos y compatriotas, una cantidad importante de personas se comprometen solo consigo mismas y con sus propios intereses. Cuando el ego se hace más fuerte, las relaciones se debilitan. Cuando los derechos personales se vuelven supremos, los vínculos interpersonales que unen a la sociedad se rompen.

La promoción de la autoestima, la autorrealización y la gloria personal se ha convertido en una industria importante que va desde programas de ejercicio hasta motivación para el éxito ejecutivo. Tristemente, el culto al egoísmo también se ha abierto paso en el cristianismo evangélico. Abundan libros, seminarios, conferencias, revistas y organizaciones que promueven el ego bajo el disfraz de desarrollo espiritual personal. El movimiento ha encontrado poca resistencia en la iglesia, que a menudo parece decidida a derrotar al mundo en su propio juego carnal. De innumerables fuentes se oyen afirmaciones acerca de que el gran diseño de Dios para su pueblo es salud, prosperidad, éxito, felicidad y realización personal. La enseñanza bíblica de sufrimiento y de llevar la cruz por causa de Cristo se pasa totalmente por alto o se explica de manera absurda. Un evangelio débil, una fe fácil, y una vida cristiana no sacrificial son los reflejos de este nuevo egoísmo "evangélico".

Siempre que la Iglesia ha sido espiritualmente fuerte ha desconfiado de su propia sabiduría y fortaleza, mirando hacia el Señor, rechazando su propia gloria y buscando la gloria del Señor, condenando el orgullo y exaltando la humildad. Las épocas de despertar espiritual inevitablemente se caracterizan por un sentido sincero de quebrantamiento, contrición e indignidad. Muestran siempre temor reverencial a la Palabra de Dios, que al obrar a través de auténtica humildad ofrece gran poder a la Iglesia. Al igual que Pablo, la Iglesia se vuelve fuerte cuando reconoce que es débil (2 Co. 12:10).

No obstante, gran parte de la Iglesia occidental se ha vuelto autoindulgente, satisfecha de sí misma, y autosuficiente. Reclama crecimiento numérico y económico como evidencia de bendición espiritual. En ella se ha reemplazado sacrificio con éxito, sufrimiento con satisfacción propia, y piadosa obediencia con indulgencia carnal.

Pero el testimonio de la Biblia es claro y coherente. Fue por orgullo que Adán y Eva dudaron de Dios, creyeron a Satanás y confiaron en su propio juicio, y desde ese momento el orgullo ha seguido siendo la característica principal de la humanidad caída y pecadora. El libro de Proverbios advierte que "orgullo de corazón, y pensamiento de impíos, son pecado" (Pr. 21:4), que "abominación es a Jehová todo altivo de corazón" (16:5), y que "el temor de Jehová es aborrecer el mal… la soberbia y la arrogancia, el mal camino" (8:13). Insolencia, arrogancia, y jactancia siempre han sido características de una mente depravada y reprobada (Ro. 1:30). La vanidad es una trampa favorita de Satanás, incluso para los creyentes, y siempre ha sido un rasgo de los falsos maestros (1 Ti. 3:6; 6:4). Juan declaró: "La vanagloria de la vida, no proviene del Padre, sino del mundo" (1 Jn. 2:16).

Desde la primera rebelión en el huerto, Dios ha resistido con firmeza a los soberbios (Stg. 4:6; Sal. 138:6), los ha menospreciado (Is. 23:9), los ha humillado (Sal. 18:27; Dn. 4:37), les ha dado su merecido (Sal. 31:23), los ha esparcido (Lc. 1:51), y los ha castigado (Mal. 4:1). Del mismo modo, Dios siempre ha honrado a los humildes y mansos. Él "atiende al humilde" (Sal. 138:6), oye "el deseo de los humildes" (Sal. 10:17), y valora la humildad incluso por sobre la honra (Pr. 15:33). El Señor desea que la humildad sea parte del atuendo cotidiano de sus hijos (Col. 3:12; 1 P. 5:5) y del diario vivir (Ef. 4:1-2). Él busca bendecir "a aquel que es pobre y humilde de espíritu, y que tiembla a [su] palabra" (Is. 66:2).

Abraham, ese siervo y amigo especial de Dios, declaró con humildad: "He aquí ahora que he comenzado a hablar a mi Señor, aunque soy polvo y ceniza" (Gn. 18.27). Su hijo Isaac estuvo desinteresadamente dispuesto a morir como un sacrificio a Dios (Gn. 22:7-9). Jacob, el hijo de Isaac, clamó a Dios: "Menor soy que todas las misericordias y que toda la verdad que has usado para con tu siervo"

(Gn. 32:10). José el hijo de Jacob, deshonrado y vendido como esclavo por sus malvados hermanos, los perdonó sin rastro de amargura o venganza. Cuando le suplicaron que los perdonara, él amorosamente les contestó: "No temáis; ¿acaso estoy yo en lugar de Dios? Vosotros pensasteis mal contra mí, mas Dios lo encaminó a bien…. Ahora, pues, no tengáis miedo; yo os sustentaré a vosotros y a vuestros hijos. Así los consoló, y les habló al corazón" (Gn. 50:19-21).

Moisés, el hombre más manso sobre la tierra, suplicó con humildad delante del Señor: "¿Quién soy yo para que vaya a Faraón, y saque de Egipto a los hijos de Israel?" (Éx. 3:11). Después de la derrota de Israel a manos de Hai debido al pecado de Acán, en humillación a favor de su pueblo, "Josué rompió sus vestidos, y se postró en tierra sobre su rostro delante del arca de Jehová hasta caer la tarde" (Jos. 7:6). David, un hombre conforme al propio corazón de Dios, oró humildemente: "Tuya es, oh Jehová, la magnificencia y el poder, la gloria, la victoria y el honor; porque todas las cosas que están en los cielos y en la tierra son tuyas. Tuyo, oh Jehová, es el reino, y tú eres excelso sobre todos. Las riquezas y la gloria proceden de ti, y tú dominas sobre todo; en tu mano está la fuerza y el poder, y en tu mano el hacer grande y el dar poder a todos" (1 Cr. 29:11-12).

También está el testimonio de Ezequías, rey de Judá, quien "después de haberse enaltecido su corazón, se humilló" (2 Cr. 32:26); de Manasés, otro rey de Judá, quien se humilló "grandemente en la presencia del Dios de sus padres" (2 Cr. 33:12); de Josías, rey de Judá, a quien el Señor le dijo que ya que "tu corazón se conmovió, y te humillaste delante de Dios… yo también te he oído" (2 Cr. 34:27); de Isaías, quien confesó que era "hombre inmundo de labios" (Is. 6:5); y de muchos otros que fueron grandes a los ojos de Dios debido a que fueron humildes y abnegados por causa del Señor.

La humildad que acompaña a la verdadera grandeza espiritual también se ilustra a lo largo del Nuevo Testamento. Aunque fue primo carnal de Jesús, y quien fuera llamado a la misión exaltada de anunciar y preparar el camino del Mesías, Juan el Bautista declaró con humildad: "El que viene tras mí, cuyo calzado yo no soy digno de llevar, es más poderoso que yo" (Mt. 3:11). Fue a causa de tan modesta y auténtica humildad que Jesús declaró: "De cierto os digo: Entre los que nacen de mujer no se ha levantado otro mayor que Juan el Bautista" (Mt. 11:11).

El primer indicio de la grandeza de Pedro se expresó cuando le dijo a Jesús: "Apártate de mí, Señor, porque soy hombre pecador" (Lc. 5:8). Y al final de su vida, "sabiendo que en breve [debía] abandonar el cuerpo", pudo afirmar de Cristo con perfecta sinceridad: "A él sea gloria ahora y hasta el día de la eternidad" (2 P. 1:14; 3:18). La grandeza de Pablo se ve en su declaración a los ancianos de Éfeso de que había servido "al Señor con toda humildad" (Hch. 20:19).

Cada uno de esos héroes de la Biblia caracterizó al individuo que es grande a los ojos de Dios, porque se negaron a buscar protagonismo personal y dieron toda la importancia al Señor. Solamente el de corazón humilde, el de corazón de siervo, es quien disfruta de grandeza en el reino de Dios.

Mientras estaban con Jesús durante el ministerio terrenal, los doce discípulos necesitaron mucho aprender humildad. No solamente la necesitaban por su propio bien sino también para poder entender con claridad muchas otras cosas que su Maestro enseñaba. No fue tanto la inteligencia limitada sino el orgullo excesivo lo que les impedía entender y aceptar la enseñanza de Jesús en cuanto a aspectos tales como servicio, abnegación, humildad, persecución, así como las claras y reiteradas predicciones que les hacía acerca de sus próximos sufrimientos y su muerte. Ellos también estaban cargados con autopromoción, autoservicio, autoestima y gloria personal como para que esas verdades penetraran sus mentes o corazones. Buscaban los lugares altos de poder y honra para sí mismos, con poca consideración por el bienestar de sus compañeros discípulos, o incluso por el bien del Señor de todos ellos.

En realidad, los discípulos habían dejado todo para seguir a Jesús. Lo habían confesado auténticamente como su Señor y Salvador. Sin embargo, al igual que muchos cristianos en todas las épocas desde entonces, a menudo se enfocaban en lo que irían a ganar, revelando así que no habían abandonado por completo el orgullo, el egoísmo y las normas del mundo. Sin duda el mayor obstáculo para que aceptaran la idea de un Mesías que sufre y muere era que no *querían* creer en tal clase de Mesías. Si Jesús iba a padecer y morir, ellos temían sufrir el mismo destino. A lo sumo, llegarían a ser marginados en desgracia en lugar de gobernantes con honra. Preferían enfocarse más en promesas tales como la de que un día irían a sentarse sobre "doce tronos, para juzgar a las doce tribus de Israel" y en la de recibir muchas veces más aquello a lo que habían renunciado por Cristo (Mt. 19:28-29).

No solo al menos en tres ocasiones Jesús les había dicho que sería arrestado y que iba a padecer y a morir, sino que también les había dicho de modo explícito que ellos debían esperar y estar dispuestos a soportar las mismas cosas. Ellos mismos habían oído lo que Jesús le dijo a cierto candidato a seguidor: "Las zorras tienen guaridas, y las aves del cielo nidos; mas el Hijo del Hombre no tiene dónde recostar su cabeza" (Mt. 8:20). A sus discípulos les había advertido: "He aquí, yo os envío como a ovejas en medio de lobos... guardaos de los hombres, porque os entregarán a los concilios, y en sus sinagogas os azotarán; y aun ante gobernadores y reyes seréis llevados por causa de mí" (10:16-18, 22). Les había pedido sacrificio personal cuando les advirtió: "El que ama a padre o madre más que a mí, no es digno de mí; el que ama a hijo o hija más que a mí, no es digno de mí; y el que no toma su cruz y sigue en pos de mí, no es digno de mí" (10:37-38; cp. 16:24). Jesús les había mostrado humildad cuando les dijo: "Si no os volvéis y os hacéis como niños, no entraréis en el reino de los cielos", y cuando les expresó que "cualquiera que se humille como este niño, ése es el mayor en el reino de los cielos" (18:3-4).

Pero los discípulos persistían en disputar entre sí mismos, negándose a tomar al pie de la letra las palabras de Jesús, y en seguir exaltándose y promocionando sus propios intereses egoístas. La preocupación principal que tenían fue expresada en la pregunta que Pedro le hiciera a Jesús: "¿Qué, pues, tendremos?" (19:27).

Dos mil años después muchos cristianos aún repiten la pregunta de Pedro: "¿Qué, pues, tendremos?". Muchos cristianos ven la gracia como un almuerzo gratis, una puerta abierta a salud, prosperidad y realización personal... es decir, un almacén celestial de cosas buenas que pueden solicitarle o exigirle a Dios.

John Stott ha observado: "Un coro de muchas voces está cantando al unísono que hoy día debo amarme a toda costa". En su libro *The Danger of Self-Love*, Pablo

Brownback escribe en el mismo sentido, afirmando: "Esta repentina escalada de enseñanza sobre el amor propio… fue la respuesta espontánea de quienes estaban firmemente convencidos de la base bíblica sólida de la autoestima. Y… casi al instante el público cristiano se sintió a gusto con su recién encontrado amigo; el amor propio se ha incorporado fácilmente en la mentalidad de los cristianos evangélicos" ([Chicago: Moody, 1982], p. 13).

También al comentar sobre el culto actual al amor propio, John Piper escribe:

> Hoy día el primer y más grande mandamiento es: "Ámate a ti mismo". Y se cree que la explicación para casi todo problema interpersonal es la baja autoestima del individuo. Sermones, artículos y libros han impulsado esta idea en la mente cristiana. Por ejemplo, es rara la congregación que no tropieza con la "teología vermicular" del "Sangró mi soberano Dios" de Isaac Watts: "¿Dedicaría Él esa cabeza sagrada / Por tal gusano como soy?" ("Is Self-Love Biblical?", *Christianity Today*, 12 de agosto, 1977, p. 6).

Refiriéndose a esa última frase del himno de Watts, a menudo los críticos acusan a los evangélicos de ser víctimas de la "teología del gusano", porque predican y enseñan la total depravación del ser humano.

Acoger el amor propio no es un peligro nuevo en la Iglesia. Fue claramente una amenaza para la unidad, la fidelidad, y la pureza en la iglesia en Corinto, y también sin duda alguna para muchas otras iglesias de ese tiempo. Varios cientos de años después Agustín escribió en su clásico *La ciudad de Dios*: "Dos ciudades se han formado por dos amores: la terrenal por el amor del yo, incluso hasta el desprecio hacia Dios; y la celestial por el amor de Dios, incluso hasta el desprecio hacia el yo. La primera, en pocas palabras, se gloría en sí misma. La última en el Señor".

Alrededor de mil años más tarde, Juan Calvino declaró: "Nos precipitamos tanto en la dirección del amor propio que todo el mundo cree tener un buen motivo para exaltarse y despreciar a todos los demás en comparación". A continuación comenta que "no existe otro remedio que arrancar de raíz esas plagas de lo más nocivas: el amor propio y el amor por la victoria. Esto es lo que hace la doctrina de la Biblia, porque nos enseña a recordar que los dones que Dios nos ha concedido no son nuestros, sino que son dádivas gratuitas, y que quienes se adornan personalmente con ellos su ingratitud los traiciona".

Alguien ha escrito con gran sabiduría:

> La cruz del evangelicalismo popular no es la cruz del Nuevo Testamento. Es más bien un adorno brillante sobre el pecho del cristiano seguro de sí mismo y carnal cuyas manos son realmente las manos de Abel, pero cuya voz es la voz de Caín. La antigua cruz mataba hombres; la nueva cruz los entretiene. La antigua cruz condenaba; la nueva cruz afirma. La antigua cruz destruía la confianza en la carne; la nueva cruz la estimula. La antigua cruz producía lágrimas y sangre; la nueva cruz produce risas. La carne, sonriente y confiada, predica y canta acerca de la cruz, y delante de esa cruz se inclina y hacia esa cruz señala con payasadas cuidadosamente

orquestadas, pero sobre esa cruz la carne no morirá y obstinadamente se negará a llevar la culpa de esa cruz.

Es a la cruz del sufrimiento y la muerte que Jesús llama a sus discípulos, y a la obediencia y entrega de sí mismo que llevan hacia esa cruz. Pero la cruz del creyente es pequeña y su sufrimiento insignificante en comparación con el sufrimiento y la muerte que su Señor compró para ese creyente. Pablo le asegura a Timoteo: "Si somos muertos con él, también viviremos con él; si sufrimos, también reinaremos con él" (2 Ti. 2:11-12). A la iglesia en Roma le testificó: "Tengo por cierto que las aflicciones del tiempo presente no son comparables con la gloria venidera que en nosotros ha de manifestarse" (Ro. 8:18). Y al final de su vida hacía ya mucho tiempo que Pedro había dejado de preguntar: "¿Qué, pues, tendremos?". Más bien con confianza aconsejó a los hermanos en la fe: "El Dios de toda gracia, que nos llamó a su gloria eterna en Jesucristo, después que hayáis padecido un poco de tiempo, él mismo os perfeccione, afirme, fortalezca y establezca" (1 P. 5:10).

Pero mientras Jesús ministraba en la tierra, los doce estaban lejos de ese discipulado modesto y altruista. En consecuencia, la tercera y más detallada predicción que Jesús hizo de su pasión y muerte cayó en oídos sordos. Ni bien había terminado de mencionar su muerte y resurrección, otra vez dos de sus discípulos trataron de que Él les asegurara un lugar de honor y grandeza en el reino anticipado. En ese acontecimiento, y en la respuesta que Jesús dio, podemos ver cuatro maneras equivocadas y mundanas por las cuales los seres humanos van tras la grandeza. Después de eso el Señor ofreció una exhortación y un ejemplo de lo que constituye la verdadera grandeza que honra a Dios.

CÓMO NO SER GRANDE

Entonces se le acercó la madre de los hijos de Zebedeo con sus hijos, postrándose ante él y pidiéndole algo. Él le dijo: ¿Qué quieres? Ella le dijo: Ordena que en tu reino se sienten estos dos hijos míos, el uno a tu derecha, y el otro a tu izquierda. Entonces Jesús respondiendo, dijo: No sabéis lo que pedís. ¿Podéis beber del vaso que yo he de beber, y ser bautizados con el bautismo con que yo soy bautizado? Y ellos le dijeron: Podemos. Él les dijo: A la verdad, de mi vaso beberéis, y con el bautismo con que yo soy bautizado, seréis bautizados; pero el sentaros a mi derecha y a mi izquierda, no es mío darlo, sino a aquellos para quienes está preparado por mi Padre. Cuando los diez oyeron esto, se enojaron contra los dos hermanos. Entonces Jesús, llamándolos, dijo: Sabéis que los gobernantes de las naciones se enseñorean de ellas, y los que son grandes ejercen sobre ellas potestad. (20:20-25)

Es imposible que los principios del mundo sean eficaces o adaptables al reino de Dios. Por su misma naturaleza son opuestos a los caminos del Señor y destructivos para su obra. No solo que no producen grandeza, sino que siempre traen discordia, pequeñez y debilidad espiritual en el Cuerpo. En este pasaje pueden verse claramente cuatro de esos principios mundanos.

MANIOBRAS ESTRATÉGICAS

Entonces se le acercó la madre de los hijos de Zebedeo con sus hijos, postrándose ante él y pidiéndole algo. Él le dijo: ¿Qué quieres? Ella le dijo: Ordena que en tu reino se sienten estos dos hijos míos, el uno a tu derecha, y el otro a tu izquierda. (20:20-21)

El primer principio mundano para la grandeza podría llamarse maniobras estratégicas, y se refleja en el intento de **la madre de los hijos de Zebedeo** de convencer a Jesús de que les conceda a esos dos hijos, Jacobo y Juan, los más altos lugares de honor en el reino de Dios.

A lo largo de la historia, una de las tácticas más comunes para sacar ventaja ha sido usar la influencia de familiares y amigos para beneficio propio. A estas personas se les manipula para conseguir un cargo político, un ascenso en los negocios, un contrato lucrativo, o cualquier otra cosa que se anhele. Como dice el dicho: "Lo que cuenta es a quien conozcas". Hace algunos años un pastor admitió francamente que para la convención anual de su denominación siempre reservaba un cuarto de hotel al lado de los dirigentes, con fin de cultivar su amistad y así asegurar futuros cargos pastorales en las iglesias más grandes.

Parece increíble que Jacobo, Juan y su **madre** pudieran pedirle a Jesús un favor interesado tan insensible inmediatamente después que Jesús predijera la persecución y muerte que pronto enfrentaría en Jerusalén. No hay indicio en este texto ni en el relato paralelo de Marcos (véase 10:35), de que alguno de los discípulos diera una respuesta a lo que Jesús acababa de declarar acerca de su propia muerte que le esperaba. Puede que simplemente hubieran descartado la predicción del Señor tan solo como algo figurativo y simbólico, o que quizás hubieran estado tan preocupados con sus propios intereses y planes que no dieron importancia a las palabras de Jesús. En cualquier caso, los discípulos no siguieron tratando el tema. No obstante, sí siguieron enfocados en sus propios intereses.

Por el pasaje de Marcos está claro que **la madre** estaba hablando a petición de sus **dos hijos.** Es más, Marcos no la menciona en absoluto. Es obvio que los tres se acercaron con un propósito y un plan común que habían analizado entre ellos de antemano. Es probable que la madre hablara primero, y que luego Jacobo y Juan hablaran por sí mismos.

En Mateo es implícito, pero explícito en Marcos, que la primera petición fue intencionalmente general e indefinida: "Maestro, querríamos que nos hagas lo que pidiéremos" (Mr. 10:35). El enfoque que emplearon fue como el de un niño tratando de conseguir que el padre prometiera algo antes de decirle de qué se trataba por temor a que una petición específica pudiera ser rechazada.

Los tres pudieron haber estado tratando de sacar provecho de su relación familiar con Jesús. Al comparar los relatos en el evangelio de las mujeres que estuvieron en vigilia cerca de la cruz, se hace evidente que la madre de Jacobo y Juan se llamaba Salomé y que era hermana de María, la madre de Jesús (véase Mt. 27:56; Mr. 15:49; Jn. 19:25), siendo, por tanto, la tía de Jesús, y Jacobo y Juan sus primos hermanos. Además de confiar en sus relaciones como primos del

Maestro, los hermanos tal vez también quisieron aprovecharse del afecto de Jesús por María haciendo que la hermana de ella se le acercara con el fin de pedirle el favor.

Postrarse era un acto común de reverencia dado a antiguos monarcas, y al hacerlo, la madre de Jacobo y Juan muy bien pudo haber tratado de halagar a Jesús apelando a su sentido de poder y realeza. Tratándolo como un rey, ella esperaba manipularlo con ese gesto de magnanimidad. A los reyes del Cercano Oriente les gustaba enorgullecerse de tener los recursos para conceder cualquier favor o petición. Fue tal orgullo lo que indujo a Herodes Antipas a jurar a la hija de Herodías: "Todo lo que me pidas te daré, hasta la mitad de mi reino" (Mr. 6:23).

El hecho de que Jacobo, Juan y la madre de ellos pidieran **algo** de Cristo sugiere firmemente que sabían que la petición no era legítima. Ese **algo** era totalmente egoísta, tanto para la mujer como para los dos hermanos. Como madre, ella podía disfrutar de forma indirecta de las posiciones exaltadas de sus hijos, y su propio prestigio sería mucho mayor. En marcado contraste con lo que llegarían a ser después de Pentecostés, Jacobo y Juan no se destacaron por su timidez o reticencia, y Jesús los había apodado "Hijos del trueno" (Mr. 3:17). La petición que le hicieran a Jesús no solo fue atrevida sino insolente. En realidad estaban afirmando que entre todas las grandes personas de Dios que habían vivido, ellos merecían tener los dos lugares más altos de honor al lado del Rey del cielo.

Al igual que los escribas y fariseos que amaban "los primeros asientos en las cenas, y las primeras sillas en las sinagogas" (Mt. 23:6), Jacobo y Juan ansiaban prestigio y preeminencia, además de ser exaltados por sobre los demás apóstoles. Así como el egoísta Diótrefes (2 Jn. 9), a ellos les gustaba ser los primeros. Pero ese no es el camino a la grandeza en el reino de Dios.

AMBICIÓN EGOÍSTA

Entonces Jesús respondiendo, dijo: No sabéis lo que pedís. ¿Podéis beber del vaso que yo he de beber, y ser bautizados con el bautismo con que yo soy bautizado? Y ellos le dijeron: Podemos. Él les dijo: A la verdad, de mi vaso beberéis, y con el bautismo con que yo soy bautizado, seréis bautizados; pero el sentaros a mi derecha y a mi izquierda, no es mío darlo, sino a aquellos para quienes está preparado por mi Padre. Cuando los diez oyeron esto, se enojaron contra los dos hermanos. (20:22-24)

Estos versículos reflejan una segunda forma equivocada de grandeza espiritual, la de ambición egoísta. La petición de Jacobo, Juan y la madre de ellos no solo fue descarada sino ridícula. Sin prestar atención a la madre, **Jesús respondiendo** directamente a los dos hermanos, les **dijo: No sabéis lo que pedís. ¿Podéis beber del vaso que yo he de beber, y ser bautizados con el bautismo con que yo soy bautizado?** Los tres no tenían idea de las consecuencias de su solicitud.

El **vaso que** Jesús estaba a punto **de beber** era la copa de sufrimiento y muerte, que acababa de describirles (vv. 18-19). El Señor estaba diciéndoles: "¿No se dan cuenta de que el camino hacia la gloria eterna no es a través del éxito y la honra del mundo sino a través del sufrimiento? ¿No han oído lo que les he estado enseñando acerca de que los perseguidos son bendecidos y de tomar sus cruces y seguirme?".

El apóstol Pablo aprendió que el camino de gran gloria es a través de gran aflicción por el nombre de Cristo. Aunque padeció extrema dificultad, persecución y sufrimiento, consideró que esas cosas eran insignificantes comparadas con lo que le esperaba en el cielo. A los corintios egoístas y amantes del placer les advirtió: "Esta leve tribulación momentánea produce en nosotros un cada vez más excelente y eterno peso de gloria" (2 Co. 4:17). Es a aquellos que son perseguidos "por mi causa" a los que Jesús les dijo que tendrán gran recompensa en el cielo (Mt. 5:11-12).

Padecer aflicciones físicas como enfermedad y deformidad, un accidente, la angustia emocional de una pérdida o de la muerte de un ser querido, puede ser algo que el Señor utilice para fortalecer espiritualmente a los creyentes. Él puede ayudarles a crecer incluso a través de los problemas y las dificultades que ellos mismos se ocasionan debido a insensatez o pecado. Pero la aflicción que trae gloria eterna es la que se arrastra y se soporta de manera voluntaria por fidelidad al Señor. Es sufrir a causa del evangelio, de padecer "persecución por causa de la justicia" (Mt. 5:10). Aquel que tendrá mayor gloria al lado de Cristo en el cielo será quien haya soportado fielmente el mayor sufrimiento por el Señor en la tierra.

Beber del vaso quiere decir tomar la medida total, sin dejar nada. Esta era una expresión común que significaba permanecer con algo hasta el final, soportar hasta los límites, cualquiera que sea el costo. **El vaso** que Jesús estaba a punto de **beber** era infinitamente peor que la agonía física de la cruz o la angustia emocional de ser abandonado por sus amigos, por doloroso que esto era. La medida total de su **vaso** era cargar sobre sí mismo los pecados del mundo, una agonía tan horrible que Jesús oró: "Padre mío, si es posible, pase de mí esta copa; pero no sea como yo quiero, sino como tú" (Mt. 26:39).

Jacobo y Juan declararon torpemente: **Podemos,** quizás por haber malinterpretado totalmente lo que Jesús quería decir, o porque al igual que la promesa de Pedro de nunca abandonar a Cristo, seguros de sí mismos creyeron que podían soportar cualquier cosa que se exigiera de ellos. Y así como Pedro negó tres veces al Señor antes que cantara el gallo, esos dos hermanos, junto con todos los demás discípulos, huyeron para salvar sus vidas cuando Jesús fue arrestado (Mt. 26:56).

Sin duda, con gran ternura y compasión el Señor les aseguró entonces a los hermanos: **A la verdad, de mi vaso beberéis.** Pero no sería en el propio poder de ellos, sino en el poder del Espíritu Santo que irían a padecer mucho por causa de su Maestro. Jacobo fue el primer apóstol en ser martirizado (Hch. 12:2), y Juan terminó su larga vida como un condenado al exilio en la isla de Patmos (Ap. 1:9). Ellos participaron de veras en los sufrimientos de Cristo (Fil. 3:10).

Jesús continuó: **pero el sentaros a mi derecha y a mi izquierda, no es mío darlo.** No solo que Jacobo y Juan fueron presuntuosos al pedir que los sentaran a la **derecha** y a la **izquierda,** sino que, en este caso, no era prerrogativa del Señor conceder tal solicitud. Jesús afirmó que tal honor corresponde **a aquellos para quienes está preparado por mi Padre.** Tal distinción no se concedería en base a favoritismo o ambición sino en base a la decisión soberana del **Padre.** La ambición personal no es un factor en el plan soberano y eterno de Dios. Por consiguiente, no solo es algo pecaminoso sino un tonto e inútil esfuerzo desperdiciado.

Al parecer la respuesta de **los** otros **diez** discípulos fue justa. No obstante, **se enojaron contra los dos hermanos** no a causa de que ellos mismos fueran justos, sino debido a resentimiento envidioso. Antes ya habían manifestado los mismos sentimientos orgullosos y egoístas, y volverían a expresarlos. En el camino de Cesarea de Filipo a Capernaúm ellos "habían disputado entre sí, quién había de ser el mayor", pero tuvieron vergüenza de admitirlo delante de Jesús (Mr. 9:33-34). Incluso en la Última Cena, "hubo también entre ellos una disputa sobre quién de ellos sería el mayor" (Lc. 22:24). Todos eran culpables de la misma ambición egoísta que **los dos hermanos** acababan de exhibir.

DICTADURAS DOMINANTES

Entonces Jesús, llamándolos, dijo: Sabéis que los gobernantes de las naciones se enseñorean de ellas, (20:25*a*)

Los otros diez discípulos habían permanecido cerca de **Jesús** y escucharon lo que Él había estado discutiendo con Jacobo, Juan y la madre de ellos. **Entonces** el Señor, **llamándolos** les recordó otra manera equivocada de lograr grandeza espiritual además de las dos formas que acababa de demostrar. Podría llamársele la manera del dictador dominante. *Katakwrieuō* (**se enseñorean**) es un término fuerte que transmite la idea de *adueñarse* de las personas, en que el prefijo preposicional *kata* intensifica al verbo.

Jesús aseguró que **los gobernantes de las naciones se enseñorean de** sus súbitos. Prácticamente todo gobernante de esa época era una forma de dictador, a menudo de una clase tiránica. El mundo busca grandeza a través de poder, personificado por **gobernantes** déspotas **de las naciones** tales como los faraones, Antíoco Epífanes, los césares, los Herodes, y Pilato, bajo todos los cuales los judíos habían sufrido en gran manera.

Una de las razones de que muchas naciones del tercer mundo de hoy día sean susceptibles a las atracciones engañosas del comunismo es que han vivido por mucho tiempo bajo dictaduras opresivas. Siglos de abuso por parte de gobernantes vanidosos, crueles y explotadores han hecho que esos países estén maduros para la revolución.

Aunque no en formas tan absolutas o destructivas como esas, la misma filosofía de dominación se encuentra en empresas modernas, e incluso en algunas organizaciones cristianas. Muchas personas en posiciones elevadas no pueden resistir la tentación de utilizar su poder para enseñorearse de sus subordinados. Algunos de estos individuos son ególatras radicales, mientras otros son respetables y ortodoxos. Pero comparten un deseo mundano común por controlar a otros. De ahí que Pedro advirtiera a los líderes cristianos a no mostrar "señorío sobre los que están a [su] cuidado" (1 P. 5:3).

CONTROL CARISMÁTICO

y los que son grandes ejercen sobre ellas potestad. (20:25*b*)

Una cuarta manera errónea de obtener grandeza espiritual es el control carismático y manipulador. La expresión **grandes** (*megaloi*) conlleva la idea de distinguido, eminente, ilustre o noble. Representa a los que tienen gran atractivo personal y que han logrado un alto prestigio a los ojos del mundo, tratando de controlar a otros por medio de influencia personal. Se les puede considerar distintos de los del versículo 25*a*. Mientras que el dictador dominante utiliza el poder absoluto de su posición y a menudo es odiado, el líder carismático utiliza los poderes de la popularidad y la personalidad. Por medio de adulación, encanto y atractivo manipula a otros con el fin de que le sirvan a sus propios fines.

Ejercen sobre ellas potestad también se traduce de un verbo griego fuerte e intensificado que combina *kata* (abatir) y *exousiazō* (tener autoridad), y puede traducirse "desempeñarse como tirano".

La iglesia nunca ha carecido de líderes egoístas que conquistan la fascinación de personas que por voluntad propia los siguen, mientras tales dirigentes hacen mercancía del evangelio con el fin de forrarse los bolsillos y hacerse una reputación. Diciéndoles a las personas lo que estas quieren oír (2 Ti. 4:3), hábilmente se aprovechan de los creyentes egoístas e ingenuos.

CÓMO SER GRANDE

Mas entre vosotros no será así, sino que el que quiera hacerse grande entre vosotros será vuestro servidor, y el que quiera ser el primero entre vosotros será vuestro siervo; como el Hijo del Hombre no vino para ser servido, sino para servir, y para dar su vida en rescate por muchos. (20:26-28)

Este pasaje sencillo y claro es uno de los más hermosos en los evangelios. El principio que enseña necesita poca explicación, pero es necesario que lo emulen aquellos a quienes Jesucristo llama.

Jesús presenta primero el precepto y después el modelo.

EL PRECEPTO DE LA VERDADERA GRANDEZA

Mas entre vosotros no será así, sino que el que quiera hacerse grande entre vosotros será vuestro servidor, y el que quiera ser el primero entre vosotros será vuestro siervo; (20:26-27)

Jesús invirtió la grandeza del mundo. La manera egoísta, de autopromoción y orgullosa del mundo es la antítesis de la grandeza espiritual. No tienen lugar en el reino de Dios, y Jesús dijo a los doce: **entre vosotros no será así.** En muchos modos distintos les había enseñado lo que le dijera a Pilato: "Mi reino no es de este mundo" (Jn. 18:36).

La manera en que la grandeza se muestra en el mundo es como una pirámide. El prestigio y el poder del individuo grande se edifican sobre las personas que están por debajo de él. Pero en el reino, la pirámide es invertida. Así observó el gran comentarista R. C. H. Lenski: "Los grandes hombres de Dios no están sentados encima de los hombres más pequeños, sino que cargan sobre sus espaldas a los hombres más pequeños".

Sin embargo, por desgracia aún existen muchas personas en la Iglesia que, al igual que Jacobo y Juan, buscan continuamente reconocimiento, prestigio y poder manipulando y controlando a otros para aprovecharse de modo egoísta. Una lamentable cantidad de celebridades y líderes cristianos ha obtenido grandes seguidores apelando a las emociones y a muchos apetitos mundanos. **Más entre** los verdaderos discípulos de Cristo **no será así** más de lo que debía ser entre los doce.

Jesús siguió explicando que no está mal ansiar ser de gran utilidad para Dios, solo que está mal buscar el tipo de grandeza del mundo. Pablo nos asegura: "Palabra fiel: Si alguno anhela obispado, buena obra desea" (1 Ti. 3:1). Tal como el apóstol sigue indicando (vv. 2-3), las normas para un obispo en la Iglesia de Cristo son altas. Pero el individuo que está dispuesto a cumplir con esas normas por el nombre del Señor y en el poder del Señor tendrá la bendición del Señor.

Por tanto, Jesús continuó: **Sino que el que quiera hacerse grande entre vosotros,** es decir, grande según las normas de Dios y no las de los hombres, **será vuestro servidor.** El Señor no estaba contradiciendo lo que acababa de enseñar, según algunos han sugerido. Él estaba hablando de una clase totalmente distinta de grandeza de la que Jacobo y Juan estaban buscando, que es el honor que el mundo promueve. Este tipo de grandeza es agradable a Dios porque es humilde y abnegada en lugar de orgullosa y egoísta. El camino a la grandeza del mundo es a través de agradar y ser servido por los hombres; el camino a la grandeza de Dios es a través de complacerlo y servir a otros en nombre de Él. A los ojos de Dios, el único individuo que es grande es el que es un **siervo** fiel.

No solo no está mal sino muy bien buscar gloria eterna, porque esa gloria es otorgada por Dios. Pablo declaró: "[No] buscamos gloria de los hombres; ni de vosotros, ni de otros, aunque podíamos seros carga como apóstoles de Cristo" (1 Ts. 2:6). Pero también declaró a aquellos mismos creyentes en Tesalónica: "A lo cual os llamó mediante nuestro evangelio, para alcanzar la gloria de nuestro Señor Jesucristo" (2 Ts. 2:14). El camino hacia esa gloria divina y eterna que proviene de Dios es el camino de renunciar a la gloria mundana y temporal que viene de los hombres. El camino hacia la gloria de Dios es el camino del **siervo.** El enfoque del ser humano debe estar en prestar servicio espiritual con excelencia consumada, y en dejar al Señor el éxito de ese servicio.

Jesús estaba hablando de ser un verdadero siervo, no un farsante. Él no tenía en mente al "siervo público" que usa su cargo para beneficio y poder personal. La grandeza piadosa viene de humildad auténtica. Solo Dios conoce el corazón del ser humano, y Pablo nos asegura que el Señor "aclarará también lo oculto de las tinieblas, y manifestará las intenciones de los corazones; y entonces cada uno recibirá su alabanza de Dios" (1 Co. 4:5).

Siervo viene de *diakonos,* de donde se deriva el término *diácono.* La palabra original griega era puramente secular, en referencia a una persona que hacía un trabajo de baja categoría como limpiar la casa o servir mesas. No era necesariamente un término de deshonra, sino que describía el nivel más bajo de ayuda contratada, que requería poco aprendizaje o poca habilidad.

Pero Cristo elevó a *diakonos* a un lugar de gran importancia, usándolo para describir a sus discípulos más fieles y preferidos. Pudo haber elegido otras palabras más nobles para caracterizar al discipulado obediente, pero escogió esta porque refleja mejor la vida desinteresada y humilde que Él honra. También es la vida que Jesús mismo ejemplificó, como seguiría diciendo (v. 28).

La característica más segura del verdadero **siervo** es el sacrificio voluntario por el bien de los demás en el nombre de Cristo. El siervo falso evita el sufrimiento, mientras que el siervo verdadero lo acepta.

Pablo tuvo un corazón puro y auténtico de siervo. Reconoció de buena gana su apostolado y la autoridad divina que venía con esa posición exclusiva y exaltada; pero aún más fácilmente reconoció que la posición y autoridad pertenecían a Dios, y que le fueron confiadas como administrador (1 Co. 4:1). Así les manifestó a los orgullosos, ególatras, sediciosos y mundanos corintios: "¿Qué, pues, es Pablo, y qué es Apolos? Servidores por medio de los cuales habéis creído; y eso según lo que a cada uno concedió el Señor" (1 Co. 3:5). Más adelante en esa carta declara con sarcasmo:

> *Ya estáis saciados, ya estáis ricos, sin nosotros reináis. ¡Y ojalá reinaseis, para que nosotros reinásemos también juntamente con vosotros! Porque según pienso, Dios nos ha exhibido a nosotros los apóstoles como postreros, como a sentenciados a muerte; pues hemos llegado a ser espectáculo al mundo, a los ángeles y a los hombres. Nosotros somos insensatos por amor de Cristo, mas vosotros prudentes en Cristo; nosotros débiles, mas vosotros fuertes; vosotros honorables, mas nosotros despreciados. Hasta esta hora padecemos hambre, tenemos sed, estamos desnudos, somos abofeteados, y no tenemos morada fija. Nos fatigamos trabajando con nuestras propias manos; nos maldicen, y bendecimos; padecemos persecución, y la soportamos. Nos difaman, y rogamos; hemos venido a ser hasta ahora como la escoria del mundo, el desecho de todos (4:8:13).*

En su libro *Un serio llamado a una vida devota y santa*, William Law escribe:

> Que cada día sea de humildad; condescendiente con todas las debilidades y flaquezas de nuestros semejantes, cubriendo las fragilidades, amando las excelencias, animando las virtudes, aliviando las necesidades que tengan, regocijándonos en sus prosperidades, siendo compasivos en las angustias que experimentan, recibiendo su amistad, pasando por alto cualquier falta de bondad, perdonando su maldad, siendo un siervo de siervos, y accediendo a hacer los oficios más bajos de la humanidad más baja.

Otro gran santo de los últimos años, Samuel Brengle, escribió:

> Si parezco grande a los ojos de ellos, el Señor con mucha benignidad me está ayudando a ver cuán absolutamente nada soy yo sin Él, y me ayuda

a mantenerme pequeño a mis propios ojos. El Señor efectivamente me usa. Pero me preocupa mucho que sea Él que me use y que no sea mi propia obra. El hacha no puede gloriarse de los árboles que ha cortado. No podría hacer nada si no fuera por el leñador. Él la hizo, la afiló y la usó. En el momento que la arroja a un lado, sólo se vuelve un hierro viejo. Oh, que yo jamás pierda de vista esto (citado en Oswald Sanders, *Liderazgo espiritual* [Grand Rapids: Editorial Portavoz, 1995), p. 63, cursivas en el original).

Jesús reiteró e intensificó su descripción de la senda de Dios hacia la grandeza: **Y el que quiera ser el primero entre vosotros será vuestro siervo.** La posición y labor de un siervo eran mucho más bajas y degradantes incluso que las de un criado. Hasta cierto punto el criado tenía su propia personalidad. A menudo poseía poco más que la ropa que tenía puesta, pero era libre de ir a cualquier parte y de trabajar o no si así lo deseaba. Pero un **siervo** (*doulos*) no se pertenecía a sí mismo, sino que pertenecía a su amo, y solo podía ir a donde el amo quería que fuera, y hacer solamente lo que el amo quería que hiciera. No se pertencí,a sino que era propiedad personal de alguien más.

Pablo mismo se identificó en varias cartas como siervo (*doulos*) de Cristo incluso antes de identificarse como apóstol. A los romanos los saludó con estas palabras: "Pablo, siervo de Jesucristo, llamado a ser apóstol" (Ro. 1:1; cp. Fil. 1:1; Tit. 1:1). Por eso pudo expresar: "Si vivimos, para el Señor vivimos; y si morimos, para el Señor morimos. Así pues, sea que vivamos, o que muramos, del Señor somos" (Ro. 14:8). Los siervos pertenecían a sus dueños, y de ahí que pudieran comprarse y venderse. Al igual que siervos, los cristianos han "sido comprados por precio" (1 Co. 6:20; cp. 7:23) y son propiedad del Señor, quien los compró con su propia sangre preciosa (1 P. 1:18-19).

Pablo deseaba en gran manera ser exaltado y recibir gloria, pero la exaltación y la gloria que buscaba eran de Dios y las buscaba a la manera de Dios, a través de sufrimiento y servidumbre de siervo. Se cuenta de un líder de la iglesia primitiva que "pertenecía a esa clase de primeros mártires cuya alma apasionada hizo un temprano holocausto del hombre físico".

En uno de sus poemas más hermosos Amy Carmichael escribió:

¿No tienes ninguna cicatriz?
¿Ninguna cicatriz oculta en el pie, el costado, o la mano?
Oigo que cantas con poder en la tierra,
Los oigo aclamarte, alegre estrella ascendente;
¿No tienes cicatriz alguna?

¿No tienes ninguna herida?
Sin embargo, fui herido por los arqueros, y me agoté.
Me apoyaron contra el madero para matarme, y desgarrado fui
Por voraces bestias que me rodearon, y me desvanecí:
¿No tienes herida alguna?

¿Ninguna herida? ¿Ninguna cicatriz?
Así es, tal como el amo será el siervo,
Y perforados están los pies que me siguen;
Pero tú estás completo.
¿Puede haber seguido muy lejos
quien no tiene una herida? ¿Ninguna cicatriz?

El costo de la verdadera grandeza es servicio humilde, desinteresado y sacrificial. El cristiano que desea ser **grande** y **primero** en el reino es aquel que en primer lugar está dispuesto a servir en el lugar difícil, el lugar incómodo, solitario, exigente, donde no se le aprecia y donde incluso pueden perseguirlo. Sabiendo que ese tiempo es corto y la eternidad es larga, está dispuesto a gastar y a gastarse. Está dispuesto a trabajar con excelencia sin volverse orgulloso, a soportar las críticas sin amargarse, a ser juzgado erróneamente sin ponerse a la defensiva, y a soportar el sufrimiento sin caer en la autocompasión.

Cuando creyentes fieles han hecho por el Señor todo lo posible hasta el límite de sus capacidades y su energía, le declaran: "Siervos inútiles somos, pues lo que debíamos hacer, hicimos" (Lc. 17:10). Es a cada uno de tales discípulos que el Señor dirá en respuesta: "Bien, buen siervo y fiel... entra en el gozo de tu señor" (Mt. 25:21).

William Barclay ha comentado de manera concisa: "El mundo puede que mida la grandeza de una persona por el número de hombres que puede controlar y que están a sus órdenes; o por su talla intelectual y por su eminencia académica; o por el número de juntas en las que es consejero; o por el tamaño de su cuenta corriente y de las posesiones materiales que ha amasado; pero para la valoración de Jesucristo esas cosas no tienen importancia".

EL MODELO DE LA VERDADERA GRANDEZA

como el Hijo del Hombre no vino para ser servido, sino para servir, y para dar su vida en rescate por muchos. (20:28)

El énfasis de este versículo se encuentra en las palabras **como el Hijo del Hombre.** Lo que Jesús dice acerca de Él mismo debería caracterizar a sus seguidores: "Yo soy el modelo perfecto que ustedes tienen, su ejemplo supremo. Mi actitud debe ser la actitud de ustedes, y mi clase de vida también debería ser su manera de vivir. Si quieren ser grandes como Dios quiere que sean, sean como yo".

A fin de descubrir lo que significa convertirse en un siervo y esclavo según Dios, los discípulos solo tenían que mirar al mismo **Hijo del Hombre.** Muchos años después que de modo presuntuoso Juan pidiera a Jesús que lo sentara a su lado en el reino, el humilde apóstol escribió: "El que dice que permanece en él, debe andar como él anduvo" (1 Jn. 2:6). Así como en el pasado su vida se había centrado en sí mismo, y su gran deseo había sido enseñorearse de los demás, ahora estaba centrada en Jesucristo y abandonada al servicio desinteresado a otros en nombre del Señor. Juan ya no trataba de manipular a Jesús sino solo de imitarlo.

En su papel encarnado como el **Hijo del Hombre,** Jesús no vino a ser servido sino a servir. De Él se dice: "El cual, siendo en forma de Dios, no estimó el ser igual a Dios como cosa a que aferrarse, sino que se despojó a sí mismo, tomando forma de siervo, hecho semejante a los hombres; y estando en la condición de hombre, se humilló a sí mismo, haciéndose obediente hasta la muerte, y muerte de cruz. Por lo cual Dios también le exaltó hasta lo sumo, y le dio un nombre que es sobre todo nombre" (Fil. 2:6-9).

Jesús es el ejemplo supremo de humildad y servidumbre ya que, siendo el soberano del universo y de toda la eternidad, se sometió a humillación e incluso a la muerte. Él es el más exaltado porque fielmente soportó la mayor humillación. A pesar de que era el Rey de reyes y tenía el derecho de ser servido por otros, sirvió como un Siervo de siervos y entregó su vida sirviendo a otros.

Durante la Última Cena, después que los discípulos habían estado otra vez discutiendo acerca de cuál de ellos era el más grande, Jesús preguntó: "¿Cuál es mayor, el que se sienta a la mesa, o el que sirve? ¿No es el que se sienta a la mesa? Mas yo estoy entre vosotros como el que sirve" (Lc. 22:27). Es probable que fuera en este momento que Jesús les diera la hermosa lección objetiva de servicio relatada por Juan.

[Jesús] se levantó de la cena, y se quitó su manto, y tomando una toalla, se la ciñó. Luego puso agua en un lebrillo, y comenzó a lavar los pies de los discípulos, y a enjugarlos con la toalla con que estaba ceñido… Así que, después que les hubo lavado los pies, tomó su manto, volvió a la mesa, y les dijo: ¿Sabéis lo que os he hecho? Vosotros me llamáis Maestro, y Señor; y decís bien, porque lo soy. Pues si yo, el Señor y el Maestro, he lavado vuestros pies, vosotros también debéis lavaros los pies los unos a los otros. Porque ejemplo os he dado, para que como yo os he hecho, vosotros también hagáis. De cierto, de cierto os digo: El siervo no es mayor que su señor, ni el enviado es mayor que el que le envió. Si sabéis estas cosas, bienaventurados seréis si las hiciereis (Jn. 13:4-5, 12-17).

Sin embargo, el acto definitivo de servicio de Jesús fue **dar su vida.** Él declaró: "Nadie tiene mayor amor que este, que uno ponga su vida por sus amigos" (Jn. 15:13).

Hace algunos años Joe Delaney, un jugador estrella de fútbol americano para los Jefes de Kansas City, vio a tres jovencitos en un lago pidiendo ayuda a gritos y luchando por no hundirse en el agua. Aunque él mismo era un mal nadador, Joe se sumergió en el agua y trató de salvarlos. Uno de los muchachos fue rescatado, pero Joe y los otros dos se ahogaron. El hombre voluntariamente dio su vida en un esfuerzo de salvar a esos chicos, haciendo el sacrificio final a favor de ellos.

Aunque tales héroes son elogiados, el mundo entiende poco de ese tipo de desinterés, el cual es contrario a la tendencia natural de autopreservación del ser humano. Pero la entrega personal es el patrón normal para los cristianos, tal como fue el patrón normal para Cristo.

En su siguiente declaración Jesús presenta la primera enseñanza explícita del Nuevo Testamento respecto a la obra redentora del Mesías. De forma indirecta sufriría por los pecados de la humanidad como **rescate por** aquellos que confiarían en Él. El Señor no simplemente dio **su vida** como un ejemplo para otros. No fue un simple mártir por una causa noble, como algunos afirman. Tampoco fue tan solo un ejemplo de dar la vida desinteresadamente, aunque en realidad fue el ejemplo supremo de eso. Jesús no solo vivió y murió por otros, sino que murió como **rescate por muchos.**

Desde luego, en ese aspecto redentor los seguidores de Jesús no pueden seguir el ejemplo del Señor. Nada que un creyente pueda hacer tendrá algún beneficio espiritual para sí mismo o para otros; si no puede merecer su propia salvación, sin duda no puede merecer la salvación de alguien más.

Lutron (**rescate**) era el término comúnmente usado para la redención de un esclavo, la cantidad requerida para comprar su libertad. Se utiliza solo dos veces en el Nuevo Testamento (véase también Marcos 10:45), ambas ocasiones en referencia a la entrega misma de Cristo con el fin de redimir a otros. Aquí está seguido de la preposición *anti* ("en lugar de"), expresando un intercambio. En 1 Timoteo 2:6 la palabra que se usa para "rescate" es *antilutron,* la cual simplemente combina los dos términos usados aquí. En ambos casos la idea es de un precio que se paga por una vida.

El no creyente es esclavo del pecado, la carne, Satanás y la muerte, y fue para redimir de la esclavitud a este tipo de seres humanos que Jesús dio **su vida en rescate** como intercambio por pecadores. Pablo explicó a los creyentes en Roma: "Ahora, pues, ninguna condenación hay para los que están en Cristo Jesús, los que no andan conforme a la carne, sino conforme al Espíritu. Porque la ley del Espíritu de vida en Cristo Jesús me ha librado de la ley del pecado y de la muerte. Porque lo que era imposible para la ley, por cuanto era débil por la carne, Dios, enviando a su Hijo en semejanza de carne de pecado y a causa del pecado, condenó al pecado en la carne" (Ro. 8:1-3). El apóstol les había dicho antes que al haber sido "libertados del pecado [vinieron] a ser siervos de la justicia" (6:18). El sacrificio de Cristo nos compró de vuelta de la esclavitud al pecado.

Y a pesar de que el sustantivo *lutron* se usa únicamente dos veces en el Nuevo Testamento, otras formas de la raíz se usan con frecuencia, al igual que numerosos sinónimos. Pablo recordó a los creyentes corintios mundanos: "Porque habéis sido comprados por precio; glorificad, pues, a Dios en vuestro cuerpo y en vuestro espíritu, los cuales son de Dios" (1 Co. 6:29). A los gálatas les escribió: "Cristo nos redimió de la maldición de la ley, hecho por nosotros maldición" (Gá. 3:13; cp. 4:5); a los efesios les declaró que en Cristo "tenemos redención por su sangre, el perdón de pecados según las riquezas de su gracia" (Ef. 1:7; cp. v. 14; 4:30); y a Tito le escribió que Cristo "se dio a sí mismo por nosotros para redimirnos de toda iniquidad y purificar para sí un pueblo propio, celoso de buenas obras" (Tit. 2:14). Pedro recuerda a los creyentes: "Sabiendo que fuisteis rescatados de vuestra vana manera de vivir, la cual recibisteis de vuestros padres, no con cosas corruptibles, como oro o plata, sino con la sangre preciosa de Cristo, como de un cordero sin mancha y sin contaminación" (1 P. 1:18-19). En la magnífica visión que Juan tuvo en Patmos oyó a "los cuatro seres vivientes y los veinticuatro ancianos" proclamar así de Cristo: "Digno eres de tomar el libro y de abrir sus sellos; porque tú fuiste inmolado, y con tu sangre nos has redimido para Dios, de todo linaje y lengua y pueblo y nación" (Ap. 5:8-9).

El **rescate** de Jesús fue pagado a Dios para satisfacer su justicia santa, y fue más que suficiente para cubrir los pecados de todos los que han vivido alguna vez y vivirán. Su muerte fue suficiente para "todo el mundo", afirma Juan (1 Jn. 2:2). La voluntad del Señor es "que ninguno perezca, sino que todos procedan al arrepentimiento" (2 P. 3:9). Además, Él "quiere que todos los hombres sean salvos y vengan al conocimiento de la verdad" (1 Ti. 2:4). A pesar de que el **rescate** de Dios es suficiente para toda persona, es válido solo para quienes confían en Él. Es en ese sentido que su redención es **por muchos,** no por todos.

La idea básica detrás de *anti* (por) es la de ser entregado por alguien más, y la palabra se usaba a menudo para denotar intercambio o sustitución. Al convertirse en **rescate por muchos,** Jesús intercambió su vida por las vidas de **muchos** que habrían de creer en Él. Tal intercambio llegó a ser la muerte del Señor por las muertes de esos **muchos,** el castigo inmerecido de Él por el castigo que ellos merecían. Así había profetizado Isaías setecientos años antes: "Ciertamente llevó él nuestras enfermedades, y sufrió nuestros dolores; y nosotros le tuvimos por azotado, por herido de Dios y abatido. Mas él herido fue por nuestras rebeliones, molido por nuestros pecados; el castigo de nuestra paz fue sobre él, y por su llaga fuimos nosotros curados" (Is. 3:4-5).

Entonces Cristo es el modelo que todos debemos seguir en ser siervos líderes. Al entregar su vida, Cristo se ganó la gloria eterna y la estima de Dios y de los hombres. Ese es el sendero hacia la grandeza.

Al salir ellos de Jericó, le seguía una gran multitud. Y dos ciegos que estaban sentados junto al camino, cuando oyeron que Jesús pasaba, clamaron, diciendo: ¡Señor, Hijo de David, ten misericordia de nosotros! Y la gente les reprendió para que callasen; pero ellos clamaban más, diciendo: ¡Señor, Hijo de David, ten misericordia de nosotros! Y deteniéndose Jesús, los llamó, y les dijo: ¿Qué queréis que os haga? Ellos le dijeron: Señor, que sean abiertos nuestros ojos. Entonces Jesús, compadecido, les tocó los ojos, y en seguida recibieron la vista; y le siguieron. (20:29-34)

Ahora Jesús estaba en su camino hacia Jerusalén para celebrar la Pascua con sus discípulos. Sin embargo, infinitamente más importante que eso, Él iba allí a padecer y morir (20:18-19). El Señor estaría celebrando la Pascua por última vez y después se entregaría como el único, definitivo y perfecto Cordero de Pascua, sacrificado por los pecados de todo el mundo (He. 7:27).

El arresto, el juicio y la crucifixión de Jesús estaban a solo unas semanas. Podríamos preguntar: ¿Por qué dedicó tiempo a ministrar a dos mendigos ciegos? En vista de la lentitud de los discípulos para aprender y creer, ¿por qué no pasó las últimas horas a solas con ellos, machacándoles lo que tanto quería que entendieran?

La razón fue la compasión del Señor (v. 34). ¿Cuándo hubiera podido demostrar mejor la profundidad y la anchura de la compasión divina que mientras iba de camino hacia su crucifixión? Un día los doce irían a recordar la curación en Jericó y todos los demás actos de misericordia que Jesús ejecutó, y comprenderían que su Señor nunca estuvo demasiado ocupado para ser compasivo, que nunca estuvo demasiado de prisa para sanar a los afligidos, y que nunca tuvo demasiada agonía para ser insensible a la agonía de otros. Esa comprensión misma sería una de las lecciones más importantes que aprenderían de su Maestro. En estos pocos versículos se encuentra una de las más bellas representaciones del corazón amoroso y compasivo de Dios.

SU SÚPLICA PERSISTENTE

Al salir ellos de Jericó, le seguía una gran multitud. Y dos ciegos que estaban sentados junto al camino, cuando oyeron que Jesús pasaba, clamaron, diciendo: ¡Señor, Hijo de David, ten misericordia de nosotros! Y la gente les reprendió para que callasen; pero ellos clamaban más, diciendo: ¡Señor, Hijo de David, ten misericordia de nosotros! (20:29-31)

Al salir Jesús y los discípulos **de Jericó, le seguía una gran multitud.** El Señor había concluido su ministerio en Galilea, había ministrado en el lado oriental del

Jordán en Perea, y ahora había vuelto a cruzar el Jordán y entrado otra vez en Judá, justo por encima del Mar Muerto cerca de **Jericó.**

La ciudad de **Jericó** era una joya en medio del desierto estéril que rodeaba el Mar Muerto, un oasis de agua fresca, árboles hermosos, y cultivos productivos de higos, cítricos y otros frutos. Entre otros nombres, se le conocía como la ciudad de las palmas. Herodes construyó allí una fortaleza y un palacio de invierno, y Josefo informa que cuando nevaba en Jerusalén, a solo veinticuatro kilómetros de distancia, en Jericó hacía un calor agradable.

Sin duda **Jericó** trajo muchos recuerdos a la mente de Jesús. Fue allí donde vivía Rahab la ramera, una mujer muy especial en la historia de Israel y en la propia ascendencia del Señor. Aunque era una gentil prostituta y pagana, ella confió en el Dios de Israel y se salvó junto con su familia cuando el Señor destruyó la antigua ciudad. Junto con Rut, otra gentil, Rahab es una de las dos únicas mujeres que se nombran en la genealogía de Jesús (Mt. 1:5). Y fue en las colinas del desierto al oeste de **Jericó,** claramente visibles desde la ciudad, que Jesús fue tentado durante cuarenta días por parte de Satanás.

Mientras que el relato de Mateo describe a Jesús saliendo **de Jericó,** Lucas informa que estaba "acercándose Jesús a Jericó" (18:35). La dificultad puede explicarse por la idea de que Mateo se refería a la antigua Jericó, algunas de cuyas ruinas son evidentes aún hoy día, y que Lucas se refería a la ciudad contemporánea. En ese caso, Jesús habría estado saliendo de las ruinas de la antigua ciudad y entrando a la ciudad nueva. O pudo haber sido que Jesús hubiera pasado por los extramuros de la ciudad y ahora estuviera saliendo. Cuando respondió a los ruegos de los dos ciegos a quienes había pasado, pudo haber girado y regresado a la ciudad. Después que decidiera volver a entrar a la población se toparía más adelante con Zaqueo (Lc. 19:1-2). Cualquiera que fuera el caso, ahora **le seguía una gran multitud,** como a menudo ocurría.

La conjunción **y** suele usarse para llamar atención especial hacia algo o alguien, en este caso **dos ciegos** que normalmente habrían pasado desapercibidos. Los ciegos eran muy comunes en el Cercano Oriente, de modo especial en las ciudades. Puesto que ninguno de ellos podía trabajar, y pocos tenían familias que pudieran o quisieran ayudarlos, la mayoría de ciegos eran mendigos, como estos dos (véase Mr. 10:46). Al igual que la mayoría de otros indigentes, estos se reunían afuera de las puertas de las ciudades y sacaban partido de los viajeros, que tenían más posibilidad de portar dinero que el común de ciudadanos en las calles.

De un arbusto especial de bálsamo que crecía en Jericó se hacía una medicina para tratar la ceguera. En consecuencia, esa ciudad contaba con un buen número de personas ciegas que llegaban allí con la esperanza de ser curadas. Los dos ciegos que clamaron a Jesús no eran más que dos quizás entre cientos en el vecindario.

La ceguera era común en tiempos antiguos, como aún hoy día lo es en regiones no desarrolladas del mundo. Muchas personas eran ciegas por causas como accidentes o heridas en batallas. Pero muchas otras se volvían ciegas poco después del nacimiento por infección ocasionada por gonorrea de los ojos, contraída de la madre durante el parto. Muchas mujeres portaban la bacteria, aunque esta no afectaba a la mayoría de ellas. Otros bebés eran ciegos por tracoma, una forma agresiva de conjuntivitis. A pesar de que por lo general tales enfermedades tardaban varios días o semanas en causar ceguera total, a efectos prácticos los bebés infectados eran ciegos de nacimiento. La infección ocular de nacimiento sigue siendo un gran peligro, incluso en sociedades modernas, por lo que de manera rutinaria los médicos aplican gotas antisépticas en los ojos de los recién nacidos.

Marcos y Lucas mencionan solo a un hombre, a quien Marcos identifica como "Bartimeo el ciego, hijo de Timeo", y que al parecer fue el que habló por los dos (véase Mr. 10:46; Lc. 18:35). Marcos toca claramente una cuerda humana sensible al nombrar a este hombre e incluso a su padre. Aunque sin duda alguna Bartimeo era desconocido siendo un mendigo ciego, es posible que más tarde se volviera alguien sumamente respetado en la iglesia primitiva, y muy conocido para Marcos y sus lectores. En realidad Marcos pudo haber estado diciéndoles: "¿Saben quién era uno de esos ciegos? ¡Bartimeo, nuestro querido hermano en Cristo!".

Cuando oyeron que Jesús pasaba, Bartimeo y su amigo **clamaron, diciendo: ¡Señor, Hijo de David, ten misericordia de nosotros!** *Krazō,* de donde viene **clamaron,** es una expresión onomatopéyica que se utilizaba para todo tipo de lamento o grito angustiado. Se usaba para los desvaríos de los dementes y para los gritos de una mujer en el parto. También se utilizó para la mujer cananea cerca de Tiro y Sidón que suplicó a Jesús que le curara la hija (Mt. 15:22), para el gentío que pedía a gritos la crucifixión de Jesús (Mr. 15:13-14), e incluso para el clamor del Señor desde la cruz (Mt. 27:50).

Estos dos ciegos estaban totalmente desesperados, comprendiendo que pronto se estaría yendo la última esperanza posible que tenían de ver. Difícilmente pudieron haber sabido de la inminente crucifixión de Jesús, pero parecieron sentir que nunca volverían a encontrarlo y que esta era la última oportunidad que tenían. Por tanto, gritaron con todas sus fuerzas, sin importarles quién más los oyera, con tal que Jesús los escuchara.

Lo asombroso acerca de estos dos hombres no era la ceguera física, la cual era común en esa época, sino su vista espiritual, que es poco común en cualquier época. Físicamente no podían ver nada, pero espiritualmente veían mucho.

De por sí, que se dirigieran a Jesús como **Señor** no indica que consideraran que fuera el Mesías. **Señor** era un término común de honra, usado para dirigirse no solo a dignatarios sino a cualquier persona a quien se debía respeto especial. Pero que le pidieran **misericordia,** y con toda seguridad que lo llamaran **Hijo de David,** muestra claramente que lo reconocieron por quién era. Al anunciar a María el nacimiento de Jesús, el ángel declaró que al hijo de ella se le daría "el trono de David su padre" (Lc. 1:32). Cuando unos pocos días después de este incidente en Jericó, Jesús entró en Jerusalén el Domingo de Ramos, fue saludado por las multitudes que gritaban: "¡Hosanna al Hijo de David! ¡Bendito el que viene en el nombre del Señor! ¡Hosanna en las alturas!" (Mt. 21:9). Era de conocimiento público para todos los judíos lo que decía "la Escritura que del linaje de David, y de la aldea de Belén, de donde era David, [había] de venir el Cristo" (Jn. 7:42).

Sin embargo, el conocimiento que estos ciegos tenían de Cristo, y la gran determinación que mostraron, fueron atenuados por su humildad. Al pedir sanidad reconocieron su falta de valía y su necesidad de ayuda, y confiaron totalmente en la **misericordia** de Jesús. Sus acciones fueron necesariamente ruidosas y molestas, porque esa era la única manera en que podían hacerse escuchar por sobre el ruido del gentío. Pero sus corazones estaban bien, porque a pesar de su gran necesidad sabían que no merecían nada del Hijo de David, y que únicamente la gracia que les otorgara podía ayudarlos. No podemos ser dogmáticos acerca de la extensión de la fe de estos hombres en este momento, pero sí podemos decir que claramente reconocieron la condición mesiánica de Jesús y su poder sobrenatural para sanar.

Cuando un ser humano sale en busca de Dios con toda la fe que tiene, aunque esta sea incompleta y débil, el Señor lo encontrará en ese momento y lo dirigirá hacia la redención. Dios declaró así por medio de Jeremías: "Me buscaréis y me hallaréis, porque me buscaréis de todo vuestro corazón" (Jer. 29:13). Al referirse a estos dos hombres de Jericó, Alfred Edersheim observa con gran belleza que "la fe de los ciegos se elevó hasta la altura total de la posibilidad divina".

Resentida por la intromisión de los dos hombres, **la gente les reprendió para que callasen.** El mundo, y muchos cristianos, a menudo pueden ser insensibles y crueles. Todos entre la **gente** sin duda alguna estaban en mejor condición física, económica y social que los dos ciegos, pero pensaban solo en sus propios intereses egoístas, a la luz de los cuales estos hombres necesitados no eran más que una molestia.

Pero como F. F. Bruce ha expresado, los dos ciegos "se negaron a que la multitud indiferente los coaccionara para que se callaran", y por eso **clamaban más, diciendo** otra vez: **¡Señor, Hijo de David, ten misericordia de nosotros!**

SU PRIVILEGIO SOBRENATURAL

Y deteniéndose Jesús, los llamó, y les dijo: ¿Qué queréis que os haga? Ellos le dijeron: Señor, que sean abiertos nuestros ojos. Entonces Jesús, compadecido, les tocó los ojos, y en seguida recibieron la vista; y le siguieron. (20:32-34)

Sin duda alguna Jesús los oyó la primera vez, pero por sus propias razones esperó antes de responder hasta que ellos volvieran a clamar. **Deteniéndose Jesús, los llamó, y les dijo: ¿Qué queréis que os haga?** Marcos informa que Jesús primero había enviado a alguien que les dijera: "Ten confianza; levántate, te llama". Bartimeo quedó tan eufórico al oír esas palabras que "entonces, arrojando su capa, se levantó y vino a Jesús" (Mr. 10:49-50). Al parecer estaba tan seguro de ser curado que pensó que podía regresar después y encontrar por sí mismo su capa.

Los ciegos respondieron a Jesús: **Señor, que sean abiertos nuestros ojos.** Después de años de ceguera, el único deseo irresistible que tenían era ver. **Entonces Jesús, compadecido, les tocó los ojos, y en seguida recibieron la vista.** Como Creador del universo, se extendió a esos hombres y suspendió las leyes naturales que Él mismo había decretado. **Compadecido** con infinita piedad divina, el Hijo del Hombre, quien también era el Hijo de Dios, otorgó misericordia a las necesidades físicas por las que estos ciegos suplicaban.

El hecho de que Mateo dijera que ellos **recibieron la vista,** usando el mismo verbo que Bartimeo había utilizado en su petición ("recobre", Mr. 10:51), sugiere que estos hombres habían podido ver alguna vez. De ser así, estaban más plenamente conscientes de lo que les faltaba, que de lo que habrían estado si nunca hubieran tenido vista.

Jesús usó muchas maneras diferentes de realizar sus milagros de sanidad. A veces a la persona afligida le pidió que hiciera algo por sí misma. En ocasiones el Señor simplemente pronunció una orden, y otras veces realizó una acción, como meter los dedos en oídos sordos o hacer ungüento de barro y untarlo en ojos ciegos. En este caso, **Jesús les tocó los ojos.** Los milagros que realizó siempre fueron completos, y por lo general como aquí, resultaron instantáneos, desafiando toda explicación natural.

Es significativo que entre los muchos curanderos autoproclamados de fe en la historia, incluso los de nuestros días, exista una marcada ausencia de restauración de vista y resurrección de muertos. Muchas otras aflicciones pueden falsificarse, o muchas pueden recibir mejoría temporal por medio del poder de la sugestión que obra en una mente desesperada. No obstante, ¿dónde están los milagros de visión dados a personas ciegas? ¿Dónde está el individuo cuyos ojos se encuentran permanentemente dañados o completamente sin visión, que haya recuperado la vista por la imposición de las manos de un sanador? ¿Y dónde está la persona que haya estado muerta y que le fuera restaurada la vida?

Aún más común y trágica que la ceguera física es la ceguera espiritual que los dos hombres debieron haber sentido cuando encontraron al Hijo de Dios. El contexto sugiere firmemente que también buscaban liberación de ese tipo de ceguera.

Jesús nació en un mundo de habitantes que, con muy pocas excepciones, eran espiritualmente ciegos. "Aquella luz verdadera, que alumbra a todo hombre, venía a este mundo. En el mundo estaba, y el mundo por él fue hecho; pero el mundo no le conoció. A lo suyo vino, y los suyos no le recibieron" (Jn. 1:9-11; cp. 8:12). Los seres humanos estaban espiritualmente ciegos, y lo están también hoy día, porque no quieren ver la verdad de Dios. Así le explicó Jesús a Nicodemo: "Esta es la condenación: que la luz vino al mundo, y los hombres amaron más las tinieblas que la luz, porque sus obras eran malas. Porque todo aquel que hace lo malo, aborrece la luz y no viene a la luz, para que sus obras no sean reprendidas" (Jn. 3:19-20).

Jesús afirmó en el Sermón del Monte: "La lámpara del cuerpo es el ojo; así que, si tu ojo es bueno, todo tu cuerpo estará lleno de luz; pero si tu ojo es maligno, todo tu cuerpo estará en tinieblas. Así que, si la luz que en ti hay es tinieblas, ¿cuántas no serán las mismas tinieblas?" (Mt. 6:22-23). A la ceguera natural del hombre, Satanás añade la suya propia. Pablo declara: "El dios de este siglo cegó el entendimiento de los incrédulos, para que no les resplandezca la luz del evangelio de la gloria de Cristo, el cual es la imagen de Dios" (2 Co. 4:4). Y a esa ceguera doble Dios podría agregar aún más. Cuando de modo persistente los hombres se niegan a oír la Palabra de Dios y a creer en Él, Dios puede elegir reforzar judicialmente la dureza voluntaria del corazón de ellos. El Señor le dio a Isaías la tarea poco envidiable de decir a sus compatriotas israelitas: "Oíd bien, y no entendáis; ved por cierto, mas no comprendáis". En realidad se le pidió que les dijera: "Engruesa el corazón de este pueblo, y agrava sus oídos, y ciega sus ojos, para que no vea con sus ojos, ni oiga con sus oídos, ni su corazón entienda, ni se convierta, y haya para él sanidad" (Is. 6:9-10).

Las mentes de los judíos incrédulos estaban cegadas al significado total de la Palabra de Dios porque, como dijera Pablo, "el entendimiento de ellos se embotó; porque hasta el día de hoy, cuando leen el antiguo pacto, les queda el mismo velo no descubierto, el cual por Cristo es quitado" (2 Co. 3:14; cp. Ro. 11:25). La síntesis de los espiritualmente ciegos fueron los escribas y fariseos hipócritas e incrédulos, el liderazgo religioso de Israel a quienes Jesús llamó "guías ciegos" (Mt. 23:16, 24).

Una prueba más del deseo de los estos ciegos por tener vista espiritual y física es el hecho de que después que Jesús les restauró la vista, **le siguieron.** Es verdad que dentro del gentío que lo estaba siguiendo, muchos, quizás la mayoría, (v. 29) no eran verdaderos discípulos. Pero el hecho de que Lucas diga que Bartimeo, y supuestamente su amigo, no solo siguieron a Jesús, sino que estaban "glorificando a Dios" (18:43) ofrece una buena razón para creer que los hombres fueron restaurados tanto espiritual como físicamente.

Además de eso, Marcos informa que Jesús le declaró a Bartimeo: "Vete, tu fe te ha salvado" (Mr. 10:52). "Salvado" viene de *sōzō*, que se refería a todo tipo de rescate o liberación, incluso libertad de la aflicción o del peligro físico (véase Mt. 8:25; Mr. 13:20; Lc. 23:35). Pero el término también es común en el Nuevo Testamento para salvación, la liberación de pecado a través de Cristo, y ese parecería ser su significado en las palabras finales para estos hombres.

La fe no fue un requisito para las sanidades de Jesús. Él curó muchas personas a petición de alguien más, como en el caso del centurión que suplicó la sanidad de su criado paralítico (Mt. 8:5-13). Es obvio que los bebés que Él sanó y los que resucitó de los muertos no podían ejercer ninguna clase de fe. Aunque el Nuevo Testamento habla de innumerables personas que fueron sanadas sin fe, no informa de nadie que fuera salvado sin fe, porque solo es por la gracia de Dios obrando por medio de la fe que una persona puede ser salva (Ef. 2:8). Por tanto, parece que intrínsecamente en la declaración de Jesús, "tu fe te ha salvado", radicaba la seguridad de la salvación del hombre. Dijo exactamente las mismas palabras al único leproso que glorificó a Dios por haberlo sanado y que regresó a agradecer a Jesús (Lc. 17:12-19). Todos los diez leprosos habían sido curados físicamente, pero solo este hombre fue "salvado" a causa de su fe; esto sugiere firmemente que aunque su limpieza (v. 14) fue física, haber sido salvo (v. 19) fue algo espiritual.

En este relato se evidencias tres características de la curación que Jesús hiciera de las dolencias físicas. Primera, esta demostración dramática y poderosa de la compasión de Dios por los seres humanos fue prueba de la condición mesiánica de Jesús. Segunda, fue una anticipación del reino milenial, cuando habrá una era de mil años de ausencia de enfermedad, malestar y otras dolencias físicas. Tercera, sus curaciones fueron simbólicas. La sanidad de la ceguera fue una imagen de su curación infinitamente más maravillosa de la ceguera espiritual. Lo que hizo por los ojos ciegos fue una representación vívida de lo que desea hacer por las almas ciegas.

La coronación humilde de Cristo

111

Cuando se acercaron a Jerusalén, y vinieron a Betfagé, al monte de los Olivos, Jesús envió dos discípulos, diciéndoles: Id a la aldea que está enfrente de vosotros, y luego hallaréis una asna atada, y un pollino con ella; desatadla, y traédmelos. Y si alguien os dijere algo, decid: El Señor los necesita; y luego los enviará. Todo esto aconteció para que se cumpliese lo dicho por el profeta, cuando dijo: Decid a la hija de Sion: He aquí, tu Rey viene a ti, manso, y sentado sobre una asna, sobre un pollino, hijo de animal de carga. Y los discípulos fueron, e hicieron como Jesús les mandó; y trajeron el asna y el pollino, y pusieron sobre ellos sus mantos; y él se sentó encima. Y la multitud, que era muy numerosa, tendía sus mantos en el camino; y otros cortaban ramas de los árboles, y las tendían en el camino. Y la gente que iba delante y la que iba detrás aclamaba, diciendo: ¡Hosanna al Hijo de David! ¡Bendito el que viene en el nombre del Señor! ¡Hosanna en las alturas! Cuando entró él en Jerusalén, toda la ciudad se conmovió, diciendo: ¿Quién es éste? Y la gente decía: Este es Jesús el profeta, de Nazaret de Galilea. (21:1-11)

La mayoría de personas hoy tienen poco conocimiento de primera mano de una verdadera monarquía. Los que poseen el título de rey o reina en las sociedades modernas a menudo gobiernan solo en nombre, teniendo poco o ningún poder o responsabilidad de gobierno. Con frecuencia una coronación compleja es el único reconocimiento que ellos conseguirán, lo cual no tendrá consecuencia alguna. Pero hasta los tiempos modernos, la coronación de un monarca iba acompañada de un despliegue de gran esplendor y pompa. Al rey lo vestían con las vestimentas y las joyas más costosas, y lo conducían por su ciudad capital en un carruaje adornado y tirado por imponentes caballos. Acompañándolo estaban sus cortesanos y dignatarios extranjeros, y a continuación venía un gran séquito de los mejores soldados de la nación. En muchas naciones también participaban dirigentes religiosos de alto rango.

En el apogeo de los acontecimientos, el rey se presentaba con un cetro, se sentaba sobre una piedra sagrada, o participaba en algún otro ritual que significaba la transferencia de poder y autoridad a sus manos. Músicos tocaban y cantaban, y las multitudes entonaban cánticos espontáneos de alabanza a su soberano. Cada parte de la ceremonia estaba diseñada para resaltar la majestad, la gloria, el poder y la dignidad del monarca.

En su coronación en 1838 la reina Victoria de Inglaterra usó una corona incrustada con gigantes rubíes y zafiros que rodeaban un diamante de 309 quilates. Su cetro lo coronaba un diamante incluso más grande, cortado de la Estrella de África y con un peso de 516 quilates y medio.

Mateo 21:1-11 describe la coronación más importante que el mundo ha presenciado alguna vez, pero se trató de una coronación en marcado contraste con la que se acaba de describir. Esta fue la verdadera coronación de un verdadero Rey, que fue afirmado como Rey, y en cierto sentido inauguró su reinado. Pero no hubo pompa, ningún esplendor, y ninguna pompa indefinida.

Tradicionalmente a esta coronación se le ha llamado la entrada triunfal de Jesús. Esta fue su última aparición pública antes de su crucifixión, y se trató de un acontecimiento importante en su ministerio divino en la tierra, un hecho que con frecuencia se dramatiza pero que nunca se estudia con cuidado, y su verdadero significado no se entiende.

EL FINAL DE LA PEREGRINACIÓN

Cuando se acercaron a Jerusalén, y vinieron a Betfagé, al monte de los Olivos, (21:1*a*)

Después de sanar a los dos ciegos en Jericó y de guiar a Zaqueo a la fe salvadora, el Señor hizo su último viaje **a Jerusalén. Cuando se acercaron a Jerusalén,** Él también se acercaba al final de sus tres años de ministerio, al cual lo habían precedido treinta años de anonimato. Jesús estaba a punto de llegar a la meta final que su Padre celestial le había puesto por delante. A medida que las multitudes seguían con Él para celebrar la Pascua, pocos sabían que estaban acompañando al mismo Cordero Pascual.

Durante un censo realizado como diez años después de este tiempo, el número de corderos expiatorios sacrificados en la Pascua ascendía a cerca de 260.000. Ya que se permitía que un cordero se ofreciera hasta para diez personas, los adoradores en Jerusalén esa semana pudieron haber ascendido a dos millones. Es poco probable que la cantidad hubiera sido mayor que durante esta última Pascua que Jesús celebró, indicando que la ciudad estaba llena de gente.

Pero antes que el Señor y los doce entraran a Jerusalén se detuvieron en la pequeña aldea de **Betfagé.** A no ser por estar estrechamente asociada con el **Monte de los Olivos,** y Betania (véase Mr. 11:1; Lc. 19:29), nada más se sabe de esta población, pues no hay ninguna otra prueba bíblica, histórica o arqueológica de su existencia.

Juan nos informa que Jesús visitó a María, Marta y Lázaro en Betania "seis días antes de la Pascua" (Jn. 12:1-3), que tal vez fuera un día sábado, el *sabbath* judío. Frente a la venidera semana de dolor y muerte, el Señor buscó el consuelo y la compañía de esos tres amigos amados.

Pero incluso en ese breve tiempo de respiro, las estocadas del infierno siguieron afectándolo. Mientras María le ungía los pies con un perfume costoso y se los secaba con el cabello, el traidor Judas, que también era ladrón, hizo una objeción hipócrita a ese hermoso acto, fingiendo preocupación por los pobres. Sin duda, con profunda angustia en el corazón por la dura incredulidad de Judas, Jesús lo reprendió, diciendo: "Déjala; para el día de mi sepultura ha guardado esto. Porque a los pobres siempre los tendréis con vosotros, mas a mí no siempre me tendréis" (Jn. 12:3-8).

Es probable que al día siguiente, que habría sido el primer día de la semana, o domingo, gran cantidad de judíos llegara a ver tanto a Jesús como "a Lázaro, a quien había resucitado de los muertos" (Jn. 12:9). Y puesto que Lázaro era un testimonio vivo del poder sobrenatural de Jesús, y por tanto un testigo dramático contra el rechazo que hacían de la condición mesiánica del Señor, y una amenaza a la autoridad que tenían, "los principales sacerdotes acordaron dar muerte también a Lázaro" (v. 10).

De ahí que tal vez era lunes, el día siguiente en que la multitud lo fue a ver en Betania (Jn. 12:12), que Jesús vino a Betfagé y se preparó para entrar a Jerusalén por la puerta del este de la ciudad. De acuerdo con esta cronología, la entrada triunfal fue el lunes en vez del "Domingo de Ramos", como la tradición cristiana ha sostenido por mucho tiempo.

Esta cronología también elimina el problema de lo que a menudo se hace referencia como un "miércoles silencioso", llamado así porque los relatos del evangelio no tendrían registro de las actividades de Jesús el miércoles si la entrada triunfal hubiera sido el domingo. En lo que fue con creces la semana más trascendental del ministerio de Jesús, tal brecha es difícil de explicar.

Apoyo adicional para una entrada triunfal el lunes se encuentra en el requisito de la ley mosaica de que los corderos sacrificiales para la Pascua debían seleccionarse el día décimo del primer mes (llamado originalmente Abib pero después del exilio se le llamó Nisán), y mantenerse en el hogar hasta ser sacrificados el día catorce (Éx. 12:2-6).

En el año que Jesús fue crucificado (sea que se tome el 30 o el 33 d.C.), el décimo día de Nisán fue lunes de la semana de Pascua. Si Jesús entró triunfalmente en Jerusalén el lunes, fue recibido en los corazones del pueblo judío como una nación, igual que una familia recibía el cordero expiatorio en el hogar. Al hacer eso nuestro Señor habría cumplido el simbolismo de la Pascua hasta en ese pequeño detalle, siendo recibido por su pueblo el día décimo de Nisán. Continuando con ese cumplimiento perfecto, entonces fue crucificado el viernes catorce de Nisán, como el verdadero Cordero de Pascua sacrificado por los pecados del mundo.

EXACTITUD DE LA PROFECÍA

Jesús envió dos discípulos, diciéndoles: Id a la aldea que está enfrente de vosotros, y luego hallaréis una asna atada, y un pollino con ella; desatadla, y traédmelos. Y si alguien os dijere algo, decid: El Señor los necesita; y luego los enviará. Todo esto aconteció para que se cumpliese lo dicho por el profeta, cuando dijo: Decid a la hija de Sion: He aquí, tu Rey viene a ti, manso, y sentado sobre una asna, sobre un pollino, hijo de animal de carga. Y los discípulos fueron, e hicieron como Jesús les mandó; y trajeron el asna y el pollino, y pusieron sobre ellos sus mantos; y él se sentó encima. (21:1*b*-7)

Por este texto, y por muchos otros, está claro que **Jesús** siempre estuvo en control de los acontecimientos que afectaron su vida. Inició su propia coronación cuando **envió dos discípulos** a obtener la montura en la que entraría a Jerusalén. Con esto pone en movimiento una serie de sucesos sobresalientes que concluyeron en el sacrificio voluntario y misericordioso de Él mismo en la cruz, el cual había sido divinamente planeado desde la eternidad pasada. De principio a fin los evangelios desmienten por completo el argumento de muchos intérpretes liberales de que Jesús se dejó llevar por el entusiasmo de la multitud, quedando atrapado en una trama trágica de intriga religiosa y política que lo tomó por sorpresa. Él no era un maestro que fue demasiado lejos en irritar a los dirigentes judíos y que se dejó llevar impotentemente a una ejecución prematura.

Jesús dijo a los **dos discípulos** que fueran **a la aldea que** estaba **enfrente de** ellos, donde hallarían inmediatamente **una asna atada, y un pollino con ella.** A pesar de que la **aldea** estaba cerca, era obvio que los dos animales estaban fuera de la vista, o Jesús simplemente se los habría señalado. Sin duda el **asna** fue llevada allí a fin de inducir a su potro a cooperar. El joven **pollino** no habría dejado fácilmente a su madre, y habría sido aún más difícil de manejar de lo que normalmente son los asnos.

Solo en su omnisciencia Jesús podía haber sabido que el **asna** y su **pollino** en ese momento habrían estado donde se hallaban, esperando que los dos discípulos los encontraran. Jesús también sabía que a los discípulos los cuestionarían respecto a tomar los animales. Por tanto, les dio más instrucciones: **Y si alguien os dijere algo, decid: El Señor los necesita; y luego los enviará.**

Marcos informa que "unos de los que estaban allí", los cuales Lucas afirma que eran los dueños, realmente preguntaron: "¿Qué hacéis desatando el pollino? Ellos entonces les dijeron como Jesús había mandado; y los dejaron" (Mr. 11:5-6; Lc. 19:33). Debido a que los propietarios dieron fácilmente permiso para usar los animales cuando les dijeron que **el Señor los** necesitaba, parece probable que eran creyentes en Jesús. También sabemos por esos otros dos evangelios que el pollino nunca había sido montado (Mr. 11:2; Lc. 19:30). Era un gesto de respeto y honra ofrecer a alguien un animal sin uso, como si se le dijera: "Este animal ha sido reservado especialmente para usted".

Mateo explica: **Todo esto aconteció para que se cumpliese lo dicho por el profeta.** Toda la vida y el ministerio de Jesús se caracterizaron para dos fines primordiales: hacer la voluntad de su Padre celestial (Mt. 26:39, 42; Jn. 4:34; 5:30) y cumplir las profecías del Antiguo Testamento acerca de la primera venida del Mesías (Mt. 5:17; Lc. 13:33; 24:25-27; Hch. 3:21).

La hija de Sion se refiere a los habitantes de Jerusalén, ciudad a la que a veces se hace referencia como **Sion,** porque el monte **Sion** es la colina más alta y más importante de la ciudad. La profecía citada en el versículo 5 es del **profeta** Zacarías, quien quinientos años antes había predicho que el pueblo de Jerusalén aclamaría al Mesías como su **Rey** cuando entrara a la ciudad, y que sería **manso, y** estaría **sentado sobre una asna, sobre un pollino, hijo de animal de carga** (véase Zac. 9:9).

Parece incongruente e inapropiado que algún rey, mucho menos el **Rey** de reyes, debiera hacer su entrada triunfal **sentado sobre una asna** en lugar de un hermoso caballo blanco o en un carro real. Pero eso es lo que el profeta de Dios predijo, y es lo que hizo el Hijo de Dios, ya que ese era el plan divino. En ese momento Él no buscaba venir en esplendor terrenal ni reinar en poder terrenal. No vino en riqueza sino en pobreza; no vino en grandeza sino en mansedumbre; y no vino a matar a los enemigos de Israel sino a salvar a toda la humanidad. La encarnación fue el tiempo de su humillación, no el tiempo de su glorificación.

Debido a que Jesús era un **Rey** como ningún otro, su coronación no fue como otra coronación. Por las normas y los propósitos de los reyes terrenales, la entrada triunfal de Jesús a Jerusalén fue cualquier cosa menos triunfal; pero por las normas y los propósitos de Dios, fue exactamente lo que estaba destinada que fuera. La entrada de Jesús **sentado sobre una asna, sobre un pollino, hijo de animal de carga** no fue un menosprecio de parte de quienes lo rechazaron. Fue la elección soberana de Dios el Padre y de Dios el Hijo, quien voluntariamente vino a la tierra como el Siervo Salvador para llevar sobre sí el pecado del mundo. Nada pudo haber sido más apropiado que quien iba a llevar la carga del pecado del mundo entrara a la santa ciudad de Dios en Sion montado en un humilde **animal de carga.**

Aunque Mateo estaba hablando específicamente de la profecía de Zacarías relacionada con la entrada de Jesús a Jerusalén, es significativo que la entrada triunfal también cumpliera otra profecía. Por medio de Daniel, el Señor predijo que el tiempo del decreto de Artajerjes en que ordenaba la reconstrucción del templo hasta la venida del Mesías sería de "siete semanas, y sesenta y dos semanas" (Dn. 9:25; cp. Neh. 2:6), es decir, sesenta y nueve semanas en total. La traducción literal es "siete sietes y sesenta y dos sietes", en que siete es una designación común para una semana. En el contexto del pasaje, la idea es de sesenta y nueve semanas de años, o sesenta y nueve veces siete años, que asciende a 483. Dos sistemas distintos de cómputo han intentado determinar la cronología de los 483 años después del decreto de Artajerjes. Son *The Coming Prince*, de Sir Robert Anderson, y *Chronological Aspects of the Life of Christ*, de Harold Hoehner.

Ninguno de **los discípulos,** entre ellos los dos enviados a traer el asna, entendió el propósito del Señor en este o en los demás grandes eventos de la semana venidera. Juan declara: "Estas cosas no las entendieron sus discípulos al principio; pero cuando Jesús fue glorificado, entonces se acordaron de que estas cosas estaban escritas acerca de él, y de que se las habían hecho" (Jn. 12:16). Sin embargo, los dos obedientemente **fueron, e hicieron como Jesús les mandó; y trajeron el asna y el pollino.** Ya que no tenían mantas para acolchar el lomo de los animales, y no estaban seguros en cuál de ellos cabalgaría Jesús, **pusieron sobre** ambos **sus mantos; y él se sentó encima.** Jesús escogió **el pollino,** el más pequeño y bajo de los dos, y lo montó con la ayuda de los discípulos (Lc. 19:35).

PERSONIFICACIÓN DE ALABANZA

Y la multitud, que era muy numerosa, tendía sus mantos en el camino; y otros cortaban ramas de los árboles, y las tendían en el camino. Y la gente que iba delante y la que iba detrás aclamaba, diciendo: ¡Hosanna al Hijo de David! ¡Bendito el que viene en el nombre del Señor! ¡Hosanna en las alturas! (21:8-9)

Cuando Jesús comenzó a entrar en la ciudad el lunes, **la multitud, que era muy numerosa, tendía sus mantos en el camino.** Era una antigua costumbre (véase 2 R. 9:13) que los ciudadanos echaran **sus mantos en el camino** para que su monarca pasara por encima, simbolizando el respeto que le tenían y la sumisión a su autoridad. Era como si dijeran: "Nos ponemos a sus pies, aunque tenga que pasar sobre nosotros de ser necesario".

Mientras esas personas ponían su ropa en el camino de Jesús, otras **cortaban**

ramas de los árboles, y las tendían en el camino. Juan 12:13 nos informa que las **ramas** eran de palmera, un símbolo de salvación y alegría que representaba el magnífico tributo que "una gran multitud, la cual nadie podía contar, de todas naciones y tribus y pueblos y lenguas", un día presentará "delante del trono y en la presencia del Cordero, vestidos de ropas blancas, y con palmas en las manos" (Ap. 7:9). Había gran emoción y éxtasis mientras la multitud proclamaba alabanzas al Mesías, al rabino de Galilea que enseñaba con autoridad y que los había curado de sus enfermedades e incluso había resucitado muertos.

El Señor ahora estaba totalmente rodeado por una masa humana, quizás de varios cientos de miles de personas, algunas de las cuales iban **delante** de Él y otras iban **detrás.** Inconstante, como resultaría ser, la gente hacía ahora caso omiso de la advertencia de "los principales sacerdotes y los fariseos [que] habían dado orden de que si alguno supiese dónde estaba [Jesús], lo manifestase, para que le prendiesen" (Jn. 11:57). La expectativa de que el Mesías traería liberación era tan grande que el gentío quedó totalmente atrapado en lo que, desde una perspectiva humana, era un frenesí de histeria colectiva. Sin embargo, completamente de acuerdo con el plan de Dios, la multitud cumplió sin darse cuenta la profecía, así como Caifás sin darse cuenta cumplió la profecía cuando pocos días después declaró con arrogancia a los demás miembros del sanedrín: "Vosotros no sabéis nada; ni pensáis que nos conviene que un hombre muera por el pueblo, y no que toda la nación perezca". Juan continuó explicando que Caifás no dijo esto "por sí mismo, sino que como era el sumo sacerdote aquel año, profetizó que Jesús había de morir por la nación" (Jn. 11:49-51).

Según parece, la multitud **aclamaba, diciendo** al unísono: **¡Hosanna al Hijo de David! ¡Bendito el que viene en el nombre del Señor! ¡Hosanna en las alturas!** La palabra hebrea **hosanna** es una petición exclamatoria que significaba "salva ahora". Pero la multitud en ese día no estaba interesada en que Jesús les salvara sus almas, sino solo en que les salvara la nación. Al igual que los doce, durante mucho tiempo se habían preguntado por qué, si Jesús era realmente el Mesías, no había utilizado sus poderes sobrenaturales contra los romanos. Pensaron que por fin ahora se manifestaría como Conquistador. Estaban a punto de celebrar la Pascua, la cual conmemoraba la liberación milagrosa de la esclavitud egipcia que el Señor hiciera a Israel. ¿Qué mejor ocasión podía haber para que el Ungido del Señor, el Mesías, realizara la liberación final y definitiva de la tiranía a su pueblo?

La gente quería un Mesías victorioso y soberano que vendría en gran poder militar para deshacerse del yugo brutal de Roma y establecer un reino de justicia y honradez, donde el pueblo escogido de Dios tendría favor especial. Pero Jesús no vino a vencer a Roma sino a vencer el pecado y la muerte. No vino a hacer guerra contra Roma, sino a hacer la paz con Dios para los hombres.

A pesar de que los gritos del gentío eran totalmente apropiados y constituían en realidad cumplimiento profético, el pueblo no tenía idea del verdadero significado de lo que estaba haciendo, mucho menos de lo que Jesús haría pronto en la cruz en beneficio de ellos. No entendieron al Señor, ni a sí mismos. Jesús no entró de modo intencional a Jerusalén con un séquito poderoso de soldados que pelearían por Él hasta la muerte. En lugar de eso, entró con una gran chusma de personas comunes y corrientes, la mayoría de las cuales pronto se volverían contra

Él, a pesar de la fuerte declaración que hacían de la grandeza del Señor. Al final, nadie permanecería a su lado.

La multitud reconoció a Jesús como el **Hijo de David,** que era el título mesiánico más común. Al pedir a gritos que el Mesías los liberara, en realidad estaban rogando: "¡Sálvanos ahora, gran Mesías! ¡Sálvanos ahora!". Estaban citando partes de un popular salmo de alabanza del Hallel (Salmos 113—118), en particular el Salmo 118, el cual también era un salmo de liberación, llamado a veces el salmo del vencedor. Casi dos siglos antes los judíos habían aclamado a Simón Macabeo con el mismo salmo, después que este liberara la fortaleza Acra del dominio sirio.

La multitud sabía quién era Jesús, pero no entendían ni creían realmente lo que sabían. Tenían razón al creer que Él era el Mesías, el **Hijo de David,** y que había venido **en el nombre del Señor;** pero estaban equivocados al creer el tipo de Libertador qué Él era. Sabían que Jesús era un rey, pero no entendían la naturaleza de su reinado ni de su reino. No comprendieron más que Pilato que el reino que Jesús vino a traer no era de este mundo (Jn. 18:36). Por eso es que cuando se enteraron unos días después que no había venido a liberarlos de los romanos, se volvieron contra Él. Cuando clamaron ante Pilato que liberara a Barrabás en lugar de Jesús (Jn. 18:40), en realidad profirieron las palabras que Jesús había profetizado en la parábola del noble: "No queremos que éste reine sobre nosotros" (Lc. 19:14).

Los judíos querían a Jesús bajo sus propias condiciones, y no se inclinarían ante un Rey que no era de su gusto, aunque fuera el Hijo de Dios. Querían que Jesús destruyera Roma, pero no los pecados que ellos valoraban ni la religión hipócrita y superficial que tenían. Pero el Señor no los iba a liberar en las condiciones de ellos, y no serían liberados en las condiciones de Él. Jesús no era un Mesías que viniera a ofrecer panacea de paz externa en el mundo, sino que vino a ofrecer la bendición infinitamente mayor de la paz interna con Dios.

Muchas personas hoy son receptivas a un Jesús que creen que puede darles riqueza, salud, éxito, felicidad y todas las cosas humanas que desean. Al igual que la multitud en la entrada triunfal, aclaman a voz en cuello a Jesús mientras creen que Él les satisfará los deseos egoístas que tienen. Pero al igual que el mismo gentío unos días después, lo rechazarían y condenarían cuando no los liberara del modo en que esperaban. Cuando la Palabra los confronta con sus pecados y con su necesidad de un Salvador, lo maldicen y se alejan.

Los romanos eran opresores impíos y crueles, y el Señor no les permitiría que sobrevivieran indefinidamente. Pero ellos no eran el mayor enemigo del pueblo de Dios. El enemigo superior era el pecado, del cual no quisieron que los liberara. Dios permitiría que el santo templo de su pueblo escogido fuera destruido mucho antes que Él permitiera que los opresores paganos fueran destruidos. En realidad, Dios permitiría que esos mismos paganos destruyeran el santo templo.

Al día siguiente de su entrada triunfal en Jerusalén, "entró Jesús en el templo de Dios, y echó fuera a todos los que vendían y compraban en el templo, y volcó las mesas de los cambistas, y las sillas de los que vendían palomas; y les dijo: Escrito está: Mi casa, casa de oración será llamada; mas vosotros la habéis hecho cueva de ladrones" (Mt. 21:12-13). Dicha limpieza del templo fue puramente simbólica, y tuvo poco efecto duradero. Los mercenarios cambistas de moneda y vendedores de sacrificios sin duda alguna volvieron a sus asuntos al día siguiente. Pero menos de cuarenta años más tarde, en el 70 d.C., los romanos destruirían el templo por completo, después de lo cual, tal como Jesús predijera, no quedó piedra sobre piedra que no fuera derribada (Mt. 24:2). No fue sino hasta los tiempos modernos, casi dos mil años más tarde, que sus ruinas pudieron identificarse.

En lo que se refiere a la verdadera intención del pueblo, la coronación de Jesús fue algo totalmente vacío. Las palabras de la multitud fueron correctas, pero sus corazones no lo fueron. En cualquier caso, Él no había venido en ese tiempo a ser coronado sino a ser crucificado.

Jesús será coronado un día en una manera que es perfectamente acorde. Los tiempos de rechazo terminarán, y en su nombre se doblará "toda rodilla de los que están en los cielos, y en la tierra, y debajo de la tierra; y toda lengua [confesará] que Jesucristo es el Señor, para gloria de Dios Padre" (Fil. 2:10-11). La primera vez que vino proporcionó salvación para la humanidad; pero cuando vuelva otra vez lo hará para mostrar su soberanía. Juan describe así la coronación grandiosa y definitiva de Jesús:

> *Y cuando hubo tomado el libro, los cuatro seres vivientes y los veinticuatro ancianos se postraron delante del Cordero; todos tenían arpas, y copas de oro llenas de incienso, que son las oraciones de los santos; y cantaban un nuevo cántico, diciendo: Digno eres de tomar el libro y de abrir sus sellos; porque tú fuiste inmolado, y con tu sangre nos has redimido para Dios, de todo linaje y lengua y pueblo y nación; y nos has hecho para nuestro Dios reyes y sacerdotes, y reinaremos sobre la tierra. Y miré, y oí la voz de muchos ángeles alrededor del trono, y de los seres vivientes, y de los ancianos; y su número era millones de millones, que decían a gran voz: El Cordero que fue inmolado es digno de tomar el poder, las riquezas, la sabiduría, la fortaleza, la honra, la gloria y la alabanza. Y a todo lo creado que está en el cielo, y sobre la tierra, y debajo de la tierra, y en el mar, y a todas las cosas que en ellos hay, oí decir: Al que está sentado en el trono, y al Cordero, sea la alabanza, la honra, la gloria y el poder, por los siglos de los siglos. Los cuatro seres vivientes decían: Amén; y los veinticuatro ancianos se postraron sobre sus rostros y adoraron al que vive por los siglos de los siglos (Ap. 5:8-14).*

EL ELEMENTO DE PERPLEJIDAD

Cuando entró él en Jerusalén, toda la ciudad se conmovió, diciendo: ¿Quién es éste? Y la gente decía: Este es Jesús el profeta, de Nazaret de Galilea. (21:10-11)

El relato que Mateo hace de la entrada de Jesús cierra con un elemento de perplejidad. Después que los grandes gritos de aclamación disminuyeran de alguna manera y que Jesús hubiera entrado **en Jerusalén,** los residentes de **la ciudad** comenzaron a preguntar: **¿Quién es éste?** La mejor respuesta que la multitud de celebrantes pudo dar fue: **Este es Jesús el profeta, de Nazaret de Galilea.** Es obvio que la mayoría de ellos había puesto poca atención a lo que habían estado vociferando de manera tan ruidosa. Apenas habían terminado de proclamar a Jesús como el Mesías, el Hijo de David, que venía en el nombre del Señor. Pero ellos no comprendieron lo que se decía, y cuando los sentimientos masivos se calmaron les fue difícil decir quién era realmente **Jesús,** que no fuera un **profeta** que venía de **Nazaret de Galilea.** Ya no lo llamaron el Hijo de David ni lo alabaron como el gran Libertador. Ahora no lo consideraban más que un **profeta.**

Las personas sabían pero no creerían, y debido a que no creerían dejaron de saber. Al igual que sus antepasados a quienes Isaías predicó, oían pero no entendían y veían pero no comprendían, porque sus corazones eran insensibles (Is. 6:9-10). Oyeron el mensaje de Jesús, dieron fe de los milagros que hizo, y ni siquiera reconocieron la divinidad del Señor, sino que rechazaron su condición de Salvador y su señorío. Eran totalmente terrenales, materialistas y satisfechos de sí mismos. Lo único que les interesaba eran los reinos de este mundo, no el reino de los cielos. Habrían aceptado a Jesús como un rey terrenal, pero no lo tendrían como su Rey celestial.

Purga de pervertidos en el templo

112

Y entró Jesús en el templo de Dios, y echó fuera a todos los que vendían y compraban en el templo, y volcó las mesas de los cambistas, y las sillas de los que vendían palomas; y les dijo: Escrito está: Mi casa, casa de oración será llamada; mas vosotros la habéis hecho cueva de ladrones. Y vinieron a él en el templo ciegos y cojos, y los sanó. Pero los principales sacerdotes y los escribas, viendo las maravillas que hacía, y a los muchachos aclamando en el templo y diciendo: ¡Hosanna al Hijo de David! se indignaron, y le dijeron: ¿Oyes lo que éstos dicen? Y Jesús les dijo: Sí; ¿nunca leísteis: De la boca de los niños y de los que maman perfeccionaste la alabanza? Y dejándolos, salió fuera de la ciudad, a Betania, y posó allí. (21:12-17)

La entrada triunfal el lunes había comenzado fuera de la puerta del este de Jerusalén, donde una multitud siguió a Jesús al interior de la ciudad y otro gran grupo salió de la ciudad para encontrarse con Él y abrirle paso, extendiendo ropa y ramas de palmera en el camino cuando pasaban (vv. 8-9; cp. Jn. 12:12-13). Marcos nos informa: "Entró Jesús en Jerusalén, y en el templo; y habiendo mirado alrededor todas las cosas, como ya anochecía, se fue a Betania con los doce" (Mr. 11:11). El martes por la mañana, después de pasar la noche del lunes en Betania, regresó a Jerusalén.

Según se mencionó en el capítulo anterior, en el tiempo de la Pascua la ciudad de Jerusalén tal vez albergaba cuatro o cinco veces su cantidad normal de habitantes a causa de los peregrinos judíos que acudían de todo el mundo conocido para celebrar la gran fiesta. La tradición había dictaminado que la Pascua solo podía celebrarse de modo adecuado en Jerusalén. Pero debido a que la ciudad no podía acomodar el creciente número peregrinos que acudían para esa ocasión, los dirigentes religiosos declaraban un edicto especial cada año que extendía de forma temporal los límites de la ciudad hasta contener una superficie considerable fuera de los muros, que incluía varias aldeas pequeñas como Betfagé y Betania. Al igual que muchos otros visitantes, Jesús y sus discípulos pasaban el día dentro de la propia ciudad amurallada, pero la noche la pasaban en una comunidad cercana. Aquellos que no podían hallar alojamiento de alquiler y que no tenían amistades que vivieran en la región a menudo acampaban al aire libre.

Mientras estaban en Jerusalén, muchos judíos iban al templo a orar, a ofrecer sacrificios, a realizar rituales de limpieza y purificación, y a presentar ofrendas en los recipientes de grandes dimensiones en forma de trompeta instalados en el patio de las mujeres.

Pero cuando Jesús entró al templo el lunes de esta semana de Pascua, lo hizo con un propósito único: ofrecer mayor demostración de sus credenciales mesiánicas. A los miles de celebrantes, a los dirigentes religiosos, y más específicamente a los principales sacerdotes y escribas (véase Mt. 20:18; 21:15), volvió a darles un testimonio claro de la naturaleza de su realeza y de su reino.

Desde las primeras demostraciones dramáticas del poder de Jesús para obrar milagros, el gentío había querido tomarlo por la fuerza y hacerlo rey (Jn. 6:15). Por supuesto, la intención que tenían era que el Señor fuera un rey a gusto de ellos que pudiera cumplirles sus aspiraciones de ser liberados del yugo romano; pero Jesús siempre se negó a ser ese tipo de rey y a realizar esa clase de liberación. La procesión de coronación con que entró a Jerusalén el día anterior se caracterizó por sencillez en lugar de pompa y esplendor. No lo acompañaron dignatarios influyentes ni un ejército, sino desconocidos desarmados e indefensos. Según había profetizado (20:18-19), y como pronto demostraría, Él no había venido a reinar sino a morir, no a ser coronado sino a ser crucificado, pues no vino con el propósito de liberar a Israel del poder de Roma sino a liberar del poder del pecado a los seres humanos de todas las naciones.

Pero Jesús ofreció ahora una demostración de realeza que estaba en marcado contraste con la humilde inauguración que tuvo el día anterior.

JESÚS DEMOSTRÓ QUE ESTABA EN UNA MISIÓN DIVINA

Y entró Jesús en el templo de Dios, (21:12*a*)

Algunos manuscritos antiguos de Mateo contienen las palabras **de Dios** después de templo, lectura que parecería ser auténtica. R. C. H. Lenski ha comentado: "La frase 'el templo de Dios' nunca se utilizó en el Nuevo Testamento sino aquí, por lo que parece poco probable que algún escriba la hubiera insertado. Pero si comprendemos lo que Jesús está a punto de hacer, tiene todo el sentido del mundo que [Mateo] hubiera afirmado que este era el templo de Dios cuando está a punto de describir la total impiedad de las actividades que allí se realizaban". No obstante, la frase "de Dios" no añade nada a la enseñanza del pasaje porque **el templo** en Jerusalén obviamente pertenecía al Dios de los judíos. Pero esas dos palabras sirven para afinar el enfoque e intensificar el énfasis, resaltando el hecho de que Jesús estaba tratando con el símbolo terrenal santo de la presencia de su Padre celestial.

Si Jesús hubiera sido el Mesías militar que el pueblo quería, habría llevado a Jerusalén un ejército con el cual hubiera atacado la principal guarnición romana en la Fortaleza Antonia. En lugar de eso, sin armas atacó a sus compatriotas que estaban profanando **el templo.** La preocupación suprema para Jesús no era el ejército romano sino el templo de Dios. El Mesías no vino como un salvador militar, económico, político o social de la injusticia y la opresión, sino como un Salvador espiritual del pecado y la muerte. En su segunda venida corregirá de veras las injusticias y las iniquidades que plagan a la humanidad. Pero antes que vuelva de nuevo como Rey de reyes y Señor de señores con el fin de establecer su glorioso reino milenial y resolver todos los conflictos de la humanidad caída, primero debió venir como Salvador para establecer su reino espiritual dentro de aquellos que confían en Él.

Jesús comenzó su ministerio en una Pascua, así como lo terminó en una Pascua. Tal como en la ocasión actual, "halló en el templo a los que vendían bueyes, ovejas y palomas, y a los cambistas allí sentados". Y del mismo modo en que estaba a punto de hacer otra vez, según había hecho antes, "echó fuera del templo a todos, y las ovejas y los bueyes; y esparció las monedas de los cambistas, y volcó las mesas; y dijo a los que vendían palomas: Quitad de aquí esto, y no hagáis de la casa de mi Padre casa de mercado" (Jn. 2:14-16).

Durante los años desconocidos de su adolescencia y juventud, y sin duda durante su ministerio, Jesús había visto mucha injusticia social, mucha desigualdad económica, mucha privación y pobreza, y mucha opresión y crueldad por parte de los romanos. Pero su misión no se enfocó en esos aspectos, porque no son los mayores problemas del ser humano. Fue el problema mucho más grave del pecado el que Jesús vino a vencer. El problema de los seres humanos con Dios es infinitamente mayor que los que tengan con otros individuos. En realidad, no pueden resolver sus problemas de unos con otros hasta que su problema con el Señor no se haya resuelto a través de la fe y la obediencia.

Fue en el templo erigido en su propio nombre, y mediante el pueblo que había escogido por sí mismo, que al Señor más se le ofendió y se le negó. Por eso la limpieza comenzó en su propia casa. Mientras las cosas estuvieran mal con la adoración de Israel, no podían estar bien en la nación. La adoración siempre es el punto focal. El gran problema con la sociedad no es la injusticia, la desigualdad, el delito, ni incluso la inmoralidad, por generalizados y destructivos que estos males pudieran ser. El peor mal de la sociedad siempre ha sido el abandono que sus miembros han hecho de Dios. Y es tan cierto hoy como fue en el antiguo Israel, que el pueblo de Dios debe ser avivado y renovado antes que pueda ser instrumento para cambiar el mundo que lo rodea.

Jesús había limpiado el templo tres años antes, pero es probable que ahora el lugar fuera más profano y corrupto que nunca. ¿Por qué entonces se molestaría Él en realizar esta acción al parecer inútil? El Señor sabía que su acto de limpieza sería temporal y que no cambiaría los corazones de los dirigentes religiosos. Pero se vio obligado a dar ese testimonio claro de la santidad de Dios y del juicio de Dios contra la profanación y la falsa religión.

En varias ocasiones Dios había enviado profetas para advertir a su pueblo contra la idolatría y otros pecados en que los israelitas habían caído, y para llamarlos a que se volvieran a Dios. A veces se reformaban, pero la reforma casi invariablemente degeneraba en mayor idolatría que antes. No obstante, Él envió a sus profetas una y otra vez para que declararan la verdad, la santidad y el juicio divino. El Señor nunca deja de declarar su voluntad a su pueblo, sin importar cuán a menudo o con cuanta perversidad la rechacen. La verdad revelada que no produce arrepentimiento como resultado, se convierte en fuente de mayor condenación.

Cuando Jesús entró al **templo,** sin duda el lugar estaba lleno de miles de adoradores judíos que revoloteaban por el patio exterior de los gentiles, donde a todos se les permitía la entrada. Quizás los dirigentes judíos razonaron que si los gentiles podían estar allí también podían hacer cualquier otra cosa. Durante las últimas décadas el área había llegado a utilizarse como un mercado religioso operado bajo el auspicio del sumo sacerdote Anás, un individuo corrupto y perverso que veía el templo y su posición exaltada solo como medios de poder y riqueza personal. Las empresas comerciales en el patio de los gentiles llegaron a conocerse como el "bazar de Anás", cuyos principales sacerdotes y otros asociados supervisaban la franquicia del templo. Los mercaderes compraban derechos a una concesión con el fin de vender animales para el sacrificio, vino, aceite o sal, o para el intercambio de dinero en la moneda y las denominaciones apropiadas que se usaban para las ofrendas del templo. Además de los costos de franquicia, a menudo se requería que los operadores pagaran a Anás cierto porcentaje de las utilidades que obtenían.

Según la ley levítica, en el templo podía ser ofrecido cualquier animal aprobado por los sacerdotes. Sin embargo, los principales sacerdotes se aseguraban que los animales que no fueran comprados en sus franquicias fueran juzgados inaceptables, dando a sus concesionarios el derecho de suministrar todos los animales. De acuerdo con el historiador judeo-cristiano Alfred Edersheim, una persona a menudo tenía que pagar tanto como diez veces el valor que por lo general costaba un animal. Como si esa extorsión no fuera suficiente, a quienes necesitaban intercambiar moneda extranjera, o que necesitaban tener su moneda convertida en la cantidad exacta para dar una ofrenda, se les cobraba una tarifa de hasta un 25 por ciento. De ahí que Jesús estuviera hablando muy literalmente cuando llamó "cueva de ladrones" (v. 13) al mercado en que habían convertido el templo.

Cuando el Señor se vio obligado a limpiar de sacrilegio la casa de su Padre, demostró que estaba realizando una misión divina para su Padre celestial.

JESÚS DEMOSTRÓ AUTORIDAD DIVINA

y echó fuera a todos los que vendían y compraban en el templo, y volcó las mesas de los cambistas, y las sillas de los que vendían palomas; (21:12*b*)

El templo era el lugar supremo de adoración judía, y tanto el sumo sacerdote como los principales sacerdotes eran por consiguiente los dirigentes religiosos más importantes en Israel. Dentro de los confines del templo, los guardias del sumo sacerdote tenían extraordinario poder. Debido a que la ley judía requería la muerte para todos los no judíos que pasaran más allá del patio de los gentiles, los romanos habían dado su aprobación a los alguaciles del templo de matar en el acto a un agresor.

Sin embargo, Jesús confrontó al sumo sacerdote, a los principales sacerdotes, a los alguaciles del templo, y a los mercaderes del templo con total impunidad. Estaban a punto de conocer a alguien sobre quien no tenían absolutamente ningún poder. Aunque muchos de esos hombres más tarde tendrían un papel decisivo en el arresto, el juicio y la crucifixión de Jesús, pudieron ejercer ese poder únicamente por permiso del Padre. Al igual que Pilato, ellos no tenían autoridad sobre Jesús que no les "fuese dada de arriba" (Jn. 19:11). Tal como el Señor les había declarado a los incrédulos fariseos en una ocasión anterior en Jerusalén, solo Él tenía poder sobre su propia vida. Había dicho: "Por eso me ama el Padre, porque yo pongo mi vida, para volverla a tomar. Nadie me la quita, sino que yo de mí mismo la pongo. Tengo poder para ponerla, y tengo poder para volverla a tomar" (Jn. 10:17-18).

En pocos días más Jesús mismo se pondría en manos de los dirigentes religiosos para que hicieran lo que quisieran. Pero en esta ocasión fueron impotentes en evitar que Él hiciera una última demostración de su autoridad divina. Sin ninguna advertencia y sin resistencia, Jesús **echó fuera** a los mercaderes y a sus clientes, **y**

volcó las mesas de los cambistas de dinero. Delante de los miles de adoradores, de los sorprendidos comerciantes, y de los sacerdotes que se hallaban presentes, Jesús convirtió el bazar en un desastre y declaró la vergüenza de sus beneficiarios. Todo el patio quedó sumido en confusión y desorden, con animales corriendo sueltos, **palomas** volando alrededor, y dinero de todo tipo rodando por el suelo. Pero en ese momento los mercaderes, **los cambistas,** y los sacerdotes no pudieron hacer nada, ni siquiera levantar una mano ni lanzarle un grito, tal como los leones no pudieron morder al profeta Daniel.

También hay razones humanas de por qué no resistieron a Jesús. Los sacerdotes y otros líderes religiosos tenían miedo a la población judía, muchos de cuyos miembros acababan de proclamar a Jesús como el Mesías (véase Lc. 19:48). Los mercaderes también temían a la gente, a la que habían engañado y extorsionado durante muchos años. Registros históricos revelan que varias décadas después el pueblo se sublevó contra sus explotadores mercenarios del templo. Pero esas razones no alcanzan a explicar por completo lo que sucedió a los que estaban profanando el templo. No fueron simplemente intimidados, sino que estaban impotentes y estupefactos delante de la autoridad de este Maestro galileo a quien despreciaban, negándose a reconocerlo como el Mesías.

Marcos informa que Jesús estaba ejerciendo un control tan poderoso que "no consentía que nadie atravesase el templo llevando utensilio alguno" (Mr. 11:16). Debido a que el templo estaba cerca de la puerta del este, a menudo se utilizaba el patio de los gentiles como vía pública por quienes viajaban hacia o desde el lado suroeste de la ciudad. Jesús también puso fin de inmediato a ese desprecio por la santidad de la casa de Dios. La insinuación parece ser que Él hizo que las personas soltaran lo que estaban cargando y se fueran con las manos vacías. Aquí tampoco vemos ningún indicio de resistencia u oposición. La imponente presencia de Jesús era tal que inculcó temor y sumisión en todas las personas que allí estaban, sin tener en cuenta lo que pensaran de Él o de lo que estaba haciendo.

El Señor vino a la tierra en humillación como el Hijo encarnado de Dios, pero en esta ocasión, como en otras más, exteriorizó con gran violencia el odio divino contra el pecado, especialmente el que profana el nombre de Dios y ensucia su santidad. Con esta poderosa e irresistible demostración de poder limpió de modo simbólico el templo. Con la gran confusión de animales, mesas, sillas, dinero y gente asustada, el templo para nada estaba ordenado; pero por un momento quedó limpio de la profanación moral manifiesta.

Se debió en parte al gran odio de Martín Lutero por las indulgencias, es decir la supuesta compra con dinero de la gracia de Dios, que nació la Reforma Protestante. Tal como hizo Lutero, los creyentes de hoy deben clamar porque Cristo limpie la Iglesia de sus muchas contaminaciones modernas, incluso de convertir al evangelio en mercancía. El juicio todavía debe comenzar "por la casa de Dios" (1 P. 4:17).

JESÚS DEMOSTRÓ SU COMPROMISO CON LAS ESCRITURAS DIVINAS

y les dijo: Escrito está: Mi casa, casa de oración será llamada; mas vosotros la habéis hecho cueva de ladrones. (21:13)

Como hacía a menudo, Jesús justificó sus acciones apelando al Antiguo Testamento, citando aquí de Isaías 56:7: **Mi casa, casa de oración será llamada.** Siguiendo el texto completo de Isaías, la cita de Marcos incluye la frase "para todas las naciones" (Mr. 11:17). Mateo omite esas palabras tal vez porque escribía principalmente a judíos. Pero el punto importante en ambos relatos es que la limpieza que Jesús hiciera del templo fue coherente con la Palabra de Dios.

El templo debía ser un lugar de adoración, meditación apacible, contemplación, alabanza y devoción, un lugar donde el pueblo de Dios pudiera acercarse a Él en adoración, sacrificio y ofrendas, y donde pudiera buscar la voluntad y la bendición del Señor. No estaba destinado a ser una plaza de mercado, un corral para ganado, ni un banco, donde mercachifles y charlatanes habían instalado sus negocios codiciosos con el pretexto de servir y adorar al Señor.

En la dedicación del templo de su época, Salomón oró: "Oh Jehová Dios mío, [oye] el clamor y la oración que tu siervo hace hoy delante de ti; que estén tus ojos abiertos de noche y de día sobre esta casa, sobre este lugar del cual has dicho: Mi nombre estará allí; y que oigas la oración que tu siervo haga en este lugar. Oye, pues, la oración de tu siervo, y de tu pueblo Israel; cuando oren en este lugar, también tú lo oirás en el lugar de tu morada, en los cielos; escucha y perdona" (1 R. 8:28-30).

Fue al tabernáculo, que precedió al templo como el lugar central de adoración de Israel, que Ana acudió cuando estaba amargamente afligida por su esterilidad. En ese lugar santo el Señor le concedió con gran misericordia su petición de un hijo, cuyo nombre fue Samuel, y quien se convirtió en uno de los siervos de Dios (1 S. 1:9-20). David declaró: "Una cosa he demandado a Jehová, ésta buscaré; que esté yo en la casa de Jehová todos los días de mi vida, para contemplar la hermosura de Jehová, y para inquirir en su templo" (Sal. 27:4).

Al acusar a los principales sacerdotes y sus cómplices de convertir al templo en una **cueva de ladrones,** Jesús volvió a citar las Escrituras, esta vez de Jeremías 7:11. En vez de ser un lugar donde el fiel pueblo de Dios pudiera ir y adorar, estando protegido y sin ser molestado, el templo se había convertido en un lugar donde se extorsionaba y donde los extorsionadores estaban protegidos. Estos ladrones religiosamente relacionados hallaron refugio en el templo tal como los salteadores de caminos encuentran refugio en una **cueva de ladrones.** Pero a diferencia de los ladrones normales, el robo de estos era público, pues robaban y se refugiaban en el mismo lugar. El santuario de Dios se había convertido en un santuario para ladrones.

JESÚS MANIFESTÓ COMPASIÓN Y PODER DIVINO

Y vinieron a él en el templo ciegos y cojos, y los sanó. (21:14)

Temerosos de Jesús, e incapaces de resistirlo, los sacerdotes, mercachifles, cambistas de dinero, compradores de sacrificios, y viajeros que utilizaban el patio de los gentiles como atajo a través de la ciudad, al parecer se habían dispersado. Pero los **ciegos** y los **cojos,** aunque sin duda alguna impresionados por Jesús, no le tuvieron miedo. Incluso después de tan dramática demostración de indignación divina, estas almas necesitadas sintieron correctamente que la furia del Señor no estaba dirigida contra ellos. Así como los malvados y no arrepentidos pueden esperar la ira de Dios, los que con humildad buscan la verdad y la ayuda del Señor pueden esperar su misericordia.

Los enfermos y discapacitados, la mayoría de los cuales por necesidad eran mendigos, se reunían continuamente en el templo esperando al menos el regalo de unos pocos denarios y a lo sumo un milagro de sanidad. Eran despreciados y no tomados en cuenta por la mayoría de sus compatriotas, en gran parte debido a que se consideraba que sufrían como consecuencia directa de sus pecados o de los pecados que sus padres habían cometido (véase Jn. 9:2). Los egoístas dirigentes del templo les mostraban poca misericordia (véase Mt. 23:4).

De no haber sido por los miles y miles de enfermos, discapacitados, ciegos, sordos y otras personas que sufrían en Palestina, serían desconocidos para nosotros tanto la gran compasión de Jesús como su gran poder para curar. En comparación con la longitud de la eternidad, todas las aflicciones terrenales son temporales. Pero en esta vida son muy reales y difíciles, y el Señor no las menosprecia. Fue para aliviar el sufrimiento, así como para demostrar su divino poder y autoridad, que Jesús curó de forma misericordiosa a quienes acudían a Él, y nunca les dio la espalda ni los reprendió.

La compasión de Jesús fue una credencial suprema de su realeza divina, no solo debido al poder que demostró sino al amor manifiesto que es tan característico de Dios, pero tan poco característico del ser humano caído. Cuando Juan el Bautista estaba en la cárcel y tuvo dudas en cuanto a la condición mesiánica de Jesús, el Señor les dijo a los discípulos de Juan: "Id, y haced saber a Juan las cosas que oís y veis. Los ciegos ven, los cojos andan, los leprosos son limpiados, los sordos oyen, los muertos son resucitados, y a los pobres es anunciado el evangelio" (Mt. 11:4-5).

Los creyentes saben que Jesucristo vendrá un día a este mundo en juicio devastador, saben que todo juicio se le ha dado por parte del Padre, y que solo Él tiene las llaves de la muerte y el infierno. Saben que Cristo controla el destino de toda alma, y que Él tiene el derecho soberano y justo de enviar al infierno para siempre a los seres humanos incrédulos. Sin embargo, al igual que los **ciegos y cojos** que acudieron a Jesús en el templo, los cristianos llegan ante el Señor con reverencia pero también con confianza, sabiendo que Él no les dará la espalda ni los condenará. Saben que Dios ama a sus hijos y que nunca les haría daño, sino que siempre les hace el bien, aunque experimenten ese bien a través de la mano disciplinaria del Señor (He. 12:6).

El majestuoso despliegue de compasión divina que Jesús hizo fue acompañado por una poderosa expresión de poder divino. Tan pronto como los ciegos y los cojos se le acercaron en busca de ayuda, Él **los sanó**. Solo Dios puede restaurar la vista a ojos totalmente cegados por la enfermedad, como ocurría con muchos ojos ciegos en esa época. Y solo Dios puede reemplazar miembros que están destrozados o enfermos y sin posibilidad de reparación, o miembros que incluso no existen.

JESÚS ACEPTÓ ADORACIÓN DIVINA Y RECHAZO HUMANO

Pero los principales sacerdotes y los escribas, viendo las maravillas que hacía, y a los muchachos aclamando en el templo y diciendo: ¡Hosanna al Hijo de

David! se indignaron, y le dijeron: ¿Oyes lo que éstos dicen? Y Jesús les dijo: Sí; ¿nunca leísteis: De la boca de los niños y de los que maman perfeccionaste la alabanza? Y dejándolos, salió fuera de la ciudad, a Betania, y posó allí. (21:15-17)

Junto con todos los presentes en esa ocasión, **los principales sacerdotes y los escribas** llenos de maldad se quedaron **viendo las maravillas que** Jesús **hacía.** Oyeron **a los muchachos aclamando en el templo y diciendo: ¡Hosanna al Hijo de David!,** tal como sus padres habían hecho el día anterior (v. 9). Estos religiosos sabían bien que el **Hijo de David** era un título mesiánico y que el Mesías realizaría milagros y prodigios como Jesús había estado haciendo. Pero la reacción de estos malvados fue muy distinta de la de **los muchachos** y adultos que alababan y glorificaban a Jesús.

Muchachos es literalmente "jóvenes", y quizás se refiere a los muchos varones adolescentes que habían pasado sus Bar Mitzvahs, habiendo venido a Jerusalén para celebrar su primera Pascua como hombres, tal como Jesús había hecho muchos años antes (Lc. 2:41-42).

Pero en lugar de unirse a la adoración del Mesías, los dirigentes del templo **se indignaron.** El término detrás de **indignaron** transmite la idea de furia e ira. Las curaciones que Jesús hizo a los ciegos y cojos, aunque indiscutiblemente increíbles, fueron repugnantes para estos hombres. Los fariseos habían acusado a Jesús de echar fuera demonios por el poder de "Beelzebú el príncipe de los demonios" (Mt. 12:24). Es posible que ahora **los principales sacerdotes y los escribas** pensaran lo mismo acerca de las sanidades que Jesús hacía. No solo que se les opuso como los dirigentes del templo, sino que ante sus propios ojos Él en realidad había obrado contra Dios al curar de manera arbitraria a aquellos que los religiosos creían que estaban siendo divinamente castigados por sus pecados.

Al igual que los fariseos, **los principales sacerdotes y los escribas** se sentían justificadamente superiores ante el ser humano común, en especial los afligidos y pobres de quienes se creía que eran merecedores del destino que sufrían. Por tanto, la presencia de cualquier cantidad de sufrimiento en estos desvalidos no provocaba compasión de parte de los religiosos. Y estos últimos eran tan firmes en su rechazo a Jesús como el Mesías, que ninguna cantidad de evidencia podía motivarles fe.

En lugar de reconocerles autoridad, Jesús condenó su arrogancia moral. En vez de alabarles su santidad, les condenó su hipocresía. En lugar de reconocer como agradables a Dios las obras religiosas que hacían, se las condenó como ofensivas a Dios y sin ningún valor. En consecuencia, dichos hombres se negaron a reconocer a Jesús incluso como un rabino legítimo, mucho menos como el prometido Hijo de David. Lo que era perfectamente claro para la mayoría de judíos comunes en Jerusalén, resultaba una perfecta tontería para los eruditos y miembros autosatisfechos de la élite del templo.

Por tanto, **le dijeron: ¿Oyes lo que éstos dicen?** En realidad estaban diciendo: "¿No te das cuenta de que, al igual que la turba de ayer, estos niños están llamándote el Mesías? ¿Por qué no los detienes? ¿Cómo puedes quedarte ahí aceptando una aclamación que solamente le pertenece a Dios? ¿Cómo puedes tolerar tal blasfemia?". Desde luego, el verdadero problema era que estos dirigentes religiosos no podían tolerar la piedad compasiva de Jesús, porque representaba una crítica mordaz a la impiedad endurecida que los caracterizaba.

Dejando que sus acusadores supieran que no era ajeno a lo que estaba pasando, la primera respuesta de Jesús fue simplemente: **Sí.** Él estaba totalmente consciente de lo que se decía, y era bien consciente de lo que esto significaba. Sin embargo, siguió explicando a esos hombres eruditos: **¿Nunca leísteis: De la boca de los niños y de los que maman perfeccionaste la alabanza?** Tal como hacía en muchas ocasiones, Jesús irritó a los dirigentes judíos al citarles el Antiguo Testamento contra ellos, los expertos aceptados en las Escrituras.

Jesús estaba citando el Salmo 8:2, y las dos palabras hebreas para **niños y los que maman** se refieren a bebés menores de tres años, la edad en la cual por lo general se destetaba a los niños judíos. Según se ha indicado, los niños que aclamaban a Jesús en el templo ya habían pasado bastante la edad del destete. El punto del Señor fue que si hasta **los niños y los que maman** estaban preparados por Dios para ofrecerle **alabanza, ¿**cuánto más podía esperarse que niños mayores lo alabaran? Cristo *será* alabado, y les había declarado a los fariseos que si los seres humanos no lo alababan, "las piedras clamarían" (Lc. 19:40).

Incluso el rechazo que los principales sacerdotes y los escribas le hicieran a Jesús, y la aceptación voluntaria que Él hiciera de ese rechazo, demostraron su realeza divina. Dios sabía que la humanidad malvada rechazaría a su Hijo, y fue parte integral del plan divino que el Mesías fuera "despreciado y desechado entre los hombres" (Is. 53:3). En cualquier momento Cristo pudo haber frustrado a los hombres malvados que trataban de matarlo. Cuando fue arrestado en el huerto unos cuantos días después, le explicó a Pedro: "¿Acaso piensas que no puedo ahora orar a mi Padre, y que él no me daría más de doce legiones de ángeles?" (Mt. 26:53).

En las sencillas pero inquietantes palabras **y dejándolos,** hay mucha verdad. Jesús abandonó a los principales sacerdotes y escribas incrédulos porque estos no acudieron a Él. Ellos lo volvieron a desafiar al día siguiente, preguntándole: "¿Con qué autoridad haces estas cosas? ¿y quién te dio esta autoridad?". El Señor les respondió preguntándoles a su vez: "El bautismo de Juan, ¿de dónde era? ¿Del cielo, o de los hombres? Ellos entonces discutían entre sí, diciendo: Si decimos, del cielo, nos dirá: ¿Por qué, pues, no le creísteis? Y si decimos, de los hombres, tememos al pueblo; porque todos tienen a Juan por profeta. Y respondiendo a Jesús, dijeron: No sabemos. Y él también les dijo: Tampoco yo os digo con qué autoridad hago estas cosas" (Mt. 21:23-27).

En lugar de atacar a Roma, Jesús atacó al judaísmo. En vez de ser un conquistador, fue un confrontador. En lugar de promover una revolución, predicó justicia. Y en vez de desalojar al enemigo exterior, hizo limpieza general del enemigo interior.

Este no era el tipo de Mesías que el judaísmo esperaba o que está esperando hoy día. La mayor parte de judíos, religiosos o no religiosos, no tienen ningún interés en el Hijo de justicia. Los que esperan un Mesías están esperando la misma clase de personaje que esperaban sus antepasados en la época de Jesús. Siguen buscando un salvador militar, político y económico que cambie el mundo en beneficio de ellos, pero que no los cambie a ellos en absoluto.

Jesús no permanecerá donde no es deseado. Aunque todo ser humano es responsable ante Dios, el Señor no obliga a nadie. Y a pesar de que la salvación es en primer lugar por iniciativa y poder soberano de Dios, ninguna persona se salva sin que lo desee. Debido a que los principales sacerdotes y escribas incrédulos no lo recibieron, Jesús **salió fuera de la ciudad, a Betania, y posó allí,** a fin de estar con sus queridos amigos María, Marta y Lázaro, y los demás discípulos fieles que confiaban en Él y lo amaban.

La maldición de la higuera 113

Por la mañana, volviendo a la ciudad, tuvo hambre. Y viendo una higuera cerca del camino, vino a ella, y no halló nada en ella, sino hojas solamente; y le dijo: Nunca jamás nazca de ti fruto. Y luego se secó la higuera. Viendo esto los discípulos, decían maravillados: ¿Cómo es que se secó en seguida la higuera? Respondiendo Jesús, les dijo: De cierto os digo, que si tuviereis fe, y no dudareis, no sólo haréis esto de la higuera, sino que si a este monte dijereis: Quítate y échate en el mar, será hecho. Y todo lo que pidiereis en oración, creyendo, lo recibiréis. (21:18-22)

La mañana del lunes de la semana de Pascua Jesús entró a la ciudad montado en un pollino de asna en un recibimiento como Mesías y fue aclamado como el Hijo de David, mientras el gentío gritaba alabanzas y colocaba ropa y ramas de palma en el camino delante de Él (Mt. 21:1-11). El martes entró a la ciudad otra vez y limpió el templo de mercaderes de sacrificios y de cambistas de moneda (vv. 12-17). Ahora, el miércoles, entró a Jerusalén por tercera vez desde que subió de Jericó.

Por Marcos nos enteramos que el encuentro con la higuera abarcó dos días seguidos. Jesús maldijo la higuera en la mañana que entró a Jerusalén para limpiar el templo, y fue al día siguiente miércoles que los discípulos observaron que "la higuera se había secado desde las raíces" (Mr. 11:14, 20). Mateo condensa los dos acontecimientos en un solo relato, que solo menciona lo que se refiere al miércoles.

Habida cuenta de que Jesús había sido aclamado por el pueblo como el gran Rey y Mesías de Israel, la limpieza que hiciera al templo y la maldición de la higuera tuvieron significado especial y monumental. La limpieza del templo fue una denuncia de la adoración de Israel, y la maldición de la higuera fue una denuncia de Israel como nación. En lugar de derrocar a los enemigos de la nación, como el pueblo anticipó que podría hacer, el recién aclamado Rey acusó a su propio pueblo.

Era inconcebible para los judíos que su Mesías los condenaría en lugar de liberarlos, que atacaría a Israel en vez de Roma. Por eso es que los elogios de la entrada triunfal tuvieron tan corta vida, convirtiéndose en pocos días en gritos por la muerte de Jesús. Él había demostrado de manera concluyente lo que tanto sus palabras como sus acciones habían atestiguado todo el tiempo: que no había venido como un Mesías político-militar para liberar a Israel y establecer un reino terrenal. Cuando finalmente comprendieron esa verdad, cualquier otra cosa que Jesús hiciera se volvió irrelevante para la mayoría de judíos. No les interesaba tal Mesías, y sin duda alguna no les interesaba tal Rey. Uniéndose a sus líderes en pedir la muerte de Jesús, el pueblo declararía en esencia lo que el Señor había profetizado en la parábola del hombre noble: "No queremos que éste reine sobre nosotros" (Lc. 19:14).

La maldición que Jesús hiciera a la higuera casi no fue tan poderosamente dramática como la limpieza del templo, pero tuvo una importancia similar.

EL DILEMA

Por la mañana, volviendo a la ciudad, tuvo hambre. Y viendo una higuera cerca del camino, vino a ella, y no halló nada en ella, sino hojas solamente; (21:18-19*a***)**

Como ya se indicó, **la mañana** se refiere al miércoles, el día siguiente a la limpieza del templo y dos días después de la entrada triunfal. Jesús volvió **a la ciudad** de Jerusalén después de pasar la noche en Betania como había estado haciendo, sin duda con María, Marta y Lázaro (véase Mr. 11:11).

Parece seguro que los anfitriones del Señor le habrían preparado desayuno si así hubiera querido, pero pudo haber salido muy temprano a orar en el cercano Monte de los Olivos, como a menudo hacía, y no hubiera tenido tiempo de regresar a Betania a comer. O pudo haber ocurrido que hubiera desayunado muchas horas antes, y que su oración intensa y el hecho de haber subido al Monte de los Olivos le reavivaran el hambre. En cualquier caso, Jesús **tuvo hambre.** Aunque era el Hijo de Dios, en su encarnación Jesús experimentó cada una de las necesidades físicas normales que caracterizan a los seres humanos. Por consiguiente, cuando vio **una higuera cerca del camino** esperó encontrar algún fruto en ella para comer.

Las higueras eran comunes en Palestina, y muy apreciadas. Era muy común que crecieran hasta una altura y una anchura de siete metros, lo que las convertía en excelentes árboles de sombra. Cuando Jesús llamó a Natanael al discipulado, este se hallaba sentado debajo de una higuera, tal vez en su propio patio (Jn. 1:48). Antes que los hebreos hubieran entrado a la tierra prometida, el Señor la describió como "tierra de trigo y cebada, de vides, higueras y granados; tierra de olivos, de aceite y de miel" (Dt. 8:8). Por medio de Zacarías el Señor prometió a su pueblo que en la segunda venida del Mesías iba a quitar "el pecado de la tierra en un día", y que "cada uno de vosotros convidará a su compañero, debajo de su vid y debajo de su higuera" (Zac. 3:9-10). Un lugar favorito de reunión para las personas era debajo de una higuera.

Así como la presencia de la higuera era un símbolo de bendición y prosperidad para la nación, su ausencia se convertía en un símbolo de juicio y privación. En gran manera debido a las muchas conquistas hechas a Palestina después que rechazaran a Cristo, la tierra en gran medida se volvió inhóspita y estéril. Algunos invasores usaron los árboles para construir sus máquinas de guerra y otros simplemente para avivar sus hogueras. Cuando los árboles de madera desaparecieron, los árboles frutales y de sombra fueron cortados. Durante una ocupación los gobernantes comenzaron a poner gravámenes según la cantidad de árboles en una parte de cada propiedad, con el resultado previsible de que muchos propietarios cortaron algunos de los árboles que les quedaban a fin de bajar sus impuestos.

Normalmente una **higuera** produce fruto antes que broten hojas. Por eso cuando Jesús **no halló nada en ella, sino hojas solamente,** quedó desilusionado porque un árbol con **hojas** ya debería haber tenido fruto. Las higueras daban fruto dos veces al año, la primera vez a principios del verano. En la altura mucho menor y el clima mucho más caliente de Jericó, algunas plantas y árboles producían casi todo el año. Pero en abril una higuera en la altitud de Jerusalén por lo general no tenía fruto ni hojas, porque según observa Marcos, "no era tiempo de higos" (Mr. 11:13).

No obstante, si el árbol producía hojas temprano debía producir fruto temprano. Ya sea a causa de mucha agua o muy poca agua, al tipo erróneo de tierra, a enfermedad, o a otra razón, esta higuera no estaba sirviendo como se supone que debería.

Jesús usó muchos temas de la naturaleza —aves, agua, animales, clima, árboles, flores, etc.— para ilustrar su enseñanza. En esta ocasión utilizó una higuera infructuosa para ejemplificar una nación espiritualmente estéril. La ilustración fue una parábola visual diseñada para describir a la nación espiritualmente degenerada de Israel.

LA PARÁBOLA

y le dijo: Nunca jamás nazca de ti fruto. Y luego se secó la higuera. (21:19*b*)

Debido a que la higuera era estéril cuando debió haber tenido fruto, Jesús **le dijo: Nunca jamás nazca de ti fruto.** Con esas palabras pronunció la condenación del árbol, que se encontró bajo maldición divina (véase Mr. 11:21) y sería perpetuamente improductivo. El relato de Mateo afirma que **luego se secó la higuera.** Pero como ya se ha observado, aunque el árbol pudo haber muerto al instante, la extinción no fue evidente hasta la mañana siguiente cuando Jesús y los discípulos volvieron a pasar y vieron que "se había secado desde las raíces" (Mr. 11:20).

La higuera personificó al Israel espiritualmente muerto, sus hojas representaron la religiosidad externa de Israel, y su falta de fruto simbolizó la esterilidad espiritual de Israel. Pablo describió más adelante a sus compatriotas judíos, diciendo que estos tenían "celo de Dios, pero no conforme a ciencia" (Ro. 10:2), una forma de piedad, pero sin poder divino (cp. 2 Ti. 3:5).

El fruto siempre es una señal de salvación, de una vida transformada en la cual actúa el poder de Dios. La correcta relación de las personas con Dios se evidencia por el fruto que llevan. Jesús declaró: "No puede el buen árbol dar malos frutos, ni el árbol malo dar frutos buenos" (Mt. 7:18). En la parábola de los suelos, la tierra buena se prueba por el hecho de que produce una cosecha, a veces a ciento, a veces a sesenta, y a veces a treinta, pero siempre una cosecha (Mt. 13:8). Jesús siguió explicando que la tierra buena es la persona en quien la semilla de la Palabra de Dios echa raíces y crece; "es el que oye y entiende la palabra, y da fruto" (v. 23). Usando otra figura que implica fruto, Jesús dijo: "Yo soy la vid, vosotros los pámpanos; el que permanece en mí, y yo en él, éste lleva mucho fruto" (Jn. 15:5). El fruto siempre es la manifestación de la salvación verdadera.

La enseñanza de Jesús con relación a la higuera fue que Israel como nación tenía una impresionante pretensión de religión, representada por las hojas. Pero el hecho de que la nación no llevara fruto espiritual era prueba positiva de que no estaba redimida y sí separada de la vida y el poder de Dios. Así como la fecundidad es siempre evidencia de salvación y santidad, la esterilidad siempre es evidencia de perdición e impiedad.

La religión vacía casi invariablemente presenta muchos adornos exteriores en forma de prendas y vestiduras clericales, vasos adornados, ceremonias complicadas, y a menudo otros de tales recursos físicos. También se caracteriza típicamente por oraciones repetitivas, citadas por rutina y ofrecidas en momentos prescritos, o bien por medio de oraciones espontáneas que son redundantes, ostentosas y para la glorificación propia. Así eran las vanas repeticiones de los paganos (Mt. 6:7) y la oración de justicia propia del fariseo de quien Jesús afirmó que estaba orando consigo mismo (Lc. 18:11).

Este incidente no es la primera vez que Jesús utiliza la ilustración de una higuera estéril. En una ocasión anterior dijo que durante tres años el propietario de cierta higuera no había encontrado fruto en ella y que, por tanto, ordenó al viñador que la cortara. Pero el viñador le rogó al dueño: "Señor, déjala todavía este año, hasta que yo cave alrededor de ella, y la abone. Y si diere fruto, bien; y si no, la cortarás después" (Lc. 13:6-9). Supuestamente la petición fue concedida. Aquí también la higuera describe la esterilidad de Israel, y la disposición del propietario de esperar que el árbol lleve fruto representa la paciencia de Dios antes de traer juicio. Nuestro Señor no hace comparación específica de esos tres años con los tres años de su ministerio, pero fueron tres años después que Jesús se presentara primero a Israel como su Mesías, que el pueblo declaró su rechazo definitivo hacia Él dándole muerte.

Como cuarenta años más tarde la maldición de la nación de Israel, ilustrada por la maldición que Jesús hiciera a la higuera, se cumplió. En ese tiempo Dios permitió que los romanos saquearan Jerusalén y arrasaran el templo, destruyendo la nación y su religión, porque Israel no había llevado ningún fruto, como no lo lleva hasta el día de hoy.

En la limpieza del templo el mensaje del Rey fue que la adoración de Israel no era aceptable, y en la maldición de la higuera fue que como nación Israel estaba condenado por su pecaminosidad y su falta de fruto espiritual. El pueblo no toleraría dichos mensajes de perdición. No habían aceptado el llamado de Juan el Bautista a arrepentirse en preparación para la venida del reino, ni su declaración de que el Mesías vendrá con "aventador... en su mano, y limpiará su era; y recogerá su trigo en el granero, y quemará la paja en fuego que nunca se apagará" (Mt. 3:1-12). Tampoco habían aceptado el mismo llamado de Jesús al arrepentimiento, ni su orden de acudir a Dios en contrición humilde y hambre y sed de justicia (4:17; 5:3-12). Ahora ni siquiera estaban dispuestos a aceptar el mensaje de juicio que el Señor les daba.

Cuando Dios liberó a Israel de Egipto, declaró:

Acontecerá que si oyeres atentamente la voz de Jehová tu Dios, para guardar y poner por obra todos sus mandamientos que yo te prescribo hoy, también Jehová tu Dios te exaltará sobre todas las naciones de la tierra. Y vendrán sobre ti todas estas bendiciones, y te alcanzarán, si oyeres la voz de Jehová tu Dios. Bendito serás tú en la ciudad, y bendito tú en el campo. Bendito el fruto de tu vientre, el fruto de tu tierra, el fruto de tus bestias, la cría de tus vacas y los rebaños de tus ovejas. Benditas serán tu canasta y tu artesa de amasar. Bendito serás en tu entrar, y bendito en tu salir (Dt. 28:1-6).

Pero el Señor también expresó:

Pero acontecerá, si no oyeres la voz de Jehová tu Dios, para procurar cumplir todos sus mandamientos y sus estatutos que yo te intimo hoy, que vendrán sobre ti todas estas maldiciones, y te alcanzarán. Maldito serás tú en la ciudad, y maldito en el campo. Maldita tu canasta, y tu artesa de amasar. Maldito el fruto de tu vientre, el fruto de tu tierra, la cría de tus vacas, y los rebaños de tus ovejas. Maldito serás en tu entrar, y maldito en tu salir (vv. 15-19).

Por medio de Isaías, el Señor recordó a los israelitas que los había alimentado y cuidado como un hombre que planta una viña en la mejor tierra y le da el mejor cuidado y la mejor protección. Pero la viña no produjo nada más que fruto inservible, y el hombre declaró que quitaría los vallados y los muros protectores, que dejaría devastada la viña, y que esta se ahogaría en zarzas y espinos. No permitiría ni siquiera que recibiera lluvia. El profeta explica: "Ciertamente la viña de Jehová de los ejércitos es la casa de Israel, y los hombres de Judá planta deliciosa suya. Esperaba juicio, y he aquí vileza; justicia, y he aquí clamor" (Is. 5:1-7). Luego sigue una serie de lamentos, o maldiciones, que describen las calamidades que el pueblo de Dios padecería debido a su infidelidad y a su esterilidad espiritual (vv. 8:30).

El pueblo de Israel aún hoy día está bajo la maldición de Dios, preservado pero no bendecido. Los israelíes están preservados porque Dios todavía los redimirá en los últimos días a causa de la promesa que les hizo, pero no tienen bendición porque siguen rechazando a su Mesías. "A lo suyo vino, y los suyos no le recibieron" (Jn. 1:11). No lo tendrían como Salvador para liberarlos del pecado, ni como Señor para gobernarlos en justicia.

En tiempos modernos, algunos de los judíos del mundo se han reunificado en tierra de Palestina y han establecido el estado de Israel. Sin embargo, todavía no se han reunificado de manera redentora porque esa será la obra del Mesías cuando venga otra vez a ellos para establecer su reino. Han regresado a la tierra prometida, pero aún no han heredado las bendiciones prometidas de Dios. Viven en continuo estado de agitación, inestabilidad y peligro. Están lejos del reino de paz que el Mesías traerá, en lugar de lo cual son un campamento armado, constantemente bajo amenaza de ataque e invasión. La vida allí se ha reducido prácticamente a los principios básicos de sobrevivencia y defensa.

La nación de Israel no será destruida, porque Dios la protege. Pero tampoco está siendo bendecida porque como nación no lo tiene a Él como su Dios. Nadie viene a Dios el Padre si es a través de Dios el Hijo (Jn. 14:6), y ya que Israel no clamará al Hijo, no tiene ningún derecho al Padre.

EL PRINCIPIO

Viendo esto los discípulos, decían maravillados: ¿Cómo es que se secó en seguida la higuera? Respondiendo Jesús, les dijo: De cierto os digo, que si tuviereis fe, y no dudareis, no sólo haréis esto de la higuera, sino que si a este monte dijereis: Quítate y échate en el mar, será hecho. Y todo lo que pidiereis en oración, creyendo, lo recibiréis. (21:20-22)

Cuando a la mañana siguiente **los discípulos** pasaron por la higuera y vieron que "se había secado desde las raíces" (Mr. 11:20), **decían maravillados: ¿Cómo es que se secó en seguida la higuera?** Un árbol enfermo podría tardar muchas semanas o muchos meses en morir, e incluso uno que hubiera sido salado por accidente o de modo malicioso, tardaría varios días en morir. Pero que **la higuera se** secara de la noche a la mañana sucedió prácticamente **en seguida.**

En ese momento el Señor pasó de la parábola visual de la higuera a otra verdad que quería enseñar a los discípulos. El principio enseñado en la parábola fue que, sin realidad espiritual, la profesión religiosa de fe es una abominación a Dios y está maldita. El principio que Jesús estaba a punto de enseñar se relacionó con que los discípulos se maravillaran por lo rápido que la higuera se secó. Ellos sabían *por qué* se había secado, ya que oyeron a Jesús maldecirla; solo que no podían entender cómo pudo secarse tan rápido. El Señor aprovechó la oportunidad para enseñarles acerca del poder de la fe unida al propósito y la voluntad de Dios, lo cual puede hacer mucho más que secar al instante una higuera.

En respuesta al desconcierto que expresaron, **Jesús, les dijo: De cierto os digo, que si tuviereis fe, y no dudareis, no sólo haréis esto de la higuera, sino que si a este monte dijereis: Quítate y échate en el mar, será hecho.**

Es obvio que Jesús hablaba en sentido figurado pues nunca utilizó así su propio poder, ni los apóstoles utilizaron alguna vez los milagrosos poderes que Él les dio para realizar hazañas espectaculares pero inútiles. Fue precisamente ese tipo de grandiosa demostración que Jesús se negó a dar a los escribas y fariseos incrédulos que querían ver una señal de parte de Él (Mt. 12:38). El Señor ya había realizado innumerables milagros de sanidad, de muchos de los cuales tal vez habían sido testigos. Además, realizó muchos más de tales milagros que fácilmente pudieron haber presenciado. Pero la señal que querían era en gran escala, una en la cual bajara fuego del cielo o que el sol se detuviera como había ocurrido con Josué. Un lanzamiento literal de un **monte en el mar** habría sido el tipo de señal que los escribas y fariseos deseaban ver pero que nunca se les mostró.

La frase "arrancar montañas de raíz" era una metáfora usada comúnmente en la literatura judía por parte de un gran maestro o líder espiritual. Por ejemplo, en el Talmud babilónico a los grandes rabinos se les llama "arrancadores de montañas". Tales personas podían resolver grandes problemas y al parecer hacían lo imposible.

Esa es la idea que Jesús tenía en mente, pues en realidad estaba comunicando: "Quiero que sepan que tienen un poder inimaginable a disposición de ustedes por medio de la fe en mí. Si creen sinceramente, sin dudar, **será hecho,** y verán gran poder de Dios en acción". En la Última Cena Jesús manifestó a los doce: "Todo lo que pidiereis al Padre en mi nombre, lo haré, para que el Padre sea glorificado en el Hijo. Si algo pidiereis en mi nombre, yo lo haré" (Jn. 14:13-14). El requisito para recibir es pedir en el nombre de Jesús, concretamente, según su propósito y su voluntad.

Jesús no estaba hablando acerca de tener fe en la fe o en uno mismo, ambas ideas ridículas y antibíblicas muy populares hoy día. Estaba hablando acerca de la fe en el Dios verdadero y solo en Él, no en la fe en sueños, aspiraciones o ideas de cómo creemos que deben ser las cosas. Santiago advierte: "Pedís, y no recibís, porque pedís mal, para gastar en vuestros deleites" (Stg. 4:3). Juan afirma: "Esta es la confianza que tenemos en él, que si pedimos alguna cosa conforme a su voluntad, él nos oye" (1 Jn. 5:14). Fe que mueve montes es confianza desinteresada, firme e incondicional en Dios. Es creer en la verdad y en el poder de Dios mientras intentamos hacer su voluntad. La medida de tal fe es el deseo sincero y sencillo de que, como dijo Jesús, "el Padre se glorifique en el Hijo".

La fe verdadera es confiar en la revelación de Dios. Cuando un creyente busca algo que es coherente con la Palabra de Dios y confía en el poder de Dios para proveer aquello, Jesús le asegura que su petición será honrada, porque lo honra a Él y al Padre. Cuando se obedecen los mandamientos de Dios, Él honra esa obediencia; y cuando se hace alguna petición en fe según la voluntad divina, Él proporcionará lo que se busca. Hacer lo que Dios dice es hacer lo que Dios quiere y recibir lo que Dios promete.

Cuando los discípulos le preguntaron a Jesús por qué no pudieron echar fuera el demonio de un joven, "les dijo: Por vuestra poca fe; porque de cierto os digo, que si tuviereis fe como un grano de mostaza, diréis a este monte: Pásate de aquí allá, y se pasará; y nada os será imposible" (Mt. 17:20). El Señor no estaba elogiando la poca fe. Fue la pequeñez de la fe de los discípulos la que impidió que tuvieran éxito en echar fuera el demonio. Él los reprendió por tener poca fe que permanecía pequeña, pero los exhortó a tener fe que, aunque empieza pequeña, sigue creciendo. El propósito de la ilustración de la semilla de mostaza no está en la pequeñez sino en que crece desde lo más pequeño hasta la grandeza. Del mismo modo, la virtud de una fe que mueve montañas es que crece de la pequeñez a la grandeza, a medida que Dios bendice y provee.

La fe que mueve montañas se activa por medio de la petición sincera a Dios. Como Jesús explicó: **Y todo lo que pidiereis en oración, creyendo, lo recibiréis.** Las parábolas del amigo que pidió a su vecino un favor a medianoche y de la viuda que elevó una petición al juez injusto (Lc. 11:5-8; 18:1-8) enseñan la importancia de la **oración** persistente. Esta es la oración que mueve montañas, porque se hace **creyendo** de veras.

Sea lo que sea que nuestras mentes finitas puedan llevarnos a pensar, no hay incongruencia entre la soberanía de Dios y nuestra fe, porque la Palabra de Dios enseña claramente ambas cosas. No es responsabilidad del creyente comprender los caminos inescrutables de Dios, sino seguir de modo obediente lo que Él enseña con claridad. La **oración** persistente que se hace **creyendo** en la Palabra de Dios no puede ser incompatible con la operación de la propia soberanía de Dios, porque en su sabiduría y gracia soberana Él ordena tal oración y se obliga a honrarla.

El creyente que anhela lo que Dios desea puede pedir lo que Dios quiere y lo recibirá. El joven cristiano que anhela realmente lo que Dios quiere para esta vida, lo tendrá. La mujer que ansía de veras lo que Dios desea para la familia de ella, lo tendrá. El pastor que anhela de verdad lo que Dios quiere para su ministerio, lo tendrá.

Por supuesto, la voluntad de Dios para sus hijos no siempre incluye aspectos que son agradables para la carne o cosas que podríamos preferir de modo natural. La voluntad de Él para sus hijos incluye que estén dispuestos a sacrificar, sufrir y morir por Él si es necesario. Para el creyente que busca hacer la voluntad de Dios esto no es un asunto de triunfar o fallar, de prosperidad o pobreza, de vivir o morir, sino simplemente de ser fiel (véase 1 Co. 4:2). De ahí que Pablo declare: "Si vivimos, para el Señor vivimos; y si morimos, para el Señor morimos. Así pues, sea que vivamos, o que muramos, del Señor somos" (Ro. 14:8).

Cuando la iglesia es impotente, como gran parte de lo que es hoy día, se debe a que muchos cristianos son impotentes. Y los cristianos son impotentes porque no son persistentes en orar por lo que Dios quiere, creyendo que lo proporcionará. Dios desea que sus hijos le pidan y se mantengan pidiendo, que busquen y se la pasen buscando, que toquen y sigan tocando, y es a través de esa persistencia que Él promete bendecir. Dios garantiza que siempre recibirán, que siempre encontrarán, y siempre tendrán la puerta abierta (Mt. 7:7).

Dios no edifica su Iglesia ni edifica a su pueblo por medio de mejores ideas, mejores programas, o mejores métodos, aunque tales aspectos pueden tener un lugar en su obra. Dios promete revelar verdaderamente su poder solo a través de creyentes fieles que, en oración persistente, solo buscan hacer la voluntad divina.

La autoridad de Jesús 114

Cuando vino al templo, los principales sacerdotes y los ancianos del pueblo se acercaron a él mientras enseñaba, y le dijeron: ¿Con qué autoridad haces estas cosas? ¿y quién te dio esta autoridad? Respondiendo Jesús, les dijo: Yo también os haré una pregunta, y si me la contestáis, también yo os diré con qué autoridad hago estas cosas. El bautismo de Juan, ¿de dónde era? ¿Del cielo, o de los hombres? Ellos entonces discutían entre sí, diciendo: Si decimos, del cielo, nos dirá: ¿Por qué, pues, no le creísteis? Y si decimos, de los hombres, tememos al pueblo; porque todos tienen a Juan por profeta. Y respondiendo a Jesús, dijeron: No sabemos. Y él también les dijo: Tampoco yo os digo con qué autoridad hago estas cosas. Pero ¿qué os parece? Un hombre tenía dos hijos, y acercándose al primero, le dijo: Hijo, ve hoy a trabajar en mi viña. Respondiendo él, dijo: No quiero; pero después, arrepentido, fue. Y acercándose al otro, le dijo de la misma manera; y respondiendo él, dijo: Sí, señor, voy. Y no fue. ¿Cuál de los dos hizo la voluntad de su padre? Dijeron ellos: El primero. Jesús les dijo: De cierto os digo, que los publicanos y las rameras van delante de vosotros al reino de Dios. Porque vino a vosotros Juan en camino de justicia, y no le creísteis; pero los publicanos y las rameras le creyeron; y vosotros, viendo esto, no os arrepentisteis después para creerle. (21:23-32)

Autoridad es una palabra fuerte que denota poder y privilegio. Un individuo con autoridad ejerce control sobre las vidas de otras personas. La sociedad no puede funcionar sin tener algunas personas en posiciones de autoridad; lo alternativo sería anarquía y caos. En la familia, los padres tienen autoridad. En la escuela, los maestros y administradores tienen autoridad. En la comunidad, el alcalde, el concejo municipal, la policía y los bomberos tienen esferas de autoridad. Y así también en los organismos superiores del gobierno.

El conflicto en este encuentro entre Jesús y los dirigentes religiosos era sobre el tema de la autoridad, específicamente la autoridad de Jesús, la cual cuestionaban y la cual ellos temían que les amenazara sus propias posiciones de autoridad.

LA CONFRONTACIÓN

Cuando vino al templo, los principales sacerdotes y los ancianos del pueblo se acercaron a él mientras enseñaba, y le dijeron: ¿Con qué autoridad haces estas cosas? ¿y quién te dio esta autoridad? (21:23)

Aún era la mañana de miércoles de la semana de Pascua. Después que Jesús y los discípulos hubieron pasado la higuera que maldijo el día anterior y la encontraron totalmente seca (vv. 18-22; cp. Mr. 11:20-21), el Señor **vino al templo.**

El grupo de **los principales sacerdotes y los ancianos del pueblo** pudo haber incluido a los sumos sacerdotes Caifás y Anás, quienes sirvieron simultáneamente por varios años (Lc. 3:2). Debido a la seriedad de la confrontación que tuvieron con Jesús, es probable que al menos el capitán de la guardia del templo, el segundo funcionario más alto, estuviera presente. **Los ancianos del pueblo** comprendían una amplia variedad de dirigentes religiosos, que incluía a los fariseos (Mt. 21:45) y escribas (Lc. 20:1), y quizás saduceos, herodianos y hasta algunos zelotes y esenios. A pesar de que tales grupos tenían muchas diferencias entre sí y constantemente discutían entre ellos, hallaron una base común en su oposición a Jesús porque Él amenazaba la autoridad de todo el sistema religioso.

Toda religión falsa tiene el común denominador de obras de justicia, o salvación por logros humanos. Por naturaleza, este tipo de religión opuesta al verdadero evangelio se siente ofendida por un evangelio de logro divino por medio de Dios en Cristo. A pesar de que las religiones del mundo están divididas por enormes diferencias en teología y práctica, todas ellas encuentran una base común contra el evangelio de Jesucristo, tal como hicieron los religiosos judíos en el templo. Pueden presumir de honrar a Cristo como profeta, gran maestro, o incluso como uno entre muchos dioses, pero con vehemencia se oponen a la verdad de que Él es el único Salvador y que ninguna persona puede venir a Dios a no ser por medio de los méritos del sacrificio de Cristo.

Como había hecho el día anterior, cuando de modo tan dramático limpió el templo, Jesús se convirtió otra vez en el centro de atención, y **enseñaba** mientras caminaba por el patio (Mr. 11:27). Parece seguro que no habían regresado aquellos a quienes había expulsado por hacer de la casa de su Padre una cueva de ladrones (Mt. 21:13), y todo el espacioso patio de los gentiles estaba ahora a disposición de quienes venían a adorar. Es probable que muchos de ellos hubieran seguido a Jesús allí cuando lo vieron entrar a la ciudad esa mañana.

No se nos dice qué **enseñaba** el Señor en esta ocasión, pero es probable que estuviera reiterando algunas de las verdades más importantes que había enseñado muchas veces antes. Podemos estar seguros de que cualquier cosa que dijo estaba relacionada con su reino, tema con el cual comenzó y terminó su ministerio (Mt. 4:17) (Hch. 1:3). En su relato paralelo, Lucas informa que Jesús "enseñaba cada día en el templo… y anunciando el evangelio" (Lc. 19:47; 20:1), al cual a veces se le llamaba "el evangelio del reino" (Mt. 9:35). Cualquiera que fuera su tema específico, "todo el pueblo estaba suspenso oyéndole" (Lc. 19:48).

La pregunta principal que los dirigentes judíos tenían ahora para Jesús era la misma que habían tenido desde el principio: **¿Con qué autoridad haces estas cosas? ¿y quién te dio esta autoridad?** (cp. Jn. 2:18). Por **estas cosas** probablemente querían decir todo lo que Jesús había estado enseñando y haciendo, pero en particular tenían en mente la abrupta, y al mismo tiempo presuntuosa desde el punto de vista de ellos, limpieza del templo el día anterior. Excepto por el similar acto de Jesús al principio de su ministerio, nunca había hecho nada que de modo más claro, convincente y público devastara el sistema religioso. Mientras esto ocurría, ellos fueron impotentes de detenerlo y al parecer se quedaron incluso sin palabras. Pero ahora que se habían recuperado de la sorpresa inicial estaban a la ofensiva y exigían una explicación.

Los candidatos rabínicos originalmente habían sido ordenados por un rabino líder al que respetaban, y bajo cuya enseñanza cumplían cierto tipo de aprendizaje. Y así como las enseñanzas de los rabinos líderes variaban en gran manera, sucedía también con sus ordenaciones. Debido a los abusos generalizados, y quizás también a la autoridad rabínica centralizada, el sanedrín o supremo concilio judío había tomado toda responsabilidad por la ordenación.

Un individuo en su ordenación era declarado rabino, anciano y juez, y se le otorgaba autoridad correspondiente para enseñar, para expresar su sabiduría, y para tomar decisiones y dar veredictos en asuntos religiosos, y en muchos asuntos civiles. Durante el culto se pronunciaban lecturas y discursos variados, y se cantaban himnos. Una vez ordenado, el hombre tenía reconocimiento oficial como maestro acreditado de Israel.

Jesús no tenía tal ordenación, y por tanto no tenía tal reconocimiento. **¿Con qué autoridad**, preguntaron entonces los dirigentes, Él no solo enseñaba y predicaba, sino que incluso sanaba enfermos, echaba fuera demonios y resucitaba muertos? Muy especialmente, ¿por qué, un rabino inexperto, no reconocido y autonombrado, se había atrevido a tomar sobre sí mismo la tarea de echar del templo a los mercaderes y cambistas? A pesar de no ser líderes religiosos, esos hombres operaban sus negocios bajo los auspicios de las autoridades del templo. **¿Quién te dio autoridad** para expulsarlos?, le preguntaron a Jesús esas autoridades.

Aunque no reconocían la fuente y la legitimidad del poder de Jesús, nunca cuestionaron que lo tuviera. Era innegable que esa autoridad era poderosa e inaudita. Nunca nadie había curado a tantas personas enfermas, expulsado a tantos demonios, o resucitado a personas de entre los muertos como Jesús había hecho. Los milagros eran tan evidentes, tan numerosos y tan bien documentados que los dirigentes religiosos nunca dudaron que Jesús los realizara, habiendo visto muchos de ellos con sus propios ojos.

Esos líderes sabían que un poder como el mostrado por Jesús debía tener origen sobrenatural, y sabían que Él afirmaba que su poder venía de Dios, a quien reiteradamente llamaba su Padre celestial. Cuando perdonó los pecados a un paralítico, algunos de los escribas presentes "decían dentro de sí: Este blasfema". Como sabía lo que ellos estaban pensando, Jesús los acusó de tener corazones malos, y procedió a curar la parálisis del hombre a fin de mostrar a sus críticos que Él, "el Hijo del Hombre tiene potestad en la tierra para perdonar pecados" (Mt. 9:2-6). La multitud de hombres y mujeres comunes que fue testigo de lo que Jesús había hecho sí tuvo la única respuesta razonable: "Se maravilló y glorificó a Dios, que había dado tal potestad a los hombres" (v. 8). Pero los escribas se negaron a aceptar lo evidente. Ninguna cantidad de pruebas podía penetrarles su incredulidad confirmada. Y al igual que los fariseos en una ocasión anterior (Mt. 12:24), las autoridades que ahora confrontaban a Jesús prefirieron sin duda alguna creer que el poder del Señor venía de Satanás y no de Dios.

Así como las multitudes a menudo lo reconocían maravilladas, los principales sacerdotes y ancianos en el templo también sabían que Jesús *enseñaba* con autoridad, con una claridad definitiva, y con una seguridad que estaba ausente en las declaraciones e interpretaciones de los escribas (Mt. 7:29; Mr. 1:22). Al igual que en muchos círculos de la iglesia liberal de hoy, un requisito clave para la aceptación fue la falta de dogmatismo. Prácticamente toda doctrina estaba abierta a reinterpretación y revisión, y los absolutos eran rechazados como impertinentes. La sabiduría humana había reemplazado desde mucho tiempo atrás a la revelación divina; y las Escrituras del Antiguo Testamento se citaban principalmente para apoyarles sus tradiciones humanamente creadas. Cuando las Escrituras entraban en conflicto con la tradición, esta prevalecía (Mt. 16:6). En las mentes de la mayoría de dirigentes religiosos judíos había muchas autoridades, pero ninguna que fuera exclusivamente autorizada, ni siquiera las Escrituras.

No obstante, el ministerio de Jesús era más que autorizado. A quienes creen en Él les demostró autoridad para conceder el derecho de convertirse en hijos de Dios (Jn. 1:12). Su Padre celestial "le dio autoridad de hacer juicio" (5:27) y "potestad sobre toda carne", para dar vida eterna a aquellos que su Padre le había dado (17:2). Jesús tenía autoridad sobre su propia vida, "para ponerla", y en su propia resurrección, "para volverla a tomar" (10:18).

En todo lo que decía y hacía, Jesús nunca buscó aprobación o apoyo de las autoridades judías reconocidas. Hizo no hizo caso del sistema que tenían de ordenar rabinos y aprobar doctrinas. No les pidió aprobación por sus enseñanzas, sus sanidades, o su expulsión de demonios, y sin duda alguna tampoco por perdonar pecados.

Jesús tenía *dunamis* (poder) y *exousia* (autoridad). *Dunamis* se refiere a capacidad, y *exousia* a derecho. Jesús no solo tenía gran poder sino el derecho de ejercerlo, porque tanto su poder como su autoridad provenían del Padre celestial. Jesús afirmó: "Como el Padre levanta a los muertos, y les da vida, así también el Hijo a los que quiere da vida…. Porque como el Padre tiene vida en sí mismo, así también ha dado al Hijo el tener vida en sí mismo" (Jn. 5:21, 26). "He descendido del cielo, no para hacer mi voluntad, sino la voluntad del que me envió" (6:38; cp. v. 44, 57; 7:16, 28; 8:18, 54).

Y debido a que Jesús tenía el poder y la autoridad del Padre, no buscó autoridad, acreditación, ordenación o credenciales humanas. Al hacer eso se enfrentó Él mismo directamente al sistema religioso judío, provocando ira implacable en sus miembros. Sus líderes se horrorizaron y se escandalizaron de que Jesús no solo no consultara al sanedrín y a las autoridades del templo, sino que tuviera la audacia de condenarlos.

Al pedir a Jesús que identificara su autoridad, es probable que esos dirigentes religiosos esperaran que contestara como muchas veces antes había hecho: que obraba bajo el directo poder y autoridad de Dios, su Padre celestial. Eso les habría dado otra oportunidad de acusarlo de blasfemia, y quizás de lograr darle muerte por ello, como habían tratado de hacer sin éxito (Jn. 5:18; 10:31).

LA CONTRA PREGUNTA

Respondiendo Jesús, les dijo: Yo también os haré una pregunta, y si me la contestáis, también yo os diré con qué autoridad hago estas cosas. El bautismo de Juan, ¿de dónde era? ¿Del cielo, o de los hombres? Ellos entonces discutían entre sí, diciendo: Si decimos, del cielo, nos dirá: ¿Por qué, pues, no le creísteis? Y si decimos, de los hombres, tememos al pueblo; porque todos tienen a Juan por

profeta. Y respondiendo a Jesús, dijeron: No sabemos. Y él también les dijo: Tampoco yo os digo con qué autoridad hago estas cosas. (21:24-27)

Respondiendo Jesús la pregunta de los principales sacerdotes y los ancianos, a su vez les hizo otra pregunta. El Señor no estaba siendo evasivo ni tenía motivo para estarlo, pues muchísimas veces antes había contestado esa inquietud. Además, si contestaban ahora la pregunta que les hacía, Jesús respondería la de ellos, informándoles **con qué autoridad** hacía **estas cosas.**

La pregunta del Señor fue sencilla: **El bautismo de Juan, ¿de dónde era? ¿Del cielo, o de los hombres?** Debido a que **Juan** el Bautista había comenzado primero su ministerio, los dirigentes religiosos lo habían rechazado incluso antes que empezaran a rechazar a Jesús. **El bautismo de Juan** se refería a todo su ministerio, el cual se caracterizó por bautizar a quienes se arrepentían de sus pecados (Mt. 3:6).

Juan fue el último profeta de la época del Antiguo Testamento y, al igual que Jesús, se volvió popular y admirado por las masas. Se dedicó a preparar al pueblo para el Mesías, y tanto su comportamiento como el contenido y el poder de su predicación habían tenido gran incidencia en todo Israel. Después que Herodes arrestara a Juan por condenarle su matrimonio adúltero con la esposa de su hermano Felipe, por un tiempo el rey dudó en dar muerte a Juan porque el pueblo consideraba que se trataba de un gran profeta (Mt. 14:3-5).

Los principales sacerdotes y los ancianos pronto se dieron cuenta de que la pregunta de Jesús los había puesto entre la espada y la pared. **Ellos entonces discutían entre sí,** viendo que estarían en problemas por cualquier respuesta que dieran. Si se atrevían a decir: **Del cielo,** Jesús les habría contestado: **¿Por qué, pues, no le creísteis?** No fue que ellos simplemente habían rechazado al mismo Juan, sino que también habían rechazado el claro testimonio de Juan acerca de Jesús, a quien el profeta había aclamado abiertamente como "el Cordero de Dios, que quita el pecado del mundo" y como el mismo "Hijo de Dios" (Jn. 1:29, 34). Haber aceptado a Juan como un profeta **del cielo** habría requerido aceptar a Jesús como el Mesías, lo cual definitivamente no irían a hacer.

Ningún tipo de testimonio de parte de Juan, o de evidencia de parte del mismo Jesús, habría hecho que los dirigentes religiosos judíos reconocieran al Señor como Mesías. Ellos estaban entrenados para descartar o justificar tanto los hechos como las verdades bíblicas que no fueran coherentes con sus propias creencias y normas religiosas concebidas de modo humano. El hombre que nació ciego y a quien Jesús había sanado les dijo a los fariseos que lo interrogaron: "Sabemos que Dios no oye a los pecadores; pero si alguno es temeroso de Dios, y hace su voluntad, a ése oye. Desde el principio no se ha oído decir que alguno abriese los ojos a uno que nació ciego. Si éste no viniera de Dios, nada podría hacer" (Jn. 9:31-33). Pero los fariseos fueron insensibles a esas verdades obvias. En cambio, arremetieron contra el hombre, resentidos por el atrevimiento que tuvo de enseñar a los maestros de Israel (v. 34). Cuando la incredulidad investiga la verdad espiritual, está predispuesta a rechazarla.

Al seguir analizando la pregunta de Jesús, los gobernantes religiosos se dieron cuenta de que si respondían de la manera opuesta también se meterían en problemas. Si afirmaban que el ministerio y el mensaje de Juan el Bautista eran **de**

los hombres, perderían la poca credibilidad que tenían con los judíos, e incluso podrían provocarlos a ira, **porque todos** aún tenían **a Juan por profeta.** Los dirigentes religiosos creían firmemente que **Juan** no era **profeta,** pero no se atrevían a declarar esa creencia en público. Por consiguiente, el único recurso que les quedó fue confesar con vergüenza: **No sabemos.**

En consecuencia, Jesús respondió: **Tampoco yo os digo con qué autoridad hago estas cosas.** Como sabía muy bien, si el Señor les hubiera dado una respuesta, la habrían usado en contra de Él. Ellos no estaban interesados en aprender la verdad respecto a Juan ni a Jesús. El único propósito que los motivaba era inducir a Jesús a que volviera a afirmar su condición mesiánica y su divinidad, a fin de tener motivos para darle muerte por blasfemia (cp. Jn. 5:18; Mt. 22:15).

Los dirigentes religiosos persistieron en rechazar la luz que Cristo les enviaba, y por tanto Él la apagó. Ya no tenía más enseñanza para los escribas, los fariseos, los principales sacerdotes y para otros cuya autocomplacencia los cegaba a la verdad del evangelio y a la propia necesidad que tenían del mensaje divino. Para ellos solo habría más advertencia y condenación. En una prolongada serie de lamentos, Jesús estaba a punto de declarar juicio contra esos dirigentes por hacer que sus obras fueran vistas por los hombres, por negarse a entrar al reino y por impedirles la entrada a otros, por ser guías religiosos ciegos, por ser justos por fuera pero malvados por dentro, porque honraban solo en nombre a los profetas de la antigüedad pero seguían teniendo la misma mentalidad de sus antepasados que mataron a esos profetas, y por ser una generación de víboras destinada al infierno (Mt. 23:5, 13, 16, 27, 30, 33).

Mientras el sumo sacerdote Caifás lo estaba enjuiciando, "Jesús callaba", negándose a pronunciar una sola palabra más de testimonio (Mt. 26:63). Y cuando Pilato le pidió que respondiera a las acusaciones de los principales sacerdotes y los ancianos, "Jesús no le respondió ni una palabra" (27:14).

Cuando una persona se niega rotundamente a escuchar la verdad de Dios y a recibir la gracia divina, Dios puede optar por retirarse. Frente a la implacable maldad de los seres humanos en la época de Noé, el Señor declaró: "No contenderá mi espíritu con el hombre para siempre" (Gn. 6:3). El Señor expresó finalmente al contumaz Efraín: "Efraín es dado a ídolos; déjalo" (Os. 4:17), y con relación a los rebeldes de Judá, Dios "se les volvió enemigo, y él mismo peleó contra ellos" (Is. 63:10).

Incluso cuando Jesús se acercaba a Jerusalén durante su entrada triunfal había llorado por la ciudad, manifestando: "¡Oh, si también tú conocieses, a lo menos en este tu día, lo que es para tu paz! Mas ahora está encubierto de tus ojos. Porque vendrán días sobre ti, cuando tus enemigos te rodearán con vallado, y te sitiarán, y por todas partes te estrecharán, y te derribarán a tierra, y a tus hijos dentro de ti, y no dejarán en ti piedra sobre piedra, por cuanto no conociste el tiempo de tu visitación" (Lc. 19:41-44). Y poco después de la severa condenación a los escribas y fariseos, Jesús lamentó: "¡Jerusalén, Jerusalén, que matas a los profetas, y apedreas a los que te son enviados! ¡Cuántas veces quise juntar a tus hijos, como la gallina junta sus polluelos debajo de las alas, y no quisiste! He aquí vuestra casa os es dejada desierta. Porque os digo que desde ahora no me veréis, hasta que digáis: Bendito el que viene en el nombre del Señor" (Mt. 23:37-39).

LA CARACTERIZACIÓN

Pero ¿qué os parece? Un hombre tenía dos hijos, y acercándose al primero, le dijo: Hijo, ve hoy a trabajar en mi viña. Respondiendo él, dijo: No quiero; pero después, arrepentido, fue. Y acercándose al otro, le dijo de la misma manera; y respondiendo él, dijo: Sí, señor, voy. Y no fue. ¿Cuál de los dos hizo la voluntad de su padre? Dijeron ellos: El primero. (21:28-31*a*)

En esta breve parábola Jesús caracteriza las dos respuestas contrastantes al evangelio. Y una vez más ofrece a sus adversarios la oportunidad de condenarse a sí mismos por su propia boca.

En el primer caso, el **hijo** al que se le pidió **trabajar en** la **viña le dijo** a su padre: **No quiero** hacerlo; **pero después, arrepentido, fue.** El segundo hijo le contestó a su padre: **Sí, señor, voy. Y no fue.** La implicación es que este hijo nunca quiso ir y le mintió a su padre para dar la falsa impresión de obediencia.

Cuando Jesús preguntó a los principales sacerdotes y los ancianos: **¿Cuál de los dos hizo la voluntad de su padre?**, ellos dieron la respuesta obvia: **El primero.**

La enseñanza de Jesús en esta historia es que hacer es más importante que tan solo decir. Por supuesto, es mejor para una persona decir que hará la voluntad de Dios y luego llevarla a cabo. Pero es muchísimo mejor negarse al principio y luego arrepentirse y obedecer, que hipócritamente aceptar hacerla para después no cumplir. En este contexto hacer la voluntad de Dios se relaciona con la aceptación del evangelio: recibir a Jesús como Mesías y como Salvador y Señor.

LA CONEXIÓN

Jesús les dijo: De cierto os digo, que los publicanos y las rameras van delante de vosotros al reino de Dios. Porque vino a vosotros Juan en camino de justicia, y no le creísteis; pero los publicanos y las rameras le creyeron; y vosotros, viendo esto, no os arrepentisteis después para creerle. (21:31*b*-32)

Después que sus oponentes dieran la única respuesta posible a la pregunta que les hizo, **Jesús les** mostró la relación con la parábola. Les informó que, aunque la respuesta que dieron a esa pregunta fue correcta, la respuesta a Él y a su ministerio era equivocada y perversa. Las propias palabras que dijeron los condenaron; ellos no correspondían al "primero" de los hijos, quien hizo la voluntad del padre, sino al último, que no la cumplió. Jesús declaró en otra ocasión: "Dicen, y no hacen" (Mt. 23:3). Estos dirigentes religiosos afirmaban obedecer a Dios, pero sus acciones negaban que Él tuviera algún lugar en sus corazones. Aseguraban tener anhelo por el Mesías y aclamaban su nombre; pero no lo recibieron cuando vino.

Por tanto, el Señor les dijo: **De cierto os digo, que los publicanos y las rameras van delante de vosotros al reino de Dios.** Ningún reproche pudo haberles hecho más daño o enfurecerlos más, porque para ellos **los publicanos y las rameras** eran la escoria de la sociedad, peores tal vez que los gentiles. **Los publicanos** no solo eran estafadores sin piedad, sino que eran traidores a su propio pueblo, judíos que compraban franquicias a los romanos para recaudar impuestos de su propia gente con el fin de apoyar la ocupación romana. **Las rameras** eran la personificación de la inmoralidad. Los santurrones dirigentes judíos creían que si alguien estaba totalmente fuera de los límites de la misericordia de Dios eran aquellos que pertenecían a esos dos grupos.

Por otra parte, los hombres que ahora se hallaban delante de Jesús conformaban la élite religiosa, los intérpretes de la ley divina y guardianes del templo de Dios. Ellos afirmaban dar sus vidas en obediencia a Dios, y vivían bajo la ilusión egoísta de que, debido a sus posiciones exaltadas y a sus muchas obras religiosas, de entre todos los hombres eran quienes más le agradaban.

Sin embargo, Jesús declaró a estos orgullosos dirigentes que **los publicanos y las rameras,** que optaron por desobedecer a Dios pero que más tarde se arrepintieron, entrarían **al reino de Dios.** La frase **delante de vosotros** no significa que los dirigentes incrédulos finalmente entrarían al reino, porque ningún incrédulo entrará en él. Jesús simplemente utiliza la expresión para mostrar la revocación que Dios hace de las normas hechas por el hombre para la salvación. **Los publicanos y las rameras** estaban más cerca del **reino** que los principales sacerdotes y los ancianos, no porque fueran intrínsecamente más justos o aceptables a Dios sino porque estaban más dispuestos a reconocer su necesidad de la gracia divina que los presumidos sacerdotes y ancianos. La enseñanza de Jesús fue que jactarse de religión no califica a nadie para entrar al reino, y que cuando hay arrepentimiento ni siquiera el peor pecado mantendrá fuera al pecador.

Dando respuesta a la pregunta que sus oponentes se habían negado antes a contestar, Jesús continuó diciéndoles: **Porque vino a vosotros Juan en camino de justicia.** Decir que **vino Juan en camino de justicia** fue decir no solo que su ministerio era de Dios, sino que Él era un hombre piadoso. **Juan** fue un hombre santo, justo, virtuoso y lleno del Espíritu, a quien Dios había enviado a preparar el camino para el Hijo, el Mesías. Juan predicó un mensaje justo y vivió de manera justa. Jesús había afirmado: "Entre los que nacen de mujer no se ha levantado otro mayor que Juan el Bautista" (Mt. 11:11).

Entonces el Señor les advirtió: **Y no le creísteis.** Los dirigentes judíos habían sido escépticos de Juan desde el principio, habiendo enviado un grupo de sacerdotes y levitas para que lo cuestionaran (Jn. 1:19-25). "Al ver [Juan] que muchos de los fariseos y de los saduceos venían a su bautismo, les decía: ¡Generación de víboras! ¿Quién os enseñó a huir de la ira venidera? Haced, pues, frutos dignos de arrepentimiento, y no penséis decir dentro de vosotros mismos: A Abraham tenemos por padre; porque yo os digo que Dios puede levantar hijos a Abraham aun de estas piedras" (Mt. 3:7-9).

Jesús declaró: **Pero los publicanos y las rameras le creyeron.** Algunos de **los publicanos** habían sido receptivos al evangelio incluso en su forma incompleta enseñada por Juan el Bautista. Como prueba de la sinceridad que tuvieron al ser bautizados por el arrepentimiento de sus pecados, le preguntaron a Juan: "Maestro, ¿qué haremos?" (Lc. 3:12). Aunque ningún caso específico se menciona en los evangelios, Jesús deja en claro que entre las multitudes que fueron bautizadas por Juan hubo también algunas **rameras** que **le creyeron** y que, al igual que esos recaudadores de impuestos, confesaron sus pecados y fueron perdonadas (véase Mt. 3:5-6).

Concluyendo su acusación, Jesús expresó: **Y vosotros, viendo esto, no os arrepentisteis después para creerle.** Ellos no creyeron el mensaje de Juan cuando lo oyeron, ni le creyeron cuando vieron las vidas transformadas de los publicanos y las rameras que habían creído. En otras palabras, no se convencerían ni por la verdad del mensaje ni por su poder para transformar pecadores.

Ellos habían estado expuestos a la luz total del profeta de Dios, e incluso a la mayor luz del Hijo de Dios; sin embargo, se negaron a ser iluminados. Oyeron el mensaje del anunciador del rey y el mensaje del Rey mismo, pero no escucharon ni creyeron. Habían sido testigos del poder de Juan y del poder de Cristo, pero no se conmovieron.

Juicio sobre los que rechazan a Cristo 115

Oíd otra parábola: Hubo un hombre, padre de familia, el cual plantó una viña, la cercó de vallado, cavó en ella un lagar, edificó una torre, y la arrendó a unos labradores, y se fue lejos. Y cuando se acercó el tiempo de los frutos, envió sus siervos a los labradores, para que recibiesen sus frutos. Mas los labradores, tomando a los siervos, a uno golpearon, a otro mataron, y a otro apedrearon. Envió de nuevo otros siervos, más que los primeros; e hicieron con ellos de la misma manera. Finalmente les envió su hijo, diciendo: Tendrán respeto a mi hijo. Mas los labradores, cuando vieron al hijo, dijeron entre sí: Este es el heredero; venid, matémosle, y apoderémonos de su heredad. Y tomándole, le echaron fuera de la viña, y le mataron. Cuando venga, pues, el señor de la viña, ¿qué hará a aquellos labradores? Le dijeron: A los malos destruirá sin misericordia, y arrendará su viña a otros labradores, que le paguen el fruto a su tiempo. Jesús les dijo: ¿Nunca leísteis en las Escrituras: La piedra que desecharon los edificadores, ha venido a ser cabeza del ángulo. El Señor ha hecho esto, y es cosa maravillosa a nuestros ojos? Por tanto os digo, que el reino de Dios será quitado de vosotros, y será dado a gente que produzca los frutos de él. Y el que cayere sobre esta piedra será quebrantado; y sobre quien ella cayere, le desmenuzará. Y oyendo sus parábolas los principales sacerdotes y los fariseos, entendieron que hablaba de ellos. Pero al buscar cómo echarle mano, temían al pueblo, porque éste le tenía por profeta. (21:33-46)

Jesús continuó respondiendo a los hostiles contraataques que le hacían los principales sacerdotes y ancianos hipócritas y amenazantes, que habían exigido que les dijera con qué autoridad Él llevaba a cabo su ministerio, y en especial con qué autoridad había expulsado del templo a los mercaderes y cambistas. Después que ellos se negaran a decir si el ministerio de Juan el Bautista era de Dios o de hombres, Jesús los acusó por medio de la parábola de los dos hijos, y la explicó declarando que los recaudadores de impuestos y las rameras entrarían al reino antes que esos religiosos. Luego los amenazó aún con **otra parábola,** la segunda en una trilogía de parábolas de juicio (véase también 22:1-14), la cual ilustró aún más gráficamente el rechazo voluntario que ellos hicieran de Dios.

LA ILUSTRACIÓN

Oíd otra parábola: Hubo un hombre, padre de familia, el cual plantó una viña, la cercó de vallado, cavó en ella un lagar, edificó una torre, y la arrendó a unos labradores, y se fue lejos. Y cuando se acercó el tiempo de los frutos, envió sus siervos a los labradores, para que recibiesen sus frutos. Mas los labradores, tomando a los siervos, a uno golpearon, a otro mataron, y a otro apedrearon. Envió de nuevo otros siervos, más que los primeros; e hicieron con ellos de

la misma manera. Finalmente les envió su hijo, diciendo: Tendrán respeto a mi hijo. Mas los labradores, cuando vieron al hijo, dijeron entre sí: Este es el heredero; venid, matémosle, y apoderémonos de su heredad. Y tomándole, le echaron fuera de la viña, y le mataron. (21:33-39)

Como siempre en sus enseñanzas con parábolas, Jesús contaba una historia sencilla y comprensible, que a menudo incluía un elemento impactante para explicar una verdad profunda que era desconocida o generalmente malentendida. La situación relacionada en la **parábola** del **padre de familia** que **plantó una viña** era normal en esa sociedad agraria, y fácil para sus oyentes identificarse con ella. En tiempos del Nuevo Testamento las colinas de Palestina estaban cubiertas con viñedos, que eran un pilar de la economía. No era raro que un hombre rico comprara un terreno y desarrollara **una viña.** Primero la cercaría alrededor con un **vallado** de piedra o un cerco de zarzas para protegerla de animales salvajes y ladrones. Luego cavaría **un lagar,** teniendo a veces que cavarlo en el punto más bajo. En la parte superior se exprimirían las uvas, y el zumo bajaría por un canal hasta la parte inferior. Desde allí el zumo de uvas se colocaría en odres o vasijas de barro para almacenarlo. Con frecuencia el propietario construía **una torre,** que se usaría como un puesto de observación contra merodeadores, como refugio para los trabajadores, y como lugar de almacenaje para semillas y herramientas.

Tales detalles resaltaban el gran cuidado del padre de familia en desarrollar la viña. Y cuando todo estuvo en orden, **la arrendó a unos labradores** que creyó que eran cuidadores fiables, llegando a un acuerdo con ellos de que le pagaran cierto porcentaje de las ganancias como alquiler de la viña. El resto les pertenecía a ellos como pago por su trabajo de cultivar la viña. Satisfecho de que su aventura empresarial estaba en buenas manos, el padre de familia **se fue lejos.**

Algunos meses después, **cuando se acercó el tiempo de los frutos,** el dueño **envió sus siervos a los labradores, para que recibiesen** el porcentaje acordado de **sus frutos.** Pero en lugar de pagar lo que debían al padre de familia, **los labradores, tomando a los siervos, a uno golpearon, a otro mataron, y a otro apedrearon.** Tal como hizo con la historia de la higuera (21:18-21; cp. Mr. 11:12-14, 20-21), Mateo bajo inspiración del Espíritu Santo condensa aquí varios episodios en uno. El relato de Marcos nos informa que Jesús dijo que los tres **siervos** llegaron por separado, uno tras otro (Mr. 12:2-5). Los malvados **labradores golpearon,** o azotaron, al primero, dejándolo herido y sangrando. Al segundo siervo lo **mataron** en el acto, y luego **apedrearon** al tercero. Si el apedreamiento se refiere a la clase de agresión usada en las ejecuciones judías, es probable que a ese siervo también lo hubieran matado. Después de eso, el propietario **envió de nuevo otros siervos, más que los primeros; e hicieron con ellos de la misma manera,** "golpeando a unos y matando a otros" (Mr. 12:5).

Los labradores arrendatarios tuvieron una maravillosa oportunidad de desarrollar una buena vida. Tenían una excelente viña para cultivar y recibieron total confianza del dueño para trabajarla. Pero no se contentaron con una simple buena vida; quisieron toda la cosecha para ellos mismos, y fueron inmisericordes en conseguir ese objetivo.

Después del rechazo brutal de sus siervos, el dueño de la viña **finalmente les**

envió su hijo, diciendo: Tendrán respeto a mi hijo. Por el contrario, ese simple hecho motivó sin embargo a los labradores a mayor ambición y traición más atroz. **Los labradores, cuando vieron al hijo, dijeron entre sí: Este es el heredero; venid, matémosle, y apoderémonos de su heredad. Y tomándole, le echaron fuera de la viña, y le mataron.** Originalmente habían tramado quedarse con todas las utilidades de la viña, ahora planearon expropiar toda la viña.

El asesinato del **hijo** fue fríamente premeditado. Los labradores no lo confundieron con otro siervo, sino que sabían exactamente quién era. Fue por la sencilla razón de que se trataba del hijo que planearon matarlo a fin de apoderarse **de su heredad.**

Para el final de esta asombrosa y dramática parábola el interés de los dirigentes judíos y de muchos transeúntes se había despertado del todo. La historia generó gran compasión por el traicionado y afligido propietario y furia resentida contra los despiadados y brutales labradores.

Es más, la paciencia del dueño y la brutalidad de los labradores son tan absolutamente asombrosas, irreales y anormales, que algunos críticos afirman que Jesús exageró la historia o que los escritores de los evangelios exageraron la versión original del Señor. Pero esos extremos son esenciales para el propósito de la parábola. Fue lo sumamente insólito respecto a la paciencia del dueño y a la maldad de los labradores, lo que Jesús quiso que sus oyentes observaran.

LA CONCLUSIÓN

Cuando venga, pues, el señor de la viña, ¿qué hará a aquellos labradores? Le dijeron: A los malos destruirá sin misericordia, y arrendará su viña a otros labradores, que le paguen el fruto a su tiempo. (21:40-41)

En modo habitual rabínico, Jesús llevó a sus oyentes a que concluyeran ellos mismos la historia, preguntándoles: **¿Qué hará el señor de la viña a aquellos labradores?** Los principales sacerdotes y los ancianos respondieron de inmediato con indignación moral: **A los malos destruirá sin misericordia, y arrendará su viña a otros labradores, que le paguen el fruto a su tiempo.** Sin duda estaban sumamente complacidos con esta rara oportunidad de ostentar sus aires de superioridad moral delante de Jesús. Evaluaron de manera acertada el final apropiado de la parábola, que el iracundo propietario primero castigaría severamente a los labradores malvados y después los reemplazaría con otros que fueran confiables. Los dirigentes religiosos estaban totalmente inconscientes de que, al alimentar su orgullo con la pregunta provocadora de Jesús, activaron la trampa de su propia condenación.

LA EXPLICACIÓN

Jesús les dijo: ¿Nunca leísteis en las Escrituras: La piedra que desecharon los edificadores, ha venido a ser cabeza del ángulo. El Señor ha hecho esto, y es cosa maravillosa a nuestros ojos? (21:42)

A simple vista este comentario parece irrelevante a la parábola. Pero el Señor usó un pasaje conocido del Antiguo Testamento para reforzar la enseñanza de la parábola. Al hacer eso cambió las metáforas. En una pregunta sarcástica cuestionó a las autonombradas autoridades en el Antiguo Testamento. **¿Nunca leísteis en las Escrituras?**, y luego citó las muy conocidas palabras del Salmo 118:22.

Jesús citó el mismo salmo del que se tomaron las aclamaciones del gentío en su entrada triunfal a Jerusalén, cuando fue glorificado con el título mesiánico de Hijo de David (Mt. 21:9). En realidad fue porque aceptó esa alabanza mesiánica que Jesús fue reprendido por los fariseos (Lc. 19:39). Ahora, de esa misma sección del salmo les recordó a los dirigentes religiosos que **la piedra que desecharon los edificadores, ha venido a ser cabeza del ángulo.**

Una **cabeza del ángulo** era la parte más fundamental y esencial de una edificación, con la cual se determinaba la colocación y alineación de todas las demás partes. Si la cabeza del ángulo se cortaba o colocaba de modo imperfecto, la simetría y la estabilidad de todo el edificio se afectarían de manera adversa. A veces **los edificadores** desechaban una cantidad de piedras antes de seleccionar la correcta. En este relato, una de tales piedras con el tiempo **ha venido a ser cabeza del ángulo.**

Por muchos siglos Israel había sido **la piedra que los edificadores** del imperio del mundo habían desechado como insignificante y despreciada, útil solo para explotarla y luego desecharla. Pero en el plan divino del Señor, Israel fue escogido para ser la **cabeza del ángulo** en la historia redentora del mundo, la nación a través de la cual vendría la salvación.

Pero la ilustración tiene un significado mucho mayor que ese. Pedro declaró en Jerusalén delante de los gobernantes religiosos poco después de Pentecostés: "Sea notorio a todos vosotros, y a todo el pueblo de Israel, que en el nombre de Jesucristo de Nazaret, a quien vosotros crucificasteis y a quien Dios resucitó de los muertos… Este Jesús es la piedra reprobada por vosotros los edificadores, la cual ha venido a ser cabeza del ángulo. Y en ningún otro hay salvación; porque no hay otro nombre bajo el cielo, dado a los hombres, en que podamos ser salvos" (Hch. 4:10-12). La **piedra** más grande que Israel es Jesucristo, y **los edificadores** que lo **desecharon** fueron los dirigentes judíos, en representación de todo Israel, y en un sentido más completo de todo el mundo incrédulo. **La piedra que desecharon** fue el Cristo crucificado, y la **cabeza del ángulo** es el Cristo resucitado.

De este modo Jesús ligó el salmo mesiánico con la parábola a fin de reforzar su enseñanza. Tanto el Hijo rechazado como la piedra desechada se refieren a Cristo. El versículo de Salmos 118 va más allá de la parábola para aludir también a la resurrección del Hijo, algo que la parábola no podía cubrir y aún seguir manteniendo su sencilla naturalidad.

Pedro reiteró la misma verdad en su primera carta. "He aquí, pongo en Sion la principal piedra del ángulo, escogida, preciosa; y el que creyere en él, no será avergonzado. Para vosotros, pues, los que creéis, él es precioso; pero para los que no creen, la piedra que los edificadores desecharon, ha venido a ser la cabeza del ángulo; y: Piedra de tropiezo, y roca que hace caer, porque tropiezan en la palabra, siendo desobedientes; a lo cual fueron también destinados" (1 P. 2:6-8). Pablo declaró a los creyentes efesios: "Así que ya no sois extranjeros ni advenedizos, sino conciudadanos de los santos, y miembros de la familia de Dios, edificados sobre el fundamento de los apóstoles y profetas, siendo la principal piedra del ángulo Jesucristo mismo" (Ef. 2:19-20).

Cuando le dijeron a Jesús que los malvados labradores debían tener un fin lamentable (v. 41), los gobernantes del templo se enjuiciaron ellos mismos en la misma forma que David se había juzgado delante de Natán. Después de oír la conmovedora parábola acerca del hombre rico que se apropió de la única corderita del hombre pobre para alimentar a un viajero visitante, "se encendió el furor de David en gran manera contra aquel hombre, y dijo a Natán: Vive Jehová, que el que tal hizo es digno de muerte. Y debe pagar la cordera con cuatro tantos, porque hizo tal cosa, y no tuvo misericordia. Entonces dijo Natán a David: Tú eres aquel hombre" (2 S. 12:5-7).

En realidad, Jesús les había dicho a los principales sacerdotes y los ancianos: "¡Ustedes son esos hombres! Son los malvados vinicultores que, por la propia declaración que hicieron, merecen un fin lamentable por golpear y matar a los siervos del propietario de la viña y por luego matarle al hijo. ¿No se dan cuenta de que el propietario es Dios, la viña es su reino, los siervos fueron los profetas, y que yo soy su Hijo? Ustedes se acaban de declarar culpables de condenar a muerte no solo a los profetas sino incluso al propio Hijo de Dios".

Con relación a matar a los profetas, más tarde ese mismo día Jesús les dijo a los dirigentes judíos incrédulos, en particular a los escribas y fariseos: "Vosotros... edificáis los sepulcros de los profetas, y adornáis los monumentos de los justos, y decís: Si hubiésemos vivido en los días de nuestros padres, no hubiéramos sido sus cómplices en la sangre de los profetas. Así que dais testimonio contra vosotros mismos, de que sois hijos de aquellos que mataron a los profetas. ¡Vosotros también llenad la medida de vuestros padres!" (Mt. 23:29-32).

Dios había preparado un lugar de gran belleza y bendición, y luego concedió de modo misericordioso la mayordomía a su pueblo Israel. Se trataba de un lugar de promesa, esperanza, liberación, salvación y seguridad. Pero Israel se apropió indebidamente de todas esas bendiciones, quitándole a Dios la gratitud, la gloria y la honra que le pertenecen. Israel persiguió a los profetas que con paciencia y amor Él les envió para llamarlos al arrepentimiento y el perdón. La tradición judía aseguraba que a Isaías lo habían aserrado en dos con una sierra de madera (cp. He. 11:37). Por las Escrituras sabemos que Jeremías fue lanzado a una cisterna de lodo, y la tradición afirma que finalmente fue asesinado a pedradas. Ezequiel fue rechazado, Elías y Amós debieron huir para salvar sus vidas, Miqueas fue golpeado en la mejilla por parte de aquellos que se negaron a escucharle su mensaje (1 R. 22:24), y Zacarías fue realmente asesinado en el propio templo de Dios (2 Cr. 24:20-22; cp. Mt. 23:35). La historia del Antiguo Testamento da testimonio de los corazones asesinos del pueblo de Israel, cuya maldad culminaría en matar al Hijo de Dios.

A través de esta parábola y de su explicación Jesús presentó una de sus más claras afirmaciones de divinidad. La parábola incluso alude al detalle de ser crucificado fuera de la ciudad de Jerusalén (cp. He. 13:12), así como el hijo del propietario de la viña fue lanzado fuera de la viña antes de ser asesinado.

Jesús también dejó en claro que los dirigentes judíos que lo rechazaron no tenían excusa, que al igual que los malvados labradores sabían que se trataba del Hijo de Dios, pero se negaron a aceptarlo y honrarlo como tal. Lo querían muerto no porque Él fuera malo o impío sino porque les amenazó el control maligno e impío del templo y de todo el sistema religioso judío.

A lo largo de la historia, e incluso hoy día, muchas personas se niegan a recibir a Jesucristo como Salvador y Señor no debido a falta de evidencia sino porque se niegan a creer la evidencia. No creen simplemente porque no *quieren* creer.

LA APLICACIÓN

Por tanto os digo, que el reino de Dios será quitado de vosotros, y será dado a gente que produzca los frutos de él. Y el que cayere sobre esta piedra será quebrantado; y sobre quien ella cayere, le desmenuzará. (21:43-44)

Con esas palabras claras e inequívocas Jesús quitó cualquier incertidumbre que pudo haber quedado en las mentes de los principales sacerdotes y los ancianos en cuanto a lo que estaba diciéndoles. En la primera mitad del versículo 43 y en el versículo 44, el Señor reiteró *el juicio* sobre el incrédulo Israel y sus dirigentes impíos; en la segunda mitad del versículo 43 reiteró el *reemplazo* de ellos por gentiles creyentes.

El Señor declaró: **Por tanto os digo,** sin duda mirando fijamente a los ojos de sus adversarios, **que el reino de Dios será quitado de vosotros.** En lugar de ellos, el reino **será dado a gente que produzca los frutos de él.**

Cuando comenzó por primera vez a predicar el reino, Juan el Bautista exigió que los fariseos y saduceos que querían ser bautizados antes que nada hicieran "frutos dignos de arrepentimiento" (Mt. 3:8). **Los frutos** del reino se ven en la justicia probada que produce una vida que se ha vuelto del pecado (véase Fil. 1:11; Col. 1:19). Los líderes religiosos incrédulos no se volverían de su pecado ni se arrepentirían, por tanto, no podían producir **frutos** del reino (comportamiento de verdad justo). Espiritualmente eran estériles y, debido a esa esterilidad voluntaria, estaban bajo maldición, al igual que la higuera que tenía hojas pero no higos (21:18-19).

Por gracia mediante la promesa incondicional de Dios, un día Israel regresará a Dios y llevará los frutos del reino. Pablo les aseguró a sus compatriotas: "No ha desechado Dios a su pueblo, al cual desde antes conoció". Y cuando "haya entrado la plenitud de los gentiles… todo Israel será salvo, como está escrito: Vendrá de Sion el Libertador, que apartará de Jacob la impiedad" (Ro. 11:2, 25-26).

Pero mientras tanto Dios ha escogido otro pueblo para que sea su propio testigo. Mucho tiempo atrás Él había declarado: "Llamaré pueblo mío al que no era mi pueblo, y a la no amada, amada. Y en el lugar donde se les dijo: Vosotros no sois pueblo mío, allí serán llamados hijos del Dios viviente" (Ro. 9:25-26).

Ethnos (nación) tiene el significado básico de **gente,** y parece mejor traducido de ese modo en este versículo, igual que en Hechos 8:9. La nación, o **gente** que produce **los frutos** del reino es la Iglesia, "linaje escogido, real sacerdocio, nación santa, pueblo adquirido por Dios" (1 P. 2:9). Como los únicos ciudadanos del reino de Dios, solamente los creyentes están preparados por el Espíritu Santo para llevar **frutos** del reino. Jesús declaró: "Yo soy la vid, vosotros los pámpanos; el que permanece en mí, y yo en él, éste lleva mucho fruto; porque separados de mí nada podéis hacer" (Jn. 15:5).

Y el que cayere sobre esta piedra rechazada, es decir Jesús mismo, **será quebrantado.** Los dirigentes judíos, por así decirlo, al caer sobre Jesús y darle muerte serían quebrantados ellos mismos. **Y sobre quien ella,** la piedra que es Jesús,

cayere, le desmenuzará. Para aquellos que no tengan a Jesús como Libertador, Él se convertirá en Desmenuzador. Así como el Padre ha dado toda la salvación al Hijo (Jn. 14:6), también "todo el juicio dio al Hijo" (Jn. 5:22).

Pablo declaró: "El que no amare al Señor Jesucristo, sea anatema" (1 Co. 16:22). A fin de poner esta verdad en el lenguaje de este texto, "que esa persona sea quebrantada, desmenuzada y esparcida como polvo, tal como el mismo Señor Jesucristo había advertido". Los enemigos de Dios están destinados a ser pulverizados en la nada. Tratar de destruir a Cristo es asegurarse la propia destrucción. Por medio de Daniel el Señor predijo la venida final de Cristo en juicio contra las naciones y los pueblos incrédulos del mundo, representados por la magnífica y al parecer invulnerable estatua de oro, plata, bronce, hierro y barro. Al igual que "la piedra que hirió a la imagen", Jesús un día golpeará la estatua de la humanidad incrédula, y "entonces [serán] desmenuzados también el hierro, el barro cocido, el bronce, la plata y el oro, y [serán] como tamo de las eras del verano, y se [los llevará] el viento sin que de ellos [quede] rastro alguno" (Dn. 2:32-35).

LA REACCIÓN

Y oyendo sus parábolas los principales sacerdotes y los fariseos, entendieron que hablaba de ellos. Pero al buscar cómo echarle mano, temían al pueblo, porque éste le tenía por profeta. (21:45-46)

No hubo ninguna duda de que estos malvados dirigentes religiosos, tipificados por **los principales sacerdotes y los fariseos,** fueran objeto de la denuncia y la condenación de Jesús. Más allá de toda duda, **entendieron que hablaba de ellos.** Sabían que representaban al hijo que falsamente dijo a su padre que trabajaría en el campo pero que no lo hizo, y a los perversos labradores de la viña que despreciaron al dueño de la viña y golpearon y mataron a los siervos y finalmente asesinaron al hijo. Sabían que eran los edificadores que habían rechazado la piedra que habría de convertirse en la cabeza del ángulo, y que debido a ese rechazo ellos mismos serían rechazados por Dios y, por tanto, se les negaría la entrada al reino.

Pero como siempre, a pesar de lo que entendieron, los dirigentes judíos no tomaron en serio lo que Jesús les dijo. Oyeron pero se negaron a hacer caso. Sabían que Él hablaba de la impiedad y la condenación de ellos, pero ni siquiera tomaron un momento para considerar si la acusación que les hacía era cierta. No se dejarían convencer, y de ahí que no se declararían culpables. No se arrepentirían, y por tanto no serían perdonados. Conocían la verdad misericordiosa acerca de Jesús, pero no la seguirían, y conocían la verdad condenatoria respecto al propio pecado que tenían, pero no se volverían de este.

Los únicos pensamientos que tenían eran de justificarse a sí mismos y de venganza, por lo que la reacción que se les ocurrió fue **echarle mano** a Jesús y darle muerte, tal como habían estado conspirando desde el principio del ministerio del Señor. El estorbo para que eso sucediera fue que **temían al pueblo, porque éste tenía** a Jesús **por profeta.** Los líderes tenían desprecio por Dios, pero no le **temían.** También tenían desprecio por el **pueblo,** pero *sí* temían lo que este pudiera hacerles. No querían agradar a Dios sino a los hombres. En consecuencia, aplazaron el arresto de Jesús hasta estar seguros de que podían volver al pueblo contra Él, lo cual lograron hacer unos pocos días después. Finalmente, desilusionados con el Mesías que no sería su tipo de salvador, y con el Rey que no sería la clase de señor que deseaban, el **pueblo** no dio a los gobernantes más motivo para temerles. Al dárseles la opción de liberar a Jesús o al insurgente Barrabás, escogieron a Barrabás. Y cuando Pilato preguntó qué debía hacer "de Jesús, llamado el Cristo", vociferaron: "¡Sea crucificado!" (Mt. 27:21-22).

Este pasaje asombroso describe la compasiva provisión de Dios para los hombres, su paciencia con la incredulidad y el rechazo que le mostraran, y su amor al enviar incluso a su Hijo unigénito para la redención de ellos. Pero también describe su justo juicio que será ejecutado cuando su paciencia divina siga su curso.

El pasaje también representa la deidad de Jesús como el Hijo de Dios, su obediencia a la voluntad de su Padre, su disposición de venir a la tierra y morir por la redención de los hombres, y su resurrección. Pero también muestra su venida un día como el instrumento de juicio divino, para destruir y desmenuzar a quienes lo han rechazado.

El pasaje describe además a la humanidad pecadora, sus grandes bendiciones y privilegios de parte de Dios, su oportunidad de recibir la verdad de los profetas de Dios, y la vida eterna de parte del Hijo. Describe la responsabilidad de los hombres y su responsabilidad delante de un Dios amoroso pero justo, ante quien serán redimidos debido a la fe o condenados a causa de la incredulidad.

Respuesta a la invitación real

116

Respondiendo Jesús, les volvió a hablar en parábolas, diciendo: El reino de los cielos es semejante a un rey que hizo fiesta de bodas a su hijo; y envió a sus siervos a llamar a los convidados a las bodas; mas éstos no quisieron venir. Volvió a enviar otros siervos, diciendo: Decid a los convidados: He aquí, he preparado mi comida; mis toros y animales engordados han sido muertos, y todo está dispuesto; venid a las bodas. Mas ellos, sin hacer caso, se fueron, uno a su labranza, y otro a sus negocios; y otros, tomando a los siervos, los afrentaron y los mataron. Al oírlo el rey, se enojó; y enviando sus ejércitos, destruyó a aquellos homicidas, y quemó su ciudad. Entonces dijo a sus siervos: Las bodas a la verdad están preparadas; mas los que fueron convidados no eran dignos. Id, pues, a las salidas de los caminos, y llamad a las bodas a cuantos halléis. Y saliendo los siervos por los caminos, junta-ron a todos los que hallaron, juntamente malos y buenos; y las bodas fueron llenas de convidados. Y entró el rey para ver a los convidados, y vio allí a un hombre que no estaba vestido de boda. Y le dijo: Amigo, ¿cómo entraste aquí, sin estar vestido de boda? Mas él enmudeció. Entonces el rey dijo a los que servían: Atadle de pies y manos, y echadle en las tinieblas de afuera; allí será el lloro y el crujir de dientes. Porque muchos son llamados, y pocos escogidos. (22:1-14)

Esta parábola es la tercera en la trilogía de parábolas de juicio dadas por Jesús en respuesta a los dirigentes religiosos judíos que llenos de rencor desafiaron la auto-ridad del Señor (21:23, 28-30, 33-39). Esta se encuentra entre las más dramáticas y poderosas de todas sus parábolas, pues aunque estaban dirigidas específicamente a esos líderes y a todo el Israel incrédulo a quien representaban, también tiene importancia y aplicación trascendental para épocas posteriores, incluso la nuestra sin duda alguna.

Durante tres años Jesús había estado predicando y enseñando el evangelio del reino, que incluía proclamarse como el Mesías, el Hijo de Dios y Salvador del mundo. Él había estado ofreciéndose y ofreciendo el reino al pueblo de Israel, su propio pueblo, el pueblo escogido de Dios. Pero al final de los tres años lo habían rechazado todos, menos un puñado de judíos. Aunque Jesús siempre había sido popular con las masas dondequiera que ministraba, la aceptación que le daban era en su mayor parte superficial y egoísta.

La multitud estaba asombrada por la enseñanza sencilla y seria de Jesús, la cual era un fresco contraste con la confusa, legalista y complicada tradición enseñada por escribas y fariseos. Al gentío le asombraba aún más los milagros de sanidad de Jesús, los cuales habían traído restauración de salud, sanidad e incluso vida a muchos miles de sus amigos y seres queridos. Sin duda el pueblo apreciaba el hecho de que Jesús no sacaba provecho económico, ni cobraba por ninguna buena obra sobrenatural que hacía. Por el contrario, siempre estaba dándoles con generosidad, y en varias ocasiones había alimentado milagrosamente a miles. Ellos admiraban profundamente a Jesús por su humildad, su abnegado amor, y su compasión, y debieron haberse regocijado cuando reprendía y avergonzaba a los hipócritas y santurrones líderes que los dirigían, individuos estos que les mostraban desprecio con aires de superioridad. Por tanto, debieron haber pensado: qué maravilloso que el Mesías no solo sea tan poderoso sino también tan compasivo.

Pero cuando el pueblo se dio al fin cuenta del tipo de Mesías que Jesús era, y en especial que Él no tenía planes de liberarlos de los opresores romanos, la aclamación que le hicieron rápidamente se convirtió en rechazo; esto se evidencia en el cambio de estado de ánimo del domingo al jueves de esta última semana de Pascua en el ministerio de Jesús. Por tanto, como siguió respondiendo a los dirigentes judíos en el templo, donde estaba enseñando el miércoles por la mañana (21:23), fue también a las multitudes que esta tercera parábola de juicio estaba dirigida.

INVITACIÓN RECHAZADA

Respondiendo Jesús, les volvió a hablar en parábolas, diciendo: El reino de los cielos es semejante a un rey que hizo fiesta de bodas a su hijo; y envió a sus siervos a llamar a los convidados a las bodas; mas éstos no quisieron venir. Volvió a enviar otros siervos, diciendo: Decid a los convidados: He aquí, he preparado mi comida; mis toros y animales engordados han sido muertos, y todo está dispuesto; venid a las bodas. Mas ellos, sin hacer caso, se fueron, uno a su labranza, y otro a sus negocios; y otros, tomando a los siervos, los afrentaron y los mataron. (22:1-6)

La parábola contiene cuatro escenas, la primera de las cuales describe el rechazo a la invitación. A pesar de que ninguno de los oyentes quizás nunca había asistido a una fiesta de bodas de la realeza, todos estaban familiarizados con las fiestas de bodas en general, y tenían alguna idea de la importancia y la magnificencia de una de ellas que un rey prepararía para su propio hijo.

Respondiendo Jesús a los principales sacerdotes y los ancianos (21:23), siguió contestándoles el amargo reto a su autoridad, y **les volvió a hablar en parábolas** por tercera vez. Es probable que escucharan poco de lo que les decía, porque para entonces sus mentes estaban decididamente inclinadas a su arresto y ejecución. Habían querido apoderarse de Él después que los asociara con la segunda parábola, pero aún estaban temerosos de lo que las multitudes pudieran hacerles (21:46).

En las dos primeras parábolas Jesús no ofreció introducción, dejando la explicación y la aplicación para el final. Sin embargo, en esta parábola empieza por establecer que ejemplifica al **reino de los cielos.** Ya que la mayoría de judíos creía que **el reino de los cielos** estaba reservado exclusivamente para ellos, y quizás para algunos gentiles prosélitos, la audiencia en el templo supo al instante que lo que Jesús iba a decir se relacionaba íntimamente con ellos.

Aunque tenían muchas ideas pervertidas acerca del **reino de los cielos,** debido a que el término **cielos** se utilizaba muy a menudo como un substituto para el nombre de pacto de Dios (Yahveh o Jehová), la mayor parte de los judíos habría entendido que era un sinónimo para el reino de Dios y que representaba al reino del gobierno soberano de Él. Hay pasado, presente y futuro, así como aspectos temporales y eternos del

reino, pero no está restringido a ninguna época o período de la historia redentora. Se trata de la esfera continua y en desarrollo del gobierno de Dios por gracia. En un sentido más estricto, la frase también se usa en las Escrituras para referirse al dominio de Dios en cuanto a redención, su programa divino de salvación compasiva. Tal como Jesús utiliza aquí la frase esta representa específicamente a la comunidad espiritual del pueblo redimido de Dios, es decir a aquellos que están bajo su señorío en un modo personal y único debido a la confianza que han puesto en el Hijo de Dios.

En el antiguo Cercano Oriente una **fiesta de bodas** era inseparable de la boda misma, la cual implicaba una serie de una semana seguida de comidas y festividades, y era el acontecimiento más destacado de toda la vida social. En una boda real como la que Jesús menciona aquí, a menudo la celebración duraba varias semanas. Los huéspedes eran invitados a quedarse en la casa de los padres del novio durante toda la ocasión, y el padre haría tantas provisiones elaboradas como podía darse el lujo. Por supuesto, una boda real se realizaría en el palacio, y un rey sería capaz de costear todo lo que deseaba.

Una **fiesta de bodas** que **un rey hizo para su hijo** sería la más excelente de todas las celebraciones, por lo que Jesús estaría describiendo la festividad más complicada imaginable. El hecho de que se tratara de una celebración de **bodas** fue incidental para el propósito de la parábola, en que la única mención que se hace del novio es identificarlo como el **hijo** del **rey.** No se menciona para nada a la novia o ningún otro aspecto de la boda. El punto es que debido a que la **fiesta** representa la mayor festividad imaginable, ofrecida por el monarca más grande imaginable, para los invitados más honrados imaginables, se escogió una **fiesta de bodas** como la ilustración de la celebración final.

Cuando todos los preparativos estuvieron completos, el rey **envió a sus siervos a llamar a los convidados a las bodas.** El hecho de haber sido **convidados** indica que los huéspedes habían sido invitados con antelación y que sabían que su asistencia a la boda era esperada. Ser un invitado a la boda del rey estaba entre los honores más altos posibles, y sin duda quienes habían recibido las invitaciones se jactaban ante sus vecinos y amistades. Por tanto, es inconcebible que cuando los mandaran **a llamar** para que asistieran, **éstos no** quisieran **venir.**

Al igual que con la parábola anterior de los labradores malvados, lo medular para el propósito de la historia es la naturaleza sorprendentemente extrema e impensable de los acontecimientos mencionados. Los oyentes de Jesús ya habían comenzado a pensar para sus adentros: "¿Quién haría algo así? La misma idea es absurda". Asistir a la boda real sería una experiencia aún más grande que recibir la invitación; allí se habría proporcionado la más delicada comida y la más prestigiosa asociación en la tierra. No solo eso, sino que una invitación del rey no solamente que traía honra sino obligación a cualquiera. Era un agravio serio despreciar el favor del rey.

La respuesta inicial del rey, al igual que la respuesta inicial del dueño de la viña, es tan sorprendente como las respuestas de los convidados. Pocos monarcas eran conocidos por su humildad y paciencia, en especial frente a la ofensa pública. Pero ese rey **volvió a enviar otros siervos, diciendo: Decid a los convidados: He aquí, he preparado mi comida; mis toros y animales engordados han sido muertos, y todo está dispuesto; venid a las bodas.**

La **comida** era la primera de muchas otras que se consumían durante la fiesta, y estaba lista para ser servida. En realidad, el rey estaba diciendo: "Recuerden a **los convidados** los preparativos que se han hecho. Los **toros** y los **animales engordados** ya están sacrificados y en espera de ser asados, **y todo** lo demás también **está dispuesto.** Supliquenle al pueblo que vengan de inmediato **a las bodas".**

Pero como ocurriera antes, los huéspedes convidados hicieron caso omiso del llamado del rey, excepto que la negativa esta vez fue aún más incorrecta y cruel. Muchos de los invitados fueron fríamente insensibles, actuando como si la boda no tuviera consecuencias. Respondieron dedicándose a sus asuntos de modo habitual. **Sin hacer caso** de la invitación que les hicieran, procedieron a hacer lo que normalmente hacían, yendo tras sus propios intereses representados por la **labranza** y los **negocios.** Estaban de modo egoísta tan absortos en sus preocupaciones personales y en la búsqueda de beneficio propio, que la invitación y los reiterados llamados del rey para que dejaran de trabajar y asistieran a la boda de su hijo fueron pasados totalmente por alto. De manera voluntaria y adrede se perdieron la belleza, la grandeza, y el honor de la boda por causa de sus esfuerzos cotidianos, mundanos y egoístas. No les interesó honrar al rey sino solamente aquello que percibían como de interés propio.

Pero otro grupo de invitados fue peor que indiferente. En lugar de preocuparse por la ofensa que le estaban haciendo al rey, les ofendió la persistencia del monarca. En un acto de arrogancia increíblemente brutal tomaron **a los siervos** del soberano y **los afrentaron y los mataron.** El desprecio por los **siervos** del rey demostró desprecio por el rey mismo, y al afrentar y matar a sus **siervos,** estos convidados cometieron un flagrante acto de rebelión.

Como ya se indicó, debido a que Jesús afirmó que la parábola representaba al reino de los cielos, su significado no necesitaba interpretación para ningún oyente pensante. Obviamente el rey era Dios, y los convidados eran su pueblo escogido, Israel, aquellos que ya habían sido llamados por Él.

Dios llamó primero a su pueblo escogido por medio de Abraham, cuyos descendientes serían bendecidos y se convertirían en un canal de bendición para el resto del mundo (Gn. 12:2-3). Después de estar cautivo en Egipto por cuatrocientos años, el pueblo escogido fue liberado por medio de Moisés. A través de sus profetas, el Señor declaró: "Cuando Israel era muchacho, yo lo amé, y de Egipto llamé a mi hijo" (Os. 11:1), y: "A vosotros solamente he conocido de todas las familias de la tierra" (Am. 3:2). En uno de los relatos más conmovedores de la Biblia, Dios describió a Israel como un recién nacido abandonado, con su cordón umbilical sin cortar, y sucio en su propia sangre. Así le dijo a ese indefenso bebé: "¡Vive!", y vivió y prosperó. El Señor lo bañó, lo ungió con aceite, lo vistió y protegió, y lo adornó con joyas (Ez. 16:4-14).

La fiesta de bodas representaba la bendición prometida de Dios para Israel, una figura comprendida por todos en el templo ese día. Según la literatura talmúdica, la venida del Mesías estaría acompañada por un gran banquete ofrecido al pueblo escogido de Dios.

Los **siervos** que Dios envió para que llamaran una y otra vez a los que habían sido invitados fueron Juan el Bautista, Jesús mismo en su ministerio de predicación y enseñanza, los apóstoles y profetas, y otros predicadores y maestros del Nuevo Testamento, porque el mensaje de ellos pertenece al Hijo del Rey, Jesucristo. Dios estaba diciendo a los israelitas, sus convidados previamente invitados, lo mismo que había declarado desde el cielo en el bautismo de Jesús: "He aquí mi Hijo; vengan y denle honra". Sin embargo, Juan el Bautista fue rechazado y decapitado, Jesús fue rechazado y crucificado, y los apóstoles y profetas fueron rechazados y perseguidos, y muchos de ellos asesinados.

Los convidados indiferentes en la parábola representan a las personas que están preocupadas con la vida diaria y las actividades personales. Básicamente son aquellos de mente secular que están interesados en el aquí y ahora, y que no tienen interés en las cosas espirituales. Son los materialistas cuyo interés principal es acumular cosas; y son los ambiguos, cuya inquietud primordial es "sacar provecho". Por lo general no son antagonistas con las cosas de Dios, sino que simplemente no tienen tiempo para ellas.

Quienes son activamente hostiles al evangelio por lo general son personas relacionadas en la religión falsa, que incluye muchas formas de religión humanista que actúan bajo una apariencia de filosofía, misticismo o cientificismo. La historia de persecución al pueblo de Dios muestra que el perseguidor principal ha sido la religión falsa. Son los proveedores del error quienes también son los agresivos enemigos de la verdad; por tanto, es inevitable que según Dios predice, el sistema mundial final del anticristo sea religioso, no secular.

No puede presionarse que el hecho de que el rey enviara a sus mensajeros en dos ocasiones distintas signifique que solo se extendieron dos llamadas, o que el primer grupo consistió de Juan el Bautista y Jesús, y el segundo constó de los apóstoles. La parábola no hace distinción en los tipos de siervos o mensajeros. El propósito de los dos llamados a los convidados fue ilustrar la paciencia compasiva de Dios y su tolerancia con quienes lo rechazan, así como su buena voluntad para llamar una y otra vez a Israel, tal como hizo Juan el Bautista durante quizás un año, igual que Jesús hizo durante tres años, y como los apóstoles hicieron durante más de cuarenta años, hasta que Jerusalén y el templo fueron destruidos en el año 70 d.C.

CASTIGO PARA LOS QUE RECHAZAN

Al oírlo el rey, se enojó; y enviando sus ejércitos, destruyó a aquellos homicidas, y quemó su ciudad. Entonces dijo a sus siervos: Las bodas a la verdad están preparadas; mas los que fueron convidados no eran dignos. (22:7-8)

La segunda escena en la parábola describe el castigo para los rebeldes que rechazaron la invitación del rey. Al igual que en la parábola de la viña, la paciencia que Dios muestra aquí tiene su límite. Se habría justificado perfectamente que **el rey** hubiera castigado a los ofensores la primera vez que hicieron caso omiso al llamado. Después de las invitaciones reiteradas que les hiciera, y de las reacciones malvadas de ellos, **el rey** finalmente **se enojó.** Viene a la mente la declaración de Dios relacionada con la generación de antes del diluvio: "No contenderá mi espíritu con el hombre para siempre" (Gn. 6:3).

El término detrás de **ejércitos** (*strateuma*) se refiere a cualquier grupo de fuerzas armadas, y quizás se traduce mejor como "tropas", ya que el rey difícilmente habría necesitado todo su poder militar para lograr su propósito. De acuerdo con las instrucciones del monarca, la tropa cumplió dos labores: **destruyó a aquellos homicidas** responsables por asesinar a los emisarios **y les quemó su ciudad.** El cumplimiento de la segunda característica profética en la historia ocurrió en el año 70 d.C.

Cuando el general romano Tito conquistó Jerusalén en ese año, mató a 1.100.000 judíos, arrojó sus cadáveres por encima del muro, y asesinó a innumerables miles más a todo lo largo de Palestina. En su *Guerras de los judíos,* el historiador judío Flavio Josefo, quien fue testigo de la destrucción de Jerusalén, registró gráficamente la horrible escena:

> Sin embargo, ese edificio [el templo en Jerusalén] mucho tiempo atrás Dios lo había condenado a las llamas; pero ahora en la revolución de los tiempos había llegado el fatídico día, el décimo del mes de Lous, el mismo día en que anteriormente fuera quemado por el rey de Babilonia… Uno de los soldados, sin esperar órdenes y sin estar lleno de horror por temor a la tarea, sino movido por algún impulso sobrenatural, agarró un trozo de madera ardiente y, ayudado por uno de sus compañeros, lanzó el misil en llamas a través de una ventana dorada… Cuando surgieron las llamas, un grito tan conmovedor como la tragedia se levantó en medio de los judíos… ahora que el objeto que habían guardado con tanto celo estaba a punto de arruinarse… Mientras el santuario ardía… no demostraron ni piedad por los ancianos ni respeto por el rango; por el contrario, niños y ancianos, laicos y sacerdotes por igual fueron masacrados… El emperador ordenó que toda la ciudad y el santuario fueran arrasados, con la única excepción de las torres más altas, Fasael, Hipicus y Mariamne, y esa parte del muro que cerraba la ciudad por el occidente.

El rey explicó **a sus siervos** que **las bodas a la verdad** estaban **preparadas; mas los que fueron convidados no eran dignos** de asistir. La indignidad de ellos no se debió a que en sí mismos carecieran de la justicia requerida. Tampoco la invitación original ni los llamados posteriores se basaron en mérito, sino únicamente en el favor compasivo del rey. Irónica y trágicamente se declaró que ellos **no eran dignos** porque rechazaron una invitación que en ninguna manera se basaba en mérito. Como la parábola sigue clarificando (v. 10), fueron llamados "malos y buenos".

Lo que hace que una persona sea digna de recibir salvación no es alguna clase de bondad humana ni de logro religioso o espiritual, sino simplemente que acepte la invitación que Dios le hace de recibir como Señor a su Hijo Jesucristo. El pueblo de Dios declarado como **no** digno fue el pueblo escogido, Israel, que no vendría a Él libremente y sin mérito a través del Hijo. Y debido a que rechazaron al Hijo, Dios los rechazó durante un tiempo. Ya que rechazaron a su propio Mesías, fueron temporalmente arrojados como nación y como único pueblo escogido de Dios.

LOS NUEVOS CONVIDADOS

Id, pues, a las salidas de los caminos, y llamad a las bodas a cuantos halléis. Y saliendo los siervos por los caminos, juntaron a todos los que hallaron, juntamente malos y buenos; y las bodas fueron llenas de convidados. (22:9-10)

La tercera escena de la parábola describe a los que fueron finalmente invitados para reemplazar a los que habían rechazado varias veces el llamado del rey. La fiesta de bodas para el hijo del rey estaba preparada, pero como nadie asistió debieron invitar a nuevos convidados.

El rey ordenó a sus siervos: **Id, pues, a las salidas de los caminos, y llamad a las bodas a cuantos halléis.** El plan fue que se dirigieran por todas partes y hallaran a todos los que pudieran y los invitaran a venir. Eso es exactamente lo que Jesús ordenó en la Gran Comisión: "Por tanto, id, y haced discípulos a todas las naciones" (Mt. 28:19). Dios había predicho desde hacía mucho tiempo a través de Oseas: "Llamaré pueblo mío al que no era mi pueblo, y a la no amada, amada. Y en el lugar donde se les dijo: Vosotros no sois pueblo mío, allí serán llamados hijos del Dios viviente" (Ro. 9:25-26; cp. Os. 2:23; 1:10). Pablo escribió en esa misma carta que por la "transgresión" de los judíos, "vino la salvación a los gentiles" (11:11).

Tal como el rey ordenó, **saliendo los siervos por los caminos, juntaron a todos los que hallaron, juntamente malos y buenos.** Llamaron por igual a los moralmente **malos y** a los moralmente **buenos,** quienes eran igualmente indignos de asistir a la fiesta del rey. Los convidados originales no habían sido invitados debido a su superioridad moral o espiritual, como tampoco lo fueron los huéspedes recién invitados. Entre los judíos antiguos estaban los que llevaban vidas ejemplares, que eran útiles a su prójimo, que decían la verdad, que nunca usaban el nombre del Señor en vano, que no engañaban en los negocios, y que nunca cometieron adulterio ni mataron o robaron. También hubo aquellos cuyas vidas eran una cloaca moral. Pero en sí mismo el primer tipo de personas no era más aceptable a Dios que el segundo. Dios siempre ha extendido su llamado a la salvación tanto a individuos **malos** como **buenos,** porque ninguno de ellos es suficientemente justo y ambos grupos tienen necesidad de salvación.

Pablo deja en claro que "ni los fornicarios, ni los idólatras, ni los adúlteros, ni los afeminados, ni los que se echan con varones, ni los ladrones, ni los avaros, ni los borrachos, ni los maldicientes, ni los estafadores, heredarán el reino de Dios" (1 Co. 6:9-10). Dios no permitirá que aquellos cuyas vidas se caracterizan por tales pecados tengan alguna parte en su reino. Pero recibirá para salvación al individuo culpable de cualquiera de esos y otros pecados, y que desee ser limpio de sus pecados por medio de la obra redentora de Cristo en la cruz. De ahí que Pablo pudiera seguir diciendo a los corintios que eran hermanos en Cristo: "Y esto erais algunos; mas ya habéis sido lavados, ya habéis sido santificados" (v. 11).

Lo que hace digna de salvación a una persona hoy día es exactamente lo que ha hecho digna de salvación a una persona desde la caída, es decir la fe personal en la provisión misericordiosa de Dios en Cristo. Todos los que aceptan la invitación de Dios a la celebración de su Hijo, es decir los que siguen al Hijo como su Señor y Salvador, serán **convidados** al banquete divino y eternamente glorioso de **las bodas.**

EL INTRUSO EXPULSADO

Y entró el rey para ver a los convidados, y vio allí a un hombre que no estaba vestido de boda. Y le dijo: Amigo, ¿cómo entraste aquí, sin estar vestido de boda? Mas él enmudeció. Entonces el rey dijo a los que servían: Atadle de pies y manos,

y echadle en las tinieblas de afuera; allí será el lloro y el crujir de dientes. Porque muchos son llamados, y pocos escogidos. (22:11-14)

La cuarta y última escena en la parábola se enfoca en un intruso en la fiesta de bodas, quien no pertenecía porque **no estaba vestido de boda.** Es obvio que el individuo había sido incluido en la invitación general, porque el rey no hizo restricciones en cuanto a quién invitar, después de haber dado instrucciones a sus siervos de llamar tanto a malos como a buenos dondequiera que pudieran encontrarse. No se trataba de un entrometido que llegara sin invitación, sino de alguien que había llegado **vestido** de manera inapropiada, y que obviamente se destacaba en el gran salón de bodas, en marcado contraste con todos los demás **convidados.**

A primera lectura es fácil preguntarse cómo podía esperarse que alguien que aceptara la invitación del rey asistiera adecuadamente **vestido.** A estos asistentes los habían sacado de todas partes de la tierra, y a muchos los habían sacado de las calles. Aunque hubieran tenido tiempo de vestirse de modo apropiado, no tenían ropa acorde con una ocasión tal como la boda del hijo del rey.

Pero el hecho de que todos **los convidados** al banquete, menos ese hombre, estuvieran vestidos **de boda** indica que el rey había hecho provisión de esa ropa. Habría sido una burla moral, en especial para un gobernante obviamente amable y compasivo, invitar a la fiesta incluso a las personas más perversas en la tierra para luego excluir a un pobre individuo por no tener ropa apropiada que usar.

Ese hombre era totalmente responsable de estar vestido de forma apropiada, pero el misericordioso rey no obstante le dio una oportunidad de justificarse, preguntándole con inmerecido respeto: **Amigo, ¿cómo entraste aquí, sin estar vestido de boda?** Si el hombre hubiera tenido una buena razón, sin duda alguna la habría mencionado al instante. **Mas él enmudeció,** sin poder ofrecer al rey ni siquiera la excusa más débil. Por tanto, es obvio que *pudo* haber ido **vestido de boda** si hubiera estado dispuesto.

Hasta ese momento el hombre había sido totalmente atrevido, creyendo que podía asistir a la fiesta del rey bajo sus propias condiciones, con cualquier ropa que quisiera. El sujeto era orgulloso y soberbio, poco considerado con los demás y, lo peor de todo, estaba ofendiendo al rey. Desafiando con arrogancia el protocolo real estaba decidido a ser "él mismo".

Pero esta arrogancia duró poco. Cuando, como el soberano sabía de antemano, el hombre no pudo excusarse, **el rey dijo a los que servían: Atadle de pies y manos, y echadle en las tinieblas de afuera; allí será el lloro y el crujir de dientes.** Que lo ataran **de pies y manos** tal vez representa seguridad contra la resistencia del hombre, así como impedimento de su regreso. Para ese momento había caído la noche, y aunque el salón de la boda estaría bien iluminado, afuera había oscuridad. El hombre fue permanentemente expulsado de la presencia del rey y de su pueblo **en las tinieblas de afuera. Allí** habría sentido gran remordimiento y pesar, y junto a todos los demás en ese lugar experimentaría por toda la eternidad **el lloro y el crujir de dientes.** Pero a pesar de haber tenido una gran oportunidad, nunca había tenido, ni tampoco ahora tenía, la tristeza piadosa que lleva al arrepentimiento y a la salvación (2 Co. 7.10).

Desde el primer intento de Caín de agradar a Dios ofreciéndole sacrificio según su gusto, los seres humanos han estado tratando de llegar al Señor en sus propias condiciones. Tienen comunión con creyentes, se unen a la iglesia, se vuelven activos en el liderazgo, con generosidad brindan apoyo a esta causa, y hablan de devoción a Dios. Al igual que la cizaña entre el trigo, coexisten libremente por un tiempo con el pueblo de Dios. Pero en el día del juicio su falsedad se hará evidente y su eliminación segura. Algunos se atreverán a decirle a Dios: "En aquel día: Señor, Señor, ¿no profetizamos en tu nombre, y en tu nombre echamos fuera demonios, y en tu nombre hicimos muchos milagros? Y entonces [Cristo les declarará]: Nunca os conocí; apartaos de mí, hacedores de maldad" (Mt. 7:22-23).

El vestido apropiado de boda de un creyente verdadero es justicia imputada de Dios, sin la cual nadie puede entrar o vivir en el reino. A menos que la justicia de una persona exceda a la hipócrita justicia propia que tipificaba a los escribas y fariseos, no entrará "en el reino de los cielos" (Mt. 5:20). El único vestido de boda aceptable es la verdadera "santidad, sin la cual nadie verá al Señor" (He. 12:14)

Muchos de los oyentes judíos de Jesús ese día habrían recordado el hermoso pasaje de Isaías que declara: "En gran manera me gozaré en Jehová, mi alma se alegrará en mi Dios; porque me vistió con vestiduras de salvación, me rodeó de manto de justicia" (Is. 61:10). Los judíos sinceros sabían que, al contrario de las tradiciones legalistas de sus rabinos hechas por el hombre, Dios no solo requiere justicia interior de parte de los seres humanos, sino que también la ofrece como una dádiva.

Por supuesto, los ojos de Dios pueden ver dentro de los corazones de los hombres para saber si la justicia que visten es de su propia confección o concedida por Él. Pero incluso externamente la verdadera vida de un creyente evidenciará una vida recta y reflejará un pensamiento correcto. El Señor no solo *imputa*, sino que *imparte* justicia a sus hijos. Solamente Él puede ver la justicia interior que imputa, pero *todo el mundo* puede ver la justicia externa que imparte. Un hijo de Dios se caracteriza por una vida santa. Pedro clarificó esa realidad cuando describió la salvación como "obediencia a la verdad" que ha "purificado vuestras almas" (1 P. 1:22).

Justo antes que Jesús declarara que profetizar, echar fuera demonios, y realizar milagros en su nombre podría ser falsa evidencia de salvación, aseguró que la verdadera evidencia de salvación siempre será aparente. La condición espiritual de una persona se manifestará en el fruto de su vida. El Señor había dicho de manera retórica: "¿Acaso se recogen uvas de los espinos, o higos de los abrojos? Así, todo buen árbol da buenos frutos, pero el árbol malo da frutos malos" (Mt. 7:16-17, 21-23). Una vida santa y piadosa no puede menos que llevar fruto justo, porque es la consecuencia natural de la obra del Espíritu en su interior (Gá. 5:22-23).

Sin duda a Jesús le habría complacido que uno de sus oyentes lo hubiera interrumpido para preguntarle: "¿Cómo puedo estar vestido con la ropa apropiada? ¿Qué puedo hacer para no ser lanzado a la oscuridad exterior como ese hombre?". No hay duda de que Él habría contestado a esa persona igual que declaró muchas veces antes en varias maneras: "No queréis venir a mí para que tengáis vida" (Jn. 5:40). Según explicó Pablo a los corintios, a Cristo, "que no conoció pecado, por nosotros [Dios] lo hizo pecado, para que nosotros fuésemos hechos justicia de Dios en él" (2 Co. 5:21). Ese es el vestido de boda que Dios demanda y que su Hijo proporciona.

Jesús no pidió a los dirigentes judíos que comentaran sobre esta parábola como había hecho con las dos anteriores, donde en cada caso se condenaron ellos mismos con sus respuestas (21:31-32, 40-45). Él sabía que ellos no volverían a caer en la trampa, porque ahora era obvio que toda la idea central de las parábolas era condenarlos. El único propósito que ahora ardía de ira en ellos era tratar de atraparlo y condenarlo a muerte (22:15; cp. 21:46).

En consecuencia, el Señor concluyó con la declaración sencilla pero aleccionadora: **Muchos son llamados, y pocos escogidos.** Esa frase refleja el equilibrio bíblico entre la soberanía de Dios y la voluntad del ser humano. Las invitaciones al banquete de bodas fueron para **muchos,** y representan a todos a quienes es enviado el mensaje del evangelio. Sin embargo, **pocos** de los que oyeron el llamado estuvieron dispuestos a aceptarlo y por eso están entre los **escogidos.** La invitación del evangelio se envía a todo el mundo, porque la voluntad del Padre es que ni una sola persona sea excluida de su reino ni perezca en las tinieblas de afuera del infierno (2 P. 3:9). Pero no todo el mundo quiere a Dios, y muchos que afirman quererlo no lo quieren bajo las condiciones de Él. Los que son salvos entran al reino de Dios debido a la aceptación voluntaria que hacen de la soberanía y la misericordiosa provisión del Señor. Los que se pierden son excluidos del reino debido al rechazo voluntario que hacen de esa misma gracia soberana.

Nuestra obligación para con Dios y con el gobierno

Entonces se fueron los fariseos y consultaron cómo sorprenderle en alguna palabra. Y le enviaron los discípulos de ellos con los herodianos, diciendo: Maestro, sabemos que eres amante de la verdad, y que enseñas con verdad el camino de Dios, y que no te cuidas de nadie, porque no miras la apariencia de los hombres. Dinos, pues, qué te parece: ¿Es lícito dar tributo a César, o no? Pero Jesús, conociendo la malicia de ellos, les dijo: ¿Por qué me tentáis, hipócritas? Mostradme la moneda del tributo. Y ellos le presentaron un denario. Entonces les dijo: ¿De quién es esta imagen, y la inscripción? Le dijeron: De César. Y les dijo: Dad, pues, a César lo que es de César, y a Dios lo que es de Dios. Oyendo esto, se maravillaron, y dejándole, se fueron. (22:15-22)

Los impuestos son de gran importancia en cualquier sociedad desarrollada, y sin ellos el gobierno no podría funcionar. También son un punto perenne de contención para aquellos ciudadanos que se preguntan por qué sus impuestos son tan elevados y por qué no los gastan con más sabiduría.

De vez en cuando ciertos grupos cristianos organizan una protesta contra un impuesto determinado o contra un uso particular del dinero de impuestos que creen que es contrario a los principios bíblicos y a la constitución. Un clamor se elevó hace algunos años cuando el gobierno de los Estados Unidos ordenó a las iglesias y otras organizaciones religiosas retener impuestos de Seguro Social de la nómina de todos los empleados menos de los pastores. Algunos cristianos argumentaron a gritos que la ley requería que la iglesia tomara dinero donado para la obra del Señor y lo usara para pagar al gobierno.

Es con el infaltable tema de pagar impuestos que Jesús trata en este pasaje.

Seguía siendo miércoles de la semana de Pascua, y Jesús estaba enseñando en el templo, al que con violencia había limpiado el día anterior. Él acababa de narrar y explicar tres parábolas de juicio contra el Israel incrédulo, dirigidas en particular contra los gobernantes del templo que le habían cuestionado la autoridad (21:23). Después de la segunda parábola los principales sacerdotes y los fariseos estaban tan furiosos, que lo habrían atrapado en el acto si no hubieran tenido miedo a las multitudes. (21:46). Era bastante malo que Él hubiera devastado el dominio físico de los puestos que concesionaban en el templo. Ahora también les devastó su dominio religioso, poniéndoles al descubierto la incredulidad e impiedad delante de todo Israel.

Los dirigentes religiosos se molestaron con Jesús porque había puesto en evidencia su orgullo, hipocresía y arrogancia moral. Envidiaban la gran popularidad que Él tenía entre el pueblo, especialmente en vista del hecho de que el Señor nunca buscó ni recibió certificación oficial del sanedrín como rabino. Ante todo, estaban indignados por la declaración que Él hacía de ser el Mesías e Hijo de Dios, una afirmación que a los ojos de los dirigentes era una blasfemia flagrante. Jesús incluso se atrevió a humillarlos públicamente en el templo, el único lugar donde creían que su honor era sacrosanto e incontestable su autoridad. Ahora, después de la tercera parábola mordaz, todos ellos estaban más decididos a encontrar un medio de deshacerse de Él.

Tras la serie de tres parábolas de juicio de Jesús contra ellos, tales religiosos respondieron confrontándolo con una serie de tres preguntas, todas diseñadas para presionarlo a que se condenara Él mismo tanto política como religiosamente. La primera pregunta fue ideada por los fariseos, pero hecha a Jesús de forma subrepticia por parte de sus discípulos (22:15-22), la segunda fue hecha por los saduceos (vv. 23-33), y la tercera por los fariseos directamente (vv. 34-40). En lugar de tomar en serio las advertencias de Jesús, y preguntarle cómo podrían evitar el juicio y recibir misericordia de Dios, el único mensaje que querían de Él era aquel que provocaría la propia destrucción del Señor.

EL ATAQUE

Entonces se fueron los fariseos y consultaron cómo sorprenderle en alguna palabra. Y le enviaron los discípulos de ellos con los herodianos, diciendo: Maestro, sabemos que eres amante de la verdad, y que enseñas con verdad el camino de Dios, y que no te cuidas de nadie, porque no miras la apariencia de los hombres. Dinos, pues, qué te parece: ¿Es lícito dar tributo a César, o no? (22:15-17)

Los fariscos siempre habían sido los enemigos más ruidosos y vehementes de Jesús, y en este momento en respuesta a las poderosamente intimidantes parábolas que les dio, ellos ahora **se fueron y consultaron cómo sorprenderle en alguna palabra.** Mientras el Señor seguía enseñando a las multitudes en el patio de los gentiles, **los fariseos** se reunieron en privado en otro lugar del templo para planificar a solas su próxima jugada. Debido a que todavía temían tomar medidas directamente contra Él, con inteligencia planearon **cómo sorprenderle** para que hiciera una declaración subversiva contra Roma que asegurara que lo arrestaran y ejecutaran como un insurrecto. Querían "sorprenderle en alguna palabra, para entregarle al poder y autoridad del gobernador" (Lc. 20:20), que en ese tiempo era Pilato. De ese modo lo habrían sacado del camino sin mancharse sus propias manos o sin despertar la ira del pueblo.

Tal vez debido a que los fariseos se distinguían fácilmente por sus vestiduras, y a que muchos de ellos eran conocidos de vista por Jesús, decidieron enviar a **los discípulos de ellos** a hablar con Él. Los fariseos eran los más duros críticos del Señor, y adularlo directamente habría sido ridículo y contraproducente. Lo más probable era que **los discípulos de ellos** no serían reconocidos como tales y pudieran fingir simplemente ser un grupo de admiradores sinceros que querían el consejo de Jesús respecto a una inquietud que ardía en las mentes de la mayoría de judíos de esa época. Esperaban tomarlo por sorpresa y atraparlo antes que comprendiera lo que estaba pasando.

Los herodianos no eran aliados normales de los fariseos, Es más, los dos grupos por lo general estaban en desacuerdo entre sí. No se conoce mucho en cuanto a **los herodianos** además de lo que puede deducirse de su nombre. La familia Herodes no era judía sino idumea, descendiente de antiguos enemigos de Israel, los edomitas. Comenzando con Herodes el Grande, habían recibido favores de Roma en la forma de varios puestos políticos elevados, que incluían autoridad sobre varias partes de Palestina.

Los herodianos no tenían amor por Jesús, e incluso pudieron haber recibido instrucciones de Herodes Antipas de tratar de instigar la muerte del Señor, o al menos el encarcelamiento. Fue ese tetrarca quien encarceló y finalmente decapitó al precursor de Jesús, Juan el Bautista; y cuando Herodes oyó hablar de las milagrosas obras de Jesús, tuvo miedo de que fuera Juan resucitado de los muertos. Sin embargo, también tenía curiosidad por ver a Jesús a fin de presenciar su gran poder para obrar milagros (Lc. 9:7; cp. 23:8). Algún tiempo después ciertos fariseos que eran amigables con Jesús le advirtieron que huyera a Perea, "porque Herodes te quiere matar" (Lc. 13:31). En consecuencia, durante la última parte de su ministerio Jesús evitó el territorio de Herodes a causa de la hostilidad que allí había hacia Él, "porque no es posible que un profeta muera fuera de Jerusalén" (13:33).

Todos **los herodianos,** aunque fueran judíos como lo eran estos hombres, habrían tenido fuerte lealtad a Roma, y sin duda fue por esto que los fariseos pidieron a algunos de ellos que acompañaran a sus discípulos cuando confrontaron a Jesús. Si el Señor caía en la trampa que le estaban tendiendo y hacía la objeción esperada en cuanto a pagar impuestos a Roma, **los herodianos** simpatizantes de Roma servirían como testigos creíbles. A pesar de que los fariseos despreciaban a **los herodianos** por traidores irreligiosos, encajaba a la perfección conseguir la ayuda de estos hombres para atrapar a Jesús.

De igual modo que no se habría tomado en serio el elogio de los fariseos hacia Jesús, tampoco lo habría logrado cualquier cosa que dijeran en favor de Roma. Los fariseos eran muy religiosos y sumamente nacionalistas, no muy diferente de los zelotes. Pero tal vez despreciaban a los romanos más por el paganismo que por la opresión militar. Cualquiera que fuera el caso, su odio por Roma no era ningún secreto, y si habrían de reportar una declaración o actividad sediciosa al gobernador, es posible que ellos mismos se convirtieran en sospechosos. Por tanto, **los herodianos** eran útiles, aunque vergonzosos coconspiradores, y serían testigos perfectos a favor de Roma contra Jesús. A pesar de que fariseos y **herodianos** tenían fuertes discrepancias en cuanto a religión y política, estaban de acuerdo en cuanto a Jesús y no tuvieron reparos en hacer causa común contra Él.

Con los herodianos apoyando a los discípulos de los fariseos, a quienes Lucas describe como "espías que fingían ser gente honorable" (Lc. 20:20, NVI), con adulación le dijeron a Jesús: **Maestro, sabemos que eres amante de la verdad, y que enseñas con verdad el camino de Dios, y que no te cuidas de nadie.** Dirigirse a Jesús como **Maestro** era una forma exaltada de honra, reservada para los rabinos que se habían distinguido como estudiantes e intérpretes diligentes de la ley y la tradición judía. El Talmud afirmaba: "Aquel que enseña la ley debe obtener un sitial en la academia en el cielo".

Los hombres elogiaron externamente la integridad personal y doctrinal de Jesús al declarar que era **amante de la verdad, y que** enseñaba **con verdad el**

camino de Dios. Afirmaron que Él era un hombre de Dios que enseñaba la **verdad** de Dios. Añadieron que Él **no** se cuidaba **de nadie.** Jesús no se dejaría influir por amenazas ni oposición, sino que era conocido por defender sus ideales con valor y convicción.

Lo que tales sujetos dijeron de Jesús no pudo haber sido más preciso, pero no creían una sola palabra de ello. A pesar de que la adulación a menudo comprende mentira, es más engañosa y despreciable cuando emplea verdad para lograr sus propósitos malvados.

Como supusieron que Jesús estaba deleitándose interiormente con la adulación que le dieron, a continuación le soltaron la pregunta tramposa: **Dinos, pues, qué te parece: ¿Es lícito dar tributo a César, o no?** Una de las maneras más exaltadas de elogiar es pedir consejo a una persona sobre un asunto importante. De ahí que, según supusieron después que el ego de Jesús se hubiera estimulado por los elogios anteriores, los interrogadores estaban seguros de que al igual que la mayoría de hombres, Él estaría ansioso de demostrar la sabiduría por la cual lo acababan de elogiar. Al hacerlo dejaría escapar una respuesta desprevenida que se convertiría en su sentencia de muerte.

Tributo se traduce de *kēnsos*, tomado del latín (es decir, romano) *censere,* de donde se deriva la palabra *censo* en español. De los muchos impuestos que los romanos exigían de los territorios ocupados, ninguno era más oneroso para los judíos que el **tributo,** un impuesto que todo individuo debía pagar anualmente y que, por tanto, a veces lo llamaban impuesto por cabeza o de capitación. Entre otras cosas, era con el propósito de recaudar el **tributo** que Roma hacía un censo periódico, como el que había requerido que José y María viajaran a Belén exactamente antes que Jesús naciera (Lc. 2:1-4).

Pagar por el apoyo de las fuerzas de ocupación y la disponibilidad de muchos servicios beneficiosos por los que Roma era famosa, requería una enorme cantidad de dinero que necesariamente debía suplirse con los impuestos. En consecuencia, anualmente se imponía un impuesto a la tierra de un décimo del grano y un quinto del vino y el aceite que se producían, así como un impuesto de un 1 por ciento sobre los salarios. Los impuestos de aduana sobre las mercancías se recaudaban en todos los puertos y los grandes cruces de caminos.

Los romanos ofrecían muchos servicios a los pueblos conquistados, no el menos beneficioso de ellos era la Pax Romana, o paz romana. Debido a las estratégicas ubicaciones militares y comerciales, muchas naciones del Cercano Oriente habían tenido poco respiro de la guerra durante siglos. Peleaban contra un invasor tras otro y eran gobernadas por un conquistador tras otro. Al menos bajo la protección romana estaban libres de guerra y se podía viajar con seguridad por cualquier parte del imperio. Los romanos también proporcionaban valiosos caminos y acueductos, muchas ruinas de los cuales todavía existen en este tiempo.

Aunque el **tributo** pudo no haber sido el impuesto más costoso para la mayoría de personas, era el que más molestaba a los judíos, quizás porque se consideraban pertenencia personal de Dios y no del César. Fue el impuesto del censo el que incitó la insurrección de Judas de Galilea en el año 6 d.C., que jugó un papel decisivo en la destitución de Herodes Arquelao y su reemplazo por un gobernador romano. Puesto que Dios era su único Dios y Señor, la consigna de guerra para Judas fue que el impuesto del censo no debía pagarse a Roma. Según Gamaliel recordó al sanedrín cuando a Pedro y los demás apóstoles los estaban interrogando en Jerusalén, del rebelde Judas se dijo que "pereció también él, y todos los que le obedecían fueron dispersados" (Hch. 5:37). Fue en el sentimiento de Judas contra Roma que se fundó el movimiento zelote, y ocurrió luego de la rebelión del año 66 d.C. que dio como resultado la destrucción romana de Jerusalén y del templo cuatro años después.

Por tanto, no fue por accidente que los fariseos habían dado instrucciones a sus discípulos de inducir a Jesús a hacer una declaración acerca del **tributo.** Si Él daba una respuesta favorable al impuesto se habría vuelto despreciable para las multitudes judías que hasta entonces lo admiraban en gran manera. En ese caso, los dirigentes judíos se verían entonces libres para arrestarlo y hacer que lo ejecutaran sin interferencia de parte de la población. Sin embargo, supusieron que Él contestaría de otra manera y declararía abiertamente que el impuesto era injusto e impío, y que no debería pagarse al opresor y pagano **César,** granjeándose así la ira de Roma como un insurrecto.

LA ACUSACIÓN

Pero Jesús, conociendo la malicia de ellos, les dijo: ¿Por qué me tentáis, hipócritas? (22:18)

Pero mediante su discernimiento divino **Jesús** supo **la malicia de ellos.** No era posible pillar por sorpresa a Jesús, porque "él sabía lo que había en el hombre" (Jn. 2:25). De modo omnisciente sabía la pregunta que le iban a hacer y la razón para que la hicieran, incluso antes que dicha consulta se formara en las mentes de los fariseos que la urdieron. El Señor sabía que los hombres que planteaban la pregunta no eran los que la habían concebido, y que las palabras de elogio que acababan de decirle no estaban motivadas por admiración sino por **malicia.** Él sabía que esas lenguas aduladoras tenían las puntas envenenadas. También conocía exactamente la respuesta correcta.

Antes de responder a su pregunta, les lanzó una pregunta propia: **¿Por qué me tentáis, hipócritas?** Les hizo saber que el perverso plan que tenían era transparente para Él, que sabía que el propósito de ellos era probarlo, no buscar sabiduría, y que, por tanto, los ponía al descubierto como los **hipócritas** que eran. Aunque Jesús nunca antes los había visto, sabía que eran emisarios de los fariseos con tanta seguridad como si hubiera escuchado sus maquinaciones. Tal demostración de omnisciencia fue en sí otro testimonio maravilloso de la deidad de Jesús.

No solo el Antiguo Testamento sino también la tradición rabínica condenaban la adulación y la hipocresía. El rabino Eleazar había escrito en el Talmud: "Toda comunidad en la que haya adulación finalmente se exiliará. Escrito está [Job 15:34]: La comunidad de aduladores es [estéril]" (*Sotah* 42a). El rabino Jeremías ben Abba había declarado que cuatro tipos de personas no merecen recibir bendición de Dios: Los burladores, los mentirosos, los chismosos y los hipócritas (*Sanedrín* 103a).

LA ANALOGÍA

Mostradme la moneda del tributo. Y ellos le presentaron un denario. Entonces les dijo: ¿De quién es esta imagen, y la inscripción? Le dijeron: De César. (22:19-21*a*)

Entonces Jesús declaró: **Mostradme la moneda del tributo.** Sin tener en cuenta las duras acusaciones que Él les había hecho, al instante los hombres **le presentaron un denario,** estando más que encantados de ayudarle a caer en la trampa que le estaban tendiendo. **La moneda** específica que se usaba para el **tributo** era **un denario,** que equivalía al jornal de un soldado o de un trabajador común en Palestina.

A pesar de que en esa época en Israel se usaban varias monedas, incluso griegas y romanas, y a que el intercambio de una a otra era fácil, solamente el **denario** romano podía usarse para pagar el **tributo.** Se trataba de una moneda de plata, acuñada expresamente por el emperador, quien era el único que tenía autoridad para emitir monedas en plata u oro. Todas esas monedas, incluso el **denario,** tenían en una cara una figura del emperador y en la otra una inscripción identificadora.

Ese hecho hacía a las monedas especialmente ofensivas para los judíos por varias razones. Primero, la imagen del emperador era un recordatorio de la opresión romana, y segundo, la ley mosaica prohibía específicamente hacer imágenes (Éx. 20:4). En el Israel moderno ciertos judíos muy ortodoxos prohíben estrictamente que les tomen fotografías, porque a la imagen resultante la consideran un ídolo.

Si la moneda particular en la mano de Jesús fuera acuñada por Tiberio, en una cara estaría el grabado de su rostro y en la cara opuesta una imagen de él sentado en su trono usando vestiduras sacerdotales, con una inscripción que lo designaría como el sumo sacerdote. Varios emperadores, entre ellos Julio César, incluso habían aceptado apelaciones de deidad para sí mismos, por lo que exigían homenaje tanto religioso como político. Ante la aparición de una estrella poco común en el año 17 d.C., César Augusto había proclamado una celebración de doce días en la que el colegio romano de sacerdotes, al cual él dirigía, concedía absolución masiva de pecado para todos los habitantes del imperio. Durante ese mismo año se acuñaron varias monedas, clamando a Augusto como el Hijo de Dios. Además, la idea de un emperador divino era inconcebiblemente repulsiva para los judíos.

Aunque cualquier niño habría conocido la respuesta a su pregunta, Jesús sostuvo la moneda en alto y preguntó: **¿De quién es esta imagen, y la inscripción?** Creyendo que el Señor estaba a punto de pronunciar las palabras fatales contra Roma, los hombres respondieron ansiosamente, tal vez al unísono: **De César.** Puesto que Jesús había reclamado deidad, llamándose Hijo de Dios, los discípulos de los fariseos esperaban llenos de confianza que Él denunciara al césar cuya **imagen** e **inscripción** estaba sosteniendo delante de ellos, como un falso dios y un blasfemo.

LA RESPUESTA Y LAS CONSECUENCIAS

Y les dijo: Dad, pues, a César lo que es de César, y a Dios lo que es de Dios. Oyendo esto, se maravillaron, y dejándole, se fueron. (22:21*b*-22)

Pero en cambio, Jesús **les dijo: Dad, pues, a César lo que es de César, y a Dios lo que es de Dios.** A menudo se pierde la profundidad de esa afirmación debido a su simplicidad. *Apodidōmi* (**dad**) significa pagar o devolver, lo que implica una deuda. El término transmite la idea de obligación y responsabilidad por algo que no es opcional. Por tanto, la respuesta de Jesús a la pregunta original (v. 17) fue: "Sí, es totalmente legal y correcto pagar el tributo **a César,** porque ese impuesto es **de César,** y pertenece a las cosas de su reino".

Jesús no utiliza la palabra "dar" con la que los discípulos de los fariseos habían hecho la pregunta. Para ellos, como para la mayoría de judíos, pagar cualquier impuesto a Roma no se consideraba un deber legítimo, y se hacía solo con la mayor renuencia. Ahora el Señor declaró que el pago no solo era legal sino moralmente obligatorio.

Jesús declaró aquí la obligación divinamente ordenada que los ciudadanos tenían de pagar impuestos a cualquier gobierno que tuvieran. Pagar impuestos es un deber legítimo de toda persona, pero es sobre todo vinculante para los creyentes porque están ligados de modo especial a la Palabra de Dios. Jesús no hizo exenciones o excepciones elegibles, ni siquiera bajo el gobierno blasfemo, pagano e idólatra que en pocos días más lo clavaría a la cruz. El pueblo de Dios debía pagar impuestos al gobierno que ejecutaría al Hijo de Dios. El estado tiene el deber divino de gravar impuestos que estén dentro de la esfera de su responsabilidad, y sus ciudadanos tienen la obligación de pagarlos.

Como un mandato universal, pero en el contexto de vivir bajo ese mismo sistema pagano, Pablo escribió: "Sométase toda persona a las autoridades superiores; porque no hay autoridad sino de parte de Dios, y las que hay, por Dios han sido establecidas… Por lo cual es necesario estarle sujetos, no solamente por razón del castigo, sino también por causa de la conciencia. Pues por esto pagáis también los tributos, porque son servidores de Dios que atienden continuamente a esto mismo. Pagad a todos lo que debéis: al que tributo, tributo; al que impuesto, impuesto; al que respeto, respeto; al que honra, honra" (Ro. 13:1, 5-7). No solo debemos respetar y someternos a los gobernantes y líderes sino también orar por ellos. El apóstol escribió: "Exhorto ante todo, a que se hagan rogativas, oraciones, peticiones y acciones de gracias, por todos los hombres; por los reyes y por todos los que están en eminencia, para que vivamos quieta y reposadamente en toda piedad y honestidad. Porque esto es bueno y agradable delante de Dios nuestro Salvador" (1 Ti. 2:1-3).

Cuando enseñaba el mismo principio, Pedro escribió: "Por causa del Señor someteos a toda institución humana, ya sea al rey, como a superior, ya a los gobernadores, como por él enviados para castigo de los malhechores y alabanza de los que hacen bien. Porque esta es la voluntad de Dios: que haciendo bien, hagáis callar la ignorancia de los hombres insensatos" (1 P. 2:13-15).

Por propio decreto soberano de Dios los presidentes, reyes, primeros ministros, gobernadores, alcaldes, policías y todas las demás autoridades de gobierno están en su lugar, por así decirlo, para la preservación de la sociedad. Resistir al gobierno es, por tanto, resistir a Dios. Negarse a pagar impuestos es desobedecer el mandamiento de Dios. Por la propia declaración de Dios, pagar impuestos al césar honra a Dios.

Si los creyentes tenían la obligación de pagar impuestos en una época de despotismo pagano y abierta persecución contra la iglesia, ¿cuánto más obligados están los cristianos hoy que viven en sociedades libres y democráticas? Independientemente de las razones al parecer espirituales que podrían proponerse para resistir el pago de impuestos, no existe una sola que el Señor reconozca. Argumentar que pagar impuestos a un gobierno terrenal y humanista es algo impío y no justificado, es ilegítimo y contradice lo que Dios mismo afirma sobre el tema. Su propia Palabra ordena de modo inequívoco que los impuestos deben pagarse porque mediante la divina ordenación que el Señor hace, estos forman parte de **lo que es de César.** Todas las cosas le pertenecen a Dios, pero Él ha decretado que cierta cantidad de lo que confía a cada persona debe pagarse a gobiernos humanos en forma de impuestos.

Pero aún más importante, Jesús siguió diciendo que los hombres deben dar **a Dios lo que es de Dios.** Él no estaba separando la sociedad secular humana de la religión, diciendo en realidad que debemos ser leales al gobierno humano en lo que se refiere a las cosas materiales, y mostrar lealtad a Dios en lo que se refiere a lo espiritual. La Biblia nunca hace tal dicotomía, porque todas las cosas y todo aspecto de la vida pertenecen a Dios. Jesús estaba aún hablando del césar, diciendo que **lo que es de Dios** *no* le pertenece al césar, y nunca debería ofrecérsele sino solo **a Dios.**

Como representante del gobierno humano, el césar tenía el derecho de gravar impuestos, pero en calidad de representante de la religión humana, como a menudo pasaba con los emperadores, no tenía ningún derecho de ordenar adoración. Los hombres deben pagar impuestos al jefe de un gobierno como gobernante humano que es, pero no deben rendirle homenaje como a un dios. Su reino es social y económico, y cuando se sale de ese reino cesa tanto su autoridad como la obligación de los hombres hacia él. Cuando el Sanedrín, que tenía tanto autoridad política como religiosa en Jerusalén, dio a los apóstoles la orden estricta de no seguir predicando en el nombre de Jesús, Pedro les contestó diciéndoles: "Es necesario obedecer a Dios antes que a los hombres" (Hch. 5:28-29).

La iglesia en la antigua Unión Soviética y otras naciones comunistas es perseguida hoy porque se niega a ofrecer lealtad total al estado. A pesar de que en esas tierras la mayoría de cristianos son buenos ciudadanos en toda forma, incluso en el pago de impuestos, no rinden sus almas ni las almas de sus hijos al gobierno porque tal homenaje es prerrogativa única de Dios.

Al oír los discípulos de los fariseos la respuesta de Jesús, quedaron totalmente asombrados por la sabiduría divina. **Se maravillaron, y dejándole, se fueron.** No tuvieron nada que decir, y tuvieron la presencia de ánimo para salir antes que su ignorancia y su maldad quedaran aún más al descubierto.

El Dios de los vivos **118**

Aquel día vinieron a él los saduceos, que dicen que no hay resurrección, y le preguntaron, diciendo: Maestro, Moisés dijo: Si alguno muriere sin hijos, su hermano se casará con su mujer, y levantará descendencia a su hermano. Hubo, pues, entre nosotros siete hermanos; el primero se casó, y murió; y no teniendo descendencia, dejó su mujer a su hermano. De la misma manera también el segundo, y el tercero, hasta el séptimo. Y después de todos murió también la mujer. En la resurrección, pues, ¿de cuál de los siete será ella mujer, ya que todos la tuvieron? Entonces respondiendo Jesús, les dijo: Erráis, ignorando las Escrituras y el poder de Dios. Porque en la resurrección ni se casarán ni se darán en casamiento, sino serán como los ángeles de Dios en el cielo. Pero respecto a la resurrección de los muertos, ¿no habéis leído lo que os fue dicho por Dios, cuando dijo: Yo soy el Dios de Abraham, el Dios de Isaac y el Dios de Jacob? Dios no es Dios de muertos, sino de vivos. Oyendo esto la gente, se admiraba de su doctrina. (22:23-33)

La humanidad en general siempre ha anticipado algún tipo de vida después de la muerte. La idea que está incorporada en el corazón del ser humano es que debe haber una continuación de la existencia cuando la vida física concluya. James Dwight Dana, profesor del siglo XIX en la Universidad de Yale, afirmó que no podía creer que Dios creara al hombre para luego abandonarlo en la tumba. En esa declaración el profesor Dana resume la esperanza que, en un grado u otro, ha captado prácticamente a todo corazón humano en toda cultura y época.

El *Libro de los muertos* de los antiguos egipcios está lleno de ideas e historias acerca de la vida después de la muerte. En la tumba del gran faraón Keops, quien murió hace como cinco mil años, arqueólogos descubrieron un barco solar destinado a que él lo utilizara para navegar a través de los cielos durante la próxima vida. Los antiguos griegos a menudo colocaban una moneda en la boca de un cadáver a fin de que pagara su pasaje por el místico río de la muerte hacia la tierra de la vida inmortal. Algunos indios estadounidenses enterraban un potro y un arco con flechas junto a un muerto para que este pudiera montar y cazar en los terrenos de la caza feliz. Los pueblos nórdicos enterraban a un héroe con su caballo a fin de que pudiera cabalgar orgullosamente en la próxima vida. A los esquimales de Groenlandia que morían en la infancia solían enterrarlos con un perro para que les ayudara en guiarlos a través del desierto helado de la muerte.

Benjamín Franklin, quien no afirmó ser cristiano en el sentido bíblico, no obstante hizo inscribir en su tumba el siguiente epitafio:

El cuerpo de
Benjamín Franklin, impresor
(igual que la portada de un libro viejo,

con su interior desgastado,
y despojado de su texto y su brillo),
yace aquí, ¡como alimento para los gusanos!;
pero la obra no se perderá,
porque, como él creyó, aparecerá de nuevo,
en una edición nueva y más elegante,
revisada y corregida
¡por su Autor!

A pesar de muchas creencias anómalas, extrañas y no bíblicas relacionadas con el tema, el ser humano siente el tirón de la vida futura. Los judíos de la época de Jesús sin duda no eran la excepción. La certeza en la resurrección del cuerpo se enseñaba a lo largo del Talmud, la antigua codificación de la tradición judía oral y escrita. El libro apócrifo de 2 Macabeos, escrito aproximadamente en el año 100 a.C., describe a un anciano judío llamado Razis a quien le molestó en gran manera la opresión griega. El hombre decidió quitarse la vida antes que ser ejecutado por los odiosos griegos. Parado sobre una roca frente a una enorme multitud "se arrancó las entrañas [con su espada] y las arrojó contra los soldados. Y así, invocando el nombre del Señor de la vida y del espíritu, para que se los devolviera algún día, expiró" (14:46). En el Apocalipsis de Baruc, escrito como doscientos años después, se expresa la esperanza de que cuando una persona muere volverá a la vida en la misma forma en que murió.

> *La tierra seguramente restaurará a los muertos, a los cuales recibe ahora con el fin de preservarlos. No habrá cambio en su forma, pero como han sido recibidos, así los preservará, y como le fueron entregados, así los restaurará... Para entonces será necesario mostrar a los vivos que los muertos han vuelto a la vida, y que aquellos que habían partido han regresado... Respectivamente serán transformados... en el esplendor de los ángeles... y el tiempo ya no los envejecerá. Porque en las alturas de ese mundo morarán, y serán como los ángeles, y serán iguales a las estrellas, y se transformarán en cualquier forma que deseen, de hermosura en encanto y de luz en el esplendor de la gloria (50:2—51:10).*

Por supuesto, mucho más importante y confiable que esos escritos fueron las declaraciones del Antiguo Testamento en cuanto a la vida después de la muerte. David escribió: "Se alegró por tanto mi corazón, y se gozó mi alma; mi carne también reposará confiadamente; porque no dejarás mi alma en el Seol, ni permitirás que tu santo vea corrupción" (Sal. 16:9-10). Otro salmista declaró: "Dios redimirá mi vida del poder del Seol, porque él me tomará consigo" (Sal. 49:15), y aún otro aseguró: "Me has guiado según tu consejo, y después me recibirás en gloria" (Sal. 73:24). Oseas escribió: "Venid y volvamos a Jehová; porque él arrebató, y nos curará; hirió, y nos vendará. Nos dará vida después de dos días; en el tercer día nos resucitará, y viviremos delante de él" (Os. 6:1-2). En quizás la enseñanza más clara de resurrección en el Antiguo Testamento, el Señor prometió a través de Daniel que "muchos de los que duermen en el polvo de la tierra serán despertados, unos para vida eterna, y otros para vergüenza y confusión perpetua" (Dn. 12:2).

Por tanto, la mayoría de judíos no solo creía en la vida después de la muerte sino en la resurrección del cuerpo. La única excepción eran los saduceos, quienes en ese y otros sentidos estaban en desacuerdo con el resto de la teología y la cultura judía. Representaban a una secta que hizo a Jesús la segunda pregunta en una serie de tres con el fin de atraparlo (véase también 22:15-22, 34-40).

EL ENFOQUE

Aquel día vinieron a él los saduceos, que dicen que no hay resurrección, y le preguntaron, (22:23)

Seguía siendo miércoles mientras Jesús seguía enseñando en el templo después de haber expulsado a los mercaderes el día anterior (21:12, 23). Algún tiempo después **aquel** mismo **día,** luego que dejara callados a los discípulos de los fariseos y a herodianos que conspiraban con ellos (22:16), **vinieron a él** algunos de **los saduceos** para tratar de tener éxito donde los otros habían fracasado.

Los saduceos conformaban la más pequeña pero más rica e influyente de las sectas judías, que incluían a los fariseos, los zelotes, y los esenios. Los fariseos eran los más numerosos, los más populares, y los más religiosos por fuera. Se aferraban firmemente a costumbres y prácticas externas y eran legalistas hasta la médula, con la firme convicción de que sus obras les hacían ganar la aceptación de Dios. Para ellos las tradiciones rabínicas se habían vuelto más autorizadas que las Escrituras, aunque muchas de las tradiciones estaban ideadas simplemente como acomodaciones para los deseos pecaminosos que los caracterizaban.

Los zelotes eran activistas políticos y a menudo militares, extremadamente nacionalistas y resentidos por el control que Roma tenía sobre Israel.

Los esenios eran una secta dada a recluirse y que pasaba gran parte del tiempo copiando el Antiguo Testamento. Fueron algunos esenios que vivían en Qumrán, en la costa noroccidental del Mar Muerto, quienes produjeron lo que se llegó a conocer como los Rollos del Mar Muerto.

Los **saduceos** eran los aristócratas del judaísmo, tenían el control mayoritario del templo y la operación del sacerdocio. Fue principalmente a través de las concesiones del templo de cambio de moneda y de venta de animales para el sacrificio (véase 21:12) que obtuvieron su riqueza. El sumo sacerdote y los principales sacerdotes casi invariablemente eran **saduceos,** como lo era la mayor parte de los miembros del sanedrín, el máximo concejo judío.

A pesar de su gran poder e influencia, y en parte debido a esas condiciones, los **saduceos** no eran respetados por la mayoría de judíos, en especial los fariseos. Estaban alejados de las personas comunes, y se creían superiores a ellas. Pero también caían mal por la teología que sostenían, cuya enseñanza más diferente era **que no hay resurrección.**

Políticamente los saduceos estaban a favor de los romanos, porque solo con el permiso romano podían ejercían no solamente su control religioso sino su enorme poder político sobre el pueblo. Debido a que eran valiosos en ayudar a mantener al pueblo bajo control, Roma había delegado autoridad limitada en los saduceos, incluso hasta el punto de que tenían su propia policía en forma de una guardia del templo. A causa de la total dependencia que tenían de Roma para su poder, era comprensible el apoyo que daban a sus gobernantes paganos. Y por eso también eran odiados por el pueblo.

Debido al poder y la riqueza que encontraban en el templo y sus ofrendas, en el sistema expiatorio, y en las empresas comerciales, cuando el templo fue destruido en el año 70 d.C., los saduceos, al igual que todo el sacerdocio, dejaron de existir.

En lo religioso, los saduceos eran en alguna manera fundamentalistas extremos. Interpretaban las Escrituras de modo muy literal, y en consecuencia sobre ciertos temas eran aún más absolutistas y rígidos que los fariseos. Josefo informó que en juicios de interpretación a favor del pueblo eran más despiadados que cualquier otra secta (*Antigüedades*, XX.ix.i). Se negaban a reconocer algún valor, mucho menos autoridad, en las interpretaciones orales o escritas de las Escrituras, o en las tradiciones rabínicas. Eran quisquillosos en cuanto a la pureza levítica, y se enorgullecían de ser los preservadores de la verdadera fe.

Pero por alguna razón daban primacía única al Pentateuco, los primeros cinco libros del Antiguo Testamento, casi hasta excluir el resto de las Escrituras. Los otros libros eran considerados más o menos como comentarios sobre los cinco libros de Moisés. Debido a que Moisés no enseñó nada directamente acerca de la resurrección, los saduceos negaban esa realidad.

Sin embargo, un individuo que no cree en una existencia después de esta vida actual tiene poco motivo para vivir de otro modo que no sea como le plazca. Después de la muerte alguien así no espera ni castigo ni recompensa, porque considera el final de esta vida como el final de todo. Y a pesar de las muchas enseñanzas claras en el Pentateuco acerca de una vida piadosa, los saduceos estaban perfectamente cómodos en su mundanalidad orgullosa y egoísta.

Los saduceos y fariseos estaban siempre en conflicto entre sí, y fue precisamente por eso que Pablo declaró su creencia en la resurrección cuando se hallaba en juicio delante del sanedrín: "Entonces Pablo, notando que una parte era de saduceos y otra de fariseos, alzó la voz en el concilio: Varones hermanos, yo soy fariseo, hijo de fariseo; acerca de la esperanza y de la resurrección de los muertos se me juzga. Cuando dijo esto, se produjo disensión entre los fariseos y los saduceos, y la asamblea se dividió. Porque los saduceos dicen que no hay resurrección, ni ángel, ni espíritu; pero los fariseos afirman estas cosas" (Hch. 23:6-8).

Al ser retados por los saduceos a probar que Moisés enseñó la resurrección, al parecer los fariseos solo podían exhibir dos o tres referencias de difícil comprensión. Sostenían que Números 18:28 sugería la resurrección ya que hablaba de dar "la ofrenda de Jehová al sacerdote Aarón", en que el tiempo presente indicaba que Aarón aún estaba vivo. Un texto aún menos fácil de entender que citaban era Deuteronomio 31:16, donde se habla del pueblo que se levantará; pero esa puesta en pie no era a una vida futura sino a la prostitución. Un tercer texto era Deuteronomio 32:39, en que el Señor declara: "Yo hago morir, y yo hago vivir", una referencia tan solo a su autoridad soberana sobre la vida y la muerte.

Los fariseos y saduceos tenían entre sí gran animosidad social y política, así como teológica. En lo social, los saduceos eran aristócratas y los fariseos plebeyos. En cuanto a política, los saduceos estaban a favor de Roma, y los fariseos en contra.

No obstante, hubo un asunto que unió sólidamente a fariseos y saduceos: su oposición intransigente a Jesús.

Hasta la venida del Señor a Jerusalén el lunes anterior, los saduceos habían mostrado poco interés en Jesús. El hecho de que Él fuera popular con el pueblo, de que creyera en la resurrección, y de que fuera rechazado por los fariseos tenía poca importancia para los saduceos mientras lo que dijera e hiciera no tuviera ningún efecto directo y práctico sobre ellos o sus actividades. Pero la limpieza que Jesús hiciera al templo llamó al instante la atención de los miembros de esta secta, porque los mercaderes y cambistas que Él echó del patio de los gentiles eran el principal sostén económico del poder saduceo. Ahora Jesús había invadido el territorio de ellos con una venganza, interrumpiéndoles la operación en la época más lucrativa del año, cuando se llevaban a cabo todas las ofrendas y los sacrificios de la Pascua.

Sin duda alguna la aclamación de Jesús como el Hijo de David durante su entrada triunfal también les había preocupado, porque cualquier reclamación de realeza provocaría represión inmediata y dura por parte de los romanos, quienes no tolerarían la más mínima insinuación de rebelión. Cualquier acción contra los judíos en general amenazaría necesariamente la posición y el poder privilegiados de los saduceos bajo los romanos, quienes esperaban que estos dirigentes mantuvieran a raya la resistencia y el nacionalismo judío. Solo pocos días antes "los principales sacerdotes y los fariseos reunieron el concilio, y dijeron: ¿Qué haremos? Porque este hombre hace muchas señales. Si le dejamos así, todos creerán en él; y vendrán los romanos, y destruirán nuestro lugar santo y nuestra nación. Entonces Caifás, uno de ellos, sumo sacerdote aquel año, les dijo: Vosotros no sabéis nada; ni pensáis que nos conviene que un hombre muera por el pueblo, y no que toda la nación perezca" (Jn. 11:47-50; cp. Mr. 14:1-2). Juan observó: "Desde aquel día acordaron matarle" (v. 53).

Después de Pentecostés, los saduceos continuaron su fuerte oposición a Jesús persiguiendo a sus seguidores. Cuando los apóstoles le hablaban "al pueblo, vinieron sobre ellos los sacerdotes con el jefe de la guardia del templo, y los saduceos, resentidos de que enseñasen al pueblo, y anunciasen en Jesús la resurrección de entre los muertos" (Hch. 4:1-2). Según Josefo, fueron los saduceos los que asesinaron a Jacobo, el hermano del Señor.

Después que los fariseos fallaran a través de sus discípulos en lograr con engaños que Jesús hiciera una declaración de traición contra Roma, los saduceos intentaron hacer que el Señor se desacreditara ante los ojos del pueblo judío. Al hacerle una pregunta que creían sin respuesta, planearon hacerlo quedar en ridículo, como tal vez en algún momento tuvieran éxito con los fariseos preguntándoles lo mismo.

LO ABSURDO

diciendo: Maestro, Moisés dijo: Si alguno muriere sin hijos, su hermano se casará con su mujer, y levantará descendencia a su hermano. Hubo, pues, entre nosotros siete hermanos; el primero se casó, y murió; y no teniendo descendencia, dejó su mujer a su hermano. De la misma manera también el segundo, y el tercero, hasta el séptimo. Y después de todos murió también la mujer. En la resurrección, pues, ¿de cuál de los siete será ella mujer, ya que todos la tuvieron? (22:24-28)

Al igual que el grupo anterior (v. 16), al dirigirse a Jesús como **Maestro,** los saduceos pensaron agarrarlo desprevenido con las lisonjas condescendientes, a las que un comentarista ha llamado "burlas refinadas". La elección de título que hicieran fue especialmente engañosa porque precisamente como **Maestro** fue que trataron de avergonzarlo y desacreditarlo.

Ninguna apelación mayor podía hacerse que a **Moisés,** no solo para los saduceos sino para cualquier judío. Él fue el gran dador de la ley, el vocero supremo de Dios en el Antiguo Testamento. Debido a que los saduceos estaban conscientes de la alta estima de Jesús por las Escrituras, sabían que Él no rebatiría la validez de la enseñanza que estaba a punto de citar, concretamente la provisión para el matrimonio levirato.

El término *levirato* viene de *levir,* latín para "hermano del esposo". La provisión mosaica se encuentra en Deuteronomio 25:5-6, un resumen del cual los saduceos dieron aquí a Jesús. A fin de que los nombres, las familias, y la herencia tribal pudieran mantenerse intactos, se estipuló que **si alguno muriere sin hijos, su hermano se casará con su mujer, y levantará descendencia a su hermano.**

La costumbre del matrimonio levirato se había practicado durante muchos siglos, y era honrado por Dios aún antes que dirigiera a Moisés a ponerlo en la ley. Cuando el Señor mató al hijo de Judá, Er, por su maldad, Judá le dijo a Onán, su otro hijo que no estaba casado: "Llégate a la mujer de tu hermano, y despósate con ella, y levanta descendencia a tu hermano". Pero a Onán le molestó el hecho de que los hijos que tendría no fueran considerados suyos, por lo que "vertía en tierra". Ese acto "desagradó en ojos de Jehová… y a él también le quitó la vida" (Gn. 38:8-10).

Fue en cumplimiento de la ley del levirato que Booz tomó a Rut como su esposa porque el primer esposo de ella, Mahlón, había muerto. Cuando un pariente varón más cercano a Rut que Booz no pudo redimirla, este felizmente la tomó como su propia esposa (Rt. 4:1-10). Esa hermosa historia no solo describe la preservación humana del linaje de Mahlón sino también la preservación divina del linaje de Cristo (Mt. 1:5).

Sea que el matrimonio levirato se practicara aún o no en la época de Jesús, la costumbre era bien conocida por todo judío y reconocida como provisión divina. A los fariseos les pareció el medio perfecto de demostrar lo absurdo de la idea de la resurrección.

Al decir: **Hubo, pues, entre nosotros siete hermanos,** los saduceos pudieron haber querido decir que estaban reportando una historia real; sin embargo, es probable que la hayan diseñado expresamente para esta ocasión. Cuando **el primero** de los hermanos **se casó,** los otros seis estaban solteros, y por eso cuando **murió** sin tener **descendencia, dejó su mujer a su hermano.** El proceso se repitió con todos los siete hermanos, y finalmente **todos,** incluso **la mujer,** murieron.

No es difícil imaginar el brillo en los ojos y las sonrisas en los rostros de los saduceos mientras miraban a Jesús y le planteaban la pregunta supuestamente sin respuesta. **En la resurrección, pues, ¿de cuál de los siete será ella mujer, ya que todos la tuvieron?** Si todos los ocho aparecieran en la resurrección exactamente en la condición y las circunstancias en que habían muerto (como sostenían los fariseos y esperaban que Jesús sostuviera) ¿de qué modo posible podían reconciliarse las relaciones de los ocho? Ese dilema demostraba que la idea de la resurrección era evidentemente absurda, como Jesús se vería ahora obligado a admitir, por su silencio si no por sus palabras.

LA RESPUESTA

Entonces respondiendo Jesús, les dijo: Erráis, ignorando las Escrituras y el poder de Dios. Porque en la resurrección ni se casarán ni se darán en casamiento, sino serán como los ángeles de Dios en el cielo. Pero respecto a la resurrección de los muertos, ¿no habéis leído lo que os fue dicho por Dios, cuando dijo: Yo soy el Dios de Abraham, el Dios de Isaac y el Dios de Jacob? Dios no es Dios de muertos, sino de vivos. (22:29-32)

Los saduceos tal vez esperaban que Jesús no dijera nada y que se alejara humillado y avergonzado, como es probable que a veces les hubiera ocurrido a los fariseos.

Entonces respondiendo Jesús sin vacilación y de inmediato, los puso a la defensiva, expresándoles: **Erráis.** El único éxito que los saduceos habían logrado era poner en evidencia su propia ignorancia para que todos en el templo vieran y oyeran. En realidad, el Señor estaba diciéndoles: "Ustedes están totalmente equivocados, y no tienen ni idea de lo que están hablando".

Planaō, de donde se traduce **erráis,** significa extraviarse, deambular sin rumbo, o estar engañado. En su forma en este contexto significa salirse personalmente de curso, o alejarse de la verdad. A menudo el término transmitía la idea de estar desconectado de la realidad. Al igual que los falsos maestros condenados por Judas, los saduceos eran "estrellas errantes, para las cuales está reservada eternamente la oscuridad de las tinieblas" (Jud. 13).

Jesús presentó a continuación las dos razones de *por qué* los saduceos erraban. Primero, ignoraban **las Escrituras,** y segundo, ignoraban **el poder de Dios.** Nada pudo haberles dolido más en el alma que ser acusados de ignorar estos dos aspectos en los cuales los orgullosos saduceos se consideraban con mayor autoridad que los demás.

Entonces el Señor explica, en orden invertido, *cómo* ellos ignoraban la Palabra de Dios y el poder de Dios.

IGNORANCIA DEL PODER DE DIOS

Porque en la resurrección ni se casarán ni se darán en casamiento, sino serán como los ángeles de Dios en el cielo. (22:30)

Al exponer la falsa idea de los saduceos acerca de **la resurrección,** Jesús también les mostró la falsa noción en cuanto a **los ángeles,** cuya existencia negaban tales dirigentes religiosos. Les declaró que en el estado celestial los hombres y las mujeres **ni se casarán ni se darán en casamiento.** La relación de **casamiento** es hermosa y divinamente ordenada, pero es una institución totalmente terrenal y temporal.

Las relaciones sexuales, la reproducción, y el parto no tienen lugar en el cielo, porque allí no hay muerte ni nace nueva vida alguna como ocurre en la tierra. Tampoco habrá relaciones exclusivas de ningún tipo en el cielo, porque todo el mundo estará perfecta e íntimamente relacionado con todos los demás, incluso con el mismo Dios vivo. **En el cielo** los seres humanos **serán como los ángeles,** igualmente espirituales en naturaleza, inmortales, glorificados, e igualmente eternos. Lucas nos da la declaración adicional de Jesús de que los creyentes resucitados "son hijos de Dios, al ser hijos de la resurrección" (Lc. 20:36).

Sin duda en parte debido a la influencia de la enseñanza fariseica acerca de que la resurrección del cuerpo es igual a como el cuerpo ha sido en la tierra, los creyentes en Corinto estaban confundidos con relación al tema. Al tratar de explicar en términos que esos cristianos inmaduros y mal informados pudieran comprender, Pablo señaló:

No toda carne es la misma carne, sino que una carne es la de los hombres, otra carne la de las bestias, otra la de los peces, y otra la de las aves. Y hay cuerpos celestiales, y cuerpos terrenales; pero una es la gloria de los celestiales, y otra la de los terrenales. Una es la gloria del sol, otra la gloria de la luna, y otra la gloria de las estrellas, pues una estrella es diferente de otra en gloria. Así también es la resurrección de los muertos. Se siembra en corrupción, resucitará en incorrupción. Se siembra en deshonra, resucitará en gloria; se siembra en debilidad, resucitará en poder. Se siembra cuerpo animal, resucitará cuerpo espiritual. Hay cuerpo animal, y hay cuerpo espiritual… Cual el terrenal, tales también los terrenales; y cual el celestial, tales también los celestiales. Y así como hemos traído la imagen del terrenal, traeremos también la imagen del celestial (1 Co. 15:39-44, 48-49).

El poder ilimitado de Dios es fácilmente capaz de transformar lo terrenal en celestial. ¿Por qué debería alguien negar la resurrección debido a la idea insensata de que Dios está restringido a resucitar cuerpos en la misma forma en que han muerto? Tal creencia insensata ataca el poder de Dios.

IGNORANCIA DE LAS ESCRITURAS

Pero respecto a la resurrección de los muertos, ¿no habéis leído lo que os fue dicho por Dios, cuando dijo: Yo soy el Dios de Abraham, el Dios de Isaac y el Dios de Jacob? Dios no es Dios de muertos, sino de vivos. (22:31-32)

Como sabía que los saduceos no se convencerían **respecto a la resurrección** recurriendo a cualquier parte de las Escrituras que no fuera el Pentateuco, Jesús les recordó algo **dicho por Dios** que está registrado muchas veces en el libro de Éxodo: **Yo soy el Dios de Abraham, el Dios de Isaac y el Dios de Jacob.**

Jesús les dijo primero a los incrédulos saduceos: "En cuanto a que los muertos han de resucitar, aun Moisés lo enseñó" (Lc. 20:37). Las palabras acerca de que Dios es Dios de los patriarcas fue dicha en primer lugar a Moisés por Dios cuando se le apareció en la zarza ardiente en Horeb y lo llamó a sacar a su pueblo de la esclavitud en Egipto hacia la tierra prometida (Éx. 3:6). Y la frase se repitió muchas veces después de eso (véase, p. ej. Éx. 3:15-16; 4:15). Cientos de años antes el Señor le había declarado a Jacob: "Yo soy Jehová, el Dios de Abraham tu padre, y el Dios de Isaac" (Gn. 28:13) mucho después que Abraham hubiera muerto.

El excelente argumento exegético de Jesús se basa en el tiempo presente enfático de **yo soy** usado en ese pasaje del Pentateuco. Después que **Abraham, Isaac y Jacob** habían muerto desde hacía mucho tiempo, el Señor seguía siendo su **Dios** exactamente como cuando estaban vivos; es más, en muchas maneras aún más, porque se habían vuelto perfectamente inmaculados y sus almas estaban experimentando la comunión de la eterna presencia de Dios.

Estos tres patriarcas son elegidos, y cada uno está específicamente relacionado con **Dios,** lo que sugiere la intimidad exclusiva del Señor con cada uno de ellos. Sea que la preposición en genitivo **de** se refiera a que Dios les pertenece a los patriarcas o que estos le pertenecen a Dios, ambos significados son verdaderos.

El tiempo presente se usa porque **Dios no es Dios de muertos, sino de vivos,** y si en la actualidad es el Dios de Abraham, Isaac y Jacob, entonces es evidente que esos hombres aún están vivos en otra esfera. También tendrían que estar **vivos** para que Dios pueda cumplirles las promesas que les hizo y que no se cumplieron durante sus vidas.

Conforme a la fe murieron todos éstos sin haber recibido lo prometido, sino mirándolo de lejos, y creyéndolo, y saludándolo, y confesando que eran extranjeros y peregrinos sobre la tierra. Porque los que esto dicen, claramente dan a entender que buscan una patria; pues si hubiesen estado pensando en aquella de donde salieron, ciertamente tenían tiempo de volver. Pero anhelaban una mejor, esto es, celestial; por lo cual Dios no se avergüenza de llamarse Dios de ellos; porque les ha preparado una ciudad (He. 11:13-16).

Jesús había logrado lo que el fariseo o escriba más sabio nunca había podido hacer: demostrar de manera inequívoca la resurrección incluso en el Pentateuco, y al hacer eso, "había hecho callar a los saduceos" (Mt. 22:34).

LA ADMIRACIÓN

Oyendo esto la gente, se admiraba de su doctrina. (22:33)

La gente se admiraba habitualmente **de** la **doctrina** que Jesús enseñaba, y Lucas informa que incluso "respondiéndole algunos de los escribas, dijeron: Maestro, bien has dicho" (Lc. 20:39). Sin embargo, los saduceos "no osaron preguntarle nada más" (v. 40). Lo trágico es que Jesús no había logrado convencerlos, porque nada los convencería.

Ese día en el templo Cristo volvió a demostrar su deidad de modo magnífico al dar una respuesta a lo incontestable que habría venido solo de la mente omnisciente de Dios. Cristo demostró su compromiso absoluto con las Escrituras, un compromiso infinitamente mayor que el parcial y engañoso de los saduceos. Además, nuestro Señor afirmó de manera divina la realidad y la gloria de la resurrección que espera a aquellos que le pertenecen.

El gran mandamiento 119

Entonces los fariseos, oyendo que había hecho callar a los saduceos, se juntaron a una. Y uno de ellos, intérprete de la ley, preguntó por tentarle, diciendo: Maestro, ¿cuál es el gran mandamiento en la ley? Jesús le dijo: Amarás al Señor tu Dios con todo tu corazón, y con toda tu alma, y con toda tu mente. Este es el primero y grande mandamiento. Y el segundo es semejante: Amarás a tu prójimo como a ti mismo. De estos dos mandamientos depende toda la ley y los profetas. (22:34-40)

Alguien ha dicho que el amor no hace girar al mundo, pero hace que el viaje valga la pena.

Esas palabras quizás recogen el sentimiento del mundo de que la más dulce y estimulante de todas las emociones y experiencias es el amor. En cualquier edad o con cualquier grupo de personas, la creencia más universal ha sido que el amor es lo más grande en la vida, el bien principal, la virtud por excelencia. En consecuencia, se han producido enormes cantidades de poemas, canciones, obras de teatro, novelas y películas acerca del amor.

La Palabra de Dios coincide en que el amor es la más grande de las virtudes, pero el amor que se eleva como supremo es de un tipo mucho más profundo y más sustancial que el que el mundo entiende y admira. En respuesta a la tercera de una serie de tres preguntas planteadas por los adversarios de Jesús con el propósito de desacreditarlo y tenderle una trampa (véase también 22:15-17, 23-28), el Señor declaró que el amor *ágape* es el supremo requisito divino de los hombres, tanto con relación hacia Él mismo como en relación a los demás seres humanos.

ENFOQUE DE LOS FARISEOS

Entonces los fariseos, oyendo que había hecho callar a los saduceos, se juntaron a una. Y uno de ellos, intérprete de la ley, preguntó por tentarle, diciendo: (22:34-35)

La primera prueba a Jesús la realizaron los fariseos por medio de sus discípulos y los herodianos, y fue política; trató con el pago del despreciado impuesto de capitación (v. 17). La segunda prueba, esta vez por parte de los saduceos, fue teológica, y tuvo que ver con la realidad de la resurrección que ellos negaban (vv. 23, 28). Ahora **los fariseos** estaban a punto de volver a probarlo en la misma esfera teológica.

Cuando Jesús contestó la pregunta absurda acerca de los siete hermanos mostrando que incluso Moisés enseñó la resurrección, **había hecho callar a los saduceos.** El verbo *phimō* (hacer **callar**) literalmente significa poner bozal, impedir por la fuerza la apertura de la boca. El término se usa en poner bozal a un buey (1 Co. 9:9) y cuando Jesús ordenó callar a un demonio (Mr. 1:25) y aplacó una tormenta (Mr. 4:39). **Los saduceos** fueron incapacitados verbalmente por el Señor, quedándose totalmente callados, al igual que el hombre a quien el rey reprendió por llegar a la fiesta de bodas sin la vestimenta apropiada (Mt. 22:12).

Entonces los fariseos, oyendo que Jesús **había hecho callar a los saduceos,** decidieron volver a intentar atraparlo, esta vez directamente por parte de uno de los suyos y no mediante sus discípulos menos capaces. Sin duda **los fariseos** tuvieron sentimientos encontrados cuando oyeron la noticia. Es posible que se hubieran puesto felices de que les hubieran demostrado a los saduceos que estaban equivocados en cuanto a que Moisés no enseñó la resurrección. Pero esa sensación fue ampliamente superada por un sentimiento de consternación y frustración por haber fallado otra vez en desacreditar a su enemigo común: Jesús.

En consecuencia, **los fariseos se juntaron a una** otra vez (véase v. 15) de modo clandestino en algún lugar del templo con el fin de planificar su próxima estrategia. Al hacerlo, sin querer y sin saber cumplieron la profecía: "Se juntaron en uno contra el Señor, y contra su Cristo" (Hch. 4:26-28). De ese cónclave resultó la tercera y última pregunta para probar a Jesús.

El uno de ellos en particular que eligieron para confrontar al Señor era **un intérprete de la ley.** El individuo era un escriba (Mr. 12:28), pero Mateo lo denomina **un intérprete de la ley** para indicar su gran experiencia en la ley mosaica y quizás también por su renombre en juzgar disputas religiosas y sociales. Es probable que haya sido el más erudito y astuto experto en la ley bíblica y rabínica entre ellos, y sin duda pensaron que si alguien estaría a la altura de Jesús, sería este hombre.

No obstante, en sinceridad y humildad este **intérprete de la ley** también parece haber estado por sobre sus compañeros religiosos. Al igual que hicieron algunos otros escribas, el reconocimiento que hizo de que Jesús había contestado con sabiduría a los saduceos parece haber sido auténtico (Mr. 12:28; cp. Lc. 20:39). Es evidente que el hombre no era totalmente sincero, ya que permitió que lo utilizaran para tentar a Jesús con el propósito de desacreditarlo. Pero según parece, la duplicidad de este escriba estaba mezclada con una medida de preocupación sincera por lo que Jesús diría en respuesta a lo que le **preguntó por tentarle.**

LA PREGUNTA DEL INTÉRPRETE DE LA LEY

Maestro, ¿cuál es el gran mandamiento en la ley? (22:36)

Al dirigirse a Jesús como **Maestro,** es probable que el intérprete no estuviera siendo desdeñoso, como lo habían sido quienes interrogaron antes (véase vv. 16, 24). Como ya se indicó, el hombre parece haber tenido respeto por Jesús, y tal vez se sintió de algún modo culpable al ser usado para tratar de atraparlo.

Al preguntar: **¿Cuál es el gran mandamiento en la ley?**, el escriba estaba preguntando cuál era el más grande de los mandamientos de Moisés. Aunque los escribas y fariseos consideraban como autoridad todo el Antiguo Testamento, y no solo los cinco libros de Moisés como hacían los saduceos, consideraban a Moisés como el personaje humano supremo en las Escrituras. Moisés había hablado cara a cara con Dios, fue el hombre más humilde en la tierra, y había recibido las tablas de la ley grabadas directamente por el dedo de Dios, por así decirlo. Fue también el gran libertador a quien Dios llamó para que sacara a Israel de Egipto y lo llevara a la tierra prometida. Por tanto, Moisés era único entre aquellos que el Señor escogió como instrumentos humanos de la revelación y actividad divina.

Se decía que "los escribas y los fariseos" se sentaban "en la cátedra de Moisés" (Mt. 23:2) ya que esta representaba la autoridad definitiva en el judaísmo. Un rabino afirmó que al referirse a Moisés como "fiel en toda mi casa" (Nm. 12:7), el Señor lo colocó por encima de los ángeles. Desde el principio de su ministerio Jesús aseguró a sus oyentes que lejos de "abrogar la ley o los profetas", había venido a cumplirlos, y que "hasta que pasen el cielo y la tierra, ni una jota ni una tilde pasará de la ley, hasta que todo se haya cumplido" (Mt. 5:17-18). El Señor dejó en claro que a pesar de que era el Mesías y el propio Hijo de Dios, no estaba predicando y enseñando nada que hiciera innecesaria la ley de Moisés o cualquier otra parte de las Escrituras.

Pero debido a que la enseñanza de Jesús era tan completamente opuesta a la de los fariseos, a la cual durante siglos se habían introducido miles de interpretaciones rabínicas inventadas humanamente, estaban convencidos de que el Señor debía estar enseñando un mensaje que Él consideraba mayor que el de Moisés. Y era evidencia de esa impresión lo que ahora esperaban que Jesús revelara, porque contradecir a Moisés era contradecir a Dios y ser culpable de herejía. El propósito que tenían era ponerlo al descubierto como un apóstata y, por tanto, poner al pueblo contra Él.

Con los años los rabinos habían determinado supuestamente que, así como había 613 letras separadas en el texto hebreo del Decálogo o los Diez Mandamientos, en el libro de Éxodo también había 613 leyes separadas en el Pentateuco, los cinco libros de Moisés. Tal letrismo, como a veces se le llamaba, era sumamente popular y se consideraba una valiosa herramienta exegética para interpretar las Escrituras. Los rabinos habían dividido esas 613 leyes en grupos afirmativos y negativos, y sostenían que había 248 leyes afirmativas, una por cada parte del cuerpo humano, como ellos suponían, y 365 leyes negativas, una por cada día del año. Las leyes también estaban divididas en estrictas y leves, las estrictas eran absolutamente vinculantes y las leves eran menos vinculantes.

No obstante, nunca había habido unanimidad en cuanto a cuáles leyes eran estrictas y cuáles eran leves, y los rabinos y los escribas pasaban muchísimas horas debatiendo orgullosamente los méritos de sus divisiones particulares y la clasificación de leyes dentro de las divisiones.

Fue sin duda alguna esa orientación superficial y caprichosa de la ley lo que los llevó a creer que Jesús tenía su propio esquema. Puesto que Él consideraba que era el Mesías, supusieron que seguramente había creado un sistema para mostrar su erudición en la ley tal como estaban acostumbrados a hacer ellos mismos. Y a juzgar por la única y muy sencilla pregunta del intérprete de la ley, supusieron que el hecho de que el Señor nombrara el único **gran mandamiento en la ley** sería algo suficientemente poco ortodoxo para condenarlo.

LA RESPUESTA DEL SEÑOR

Jesús le dijo: Amarás al Señor tu Dios con todo tu corazón, y con toda tu alma, y con toda tu mente. Este es el primero y grande mandamiento. Y el segundo es

semejante: Amarás a tu prójimo como a ti mismo. De estos dos mandamientos depende toda la ley y los profetas. (22:37-40)

Jesús respondió sin titubear, y la respuesta que ofreció estaba totalmente de acuerdo no solo con la ley mosaica sino con una antigua tradición judía de esa ley. La orden: **Amarás al Señor tu Dios con todo tu corazón, y con toda tu alma, y con toda tu mente** formaba parte del Shemá (hebreo para "Oye"), llamada así porque empieza con "Oye, Israel". El Shemá comprendía los textos de Deuteronomio 6:4-9; 11:13-21; y Números 15:37-41, en gran medida los pasajes más conocidos, más citados, y más copiados de las Escrituras en el judaísmo. En la época de Jesús todo judío fiel recitaba el Shemá dos veces al día.

Deuteronomio 6:4-9 y 11:13-21 eran dos de los cuatros textos de las Escrituras (con Éx. 13:1-10 y 13:11-16) que se copiaban en pequeños trozos de pergamino y se colocaban en filacterias que se utilizaban en las frentes y los brazos izquierdos de los hombres judíos durante la oración. La costumbre se basaba en la amonestación de Deuteronomio 6:8: "Y las atarás como una señal en tu mano, y estarán como frontales entre tus ojos" (cp. 11:18). Fue por la ostentosa exhibición de filacterias que Jesús reprendió a los escribas y fariseos solo poco tiempo después, cuando aún estaba enseñando en el templo (Mt. 23:5). En una manera similar se ponían copias de Deuteronomio 6:4-9 y 11:13-21 en mezuzás, pequeñas cajas que los judíos adherían a los postes de sus puertas, siguiendo la enseñanza de Deuteronomio 6:9 y 11:20. Tanto las filacterias como las mezuzás son utilizadas aún hoy día por muchos judíos ortodoxos.

De ahí que Jesús estuviera diciendo que "**el gran mandamiento** es el mandato de Moisés que todos ustedes recitan diariamente y que muchos de ustedes sujetan en sus brazos y frentes cada día".

Aheb, el término hebreo para **amor** usado en Deuteronomio 6:5, se refiere principalmente a un acto de la mente y la voluntad, el cuidado determinado por el bienestar de algo o alguien. Bien podría incluir fuerte emoción, pero sus características distintivas eran dedicación y compromiso de elección. Es el **amor** que reconoce y elige seguir lo que es justo, noble y verdadero, independientemente de cuáles podrían ser los sentimientos que se tengan en un asunto. Es el hebreo equivalente del griego *agapaō* en el Nuevo Testamento, el verbo del **amor** inteligente, decidido y comprometido que es un acto de la voluntad. Este **amor** está en contraste con la emoción y el tierno afecto de *phileō* y el amor físico y sensual de *eros* (el cual no se utiliza en el Nuevo Testamento).

Amar **al Señor con todo** el **corazón, con toda** el **alma, y con toda** la **mente** (el relato de Marcos añade "fuerzas", 12:30) no expresa definiciones separadas y técnicas de cada elemento de la naturaleza humana, o una compartimentación del amor en tres o cuatro categorías, sino que más bien connota amplitud. Debemos amar **al Señor** nuestro **Dios con** cada parte de nuestro ser.

Por otro lado, las áreas se enumeran de modo diferente, cada una precedida por su propio **con todo** o **toda.** Por tanto, es útil mirar algunas distinciones en cada una de ellas a fin de entender la plenitud de lo que debe incluir el **amor** por **Dios.**

Para los antiguos hebreos el **corazón** se refería al centro del ser personal del individuo. El libro de Proverbios aconseja: "Sobre toda cosa guardada, guarda tu corazón; porque de él mana la vida" (4:23). El término **alma** está más cerca de lo que llamaríamos emoción, y es la palabra que Jesús utilizó cuando clamó en el huerto de Getsemaní la noche en que fue arrestado: "Mi alma está muy triste, hasta la muerte" (Mt. 26:38). **Mente** corresponde a lo que por lo general se traduce "fuerzas" en Deuteronomio 6:5. El término hebreo tenía una connotación amplia y en general transmitía la idea de seguir adelante con energía y fortaleza. **Mente** se usa aquí en el sentido de determinación y vigor intelectual y voluntario, y conlleva tanto el significado de esfuerzo mental como de firmeza.

El auténtico **amor** por el **Señor** es racional, sensible, deliberado y servicial. Abarca pensamiento, sensibilidad, intención e incluso acción donde eso es posible y apropiado. Dios nunca ha buscado palabras vacías ni rituales. Su deseo es por la persona misma, no simplemente por lo que la persona posee. Si Él tiene de veras a la persona, inevitablemente tiene también lo que la persona posee. Así como Dios nos ama con todo su ser, nosotros debemos retornar su amor con nuestro ser total. Su amor por la humanidad fue tan grande "que ha dado a su Hijo unigénito", para la redención de los seres humanos (Jn. 3:16). El amor divino, sea el amor de Dios por el hombre o el amor del hombre por Él, se mide por lo que da, no por lo que podría obtener. No se ama porque el amor sea provechoso sino porque esto es correcto y bueno.

Dios requiere más que una fe escasa. Santiago nos recuerda que hasta los demonios creen que Dios existe; pero en lugar de regocijarse en esa creencia, tiemblan (Stg. 2:19). La característica distintiva de la fe salvadora en Dios es el amor de Dios. La fe en Jesucristo que no se caracteriza por un amor consumidor por Él no es fe que salva sino simplemente un reconocimiento de su divinidad tal como hasta los demonios hacen.

Creo que la transformación en nueva criatura que se lleva a cabo en la salvación produce nueva voluntad, nuevo deseo y nueva actitud profunda dentro de la persona que puede describirse mejor como amor por Dios. Juan hace del amor por Dios la verdadera característica del creyente (véase Jn. 14:23-24; 1 Jn. 2:5; 3:17; 4:12-13, 16-21). Pedro declara que Dios es precioso para los que creen (1 P. 2:7), señalando la misma verdad de que el amor por Dios y Cristo caracteriza a un cristiano verdadero.

Los Diez Mandamientos mismos clarifican que el amor por Dios y la obediencia a Él son inseparables. El Señor muestra su "misericordia a millares, a los que [lo] aman y guardan [sus] mandamientos" (Éx. 20:6; cp. Dt. 7:9; Neh. 1:5). Jesús declaró: "Si me amáis, guardad mis mandamientos" (Jn. 14:15), y Juan escribió: "Y en esto sabemos que nosotros le conocemos, si guardamos sus mandamientos. El que dice: Yo le conozco, y no guarda sus mandamientos, el tal es mentiroso, y la verdad no está en él; pero el que guarda su palabra, en éste verdaderamente el amor de Dios se ha perfeccionado; por esto sabemos que estamos en él" (1 Jn. 2:3-5). Una persona que pertenece a Dios ama a Dios y por tanto le obedece. Una de las descripciones más hermosas de un cristiano es alguien que ama "a nuestro Señor Jesucristo con amor inalterable" (Ef. 6:24). Y una de las descripciones más aleccionadoras de un incrédulo es alguien que no ama "al Señor Jesucristo" (1 Co. 16:22).

El verdadero amor a Dios declara igual que Pablo: "Lo que hago, no lo entiendo;

pues no hago lo que quiero, sino lo que aborrezco, eso hago" (Ro. 7:15). En esencia el apóstol estaba diciendo que aunque no siempre hacía lo que era correcto, siempre amaba lo correcto y añoraba hacer lo honroso a Dios. Esa era la actitud contraria de los escribas y fariseos a quienes Jesús condenó en varias ocasiones por fingir en gran manera el amor por Dios en lo exterior, mientras en su interior no tenían absolutamente ningún amor por Él. Lo único que les interesaba eran las ceremonias y acciones externas que alimentaban su arrogancia moral, su satisfacción personal, y su hipocresía. Aunque recitaban el Shemá con regularidad meticulosa, tal declaración verbal de amor por Dios era hueca y sin sentido.

Así como pertenecer a Dios significa amarlo, no pertenecerle significa aborrecerlo (Éx. 20:5). El pueblo de Dios está conformado por quienes lo aman, y los no salvos son aquellos que le aborrecen y son sus enemigos (Dt. 32:41; Pr. 8:36).

Quien ama verdaderamente **al Señor con todo** su **corazón, con toda** su **alma, y con toda** su **mente** es aquel que confía en Él y le obedece. Esa persona demuestra su amor meditando en la gloria de Dios (Sal. 18:1-3), confiando en el poder divino de Dios (Sal. 31:23), buscando la comunión con Dios (Sal. 63:1-8), amando la ley de Dios (Sal. 119:165), siendo sensible a cómo se siente Dios (Sal. 69:9), amando lo que Dios ama (Sal. 119:72, 97, 103), amando a quien Dios ama (1 Jn. 5:1), odiando lo que Dios odia (Sal. 97:10), afligiéndose por el pecado (Mt. 26:75), rechazando al mundo (1 Jn. 2:15), añorando estar con Cristo (2 Ti. 4:8), y obedeciendo a Dios de todo corazón (Jn. 14:21).

Por sobre todo, el que ama de veras a Dios es aquel que obedece de verdad a Dios. Al igual que Pablo, sabe que su amor es imperfecto y que su obediencia es imperfecta, pero que "por ver si [logra] asir aquello para lo cual [fue] también asido por Cristo Jesús", prosigue "a la meta, al premio del supremo llamamiento de Dios en Cristo Jesús" (Fil. 3:12, 14).

Decir que Jesús murió por el pecado del ser humano es decir que murió por el odio del ser humano hacia Dios, que es la esencia de todo pecado. Cristo murió por la carencia que el hombre tiene de amor a Dios. Y así como Él ofrece perdón por la falta pasada de amor por Dios, Cristo también provee amor por Dios para el futuro. El gran Perdonador también es el gran Facilitador, porque a través de Cristo, "el amor de Dios ha sido derramado en nuestros corazones por el Espíritu Santo que nos fue dado" (Ro. 5:5).

Incluso antes que Cristo viniera a la tierra, el camino de Dios era el camino del amor, que era el camino de la obediencia. Los judíos del tiempo de Jesús debieron haber sido condenados por su falta de amor y su desobediencia, porque el Antiguo Testamento era claro (y en ninguna parte más claro que en el Shemá) en que la persona sin obediencia a Dios no tenía amor por Dios y, por tanto, no tenía a Dios mismo.

Después de declarar el primero y más grande mandamiento, Jesús agregó a los fariseos también **el segundo: Amarás a tu prójimo como a ti mismo.** No sorprende que **el segundo** gran mandamiento implique la misma virtud que el primero, concretamente, amor. Jesús declaró que al mandato de amar de modo auténtico a Dios le sigue en importancia el mandamiento de amar al **prójimo,** que es del mismo orden que el amor que ya se tiene por sí **mismo.**

Así como los fariseos no tenían amor auténtico por Dios, tampoco tenían amor ni siquiera por su **prójimo** judío, por no mencionar su **prójimo** gentil. Al contrario, según recordó Jesús a las multitudes poco tiempo después, los escribas y fariseos "atan cargas pesadas y difíciles de llevar, y las ponen sobre los hombros de los hombres; pero ellos ni con un dedo quieren moverlas" (Mt. 23:4). Al igual que los saduceos mercenarios que extorsionaban a los adoradores del tempo en la venta de sacrificios y en el cambio de moneda, los escribas y fariseos también abusaban y hacían mercancía religiosa de sus compatriotas judíos.

El amor verdadero por el **prójimo** es de la misma clase que el amor verdadero por Dios. Resulta por decisión deliberada, intencional y activa, no solo por decisión sentimental y emocional. Y Jesús declaró que se mide por el amor por uno **mismo.** Cuando una persona tiene hambre, se alimenta; cuando tiene sed, busca una bebida; y cuando está enferma, toma medicina o acude al médico, todo porque está muy pendiente de cuidarse a sí misma. No solo piensa o habla de comida, agua o medicina, sino que hace todo lo que sea necesario para proporcionarse esas cosas. Una persona no se dice meramente: "Vete en paz, caliéntate y sé llena", sin hacer nada por asegurar la ropa y los alimentos que necesita (véase Stg. 2:16).

Contrario a algunas interpretaciones contemporáneas de este pasaje, Jesús no estaba ordenando que una persona se ame a sí misma, sino que supuso que ya se amaba. Pablo declara: "Nadie aborreció jamás a su propia carne, sino que la sustenta y la cuida" (Ef. 5:29). Y así como una persona está pendiente de su propio bienestar, tanto por la legitimidad del diseño natural como a causa del egoísmo pecaminoso, también estará pendiente del bienestar de otras personas si las ama de veras.

Los requisitos básicos tanto del judaísmo como del cristianismo se resumen en el mismo mandamiento doble: amar a Dios y amar al prójimo. Jesús aseguró: **De estos dos mandamientos depende toda la ley y los profetas.** Todo lo demás en el Antiguo Testamento que Dios requiere de los creyentes está condicionado a esos dos mandatos. Así mismo, todo requisito del Nuevo Testamento para los creyentes se basa en ellos. Juan declara: "Amados, amémonos unos a otros; porque el amor es de Dios. Todo aquel que ama, es nacido de Dios, y conoce a Dios. El que no ama, no ha conocido a Dios; porque Dios es amor" (1 Jn. 4:7-8). Pablo afirma: "El que ama al prójimo, ha cumplido la ley. Porque: No adulterarás, no matarás, no hurtarás, no dirás falso testimonio, no codiciarás, y cualquier otro mandamiento, en esta sentencia se resume: Amarás a tu prójimo como a ti mismo. El amor no hace mal al prójimo; así que el cumplimiento de la ley es el amor" (Ro. 13:8-10).

Si la gente amara a la perfección no habría necesidad de ley, porque la persona que ama a los demás nunca les causará ningún daño. De la misma manera, el creyente que ama a Dios con todo su ser nunca tomará el nombre de Dios en vano, nunca adorará ídolos, y nunca dejará de obedecerle, adorarlo, honrarlo y glorificarlo como Señor.

Ante la respuesta de Jesús, el intérprete de la ley quedó impresionado de manera favorable, y sin duda se sorprendió. Por lo que reconoció: "Bien, Maestro, verdad has dicho, que uno es Dios, y no hay otro fuera de él; y el amarle con todo el corazón, con todo el entendimiento, con toda el alma, y con todas las fuerzas, y amar al prójimo como a uno mismo, es más que todos los holocaustos y sacrificios. Jesús entonces, viendo que había respondido sabiamente, le dijo: No estás lejos del reino de Dios" (Mr. 12:32-34).

¿De quién es hijo el Cristo? 120

Y estando juntos los fariseos, Jesús les preguntó, diciendo: ¿Qué pensáis del Cristo? ¿De quién es hijo? Le dijeron: De David. Él les dijo: ¿Pues cómo David en el Espíritu le llama Señor, diciendo: Dijo el Señor a mi Señor: Siéntate a mi derecha, hasta que ponga a tus enemigos por estrado de tus pies? Pues si David le llama Señor, ¿cómo es su hijo? Y nadie le podía responder palabra; ni osó alguno desde aquel día preguntarle más. (22:41-46)

La pregunta más importante de todas es: "¿Quién es Jesucristo?". Y al mundo nunca le han faltado ideas y opiniones en cuanto a la respuesta. Ciertos fariseos en la propia época de Jesús lo acusaron de que echaba "fuera los demonios… por Beelzebú, príncipe de los demonios" (Mt. 12:24). Un comentario del Talmud del siglo II d.C. afirma que Jesús practicaba magia y condujo a Israel por mal camino (*Sanhedrin* 43a). Juliano el Apóstata, emperador de Roma entre los años 361-363 d.C., declaró: "Jesús ha estado ahora celebrando trescientos años; no hizo en su vida absolutamente nada digno de fama, a menos que alguien crea que fue una gran obra sanar cojos y ciegos, y exorcizar endemoniados en aldeas de Betsaida y Betania" (citado por Cirilo, obispo de Alejandría del siglo V, en *Contra Juliano,* libro vi., p. 191).

En tiempos modernos la mayor parte de gente ha tendido a elogiar a Jesús, aunque con frecuencia sus opiniones son condescendientes e ingenuas. El filósofo radical francés Jean-Jacques Rousseau escribió: "Cuando Platón describe a su hombre justo imaginario cargado con todos los castigos de la culpa, pero mereciendo las más altas recompensas de la virtud, describe exactamente el carácter de Jesucristo… La vida y la muerte de Jesús son las de un Dios" (*Oeuvres complétes* [París, 1839], tomo iii, pp. 365-67). El famoso poeta Ralph Waldo Emerson sostuvo que Jesús es el más perfecto de todos los hombres que han aparecido en la tierra, y Napoleón aseguró: "Conozco a los hombres, y te diré que Jesucristo no era un hombre".

El filósofo y economista inglés John Stuart Mill afirmó que Jesús fue "el modelo de perfección para la humanidad", y el historiador y ensayista irlandés William E. Lecky manifestó que Jesús fue "el modelo más exaltado de virtud". El filólogo e historiador francés Ernest Renan consideró que Jesús "nunca será superado", y el clérigo unitario estadounidense Theodore Parker llamó a Jesús el joven con Dios en su corazón. El teólogo y filósofo alemán David Strauss, un crítico acérrimo del cristianismo, dijo que Jesús es el "más elevado modelo de religión al alcance del pensamiento [humano]". El novelista inglés H. G. Wells escribió: "Cuando me han preguntado qué ser humano individual ha dejado la impresión más permanente en el mundo, la actitud de quien pregunta casi trae la implicación de que se trata de Jesús de Nazaret. Estoy de acuerdo… Jesús está en primer lugar".

Como evidencian tales testimonios, muchas personas que no confían en Jesucristo como su Señor y Salvador lo colocan en el más elevado modelo de humanidad.

Pero debajo de la mayoría de tales elogios está la negación incipiente, si no específica, de que Él no fue más que un ser humano. Sin embargo, muchos de aquellos que lo elogian en gran manera niegan gran parte de lo que Él enseñó, especialmente lo que enseñó con relación a sí mismo y a su obra.

El cristianismo siempre ha encontrado sus detractores y enemigos más violentos entre los que niegan la divinidad de Jesucristo. Muchos de tales detractores presumen de ser conocidos como cristianos. Hace algunos años un periódico del Estado de Washington informó que el ministro de una iglesia liberal había comenzado una serie de sermones resaltando que Jesucristo fue simplemente un hombre y no Dios. Declaró que la razón de que haya cualquier controversia sobre este tema es que "siempre hay un montón de personas que afirman que Jesús es Dios". El ministro sugirió que Jesús fue simplemente como la Madre Teresa o como César Chávez.

Muchas religiones y sectas enseñan que Jesús fue un profeta de Dios, o al menos un gran maestro religioso, pero que no fue el Salvador del mundo y que no fue divino en algún grado mayor del que todos los hombres se consideran divinos.

Las líneas de batalla del cristianismo bíblico inevitablemente son atraídas al tema de la divinidad de Jesús. Esa es la única doctrina aparte de la cual todas las demás no tienen sentido, porque si Él no fue divino no pudo ser el Salvador del mundo, y los hombres no tendrían manera de reconciliarse con Dios.

Ese es el tema supremo de la identidad plena de Jesús con el que trata Mateo 22:41-46.

LA PREGUNTA TAJANTE

Y estando juntos los fariseos, Jesús les preguntó, diciendo: ¿Qué pensáis del Cristo? ¿De quién es hijo? (22:41-42*a*)

Tras responder de manera irrefutable las tres preguntas que los dirigentes judíos habían diseñado para atraparlo (Mt. 22:15-40), Jesús continuó enseñando en el templo, donde había estado desde temprano ese miércoles por la mañana (21:23). **Los fariseos** se habían reunido **juntos,** sin duda más perplejos que nunca en cuanto a qué podían hacer para desacreditar y eliminar a **Jesús.** Obviamente permanecieron cerca, y mientras consideraban qué hacer a continuación, **Jesús les preguntó** acerca **del Cristo.**

Sin embargo, el Señor no preguntó directamente respecto a sí mismo. Aunque a menudo había declarado su condición mesiánica y divina, ahora quería que los fariseos se centraran en lo que ya creían en cuanto a la identidad del Mesías, el **Cristo,** el Ungido prometido de Dios. Específicamente preguntó: **¿De quién es hijo?** Es decir, ¿de qué línea judía debía Él descender?

RESPUESTA INADECUADA

Le dijeron: De David. (22:42*b*)

Para los fariseos, así como para casi todos los demás judíos, la respuesta era obvia y simple. Debido a que estaban convencidos de que el Mesías no era más que un hombre, la única identidad del Mesías que tomaban en serio es que era el **hijo de David**. Los escribas habían enseñado por mucho tiempo que "el Cristo es hijo de David" (Mr. 12:35), una enseñanza que era perfectamente cierta. A través del profeta Natán, el Señor le había prometido a David: "Cuando tus días sean cumplidos, y duermas con tus padres, yo levantaré después de ti a uno de tu linaje, el cual procederá de tus entrañas, y afirmaré su reino. El edificará casa a mi nombre, y yo afirmaré para siempre el trono de su reino… mi misericordia no se apartará de él como la aparté de Saúl, al cual quité de delante de ti. Y será afirmada tu casa y tu reino para siempre delante de tu rostro, y tu trono será estable eternamente" (2 S. 7:12-13, 15-16).

Esa promesa no pudo haberse aplicado a Salomón, quien edificó una casa para Dios en la forma de templo, pero su reino no duró eternamente. Tampoco pudo cualquier otro descendiente (nótese el singular en 2 S. 7:12) de David reclamar un trono eterno. Después de Salomón, el reino davídico fue dividido y nunca ha sido restaurado.

El Salmo 89 hace repetidas referencias al Mesías como el único descendiente de David: "Hice pacto con mi escogido; juré a David mi siervo, diciendo: Para siempre confirmaré tu descendencia, y edificaré tu trono por todas las generaciones… Hallé a David mi siervo; lo ungí con mi santa unción. Mi mano estará siempre con él, mi brazo también lo fortalecerá… Mi verdad y mi misericordia estarán con él, y en mi nombre será exaltado su poder… Yo también le pondré por primogénito, el más excelso de los reyes de la tierra. Para siempre le conservaré mi misericordia, y mi pacto será firme con él. Pondré su descendencia para siempre, y su trono como los días de los cielos" (vv. 3-4, 20-21, 24, 27-29).

Amós profetizó: "En aquel día yo levantaré el tabernáculo caído de David, y cerraré sus portillos y levantaré sus ruinas, y lo edificaré como en el tiempo pasado" (Am. 9:11). Por medio de Miqueas el Señor declaró: "Pero tú, Belén Efrata, pequeña para estar entre las familias de Judá, de ti me saldrá el que será Señor en Israel; y sus salidas son desde el principio, desde los días de la eternidad" (Mi. 5:2).

Dios ordenó a Ezequiel escribir:

> *Así ha dicho Jehová el Señor: He aquí, yo tomo a los hijos de Israel de entre las naciones a las cuales fueron, y los recogeré de todas partes, y los traeré a su tierra; y los haré una nación en la tierra, en los montes de Israel, y un rey será a todos ellos por rey; y nunca más serán dos naciones, ni nunca más serán divididos en dos reinos. Ni se contaminarán ya más con sus ídolos, con sus abominaciones y con todas sus rebeliones; y los salvaré de todas sus rebeliones con las cuales pecaron, y los limpiaré; y me serán por pueblo, y yo a ellos por Dios. Mi siervo David será rey sobre ellos, y todos ellos tendrán un solo pastor; y andarán en mis preceptos, y mis estatutos guardarán, y los pondrán por obra. Habitarán en la tierra que di a mi siervo Jacob, en la cual habitaron vuestros padres; en ella habitarán ellos, sus hijos y los hijos de sus hijos para siempre; y mi siervo David será príncipe de ellos para siempre (Ez. 37:21-25).*

Comenzando en el reino milenial y entrando en la eternidad, el hijo más grande de David, a menudo llamado David por extensión del nombre ancestral, gobernará un reino eterno. "He aquí que vienen días, dice Jehová, en que levantaré a David renuevo justo, y reinará como Rey, el cual será dichoso, y hará juicio y justicia en la tierra. En sus días será salvo Judá, e Israel habitará confiado; y este será su nombre con el cual le llamarán: Jehová, justicia nuestra" (Jer. 23:5-6).

A todo lo largo de su evangelio Mateo se enfoca en que Jesús es el Hijo de David. Empieza con una genealogía abreviada que establece el linaje directo de Jesús desde David (1:6; cp. Lc. 3:31). Mateo nos dice que Jesús fue aclamado a menudo por varios individuos y grupos como el Hijo de David. Los dos ciegos en Galilea le gritaron a Jesús: "¡Ten misericordia de nosotros, Hijo de David!" (9:27), reconociéndolo claramente como el Mesías prometido, el Cristo. Los dos ciegos de Jericó hicieron la misma súplica: "¡Señor, Hijo de David, ten misericordia de nosotros!" (20:30). Después que Jesús curó al endemoniado que también era ciego y mudo, "toda la gente estaba atónita, y decía: ¿Será éste aquel Hijo de David?" (12:23), una pregunta equivalente a "No puede ser el Mesías, ¿o sí?". Y fue por el hecho de que la gente hubiera aclamado a Jesús como el Hijo de David que los dirigentes religiosos se llenaron de indignación, porque Él estaba siendo aclamado como el Mesías y no renunciaría a tal reconocimiento (21:9, 15-16).

En parte fue debido al hecho incuestionable de que Jesús descendía de David que las autoridades judías estaban tan angustiadas. Hasta que el templo fue destruido en el año 70 d.C., allí se mantenían meticulosos registros genealógicos de todos los judíos. Esa información no solo era esencial para establecer el linaje levítico y sacerdotal, tanto para los hombres como para sus esposas, sino también para muchos otros propósitos. Nadie cuya genealogía no era posible verificar podía obtener un puesto de responsabilidad en Israel. Por tanto, es seguro que las autoridades habían revisado con gran esmero la genealogía de Jesús, descubriendo que su descendencia de David era legítima. De lo contrario, simplemente lo habrían desenmascarado como alguien que no tenía ningún derecho de reclamar herencia davídica, y toda discusión acerca de su posible condición mesiánica habría terminado.

Sin embargo, aunque era cierto que el Cristo sería el **Hijo de David,** dicha respuesta fue parcial e inadecuada. En lugar de que ese título fuera demasiado grande para Jesús, como los dirigentes judíos sostenían, era demasiado limitado. Según procedió a explicar, el Mesías tenía una pretensión de grandeza que excedía en mucho al hecho de que descendiera de David.

LA REALIDAD INFINITA

Él les dijo: ¿Pues cómo David en el Espíritu le llama Señor, diciendo: Dijo el Señor a mi Señor: Siéntate a mi derecha, hasta que ponga a tus enemigos por estrado de tus pies? Pues si David le llama Señor, ¿cómo es su hijo? (22:43-45)

Los términos *kurios* (**Señor**) y su correspondiente palabra hebrea *adōnāy* están entre las designaciones más comunes para la deidad en el Antiguo y el Nuevo Testamento, respectivamente. Debido a que al nombre de pacto de Dios, Yahveh o Jehová, se le consideraba demasiado santo para ser pronunciado, los judíos siempre substituían la palabra *Ădōnāy*. En muchas versiones en español ese uso exclusivo de **Señor** está indicado entre comillas ("Señor"), que significa que el texto hebreo en realidad dice *Yahveh*. Cuando a Dios se le llama "Señor" como un título, y no como un substituto para su nombre de pacto, la palabra aparece en versalitas o entre comillas, lo cual significa que el texto hebreo dice *Ădōnāy*.

Por tanto, el argumento de Jesús fue este: "Si el Mesías, el Cristo, no es más que un hombre, el hijo humano de David, **¿cómo David en el Espíritu le llama Señor, diciendo: Dijo el Señor a mi Señor?**".

Primero, Jesús declaró que **David** estaba hablando bajo la inspiración del **Espíritu** de Dios cuando escribió esas palabras de Salmos 110:1. La frase griega detrás de la frase **en el Espíritu** es idéntica a la usada por Juan en su visión en Patmos cuando "estaba en el Espíritu en el día del Señor" (Ap. 1:10; cp. 4:2). Se refiere a estar bajo el control del Espíritu Santo en una manera única y poderosa. Y como Marcos deja en claro en su relato de este incidente, la declaración completa de Jesús fue: "El mismo David dijo por el Espíritu Santo" (Mr. 12:36), descartando la posibilidad de que Jesús estuviera refiriéndose al espíritu humano de David.

Segundo, todo judío reconocía que el Salmo 110 fue escrito por David y que era uno de los pasajes mesiánicos más claros en el Antiguo Testamento. En consecuencia, no podía haber ninguna polémica (y no la hubo por parte de los oponentes de Jesús) acerca de que David estaba hablando aquí del Mesías, el segundo **Señor** mencionado en Salmos 110:1. El primer **Señor** en el texto hebreo es *Yahveh*, mientras que el segundo es *Ădōnāy*. La idea es: **Dijo el Señor** (*Yahveh*) al **Señor** (*Ădōnāy*) de David: **Siéntate a mi derecha hasta que ponga a tus enemigos por estrado de tus pies.** En otras palabras, David se dirigió al Mesías como su **Señor**.

Tercero, y lo más importante, Jesús estaba declarando la deidad del Mesías. Bajo la guía del Espíritu Santo, David había declarado que Dios le dijo al Mesías que se sentara **a la derecha** de Dios, un lugar reconocido por los judíos como una designación de igualdad en rango y autoridad. El verbo detrás de **siéntate** en el texto original indica acción continua de sentarse en el lugar de exaltación. Dios estaba llevando al Mesías a un lugar de igualdad consigo mismo en honor, poder y gloria.

En la mano **derecha** de Dios, el Mesías sería invencible, ya que Dios pondría a sus **enemigos por estrado de** sus **pies,** una figura de deplorable e impotente sometimiento. Cuando un enemigo derrotado era llevado delante de un antiguo monarca oriental, el gobernante hacía postrar a sus pies al prisionero. El rey ponía entonces su pie sobre el cuello del enemigo vencido como si este fuera un estrado (véase Jos. 10:24). Todos los detractores, negadores y otros **enemigos** del Mesías están condenados a someterse debajo del control divino.

Críticos liberales han sostenido por mucho tiempo que David no pudo haber escrito el Salmo 110, afirmando que el lenguaje hebreo en la época de David no se había desarrollado hasta el nivel encontrado en el salmo y que David no habría estado familiarizado con la relación sacerdote-rey expresada en el versículo 4. Pero descubrimientos históricos y arqueológicos han demostrado que ambas suposiciones son infundadas. Algunos críticos también niegan el carácter mesiánico del salmo, en gran parte porque descartan toda revelación sobrenatural, y en consecuencia toda profecía predictiva. Sostienen que si una "predicción" se hace realidad, obviamente se escribió después del suceso. Pero ese enfoque humanista no solo hace que las Escrituras sean intencionalmente engañosas, sino que convierte a Jesús mismo en un mentiroso o en un crédulo. Si Jesús declaró ser divino sin serlo, difícilmente pudo haber sido el modelo para el más elevado nivel de virtud humana, tal como afirman esos mismos críticos. O si los escritores del evangelio malinterpretaron lo que el Señor dijo acerca de sí mismo, ¿cómo podría considerarse fiable cualquier otra cosa que informaron acerca de Él?

Jesús preguntó a los fariseos: **Pues si David le llama Señor, ¿cómo es su hijo?** El planteamiento del Señor era que el título "Hijo de David" por sí solo no era suficiente para el Mesías, que Él también es el Hijo de Dios. **David** no se habría dirigido a un simple descendiente humano como **Señor**. Jesús en realidad estaba declarando: "No estoy dándoles ninguna enseñanza o revelación nueva. Ustedes deberían haber podido imaginárselo por sí mismos, y lo habrían hecho si de veras creyeran en las Escrituras". La élite religiosa del judaísmo nunca había visto esa verdad evidente porque, al igual que muchas personas de hoy, no buscaban la verdad en la Biblia. Cuando escudriñaban las Escrituras, lo hacían con el propósito de tratar de apuntalar sus tradiciones religiosas humanamente creadas, además de sus preferencias personales.

Jesús no menciona la conclusión más importante a la que los fariseos debieron haber llegado acerca de lo que acababa de decirles: que Él mismo era el Mesías divino, el Hijo de David e Hijo de Dios. No fue necesario que Jesús hiciera eso porque había estado presentando sus credenciales mesiánicas divinas durante tres años. Había realizado tantas cosas para probar que era el Hijo de Dios, que los incrédulos tuvieron que negar lo obvio para concluir cualquier otra cosa. Los prodigios y los milagros registrados en los evangelios son solo una parte de innumerables más que Él realizó. Juan nos informa: "Hizo además Jesús muchas otras señales en presencia de sus discípulos, las cuales no están escritas en este libro. Pero éstas se han escrito para que creáis que Jesús es el Cristo, el Hijo de Dios, y para que creyendo, tengáis vida en su nombre" (Jn. 20:30-31; cp. 21:25).

Aunque Jesús estaba corrigiendo el concepto incompleto de los fariseos respecto a quién era Él, también parece haber estado haciéndoles otra invitación a creer en Él. Varios de los escribas, incluso aquel que le había preguntado al Señor acerca del más grande mandamiento, lo elogiaron por sus sabias respuestas a las preguntas que le hacían para probarlo (Mr. 12:32; Lc. 20:39). Jesús incluso le dijo al intérprete de la ley que este no estaba lejos del reino (Mr. 12:34). Sin duda alguna hubo otros en el templo ese día que enternecieron el corazón y estuvieron abiertos a la verdad de Dios, y que pudieron ser guiados a confiar en Él y seguirlo como Señor si estaban convencidos de que en realidad era el Hijo de Dios.

Jesús obviamente no era un fantasma, como algunos herejes en la iglesia primitiva propusieron. Él comió, bebió, durmió, sintió dolor, sangró y murió. Incluso "fue tentado en todo según nuestra semejanza, pero sin pecado" (He. 4:15). Jesús fue el Hijo del Hombre en toda forma. Que fue específicamente el Hijo de David era obvio y demostrable por los registros del templo. Y que fue el divino Hijo de Dios era obvio por el sinnúmero de milagros que realizó para que todos vieran.

Jesús comparte con Dios todos los atributos de omnipotencia. Él es el Creador, el controlador de los cielos y la tierra con todas sus criaturas. Es el proveedor de alimento, el sanador de los enfermos, el resucitador de los muertos, el perdonador del pecado, el dador de vida eterna, y el juez de todos los hombres y de los ángeles.

Jesús comparte con Dios todos los atributos de la omnipresencia, tal como Él mismo declaró: "Donde están dos o tres congregados en mi nombre, allí estoy yo en medio de ellos" (Mt. 18:20).

Jesús comparte con Dios todos los atributos de la omnisciencia. Él sabía lo que tanto sus discípulos como sus enemigos estaban pensando. "No tenía necesidad de que nadie le diese testimonio del hombre, pues él sabía lo que había en el hombre" (Jn. 2:25).

El Nuevo Testamento presenta constantemente a Cristo como Hijo de David e Hijo de Dios. El mensaje del evangelio que Pablo predicó y del que escribió fue prometido por Dios "antes por sus profetas en las santas Escrituras, acerca de su Hijo, nuestro Señor Jesucristo, que era del linaje de David según la carne, que fue declarado Hijo de Dios con poder, según el Espíritu de santidad, por la resurrección de entre los muertos" (Ro. 1:2-4). Pablo aconsejó a Timoteo: "Acuérdate de Jesucristo, del linaje de David" (2 Ti. 2:8).

En su carta a los creyentes en Filipos, Pablo escribió:

> *Haya, pues, en vosotros este sentir que hubo también en Cristo Jesús, el cual, siendo en forma de Dios, no estimó el ser igual a Dios como cosa a que aferrarse, sino que se despojó a sí mismo, tomando forma de siervo, hecho semejante a los hombres; y estando en la condición de hombre, se humilló a sí mismo, haciéndose obediente hasta la muerte, y muerte de cruz. Por lo cual Dios también le exaltó hasta lo sumo, y le dio un nombre que es sobre todo nombre, para que en el nombre de Jesús se doble toda rodilla de los que están en los cielos, y en la tierra, y debajo de la tierra; y toda lengua confiese que Jesucristo es el Señor, para gloria de Dios Padre (Fil. 2:5-11).*

Juan declaró: "Aquel Verbo fue hecho carne, y habitó entre nosotros (y vimos su gloria, gloria como del unigénito del Padre), lleno de gracia y de verdad" (Jn. 1:14).

En su clásica obra apologética *Protestant Christian Evidences*, Bernard Ramm ofrece una serie de respuestas mordaces a la pregunta que él mismo plantea: "Si Dios se hubiera encarnado, ¿qué tipo de hombre sería?". En forma abreviada, seis de las respuestas son: esperaríamos que no tuviera pecado; esperaríamos que fuera santo; esperaríamos que sus palabras fueran las más grandiosas jamás dichas; esperaríamos que ejerciera profundo poder sobre la personalidad humana; esperaríamos que realizara hechos sobrenaturales; y esperaríamos que manifestara el amor de Dios. De todos los seres humanos que han vivido, solamente Jesucristo cumple todos esos criterios ([Chicago; Moody, 1953], pp. 166-75).

LA RESPUESTA INADECUADA

Y nadie le podía responder palabra; ni osó alguno desde aquel día preguntarle más. (22:46)

Es probable que algunos de los dirigentes que oyeron a Jesús ese día finalmente creyeran en Él. Pero cuando el Señor terminó su corta pero irrefutable prueba de la divinidad del Mesías no hay ningún indicio de que alguien se beneficiara de esa gran verdad.

Marcos reporta que "gran multitud del pueblo le oía de buena gana" (Mr. 12:37), pero ese sentimiento estaba lejos de ser confianza que salva. La respuesta inicial de la gente fue favorable, pero a los dos días muchos de ellos gritaban junto con los principales sacerdotes y los ancianos que los incitaban: "¡Sea crucificado!" (Mt. 27:22).

Los fariseos y otros líderes religiosos que estuvieron allí ese día quedaron sin habla pero no convencidos, acallados pero sin sentido de condenación, humillados pero no apocados, de mala gana impresionados pero todavía incrédulos. Sin duda estaban pensando que el rabino sin educación ni ordenación, y en sus mentes además un rabino no ortodoxo de Nazaret, los había intimidado y avergonzado por última vez.

La religión de justicia propia siempre ha sido el mayor enemigo del evangelio. Por lo general el secularismo es indiferente, mientras que la religión humana es invariablemente hostil.

La mujer samaritana a quien Jesús encontró en el pozo en las afueras de Sicar fue la primera persona a quien Él reveló directamente su condición mesiánica. Después que ella comentara "que ha de venir el Mesías, llamado el Cristo", entonces "Jesús le dijo: Yo soy, el que habla contigo" (Jn. 4:25-26). Esa mujer confió en Cristo, y de inmediato fue a su aldea y testificó a otros, muchos de los cuales también creyeron (vv. 39-42). Sin embargo, la mayoría de samaritanos no creyeron y a través de los siglos no han creído. Hoy día tal vez son menos de quinientos en número, y tal como sus homólogos judíos, aún esperan un Mesías que ya vino. Al igual que muchas personas, ellos se niegan a creer la verdad, aunque el testimonio de las Escrituras es abrumadoramente convincente.

El carácter de los falsos líderes espirituales

121

Entonces habló Jesús a la gente y a sus discípulos, diciendo: En la cátedra de Moisés se sientan los escribas y los fariseos. Así que, todo lo que os digan que guardéis, guardadlo y hacedlo; mas no hagáis conforme a sus obras, porque dicen, y no hacen. Porque atan cargas pesadas y difíciles de llevar, y las ponen sobre los hombros de los hombres; pero ellos ni con un dedo quieren moverlas. Antes, hacen todas sus obras para ser vistos por los hombres. Pues ensanchan sus filacterias, y extienden los flecos de sus mantos; y aman los primeros asientos en las cenas, y las primeras sillas en las sinagogas, y las salutaciones en las plazas, y que los hombres los llamen: Rabí, Rabí. Pero vosotros no queráis que os llamen Rabí; porque uno es vuestro Maestro, el Cristo, y todos vosotros sois hermanos. Y no llaméis padre vuestro a nadie en la tierra; porque uno es vuestro Padre, el que está en los cielos. Ni seáis llamados maestros; porque uno es vuestro Maestro, el Cristo. El que es el mayor de vosotros, sea vuestro siervo. Porque el que se enaltece será humillado, y el que se humilla será enaltecido. (23:1-12)

Mateo 23 nos presenta el último sermón público de Jesús. No fue una prédica sobre la salvación, sobre la resurrección, o sobre principios de la vida en el reino, sino más bien se trató de un mensaje vital y aleccionador de condenación contra los falsos maestros. En los versículos 1-7 el Maestro advierte al pueblo acerca de los falsos dirigentes religiosos en Israel, y en los versículos 8-12 aconseja a los discípulos y a otros líderes espirituales verdaderos a no emular a los falsos. El Señor vuelve entonces su atención directamente a los mismos falsos dirigentes, personificados por los escribas y fariseos, y les hace su última y más fuerte denuncia (vv. 13-36). En sus comentarios de conclusión (vv. 37-39) expresa su compasión intensa por la incrédula nación de Israel y ofrece la seguridad de que un día, en cumplimiento de la promesa soberana de Dios, su pueblo escogido regresará en fe al Señor.

Desde la caída, el mundo siempre ha tenido falsos líderes religiosos que fingen representar a Dios pero que se representan a sí mismos. Los falsos líderes estaban activos en el plan rebelde para erigir la torre de Babel. Moisés entró en serio conflicto con los hechiceros y magos religiosos de Egipto cuando les exigió que liberaran al pueblo de Dios esclavizado por el faraón, quien es probable que se considerara un dios (véase Éx. 7:11-12, 22; 8:7). Ezequiel enfrentó a los falsos profetas en Israel, a quienes Dios llamó "profetas insensatos, que andan en pos de su propio espíritu, y nada han visto" (Ez. 13:3).

Jesús se refirió a los falsos dirigentes religiosos como "falsos Cristos, y falsos profetas [que] harán grandes señales y prodigios, de tal manera que engañarán, si fuere posible, aun a los escogidos" (Mt. 24:24). Pablo los llamó predicadores de un evangelio pervertido (Gá. 1:8) y proveedores de las doctrinas de los demonios (1 Ti. 4:1). Pedro habló de ellos como quienes "introducirán encubiertamente herejías destructoras, y aun negarán al Señor que los rescató" (2 P. 2:1). Juan los llamó anticristos que niegan que Jesús es el Mesías, el Cristo (1 Jn. 2:18, 22). Judas los llamó "soñadores [que] mancillan la carne, rechazan la autoridad y blasfeman de las potestades superiores" (Jud. 8). Como Pablo declarara a los ancianos efesios en su breve y conmovedora reunión con ellos en la playa cerca de Mileto, los falsos dirigentes religiosos son "lobos rapaces" del mundo espiritual cuyo propósito es corromper y destruir al pueblo de Dios (Hch. 20:29).

Las páginas de religión de los periódicos importantes en nuestra época están plagadas de anuncios de todo tipo acerca de sectas y falsas religiones, incluso formas desviadas de cristianismo, como también hermandades y comunidades esotéricas. Muchos de esos grupos se hacen pasar como formas de cristianismo, y afirman enseñar un evangelio nuevo y mejor. Si bien pretenden ofrecer vida y ayuda espiritual, en lugar de eso enseñan el camino de la muerte y la condenación espiritual. Con el pretexto de llevar personas al cielo, las dirigen directamente al infierno.

La Biblia deja en claro que a medida que la segunda venida de Cristo se acerca, proliferarán falsificadores del evangelio que acumularán para sí mismos gran cantidad de seguidores e inmensa influencia (véase p. ej. 2 Ts. 2:3-4; 1 Ti. 4:1-3; 2 Ti. 3:1-9; 2 P. 2:1-3). La única vez en la historia igual a como será esa época futura inspirada por demonios fue el tiempo del ministerio de nuestro Señor en la tierra. En un esfuerzo desesperado por contradecir lo que Jesús enseñaba y hacía, en dicha época todo el infierno reunió sus fuerzas en un asalto de tres años contra el Hijo de Dios. Es contra los instrumentos humanos de ese ataque satánico que Jesús dirigió su último mensaje público y permanentemente instructivo, entregado casi al final de una larga y agotadora jornada de enseñanza y confrontación en el templo.

El diálogo entre Jesús y las autoridades del templo había terminado porque "nadie le podía responder palabra; ni osó alguno desde aquel día preguntarle más" (Mt. 22:46). Aunque el Señor habló a menudo contra los incrédulos dirigentes religiosos (véase Mt. 5:20; 15:1-9; 16:6-12; Jn. 8:44), era necesario dar un mensaje final, una última advertencia absoluta para ellos y para todos los demás, acerca del peligro eterno de las enseñanzas perversas que impartían. Sin duda tampoco Jesús quiso dar a esos incrédulos líderes la oportunidad de volverse de la falsedad que los caracterizaba y seguir al Señor para perdón y salvación.

Parece evidente que ese día muchos corazones se suavizaron al evangelio, incluso los corazones de algunos de los dirigentes. Solo en el día de Pentecostés como tres mil almas vinieron al Señor (Hch. 2:41), y pudo haber ocurrido que ocho o diez veces esa cantidad creyera en algunos meses más, a medida que los apóstoles llenaran "a Jerusalén de [la] doctrina" que enseñaban (Hch. 5:28). Podemos estar seguros de que muchos, y quizás la mayoría de convertidos en esos primeros días habían visto y oído personalmente a Jesús, y habían sido atraídos a su verdad y gracia por el Espíritu Santo. Tal vez para algunos este mensaje fue el punto de atracción inicial hacia Jesucristo.

DESCRIPCIÓN DE LOS FALSOS DIRIGENTES ESPIRITUALES

Entonces habló Jesús a la gente y a sus discípulos, diciendo: En la cátedra de Moisés se sientan los escribas y los fariseos. Así que, todo lo que os digan que

guardéis, guardadlo y hacedlo; mas no hagáis conforme a sus obras, porque dicen, y no hacen. Porque atan cargas pesadas y difíciles de llevar, y las ponen sobre los hombros de los hombres; pero ellos ni con un dedo quieren moverlas. Antes, hacen todas sus obras para ser vistos por los hombres. Pues ensanchan sus filacterias, y extienden los flecos de sus mantos; y aman los primeros asientos en las cenas, y las primeras sillas en las sinagogas, y las salutaciones en las plazas, y que los hombres los llamen: Rabí, Rabí. (23:1-7)

En este momento **habló Jesús** directamente **a la gente y a sus discípulos,** pero los dirigentes religiosos, más particularmente **los escribas y los fariseos,** estaban al alcance del oído en las inmediaciones (véase v. 13).

Cuando los judíos regresaron a Palestina después de setenta años de cautiverio en Babilonia, las Escrituras volvieron a tener por un tiempo su lugar central en la vida y la adoración de Israel, humanamente hablando y en gran manera debido al avivamiento bajo el liderazgo de Nehemías y Esdras (véase Neh. 8:1-8). Este último fue uno de los primeros escribas judíos en el sentido en que el título se utilizaba en la época de Jesús.

Un antiguo dicho judío aseguraba que Dios concedió la ley a los ángeles, los ángeles la transmitieron a Moisés, Moisés la dio a Josué, Josué la entregó a los ancianos, los ancianos la pasaron a los profetas, y los profetas la transmitieron a los hombres de la sinagoga, a los que más tarde se les llamó **escribas.** Con el paso de los años esos escribas de las sinagogas se volvieron responsables no solo de copiar y preservar sino también de enseñar e interpretar la ley de Dios. No hubo más profetas después del exilio, y los escribas heredaron el papel principal del liderazgo espiritual en Israel. En la época de Jesús los **escribas** se encontraban entre **los fariseos** y los saduceos, pero estaban más comúnmente vinculados con los fariseos.

Aunque se desconoce el origen exacto de **los fariseos,** aparecieron en algún momento antes de la mitad del siglo ii a.C. Tal vez llegaron a ser como unos seis mil, muchos de ellos también eran escribas, autoridades en la ley judía, tanto bíblica como tradicional. Como se ha observado muchas veces en este estudio de Mateo, **los fariseos** eran en gran manera el grupo religioso dominante en la época de Jesús y el más popular con el pueblo. El otro grupo importante, los saduceos, estaban en gran parte a cargo del templo, pero la preocupación que los motivaba no era la religión sino el dinero y el poder. Los herodianos, como su hombre sugiere, eran un partido político leal a la familia Herodes. Los esenios, que no se mencionan en la Biblia, eran una secta dada a recluirse, que dedicaban gran parte de sus esfuerzos a copiar las Escrituras, y los zelotes eran nacionalistas radicales que trataban de vencer militarmente a Roma. Al igual que los saduceos, el interés que los herodianos y los zelotes tenían en la religión estaba motivado principalmente por el deseo de beneficio personal y político. En consecuencia, era a **los escribas y los fariseos** a quienes el pueblo miraba en busca de guía y autoridad, papel este que tales dirigentes apreciaban en gran manera.

William Barclay, quien dedicó muchos años a la investigación bíblica en Palestina, informa que el Talmud (*Sotah,* 22*b*) habla de siete tipos de fariseos.

Al primero Barclay lo llama "el fariseo del hombro", llamado así debido a la costumbre que tenía de exhibir informes de sus buenas obras sobre sus hombros para que otras personas los vieran y admiraran. Cuando oraba se ponían ceniza en la cabeza como un acto de humildad, y usaba expresiones de tristeza en su rostro para dar la impresión de piedad.

Al segundo lo llamó "fariseo espera-un-poco" debido a su astuta habilidad de ingeniar razones espirituales fabricadas para dejar de hacer algo bueno. Las excusas piadosas eran su especialidad.

El tercero era el "fariseo acardenalado y sangrante". A fin de no cometer el pecado de mirar con lujuria a una mujer, esos fariseos cerraban los ojos siempre que había una mujer cerca. Es comprensible que recibieran muchos moretones y rasguños al chocar con paredes, postes y otros objetos. Medían su piedad por la cantidad y severidad de sus heridas.

El cuarto tipo era el "fariseo de la joroba". A fin de mostrar su supuesta humildad andaba con la espalda encorvada y arrastraba los pies en lugar de dar pasos normales, lo que lo llevaba a tener frecuentes tropezones y caídas.

El quinto tipo era el "fariseo contador", llamado así debido al meticuloso registro que mantenía de sus buenas obras a fin de determinar cuánta recompensa le debía Dios.

El sexto tipo eran el "fariseo tímido", cuyo terror por la posibilidad del infierno motivaba todo lo que hacía.

El séptimo y último tipo era el "fariseo temeroso de Dios", aquel cuya vida estaba motivada por amor verdadero hacia Dios y por un deseo de agradarlo. El fariseo Nicodemo (véase Jn. 3:1; 19:39) era sin ninguna duda de este tipo.

Pero Nicodemo y pocos fariseos más que creyeron en Jesús fueron en gran medida las excepciones. En su mayoría, los fariseos fueron los críticos más estridentes y los enemigos más implacables del Señor. En Mateo 23:2-7 Jesús presenta cinco características de los incrédulos **escribas y fariseos,** características que tipifican a todos los falsos líderes espirituales.

LOS FALSOS LÍDERES CARECEN DE AUTORIDAD

En la cátedra de Moisés se sientan (23:2*b*)

La característica inicial que describe a los falsos dirigentes religiosos es la falta de autoridad divina. La clave para el punto de nuestro Señor es el hecho de que los escribas y fariseos **se sientan** ellos mismos. No fueron nombrados por Dios para sentarse **en la cátedra de Moisés** y ni siquiera fueron elegidos por el pueblo. Simplemente ellos mismos se apropiaron de esa posición de autoridad, la cual por tanto era falsa.

Cátedra viene de *kathedra,* el término griego del que obtenemos *catedral,* que originalmente se refería a un lugar o sede de autoridad eclesiástica. La misma idea se encuentra hoy día en expresiones tales como "cátedra de filosofía", o "cátedra de historia", que se refieren a los profesorados más estimados en una universidad. Cuando el papa de la Iglesia Católica Romana habla en su plena autoridad eclesiástica, se dice que está hablando *ex cátedra.*

Para los judíos, **Moisés** era el portavoz supremo de Dios. Por tanto, sentarse

en la cátedra de Moisés equivalía a ser portavoz autorizado de Dios, y esa misma afirmación era la que muchos de los escribas y fariseos hacían de sí mismos.

Fue por eso que se sentían sumamente envidiosos de Jesús y decididos a desacreditarlo. Estaban furiosos porque el pueblo discernía que Jesús enseñaba con una autoridad que parecía auténtica (Mt. 7:29). Incluso para las masas sin educación, algo acerca de la enseñanza de los escribas y fariseos no parecía verdadero, mientras que la enseñanza de Jesús sí la sentían auténtica. De ahí que el Señor fuera una amenaza para esos dirigentes y su autoridad religiosa hasta ese momento indiscutible.

Jeremías fue confrontado por falsos profetas en su época, profetas que el Señor reiteradamente afirmaba no haberlos enviado y que no predicaban el mensaje divino. Dios le declaró al profeta: "No los envié, ni les mandé, ni les hablé; visión mentirosa, adivinación, vanidad y engaño de su corazón os profetizan" (Jer. 14:14). Más adelante el Señor le declaró a Jeremías: "No envié yo aquellos profetas, pero ellos corrían; yo no les hablé, mas ellos profetizaban… He aquí, dice Jehová, yo estoy contra los que profetizan sueños mentirosos, y los cuentan, y hacen errar a mi pueblo con sus mentiras y con sus lisonjas, y yo no los envié ni les mandé; y ningún provecho hicieron a este pueblo, dice Jehová" (23:21, 32; cp. 27:13; 28:15; 29:9).

Dios le dijo a Isaías que muchos en el pueblo no escucharían sus palabras, declarándole: "Porque este pueblo es rebelde, hijos mentirosos, hijos que no quisieron oír la ley de Jehová; que dicen a los videntes: No veáis; y a los profetas: No nos profeticéis lo recto, decidnos cosas halagüeñas, profetizad mentiras" (Is. 30:9-10). Las personas pecadoras resisten la verdad de Dios porque esta los reprende, y de modo natural se vuelven a falsas religiones y filosofías porque de un modo u otro tales sistemas aprueban o consienten sus perversos deseos e inclinaciones. Por tanto, son presas fáciles de falsos maestros que apelan a sus naturalezas básicas.

Jesús advirtió que tales maestros y líderes son pastores mentirosos que no entran al rebaño por la puerta, sino que trepan de forma subrepticia la pared para causar estragos entre el rebaño. Son ladrones que no vienen "sino para hurtar y matar y destruir" (Jn. 10:1, 10). No representan a Dios ni hablan en su nombre o en su autoridad, sino que son engañadores, usurpadores y destructores de la Palabra de Dios, de la obra de Dios, y del pueblo de Dios.

Estos malvados están en marcado contraste con aquellos que auténticamente son enviados por el Señor como ministros de su evangelio, que Él les ha encomendado (Gá. 1:15). Al igual que Timoteo, han sido llamados y apartados para Dios por medio de la imposición de manos como confirmación de la comisión y autoridad divina que tienen (1 Ti. 4:14). Son como los apóstoles, sobre quienes el Señor "sopló, y les dijo: Recibid el Espíritu Santo" (Jn. 20:22) y a quienes más tarde declaró: "Toda potestad me es dada en el cielo y en la tierra. Por tanto, id, y haced discípulos a todas las naciones" (Mt. 28:18-19).

Por otra parte, los falsos líderes carecen de autoridad divina en lo que dicen y hacen. Son ministros autonombrados de ideas y tradiciones humanas, y promueven sus falsas nociones que para sus propios propósitos egoístas empañan la verdad de Dios y pervierten la justicia divina.

Al igual que en los tiempos de los profetas y en la época de Jesús, el mundo aún está lleno de maestros que afirman hablar en el nombre y en el poder de Dios, pero no es así. Con mentiras, falsas promesas, ilusiones, sueños y visiones usurpan el lugar de los verdaderos pastores del Señor, y por lo general son culpables de llevar vidas inmorales.

LOS FALSOS LÍDERES CARECEN DE INTEGRIDAD

Así que, todo lo que os digan que guardéis, guardadlo y hacedlo; mas no hagáis conforme a sus obras, porque dicen, y no hacen. (23:3)

Segunda, los falsos dirigentes religiosos se caracterizan por falta de integridad. Hipócritamente exigen que otros hagan muchas cosas que ellos mismos no hacen.

Con el consejo dado a sus seguidores: **todo lo que os digan que guardéis, guardadlo y hacedlo,** Jesús obviamente no estaba hablando exhaustivamente de las mentiras y los errores que ellos enseñaban, sino solo de las instrucciones que daban que se ajustaban a las Escrituras. El Señor había dejado en claro que la justicia aceptable a Dios excedía a la de los hipócritas, orientada en obras de justicia propia que los escribas y fariseos defendían y practicaban (Mt. 5:20). En su siguiente comentario, Jesús también clarifica que las innumerables tradiciones hechas por el hombre que ellos mantenían, eran inútiles y alejaban de Dios a las personas en lugar de llevarlas hacia Él. Muchas de tales tradiciones contradecían realmente la ley de Dios. Ellos estaban equivocados en cuanto a asesinato, fornicación, divorcio, adulterio, juramentos, oración, adoración y prácticamente en todos los demás aspectos de vida (véase 5:21-48). Invalidaban "el mandamiento de Dios por [la] tradición" que defendían (15:6).

Jesús no estaba dando aprobación general para seguir las enseñanzas de los escribas y fariseos, sino que más bien estaba advirtiendo en contra de quemar el trigo junto con la cizaña. En otras palabras, Jesús estaba diciendo que si ellos hablaban la verdad de Dios, el pueblo debía guardarla y cumplirla. La Palabra de Dios sigue siendo el mensaje de Dios, incluso en la boca de un falso maestro. Siempre que los escribas y fariseos enseñaban con exactitud la ley y los profetas, tal enseñanza debía escucharse.

El verbo *poieō* (**hacedlo**) es un imperativo aoristo y exige una respuesta inmediata. *Tēreō* (**guardadlo**) es un presente imperativo y transmite la idea de acción continua. Por tanto, Jesús estaba diciendo: "Si está de acuerdo con la Palabra de Dios, obedezcan y guarden inmediatamente lo que los escribas y fariseos enseñan".

Mas no hagáis conforme a sus obras. Cuando los escribas y fariseos ocasionalmente enseñaban la verdad de Dios, ellos mismos no la obedecían. El Señor aclaró que ellos **dicen pero no hacen.** Se trataba de farsantes religiosos, hipócritas consumados que no practicaban lo que predicaban.

Los incrédulos dirigentes religiosos no tenían capacidad para guardar la ley de Dios aunque auténticamente quisieran hacerlo, porque no poseían los recursos espirituales para hacer que esa obediencia fuera posible. Al no ser redimidos vivían solo en la carne y por el poder de la carne, y la carne no puede cumplir la ley de Dios (Ro. 3:20). Tampoco tiene poder para impedir lo malo ni para hacer lo bueno. Puede desarrollar sistemas impresionantes y sofisticados de códigos externos de conducta moral y ética, pero no puede fortalecer a los seres humanos para que vivan de acuerdo con esos códigos. Puede hablar mucho acerca del amor de Dios y de su voluntad para que el hombre viva en amor, pero no puede producir amor en un corazón pecador. Puede hablar mucho acerca de servir a los pobres y vivir en paz, pero no puede producir amor auténtico por los pobres ni paz genuina en el corazón, mucho menos en el mundo. Muchas religiones, sectas y hermandades tienen elevadas normas morales, promueven lazos familiares cercanos, y abogan por la generosidad, la buena vecindad y la buena ciudadanía. Pero ya que todos esos sistemas son hechos por el hombre, funcionan totalmente en el poder de la carne, la cual solo puede producir las obras de la carne. Únicamente "el hombre interior" de la nueva criatura en Cristo puede deleitarse "en la ley de Dios" (Ro. 7:22), y solamente la vida redimida, la vida creada "en Cristo Jesús para buenas obras" (Ef. 2:10) es capaz de hacer buenas obras.

Más tarde en esta diatriba contra los escribas y fariseos, el Señor habla de que diezman cuidadosamente "la menta y el eneldo y el comino", pero hacen de lado "lo más importante de la ley: la justicia, la misericordia y la fe" (Mt. 23:23). La menta, el eneldo, y el comino no eran cultivos que se cosechaban con fines de lucro sino que eran especias de jardín usadas en la cocina, y por tanto diezmar esas hierbas era de muy poco valor. Sin embargo, mientras esos dirigentes eran meticulosos en dar a la sinagoga o al templo la décima parte de semilla de cada hierba, se despreocupaban por completo en cuanto a cumplir las exigencias morales de la ley de Dios, representadas en la justicia, la misericordia, y la fe. Eran diestros en dar buena apariencia de vida correcta, en limpiar el exterior del vaso. Pero Jesús declaró que por dentro no eran más que ladrones autoindulgentes, cadáveres descompuestos de hombres espiritualmente muertos. "Así también vosotros por fuera, a la verdad, os mostráis justos a los hombres, pero por dentro estáis llenos de hipocresía e iniquidad" (vv. 25-28).

A menudo sin éxito, los falsos líderes religiosos tratan de poner un disfraz sobre su conducta malvada para impedir que se vea, pero al hacerlo simplemente la retienen debajo de la superficie donde supura, se pudre, y se vuelve aún más corrupta. Pablo habla de que tales hipócritas tienen "cauterizada la conciencia" con un hierro al rojo vivo (1 Ti. 4:2). Han pecado por tanto tiempo y tan voluntariamente que sus conciencias han perdido toda sensibilidad a la verdad y la santidad, así como el tejido de una cicatriz pierde la sensibilidad al dolor.

Pedro describe de forma vívida la naturaleza de los falsos profetas y maestros, acerca de los cuales advierte solemnemente a los creyentes que esos hipócritas introducen "encubiertamente herejías destructoras, y aun negarán al Señor que los rescató, atrayendo sobre sí mismos destrucción repentina". El apóstol afirma que van tras "sus disoluciones [y que], por causa de [ellos] el camino de la verdad [es] blasfemado, y por avaricia [hacen] mercadería de [los creyentes] con palabras fingidas" (2 P. 2:1-3). Además, los describe de este modo:

Siguiendo la carne, andan en concupiscencia e inmundicia, y desprecian el señorío. [Son] atrevidos y contumaces… animales irracionales, nacidos para presa y destrucción [que] perecerán en su propia perdición… inmundicias y manchas, quienes… se recrean en sus errores… Tienen los ojos llenos de adulterio, no se sacian de pecar, seducen a las almas inconstantes, tienen el corazón habituado a la codicia, y son hijos de maldición… fuentes sin agua, y nubes empujadas por la tormenta… Pues hablando palabras infladas y vanas, seducen con concupiscencias de la carne y disoluciones a los que verdaderamente habían huido de los que viven en error. Les prometen libertad, y son ellos mismos esclavos de corrupción (vv. 10, 12-14, 17-19).

Como se indicó anteriormente, Judas se refiere a estos hipócritas en términos parecidos, llamándolos soñadores de sueños malvados, profanadores de la carne, rebeldes que desprecian a la autoridad e insultan a las majestades angelicales, blasfemos, animales irracionales, arrecifes ocultos, nubes sin agua, "árboles otoñales, sin fruto, dos veces muertos y desarraigados; fieras ondas del mar, que espuman su propia vergüenza; estrellas errantes, para las cuales está reservada eternamente la oscuridad de las tinieblas" (Jud. 8, 10, 12-13).

En el corazón no regenerado no puede restringirse la depravación ni puede producirse la virtud. Por eso, hasta el mejor sistema hecho por el hombre, incluso uno que adopta normas que la Biblia misma propugna, no puede impedir que sus seguidores hagan lo malo ni puede facultarlos para que hagan lo que es realmente correcto, por la simple razón que no puede cambiarles los corazones. Por eso también todo sistema que proporciona al hombre el deber de hacerse justo delante de Dios está condenado a hipocresía y vergüenza, porque lo mejor que puede producir es justicia externa, buenas obras externas, amor externo, y paz externa, mientras el depravado ser interior permanece sin ningún cambio.

LOS FALSOS LÍDERES CARECEN DE COMPASIÓN

Porque atan cargas pesadas y difíciles de llevar, y las ponen sobre los hombros de los hombres; pero ellos ni con un dedo quieren moverlas. (23:4)

Tercera, los falsos dirigentes religiosos se caracterizan por la falta de compasión. No solo son usurpadores e hipócritas sino también carentes de amor e indiferentes.

La imagen que Jesús ofrece aquí refleja la costumbre común de esa época, y de habitantes de muchas naciones subdesarrolladas hoy día, de cargar un burro, un camello, o cualquier otro animal de carga hasta el punto en que apenas pueda moverse. Cuando van por el camino, el dueño suele andar junto a la bestia, sin cargar nada él mismo, reprendiendo y golpeando al animal si sucede que tropieza o se planta, sin ninguna preocupación por los sentimientos o el bienestar del animalito.

Jesús declaró que esa era exactamente la manera en que los escribas y fariseos trataban a sus compatriotas judíos. Solían poner **cargas pesadas y difíciles de llevar** en cuanto a regulaciones, reglas y rituales religiosos **sobre los hombros de los hombres** hasta que tales normas se volvían insoportables e imposibles **de llevar.** Y cuando las personas no lograban cumplir con los requerimientos, como estaban destinadas a hacer, recibían sermones y reprensión por parte de los líderes, quienes de este modo añadían la carga de la culpa a la del agotamiento y la frustración.

Al pueblo se le enseñaba que únicamente por sus buenas obras podía agradar a Dios. Si al final de la vida las buenas obras sobrepasaban a las malas, Dios les concedería la entrada al cielo. Pero los escribas y fariseos no ofrecían a las personas ninguna ayuda para lograr esos objetivos carnales, mucho menos espirituales. **Ellos ni con un dedo** estaban dispuestos a mover esas insoportables cargas. En consecuencia, el judaísmo se había vuelto insoportable, deprimente y debilitante.

Por otra parte, las buenas nuevas que Jesús enseñó eran que Él llevaría la carga del pecado que siempre sobrepasaba a las buenas obras que la gente realizaba. Por eso es que Pablo se enfureció con los judaizantes, quienes intentaban que los gálatas regresaran al legalismo. Al apóstol no le importó quiénes eran ellos ni qué afirmaban ser. "Mas si aun nosotros, o un ángel del cielo, os anunciare otro evangelio diferente del que os hemos anunciado, sea anatema. Como antes hemos dicho, también ahora lo repito: Si alguno os predica diferente evangelio del que habéis recibido, sea anatema" (Gá. 1:8-9). Más tarde manifestó en la misma carta: "Estad, pues, firmes en la libertad con que Cristo nos hizo libres, y no estéis otra vez sujetos al yugo de esclavitud" (5:1).

Los escribas y fariseos no tenían ningún interés en la gracia, el perdón y la misericordia de Dios, porque esas disposiciones divinas no tomaban en consideración el mérito humano o las buenas obras. Ellos no podían comprender y les ofendía profundamente un evangelio que no les acreditaba la propia bondad que creían tener. Además, un evangelio que declaraba: "Humillaos, pues, bajo la poderosa mano de Dios" (1 P. 5:6) les ofendía la sensibilidad moral.

Los escribas y fariseos no creían necesitar la gracia de Dios para sí mismos ni querían predicársela a otros, porque esa verdad liberadora socavaba todo el sistema de obras de justicia que habían creado y por el cual habían mantenido al pueblo en sometimiento a la propia autoridad humana que tenían.

Ciertos falsos líderes en la iglesia primitiva prohibían casarse y "abstenerse de alimentos que Dios creó para que con acción de gracias participasen de ellos los creyentes y los que han conocido la verdad" (1 Ti. 4:3). Bajo el nombre de Cristo el catolicismo romano todavía prohíbe el matrimonio de sus clérigos y enseña la abstinencia de ciertos alimentos en ciertos días, así como otras doctrinas legalistas y antibíblicas.

Pedro declaró de los falsos maestros que "por avaricia harán mercadería de vosotros con palabras fingidas" (2 P. 2:3). Aquellos bajo el cuidado de un líder tan carnal e impío no son más que mercancía para ser explotada con el fin de alimentar el ego y la billetera de ese malvado.

Por siglos Israel había estado tropezando y cayendo bajo la carga de dirigentes religiosos endurecidos y sin escrúpulos que, aunque afirmaban ministrar en nombre de Dios, no tenían amor por Dios ni por su pueblo. Mucho antes de la época de Cristo el Señor advirtió a Ezequiel en cuanto a tales sujetos, diciendo:

Hijo de hombre, profetiza contra los pastores de Israel; profetiza, y di a los pastores: Así ha dicho Jehová el Señor: ¡Ay de los pastores de Israel, que se apacientan a sí mismos! ¿No apacientan los pastores a los rebaños? Coméis la grosura, y os vestís de la lana; la engordada degolláis, mas no apacentáis a las ovejas. No fortalecisteis las débiles, ni curasteis la enferma; no vendasteis la perniquebrada, no volvisteis al redil la descarriada, ni buscasteis la perdida, sino que os habéis enseñoreado de ellas con dureza y con violencia. Y andan errantes por falta de pastor, y son presa de todas las fieras del campo, y se han dispersado (Ez. 34:2-5).

Los falsos dirigentes religiosos de hoy aún siguen edificando imperios y amasando fortunas mientras despluman a quienes pretenden servir. Sería imposible determinar los millones de creyentes y no creyentes por igual que son espiritualmente engañados, emocionalmente maltratados, y económicamente estafados en el nombre de Cristo. Como los falsos pastores de la antigua nación de Israel, los de hoy se alimentan de sus propias ovejas.

Al inicio de su ministerio, mientras miraba las multitudes que durante mucho tiempo habían sido explotadas por los dirigentes religiosos corruptos de Israel, Jesús "tuvo compasión de ellas; porque estaban desamparadas y dispersas como ovejas que no tienen pastor" (Mt. 9:36). Debió haber sido gloriosamente refrescante para esas personas oír decir a Jesús: "Venid a mí todos los que estáis trabajados y cargados, y yo os haré descansar. Llevad mi yugo sobre vosotros, y aprended de mí, que soy manso y humilde de corazón; y hallaréis descanso para vuestras almas; porque mi yugo es fácil, y ligera mi carga" (Mt. 11:28-30).

Siguiendo el espíritu y el ejemplo de su Maestro, el apóstol Pablo ministró siempre a los que estaban bajo su cuidado como el más tierno de los pastores, e incluso como la más cuidadosa de las madres. A los tesalonicenses les recordó: "Antes fuimos tiernos entre vosotros, como la nodriza que cuida con ternura a sus propios hijos. Tan grande es nuestro afecto por vosotros, que hubiéramos querido entregaros no sólo el evangelio de Dios, sino también nuestras propias vidas; porque habéis llegado a sernos muy queridos. Porque os acordáis, hermanos, de nuestro trabajo y fatiga; cómo trabajando de noche y de día, para no ser gravosos a ninguno de vosotros, os predicamos el evangelio de Dios" (1 Ts. 2:7-9).

LOS FALSOS LÍDERES CARECEN DE ESPIRITUALIDAD

Antes, hacen todas sus obras para ser vistos por los hombres. Pues ensanchan sus filacterias, y extienden los flecos de sus mantos; (23:5)

Cuarta, los falsos dirigentes religiosos se caracterizan por su falta de espiritualidad, mediante la ausencia de un auténtico deseo de agradar a Dios. Al igual que los escribas y fariseos, la motivación para todas sus ostentosas actividades y **obras religiosas** es **ser vistos por los hombres.** Lo hacen todo por demostración externa y no como algo salido del corazón, para la gratificación carnal del ego en lugar del sacrificio desinteresado a Dios y a los demás en el nombre del Señor. El problema para ellos no es el carácter piadoso sino la apariencia carnal, pues tan solo "quieren agradar en la carne" (Gá. 6:12). El propósito que los motiva es glorificarse ellos mismos, no glorificar a Dios.

Los dirigentes religiosos judíos hacían desfilar su mojigatería adondequiera que iban. El centro de sus vidas era hacer su "justicia delante de los hombres, para ser vistos de ellos" (Mt. 6:1). Cuando oraban en la sinagoga o en las esquinas de las calles, lo hacían con gran ostentación (v. 5), y cuando ayunaban se salían de su camino para llamar la atención hacia el sacrificio que estaban realizando (v. 16).

Judas afirma que tales individuos son "los sensuales, que no tienen al Espíritu" (Jud. 19). Van tras sus apetitos y ambiciones naturales sin freno ni vergüenza, considerándose que son la élite espiritual con una posición favorecida delante de Dios, así como de los hombres.

Cientos de tales fraudes carnales sin el Espíritu Santo aún se proclaman como representantes de Dios, y son seguidos por millones de personas crédulas que los apoyan con centenares de millones de dólares cada año. A fin de alimentar sus egos y de amasar riqueza y poder, estos falsos dirigentes suelen pastorear enormes iglesias, regentar universidades y seminarios, dirigir imperios de radio y televisión, y en el nombre del evangelio promover muchas otras actividades orientadas en la personalidad.

En el tiempo de Jesús, los medios **para ser vistos por los hombres** eran mucho más limitados y menos sofisticados, pero los falsos dirigentes reflejaban entonces el mismo deseo carnal de elevar el yo. Todo lo que hacían era para promoverse ellos mismos y para fomentar la admiración de los seres humanos.

Con el fin de hacer alarde de su religiosidad, los escribas y fariseos ensanchaban **sus filacterias y** extendían **los flecos de sus mantos.**

Cuatro veces en el Pentateuco (Éx. 13:9, 16; Dt. 6:8; 11:18) el Señor ordenó que su ley debía estar en las manos y frentes de su pueblo como recordatorio de Él. Los antiguos judíos entendieron esa orden como fue dada, no para ser tomada de modo literal sino como símbolo de que la ley de Dios debe ser el factor controlador en sus vidas, no solo en lo que hacían (representado por la mano) sino en lo que pensaban (representado por la frente). Tanto sus acciones como sus pensamientos debían estar dirigidos por la Palabra de Dios. Lejos de tener el propósito de promover la actuación y orgullo humano, tal instrucción estaba destinada a exaltar al Señor y acercar más hacia Él a su pueblo.

Con el paso de los siglos, muchos judíos llegaron a observar el mandato no como un medio de hacer que la Palabra de Dios fuera dominante en sus vidas sino de hacerse ellos mismos dominantes ante los ojos de sus compatriotas judíos. Liberalizaron y exteriorizaron la orden y la convirtieron en un medio de alimentar sus propios egos.

En ocasiones a las **filacterias** se las llamaba *tephillin*, nombre derivado de la palabra hebrea traducida "frontales" en Deuteronomio 6:8 y 11:18 (cp. Éx. 13:16). Las filacterias eran pequeñas cajas cuadradas hechas del cuero de un animal ceremonialmente puro. Después de ser teñido de negro, el cuero era cosido en forma de caja usando doce puntadas, cada una de las cuales representaba una de las doce tribus de Israel. Colocada en cada filacteria había copias de Éxodo 13:1-10, 13:11-16 y de Deuteronomio 6:4-9; 11:13-21. La filacteria que se usaba en la cabeza tenía cuatro compartimientos, y en un trozo de pergamino cada uno contenía uno de los textos. La filacteria que se usaba en la mano contenía un solo trozo de pergamino en el que estaban escritos todos los cuatro textos. La letra hebrea *shin* (ש) estaba inscrita en ambos lados de la caja que se usaba en la cabeza, la tapa estaba atada para formar la letra *daleth* (ד), y la correa de la mano para formar la letra *yodh* ('). Las tres letras juntas formaban *Shaddai*, uno de los nombres antiguos de Dios que por lo general se traducía "Todopoderoso". Largas correas de cuero se usaban para atar una caja a la frente y la otra al brazo y a la mano izquierda, porque el lado izquierdo se consideraba más cercano al corazón.

En el judaísmo ortodoxo aún hoy día a todo niño se le obsequia un juego de filacterias cuando llega a la mayoría de edad en su decimotercer cumpleaños. Al igual que los demás hombres judíos, el muchacho usa entonces sus filacterias en la oración de la mañana, como era la costumbre general en la época de Jesús.

No existe registro del uso de **filacterias** hasta alrededor del año 400 a.C., durante el período intertestamentario. Reliquias de estas se encontraron en la comunidad esenia en Qumrán cerca del Mar Muerto. **Filacterias** es una transliteración del griego *phulaktēria*, que se refería a un medio de protección o salvaguardia. En sociedades paganas se usaban a veces como sinónimo para amuleto o talismán. Aunque confiar en tal protección mágica era condenado claramente en el Antiguo Testamento, a medida que los judíos apóstatas se alejaban de la Palabra de Dios (la misma Palabra que la filacteria estaba destinada a recordarles) invariablemente recogían creencias paganas. En consecuencia, algunos judíos llegaron a ver sus filacterias como amuletos mágicos para alejar espíritus malos y otros peligros.

En la literatura rabínica se cuenta la historia de un rabino que tenía una audiencia con un rey. La costumbre antigua dictaminaba que la persona que se alejaba de la presencia del rey lo hacía siempre caminando hacia atrás mientras también se inclinaba, ya que se consideraba una señal de gran deshora darle la espalda a un monarca. Sin embargo, este rabino particular simplemente dio media vuelta y se alejó, al parecer para demostrar su convicción de que debido a su exaltada posición delante de Dios, los rabinos eran superiores a la realeza. Se dice que cuando el furioso rey ordenó a sus soldados que mataran al hombre por su insolencia, las correas de sus filacterias ardieron con fuego, lo que puso temor en los corazones de los soldados y del rey, salvando así de la muerte al rabino.

Algunos escribas y fariseos sostenían que las filacterias eran aún más sagradas que la diadema de oro usada por el sumo sacerdote, porque el nombre de Dios estaba escrito veintitrés veces en las filacterias, pero solo una vez en la diadema dorada. Dios estaba tan moldeado a la propia imagen de los fariseos que muchos de ellos creían que el Señor mismo usaba filacterias. Algunos escritos judíos del periodo intertestamentario y del Nuevo Testamento dan la impresión de que a Dios se le consideraba a menudo como poco más que un rabino glorificado que estudiaba la ley tres horas diarias.

En lugar de usar sus filacterias solo en el momento de la oración, como era la costumbre de la mayoría de hombres judíos, los fariseos las usaban continuamente como una señal de espiritualidad superior. También ensanchaban **sus filacterias,** haciéndolas más grandes de lo normal para indicar mayor devoción a Dios. En una manera similar y para el mismo propósito, extendían **los flecos de sus mantos.**

Al igual que con las filacterias, el uso de **flecos** se origina en las Escrituras. El Señor dio instrucciones a Moisés de decirles a los hijos de Israel "que se hagan franjas en los bordes de sus vestidos, por sus generaciones; y pongan en cada franja de los bordes un cordón de azul. Y os servirá de franja, para que cuando lo veáis os acordéis de todos los mandamientos de Jehová, para ponerlos por obra; y no miréis en pos de vuestro corazón y de vuestros ojos, en pos de los cuales os prostituyáis. Para que os acordéis, y hagáis todos mis mandamientos, y seáis santos a vuestro Dios" (Nm. 15:38-40).

Jesús mismo usaba **flecos** o borlas, que fueron los que tocó la mujer con el flujo de sangre (Mt. 9:20). En el judaísmo posterior los flecos eran usados en las prendas interiores de los hombres, y hoy día el remanente de esa tradición se ve en los mantos de oración, llamados *tallithim,* usados por hombres judíos ortodoxos.

La finalidad tanto de las **filacterias** como de **los flecos** era al parecer que el pueblo recordara a Dios y su Palabra, y apartarlo como su pueblo (cp. Zac. 8:23). Ambos símbolos externos estaban destinados a ser recordatorios y motivadores internos. Ofrecían un medio de llamar la atención hacia Dios, pero los escribas y los fariseos los convirtieron en un medio de llamar la atención hacia sí mismos. Debido al mal uso que les daban, las ensanchadas filacterias y los extendidos flecos se convirtieron en características de carnalidad en vez de espiritualidad.

LOS FALSOS LÍDERES CARECEN DE HUMILDAD

y aman los primeros asientos en las cenas, y las primeras sillas en las sinagogas, y las salutaciones en las plazas, y que los hombres los llamen: Rabí, Rabí. (23:6-7)

Quinta, los falsos dirigentes religiosos se caracterizan por su falta de humildad. Al igual que sus contrapartes modernas, a los escribas y fariseos les encantaban **los primeros asientos en las cenas.** Competían entre sí por un lugar en la mesa del anfitrión a fin de estar en el centro de atención. Se vanagloriaban porque les dieran lugares de prestigio y eminencia. Fue ese espíritu egocéntrico el que llevó a Jacobo y Juan a solicitar a su madre que pidiera a Jesús que se les concediera sentarse a su derecha e izquierda en el reino (Mt. 20:20-21).

Con la misma motivación los escribas y fariseos apreciaban **las primeras sillas en las sinagogas.** Al igual que en la mayoría de iglesias hoy día, típicamente las sinagogas tenían una plataforma en el frente donde se sentaban los líderes de adoración. A menudo a los rabinos visitantes y otros dignatarios religiosos se les hacía participar leyendo pasajes de las Escrituras o dando un sermón. Fue basándose en esa costumbre que pidieron a Jesús que leyera y expusiera el texto de Isaías 61:1-2 en la sinagoga local de Nazaret (Lc. 4:16-21). Sin embargo, lejos de tener el espíritu humilde de Jesús, con frecuencia los líderes religiosos usaban tales oportunidades para exhibirse de manera ostentosa delante de la congregación.

Los pastores cristianos se ven tentados a veces a utilizar sus posiciones y las actividades cristianas en las que participan para su propia gratificación y gloria. Por desgracia, muchas congregaciones estimulan la ostentación y el espectáculo proporcionando púlpitos elaborados y adornados y otros muebles de plataforma, y tratando a sus pastores con distinción injustificada.

Además de tener los primeros lugares, los escribas y fariseos también amaban **las salutaciones en las plazas, y que los hombres los llamen: Rabí, Rabí.** Cuando viajaban por el pueblo les gustaba ser tratados con honra especial. Los escritos rabínicos reportan que cierto gobernante pagano en Cesarea aduladoramente habló de los rostros de los rabinos como rostros de ángeles.

De manera especial les encantaba el título formal y respetuoso de **Rabí,** que se usaba en esa época tanto como "doctor" hoy. Es más, el equivalente latino de rabí viene de *docēre,* que significa enseñar, y es el término del cual se deriva la palabra española *doctor.* En la época de Jesús el título de **Rabí** conllevaba las ideas exaltadas de "supremo, excelencia, erudito, grandioso", y similares. Un rabino insistió en ser sepultado con vestiduras blancas cuando muriera, porque quería que el mundo supiera lo digno que era de aparecer delante de la presencia de Dios.

Los escritos rabínicos incluían sistemas detallados de protocolo para aspectos tales como direccionamiento, consultas y entretenimiento con rabinos y escribas. Se les tenía en tan alta estima que según un pasaje del Talmud (*Sanhedrin*, 88*b*), se consideraba más sancionable actuar contra las palabras de los escribas que contra las palabras de las Escrituras.

DECLARACIÓN PARA LOS VERDADEROS LÍDERES ESPIRITUALES

Pero vosotros no queráis que os llamen Rabí; porque uno es vuestro Maestro, el Cristo, y todos vosotros sois hermanos. Y no llaméis padre vuestro a nadie en la tierra; porque uno es vuestro Padre, el que está en los cielos. Ni seáis llamados maestros; porque uno es vuestro Maestro, el Cristo. El que es el mayor de vosotros, sea vuestro siervo. Porque el que se enaltece será humillado, y el que se humilla será enaltecido. (23:8-12)

Jesús declaró que a diferencia de las costumbres orgullosas y ostentosas de los escribas y fariseos, los verdaderos líderes espirituales deben evitar títulos exaltados y deben estar dispuestos a aceptar el servicio humilde.

LOS VERDADEROS LÍDERES EVITAN TÍTULOS EXALTADOS

Pero vosotros no queráis que os llamen Rabí; porque uno es vuestro Maestro, el Cristo, y todos vosotros sois hermanos. Y no llaméis padre vuestro a nadie en la tierra; porque uno es vuestro Padre, el que está en los cielos. Ni seáis llamados maestros; porque uno es vuestro Maestro, el Cristo. (23:8-10)

Los líderes espirituales deben evitar títulos como **Rabí,** que conlleva la idea básica de maestro, pero que había llegado a significar mucho más que eso. Jesús mismo es el único y verdadero **Maestro** de los creyentes en el sentido elevado en que se dirigían y trataban comúnmente a los rabinos y escribas en la época de Jesús. Él es el supremo y la única fuente de verdad divina, para la cual los maestros humanos no son más que canales de comunicación.

Los maestros humanos que fielmente proclaman e interpretan la Palabra de Dios deben ser apreciados, amados y estimados en gran manera por parte de aquellos a quienes sirven (1 Ts. 5:12-13). Pero no deben buscar honra, mucho menos exigirla o gloriarse en ella. Deben recordar que no son ni la fuente de la verdad, la cual es la Palabra de Dios, ni la iluminación de la verdad, que es el Espíritu de Dios. Los maestros humanos, incluso los apóstoles a quienes Jesús se dirigió en esta ocasión, son **hermanos** con **todos** los demás creyentes. El llamado de ningún hombre, por único que sea, justifica que se le dé un título destinado a describirlo como alguien espiritualmente superior.

En consecuencia, el Señor pasó a ordenar: **Y no llaméis padre vuestro a nadie en la tierra.** Jesús estaba desde luego usando el sentido de **padre** espiritual, que indica una posición espiritual superior y que incluso sugiere ser la fuente de vida espiritual de alguien. A los miembros del sanedrín, el sumo concejo judío, les encantaba que los llamaran con el título de **padre,** especialmente cuando actuaban en carácter oficial.

En contradicción directa a la prohibición de Jesús,.la Iglesia Católica Romana y hasta algunas iglesias formales protestantes utilizan el término padre como una forma oficial de dirigirse a su clero. Incluso los títulos *abad* y *papa* son formas de padre.

Jesús declaró: **Porque uno es vuestro Padre, el que está en los cielos.** El título de **Padre** en un sentido espiritual debe reservarse para Dios, quien es la única fuente de toda vida espiritual y bendición. Llamar a algún ser humano por ese nombre es una clara violación de la Biblia.

Ni seáis llamados maestros; porque uno es vuestro Maestro, el Cristo. Al igual que con los otros títulos, el de maestro está prohibido cuando se usa en el sentido formal y exaltado que era común en el judaísmo antiguo, y que todavía es común hoy día en muchos círculos religiosos. Cuando se usan dichos títulos de manera errónea pueden levantar barreras entre aquellos que están en posiciones de liderazgo y los demás en la iglesia pero, lo que es peor, atribuyen a instrumentos humanos de Dios la honra y la gloria que le pertenecen únicamente a Él.

LOS LÍDERES VERDADEROS ACEPTAN EL SERVICIO HUMILDE

El que es el mayor de vosotros, sea vuestro siervo. Porque el que se enaltece será humillado, y el que se humilla será enaltecido. (23:11-12)

Los líderes piadosos no solo evitan títulos exaltados, sino que de buen grado también aceptan el servicio humilde en nombre del Señor, siguiendo el ejemplo de Jesús.

Como el Señor ejemplificó de modo hermoso, la persona **mayor** es la que es un **siervo** dispuesto. La grandeza humana de Jesús no solo se manifestó en su pureza y su amor perfecto sino en que fue el **siervo** perfecto. En su humanidad fue el Siervo de siervos, así como en su divinidad es el Señor de señores y Rey de reyes. Él dejó en claro que su misión en la tierra no fue ser servido sino servir, y que vino "para dar su vida en rescate por muchos" (Mt. 20:28).

Durante la última vez que estuvo a solas con los discípulos en el aposento alto, Jesús reiteró la lección de servicio que había enseñado y demostrado muy a menudo. En medio del aposento alto el Señor

> *se levantó de la cena, y se quitó su manto, y tomando una toalla, se la ciñó. Luego puso agua en un lebrillo, y comenzó a lavar los pies de los discípulos, y a enjugarlos con la toalla con que estaba ceñido... Así que, después que les hubo lavado los pies, tomó su manto, volvió a la mesa, y les dijo: ¿Sabéis lo que os he hecho? Vosotros me llamáis Maestro, y Señor; y decís bien, porque lo soy. Pues si yo, el Señor y el Maestro, he lavado vuestros pies, vosotros también debéis lavaros los pies los unos a los otros. Porque ejemplo os he dado, para que como yo os he hecho, vosotros también hagáis. De cierto, de cierto os digo: El siervo no es mayor que su señor, ni el*

*enviado es mayor que el que le envió. Si sabéis estas cosas, bienaventurados seréis
si las hiciereis (Jn. 13:4-5, 12-17).*

La persona más grande a los ojos de Dios no es la que tiene más grados, títulos
o premios, sino la que sirve con auténtica humildad como **siervo** desinteresado.

Jesús resume la enseñanza acerca de los líderes verdaderos y falsos al declarar:
Porque el que se enaltece será humillado, y el que se humilla será enaltecido.
Esto es lo opuesto a la norma del mundo para la exaltación. El mundo enseña que
el que se enaltece es el que se pone por delante, y que **el que se humilla** es quien
sale perdiendo y es hecho a un lado. Preocuparse por ser el número uno es el
principio aceptado para el éxito.

Pero en su sabiduría soberana Dios ha decretado lo contrario, y la auto-exalta-
ción no tiene cabida en aquellos que representan a Cristo. La paradoja que Jesús
enseña aquí representa la verdad absoluta de Dios, y una vida que no se conforma
a esa verdad está condenada al fracaso y a la insignificancia, cualesquiera que
sean los logros, títulos y reconocimientos humanos que pueda haber logrado. El
individuo orgulloso, ostentoso, arrogante y egoísta finalmente **será humillado.** Y
con la misma seguridad, el ser humano humilde, sin pretensiones, desinteresado
y servicial finalmente **será enaltecido.**

Pedro exhortó a los ancianos de la iglesia: "Apacentad la grey de Dios que está
entre vosotros, cuidando de ella, no por fuerza, sino voluntariamente; no por
ganancia deshonesta, sino con ánimo pronto; no como teniendo señorío sobre los
que están a vuestro cuidado, sino siendo ejemplos de la grey" (1 P. 5:2-3). A todos
los líderes en la iglesia, tanto jóvenes como viejos, les dio este consejo: "Revestíos
de humildad; porque: Dios resiste a los soberbios, y da gracia a los humildes.
Humillaos, pues, bajo la poderosa mano de Dios, para que él os exalte cuando
fuere tiempo" (vv. 5-6).

El predicador y autor escocés del siglo XIX Andrew Bonar manifestó que sabía
si un cristiano estaba creciendo cuando hablaba más de Cristo que de sí mismo.
Bonar dijo que el cristiano maduro se ve a sí mismo cada vez más pequeño hasta
que, como la estrella de la mañana, da paso al sol naciente. Thomas Shepherd, fundador y primer presidente de la Universidad de Harvard, escribió en su diario el 10
de noviembre de 1642: "Hoy día tuve un ayuno privado para ver la gloria plena del
evangelio y tratar de conquistar el orgullo que permanece en mi corazón".

A diferencia de los orgullosos y arrogantes escribas y fariseos, el verdadero líder
espiritual actúa en la autoridad de Dios y vive en integridad, compasión, espiritualidad, sumisión y servicio humilde. Está lleno de gracia, misericordia, amor y
desinterés total. Al igual que su Maestro, el Señor Jesucristo, esta persona revela
el corazón de un siervo que se humilla y que enaltece a Dios.

La condenación de los falsos líderes espirituales. Primera parte: Declaración

122

Mas ¡ay de vosotros, escribas y fariseos, hipócritas! porque cerráis el reino de los cielos delante de los hombres; pues ni entráis vosotros, ni dejáis entrar a los que están entrando. ¡Ay de vosotros, escribas y fariseos, hipócritas! porque devoráis las casas de las viudas, y como pretexto hacéis largas oraciones; por esto recibiréis mayor condenación. ¡Ay de vosotros, escribas y fariseos, hipócritas! porque recorréis mar y tierra para hacer un prosélito, y una vez hecho, le hacéis dos veces más hijo del infierno que vosotros. ¡Ay de vosotros, guías ciegos! que decís: Si alguno jura por el templo, no es nada; pero si alguno jura por el oro del templo, es deudor. ¡Insensatos y ciegos! porque ¿cuál es mayor, el oro, o el templo que santifica al oro? También decís: Si alguno jura por el altar, no es nada; pero si alguno jura por la ofrenda que está sobre él, es deudor. ¡Necios y ciegos! porque ¿cuál es mayor, la ofrenda, o el altar que santifica la ofrenda? Pues el que jura por el altar, jura por él, y por todo lo que está sobre él; y el que jura por el templo, jura por él, y por el que lo habita; y el que jura por el cielo, jura por el trono de Dios, y por aquel que está sentado en él. ¡Ay de vosotros, escribas y fariseos, hipócritas! porque diezmáis la menta y el eneldo y el comino, y dejáis lo más importante de la ley: la justicia, la misericordia y la fe. Esto era necesario hacer, sin dejar de hacer aquello. ¡Guías ciegos, que coláis el mosquito, y tragáis el camello! ¡Ay de vosotros, escribas y fariseos, hipócritas! porque limpiáis lo de fuera del vaso y del plato, pero por dentro estáis llenos de robo y de injusticia. ¡Fariseo ciego! Limpia primero lo de dentro del vaso y del plato, para que también lo de fuera sea limpio. ¡Ay de vosotros, escribas y fariseos, hipócritas! porque sois semejantes a sepulcros blanqueados, que por fuera, a la verdad, se muestran hermosos, mas por dentro están llenos de huesos de muertos y de toda inmundicia. Así también vosotros por fuera, a la verdad, os mostráis justos a los hombres, pero por dentro estáis llenos de hipocresía e iniquidad. ¡Ay de vosotros, escribas y fariseos, hipócritas! porque edificáis los sepulcros de los profetas, y adornáis los monumentos de los justos, y decís: Si hubiésemos vivido en los días de nuestros padres, no hubiéramos sido sus cómplices en la sangre de los profetas. Así que dais testimonio contra vosotros mismos, de que sois hijos de aquellos que mataron a los profetas. ¡Vosotros también llenad la medida de vuestros padres! ¡Serpientes, generación de víboras! ¿Cómo escaparéis de la condenación del infierno? (23:13-33)

A través de sus páginas, la Biblia honra en gran manera a los verdaderos líderes espirituales que representan a Dios de modo correcto y fiel, y que no buscan gloria propia. Dios levanta a sus siervos verdaderos y los presenta como ejemplos a seguir y respetar. Los cristianos de Galacia deben haber agradado muchísimo el corazón de Dios cuando recibieron al apóstol Pablo "como a un ángel de Dios, como a Cristo Jesús" (Gá. 4:14). Pablo pidió a la iglesia filipense que recibiera a Epafrodito "en el Señor, con todo gozo, y [que tuviera] en estima a los que son como él; porque por la obra de Cristo estuvo próximo a la muerte" (Fil. 2:29-30). También imploró a los tesalonicenses: "Os rogamos, hermanos, que reconozcáis a los que trabajan entre vosotros... y os amonestan; y que los tengáis en mucha estima y amor por causa de su obra" (1 Ts. 5:12-13). A Timoteo le aconsejó: "Los ancianos que gobiernan bien, sean tenidos por dignos de doble honor, mayormente los que trabajan en predicar y enseñar" (1 Ti. 5:17). El escritor de Hebreos aconseja a los creyentes: "Obedeced a vuestros pastores, y sujetaos a ellos; porque ellos velan por vuestras almas, como quienes han de dar cuenta; para que lo hagan con alegría, y no quejándose, porque esto no os es provechoso" (He. 13:17).

Por otra parte, nadie en las Escrituras es más condenado que los charlatanes religiosos que enseñan y practican la mentira. La ira más intensa de Dios está reservada para aquellos que hacen alarde de ser siervos del Señor pero que solo son siervos de la maldad y la mentira, mentirosos y engañadores cuyo propio padre espiritual es Satanás mismo (Jn. 8:44).

El predicador puritano del siglo XVII Richard Baxter escribió: "Más de un sastre puede andar en harapos mientras hace ropas costosas para otros. Más de un cocinero apenas puede lamerse los dedos cuando ha preparado los platos más espléndidos para que otros coman" (*The Reformed Pastor* [Portland, Ore.: Multnomah, 1982], p. 28). Su planteamiento era que muchos dirigentes religiosos ofrecen supuestamente provisión espiritual a quienes están bajo su cuidado, pero ellos mismos están espiritualmente en mal estado y hambrientos. Así eran la mayor parte de los dirigentes en tiempos del Nuevo Testamento.

Muchos cristianos hoy están preocupados en gran manera acerca de las crecientes influencias del comunismo, el humanismo, el secularismo y la injusticia social. Sin embargo, esos males, grandes como son, no plantean juntos la amenaza para el cristianismo que esos falsos pastores representan. A lo largo de la historia de la redención, la mayor amenaza a la verdad y la obra de Dios han sido los falsos profetas y maestros, porque estos se presentan para hablar en nombre del Señor. Por eso es que las denuncias más mordaces que Él hizo estaban reservadas para los falsos maestros de Israel, quienes afirmaban hablar y actuar para Dios, pero eran mentirosos.

No obstante, por alguna razón el cristianismo evangélico titubea a menudo en confrontar a los falsos maestros con la seriedad y severidad que Jesús y los apóstoles confrontaron, y como los profetas verdaderos antes que ellos también procedieron. Hoy día más que en cualquier época en la historia moderna, y tal vez más que en cualquier momento de la historia, las religiones y sectas paganas están invadiendo seriamente sociedades que durante siglos han sido nominalmente cristianas. Incluso dentro de la Iglesia muchas ideas, enseñanzas y filosofías que son poco más que paganismo muy disimulado se han vuelto populares e influyentes. Al igual que en el antiguo Israel, mientras el pueblo de Dios más se alejaba del fundamento de la Palabra, más religiones falsas florecían en el mundo e incluso en el propio medio de Israel. En ningún tiempo los cristianos han tenido mayor necesidad de ser perspicaces, pues deben reconocer y respetar a los verdaderos pastores fieles que los alimentan con la Palabra de Dios y los edifican en la fe. También deben reconocer y denunciar a quienes tergiversan y socavan la Palabra de Dios, corrompen la Iglesia, y alejan aún más de la verdad de Dios y de la salvación a los perdidos.

Los profetas fieles del Antiguo Testamento recibieron constante oposición y a menudo fueron perseguidos por profetas impíos, quienes invariablemente atrajeron a muchas personas. Isaías declaró: "Sucederá así como al pueblo, también al sacerdote" (Is. 24:2). Jeremías escribió: "Los profetas profetizaron mentira, y los sacerdotes dirigían por manos de ellos; y mi pueblo así lo quiso" (Jer. 5:31) y "muchos pastores han destruido mi viña, hollaron mi heredad, convirtieron en desierto y soledad mi heredad preciosa" (12:10).

En Mateo 23:13-33 Jesús condenó implacablemente a los falsos dirigentes espirituales de Israel, en particular a los escribas y fariseos, quienes tenían entonces el poder y la influencia dominante en el judaísmo. Jesús advirtió de estos falsos dirigentes en su primer sermón, el Sermón del Monte (véase, p. ej. 5:29; 7:15), y su último sermón (Mt. 23) consta casi por completo de advertencias acerca de ellos y para ellos. En su último mensaje público el Señor quiso alejar a los judíos de esos falsos líderes, y hacerlos volver a la verdadera enseñanza y a los ejemplos piadosos de sus apóstoles, quienes se convertirían en los representantes divinos comisionados y dotados de forma única en la tierra durante los primeros años de la iglesia. También a los apóstoles mismos les ofreció un ejemplo final de la postura de confrontación que pronto encontrarían necesario tomar en la proclamación y defensa del evangelio que irían a llevar a cabo.

Los escribas y fariseos incrédulos a quienes Jesús se dirigió en el templo quedaron solos en su pecado y fueron condenados solos en la culpa que tenían por adueñarse indebidamente de la ley de Dios y pervertirla, y por llevar a Israel a la herejía, tal como habían hecho los falsos profetas entre sus antepasados (vv. 30-32). Pero también los presentó como modelos de todos los falsos dirigentes espirituales que vendrían tras ellos. Por tanto, lo que Jesús dijo en cuanto a ellos y a ellos mismos tiene mucho más que un significado histórico. Se trata de enseñanza esencial para tratar con los falsos líderes que abundan en nuestros propios días.

En los doce primeros versículos del capítulo 23 Jesús había declarado que los escribas y fariseos, típico de todos los falsos dirigentes espirituales, carecían de autoridad, integridad, compasión, espiritualidad, humildad y por tanto de aprobación y bendición de parte de Dios. Ahora que les habla directamente afirma que están bajo la condena más severa de parte de Dios.

En los versículos 13-33 Jesús pronuncia siete maldiciones o males sobre aquellos dirigentes malvados. Si se incluyera el versículo 14 habría ocho maldiciones, pero tal versículo no se encuentra en los mejores manuscritos iniciales de Mateo (como se indica entre corchetes en casi todas las traducciones en español). Es probable que fuera añadido después por un copista bienintencionado que lo tomara de Marcos 12:40 o Lucas 20:47. Aunque la declaración es auténtica, no la analizaremos aquí porque originalmente quizás no fue parte de este pasaje.

La escena en el templo ese día se había vuelto inestable en extremo, en algunos modos más que cuando Jesús expulsara a los mercaderes y cambistas el día anterior. En ese momento el enojo de Jesús se desató contra lo que los dirigentes religiosos estaban haciendo exteriormente, y ese ataque los había enfurecido (21:16, 23). Sin embargo, ahora atacó lo que ellos eran interiormente, y eso los enfureció mucho más.

En nuestra época de tolerancia y eclecticismo, el tipo de confrontación que Jesús tuvo con los escribas y fariseos parece extraño y poco caritativo. A una persona que habla con demasiada dureza contra una religión falsa o una enseñanza o movimiento antibíblico se le considera poco amable, poco misericordioso y muy sentencioso. Las acusaciones de Jesús en Mateo 23, así como en otras partes de los evangelios, son bastante incompatibles con la idea del amor cristiano que algunos teólogos liberales y eruditos bíblicos tienen, por ejemplo, concluyen que Jesús no pudo haberlas expresado. Sostienen que lo que el Señor realmente dijo fue modificado e intensificado por los escritores de los evangelios o por las fuentes de las cuales recibieron su información.

Pero la naturaleza de la condenación que Jesús hace a esos corruptos líderes religiosos es perfectamente coherente con el resto de la Biblia, tanto el Antiguo Testamento como el Nuevo. No solo eso, sino que, según alguien ha dicho, las palabras de Jesús en este pasaje vuelan de sus labios como truenos y relámpagos. En esta ocasión, de la boca del Señor salieron las declaraciones más temibles y espantosas que pronunciara en la tierra. Tales palabras no dan la más mínima impresión de ser la añadidura de un escritor o de un copista demasiado celoso.

Mateo 23 es uno de los pasajes más serios de la Biblia. Jesús hace aquí de la palabra *hipócrita* un sinónimo para escriba y para fariseo. Los llama hijos del infierno, guías ciegos, tontos, ladrones, egoístas, sepulcros blanqueados, llenos de hipocresía e iniquidad, serpientes, víboras y perseguidores y asesinos del pueblo de Dios. Él pronunció cada sílaba con absoluto dominio propio, pero con intensidad devastadora.

Sin embargo, Jesús nunca fue frío o indiferente ni siquiera con sus enemigos, y en esta ocasión su juicio está mezclado con tristeza y profunda emoción. No es la voluntad del Hijo como tampoco la del Padre que una sola persona perezca, porque su divino deseo compasivo es que todos procedan al arrepentimiento y la salvación (2 P. 3:9). Al final de su denuncia Jesús extendió por implicación una última invitación a creer, sugiriendo que gustosamente recogería a todos los incrédulos bajo sus alas como una gallina reúne a sus polluelos, si ellos tan solo estuvieran dispuestos (Mt. 23:37).

Cuando Jesús se acercaba a Jerusalén durante su entrada triunfal "al verla, lloró sobre ella, diciendo: ¡Oh, si también tú conocieses, a lo menos en este tu día, lo que es para tu paz! Mas ahora está encubierto de tus ojos" (Lc. 19:41-42). Él conocía el juicio venidero sobre Israel y sus líderes, y se entristeció profundamente. Por tanto, hubo mucho dolor implícito en las maldiciones que pronto pronunciaría. Por una parte está la ardiente justificación de Dios que anhela rectificación, y por otra parte está su amor compasivo, mientras su corazón se conduele por la perdición de su pueblo.

En el castigo de los falsos dirigentes judíos Jesús usó reiteradamente dos palabras: **Ay** e **hipócritas,** que son clave para entender Mateo 23:13-33. **Ay** viene de *ouai,* que en el sentido ordinario no es tanto una palabra sino una interjección onomatopéyica que sugiere un grito gutural de enojo y pena, o ambas cosas. Se usa en la Septuaginta (Antiguo Testamento griego) para expresar dolor, desesperación, tristeza, insatisfacción, aflicción y temor de perder la vida. En el Nuevo Testamento se utiliza para hablar de tristeza y juicio, y transmite las ideas mezcladas de castigo y piedad, maldición y compasión.

Pero Jesús usó **ay** contra los escribas y fariseos no como una exclamación sino como una declaración, un pronunciamiento divino de juicio de parte de Dios. No usa el término en el sentido de la frase profana "¡Maldito seas!". Él no estaba deseando la condenación de esos falsos dirigentes sino certificándola. Según se indicó anteriormente, el deseo del Señor no fue que ellos se condenaran sino más bien que se arrepintieran y llegaran a la salvación. No obstante, Él sabía que si estos líderes no se arrepentían y creían, estaban condenados al infierno bajo la ira justa y recta de Dios. Cuando Dios pronuncia **ay** contra hombres perversos pone en marcha el juicio divino.

Hipócritas viene de *hupokritēs*, cuyo significado original era el de contestar o responder. Más tarde vino a referirse a actores, que respondían de allá para acá en un diálogo, y de ahí vino a significar actuación fingida engañosa, ponerse una fachada falsa. Se utilizaba para describir lo que podría llamarse bondad teatral: fingir bondad que simplemente es para mostrar.

En su serie de siete maldiciones o males contra los escribas y fariseos, Jesús condenó por extensión a todos los falsos maestros espirituales. Los condena por excluir del reino de Dios a las personas, por corromperlas, por pervertir la verdad, por invertir las prioridades de Dios, por extorsionar y ser autoindulgentes, por contaminar, y por actuar con fingimiento.

LOS FALSOS LÍDERES SON MALDECIDOS POR EXCLUIR A LAS PERSONAS

Mas ¡ay de vosotros, escribas y fariseos, hipócritas! porque cerráis el reino de los cielos delante de los hombres; pues ni entráis vosotros, ni dejáis entrar a los que están entrando. (23:13)

Jesús maldijo primero a los **escribas y fariseos** por excluir a los **hombres** del **reino de los cielos.** La principal maldad de toda religión falsa es que cierra el reino de Dios a la gente.

Sin importar el frente atractivo, benigno y prometedor que pueda tener un sistema falso de religión o filosofía, su objetivo final es cerrar **el reino de los cielos delante de los hombres.** Podría alimentarles el cuerpo, estimularles la mente y tranquilizarles las emociones, pero inevitablemente les condenará el alma. Podría levantarles las normas morales, aumentarles el éxito mundano, vencerles problemas prácticos, y mejorarles las relaciones externas con otras personas, pero no les eliminará el pecado ni les mejorará la relación con Dios. Podría prometer el cielo, pero lo único que puede entregar es el infierno.

Jesús continuó: **Pues ni entráis vosotros** mismos al reino, **ni dejáis entrar a los que están entrando.** En su hipocresía los escribas y fariseos incrédulos fingían conocer a Dios pero no era así, fingían ser sus portavoces pero no lo eran, simulaban estar en el reino pero no lo estaban. En su orgullo sin límites incluso creían ser los guardianes del reino.

En su carta a la iglesia en Roma, Pablo manifestó:

He aquí, tú tienes el sobrenombre de judío, y te apoyas en la ley, y te glorías en Dios, y conoces su voluntad, e instruido por la ley apruebas lo mejor, y confías en que eres guía de los ciegos, luz de los que están en tinieblas, instructor de los indoctos, maestro de niños, que tienes en la ley la forma de la ciencia y de la verdad. Tú, pues, que enseñas a otro, ¿no te enseñas a ti mismo? Tú que predicas que no se ha de hurtar, ¿hurtas?.... Tú que te jactas de la ley, ¿con infracción de la ley deshonras a Dios? Porque como está escrito, el nombre de Dios es blasfemado entre los gentiles por causa de vosotros (Ro. 2:17-21, 23-24).

Los escribas y fariseos, y todos los demás judíos que seguían sus tradiciones hipócritas, vivían bajo la ilusión de que debido a que eran el pueblo de Dios y los receptores y custodios humanos de la ley de Dios (Ro. 3:2; 9:4-5), de alguna manera estaban automáticamente destinados a vivir bajo la aprobación de Dios. En las tinieblas espirituales en que se hallaban simplemente confundieron conocer la ley con guardarla, y simplemente saber acerca de la luz con vivir en ella.

Pero Jesús declaró que ellos no tenían parte en **el reino de** Dios, el cual es la esfera de su reino y su poder, y en este contexto se refiere especialmente a la esfera de salvación en que vive el pueblo redimido.

La imagen que Jesús ofrece aquí sugiere la idea de que los escribas y fariseos estaban justo fuera de las puertas del **reino,** y que estas se cerraban de repente ante los ojos de aquellos que estaban a punto de **entrar.** Las personas que buscaban dirección y ayuda para encontrar a Dios en tales dirigentes religiosos en realidad se apartaban de Él incluso hallándose al margen de la salvación.

En el contexto histórico inmediato Jesús estaba diciendo que había venido a Israel a proclamar el reino de Dios y a proporcionar entrada a todos los que creerían en Él. Pero tan pronto como un judío mostraba interés en el evangelio, los escribas y fariseos se interponían entre esa persona y Cristo, por así decirlo. La parte trágica del asunto es que tenían éxito en alejar a muchas personas que estaban en busca de salvación. Habían hecho lo mismo a quienes fueron atraídos a Dios por medio de la predicación de Juan el Bautista, y pronto harían lo mismo a aquellos que eran atraídos a Dios por medio de la predicación de los apóstoles.

Tan pronto como hombres y mujeres de Jerusalén y de "toda Judea, y toda la provincia de alrededor del Jordán", salían a oír a Juan el Bautista y "eran bautizados por él en el Jordán, confesando sus pecados", los fariseos y saduceos no arrepentidos aparecían y trataban de corromper la obra de Juan y confundir al pueblo sometiéndose con ostentación al bautismo, pero sin auténtica confesión de sus pecados. Discerniendo la hipocresía de ellos, y usando prácticamente las mismas palabras que Jesús estaba ahora a punto de utilizar contra ellos en el templo (23:33), Juan los llamó "generación de víboras" que estaban bajo el juicio de la feroz ira de Dios (Mt. 3:5-8; cp. vv. 10, 12).

Es doloroso considerar —y para Jesús era infinitamente más doloroso considerar— los incontables miles de seres humanos a quienes los falsos líderes de Israel les habían cerrado el **reino**. En su pasaje paralelo Lucas informa que Jesús estaba expresando: "¡Ay de vosotros, intérpretes de la ley! porque habéis quitado la llave de la ciencia; vosotros mismos no entrasteis, y a los que entraban se lo impedisteis" (Lc. 11:52).

Los falsos dirigentes quitaron la llave del conocimiento malinterpretando la Palabra de Dios, rechazando al Mesías, negando la necesidad de arrepentimiento, y obstaculizando la salvación por gracia. El sistema de obras de justicia no tenía lugar para el evangelio de la gracia, que es el único camino al reino. Cuando alejaron de Jesucristo a las personas, tales líderes frustraron la salvación y confirmaron la condenación.

Por eso es que la más grande batalla en el mundo no es contra el comunismo, el humanismo, el secularismo, o la injusticia social. La mayor batalla es por mucho la batalla por las almas de los hombres, un combate que podría perderse, aunque de algún modo todas esas otras batallas se ganaran. El gran desafío de la Iglesia en nuestra época es expresar de modo claro y valiente la verdad de Dios, y exponer con la misma claridad y valentía las mentiras de Satanás. La gran necesidad actual del mundo es volverse de sus falsedades, escuchar y prestar atención a la verdad de Dios, y recibir salvación.

Cuando están en juego las almas eternas de los seres humanos, la Iglesia no puede ser pasiva e indiferente. Tampoco puede ocultarse detrás de la falsa humildad que teme ser sentenciosa, o tras el falso amor que teme ofender a otros. Cristo fue sumamente humilde, pero nunca llamó a lo malo de otro que no lo fuera. Cristo fue sumamente tierno, pero nunca dejó de dar una advertencia que podría salvar del infierno a sus oyentes. Además, Él no tuvo más que ira intensa por aquellos que mediante sus falsas enseñanzas alejaban de Dios a los hombres y los dirigían al infierno.

En ninguna parte se describe de manera más gráfica el corazón endurecido de los fariseos que en el relato del ciego que Jesús sanó un día de reposo. Cuando el hombre sanado fue llevado delante de los fariseos y estos oyeron que había sido curado el día de reposo, la única preocupación que tuvieron fue que Jesús había violado una de las tradiciones que tenían acerca del día de reposo (Jn. 9:16). El hecho de que a este hombre que había vivido siempre en ceguera y desesperación se le hubiera concedido la vista no tuvo ninguna importancia para ellos. Tampoco lo tuvo el hecho de que Jesús obviamente hubiera realizado la sanidad por medio del poder. Ellos carecían por completo de compasión y estaban ciegos a la verdad. Fueron indiferentes a la confirmación que los padres del hombre hicieran de que realmente su hijo había nacido ciego (v. 20), y fueron insensibles a los propios argumentos sagaces del ciego sanado acerca del origen divino de la curación (vv. 30-33). La realidad de aquella sanidad no tuvo ninguna importancia para los fariseos, quienes se habían hecho a la idea de que Jesús no era el Cristo (véase v. 22), y ninguna evidencia de lo contrario tenía algún peso para ellos. En este incidente los fariseos demostraron de modo concluyente el rechazo que hicieran a Jesús como el Mesías, negando su naturaleza y poder divino, y despreciando la gracia divina del Señor por las almas de los seres humanos.

Cuando la Iglesia comenzó a moverse con gran fuerza después de Pentecostés, predicando el poder de Cristo para salvar las almas de los hombres y demostrando demostrar su poder para sanar cuerpos humanos, los dirigentes religiosos judíos volvieron a demostrar dureza de corazón. Después de la curación del paralítico afuera del templo, dijeron a Pedro y Juan: "¿Qué haremos con estos hombres? Porque de cierto, señal manifiesta ha sido hecha por ellos, notoria a todos los que moran en Jerusalén, y no lo podemos negar. Sin embargo, para que no se divulgue más entre el pueblo, amenacémosles para que no hablen de aquí en adelante a hombre alguno en este nombre" (Hch. 4:16-17). Ni el poder manifiesto de los apóstoles ni la verdad que proclamaban tenían alguna importancia en las mentes de tales líderes religiosos. Ellos mismos habían rechazado el reino y, al igual que durante el ministerio de Jesús, estaban decididos a impedir que otros entraran.

Pablo les recordó a los creyentes tesalonicenses que ellos habían sufrido persecución a manos de sus propios compatriotas incrédulos, tal como los judíos creyentes en Judea habían padecido a manos de los suyos. Tales líderes judíos "mataron al Señor Jesús y a sus propios profetas, y a nosotros nos expulsaron; y no agradan a Dios, y se oponen a todos los hombres, impidiéndonos hablar a los gentiles para que éstos se salven; así colman ellos siempre la medida de sus pecados" (1 Ts. 2:14-16).

Hace unos años un joven me llamó y me informó que tenía la intención de dejar nuestra iglesia y unirse a los mormones, y que en breve dos de los obreros de esa organización irían a visitarlo nuevamente. De inmediato fui a visitar a este joven en su casa y le advertí del peligro extremo de lo que estaba a punto de hacer. Le dije que si ahora él no era un verdadero cristiano, ellos le condenarían el alma alejándolo de Cristo, y que si era cristiano dejarían en ruinas su vida espiritual. Cuando los hombres llegaron me negué a discutir doctrina con ellos, sino más bien en el espíritu de Mateo 23 presenté el verdadero evangelio de Cristo y denuncié los errores antibíblicos y condenatorios que la secta de los mormones enseña. Sin embargo, el joven cayó en la secta y no pudo escapar durante una cantidad de años.

Toda religión no cristiana es una religión de obras de justicia, y las obras de justicia están intrínsecamente en enemistad mortal con el evangelio de la gracia de Dios. Por su misma naturaleza, tales sistemas de creencia excluyen del reino de Dios a la gente.

LOS FALSOS LÍDERES SON MALDECIDOS POR CORROMPER A QUIENES GUÍAN

¡Ay de vosotros, escribas y fariseos, hipócritas! porque recorréis mar y tierra para hacer un prosélito, y una vez hecho, le hacéis dos veces más hijo del infierno que vosotros. (23:15)

Segundo, Jesús maldijo a los **escribas y fariseos** porque corrompían al pueblo. No solamente excluían a las personas de la verdadera fe, sino que las corrompían con falsa fe.

En tiempos del Nuevo Testamento se hacía un gran esfuerzo por convertir gentiles al judaísmo. Los dirigentes judíos trabajaban con agresividad, recorriendo **mar y tierra para hacer un prosélito.** La palabra **prosélito** tenía el significado básico de una persona que ha alcanzado su destino, y llegó a utilizarse comúnmente para un extranjero que era introducido a la religión.

Si ese esfuerzo judío se hubiera hecho del modo correcto y por las razones correctas habría sido digno de elogio, porque Israel había sido llamado a ser el canal de Dios en alcanzar al mundo para Él. En su pacto con Abraham, el Señor prometió que a través de este hombre y de su descendencia "serán benditas... todas las familias de la tierra" (Gn. 12:3). En el pacto en el Sinaí, el Señor apartó a Israel como "un reino de sacerdotes, y gente santa" (Éx. 19:6) que al igual que su Mesías estaba destinado a ser luz para las naciones (Is. 49:6).

Pero en la mayor parte de su historia, los israelitas aspiraron a hacer cualquier otra cosa menos llevar gentiles a Dios. Al igual que Jonás, detestaban la idea de que los paganos se arrepintieran y se salvaran, y que delante de Dios obtuvieran la misma posición que disfrutaban los judíos. Jonás mismo admitió que trató de huir a Tarsis con el propósito de impedir, y sin duda evitar, el arrepentimiento de Nínive y su consecuente perdón (Jon. 4:2).

Sin embargo, para cuando Jesús comenzó a predicar había surgido un espíritu diferente entre algunos de los judíos, y con gran celo trataban de ganar adeptos. Como resultado de tales esfuerzos, muchas sinagogas contaban con adoradores gentiles regulares que se habían vuelto del paganismo. En parte debido a que los judíos tenían una reputación indeseable de exclusividad e intolerancia, no era fácil hacer prosélitos gentiles, y cuando uno de ellos se convertía lo consideraban una especie de premio.

Había dos tipos de prosélitos en las sinagogas. A uno se le llamaba "prosélito de la puerta", un gentil que solo asistía a las reuniones. Ahora adoraba al Dios verdadero, pero no se había comprometido por completo con el judaísmo ritualista y legalista. A tales prosélitos el libro de Hechos se refiere como personas devotas y piadosas (10:2, 7; 13:50), temerosas de Dios (10:2, 22, 35; 17:4, 17; 18:7), o como adoradoras de Dios (16:14).

El otro tipo se denominaba "prosélitos de justicia", llamados así porque se volvían tan religiosamente judíos como un gentil podía volverse. Participaban en todas las ceremonias, rituales y fiestas; observaban todas las limpiezas y demás ritos, tanto bíblicos como tradicionales; y si eran varones, se hacían circuncidar. Esos adeptos incluso recibían nombres judíos a fin de separarlos tanto como fuera posible de sus pasados paganos. No obstante, contrariamente a su apelativo popular se convertían en cualquier cosa menos en justos. Al igual que los escribas y fariseos que les enseñaban, los prosélitos se volvían modelos de arrogancia moral.

Por razones obvias había muchos más prosélitos de la puerta que de justicia. Era con este último grupo con quienes los escribas y fariseos se deleitaban, y consideraban un gran logro iniciar a un gentil en todas las costumbres legalistas que tenían.

Como a menudo ocurre con los nuevos convertidos, incluso con los verdaderos convertidos a Cristo, muchos de los prosélitos de justicia se volvían sumamente celosos por su nueva fe, algunos de ellos incluso más celosos que quienes los habían convertido. Pero debido a haber sido llevado a un sistema religioso falso que había reemplazado al judaísmo bíblico, un **prosélito** se volvía **dos veces más hijo del infierno que** los escribas y fariseos mismos. A veces superaban a sus mentores en celo fanático, pero ya que dicho celo no era piadoso, simplemente los llevaba sin duda alguna al **infierno.**

Del infierno se traduce de un genitivo griego que se refiere a pertenecer a, o caracterizarse por. **Hijo del infierno** se refería a un individuo que se identificaba especialmente por lo infernal. **Dos veces hijo del infierno** sería el sujeto que era doblemente infernal y que estaba doblemente condenado.

Infierno viene de *geenna,* que se deriva del nombre de un valle a las afueras de Jerusalén llamado Hinom donde se quemaba la basura. Se le consideraba un lugar maldito porque era donde los antiguos adoradores de la deidad pagana Moloc ofrecían a sus hijos como sacrificios vivos quemados, una práctica horrible seguida incluso por algunos israelitas (véase 2 Cr. 28:3; Jer. 7:31). Cuando el rey Josías declaró impuro el sitio (2 R. 23:10), Hinom se convirtió en un botadero de basura, y debido a que llamas y humo se levantaban continuamente en el valle también se convirtió en una descripción vívida de los fuegos eternos del infierno.

Cuán agradecido debería estar todo creyente de que en algún momento de su vida lo hubiera confrontado un abridor de puerta espiritual, en lugar de un cerrador de puerta espiritual, es decir por alguien que muestra el camino hacia el reino y no alguien que cierra el reino a la gente. Y cuán agradecido debería estar todo creyente de ser quien tuvo la oportunidad de oír y estudiar la verdad de la Palabra de Dios. Incluso una presentación aburrida del evangelio verdadero es infinitamente superior a la más emocionante presentación de un falso evangelio que condena a ir al infierno.

Como ciudadano del reino de Dios, cada creyente debería ser alguien que abre la puerta del reino a otros. Todos los santos tienen las llaves del reino, que es el evangelio salvador de Jesucristo (Mt. 16:19), y cada falso maestro quita la llave del conocimiento que lleva al reino (Lc. 11:52. Cuando los cristianos se enfrentan a un representante de una secta o una religión falsa deben ofrecerse a explicarle el camino de salvación en Cristo, con la esperanza de arrebatarlo del fuego, por así decirlo (Jud. 23). Sin embargo, no deberían debatir teología o los méritos de varios escritos sagrados o interpretaciones de la Biblia, y por tanto "echar perlas a los cerdos", sino denunciar firmemente las enseñanzas de ese grupo como impías y condenadoras, tal como su Señor hizo con los escribas y fariseos.

LOS FALSOS LÍDERES SON MALDECIDOS POR SU PERVERSIÓN

¡Ay de vosotros, guías ciegos! que decís: Si alguno jura por el templo, no es nada; pero si alguno jura por el oro del templo, es deudor. ¡Insensatos y ciegos! porque ¿cuál es mayor, el oro, o el templo que santifica al oro? También decís: Si alguno jura por el altar, no es nada; pero si alguno jura por la ofrenda que está sobre él, es deudor. ¡Necios y ciegos! porque ¿cuál es mayor, la ofrenda, o el altar que santifica la ofrenda? Pues el que jura por el altar, jura por él, y por todo lo que está sobre él; y el que jura por el templo, jura por él, y por el que lo habita; y el que jura por el cielo, jura por el trono de Dios, y por aquel que está sentado en él. (23:16-22)

Tercero, Jesús maldijo a los escribas y fariseos por pervertir la verdad. Dios es el Dios de la verdad y no puede mentir (Tit. 1:2; He. 6:18), y por tanto su pueblo debe ser el pueblo de la verdad. Por otra parte, no hay ninguna verdad en Satanás, de quien Jesús advierte: "Cuando habla mentira, de suyo habla; porque es mentiroso, y padre de mentira" (Jn. 8:44). Los seguidores de Satanás también son expertos en mentir, y pervertir la verdad es una característica de todo falso sistema religioso. Desde el principio, aquellos que han rechazado a Dios han rechazado su verdad. "Cambiaron la verdad de Dios por la mentira, honrando y dando culto a las criaturas antes que al Creador" (Ro. 1:25).

En esta acusación particular Jesús no llamó hipócritas a sus oponentes sino **guías ciegos,** resaltándoles el desconocimiento y la ignorancia que tenían de la verdad. Como pueblo escogido de Dios a quienes Él confió su revelación, por mucho tiempo los judíos se habían considerado guías de los ciegos, luz para los que estaban en oscuridad, correctores de los necios, y maestros de los inmaduros (Ro. 2:19-20; cp. 3:2). Pero como Jesús había declarado a principios de su ministerio, ellos eran "ciegos guías de ciegos; y si el ciego guiare al ciego, ambos caerán en el hoyo" (Mt. 15:14). Los escribas y fariseos se enorgullecían de su conocimiento y entendimiento religioso superior, pero eran líderes ciegos que trataban de guiar al ciego Israel, y juntos estaban condenados al juicio si no venían a la luz.

Entre sus muchas perversiones de la verdad estaba la enseñanza de que **si alguno jura por el templo, no es nada; pero si alguno jura por el oro del templo, es deudor.** El mismo hecho de que hubieran desarrollado una norma doble para jurar ofrece evidencia de que la preocupación que tenían no era por la verdad sino por evadirla cuando no se ajustaba a sus deseos egoístas. El propósito subyacente detrás de la primera parte de la norma era proporcionar una justificación santurrona para mentir con impunidad. Una persona podía mentir todo lo que quisiera, siempre y cuando jurara **por el templo** y no **por el oro del templo.** Ya que ninguna sociedad puede sobrevivir sin alguna provisión para verificar y garantizar cosas tales como promesas y contratos, la segunda parte de la norma se desarrolló como una conveniencia necesaria. Si un individuo quería estar absolutamente seguro de que alguien estaba diciendo la verdad o de que iría a cumplir un acuerdo, hacía que jurara **por el oro del templo,** lo cual supuestamente hacía obligatoria su palabra. Una persona que no cumplía su palabra después de hacer tal juramento era sujeta a sanciones bajo la ley judía.

Las sociedades han tenido varios medios de intentar hacer que su gente cumpla su palabra. En algunas el voto más sagrado y vinculante se sellaba con la sangre de las partes implicadas. En otras se escribía un acuerdo en forma de contrato, en que cada parte firmaba y que a menudo especificaba sanciones por incumplimiento. Hasta hace algunos años muchos tribunales occidentales de justicia requerían que quienes daban testimonio juraran decir la verdad poniendo la mano izquierda sobre la Biblia, levantando la mano derecha, e invocando la ayuda de Dios.

El uso de juramentos se había pervertido tanto en Israel que se usaban hasta para dar marcha atrás a promesas hechas a Dios. Por ejemplo, si una persona se comprometía a dar cierta cantidad para la obra del Señor, a menudo hacía su juramento **por el templo.** Si más adelante decidía que había prometido demasiado, o si no pretendía dar la cantidad completa, tenía una salida, porque ese voto **no** era **nada.**

En el Sermón del Monte, Jesús condenó todo juramento. "Pero yo os digo: No juréis en ninguna manera; ni por el cielo, porque es el trono de Dios; ni por la tierra, porque es el estrado de sus pies; ni por Jerusalén, porque es la ciudad del gran Rey. Ni por tu cabeza jurarás, porque no puedes hacer blanco o negro un solo cabello. Pero sea vuestro hablar: Sí, sí; no, no; porque lo que es más de esto, de mal procede" (Mt. 5:34-37). Una persona recta siempre dirá la verdad, y para ella un simple sí o no es suficiente, porque su carácter virtuoso es sagrado.

Jesús no estaba enseñando un nuevo principio. El salmista declaró: "Sacrifica a Dios alabanza, y paga tus votos al Altísimo" (Sal. 50:14). En otras palabras, un juramento hecho es un voto que debe cumplirse. David atestiguó: "Sobre mí, oh Dios, están tus votos; te tributaré alabanzas" (Sal. 56:12), y otra vez: "Así cantaré tu nombre para siempre, pagando mis votos cada día" (Sal. 61:8; cp. 66:13; 76:11). Es significativo que en cada una de esas citas cumplir los juramentos a Dios se relaciona directamente con alabanza y gratitud a Dios.

El gran agravio de Ananías y Safira no fue dar a la obra del Señor menos de lo que podían dar, sino mentir al respecto. Al enfrentarlos Pedro los acusó de mentir al Espíritu Santo y de poner a prueba a Dios. El Señor toma muy en serio la mentira, y por el engaño que esos dos hicieron, perdieron sus vidas. No es de sorprender que como resultado, "vino gran temor sobre toda la iglesia, y sobre todos los que oyeron estas cosas" (Hch. 5:1-11).

La idea de que jurar por el oro del templo era vinculante pero que jurar por el templo no era vinculante en sí, era un engaño moral y un absurdo lógico. Jesús declaró: **¡Insensatos y ciegos! porque ¿cuál es mayor, el oro, o el templo que santifica al oro?** En otras palabras, ¿por qué lógica perversa alguien había decidido que hacer un voto sobre algo menor era más vinculante que otro hecho sobre algo más grande? La única razón por la que podría pensarse que **el oro** era sagrado, y por tanto hacía supuestamente más obligatorio al juramento, es que **el templo santifica al oro.**

Los dirigentes religiosos aplicaron esa misma lógica tergiversada a jurar **por el altar,** lo cual se consideraba que **no** era **nada,** es decir, no obligatorio. Y se creía que jurar **por la ofrenda que está sobre el altar** hacía **deudor** a quien juraba y que por tanto estaba obligado a cumplir el voto. Jesús preguntó: **¡Necios y ciegos! porque ¿cuál es mayor, la ofrenda, o el altar que santifica la ofrenda?** Toda la idea era absurda tanto teológica como lógicamente. Tales normas no eran más que malvados pretextos para usar las cosas sagradas con el fin de disfrazar la propensión a mentir que tenían estos dirigentes.

Según Jesús continuó señalando, jurar **por el altar** era jurar **por él;** jurar **por el templo** era jurar **por todo lo que está sobre él,** es decir, por Dios mismo; y jurar **por el cielo** era jurar **por él, y por el que lo habita.** En otras palabras, todo lo relacionado con **el templo** y todo lo relacionado con **el cielo** incluía a Dios. Es más, ya que Dios es el creador de todo, jurar por cualquier cosa incluye absolutamente a Dios.

LOS FALSOS LÍDERES SON MALDECIDOS POR INVERTIR LAS PRIORIDADES DE DIOS

¡Ay de vosotros, escribas y fariseos, hipócritas! porque diezmáis la menta y el eneldo y el comino, y dejáis lo más importante de la ley: la justicia, la misericordia y la fe. Esto era necesario hacer, sin dejar de hacer aquello. ¡Guías ciegos, que coláis el mosquito, y tragáis el camello! (23:23-24)

Cuarto, Jesús maldijo a los **escribas y fariseos** por invertir las prioridades divinas, pues aumentaron lo insignificante y minimizaron lo esencial.

La menta, el eneldo, y el comino eran hierbas de huerto usadas como especias de cocina, y por lo general no se consideraban productos agrícolas de los que la ley mosaica requería que se pagara un diezmo al tesoro israelita (Lv. 27:30). Puesto que ayudaba a sostener al gobierno, que era una teocracia operada en gran medida por el sacerdocio, el diezmo era una forma de tributación. Un segundo diezmo debía pagarse cada año para el apoyo de las diversas ceremonias de adoración y fiestas nacionales (Dt. 12:11, 17). Otro diezmo debía pagarse cada tres años para un tipo de bienestar: ayudar a los levitas, los extranjeros, los huérfanos y las viudas (Dt. 14:28-29), que equivalía a un 3.3 por ciento adicional al año. Por tanto, a los israelitas se les exigía pagar más de 23 por ciento de sus ingresos anuales en impuestos para financiar la teocracia.

Las instrucciones para diezmar productos (véase también Dt. 14:22) se relacionaban con productos agrícolas tales como cereales, aceite de oliva, vino, frutas y verduras. Pero los escribas y fariseos legalistas extendieron las disposiciones hasta incluir las más pequeñas plantas de macetas que se cultivaban en la ventana de una cocina. Igual que hoy día, las hierbas en ese entonces se cultivaban principalmente por sus hojas y semillas, y cuando los escribas y fariseos recogían las hojas de una planta de **menta,** o las semillas de las plantas de **eneldo y comino,** con mucho cuidado contaban las hojas y las semillas, separando para Dios una de cada diez contadas. Se vanagloriaban en el fariseísmo de participar en tales minucias.

Sin embargo, con todo su esmero en asuntos tan insignificantes y a menudo no obligatorios, dejaban de lado **lo más importante de la ley: la justicia, la misericordia y la fe.** Estaban obsesionados con contar hojas y semillas, pero eran indiferentes a la ética fundamental.

De la tradición rabínica Jesús tomó prestadas las palabras **lo más importante,** que habían dividido la ley en categorías de leves y graves. En sus prioridades invertidas los escribas y fariseos habían reducido asuntos tales como **la justicia, la misericordia y la fe** a la categoría leve, y habían elevado el diezmo de hierbas de huerto a la categoría de **lo más importante.** En la referencia a **lo más importante** Jesús parafraseó las palabras de Miqueas. Cerca de setecientos años antes ese profeta había declarado: "Oh hombre [El Señor] te ha declarado lo que es bueno, y qué pide Jehová de ti: solamente hacer justicia, y amar misericordia, y humillarte ante tu Dios" (Mi. 6:8).

Los escribas y fariseos injustos, poco equitativos, inmisericordes, brutales y abusivos con los demás eran todo lo que es contrario a **lo más importante de la ley.** Lo peor de todo, andaban por vista y no por fe, confiando en sus propias obras y no en la gracia de Dios.

Jesús no denunció el diezmo de hierbas, que pudo haber sido perfectamente aceptable si se hacía con sinceridad y fe. Y debido a que en ese tiempo el diezmo todavía era un requerimiento válido bajo el Antiguo Testamento, sin duda Jesús no reprobó el diezmo en general, ya que declaró: **Esto era necesario hacer, sin dejar de hacer aquello.** En vista del hecho de que tales plantas de huerto por lo general no se habían considerado cubiertas bajo la ley mosaica del diezmo hasta los tiempos rabínicos, parece probable que con **esto** Jesús estaba refiriéndose al diezmo en general. En otras palabras, aunque eran fieles en diezmar según la enseñanza bíblica, ellos no debieron **dejar de hacer** lo que el Señor exige como **lo más importante.**

Sin embargo, el diezmo era estrictamente un requisito del antiguo pacto. Se menciona solo seis veces en el Nuevo Testamento, tres veces en cada uno de los evangelios y en el libro de Hebreos. Igual que aquí, en los evangelios se usa siempre con relación al abuso que los escribas y fariseos hacían de él (véase también Lc. 11:42; 18:12). En el libro de Hebreos el diezmo mosaico se menciona solo con relación a su uso en el antiguo Israel (He. 7:8-9; vv. 5-6). En ningún momento en el Nuevo Testamento el diezmo se menciona como algo obligatorio en la iglesia y ni siquiera como algo recomendado en calidad de norma para la vida cristiana. Esto es fácil de entender si se reconoce que los diezmos eran una forma de tributación para sostener la vida nacional de Israel (véase *Comentario MacArthur del Nuevo Testamento: Primera Corintios* del autor [Grand Rapids: Portavoz, 2003], pp. 520-521). El paralelo más cercano en el Nuevo Testamento es el requisito de pagar impuestos que se indica en Romanos 13:6-7.

Casi sin excepción, las religiones falsas aumentan fuertemente lo insignificante y minimizan o hacen caso omiso por completo de la verdad espiritual. Lo mundano se idolatra; lo espiritual no se tiene en cuenta.

También es posible que los creyentes verdaderos se vean enredados en minucias. Por ejemplo, algunos estudiantes bíblicos afirman haber comprobado el significado de prácticamente todas las señales y símbolos ocultos en la Biblia; sin embargo, en sus vidas dan poca atención a las claras e inequívocas verdades morales de la Biblia.

Jesús ilustró de manera gráfica la inversión de prioridades que los escribas y fariseos hacían, declarando que ellos cuelan **el mosquito, y** se tragan **el camello.** El **mosquito** y el **camello** representaban respectivamente al más pequeño y al más grande de los animales ceremonialmente impuros (véase Lv. 11:4, 42). Los escrupulosos fariseos bebían su vino con los dientes cerrados a fin de filtrar todos los pequeños insectos que podían haber caído en el vino. En su típica inversión de valores, a tales dirigentes religiosos judíos les preocupaba más ser contaminados por un diminuto **mosquito** que por un enorme **camello.** Eran minuciosos en cuanto a trivialidades formales y ceremoniales, pero les tenía sin cuidado su propia hipocresía, deshonestidad, crueldad, avaricia, egolatría y un sinnúmero de otros pecados graves. Sustituían los actos externos de religión por las virtudes esenciales del corazón.

LOS FALSOS LÍDERES SON MALDECIDOS POR EXTORSIONAR Y NO TENER MODERACIÓN

¡Ay **de vosotros, escribas y fariseos, hipócritas! porque limpiáis lo de fuera del vaso y del plato, pero por dentro estáis llenos de robo y de injusticia. ¡Fariseo ciego! Limpia primero lo de dentro del vaso y del plato, para que también lo de fuera sea limpio.** (23:25-26)

Quinto, Jesús maldijo a los **escribas y fariseos** por extorsionar a otros y por gratificarse a sí mismos.

A fin de ilustrar una vez más su hipocresía, Jesús volvió a usar la figura de limpiar **lo de fuera** de un **vaso y** un **plato, pero** no lo de adentro. La frase griega detrás de **vaso** a menudo se usaba para un plato en el que habían servido exquisitos manjares a un invitado. La idea es la de una persona que ofrece una suculenta comida con el mejor vino. Pero resulta que aunque el utensilio era hermoso y estaba ceremonialmente purificado, la comida servida allí se encontraba podrida.

Por **fuera** los dirigentes religiosos daban la apariencia de devoción piadosa al Señor, pero por **dentro** estaban **llenos de** suciedad producida por **robo** e **injusticia**. Ceremonialmente eran inmaculados y atractivos, pero espiritualmente eran mugrientos y repugnantes.

Harpageō (**robo**) transmite la idea de saqueo, pillaje y extorsión, y *akrasia* (**injusticia**) tiene el significado básico de falta de dominio propio, y con frecuencia se usaba para denotar la gratificación propia sin restricciones. A fin de satisfacer la propia codicia que los caracterizaba, los inescrupulosos dirigentes religiosos robaban al pueblo al que se suponía que servían. Saqueaban tanto las almas como los bolsillos de las personas, y utilizaban las ganancias mal habidas para servirse a sí mismos.

Haciendo la acusación más personal y directa, Jesús continuó: **¡Fariseo ciego! Limpia primero lo de dentro del vaso y del plato, para que también lo de fuera sea limpio.** No está limpio ningún utensilio que contiene comida o bebida mal habida.

A lo largo de la historia, los falsos dirigentes religiosos se han enriquecido y engordado desplumando a quienes pretenden servir. Por fuera parecen justos, bondadosos y ejemplares, pero por dentro son lobos rapaces.

LOS FALSOS LÍDERES ESTÁN MALDITOS POR SU CONTAMINACIÓN

¡Ay de vosotros, escribas y fariseos, hipócritas! porque sois semejantes a sepulcros blanqueados, que por fuera, a la verdad, se muestran hermosos, mas por dentro están llenos de huesos de muertos y de toda inmundicia. Así también vosotros por fuera, a la verdad, os mostráis justos a los hombres, pero por dentro estáis llenos de hipocresía e iniquidad. (23:27-28)

Sexto, Jesús maldijo a los **escribas y fariseos** por la contaminación espiritual que producían en todos los que tocaban.

Después que las lluvias de primavera cesaban, los judíos palestinos en tiempos del Nuevo Testamento tenían la costumbre de blanquear las casas, los muros, y en particular los **sepulcros.** Comenzaban esta tarea el día quince de Adar, que corresponde aproximadamente a marzo, a fin de hacer sus comunidades más atractivas a los peregrinos de la Pascua. Sin embargo, tenían un propósito adicional al blanquear los **sepulcros,** en especial los que quedaban cerca de Jerusalén. Debido a que un individuo se volvía ceremonialmente impuro por siete días si tocaba un cadáver o incluso un sepulcro (Nm. 19:16), todos los **sepulcros** se blanqueaban con sumo cuidado para identificarlos ante viajeros desprevenidos. Esto les evitaría tocar de modo inadvertido las tumbas y contaminarse, descalificándose, por tanto, para participar en muchas de las actividades de Pascua, incluso la ofrenda de sacrificios. En algunos casos se pintaba toda la tumba, y en otros se pintaban dibujos de huesos para marcarla como un sepulcro. Debido a todo el blanqueo, Jerusalén y sus alrededores brillaban a la luz del sol durante la temporada de Pascua.

Al igual que los **sepulcros blanqueados,** los escribas y fariseos **por fuera, a la verdad, se** veían **hermosos, mas por dentro,** al igual que las tumbas estaban **llenos de huesos de muertos y de toda inmundicia.** Espiritualmente se encontraban muertos y no tenían respeto genuino por la ley de Dios, a pesar de la alabanza externa que le daban y de que aseguraban ser sus intérpretes y maestros verdaderos. En una forma muchísimo peor que los sepulcros contaminaban ceremonialmente a quienes los tocaban, los escribas y fariseos contaminaban espiritualmente a quienes ellos tocaban.

LOS FALSOS LÍDERES ESTÁN MALDITOS POR ACTUAR CON FINGIMIENTO

¡Ay de vosotros, escribas y fariseos, hipócritas! porque edificáis los sepulcros de los profetas, y adornáis los monumentos de los justos, y decís: Si hubiésemos vivido en los días de nuestros padres, no hubiéramos sido sus cómplices en la sangre de los profetas. Así que dais testimonio contra vosotros mismos, de que sois hijos de aquellos que mataron a los profetas. ¡Vosotros también llenad la medida de vuestros padres! ¡Serpientes, generación de víboras! ¿Cómo escaparéis de la condenación del infierno? (23:29-33)

Séptimo y último, Jesús maldijo a los **escribas y fariseos** por su pretensión en presumir ser superiores a los demás, incluso sus antepasados.

Durante muchos cientos de años estos dirigentes habían estado en la vanguardia de los proyectos de edificar **los sepulcros de los profetas y** adornar **los monumentos de los** santos y héroes **justos** de Israel. Sin duda estuvieron en la plataforma del orador en las ceremonias que daban honra a los grandes hombres del pasado, y habrían expresado las más fuertes adulaciones.

Conscientes de que muchos de esos santos habían sido perseguidos y martirizados por sus antepasados, los escribas y fariseos hacían vehementes descargos de responsabilidad para sí mismos, asegurando con arrogancia moral: **Si hubiésemos vivido en los días de nuestros padres, no hubiéramos sido sus cómplices en la sangre de los profetas.**

Pero Jesús rechazó esa petulancia y les puso al descubierto su verdadero carácter, declarándoles: **Así que dais testimonio contra vosotros mismos, de que sois hijos de aquellos que mataron a los profetas.** En ese mismo tiempo estaban tramando matar a Jesús, su Mesías y el Profeta de profetas, demostrando que eran incluso mucho más perversos que sus antepasados impíos. Se hallaban tan consumidos por el odio a la verdad y la justicia de Dios, que eran totalmente ciegos al hecho de que estaban a punto de crucificar al mismo Hijo de Dios.

Jesús exclamó: **¡Vosotros también llenad la medida de vuestros padres!** En realidad les estaba declarando: "La maquinación que están tramando de dar muerte al profeta más grande de todos será **la medida** definitiva de las conspiraciones definitivas de sus **padres** contra los mensajeros de Dios". Ellos estaban a punto de culminar toda la culpa de aquellos en el pasado que asesinaron a los mensajeros de Dios. Este era el acto de pecado supremo contra los profetas de Dios, cuando asesinaron al Mesías-Profeta.

En una maldición final Jesús exclamó: **¡Serpientes, generación de víboras! ¿Cómo escaparéis de la condenación del infierno?** La pregunta era retórica, es decir que de ninguna manera podrían escapar **de la condenación del infierno** si hacían realidad las perversas intenciones que ahora envenenaban sus corazones.

Ophis (**serpientes**) era una palabra general para todo tipo de culebras, pero *echidna* (**víboras**) se refería a los pequeños reptiles venenosos que vivían principalmente en las regiones desiertas de Palestina y otras partes del Mediterráneo oriental. Ya que parecían una rama seca cuando estaban quietas, alguien que buscaba madera para hacer una fogata a menudo recogía sin querer una víbora y resultaba mordido, como le sucedió a Pablo en la isla de Malta. Esa víbora particular era mortal, y cuando Pablo no sufrió ningún daño por la mordida, los supersticiosos isleños creyeron que él era un dios (Hch. 28:3, 6). De ahí que las **víboras** tuvieran la comprensible reputación de ser tanto mortales como engañosas.

Usando exactamente la misma frase utilizada ahora por Jesús al final de su ministerio para describir a esos mismos dirigentes falsos, al inicio de su ministerio Juan el Bautista había llamado "generación de víboras" (Mt. 3:7) a los incrédulos y no arrepentidos fariseos y saduceos que acudieron a él para que los bautizara. Ni los mensajes de Juan el Bautista ni de Jesús habían tenido algún efecto positivo en esos hombres, sino que sirvieron solo para endurecerlos en su incredulidad y en su oposición al evangelio y a los mensajeros justos de Dios.

En la cultura griega pagana las *echidna* se habían asociado por mucho tiempo con la maldad. En esa mitología el nombre se le daba a una deidad monstruosa que era mitad serpiente y mitad mujer, y que había dado a luz a otros monstruos, entre ellos la asesina esfinge de Tebas.

Para la época de Cristo, *echidna* se asociaba universalmente con maldad y peligro extremos. Por eso cuando Jesús llamó a los escribas y fariseos **generación de víboras,** estaba declarando que eran tanto perversos como mortales.

Según se explicó antes en este capítulo, el término *geenna* (**infierno**) se derivaba del nombre de un valle cerca de Jerusalén donde continuamente se arrojaba y se quemaba basura. La relación que Jesús hizo de **víboras** con **la condenación del infierno** sugiere la costumbre común de un granjero de quemar los rastrojos secos en su campo con el fin de preparar la tierra para la próxima siembra. Cuando las llamas se acercaban a sus guaridas, las **víboras** trataban de escabullirse, pero por lo general sin éxito, y por tanto eran consumidas por el fuego. Jesús en realidad manifestó: "Hombres malvados y engañosos, ¿creen de veras que pueden correr más rápido que el juicio de Dios?".

Tal como Jesús les había recordado, dichos falsos líderes eran culpables de mantener al pueblo fuera del reino, culpables de trastornar a las personas y de pervertir la verdad de Dios, culpables de invertir las prioridades divinas, culpables de extorsionar a la gente, culpables de contaminar espiritualmente a todos los que tocaban, culpables de fingir ser justos mientras eran malévolos, y lo peor de todo, culpables de preparase para ejecutar al propio Hijo de Dios.

La condenación de los falsos líderes espirituales. Segunda parte: Proclamación del juicio

123

Por tanto, he aquí yo os envío profetas y sabios y escribas; y de ellos, a unos mataréis y crucificaréis, y a otros azotaréis en vuestras sinagogas, y perseguiréis de ciudad en ciudad; para que venga sobre vosotros toda la sangre justa que se ha derramado sobre la tierra, desde la sangre de Abel el justo hasta la sangre de Zacarías hijo de Berequías, a quien matasteis entre el templo y el altar. De cierto os digo que todo esto vendrá sobre esta generación. (23:34-36)

Durante siglos los judíos habían esperado la llegada de su Mesías. La esperanza que tenían en el corazón era que pronto iba a llegar el día en que la llegada del Mesías y el establecimiento de su reino marcarían el comienzo de la era de bendición prometida para el pueblo de Dios. Toda mujer judía anhelaba ser la madre de ese Mesías, y todo hombre judío pensaba en llegar a ese lugar de prominencia, honra y servicio.

Sin embargo, cuando vino el Mesías y ofreció su reino, y prometió bendición, esperanza y salvación, en vez de recibirlo en fe y amor su pueblo lo rechazó en incredulidad y odio. Lo despreciaron tanto que lo asesinaron, persiguieron a sus seguidores y a menudo los mataron.

En aquella época dolorosa de la historia de Israel, el pueblo excepcionalmente escogido y bendecido de Dios confirmó que había preferido la mentira sobre la verdad, las tinieblas sobre la luz, la iniquidad sobre la justicia, sus propias obras inútiles sobre la divina gracia de Dios, la condenación sobre la salvación, y el camino de Satanás sobre el de Dios. Fueron llamados por la gracia de Dios, y Él les dio sus promesas, pactos y leyes. No obstante, cuando esas bendiciones llegaron a la perfecta consumación en la venida del tan esperado Mesías, el Señor y Salvador, se rebelaron contra Él y le dieron muerte.

Frente a ese rechazo estuvieron los escribas y fariseos, la personificación de los falsos dirigentes espirituales. Tales santurrones, legalistas e hipócritas enemigos de Dios tenían hambre y sed, no de justicia sino de la sangre de los justos. En el mismo instante que Jesús se dirigió a ellos cara a cara en el templo, tramaban arrestarlo y asesinarlo. Tal como Jesús había declarado, al hacerlo estaban llenando la medida de la culpa de sus padres (Mt. 23:32).

La palabra "llenad" se usaba a menudo en la Biblia en relación al pecado, la ira y el juicio cuando estas cosas habían alcanzado su límite pleno. Describe una copa llena con pecado hasta el borde, la que se convierte en una copa de condenación.

La copa que está llena de pecado también se llena de castigo hasta el mismo nivel. Cuando el pecado está completo produce ira, que al llenarse trae juicio, el cual al coparse produce destrucción eterna. Isaías exclamó: "Despierta, despierta, levántate, oh Jerusalén, que bebiste de la mano de Jehová el cáliz de su ira; porque el cáliz de aturdimiento bebiste hasta los sedimentos" (Is. 51:17). Jeremías declaró: "Así me dijo Jehová Dios de Israel: Toma de mi mano la copa del vino de este furor, y da a beber de él a todas las naciones a las cuales yo te envío" (Jer. 25:15). Habacuc advirtió a Judá: "El cáliz de la mano derecha de Jehová vendrá hasta ti, y vómito de afrenta sobre tu gloria" (Hab. 2:16). En la séptima copa de juicio en los últimos días, Dios dará a Babilonia el ejemplo de la religión falsa: "El cáliz del vino del ardor de su ira" (Ap. 16:19).

Los escribas y fariseos, y con ellos la mayor parte de israelitas, estaban a punto de llenar el límite de su pecado. Cuando los seres humanos rechazan de manera irrevocable a Dios, Él los rechaza de manera irrevocable, entregándolos a su propia maldad intencional. Pablo afirma que cuando los hombres "no aprobaron tener en cuenta a Dios, Dios los entregó a una mente reprobada, para hacer cosas que no convienen… quienes habiendo entendido el juicio de Dios, que los que practican tales cosas son dignos de muerte, no sólo las hacen, sino que también se complacen con los que las practican" (Ro. 1:28, 32). Debido a que el faraón había endurecido irrevocablemente su corazón contra Dios, Dios confirmó dicho endurecimiento (Éx. 9:34-35; cp. 4:21; 7:3, 13; 10:1). Cuando Judas se comprometió de modo irrevocable a traicionar a Cristo, Jesús le dijo: "Lo que vas a hacer, hazlo más pronto" (Jn. 13:27), sin aprobar lo que Judas había decidido hacer sino confirmando divinamente tal decisión.

Desde entonces ha habido seres humanos justos que han sido perseguidores y asesinos de seres humanos justos, quienes son un reproche a la injusticia. Siempre que una sociedad tiene la oportunidad de expresar su odio a la justicia, que refleja su odio a Dios, maltratará y si es posible destruirá a las personas justas que pertenecen al Señor.

Después que Jesús terminó su serie de siete maldiciones contra los escribas y fariseos (vv. 13-33), agregó otro mensaje de advertencia, declarando que el juicio que les venía era inevitable e inminente.

EL JUICIO ERA INEVITABLE

Por tanto, he aquí yo os envío profetas y sabios y escribas; y de ellos, a unos mataréis y crucificaréis, y a otros azotaréis en vuestras sinagogas, y perseguiréis de ciudad en ciudad; para que venga sobre vosotros toda la sangre justa que se ha derramado sobre la tierra, desde la sangre de Abel el justo hasta la sangre de Zacarías hijo de Berequías, a quien matasteis entre el templo y el altar. (23:34-35)

Debido a que la copa del pecado de ellos y la copa de la ira de Dios se llenarían en poco tiempo (vv. 32-33), **por tanto** el juicio para los escribas y fariseos era inevitable.

Jesús advirtió: "Como evidencia y verificación de ese juicio, **he aquí yo os envío profetas y sabios y escribas; y de ellos, a unos mataréis y crucificaréis, y a otros azotaréis en vuestras sinagogas, y perseguiréis de ciudad en ciudad**". En otras palabras, después que crucificaran a Jesús, su Mesías, procederían a matar y crucificar a sus seguidores, especialmente a los hombres piadosos que Él enviaría como sus emisarios: los **profetas y sabios y escribas** del Nuevo Testamento.

Al citar tanto **mataréis** como **crucificaréis**, es probable que Jesús se haya referido respectivamente a medios judíos y romanos de ejecución. Por supuesto, el Señor fue crucificado, así como también Pedro de acuerdo con la tradición. Esteban fue apedreado, y Jacobo fue asesinado a espada (Hch. 7:58-60; 12:2). Otros creyentes en la iglesia primitiva fueron asesinados por esos y por muchos más métodos.

Jesús predijo: **A otros** de mis seguidores **azotaréis en vuestras sinagogas, y perseguiréis de ciudad en ciudad.** Todos los apóstoles experimentaron maltrato por su fe, al igual que la mayoría de los demás creyentes. Pablo relató: "De los judíos cinco veces he recibido cuarenta azotes menos uno. Tres veces he sido azotado con varas; una vez apedreado" (2 Co. 11:24-25). Antes de su conversión, el apóstol mismo había estado en la vanguardia de aquellos que **de ciudad en ciudad** persiguieron cristianos (Hch. 8:1-4; 9:1-2), y después de su conversión fue el receptor de tal persecución. Se le opusieron y a menudo lo expulsaron de muchas ciudades, entre ellas Pisidia y Antioquía (Hch. 13:45, 50), Iconio (14:1-2), Listra (14:19-20), Tesalónica (17:5-10), Berea (17:13-14), Corinto (18:12-18), Jerusalén (21:27; 23:12) y Cesarea (24:1-9). Los creyentes en la iglesia primitiva fueron continuamente acosados por los falsos dirigentes espirituales de Israel, quienes trataron de acabar con el evangelio de Cristo.

Característico del Evangelio de Mateo, los tres títulos de **profetas, sabios y escribas** eran exclusivamente judíos. Aunque Jesús estaba hablando de los apóstoles y de otros maestros, predicadores y escritores de la era del Nuevo Testamento, usó términos del Antiguo Testamento que sin duda alguna sus oyentes entenderían. Dichos líderes dotados del Espíritu serían usados por Dios para ministrar su evangelio al mundo y para completar su Palabra escrita con el fin de que los seres humanos pudieran escuchar con precisión el mensaje completo de la gracia divina y fueran salvos.

Pero esos hombres también cumplirían otro propósito, menos consciente pero tan divinamente ordenado como ese propósito positivo. Así como serían ministros de salvación, también serían ministros de juicio. Tal como llevarían a muchos a aceptar a Jesús como Salvador y Señor, también llevarían a otros a confirmar el rechazo que le hicieran al Señor como Salvador y Señor. Jesús advirtió a los escribas y fariseos incrédulos: **he aquí yo os envío** a mis siervos **para que venga sobre vosotros toda la sangre justa que se ha derramado sobre la tierra.** Mientras otros estaban teniendo la oportunidad de recibirlo, ellos tendrían más oportunidad de rechazarlo, lo cual harían. Tendrían oportunidades adicionales de rechazarlo a fin de que pudieran apilar sobre sí mismos un peso aún mayor de culpa, lo que incluso les ganaría un juicio más severo (cp. Ro. 2:5).

Hopōs (**para que**) se relaciona con propósito, y significa "a fin de que" o "con el propósito de". Estaba totalmente dentro del propósito de Dios que sobre las cabezas de los malvados líderes de Israel, junto con los demás judíos que rechazaron a Cristo, viniera la culpa de **toda la sangre justa que se ha derramado sobre la tierra.** En lo que se refiere a los endurecidos escribas y fariseos, la única ganancia que recibirían de oír más del evangelio sería más culpa y mayor juicio.

No es que Dios desea que los hombres rechacen la gracia divina y sean condenados (2 P. 3:9), sino que cuando persisten en rechazarlo traen sobre sí mismos el derramamiento de la ira justa del Señor. Cuanto más oyen la verdad, más responsables y culpables se vuelven si continúan rechazándola.

Los escribas y fariseos tuvieron toda la revelación acumulada del Antiguo Testamento, y durante tres años recibieron incluso la revelación perfecta de parte del propio Hijo de Dios. Y mientras más acumulaban la revelación de Dios sin creerla y seguirla, más acumulaban la ira y el juicio de Dios en proporción directa. Ellos y su generación podrían ser considerados culpables por **toda la sangre justa que se ha derramado sobre la tierra,** porque ninguna generación en la historia ha tenido o tendrá más de la luz de Dios. Tuvieron en medio de ellos al Dios encarnado, quien Él mismo era toda la verdad y toda la luz, y sin embargo ellos no las tendrían.

El mundo occidental de hoy está en una situación parecida. La Iglesia no siempre ha testificado a Cristo de modo tan claro, completo o amoroso como podría hacerlo, pero ninguna generación en la historia fuera de la de esa propia época de Jesús ha tenido más acceso a la verdad de Dios y al camino de salvación que la de la humanidad del siglo XXI. Además de tener gran luz, hemos tenido el beneficio de la acumulación de luz, poder y bendición del evangelio durante 2.000 años. Sin embargo, cada generación sucesiva parece rechazar el evangelio con mayor vehemencia, amasando para sí mayor culpa y por consiguiente mayor juicio.

Pablo testificó: "Porque para Dios somos grato olor de Cristo en los que se salvan, y en los que se pierden". El apóstol sigue explicando que la gran diferencia era que para los salvos ellos eran "olor de vida para vida", mientras que para los perdidos eran "olor de muerte para muerte" (2 Co. 2:15-16). En otras palabras, cada vez que el evangelio es predicado, o atrae seres humanos a Cristo o los aleja más. Debido a ser tan opuesta a las ideas populares acerca de Dios, esa verdad es difícil de aceptar para muchos cristianos. Pero el Nuevo Testamento deja abundantemente en claro que el propósito del evangelio no siempre es traer salvación, pues tiene el propósito igualmente divino de traer juicio. Según afirma el dicho, el mismo sol que suaviza la cera endurece el barro. Dios no solo es un Dios de amor, misericordia y gracia sino de santidad, ira y juicio; y la Biblia es igualmente enfática en cuanto a ambos aspectos de la naturaleza divina.

Cuando los hombres reciben al Hijo de Dios y son salvos, Dios es glorificado porque su gracia se reivindica; y cuando rechazan a su Hijo y son condenados, Dios es glorificado porque su santidad se reivindica. Al saber lo problemático que es aceptar la segunda parte de esa verdad incluso para muchos creyentes, Pablo siguió afirmando que él no era "como muchos, que medran falsificando la palabra de Dios" en formas que eran agradables a los hombres, "sino que con sinceridad, como de parte de Dios, y delante de Dios [él habla] en Cristo" (2 Co. 2:17). Para que ninguno de sus lectores creyera que el apóstol simplemente estaba expresando fanatismo personal, aseguró de manera categórica que no solo hablaba con sinceridad sino también de parte de Dios y delante de Él.

En su carta a los romanos Pablo presenta la misma verdad de algún modo diferente. Él previó que algunas personas se opondrían a su enseñanza de que Dios "de quien quiere, tiene misericordia, y al que quiere endurecer, endurece", para luego preguntar: "¿Por qué, pues, inculpa? porque ¿quién ha resistido a su voluntad?" (Ro. 9:18-19). En respuesta, el apóstol manifestó:

Mas antes, oh hombre, ¿quién eres tú, para que alterques con Dios? ¿Dirá el vaso de barro al que lo formó: ¿Por qué me has hecho así? ¿O no tiene potestad el alfarero sobre el barro, para hacer de la misma masa un vaso para honra y otro para deshonra? ¿Y qué, si Dios, queriendo mostrar su ira y hacer notorio su poder, soportó con mucha paciencia los vasos de ira preparados para destrucción, y para hacer notorias las riquezas de su gloria, las mostró para con los vasos de misericordia que él preparó de antemano para gloria? (vv. 20-23).

Dios es Dios, y cualquier cosa que hace es correcta por definición, porque Él es tanto la fuente como la medida de lo que es correcto.

En su último mensaje a la humanidad en la Biblia, Dios declaró: "El que es injusto, sea injusto todavía; y el que es inmundo, sea inmundo todavía; y el que es justo, practique la justicia todavía; y el que es santo, santifíquese todavía" (Ap. 22:11). Como los hombres son, a fin de cuentas, así serán por siempre. Y si Dios en su gracia salva a aquellos que reciben a su Hijo, o si en su santo juicio condena a quienes no lo reciben, será glorificado por siempre.

Desde la sangre de Abel el justo hasta la sangre de Zacarías, los judíos habían estado matando al pueblo de Dios y acumulando cada vez más y más ira y juicio. Caín el injusto mató a **Abel el justo,** su hermano. Caín no pudo tolerar la pureza y la piedad de su hermano, porque la justicia misma es un tipo de juicio sobre el pecado al exponerlo por lo que es.

La identidad de **Zacarías hijo de Berequías** se ha debatido por mucho tiempo entre los estudiantes de la Biblia. Debido a su implacable posición contra la idolatría, de acuerdo con 2 Crónicas 24:20-21, a Zacarías el hijo de Joiada lo apedrearon hasta matarlo por orden del rey Joás. Su asesinato "en el patio de la casa de Jehová" ocurrió alrededor del año 800 a.C., mucho antes del final del escrito del Antiguo Testamento.

Más de veinte hombres con el nombre de **Zacarías** se mencionan en la Biblia, lo que indica que era un nombre muy popular. Entre los cientos o quizás miles de Zacarías que habían vivido antes de Cristo no sería sorprendente que a más de uno hubieran matado en el templo. Ya que Jesús estaba señalando lo extenso de la persecución a las personas justas, comenzando con **Abel** y concluyendo con **Zacarías,** esto sugeriría que estaba cubriendo toda la historia del Antiguo Testamento desde la creación hasta el final del período profético. También es significativo que **Zacarías** escribiera más acerca de la venida del Mesías que cualquier otro profeta a excepción de Isaías.

El profeta **Zacarías,** el nombre de cuyo padre era **Berequías** (Zac. 1:1), estaba entre los últimos profetas de Israel y al parecer el último en ser martirizado. Aunque el Antiguo Testamento no informa que fuera asesinado **entre el templo y el altar,** parece seguro que este fue el **Zacarías** al que Jesús se refirió.

Es significativo que el Señor dijera: **a quien matasteis,** hablando directamente a los escribas y fariseos pero incluyendo a los incrédulos israelitas (v. 36). A pesar de que el asesinato del profeta había ocurrido más de quinientos años antes, los malvados dirigentes a quienes el Señor se dirigía ahora habían participado en el crimen. Al haber asesinado a Jesús, quien era la encarnación de la justicia, demostraron su complicidad y solidaridad con la persecución y el asesinato de toda persona justa que alguna vez ha padecido a manos de hombres perversos.

JUICIO INMINENTE

De cierto os digo que todo esto vendrá sobre esta generación. (23:36)

Todo esto, es decir la culpa y el juicio multiplicados que la humanidad incrédula había estado acumulando desde la caída, iba a venir **sobre** los principales de **esta generación.** No existe razón alguna para creer que Jesús estuviera hablando de alguna manera que no fuera histórica cuando se refirió a **esta generación.** Sería esa generación la que experimentaría la destrucción total de Jerusalén y del templo menos de cuarenta años después, en el 70 d.C., una época a la que Jesús llamó los "días de retribución" (Lc. 21:22). Él tuvo en mente no solo a quienes estaba hablando sino a todos los demás líderes falsos y judíos incrédulos que vivían en ese tiempo; en otras palabras, a la nación de Israel como un todo. En una crónica trágica, su gente ha seguido sufriendo desde entonces hasta ahora.

En el año 66 d.C., la revolución judía estalló de nuevo contra Roma. Tras aguantar la opresión, la injusticia y las costumbres paganas de los romanos todo lo que pudieron, los judíos se volvieron contra sus gobernantes. Inspirados en gran manera por los zelotes, el partido radical de nacionalistas conocidos por sus tácticas de guerrilla y su frecuente terrorismo, muchos judíos palestinos tomaron cualquier arma que pudieron encontrar y se unieron a la rebelión. Roma contraatacó matando a miles de judíos en el norte de Galilea, y finalmente Tito llegó a Jerusalén con un ejército de más de ochenta mil hombres. Después de apostar a su ejército en toda la ciudad y también alrededor, el general exigió su rendición inmediata. Cuando los judíos respondieron a los soldados con risas sarcásticas y ataques, las tropas comenzaron una masacre que casi resulta imposible de describir (véase el capítulo 116 de esta obra por el relato vívido de un testigo presencial escrito por el famoso historiador judío Josefo).

Por la misma época, se cuenta que los habitantes gentiles de Damasco degollaron a diez mil judíos que vivían entre ellos. Varios siglos después el emperador romano Teodosio II promulgó un código legal que declaraba a los judíos como inherentemente inferiores y que no merecían la misma protección y los mismos privilegios legales que las demás personas. Trágicamente, tales puntos de vista antisemita llegaron a impregnar la posterior cultura y ley en Occidente. En el año 630 d.C., el emperador bizantino Heráclito expulsó de Jerusalén a los judíos que habían comenzado a reasentarse en la ciudad.

Durante la primera cruzada, que comenzó en 1096, la iglesia establecida en Europa instigó lo que se declaró que era una guerra santa para liberar la Tierra Santa de los musulmanes turcos que la habían gobernado por varios siglos. Ante el temor de que los judíos quisieran reasentarse y reclamar la tierra para ellos, muchos cruzados participaron en masacres brutales de judíos europeos, supuestamente en nombre de Cristo, mientras marchaban hacia Palestina. A veces los soldados reunían a todos los judíos en un pueblo o una ciudad y les daban un ultimátum de confesar a Cristo y bautizarse públicamente o de lo contrario terminar asesinados. Algunos judíos hicieron una profesión verbal de fe simplemente para salvar sus vidas, mientras otros se negaron y fueron asesinados donde se hallaban. Las atrocidades incluyeron pisotear judíos bajo los cascos de sus caballos, así como otros medios de ejecución demasiado brutales para ser mencionados. En lugar de enfrentar tal humillación y horror, muchos judíos se suicidaron cuando supieron que los cruzados se acercaban.

Por muchos años los judíos habían experimentado un asilo relativamente seguro y sin problemas en Inglaterra. Pero cuando un monje dominico en el siglo XIII comenzó a estudiar las Escrituras hebreas con el fin de estar en mejores condiciones para testificar a los judíos, él mismo se convirtió al judaísmo y fue circuncidado. En una reacción airada, la Iglesia Católica Romana hizo expulsar de Cambridge a todos los judíos.

En otras partes de Europa los judíos fueron falazmente acusados de falsificar monedas y de otros delitos graves. Después de simulacros de juicios o de ningún juicio en absoluto, los acusados fueron torturados, encarcelados, exiliados o ejecutados. A veces a todos los judíos en una comunidad se les exigía que usaran bandas de identificación en los brazos o distintivos para diferenciarlos. En Londres, a un grupo de judíos les ataron brazos y piernas a caballos que luego condujeron en direcciones opuestas, y después que los cuerpos fueron destrozados, a los restantes los pusieron en horcas para que los habitantes del pueblo los vieran.

Cuando la plaga negra arrasó con Europa en el siglo XIV, matando a cientos de miles, muchas personas culparon a los judíos. En Europa los acusaron de envenenar pozos de agua, y en un pueblo una sinagoga llena de adoradores fue quemada hasta los cimientos. En desesperación, muchos judíos huyeron a Polonia y Rusia en los confines de Europa, donde varios de sus descendientes todavía viven hoy día.

Después de considerable libertad en Polonia, establecieron varias escuelas y seminarios talmúdicos extraordinarios. Más tarde fueron oprimidos por la iglesia durante un tiempo, pero sin embargo en la lucha contra los cosacos rusos se unieron al gobierno y la iglesia. Cuando los cosacos salieron victoriosos, en venganza masacraron a miles de judíos.

Los judíos que huyeron a España encontraron escaso refugio. Entre sus peores perseguidores estaban Fernando e Isabel, los dos monarcas que encargaron los primeros viajes de Cristóbal Colón al nuevo mundo. Esa nación fue descrita por un poeta judío como el infierno de los judíos. Durante la inquisición española, los sepulcros de aquellos que se habían convertido al judaísmo fueron desenterrados y los cadáveres profanados. A los herederos de esos prosélitos les confiscaron sus propiedades como una advertencia para otros que pudieran pensar en convertirse. A todo judío se le obligaba a usar un símbolo de cruces quemándose, y en 1492, el año en que Colón comenzó su primer viaje, la mayoría de ellos fueron expulsados del país. Muchos emigraron a Rusia, donde hasta el día de hoy la persecución ha persistido en mayor o menor grado.

En la Alemania medieval los judíos fueron acusados de usar la sangre de niños cristianos en sus ritos de Pascua. Algunos incluso fueron acusados de apuñalar al anfitrión (la hostia servida en la misa católica que según la creencia se convierte en el real cuerpo de Cristo) hasta hacerlo sangrar, y por tanto de volver a representar la crucifixión del Señor. A los acusados de tales cosas los torturaban y mataban en una variedad de formas crueles.

Durante muchos siglos el antisemitismo contaminó la mayor parte de la civilización occidental. En 1894 un oficial del ejército judío llamado Alfred Dreyfus fue acusado falsamente y condenado por traición simplemente por ser judío. Su condena apresuró que todos los judíos de alto rango se retiraran del ejército francés.

A pesar de la continua persecución, veinte millones de judíos aún vivían en Europa cuando estalló la Segunda Guerra Mundial. En lo que se ha llegado a llamar "El Holocausto", Adolfo Hitler exterminó horriblemente al menos a seis millones de judíos tanto en Alemania como en los territorios ocupados por los nazis. Esas atrocidades inspiradas por los demonios no estaban cimentadas en la religión tanto como en el prejuicio racial, ya que a los judíos los declararon racialmente inferiores.

Con poco respiro, durante dos mil años los judíos han soportado persecución tras persecución, siendo difamados, acusados falsamente, y tratados injustamente. Además, se les ha negado la dignidad, el empleo y la educación. Por otro lado, los han expulsado de un país tras otro, y no pocas veces los han masacrado sin misericordia, por ninguna otra razón que ser judíos.

El moderno estado de Israel lleva las marcas de gran parte de esa persecución, incluso la destrucción que Tito le hiciera al templo, la excavada parcial del muro occidental al que ahora se le llama el muro de los lamentos. Allí también se encuentran ahora reliquias más modernas como tanques y vehículos blindados, dejados allí de manera intencional para que se oxiden a la vista del público como recordatorios de las costosas batallas que los israelíes han peleado y siguen peleando en defensa de su nueva nación desde que esta se fundara en 1948.

Los judíos permanecen, a pesar de todos esos horrores e intentos sistemáticos de exterminarlos. Y permanecen porque el Dios santo que los preserva no se verá frustrado por las huestes malignas tanto humanas como demoníacas que intentan destruirlos.

Sin embargo, como Jesús declara con seriedad en este pasaje, la preservación divina de los judíos no es tan solo para el propósito de Dios de redimir en última instancia a su pueblo escogido, sino también que es una perpetuación del castigo de ellos. Se trata de un escarmiento continuo que soportarán hasta que Israel declare en fe: "Bendito el que viene en el nombre del Señor" (Mt. 23:39; cp. Sal. 118:26).

Últimas palabras de Jesús a Israel 124

¡Jerusalén, Jerusalén, que matas a los profetas, y apedreas a los que te son enviados! ¡Cuántas veces quise juntar a tus hijos, como la gallina junta sus polluelos debajo de las alas, y no quisiste! He aquí vuestra casa os es dejada desierta. Porque os digo que desde ahora no me veréis, hasta que digáis: Bendito el que viene en el nombre del Señor. (23:37-39)

Desde el llamado de Abraham, los judíos han sido el pueblo especial de Dios, y un cristiano que ama de veras a Dios no puede dejar de amar al pueblo judío. Por el contrario, tendrá una profunda preocupación por la situación difícil que enfrentan en nuestros días, y sentirá una carga pesada por la salvación de ellos en Cristo, su Mesías.

A lo largo de todos los siglos de opresión, incluso los intentos de exterminarlos, como en el holocausto nazi, los judíos han sobrevivido y han sido preservados de forma divina en su identidad racial. A pesar de que los han esparcido por todas partes del mundo, de haberse vuelto ciudadanos de un sinnúmero de países distintos, de haberse casado con gentiles, e incluso de tener diferentes opiniones entre ellos mismos en cuanto a quién es un verdadero judío, siguen siendo un pueblo distinguido.

Para quienes conocen y creen en la Biblia, la perpetuación de los judíos no es sorprendente, pues ya que Dios hizo un pacto con Abraham hace como cuatro mil años, Él se ha comprometido a preservar a su pueblo escogido, y un día a llamarlo de manera permanente otra vez hacia sí mismo.

Mientras tanto, los judíos claman a un Dios que no responde. Se preguntan: ¿Por qué, si en realidad son el pueblo escogido, han sufrido tanto a manos de las personas más malvadas del planeta? ¿Por qué, si sus Escrituras son realmente las palabras de Dios, ellos han estado tan abandonados por Dios, quien en esas mismas palabras ha prometido con mucha frecuencia ser su Proveedor y Libertador? ¿Por qué, si nombró a todos sus santos profetas de entre ellos, desde entonces Dios los abandonó al prejuicio y la maldad de hombres impíos? Si son la niña de los ojos de Dios, ¿por qué se ha levantado tanto odio específicamente contra ellos y les han ocasionado tan incalculable desdicha y angustia?

En la conclusión de este, su último mensaje público, Jesús ofreció la aleccionadora respuesta a tales preguntas; no obstante, lo hizo con compasión intensa y con seguridad de la conversión definitiva de Israel.

COMPASIÓN INTENSA

¡Jerusalén, Jerusalén, que matas a los profetas, y apedreas a los que te son enviados! ¡Cuántas veces quise juntar a tus hijos, como la gallina junta sus polluelos debajo de las alas, y no quisiste! He aquí vuestra casa os es dejada desierta. (23:37-38)

Cuando Jesús hubo entrado en Jerusalén la mañana anterior, "al verla, lloró sobre ella, diciendo: ¡Oh, si también tú conocieses, a lo menos en este tu día, lo que es para tu paz! Mas ahora está encubierto de tus ojos" (Lc. 19:41-42). Jeremías expresó dolor similar cuando pensó en la posibilidad de que los judíos fueran llevados cautivos por Babilonia debido a que estaban desafiando a Dios: "En secreto llorará mi alma a causa de vuestra soberbia; y llorando amargamente se desharán mis ojos en lágrimas" (Jer. 13:17).

Jesús expresa ahora dolor ante la dureza de su pueblo. Hubo gran sentimiento, así como reproche al repetir el nombre: **Jerusalén, Jerusalén.** Fue tanto como cuando manifestó: "Marta, Marta, afanada y turbada estás con muchas cosas" (Lc. 10:41); y cuando declaró: "Simón, Simón, he aquí Satanás os ha pedido para zarandearos como a trigo" (Lc. 22:31); y cuando diría algunos años después: "Saulo, Saulo, ¿por qué me persigues?" (Hch. 9:4). El nombre **Jerusalén** significa "ciudad de paz", y a menudo se le ha llamado la ciudad santa. Pero por muchos años se había convertido en la ciudad de violencia y de falta de santidad. En el libro de Apocalipsis se le llama "la grande ciudad que en sentido espiritual se llama Sodoma y Egipto" (11:8), en que Sodoma representa perversión moral y Egipto representa religión pagana. La ciudad de Dios se había convertido en la ciudad de Satanás.

Usando **Jerusalén** como representación de todo Israel, el Señor volvió a recordar la rebelión del pueblo contra Él, manifestada en que mataron **a los profetas** y apedrearon a los otros mensajeros de Dios que le **son enviados.** Las formas verbales **matas** y **apedreas** se traducen de dos participios griegos en presente activo que podrían traducirse "que están matando… y apedreando", e indican un proceso continuo. La rebelde e incrédula nación de Israel había estado matando a la gente justa de Dios desde Abel hasta Zacarías (v. 35), pronto matarían al Hijo de Dios, y luego seguirían matando a los "profetas y sabios y escribas" que el Hijo mismo les enviaría (v. 34). En la parábola del propietario de la viña, Jesús los describió como los arrendatarios que golpearon y mataron a los siervos que el dueño les envió, y que incluso mataron al hijo y heredero cuando este vino (Mt. 21:33-39).

Nunca fue el plan final de Dios ni su deseo que su pueblo fuera castigado, sino que regrese a Él en fidelidad y devoción. Jesús lamentó: **Cuántas veces quise juntar a tus hijos, como la gallina junta sus polluelos debajo de las alas.** Él ansiaba atraer a Israel hacia sí mismo y protegerlo como **la gallina junta sus polluelos debajo de las alas** para protegerlos de una tormenta que los azotaría, o de un halcón que los devoraría. Hubo una hermosa intimidad y ternura en las palabras de Jesús, y sin duda en su voz cuando se lamentó por su pueblo. "A lo suyo vino, y los suyos no le recibieron" (Jn. 1:11).

David se regocijó: "¡Cuán preciosa, oh Dios, es tu misericordia! Por eso los hijos de los hombres se amparan bajo la sombra de tus alas" (Sal. 36:7). Fue el gran deseo de Dios que todos los hombres, especialmente sus amados **hijos** los israelitas, se refugiaran **debajo de** sus **alas.** Muchas **veces** y en muchas formas Jesús les había hecho invitaciones tales como: "Venid a mí todos los que estáis trabajados y cargados, y yo os haré descansar. Llevad mi yugo sobre vosotros, y aprended de mí, que soy manso y humilde de corazón; y hallaréis descanso para vuestras almas" (Mt. 11:28-29).

Jesús añadió: **y no quisiste.** Él vino a su pueblo en verdad, luz y amor, y les ofreció el reino que Dios había prometido por mucho tiempo, pero ellos rechazaron al Rey y perdieron el reino. En lugar de heredar la bendición que Dios les brindó por la fe de ellos, heredaron el juicio que Dios prometió por la incredulidad que mostraron.

Nada en la Biblia es más cierto que la verdad de que Dios es soberano sobre todo; pero la Palabra de Dios en ninguna parte enseña fatalismo, como lo clarifica este versículo. Dios estuvo muy dispuesto a que Israel y todos los seres humanos recibieran y siguieran a su Hijo, pero en su gran mayoría no quisieron. No se volvieron a Cristo por cosas del destino, sino únicamente a causa de la propia indisposición que mostraron. Cuando una persona rechaza a Cristo no se debe nunca a deseo o falla de Dios, sino siempre a culpa propia.

A Israel se le dio un privilegio que es absolutamente único en la historia de la humanidad, y con ese privilegio venía gran oportunidad y responsabilidad. El encarnado Hijo de Dios vino en medio de ellos como el Hijo de David, su propio Mesías, Señor y Salvador. Él enseñó, sanó, exhortó y suplicó. En su verdad y amor sin paralelo demostró de manera tan perfecta a Dios que pudo declarar: "El que me ha visto a mí, ha visto al Padre" (Jn. 14:9; cp. 12:45). Sin embargo, Israel rechazó esa revelación y perdió esa oportunidad, y al hacerlo se trajo sobre sí la ira y el juicio de Dios.

Debido a que los judíos son el pueblo escogido de Dios, son objeto del más feroz odio de Satanás. Por tanto, cuando Dios retiró su mano protectora de Israel, la nación quedó expuesta a las peores furias que Satanás podía traer sobre un pueblo. El deseo continuo del diablo es eliminarlos, porque son especialmente amados por Dios, y porque destruirlos sería frustrar la promesa de Dios de volverlos hacia sí (Ro. 11:26) y darles a Cristo como herencia.

No obstante, aunque Israel como pueblo ha padecido porque Dios retiró su bendición de ellos, muchos judíos individuales han venido y siguen viniendo a Cristo en fe salvadora. Dios nunca ha estado sin un remanente escogido (Is. 10:22; Jer. 23:3; Ez. 6:8; Zac. 8:12; Ro. 8:27).

Durante la época de Isaías, el Señor recordó a Israel su gran amor y cuidado en llamarlos y edificarlos como pueblo, usando la figura de un cultivador que con cuidado plantó y cultivó una viña solo para descubrir que esta produjo uvas sin valor alguno. A causa de la infidelidad y la falta de fruto en ellos, el Señor declaró que quitaría el seto protector alrededor de la viña, rompería su muro, y lo dejaría desierto. Dios siguió explicando por medio del profeta: "Ciertamente la viña de Jehová de los ejércitos es la casa de Israel, y los hombres de Judá planta deliciosa suya. Esperaba juicio, y he aquí vileza; justicia, y he aquí clamor" (Is. 5:1-7). Esa predicción se cumplió cuando Judá fue conquistado por Babilonia en el año 586 a.C., y muchos de sus habitantes, incluso tres de sus reyes, fueron llevados al exilio por Nabucodonosor durante un período de varios años.

Al declarar: **He aquí vuestra casa os es dejada desierta,** Jesús estaba afirmando que en la misma medida que en ese tiempo anterior de juicio, la nación de Israel sería **dejada** devastada y **desierta.** Solo unos cuantos días antes Jesús se había referido al templo como la casa de su Padre (Mt. 21:13; cp. 12:4), pero había sido tan profanada y deshonrada que ahora Él la llamó **vuestra casa,** una referencia también a la nación como un todo, la casa de Israel. Al igual que el hijo de la viuda de Finees (1 S. 4:21), al templo y a todo Israel pronto podría llamárseles Icabod, porque la gloria de Dios sería traspasada de ellos. En la época actual, aunque la gloria y la mano protectora de Dios se han retirado de Israel, la casa de Dios es la Iglesia de Cristo, "la iglesia del Dios viviente, columna y baluarte de la verdad" (1 Ti. 3:15).

Al principio de la historia de los israelitas, Dios había advertido que si no le obedecían, "para procurar cumplir todos sus mandamientos y sus estatutos", las maldiciones que estaba a punto de enumerar vendrían sobre ellos (Dt. 28:15-68). Debido a que no solo había abandonado los mandamientos de Dios sino incluso al propio Hijo de Dios, la nación de Israel ahora quedaría **desierta,** sometida a los caprichos de un mundo impío que se burlaría de ella, que la despreciaría, y que perseguiría a su gente de ciudad en ciudad como ella pronto haría con los profetas, con los sabios, y con los escribas que Cristo le enviaría (v. 34).

En los últimos tiempos la persecución a los judíos se intensificaría en un holocausto como ningún otro que hubieran experimentado. Ese sufrimiento ocurrirá en un período llamado "tiempo de angustia para Jacob" (Jer. 20:7) y la gran tribulación, una época "cual no la ha habido desde el principio del mundo hasta ahora, ni la habrá" (Mt. 24:21).

CONVERSIÓN ASEGURADA

Porque os digo que desde ahora no me veréis, hasta que digáis: Bendito el que viene en el nombre del Señor. (23:39)

Las palabras de despedida que Jesús le dio a Israel fueron: **Desde ahora no me veréis.** Tales palabras fueron definitivas para los judíos incrédulos que estaban escuchando ese día, para todos los demás judíos incrédulos de esa generación (v. 37), y para innumerables generaciones por venir. Puesto que rechazaron a Dios, Dios los rechazó. Ya no sería el Dios de ellos, y ellos ya no serían su pueblo.

De no ser por la palabra calificativa **hasta,** ese habría sido el momento final de la historia de Israel, y la teología de la Biblia, tanto en el Antiguo Testamento como en el Nuevo, se habría alterado radicalmente. Además de eso, los hombres habrían tenido una buena razón para no confiar otra vez en Dios, porque Él prometió en varias ocasiones que en última instancia su pueblo escogido sería salvado, restaurado y bendecido (véase, p. ej. Jer. 23:5-6; Is. 66:10-22; Zac. 14:1-11).

Jesús no manifestó "a menos que", haciendo de la restauración solo una posibilidad, sino **hasta,** convirtiéndola en algo seguro. Incluso en el contexto de las más severas maldiciones de Jesús sobre la nación incrédula y sobre sus falsos líderes, dicha palabra ofrecía esperanza. Un día Israel dirá finalmente en fe: **Bendito el que viene en el nombre del Señor,** y en ese día la nación será redimida, restaurada y bendecida para siempre.

Solo unos pocos días antes las multitudes habían gritado a Jesús esa misma frase del Salmo 118:26 cuando Él entró a Jerusalén montado en una asna (Mt. 21:9). Eran palabras que todos los judíos asociaban con aclamación del Mesías cuando viniera para establecer su reino en la tierra. Pero por ciertas y apropiadas que esas expresiones fueron en la ocasión de la entrada triunfal, no fueron dichas en fe por la mayor parte de individuos que las pronunciaron. El Mesías que deseaban no era el tipo de Mesías de Dios sino el suyo propio, y cuando Jesús demostró pronto que no había venido a quitar el yugo romano como habían esperado, los gritos para su coronación se convirtieron en gritos que pedían su crucifixión.

Pero un día con esas mismas palabras Israel reconocerá en fe a su Mesías, y la mano de bendición y protección del Señor volverá a estar sobre la nación. "En aquel día Jehová defenderá al morador de Jerusalén", declaró Zacarías, el profeta a quien los antepasados de esos moradores mataron "entre el templo y el altar" (Mt. 23:35). El profeta siguió describiendo así ese gran cambio en los últimos días:

El que entre ellos fuere débil, en aquel tiempo será como David; y la casa de David como Dios, como el ángel de Jehová delante de ellos. Y en aquel día yo procuraré destruir a todas las naciones que vinieren contra Jerusalén. Y derramaré sobre la casa de David, y sobre los moradores de Jerusalén, espíritu de gracia y de oración; y mirarán a mí, a quien traspasaron, y llorarán como se llora por hijo unigénito, afligiéndose por él como quien se aflige por el primogénito (Zac. 12:8-10).

Cuando la copa de la ira de Dios esté vacía, Él derrocará y destruirá al sistema perverso del mundo de Satanás, a quien el Señor ha dado por un tiempo las riendas para tiranizar al pueblo de Dios. Cuando los judíos se vuelvan a Dios, Él volverá a ellos y les derramará su Espíritu Santo de gracia y bendición, y ellos se regocijarán y llorarán. Se regocijarán en acción de gracias por su recién encontrado Salvador y Señor, pero también llorarán en penitencia cuando recuerden lo que le han hecho. "En aquel día habrá gran llanto en Jerusalén… Y la tierra lamentará, cada linaje aparte" (Zac. 12:11-12). El dolor que sentirán será insoportable, y su sentido de pecado totalmente consumidor.

En compasiva respuesta a ese dolor penitencial el Señor los recogerá y los atraerá de nuevo hacia sí. "En aquel tiempo habrá un manantial abierto para la casa de David y para los habitantes de Jerusalén, para la purificación del pecado y de la inmundicia. Y en aquel día, dice Jehová de los ejércitos, quitaré de la tierra los nombres de las imágenes, y nunca más serán recordados; y también haré cortar de la tierra a los [falsos] profetas y al espíritu de inmundicia" (Zac. 13:1-2). "Después saldrá Jehová y peleará con aquellas naciones, como peleó en el día de la batalla… Acontecerá también en aquel día, que saldrán de Jerusalén aguas vivas, la mitad de ellas hacia el mar oriental, y la otra mitad hacia el mar occidental, en verano y en invierno. Y Jehová será rey sobre toda la tierra. En aquel día Jehová será uno, y uno su nombre" (14:3, 8-9).

Hablando de los judíos, que eran su propio pueblo, el apóstol Pablo escribió: "Digo, pues: ¿Han tropezado los de Israel para que cayesen? En ninguna manera; pero por su transgresión vino la salvación a los gentiles, para provocarles a celos. Y si su transgresión es la riqueza del mundo, y su defección la riqueza de los gentiles, ¿cuánto más su plena restauración?" (Ro. 11:11-12).

Israel no se ha perdido permanentemente de Dios. Pablo manifiesta: "Y aun ellos, si no permanecieren en incredulidad, serán injertados, pues poderoso es Dios para volverlos a injertar… Porque no quiero, hermanos, que ignoréis este misterio, para que no seáis arrogantes en cuanto a vosotros mismos: que ha acontecido a Israel endurecimiento en parte, hasta que haya entrado la plenitud de los gentiles; y luego todo Israel será salvo" (vv. 23, 25-26).

125

Señales de la venida de Cristo. Primera parte: Antecedentes

Cuando Jesús salió del templo y se iba, se acercaron sus discípulos para mostrarle los edificios del templo. Respondiendo él, les dijo: ¿Veis todo esto? De cierto os digo, que no quedará aquí piedra sobre piedra, que no sea derribada. Y estando él sentado en el monte de los Olivos, los discípulos se le acercaron aparte, diciendo: Dinos, ¿cuándo serán estas cosas, y qué señal habrá de tu venida, y del fin del siglo? (24:1-3)

Al mensaje de Jesús en Mateo 24—25 se le conoce comúnmente como el discurso del Monte de los Olivos, llamado así porque fue dado a los discípulos en el Monte de los Olivos. El tema del discurso es la segunda venida de Cristo al final de la actual era para establecer su reino milenial en la tierra.

El mensaje fue motivado por la pregunta de los discípulos en 24:3: "Dinos, ¿cuándo serán estas cosas, y qué señal habrá de tu venida, y del fin del siglo?". La respuesta que Jesús ofreció es la más larga dada a alguna pregunta hecha en el Nuevo Testamento, y sus verdades son absolutamente esenciales para entender su regreso y los sorprendentes acontecimientos relacionados con ese evento. Se trata de la revelación de nuestro Señor, directamente de sus propios labios, acerca de su regreso a la tierra en gloria y poder.

La enseñanza del discurso del Monte de los Olivos se ha debatido mucho y con frecuencia se ha mal entendido, en gran medida porque se le ve a través de los lentes de un sistema teológico particular o de un esquema interpretativo que hace que el mensaje parezca complejo y enigmático. Pero los discípulos no eran eruditos, y el propósito de Jesús fue darles claridad y ánimo, no complejidad y ansiedad. Ellos habrían estado totalmente confundidos con las intrincadas interpretaciones que a veces se proponen para este pasaje. Es preferible tomar las palabras de Jesús de manera tan sencilla y directa como sea posible.

EXPECTATIVAS PROFÉTICAS EN EL JUDAÍSMO

Es necesario saber algo de las esperanzas y aspiraciones fundamentales del judaísmo de esa época, a fin de entender mejor la pregunta de los discípulos en esta ocasión. Como siempre, el ambiente histórico es una clave importante para el contexto. A lo largo de la historia las personas han tenido un fuerte deseo de conocer el futuro, y pocas sociedades han carecido de videntes, médiums, adivinos y otros pronosticadores. Por varios medios, todos ellos engañosos y muchos demoníacos, tales futuristas han ofrecido revelaciones de lo que está por delante hechas por supuestos curiosos inocentes. Aunque la ley mosaica prohíbe estrictamente consultar médiums y adivinos (Dt. 18:9-14), con frecuencia los israelitas habían caído presa de ellos, y el caso más destacado es el del rey Saúl consultando a la médium de Endor (1 S. 28:3-25; véase también 2 R. 21:6).

No hay evidencia de que muchos judíos de la época de Jesús fueran culpables del agravio de Saúl, pero sabemos que sí tenían gran interés en el futuro. Se hallaban cansados de estar bajo el dominio de opresores paganos, y esperaban con ansiedad la liberación divinamente prometida por parte de su Mesías. Los judíos eran un pueblo noble, muy inteligente y dotado en gran manera, que humanamente hablando era muy capaz de gobernarse a sí mismos de modo competente. Sin embargo, por muchos siglos habían estado sometidos por un tirano extranjero tras otro. Las diez tribus del norte habían sido conquistadas por Asiria en el año 722 a.C., y las dos tribus del sur cayeron ante Babilonia en el año 586 a.C. Después de eso fueron conquistados por los medo-persas, los griegos, y finalmente los romanos.

Sin embargo, en sus propias mentes los judíos siempre habían sido libres y nunca habían estado realmente subyugados por ningún gobernante extranjero. Fue ese permanente y a veces arrogante espíritu de independencia, incluso en medio de la opresión, el que indujo a que algunos judíos declararan delante de Jesús en el templo: "Linaje de Abraham somos, y jamás hemos sido esclavos de nadie" (Jn. 8:33). Por supuesto, sabían muy bien que externamente en realidad eran esclavos, y la libertad de esa esclavitud era la pasión dominante de la mayoría de judíos. Aunque muy pocos de ellos estaban asociados con los militantes zelotes, todos ansiaban que Roma fuera derrotada y que Israel se convirtiera de nuevo en nación libre.

Los judíos conocían personalmente las muchas promesas del Antiguo Testamento en cuanto a bendición, liberación y prosperidad divina. Sabían que Dios había prometido derrotar a todos los enemigos de su pueblo escogido y establecer en la tierra su reino eterno de justicia y rectitud. Sabían que el Ungido del Señor, que era el Mesías o Cristo de ellos, vendría y establecería otra vez en el planeta el gobierno y el reinado de David, un reino de paz, prosperidad y seguridad que nunca terminaría. El gran deseo que tenían era ver ese día en que Dios iba a restaurar el reino como había prometido hacer.

Por tanto, los judíos tenían gran esperanza en el futuro. Se regocijaban cuando leían: "Porque un niño nos es nacido, hijo nos es dado, y el principado sobre su hombro; y se llamará su nombre Admirable, Consejero, Dios Fuerte, Padre Eterno, Príncipe de Paz. Lo dilatado de su imperio y la paz no tendrán límite, sobre el trono de David y sobre su reino, disponiéndolo y confirmándolo en juicio y en justicia desde ahora y para siempre. El celo de Jehová de los ejércitos hará esto" (Is. 9:6-7). Les emocionaba la promesa de que "saldrá una vara del tronco de Isaí, y un vástago retoñará de sus raíces. Y reposará sobre él el Espíritu de Jehová; espíritu de sabiduría y de inteligencia, espíritu de consejo y de poder, espíritu de conocimiento y de temor de Jehová" (Is. 11:1-2).

Israel se alentaba en gran manera con las palabras de Jeremías: "He aquí que vienen días, dice Jehová, en que levantaré a David renuevo justo, y reinará como Rey, el cual será dichoso, y hará juicio y justicia en la tierra. En sus días será salvo Judá, e Israel habitará confiado; y este será su nombre con el cual le llamarán:

Jehová, justicia nuestra" (Jer. 23:5-6; cp. 30:9-10). Anhelaban el día en que el botín que les habían arrebatado sería dividido entre ellos (Zac. 14:1), cuando "saldrán de Jerusalén aguas vivas" (v. 8), "y no habrá nunca más maldición, sino que Jerusalén será habitada confiadamente" (v. 11). Se regocijaban de que "el Dios del cielo levantará un reino que no será jamás destruido, ni será el reino dejado a otro pueblo… pero él permanecerá para siempre" (Dn. 2:44).

Para la época de Jesús los judíos se habían formado en sus mentes un escenario muy claro de cómo creían que esos acontecimientos profetizados irían a desarrollarse. A fin de comprender cuáles eran las expectativas judías, es útil leer su literatura de vez en cuando. En su *A History of the Jewish People in the Time of Jesus Christ* ([Edinburgh: T & T Clark, 1893], pp. 154-87), Emil Schuer ofrece extractos de numerosos escritos judíos extrabíblicos de esa época que dan a conocer tales expectativas.

Primero, coherente con la enseñanza de Zacarías 14 y con otras profecías del Antiguo Testamento, creían que la venida del Mesías estaría precedida por un tiempo de terrible tribulación. Así como una mujer experimenta dolor intenso poco antes de dar a luz un hijo, así también Israel experimentaría gran tormento poco antes de la llegada del Mesías.

En 2 Baruc 27 leemos:

> Y el honor se convertirá en vergüenza, y la fortaleza se humillará en desprecio, y la probidad será destruida, y la belleza se convertirá en fealdad… y envidia surgirá en quienes no habían pensado nada de sí mismos, y pasión se apoderará del que es pacífico, y muchos se levantarán iracundos para perjudicar a muchos otros, y moverán ejércitos con el fin de derramar sangre, y al final perecerán junto con ellos.

Según otra fuente, habrá "estremecimientos de lugares, tumultos de personas, maquinaciones de naciones, confusión de líderes, intranquilidad de los príncipes" (2 Esdras 9:3).

Los *Oráculos Sibilinos* judíos declaran:

> Del cielo caerán feroces espadas a la tierra. Luces vendrán, brillantes y enormes, titilando en medio de los hombres; y la tierra, la madre universal, se sacudirá en esos días en la mano del Eterno. Y los peces del mar, las bestias de la tierra, las innumerables hordas de seres que vuelan, todas las almas de los seres humanos, y todos los mares se estremecerán ante la presencia del Eterno, y habrá pánico. Entonces los altos picos de los montes y las colinas de los gigantes se partirán, y los tenebrosos abismos serán visibles para todos. Los altos barrancos de las elevadas montañas estarán llenos de cadáveres, las rocas se mancharán de sangre, y todo torrente inundará el valle… Dios juzgará a todos con guerra y espada, caerá azufre del cielo, y ciertamente piedras, lluvia y granizo incesante y fuerte. Y la muerte estará sobre todos los cuadrúpedos… y sin duda la tierra misma beberá de la sangre de los que perecen, y su carne será consumida por las bestias hasta quedar saciadas (3:363ss.).

La Mishná previó eso exactamente antes de la venida del Mesías:

> La arrogancia aumenta, la ambición se dispara… la vid da fruto, pero el vino es apreciado. El gobierno se vuelve a la herejía. No hay instrucción. La sinagoga se ha dedicado a la lascivia. Galilea está destruida y Gablán asolada. Los habitantes de un distrito van de ciudad en ciudad sin encontrar misericordia. La sabiduría de los entendidos es odiada, los piadosos son despreciados, la verdad no se encuentra por ninguna parte. Los muchachos insultan a los ancianos, los ancianos permanecen en la presencia de los niños. El hijo desprecia al padre, la hija se rebela contra la madre, la nuera se pone en contra de la suegra. Los enemigos del hombre son los de su propia casa.

Segundo, la escatología popular de la época de Jesús sostenía que en medio de esa confusión aparecería un heraldo como Elías anunciando la venida del Mesías. Fue por eso que muchos judíos fueron atraídos por Juan el Bautista. La tradición oral judía sostenía que la propiedad de todo dinero en disputa tendría que esperar "hasta que Elías venga" antes de ser finalmente resuelta.

El tercer acontecimiento de esa escatología era la aparición del Mesías, tiempo en el cual establecería la era de su reino de gloria y reivindicaría a su pueblo.

El cuarto suceso sería la alianza de las naciones para pelear contra el Mesías. Los *Oráculos Sibilinos* declararon:

> Los reyes de las naciones se lanzarán contra esta tierra, trayendo la retribución sobre sí mismos. Tratarán de asolar el santuario del poderoso Dios y de los hombres más nobles siempre que vengan a la tierra. En un círculo alrededor de la ciudad cada uno de los reyes malditos deberá poner su trono al lado de las personas infieles. Y luego con voz poderosa Dios hablará a todas las personas indisciplinadas y vacías de mente, y juicio vendrá sobre ellas de parte del Dios poderoso, y todas perecerán a manos del Eterno (3:363-72).

En 2 Esdras está la predicción: "Acontecerá que cuando todas las naciones oigan su voz (del Mesías), todos los seres humanos dejarán su propia tierra y declararán la guerra unos contra otros, y la incontable multitud se reunirá pensando en pelear contra él" (13:33-35). En otras palabras, la humanidad incrédula interrumpirá todas sus demás guerras a fin de unirse contra el Mesías.

El quinto evento escatológico sería la destrucción de esas naciones opositoras. Filón escribió que el Mesías "saldría al campo, declararía la guerra y destruirá naciones grandes y pobladas". El escritor de 2 Esdras declaró que el Mesías "los condenará por su impiedad, los reprenderá por su injusticia, les reprochará en sus rostros sus traiciones, y cuando los haya reprendido los destruirá" (12:32-33). El libro de Enoc informó que "acontecerá en aquellos días que nadie se salvará, ya sea por oro o por plata, y nadie podrá escapar. Y no habrá hierro para la guerra, y nadie se vestirá con una coraza. El bronce no tendrá ninguna utilidad, el estaño no se apreciará, y el plomo no se deseará. Todas las cosas serán destruidas de la superficie de la tierra" (52:7-9). Todos los enormes armamentos y las defensas de las naciones serán inútiles contra el Mesías.

Sexto, estaría la restauración de Jerusalén, sea por renovación de la ciudad existente o por una nueva Jerusalén que descenderá del cielo. En cualquier caso, la ciudad del gran Rey en adelante será pura, santa e incorruptible. En el libro de Enoc se visualizó a Jerusalén como que tenía "todas las columnas… nuevas y los adornos más grandes que los de la primera" (Enoc 90:28-29).

Séptimo, los judíos esparcidos por todo el mundo volverán otra vez a Israel. Muchos judíos de hoy todavía pronuncian la antigua oración: "Levanta bandera para reunir a los dispersos, y reúnenos de los cuatro extremos de la tierra". En los Salmos de Salomón, capítulo 11, se nos ofrece una imagen gráfica de esa reunificación:

> Tocad en Sión la trompeta para señal de los santos, proclamad en Jerusalén las palabras del gozoso mensajero, porque Dios se ha apiadado de Israel, visitándolo. Sube a un altozano, Jerusalén, y contempla a tus hijos, de Oriente y Occidente llegan, congregados por el Señor. Desde el Norte vienen llenos de la alegría de su Dios, de las lejanas islas los ha congregado Dios. Rebajó las altas montañas para allanarles el camino, las colinas huyeron ante su presencia. Los bosques les dieron sombra a su paso; Dios hizo brotar para ellos árboles aromáticos, para que pase Israel cuando lo visite la gloria divina. Revístete, Jerusalén, de tus gloriosos atavíos, prepara tu santo atuendo, porque Dios ha prometido bienes a Israel para siempre jamás. Cumpla Dios lo que ha prometido a Israel y Jerusalén, levante el Señor a Israel por su glorioso Nombre. Permanezca la misericordia del Señor sobre Israel por siempre.

En el octavo acaecimiento de la venida de Mesías, Palestina se convertiría en el centro del mundo, y todas las naciones se subyugarían al Señor. "Y todas las islas y las ciudades dirán: ¡Cómo ama el Eterno a esos hombres! Porque todas las cosas obran en solidaridad con ellos y les ayudan…. Vamos, caigamos todos de bruces y supliquemos al Rey eterno, el Dios poderoso e inmortal. Vamos en procesión a su templo, porque Él es el único Soberano" (*Oráculos Sibilinos* 3:690ss.).

En noveno y último lugar, los judíos de la época de Jesús creían que con el establecimiento del reino del Mesías llegaría una era nueva y eterna de paz, justicia y gloria divina.

Esos antiguos puntos de vista de la venida de Cristo se extrapolaron en gran manera de las enseñanzas del Antiguo Testamento, y tienen grandes coincidencias con la doctrina premilenial de Nuevo Testamento acerca de la Segunda Venida. La principal diferencia es que aquellos judíos no tenían conocimiento de que el Mesías vendría dos veces, la primera para ofrecerse como sacrificio por el pecado del mundo, y la segunda para establecer su reino milenial en la tierra. El pueblo judío no estaba esperando liberación interior del pecado sino liberación exterior de la opresión política.

En la mente de los judíos de la época de Jesús había llegado el momento de la venida de Cristo. Habían padecido persecución y subyugación durante muchos siglos, y en ese tiempo estaban bajo el implacable poder de Roma. Cuando Juan el Bautista apareció en escena, haciéndoles recordar la predicación y el estilo de vida de Elías, el interés del pueblo despertó intensamente. Y cuando Jesús comenzó su ministerio de predicación con inusitada autoridad, y de sanidad de todo tipo de mal, muchos judíos se convencieron de que Él era realmente el Mesías. Cuando entró en Jerusalén montado sobre un pollino, las multitudes estaban fuera de sí con expectativa y lo aclamaron como el Mesías, el tan esperado Hijo de David (Mt. 21:9).

Sin embargo, en ese momento el ministerio de Jesús se apartó de manera rápida y radical de las expectativas que el pueblo tenía. De acuerdo con su manera de pensar, lo que venía a continuación es que las naciones se reunirían contra el Mesías, y la dramática y fácil victoria del Señor sobre dichas naciones.

Al parecer esa idea también estaba aún en la mente de los doce. Ellos simplemente no habían registrado las muchas predicciones de Jesús de que debía sufrir, morir y resucitar. De una u otra manera habían descartado tales enseñanzas o las habían racionalizado y espiritualizado en ser algo más que realidades literales, físicas e históricas.

DISCUSIONES PROFÉTICAS CON JESÚS

Para ser justos con los discípulos, los profetas del Antiguo Testamento también vieron como un solo hecho la venida del Mesías y el establecimiento de su reino. La era de la Iglesia era un misterio para ellos, un misterio que como lo explicó Pablo, "se ha mantenido oculto desde tiempos eternos, pero que ha sido manifestado ahora" (Ro. 16:25-26). Debido a que Israel evidentemente había experimentado tremenda tribulación, debido a que Jesús declaró que Él mismo era el Mesías e identificó a Juan el Bautista como su anunciador, y debido a que el Señor mismo había aceptado la aclamación mesiánica del pueblo pocos días antes, es comprensible que los discípulos creyeran que la secuencia de acontecimientos continuaría como esperaban. Ahora estaban seguros de que el próximo movimiento del Señor sería demostrar su inexorable poder sobre las naciones que pronto se levantarían contra Él.

Fueron sin duda tales pensamientos los que habían mantenido a Judas superficialmente comprometido a permanecer con Jesús. Él esperaba estar en el círculo íntimo del Mesías en la inauguración del reino, y que se le diera poder, riqueza y prestigio acorde con esa posición.

CERCA DEL TEMPLO

Cuando Jesús salió del templo y se iba, se acercaron sus discípulos para mostrarle los edificios del templo. Respondiendo él, les dijo: ¿Veis todo esto? De cierto os digo, que no quedará aquí piedra sobre piedra, que no sea derribada. (24:1-2)

Jesús había pasado todo el día miércoles de Pascua en el **templo,** dando su última enseñanza pública y pronunciando su último y más intenso juicio sobre los falsos líderes religiosos y sobre la nación de Israel. Ahora **se iba** al Monte de los Olivos para estar a solas con **sus discípulos.**

Cuando estaban saliendo de Jerusalén, **se acercaron los discípulos para mostrarle** a Jesús **los edificios del templo.** Los otros evangelios sinópticos informan que ellos estaban señalando el **templo** llenos de admiración, diciendo: "Maestro, mira qué piedras, y qué edificios" (Mr. 13:1; cp. Lc. 21:5).

El **templo** y sus **edificios** adjuntos se hallaban encima de un monte. Un enorme muro de contención en los costados sur y oeste ayudaban a apoyar al monte en sí como al templo. El templo era impresionante en todos los sentidos, pero para un grupo común de hombres de Galilea rural debió haber sido una extraordinaria maravilla. Ellos no podían concebir cómo tan enorme estructura pudo haberse construido o decorado de modo tan magnífico. El historiador romano Tácito informó que el templo era un lugar de inmensa riqueza, y el Talmud babilónico aseguró: "Aquel que nunca vio el templo de Herodes nunca vio una construcción magnífica". Algunas de las piedras medían trece metros por cuatro y por cuatro, y pesaban hasta cien toneladas, extraídas en una sola pieza y transportadas muchos kilómetros hasta el lugar de la construcción.

Los discípulos tal vez estaban preguntándose cómo tan asombroso edificio, especialmente este dedicado a la gloria de Dios, podía quedar desierto, según Jesús había profetizado. Ellos debieron haber recordado la visión de Ezequiel de cómo la gloria de Dios salió del templo y "se elevó de en medio de la ciudad" (Ez. 11:23). El santuario santo que una vez había sido la morada de Dios ya no le pertenecía. Antes de salir del **templo,** Jesús les había dicho a los incrédulos judíos que ahora esta era "vuestra casa", y que "os es dejada desierta" (Mt. 23:38), porque la gloria del Señor partiría pronto de allí. Los hermosos **edificios** que habían estado dedicados a la gloria de Dios y que debieron haber honrado a Jesús, a partir de ahora estarían dedicados a la desolación y destrucción.

Por eso Jesús respondió a los comentarios de admiración de los discípulos, declarando: **¿Veis todo esto? De cierto os digo, que no quedará aquí piedra sobre piedra, que no sea derribada.** Los discípulos debieron quedar boquiabiertos de asombro cuando oyeron esas increíbles palabras. No podían imaginar cómo el templo podía ser destruido o por qué Dios permitiría que sucediera tal cosa.

Sin embargo, eso es exactamente lo que Dios permitió menos de cuarenta años después. Cuando los romanos saquearon a Jerusalén en el año 70 d.C. y masacraron a casi todos sus habitantes, también prendieron fuego al templo y lo arrasaron, tal como Jesús había profetizado. Las únicas piedras que quedaron intactas fueron las de los enormes cimientos, que no formaban parte del propio edificio del templo. Josefo comentó que una persona que visitara el lugar después de la destrucción no podría creer que el sitio hubiera sido habitado alguna vez, mucho menos que una de las estructuras más espléndidas del mundo antiguo hubiera estado allí solo poco tiempo antes.

Sorprendidos como estaban al darse cuenta de que el templo sería destruido, sin duda los discípulos también se sintieron alentados al pensar que ese suceso estaría relacionado con la purificación que se esperaba que el Mesías hiciera de Jerusalén, lo cual ocurriría inmediatamente después que Él destruyera las naciones.

EN EL MONTE

Y estando él sentado en el monte de los Olivos, los discípulos se le acercaron aparte, diciendo: Dinos, ¿cuándo serán estas cosas, y qué señal habrá de tu venida, y del fin del siglo? (24:3)

Después de dejar el templo, Jesús y los doce salieron de Jerusalén por la puerta oriental, atravesaron el valle de Cedrón, y subieron al Monte de los Olivos. Es probable que cuando recorrían esa corta distancia los discípulos estuvieran discutiendo la pregunta que Pedro, Jacobo, Juan y Andrés le harían aparte a Jesús (Mr. 13:3). Mientras el sol se ponía sobre Jerusalén y el templo se perfilaba por los últimos rayos de luz solar, le preguntaron a Jesús: **Dinos, ¿cuándo serán estas cosas, y qué señal habrá de tu venida, y del fin del siglo?**

Por algún tiempo los discípulos habían estado convencidos de "que el reino de Dios se manifestaría inmediatamente" (Lc. 19:11). Por tanto, en el contexto de la situación y del probable estado de ánimo de los discípulos, la palabra **cuándo** parece sugerir inmediatez, en el sentido que el tiempo podría ser mañana mismo, pasado mañana, o no más allá que el final de la Pascua.

Estas cosas era una referencia a lo que Jesús había estado diciendo, es decir, que la casa de Dios pronto quedaría desierta (23:38) y destruida (24:2). Los discípulos estaban esperando que las etapas finales de la obra del Mesías se desarrollaran en sucesión más bien rápida. Las naciones seguramente se levantarían contra Él. Jesús las derrotaría rápidamente, purificaría Jerusalén, reuniría a los judíos de todo el mundo, y establecería su reino glorioso.

Ahora los discípulos querían saber: **¿qué señal habrá de tu venida, y del fin del siglo?** ¿Cuáles serían las primeras señales? ¿Cómo sabremos cuándo ocurrirán esos eventos restantes? Ellos aún entendían la **venida** del Mesías como una sola sucesión de acontecimientos, sin haber comprendido que la era de la Iglesia se interpondría entre las dos venidas de Jesús. Y es probable que pensaran que la **señal** de la **venida** de Cristo sería algo apropiadamente espectacular, como una gran oscuridad al mediodía, una luz brillante en la noche, la aparición de una hueste de ángeles, o un gran estruendo de trompetas celestiales.

Esta era posiblemente la parte más emocionante de la experiencia de los discípulos con Cristo, a medida que contemplaban la inminencia del reino milenial. Basándose en lo que Jesús acababa de manifestar, los discípulos creían que la próxima vez que los incrédulos judíos a los que Jesús acababa de enfrentar en el templo lo verían, sería cuando Él viniera en su gloria y ellos se verían obligados a declarar: "Bendito el que viene en el nombre del Señor" (23:39). Más que nunca, los discípulos estaban convencidos de que ese día no podía estar muy lejos.

Incluso después de la resurrección, los discípulos aún tenían la misma expectativa. La última pregunta que le hicieron a Jesús antes de su ascensión fue: "Señor, ¿restaurarás el reino a Israel en este tiempo?" (Hch. 1:6). La muerte y la resurrección de Jesús no habían disminuido en ellos su expectativa, sino que la habían acrecentado en gran manera. Sin duda alguna ahora que había demostrado que la muerte no tenía poder sobre Él había llegado el momento de proclamarse Rey, de destruir a sus enemigos, y de inaugurar su reino.

La **venida** que los discípulos tenían en mente no era un segundo regreso. Ellos veían la **venida** del Señor exactamente como los profetas del Antiguo Testamento la habían visto y profetizado: comprendida en una serie de sucesos ininterrumpidos que ocurrirían durante un período relativamente corto.

Venida se traduce de *parousia,* que tiene el significado básico de presencia, y en segundo lugar conlleva la idea de advenimiento. De ahí que la pregunta de los discípulos podría parafrasearse: "¿Cuál será la señal de tu manifestación en tu presencia plena y permanente como Mesías y Rey?". Ellos no usaron *parousia* en el sentido específico y más técnico que Jesús la usara más adelante en este capítulo (vv. 27, 37, 39), y como a menudo se utiliza en otras partes del Nuevo Testamento con relación a la Segunda Venida (véase 1 Ts. 3:13; 2 Ts. 2:8; 1 Jn. 2:28). Los discípulos no estaban pensando en el regreso de Jesús, porque no tenían idea de su partida, sino más bien en su presencia mesiánica perfeccionada que esperaban que Él la manifestara en ese tiempo.

Fin se traduce de *sunteleia,* una palabra compuesta que se refiere a conclusión, como en la culminación final de una serie planificada de sucesos. En la mente de los discípulos el **fin del siglo** acompañaría la manifestación plena que Jesús haría de su gloria y poder mesiánico, concluiría la era del pecado y la rebelión del ser humano contra Dios, y marcaría el inicio del reino divino de justicia y rectitud.

Jesús utilizó la frase el **fin del siglo** en las parábolas del trigo y la cizaña y de la red, donde en ambos casos representa la recogida de los malvados por parte de los ángeles de Dios en preparación para el juicio (Mt. 13:39, 49). También usó la frase al final de la Gran Comisión, asegurando a los discípulos: "Y he aquí yo estoy con vosotros todos los días, hasta el fin del mundo" (Mt. 28:20).

La pregunta de los discípulos era acerca del definitivo **fin del siglo,** no simplemente del final de una era o época de la historia, sino el final del actual sistema mundial de oscuridad y pecado, un final que ellos esperaban que ocurriera pronto. Por supuesto, también era una pregunta acerca del inicio de una era nueva y eterna de luz, justicia, verdad e integridad. Los impíos serían condenados por siempre, y los piadosos serían bendecidos por siempre. Los discípulos querían saber cuándo ocurriría eso y qué señal anunciaría la llegada de ese tiempo.

126

Señales de la venida de Cristo. Segunda parte: Los dolores de parto

Respondiendo Jesús, les dijo: Mirad que nadie os engañe. Porque vendrán muchos en mi nombre, diciendo: Yo soy el Cristo; y a muchos engañarán. Y oiréis de guerras y rumores de guerras; mirad que no os turbéis, porque es necesario que todo esto acontezca; pero aún no es el fin. Porque se levantará nación contra nación, y reino contra reino; y habrá pestes, y hambres, y terremotos en diferentes lugares. Y todo esto será principio de dolores. Entonces os entregarán a tribulación, y os matarán, y seréis aborrecidos de todas las gentes por causa de mi nombre. Muchos tropezarán entonces, y se entregarán unos a otros, y unos a otros se aborrecerán. Y muchos falsos profetas se levantarán, y engañarán a muchos; y por haberse multiplicado la maldad, el amor de muchos se enfriará. Mas el que persevere hasta el fin, éste será salvo. Y será predicado este evangelio del reino en todo el mundo, para testimonio a todas las naciones; y entonces vendrá el fin. (24:4-14)

Con el versículo 4 comienza en sí el discurso del Monte de los Olivos, que Jesús dio en respuesta a la pregunta de los discípulos: "Dinos, ¿cuándo serán estas cosas, y qué señal habrá de tu venida, y del fin del siglo?" (v. 3). Como se analizó en el capítulo anterior, los doce "pensaban que el reino de Dios se manifestaría inmediatamente" (Lc. 19:11), y los sucesos de los últimos días habían confirmado esa idea en sus mentes incluso con más firmeza. Durante mucho tiempo habían creído que Jesús era el Mesías y que Juan el Bautista fue su precursor profetizado. La aclamación del gentío en la entrada triunfal de Jesús, en la limpieza que hizo del templo, en la reprensión a los dirigentes religiosos, así como la predicción que Él hiciera de la destrucción del templo, se combinó por completo para hacerlos pensar que Jesús pronto manifestaría su gloria mesiánica, sometería a las naciones que se levantarían contra Él, y establecería su reino eterno. No habían podido aceptar las numerosas predicciones que hiciera de que primero tendría que padecer, morir y resucitar.

Los discípulos supusieron que predicar, curar, consolar, dictar sentencia, y restaurar a Israel ocurriría al mismo tiempo general en la historia. Al igual que los profetas del Antiguo Testamento que hablaron del Mesías, los discípulos vieron una sola venida, compuesta de una secuencia de acontecimientos (véase, p. ej. Is. 61:1-11).

Fue cuando Jesús leyó de ese pasaje en Isaías durante el culto en la sinagoga que ofreció quizás la primera clave de que su venida sería en dos partes. Dejó de leer en medio del versículo 2, omitiendo la frase "y el día de venganza del Dios nuestro". Entonces explicó: "Hoy se ha cumplido esta Escritura delante de vosotros" (Lc. 4:18-21). Jesús estaba resaltando que no había venido en ese tiempo a dictar sentencia sino solo a predicar el evangelio y sanar enfermedades.

Sin embargo, debido a que pasaron por alto esta pista, así como muchas enseñanzas específicas acerca de la venida de Jesús a morir por los pecados de muchos, los discípulos estaban esperando que Él completara su misión mesiánica en cualquier momento, tal vez en los próximos días o semanas. Andaban sigilosamente, por así decirlo, en espera de que sucediera algo dramático. Habían sentido que el hijo en Isaías 9:6 estaba listo para tomar sobre sus hombros el gobierno del reino de Dios, y que la piedra "cortada, no con mano" de Daniel 2:34 se hallaba lista para aplastar el poder de los hombres malvados; que el Mesías, el Príncipe, estaba listo para poner fin al pecado, expiar la iniquidad, traer justicia perdurable, y ser ungido el Rey más santo. Creyeron que al Hijo del Hombre pronto se le daría dominio y gloria en un reino eterno. Estaban convencidos de que muy pronto Israel se volvería al Señor, clamaría el nombre del Mesías, y que diría: "Pueblo mío; y [ellos dirían]: Jehová es mi Dios" (Zac. 13:9).

Pero en el discurso del Monte de los Olivos, Jesús dejó en claro que ese cumplimiento estaba en el futuro. El mensaje de Mateo 24—25 es un sermón profético que introduce a los doce en una época que aún no había venido, un tiempo que ellos mismos no experimentarían.

Existen al menos siete indicadores en el mensaje mismo que se refieren al futuro lejano, y que no podían aplicarse ni a los acontecimientos relacionados con la destrucción de Jerusalén en el año 70 d.C., como muchos intérpretes han sugerido, ni a la era de la Iglesia, como otros proponen.

El primer indicador serán los dolores de parto, de los que los falsos cristos (Mt. 24:5), la guerra internacional (vv. 6-7*a*), y las hambres y los terremotos (v. 7*b*), tan solo serán "principio de dolores" (v. 8). La figura de dolores de parto la usaban comúnmente antiguos escritores judíos, especialmente con relación al fin de los tiempos. El gran erudito judío moderno Alfred Edersheim escribió: "Los escritos judíos hablaban con mucha frecuencia de los dolores de parto del Mesías".

Los dolores de parto no ocurren en la concepción ni a lo largo del embarazo, sino justo antes del parto. De ahí que la figura de dolores de parto no habría sido apropiada para representar la destrucción de Jerusalén, que ocurrió muy cerca del inicio de era de la Iglesia, ni a la era de la Iglesia como un todo.

Pablo recordó a los tesalonicenses que el regreso de Cristo vendría como ladrón en la noche: de manera inesperada, silenciosa y repentina. Usando la misma figura de Jesús en el discurso del Monte de los Olivos, el apóstol dijo que "cuando digan: Paz y seguridad, entonces vendrá sobre ellos destrucción repentina, como los dolores a la mujer encinta, y no escaparán" (1 Ts. 5:1-3).

Los dolores de parto no empiezan sino hasta poco antes de la hora del parto, y ocurren con creciente frecuencia hasta que el bebé nace. De igual modo, los hechos relacionados con el regreso del Señor no comenzarán sino hasta momentos antes de su regreso, y sucederán con rapidez cada vez mayor, hasta resultar en una explosión de sucesos catastróficos. La misma época se describe en el libro de Apocalipsis cuando los sellos de los juicios se desarrollen, tal vez durante un período de varios años (véase 6:1—8:1-6), los juicios de las trompetas durante un tiempo mucho más corto, quizás semanas (véase 8:7—8:21; 11:15:19), y los juicios de las copas durante un período de tal vez pocos días o incluso horas (véase 16:1-21).

El segundo indicador de que esos sucesos son futuros se encuentra en Mateo

24:13-14, donde Jesús habla de creyentes que soportarán los dolores de parto hasta el final. Ya que los discípulos obviamente no vivieron hasta el final de la era, los hechos de los capítulos 24—25 no pudieron aplicarse a ellos o a ningún otro de los creyentes hasta o incluso el tiempo presente. Debido a que todos los creyentes que en ese entonces estén vivos serán arrebatados antes de la tribulación (1 Ts. 4:17), los sucesos no podrían aplicarse a ningún cristiano vivo antes de ese tiempo. Pueden aplicarse solo a aquellos que lleguen a creer en Cristo durante la tribulación, es decir, aquellos cuya fe auténtica será examinada por la perseverancia que tengan hasta el final (Mt. 24:13).

Un tercer indicador es la predicación del evangelio en todo el mundo (Mt. 24:14). Ese hecho descarta absolutamente cualquier tiempo durante la era apostólica, cuando incluso el Imperio Romano fue evangelizado solo en parte. Tampoco puede aplicarse a los tiempos modernos, pues a pesar de la extensión del evangelio a través de los medios masivos de comunicación moderna hacia la mayoría de partes del mundo, todavía hay miles de millones de personas que nunca han oído el evangelio. Como se deduce en Mateo 24:14 y se clarifica en Apocalipsis 14:6-7, la futura declaración mundial de la que Jesús habló será milagrosa e instantánea.

Un cuarto indicador es "la abominación desoladora de que habló el profeta Daniel" (Mt. 24:15). Daniel predijo que justo antes que el Mesías establezca su reino y juzgue el mundo, el anticristo "hará cesar el sacrificio y la ofrenda. Después con la muchedumbre de las abominaciones vendrá el desolador, hasta que venga la consumación, y lo que está determinado se derrame sobre el desolador" (Dn. 9:27). Eso aún tiene que ocurrir.

Un quinto indicador de que Jesús está hablando de un tiempo futuro es la "gran tribulación, cual no la ha habido desde el principio del mundo hasta ahora, ni la habrá" (Mt. 24:21). Los terribles sucesos que Jesús describe en este mensaje serán los peores de toda la historia humana, y ocurrirán en el mismo final de la era actual, cuando el juicio pleno y definitivo de Dios caiga sobre los seres humanos impíos. El Señor está refiriéndose a la época profetizada por Daniel en que "será tiempo de angustia, cual nunca fue desde que hubo gente hasta entonces", que estará acompañado por la resurrección de los justos para vida eterna y de los malvados para condenación eterna (Dn. 12:1-2).

Un sexto indicador es que "inmediatamente después de la tribulación de aquellos días, el sol se oscurecerá, y la luna no dará su resplandor, y las estrellas caerán del cielo, y las potencias de los cielos serán conmovidas. Entonces aparecerá la señal del Hijo del Hombre en el cielo" (Mt. 24:29-30). Es evidente que tales acontecimientos sobrenaturales aún no han ocurrido.

El séptimo y último indicador de que Jesús estaba hablando del tiempo lejano es la representación de la higuera (Mt. 24:32-35). Así como las hojas en ciernes de una higuera indican que el verano está cerca, el devenir de los acontecimientos que Jesús menciona aquí señalará su regreso inminente. "No pasará esta generación", es decir la generación que esté viviendo durante el tiempo de tales acontecimientos del fin del mundo, "hasta que todo esto acontezca" (v. 34). Las señales de Mateo 24—25 se experimentarán plenamente dentro de una generación, generación que no podía ser otra que la que esté viva cuando Cristo regrese.

Por eso todo el cumplimiento del discurso del Monte de los Olivos es futuro.

No es que la mayor parte de las circunstancias y condiciones mencionadas aquí no se haya experimentado antes. Ha habido guerras y rumores de guerras prácticamente desde la caída, y ha habido hambres y terremotos desde el principio de la historia registrada. Sin embargo, los acontecimientos de Mateo 24—25 serán únicos para los tiempos finales en detalle, secuencia, escala y extensión. Algunos de los sucesos, tales como la interrupción del universo físico (24:29), serán completamente únicos.

El hecho de que Jesús hablara en segunda persona del plural, especialmente en el capítulo 24, no prueba que estuviera hablando a los discípulos acerca de su propia generación. Con frecuencia los profetas del Antiguo Testamento dirigieron sus mensajes a personas que todavía no habían nacido, algunas de las cuales vivirían cientos de años en el futuro. Dios tomaba al profeta, por así decirlo, y lo transportaba a la época de la cual debía profetizar, y este hablaba como si estuviera directamente delante de tales generaciones futuras (véase, p. ej., Is. 33:17-24; 66:10-14; Zac. 9:9). En realidad, Jesús estaba declarando: "Los de ustedes que estén vivos en ese tiempo".

Comenzando en Mateo 24:4, Jesús responde las preguntas de los discípulos: "¿Cuándo serán estas cosas, y qué señal habrá de tu venida, y del fin del siglo?" (v. 3). Contesta las dos partes de la pregunta en orden inverso. No trata con el "cuándo" hasta 24:36, en que declara: "Pero del día y la hora nadie sabe, ni aun los ángeles de los cielos, sino sólo mi Padre". En 24:4-14 empieza a responder la segunda parte de la pregunta al describir el primer grupo de seis señales, los "dolores de parto" que ocurrirán justo antes de su venida: engaño por falsos cristos (vv. 4-5), disensiones entre las naciones del mundo (vv. 6-7*a*), devastación mundial (vv. 7*b*-8), liberación de los creyentes en la tribulación (v. 9), deserción de los falsos creyentes (vv. 10:13), y declaración del evangelio a todo el mundo (v. 14).

ENGAÑO POR PARTE DE FALSOS CRISTOS

Respondiendo Jesús, les dijo: Mirad que nadie os engañe. Porque vendrán muchos en mi nombre, diciendo: Yo soy el Cristo; y a muchos engañarán. (24:4-5)

El primer dolor de parto que señala el regreso de Cristo será el engaño generalizado por una proliferación de falsos cristos. Hubo falsos cristos o mesías antes de la época de Jesús, y ha habido otros en varias épocas desde entonces, incluso muchos en nuestra propia época. Pero en los tiempos finales su cantidad y su influencia aumentarán en gran manera.

Jesús está advirtiendo que quienes estén vivos durante los tiempos finales, que no incluirá creyentes de la era de la Iglesia (pues habrán muerto o serán arrebatados antes de la tribulación). El engaño de aquellos días se intensificará y aumentará como nunca antes, cuando el Espíritu Santo retire su poder restrictivo y permita que todo el infierno se desate. Las maldades, los engaños, las tristezas, las tragedias, los conflictos, y las animosidades de aquellos días excederán todo lo demás que el mundo ha conocido alguna vez.

Puesto que el engaño estará en su apogeo, Jesús advierte: **Mirad que nadie os engañe.** *Blepō* (**mirad**) significa literalmente "ver", pero a menudo se usaba, como aquí en el sentido de "mantén los ojos abiertos", o "cuidado". En su relato paralelo

Lucas informa que Jesús está diciendo: "Mirad que no seáis engañados; porque vendrán muchos en mi nombre, diciendo: Yo soy el Cristo, y: El tiempo está cerca. Mas no vayáis en pos de ellos" (21:8). Más tarde en el discurso Jesús repite la advertencia: "Si alguno os dijere: Mirad, aquí está el Cristo, o mirad, allí está, no lo creáis. Porque se levantarán falsos Cristos, y falsos profetas, y harán grandes señales y prodigios, de tal manera que engañarán, si fuere posible, aun a los escogidos" (Mt. 24:23-24). Con el poder de los demonios, los falsos cristos de los tiempos finales manifestarán poderes sobrenaturales que los anteriores no han poseído.

A medida que crece la cantidad de engañadores, también crece la cantidad de personas vulnerables que con desesperación buscan respuestas a las calamidades abrumadoras que las atormentan (véase 2 P. 2:1-3; 2 Ti. 3:13). El mundo comenzará a desintegrarse, el sufrimiento se volverá insoportable, y el pecado alcanzará su máximo potencial. La influencia moral y espiritual de la Iglesia habrá desaparecido, e incluso más significativo, el poder restrictivo del Espíritu Santo será retirado (véase 2 Ts. 2:7). Los sistemas y las instituciones del mundo comenzarán a autodestruirse por la maldad desenfrenada.

Con el fin de sacar provecho de esa situación desesperada, surgirá gran cantidad de falsos mesías que tendrán habilidad para engañar, cada uno afirmando: **Mirad, aquí está el Cristo.** Los evangelios que predicarán engañarán a muchos, así como sus promesas de liberar a los hombres de sus problemas y tribulaciones. Serán guiados por el anticristo en producir una paz mundial. El modelo de ese falso grupo será el anticristo, el último falso mesías y engañador. Así como Jesucristo fue la justicia encarnada, el anticristo será la maldad encarnada. En el libro de Daniel se le llama "un rey altivo de rostro y entendido en enigmas" (8:23), un tirano obstinado que se magnifica por sobre todo dios y habla monstruosas maldades contra el Dios de dioses (11:36). Pablo lo llama "el hombre de pecado, el hijo de perdición" (2 Ts. 2:3), y en el libro de Apocalipsis se le llama la bestia (11:7; 13:1-10). Junto con otros engañadores este individuo llevará al mundo hacia la paz, una paz falsa y temporal (cp. 1 Ts. 5:3).

CONFLICTOS Y GUERRAS ENTRE LAS NACIONES

Y oiréis de guerras y rumores de guerras; mirad que no os turbéis, porque es necesario que todo esto acontezca; pero aún no es el fin. Porque se levantará nación contra nación, y reino contra reino; (24:6-7*a*)

El segundo dolor de parto comprenderá contiendas intensificadas y sin paralelo, y guerras entre las naciones y los reinos del mundo.

Oiréis se traduce de una forma del tiempo futuro de *mellō*, que transmite la idea de oír continuamente. Habrá constantes charlas de **guerras** reales y de **rumores de guerras,** hasta un punto que el mundo nunca antes ha conocido. Sin duda habrá tanto guerras calientes de combate físico como guerras frías de conflicto económico y político. Siguiendo con la analogía de los dolores de parto, la implicación es que los conflictos aumentarán tanto en cantidad como en intensidad a medida que el regreso de Cristo se acerque, hasta que exploten en un enorme holocausto de derramamiento de sangre y carnicería.

Sin embargo, Jesús afirma que durante ese tiempo los creyentes no deberán tener miedo (**no os turbéis**), **porque todo esto** es evidencia segura de que el plan de Dios está desarrollándose según su voluntad. **Es necesario que todo esto,** por horrible y destructivo que sea, **acontezca.** Estos hechos son precursores del final, **pero aún no es el fin.**

Parece no haber diferencia entre **nación** y **reino,** a menos que lo primero represente países con una forma de democracia y lo último represente a aquellos bajo una forma de autocracia o dictadura. Lo que dice es que ningún grupo de personas estará exento de guerras o de la amenaza de guerras. Los conflictos sin duda alguna incluirán confrontaciones raciales, étnicas y culturales, así como nacionales, tanto como vemos hoy día en el mundo, pero será en una escala mayor y más intensa. Las confrontaciones de todo tipo se acelerarán en todo el mundo. Los libros de Daniel en el Antiguo Testamento y de Apocalipsis en el Nuevo ofrecen muchos detalles relacionados con el conflicto futuro.

En Daniel nos enteramos que "al cabo del tiempo el rey del sur contenderá con [el anticristo]; y el rey del norte se levantará contra él como una tempestad, con carros y gente de a caballo, y muchas naves; y entrará por las tierras, e inundará, y pasará" (Dn. 11:40). El reino del anticristo comprenderá básicamente el territorio que una vez estuvo en poder del antiguo Imperio Romano, en particular una confederación occidental compuesta por una Europa unificada. Daniel menciona que será un imperio de diez naciones (7:24), el cual lo menos que puede traer a la mente es el actual Mercado Común Europeo.

Daniel habló antes de que Israel hará un pacto con el anticristo a fin de protegerse de sus vecinos (Dn. 9:27). La confederación del anticristo dominará por completo esa parte del mundo y ejercerá un poder excesivo sobre el resto del mundo. El rey del sur vendrá de alguna parte de África, y el rey del norte probablemente será Rusia, que conseguirá el apoyo de aliados del Oriente Medio. Esas enormes fuerzas militares convergerán en la Tierra Santa, llamada "la tierra gloriosa" (Dn. 11:41). Daniel continúa explicando: "Muchas provincias caerán; mas éstas escaparán de su mano: Edom y Moab, y la mayoría de los hijos de Amón. Extenderá su mano contra las tierras, y no escapará el país de Egipto. Y se apoderará de los tesoros de oro y plata, y de todas las cosas preciosas de Egipto; y los de Libia y de Etiopía le seguirán" (vv. 41-43).

Al parecer el anticristo vence a los otros grandes poderes, al menos de manera temporal. "Pero noticias del oriente y del norte lo atemorizarán, y saldrá con gran ira para destruir y matar a muchos. Y plantará las tiendas de su palacio entre los mares y el monte glorioso y santo; mas llegará a su fin, y no tendrá quien le ayude" (vv. 44-45). Las fuerzas del norte y del este se reagrupan, y el anticristo es derrotado y destruido por completo cuando va a enfrentárseles, sin nadie que le ayude. Apocalipsis habla de una enorme fuerza de caballería de doscientos millones que vendrá del Oriente y destruiría una tercera parte de la humanidad (Ap. 9:14-16). Es interesante que el ejército de China pasara esa cantidad hace algunos años.

Tal choque será una guerra de magnitud increíble. Convergerán sobre Israel para una enorme batalla todas las fuerzas de una Europa confederada por el occidente, Rusia por el norte, África por el sur, y Asia por el oriente.

Coherente con la descripción de Daniel, Zacarías profetizó que el Señor reunirá "a todas las naciones para combatir contra Jerusalén; y la ciudad será tomada, y serán saqueadas las casas, y violadas las mujeres; y la mitad de la ciudad irá en cautiverio, mas el resto del pueblo no será cortado de la ciudad. Después saldrá Jehová y peleará con aquellas naciones, como peleó en el día de la batalla" (Zac. 14:2-3).

El Señor determinó por medio de Hageo: "Trastornaré el trono de los reinos, y destruiré la fuerza de los reinos de las naciones; trastornaré los carros y los que en ellos suben, y vendrán abajo los caballos y sus jinetes, cada cual por la espada de su hermano. En aquel día, dice Jehová de los ejércitos, te tomaré, oh Zorobabel hijo de Salatiel, siervo mío, dice Jehová, y te pondré como anillo de sellar; porque yo te escogí, dice Jehová de los ejércitos" (Hag. 2:22-23). Es como si a Zorobabel, gobernador de Judá durante la época de Hageo y descendiente de David, se le describiera como el Mesías, el más grande Hijo de David, quien enviará su propio ejército para que destruya los ejércitos del mundo y luego suba al trono que le corresponde en la tierra.

No es difícil en nuestros días ver cómo podría desarrollarse tal conflagración. Durante muchas décadas el mundo ha vivido bajo la amenaza de guerra nuclear y la ansiedad por el aumento de conflictos dentro de prácticamente todas las naciones y entre ellas.

El libro de Apocalipsis ofrece detalles paralelos y adicionales de las guerras y los rumores de guerras en que las naciones y los reinos del mundo participarán durante los últimos tiempos. A Cristo, el Cordero, se le representa con un rollo en la mano, lo que simboliza, por así decirlo, el testamento en que el Padre le lega el mundo al Hijo (Ap. 6:1). Cuando abre cada uno de los siete sellos, la cantidad requerida bajo la antigua ley romana para mantener inviolable un testamento, Cristo pone en marcha una de las etapas ordenadas por Dios en que tomará otra vez al mundo para sí mismo.

La apertura del primer sello libera al jinete sobre un caballo blanco que saldrá a engañar con la intención de conquistar (v. 2). No habrá una guerra abierta en esa ocasión, sino una sensación falsa de paz y seguridad mundial. Tal como Jesús predijo en el discurso del Monte de los Olivos, la primera etapa del ataque final de Satanás será de engaño y subterfugio. Sin embargo, cuando se abre el segundo sello, al jinete en el caballo rojo se le permitirá quitar del mundo esa falsa paz, "y que se matasen unos a otros; y se le dio una gran espada" (v. 4).

Juan también vio más adelante un tremendo conflicto generado por tres espíritus inmundos, demonios de Satanás de alto rango, quienes realizan grandes milagros y juntan a los líderes y ejércitos del mundo "para reunirlos a la batalla de aquel gran día del Dios Todopoderoso… Y los reunió en el lugar que en hebreo se llama Armagedón" (Ap. 16:13-14, 16). Esas fuerzas dirigidas por demonios convergerán en Israel y en Jerusalén en particular en un esfuerzo intenso pero inútil de impedir que Cristo, el Rey de reyes, reclame su trono terrenal. Ese asalto fracasará, y Cristo vendrá y los destruirá a todos (19:11-20).

Pero antes que el Señor venga a lograr esa conquista final, el anticristo y las fuerzas del norte, del sur y del este participarán en un combate implacable y tendrán éxito en sacrificar gran parte de la población mundial. Ante esa carnicería sin paralelo desaparecerá el último vestigio de esperanza del ser humano, y el terror absoluto gobernará el diario vivir. Solamente los creyentes que se aferren del Señor tendrán la fortaleza y el valor otorgados por Dios para evitar que el temor los petrifique.

DEVASTACIÓN EN TODO EL MUNDO

y habrá pestes, y hambres, y terremotos en diferentes lugares. Y todo esto será principio de dolores. (24:7*b*-8)

El siguiente dolor de parto de los últimos tiempos será la devastación en todo el mundo. Además del engaño de los falsos cristos y las disensiones de guerra entre las naciones habrá **pestes, y hambres, y terremotos,** desastres naturales de proporciones asombrosas que se producirán a medida que la tierra maldecida comience a desintegrarse. Lucas añade que también habrá pestilencias, terror y grandes señales del cielo (21:11).

Terremotos, epidemias de enfermedades mortales, terribles sucesos de diversa índole, y cambios espectaculares en el cielo atormentarán a los seres humanos. Estos verán que el mundo comienza a desintegrarse delante de sus ojos por parte de las fuerzas desenfrenadas y destructoras del mal que asolarán al planeta durante esos días indescriptibles. El mundo ha presenciado muchos terremotos, hambres, pestes e incluso algunas señales celestiales, pero eso no será nada comparado con las calamidades de los tiempos finales. Ocurrirán **en diferentes lugares** y al parecer de manera simultánea. Mientras en algunas partes de la tierra padecerán **hambres,** otras serán sacudidas por **terremotos,** otras más serán diezmadas por **pestes,** muchas estarán paralizadas por terrores no específicos, e incluso en varios lugares los habitantes estarán nerviosos por cambios en los cielos.

Juan previó que cuando Cristo rompa el cuarto sello del rollo se le dará autoridad a la muerte y al hades "para matar con espada, con hambre, con mortandad, y con las fieras de la tierra" (Ap. 6:8).

Más tarde, después de roto el sexto sello y del principio de los dolores de parto, durante la gran tribulación, "hubo un gran terremoto; y el sol se puso negro como tela de cilicio, y la luna se volvió toda como sangre; y las estrellas del cielo cayeron sobre la tierra, como la higuera deja caer sus higos cuando es sacudida por un fuerte viento. Y el cielo se desvaneció como un pergamino que se enrolla; y todo monte y toda isla se removió de su lugar" (vv. 12-14).

Al final, por fin, cuando el Cordero rompe el séptimo sello, siete ángeles se muestren de pie delante de Dios, y a cada uno se le da una trompeta de juicio. Cuando la primera trompeta suene,

> *hubo granizo y fuego mezclados con sangre, que fueron lanzados sobre la tierra; y la tercera parte de los árboles se quemó, y se quemó toda la hierba verde. El segundo ángel tocó la trompeta, y como una gran montaña ardiendo en fuego fue precipitada en el mar; y la tercera parte del mar se convirtió en sangre. Y murió la tercera parte de los seres vivientes que estaban en el mar, y la tercera parte de las naves fue destruida. El tercer ángel tocó la trompeta, y cayó del cielo una gran estrella, ardiendo como una antorcha, y cayó sobre la tercera parte de los ríos, y sobre las fuentes de las aguas. Y el nombre de la estrella es Ajenjo. Y la tercera parte de las*

aguas se convirtió en ajenjo; y muchos hombres murieron a causa de esas aguas, porque se hicieron amargas. El cuarto ángel tocó la trompeta, y fue herida la tercera parte del sol, y la tercera parte de la luna, y la tercera parte de las estrellas, para que se oscureciese la tercera parte de ellos, y no hubiese luz en la tercera parte del día, y asimismo de la noche (Ap. 8:7-12; cp. 16:1-11; Jl. 2:20; Hch. 2:19-20).

Las cosechas y toda la vegetación serán devastadas en todo el mundo; los que dependen del mar para su alimentación padecerán hambre; la tercera parte de los barcos será destruida; un sinnúmero de personas será envenenada por los suministros contaminados de agua; y los calendarios, las estaciones, y las mareas sufrirán trastorno total. La agonía física y emocional será tan insoportable que los hombres "morderán de dolor sus lenguas" (Ap. 16:10). "Su tormento [será] como tormento de escorpión cuando hiere al hombre", y "los hombres buscarán la muerte, pero no la hallarán; y ansiarán morir, pero la muerte huirá de ellos" (9:5-6).

Algún tiempo después, cuando el séptimo ángel derrame su copa en el aire,

hubo relámpagos y voces y truenos, y un gran temblor de tierra, un terremoto tan grande, cual no lo hubo jamás desde que los hombres han estado sobre la tierra. Y la gran ciudad fue dividida en tres partes, y las ciudades de las naciones cayeron; y la gran Babilonia vino en memoria delante de Dios, para darle el cáliz del vino del ardor de su ira. Y toda isla huyó, y los montes no fueron hallados. Y cayó del cielo sobre los hombres un enorme granizo como del peso de un talento; y los hombres blasfemaron contra Dios por la plaga del granizo; porque su plaga fue sobremanera grande (Ap. 16:17-21; cp. 11:13).

Pero todo esto (lo que se menciona en los versículos 4-8, que es paralelo a los primeros cuatros sellos de Apocalipsis 6) tan solo **será principio de dolores.** Hay mucho más por venir, como hemos observado en los otros juicios de sellos, trompetas y copas. Pero después de la tercera punzada de parto (cuarto sello) viene persecución.

ENTREGA DE CREYENTES A TRIBULACIÓN

Entonces os entregarán a tribulación, y os matarán, y seréis aborrecidos de todas las gentes por causa de mi nombre. (24:9)

El cuarto dolor de parto al final de los tiempos será tremenda persecución de creyentes por parte del mundo perverso e impío. Más que nunca antes en la historia el pueblo santo de Dios será tratado en una manera impía, y en ese sentido será profanado.

Paradidōmi (**entregarán**) tiene el significado básico de dedicar, y a menudo se usaba en un sentido técnico para arresto policial o militar (véase Mt. 4:12). Después de ser detenidos, los creyentes padecerán **tribulación** extrema. A muchos **matarán, y** todos serán **aborrecidos de todas las gentes por causa** del **nombre** de Cristo. En su relato paralelo, Marcos informa que Jesús advirtió: "Os entregarán a los concilios, y en las sinagogas os azotarán; y delante de gobernadores y de reyes os llevarán por causa de mí, para testimonio a ellos" (Mr. 13:9). Los concilios tal vez representan la autoridad civil, y las sinagogas obviamente representan la autoridad judía, lo que indica que la persecución vendrá de ambos grupos. Ser identificados con el **nombre** de Cristo costará a los creyentes su libertad, sus derechos, su respeto, y a menudo sus vidas.

Como ya se observó, aquellas serán las personas que se habrán salvado después del arrebatamiento de la Iglesia, habiéndose convertido a Cristo durante la tribulación. Muchos se salvarán por medio de la predicación de los dos testigos que el Señor enviará a ministrar por un período de tres años y medio (Ap. 11:3). Durante ese tiempo los testigos serán protegidos de manera sobrenatural (v. 4), pero "Cuando hayan acabado su testimonio, la bestia que sube del abismo hará guerra contra ellos, y los vencerá y los matará" (v. 7). Después de tres años y medio serán resucitados y llevados al cielo, y ese milagro en sí hará que más personas se salven y den "gloria al Dios del cielo" (vv. 11-13).

La persecución no estará dirigida tanto contra los creyentes mismos como contra Dios, a quien sirven y representan. El mundo incrédulo intensificará su odio hacia Dios, y ya que no puede atacarlo directamente, atacará de modo feroz a su pueblo. Cuando Pablo informó que llevaba en su "cuerpo las marcas del Señor Jesús" (Gá. 6:17) estaba afirmando que había recibido heridas que realmente estaban dirigidas a Cristo. Puesto que la gente no puede agarrar a Cristo, maltrata a quienes lo representan.

Cuando el Espíritu Santo retire su control y a Satanás se le permita mayor libertad de acción, los santos padecerán como nunca antes. Para aquellos que confiesen abiertamente a Cristo no habrá lugar dónde esconderse y ninguna vía de escape. No serán perseguidos y martirizados por lo que hacen sino por lo que son. Sufrirán por el **nombre** de Cristo, es decir, porque se identifican con Él.

Cuando Cristo rompe el quinto sello del rollo, Juan vio de aquellos santos martirizados bajo el altar

> *las almas de los que habían sido muertos por causa de la palabra de Dios y por el testimonio que tenían. Y clamaban a gran voz, diciendo: ¿Hasta cuándo, Señor, santo y verdadero, no juzgas y vengas nuestra sangre en los que moran en la tierra? Y se les dieron vestiduras blancas, y se les dijo que descansasen todavía un poco de tiempo, hasta que se completara el número de sus consiervos y sus hermanos, que también habían de ser muertos como ellos (Ap. 6:9-11).*

Más tarde Juan vio "una gran multitud, la cual nadie podía contar, de todas naciones y tribus y pueblos y lenguas, que estaban delante del trono y en la presencia del Cordero, vestidos de ropas blancas, y con palmas en las manos; y clamaban a gran voz, diciendo: La salvación pertenece a nuestro Dios que está sentado en el trono, y al Cordero" (Ap. 7:9-10). Uno de los ancianos explicó a los apóstoles que "estos son los que han salido de la gran tribulación, y han lavado sus ropas, y las han emblanquecido en la sangre del Cordero" (v. 14).

Los asesinatos de los que la humanidad incrédula no se arrepentirá (Ap. 9:21) incluirán la muerte de otros incrédulos, pero al igual que con el anticristo (13:7) y la gran ramera (17:6), los ataques más feroces serán contra los santos.

DESERCIÓN DE FALSOS CREYENTES

Muchos tropezarán entonces, y se entregarán unos a otros, y unos a otros se aborrecerán. Y muchos falsos profetas se levantarán, y engañarán a muchos; y por haberse multiplicado la maldad, el amor de muchos se enfriará. Mas el que persevere hasta el fin, éste será salvo. (24:10-13)

El quinto dolor de parto es consecuencia del cuarto. A medida que se intensifica la persecución en los últimos tiempos y los creyentes empiezan a ser arrestados, aborrecidos y martirizados por causa de Cristo, muchos supuestos cristianos desertarán. A pesar de que habrán tenido una identificación externa con Cristo, demostrarán por su deserción que nunca le pertenecieron. Cuando la persecución se vuelva demasiado severa, abandonarán a Cristo y se unirán a los incrédulos en agredir al pueblo de Dios.

Jesús menciona tres razones para la deserción de los falsos creyentes: el precio será demasiado alto, el engaño de falsos maestros será demasiado convincente, y el pecado será demasiado atractivo.

EL COSTO SERÁ DEMASIADO ALTO

Muchos tropezarán entonces, y se entregarán unos a otros, y unos a otros se aborrecerán. (24:10)

Toda causa noble tiene parásitos a quienes les atrae asociarse con ella mientras es popular, pero tropiezan tan pronto como surgen críticas o conflictos. La Iglesia de Cristo no es la excepción. A lo largo de su historia ha tenido adherentes a quienes les gusta llevar el nombre de cristianos mientras esto es aceptable y respetado en la sociedad, pero rápidamente pierden su devoción cuando ese nombre es difamado y aquellos que lo llevan son perseguidos (véase Mt. 13:20-21).

Los falsos cristianos que **tropezarán** durante la tribulación no serán creyentes verdaderos que simplemente son débiles y cobardes, sino que serán incrédulos que revelan su verdadero carácter cuando rechazan abiertamente a Cristo y traicionan de manera brutal al pueblo de Dios. No serán como Pedro, quien en un momento de temor y debilidad negó conocer a Cristo, sino como Judas que a causa de su odio interior hacia Cristo lo entregó a sus enemigos.

Juan declara que tales farsantes salen de la comunidad cristiana porque nunca formaron realmente parte de ella. El apóstol explica: "Salieron de nosotros, pero no eran de nosotros; porque si hubiesen sido de nosotros, habrían permanecido con nosotros; pero salieron para que se manifestase que no todos son de nosotros" (1 Jn. 2:19). Tales personas abandonan la Iglesia visible de Cristo porque nunca fueron parte de su Iglesia invisible. Abandonan la familia terrenal de Dios porque nunca nacieron en su familia celestial. Jesús expresó: "Si vosotros permaneciereis en mi palabra, seréis verdaderamente mis discípulos" (Jn. 8:31); y en el día del juicio Él declarará a los falsos creyentes: "Nunca os conocí; apartaos de mí, hacedores de maldad" (Mt. 7:23).

Jesús manifestó: "El discípulo no es más que su maestro, ni el siervo más que su señor. Bástale al discípulo ser como su maestro, y al siervo como su señor. Si al padre de familia llamaron Beelzebú, ¿cuánto más a los de su casa?" (Mt. 10:24-25). El verdadero discípulo de Cristo está dispuesto a sufrir como Cristo padeció, y ninguna cantidad de aflicción le hará renunciar a su Señor y Salvador. "A cualquiera, pues, que me confiese delante de los hombres, yo también le confesaré delante de mi Padre que está en los cielos. Y a cualquiera que me niegue delante de los hombres, yo también le negaré delante de mi Padre que está en los cielos… y el que no toma su cruz y sigue en pos de mí, no es digno de mí" (vv. 32-33, 38; cp. 2 Ti. 2:12).

Un cristiano profeso que le da la espalda a Jesucristo y se niega a sufrir por causa de Él, no es un verdadero creyente en primer lugar. Una persona que pertenece auténticamente a Cristo a veces puede vacilar y desobedecer, pero nunca rechazará a su Señor. Aquel que pertenece a Cristo sigue confesándolo, sirviéndolo, y sufriendo por Él cuando es necesario. No soporta debido a sus propias fuerzas y su propio valor, sino porque está habitado por el propio Espíritu de Cristo, quien nunca deja de sustentar gracia a los hijos de Dios.

El escritor de Hebreos dio la voz de alerta a los miembros de la iglesia primitiva: "Mirad, hermanos, que no haya en ninguno de vosotros corazón malo de incredulidad para apartarse del Dios vivo" (He. 3:12). Pablo declaró a Timoteo: "Palabra fiel es esta: Si somos muertos con él, también viviremos con él; si sufrimos, también reinaremos con él; si le negáremos, él también nos negará" (2 Ti. 2:11-12).

Este texto nos lleva a pensar que, al igual que en la era actual, no todos los cristianos profesos que estén vivos durante la tribulación serán auténticos. Muchos serán falsos, y cuando el costo del discipulado se vuelva demasiado exigente abandonarán a Cristo y su Iglesia. Serán como aquellos aspirantes a discípulos que le dijeron a Jesús: "Señor, te seguiré adondequiera que vayas… Señor, déjame que primero vaya y entierre a mi padre… Te seguiré, Señor; pero déjame que me despida primero de los que están en mi casa". Estos individuos pondrán la mano en el arado del discipulado, pero no abandonarán la antigua vida, demostrando que nunca han recibido la nueva. Por tanto, Jesús dijo que no son aptos "para el reino de Dios", porque sus corazones nunca han estado con Él (Lc. 9:57-62).

Los falsos creyentes que desertarán en los últimos tiempos no estarán satisfechos simplemente con salir de la Iglesia, sino que se unirán a la persecución. **Se entregarán unos a otros, y unos a otros se aborrecerán.** El pueblo de Dios será traicionado por aquellos que una vez fueron parte de su comunidad, pero que se ofenderán al ver que el costo se eleva demasiado. Tanto para salvar sus propios pellejos como para ventilar el odio por las cosas de Dios que siempre han tenido en sus corazones, se convertirán en informantes y perseguidores. Jesús advirtió que en ese tiempo "el hermano entregará a la muerte al hermano, y el padre al hijo; y se levantarán los hijos contra los padres, y los matarán" (Mr. 13:12; cp. Lc. 21:16). No solo dentro de la congregación en general, sino dentro de familias individuales, los que no pertenecen de veras a Cristo se volverán contra quienes sí le pertenecen, incluso hasta el punto de entregar a sus propios hijos y padres al martirio.

EL ENGAÑO SERÁ DEMASIADO CONVINCENTE

Y muchos falsos profetas se levantarán, y engañarán a muchos; (24:11)

Así como algunos falsos creyentes desertarán porque el costo será demasiado alto, otros desertarán porque serán engañados respecto al evangelio.

Durante la tribulación **falsos profetas** se unirán a los falsos cristos (v. 5) para procurar engañar al pueblo con relación a Dios. De modo persuasivo enseñarán doctrinas que parecen verdaderas y divinas, pero que en realidad son falsas y satánicas. El tiempo final no solo estará lleno de mal manifiesto como el mundo ha visto antes, sino de falsa religión como nunca antes se ha visto. Hasta el mismo fin, Satanás seguirá utilizando el disfraz de ángel de luz (2 Co. 11:14).

Apocalipsis 17 deja en claro que las falsas religiones, simbolizadas aquí por la gran ramera de Babilonia, florecerán. La imagen de una prostituta sin duda se usa porque el sistema religioso mundial se prostituirá en busca de evangelios falsos y otros medios para alejar a las personas del verdadero evangelio y de la salvación. A pesar de sus diferencias externas, las religiones de esa época tendrán un rasgo en común: odio por el pueblo de Dios, los verdaderos y purificados hermanos y hermanas de Cristo.

Es interesante que una característica de la falsa religión de los últimos tiempos estará compuesta por "hechicerías" (Ap. 9:21), que se traduce de *pharmakia*, de donde obtenemos la palabra *farmacia*. Tanto los términos del griego antiguo como del castellano se relacionan con la ingestión de drogas. El uso de drogas que alteran la mente era común en muchas religiones paganas antiguas, y en vista de la moderna epidemia de abuso y adicción a las drogas, no sería sorprendente que los hechiceros de los tiempos finales incluyan el uso de narcóticos y alucinógenos.

EL PECADO SERÁ DEMASIADO ATRACTIVO

y por haberse multiplicado la maldad, el amor de muchos se enfriará. Mas el que persevere hasta el fin, éste será salvo. (24:12-13)

Una tercera causa de deserción será el amor a **la maldad,** la cual, **por haberse multiplicado** ocasionará que **el amor de muchos** seres humanos por la justicia, la verdad, y las cosas de Dios se enfríe.

Aunque **la maldad** en los últimos tiempos sin duda incluirá irrespeto por las leyes humanas, se manifestará con mayor vehemencia en irrespeto **multiplicado** por la ley de Dios. El mal se multiplicará de forma tan rápida y sin vergüenza alguna, que muchas personas que inicialmente son atraídas al evangelio se alejarán de este debido a los multiplicados atractivos del pecado.

La maldad será diabólicamente agresiva y descarada. En lugar de tratar de ocultar sus pecados, las personas harán alarde de ellos, y tan crasa maldad alejará a muchos, incluso a algunos creyentes profesos, de cualquier interés en las cosas de Dios que alguna vez pudieron haber tenido.

Al describir el mismo período del que Jesús está hablando aquí, Pablo advirtió:

También debes saber esto: que en los postreros días vendrán tiempos peligrosos. Porque habrá hombres amadores de sí mismos, avaros, vanagloriosos, soberbios, blasfemos, desobedientes a los padres, ingratos, impíos, sin afecto natural, implacables, calumniadores, intemperantes, crueles, aborrecedores de lo bueno, traidores, impetuosos, infatuados, amadores de los deleites más que de Dios, que tendrán apariencia de piedad, pero negarán la eficacia de ella; a éstos evita (2 Ti. 3:1-5).

La violencia, la inmoralidad, la lascivia, el deseo egoísta a nivel global, y todos los demás vicios morales no tendrán control cuando el pecado en sí se exprese de manera desenfrenada. Los hombres se sumirán en una marea de corrupción, y se gloriarán en ella.

Jesús continuó: **Mas el que persevere hasta el fin, éste será salvo.** No es que lo que soporte una persona le producirá salvación, pero su perseverancia será un producto fortalecido por el Espíritu y una prueba de la realidad de que ese individuo *es* **salvo.** Ni el alto costo del discipulado, ni el engaño de los falsos profetas, ni la tentación del pecado harán que los verdaderos creyentes renuncien a Cristo, porque Él mismo los protegerá de la deserción.

La perseverancia siempre es una característica de salvación. Jesús advirtió: "Seréis aborrecidos de todos por causa de mi nombre; mas el que persevere hasta el fin, éste será salvo" (Mt. 10:22; cp. Lc. 21:19). La persona que se mantiene firme en la fe, independientemente de cualquier dificultad o persecución, llegará a Él porque su relación con Cristo demuestra que le pertenece, y Cristo asegura que **éste será salvo.** En última instancia alguien así será libre del actual sistema perverso de iniquidad e impiedad y entrará al reino eterno de justicia de Dios.

La perseverancia de los santos en la fe es un elemento básico de la salvación que se enseña en el Nuevo Testamento. Establece que quienes son de verdad salvos no se apartan de la fe (véase Jn. 8:31; 1 Co. 15:1-2; Col. 1:21-23; He. 2:1-3; 3:14; 4:14; 6:11-12; 10:39; 12:14; Stg. 1:2-4).

La referencia a la salvación en tiempo futuro en tales pasajes como en los acabados de mencionar no indica su inicio sino su culminación. La perseverancia no puede iniciar salvación más de lo que puede hacerlo cualquier esfuerzo humano. Pero sí brinda evidencia de la vida espiritual que reside en el creyente y también es un recordatorio para él de que "el que comenzó en [él] la buena obra, la perfeccionará hasta el día de Jesucristo" (Fil. 1:6; cp. Jn. 10:27-29; Ro. 5:8-10; 2 Ti. 1:12; He. 7:25; 1 P. 1:5; Jud. 24).

El que persevere hasta el fin es el vencedor, el hijo amado de Dios que no teme padecer o morir, y al que se le dará la corona de vida "no sufrirá daño de la segunda muerte" (Ap. 2:10-11). La fe que persevera es fe otorgada y sustentada por el Espíritu Santo de Cristo que mora en el creyente.

Los santos que perseveran en los tiempos finales serán

los que han salido de la gran tribulación, y han lavado sus ropas, y las han emblanquecido en la sangre del Cordero. Por esto están delante del trono de Dios, y le sirven día y noche en su templo; y el que está sentado sobre el trono extenderá su tabernáculo sobre ellos. Ya no tendrán hambre ni sed, y el sol no caerá más sobre ellos, ni calor alguno; porque el Cordero que está en medio del trono los pastoreará, y los guiará a fuentes de aguas de vida; y Dios enjugará toda lágrima de los ojos de ellos (Ap. 7:14-17).

LA PREDICACIÓN DEL EVANGELIO A TODO EL MUNDO

Y será predicado este evangelio del reino en todo el mundo, para testimonio a todas las naciones; y entonces vendrá el fin. (24:14)

El sexto y último dolor de parto que indica que los tiempos finales están cerca será la predicación del evangelio a todo el mundo en una magnitud nunca antes vista. Antes que el Señor mismo aparezca, **será predicado este evangelio del reino en todo el mundo, para testimonio a todas las naciones.**

A pesar del engaño de falsos cristos y falsos maestros; de la guerra sin precedentes, las pestes y los desastres; de la feroz persecución a los santos; y de la deserción de falsos creyentes, el **evangelio del reino** de Cristo se seguirá predicando. A pesar del gobierno tiránico del anticristo y de los demonios que arrojará el infierno para que causen estragos en la tierra, el Señor Jesucristo no carecerá de testigos.

Justo antes que se derramen las copas de juicio y que comience el gran holocausto final, y justo antes que los crecientes dolores de parto se emitan en el reino, Dios presentará el evangelio de modo sobrenatural a todo ser humano en el planeta. Enviará un ángel con "el evangelio eterno para predicarlo a los moradores de la tierra, a toda nación, tribu, lengua y pueblo, diciendo a gran voz: Temed a Dios, y dadle gloria, porque la hora de su juicio ha llegado; y adorad a aquel que hizo el cielo y la tierra, el mar y las fuentes de las aguas" (Ap. 14:6-7).

Esa será la última y total evangelización del mundo, predicada de forma milagrosa desde el cielo. Después de esa proclamación, el día del ser humano habrá terminado, su rebelión habrá finalizado, y su oportunidad de salvación habrá concluido, porque **entonces vendrá el fin.**

127

Señales de la venida de Cristo. Tercera parte: La abominación desoladora

Por tanto, cuando veáis en el lugar santo la abominación desoladora de que habló el profeta Daniel (el que lee, entienda), (24:15)

La gente tiene un anhelo natural de una mejor época, un tiempo de paz y armonía entre las naciones, de gran estabilidad económica, y de disminución del crimen, la enfermedad y la discordia. Pero la Biblia es clara en que, a pesar de momentos de mejoría temporal, las cosas están destinadas a empeorar mucho más antes que a mejorar de modo permanente. La sociedad humana se enfrenta a un tiempo que va a ser más calamitoso que cualquier otro experimentado antes. Jesús advirtió: "Habrá entonces gran tribulación, cual no la ha habido desde el principio del mundo hasta ahora, ni la habrá" (Mt. 24:21). La tribulación se extenderá a todo el mundo, pero se centrará en la nación y el pueblo de Israel. Marcará el final de la era del hombre y la venida del día de Dios.

La predicción del tiempo de aflicción no se originó en el discurso del Monte de los Olivos ni en la enseñanza previa de Jesús, sino en las enseñanzas proféticas del Antiguo Testamento. Cuando Isaías aguardaba aquel día del Señor, el día de gran juicio, y el día en que el Mesías iba a establecer su reino en la tierra, escribió: "Acontecerá en aquel tiempo, que los que hayan quedado de Israel y los que hayan quedado de la casa de Jacob, nunca más se apoyarán en el que los hirió, sino que se apoyarán con verdad en Jehová, el Santo de Israel" (Is. 10:20).

Viene un tiempo en que la mayor parte del pueblo de Israel será masacrado por un enemigo al que creían amigo, y solo un remanente eludirá la masacre. En el tiempo del mismo fin, justo antes del momento del juicio, la nación de Israel sufrirá una vil traición por parte de alguien en quien confiaban, y será sometida a un holocausto del que pocos judíos escaparán. Los que se salven se volverán al Señor y recibirán salvación. Ya no confiarán en sí mismos, o en algún aliado humano, sino que de ahí en adelante confiarán solo en el Señor. El profeta sigue informando: "El remanente volverá, el remanente de Jacob volverá al Dios fuerte. Porque si tu pueblo, oh Israel, fuere como las arenas del mar, el remanente de él volverá; la destrucción acordada rebosará justicia" (Is. 10:21-22).

Jeremías vislumbró este tiempo terrible, y presenta otros aspectos:

Porque así ha dicho Jehová: Hemos oído voz de temblor; de espanto, y no de paz. Inquirid ahora, y mirad si el varón da a luz; porque he visto que todo hombre tenía las manos sobre sus lomos, como mujer que está de parto, y se han vuelto pálidos todos los rostros. ¡Ah, cuán grande es aquel día! tanto, que no hay otro semejante a él; tiempo de angustia para Jacob; pero de ella será librado. En aquel día, dice Jehová de los ejércitos, yo quebraré su yugo de tu cuello, y romperé tus coyundas, y extranjeros no lo volverán más a poner en servidumbre, sino que servirán a Jehová su Dios y a David su rey, a quien yo les levantaré (Jer. 30:5-9).

Toda la humanidad experimentará un dolor insoportable, como el de dar a luz sin anestesia. Incluso los hombres se pondrán de rodillas como si estuvieran dando a luz, sosteniéndose a sí mismos mientras se retuercen del dolor. Sin embargo, de ese sufrimiento vendrá la liberación, el arrepentimiento, y la salvación de Israel.

Respecto al arcángel Miguel, Daniel predijo diciendo "En aquel tiempo se levantará Miguel, el gran príncipe que está de parte de los hijos de tu pueblo; y será tiempo de angustia, cual nunca fue desde que hubo gente hasta entonces; pero en aquel tiempo será libertado tu pueblo, todos los que se hallen escritos en el libro" (Dn. 12:1).

Zacarías escribió:

Y acontecerá en toda la tierra, dice Jehová, que las dos terceras partes serán cortadas en ella, y se perderán; mas la tercera quedará en ella. Y meteré en el fuego a la tercera parte, y los fundiré como se funde la plata, y los probaré como se prueba el oro. El invocará mi nombre, y yo le oiré, y diré: Pueblo mío; y él dirá: Jehová es mi Dios. He aquí, el día de Jehová viene, y en medio de ti serán repartidos tus despojos. Porque yo reuniré a todas las naciones para combatir contra Jerusalén; y la ciudad será tomada, y serán saqueadas las casas, y violadas las mujeres; y la mitad de la ciudad irá en cautiverio, mas el resto del pueblo no será cortado de la ciudad (Zac. 13:8—14:2).

En Mateo 24—25 Jesús estaba hablando de esa época futura de indescriptible horror en el mundo que se centrará en la nación de Israel, un tiempo del que Isaías, Jeremías, Daniel y Zacarías ya habían hablado con bastante detalle. Aunque Israel como nación, y el pueblo judío en general, han soportado muchos períodos de gran sufrimiento a lo largo de la historia, incluso la destrucción de Jerusalén y el templo a manos de los romanos en el año 70 d.C., y el exterminio de muchos millones de ellos por parte de la Alemania nazi y la Rusia comunista en los tiempos modernos, el holocausto del tiempo final superará en gran manera esas experiencias.

En 24:4-14 Jesús predijo seis señales de que su regreso sería como dolores de parto, los cuales vienen en el mismo fin de un embarazo y con creciente rapidez y severidad hasta que el niño nace. Ahora predice la señal que seguirá a esos dolores de parto (paralela al sexto sello en Ap. 6:9-11).

Según se explicó en el capítulo anterior, el uso que Jesús hace de **vosotros** en el discurso del Monte de los Olivos no se refiere a los discípulos o a alguien más que viviera en esa época, sino que más bien se refiere proféticamente a aquellos que estarán vivos al final de los tiempos, justo antes que Él regrese.

El acontecimiento que activa las señales de los dolores de parto será **la abominación desoladora,** la cual será como aquella de la **que habló el profeta Daniel.** En su pasaje paralelo Lucas añade que Jesús declaró: "Pero cuando viereis a Jerusalén rodeada de ejércitos, sabed entonces que su destrucción ha llegado" (21:20). En otras palabras, esta señal ocurrirá mientras Jerusalén está rodeada de naciones enemigas que amenazan con destruirla.

Por varias décadas la moderna nación de Israel se ha vuelto cada vez más un punto central de acontecimientos mundiales, sucesos en que participa no solo el Oriente Medio sino también los grandes poderes de los Estados Unidos, Rusia, China y muchas naciones de Europa. Las flotas navales de los Estados Unidos y Rusia siguen creciendo en fuerza y preparación en el mar Mediterráneo, el mar Arábigo, el Golfo Pérsico, y en otras enormes masas de agua en esa parte del mundo.

Durante los últimos tiempos el anticristo dirigirá una confederación de naciones europeas que corresponderán por lo general al territorio del antiguo Imperio Romano (véase Dn. 7.24; cp. 2:40-43), y al principio fingirá ser quien libera a Israel de sus enemigos, por lo que los israelíes harán un pacto con él (9:27). Pero después que sale victorioso sobre las naciones del sur, del norte y del oriente que han venido contra Israel, el anticristo revelará su verdadero carácter maligno y su odio por Israel y por Dios (Dn. 11:40-45). Es mientras ocupa a Israel bajo el pretexto de ser su protector que este malvado cometerá **la abominación desoladora.**

Bdelugma (**abominación**) denota un objeto asqueroso, horrible y repugnante. En la Biblia se utiliza principalmente para denotar aspectos asociados con idolatría y flagrante iniquidad. El equivalente hebreo se usaba a menudo para ritos y atavíos relacionados con la conducta malvada de religiones paganas. En el libro de Apocalipsis se utiliza para representar las inmoralidades e inmundicias espirituales del falso sistema religioso conocido como "BABILONIA LA GRANDE, LA MADRE DE LAS RAMERAS Y DE LAS ABOMINACIONES DE LA TIERRA" (17:4-5). En el cielo nuevo y la tierra nueva no habrá "ninguna cosa inmunda, o que hace abominación y mentira" (21:27).

La abominación desoladora podría traducirse "la abominación que ocasiona desolación o estragos". En otras palabras, **la abominación** es la *causa* de la desolación.

El profeta Daniel se refirió a la abominación desoladora en tres ocasiones (9:27; 11:31; 12:11). Prácticamente todo erudito bíblico, cualquiera que sea su visión sobre escatología, identifica esa abominación como el sacrilegio cometido por Antíoco iv, el rey sirio que gobernó Palestina de 175-165 a.C. como representante del imperio griego. Este monarca tomó para sí el título de Theos Epífanes, que significa "dios manifiesto", pero sus enemigos lo apodaron Epímanes que significa "demente" o "el loco". Irónicamente, cuando murió en el año 163 a.C. estaba totalmente loco, indignado hasta el punto de la demencia debido a sus derrotas militares por parte del judío rebelde Judas Macabeo. El texto de Daniel 11:21-35 describe perfectamente el gobierno de Antíoco, quien obtuvo su trono "con halagos" (v. 21), hizo numerosas incursiones en Egipto (vv. 24-27), rompió su pacto con Israel (v. 28), y profanó el templo en Jerusalén (v. 31).

Los libros apócrifos de 1 y 2 Macabeos describen vívidamente la época de Antíoco y la celosa resistencia de los judíos a la brutal y sacrílega tiranía de este rey. El monarca mató a muchos miles de hombres judíos, vendió muchas de sus esposas e hijos como esclavos, y trató de destruir por completo la religión judía. Profanó el templo al sacrificar en el altar a un cerdo, el animal más ceremonialmente impuro de todos, y obligar a los sacerdotes a comer la carne. Luego puso en el templo un ídolo de Zeus, la deidad pagana en la que él mismo le gustaba manifestarse. Tan horrible profanación por parte de Antíoco fue un anticipo de la **abominación desoladora** incluso mayor que será cometida por el anticristo al final de los tiempos.

Daniel había predicho: "Setenta semanas están determinadas sobre tu pueblo y sobre tu santa ciudad, para terminar la prevaricación, y poner fin al pecado, y expiar la iniquidad, para traer la justicia perdurable, y sellar la visión y la profecía, y ungir al Santo de los santos" (9:24). "Setenta semanas" corresponde literalmente a "setenta sietes", y se refiere a años (cp. 9:2). En otras palabras, pasarían 490 años antes que el Mesías regresara para establecer su reino eterno de justicia. Como Daniel explicó en el versículo siguiente, esa medición comenzaría "desde la salida de la orden para restaurar y edificar a Jerusalén", orden emitida por el rey Artajerjes en el año 445 a.C. (véase Neh. 2:5-6). El profeta también explicó que pasarían "siete semanas, y sesenta y dos semanas" (69 semanas, o 483 años) "hasta el Mesías Príncipe" (Dn. 9:25). Se ha calculado que transcurrieron exactamente 483 años desde ese decreto de Artajerjes hasta la entrada triunfal de Jesús en Jerusalén, cuando fue aclamado Mesías y Rey por parte de la multitud (para explicaciones detalladas de esas fechas, véase *Chronological Aspects of the Life of Christ* de Harold Hoehner [Grand Rapids: Zondervan, 1977]).

Después de ese tiempo y antes de la semana setenta, y última, "se quitará la vida al Mesías, mas no por sí; y el pueblo de un príncipe que ha de venir destruirá la ciudad y el santuario" (Dn. 9:26). Esa es una imagen de la crucifixión de Jesús y de la destrucción de Jerusalén y el templo en el año 70 d.C.

Luego el príncipe engañador "confirmará el pacto con muchos; a la mitad de la semana hará cesar el sacrificio y la ofrenda. Después con la muchedumbre de las abominaciones vendrá el desolador, hasta que venga la consumación, y lo que está determinado se derrame sobre el desolador" (v. 27). Esa última semana, o período de siete años de las setenta semanas comenzará cuando Israel haga un pacto con el anticristo, pensando que este personaje sería su gran libertador.

En la moderna nación de Israel es profundo el miedo a los árabes y los rusos. No solo que esos enemigos combinados superan a Israel en número de soldados y en armamento varios cientos de veces, sino que es intenso el odio que tienen a los judíos. Ezequiel profetizó que Magog (identificado por Josefo como la tierra que ahora es Rusia), Mesec y Tubal (Asia Menor, o la moderna Turquía), Persia (moderno Irán y Afganistán), Etiopía (que incluye a la moderna Sudán), Put (Libia) y otras naciones se unirán contra Israel (Ez. 38:2-6).

He oído a soldados israelíes decir que si los árabes creen que Alá les dice que maten judíos, eso es lo que harán, y los tratados o pactos de paz que prohíban tal acción no significarán nada para los árabes.

A medida que sigue creciendo la alianza de Rusia con muchas naciones árabes, alianza inspirada por Satanás, se hace evidente que la imagen profética del final de los tiempos está desarrollándose. Cuando esa amenaza para Israel se vuelva extrema, la nación buscará seguridad y protección de un aliado poderoso haciendo un pacto con la confederación europea hacia el occidente, alianza que también será inspirada por Satanás.

A mitad de la última semana de años, es decir al final de los primeros tres años y medio, el dirigente engañador de la confederación occidental (el anticristo) se volverá con violencia contra Israel, se establecerá como Dios, y cometerá la abominación desoladora que dará inicio a la gran tribulación, la cual producirá intensa persecución de judíos.

Intérpretes han propuesto numerosas identidades para **el lugar santo**. Algunos sugieren que es la ciudad de Jerusalén y otros que es el lugar santísimo, el santuario interior del templo. En el único otro pasaje donde se usa la frase en el Nuevo Testamento se refiere claramente al templo mismo (Hch. 21:28), y ese parece ser el único significado razonable para este lugar en Mateo 24:15. David también se refirió al templo como el lugar santo de Dios (véase Sal. 24:3).

"Y desde el tiempo que sea quitado el continuo sacrificio hasta la abominación desoladora, habrá mil doscientos noventa días" (Dn. 12:11). La profanación del templo no será momentánea sino continua, descrita por Jesús como **cuando veáis en el lugar santo.** Desde el momento en que sea cancelado el sacrificio diario y empiece la abominación desoladora pasarán mil doscientos noventa días hasta el final, treinta días más que tres años y medio. Sin embargo, según Apocalipsis 12:6, la gran tribulación durará mil doscientos sesenta días. Parece que la mejor explicación para esos días adicionales es que cubrirán el tiempo en que el Mesías desciende al Monte de los Olivos, crea el gran valle en el que serán juzgadas las naciones del mundo, y ejecuta ese juicio (véase Zac. 14:4-5; Mt. 25:31-46).

Daniel continúa diciendo: "Bienaventurado el que espere, y llegue a mil trescientos treinta y cinco días" (12:12), que añade cuarenta y cinco días más. Ese tiempo adicional parecería ser un período de transición durante el cual el Señor establece su trono en Jerusalén e instala lugares de liderazgo en toda la tierra que serán gobernados en su nombre por representantes nombrados por Él. De ahí que son los mil doscientos sesenta días de tribulación, seguidos por treinta días de la rotura del reino del hombre, y cuarenta y cinco días para establecer el reino del Señor.

Más detalles de **la abominación desoladora** se dan en el libro de Apocalipsis. Descrita como la bestia que sube del mar, al anticristo se le dio "boca que hablaba grandes cosas y blasfemias; y se le dio autoridad para actuar cuarenta y dos meses" (Ap. 13:1, 5). Cuarenta y dos meses se convierten en tres años y medio, o mil doscientos sesenta días, que serán la gran tribulación, la segunda mitad de la última semana de años. Cuando el anticristo continúa sus blasfemias contra el nombre de Dios, el tabernáculo, y los ciudadanos celestiales, "se le permitió hacer guerra contra los santos, y vencerlos. También se le dio autoridad sobre toda tribu, pueblo, lengua y nación. Y la adoraron todos los moradores de la tierra cuyos nombres no estaban escritos en el libro de la vida del Cordero que fue inmolado" (vv. 7-8). Su cómplice, el falso profeta, se le unirá entonces y realizará grandes señales y prodigios a fin de promover la adoración al anticristo. Incluso se le permitirá que una imagen de la bestia hable y ocasione las muertes de aquellos que se nieguen a adorar (vv. 11-15).

Antíoco Epífanes puso un ídolo en el templo para que los judíos adoraran, pero el anticristo mismo se colocará como Dios y exigirá adoración de parte de toda la humanidad. Acabará con todo sacrificio en el templo y cometerá la abominación que dejará al **lugar santo** profanado y desierto, un lugar totalmente detestable para los judíos.

Entonces el anticristo que es "el hombre de pecado, el hijo de perdición, el cual se opone y se levanta contra todo lo que se llama Dios o es objeto de culto; tanto que se sienta en el templo de Dios como Dios, haciéndose pasar por Dios" (2 Ts. 2:3-4). Él es aquel "inicuo cuyo advenimiento es por obra de Satanás, con gran poder y señales y prodigios mentirosos, y con todo engaño de iniquidad para los que se pierden, por cuanto no recibieron el amor de la verdad para ser salvos" (vv. 9-10). Esa es la abominación desoladora.

La exhortación **el que lee, entienda** refuerza el hecho de que Jesús no estaba dando las advertencias en el discurso del Monte de los Olivos a los discípulos mismos o a su generación, sino a los creyentes en el fin de los tiempos, quienes leerán esas verdades en la Biblia y, por tanto, podrán entender los sufrimientos que estarán soportando.

128

Señales de la venida de Cristo. Cuarta parte: Peligros venideros

> entonces los que estén en Judea, huyan a los montes. El que esté en la azotea, no descienda para tomar algo de su casa; y el que esté en el campo, no vuelva atrás para tomar su capa. Mas ¡ay de las que estén encintas, y de las que críen en aquellos días! Orad, pues, que vuestra huida no sea en invierno ni en día de reposo; porque habrá entonces gran tribulación, cual no la ha habido desde el principio del mundo hasta ahora, ni la habrá. Y si aquellos días no fuesen acortados, nadie sería salvo; mas por causa de los escogidos, aquellos días serán acortados. Entonces, si alguno os dijere: Mirad, aquí está el Cristo, o mirad, allí está, no lo creáis. Porque se levantarán falsos Cristos, y falsos profetas, y harán grandes señales y prodigios, de tal manera que engañarán, si fuere posible, aun a los escogidos. Ya os lo he dicho antes. Así que, si os dijeren: Mirad, está en el desierto, no salgáis; o mirad, está en los aposentos, no lo creáis. Porque como el relámpago que sale del oriente y se muestra hasta el occidente, así será también la venida del Hijo del Hombre. Porque dondequiera que estuviere el cuerpo muerto, allí se juntarán las águilas. (24:16-28)

Tal vez ningún tema en la Biblia es más intrigante que la segunda venida de Jesucristo, y ninguno debería ser más motivador para el creyente y el incrédulo por igual. Al darse cuenta de que Cristo regresará un día en terrible juicio, el incrédulo sensible debería motivarse a arrepentirse y recibirlo como Señor y Salvador. El cristiano obediente estará motivado a presentar fielmente el evangelio a los incrédulos a fin de que estos puedan tener la oportunidad de ser salvos. Los cristianos fieles también se motivarán por la recompensa que recibirán cuando su Señor regrese, e igual que Pablo procurarán "también, o ausentes o presentes, serle agradables" (2 Co. 5:9).

En Mateo 24:16-28 Jesús continúa describiendo algunos de los peligros que acompañarán su regreso para establecer su reino terrenal milenial. Pero antes de ofrecer esas señales adicionales de su venida les dice a todos los judíos y a todos los creyentes gentiles que estén viviendo en Judea durante la tribulación cuál debería ser su respuesta a la abominación desoladora.

LA RESPUESTA

> entonces los que estén en Judea, huyan a los montes. El que esté en la azotea, no descienda para tomar algo de su casa; y el que esté en el campo, no vuelva atrás para tomar su capa. Mas ¡ay de las que estén encintas, y de las que críen en aquellos días! Orad, pues, que vuestra huida no sea en invierno ni en día de reposo; (24:16-20)

Como se mencionó anteriormente, la abominación desoladora (véase v. 15) seguirá a la primera serie de peligros y catástrofes que Jesús comparó con los dolores de parto (vv. 4-14). Cuando el anticristo profane el restaurado templo de Jerusalén y exija que todo el mundo lo adore como Dios, comenzarán los segundos tres años y medio de tribulación, llamados la gran tribulación (véase v. 21). Jesús dijo: **Entonces los que estén en Judea, huyan a los montes.** Esa declaración es una advertencia de la gravedad del holocausto que viene y una exhortación a huir **a los montes.**

Debido a su proximidad a la sede del templo profanado por el anticristo en Jerusalén, **los que estén en Judea** estarán en el mayor e inminente peligro de ese agente de Satanás sumamente poderoso y malévolo. Aunque todos en la tierra estarán sometidos a la tiranía del anticristo, su furia suprema se descargará contra los judíos, independientemente de su creencia religiosa o de la falta de ella, y también contra los cristianos. Los cristianos judíos serán los que se encontrarán en mayor peligro, pues son doblemente despreciados por las fuerzas de Satanás.

Desde que Dios llamó primero a Abraham e hizo con él su pacto eterno, Satanás ha tratado de destruir al pueblo escogido de Dios, los judíos, y su nación de Israel ordenada por Dios. Haber destruido a los judíos habría sido destruir el plan redentor de Dios para la humanidad, porque "la salvación viene de los judíos" (Jn. 4:22). Haber eliminado a los judíos antes que Jesús naciera habría sido romper la línea de la promesa y frustrar el nacimiento, y por ende el ministerio redentor del Mesías, quien tenía que ser descendiente de Abraham y David. Sin embargo, al haber fallado en eso, Satanás aún trata de destruir a judíos individuales para evitar la redención definitiva que Cristo les hará; y trata de destruir a Israel como nación a fin de evitar su restauración bajo el gobierno divino del Mesías. Debe añadirse que Dios ha permitido a Satanás algún triunfo en sus ataques sobre los judíos. Debido a la violación del pacto, la incredulidad, y la apostasía de los judíos, a veces Satanás ha actuado como verdugo de Dios para castigarlos.

A causa de que ellos se negarán a adorar al anticristo, y en especial a que pertenecen a Dios, el inicuo también desatará una furia excepcional contra aquellos que lleguen a creer en Jesús durante los últimos días. Como ya se indicó, los que estén cerca de Jerusalén estarán en el peligro más grave e inmediato.

Phuegō (**huyan**) se relaciona con el término *fugitivo* en español, una persona que sale volando para escapar del peligro. La única esperanza será correr a un sitio seguro, simbolizado en la exhortación de huir de **Judea** lo más pronto posible y refugiarse en **los montes.**

De Zacarías aprendemos que no todo judío tendrá éxito en el intento de escapar. "Y acontecerá en toda la tierra, dice Jehová, que las dos terceras partes serán cortadas en ella, y se perderán; mas la tercera quedará en ella. Y meteré en el fuego a la tercera parte, y los fundiré como se funde la plata, y los probaré como se prueba el oro" (Zac. 13:8-9*a*). Cuando el anticristo la emprenda contra los judíos de **Judea** y otras partes de Palestina matará a millones de ellos, al parecer en un tiempo corto. Esa masacre también será una purga divina de los judíos rebeldes, y la tercera parte que queda serán los salvos, de cada uno de los cuales el Señor declara: "El invocará mi nombre, y yo le oiré, y diré: Pueblo mío; y él dirá: Jehová es mi Dios" (v. 9*b*). El holocausto de esa época superará a cualquier otra catástrofe que "ha habido desde el principio del mundo hasta ahora, ni la habrá"

(Mt. 24:21). Como se observó en el capítulo anterior, las masacres de judíos por parte de los romanos en el año 70 d.C. y de los nazis durante la Segunda Guerra Mundial palidecen en comparación. Dos de cada tres judíos en la Tierra Santa morirán bajo la furia de Satanás cuando se promulgue el juicio de Dios sobre los rebeldes de la nación judía.

Muchos cristianos también resultarán sacrificados, no como un acto del juicio de Dios sino como actos de persecución impía. Cuando el quinto sello de juicio se abrió, Juan vio "bajo el altar las almas de los que habían sido muertos por causa de la palabra de Dios y por el testimonio que tenían. Y clamaban a gran voz, diciendo: ¿Hasta cuándo, Señor, santo y verdadero, no juzgas y vengas nuestra sangre en los que moran en la tierra?" (Ap. 6:9-10). Aquellos santos martirizados se preguntarán cuándo se detendrá la carnicería de sus hermanos y hermanas, y cuándo juzgará Dios y castigará a sus asesinos. En respuesta a ese clamor, a todos "les dieron vestiduras blancas, y se les dijo que descansasen todavía un poco de tiempo, hasta que se completara el número de sus consiervos y sus hermanos, que también habían de ser muertos como ellos" (v. 11). A través del anticristo y sus demás agentes, tanto humanos como demonios, Satanás hará guerra total contra los santos, matando a todos los que pueda encontrar (Ap. 13:7) hasta que sus huestes diabólicas estén ebrias "de la sangre de los santos, y de la sangre de los mártires de Jesús" (17:6).

Para los judíos salvos habrá ayuda divina al huir y esconderse. Juan vio a Israel, la mujer que "dio a luz un hijo varón, que regirá con vara de hierro a todas las naciones" huyendo "al desierto, donde tiene lugar preparado por Dios, para que allí la sustenten por mil doscientos sesenta días". El apóstol también vio que el arcángel "Miguel y sus ángeles luchaban contra el dragón; y luchaban el dragón y sus ángeles; pero no prevalecieron, ni se halló ya lugar para ellos en el cielo. Y fue lanzado fuera el gran dragón, la serpiente antigua, que se llama diablo y Satanás, el cual engaña al mundo entero; fue arrojado a la tierra, y sus ángeles fueron arrojados con él" (Ap. 12:5-9). Los mil doscientos sesenta días equivalen a tres años y medio, la segunda mitad de los siete años de tribulación. Durante esa gran tribulación, Dios proporcionará un lugar de refugio para aquellos de su pueblo que escapen del ataque del anticristo.

Ellos tendrán éxito en su huida **a los montes,** probablemente al oriente y sur de Jerusalén, quizás a las cuevas de los acantilados alrededor del Mar Muerto y en las colinas de Moab y Edom. Juan informa que "se le dieron a la mujer las dos alas de la gran águila, para que volase de delante de la serpiente al desierto, a su lugar, donde es sustentada por un tiempo, y tiempos, y la mitad de un tiempo" (Ap. 12:14).

Nuestro Señor continúa el llamado a la urgencia, resaltando la necesidad inmediata de huir, insistiendo que por ejemplo una persona que **esté en la azotea, no descienda para tomar algo de su casa.** La mayoría de casas palestinas de la época de Jesús tenía escaleras exteriores que llevaban a **la azotea,** donde a menudo la familia se reunía durante la noche para relajarse del trabajo y refrescarse de calor del día. La persona que resulte estar en su **azotea** cuando oiga de la abominación desoladora no debe perder ni siquiera los pocos minutos necesarios para regresar a la **casa** a **tomar algo** valioso que llevar a los montes. Ninguna posesión material valdrá el riesgo que produciría el mínimo retraso. Tampoco debería alguien volver **atrás para tomar su capa.** Sea que esté trabajando en el extremo más lejano de un campo y haya dejado **su capa** en la casa o en una valla a cierta distancia, debe dejarla allí y salir corriendo.

Ese no será el momento ni siquiera para declararse a favor de Cristo sino solo para huir hacia sus brazos, por así decirlo. El tiempo para atestiguar habrá pasado y, por la palabra del Señor mismo, la única opción sensata del creyente será salir corriendo.

Este será un tiempo especialmente trágico y muy difícil para las mujeres **que estén encintas,** y madres que estén amamantando **en aquellos días.** Las mujeres en tales condiciones no podrán moverse rápido y por tanto estarán en mayor riesgo de ser capturadas y asesinadas. Sin embargo, una posibilidad aún más horrible sería que el hijo aún no nacido fuera acuchillado en el vientre y destrozado delante de los ojos de la madre. Ambas costumbres eran comunes entre los antiguos babilonios y asirios, y representan precisamente el juicio para los judíos rebeldes que fue prometido a través de Oseas (13:16).

Fue por la masacre de cientos de bebés hebreos varones que Satanás convenció al faraón que podía destruir a los israelitas en Egipto, y por la cual convenció a Herodes que podía destruir al niño Jesús. Según parece, el anticristo empleará las mismas actividades infernales durante la gran tribulación. Con el Espíritu Santo retirado y la Iglesia arrebatada, la malevolencia de Satanás no tendrá restricciones ni control alguno.

Aunque los inviernos palestinos son suaves en comparación con los de muchas otras partes del mundo, hasta un clima ligeramente inclemente podrá ser un obstáculo cuando el anticristo empiece su agresión final contra el pueblo de Dios. De ahí que Jesús advirtiera: **Orad, pues, que vuestra huida no sea en invierno.**

Quienes traten de escapar también deben orar porque no tengan que huir **en día de reposo,** cuando los judíos legalistas que no estén huyendo podrían tratar de apedrear o de otro modo echar por tierra a quienes creerán que están profanando el **día de reposo,** tal como sus antepasados habían tratado de apedrear a Jesús por quebrantar sus tradiciones del **día de reposo.**

Lo que Jesús estaba diciendo es que no valía la pena recuperar ninguna posesión y que ningún obstáculo podría considerarse pequeño. Debido al terror inminente y sin igual, una huida resuelta y sin dejarse intimidar sería lo único en la agenda.

LOS PELIGROS

porque habrá entonces gran tribulación, cual no la ha habido desde el principio del mundo hasta ahora, ni la habrá. Y si aquellos días no fuesen acortados, nadie sería salvo; mas por causa de los escogidos, aquellos días serán acortados. Entonces, si alguno os dijere: Mirad, aquí está el Cristo, o mirad, allí está, no lo creáis. Porque se levantarán falsos Cristos, y falsos profetas, y harán grandes señales y prodigios, de tal manera que engañarán, si fuere posible, aun a los escogidos. Ya os lo he dicho antes. Así que, si os dijeren: Mirad, está en el desierto, no salgáis; o mirad, está en los aposentos, no lo creáis. Porque como el relámpago que sale del oriente y se muestra hasta el occidente, así será también la venida del Hijo del Hombre. Porque dondequiera que estuviere el cuerpo muerto, allí se juntarán las águilas. (24:21-28)

Jesús identifica aquí tres señales más de su regreso, que ocurrirán inmediatamente después de la abominación desoladora y que justificarán la rápida huida a los montes. Tales señales serán calamidad severa (vv. 16-22), confusión sutil (vv. 23-27), y corrupción pecaminosa (v. 28).

CALAMIDAD SEVERA

porque habrá entonces gran tribulación, cual no la ha habido desde el principio del mundo hasta ahora, ni la habrá. Y si aquellos días no fuesen acortados, nadie sería salvo; mas por causa de los escogidos, aquellos días serán acortados. (24:21-22)

La abominación desoladora marcará el inicio de la **gran tribulación,** que se refiere a los últimos tres años y medio antes que Cristo aparezca para gobernar al mundo desde su trono en Jerusalén. Esa **gran tribulación** será una época **cual no la ha habido desde el principio del mundo hasta ahora, ni la habrá.** Ningún tiempo o acontecimiento en la historia de Israel cumple la descripción del holocausto del que Jesús habla aquí. El tiempo aterrador se describe con mayor detalle en Apocalipsis 6—16, donde los juicios de sellos, trompetas y copas mostrarán la creciente intensidad de la ira de Dios sobre la humanidad pecadora y rebelde. Los libros de Apocalipsis y Daniel dejan en claro que el anticristo tiranizará al mundo por un "tiempo, y tiempos, y medio tiempo" (Dn. 7:25; 12:7; Ap. 12:14), es decir, un año, dos años, y medio año (Ap. 11:2; 13:5). Está claro que los acontecimientos descritos por nuestro Señor, por Daniel, y por Juan deben referirse al mismo gran holocausto en el tiempo final, justo antes que el reino milenial sea establecido en la tierra.

El mensaje de Dios para Israel es que las cosas se pondrán muchísimo peores en lugar de mejorar. Esa nación y su pueblo sufrirán traición, profanación del templo reconstruido, persecución indescriptible, y matanza brutal que será totalmente sin ningún paralelo en la historia.

Jesús siguió diciendo: **Y si aquellos días no fuesen acortados, nadie sería salvo; mas por causa de los escogidos, aquellos días serán acortados.** *Koloboō* (**acortados**) puede transmitir la idea de detener al instante, y ese parecería ser el significado en este contexto. Sin embargo, ya que se afirma de manera reiterada que la longitud de la gran tribulación ordenada divinamente sería de tres años y medio, su duración no podría reducirse sin que Dios contradijera su propia Palabra. Por tanto, la idea es que Dios ha determinado que **aquellos días** de calamidad deban ser **acortados** antes que venga la destrucción total.

Pero puesto que Jesús habla de **aquellos días** y no de la frase escatológica más general "aquel día", parece probable que se refiere a **días** de veinticuatro horas. En ese caso, Dios acortará de modo sobrenatural las horas de luz del día a fin de dar a su pueblo que huye la protección añadida de mayor oscuridad.

Cuando el sexto sello de juicio se rompa habrá "un gran terremoto; y el sol se [pondrá] negro como tela de cilicio, y la luna se [volverá] toda como sangre; y las estrellas del cielo [caerán] sobre la tierra, como la higuera deja caer sus higos cuando es sacudida por un fuerte viento. Y el cielo se [desvanecerá] como un pergamino que se enrolla" (Ap. 6:12-14). Durante el juicio de la cuarta trompeta será "herida la tercera parte del sol, y la tercera parte de la luna, y la tercera parte de las estrellas, para que se oscureciese la tercera parte de ellos, y no hubiese luz en la tercera parte del día, y asimismo de la noche" (8:12). Durante el juicio de la quinta copa el reino de la bestia será oscurecido por el ángel de Dios (16:10). Al menos tres veces durante la gran tribulación los cuerpos celestiales que dan luz a la tierra se alterarán radicalmente en maneras que reducirán de modo progresivo la luz del día hasta que las fuerzas del anticristo estén obligadas a actuar en total oscuridad. Dios usará esa oscuridad **por causa de los escogidos,** usándola para ocultarlos de quienes aspirarán destruirlos.

Los escogidos podrían representar a la nación de Israel, a la que en el Antiguo Testamento se refiere como el pueblo elegido o escogido de Dios (véase, p. ej. Is. 45:4). También podría incluir a quienes se vuelvan cristianos durante la tribulación (véase Ap. 17:14). Ambos usos parecen apropiados, porque Dios preservará un remanente redimido de la nación de Israel, así como algunos gentiles redimidos. Él acortará las horas de luz del día para que el anticristo no pueda completar su masacre de judíos y santos.

Cabe señalar que este es el primer uso del término **elegidos** en el Nuevo Testamento, a través del cual Jesús presentó un concepto nuevo relacionado con quienes le pertenecen. Estos han sido divinamente escogidos y llamados como su propio pueblo y en realidad como sus propios hijos. Y al elegir personas para sí mismo reestructurará todo el universo, si eso se vuelve necesario, a fin de protegerlas y cumplir sus propósitos con relación a ellas. (Para un mayor estudio de la elección, véase el comentario del autor sobre Efesios, pp. 7-13).

Es evidente que una oscuridad total no podría durar mucho tiempo. No solo que nada crecería, sino que no se podría hacer ningún trabajo, y todas las temperaturas a través de la tierra caerían rápidamente a niveles insoportables. Pero en ese breve período la angustia de la oscuridad (añadida al hambre, la pestilencia, la guerra, y otras catástrofes) llegará a ser tan aguda que los hombres se morderán "de dolor sus lenguas" (Ap. 16:10).

CONFUSIÓN SUTIL

Entonces, si alguno os dijere: Mirad, aquí está el Cristo, o mirad, allí está, no lo creáis. Porque se levantarán falsos Cristos, y falsos profetas, y harán grandes señales y prodigios, de tal manera que engañarán, si fuere posible, aun a los escogidos. Ya os lo he dicho antes. Así que, si os dijeren: Mirad, está en el desierto, no salgáis; o mirad, está en los aposentos, no lo creáis. Porque como el relámpago que sale del oriente y se muestra hasta el occidente, así será también la venida del Hijo del Hombre. (24:23-27)

Los que presten atención al consejo de Jesús de huir a los montes y estar protegidos por Dios de todo daño también serán especialmente vulnerables a la enseñanza y promesas falsas. Al haber dejado sus casas solo con la ropa que tenían puesta, no tendrán la menor seguridad de posesiones materiales. Muchos de ellos habrán dejado atrás familias y amigos y serán extraños entre sí.

Por la advertencia de Jesús aquí parece evidente que los falsos maestros se infiltrarán en medio de los que huyen. Tales falsos maestros serán emisarios de Satanás que esperarán alejar a judíos y creyentes de sus refugios y llevarlos a las manos del anticristo. Tendrán en común su deseo satánico de aniquilar a todos los judíos y a todos los cristianos.

Satanás es el padre de mentiras (Jn. 8:44), y desde que tentó primero a Eva, una de sus armas principales ha sido el engaño. Tal como ha hecho muchas veces en el pasado, y como ya habrá hecho muchas veces durante la tribulación (véase Mt. 24:5), Satanás inspirará la aparición de falsos cristos. Los refugiados oirán afirmaciones tales como: **Mirad, aquí está el Cristo, o mirad, allí está.** Algunos de los falsos maestros afirmarán que Cristo está en medio de ellos, y otros tal vez afirmarán que ha regresado a Jerusalén o a otro sitio en Judea.

Esos falsos dirigentes religiosos, los **falsos Cristos, y falsos profetas,** incluso **harán grandes señales y prodigios,** dando evidencia sobrenatural para apoyar sus declaraciones. Imitarán a su líder, el anticristo, que demostrará "gran poder y señales y prodigios mentirosos" (2 Ts. 2:9). Esas **grandes señales y prodigios** serán tan asombrosos y convincentes **que engañarán, si fuere posible, aun a los escogidos.**

Es obvio por las palabras de Jesús, **si fuere posible,** que el anticristo y sus falsos cristos y profetas no podrán engañar **a los elegidos.** Satanás nunca ha podido engañar a los cristianos en cuanto a la identidad del Señor. Jesús declaró: "Mis ovejas oyen mi voz, y yo las conozco, y me siguen, y yo les doy vida eterna; y no perecerán jamás, ni nadie las arrebatará de mi mano" (Jn. 10:27-28). Una vez que una persona llega a conocer al verdadero Cristo a través de la fe salvadora en Él no puede ser engañada por nadie, ni siquiera Satanás mismo, a que reconozca a un falso cristo.

Los elegidos en esa época no serán destruidos porque de manera soberana Dios los protegerá al reordenar el universo entero, y ellos no serán engañados porque tendrán el conocimiento inspirado por el Espíritu del verdadero Cristo que mora en ellos.

Aun así, esos protegidos estarán bajo asalto verbal. Satanás tratará con todo el vigor de usar la confusión de los tiempos para socavar la confianza de los refugiados y convencerlos de seguir a un falso Mesías, quien inmediatamente los traicionará ante el anticristo una vez que estén fuera del santuario de Dios. Con el mundo haciéndose añicos, las estrellas cayendo, el sol y la luna reduciendo radicalmente su luz, millones muriendo de enfermedad y hambre, y miles de sus compatriotas siendo asesinados sin ninguna misericordia, de no ser por la misericordiosa provisión de Dios los refugiados estarán emocionalmente drenados y totalmente vulnerables al subterfugio de los falsos cristos y profetas.

Los fugitivos tendrán acceso a las palabras de Jesús registradas aquí. Hablándoles de modo profético a lo largo de los siglos intermedios: **Ya os lo he dicho antes. Así que, si os dijeren: Mirad, está en el desierto, no salgáis; o mirad, está en los aposentos, no lo creáis.** Él estaba diciéndoles: "Cuídense de todas las afirmaciones respecto a mi identidad o paradero. Pongan atención solo a lo que les estoy enseñando ahora, no a cualquier otra cosa que puedan ver u oír en esa época, por auténtico y convincente que pueda parecer el mensaje y las señales que los acompañen".

¿Cómo entonces sabrán aquellos protegidos cuándo el Señor verdadero debe aparecer para establecer su reino? ¿Cómo distinguirán su verdadera venida de las muchas falsificaciones? Jesús les aseguró: **Porque como el relámpago que sale del oriente y se muestra hasta el occidente, así será también la venida del Hijo del Hombre.** La venida del Señor no se extenderá por mucho tiempo, sino que será rápida, repentina, visible, universal e inimaginablemente gloriosa. Cuando los asombrados discípulos se hallaban mirando el cielo después que Jesús hubiera ascendido a las nubes, los dos ángeles les aseguraron: "Este mismo Jesús, que ha sido tomado de vosotros al cielo, así vendrá como le habéis visto ir al cielo" (Hch. 1:11). Un ángel le dijo a Juan en su visión en Patmos: "He aquí que viene con las nubes, y todo ojo le verá, y los que le traspasaron" (Ap. 1:7). La aparición de Cristo no solo será inconfundible para los que estén escondidos ese día, sino para todo ser humano en la tierra, incluso sus enemigos más implacables.

Para aquellos que le pertenecen, la venida de Cristo será una maravillosa liberación, pero para los que lo han resistido y se le han opuesto será el día definitivo de tragedia. "Y los reyes de la tierra, y los grandes, los ricos, los capitanes, los poderosos, y todo siervo y todo libre, se escondieron en las cuevas y entre las peñas de los montes; y decían a los montes y a las peñas: Caed sobre nosotros, y escondednos del rostro de aquel que está sentado sobre el trono, y de la ira del Cordero" (Ap. 6:15-16).

Hasta que el Señor aparezca en esa manera profetizada e incuestionable, los que están escondidos deben permanecer donde están. Sin embargo, después que el verdadero Cristo aparezca, su pueblo y sus enemigos intercambiarán lugares, por así decirlo. Cuando la ira justa de Dios reemplace y castigue la ira malvada del hombre y de Satanás, quienes habían estado ocultos en los montes y las cuevas serán llevados a la libertad y bendición, y aquellos que deseaban capturarlos y asesinarlos buscarán refugio.

CORRUPCIÓN PECAMINOSA

Porque dondequiera que estuviere el cuerpo muerto, allí se juntarán las águilas. (24:28)

Esa declaración tal vez era un proverbio común en Palestina, como podría ser en muchas partes del mundo. Incluso en sociedades modernas altamente civilizadas, **las águilas,** o más bien los buitres, que revolotean sobre cadáveres de un animal muerto no constituyen un espectáculo poco común en el campo, especialmente en regiones lejanas.

Para el final de la gran tribulación el mundo habrá llenado por completo su medida de pecado, y en lo espiritual se habrá convertido prácticamente en un cadáver sin vida. Cuando se halle como un animal muerto en el desierto, Cristo aparecerá para hacer la disposición final de ese **cuerpo muerto** por medio de su juicio justo y terrible.

129

Señales de la venida de Cristo. Quinta parte: La señal del Hijo del Hombre

E inmediatamente después de la tribulación de aquellos días, el sol se oscurecerá, y la luna no dará su resplandor, y las estrellas caerán del cielo, y las potencias de los cielos serán conmovidas. Entonces aparecerá la señal del Hijo del Hombre en el cielo; y entonces lamentarán todas las tribus de la tierra, y verán al Hijo del Hombre viniendo sobre las nubes del cielo, con poder y gran gloria. Y enviará sus ángeles con gran voz de trompeta, y juntarán a sus escogidos, de los cuatro vientos, desde un extremo del cielo hasta el otro. (24:29-31)

El Señor mismo describe en términos claros, concisos y directos lo que será el suceso más trascendental de todos los tiempos: su regreso a la tierra en gloria divina. A lo largo de la historia de la Iglesia los creyentes han esperado con sincera anticipación la segunda venida de su Señor Jesucristo. Pablo le escribió a Tito: "Porque la gracia de Dios se ha manifestado para salvación a todos los hombres, enseñándonos que, renunciando a la impiedad y a los deseos mundanos, vivamos en este siglo sobria, justa y piadosamente, aguardando la esperanza bienaventurada y la manifestación gloriosa de nuestro gran Dios y Salvador Jesucristo" (Tit. 2:11-13). Los creyentes deben llevar continuamente vidas justas, motivados en gran manera por su esperanza continua del regreso del Señor.

Gran parte del mundo conoce las circunstancias y características de la primera venida de Cristo, tales como su nacimiento en Belén, los magos siendo guiados por la estrella y llevándole regalos, y los pastores en los campos oyendo el coro de ángeles. Muchas personas han oído algo acerca de las enseñanzas, los milagros, la crucifixión y la resurrección de Jesús. Pero incluso cristianos profesos tienen poco conocimiento de lo que la Biblia enseña en cuanto a la Segunda Venida.

En Mateo 24:29-31, Jesús nos da una imagen vívida del momento de su aparición, la señal de todas las señales de su nueva venida y del final de la era, acerca de lo cual los discípulos acababan de preguntar (v. 3). Dentro de estos tres versículos el Señor presenta cinco verdades clave acerca de la señal suprema de su aparición: secuencia de sucesos (v. 28*a*), escena en los cielos (v. 29*b*), señal en el cielo (v. 30*a*), fortaleza y gloria del Señor (v. 30*b*), y selección por parte de los ángeles (v. 31).

LA SECUENCIA DE ACONTECIMIENTOS

E inmediatamente después de la tribulación de aquellos días, (24:29*a*)

Jesús declara de manera rotunda que la señal principal de su regreso ocurrirá **inmediatamente después de la tribulación de aquellos días,** es decir, al final de la gran tribulación (v. 21), los segundos tres años y medio de los siete años del período de tribulación.

El contexto deja en claro que **aquellos días** se refiere a los días que preceden a la **tribulación** que Jesús acababa de describir (vv. 4-28). Son los últimos días de tragedia sin igual (v. 21) que marcarán el final de la actual era mundial, días durante los cuales el pecado no tendrá restricción en la tierra, la Iglesia habrá sido arrebatada, y a Satanás se le habrá dado libertad casi sin restricciones en su último pero inútil intento de usurpar para sí mismo el gobierno del planeta. Con la abominación desoladora (v. 15) Satanás iniciará la gran tribulación, profanando el templo restaurado y asesinando a todos los judíos y cristianos a los que pueda echar mano. La venida del Señor para reinar tendrá lugar al final de este tiempo de **tribulación.**

Como se indicó en el capítulo anterior, durante **aquellos días** serán asesinados dos de cada tres judíos en Palestina, y solo un tercio será preservado (Zac. 13:8-9). Ciento cuarenta y cuatro mil de estos serán salvados para evangelizar al mundo, doce mil de cada una de las doce tribus de Israel (Ap. 7:4; cp. 14:1-5). Tales judíos serán sellados y protegidos por Dios de manera sobrenatural, y ningún esfuerzo de parte del anticristo o sus colaboradores podrá destruirlos.

LA ESCENA EN EL CIELO

el sol se oscurecerá, y la luna no dará su resplandor, y las estrellas caerán del cielo, y las potencias de los cielos serán conmovidas. (24:29*b*)

Jesús describe aquí el escenario de su aparición. Todo el universo comenzará a desintegrarse, según parece con gran rapidez. **El sol y la luna** ya no darán **su resplandor, y** hasta **las estrellas caerán del cielo.** Por el relato paralelo de Lucas nos enteramos que "habrá señales en el sol, en la luna y en las estrellas, y en la tierra angustia de las gentes, confundidas a causa del bramido del mar y de las olas; desfalleciendo los hombres por el temor y la expectación de las cosas que sobrevendrán en la tierra; porque las potencias de los cielos serán conmovidas" (Lc. 21:25-26).

Los sucesos serán tan calamitosos que los seres humanos desfallecerán de terror. El término griego detrás de "desfallecer" significa expirar o dejar de respirar, indicando que las personas literalmente morirán de miedo. Ningún huracán, tornado, maremoto, terremoto, erupción volcánica, o combinación de esos desastres naturales en la historia se acercará a los trastornos extremos de tales días de los últimos tiempos.

Durante esa época **las potencias de los cielos serán conmovidas** por el mismo Jesucristo, "quien sustenta todas las cosas con la palabra de su poder" (He. 1:3). Así como Él creó todo, también sustenta todo, y sin su pleno poder sustentador la gravedad se debilitará y las órbitas de las estrellas y los planetas fluctuarán. Solo debido a la absoluta constancia de las leyes uniformes y divinamente ordenadas que controlan el funcionamiento de las estrellas y los planetas, los astrónomos pueden predecir acontecimientos estelares venideros con siglos de anticipación. Pero cuando el Señor retire del universo lo más mínimo de su poder, nada funcionará normalmente y cada aspecto del mundo físico se interrumpirá más allá de la imaginación. Todas las fuerzas de la energía, llamadas aquí **las potencias de los cielos,** que sostienen todo el espacio constante, entrarán en disfunción. Los organismos celestiales se inclinarán de mala manera a través del espacio, y toda navegación, sea estelar, solar, magnética o giroscópica, será inútil debido a que todos los puntos estables y uniformes de las fuerzas naturales habrán dejado de existir o dejarán de ser fiables.

La tierra se sostiene por el poder de Dios, y si ese poder disminuye, el caos resultante será inconcebible. Especulaciones como la acabada de citar, sin importar cuán científicamente se deduzca, solo puede aproximarse remotamente a cómo será la situación real.

Pero así como la retirada de una pequeña parte del poder sustentador de Dios ocasionará caos y catástrofe tan generalizados, el divino control sobrenatural de tal desintegración evitará la destrucción total de la tierra. Su poder soberano preservará y restaurará el planeta y sus habitantes para el establecimiento del reino milenial.

Como siete siglos antes de Cristo, Isaías había profetizado la devastación de los últimos tiempos:

> *Aullad, porque cerca está el día de Jehová; vendrá como asolamiento del Todopoderoso. Por tanto, toda mano se debilitará, y desfallecerá todo corazón de hombre, y se llenarán de terror; angustias y dolores se apoderarán de ellos; tendrán dolores como mujer de parto; se asombrará cada cual al mirar a su compañero; sus rostros, rostros de llamas. He aquí el día de Jehová viene, terrible, y de indignación y ardor de ira, para convertir la tierra en soledad, y raer de ella a sus pecadores. Por lo cual las estrellas de los cielos y sus luceros no darán su luz; y el sol se oscurecerá al nacer, y la luna no dará su resplandor. Y castigaré al mundo por su maldad, y a los impíos por su iniquidad; y haré que cese la arrogancia de los soberbios, y abatiré la altivez de los fuertes. Haré más precioso que el oro fino al varón, y más que el oro de Ofir al hombre (Is. 13:6-12).*

Aunque esa profecía se aplicó inmediatamente a la destrucción de Babilonia (v. 1; cp. Dn. 5:30-31), que ocurrió en el 539 a.C., es obvio que los hechos descritos por Isaías son demasiado universales y catastróficos para haberse relacionado totalmente a Babilonia. La devastación de esta antigua ciudad no fue sino un microcosmos de lo que sucederá a todo el universo en el tiempo final.

Isaías siguió describiendo sucesos que en ninguna manera describirían el relativamente suave y reducido juicio sobre Babilonia por parte de los medo-persas (v. 17).

> *Porque haré estremecer los cielos, y la tierra se moverá de su lugar, en la indignación de Jehová de los ejércitos, y en el día del ardor de su ira. Y como gacela perseguida, y como oveja sin pastor, cada cual mirará hacia su pueblo, y cada uno huirá a su tierra. Cualquiera que sea hallado será alanceado; y cualquiera que por ellos*

sea tomado, caerá a espada. Sus niños serán estrellados delante de ellos; sus casas serán saqueadas, y violadas sus mujeres (vv. 13-16).

Esa serie de catástrofes es claramente mundial, ya que afecta a todas las naciones y a todos los pueblos.

Isaías presenta después aún más detalles de la destrucción del tiempo final:

Ácercaos, naciones, juntaos para oír; y vosotros, pueblos, escuchad. Oiga la tierra y cuanto hay en ella, el mundo y todo lo que produce. Porque Jehová está airado contra todas las naciones, e indignado contra todo el ejército de ellas; las destruirá y las entregará al matadero. Y los muertos de ellas serán arrojados, y de sus cadáveres se levantará hedor; y los montes se disolverán por la sangre de ellos. Y todo el ejército de los cielos se disolverá, y se enrollarán los cielos como un libro; y caerá todo su ejército, como se cae la hoja de la parra, y como se cae la de la higuera. Porque en los cielos se embriagará mi espada; he aquí que descenderá sobre Edom en juicio, y sobre el pueblo de mi anatema (34:1-5).

De esos pasajes en Isaías es que se extrajeron la enseñanza de Jesús y la visión de Juan. Edom es la región más al sur donde se extenderá la gran batalla de Armagedón. La zona total implicada será de "mil seiscientos estadios" (Ap. 14:20), o trescientos veinte kilómetros de largo, y se extiende desde Bosra, la capital de Edom en el sur (véase Is. 34:6) hasta las colinas del Líbano, exactamente al norte del valle de Armagedón.

Como cien años antes de Isaías, el profeta Joel escribió de una enorme e increíblemente devastadora plaga de langostas que anunciaba los desastres de los últimos tiempos, el venidero "día de Jehová" (Jl. 2:1). Las langostas atravesaban la tierra como un ejército destructor. "Delante de él temblará la tierra, se estremecerán los cielos; el sol y la luna se oscurecerán, y las estrellas retraerán su resplandor. Y Jehová dará su orden delante de su ejército; porque muy grande es su campamento; fuerte es el que ejecuta su orden; porque grande es el día de Jehová, y muy terrible; ¿quién podrá soportarlo?" (vv. 10-11; cp. vv. 4-5). El cese de luz natural producido por miles de millones de insectos ilustra el apagón muchísimo mayor de los cielos por la intervención directa de Dios al final de los tiempos. El Señor siguió declarando por medio de Joel: "Y daré prodigios en el cielo y en la tierra, sangre, y fuego, y columnas de humo. El sol se convertirá en tinieblas, y la luna en sangre, antes que venga el día grande y espantoso de Jehová" (vv. 30-31; cp. Ap. 6:12-13).

El profeta Hageo escribió: "Porque así dice Jehová de los ejércitos: De aquí a poco yo haré temblar los cielos y la tierra, el mar y la tierra seca; y haré temblar a todas las naciones, y vendrá el Deseado de todas las naciones; y llenaré de gloria esta casa" (Hag. 2:6-7). Según Pablo, ese es el tiempo que el universo bajo maldición espera con ansiedad. "Porque el anhelo ardiente de la creación es el aguardar la manifestación de los hijos de Dios. Porque la creación fue sujetada a vanidad, no por su propia voluntad, sino por causa del que la sujetó en esperanza; porque también la creación misma será libertada de la esclavitud de corrupción, a la libertad gloriosa de los hijos de Dios. Porque sabemos que toda la creación gime a una, y a una está con dolores de parto hasta ahora" (Ro. 8:19-22).

LA SEÑAL EN EL CIELO

Entonces aparecerá la señal del Hijo del Hombre en el cielo; y entonces lamentarán todas las tribus de la tierra, y verán al Hijo del Hombre viniendo sobre las nubes del cielo, (24:30*a*)

A continuación, Jesús describe **la señal** suprema de su "venida, y del fin del siglo", tema del que los discípulos le habían preguntado momentos antes (v. 3). Él ya había mencionado una cantidad de señales menores, aunque sorprendentes, que precederían su venida, incluso la señal de la abominación desoladora que precipitaría esos acontecimientos (vv. 4-15). Pero la señal de señales será el **Hijo del Hombre** mismo, quien **aparecerá en el cielo.**

Muchos de los Padres de la iglesia primitiva, como Crisóstomo, Cirilo de Jerusalén, y Orígenes, imaginaron que esta señal sería una enorme cruz en llamas, visible para todo el mundo, que penetraría la oscuridad total que envolverá al mundo. Otros intérpretes han sugerido que se tratará de la gloria Shekinah de la presencia del Señor que regresa a la tierra. Es probable que la gloria Shekinah esté implicada cuando el revelado Jesucristo haga su aparición. Pero la señal no solo es su gloria; es Cristo mismo, el **Hijo del Hombre,** que **aparecerá en el cielo con poder y gran gloria.**

La señal debe traducirse como un genitivo subjetivo griego, que indica que **la señal** simplemente no se relacionará con, o señalará al, **Hijo del Hombre** (como con un genitivo objetivo), sino que *será* de veras el **Hijo del Hombre.** En otras palabras, Jesús mismo será la señal suprema y definitiva de su venida. En medio de la oscuridad continua del mundo (física, emocional y espiritual) Jesucristo mismo se manifestará en su propia gloria y justicia infinitas y no disminuidas. Así como las catástrofes destructivas de la gran tribulación serán totalmente sin paralelo (v. 21), así será esta manifestación de la gloria y el poder de Cristo.

Cuando las personas vean al **Hijo del Hombre** en gloria y justicia, confesarán por fin su propia maldad e injusticia. **Entonces** algunos individuos de **todas las tribus de la tierra lamentarán** por haberse rebelado contra Dios y rechazado al Hijo. Al haber oído el evangelio predicado (v. 14; Ap. 14:6), dichas personas se volverán de su pecado y se **lamentarán** por este, recibiendo a Cristo como Señor y Salvador.

Entre los arrepentidos habrá muchos judíos. A través de Zacarías el Señor prometió a su pueblo: "Y derramaré sobre la casa de David, y sobre los moradores de Jerusalén, espíritu de gracia y de oración; y mirarán a mí, a quien traspasaron, y llorarán como se llora por hijo unigénito, afligiéndose por él como quien se aflige por el primogénito. En aquel día habrá gran llanto en Jerusalén" (Zac. 12:10-11). Después de comprender que han rechazado a su Mesías, se volverán a Él en fe, arrojándose ellos mismos a la misericordia divina. En ese tiempo habrá entrado "la plenitud de los gentiles; y luego todo Israel será salvo, como está escrito: Vendrá de Sion el Libertador, que apartará de Jacob la impiedad" (Ro. 11:25-26; cp. Is. 59:20).

Así como Jesús ascendió al cielo en las nubes, también regresará "como le habéis visto ir al cielo" (Hch. 1:11). Cuando aparezca en su segunda venida, el **Hijo del Hombre** vendrá **sobre las nubes del cielo** (cp. Mt. 26:64; Mr. 3:26; Lc. 21:27). En su visión de la noche, Daniel vio que "con las nubes del cielo venía uno como un hijo de hombre, que vino hasta el Anciano de días, y le hicieron acercarse delante de él. Y le fue dado dominio, gloria y reino, para que todos los pueblos, naciones y lenguas le sirvieran" (Dn. 7:13-14). En su visión en Patmos, Juan también vio a Jesús viniendo "con las nubes", y entonces declaró que "todo ojo le verá, y los que le traspasaron; y todos los linajes de la tierra harán lamentación por él" (Ap. 1:7).

Las **nubes** en las que Jesús ascendió y sobre las que regresará parecen ser distintivas. El salmista escribió que Dios "pone las nubes por su carroza" (Sal. 104:3), e Isaías representa al Señor montado "sobre una ligera nube" (Is. 19:1). Pero sean naturales o sobrenaturales **las nubes del cielo** sobre las que Jesús aparece, el uso que les da en ese momento será extraordinario y único. En medio del tenebroso caos utilizará tales **nubes** para manifestarse en su completa majestad divina.

Refiriéndose al tiempo final, Zacarías escribió: "Acontecerá que en ese día no habrá luz clara, ni oscura. Será un día, el cual es conocido de Jehová, que no será ni día ni noche; pero sucederá que al caer la tarde habrá luz" (Zac. 14:6-7; cp. Jer. 30:7). Al final de ese insoportable período de tinieblas y angustia vendrá la luz, no porque el sol, la luna y las estrellas vuelvan a iluminar, sino por el brillo de la propia gloria divina de Cristo, que luego iluminará eternamente el cielo nuevo y la tierra nueva. En ese día no habrá "necesidad de sol ni de luna que brillen en [la nueva Jerusalén], porque la gloria de Dios la ilumina, y el Cordero es su lumbrera" (Ap. 21:23). "No habrá allí más noche; y no tienen necesidad de luz de lámpara, ni de luz del sol, porque Dios el Señor los iluminará" (22:5).

Aunque todos los creyentes antes de la tribulación habrán muerto o habrán sido arrebatados (1 Ts. 1:10; Ap. 3:10), presenciarán la gloriosa aparición de Cristo en la tierra. En realidad serán "manifestados con él en gloria" (Col. 3:4), habiendo sido ya vestidos maravillosa y adecuadamente como la esposa de Cristo para la cena de bodas del Cordero en "lino fino, limpio y resplandeciente", que "es las acciones justas de los santos" (Ap. 19:8). Cuando la Iglesia sea llevada a la presencia del Señor justo antes de la tribulación, tendrá comunión con Él en esa cena durante el cataclismo de siete años en la tierra. También presentes estarán los santos del Antiguo Testamento, aquellos "que son llamados a la cena de las bodas del Cordero" (v. 9). Como la esposa de Cristo, la Iglesia no necesitará invitación a la cena de bodas; pero todos los que creyeron en Dios antes de la encarnación de Cristo serán invitados amablemente a participar.

Parece que la Iglesia, y tal vez los creyentes del Antiguo Testamento, serán incluidos en "los ejércitos celestiales, vestidos de lino finísimo, blanco y limpio", que siguen a Cristo "en caballos blancos" (Ap. 19:14). En lugar de mirar hacia el cielo cuando Cristo aparece, como estarán haciendo todos habitantes de la tierra, los santos de todas las edades estarán mirando hacia abajo desde el cielo, ya que regresarán a la tierra con Él.

Mientras los incrédulos en la tierra están muriendo de miedo, de enfermedad o de la matanza hecha por el anticristo, los que vendrán a la salvación y que escaparán de ser asesinados durante la tribulación tendrán gran motivo para regocijarse por la aparición de Cristo. En su relato del discurso del Monte de los Olivos, Lucas informa que Jesús declara a esos santos sobrevivientes: "Cuando estas cosas comiencen a suceder, erguíos y levantad vuestra cabeza, porque vuestra redención está cerca" (Lc. 21:28).

LA FORTALEZA Y GLORIA DEL SEÑOR

con poder y gran gloria. (24:30*b*)

Como ya se ha visto en los eventos catastróficos que estremecerán los cielos y la tierra en el tiempo final, el regreso de Cristo estará acompañado por demostraciones increíbles de su **poder** divino sobre el universo, e incluso sobre Satanás y sus demonios. El Señor demostrará su poder para proteger a su pueblo escogido, para redimir a los elegidos, para restaurar la tierra devastada, y para establecer su gobierno en el planeta.

En su gran **poder** el Señor conquistará y destruirá a todos sus enemigos, incluso a los hombres impíos que siguieron y adoraron a la bestia, a quienes lanzará al lago de fuego (Ap. 19:20). Su **poder** también le servirá para "poner fin al pecado, y expiar la iniquidad, para traer la justicia perdurable" (Dn. 9:24). En la tierra restaurada y purificada, la naturaleza destructiva y los instintos de los animales salvajes se invertirán de manera radical hasta hacerlos dóciles e inofensivos. Ningún animal atacará o molestará a otro animal o a algún ser humano, y los carnívoros se volverán vegetarianos.

Morará el lobo con el cordero, y el leopardo con el cabrito se acostará; el becerro y el león y la bestia doméstica andarán juntos, y un niño los pastoreará. La vaca y la osa pacerán, sus crías se echarán juntas; y el león como el buey comerá paja. Y el niño de pecho jugará sobre la cueva del áspid, y el recién destetado extenderá su mano sobre la caverna de la víbora. No harán mal ni dañarán en todo mi santo monte; porque la tierra será llena del conocimiento de Jehová, como las aguas cubren el mar (Is. 11:6-9).

Por su **poder** Cristo eliminará las sequías, las inundaciones, las malas cosechas, y el hambre. Zacarías declaró: "Acontecerá también en aquel día, que saldrán de Jerusalén aguas vivas, la mitad de ellas hacia el mar oriental, y la otra mitad hacia el mar occidental, en verano y en invierno" (Zac. 14:8).

Junto con esas demostraciones abrumadoras del poder divino de Cristo habrá igualmente manifestaciones espectaculares de su **gran gloria.** "Cuando el Hijo del Hombre venga en su gloria, y todos los santos ángeles con él, entonces se sentará en su trono de gloria" (Mt. 25:31).

Adán y Eva experimentaron un destello de la gloria de Dios cuando caminaron y hablaron con Él en el huerto del Edén. Los hijos de Israel tuvieron destellos de esa gloria en la columna de fuego que los guió a través del desierto, e Isaías y tuvo un destello de ella en su visión celestial. Pedro, Jacobo y Juan tuvieron un destello de la gloria de Cristo en el monte de la transfiguración, cuando "resplandeció su rostro como el sol, y sus vestidos se hicieron blancos como la luz" (Mt. 17:2). Muchos años después, Pedro aún estaba asombrado por esa experiencia, declarando haber "visto con nuestros propios ojos su majestad. Pues cuando él recibió de Dios Padre honra y gloria, le fue enviada desde la magnífica gloria una voz que decía: Este es mi Hijo amado, en el cual tengo complacencia. Y nosotros oímos esta voz enviada del cielo, cuando estábamos con él en el monte santo" (2 P. 1:16-18).

Sin embargo, ningún ser humano ha visto aún la gloria plena revelada de Dios en Cristo, y nadie la verá hasta que Jesús aparezca en su segunda venida y toda la humanidad lo vea a la vez. En aquel tiempo nadie tendrá que preguntar quién es Él, porque será reconocido a la perfección por todo ser humano en la tierra. En ese entonces no habrá ninguna duda de su identidad como la hubo cuando vino en su encarnación. Toda la humanidad verá al Hijo del Hombre en toda su **gloria,** e inmediatamente lo reconocerán como Dios, aunque no todos lo honrarán como Dios.

LA SELECCIÓN POR PARTE DE LOS ÁNGELES

Y enviará sus ángeles con gran voz de trompeta, y juntarán a sus escogidos, de los cuatro vientos, desde un extremo del cielo hasta el otro. (24:31)

Después que los impíos no arrepentidos hayan sido juzgados y destruidos, y quienes lloren arrepentidos hayan confiado en Cristo y sean salvos, Cristo **enviará sus ángeles con gran voz de trompeta, y juntarán a sus escogidos.** Entre sus otras responsabilidades, los **ángeles** son recolectores de Dios. En aquel día serán usados con el fin de reunir a los incrédulos para juicio y castigo (Mt. 13:41, 49) y a los creyentes para recompensa y gloria.

En el antiguo Israel, como en muchas tierras de la antigüedad, la trompeta se usaba para anunciar convocaciones importantes, y el sonido de la **gran voz de trompeta** del ángel indicará la reunión de todos los santos de Dios en la tierra, de dondequiera que se encuentren, **de los cuatro vientos, desde un extremo del cielo hasta el otro.** Sin duda muchos de ellos aún estarán escondidos en cuevas, temiendo por sus vidas. Los reunidos incluirán a los 144.000 testigos judíos, a sus convertidos, y a los convertidos de los predicadores angelicales. Incluirán a todos los santos del Antiguo Testamento, salidos de sus tumbas y reunidos con sus espíritus redimidos. Todos ellos serán reunidos delante de Cristo y llevados a la gloria del reino eterno.

130

Señales de la venida de Cristo. Sexta parte: La generación final

De la higuera aprended la parábola: Cuando ya su rama está tierna, y brotan las hojas, sabéis que el verano está cerca. Así también vosotros, cuando veáis todas estas cosas, conoced que está cerca, a las puertas. De cierto os digo, que no pasará esta generación hasta que todo esto acontezca. El cielo y la tierra pasarán, pero mis palabras no pasarán. (24:32-35)

La bendita esperanza de todo cristiano es el regreso de su Señor y Salvador, Jesucristo. Pablo escribió: "Me está guardada la corona de justicia, la cual me dará el Señor, juez justo, en aquel día; y no sólo a mí, sino también a todos los que aman su venida" (2 Ti. 4:8). La Palabra de Dios instruye a los creyentes "que, renunciando a la impiedad y a los deseos mundanos, vivamos en este siglo sobria, justa y piadosamente, aguardando la esperanza bienaventurada y la manifestación gloriosa de nuestro gran Dios y Salvador Jesucristo" (Tit. 2:12-13). Pablo afirma que nada en este mundo puede compararse "con la gloria venidera que en nosotros ha de manifestarse" (Ro. 8:18), con "la libertad gloriosa de los hijos de Dios" (v. 21), con "la redención de nuestro cuerpo" (v. 23), y con "la manifestación de nuestro Señor Jesucristo" (1 Co. 1:7).

Los creyentes anticipamos el día en que "todos seremos transformados, en un momento, en un abrir y cerrar de ojos" y que nuestros cuerpos corruptibles y mortales se vestirán de incorrupción e inmoralidad (1 Co. 15:51-53), en que la muerte será sorbida "en victoria" (v. 54), y en que "los santos [juzgaremos] al mundo" (6:2). Esperamos el día en que se habrá cumplido para nosotros el hecho de "estar ausentes del cuerpo, y presentes al Señor" (2 Co. 5:8) y en que la Iglesia será presentada a Cristo como su esposa virgen y pura (11:2). Anticipamos el día en que le veremos exactamente como Él es y seremos como Él (1 Jn. 3:2).

El tema de la segunda venida de Cristo permea el Nuevo Testamento y es la gran realidad anticipatoria de la vida cristiana. El regreso del Señor será un evento tan real e histórico como su primera venida. Los creyentes miran hacia *atrás* al momento de la fe salvadora en Cristo, cuando sus almas fueron redimidas. Miran hacia *adelante* al regreso de Cristo, cuando sus cuerpos serán redimidos y entrarán a la plenitud prometida de la salvación. En ese día Satanás será derrotado, la maldición levantada, Cristo adorado, la creación liberada y restaurada, el pecado conquistado, la muerte vencida, y los santos glorificados.

Entre los muchos pasajes en la Biblia que describen el regreso del Señor, Mateo 24—25 es inigualable porque es el mensaje de los propios labios de Jesús en cuanto a su regreso. Después que les habló de la serie de señales que precederán a su venida, incluso la señal suprema de su aparición personal, los discípulos sin duda aún estaban preguntándose acerca del momento en que irían a comenzar esas señales dramáticas, de cuánto durarían, y de cuánto tiempo pasaría entre la señal de su aparición en el cielo y el establecimiento del reino.

En Mateo 24:32-35 Jesús ofrece otra parábola en cuanto a una higuera. La parábola resume e ilustra lo que acababa de decir, y actúa como una transición a la respuesta que daría a la pregunta de los discípulos respecto a cuándo sería su venida (véase v. 3). En esta parábola y en su explicación pueden discernirse cuatro elementos: una analogía complicada (v. 32), una aplicación inconfundible (vv. 33-34), una alteración sin precedentes (v. 35*a*), y una autoridad inmutable (v. 35*b*).

UNA ANALOGÍA COMPLICADA

De la higuera aprended la parábola: Cuando ya su rama está tierna, y brotan las hojas, sabéis que el verano está cerca. (24:32)

Las parábolas tenían un propósito doble en el ministerio de Jesús. Cuando no eran explicadas, ocultaban verdad; cuando se explicaban, revelaban verdad. Cuando Jesús contaba una parábola a las multitudes o a los incrédulos dirigentes religiosos sin darles adicionalmente una explicación, se trataba de un acertijo para ellos. Cuando contaba una parábola a sus discípulos y la explicaba, se trataba de una ilustración vívida que hacía que una verdad se volviera clara y comprensible.

Cuando los discípulos le preguntaron a Jesús: "¿Por qué les hablas por parábolas?", Él contestó: "Porque a vosotros os es dado saber los misterios del reino de los cielos; mas a ellos no les es dado… Por eso les hablo por parábolas: porque viendo no ven, y oyendo no oyen, ni entienden" (Mt. 13:10-11,13). Luego les dijo a los discípulos: "Pero bienaventurados vuestros ojos, porque ven; y vuestros oídos, porque oyen", y procedió a contarles el significado de la parábola del sembrador (vv. 16-23).

A la luz del hecho de que las parábolas de Jesús fueron contadas para ayudar a los discípulos a comprender la enseñanza que les daba, es evidente que contó **la parábola de la higuera** con el fin de darles aún más luz acerca de su segunda venida.

Por desgracia, con relación esta parábola al igual que con muchas otras, aquellos que la ven como una alegoría complicada en lugar de una simple analogía a menudo la han vuelto confusa y engañosa. Por ejemplo, algunos intérpretes sostienen que la higuera representa a Israel. Una versión popular de ese punto de vista es que el florecimiento de la higuera se refiere a que Israel llegó a ser un estado político en 1948. Ya que Jesús no identifica la higuera como Israel, dicho significado habría estado totalmente oculto para los discípulos y para todo creyente que viviera antes del siglo xx. En ese punto de vista, Jesús no habría estado empleando la parábola para clarificar su significado sino para ocultarlo. Los que sostienen tal interpretación sugieren que el florecimiento de las hojas en la higuera representa un renacimiento espiritual en el nuevo estado de Israel. Pero la moderna nación de Israel, aunque muy viva físicamente, es una de las naciones más seculares de la tierra. Como estado es muy resistente y hasta hostil, al evangelio.

Esta parábola es sencilla y sin complicaciones, y en el contexto de lo que el Señor acababa de decir su significado no debería ser difícil de discernir. Palestina tenía abundancia de higueras, las cuales no solo se cultivaban comercialmente, sino que también se hallaban en muchos patios familiares, tanto por el delicioso fruto como por la sombra que proveían durante los cálidos meses de verano.

Los judíos estaban acostumbrados al uso de higueras como ilustración. Jotam la utilizó en la historia que contó a gritos a los habitantes de Siquem desde la cima del monte Gerizim (Jue. 9:10-11); Jeremías vio dos canastas de higos en su visión después que Nabucodonosor llevara cautivos a los judíos desde Judá a Babilonia (Jer. 24:1-10); Oseas la usó como una representación en su profecía acerca de Israel (Os. 9:10); y Joel utilizó una higuera descortezada para ilustrar la devastación de Judá mediante una plaga de langostas (Jl. 1:4-7).

Pocas ilustraciones habrían sido mejor conocidas para los discípulos que la **de la higuera,** la cual Jesús mismo había usado en varias ocasiones más como medio de enseñanza (véase Mt. 7:16; 21:19; Lc. 13:6-9).

Manthanō (**aprended**) significa entender y aceptar auténticamente una enseñanza, aceptarla como verdadera y aplicarla a la vida propia. El término se usaba a veces en relación a adquirir un hábito para toda la vida. Pablo declaró: "He aprendido [*manthanō*] a contentarme, cualquiera que sea mi situación" (Fil. 4:11). Ese tipo de aprendizaje es mucho más que simple conocimiento intelectual; implica aceptación auténtica de una verdad, y determinación de llevar una vida coherente con ella. Jesús quería que los discípulos aprendieran en lo más íntimo de su ser lo que les estaba enseñando, deseaba que entendieran y asimilaran esa verdad en relación a la gran importancia que tenía.

Les recordó un hecho comúnmente conocido acerca de una higuera: **Cuando ya su rama está tierna, y brotan las hojas, sabéis que el verano está cerca.** En otras palabras, cuando la savia comienza a fluir hacia la rama, haciéndola **tierna, y brotan hojas** nuevas en el árbol, se sabe **que el verano está cerca.** Hasta los niños sabían que una higuera que estaba en brotes significaba que era primavera y que **el verano** pronto seguiría, cuando se cosecharían los higos maduros.

A lo largo del evangelio de Mateo la ilustración de cosechar representa juicio, el momento de separar incrédulos de creyentes y de condenar a juicio a los incrédulos. Juan el Bautista habló así de la venida del Señor: "Su aventador está en su mano, y limpiará su era; y recogerá su trigo en el granero, y quemará la paja en fuego que nunca se apagará" (Mt. 3:12; cp. v. 10). Cuando miró sobre las multitudes en Galilea que venían hacia Él, Jesús les dijo a los discípulos: "A la verdad la mies es mucha, mas los obreros pocos. Rogad, pues, al Señor de la mies, que envíe obreros a su mies" (Mt. 9:37-38). Sin fe salvadora en Él, esos miles de personas, y millones de otras como ellas, estaban destinados a juicio. Ese campo de seres humanos estaba maduro para el juicio de Dios, tal como un campo de trigo o una higuera en brotes está maduro para los cosechadores. En la parábola del trigo y la cizaña Jesús habló de un agricultor que permitía que el trigo bueno y la cizaña mala crecieran juntos hasta el tiempo de la cosecha, en que la cizaña podía identificarse con exactitud y ser destruida (Mt. 13:30).

En todos esos casos, la cosecha simboliza una época de recompensar a los justos y castigar a los malvados. En esta parábola actual de la higuera Jesús tan solo estaba ilustrando a los discípulos acerca de que, cuando las señales que acababa de describirles comenzaran a suceder, el momento de su regreso estará muy cerca.

UNA APLICACIÓN INCONFUNDIBLE

Así también vosotros, cuando veáis todas estas cosas, conoced que está cerca, a las puertas. De cierto os digo, que no pasará esta generación hasta que todo esto acontezca. (24:33-34)

Al analizar con cuidado el contexto, la aplicación que Jesús hace de la parábola es tan inconfundible como su analogía es sencilla. **Todas estas cosas** solo pueden referirse a aquello de lo que Él ha estado hablando: los dolores de parto (vv. 4-14), la abominación desoladora (v. 15), la necesidad de huir a causa de los peligros inminentes (vv. 16-28), y la conmoción catastrófica del universo (v. 29). Tales **cosas** indicarán que el Señor **está cerca,** así como la higuera en brotes indica que el verano, el tiempo de la cosecha, **está cerca.**

El texto de la RVR1977 agrega el pronombre "él" antes de la traducción del verbo griego *estin* (**está**), y en el relato paralelo de Lucas, Jesús explica "que está cerca el reino de Dios" (21:31), lo cual es coherente con la lectura que estamos haciendo de Mateo 24:33. El acontecimiento supremo de ese día final, y el suceso acerca del cual los discípulos habían preguntado a Jesús (v. 3), era el regreso personal del Señor para establecer su reino. Por eso la idea básica es la misma, sea con el pronombre "él" o sin este, o que el antecedente sea la aparición de Cristo, Cristo mismo, o el reino de Cristo. Cuando la aparición de Cristo esté **cerca,** Él mismo **está cerca** y su reino **está cerca.** Cuando esas señales ocurran, el Rey divino estará **a la puerta,** tocando y listo para entrar.

Con el propósito de ofrecer mayor aplicación, Jesús continuó: **De cierto os digo, que no pasará esta generación hasta que todo esto acontezca.** Según se explicó en el capítulo 125 de esta obra, **esta generación** se refiere a la generación que esté viva durante el tiempo del fin. Las señales de Mateo 24—25 se experimentarán dentro de una **generación,** la generación viva cuando Cristo regrese.

Esta generación no puede referirse a la de los discípulos, como muchos intérpretes han sostenido. Algunos que sostienen tal punto de vista creen que Jesús simplemente hizo una conjetura humana y se equivocó. Alegan: "Después de todo, ¿no dijo Jesús que 'de aquel día y de la hora nadie sabe, ni aun los ángeles que están en el cielo, ni el Hijo, sino el Padre'?" (Mr. 13:32). Pero ese es un argumento falso. Jesús no especifica aquí el tiempo histórico de su venida, sino más bien los acontecimientos que la identificarán. Además, una cosa es reconocer que estuvo en el plan soberano de Dios que el Hijo no tuviera cierto conocimiento durante su encarnación, de tal manera que Él no supiera la programación exacta y que supiera que no la conocía. Otra cosa muy distinta es afirmar que Él era capaz de malos cálculos y susceptible a propagar alguna cosa de la que no tenía idea que era errada o cuestionable. Si Jesús se equivocó en cuanto al tiempo de su venida, pudo haberse equivocado acerca de cualquier cosa o de todo lo que enseñó. Sus limitaciones temporales y divinamente impuestas durante su tiempo de humillación en ningún modo implican que lo que enseñó pudo haber sido menos que perfectamente veraz o con autoridad.

Algunos de los que creen que Jesús estaba hablando de la generación de los discípulos afirman que los terribles sucesos que menciona aquí se refieren a la destrucción de Jerusalén por parte de los romanos en el año 70 d.C. Pero como ya hemos indicado, los sucesos de Mateo 24 son demasiado universales y catastróficos para representar la terrible devastación geográficamente limitada de Jerusalén. Tal situación no incluyó "hambres, y terremotos" (Mt. 24:7), que los creyentes fueran "aborrecidos de todas las gentes" (v. 9), falsos cristos y falsos profetas (vv. 5, 11), la predicación del evangelio a todo el mundo (v. 14), o la abominación desoladora (v. 15). Tampoco el sol se oscureció, la luna se extinguió, ni las estrellas se movieron de sus sitios (v. 29). Lo más importante de todo, sin duda Jesús no apareció entonces. Es una lógica extraña sostener que Jesús pudiera predecir con exactitud la destrucción de Jerusalén con unos cuarenta años de anticipación, pero que se equivocara en cuanto a su regreso en ese tiempo. O si, como algunos sugieren, la enseñanza aquí fue simplemente simbólica y alegórica, en que la limitada destrucción de Jerusalén representa la destrucción mucho mayor del tiempo final, ¿qué acontecimiento en el año 70 d.C. pudo tal vez haber simbolizado el regreso de Jesús, que es el tema principal del discurso?

Quienes sostienen que la higuera es Israel por lo general afirman que **esta generación** se refiere al pueblo judío, indicando **que no pasará** como especie **hasta que todo esto acontezca.** Esa idea es cierta, y la perpetuidad de los judíos se enseña claramente en otras partes de la Biblia, pero no parece encajar en este contexto. Todos los judíos creían firmemente en la promesa de Dios de un reino eterno de David, y habría sido algo superfluo y sin sentido que Jesús quisiera decir que los judíos sobrevivirían hasta que el Mesías marcara el inicio de su reino. Y si Jesús hubiera buscado ese significado, fácilmente pudo haberse referido a los judíos como "mi pueblo", "pueblo de Dios", o nombres similares. Aludirlos como **esta generación** parecería algo desacertado y confuso.

Otra interpretación es que **esta generación** se refiere a la gente que rechazó a Cristo en la época de Jesús. En ese caso Jesús habría estado diciendo que la humanidad incrédula y rebelde sobreviviría hasta la venida del Mesías. *Genea* (**generación**) a veces se usaba para representar un tipo particular de personas. En la Septuaginta (Antiguo Testamento griego) el término se usa para referirse tanto a personas justas como injustas. Pero una vez más, aunque esa interpretación es lingüísticamente posible, no encaja en el contexto y también habría sido algo desacertado y sin sentido, porque ningún judío dudaba que mucha gente incrédula e impía estaría viva para ser juzgada cuando el Mesías viniera. En las mentes de la mayoría de judíos, la obra principal del Mesías sería liberar a Israel de sus opresores impíos. Difícilmente podía juzgar a las naciones y poner a sus enemigos debajo de sus pies si ya se hubieran erradicado.

Nos queda entonces la sencilla y más razonable interpretación de que las hojas de la higuera representan los dolores de parto y las demás señales de la venida que Jesús ha mencionado en este capítulo; y que **esta generación** se refiere a las personas que estén vivas en el tiempo final y que verán esas señales. En respuesta parcial a la pregunta de los discípulos con relación a cuándo sería su venida, Jesús informó que ocurriría pronto después que esas señales sean presenciadas, antes que la **generación** que las ve tenga tiempo de pasar. Al utilizar "os" está hablando al mismo grupo proféticamente lejano al que ha estado dirigiéndose a lo largo del capítulo (véase vv. 4, 6, 9, 15, 25). Según se mencionó antes, Jesús estaba hablando como hablaban algunos de los profetas del Antiguo Testamento, como si estuvieran parados directamente delante de generaciones futuras (véase, p. ej., Is. 33:17-24; 66:10-14; Zac. 9:9).

Mateo 24:34 es una explicación de la parábola de la higuera. La idea es que, así como cuando a la higuera le brotan hojas significa que el verano está cerca, así también la **generación** que esté viva cuando ocurran las señales no tendrá que esperar mucho tiempo para ver la aparición de Cristo. Aquellos que presencien los dolores de parto también presenciarán el nacimiento. Tal como dejan en claro los libros de Daniel y Apocalipsis, el tiempo total de la tribulación solo será de siete años, y el período de la gran tribulación, en que aparecerán las señales, solo será de tres años y medio (cp. Dn. 12:7; Ap. 11:2-3; 12:6).

Entre los que creen que **esta generación** se refiere a aquellos que estarán vivos durante el tiempo final, hay dos opiniones básicas en cuanto a la conformación de esa gente futura. Los postribulacionistas, quienes sostienen que al arrebatamiento tendrá lugar *después* de la tribulación, creen que **esta generación** podría incluir a los redimidos vivos si la tribulación ocurriera durante sus vidas. En otras palabras, cualquier creyente vivo al principio de la tribulación estaría sujeto a sus calamidades, incluso posible martirio. Solo aquellos creyentes que sobrevivan a ese gran holocausto serían por tanto arrebatados, después de soportar siete años de infierno en la tierra. Entonces regresarían casi de inmediato con el Señor cuando Él aparezca con sus santos para establecer el reino milenial.

Por otra parte, los pretribulacionistas sostienen que la Iglesia, definida como los creyentes de esta era actual, será arrebatada justo antes de la tribulación. En este punto de vista, **esta generación** no podría incluir a algunos de los redimidos vivos ahora. Por muchas razones, el punto de vista de la pretribulación parece más fiel a la enseñanza del Nuevo Testamento.

Primero, los capítulos 2—3 de Apocalipsis hablan de la Iglesia en la tierra, y los capítulos 4—5 hablan de la Iglesia en el cielo. Pero a partir del capítulo 6, que presenta la tribulación, no hay más mención de la Iglesia hasta el capítulo 19.

Segundo, en el Nuevo Testamento existe total ausencia de instrucción para la Iglesia en cuanto a cómo debería soportar las calamidades y conducirse durante la tribulación.

Tercero, si es al final de la tribulación que debería ocurrir el arrebatamiento, este parecería no tener ningún sentido. La Iglesia no solo que no se salvaría de los tormentos de la tribulación, sino que casi de inmediato daría la vuelta, por así decirlo, y regresaría a la tierra con Cristo. Además, ¿quién quedaría en la tierra durante el milenio? Los no redimidos habrían sido destruidos, y los santos que regresan del cielo tendrían cuerpos espirituales y no se casarían ni tendrían familias (Mt. 22:30). Sin embargo, la vida humana continuará durante el milenio, con niños que nacen exactamente como antes.

Cuarto, la promesa de Jesús a la Iglesia en Filadelfia es más que una promesa a ese cuerpo local de creyentes, y más que una promesa de librarlos de la prueba ordinaria. Esa "hora de la prueba que ha de venir sobre el mundo entero" vendrá y probará a todos aquellos "que moran sobre la tierra". El Señor promete que toda la Iglesia, los que han "guardado la palabra de [su] paciencia", será protegida de los peligros y las agonías de la tribulación (Ap. 3:10).

Quinto, Jesús prometió a quienes creen en Él que está preparando lugares para ellos en la casa de su Padre, y que vendría de nuevo y los recibiría para sí mismo. Según el punto de vista postribulacionista, Jesús no estaría llevando creyentes de regreso al cielo para que moren con Él, sino simplemente reuniéndose con ellos rápidamente en el aire y volviéndolos a traer de inmediato a la tierra. No obstante, Jesús aseguró que estaba preparando un lugar para que su pueblo habitara, no solo para una breve visita.

Sexto, las primeras sesenta y nueve semanas del período de setenta semanas de la profecía de Daniel duraban "desde la salida de la orden para restaurar y edificar a Jerusalén (orden emitida por el rey Artajerjes en el año 445 a.C. [véase Neh. 2:5-6]), hasta el Mesías Príncipe" (Dn. 9:25), es decir, el tiempo de Cristo. Según se mencionó en el capítulo 127 de esta obra, se ha calculado que han transcurrido exactamente 483 años (69 semanas de años) desde ese decreto de Artajerjes hasta la entrada de Jesús a Jerusalén el Domingo de Ramos, cuando la multitud lo aclamó como Mesías y Rey. Esa profecía de Daniel fue dada a Israel, y tiene que ver con esta nación, por tanto parece inapropiado incluir a la Iglesia en la última semana (la tribulación de siete años) cuando está claro que no participó en las primeras sesenta y nueve.

Por último, si el arrebatamiento no ocurriera hasta después de la tribulación, las palabras de seguridad que Pablo expresó a la iglesia en Tesalónica perderían relevancia. Algunos de los cristianos tesalonicenses creían que sus seres amados que habían muerto se perderían el arrebatamiento. Por eso Pablo los alentó con estas palabras:

> *Tampoco queremos, hermanos, que ignoréis acerca de los que duermen, para que no os entristezcáis como los otros que no tienen esperanza. Porque si creemos que Jesús murió y resucitó, así también traerá Dios con Jesús a los que durmieron en él. Por lo cual os decimos esto en palabra del Señor: que nosotros que vivimos, que habremos quedado hasta la venida del Señor, no precederemos a los que durmieron. Porque el Señor mismo con voz de mando, con voz de arcángel, y con trompeta de Dios, descenderá del cielo; y los muertos en Cristo resucitarán primero. Luego nosotros los que vivimos, los que hayamos quedado, seremos arrebatados juntamente con ellos en las nubes para recibir al Señor en el aire, y así estaremos siempre con el Señor (1 Ts. 4:13-17).*

Si los miembros de la iglesia primitiva hubieran esperado tener que soportar la tribulación en lugar de entusiasmarse con el arrebatamiento, habrían tenido que alegrarse de que sus seres queridos ya habían muerto y que por tanto escaparían a ese horrible sufrimiento. Pero es evidente que estaban esperando algo gozoso, lo cual creían que sus seres queridos y amigos que habían partido no iban a experimentar. No estaban esperando al anticristo sino a Cristo. No estaban esperando el terror de la tribulación sino la gloria del arrebatamiento. No estaban esperando el terror de la aparición del anticristo sino la bendita esperanza de la aparición de Cristo.

Por tanto, **esta generación** se compondrá de judíos y gentiles que estén vivos en el arrebatamiento pero que no serán llevados por no conocer al Señor Jesucristo.

Sin embargo, entre esa **generación** habrá muchos que más tarde llegarán a ser salvos durante la tribulación por el testimonio de los ciento cuarenta y cuatro mil creyentes judíos divinamente llamados y protegidos (Ap. 7:3-8) y por la predicación sobrenatural del mensajero angelical (14:6-7).

UNA ALTERACIÓN SIN PRECEDENTES

El cielo y la tierra pasarán, (24:35*a*)

Jesús declara explícitamente que **el cielo y la tierra pasarán.** Esa expresión aparece primero en 5:18, donde no se usa principalmente como una profecía sino como una analogía para expresar la cualidad perdurable de la Palabra de Dios. En este texto se utiliza de igual modo. El universo pasará, pero lo que Jesús acababa de decir no dejará de cumplirse por completo. No obstante, ese uso analógico de esta frase no excluye una intención directamente profética. Tanto en el Antiguo Testamento como en el Nuevo se predice con claridad que el universo se afectará de manera dramática en el juicio divino de Dios. Pero ese acontecimiento ocurrirá mil años después del regreso de Cristo, cuando **el cielo y la tierra** como los conocemos dejen de existir (cp. 2 P. 3:10; Ap. 21:1).

UNA AUTORIDAD INMUTABLE

pero mis palabras no pasarán. (24:35*b*)

Por último, aunque el cielo y la tierra pasarán, Jesús declaró: **Mis palabras no pasarán.** En otra ocasión Él aseguró: "Más fácil es que pasen el cielo y la tierra, que se frustre una tilde de la ley", es decir de su Palabra (Lc. 16:17). No es posible que la Palabra de Dios sea quebrantada (Jn. 10:35), ni siquiera lo que Jesús dice aquí acerca del tiempo final. El salmista establece la misma gran verdad cuando escribió: "La palabra de Dios es limpia y siempre se mantiene firme" (Sal. 19:9, tla). Todo lo que es tocado por el pecado debe pasar. ¡La Palabra permanece intocable! Es como la plata refinada siete veces en un horno de fuego: totalmente pura (Sal. 12:6).

131

Señales de la venida de Cristo. Séptima parte: Listos o no

Pero del día y la hora nadie sabe, ni aun los ángeles de los cielos, sino sólo mi Padre. Mas como en los días de Noé, así será la venida del Hijo del Hombre. Porque como en los días antes del diluvio estaban comiendo y bebiendo, casándose y dando en casamiento, hasta el día en que Noé entró en el arca, y no entendieron hasta que vino el diluvio y se los llevó a todos, así será también la venida del Hijo del Hombre. Entonces estarán dos en el campo; el uno será tomado, y el otro será dejado. Dos mujeres estarán moliendo en un molino; la una será tomada, y la otra será dejada. Velad, pues, porque no sabéis a qué hora ha de venir vuestro Señor. Pero sabed esto, que si el padre de familia supiese a qué hora el ladrón habría de venir, velaría, y no dejaría minar su casa. Por tanto, también vosotros estad preparados; porque el Hijo del Hombre vendrá a la hora que no pensáis. ¿Quién es, pues, el siervo fiel y prudente, al cual puso su señor sobre su casa para que les dé el alimento a tiempo? Bienaventurado aquel siervo al cual, cuando su señor venga, le halle haciendo así. De cierto os digo que sobre todos sus bienes le pondrá. Pero si aquel siervo malo dijere en su corazón: Mi señor tarda en venir; y comenzare a golpear a sus consiervos, y aun a comer y a beber con los borrachos, vendrá el señor de aquel siervo en día que éste no espera, y a la hora que no sabe, y lo castigará duramente, y pondrá su parte con los hipócritas; allí será el lloro y el crujir de dientes. (24:36-51)

La conocida expresión "Ya vengo, estés listo o no" podría aplicarse muy bien a la segunda venida de Jesús, porque Él está viniendo según el plan soberano de Dios, sin tener en cuenta la preparación mundial o individual. Jesús viene cuando tenga que venir, porque el cuándo y el cómo de su regreso se han predeterminado desde hace mucho tiempo en la sabiduría de Dios.

En respuesta a la pregunta de los discípulos, "Dinos, ¿cuándo serán estas cosas, y qué señal habrá de tu venida, y del fin del siglo?" (24:3), Jesús les habló de los dolores de parto que precederían inmediatamente a su venida (vv. 4-28), de la abominación desoladora (v. 15), la cual precipitaría esas señales, y de la señal suprema de su propia aparición en las nubes del cielo (v. 30). Ahora les ofrece una respuesta parcial a la parte "cuándo" de la pregunta.

Aunque habrá indicaciones observables, mundiales e inconfundibles de su venida justo antes que esta ocurra, el tiempo exacto no se revelará por adelantado. El Señor declaró de manera categórica que **del día y la hora nadie sabe.** Las señales que Él acaba de describir serán prueba concluyente de que su llegada está muy cerca. Una vez que hayan comenzado, se conocerá el período *general* de su regreso, porque uno de los propósitos clave de las señales es hacer conocer la llegada del Señor. Pero incluso durante esos días-señales el **día y la hora** exacta de la aparición de Jesús no se sabrá, una verdad que Él reitera varias veces en este discurso del Monte de los Olivos (véase 24:42, 44, 50; 25:13).

Como se ha observado, los libros tanto de Daniel como de Apocalipsis dejan en claro que la tribulación completa durará siete años, y que la segunda parte de ella, la gran tribulación, durará tres años y medio (Dn. 7:25; 9:27; 12:7; Ap. 11:2-3; 12:14; 13:5). Jesús señaló que "inmediatamente después de la tribulación de aquellos días… verán al Hijo del Hombre viniendo sobre las nubes del cielo, con poder y gran gloria" (Mt. 24:29-30). Precisamente *cómo* no se dice de inmediato.

Daniel y Apocalipsis también hablan de un período extendido de mil doscientos noventa días (Dn. 12:11; Ap. 12:6), treinta días más que los básicos mil doscientos sesenta de la gran tribulación. Daniel menciona además un período de mil trescientos treinta y cinco días (Dn. 12:12), añadiendo otros cuarenta y cinco días para hacer una adición total de setenta y cinco. Según se sugiere en el capítulo 127 de esta obra, parece que la mejor explicación para esos días adicionales es que cubrirán el tiempo en que el Mesías desciende al Monte de los Olivos, crea el gran valle en el cual las naciones del mundo serán juzgadas, y ejecuta ese juicio (véase Zac. 14:45; Mt. 25:31-46).

Sin embargo, incluso con todas esas señales indiscutibles y períodos diseñados con exactitud, el **día y la hora** exactos no lo conocerá por adelantado ningún ser humano, ni siquiera los creyentes durante la tribulación. Aunque el Señor no ofrece razones para que no lo sepan, no es difícil imaginar algunos de los problemas que ese conocimiento ocasionaría. Por una parte, si los creyentes supieran el momento exacto de la venida de Cristo estarían tentados a posponer recibirlo como Señor y Salvador hasta el último momento, pensando que podrían tomar la decisión en cualquier momento que quisieran antes que Jesús esté realmente programado a aparecer.

Pero aunque planearan esperar hasta la fecha y la hora exactas de la aparición de Cristo, no sabrían si irían a vivir hasta ese momento. Al igual que el agricultor rico (Lc. 12:16-20), no tendrían garantía de cuánto tiempo durarían sus vidas, y por tanto tampoco habría garantía de que estuvieran aún vivos cuando Cristo aparezca. Aunque la *generación* que esté viva cuando las señales empiecen no pasará hasta que Cristo regrese (Mt. 24:34), muchos miembros individuales de esa generación morirán, algunos por causas naturales y un gran porcentaje a manos del anticristo.

Aunque supieran el momento exacto de la aparición de Cristo y estuvieran seguros de vivir hasta entonces, serían insensatos al creer que simplemente podrían recibirlo antes de ese tiempo. El hecho de que habrían postergado poner su confianza en Cristo por tanto tiempo sería prueba segura de que no tienen deseo sincero de seguirlo como Señor y Salvador. Si los indescriptibles peligros de la tribulación no los convence de volverse al Señor, sin duda tampoco los convencería saber con exactitud su llegada.

En lo que se refiere a los creyentes, conocer este tiempo específico también podría volverlos descuidados, haciendo que se retraigan y espiritualmente se vuelvan sedentarios, creyendo que podría ser algo sin sentido hacer planes de servir al Señor o esforzarse aún más por ganar a los perdidos. Nadie, sea creyente o incrédulo, podría pensar o actuar con normalidad si conociera el **día y la hora** de la venida de Cristo.

El mundo sobrenatural tampoco sabrá el tiempo exacto, **ni aun los ángeles de los cielos.** A pesar de que los ángeles justos disfrutan intimidad con Dios, volando alrededor de su trono a fin de hacer la voluntad divina (Is. 6:2-7), y viéndole continuamente el rostro (Mt. 18:10), no están al tanto de este secreto. Los ángeles estarán directa y activamente incluidos en el tiempo final como agentes de Dios para separar a los salvos de los no salvos (véase Mt. 13:41, 49), pero por razones propias Dios el Padre no revelará por anticipado exactamente cuándo los llamará a prestar ese servicio.

No obstante, aún más sorprendente es que "ni aun el Hijo" (RVA2015) lo sabía en el tiempo en que pronunció estas palabras ni en algún momento durante su encarnación. Aunque Él era totalmente Dios y totalmente hombre (Jn. 1:1, 14), restringió de manera voluntaria el uso de ciertos atributos divinos cuando se hizo carne. "El cual, siendo en forma de Dios, no estimó el ser igual a Dios como cosa a que aferrarse", es decir, que no conservaría algunos aspectos divinos durante su condición humana (Fil. 2:6). No es que Él perdiera algunos atributos divinos, sino que voluntariamente hizo a un lado el uso de algunos de ellos, y no los manifestaría sino cuando fueran dirigidos por su Padre (Jn. 4:34; 5:30; 6:38).

En muchas ocasiones Jesús demostró su omnisciencia divina. "No tenía necesidad de que nadie le diese testimonio del hombre, pues él sabía lo que había en el hombre" (Jn. 2:25). Por ejemplo, cuando Nicodemo se le acercó en la noche, Jesús ya sabía lo que este hombre estaba pensando, y le contestó la pregunta antes que la hiciera (Jn. 3:13).

Sin embargo, hubo ciertas restricciones autoimpuestas en el conocimiento humano del Señor. Así dijo a los discípulos: "Todas las cosas que oí de mi Padre, os las he dado a conocer" (Jn. 15:15). De modo obediente Jesús restringió su conocimiento a aquellas cosas que el Padre quería que supiera durante sus días terrenales de humanidad. El Padre reveló ciertas cosas al Hijo tal como este las revelaría a todos los hombres: a través de la Biblia, a través de la obra del Padre en y durante la vida del Hijo, y a través de las manifestaciones físicas del poder y la gloria de Dios (véase Ro. 1:19-20). Jesús aprendió gran parte de su conocimiento terrenal tal como lo aprenden todos los seres humanos, y por eso es que "crecía en sabiduría" (Lc. 2:52). Además de esas maneras, algunas verdades fueron reveladas al Hijo directamente por el Padre. Pero en todo caso el conocimiento humano de Jesús estaba limitado a lo que su Padre celestial proporcionaba.

Por tanto, incluso cerca del final de su ministerio terrenal el Hijo no sabía el día y la hora exactos en que regresaría a la tierra en su segunda venida. Durante la encarnación de Cristo, **sólo** el **Padre** ejerció omnisciencia divina sin restricciones.

Parece probable que Cristo recuperara el pleno conocimiento divino después de la resurrección, como se deduce en la introducción que hiciera a la Gran Comisión: "Toda potestad me es dada en el cielo y en la tierra" (Mt. 28:18). Justo antes de su ascensión declaró a los discípulos: "No os toca a vosotros saber los tiempos o las sazones, que el Padre puso en su sola potestad" (Hch. 1:7). Repite la verdad de que a los discípulos no se les diría el momento de la aparición de Jesús, pero no excluye su propio conocimiento, como hiciera en el discurso del Monte de los Olivos.

Las tres actitudes que Jesús menciona en Mateo 24:37-51 se dirigen específicamente a la generación (Mt. 24:34) que estará viva durante la tribulación y que presenciará las señales descritas en los versículos 4-29. Tales actitudes son: estado de alerta (vv. 37-42), estar preparados (vv. 43-44), y fidelidad (vv. 45-51).

ESTADO DE ALERTA

Mas como en los días de Noé, así será la venida del Hijo del Hombre. Porque como en los días antes del diluvio estaban comiendo y bebiendo, casándose y dando en casamiento, hasta el día en que Noé entró en el arca, y no entendieron hasta que vino el diluvio y se los llevó a todos, así será también la venida del Hijo del Hombre. Entonces estarán dos en el campo; el uno será tomado, y el otro será dejado. Dos mujeres estarán moliendo en un molino; la una será tomada, y la otra será dejada. Velad, pues, porque no sabéis a qué hora ha de venir vuestro Señor. (24:37-42)

Jesús utilizó el diluvio para ilustrar el planteamiento que estaba haciendo acerca de **la venida del Hijo del Hombre,** es decir que la actitud que prevaleció durante **los días de Noé, antes del diluvio** también caracterizará a la mayor parte de gente que esté viviendo durante el tiempo final justo antes del regreso de Cristo. No estarán esperando su venida ni se preocuparán al respecto. A pesar de las peligrosas señales y maravillas, simplemente se mostrarán indiferentes a las cosas del Señor, en especial a la posibilidad de su inminente regreso para juzgarlos.

Sin duda muchas personas tratarán de explicar en una base científica y racional los extraordinarios fenómenos del tiempo final, esperando descubrir una causa natural para los cataclismos. Al igual que sus homólogos de hoy día, buscarán respuestas en todas partes menos en la Palabra de Dios.

En la primera venida de Jesús la mayoría de personas se negó a reconocerlo por quién era. Él curó todo tipo de enfermedad, echó fuera demonios, convirtió agua en vino, calmó una furiosa tormenta, y resucitó gente de entre los muertos, pero incluso la mayor parte de miembros de su propio pueblo se negaron a creer en Él. En realidad, los dirigentes religiosos judíos estaban tan empecinados en desacreditar a Jesús, que lo acusaron de echar fuera demonios por el poder de Satanás (Mt. 12:24).

La humanidad pecadora, materialista, hipócrita e impía está voluntariamente ciega a la verdad de Dios, sin que importe cuán convincente pueda ser esa verdad. Y cuando la verdad de Dios pone al descubierto la maldad de la gente, esta hace todo lo posible por oponérsele y condenarla.

En una ocasión se acercaron a Jesús "los fariseos y los saduceos para tentarle, y le pidieron que les mostrase señal del cielo. Mas él respondiendo, les dijo: Cuando anochece, decís: Buen tiempo; porque el cielo tiene arreboles. Y por la mañana: Hoy habrá tempestad; porque tiene arreboles el cielo nublado. ¡Hipócritas! que sabéis distinguir el aspecto del cielo, ¡mas las señales de los tiempos no podéis!" (Mt. 16:1-3). Para ese momento en su ministerio el Señor Jesús había realizado cientos, quizás miles, de milagros, todos los cuales daban testimonio de la divinidad y condición mesiánica; sin embargo, dichos dirigentes religiosos se negaron a reconocerlo. Debido a que tenían los corazones decididamente contra el Señor, Él no podía hacerles ninguna señal que los convenciera. Por tanto, les manifestó: "La generación mala y adúltera demanda señal; pero señal no le será dada, sino la señal del profeta Jonás" (v. 4). Jesús explicó en una ocasión anterior que la señal de Jonás era la resurrección del Señor de entre los muertos (12:39-40). Tampoco esa señal convencería a los incrédulos. Tal como había hecho la mayor parte de sus antepasados, los no creyentes cerrarían la mente a la Palabra y a los mensajeros de Dios, haciendo incluso caso omiso a la enseñanza y los milagros del mismo Hijo de Dios. Pero incluso peor que ignorarle, le dieron muerte.

Durante el tiempo de la tribulación la humanidad se endurecerá en el pecado y la impiedad como nunca antes en la historia. A medida que los seres humanos perversos empeoran más y más (2 Ti. 3:13), el mundo se vuelve espiritualmente más siniestro y hasta físicamente más oscuro. La gente incrédula se regodeará de manera más intensa en sus pecados y se opondrá con mayor vehemencia a la verdad de Dios y al pueblo de Dios. Durante la tribulación el Espíritu Santo será retirado de la tierra, y la maldad y Satanás actuarán con mucho desenfreno (2 Ts. 2:6-7). Durante el juicio de la quinta trompeta los demonios encerrados en el pozo del abismo serán liberados en el planeta para causar estragos tormentosos y sin precedente sobre la humanidad incrédula, teniendo prohibición de hacer daño al pueblo de Dios (Ap. 9:1-5).

A medida que los seres humanos se desboquen en el pecado y en toda forma de libertinaje e impiedad, se volverán más y más insensibles a la verdad de Dios y las normas divinas de justicia les causarán resentimiento. Serán tan viles y miserables, y estarán tan preocupados con el sexo, las drogas, el alcohol, el materialismo y la búsqueda de placer que creerán todas las explicaciones para las señales de los últimos tiempos, menos la que se da en la Biblia. En lugar de volverse a Dios en arrepentimiento, lo maldecirán (Ap. 9:21).

En los días de Noé **antes del diluvio,** las personas **estaban comiendo y bebiendo, casándose y dando en casamiento.** Mientras Noé construía el arca también predicaba (2 P. 2:5), pero la gente mostraba total indiferencia por lo que él predicaba como por el arca que construía, creyendo que ambos no tenían sentido y eran algo absurdo. Reían cuando Noé les hablaba del diluvio venidero. Nunca habían visto lluvia, mucho menos un diluvio, porque hasta ese momento la tierra al parecer estaba cubierta por una capa de vapor que proporcionaba toda la humedad necesaria para que la vida florezca. Puesto que nunca habían visto tal calamidad, descartaron la idea de que pudiera suceder. Por tanto, continuaban con sus rutinas cotidianas, **comiendo y bebiendo, casándose y dando en casamiento.** Todo era como de costumbre **hasta el día en que Noé entró en el arca** y empezó a llover.

Incluso cuando la predicción de Noé comenzó a cumplirse delante de sus ojos, ellos no escucharon la advertencia. Noé había construido y predicado por ciento veinte años, pero sin tener la más mínima influencia en alguien que no fuera su familia inmediata. La gente se mostraba tan indiferentes a la verdad de Dios que **no entendieron** la situación peligrosa en que se hallaban **hasta que vino el diluvio y se los llevó a todos** a la eternidad impía. **Diluvio** se traduce de *kataklusmos,* que significa avalancha o limpieza, y es el término del que se deriva el *cataclismo* en español. Solo después que fue demasiado tarde las personas de esa generación **entendieron** su destino trágico.

Esa es exactamente la actitud y la respuesta que prevalecerá antes de **la venida del Hijo del Hombre.** Las señales peligrosas, la abominación desoladora, la alteración de los cuerpos celestiales, y la predicación de los testigos de Dios durante la tribulación no tendrán efecto alguno en la mayoría de los seres humanos. Verán las señales de Dios, pero las atribuirán a causas naturales o a causas sobrenaturales al margen de Dios. Oirán la Palabra, en un caso predicada de modo sobrenatural a todo el mundo por medio de un ángel (Ap. 15:6-7), pero responderán con desprecio o indiferencia. No prestarán atención ni a las advertencias ni a las apelaciones de parte de Dios hasta el mismo instante en que el **Hijo del Hombre** aparezca para confrontarlos en juicio justo.

Durante la tribulación habrá multitudes ganadas para Cristo (Ap. 7:9-14), incluso los ciento cuarenta y cuatro mil testigos judíos que predicarán el evangelio (Ap. 7:1-8), y se producirá el maravilloso avivamiento en la nación de Israel (Ro. 11:26). Sin embargo, ese tiempo no estará dominado por la fe sino por la incredulidad, por la santidad sino por la maldad, por la piedad sino por la impiedad. Estará encarnada por el secularismo y la religión falsa, incluso como la mayor parte del mundo es hoy día, pero en un grado infinitamente peor.

Al igual que los habitantes de los días de Noé, la generación de la tribulación será advertida una y otra vez. A algunos de ellos se les habrá advertido muchas veces antes de la tribulación, mientras la Iglesia todavía esté en la tierra proclamando el evangelio.

Cuando el Hijo del Hombre aparezca finalmente en el juicio de su segunda venida, **entonces estarán dos en el campo; el uno será tomado, y el otro será dejado. Dos mujeres estarán moliendo en un molino; la una será tomada, y la otra será dejada.** Jesús está ofreciendo una figura paralela a la de los incrédulos del día de Noé, generación que fue **tomada** en el juicio del diluvio. Cuando el Señor regrese, **uno será tomado** para juicio **y el otro será dejado** para entrar en el reino. Esta es la misma separación descrita en el capítulo siguiente por las figuras de las ovejas y las cabras (25:32-46). Las dejadas serán las ovejas de Cristo, su pueblo redimido a quién preservará para reinar con Él durante el milenio.

Pero incluso hasta el mismo final, como Pedro declaró en su sermón en Pentecostés, "antes que venga el día del Señor, grande y manifiesto… todo aquel que invocare el nombre del Señor, será salvo" (Hch. 2:20-21). En ese momento final en que el Rey venga a establecer su reino, algunas personas se volverán a Cristo en fe sincera y serán redimidas. Estas serán apartadas como ovejas del Señor por los ángeles, y heredarán el reino preparado para ellas.

Jesús advirtió: **Velad, pues, porque no sabéis a qué hora ha de venir vuestro Señor.** La palabra **velad** se traduce de un imperativo presente que indica un llamado a la esperanza continua.

Cuando el Señor venga, los impíos serán arrastrados, al haber perdido para siempre su oportunidad de salvación. Así como los creyentes de hoy no saben en qué momento el Señor vendrá para llevarlos en el arrebatamiento, la generación que esté viva durante la tribulación no sabrá el momento exacto en que Él aparezca para juzgar a los impíos y establecer el reino divino.

Malaquías visualizó a creyentes que al parecer consideraban entre sí la posibilidad de que en forma inadvertida fueran erróneamente separados y condenados junto con los malvados. Sin embargo, "Jehová escuchó y oyó, y fue escrito libro de memoria delante de él para los que temen a Jehová, y para los que piensan en su nombre. Y serán para mí especial tesoro, ha dicho Jehová de los ejércitos, en el día en que yo actúe; y los perdonaré, como el hombre que perdona a su hijo que le sirve. Entonces os volveréis, y discerniréis la diferencia entre el justo y el malo, entre el que sirve a Dios y el que no le sirve" (Mal. 3:16-18).

Pedro declaró:

Porque si Dios no perdonó a los ángeles que pecaron, sino que arrojándolos al infierno los entregó a prisiones de oscuridad, para ser reservados al juicio; y si no perdonó al mundo antiguo, sino que guardó a Noé, pregonero de justicia, con otras siete personas, trayendo el diluvio sobre el mundo de los impíos; y si condenó por destrucción a las ciudades de Sodoma y de Gomorra, reduciéndolas a ceniza y poniéndolas de ejemplo a los que habían de vivir impíamente, y libró al justo Lot, abrumado por la nefanda conducta de los malvados (porque este justo, que moraba entre ellos, afligía cada día su alma justa, viendo y oyendo los hechos inicuos de ellos), sabe el Señor librar de tentación a los piadosos, y reservar a los injustos para ser castigados en el día del juicio (2 P. 2:4-9).

Los cristianos en ese tiempo deben estar velando, aunque estarán seguros y no tendrán ningún motivo para temer.

ESTAR PREPARADOS

Pero sabed esto, que si el padre de familia supiese a qué hora el ladrón habría de venir, velaría, y no dejaría minar su casa. Por tanto, también vosotros estad preparados; porque el Hijo del Hombre vendrá a la hora que no pensáis. (24:43-44)

Pero sabed esto se traduce de lo que podría ser un imperativo o un indicativo griego. Como imperativo sería una forma de orden, pero esa idea parece inapropiada aquí, porque Jesús simplemente estaba afirmando lo obvio, una frase trillada. Como indicativo sería una declaración de hecho como un recordatorio. El Señor estaba diciendo: "Como todo el mundo sabe, **si el padre de familia supiese a qué hora el ladrón habría de venir, velaría, y no dejaría minar su casa**". Ningún **ladrón** anunciaría su intención de robar una **casa**, y cualquier **padre de familia** sensato que **supiese** por adelantado **a qué hora** de la noche **el ladrón habría de venir, velaría, y** por nada del mundo lo **dejaría** entrar en **su casa**.

A la generación viva durante la tribulación se le dijo de modo específico que no sabrá el momento exacto de la aparición de Jesús, pero se le informa en detalle cuáles serán las señales inmediatas que la precederán. En otras palabras, implementando la ilustración que Jesús utiliza aquí, estas personas sabrán con absoluta certeza que **el ladrón** irrumpirá en la **casa** en algún momento muy pronto y que consecuentemente deberían estar preparadas.

No hace falta decir que Jesús no estaba comparándose en carácter con un ladrón, sino que estaba comparando su venida con lo sigiloso e inesperado de la llegada de un ladrón. Con frecuencia el Nuevo Testamento compara la Segunda Venida con la llegada de un ladrón (Lc. 12:35-40; 1 Ts. 5:2; 2 P. 3:10; Ap. 3:3; 16:15), por la obvia razón de que, como Jesús señala aquí, un ladrón nunca trata de robar en un lugar donde sabe que lo están esperando, y sin duda no en el momento exacto que lo esperan.

Sin embargo, en cierto sentido Jesús vendrá tanto en el papel como en lo inesperado de un ladrón. En lo que se refiere a los impíos, el Señor vendrá y se llevará todo lo que ellos tienen, todas las cosas que han apreciado y en que han confiado en lugar de Él.

Como ya se ha indicado, parece imposible que en su mayoría las personas de esa época no estén esperando la venida de Jesús. En vista de la destrucción y el terror absoluto de las señales del tiempo final que presenciarán, ¿cómo podrían no volverse a Dios por ayuda y misericordia? ¿Cómo podrían atribuir esos hechos a simples causas naturales? No obstante, en su mayoría estarán tan abrumadoramente cegados por el pecado y el egoísmo que ninguna cantidad de evidencias hará que busquen a Dios. Al contrario, la hostilidad hacia Dios alcanzará un estado de agitación extrema nunca antes conocido en la tierra, ni siquiera durante los días de Noé. **Por tanto, también vosotros estad preparados,** advirtió Jesús, así como Noé y su familia estuvieron preparados.

En este contexto, estar **preparados** parece referirse principalmente a ser salvos, a estar espiritualmente preparados para recibir a Cristo como Señor y Rey en lugar de como Juez. Como Jesús ya ha advertido (Mt. 24:37-42), todo el mundo en los tiempos finales debería estar esperando con expectación que el Señor aparezca, y según se menciona en los versículos 45-51 se ordena que aquellos que ya son salvos le muestren fidelidad. Pero la preparación indispensable para la venida de Jesús, aparte de la cual la expectación será inútil y la fidelidad imposible, es prepararse para la salvación siendo redimidos a través de la sangre de Cristo. De otra manera una persona solo estará preparada para el juicio y la condenación.

El Señor vuelve a enfatizar en el hecho de que nadie en la tierra sabrá con exactitud cuándo vendrá Él, ni siquiera por alguna conjetura accidental correcta. Jesús declara de modo categórico: **porque el Hijo del Hombre vendrá a la hora que no pensáis.** En divina furia y gloria, **el Hijo del Hombre vendrá** de modo totalmente sorpresivo para todo ser humano. Incluso creyentes que con expectación y fidelidad estén preparados para tal venida, se sorprenderán sin embargo cuando Él llegue realmente. La preparación que tengan les permitirá encontrar al Señor con alegría y sin ninguna vergüenza, pero no les proporcionará conocimiento anticipado del momento exacto de la llegada.

Lucas nos recuerda una advertencia parecida que Jesús dio en otra ocasión: "Estén ceñidos vuestros lomos, y vuestras lámparas encendidas; y vosotros sed semejantes a hombres que aguardan a que su señor regrese de las bodas, para que cuando llegue y llame, le abran enseguida. Bienaventurados aquellos siervos a los cuales su señor, cuando venga, halle velando; de cierto os digo que se ceñirá, y hará que se sienten a la mesa, y vendrá a servirles" (Lc. 12:35-37). Cuando el Señor regrese, aquellos que estén preparados no solo se encontrarán en la amorosa presencia del Señor, sino que Él personalmente les servirá con sus manos divinas.

FIDELIDAD

¿Quién es, pues, el siervo fiel y prudente, al cual puso su señor sobre su casa para que les dé el alimento a tiempo? Bienaventurado aquel siervo al cual, cuando su señor venga, le halle haciendo así. De cierto os digo que sobre todos sus bienes le pondrá. Pero si aquel siervo malo dijere en su corazón: Mi señor tarda en venir; y comenzare a golpear a sus consiervos, y aun a comer y a beber con los borrachos, vendrá el señor de aquel siervo en día que éste no espera, y a la hora que no sabe, y lo castigará duramente, y pondrá su parte con los hipócritas; allí será el lloro y el crujir de dientes. (24:45-51)

Jesús presenta ahora otra analogía para reforzar lo que está diciendo, usando las imágenes conocidas de un **siervo** confiable, **al cual puso su señor** a cargo de la alimentación de toda la familia. La responsabilidad particular del **siervo** es incidental para el punto de Jesús, el cual es que todo creyente es un **siervo** de Jesucristo, y por tanto está obligado a servirle en toda forma. A todo creyente se le ha dado mayordomía y responsabilidad divinas en la obra de Cristo en la tierra, y en relación con esa mayordomía debe ser **fiel y prudente.** La vida, el aliento, la energía, los talentos, los dones espirituales, y cualquier otra cosa buena que tiene se los confía Dios para ser usados en el servicio y la gloria del Señor.

Jesús siguió diciendo: **Bienaventurado aquel siervo al cual, cuando su señor venga, le halle haciendo así. De cierto os digo que sobre todos sus bienes le pondrá.** Es obvio que Jesús se está dirigiendo a creyentes, aquellos que se han sometido a Él como Salvador y **Señor** divino. Al creyente que sea hallado fiel a Dios en lo que se le ha confiado se **le pondrá** a cargo de **todos** los **bienes** del Señor, ya que ha heredado la plenitud absoluta del reino de Dios como coheredero de Jesucristo (Ro. 8:17). No solo eso, Jesús también dijo: "Al que venciere, le daré que se siente conmigo en mi trono, así como yo he vencido, y me he sentado con mi Padre en su trono" (Ap. 3:21).

A los no creyentes, representados por el **siervo malo,** también se les pedirá cuentas por lo que hacen con la mayordomía que Dios les encarga. Durante el tiempo final algunos incrédulos seguirán siendo abiertamente pecadores y rebeldes contra Dios, sin que les importe en lo absoluto la verdad y la misericordia divinas. Otros estarán conscientes de su condición perdida y de su necesidad de un Salvador, pero se negarán a creer, creyendo que después tendrán tiempo de cumplir con sus propios intereses egoístas antes que Cristo regrese en juicio. Dirán a través de sus vidas, si no a través de sus palabras: **Mi señor tarda en venir.**

Jesús está enseñando que por parte de Dios toda persona en el mundo tiene en custodia su vida, sus posesiones y sus habilidades, sea que reconozca o no esa custodia o que incluso reconozca o no a Dios. Por tanto, cada ser humano tendrá que rendir cuentas a su Creador por cómo usa lo que se le ha confiado. Tal verdad puede verse en la parábola del rey relatada en Mateo 18:23-34. Incluso el hijo pródigo de Lucas 15 demuestra que un incrédulo derrocha la mayordomía otorgada por Dios.

Las actividades malignas que Jesús menciona a continuación: **golpear a** los **consiervos,** y **comer y beber con borrachos,** no se suponen que deban caracterizar a todos los incrédulos durante la tribulación. Pero tales actividades reflejan la actitud que muchos de ellos tendrán. Debido a que piensan que **el Señor** no **vendrá** en mucho tiempo, se sentirán libres para complacerse con todos los pecados y placeres que deseen.

Pero **vendrá el señor de aquel siervo en día que éste no espera, y a la hora que no sabe.** En este caso **el señor** no vendrá como Salvador y Rey para bendecir y premiar, sino como Juez y Verdugo para condenar y destruir. **Castigará duramente** al siervo incrédulo, **y pondrá su parte con los hipócritas** en fuego eterno.

La frase **castigará duramente** viene de *dichotomeō,* y de modo literal significa cortar en dos pedazos. En tal sentido estricto se usa en la traducción griega del Antiguo Testamento en cuanto a la preparación de un sacrificio animal (Éx. 29:17). Por tanto, para los judíos la frase conllevaba la inequívoca idea de destrucción y muerte.

El hecho de que a tales personas se las pusiera junto **con los hipócritas** sugiere que no eran hipócritas. Así como hoy día, muchas personas en los últimos tiempos serán francas y sinceras acerca de su incredulidad, usando incluso la honestidad como símbolo de integridad intelectual y moral. Sin embargo, los incrédulos honestos estarán tan perdidos como **los hipócritas** que fingen tener fe. Los primeros irán al mismo lugar que los farsantes religiosos que se sienten superiores y desprecian a los demás.

Cuando Jesús se manifieste, la misma gloria y el mismo poder radiantes (véase Mt. 24:30) que en amorosa gratitud atraerán hacia Él a su propio pueblo, repelerán a la mayoría de incrédulos en odiosa indignación. Para los primeros será el momento de recepción y redención final; para los últimos será el tiempo de rechazo y juicio.

Todos los incrédulos —aquellos que rechazan por completo al Señor y los que creen que algún día confiarán en Él, y aquellos que son sinceros en su incredulidad y los que son hipócritas en su fe— sufrirán el mismo destino del infierno. En ese lugar **será el lloro y el crujir de dientes,** ilustraciones que representan angustia inconsolable y tormento incesante.

El propósito de la advertencia de Jesús no es simplemente informar a los incrédulos del horror de enfrentar un infierno eterno, sino utilizar esa terrible perspectiva como una razón para creer en Él a fin de escapar a ese destino. La apelación que el Señor hace es a creer mientras haya oportunidad, en lugar de esperar de manera insensata un tiempo supuestamente más propicio que nunca podría llegar y que si llegara tal vez no podrían aprovechar.

En su comentario sobre este pasaje, William Barclay relata la siguiente historia para ilustrar el peligro de dilación espiritual:

Hay una fábula que cuenta los planes de tres aprendices de diablos que venían a la Tierra a hacer prácticas. Estaban hablando con Satanás, el jefe de los diablos, de lo que harían para tentar y perder a la gente. El primero dijo: "Les diré que Dios no existe". Satanás le contestó: "Eso no engañará a muchos, porque saben de sobra que hay Dios". El segundo dijo: "Les diré que no hay infierno". Satanás le contestó: "No engañarás a nadie con eso, porque los humanos saben muy bien ya que el pecado conduce al infierno". El tercero dijo: "Les diré que no tengan prisa". "¡Adelante —le contestó Satanás—, porque tú vas a hacer que se pierdan a millares!". El más peligroso de todos los engaños es que hay tiempo de sobra para todo (*Comentario al Nuevo Testamento* [Barcelona: Editorial Clie, 1999], p. 177).

Muchos preguntan: ¿Por qué Cristo está esperando tanto tiempo para volver otra vez? En primer lugar, Él está esperando que la maldad siga su curso. En la visión que Juan tuvo en Patmos vio que "del templo salió otro ángel, clamando a gran voz al que estaba sentado sobre la nube: Mete tu hoz, y siega; porque la hora de segar ha llegado, pues la mies de la tierra está madura. Y el que estaba sentado sobre la nube metió su hoz en la tierra, y la tierra fue segada" (Ap. 14:15-16). Las imágenes describen un campo cuyo cultivo está completamente listo para cosechar, indicando aquí la cosecha del juicio final sobre la humanidad incrédula. Cristo no vendrá a la tierra para ejecutar juicio hasta que el ángel le notifique que la cosecha está madura. El propósito soberano de Dios es permitir que el pecado alcance sus límites perversos totales, es decir que siga su total curso destructivo.

En segundo lugar, el Señor está esperando que todos aquellos cuyos nombres están escritos en el libro de la vida del Cordero sean salvos. Debe haber "entrado la plenitud de los gentiles" (Ro. 11:25), la reunión de los santos gentiles en la Iglesia durante la era actual. También es necesario que "todo Israel [sea] salvo" (v. 26), que todos los hijos creyentes de Abraham sean llevados al reino por la fe en su Mesías y Rey.

Pedro declara: "Mas, oh amados, no ignoréis esto: que para con el Señor un día es como mil años, y mil años como un día. El Señor no retarda su promesa, según algunos la tienen por tardanza, sino que es paciente para con nosotros, no queriendo que ninguno perezca, sino que todos procedan al arrepentimiento" (2 P. 3:8-9). Lo que a los seres humanos les parece mucho tiempo no es más que un instante para Dios, y ellos no deben confiar en sus propias percepciones finitas acerca del tiempo para juzgar la tardanza en cuanto al cumplimiento de las promesas divinas. No es que Dios no pueda actuar en juicio en cualquier momento que decida, sino que en su paciencia y amor soberano está permitiendo a los hombres el máximo tiempo posible para que se arrepientan y se vuelvan en fe a Él.

Pero debido a que Dios ha decidido demorar el juicio por lo que ya han sido miles de años, algunas personas en los últimos días declararán de modo burlón: "¿Dónde está la promesa de su advenimiento? Porque desde el día en que los padres durmieron, todas las cosas permanecen, así como desde el principio de la creación" (2 P. 3:3-4). Al igual que los científicos uniformitarios, quienes creen que las leyes naturales siempre han funcionado y siempre funcionarán exactamente del mismo modo que funcionan hoy día, los religiosos burladores de los tiempos finales supondrán que, puesto que Dios aún no ha juzgado el mundo, nunca lo hará. Sin embargo, Pedro sigue afirmando: "Estos ignoran voluntariamente, que en el tiempo antiguo fueron hechos por la palabra de Dios los cielos, y también la tierra, que proviene del agua y por el agua subsiste, por lo cual el mundo de entonces pereció anegado en agua" (vv. 5-6). Los burladores tontamente pasan por alto la alteración más catastrófica que el mundo ha experimentado, en la cual todos los seres humanos en la tierra resultaron muertos, menos Noé y su familia.

En Mateo 24—25 Jesús se dirige a quienes estarán vivos durante la generación de la tribulación (Mt. 24:34). Pero los creyentes de hoy día deben estar preparados para la venida del Señor en el arrebatamiento de la Iglesia, en que se los llevará al cielo, así como los creyentes del tiempo final deben estar preparados para que el Señor aparezca en poder y gloria a fin de establecer el reino milenial.

Pablo escribió a la iglesia en Roma estas aleccionadoras palabras:

Y esto, conociendo el tiempo, que es ya hora de levantarnos del sueño; porque ahora está más cerca de nosotros nuestra salvación que cuando creímos. La noche está avanzada, y se acerca el día. Desechemos, pues, las obras de las tinieblas, y vistámonos las armas de la luz. Andemos como de día, honestamente; no en glotonerías y borracheras, no en lujurias y lascivias, no en contiendas y envidia, sino vestíos del Señor Jesucristo, y no proveáis para los deseos de la carne (Ro. 13:11-14).

Pablo felicitó a los miembros de la primera generación en la iglesia en Corinto por estar "esperando la manifestación de nuestro Señor Jesucristo" (1 Co. 1:7), y recordó a los creyentes filipenses que "nuestra ciudadanía está en los cielos, de donde también esperamos al Salvador, al Señor Jesucristo" (Fil. 3:20). El escritor de Hebreos advirtió a los creyentes: "Considerémonos unos a otros para estimularnos al amor y a las buenas obras; no dejando de congregarnos, como algunos tienen por costumbre, sino exhortándonos; y tanto más, cuanto veis que aquel día se acerca" (He. 10:24-25).

El consejo de Santiago es: "Tened también vosotros paciencia, y afirmad vuestros corazones; porque la venida del Señor se acerca" (Stg. 5:8). Pedro escribió que "el fin de todas las cosas se acerca; sed, pues, sobrios, y velad en oración" (1 P. 4:7), y Juan declaró: "Hijitos, ya es el último tiempo; y según vosotros oísteis que el anticristo viene, así ahora han surgido muchos anticristos; por esto conocemos que es el último tiempo" (1 Jn. 2:18). Además, las últimas palabras pronunciadas directamente por Jesús en la Biblia son: "Ciertamente vengo en breve" (Ap. 22:20).

132

Señales de la venida de Cristo. Octava parte: El destino de los que no están preparados (esperando el regreso de Cristo)

Entonces el reino de los cielos será semejante a diez vírgenes que tomando sus lámparas, salieron a recibir al esposo. Cinco de ellas eran prudentes y cinco insensatas. Las insensatas, tomando sus lámparas, no tomaron consigo aceite; mas las prudentes tomaron aceite en sus vasijas, juntamente con sus lámparas. Y tardándose el esposo, cabecearon todas y se durmieron. Y a la medianoche se oyó un clamor: ¡Aquí viene el esposo; salid a recibirle! Entonces todas aquellas vírgenes se levantaron, y arreglaron sus lámparas. Y las insensatas dijeron a las prudentes: Dadnos de vuestro aceite; porque nuestras lámparas se apagan. Mas las prudentes respondieron diciendo: Para que no nos falte a nosotras y a vosotras, id más bien a los que venden, y comprad para vosotras mismas. Pero mientras ellas iban a comprar, vino el esposo; y las que estaban preparadas entraron con él a las bodas; y se cerró la puerta. Después vinieron también las otras vírgenes, diciendo: ¡Señor, señor, ábrenos! Mas él, respondiendo, dijo: De cierto os digo, que no os conozco. Velad, pues, porque no sabéis el día ni la hora en que el Hijo del Hombre ha de venir. (25:1-13)

Jesús pronuncia aquí otra de las varias parábolas de advertencia en el discurso del Monte de los Olivos (véase 24:43, 45-51) que ilustran las reiteradas y específicas declaraciones del Señor de que el tiempo exacto de su segunda venida no se conocerá por adelantado. Sucederá en un momento cuando menos se espera (24:36, 42, 44, 50; 25:13). Como se estudió antes, el tiempo general lo conocerán quienes presten atención a los dolores de parto que el Señor ha descrito (24:4-29), porque ese es el propósito de tales señales (v. 33). Pero el tiempo exacto de su manifestación personal en poder y gran gloria (24:30) no lo conocerán de antemano ni siquiera los ángeles del cielo. Este tiempo no lo sabía ni el mismo Jesús durante su encarnación (v. 36).

La parábola de las diez vírgenes se da con el fin de acentuar la importancia incalculable de estar preparados espiritualmente para el encuentro con Cristo cuando regrese a la tierra, porque después que Él aparezca los incrédulos que estén vivos no tendrán ninguna oportunidad de salvación.

El escenario para esta parábola fue una típica ceremonia judía de bodas. En Israel, así como en muchas otras partes del antiguo Cercano Oriente, una boda era el evento social más celebrado. Prácticamente todos los habitantes de una aldea, o toda una comunidad de vecinos en una gran ciudad, participarían como asistentes o invitados. Se trataba de un tiempo de gran felicidad y festividad.

Un matrimonio judío constaba de tres partes, la primera de las cuales era el noviazgo. Muy a menudo arreglado por los padres de la novia y el novio, el noviazgo equivalía a un contrato matrimonial en el que la pareja tenía poca o ninguna participación directa. La segunda parte era el compromiso, la ceremonia de matrimonio en que los novios intercambiaban votos en presencia de la familia y los amigos. En ese momento la pareja se consideraba casada, y su relación solo podía romperse por divorcio formal, como si hubieran estado casados por muchos años. Si sucedía que el esposo moría durante el compromiso, a la novia se le consideraba viuda, aunque físicamente el matrimonio no se hubiera consumado y los dos nunca hubieran vivido juntos. El compromiso podía durar varios meses, a veces un año, tiempo durante el cual el novio se establecía en un oficio, profesión, o en agricultura, y en que haría provisión de un lugar para que la pareja viviera.

Al final del período de compromiso se realizaba la fiesta, y era en esta y en sus celebraciones relacionadas que participaba toda la comunidad. Esta festividad, que podía durar una semana, comenzaba cuando el novio iba con sus padrinos a la casa de la novia, donde las damas de honor de la novia esperaban con ella. Juntos el novio, la novia, y sus acompañantes desfilaban entonces por las calles proclamando que la fiesta de bodas estaba a punto de comenzar. Por lo general la procesión comenzaba en la noche, y el cortejo nupcial usaba lámparas y antorchas para iluminar el camino y llamar la atención.

Al final del período de fiesta un amigo cercano del novio, quien actuaba como padrino, tomaba la mano de la novia y la colocaba en la mano del novio. Entonces por primera vez la pareja estaría a solas. El matrimonio se consumaba y la pareja viviría de allí en adelante junta en su nuevo hogar. Fue esa tercera parte del rito matrimonial que Jesús utilizó como marco para esta parábola.

Cuando la parábola se desarrolla, Jesús se centra primero en las damas de honor, luego en el novio, y finalmente en la advertencia para la cual se da la parábola.

LAS DAMAS DE HONOR

Entonces el reino de los cielos será semejante a diez vírgenes que tomando sus lámparas, salieron a recibir al esposo. Cinco de ellas eran prudentes y cinco insensatas. Las insensatas, tomando sus lámparas, no tomaron consigo aceite; mas las prudentes tomaron aceite en sus vasijas, juntamente con sus lámparas. Y tardándose el esposo, cabecearon todas y se durmieron. (25:1-5)

El mundo no estaba preparado para aceptar a Cristo cuando Él vino a la tierra por primera vez, a pesar de que su venida la habían profetizado de forma clara y reiterada los profetas del Antiguo Testamento. El Mesías debía tener un anunciador que sería una voz clamando en el desierto, y Juan el Bautista fue ese precursor. El Mesías nació en Belén, hijo de una virgen, y de la descendencia de David. Jesús cumplió esas calificaciones de manera única y exclusiva, fue a ministrar a Galilea de los gentiles, exhibió gran poder milagroso, y realizó aquellas cosas. Sin embargo, cuando "a lo suyo vino… los suyos no le recibieron" (Jn. 1:11).

La preparación para la segunda venida del Mesías será más decisiva y trascendental que la preparación para la primera venida, porque aquellos que lo rechazaron durante su encarnación tuvieron oportunidad continua de ser salvos mientras tuvieron vida. Sin duda alguna, muchos de quienes pidieron a gritos la crucifixión de Jesús en lugar de Barrabás, o que votaron contra el Señor en el sanedrín, más tarde se convencieron de volverse a Él como Señor y Salvador. Pero no habrá tal oportunidad continua cuando Jesús regrese. Se sabrá **entonces** el momento que aparezca que la oportunidad de obtener salvación y ciudadanía en **el reino de los cielos** habrá pasado.

Entonces se refiere al tiempo de la aparición inesperada de Cristo en poder y gloria, acerca de la cual estaba hablando. Él aseguró que en ese tiempo la preparación espiritual para entrar al **reino de los cielos será semejante** a la preparación de ciertas **diez vírgenes** que servían como damas de honor en una boda.

Al igual que con todas las parábolas de Jesús, el mensaje de esta es sencillo. Tiene el propósito de ilustrar verdades que Él acababa de enseñar: que vendrá de nuevo, que entonces juzgará a los pecadores y recompensará a los justos, que las personas deberían estar listas, y que su venida será inesperada. La verdad central es que una vez que haya llegado no habrá segunda oportunidad; la oportunidad de salvación habrá desaparecido para siempre.

La parábola no es una alegoría, como muchos intérpretes han afirmado. Cada pequeña faceta de la historia no conlleva un significado místico que esté sujeto a especulación e imaginación. Tampoco cada parte de la parábola tiene aplicación a la vida cristiana, como a menudo sostienen otros. Menos aún la parábola es un esfuerzo de enseñanza confusa y torpe por parte de Jesús, como sugieren algunos intérpretes liberales. Que no se mencionen detalles tales como la identidad de la novia y el lugar donde duermen las vírgenes no tiene relación con el planteamiento que Jesús está haciendo. Para su propósito, la historia era clara y completa.

Podría ser significativo el hecho de que hubo **diez vírgenes,** porque los judíos consideraban que **diez** era un número que representaba culminación. Según Josefo, se requería un mínimo de diez hombres para celebrar la Pascua. La misma cantidad se requería para fundar una sinagoga y para dar la bendición oficial de una boda. Las acompañantes eran **vírgenes** porque en esa época se acostumbraba que las damas de honor fueran jovencitas castas que no hubieran estado casadas.

Aunque la palabra española **lámparas** se deriva de *lampas,* en tiempos del Nuevo Testamento ese término griego se usaba principalmente para antorchas, como se traduce en Juan 18:3, donde denota las antorchas que portaban los soldados que arrestaron a Jesús. Por lo general para una lámpara se usaba otra palabra, *luchnos.* Las antorchas que usaban las acompañantes de bodas consistían en trapos envueltos y atados firmemente a palos largos. Además de iluminar el camino para la procesión, las **lámparas** o antorchas servían para identificar a los miembros de la fiesta de bodas, distinguiéndolos como participantes especiales. De ahí que fuera importante que cada una de las damas de honor llevara una antorcha.

A recibir se traduce de *hupantēsis,* un sustantivo que literalmente significa "una reunión", y con frecuencia se usaba para la bienvenida oficial de un dignatario. En el contexto de la enseñanza de Jesús respecto a su regreso y de la parábola que ejemplifica la venida de su reino, el **esposo** obviamente es Cristo mismo. Las **diez**

vírgenes son creyentes profesos en Él, y las **lámparas,** o antorchas, simbolizan la identidad exterior que tienen con la Iglesia. Las antorchas también representan expectativa del inminente regreso de Jesús, es decir la preparación y disposición de las damas de honor para **recibir al esposo** divino cuando este venga a recogerlas y llevarlas a su fiesta de bodas, **el reino de los cielos.**

Las diez damas de honor representan discípulos profesos de Cristo que afirman amar la posibilidad de que Él aparezca, y que por tanto demuestran preparación externa para entrar en el reino. En apariencia las diez eran idénticas. Todas estaban vestidas de forma apropiada con vestidos de boda y todas portaban la antorcha requerida para llevarla en la procesión de bodas. Pero realmente no eran iguales, lo cual es el propósito de la parábola, porque no todas estaban preparadas: **Cinco de ellas eran prudentes y cinco insensatas.**

La evidencia de que algunas de las damas de honor no estaban preparadas a pesar de su apariencia externa fue el hecho de que **no tomaron consigo aceite.** Portaban antorchas que parecían exactamente iguales a las de las otras, pero no tenían nada para hacerlas arder, nada que les diera luz y significado. Una antorcha sin combustible obviamente es inútil, y una profesión de fe en Jesucristo sin una relación salvadora con Él es infinitamente más inútil, porque deja al individuo en tinieblas espirituales.

Sin embargo, las damas de honor **prudentes tomaron aceite en sus vasijas, juntamente con sus lámparas.** La profesión externa que habían hecho estaba fundamentada por su posesión interior. Contaban con el **aceite** de la preparación, es decir, la realidad de la luz de la gracia salvadora de Dios dentro de ellas. El **aceite** es similar a los trajes de bodas en la parábola que Jesús contó acerca de una fiesta de bodas que un rey ofreció para su hijo. El hombre que no estaba vestido de manera apropiada y que trató de colarse en la celebración fue arrojado a las tinieblas de afuera (Mt. 22:11-13). El rey había invitado a la fiesta a todos los miembros de su reino, independientemente de su posición social, riqueza o carácter. Hizo todo lo posible porque nadie fuera excluido, enviando a sus siervos a todos los lugares recónditos del país (vv. 9-10). La única condición para asistir a la fiesta era el uso de ropa de bodas provista por el rey, que simboliza la gracia divinamente otorgada sin la cual ninguna persona puede llegar a Dios. Debido a que ese individuo presumido y satisfecho de sí mismo no se vistió con la ropa del rey, fue rechazado.

Al igual que ese hombre sin apropiada ropa de bodas, cinco de las damas de honor estaban sin las antorchas adecuadas. Mostraban cierta forma de bondad, pero no tenían vida o poder espiritual porque no pertenecían a Dios (cp. 2 Ti. 3:5). Se comprometieron con Jesucristo de modo religioso, intelectual, social y sin duda emocional. Pero no estaban comprometidas con Él en sus corazones porque estos no se habían regenerado por la gracia salvadora del Señor. Tenían apariencia de fe, pero esta fe era muerta (cp. Stg. 2:17). Estaban en tinieblas, no en luz.

La advertencia que Jesús ofreció en esta parábola se repite una y otra vez en los evangelios, un tema continuamente periódico de su enseñanza. Él advierte que los creyentes profesos son como el trigo y la cizaña, algunos son auténticos y otros son falsos. Se les compara a varios tipos de terreno, algunos de los cuales dan evidencia inicial de productividad; sin embargo, solo uno de ellos recibe auténticamente la semilla del evangelio y permite que eche raíces y crezca. Este no era un mensaje popular en la época de Jesús, y no es un mensaje popular hoy día, incluso en muchas iglesias evangélicas.

Ninguna conclusión en cuanto a la cantidad de personas que serán salvas puede sacarse del hecho de que las damas de honor estaban divididas en partes iguales entre las insensatas y las prudentes. Sin embargo, la proporción sugiere que gran parte de la iglesia profesante no pertenece a Dios. Y es obvio que la situación es generalizada, o Jesús no habría pasado tanto tiempo advirtiendo al respecto. Existió durante el ministerio terrenal de Jesús, en tiempos apostólicos, y a lo largo de la Iglesia hasta el momento actual. Y por esta parábola también es evidente que la misma situación se presentará al final de la tribulación.

La declaración **y tardándose el esposo** refuerza la enseñanza de Jesús de que su segunda venida será inesperada. No se tardará desde la perspectiva divina sino de la humana. Debido a que habrá transcurrido mucho tiempo desde su primera venida, la mayoría de personas, incluso muchos cristianos profesos, estarán llevando a cabo sus asuntos como siempre cuando Él aparezca (véase Mt. 24:38, 43). Jesús también pudo haber estado dando a los discípulos un indicio de que no regresaría tan pronto como ellos preveían (véase Lc. 19:11). Pero el objetivo principal de la parábola, al igual que el objetivo principal de todo el discurso, está dirigido a la generación que estará viva durante la última parte de la gran tribulación (Mt. 24:34). Incluso el corto período que transcurrirá entre las señales de su venida y su verdadera aparición hará que algunos piensen que el Señor está retardando su regreso.

Esta idea la apoya el hecho de que las damas de honor **cabecearon y se durmieron**. Estaban esperando la venida del novio y se habían reunido para esperarlo, todo en preparación aparente. No hay ninguna indicación en este contexto de que el hecho de que **se durmieron** represente pereza o falta de fe. Incluso las damas de honor prudentes se quedaron dormidas, lo que otra vez ilustra que nadie, ni siquiera los santos fieles, sabrán con exactitud cuándo aparecerá Cristo. Que las insensatas se durmieran podría sugerir su falsa confianza, mientras el hecho de que las prudentes se durmieran podría sugerir su auténtica seguridad y reposo en el Señor.

En cierto sentido, la vida debería transcurrir como siempre para el creyente que anticipa con ansias el regreso del Señor. La preparación para la venida no se evidencia por irse a algún lugar apartado a esperarlo sin hacer nada, sino por estar al tanto de los asuntos de Dios con dedicación entusiasta. Incluso el servicio más ardiente al Señor no excluye actividades tan normales como comer, beber, trabajar y dormir. Por tanto, cuando Cristo venga, "estarán dos en el campo; el uno será tomado, y el otro será dejado. Dos mujeres estarán moliendo en un molino; la una será tomada, y la otra será dejada" (Mt. 24:40-41).

No será la participación común en las actividades normales de la vida humana lo que distinguirá a los preparados de los que no estarán preparados cuando el Señor regrese, sino la participación sobrenatural interna de Dios en la vida que solamente los creyentes poseerán.

El comentarista bíblico del siglo XIX William Arnot observó: "No existe un espectáculo más grandioso o más hermoso en la tierra que una asamblea que adora con reverencia a Dios. Ninguna línea visible al ojo humano divide en dos partes la buena compañía, pero la buena compañía está dividida en dos partes. El Señor lee nuestro carácter y marca nuestro lugar. En toda asamblea de adoradores el Señor sabe quiénes son suyos y ellos saben que le pertenecen" (*The Parables of Our Lord* [Londres: Nelson, 1869], p. 290).

El Señor puede ver a todo grupo de damas de honor, por así decirlo, y juzgar con precisión entre quienes son incrédulas y están engañadas en cuanto a su preparación, y que por tanto son necias, y aquellas que creen de manera auténtica, y por ende son sabias. Pero cuando Él aparezca en poder y gloria en su segunda venida, la diferencia será aparente para que todos vean. Las antorchas de los creyentes brillarán, pero las de los incrédulos ni siquiera estarán encendidas.

EL NOVIO

Y a la medianoche se oyó un clamor: ¡Aquí viene el esposo; salid a recibirle! Entonces todas aquellas vírgenes se levantaron, y arreglaron sus lámparas. Y las insensatas dijeron a las prudentes: Dadnos de vuestro aceite; porque nuestras lámparas se apagan. Mas las prudentes respondieron diciendo: Para que no nos falte a nosotras y a vosotras, id más bien a los que venden, y comprad para vosotras mismas. Pero mientras ellas iban a comprar, vino el esposo; y las que estaban preparadas entraron con él a las bodas; y se cerró la puerta. Después vinieron también las otras vírgenes, diciendo: ¡Señor, señor, ábrenos! Mas él, respondiendo, dijo: De cierto os digo, que no os conozco. (25:6-12)

A la medianoche la mayoría de personas por lo general se encuentran en un sueño profundo, tal como estaban las damas de honor, y la llegada del novio en ese momento resalta aún más lo imprevisto del regreso de Cristo. Los hijos de Israel comenzaron su salida de Egipto a la medianoche (Éx. 12:29), y la tradición rabínica sostenía que el Mesías vendría a la tierra a esa hora.

Todas las damas de honor sabían que el novio vendría pronto, y estaban reunidas en la casa de la novia esperándolo. Estaban muy conscientes de que los períodos de noviazgo y compromiso habían concluido, y que se hallaban a punto de empezar las fiestas finales. Pero no sabían con exactitud cuándo vendría él hasta que fueron despertadas con **un clamor: ¡Aquí viene el esposo; salid a recibirle!**

De igual manera, las personas que estén viviendo durante el final de la tribulación habrán visto todas las señales de la venida de Cristo y sabrán que su aparición es inminente. Pero no sabrán el momento de su llegada hasta que lo vean "viniendo sobre las nubes del cielo" (Mt. 24:30).

Tan pronto como la presencia del novio fue anunciada, **todas aquellas vírgenes se levantaron, y arreglaron sus lámparas.** Arreglar las **lámparas,** o antorchas, tal vez equivalía a cortar todos los bordes irregulares del trapo y luego saturarlo con aceite a fin de prepararlo para que se prendiera. En ese momento las damas de honor **insensatas** se dieron cuenta del problema en que estaban: no tenían aceite. No es que no hubieran estado conscientes de que carecían de aceite, sino que no se preocuparon lo suficiente para adquirirlo antes de la llegada del novio. Quizás creyeron que podían ir de prisa a la tienda en cualquier momento que quisieran y asegurar lo que necesitaban con bastante anticipación. O tal vez pensaron que podían pedir aceite prestado si la tienda estaba cerrada, recurso que ahora trataron de tomar. No se da ninguna razón para tal negligencia, sin duda porque la razón es irrelevante. Debido a que tuvieron amplia advertencia de que el novio estaba viniendo, además de amplia oportunidad para estar totalmente preparadas para la llegada, nada podía excusarles la falta de previsión.

Cuando el Señor aparezca al final de la tribulación muchos cristianos profesos se darán cuenta de su carencia de vida espiritual. No habrán seguido el consejo de Pablo a la iglesia en Corinto: "Examinaos a vosotros mismos si estáis en la fe; probaos a vosotros mismos. ¿O no os conocéis a vosotros mismos, que Jesucristo está en vosotros, a menos que estéis reprobados?" (2 Co. 13:5). Se habrán engañado tanto a sí mismos, creyendo tal vez que la simple asociación con las cosas y con el pueblo Cristo los ha convertido en parte de la Iglesia verdadera. Algunos podrían creer que haber nacido en una familia cristiana los haría miembros de la familia de Dios. Sabemos con certeza que muchos estarán confiando en sus propias buenas obras, y dirán a Cristo "en aquel día: Señor, Señor, ¿no profetizamos en tu nombre, y en tu nombre echamos fuera demonios, y en tu nombre hicimos muchos milagros? Y entonces [Él les declarará]: Nunca os conocí; apartaos de mí, hacedores de maldad" (Mt. 7:22-23).

Cuando **las insensatas dijeron a las prudentes: Dadnos de vuestro aceite; porque nuestras lámparas se apagan… las prudentes respondieron diciendo: Para que no nos falte a nosotras y a vosotras, id más bien a los que venden, y comprad para vosotras mismas.** Cuando **las insensatas** damas de honor al parecer intentaron iluminar sus antorchas secas, los trapos quizás se prendieron y luego se apagaron. Entonces ya era demasiado tarde para pedir ayuda.

Lo que nos enseña la respuesta de las damas de honor **prudentes** no es que fueran egoístas e insensibles, sino que les era imposible proporcionar aceite a sus amigas insensatas. Su propio aceite no bastaba para compartirlo con alguien más; era necesario que cada una comprara el suyo propio.

Así como una persona no puede transferir parte de su vida física a otra, tampoco puede participar vida espiritual, la cual es indivisible y única para cada ser humano que la tiene. Al igual que la vida física, la espiritual es una dádiva directa de Dios, y no es transferible. Los salvos no pueden convertirse en salvadores. Aquellos que reciben gracia no pueden impartirla. Cuando el llamado al juicio de Dios llegue a un incrédulo, ya sea en la muerte o en la venida del Señor, la intercesión de todos los santos en el cielo y en la tierra no puede hacer absolutamente ningún bien. Después de ese momento no hay segunda oportunidad, purgatorio ni esperanza.

La salvación no puede comprarse, y la compra de aceite **a los que** lo **venden** se refiere simplemente a asegurar la salvación de su única fuente: Dios. La salvación se compra en el sentido que Isaías usó la expresión cuando escribió: "A todos los sedientos: Venid a las aguas; y los que no tienen dinero, venid, comprad y comed. Venid, comprad sin dinero y sin precio, vino y leche" (Is. 55:1). Jesús usa la misma idea en sus parábolas del tesoro encontrado en un campo y de la perla de gran precio (Mt. 13:44-46). En ambos casos el descubridor vendió todo lo que poseía a fin de obtener lo que era valioso por sobre todo lo demás. En tal sentido, el precio por la salvación es la renuncia total del propio mérito personal, lo cual no tiene valor en sí, pero debe ser entregado porque representa un obstáculo absoluto para la gracia de Dios.

Pablo declaró con la convicción y sinceridad más profunda: "Deseara yo mismo ser anatema, separado de Cristo, por amor a mis hermanos, los que son mis parientes según la carne; que son israelitas" (Ro. 9:3-4). El apóstol estaba dispuesto a renunciar

a su propia salvación, y quedar separado de Cristo para siempre si eso salvaría de
algún modo a sus compatriotas judíos. Pero sabía que tal cosa era imposible. Ellos
no podían llegar a Dios de otro modo que no fuera aceptando al Hijo como Señor y
Salvador. Pablo podía proclamar el evangelio de modo total y fiel, como siempre hizo
(véase Hch. 20:27), pero no podía dispensar la gracia que había recibido.

Resaltando la necesidad de apropiación individual del evangelio, Jesús expresó:

> *Todo aquel que viene a mí, y oye mis palabras y las hace, os indicaré a quién es
> semejante. Semejante es al hombre que al edificar una casa, cavó y ahondó y puso
> el fundamento sobre la roca; y cuando vino una inundación, el río dio con ímpetu
> contra aquella casa, pero no la pudo mover, porque estaba fundada sobre la roca.
> Mas el que oyó y no hizo, semejante es al hombre que edificó su casa sobre tierra,
> sin fundamento; contra la cual el río dio con ímpetu, y luego cayó, y fue grande la
> ruina de aquella casa (Lc. 6:47-49).*

Las personas que edifican sus vidas sobre cualquier otra base que no sea Jesucristo están condenadas a la destrucción. No tienen la gracia necesaria, la justicia
imputada, la santidad residente de Dios, o el carácter transformado para contra-
rrestar lo destructivo del pecado, cuya consecuencia final es la muerte. En resumen, no tienen vida espiritual y, por tanto, ninguna esperanza eterna. Podrían
sentirse felices en cuanto a Jesús, podrían admirarle las enseñanzas, y podrían
disfrutar comunión con el pueblo del Señor. Podrían parecer tan preparados para
la venida de Jesús como lo están los creyentes verdaderos, pues tienen antorchas
como el resto, pero no disponen de aceite con el cual iluminarlas.

**Pero mientras ellas iban a comprar, vino el esposo; y las que estaban prepara-
das entraron con él a las bodas; y se cerró la puerta.** Por supuesto, la tragedia fue
que entonces no hubo más oportunidad de ir **a comprar,** y la búsqueda de aceite
al por menor fue en vano porque todas las tiendas estaban cerradas.

En otro de sus muchos ejemplos acerca de oportunidad perdida de salvación,
Jesús manifestó:

> *Después que el padre de familia se haya levantado y cerrado la puerta, y estando
> fuera empecéis a llamar a la puerta, diciendo: Señor, Señor, ábrenos, él respon-
> diendo os dirá: No sé de dónde sois. Entonces comenzaréis a decir: Delante de ti
> hemos comido y bebido, y en nuestras plazas enseñaste. Pero os dirá: Os digo que
> no sé de dónde sois; apartaos de mí todos vosotros, hacedores de maldad. Allí será
> el llanto y el crujir de dientes, cuando veáis a Abraham, a Isaac, a Jacob y a todos
> los profetas en el reino de Dios, y vosotros estéis excluidos (Lc. 13:25-28).*

Por tanto, cuando las vírgenes insensatas regresaron de su búsqueda inútil de
aceite se pusieron a gritar **diciendo: ¡Señor, señor, ábrenos!,** el novio **respondiendo** desde el interior de la casa, **dijo: De cierto os digo, que no os conozco.**
Esas cinco vírgenes eran falsos asistentes que nunca habían pertenecido a la fiesta
de bodas, pero que se las habían arreglado para vestirse y actuar como verdaderas
damas de honor. Ahora la simulación había terminado, y el carácter pecaminoso
e insensato de ellas se había puesto en evidencia.

Cuando los no creyentes enfrenten a un Dios santo y se den cuenta con absoluta certeza que están eternamente perdidos, será un momento de gran terror. Eso debió haber sido lo que sintieron los habitantes de la época de Noé cuando vieron que las aguas del diluvio se levantaron por sobre sus cabezas y supieron que la puerta del arca estaba cerrada de manera inalterable.

Aunque la parábola de las diez vírgenes ilustra la época de la segunda venida de Cristo, sus verdades se aplican cuando al morir a cualquier edad un incrédulo enfrenta a Dios. En ese momento la oportunidad de salvación habrá pasado y toda esperanza habrá desaparecido para siempre.

LA ADVERTENCIA

Velad, pues, porque no sabéis el día ni la hora en que el Hijo del Hombre ha de venir. (25:13)

Por quinta vez en el discurso (véase 24:36, 42, 44, 50) Jesús pidió a aquellos que estarán vivos durante los últimos días de la tribulación que velen, **porque no** sabrán **el día ni la hora** en que Él aparezca. Por las señales catastróficas tendrán conocimiento de lo cerca que está la llegada, pero no del **día** exacto ni **la hora** exacta.

Jesús había advertido en el templo el día anterior: "Mirad también por vosotros mismos, que vuestros corazones no se carguen de glotonería y embriaguez y de los afanes de esta vida, y venga de repente sobre vosotros aquel día. Porque como un lazo vendrá sobre todos los que habitan sobre la faz de toda la tierra. Velad, pues, en todo tiempo orando que seáis tenidos por dignos de escapar de todas estas cosas que vendrán, y de estar en pie delante del Hijo del Hombre" (Lc. 21:34-36).

En su poema épico, los "Idilios del Rey", Alfred Lord Tennyson usó figuras de la parábola de las diez vírgenes en un cántico dirigido a la perversa reina Ginebra, quien aprendió tarde el costo del pecado.

> ¡Es tarde, tarde, muy tarde! ¡Y la noche fría y oscura!
> ¡Es tarde, tarde, muy tarde! pero podemos entrar todavía.
>   ¡Es demasiado tarde, demasiado tarde! No podéis entrar ya.
>
> No teníamos luz: de ello nos arrepentimos;
> y cuando el esposo lo sepa se apiadará de nosotras.
>   ¡Es demasiado tarde, demasiado tarde! No podéis entrar ya.
>
> No tenemos luz. ¡Y es tan tarde! ¡Tan fría y oscura la noche!
> ¡Oh dejadnos entrar, para que encendamos nuestras lámparas!
>   ¡Es demasiado tarde, demasiado tarde! No podéis entrar ya.
>
> ¿No se nos ha dicho que el esposo es tan dulce, tan benigno?
> ¡Oh dejadnos entrar, aunque tarde, a besar sus pies!
>   ¡No, no! ¡Es demasiado tarde! No podéis entrar ya.

(Trad. D. Vicente de Arana)

Señales de la venida de Cristo. Novena parte: La tragedia de la oportunidad desperdiciada (trabajando hasta el regreso de Cristo)

133

Porque el reino de los cielos es como un hombre que yéndose lejos, llamó a sus siervos y les entregó sus bienes. A uno dio cinco talentos, y a otro dos, y a otro uno, a cada uno conforme a su capacidad; y luego se fue lejos. Y el que había recibido cinco talentos fue y negoció con ellos, y ganó otros cinco talentos. Asimismo el que había recibido dos, ganó también otros dos. Pero el que había recibido uno fue y cavó en la tierra, y escondió el dinero de su señor. Después de mucho tiempo vino el señor de aquellos siervos, y arregló cuentas con ellos. Y llegando el que había recibido cinco talentos, trajo otros cinco talentos, diciendo: Señor, cinco talentos me entregaste; aquí tienes, he ganado otros cinco talentos sobre ellos. Y su señor le dijo: Bien, buen siervo y fiel; sobre poco has sido fiel, sobre mucho te pondré; entra en el gozo de tu señor. Llegando también el que había recibido dos talentos, dijo: Señor, dos talentos me entregaste; aquí tienes, he ganado otros dos talentos sobre ellos. Su señor le dijo: Bien, buen siervo y fiel; sobre poco has sido fiel, sobre mucho te pondré; entra en el gozo de tu señor. Pero llegando también el que había recibido un talento, dijo: Señor, te conocía que eres hombre duro, que siegas donde no sembraste y recoges donde no esparciste; por lo cual tuve miedo, y fui y escondí tu talento en la tierra; aquí tienes lo que es tuyo. Respondiendo su señor, le dijo: Siervo malo y negligente, sabías que siego donde no sembré, y que recojo donde no esparcí. Por tanto, debías haber dado mi dinero a los banqueros, y al venir yo, hubiera recibido lo que es mío con los intereses. Quitadle, pues, el talento, y dadlo al que tiene diez talentos. Porque al que tiene, le será dado, y tendrá más; y al que no tiene, aun lo que tiene le será quitado. Y al siervo inútil echadle en las tinieblas de afuera; allí será el lloro y el crujir de dientes. (25:14-30)

En su poema *Maud Muller,* John Greenleaf Whittier escribió las conocidas líneas: "De todas las palabras tristes habladas o escritas, las más tristes son estas: '¡Lo que pudo haber sido!'".

La Biblia está llena de advertencias de aprovechar la oportunidad mientras esté disponible. Salomón escribió: "Echa tu pan sobre las aguas; porque después de muchos días lo hallarás", y: "Por la mañana siembra tu semilla, y a la tarde no dejes reposar tu mano; porque no sabes cuál es lo mejor, si esto o aquello, o si lo uno y lo otro es igualmente bueno" (Ec. 11:1, 6). Ese mismo hombre sabio escribió: "El que recoge en el verano es hombre entendido; el que duerme en el tiempo de la siega es hijo que avergüenza" (Pr. 10:5). Su padre, David, había escrito: "Yo a ti oraba, oh Jehová, al tiempo de tu buena voluntad" (Sal. 69:13). Otro salmista escribió: "Venid, adoremos y postrémonos; arrodillémonos delante de Jehová nuestro Hacedor. Porque él es nuestro Dios; nosotros el pueblo de su prado, y ovejas de su mano. Si oyereis hoy su voz, no endurezcáis vuestro corazón" (Sal. 95:6-8).

Isaías exhortó: "Buscad a Jehová mientras puede ser hallado, llamadle en tanto que está cercano" (Is. 55:6). Jeremías recordó a sus lectores que "aun la cigüeña en el cielo conoce su tiempo, y la tórtola y la grulla y la golondrina guardan el tiempo de su venida; pero mi pueblo no conoce el juicio de Jehová" (Jer. 8:7; cp. He. 3:7-8). Al parafrasear la cita anterior de Isaías, Pablo amonestó a los creyentes corintios: "He aquí ahora el tiempo aceptable; he aquí ahora el día de salvación" (2 Co. 6:2; cp. Is. 49:8).

Jesús llamó en repetidas ocasiones a los hombres a que aprovechen al máximo las oportunidades espirituales. "Aún por un poco está la luz entre vosotros; andad entre tanto que tenéis luz, para que no os sorprendan las tinieblas; porque el que anda en tinieblas, no sabe a dónde va. Entre tanto que tenéis la luz, creed en la luz, para que seáis hijos de luz" (Jn. 12:35-36).

La tragedia de la oportunidad desperdiciada es el tema de la parábola de los talentos, la segunda de dos parábolas que narró Jesús relacionadas con el reino de los cielos y, en particular, con la preparación de los hombres para la venida del Señor a establecer el reino en su segunda venida (véase Mt. 25:1). La parábola de las vírgenes (vv. 1-13) se centra en preparación manifestada en espera, mientras que la parábola de los talentos se enfoca en preparación manifestada en trabajo. Las cinco vírgenes que tenían aceite para sus lámparas representan a creyentes que poseen gracia salvadora; los dos siervos fieles que invirtieron sus talentos representan a creyentes que mostraron una vida de servicio. Las dos parábolas juntas describen el equilibrio de esperar con anticipación la venida del Señor mientras se vive en preparación para su venida a través del servicio fiel.

Con frecuencia se pierde o se exagera uno u otro de estos preceptos. Aunque los creyentes deben regocijarse continuamente en la posibilidad de la venida de su Señor, no deben quedarse ociosos sin hacer nada. La fe salvadora es fe servidora. Por otra parte, no deben quedar tan atrapados en servir al Señor que se olviden de contemplar y regocijarse en su regreso. Tal vez se debió a que creían que el Señor vendría en cualquier momento, que algunos de los creyentes en Tesalónica cayeron en una vida indisciplinada y descuidada, decidiendo no hacer ningún trabajo en absoluto. En consecuencia se volvieron entrometidos, no hacían nada productivo, e incluso perturbaron a la iglesia. Pablo los reprendió con severidad y les ordenó "que trabajando sosegadamente, coman su propio pan". Luego amonestó a toda la iglesia: "No os canséis de hacer bien" (2 Ts. 3:10-13).

Pedro se opuso a los burladores que tenían el mismo problema. Estaban tan convencidos de que el señor *no* vendría pronto, que abandonaron toda restricción moral y decidieron vivir en libertinaje egoísta (2 P. 3:3-4). El apóstol les recordó que la gente de la época de Noé reaccionó de la misma manera a la predicción que Noé hizo del diluvio, el cual vino sobre ellos de manera repentina y en un momento inesperado. Pedro declaró que del mismo modo Cristo aparecerá de repente en el tiempo final, trayendo "juicio y... perdición de los hombres impíos" (vv. 5-7).

Cabe señalar que a pesar de algunas semejanzas, la parábola de los talentos y la parábola de las minas (Lc. 19:11-27) no son variaciones de la misma historia. La parábola de las minas fue dada varios días antes, y los dos relatos presentan tantas diferencias como similitudes.

Aunque la parábola de los talentos tiene importancia para toda generación, el Señor todavía estaba hablando directamente de la generación que estará viviendo justo antes de que Él regrese en gloria (24:34), el momento exacto que no se sabe de antemano, pero cuya inminencia se manifestará por medio de señales espectaculares e inequívocas (24:3-29).

La parábola de los talentos ilustra cuatro aspectos fundamentales de la oportunidad espiritual: la responsabilidad que recibimos, la reacción que tenemos, la rendición de cuentas que enfrentamos, y la recompensa que obtenemos.

LA RESPONSABILIDAD QUE RECIBIMOS

Porque el reino de los cielos es como un hombre que yéndose lejos, llamó a sus siervos y les entregó sus bienes. A uno dio cinco talentos, y a otro dos, y a otro uno, a cada uno conforme a su capacidad; y luego se fue lejos. (25:14-15)

El antecedente es **el reino de los cielos** (véase v. 1), del cual esta parábola es otra ilustración. Algunas traducciones colocan la frase en cursivas (LBLA, NBLH) o entre paréntesis (BLP, BLPH) porque no hay sujeto o verbo principal en el texto griego de este versículo. Se entiende que tanto el sujeto como el verbo son la continuación del versículo, es decir, "el reino de los cielos será semejante a", lo que hace evidente que Jesús sigue enseñando acerca del reino.

Como muy a menudo se menciona en esta serie de comentarios, es importante entender que en el Nuevo Testamento "el reino de los cielos" y su frase sinónima "el reino de Dios" se refiere a la esfera del dominio de Dios en Cristo. Pero conservando al mismo tiempo el significado básico, la expresión se usa en dos formas distintas. A veces designa al cuerpo invisible formado por todos los creyentes redimidos. El Señor utilizó esta expresión en ese sentido cuando declaró: "De cierto os digo, que si no os volvéis y os hacéis como niños, no entraréis en el reino de los cielos" (Mt. 18:3; cp. 25:34). Ese es el reino en su sentido puro y exclusivo.

Sin embargo, a veces el reino de los cielos se refiere al cuerpo visible y externo de aquellos que profesan conocer y servir a Cristo. Jesús dejó en claro que en tal manifestación se encuentra tanto lo verdadero como lo falso: el cristiano auténtico y el falso (véase sección sobre Mt. 13).

Es en este sentido visible y externo que Jesús se refiere al reino tanto en la parábola de las vírgenes como en la parábola de los talentos. Las vírgenes insensatas y el siervo infiel no representan a paganos, ateos, agnósticos manifiestos o reprobados, sino a quienes profesan pertenecer a Cristo. En cada relato se describen tanto los creyentes auténticos como sus contrapartes.

El **hombre que** estaba **yéndose lejos** obviamente planeaba alejarse por mucho tiempo, quizás muchos meses o incluso un año o más. Con el fin de que sus recursos estuvieran bien administrados durante su ausencia, **llamó a sus siervos y les entregó sus bienes.**

El hecho de que estos fueran **sus siervos** refuerza la idea de que Jesús estaba ejemplificando a la Iglesia externa y organizacional, compuesta por quienes alegan pertenecerle, y no a la humanidad en general. En los evangelios se hace referencia a muchos individuos como discípulos de Cristo, aunque algunos de ellos demostraron ser falsos. Tales fueron los discípulos que se ofendieron por la enseñanza del Señor acerca de comer su carne y beber su sangre (véase Jn. 6:52-66). Al traidor Judas no solo se le llama discípulo sino apóstol (Lc. 6:13-16). Incluso debido a estar adheridos exteriormente a la iglesia, a tales seguidores falsos se les ha confiado algunos de los **bienes** del Señor.

Doulos, singular de **siervos,** era un término general que se refería a cualquier clase y nivel de esclavo. Se usaba para referirse a trabajadores comunes y sirvientes de baja categoría en la casa, así como a artesanos y artistas calificados y profesionales altamente capacitados. El carácter común que los distinguía era ser propiedad personal de sus dueños, quienes a menudo tenían poder de vida y muerte sobre ellos.

A menudo una persona acaudalada tenía **siervos** especiales que actuaban como supervisores de su casa y administradores de sus negocios. En muchos casos algunos de estos siervos eran mucho más instruidos y hábiles que su amo. Ciertos siervos o esclavos confiables a veces tenían carta blanca virtual dentro de aspectos proscritos de responsabilidad incluso cuando el dueño estaba en casa. Cuando este se iba por algún tiempo, los esclavos actuaban casi con total autoridad del amo, teniendo el equivalente de lo que hoy día conocemos como poder de representación. Eran responsables por manejar todos los activos y las operaciones comerciales de su dueño para beneficio y provecho de este.

El hombre en la parábola de Jesús tenía tres de esos esclavos fiables a quienes **entregó** algunos **de sus bienes** durante su ausencia. **A uno dio cinco talentos, y a otro dos, y a otro uno, a cada uno conforme a su capacidad.** Satisfecho de que su dinero estaba en buenas manos, **se fue lejos.**

Las cantidades de **talentos** dadas a los siervos no tenían significado en sí mismas, sino que tan solo ilustran una amplia gama de responsabilidades, desde las muy altas y exigentes hasta las relativamente bajas y fáciles. Sin embargo, *es* significativo que **a cada uno** se le dieran responsabilidades **conforme a su capacidad.** El propietario conocía íntimamente a sus siervos, y confió a cada uno solamente la responsabilidad que podía esperarse que cada cual cumpliera de manera razonable.

Usado en un contexto como este, el término **talentos** siempre se refería a dinero, pero en sí representaba simplemente una medida de peso. El valor de una moneda específica dependía de su peso y composición. Por ejemplo, un talento de oro era sumamente valioso, un talento de plata valía menos, y un talento de cobre o bronce venía aún menos valioso. Pero al igual que con la cantidad de talentos dados a cada individuo, el contenido de metal de las monedas, y por tanto su verdadero valor, es irrelevante para el planteamiento de Jesús. Él estaba resaltando responsabilidad común para distintos niveles de responsabilidad basados en **capacidad** individual.

Puesto que la parábola ejemplifica el reino de los cielos, es evidente que el **hombre** en la historia representa a Cristo mismo, e irse **lejos** representa el tiempo que Él no está en la tierra entre su primera y su segunda venida. Los **siervos** describen a creyentes profesos, miembros de la iglesia visible del Señor a quien Él ha confiado varios recursos para ser usados a su favor hasta su regreso.

Jesús menciona solo tres niveles de responsabilidad, pero estos sugieren la muy amplia gama de capacidades individuales entre las personas, que varían en gran manera en talento natural, intelecto y otras capacidades. También varían grandemente en oportunidad y privilegio. Algunos miembros de la iglesia han oído el evangelio y estudiado la Biblia desde la primera infancia, mientras que otros conocen solamente los rudimentos de la fe y han tenido poca oportunidad de aprender más. A quienes son verdaderos creyentes también se les han dado dones espirituales que varían mucho de persona en persona (véase Ro. 12:4-8; 1 Co. 12:4-11). Algunos cristianos tienen el privilegio de vivir y trabajar en estrecha colaboración con otros de igual convicción, y continuamente hermanos en la fe los animan y corrigen. No obstante, otros cristianos son los únicos creyentes en sus familias o incluso en su comunidad o pueblo. Dios conoce íntimamente las capacidades, los dones, las oportunidades, y las circunstancias de cada persona, y de manera consecuente y benigna le asigna responsabilidades.

Incluso entre los doce había distintos niveles de responsabilidad. Pedro, Jacobo y Juan eran claramente el círculo íntimo, y de ese grupo Pedro era el más destacado. De entre los muchos creyentes devotos en la iglesia en Jerusalén, Jacobo el hermano del Señor se convirtió pronto en dirigente reconocido, con grandes responsabilidades y obligaciones. La implicación de la parábola de los talentos es que incluso en el reino milenial y a través de la eternidad, los redimidos seguirán teniendo diferentes niveles de responsabilidad.

El tema de la parábola se relaciona con lo que cada siervo hace con el encargo que se ha evaluado y se le ha otorgado con justicia. El motivo más noble en el corazón de un siervo fiel debería ser cumplir lo mejor posible lo que se le ha encargado por el bien de su señor durante la ausencia de este. Ese fue también el deseo del amo: no un rendimiento igual de parte de cada uno de sus siervos sino relativamente igual esfuerzo según la capacidad individual.

Es significativo que a pesar de que los siervos con cinco y dos talentos no produjeron ganancias iguales, produjeron iguales porcentajes de utilidad, duplicando lo que se les había dado. De igual manera, los cristianos con diferentes capacidades y oportunidades pueden producir diferentes resultados al trabajar con igual fidelidad y devoción. Por tanto, el Señor asegura a sus siervos que "cada uno recibirá su recompensa conforme a su labor" (1 Co. 3:8).

LA REACCIÓN QUE TENEMOS

Y el que había recibido cinco talentos fue y negoció con ellos, y ganó otros cinco talentos. Asimismo el que había recibido dos, ganó también otros dos. Pero el que había recibido uno fue y cavó en la tierra, y escondió el dinero de su señor. (25:16-18)

El siervo **que había recibido cinco talentos** estaba deseoso de servir a su amo, por lo que inmediatamente **fue y negoció con ellos, y ganó otros cinco talentos.** Este hombre representa al creyente auténtico cuyo deseo supremo es servir a Dios, cumpliendo lo que Jesús declaró como el primero y más grande mandamiento: "Amarás a Jehová tu Dios de todo tu corazón, y de toda tu alma, y con todas tus fuerzas" (Dt. 6:5; cp. Mt. 22:37).

En este contexto, **negoció** viene de la connotación de hacer negocios durante un tiempo. El siervo no se limitó a hacer una buena inversión para luego relajarse, sino que más bien **negoció** y volvió a negociar mientras su señor estaba ausente. Él pudo haber participado en una serie de empresas comerciales, algunas de ellas simultáneamente. No obstante, el punto no está en el tipo particular de trabajo que ejecutó sino en el hecho de que utilizó esa labor para aprovechar al máximo los recursos que su señor le había confiado. Su laboriosidad le **ganó otros cinco talentos** para su amo, duplicando la cantidad con la que había comenzado.

Asimismo el que había recibido dos talentos, **ganó también otros dos.** Aunque al segundo siervo se le dio menos de la mitad con qué trabajar, actuó con la misma fidelidad y laboriosidad que el primero. Al igual que su consiervo, este último duplicó el dinero de su señor. Ambos hombres demostraron compromiso supremo con su amo aprovechando al máximo lo que tenían, maximizando así sus oportunidades.

Sin embargo, el comportamiento del tercer siervo fue radicalmente distinto. **Pero el que había recibido uno fue y cavó en la tierra, y escondió el dinero de su señor.** Enterrar objetos de valor era una costumbre común en el mundo antiguo, donde no había cámaras bancarias o cajas de seguridad. Era una manera sencilla y práctica de proteger objetos tales como joyas y monedas (véase Mt. 13:44).

Pero enterrar recursos de trabajo difícilmente era una forma sensata de negociar y obtener utilidades. El siervo no **había recibido** el único talento con el fin de protegerlo sino para usarlo con sabiduría en beneficio de su señor. A pesar de que le habían dado menos recursos que a los otros dos siervos, tenía la misma obligación de utilizar lo que tenía con su máxima capacidad.

LA RENDICIÓN DE CUENTAS QUE ENFRENTAMOS

Después de mucho tiempo vino el señor de aquellos siervos, y arregló cuentas con ellos. Y llegando el que había recibido cinco talentos, trajo otros cinco talentos, diciendo: Señor, cinco talentos me entregaste; aquí tienes, he ganado otros cinco talentos sobre ellos. Y su señor le dijo: Bien, buen siervo y fiel; sobre poco has sido fiel, sobre mucho te pondré; entra en el gozo de tu señor. Llegando también el que había recibido dos talentos, dijo: Señor, dos talentos me entregaste; aquí tienes, he ganado otros dos talentos sobre ellos. Su señor le dijo: Bien, buen siervo y fiel; sobre poco has sido fiel, sobre mucho te pondré; entra en el gozo de tu señor. Pero llegando también el que había recibido un talento, dijo: Señor, te conocía que eres hombre duro, que siegas donde no sembraste y recoges donde no esparciste; por lo cual tuve miedo, y fui y escondí tu talento en la tierra; aquí tienes lo que es tuyo. Respondiendo su señor, le dijo: Siervo malo y negligente, sabías que siego donde no sembré, y que recojo donde no esparcí. Por tanto, debías haber dado mi dinero a los banqueros, y al venir yo, hubiera recibido lo que es mío con los intereses. (25:19-27)

No se menciona el tiempo exacto que el dueño estuvo ausente, lo cual es irrelevante, solo que fue **mucho tiempo.** En el contexto del discurso del Monte de los Olivos, donde Jesús afirma varias veces que su segunda venida será en un momento en que no se lo espera (véase 24:36, 42, 44, 50; 25:13), la suposición es que **el señor de aquellos siervos vino** inesperadamente.

Lo primero al regresar fue determinar lo que los siervos habían hecho con los bienes que les había confiado, por lo que se sentó **y arregló cuentas con ellos.**

En este discurso Jesús estaba dirigiéndose a quienes estarían vivos en el momento de su regreso (24:34), y la declaración en la parábola de que **el señor** se había ido por **mucho tiempo** (cp. 25:5) sugiere que Jesús estaba diciéndoles de modo indirecto a los doce que su regreso no sería tan pronto como ellos anticipaban (véase Lc. 19:11). No les dijo que esto no ocurriría en la vida de los doce, porque eso habría tendido a disminuir la motivación que tenían por ser diligentes. La idea era que si Él se habría ido durante un tiempo al parecer largo o al parecer corto según cálculo humano, ellos tendrían oportunidad de servirlo y se verían obligados a estar pendientes de la obra del Señor.

Hace algunos años ciertos segmentos del evangelicalismo se ocuparon de antemano con el regreso de Cristo, y algunos miembros de iglesia renunciaron a sus trabajos o vendieron sus negocios y comenzaron a vigilar la aparición del Señor. Un hombre que yo conocía vendió todo lo que tenía por cerca de medio millón de dólares, parte de lo cual utilizó para comprar miles de Nuevos Testamentos y distribuirlos en todo el mundo. También compró y distribuyó varios adornos y baratijas religiosas que pensó que despertarían el interés de las personas por Cristo. Pero pronto quedó en bancarrota y tan frustrado y descorazonado que su confianza en el regreso inmediato del Señor resultó infundada.

Cuando aquel señor reunió a sus siervos para pedirles cuentas, el primero reportó: **Señor, cinco talentos me entregaste; aquí tienes, he ganado otros cinco talentos sobre ellos.** El hombre no estaba alardeando, sino simplemente relatando la verdad del asunto. No hay insinuación de orgullo o autocomplacencia. Él sabía que todo aquello con lo que comenzó se lo había entregado su **señor,** y que el siervo solo había cumplido con su deber. Mostró la actitud que Jesús dijo que todo discípulo obediente debía tener: "Así también vosotros, cuando hayáis hecho todo lo que os ha sido ordenado, decid: Siervos inútiles somos, pues lo que debíamos hacer, hicimos" (Lc. 17:10).

Casi al final de su vida, Pablo escribió a Timoteo: "Porque yo ya estoy para ser sacrificado, y el tiempo de mi partida está cercano. He peleado la buena batalla, he acabado la carrera, he guardado la fe. Por lo demás, me está guardada la corona de justicia, la cual me dará el Señor, juez justo, en aquel día" (2 Ti. 4:6-8). Pablo no estaba jactándose, sino simplemente expresando una profunda sensación de cumplimiento y regocijo. Tenía confianza en que el Señor conocía la integridad que había en su corazón y que sería fiel en premiarlo según las misericordiosas promesas hechas.

Cuando el **señor le dijo: Bien, buen siervo y fiel,** estaba elogiando más la actitud del siervo que simplemente su logro. En primer lugar, elogió el excelente carácter del hombre, que se expresó en excelente servicio.

Debido a que **señor** representa a Jesús mismo cuando regrese en gloria y poder para establecer su reino, es maravilloso considerar que el santo, justo y perfecto Señor del universo se dignará elogiar a sus discípulos verdaderos por la fidelidad que hayan mostrado, aunque haya sido imperfecta. Sin embargo, esa es la gloriosa perspectiva de todo hijo de Dios que, al igual que Pablo, ama la venida del Señor (2 Ti. 4:8).

El **señor** no solo elogió mucho a su siervo, sino que lo recompensó en gran manera, declarando: **sobre poco has sido fiel, sobre mucho te pondré.**

El Señor no solamente confiará tareas terrenales más grandes a quienes demuestran ser fieles, sino que su recompensa será oportunidad para servirle más a lo largo de la eternidad. Los siervos fieles de Cristo que vivan en la tierra cuando Él regrese entrarán al reino milenial en sus mismos cuerpos terrenales y se les dará responsabilidades acordes con la fidelidad que hayan mostrado. Los creyentes que hayan muerto o que hayan sido arrebatados vendrán a la tierra en cuerpos glorificados, y también recibirán autoridad en proporción a su fidelidad a Dios mientras vivieron en la tierra. Tanto en el milenio como en la manifestación eterna del reino, a quienes han sido fieles en la tierra se les pondrá **sobre mucho,** es decir, sobre cosas mayores y más significativas que aquellas **sobre** las cuales antes fueron administradores fieles.

De las muchas cosas que el cielo será, no será aburrido. Por ejemplo, nuestra perfección celestial no será cuestión de simplemente nunca cometer una equivocación. Tampoco será cuestión de anotar siempre un gol, por así decirlo. Más bien será un tiempo de constante expansión de servicio gozoso, y los santos que entonces servirán y se alegrarán más serán aquellos que han servido al Señor de manera más firme mientras estuvieron en la tierra. Cada alma en el cielo poseerá igualmente vida eterna y será igualmente justa, igualmente a semejanza de Cristo, e igualmente gloriosa. Cada una será igualmente perfecta, porque la perfección no tiene grados. La diferencia estará en oportunidades y niveles de servicio. Así como los ángeles sirven a Dios en rangos, así lo harán hombres y mujeres redimidos, y el grado de su servicio celestial será determinado por lo ferviente de su servicio terrenal.

El cielo no conllevará diferentes cualidades de servicio porque todo lo celestial es perfecto. Todo lo hecho por el Señor estará perfectamente bien y satisfactorio. No habrá distinciones de superioridad o inferioridad, y no habrá envidia, celos o cualquier otro remanente de naturaleza humana. Cualquiera que sea la categoría, la responsabilidad, o la oportunidad, estarán en la perfecta voluntad de Dios para cada individuo, y por tanto serán perfectamente disfrutadas. En una forma que está más allá de nuestra comprensión actual, los creyentes serán tanto iguales como desiguales en el milenio y en el estado eterno.

En la parábola de las minas, el noble que se fue a un país lejano a recibir un reino entregó a diez de sus siervos una mina con el encargo de que cada uno negociara con la suya hasta que él regresara. Cuando el hombre noble regresó, el siervo que había multiplicado diez veces su mina fue recompensado con autoridad sobre diez ciudades, y al que había multiplicado su mina cinco veces le dio autoridad sobre cinco ciudades (Lc. 19:12-19). En esa parábola es aún más explícito que Jesús estaba hablando de recompensas en el milenio y la eternidad, porque estas se otorgan de manera específica después que el reino del noble se ha establecido.

Y al igual que en la parábola de los talentos, las recompensas del reino se brindan en proporción a la fidelidad terrenal.

Jesús también menciona una segunda recompensa que el amo otorga al siervo fiel: entrar **en el gozo de** su **señor.** Los creyentes no solo serán recompensados en el cielo con oportunidad aún mayor de servicio, sino que incluso participarán en el divino **gozo de** su **señor.** Además de participar la divina impecabilidad y santidad del Señor, también tendrán en común el **gozo** divino **de** su **Señor.**

¡Imagínese el éxtasis consumado que los creyentes tendrán cuando comprendan por completo el significado de tener sus pecados abolidos eternamente y su justicia establecida por siempre! Fue la alegre perspectiva de proporcionar esa misericordiosa redención lo que motivó a que Cristo soportara la cruz y menospreciara su oprobio (He. 12:2).

El segundo siervo dio el mismo informe que el primero, con la única diferencia de que había duplicado **dos talentos** en lugar de cinco, de ahí que ganara **otros dos talentos.** La respuesta del señor al segundo también fue idéntica: **Bien, buen siervo y fiel; sobre poco has sido fiel, sobre mucho te pondré; entra en el gozo de tu señor.**

No obstante, el tercer siervo no presentó ganancias al señor sino una excusa acusatoria y egoísta. Tras no hacer nada con lo que se le había otorgado, **dijo: Señor, te conocía que eres hombre duro, que siegas donde no sembraste y recoges donde no esparciste; por lo cual tuve miedo, y fui y escondí tu talento en la tierra; aquí tienes lo que es tuyo.**

Al igual que los otros dos, ese siervo fue identificado como posesión del señor (véase v. 14), representativo de pertenecer a la Iglesia de Cristo antes de su segunda venida. Pero en dos modos distintos demostró que su identificación con Cristo era superficial y no implicaba auténtica fe o regeneración.

Primero, el hombre no produjo absolutamente nada con el talento que se le había otorgado, y ni siquiera hizo un intento de usarlo para beneficio y provecho de su señor.

Como ya se mencionó, este siervo no representa a un ateo o ni siquiera un agnóstico, porque reconoció al señor como su legítimo propietario y sin duda fingió honrarlo mientras estaba lejos. No utilizó mal su talento en actividades inmorales y egoístas como el hijo pródigo, ni lo desfalcó como el siervo despiadado de Mateo 18. Simplemente hizo caso omiso de la administración que se le había entregado.

De igual modo, los miembros incrédulos de la Iglesia viven en el ambiente de la comunidad redimida de Dios y disfrutan la exposición de la Palabra y la comunión del pueblo de Dios. Pero a pesar de su privilegio espiritual no dan ninguna respuesta positiva al evangelio, y por consiguiente no pueden prestar ningún servicio fructífero.

Segundo, este siervo demostró falsa lealtad al desaprobar el carácter de su señor, acusándolo con mucha dureza: **eres hombre duro, que siegas donde no sembraste y recoges donde no esparciste.** Acusó a su propietario de inmisericorde y deshonesto.

Ese siervo representa a los cristianos profesos cuyo conocimiento limitado de Dios los lleva a concluir que Él es distante, indiferente, injusto y poco confiable. En lugar de juzgarse ellos mismos a la luz de la infalible Palabra de Dios, tales individuos juzgan a Dios a la luz de las propias percepciones pervertidas que tienen. No solo se justifican a sí mismos, sino que lo hacen a expensas de Dios.

La opinión errónea que este hombre tiene del carácter de su señor es prueba suficiente de que no lo conocía de modo íntimo o confiable. Tal siervo describe al miembro no regenerado de iglesia que no lleva fruto espiritual en su vida y ninguna adoración espiritual en su corazón. Es ciego a la bondad, la gracia, la compasión, la misericordia, el honor, la majestad y la gloria de su Señor porque nunca se rindió personalmente a la soberanía y la gracia de Dios.

Todo acerca de dicho individuo contradice el compromiso profesado que muestra a su señor. En cierto modo tenía **miedo** a su señor, pero no se trataba de temor reverente sino de desprecio irreverente. Tal como atestiguaron sus propias palabras, el hombre sentía desprecio y molestia por su señor, y ningún amor o respeto en absoluto hacia él. Su relación con su señor era más de enemistad que de paz, de odio en lugar de amor, de rechazo en vez de fe.

Este siervo representa a los cristianos profesos cuya opinión de Dios es corrupta porque sus corazones no redimidos aún son corruptos. Personas así ven a Dios a través de los lentes de sus propias convicciones depravadas.

En respuesta a la racionalización del siervo infiel, el señor determinó: **Siervo malo y negligente, sabías que siego donde no sembré, y que recojo donde no esparcí. Por tanto, debías haber dado mi dinero a los banqueros, y al venir yo, hubiera recibido lo que es mío con los intereses.**

Este **siervo** fue **malo** en que mancilló injustamente el carácter de su señor, y fue **negligente** en que no hizo nada con el talento que se le confió. Al repetir la acusación del siervo contra el señor, este no reconoció la veracidad de lo que el sujeto dijo. Al contrario, en realidad declaró: "¿Crees que soy un hombre duro, que cosecho cultivos que no me pertenecen? Si creías realmente eso, ¿por qué no llevaste el talento y lo pusiste en el banco, donde por lo menos pudo haber ganado intereses?".

El antiguo Imperio Romano tenía un sistema bancario que era en muchos aspectos como el de hoy. La tasa máxima de para préstamos era de un 12 por ciento de interés simple, y es probable que los intereses ganados en depósitos fueran la mitad de esa tasa. Por tanto, el siervo con un solo talento pudo haber recogido al menos 6 por ciento de rendimiento por no hacer prácticamente ningún esfuerzo en absoluto. El hecho de que ni siquiera intentara ganar **intereses** simples sobre el dinero confirmó su total irresponsabilidad e indiferencia hacia su señor.

Aunque la acusación del siervo contra su dueño hubiera sido válida, no habría excusado tal indolencia. En todo caso, la habría vuelto más temeraria. El señor en realidad contestó: "Si creíste que exijo un rendimiento incluso sobre lo que no me pertenece, ¿no pensaste que exigiría un rendimiento sobre lo que *sí* me pertenece?". El siervo se había ahorcado verbalmente con su propia soga.

Lo cierto es que el siervo no tenía verdadera preocupación por su señor en una forma u otra, y su excusa parece haber sido más espontánea que planificada. No esperaba el regreso de su amo ni esperaba que le tomara cuentas, y cuando fue tomado por sorpresa simplemente lanzó una acusación indignante que no tenía ningún sentido.

La característica distintiva de los dos primeros siervos fue que utilizaron su oportunidad para servir al Señor antes de que regrese, lo cual esperaban con ansias, y por tanto demostraron la autenticidad de la salvación que tenían. Estuvieron dispuestos a invertir todo lo que tenían en el servicio de su Señor. Por el contrario, el tercer siervo desechó lo que Dios le había dado y se dedicó a sus propios asuntos egoístas. Se llamaba a sí mismo siervo de Dios, pero demostró en forma contundente que no lo era.

El señor se enojó con el tercer siervo no simplemente porque perdió un beneficio sino porque desperdició la oportunidad que tuvo. La enseñanza de Jesús fue que tener poco con qué trabajar no es excusa para no usarlo en absoluto. Incluso una persona con exposición limitada a la Biblia, que posee pocos talentos y tiene pocas oportunidades de servir está totalmente obligada a usar esas bendiciones en el servicio a Dios.

En la obra teatral *Asesinato en la catedral,* de T. S. Eliot, el coro canta: "Sin embargo, hemos seguido viviendo, y lo hemos hecho parcialmente vivos". Tales palabras son reminiscencia de los tres siervos en esta parábola. Dos de ellos estaban realmente vivos, mientras que el otro solo tenía apariencia de vida. Dos de ellos construyeron sus casas sobre una base en la roca, el otro construyó la suya sobre la arena. Dos de ellos eran trigo, el otro era cizaña.

El beneficio obtenido por los primeros dos siervos representa el logro y la satisfacción de una vida que pertenece al Señor y que está fielmente dedicada a su servicio. El fracaso del tercer siervo en utilizar lo que su señor le había confiado representa lo vacío, inútil y despreciable de una vida en la que la profesión de fe en Cristo demuestra ser falsa y sin sentido debido al negligente desperdicio del privilegio y la oportunidad.

LA RECOMPENSA QUE OBTENEMOS

Quitadle, pues, el talento, y dadlo al que tiene diez talentos. Porque al que tiene, le será dado, y tendrá más; y al que no tiene, aun lo que tiene le será quitado. Y al siervo inútil echadle en las tinieblas de afuera; allí será el lloro y el crujir de dientes. (25:28-30)

Jesús dejó en claro que la Iglesia visible siempre incluirá cristianos auténticos y falsos. Toda iglesia tiene cizaña que solo Dios puede distinguir del trigo. El verdadero carácter que poseen no lo determina lo que hacen externamente, porque los incrédulos pueden ser muy activos en la iglesia y al parecer estar interesados en la obra. No obstante, en lo que al Señor respecta, la obra que ellos hacen no es en servicio a Dios o para beneficiar el reino. Hagan lo que hagan tales individuos con las habilidades que han recibido del Señor, espiritualmente son improductivos y bien podrían estar escondidos. No habrá servicio aceptable ofrecido al Señor que no sea el ofrecido por creyentes verdaderos en el reino de Dios, el reino de su gobierno soberano (ya sea en la iglesia terrenal visible o en el reino milenial).

Por tanto, cuando Cristo regrese ordenará en forma figurada: **Quitadle, pues, el talento, y dadlo al que tiene diez talentos.** Tal como había declarado al menos en una ocasión anterior (véase Mt. 13:12), Jesús ahora volvió a declarar: **Porque al que tiene, le será dado, y tendrá más; y al que no tiene, aun lo que tiene le será quitado.**

Quienes por su fecundidad espiritual demuestran que pertenecen a Dios recibirán aún mayor oportunidad de dar fruto para Él. Pero aquellos que por su improductividad demuestran que no pertenecen a Dios perderán hasta los beneficios que una vez tuvieron. Tal individuo **no tiene** ninguna de las bendiciones verdaderas de parte de Dios por haberlas hecho inútiles debido a desuso. Pero la realidad de lo que tales bendiciones pudieron haber sido será para alguien que ha demostrado autenticidad. El principio divino es que quienes confían en Cristo ganarán todo, y los que no confían en Él perderán todo.

El tercer siervo no fue simplemente infiel sino falto de fe. Un cristiano verdadero que desperdicia sus capacidades, dones espirituales, y oportunidades tendrá su obra quemada, y "sufrirá pérdida, si bien él mismo será salvo, aunque así como por fuego" (1 Co. 3:15). Sin embargo, las personas representadas por este siervo no tienen fe en absoluto, y por tanto ninguna relación salvadora con Dios. No importa cuánto podría parecer que hayan sido bendecidas por Dios y que le hayan servido, un día oirán de los propios labios del Señor las devastadoras palabras: "Nunca os conocí; apartaos de mí, hacedores de maldad" (Mt. 7:23).

El tercer **siervo** era totalmente **inútil,** y su destino fue ser echado **en las tinieblas de afuera; allí será el lloro y el crujir de dientes.** Tal como el hombre que sin usar la vestimenta apropiada trató de colarse en la fiesta de bodas del rey (Mt. 22:11-13), este siervo improductivo y falso estaba destinado a la perdición.

En el Nuevo Testamento **tinieblas de afuera** es una descripción común del infierno. Juan declaró: "Dios es luz, y no hay ningunas tinieblas en él" (1 Jn. 1:5). Luz significa la presencia de Dios, y **tinieblas** significa ausencia de Él. El infierno no solo es oscuridad eterna sino tormento eterno. **Allí será el lloro y el crujir de dientes,** que significa la agonía incesante de estar separados de la presencia y la bondad de Dios.

Cuando el Hijo del Hombre venga en su gloria, y todos los santos ángeles con él, entonces se sentará en su trono de gloria, y serán reunidas delante de él todas las naciones; y apartará los unos de los otros, como aparta el pastor las ovejas de los cabritos. Y pondrá las ovejas a su derecha, y los cabritos a su izquierda. Entonces el Rey dirá a los de su derecha: Venid, benditos de mi Padre, heredad el reino preparado para vosotros desde la fundación del mundo. Porque tuve hambre, y me disteis de comer; tuve sed, y me disteis de beber; fui forastero, y me recogisteis; estuve desnudo, y me cubristeis; enfermo, y me visitasteis; en la cárcel, y vinisteis a mí. Entonces los justos le responderán diciendo: Señor, ¿cuándo te vimos hambriento, y te sustentamos, o sediento, y te dimos de beber? ¿Y cuándo te vimos forastero, y te recogimos, o desnudo, y te cubrimos? ¿O cuándo te vimos enfermo, o en la cárcel, y vinimos a ti? Y respondiendo el Rey, les dirá: De cierto os digo que en cuanto lo hicisteis a uno de estos mis hermanos más pequeños, a mí lo hicisteis. Entonces dirá también a los de la izquierda: Apartaos de mí, malditos, al fuego eterno preparado para el diablo y sus ángeles. Porque tuve hambre, y no me disteis de comer; tuve sed, y no me disteis de beber; fui forastero, y no me recogisteis; estuve desnudo, y no me cubristeis; enfermo, y en la cárcel, y no me visitasteis. Entonces también ellos le responderán diciendo: Señor, ¿cuándo te vimos hambriento, sediento, forastero, desnudo, enfermo, o en la cárcel, y no te servimos? Entonces les responderá diciendo: De cierto os digo que en cuanto no lo hicisteis a uno de estos más pequeños, tampoco a mí lo hicisteis. E irán éstos al castigo eterno, y los justos a la vida eterna. (25:31-46)

La Biblia deja en claro que todo pecado es conocido por Dios y que todo pecado será castigado. Moisés declaró: "Sabed que vuestro pecado os alcanzará" (Nm. 32:23), y el escritor de Proverbios atestiguó que "el mal perseguirá a los pecadores" (Pr. 13:21). Moisés también escribió: "Pusiste nuestras maldades delante de ti, nuestros yerros a la luz de tu rostro" (Sal. 90:8). Es decir, lo que podría parecernos que está en secreto en realidad está a la vista total y clara de Dios. Ningún pecado escapa a la atención ni al juicio de Dios. La consecuencia del pecado es como una sombra que no puede ser sacudida, y al malvado "mal le irá, porque según las obras de sus manos le será pagado" (Is. 3:11). El juicio por el pecado es inevitable.

Pablo resume esa verdad fundamental en su carta a los romanos: "La ira de Dios se revela desde el cielo contra *toda* impiedad e injusticia de los hombres que detienen con injusticia la verdad" (1:18, cursivas añadidas). Más adelante en esa misma carta el apóstol escribió: "Tribulación y angustia sobre *todo* ser humano que hace lo malo" (2:9, cursivas añadidas). Ningún pecado y ningún pecador están exentos del juicio y el castigo de parte de Dios.

Ni siquiera los pecados de los cristianos están exentos. No obstante, el maravilloso y compasivo privilegio concedido a los cristianos es haber puesto el juicio y el castigo por todos sus pecados sobre el Señor Jesucristo, quien murió como substituto por los pecadores. Por medio de la divina gracia de Dios obrando a través de la confianza obediente en el Hijo, la culpa y el castigo para los creyentes a causa de sus pecados son clavados a la cruz de Cristo.

Pero quienes no reciben a Jesucristo como Señor y Salvador deben llevar el castigo por sus propios pecados, lo que equivale a muerte espiritual y condenación eterna. La advertencia para los incrédulos se declara con palabras una y otra vez en la Biblia, y se demuestra por hechos directos de juicio divino. Cuando Adán cometió el primer pecado hubo juicio de enormes proporciones que confirmó para toda época la seriedad con que Dios ve la maldad. Ese pecado cometido por un hombre no solo devastó a la humanidad sino a todo el universo creado con ella. La iniquidad durante el tiempo de Noé se había vuelto tan generalizada y vil que Dios destruyó a todo el género humano excepto a las ocho almas justas en la familia inmediata de Noé. Sodoma y Gomorra se volvieron tan totalmente malvadas que Dios destruyó esas ciudades simultáneamente con fuego y azufre (Gn. 19:24-25). A lo largo de la historia Dios ha decidido juzgar a ciertas naciones, ciudades (véase Mt. 11:21-24) e individuos, y tales juicios se presentan como señales para la humanidad pues advierten que ninguna persona o grupo de personas, sin que importen cuán poderosas sean mediante normas humanas, pueden pecar sin impunidad (cp. 1 Co. 10:6-12).

El juicio de Dios es un tema repetido en el Antiguo y Nuevo Testamentos. El juicio resaltado en el Antiguo Testamento es principalmente temporal, mientras que en el Nuevo Testamento es principalmente eterno. Con importantes excepciones, el Antiguo se enfoca en el castigo que se sufre en este mundo, y el Nuevo se enfoca en el castigo que se sufrirá en el próximo. El Antiguo habla más a menudo de la destrucción física que Dios hace a las naciones, castigando ciudades o afligiendo a individuos debido a su maldad. Por otra parte, el Nuevo habla con más frecuencia de juicio que perdura por toda la eternidad.

Nadie en la Biblia habló más de juicio que Jesús. Habló del pecado que no podía perdonarse, del peligro de perder el alma para siempre, de pasar la eternidad en los tormentos del infierno, de existir por siempre en total oscuridad donde habrá perpetuo lloro y crujir de dientes. No hay imágenes de juicio más intensas y aleccionadoras que las que Jesús describió.

Sin embargo, nada que Jesús dijera o hiciera fue incongruente con su amor compasivo. Él lloró ante el inminente castigo que venía sobre los habitantes de Jerusalén (Lc. 19:41-44). Las advertencias de juicio y castigo que Él hizo fueron actos de amor y apelaciones divinas a que los hombres se volvieran de sus pecados con el fin de escapar a la condenación que de otro modo sería inevitable. Uno de los deseos supremos del amor es proteger del peligro a los seres amados, y en consecuencia Jesús habla tanto de juicio porque en su infinito amor y gracia el deseo tanto de Él como del Padre es "que ninguno perezca, sino que todos procedan al arrepentimiento" (2 P. 3:9). ¿Qué advertencia más importante y tierna podía haber que advertir acerca de la condenación eterna que separado de Jesucristo todo ser humano enfrenta? Jesús trató de acercar a los hombres a sí mismo no solo por medio de lo atractivo de la salvación sino también a través de los horrores de la única alternativa a esa salvación.

Las palabras finales de Jesús en el discurso del Monte de los Olivos, un sermón sobre su segunda venida dado en privado a los discípulos después de su última enseñanza pública en el templo, constituyeron una de las advertencias de juicio más severas y aleccionadoras en toda la Biblia. Descrito como la separación divina de las ovejas justas de las cabras injustas, ese juicio ocurrirá justo antes que Cristo establezca su reino milenial en la tierra. El discurso no solo determinará los destinos definitivos y eternos de todos los seres humanos vivos al final de la tribulación, sino que también determinará quién entrará y quién no entrará al reino. Solo aquellos que pertenecen al Rey, los creyentes que han nacido dentro de la familia espiritual de Dios y que se han convertido en ciudadanos de su reino espiritual, entrarán en el reino glorioso.

El juicio de las ovejas y las cabras no se menciona en ninguno de los otros evangelios, sin duda porque no se enfoca en la realeza de Cristo, como hace Mateo. Por eso mismo Mateo pone un énfasis mucho mayor en todos los aspectos de la segunda venida del Señor de lo que hacen los demás evangelios, porque es en su regreso que se manifestará como Rey de reyes y Señor de señores en consagrada gloria y poder real (Ap. 19:11-16).

LA DETERMINACIÓN DEL JUICIO

Cuando el Hijo del Hombre venga en su gloria, y todos los santos ángeles con él, entonces se sentará en su trono de gloria, y serán reunidas delante de él todas las naciones; (25:31-32*a*)

EL JUICIO

Cuando el Hijo del Hombre (25:31*a*)

En la separación de las ovejas de las cabras el Juez soberano será el mismo Cristo, **el Hijo del Hombre.** Jesús ya había declarado que "el Padre a nadie juzga, sino que todo el juicio dio al Hijo, para que todos honren al Hijo como honran al Padre" (Jn. 5:22-23). Dios el Padre ha delegado toda autoridad de juicio al Hijo, el Señor Jesucristo.

El título más común que Jesús utilizó para sí mismo fue **Hijo del Hombre.** Ese título afirmó su encarnación, su identidad con la humanidad, y su tiempo de humillación y sacrificio. Reflejó su condescendencia, sumisión, humildad, mansedumbre y su misericordioso amor por la humanidad caída.

Tal título también tendía a ser menos ofensivo que "Hijo de Dios". Haberse referido con regularidad a sí mismo como el Hijo de Dios habría levantado hostilidad adicional e innecesaria de parte de los líderes religiosos judíos, y ellos habrían prestado aún menos atención a las enseñanzas de Jesús de lo que hicieron.

De igual manera, haber referido a sí mismo con regularidad como Rey habría despertado la hostilidad y la oposición de las autoridades romanas, que eran rápidas en suprimir cualquier atisbo de insurrección.

Además de dichas razones, si con regularidad Jesús hubiera usado alguno de tales títulos exaltados para sí, habría tentado a sus seguidores a ser presuntuosos y arrogantes, haciendo caso omiso al mensaje de salvación espiritual. Esto habría aumentado en gran manera la ya ferviente convicción de ellos en que como Mesías, Jesús pronto derrocaría el yugo romano y establecería su reino terrenal sobre el trono de David.

Además de esas razones, que Jesús se refiriera a sí mismo como **Hijo del Hombre** proporcionaba un contraste profundo con los títulos y papeles que tendrá cuando venga en gloria. Esto sugiere una clara distinción entre sus dos venidas.

Por otra parte, que se refiriera a sí mismo como **Hijo del Hombre** y Rey celestial (vv. 34, 40) reforzó la verdad de que en realidad era ambas cosas. El condescendiente, humilde y humillado **Hijo del Hombre** regresará un día como el glorioso, soberano, reinante y juez Rey de reyes y Señor de señores.

Hasta este momento en su ministerio Jesús nunca se había referido directamente a sí mismo como Rey. Había contado una parábola acerca de un rey que representaba a Dios el Padre (Mt. 22:1-14); pero recién ahora, y hablando en privado a los doce (24:3), hizo alusión a *sí mismo* como Rey. Incluso cuando Pilato le preguntó: "¿Eres tú el Rey de los judíos?". Jesús contestó simplemente: "Tú lo dices" (Mt. 27:11). Pero Pilato no tomó en serio esa declaración, al menos no en un sentido político, como lo demuestra el hecho de que ofreció a los judíos una oportunidad de asegurar la liberación de Jesús, "porque sabía que por envidia le habían entregado" (vv. 17-18).

Durante mucho tiempo el pueblo judío, y desde luego sus líderes religiosos, supieron que Jesús afirmaba ser una clase de rey porque afirmaba ser Mesías (véase Lc. 23:2). Debido a eso esperaban que como Mesías conquistara Roma y reinara sobre un Israel libre que lo había aclamado durante la entrada triunfal. No había ningún malentendido entre el pueblo en cuanto a que Jesús afirmaba ser Mesías, el venidero gran Rey. Tampoco podía haber malentendido en que Él afirmaba ser el propio Hijo de Dios. Sin embargo, públicamente Jesús siempre fue prudente en la forma en que utilizó tales declaraciones. Él no quería incitar innecesariamente la ira de sus enemigos.

No obstante, ahora en privado con sus discípulos en el Monte de los Olivos, Jesús declaró sin ambages que Él, **el Hijo del Hombre,** un día iba a asumir su legítimo lugar como el gran Rey y Juez. El punto de este relato es que, sentado "en su trono de gloria" (v. 31), reinará sobre la tierra y que su primer acto como Señor soberano será decidir quién entra a su reino milenial y terrenal, y quién no entra. Debido a que su reino abarcará todo el planeta, es obvio que a quienes no se les permita entrar no permanecerán en la tierra. Según Jesús declara de manera explícita, "irán éstos al castigo eterno" (v. 46).

La certeza del juicio final que Dios hará a los malvados fue profetizado incluso por "Enoc, séptimo desde Adán". A través de revelación divina, ese antiguo hombre de Dios declaró: "He aquí, vino el Señor con sus santas decenas de millares, para hacer juicio contra todos, y dejar convictos a todos los impíos de todas sus obras impías que han hecho impíamente, y de todas las cosas duras que los pecadores impíos han hablado contra él" (Jud. 14-15).

En vista de la total y perfecta santidad del Todopoderoso, y de la persistente pecaminosidad e impiedad del ser humano que señaló Enoc, lo que asombra no es la venida del Señor en ira a fin de dictar sentencia, sino más bien su primera venida en gracia para ofrecer salvación. Lo maravilloso no es que un día Jesús vendrá en gloria para juzgar al mundo, sino que vino primero en humildad para salvar a pecadores. Lo fantástico no es que Dios prometa condenar a pecadores por sus pecados, sino que primero les ofrezca libertad de su maldad. Al venir a salvar a quienes confían en Él, el Señor Jesucristo demostró su gran amor por los desafortunados llevando el castigo de los pecados de estos, y muriendo la muerte que merecían. Lo extraordinario es que Él viniera a redimir pecadores que solo son dignos del juicio divino.

EL TIEMPO

venga en su gloria, y todos los santos ángeles con él, (25:31*b*)

El momento del juicio será el regreso de Cristo, cuando **venga en su gloria.** Aunque no sabemos en qué instante exacto en la historia ocurrirá ese hecho (Mt. 24:36, 42, 44, 50), sabemos que Él aparecerá "inmediatamente después de la tribulación" (24:29).

Al parecer el juicio será instantáneo, en el momento en que Jesús aparezca, y cuando eso ocurra habrá pasado la oportunidad de tener fe en Él. Como se describe en la parábola de las vírgenes, cuando el esposo llegue, la puerta se cerrará (Mt. 25:10). Cuando el Señor venga a la tierra en gloria con sus ángeles y sus santos, los incrédulos que entonces estén vivos no tendrán oportunidad de recibirlo como Mesías.

La tribulación total durará siete años, y la segunda mitad de ella, la gran tribulación, durará tres años y medio, o mil doscientos sesenta días (Dn. 7:25; 9:27; 12:7; Ap. 11:2-3; 12:14; 13:5). Daniel también habló de un período extendido de mil doscientos noventa días (Dn. 12:11), treinta días más que los básicos mil doscientos sesenta de la gran tribulación, y luego de un período de mil trescientos treinta y cinco días (Dn. 12:12), añadiendo otros cuarenta y cinco días para hacer una adición total de setenta y cinco. Según se sugirió en el capítulo 127 de esta obra, parece que la mejor explicación para tales días adicionales es que cubrirán el tiempo en que el Mesías desciende al Monte de los Olivos, crea el gran valle en el cual las naciones del mundo serán juzgadas, y luego ejecuta ese juicio (véase Zac. 14:4-5). Pero pase lo que pase durante esos días adicionales, ya no habrá más oportunidad para que las personas reciban y confiesen a Jesucristo como su Señor.

Acompañando y asistiendo al Señor en su aparición en gloria y juicio estará el magnífico ejército de todos sus **ángeles** celestiales. Pablo afirma que en ese tiempo se manifestará "el Señor Jesús desde el cielo con los ángeles de su poder, en llama de fuego, para dar retribución a los que no conocieron a Dios, ni obedecen al evangelio de nuestro Señor Jesucristo" (2 Ts. 1:7-8).

Cuando Él aparezca, "inmediatamente después de la tribulación de aquellos días, el sol se oscurecerá, y la luna no dará su resplandor, y las estrellas caerán del cielo, y las potencias de los cielos serán conmovidas. Entonces aparecerá la señal del Hijo del Hombre en el cielo; y entonces lamentarán todas las tribus de la tierra, y verán al Hijo del Hombre viniendo sobre las nubes del cielo, con poder y gran gloria. Y enviará sus ángeles con gran voz de trompeta" (Mt. 24:29-31).

El Señor vendrá no solo con sus ángeles sino con sus santos. Pablo aseguró a los creyentes colosenses: "Cuando Cristo, vuestra vida, se manifieste, entonces vosotros también seréis manifestados con él en gloria" (Col. 3:4). Los santos del Antiguo Testamento, los santos de la Iglesia que habrán muerto, los santos que habrán sido arrebatados, y los santos que habrán sido martirizados durante la tribulación acompañarán todos a Cristo y se unirán a los santos que aún estén vivos en la tierra cuando Él descienda para establecer su reino milenial.

EL LUGAR

entonces se sentará en su trono de gloria, (25:31*c*)

El lugar del juicio de Cristo será en la tierra, donde **se sentará en su trono de gloria.** Entonces "lo dilatado de su imperio y la paz no tendrán límite, sobre el trono de David y sobre su reino, disponiéndolo y confirmándolo en juicio y en justicia desde ahora y para siempre" (Is. 9:7). Cristo reinará primero sobre la tierra restaurada durante mil años y luego sobre los recién creados cielos nuevos y tierra nueva por toda la eternidad.

Cuando María aún estaba desposada con José, el ángel le declaró: "Ahora, concebirás en tu vientre, y darás a luz un hijo, y llamarás su nombre JESÚS. Este será grande, y será llamado Hijo del Altísimo; y el Señor Dios le dará el trono de David su padre; y reinará sobre la casa de Jacob para siempre, y su reino no tendrá fin" (Lc. 1:31-33).

El trono de David estaba en Jerusalén, y por tanto allí es donde estará el trono de Cristo. Cuando Jesús regrese, "se afirmarán sus pies en aquel día sobre el monte de los Olivos, que está en frente de Jerusalén al oriente; y el monte de los Olivos se partirá por en medio, hacia el oriente y hacia el occidente, haciendo un valle muy grande; y la mitad del monte se apartará hacia el norte, y la otra mitad hacia el sur" (Zac.14:4). De ese pasaje se hace evidente que la Jerusalén que exista entonces será completamente transformada para adecuarse como el lugar del divino **trono de gloria** de Cristo.

De cuando el Señor regrese, la profecía comenta: "Despiértense las naciones, y suban al valle de Josafat; porque allí me sentaré para juzgar a todas las naciones de alrededor. Echad la hoz, porque la mies está ya madura. Venid, descended, porque el lagar está lleno, rebosan las cubas; porque mucha es la maldad de ellos. Muchos pueblos en el valle de la decisión; porque cercano está el día de Jehová en el valle de la decisión" (Jl. 3:12-14). Pero las decisiones en ese día no las harán hombres sino Dios. El tiempo para tomar la decisión de recibir a Cristo habrá concluido, y las decisiones que las personas ya habrán tomado con relación a Él determinarán la decisión de Cristo con relación a ellas. Aquellos para quienes Él es Señor y Salvador entrarán al reino, y quienes lo han rechazado quedarán excluidos para siempre. En ese tiempo "Jehová rugirá desde Sion, y dará su voz desde Jerusalén, y temblarán los cielos y la tierra; pero Jehová será la esperanza de su pueblo, y la fortaleza de los hijos de Israel. Y conoceréis que yo soy Jehová vuestro Dios, que habito en Sion, mi santo monte; y Jerusalén será santa, y extraños no pasarán más por ella" (Jl. 3:16-17).

En la ascensión un ángel dejó en claro que el regreso de Jesús sería corporal e histórico, no figurado o simplemente espiritual. A los asombrados discípulos les comunicó: "Este mismo Jesús, que ha sido tomado de vosotros al cielo, así vendrá como le habéis visto ir al cielo" (Hch. 1:11). Cuando el Señor regrese a la tierra reinará personalmente en un **trono** literal, en una Jerusalén literal, y sobre un pueblo literal.

LOS SUJETOS A JUICIO

y serán reunidas delante de él todas las naciones; (25:32*a*)

Los sujetos al juicio de Cristo serán **todas las naciones.** *Ethna* (**naciones**) tiene el significado básico de pueblos, y aquí se refiere a toda persona que esté viva cuando el Señor regrese. A pesar de que en el arrebatamiento Él se habrá llevado al cielo a todos los creyentes, durante los siete años siguientes de la tribulación muchas otras personas llegarán a creer en Jesús. Durante ese tiempo terrible, multitudes de gentiles (véase Ap. 7:9, 14), como también todos los judíos sobrevivientes (Ro. 11:26), serán llevados a la fe en Cristo.

Tal como Jesús deja en claro más adelante en este pasaje, entre quienes estén vivos en la tierra cuando Él regrese estarán incluidos tanto salvos como no salvos, representados respectivamente por las ovejas y las cabras. Y esos dos grupos separados de personas tendrán dos destinos distintos. Los creyentes serán conducidos al reino y los incrédulos al castigo eterno (Mt. 25:46).

Así como la muerte cristaliza de inmediato la eternidad para los incrédulos cuando estos mueren, así la segunda venida de Cristo cristaliza la eternidad para los incrédulos que entonces estén vivos. Estos serán destruidos en el acto y llevados al instante al juicio y al castigo eterno.

Sin embargo, los creyentes que estén vivos durante la venida en gloria del Señor entrarán directamente al reino terrenal en sus cuerpos terrenales. No existe indicio en la Biblia de que tales santos vayan a experimentar algún tipo de transformación en ese tiempo. Pero mezclados con ellos y gobernando sobre ellos estarán los santos glorificados de todas las épocas que entonces estarán reinando con Cristo (Ap. 20:4). Aunque sus cuerpos serán de muy diferentes órdenes, esos dos grupos de santos podrán comunicarse e interactuar mutuamente, tal como en su cuerpo glorificado Jesús se comunicó con los discípulos después de la resurrección.

Algunos amilenaristas no creen que Cristo gobernará en un reino literal de mil años en la tierra. Consideran que el milenio será una imagen figurada y espiritualizada del reino de Cristo en la tierra a través de los corazones de su pueblo redimido. No obstante, ¿Cuál sería el propósito de que Dios diera a sus santos cuerpos glorificados capaces de vivir en la tierra física si nunca tendrían la oportunidad de vivir en ella? El Cristo resucitado fue el ejemplo perfecto del reino milenial en que los santos glorificados vivirán, porque antes de su ascensión el Señor demostró su capacidad de vivir en esta tierra en el mismo cuerpo glorificado que por siempre ocuparía el cielo.

Habrá reproducción durante el reino, pero al parecer no todos los hijos que nazcan a las personas redimidas que entren allí se convertirán a su vez en redimidos, no más de lo que los hijos que nacen de padres redimidos en cualquier época necesariamente llegan a ser redimidos. Al final del reino del milenio parece haber muchos incrédulos, quienes participarán en la rebelión final de Satanás contra Dios (Ap. 20:7-9). Es obvio que tales rebeldes serán descendientes de los santos que entraron directamente al reino en el regreso de Cristo. No debemos sorprendernos de que haya quienes no crean en Cristo aunque Él se encuentre en la misma presencia de ellos. La mayoría de sus oyentes tampoco creyó la primera vez que Él vino a la tierra.

Esa última rebelión contra el Cristo glorificado y contra su reino de perfecto amor, sabiduría, justicia y rectitud moral ofrece un testimonio final e irrefutable de la depravación natural del ser humano. A pesar de que el ambiente en que estas personas vivirán será perfecto en todo aspecto, y que Satanás estará atado y será incapaz de tentar o influir en alguna otra manera en los seres humanos, algunos individuos sin embargo rechazarán a Cristo incluso durante el milenio. La única fuente posible del pecado y la rebelión en ellos serán sus propios corazones corrompidos (cp. Jer. 17:9).

Contrario a lo que algunos maestros y teólogos bíblicos afirman, la idea de un milenio literal, físico y terrenal no se originó en los tiempos modernos. Como el perspicaz teólogo alemán Erich Sauer ha documentado muy bien, creer en tal reino literal milenario en la tierra era la opinión común y ortodoxa de la iglesia primitiva, desde los tiempos del Nuevo Testamento a través de la mitad del siglo III (véase su *Triunfo del crucificado* [Grand Rapids: Portavoz, 1980]). Padres de la iglesia primitiva como Papías, Justino, Tertuliano e Hipólito ratificaron un futuro y literal reino terrenal gobernado directamente por Cristo. Fue solo después, cuando la hermenéutica alegórica se puso de moda, que el milenarismo literal fue rechazado a favor de una interpretación espiritualizada (s.p.).

Aquellos que rechazan un milenio literal deben hacer una o más de tres cosas. La primera es confundir a Israel con la Iglesia, tomando a esta última como una forma espiritualizada de la antigua nación de Israel. En tal caso, las maldiciones del Antiguo Testamento fueron para el Israel literal, habiéndose cumplido ya, y las promesas de bendición para Israel estarían cumplidas en la Iglesia, pero en una forma espiritual, no literal. Ese tipo de hermenéutica dividida e incongruente es inaceptable. Lo segundo es hacer presente o pasado lo que claramente es futuro, al suponer que todas las promesas para la nación y el pueblo literal de Israel ya se han cumplido, lo que hace innecesario el reino terrenal. Lo tercero es espiritualizar de manera arbitraria ciertas profecías del Antiguo Testamento, tomando lugares, hechos o personas que se han profetizado como si fueran simplemente símbolos de verdades espirituales en lugar de realidades físicas e históricas.

En el libro que se acaba de mencionar (s.p.), Erich Sauer sugiere cinco argumentos convincentes para un futuro reino literal e histórico. Primero, tal reino sería la única confirmación adecuada de la veracidad y confiabilidad de las promesas de Dios. Isaías predijo que el Mesías establecería un reino eterno en el trono de David (Is. 9:6-7). Pablo declaró que "irrevocables son los dones y el llamamiento de Dios", refiriéndose específicamente a las promesas divinas para el antiguo Israel (Ro. 11:29). Pero si tales promesas hubieran sido tan solo figuradas, su cumplimiento nunca se verificaría y no tendría sentido. En particular, las profecías acerca del Mesías no tendrían significado claro y nunca podrían verificarse. Pero Isaías mismo declaró que las promesas del Señor son más inamovibles que los montes (Is. 54:10), y que el tesón de Israel como nación será tan permanente como los cielos nuevos y la tierra nueva que un día el Señor creará (66:22). Jeremías afirmó que las promesas de pacto de Dios son más seguras que el patrón de la noche que sigue al día (Jer. 33:20), y más estables que los cursos del sol, la luna, y las estrellas (31:35-36).

Segundo, un reino milenial terrenal es la única explicación de los tiempos finales que corresponde a la enseñanza de Jesús en los evangelios. Por ejemplo, la promesa que les hizo a los apóstoles de que un día ellos se sentarán "sobre doce tronos, para juzgar a las doce tribus de Israel" (Mt. 19:28) no tendría sentido aparte de una restauración literal e histórica de Israel.

Tercero, un reino milenial terrenal es la única interpretación coherente de la profecía mesiánica. Es obvio por los registros del evangelio que gran parte de dichas profecías se cumplió literalmente durante la vida de Jesús. Él nació en Belén, tal como Miqueas había profetizado (5:2). Entró en Israel montado en una asna, fue traicionado por treinta monedas de plata, y le perforaron el costado, tal como Zacarías había predicho (9:9; 11:12; 12:10). Sus pies y manos fueron literalmente perforados, con la exactitud que el salmista había predicho (22:16; cp. 16:10), y resultó literalmente muerto, fue sepultado, y resucitó, tal como Isaías predijo (53:8-12).

Dichos cumplimientos fueron tan obviamente literales que nadie sugiere que sus predicciones fueran tan solo símbolos de verdades espirituales. Sin embargo, muchas otras predicciones igualmente específicas y detalladas acerca del Mesías, tales como que establezca un trono eterno sobre el reino de David, es obvio que *no* se cumplieron durante el ministerio terrenal de Jesús. Por tanto, rechazar la idea de un milenio literal es sostener que algunas de las profecías del Antiguo Testamento fueron literales y otras no lo fueron. Tomar tal posición es suponer de manera arbitraria que todas las profecías no cumplidas literalmente por los tiempos del Nuevo Testamento deben ser espiritualizadas.

En el tiempo que fueron escritas, *todas* las predicciones del Antiguo Testamento obviamente pertenecían al futuro. ¿Por qué lógica entonces alguien toma algunos de sus cumplimientos como literales y otros solo como figurados?

Cuarto, un reino terrenal visible es la mejor manera posible para que Jesucristo demuestre que Él es el gobernante supremo sobre su creación. ¿Cómo más podría probarse que es el Rey de reyes y Señor de señores? ¿Cómo podría verificar que su gobierno es superior al de todos los demás monarcas si no tuviera la oportunidad de dirigir un reino terrenal? ¿De qué mejor manera podría probar que Él mismo es el Rey supremamente justo, que haciendo justicia de modo personal a sus súbditos? ¿De qué modo podría demostrar mejor que Él mismo es el Señor infinitamente misericordioso, que mostrando de manera personal misericordia sobre sus súbditos? Para hacer tales cosas tendría que tener un reino terrenal, porque en el cielo no habría necesidad ni de justicia ni de misericordia.

¿Podría ser que además del breve tiempo entre la creación y la caída de Adán el mundo no conociera más dominio que el de Satanás? ¿Podría ser que Dios destruiría de modo literal pero no restauraría de modo literal esta enorme creación, toda la cual anhela ser "libertada de la esclavitud de corrupción, a la libertad gloriosa de los hijos de Dios" y que en ese anhelo "gime a una, y a una está con dolores de parto hasta ahora" (Ro. 8:21-22)?

El reino milenial perfecto atestiguará a través de toda la eternidad que Jesucristo es el soberano supremo, el único que puede traer armonía y paz absolutas a un mundo que todavía está infectado por el pecado.

Quinto, un reino milenial terrenal es el único y necesario puente entre la historia humana y la gloria eterna. Pablo declara que al final Cristo entregará "el reino al Dios y Padre, cuando haya suprimido todo dominio, toda autoridad y potencia" y entonces "preciso es que él *reine* hasta que haya puesto a todos sus enemigos debajo de sus pies" (1 Co. 15:24-25, cursivas añadidas). ¿Qué otro reino podría Cristo entregar a su Padre sino uno terrenal? El Padre ya posee el reino de los cielos. El milenio no podría referirse a la Iglesia como una forma espiritualizada del reino, porque el reino que Cristo entregará al Padre incluirá a sus enemigos sometidos, de los cuales ninguno habrá en la Iglesia redimida. Además, habrá un reino sobre el cual Cristo ejerce autoridad total, lo cual no podría aplicarse a ningún reino que el mundo ha conocido hasta ahora, incluso la antigua teocracia de Israel durante sus días más fieles.

El reino de mil años de Cristo solo puede referirse a un reino terrenal literal que Jesucristo podría entregar al Padre en la manera que Pablo describe en 1 Corintios 15. Es el reino de una tierra literal, el cual Cristo literal y personalmente juzga, restaura, rejuvenece y gobierna en justicia por mil años literales. Y al final de ese tiempo, después que Satanás sea liberado por un breve período para luego ser derrotado de forma permanente y lanzado al lago de fuego, Cristo entregará ese reino terrenal a su Padre celestial.

EL PROCEDIMIENTO DEL JUICIO

y apartará los unos de los otros, como aparta el pastor las ovejas de los cabritos. Y pondrá las ovejas a su derecha, y los cabritos a su izquierda. Entonces el Rey dirá a los de su derecha: Venid, benditos de mi Padre, heredad el reino preparado para vosotros desde la fundación del mundo. Porque tuve hambre, y me disteis de comer; tuve sed, y me disteis de beber; fui forastero, y me recogisteis; estuve desnudo, y me cubristeis; enfermo, y me visitasteis; en la cárcel, y vinisteis a mí. Entonces los justos le responderán diciendo: Señor, ¿cuándo te vimos hambriento, y te sustentamos, o sediento, y te dimos de beber? ¿Y cuándo te vimos forastero, y te recogimos, o desnudo, y te cubrimos? ¿O cuándo te vimos enfermo, o en la cárcel, y vinimos a ti? Y respondiendo el Rey, les dirá: De cierto os digo que en cuanto lo hicisteis a uno de estos mis hermanos más pequeños, a mí lo hicisteis. Entonces dirá también a los de la izquierda: Apartaos de mí, malditos, al fuego eterno preparado para el diablo y sus ángeles. Porque tuve hambre, y no me disteis de comer; tuve sed, y no me disteis de beber; fui forastero, y no me recogisteis; estuve desnudo, y no me cubristeis; enfermo, y en la cárcel, y no me visitasteis. Entonces también ellos le responderán diciendo: Señor, ¿cuándo te vimos hambriento, sediento, forastero, desnudo, enfermo, o en la cárcel, y no te servimos? Entonces les responderá diciendo: De cierto os digo que en cuanto no lo hicisteis a uno de estos más pequeños, tampoco a mí lo hicisteis. E irán éstos al castigo eterno, y los justos a la vida eterna. (25:32*b*-46)

El procedimiento del juicio de Cristo incluirá la separación absoluta e infalible de los salvos y los no salvos. Cuando todas las naciones y los pueblos de la tierra se habrán reunido delante de Él en su regreso, el mismo Señor Jesucristo **apartará los unos de los otros, como aparta el pastor las ovejas de los cabritos.**

En el antiguo Cercano Oriente, como aun en gran parte de la tierra de hoy día, **las ovejas** y **los cabritos** a menudo se crían juntos. Pero las ovejas son criaturas dóciles y tiernas, mientras que las cabras son rebeldes y revoltosas, y fácilmente pueden alterar a las ovejas. Puesto que no se alimentan ni descansan bien juntos, con frecuencia el pastor los separa para apacentarlos y hacerlos dormir durante la noche.

En forma parecida el Señor Jesucristo apartará a los creyentes de los incrédulos cuando regrese para establecer su reino milenial. Pondrá **las ovejas,** es decir los creyentes, **a su derecha,** el lugar de favor y bendición. Pero a los incrédulos **cabritos** los pondrá **a su izquierda,** el lugar de desaprobación y rechazo.

En tiempos bíblicos antiguos la bendición de un padre tenía una gran importancia, porque determinaba quién recibiría la mayor parte de la herencia. Cuando Jacob estaba a punto de bendecir a sus dos nietos, Efraín y Manasés, tuvo la precaución de colocar la mano derecha sobre el que recibiría la herencia. Puesto que la mayor bendición normalmente iría al hijo mayor, Manasés fue colocado a la derecha de Jacob y Efraín a la izquierda. Pero cuando llegó el momento de la bendición, Jacob cruzó las manos de tal modo que la derecha estuviera sobre la cabeza de Efraín en lugar de la de Manasés. En contra de la objeción de José, Jacob insistió en dar la mayor bendición a Efraín, porque Dios lo había escogido por sobre su hermano (Gn. 48:8-20).

LA HERENCIA DE LOS SALVOS

Entonces el Rey dirá a los de su derecha: Venid, benditos de mi Padre, heredad el reino preparado para vosotros desde la fundación del mundo. Porque tuve hambre, y me disteis de comer; tuve sed, y me disteis de beber; fui forastero, y me recogisteis; estuve desnudo, y me cubristeis; enfermo, y me visitasteis; en la cárcel, y vinisteis a mí. Entonces los justos le responderán diciendo: Señor, ¿cuándo te vimos hambriento, y te sustentamos, o sediento, y te dimos de beber? ¿Y cuándo te vimos forastero, y te recogimos, o desnudo, y te cubrimos? ¿O cuándo te vimos enfermo, o en la cárcel, y vinimos a ti? Y respondiendo el Rey, les dirá: De cierto os digo que en cuanto lo hicisteis a uno de estos mis hermanos más pequeños, a mí lo hicisteis. (25:34-40)

Jesús revela aquí de forma inequívoca que el Hijo del Hombre que se sienta en el trono de gloria (v. 31) también es el Hijo de Dios, el divino **Rey.** Después que sus súbditos son apartados, **el Rey dirá a los de su derecha: Venid, benditos de mi Padre, heredad el reino preparado para vosotros desde la fundación del mundo.** Esos serán los creyentes que han sobrevivido al holocausto de la tribulación, y serán conducidos vivos al **reino** milenial, el cual ha sido **preparado para** ellos **desde la fundación del mundo.**

Sin duda anticipándose a las interpretaciones de salvación por obras que se harían de los versículos 35-45, el Señor dejó en claro que los creyentes no heredarán **el reino** basándose en buenas obras que habrán realizado o no en la tierra. Su herencia fue determinada desde muchos años antes, incluso **desde la fundación del mundo.** Los que entren al reino no lo harán en base al servicio que hayan realizado para Cristo sino en base a ser **benditos** por el **Padre** debido a la confianza que pusieron en el Hijo de Dios. De ninguna manera se ganarán un lugar en el reino. Un hijo no se gana una herencia, sino que la recibe en base a ser de la familia. Exactamente del mismo modo, un creyente no se gana su entrada al reino de Dios, sino que lo recibe como su herencia legítima al ser hijo de Dios y coheredero con Jesucristo (Ro. 8:16-17).

Preparado para vosotros acentúa la selectividad de la salvación. Desde antes del momento en que se creó el **mundo,** Dios escogió de manera soberana a quienes le pertenecerían. Y "a los que antes conoció, también los predestinó para que fuesen hechos conformes a la imagen de su Hijo, para que él sea el primogénito entre muchos hermanos" (Ro. 8:29). La fuente de salvación es la bendición del Padre, la recepción de la salvación es por medio de la fe, y la selectividad de la salvación está en la preparación previa del Padre hecha en épocas pasadas. Al resaltar la misma verdad, Pedro declaró: "Bendito el Dios y Padre de nuestro Señor Jesucristo, que según su grande misericordia nos hizo renacer para una esperanza viva, por la resurrección de Jesucristo de los muertos, para una herencia incorruptible, incontaminada e inmarcesible, reservada en los cielos para vosotros, que sois guardados por el poder de Dios mediante la fe, para alcanzar la salvación que está preparada para ser manifestada en el tiempo postrero" (1 P. 1:3-5).

Las buenas obras elogiadas en Mateo 25:35-36 son el fruto, no la raíz, de la salvación. No puede resaltarse lo suficiente que las obras no sean la base de entrada al reino. Cristo juzgará según las obras solo mientras estas no sean una manifestación de redención, la cual el Padre celestial ha predeterminado. Si una persona no ha confiado en Jesucristo como Señor y Salvador, ninguna cantidad de obras al parecer buenas hechas en su nombre tendrá algún beneficio espiritual. A tales individuos el Señor dirá: "Nunca os conocí; apartaos de mí, hacedores de maldad" (Mt. 7:23).

Sin embargo, las obras auténticamente justas que Jesús menciona en los versículos 35-36 son prueba verificable de salvación, y por tanto Él elogia en gran manera a quienes las han realizado. En realidad, Jesús está diciendo: "Entren en mi reino, porque ustedes son hijos escogidos de mi Padre, y la relación que tienen con Él se hace evidente por el servicio que me han prestado al ministrar a sus hermanos en la fe, los que al igual que ustedes son mis hermanos" (v. 40).

A continuación, el Señor enumera seis aspectos representativos de necesidad: tener **hambre,** tener **sed,** ser **forastero,** estar **desnudo,** estar **enfermo,** y estar **en la cárcel.** El reino es para aquellos que han ministrado a tales necesidades en el pueblo de Dios, porque tales buenas obras demuestran una fe verdadera y viva. Son características de los hijos de Dios y ciudadanos del reino. Santiago advierte: "Si un hermano o una hermana están desnudos, y tienen necesidad del mantenimiento de cada día, y alguno de vosotros les dice: Id en paz, calentaos y saciaos, pero no les dais las cosas que son necesarias para el cuerpo, ¿de qué aprovecha? Así también la fe, si no tiene obras, es muerta en sí misma" (Stg. 2:15-17). Juan proclama la misma verdad en palabras parecidas: "El que tiene bienes de este mundo y ve a su hermano tener necesidad, y cierra contra él su corazón, ¿cómo mora el amor de Dios en él? Hijitos míos, no amemos de palabra ni de lengua, sino de hecho y en verdad" (1 Jn. 3:17-18). La Biblia es muy clara en enseñar que la evidencia de seguridad de la verdadera salvación no se encuentra en un momento pasado de decisión sino en un patrón continuo de conducta justa.

La respuesta de aquellos a quienes el Rey elogia es notable, y es otra prueba de la salvación que disfrutan. Puesto que han ministrado en un espíritu de humildad y generosidad, y no para ser vistos y honrados por los hombres (véase Mt. 6:2, 5, 16), al parecer se han olvidado de las muchas cosas que han hecho y les sorprende ser dignos de tal mención por parte del Señor.

El Rey se dirige a ellos como **los justos,** no simplemente porque han sido declarados justos en Cristo sino porque han sido hechos justos por Cristo. Sus obras de servicio a hermanos en la fe dan evidencia de que ellos mismos son producto de hechura divina, "creados en Cristo Jesús para buenas obras, las cuales Dios preparó de antemano para que anduviésemos en ellas" (Ef. 2:10).

Todas las buenas obras mencionadas en estos versículos tratan con necesidades cotidianas comunes. No se mencionan actividades monumentales o logros espectaculares (cp. Mt. 7:21-23, donde la reclamación de lo espectacular es inútil) sino solo bondades rutinarias y cotidianas que ayudan a suplir las necesidades de hermanos en la fe. Nada más evidencia la conversión que una vida caracterizada por la compasión de Dios y por la mansedumbre y el amor de Cristo. Cuando los discípulos de Juan el Bautista quisieron evidencia de que Jesús era el Mesías, el Señor contestó hablándoles no solo de curaciones espectaculares sino también de cómo trataba a los necesitados (Mt. 11:4-6). Cuando Él anunció sus credenciales mesiánicas a los habitantes de Nazaret volvió a reflexionar no en lo asombroso sino en la manera en que trataba a los pobres, los prisioneros, los ciegos, y los oprimidos (Lc. 4:18-19). La persona que pertenece a Cristo demostrará tal compasión y será humilde acerca de ella.

Cuando los modestos siervos pregunten: **Señor, ¿cuándo** hicimos todas esas cosas por ti?, **respondiendo el Rey, les dirá: De cierto os digo que en cuanto lo hicisteis a uno de estos mis hermanos más pequeños, a mí lo hicisteis.**

La referencia del Rey a estas personas como **hermanos más pequeños** da aún más evidencia de que ya son hijos de Dios y que no se convierten en eso a causa de sus buenas obras. El escritor de Hebreos declaró que "el que santifica y los que son santificados, de uno son todos; por lo cual no se avergüenza de llamarlos hermanos" (He. 2:11). Pablo afirma: "El que se une al Señor, un espíritu es con él" (1 Co. 6:17), y que a causa de esa unión un creyente puede admitir: "Con Cristo estoy juntamente crucificado, y ya no vivo yo, mas vive Cristo en mí; y lo que ahora vivo en la carne, lo vivo en la fe del Hijo de Dios, el cual me amó y se entregó a sí mismo por mí" (Gá. 2:20).

Cuando los discípulos estaban discutiendo acerca de cuál de ellos era el mayor en el reino de los cielos, Jesús puso un niño delante de ellos y aseguró: "De cierto os digo, que si no os volvéis y os hacéis como niños, no entraréis en el reino de los cielos" (Mt. 18:3). Un individuo que no viene a Cristo en la humilde confianza que caracteriza a los niños pequeños no tendrá parte en su reino en absoluto, mucho menos será considerado grande allí. Jesús siguió diciendo. "Así que, cualquiera que se humille como este niño, ése es el mayor en el reino de los cielos. Y cualquiera que reciba en mi nombre a un niño como este, a mí me recibe" (vv. 4-5). El niño físico parado delante de ellos representaba al hijo espiritual de Dios, la persona que está convertida (v. 3) por creer en Cristo (v. 6). Aquel que con amor sirve a los hijos de Dios demuestra ser hijo de Dios.

Jesús manifestó a los discípulos en otra ocasión: "El que a vosotros recibe, a mí me recibe; y el que me recibe a mí, recibe al que me envió" (Mt. 10:40). Cualquier cosa que los creyentes hagan unos por otros también lo hacen por su Señor Jesucristo, y aquel que auténticamente recibe y sirve a cristianos en el nombre de Cristo demuestra que es cristiano. El servicio altruista de los cristianos unos a otros en el nombre de Cristo es una clave de marca externa que los identifica como pueblo de Dios. Jesús dijo: "En esto conocerán todos que sois mis discípulos, si tuviereis amor los unos con los otros" (Jn. 13:35).

Es a las manifestaciones prácticas de tal amor que Cristo el Rey llamará la atención cuando conduzca a los santos de la tribulación al interior de su reino milenial. Los creyentes durante esos siete años, en especial durante los tres años y medio devastadores, tendrán gran necesidad de lo básico que Jesús acaba de mencionar. Debido a la identidad que tienen con Cristo, a menudo estarán hambrientos, sedientos, sin abrigo o ropa decente, enfermos, en la cárcel, y alejados de la corriente principal de la sociedad.

Aquellos que suplirán las necesidades de hermanos en la fe habrán padecido gran necesidad. Si los habrá, pocos creyentes durante los terribles días de la tribulación podrán dar en abundancia. La mayoría de ellos tendrá recursos apenas suficientes para satisfacer sus propias necesidades. Su generosidad divinamente inspirada de unos con otros los habrá apartado como el pueblo del Señor incluso antes que, como Rey retornado, públicamente declare que le pertenecen.

LA CONDENACIÓN DE LOS NO SALVOS

Entonces dirá también a los de la izquierda: Apartaos de mí, malditos, al fuego eterno preparado para el diablo y sus ángeles. Porque tuve hambre, y no me disteis de comer; tuve sed, y no me disteis de beber; fui forastero, y no me recogisteis; estuve desnudo, y no me cubristeis; enfermo, y en la cárcel, y no me visitasteis. Entonces también ellos le responderán diciendo: Señor, ¿cuándo te vimos hambriento, sediento, forastero, desnudo, enfermo, o en la cárcel, y no te servimos? Entonces les responderá diciendo: De cierto os digo que en cuanto no lo hicisteis a uno de estos más pequeños, tampoco a mí lo hicisteis. E irán éstos al castigo eterno, y los justos a la vida eterna. (25:41-46)

A los perdidos que estarán reunidos a su **izquierda** el Rey **dirá: Apartaos de mí, malditos, al fuego eterno preparado para el diablo y sus ángeles.** Uniéndose al **diablo y sus ángeles** no redimidos en el **fuego eterno** del infierno estarán aquellos seres humanos que se negaron a creer.

Es obvio que Cristo no condena a estas personas porque no le hayan servido (vv. 42-43) como también es obvio que no salva a los otros porque sí lo hicieron (vv. 34-35). Estos son **malditos** porque rechazaron a Cristo, así como los que entran al reino son justos (v. 37) porque lo aceptaron. El rechazo que le hicieron a Cristo los dejó en un estado en que no pudieron hacer obras justas.

Jesús está hablando de *separación* eterna de Dios y de su bondad, justicia, verdad, gozo, paz y toda otra cosa buena. Está hablando de *asociación* eterna con **el diablo y sus ángeles** en el lugar de tormento que Dios ha **preparado para** ellos. Está hablando de *aislamiento* eterno, donde no habrá comunión, consuelo ni ánimo. Está hablando de *duración* eterna y de *aflicción* eterna, de la que no habrá alivio ni respiro.

La evidencia de que esas personas rechazadas nunca le pertenecieron a Cristo será que no amaron ni sirvieron al pueblo del Señor. La respuesta que dieron a las necesidades de los creyentes habrá sido exactamente contraria a la de los que entran al reino. Cuando indirectamente a través de las necesidades de su pueblo, Cristo tuvo **hambre** o **sed,** o fue **forastero,** o estuvo **desnudo, enfermo,** o **en la cárcel,** tales incrédulos se negaron a servirle. Y al hacerlo demostraron que no le pertenecían.

Al igual que los justos que son recibidos en el reino, los malditos que son rechazados también se asombrarán ante las palabras que el Señor les pronuncie. Sin embargo, preguntarán: **Señor, ¿cuándo** *no* te ministramos en esas maneras? El Señor contestará: **De cierto os digo que en cuanto no lo hicisteis a uno de estos más pequeños, tampoco a mí lo hicisteis.** No servir al pueblo de Cristo es no servirle a Él, y no servirle a Él demuestra que no se le pertenece.

Es significativo que las señales de los perdidos que Jesús menciona aquí no son pecados graves que se comenten, sino más bien simples actos de bondad que *no* se realizan. Las cinco vírgenes insensatas que no tuvieron aceite para sus lámparas no quedaron fuera de la fiesta de bodas porque fueran moralmente perversas, sino porque no estaban preparadas para el esposo (véase Mt. 25:1-13). En la misma manera, el siervo con un talento no fue lanzado a las tinieblas de afuera porque malversara el dinero del señor, sino porque no lo invirtió (vv. 14-30). También de la misma manera, una persona que queda fuera del reino de Dios no está condenada debido a la gravedad de su pecado sino a la ausencia de su fe. No es que quienes están condenados al infierno sean igualmente despreciables y viles; su razón común para la condenación es la falta de fe.

Jesús usa la misma palabra (*aiōnios,* **eterno**) para describir a la salvación y la condenación. Si los creyentes estarán en el cielo con Dios para siempre, los perdidos estarán por siempre con el diablo en el infierno.

Ya que el reino milenial estará en todo el mundo, no habrá lugar en la tierra donde los malditos puedan ir. Estos quedarán muertos en el acto y de inmediato entrarán **al castigo eterno** del infierno, padeciendo cristalización permanente y eterna de su estado de muerte espiritual. Al final de los mil años sus cuerpos serán resucitados (cp. Jn. 5:28-29), y ellos volverán a estar delante de Dios para la sentencia y la condenación final en cuerpos adecuados para los tormentos del infierno.

Pero **los justos** irán **a la vida eterna** con el fin de pasar toda la eternidad glorificada con su Señor y Salvador. En maravilloso contraste con la perspectiva de los malditos al final del reino terrenal de mil años, los justos descubrirán que su felicidad eterna apenas habrá comenzado.

Preparación para la muerte de Cristo

135

Cuando hubo acabado Jesús todas estas palabras, dijo a sus discípulos: Sabéis que dentro de dos días se celebra la pascua, y el Hijo del Hombre será entregado para ser crucificado. Entonces los principales sacerdotes, los escribas, y los ancianos del pueblo se reunieron en el patio del sumo sacerdote llamado Caifás, y tuvieron consejo para prender con engaño a Jesús, y matarle. Pero decían: No durante la fiesta, para que no se haga alboroto en el pueblo. Y estando Jesús en Betania, en casa de Simón el leproso, vino a él una mujer, con un vaso de alabastro de perfume de gran precio, y lo derramó sobre la cabeza de él, estando sentado a la mesa. Al ver esto, los discípulos se enojaron, diciendo: ¿Para qué este desperdicio? Porque esto podía haberse vendido a gran precio, y haberse dado a los pobres. Y entendiéndolo Jesús, les dijo: ¿Por qué molestáis a esta mujer? pues ha hecho conmigo una buena obra. Porque siempre tendréis pobres con vosotros, pero a mí no siempre me tendréis. Porque al derramar este perfume sobre mi cuerpo, lo ha hecho a fin de prepararme para la sepultura. De cierto os digo que dondequiera que se predique este evangelio, en todo el mundo, también se contará lo que ésta ha hecho, para memoria de ella. Entonces uno de los doce, que se llamaba Judas Iscariote, fue a los principales sacerdotes, y les dijo: ¿Qué me queréis dar, y yo os lo entregaré? Y ellos le asignaron treinta piezas de plata. Y desde entonces buscaba oportunidad para entregarle. (26:1-16)

El capítulo 26 empieza la última y más esencial sección de la presentación del Evangelio de Mateo. Todo lo demás ha sido un prólogo, una introducción a la gran conclusión, la cual se enfoca en la cruz de Jesucristo: la culminación del evangelio y de la historia redentora, la única esperanza eterna de la humanidad caída.

El compositor de himnos John Bowring se alegró en extremo:

> En la cruz de Cristo me glorío,
> Que descuella sobre las ruinas del tiempo.
> Toda la luz de la sagrada historia
> Se reúne en torno de su cabeza sublime.

Todo en la sagrada historia del plan redentor de Dios realmente se centra en la cruz, aparte de la cual ninguna otra revelación u obra de Dios tendría algún valor para el hombre pecador. Es solo a través de la cruz de Cristo que el Señor ha provisto el camino para que los pecadores sean salvos y estén unidos con Él, el Dios santo. No hay salvación, evangelio, ni cristianismo bíblico aparte de la cruz de Cristo. Debido a que de manera inequívoca Pablo creyó esa verdad central bíblica pudo decirles a los corintios: "Me propuse no saber entre vosotros cosa alguna sino a Jesucristo, y a éste crucificado" (1 Co. 2:2).

La cruz es la esencia de la verdad redentora, anunciada en el sacrificio de Abel, en el arca que salvó a Noé y su familia, en el cordero sustituto proporcionado a Abraham en el monte Moriah como sustituto por Isaac, en la liberación de los israelitas de Egipto, en la roca golpeada de la que brotó agua en el desierto, en los sacrificios levíticos, en la serpiente levantada en el desierto para curación, en Booz como pariente redentor de Rut, y en innumerables otras personas y eventos del Antiguo Testamento. En el sentido más profundo, toda la verdad y la historia del Antiguo Testamento señalan de manera infalible hacia la cruz de Jesucristo. Juan el Bautista, el último profeta del antiguo pacto, dio testimonio de Jesús: "He aquí el Cordero de Dios, que quita el pecado del mundo" (Jn. 1:29). Por sobre todo los demás, el evangelio cristiano es el mensaje de la muerte y resurrección de Jesucristo, y ese es el enfoque dominante y supremo de los dos testamentos, tanto el Antiguo como el Nuevo.

Mateo trata con la cruz en una manera concisa y directa. A su evangelio bien podría llamársele una narración extendida de la cruz, y en los tres últimos capítulos el autor se enfoca en este tema central a través de varios elementos culminantes. En el capítulo 26 se tratan detalles de la preparación para la cruz y del arresto de Jesús. En el capítulo 27 se presentan los juicios, la ejecución y la sepultura de Jesús. Y en el capítulo 28 se narra la victoria de la resurrección de Jesús sobre la muerte y sus últimas instrucciones para los discípulos.

El capítulo 26 recoge la narración del final del discurso del Monte de los Olivos, del cual se dice que **hubo acabado Jesús.** Aún era miércoles, un día extraordinariamente lleno de acontecimientos que había incluido la enseñanza de Jesús a las multitudes en el templo y el azote verbal a los dirigentes religiosos judíos por su impiedad hipócrita. Tras salir del templo, Jesús fue con sus discípulos al Monte de los Olivos donde les enseñó en privado acerca de su segunda venida (Mt. 24:3–25:46).

Luego el Señor los devolvió de manera abrupta a la realidad central de su primera venida. Por cuarta y última vez (véase Mt. 16:21; 17:22-23; 20:18-19) les habló de la muerte inevitable que padecería, y que ocurriría solo en dos días más (26:2). La crucifixión en sí era el siguiente acontecimiento importante en la misión del Mesías. Antes de regresar en gloria y poder Él debía morir en sumisión voluntaria y humilde al plan de su Padre.

En 26:1-16, Mateo presenta cuatro incidentes que ofrecen perspectivas distintas sobre las preparaciones para la inminente muerte de Jesús: la preparación de la gracia soberana (v. 2), la preparación del infame rechazo (vv. 3-5), la preparación de la adoración amorosa (vv. 6-13), y la preparación de la traición hipócrita (vv. 14-16). Cada uno de dichos sucesos estaba en el plan eterno de Dios para la redención del mundo, y cada uno ocurrió precisamente de acuerdo con ese divino plan maestro.

LA PREPARACIÓN DE LA GRACIA SOBERANA

Sabéis que dentro de dos días se celebra la pascua, y el Hijo del Hombre será entregado para ser crucificado. (26:2)

En su encarnación, Jesús limitó de modo voluntario el uso de su omnisciencia, su gloria, y otros atributos más de su deidad (cp. Fil. 2:7-8). En su humildad y sus limitaciones autoimpuestas como hombre, Jesús enseñó no solamente la verdad divina que su Padre celestial le reveló. El Señor expresó: "el Padre que me envió, él me dio mandamiento de lo que he de decir, y de lo que he de hablar" (Jn. 12:49; cp. Mt. 24:36).

Ahora Jesús estaba consciente de que había llegado el momento del Padre para que Él muriera, y no solo volvió a declarar que debía padecer y ser crucificado, sino que especificó que su muerte ocurriría **dentro de dos días,** al inicio de **la pascua.** En ese tiempo divinamente señalado **el Hijo del Hombre** sería **entregado para ser crucificado.**

Escépticos incrédulos han tratado por mucho tiempo de explicar la muerte de Jesús como un capricho del destino, la terminación involuntaria de una revolución bienintencionada que fue descubierta y aplastada, o el triste final de los delirios de un demente. Otros describen a Jesús como un visionario cuyos sueños estaban por delante de la época en que vivió, o como un profeta que exageró sus afirmaciones, y por tanto levantó la ira del sistema religioso. Pero tales afirmaciones no concuerdan con los relatos del evangelio y son blasfemas.

Tal como ya se ha indicado, Jesús había predicho al menos tres veces antes que padecería hasta la muerte pero que resucitaría de nuevo. Incluso había indicado que su muerte sucedería en Jerusalén y que iba a resucitar al tercer día. Él se hallaba en una programación divina, y ningún plan o poder humano podría lograr que esa programación variara en un solo detalle. Jesús declaró: "Nadie me la quita [la vida], sino que yo de mí mismo la pongo. Tengo poder para ponerla, y tengo poder para volverla a tomar" (Jn. 10:18). Cuando Pilato le preguntó a Jesús: "¿No sabes que tengo autoridad para crucificarte, y que tengo autoridad para soltarte? Respondió Jesús: Ninguna autoridad tendrías contra mí, si no te fuese dada de arriba" (Jn. 19:10-11).

Hubo muchas ocasiones en que varias personas trataron de matar a Jesús, pero no lograron hacerlo. Los dirigentes religiosos judíos comenzaron a tramar su muerte poco después que Él comenzara su ministerio público (Jn. 5:18), pero no pudieron cumplir esa intención hasta que encajó dentro de la programación de Dios.

El primer intento de acabar con la vida de Jesús se hizo poco después que naciera, cuando Herodes masacró a todos los bebés varones en Belén y sus alrededores. Dios envió un ángel para que advirtiera a José que se llevara a Jesús y su madre a Egipto hasta que el peligro pasara. En una ocasión en que Él estaba ministrando en una sinagoga en su pueblo natal de Nazaret, los habitantes se enfurecieron por la afirmación que Él hiciera de ser el cumplimiento de la profecía de Isaías y recordarles varios casos en que Dios prefirió bendecir a ciertos gentiles en lugar de judíos. Lograron llevarlo hasta el borde de un abismo elevado en los extramuros del pueblo, pero antes que pudieran lanzarlo a su muerte, pasó de modo milagroso en medio de ellos y continuó su camino (Lc. 4:16-30).

Después que Jesús curó al paralítico en el estanque de Betesda, los líderes "judíos aun más procuraban matarle, porque no sólo quebrantaba el día de reposo, sino que también decía que Dios era su propio Padre, haciéndose igual a Dios" (Jn. 5:18). Para algunas personas Jesús llegó a ser conocido como "éste a quien buscan para matarle" (Jn. 7:25). Pero cuando la guardia del templo fue enviada a arrestarlo por curar a un hombre en el día de reposo, volvieron con las manos vacías. Cuando los principales sacerdotes y los fariseos preguntaron a los oficiales por qué no llevaron a Jesús hasta donde ellos, contestaron: "¡Jamás hombre alguno ha hablado como este hombre!" (Jn. 7:44-46).

Todos esos intentos de matar a Jesús fallaron, y quizás otros que no se narran, porque no era el tiempo de Dios o la manera de Dios para que su Hijo muriera. Solamente la gracia soberana de Dios pudo haber llevado a Jesús a la cruz. Ningún poder humano pudo haber cumplido el plan aparte de la voluntad de Dios, y ningún poder humano podía ahora evitarlo porque había llegado el tiempo en el plan divino. Como declarara Jesús en la Última Cena, "el Hijo del Hombre va, según lo que está determinado" (Lc. 22:22). Y como Pedro declarara en Pentecostés, Jesús fue "entregado por el determinado consejo y anticipado conocimiento de Dios" (Hch. 2:23).

El momento apropiado para que Jesús muriera era **la pascua,** cuando los corderos expiatorios eran sacrificados, porque esa celebración señalaba al "Cordero de Dios, que quita el pecado del mundo" (Jn. 1:29). Los sacrificios de todos los demás corderos solo fueron símbolos de lo que el verdadero Cordero pronto iba a lograr en realidad.

Según Felipe explicó al etíope, Jesús fue el Cordero profetizado por Isaías, que fue llevado al matadero pero no abrió la boca (Hch. 8:32-34). Como Pablo declaró a los creyentes corintios, Jesús fue "nuestra pascua, que es Cristo, [que] fue sacrificada" (1 Co. 5:7). Tal como Pedro proclamó a los santos esparcidos y perseguidos de la iglesia del siglo I, Jesús fue el "cordero sin mancha y sin contaminación, ya destinado desde antes de la fundación del mundo, pero manifestado en los postreros tiempos por amor de vosotros" (1 P. 1:19-20). Y como Juan vio en Patmos, Jesús fue "el Cordero que fue inmolado [que] es digno de tomar el poder, las riquezas, la sabiduría, la fortaleza, la honra, la gloria y la alabanza" (Ap. 5:12).

LA PREPARACIÓN DEL INFAME RECHAZO

Entonces los principales sacerdotes, los escribas, y los ancianos del pueblo se reunieron en el patio del sumo sacerdote llamado Caifás, y tuvieron consejo para prender con engaño a Jesús, y matarle. Pero decían: No durante la fiesta, para que no se haga alboroto en el pueblo. (26:3-5)

Cuando Jesús estaba hablando a sus discípulos esa noche del miércoles en el Monte de los Olivos, los miembros del sanedrín, que principalmente lo componían **los principales sacerdotes, los escribas, y los ancianos del pueblo se reunieron en el patio** del palacio **del sumo sacerdote llamado Caifás. Los principales sacerdotes** representaban la nobleza religiosa rica e influyente, y **los ancianos** representaban la nobleza laica rica e influyente. **Los escribas** estuvieron presentes cuando Jesús fue llevado a la casa de Caifás después que fuera arrestado (Mt. 26:57), y es probable que algunos de ellos también estuvieran allí en este momento.

Según el famoso historiador judío Josefo, el nombre completo **del sumo sacerdote** era José **Caifás.** Este era un individuo intrigante, traicionero y engañoso representado en la Biblia en el papel unidimensional de antagonista de Jesús. En todo pasaje donde se menciona se le ve buscando la destrucción del Señor.

Al igual que Herodes, el odio y temor hacia Jesús no era teológico sino político. Caifás quería destruir al Señor porque temía que representara una grave amenaza a la posición y el poder que el gobernador tenía sobre el pueblo judío. Motivado puramente por codicia egoísta y celosa ambición, no contaba con ningún sentido de justicia, rectitud o decoro. No respetaba a su nación, a su pueblo, ni a su religión, a menos que pudiera usarlos para beneficio personal. Su principio básico de funcionamiento era la conveniencia, encarnada para toda época en su infame declaración: "Nos conviene que un hombre muera por el pueblo, y no que toda la nación perezca" (Jn. 11:50).

Por tradición el sumo sacerdocio se transmitía a través de la línea levítica, pero durante la ocupación romana por lo general la posición se vendía o se concedía como un favor político. Puesto que el pueblo judío no habría tolerado un sumo sacerdote sin alguna herencia levítica, **Caifás** se casó con la hija de Anás, su predecesor en el sumo sacerdocio. Los dos hombres sirvieron juntos incluso por un tiempo (véase Lc. 3:2). Caifás sirvió como sumo sacerdote desde el año 18 d.C. hasta el 36, un mandato sin precedentes. Mantener el cargo por tanto tiempo requirió una relación cercana con Roma, y durante unos cien años veintiocho hombres diferentes sirvieron como sumos sacerdotes. El sucesor de Caifás solamente duró cincuenta días en el cargo.

Caifás era la síntesis del decadente sistema religioso que ahora dominaba Israel. Aunque era malvado, solo él podía entrar al Lugar Santísimo en el día de la Expiación y ofrecer el sacrificio. Además, supervisaba todas las funciones sacerdotales en el templo y se beneficiaba de la comercialización que allí se hacía y por lo cual Jesús se indignó tanto, que dos veces expulsó a los cambistas de monedas y vendedores de animales para los sacrificios (Jn. 2:14-16; Mt. 21:12-13).

Los miembros del sanedrín se habían reunido en la casa de Caifás con el único propósito de tramar cómo podían **prender con engaño a Jesús.** Querían hacerlo **con engaño** a fin de no antagonizar a las multitudes en la ciudad donde el Señor era popular, y una vez que lo tuvieran firmemente en su poder procederían a matarlo en el momento oportuno. Habían soportado de Él más de lo que podían tolerar, y estaban decididos a poner fin a la exposición que les hacía de la hipocresía e impiedad que mostraban, así como a la amenaza que representaba para el poder y la riqueza que ostentaban. Al parecer habían planeado arrestarlo tan pronto como fuera posible, antes que tuviera oportunidad de escapar o de acumular más apoyo entre el pueblo. Entonces lo tendrían en custodia hasta que los gentíos de la Pascua hubieran salido de Jerusalén, lo que haría más fácil darle muerte, y quizás también hacerlo en secreto. Por consiguiente, **decían: No durante la fiesta.**

Hasta el punto de estallar, Jerusalén estaba atestada con peregrinos de todas partes del mundo que habían venido a adorar en **la fiesta** de la Pascua. Según Josefo, cerca de 256.500 corderos expiatorios se sacrificaban durante una Pascua típica. Y debido a que la tradición requería que no menos de diez personas debían comer un cordero, la cantidad de celebrantes podía haber excedido los dos millones. Muchos de los adoradores habrían sido de Galilea y otros lugares donde Jesús había ministrado, obteniendo gran popularidad debido a su poderosa predicación y a los milagros que hacía. Y sin duda entre las multitudes se hallaba gran cantidad de admiradores que solo unos días atrás habían tendido hojas de palmas sobre el camino delante de Jesús y lo habían aclamado con gritos de "¡Hosanna al Hijo de David! ¡Bendito el que viene en el nombre del Señor!" (Mt. 21:9).

Por tanto, desde el punto de vista de los líderes judíos la Pascua era el peor momento posible para que tomaran acción directa contra Jesús, en especial para darle muerte. Temían que esto ocasionaría gran **alboroto en el pueblo.** Pero la Pascua era el tiempo que Dios había escogido, y esos infames rechazadores crucificarían a Jesús según el plan de Dios y no el de ellos. Durante las muchas ocasiones en que quisieron matar a Jesús de inmediato, no pudieron hacerlo. Ahora cuando querían posponer el plan de darle muerte, la postergación no dio resultado. El tiempo de Dios no era ocho días después de ese momento sino solo dos, no después de la Pascua sino en sus inicios. Cuando por concesión soberana de Dios, los enemigos de Jesús finalmente lograron darle muerte, esta ocurrió en el mismo tiempo que más quisieron evitar.

LA PREPARACIÓN DE LA ADORACIÓN AMOROSA

Y estando Jesús en Betania, en casa de Simón el leproso, vino a él una mujer, con un vaso de alabastro de perfume de gran precio, y lo derramó sobre la cabeza de él, estando sentado a la mesa. Al ver esto, los discípulos se enojaron, diciendo: ¿Para qué este desperdicio? Porque esto podía haberse vendido a gran precio, y haberse dado a los pobres. Y entendiéndolo Jesús, les dijo: ¿Por qué molestáis a esta mujer? pues ha hecho conmigo una buena obra. Porque siempre tendréis pobres con vosotros, pero a mí no siempre me tendréis. Porque al derramar este perfume sobre mi cuerpo, lo ha hecho a fin de prepararme para la sepultura. De cierto os digo que dondequiera que se predique este evangelio, en todo el mundo, también se contará lo que ésta ha hecho, para memoria de ella. (26:6-13)

Mateo presenta aquí una escena retrospectiva del sábado anterior, cuando Jesús entró en la región de **Betania** y Betfagé, al este de Jerusalén cerca del Monte de los Olivos (véase Mt. 21:1; Mr. 11:1). En este conmovedor relato se describe una tercera preparación para la crucifixión de Jesús, en marcado contraste con lo del sanedrín y como un reflejo de adoración amorosa en lugar de infame rechazo.

Mientras estaban en **Betania,** Jesús y los discípulos fueron invitados a cenar a la **casa de Simón el leproso.** Del relato de Juan nos enteramos de que María, Marta y Lázaro también estaban presentes, y que Marta servía la comida, tal vez como un gesto de amistad hacia **Simón,** así como para con el Señor (Jn. 12:1-3).

Ya que a un **leproso** no se le permitía vivir en pueblos o ciudades, ni asociarse con no leprosos, está claro que **Simón** había sido limpiado. Y debido a que la terrible enfermedad era incurable por medios médicos, al parecer el hombre había sido curado de modo milagroso por Jesús. En profunda gratitud por esa liberación pudo haber pedido tanto a Jesús como a los demás que fueran a cenar a su casa.

Durante la cena **vino a él una mujer,** a quien Mateo no identifica pero que Juan nos informa que se trató de María (12:3), **con un vaso de alabastro de perfume de gran precio, y lo derramó sobre la cabeza de él, estando sentado a la mesa.** Marcos nos dice que el **perfume de gran precio** valía "más de trescientos denarios", el salario de un año para un trabajador común o un soldado, y que la mujer rompió ese costoso **vaso de alabastro,** haciendo que su acción fuera aún más costosa (Mr. 14:3-5).

María siempre había estado especialmente atenta a la enseñanza del Señor (véase Lc. 10:39), y parece que, mejor incluso que los doce, en esta ocasión ella aceptó la realidad y comprendió el significado de la muerte inminente de Jesús. La mujer pudo haber sentido que en esta muerte trágica del Señor yacía su propia redención. María entendió lo que los discípulos no querían entender: que Jesús tenía que morir a fin de resucitar otra vez. A diferencia de ellos, ella no estaba atrapada en el deseo carnal y egoísta de que Cristo estableciera de inmediato su reino terrenal a fin de poder participar la gloria y el privilegio que ese acontecimiento traería.

En un acto de amor sin medida, María **derramó** el perfume **sobre la cabeza de él, estando sentado a la mesa.** Juan nos informa que el perfume era una libra de nardo puro, el cual ella usó para ungir los pies del Señor (Jn. 12:3). En ese testimonio lleno de cariño, amor y honor, María volcó su alma en adoración mientras derramaba el perfume. Estando absolutamente controlada por la adoración hacia su Señor, se olvidó de todo sentido de moderación y economía.

María no ofreció esa valiosa posesión para apoyar un programa o un ministerio, sino que la ofreció a Cristo mismo. No trató con el egoísmo de buscar un resultado visible y tangible de su generosidad, sino que sin titubear y en un acto de adoración efusiva y cariñosa ofreció al Señor su posesión terrenal más costosa.

Sin comprensión de lo que motivó a María a que hiciera lo que estaba haciendo, **al ver esto, los** insensibles discípulos **se enojaron,** y preguntaron religiosamente: **¿Para qué este desperdicio?** A instancias del traidor Judas (véase Jn. 12:4-5) sugirieron que el perfume **podía haberse vendido a gran precio, y haberse dado a los pobres.** Aunque si esa noción pragmática y al parecer altruista pudiera rastrearse, es probable sin embargo que no se hubieran beneficiado muchos **pobres.** Puesto que Judas era el tesorero del grupo y también un ladrón, sin duda habría malversado la mayor parte del dinero para sí mismo (véase Jn. 12:6). Ahora que estaba totalmente desilusionado con Jesús, es probable que se sintiera aún más justificado para robar cualquier cosa antes de emprender su propio camino.

Aunque la indignación que los discípulos sintieron no se expresó abiertamente sino solo entre ellos (Mr. 14:4) y María, **Jesús** entendió lo que pasó y **les dijo: ¿Por qué molestáis a esta mujer? pues ha hecho conmigo una buena obra. Porque siempre tendréis pobres con vosotros, pero a mí no siempre me tendréis.**

En la parábola de las ovejas y las cabras el Señor acababa de enseñar gráficamente que satisfacer las necesidades físicas de su pueblo es de suma importancia y que es una característica de salvación auténtica (Mt. 25:34-36). Pero Él estaba a muy poco tiempo de concluir su ministerio terrenal y regresar a su Padre en el cielo. Y antes de que regresara debía padecer, morir y ser resucitado. Por tanto, este no era el tiempo de filantropía sino de adoración, no era tiempo de caridad sino de veneración. Tal como había hecho en una ocasión anterior, ahora María había "escogido la buena parte" (Lc. 10:42) y estaba realizando una hermosa **buena obra** para su Señor.

La adoración auténtica es el servicio supremo que un cristiano puede ofrecer a Cristo. Hay un tiempo para ministrar a los pobres, los enfermos, los desnudos, y los encarcelados. Hay un tiempo para testificar a los perdidos y tratar de llevarlos al Salvador. Hay un tiempo para discipular nuevos creyentes y ayudarles a crecer en la fe. Hay un tiempo para estudiar y enseñar con cuidado la Palabra de Dios. Pero por sobre todo lo demás que el Señor requiere de su pueblo está la verdadera adoración, sin la cual todo lo demás que pueda hacerse en su nombre es vacío y sin ningún poder.

El adorador emulado por María no pregunta: "¿Cuánto va a costar?", o: "¿Tengo el tiempo?". Al igual que ella, el verdadero adorador le da a Jesús cualquier cosa que tenga, sabiendo que aquello es insignificante comparado con lo que ha recibido de parte de Él.

Este fue un acto único y particular de adoración, **porque al María derramar este perfume sobre** el **cuerpo** de Jesús, sin siquiera darse cuenta lo hizo **a fin de** preparar al Señor **para la sepultura.** Lo que ella hizo se convirtió en un acto simbólico en anticipación de su muerte y sepultura.

Lo que María hizo fue de una importancia tan perdurable que Jesús declaró: **De cierto os digo que dondequiera que se predique este evangelio, en todo el mundo, también se contará lo que ésta ha hecho, para memoria de ella.** A través de los relatos de esta historia, en tres de los evangelios el Espíritu Santo aseguró posteridad a María en recuerdo del amor y la generosa adoración que ella mostró. En cumplimiento de la predicción del Señor, por casi dos mil años **lo que ésta** adoradora hizo se ha contado realmente **para memoria de ella.** María es un ejemplo perpetuo de adoración generosa y sacrificial para todos los cristianos.

LA PREPARACIÓN DE LA TRAICIÓN HIPÓCRITA

Entonces uno de los doce, que se llamaba Judas Iscariote, fue a los principales sacerdotes, y les dijo: ¿Qué me queréis dar, y yo os lo entregaré? Y ellos le asignaron treinta piezas de plata. Y desde entonces buscaba oportunidad para entregarle. (26:14-16)

En contraste con María, que ofreció un testimonio franco de adoración amorosa, **Judas Iscariote** brindó un testimonio clandestino de traición hipócrita.

Yendo **a los principales sacerdotes,** probablemente mientras todavía estaban reunidos en la casa de Simón el leproso, Judas preguntó cruelmente: **¿Qué me queréis dar, y yo os lo entregaré?** Sin duda, gratamente sorprendidos de que uno de los propios discípulos de Jesús fuera el medio que buscaban para destruir al Señor, los dirigentes religiosos **le asignaron** ansiosamente a Judas **treinta piezas de plata.** Por el precio de un esclavo (véase Éx. 21:32), Judas no solo vendió a su maestro, líder y amigo, sino que traicionó al mismo Hijo de Dios, quien había venido a salvarlo.

Después de comprometerse de manera irrevocable a la traición, **desde entonces** Judas **buscaba oportunidad para** entregar al Señor. Ante los ojos de los enemigos de Jesús, la **oportunidad** llegaría cuando Él estuviera "a espaldas del pueblo" (Lc. 22:6), como pronto estaría en el huerto de Getsemaní. En el más grande ejemplo de oportunidad abandonada que el mundo ha conocido alguna vez, Judas dio para siempre la espalda al Señor y a la propia salvación. Y el Señor le dio para siempre la espalda a Judas.

La última Pascua **136**

El primer día de la fiesta de los panes sin levadura, vinieron los discípulos a Jesús, diciéndole: ¿Dónde quieres que preparemos para que comas la pascua? Y él dijo: Id a la ciudad a cierto hombre, y decidle: El Maestro dice: Mi tiempo está cerca; en tu casa celebraré la pascua con mis discípulos. Y los discípulos hicieron como Jesús les mandó, y prepararon la pascua. Cuando llegó la noche, se sentó a la mesa con los doce. Y mientras comían, dijo: De cierto os digo, que uno de vosotros me va a entregar. Y entristecidos en gran manera, comenzó cada uno de ellos a decirle: ¿Soy yo, Señor? Entonces él respondiendo, dijo: El que mete la mano conmigo en el plato, ése me va a entregar. A la verdad el Hijo del Hombre va, según está escrito de él, mas ¡ay de aquel hombre por quien el Hijo del Hombre es entregado! Bueno le fuera a ese hombre no haber nacido. Entonces respondiendo Judas, el que le entregaba, dijo: ¿Soy yo, Maestro? Le dijo: Tú lo has dicho. Y mientras comían, tomó Jesús el pan, y bendijo, y lo partió, y dio a sus discípulos, y dijo: Tomad, comed; esto es mi cuerpo. Y tomando la copa, y habiendo dado gracias, les dio, diciendo: Bebed de ella todos; porque esto es mi sangre del nuevo pacto, que por muchos es derramada para remisión de los pecados. Y os digo que desde ahora no beberé más de este fruto de la vid, hasta aquel día en que lo beba nuevo con vosotros en el reino de mi Padre. Y cuando hubieron cantado el himno, salieron al monte de los Olivos. (26:17-30)

Tal como se ha indicado a lo largo de este libro, Mateo presenta a Jesús como Rey, el Señor soberano del universo que vino a la tierra en carne humana. Incluso en medio de la traición, los simulacros de juicio, y la ejecución de Jesús, Él se revela en dignidad humilde pero real. Lejos de disminuir su majestad y gloria, tales sucesos describen la expresión poderosa y culminante de su gracia y poder soberanos. Por medio del acto definitivo de depravación humana pecadora Dios logró su acto definitivo de redención justa.

En el capítulo anterior se desarrollaron cuatro elementos iniciales de preparación para la muerte de Jesús. Cada uno de ellos involucró el plan y la obra de otros que no fueron Cristo mismo. Ahora, en el último día (jueves) de Jesús con los discípulos hasta después de la resurrección, Mateo presenta cuatro elementos de la propia preparación de Jesús para su muerte expiatoria: experiencia de la última pascua (26:17-25), establecimiento de la Cena del Señor (vv. 26-30), ayuda a los impotentes discípulos (vv. 31-35), y oración al Padre (36-39). En este capítulo vamos a estudiar los primeros dos de esos elementos.

EXPERIENCIA DE LA ÚLTIMA PASCUA

El primer día de la fiesta de los panes sin levadura, vinieron los discípulos a Jesús, diciéndole: ¿Dónde quieres que preparemos para que comas la pascua?

Y él dijo: Id a la ciudad a cierto hombre, y decidle: El Maestro dice: Mi tiempo está cerca; en tu casa celebraré la pascua con mis discípulos. Y los discípulos hicieron como Jesús les mandó, y prepararon la pascua. Cuando llegó la noche, se sentó a la mesa con los doce. Y mientras comían, dijo: De cierto os digo, que uno de vosotros me va a entregar. Y entristecidos en gran manera, comenzó cada uno de ellos a decirle: ¿Soy yo, Señor? Entonces él respondiendo, dijo: El que mete la mano conmigo en el plato, ése me va a entregar. A la verdad el Hijo del Hombre va, según está escrito de él, mas ¡ay de aquel hombre por quien el Hijo del Hombre es entregado! Bueno le fuera a ese hombre no haber nacido. Entonces respondiendo Judas, el que le entregaba, dijo: ¿Soy yo, Maestro? Le dijo: Tú lo has dicho. (26:17-25)

Previo al inicio de la última comida de Pascua, e incluyéndola, hay cuatro subelementos de la propia preparación de Jesús para su muerte sacrificial: escenario del momento (vv. 17-19), participación en la mesa (vv. 20-21*a*), sorpresa de los doce (vv. 21*b*-24), y señalamiento del traidor (v. 25).

ESCENARIO DEL MOMENTO

El primer día de la fiesta de los panes sin levadura, vinieron los discípulos a Jesús, diciéndole: ¿Dónde quieres que preparemos para que comas la pascua? Y él dijo: Id a la ciudad a cierto hombre, y decidle: El Maestro dice: Mi tiempo está cerca; en tu casa celebraré la pascua con mis discípulos. Y los discípulos hicieron como Jesús les mandó, y prepararon la pascua. (26:17-19)

El calendario judío estaba repleto de celebraciones religiosas, y muchas de ellas involucraban fiestas. La fiesta de Pentecostés, o de las semanas, conmemoraba la provisión de Dios en tiempo de cosecha (véase Éx. 23:16). Esa fiesta fue la que los judíos celebraban en Jerusalén cuando el Espíritu Santo llegó sobre los creyentes y Pedro pronunció su primer sermón (Hch. 2). La fiesta de los tabernáculos o cabañas conmemoraba el recorrido de Israel en el desierto por cuarenta años, cuando vivieron en moradas temporales y dependieron de la provisión directa de Dios en cuanto a alimentación y agua (véase Lv. 23:33-43). El día de Expiación era el día más santo del año, que culminaba en el sacrificio anual ofrecido por los pecados en el lugar santísimo por parte del sumo sacerdote. La sangre del sacrificio se rociaba luego sobre el altar, simbolizando la provisión de Dios para expiación por los pecados de su pueblo (Lv. 23:27-32). La fiesta de Purim celebraba la protección de la matanza de los judíos exiliados en Persia por medio de la intervención de la reina Ester (Est. 9:16-19). La fiesta de la dedicación, o janucá, conmemoraba la victoria de Judas Macabeo sobre el sirio déspota Antíoco Epífanes y la restauración de la adoración del templo en el año 164 a.C. (véase 1 Mac. 4:36-61.)

Pero en muchas maneras la fiesta de la Pascua, estrechamente relacionada con la fiesta de los panes sin levadura, era la fiesta central del año judío. Estas dos fiestas se combinaban para hacer una celebración de ocho días que comenzaba con la Pascua. Según se refleja en Mateo 26:17, las dos festividades estaban relacionadas tan de cerca en las mentes de los judíos que **la fiesta de los panes sin levadura** se usaba como una designación completa que incluía **la pascua**. En realidad, los dos nombres se utilizaban de modo intercambiable para designar todos los ocho días de celebración. Sin embargo, técnicamente **la pascua** se celebraba solo **el primer día**, el catorce de Nisán, y **la fiesta de los panes sin levadura** seguía desde el día quince hasta el veintiuno de Nisán.

Ambas fiestas conmemoraban la liberación de Israel de la esclavitud egipcia. **La fiesta de los panes sin levadura** fue llamada así por el tipo de pan que los israelitas debieron llevar con ellos cuando salieron a toda prisa de Egipto. El pan común de esa época, al igual que en la nuestra, usaba levadura o fermento para elevarlo o suavizarlo. Antes de cocer un lote de pan, cortaban un trozo y lo guardaban para usarlo como un iniciador en la próxima horneada. Cuando este pedazo se colocaba más tarde en masa fresca hacía que esta se fermentara y elevara, y ese proceso se repetía continuamente en cada casa.

A lo largo de la Biblia la levadura se usaba para representar influencia, en general mala. Por tanto, como un símbolo de dejar atrás toda influencia maligna de sus captores crueles y paganos, los israelitas no llevarían con ellos ningún resto del pan leudado que habían preparado en Egipto. Como parte de la conmemoración que celebrarían de ahí en adelante cada año, debían quitar toda levadura de sus casas y comer únicamente pan sin levadura durante siete días (Éx. 12:14-15).

Como ya se indicó, la celebración de **la pascua** comenzaba el día antes de la fiesta de los panes sin levadura, aunque por tradición se consideraba el primer día del festival combinado. La ley mosaica requería que los corderos expiatorios para la Pascua se seleccionaran en el día décimo del primer mes (llamado originalmente Abib y después Nisán), y ese cordero se mantenía en la casa hasta que se sacrificaba en el día catorce (Éx. 12:2-6). En el año en que Jesús fue crucificado (sea que se tome el año 30 o el 33 d.C.), el décimo de Nisán fue el lunes de la semana de Pascua. Por tanto, aunque el incidente no se menciona en los evangelios, los discípulos habrían seleccionado un cordero en ese día, tal vez manteniéndolo en la casa de María, Marta y Lázaro en Betania, donde estaban posando.

Según se mencionó en el capítulo anterior, más de doscientos cincuenta mil corderos expiatorios se sacrificaban durante una Pascua típica en la época de Jesús. Y debido a que esa tradición requería que no menos de diez personas ni más de veinte comieran de un cordero, la cantidad de celebrantes fácilmente habría excedido los dos millones. Ya que los corderos debían sacrificarse dentro de un período de dos horas, se derramaba una enorme cantidad de sangre en un tiempo muy corto. Finalmente, la sangre se vertía en el valle de Cedrón, al oriente del templo, y durante varios días después de la Pascua esa corriente se volvía carmesí brillante. Por tanto, el torrente de Cedrón se volvió otro símbolo para los judíos, recordándoles la necesidad del derramamiento sacrificial de sangre para la expiación del pecado.

Sin embargo, la sangre de todos esos corderos juntos no podía limpiar un solo pecado, "porque la sangre de los toros y de los machos cabríos no puede quitar los pecados" (He. 10:4). Esos miles de corderos solo fueron representaciones del único sacrificio perfecto que el mismo Hijo de Dios estaba a punto de hacer en el Calvario como el inmaculado y sin pecado Cordero de Dios, ofreciendo "una vez para siempre un solo sacrificio por los pecados" (He. 10:12).

Probablemente fue a inicios de la mañana de ese jueves que **vinieron los discípulos a Jesús, diciéndole: ¿Dónde quieres que preparemos para que comas la pascua?** Como ya se mencionó, ellos ya habrían seleccionado un cordero varios días antes, pero tenían muchos otros preparativos que hacer. Tendrían que conseguir que un sacerdote en el templo sacrificara el cordero, lo cual, según se explica más adelante, solo podía hacerse entre las tres y las cinco de la tarde. Además, si no lo habían hecho antes tendrían que comprar pan sin levadura, vino, hierbas amargas, y la salsa para la cena de Pascua.

Cada parte de la comida simbolizaba en algún aspecto la liberación de Egipto. Así como esa noche mucho tiempo atrás en Egipto se habían sacrificado corderos y su sangre se había rociado en los umbrales de las puertas para proteger a los primogénitos del ángel de la muerte, así mismo los corderos se sacrificaban ahora y su sangre se rociaba sobre el altar. De igual modo, el cordero se cocinaba y se comía totalmente esa misma noche, tal como en Egipto. Las cuatro copas de vino que se servían durante la cena simbolizaban las cuatro promesas de Dios para su antiguo pueblo exactamente antes de liberarlos de Egipto: "Yo os sacaré de debajo de las tareas pesadas de Egipto, y os libraré de su servidumbre, y os redimiré con brazo extendido, y con juicios grandes; y os tomaré por mi pueblo y seré vuestro Dios" (Éx. 6:6-7).

El cuenco en que sumergían el pan sin levadura, las hierbas amargas, y a veces las manos desnudas (véase Mt. 26:23) contenía una pasta llamada *charoset*, compuesta de manzanas, dátiles, granadas y nueces, todo finamente molido. Esa mezcla gruesa de color marrón quizás simbolizaba el barro y la arcilla usados en la fabricación de ladrillos para los egipcios. Ramas de canela, que representaban la paja usada para los ladrillos, también se agregaban a veces a la *charoset*. Dentro de esta mezcla se sumergían las hierbas amargas para luego comerlas, como recordatorio de la amargura de la esclavitud junto con la dulzura de la liberación.

El cordero de Pascua debía ser sacrificado "entre las dos tardes" (Éx. 12:6), que se traduce de un término hebreo que literalmente significa "al caer la noche", (NVI). Josefo explica que ese tiempo era entre las horas novena y undécima del día judío, que sería entre las tres y las cinco de la tarde. Después de ser sacrificado por el sacerdote en el atrio del templo y luego de haberse rociado un poco de la sangre sobre el altar, el cordero debía llevarse a casa, asarse por completo, y comerse en la cena especial esa noche con el pan sin levadura, las hierbas amargas, el *charoset*, y el vino. Cualquier parte de todo eso que no se consumiera antes de la mañana debía quemarse (Éx. 12:8-10).

Es probable que para este momento, es decir, la mañana del jueves, los discípulos hubieran llevado las hierbas, los frutos, las nueces, el pan sin levadura, y el vino. Pero aún no tenían un lugar dónde cenar, lo cual debía hacerse dentro de los límites de la ciudad de Jerusalén. Por obvias razones, las habitaciones adaptadas para consumir una Pascua eran muy preciadas. Tal vez pensando que Jesús ya había dispuesto un lugar, los discípulos le preguntaron: **¿Dónde quieres que preparemos para que comas la pascua?**

Sin duda la respuesta de Jesús fue más que un poco desconcertante para los dos discípulos, identificados por Lucas como Pedro y Juan (Lc. 22:8; cp. Mr. 14:13), quienes fueron enviados a encargarse de la misión.

En primer lugar, estos discípulos debían ir **a la ciudad** y encontrar allí **a cierto hombre,** obviamente alguien a quien no conocían. Por los otros dos evangelios sinópticos nos enteramos que el hombre llevaba un cántaro de agua (Mr. 14:13; Lc. 22:10). Eso lo distinguiría de manera perceptible para identificarlo, porque era muy raro que un hombre llevara ese tipo de artículo del hogar.

Una vez hallado el hombre, los discípulos debían comunicarle: **El Maestro dice: Mi tiempo está cerca; en tu casa celebraré la pascua con mis discípulos.** Es probable que el hombre que llevaba el cántaro de agua fuera un criado de la **casa** donde iban a cenar. Por tanto, cuando Pedro y Juan siguieron al criado a la casa, repitieron las palabras de Jesús al propietario, quien entonces les mostró "un gran aposento alto ya dispuesto" (Mr. 14:14-15).

Tal estrategia clandestina para asegurar un lugar de reunión era necesaria a fin de evitar la traición prematura a Jesús. Si el Señor hubiera anunciado antes el lugar, seguramente Judas lo habría comunicado a los principales sacerdotes y ancianos (véase Mt. 26:14-16), quienes en secreto habrían arrestado a Jesús allí después que oscureciera y antes de la cena y de la instrucción vital que Él planeó como parte de la comida. Incluso cuando las instrucciones fueron dadas a Pedro y a Juan, Judas no tenía modo de saber la ubicación. Él y los otros nueve no lo averiguarían hasta que llegaran al lugar esa noche.

En el plan redentor de Dios era necesario que Jesús celebrara **la pascua con** sus **discípulos.** Esta sería la última oportunidad de enseñarles (véase Jn. 13—17) y de tener comunión íntima con ellos. Pero más importante aún que eso, sería el momento en que la comida de Pascua del antiguo pacto, caracterizada por el derramamiento de la sangre de corderos, sería transformada por Él en la Cena del Señor del nuevo pacto, que se caracterizaría por el derramamiento de la propia sangre de Cristo (Lc. 22:20). Por tanto, Jesús eliminó toda posibilidad de que lo arrestaran antes de que esa misión crucial pudiera llevarse a cabo.

Puesto que Jesús les dijo a Pedro y Juan que lo identificaran como **el Maestro,** parece probable que el siervo que llevaba el cántaro de agua, y sin duda alguna también el propietario de la casa, eran creyentes en el Señor. Es posible que de antemano y en secreto Jesús hubiera convenido el uso del aposento con el dueño, a quien en ninguna parte se lo identifica por nombre. Cualquiera que fuera el caso, el Señor sabía por anticipado que el sitio sería espacioso, que estaría ubicado en un nivel alto y completamente amueblado para la comida (Mr. 14:15).

La declaración de Jesús, **mi tiempo está cerca,** fue tal vez más para el bien de los discípulos que para el de los dos hombres a quienes Pedro y Juan hallarían. **Tiempo** no se traduce de *chronos,* que se refiere a un espacio general o sucesión de tiempo, sino más bien a *kairos,* un tiempo o momento específico y a menudo predeterminado. El **tiempo** de Jesús también era por supuesto el tiempo del Padre, el momento divinamente señalado en que el Hijo se ofrecería como sacrificio por los pecados del mundo (cp. 1 Jn. 2:2). Hasta ese momento tal tiempo monumental no había llegado y no pudo haber llegado (véase Jn. 7:6), pero en esta Pascua particular no podía dejar de llegar porque estaba divinamente ordenado y fijado. Esa última comida de Pascua pondría en marcha la definitiva y, por así decirlo, irreversible cuenta regresiva para la crucifixión.

Celebraré la pascua se traduce de lo que a veces se llama un tiempo profético presente, porque utiliza la forma normal del tiempo presente griego para indicar el futuro como si este ya hubiera llegado. Comprender de ese modo la declaración es apropiado, porque nuestro Señor se hallaba en una misión divina fijada en un programa divino, dos cosas que eran inalterables. Él no solo tenía la orden de celebrar esa última **pascua** por sí mismo, sino que debía celebrarla **con** sus **discípulos.**

La profundidad de la declaración de Jesús no es aparente en la superficie. Sin embargo, a medida que se estudian con cuidado los acontecimientos que rodean la ocasión, se hace evidente que esta declaración al parecer más bien común constituyó un momento significativo.

En primer lugar, nuestro Señor declaró su compromiso de guardar la Pascua. Observó la Pascua por la misma razón que se había bautizado, para "que cumplamos toda justicia" (Mt. 3:15). No solo como judío sino también como el propio Hijo de Dios le correspondía obedecer todo mandamiento divino de la ley del Antiguo Testamento. Al principio de su ministerio Jesús declaró: "No penséis que he venido para abrogar la ley o los profetas; no he venido para abrogar, sino para cumplir" (Mt. 5:17).

Observar esta fiesta particular era especialmente importante para Jesús. Según narra el relato de Lucas, el Señor les dijo a los discípulos: "¡Cuánto he deseado comer con vosotros esta pascua antes que padezca!" (Lc. 22:15). Era por imperativo divino que Jesús no solo debía observar esta última Pascua de su ministerio terrenal, sino que debía hacerlo con los doce.

Fue sin ninguna vacilación que **los discípulos** Pedro y Juan **hicieron como Jesús les mandó, y prepararon la pascua.** Habrían tenido entonces que conseguir el cordero, probablemente en Betania, y llevarlo al templo para sacrificarlo. Sin duda se les encargó esta importante tarea porque de entre los doce eran los más cercanos a Jesús. En cualquier caso, la tradición exigía que solo dos hombres llevaran un cordero dado al interior del templo. De otra manera el patio del sacrificio habría estado irremediablemente abarrotado de personas, con miles de animales para ser sacrificados y solo dos horas para hacerlo.

Está claro por este pasaje en Mateo, así como por muchos otros en todos los cuatro relatos del evangelio, que Jesús y los discípulos comieron la cena de Pascua la noche del jueves. No obstante, otros pasajes más, tales como el citado a continuación del evangelio de Juan, indican que algunos judíos celebraban la Pascua el viernes, lo cual parece crear una contradicción y ha dado a algunos eruditos lo que ellos creen que es prueba de error bíblico.

El apóstol Juan observa que después de la cena de Pascua, Jesús y sus discípulos salieron de la ciudad y fueron al huerto de Getsemaní, en la ladera occidental del Monte de los Olivos. El Señor fue arrestado allí y llevado primero ante el anterior sumo sacerdote Anás (Jn. 18:13) y luego a la casa de Caifás, yerno de Anás, quien era el sumo sacerdote ese año (v. 24). Pocas horas después, siendo aún la mañana del viernes, Jesús fue llevado ante Pilato. Pero los líderes judíos "no entraron en el pretorio para no contaminarse, y así poder comer la pascua" (v. 28). A diferencia de Jesús y los discípulos, tales judíos obviamente aún no habían comido la Pascua.

Algunos intérpretes sugieren que debido a que esos dirigentes religiosos seguramente habrían celebrado la Pascua en el momento apropiado, Jesús debió haber movido su observancia un día. Pero el Señor era meticuloso en su observancia de la ley mosaica y no habría profanado una fiesta tan importante observándola en el tiempo incorrecto. No obstante, aunque hubiera querido hacer eso no pudo haberlo hecho porque el cordero que irían a comer en la cena de Pascua debía primero ser sacrificado por un sacerdote en el templo, y su sangre debía ser rociada en el altar. Ningún sacerdote habría realizado ese ritual un día antes o incluso una hora antes de lo que la ley prescribía.

Otros eruditos sugieren que los principales sacerdotes y los ancianos que participaron en el arresto de Jesús estuvieron un día atrasados en su observancia. Pero a pesar del control que tenían sobre el templo, ni siquiera estos hombres impíos se habrían atrevido a hacer una excepción a esta fiesta, la más celebrada de todas. No solo eso, sino que Juan reconoció al viernes como el día legítimo de la Pascua, informando que cuando Pilato finalmente estuvo de acuerdo en la crucifixión de Jesús "era la preparación de la pascua" (Jn. 19:14). En el mismo versículo establece que era "como la hora sexta", es decir, mediodía del viernes.

Como tres horas después, "cerca de la hora novena", Jesús clamó desde la cruz: "Dios mío, Dios mío, ¿por qué me has desamparado?" (Mt. 27:46). Al poco tiempo, "Jesús, habiendo otra vez clamado a gran voz, entregó el espíritu" (v. 50). Por tanto, Juan relata de modo específico que nuestro Señor murió dentro del tiempo prescrito de sacrificio para los corderos de Pascua, desde las tres hasta las cinco de la tarde del día de Pascua. Al mismo tiempo que esos corderos estaban siendo sacrificados en el templo, "nuestra pascua, que es Cristo, ya [era] sacrificada" en el Calvario (1 Co. 5:7).

Además de esa evidencia para una Pascua y crucifixión el viernes está el hecho de que, así como el décimo de Nisán fue lunes el año en que Jesús fue crucificado, el catorce (el día de Pascua, Éx. 12:6) fue el viernes siguiente. Aún más evidencia es que José de Arimatea bajara de la cruz el cuerpo de Jesús en "la preparación, es decir, la víspera del día de reposo" (Mr. 15:42; cp. Jn. 19:42). Tal día de preparación se refirió a la preparación semanal para el día de reposo, no a la preparación para la Pascua, como lo es en Juan 19:14. A menos que fuera condicional (como en el caso de que hubiera sido para la Pascua), el día de preparación siempre se refería a la preparación para el día de reposo, y por lo general se usaba para designar al viernes, el día antes del Sabbath (sábado).

¿Por qué entonces Jesús observó la Pascua la noche anterior? La respuesta yace en una diferencia entre los judíos en la manera en que contaban el principio y el final de los días. Por Josefo, la Mishná, y otras fuentes judías antiguas nos enteramos que los judíos del norte de Palestina calculaban los días de amanecer a amanecer. Esa región incluía Galilea, donde se habían criado Jesús y los discípulos menos Judas. Al parecer la mayoría de fariseos, si no todos, usaban ese sistema de cálculo. Pero los judíos en la parte sur, que se centraba en Jerusalén, calculaban los días de anochecer a anochecer. Debido a que todos los sacerdotes necesariamente vivían en Jerusalén o sus cercanías, al igual que la mayoría de los saduceos tales grupos seguían el esquema del sur.

Esa variación sin duda alguna a veces causaba confusión, pero también tenía algunos beneficios prácticos. Por ejemplo, durante el tiempo de la Pascua permitía que la fiesta se celebrara legítimamente en dos días seguidos, lo que por tanto permitía que los sacrificios del templo se hicieran en un período total de cuatro horas en vez de dos. Esa separación de días también podría haber tenido el efecto de reducir los enfrentamientos regionales y religiosos entre los dos grupos.

En esa base, las aparentes contradicciones en los relatos del evangelio se explican fácilmente. Al ser galileos, Jesús y los discípulos consideraron que el día de Pascua había comenzado al amanecer del jueves y que concluía al amanecer del viernes. Los dirigentes judíos que arrestaron y juzgaron a Jesús, al ser principalmente sacerdotes y saduceos, consideraban que el día de Pascua había comenzado al anochecer del jueves y concluía al anochecer del viernes. Debido a esa variación, predeterminada por provisión soberana de Dios, Jesús pudo entonces celebrar legítimamente la última cena de Pascua con sus discípulos y, sin embargo, ser todavía sacrificado el día de la Pascua.

Una vez más vemos cómo de manera soberana y maravillosa Dios provee para el exacto cumplimiento de su plan redentor. Jesús fue cualquier cosa menos una víctima de intrigas de hombres malvados, mucho menos de circunstancias ciegas. Toda palabra que pronunció y toda acción que realizó fueron divinamente dirigidas y aseguradas. Incluso las palabras y las acciones de otros contra Él mismo fueron divinamente controladas (véase, p. ej., Jn. 11:49-52; 19:11).

ALREDEDOR DE LA MESA

Cuando llegó la noche, se sentó a la mesa con los doce. Y mientras comían, (26:20-21*a*)

Ahora era poco después de las seis de **la noche** del jueves. Aunque la Pascua original en Egipto se había comido a toda prisa estando de pie con los lomos ceñidos, las sandalias en los pies, y el cayado en la mano (Éx. 12:11), la ceremonia había cambiado con el paso de los años y se había vuelto más pausada. Por tanto, en lugar de estar parado, Jesús **se sentó a la mesa con los doce mientras comían.**

Comer la Pascua implicaba una secuencia estrictamente definida. Primero se servía la copa inicial de vino tinto mezclado con agua. El vino siempre se mezclaba con agua antes de beberlo, pero durante la Pascua se diluía con doble cantidad de agua, a fin de que nadie profanara la ocasión más sagrada emborrachándose. La participación de la primera copa era precedida por acción de gracias a Dios (véase Lc. 22:17).

Segundo, el lavado ceremonial de manos precedía a la parte principal de la cena, y significaba la necesidad de limpieza moral y espiritual, y de santidad de corazón. Puesto que estaban celebrando la liberación que Dios había hecho de la esclavitud espiritual al pecado mientras recordaban la liberación de la esclavitud física en Egipto, era esencial que los celebrantes llegaran limpios a la mesa.

Es significativo que poco después los discípulos comenzaran otra "disputa sobre quién de ellos sería el mayor" (Lc. 22:24). Después de haberse limpiado las manos era obvio que, como de costumbre, los corazones de los discípulos todavía mostraran orgullo, egoísmo y ambición (cp. Mr. 9:34). Pudo haber sido en este momento que Jesús "se levantó de la cena, y se quitó su manto, y tomando una toalla, se la ciñó… y comenzó a lavar los pies de los discípulos" (Jn. 13:4-5). El Señor les explicó específicamente a los discípulos que acababa de lavarles los pies como un ejemplo para que como Él había hecho, ellos también hicieran (v. 15). Lavar los pies de otra persona normalmente lo hacía un criado, y la mayor parte de judíos consideraba esta acción como la más degradante de las tareas. El ejemplo de servicio humilde y desinteresado que Jesús dio fue un reproche punzante para el orgullo de los discípulos y una lección profunda de amor.

A tal reprimenda visualizada el Señor añadió una verbal, declarando: "Los reyes de las naciones se enseñorean de ellas, y los que sobre ellas tienen autoridad son llamados bienhechores; mas no así vosotros, sino sea el mayor entre vosotros como el más joven, y el que dirige, como el que sirve" (Lc. 22:25-26).

En la tercera parte de la cena de Pascua debían comerse hierbas amargas, como símbolo de la amarga esclavitud que debieron soportar en Egipto los antepasados del pueblo judío. Según se mencionó antes, estas hierbas y trozos de pan sin levadura se sumergían en la *charoset*, la espesa mezcla de frutas y nueces molidas.

La cuarta parte consistía en consumir la segunda copa de vino. Cuando el jefe de familia, el Señor en el caso actual, tomaba esa segunda copa, explicaba el significado de la Pascua.

Después de eso se cantaba del Hallel, que significa "alabanza", y es el término del que se deriva *aleluya*. El Hallel constaba de los Salmos 113–118, y en este momento normalmente se cantaban los dos primeros.

Luego de cantar sacaban el cordero asado. El jefe de familia volvía a lavarse las manos, y entonces partía trozos del pan sin levadura y los pasaba para comer con el cordero.

SORPRESA DE LOS DOCE

dijo: De cierto os digo, que uno de vosotros me va a entregar. Y entristecidos en gran manera, comenzó cada uno de ellos a decirle: ¿Soy yo, Señor? Entonces él respondiendo, dijo: El que mete la mano conmigo en el plato, ése me va a entregar. A la verdad el Hijo del Hombre va, según está escrito de él, mas ¡ay de aquel hombre por quien el Hijo del Hombre es entregado! Bueno le fuera a ese hombre no haber nacido. (26:21*b*-24)

Paradidōmi (**entregar**) se usaba a menudo en la entrega de un prisionero a una cárcel o a castigo. Varias veces Jesús había mencionado su muerte inminente a los discípulos, pero esta fue la primera vez que mencionó la traición que recibiría. Y fue especialmente doloroso para los discípulos oír de los propios labios del Señor que el traidor sería **uno de vosotros.**

En el antiguo Cercano Oriente se consideraba una señal de amistad participar de una comida con alguien, y por tanto comer con una persona justo antes de traicionarla sería traición agravada. Cuando David experimentó la traición de un amigo en quien confiaba, lamentó: "Porque no me afrentó un enemigo, lo cual habría soportado; ni se alzó contra mí el que me aborrecía, porque me hubiera ocultado de él; sino tú, hombre, al parecer íntimo mío, mi guía, y mi familiar; que juntos comunicábamos dulcemente los secretos, y andábamos en amistad en la casa de Dios" (Sal. 55:12-14).

Al estar muy conscientes de los muchos enemigos de Jesús, a los discípulos no les habría sorprendido que Él fuera traicionado. Pero sí era increíble que el traidor se hallara dentro del propio grupo de discípulos. De ahí que fuera comprensible que se quedaran **entristecidos en gran manera.** Juan informa que "se miraban unos a otros, dudando de quién hablaba" (Jn. 13:22). Judas quizás era uno de los menos sospechosos, porque ser el tesorero del grupo indicaba que se le creía alguien irreprochable. En medio de las agonizantes y probables lágrimas, los discípulos "comenzaron a discutir entre sí, quién de ellos sería el que había de hacer esto" (Lc. 22:23). Mientas hablaban sobre el asunto entre ellos pudieron haberse apuntado unos a otros con dedos acusadores, según el relato de Lucas podría sugerir (cp. v. 24). Sin embargo, y para propio mérito de ellos, la principal preocupación de cada discípulo fue la posibilidad de su propia culpa, por lo que **comenzó cada uno de ellos a decirle** a Jesús: ¿Soy yo, Señor?

Sin duda se debió a que Jesús acababa de reprenderles el egoísmo y la ambición carnal que ahora mostraban señales de auténtica humildad y desconfianza de sí mismos. Ellos fueron enfrentados cara a cara con la pecaminosidad de sus propios corazones. Debido a que sus pecados de orgullo habían quedado tan claramente al descubierto, fueron receptivos incluso a la posibilidad de que de alguna manera hubieran dicho o hecho algo que pusiera en peligro a su Señor.

La respuesta de Jesús no hizo nada para aliviarles la preocupación que sentían. Es más, resaltó de nuevo que el traidor era uno de ellos. De modo enigmático el Maestro declaró: **El que mete la mano conmigo en el plato, ése me va a entregar.** Debido a que cada uno de ellos había metido **la mano en el plato,** los discípulos no tuvieron mejor idea de la identidad del traidor que antes. Sin embargo, Jesús les aseguró que solo uno de ellos era culpable y que los demás le pertenecían auténticamente, ya que les comunicó: "No hablo de todos vosotros; yo sé a quienes he elegido; mas para que se cumpla la Escritura: El que come pan conmigo, levantó contra mí su calcañar" (Jn. 13:18). La cita de Salmos 41:9 que Jesús dio se refería a la traición que Ahitofel le haría a David al ayudar a que Absalón conspirara contra su padre (véase 2 S. 16:15—17:3). Ahitofel fue un análogo del Antiguo Testamento para Judas, el traidor final.

Pero Jesús puso entonces la traición en su perspectiva divina al asegurar a los discípulos que el atroz acto serviría para el cumplimiento del plan soberano de Dios. **A la verdad el Hijo del Hombre va, según está escrito de él.** Jesús no cayó en la trampa de Judas, sino que más bien debido a su malvado rechazo a Cristo, Judas se convirtió en un instrumento del plan divino. Dios usaría incluso ese plan vil para obrar la justicia del **Hijo del Hombre.** El acto de la traición se había **escrito** de antemano en las páginas de la profecía divina. Jesucristo fue "entregado por el determinado consejo y anticipado conocimiento de Dios" (Hch. 2:23). La decisión malintencionada de Judas de rechazar y traicionar a Cristo fue usada por Dios en el cumplimiento de la compasiva misión de redención que Cristo llevaría a cabo. Un hombre impío en las manos de un Dios santo fue utilizado para lograr un propósito santo.

Contrariamente al razonamiento pervertido de algunos intérpretes, el hecho de que esta acción pecaminosa fuera usada por Dios para proporcionar salvación del pecado no exime de culpa a Judas, haciendo que algo malo sea bueno. Que Dios aprovechara de modo omnipotente la maldad para cumplir sus propios propósitos justos no hace que un pecado sea menos pecaminoso o que el pecador sea menos culpable. Dios hizo que la traición de Judas sirviera sus propios propósitos, pero no transformó por eso al hijo de perdición (Jn. 17:12) en un hijo de justicia. Judas no fue un santo involuntario sino un demonio dispuesto (Jn. 6:70). La sugerencia de que traicionó a Jesús de modo intencional para que el mundo pudiera ser redimido a través de la crucifixión es tan antibíblica como absurda. Él no tenía ningún interés en la salvación del mundo ni en la venida del reino. Era un ladrón consumado, un mercenario desilusionado y egoísta que pronto vendería a su Maestro y Amigo por simples treinta piezas de plata.

El Señor dejó en claro que el destino de Judas era la condenación. A pesar de que Dios utilizó la traición para cumplir la profecía, Jesús declaró: **mas ¡ay de aquel hombre por quien el Hijo del Hombre es entregado! Bueno le fuera a ese hombre no haber nacido.** El futuro de Judas en el infierno era tan terrible que habría sido muchísimo mejor **no haber nacido.** Él es el ejemplo más trágico y gráfico de las personas acerca de las cuales el escritor de Hebreos asegura: "Porque si pecáremos voluntariamente después de haber recibido el conocimiento de la verdad, ya no queda más sacrificio por los pecados, sino una horrenda expectación de juicio, y de hervor de fuego que ha de devorar a los adversarios…. ¿Cuánto mayor castigo pensáis que merecerá el que pisoteare al Hijo de Dios, y tuviere por inmunda la sangre del pacto en la cual fue santificado, e hiciere afrenta al Espíritu de gracia?" (He. 10:26-27, 29).

Sin embargo, la terrible advertencia de juicio que Jesús hace también parece haber sido una última apelación misericordiosa a Judas de que se volviera a Él para salvación antes que fuera demasiado tarde. Pero él la rechazó.

IDENTIFICACIÓN DEL TRAIDOR

Entonces respondiendo Judas, el que le entregaba, dijo: ¿Soy yo, Maestro? Le dijo: Tú lo has dicho. (26:25)

Si Judas no hubiera dicho a Jesús lo mismo que los demás, se habría vuelto sospechoso. Por tanto, imitó la asombrosa incredulidad de ellos y repitió las preguntas ansiosas que los demás le hicieron al Señor. Incluso llamó **Maestro** a Jesús, como para reforzar su lealtad fingida.

Jesús no respondió con una acusación directa, sino que simplemente comentó: **Tú lo has dicho,** afirmando que Judas se había condenado por su propia boca.

Es obvio que los otros discípulos no alcanzaron a oír ese breve intercambio, porque en privado Pedro pidió a Juan que le preguntara a Jesús respecto a la identidad del traidor, lo cual Juan hizo. Entonces le "respondió Jesús: A quien yo diere el pan mojado, aquél es. Y mojando el pan, lo dio a Judas Iscariote hijo de Simón" (Jn. 13:24-26). Juan supo de este modo la terrible verdad acerca de Judas, pero al parecer no se la comunicó a Pedro en ese momento.

Tan pronto como Judas tomó el pan mojado selló su destino para toda la eternidad, porque "Satanás entró en él" (Jn. 13:27) El adversario supremo de Dios y príncipe de las tinieblas llegó en persona para residir en Judas, y este se volvió infernal hasta el centro de su ser en un modo que quizás ningún otro ser humano ha rebasado. Al traicionar al Hijo de Dios, Judas se convirtió en el mayor pecador de toda la historia humana.

A fin de que el diablo encarnado no participara más en la cena de Pascua con ellos, o que en cualquier modo no interfiriera en los últimos momentos valiosísimos de Jesús con los verdaderos discípulos, y a fin de dejarlo libre para las escenas finales de su traición, el Señor le declaró al traidor: "Lo que vas a hacer, hazlo más pronto" (v. 27*b*). A excepción de Juan, los demás no supieron por qué Jesús dio esa instrucción a Judas, pero "algunos pensaban, puesto que Judas tenía la bolsa, que Jesús le decía: Compra lo que necesitamos para la fiesta; o que diese algo a los pobres" (vv. 28-29). Jesús sabía quién era el traidor; Juan lo sabía, y Judas mismo lo sabía. Pero los demás no tenían la menor idea.

EL ESTABLECIMIENTO DE LA PROVISIÓN FUTURA

Y mientras comían, tomó Jesús el pan, y bendijo, y lo partió, y dio a sus discípulos, y dijo: Tomad, comed; esto es mi cuerpo. Y tomando la copa, y habiendo dado gracias, les dio, diciendo: Bebed de ella todos; porque esto es mi sangre del nuevo pacto, que por muchos es derramada para remisión de los pecados. Y os digo que desde ahora no beberé más de este fruto de la vid, hasta aquel día en que lo beba nuevo con vosotros en el reino de mi Padre. (26:26-29)

Después que Judas salió y Jesús se quedó a solas con los once discípulos fieles, Él transformó la Pascua del Antiguo Testamento en la Cena del Señor del nuevo pacto.

La Pascua era la fiesta judía más antigua, incluso más que el pacto con Moisés en Sinaí. Se estableció antes del sacerdocio, el tabernáculo, o la ley. Fue ordenada por Dios mientras Israel aún vivía en esclavitud en Egipto, y el pueblo la había celebrado por cerca de mil quinientos años.

Pero la Pascua que Jesús ahora estaba concluyendo con los discípulos fue la última divinamente autorizada para ser observada alguna vez. Ninguna Pascua celebrada después de eso ha sido autorizada o reconocida por Dios. Significativa como era bajo el antiguo pacto, se convirtió en vestigio de una heredad pasada, una dispensación extinta, un pacto expirado. Su observancia desde ese tiempo no ha sido más que una reliquia religiosa que no sirve ningún propósito divinamente reconocido ni algún significado bendecido. Celebrar la Pascua es celebrar la sombra, después que la realidad ya ha venido. Celebrar la liberación de Egipto es un sustituto débil para celebrar la liberación del pecado.

De hecho, Cristo puso fin a la Pascua e instituyó una nueva conmemoración para sí mismo. Esta no miraba hacia atrás a un cordero en Egipto como el símbolo del amor y el poder redentor de Dios, sino hacia el mismo Cordero de Dios, quien por el derramamiento expiatorio de su propia sangre se llevó los pecados de todo el mundo. En esa única cena Jesús terminó lo antiguo e inauguró lo nuevo.

La institución que Jesús hizo de la nueva conmemoración consistió de tres elementos principales: la directriz (vv. 26*a*-27), la doctrina (vv. 26-28), y la duración (v. 29).

LA DIRECTRIZ

Y mientras comían, tomó Jesús el pan, y bendijo, y lo partió, y dio a sus discípulos, y dijo: Tomad, comed… Y tomando la copa, y habiendo dado gracias, les dio, diciendo: Bebed de ella todos; (26:26*a*, 27)

No está claro acerca de la parte que ellos **comían** en este momento, pero la cena todavía estaba en curso, y nuestro Señor instituyó la nueva conmemoración en medio de la antigua.

En primer lugar, **tomó Jesús el pan, y** lo **bendijo** con acción de gracias a su Padre celestial, como siempre solía hacer antes de comer (véase, p. ej., Mt. 14:19; 15:36). El pan sin levadura se horneaba en hogazas grandes, planas y crujientes, el cual Jesús **partió** en pedazos antes de dárselos **a sus discípulos** con la instrucción: **Tomad, comed.** El hecho de que **partió** el pan no simboliza un cuerpo destruido, porque Juan deja en claro que se cumplió la profecía que declara: "No será quebrado hueso suyo" (Jn. 19:36; cp. Sal. 34:20), así como también el hecho de que ningún hueso de los corderos originales de Pascua en Egipto fue roto (Éx. 12:46).

Poco después de eso, **tomando la copa, y habiendo dado gracias** otra vez, Jesús **les dio, diciendo: Bebed de ella todos.** El verbo detrás de **dado gracias** es *eucharisteō*, y es de ese término que obtenemos eucaristía, como a veces se llama a la Cena del Señor.

Según era de esperar, todos los once discípulos bebieron de ella (Mr. 14:23). Cabe señalar que la costumbre de la Iglesia Católica Romana de no permitir que toda la congregación participe de la copa está en contradicción directa a la instrucción explícita de Jesús, al ejemplo obediente de los discípulos, y a la posterior enseñanza de Pablo (véase 1 Co. 10:16, 21; 11:28).

Esos dos actos de Jesús eran características normales de la Pascua, en que se comía pan sin levadura y se bebía vino en varios momentos durante la cena. Esta probablemente era la tercera **copa,** llamada la copa de bendición. Pablo se refiere a ella por ese nombre en su primera carta a los corintios: "La copa de bendición que bendecimos, ¿no es la comunión de la sangre de Cristo?" (10:16). Es de la traducción de la versión Reina-Valera de ese versículo ("¿no es la comunión de la sangre de Cristo?") que se deriva Comunión, otro nombre para la Cena del Señor. Algunos versículos después Pablo se refiere a esta copa como "la copa del Señor" (v. 21).

LA DOCTRINA

esto es mi cuerpo… porque esto es mi sangre del nuevo pacto, que por muchos es derramada para remisión de los pecados. (26:26*b*, 28)

Partir el pan sin levadura era parte normal de la ceremonia tradicional de Pascua. Pero Jesús le dio ahora un significado totalmente nuevo, declarando: **esto es mi cuerpo.** El pan original sin levadura simbolizaba separación de la antigua vida en Egipto, sin llevar nada de su "levadura" pagana y opresora a la tierra prometida. Representaba separarse de lo mundano y del pecado, y el inicio de una nueva vida de santidad y piedad.

Por su autoridad divina, Jesús transformó ese simbolismo en otro. De ahí en adelante el pan representaría el propio **cuerpo** de Cristo, sacrificado por la salvación de los seres humanos. Lucas informa que Jesús agregó: "Que por vosotros es dado; haced esto en memoria de mí" (22:19), indicando que estaba instituyendo una conmemoración de su muerte expiatoria que sus seguidores debían observar.

Al decir que el pan **es** su **cuerpo** Jesús obviamente no hablaba en forma literal. Una mala y ridícula interpretación ya había ocasionado que los fariseos lo ridiculizaran y muchos discípulos superficiales desertaran (véase Jn. 6:48-66). Se trata de la misma equivocación reflejada en la doctrina católica romana acerca de la transubstanciación. Esa noción literal es una malinterpretación absurda de la Biblia.

La declaración de Jesús acerca de comer su cuerpo no fue más literal que su afirmación de que Él es la vid y sus seguidores son las ramas o pámpanos (Jn. 15:5), o que Juan el Bautista lo llamara el Cordero de Dios (Jn. 1:29).

A medida que los discípulos bebían de la copa, Jesús declaró: **esto es mi sangre del nuevo pacto.** Lucas también confirma que el Señor especificó "nuevo pacto" (22:20), distinguiéndolo claramente de todos los pactos anteriores, incluso el mosaico.

Cuando Dios hizo pactos con Noé y Abraham, tales pactos fueron ratificados con sangre (Gn. 8:20; 15:9-10). Cuando fue ratificado el pacto en Sinaí, "Moisés tomó la sangre y roció sobre el pueblo, y dijo: He aquí la sangre del pacto que Jehová ha hecho con vosotros sobre todas estas cosas" (Éx. 24:8). Cuando Dios trajo reconciliación consigo, el precio siempre fue de sangre, porque "sin derramamiento de sangre no se hace remisión" (He. 9:22; cp. 1 P. 1:2). No solo debía matarse un animal expiatorio, sino que su sangre tenía que ser derramada. "La vida de toda carne es su sangre" (Lv. 17:14), y por tanto para que una vida fuera realmente sacrificada su sangre debía derramarse.

Por eso Jesús no simplemente tenía que morir, sino que debía derramar su propia sangre preciosa (1 P. 1:19). Aunque no murió desangrado, sangró tanto antes de morir como mientras moría debido a las heridas de la corona de espinas, las laceraciones de los latigazos, y las heridas de los clavos en sus pies y manos. Después de morir se derramó gran cantidad de su sangre por la lanza clavada en su costado.

Es obvio que en la química de la sangre de Cristo no hay nada que salve. Y a pesar de que se requería el derramamiento de su sangre, esto simbolizó su muerte expiatoria, la entrega de su vida inmaculada, pura y totalmente justa por las vidas corruptas, depravadas y totalmente pecadoras de hombres no regenerados. Representativo de la entrega de esa vida sin pecado fue el derramamiento de esa preciosa sangre **por muchos para remisión de los pecados.** Esa sangre hizo expiación por los pecados de toda la humanidad, tanto gentiles como judíos que ponen su confianza en el Señor Jesucristo. Los **muchos** incluyen a quienes confiaron en Dios antes que Cristo muriera, y también a quienes han confiado y confiarán en Él después de su muerte. Abel, Noé, Abraham, Moisés, David y todos los demás creyentes verdaderos que vivieron antes de Cristo fueron salvados por la muerte expiatoria de Cristo, así como son salvados los creyentes de la era del nuevo pacto. Fue a causa de esa verdad que Jesús declaró a los incrédulos dirigentes judíos: "Abraham vuestro padre se gozó de que había de ver mi día; y lo vio, y se gozó" (Jn. 8:56).

LA DURACIÓN

Y os digo que desde ahora no beberé más de este fruto de la vid, hasta aquel día en que lo beba nuevo con vosotros en el reino de mi Padre. (26:29)

Como ya se indicó, la conmemoración divinamente ordenada de la Pascua terminó cuando Jesús la celebró esa noche con sus discípulos. Toda observancia de ella desde entonces se ha basado únicamente en tradición humana, la perpetuación de una forma externa que hace mucho tiempo perdió su significado espiritual. Pero para aquellos que pertenecen a Jesucristo, ese acontecimiento en el aposento alto inició una nueva remembranza de redención que el Señor honrará hasta que regrese en gloria.

Fruto de la vid era una expresión judía muy conocida para vino, la cual Jesús manifestó a los discípulos que no bebería con ellos otra vez **hasta aquel día en que lo beba nuevo** con los discípulos **en el reino de** su **Padre.** Les había dado instrucciones de recordarlo cuando comieran el pan sin levadura, el cual representa su cuerpo sacrificado, y cuando bebieran de la copa, la cual representa su sangre derramada como sacrificio por el pecado. Jesús expresó: "Haced esto todas las veces que la bebiereis, en memoria de mí" (1 Co. 11:25). Esa conmemoración debía continuar **hasta aquel día en el reino de** su **Padre.**

La promesa del Señor de beber con los discípulos en ese reino futuro fue otra garantía para ellos del regreso de Cristo, una seguridad que tendría un sentido aumentado después de su muerte, resurrección y ascensión. Él les prometió: "Cuando regrese para establecer mi **reino** todos ustedes estarán allí y beberán vino **nuevo** conmigo". En otras palabras, la Cena del Señor no solo es un recordatorio del sacrificio de nuestro Señor por nuestros pecados, sino también un recuerdo de su promesa de regresar y participar con nosotros las bendiciones de su reino. Por estas palabras sabemos que el final de la era actual no señala el final de esta observancia.

La cena concluyó **cuando hubieron cantado el himno,** probablemente el Salmo 118, el último salmo del Hallel. Entonces **salieron al monte de los Olivos,** donde Jesús oraría con gran fervor a su Padre, y donde sería traicionado por Judas y arrestado por los oficiales de los principales sacerdotes y ancianos.

Ayuda para los indefensos discípulos

137

Entonces Jesús les dijo: Todos vosotros os escandalizaréis de mí esta noche; porque escrito está: Heriré al pastor, y las ovejas del rebaño serán dispersadas. Pero después que haya resucitado, iré delante de vosotros a Galilea. Respondiendo Pedro, le dijo: Aunque todos se escandalicen de ti, yo nunca me escandalizaré. Jesús le dijo: De cierto te digo que esta noche, antes que el gallo cante, me negarás tres veces. Pedro le dijo: Aunque me sea necesario morir contigo, no te negaré. Y todos los discípulos dijeron lo mismo. (26:31-35)

Por mucho que los cristianos puedan creer que son espiritualmente fuertes, aquellos que son maduros saben por experiencia y por la Biblia que en sí son débiles. Les gustaría creer que nunca negarán al Señor, que no contradecirán la Palabra, o que no se avergonzarán de ser llamados por el nombre de Cristo. Pero saben que todo creyente sucumbe a esas cosas de vez en cuando. Se encuentran en un ambiente de injusticia, pero no hacen nada por corregirlo. Tienen una oportunidad de hablar por Cristo, pero no dicen nada. Deben ser osados por la causa de Cristo, pero en lugar de eso son tímidos.

Cuando yo era joven a menudo pensaba en lo que haría si el Señor me pusiera en un lugar de servicio difícil en que enfrentaría la decisión de ser obediente a Él o arriesgarme a morir. Había leído muchas historias de cristianos que fueron martirizados por no renunciar a su Señor, y yo quería creer que tendría tal devoción. Pero siempre tuve dudas, porque sabía que en situaciones mucho menos amenazantes que el martirio no había sido fiel como debí haber sido.

Miramos hacia atrás a los apóstoles como creyentes modelos, así como hombres de fe suprema que soportaron estoicamente toda dificultad y persecución por su Señor. Pero no fue sino hasta después de Pentecostés que en realidad se convirtieron en tales hombres. En la última noche de la vida terrenal de Jesús, contrario a las afirmaciones confiadas de lealtad y valentía, ellos demostraron cualquier cosa menos fe y heroísmo. Descubrieron, junto con todos los que leen los relatos de la Biblia, que en sí mismos eran temerosos, cobardes e impotentes.

Cuando Jesús llegó al Monte de los Olivos con los once discípulos restantes después de la Última Cena, sabía que pronto sería traicionado y arrestado, tal como al menos en tres ocasiones les había dicho a los discípulos. Él también sabía que sus discípulos lo abandonarían y que huirían para salvar sus vidas, lo cual les reveló ahora por primera vez; y ellos tuvieron tanta dificultad en creer la segunda predicción como la primera. Aún les costaba comprender que era posible que al Mesías se le diera muerte, mucho menos que tan terrible acto sería el hecho supremo del plan redentor de Dios. Tampoco podían creer que a pesar de lo que pudiera ocurrirle al Señor, ellos mismos podían ser cualquier cosa menos que firmemente leales.

Las afirmaciones personales que expresaron en esta ocasión se basaron en falsos sentimientos de fortaleza y compromiso personal. Creyeron que el amor y la devoción que tenían por Cristo eran más grandes de lo que en realidad resultaron ser, y que la capacidad que tenían para manejar la tentación y la intimidación era superior a lo que fue.

De todo lo que Jesús pudo haberles dicho, de todo lo que pudo haberles advertido, en esta ocasión prefirió hablarles de la inminente y segura deserción que le harían a su Maestro. No estar a la altura de la alta estima en sí mismos demostraría ser una lección profunda e inolvidable, una lección que junto con la realidad de la resurrección y la venida del Espíritu Santo a morar en ellos cambiaría el curso de sus vidas.

El incidente relatado en 26:31-35 es integral para la presentación que Mateo hace de la preparación de Jesús para la cruz. Al prepararse para morir por los pecados del mundo, el Señor debía enseñar a los discípulos la necesidad de morir continuamente a sí mismos (cp. 1 Co. 15:3, 31; 2 Co. 5:15) y de no confiar nunca en sí mismos (cp. 2 Co. 1:9).

Además de la certeza de la resurrección de Jesús, y del fortalecimiento del Espíritu Santo dentro de ellos, tal vez lo más importante que los discípulos necesitaban era una conciencia sincera de su propia debilidad. Con desesperación necesitaban la pobreza de espíritu (véase Mt. 5:3) sin la cual nadie puede llegar a Cristo, y sin la cual ningún creyente puede ser usado con eficacia por el Señor. El primer paso hacia la fortaleza espiritual es el reconocimiento humilde y sincero de la propia debilidad espiritual (cp. 2 Co. 12:9-10).

Esa es una lección que todo hijo de Dios debe aprender y volver a aprender. Debido a que no es difícil permanecer firmes en la doctrina y las normas morales cuando estamos entre hermanos en la fe, al comprometer tales verdades y normas estamos tentados a creer que nunca abandonaríamos a nuestro Señor. Pero cuando salimos al mundo incrédulo y estamos separados de la fortaleza de la comunión cristiana descubrimos cuán infundada es tal confianza personal. Pablo incluso le recordó al fiel Timoteo que "no nos ha dado Dios espíritu de cobardía, sino de poder, de amor y de dominio propio" (2 Ti. 1:7), porque Timoteo había evidenciado alguna propensión a avergonzarse de su Señor (v. 8).

No existe lugar en la vida de un creyente para avergonzarse de Cristo o para la deserción. Avergonzarse de Cristo es característico de los incrédulos (véase Mr. 8:38), y nunca debería hallarse en cristianos. A causa de su confianza continua en el Señor, Pablo pudo afirmar con veracidad a Timoteo: "Por lo cual asimismo padezco esto; pero no me avergüenzo, porque yo sé a quién he creído, y estoy seguro que es poderoso para guardar mi depósito para aquel día" (2 Ti. 1:12). Con igual confianza el apóstol declaró a la iglesia romana: "No me avergüenzo del evangelio, porque es poder de Dios para salvación a todo aquel que cree" (Ro. 1:16).

Como los discípulos aprenderían pronto esa última noche con su Señor, sin la ayuda de Él es imposible serle fieles. En su propio entendimiento o poder ningún creyente está preparado para entablar una guerra espiritual con la carne, el mundo, y Satanás. Esa importante verdad la expresa con gran hermosura el compositor de himnos del siglo XIX John E. Bode en el himno "Jesús, yo he prometido". En una estrofa la afirmación "no temeré la lucha" la condiciona "si tú a mi lado estás", y la afirmación "ni perderé el camino" la condiciona "si tú alumbrando vas".

Al predecir la deserción de los discípulos, el Señor también les enseñó otra lección acerca de la omnisciencia divina. Exactamente como declaró, todos ellos huyeron llenos de temor cuando Jesús fue arrestado poco tiempo después esa misma noche (Mt. 26:56).

Aunque los discípulos son participantes esenciales en este relato y también ejemplos instructivos para nosotros, el enfoque central de Mateo está como siempre en Cristo como Rey. Parece que la intención del escritor del evangelio es preservar la dignidad y gloria del Rey de reyes aun en medio de la deserción, la traición, y la malevolencia suprema.

Los escépticos tienden a hacer preguntas tales como: "¿Qué tipo de líder es este cuyos seguidores lo abandonan por completo en el momento de su mayor necesidad? ¿Qué clase de líder es que tiene tan poco control sobre sus subordinados que no puede impedirles que huyan cuando la batalla arrecia más? ¿No han defendido muchos hombres su posición por causas menores y frente a mayor peligro? ¿Cómo podría alguien que hiciera tales afirmaciones como Jesús haber sido tan mal juez y edificador de hombres?".

Sin embargo, Mateo revela cómo en el propósito de Dios, el fracaso de los discípulos en realidad resalta e intensifica la grandeza del logro del Señor. A modo de contraste, la impotencia que sintieron sirvió para magnificar el poder del Señor, la infidelidad de ellos sirvió para magnificar la fidelidad de Él, y la deshonra de los discípulos sirvió para magnificar la majestad de Jesús.

En el aposento alto Jesús había dado los dos primeros elementos de su propia preparación para su muerte expiatoria: experimentar la última Pascua (vv. 17-25) y establecer la Cena del Señor (v. 26-30). Después de relatar la salida de Jesús de Jerusalén y su ida al Monte de los Olivos (v. 30) con los once discípulos que quedaron (véase Jn. 13:26-30), Mateo presenta este tercer elemento: ayudar a los impotentes discípulos (vv. 31-35).

Cristo cerró el antiguo pacto de la herencia judía con su celebración de la última cena de Pascua, y marcó el inicio del nuevo pacto en su propia sangre con la institución de la Cena del Señor. Luego enseñó esta profunda lección para los hombres de que, a pesar de esa inminente muestra de fragilidad, se convertirían en los principales instrumentos humanos en establecer su Iglesia.

El Evangelio de Juan enseña que después de la Cena del Señor, Jesús ofreció a los doce un extenso mensaje que tradicionalmente se lo ha llamado discurso en el aposento alto. En los capítulos 14—17, Juan relata la enseñanza de Jesús acerca de que los creyentes están con Él en el cielo y le sirven en la tierra; la venida del Espíritu Santo; el significado de la verdadera paz, la fidelidad, el gozo, el amor y la fecundidad; la oposición que los creyentes pueden esperar en el mundo; y la segunda venida de Jesús. Concluyó ofreciendo una hermosa y profunda oración intercesora a favor de los discípulos estando ellos presentes.

Pero los escritores sinópticos (Mateo, Marcos y Lucas) no incluyen esa enseñanza. En su lugar cada uno de ellos pasa directamente del final de la Cena del Señor a la escena en el Monte de los Olivos (véase Mt. 26:30; Mr. 14:26; Lc. 22:39).

Cuando Jesús y los discípulos salieron del aposento alto y prosiguieron a la puerta oriental, sin duda tuvieron que abrirse paso a través de numerosísimas multitudes de peregrinos que se preparaban para celebrar la Pascua al día siguiente, de acuerdo con la costumbre predominante en Judea. Por razones explicadas en el capítulo anterior, tanto los habitantes de Judea como los saduceos observaban la Pascua un día después que los galileos y los fariseos. Es probable que muchos de los que se preparaban para celebrar el viernes todavía no hubieran asegurado lugares en los cuales tener la cena de Pascua y estuvieran haciendo preparativos de última hora.

Cuando Jesús y los discípulos descendieron al valle al oriente de la ciudad y cruzaron hacia el torrente de Cedrón, este aún fluía lleno por las lluvias de finales de invierno y sus aguas brillaban de rojo por la sangre de los miles de corderos sacrificados esa tarde. El grupo subió la ladera occidental del Monte de los Olivos hacia el huerto de Getsemaní, un lugar conocido que habían visitado muchas veces antes. Getsemaní significa "prensa de aceite", y ese huerto era uno de los muchos otros en el Monte de los Olivos. Ya que había poco espacio para huertos dentro de Jerusalén, muchos de los habitantes cultivaban pequeños jardines justo fuera de la ciudad. Podría haber sido que el huerto de Getsemaní perteneciera a un amigo de Jesús, quien lo habría puesto a disposición para Él como un lugar de meditación y retiro. En la ciudad abarrotada y ruidosa habría habido poca esperanza para eso.

Antes de llegar al huerto, Jesús se detuvo y advirtió a los discípulos de la próxima deserción que harían. La enseñanza del discurso del aposento alto había consistido en gran manera de promesas positivas, pero ahora era tiempo para un mensaje negativo, una advertencia que los discípulos seguros de sí mismos no podían creer. Aquí presenciamos una demostración vívida tanto de la omnisciencia de Jesús como de la ignorancia de los discípulos.

OMNISCIENCIA DE JESÚS

Entonces Jesús les dijo: Todos vosotros os escandalizaréis de mí esta noche; porque escrito está: Heriré al pastor, y las ovejas del rebaño serán dispersadas. Pero después que haya resucitado, iré delante de vosotros a Galilea. (26:31-32)

Cuando se acercaban al huerto de Getsemaní, **Jesús les dijo** a los discípulos: **Todos vosotros os escandalizaréis de mí esta noche.** *Skandalizō* (**escandalizaréis**) es el término del que se deriva *escándalo,* y tiene el significado literal de poner una trampa, un lazo, o un obstáculo. En la época de Jesús la palabra se utilizaba más a menudo de modo metafórico, como siempre ocurre en el Nuevo Testamento. Jesús predijo que los discípulos pronto enfrentarían un obstáculo que les haría tropezar y desmoronar la lealtad que le tenían.

Jesús sabía que **todos** los discípulos lo abandonarían y que se sorprenderían y ofenderían por la predicción de ese abandono. Sabía que se escandalizarían por temor de ser asociados con Él (**mí**) y que huirían esa misma **noche,** tal como hicieron (v. 56).

Mientras Jesús enfrentaría la cruz con valor que claramente era divino, los discípulos estarían huyendo con típico temor y cobardía propios de seres humanos. Aunque era por ellos que Él estaría enfrentando el pecado, la muerte, y a Satanás, los discípulos no arriesgarían nada por Él.

Era como si Jesús estuviera sentado en la cabina de control de un estudio de televisión observando acontecimientos pregrabados en una enorme serie de pantallas delante de Él, determinando cuál de ellas se emitiría en un momento dado. Cada suceso de esa noche, así como cada hecho de toda su vida, estaba bajo la directa autoridad divina de Dios. Ninguna acción era accidental, y ninguna palabra era incidental. Él no solo sabía con exactitud lo que haría sino lo que harían los discípulos, los líderes religiosos y políticos, los soldados, y las multitudes. Podía ver todo movimiento como si ya hubiera ocurrido, y podía oír toda palabra como si ya se hubiera pronunciado.

En la descripción de Mateo, Jesús no pierde nada de su majestad y dignidad incluso cuando a los ojos del mundo enfrentaba inminente derrota e ignominia. Su propio plan soberano estaba desarrollándose, y la supuesta víctima era realmente el Vencedor predeterminado.

El comentario de Jesús, **porque escrito está,** se refirió a Zacarías 13:7, que predijo la deserción que acababa de mencionar. Luego citó parte de ese versículo: **Heriré al pastor, y las ovejas del rebaño serán dispersadas.** Al citar la profecía del Antiguo Testamento, Jesús aseguró a sus discípulos que el abandono que le harían, así como la traición de Judas, formaban parte del plan eterno de Dios.

Sin la explicación de Jesús habría sido imposible que los discípulos entendieran correctamente el pasaje de Zacarías. La predicción de Zacarías estaba velada, y su significado no pudo haberse discernido aparte de la propia interpretación del Señor. Zacarías estaba hablando acerca de falsos profetas idólatras a quienes el Señor quitaría de entre el pueblo, pero algunos de los cuales renunciarían a sus prácticas engañosas (13:2-6). No obstante, en el versículo 7 la atención se vuelca de repente hacia un hombre a quien el Señor llama "el pastor" y "el hombre compañero mío". "El hombre compañero mío" podría traducirse "el hombre poderoso de mi unión" o "el hombre poderoso igual a mí", indicando claramente que esta persona también era deidad. Es contra este divino pastor-compañero que Dios ordenó que la espada golpeara: "Hiere al pastor, y serán dispersadas las ovejas".

En el sentido más amplio, las ovejas que serían dispersadas representaban a Israel. Puesto que como nación Israel rechazó y crucificó a su Mesías, Jerusalén y el templo fueron destruidos. Desde ese tiempo (70 d.C.) el pueblo de Israel fue dispersado por todo el mundo, donde ha permanecido en gran manera esparcido por casi dos mil años. Incluso hoy día, solo una minoría de ellos vive en el estado de Israel.

Pero **las ovejas** de las que Jesús hablaba esa noche en el Monte de los Olivos eran los discípulos, por así decirlo el primer grupo representativo y característico de todas aquellas ovejas que serían **dispersadas** cuando Él, el **pastor,** fuera herido.

Sin embargo, Jesús animó de inmediato a los discípulos con las palabras prometedoras: **Pero después que haya resucitado, iré delante de vosotros a Galilea.** Jesús enfrentó la muerte con valor supremo porque sabía que tenía poder supremo sobre ella. Pero los discípulos aún tenían miedo de la muerte, e incluso del encarcelamiento o la humillación. Él sabía que resucitaría de los muertos por el poder de su Padre, tal como muchas veces antes había profetizado a los doce (véase

Mt. 16:21; 17:9, 23; 20:18-19; cp. Ro. 6:4). La divina omnisciencia de Jesús era incluso más segura que la fe por la cual Abraham creyó que Dios podía resucitar a Isaac de entre los muertos (He. 11:17-19). Por ese conocimiento nuestro Señor sabía que al tercer día su Padre celestial iba a resucitar de entre los muertos a su Hijo unigénito.

Los tercos discípulos débiles en la fe debieron haber recordado y creído tales predicciones de su Señor. Debieron haber recordado a quienes Jesús mismo resucitó de los muertos, en especial Lázaro, ante cuya resurrección Él declaró: "Yo soy la resurrección y la vida; el que cree en mí, aunque esté muerto, vivirá" (Jn. 11:25). Pero el temor les había eclipsado la memoria y les había sometido la fe.

En su paciencia infinita Jesús dijo otra vez que iba a resucitar y que iría **delante de** los discípulos **a Galilea** para reunirse allí con ellos. Eso fue por supuesto lo que Él hizo. Afuera de la tumba en el huerto el ángel les dijo a las dos Marías: "Id pronto y decid a sus discípulos que ha resucitado de los muertos, y he aquí va delante de vosotros a Galilea; allí le veréis" (Mt. 28:7). Cuando el Señor resucitado se apareció a las dos mujeres unos momentos más tarde, repitió la promesa y la instrucción (v. 10). Poco tiempo después "los once discípulos se fueron a Galilea, al monte donde Jesús les había ordenado. Y cuando le vieron, le adoraron" (vv. 16-17). El relato inspirado que Mateo hace de la trágica debilidad de los discípulos afirma claramente la omnisciencia del Señor Jesús.

IGNORANCIA DE LOS DISCÍPULOS

Respondiendo Pedro, le dijo: Aunque todos se escandalicen de ti, yo nunca me escandalizaré. Jesús le dijo: De cierto te digo que esta noche, antes que el gallo cante, me negarás tres veces. Pedro le dijo: Aunque me sea necesario morir contigo, no te negaré. Y todos los discípulos dijeron lo mismo. (26:33-35)

Pedro u olvidó o hizo caso omiso a lo que Jesús acababa de decir acerca de que resucitaría y se les aparecería. Estaba tan preocupado por defender su carácter leal que, en atrevimiento típico espetó: **Aunque todos se escandalicen de ti, yo nunca me escandalizaré.** El discípulo orgulloso y seguro de sí mismo, convencido de la fortaleza de su amor por Jesús, de modo presuntuoso se proclamó como el más veraz de los veraces.

Como un niño obstinado, Pedro pareció oír solamente lo que quería oír, y creer solamente lo que quería creer. Durante la Última Cena, solo más o menos una hora antes, Jesús había hecho una advertencia similar a los discípulos. Hablándole específicamente a Pedro, señaló: "Simón, Simón, he aquí Satanás os ha pedido para zarandearos como a trigo" (Lc. 22:31). Aunque dirigido de modo correcto a Pedro, el "os" en este versículo es plural (*humas*), indicando que la advertencia también se extendía a los demás discípulos. Todos ellos serían tan seriamente probados por Satanás que parecería como si los estuvieran zarandeando con gran violencia, como un manojo de espigas de trigo en manos del cosechador. Jesús siguió expresando: "Pero yo he rogado por ti, que tu fe no falte; y tú, una vez vuelto, confirma a tus hermanos" (v. 32).

A pesar de eso, Pedro no estuvo atento a las palabras de Jesús. En lugar de reconocer su necesidad y de expresar gratitud por la protección del Señor, el discípulo vociferó: "Señor, dispuesto estoy a ir contigo no sólo a la cárcel, sino también a la muerte" (v. 33). Poco impresionado con esa afirmación, Jesús respondió: "Pedro, te digo que el gallo no cantará hoy antes que tú niegues tres veces que me conoces" (v. 34). Con tales compasivas pero punzantes palabras, Jesús señaló a Pedro como alguien que no solamente lo abandonaría, sino que incluso lo negaría.

El Señor repitió ahora la predicción: **De cierto te digo que esta noche, antes que el gallo cante, me negarás tres veces.** Pedro no creyó a su Maestro esta vez más de lo que le había creído pocas horas antes. Con increíble descaro y orgullo, obviamente pensó que por sabio que Jesús fuera estaba equivocado en cuanto a la fiabilidad y al valor de su discípulo principal.

Los judíos dividían la noche en cuatro partes: tarde, de seis a nueve; medianoche, de nueve a doce; canto del gallo, de doce a tres; y mañana, de tres a seis. El tercer período obtuvo su nombre del hecho de que los gallos empiezan a cantar como al final de ese tiempo y siguen haciéndolo periódicamente hasta después del amanecer.

Para cuando Jesús y los discípulos llegaron al Monte de los Olivos tal vez era cerca de medianoche. Por tanto, Jesús estaba prediciendo que en pocas horas más Pedro negaría al Señor **tres veces,** antes de las tres de la mañana, cuando por lo general **el gallo** comienza a cantar. Como Pedro debió haber sabido, eso es exactamente lo que sucedió. Apenas había salido de su boca su tercera negación, aumentada con una maldición, "el gallo cantó" (v. 60).

Pero el orgullo de Pedro no le permitió creer que algo así sería concebible. En esta ocasión ese orgullo se manifestó al menos en tres formas. Primera, contradijo al Señor, como había hecho otras veces. Poco después que Pedro confesara que Jesús era "el Cristo, el Hijo del Dios viviente", lo llevó aparte y comenzó a reprenderlo por predecir su sufrimiento y su muerte, "diciendo: Señor, ten compasión de ti; en ninguna manera esto te acontezca" (Mt. 16:16, 22).

Segunda, el orgullo de Pedro se manifestó en considerarse mejor que todos los demás discípulos, afirmando que aunque ellos abandonaran a Jesús, él nunca lo haría. En tercer lugar, confió en sus propias fuerzas, declarando de modo insensato: **nunca me escandalizaré,** y agregando pocos momentos después: **Aunque me sea necesario morir contigo, no te negaré.** Con la misma confianza equivocada de Pedro en sí mismo, aunque tal vez en grado menos extremo, **todos los discípulos dijeron lo mismo.**

Los discípulos seguían siendo ignorantes de muchas cosas. Ignoraban su propia debilidad y las fuerzas de Satanás. Ignoraban el gran poder del temor que pronto les sobrevendría. Además, no aceptarían la interpretación que Jesús hiciera de la profecía del Antiguo Testamento que les acababa de citar con relación a que el pastor sería herido y las ovejas se dispersarían. En otras palabras, ellos eran voluntariamente ignorantes, porque persistieron en confiar en su propio entendimiento por sobre el del Señor.

Al igual que los discípulos, cuando afirman ser sabios, valientes y autosuficientes los creyentes solo hacen alarde de su ignorancia. Y a menudo, como con los discípulos, el Señor les permite aprender del modo difícil que en realidad son insensatos, cobardes y débiles.

En gracia humilde y sin pecado, Jesús estuvo dispuesto a ir a la cruz y derramar su sangre por los orgullosos, necios y pecadores discípulos. Aunque sabía que pronto se avergonzarían de Él, y que incluso lo abandonarían y lo negarían, Jesús no se avergonzó de ellos. A pesar del orgullo, la debilidad, el abandono, y las negaciones de los discípulos, Él los atraería hacia sí en amor perfecto. En un acto compasivo de misericordia divina les perdonaría y los restauraría.

Menos mal que nuestro Señor está dedicado a restaurar discípulos que han caído y son infieles. En su primera epístola Juan recuerda a sus lectores esa verdad consoladora cuando escribió: "Si confesamos nuestros pecados, él es fiel y justo para perdonar nuestros pecados, y limpiarnos de toda maldad" (1 Jn. 1:9). Pablo repite esa maravillosa gracia de la recuperación cuando da instrucciones a los creyentes espirituales de actuar como agentes de Cristo para restaurar en amor a hermanos en la fe que han caído en pecado (véase Gá. 6:1).

Después de Pentecostés, a los once hombres que habían abandonado a su Señor en temor y vergüenza apenas se los podía reconocer. Cuando fueron encarcelados por orden del sumo sacerdote por predicar y curar, y luego fueron milagrosamente liberados por un ángel, "entraron de mañana en el templo, y enseñaban" de nuevo. Y cuando los volvieron a arrestar y flagelar, y los miembros del sanedrín "les intimaron que no hablasen en el nombre de Jesús", ellos estuvieron "gozosos de haber sido tenidos por dignos de padecer afrenta por causa del Nombre. Y todos los días, en el templo y por las casas, no cesaban de enseñar y predicar a Jesucristo" (véase Hch. 5:12-42).

La presencia del Espíritu Santo morando ahora en ellos fue sin duda la fuente de poder en el valor y la dedicación recién encontrados de los apóstoles. Pero incluso el poder de la morada del Espíritu de Cristo no es garantía de fidelidad. Mucho tiempo después de haberse convertido en morada del Espíritu, actuando en la carne y no en el Espíritu Santo, Pedro volvió a descubrir lo espiritualmente poco fiable e impotente que era. Tras ser intimidado por los judaizantes, se negó por un tiempo a tener comunión con creyentes gentiles. Por eso Pablo tuvo que reprenderle cara a cara y en público por su hipocresía (Gá. 2:11-14).

Por tanto, parece seguro que a la fidelidad posterior de los apóstoles contribuyó otro factor además de que el Espíritu morara en ellos; concretamente, la lección que de forma tan amarga aprendieron al final del ministerio del Señor en cuanto a la propia ignorancia y necia autosuficiencia que mostraron, así como acerca de la divina omnisciencia de Cristo y su compasiva suficiencia. Recordaron el amor paciente y la misericordia de Jesús al volver a acercarlos hacia Él mismo, a pesar de la cobarde y despreciable deserción que le habían hecho. Habían experimentado de modo tan íntimo y profundo la misericordia del Señor, que estuvieron decididos a no volver a abandonarlo. Pero aprendieron que en sí mismos eran tan débiles como siempre y que la única posibilidad de fidelidad que tenían era total obediencia a su Señor y dependencia en Él.

De haberlo sabido, los restaurados discípulos habrían cantado llenos de gozo el amado himno "Cuán firme cimiento", del cual son estas dos estrofas:

Pues ya no temáis, y escudo seré,
que soy vuestro Dios y socorro tendréis;
y fuerza y vida y paz os daré,
y salvos de males, y salvos de males,
y salvos de males vosotros seréis.

Al alma que anhele la paz que hay en mí,
no quiero, no puedo dejar en error;
yo lo sacaré de tinieblas a luz,
y siempre guardarlo, y siempre guardarlo,
y siempre guardarlo con grande amor.

El Hijo en la tristeza

138

Entonces llegó Jesús con ellos a un lugar que se llama Getsemaní, y dijo a sus discípulos: Sentaos aquí, entre tanto que voy allí y oro. Y tomando a Pedro, y a los dos hijos de Zebedeo, comenzó a entristecerse y a angustiarse en gran manera. Entonces Jesús les dijo: Mi alma está muy triste, hasta la muerte; quedaos aquí, y velad conmigo. Yendo un poco adelante, se postró sobre su rostro, orando y diciendo: Padre mío, si es posible, pase de mí esta copa; pero no sea como yo quiero, sino como tú. Vino luego a sus discípulos, y los halló durmiendo, y dijo a Pedro: ¿Así que no habéis podido velar conmigo una hora? Velad y orad, para que no entréis en tentación; el espíritu a la verdad está dispuesto, pero la carne es débil. Otra vez fue, y oró por segunda vez, diciendo: Padre mío, si no puede pasar de mí esta copa sin que yo la beba, hágase tu voluntad. Vino otra vez y los halló durmiendo, porque los ojos de ellos estaban cargados de sueño. Y dejándolos, se fue de nuevo, y oró por tercera vez, diciendo las mismas palabras. Entonces vino a sus discípulos y les dijo: Dormid ya, y descansad. He aquí ha llegado la hora, y el Hijo del Hombre es entregado en manos de pecadores. Levantaos, vamos; ved, se acerca el que me entrega. (26:36-46)

En un sermón titulado "Jesucristo el hombre" predicado el 12 de abril de 1885, Charles Haddon Spurgeon comentó: "No será suficiente que escuchen o que lean; ustedes deben reflexionar por cuenta propia, y considerar al Señor por ustedes mismos… No se hace vino simplemente recogiendo los racimos, sino pisando las uvas en el lagar: el rojo jugo estalla hacia fuera bajo presión. Lo que será de bendición para ustedes no es la verdad leída, sino la verdad meditada… Enciérrense con Jesús si quieren conocerlo". Justo antes de eso había dicho: "¡Nunca estoy más insatisfecho conmigo mismo que cuando he hecho lo mejor que puedo para enaltecer Su amado nombre! ¿Acaso no es como sostener una vela contra la luz del sol?". Spurgeon concluye: "Amados, no puedo hablar de Él como yo quisiera. ¡La llama de este Sol me ciega!" (*El Púlpito del Tabernáculo Metropolitano*, http://www.spurgeon.com.mx/sermon1835.html, consultado 22-09-2016).

Aunque hagamos lo mejor por estudiar acerca del Señor Jesucristo y meditar en Él, se hace evidente que el misterio es demasiado profundo para la comprensión humana. Sabemos y creemos que Él es totalmente Dios y también totalmente hombre, pero declarar y hasta creer sinceramente tal paradoja no es entenderla. Es demasiado profundo de comprender incluso para las mentes cristianas iluminadas por el Espíritu Santo. Con humildad, temor y reverencia seguimos al Señor en su tortuoso camino hacia la cruz.

Para ahora tal vez era cerca de la medianoche del jueves de la semana de Pascua en el año 33 d.C. Los tres años del ministerio de Jesús se habían completado. Él había predicado su último sermón y realizado su último milagro. También había celebrado la última Pascua con sus discípulos. Pero muchísimo más importante que eso, había llegado a *ser* el último y definitivo Cordero de Pascua, el sacrificio perfecto y único por los pecados del mundo.

Al profundizar en la última noche de nuestro Señor antes de su muerte captamos lo que podemos de lo sagrado de este poderoso momento en su vida y ministerio. Pero nos damos cuenta de que ninguna cantidad de estudio o de comprensión puede dar más que un atisbo de la agonía divina-humana que Él experimentó allí.

Uno de los hermosos himnos de Philip Bliss contiene estas palabras:

> ¡Oh, qué nombre se le dio
> al santo Hijo de Dios!
> "Varón de dolores" fue.
> ¡Aleluya! ¡Cristo salva!

El compositor tomó prestada la descripción que Isaías hiciera de Cristo, quien predijo que el Mesías sería "varón de dolores, experimentado en quebranto" (Is. 53:3).

No hay registro en la Biblia de Jesús riendo, pero hay muchos relatos de su dolor, de su tristeza, y hasta de su llanto. Lloró ante la tumba de Lázaro (Jn. 11:35) y lloró por Jerusalén en el momento de su entrada triunfal (Lc. 19:41). Jesús conoció tristeza sobre tristeza y dolor sobre dolor como ningún otro ser humano que alguna vez haya vivido. Pero la tristeza que experimentó en el huerto de Getsemaní la última noche antes de su crucifixión pareció ser una acumulación de todo el dolor que jamás había conocido, el cual se aceleraría hasta alcanzar la intensidad máxima al día siguiente.

No podemos comprender lo profundo de la agonía de Jesús, porque como Dios sin pecado y santo Él pudo percibir el horror del pecado en una manera que nosotros no podemos hacerlo. Por tanto, tratar incluso de entender el sufrimiento de Jesús esa noche en el Monte de los Olivos es pisar en tierra sagrada. El misterio es demasiado profundo para que seres humanos, e incluso ángeles, puedan comprender. Solo podemos maravillarnos del Dios-Hombre.

Al igual que todos los demás aspectos y detalles de la vida y el ministerio de Jesús, su agonía en el huerto era parte integral del plan divino de redención ordenado de antemano. Esto formó parte de la preparación de Jesús para la cruz, donde ocurriría el suceso culminante en la obra redentora.

Siempre y por siempre el maestro Jesús utilizó esta lucha con el enemigo en el huerto la noche antes de la cruz para enseñar a los discípulos y a todo creyente futuro otra lección de piedad, una lección acerca de cómo enfrentar la tentación y el sufrimiento severo. El Señor no solo estaba preparándose para la cruz, sino que también por medio de su ejemplo estaba preparando a sus seguidores para las cruces que Él los llama a llevar en su nombre (véase Mt. 16:24).

Mateo 26:36-46 revela tres aspectos de la lucha de Jesús en el huerto: su tristeza, su súplica, y su fortaleza. Y en claro contraste con la incesante lucha del Señor vemos también el letargo indiferente de los discípulos.

SU TRISTEZA

Entonces llegó Jesús con ellos a un lugar que se llama Getsemaní, y dijo a sus discípulos: Sentaos aquí, entre tanto que voy allí y oro. Y tomando a Pedro, y a los dos hijos de Zebedeo, comenzó a entristecerse y a angustiarse en gran manera. Entonces Jesús les dijo: Mi alma está muy triste, hasta la muerte; quedaos aquí, y velad conmigo. (26:36-38)

Después que los once discípulos remedaron la jactancia de Pedro e insistieron en su lealtad a Jesús incluso hasta el punto morir con Él si era necesario (v. 35), **entonces** se adentraron con el Señor **a un lugar** en el Monte de los Olivos **que se llama Getsemaní.** A pesar de que no había anunciado de antemano a dónde se dirigía, "Jesús se había reunido allí con sus discípulos", y fue ese hecho lo que permitió que Judas lo encontrara más tarde esa misma noche (Jn. 18:2).

El nombre **Getsemaní** significa "prensa de aceite", y es probable que el huerto perteneciera a un creyente que permitía que Jesús lo usara como lugar de retiro y oración. Como William Barclay señala, el dueño de **Getsemaní,** al igual que el dueño del asno en que Jesús entró en Jerusalén y el propietario del aposento alto, fueron amigos no identificados que ministraron al Señor durante sus horas finales. Barclay observa: "En un desierto de odio, todavía había un oasis de amor" (*Comentario al Nuevo Testamento* [Barcelona: Editorial Clie, 1999], p. 184).

Es probable que el huerto estuviera cercado o vallado y que tuviera una entrada, quizás incluso una puerta. Jesús mandó **a sus discípulos** que se sentaran a la entrada y evitaran que Él fuera molestado **entre tanto que voy allí y oro.** El Señor no usó la palabra normal para orar (*euchomai*), que a menudo se utilizaba en peticiones o súplicas a otras personas, sino la intensificada *proseuchomai,* que se usaba solo para orarle a Dios.

Dos días antes Jesús había dicho a los discípulos "que dentro de dos días se celebra la pascua, y el Hijo del Hombre será entregado para ser crucificado" (26:2). Y solo pocos momentos antes les había advertido: "Todos vosotros os escandalizaréis de mí esta noche" (v. 31). Ellos sabían que estaban en un momento crítico y que, al igual que su Señor, deberían haberlo visto como un tiempo de profunda preocupación y de oración ferviente. Lucas informa que Jesús dijo ahora a los discípulos: "Orad que no entréis en tentación" (Lc. 22:40; cp. Mt. 6:13), advertencia que repitió más adelante (Mt. 26:41). Sin embargo, no hay indicación de que ellos pronunciaran un solo aliento de oración, ni alguna insinuación de que clamaran al Padre para que los fortaleciera. En engreída confianza en sí mismos seguían considerándose leales, confiables e invencibles. Al igual que muchos creyentes a lo largo de la historia de la Iglesia, tontamente confundieron sus buenas intenciones con fortaleza. El inmaculado Hijo de Dios sintió una necesidad desesperada de tener comunión con su Padre celestial, pero sus pecadores y débiles discípulos, como muy a menudo hacen hoy día, no sintieron desesperanza en cuanto a su propia debilidad y vulnerabilidad.

Dejando a los otros ocho discípulos en la entrada, Jesús llevó consigo **a Pedro, y a los dos hijos de Zebedeo,** Jacobo y Juan. A través de los años algunos comentaristas han especulado en cuanto a por qué el Señor llevó solo a tres discípulos y por qué escogió a estos tres hombres en particular. Según se mencionó ya, es probable que dejara a la mayor parte de los discípulos en la entrada para que montaran guardia, y para que no lo interrumpieran antes que Él terminara de orar. Algunos intérpretes sugieren que escogió a Pedro, Jacobo y Juan porque eran los más débiles y necesitaban más estar con Él. Pero el hecho de que estos cometieran errores más notables que los otros no indica que fueran los más débiles, sino más bien los más adelantados y presuntuosos. En realidad, ellos eran los obvios líderes entre los doce, y conformaban el círculo íntimo al que Jesús prestó atención especial a lo largo de su ministerio.

Fue seguramente por eso que el Señor llevó a estos tres con Él a orar. Quería enseñarles más acerca de cómo enfrentar fuerte tentación con confianza en Dios en lugar de en sí mismos. En vista de la confiabilidad expresada por ellos mismos (v. 35), los discípulos debían aprender la humildad y la pobreza de espíritu que se necesitan antes que Dios pueda usar de manera eficaz a su pueblo (véase Mt. 5:3). Jesús deseaba que Pedro, Jacobo y Juan se convencieran y se reconocieran culpables de su necia suficiencia y de sus sentimientos de invencibilidad. Además, deseaba que a su vez ellos enseñaran esa lección a sus compañeros discípulos.

Jesús no los llevó para obtener su compañía, simpatía o ayuda. Los amaba profundamente y sin duda disfrutaba su compañía, pero los conocía demasiado bien para esperar que le fueran de alguna ayuda en este momento crucial. Los llevó para el bien de ellos, no para el bien de Él.

El propósito de Jesús también fue enseñar que, por importante y útil que el compañerismo y el apoyo de otros creyentes pueda ser, hay ocasiones en que la única ayuda que tenemos es la comunión directa con Dios en oración. Él quería mostrarles vívidamente que, en su humanidad, hasta el divino Hijo de Dios necesitaba el sustento de su Padre celestial.

La humanidad caída y pecadora se niega a reconocer su debilidad, pero el inmaculado y no caído Hijo del Hombre conocía muy bien su propia debilidad humana. Cuando se hizo carne y moró entre los seres humanos como hombre, aceptó las debilidades que son comunes para toda la humanidad. Experimentó las debilidades del hambre, la sed, el dolor y la tentación. Ahora estaba a punto de experimentar la suprema debilidad humana: la muerte.

Al reconocer su debilidad humana y su consecuente necesidad de la presencia y la fortaleza de su Padre celestial, Jesús hizo lo que los discípulos no vieron necesidad de hacer. Debido a que Él miró hacia su Padre pudo soportar y pasar toda tentación, incluso llevar el pecado y la muerte, la prueba más dura de todas. Todo momento en la vida de Jesús, desde su primer llanto siendo bebé hasta su último lamento en la cruz, fue vivido en sumisión total a su Padre celestial. Y por medio de esa sumisión sin pecado durante su humanidad se convirtió en un sumo sacerdote que puede plenamente "compadecerse de nuestras debilidades... uno que fue tentado en todo según nuestra semejanza, pero sin pecado" (He. 4:15).

Todo cristiano a veces enfrenta tentaciones, sufrimientos y aflicciones que amenazan agobiarlo. En las profundidades de tales pruebas hasta nuestros amigos más queridos y espirituales son incapaces de proporcionar el solaz y la fortaleza que necesitamos. Dios espera que los creyentes se animen y fortalezcan unos a otros, y ese es un medio esencial a través del cual edifica a sus hijos (véase Lc. 22:32; Hch. 18:23; He. 10:25). Pero hay ocasiones en que solamente la comunión directa e íntima en oración intensa con el Señor puede proporcionar la fortaleza para satisfacerles la desesperada necesidad que enfrentan.

El ministerio de Jesús comenzó y terminó con incesante tentación directamente por parte de Satanás. Después que fue bautizado por Juan el Bautista, Jesús fue al desierto de Judea y ayunó por cuarenta días y cuarenta noches. Al final de ese período el diablo lo tentó tres veces, y en cada ocasión Jesús respondió con las Escrituras (Mt. 4:3-10). Mientras Jesús agonizaba en el huerto en la última noche de su vida terrenal, el diablo lo volvió a tentar tres veces, y en cada una el Señor respondió orando con gran fervor a su Padre.

En ambas ocasiones las tentaciones fueron solicitudes privadas y personales hechas directamente por Satanás a Jesús, y aparte de la propia revelación del Señor no sabemos nada de ellas. Las dos armas que Jesús utilizó fueron las Escrituras y la oración, armas que el Señor proporciona a cada uno de sus hijos (véase Ef. 6:17-18).

Cuando entró al huerto con los tres discípulos, Jesús **comenzó a entristecerse y a angustiarse en gran manera.** No es que nunca hubiera experimentado sufrimiento o angustia por el pecado y la muerte, y por la separación de su Padre celestial que todo esto podrían traer. Siempre había sabido que vino a la tierra a padecer y morir por los pecados del mundo. Pero el punto máximo de su angustia **comenzó** ahora a intensificarse como nunca antes, a medida que se acercaba no solo el momento de convertirse en pecado en lugar de nosotros, sino también su consecuente alejamiento de Dios. Su misma alma fue rechazada por la invasión de cargar con el pecado, no debido al dolor físico que soportaría sino debido al hecho de tomar sobre sí la plena magnitud y profanación de iniquidad total de la humanidad entera. Su agonía por esa posibilidad sobrepasó toda descripción o comprensión.

Cuando Jesús lloró ante la tumba de Lázaro (Jn. 11:35), no fue por Lázaro ni por las hermanas afligidas, porque Él estaba a punto de restaurarle la vida a su querido amigo y hermano. Más bien lloró debido al poder del pecado y la muerte sobre la humanidad, y posiblemente, incluso entonces, por la inminente posibilidad de convertirse en pecado.

Pero ahora comenzó a posarse sobre Él una clase profunda y afligida de soledad que le hizo **angustiarse** gravemente. Además de la cruz, quizás fueron desilusiones personales las que llevaron a Jesús a una depresión más profunda. Primero fue la traición de Judas, un Lucifer terrenal que traicionó al amoroso y desinteresado Hijo de Dios, quien con misericordia había enseñado y ministrado a Judas por tres años. Luego estuvo la deserción de los otros once discípulos, que se volvió más trágica por el hecho de que para ellos Él era Salvador y Señor. Jesús había sido maestro, sanador, animador, perdonador, apoyo y amigo de ellos. Sin embargo, pronto sería abandonado por aquellos a quienes nunca abandonaría. Habría negación absoluta por parte de Pedro, aquel en quien Jesús había invertido más. A cambio, el Señor sería objeto de la vergüenza de Pedro y la causa de que lo maldijera. Jesús también sería rechazado por Israel, el pueblo escogido de Dios y nación del pacto, a través de la cual Él vino en la carne y a la cual viniera como Mesías, Redentor y Rey.

Además de los rechazos estaban las flagrantes injusticias que enfrentaría. El mismo Creador de la justicia sería sometido a la injusticia extrema. Sería despreciado y despojado en los tribunales insignificantes de hombres pecadores, rencorosos y mentirosos… y eso en el nombre de Dios. Aquel a quien los ángeles alaban y con quien Dios el Padre está muy complacido sería maldecido y burlado por multitudes malvadas, muchas de las cuales pocos días antes le entonaran alabanzas e intentaran convertirlo en su rey.

Jesús enfrentó una soledad que ningún otro ser humano podría experimentar. Al volverse pecado, el Hijo de Dios, quien se comunicaba con el Padre, el Espíritu Santo, y con todos los santos ángeles del cielo, se hallaría abandonado por su Padre. Estaría tan identificado con la iniquidad, que las huestes celestiales deberían volverle la espalda. Y el mismo pecado que repelía a esas huestes también lo repelió a Él, el Hijo de justicia sin pecado, santo, puro y sin mancha.

Como el mortal Hijo de hombre, el eterno Hijo de Dios debía llevar la muerte sobre sí, lo cual además era fastidioso y deprimente. Como parte de su misión divina de redención, Cristo vino a la tierra para que "gustase la muerte por todos" (He. 2:9). Alfred Edersheim escribió: "Él desarmó a la muerte clavándose el asta en su propio corazón", y por tanto la muerte ya no tuvo más flechas (The *Life and Times of Jesus the Messiah* [Grand Rapids: Eerdmans, 1971], 2:539). Pero esa última flecha de muerte causó inexpresable tormento en el Señor.

Aunque los escritores del evangelio no mencionan la actividad de Satanás en este suceso, su presencia maligna se evidencia plenamente por el hecho de que entrara en Judas (Jn. 13:27), quien salió del aposento alto para llevar a cabo la traición. No se registran las palabras ni la actividad del diablo, pero podemos estar seguros de su participación e intención. En el primer gran episodio de tentaciones en el desierto, Satanás tentó a Jesús para que exigiera sus derechos, primero por alimento, luego por protección, y finalmente por soberanía sobre el mundo. Ahora tentó al Hijo de Dios para que otra vez exigiera sus derechos. Jesús no merecía padecer, mucho menos morir. Merecía honra, gloria y reverencia, no la cruz. Tal vez el diablo susurró al oído de Jesús: ¿Por qué el Autor de la justicia debía someterse a tan burda injusticia? ¿Por qué debería el Creador de la vida someterse a la ignominia de la muerte? Satanás tentó a Jesús a rebelarse contra Dios y descalificarse de ser el sacrificio por el pecado y el destructor de Satanás, la muerte, y el infierno.

En todas esas tentaciones —en el desierto, en el huerto, y a lo largo de la vida terrenal del Señor— Satanás trató de que, como él mismo había hecho, Jesús desobedeciera y se rebelara contra Dios. El diablo sabía que en la obediencia de Cristo al Padre estaba la propia destrucción de Satanás. Por tanto, la intención de cada tentación a Jesús fue alejarlo de la cruz que Dios había planeado. Fue cuando Pedro declaró con gran descaro que Jesús nunca debía ser crucificado, que el Señor le expresó: "¡Quítate de delante de mí, Satanás!" (Mt. 16:23). Aunque el deseo de Pedro era proteger a su Maestro, nada de lo que dijo podía ser más contrario a la voluntad y la obra de su Maestro, o de más apoyo para el esfuerzo de Satanás.

Después que Judas, quien estaba lleno de Satanás, fuera despedido del aposento alto, Jesús manifestó. "No hablaré ya mucho con vosotros; porque viene el príncipe de este mundo, y él nada tiene en mí" (Jn. 14:30). Jesús estaba refiriéndose al intenso conflicto con Satanás que pronto experimentaría en el huerto, donde el príncipe del mundo haría su ataque final. Tal como en el desierto, envolvería a Jesús en tres grandes oleadas de tentación, cada una diseñada con el único propósito de hacerle evitar la cruz en abierta rebelión contra Dios, impidiendo así la obra de salvación y llevando a la condenación del infierno a todos los seres humanos.

Desde el momento del arresto de Jesús hasta su muerte, Satanás parecía tener la ventaja en los acontecimientos, pero eso fue tanto temporal como por concesión divina. Cuando llegaron a arrestarlo, Jesús comunicó a los principales sacerdotes y funcionarios del templo: "Esta es vuestra hora, y la potestad de las tinieblas" (Lc. 22:53). Esa era la hora de Satanás, y con el permiso del Padre atacó al Hijo con el poder total de la malevolencia. El propósito de Satanás era inducir a Jesús a comprometer su santidad y renunciar a la sumisión al Padre, desviándose así de la cruz. Por otra parte, el propósito de Dios era demostrar la justicia del Hijo y probar el poder de este sobre las más severas tentaciones que Satanás podía inventar. En ninguna parte la Biblia enseña que Satanás conspirara para matar a Jesús; al contrario, su muerte estaba en el plan preordenado de Dios (cp. Hch. 2:22-23) que Satanás quería frustrar. Una vez que se hizo evidente que no podía evitar la muerte del Señor, Satanás hizo todo lo posible para hacer que esa muerte fuera permanente. Y cuando fracasó en eso y Jesús resucitó, el diablo incentivó una conspiración para negar la resurrección (véase Mt. 28:11-15).

Por tanto, no resulta sorprendente que Jesús les dijera a Pedro, Jacobo y Juan: **Mi alma está muy triste, hasta la muerte.** *Perilupos* (**muy triste**) se relaciona con el término del que obtenemos *periferia*, y conlleva la idea de estar envuelto en tristeza. Es posible morir de tristeza, así como lo es por otras emociones fuertes tales como terror e ira. La angustia de Jesús era suficiente para matarlo, y sin duda lo habría hecho si Él no hubiera estado divinamente preservado para otro tipo de muerte.

La agonía de esta tentación era inigualable. Se trató de la lucha más intensa de Jesús con Satanás, más angustiosa incluso que el encuentro en el desierto. Al parecer la magnitud del sufrimiento ocasionó que los capilares subcutáneos de Jesús se dilataran y explotaran. A medida que bajo la presión de profunda angustia los capilares se reventaban y la sangre escapaba a través de los poros de la piel, esta se mezclaba con "su sudor [que caía] hasta la tierra" (Lc. 22:44). Sin duda fue a esta experiencia que el escritor de Hebreos se refirió al decir que Jesús ofreció "ruegos y súplicas con gran clamor y lágrimas al que le podía librar de la muerte" (He. 5:7).

Jesús no estaba afligido por el temor de sucumbir a las tentaciones de Satanás. Como ya se mencionó, el Señor había declarado que Satanás "nada tiene en mí", queriendo decir que no había pecado o maldad en Él de lo cual la tentación pudiera asirse. Tampoco estaba afligido por la posibilidad de no conquistar el pecado o no sobrevivir a la muerte. En varias ocasiones había hablado de su próxima resurrección e incluso de su ascensión. No había duda en la mente de nuestro Señor en cuanto al resultado de la cruz, a través de la cual iría a tener victoria sobre el pecado, la muerte, y el diablo. Jesús estaba **muy triste, hasta la muerte** por tener que *convertirse* en pecado. Esa perspectiva insoportablemente horrible fue lo que lo hizo sudar grandes gotas de sangre. La santidad es totalmente repudiada por el pecado. El profeta Habacuc reveló esto cuando escribió: "Muy limpio eres de ojos para ver el mal, ni puedes ver el agravio" (Hab. 1:13).

En medio de esa profunda tristeza Jesús sabía que su único consuelo estaba en su Padre celestial, y con cada oleada de tentación y angustia se retiraba a un lugar de reclusión a cierta distancia (véase vv. 36, 39, 42). Lucas informa que Jesús "se apartó de ellos a distancia como de un tiro de piedra" (Lc. 22:41), que ascendía a treinta o cuarenta metros. La intensidad de la tentación y de la respuesta de la oración de Jesús aumentaba con cada una de las tres sesiones, y esto se refleja en las posiciones que el Señor tomó. Al principio se puso de rodillas (Lc. 22:41), pero cuando aumentó la intensidad, cayó postrado "sobre su rostro" (Mt. 26:39).

Mientras iba a estar a solas con su Padre, Jesús pidió a sus tres queridos amigos: **velad conmigo,** apartándose de ellos para que en vista de la tentación no solo velaran, sino que también oraran (véase v. 41), tal como Él estaría haciendo.

SU SÚPLICA

Yendo un poco adelante, se postró sobre su rostro, orando y diciendo: Padre mío, si es posible, pase de mí esta copa; pero no sea como yo quiero, sino como tú. Vino luego a sus discípulos, y los halló durmiendo, y dijo a Pedro: ¿Así que no habéis podido velar conmigo una hora? Velad y orad, para que no entréis en tentación; el espíritu a la verdad está dispuesto, pero la carne es débil. Otra vez fue, y oró por segunda vez, diciendo: Padre mío, si no puede pasar de mí esta copa sin que yo la beba, hágase tu voluntad. Vino otra vez y los halló durmiendo, porque los ojos de ellos estaban cargados de sueño. Y dejándolos, se fue de nuevo, y oró por tercera vez, diciendo las mismas palabras. Entonces vino a sus discípulos y les dijo: Dormid ya, y descansad. (26:39-45a)

Estos versículos se enfocan alternativamente en la súplica de Jesús a su Padre celestial y en los tres discípulos que se quedaron dormidos. Por una parte, está el deseo intenso y desinteresado de Jesús por hacer la voluntad de su Padre, incluso hasta el punto de convertirse en pecado a fin de salvar a pecadores, y el de orar para hacer frente a la tentación que le venía encima. Por otra parte, está la indiferente y egoísta incapacidad de los discípulos de velar y enfrentar el conflicto y el peligro a través de intercesión a favor de su Señor. Mientras Jesús, entendiendo el poder del enemigo, se retiró a orar, ellos se retiraron a dormir.

Yendo otra vez **un poco** más **adelante** de los tres discípulos, Jesús **se postró sobre su rostro, orando** a su **Padre.** A excepción de la vez en que citó el Salmo 22:1 mientras clamaba desde la cruz: "Dios mío, Dios mío, ¿por qué me has desamparado?" (Mt. 27:46), Jesús siempre se dirigió a Dios como **Padre.** Al hacer así expresó una intimidad con Dios que era extraña al judaísmo de su época, y que constituía anatema para los dirigentes religiosos. Ellos pensaban en Dios como Padre en el sentido de ser el progenitor de Israel, pero no en el sentido de ser un Padre personal para alguien. Que Jesús se dirigiera a Dios como su Padre era blasfemia para ellos, y "por esto los judíos aun más procuraban matarle, porque no sólo quebrantaba el día de reposo, sino que también decía que Dios era su propio Padre, haciéndose igual a Dios" (Jn. 5:18).

Aunque constantemente Jesús llamó a Dios su Padre, solo en esta ocasión lo llamó **Padre mío** (cp. v. 42), intensificando la intimidad. Mientras Satanás más trataba de alejar a Jesús de la voluntad y el propósito de su Padre, más íntimamente Jesús se acercaba a la presencia de su Padre. Marcos añade que Jesús también se dirigió a Él como "Abba, Padre" (Mr. 14:36), siendo Abba una palabra aramea de cariño más o menos equivalente a "papito". Tal comportamiento habría sido impensablemente presuntuoso y blasfemo para los judíos.

Jesús imploró al Padre: **Si es posible, pase de mí esta copa.** Al pedir: **Si es posible,** Jesús no preguntaba si escapar de la cruz estaba dentro de la esfera de posibilidad. Él sabía que podía haberse alejado de la muerte en cualquier momento que eligiera. Así explicó a los incrédulos fariseos: "Yo pongo mi vida, para volverla a tomar. Nadie me la quita, sino que yo de mí mismo la pongo. Tengo poder para ponerla, y tengo poder para volverla a tomar" (Jn. 10:17-18). El Padre *envió* al Hijo a la cruz, pero no lo obligó a ir. Jesús estaba preguntando si evitar la cruz era **posible** dentro del plan y el propósito redentor del Padre. La agonía de convertirse en pecado estaba volviéndose insoportable para el inmaculado Hijo de Dios, y preguntó en voz alta delante de su Padre si podría haber otra manera de liberar del pecado a los seres humanos.

A menudo en el Antiguo Testamento se representan la ira y el juicio de Dios como una copa que se ha de beber (véase, p. ej., Sal. 75:8; Is. 51:17; Jer. 49:12). **Esta copa** simbolizaba el sufrimiento que Jesús soportaría en la cruz, la **copa** de la furia de Dios descargada contra todos los pecados de la humanidad, los cuales el Hijo pondría sobre sí mismo como el Cordero expiatorio de Dios.

Como siempre ocurrió con Jesús, la cuestión determinante era la voluntad de Dios, por lo que declaró: "Yo no he hablado por mi propia cuenta; el Padre que me envió, él me dio mandamiento de lo que he de decir, y de lo que he de hablar" (Jn. 12:49; cp. 14:31; 17:8). Por eso expresó de modo sumiso: **pero no sea como yo quiero, sino como tú.** Este conflicto entre lo que **yo quiero** y **como tú** deja ver la realidad del hecho asombroso de que Jesús estaba siendo tentado realmente. Aunque sin pecado e incapaz de pecar, está claro que podía ser puesto en el verdadero conflicto de la tentación (véase He. 4:15).

Pero cuando el Señor volvió a donde los tres discípulos, **los halló durmiendo.** Aunque no inesperado, ese descubrimiento debe haber contribuido en gran medida al dolor y la angustia que sentía. Nadie puede desilusionarnos y herirnos de modo tan profundo como nuestros seres queridos. Jesús no se sorprendió, porque en su omnisciencia estaba perfectamente consciente de la debilidad de ellos y había predicho que esa misma noche tal falta de carácter se manifestaría en deserción (véase v. 31). Pero saber lo que iría a pasar no alivió el dolor causado porque no fueran suficientemente sensibles o no tuvieran suficiente cuidado para velar y orar con Él las últimas horas de la vida del Señor.

Así como estos tres mismos discípulos se habían dormido cuando Jesús se transfiguró (Lc. 9:28, 32), estaban durmiendo en el momento del mayor conflicto espiritual en la historia del mundo. Fueron ajenos a la aflicción y la necesidad de su Señor. A pesar de que les advirtió que lo abandonarían y que Pedro lo negaría, ellos no sintieron necesidad de estar alerta, mucho menos de buscar fortaleza y protección en Dios. (¡Cómo podemos agradecer al Señor por la dádiva del Espíritu Santo, quien continuamente ora por nosotros! Véase Ro. 8:26-27).

Probablemente era más de medianoche, y la necesidad de dormir a esa hora era natural. Jesús y los discípulos habían tenido un día largo y lleno de sucesos, y acababan de terminar una gran cena y de caminar tal vez kilómetro y medio desde el aposento alto hasta el Monte de los Olivos. Pero incluso la percepción limitada y confusa que los discípulos tenían de la prueba durísima e inminente de su Maestro y de la deserción que le harían, la cual Él había predicho, debió motivarlos y energizarlos lo suficiente para que permanecieran despiertos con Jesús en este momento obviamente serio.

Para ser justos, cabe destacar que el sueño es a veces un medio de escape, y los discípulos pudieron haber dormido más por frustración, confusión y depresión que por apatía. Tal vez no se atrevieron a enfrentar la verdad de que su querido amigo y Señor, el Mesías prometido de Israel, no solamente padecería burlas y sufrimiento a manos de hombres malvados, sino que incluso sería llevado a la muerte. Como médico, quizás Lucas fue especialmente asertivo al ver el estado emocional en que se hallaban, e informa que según podríamos esperar, ellos estaban "durmiendo a causa de la tristeza" (22:45).

Pero incluso esa razón no excusa la falta de control en ellos. No creyeron por completo las predicciones que Jesús hiciera en cuanto a la muerte que sufriría y a que lo abandonarían, principalmente porque no querían creer tales vaticinios. Si hubieran aceptado la palabra de Jesús al pie de la letra, sus mentes y emociones habrían estado demasiado ejercitadas como para dejarlos dormir.

Los sorprendentes acontecimientos y controversias de los últimos días —la institución de la Cena del Señor, las predicciones reiteradas de Jesús acerca de su sufrimiento y muerte, la predicción de que ellos huirían en el momento de la prueba, y la obvia angustia que Él experimentaba ahora— debieron haber proporcionado motivación y energía más que suficientes para mantenerlos despiertos. Pero no sucedió así. Si como hizo Jesús, y como los animó a hacer, en oración hubieran buscado la ayuda del Padre, no solo habrían permanecido despiertos, sino que habrían recibido la fortaleza y el valor espiritual que con tanta desesperación necesitaban.

Al dejarlos aquí solos en esta gran hora de prueba, comenzó la deserción profetizada que los discípulos le harían a Jesús. Cuando le **dijo a Pedro,** pero también para beneficio de Jacobo y Juan: **¿Así que no habéis podido velar conmigo una hora?,** el corazón del Señor debió haberse destrozado.

Considerando las circunstancias, el reproche fue especialmente suave. El propósito de Jesús no fue avergonzar a los discípulos sino fortalecerlos y enseñarles la necesidad que tenían de ayuda divina. Les imploró: **Velad y orad, para que no entréis en tentación.**

Los verbos griegos detrás de **velad y orad** son imperativos presentes, y conllevan la idea de acción continua, indicada en la nvi por "estén alerta y oren". La necesidad espiritual de velar no es ocasional sino constante. Jesús estaba advirtiendo a sus discípulos que tuvieran suficiente discernimiento para saber que estaban en guerra espiritual y que debían estar preparados por Dios para resistir la adversidad. Les estaba advirtiendo el peligro de la confianza en sí mismos, la cual produce adormecimiento espiritual.

La única manera de evitar ser tragados por la tentación es estar conscientes de la astucia de Satanás. No se trata solo de ir inmediatamente a nuestro Padre celestial en oración cuando ya estamos bajo ataque, sino de orar incluso en anticipación de la tentación venidera. Quizás esta noche Pedro comenzó primero a aprender esa lección en el huerto. Tiempo después, tras servir fielmente como apóstol durante muchos años, amonestó a los cristianos: "Sed sobrios, y velad; porque vuestro adversario el diablo, como león rugiente, anda alrededor buscando a quién devorar" (1 P. 5:8). Sin embargo, también ofreció seguridad afirmando que "sabe el Señor librar de tentación a los piadosos" (2 P. 2:9).

No podemos vencer a Satanás o a la carne con nuestro propio poder, y corremos el riesgo de grave tragedia espiritual cuando creemos que podemos hacerlo. Cuando un observador militar divisa al enemigo, no participa por sí solo en batalla con él. Simplemente informa lo que vio y deja el asunto en manos del oficial al mando. Del mismo modo, los creyentes no tratan de pelear con el diablo, sino que de inmediato huyen de él a la presencia del Padre celestial. Según nuestro Señor enseñó, debemos orar porque Dios "no nos [meta] en tentación, mas [nos libre] del mal" (Mt. 6:13).

Como Jesús reconoce aquí, hacer lo que es correcto es difícil a menudo, porque aunque **el espíritu a la verdad está dispuesto, la carne es débil.** Las personas regeneradas que aman de veras a Dios tienen un deseo de justicia, y junto con Pablo pueden afirmar que auténticamente quieren hacer lo bueno. Pero también confiesan con Pablo que con frecuencia en la carne no redimida no practican lo que sus espíritus regenerados quieren que ellos hagan. Por otra parte, a veces se encuentran *haciendo* cosas que en la persona redimida interior *no* quieren hacer (Ro. 7:15-20). Al igual que Pablo, descubren "que el mal está en [ellos]", que hay una ley de pecado dentro de su humanidad carnal que está en guerra contra la ley de justicia en sus mentes redimidas (vv. 21-23).

En vista de dicho conflicto problemático y continuo, Pablo lamentó entonces: "¡Miserable de mí! ¿quién me librará de este cuerpo de muerte?". Contestando su propia pregunta, él se regocijó: "Gracias doy a Dios, por Jesucristo Señor nuestro. Así que, yo mismo con la mente sirvo a la ley de Dios, mas con la carne a la ley del pecado" (vv. 24-25). La única fuente de victoria es el poder de Jesucristo.

El hecho de que Jesús **vino otra vez y los halló durmiendo** indica que los discípulos volvieron a dormirse incluso después que los hubiera despertado y amonestado. **Los ojos de ellos estaban cargados de sueño,** y debido a que no buscaron la ayuda del Padre se hallaron impotentes incluso para permanecer despiertos, y mucho más que incapaces para ofrecer intercesión por su Maestro o brindarle consuelo.

Después de encontrar por segunda vez durmiendo a los discípulos, Jesús **dejándolos, se fue de nuevo, y oró por tercera vez.** A pesar de que los evangelios no lo indican de forma específica, parece posible que tal como se mencionó, Jesús tuviera tres sesiones de oración en respuesta a tres oleadas específicas de ataque satánico, igual que pasó en el desierto. Satanás necesitó tres intentos para agotar su malévola estrategia contra el Hijo de Dios. Cada vez Jesús padeció un tormento más extremo en el alma, pero cada vez respondió con absoluta resolución de hacer la voluntad del Padre. Después del tercer ataque nuestro Señor dijo **las mismas palabras** a su Padre celestial, es decir: "Hágase tu voluntad" (véase v. 42).

En estas oraciones, como en todas las demás que hizo, Jesús ofrece un ejemplo perfecto a sus seguidores. No solo aprendemos a enfrentar la tentación con oración, sino que aprendemos que la oración no es un medio de torcer la voluntad de Dios a la nuestra, sino de someter nuestras voluntades a la de Él. Si Jesús sometió su voluntad perfecta a la del Padre, ¿cuánto más debemos someter nuestras voluntades imperfectas a la suya? La oración verdadera es ceder a lo que Dios quiere para nosotros y de nosotros, sin importar el costo, aunque el costo sea la muerte. La naturaleza o el carácter de nuestra oración frente a la tentación debería ser clamar al Señor pidiendo su fortaleza para resistir el impulso de rebelarnos contra la voluntad de Dios, pues en definitiva todo pecado es rebeldía.

Podemos estar seguros de que mientras más sinceramente tratemos de hacer la voluntad de Dios, más seriamente Satanás tratará de alejarnos de ella, tal como hizo con Cristo. Y al igual que nuestro Señor, nuestra respuesta debe ser determinación devota y resuelta de acercarnos a Dios.

Después de la tercera vez de súplica, Jesús salió victorioso y Satanás salió vencido. El enemigo de su alma fue derrotado, y Cristo permaneció ileso en perfecta armonía con la voluntad de su Padre, tranquilo y sumisamente dispuesto a sufrir y morir. Y en esa muerte fue preparado para llevar sobre sí mismo los pecados del mundo. Si el mismo Hijo de Dios necesitó clamar a su Padre celestial en momentos de tentación y prueba, ¿cuánto más necesitamos nosotros? Esa fue la lección que él quería que los once, y todos sus demás discípulos después de ellos, aprendieran.

Después de la tercera sesión de oración, Jesús **les dijo: Dormid ya, y descansad,** como una irónica reprimenda más. Aun después de dos reproches y amonestaciones sinceras de parte del Señor, los tres hombres seguían durmiendo. Sus ojos aún estaban cargados de sueño (cp. v. 43), porque el reino natural y no el espiritual los controlaba. Estaban tan totalmente sometidos a la carne y a sus necesidades, que fueron indiferentes a las necesidades de Cristo. Incluso fueron indiferentes a sus propias necesidades más profundas, porque justo como Jesús les había advertido poco tiempo atrás, estaban a punto de ser abrumados por el temor de perder sus propias vidas y avergonzarse de Cristo. Sin embargo, en lugar de seguir el ejemplo de su Maestro de batallar en oración, reposaban felizmente dormidos.

Jesús estaba enseñando a los discípulos que la victoria espiritual es de aquellos que permanecen alerta en oración y que dependen de su Padre celestial. El otro lado de la lección, la cual los discípulos aprenderían primero, fue que la confianza en sí mismos y la falta de preparación son el camino de la derrota espiritual segura.

SU FORTALEZA

He aquí ha llegado la hora, y el Hijo del Hombre es entregado en manos de pecadores. Levantaos, vamos; ved, se acerca el que me entrega. (26:45*b*-46)

La frase **he aquí** se usa para llamar la atención hacia algo. Mientras Jesús regresaba donde los tres discípulos, los hombres que llegaban a arrestarlo ya estaban a la vista. Es más, llegaron "mientras todavía hablaba" (v. 47). Cuando se acercaron, Jesús pudo distinguir a los soldados romanos de la fortaleza Antonia acompañados de los principales sacerdotes y los ancianos. Aun con mayor claridad, pudo ver a Judas, quien lideraba el heterogéneo contingente.

Con gran tristeza Jesús exclamó: **He aquí ha llegado la hora.** No estaba triste porque no quisiera enfrentar la cruz sino porque estaba a punto de convertirse en pecado. Y su tristeza se hizo más amarga porque sus amados discípulos no estarían a su lado mientras Él lo dio todo por ellos. Con una fortaleza magnificada aún más por su contraste con la debilidad de los discípulos, **el Hijo del Hombre** se sometió de manera misericordiosa a ser **entregado en manos de pecadores.**

No había nada más que Jesús necesitara hacer, y nada más que los discípulos estuvieran dispuestos a hacer. Por tanto, el Señor ordenó: **Levantaos,** añadiendo entonces: **vamos; ved, se acerca el que me entrega.** En lugar de estar debilitado e impedido por las tentaciones, Jesús se volvió más fuerte y más resuelto; y en lugar de esperar que sus enemigos vinieran a Él, Él les salió al encuentro.

Con el valor de la invencibilidad, Jesús había realizado el acto definitivo y final de compromiso con su Padre celestial, quien sabía que lo resucitaría de los muertos al tercer día. A medida que se movía hacia la multitud que venía a arrestarlo, también se movía de manera resuelta hacia la cruz. "Por el gozo puesto delante de él sufrió la cruz, menospreciando el oprobio" (He. 12:2).

Debido a que Jesús resistió toda táctica y toda tentación de Satanás, el adversario huyó de Él esa noche, y de igual modo huirá de todo creyente que lo resista en el poder de Dios (Stg. 4:7). Pablo declaró: "Andad en el Espíritu, y no satisfagáis los deseos de la carne" (Gá. 5:16).

Mateo 26:36-46 ofrece el patrón y la secuencia de la tragedia espiritual, que podría resumirse en las palabras confianza, sueño, tentación, pecado y desastre.

La confianza en sí mismos siempre abre la puerta a la tentación. El primer paso para que un creyente caiga en pecado es la falsa confianza de que en su propio poder puede ser fiel al Señor. Al igual que los discípulos en el Monte de los Olivos, está seguro de que nunca abandonará a Cristo ni comprometerá su Palabra.

Después de la confianza en uno mismo viene el sueño, representando indiferencia hacia el mal y falta de vigilancia moral y espiritual. El creyente que duerme tiene poca preocupación por lo que lee o escucha, incluso cuando se trata claramente de algo anticristiano y degradante.

El tercer paso es la tentación, la cual el sistema de Satanás está siempre listo a poner en el camino del pueblo de Dios. Así como con Jesús, la tentación apela a nuestros derechos personales y exige rebelión contra Dios.

El cuarto paso es el pecado, porque es inevitable que un creyente espiritualmente confiado en sí mismo, que es indiferente al pecado, y que no busca ayuda en el Señor, caiga en pecado. Ninguna persona, ni siquiera cristiana, tiene en su interior la capacidad de resistir a Satanás y evitar el pecado.

El quinto y último paso en la secuencia es el desastre. Así como la tentación que no se resiste en el poder de Dios siempre conduce al pecado, el pecado que no se confiesa ni se limpia lleva a la tragedia espiritual.

Tal es el patrón que los discípulos siguieron esa última noche en la vida terrenal de Jesús, y que todo creyente sigue cuando no depende por completo del Señor.

Pero este pasaje también contiene el patrón para la victoria espiritual, manifestada y ejemplificada por Jesús. El camino de la victoria en lugar del de la derrota trágica es confianza en Dios y no en nosotros mismos, vigilancia moral y espiritual en lugar de indiferencia, capacidad para resistir la tentación en el poder de Dios y no en el nuestro, y decisión de aferrarnos a la obediencia y no a la rebelión del pecado.

El beso del traidor

Mientras todavía hablaba, vino Judas, uno de los doce, y con él mucha gente con espadas y palos, de parte de los principales sacerdotes y de los ancianos del pueblo. Y el que le entregaba les había dado señal, diciendo: Al que yo besare, ése es; prendedle. Y en seguida se acercó a Jesús y dijo: ¡Salve, Maestro! Y le besó. Y Jesús le dijo: Amigo, ¿a qué vienes? Entonces se acercaron y echaron mano a Jesús, y le prendieron. Pero uno de los que estaban con Jesús, extendiendo la mano, sacó su espada, e hiriendo a un siervo del sumo sacerdote, le quitó la oreja. Entonces Jesús le dijo: Vuelve tu espada a su lugar; porque todos los que tomen espada, a espada perecerán. ¿Acaso piensas que no puedo ahora orar a mi Padre, y que él no me daría más de doce legiones de ángeles? ¿Pero cómo entonces se cumplirían las Escrituras, de que es necesario que así se haga? En aquella hora dijo Jesús a la gente: ¿Como contra un ladrón habéis salido con espadas y con palos para prenderme? Cada día me sentaba con vosotros enseñando en el templo, y no me prendisteis. Mas todo esto sucede, para que se cumplan las Escrituras de los profetas. Entonces todos los discípulos, dejándole, huyeron. (26:47-56)

Además de Jesús, los participantes en esta narración son: la turba diversa que vino a arrestarlo, el traidor Judas, y los once discípulos. La turba atacó a Jesús, Judas lo traicionó con un beso, Pedro osadamente trató de defenderlo con una espada, y los discípulos lo abandonaron aterrados. Pero en medio de tales actividades trágicas, todas las cuales parecían actuar hacia la desgracia y la derrota de Jesús, tanto la impávida majestad como el triunfo del Salvador siguieron manifestándose a medida que la palabra profética de Dios se cumplía de manera inequívoca.

ATAQUE DE LA TURBA

Mientras todavía hablaba, vino Judas, uno de los doce, y con él mucha gente con espadas y palos, de parte de los principales sacerdotes y de los ancianos del pueblo. (26:47)

Mientras todavía hablaba a los once discípulos en el huerto, exhortándolos a estar espiritualmente atentos y anunciándoles la inminente traición que recibiría (vv. 45-46), he aquí, **vino Judas, uno de los doce.**

Parece extraño e inapropiado que a **Judas** todavía se le llame **uno de los doce** cuando se hallaba en el mismo acto de traición. Podríamos creer que Mateo habría estado reacio de referirse a él en esta forma. Pero para cuando se escribieron los evangelios, por mucho tiempo entre los cristianos el nombre de Judas había sido sinónimo de traición e infamia. Podríamos preguntarnos: ¿Por qué no se hace referencia a Judas como el falso discípulo o aquel que se contaba entre los doce?

Sin embargo, en realidad todos los cuatro escritores de los evangelios hablan específicamente de Judas como "uno de los doce" (Mt. 26:14, 47; Mr. 14:10, 20, 43; Lc. 22:47; Jn. 6:71), mientras que a ningún otro discípulo se le designa de manera individual de ese modo. Los escritores identifican claramente a Judas como el que traicionó a Jesús, pero no se refieren a él con manifiesto desprecio u odio. Son notablemente reservados en las descripciones y evaluaciones que hacen de él, sin usar nunca epítetos despectivos o episodios fantasiosos, como hacen muchos escritores extra-bíblicos.

El escrito apócrifo *La historia de José de Arimatea* enseña que Judas era hijo del hermano del sumo sacerdote Caifás, y que fue enviado por Caifás a infiltrarse entre los discípulos y descubrir una manera de destruir a Jesús.

Según otro escrito apócrifo, *Hechos de Pilato*, Judas fue a casa después de la traición y encontró a su esposa asando un pollo. Cuando le confesó a ella que planeaba matarse porque tenía miedo de que Jesús resucitara de los muertos y se vengara de él, la esposa contestó que Jesús no resucitaría de los muertos más de lo que el pollo que estaba asando podría saltar del fuego y cantar… y al instante se cuenta que el pollo hizo exactamente eso.

Un manuscrito antiguo llamado *Narrativas cópticas del ministerio y la pasión* sostenía que la mujer de Judas era sumamente codiciosa, y que él no era más que el peón de una esposa manipuladora. En el Cercano Oriente antiguo, acusar a un hombre de estar subyugado a una esposa dominante se consideraba algo muy calumnioso.

Un escrito del siglo XII llamado *El aura legendaria* afirmaba que los padres de Judas lo arrojaron al mar siendo este un bebé, porque incluso a esa temprana edad supuestamente sintieron que era diabólico y que merecía ser destruido. De algún modo el muchacho se las arregló para sobrevivir y llegar a la edad adulta. Según la leyenda, poco después de casarse con una mujer mayor descubrió que se trataba de su propia madre.

Tales relatos extraños son comunes en la literatura extra bíblica. Se inventaron para demostrar la vileza de Judas y para revelar el desprecio con el cual lo veían. Por el contrario, los escritores de los evangelios simplemente lo llamaron **uno de los doce.** En lugar de minimizar la atrocidad de la traición de Judas, esto resalta más lo insidioso de su delito de lo que cualquier lista de epítetos pudiera lograr.

Cuando el traidor llegó al huerto, venía **con él mucha gente con espadas y palos, de parte de los principales sacerdotes y de los ancianos del pueblo.** Esta gran cantidad de **gente** no era la típica multitud espontánea de admiradores que a menudo lo buscaba. Más bien era un grupo cuidadosamente seleccionado y reunido con el único propósito de arrestar a Jesús y darle muerte.

La **gente** incluía los jefes de la guardia del templo (Lc. 22:52), a quienes los romanos concedían poderes policíacos limitados en asuntos relacionados con la religión y la sociedad judía. Este grupo probablemente estaba armado con **palos.** El gentío también incluía una compañía de soldados romanos (Jn. 18:3), que completa se componía de seiscientos hombres. Puesto que debían tener permiso romano para ejercer la pena capital, los dirigentes judíos habían requerido que soldados romanos se unieran al arresto. Estos soldados de la fortaleza Antonia en Jerusalén, y quizás también algunos de los guardias del templo, estaban armados con **espadas.** Es probable que también se incluyeran los soldados porque en una ocasión anterior cuando los alguaciles del templo fueron enviados a arrestar a Jesús, regresaron con las manos vacías (Jn. 7:32, 44-46).

Según parece, desde hacía algún tiempo los dirigentes judíos habían previsto acusar a Jesús de rebelión contra Roma. De ese modo podrían atribuir la muerte al gobierno romano, y ellos estarían a salvo de represalias por parte de los muchos judíos que todavía lo admiraban. A fin de aprovechar la oportunidad, **los principales sacerdotes y los ancianos** debieron haber apresurado a Pilato para que requiriera el uso inmediato de sus tropas. O tal vez previamente habían acordado con el gobernador que tuviera los soldados disponibles a corto plazo. Bajo intimidación porque no quería arriesgarse a otra insurrección, especialmente en medio de una importante fiesta judía (véase Mr. 15:6-7), el gobernador romano concedió la petición.

Al salir del aposento alto, Judas debió haber corrido a reunirse con los dirigentes judíos para informarles que el momento propicio que habían estado esperando estaba a la mano. Aunque el arreglo original de Judas había sido solamente con los principales sacerdotes y con otros funcionarios del templo (Lc. 22:4), los fariseos también llegaron a participar en la maquinación (Jn. 18:3), igual que los saduceos y todo el sanedrín (Mr. 15:1; Hch. 23:6). Y ya que el gentío no solo incluía representantes de **los principales sacerdotes y ancianos** sino a los principales sacerdotes y ancianos mismos (Lc. 22:52), es obvio que aquellos líderes querían asegurarse de que Jesús no los dominara ni se les volviera a escapar de las manos. Al comparar todos los cuatro relatos de los evangelios, resulta evidente que la cantidad total de hombres que llegaron con Judas al huerto pudo haber ascendido a mil.

Esa multitud variada fue una descripción profética del trato que el mundo le da a Cristo, una ilustración vívida de la maldad, el salvajismo y la cobardía de la humanidad. En lugar de recibir humildemente al Hijo de Dios, aceptando a su Mesías esperado por tanto tiempo y cayendo a sus pies en alabanza y adoración, arrogantemente llegaron a darle muerte.

Las intenciones malvadas de estos hombres se manifestaron en primer lugar en la crasa injusticia de sus acusaciones y acciones, lo cual no tenía relación con la verdad o la justicia. Jesús no había violado ni la ley mosaica ni la ley romana. No había cometido ningún acto inmoral o ilegal. Su único agravio fue no obedecer ni reconocer las tradiciones rabínicas legalistas de confección humanas. Pilato no tuvo amor ni respeto por Jesús, pero reconoció que Él no era culpable de violar ninguna ley romana, mucho menos de incitar una rebelión (Jn. 19:4). Sin embargo, a fin de proteger su propia posición con Roma y no despertar el descontento de los dirigentes judíos, estuvo dispuesto a permitir que se ejecutara a un inocente.

Segundo, la multitud no solo fue injusta sino tonta. Es probable que la mayoría de sus integrantes tuvieran muy poca idea de lo que estaban haciendo o de las razones para hacerlo. Por supuesto, los soldados romanos simplemente obedecían órdenes según habían sido adiestrados a hacer, sin cuestionar el propósito o la conveniencia. La mayoría de aquellos en la multitud no tenía rencor personal contra Jesús, y tal vez algunos de ellos nunca antes habían oído hablar de Él. Aun así, no tuvieron ningún reparo en participar en el arresto. En las tinieblas espirituales en que se hallaban no tenían capacidad para reconocer a Jesús como el mismo origen y la encarnación de la verdad y la justicia. En cualquier caso, les importaba muy poco la verdad, la justicia, o cualquier otra cosa de valor espiritual, pues solo les interesaba su bienestar personal. La mayoría de ellos eran mercenarios indiferentes a la justicia en relación a lo que hacían, siempre y cuando les pagaran y no los metieran en problemas con sus superiores.

Esa chusma ha tenido equivalentes en cada época de la historia de la Iglesia. Innumerables millones han sido incitados contra la causa de Cristo sin que tuvieran la más mínima noción de quién era Jesús o de lo que enseñaba. Estas personas se convierten en víctimas voluntarias del prejuicio impío de alguien más, y se unen a causas que son patentemente injustas.

Una tercera característica de la turba en el huerto fue la cobardía. No solamente los dirigentes, sino quizás también los soldados y los alguaciles del templo, prefirieron arrestar a Jesús en este lugar oscuro y aislado en vez de hacerlo en las calles de Jerusalén a plena luz del día. Una turba desenfrenada puede ser intimidante incluso para hombres armados. Y a pesar de las ventajas de la oscuridad y el aislamiento, los cobardes y asustados líderes sintieron que era necesario llevar mil hombres, incluso varios cientos de soldados armados, para arrestar a una docena de hombres conocidos como pacíficos.

Una conciencia culpable siempre produce cobardía. Los malvados temen recibir justicia por la injusticia que aplican, y por tanto buscan protección en cantidades y en medio de la oscuridad. Tienen miedo de ponerse al descubierto, así como de la oposición, y no toman posición o acción pública a menos que las posibilidades estén abrumadoramente a favor de ellos.

La multitud también era profana. ¡Qué sacrilegio increíble se cometió esa noche por parte de hombres asesinos y pecadores que se atrevieron a poner las manos sobre el inmaculado Hijo de Dios!

El mundo incrédulo siempre ha despreciado el nombre de Dios, la Palabra de Dios, y las cosas de Dios. Ninguna deidad pagana es tan abiertamente blasfemada por la humanidad como lo es el Señor Jesucristo. Pocas evidencias atestiguan con mayor audacia que el mundo está ahora en manos de Satanás que el hecho de que es al Dios verdadero a quien a menudo se le blasfema y de quien se hace burla.

EL BESO DEL TRAIDOR

Y el que le entregaba les había dado señal, diciendo: Al que yo besare, ése es; prendedle. Y en seguida se acercó a Jesús y dijo: ¡Salve, Maestro! Y le besó. Y Jesús le dijo: Amigo, ¿a qué vienes? (26:48-50*a*)

Judas había salido del aposento alto después de oscurecer (Jn. 13:30) y había ido directamente a los principales sacerdotes ante quienes ya había consumado el acuerdo de traicionar a Jesús por treinta monedas de plata (Mt. 26:14-16). El traidor había estado esperando "una oportunidad para entregárselo a espaldas del pueblo" (Lc. 22:6), y ahora había llegado el momento ideal. Judas supuso correctamente que Jesús iría después al huerto de Getsemaní (véase Jn. 18:2), ubicado bien lejos de las multitudes de Jerusalén. Los peregrinos abarrotaban las calles a lo largo de casi toda la noche durante ese período de la semana de Pascua en que coincidieron los dos días de sacrificio (véase cap. 136 de esta obra). Solo en medio de la oscuridad, y en un lugar tan remoto como este, podrían tomar cautivo a Jesús sin llamar la atención.

Judas estaba muy desilusionado de que Jesús no se convirtiera en el tipo de Mesías que esperaba. No iba a derrocar a Roma o incluso a los poderosos dirigentes religiosos judíos, y en consecuencia no había adquirido posiciones de prestigio y poder con las cuales recompensar a sus discípulos. En lugar de enseñarles cómo conquistar y controlar, Jesús les enseñó cómo someterse y servir. En vez de que el traicionero Judas se volviera más rico que cuando comenzó al seguir a Jesús, es muy probable que fuera más pobre… a no ser por el dinero que robaba de la tesorería del grupo (Jn. 12:6).

Judas ya estaba poseído por Satanás (Lc. 22:3), y por tanto lo que hacía ya no estaba bajo su dominio. Sin embargo, fue bajo la compulsión de su propia incredulidad, codicia y ambición que se había abierto personalmente a la presencia de Satanás.

Entregar a Jesús estaba en la mente de Satanás, en la mente de Judas, en las mentes de los líderes religiosos judíos, y en la mente de Roma. Pero por sobre todo, estaba en el "determinado consejo y anticipado conocimiento de Dios" siglos antes que entrara en la mente de Satanás o en las mentes de aquellos hombres impíos (Hch. 2:23). Incluso mientras hacía los asuntos de Satanás, Judas y sus compañeros conspiradores estaban siendo usados para cumplir un plan divinamente ordenado que resultaría en la salvación de pecadores como los mismos individuos empeñados en matar a Jesús.

Debido a que era oscuro y a que muchos en el gentío probablemente no conocían de vista a Jesús, Judas **el que le entregaba,** había preestablecido una **señal, diciendo: Al que yo besare, ése es; prendedle.**

Besare viene de *phileō,* un verbo que se refiere a un acto especial de respeto y afecto, tal como aún se muestra hoy día en muchas culturas árabes e incluso entre algunos europeos. En el antiguo Cercano Oriente tal beso era una señal de homenaje.

Debido a su posición baja, un esclavo besaría los pies de su amo o de otra persona notable, igual que un enemigo buscaría misericordia de un monarca. Siervos comunes quizás besarían el dorso de la mano de alguien a quien saludaban, y aquellos por sobre el nivel de siervo a veces besarían la palma de la mano. Besar el borde de la prenda de una persona era señal de reverencia y devoción. Pero un abrazo y un beso en la mejilla era señal de afecto y amor íntimo, reservado solo para aquellos con quienes se tiene una relación cercana e íntima. Por ejemplo, un beso y un abrazo eran características aceptadas de afecto de parte de un alumno por su maestro, pero solo si el maestro los ofrecía primero.

Por tanto, de todas las señales que Judas pudo haber seleccionado, eligió la única que resultaría ser la más despreciable, no debido al acto mismo sino porque lo pervirtió de manera tan hipócrita y traicionera. Pudo haber señalado a Jesús en muchísimas otras formas que habrían sido igual de eficaces. Por cualquier razón depravada que pudo haber tenido, Judas escogió fingir su inocencia y afecto delante de Jesús y los discípulos hasta el mismo fin. Es difícil imaginar que incluso una persona tan malvada como Judas pudiera haber mostrado de forma flagrante su traición en el mismo rostro de aquel que con misericordia le enseñó y le ofreció su amistad durante tres años. Pero en medio de su estado de miseria, Satanás, quien lo poseía, no conoce de vergüenza y no tiene restricción.

Los gritos estridentes de la turba pidiendo la crucifixión debieron haberle dolido en gran manera a Jesús. Él les había enseñado y curado, y les había ofrecido el mismo pan de vida, y sin embargo se habían vuelto contra Él en desprecio y burla. Incluso el odio de los principales sacerdotes, ancianos, fariseos y saduceos fueron dolorosos para el Señor, porque Él amaba a la humanidad y habría redimido hasta a esos individuos malvados. La brutalidad de los soldados que lo golpearían, que lo escupirían y que le pondrían una corona de espinas en la cabeza fue algo muy doloroso tanto para el espíritu como para el cuerpo de Jesús. Incluso la cobarde indiferencia de Pilato habría herido el corazón del Señor, porque Él vino a perdonar y a salvar aun a ese gentil pagano.

No obstante, Judas debió haber herido a Jesús más profundamente que todos los demás juntos, porque había sido un discípulo y amigo, un íntimo con quien Jesús había participado sin reserva alguna su amor, su compañía, y su verdad. Es imposible imaginar lo que nuestro Señor debió haber sentido cuando con gran descaro Judas se le acercó **y dijo: ¡Salve, Maestro! Y le besó.** Sin embargo, el dolor de Jesús no fue por sí mismo sino por este hombre que estaba tan envuelto por la codicia y el egoísmo que se rebajó a traicionar al Amigo más querido que alguna vez Judas tuviera o que podría llegar a tener.

Besó se traduce de una forma intensificada del verbo usado en el versículo 48, y transmite la idea de expresión ferviente y continua de afecto. Fue la palabra usada por Lucas para la mujer que entró a la casa del fariseo y besó los pies de Jesús, secándolos con su cabello y ungiéndolos con perfume (Lc. 7:38, 45). Lucas también usó la expresión para describir la recepción que el padre le hizo al hijo arrepentido en la parábola del hijo pródigo (15:20), y para referirse a los ancianos efesios tristes en la playa cerca de Mileto cuando se despidieron de su amado Pablo (Hch. 20:37). Fue un afecto igual de intenso el que Judas fingió tener por Cristo.

Judas estaba tan inmerso en su demostración engañosa que ni siquiera lo detuvieron las aleccionadoras palabras de Jesús: "Judas, ¿con un beso entregas al Hijo del Hombre?" (Lc. 22:48). Es probable que ahora Judas estuviera a tal punto bajo el dominio de Satanás, que sus acciones ya no fueran voluntarias.

Con profunda tristeza, pero con serenidad perfecta frente a la perfidia de Judas, Jesús simplemente preguntó: **Amigo, ¿a qué vienes?** El Señor no utilizó la palabra acostumbrada (*philos*) para **amigo,** que usó para los doce en Juan 15:14. En lugar de eso se dirigió a Judas solo como *hetairos,* que se traduce mejor como "copartidario", "camarada" o "compañero". Jesús se ofreció a sí mismo para ser amigo de Judas, y más que eso, para ser su Salvador. Pero la oportunidad de salvación había pasado, y en vista de la indescriptible traición de Judas, *incluso compañero* era una forma compasiva de dirigirse a este.

¿A qué vienes? fue la declaración de despedida de Jesús para el hijo de perdición. Para Judas esas fueron las últimas palabras de Cristo, y podemos imaginar que resonarán en los oídos del traidor como un tormento por toda la eternidad en el infierno. Judas se expuso de modo cobarde como el enemigo de Cristo que siempre había sido por dentro, y hasta el fin de la historia su nombre será sinónimo de traición.

La traición de Judas no solo reflejó la perversidad del mundo pecador sino también la miseria del falso discípulo. Él es un ejemplo de un creyente impostor, la quintaesencia de un cristiano aparente.

Un cristiano falso está ante todo motivado por el interés propio, el cual para Judas fue exhibido de manera más obvia en su codicia, porque era un ladrón (Jn. 12:6). Pero es probable que también ansiara prestigio, gloria y poder, todo lo cual esperaba tener al lado de Jesús cuando Él derrocara a Roma y estableciera su reino terrenal. Deseaba usar a Jesús para sus propios fines pecaminosos, y cuando descubrió que el Señor no sería usado, se volvió sobre Él en abierto rechazo y traición. Fue como las semillas plantadas en tierra rocosa que brotan por poco tiempo, pero se marchitan cuando son expuestas al calor del sol (Mt. 13:5-6). Cuando llegaron la desilusión y la prueba, Judas se derrumbó (véase vv. 20-21). Este hombre representa a la rama sin fruto que es cortaba y quemada (Jn. 15:6).

Segundo, un falso discípulo también se caracteriza por el engaño y la hipocresía. Se disfraza con apariencia de devoción hacia Cristo, hacia su Palabra, y hacia su Iglesia. Es como cizaña plantada entre trigo; solo Dios puede distinguirlo con certeza de lo verdadero. El falso cristiano rinde homenaje a Cristo por fuera, pero por dentro lo odia. Al igual que Judas, sus muestras externas de afecto por el Señor cubren un corazón que lo desprecia.

Pero cuando un falso creyente se enfrenta a un precio que debe pagar por su asociación con Cristo, su interés superficial en la iglesia y en las cosas de Dios se marchita de forma invariable, y queda al descubierto como el impostor que siempre ha sido.

El acto particular de traición de Judas y sus consecuencias directas fueron únicos, pero su actitud básica hacia Jesús es característica de todo falso creyente. Cada época ha encontrado sus Judas en la Iglesia, aquellos que por fuera fingen lealtad a Cristo pero que en el corazón son sus enemigos. Se identifican con la Iglesia por muchas razones distintas, pero todas ellas son egoístas. Ya sea progresar en los negocios pareciendo alguien respetable, obtener aceptación social siendo religioso, tranquilizar una conciencia culpable por medio de fingir justicia, o lograr cualquier otro propósito, el motivo subyacente siempre es servirse y agradarse a sí mismo, no agradar a Dios.

Judas es el arquetipo de los que rechazan a Cristo, y el ejemplo supremo de oportunidad y privilegio desperdiciados. Es la representación de aquellos que aman el dinero, abandonando al invaluable Hijo de Dios por treinta piezas de plata (cp. Mt. 13:22). Él es el hipócrita clásico, quien fingió amor y lealtad por Cristo mientras lo entregaba para que lo ejecutaran. Es el supremo discípulo falso, el hijo de Satanás que se disfraza como hijo de Dios.

LA PRESUNCIÓN DE PEDRO

Entonces se acercaron y echaron mano a Jesús, y le prendieron. Pero uno de los que estaban con Jesús, extendiendo la mano, sacó su espada, e hiriendo a un siervo del sumo sacerdote, le quitó la oreja. Entonces Jesús le dijo: Vuelve tu espada a su lugar; porque todos los que tomen espada, a espada perecerán.

¿Acaso piensas que no puedo ahora orar a mi Padre, y que él no me daría más de doce legiones de ángeles? (26:50*b*-53)

Tan pronto como fue identificado por Judas, los soldados **se acercaron y echaron mano a Jesús, y le prendieron.** Cuando vieron que arrestaban a su Maestro, los discípulos preguntaron: "Señor, ¿heriremos a espada?" (Lc. 22:49). **Pero uno de los que estaban con Jesús** no esperó una respuesta, sino que, **extendiendo la mano, sacó su espada, e hiriendo a un siervo del sumo sacerdote, le quitó la oreja.**

Como podríamos suponer, este acto fue realizado por el impulsivo y volátil Pedro (Jn. 18:10), quien obviamente era uno de los dos discípulos que se habían armado (Lc. 22:38). Pudo haber sido que los escritores sinópticos no identificaran a Pedro porque sus evangelios fueron escritos antes que el de Juan, cuando Pedro pudo haber estado en peligro de sufrir represalias por parte de las autoridades judías.

Juan también nos informa que el hombre al que Pedro hirió se llamaba Malco (Jn. 18:10), quien debido a que se hallaba al frente de la multitud, probablemente fuera **un siervo** de alto rango **del sumo sacerdote.** Sin duda Pedro dirigió el golpe a la cabeza de Malco, y **le quitó la oreja** cuando el hombre se agachó. Tal vez el discípulo estaba envalentonado por el hecho de que pocos momentos antes cuando Jesús les dijo a quienes venían a capturarlo quién era Él, "retrocedieron, y cayeron a tierra" (Jn. 18:6). Aprovechando ese momento de vulnerabilidad, es posible que Pedro pensara que mataría a tantos como pudiera antes que él mismo resultara muerto. O tal vez supuso que era invencible, creyendo que Jesús no permitiría que Él mismo o sus discípulos resultaran lastimados.

Sin embargo, como solía suceder Pedro reaccionó de la manera equivocada. Cuando el Señor dijo a los discípulos: "El que no tiene espada, venda su capa y compre una" (Lc. 22:36), se estaba refiriendo a preparación espiritual, no física. Como Jesús había dejado en claro muchas veces, y según Pablo declarara a la iglesia en Corinto, "las armas de nuestra milicia no son carnales, sino poderosas en Dios para la destrucción de fortalezas" (2 Co. 10:4).

La Iglesia nunca ha progresado por medio de guerra física, y cada vez que lo ha intentado la causa de Cristo ha resultado gravemente perjudicada. No existen las guerras santas. Toda guerra peleada en el nombre de Cristo ha sido totalmente impía, contradiciendo y socavando todo lo que su Palabra enseña. El reino de Dios no progresa con armas carnales o por medio de estrategia carnal. La batalla es espiritual, y no tiene sentido pelear con armas físicas.

Jesús dijo a Pilato: "Mi reino no es de este mundo; si mi reino fuera de este mundo, mis servidores pelearían para que yo no fuera entregado a los judíos; pero mi reino no es de aquí" (Jn. 18:36). Guerras tales como las Cruzadas que se pelean en el nombre de Cristo son una afrenta a Cristo. En realidad, son cruzadas contra Aquel mismo a quien afirman servir.

Jesús ofreció a Pedro dos razones importantes que explican por qué las armas físicas no pueden usarse para defender su reino, mucho menos para extenderlo. Primero, hacer eso es fatal. El Señor le dijo a Pedro: **Vuelve tu espada a su lugar; porque todos los que tomen espada, a espada perecerán.** Jesús no estaba filosofando al declarar que todos los que se levantan en armas resultarán muertos por las armas, o que una persona que utiliza violencia será muerta de modo violento.

Su planteamiento era que aquellos que cometen actos de violencia para conseguir fines personales serán castigados por parte de las autoridades civiles, en que **la espada** representaba un medio común de ejecución en el mundo antiguo. Simplemente estaba reiterando la norma divina establecida en Génesis: "El que derramare sangre de hombre, por el hombre su sangre será derramada; porque a imagen de Dios es hecho el hombre" (9:6). A fin de proteger la santidad de la vida humana, Dios declara que quien toma arbitrariamente la vida de otra persona está sujeta a pena capital.

Dios ha dado al gobierno humano el derecho de ejecutar asesinos. Pablo aseguró: "No en vano lleva la espada, pues es servidor de Dios, vengador para castigar al que hace lo malo" (Ro. 13:4). El apóstol aplicó voluntariamente para sí mismo esa ley. En su defensa ante Festo declaró: "Si algún agravio, o cosa alguna digna de muerte he hecho, no rehúso morir" (Hch. 25:11).

Al decir a Pedro que volviera la **espada a su lugar,** Jesús en realidad estaba afirmando: "Por malvado e injusto que sea mi arresto, no tienes derecho de tomar acciones justicieras. Si quitas la vida de alguien mientras haces eso, como castigo tu propia vida se perderá".

El arresto de Jesús y los juicios posteriores fueron claramente injustos, pero, sin embargo, se llevaron a cabo en el marco de los sistemas legales de esa época. A pesar de que ejercía su poder solamente con permiso de Roma, el sanedrín era un organismo civil y religioso en Israel. Pilato era el gobernador romano debidamente designado. El planteamiento de Jesús fue que la acción personal violenta incluso contra un organismo gubernamental injusto es algo erróneo. Dios tiene el derecho omnipotente de destituir a gobiernos humanos, como lo ha hecho con frecuencia a lo largo de la historia, pero ningún individuo tiene tal derecho.

Jesús no estaba hablando de defensa propia o de defender de un agresor a seres amados o amigos. Tampoco estaba hablando de pelear en las fuerzas armadas de la nación. Estaba refiriéndose a tomar violentamente justicia en las propias manos. Bajo ninguna circunstancia un cristiano o cualquier otra persona tiene el derecho de dispensar justicia personal ni siquiera para defender el nombre o la Palabra de Cristo.

Segundo, tratar de defender a Cristo y su reino por la fuerza física es algo insensato. Jesús siguió diciendo: **¿Acaso piensas que no puedo ahora orar a mi Padre, y que él no me daría más de doce legiones de ángeles?** Tratar de defender a Cristo con una espada no solo es algo moralmente equivocado según la ley de Dios, sino que no tiene sentido. Después de haber visto el poder divino de Jesús demostrado cientos de veces, ¿por qué creería Pedro que su Señor necesitaba la ayuda de una endeble espada, o incluso de mil espadas?

Una legión romana completa la formaban seis mil soldados. Por tanto, **más de doce legiones de ángeles** equivaldrían a más de setenta y dos mil. Si un solo ángel de Dios pudo matar a ciento ochenta y cinco mil hombres en una noche, como pasó con las tropas asirias de Senaquerib (2 R. 19:35), el poder de setenta y dos mil ángeles es inimaginable. Jesús explicó a su impetuoso discípulo que Él tenía acceso inmediato a fuerzas sobrenaturales que fácilmente podían destruir todo el ejército del Imperio Romano, por no mencionar la simple compañía de seiscientos soldados (Jn. 18:3) que ahora enfrentaban. Por consiguiente, la demostración de obstinada bravuconería de Pedro fue innecesaria y absurda. Las batallas del Señor se ganan solo en su poder, y todos los esfuerzos humanos a su favor que no se hagan en sumisión a la voluntad y fortaleza divina son presuntuosos e inútiles.

EL CUMPLIMIENTO DE LA PROFECÍA

¿Pero cómo entonces se cumplirían las Escrituras, de que es necesario que así se haga? (26:54)

Que Pedro se opusiera con violencia al arresto de Jesús fue también oponerse al cumplimiento del profetizado plan divino de redención. El Señor volvió a recordar a Pedro que, según las propias **Escrituras** de Dios, era **necesario que así se** hiciera esto. Por lo menos en tres ocasiones más (véase Mt. 16:21; 17:22-23; 20:18-19; cp. 12:40; 17:9, 12) había dicho a los discípulos que era necesario que Él padeciera, muriera y fuera resucitado de entre los muertos.

Según David predijo, un amigo cercano y de confianza iba a traicionar al Mesías (Sal. 41:9; 55:12-14). Isaías predijo que Cristo sería "despreciado y desechado entre los hombres, varón de dolores, experimentado en quebranto… herido de Dios y abatido… herido… por nuestras rebeliones, molido por nuestros pecados… [castigado por] nuestra paz… y por su llaga fuimos nosotros curados". Él sería oprimido, afligido y asesinado como un cordero que no grita. "Con todo eso, Jehová quiso quebrantarlo, sujetándole a padecimiento". Él justificará "a muchos, y llevará las iniquidades de ellos" (Is. 53:3-5, 7, 10-11).

Debido a que Pedro alardeó tanto, oró poco, durmió en exceso, y que actuó demasiado rápido, invariablemente pareció no comprender lo que Jesús estaba diciendo y haciendo. Por tanto, el Señor debió explicarle otra vez que lo que estaba sucediendo era parte del plan perfecto de Dios. Jesús declaró: "Mete tu espada en la vaina; la copa que el Padre me ha dado, ¿no la he de beber?" (Jn. 18:11). Y a continuación, en el único caso registrado en la Biblia en que Jesús curara una herida recién hecha, "tocando su oreja [de Malco], le sanó" (Lc. 22:51). En un acto soberano de misericordia milagrosa, Jesús remedió el daño causado por Pedro.

LA DESERCIÓN DE LOS DISCÍPULOS

En aquella hora dijo Jesús a la gente: ¿Como contra un ladrón habéis salido con espadas y con palos para prenderme? Cada día me sentaba con vosotros enseñando en el templo, y no me prendisteis. Mas todo esto sucede, para que se cumplan las Escrituras de los profetas. Entonces todos los discípulos, dejándole, huyeron. (26:55-56)

Con un matiz de sarcasmo **Jesús** señaló el subterfugio y la cobardía de **la gente** que ahora se le enfrentaba en el huerto, por lo que declaró: ¿Soy tan peligroso que en tan grandes cantidades y **como contra un ladrón habéis salido con espadas y con palos para prenderme?** ¿Soy tan difícil de encontrar que para capturarme debisteis entrar sigilosamente en medio de la noche? Sabíais muy bien que **cada día me sentaba con vosotros enseñando en el templo.** ¿Por qué **no me prendisteis** entonces?

Jesús sabía que ninguna cantidad de verdad o de lógica habría disuadido a sus enemigos de que llevaran a cabo su conspiración contra Él. Ellos sabían que las acusaciones que hacían eran falsas e injustas, y que habían tenido innumerables oportunidades de arrestarlo en público. Pero cuando hombres impíos están decididos a salirse con la suya no se disuadirán por consideraciones tales como verdad, justicia, legalidad o rectitud.

Entonces Jesús dijo a la gente lo que acababa de recordarle a Pedro: **Mas todo esto sucede, para que se cumplan las Escrituras de los profetas.** En realidad estaba diciendo: "Cualesquiera que sean las razones y las motivaciones personales que tengan, sin saber están cumpliendo lo que sus propias **Escrituras** por medio **de los profetas** han dicho que ustedes le harían al Mesías. Totalmente aparte de las propias intenciones perversas de ustedes, Dios está usándolos de manera soberana para lograr sus propósitos justos y misericordiosos. Y al hacerlo demostrará que su Palabra infalible dada a través **de los profetas**" se cumplirá.

Es obvio que tales palabras dieron poco consuelo o valor a los discípulos. Por fin comprendieron que finalmente su Señor estaba cautivo de sus enemigos y que Él no haría nada por sí mismo ni permitiría que ellos hicieran algo para interferir. A pesar de que los líderes de la turba habían dicho que solo buscaban a Jesús (Jn. 18:5), los discípulos tuvieron miedo de ser arrestados como cómplices, **entonces todos los discípulos, dejándole, huyeron.**

Los discípulos de "poca fe" no confiaron en que Jesús los salvaría, y tuvieron temor de arriesgarse a padecer e incluso tal vez a morir con Él. Tal como había predicho a principios de esa noche, cuando el Pastor fuera herido se dispersarían las ovejas (Mt. 26:31).

Es fácil criticar a los discípulos por su cobardía y falta de fe. Pero todo creyente sincero sabe que a veces tiene que huir de posible vergüenza, ridículo o burlas a causa de su asociación con Cristo. Tenemos que confesar que nosotros también hemos dejado a nuestro Señor y hemos huido cuando el costo del discipulado ha parecido demasiado alto.

Así como hay características comunes de los discípulos falsos, también hay características comunes de los discípulos imperfectos, como los once demostraron ser en esta ocasión. Primera característica, no estaban preparados. Todos ellos, incluso los tres que Jesús eligió como compañeros al interior del huerto, se habían quedado dormidos en este momento de gran lucha de Jesús. Debido a que confundieron buenas intenciones con fortaleza espiritual, fueron impotentes cuando vino la prueba. Fueron demasiado confiados y no sintieron necesidad de orar. Si hubieran tomado en serio las maravillosas promesas del Señor en el discurso dado en el aposento alto (Jn. 13—17), habrían tenido la sabiduría y la fortaleza divinamente proporcionadas para superar la crisis.

Pero debido a que habían puesto poca atención a la enseñanza de Jesús, y a que se habían negado a orar, los discípulos descubrieron que no estaban suficientemente preparados. Es una ley espiritual absoluta que un creyente que deja de lado el estudio de la Palabra de Dios y la comunión con Él en oración, no estará preparado (cp. Mt. 26:41). Cuando venga la prueba estará débil, asustado, sin fe, y no será eficaz.

Una segunda característica de un discípulo imperfecto es la impulsividad. Los once discípulos, y Pedro en particular, reaccionaron basándose en emoción en lugar de revelación. No miraron la situación desde la perspectiva perfecta de la verdad de Dios, sino desde la perspectiva imperfecta y distorsionada de sus propios entendimientos. Por tanto, en vez de actuar basándose en la Palabra de Dios y en el poder prometido de su Espíritu, reaccionaron en base a sus emociones humanas y en lo débil de sus propios recursos.

El creyente que no se satura personalmente de la Palabra de Dios ni tiene comunión en la presencia de Dios se convierte en cautivo de las circunstancias. Su pensamiento se basa en las emociones del momento, y sus acciones se basan en los impulsos del momento.

Una tercera característica de un discípulo imperfecto es la impaciencia. Debido a que los discípulos se negaron a tomar en serio la verdad y las promesas de Jesús, se volvieron ansiosos e impacientes cuando las cosas no salieron como creyeron que debían salir. No pudieron esperar la liberación del Señor y, por tanto, idearon la suya propia.

Muchos cristianos toman la ruta fácil de huir de los problemas en lugar de confiar en que Dios los ve a través de lo que sucede. En vez de confiar en que el Salvador los liberará, y así demostrar la gracia y el poder de Dios, tratan de evitar los conflictos a cualquier costo, trayendo reproche sobre Él.

Una cuarta característica de un discípulo imperfecto es la carnalidad. Los discípulos, tipificados por Pedro, dependieron por completo en que su propio poder carnal los protegería. Puesto que se negó a confiar en el camino y el poder de su Señor, Pedro no tuvo nada más en que confiar que en su espada, la cual era muy inadecuada incluso desde una perspectiva humana.

Cuando los creyentes pierden sus armas carnales o descubren que no son eficaces, a veces simplemente huyen llenos de desesperación.

El participante principal en esta escena en el huerto fue el mismo Jesús, y en el relato de Mateo vemos el triunfo del Señor incluso cuando sus enemigos lo tomaban cautivo. A través del malvado plan que tramaron para matarlo, Él lograría el plan divino para dar vida eterna a los seres humanos.

Todos los discípulos abandonaron a Jesús y uno de ellos lo traicionó, pero la obra divina de redención siguió cumpliéndose a la hora prevista y exactamente según el plan omnipotente y profetizado de Dios. A medida que disminuía la fidelidad de los discípulos aumentaba la demostración de poder y gloria de Jesús. Cuando los planes de sus enemigos parecían prosperar, el plan de Dios prosperó aún más a pesar de ellos mismos.

No está claro exactamente cuándo sucedió, pero quizás justo después del beso de Judas, Jesús tomó la iniciativa y confrontó a la multitud. A fin de asegurar a sus enemigos que Él no estaba tratando de esconderse o escapar, y quizás para quitarle a Judas cualquier mérito por identificarlo, el Señor preguntó: "¿A quién buscáis?". Cuando contestaron: "A Jesús nazareno", Él contestó: "Yo soy", y ante tales palabras, ellos "retrocedieron, y cayeron a tierra" (Jn. 18: 4-6). "Yo soy" se traduce de *egō eimi*, que literalmente es el nombre de pacto del mismo Dios (véase Éx. 3:14).

No se revela el motivo exacto de la inmovilidad temporal del gentío, pero sin duda fue ocasionada por el poder abrumador de Cristo. A pesar de que los judíos en el grupo habrían asociado las palabras de Jesús con el nombre de Dios, en una ocasión anterior en que Él afirmara ese nombre para sí, en lugar de temer se enfurecieron y trataron de matarlo a pedradas (Jn. 8:58-59). Y ese nombre no tendría ningún significado para todos los seiscientos soldados romanos. Además, parece casi seguro que muchos de los hombres en esa enorme multitud no lograron oír lo que Jesús estaba diciendo. Por tanto, el hecho de que de manera instantánea e involuntaria cayeran al suelo como un solo hombre no fue causado por temor sino por una ráfaga directa y milagrosa del poder de Dios. Fue como si el Padre estuviera declarando con una acción lo que previamente había expresado en palabras: "Este es mi Hijo amado" (Mt. 3:17; 17:5). La gente logró ponerse de pie solo cuando la mano restrictiva de Dios se levantó.

Tal vez mientras aún se hallaban aturdidos y perplejos en el suelo, Jesús "volvió, pues, a preguntarles: ¿A quién buscáis? Y ellos dijeron: A Jesús nazareno" (Jn. 18:7). Entonces Él anunció: "Os he dicho que yo soy; pues si me buscáis a mí, dejad ir a éstos" (v. 8), refiriéndose a los discípulos.

La multitud de esa noche reaccionó a ser lanzada al suelo tal como reaccionaron los homosexuales de Sodoma cuando los dejaron ciegos. Esos malvados estaban tan consumidos por su perversión sexual que incluso estando ciegos persistieron hasta el punto del cansancio, tratando inútilmente de satisfacer su lujuria (Gn. 19:11). En una manera similar los hombres que llegaron a arrestar a Jesús estaban de tal modo empeñados en su misión impía que se levantaron como si nada hubiera ocurrido, decididos a llevar a cabo su plan malvado. Aunque no hasta el grado de ser habitados por Satanás como sucedió con Judas, toda la multitud estaba subordinada al príncipe de este mundo.

Al preguntarles por qué no lo arrestaron antes durante la semana, Jesús ya había desenmascarado la duplicidad y cobardía de los líderes del gentío. Él no solo había estado en Jerusalén todos los días, sino que había sido el centro de atención pública en varias ocasiones, las más notables cuando entró a la ciudad en forma triunfal y cuando limpió el templo de los cambistas de dinero y los mercaderes de sacrificios.

En su enfrentamiento con Judas, el Señor también demostró su majestad y omnipotencia. No solo había predicho la traición de Judas, sino que había declarado que incluso ese acto vil era cumplimiento de la profecía de Dios (Mt. 26:21, 24). Cuando llegó el momento del arresto, Jesús lo encaró sin resistencia, ira o ansiedad. Estaba perfectamente confiado en seguir el plan de su Padre pues en ese momento se hallaba bajo su cuidado igual que cuando realizaba sus más grandes milagros o cuando se transfiguró en el monte.

En su confrontación con Pedro y los demás discípulos, Jesús demostró su fidelidad perfecta frente a la total falta de fe de ellos. Mientras ellos demostraban falta de confianza en el Hijo, el Hijo demostraba su absoluta confianza en su Padre.

El juicio ilegal e injusto de Cristo

140

Los que prendieron a Jesús le llevaron al sumo sacerdote Caifás, adonde estaban reunidos los escribas y los ancianos. Mas Pedro le seguía de lejos hasta el patio del sumo sacerdote; y entrando, se sentó con los alguaciles, para ver el fin. Y los principales sacerdotes y los ancianos y todo el concilio, buscaban falso testimonio contra Jesús, para entregarle a la muerte, y no lo hallaron, aunque muchos testigos falsos se presentaban. Pero al fin vinieron dos testigos falsos, que dijeron: Este dijo: Puedo derribar el templo de Dios, y en tres días reedificarlo. Y levantándose el sumo sacerdote, le dijo: ¿No respondes nada? ¿Qué testifican éstos contra ti? Mas Jesús callaba. Entonces el sumo sacerdote le dijo: Te conjuro por el Dios viviente, que nos digas si eres tú el Cristo, el Hijo de Dios. Jesús le dijo: Tú lo has dicho; y además os digo, que desde ahora veréis al Hijo del Hombre sentado a la diestra del poder de Dios, y viniendo en las nubes del cielo. Entonces el sumo sacerdote rasgó sus vestiduras, diciendo: ¡Ha blasfemado! ¿Qué más necesidad tenemos de testigos? He aquí, ahora mismo habéis oído su blasfemia. ¿Qué os parece? Y respondiendo ellos, dijeron: ¡Es reo de muerte! Entonces le escupieron en el rostro, y le dieron de puñetazos, y otros le abofeteaban, diciendo: Profetízanos, Cristo, quién es el que te golpeó. (26:57-68)

Los judíos siempre se habían enorgullecido de su sentido de equidad y justicia, y con razón. Los sistemas judiciales en el mundo occidental moderno tienen sus bases en el sistema legal del antiguo Israel, el cual se fundó en las normas establecidas en sus Escrituras, el Antiguo Testamento.

La esencia del sistema de jurisprudencia en el Antiguo Testamento se encuentra en Deuteronomio:

Jueces y oficiales pondrás en todas tus ciudades que Jehová tu Dios te dará en tus tribus, los cuales juzgarán al pueblo con justo juicio. No tuerzas el derecho; no hagas acepción de personas, ni tomes soborno; porque el soborno ciega los ojos de los sabios, y pervierte las palabras de los justos. La justicia, la justicia seguirás, para que vivas y heredes la tierra que Jehová tu Dios te da (16:18-20).

Cuando los hebreos ideaban procedimientos judiciales específicos siguiendo esos principios generales, determinaban que toda comunidad que tuviera al menos ciento veinte hombres que fueran cabezas de familia, podía formar un concilio local. En años posteriores, después del exilio babilonio ese concilio a menudo lo componía el liderazgo de la sinagoga. El concejo llegó a conocerse como sanedrín, de un término griego (*sunedrion*) que se había transliterado al hebreo y arameo, y ahora al español. Literalmente significa "sentarse juntos". Un sanedrín local se componía hasta de veintitrés miembros, y el gran sanedrín en

Jerusalén se componía de setenta principales sacerdotes, ancianos y escribas, que con el sumo sacerdote ascendían en total a setenta y uno. A fin de eliminar la posibilidad de un empate en la votación, tanto en los sanedrines locales como en el gran sanedrín se mantenía un número impar de miembros.

Cuando se refiere al organismo nacional en Jerusalén, *sunedrion*, por lo general, se traduce "concilio" en la versión Reina-Valera 1960 (véase p. ej. Mt. 5:22; 10:17; 26:59; Mr. 13:9; 14:55). Lucas nos informa que al gran sanedrín en Jerusalén también se le conocía a veces como "asamblea general de los ancianos de Israel" (Hch. 5:21, NVI) o como "los ancianos" (Lc. 22:66; Hch. 22:5).

Los miembros de los concilios locales debían ser elegidos debido a su madurez y sabiduría, y el gran sanedrín debía estar compuesto por quienes se habían distinguido en un concilio local y habían cumplido una forma de aprendizaje en el concilio nacional. Pero mucho tiempo antes de la época de Jesús, la membresía en el gran sanedrín había degenerado en gran manera en nombramientos basados en influencia o favoritismo religioso o político. Los Herodes, en especial Herodes el Grande, ejerció considerable control sobre el gran sanedrín, e incluso los paganos romanos a veces participaban en el nombramiento o remoción de un sumo sacerdote.

Los requisitos generales de equidad e imparcialidad prescritos en Deuteronomio 16:18-20 y en otras partes de la ley mosaica se reflejaban en los requisitos rabínicos que garantizaban que un criminal acusado tuviera el derecho a un juicio público, un abogado defensor, y una sentencia, aunque esta última únicamente con el testimonio de al menos dos testigos confiables. Por tanto, los juicios siempre estaban abiertos a atenta observación pública, y el acusado tenía derecho a presentar pruebas y testigos a favor propio sin importar lo condenatoria que pudiera ser la evidencia en su contra.

Para protegerse contra el falso testimonio, fuera dado por venganza o soborno, la ley mosaica prescribía que un individuo que a sabiendas rendía falso testimonio sufriría el castigo que el acusado padecería de ser hallado culpable (Dt. 19:16-19). Por ejemplo, una persona que daba falso testimonio en un juicio que implicara pena capital, ella misma sería condenada a muerte. Por obvias razones, ese castigo era un fuerte disuasivo para el perjurio, así como una protección eficaz de la justicia. Un disuasivo adicional era el requisito de que en un caso capital el testigo acusador debía iniciar la ejecución, haciendo que respaldara su testimonio tanto con palabras como con hechos (Dt. 17:7). Fue a esa ley a la que Jesús hizo referencia indirecta cuando manifestó a los acusadores de la mujer agarrada en adulterio: "El que de vosotros esté sin pecado sea el primero en arrojar la piedra contra ella" (Jn. 8:7).

La ley rabínica exigía que una pena de muerte no se llevara a cabo hasta el tercer día después que fuera dictada, y que durante el día intermedio los miembros del tribunal ayunaran. Tal disposición tenía el efecto de evitar un juicio durante una fiesta, en que estaba prohibido ayunar. La demora en la ejecución también proporcionaba tiempo adicional para evidencia o testimonio que se descubriera a favor del acusado.

Simon Greenleaf fue un famoso profesor de leyes de la Universidad de Harvard en el siglo pasado. En su libro *The Testimony of the Evangelists* ([Jersey City, NJ: Frederick P. Linn, 1881], pp. 581-84), una sección escrita por el abogado Joseph

Salvador ofrece información fascinante y significativa acerca del apropiado procedimiento de juicio en el sanedrín. Puesto que un defensor estaba protegido contra la auto-incriminación, por convincente que fuera su confesión, en sí no era suficiente para condenarlo.

Según Salvador, en el día del juicio los oficiales del tribunal exigían que toda la evidencia contra el acusado se leyera en plena audiencia de corte abierta. De cada testigo contra el acusado se requería que afirmara que a su mejor saber su testimonio era cierto y que se basaba en su propia experiencia directa y no en rumores o presunción. El testigo también debía identificar el mes, el día, la hora y la ubicación exacta del suceso en relación a lo que se atestiguaba. Un concilio en sí no podía iniciar acusaciones contra una persona, sino que solo podía considerar acusaciones que se presentaban por parte de un tercero.

A una mujer no se le permitía testificar porque se consideraba que carecía de valor para propinar el primer golpe si al acusado se le sentenciaba a muerte. Los niños no podían atestiguar debido a su inmadurez, tampoco podía testificar un esclavo, una persona de mal carácter, o alguien que fuera considerado mentalmente incompetente.

Siempre debía haber presunción de inocencia, y al acusado se le daba gran libertad en la presentación de su defensa. En un concilio local se requerían once votos de un total de veintitrés para una absolución, pero se requerían trece para una condena. Si al acusado se le declaraba inocente era liberado de inmediato. Pero si se le hallaba culpable, la sentencia no se pronunciaba hasta dos días después, y como ya se mencionó, a los miembros del concilio se les exigía ayunar durante el día intermedio. En la mañana del tercer día el concilio volvía a reunirse, y a cada juez se le preguntaba si su decisión había cambiado. Un voto de condena podía cambiarse por absolución, pero no al contrario.

Si se reafirmaba un veredicto de culpabilidad, un oficial con un estandarte permanecía cerca del concilio mientras otro, a menudo montado a caballo, escoltaba al prisionero hasta el lugar de la ejecución. Un heraldo iba delante de la procesión que se movía lentamente, declarando en voz alta: "Este hombre [declarando su nombre] es llevado al castigo por tal delito; los testigos que han jurado contra él son tales y tales personas; si alguien tiene evidencia que testifique a favor del condenado, que la presente de inmediato". Si en algún momento antes de llevar a cabo la sentencia salía a la luz información adicional relativa a la inocencia, incluso la recolección de parte del prisionero de algo que había olvidado, un oficial señalaba al otro y el prisionero debía llevarse de nuevo ante el concilio para reconsiderar el veredicto. Antes que se llegara al lugar de ejecución a la persona condenada se le instaba a que confesara su delito, si todavía no lo había hecho y no se le había dado una bebida estupefaciente a fin de embotarle los sentidos y hacer de este modo que la muerte le resultara menos dolorosa.

El principio que regía en casos capitales era: "El sanedrín está para salvar, no para destruir vidas". Además de las disposiciones anteriores, a quien presidía el concilio se le exigía que a los posibles testigos se les recordara el valor de la vida humana, y que se les exhortara a estar seguros de que su testimonio fuera verdadero y completo. Ningún juicio criminal podía comenzar o continuar durante la noche, la propiedad de un delincuente ejecutado no podía ser confiscada, sino que se pasaba a sus herederos, y la votación se hacía desde el miembro más joven hasta el mayor a fin de que los primeros no fueran influenciados por los últimos. Y si un concilio votaba unánimemente a favor de la condena, al acusado se le ponía en libertad, porque se presumía la falta del elemento necesario de misericordia.

Es evidente que, administrado de manera correcta, el sistema judío de justicia no solo era muy justo sino misericordioso. Es igual de evidente que el sistema no actuó de modo justo ni misericordioso en el juicio a Jesús, porque el sanedrín violó prácticamente todo principio de su propio sistema de jurisprudencia. A Jesús lo juzgaron de manera ilegal sin que primero se le hubiera acusado de cometer un delito. Fue juzgado en la noche y en privado, no se le permitió ninguna defensa, y los testigos de cargo fueron sobornados para que atestiguaran falsamente. Jesús fue ejecutado el mismo día en que fue sentenciado, y en consecuencia los jueces no pudieron haber ayunado en el día intermedio que debió haber transcurrido y, por tanto, no tuvieron oportunidad de reconsiderar su veredicto. El único procedimiento que fue seguido de forma apropiada fue ofrecerle la bebida estupefaciente, pero eso fue llevado a cabo por los soldados romanos, no por los representantes del sanedrín (Mr. 15:23).

Según se desprende de los relatos del evangelio, Jesús tuvo dos juicios principales, uno judío y religioso, y el otro romano y secular. Ya que Roma reservaba el derecho de ejecución a sus propios tribunales y administradores, al sanedrín no se le permitía dispensar pena capital (Jn. 18:31). El hecho de que lo hiciera en varias ocasiones, como en el apedreamiento a Esteban (Hch. 6:12-14; 7:54-60), no demuestra la legalidad del caso. Sin embargo, es probable que en aras de la conveniencia política las autoridades romanas simplemente hicieran caso omiso a muchas ejecuciones ilegales por parte del sanedrín. La pérdida de una sola vida era para ellos un precio pequeño a pagarse por mantener el orden y la paz. La única excepción general que Roma concedía era para la ejecución extrajudicial de un gentil que traspasaba una parte restringida del templo.

También es significativo que tanto los juicios religiosos judíos como los seculares romanos que le hicieran a Jesús tuvieran tres fases, lo que significa que en un lapso de doce horas el Señor enfrentó procesos legales en seis ocasiones separadas antes de su crucifixión. El juicio judío comenzó con que lo llevaran ante el antiguo sumo sacerdote Anás en medio de la noche. Anás lo envió entonces al sumo sacerdote en funciones, Caifás, quien rápidamente convocó al sanedrín en su propia casa. Caifás y el sanedrín se reunieron por segunda vez después del amanecer la mañana del viernes.

Después que los dirigentes religiosos judíos hubieran concluido sus audiencias simuladas, se llevaron a Jesús ante el procurador romano Pilato antes que nada porque ellos no podían llevar a cabo una sentencia de muerte sin el permiso de este hombre. Pero también acudieron a él porque una crucifixión romana les ayudaría a ocultar su propia participación vil en lo que sabían que era totalmente injusto en este caso: la condenación y los procedimientos.

Cuando Pilato descubrió que Jesús era galileo se lo envió a Herodes Antipas, el tetrarca de Galilea y Perea, quien estaba en Jerusalén para la Pascua. Tras ser interrogado y tratado con desprecio por parte de Herodes y sus soldados, Jesús fue enviado de vuelta a Pilato, quien con renuencia consintió en que lo crucificaran.

Mateo 26:57-68 revela al menos cinco aspectos de ese trato ilegal e injusto a nuestro Señor: convocatoria del sanedrín (vv. 57-58), conspiración para condenar sin evidencias a Jesús (vv. 59-61), enfrentamiento para inducir la propia incriminación del Señor (vv. 62-64), condena basada en acusaciones y testimonios falsos (vv. 65-66), y conducta del tribunal en el maltrato físico y verbal a Jesús (vv. 67-68).

CONVOCATORIA ILEGAL E INJUSTA DEL SANEDRÍN

Los que prendieron a Jesús le llevaron al sumo sacerdote Caifás, adonde estaban reunidos los escribas y los ancianos. Mas Pedro le seguía de lejos hasta el patio del sumo sacerdote; y entrando, se sentó con los alguaciles, para ver el fin. (26:57-58)

Después que los discípulos huyeron atemorizados, los alguaciles del templo, los soldados romanos, y los demás **que prendieron a Jesús** se lo **llevaron.** No obstante, por Juan sabemos que antes de llevarlo ante **Caifás,** "le llevaron primeramente a Anás; porque era suegro de Caifás, que era sumo sacerdote aquel año" (Jn. 18:13).

Unos veinte años antes, Anás había actuado como sumo sacerdote por un período de cuatro o cinco años. Sin embargo, aunque lo habían reemplazado como sumo sacerdote reinante, no solo siguió llevando el título, sino que también siguió ejerciendo gran influencia en los asuntos del templo, en gran manera a través de los cinco hijos que lo sucedieron y ahora a través de Caifás, su yerno.

El diseño de Dios era que los sumos sacerdotes sirvieran de por vida. Pero el cargo se había politizado tanto que algunos de ellos solo sirvieron pocos años o incluso meses, porque cayeron en desgracia ante un rey o un funcionario romano. Algunos eruditos creen que Roma misma había removido del cargo a Anás por temor a que un solo hombre estuviera acumulando demasiado poder.

Anás controlaba a los cambistas de moneda del templo y a los vendedores de sacrificio hasta tal punto que a veces denominaban sus operaciones como bazares de Anás. Es probable que ningún mercader pudiera actuar en el templo sin la aprobación de Anás y sin el acuerdo de entregarle un gran porcentaje de las utilidades que obtenía.

Un judío nunca iba al templo con las manos vacías. Siempre llevaba ya sea una ofrenda en dinero o un sacrificio para ofrecer al Señor. Pero no podía ofrecer monedas gentiles, porque estas a menudo tenían la imagen de un gobernante, lo cual se consideraba una forma de idolatría. Ya que la gran mayoría de monedas usadas durante los tiempos del Nuevo Testamento eran romanas o perteneciente a una nación gentil dominada por Roma, los judíos tenían que cambiar tales monedas por otras judías que podían colocar como ofrendas en los receptáculos en forma de campana que había en el templo. Y debido a que los cambistas de moneda en el templo tenían un monopolio, podían cobrar tarifas exorbitantes de cambio.

Un judío que iba a ofrecer un sacrificio a Dios tenía que usar un animal sin defecto que hubiera sido certificado por los sacerdotes. Y a pesar de que legítimamente podía llevar uno de sus propios animales, los corruptos sacerdotes que estaban encargados de la certificación nunca aceptaban un animal no comprado a un mercader del templo. Al igual que quienes necesitaban cambiar su dinero, los judíos que querían sacrificar estaban a merced del sistema de Anás en templo. Fue por eso que Jesús debió limpiar dos veces el templo de los cambistas de dinero y vendedores de sacrificios, declarando enojado que habían profanado la casa de oración de su Padre y que la habían convertido en una cueva de ladrones (Jn. 2:13-17; Mr. 11:15-17). Fue inmediatamente después de la segunda limpieza que las iracundas autoridades del templo "buscaban cómo matarle" (Mr. 11:18).

Jesús era una amenaza persistente para el poder, el prestigio, la seguridad y la prosperidad de Anás, por lo cual el sumo sacerdote lo despreciaba amargamente. Además, a Anás se resentía de la santidad, la verdad, y la justicia de Jesús, porque tales virtudes eran un juicio sobre el propio carácter vil de Anás. Todo lo que Jesús decía y hacía enfurecía al sumo sacerdote porque, al igual que Judas, su absoluto rechazo a Cristo lo había puesto totalmente en manos de Satanás, el gran coreógrafo que estaba organizando esta atroz parodia contra el Hijo de Dios. Anás era uno en un gran elenco de personajes que ahora eran manipulados por el infierno.

Es posible que los oficiales encargados del arresto recibieran instrucciones de Anás de llevar a Jesús primero ante él, o los oficiales pudieron haber razonado que una acusación contra Jesús hecha por un dignatario tan poderoso no sería impugnada cuando el Señor fuera llevado delante del sanedrín para juicio. Cualquiera que fuera el caso, llevarlo primero a Anás permitió que Caifás tuviera tiempo de convocar el sanedrín en su propia casa e (véase v. 59).

Aunque Anás tenía muchas razones personales para odiar a Jesús y quererlo muerto, los primeros comentarios que le hizo al Señor indican que todavía estaba buscando una acusación excelente que pudiera parecer legal. Al interrogar a Jesús "acerca de sus discípulos y de su doctrina", (Jn. 18:19), Anás violó dos requisitos principales de procedimiento. Primero, hizo procesar a Jesús antes que se presentara una acusación contra Él, y segundo, trató de inducir a Jesús para que se incriminara.

Jesús no contestó directamente la pregunta, pero su respuesta fue una mordaz exposición y acusación acerca de la duplicidad y las artimañas de Anás. El Señor declaró. "Yo públicamente he hablado al mundo; siempre he enseñado en la sinagoga y en el templo, donde se reúnen todos los judíos, y nada he hablado en oculto. ¿Por qué me preguntas a mí? Pregunta a los que han oído, qué les haya yo hablado; he aquí, ellos saben lo que yo he dicho" (Jn. 18:20-21). Jesús tan solo señaló lo evidente. Incontables miles lo habían oído enseñar y predicar, y podían atestiguar de primera mano acerca de quiénes eran los discípulos del Señor y de lo que Él enseñaba. En realidad, Jesús también retó el intento ilegal de Anás de hacerlo testificar contra sí mismo.

Anás estaba incómodo, furioso y frustrado. Debido a la complicidad, todos en la reunión también se hallaban enojados, y "uno de los alguaciles, que estaba allí", tal vez queriendo ayudar a su superior a guardar las apariencias, "le dio una bofetada, diciendo: ¿Así respondes al sumo sacerdote?" (Jn. 18:22).

Unos años después el apóstol Pablo fue llevado delante del sanedrín y, al igual que su Señor, fue golpeado simplemente por decir la verdad. Pero a diferencia de su Señor, el apóstol se enfureció, y debido al trato ilegal que recibió, con vehemencia reprendió al hombre que presidía. Se disculpó una vez que supo que estaba dirigiéndose al sumo sacerdote (Hch. 23:1-5).

Sin embargo, Jesús nunca perdió su compostura, aceptando el maltrato con perfecta calma. Al alguacil que lo había golpeado simplemente le contestó: "Si he hablado mal, testifica en qué está el mal; y si bien, ¿por qué me golpeas?" (Jn. 18:23).

En total exasperación y sin otro recurso, "Anás entonces le envió atado a Caifás, el sumo sacerdote" (v. 24). Esto ocurrió en medio de la noche, quizás poco después de medianoche, porque el canto del gallo que normalmente comenzaba como a las tres de la mañana, todavía no había empezado (véase Mt. 26:74).

Entonces Jesús fue llevado ante el **sumo sacerdote Caifás,** en cuya casa y de manera ilegal **estaban reunidos los escribas y los ancianos,** así como el concilio supremo judío (véase v. 59). No obstante, contrariamente a lo esperado, ninguna acusación se había presentado aún contra el Señor. El tribunal máximo del judaísmo se había convocado ilegalmente en la noche a fin de tratar de modo ilegal a un hombre que aún no había sido procesado.

Aunque no tan inteligente como su suegro, **Caifás** era igualmente taimado y corrupto. También era codicioso, sin principios, materialista y hambriento de poder. Él también despreciaba la veracidad y la rectitud de Jesús porque representaban un juicio a la propia y lamentable miseria del sumo sacerdote.

Durante este tiempo **Pedro seguía de lejos** a Jesús, primero a la casa de Anás y después **hasta el patio del sumo sacerdote** Caifás. Con una mezcla conflictiva de cobardía y compromiso, **Pedro** trató de estar cerca de su Señor mientras la prudencia se lo permitía sin ser descubierto, **y entrando, se sentó con los alguaciles, para ver el fin.**

El hecho de que Pedro y otros más estuvieran sentados en **el patio del sumo sacerdote** revela una infracción más del protocolo legal judío. Como se indicó antes, al sanedrín se le permitía celebrar un juicio que involucrara pena capital solo en el templo y solo en público. La reunión privada en la casa de Caifás violó claramente ambas estipulaciones.

CONSPIRACIÓN ILEGAL E INJUSTA PARA CONDENAR A JESÚS

Y los principales sacerdotes y los ancianos y todo el concilio, buscaban falso testimonio contra Jesús, para entregarle a la muerte, y no lo hallaron, aunque muchos testigos falsos se presentaban. Pero al fin vinieron dos testigos falsos, que dijeron: Este dijo: Puedo derribar el templo de Dios, y en tres días reedificarlo. (26:59-61)

Los principales sacerdotes se mencionan en forma separada tal vez porque fueron los primeros instigadores del arresto de Jesús (véase v. 47). Pero como Mateo clarifica, **los ancianos y todo el concilio,** o sanedrín, también se hallaban presentes.

El **concilio** estaba facultado para actuar solo como juez y jurado en un procedimiento legal. No podía instigar acusaciones, sino que solo podía adjudicar casos que se le llevaran. Pero debido a que aún no tenía acusación formal contra Jesús, estaba obligado a actuar de forma ilegal como fiscal a fin de llevar a cabo su plan predeterminado de condenar y ejecutar al Señor. En consecuencia, sus miembros **buscaban falso testimonio contra Jesús, para entregarle a la muerte.**

Debido a que Jesús era inocente de toda culpa, la única manera posible de condenarlo sería en base a **falso testimonio.** Sus acusadores tendrían que ser embusteros. Puesto que los miembros del concilio se hallaban tan controlados por odio satánico a Jesús, estuvieron dispuestos a hacer lo que fuera necesario para condenarlo, aunque eso significara violar toda regla bíblica y rabínica de justicia. A fin de lograr su malvada conspiración se hallaron pervirtiendo el mismo corazón del propósito del sanedrín, declarado antes en este capítulo: "Salvar, no destruir la vida". Sin embargo, el propósito que tenían ahora no era descubrir la verdad acerca de Jesús y sin duda alguna no era salvarle la vida. Su único y convincente deseo era **entregarle a la muerte.**

Pero por mucho que lo intentaron, **no hallaron** ninguna acusación legítima contra Él, **aunque muchos testigos falsos se presentaban.** Durante ese primer intento de fabricar una acusación, incluso los **muchos testigos falsos** que estaban dispuestos a cometer perjurio no pudieron inventar una historia que pasara el examen, ¡ni siquiera en ese procedimiento corrupto y parcial! Sus testimonios no solo eran falsos sino manifiestamente incongruentes entre sí (Mr. 14:56), como es típicamente el caso con los mentirosos.

La frustración de la asamblea siguió creciendo hasta que **al fin vinieron dos testigos falsos** con una acusación que parecía utilizable. Ellos aseguraron que Jesús **dijo: Puedo derribar el templo de Dios, y en tres días reedificarlo.** El relato más detallado de Marcos informa que ellos afirmaron que Jesús declaró: "Yo derribaré este templo hecho a mano, y en tres días edificaré otro hecho sin mano" (Mr. 14:58). O tal vez Mateo reportó las palabras de uno de los testigos y Marcos las del otro, en cuyo caso el testimonio de esos dos individuos no era coherente.

Las verdaderas palabras de Jesús fueron: "Destruid este templo, y en tres días lo levantaré" (Jn. 2:19), y sus oyentes llegaron a la conclusión de que Él estaba refiriéndose al edificio del templo de Jerusalén que el Señor acababa de limpiar (v. 20). Los dos testigos falsos no solo tuvieron en común esa falsa suposición, sino que acusaron a Jesús de decir, por una parte, que Él mismo podía **derribar el templo de Dios,** y por otra parte: "*Yo derribaré* este templo" (Mr. 14:58, cursivas añadidas). Marcos observa que "ni aun así concordaban en el testimonio" (v. 59).

Además de la incongruencia de las declaraciones de estos dos testigos falsos, que en sí hacían inadmisibles los testimonios en una audiencia legítima, ellos no indicaron el año, el mes, el día, y la ubicación del incidente que afirmaban haber presenciado, como la ley les exigía que hicieran.

Debido a la perfección moral y espiritual del Hijo de Dios, el hecho de que ni un solo testigo pudiera encontrarse para condenar de injusticia a Jesús es una de las más fuertes apologéticas en toda la Biblia. Si alguna falta pudiera haberse encontrado en Él, esta habría salido a la luz. Incluso si demonios hubieran tenido que proporcionar la información, sin duda la habrían presentado. Los demonios no son omniscientes, pero habrían sabido de algún pecado que Jesús cometiera del cual hubiera sido culpable, y se habrían apresurado a presentar tal evidencia contra Él a través de sus malvados subordinados en el sanedrín. Pero ni los enemigos humanos ni los enemigos demoníacos de Jesús pudieron hallar en Él la más mínima transgresión de la ley moral o espiritual de Dios. Sus únicas transgresiones habían sido contra las tradiciones rabínicas legalistas y antibíblicas hechas por seres humanos.

Quienes definitivamente estaban en juicio ese día fueron aquellos que juzgaron al perfecto y sin pecado Hijo de Dios. Aquel tribunal de hombres pecadores, injustos y llenos de odio comparecerá un día delante del tribunal celestial de Dios y será eternamente condenado al lago de fuego.

CONFRONTACIÓN ILEGAL E INJUSTA PARA INDUCIR A LA AUTOINCRIMINACIÓN

Y levantándose el sumo sacerdote, le dijo: ¿No respondes nada? ¿Qué testifican éstos contra ti? Mas Jesús callaba. Entonces el sumo sacerdote le dijo: Te conjuro por el Dios viviente, que nos digas si eres tú el Cristo, el Hijo de Dios. Jesús le dijo: Tú lo has dicho; y además os digo, que desde ahora veréis al Hijo del Hombre sentado a la diestra del poder de Dios, y viniendo en las nubes del cielo. (26:62-64)

La frustración de los miembros del concilio se volvía insoportable a medida que con desesperación intentaban conseguir que el juicio concluyera antes del amanecer, cuando las personas comenzaban a pulular por la ciudad y la aventura ilegal de ellos se arriesgaba a ser descubierta. Sin duda también querían concluir el asunto rápidamente a fin de poder hacer preparativos para los sacrificios de su propia Pascua y cumplir con sus deberes esa tarde.

Tratando otra vez de llevar a Jesús a la autoincriminación, **el sumo sacerdote** y funcionario que presidía por tanto **le dijo: ¿No respondes nada? ¿Qué testifican éstos contra ti?** Tal vez mirando directamente a los ojos de Caifás, **Jesús callaba,** añadiendo aún más consternación en **el sumo sacerdote.** Ya que los testimonios de los dos hombres eran incongruentes, habrían sido rechazados por el tribunal. Una respuesta por parte de Jesús no solo habría sino inútil, sino que hubiera dado apariencia de legitimidad al falso testimonio y a todos los procedimientos ilegales.

Jesús se mantuvo majestuosamente en silencio. Era el silencio de la inocencia, el silencio de la dignidad, el silencio de la integridad, el silencio de confianza infinita en su Padre celestial. Era un silencio en que las palabras mentirosas contra Él resonaban en los oídos de los jueces culpables y de los testigos falsos que habían sobornado. Incitado por ese silencio, que acentuaba la farsa de justicia sobre la cual presidía, el furioso **sumo sacerdote** siguió acosando a Jesús, exclamando: **Te conjuro por el Dios viviente, que nos digas si eres tú el Cristo, el Hijo de Dios.**

Apelando al juramento más sagrado que un judío podía pronunciar, Caifás exigió que Jesús afirmara o negara su condición mesiánica y su deidad. En realidad estaba declarando: "Contesta mi pregunta con veracidad, basado en que estás parado delante del Dios vivo, quien conoce todas las cosas".

Aunque ninguno en el concilio creía en la deidad de Jesús, con excepción de José de Arimatea si aún estaba presente, todos esperaban firmemente que Él hiciera esa declaración por sí mismo para poder acusarlo de blasfemia. La ley mosaica declaraba: "El que blasfemare el nombre de Jehová, ha de ser muerto" (Lv. 24:16).

Pero una afirmación de deidad sería blasfema solo si fuera falsa, que sería el caso para cualquier ser humano nacido alguna vez, a excepción de Jesús. A pesar de que Él nunca había alardeado o hecho asunto público de su condición mesiánica y de su deidad, desde el inicio de su ministerio había ofrecido numerosas certificaciones. En la sinagoga de su pueblo natal de Nazaret leyó un conocido pasaje mesiánico de Isaías, y luego declaró: "Hoy se ha cumplido esta Escritura delante de vosotros" (Lc. 4:18-21). Su primera afirmación específica de su condición mesiánica la hizo a la mujer samaritana en el pozo de Jacob. En respuesta a la declaración de ella de que "el Mesías, llamado el Cristo; cuando él venga nos declarará todas las cosas. Jesús le dijo: Yo soy, el que habla contigo" (Jn. 4:25-26). Él ya había aceptado de buena gana los epítetos mesiánicos que le gritaban cuando entrara en Jerusalén el lunes anterior (Mt. 21:9). Continuamente Jesús se refería a Dios como su Padre celestial, lo cual los dirigentes judíos interpretaban correctamente como una afirmación de deidad (Jn. 5:17-18), y había declarado a los incrédulos líderes judíos en Jerusalén: "Antes que Abraham fuese, yo soy" (Jn. 8:58), tomando para sí mismo esa antigua apelación de Dios (véase Éx. 3:14).

Jesús finalmente dio la afirmación que el sanedrín había estado esperando oír cuando contestó: **Tú lo has dicho.** El relato de Marcos hace aún más explícito el reconocimiento de la condición mesiánica de Jesús y de su deidad, citando que el Señor declara directamente: "Yo soy" (Mr. 14:62).

Entonces refiriéndose al Salmo 110:1 y Daniel 7:13, Jesús agregó: **Y además os digo, que desde ahora veréis al Hijo del Hombre sentado a la diestra del poder de Dios, y viniendo en las nubes del cielo.** Él estaba diciendo: "No solo soy el Mesías y el Hijo de Dios, sino que un día me verán glorificado con mi Padre en el cielo y regresando a la tierra como Juez" (cp. Mt. 25:31-46).

Hijo del Hombre era un título comúnmente reconocido del Mesías, que Jesús usó más a menudo para sí mismo, y **poder** era una designación figurada de Dios. Al no haber querido recibir a Jesús como su Señor y Salvador, los miembros impíos del sanedrín habían sellado su perdición para enfrentarlo al final de los tiempos como su Juez y Verdugo. El acusado se convertirá entonces en el acusador, y los jueces se convertirán en los juzgados.

CONDENA ILEGAL E INJUSTA A JESÚS

Entonces el sumo sacerdote rasgó sus vestiduras, diciendo: ¡Ha blasfemado! ¿Qué más necesidad tenemos de testigos? He aquí, ahora mismo habéis oído su blasfemia. ¿Qué os parece? Y respondiendo ellos, dijeron: ¡Es reo de muerte! (26:65-66)

Tras esa confesión inequívoca hecha por Jesús, lleno de horror **el sumo sacerdote rasgó sus vestiduras, diciendo: ¡Ha blasfemado!** Desde mucho tiempo atrás los incrédulos miembros del sanedrín habían descartado las afirmaciones de deidad que Jesús hacía. Él les había suplicado: "Si no hago las obras de mi Padre, no me creáis. Mas si las hago, aunque no me creáis a mí, creed a las obras, para que conozcáis y creáis que el Padre está en mí, y yo en el Padre" (Jn. 10:37-38). En otras palabras, aunque no creyeran la fuente divina de la enseñanza de Jesús, ¿cómo podían argumentar contra el poder divino detrás de sus innumerables milagros públicos?

Ellos habían cerrado sus mentes a la verdad, y ninguna cantidad de evidencia les abriría los ojos para que vieran la realidad. Al igual que muchas personas que han rechazado a Cristo a lo largo de las épocas, no es que hubieran examinado con cuidado la evidencia acerca de Él y hubieran encontrado que fuera falsa o poco convincente, sino que se habían negado a considerar la evidencia en absoluto. Ni siquiera el propio Espíritu Santo de Dios puede penetrar tan voluntaria barrera hacia la verdad y la misericordia del Señor. Los milagros no convencen a los duros de corazón.

Cuando **el sumo sacerdote rasgó** ceremonialmente **sus vestiduras,** no lo hizo porque le causara dolor e indignación la supuesta deshonra del nombre de Dios, sino más bien por alegría y alivio de que al fin Jesús se hubiera puesto en sus manos, condenándose por su propia boca. A pesar de que Levítico 21:10 prohíbe estrictamente que el sumo sacerdote rasgue sus vestiduras, el Talmud sostenía que los jueces que fueran testigos de blasfemia tenían el derecho de rasgar sus túnicas si más tarde las cosían. Por medio de su demostración tradicional y teatral, Caifás dio de manera dramática la apariencia de defender el nombre de Dios, pero en su interior se regodeó por la victoria ilegal, injusta y diabólica que imaginó que acababa de ganar.

Entonces el sumo sacerdote preguntó de forma retórica a los miembros del concilio: **¿Qué más necesidad tenemos de testigos?** Y diciendo eso pidió un veredicto inmediato: **He aquí, ahora mismo habéis oído su blasfemia. ¿Qué os parece?** El hombre no se molestó en hacer que los miembros votaran de forma individual y que los escribas tabularan los resultados, según exigía el protocolo judicial, sino que simplemente pidió apoyo verbal a la conclusión de culpabilidad predetermina.

A una sola voz **respondiendo ellos, dijeron: ¡Es reo de muerte!** La decisión fue unánime cuando "todos ellos le condenaron, declarándole ser digno de muerte" (Mr. 14:64). De forma automática, el voto unánime para condenar debió haber dado libertad a Jesús, ya que no existía el elemento necesario de misericordia. Pero por esta ocasión el sanedrín había renunciado incluso a la apariencia de legalidad y justicia. Puesto que sabemos que José de Arimatea era miembro del concilio pero no consintió en la condenación a Jesús (Lc. 23:50-51), es obvio que había dejado el proceso antes de que ocurriera esta última farsa judicial.

El veredicto de culpabilidad y la sentencia de muerte no se basaron en una cuidadosa consideración de la evidencia y de testimonios totales e imparciales. Se trató de una reacción de turba sin sentido alguno, muy parecida a la que estos mismos dirigentes instigarían y organizarían pocas horas después respecto a la liberación de Barrabás y la crucifixión de Jesús (Mt. 27:20-21).

CONDUCCIÓN ILEGAL E INJUSTA AL TRIBUNAL

Entonces le escupieron en el rostro, y le dieron de puñetazos, y otros le abofeteaban, diciendo: Profetízanos, Cristo, quién es el que te golpeó. (26:67-68)

Desechando el último vestigio de decoro y decencia, el tribunal supremo de Israel se degeneró en una chusma grosera y sin sentido. Con falta total de inhibición, la aristocracia religiosa del judaísmo (el sumo sacerdote y los principales sacerdotes, los ancianos, los escribas, los fariseos, y los saduceos) dejó al descubierto su decadencia verdadera cuando algunos de ellos **le escupieron** a Jesús **en el rostro, y le dieron de puñetazos.**

Para los judíos el insulto supremo era escupir el rostro de otra persona (véase Nm. 12:14; Dt. 25:9). La impresionante tumba de Absalón aún se levanta en el valle de Cedrón en las afueras de Jerusalén. Pero por miles de años los transeúntes judíos han escupido ese monumento para mostrar su desprecio por la rebelión del traicionero Absalón contra su propio padre, David.

Otros en el concilio, quizás los miembros antiguos menos bulliciosos, simplemente **le abofeteaban.** Y en lugar de escupir sobre Jesús, le arrojaban maltrato verbal al rostro. Después de vendarle los ojos (Lc. 22:64), exigían con gran sarcasmo: **Profetízanos, Cristo, quién es el que te golpeó.**

Lucas también informa que "decían otras muchas cosas injuriándole" (22:65). Los verdaderos blasfemos aquí eran los acusadores, no el acusado. Jesús no había blasfemado porque Él en realidad era Dios, pero los miembros del impío sanedrín blasfemaron en varias ocasiones cuando condenaron, humillaron y maltrataron al Hijo de Dios que no tenía pecado. Y cuando estos jueces de Israel se cansaron de atormentar a Jesús, lo entregaron a la guardia del templo para que lo maltrataran aún más (Mr. 14:65).

Como demostraría de forma concluyente la última reacción de turba delante de Pilato, los impíos líderes religiosos que rechazaron y profanaron a Jesús eran un microcosmos de la nación judía. Espiritual y moralmente Israel era un cadáver putrefacto en espera de ser devorado por los buitres, como fue de veras devorado por Roma menos de cuarenta años después. En el 70 d.C. el templo fue quemado y arrasado, la mayor parte de Jerusalén fue destruida, y cientos de miles de sus ciudadanos fueron asesinados sin misericordia.

Toda persona que rechaza a Cristo le está escupiendo el rostro, por así decirlo, y es culpable de blasfemia contra Dios, quien envió a su amado Hijo para salvar del pecado tanto a esa persona como a toda la humanidad. Lo irónico es que todos los que juzgaron mal a Jesús, un día serán juzgados de modo correcto por Él. Los seres humanos constantemente juzgan mal a Jesús, pero Él nunca los juzgará mal. Los papeles se invertirán. Los delincuentes ya no condenarán injustamente ni aplastarán al inocente, sino que ellos mismos serán condenados y aplastados de manera justa.

Aun en medio de la cruel injusticia contra nuestro Señor, su compasión brilló sin disminuir. A todo lo largo de su terrible experiencia "cuando le maldecían, no respondía con maldición; cuando padecía, no amenazaba, sino encomendaba la causa al que juzga justamente" (1 P. 2:23). Esta era su hora divinamente señalada, y con resolución y de buena gana enfrentó el momento de aparente victoria del infierno. Él no huiría del sufrimiento y la muerte ni dejaría que lo alejaran de las adversidades, porque solo de esa manera podía llevar "él mismo nuestros pecados en su cuerpo sobre el madero, para que nosotros, estando muertos a los pecados, vivamos a la justicia" (v. 24).

Restauración de un santo pecador 141

Pedro estaba sentado fuera en el patio; y se le acercó una criada, diciendo: Tú también estabas con Jesús el galileo. Mas él negó delante de todos, diciendo: No sé lo que dices. Saliendo él a la puerta, le vio otra, y dijo a los que estaban allí: También éste estaba con Jesús el nazareno. Pero él negó otra vez con juramento: No conozco al hombre. Un poco después, acercándose los que por allí estaban, dijeron a Pedro: Verdaderamente también tú eres de ellos, porque aun tu manera de hablar te descubre. Entonces él comenzó a maldecir, y a jurar: No conozco al hombre. Y en seguida cantó el gallo. Entonces Pedro se acordó de las palabras de Jesús, que le había dicho: Antes que cante el gallo, me negarás tres veces. Y saliendo fuera, lloró amargamente. (26:69-75)

Es concebible que el mayor regalo que Dios pueda darle a la humanidad sea el perdón de pecados. Sin perdón no habría salvación del pecado, no habría reconciliación con Dios, no habría vida espiritual, no habría victoria sobre la muerte, ni habría posibilidad de ir al cielo.

El Señor mismo se reveló a Moisés como "¡Jehová! ¡Jehová! fuerte, misericordioso y piadoso; tardo para la ira, y grande en misericordia y verdad; que guarda misericordia a millares, que perdona la iniquidad, la rebelión y el pecado" (Éx. 34:6-7). El profeta Miqueas proclamó: "¿Qué Dios como tú, que perdona la maldad?" (Mi. 7:18). El apóstol Juan declaró. "Si andamos en luz, como él está en luz, tenemos comunión unos con otros, y la sangre de Jesucristo su Hijo nos limpia de todo pecado… Si confesamos nuestros pecados, él es fiel y justo para perdonar nuestros pecados, y limpiarnos de toda maldad" (1 Jn. 1:7, 9).

Por lo general, a la negación del Señor que Pedro hizo se le ve como una gran tragedia, y obviamente lo fue. Pero vista a la luz del arrepentimiento de Pedro y del misericordioso perdón del Señor, la historia también produce gran ánimo.

En toda la historia de redención pocos santos han caído en las profundidades del pecado y la infidelidad en que Pedro cayó al negar a Jesús. Sin embargo, pocos santos han sido usados de modo tan poderoso por parte de Dios como Pedro fue usado después que se arrepintió y fuera restaurado. El relato de su negación es un aleccionador testimonio de la debilidad de la carne, pero también es un testimonio alentador del poder de la gracia de Dios. Aun en lo extremo del pecado de sus hijos, el Señor está allí para perdonar y restaurar.

Todos los creyentes a veces nos presentamos delante del Señor abrumados y quebrantados por la conciencia de nuestra pecaminosidad. Quien nunca ha tenido tal experiencia es espiritualmente muy frío o no es cristiano en absoluto. Nada es más demoledor para un creyente que comprender de repente que ha negado al Señor con lo que ha dicho o no ha dicho, o con lo que ha hecho o no ha hecho. Y sin embargo, nada es más estimulante para alguien que conocer el compasivo perdón divino a la infidelidad después que se la confiesa.

La negación de Pedro no fue tan solo una respuesta espontánea a un peligro o una vergüenza que no se esperan. Él ya había sentado las bases para la deserción, o para utilizar otra metáfora, había dado muchos pasos para negar a Cristo antes de entrar al patio de Caifás.

El primer paso fue jactarse de que "aunque todos se escandalicen de ti, yo nunca me escandalizaré" (Mt. 26:33). Al decir esas palabras Pedro no solo dejó ver confianza infundada en sí mismo, sino que contradijo directamente la predicción de su Señor de que todos los discípulos lo abandonarían esa misma noche (v. 31). Basado en sus sentimientos de confianza en sí mismo y en su devoción a Jesús, Pedro se consideró incapaz de ser desleal. No pudo imaginar algo que lo hiciera titubear, y ni siquiera la predicción explícita del Señor pudo convencerlo de lo contario. Pedro estaba seguro de que había llegado al lugar de la madurez espiritual, con sus prioridades en orden y su fidelidad invulnerable. Por tanto, para él era inconcebible que pudiera ser capaz de abandonar al Señor.

El segundo paso de Pedro hacia la negación fue la insubordinación, manifestada en persistir de modo desafiante a la afirmación de que rechazaría a Jesús. Incluso cuando el Señor lo señaló y predijo que no solo huiría como los demás, sino que lo negaría tres veces antes del amanecer la mañana siguiente, Pedro lo contradijo con descaro y siguió defendiendo su propia fidelidad. Intensificando su afirmación anterior, el discípulo declaró: "Aunque me sea necesario morir contigo, no te negaré", y su verborrea injustificada pero grandilocuente motivó a los otros discípulos a decir "lo mismo" (v. 35). Marcos reporta que Pedro insistió varias veces en su lealtad (Mr. 14:31).

Pedro no tomó en serio la voz del Dios vivo que confesó con su propia boca, y no solo rechazó, sino que se resintió de la corrección que el Señor le hiciera. Al igual que muchos creyentes desde entonces, con soberbia se negó a someterse a la Palabra y al Espíritu de Dios.

El tercer paso de Pedro para que negara a Cristo fue carencia de oración. Así como su jactancia y su insubordinación, su falta de oración fue una manifestación de pecaminosa confianza en sí mismo.

Cuando Jesús llevó a Pedro, Jacobo y Juan al interior del huerto y los dejó para que vigilaran y oraran mientras iba a hablar íntimamente con su Padre, todos los tres discípulos se durmieron. Al encontrarlos dormidos, Jesús se dirigió a Pedro como líder y vocero de los doce, expresando: "¿Así que no habéis podido velar conmigo una hora? Velad y orad, para que no entréis en tentación; el espíritu a la verdad está dispuesto, pero la carne es débil" (Mt. 26:40-41). El Señor se fue dos veces más a orar en privado, y cada vez Pedro y los otros se quedaron dormidos (vv. 43, 45). Jesús acaba de advertirles que "el espíritu a la verdad está dispuesto, pero la carne es débil" (v. 41), pero ellos no sintieron debilidad ni vieron necesidad de estar velando u orando. Debido a que no tomaron en serio las advertencias del Señor acerca de las deficiencias y fragilidades que los caracterizaban, tampoco tomaron en serio la amonestación que les hizo de estar preparados y fortalecidos. Seguros en sí mismos confiaron en su propio juicio por sobre el del Señor, y fueron indiferentes al llamado a la oración que les hiciera.

El cuarto paso de Pedro hacia la negación fue su impulsividad independiente y autogenerada; al no sentir necesidad de pedir consejo o ayuda al Señor, tomó el asunto en sus propias manos. Tan pronto como los alguaciles pusieron sus manos en Jesús, Pedro, "extendiendo la mano, sacó su espada, e hiriendo a un siervo del sumo sacerdote, le quitó la oreja" (Mt. 26:51: cp. Jn. 18:10). A pesar de que en varias ocasiones Jesús había enseñado a los discípulos que era el plan del Padre para Él que padeciera, muriera y resucitara (Mt. 16:21; 17:22-23; 20:18-19), Pedro se negó a creerle. Y debido a que no era el plan de Pedro que su Maestro fuera lastimado, estuvo dispuesto a desafiar la autoridad tanto humana como divina al desenvainar la espada contra quienes vinieron a arrestar a Jesús.

Un quinto paso hacia la negación que Pedro hiciera de Cristo fue su conformidad en ponerse en un lugar de peligro espiritual, tal como el patio del sumo sacerdote donde su fe podía ser puesta a prueba por sobre su capacidad de resistir. Las promesas del Señor de que sus hijos no pueden "ser tentados más de lo que [puedan] resistir" (1 Co. 10:13) y que ha de "librar de tentación a los piadosos" (2 P. 2:9) no se aplican a la desobediencia intencional.

Pedro no pudo aceptar el mensaje del Señor porque estaba tan controlado por su ego y autosuficiencia que se sintió infalible. Y tal vez debido a que acababa de ver a toda la chusma cayendo de repente a los pies de Jesús (Jn. 18:6), también se sintió invencible mientras el Señor estuviera cerca. Si de manera milagrosa Jesús pudo salvarlo de ahogarse cuando trató de caminar sobre el agua (Mt. 14:31), sin duda también podía protegerlo ahora.

Pero Jesús debió decir otra vez que Pedro estaba fuera de la voluntad de Dios, y le mostró cuán insensatamente atrevido era al pensar que la seguridad del Señor podría depender de Pedro (Mt. 26:52-53). Por bienintencionado y humanamente audaz que Pedro era, a cada rato ponía su comprensión humana centrada en sí mismo por sobre la revelación divina del Señor. Su propia voluntad humana era un obstáculo para obedecer la voluntad de Dios.

De ahí que fuera inevitable que Pedro se derrumbara cuando su bravuconería demostró ser vacía y su autosuficiencia resultó deficiente.

DERRUMBE DE PEDRO

Pedro estaba sentado fuera en el patio; y se le acercó una criada, diciendo: Tú también estabas con Jesús el galileo. Mas él negó delante de todos, diciendo: No sé lo que dices. Saliendo él a la puerta, le vio otra, y dijo a los que estaban allí: También éste estaba con Jesús el nazareno. Pero él negó otra vez con juramento: No conozco al hombre. Un poco después, acercándose los que por allí estaban, dijeron a Pedro: Verdaderamente también tú eres de ellos, porque aun tu manera de hablar te descubre. Entonces él comenzó a maldecir, y a jurar: No conozco al hombre. Y en seguida cantó el gallo. Entonces Pedro se acordó de las palabras de Jesús, que le había dicho: Antes que cante el gallo, me negarás tres veces. (26:69-75*a*)

A primera lectura, los evangelios parecen ofrecer relatos contradictorios de las primeras frases del juicio a Jesús. Juan informa que el Señor primero fue llevado a la casa de Anás, el exsumo sacerdote (Jn. 18:13), mientras que Mateo habla de que lo llevaron a la casa de Caifás, el yerno de Anás y sumo gobernante en funciones en ese tiempo (Mt. 26:57).

No obstante, la aparente discrepancia puede explicarse fácilmente. En el mundo antiguo era común que varias generaciones de una familia vivieran bajo el mismo techo. Por tanto, es probable que la suntuosa mansión del sumo sacerdote hubiera sido ampliada en los últimos años a fin de dar cabida a los cinco hijos de Anás, quienes de forma sucesiva sirvieron como sumos sacerdotes, y ahora también albergar a Caifás y su familia. Las casas grandes de esa época daban la espalda a la calle, con zonas de residencia frente a un patio interior privado. Con una disposición de este tipo, Anás y Caifás habrían tenido "casas" o alas separadas dentro de la heredad mientras disponían de un patio común. En consecuencia, el patio de Anás del que habla Juan (18:15-16), y el patio de Caifás que menciona Mateo (26:57-58), estarían en el mismo sitio. Cuando Jesús fue transferido de la casa de Anás a la de Caifás simplemente lo llevaron a través del patio común o tal vez a través de un pasaje que comunicaba las casas.

Pedro había seguido a Jesús y sus captores hasta la puerta de la mansión de los sumos sacerdotes, pero no se le permitió entrar hasta que "salió… el discípulo que era conocido del sumo sacerdote, y habló a la portera, e hizo entrar a Pedro" (Jn. 18:16). Parece más probable que el otro discípulo fuera Juan, ya que es posible que se refiriera a él mismo de manera anónima, pero no hay indicio del Nuevo Testamento o de otras fuentes en cuanto a cómo había llegado a conocer al sumo sacerdote. Tampoco hay algún indicio de cuánto tiempo había estado Juan en el patio o qué hizo mientras estuvo allí. Él fue utilizado por el Señor para que Pedro lograra entrar, y después de eso, desapareció del escenario.

Pedro quería ver el resultado del juicio que le hacían a Jesús, aunque debió haber sabido cuál sería, porque con mucha frecuencia el Señor les había hablado de esto a los discípulos. Pedro tenía miedo, pero no pudo dejar de seguir al Señor a la distancia, incluso dentro de la misma guarida de sus enemigos. Su amor por Cristo era débil, pero verdadero. Mientras se mantenía vigilando esperaba pasar desapercibido en medio del gentío de empleados de bajo rango, soldados, criados y otros curiosos que se habían reunido en el enorme patio.

Cuando Jesús compareció ante Caifás era tal vez la una de la mañana. Mientras **Pedro estaba sentado fuera en el patio,** "con los alguaciles, calentándose al fuego" (Mr. 14:54), **se le acercó una criada, diciendo: Tú también estabas con Jesús el galileo.** El término **galileo** se usaba a menudo como un epíteto de mofa por los ciudadanos de Jerusalén, quienes se sentían superiores a sus vecinos menos sofisticados del norte. Referirse a un individuo como **galileo** era sugerir que era alguien atrasado y sin importancia alguna.

Las palabras de la **criada** son ligeramente distintas en los cuatro evangelios, lo cual sugiere que ella hizo la misma afirmación básica varias veces, y el hecho de que Pedro la negara **delante de todos** indica que muchas personas en la multitud habían oído la acusación. El orden de las negaciones también parece variar en los cuatro evangelios, lo que podría explicarse por el hecho de que los escritores estuvieran informando distintos aspectos de los tres incidentes de negación, cada uno de los cuales pudo haber durado varios minutos o más, y haber implicado mucho más diálogo del que se relata en las Escrituras.

Al parecer lo primero que Pedro le dijo a la muchacha fue: "Mujer, no lo conozco" (Lc. 22:57), y luego a los otros (**todos**) que habían estado escuchando: **No sé lo que dices.** Pedro había sido llamado por Cristo, vivió con Él, aprendió de Él, y presenció miles de milagros realizados por Él. No era un convertido joven o reciente sino el veterano de tres años de discipulado intenso y el líder de los doce. A pesar de todo eso, este amigo íntimo que solo pocas horas antes había jurado morir antes que abandonar a Cristo, ahora negaba incluso conocerlo.

Si Jesús hubiera ordenado a Pedro que estuviera físicamente a su lado y lo defendiera a cualquier precio, quizás Pedro habría tenido el valor para una ostentación tan heroica. Después de todo, había sacado la espada y comenzado a encargarse de toda la compañía de soldados y la guardia del templo sin ayuda alguna. Pero tropezó cuando enfrentó una exigencia mucho menos peligrosa. Él pudo haber planeado cómo defenderse si hubiera sido confrontado solo por soldados en el patio, pero no tenía ninguna preparación cuando fue sorprendido por el reto mucho menos amenazador que ahora enfrentaba. Estaba preparado para la batalla en sus propias condiciones, pero no en las de Satanás y mucho menos en las de Cristo. Debido a la confianza en sí mismo, había rechazado la amonestación del Señor de estar atento y orar. En consecuencia, se hallaba vulnerable a un ataque desprotegido por un flanco y proveniente de una fuente que nunca esperó.

En forma muy parecida los cristianos pueden planear estrategias detalladas para evangelizar, o para defender una doctrina apreciada o una norma moral, solo para ser confrontados por un problema o una circunstancia que ni siquiera habían considerado alguna vez y para lo cual estaban totalmente desprevenidos. Al igual que Pedro, a menudo nos preparamos con cuidado en base a nuestra propia sabiduría y nuestros propios recursos mientras rechazamos la guía de la Palabra de Dios, así como la fortaleza y la dirección de su Espíritu, proporcionadas a través de la oración.

Pedro fue como Elías, quien se mostró valiente al enfrentar a ochocientos cincuenta profetas de Baal y Asera, pero que al bajar de la cima de la victoria se llenó de temor por lo que una mujer, Jezabel, pudiera hacerle. Pedro era una ilustración viva de la exhortación de Pablo: "El que piensa estar firme, mire que no caiga" (1 Co. 10:12). En el patio sus valientes protestas ya no fueron escuchadas, y el arrogante héroe se convirtió en un cobarde rastrero. Su instinto de conservación prevaleció, y su valentía se evaporó.

Más que la reacción planificada a una situación anticipada, la respuesta involuntaria de una persona ante lo inesperado es un indicador más confiable de su carácter. Es cuando nos agarran desprevenidos que más probablemente se muestre nuestro verdadero carácter. La soberbia confianza de Pedro en sí mismo fue su talón de Aquiles, y por supuesto, allí fue precisamente donde Satanás apuntó su flecha de tentación. La obstinada confianza de Pedro en sí mismo, y su falta de voluntad para confiar por completo en el Señor, lo hicieron vulnerable a la simple burla de una joven criada.

A fin de escapar de la vergüenza, Pedro se fue discretamente "a la entrada" (Mr. 14:68), que al parecer estaba cerca de **la puerta.** Es probable que se alejara lentamente para no atraer la atención o dar la impresión de que estaba huyendo después de ser agarrado en una mentira. La entrada, o vestíbulo, protegida por un muro en la parte trasera y un techo por encima, era el segundo lugar más caliente en el patio. Tal vez Pedro quería estar cerca de la salida en caso de que un alguacil del templo intentara arrestarlo. Allí también era más oscuro y menos probable que lo reconocieran, que a la luz de la hoguera. Pero a pesar de las precauciones, "un poco después" (Lc. 22:58), **le vio otra** criada.

Está claro que con el propósito de humillar a Pedro esta **otra** criada no se dirigió directamente a él sino que más bien **dijo a los** demás observadores **que estaban allí: También éste estaba con Jesús el nazareno.** Un hombre no identificado también se unió a la acusación, diciendo: "Tú también eres de ellos" (Lc. 22:58*a*). Dirigiéndose a la muchacha, Pedro **negó otra vez con juramento: No conozco al hombre,** y a las otras personas les manifestó con creciente irritación: "Hombre, no lo soy" (Lc. 22:58*b*). Esta vez no solo mintió sino que lo hizo **con juramento,** esperando reforzar el engaño. Siempre se suponía que un **juramento** judío se hacía en la presencia de Dios, ya sea que su nombre se pronunciara o no. Por tanto, Pedro realmente llamó a Dios como testigo de la mentira que dijo. Enojado, frustrado, avergonzado, atrapado y aterrado, Pedro trató con desesperación de ocultar su identidad y en especial su asociación con Jesús.

Yéndose contra su misma naturaleza como hijo de Dios, Pedro se negó con vehemencia a reconocer su relación con su Salvador y Señor. Debido a que estaba confiando en su propia sabiduría y sus propios recursos, no tuvo el valor de confesar en público a Cristo. Aunque estaba perplejo y débil, siguió rechazando la verdad y la ayuda del Señor. A pesar de que era evidente que había quedado al descubierto, Pedro persistió en su arrogante autosuficiencia.

Al igual que muchos cristianos que conocen bien la Biblia, que tienen experiencia en los asuntos de Dios, y que son activos en la iglesia, Pedro se sentía espiritualmente completo. Sin embargo, como pronto descubriría, allí es cuando un creyente es el más vulnerable de todos.

Decidido a permanecer cerca de su Señor a pesar de la vergüenza y el peligro, Pedro quizás atravesó el patio hacia el ala de la mansión de Caifás, tal vez con la esperanza de descubrir cómo estaban yendo los procesos. En este momento a Jesús lo habían declarado blasfemo y lo estaban golpeando y escupiendo, y también se burlaban de Él (véase Mr. 14:64-65). Debido a que en cierto momento Jesús pudo mirar a Pedro (Lc. 22:61), es posible que gran parte del maltrato al Señor fuera presenciado por Pedro y los demás en el patio.

Tal vez incitado por los acontecimientos que veían ocurrir en los salones de Caifás, la gente intensificó su acoso a Pedro. **Poco** tiempo **después,** que Lucas especifica "como una hora" (22:59), **acercándose los que por allí estaban, dijeron a Pedro: Verdaderamente también tú eres de ellos, porque aun tu manera de hablar te descubre.** El acento galileo de Pedro era fácilmente reconocible, y de nuevo se halló arrinconado.

Por Juan sabemos que Pedro también fue reconocido por vista. Uno de los miembros de la multitud era "uno de los siervos del sumo sacerdote, pariente de aquel a quien Pedro había cortado la oreja". Como este había estado entre la turba que fue a arrestar a Jesús, preguntó a Pedro: "¿No te vi yo en el huerto con él?" (Jn. 18:26).

En este momento Pedro tocó fondo. Aun negándose a clamar o a confiar en Jesús, cayó aún más profundamente en la negación cuando **comenzó a maldecir, y a jurar: No conozco al hombre.** *Katanathematizō* (**maldecir**) es un término muy fuerte que implicaba pronunciar muerte sobre uno mismo a manos de Dios si estuviera mintiendo. Quizás en lo inconcebible de tomar en vano del nombre del Señor, Pedro en esencia declaró: "Que Dios me mate y me condene si no estoy hablando la verdad". *Omnumi* (**jurar**) era una súplica menos extrema de veracidad, pero no obstante se trataba de una afirmación fuerte.

Pedro había perdido todo sentido de la realidad y al parecer toda conciencia de Dios. Al comparar los relatos del evangelio se revela que hubo tres períodos de incidentes de acusación y negación, y que cada uno implicó acusaciones repetidas por parte de miembros del gentío, así como negaciones por parte de Pedro. Cuando las acusaciones se volvieron más específicas y comprometedoras, las negaciones del discípulo se volvieron más intensas y extremas.

Incluso "mientras [Pedro] todavía hablaba" (Lc. 22:60), **en seguida cantó el gallo** "la segunda vez" (Mr. 14:72). En este momento también "vuelto el Señor, miró a Pedro" (Lc. 22:61), al parecer a través de una ventana que daba al patio. La mirada debió haber penetrado el alma del discípulo, quemándole profundamente el corazón y la conciencia por la maldad de su pecado. Ver a su Señor parado allí con las manos atadas y el rostro cubierto de saliva y de moretones fue más de lo que Pedro podía soportar.

Como si esa crítica visual no fuera suficiente, mientras se quedaba paralizado, sufriendo el dolor más insoportable de su vida al mirar a los ojos de su Señor, **Pedro** también **se acordó de las palabras de Jesús, que le había dicho: Antes que cante el gallo, me negarás tres veces.** A medida que las palabras recordadas de Jesús ampliaban su mirada, la angustia ya irresistible de Pedro se hacía aún más insoportable.

ARREPENTIMIENTO DE PEDRO

Y saliendo fuera, lloró amargamente. (26:75*b*)

El verdadero Pedro no se ve en esta negación sino en su arrepentimiento, la primera etapa del cual fue remordimiento profundo. Al comprender finalmente la gravedad de su pecado, se volvió de este con repugnancia. Al igual que Judas, Pedro huyó en medio de la noche, pero a diferencia de Judas, se volvió al Señor en fe. Su fe había resbalado y se había debilitado, pero era fe verdadera, y Jesús mismo había orado porque esta no faltara (Lc. 22:32).

Cuando Judas por fin comprendió la magnitud de lo que había hecho, experimentó gran pesar y cierto tipo de remordimiento. Es probable que hubiera querido volver a vivir los últimos tres años, y en especial las pocas horas anteriores. Pero no tuvo un cambio de corazón. Nunca se había arrepentido de sus pecados ni había recibido a Jesús como Señor y Salvador, y por tanto, al contrario de Pedro, Judas no tenía fe que se debilitara. Jesús no pudo afirmar a Judas porque Judas nunca le perteneció.

Por otra parte, abrumado por el amor y la gracia de su Salvador, y por su propio pecado y su falta de fidelidad, Pedro **saliendo fuera, lloró amargamente.** No se nos dice a dónde fue ni cuánto tiempo permaneció allí. Pudo haber regresado al huerto de Getsemaní, donde antes no había sentido ninguna necesidad de orar. Adondequiera que hubiera ido, el discípulo se volvió a un lugar privado de confesión y búsqueda de perdón.

La trágica experiencia de Pedro en el huerto enseña una lección profunda acerca de la confianza personal, la falta de preparación, el perdón de Dios, y la restauración de un santo pecador. Aunque es probable que la conciencia no viniera al discípulo hasta que su angustia aminorara, había aprendido a no volver a desconfiar de lo que Jesús decía. Finalmente comprendió que lo que el Señor afirmaba que iba a suceder, sucedería.

No fue sino hasta que Pedro vio el rostro de Jesús y recordó las palabras que había pronunciado que entró en razón, reconoció su pecado y su impotencia, y se arrepintió. Su pecado no hizo que se arrepintiera. Muchas personas están muy conscientes del pecado en sus vidas, y admiten con facilidad la realidad y las consecuencias que trae. Pero a menos que el pecado se rinda a Cristo en busca de perdón y limpieza, su simple reconocimiento solo profundizará más al individuo en la desesperación y desesperanza, y lo ahondará aún más en el pecado. El perdón y la restauración solo vienen al volverse del pecado a Dios. Por eso es que la verdadera predicación y enseñanza del evangelio no es simplemente llamar a la gente a volverse de sus pecados. Es levantar al Señor Jesucristo de tal modo que en la justicia y gracia de Dios los seres humanos pecadores no solo descubran la enormidad de su pecado sino también la única esperanza de eliminarlo.

El Señor cumplió su promesa de que la fe de Pedro no faltaría. Después de aparecerse a los discípulos en varias ocasiones tras su resurrección, Jesús le preguntó tres veces a Pedro acerca del amor que este le tenía, tal como en tres ocasiones Pedro había negado ese amor. Y tal como había negado en tres ocasiones su amor por Cristo, Pedro entonces lo afirmó tres veces (Jn. 21:15-17).

Muchos años después, cerca del final de su vida, sin duda alguna Pedro aún recordaba vívidamente esa experiencia en el patio. Es probable que el trágico suceso estuviera en su mente cuando exhortó a los hermanos en la fe: "Así que vosotros, oh amados, sabiéndolo de antemano, guardaos, no sea que arrastrados por el error de los inicuos, caigáis de vuestra firmeza. Antes bien, creced en la gracia y el conocimiento de nuestro Señor y Salvador Jesucristo" (2 P. 3:17-18).

Suicidio del traidor

Venida la mañana, todos los principales sacerdotes y los ancianos del pueblo entraron en consejo contra Jesús, para entregarle a muerte. Y le llevaron atado, y le entregaron a Poncio Pilato, el gobernador. Entonces Judas, el que le había entregado, viendo que era condenado, devolvió arrepentido las treinta piezas de plata a los principales sacerdotes y a los ancianos, diciendo: Yo he pecado entregando sangre inocente. Mas ellos dijeron: ¿Qué nos importa a nosotros? ¡Allá tú! Y arrojando las piezas de plata en el templo, salió, y fue y se ahorcó. Los principales sacerdotes, tomando las piezas de plata, dijeron: No es lícito echarlas en el tesoro de las ofrendas, porque es precio de sangre. Y después de consultar, compraron con ellas el campo del alfarero, para sepultura de los extranjeros. Por lo cual aquel campo se llama hasta el día de hoy: Campo de sangre. Así se cumplió lo dicho por el profeta Jeremías, cuando dijo: Y tomaron las treinta piezas de plata, precio del apreciado, según precio puesto por los hijos de Israel; y las dieron para el campo del alfarero, como me ordenó el Señor. (27:1-10)

En los últimos años en los Estados Unidos se han suicidado dos veces más personas de las que han sido asesinadas. Debido a que los expertos creen que muchas muertes que parecen naturales son en realidad autoinfligidas, la incidencia es tal vez mucho más alta de lo que se informa. El suicidio se encuentra entre las diez causas principales de muerte en los Estados Unidos, y muchas otras naciones tienen tasas aún mayores.

Investigadores que analizan el comportamiento humano enumeran cinco razones principales para suicidarse. Creo que la mayoría de gente se quita la vida por venganza. Debido a que están enojados por un agravio o un maltrato se suicidan como un medio de lastimar a quienes los han herido. Sea que el maltrato fuera real o imaginado, invariablemente tienen éxito en infligir profundo dolor en aquellos que tratan de herir. Este casi siempre es el caso cuando los jóvenes se suicidan. Y por lo general es a sus padres a quienes desean herir de manera irremediable.

Algunas personas se quitan la vida para reunirse con seres queridos que ya han muerto. Cónyuges ancianos que fueron particularmente dependientes de sus compañeros a veces deciden unírseles en la muerte para no soportar la soledad y la frustración de vivir sin ellos.

Otras personas se quitan la vida por un deseo de renacer. Con la creciente influencia de religiones orientales, a muchos occidentales los han persuadido de la realidad de la encarnación, y al suicidarse esperan renacer en una mejor forma o en mejores circunstancias.

Una razón particularmente distorsionada para el suicidio se denomina retroflexión: matarse uno mismo en lugar de otra persona que es inalcanzable. Hace algunos años un hombre se suicidó porque un brutal criminal de guerra nazi no pudo ser encontrado y llevado ante la justicia.

Para algunas personas el suicidio es una forma extrema de autoretribución. Al considerar que su culpa es imperdonable e irremediable, hay quienes en realidad se sentencian a la pena de muerte y llevan a cabo la sentencia por su propia mano.

Debido a que todo ser humano es creado a imagen de Dios y le pertenece, nadie tiene el derecho de matar a nadie, ni siquiera a sí mismo. El suicidio es asesinarse a sí mismo y es rebelión contra el derecho omnipotente de Dios sobre la vida y la muerte. Es un acto de pecado e incredulidad, una clara violación del sexto mandamiento: "No matarás" (Éx. 20:13).

De acuerdo con la definición común de suicidio, la Biblia informa solo de dos casos. Aunque Saúl y su escudero se quitaron la vida, lo hicieron debido a que enfrentaban una muerte mucho más brutal y humillante a manos del enemigo. Pero en el sentido acostumbrado, solamente las muertes de Ahitofel (véase 2 S. 17) y de Judas fueron suicidios.

Debido a que el pecado de Judas fue tan monstruoso, no es difícil entender cómo la culpa no aliviada lo llevó a quitarse la vida. Él cometió el delito más atroz que algún ser humano cometiera alguna vez o que pudo cometer: traicionar al único hombre verdaderamente inocente y perfecto que ha vivido. Al no poder vivir con su culpa, Judas solo tenía dos alternativas. Pudo haber acudido a Jesús en busca de perdón y salvación, que el Señor le había ofrecido muy a menudo. Pero ya que él no haría eso, su único recurso fue la autodestrucción.

Para relatar el suicidio de Judas, Mateo interrumpe brevemente su descripción del proceso a Jesús. Su propósito al presentar la historia de las horas finales de Judas no fue tan solo mostrar el terrible destino de quien traicionara a Cristo, sino también mostrar por varios contrastes la belleza, pureza y majestad del traicionado. Jesús es exaltado incluso en el sórdido contexto del pecado y la muerte.

CONTRASTE ENTRE LOS DIRIGENTES MALVADOS Y EL CRISTO SIN PECADO

Venida la mañana, todos los principales sacerdotes y los ancianos del pueblo entraron en consejo contra Jesús, para entregarle a muerte. Y le llevaron atado, y le entregaron a Poncio Pilato, el gobernador. (27:1-2)

Contrario a la ley rabínica, las dos primeras fases del juicio religioso a Jesús se realizaron durante la noche y lejos del templo. Primero lo habían llevado ante el antiguo sumo sacerdote Anás, tal vez con la esperanza de que este perverso confabulador pudiera inventar una acusación contra Jesús que justificara la pena de muerte. Cuando eso fracasó, Cristo fue llevado ante el sumo sacerdote en funciones, Caifás, y ante el sanedrín reunido a toda prisa. Ni siquiera con falsos testigos dispuestos ese grupo tampoco pudo condenar a Jesús. Solo cuando Él confesó ser el Cristo e Hijo de Dios descubrieron una manera de destruirlo. A pesar de que Jesús declaró la verdad, lo declararon culpable de blasfemia y de ser digno de muerte (Mt. 26:63-66). Fue sentenciado a muerte por la verdad, por ser quien realmente es.

Mateo relata: **Venida la mañana, todos los principales sacerdotes y los ancianos**

del pueblo entraron en consejo contra Jesús, para entregarle a muerte. A pesar de que ya habían llegado a un veredicto de culpabilidad y castigo para el Señor, ellos aún enfrentaban dos dificultades. Primera, debían idear una manera de hacer que su decisión pareciera legal bajo la ley rabínica. Marcos menciona que además de **todos los principales sacerdotes y los ancianos del pueblo,** estos también estaban "con los escribas y con todo el concilio" (15:1). Segunda, debido a que el pueblo sabía que todos los juicios que implicaran la pena de muerte debían realizarse durante el día y en el atrio del templo, habían esperado hasta **la mañana** de ese viernes de Pascua para convocar al sanedrín en su sede legítima (Lc. 22:66). El **consejo** que tomaron entre ellos equivalió a reasegurar las acusaciones **contra Jesús** y reafirmar el veredicto de **entregarle a muerte** (véase Lc. 22:67-71).

Sin embargo, después de ese momento los dirigentes judíos abandonaron todo fingimiento de legalidad. Como se explica en el capítulo 140 de esta obra, la ley rabínica exigía que una sentencia de muerte no se ejecutara hasta el tercer día después de haberse dictado, y que durante el día intermedio los miembros del tribunal ayunaran. El retraso en la ejecución proporcionaba tiempo adicional para reunir más evidencia o descubrir más testimonio a favor del acusado. Debido a que el viernes era un día santo para los judíos de Judea, que incluían prácticamente a todos los líderes religiosos, y que al día siguiente era sábado, la ejecución más temprana de Jesús solo podía haber ocurrido el domingo, asegurando así que el juicio mismo había sido legítimo. No obstante, en esta ocasión el sanedrín no se molestó en dar siquiera la apariencia de haber cumplido con ese requisito. Ahora que Jesús estaba finalmente bajo su custodia, determinaron destruirlo tan rápido como fuera posible.

Pero debido a que no tenían autorización de aplicar la pena de muerte por sí mismos (Jn. 18:31), los dirigentes judíos debían convencer ahora al gobernador romano de que diera inmediatamente el permiso requerido para ejecutar a Jesús. Por tanto, **le llevaron atado, y le entregaron a Poncio Pilato, el gobernador.** Con esa audiencia comenzó la primera fase del juicio secular romano a Jesús.

Poncio **Pilato** había sido el **gobernador** romano de Judea desde el 26 d.C., cuando Tiberio César era emperador, y siguió gobernando hasta el año 36. Jesús fue llevado al pretorio, la residencia oficial provincial del gobernador, y para evitar contaminarse ceremonialmente y que eso les impidiera celebrar la Pascua más tarde ese día, los dirigentes judíos esperaron afuera (Jn. 18:28).

CONTRASTE ENTRE EL CULPABLE JUDAS Y EL INOCENTE JESÚS

Entonces Judas, el que le había entregado, viendo que era condenado, devolvió arrepentido las treinta piezas de plata a los principales sacerdotes y a los ancianos, diciendo: Yo he pecado entregando sangre inocente. Mas ellos dijeron: ¿Qué nos importa a nosotros? ¡Allá tú! Y arrojando las piezas de plata en el templo, salió, y fue y se ahorcó. (27:3-5)

No se nos dice dónde estaba Judas durante los simulacros de juicios judíos. Sin duda había seguido a la turba desde el Monte de los Olivos hasta la casa de Anás y esperaba cerca, tal vez en el patio donde se hallaba Pedro. Es posible que fuera llamado como uno de los testigos contra Jesús, pero eso parece poco probable. Judas aún tenía la carga de ser un discípulo de Jesús, y en cualquier caso, el mismo hecho de que fuera un traidor habría hecho sospechar de su testimonio. Puesto que Judas había cumplido su utilidad para ellos, los principales sacerdotes y los ancianos no quisieron relacionarse más con él. Ahora era un marginado rechazado para los dirigentes judíos, para los discípulos, y para la sociedad judía en general.

Entonces podría traducirse "en ese momento", lo que parece calzar en el contexto. Aun antes del amanecer se había vuelto evidente para Judas y los otros en el patio que el veredicto inevitable de los dirigentes judíos se había confirmado. Ahora **Judas, el que le había entregado,** vio con sus propios ojos que Jesús **era condenado.** Aunque *horaō* (**viendo**) se usaba a veces en sentido figurado de estar consciente de algo o de percibirlo, su uso aquí sugiere vista física literal. Si Pedro pudo ver a Jesús durante al menos parte del juicio (Lc. 22:61), entonces otros en el patio también pudieron haberlo visto. Judas había visto cómo difamaban, escupían, golpeaban y se burlaban de Jesús. Ahora observaba con desconcierto cómo su Maestro, a quien habían **condenado,** era conducido hasta Pilato.

Mientras Judas veía que llevaban a Jesús ante el gobernador, finalmente comenzó a comprender la enormidad de su traición, dándose cuenta de que los dirigentes judíos realmente deseaban darle muerte al Señor. El único obstáculo final era el permiso de Pilato, el cual Judas no tenía ninguna razón para creer que sería negado. Una vez que Pilato diera el consentimiento, la muerte de Jesús sería inevitable.

La vista era devastadora para Judas, incluso más de aquello con lo que su mente hambrienta de dinero, su alma miserable, y su conciencia cauterizada podían tratar. Se sintió **arrepentido** cuando empezó a experimentar el dolor intenso e insoportable que es exclusivo de una culpabilidad profunda.

Ningún hombre podría ser más perverso que Judas Iscariote. Solamente otros once hombres en toda la historia han tenido la relación íntima y personal con el Hijo encarnado de Dios. Ningún hombre ha estado más expuesto de primera mano a la verdad perfecta de Dios, tanto en precepto como ejemplo. Ningún hombre ha estado más expuesto de primera mano al amor, la compasión, el poder, la bondad, el perdón, y la gracia de Dios. Ningún hombre ha tenido más evidencia de la divinidad de Jesús, o más conocimiento directo del camino de salvación. Sin embargo, en todos esos tres años de indescriptible bendición con Jesús, Judas no dio ni siquiera el primer paso de fe.

De un modo que resulta difícil de comprender, Judas resistió con persistencia y rechazó la verdad de Dios, la gracia de Dios, y hasta al propio Hijo de Dios. También de una manera que desafía el entendimiento se las arregló para ocultar por completo delante de todos, menos de Jesús, su malvada rebelión. La hipocresía de este individuo fue tan completa y engañosa que incluso cuando Jesús predijo que uno de los discípulos lo traicionaría, nadie sospechó de Judas.

Judas estaba tan atrapado en la oscuridad y la corrupción del pecado, que se convirtió en un instrumento voluntario de Satanás. Debido a que este falso discípulo había renunciado por completo a Cristo, "entró Satanás en Judas, por sobrenombre Iscariote" (Lc. 22:3), y fue entonces un asunto sencillo persuadirlo de que traicionara a Jesús (Jn. 13:2). El corazón de Judas estaba tan endurecido a las cosas de Dios, que mucho tiempo antes había considerado de manera consciente traicionarlo. Jesús lo llamó un diablo (Jn. 6:70).

Aun así, Judas no pudo escapar de la señal divinamente diseñada de culpa que recuerda a los seres humanos su pecado, y les advierte de las consecuencias. Así como el dolor es una advertencia intrínseca y automática de peligro físico, la culpa lo es de peligro espiritual. No fue que de repente Judas se volviera temeroso de Dios, de lo contrario en desesperación se habría vuelto hacia Aquel que sabía que podía perdonarlo. Tampoco estaba temeroso de los hombres. Aunque ahora era desechado y despreciado por los líderes judíos, estos no tenían motivo para hacerle daño. Fue más bien que de pronto Judas se dio cuenta de la horrible equivocación que había cometido. Una conciencia innata de lo bueno y lo malo está insertada en todo ser humano, y no puede ser borrada por completo, no importa cuán hondo un individuo pueda caer en la depravación o de qué modo consciente y rebelde pueda volverse contra Dios. Esta conciencia se intensifica por la presión condenatoria del Espíritu de Dios.

El remordimiento de Judas no fue arrepentimiento del pecado, como sugiere la versión Reina-Valera. Mateo no usó *metanoeō*, que significa cambio auténtico de mente y voluntad, sino *metamebmai*, que simplemente connota pesar o tristeza. Judas no experimentó penitencia espiritual sino solo remordimiento emocional. A pesar de que no se arrepentiría de su pecado, no podía escapar de la realidad de su culpabilidad. Dios puede motivar tristeza auténtica por el pecado (*metamebmai*) a fin de producir arrepentimiento (*metanoeō*), como Pablo declara en 2 Corintios 7:10. Pero el *metamebmai* de Judas no fue producido por Dios para llevar al arrepentimiento sino solo hacia la culpa y la desesperación.

Debido a que él era una especie de testigo contra Jesús, quizás Judas pensó que al admitir la maldad de lo que había hecho sería castigado como un falso testigo, como prescribía Deuteronomio 19:16-19. Según esa disposición, Judas mismo sería crucificado, padeciendo el castigo impuesto sobre quien hizo que fuera condenado falsamente. En vez de buscar el perdón de Jesús y de confiar en su muerte expiatoria, la mente pervertida de Judas pudo haberle llevado a creer que al morir podía de alguna manera expiar su propio pecado.

Prueba de que la tristeza de Judas era impía y egoísta se ve en el hecho de que no hizo ningún esfuerzo por defender o rescatar a Jesús. No tuvo deseos de reivindicar o salvar a Jesús sino solo de salvar su propia conciencia, lo cual intentó hacer al devolver **las treinta piezas de plata a los principales sacerdotes y a los ancianos.**

Mientras algunos de los dirigentes religiosos judíos escoltaban a Jesús ante Pilato, otros permanecieron en el templo. Fue allí que Judas los confrontó (véase v. 5) y confesó que había **pecado entregando sangre inocente.** Si él se hubiera preocupado por el perdón de su pecado y hubiera creído de veras en el Señor, se habría acercado a Jesús, no a los principales sacerdotes y los ancianos. De alguna manera esperaba aliviar la culpa devolviendo simplemente el dinero de sangre. Al igual que Pilato, quien reconoció la inocencia de Jesús, pero aun así permitió que lo mataran, Judas sabía que había traicionado **sangre inocente,** pero no salió en defensa de Cristo ni buscó su perdón.

Si Judas hubiera podido recordar una falta en Jesús, una deficiencia o un pecado, habría podido justificar su traición. Pero ni siquiera el archienemigo de

Jesús en el reino humano pudo dejar de confesar la inocencia del Señor. Al igual que los dirigentes religiosos judíos, los dirigentes políticos romanos, los falsos testigos, y hasta los demonios, Judas no pudo encontrar falta en Jesús. En su poder omnipotente Dios hizo incluso que sus enemigos atestiguaran la pureza del Hijo.

Sin embargo, a pesar de su confesión Judas no había cambiado de parecer acerca de quién era Jesús o de su propia necesidad de salvación. Simplemente se había vuelto consciente de la maldad de lo que había hecho, y quería alivio de la culpa abrumadora que ahora atormentaba cada partícula de su ser. El dinero que había deseado tanto le quemaba ahora las manos como un carbón encendido.

El pecado nunca produce la satisfacción que promete. En lugar de felicidad produce abatimiento, y en vez de placer produce dolor. Envenena de una manera que no puede aliviarse aparte de la gracia perdonadora de Dios.

En respuesta a la apelación angustiosa de Judas, los principales sacerdotes y los ancianos contestaron con crueldad: **¿Qué nos importa a nosotros? ¡Allá tú!** Fieles a la descripción que Jesús había hecho de ellos pocos días antes, los dirigentes religiosos de Israel eran expertos en poner pesadas cargas religiosas en los hombros de los hombres, aunque no levantaban un dedo para ayudar a aliviar tales cargas (Mt. 23:4). Ellos no tenían más preocupación por Judas que por Jesús, y fueron tan cruelmente indiferentes al remordimiento de Judas como lo fueron a la inocencia de Jesús, la cual en realidad ya habían reconocido.

Es probable que Judas hubiera comprendido que estaba maldito porque la ley mosaica estipulaba: "Maldito el que recibiere soborno para quitar la vida al inocente" (Dt. 27:25). Pero debido a que el sanedrín había pagado el soborno de la traición, sus miembros difícilmente estaban en condiciones de acusar y castigar a Judas por tomar dicho pago. Si les importó un bledo la justicia con relación a Jesús, sin duda tampoco les importaría la relacionada con Judas, especialmente si esa justicia también traía acusación contra ellos.

En total desesperación y frustración, Judas arrojó de manera desafiante **las piezas de plata en el templo** y **salió.** Algunos intérpretes aseguran que el dinero fue echado en el tesoro del templo, sugiriendo que el último acto de Judas fue un gesto de caridad. Pero *naos* (**templo**) se refiere específicamente al santuario interior o lugar santo del templo, donde solamente se permitía entrar a los sacerdotes. Judas lanzó de modo intencional el dinero dentro de un lugar donde solamente los sacerdotes podían recuperarlo. No lo arrojó allí por caridad sino por despecho, queriendo que se sintieran culpables y obligando a los principales sacerdotes a volver a manejar por sí mismos el dinero de sangre.

Después de eso Judas **fue y se ahorcó.** Considerándose ya maldito a causa de su traición, y experimentando un dolor continuo por haber cometido el mayor delito en la historia humana, pudo haber razonado que ahorcarse era la única vía de escape y una muerte apropiada, al estar consciente de que "maldito por Dios es el colgado" (Dt. 21:23). No podemos conocer la mente de Judas, pero el autocastigo parece una explicación creíble para lo que hizo. De ser así, se quitó la vida como un acto de autodestrucción final, en una manera que sin duda Dios maldeciría. Inflígió por tanto sobre sí mismo lo que su abrumadora sensación de culpa le hacía creer que merecía con justicia.

Pero la muerte no exime de culpa; al contrario, hace que esta sea permanente e intensificada más allá de la comprensión. Como Jesús había declarado en varias ocasiones, el infierno es un lugar de tormento eterno, de "lloro y el crujir de dientes" (Mt. 8:12; 13:42, 50; 22:13; 24:51; 25:30). Es un lugar de "fuego que no puede ser apagado, donde el gusano de ellos no muere, y el fuego nunca se apaga" (Mr. 9:43-44). Hoy día Judas clama en el dolor eterno de su culpabilidad que no ha disminuido.

De acuerdo con Hechos 1:18, cuando Judas se suicidó cayó de cabeza y "se reventó por la mitad, y todas sus entrañas se derramaron". A pesar de que este relato y el de Mateo informan aspectos diferentes de la muerte de Judas, son compatibles. Debió haberse colgado de la rama débil de un árbol sobre una colina, y cuando la rama se rompió bajo su peso cayó por la pendiente y fue aplastado contra las rocas abajo.

CONTRASTE ENTRE LA HIPOCRESÍA DE LOS HOMBRES Y LA PROFECÍA DE DIOS

Los principales sacerdotes, tomando las piezas de plata, dijeron: No es lícito echarlas en el tesoro de las ofrendas, porque es precio de sangre. Y después de consultar, compraron con ellas el campo del alfarero, para sepultura de los extranjeros. Por lo cual aquel campo se llama hasta el día de hoy: Campo de sangre. Así se cumplió lo dicho por el profeta Jeremías, cuando dijo: Y tomaron las treinta piezas de plata, precio del apreciado, según precio puesto por los hijos de Israel; y las dieron para el campo del alfarero, como me ordenó el Señor. (27:6-10)

Debido a que **los principales sacerdotes** se vieron obligados a aceptar la devolución de **las piezas de plata,** debieron idear una manera de deshacerse de ellas. Después del trato injusto y despreciable que le dieron a Jesús es menester preguntarse por qué de pronto comenzaron a preocuparse por la propiedad legal. Sabían que **no** era **lícito** echar el dinero **en el tesoro de las ofrendas, porque** era **precio de sangre,** y por algún motivo hipócrita decidieron honrar esa restricción particular. Pero al admitir que se trataba de dinero **de sangre** se condenaron con sus propias bocas. Por definición, **precio de sangre** se refería a dinero pagado de forma ilegítima para condenar falsamente a alguien de un delito que lo llevaría a su ejecución. De modo extraño y perverso, los principales sacerdotes y los ancianos no tuvieron ningún reparo en tomar el dinero del tesoro del templo para pagar a Judas por la traición, pero ahora tenían escrúpulos en devolverlo allí. Al hacerlo, dieron testimonio ante el mundo de su culpabilidad e hipocresía. Es interesante observar lo duros e insensibles que fueron con relación a su delito, en contraste con la abrumadora agonía de Judas que lo llevó a matarse en un vano intento de aliviar su culpa.

Después de consultar entre ellos, decidieron utilizar las monedas con la finalidad de comprar **con ellas el campo del alfarero, para sepultura de los extranjeros.** Como gesto de buena voluntad hacia el público, y también para calmar sus propias conciencias, se les ocurrió la idea de comprar un campo donde alfareros habían recogido arcilla para usar en su comercio. Tal vez la arcilla se había agotado y el campo estaba disponible a un precio económico. Los dirigentes religiosos pudieron haber razonado que utilizarían el dinero para comprar un campo profanado e inútil en el que pudieran enterrar **extranjeros** impuros, término usado a menudo por los judíos como una expresión más sofisticada para gentiles. O el campo pudo haberse usado para enterrar a viajeros que hubieran muerto mientras estuvieran de visita en Jerusalén, especialmente quienes fueran indigentes.

Mateo explica que **Por lo cual aquel campo se llama hasta el día de hoy: Campo de sangre,** refiriéndose al tiempo, cerca de treinta años después, en que se escribió su Evangelio. El campo del alfarero había llegado a llamarse **Campo de sangre,** porque todo el mundo sabía que se había comprado con dinero de sangre. Y por ese nombre la ciudad entera daba testimonio de la inocencia de Jesús, reconociendo que lo habían acusado falsamente, condenado falsamente, y ejecutado falsamente.

Así se cumplió lo dicho por el profeta Jeremías, cuando dijo: Y tomaron las treinta piezas de plata, precio del apreciado, según precio puesto por los hijos de Israel; y las dieron para el campo del alfarero, como me ordenó el Señor.

El hecho de que esta cita venga de Zacarías 11:12-13 y no del libro de **Jeremías** ha llevado a algunos intérpretes a acusar de error a Mateo. Otros han tratado de relacionar la cita con secciones de Jeremías 18 o 19, aunque es evidente que no encaja. La explicación se encuentra en la división judía del Antiguo Testamento en tres secciones: la Ley, los Escritos, y los Profetas. En el orden rabínico de los libros proféticos, a Jeremías siempre lo ponían en primer lugar. Por eso a veces se hacía referencia como **Jeremías** a toda la categoría profética, así como a veces se hacía referencia como los Salmos, su primer libro, a toda la sección de los Escritos. **Lo dicho por el profeta Jeremías** era por tanto equivalente a decir: "Lo registrado en los libros proféticos".

Al igual que todos los demás incidentes en la vida de nuestro Señor, este no tomó a Dios por sorpresa, sino que fue un cumplimiento exacto de profecía específica en su plan omnisciente. Aun en la muerte de Judas, la Palabra de Dios fue honrada y el Señor Jesucristo fue glorificado.

¿Qué haré con Jesús? 143

Jesús, pues, estaba en pie delante del gobernador; y éste le preguntó, diciendo: ¿Eres tú el Rey de los judíos? Y Jesús le dijo: Tú lo dices. Y siendo acusado por los principales sacerdotes y por los ancianos, nada respondió. Pilato entonces le dijo: ¿No oyes cuántas cosas testifican contra ti? Pero Jesús no le respondió ni una palabra; de tal manera que el gobernador se maravillaba mucho. Ahora bien, en el día de la fiesta acostumbraba el gobernador soltar al pueblo un preso, el que quisiesen. Y tenían entonces un preso famoso llamado Barrabás. Reunidos, pues, ellos, les dijo Pilato: ¿A quién queréis que os suelte: a Barrabás, o a Jesús, llamado el Cristo? Porque sabía que por envidia le habían entregado. Y estando él sentado en el tribunal, su mujer le mandó decir: No tengas nada que ver con ese justo; porque hoy he padecido mucho en sueños por causa de él. Pero los principales sacerdotes y los ancianos persuadieron a la multitud que pidiese a Barrabás, y que Jesús fuese muerto. Y respondiendo el gobernador, les dijo: ¿A cuál de los dos queréis que os suelte? Y ellos dijeron: A Barrabás. Pilato les dijo: ¿Qué, pues, haré de Jesús, llamado el Cristo? Todos le dijeron: ¡Sea crucificado! Y el gobernador les dijo: Pues ¿qué mal ha hecho? Pero ellos gritaban aún más, diciendo: ¡Sea crucificado! Viendo Pilato que nada adelantaba, sino que se hacía más alboroto, tomó agua y se lavó las manos delante del pueblo, diciendo: Inocente soy yo de la sangre de este justo; allá vosotros. Y respondiendo todo el pueblo, dijo: Su sangre sea sobre nosotros, y sobre nuestros hijos. Entonces les soltó a Barrabás; y habiendo azotado a Jesús, le entregó para ser crucificado. (27:11-26)

Jesucristo reclama todo corazón humano, y cada corazón debe decidir qué hacer con Jesús. La pregunta más importante e ineludible que todo ser humano enfrenta es la que Pilato hizo en este pasaje: "¿Qué, pues, haré de Jesús, llamado el Cristo?".

La Biblia proclama con claridad que Jesús es totalmente Dios. Mucho tiempo antes de su nacimiento profetizó por acción divina que sería llamado Emanuel, que significa "Dios con nosotros" (Mt. 1:23; cp. Is. 7:14). Fue llamado por nombres divinos tales como Santo y Justo (Hch. 3:14). La Biblia declara que conocer a Jesús es conocer a Dios el Padre (Jn. 8:19; 14:7), que odiarlo es odiar al Padre (15:23), y que creer en Él es creer en el Padre (Mt. 10:40; Jn. 12:44; 14:1). Afirma que verlo es ver al Padre (Jn. 14:9), que honrarlo es honrar al Padre (5:23), y que recibirlo es recibir al Padre (Mr. 9:37). Proclama que Jesús es omnipotente (Mt. 28:18), omnipresente (Mt. 28:20), inmutable (He. 13:8), creador del mundo (Jn. 1:3), capaz de perdonar el pecado (Mr. 2:5-10), y que debe adorársele como Dios (Fil. 2:9-11; cp. Mt. 28:9; He. 1:6).

Sin embargo, la Biblia también declara que Jesús fue totalmente humano, que nació en el mundo como cualquier otro bebé, que fue circuncidado, que creció en cuerpo y mente, y que experimentó hambre, sed, dolor, debilidad, tentación y muerte.

El Antiguo Testamento ofrece detalles exactos acerca de la venida del Salvador-Rey. Entre muchos otros aspectos, predijo que en su vida humana sería concebido de manera sobrenatural (Is. 7:14), que nacería en Belén (Mi. 5:2), que sería semita en la línea de Abraham y de David (Gn. 9:26; 22:18; 2 S. 7:13), que sería de la tribu de Judá (Gn. 49:10), y que realizaría milagros (Is. 35:5-6). En su muerte sería ejecutado por gobernantes (Sal. 2:1-2), abandonado por Dios (Sal. 22:1), traicionado por un amigo por treinta piezas de plata (Sal. 41:9; Zac. 11:12), y que le mesarían la barba y lo escupirían (Is. 50:6). En su resurrección se levantaría en tres días (Os. 6:2), no experimentaría descomposición de su carne (Sal. 16:10), y conquistaría la muerte (Is. 25:8).

La Biblia declara que Jesucristo es perfectamente santo y que tiene un amor perfecto por su Padre celestial y por el mundo que vino a redimir. De manera perfecta perdona pecados y se muestra misericordioso con aquellos que acuden a Él, pues es perfectamente compasivo, perfectamente fiel, y perfectamente lleno de oración. Él es el tema central de la Biblia, tanto en el Antiguo como en el Nuevo Testamento. Y aunque los hombres lo reconozcan o no, Él es el personaje dominante de toda la historia humana y quien determina el destino de todo ser humano.

Es en ese aspecto incalculablemente importante que se enfoca Mateo 27:11-26.

Después de informar del suicidio de Judas, Mateo resume el relato del juicio a Jesús, que comenzó su fase secular romana cuando los dirigentes judíos ataron al Señor "y le entregaron a Poncio Pilato, el gobernador" (27:2).

Al no haber encontrado una acusación legítima contra Jesús, el sanedrín lo había acusado falsamente de blasfemia y de ser digno de muerte cuando reconoció la verdad de que era "el Cristo, el Hijo de Dios" (26:63-66; cp. Lc. 22:70). Pero debido a que no tenían autoridad para ejecutar por sí mismos la pena de muerte (Jn. 18:31), los líderes judíos se vieron obligados a pedir permiso al gobernador romano, Poncio Pilato.

La mayor parte de Palestina estaba bajo el dominio monárquico nominal de los tres hijos de Herodes el Grande: Herodes Antipas reinaba en Galilea y Perea, Felipe reinaba en la región escasamente poblada del nororiente, y Arquelao reinaba en Judea, Samaria e Idumea. Pero el oficial romano supremo sobre Judea era el procurador o gobernador que también tenía el mando de las tropas romanas.

Al informar sobre el juicio romano de Jesús, Mateo sigue exaltando a Cristo como el Rey sin pecado, puro, soberano y glorioso. Al igual que los dirigentes religiosos judíos, los dirigentes políticos romanos no pudieron hallar falta en el Señor. Incluso con todos sus esfuerzos, los tribunales humanos fallaron en producir una acusación legítima contra el perfecto Hijo de Dios. El registro se encuentra en la Biblia para que todos los hombres y mujeres de todas las épocas descubran que Jesucristo no fue ejecutado por algún delito o pecado que hubiera cometido sino por el odio de hombres pecadores.

Mateo presenta en 27:11-26 cuatro elementos en el juicio a Jesús ante Pilato que demuestran su inocencia y perfección.

LA ACUSACIÓN DE LOS JUDÍOS

Jesús, pues, estaba en pie delante del gobernador; y éste le preguntó, diciendo: ¿Eres tú el Rey de los judíos? Y Jesús le dijo: Tú lo dices. Y siendo acusado por los principales sacerdotes y por los ancianos, (27:11-12*a*)

El primer elemento que demuestra la perfección e inocencia de Jesús es la acusación negativa de los dirigentes religiosos judíos. Cuando los principales sacerdotes y los ancianos primero llevaron a Jesús ante Pilato (Mt. 27:1-2), aún era muy temprano el viernes por la mañana, tal vez alrededor de las cinco. Juan informa que "llevaron a Jesús de casa de Caifás al pretorio. Era de mañana, y ellos no entraron en el pretorio para no contaminarse, y así poder comer la pascua" (Jn. 18:28). El pretorio era la residencia del gobernador en Jerusalén y es probable que estuviera ubicado en la fortaleza Antonia, que estaba justo al norte del templo. El pretorio también servía como sala de tribunal, donde el gobernador adjudicaba asuntos llevados delante de él.

Como se mencionó en capítulos anteriores, aunque los judíos del norte, que incluían los de Galilea tales como Jesús y los discípulos, habían celebrado la Pascua el día anterior, los judíos del sur, que incluían la gran mayoría de dirigentes religiosos, la celebraban un día después, que en ese año resultó ser viernes. Por tanto, los miembros del sanedrín aún no habían ofrecido sus sacrificios ni habían comido la cena de Pascua, y debido a que la tradición rabínica enseñaba que entrar a una casa o a un edificio gentil era algo ceremonialmente contaminador, se negaron a entrar al pretorio.

El extremo de la malvada hipocresía de ellos se ve en que a sabiendas hicieron falsas acusaciones contra Jesús, mientras en el mismo proceso transgredieron normas bíblicas y sus propias normas con relación al proceso judicial. Fueron meticulosos acerca de observar restricciones hechas por hombres respecto a supuesta contaminación ceremonial, pero fueron insensibles a las demandas de simple justicia. Mantuvieron un compromiso meticuloso a una superstición ridícula y arrogante, mientras que con resolución buscaban la ejecución del Hijo del Dios viviente (cp. Mt. 23:23).

Podemos estar seguros de que Pilato estaba más que un poco molesto porque lo despertaran a tan temprana hora. Sin embargo, le preocupaba aún más que la ira de los dirigentes judíos aumentara, especialmente en medio de su gran fiesta religiosa cuando Jerusalén estaba a reventar con peregrinos. Y debido a que ellos no entrarían hasta donde se encontraba el gobernador, "entonces salió Pilato a ellos", quizás en un porche o balcón, "y les dijo: ¿Qué acusación traéis contra este hombre?" (Jn. 18:29). Esa pregunta fue tal vez el primer y único acto legal en el juicio a Jesús. Antes de oír el caso, el gobernador insistió en que se presentara una acusación formal.

Sin duda aprovechando la influencia que tenían sobre Pilato debido al temor de este a los problemas políticos, los dirigentes judíos respondieron con arrogancia y sarcasmo. De modo santurrón aseveraron: "Si éste no fuera malhechor, no te lo habríamos entregado" (Jn. 18:30). En realidad, reprendieron al gobernador por impugnarles indirectamente su integridad. Pero la intención que tenían no era que Pilato diera un juicio justo a Jesús, sino tan solo que aprobara y aplicara la sentencia de muerte que ellos ya habían decretado.

Pilato ya estaba consciente de quién era Jesús, y de la animosidad que los dirigentes judíos le tenían. Puesto que los intereses de ellos eran puramente religiosos, el gobernador no tuvo deseos de involucrarse y, por tanto, les contestó: "Tomadle vosotros, y juzgadle según vuestra ley" (v. 31). Al decir eso Pilato dio permiso tácito, aunque no explícito para la ejecución de Jesús, porque sabía que según las leyes de ellos los delitos religiosos más graves se castigaban con la muerte.

El sanedrín no hizo ningún esfuerzo por obtener permiso romano de ejecución cuando apedrearon a Esteban (Hch. 6:12-15; 7:54-60), ni cuando algunos años después tramaron la muerte de Pablo (23:12-15). Fue engañoso que le dijeran a Pilato: "A nosotros no nos está permitido dar muerte a nadie" (Jn. 18:31*b*). El plan que tenían no era simplemente dar muerte a Jesús sino evitar la responsabilidad por este hecho y posibles represalias de su propio pueblo, haciendo que los romanos lo ejecutaran por un supuesto delito político.

Pero opacando ese plan satánico estaba el plan divino de Dios, quien usó el ardid destructivo del adversario para cumplir su propio propósito redentor. Al exigir una ejecución romana los dirigentes judíos sin saberlo se aseguraron de que "se cumpliese la palabra que Jesús había dicho, dando a entender de qué muerte iba a morir" (Jn. 18:32).

A fin de satisfacer la exigencia de Pilato de obtener una acusación específica, y de asegurar la condena a Jesús bajo la ley romana, los principales sacerdotes y demás líderes inventaron una denuncia de sedición. Por supuesto, esa acusación no tenía nada que ver con la supuesta blasfemia por la que habían sentenciado a muerte a Jesús. Mintieron afirmando: "A éste hemos hallado que pervierte a la nación, y que prohíbe dar tributo a César, diciendo que él mismo es el Cristo, un rey" (Lc. 23:2). Acusaron al Señor de ser insurgente, de perjudicar los impuestos romanos, e incluso de afirmar que era un gobernante político rival.

Si Jesús hubiera sido culpable de cualquiera de estas acusaciones, Pilato lo habría sabido y lo habría arrestado y ejecutado mucho tiempo atrás. Sin embargo, como prácticamente todo judío y muchos gentiles en Palestina sabían muy bien, Jesús era un hombre pacífico y estaba en sumisión total a la autoridad política romana. Por voluntad propia pagaba impuestos y enseñaba a sus seguidores a hacer lo mismo. Incluso enseñó que, si un soldado ordenaba a una persona llevarle el equipo durante una milla, lo que por ley romana se le permitía hacer, la persona debía llevarlo durante dos millas (Mt. 5:41). Jesús no solo no se rebeló contra el emperador, sino que de manera pública declaró que los ciudadanos debían dar "a César lo que es de César" (Mt. 22:21). Y cuando sus admiradores habían querido hacerlo rey a la fuerza, Él había desaparecido de en medio de ellos (Jn. 6:15). Las acusaciones contra Jesús eran mentiras tan obvias que podemos preguntarnos qué tipo de tonto creyeron los líderes judíos que era Pilato.

Mientras recibía las acusaciones, **Jesús, pues, estaba en pie delante del gobernador; y éste le preguntó, diciendo: ¿Eres tú el Rey de los judíos?** Pilato sabía muy bien que las denuncias eran falsas, y la pregunta que le hizo a Jesús fue simplemente procesal. En vista de la intolerancia absoluta de Roma a la insurrección, la reacción indiferente de Pilato sirvió para resaltar de modo dramático el conocimiento que tenía de lo absurdo de las acusaciones del sanedrín.

La primera respuesta de Jesús a Pilato fue con una pregunta: "¿Dices tú esto por ti mismo, o te lo han dicho otros de mí?" (Jn. 18:34). Sorprendido y confuso, el gobernador replicó: "¿Soy yo acaso judío? Tu nación, y los principales sacerdotes, te han entregado a mí. ¿Qué has hecho?" (v. 35). A lo que Jesús respondió: "Mi reino no es de este mundo; si mi reino fuera de este mundo, mis servidores pelearían para que yo no fuera entregado a los judíos; pero mi reino no es de aquí" (v. 36).

Fue tal vez en este momento que Jesús declaró: **Tú lo dices.** Al comentar aún más acerca de la verdadera naturaleza de su reino, añadió: "Tú dices que yo soy rey. Yo para esto he nacido, y para esto he venido al mundo, para dar testimonio a la verdad. Todo aquel que es de la verdad, oye mi voz" (Jn. 18:37). A pesar de que admitió no tener comprensión de lo que Jesús quiso decir con "verdad", Pilato "salió otra vez a los judíos, y les dijo: Yo no hallo en él ningún delito" (v. 38).

En este contexto, "hallo" representaba un veredicto judicial. Pilato absolvió a Jesús de cualquier culpa civil o criminal. En forma de hablar moderna, por falta de evidencia el gobernante sacó el caso del tribunal. Ejerció "juicio sumario".

No solo que las acusaciones eran evidentemente falsas, sino que Pilato sabía que los mismos dirigentes judíos odiaban con toda el alma a Roma. Si Jesús hubiera sido de veras un insurrecto, lo habrían apoyado y habrían tratado de protegerlo, no lo habrían llevado ante un tribunal romano ni habrían exigido que lo ejecutaran. Pilato sabía muy bien que fue "por envidia" a Jesús, no por lealtad a Roma, que "le habían entregado" (Mt. 27:18).

Todos los sumos sacerdotes, principales sacerdotes, ancianos, escribas, fariseos y saduceos odiaban a Jesús porque socavaba la influencia religiosa y rango que ellos tenían delante del pueblo. Él puso al descubierto su pecaminosidad, hipocresía y error doctrinal. Jesús era popular, mientras que ellos no lo eran. Él podía curar, mientras que ellos no. Él enseñaba verdad, y ellos no. La verdadera motivación de los líderes era transparente incluso para un político pagano. Es probable que cuando requirieron la escolta de soldados romanos para arrestar a Jesús, el gobernador sospechara que estaban tramando algo. Pero él ya sabía que Jesús no representaba un peligro para Roma, y quizás pensó que después de condenar y flagelar a Jesús en su propio tribunal, los dirigentes judíos quedarían satisfechos y eso acabaría con su amenaza.

Pero los líderes del concilio no se intimidaron por el veredicto de Pilato respecto a la inocencia de Jesús. Cuando Pilato volvió a estar delante de ellos en el balcón del pretorio, Jesús siguió **siendo acusado por los principales sacerdotes y por los ancianos.** Lucas informa que "ellos porfiaban, diciendo: Alborota al pueblo, enseñando por toda Judea, comenzando desde Galilea hasta aquí" (23:5). Aumentaron la presión sobre el gobernador mientras de manera desesperada buscaban una acusación que despertara la preocupación de Pilato. Todos estos esfuerzos fallidos resaltan la perfecta virtud del Salvador.

LA ACTITUD DEL SEÑOR

nada respondió. Pilato entonces le dijo: ¿No oyes cuántas cosas testifican contra ti? Pero Jesús no le respondió ni una palabra; de tal manera que el gobernador se maravillaba mucho. (27:12*b*-14)

El segundo elemento de este relato que demuestra la perfección e inocencia de Cristo fue su propia actitud. Para consternación de Pilato, Jesús **nada respondió** a las intensificadas acusaciones de los principales sacerdotes y los ancianos.

Los dirigentes judíos ya habían dictado su veredicto predeterminado de culpabilidad, y el gobernador había dictado su veredicto de inocencia, declarando: "Yo no hallo en él ningún delito" (Jn. 18:38). Sabía que las acusaciones originales contra Jesús no solo eran religiosas en lugar de políticas, sino que eran falsas y que las habían hecho por envidia. También sabía que las acusaciones que acababan de hacer respecto a insurrección, evasión de impuestos, y afirmaciones de ser un rey fueron inventadas exclusivamente para beneficio propio, a fin de dar una base política para el juicio contra Jesús.

Pilato sabía la verdad, y los judíos estaban oponiéndose a ella. Habían condenado injustamente a Jesús, y Pilato lo había exonerado justamente. Por tanto, Jesús se negó a decir algo más porque no había nada más que decir.

Con la esperanza de que Jesús hablara ahora en su propia defensa y pusiera al descubierto a los dirigentes judíos engañosos, **Pilato entonces le dijo: ¿No oyes cuántas cosas testifican contra ti?** Pero una vez más **Jesús no le respondió ni una palabra.** De manera comprensible, **el gobernador se maravillaba mucho.** Pilato había confrontado cientos de hombres acusados, la mayoría de los cuales manifestaban ruidosamente su inocencia, y estaban dispuestos a decir o hacer cualquier cosa para salvarse. Sin duda muchos de ellos hacían contrademandas contra sus acusadores, o de lo contrario suplicaban fervientemente misericordia. No se sabía de alguien que no dijera nada en su propia defensa, lo cual era sorprendente. Pero la inocencia de Jesús era tan evidente que no demandó defensa de su parte.

Pilato debió haber reflexionado: "¿Dónde está el revolucionario que se opone a Roma, el evasor de impuestos, y el rival del trono del césar?". El Hombre que se hallaba delante de él estaba tranquilo, sosegado, no se defendía, y se hallaba totalmente en paz. Sin embargo, así había profetizado Isaías como setecientos años antes: "Angustiado él, y afligido, no abrió su boca; como cordero fue llevado al matadero; y como oveja delante de sus trasquiladores, enmudeció, y no abrió su boca" (Is. 53:7).

Pilato no solo se hallaba sorprendido sino en un dilema. Estaba convencido de la inocencia de Jesús, y asqueado por las triquiñuelas de los principales sacerdotes y los ancianos. Pero no se atrevía a ofenderlos, porque su propia posición con Roma ahora era precaria debido los despectivos desaciertos que anteriormente había tenido con relación a las convicciones religiosas judías.

Pilato había gobernado Judea desde hacía cuatro o cinco años, pero su gobierno se había caracterizado por errores graves de apreciación que amenazaban su cargo y hasta su vida. En primer lugar, de manera deliberada había ofendido a los judíos al hacer que sus soldados entraran en Jerusalén portando estandartes con la imagen del césar. Ya que los judíos consideraban que tales imágenes eran idolátricas, los gobernadores anteriores habían evitado con mucho cuidado mostrar los emblemas en público, especialmente en la ciudad santa de Jerusalén. Cuando una delegación de judíos pidió con persistencia a Pilato que quitara los estandartes, les respondió llevándolos a un anfiteatro y amenazándolos con hacer que sus soldados los decapitaran si no desistían. Cuando los miembros del grupo le enseñaron los cuellos y se tiraron al suelo, afirmando de modo desafiante su disposición de morir, Pilato retiró tanto sus amenazas como los estandartes. Lo habían enviado a Palestina para mantener la paz, no para fomentar una revolución, y una masacre de estos hombres seguramente habría precipitado una insurrección.

Poco tiempo después Pilato tomó por la fuerza dinero de las ofrendas del templo con el fin de edificar un acueducto. Cuando los judíos otra vez se amotinaron abiertamente, Pilato envió entre ellos a soldados disfrazados de civiles para matar con brutalidad a muchos de los inocentes y desarmados manifestantes. La referencia que Lucas hace de "los galileos cuya sangre Pilato había mezclado con los sacrificios de ellos" (13:1) podría relacionarse con una cruel faceta adicional de dicha masacre.

El tercer agravio público de Pilato contra los judíos fue casi su perdición. Había hecho escudos especiales para su guardia en la fortaleza Antonia, y sin duda queriendo ganarse el favor del emperador ordenó que grabaran imágenes de Tiberio en los escudos. Esta vez los dirigentes judíos apelaron directamente al césar, y el proyecto de Pilato fracasó. Tiberio estaba más preocupado por la posibilidad auténtica de rebelión que por la insincera adulación de Pilato, y exigió que los escudos se retiraran de inmediato.

Ahora Pilato temía con razón que otro amotinamiento de judíos le costara su cargo. La emboscada brutal y sin sentido unos años después a algunos fieles samaritanos produjo precisamente ese resultado. Cuando los samaritanos apelaron al superior inmediato del gobernador, es decir el emisario de Siria, ese funcionario hizo que Pilato compareciera ante Roma para explicar sus acciones. Su carrera política estaba acabada, y la tradición sostiene que finalmente se suicidó en la Galia, a la cual había sido desterrado.

Por Lucas sabemos que cuando Pilato oyó a los líderes judíos decir que Jesús estaba incitando al pueblo, "comenzando desde Galilea hasta aquí", preguntó si Jesús era galileo. Cuando le dijeron que el Señor realmente era de esa región, tuvo la seguridad de que había hallado una solución al dilema en que se hallaba. De inmediato envió a Jesús ante Herodes Antipas, quien en ese tiempo gobernaba Galilea, pero estaba de visita en Jerusalén (Lc. 23:5-7). Con esta comparecencia ante Herodes comenzó la segunda fase del juicio político a Jesús.

Por sus propias razones perversas, "Herodes, viendo a Jesús, se alegró mucho, porque hacía tiempo que deseaba verle; porque había oído muchas cosas acerca de él, y esperaba verle hacer alguna señal" (Lc. 23:8). Debido a que Antipas había decapitado a Juan el Bautista, Jesús nunca había visitado Tiberias, la capital del tetrarca en Galilea, y el gobernador nunca lo había visto. Herodes deseaba reunirse con Jesús tan solo por curiosidad, esperando ver que este famoso obrador de milagros realizara algunos para su beneficio privado.

Aunque Herodes "le hacía muchas preguntas", Jesús "nada le respondió. Y estaban los principales sacerdotes y los escribas acusándole con gran vehemencia" (Lc. 23:9-10). Lucas no menciona acerca de qué le preguntó Herodes a Jesús, pero en base a lo que se conoce de este gobernante, sus preguntas debieron ser totalmente superficiales. Por eso Jesús tenía menos que decirle que a Pilato. No le debía al tetrarca ninguna explicación de las enseñanzas o las actividades que realizaba, acerca de las cuales probablemente Herodes estaba bien informado o fácilmente podría informarse.

Cualquier otra cosa que Herodes pudo haber sabido o creído respecto a Jesús, estaba consciente de que Él no era una amenaza política para sí ni para el césar. Para este momento Jesús ya había sido golpeado por el sanedrín, y tenía el rostro amoratado, sangrante y cubierto de escupa. El prisionero acusado y callado parecía cualquier cosa menos real o peligroso.

Pero amargado por el silencio de Jesús, y tal vez esperando apaciguar a los bulliciosos y furiosos judíos, "Herodes con sus soldados le menospreció y escarneció, vistiéndole de una ropa espléndida; y volvió a enviarle a Pilato" (Lc. 23:11). La palabra traducida "espléndida" significa literalmente brillante y resplandeciente, lo que sugiere la vestimenta real que los reyes judíos usaban a menudo en sus coronaciones.

A pesar de que Herodes no declaró inocente a Jesús, como Pilato había hecho, no reconoció acusaciones contra Él, y una vez más la inocencia de Cristo se manifestó. El tetrarca se burló y maltrató a Cristo, pero no pudo hallar ninguna culpa en Él.

LA ANIMOSIDAD DE LA MULTITUD

Ahora bien, en el día de la fiesta acostumbraba el gobernador soltar al pueblo un preso, el que quisiesen. Y tenían entonces un preso famoso llamado Barrabás. Reunidos, pues, ellos, les dijo Pilato: ¿A quién queréis que os suelte: a Barrabás, o a Jesús, llamado el Cristo? Porque sabía que por envidia le habían entregado. Y estando él sentado en el tribunal, su mujer le mandó decir: No tengas nada que ver con ese justo; porque hoy he padecido mucho en sueños por causa de él. Pero los principales sacerdotes y los ancianos persuadieron a la multitud que pidiese a Barrabás, y que Jesús fuese muerto. Y respondiendo el gobernador, les dijo: ¿A cuál de los dos queréis que os suelte? Y ellos dijeron: A Barrabás. Pilato les dijo: ¿Qué, pues, haré de Jesús, llamado el Cristo? Todos le dijeron: ¡Sea crucificado! Y el gobernador les dijo: Pues ¿qué mal ha hecho? Pero ellos gritaban aún más, diciendo: ¡Sea crucificado! (27:15-23)

El tercer elemento en esta narración que demuestra la perfección e inocencia de Jesús fue también la tercera fase de su juicio político. Las dos primeras terminaron en absolución, una por declaración específica y la otra por defecto.

Si hubiera tenido valor para hacerlo, Pilato pudo haber terminado el juicio después de la primera comparecencia de Jesús ante él, y pudo haberlo terminado ahora. Pero con su propia carrera y quizás su vida en peligro, no podía desafiar directamente al sistema judío sin arriesgarse a un motín durante la semana más tumultuosa del año en Jerusalén.

Por tanto, Cristo se hallaba de nuevo ante el gobernador, quien esta vez "convocando a los principales sacerdotes, a los gobernantes, y al pueblo, les dijo: Me habéis presentado a éste como un hombre que perturba al pueblo; pero habiéndole interrogado yo delante de vosotros, no he hallado en este hombre delito alguno de aquellos de que le acusáis. Y ni aun Herodes, porque os remití a él; y he aquí, nada digno de muerte ha hecho este hombre" (Lc. 23:13-15).

Después de fracasar en pasarle la responsabilidad a Herodes y en convencer a los dirigentes judíos de la inocencia de Jesús, Pilato descubrió otra manera posible de evitar la ejecución de este hombre evidentemente sin culpa. Cuando "la multitud, comenzó a pedir [a Pilato] que hiciese como siempre les había hecho" (Mr. 15:8), recordó que **en el día de la fiesta** de la Pascua **acostumbraba el gobernador soltar al pueblo un preso, el que quisiesen.**

Como un acto de diplomacia, y con el fin de ayudar a reducir la tensión y la amargura en la nación sometida de Israel, se había iniciado una costumbre, tal vez antes que Pilato asumiera el cargo, de liberar a **un preso** durante la celebración de la Pascua. Debido a que **tenían entonces un preso famoso llamado Barrabás,** el gobernador probablemente esperaba que el pueblo común, que se sabía que había aclamado y admirado a Jesús, escogiera su liberación por sobre la de **Barrabás.** Si la multitud exigía la liberación de Jesús, los dirigentes judíos no podrían culpar a Pilato.

Poco se sabe acerca de **Barrabás,** excepto que era ladrón, asesino e insurrecto (Lc. 23:25; Jn. 18:40). Es posible que no fuera un zelote sino un pícaro independiente que peleaba contra Roma más por ganancia personal que por patriotismo. Este delincuente era una gran amenaza tanto para sus compatriotas como para sus opresores. A causa de la gravedad de sus delitos, sin duda alguna estaba en la programación para ser ejecutado, y tal vez Jesús fue crucificado en la cruz construida originalmente para Barrabás.

Ahora era "como la hora sexta" (Jn. 19:14), que según cálculos romanos serían las seis de la mañana. Para este momento se había reunido una multitud de judíos frente al pretorio, atraídos tanto por la enorme congregación de líderes religiosos como también por las citaciones específicas de Pilato (Lc. 23:13). **Reunidos, pues, ellos, les dijo Pilato: ¿A quién queréis que os suelte: a Barrabás, o a Jesús, llamado el Cristo?** A pesar de que despreciaba a los judíos, el gobernador había aprendido suficiente de sus costumbres y creencias para saber que esperaban un libertador prometido, a quien llamaban **el Cristo,** o Mesías. Pilato también sabía que muchos judíos le habían atribuido ese título a **Jesús.** Y difícilmente pudo haber dejado de conocer la entrada triunfal de Jesús a Jerusalén pocos días antes y la ruidosa aclamación que las multitudes le hicieron.

Pilato **sabía que por envidia** los dirigentes religiosos **habían entregado** a Jesús, y al enfrentar al pueblo con tales líderes esperaba poder liberarlo en forma segura.

Y estando él sentado en el tribunal, la deliberación de Pilato fue interrumpida cuando **su mujer le mandó decir: No tengas nada que ver con ese justo; porque hoy he padecido mucho en sueños por causa de él.** Lo más seguro es que ella no acostumbrara interrumpir a su esposo cuando este se hallaba en medio de un juicio, especialmente uno tan delicado como el de Jesús. Estar **sentado en el tribunal** equivalía a estar actuando en calidad oficial de juez, y ni siquiera la esposa del gobernador se habría atrevido a entrometerse en tales procesos excepto en una crisis grave. Ella sabía cuál había sido el veredicto original de Pilato, pero tenía miedo que los dirigentes judíos lo coaccionaran para hacerle cambiar de opinión.

Es posible que Pilato y su esposa ya hubieran analizado a Jesús muchas veces esa semana. Su entrada triunfal era de conocimiento público, así como lo eran sus milagros de sanidad, incluso la reciente resurrección de Lázaro justo en las afueras de Jerusalén. Sabían de la audaz y dramática limpieza del templo, y es probable que se hubieran reído por la consternación que con esta acción Jesús causara a los principales sacerdotes y a los mercaderes del templo.

Cualquiera que pudiera haber sido la comprensión personal que la esposa tuviera acerca de la justicia, tuvo razón en la evaluación de **ese justo,** y ella había **padecido mucho** debido a ese conocimiento. Mateo no explica la fuente de los **sueños** de la esposa, y no hay ninguna justificación en insistir que fueran dados directamente de parte de Dios. Todo lo que había sucedido aquí fue según "el determinado consejo y anticipado conocimiento de Dios" (Hch. 2:23). Pero aunque Dios obrara de forma sobrenatural a través del sueño, la esposa de Pilato simplemente pudo haber estado convencida de la inocencia de Jesús en su propia mente, y pudo haber tenido el sueño como resultado de esa preocupación. Cualesquiera que fuera el caso, ella temía por su esposo e insistió en que no participara en la condena o el castigo a Jesús. Al hacer eso, ella añadió su testimonio a la perfección y la inocencia de Jesús.

El problema de Pilato se agravó ahora. Las presiones tanto por liberar como por condenar a Jesús estaban aumentando, y quedó atrapado en el medio. Mientras el mensajero estaba retransmitiendo el mensaje de advertencia de la esposa de Pilato, **los principales sacerdotes y los ancianos** aprovecharon la oportunidad y **persuadieron a la multitud que pidiese a Barrabás, y que Jesús fuese muerto.** El gobernador se dio cuenta de que una vez más había subestimado la astucia de los dirigentes judíos y que había sobreestimado las convicciones de la voluble **multitud.**

Sin darse cuenta de lo que los dirigentes habían logrado entre el gentío mientras tenía puesta su atención en la advertencia de su esposa, el aún esperanzado **gobernador les dijo: ¿A cuál de los dos queréis que os suelte?** Sin titubear, y al parecer a una sola voz, **ellos dijeron: A Barrabás.**

Debido a que Jesús había sido declarado inocente bajo la ley romana, Pilato estaba ahora legalmente libre para soltar tanto al Señor como a Barrabás. Sin embargo, comprendió que el único propósito de la multitud al pedir la libertad de Barrabás era obligarlo a condenar a Jesús. A pesar de eso, en un último esfuerzo por hacer justicia el desconcertado **Pilato les dijo: ¿Qué, pues, haré de Jesús, llamado el Cristo?** Otra vez sin vacilación y a una sola voz, **todos le dijeron: ¡Sea crucificado!**

Es obvio que la muchedumbre quería sangre, no justicia, e incluso para la mente endurecida y pagana de Pilato, la cruel respuesta de ellos debió haber sido escalofriante. **Pues ¿qué mal ha hecho?,** refutó, proclamando de nuevo la inocencia del Señor ante el mundo. Según debió haber sabido, esa pregunta solo encendió mayor frenesí en la turba, por lo que **gritaban aún más, diciendo: ¡Sea crucificado!** Así como habían hecho delante de Herodes, pero aún con mayor vehemencia, exigieron nada menos que la muerte de Jesús.

EL CONSENTIMIENTO DEL GOBERNADOR

Viendo Pilato que nada adelantaba, sino que se hacía más alboroto, tomó agua y se lavó las manos delante del pueblo, diciendo: Inocente soy yo de la sangre de este justo; allá vosotros. Y respondiendo todo el pueblo, dijo: Su sangre sea sobre nosotros, y sobre nuestros hijos. Entonces les soltó a Barrabás; y habiendo azotado a Jesús, le entregó para ser crucificado. (27:24-26)

El cuarto elemento en este relato que demuestra la perfección e inocencia de Jesús fue que el gobernador romano se conformara a la voluntad del gentío, al cual los dirigentes religiosos guiados por Satanás habían incitado contra Cristo. A ellos no les importó que ni una sola acusación se hubiera hecho contra Él ante Anás, ante Caifás, ante todo el sanedrín, ante Herodes, o ante Pilato. En la voluntaria ceguera espiritual que tenían no se habían preocupado por la verdad, la justicia, o la virtud. Más bien se fueron tras una venganza infundada e irracional sobre un hombre inocente que nunca los había perjudicado, sino que había curado sus enfermedades y les había ofrecido vida eterna.

Por tanto, **viendo Pilato que nada adelantaba, sino que se hacía más alboroto, tomó agua y se lavó las manos delante del pueblo, diciendo: Inocente soy yo de la sangre de este justo; allá vosotros.** Cuando finalmente se dio cuenta de que ningún razonamiento o ninguna evidencia prevalecerían con la obsesionada turba, el gobernador dio testimonio público de que no estaba de acuerdo con la decisión que tomaron y que rechazaba toda complicidad en ella.

Pilato no podía permitir otro **alboroto** judío. Como ya se indicó, el último le había traído grave censura por parte del mismo césar. Otro levantamiento pondría fin a su carrera y muy posiblemente a su vida. La turba se hallaba descontrolada por completo, y estaba claro que lo único que podría pacificarla sería la crucifixión de Jesús.

A Pilato no se le conocía por la misericordia ni la diplomacia. Se cuenta que Herodes Agripa I describió a Pilato como alguien "inflexible por naturaleza, una mezcla de obstinación y ensañamiento" (Filón de Alejandría en el *Legatio ad Gaium* [38]). Fue su anterior indiferencia cruel hacia el pueblo bajo su jurisdicción lo que lo había sumido en tantos problemas.

No obstante, sí tenía sentido de justicia. Si hubiera podido descubrir la más mínima evidencia de que Jesús era culpable de un delito capital, habría sentido gran alivio y habría estado más que dispuesto a conceder su ejecución. Esa habría sido con creces la vía más fácil. Pilato había condenado a muerte a muchos hombres y no tenía ningún reparo en ejecutar a uno más. Pero el hecho de que sostuviera firmemente la inocencia de Jesús, dando al menos cinco veredictos públicos de inocencia, da testimonio de no haber podido hallar ninguna culpa en Él. Por consiguiente, en varias ocasiones pidió a los dirigentes judíos y a las multitudes que renunciaran a su demanda de muerte a Jesús. Pero no tuvo el suficiente valor para arriesgar su propio bienestar por proteger la vida de Cristo.

Fue irónico y sin duda intencional que el gobernador escogiera un ritual judío para representar su renuncia a la responsabilidad por el destino de Jesús. Si los ancianos gobernantes de una ciudad no podían determinar la identidad de un asesino, la ley mosaica facilitaba que se lavaran las manos en público, orar a Dios, y de esta manera absolverse de cualquier culpa relacionada con su incapacidad para hacer justicia. Usando una forma modificada de esa ceremonia judía de la cual había oído hablar, Pilato se declaró **inocente de la sangre de este justo.**

Sin duda con un tono de consternación y de disgusto, el gobernador exclamó entonces: **allá vosotros.** Y cuando le dio al **pueblo** lo que este quería, **el pueblo** le dio lo que él quería. Si Pilato permitía la muerte de Jesús, **el pueblo** asumiría toda la culpa. Al unísono gritaron: **Su sangre sea sobre nosotros, y sobre nuestros**

hijos. Por supuesto, tal declaración no absolvió de culpa a Pilato, pero sí proclamó para todos los tiempos el reconocimiento del pueblo de su propia culpabilidad. Sin embargo, pronto olvidarían esa presunción de culpa, y no muchos meses después los miembros del sanedrín reprenderían con arrogancia moral a los apóstoles porque estos los responsabilizaron de la sangre de Cristo (Hch. 5:28).

La multitud de tal vez varios miles de judíos reunidos fuera del pretorio dio su veredicto en nombre de todo Israel. Fue ese veredicto, reconocido por todos los demás judíos incrédulos a través de su silencio, lo que hizo que la rama de Israel se rompiera del árbol de la bendición redentora de Dios (Ro. 11:17). No es de extrañar que, desde ese día terrible, como nación y como individuos los judíos no redimidos hayan estado bajo la mano castigadora de Dios.

Al final de la segunda audiencia de Jesús ante Pilato, la intención del gobernador había sido soltarlo después de castigarlo (Lc. 23:16). Pero los judíos no se conformarían con el mero castigo, por severo que fuera. Insistieron en la muerte. Por tanto, después que **soltó a Barrabás** de acuerdo con los deseos de la turba, Pilato, **habiendo azotado a Jesús, le entregó para ser crucificado.**

El látigo que se usaba para flagelar tenía un mango corto de madera, al extremo del cual estaban adheridas varias tiras de cuero. Cada tira terminaba con pedazos muy afilados de metal o hueso. El hombre que iban a azotar era atado a un poste por las muñecas encima de la cabeza, con los pies colgando y el cuerpo tenso. A menudo había dos azotadores, uno a cada lado de la víctima, que se turnaban para azotarlo a través de la espalda. Los músculos se laceraban, las venas y arterias se desgarraban, y era algo común que los riñones, el bazo, u otros órganos quedaran expuestos y cortados. Como podría esperarse, muchos hombres morían por los latigazos antes que pudieran sacarlos para ser ejecutados. No sabemos el alcance total de las heridas de Jesús, pero quedó tan debilitado por ellas que no pudo cargar su propia cruz (Mr. 15:21).

A pesar de la verborrea acusadora de esa noche trágica, en realidad no fue a Jesús a quien se enjuiciaba sino al resto del mundo. Los religiosos judíos se condenaron a sí mismos cuando de manera cruel demandaron la crucifixión. Las multitudes volubles se condenaron a sí mismas cuando sin pensar fueron detrás de sus líderes. Herodes se condenó a sí mismo cuando se burló del Rey de reyes. Pilato se condenó a sí mismo cuando por su propia voluntad permitió que se diera muerte a un hombre inocente, prefiriendo al mundo por sobre el Hijo de Dios.

Y a través de las burlas, el desprecio, y la sangre, el inmaculado Hijo de Dios fue aún más exaltado.

La maldad de la crucifixión

144

Entonces los soldados del gobernador llevaron a Jesús al pretorio, y reunieron alrededor de él a toda la compañía; y desnudándole, le echaron encima un manto de escarlata, y pusieron sobre su cabeza una corona tejida de espinas, y una caña en su mano derecha; e hincando la rodilla delante de él, le escarnecían, diciendo: ¡Salve, Rey de los judíos! Y escupiéndole, tomaban la caña y le golpeaban en la cabeza. Después de haberle escarnecido, le quitaron el manto, le pusieron sus vestidos, y le llevaron para crucificarle. Cuando salían, hallaron a un hombre de Cirene que se llamaba Simón; a éste obligaron a que llevase la cruz. Y cuando llegaron a un lugar llamado Gólgota, que significa: Lugar de la Calavera, le dieron a beber vinagre mezclado con hiel; pero después de haberlo probado, no quiso beberlo. Cuando le hubieron crucificado, repartieron entre sí sus vestidos, echando suertes, para que se cumpliese lo dicho por el profeta: Partieron entre sí mis vestidos, y sobre mi ropa echaron suertes. Y sentados le guardaban allí. Y pusieron sobre su cabeza su causa escrita: ESTE ES JESÚS, EL REY DE LOS JUDÍOS. Entonces crucificaron con él a dos ladrones, uno a la derecha, y otro a la izquierda. Y los que pasaban le injuriaban, meneando la cabeza, y diciendo: Tú que derribas el templo, y en tres días lo reedificas, sálvate a ti mismo; si eres Hijo de Dios, desciende de la cruz. De esta manera también los principales sacerdotes, escarneciéndole con los escribas y los fariseos y los ancianos, decían: A otros salvó, a sí mismo no se puede salvar; si es el Rey de Israel, descienda ahora de la cruz, y creeremos en él. Confió en Dios; líbrele ahora si le quiere; porque ha dicho: Soy Hijo de Dios. Lo mismo le injuriaban también los ladrones que estaban crucificados con él. (27:27-44)

La crucifixión de Jesucristo fue la culminación de la historia de la redención, el centro del plan divino de salvación. La obra redentora de Dios culminó en la cruz, donde el Señor Jesucristo llevó los pecados del mundo. Pero también en la crucifixión de Cristo la maldad del ser humano alcanzó su ápice. La ejecución del Salvador fue la expresión más vil de maldad en la historia humana, la profundidad absoluta de la depravación del individuo. La muerte de Jesucristo fue, por tanto, la revelación suprema del amor misericordioso de Dios, al mismo tiempo que fue la expresión definitiva de la pecaminosidad del hombre.

Y mientras el Evangelio de Juan se enfoca en la crucifixión principalmente desde la perspectiva del amor y la gracia de redención divina, el enfoque de Mateo está primordialmente en la perspectiva de la maldad del ser humano. La maldad humana trató de matar a Jesús poco después de su nacimiento, trató de desacreditar su enseñanza, e hizo todo lo posible por engañar y corromper a sus discípulos. La maldad del hombre había traicionado a Jesús, y lo había negado, arrestado, calumniado y maltratado. Pero la manifestación incomparable de la maldad humana estuvo en la crucifixión.

David Thomas escribió:

> [Durante miles de años] la maldad había estado creciendo. Con actos de impiedad y de crimen había colmado las épocas de agonía y, a menudo, había despertado la justicia del universo para que lanzara sus ardientes rayos de retribución alrededor del mundo. Pero ahora la maldad había llegado a su plena madurez. Se encuentra alrededor de esta cruz en proporciones gigantescas como nunca antes. Obra una atrocidad ante la cual la más poderosa de sus hazañas pasadas se reduce a la insignificancia y desvanece: crucifica al Señor de la vida y la gloria (*The Gospel of Matthew* [Grand Rapids: Kregel, 1979 (reimpresión de la edición 1873)], p. 536).

Los enemigos de Jesús lo odiaban tanto que hasta matarlo parecía decepcionante, porque esto terminaba la oportunidad de arrojar veneno sobre Él incluso mientras estaba sufriendo la agonía de la crucifixión. La despiadada intensidad de las palabras y los hechos malignos de quienes participaron en la muerte de Jesús exceden toda descripción.

Mateo 27:27-44 describe cuatro grupos de individuos inicuos en la crucifixión que ridiculizaron y maltrataron a Cristo: los malvados ignorantes (vv. 27-37), los malvados conocidos (v. 38), los malvados volubles (vv. 39-40), y los malvados religiosos (vv. 41-44).

LOS MALVADOS IGNORANTES

Entonces los soldados del gobernador llevaron a Jesús al pretorio, y reunieron alrededor de él a toda la compañía; y desnudándole, le echaron encima un manto de escarlata, y pusieron sobre su cabeza una corona tejida de espinas, y una caña en su mano derecha; e hincando la rodilla delante de él, le escarnecían, diciendo: ¡Salve, Rey de los judíos! Y escupiéndole, tomaban la caña y le golpeaban en la cabeza. Después de haberle escarnecido, le quitaron el manto, le pusieron sus vestidos, y le llevaron para crucificarle. Cuando salían, hallaron a un hombre de Cirene que se llamaba Simón; a éste obligaron a que llevase la cruz. Y cuando llegaron a un lugar llamado Gólgota, que significa: Lugar de la Calavera, le dieron a beber vinagre mezclado con hiel; pero después de haberlo probado, no quiso beberlo. Cuando le hubieron crucificado, repartieron entre sí sus vestidos, echando suertes, para que se cumpliese lo dicho por el profeta: Partieron entre sí mis vestidos, y sobre mi ropa echaron suertes. Y sentados le guardaban allí. Y pusieron sobre su cabeza su causa escrita: ESTE ES JESÚS, EL REY DE LOS JUDÍOS. (27:27-37)

Los malvados ignorantes eran los insensibles soldados romanos que llevaron a cabo realmente la crucifixión bajo órdenes de Pilato, quien en última instancia había sucumbido a la intimidación de los dirigentes religiosos judíos. En varias ocasiones el gobernador romano había declarado públicamente la inocencia de

Jesús, pero por temor a un motín que sin duda alguna le habría costado su carrera y posiblemente su vida, se rindió ante la ejecución. Él había pervertido la justicia romana al estar de acuerdo en condenar a un hombre a quien nadie pudo acusar legítimamente de un delito contra el estado. El gobernante había pecado contra sus propias convicciones, contra su integridad y conciencia, y contra la verdad. Negoció su alma eterna por seguridad temporal.

En una forma aún peor, los dirigentes judíos habían pervertido no solo principios bíblicos de justicia, sino sus propias tradiciones rabínicas. A pesar de que no habían podido acusar debidamente a Jesús de pecado contra Dios, estuvieron decididos a destruirlo, cualquiera que fuera el costo a las Escrituras, la justicia, la verdad o la honradez.

Aunque **los soldados del gobernador** tenían órdenes de este de azotar y crucificar a Jesús (v. 26), mostraron su propia perversidad al exceder en gran modo lo que el deber básico requería. Cuando **llevaron a Jesús al pretorio,** decidieron hacer deporte público de su prisionero **y reunieron alrededor de él a toda la compañía** para que observara.

Una **compañía** romana completa se componía hasta de seiscientos soldados, y ya que esta compañía particular servía al gobernador romano en su **pretorio** en la fortaleza Antonia en Jerusalén, es probable que la compusieran legionarios de élite. No necesariamente todos, o incluso la mayoría, eran romanos, porque era típico que Roma reclutara soldados de entre las naciones que ocupaba. Puesto que la mayoría de hombres estarían reacios a pelear contra sus propios compatriotas, con frecuencia los enviaban a regiones vecinas que hablaban el mismo idioma o uno parecido. Podemos estar seguros de que ninguno en esta compañía era judío, porque Roma había concedido una exención especial a los judíos del servicio militar romano. Es probable que la compañía asentada en Jerusalén se compusiera en su mayoría de sirios, que hablaban arameo, el lenguaje comercial y conversacional más común de Palestina.

Debido a que el cuartel principal de Pilato se encontraba en Cesarea, esta **compañía** pudo haber estado asentada allí, viajando de lugar en lugar con el gobernador como su escolta militar. De ser así, habrían conocido aún menos el judaísmo que el promedio de soldados romanos en Jerusalén, y es probable que nunca hubieran oído hablar de Jesús. Para ellos, Él tan solo era otro prisionero condenado, a quien tenían libertad de maltratar tanto como desearan, mientras no lo mataran antes de la ejecución designada. Si consideraban que Jesús era de algún modo único, solo era en que al parecer había afirmado ser alguna especie de rey. Lo que le hicieron, por tanto, no estaba relacionado con animosidad personal o religiosa. El tormento que le hicieron a Jesús era perverso e inexcusable, pero fue hecho por ignorancia espiritual.

El rostro de Jesús estaba hinchado por las bofetadas y los golpes que recibió de los alguaciles del templo, y estaba cubierto de escupa lanzada por sus atormentadores judíos. Sangraba profusamente por los latigazos, con terribles laceraciones de los hombros para abajo, poniendo al descubierto músculos, ligamentos, vasos sanguíneos, y quizás incluso órganos internos. Debido a que más o menos durante la última hora no había hablado, los soldados pudieron haber creído que estaba mentalmente perturbado y que solo era digno de burlas. Lo hicieron pasar por tonto, divirtiéndose con los comentarios que habían oído en cuanto a la afirmación de que Jesús hacía de realeza.

A los soldados no les importó que Jesús nunca les hubiera hecho daño en forma personal, o que técnicamente Él fuera inocente de acuerdo con la ley romana. Estaban entrenados para obedecer órdenes, las cuales a menudo requerían matar y torturar. Jesús había sido oficialmente condenado, y ningún sentido de justicia o decoro, mucho menos de misericordia o compasión, moderó la insensata diversión que tuvieron a expensas de Jesús. Aunque en un modo extremo, expresaron la maldad natural de todo corazón humano que le hace caso omiso a Dios.

Pilato no inició las burlas, pero tampoco se opuso a ellas. A pesar de sus esfuerzos poco entusiastas de absolver a Jesús, Pilato era famoso por su crueldad y falta de compasión. Después de haber ordenado la flagelación y crucifixión de Jesús, es difícil que hubiera tenido reparos en cuanto al maltrato relativamente suave de las burlas. Es posible que los soldados realizaran sus acciones burlonas bajo la mirada divertida del gobernador. También es probable que los soldados sintieran el mismo odio que su comandante tenía por los judíos, y aprovecharon la oportunidad para descargar su malicia sobre un judío condenado por sus compatriotas judíos. Con todos los nervios en agonía y con el cuerpo temblándole de dolor, Jesús se convirtió en el objeto de un juego diabólico.

Jesús estaba desnudo o semidesnudo por la flagelación, después de la cual es probable que lo hubieran vestido con su túnica sin costuras. En primer lugar, los soldados le quitaron esa prenda y **le echaron encima un manto de escarlata,** irritándole aún más la carne sangrante expuesta. El **manto de escarlata** quizás pertenecía a uno de los soldados, que lo usaba para mantenerse con calor mientras estaba de guardia en las noches heladas. Marcos y Juan informan que el manto era color púrpura (Mr. 15:17; Jn. 19:2), lo que sugiere que el color **escarlata** real era el más cercano que los soldados pudieron conseguir al color púrpura, el color tradicional de la realeza.

Aunque para nada era la intención de los soldados, el uso del color escarlata fue reminiscencia de la declaración de Isaías: "Si vuestros pecados fueren como la grana, como la nieve serán emblanquecidos; si fueren rojos como el carmesí, vendrán a ser como blanca lana" (Is. 1:18). Así como los soldados vistieron a Jesús con la túnica escarlata, Él de manera voluntaria se vistió en los pecados carmesí del mundo a fin de que quienes crean en Él puedan ser libres de ese pecado.

Para añadir tanto al dolor como a las burlas, después los soldados **pusieron sobre** la **cabeza** de Jesús **una corona tejida de espinas.** Muchas clases de **espinas** prevalecían en Palestina en esa época, y se desconoce la variedad particular usada en esta ocasión. El propósito era imitar la corona que el césar usaba en ocasiones oficiales, y que podía verse en las monedas romanas que llevaban esa imagen. Cuando la falsa **corona** fue presionada **sobre** la **cabeza** de Jesús, la sangre brotó de las heridas nuevas hasta mezclarse con la sangre que ya le cubría el resto del cuerpo. Al igual que el manto escarlata, la corona de espinas se convirtió en un símbolo involuntario de los pecados que Jesús estaba a punto de llevar sobre sí. Después de la caída, zarzas y espinas se convirtieron en dolorosos recuerdos de la maldición que el pecado había traído al mundo (Gn. 3:18), de la cual el mundo ha deseado liberarse desde entonces (Ro. 8:22).

El rostro de Jesús estaba ahora aún más irreconocible y su dolor era más intenso. Pero aún no contentos, a continuación los soldados le pusieron **una caña en su mano derecha.** Al igual que el manto y la corona de espinas, la **caña** estaba destinada a representar realeza, imitando el cetro de un monarca como símbolo de su autoridad y poder. Tal cetro también podía verse en las monedas romanas colocado en la mano del césar.

Para completar la burla sarcástica, los soldados incluso hincaban **la rodilla delante de él,** y **le escarnecían, diciendo: ¡Salve, Rey de los judíos!** Los dirigentes religiosos judíos se habían burlado de Jesús como un profeta (Mt. 26:68), y ahora los soldados romanos se burlaban de Él como un rey. Luego, tal como los judíos habían hecho, lo escupieron, lanzándole lo que se consideraba la indignidad definitiva.

A continuación en la brutal burla de diversión, los soldados **tomaban la caña** de la mano del Señor y, a fin de burlarse aún más de su supuesta autoridad, **le golpeaban en la cabeza,** la cual ya estaba hinchada, lacerada y sangrando. Era como si esto dijera: "Tu realeza es una broma. Mira cuán fácilmente te despojamos de tu dignidad y autoridad. Te golpeamos con tu propio cetro. ¿Dónde está tu poder? ¿Dónde está tu ejército real para defenderte de tus enemigos?". Por Juan nos enteramos que golpearon a Jesús tanto con los puños como con la caña (Jn. 19:3).

Un día Cristo hará uso de un cetro verdadero, una vara de hierro con la cual gobernará el mundo, incluso a sus enemigos sometidos (Ap. 19:15). Entonces se invertirán los papeles, y la burla y el escarnio serán para los malos por parte de Dios. "El que mora en los cielos se reirá; el Señor se burlará de ellos" (Sal. 2:4).

Sin embargo, en la encarnación de Jesús era esencial su humillación en el plan de Dios para su Hijo, quien "se despojó a sí mismo, tomando forma de siervo, hecho semejante a los hombres; y estando en la condición de hombre, se humilló a sí mismo, haciéndose obediente hasta la muerte, y muerte de cruz" (Fil. 2:7-8).

A través de todo ese tormento y dolor Jesús no dijo nada ni en defensa ni en reproche. Había profetizado las burlas, el sufrimiento, y la crucifixión mucho tiempo antes que Pilato o sus soldados supieran quién era Él (Mt. 16:21; 20:18-19). Ese fue el plan de Dios mucho tiempo antes de que fuera el plan de hombres malvados, y fue con ese mismo propósito que Jesús vino a la tierra. Mientras los hombres cumplían su designio maligno y destructivo, Dios cumplía su designio compasivo y redentor. Cristo estaba en el programa divino, el cual incluso sus enemigos estaban cumpliendo, sin darse cuenta, en el más mínimo detalle.

Por Juan nos enteramos que durante este tiempo Pilato sacó a Jesús ante los judíos, aseverando otra vez que no hallaba ninguna culpa en Él. Jesús se halló de nuevo en el porche del pretorio, "llevando la corona de espinas y el manto de púrpura. Y Pilato les dijo: ¡He aquí el hombre!" (Jn. 19:4-5). A pesar de haber estado de acuerdo con la crucifixión y de que había permitido que a Jesús lo golpearan brutalmente y se le burlaran, es evidente que, tal vez a causa de la advertencia de su esposa, el gobernante todavía esperaba que pudiera salvársele la vida a Jesús. Pero "cuando le vieron los principales sacerdotes y los alguaciles, dieron voces, diciendo: ¡Crucifícale! ¡Crucifícale!". Como para volver a lavarse las manos de todo el asunto injusto, "Pilato les dijo: Tomadle vosotros, y crucificadle; porque yo no hallo delito en él. Los judíos le respondieron: Nosotros tenemos una ley, y según nuestra ley debe morir, porque se hizo a sí mismo Hijo de Dios. Cuando

Pilato oyó decir esto, tuvo más miedo" (vv. 6-8). Aunque únicamente habían repetido las acusaciones religiosas contra Jesús, la clara implicación es que los dirigentes judíos insistían en la complicidad de Roma en la ejecución. En realidad, ellos no querían crucificar a Jesús por sí mismos, ni siquiera con el permiso de Pilato.

Llevando otra vez a Jesús al pretorio, Pilato le preguntó de dónde era pero sin recibir respuesta. Cuando le advirtió a Jesús que tenía el poder de la vida o la muerte sobre Él, el Señor respondió: "Ninguna autoridad tendrías contra mí, si no te fuese dada de arriba; por tanto, el que a ti me ha entregado, mayor pecado tiene" (Jn. 19:10-11). A pesar de no tener casi ninguna comprensión de lo que Jesús decía, Pilato estaba convencido aún más de su inocencia ante cualquier delito civil, y una vez más procuró "soltarle; pero los judíos daban voces, diciendo: Si a éste sueltas, no eres amigo de César" (v. 12).

Oponiéndoseles todavía, Pilato "llevó fuera a Jesús, y se sentó en el tribunal en el lugar llamado el Enlosado, y en hebreo Gabata", y de manera burlona exclamó: "¡He aquí vuestro Rey!". Enfurecidos por el continuo desafío que Pilato les hacía, los dirigentes judíos "gritaron: ¡Fuera, fuera, crucifícale!". Burlándose por última vez, Pilato preguntó: "¿A vuestro Rey he de crucificar?", a lo cual los principales sacerdotes contestaron hipócritamente: "No tenemos más rey que César". Frustrado y agotado, Pilato se resignó ante la injusticia y "lo entregó a ellos para que fuese crucificado" (Jn. 19:13-16).

Como representantes del pueblo, los principales sacerdotes pronunciaron aquí la apostasía culminante de Israel. Al rechazar al Hijo de Dios declararon de manera pública, aunque poco sincera, lealtad al emperador pagano.

Retomando el relato en este punto, Mateo informa que **después de haberle escarnecido** aún más al Señor, **le quitaron el manto, le pusieron sus vestidos, y le llevaron para crucificarle.**

Algunos intérpretes sugieren que solo se cargaba el travesaño o el poste vertical, pero con toda probabilidad era toda la cruz, que pesaba más de cien kilos, la que víctima debía cargar. Normalmente a la víctima la rodeaba un cuaternio, es decir cuatro soldados que escoltaban al prisionero a través de las multitudes hasta el lugar de la ejecución. Un cartel con la acusación al prisionero se le ponía a menudo alrededor del cuello, que advertía a los demás el alto precio que debía pagarse por el delito.

Fue durante la extenuante procesión a través de las calles de Jerusalén que Jesús ofreció su último y muy breve mensaje público. Lucas informa que "le seguía gran multitud del pueblo, y de mujeres que lloraban y hacían lamentación por él". Volviéndose a ellas, Jesús manifestó. "Hijas de Jerusalén, no lloréis por mí, sino llorad por vosotras mismas y por vuestros hijos. Porque he aquí vendrán días en que dirán: Bienaventuradas las estériles, y los vientres que no concibieron, y los pechos que no criaron. Entonces comenzarán a decir a los montes: Caed sobre nosotros; y a los collados: Cubridnos. Porque si en el árbol verde hacen estas cosas, ¿en el seco, qué no se hará?" (Lc. 23:27-31).

Tener hijos se consideraba la mayor bendición que una mujer judía podía recibir, y solo una tragedia de dimensiones impresionantes podía hacerle desear lo contrario. La referencia que Jesús hace al árbol verde y seco se relaciona con un proverbio popular que significaba que si algo malo había ocurrido bajo circunstancias buenas, sería mucho peor bajo las malas. Lo que dijo era que si los romanos hicieron algo tan terrible como crucificar a un judío inocente, ¿qué podían esperar ellas que le hicieran a la nación culpable de Israel? Si ejecutaron a un hombre que no había cometido ningún agravio contra ellos, ¿qué le harían a un pueblo rebelde?

Por supuesto, el Señor estaba refiriéndose al año 70 d.C., cuando el templo sería totalmente destruido y la mayoría de los habitantes de Jerusalén serían asesinados por las legiones romanas de Tito. Desde ese holocausto la nación de Israel todavía no se ha recuperado por completo ni siquiera en tiempos modernos, porque todavía no hay templo en Jerusalén ni sacrificios y sacerdotes que los ofrezcan, ni hay registros sacerdotales para verificar el linaje. Jesús advirtió que ese era el horror del cual Israel debía estar temeroso.

Debido a ser totalmente sin pecado y sin mancha tanto en cuerpo y alma como en mente y espíritu, Jesús era físicamente todo lo que Adán fue antes de la caída, y mucho más. Pero los graves golpes y azotes que le dieron al Señor lo habían debilitado demasiado como para cargar la pesada cruz. No solo estaba sufriendo dolor físico insoportable, sino que no había dormido la noche anterior, y estaba padeciendo las agonías añadidas de la traición, la deserción, y la negación. Además de eso, aún estaba sufriendo el dolor acumulado de haber sido tentado y haber estado en batalla continua con Satanás. Ahora no había ángeles enviados a ministrarlo como ocurrió después de las tentaciones en el desierto, y las fuerzas de su cuerpo se habían agotado por completo. Incluso más que todo eso, sabía de modo perfecto que iba a enfrentar la posibilidad indescriptiblemente dolorosa de llevar sobre sí el pecado de toda la humanidad, de convertirse en pecado por amor a ella. Razón por la cual padecería la ira de su Padre celestial que tal pecado merecía.

Todas esas agonías físicas, emocionales y espirituales se combinaron para debilitar por completo su perfecto pero ahora demacrado cuerpo. En consecuencia, **cuando salían** del pretorio los soldados **hallaron a un hombre de Cirene que se llamaba Simón; a éste obligaron a que llevase la cruz.**

Cirene era un asentamiento griego ubicado al occidente de Alejandría al norte de la costa africana del Mediterráneo, directamente al sur de Grecia en lo que es la moderna Siria. Era un próspero centro comercial y tenía una gran población de judíos. **Simón** era un nombre judío común, y con toda probabilidad este hombre era un peregrino que había venido a Jerusalén a celebrar la Pascua.

Simón era "uno que pasaba… que venía del campo" (Mr. 15:21) mientras sacaban a Jesús de la ciudad. Tal vez porque se veía fuerte fue reclutado por los soldados romanos para que llevara la cruz de Cristo. Marcos también identifica a Simón como el "padre de Alejandro y de Rufo" (v. 21), lo que indica que esos dos hombres eran cristianos conocidos tanto por Marcos como por muchos otros creyentes en el momento en que escribió él su evangelio. Debido a que es probable que Marcos escribiera desde Roma, Alejandro y Rufo podrían haber estado activos en la iglesia de ese lugar. Este Rufo pudo haber sido el hombre que Pablo saludó en su epístola a los Romanos, y de ser así, la referencia a "su madre y mía" sería a la esposa de Simón (véase Ro. 16:13).

Pudo haber sido que llevar la cruz de Jesús fue lo que llevó a Simón a la fe en Cristo. Lo que comenzó como un acto obligado y quizás molesto de servidumbre física se convirtió en la oportunidad para vida espiritual. No solo Simón mismo sino también toda su familia llegaron a la salvación, y su esposa llegó a ser como una madre para el apóstol Pablo.

Debido a que la ley mosaica requería que las ejecuciones se realizaran fuera de la ciudad (Nm. 15:35), y a que colgar de un árbol se consideraba una maldición (Dt. 21:23; cp. Gá. 3:13), Jesús fue llevado fuera de Jerusalén para ser crucificado. Y ya que la crucifixión era un medio vívido de mostrar a la población el precio por oponerse a Roma, por lo general levantaban las cruces junto a un camino muy transitado, de ser posible sobre una colina, un risco, u otro promontorio donde fuera visible para todos.

El lugar escogido para crucificar a Jesús fue una colina en las afueras de Jerusalén **llamado Gólgota, que significa: Lugar de la Calavera.** Como marginado tanto de Israel como de Roma, Jesús "padeció fuera de la puerta" (He. 13:12).

Lucas se refiere a la colina de la crucifixión como "lugar llamado de la Calavera" (23:33), y como varios evangelios explican, **Calavera** se traduce de un término griego (*kranion*) que equivale al hebreo/arameo **Gólgota** (véase Jn. 19:17). El nombre Calvario se deriva del latín *calvaria,* para calavera, o cráneo.

Contrario a lo que algunos eruditos han sugerido, el **lugar de la Calavera** no era un cementerio donde comúnmente se encontraban calaveras. Los judíos no permitían que cuerpos muertos fueran expuestos, y ninguna parte de un esqueleto humano debía verse en Israel. Más bien el nombre se refería a un sitio particular que tenía forma de calavera. Tal colina, comúnmente llamada Calvario de Gordon, es el sitio tradicional que aún puede verse hoy día a corta distancia de la muralla norte de Jerusalén.

Antes que los soldados clavaran a Jesús a la cruz y que a esta la colocaran en posición vertical sobre el suelo, **le dieron a beber vinagre mezclado con hiel.** La palabra traducida **hiel** simplemente se refería a algo amargo, que Marcos identifica como mirra (15:23), un narcótico que también se usaba como perfume (véase Sal. 45:8; Pr. 7:17), como ingrediente del aceite de la unción para los sacerdotes (Éx. 30:23), y para embalsamar (Jn. 19:39). Era muy costoso y fue uno de los regalos presentados al niño Jesús por los magos (Mt. 2:11).

Ya que la crucifixión estaba diseñada para infligir el máximo dolor posible, la **hiel** o mirra no se ofrecía como un acto de misericordia de parte de los soldados. Simplemente se usaba para atontar a la víctima con el fin de evitar que luchara violentamente mientras le insertaban los clavos en pies y manos.

De fuentes extrabíblicas se sabe que mujeres ricas judías a menudo proporcionaban vino mezclado con mirra a quienes estaban a punto de ser ejecutados, especialmente por medio de crucifixión. A diferencia de los soldados, el propósito que ellas tenían era calmarle el dolor "al desfallecido", siguiendo la exhortación de Proverbios 31:6. Pudo haber sido que un grupo de mujeres también le ofrecieran a Jesús la bebida estupefaciente.

Pero el Señor no quería embotar sus sentidos, y **después de haberlo probado, no quiso beberlo.** Según ya había declarado en el huerto, primero en oración a su Padre celestial (Mt. 26:39) y luego a Pedro cuando lo estaban arrestando (Jn. 18:11), Jesús estuvo decidido a beber la copa que el Padre le había ofrecido. Soportaría la medida total de dolor físico, emocional y espiritual.

Cuando le hubieron crucificado no se refiere a la ejecución concluida sino a levantarlo en alto y colocar la viga vertical en el hueco preparado para ella. Era en ese momento que la verdadera crucifixión comenzaba.

La crucifixión se originó en Persia, donde se creía que una deidad llamada Ormazd consideraba sagrada la tierra. Debido a que un delincuente que era ejecutado tenía que ser levantado por encima de la tierra a fin de no contaminarla, se le suspendía en un gran poste y se le dejaba allí hasta que muriera. Los cartagineses, luego los griegos, y especialmente los romanos tomaron la costumbre y la usaron extensamente de tal modo que a estos últimos llegaron a identificarlos con la práctica. Se calcula que para el tiempo de Cristo los romanos habían crucificado como a treinta mil hombres solo en Israel, principalmente por insurrección. La crucifixión de solo tres hombres en las afueras de Jerusalén era por tanto prácticamente insignificante a los ojos de Roma.

Ninguno de los escritores de los evangelios describe el procedimiento de asegurar a Jesús a la cruz. El texto griego literal es aún menos revelador que la mayoría de traducciones en español, diciendo tan solo: "Después de haberlo crucificado unos se dividieron sus vestiduras". Es únicamente por los comentarios de Tomás varios días después de la resurrección que sabemos que Jesús fue clavado en pies y manos (Jn. 20:25), en vez de ser atado con cuerdas o correas como a menudo era el caso.

A juzgar por descripciones no bíblicas de la crucifixión en tiempos del Nuevo Testamento, Jesús fue colocado en la cruz mientras esta yacía sobre el suelo. Primero le clavaron los pies a la viga vertical y luego estiraron los brazos a través de la viga horizontal clavándolos por las muñecas justo por encima de la mano, permitiendo una ligera inclinación en las rodillas cuando el cuerpo fue extendido. La cruz fue entonces levantada y dejada caer en el hueco, provocándole insoportable dolor cuando el peso de su cuerpo presionaba la carne ya desgarrada alrededor de los clavos.

En su libro *The Life of Christ*, Frederick Farrar describe la crucifixión de esta manera:

> Una muerte por crucifixión parece incluir todo el dolor acrecentado con aspectos horribles y espantosos como calambre, contracción muscular, sed, hambre, falta de sueño, fiebre traumática, vergüenza, publicidad vergonzosa, larga continuidad del tormento, horror de la anticipación, y mortificación de heridas intencionadas. Todo esto se intensifica hasta el punto en que es absolutamente insoportable, pero también todo eso se detiene justo en el momento que daría a la víctima el alivio de la inconsciencia.
>
> La posición antinatural hacía doloroso todo movimiento. Las venas laceradas y los tendones aplastados vibraban con espasmos incesantes. Las heridas, inflamadas por la exposición, se gangrenaban poco a poco [cuando una víctima tardaba varios días en morir]. Las arterias, especialmente de la cabeza y el estómago, se hinchaban y oprimían sobrecargadas de sangre. Y aunque cada variedad de sufrimiento seguía aumentando gradualmente, se le añadía la punzada intolerable de una sed ardiente y atroz. Todas esas complicaciones físicas ocasionaban ansiedad y agitación interna que hacían que la posibilidad de la muerte misma (la muerte, el

enemigo desconocido ante cuya cercanía el hombre por lo general más se estremece) tuviera el aspecto de un alivio placentero y exquisito.

Una cosa es clara. Las ejecuciones en el siglo i no eran como las modernas, porque no buscaban una muerte rápida e indolora ni la preservación de alguna medida de dignidad para el delincuente. Por el contrario, buscaban una tortura agonizante que lo humillara por completo. Y es importante que entendamos esto, porque nos ayuda a comprender la agonía de la muerte de Cristo (vol. 2 [Nueva York: E. P. Dutton, 1877], pp. 403-4).

El doctor Truman Davis ofrece una descripción adicional de la crucifixión de Jesús:

En este momento se produce otro fenómeno. A medida que los brazos se fatigan, grandes oleadas de calambres recorren los músculos, tensionándolos en un dolor profundo, incesante y persistente. Con tales calambres viene la incapacidad de empujarse hacia arriba. Al colgar por los brazos, los músculos pectorales se paralizan y los intercostales no pueden actuar. Es posible inhalar aire en los pulmones, pero es imposible exhalarlo. Jesús lucha por izarse a fin de conseguir siquiera respirar un poco. Finalmente, el dióxido de carbono se acumula en los pulmones y en el torrente sanguíneo, y los calambres amainan parcialmente. De manera irregular la víctima puede empujarse hacia arriba con el fin de poder exhalar y hacer entrar el oxígeno que da vida…

Horas de este dolor sin límites entran en ciclos de torsiones, calambres que desgarran articulaciones, asfixia parcial intermitente, padecimiento agudo cuando el tejido es arrancado de la espalda lacerada al moverse hacia arriba y abajo contra la áspera madera. Entonces llega a experimentarse otra agonía: un dolor profundo en el pecho cuando el pericardio se llena lentamente de suero y empieza a comprimir el corazón.

Ahora todo está por terminar… el corazón comprimido lucha por bombear sangre espesa y pesada al interior de los tejidos, y los pulmones torturados hacen un esfuerzo frenético por conseguir pequeñas bocanadas de aire ("The Crucifixion of Jesus: The Passion of Christ from a Medical Point of View", *Arizona Medicine*, vol. 22, marzo 1965, pp. 183-87).

Sin embargo, el propósito de Mateo no fue enfocarse en los particulares físicos de la crucifixión que llevó a Cristo a entregar su vida, sino más bien en el carácter de los verdugos.

A través de todo ese tormento los insensibles soldados permanecieron sentados de modo impasible, como habían hecho muchas veces antes. No tenían idea de quién era Jesús, excepto por lo que estaba escrito en el cartel que habían clavado encima de la cabeza como una burla sarcástica de Pilato. Sin duda ellos estaban conscientes de que Pilato, gobernador de la región y su comandante militar, había declarado en varias ocasiones inocente a Jesús de cualquier delito contra Roma. Pero es probable que Jesús no fuera el primer hombre inocente que habían visto ejecutado. Los soldados no tenían interés religioso en cuanto a la identidad de

Jesús, ni preocupación moral acerca de su inocencia. Debido a su perversa ignorancia también se unieron finalmente a las burlas que le hacían a Jesús, diciendo: "Si tú eres el Rey de los judíos, sálvate a ti mismo" (Lc. 23:36-37).

Varias veces Jesús había hablado a los discípulos acerca del sufrimiento, el escarnio, y la muerte que habría de padecer, todo lo cual lo habían profetizado Isaías y otros profetas cientos de años antes. El Mesías debía ser "despreciado y desechado entre los hombres, varón de dolores, experimentado en quebranto; y como que escondimos de él el rostro, fue menospreciado, y no lo estimamos" (Is. 53:3). Él no solo debía padecer injustamente a manos de hombres malvados, sino que soportó esa aflicción por el mismo bien de los responsables de ese sufrimiento, lo cual en el sentido más amplio incluye a todo ser humano caído y pecador que ha vivido y que alguna vez vivirá. Isaías sigue expresando: "Mas él herido fue por nuestras rebeliones, molido por nuestros pecados; el castigo de nuestra paz fue sobre él, y por su llaga fuimos nosotros curados... mas Jehová cargó en él el pecado de todos nosotros" (vv. 5-6).

Se ha informado que los cristianos en la iglesia primitiva suplicaron perdón a Dios por los sufrimientos desconocidos que le causaron a Jesús, dándose cuenta de que no podían concebir la magnitud total del dolor que Él soportó a manos de los hombres, y sabiendo además que sus propios pecados habían contribuido a ese dolor.

La traducción de la Reina Valera 1960 del versículo 35 contiene las palabras adicionales: **para que se cumpliese lo dicho por el profeta.** No obstante, los manuscritos más antiguos conocidos de Mateo no incluyen tales palabras, sugiriendo que algún escriba bienintencionado agregó al evangelio de Mateo la predicción de Salmos 22.18 que se cita en Juan 19:24.

Los hombres judíos por lo general usaban cinco piezas de ropa: sandalias, una vestidura interior, un tocado, una correa, y un manto o túnica exterior. Los cuatro soldados se **repartieron entre sí** las cuatro primeras prendas de los **vestidos** de Jesús, **echando suertes.** Debido a que la túnica "era sin costura, de un solo tejido de arriba abajo", decidieron no cortarla en cuatro pedazos sino echar "suertes sobre ella, a ver... quién" de ellos se la llevaría (Jn. 19:23-24). Una vez hecho eso, **sentados** cerca de la cruz **le guardaban allí.** Al cuaternio se le exigía permanecer con la víctima hasta que su muerte fuera segura, cerciorándose que los amigos o familiares no la rescataran o trataran de reducirle el sufrimiento dándole muerte por un medio más rápido.

Como una última burla a Jesús y una afrenta para los dirigentes judíos, Pilato dio instrucciones a los soldados (véase Jn. 19:19*a*) de poner **sobre su cabeza su causa escrita: ESTE ES JESÚS, EL REY DE LOS JUDÍOS.** Mateo registra una versión abreviada de la inscripción completa, que rezaba: "JESÚS NAZARENO, REY DE LOS JUDÍOS", y que "estaba escrito en hebreo, en griego y en latín" (Jn. 19:19*b*-20). El griego era el lenguaje casi más universal del imperio en esa época. El hebreo estaba muy relacionado con el arameo que era el idioma de Palestina, y el latín era el idioma oficial de Roma. Con esos tres idiomas el gobernador se aseguró que prácticamente toda persona que pasara pudiera leer la inscripción.

Los principales sacerdotes insistieron en que el texto de la inscripción debía cambiarse por "él dijo: Soy Rey de los judíos". Pero Pilato se negó a ceder otra vez ante ellos, declarando con firmeza: "Lo que he escrito, he escrito" (Jn. 19:21-22).

LOS MALVADOS CONOCIDOS

Entonces crucificaron con él a dos ladrones, uno a la derecha, y otro a la izquierda (27:38)

El segundo grupo presente en la crucifixión se componía simplemente de los **dos ladrones,** que podrían describirse como los malvados conocidos. **Ladrones** se traduce de *lēstēs,* que describe a un bandido que atraca mientras roba. Estos hombres no eran ladrones de poca monta ni incluso rateros comunes, sino bandidos crueles que se complacían en atormentar, maltratar y a menudo matar a sus víctimas. Es posible que fueran compañeros de Barrabás, quien tal vez estaba destinado a la cruz del medio entre ellos antes que fuera liberado y que Jesús tomara su lugar. Estos ladrones no eran patriotas que saqueaban a los romanos con el fin de ayudar a asegurar la libertad de su nación, sino criminales endurecidos cuya única lealtad era a sí mismos. Representaban una gran amenaza para sus propios compatriotas y para los romanos.

Con toda probabilidad los **dos ladrones** eran judíos, o al menos vivían en la sociedad judía de Palestina. En consecuencia, habrían tenido algún conocimiento del judaísmo y del Mesías judío. Es probable que hubieran sabido algo acerca de Jesús de Nazaret y del hecho de que tanto Él como sus seguidores afirmaban que Él era el Mesías profetizado. Por tanto, el rechazo que le hacían al Señor era más grave que el de los soldados.

Al igual que los soldados, estos ladrones debieron haber conocido las acusaciones sin fundamento de los dirigentes religiosos judíos y las numerosas exoneraciones hechas por Pilato. Sin embargo, no estuvieron contentos con desobedecer a Jesús sino más bien, como Mateo menciona más adelante en su relato (v. 44), le lanzaron insultos.

El motivo específico y consciente para que odiaran a Jesús no está claro. Al parecer no estaban motivados por intereses religiosos, y sin duda alguna Jesús no les había hecho ningún daño. Pero sus corazones naturalmente perversos reconocieron de algún modo la vida de Jesús como un juicio justo sobre la pecaminosidad de ellos, y por tanto se unieron a los abucheos de la gente y a los líderes religiosos en las burlas.

Como las de muchos hoy, las vidas de los dos ladrones giraban alrededor de posesiones materiales y satisfacción carnal. Al igual que hacían los soldados romanos paganos, estos hombres tenían poco interés por la religión, la moralidad común, y la justicia. Al tener un amor más grande por las cosas del mundo que por las de Dios, usaron su último aliento de vida para expresar su ira contenida sobre el único que podía darles esperanza.

LOS MALVADOS VOLUBLES

Y los que pasaban le injuriaban, meneando la cabeza, y diciendo: Tú que derribas el templo, y en tres días lo reedificas, sálvate a ti mismo; si eres Hijo de Dios, desciende de la cruz. (27:39-40)

A otro grupo presente en la crucifixión podría llamársele los malvados volubles. Mencionados por Mateo simplemente como **los que pasaban,** es probable que estos individuos fueran en su mayoría peregrinos judíos que habían llegado para celebrar la Pascua. Puesto que Jerusalén no podía albergar a todos los visitantes, muchos de ellos tenían que acampar fuera de la ciudad o quedarse en pueblos y aldeas cercanos. En consecuencia, había mucho más tráfico pesado de lo habitual dentro y fuera de Jerusalén.

Esta multitud particular de transeúntes sin duda incluía habitantes de Judea y Galilea que antes habían admirado a Cristo y que tal vez hasta lo siguieron por un tiempo. Lo habían oído predicar y le habían visto realizar milagros y poner al descubierto la maliciosa hipocresía de los escribas y fariseos, y de otros dirigentes religiosos. Algunos de ellos sin duda habían participado en la entrada triunfal pocos días antes, y se habían unido en gritar hosannas a su nombre. Lo habían visto limpiar el templo de los cambistas y vendedores de sacrificios, y es muy probable que lo vitorearan por eso mientras le escuchaban sus enseñanzas.

También es casi seguro que al principio del día estos que fueron admiradores pidieran a gritos la crucifixión de Jesús, y que hubieran seguido a los soldados y al Señor hasta el lugar de la Calavera para presenciar la ejecución que habían demandado. Estos eran los malvados volubles que tuvieron un lugar para Jesús solo cuando Él les satisfizo sus deseos. Estaban fascinados por Jesús, sabían lo que Él afirmaba ser, y habían sido testigos de innumerables demostraciones de poder que verificaban esa afirmación.

Pero aunque estaban agradecidos por los milagros de Jesús y asombrados por su predicación, no tenían deseos de que Él les limpiara de sus apreciados pecados, o de que tuviera control sobre sus vidas. Habían esperado que Jesús fuera su propio tipo de Mesías, uno que derrocaría a Roma y establecería a Israel como soberano sobre el mundo gentil. El hecho de que Él hubiera dejado que lo arrestaran, que se le burlaran, lo golpearan, lo azotaran, y lo juzgaran delante del pagano Pilato mientras no ofrecía ninguna defensa verbal, y mucho menos milagrosa, era prueba suficiente de que no se trataba del Mesías a quien tanto ellos como la mayor parte de Israel habían anhelado y esperado.

Cuando estas personas **pasaban** por debajo de la cruz **le injuriaban, meneando la cabeza.** El verbo traducido **injuriaban** está en tiempo imperfecto, lo que indica difamación reiterada y continua. A fin de enfatizar su desprecio también estaban **meneando la cabeza** en forma de burla, **y diciendo: Tú que derribas el templo, y en tres días lo reedificas, sálvate a ti mismo.** Tal como David había profetizado algunos miles de años antes, aquellos que miraban al Mesías lo escarnecían, se le burlaban, y meneaban sus cabezas, diciendo en esencia: "Se encomendó a Jehová; líbrele él; sálvele, puesto que en él se complacía" (Sal. 22:7-8).

Tú que derribas el templo, y en tres días lo reedificas se refiere al testimonio de los testigos falsos durante la audiencia ante Caifás. Dándole mal uso a una afirmación que Jesús había hecho casi tres años antes refiriéndose a su propia muerte y resurrección (véase Jn. 2:19-21), esos testigos lo acusaron de proclamar poder para reconstruir el templo de Jerusalén en tres días (Mt. 26:61). Sus atormentadores en realidad estaban diciendo: "Si puedes realmente hacer algo tan milagroso, **sálvate a ti mismo** ahora de la muerte. **Si eres Hijo de Dios, desciende de la cruz**".

Mientras Pilato escuchaba la advertencia enviada por su esposa, los principales sacerdotes y los ancianos habían estado incitando al gentío a que exigiera la liberación de Barrabás y crucifixión de Jesús, tal vez hablándoles de las afirmaciones del Señor de reconstruir el templo y de ser el Hijo de Dios (véase Mt. 27:19-20). Algunas de tales personas ahora lanzaban las acusaciones al rostro de Jesús mientras Él se hallaba suspendido en la cruz. No era suficiente que estuviera muriendo en agonía. La malvada, absurda e insensible multitud había cambiado en pocos días de aclamar a Jesús como el Mesías a condenarlo por blasfemo.

Muchos hoy día son como esa gente. Se han criado yendo a la iglesia, han oído muchas veces las verdades del evangelio, y saben que Jesucristo afirmó ser el Hijo de Dios. Se pueden haber bautizado, y pueden haber hecho profesión de fe; tal vez han asistido con regularidad a una iglesia por un tiempo. Pero debido a que Jesús no les cumple sus expectativas mundanas y egoístas pierden interés en las cosas de Dios. Pueden estar muy dispuestos a que la Iglesia ataque los males en la sociedad, pero no están dispuestos a ser confrontados con sus propios pecados y su necesidad de arrepentimiento y perdón. En realidad, se mofan de Jesús y lo desprecian mientras le dan la espalda a la verdad, la justicia, y el señorío de Cristo. El mundo está lleno de "los que pasaban", que una vez alabaron a Jesús pero que ahora lo ridiculizan.

LOS MALVADOS RELIGIOSOS

De esta manera también los principales sacerdotes, escarneciéndole con los escribas y los fariseos y los ancianos, decían: A otros salvó, a sí mismo no se puede salvar; si es el Rey de Israel, descienda ahora de la cruz, y creeremos en él. (27:41-44)

Los peores malvados de aquellos que acosaron a Jesús en la cruz fueron los dirigentes religiosos, conformados por **los principales sacerdotes, los escribas, los fariseos y los ancianos.** Estos fueron los principales instigadores de la crucifixión, tal como Jesús había profetizado (Mr. 8:31; Mt. 20:18; cp. Mr. 14:43). **Los fariseos** habían sido los primeros críticos de Cristo y los más persistentes; habían comenzado a tramar su muerte muchos años antes (Mt. 12:14), y estuvieron implicados en su arresto (Jn. 18:3). Pero al parecer jugaron de alguna manera un papel secundario en los juicios y la condena del Señor, pues no se le menciona hasta el día siguiente a la crucifixión, cuando junto con los principales sacerdotes le pidieron a Pilato que ordenara sellar la tumba (Mt. 27:62-64).

Los principales sacerdotes, los escribas, los fariseos y los ancianos representaban a todo el liderazgo religioso de Israel, incluso al sumo sacerdote en funciones y al anterior, además de los saduceos, todos los cuales se oponían firmemente a Jesús e intentaban destruirlo. A pesar de que las audiencias y la condena de Jesús hechas por el concilio fueron ilegales por sus propias normas y por la ley mosaica, este gobierno supremo de Israel, o sanedrín, aprobó plenamente la definitiva e irreversible decisión de darle muerte a Cristo (26:59; Mr. 15:1).

Estos eran las autoridades religiosas y los supuestos líderes espirituales del judaísmo. Muchos de ellos, como los escribas, habían dedicado todas sus vidas al estudio de la Palabra de Dios y las tradiciones rabínicas. Debido a que al judaísmo se le veía acertadamente como la única religión verdadera, a estos hombres se les consideraba los religiosos más reverenciados no solo en Israel sino en el mundo. Si algún grupo de personas debía haber conocido la verdad de Dios y reconocido y recibido al Mesías, eran estos individuos. Sin embargo, no solo se opusieron y condenaron a Jesús, sino que sedujeron al pueblo para que los apoyaran en su perverso rechazo a Cristo.

Tal vez debido a que se sentían superiores para dirigirse directamente a Jesús mientras colgaba en la cruz como un delincuente, los dirigentes hablaron a las multitudes cuando estas se burlaban, diciendo: **A otros salvó, a sí mismo no se puede salvar.** Al afirmar que Jesús **salvó a otros,** esos hombres reconocieron una vez más la realidad de los milagros del Señor, los cuales nunca pudieron negar. Lo criticaban por sanar "en el día de reposo" (Mr. 3:2) y lo acusaron de recibir de Satanás su poder milagroso (Mt. 12:24), pero la realidad de ese poder para obrar milagros era demasiado evidente y extensa para repudiarla. Pero ya que Jesús atacó su hipocresía, y puesto que se habían convencido de que Dios estaba de parte de ellos, los dirigentes religiosos también estaban convencidos de que Jesús *no* venía de Dios y por tanto ahora **no se** podía **salvar a sí mismo.**

Ellos siguieron diciendo: **si es el Rey de Israel, descienda ahora de la cruz, y creeremos en él.**

Por supuesto, esa declaración era conscientemente falsa y solo significaba una burla. No habían creído en Jesús ni por las verdades que enseñó ni por los milagros que realizó. Si descendía **ahora de la cruz,** ellos no le creerían más de lo que creyeron **en él** cuando resucitó a personas de los muertos, tal como Abraham había declarado en la historia de Jesús acerca de Lázaro (Lc. 16:30-31). Un milagro más, o una docena más, no los habría persuadido de que creyeran **en él.**

El único tipo de poder natural o sobrenatural que a esos dirigentes religiosos les preocupaba era el que sirviera a sus propias expectativas e intereses. Parecería seguro que, si Jesús hubiera usado su poder para conquistar Roma y establecer a Israel como la nación suprema sobre la tierra, según la mayoría de judíos esperaba, esos líderes y casi todos los judíos lo habrían seguido con entusiasmo. Pero no habrían creído en Él como Señor y Salvador, sino que únicamente le habrían dado la necesaria lealtad superficial para conseguir sus propios fines, tal como hicieron los seguidores nominales del Señor a lo largo de la historia y tal como siguen haciendo hasta el día de hoy.

Jesús no era el tipo de Mesías que esperaban, y no tenían deseos de seguirlo en la manera que Él demandaba. No querían ser justificados sino exitosos. No querían ser limpiados sino satisfechos de modo egoísta. No querían renunciar a nada por Dios, sino que deseaban de Él solamente las ventajas mundanas y materiales que apreciaban. Cuando se dieron cuenta de que Jesús no ofrecía tales favores, ya no les servía para nada.

Los dirigentes religiosos continuaron expresando con hipocresía: **Confió en Dios; líbrele ahora si le quiere.** Ellos no creían realmente que Jesús confiaba en Dios, sino que se trataba de un fraude impío. Y es obvio que no creían que Dios lo liberaría **ahora si** lo quisiera, porque consideraban que Jesús era un blasfemo. Tampoco parece probable que citaran de modo intencional Salmos 22:8, aplicándolo burlonamente a Jesús. Aun para sus mentes perversas eso habría sido un trato irreverente de las Escrituras. Fue más bien que sin saberlo cumplieron las Escrituras cuando se burlaron de Jesús, tal como Judas, Caifás, Pilato y muchos otros las habían cumplido sin saberlo.

A continuación se burlaron de la persona de Jesús, lanzándole en el rostro las muchas afirmaciones que había hecho, pero que nunca habían creído, en cuanto a que era el **Hijo de Dios.** Para sus mentes incrédulas e impías, el hecho de que Jesús ni podía salvarse ni se salvaría era prueba definitiva de que Él no era el Mesías e Hijo de Dios. No podían concebir que el Mesías permitiera ese maltrato a sí mismo, o que Dios permitiera tal maltrato hacia su Hijo. Estaban ciegos a lo que las Escrituras enseñaban acerca del sufrimiento y la muerte expiatoria del Mesías, y llevaron a Jesús a la crucifixión para que fuera prueba definitiva e irrefutable de que las afirmaciones que Él hizo eran falsas.

Esos hombres tenían mucho que ver con religión, pero nada que ver con Dios. Sin embargo, debido a que profesaban gran conocimiento de Dios y a que suponían estar agradándole, fueron los más culpables de quienes participaron en la muerte de Jesús (cp. Jn. 19:11). Aunque afirmaban sentarse en la cátedra de Moisés, contradecían lo que Moisés enseñó, y a pesar de que aseguraban hablar por Dios en realidad eran sus enemigos e hijos de Satanás (Jn. 8:44).

El Señor prometió: "[Un día] derramaré sobre la casa de David, y sobre los moradores de Jerusalén, espíritu de gracia y de oración; y mirarán a mí, a quien traspasaron, y llorarán como se llora por hijo unigénito, afligiéndose por él como quien se aflige por el primogénito" (Zac. 12:10). En la crucifixión los dirigentes religiosos representaron a todos los israelitas que en esa época rechazaron a su Mesías y lo "traspasaron". Todos los que rechazan a Cristo participan de la culpa de su crucifixión y de exponerlo al vituperio, incluso más si, al igual que tales líderes religiosos, se tienen privilegios especiales de parte de Dios y son expuesto a su verdad (He. 6:4-6).

Mateo vuelve a mencionar (véase v. 38) a los dos **ladrones que estaban crucificados con él.** Como ya se observó, ellos siguieron el ejemplo de los principales sacerdotes, escribas y ancianos en vilipendiar a Jesús, injuriándole **también.**

Sin embargo, uno de ellos tendría un cambio de corazón y llegaría a la fe salvadora. Por medio del Espíritu Santo llegó a ver a Jesús por lo que realmente es, y en sus últimos momentos declaró: "Jesús: Acuérdate de mí cuando vengas en tu reino. Entonces Jesús le dijo: De cierto te digo que hoy estarás conmigo en el paraíso" (Lc. 23:42-43).

Muchos otros que se habían burlado de Cristo en la cruz llegaron más adelante a confiar en Él como Salvador y Señor. Después del mensaje fortalecido por el Espíritu que Pedro impartiera en Pentecostés, los oyentes "se compungieron de corazón, y dijeron a Pedro y a los otros apóstoles: Varones hermanos, ¿qué haremos? Pedro les dijo: Arrepentíos, y bautícese cada uno de vosotros en el nombre de Jesucristo para perdón de los pecados; y recibiréis el don del Espíritu Santo… Así que, los que recibieron su palabra fueron bautizados; y se añadieron aquel día como tres mil personas" (Hch. 2:37-38, 41).

Por la acción de la gracia soberana de Dios, incluso algunos de los burladores y condenadores líderes religiosos llegaron a la salvación durante los primeros días de la iglesia, incluso "muchos de los sacerdotes" (Hch. 6:7).

Milagroso comentario de Dios en la cruz

145

Y desde la hora sexta hubo tinieblas sobre toda la tierra hasta la hora novena. Cerca de la hora novena, Jesús clamó a gran voz, diciendo: Elí, Elí, ¿lama sabactani? Esto es: Dios mío, Dios mío, ¿por qué me has desamparado? Algunos de los que estaban allí decían, al oírlo: A Elías llama éste. Y al instante, corriendo uno de ellos, tomó una esponja, y la empapó de vinagre, y poniéndola en una caña, le dio a beber. Pero los otros decían: Deja, veamos si viene Elías a librarle. Mas Jesús, habiendo otra vez clamado a gran voz, entregó el espíritu. Y he aquí, el velo del templo se rasgó en dos, de arriba abajo; y la tierra tembló, y las rocas se partieron; y se abrieron los sepulcros, y muchos cuerpos de santos que habían dormido, se levantaron; y saliendo de los sepulcros, después de la resurrección de él, vinieron a la santa ciudad, y aparecieron a muchos. (27:45-53)

Hace algunos años mientras conducía hacia una reunión una mañana de Viernes Santo escuché un programa de radio en que el locutor estaba intentando reconocer esa fecha como un día muy especial. Dijo que se trataba de un día en que cierto hombre fue procesado por delitos que no cometió y, aunque inocente, fue sentenciado a muerte. Por supuesto, el locutor estaba hablando de la crucifixión de Cristo. Comentó sobre la inspiración de esa Persona especial y de todas las demás que como Él se levantan con resolución por lo que creen sin tener en cuenta las consecuencias.

Pero por bienintencionado como pudo haber sido el locutor, perdió totalmente el verdadero significado de la muerte de Jesús. Al igual que la mayoría de personas en la sociedad occidental, conocía muchos de los hechos de la crucifixión, pero no tenía idea de su significado aparte de la obvia farsa de la justicia humana. Y por lo que se decía en ese programa, la resurrección de Jesús se consideraba más mito y leyenda que historia. Ni siquiera se insinuó algún propósito, alguna actividad, o algún logro divino.

Según se indicó en el capítulo anterior, para la época de Cristo los romanos habían crucificado como a treinta mil hombres solo en Palestina. Parece probable que algunos de ellos también fueran inocentes de las acusaciones en su contra. La mayoría fueron ejecutados por insurrección, y sin duda alguna eran patriotas sinceros que esperaban liberar a su pueblo de la opresión. Murieron con nobleza por una causa en que creían. Podríamos preguntar: ¿Por qué entonces la historia recuerda el nombre de solo uno de tales hombres?

La respuesta es clara casi desde las primeras palabras de la Biblia. El pecado de Adán y Eva no solo ocasionó su propia caída y la de todos sus descendientes, sino que también trajo corrupción a toda la tierra. Fue por eso que Pablo declaró que el mundo físico gime como una mujer en parto, anhelando ser restaurada a su perfección diseñada por Dios (Ro. 8:19-22).

Inmediatamente después de la caída, Dios ofreció la primera promesa velada de la liberación del pecado que había maldecido a la humanidad y al resto del mundo. Le advirtió a Satanás: "Pondré enemistad entre ti y la mujer, y entre tu simiente y la simiente suya; ésta te herirá en la cabeza, y tú le herirás en el calcañar" (Gn. 3:15). Ya que los hombres, no las mujeres, portan la simiente de la procreación, la simiente de Eva fue predicción del nacimiento virginal de Cristo, quien no tendría padre humano y sería herido de forma temporal "en el calcañar" por parte de Satanás, pero heriría a Satanás de modo permanente "en la cabeza".

Cuando Dios proveyó el carnero como substituto por Isaac, a quien había ordenado que su padre Abraham sacrificara (Gn. 22:1-14), proporcionó una hermosa imagen de la ofrenda expiatoria de su propio Hijo, Jesucristo, solo que para Él ningún sustituto se proveyó ni podría proveerse. Y a través de los sacrificios animales prescritos en la ley de Moisés, Dios presentó a su pueblo la necesidad de derramar sangre por la remisión del pecado. Pero la sangre de esos animales no tenía poder para quitar el más mínimo pecado, y los sacrificios debieron repetirse continuamente a lo largo de la historia de Israel. Pero por imperfectos que eran, representaban sin embargo el sacrificio verdadero, suficiente y de una sola vez, hecho por todos los pecados, y que la sangre de Cristo derramada en la cruz proporcionaría. ¡Solo uno de los treinta mil crucificados murió por los pecados del mundo!

Isaías predijo de forma gráfica que el Mesías venidero sería "herido… por nuestras rebeliones, molido por nuestros pecados", llevando en su propio cuerpo los pecados de toda la humanidad caída (Is. 53:5). Zacarías predijo que un día el pueblo escogido de Dios se volverá como una nación hacia Aquel que habían herido, "y llorarán como se llora por hijo unigénito" (Zac. 12:10).

En el Nuevo Testamento, Pablo explica que en la cruz Cristo fue hecho maldición por nosotros que merecemos ser malditos (Gá 3:13). Pedro declara que "Cristo padeció una sola vez por los pecados, el justo por los injustos, para llevarnos a Dios, siendo a la verdad muerto en la carne, pero vivificado en espíritu" (1 P. 3:18; cp. He. 9:28), y Juan habla de Jesús como el supremo "Cordero que fue inmolado" (Ap. 13:8).

Pero en ninguna parte de la Biblia se delinea de modo más poderoso el significado de la cruz que en Mateo 27:45-53, donde se relatan seis milagros que forman el propio comentario del Dios todopoderoso sobre el significado de la cruz.

TINIEBLAS SOBRENATURALES

Y desde la hora sexta hubo tinieblas sobre toda la tierra hasta la hora novena. (27:45)

Cuando Jesús nació, el cielo nocturno de Belén se llenó de luz sobrenatural mientras "la gloria del Señor" rodeaba de resplandor a los pastores en el campo (Lc. 2:9). Juan habla de Jesús como "la luz de los hombres" y "aquella luz verdadera, que alumbra a todo hombre" (Jn. 1:4, 9). Jesús hablo de sí mismo como "la luz del mundo" (Jn. 8:12; cp. 12:35-36).

Pero la primera señal milagrosa que acompañó la muerte de Jesús no fue luz gloriosa sino oscuridad espantosa. **Desde la hora sexta** (mediodía), cuando el sol está en su cenit, **hubo tinieblas** sobrenaturales **sobre toda la tierra hasta la hora novena** (3:00 de la tarde). La crucifixión de Jesús había comenzado a la hora tercera, o las 9:00 de la mañana (Mr. 15:25), y cuando comenzaron las tinieblas había estado en la cruz por tres horas.

Durante esas primeras tres horas, el silencio fue roto por Jesús solo en tres ocasiones. La primera fue al declarar: "Padre, perdónalos, porque no saben lo que hacen" (Lc. 23:34), y poco tiempo después le manifestó al ladrón arrepentido a su lado: "De cierto te digo que hoy estarás conmigo en el paraíso" (23:43). Poco después de eso le dijo a su madre: "Mujer, he ahí tu hijo" y a Juan: "He ahí tu madre" (Jn. 19:26-27).

Al inicio de las segundas tres horas **hubo tinieblas sobre toda la tierra.** El griego *gē* (**tierra**) también puede traducirse *planeta*, indicando todo el mundo. Por tanto, no es posible determinar por el texto cuán extensas fueron las tinieblas. Desde luego, Dios podía igualmente hacer que las tinieblas fueran locales o universales. Poco antes del éxodo hizo que una gran oscuridad cubriera la tierra de Egipto (Éx. 10:14-15), y como cuarenta años más tarde hizo que el sol se detuviera, tal vez parando de modo temporal la rotación de la tierra (Jos. 10:12-13; cp. 2 R. 20:9-11).

Varios informes interesantes en la literatura extrabíblica sugieren que las tinieblas en la crucifixión de Jesús fueron en todo el mundo. El padre de la iglesia primitiva Orígenes (*Contra Celso,* 2.33) reporta una declaración hecha por un historiador romano que mencionó tales tinieblas. Otro padre de la iglesia, Tertuliano, escribió a algunos paganos conocidos acerca de una oscuridad poco común ese día, "cuya maravilla se relata en vuestros propios anales y se conserva en vuestros propios archivos hasta el día de hoy". Hubo también un supuesto informe de Pilato al emperador Tiberio en que suponía que el emperador tenía conocimiento de cierta oscuridad generalizada, mencionando incluso que fue desde las doce del día hasta las tres de la tarde.

Para describir estas tinieblas Lucas usa la palabra *ekleipō*, que tiene el significado literal de fallar, o dejar de existir, y es el término del que se deriva *eclipse.* Pero un eclipse astronómico normal habría sido imposible durante la crucifixión, porque el sol y la luna estaban muy separados ese día. Por eso, independientemente de su extensión, la oscuridad del sol fue por intervención sobrenatural de Dios. Lucas explica que durante ese período de tres horas "el sol se oscureció" (23:45).

El propósito de las tinieblas no se explica en los evangelios o en ninguna parte de la Biblia, pero de acuerdo con el *Talmud babilónico* muchos rabinos habían enseñado por mucho tiempo que el oscurecimiento del sol era un juicio de Dios sobre el mundo por un pecado excepcionalmente atroz. Si esa fue en realidad la intención de Dios en la crucifixión, presentó al mundo una gigantesca lección objetiva con relación al pecado más grande cometido alguna vez por la humanidad caída.

Algunos intérpretes han sugerido que las tinieblas fueron un medio en que Dios echó un gran velo sobre los sufrimientos de Cristo, y otros sugieren que se trató de un acto de simpatía paterna divina que se dio para cubrir la desnudez y la deshonra de su Hijo.

Pero en vista de muchas enseñanzas y sucesos bíblicos, parecería que las tinieblas en la crucifixión fueron en realidad una marca del juicio divino. Al hablar que los asirios fueran usados por Dios para castigar a Israel, Isaías se refirió a "tinieblas de tribulación" que cubrirían la tierra cuando "en sus cielos se oscurecerá la luz" (Is. 5:30). Al describir el día del Señor, el mismo profeta declaró que "las estrellas de los cielos y sus luceros no darán su luz", y que "el sol se oscurecerá al nacer, y la luna no dará su resplandor. Y castigaré al mundo por su maldad", dice el Señor, "y a los impíos por su iniquidad" (13:10-11).

También hablando del día del Señor, el profeta Joel escribió de un "día de tinieblas y de oscuridad, día de nube y de sombra" (Jl. 2:2). Amós preguntó de modo retórico: "¿No será el día de Jehová tinieblas, y no luz; oscuridad, que no tiene resplandor?" (Am. 5:20). Sofonías escribió: "Cercano está el día grande de Jehová, cercano y muy próximo; es amarga la voz del día de Jehová; gritará allí el valiente. Día de ira aquel día, día de angustia y de aprieto, día de alboroto y de asolamiento, día de tiniebla y de oscuridad, día de nublado y de entenebrecimiento" (Sof. 1:14-15).

En dichos pasajes del Antiguo Testamento y en muchos otros el juicio de Dios se asocia directamente con oscuridad, y similar asociación se encuentra en el Nuevo Testamento. Pedro declara que Dios arrojó a los ángeles rebeldes "al infierno [y] los entregó a prisiones de oscuridad, para ser reservados al juicio" (2 P. 2:4). Más o menos con las mismas palabras, Judas habla de que a aquellos ángeles "los ha guardado bajo oscuridad, en prisiones eternas, para el juicio del gran día" (Jud. 6). Jesús mismo habló a menudo del juicio divino en términos de "tinieblas de afuera", donde "será el lloro y el crujir de dientes" (Mt. 8:12; 22:13; 25:30).

La cruz fue un lugar de inmenso juicio divino en que los pecados del mundo fueron derramados vicariamente sobre el Hijo sin pecado y perfecto. Por tanto, fue apropiado que en ese acto de juicio la gran oscuridad sobrenatural expresara la reacción de Dios al pecado.

PARTIDA SOBERANA

Cerca de la hora novena, Jesús clamó a gran voz, diciendo: Elí, Elí, ¿lama sabactani? Esto es: Dios mío, Dios mío, ¿por qué me has desamparado? Algunos de los que estaban allí decían, al oírlo: A Elías llama éste. Y al instante, corriendo uno de ellos, tomó una esponja, y la empapó de vinagre, y poniéndola en una caña, le dio a beber. Pero los otros decían: Deja, veamos si viene Elías a librarle. (27:46-49)

Un segundo milagro ocurrió **cerca de la hora novena,** o tres de la tarde, a través de un acontecimiento inexplicable que podría llamársele partida soberana en que de algún modo Dios fue separado de Dios.

En ese momento **Jesús clamó a gran voz, diciendo: Elí, Elí, ¿lama sabactani?** Como explica Mateo, la palabra hebrea **Eli** (Marcos utiliza la forma aramea "Eloi", 15:34) significa **Dios mío,** y **lama sabactani** significa **¿por qué me has desamparado?**

Debido a que Jesús estaba citando el muy conocido Salmo 22, pudo haber habido pocas dudas en las mentes de **algunos de los que estaban allí** en cuanto a lo que Jesús estaba diciendo. Habían estado burlándose de Él por la afirmación que había hecho de ser el Hijo de Dios (v. 43), y se habría esperado una apelación por ayuda divina. Lo que expresaron, **a Elías llama éste,** no fue una conjetura acerca de lo que Él dijo sino que simplemente fue una extensión de las burlas crueles y cínicas.

En este milagro único y extraño, Jesús estaba clamando angustiado debido a la separación que ahora experimentaba de su Padre celestial por primera y única vez en toda la eternidad. Este es el único momento del que tenemos registro que Jesús no se dirigió a Dios como Padre. Puesto que el Hijo ya había tomado el pecado sobre sí mismo, el Padre le dio la espalda. Ese misterio es tan grande e imponderable que no sorprende que se cuente que Martín Lutero se hubiera ido a reclusión durante mucho tiempo tratando de entenderlo, y que hubiera regresado tan confundido como cuando comenzó. En alguna manera y por algunos medios, y en los secretos de la soberanía y la omnipotencia divinas, el Dios-Hombre fue separado de Dios por un breve tiempo en el Calvario, mientras la ira furiosa del Padre fue derramada sobre el Hijo sin pecado, quien en gracia sin igual se convirtió en pecado por quienes creen en Él.

Habacuc declaró de Dios: "Muy limpio eres de ojos para ver el mal, ni puedes ver el agravio" (Hab. 1:13). Dios volvió la espalda cuando Jesús estaba en la cruz porque no podía mirar el pecado, o quizás de modo más específico, a su propio Hijo. Tal como Jesús se lamentó a gritos, **Dios** el Padre lo había **desamparado.**

Jesús no murió como un mártir por una causa justa ni tan solo como un hombre inocente acusado y condenado erróneamente. Tampoco, según algunos sugieren, murió como un gesto heroico en contra de la inhumanidad del hombre hacia el hombre. El Padre pudo haber visto con agrado muertes tan desinteresadas como esas. Pero ya que Jesús murió como sacrificio sustituto por los pecados del mundo, el justo Padre celestial tenía que juzgarlo plenamente de acuerdo con ese pecado.

El Padre desamparó al Hijo porque el Hijo llevó sobre sí "nuestras rebeliones [y] nuestros pecados" (Is. 53:5). Jesús "fue entregado por nuestras transgresiones" (Ro. 4:25) y "murió por nuestros pecados, conforme a las Escrituras" (1 Co. 15:3). Aquel "que no conoció pecado, por nosotros [se] hizo pecado" (2 Co. 5:21) y se convirtió en maldición "por nosotros" (Gá. 3:13). "Llevó él mismo nuestros pecados en su cuerpo sobre el madero" (1 P. 2:24), "padeció una sola vez por los pecados, el justo por los injustos" (1 P. 3:18), y se convirtió "en propiciación por nuestros pecados" (1 Jn. 4:10).

Jesucristo no solo cargó con los pecados de la humanidad, sino que en realidad se *convirtió* en pecado a favor del ser humano, a fin de que quienes creen en Él puedan salvarse del castigo que merecen sus pecados. Jesús vino a enseñar a los hombres la perfección de Dios y a ser un ejemplo perfecto de la santidad y la justicia de Dios. Sin embargo, como Él mismo declaró, la razón suprema para su venida a la tierra no fue enseñar o ser ejemplo, sino "dar su vida en rescate por muchos" (Mt. 20:28).

Cuando Cristo fue **desamparado** por el Padre, la separación que tuvieron no fue en naturaleza, esencia o sustancia. Cristo en ningún sentido o grado dejó de existir como Dios o como miembro de la Trinidad. No dejó de ser el Hijo más de lo que un hijo que peca gravemente contra su padre humano deja su condición de hijo. Pero por un tiempo Jesús sí dejó de conocer la intimidad de comunión con su Padre celestial, tal como un hijo desobediente deja por un tiempo de tener comunión íntima, normal y amorosa con su padre humano.

Por la encarnación misma ya había habido una separación parcial. Debido a que Jesús se había separado de su gloria divina y de su comunicación cara a cara con el Padre, negándose a aferrarse a esos privilegios divinos para su propio bien (Fil. 2:6), oró al Padre en presencia de sus discípulos: "Glorifícame tú al lado tuyo, con aquella gloria que tuve contigo antes que el mundo fuese" (Jn. 17:5). Su separación del Padre en la cruz se volvió muchísimo más profunda que la humillante encarnación durante los treinta y tres años de su vida terrenal.

Como ya se mencionó, el misterio de esa separación es demasiado profundo incluso para que el creyente más maduro la comprenda. Pero Dios ha revelado la verdad básica de ese misterio para que la aceptemos y entendamos hasta el límite de nuestra capacidad bajo la iluminación de su Espíritu. Y en ninguna parte de la Biblia podemos contemplar de manera más clara y penetrante la realidad de la muerte sacrificial de Jesús y la angustia de haberse separado de su Padre, que en su sufrimiento sobre la cruz a causa del pecado. Al ser engullido por voluntad propia en nuestros pecados y en los pecados de todos los seres humanos en todos los tiempos, el Hijo de Dios se retorció de angustia no por las laceraciones sobre su espalda, por las espinas que todavía le perforaban la cabeza, ni por los clavos que lo sujetaban a la cruz, sino por la pérdida incomparablemente dolorosa de su comunión con su Padre celestial al haberse convertido en pecado por nosotros.

Poco después que clamara a Dios por haber sido desamparado, "sabiendo Jesús que ya todo estaba consumado, dijo, para que la Escritura se cumpliese: Tengo sed" (Jn. 19:28). Al igual que Juan clarifica después (v. 29), **al instante, corriendo uno de ellos, tomó una esponja, y la empapó de vinagre, y poniéndola en una caña, le dio a beber.**

Aquel que corrió a ayudar a Jesús fue tal vez uno de los guardias militares romanos, y al tomar **una esponja** y empaparla **de vinagre** esperó saciar de modo temporal la sed de Jesús. El **vinagre** era un vino barato muy diluido en agua que se usaba como una bebida común para trabajadores y soldados. Debido a que contenía mucha agua y poco alcohol, era especialmente útil para calmar la sed. Juan ofrece el detalle adicional de que la **caña** era una rama de hisopo (Jn. 19:29), que no debió haber medido más de cuarenta y cinco centímetros. A fin de que una rama tan corta llegara hasta los labios de Jesús, la viga horizontal de la cruz debió haber estado más bien cerca del suelo.

Que le dieran **a beber** a Jesús fue tal vez un acto de compasión, pero fue mínimo en efecto y solo sirvió para prolongar la tortura antes que la muerte le produjera alivio. **Pero los otros** individuos que se hallaban cerca de la cruz usaron ese gesto de bondad como otra oportunidad para burlarse aún más del Señor, declarando: **Deja, veamos si viene Elías a librarle.**

Parece increíble que ni siquiera la oscuridad total del mediodía sobresaltara a los miembros de la malvada multitud. Estaban tan empeñados en burlarse de Jesús que ni siquiera un fenómeno tan trascendental como el bloqueo del sol los disuadió. Parecería que el hecho de estar conscientes de las muchas asociaciones del Antiguo Testamento en cuanto a tinieblas antinaturales con juicio, al menos brevemente les habría llevado a considerar la posibilidad de que el juicio divino estuviera ocurriendo en ese mismo instante. Pero el único pensamiento que tenían ahora en sus mentes era hacer dolorosa y humillante la muerte de Jesús. No tenían comprensión de la asombrosa separación entre el Hijo y el Padre.

ENTREGADO A LA MUERTE

Mas Jesús, habiendo otra vez clamado a gran voz, entregó el espíritu. (27:50)

Un tercer milagro de la cruz fue que Cristo se entregó a la muerte, en sacrificio voluntario, que en obediencia a la voluntad de su Padre el Hijo hizo de sí mismo por los pecados del mundo.

El hecho de que **Jesús** clamara **otra vez a gran voz** (cp. v. 46; Mr. 15:37; Lc. 23:46) demostró considerable fortaleza física, incluso después de los golpes, los azotes, la corona de espinas, las heridas de clavos, y de colgar en agonía durante varias horas. Jesús no se consumió poco a poco, sino que su vida se apagó gradualmente hasta extinguirse. Incluso ahora se hizo evidente que Él no estaba en el punto del agotamiento total, y que tenía los recursos para permanecer vivo si así lo deseaba.

Las últimas palabras que el Señor clamó desde la cruz fueron en primer lugar: "Consumado es" (Jn. 19:30), indicando que la obra que su Padre lo había enviado a cumplir había finalizado. Entonces, dirigiéndose otra vez a Dios como su Padre, declaró: "Padre, en tus manos encomiendo mi espíritu" (Lc. 23:46).

Aphiēmi (**entregó**) tiene el significado básico de soltar o enviar, indicando un acto de voluntad. La vida de Jesús no le fue quitada por los hombres; más bien Él rindió su **espíritu** por el acto consciente de su propia voluntad soberana. Como había explicado a los doce, nadie le podía quitar la vida ni se la quitaría. Así manifestó: "Nadie me la quita, sino que yo de mí mismo la pongo. Tengo poder para ponerla, y tengo poder para volverla a tomar" (Jn. 10:18).

Tal como se observó, la capacidad que tuvo Jesús de hablar desde la cruz en voz alta indicó una reserva de energía sin precedentes para una persona en su condición física. Sin embargo, incluso en vista de su grave condición corporal Jesús murió mucho más pronto de lo normal. Por eso cuando José de Arimatea informó a Pilato de la muerte del Señor y le pidió el cuerpo, el gobernador se sorprendió y pidió a un centurión que lo verificara (Mr. 15:43-45).

Esos dos hechos dan fe de la rendición voluntaria que Jesús hizo de su **espíritu.** Él no tomó su propia vida, sino que por voluntad propia la entregó a quienes buscaban quitársela y que de otro modo no pudieron haberla conseguido.

En la cruz el Padre juzgó el pecado del mundo que el Hijo llevó sobre sí, y el Hijo, quien controla divinamente la vida y la muerte, entregó de modo voluntario su vida como castigo por ese pecado.

DEVASTACIÓN DEL SANTUARIO

Y he aquí, el velo del templo se rasgó en dos, de arriba abajo; (27:51*a*)

El cuarto milagro que ocurrió durante la crucifixión fue la devastación divina del santuario, cuando **el velo del templo se rasgó en dos.**

Naos (**templo**) no se refiere al templo como un todo sino al santuario interior, el lugar santísimo, donde moraba la simbólica presencia de Dios. Un enorme **velo** tejido separaba el lugar santísimo del resto del templo, y Josefo informa que esta gran cortina era predominantemente azul y que estaba profusamente decorada.

Una vez al año al sumo sacerdote se le permitía atravesar el velo en el día de la Expiación con el fin de rociar sangre sobre el altar por los pecados del pueblo, y tan solo por corto tiempo. Al igual que la presencia de Dios en el lugar santísimo, aun ese sacrificio especial solo era simbólico. El ritual debía repetirse cada año, en anticipación del único y verdadero sacrificio por los pecados que un día el mismo Hijo de Dios iba a ofrecer.

Cuando Cristo entregó su espíritu se completó ese sacrificio de una sola vez y para siempre, y ya no existía la necesidad de un **velo**. Viniendo al Hijo, cualquier ser humano ahora podía llegar directamente a Dios sin necesidad de sacerdote, sacrificio o ritual. En consecuencia, **el velo del templo se rasgó en dos, de arriba abajo** por acción milagrosa de Dios, porque la barrera del pecado fue quitada por siempre para quienes ponen su confianza en el Hijo como Señor y Salvador.

Al rasgar el velo del templo, Dios en realidad estaba diciendo: "En la muerte de mi Hijo, Jesucristo, hay acceso total al interior de mi santa presencia. Jesús ha pagado el precio total del pecado por todos los que confían en Él, y ahora abro mi santa presencia a todo aquel que venga en el nombre de mi Hijo". El escritor de Hebreos exhortó: "Acerquémonos, pues, confiadamente al trono de la gracia, para alcanzar misericordia y hallar gracia para el oportuno socorro" (He. 4:16).

La dramática ruptura que el Padre hizo al velo se realizó mientras el templo estaba lleno de adoradores, que incluían no solo a muchos sacerdotes sino también muchos miles de peregrinos que en ese momento estaban celebrando el sacrificio de la Pascua. A pesar de que el templo no fue destruido sino cerca de cuarenta años después, en el 70 d.C., el sistema expiatorio de Israel y su sacerdocio acompañante dejaron incluso de tener valor simbólico cuando el velo se rasgó en dos y el lugar santísimo quedó expuesto. Las ceremonias y las funciones sacerdotales continuaron hasta que el templo fue destruido, pero su significado divino concluyó cuando Cristo murió, mientras el antiguo pacto se derogaba y el nuevo se inauguraba.

PERTURBACIÓN EN EL SUELO

y la tierra tembló, y las rocas se partieron; (27:51*b*)

Un quinto milagro que ocurrió durante la crucifixión fue un terremoto causado de modo sobrenatural. Inmediatamente después que Jesús murió, y el velo del templo se rasgó en dos, **la tierra tembló, y las rocas se partieron.** Con una declaración más acerca de su Hijo para el mundo, y en especial para su pueblo escogido, el Padre trajo un devastador terremoto a Jerusalén y sus alrededores.

Otra vez el Antiguo Testamento da una idea de la importancia del suceso. Cuando Dios se apareció a Moisés en el monte Sinaí, "todo el monte se estremecía en gran manera" (Éx. 19:18), y cuando se le apareció a Elías sobre un monte, se habla de "un grande y poderoso viento que rompía los montes, y quebraba las peñas delante de Jehová… Y tras el viento un terremoto" (1 R. 19:11). David cantó acerca de la conmoción y el temblor de la tierra cuando el Señor se enoja

(2 S. 22:8; Sal. 18:7; cp. 77:18). Isaías habló del castigo de Dios a su pueblo a través de "truenos, con terremotos y con gran ruido" (Is. 29:6), y Jeremías habló de que el Señor ventila su ira sobre las naciones de la tierra haciéndola temblar (Jer. 10:10; cp. Nah. 1:5). El libro de Apocalipsis afirma que durante el juicio final Dios hará que las estrellas caigan a la tierra y que "todo monte y toda isla se [remueva] de su lugar" (Ap. 6:13-14).

En la creación original no había terremotos porque la tierra, al igual que todo lo demás que Dios había hecho, era perfecta. Antes de la caída Adán y Eva vivían en un ambiente perfecto en la tierra en la misma presencia de Dios. Pero cuando pecaron no solo quedaron malditos y separados de Dios, sino que la tierra que habitaron también quedó maldita. Desde ese momento, no solo en sentido literal sino también figurado, la tierra ha estado sufriendo bajo las fuerzas destructivas tanto de la corrupción del mal de Satanás como del juicio divino de Dios. Un día habrá un cielo nuevo y una tierra nueva, pero hasta ese momento en que el usurpador sea desterrado para siempre en el lago de fuego y el verdadero soberano, Jesucristo, gobierne en su reino, la tierra seguirá sufriendo corrupción y destrucción.

Al hablar del juicio de Dios sobre los incrédulos, el escritor de Hebreos declara: "La voz del cual conmovió entonces la tierra, pero ahora ha prometido, diciendo: Aún una vez, y conmoveré no solamente la tierra, sino también el cielo. Y esta frase: Aún una vez, indica la remoción de las cosas movibles, como cosas hechas, para que queden las inconmovibles" (He. 12:26-27).

En la cruz Jesús obtuvo el derecho de tomar de manos de su Padre el título de propiedad de la tierra (Ap. 5:9-10). Por tanto, cuando Dios sacudió la tierra en la muerte de su Hijo, dio al mundo un anticipo de lo que hará un día cuando estremezca la tierra en juicio durante la venida del Rey de reyes. Debido a que Jesús se hizo "obediente hasta la muerte, y muerte de cruz", su Padre celestial "le exaltó hasta lo sumo, y le dio un nombre que es sobre todo nombre, para que en el nombre de Jesús se doble toda rodilla de los que están en los cielos, y en la tierra, y debajo de la tierra; y toda lengua confiese que Jesucristo es el Señor, para gloria de Dios Padre" (Fil. 2:8-11).

SOMETIMIENTO DE LA MUERTE

y se abrieron los sepulcros, y muchos cuerpos de santos que habían dormido, se levantaron; y saliendo de los sepulcros, después de la resurrección de él, vinieron a la santa ciudad, y aparecieron a muchos. (27:52-53)

El sexto milagro en la crucifixión estuvo estrechamente relacionado con el anterior, cuando el terremoto sobrenatural no solo dio al mundo un anticipo del juicio divino, sino que hizo que muchos **sepulcros** se abrieran.

Sin embargo, el milagro significativo de ese acontecimiento no fue la simple apertura de sepulcros, como podría ocurrir durante cualquier terremoto. El gran milagro fue que **muchos cuerpos de santos que habían dormido, se levantaron.** Después que el velo del templo se rasgó en dos y que la tierra alrededor de Jerusalén se sacudió con violencia, el Señor resucitó de manera selectiva los **cuerpos** de ciertos creyentes que habían muerto.

Mateo señala que **muchos,** pero no todos, los **cuerpos de santos que habían muerto se levantaron,** dejando en claro que esta **resurrección** se restringió divinamente a una cantidad limitada de creyentes. Estos habían confiado en Dios durante el tiempo anterior y bajo el antiguo pacto, y algunos de los cuerpos pudieron haber estado en sus tumbas muchos cientos de años. Cuando Jesús murió, los espíritus de ellos vinieron de la morada de los espíritus justos y se unieron a sus cuerpos glorificados que salieron de los sepulcros. Esta fue resurrección y glorificación plena y definitiva, haciendo de este milagro otro anticipo de la obra omnipotente de Dios durante los últimos tiempos, cuando todos "los muertos en Cristo resucitarán primero" (1 Ts. 4:16).

Es importante tener en cuenta que la frase **y saliendo de los sepulcros** debería estar seguida por un punto, indicando el cierre de la frase. **Después de la resurrección de él** empieza una nueva frase y presenta una verdad distinta, es decir, que aquellos santos seleccionados que resucitaron **vinieron a la santa ciudad, y aparecieron a muchos.**

Esos santos no se aparecieron en Jerusalén hasta después de la resurrección del propio Señor, porque Él estaba divinamente señalado que fuera "primicias de los que durmieron" (1 Co. 15:20). Y así como Cristo mismo se apareció después de resucitar solo a aquellos que ya habían creído en Él, también parece que los **muchos** a quienes los santos resucitados aparecieron eran todos creyentes. No se nos dice lo que ellos dijeron a sus hermanos en **la santa ciudad,** pero su aparición en forma corporal no solo dio testimonio de la resurrección de Cristo sino también de la promesa de Dios de resucitar a aquellos que ponen su confianza en Cristo (1 Co. 15:22, 51-53).

A través de esos seis milagros el Padre estaba diciendo que la cruz es la única esperanza de vida eterna. Cuando el pecado de alguien es quitado por la muerte expiatoria de Cristo, la ira de Dios se aplaca para ese creyente, quien es liberado de la muerte y la condenación que el Señor soportó a su favor. Para aquellos que creen en el Hijo se abre el acceso al Padre y se les asegura que vivirán en su reino eterno e indestructible en cuerpos eternos e indestructibles.

Respuestas a la muerte de Cristo 146

El centurión, y los que estaban con él guardando a Jesús, visto el terremoto, y las cosas que habían sido hechas, temieron en gran manera, y dijeron: Verdaderamente éste era Hijo de Dios. Estaban allí muchas mujeres mirando de lejos, las cuales habían seguido a Jesús desde Galilea, sirviéndole, entre las cuales estaban María Magdalena, María la madre de Jacobo y de José, y la madre de los hijos de Zebedeo. (27:54-56)

Este breve pasaje presenta dos respuestas a la muerte de Cristo, ambas positivas. La primera fue por parte del centurión y sus compañeros soldados que estaban al pie de la cruz, y la segunda fue por parte de las mujeres que se hallaban a cierta distancia. Otra respuesta en este mismo instante (por parte de la multitud incrédula) la relata Lucas, y una cuarta (por parte de los discípulos temerosos) está implícita en todos los cuatro evangelios.

Tales respuestas son representativas de las reacciones que los hombres le han dado a Dios a lo largo de la historia, y tienen una aplicación poderosa y práctica incluso para nuestro propio tiempo.

FE QUE SALVA

El centurión, y los que estaban con él guardando a Jesús, visto el terremoto, y las cosas que habían sido hechas, temieron en gran manera, y dijeron: Verdaderamente éste era Hijo de Dios. (27:54)

Como el título podría sugerir, un **centurión** (de la palabra latina para *ciento*) era un oficial militar encargado de cien hombres, y por tanto de rango importante. A este oficial en particular le habían dado la responsabilidad de supervisar las tres crucifixiones. Es probable que tanto **el centurión** como los demás soldados **que estaban con él guardando a Jesús** se hubieran hallado en el pretorio cuando los dirigentes judíos lo llevaron allí por primera vez. Tal vez estuvieron con la compañía de soldados romanos que acompañaron a los principales sacerdotes y los ancianos al huerto de Getsemaní para arrestar a Jesús. Sin duda habían escuchado las acusaciones contra Él que esos dirigentes le hicieron, así como la reiterada declaración que Pilato hiciera de la inocencia de Jesús de cualquier delito contra Roma. Pudieron haber alcanzado a oír la conversación entre Pilato y Jesús acerca de que Él era el Rey de los judíos (Jn. 18:33-37).

Tal vez esos soldados participaron en la flagelación a Jesús, en ponerle la corona de espinas en la cabeza, en burlarse de él, y en golpearlo con el cetro simulado. En el Gólgota lo habían clavado a la cruz, con indiferencia habían echado suertes por su ropa, y lo habían escarnecido mientras colgaba allí en agonía.

Si esos hombres hubieran tenido algo de religiosos, habrían sido idólatras. Y si eran de la guarnición de los cuarteles de Pilato en Cesarea, lo más probable es que tuvieran poco conocimiento del judaísmo y tal vez absolutamente ningún conocimiento anterior acerca de Jesús. Si sabían algo de las enseñanzas o actividades de Jesús, era de oídas. Se hallaban junto a la cruz solo para cumplir su obligación de asegurarse que la ejecución se llevara a cabo de modo adecuado y sin interferencia.

Debido a que Pilato había declarado inocente a Jesús, los soldados sabían que Él no representaba ninguna amenaza para Roma. Pero debido a que finalmente el gobernador había consentido en la crucifixión, no les quedó más alternativa que cumplir la orden. Para esos hombres Jesús no era más que un personaje extraño que al parecer hizo una afirmación tonta y totalmente inofensiva de ser algún tipo de rey religioso. Era evidente la primera vez que vieron a Jesús que Él no representaba ninguna amenaza militar o política para Roma, y debió parecerles extraño que los dirigentes judíos lo tomaran tan en serio. Cuando lo llevaron ante Pilato ya lo habían golpeado y escupido, y parecía cualquier cosa menos alguien de la realeza o que representara algún peligroso. Ni siquiera parecía o hablaba como los muchos insurrectos que los soldados habían visto y tal vez ayudado a ejecutar. Él no solo no tenía ninguna banda de guerreros que llegaran en su defensa, sino que no tenía seguidores visibles en absoluto. Y ya que ni siquiera ofreció ninguna defensa personal, los guardias pudieron haberlo creído mentalmente perturbado. Cuando por fin le habló a Pilato, afirmó gobernar un reino que no era de este mundo, pareciéndoles que estaba totalmente fuera de contacto con la realidad.

El odio que los dirigentes judíos y las multitudes tenían hacia Jesús era bastante obvio a los soldados, pero la razón de ese odio era todo menos obvia. Habían oído los gritos de "Crucifícalo, crucifícalo", pero difícilmente tenían una idea de lo que estaba detrás de la intensa amargura. El supuesto reclamo de ser el Hijo de Dios parecía tan ridículo e inofensivo como la afirmación de ser un rey.

Pero al comenzar la cuarta hora de la crucifixión sucedieron varias cosas que cambiaron la actitud de los soldados, y al presenciar **el terremoto, y las cosas que habían sido hechas,** ellos **temieron en gran manera.**

Lo primero en ponerlos nerviosos habría sido la oscuridad repentina. Los soldados no habrían estado conscientes del rompimiento en el velo del templo, y tal vez tampoco de que se abrieran los sepulcros. Pero no pudieron dejar de notar el terremoto con las rocas partiéndose con violencia, y esa fue una experiencia aterradora hasta para los insensibles legionarios. *Phobeō* (**temieron en gran manera**) es el término del que obtenemos *fobia*, y se refiere a terror puro, al pánico absoluto que causa taquicardia, sudoración profusa, y ansiedad extrema. Es la forma verbal de la palabra usada por Mateo para describir la reacción de los discípulos al ver a Jesús caminando sobre el agua, creyendo que se trataba de un fantasma (14:26). También es la palabra usada para describir la reacción de Pedro, Jacobo y Juan cuando vislumbraron la gloria divina de Jesús y oyeron al Padre hablarles directamente en el monte de la transfiguración (17:6).

Sin embargo, el contexto y las circunstancias del pasaje indican con claridad que el centurión y sus hombres **temieron** a algo mucho más grande que las tinieblas y el terremoto. Sintieron que esos sorprendentes fenómenos naturales tenían un origen sobrenatural, y su temor principal no fue a esos acaecimientos mismos, sino al poder divino detrás de ellos. El temor emocional que sintieron pronto se convirtió en asombro reverencial y espiritual, como lo atestigua el hecho de que no salieron corriendo para salvar sus vidas ni trataron de encontrar un lugar seguro, sino que más bien declararon: **Verdaderamente éste era Hijo de Dios.**

Marcos (15:39) nos dice que en realidad fue el centurión quien pronunció las palabras, pero Mateo deja en claro que también habló por sus hombres. Todos ellos comprendieron de repente que Jesús no era un crédulo ni estaba trastornado, sino que en realidad era quien los judíos lo habían acusado de que pretendía ser. Según se ha indicado, ellos habían oído a su propio comandante afirmar varias veces la inocencia de Jesús, y pudieron haber oído la advertencia de la esposa de Pilato, quien declaró que Jesús no solo era inocente sino justo (Mt. 27:19). Más que eso, las pocas palabras que el Señor pronunció durante sus apariciones delante de Pilato y desde la cruz debieron haber penetrado las mentes paganas endurecidas de los soldados. Ahora ellos supieron que se hallaban en la presencia de Alguien relacionado de algún modo con la deidad.

El temor de los soldados da testimonio de su conciencia de pecado, y su asombro reverencial ofrece testimonio de haber sido confrontados por la santidad y justicia de Dios. Y al igual que Isaías en su visión del templo (Is. 6), de pronto se dieron cuenta de que se hallaban bajo el juicio y la condenación de Dios.

Creo además que la confesión que los soldados hicieron de la deidad de Jesús brinda testimonio de la posibilidad de que recibieran salvación. Tanto su temor como la confesión fueron respuestas espirituales a Cristo. Por Lucas nos enteramos que el centurión y también los otros soldados no solo confesaron la divinidad de Jesús, sino que dieron "gloria a Dios" (23:47).

La profunda convicción de los hombres puede verse en el inicio de la confesión con la palabra **verdaderamente.** Proclamaron sin reservas ni condiciones que el Hombre ante cuyos pies se hallaban ahora era de veras el **Hijo de Dios.**

Algunos eruditos sostienen que debido a la construcción griega del texto y al trasfondo pagano de los soldados, su declaración debería traducirse: "Verdaderamente éste era *un* hijo de Dios", como sugieren algunas versiones modernas. El argumento lingüístico se basa en lo que se llama una construcción sin artículo, es decir, el sustantivo griego no tiene artículo definido ("el"). Tal es el caso en el texto de Mateo 27:54, donde no hay artículo griego ("el") antes de **Hijo.** Normalmente en esas construcciones se sobreentiende el artículo indefinido ("un"). Pero está claro por la literatura griega secular, así como por muchos otros pasajes en el Nuevo Testamento, que la construcción sin artículo no siempre exige el artículo indefinido.

Cuando Caifás ordenó a Jesús: "Te conjuro por el Dios viviente, que nos digas si eres tú el Cristo, el Hijo de Dios" (Mt. 26:63), utilizó el artículo definido griego antes de "Hijo". Al decir: "Te conjuro por el Dios viviente", el sumo sacerdote ya había hecho evidente que estaba hablando del Dios verdadero y bíblico de los judíos, y no hace falta decir que su Mesías solo podía ser *ese* Hijo de Dios, no el hijo de algún otro dios. Estaba acusando a Jesús de afirmar ser el Hijo de Jehová, el Creador y Dios del pacto de Israel revelado en el Antiguo Testamento.

La misma acusación la hicieron los judíos ante Pilato, pero sin el artículo definido. Declararon: "Nosotros tenemos una ley, y según nuestra ley debe morir, porque se hizo a sí mismo Hijo de Dios" (Jn. 19:7). Si Jesús hubiera estado afirmando ser el Hijo de ninguno más que del Dios verdadero, los judíos lo habrían considerado hereje pero no blasfemo. No solamente eso, sino que los judíos creían que su Dios solo tenía un Hijo divino. Por tanto, es completamente insostenible tomar la frase griega *huion theou* en Juan 19:7 con otro significado que no sea *"el Hijo de Dios"*, a pesar del hecho de que no contiene el artículo definido.

La misma frase griega (sin el artículo definido) fue usada por el ángel que anunció a María que el hijo que nacería de ella "será llamado Hijo de Dios" (Lc. 1:35). Y después que Jesús caminó sobre el agua, una frase similar (*theou huios*), también sin el artículo definido, fue usada por los discípulos cuando confesaron del Señor: "Verdaderamente eres Hijo de Dios" (Mt. 14:33). En estas dos construcciones sin artículo es indiscutible la idea de *el* Hijo, en lugar de *un* Hijo.

Fueron sin duda alguna las mismas palabras que los dirigentes judíos usaron para acusar a Jesús ante Pilato ("se hizo a sí mismo *Hijo de Dios*") que el centurión tomó y usó personalmente. La gran diferencia fue que él y sus compañeros soldados ahora creían que esas palabras eran verdaderas. La declaración **Verdaderamente éste era Hijo de Dios** se convirtió para ellos en una profesión de fe en Cristo. Creo firmemente al igual que el afamado comentarista R. C. H. Lenski que "este gentil, llamado Longino en la tradición, llegó a la fe debajo de la cruz del Salvador muerto" (*Interpretation of St. Matthew's Gospel* [Minneapolis: Augsburg, 1961], p. 1133).

Las compasivas y profundas palabras de Jesús que los soldados oyeron, el comportamiento humilde y de entrega, y la total falta de ira o venganza que vieron en Él obraron en los corazones de ellos. Pero la única manera en que pudieron haber conocido con tal certeza que Jesús era **verdaderamente Hijo de Dios** fue a través de la iluminación del Espíritu Santo.

Incluso después que Pedro hubiera pasado varios años bajo la instrucción de Jesús y hubiera presenciado cientos y quizás miles de milagros que afirmaban la divinidad, Jesús le dejó en claro que fue Dios el Padre, y no la sabiduría y la comprensión humana del discípulo, lo que inspiró su confesión de que Jesús era el Mesías e Hijo de Dios (Mt. 16:16-17). Pablo aseguró a los corintios que "nadie puede llamar a Jesús Señor, sino por el Espíritu Santo" (1 Co. 12:3).

Solamente el Espíritu de Dios pudo haber inspirado la confesión del centurión y sus hombres, y solo su Espíritu pudo haberlos iluminado a que le dieran gloria (Lc. 23:47). Los escritores del evangelio, por no hablar del Espíritu Santo que los inspiró, no habrían dejado abierto a cuestionamiento lo que los soldados quisieron decir. Si hubieran tenido en mente a *un* hijo de alguna deidad pagana no identificada, Mateo y los demás escritores habrían dejado eso en claro. Cuando la Biblia habla de Dios en singular siempre se refiere al Dios verdadero, a menos que el contexto indique de forma específica lo contrario. Lucas no habla de que los soldados glorificaran a su propio dios o a sus propios dioses, es decir, alguna deidad pagana, sino más que dieron "gloria a Dios", lo que solo podría significar el Dios verdadero. Por limitada que pudiera haber sido la comprensión teológica que tenían en ese momento, esos hombres **verdaderamente** confesaron al **Hijo** verdadero del **Dios** verdadero.

La fe de los soldados es de gran importancia, y lo fue especialmente en la iglesia primitiva. Su testimonio fue, por así decirlo, el propio testimonio final de

Jesús desde la cruz. Aunque fue dado después que hubo muerto, ese testimonio proclamó de forma dramática que su gracia se extiende a todo pecador, incluso a aquellos que le dieron muerte. Durante el mismo proceso de su crucifixión, ¡Jesucristo se convirtió en el objeto de la fe de quienes lo crucificaron!

La oración del Señor, "Padre, perdónalos" (Lc. 23:34) no se quedó sin respuesta. En primer lugar, uno de los ladrones que habían estado burlándose de Cristo se volvió en fe a Él. Ahora, después que Jesús hubiera exhalado su último aliento, los hombres que habían golpeado, ultrajado y crucificado a Cristo se volvieron a Él y fueron perdonados y salvados. Jesús había declarado: "Y yo, si fuere levantado de la tierra, a todos atraeré a mí mismo" (Jn. 12:32). Los mismos hombres que en incredulidad y ofensas literalmente lo habían levantado de la tierra fueron en realidad atraídos hacia Él en arrepentimiento y fe.

Una respuesta que contrasta con la de los soldados se ve en la multitud de observadores alrededor de la cruz. "Y toda la multitud de los que estaban presentes en este espectáculo, viendo lo que había acontecido, se volvían golpeándose el pecho" (Lc. 23:48).

Al igual que los soldados, aquellas personas se asustaron por las tinieblas y el terremoto. Y también al igual que los soldados, se dieron cuenta de que esos aterradores fenómenos no fueron causados de manera natural. Muchos en el gentío sin duda habían oído predicar a Jesús y lo habían visto realizar milagros. Tal vez algunos de ellos habían sido curados por Él. Estos sabían mucho mejor que los soldados lo que Jesús representaba y lo que afirmaba ser. Sabían cómo había desterrado toda enfermedad de Palestina y que incluso había resucitado personas de los muertos. Recordaban que, con el resto de la multitud pocos días antes, habían aclamado a Jesús como el Mesías. Habían oído las misericordiosas palabras de Jesús desde la cruz y no pudieron haber dejado de sospechar que la mano de Dios estaba en los asombrosos acontecimientos que ahora presenciaban.

Sin embargo, mientras "se volvían golpeándose el pecho" en temor y remordimiento, no mostraban ninguna señal de arrepentimiento. Tal vez estaban abrumados por una sensación de culpa y aprensión por haber participado en la ejecución de un hombre inocente. Al igual que Judas, pudieron haber deseado con sinceridad que de alguna manera pudieran deshacer la terrible maldad que habían hecho. Quizás comprendieron que Dios estaba expresando desaprobación a través de las tinieblas y el terremoto, y que ellos eran los objetos de esa desaprobación. Pero no hicieron ninguna confesión, ni de su pecado ni del señorío de Cristo. Se sintieron apenados por Él, pero no trataron de ayudarlo. Sabían que estaban bajo el juicio del Señor, pero no buscaron su misericordia. No le prestaron ayuda a Cristo ni buscaron la ayuda de Él, y en lugar de volverse a Él como hicieron los soldados, se alejaron.

Es probable que muchas personas en este gentío finalmente regresaran en fe a Jesús. Pocas semanas después, al oír la acusación de Pedro de que "a este Jesús a quien vosotros crucificasteis, Dios le ha hecho Señor y Cristo", muchos de sus oyentes "se compungieron de corazón, y dijeron a Pedro y a los otros apóstoles: Varones hermanos, ¿qué haremos?". Después que él explicara el camino de salvación, muchos que habían estado en el gentío debajo de la cruz se contaron entre las tres mil almas convertidas en Pentecostés (Hch. 2:36-41).

Pero las convicciones de la mayoría de aquellos que se alejaron de Jesús en la cruz permanecieron superficiales, y la semilla del evangelio no pudo echar raíces y crecer en fe salvadora. A diferencia de aquellos a quienes Pablo elogió en Corinto, la mayor parte de quienes se golpearon el pecho en el Gólgota no tuvieron "la tristeza que es según Dios [que] produce arrepentimiento para salvación". Es evidente que solo tuvieron "la tristeza del mundo [que] produce muerte" (2 Co. 7:10).

LEALTAD COMPASIVA

Estaban allí muchas mujeres mirando de lejos, las cuales habían seguido a Jesús desde Galilea, sirviéndole, entre las cuales estaban María Magdalena, María la madre de Jacobo y de José, y la madre de los hijos de Zebedeo. (27:55-56)

La reacción del segundo grupo que Mateo menciona fue especialmente hermosa. A diferencia de los soldados, que pasaron de mostrar incredulidad a creer, las **muchas mujeres** que **estaban allí** ya eran creyentes. La respuesta que dieron a la crucifixión podría describirse como lealtad compasiva.

Por el relato de Juan sabemos que algunas de las **mujeres,** así como Juan, habían estado antes a los pies de la cruz (Jn. 19:25-27). Pero tal vez debido a que no pudieron soportar desde tan cerca el sufrimiento de su Señor, esas mujeres estaban ahora **mirando de lejos.** No se mostraron temerosas de los soldados o los dirigentes judíos, ni les preocupaba su propia seguridad o bienestar. No se avergonzaban de que las identificaran con Jesús. Se retiraron porque estaban devastadas por el sufrimiento y la muerte de Aquel que habían amado tanto. El dolor que padecían era profundo y sus esperanzas parecían destrozadas, pero su valor era indomable.

La lealtad compasiva es una de las características más hermosas y distintivas de las mujeres piadosas, siendo por lo general más evidente en ellas que en los hombres piadosos. Una mujer espiritual tiene la capacidad de mostrar increíble lealtad frente al ridículo y el peligro. A excepción de Juan, el resto de los discípulos habían huido llenos de miedo. Incluso Pedro, quien reunió el valor suficiente para seguir a Jesús hasta la casa de Caifás, no fue encontrado en la cruz.

El gran expositor bíblico G. Campbell Morgan describió a esas mujeres como "desesperanzadas, desilusionadas, dolidas y desconsoladas, pero el amor que el Señor había creado en esos corazones por Él mismo no podía ser apagado ni siquiera por su muerte; no podía ser superado aunque estaban decepcionadas; no podía extinguirse aunque la luz de esperanza se hubiera desvanecido, y por sobre la inmensidad de la tristeza que esas mujeres sentían no había un susurro que hablara de amanecer" (*The Gospel According to Matthew* [Old Tappan, N.J.: Revell, 1929], p. 318).

No sabemos la cantidad de mujeres que estaban allí, pero el hecho de que Mateo hable de ellas como **muchas** podría sugerir que eran más de una docena. Pero por muchas que fueran, estas mujeres estaban entre las que **habían seguido a Jesús desde Galilea, sirviéndole.**

Mujeres devotas habían viajado con Jesús y le habían servido durante mucho tiempo. Entre las primeras estaban "María, que se llamaba Magdalena, de la que habían salido siete demonios, Juana, mujer de Chuza intendente de Herodes, y Susana, y otras muchas que le servían [a Jesús y los discípulos] de sus bienes" (Lc. 8:2-3). A lo largo del ministerio del Señor, con generosidad y amor tales mujeres sirvieron a Jesús y los doce con sus recursos económicos, talentos y hospitalidad. Es probable que muchas, si no la mayoría de las comidas que ellos consumieron fueran preparadas por estas mujeres fieles.

Sirviéndole se traduce de *diakoneō*, que tiene el significado básico de servir, y es la forma verbal del sustantivo del que se deriva *diácono*. Aunque la forma femenina del término no se utilizó para describir un tipo específico de ministerio hasta muchos años después en la iglesia primitiva, si es que se utilizó (véase Ro. 16:1, donde "diaconisa" significa "servidora"), esas mujeres que estaban **sirviéndole** fueron en realidad las primeras diaconisas.

A lo largo del Antiguo Testamento se elogia a las mujeres piadosas. El salmista exaltó al Señor declarando que "El hace habitar en familia a la estéril, que se goza en ser madre de hijos. Aleluya" (Sal. 113:9). E incluso aparte del posible oficio de diaconisas, el papel de las mujeres en la iglesia primitiva se centró en su fidelidad como esposas y madres, y en el cuidado práctico que daban a hermanos en la fe. El tipo de viuda anciana que Pablo declaró que era digna de ayuda por parte de la iglesia era la "que tenga testimonio de buenas obras; si ha criado hijos; si ha practicado la hospitalidad; si ha lavado los pies de los santos; si ha socorrido a los afligidos; si ha practicado toda buena obra" (1 Ti. 5:10; cp. Lc. 4:39; 10:40).

Lejos de ser espiritualmente degradantes, tales actos de entrega de utilidad práctica son características de excelencia femenina y madurez espiritual, una verdad enseñada por Jesús que los discípulos aprendieron con mucha dificultad (véase Jn. 13:3-16).

El servicio de mujeres piadosas siempre ha sido de gran importancia en la iglesia. Las que estuvieron junto a la cruz fueron los principales testimonios de creyentes en la crucifixión de Jesús, y una mujer fue la primera persona en ver al Señor después de la resurrección. Esas fieles mujeres sin duda habrían tenido un lugar especial de respeto y afecto en la iglesia primitiva. Cuando los apóstoles fueron por primera vez a predicar el evangelio y a testificar acerca de sus experiencias con Jesús, es difícil imaginar que no reconocieran a menudo el valor y la devoción de dichas mujeres que permanecieron con el Señor durante su tiempo de agonía y muerte; mientras ellos, los hombres especialmente escogidos y entrenados por Él, habían huido y estaban escondidos en alguna parte desconocida de Jerusalén.

A través de la dirección dada a la pluma de Mateo, el Espíritu Santo identifica por nombre a algunas de tales mujeres piadosas. La primera es **María Magdalena,** aquella de la que Jesús había expulsado siete demonios (Lc. 8:2). **Magdalena** no formaba parte de su nombre familiar, sino que indicaba simplemente que María era de la población de Magdala, en la costa oeste del mar de Galilea, justo al sur de Capernaúm. Es probable que se la identificara de ese modo porque estaba soltera y no podía identificársele por su esposo o sus hijos, como era la costumbre común en esa época.

La segunda mujer mencionada es **María la madre de Jacobo y de José.** Este **Jacobo** es uno de los apóstoles, y por lo general se le conoce como Jacobo el menor (Mr. 15:40) o Jacobo hijo de Alfeo (Mt. 10:3; Hch. 1:13) para distinguirlo del otro Jacobo, quien junto con su hermano Juan y con Pedro constituían el círculo íntimo de los doce. Juan identifica a esta María como "María mujer de Cleofas" (Jn. 19:25), al parecer una variante de Alfeo.

Marcos identifica a la tercera mujer como Salomé (Mr. 15:40), pero Mateo se refiere a ella simplemente como **la madre de los hijos de Zebedeo,** es decir, la esposa de Zebedeo. **Los hijos de Zebedeo** eran Jacobo y Juan (Mt. 4:21) y Jesús los apodó "Hijos del trueno" (Mr. 3:17). Por el Evangelio de Juan nos enteramos que María la madre de Jesús también estaba junto a la cruz (19:26), a pesar de que ella tal vez no se hallaba con las otras mujeres en este momento.

La primera de las tres mujeres que Mateo menciona no estaba casada, a la segunda se le identificaba por sus hijos, y a la tercera por su esposo. La implicación parece ser que la dignidad divina se otorga en todas las categorías de condición de mujer. Dios tiene un papel maravilloso y bendito para las mujeres que Él ha bendecido con la soltería, para las mujeres que son madres fieles, y para aquellas que son esposas fieles. Y quizás a fin de no sugerir un rango secundario para la mujer soltera o para la que antes fuera malvada, a María Magdalena se le nombra aquí en primer lugar.

A excepción de Juan, los doce brillan por su ausencia en la escena junto a la cruz. Judas se había suicidado, y los otros diez estaban escondidos por temor a perder sus vidas. Durante el momento de mayor necesidad del Señor, ellos habían violado de manera temporal el principio básico del discipulado. Jesús advirtió: "El que no toma su cruz y sigue en pos de mí, no es digno de mí" (Mt. 10:38). En este momento los discípulos no solo no tuvieron el valor para arriesgarse a tomar sus propias cruces, sino que ni siquiera tuvieron el valor para estar con su Señor mientras Él tomaba la suya propia.

La asombrosa sepultura de Jesús

147

Cuando llegó la noche, vino un hombre rico de Arimatea, llamado José, que también había sido discípulo de Jesús. Este fue a Pilato y pidió el cuerpo de Jesús. Entonces Pilato mandó que se le diese el cuerpo. Y tomando José el cuerpo, lo envolvió en una sábana limpia, y lo puso en su sepulcro nuevo, que había labrado en la peña; y después de hacer rodar una gran piedra a la entrada del sepulcro, se fue. Y estaban allí María Magdalena, y la otra María, sentadas delante del sepulcro. Al día siguiente, que es después de la preparación, se reunieron los principales sacerdotes y los fariseos ante Pilato, diciendo: Señor, nos acordamos que aquel engañador dijo, viviendo aún: Después de tres días resucitaré. Manda, pues, que se asegure el sepulcro hasta el tercer día, no sea que vengan sus discípulos de noche, y lo hurten, y digan al pueblo: Resucitó de entre los muertos. Y será el postrer error peor que el primero. Y Pilato les dijo: Ahí tenéis una guardia; id, aseguradlo como sabéis. Entonces ellos fueron y aseguraron el sepulcro, sellando la piedra y poniendo la guardia. (27:57-66)

Uno de los atributos majestuosos de Dios es su soberanía absoluta, es decir, su gobierno supremo y su control final sobre todas las cosas en el universo. Él creó y sustenta todas las cosas que existen, y ordena y hace que se cumpla todo lo que sucede.

El cronista escribió: "Tuya es, oh Jehová, la magnificencia y el poder, la gloria, la victoria y el honor; porque todas las cosas que están en los cielos y en la tierra son tuyas. Tuyo, oh Jehová, es el reino, y tú eres excelso sobre todos. Las riquezas y la gloria proceden de ti, y tú dominas sobre todo; en tu mano está la fuerza y el poder, y en tu mano el hacer grande y el dar poder a todos". (1 Cr. 29:11-12). Otra vez declaró: "Jehová Dios de nuestros padres, ¿no eres tú Dios en los cielos, y tienes dominio sobre todos los reinos de las naciones? ¿No está en tu mano tal fuerza y poder, que no hay quien te resista?" (2 Cr. 20:6).

Job dijo del Señor: "Si él determina una cosa, ¿quién lo hará cambiar? Su alma deseó, e hizo" (Job 23:13). El salmista escribió: "Nuestro Dios está en los cielos; todo lo que quiso ha hecho" (Sal. 115:3), y: "Todo lo que Jehová quiere, lo hace, en los cielos y en la tierra, en los mares y en todos los abismos" (Sal. 135:6). El escritor de Proverbios manifestó: "No hay sabiduría, ni inteligencia, ni consejo, contra Jehová" (Pr. 21:30). Por medio de Isaías, el Señor mismo proclamó: "Yo soy Dios, y no hay otro Dios, y nada hay semejante a mí, que anuncio lo por venir desde el principio, y desde la antigüedad lo que aún no era hecho; que digo: Mi consejo permanecerá, y haré todo lo que quiero" (Is. 46:9-10).

Después de un período de locura infligida divinamente a causa de su arrogante soberbia, incluso el pagano Nabucodonosor confesó que el dominio de Dios "es sempiterno, y su reino por todas las edades. Todos los habitantes de la tierra son

1513

considerados como nada; y él hace según su voluntad en el ejército del cielo, y en los habitantes de la tierra, y no hay quien detenga su mano, y le diga: ¿Qué haces?" (Dn. 4:34-35).

El apóstol Pablo resumió todas esas verdades en la sencilla declaración de que Dios "hace todas las cosas según el designio de su voluntad" (Ef. 1:11).

Por supuesto, está mucho más allá de la capacidad humana entender cómo la mente infinita y eterna de Dios puede ejecutar tan fácilmente la más grande y la más pequeña de todas las cosas que diseña. A fin de tener incluso una pequeña comprensión de esa gran verdad es necesario entender que Dios gobierna este mundo a través de dos medios interrelacionados: milagros y providencia.

Con el fin de lograr sus propósitos, a veces Dios interrumpe de manera sobrenatural los procesos naturales que Él mismo ha dispuesto y ordenado. De ese modo invalida lo que comúnmente llamamos ley natural, logrando así lo que de forma científica es inexplicable. A tal interrupción divina se le conoce como *milagro*.

La creación misma fue la primera gran interrupción del *statu quo* natural cuando en seis días Dios creó el universo de la nada, *ex nihilo*. El diluvio de los días de Noé fue una ruptura universal y sobrenatural de prácticamente todo proceso natural. Las plagas en Egipto y la muerte de los primogénitos fueron una intervención local, pero no menos sobrenatural en el curso de la naturaleza como lo fue la división del mar Rojo y la provisión de maná en el desierto. El Señor hizo sobrenaturalmente que el sol se detuviera para Josué y ocasionó que los muros de Jericó se cayeran sin ningún medio mecánico. Él hizo que la tierra se tragara a Coré y sus rebeldes seguidores, y de modo milagroso proveyó a Sansón fuerza física extraordinaria por medio de cual, entre otras cosas, mató sin ayuda alguna a mil hombres (Jue. 15:15-16).

Dios hizo que un hacha flotara, que un burro hablara, que un carro de fuego llevara a Elías al cielo sin morir, que las bocas de leones hambrientos se cerraran, y que un gran pez se tragara a Jonás y lo llevara en su vientre por tres días sin causarle ningún daño al profeta.

La segunda manera sobrenatural en que Dios ejecuta su voluntad es por medio de providencia divina. Al igual que *Trinidad,* el término *providencia* no se halla en la Biblia, aunque esa realidad está explícita o implícita en cada página. Providencia se refiere a la supervisión independiente que Dios tiene del universo a través del funcionamiento de procesos y sucesos normales y naturales. Por su providencia soberana Dios puede tomar la cantidad prácticamente infinita de acontecimientos y circunstancias, así como las actitudes, ambiciones y capacidades personales que existen en los mundos tanto natural como demoníaco, y hacer que todo eso obre junto en meticulosa precisión para cumplir perfectamente su voluntad divina.

Por medio de milagros Dios interrumpe e invalida el funcionamiento de procesos y sucesos normales y naturales, mientras que a través de providencia los toma como son y los organiza para que cumplan su voluntad predeterminada. Por tanto, desde una perspectiva humana la providencia parece aún más asombrosa que el milagro. En el milagro Dios "simplemente" sustituye los hechos y las circunstancias naturales con los de su propia creación especial, generalmente dentro de un corto tiempo y a menudo en forma instantánea. Sin embargo, la providencia implica la tarea infinitamente más compleja de tomar sucesos y circunstancias naturales, así como las libertades limitadas pero reales de mentes y voluntades humanas y demoníacas y, a menudo sobre enormes períodos, supervisar todos esos elementos en el cumplimiento impecable de sus propios planes preordenados. Miríadas multiplicadas de planes, decisiones y sucesos individuales y al parecer al azar obran juntos en una estrategia divinamente sincronizada para realizar el plan predeterminado de Dios.

A lo largo de la Biblia se muestra a Dios controlando los truenos y relámpagos, la lluvia y la nieve, los ríos y los montes, el calor y el frío, los animales y las aves, las ciudades y las naciones, los recién nacidos y los moribundos, los sanos y los enfermos, los pobres y los ricos, los débiles y los fuertes, lo sencillo y lo complejo, los gobernantes y los gobernados, lo humano y lo demoníaco, y lo natural y lo sobrenatural en libertad soberana.

José fue uno de los doce hermanos que le nacieron a Jacob en cumplimiento de la promesa de pacto que Dios le hizo a Abraham. Debido al odio celoso de sus hermanos, José fue vendido en esclavitud, comprado en Egipto, falsamente acusado de seducir a la esposa de su empleador, arrojado en la cárcel, y divinamente capaz de interpretar sueños para un compañero de cárcel y después para el faraón. José fue finalmente elevado al puesto de segundo gobernante detrás del mismo Faraón, y a causa de ese alto cargo pudo rescatar del hambre a su propia familia y se reunió con ellos de forma maravillosa. Sin el uso de un solo milagro, Dios soberanamente y por su providencia dirigió todo momento de la vida de José y las vidas de los que estaban a su alrededor. Dándose cuenta de esa profunda verdad, José pudo decir a sus arrepentidos hermanos: "Vosotros pensasteis mal contra mí, mas Dios lo encaminó a bien, para hacer lo que vemos hoy, para mantener en vida a mucho pueblo" (Gn. 50:20; cp. 45:5).

En otra bella imagen de su providencia, Dios dirigió las vidas de la piadosa Noemí, de su nuera moabita Rut, y de su futuro yerno Booz. Por medio del fiel testimonio de Noemí, Rut fue llevada a la fe en el Dios verdadero, y a través del amor desinteresado de Booz, Rut fue llevada al linaje del Mesías, convirtiéndose en la bisabuela de David.

Aunque el libro de Ester no contiene el nombre de Dios, relata uno de los testimonios más profundos en la Biblia acerca de su poder en providencia. No hay milagros relatados en el libro, pero se muestra a Dios obrando en una manera que va más allá de lo milagroso. La judía exiliada Ester encuentra favor con el rey Asuero, monarca del gran imperio medo-persa, y se convierte en su reina favorita. Cuando el plan de un malvado funcionario llamado Amán de aniquilar a todos los judíos en el imperio llega a conocimiento de ella y de su padre adoptivo Mardoqueo, Ester intercedió por su pueblo a gran riesgo personal. Incluso como reina no solo pudieron haberla matado por llegar ante el rey sin invitación, sino también por revelarse como judía. Pero mediante edictos posteriores del rey, dados a favor de Ester, Amán fue colgado en la horca que había preparado para Mardoqueo, y el pueblo judío se salvó del exterminio.

El antiguo escritor pudo declarar en su sabiduría divinamente inspirada: "El corazón del hombre piensa su camino; mas Jehová endereza sus pasos" (Pr. 16:9), y: "Muchos pensamientos hay en el corazón del hombre; mas el consejo de Jehová permanecerá" (Pr. 19:21). Jeremías confesó: "Conozco, oh Jehová, que el hombre no es señor de su camino, ni del hombre que camina es el ordenar sus pasos" (Jer. 10:23). Pablo recuerda a los creyentes que sus vidas están dirigidas de forma única por su Padre celestial cuando afirma: "Dios es el que en vosotros produce así el querer como el hacer, por su buena voluntad" (Fil. 2:13). Jesús declaró: "Mi Padre hasta ahora trabaja, y yo trabajo" (Jn. 5:17). Incluso durante la encarnación, el Padre y el Hijo actuaron en armonía perfecta para llevar a cabo su voluntad soberana y divina.

En ninguna parte de la Biblia es más evidente la providencia increíble y asombrosa de Dios que en la sepultura de Jesús. A menudo su entierro se pasa por alto rápidamente en comentarios, sermones y estudios bíblicos como un suceso simplemente necesario entre su muerte y su resurrección. Hay una fuerte tendencia a precipitarse enseguida de su muerte a su resurrección, mencionando su entierro solo al pasar. Sin embargo, el relato que Mateo hace de la sepultura de Jesús transmite varias verdades sorprendentes que dan extraordinario testimonio de la supervisión de Dios.

Aunque se trata de una historia conmovedora e interesante, la sepultura de Jesús de algún modo parece algo trivial y común en comparación con su muerte y resurrección, acontecimientos dramáticos y fundamentales. Sin embargo, aun la sepultura provee sus propias demostraciones del control soberano de Dios. No hay milagros en el juicio a Cristo, en su crucifixión, o en su sepultura, pero la providencia de Dios controló cada detalle.

Especialmente en el relato de Mateo, cada detalle del entierro de Jesús, incluso las intrigas de sus enemigos, es un testimonio de su condición de Hijo, de Mesías, y de rey. No existe explicación humana para estos sucesos. Otra vez Jesús muestra que no es otro que el Hijo prometido de Dios y Gobernante soberano del reino de Dios.

JOSÉ DE ARIMATEA

Cuando llegó la noche, vino un hombre rico de Arimatea, llamado José, que también había sido discípulo de Jesús. Este fue a Pilato y pidió el cuerpo de Jesús. Entonces Pilato mandó que se le diese el cuerpo. Y tomando José el cuerpo, lo envolvió en una sábana limpia, y lo puso en su sepulcro nuevo, que había labrado en la peña; y después de hacer rodar una gran piedra a la entrada del sepulcro, se fue. (27:57-60)

El primer centro de atención en el relato de Mateo tiene que ver con el cumplimiento de dos profecías clave, una de Isaías y la otra del mismo Jesús.

Isaías 53 es la predicción más hermosa y detallada del Antiguo Testamento acerca del sufrimiento y la muerte del Mesías. Incluida en esa profecía está la declaración de que "se dispuso con los impíos su sepultura, mas con los ricos fue en su muerte" (v. 9). Esa complicada predicción había sido imposible de comprender del todo hasta que el entierro del Mesías realmente se realizara. Ahora entendemos que el Espíritu Santo estaba revelando que, a pesar de que los enemigos de Cristo pretendieron enterrarlo con criminales comunes, el plan de Dios fue que fuera enterrado no con malvados sino en la tumba de un hombre rico, quien por deducción era piadoso.

La segunda profecía cumplida en la sepultura de Jesús fue su propia declaración de que "como estuvo Jonás en el vientre del gran pez tres días y tres noches, así estará el Hijo del Hombre en el corazón de la tierra tres días y tres noches" (Mt. 12:40; cp. 16:21; 26:61).

La frase **cuando llegó la noche** se refiere al período desde las tres hasta las seis de la tarde, que los judíos consideraban el final del día y el inicio de **la noche.** Fue "cerca de la hora novena", o tres de la tarde, que Jesús pronunció sus últimas palabras desde la cruz y "entregó el espíritu" (Mt. 27:46-50).

Por dos razones era imperativo que Jesús muriera varias horas antes del final del día. Primera, puesto que el día de reposo comenzaba ese día a las seis de la tarde, Él debía ser bajado de la cruz antes de esa hora y debía ser preparado para la sepultura a fin de no profanar el día de reposo. Segunda, como más adelante se explica con más detalles, Jesús debía ser enterrado antes del final de ese día, viernes, a fin de estar en la tierra al menos una parte de tres días separados antes de su resurrección, como Él mismo declaró que sería.

Juan explica que "los judíos, por cuanto era la víspera [el día de la preparación] de la pascua, a fin de que los cuerpos no quedasen en la cruz en el día de reposo (pues aquel día de reposo era de gran solemnidad), rogaron a Pilato que se les quebrasen las piernas, y fuesen quitados de allí" (Jn. 19:31). El hecho de que fuera el día antes del de reposo demuestra de forma concluyente que Jesús fue crucificado el viernes, al que por lo general los judíos se referían como "la preparación".

Aunque la tradición rabínica había añadido muchas restricciones extremas e insensatas a la observación del día de reposo, Dios mismo había ordenado a su pueblo: "Acuérdate del día de reposo para santificarlo" (Éx. 20:8). Entre otros aspectos, incluso la preparación de la comida debía hacerse el día anterior a fin de no trabajar el día de reposo. Cuando el Señor proporcionó el maná para los hijos de Israel en el desierto, la porción del viernes era doble a fin de que no se recolectara nada en el día de reposo.

La ley mosaica también requería que el cuerpo de un delincuente ejecutado no pasara "la noche sobre el madero; sin falta lo enterrarás el mismo día, porque maldito por Dios es el colgado; y no contaminarás tu tierra que Jehová tu Dios te da por heredad" (Dt. 21:23). Si eso contaminaba un día común de la semana, contaminaría aún más en el día de reposo. Además, como señala Juan en el pasaje anterior, el día particular de reposo que se acercaba era especialmente santo porque también era el gran día de la fiesta de Pascua. Por tanto, habría sido muy contaminante que los cuerpos muertos estuvieran colgando en la cruz justo afuera del muro norte de Jerusalén, posiblemente a la vista del templo, en un día tan santo.

En ninguna parte la hipocresía impía de los dirigentes judíos es más evidente que en su insistencia de que el cuerpo de Jesús fuera bajado antes del día de reposo. No habían tenido reparos en asesinar al Señor del día de reposo, pero eran meticulosos en no querer contaminar el día de reposo dejando que el cuerpo colgara en la cruz después que ese día comenzara.

Ya que los romanos no permitirían que un hombre crucificado fuera bajado antes que estuviera muerto, los dirigentes judíos le solicitaron a Pilato que les rompieran las piernas a los tres hombres para asegurar una muerte rápida. En tales casos se utilizaba un gran mazo de madera para romper las piernas de una víctima, haciéndole imposible que se le levantara para respirar. Aunque el dolor agregado sería insoportable, duraba poco tiempo ya que rápidamente ocurría la muerte por sofocación.

Según el eminente erudito bíblico Alfred Edersheim, los soldados administraban lo que se llamaba el golpe mortal, que consistía en clavar una lanza en el corazón (*Life and Times of Jesus the Messiah* [Grand Rapids: Eerdmans, 1953], 2:612). El motivo para añadir el golpe mortal al rompimiento de las piernas parece haber sido quitar toda duda de que la muerte hubiera ocurrido.

Debido a que Pilato no se atrevía a ofender más a los líderes judíos, dio órdenes de que se les rompieran las piernas a los hombres. Sin embargo, después de romper las piernas de los dos hombres a cada lado de Jesús, los soldados vieron que Él ya estaba muerto. En consecuencia, "uno de los soldados le abrió el costado con una lanza, y al instante salió sangre y agua" (Jn. 19:34). Juan sigue explicando que una vez más se cumplieron las Escrituras (v. 36), ya que el salmista había declarado siglos antes en cuanto al Mesías: "El guarda todos sus huesos; ni uno de ellos será quebrantado" (Sal. 34:20). Los romanos no habrían sabido de ese salmo, y en todo caso, no habrían cumplido la profecía a propósito. La cumplieron porque fueron divinamente dirigidos a hacerlo, cualesquiera que pudieran haber sido las razones humanas que hubieran tenido.

De nuevo, como Juan explica, la profecía también se cumplió mediante la herida de lanza, porque "otra Escritura [Zac. 12:10] dice: Mirarán al que traspasaron" (Jn. 19:37). Puesto que el soldado ya había reconocido que Jesús estaba muerto, no tenía razón para administrar el golpe mortal con la lanza. Pero lo hizo sin querer en cumplimiento de la Palabra de Dios, y la herida resultante habría sido tan profunda que Jesús pudo decir a Tomás que metiera la mano en ella (Jn. 20:27). Exactamente como se había profetizado, ningún hueso del cuerpo de Jesús fue roto, y su costado fue perforado.

En lo que muchos estudiantes de la Biblia aceptan como un salmo mesiánico, David escribió: "El escarnio ha quebrantado mi corazón" (Sal. 69:20). Algunos expertos médicos creen que bajo circunstancia extremas es posible que el corazón humano se encuentre literalmente a punto de estallar por tensión emocional, haciendo que la sangre se derrame en el pericardio que rodea el corazón y se mezcle allí con el fluido linfático. Si eso fue lo que ocurrió con Jesús, su muerte cumplió incluso otra profecía.

Tan pronto como a una víctima se le declaraba muerta su cuerpo se bajaba de la cruz y por lo general era lanzado a una fosa común para delincuentes, según había profetizado Isaías que los enemigos del Mesías habían planeado para Él (Is. 53:9). Los romanos no tenían ningún respeto por los cadáveres, pues estos eran arrojados a una fosa que dejaban abierta para los animales carroñeros. En ocasiones simplemente arrojaban los cuerpos a un vertedero de basura en llamas, tal como el que ardía continuamente en el valle de Hinom (Gehenna) al sur de Jerusalén.

Según parece, el momento en que Jesús murió Juan había salido del Gólgota y solamente quedaron las pocas mujeres fieles. Ellas no podían por sí solas cuidar el cuerpo, especialmente en el poco tiempo que quedaba antes del final del día, y en cualquier caso, no tenían ningún lugar para enterrar a Jesús.

Pero en el momento exacto y necesario, Dios conmovió el corazón de un hombre piadoso. Por tanto, **cuando llegó la noche, vino un hombre rico de Arimatea,**

llamado José, que también había sido discípulo de Jesús. Tal como ya se explicó, las horas de **la noche** eran de las 3:00 a las 6:00 de la tarde, tiempo en el cual se consideraba que comenzaba el día siguiente, en este caso el día de reposo. Si José hubiera pedido el cuerpo más temprano, Jesús no habría estado muerto aún, y si hubiera llegado algún tiempo después no pudo haber preparado el cuerpo para sepultarlo antes que el día de reposo comenzara.

José no solo era **un hombre rico,** cumpliendo así la profecía de Isaías (Is. 53:9), sino que era "miembro noble del concilio", el sanedrín, que "esperaba el reino de Dios" (Mr. 15:43). Sin embargo, al contrario de los otros miembros, él era un "varón bueno y justo" que "no había consentido en el acuerdo ni en los hechos de ellos" de condenar y ejecutar a Jesús (Lc. 23:50-51).

Lo único que se sabe con certeza acerca de **Arimatea** es que era una "ciudad de Judea" (Lc. 23:50), o de los judíos. A pesar de que Galilea estaba en el centro de la antigua nación de Israel, se había poblado con muchos gentiles y a menudo se le asociaba con la región hacia el oriente que con frecuencia se denominaba Galilea de los gentiles (véase Mt. 4:15; cp. Is. 9:1). No obstante, Judea era la región más distintivamente judía de Palestina y se le consideraba la tierra de los judíos. Debido a que José supuestamente habría tenido su sepultura cerca de donde vivía, por lo general se supone que **Arimatea** estaba cerca de Jerusalén. Muchos eruditos creen que Arimatea era una forma de la antigua Ramá, la ciudad a pocos kilómetros al norte de Jerusalén de donde vino Samuel.

En algún momento durante los últimos tres años, José **también había sido discípulo de Jesús,** aunque "secretamente por miedo de los judíos" (Jn. 19:38). El texto griego utiliza la forma verbal de **discípulo,** y pudo haberse traducido que "fue discipulado para (o por) Jesús". José era un seguidor de **Jesús,** lo que sugiere que debió haber oído predicar y enseñar a nuestro Señor, y es muy probable que presenciara muchos de los milagros realizados por Cristo.

Tal como ya se observó, José era un discípulo secreto que había seguido a Jesús y aprendido de Él a la distancia. Es posible que primero hubiera oído hablar del Señor en compañía de otros miembros del sanedrín cuando llegaron a criticarlo y condenarlo, y que mientras lo oyó predicar quedara convencido de la condición mesiánica de Jesús. Pero haber hecho pública su lealtad a Cristo no solo le habría costado su lugar en el sanedrín sino que también habría puesto en peligro su bienestar económico, social y familiar.

No obstante, ahora José "vino y entró osadamente" (Mr. 15:43) y **fue a Pilato y pidió el cuerpo de Jesús.** Marcos nos hace saber que "Pilato se sorprendió de que ya hubiese muerto; y haciendo venir al centurión, le preguntó si ya estaba muerto. E informado por el centurión, dio el cuerpo a José" (Mr. 15:44-45).

El cuerpo de una víctima normalmente se le daría solo a un miembro de la familia. Sin embargo, a menudo incluso esa consideración humana no era permitida porque la profanación pública del cadáver al ser arrojado a una fosa abierta o a un montón de basura se utilizaba en ocasiones como advertencia adicional acerca de las graves consecuencias de oponerse a Roma.

Pero al haber concedido la petición de los dirigentes judíos de asegurarse de que los hombres crucificados hubieran muertos y fueran quitados de las cruces antes del día de reposo, y al no querer enojar más a esos líderes, **Pilato** pudo haber estado feliz de entregar el **cuerpo de Jesús** a José y dar por terminado el asunto. Debido a la humillación de ellos y a la intimidación de él, Pilato no habría estado dispuesto a hacer un favor más al sanedrín. Pero no podía darse el lujo de ofenderlos otra vez. Pudo no haber conocido los motivos de José, y quizás supuso que estaba actuando a favor de sus colegas. Sin pedir una explicación, Pilato inmediatamente **mandó que se le diese el cuerpo** a José.

Es probable que José acudiera a Pilato con poca esperanza de recibir el cuerpo, y había muchas razones de por qué tal vez no le concedieran la petición. Desde luego que José no esperaba que Jesús resucitara de los muertos, o de lo contrario no habría otorgado tan cuidadosa atención a la preparación y al entierro permanente del cuerpo. Sin embargo, su gran amor por Jesús lo llevó a enfrentar la ira de sus compañeros miembros y amigos del concilio, así como la ira de Pilato a fin de ofrecer este último gesto de respeto a Cristo.

De modo soberano el Señor había hecho que los dirigentes judíos hicieran su parte en exigir que los cuerpos se bajaran de las cruces antes que terminara el día. Había hecho que Pilato concediera ese permiso, que José pidiera el cuerpo, y que Pilato diera una vez más el permiso. Ahora el Señor hizo que José asegurara, preparara y sepultara el cuerpo de Jesús antes que terminara la noche del viernes. Ninguna de esas personas se dio cuenta de que estaban cumpliendo la profecía. En lo que respecta a sus propios motivos y al entendimiento que tenía, hasta el piadoso José hizo lo que hizo por razones personales. Parecía muy correcto que este Hombre inocente en quien José había puesto su fe tuviera una sepultura respetable. No hay indicio incluso de que José estuviera consciente de que estaba haciendo la voluntad de Dios, mucho menos de estar cumpliendo la Palabra de Dios.

José no se apresuró porque temiera violar el día de reposo. Ya se había contaminado para la observación del día de reposo al ir al pretorio para ver a Pilato, y estaba a punto de contaminarse aún más al manipular el cuerpo muerto de Jesús. Actuó con prisa porque, al igual que todos los demás participantes en este gran drama, se estaba moviendo bajo el poder divinamente ordenado por Dios y bíblicamente predicho, y de acuerdo con la programación divina.

Mientras más se estudie con sinceridad y objetividad la Palabra de Dios, más convincentemente se demuestra su infalibilidad. Una y otra vez se prueba a sí misma que es exacta en todo detalle.

Tras retirarlo de la cruz, **tomando José el cuerpo, lo envolvió en una sábana limpia, y lo puso en su sepulcro nuevo, que había labrado en la peña.** A causa de la devoción que le tenía a Cristo y a que la tumba se hallaba cerca del Gólgota (Jn. 19:42), parece que aunque **José** era un hombre rico que tenía muchos criados, él mismo tomó **el cuerpo.**

Juan informa que Nicodemo, un importante fariseo y casi con seguridad miembro del sanedrín (véase Jn. 3:1), se unió a José en el sepulcro, "trayendo un compuesto de mirra y de áloes, como cien libras". Entre los dos "tomaron, pues, el cuerpo de Jesús, y lo envolvieron en lienzos con especias aromáticas, según es costumbre sepultar entre los judíos" (19:39-40). A diferencia de los egipcios, los judíos no trataban de embalsamar cadáveres, sino que simplemente los encerraban en lienzos muy perfumados para ayudar a enmascarar la fetidez de la descomposición.

Según se indica en *A Harmony of the Gospels,* Robert L. Thomas and Stanley N. Gundry, eds. [Chicago: Moody, 1978], p. 250), "los discípulos que siguieron a Jesús en público durante su vida huyeron al final, pero los dos que habían mantenido en secreto su fe mientras Él estuvo vivo, se dieron a conocer públicamente para darle una sepultura adecuada".

Aunque los evangelios mencionan que María Magdalena y María la madre de Jacobo y José solamente estaban observando el entierro (Mt. 27:61; Mr. 15:47), es posible que ayudaran a José de Arimatea y Nicodemo. Más tarde ellas prepararon sus propias especies y llegaron a la tumba temprano el domingo por la mañana, planificando ungir aún más el cuerpo de Jesús (Lc. 23:56–24:1).

Después que el cuerpo fue envuelto, José hizo **rodar una gran piedra a la entrada del sepulcro,** y entonces **se fue.** Por lo general las tumbas se aseguraban de alguna manera, a menudo con **una gran piedra** colocada tapando **la entrada,** a fin de evitar profanación del cuerpo por parte de animales o aves, y de impedir que ladrones de tumbas robaran los objetos de valor que con frecuencia se enterraban con los fallecidos.

LAS DOS MARÍAS

Y estaban allí María Magdalena, y la otra María, sentadas delante del sepulcro. (27:61)

A fin de dar evidencia de la deidad de Cristo en una manera extraordinaria y maravillosa, se usó un segundo grupo de personas en la sepultura de Jesús.

De las "muchas mujeres" que habían observado la crucifixión desde lejos y que fielmente habían servido a Jesús durante su ministerio en Galilea (vv. 55-56), solo **María Magdalena, y la otra María,** la madre de Jacobo el menor y José (Mr. 15:47), habían seguido a José de Arimatea a la tumba. Después de tal vez ayudar a José y Nicodemo a envolver el cuerpo de Jesús en las especies, y que la gran piedra fuera colocada en su lugar para asegurar el sepulcro, las dos Marías se quedaron **sentadas delante del sepulcro.** Al parecer los dos hombres se habían ido, y ahora estas mujeres se hallaban solas en la tumba, rodeadas de una profunda tristeza.

La contribución especial de esas dos mujeres no es evidente hasta temprano el domingo por la mañana, cuando volvieron al sepulcro para terminar de ungir el cuerpo de Jesús. En ese momento se convirtieron en los primeros testigos de la resurrección de Jesús. Cuando llegaron, un ángel ya había retirado la piedra de la entrada, y ellas entraron al sepulcro (Mr. 16:45*a*). Mientras los guardias permanecían temblando de miedo (Mt. 28:4), el ángel, estaba "sentado al lado derecho, cubierto de una larga ropa blanca; y se espantaron. Mas él les dijo: No os asustéis; buscáis a Jesús nazareno, el que fue crucificado; ha resucitado, no está aquí; mirad el lugar en donde le pusieron" (Mr. 16:5*b*-7).

Dios no escogió a alguno de los discípulos sino más bien a dos mujeres como testigos principales de la resurrección de Cristo. María Magdalena no solo fue una de las dos primeras personas en saber de la resurrección de Jesús, sino que fue la primera a quien Él se le apareció (Jn. 20:11-17).

LOS PRINCIPALES SACERDOTES Y LOS FARISEOS

Al día siguiente, que es después de la preparación, se reunieron los principales sacerdotes y los fariseos ante Pilato, diciendo: Señor, nos acordamos que aquel engañador dijo, viviendo aún: Después de tres días resucitaré. Manda, pues, que se asegure el sepulcro hasta el tercer día, no sea que vengan sus discípulos de noche, y lo hurten, y digan al pueblo: Resucitó de entre los muertos. Y será el postrer error peor que el primero. Y Pilato les dijo: Ahí tenéis una guardia; id, aseguradlo como sabéis. Entonces ellos fueron y aseguraron el sepulcro, sellando la piedra y poniendo la guardia. (27:62-66)

El tercer grupo dirigido de modo providencial por Dios con relación al entierro de Jesús lo constituían **los principales sacerdotes y los fariseos.** Sin darse cuenta, y por supuesto sin querer, proporcionaron aún más testimonio de la deidad de Jesús.

Como ya se indicó, **al día siguiente** de la crucifixión era de reposo, por lo cual el día anterior era **la preparación.** También según se indicó antes, este no era un día de reposo común, sino que se trataba del día de reposo de la Pascua, y por tanto un día muy santo (véase Jn. 19:31).

Dos cosas muy extraordinarias ocurrieron en este suceso. En primer lugar, era muy raro que los dirigentes religiosos judíos se reunieran con un gobernante secular y pagano en el día de reposo, e incluso más raro que lo hicieran en un día de reposo de gran solemnidad. Más sorprendente aún, el texto y el contexto sugieren que, contrario a la costumbre normal que tenían, en realidad entraron a las cámaras del consejo de Pilato en el pretorio. El día anterior habían sido muy cuidadosos en no entrar al pretorio en absoluto, sino que más bien enviaron a Jesús al interior para ver a Pilato. A fin de hablar con los dirigentes mismos, el gobernador debió salir al porche. Quizás porque era un gran día de reposo, los sacerdotes y los fariseos creyeron que no había nadie alrededor que los viera entrar. O simplemente pudieron haber estado dispuestos a arriesgarse a ser vistos a fin de lograr su propósito. Si violaron de modo tan flagrante la ley mosaica y la tradición rabínica al condenar falsamente a muerte a Jesús, sin duda no habrían tenido reparos en una infracción tan relativamente menor como profanar el día de reposo si se volvía necesario para sus propósitos malvados.

El segundo detalle raro fue que en su mayoría **los principales sacerdotes** eran saduceos, y por tanto oponentes teológicos firmes de **los fariseos.** Los evangelios solo registran otro caso en que estos dos grupos se juntaron (Mt. 21:45), y en ambas oportunidades la única motivación que los movía era el odio hacia Jesús.

A pesar de que ahora Jesús estaba muerto, estos hombres aún se hallaban preocupados por la influencia continua que Él pudiera representar. Por eso le dijeron a Pilato: **Señor, nos acordamos que aquel engañador dijo, viviendo aún: Después de tres días resucitaré. Manda, pues, que se asegure el sepulcro hasta el tercer día.** Aun en su muerte, los enemigos de Cristo lo despreciaron con tanta vehemencia que ni siquiera pronunciaron su nombre, refiriéndose a Él tan solo como **aquel engañador.**

En algún momento durante o justo después de la crucifixión, los fariseos recordaron que varios años antes, cuando habían exigido una señal de parte de Jesús,

Él les había contestado: "La generación mala y adúltera demanda señal; pero señal no le será dada, sino la señal del profeta Jonás. Porque como estuvo Jonás en el vientre del gran pez tres días y tres noches, así estará el Hijo del Hombre en el corazón de la tierra tres días y tres noches" (Mt. 12:38-40). Debido a que Jonás salió vivo después de tres días y tres noches, los fariseos entendieron correctamente que Jesús estaba afirmando que estaría sepultado en la tierra y que resucitaría con vida después de ese mismo tiempo.

Los discípulos no habían tomado literalmente en serio a Jesús en ese entonces, ni cuando en otras ocasiones les había hablado en privado acerca del sufrimiento, la muerte y la resurrección que iba a experimentar (Mt. 16:21; 17:23; 20:19). Los dirigentes religiosos tampoco le creyeron a Jesús, pero tomaron en serio esa predicción, pensando que Él trataría de engañar al pueblo haciendo creer que en realidad murió y fue resucitado. Ahora que estaba muerto, ellos temían que sus discípulos trataran de perpetrar un engaño parecido.

La expresión "tres días y tres noches" que Jesús había usado en la predicción de su sepultura (Mt. 12:40) no necesariamente se refería a tres días completos de veinticuatro horas. "Un día y una noche" era un coloquialismo judío que podía referirse a cualquier parte de un día.

Cuando la reina Ester dio instrucciones a Mardoqueo de que dijera a los judíos que ayunaran por "tres días, noche y día" (Est. 4:16), se hizo evidente que ella no tenía en mente tres días completos. "Aconteció que al tercer día", al final del ayuno, "se vistió Ester su vestido real, y entró en el patio interior de la casa del rey" para interceder por el pueblo judío (5:1).

El Talmud, el principal comentario judío sobre las Escrituras y la tradición, especifica que "un día y una noche conforman un *onah*, y una parte de un *onah* es como el todo".

De igual modo, la gente de hoy día habla de visitar cierto lugar durante tres días, sin que necesariamente signifique tres períodos completos de veinticuatro horas. Por ejemplo, llegar una mañana de lunes y salir la tarde del miércoles siguiente se considera por lo general una visita de tres días.

Que Jesús tuviera en mente solo una parte de los días primero y tercero se hace claro por las numerosas referencias a resucitar *al* tercer día (Mt. 16:21; 17:23; 20:19). También está claro que los mismos dirigentes religiosos judíos creyeron que Jesús quiso decir *al* tercer día. A pesar de que usaron la frase **después de tres días** al dar a Pilato la razón de su petición, le pidieron que pusiera una guardia sobre la tumba **hasta el tercer día,** indicando que usaban esas dos frases de manera sinónima.

Insistir en una sepultura de tres días completos no solo se opone a que Jesús resucitara al tercer día, sino que también requiere que el día de la crucifixión sea el miércoles anterior, a fin de que haya estado en la tierra todo el jueves, el viernes, y el sábado. En ese caso habrían estado involucradas partes de cinco días consecutivos, desde la mañana del miércoles en que la crucifixión habría comenzado hasta el amanecer del domingo, lo que habrían sido unas doce horas después que ese día hubiera comenzado a las seis la noche anterior. Pero una cronología tan prolongada no concuerda con los relatos del evangelio.

Se dice específicamente que la crucifixión debió haber sido el viernes, "la víspera del día de reposo" (Mr. 15:42), y que la resurrección debió haber ocurrido en algún momento antes del amanecer del domingo, "el primer día de la semana" (Mr. 16:2; Lc. 24:1; Jn. 20:1). Sostener un entierro de tres días completos es suponer un grave y muy obvio error bíblico.

Que le dijeran a Pilato: **Manda, pues, que se asegure el sepulcro** refleja el control continuo que los dirigentes religiosos tenían sobre el gobernador debido al temor que este tenía de que lo reportaran al césar, y que esto ocasionara su caída. Irónicamente, el temor de ellos era que los **discípulos** llegaran **de noche, y lo** hurtaran, y dijeran **al pueblo: Resucitó de entre los muertos.** Ese temor era totalmente infundado, porque a pesar de la reiterada enseñanza de Jesús al respecto, los discípulos todavía no creían que Él literalmente iba a resucitar de los muertos.

Después de la transfiguración, Pedro, Jacobo y Juan estaban perplejos en cuanto a lo que Jesús acababa de decirles acerca de su resurrección de entre los muertos (Mr. 9:10). No fue que no entendieran el significado de la resurrección, porque esa era una doctrina comúnmente sostenida entre la mayoría de judíos de la época. Pero debido a que no podían concebir la muerte del Mesías, obviamente no lograban imaginar que resucitara de los muertos (cp. 9:32). Incluso cuando Pedro y Juan llegaron a la tumba de Jesús la hallaron vacía, "porque aún no habían entendido la Escritura, que era necesario que él resucitase de los muertos" (Jn. 20:9).

Pero sea que los principales sacerdotes y los fariseos supieran de esa incredulidad o no, supusieron que los discípulos harían la afirmación en nombre de Jesús a fin de perpetuarle la memoria y quizás conservar a algunos de sus seguidores para ellos mismos.

Le aseguraron a Pilato que si tal cosa ocurriría, **será el postrer error peor que el primero.** La sugerencia era que la afirmación de realeza de Jesús se verificaría entonces a los ojos de personas crédulas y, aunque muerto, Él se volvería una amenaza para Roma incluso **peor** que antes. En realidad estaban afirmando: "Si las multitudes lo aclamaron como su Mesías y Rey cuando entró en Jerusalén algunos días atrás, piense en cuánto más lo aclamarán como su Rey si les hicieran creer que Él ha conquistado la muerte y resucitado de los muertos. Aunque la idea es absurda, si creyeran de veras que Él está vivo, también creerán que Roma no tiene poder sobre Él y que Él es invencible. Entonces usted tendría un levantamiento en sus manos".

Como no quería correr riesgos, ya sea de ofender a los dirigentes judíos o de enfrentar otra insurrección, **Pilato les dijo: Ahí tenéis una guardia; id, aseguradlo como sabéis.** Sin duda complacido consigo mismo por haber hecho una vez más que el poderoso gobernador romano se inclinara ante las demandas que le hacían, **ellos fueron y aseguraron el sepulcro, sellando la piedra y poniendo la guardia.** Es probable que el sello fuera suministrado por Pilato y advertía que la tumba estaba bajo la protección romana.

El propósito de los dirigentes judíos y de Pilato fue evitar un engaño. Pero el propósito del Señor fue tomar el antagonismo incrédulo de ellos y usarlo para demostrar la realidad de la resurrección y la deidad de Cristo. Hasta los enemigos de Jesús ayudaron a asegurar eso, a fin de que la resurrección fuera auténtica. Él tendría que ser resucitado de manera sobrenatural. A pesar de los últimos esfuerzos de ellos de propagar el rumor de que los discípulos robaron de veras el cuerpo de Jesús (Mt. 28:11-14), sabían que ellos mismos habían hecho que eso fuera imposible.

Tales verdades notables acerca de la sepultura de nuestro Señor deberían profundizar en todos los cristianos el entendimiento de la declaración de Pablo: "Sabemos que a los que aman a Dios, todas las cosas les ayudan a bien, esto es, a los que conforme a su propósito son llamados" (Ro. 8:28). Cuando no podemos ver por qué estamos atravesando problemas y conflictos debemos aferrarnos a la certeza de que el poder soberano y providencial de Dios enumera toda circunstancia y todo suceso en el universo para su gloria y para nuestro bien.

Pasado el día de reposo, al amanecer del primer día de la semana, vinieron María Magdalena y la otra María, a ver el sepulcro. Y hubo un gran terremoto; porque un ángel del Señor, descendiendo del cielo y llegando, removió la piedra, y se sentó sobre ella. Su aspecto era como un relámpago, y su vestido blanco como la nieve. Y de miedo de él los guardas temblaron y se quedaron como muertos. Mas el ángel, respondiendo, dijo a las mujeres: No temáis vosotras; porque yo sé que buscáis a Jesús, el que fue crucificado. No está aquí, pues ha resucitado, como dijo. Venid, ved el lugar donde fue puesto el Señor. E id pronto y decid a sus discípulos que ha resucitado de los muertos, y he aquí va delante de vosotros a Galilea; allí le veréis. He aquí, os lo he dicho. Entonces ellas, saliendo del sepulcro con temor y gran gozo, fueron corriendo a dar las nuevas a sus discípulos. Y mientras iban a dar las nuevas a los discípulos, he aquí, Jesús les salió al encuentro, diciendo: ¡Salve! Y ellas, acercándose, abrazaron sus pies, y le adoraron. Entonces Jesús les dijo: No temáis; id, dad las nuevas a mis hermanos, para que vayan a Galilea, y allí me verán. (28:1-10)

Al igual que toda buena obra de literatura, el Evangelio de Mateo no es una colección al azar de hechos, ideas o historias, sino que tiene un plan y un propósito específicos. El capítulo 28 no es simplemente un compendio final de anécdotas acerca de la vida de Cristo, sino que es la poderosa culminación de todo lo demás que Mateo ha escrito bajo la guía del Espíritu Santo.

El evento central de esa culminación, la resurrección de Jesucristo, también es el hecho central de la historia redentora de Dios. La resurrección es la piedra angular de la fe cristiana, y todo lo que somos, tenemos y esperamos ser se predica en base a esa realidad. No habría cristianismo si no hubiera resurrección.

El mensaje de la Biblia siempre ha sido un mensaje de esperanza de resurrección, un mensaje en que la muerte no es el final para quienes pertenecen a Dios. Para el creyente, la muerte nunca ha sido un final sino más bien una puerta que lleva a la eternidad con Dios. Abraham obedeció por voluntad propia la orden divina de sacrificar a su único hijo, Isaac, porque en fe consideró "que Dios es poderoso para levantar aun de entre los muertos" a Isaac (He. 11:19). El salmista declaró: "Dios redimirá mi vida del poder del Seol, porque él me tomará consigo" (Sal. 49:15) y "me has guiado según tu consejo, y después me recibirás en gloria" (Sal. 73:24). Isaías proclamó: "Tus muertos vivirán; sus cadáveres resucitarán" (Is. 26:19). A través de Daniel el Señor asegura a los que le pertenecen que aunque mueran, un día "serán despertados… para vida eterna" (Dn. 12:2). Oseas asegura a los creyentes que el Señor los resucitará a todos para que vivan delante de Él (Os. 6:2). Job preguntó de modo retórico: "Si el hombre muriere, ¿volverá a vivir?", y luego declaró: "Todos los días de mi edad esperaré, hasta que venga mi liberación" (Job 14:14). Ese antiguo hombre de Dios incluso previó la realidad de la resurrección, proclamando a sus tres amigos, a Bildad en particular: "Yo sé que mi Redentor vive, y al fin se levantará sobre el polvo; y después de deshecha esta mi piel, en mi carne he de ver a Dios" (Job 19:25-26).

Tal ha sido la esperanza prometida del pueblo de Dios a lo largo de la historia, una esperanza predicada en la resurrección de Jesucristo. Es su resurrección la que garantiza la nuestra. Pablo declara: "Mas ahora Cristo ha resucitado de los muertos; primicias de los que durmieron es hecho. Porque por cuanto la muerte entró por un hombre, también por un hombre la resurrección de los muertos. Porque así como en Adán todos mueren, también en Cristo todos serán vivificados" (1 Co. 15:20-22).

Sin embargo, lamentablemente también es cierto que a lo largo de la historia muchos han negado, despreciado y se han burlado de la verdad de la resurrección, especialmente la de Cristo. Pero solo un necio trata de ofrecer una excusa a la resurrección, porque la muerte y la resurrección de Jesucristo son la única esperanza de salvación y vida eterna para el ser humano.

Uno de los primeros misioneros protestantes a las islas Ryukyu en el Pacífico occidental descubrió una extraña fosa común. La lápida reveló que allí se enterraron once mil cabezas cercenadas de cuerpos de cristianos. Al investigar más se enteró que en 1637 el gobierno japonés, que en ese entonces controlaba las Ryukyu, ordenó exterminar a todos los cristianos en el imperio. Debido a que sabían que los cristianos creían en la resurrección enterraron las cabezas de los creyentes martirizados a gran distancia de los cuerpos, creyendo que así evitarían su resurrección.

La resurrección de Jesucristo es el acontecimiento más grandioso en la historia del mundo. Es tan fundamental para el cristianismo que nadie que la niega puede ser un cristiano verdadero. Sin resurrección no hay fe cristiana, salvación, ni esperanza. Pablo explica. "Si no hay resurrección de muertos, tampoco Cristo resucitó. Y si Cristo no resucitó, vana es entonces nuestra predicación, vana es también vuestra fe" (1 Co. 15:13-14). Alguien que cree en un Cristo que no resucitó cree en un Cristo impotente, un Cristo muerto. Si Cristo no resucitó de los muertos, entonces ninguna redención se logró en la cruz. Pablo sigue diciendo: "Si Cristo no resucitó, vuestra fe es vana; aún estáis en vuestros pecados" (v. 17).

Por tanto, no es de extrañar que el primer sermón el día que nació la Iglesia se centrara en la resurrección de Cristo. Después de acusar a sus oyentes de la muerte de Jesús, Pedro declaró: "Al cual Dios levantó, sueltos los dolores de la muerte, por cuanto era imposible que fuese retenido por ella" (Hch. 2:23-24). Pedro continuó predicando la resurrección tanto a sus compatriotas judíos (Hch. 4:10) como a los gentiles (10:40).

Pablo predicó la resurrección continuamente. En la sinagoga de Antioquía de Pisidia declaró de Jesús: "Dios le levantó de los muertos", y que "aquel a quien Dios levantó, no vio corrupción" (Hch. 13:30, 37). El apóstol predicó la resurrección ante el sanedrín en Jerusalén (23:6), ante el gobernador Félix (24:15, 21), y ante el rey Agripa (26:8). La resurrección es un tema central que Pablo enfatiza fuertemente en sus epístolas. Él declaró que Cristo "fue sepultado, y que resucitó al tercer día, conforme a las Escrituras" (1 Co. 15:4), "que el que resucitó al Señor

Jesús, a nosotros también nos resucitará con Jesús, y nos presentará juntamente con vosotros" (2 Co. 4:14; cp. Gá. 1:1), y que el Padre obró "en Cristo, resucitándole de los muertos y sentándole a su diestra en los lugares celestiales" (Ef. 1:20; Col. 2:12). Pablo anheló conocer a Cristo y "el poder de su resurrección, y la participación de sus padecimientos" (Fil. 3:10).

Pedro habló de nuestra "esperanza viva, por la resurrección de Jesucristo de los muertos, para una herencia incorruptible, incontaminada e inmarcesible" (1 P. 1:3-4). En su visión en Patmos, Juan contempló al Señor Jesucristo declarando: "Yo soy el primero y el último; y el que vivo, y estuve muerto; mas he aquí que vivo por los siglos de los siglos" (Ap. 1:17-18).

El fundamento de toda nuestra esperanza se expresa en las propias palabras de Jesús: "Yo soy la resurrección y la vida; el que cree en mí, aunque esté muerto, vivirá" (Jn. 11:25), y "porque yo vivo, vosotros también viviréis" (14:19).

Hasta la persona más irreligiosa que no conoce nada acerca de la historia y la doctrina cristiana sabe que los cristianos creen que Jesucristo resucitó de los muertos. Pero el mundo incrédulo tiene muchas reacciones ante esa creencia, la mayoría negativas y todas equivocadas.

Una de las reacciones modernas más comunes es la del racionalismo, que rechaza la idea de la resurrección y todos los demás elementos sobrenaturales de la Biblia porque tales aspectos no pueden explicarse por observación científica y razón humana. Esta filosofía humanista considera la mente del ser humano como la realidad principal, y solamente lo que su propia mente puede percibir y comprender se reconoce como verdadero o significativo.

Muchas personas son simplemente indiferentes a la resurrección, sin que les importe si es cierta o no. La religión en general, y el cristianismo en particular, no les interesa. Otras personas no creen en la resurrección debido a ignorancia en cuanto a su naturaleza y significado. Es posible que nunca hayan oído de ella o que nunca la hayan oído explicada con exactitud y claridad.

Algunas personas son intencionalmente hostiles. No rechazan la resurrección porque parezca improbable para la razón humana o porque tengan dudas sinceras o carezcan de pruebas. La condenan simplemente porque odian las cosas de Dios. Incluso hay quienes parecen considerar que su papel en la vida y la historia es tratar de desacreditar la resurrección.

No obstante, los escritores del evangelio y todos los demás líderes en la iglesia primitiva comprendieron que su papel supremo en la vida y la historia era proclamar la realidad de la resurrección y las muchas otras verdades acerca de Jesucristo. Aunque los discípulos y la mayoría de los demás seguidores de Jesús fueron lentos en creer que su Señor realmente resucitó de los muertos, pronto quedaron tan abrumados por la realidad de la resurrección que no podían pensar ni hablar de algo más.

A pesar de que revelaron las mismas verdades divinas en armonía perfecta una con otra, cada uno de los escritores del evangelio presenta la resurrección desde una perspectiva diferente. Mateo no enfoca la resurrección desde una perspectiva académica, histórica, analítica o basada en evidencias, sino que más bien se enfoca en la reacción emocional de un grupo de mujeres que amaban profundamente a Jesús.

COMPASIÓN

Pasado el día de reposo, al amanecer del primer día de la semana, vinieron María Magdalena y la otra María, a ver el sepulcro. (28:1)

Pasado el día de reposo se traduce de una construcción poco común en el griego: *opse de sabbatōn.* La frase también podría traducirse: "Mucho después del día de reposo", indicando que había transcurrido una considerable cantidad de tiempo desde que el día de reposo terminó. El tiempo real fue desde el atardecer de la noche anterior, cuando **el día de reposo** había terminado y comenzaba el **amanecer** del día siguiente, el cual era domingo, el **primer día de la semana,** por un total de quizás diez horas. Juan establece específicamente que cuando las mujeres llegaron "siendo aún oscuro" (20:1).

El **primer día de la semana** también se traduce de una frase griega interesante, que significa literalmente: "Primer día con referencia al día de reposo". Los judíos no tenían nombres para los días de la semana, tales como lunes, martes, etc., sino que simplemente los numeraban con relación al día de reposo. **Día de reposo,** o *Sabbath*, significa "séptimo", y aunque estaba al final de la semana, porque era el día central y santo, todos los demás días se contaban por este como primero, segundo, tercero, etc., después del día de reposo.

Según se explicó en el capítulo anterior de esta obra, debido a que los judíos consideraban la referencia a "un día" en el sentido de cualquier parte de esa jornada, el domingo fue el tercer día de la sepultura de Jesús, el día que varias veces había predicho que sería el de su resurrección (véase Mt. 16:21; 17:23; 27:64; Mr. 10:34; Lc. 18:33).

La frase "pasado el día de reposo" también podría referirse en sentido figurado al nuevo día de reposo para el pueblo de Dios. Como una conmemoración del descanso de Dios después de la creación, el día de reposo debía ser para Israel una jornada de descanso y adoración (Éx. 20:8-11). Pero el día antes que Jesús se levantara de la tumba fue el último día de reposo divinamente ordenado para su pueblo, porque al siguiente día fue introducido el nuevo pacto en Jesucristo. Ese domingo fue el amanecer no solo de un nuevo día sino de una nueva era en la historia redentora.

Es debido a la resurrección que los cristianos adoran en el domingo en lugar del sábado.

A esa hora antes del amanecer la mañana del domingo **vinieron María Magdalena y la otra María, a ver el sepulcro.** Aunque ya habían presenciado a José y Nicodemo envolviendo el cuerpo de Jesús en los lienzos y las especias (Mt. 27:61), las mujeres habían asegurado y preparado sus propias especias (tal vez una pequeña cantidad en comparación con las llevadas por Nicodemo) con las cuales ungirían personalmente al Señor (Lc. 24:1). A pesar de que también estaban allí Salomé, la madre de Jacobo y Juan y esposa de Zebedeo (Mr. 16:1; cp. Mt. 27:56), y Juana (Lc. 24:10), Mateo se enfoca solo en las dos Marías.

La otra María era la madre de Jacobo y José y esposa de Cleofas (véase Mt. 27:56; Jn. 19:25). Las mujeres obviamente creyeron que Jesús aún estaría en la tumba y que permanecería allí, o de lo contrario no habrían llevado las especias de unción. No habían llegado para ver a Jesús resucitado sino **a ver el sepulcro** donde esperaban que aún yaciera el cuerpo. Ellas habían estado entre las mujeres que sirvieron a Jesús en Galilea y que permanecieron con Él junto a la cruz (Mt. 27:55-56). Ahora llegaron al huerto con la esperanza de que de algún modo pudieran quitar la gran piedra para poderle servir por última vez (Mr. 16:3). Pero a pesar de su falta de fe en las promesas de Jesús de resucitar al tercer día, llegaron a la tumba debido a profundo afecto por su Señor.

La tradición judía sostenía erróneamente que el espíritu de una persona muerta salía del cuerpo cuatro días después de la muerte porque para ese momento el cuerpo se había desfigurado tanto por la descomposición que el espíritu ya no podía reconocerlo. Esa tradición pudo reflejarse en el comentario que Marta le hizo a Jesús acerca del hermano de ella, Lázaro: "Señor, hiede ya, porque es de cuatro días" (Jn. 11:39). Tal vez las dos Marías y las otras mujeres llegaron a la tumba de Jesús con la intención de ungir el cuerpo una vez más antes que su espíritu saliera del cuerpo.

Las mujeres no tenían confianza en la resurrección de Jesús, pero le tenían gran amor y devoción. Lo que les faltaba en fe lo compensaban en compasión amorosa, y lo que les faltaba en conocimiento lo compensaban con valiente devoción.

TERROR

Y hubo un gran terremoto; porque un ángel del Señor, descendiendo del cielo y llegando, removió la piedra, y se sentó sobre ella. Su aspecto era como un relámpago, y su vestido blanco como la nieve. Y de miedo de él los guardas temblaron y se quedaron como muertos. Mas el ángel, respondiendo, dijo a las mujeres: No temáis vosotras; porque yo sé que buscáis a Jesús, el que fue crucificado. No está aquí, pues ha resucitado, como dijo. Venid, ved el lugar donde fue puesto el Señor. E id pronto y decid a sus discípulos que ha resucitado de los muertos, y he aquí va delante de vosotros a Galilea; allí le veréis. He aquí, os lo he dicho. (28:2-7)

Tan pronto como las mujeres llegaron a la tumba descubrieron que la piedra había sido movida a un lado por **un gran terremoto.** Este fue el segundo terremoto causado de modo sobrenatural en relación con la muerte y sepultura de Jesús; el primero había ocurrido en el momento de su muerte (Mt. 27:51).

Dios ocasionó un terremoto en el monte Sinaí justo antes de revelar la ley a Moisés (Éx. 19:18) y en el monte Horeb cuando Él mismo se le reveló a Elías, 1 R. 19:11). Al final de los tiempos también enviará muchos terremotos (Jl. 2:10; Mt. 24:7; Ap. 6:12; 8:5; 11:13-19). Ahora, en tres días, ocasionó dos terremotos en las afueras de Jerusalén.

Este **terremoto** se produjo cuando **un ángel del Señor** descendió **del cielo,** haciendo que la tierra alrededor de la tumba temblara con violencia. El ángel había venido a abrir la tumba asegurada y sellada, y al llegar **removió la piedra, y se sentó sobre ella.** Aunque es probable que varios hombres fuertes hubieran necesitado algún tiempo para colocar la piedra en su lugar, el ángel la quitó en un instante.

El ángel no quitó la piedra con el fin de dejar que Jesús saliera de la tumba, como sugieren muchas historias y pinturas orientales. Si Jesús tuvo el poder para resucitar de los muertos, lo cual hizo (Jn. 10:18), sin duda tenía el poder relativamente menor requerido para escapar de una tumba sellada. Según demostró durante las varias apariciones posteriores a la resurrección, tal como ya no estaba atado por la muerte tampoco estaba atado por las limitaciones del mundo físico o del tiempo (véase Lc. 24:31; Jn. 20:26). En su forma glorificada pudo escapar de una tumba cerrada con tanta facilidad como pudo entrar a una habitación cerrada. Al comparar los relatos del evangelio, se hace evidente que Jesús ya había salido de la tumba cuando la piedra fue movida. El ángel no movió la piedra para dejar salir a Jesús sino para dejar entrar a las mujeres y los apóstoles.

Según el Evangelio de Juan, María Magdalena al parecer salió del huerto tan pronto como "vio quitada la piedra del sepulcro" (20:1). Antes que el ángel apareciera, ella "corrió, y fue a Simón Pedro y al otro discípulo, aquel al que amaba Jesús, y les dijo: Se han llevado del sepulcro al Señor, y no sabemos dónde le han puesto" (v. 2). Es obvio que María Magdalena había hecho caso omiso al anuncio del ángel acerca de la resurrección de Jesús. Ella quedó tan abrumada al descubrir la tumba vacía que corrió frenéticamente hasta donde se hallaban los discípulos más destacados, Pedro y Juan, para decirles lo que creía que era una noticia terrible. No se le ocurrió que Jesús pudo haber resucitado como había predicho, y ella supuso que alguien había robado el cuerpo y lo había escondido. Es evidente que Pedro y Juan tampoco consideraron la posibilidad de la resurrección, y de inmediato salieron corriendo hacia la tumba para averiguar lo que pudieran (Jn. 20:3-4).

Mientras tanto el ángel se había manifestado a aquellos que estaban cerca de la tumba, y **su aspecto era como un relámpago.** La descripción sugiere que Dios transmitió algo de su propia gloria Shekinah al ángel, tal como había transmitido una medida de ella a Moisés en el Sinaí cuando fue renovado el pacto (Éx. 34:29). De manera similar, el brillante **vestido** del ángel que era tan **blanco como la nieve** sugiere la pureza y la santidad de Dios. El ángel traía el sello del carácter de Dios a fin de clarificar a los observadores no solo que era un mensajero sobrenatural, sino que era un agente de Dios y no de Satanás.

Los guardias estaban tan impresionados que al principio **temblaron. Temblaron** se traduce de un término griego que tiene la misma raíz de "terremoto" en el versículo 2, lo que indica que los soldados experimentaron terremotos personales tanto en la mente como en el cuerpo. Pero después de un breve momento, **se quedaron como muertos,** paralizados de miedo. La idea parece ser que no solo se quedaron rígidos sino inconscientes y totalmente traumatizados por lo que veían.

Las mujeres también se asustaron, pero a diferencia de los soldados, recibieron consuelo del mensajero de Dios. Consciente del terror de ellas, **el ángel, respondiendo, dijo a las mujeres: No temáis vosotras.** Tal vez una traducción mejor que **respondiendo** sería "explicándoles", porque **las mujeres,** demasiado aterradas para hablar, no habían hecho una sola pregunta.

Los soldados tenían buenas razones para tener miedo. No solo que la aparición del ángel en sí misma ya era aterradora, sino que, debido a que les habían encargado la protección de la tumba, una tumba vacía podía significar su muerte. Sin embargo, las mujeres no tenían razón para temer, y las primeras palabras del ángel estuvieron destinadas a darles tanto consuelo como seguridad.

Ellas no habían venido esperando hallar a Jesús resucitado, pero Dios en su bondadosa misericordia les pasó por alto la fe débil y la falta de entendimiento. Reconociendo el gran amor que tenían, Dios respondió con gran amor. El ángel les dijo: **yo sé que buscáis a Jesús, el que fue crucificado, No está aquí, pues ha resucitado.**

Ha resucitado se traduce del pasivo aoristo griego y también puede traducirse "ha sido resucitado". Jesús mismo tenía poder para entregar su vida y para volverla a tomar (Jn. 10:18). Pero la Biblia deja en claro que también fue resucitado por el poder del Padre (Ro. 6:4; Gá. 1:1; 1 P. 1:3) y del Espíritu Santo (Ro. 8:11). Toda la Trinidad participó en la resurrección de Jesús.

El ángel recordó amablemente a las mujeres que la resurrección de Jesús no debía sorprenderlas, porque sucedió tal **como dijo.** Lucas informa que "entonces ellas se acordaron de sus palabras" (24:8).

A continuación, el ángel invitó a las mujeres: **Venid, ved el lugar donde fue puesto el Señor.** En este momento ellas entraron a la tumba y observaron que estaba realmente vacía. El ángel se les unió en el interior y reiteró el mismo mensaje básico, diciéndoles: "No os asustéis; buscáis a Jesús nazareno, el que fue crucificado; ha resucitado, no está aquí; mirad el lugar en donde le pusieron" (Mr. 16:6). Tal vez les repitió el mensaje porque las mujeres lo encontraban difícil creer, a pesar del hecho de que ahora se acordaron de las predicciones de Jesús de que iba a resucitar al tercer día.

Cuando Pedro y Juan entraron a la tumba poco tiempo después, vieron "los lienzos puestos allí, y el sudario, que había estado sobre la cabeza de Jesús, no colocado con los lienzos, sino enrollado en un lugar aparte". (Jn. 20:6-7). Los lienzos estaban tal como se hallaban cuando José y Nicodemo pusieron a descansar el cuerpo, excepto por el sudario, el cual estaba a un lado. Jesús no tuvo que desenvolverse más de lo que tuvo que quitar la piedra. En un momento se hallaba envuelto en los lienzos y al siguiente estaba libre, dejando las envolturas intactas.

Mientras las mujeres se hallaban en la tumba, otro ángel se unió al primero, "uno a la cabecera, y el otro a los pies, donde el cuerpo de Jesús había sido puesto" (Jn. 20:12). Sus ubicaciones son una reminiscencia de los dos querubines dorados que se hallaban a cada lado del propiciatorio en el arca del pacto (Éx. 25:18). Los dos ángeles en el huerto estaban apostados a cada extremo de la tumba de Jesús, quien por el sacrificio que acababa de hacer de su propia vida se convirtió en el verdadero y eterno propiciatorio para la humanidad pecadora.

Los dos ángeles ofrecieron a las mujeres un recordatorio más, diciéndoles: "¿Por qué buscáis entre los muertos al que vive? No está aquí, sino que ha resucitado. Acordaos de lo que os habló, cuando aún estaba en Galilea, diciendo: Es necesario que el Hijo del Hombre sea entregado en manos de hombres pecadores, y que sea crucificado, y resucite al tercer día" (Lc. 24:5-7). Por tercera vez se les dijo a las mujeres la gloriosa verdad de la resurrección de Jesús, una verdad cuyo cumplimiento debieron haber estado esperando ansiosamente.

Entonces uno de los ángeles declaró: **Id pronto y decid a sus discípulos que ha resucitado de los muertos.** La fascinación de las mujeres debió haberse convertido rápidamente en proclamación. No tuvieron tiempo para regocijarse en la maravillosa realidad de las buenas nuevas, sino que debieron ir de inmediato y anunciarla a los acobardados discípulos, quienes aún estaban escondidos en Jerusalén.

Parecería más que justificado que el Señor hubiera permitido a los discípulos padecer en temor, desesperación y agonía durante una semana o más antes de decirles la buena noticia. Con obstinación se habían negado a creer que Jesús moriría y resucitaría, aunque les había hablado de su muerte y resurrección en muchas ocasiones. Pero en su bondadosa misericordia Dios envió a las mujeres a hablar con los discípulos lo más pronto posible, para que no experimentaran otro momento de tristeza y dolor. No los reprendió por su falta de fe ni por su cobardía, sino que más bien les envió mensajeras con un compasivo mensaje de esperanza y consuelo.

Nos preguntamos por qué Dios decidió revelar la verdad de la resurrección en primer lugar a esas mujeres y no a los discípulos. Un comentarista sugiere que se debió a que Dios escoge a los débiles para confundir a los fuertes. Otro sugiere que las mujeres fueron recompensadas por su servicio fiel al Señor en Galilea. Otro más sostiene que, así como la muerte vino por una mujer en un huerto, también la nueva vida se anunció primero a una mujer en un huerto. Incluso otros proponen que se debió a que la tristeza más profunda merece el gozo más profundo o que el amor supremo merece privilegio supremo.

Pero la Biblia no ofrece tales explicaciones. Parece obvio que las mujeres fueron las primeras en oír el anuncio angelical de la resurrección simplemente porque estuvieron allí. Si los discípulos hubieran estado allí también habrían oído la buena noticia directamente del ángel en lugar de indirectamente por parte de las mujeres.

Esto es análogo a la realidad de que mientras más cerca esté un creyente del Señor y su obra, más va a ser testigo y a experimentar el poder del Señor. Aquellos que están allí cuando el pueblo del Señor se reúne para adorar y orar, que están allí cuando se enseña la Palabra, que están allí cuando los perdidos son ganados para Cristo, que están allí cuando se está sirviendo a otros en nombre del Señor, que son regulares en sus tiempos de oración privada, son aquellos que experimentarán más a menudo y de primera mano la obra de Dios.

La instrucción adicional del ángel para las mujeres fue que les dijeran a los discípulos de Jesús: **he aquí va delante de vosotros a Galilea; allí le veréis. He aquí, os lo he dicho.** A principios de la semana Jesús había dicho a los once discípulos restantes: "Después que haya resucitado, iré delante de vosotros a Galilea" (Mt. 26:32). Al ser tanto judíos como gentiles, los galileos representaban al mundo en general. Fue allí que Jesús comenzó su ministerio, en "Galilea de los gentiles", donde "los asentados en región de sombra de muerte, Luz les resplandeció" (Mt. 4:15-16). También sería en Galilea que los discípulos recibirían del Señor la Gran Comisión: "Id, y haced discípulos a todas las naciones" (Mt. 28:19).

No fue que Jesús se aparecería primero a los discípulos en Galilea, porque Él mismo se les manifestó varias veces antes de eso. Se le apareció a Pedro (Lc. 24:34), a los dos discípulos en el camino a Emaús (Lc. 24:15; cp. Mr. 16:12), a diez de los discípulos cuando estaban reunidos la noche de la resurrección (Jn. 20:19), a todos los once discípulos ocho días después (Jn. 20:26), y a siete de los discípulos cuando estaban pescando en el mar de Galilea (Jn. 21:1).

Sin embargo, la aparición suprema de Jesús a los discípulos debió ser en **Galilea,** donde "apareció a más de quinientos hermanos a la vez" (1 Co. 15:6) y donde encargaría a los once el ministerio apostólico.

GOZO

Entonces ellas, saliendo del sepulcro con temor y gran gozo, fueron corriendo a dar las nuevas a sus discípulos. Y mientras iban a dar las nuevas a los discípulos, (28:8)

Respondiendo de manera obediente el mandato del ángel, las mujeres salieron **corriendo** de la tumba. Y a pesar de tener la seguridad consoladora, es comprensible que tuvieran un remanente de **temor.** Pero su miedo ahora fue moderado por **gran gozo** al enterarse de la buena noticia de la resurrección de Jesús.

María Magdalena había salido de la tumba antes que los ángeles aparecieran, y por iniciativa propia informó a Pedro y Juan lo que había descubierto, diciéndoles: "Se han llevado del sepulcro al Señor, y no sabemos dónde le han puesto" (Jn. 20:2). Entonces ella siguió a esos dos discípulos de vuelta a la tumba, donde tan solo encontraron las envolturas de lienzos. Las otras mujeres y los ángeles habían salido del huerto, por lo que desilusionados y confundidos "volvieron los discípulos a los suyos" (vv. 5-10). Mientras María permanecía afuera de la tumba llorando, los dos ángeles se le aparecieron y luego el Señor mismo. Sin embargo, no fue sino hasta que Jesús la llamó por nombre que ella lo reconoció y exclamó: "¡Raboni!" (vv. 11-16). María reportó luego su maravillosa experiencia a los discípulos en Jerusalén (v. 18).

Cuando ella habló a los otros apóstoles de su encuentro con el Cristo resucitado, no le creyeron (Mr. 16:11). Esa incredulidad (véase también Mr. 16:13; Lc. 24:10-11) prueba claramente que no tenían intenciones de robar el cuerpo de Jesús a fin propagar una resurrección falsificada, como los principales sacerdotes y los fariseos temían que hicieran (Mt. 27:62-64; 28:13).

ADORACIÓN

he aquí, Jesús les salió al encuentro, diciendo: ¡Salve! Y ellas, acercándose, abrazaron sus pies, y le adoraron. (28:9)

Mientras tanto, cuando las otras mujeres estaban en camino para informar el mensaje del ángel a los discípulos, **Jesús les salió al encuentro.** Algunas traducciones añaden "y las saludó", que viene del término *chairete,* un saludo común que traducido significa más o menos "hola" o "buenos días". Era el saludo habitual en la plaza de mercado y de los viajeros que se cruzaban en el camino. En otras palabras, el saludo era casual y común, al parecer demasiado corriente para ser apropiado en una ocasión tan trascendental. No obstante, el Cristo glorificado, quien acababa de conquistar el pecado y la muerte, se dignó saludar a esas mujeres fieles con ternura cálida e informal. Como el escritor de Hebreos nos asegura, "no tenemos un sumo sacerdote que no pueda compadecerse de nuestras debilidades" (He. 4:15).

Reconociendo de inmediato a su Señor, y **acercándose,** las mujeres **abrazaron sus pies, y le adoraron.** Ahora sabían con certeza que Él era el Mesías resucitado, el divino Hijo de Dios, y esa adoración y alabanza fueron las únicas reacciones adecuadas ante su presencia. Ellas hicieron lo que toda persona, tanto incrédula como creyente, hará algún día. Cuando Cristo vuelva otra vez, se doblará "toda rodilla… y toda lengua [confesará] que Jesucristo es el Señor, para gloria de Dios Padre" (Fil. 2:10-11).

Por fin la plena realidad de la resurrección se solidificó en las mentes y los corazones de esas mujeres. Habían oído la proclamación que el ángel hiciera de la resurrección, habían visto la tumba vacía, había visto al Señor resucitado, y hasta le habían tocado su cuerpo glorificado. Ahora no pudieron hacer nada más que adorarlo.

Sir Edward Clarke escribe:

> Como abogado he hecho un estudio prolongado de las evidencias de los acontecimientos del primer día de la Pascua. Para mí la evidencia es concluyente, vez tras vez en el tribunal supremo he obtenido el veredicto sobre evidencia casi no tan convincente. La conclusión sigue a la evidencia, y un testigo veraz siempre es ingenuo y desprecia la consecuencia. La evidencia del evangelio para la resurrección es de esta clase, y como abogado la acepto sin reservas como el testimonio de hombres veraces en cuanto a realidades que fueron capaces de corroborar (citado en J. R. W. Stott, *Basic Christianity* [Downers Grove, IL: InterVarsity, 1971], p. 47).

En una declaración similar, el famoso historiador y profesor de Oxford Thomas Arnold escribe:

> La evidencia de la vida y la muerte de nuestro Señor puede demostrar, y a menudo lo ha hecho, que es satisfactoria; es buena según las reglas comunes para distinguir evidencia buena de mala. Miles y decenas de miles de personas la han revisado parte por parte con tanto cuidado como todo juez que adiciona algo en un caso importante. Yo mismo lo he hecho muchas veces, no para persuadir a otros sino para mi propia satisfacción. Durante muchos años he estudiado las historias de otras épocas con el fin de examinar y sopesar la evidencia de aquellos que han escrito acerca de estas, y no conozco ningún hecho en la historia de la humanidad que se haya probado con mejor y más completa evidencia de alguna clase, para la comprensión de un investigador imparcial, que la gran señal que Dios nos ha dado de que Cristo moriría y resucitaría de los muertos (Wilbur M. Smith, *Therefore Stand: Christian Apologetics* [Grand Rapids: Baker, 1965], pp. 425-26).

ESPERANZA

Entonces Jesús les dijo: No temáis; id, dad las nuevas a mis hermanos, para que vayan a Galilea, y allí me verán. (28:10)

Jesús repitió el mensaje del ángel, diciendo: **No temáis; id, dad las nuevas a mis hermanos, para que vayan a Galilea.** A pesar de la falta de fe, de la cobardía, y de la deserción de los discípulos, el Señor les habló con bondad como sus **hermanos.** Cuando llegaran **a Galilea** lo verían otra vez, y experimentarían una gran reunión y un gran encargo por parte del Señor.

El breve atisbo que Mateo hace de la resurrección es natural y sin adornos, totalmente carente de pretensión o exageración. Él no considera ni implora los asuntos, sino que simplemente pone las verdades delante del lector para que sean aceptadas por lo que son.

La verdad fundamental de la resurrección apoya una serie de otras verdades. Primera, nos da evidencia de que la Palabra de Dios es totalmente cierta y fiable. Jesús resucitó de los muertos exactamente en la forma en que lo predijo y en la manera en que dijo que lo haría (véase Mt. 12:40; 16:21; 17:9, 23).

Segunda, la resurrección significa que Jesucristo es el Hijo de Dios, como Él afirmó ser, y que tiene poder sobre la vida y la muerte. Tercera, la resurrección demuestra que la salvación es completa, que Cristo conquistó en la cruz el pecado, la muerte, y el infierno, y resucitó victorioso. Cuarta, la resurrección prueba que la Iglesia ha sido establecida. Jesús había declarado: "Edificaré mi iglesia; y las puertas del Hades no prevalecerán contra ella" (Mt. 16:18). "Las puertas del Hades" era una expresión judía conocida que representaba la muerte. La resurrección del Señor demostró que la muerte misma no podía evitar que Cristo estableciera su Iglesia.

Quinto, la resurrección demuestra que el juicio viene. Jesús declaró que "el Padre a nadie juzga, sino que todo el juicio dio al Hijo" (Jn. 5:22), y ya que ahora el Hijo había resucitado y estaba vivo, su juicio es seguro. Sexta, la resurrección de Cristo demuestra que el cielo está esperando. Jesús prometió: "En la casa de mi Padre muchas moradas hay; si así no fuera, yo os lo hubiera dicho; voy, pues, a preparar lugar para vosotros" (Jn. 14:2). Debido a que Cristo está vivo por la resurrección, los creyentes tienen la certeza de que ahora Él está preparando una morada celestial para ellos.

La mentira que demuestra la resurrección **149**

Mientras ellas iban, he aquí unos de la guardia fueron a la ciudad, y dieron aviso a los principales sacerdotes de todas las cosas que habían acontecido. Y reunidos con los ancianos, y habido consejo, dieron mucho dinero a los soldados, diciendo: Decid vosotros: Sus discípulos vinieron de noche, y lo hurtaron, estando nosotros dormidos. Y si esto lo oyere el gobernador, nosotros le persuadiremos, y os pondremos a salvo. Y ellos, tomando el dinero, hicieron como se les había instruido. Este dicho se ha divulgado entre los judíos hasta el día de hoy. (28:11-15)

Hace algunos años el escritor canadiense G. B. Hardy escribió un libro acerca de la vida, la filosofía y el destino, titulado *Countdown: A Time to Choose* (Chicago: Moody, 1971). Allí observó que en realidad solo hay dos preguntas que hacer con relación al destino: (1) ¿Ha vencido alguien alguna vez a la muerte? y (2) Si es así, ¿diseñó esa persona una manera para que nosotros también la venzamos? Hardy explica a continuación que encontró la respuesta a ambas preguntas en la resurrección de Jesucristo y que con esa respuesta también encontró salvación y vida eterna (pp. 31-32).

Pero a pesar de que la resurrección es la única esperanza que tiene el ser humano de obtener vida eterna, la mayoría de personas, incluso muchas que han estudiado a fondo la resurrección, la han rechazado. Al hacer eso no solo perdieron la vida futura, sino que también quedaron sin verdadero significado o importancia en la vida actual. Rechazar la resurrección es suicidio espiritual.

Por otra parte, negar la resurrección va contra la tendencia misma del corazón y el alma de los seres humanos. Salomón escribió que Dios "ha puesto eternidad en el corazón de ellos" (Ec. 3:11). Algo dentro del individuo no está satisfecho con la vida terrenal actual. De manera instintiva se extiende hacia la inmortalidad, hacia una vida que trascienda su vida actual y que continuará después de la muerte. A lo largo de la historia muchas religiones y filosofías han propuesto medios para que el ser humano logre inmortalidad, a fin de encontrar una vida mejor más allá de la tumba.

Sin embargo, lo extraño es que siempre parece haber más personas religiosas que irreligiosas que de forma consciente niegan la única esperanza de obtener inmortalidad. Y a través de los años se han propuesto muchas teorías con el propósito explícito de explicar la resurrección, en especial la resurrección de Jesucristo.

La "teoría del desmayo" propone que Jesús realmente no murió, sino que entró en un profundo estado de coma, o desmayo, por el severo dolor y el trauma de la crucifixión. Al estar en la atmósfera fría de la tumba y con el aroma estimulante de las especies de sepultura, revivió y de algún modo pudo desenvolverse y escapar después que la tumba fue abierta. Cuando se mostró a los discípulos, estos erróneamente supusieron que había resucitado de entre los muertos.

Esa teoría no fue ideada sino hasta alrededor de 1600, por un hombre llamado Venturini. Pero la idea es contraria a los informes de muchos testigos presenciales, no solo seguidores de Jesús sino también sus enemigos. Los soldados romanos que vigilaban al Señor en la cruz fueron los primeros en reportar la muerte. Ellos eran expertos en ejecución y se exponían a perder sus propias vidas si permitían que un condenado a muerte escapara. Estaban tan seguros de que Él estaba muerto que no se molestaron en romperle las piernas, y cuando la lanza le sacó sangre y agua tuvieron la prueba definitiva de su muerte. José de Arimatea y Nicodemo, con muchas mujeres como testigos y tal vez como ayudantes, obraron en el cuerpo de Jesús por una hora o algo así mientras lo envolvían en los lienzos y las especies. Fácilmente habrían detectado alguna chispa de vida que aún quedara.

Para que esa teoría fuera cierta, Jesús habría tenido que sobrevivir a la enorme pérdida de sangre por la flagelación, las heridas de los clavos, y la herida de la lanza. También habría tenido que sobrevivir a ser envuelto firmemente en los lienzos que estaban repletos con cien libras de especias. Además de eso, en su condición sumamente debilitada habría tenido que soportar más de cuarenta horas sin comida o bebida, arreglárselas para desenvolverse, sin ayuda hacer a un lado la piedra desde el interior de la tumba, salir pasando a los guardias sin ser visto, y luego convencer a sus seguidores que había estado realmente muerto y que resucitó de modo milagroso. Habría tenido que desarrollar la fortaleza para viajar un sinnúmero de kilómetros en esa condición a fin de aparecerse en muchas ocasiones a sus discípulos durante un período de cuarenta días. Por último, habría tenido que engañar a los apóstoles haciéndoles creer que sin abrir la puerta entró a un espacio cerrado, para luego ascender al cielo delante de sus ojos. Lo absurdo de esa teoría es demasiado evidente para ser aceptada por cualquier persona con visión clara, sea creyente o no.

La "teoría de la no sepultura" sostiene que en realidad no hubo entierro, que Jesús nunca fue puesto en la tumba, y que, por tanto, no habría estado en ella el domingo por la mañana. En lugar de eso el cuerpo fue lanzado al interior de una fosa común para criminales, de acuerdo con la costumbre romana. Pero ni los dirigentes judíos ni los guardias romanos se habrían molestado en asegurar y sellar la tumba si hubieran sabido que el cuerpo de Jesús no estaba adentro. No solo eso, sino que para refutar la resurrección de Jesús simplemente habrían tenido que recuperar el cadáver y ponerlo en exhibición.

La "teoría de la alucinación" sostiene que todos los que afirmaron haber visto a Jesús resucitado simplemente experimentaron una alucinación, inducida por una ardiente esperanza de la resurrección de su Maestro. Pero Tomás no era el único creyente lento para creer que el Señor había vuelto a vivir. Todos los relatos del evangelio dejan en claro que la mayoría de sus seguidores, incluso los apóstoles, *no* creyeron, ni antes ni después de la crucifixión, que Él sería resucitado. Además de eso, ¿cómo pudieron más de quinientas personas alucinar exactamente en la misma forma?

La "teoría de la telepatía" propone que no hubo resurrección física, sino más bien que Dios envió mensajes telepáticos divinos a los cristianos que les hicieron creer que Jesús estaba vivo. Pero, entre otras cosas, esa teoría hace al Dios de la verdad un engañador, y mentirosos a los apóstoles y escritores del evangelio. Y si tales imágenes mentales vinieran de Dios, fueron defectuosas y lentas para producir el resultado deseado, porque en una cantidad de casos Jesús no fue reconocido cuando se apareció por primera vez a individuos y grupos que lo conocieron íntimamente.

La "teoría de la sesión de espiritismo" sugiere que un poderoso espiritista, o médium, conjuró la imagen de Jesús por medio de poder oculto, y que, por tanto, a los seguidores se les hizo creer que lo vieron. Pero si eso fuera así, ¿cómo lo tomaron de los pies, metieron una mano en el costado herido, y comieron con Él? Las sesiones de espiritismo tratan estrictamente en lo incorpóreo y efímero, y no producen cosas físicas y tangibles como esas.

La "teoría de la identidad equivocada" se basa en la suposición de que alguien se hizo pasar por Jesús y pudo engañar a sus más íntimos amigos y compañeros, haciéndoles creer que su Señor había vuelto a vivir realmente. Pero el impostor habría tenido que hacer que lo flagelaran, que le pusieran una corona de espinas, que le perforaran las manos y los pies, y que le hirieran el costado para que tal suplantación estuviera incluso cerca de ser convincente. También habría tenido que imitar la voz, los gestos, y otros rasgos de Jesús hasta un punto inimaginable de la perfección. Habría tenido que robar el cuerpo de Jesús y esconderlo. También habría tenido que ser un infiltrado entre los seguidores de Jesús para identificar y hablar de modo convincente con las muchas personas con quienes se reunió durante las apariciones. También habría tenido que saber exactamente dónde hallar a las personas en cada ocasión y ser capaz de realizar ilusiones tales como materializarse a través de paredes y aparecer y desaparecer a voluntad. Y habría tenido que estar preparado incluso antes de la crucifixión para hacer todas esas cosas sorprendentes, porque la primera aparición fue temprano en la mañana de la resurrección.

El renombrado filósofo francés Renan desacreditó la resurrección al afirmar neciamente que toda la idea se basa en los delirios histéricos de María Magdalena (*The Life of Jesus* [Nueva York: Carleton, 1886], pp. 356-57). Sin embargo, María fue una entre más de quinientos testigos, todos los cuales testificaron la misma realidad. En su libro *Risen Indeed*, G. D. Yarnold propone la idea de que "el material del que estuvo compuesto el cuerpo terrenal [de Cristo] dejó de existir, o fue aniquilado" ([Nueva York: Oxford, 1959], p. 22).

Además de sus propias deficiencias exclusivas, todas esas teorías fallan en explicar cómo los apóstoles pudieron transformarse de cobardes en héroes, y cómo una entidad dinámica como la Iglesia pudo llegar a existir, producir miles de seguidores dispuestos a morir por sus creencias, y arreglárselas para trastornar al mundo entero si su fe se basara en ilusiones y falsedades.

Tales críticos incrédulos tampoco explican lo que le sucedió al cuerpo de Jesús. Si la resurrección fue falsificada en cualquier modo, el engaño se habría desenmascarado con facilidad y rapidez haciendo aparecer el cadáver. Pero ni los dirigentes judíos ni los romanos intentaron siquiera hacer tal revelación.

La "teoría del robo", que sostiene que alguien se las arregló para robar el cuerpo y esconderlo, es la única que intenta explicar el cuerpo desaparecido. Pero los únicos que pudieron haber tenido un motivo para robarlo fueron los discípulos, a fin de tratar de cumplir la predicción de Jesús de que resucitaría de los muertos al tercer día. Según Mateo explica en el pasaje actual, esa fue la explicación promulgada por los dirigentes judíos.

Sin embargo, la narración que Mateo hace de este episodio extraño revela que incluso tal maquinación engañosa se convirtió en una apologética rica y convincente para la resurrección, no contra ella. Mateo describe primero la conspiración misma y luego narra brevemente cómo la mentira propuesta fue propagada.

LA CONSPIRACIÓN

Mientras ellas iban, he aquí unos de la guardia fueron a la ciudad, y dieron aviso a los principales sacerdotes de todas las cosas que habían acontecido. Y reunidos con los ancianos, y habido consejo, dieron mucho dinero a los soldados, diciendo: Decid vosotros: Sus discípulos vinieron de noche, y lo hurtaron, estando nosotros dormidos. Y si esto lo oyere el gobernador, nosotros le persuadiremos, y os pondremos a salvo. (28:11-14)

Ellas se refiere a las mujeres a quienes Jesús acababa de hablarles y que obedientemente **iban** en camino a dar a los discípulos el mensaje del Señor de que se reunieran con Él en Galilea (vv. 5-10).

En este mismo momento, **he aquí unos de la guardia fueron a la ciudad, y dieron aviso a los principales sacerdotes de todas las cosas que habían acontecido.** Solamente **unos de la guardia fueron a la ciudad** de Jerusalén **y dieron aviso a los principales sacerdotes,** tal vez como representantes de todo el contingente, el cual pudo hacer ascendido a tantos como una docena. Que todos ellos hubieran ido juntos habría atraído considerable atención, y sin duda la noticia de la misión que tenían habría llegado a oídos de Pilato. Puesto que aún era temprano ese tercer día después de la crucifixión de Jesús, Pilato los habría hecho arrestar de inmediato y tal vez ejecutar, tanto por dejar su puesto mientras estaban en servicio como por no cumplir con su tarea de evitar que se robaran el cuerpo de Jesús (véase 27:62-66). Es de suponer que el resto de **la guardia** se quedara en la tumba.

Debido a que estaban al servicio temporal de los dirigentes religiosos judíos, prudentemente los soldados **dieron aviso a los principales sacerdotes de todas las cosas que habían acontecido** en la tumba. Tenían mucho menos temor a **los principales sacerdotes** que a Pilato, y es probable que esperaran que esos líderes pudieran protegerlos de alguna manera ante el gobernador.

Incluidas en **todas las cosas que habían acontecido** estaban el terremoto, la colocación de la piedra, el ángel resplandeciente sentado sobre la piedra, y la tumba vacía. Los soldados sabían que todos esos sucesos tenían un origen sobrenatural, y fue reconocer eso lo que en primer lugar los llevó a temblar violentamente y luego paralizarse de miedo catatónico. No trataron de explicar lo que vieron, sino tan solo de informarlo de la mejor manera que pudieron. Es posible que, a causa del informe de los guardias, los principales sacerdotes se enteraran mte la resurrección de Jesús incluso antes que los discípulos.

Pero a pesar de ese testimonio de primera mano y sin prejuicio de parte de los soldados, y de estar conscientes de que Jesús afirmó que resucitaría de los muertos al tercer día, los principales sacerdotes no mostraron interés en verificar la historia de los guardias. En realidad no les importaba que Jesús resucitara o no, así como no les importó que Jesús hubiera realizado milagros maravillosos delante de sus propios ojos. Algunos de los principales sacerdotes habían estado debajo de la cruz, burlándose de Jesús y afirmando: "Descienda ahora de la cruz, y creeremos en él" (27:42). Pero la duplicidad de ellos quedó ahora al descubierto, porque la resurrección era un milagro más grande de lo que habría sido bajarse de la cruz, y sin embargo no creyeron. Según Abraham dijo al hombre rico en la parábola de Jesús, "si no oyen a Moisés y a los profetas, tampoco se persuadirán aunque alguno se levantare de los muertos" (Lc. 16:31). El corazón endurecido hacia Dios no se persuadirá por ningún milagro o por ninguna cantidad de evidencia, por convincente que esta sea. **Los principales sacerdotes** eran tan malos, egoístas y espiritualmente ciegos que cerraron los ojos a toda confirmación de las afirmaciones de Jesús. El dios de este mundo los había cegado por completo (2 Co. 4:4).

Los dirigentes judíos habían estado tratando de deshacerse de Jesús desde el momento en que era bebé. Herodes trató de eliminar a Cristo masacrando a todos los bebés varones en su provincia, a fin de eliminarlo como una supuesta amenaza para su trono. Los dirigentes religiosos habían acusado a Jesús de obrar milagros bajo el poder de Satanás, de relacionarse con pecadores, de violar la ley de Dios porque curaba en el día de reposo, y de blasfemar al declarar que era el Mesías e Hijo de Dios. Pervirtieron tanto la justicia bíblica como la rabínica con el fin de condenarlo, recurrieron a chantaje para conseguir que lo crucificaran, usaron fuerza armada para tratar de mantener el cuerpo en la tumba, y ahora participaron en un soborno para ocultar la verdad de la resurrección del Señor.

La noticia de los soldados produjo sobresalto, temor y confusión en los dirigentes religiosos, pero no les produjo arrepentimiento o fe. No tenían excusa. Estaban informados en cuanto a la resurrección y no trataron de negarla. La única preocupación que tenían era ocultar esa noticia de sus compatriotas judíos, temiendo que muchos lo aceptaran como el Mesías y que la propia influencia, el poder, y la riqueza de los dirigentes judíos se vieran reducidos severamente.

La primera reacción fue convencer rápidamente al sanedrín; y una vez **reunidos con los ancianos** buscaron **consejo** en cuanto a cómo podrían obstruir mejor la extensión de la noticia que los soldados habían llevado. **Habido consejo** era una frase formal usada para decisiones oficiales (véase también Mt. 12:14; 22:15; 27:1, 7), y en esta reunión el sanedrín tomó una resolución de tres puntos: sobornar a los soldados, propagar una mentira acerca del cuerpo, y proteger a los solados de posibles represalias por parte de Pilato.

No se especifica a cuánto ascendió la cantidad de **dinero** dado **a los soldados,** pero debido a que posiblemente eran una docena de guardias para ser sobornados y a que el sanedrín estaba desesperado, debió haber sido una suma considerable. *Argurion* (**dinero**) literalmente significa plata, y es la misma palabra usada en Mateo 26:15 por el soborno dado a Judas para traicionar a Jesús. Ya que tenían tanto en juego, los miembros del sanedrín no titubearon en pagar un alto precio porque la mentira se propagara.

La segunda parte de la resolución fue un plan para diseminar la falsedad lo más ampliamente posible. Debido a que los soldados se hallaban en la tumba y tenían sus propias razones para propagar la mentira, eran los candidatos obvios para la tarea. Por tanto, los soldados recibieron instrucciones de afirmar: **sus discípulos**

vinieron de noche, y lo hurtaron, estando nosotros dormidos. Tanto los guardias como el sanedrín sabían muy bien que eso no era cierto, de lo contrario no habrían tenido que inventar una historia tan falsa y absurda. El propósito de la mentira era ocultar la verdad.

Aquellos soldados se convirtieron en las primeras personas en predicar esa falsedad en contra del evangelio. Eran paganos, materialistas, autoindulgentes e insensibles a todo tipo de maldad. Contar lo que para ellos era una mentira trivial e insignificante era un pequeño precio por obtener el favor y la protección del sanedrín.

La tercera parte de la resolución del sanedrín fue ofrecer protección a los soldados. Los principales sacerdotes les aseguraron: **Y si esto lo oyere el gobernador, nosotros le persuadiremos, y os pondremos a salvo.** Como ya se indicó, los soldados sabían que Pilato los haría ejecutar si se enteraba que el cuerpo de Jesús fue robado mientras ellos dormían.

Al amenazar con hacer un informe desfavorable al césar, los dirigentes religiosos judíos lograron ingeniárselas para manejar a Pilato. Ellos sabían que él no se arriesgaría a tener problemas con el césar por la disposición de un cadáver judío. Si el sanedrín salía en defensa de los soldados, es probable que el gobernador no les diera más que un regaño.

A pesar de la evidencia, mediante esa resolución los dirigentes judíos rechazaron a Cristo de modo voluntario, y tal obstinación espiritual dio testimonio de la apostasía de los líderes de Israel.

LA PROPAGACIÓN

Y ellos, tomando el dinero, hicieron como se les había instruido. Este dicho se ha divulgado entre los judíos hasta el día de hoy. (28:15)

De buena gana los soldados tomaron **el dinero,** felices de que no solo no serían castigados, sino que incluso serían recompensados. Por tanto, estuvieron más que dispuestos a hacer la voluntad del sanedrín, así que **hicieron como se les había instruido.**

Mateo comenta entonces que **este dicho se ha divulgado entre los judíos hasta el día de hoy.** Mateo escribió su evangelio como treinta años después, más o menos en el año 63 d.C., momento al que refiere como **el día de hoy.** Los guardias de la tumba fueron los primeros en haber **divulgado** la falsedad, pero sin duda el sanedrín también comenzó a difundirla **entre los judíos** por muchos otros medios.

La mentira del sanedrín era común aún entre los judíos del siglo II. Justino Mártir, padre de la iglesia, escribió en el capítulo 103 de su *Diálogo con Trifón:* "Ustedes [los dirigentes judíos] han enviado hombres escogidos y ordenados a lo largo de todo el mundo para proclamar que una herejía pagana e ilegal se había propagado acerca de Jesús, un engañador galileo que fue crucificado, pero a quien sus discípulos robaron de la tumba por la noche… y ahora han engañado a los hombres asegurando que resucitó de los muertos y ascendió al cielo" (*The Ante-Nicene Fathers,* vol. 1 [Grand Rapids: Eerdmans, 1973], p. 253). Esa misma falacia puede oírse incluso hoy día.

Pero por malvado y egoísta que fuera el plan del sanedrín, encajó a la perfección en el plan muy superior y soberano de Dios, quien no quería que incrédulos predicaran el verdadero evangelio, aunque hubieran querido hacerlo. El Señor no enviaría a predicar la resurrección a mensajeros que no creyeran en Aquel que fue resucitado. En su sabiduría eterna, Dios permitió que esos guardianes de la tumba, que pudieron haber propagado la verdad objetiva e histórica de la resurrección, se convirtieran en víctimas de los corruptos dirigentes judíos. La resurrección del Hijo de Dios sería proclamada únicamente por aquellos cuyos corazones estuvieran comprometidos con el Salvador y Señor resucitado.

Evidencia de la resurrección la suministra el mismo **dicho** que la niega. Y ya que venía de los enemigos de Jesús y no de sus amigos, debería ser de lo más convincente para los escépticos. Pretendiendo ocultar la verdad, el sanedrín y los solados en realidad la reforzaron.

Aunque la explicación de que los discípulos robaron el cuerpo de Jesús justifica el cadáver perdido, en algunas maneras es aún más absurda que las otras teorías negativas mencionadas al principio de este capítulo.

Primero, si la historia de los soldados hubiera sido verídica, sin duda alguna y con poca dificultad los dirigentes judíos pudieron haber hallado el cuerpo robado. Contaban en este caso con el apoyo de cientos de hombres, incluso de militares y hasta del poder de Roma. Habría sido totalmente imposible que once hombres iletrados y cándidos hubieran tenido éxito en eludir por cualquier cantidad de tiempo una investigación al respecto. La manera más sencilla de haber refutado la resurrección era localizar el cuerpo y exhibirlo para que todo el mundo lo viera. Sin embargo, no hay evidencia de que el sanedrín ni siquiera intentara encontrar el cuerpo que afirmaban que los discípulos habían robado. El fracaso del sanedrín en hacer esa búsqueda es una evidencia fuerte de que ellos mismos creían realmente que Jesús resucitó.

Otra falla evidente en la mentira del sanedrín fue la idea básica en sí. Sugerir que los discípulos robaran el cuerpo era mostrar total ignorancia del estado mental de esos hombres en ese entonces. No habían creído las muchas predicciones que Jesús hiciera de su resurrección, y ahora que lo habían crucificado estaban completamente abatidos y asustados. Más bien, habían creído menos en la resurrección después de la muerte de Jesús de lo que habían creído antes.

Cuando las mujeres informaron de la resurrección de Jesús a los once apóstoles y los otros creyentes con quienes se hallaban en Jerusalén, "a ellos les parecían locura las palabras de ellas, y no las creían" (Lc. 24:11). Sus prejuicios personales y el entendimiento humano, común a la mayoría de judíos de esa época, les impedían aceptar la idea de la muerte del Mesías, por lo que les era imposible creer en la resurrección. Esos hombres no tenían el más mínimo motivo para robar el cuerpo de Jesús. Debido a que José y Nicodemo le habían dado un entierro poco común, una sepultura mucho mejor de la que los discípulos pudieron haberse dado el lujo de brindarle, ¿qué mejor lugar para que el cuerpo permaneciera que en la tumba del huerto? Los apóstoles no tenían ningún motivo para falsificar una resurrección en la que ni siquiera ellos mismos creían. ¿Cómo podría ser que los hombres que huyeron para salvar sus vidas mientras Jesús todavía estaba vivo, de repente después de su muerte se llenaran de valor e ingenuidad para robar el cuerpo y luego empezar audazmente a predicar y enseñar en el nombre de un Jesús que ellos sabían que estaba muerto?

Cuando por fin los apóstoles llegaron a creer en la realidad de la resurrección de Jesús, no hubo forma de impedir que anunciaran esa fabulosa y hermosa verdad. Aquellos que poco antes habían sido cobardes escépticos se convirtieron en celosos resueltos en su proclamación del Cristo resucitado. Sin embargo, no tuvieron tal celo inmediatamente después de la resurrección, porque ni siquiera creían en ella, y mucho menos tenían deseos de predicarla.

Era muy improbable que los soldados se hubieran dormido el tiempo suficiente para que los discípulos hubieran movido la piedra y robado el cuerpo, y era aún más improbable que el ruido que hubieran hecho al mover la piedra no hubiera despertado a un solo soldado.

El ejército romano dividía la noche en cuatro vigilias de entre dos y tres horas cada una. Cierta cantidad de los hombres vigilaban mientras los demás dormían, rotándose hasta el amanecer. Tres horas no era demasiado tiempo para estar despiertos, especialmente si se hallaban bajo la amenaza de cárcel o muerte por dormir durante la vigilia.

Tal vez el problema más absurdo con la mentira propuesta fue que si todos los soldados hubieran estado dormidos, ¿cómo pudieron haber sabido quién robó el cuerpo? Y si algún testigo hubiera informado a los soldados lo que sucedió, ¿por qué no buscaron inmediatamente a los ladrones y recuperaron el cuerpo, en lugar de salir corriendo ante los principales sacerdotes para informar la pérdida?

El testimonio de los enemigos de Jesús fue en algunas formas incluso más sorprendente del que habría sido el de sus amigos. Se debió a que los soldados y el sanedrín no podían negar que la tumba había sido abierta de manera sobrenatural, y a que Jesús fue liberado de manera sobrenatural, que se inventó la mentira. Si la resurrección hubiera sido un engaño, habría sido fácil ponerlo al descubierto.

Algunos comentaristas han sugerido que los discípulos fueron los primeros en sobornar a los soldados, pidiéndoles que informaran al sanedrín la historia de la tumba vacía. Pero como se acaba de mencionar, los discípulos no tenían ningún motivo para hacer tal cosa. Además de eso, ¿dónde habrían encontrado suficiente dinero para ofrecer un soborno que resultara atractivo a los soldados?

Otras personas han sugerido que los discípulos distrajeron con astucia a los soldados y sacaron furtivamente el cuerpo mientras los guardias no estaban mirando. Pero si se hubieran armado de tanto valor, ¿cómo se las arreglaron para llevar a todos los soldados suficientemente lejos para evitar que oyeran mientras movían la gigantesca piedra? ¿Y cómo se las arreglaron para dejar los lienzos exactamente como habían estado cuando cubrían el cuerpo de Jesús? Si los discípulos hubieran intentado robar el cadáver, habrían obrado con la mayor prisa posible a fin de sacar el cuerpo de Jesús lo más pronto posible. No tenían ninguna razón para quitarle las envolturas, porque el cuerpo ya habría comenzado a descomponerse. Además de eso, habría sido mucho más fácil cargar el cuerpo estando envuelto.

Podríamos preguntar: ¿Por qué hizo Mateo una observación tan negativa sobre el suceso culminante en la obra de Cristo casi al final del relato de su evangelio? Por breve que es el pasaje, es aún más largo que sus palabras finales acerca de la Gran Comisión.

La respuesta parecería ser doble. Primero, el relato sirve para demostrar la apostasía total y definitiva de Israel como nación, a la que los dirigentes judíos representaban. Ellos negaron la resurrección de Jesús tal como se habían opuesto a todo lo demás que Él dijo o hizo. Segundo, los esfuerzos de esos enemigos crean quizás el testimonio humano más fuerte de la realidad de la resurrección, haciendo que se consiguiera el efecto contrario de lo que se buscaba.

El relato de Mateo muestra de modo simple pero convincente que cualquier explicación que no sea la verdadera resurrección corporal de Jesús contradice los hechos y ofende la razón. La verdad de la resurrección es tan absoluta que incluso una mentira contra ella ayuda a probarla. Ya sea el testimonio de los amigos o de los enemigos de Jesús, la misma conclusión es inevitable. Ningún otro acontecimiento histórico está atestiguado tan a fondo por sana evidencia como la resurrección de Jesucristo.

Simon Greenleaf, famoso profesor de derecho del siglo XIX en Harvard escribió: "Lo único que el cristianismo pide a los hombres… es que sean coherentes consigo mismos, que traten las evidencias del cristianismo como tratan la evidencia de otras cosas, y que traten y juzguen a sus actores y testigos como tratan con sus semejantes cuando testifican asuntos y acciones humanas, en tribunales humanos… El resultado… será una convicción incontrovertible de su integridad, su capacidad, y su verdad" (*Testimony of the Evangelists, Examined by the Rules of Evidence Administered in Courts of Justice* [Grand Rapids: Baker, 1965; reimpresión], p. 46).

Pablo declaró: "Si confesares con tu boca que Jesús es el Señor, y creyeres en tu corazón que Dios le levantó de los muertos, serás salvo. Porque con el corazón se cree para justicia, pero con la boca se confiesa para salvación" (Ro. 10:9-10). Salvación es igual a vida eterna, a liberación del pecado, y a esperanza piadosa. La salvación determina el destino de una persona en la presencia de Dios en las glorias celestiales por siempre. Y la salvación pertenece únicamente a quienes creen en la resurrección de Jesucristo y que lo confiesan como Señor y Salvador y, por tanto, se identifican con Él.

El compositor de himnos Robert Lowry compuso las hermosas líneas siguientes que se cantan en el popular himno de Pascua "Cristo la tumba venció":

La tumba le encerró, Cristo mi Cristo,
El alba allí esperó, Cristo el Señor.

¡Cristo la tumba venció! Y con gran poder resucitó,
de sepulcro y muerte Cristo es vencedor,
vive para siempre nuestro Salvador.
¡Gloria a Dios! ¡Gloria a Dios!
El Señor resucitó.

Hacer discípulos a todas las naciones

150

Pero los once discípulos se fueron a Galilea, al monte donde Jesús les había ordenado. Y cuando le vieron, le adoraron; pero algunos dudaban. Y Jesús se acercó y les habló diciendo: Toda potestad me es dada en el cielo y en la tierra. Por tanto, id, y haced discípulos a todas las naciones, bautizándolos en el nombre del Padre, y del Hijo, y del Espíritu Santo; enseñándoles que guarden todas las cosas que os he mandado; y he aquí yo estoy con vosotros todos los días, hasta el fin del mundo. Amén. (28:16-20)

Si un cristiano entiende todo el resto del Evangelio de Mateo pero fracasa en comprender este pasaje de conclusión, no ha entendido el propósito de todo el libro. Este pasaje es el punto culminante y esencial no solo de este evangelio sino de todo el Nuevo Testamento. No es una exageración decir que en su sentido más amplio es el punto donde se enfoca toda la Biblia, tanto el Antiguo como el Nuevo Testamento.

Este mensaje central de la Biblia se refiere a la misión central del pueblo de Dios, una misión que lamentablemente muchos cristianos no entienden, o no están deseosos de cumplir. Parece evidente que algunos cristianos piensan poco en su misión en este mundo, excepto con relación a sus propias necesidades personales. Asisten a servicios y reuniones cuando les conviene, toman lo que desean tomar, y se preocupan poco por todo lo demás. Se involucran en la iglesia solo en la medida que sirva a sus propios deseos. Está más allá de su comprensión y su interés que el Señor le haya dado a su Iglesia una misión suprema y que llame a todo creyente a ser un instrumento en el cumplimiento de dicha misión.

Si la congregación evangélica promedio fuera encuestada con relación al propósito principal de la Iglesia, es probable que se recibieran muchas respuestas diversas. Sin embargo, es posible que se destaquen varios propósitos. Gran cantidad de creyentes daría el primer lugar a la comunión, es decir, la oportunidad de asociarse e interactuar con otros cristianos que tienen creencias y valores similares. Ellos valoran en gran manera el hecho de que la iglesia proporcione actividades y programas para toda la familia y que sea un lugar donde se nutran y se hagan relaciones, y donde se provea inspiración a través de buena predicación y hermosa música. Un versículo favorito para tales miembros de la iglesia probablemente sea: "En esto conocerán todos que sois mis discípulos, si tuviereis amor los unos con los otros" (Jn. 13:35).

A un nivel quizás un escalón más arriba, algunos cristianos considerarían que la sana enseñanza bíblica es la función principal de la Iglesia, exponiendo las Escrituras y fortaleciendo a los creyentes en conocimiento y obediencia a la verdad revelada de Dios. Tal énfasis incluiría ayudar a que los creyentes descubran y ministren con sus dones espirituales en formas variadas de liderazgo y servicio. Al igual que la comunión, esa también es una función básica de la Iglesia, porque el Señor "constituyó a unos, apóstoles; a otros, profetas; a otros, evangelistas; a otros, pastores y maestros, a fin de perfeccionar a los santos para la obra del ministerio, para la edificación del cuerpo de Cristo, hasta que todos lleguemos a la unidad de la fe y del conocimiento del Hijo de Dios, a un varón perfecto, a la medida de la estatura de la plenitud de Cristo" (Ef. 4:11-13).

Si se añade un nivel más elevado, algunos creyentes considerarían la alabanza a Dios como el propósito supremo de la iglesia. Enfatizan la iglesia como una comunidad de alabanza que exalta al Señor en adoración, homenaje y reverencia. La alabanza es ciertamente un propósito central del pueblo de Dios, así como siempre ha sido y siempre será una actividad principal en el cielo, donde tanto santos como ángeles entonarán eternamente alabanzas a Dios. Los veinticuatro ancianos que yacen postrados delante del trono de Dios cantan: "Señor, digno eres de recibir la gloria y la honra y el poder; porque tú creaste todas las cosas, y por tu voluntad existen y fueron creadas" (Ap. 4:10-11; cp. 5:8-14).

Pablo declara que Dios nos ha "predestinado para ser adoptados hijos suyos por medio de Jesucristo, según el puro afecto de su voluntad, para alabanza de la gloria de su gracia… a fin de que seamos para alabanza de su gloria, nosotros los que primeramente esperábamos en Cristo" (Ef. 1:5-6, 12; cp. v. 14). Más adelante en esa misma epístola él se regocija: "A él sea gloria en la iglesia en Cristo Jesús por todas las edades, por los siglos de los siglos" (3:21).

Jesús vino al mundo para manifestar la gloria de Dios, la "gloria como del unigénito del Padre" (Jn. 1:14), como "la imagen misma de su sustancia, y quien sustenta todas las cosas con la palabra de su poder" (He. 1:3). Así como es Señor de quienes le aceptan, Jesucristo vino al mundo con el propósito supremo de glorificar al Padre, por eso quienes pertenecen a Cristo tienen ese mismo propósito. Debemos alabar, honrar y glorificar a nuestro Dios en toda dimensión de vida.

Todos esos énfasis son absolutamente bíblicos y deberían caracterizar a todo grupo de creyentes. Pero ni separados ni juntos representan el propósito y la misión central de la Iglesia en el mundo. El propósito y motivo supremo de todo creyente individual y de todo grupo de creyentes es glorificar a Dios.

La misión que fluye de nuestra comunión amorosa, de nuestro crecimiento espiritual, y de nuestra alabanza es ser instrumentos fieles y obedientes de Dios en su plan divino de redimir al mundo. Ese plan comenzó en la eternidad pasada, antes de la fundación del mundo. Pero no entró en vigor hasta que Adán decidió pecar, y por tanto cayó de la comunión con Dios y quedó espiritualmente separado de Dios. Desde aquel fatídico día en el huerto del Edén, el ser humano natural y caído ha estado tratando de ocultarse de Dios, y Dios ha estado redimiendo a los hombres para hacerlos volver a Él. Desde ese primer momento de pecado siempre ha sido Dios quien, tan solo por su amor compasivo, ha tomado la iniciativa de restaurar la humanidad a la justicia. Dios siempre ha tomado la iniciativa por la salvación y restauración del ser humano, desde su primer llamado a Adán: "¿Dónde estás tú?" (Gn. 3:9), hasta su último llamado en Apocalipsis: "El Espíritu y la Esposa dicen: Ven. Y el que oye, diga: Ven. Y el que tiene sed, venga; y el que quiera, tome del agua de la vida gratuitamente" (Ap. 22:17).

No fue sino hasta que la humanidad pecadora persistió en alejarse más y más de Dios que Él la separó en naciones. Cuando Dios necesitó que una nación diera testimonio de Él ante el mundo, llamó a Israel como su pueblo escogido a través de Abraham. Cuando los israelitas fallaron en ese llamado, Dios escogió un remanente entre ellos para hacer lo que la nación no haría. Cuando la nación de Israel rechazó a su Mesías y Rey, Jesucristo, Dios llamó a la Iglesia, su nuevo instrumento escogido para redimir al mundo.

Dios ha estado atrayendo, está atrayendo ahora, y hasta el juicio final seguirá atrayendo a hombres pecadores para que regresen a Él con la finalidad de restaurar el mundo que el pecado ha corrompido, todo con el propósito de traer la gloria para sí mismo. Cuando pecadores se salvan, Dios se glorifica, porque la salvación de ellos le costó la muerte de su Hijo unigénito, precio incalculable que su magnánima gracia estuvo dispuesta a pagar.

El modo supremo en que Dios escogió glorificarse fue a través de la redención de hombres pecadores, y es a través de la participación en ese plan redentor que los creyentes mismos glorifican más a Dios. Pablo declara "que Dios estaba en Cristo reconciliando consigo al mundo, no tomándoles en cuenta a los hombres sus pecados" (2 Co. 5:19). Esa es una obra de tal magnitud y compasión que hasta los ángeles celestiales anhelan mirar dentro de ella (1 P. 1:12).

Nada glorifica tanto a Dios como su misericordiosa redención de pecadores condenados y destinados al infierno. Fue para ese propósito final que Dios llamó a Abraham, a fin de que en él fueran benditas "todas las familias de la tierra" (Gn. 12:3). Nunca fue la intención del Señor aislar a Israel como su único foco de interés, sino más bien que quiso usar a esa nación especialmente escogida y bendecida con el fin de alcanzar a todas las demás naciones del mundo para sí mismo. La nación de Israel fue llamada para proclamar "de día en día su salvación" y hablar "entre las gentes su gloria, y en todos los pueblos sus maravillas" (1 Cr. 16:23-24; cp. Sal. 18:49). Al igual que su Mesías, Israel debía ser "luz de las naciones, para que [la] salvación [del Señor llegue] hasta lo postrero de la tierra" (Is. 49:6; cp. 42:10-12; 66:19; Jon. 3:1-10).

La voluntad de Dios es que ninguno de los seres humanos "perezca, sino que todos procedan al arrepentimiento" (2 P. 3:9). Él "quiere que todos los hombres sean salvos y vengan al conocimiento de la verdad" (1 Ti. 2:4). El corazón de Dios siempre ha anhelado atraer hacia sí a seres humanos pecadores y rebeldes con el fin de darles vida nueva, justa y eterna por medio de su Hijo Jesucristo. "De tal manera amó Dios al mundo, que ha dado a su Hijo unigénito, para que todo aquel que en él cree, no se pierda, mas tenga vida eterna" (Jn. 3:16).

Pablo se regocijó de "que abundando la gracia por medio de muchos, la acción de gracias sobreabunde para gloria de Dios" (2 Co. 4:15). El apóstol exhortó a los creyentes corintios y a todos los cristianos: "Hacedlo todo para la gloria de Dios" (1 Co. 10:31). Cada vez que un incrédulo se salva por la gracia de Dios, Dios se glorifica, y otra voz se agrega al "coro aleluya", por así decirlo.

La gran misión de la Iglesia es amar, aprender y vivir de tal manera que atraiga a hombres y mujeres a Jesucristo. Cuando pecadores son perdonados y transformados de muerte a vida y de tinieblas a luz, Dios es glorificado a través de ese milagro de gracia. La gloria de Dios se manifiesta en su amorosa provisión de redimir a hombres perdidos. Él mismo pagó el precio definitivo para cumplir su gloria.

Por tanto, el creyente que desea glorificar a Dios, que quiera honrar la voluntad y el propósito supremo de Dios, debe anunciar el amor de Dios al mundo perdido y así participar en la misión divina de redimir a los perdidos para Dios. Cristo vino al mundo que amaba y buscó ganar pecadores para sí mismo con el fin de dar la gloria al Padre. Como representantes de Cristo somos igualmente enviados al mundo que Él ama con el fin de llevar los perdidos a Él, y de este modo dar gloria y honra a Dios. Nuestra misión es la misma que la del Padre y del Hijo.

En su gran oración sacerdotal Cristo oró: "Esta es la vida eterna: que te conozcan a ti, el único Dios verdadero, y a Jesucristo, a quien has enviado. Yo te he glorificado en la tierra; he acabado la obra que me diste que hiciese" (Jn. 17:3-4). En su encarnación Jesús glorificó al Padre cumpliendo su misión de proporcionar vida eterna a aquellos que confían en Él, y reconciliando a seres humanos perdidos con el Dios que habían abandonado. El propósito supremo de Jesús en la tierra fue "buscar y... salvar lo que se había perdido" (Lc. 19:10).

Por tanto, esa también es la misión suprema de la Iglesia de Cristo. La obra de la Iglesia es una extensión de la obra de su Señor. Jesús manifestó a su Padre: "Como tú me enviaste al mundo, así yo los he enviado al mundo" (Jn. 17:18).

Si el propósito principal de Dios para los salvos fuera la amorosa comunión, se habría llevado de inmediato al cielo a los creyentes, donde la comunión espiritual es perfecta, sin obstáculos por el pecado, sin falta de armonía, y sin soledad. Si el propósito principal del Señor para los salvos fuera aprender de la Palabra, también se habría llevado de inmediato a los creyentes al cielo, donde su Palabra es perfectamente conocida y comprendida. Y si el propósito principal de Dios para los salvos fuera que lo alabaran, también se habría llevado de inmediato a los creyentes al cielo, donde la alabanza es perfecta y sin fin.

Solo hay una razón para que el Señor permita que su Iglesia permanezca en la tierra: buscar y salvar a los perdidos, así como la única razón de Cristo para venir al mundo fue buscar y salvar a los perdidos, pues declaró: "Como me envió el Padre, así también yo os envío" (Jn. 20:21). Por tanto, un creyente que no está comprometido en ganar a los perdidos para Jesucristo debería reexaminar su relación con el Señor y sin duda su motivo divino de existir.

La comunión, la enseñanza y la alabanza no son la misión de la Iglesia, sino que son la preparación de la Iglesia para cumplir su misión de ganar a los perdidos. Y sucede lo mismo que en el atletismo, en que nunca debe confundirse o sustituirse el entrenamiento con el hecho de competir, que es la razón de todo el entrenamiento.

Qué trágico que gran parte de la Iglesia de Cristo esté preocupada con trivialidades. Muchos cristianos están fascinados con el proceso y no tienen idea de la meta. Están preocupados con lo espiritualmente insignificante y muestran poco compromiso por alcanzar a los perdidos.

En su mayor parte, los recursos que Dios ha provisto a la mayoría de iglesias casi no se dedican a sus esfuerzos por llevar a Jesucristo a hombres, mujeres, niños y niñas. La Iglesia contemporánea es bendecida con medios insólitos para proclamar al mundo el mensaje salvador de Cristo. Pero al igual que el mundo en general, con frecuencia la Iglesia se encuentra paralizada por intereses complacientes y egocéntricos. Por ejemplo, en lugar de preguntar cómo podríamos arreglárnoslas con una casa más chiquita o un auto más pequeño, y utilizar el dinero ahorrado en la obra del Señor, tendemos a soñar con adquirir viviendas más grandes y autos más hermosos.

Durante mucho tiempo, un consejero de mis amistades ha tenido la costumbre de pedir a quienes acuden a él en busca de consejo espiritual que le muestren sus talonarios de cheques del último año o más. Su propósito es ayudarles a reconocer sus verdaderas prioridades, las cuales invariablemente se reflejan en el modo en que gastan su dinero. Otro revelador útil de prioridades es la agenda o el libro de citas, ya que dónde y en qué gastamos nuestro tiempo también es un barómetro confiable de nuestros verdaderos intereses y preocupaciones.

La comunión cristiana, la predicación, y la enseñanza bíblica, así como los tiempos de alabanza a Dios, son actividades buenas y edificantes, y en muchas maneras aportan sus propias recompensas y bendiciones. Pero alcanzar a los perdidos para Cristo es mucho más difícil y demandante, y los resultados son lentos en llegar y a veces las recompensas tardan mucho tiempo. Con frecuencia aquellos a quienes testificamos el evangelio se molestan, y a veces la testificación es ridiculizada hasta por hermanos en la fe. Pero por sobre todos los demás ministerios, este solo puede lograrse mientras estamos en la tierra. En el cielo no tendremos oportunidad de llevar perdidos al Salvador.

En su libro devocional *Quiet Talks with World Winners*, S. D. Gordon narra la historia de un grupo de escaladores aficionados que planearon ascender al Mont Blanc en los Alpes franceses. La noche antes del ascenso, los guías establecieron los requisitos básicos para el éxito. Debido a que se trataba de un ascenso muy difícil, la cima podía alcanzarse solo si se llevaba el equipo necesario para escalar, dejando atrás todos los accesorios innecesarios.

Un joven atlético hizo caso omiso al consejo de los guías, creyendo que tal vez esto no se aplicaba a él. Se presentó para el ascenso con una cobija, una botella de vino, una cámara, un juego de libretas, y una bolsa de bocaditos. A pesar de las reiteradas advertencias de los guías, el joven de carácter fuerte salió por delante de los demás con el fin de demostrar su superior capacidad y resistencia.

Pero mientras los demás escaladores subían por la ladera de la montaña comenzaron a notar varios artículos abandonados en el sendero. Primero observaron la comida y el vino del joven, poco después las libretas y la cámara, y por último la cobija. El joven se las arregló para llegar a la cumbre. No obstante, tal como los guías predijeron, lo consiguió solamente después de descartar todos sus accesorios innecesarios.

Al aplicar tal ilustración a la Iglesia, el señor Gordon comenta que, a diferencia de ese joven escalador que finalmente pagó el precio para obtener el éxito, cuando descubren que no pueden llegar a la cima con sus cargas, muchos cristianos simplemente dejan de ascender y se acomodan en la ladera de la montaña.

En el mensaje final de Cristo transmitido por Mateo, Jesús ofrece cinco elementos explícitos o implícitos que son necesarios para que sus seguidores cumplan su misión suprema en la tierra: alcanzar la cumbre de la montaña de su llamado, por así decirlo. Estos elementos esenciales podrían resumirse como disponibilidad, adoración, sumisión, obediencia y poder.

DISPONIBILIDAD

Pero los once discípulos se fueron a Galilea, al monte donde Jesús les había ordenado. (28:16)

Los tres primeros elementos para cumplir con eficacia la misión de la Iglesia son actitudes, la primera de las cuales está implícita en el hecho de que **los once discípulos** fueron a donde el Señor les había dicho que fueran.

Como alguien observara con sagacidad hace muchos años, en lo que respecta al servicio de un creyente a Dios la mayor habilidad es estar disponible. El cristiano más talentoso y dotado es inútil para Dios si no está disponible a fin de ser utilizado, así como las mayores bendiciones de Dios no están a disposición de quienes no se encuentran presentes para recibirlas.

El discipulado fiel no empieza con saber dónde o en qué nivel estaremos sirviendo al Señor. No empieza con tener un llamado claro a cierto ministerio, ocupación o lugar de servicio. *Siempre* comienza simplemente con estar disponibles para Dios, dejando a un lado toda reserva y todo prejuicio.

Los once discípulos no habían recibido la bendición de ver a Jesús resucitado en el huerto porque, a diferencia de las mujeres fieles, no estuvieron allí. Sin embargo, ahora **los once** estaban donde Jesús quería que estuvieran, y en consecuencia recibieron la Gran Comisión y la gran promesa de parte del Señor.

Tanto antes como después de la resurrección, Jesús dijo que se reuniría con sus discípulos en Galilea (véase Mt. 26:32; 28:7, 10). Con el propósito de encargarles que alcanzaran al mundo en nombre de Él, había convocado un gran cónclave de sus seguidores y ahora ellos estaban reunidos en el lugar designado.

No se nos informa cuándo o cómo el Señor especificó el momento y el lugar exacto en Galilea donde irían a reunirse, pero ahora se hallaban en el **monte** particular **donde Jesús les había ordenado** que fueran en alguna ocasión anterior.

La última aparición registrada de Jesús en Jerusalén fue ocho días después de la resurrección, cuando por primera vez Tomás vio al Señor resucitado (Jn. 20:26). El viaje desde Jerusalén hasta Galilea habría tardado una semana, y después que llegaron allí algunos de los discípulos primero fueron a pescar, tiempo durante el cual el Señor se les apareció de nuevo, proveyéndoles una pesca demasiado pesada para subirla a la barca. Entonces, después de desayunar con ellos Jesús le preguntó tres veces a Pedro respecto del amor que este le tenía y le dio el encargo de alimentar a las ovejas del Señor (Jn. 21:1-17). Ese hecho habría ocurrido al menos quince días, y tal vez incluso cerca de veinte días, después de la resurrección. Debido a que Jesús ascendió en presencia de los discípulos desde el monte de los Olivos, viajar de vuelta a Jerusalén debió tomarles otra semana más. Y ya que las apariciones de Jesús posteriores a la resurrección cubrieron un total de cuarenta días (Hch. 1:3), la entrega de la Gran Comisión en la ladera del monte galileo debió haber ocurrido en algún momento entre veinte y treinta y cinco días después de haber resucitado.

No se dice quién estaba presente cuando Jesús dio la Gran Comisión, pero parece probable que fuera el grupo de más de quinientas personas que Pablo menciona en 1 Corintios 15:6. Esa ha sido la opinión de muchos eruditos bíblicos a lo largo de la historia de la Iglesia.

El hecho de que Mateo solo mencione específicamente a **los once discípulos** no limita la participación de los demás. El mensaje del ángel que las mujeres dieron a los discípulos parece sugerir que ellas también verían a Jesús en Galilea (véase Mt. 28:7). No habría habido razón para que Jesús enviara a los once a Galilea, solo para hacerlos regresar pocos días más tarde al Monte de los Olivos a fin de que presenciaran la ascensión. Parece más razonable que el Señor convocara un gran grupo de creyentes y escogiera Galilea como el lugar de reunión, ya que la mayor parte de sus seguidores eran de esa región.

Ya que la Gran Comisión se aplica a toda su Iglesia, sin duda Jesús habría querido entregarla al grupo más grande posible de sus discípulos fieles. No solo que la mayoría de seguidores de Jesús eran de Galilea, sino que esa región estaba aislada y a una distancia segura de Jerusalén, donde se encontraba la mayoría de enemigos del Señor. Y debido a que la comisión se extiende a todo el mundo, Galilea, a menudo referida como Galilea de los gentiles, también era apropiada por esa razón.

Dondequiera que estuviera el monte, se convirtió en un lugar de gran carácter sagrado, donde más de quinientos discípulos de Jesús llegaron con sus debilidades, confusiones, dudas, recelos y temores. No se trataba de las personas humanamente más capaces del mundo, ni de las más inteligentes, poderosas o influyentes. Pero estas se encontraban donde el Señor quería que estuvieran, y esa obediencia ofreció prueba de su disposición de ser usadas en el servicio a Dios. Al igual que Isaías después de su visión en el templo, ellos en realidad declararon: "Heme aquí, envíame a mí" (Is. 6:8).

Debido a que estaban allí, se encontraron con Cristo. Porque estaban allí, fueron comisionados. Puesto que estaban allí, recibieron la promesa de la continua presencia y del continuo poder de parte del Señor cuando ministraran al mundo en nombre de Dios. Todo comenzó con estar a disposición.

ADORACIÓN

Y cuando le vieron, le adoraron; pero algunos dudaban. Y Jesús se acercó y les habló diciendo: (28:17-18*a*)

El segundo elemento implícito aquí para el cumplimiento eficaz de la misión de la Iglesia es la auténtica actitud de adoración. Cuando a Dios no se le adora en forma verdadera, no se le puede servir en forma verdadera, por talentosos, dotados o bienintencionados que puedan ser sus siervos.

En el momento en que Jesús apareció y que los discípulos **le vieron, le adoraron,** postrándose en devoción humilde ante su divino Señor y Salvador. Cuando vieron a Jesús resucitado en la colina, la confusión que sentían desapareció y sus sueños destrozados quedaron restaurados. La tristeza que abrigaban se convirtió en gozo increíble y la desilusión en esperanza inquebrantable.

Los creyentes reunidos allí no estaban ofreciendo homenaje a un dignatario humano o a un simple gobernante terrenal, sino que adoraban al propio Hijo de Dios, el Señor del cielo y la tierra. Aunque no se registran las palabras que quizá dijeron, igual que Tomás después que sus últimas dudas se apaciguaran, en sus corazones debieron haber estado diciendo: "¡Señor mío, y Dios mío!" (Jn. 20:28).

En una ocasión anterior la Biblia informa que los once discípulos adoraron de veras a Jesús. Después que Él caminara hacia ellos sobre el agua, "le adoraron, diciendo: Verdaderamente eres Hijo de Dios" (Mt. 14:33). Ahora el asombro y la certeza que sintieron respecto a la divinidad de Jesús fueron inmensamente mayores, porque Él había resucitado de los muertos. Es probable que la adoración que ese día le ofrecieron a Cristo en Galilea haya sido igualada solo unas pocas veces en toda la historia de la humanidad.

Pero sorprendentemente, **algunos** de los presentes todavía **dudaban.** Esa simple frase insertada por Mateo no es más que uno de los innumerables testimonios pequeños e indirectos de la integridad de la Biblia. Con transparente sinceridad, el escritor del evangelio expone el incidente como si hubiera sucedido de veras, sin ninguna intención de hacerlo más dramático o convincente de lo que fue. Al describir a Jesús en su perfección divina, también describe a los seguidores de Jesús en su imperfección humana, incluso al mismo Mateo.

Quienes tratan de escribir la historia a su propio agrado tienen la tendencia a magnificar lo que es favorable y omitir lo que no lo es. Si Mateo y los demás escritores del evangelio hubieran fraguado la resurrección de Jesús, habrían hecho todo lo posible por excluir cualquier hecho o incidente que hubiera empañado el caso. Tampoco hubieran dudado en falsificar evidencia y distorsionar la verdad. Una persona que miente acerca de algo de gran importancia no siente escrúpulos en cuanto a decir mentiras menores para apoyar su primer engaño. La sencilla franqueza de Mateo testifica tanto de su propia sinceridad como de la integridad de la Palabra de Dios.

No se sabe la identidad de los que **dudaban.** Puesto que este pasaje menciona de modo específico solamente a los once discípulos, algunos intérpretes insisten en que quienes **dudaban** eran parte de ese grupo. Pero según se ha indicado, es probable que centenares de otros creyentes también estuvieran allí.

Tampoco se especifica en qué consistía la duda. Si de lo que se dudaba era la resurrección de Jesús, entonces los escépticos no habrían incluido a ninguno de los once, porque todos ellos ya habían presenciado a Cristo resucitado, algunos en varias ocasiones. Parece más probable que la duda fuera en cuanto a si la persona que se les apareció era de verdad Cristo resucitado en forma física, o alguna forma de impostor. De ese grupo grande, solamente los once discípulos y algunas de las mujeres que habían llegado a la tumba habían visto a Cristo resucitado. Quizás algunos de los que se hallaban en la parte de atrás de la multitud no podían ver con claridad a Jesús y, al igual que Tomás, sin una evidencia firme estuvieran renuentes a creer una verdad tan asombrosa.

Como para despejar esa duda, **Jesús se acercó** lleno de compasión **y les habló.** Cualesquiera que fuera la duda y quienesquiera que fueran los escépticos, cuando el Señor **se acercó** y la conocida voz del Señor les resonó en los oídos una vez más, toda incertidumbre desapareció. Ahora quienes habían dudado se postraron y se unieron a los demás en adoración.

Nada más importaba. No hacía ninguna diferencia dónde vivían, cuál era su herencia, qué posición económica o social disfrutaban, o qué nacionalidad tenían. Lo que importaba era que ahora se hallaban en la presencia del Dios vivo.

La atención completa estaba en Cristo. Esa es la esencia de la adoración verdadera: concentración resuelta, sin estorbos ni reservas en Jesucristo como Señor y Salvador. No solo a los corintios sino a toda persona a quien escribió y en todo lugar en que ministró, Pablo se propuso "no saber entre [ellos] cosa alguna sino a Jesucristo, y a éste crucificado" (1 Co. 2:2). En su propia vida el apóstol estuvo decidido a "conocerle, y el poder de su resurrección, y la participación de sus padecimientos, llegando a ser semejante a él en su muerte" (Fil. 3:10). La vida de Pablo estaba tan íntegramente centrada en Cristo que pudo decir con sinceridad perfecta: "Para mí el vivir es Cristo, y el morir es ganancia" (Fil. 1:21).

SUMISIÓN

Toda potestad me es dada en el cielo y en la tierra. (28:18*b*)

El tercer elemento para el cumplimiento eficaz de la misión de la Iglesia es otra actitud, la actitud implícita de sumisión. Aquí el centro de la declaración de Jesús es su señorío soberano, pero en contexto también se relaciona claramente con la respuesta del creyente al gobierno del Señor.

Antes de afirmar la Gran Comisión el Señor establece su autoridad divina para ordenarla. Es a causa del poder soberano del Señor que sus seguidores deben tener la actitud de sumisión total y humilde a la voluntad de Él.

Exousia (**potestad**) se refiere a la libertad y al derecho de hablar y actuar como uno desee. En relación a Dios, esa libertad y ese derecho son absolutos e ilimitados. **Toda** se encuentra tanto reforzada como delineada por la frase **en el cielo y en la tierra.** La **potestad** soberana **dada** a Jesús por su Padre celestial (véase Mt. 11:27; Jn. 3:35) es absoluta y universal.

Durante su ministerio terrenal Jesús demostró su autoridad sobre enfermedades y dolencias (Mt. 4:23; 9:35), sobre demonios (4:24; 8:32; 12:22), sobre el pecado (9:6), y sobre la muerte (Mr. 5:41-42; Jn. 11:43-44). Excepto por el perdón de pecados, Jesús incluso mostró autoridad para delegar tales poderes a algunos de sus seguidores (Mt. 10:1; Lc. 10:9, 17). Él tiene autoridad para llevar a todos los hombres ante el tribunal de Dios, y para condenarlos a muerte eterna o llevarlos a vida eterna (Jn. 5:27-29; 17:2). Tuvo autoridad para poner su propia vida y para volver a tomarla (Jn. 10:18). Tiene autoridad soberana para gobernar tanto en el cielo como en la tierra, y para sojuzgar a Satanás y sus demonios a tormento eterno en el lago de fuego (Ap. 19:20; 20:10). La tentación que Satanás hizo a Jesús ofreciéndole el gobierno sobre el mundo (Mt. 4:8-9) no solo fue algo perverso sino necio, porque el señorío tanto del cielo como de la tierra ya era herencia de Cristo por decreto divino.

Incluso el profeta Daniel previó esa autoridad divina que se le daba a Cristo. En su visión en la noche vio "uno como un hijo de hombre, que vino hasta el Anciano de días, y le hicieron acercarse delante de él. Y le fue dado dominio, gloria y reino, para que todos los pueblos, naciones y lenguas le sirvieran; su dominio es dominio eterno, que nunca pasará, y su reino uno que no será destruido" (Dn. 7:13-14; cp. Is. 9:6-7).

Jesús mismo describió así su dominio venidero: "Aparecerá la señal del Hijo del Hombre en el cielo; y entonces lamentarán todas las tribus de la tierra, y verán al

Hijo del Hombre viniendo sobre las nubes del cielo, con poder y gran gloria" (Mt. 24:30; cp. 26:64).

La potestad soberana de Jesús le fue **dada** por su Padre, quien afirmó que "todo el juicio dio al Hijo" (Jn. 5:22), y que "le ha hecho Señor y Cristo" (Hch. 2:36) y lo "exaltó hasta lo sumo, y le dio un nombre que es sobre todo nombre, para que en el nombre de Jesús se doble toda rodilla de los que están en los cielos, y en la tierra, y debajo de la tierra; y toda lengua confiese que Jesucristo es el Señor" (Fil. 2:9-11). Finalmente, en un acto de sumisión y de amor que adora, "luego que todas las cosas le estén sujetas, entonces también el Hijo mismo se sujetará al que le sujetó a él todas las cosas, para que Dios sea todo en todos" (1 Co. 15:28).

Antes de dar la comisión, Jesús estableció primero su autoridad absoluta y omnipresente, porque de otro modo el mandato habría parecido imposible de cumplir para los discípulos, y estos pudieron haber hecho caso omiso de dicho precepto. De no haber sabido que tenían tanto la exigencia soberana del Señor como los recursos de Él para guiarlos y fortalecerlos, esos quinientos discípulos inclasificables e impotentes habrían quedado totalmente abrumados por la inconcebible tarea de hacer discípulos para su Señor de entre todas las naciones de la tierra.

Someterse a la soberanía absoluta de Jesucristo no es una opción del creyente sino su obligación suprema. No es algo negociable ni adaptable a nuestros propios planes y nuestras inclinaciones particulares. Más bien es la actitud que afirma con absoluta sinceridad: "Ordene lo que ordene el Señor, lo haré".

OBEDIENCIA

Por tanto, id, y haced discípulos a todas las naciones, bautizándolos en el nombre del Padre, y del Hijo, y del Espíritu Santo; enseñándoles que guarden todas las cosas que os he mandado; (28:19-20*a*)

El cuarto elemento para el cumplimiento eficaz de la misión de la Iglesia es obediencia al mandato del Señor, que es posible solo cuando las actitudes de disponibilidad, adoración y sumisión caracterizan la vida del creyente.

Fue en vista de su autoridad absoluta y soberana que Jesús ordenó: **id, y haced discípulos a todas las naciones.**

La frase transicional es **por tanto.** Jesús estaba diciendo: "Debido a que soy Señor soberano del universo, tengo entonces el derecho y la autoridad para ordenarles que sean mis testigos, así como el poder para fortalecerlos con el fin de que cumplan esa orden".

Según la enseñanza del Antiguo Testamento acerca de la misión de Israel de ser la luz de Dios a los gentiles, y según el ministerio terrenal de Jesús, no debería sorprender que la comisión que dio fuera de hacer **discípulos a todas las naciones.**

Mathēteuō (**haced discípulos**) es el verbo principal y el mandato central de los versículos 19-20, que forman la frase final del Evangelio de Mateo. El significado del término se refiere a creer y aprender. Jesús no estaba refiriéndose tan solo a creyentes o simplemente aprendices, o de lo contrario habría utilizado otras palabras. *Mathēteuō* transmite una bella combinación de significados. En este contexto se relaciona con aquellos que ponen su confianza en Jesucristo y lo siguen con vidas de continuo aprendizaje y obediencia. Jesús afirmó: "Si vosotros permaneciereis en mi palabra, seréis verdaderamente mis discípulos" (Jn. 8:31). Cabe señalar que algunos no eran discípulos verdaderos (véase Jn. 6:66).

Un individuo que no es verdadero discípulo de Cristo no le pertenece y no es salvo. Cuando alguien confiesa de modo auténtico a Cristo como Señor y Salvador, al instante es salvo, de inmediato se convierte en discípulo, y enseguida se llena con el Espíritu Santo. Por tanto, no ser discípulo de Cristo significa no pertenecer en absoluto a Cristo.

La Biblia no dice nada de recibir a Cristo como Salvador pero no como Señor, como si un individuo pudiera tomar a Dios poco a poco según su conveniencia. Todo convertido a Cristo es discípulo de Cristo, y nadie que no sea discípulo de Cristo, sin importar cuál haya sido su profesión de fe, se ha convertido a Cristo.

El punto mismo del encuentro de Jesús con el joven rico fue que este hombre, a pesar de ser muy moral, religioso, generoso y admirador de Jesús, se negó a renunciar a todo por Cristo y someterse a Él como Señor. Deseaba sinceramente la vida eterna y tuvo sabiduría para acudir a la fuente de esa vida. Pero no estuvo dispuesto a renunciar a su propia vida y sus posesiones, y obedecer el mandato de Jesús: "Y ven, sígueme" (Lc. 18:18-23). Estuvo dispuesto a tener a Jesús como Salvador pero no como Señor, y Cristo no lo recibiría bajo esas condiciones. Debido a que cuando se le clarificó el costo se negó a ser discípulo de Cristo (al igual que aquellos en Jn. 6:66), no pudo tener ninguna parte de Cristo ni de la vida eterna que Él otorga.

Algunas teologías modernas populares enseñan que Jesús estaba refiriéndose a quienes ya eran creyentes cuando enseñaba aspectos como: "El que no lleva su cruz y viene en pos de mí, no puede ser mi discípulo" (Lc. 14:27; cp. v 33). Tales formas de fácil creencia sostienen que el único requisito para la salvación es "aceptar a Jesús como Salvador". Luego, en una fecha posterior, un individuo salvado podría convertirse o no en discípulo al aceptar a Cristo como Señor de su vida. Tomar nuestra propia cruz y seguir a Cristo (Mt. 10:38) se ve como un nivel secundario e ideal de relación con Cristo, como algo recomendable pero no obligatorio.

La Gran Comisión es un mandato de llevar incrédulos en todo el mundo al conocimiento salvador de Jesucristo, y el término que el Señor usa en este encargo es: **haced discípulos.** El verdadero convertido es un discípulo, una persona que ha aceptado a Jesucristo y se ha sometido a Él, sea lo que sea o demande lo que demande. La persona que se ha convertido de veras está llena del Espíritu Santo y ha recibido una naturaleza nueva que ansía obedecer y adorar al Señor que la ha salvado. Incluso cuando desobedece sabe que está viviendo en contra de los principios de su nueva naturaleza, que es honrar y agradar al Señor. Esta persona ama la justicia y odia el pecado, incluso el suyo propio.

Por consiguiente, el mandamiento supremo de Jesús es para que quienes *son* sus discípulos se conviertan en sus instrumentos de hacer discípulos en todas las naciones. El propio ministerio terrenal de Jesús fue hacer discípulos para sí mismo, y ese es el ministerio de su pueblo. Aquellos que siguen de verdad a Jesucristo se convierten en "pescadores de hombres" (Mt. 4:19). Los que se convierten en sus discípulos se convierten a su vez en hacedores de discípulos. La misión de la iglesia primitiva fue hacer discípulos (véase Hch. 2:47; 14:21), y esa sigue siendo hoy la misión de Cristo para su Iglesia.

El mandato de Jesús para sus seguidores de hacer **discípulos** fue dado una sola vez, culminantemente, y al final mismo de su ministerio terrenal. Algunos podrían pensar: "Si era tan crucial, ¿por qué Jesús lo menciona solo una vez?". Sin duda la razón es que la motivación de alcanzar a otros para Cristo es innata a la vida redimida. También podríamos preguntar por qué el mandato de Dios para cada ser humano, "fructificad y multiplicaos" (Gn. 1:28) fue dado solo una vez. En cada caso, la reproducción en la misma especie es natural a la vida. El llamado a hacer discípulos se da una sola vez porque el hecho de ser reproductora es natural a la nueva creación. Sería como pedir que se repitiera un asunto que es tan básico.

Los requisitos específicos que Jesús da para hacer discípulos implican tres verbos: ir, bautizar y enseñar.

El primer requisito deja en claro que la Iglesia no debe esperar que el mundo venga a tocar sus puertas, sino que debe ir al mundo. El verbo griego se traduce mejor "después de haber ido", que sugiere que este requisito no es tanto una orden como una conjetura.

La instrucción inicial de Jesús a los discípulos es que fueran solo "a las ovejas perdidas de la casa de Israel" (Mt. 10:6; cp. 15:24). El primer diseño de Dios fue ofrecer la salvación a los judíos y luego usarlos a ellos como sus misioneros para el resto del mundo. El evangelio "es poder de Dios para salvación a todo aquel que cree", pero "al judío primeramente" (Ro. 1:16; cp. Jn. 4:22). Sin embargo, cuando Israel como nación rechazó al Mesías-Rey que le fue enviado en Jesús, la invitación para la salvación pasó directamente a todo el mundo.

Jesús comparó la respuesta de Israel al llamado de Dios con una fiesta de bodas dada por un rey a su hijo. Cuando los privilegiados invitados se negaron a aceptar la invitación del rey, y maltrataron y hasta mataron a algunos de los mensajeros, el rey hizo que su ejército destruyera a los malagradecidos y perversos convidados. Luego envió a sus siervos a las calles y los caminos para invitar a la fiesta a todos los que quisieran acudir (Mt. 22:1-10). La imagen fue de un Israel apóstata que rechazó a su Mesías y por tanto abandonó el reino que Él les estaba ofreciendo.

Al final de su ministerio terrenal, Cristo tuvo solo un pequeño remanente de creyentes, y fue a parte de ese remanente que entregó la comisión de evangelizar el mundo. El primer sermón de la iglesia llena del Espíritu fue predicado por Pedro y dirigido a judíos y prosélitos judíos que habían ido a Jerusalén a adorar (Hch. 2:22). Pero más tarde, de modo dramático Dios debió convencer a Pedro de que el evangelio también era para gentiles (10:1-48).

Incluso cuando viajaba por Siria, Asia Menor, y Grecia, Pablo, "el apóstol a los gentiles", normalmente comenzaba su ministerio en la sinagoga judía en toda ciudad a la que llegaba (véase Hch. 9:20; 13:5; 18:4). Pero su mensaje siempre fue tanto para gentiles como para judíos. En su conversión en el camino a Damasco, el Señor le manifestó:

> *Levántate, y ponte sobre tus pies; porque para esto he aparecido a ti, para ponerte por ministro y testigo… librándote de tu pueblo, y de los gentiles, a quienes ahora te envío, para que abras sus ojos, para que se conviertan de las tinieblas a la luz, y de la potestad de Satanás a Dios; para que reciban, por la fe que es en mí, perdón de pecados y herencia entre los santificados (Hch. 26:16-18).*

El segundo requisito para hacer discípulos es bautizarlos **en el nombre del Padre, y del Hijo, y del Espíritu Santo.** Bautizar literalmente significa sumergirse en agua, y durante mucho tiempo ciertos grupos judíos habían practicado algunas formas de bautismo como símbolo de limpieza espiritual. El bautismo de Juan el Bautista simbolizaba arrepentirse del pecado y volverse a Dios (Mt. 3:6). Sin embargo, tal como lo instituyó Cristo, el bautismo se convirtió en un acto externo de identificación con Él mediante la fe, un testimonio visible y público de que se le pertenecía de ahí en adelante.

El acto inicial de obediencia a Cristo después de la salvación es someterse al bautismo como testimonio de unión con Él en su muerte, sepultura y resurrección. Pablo preguntó a los creyentes romanos: "¿O no sabéis que todos los que hemos sido bautizados en Cristo Jesús, hemos sido bautizados en su muerte? Porque somos sepultados juntamente con él para muerte por el bautismo, a fin de que como Cristo resucitó de los muertos por la gloria del Padre, así también nosotros andemos en vida nueva" (Ro. 6:3-4).

La inmersión es el único modo adecuado de bautismo, no solo porque la palabra griega que hay detrás connota inmersión sino aún más importante porque es el único modo en que simboliza sepultura y resurrección.

Aunque el acto del bautismo no tiene absolutamente ningún beneficio o poder sacramental de salvación, fue ordenado por Cristo a sus seguidores. La única excepción podría ser imposibilidad física, como en el caso del ladrón arrepentido en la cruz, un prisionero a quien se le prohíba la ordenanza, o una circunstancia similar más allá del control del creyente. La persona que no está dispuesta a bautizarse es en el mejor de los casos un creyente desobediente, y si persiste en no hacerlo hay un motivo para dudar de la autenticidad de su fe (véase Mt. 10:32-33). Si alguien no está dispuesto a cumplir con ese simple acto de obediencia delante de hermanos en la fe, difícilmente estará dispuesto a identificarse por Cristo delante del mundo incrédulo.

El bautismo no tiene ningún papel en la obra de salvación, pero es un acompañamiento de la salvación ordenado por Dios. Jesús declaró: "El que creyere y fuere bautizado, será salvo; mas el que no creyere, será condenado" (Mr. 16:16). El Señor dejó en claro que es la incredulidad, no la experiencia de no bautizarse, lo que imposibilita la salvación; pero tal vez no pudo haber presentado una asociación divina más evidente entre salvación y bautismo de lo que muestra en tal declaración.

La asociación era indiscutiblemente clara en la mente de Pedro cuando exhortó a sus oyentes incrédulos en Pentecostés: "Arrepentíos, y bautícese cada uno de vosotros en el nombre de Jesucristo" (Hch. 2:38). Esa misma asociación estaba muy marcada en la mente de Pablo, como atestigua en su gran manifiesto de la unidad cristiana: "Un cuerpo, y un Espíritu, como fuisteis también llamados en una misma esperanza de vuestra vocación; un Señor, una fe, un bautismo, un Dios y Padre de todos, el cual es sobre todos, y por todos, y en todos" (Ef. 4:4-6).

Una persona es salva solo por la gracia de Dios que obra a través de la fe como un regalo de Dios (Ef. 2:8). Pero por propia declaración de Dios, el acto del bautismo es su señal divinamente designada de la identificación del creyente con el Hijo, el Señor Jesucristo. El bautismo es un acto de fe y obediencia divinamente ordenado.

Es necesario enseñar a los nuevos convertidos que deben bautizarse lo más pronto posible, no para sellar o confirmar su salvación sino para dar testimonio público de ello en obediencia a su recién encontrado Señor. El llamado a Cristo no solo es el llamado a la salvación sino también el llamado a la obediencia, cuyo primer acto público debería ser el bautismo en el nombre del Señor.

En todo el libro de Hechos se muestra el bautismo en la asociación más íntima posible con la conversión. Las tres mil almas convertidas en Pentecostés se bautizaron de inmediato (Hch. 2:41). Tan pronto como el etíope creyó en Cristo detuvo su carro para ser bautizado (8:38). Tan pronto como Pablo recibió otra vez la vista después de su conversión, fue bautizado (9:18). Cuando Cornelio y su casa recibieron salvación, Pedro "mandó bautizarles en el nombre del Señor Jesús" (10:48). Cuando se ganaban incrédulos para Cristo, estos también eran bautizados (18:8). Cuando Pablo encontró en Éfeso algunos discípulos de Juan el Bautista que solo habían sido bautizados para arrepentimiento, les habló de Jesús, aquel para quien Juan simplemente estaba preparando el camino, y "cuando oyeron esto, fueron bautizados en el nombre del Señor Jesús" (19:1-5).

En el contexto de la Gran Comisión, el bautismo es sinónimo de salvación, que es sinónimo de convertirse en discípulo. Como ya se enfatizó, el discipulado *es* vida cristiana, no un nivel opcional y secundario de esta vida.

El bautismo debe hacerse **en el nombre del Padre, y del Hijo, y del Espíritu Santo.** Jesús no estaba dando una fórmula ritual, aunque esa bella frase de labios de nuestro Señor se ha usado de modo común y apropiado en cultos bautismales a lo largo de la historia de la Iglesia. **En el nombre de** no es una fórmula sacramental, como se ve en el hecho de que el libro de Hechos no reporta convertidos que fueran bautizados con esas palabras exactas. Esas palabras son más bien una declaración comprensiva de la maravillosa unión que los creyentes tienen con toda la Trinidad.

En su declaración aquí acerca del bautismo, Jesús se vuelve a poner en un nivel de igualdad con Dios **el Padre** y con **el Espíritu Santo.** También resalta la unidad de la Trinidad al declarar que el bautismo debe hacerse en su único **nombre** (singular), no en sus nombres separados. Como ocurre en muchas partes de la Biblia, la frase **el nombre** encarna aquí la plenitud de una persona, abarcando todo lo que es, lo que tiene, y lo que representa. Cuando el creyente es bautizado se identifica con todo lo que Dios es, tiene y representa.

El pronombre que Jesús utiliza aquí (*eis*, **en**) también puede traducirse "dentro de" o "para". Aquellos que enseñan regeneración bautismal (la creencia de que el bautismo en agua es esencial para la salvación) insisten en que aquí debe traducirse "dentro de". Pero esa es una traducción totalmente arbitraria, y en todo caso no puede oponerse a los muchos otros pasajes que demuestran que el bautismo no tiene ningún papel en la regeneración, sino que más bien es un acto externo y posterior a la regeneración con el fin de testificar que esta ha ocurrido.

El bautismo no pone al creyente en unión con la Trinidad, pero significa que por la gracia de Dios obrando a través de la fe en Jesucristo, esa persona se ha vuelto una con el **Padre,** el **Hijo, y** el **Espíritu Santo.**

El tercer requisito para hacer discípulos en todas las naciones es enseñarles **que guarden todas las cosas que** Jesús ha **mandado.** La misión de la Iglesia no es tan solo convertir sino enseñar. Los convertidos están llamados a una vida de obediencia al Señor, y a fin de obedecerle obviamente es necesario saber lo que Él requiere. Según se ha señalado, un discípulo es por definición aprendiz y seguidor. Por tanto, estudiar, entender y obedecer "todo el consejo de Dios" (Hch. 20:27) es la tarea de por vida de todo discípulo verdadero.

En el discurso de despedida en el aposento alto Jesús dijo a los discípulos:

El que me ama, mi palabra guardará; y mi Padre le amará, y vendremos a él, y haremos morada con él. El que no me ama, no guarda mis palabras; y la palabra que habéis oído no es mía, sino del Padre que me envió. Os he dicho estas cosas estando con vosotros. Mas el Consolador, el Espíritu Santo, a quien el Padre enviará en mi nombre, él os enseñará todas las cosas, y os recordará todo lo que yo os he dicho (Jn. 14:23-26).

El Señor no dedicó tiempo a enseñar con el fin de entretener a las multitudes ni revelar verdades interesantes pero sin consecuencias acerca de Dios; tampoco para establecer normas ideales pero opcionales que Dios exige. Su misión principal fue proporcionar salvación para aquellos que vendrían en fe a Él, es decir, hacer discípulos. Su segunda misión fue enseñar la verdad de Dios a dichos discípulos. Esa es la misma misión doble que Él entrega a la Iglesia.

Nadie es un discípulo verdadero aparte de la fe personal en Jesucristo, y no hay discípulo verdadero aparte de un corazón obediente que desea agradar a Dios en todo. El escritor de Hebreos hace que esa actitud de obediencia sea sinónimo de fe salvadora al declarar que Cristo "vino a ser autor de eterna salvación para todos los que le obedecen" (He. 5:9). Al agradecer a Dios por la salvación de los creyentes en Roma, Pablo les expresó: "Aunque erais esclavos del pecado, habéis obedecido de corazón a aquella forma de doctrina a la cual fuisteis entregados" (Ro. 6:17).

No todo cristiano está dotado como maestro, pero todo cristiano fiel está comprometido a promover el ministerio de enseñar la Palabra de Dios tanto para hacer discípulos de Cristo como para edificarlos.

PODER

y he aquí yo estoy con vosotros todos los días, hasta el fin del mundo. Amén. (28:20*b*)

Por importantes como son los primeros cuatro elementos en la ejecución eficaz de la misión de la Iglesia, serían inútiles sin el último ingrediente, es decir el poder que el Señor Jesucristo ofrece por medio de su continua presencia con aquellos que le pertenecen. Ni las actitudes de disponibilidad, adoración y sumisión, ni la obediencia fiel a la Palabra de Dios serían posibles aparte del propio poder de Cristo al obrar en nosotros y a través de nosotros.

Idou (**he aquí**) es una interjección usada a menudo en el Nuevo Testamento para llamar la atención a algo de especial importancia. *Ego eimi* (**yo estoy**) es una forma enfática que puede traducirse: "Yo mismo estoy", llamando atención especial al hecho de la propia presencia de Cristo. En realidad, Jesús estaba diciendo: "Poned ahora atención especial a lo que estoy a punto de deciros, porque es lo más importante de todo. Yo mismo, el divino y resucitado, el viviente y eterno Señor, **estoy con vosotros todos los días, hasta el fin del mundo**".

Una forma útil de mantener en la perspectiva correcta nuestra vida y obra espiritual, y de confiar constantemente en el poder del Señor en lugar de confiar en el nuestro, es orar en maneras tales como estas: "Señor, tú te interesas más que yo por este problema que estoy enfrentando, así que haz lo que sabes que es mejor. Señor, tú amas a esta persona más que yo, y solo tú puedes alcanzar su corazón y salvarla, así que ayúdame a testificar mientras me guías y me fortaleces. Señor, tú estás más preocupado que yo en cuanto a la verdad y la integridad de tu santa Palabra, por tanto proporciona energía a mi corazón y mi mente para que sean fieles al texto que estoy enseñando".

Todos los días significa literalmente "en todo momento". Para el creyente individual eso significa en todo momento de su vida. Pero en su significado más pleno para la Iglesia en general significa **hasta el fin del mundo,** es decir, hasta que el Señor regrese en forma corporal para juzgar al mundo y gobernar su reino terrenal. (Véase Mt. 13:37-50, en que Cristo usa tres veces la frase "el fin del siglo" para designar su segunda venida).

Jesús no regresará de modo visible a la tierra ni se mostrará ante el mundo en su majestuosa gloria y poder hasta **el fin del mundo.** Pero hasta ese momento, a lo largo de la época actual estará **todos los días** con aquellos que le pertenecen, guiándolos y fortaleciéndolos para que cumplan esa Gran Comisión que les ha encargado.

Hace algunos años una misionera fue a una sociedad primitiva y pagana. De manera especial se sintió agobiada por una joven esposa, y finalmente fue utilizada con el fin de ganarla para Cristo. Casi tan pronto como la mujer fue salva, le dijo a la misionera con gran tristeza: "Me hubiera gustado que vinieras antes, así mi niño pequeño se habría salvado". Cuando la misionera preguntó por qué era demasiado tarde, la madre contestó: "Porque solo pocas semanas antes que llegaras a nosotros lo ofrecí como sacrificio a los dioses de nuestra tribu".

Bibliografía

Barclay, William. *Comentario al Nuevo Testamento*. Barcelona: Editorial Clie, 1999.

Broadus, John A. *El Evangelio según Mateo*. El Paso: Casa Bautista de Publicaciones, 1968.

Eerdman, Charles R. *The Gospel of Matthew*. Filadelfia: Westminster, 1966.

Gaebelein, Arno C. *The Gospel of Matthew*. Neptune, N.J.: Loizeaux, 1961.

Hendriksen, William. *El Evangelio según Mateo*. Grand Rapids: Libros Desafío, 1994.

Lange, John Peter. *Commentary on the Holy Scriptures: Matthew*. Grand Rapids: Zondervan, sin fecha.

Lenski, R. C. H. *The Interpretation of St. Matthew's Gospel*. Minneapolis: Augsburg, 1964.

Lloyd-Jones, D. Martyn. *Estudios sobre el Sermón del Monte*. Grand Rapids: Eerdmans, 1977.

Lovelace, Richard. *Dynamics of Spiritual Life*. Downers Grove, Ill.: InterVarsity, 1979.

Morgan, G. Campbell. *The Gospel According to Matthew*. Old Tappan, N.J.: Revell, 1939.

Pentecost, J. Dwight. *El Sermón del Monte*. Grand Rapids: Portavoz, 1981.

Pink, Arthur W. *An Exposition of the Sermon on the Mount*. Grand Rapids: Baker, 1953.

Plummer, Alfred. *An Exegetical Commentary on the Gospel According to St. Matthew*. Grand Rapids: Eerdmans, 1963.

Sanders, J. Oswald. *Bible Studies in Matthew's Gospel*, Grand Rapids: Zondervan, 1973.

Tasker, R. V. G. *The Gospel According to St. Matthew*. Grand Rapids: Eerdmans, 1977.

Descubra la belleza, la armonía y los beneficios de las fronteras bíblicas diseñadas por Dios entre hombres y mujeres. La sociedad moderna ha reemplazado el punto de vista bíblico de la diferencia entre hombres y mujeres con una tesis secular y confusa. Este libro pone a un lado las normas culturales preponderantes y le ayuda a entender y aplicar los principios bíblicos a su propia vida.

"El *Comentario MacArthur del Nuevo Testamento* es la culminación de los comentarios bíblicos, así de sencillo. No se había visto desde los tiempos de Juan Calvino en Ginebra que un pastor permaneciera en el púlpito y produjera un conjunto teológico semejante a este. Hay aquí exégesis, exposición, doctrina, homilética, hermenéutica, revelación, pastoral y práctica; todo en esta serie. Si me encerrara en una habitación para preparar un sermón y solo tuviera una Biblia y una herramienta de referencia, esta sería la herramienta: el *Comentario MacArthur del Nuevo Testamento*, un tesoro expositivo sin par. No volveremos a ver en esta generación una obra de esta magnitud producida por un solo hombre"

    —*Dr. Steven J. Lawson,*

        Pastor principal, Christ Fellowship Baptist Church, Mobile, AL (USA)

¿Estoy realmente salvo? ¿Me voy al cielo? ¿Cómo puedo estar seguro?

Todos los creyentes han luchado con estas preguntas en algún momento de su vida. *Salvos sin lugar a dudas* trata este tema difícil, examinando las Escrituras para descubrir la verdad sobre la salvación, y a la vez analizando cuestiones difíciles que pueden obstaculizar nuestra fe. Los lectores podrán desarrollar una teología de la salvación basada en la Biblia, y ser alentados a descansar de forma segura en su relación personal con Cristo.

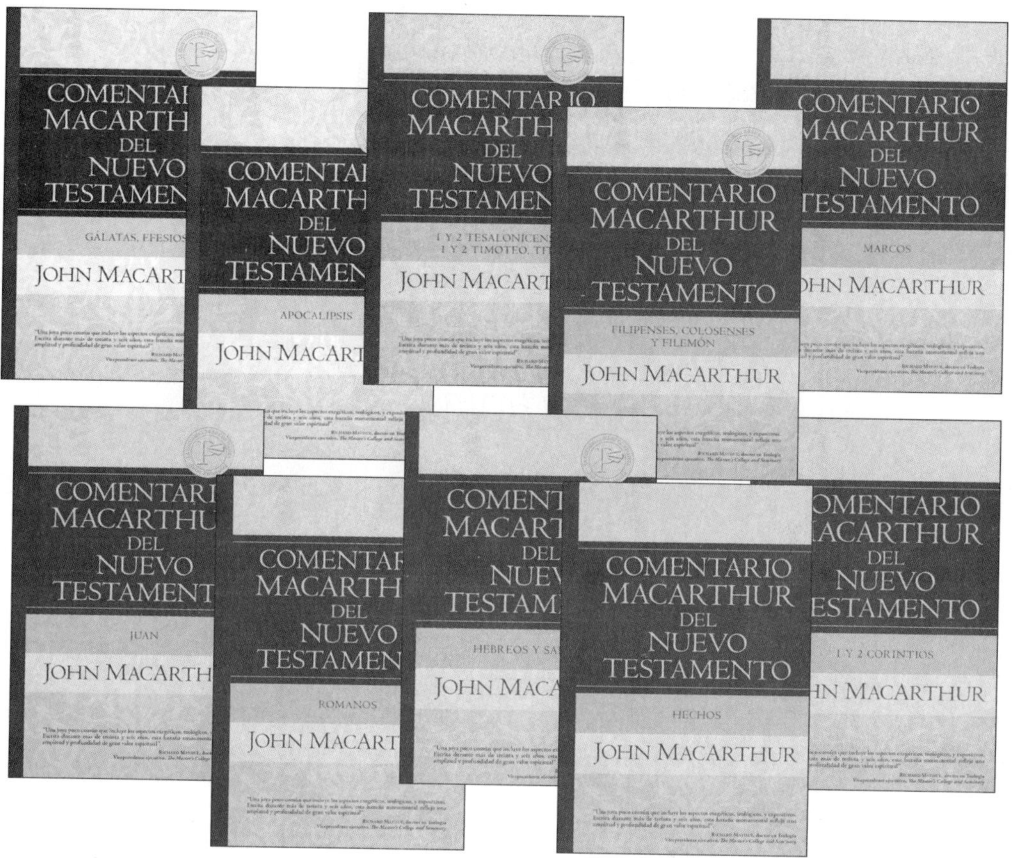

"El *Comentario MacArthur del Nuevo Testamento* es la culminación de los comentarios bíblicos, así de sencillo. No se había visto desde los tiempos de Juan Calvino en Ginebra que un pastor permaneciera en el púlpito y produjera un conjunto teológico semejante a este. Hay aquí exégesis, exposición, doctrina, homilética, hermenéutica, revelación, pastoral y práctica; todo en esta serie. Si me encerrara en una habitación para preparar un sermón y solo tuviera una Biblia y una herramienta de referencia, esta sería la herramienta: el *Comentario MacArthur del Nuevo Testamento*, un tesoro expositivo sin par. No volveremos a ver en esta generación una obra de esta magnitud producida por un solo hombre".

—*Dr. Steven J. Lawson,*

Pastor principal, Christ Fellowship Baptist Church, Mobile, AL (USA)

¿Estoy realmente salvo? ¿Me voy al cielo? ¿Cómo puedo estar seguro?

Todos los creyentes han luchado con estas preguntas en algún momento de su vida. *Salvos sin lugar a dudas* trata este tema difícil, examinando las Escrituras para descubrir la verdad sobre la salvación, y a la vez analizando cuestiones difíciles que pueden obstaculizar nuestra fe. Los lectores podrán desarrollar una teología de la salvación basada en la Biblia, y ser alentados a descansar de forma segura en su relación personal con Cristo.

La función del Espíritu Santo en la vida cristiana es a menudo malentendida. Algunos creyentes se enfocan únicamente en los dones espirituales y otros evitan el tema por completo. No obstante, la verdad es que el Espíritu de Dios es indispensable para el corazón y la vida del creyente, y obra de buen grado en él.

Por más de treinta años, el reconocido pastor y maestro John MacArthur ha impartido enseñanza bíblica práctica, a fin de ayudar a los cristianos a crecer en su camino de fe.